100% 합격을 위한
해커스금융의 특별 혜택

신용분석사 2부 종합사례 특강 + 특강 자료

VFN9498D4CEA5259S9

시험 최종 마무리를 위한 온라인 모의고사 [2교시, 3교시]

VFN9AE2ACC7AF7CFAB

이용방법 해커스금융 사이트(fn.Hackers.com) 접속 후 로그인 ▶ 우측 상단의 [마이클래스] 클릭 ▶ 좌측의 [결제관리 → My 쿠폰 확인] 클릭 ▶ [수강권입력]란에 위 쿠폰번호 입력 후 이용

* 유효기간 : 2025년 12월 31일까지(등록 후 7일간 수강 가능, 1회에 한해 등록 가능)
* 이 외 쿠폰 관련 문의는 해커스금융 고객센터(02-537-5000)로 연락 바랍니다.

20% 할인쿠폰

2부 이론+적중문제풀이 동영상강의 20% 할인쿠폰

Z456T156C747H807

이용방법

해커스금융 사이트(fn.Hackers.com) 접속 후 로그인 ▶ 우측 상단의 [마이클래스] 클릭 ▶ 좌측의 [결제관리 → My 쿠폰 확인] 클릭 ▶ [쿠폰번호입력]란에 위 쿠폰번호 입력 후 이용

* 유효기간 : 2025년 12월 31일까지(등록 후 7일간 수강 가능, 1회에 한해 등록 가능)
* 해커스 신용분석사 2부 이론+적중문제풀이 강의에만 적용 가능(이벤트/프로모션 강의 적용 불가)
* 이 외 쿠폰 관련 문의는 해커스금융 고객센터(02-537-5000)로 연락 바랍니다.

무료 시험후기/합격수기

이용방법

해커스금융 사이트(fn.Hackers.com) 접속 후 로그인 ▶ 상단메뉴의 [은행/외환] 클릭 ▶ 좌측의 [학습게시판 → 시험후기/합격수기] 클릭하여 이용

무료 바로 채점 및 성적 분석 서비스

이용방법

해커스금융 사이트(fn.Hackers.com) 접속 후 로그인 ▶ 우측 상단의 [교재] 클릭 ▶ 좌측의 [바로채점/성적분석 서비스] 클릭 ▶ 본 교재 이미지 옆 [채점하기] 클릭하여 이용

바로 이용 ▲

합격의 기준, 해커스금융 **fn.Hackers.com**

금융자격증 1위* 해커스금융

무료 바로 채점&성적 분석 서비스

* 주간동아 선정 2022 올해의 교육 브랜드 파워 온·오프라인 금융자격증 부문 1위

한 눈에 보는 서비스 사용법

Step 1.

교재 구입 후 정해진 시간 내 문제풀이
& 교재 내 QR 코드 인식!

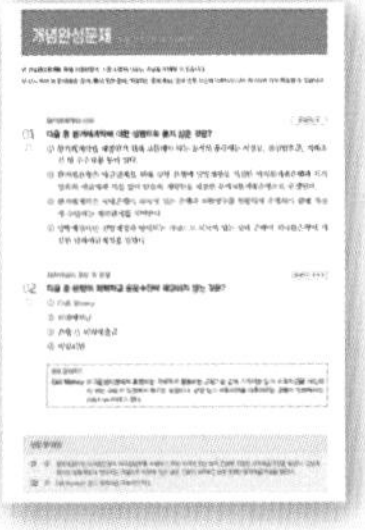

Step 2.

모바일로 접속 후 [교재명 입력]란에
해당 교재명 입력!

Step 3.

교재 내 표시한 정답
모바일 채점페이지에 입력!

Step 4.

채점 후 나의 석차, 점수,
성적분석 결과 확인하기!

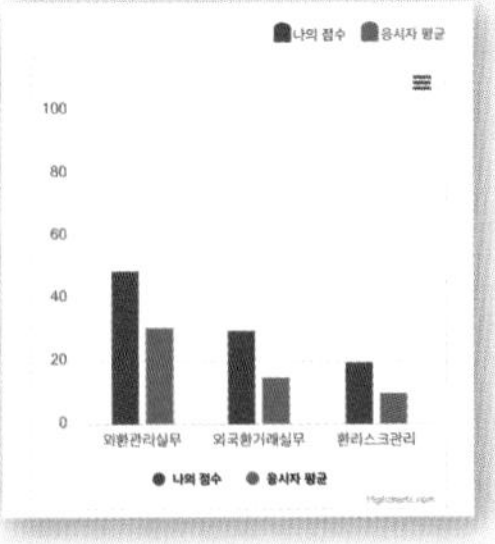

- 모바일로 채점하고 실시간 나의 점수&약점 확인하기
- 문항별 정답률을 통해 틀린 문제의 난이도 체크
- 성적분석 결과로 개인별 맞춤형 학습진단

합격의 기준, 해커스금융 fn.Hackers.com

바로 이용하기 ▶

해커스
신용분석사
2부

이론+적중문제+모의고사

해커스금융

이 책의 저자

원재훈

학력
서강대학교 경제학과 졸업

자격증
한국공인회계사, 세무사, 미국공인회계사

경력
현 | 해커스금융 전임(신용분석사)
해커스 경영아카데미 세무회계 전임(회계사, 세무사)
이촌회계법인 파트너
국회 입법 자문위원(조세)
전 | 안진회계법인
신우회계법인

저서
해커스 신용분석사 2부 이론+적중문제+모의고사
해커스 세법 비기닝
해커스 세무회계연습 1/2
해커스 세무회계엔딩 1/2/3
해커스 세무회계엔딩 핸드북
해커스 세무회계 기출문제집
해커스 세법학 기출문제집
해커스 판례세법
2021 세법학 1/2/3
2021 세법엔딩 1/2/3
2021 객관식세법 1/2
월급전쟁

김리석

학력
서울시립대학교 세무전문대학원 세무학 석사(졸업)

자격증
한국공인회계사

경력
전 | 해커스 경영아카데미 세법학 교수
해커스공기업 회계학 전공 대표 교수
세정회계법인 공인회계사(이사)
전 | 삼정회계법인 조세본부

저서
해커스 신용분석사 2부 이론+적중문제+모의고사
해커스 세무회계연습 1/2
부동산 절세 시대

신용분석사 2부 학습방법, 해커스가 알려드립니다!

"이론을 충분히 학습하고 싶어요. 어떻게 학습해야 하나요?"
"시험에 어떤 내용이 잘 나오나요?"

많은 수험생이 신용분석사 시험에 대해 위와 같은 질문을 합니다.
이론을 충분히 수록하지 않아 내용을 이해하기 힘들고, 시험에 어떤 내용이 잘 나오는지 알기 어려운 시중 교재를 보며 고민했습니다.
본 교재는 최근 출제경향을 철저히 분석하고 대다수의 수험생들이 원하는 것은 무엇인지, 합격자들만의 학습비법은 무엇인지를 끊임없이 연구하여 이 책 한 권에 담았습니다.

「**해커스 신용분석사 2부 이론+적중문제+모의고사**」는

1. **이론을 풍부하게 수록**하여 처음 공부하는 수험생들도 이해하기 쉽도록 구성했습니다. 이를 통해 **암기 위주의 학습이 아닌 이해 위주의 학습**을 할 수 있습니다.

2. **최근 출제경향을 철저히 분석하여 이론과 문제에 출제빈도(★~★★★)를 표시**했습니다. 이를 통해 **어떤 내용이 중요한지 쉽게 파악할 수 있어 보다 효율적이고, 전략적으로 학습**할 수 있습니다.

3. **실전모의고사 4회분을 수록하여 시험에 대한 실전 감각을 극대화**하고, **최종 마무리**를 할 수 있습니다. (온라인 적중모의고사 1회분 추가 학습 가능)

「해커스 신용분석사 2부 이론 + 적중문제 + 모의고사」를 통해 신용분석사 시험을 준비하는 수험생 모두 합격의 기쁨을 누리시길 바랍니다.

목차

제1과목 | 신용분석

제2과목 | 종합신용평가

[별책부록] 실전모의고사

해커스 신용분석사 2부 **학습방법**

01 출제비중 및 출제경향을 확인하고 최적의 학습 방향 설정하기!

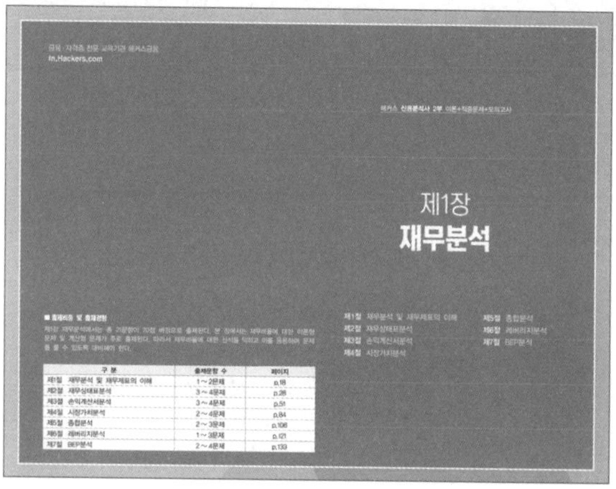

출제비중 및 출제경향

장별로 철저히 분석한 최근 출제경향을 확인하고 이를 통해 효과적인 학습전략을 세울 수 있습니다.

또한 절별 출제문항 수를 통해 어떤 부분이 더욱 중요한지 파악할 수 있어 보다 전략적인 학습이 가능합니다.

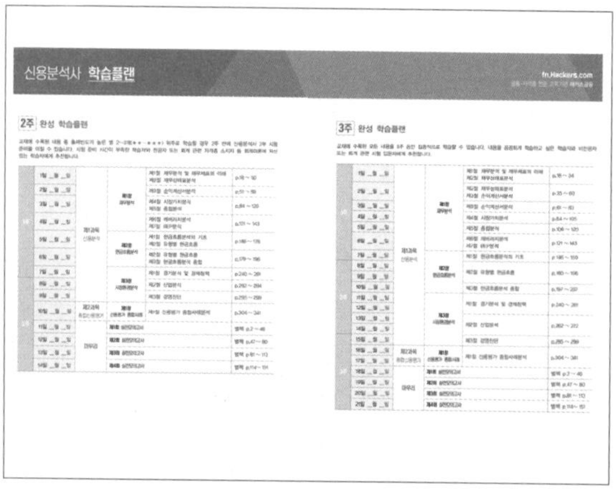

학습플랜

학습자의 상황에 따라 적합한 학습플랜을 선택할 수 있도록 출제빈도가 높은 내용 위주로 학습하는 2주 완성 학습플랜과 교재의 모든 내용을 꼼꼼하게 학습하는 3주 완성 학습플랜을 수록하였습니다. 이론학습부터 문제풀이까지 플랜에 따라 차근차근 학습하시면 시험에 확실히 대비할 수 있습니다.

02 시험에 출제될 가능성이 높은 핵심이론을 다양한 요소를 통해 효과적으로 학습하기!

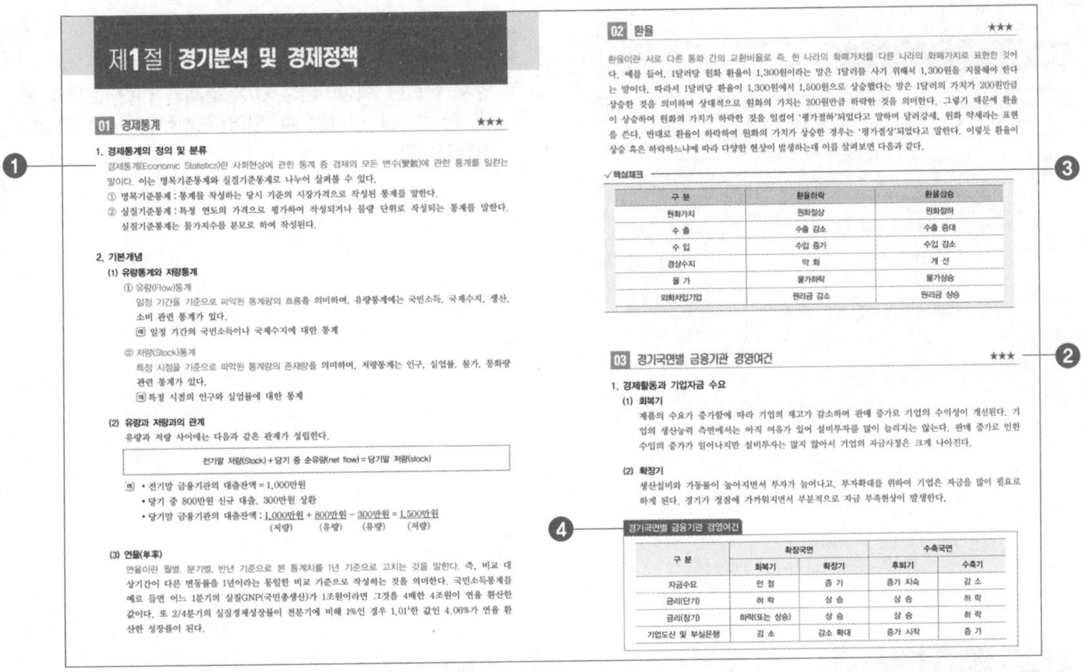

제1절 경기분석 및 경제정책

01 경제통계 ★★★

1. 경제통계의 정의 및 분류

경제통계(Economic Statistics)란 사회현상에 관한 통계 중 경제의 모든 변수(變數)에 관한 통계를 일컫는 말이다. 이는 명목기준통계와 실질기준통계로 나누어 살펴볼 수 있다.

① 명목기준통계 : 통계를 작성하는 당시 기준의 시장가격으로 작성된 통계를 말한다.

② 실질기준통계 : 특정 연도의 가격으로 평가하여 작성되거나 물량 단위로 작성되는 통계를 말한다. 실질기준통계는 물가지수를 분모로 하여 작성된다.

2. 기본개념

(1) 유량통계와 저량통계

① 유량(Flow)통계

일정 기간을 기준으로 파악된 통계량의 흐름을 의미하며, 유량통계에는 국민소득, 국제수지, 생산, 소비 관련 통계가 있다.

예 일정 기간의 국민소득이나 국제수지에 대한 통계

② 저량(Stock)통계

특정 시점을 기준으로 파악된 통계량의 존재량을 의미하며, 저량통계는 인구, 실업률, 물가, 통화량 관련 통계가 있다.

예 특정 시점의 인구와 실업률에 대한 통계

(2) 유량과 저량과의 관계

유량과 저량 사이에는 다음과 같은 관계가 성립한다.

전기말 저량(Stock) + 당기 중 순유량(net flow) = 당기말 저량(stock)

예
- 전기말 금융기관의 대출잔액 = 1,000만원
- 당기 중 800만원 신규 대출, 300만원 상환
- 당기말 금융기관의 대출잔액 : 1,000만원(저량) + 800만원(유량) − 300만원(유량) = 1,500만원(저량)

(3) 연율(年率)

연율이란 월별, 분기별, 반년 기준으로 본 통계치를 1년 기준으로 고치는 것을 말한다. 즉, 비교 대상기간이 다른 변동률을 1년이라는 동일한 비교 기준으로 작성하는 것을 의미한다. 국민소득통계를 예로 들면 어느 1분기의 실질GNP(국민총생산)가 1조원이라면 그것을 4배한 4조원이 연율 환산한 값이다. 또 2/4분기의 실질경제성장률이 전분기에 비해 1%인 경우 1.01^4한 값인 4.06%가 연율 환산한 성장률이 된다.

02 환율 ★★★

환율이란 서로 다른 통화 간의 교환비율로 즉, 한 나라의 화폐가치를 다른 나라의 화폐가치로 표현한 것이다. 예를 들어, 1달러당 원화 환율이 1,300원이라는 말은 1달러를 사기 위해서 1,300원을 지불해야 한다는 말이다. 따라서 1달러당 환율이 1,300원에서 1,500원으로 상승했다는 말은 1달러의 가치가 200원만큼 상승한 것을 의미하며 상대적으로 원화의 가치는 200원만큼 하락한 것을 의미한다. 그렇기 때문에 환율이 상승하여 원화의 가치가 하락한 것을 일컬어 '평가절하'되었다고 말하며 달러강세, 원화 약세라는 표현을 쓴다. 반대로 환율이 하락하여 원화의 가치가 상승한 경우는 '평가절상'되었다고 말한다. 이렇듯 환율이 상승 혹은 하락하느냐에 따라 다양한 현상이 발생하는데 이를 살펴보면 다음과 같다.

✓핵심체크

구 분	환율하락	환율상승
원화가치	원화절상	원화절하
수 출	수출 감소	수출 증대
수 입	수입 증가	수입 감소
경상수지	악 화	개 선
물 가	물가하락	물가상승
외화차입기업	원리금 감소	원리금 상승

03 경기국면별 금융기관 경영여건 ★★★

1. 경제활동과 기업자금 수요

(1) 회복기

제품의 수요가 증가함에 따라 기업의 재고가 감소하며 판매 증가로 기업의 수익성이 개선된다. 기업의 생산능력 측면에서는 아직 여유가 있어 설비투자를 많이 늘리지는 않는다. 판매 증가로 인한 수입의 증가가 일어나지만 설비투자는 많지 않아서 기업의 자금사정은 크게 나아진다.

(2) 확장기

생산설비와 가동률이 높아지면서 투자가 늘어나고, 투자확대를 위하여 기업은 자금을 많이 필요로 하게 된다. 경기가 정점에 가까워지면서 부분적으로 자금 부족현상이 발생한다.

경기국면별 금융기관 경영여건

구 분	확장국면		수축국면	
	회복기	확장기	후퇴기	수축기
자금수요	안 정	증 가	증가 지속	감 소
금리(단기)	하 락	상 승	상 승	하 락
금리(장기)	하락(또는 상승)	상 승	상 승	하 락
기업도산 및 부실은행	감 소	감소 확대	증가 시작	증 가

❶ 핵심이론

시험에 출제될 가능성이 높은 이론을 풍부하게 수록하여 기본서 없이도 쉽게 이해하는 이해 위주의 학습이 가능합니다. 또한 꼭 알아야 하는 내용은 별색으로 표시하여 더욱 꼼꼼한 이론 정리가 가능합니다.

❷ 출제빈도

최근 출제경향을 철저히 분석해 출제빈도(★~★★★)를 핵심이론에 표시하여 이론의 중요도를 확인하며 전략적으로 학습할 수 있습니다.

❸ 핵심체크

시험에 출제될 가능성이 높은 중요한 내용을 별도로 정리하여 한 번 더 짚고 넘어갈 수 있습니다.

❹ Comment

이론 중 부연 설명이 필요한 부분의 내용을 추가하여 확실히 이해할 수 있도록 도와줍니다.

해커스 신용분석사 2부 학습방법

03 개념완성문제로 핵심이론을 정리하고, 출제예상문제로 실전 감각 향상시키기!

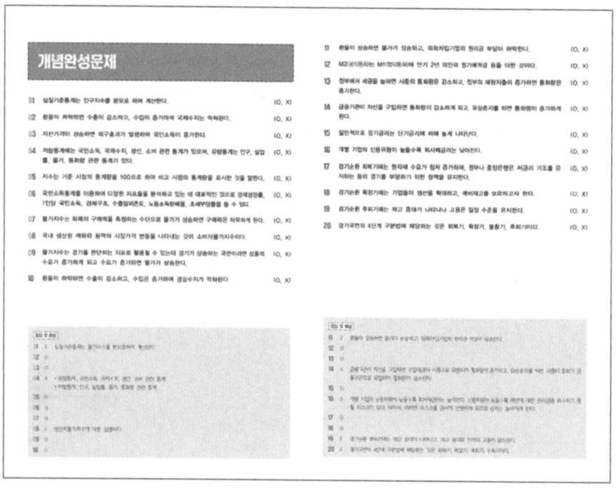
개념완성문제

개념완성문제

앞서 학습한 핵심이론을 O/X 문제와 빈칸 문제를 통해 한 번 더 정리할 수 있어 체계적인 개념 학습이 가능합니다.

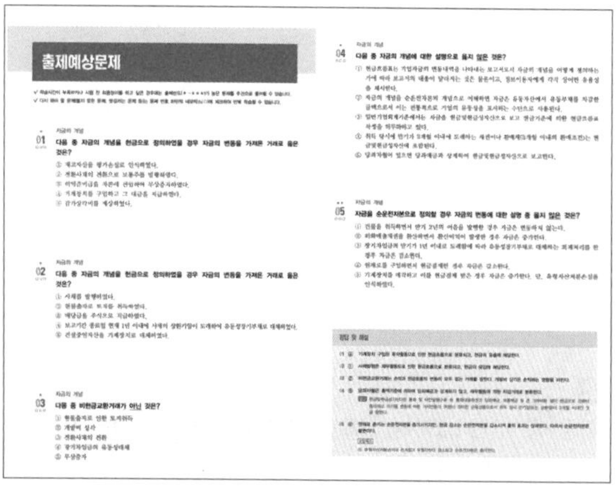
출제예상문제

출제예상문제

시험에 출제될 가능성이 높은 문제를 출제포인트별로 정리하였습니다. 이론 학습 후 관련 문제를 바로 연계하여 학습하거나 문제풀이 후 관련 이론을 바로 보충 학습할 수 있으며, 문제마다 출제빈도(★~★★★)와 체크박스(□)를 표시하여 중요한 문제 위주로 반복 학습할 수 있습니다.

또한 모든 문제에 명확하고 상세한 해설을 제공하여 누구나 쉽게 이해할 수 있으며, '오답체크'를 통해 틀린 보기에 대한 내용은 확실히 짚고 넘어갈 수 있습니다.

04 최근 출제경향을 철저히 반영한 4회분의 실전모의고사로 최종 마무리하기!

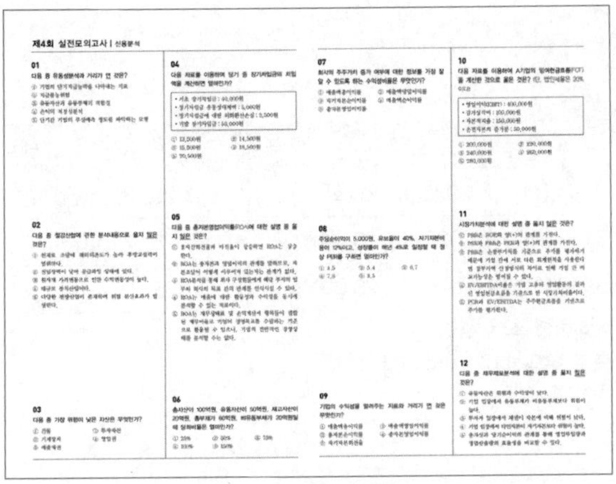
제4회 실전모의고사 | 신용분석

실전모의고사

실제 시험과 동일한 구성 및 난이도의 실전모의고사 4회분과 OMR 답안지를 수록하여 시험 전 최종 마무리를 할 수 있습니다. 이를 통해 자신의 실력을 정확하게 확인하고 실전 감각을 극대화할 수 있습니다.

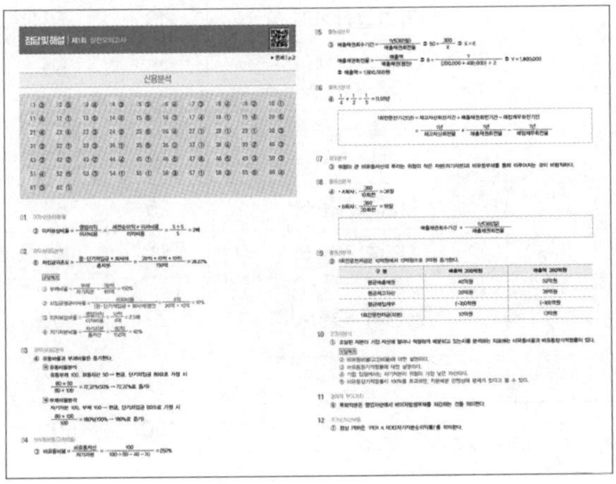
정답및해설 | 제1회 실전모의고사

신용분석

정답 및 해설

상단에 있는 '바로 채점 및 성적 분석 서비스' QR코드를 이용하여 자신의 실력을 점검하고, 상세한 해설과 '오답체크'로 빈틈없이 시험에 철저히 대비할 수 있습니다.

신용분석사 **자격시험 안내**

신용분석사(CCA : Certified Credit Analyst)란?

금융기관의 여신 관련 부서에서 기업에 대한 회계 및 비회계자료 분석을 통하여 종합적인 신용상황을 판단하고 신용등급을 결정하는 등 기업신용 평가업무를 담당하는 금융전문가입니다.

자격시험 일정

회 차	시험일	원서접수 기간	합격자 발표일
제61회	2025. 2. 22.(토)	2025. 1. 14.(화) ~ 2025. 1. 21.(화)	2025. 3. 7.(금)
제62회	2025. 6. 21.(토)	2025. 5. 13.(화) ~ 2025. 5. 20.(화)	2025. 7. 4.(금)
제63회	2025. 10. 25.(토)	2025. 9. 16.(화) ~ 2025. 9. 23.(화)	2025. 11. 7.(금)

* 자세한 시험 일정은 한국금융연수원 홈페이지(www.kbi.or.kr)에서도 확인할 수 있습니다.
** 원서접수는 시작일 오전 10시부터 마감일 오후 8시까지만 가능하므로 유의하시기 바랍니다.

시험과목 및 문항 수, 배점

구 분	시험시간	시험과목	세부내용	문항 수	배 점
1부	1교시 : 120분 (09:00 ~ 11:00)	회계학 I	기업회계기준	29	100
		회계학 II	기업결합회계	15	50
			특수회계	15	50
	소 계			59	200
2부	2교시 : 90분 (11:20 ~ 12:50)	신용분석	재무분석	21	70
			현금흐름분석	25	80
			시장환경분석	16	50
	3교시 : 90분 (14:00 ~ 15:30)	종합신용평가	신용평가 종합사례	29	100
	소 계			91	300
합 계				**150**	**500**

시험 관련 세부사항

시험주관처	한국금융연수원		
원서접수처	한국금융연수원 홈페이지(www.kbi.or.kr)	응시자격	제한 없음
시험시간	총 300분(1부 120분, 2부 180분)	문제형식	객관식 5지선다형
합격기준	다음 각 호의 요건을 모두 충족한 경우 1. 시험과목별로 40점 미만(100점 만점 기준)이 없어야 하고 2. 1부 평균, 2부 평균이 각각 60점(100점 만점 기준) 이상이어야 함 * 평균은 총 득점을 총 배점으로 나눈 백분율임 ** 1부 또는 2부 시험만 합격요건을 갖춘 경우는 부분합격자로 인정		
검정시험 일부 면제	1. 2002년 2월 8일 이전에 한국금융연수원 신용분석 집합연수과정을 수료한 자는 1부 시험 면제 2. 공인회계사(CPA) 자격을 가진 자는 1부 시험 면제 3. 검정시험 결과 1부 시험 또는 2부 시험만을 합격한 자는 부분 합격일로부터 바로 다음에 연속되는 다음 실시하는 3회(연수 제한 2년)의 검정시험에 한하여 1부 시험 합격자는 1부 시험을, 2부 시험 합격자는 2부 시험을 면제 * 다만, 2부 시험만 합격한 자가 합격 이후 2. 사유 발생 시 1부 시험 면제를 인정하지 않음		

신용분석사 학습자가 가장 궁금해하는 질문 BEST 4

Q. 기본서 없이 본 교재만으로도 시험에 대비할 수 있나요?

A. **네, 본 교재만으로도 시험에 대비할 수 있습니다.**
본 교재는 기본서 없이도 시험에 대비할 수 있도록 핵심이론을 충분히 수록하였고 이론을 확실히 정리할 수 있도록 개념완성문제와 출제예상문제를 수록하였습니다. 또한 시험 전 최종 마무리 점검이 가능한 4회분의 실전모의고사까지 문제도 풍부하게 수록하여 본 교재만으로도 신용분석사 시험에 철저히 대비하실 수 있습니다.

Q. 신용분석사 자격증을 독학으로 준비할 수 있을까요?

A. **네, 누구나 독학으로 자격증 취득이 가능합니다.**
본 교재를 통하여 시험에 출제될 가능성이 높은 핵심이론을 정리하고 다양한 문제를 통해 실전 감각을 기른다면, 독학으로도 충분히 자격증 취득이 가능합니다. 다만, 내용을 조금 더 쉽고 자세히 학습하기를 희망하는 경우 본 교재에 해당하는 동영상강의(fn.Hackers.com)를 함께 수강하면 더 효율적으로 학습할 수 있습니다.

Q. 신용분석사 시험에 합격하기 위해서는 얼마 동안 공부해야 하나요?

A. **1부와 2부를 합하여 6주 정도 공부하면 누구나 합격할 수 있습니다.**
내용을 충분히 이해하고 풍부한 문제를 통해 실전 감각을 키운다면 누구나 단기간에 자격증을 취득하는 것이 가능합니다. 본 교재는 최근 출제경향을 철저히 분석하여 시험에 출제될 가능성이 높은 핵심이론을 풍부하게 수록하고 이론별로 출제빈도(★~★★★)를 표시하여 단기간에 전략적인 학습이 가능하므로 충분히 6주 만에 시험 준비가 가능합니다.

Q. 2부 종합신용평가는 어떻게 준비해야 하나요?

A. **본 교재의 핵심이론에 수록된 각 산업별 특징을 정리한 후 신용평가 종합사례 문제를 반복하여 풀이하시면 고득점을 할 수 있습니다.**
종합신용평가는 재무분석, 현금흐름분석, 시장환경분석의 이론이 사례형 종합문제로 출제되므로 각 이론별 주요 내용을 철저하게 정리해야 합니다. 실제 시험에서는 어느 산업이 출제될지 알 수 없으므로 핵심이론에 수록된 각 산업의 특징을 정리하고 신용평가 종합사례 문제를 반복하여 풀이함으로써 정보를 분석하는 능력을 키운다면 종합신용평가 시험에 확실히 대비하실 수 있습니다.

신용분석사 학습플랜

2주 완성 학습플랜

교재에 수록된 내용 중 출제빈도가 높은 별 2~3개(★★~★★★) 위주로 학습할 경우 2주 만에 신용분석사 2부 시험 준비를 마칠 수 있습니다. 시험 준비 시간이 부족한 학습자와 전공자 또는 회계 관련 자격증 소지자 등 회계이론에 자신 있는 학습자에게 추천합니다.

1주	1일 _월 _일	**제1과목** 신용분석	**제1장** 재무분석	제1절 재무분석 및 재무제표의 이해 제2절 재무상태표분석	p.18 ~ 50
	2일 _월 _일			제3절 손익계산서분석	p.51 ~ 83
	3일 _월 _일			제4절 시장가치분석 제5절 종합분석	p.84 ~ 120
	4일 _월 _일			제6절 레버리지분석 제7절 BEP분석	p.121 ~ 143
	5일 _월 _일		**제2장** 현금흐름분석	제1절 현금흐름분석의 기초 제2절 유형별 현금흐름	p.146 ~ 196
	6일 _월 _일			제3절 현금흐름분석 종합	p.197 ~ 237
	7일 _월 _일		**제3장** 시장환경분석	제1절 경기분석 및 경제정책	p.240 ~ 261
2주	8일 _월 _일			제2절 산업분석	p.262 ~ 284
	9일 _월 _일			제3절 경영진단	p.285 ~ 299
	10일 _월 _일	**제2과목** 종합신용평가	**제1장** 신용평가 종합사례	제1절 신용평가 종합사례분석	p.304 ~ 341
	11일 _월 _일	마무리	**제1회** 실전모의고사		별책 p.2 ~ 46
	12일 _월 _일		**제2회** 실전모의고사		별책 p.47 ~ 80
	13일 _월 _일		**제3회** 실전모의고사		별책 p.81 ~ 113
	14일 _월 _일		**제4회** 실전모의고사		별책 p.114~ 151

3주 완성 학습플랜

교재에 수록된 모든 내용을 3주 동안 집중적으로 학습할 수 있습니다. 내용을 꼼꼼하게 학습하고 싶은 학습자와 비전공자 또는 회계 관련 시험 입문자에게 추천합니다.

1주	1일 __월 __일	제1과목 신용분석	제1장 재무분석	제1절 재무분석 및 재무제표의 이해 제2절 재무상태표분석	p.18 ~ 34
	2일 __월 __일			제2절 재무상태표분석 제3절 손익계산서분석	p.35 ~ 60
	3일 __월 __일			제3절 손익계산서분석	p.61 ~ 83
	4일 __월 __일			제4절 시장가치분석	p.84 ~ 105
	5일 __월 __일			제5절 종합분석	p.106 ~ 120
	6일 __월 __일			제6절 레버리지분석 제7절 BEP분석	p.121 ~ 143
	7일 __월 __일		제2장 현금흐름분석	제1절 현금흐름분석의 기초	p.146 ~ 159
2주	8일 __월 __일			제2절 유형별 현금흐름	p.160 ~ 196
	9일 __월 __일				
	10일 __월 __일			제3절 현금흐름분석 종합	p.197 ~ 237
	11일 __월 __일		제3장 시장환경분석	제1절 경기분석 및 경제정책	p.240 ~ 261
	12일 __월 __일				
	13일 __월 __일			제2절 산업분석	p.262 ~ 284
	14일 __월 __일				
3주	15일 __월 __일			제3절 경영진단	p.285 ~ 299
	16일 __월 __일	제2과목 종합신용평가	제1장 신용평가 종합사례	제1절 신용평가 종합사례분석	p.304 ~ 341
	17일 __월 __일				
	18일 __월 __일	마무리	제1회 실전모의고사		별책 p.2 ~ 46
	19일 __월 __일		제2회 실전모의고사		별책 p.47 ~ 80
	20일 __월 __일		제3회 실전모의고사		별책 p.81 ~ 113
	21일 __월 __일		제4회 실전모의고사		별책 p.114~ 151

제1과목
제2과목
제1장
재무분석
(70점, 21문항)
제1장
신용평가 종합사례
(100점, 29문항)
제2장
현금흐름분석
(80점, 25문항)
제3장
시장환경분석
(50점, 16문항)

제1과목
신용분석

제1장 재무분석

제2장 현금흐름분석

제3장 시장환경분석

■ 출제비중 및 출제경향

제1장 재무분석에서는 총 21문항이 70점 배점으로 출제된다. 본 장에서는 재무비율에 대한 이론형 문제 및 계산형 문제가 주로 출제된다. 따라서 재무비율에 대한 산식을 익히고 이를 응용하여 문제를 풀 수 있도록 대비해야 한다.

구 분	출제문항 수	페이지
제1절 재무분석 및 재무제표의 이해	1 ~ 2문제	p.18
제2절 재무상태표분석	3 ~ 4문제	p.28
제3절 손익계산서분석	3 ~ 4문제	p.51
제4절 시장가치분석	2 ~ 4문제	p.84
제5절 종합분석	2 ~ 3문제	p.106
제6절 레버리지분석	1 ~ 3문제	p.121
제7절 BEP분석	2 ~ 4문제	p.133

제1장
재무분석

제1절 재무분석 및 재무제표의 이해

01 재무분석 및 재무제표의 이해 ★★★

1. 재무분석의 범위

① 재무분석은 재무제표와 기타 공시된 재무자료를 통해 이루어진다.

② 재무제표분석, 재무분석, 경영분석으로 갈수록 분석의 범위가 넓어진다.

구 분	분석의 범위
재무제표분석	재무제표 + 회계자료
재무분석	재무제표분석 + 주가, 거래량, 불량률, 시장점유율 등 계량적 분석
경영분석	재무분석 + 경영자의 능력, 경쟁강도 등 비계량적 질적 분석

③ 재무분석은 재무자료의 수집, 재무정보의 가공, 재무이론적 해석, 경영상태 파악의 절차로 이루어진다.

2. 분석주체별 재무분석의 목적

구 분	주요 목적	분석대상
경영자	경영계획수립, 경영의사결정	수익성, 안정성
금융기관(채권자)	원리금상환능력	단기여신 – 유동성 장기여신 – 수익성, 위험
주 주	주식의 구입과 처분 시기 결정	수익성과 위험 EVA(Economic Value Added)
신용평가회사	투자자들에게 유용한 정보 제공	채권의 신용등급
인수주체	대상기업의 가치판단	기업가치
감사인	회계처리의 적정성 및 계속기업의 적정성	재무상태와 경영성과
세무당국	적정과세, 탈세방지	수익성

3. 재무분석의 종류

(1) 비율분석

① 재무제표상 관련 항목을 비교하여 비율을 산출한다. 장부금액을 절대치로 비교하지 않고 상대적으로 분석하게 된다.

② 기업의 유동성, 안정성, 수익성, 활동성, 성장성, 생산성 등을 판단한다.

③ ROI, 지수법(Wall, Trant), 기업체종합평가제도 등이 해당한다.

(2) 비용구조분석

① 매출액, 비용(고정비, 변동비), 이익의 구조를 파악한다.

② 손익분기점 분석이 대표적인 비용구조분석이다.

4. 재무분석의 한계

① 주로 과거자료에 대한 분석이다. 따라서 재무분석은 미래 예측자료에 대한 절대적 기준이 될 수 없다.
② 회계자료를 이용하므로 회계처리 방법이 다른 경우에는 적절한 분석이 되지 못할 수 있다.
③ 평가기준이 주관적이다. 산업평균, 과거평균, 목표비율 등에 따라 그 결과가 달라질 수 있기 때문이다.

5. 재무제표의 이해

(1) 재무상태표

자 산	금 액	부채와 자본	금 액
Ⅰ. 유동자산	×××	Ⅰ. 유동부채	×××
당좌자산	×××	Ⅱ. 비유동부채	×××
재고자산	×××	Ⅲ. 자본	×××
Ⅱ. 비유동자산	×××		
총자산	×××	부채와 자본	×××

① 자산은 현금이 가장 위험성이 낮고 수익성도 낮다. 반대로 비유동자산이 가장 위험성이 높고 수익성도 높다. 즉, 유동자산은 위험과 수익성이 낮고 비유동자산은 위험과 수익성이 높다.
② 재무상태표상 총자산은 영업이익을 창출하는 원동력이 된다.
③ 자본조달의 위험성은 유동부채, 비유동부채, 자기자본의 순서로 낮아진다. 즉, 유동부채가 가장 위험이 높고 자본이 가장 위험이 낮다.
④ 부채는 타인자본, 자본은 자기자본이라고도 한다. 타인자본과 자기자본의 비율을 자본구조라고 한다. 기업의 재무활동은 자본구조와 밀접한 관련을 갖는다.
⑤ 기업의 입장에서는 자본의 위험이 낮으나 투자자의 입장은 반대이다. 주주의 위험이 채권자의 위험보다 높다. 따라서 주주의 요구수익률은 채권자의 요구수익률보다 높다.
⑥ 위험이 큰 비유동자산은 위험이 낮은 자본과 비유동부채 등으로 조달하여 투자될 때 기업의 안정성이 확보된다.

재무상태표

당기 20××년 ×월 ×일 현재
전기 20××년 ×월 ×일 현재

과 목	당 기	전 기
자산		
유동자산		
당좌자산		
현금및현금성자산		
단기투자자산		
매출채권		
선급비용		
이연법인세자산		
⋮		
재고자산		
제품		
재공품		
원재료		
⋮		
비유동자산		
투자자산		
투자부동산		
장기투자증권		
지분법적용투자주식		
⋮		
유형자산		
토지		
설비자산		
(−)감가상각누계액		
건설중인자산		
⋮		
무형자산		
영업권		
산업재산권		
개발비		
⋮		
기타비유동자산		
이연법인세자산		
⋮		
자산총계		

부채		
유동부채		
단기차입금		
매입채무		
당기법인세부채		
미지급비용		
이연법인세부채		
⋮		
비유동부채		
사채		
신주인수권부사채		
전환사채		
장기차입금		
퇴직급여충당부채		
장기제품보증충당부채		
이연법인세부채		
⋮		
부채총계		
자본		
자본금		
보통주자본금		
우선주자본금		
자본잉여금		
주식발행초과금		
⋮		
자본조정		
자기주식		
⋮		
기타포괄손익누계액		
매도가능증권평가손익		
해외사업환산손익		
현금흐름위험회피		
파생상품평가손익		
⋮		
이익잉여금(또는 결손금)		
법정적립금		
임의적립금		
미처분이익잉여금(또는 미처리결손금)		
자본총계		
부채 및 자본총계		

(2) 손익계산서

손익계산서는 다음과 같이 구분하여 표시한다. 다만, 제조업, 판매업 및 건설업 외의 업종에 속하는 기업은 매출총손익의 구분표시를 생략할 수 있다.

Ⅰ. 매출액
Ⅱ. 매출원가
Ⅲ. 매출총손익
Ⅳ. 판매비와관리비
Ⅴ. 영업손익
Ⅵ. 영업외수익
Ⅶ. 영업외비용
Ⅷ. 법인세비용차감전계속사업손익
Ⅸ. 계속사업손익법인세비용
Ⅹ. 계속사업손익
Ⅺ. 중단사업손익(법인세효과 차감후)
Ⅻ. 당기순손익

① 매출액은 기업의 주된 영업활동에서 발생한 제품, 상품, 용역 등의 총매출액에서 매출할인, 매출환입, 매출에누리 등을 차감한 금액이다. 차감대상 금액이 중요한 경우에는 총매출액에서 차감하는 형식으로 표시하거나 주석으로 기재한다.

② 매출액은 업종별이나 부문별로 구분하여 표시할 수 있으며, 반제품매출액, 부산물매출액, 작업폐물매출액, 수출액, 장기할부매출액 등이 중요한 경우에는 이를 구분하여 표시하거나 주석으로 기재한다.

③ 매출원가는 제품, 상품 등의 매출액에 대응되는 원가로서 판매된 제품이나 상품 등에 대한 제조원가 또는 매입원가이다. 매출원가의 산출과정은 손익계산서 본문에 표시하거나 주석으로 기재한다.

④ 판매비와관리비는 제품, 상품, 용역 등의 판매활동과 기업의 관리활동에서 발생하는 비용으로서 매출원가에 속하지 아니하는 모든 영업비용을 포함한다.

⑤ 판매비와관리비는 당해 비용을 표시하는 적절한 항목으로 구분하여 표시하거나 일괄 표시할 수 있다. 일괄 표시하는 경우에는 적절한 항목으로 구분하여 이를 주석으로 기재한다.

⑥ 영업외수익은 기업의 주된 영업활동이 아닌 활동으로부터 발생한 수익과 차익으로서 중단사업손익에 해당하지 않는 것으로 한다.

⑦ 영업외비용은 기업의 주된 영업활동이 아닌 활동으로부터 발생한 비용과 차손으로서 중단사업손익에 해당하지 않는 것으로 한다.

⑧ 계속사업손익은 기업의 계속적인 사업활동과 그와 관련된 부수적인 활동에서 발생하는 손익으로서 중단사업손익에 해당하지 않는 모든 손익을 말한다.

⑨ 계속사업손익법인세비용은 계속사업손익에 대응하여 발생한 법인세비용이다.

⑩ 중단사업손익은 중단사업으로부터 발생한 영업손익과 영업외손익으로서 사업중단직접비용과 중단사업자산손상차손을 포함하며, 법인세효과를 차감한 후의 순액으로 보고하고 중단사업손익의 산출내역을 주석으로 기재한다. 이때 중단사업손익에 대한 법인세효과는 손익계산서의 중단사업손익 다음에 괄호를 이용하여 표시한다.

⑪ 당기순손익은 계속사업손익에 중단사업손익을 가감하여 산출하며, 당기순손익에 기타포괄손익을 가감하여 산출한 포괄손익의 내용을 주석으로 기재한다. 이 경우 기타포괄손익의 각 항목은 관련된 법인세효과가 있다면 그 금액을 차감한 후의 금액으로 표시하고 법인세효과에 대한 내용을 별도로 기재한다.

손익계산서

제×기 20××년 ×월 ×일 ~ 20××년 ×월 ×일
제×기 20××년 ×월 ×일 ~ 20××년 ×월 ×일

과 목	당 기	전 기
매출액		
매출원가		
기초제품(또는 상품)재고액		
당기제품제조원가(또는 당기상품매입액)		
기말제품(또는 상품)재고액		
매출총이익(또는 매출총손실)		
판매비와관리비		
급여		
퇴직급여		
복리후생비		
임차료		
접대비		
감가상각비		
무형자산상각비		
세금과공과		
광고선전비		
연구비		
경상개발비		
⋮		
영업이익(또는 영업손실)		
영업외수익		
이자수익		
배당금수익		
임대료		
단기투자자산처분이익		
단기투자자산평가이익		
외환차익		
외화환산이익		
지분법이익		
유형자산처분이익		
사채상환이익		
전기오류수정이익		
⋮		
영업외비용		
이자비용		
기타의대손상각비		
단기투자자산처분손실		
단기투자자산평가손실		

재고자산감모손실		
외환차손		
외화환산손실		
기부금		
지분법손실		
장기투자증권손상차손		
유형자산처분손실		
사채상환손실		
전기오류수정손실		
⋮		
법인세비용차감전계속사업손익		
계속사업손익법인세비용		
계속사업이익(또는 계속사업손실)		
중단사업손익(법인세효과 : xxx원)		
당기순이익(또는 당기순손실)		

(3) 제조원가명세서

제조원가명세서

Ⅰ. 재료비		×××
기초원재료	×××	
당기매입액	×××	
기말원재료	(×××)	
Ⅱ. 노무비		×××
기본급	×××	
상여금	×××	
기타수당 등	×××	
⋮	⋮	
Ⅲ. 제조경비		×××
간접재료비	×××	
간접노무비	×××	
전기료	×××	
동력비	×××	
수도료	×××	
⋮	⋮	
Ⅳ. 당기총제조원가(= Ⅰ + Ⅱ + Ⅲ)		×××
Ⅴ. 기초재공품재고액		×××
Ⅵ. 합계(= Ⅳ + Ⅴ)		×××
Ⅶ. 기말재공품재고액		(×××)
Ⅷ. 당기제품제조원가(= Ⅵ − Ⅶ)		×××

제조원가명세서는 재무제표의 부속명세서 중 하나이다. 현행 회계기준에 따라 제조원가명세서를 공시하지 않는다.

개념완성문제

01 재무분석과 관련된 용어 중 범위가 가장 협소한 것은 경영분석이다. (O, X)

02 기업의 ( )은/는 자본구조와 밀접한 관련을 갖는다.

03 기업이 창출한 당기순이익 중에서 배당금지급액을 차감한 금액을 나타낸 것을 회계상 이익잉여금이라고 한다. 언론 등에서는 이를 사내유보금이라고도 한다. (O, X)

04 자본은 위험이 낮으므로 주주의 요구수익률은 채권자의 요구수익률보다 낮다. (O, X)

정답 및 해설

01 X 경영분석 > 재무분석 > 재무제표분석의 순으로 범위가 넓다.

02 재무활동

03 O

04 X 자본은 타인자본에 비해 위험이 낮다. 하지만 회사 입장이 아닌 투자주체 입장에서 고려해보면 주주는 채권자보다 위험을 더 부담하게 된다. 따라서 주주의 요구수익률은 채권자의 요구수익률보다 높다.

출제예상문제

✓ 학습시간이 부족하거나 시험 전 최종정리를 하고 싶은 경우에는 출제빈도(★~★★★)가 높은 문제를 우선으로 풀이할 수 있습니다.
✓ 다시 봐야 할 문제(풀지 못한 문제, 헷갈리는 문제 등)는 문제 번호 하단의 네모박스(□)에 체크하여 반복 학습할 수 있습니다.

★ 재무제표의 이해

01 □□□ **다음 중 위험이 가장 높은 자산은 무엇인가?**

① 현금및현금성자산 ② 재고자산 ③ 매출채권
④ 장기예금 ⑤ 유형자산

★ 재무제표의 이해

02 □□□ **자본조달과 관련하여 위험의 크기가 큰 순서대로 적절하게 조합한 것은?**

가. 유동성장기부채	나. 장기차입금(사채)	다. 자본금

① 가 – 나 – 다 ② 가 – 다 – 나 ③ 나 – 다 – 가
④ 다 – 나 – 가 ⑤ 다 – 가 – 나

★ 재무제표의 이해

03 □□□ **다음 중 자본조달의 위험성이 가장 낮은 것은?**

① 만기 6개월의 차입금 ② 만기 1년의 회사채 ③ 이익잉여금
④ 전환사채 ⑤ 상환전환우선주

★ 재무제표의 이해

04 재무제표에 관한 설명 중 옳지 않은 것은?

□□□

① 재무상태표에 기록된 장부가치는 일반적으로 구입 시점의 가치를 의미한다.
② 재무상태표상 총자산과 대응되는 손익계산서 항목은 영업이익이다.
③ 재무상태표상 자본은 타인자본과 자기자본을 합한 것이다.
④ 이익잉여금처분계산서상 회계변경의 누적효과는 처분전이익잉여금에 계상된다.
⑤ 자본변동표상 전기오류수정이익은 이익잉여금에 표시된다.

★ 재무제표의 이해

05 자본조달에 관한 설명 중 옳지 않은 것은?

□□□

① 기업입장에서 자본조달의 위험성은 자기자본, 비유동부채, 유동부채 순으로 높아진다.
② 기업입장에서 위험이 큰 비유동자산은 위험이 낮은 유동부채로 조달하는 것이 안정적이다.
③ 자산의 위험이 증가할수록 기대수익도 높아진다.
④ 위험이 큰 자산은 위험이 낮은 자기자본이나 장기부채로 조달하는 것이 안정적이다.
⑤ 투자자의 입장에서 주식(기업의 자기자본)보다 회사채가 안정적인 투자처이다.

★ 재무제표의 이해

06 다음 중 당기제품제조원가에 포함되지 않는 것은?

□□□

① 매출원가　② 노무비　③ (제조)경비
④ 기초재공품원가　⑤ 재료비

정답 및 해설

01 ⑤ 자산의 위험 : 비유동자산 > 유동자산 ➲ 유동성의 역순

02 ① 위험의 크기 : 유동부채 > 비유동부채 > 자본

03 ③ 자기자본(자본금, 이익잉여금, 주식발행초과금 등)으로 자본조달하는 것이 타인자본으로 자본조달하는 것에 비해 기업입장에서 위험이 낮다.

04 ③ 재무상태표상 자본은 자기자본만을 말한다.

05 ② 위험이 큰 비유동자산은 비유동부채로 조달하는 것이 안정적이다.

06 ① 기초제품 + 당기제품제조원가 − 기말제품 = 매출원가

제2절 재무상태표분석

01 유동성분석 ★★★

1. 의의

① 유동성비율은 단기채무 지급능력을 측정하는 데 효과적이다.
② 유동성(Liquidity)이란 특정 자산을 필요할 때마다 현금으로 바꿀 수 있는 능력을 말한다.
③ 현금화할 수 있는 자산이 많으면 유동성이 높다. 예를 들어, 대부분의 자산을 부동산으로 보유하고 있는 회사는 현금화할 수 있는 자산이 적으므로 유동성이 낮다. 반대로 채권이나 재고자산 형태로 대부분의 자산을 보유하고 있는 회사는 현금화할 수 있는 자산이 많으므로 유동성이 높다.

2. 주요비율

(1) 유동비율(Current Ratio)

$$유동비율 = \frac{유동자산}{유동부채}$$

① 일반적으로 유동비율이 100% 이하이면 단기지급능력이 부족하다고 할 수 있다.
② 유동비율이 100%인 경우에도 기업의 유동성은 충분하다고 볼 수 없다. 1년 이내에 회수되지 않는 매출채권이 존재할 수 있고, 재고자산 중에서도 시장성을 상실하여 감액하거나 도난·분실·증발 등의 사유로 감모를 인식해야 하는 경우도 발생할 수 있다. 이론적인 유동비율의 목표비율은 200% 이상이다.
③ 유동비율의 문제점은 재고자산의 현금화 속도 및 현금화 가능성이 기업마다 다르기 때문에 이를 일률적으로 적용하는 데 무리가 있다는 것이다.

(2) 당좌비율(Quick Ratio, 산성시험비율)

$$당좌비율 = \frac{당좌자산}{유동부채} = \frac{유동자산 - 재고자산}{유동부채}$$

① 재고자산은 판매과정을 거쳐야 현금화할 수 있으므로 현금, 예금 또는 매출채권 등과 같은 당좌자산과 비교할 때 유동성이 낮다. 또한 재고자산은 개별법, 선입선출법, 후입선출법 등의 평가방법에 따라 그 가치가 달라질 수 있다. 당좌비율은 이러한 재고자산효과를 제거함으로써 현금화가 쉬운 당좌자산만으로 단기채무 지불능력을 계산하므로 유동비율의 문제점을 극복한 합리적인 방법(보수적인 방법)으로 볼 수 있다.
② 이론적인 당좌비율의 목표비율은 100% 이상이다.

(3) 현금비율(Cash Ratio)

$$현금비율 = \frac{현금및현금성자산}{유동부채}$$

① 현금비율은 단기채무 지불능력을 판단함에 있어 현금및현금성자산만으로 평가하도록 한다. 따라서 당좌비율보다 더 엄격하고 보수적이다. 즉, 유동비율 < 당좌비율 < 현금비율의 순으로 보수적이다.

② 현금비율은 매출채권과 재고자산의 현금화 정도가 낮은 기업의 유동성분석에 유용하다. 예를 들어, 법정관리 중인 기업 또는 상장폐지가 된 기업은 매출채권 회수와 재고자산의 판매에 많은 어려움이 있을 것이다. 이 경우 현금비율은 현금및현금성자산만으로 유동성을 분석하기 때문에 유용한 방법일 수 있다.

③ 이론적인 적정현금비율은 20% 정도이다. 지나치게 현금보유비율이 높은 기업은 수익성 측면에서는 바람직하지 않다.

현금보유비율

$$\text{현금보유비율} = \frac{\text{현금및현금성자산}}{\text{총자산 또는 매출액}}$$

현금흐름분석에서는 현금보유비율이라는 용어를 사용하며, 재무분석에서 사용하는 현금비율과는 그 용어가 비슷하지만 내용이 다르다. 현금보유비율은 업종에 따른 적정현금보유비율을 측정하기 위한 것이다. 일반적으로 운전자금 수요가 많은 업종은 현금보유비율이 높아야 하며, 운전자금 수요가 적은 업종은 그에 비해 현금보유비율이 낮아도 된다.

(4) 순운전자본비율(Net Working Capital to Total Asset)

$$\text{순운전자본비율} = \frac{\text{순운전자본}}{\text{총자산}} = \frac{\text{유동자산} - \text{유동부채}}{\text{총자산}}$$

① 순운전자본비율은 기업부실예측모형(Bankruptcy Forecasting Model)으로 많이 활용되고 있다.

② 알트만(Altman)의 부실예측모형(Z-Score Model)과 비버(Beaver)의 연구모형 등에서 투입변수로 활용되고 있다.

③ 유동비율 중에서 순운전자본비율만 음(-)의 값을 가질 수 있다.

02 레버리지분석 ★

1. 의의

① 레버리지(Leverage)는 영어로 '지렛대'라는 의미이다. 금융에서는 기업의 부채의존도를 말하는데, 자산투자 수익증대를 위해 자기자본뿐만 아니라 타인자본을 이용하는 투자전략을 말한다.

② (재무)레버리지비율은 기업이 타인자본의존도를 말하는 것이고, 부채성 비율(안정성 비율)을 의미한다.

③ 재무분석에서 레버리지비율은 타인자본에 의한 손익확대효과를 분석하기 위한 지표이다. 레버리지비율에는 부채비율, 자기자본비율, 차입금의존도, 차입금평균이자율, 이자보상비(배)율, 순이자보상비(배)율, EBITDA/이자비용비율 등이 있다.

④ 참고로 비용구조분석에서 레버리지의 의미는 고정비용이 있을 때 매출액의 변화가 기업의 손익에 미치는 영향을 말하는 것이다.

2. 주요비율

(1) 부채비율(Debt Ratio)

$$\text{부채비율} = \frac{\text{부채}}{\text{자기자본}}$$

① 부채비율은 기업 자본구조의 안정성을 측정하는 지표이다.
② 적정부채비율에 대해 정해진 바는 없으므로 기업마다 목표부채비율을 정해 놓고 적정부채비율을 관리하는 것이 중요하다.
③ 부채비율은 타인자본 사용의 적정성을 가늠할 수 있는 가장 기초적인 지표이다.

(2) 자기자본비율(Net Worth to Total Asset)

$$\text{자기자본비율} = \frac{\text{자기자본}}{\text{총자본}} = \frac{\text{자기자본}}{\text{자기자본} + \text{타인자본}} = \frac{\text{자기자본}}{\text{총자산}}$$

① 자기자본비율(Net Worth to Total Asset)은 총자본에서 자기자본이 차지하는 비율로, 총자본 중에서 자기자본이 차지하고 있는 비중을 나타낸다. 자기자본비율은 기업의 안정성을 측정하는 비율로 사용된다.
② 총자본은 자기자본(자본)과 타인자본(부채)의 합계이다. 그 결과 총자본은 총자산과 동일한 금액이다.
③ 부채비율과 자기자본비율은 반비례 관계에 있다. 부채비율이 높으면 자기자본비율은 낮아지고, 반대로 부채비율이 낮으면 자기자본비율은 높아진다.

(3) 차입금의존도

$$\text{차입금의존도} = \frac{\text{장·단기차입금} + \text{회사채}}{\text{총자본}} = \frac{\text{장·단기차입금} + \text{회사채}}{\text{총자산}}$$

① 차입금의존도는 총자본 중에서 장·단기차입금과 회사채가 차지하는 비율로, 기업이 차입금에 의존하는 정도를 나타낸다.
② 차입금은 이자발생 부채로 기업은 차입금에 대한 이자를 부담해야 한다.
③ 총자본은 자기자본(자본)과 타인자본(부채)의 합계이다. 그 결과 총자본은 총자산과 동일한 금액이다.

(4) 차입금평균이자율

$$\text{차입금평균이자율} = \frac{\text{이자비용}}{(\text{장·단기차입금} + \text{회사채})\text{평균잔액}}$$

① 차입금평균이자율은 이자비용을 장·단기차입금과 회사채로 나눈 비율이다.
② 재무상태표 계정과 손익계산서 계정을 함께 사용하여 비율을 분석하는 경우에는 재무상태표 항목은 평균잔액으로 계산한다.
③ 재무상태표상 자산·부채의 평균잔액은 이론적으로 매일의 잔액을 합산하여 365(366)로 나누는 방법, 월말의 잔액을 합산하여 12로 나누는 방법, 기초와 기말의 잔액을 합산하여 2로 나누는 방법이 있다. 이 중 시험에서는 기초와 기말의 잔액을 합산하여 2로 나누는 방법을 사용한다. 다만, 별도의 언급이 없으면 기초와 기말잔액은 동일하다고 가정한다.

(5) 이자보상비(배)율

$$이자보상비(배)율 = \frac{영업이익}{이자비용}$$

① 이자보상비율은 손익계산서상 레버리지를 측정하는 지표가 된다. 이자보상비율은 부채비율보다 채무불이행 위험을 직접적으로 나타내 준다고 볼 수 있다.
② 이자보상비율이 1보다 큰 경우 기업은 영업이익으로 이자비용을 부담하고 추가 이익을 낼 수 있다. 즉, 기업의 이자지급능력이 어느 정도 있다는 의미이다. 반대로 1보다 작다면 기업은 영업이익으로 이자비용조차 갚지 못하므로 이자를 지급하기 위해 추가로 자금을 차입해야 하는 상황이 발생한다.
③ 이자보상비율이 1이라면 기업의 영업이익으로 이자비용만을 갚는 상황이므로 주주에 대한 보상은 이루어지지 않는다. 이 경우 주주 몫의 가치가 낮아지므로 기업가치는 감소하게 된다.

(6) 순이자보상비(배)율

$$순이자보상비(배)율 = \frac{영업이익}{이자비용 - 이자수익}$$

① 순이자보상비(배)율(Net Interest Coverage Ratio)은 이자비용에서 이자수익을 차감한 금액 중 영업이익이 차지하는 비율을 의미하며, 기업의 실질적인 이자지급능력을 판단하는 데 유용한 지표로 사용된다.
② 이자보상비(배)율의 분모에서 이자수익을 차감하면 순이자보상비(배)율이 된다.
③ 이자수익이 존재하는 경우 순이자보상비(배)율은 이자보상비(배)율보다 상대적으로 높게 나타난다.

(7) EBITDA/이자비용비율

$$EBITDA/이자비용비율 = \frac{EBITDA}{이자비용}$$
$$= \frac{세전순이익 + 이자비용 + 감가상각비(무형자산상각비\ 포함)}{이자비용}$$

① EBITDA/이자비용비율은 EBITDA를 이자비용으로 나눈 비율이다.
② EBITDA(Earnings Before Interest, Taxes, Depreciation and Amortization)는 법인세·이자비용·감가상각비차감전영업이익을 말한다.
③ 한국은행이 제시하고 있는 재무분석에서 EBITDA는 세전순이익에 이자비용과 감가상각비를 더하여 계산한다.
④ 현금흐름분석에서 EBITDA는 손익계산서상 영업이익에 감가상각비를 더하여 계산한다.
⑤ 현금흐름분석에서 EBITDA 계산은 분석을 단순화하기 위하여 영업외수익은 없으며, 영업외비용은 이자비용만 있다고 가정한 것이다.
⑥ 현금지출이 수반되지 않는 감가상각비를 제외한 이익을 이용하여 이자비용 상환능력이 있는지를 보는 것이다.
⑦ 이자보상비율이 1 이하이더라도 감가상각비까지 감안한 EBITDA/이자비용의 비율이 1을 초과하는 경우에는 채무자에 대한 이자지급능력이 있다고 할 수 있다.

03 자본배분 안정성분석 ★

1. 의의

자본배분의 안정성분석은 타인자본과 자기자본으로 조달된 자본이 기업의 자산에 얼마나 적절하게 배분되고 있는지를 측정하는 것이다.

2. 주요비율

(1) 비유동비율(고정비율)

$$비유동비율(고정비율) = \frac{비유동자산}{자기자본}$$

① 비유동비율(Non-Current Ratio)은 자기자본에서 비유동자산이 차지하는 비율로, 비유동자산에 자기자본을 얼마나 투자하였는지를 나타내는 지표이다.
② 자기자본이 비유동자산에 투입된 정도를 말하며, 이는 자기자본의 고정화 정도(단기간 내에 현금화가 불가능하여 고정화라고 부른다)를 나타낸다.
③ 비유동비율은 산업의 특성에 따라 차이를 보인다. 자본집약적 산업에서는 비유동자산의 비중이 높으므로 비유동비율이 높으며, 서비스산업에서는 비유동비율이 낮다.
④ 비유동비율이 100%를 초과하는 경우는 비유동자산에 투입된 자본(자금)이 일부 타인자본(부채)으로 조달되고 있다고 볼 수 있다. 때로는 미래 수익성을 위해서 어느 정도의 부채를 조달하여 투자하는 것이 바람직하므로 비유동비율이 100%를 초과하는 것이 안정성에 크게 문제가 있다고 볼 수는 없다.

(2) 비유동장기적합률(고정장기적합률)

$$비유동장기적합률(고정장기적합률) = \frac{비유동자산}{자기자본 + 비유동부채}$$

① 비유동장기적합률은 타인자본조달까지 포함하여 비유동비율을 확대한 개념이다.
② 설비자산(비유동자산)에 소요되는 자본 중 자기자본으로 부족한 부분은 타인자본으로 조달한다.
③ 비유동장기적합률은 기업의 자본배분의 안정성을 평가하는 데 적합한 지표이다.
④ 일반적으로 비유동장기적합률은 100% 이하를 적정비율로 판단하고 있다. 비유동장기적합률이 100%를 초과한다면 비유동자산에 투자하기 위하여 조달한 부채 중 유동부채가 포함된 것으로 보아 자본배분이 부적절하다고 본다.
⑤ 비유동장기적합률과 유동비율은 반비례 관계에 있다.

비유동장기적합률과 유동비율의 반비례 관계

〈상황1〉

유동자산	100	유동부채	150
비유동자산	100	비유동부채 + 자기자본	50
총자산	200	총자본	200

유동비율 = 66.7%, 비유동장기적합률 = 200%

〈상황2〉

유동자산	100	유동부채	100
비유동자산	100	비유동부채 + 자기자본	100
총자산	200	총자본	200

유동비율 = 100%, 비유동장기적합률 = 100%

〈상황3〉

유동자산	100	유동부채	50
비유동자산	100	비유동부채 + 자기자본	150
총자산	200	총자본	200

유동비율 = 200%, 비유동장기적합률 = 66.7%

04 자산구성분석 ★

1. 정의

자산구성(Asset Portfolio)이란 재무상태표에 나타난 각종 자산들의 상태와 구성내용을 의미하며, 자산구성분석이란 재무상태표에 제시된 자산들의 구성내용을 파악하여 분석하는 것이다.

2. 주요비율

(1) 유동자산구성비율

$$\text{유동자산구성비율} = \frac{\text{유동자산}}{\text{총자산}}$$

① 유동자산구성비율은 안정성과는 비례 관계에 있으나 수익성과는 반비례 관계에 있다. 즉, 유동자산구성비율이 높아지면 안정성은 높아지나 수익성은 떨어진다.

② 유통업, 경공업(예 식료품업, 섬유업 등)의 경우에는 유동자산구성비율이 높고 중공업(예 철강업, 금속업, 자동차업 등)은 유동자산구성비율이 낮다.

(2) 유형자산구성비율

$$\text{유형자산구성비율} = \frac{\text{유형자산}}{\text{총자산}}$$

① 유형자산구성비율이 높다는 것은 총자산 가운데 유형자산을 많이 보유하고 있다는 의미로 비용측면에서는 고정비 비중이 크다는 것을 의미한다.

② 고정비 비중이 크다는 것은 영업레버리지(Operating Leverage)가 높다는 것을 의미한다.

③ 영업레버리지가 높으면 경기변동에 손익의 변동성이 크게 나타나므로 경기변동에 따른 위험이 크다. 만약 재무레버리지(Financial Leverage)까지 높으면 기업의 위험도는 더욱 높아진다.

(3) 투자자산구성비율

$$투자자산구성비율 = \frac{투자자산}{총자산}$$

① 기업에서는 장기적으로 다른 기업을 지배하기 위한 목적으로 투자자산을 보유한다.

② 투자자산구성비율이 높은 회사는 지주회사(Holding Company) 형태일 수 있다.

③ 투자자산의 보유는 다른 계열회사를 지배할 목적으로 이루어지는 경우가 많기 때문에 대주주 입장과 소액주주 또는 채권자의 입장이 다를 수 있다. 계열회사라는 것이 대주주가 다른 회사를 지배할 목적인 경우가 많기 때문이다.

개념완성문제

01 유동성분석을 통해 부채에 대한 단기지급능력, 지급불능위험, 유동자산과 유동부채의 적합성, 단기간 부실예측모형을 알 수 있다. (O, X)

02 이론적으로는 유동비율이 (　　)% 이상으로 유지되는 것이 바람직하다고 보는 경향이 있다.

03 유동비율(Current Ratio)은 유동자산을 유동부채로 나눈 비율이고 당좌비율(Quick Ratio)은 당좌자산을 유동부채로 나눈 비율이며, 당좌자산은 유동자산에서 매출채권을 제외한 자산이다. (O, X)

04 유동성분석에서 유동비율 < 현금비율 < 당좌비율의 순으로 보수적이다. (O, X)

05 유동자산을 많이 보유하면 안정성과 수익성을 동시에 높일 수 있다. (O, X)

06 현금비율(Cash Ratio)은 유동자산 중 (　　)을/를 유동부채로 나눈 비율이고, 순운전자본비율(Net Working Capital to Total Asset)은 순운전자본을 총자산으로 나눈 비율이며, 순운전자본은 (　　)에서 (　　)을/를 차감한 금액을 의미한다.

07 부채비율(Debt Ratio)은 재무상태표의 부채를 자기자본으로 나눈 비율로, 일반적으로 부채비율은 200% 정도가 적정하다고 본다. (O, X)

08 자기자본비율(Net Worth to Total Asset)은 자기자본을 총자본으로 나눈 비율이며, 기업의 (　　)을/를 측정하는 비율로 사용된다.

정답 및 해설

01 O

02 200

03 X　당좌자산은 유동자산에서 재고자산을 제외한 자산이다.

04 X　유동비율 < 당좌비율 < 현금비율의 순으로 보수적이다.

05 X　현금흐름의 불확실성 입장에서 유동자산은 안정성은 높으나 그 수익성은 낮다.

06 현금및현금성자산, 유동자산, 유동부채

07 X　적정부채비율에 대해서는 정해진 바가 없으므로, 기업마다 적정부채비율을 관리하는 것이 중요하다.

08 안정성

09 부채비율이 100% 이상인 경우 자기자본비율은 ( ) 이하이다.

10 이자보상비(배)율(Interest Coverage Ratio)은 영업이익을 이자비용으로 나눈 비율로 이자보상비율이 1이라면 기업가치는 증가하게 된다. (O, X)

11 감가상각비가 존재하는 경우 EBITDA/이자비용비율이 이자보상비율보다 일반적으로 낮다. (O, X)

12 비유동비율은 비유동자산이 ( ) 범위 내에서 소요된 자금으로 투자되었는지를 확인하는 지표이다.

13 성장성이 높은 기업은 비유동비율이 낮다. (O, X)

14 일반적으로 비유동장기적합률은 ( ) 이하를 적정비율로 판단하고 있다.

15 비유동장기적합률과 유동비율은 비례 관계라고 볼 수 있다. (O, X)

16 자산구성분석을 알려주는 지표는 유동자산구성비율, 유형자산구성비율, 투자자산구성비율, 순운전자본비율 등이 있다. (O, X)

17 유동자산구성비율이 높다는 것은 기업의 유동성이 높으므로, 수익성이 떨어질 수 있다는 것이다. (O, X)

정답 및 해설

09 50%

총자산 2	부채 1
	자기자본 1

10 X 이자보상비율이 1이라면 기업의 영업이익으로 이자비용만을 갚는 상황이므로 주주에 대한 보상은 이루어지지 않는다. 따라서, 주주의 가치가 낮아지게 되어 기업가치는 감소한다.

11 X 감가상각비가 존재하는 경우 EBITDA/이자비용비율이 이자보상비율보다 높다.

12 자기자본

13 X 성장성이 높은 기업은 타인자본을 조달하면서 비유동자산에 투자하기 때문에 비유동비율이 높다.

14 100%

15 X 비유동장기적합률과 유동비율은 반비례 관계로 볼 수 있다.

16 X 순운전자본비율은 기업의 유동성을 알려주는 지표인 유동성비율 중 하나이다.

17 O

출제예상문제

✔ 학습시간이 부족하거나 시험 전 최종정리를 하고 싶은 경우에는 출제빈도(★~★★★)가 높은 문제를 우선으로 풀이할 수 있습니다.
✔ 다시 봐야 할 문제(풀지 못한 문제, 헷갈리는 문제 등)는 문제 번호 하단의 네모박스(□)에 체크하여 반복 학습할 수 있습니다.

★ 유동성분석

01 □□□ **다음 재무비율 중 유동성비율에 속하지 않는 것은?**

① 현금비율　② 당좌비율　③ 순운전자본비율
④ 유동비율　⑤ 부채비율

★★ 유동성분석

02 □□□ **다음 중 유동성분석과 가장 거리가 먼 것은?**

① 단기지급능력
② 지급불능위험
③ 유동자산과 유동부채의 적합성
④ 경영성과분석
⑤ 단기간 부실예측모형

정답 및 해설

01 ⑤ 부채비율은 레버리지 관련 비율이다.

02 ④ 유동성분석은 재무상태표만을 이용하는 반면, 경영성과와 관련된 내용은 손익계산서를 이용해야 하므로 유동성분석의 대상이 아니다.

★★★ 유동성분석

03 □□□

다음 중 유동성에 관한 비율의 설명한 것으로 옳지 않은 것은?

① 당좌비율이 현금비율보다 더 보수적인 비율이다.
② 순운전자본비율은 총자산에서 순운전자본이 차지하는 비율이다.
③ 유동비율에서 재고효과를 제거하고 다시 계산한 것이 당좌비율이다.
④ 당좌비율이 유동비율보다 더 보수적인 비율이다.
⑤ 유동비율이 100% 이하인 경우에는 단기지급능력에 의문이 제기된다.

★ 유동성분석

04 □□□

다음 중 판매부진으로 진부화재고가 많은 기업의 유동성을 분석하는 데 가장 적합한 비율은 무엇인가?

① 현금비율 ② 당좌비율 ③ 유동비율
④ 안정성비율 ⑤ 순운전자본비율

★ 유동성분석

05 □□□

유동성비율과 관련된 내용 중 일치하지 않은 것은?

① 동종산업 대비 유동비율은 낮고 당좌비율은 적정한 경우 재고자산은 과대계상된 것으로 추론할 수 있다.
② 유동성비율을 계산할 때 유동비율, 당좌비율, 현금비율의 순서로 보수적이다.
③ 기업부실예측모형으로 가장 많이 사용되는 유동성비율은 순운전자본비율이다.
④ 유동성비율 중에서 가장 직접적인 비율은 현금비율이다.
⑤ 판매부진으로 인한 부실재고가 많은 기업의 유동성을 분석하는 데 적합한 비율은 당좌비율이다.

★★ 유동성분석

06 □□□

총자산이 100억원, 유동자산이 50억원, 현금및현금성자산이 20억원, 총부채가 60억원, 비유동부채가 20억원일 때, 유동비율은 얼마인가?

① 80% ② 100% ③ 125% ④ 150% ⑤ 200%

★★★ 유동성분석

07 □□□

A기업의 유동자산이 20억원, 재고자산이 10억원, 총자산이 50억원, 유동부채가 20억원이다. 만일 A기업이 재고자산 5억원을 현금으로 구입할 경우, 당좌비율과 유동비율은 어떻게 변화되는가?

	당좌비율	유동비율
①	증 가	변화 없음
②	감 소	변화 없음
③	감 소	증 가
④	증 가	증 가
⑤	증 가	감 소

★★ 유동성분석

08 □□□

A기업의 유동자산이 30억원, 재고자산이 10억원, 총자산이 50억원, 유동부채가 20억원이다. 만일 A기업이 기계장치 5억원을 외상으로 구입할 경우, 유동비율과 순운전자본비율은 어떻게 변화되는가?

	유동비율	순운전자본비율
①	감 소	감 소
②	감 소	증 가
③	증 가	감 소
④	증 가	증 가
⑤	변화 없음	변화 없음

정답 및 해설

03 ① 현금비율이 가장 보수적인 비율이다.

04 ② 당좌비율은 재고효과를 제거한 후의 유동성을 분석하는 데 도움이 된다.

05 ① 재고자산은 과소계상된 것으로 추론할 수 있다.

06 ③ 유동비율 $= \frac{\text{유동자산}}{\text{유동부채}} = \frac{50억}{60억 - 20억} = 125\%$

07 ②
- 당좌비율 : 현금이 감소하여 당좌자산이 감소하므로 당좌비율은 감소한다.
- 유동비율 : 현금이 재고자산으로 대체되는 것에 불과하여 유동비율은 변화가 없다.

08 ①

구 분	정 의	거래 전	거래 후	증 감
유동비율	$\frac{\text{유동자산}}{\text{유동부채}}$	$\frac{30억}{20억} = 150\%$	$\frac{30억}{20억 + 5억} = 120\%$	감 소
순운전자본비율	$\frac{\text{순운전자산}}{\text{총자본}}$	$\frac{30억 - 20억}{50억} = 20\%$	$\frac{30억 - 25억}{50억 + 5억} \fallingdotseq 9\%$	감 소

참고 기계장치를 외상으로 구입하는 경우, 총자산과 유동부채는 증가하나 유동자산은 변화가 없다.

★
유동성분석

09 □□□

어느 기업은 유동비율이 높지만 당좌비율은 낮다고 할 때, 추론할 수 있는 것은?

① 효율적인 부채관리가 되고 있다.
② 판매관리비를 비효율적으로 사용하고 있다.
③ 비효율적인 인력운영을 하고 있다.
④ 재고자산이 과도하다.
⑤ 유형자산이 과도하다.

★★★
유동성분석

10 □□□

다음 중 유동비율에 대한 설명으로 옳지 않은 것은?

① 유동비율은 유동부채의 몇 배의 유동자산을 가지고 있는가를 나타낸다.
② 유동비율이 높을수록 단기지불능력이 좋다고 할 수 있다.
③ 이론상 유동비율이 200% 이상으로 유지되는 것이 바람직하다고 보는 경향이 있으나, 지나치게 유동비율이 높은 경우 수익성이 떨어질 수 있다.
④ 유동비율이 높은 경우 비유동장기적합률은 낮게 측정된다.
⑤ 매출채권과 재고자산의 비중이 높은 회사는 대체로 유동비율이 낮게 측정된다.

★★
유동성분석

11 □□□

다음 중 유동성에 관한 설명으로 옳지 않은 것은?

① 과다한 유동성은 수익성을 악화시킬 수 있다.
② 매출채권이 재고자산보다 유동성이 좋다고 할 수 있다.
③ 매출채권이 재고자산보다 현금흐름의 불확실성이 높다.
④ 유동자산이 비유동자산에 비해 덜 위험하다.
⑤ 위험이 낮은 유동자산과 위험이 높은 유동부채의 균형이 맞는 것이 바람직하다.

★★ 레버리지분석

12 □□□ **다음 A기업의 재무상태표를 보고 수치를 계산한 것 중 옳지 않은 것은?**

〈재무상태표〉

A기업 (단위 : 백만원)

현금	1,000	매입채무	2,000
매출채권	2,000	단기차입금	3,000
재고자산	2,000	장기차입금	2,500
비유동자산	5,000	자본	2,500
총자산	10,000	총자본	10,000

① 당좌비율 : 60%
② 현금비율 : 20%
③ 유동비율 : 100%
④ 부채비율 : 300%
⑤ 차입금의존도 : 75%

★ 레버리지분석

13 □□□ **다음 중 레버리지비율에 속하지 않는 것은?**

① 부채비율 ② 유동비율 ③ 이자보상비율
④ 차입금의존도 ⑤ 자기자본비율

정답 및 해설

09 ④ 유동비율이 높고 당좌비율이 낮다는 것은 재고자산이 많다는 것을 의미한다.

10 ⑤ 매출채권과 재고자산의 비중이 높은 회사는 유동비율이 높게 측정된다.

오답체크

④ 유동비율과 비유동장기적합률은 반비례 관계에 있다.

11 ③ 매출채권이 재고자산보다 현금유입의 가능성이 확실하므로 유동성이 높다.

12 ⑤ $\text{차입금의존도} = \frac{\text{장·단기차입금 + 회사채}}{\text{총자본}} = \frac{5,500}{10,000} = 55\%$

오답체크

① $\text{당좌비율} = \frac{\text{현금 + 매출채권}}{\text{유동부채}} = \frac{1,000 + 2,000}{5,000} = 60\%$

② $\text{현금비율} = \frac{\text{현금및현금성자산}}{\text{유동부채}} = \frac{1,000}{5,000} = 20\%$

③ $\text{유동비율} = \frac{\text{유동자산}}{\text{유동부채}} = \frac{5,000}{5,000} = 100\%$

④ $\text{부채비율} = \frac{\text{부채}}{\text{자기자본}} = \frac{7,500}{2,500} = 300\%$

13 ② 레버리지비율은 차입금을 통한 손익확대효과에 관련된 비율이다. 따라서 유동비율은 레버리지비율에 속하지 않는다.

★
레버리지분석

14 □□□

A기업은 총자산이 100억원, 자기자본이 50억원이고, B기업은 총자산이 200억원, 자기자본이 80억원이다. 다음 중 두 기업을 비교한 설명으로 옳지 않은 것은?

① A기업의 부채비율이 B기업의 부채비율보다 낮다.
② A기업의 자기자본비율이 B기업의 자기자본비율보다 높다.
③ B기업의 부채비율이 A기업보다 높기 때문에 차입금의존도도 당연히 B기업이 A기업보다 높다고 할 수 있다.
④ B기업의 형태가 A기업보다 레버리지효과가 크다.
⑤ 경기상황이 악화될 때 B기업은 A기업보다 부도위험이 더 크다고 할 수 있다.

★★
레버리지분석

15 □□□

자기자본비율이 20%이면 부채비율은 얼마인가?

① 200% ② 250% ③ 300% ④ 400% ⑤ 500%

★★
레버리지분석

16 □□□

A회사의 재무상태표상 총자산 100억원, 총부채 60억원, 단기차입금 20억원, 회사채 10억원이고, 다른 차입금은 없다. 손익계산서상 영업이익은 9억원, 이자비용은 3억원이다. 다음 중 A회사의 레버리지비율을 분석한 것으로 옳지 않은 것은? (단 재무상태표상 기초금액과 기말금액은 일치한다)

① 부채비율은 150%이다.
② 자기자본비율은 40%이다.
③ 차입금의존도는 30%이다.
④ 차입금평균이자율은 5%이다.
⑤ 이자보상비율은 3배이다.

★ 레버리지분석

17 동종기업과 비교해볼 때 부채비율과 이자보상비율이 높은 경우에 추론할 수 있는 것은?

① 자기자본비중이 높다.
② 이자지급능력이 좋지 못하다.
③ 영업이익 창출능력이 좋다.
④ 영업외수익이 낮다.
⑤ 차입금평균이자율이 비교적 높다.

★ 레버리지분석

18 A기업의 총자산 150억원, 총부채 100억원, 매입채무 20억원, 단기차입금 30억원, 장기차입금 20억원, 퇴직급여충당부채 20억원, 사채 10억원일 때, A기업의 차입금의존도를 나타낸 것으로 옳은 것은?

① 40%　② 45%　③ 50%　④ 60%　⑤ 75%

정답 및 해설

14 ③ 부채비율이 높다고 해서 차입금의존도도 반드시 높다고 할 수 없다. 부채에는 영업채무(상사채무)도 포함되어 있기 때문이다.

참고 $\text{차입금의존도} = \dfrac{\text{장·단기차입금 + 회사채}}{\text{총자본}}$

15 ④ $\text{부채비율} = \dfrac{\text{부채}}{\text{자기자본}} = 400\%$

총자산	5	부채	4
		자기자본	1

16 ④ $\text{차입금평균이자율} = \dfrac{\text{이자비용}}{\text{장·단기차입금 + 회사채}} = \dfrac{3\text{억}}{20\text{억} + 10\text{억}} = 10\%$

오답체크

① $\text{부채비율} = \dfrac{\text{부채}}{\text{자기자본}} = \dfrac{60\text{억}}{40\text{억}} = 150\%$

② $\text{자기자본비율} = \dfrac{\text{자기자본}}{\text{총자산(총자본)}} = \dfrac{40\text{억}}{100\text{억}} = 40\%$

③ $\text{차입금의존도} = \dfrac{\text{장·단기차입금 + 회사채}}{\text{총자산(총자본)}} = \dfrac{20\text{억} + 10\text{억}}{100\text{억}} = 30\%$

⑤ $\text{이자보상비율} = \dfrac{\text{영업이익}}{\text{이자비용}} = \dfrac{9\text{억}}{3\text{억}} = 3\text{배}$

17 ③ 이자보상비율이 높다는 것은 영업이익이 동종기업에 비해 높다는 것을 의미한다.

참고 $\text{이자보상비율} = \dfrac{\text{영업이익}}{\text{이자비용}}$

18 ① $\text{차입금의존도} = \dfrac{\text{장·단기차입금 + 회사채}}{\text{총자산(총자본)}} = \dfrac{(30\text{억원} + 20\text{억원} + 10\text{억원})}{150\text{억원}} = 40\%$

★★★ 레버리지분석

19 □□□

다음 중 이자보상비율에 대한 설명으로 옳지 않은 것은?

① 이자보상비율이 1인 경우 부채비율은 낮은 편이다.
② 이자보상비율은 추가로 부채를 차입할지 여부를 결정할 때 활용할 수 있는 지표이다.
③ 이자보상비율이 1인 경우 기업가치는 감소한다.
④ 이자보상비율이 1인 경우 주주에 대한 보상은 이루어지지 않는다.
⑤ 이자보상비율이 1인 경우 감가상각까지 감안하면 채무자에 대한 이자지급능력이 있다고 할 수 있다.

★★★ 레버리지분석

20 □□□

매출액은 100억원, 매출총이익은 10억원, 법인세차감전순이익은 3억원, 당기순이익은 2억원, 영업외비용은 4억원, 영업외수익은 1억원, 이자보상비율은 1.5배일 때, 이자비용은 얼마인가?

① 3억원 ② 3.5억원 ③ 4억원 ④ 4.5억원 ⑤ 5억원

★★★ 레버리지분석

21 □□□

A회사의 총자산은 5,000억원, 부채비율은 400%, 차입금은 총부채의 60%, 차입금평균이자율은 5%, 세전순이익은 360억원일 때, A회사의 이자보상비율은 얼마인가? (단, 이자비용을 제외하고 영업외손익은 없는 것으로 가정한다)

① 25% ② 100% ③ 125% ④ 400% ⑤ 500%

★★ 레버리지분석

22 □□□

기업의 이자지급능력에 대한 수치를 분석한 것으로 옳지 않은 것은?

① 이자보상비율은 영업이익과 이자비용의 관계를 나타낸다.
② EBITDA/이자비용비율은 기업의 현금창출능력과 이자지급능력에 대한 비율이다.
③ 일반적으로 EBITDA/이자비용비율은 이자보상비율보다 높다.
④ 순이자보상비율은 이자보상비율에 비해 상대적으로 높게 나타난다.
⑤ 일반적으로 시중금리가 오르면 기업의 차입금평균이자율은 낮아진다.

★★★ 레버리지분석

23 다음 자료를 이용하여 A기업의 이자비용을 추론한 것으로 옳은 것은?

구 분	금 액
매출액	100억원
매출총이익	10억원
법인세차감전순이익	1.5억원
영업외수익	1억원
영업외비용	4억원
이자보상비율	3

① 0.5억원 ② 1억원 ③ 1.5억원 ④ 2억원 ⑤ 3억원

정답 및 해설

19 ① 이자보상비율과 부채비율을 직접 비교하기는 어렵다.

참고 이자보상비용은 손익계산서상 자료에 의존하고 부채비율은 재무상태표상 자료에만 의존한다.

20 ③ • 영업이익 + 영업외수익 − 영업외비용 = 법인세차감전순이익

➲ 영업이익 = 법인세차감전순이익 − 영업외수익 + 영업외비용 = 3억 − 1억 + 4억 = 6억원

• $\text{이자보상비율} = \frac{\text{영업이익}}{\text{이자비용}}$

$1.5 = \frac{\text{6억}}{\text{이자비용}}$

➲ 이자비용 = 4억원

21 ④ • 이자비용 = 2,400 × 5% = 120억원

• 영업이익 = 360 + 120 = 480억원

• $\text{이자보상비율} = \frac{480}{120} = 400\%$

총자산	5,000	부채 4,000 → 차입금	4,000 × 60% = 2,400
		자기자본	1,000

22 ⑤ 시중금리가 오르면 기업의 차입금평균이자율도 오른다.

23 ③ • 영업이익 + 영업외수익 − 영업외비용 = 법인세차감전순이익

• 영업이익 = 법인세차감전순이익 − 영업외수익 + 영업외비용

영업이익 = 1.5억원 − 1억원 + 4억원 = 4.5억원

• 이자보상비율 = 4.5억원 ÷ 이자비용 = 3

➲ 이자비용 = 1.5억원

★★★ 레버리지분석

24 □□□

레버리지비율분석과 관련된 설명 중 옳지 <u>않은</u> 것은?

① 부채비율은 일정 시점의 레버리지를 나타내고, 이자보상비율은 일정 기간의 레버리지를 나타낸다.
② 타인자본의존도가 높아질수록 손익확대효과도 커진다.
③ 부채비율은 비교적 장기간의 타인자본의 적정성에 관한 정보를 제공한다.
④ 채권자 입장에서의 차입금평균이자율은 채권자의 요구수익률을 말한다.
⑤ 이자보상비율이 1 미만이라면 투자수익률이 채권자의 자본비용보다 높다.

★★ 자본배분 안정성분석

25 □□□

유동자산이 50억원, 비유동자산이 50억원, 유동부채가 40억원, 비유동부채가 20억원일 때, 비유동비율(고정비율)**과 비유동장기적합률**(고정장기적합률)**을 각각 계산하면 얼마인가?** (단, 소수점 이하는 절사하여 구한다)

	비유동비율	비유동장기적합률
①	83%	125%
②	100%	125%
③	125%	83%
④	125%	100%
⑤	125%	125%

★★★ 자본배분 안정성분석

26 □□□

다음 A기업의 재무상태표에 대한 설명으로 옳지 <u>않은</u> 것은? (단, 비유동비율과 비유동장기적합률의 산업평균비율은 각각 120%, 80%이다)

〈재무상태표〉

A기업 (단위 : 백만원)

현금	1,000	매입채무	2,000
매출채권	2,000	단기차입금	3,000
재고자산	2,000	장기차입금	2,500
비유동자산	5,000	자본	2,500
총자산	10,000	총자본	10,000

① A기업의 비유동비율은 200%이다.
② A기업의 비유동장기적합률은 100%이다.
③ 비유동비율을 기준으로 볼 때, A기업은 산업평균비율보다 재무적으로 안정적이다.
④ 비유동장기적합률을 기준으로 볼 때, A기업은 산업평균비율보다 자본배분이 불안정적이다.
⑤ A기업은 자기자본과 비유동부채를 통해 조달된 범위 내에서 비유동자산에 투자하였다.

★ 자본배분 안정성분석

27 다음 중 기업의 재무안정성에 대한 설명으로 옳지 않은 것은?

① 부채비율이 높아지는 것은 재무안정성이 낮아진다는 뜻이다.
② 비유동장기적합률을 높여야 재무안정성이 높아진다.
③ 비유동장기적합률이 100%를 초과하면 이는 자본배분이 부적절하다는 뜻이다.
④ 차입금의존도를 높이면 재무안정성이 낮아진다.
⑤ 비유동비율이 높다는 것은 시설투자 등을 차입금으로 조달할 가능성이 높아진다는 의미이다.

정답 및 해설

24 ⑤ 이자보상비율이 최소한 1을 초과하여야 투자수익률이 채권자 자본비용보다 높다고 할 수 있다.

참고 $\text{이자보상비율} = \dfrac{\text{영업이익}}{\text{이자비용}} > \dfrac{\text{영업이익}}{\text{이자비용}} \times \dfrac{\text{차입금}}{\text{총자본}}$

$= \dfrac{\text{영업이익}}{\text{총자본}} \times \dfrac{\text{차입금}}{\text{이자비용}}$

$= \dfrac{\text{투자수익률}}{\text{차입금평균이자율}}$

➲ $\text{이자보상비율} > \dfrac{\text{투자수익률}}{\text{차입금평균이자율}}$

25 ③ • $\text{비유동비율} = \dfrac{\text{비유동자산}}{\text{자기자본}} = \dfrac{50\text{억}}{100\text{억} - 40\text{억} - 20\text{억}} = 125\%$

• $\text{비유동장기적합률} = \dfrac{\text{비유동자산}}{\text{자기자본} + \text{비유동부채}} = \dfrac{50\text{억}}{40\text{억} + 20\text{억}} \fallingdotseq 83\%$

유동자산	50	유동부채	40
비유동자산	50	비유동부채	20
		자기자본	40
총자산	100	총자본	100

26 ③ 비유동비율(200%)이 산업평균비율(120%)보다 높으므로 재무적으로 안정적이라고 할 수 없다.

오답체크

④ 비유동장기적합률(100%)이 산업평균비율(80%)보다 높으므로 자본배분이 불안정적이다. 비유동장기적합률이 100%를 초과한다는 것은 자본의 일부를 유동부채로 조달하는 것이기 때문에 바람직한 자본배분이 아니다.

27 ② 재무안정성을 높이기 위해서는 비유동장기적합률을 낮추어야 한다. 만일 비유동장기적합률이 100%를 초과하면, 이는 단기차입금 등으로 투자하였다는 것을 의미하기 때문이다.

참고 $\text{비유동장기적합률} = \dfrac{\text{비유동자산}}{\text{자기자본} + \text{비유동부채}}$

오답체크

① 재무안정성을 높이기 위해서는 부채비율을 낮추어야 한다.
③ 비유동장기적합률이 100%를 초과하면, 이는 단기차입금 등으로 투자한 것을 의미한다.
④ 차입금의존도를 낮추어야 재무안정성이 높아진다.
⑤ $\text{비유동비율} = \dfrac{\text{비유동자산}}{\text{자기자본}}$

★★ 자본배분 안정성분석

28 □□□

다음 중 자본배분의 안정성에 대한 설명으로 옳지 않은 것은?

① 유동비율이 100% 미만인 기업의 비유동장기적합률은 100%를 초과한다.
② 자본집약적 기업일 경우 비유동비율이 낮게 측정된다.
③ 사업 초기에는 비유동비율이 100%를 초과하는 경우가 대부분이다.
④ 비유동장기적합률이 100%를 초과하면 자본배분의 안정성이 떨어진다.
⑤ 비유동장기적합률이 150%이면 비유동자산에 투자된 자본의 1/3이 유동부채로 조달된 것을 의미한다.

★ 자본배분 안정성분석

29 □□□

비유동비율이 100%, 비유동장기적합률이 80%, 자기자본이 5천만원일 때, 비유동부채는 얼마인가?

① 0.125억원 ② 0.2억원 ③ 0.5억원
④ 0.625억원 ⑤ 1.25억원

★ 자본배분 안정성분석

30 □□□

A기업의 비유동비율은 150%, 비유동장기적합률이 100%, 비유동부채 금액이 1억원일 때 A기업의 자기자본은 얼마인가?

① 1억원 ② 1억 5천만원 ③ 1억 8천만원
④ 2억원 ⑤ 2억 5천만원

자산구성분석

31 ★ □□□ **다음 A기업의 재무상태표를 보고 수치를 계산한 것 중 옳지 않은 것은?**

〈재무상태표〉

A기업 (단위 : 백만원)

현금	500	매입채무	1,000
매출채권	1,000	단기차입금	2,000
재고자산	2,000	장기차입금	3,000
지분법적용투자주식	2,500	자본금	2,000
유형자산	4,000	자본잉여금	1,000
		이익잉여금	1,000
총자산	10,000	총자본	10,000

① 유동자산구성비율 : 35%
② 유형자산구성비율 : 50%
③ 투자자산구성비율 : 25%
④ 현금구성비율 : 5%
⑤ 부채비율 : 150%

정답 및 해설

28 ② 서비스업은 비유동비율이 낮지만, 자본집약적인 장치산업 등의 경우 비유동비율이 높다.

오답체크

① 유동비율과 비유동장기적합률은 반비례 관계에 있다.

참고 $\text{비유동장기적합률} = \frac{\text{비유동자산}}{\text{자기자본} + \text{비유동부채}}$

③ 사업 초기에는 자기자본의 축적이 미미하므로 비유동비율이 100%를 초과한다.
④ 비유동장기적합률이 낮을수록 자본배분의 안정성이 높으므로 100%를 초과하면 자본배분의 안정성이 떨어진다.
⑤ 비유동자산을 150이라 하면 비유동부채 + 자기자본 = 100이고 유동부채는 50 이상이다. 따라서 비유동자산에 투자된 자본 150 중 적어도 50이 유동부채이므로 비유동자산에 투자된 자본의 1/3이 유동부채로 조달되었다고 볼 수 있다.

29 ①
- 비유동비율 = 100% ➲ 자기자본(= 0.5억원) = 비유동자산 ➲ 비유동자산 = 0.5억원
- $\text{비유동장기적합률} = \frac{\text{비유동자산}}{\text{자기자본} + \text{비유동부채}}$

$80\% = \frac{0.5\text{억}}{0.5\text{억} + \text{비유동부채}}$ ➲ 비유동부채 = 0.125억원

참고

비유동자산	80%(5,000만원)	비유동부채	20%(1,250만원)
		자기자본	80%(5,000만원)

30 ④

비유동자산	1.5X	비유동부채	1억원
		자기자본	X

1.5X ÷ (1억원 + X) = 100%
➲ X = 2억원

비유동자산	3억원	비유동부채	1억원
		자기자본	2억원

31 ② $\text{유형자산구성비율} = \frac{\text{유형자산}}{\text{총자산}} = \frac{4,000}{10,000} = 40\%$

★★★ 자산구성분석

32 다음 중 유형자산구성비율이 높은 회사에 대한 설명으로 옳지 않은 것은?

□□□

① 유동성이 낮은 편이다.

② 서비스업이나 유통업보다 제조업이나 장치산업 등이 많다.

③ 경기변동에 따른 위험이 크다.

④ 영업비용 중 변동비의 비율이 높다.

⑤ 재무레버리지까지 높으면 기업의 위험은 더욱 커진다.

★ 재무비율분석

33 다음 중 재무비율분석에 대한 설명으로 옳지 않은 것은?

□□□

① 유동성비율은 기업의 단기채무 지급능력을 측정하기 위한 비율이다.

② 레버리지비율은 타인자본에 의한 손익확대효과를 분석하기 위한 비율이다.

③ 수익성비율은 매출수익성 또는 자본수익성 등을 분석하기 위한 비율이다.

④ 혼합비율은 재무상태표 항목과 손익계산서 항목을 동시에 분석하는 비율이다.

⑤ 비율분석 시 표준비율로 가장 많이 사용되는 것은 과거평균비율이다.

정답 및 해설

32 ④ 영업비용 중 변동비의 비율은 낮고, 고정비(감가상각비 등)의 비율이 높다.

33 ⑤ 비율분석 시 표준비율로 가장 많이 사용되는 것은 산업평균비율이다.

제3절 | 손익계산서분석

01 수익성분석 ★★★

1. 의의

수익성분석(Profitability Analysis)이란 기업의 경영성과 및 이익창출능력을 측정하는 것으로, 생산·판매 등의 경영활동을 통하여 자산을 얼마나 효율적으로 사용하였는가를 의미한다. 경영성과와 이익창출능력은 주로 일정 기간을 두고 측정하므로 손익계산서상의 금액을 이용한다.

2. 매출 대비 수익성비율

(1) 매출액총이익률

$$\text{매출액총이익률} = \frac{\text{매출총이익}}{\text{매출액}} = \frac{\text{매출액} - \text{매출원가}}{\text{매출액}}$$

① 매출총이익(Gross Profit)은 매출액에서 매출원가를 차감한 금액이며, 제조업의 경우에는 생산마진(Production Margin)을 의미한다.

② 매출액총이익률에 대비한 개념으로 매출원가율이 있다.

③ 매출원가율은 매출액 중 매출원가가 차지하는 비중이며, '1−매출액총이익률'과 같다.

(2) 매출액영업이익률

$$\text{매출액영업이익률} = \frac{\text{영업이익}}{\text{매출액}}$$

① 매출총이익률은 높은데 영업이익률이 낮다면 판매관리활동에 문제가 있는 것으로 볼 여지도 있다.

② B2C 산업은 매출총이익률이 높고 상대적으로 영업이익률이 낮으며, B2B 산업은 매출총이익률은 낮으나 상대적으로 영업이익률은 높다.

(3) 매출액세전순이익률

$$\text{매출액세전순이익률} = \frac{\text{세전순이익}(= \text{영업이익} \pm \text{영업외손익})}{\text{매출액}}$$

① 매출액세전순이익률과 매출액영업이익률과의 차이가 클 경우에는 영업외손익을 유심히 분석할 필요가 있다.

② 영업외수익에는 이자수익, 외환차익, 단기투자자산 평가이익 등이 있으며, 영업외비용에는 이자비용, 외환차손, 단기투자자산 평가손실 등이 있다.

(4) 매출액순이익률

$$\text{매출액순이익률} = \frac{\text{세후순이익}}{\text{매출액}} = \frac{\text{세전순이익} - \text{법인세비용}}{\text{매출액}}$$

3. 자본 대비 수익성비율

(1) 총자본영업이익률(ROA)

$$총자본(총자산)영업이익률 = \frac{영업이익}{총자본(평균잔액)} = \frac{영업이익}{총자산(평균잔액)}$$

① 총자본영업이익률(Return On Assets, ROA)은 총자본(총자산) 중 영업이익이 차지하는 비중을 의미한다. 총자산순이익률이라고도 한다.

② 총자본은 주주자본과 타인자본의 합을 의미하고, 이는 총자산과 일치한다.

③ 주주자본과 타인자본으로 조달한 자금으로 영업활동을 하는 것이므로 영업이익과 비교하는 것이 타당하다.

④ 총자본영업이익률(ROA)은 총자본(총자산)과 영업이익의 관계를 말하므로, 자본조달이 어떻게 이루어져 있는지는 관계가 없다. 따라서 총자본영업이익률은 부채비율과는 직접적인 연관관계가 없다.

⑤ 참고로 ROA에서 Return은 정의하기 나름이다. 영업이익으로 정의할 수도 있고 당기순이익으로 정의할 수도 있다. 시험에서 보통은 Return의 정의가 제시되는데, 별도의 정의가 없다면 영업이익으로 간주하여도 좋다.

(2) 자기자본순이익률(ROE)

$$자기자본순이익률 = \frac{(당기)순이익}{자기자본(평균잔액)}$$

① 기업의 실질적 소유주인 주주가 투자한 자본에 대하여 벌어들이는 수익성을 나타내는 비율이다.

② 자기자본순이익률이 주주의 요구수익률보다 크면 기업가치는 증가한다.

③ 자기자본순이익률이 주주의 요구수익률보다 작으면 기업가치는 감소한다.

④ 기업의 입장에서 ROE는 사후적인 자기자본비용의 대용치로 볼 수 있다. 자기자본비용이란 기업이 조달한 자기자본의 가치를 유지하기 위해 필요한 최소한의 수익률을 말한다.

(3) 총자본순이익률(ROI)

$$총자본순이익률 = \frac{(당기)순이익}{총자본(평균잔액)}$$

① 총자본순이익률은 기업의 주주와 채권자가 투자한 자본에 대하여 벌어들이는 수익성을 나타내는 지표이다.

② ROI에서 분모는 주주와 채권자가 투자한 자본을 의미하는데, 분자는 주주에게 귀속되는 이익만을 의미하므로 분자와 분모가 잘 대응되는 비율은 아니다.

③ ROI는 매출수익성과 총자본회전속도가 결합된 비율로 많은 기업에서 재무통제수단으로 활용하고 있다. 이러한 재무통제시스템을 DuPont 시스템이라고도 한다.

02 활동성분석 ★

1. 정의

활동성분석이란 기업이 조달한 자본 또는 투하한 자산을 얼마나 효율적으로 운용하고 있는가를 분석하는 것이다.

2. 활동성비율

(1) 총자산회전율(Total Assets Turnover)

$$총자산회전율 = \frac{매출액}{총자산(평균잔액)}$$

① 총자산회전율은 기업이 보유하고 있는 총자산들을 얼마나 효과적으로 활용하고 있는지를 측정하는 비율이다.

② 구체적으로는 기업의 총자산이 1년에 몇 번이나 회전하였는가를 나타낸다.

③ 총자산회전율의 역수는 총자산회전기간이다. 총자산회전율이 1회전일 때 총자산회전기간은 1년이고, 총자산회전율이 2회전일 때 총자산회전기간은 0.5년이다. 앞으로 나올 모든 회전율의 역수는 회전기간이며, 회전기간은 연 단위로 계산하되 이를 일수로 환산할 수도 있다. 예를 들어 총자산회전기간이 0.5년일 때, 회전기간의 일수를 계산하면 약 183일이다. 0.5년에 365일(366일)을 곱하여 산출한다.

$$총자산회전기간 = \frac{1년(365일)}{총자산회전율}$$

(2) 자기자본회전율(Equity Turnover)

$$자기자본회전율 = \frac{매출액}{자기자본(평균잔액)}$$

① 자기자본회전율은 자기자본이 1년에 몇 번이나 회전하였는가를 나타내며 기업의 주주가 투자한 자기자본을 얼마나 효율적으로 활용하고 있는가를 측정한다.

② 주주가 투자한 자본이 매출액으로 얼마나 실현되고 있는지를 나타낸다. 자기자본이 100억, 매출액이 200억원이면 주주가 투자한 자본의 2배를 매출액으로 달성하고 있으며 이는 자기자본회전율은 2회전, 자기자본회전기간은 0.5년이라는 뜻이다.

(3) 비유동자산회전율(Non-Current Asset Turnover, 고정자산회전율)

$$비유동자산회전율 = \frac{매출액}{비유동자산(평균잔액)}$$

① 비유동자산회전율은 기업이 보유하고 있는 비유동자산들을 얼마나 효율적으로 활용하고 있는가를 측정하는 비율이다.

② 비유동자산회전율이 높다는 것은 설비자산을 효율적으로 운영하고 있다는 의미이다.

③ 비유동자산회전기간은 비유동자산이 매출액으로 바뀌는 데 걸리는 기간을 나타내며, 비유동자산회전율의 역수이다.

(4) 재고자산회전율(Inventory Turnover)

$$재고자산회전율 = \frac{매출액}{재고자산(평균잔액)}$$

① 재고자산회전율은 기업이 재고자산을 얼마나 잘 운용하고 있는지를 나타내는 지표이다.

② 재고자산회전율이 낮을수록 재고자산회전기간이 길어져 자금압박이 생긴다. 즉, 재고자산회전율이 낮다는 것은 재고자산이 매출액으로 바뀌는 데 기간이 길어져 재고자산의 판매가 부진하다는 것을 의미한다. 이는 기업의 자금압박으로 이어질 수 있다.

③ 재고자산에 관하여 분식(가공재고)이 있을 때 재고자산회전율은 낮게 나타나는 경향이 있다.

④ 매출액과 재고자산이 다른 기준에 따라 계산되는 문제점도 있다. 손익계산서상 매출액은 시가(판매가)로, 재무상태표상 재고자산은 원가로 인식되므로 재고자산회전율 계산 시 서로 다른 기준에 따라 계산되는 문제점이 있다. 특히 인플레이션(Inflation) 현상이 심할 경우에는 시가와 원가의 차이가 더욱 크게 발생한다. 이와 같은 문제는 매출액 대신 매출원가를 사용하는 매출원가환산방식으로 해결할 수 있다.

⑤ 재고자산회전기간이란 재고자산이 매출액으로 바뀌는 데 걸리는 기간을 말하며 재고자산회전율의 역수이다.

(5) 매출채권회전율(Receivables Turnover)

$$매출채권회전율 = \frac{매출액}{매출채권(평균잔액)}$$

① 매출채권회전율이 높다는 것은 매출채권관리가 잘 되고 있다는 뜻이다. 반대로 매출채권회전율이 낮다는 것은 매출채권관리에 문제가 있다는 뜻이다.

② 매출액과 관련하여 분식(가공매출)이 있으면 매출채권회전율은 낮아지는 경향이 있다.

③ 매출채권회전기간이란 매출채권이 매출액으로 바뀌는 데 걸리는 기간을 말하며, 매출채권회전율의 역수로 계산한다.

④ 매출채권회전율이 낮을수록 매출채권회전기간이 길어져 대손발생 위험이 증가한다. 즉, 매출채권이 매출액으로 바뀌는 데 기간이 길어져 매출채권의 회수가능성이 낮은 것을 의미한다.

(6) 매입채무회전율(Payable Turnover)

$$매입채무회전율 = \frac{매출액}{매입채무(평균잔액)}$$

① 매입채무회전율이 높은 경우는 매입채무가 원활하게 결제되고 있다는 뜻이다.

② 매입채무회전기간이란 매입채무가 매출액으로 바뀌는 데 걸리는 기간을 말하며, 매입채무회전율의 역수로 계산한다.

③ 기업의 매입채무회전율이 낮으면 매입채무회전기간이 길어져 자금압박을 덜 받게 된다. 결제기간이 늦어지는 만큼 기업은 일정 기간 자금흐름에 여유가 생기기 때문이다.

3. 1회전운전자본

(1) 1회전운전기간

$$1회전운전기간(년) = 재고자산회전기간 + 매출채권회전기간 - 매입채무회전기간$$
$$= \frac{1년(365일)}{재고자산회전율} + \frac{1년(365일)}{매출채권회전율} - \frac{1년(365일)}{매입채무회전율}$$

① 1회전운전기간이란 1회 영업활동에 소요되는 기간을 말한다. 구체적으로는 제품 또는 상품을 생산·판매하여 현금으로 회수할 때까지의 기간을 말한다.

② 1회전운전기간은 최초 운영자금을 투입한 후 현금회수까지 걸리는 기간을 의미한다. 구체적으로는 기업이 원재료를 구입하고 이를 보관, 판매하여 현금으로 회수될 때까지 걸리는 기간을 말한다.

③ 재고자산회전기간과 매출채권회전기간은 투입한 운영자금이 묶이는 기간이고 매입채무회전기간은 거래처로부터 제공받은 신용기간이다. 1회전운전기간은 자금이 투입되어 현금창출되기 전까지의 기간에서 신용제공기간을 차감한 기간이다.

④ 매출채권의 관리가 잘 되지 않는 기업은 영업활동을 수행한 후의 현금회수기간이 길 것이므로 1회전운전기간이 길다.

⑤ 매입처에 결제를 신속하게 해주는 기업은 신용제공기간이 짧아지고 이에 따라 1회전운전기간은 길어진다.

⑥ 생산기간이 장기일수록 재고자산보유기간이 늘어나고 이에 따라 1회전운전기간은 길어진다.

(2) 1회전운전자본

$$1회전운전자본 = (매출액 - 영업이익 - 감가상각비) \times 1회전운전기간(년)$$

① 1회전운전자본은 1회 영업활동에 소요되는 운영자금을 의미한다. 1회전운전자본은 은행에서 운영자금 대출의 기준이 되기도 한다.

② 운전자본(Working Capital)은 기업이 정상적인 영업활동을 위해 필요한 자금으로서 시설투자자금을 제외한 것을 말한다. 따라서 통상의 운영비용(매출원가와 판매관리비 등)을 말한다.

③ 매출액에서 영업이익을 차감하는 이유는 영업비용을 기준으로 운전자본을 산출하기 위함이다. 매출액에서 영업비용(매출원가와 판매관리비)을 차감한 것이 영업이익이므로 영업비용은 매출액에서 영업이익을 차감한 것으로 추정할 수 있다.

④ 감가상각비를 차감하는 이유는 감가상각비는 이미 시설자본 투자 시 지출된 비용으로서 운영자금이 아니기 때문이다. 영업비용에 감가상각비가 포함되어 있으므로 이를 제거하지 않으면 시설자금이 운영자금에 포함되기 때문에 이를 차감하여야 한다.

⑤ 1회전운전자본은 1회 필요한 운영자금이므로 운전자본기간은 1년 단위 수치를 감안하여 적용하여야 한다.

(3) 영업순환주기

$$영업순환주기 = 재고자산회전기간 + 매출채권회전기간$$

영업순환주기는 1회전운전기간에서 매입채무회전기간을 제외한 개념이다.

03 생산성분석 ★★

1. 의의

$$생산성 = \frac{산출량(Output)}{투입량(Input)}$$

① 기업이 투자한 인적·물적자원에서 얼마나 많은 가치를 창출하였는지를 나타내는 것이 생산성이다. 생산성(Productivity)은 투입량 대비 산출량의 비율을 말한다.
② 투입량은 노동과 자본으로 나누어 볼 수 있다. 노동의 투입량은 노동량이고 보통 종업원 수를 말하며, 자본의 투입량은 자본액이고 보통 총자본을 말한다.
③ 기업의 생산성을 평가하는 데 사용하는 산출량은 부가가치이다. 산출량은 일반적으로 매출액이라고 생각하기 쉬운데 매출액이 높다고 생산성이 높은 것은 아니다.

2. 부가가치

(1) 정의

부가가치란 기업이 생산활동을 한 결과, 생산물의 가치에 새로 부가된 가치를 말한다. 예를 들어, 기업이 1,000원의 물건을 구입하여 거래처에 3,000원에 팔았다면 기업은 1,000원의 생산물 가치에 새로 부가된 가치 2,000원을 만든 것이고, 이 2,000원이 기업의 부가가치인 것이다. 부가가치는 기업이 창출한 가치로서 기업의 이해관계자(노동자, 주주, 채권자, 정부 등)들이 나누어 갖는 몫을 의미한다. 따라서 부가가치가 높을수록 기업의 이해관계자들이 나누어 갖는 몫의 크기가 크다.
이러한 부가가치는 2가지 방법(차감법, 가산법)으로 계산할 수 있다.

(2) 차감법

$$부가가치 = 총생산액 - 외부투입액$$

총생산액에서 재료비, 외주가공비 등의 외부투입액을 차감하여 계산하는 방법이다. 외부이용자는 기업의 재무제표를 통해 그 기업을 파악할 수밖에 없기 때문이다. 즉, 재무제표상 정보의 한계로 인하여 차감법으로는 부가가치를 정확히 파악할 수 없다.

(3) 가산법

부가가치를 영업잉여, 인건비, 금융비용, 조세공과, 감가상각비의 합계로 구하는 방법이다.

$$부가가치 = 영업잉여 + 인건비 + 금융비용 + 조세공과 + 감가상각비$$

① 영업잉여
영업이익에서 대손상각비를 가산하고 금융비용을 차감한 금액을 말하며, 영업잉여에는 법인세, 배당, 유보액이 포함된다. 따라서, 영업잉여는 정부와 주주의 몫을 의미한다.

② 인건비
노무비(제조원가), 복리후생비, 인건비(판매비와관리비)의 합계를 말한다. 인건비는 근로자의 몫을 의미한다.

③ 금융비용
차입금이나 사채에 대한 이자비용을 말한다. 금융비용은 채권자의 몫을 의미한다.

④ 조세공과

법인세를 제외한 세금(재산세 등)과 공과금을 말한다. 조세공과는 정부 및 지방자치단체의 몫을 의미한다.

⑤ 감가상각비

제조부문과 판매부문에서 발생된 감가상각비의 합계액이다. 감가상각비는 손익계산서상 비용으로 인식되어 수익에서 차감된다. 따라서 법인세, 배당 등 외부로 유출되지 않도록 하므로, 궁극적으로는 기업에 재분배되는 몫이다. 단, 순부가가치를 계산할 때는 감가상각비는 가산하지 않는다. 감가상각비를 가산한 부가가치를 조(총)부가가치라고 한다.

3. 생산성비율

(1) 부가가치율

$$\text{부가가치율} = \frac{\text{부가가치}}{\text{매출액}}$$

① 기업의 매출액 중 재료비나 외주가공비 등을 제외한 금액이 차지하는 비중으로서 기업의 생산활동이 효율적일수록 부가가치율은 높다.

② 고부가가치산업일수록 부가가치율은 높아진다.

(2) 노동생산성

$$\text{노동생산성} = \frac{\text{부가가치}}{\text{평균 종업원 수}}$$

① 노동생산성은 종업원 1명당 창출하는 부가가치를 의미한다. 노동생산성이 높다는 것은 기업의 보유노동력을 효율적으로 이용한다는 의미이다.

② 노동생산성은 종업원 임금결정의 주요 기준이 된다.

③ 일반적으로 노동집약적인 기업일수록 노동생산성은 낮으며 자본집약적인 기업일수록 노동생산성이 높은 편이다.

(3) 자본생산성

$$\text{자본생산성} = \frac{\text{부가가치}}{\text{총자본(평균잔액)}}$$

① 기업에 투하한 자본이 1년 동안 부가가치를 얼마나 창출하였는지를 나타내는 지표이다.

② 일반적으로 자본집약적인 기업일수록 자본생산성은 낮으며 노동집약적인 기업일수록 자본생산성은 높은 편이다.

③ 노동생산성과 자본생산성을 함께 고려하여 기업의 생산성을 측정하여야 한다. 인력을 줄이고 자동화한 기업의 경우 노동생산성은 높아지나 자본생산성이 낮아진다.

(4) 노동소득분배율

$$노동소득분배율 = \frac{인건비}{요소비용\ 부가가치}$$

① 노동소득분배율은 기업이 창출한 요소비용 중 근로자에게 지급된 금액의 비율이다.
② 노동소득분배율은 성과배분이 얼마나 합리적인가를 측정하는 데 활용될 수 있다. 기업의 늘어난 부가가치만큼 근로자의 몫이 적정한지에 대한 판단기준으로 작용할 수 있기 때문이다.
③ 요소비용 부가가치는 '영업잉여 + 인건비 + 금융비용'으로 측정한다.

(5) 기타 생산성비율

구 분	수 식	내 용
노동장비율	$\frac{유형자산 - 건설중인자산}{종업원\ 수}$	종업원 1인당 보유하고 있는 장비수준
기계장비율	$\frac{기계장치}{종업원\ 수}$	종업원 1인당 기계장치 보유수준
자본집약도	$\frac{총자본}{종업원\ 수}$	종업원 1인당 자본액 보유수준
설비투자효율	$\frac{부가가치}{유형자산 - 건설중인자산}$	설비자산의 부가가치 창출능력
기계투자효율	$\frac{부가가치}{기계장치}$	기계장치가 부가가치 창출에 기여하는 정도

04 성장성분석 ★

1. 의의

성장성분석이란 일정 기간 중에 기업의 경영규모 및 기업 활동의 성과가 어느 정도 변화하였는가를 측정하고 그 변동요인을 분석함으로써 성장의 건전성 및 적정성 여부를 판별하는 것이다.

2. 주요비율

(1) 매출액증가율

$$매출액증가율 = \frac{당기매출액}{전기매출액} - 1$$

① 매출액증가율(Sales Growth Rate)은 매출액이 전년도 대비 당해 연도에 얼마나 증가하였는가를 나타내는 비율이다.
② 기업의 외형적 성장을 나타내는 대표적인 비율이다.

(2) 총자산증가율

$$\text{총자산증가율} = \frac{\text{당기말 총자산}}{\text{전기말 총자산}} - 1$$

① 총자산증가율(Total Assets Growth Rate)은 총자산이 전년도 대비 당해 연도에 얼마나 증가하였는가를 나타내는 비율이다.
② 기업의 외형적 성장을 나타내는 비율이다.
③ 총자산의 증가는 이익의 사내유보가 원인인 경우와 부채의 증가가 원인인 경우로 나눌 수 있다.

(3) 자기자본증가율

$$\text{자기자본증가율} = \frac{\text{당기말 자기자본}}{\text{전기말 자기자본}} - 1$$

① 자기자본증가율(Total Assets Growth Rate)은 자기자본이 전년도 대비 당해 연도에 얼마나 증가하였는가를 나타내는 비율이다.
② 장부가치 기준으로 주주 몫의 가치가 얼마나 증가하였는지를 보여주는 지표이다.
③ 자기자본은 사내유보금의 증가 또는 유상증자로 인해 증가할 수 있다. 사내유보금의 증가로 인한 것은 실질적인 성장으로, 유상증자로 인한 것은 형식적인 성장으로 표현할 수 있다.

(4) 순이익증가율

$$\text{순이익증가율} = \frac{\text{당기순이익}}{\text{전기순이익}} - 1$$

① 순이익증가율(Net Profit Growth Rate)은 순이익이 전년도 대비 당해 연도에 얼마나 증가하였는가를 나타내는 비율이다.
② 매출액증가율이 기업의 외형적 성장을 측정하는 비율인 데 반해 순이익증가율은 기업의 실질적 성장을 측정하는 비율이다.
③ 매출액증가율보다 순이익증가율이 더 높은 경우에는 형식적 성장과 동시에 이익의 질도 개선되었다고 볼 수 있다.

(5) 주당순이익증가율

$$\text{주당순이익증가율} = \frac{\text{당기 주당순이익}}{\text{전기 주당순이익}} - 1$$

① 주당순이익증가율(Earning Per Share Growth Rate)은 주당순이익(EPS)이 전년도 대비 당해 연도에 얼마나 증가하였는가를 나타내는 비율이다.
② 주당순이익증가율은 기업의 실질적 성장을 측정하는 비율로서 주주의 투자단위당 성장률을 의미한다.

(6) 지속가능성장률

지속가능성장률 = 유보율 × 자기자본순이익률(ROE) = (1 − 배당성향) × 자기자본순이익률(ROE)

① 지속가능성장률(Sustainable Growth Rate)은 기업의 현재 상태에서 매년 성장할 수 있는 잠재력을 나타내는 비율이다. 기업들이 추가적인 자기자본조달 없이 달성할 수 있는 성장률을 말한다. 지속가능성장률은 기업이 유상증자를 하지 않고 일정한 부채비율을 유지하면서 달성 가능한 성장률이라 할 수 있다.

② 지속가능성장률은 자기자본의 성장률을 의미하며, 기업이 보유한 잠재성장률이다.

③ 자기자본금액의 증가는 사내유보를 통한 성장과 유상증자를 통한 성장으로 나뉘는데, 이 중 지속가능성장률은 사내유보를 통한 성장과 관련된다.

④ 사내유보금의 성장률은 이익잉여금의 성장률을 의미한다.

⑤ 기업의 유보율이 높아지면 지속가능성장률은 높아지고, 기업의 배당성향이 높아지면 지속가능성장률은 낮아진다.

개념완성문제

01 제조업에서 매출액총이익률은 생산마진을 의미한다. (O, X)

02 전기 대비 당기에 평균환율이 상승하더라도 수출기업의 매출총이익률은 변화 없다. (O, X)

03 기업가치와 관련하여 총자산영업이익률과 자본비용을 비교하여야 한다. (O, X)

04 자기자본순이익률(ROE)이 증가하면 주주가치도 함께 증가한다. (O, X)

05 총자본영업이익률을 높이기 위해서는 마진율만 높으면 가능하다. (O, X)

06 자기자본순이익률(Return On Equity, ROE)은 당기순이익을 자기자본으로 나눈 비율로, 기업의 실질적 소유주인 주주들이 투자한 자본에 대하여 벌어들이는 수익성을 사전적으로 측정하는 지표이다. (O, X)

07 ROE는 기업의 수익성과 회전율에 대해서만 영향을 받는다. (O, X)

08 총자본순이익률(Return On Investment, ROI)은 (　　)을/를 (　　)로/으로 나눈 비율로, 기업의 주주와 채권자가 투자한 자본에 대하여 벌어들이는 수익성을 나타내는 지표이다.

정답 및 해설

01 O

02 X 외환차익, 외화환산이익은 영업외수익이지만, 평균환율 상승은 매출액 그 자체에도 영향이 있으므로 매출총이익률은 상승하는 경향이 있다.

03 O 여기서 자본비용은 가중평균자본비용(WACC)을 말한다.

04 O

05 X 총자본영업이익률을 높이기 위해서는 총자산회전율과 마진율 둘 다 영향을 미친다. 마진율이 낮더라도 총자산회전율이 더 높으면 총자본영업이익률을 높일 수 있다.

06 X 사전적 → 사후적

07 X ROE는 기업의 수익성과 회전율뿐만 아니라 레버리지에 의해서도 영향을 받는다.

08 (당기)순이익, 총자본

09 활동성비율에는 총자산회전율, 자기자본회전율, 비유동자산회전율, 재고자산회전율, 매출채권회전율, 매입채무회전율 등이 있다. (O, X)

10 총자산회전율은 기업의 주주가 투자한 자기자본을 얼마나 효과적으로 활용하고 있는가를 측정한다. (O, X)

11 재고자산회전율이 높을수록 재고자산의 관리가 비효율적으로 이루어지며 재고자산이 매출로 느리게 전환되는 것을 의미한다. (O, X)

12 기업의 매출채권회전율이 낮으면 매출채권회전기간이 길어져 대손발생 위험이 증가한다. (O, X)

13 재고자산회전율로 평가할 경우 매출액과 재고자산이 다른 기준에 따라 계산되는 문제점이 있다. 이와 같은 문제점은 매출액 대신 매출원가를 사용하는 매출원가환산방식으로 해결할 수 있다. (O, X)

14 1회전운전기간은 재고자산회전기간, 매출채권회전기간, 매입채무회전기간을 합하여 구한다. (O, X)

15 활동성비율은 부가가치를 기준으로 판단하나, 생산성비율은 활동성비율과는 달리 매출액을 기준으로 판단한다. (O, X)

16 부가가치 측정을 가산법으로 하는 경우 부가가치 구성항목에는 재료비, 외주가공비를 포함한다. (O, X)

정답 및 해설

09 O

10 X 자기자본회전율(Equity Turnover)에 대한 설명이다. 총자산회전율은 총자산 중에서 매출액이 차지하는 비율을 의미한다. 총자산회전율은 기업이 보유하고 있는 총자산들을 얼마나 효과적으로 활용하고 있는가를 측정한다.

11 X 재고자산회전율이 높을수록 재고자산의 관리가 효율적으로 이루어지며 재고자산이 매출로 빠르게 이어지고 있다는 것을 의미한다.

12 O

13 O

14 X 1회전운전기간 = 재고자산회전기간 + 매출채권회전기간 - 매입채무회전기간

15 X 활동성비율은 매출액을 기준으로 판단하나, 생산성비율은 활동성비율과는 달리 부가가치를 기준으로 판단한다.

16 X 가산법은 영업잉여, 인건비, 금융비용, 조세공과, 감가상각비를 구성항목으로 한다.

17 부가가치 계산 시 이용되는 영업잉여는 정부와 주주의 몫을 의미한다. (O, X)

18 부가가치 중에서 법인세는 영업잉여에 포함된다. (O, X)

19 일반적으로 노동집약적인 기업일수록 노동생산성은 낮으며, 자본집약적인 기업일수록 노동생산성은 높다. (O, X)

20 자본생산성(Productivity of Capital)은 부가가치를 총자본으로 나눈 비율로, 일반적으로 자본집약적인 기업일수록 자본생산성은 높다. (O, X)

21 노동소득분배율(Distribution Ratio of Labor Income to Value Added)은 인건비를 요소비용 부가가치로 나눈 비율로, 요소비용 부가가치는 영업잉여에서 인건비와 금융비용을 가산한 금액이다. (O, X)

22 매출액증가율과 총자산증가율은 기업의 실질적 성장을 측정하는 비율이다. (O, X)

23 기업의 유보비율이 높아지면 지속가능성장률은 감소한다. (O, X)

24 이론적으로 기업이 배당률을 높이면 지속가능성장률은 증가한다. (O, X)

정답 및 해설

17 O

18 O

19 O

20 X 일반적으로 자본집약적인 기업일수록 자본생산성은 낮다.

21 O 요소비용 부가가치 = 영업잉여 + 인건비 + 금융비용

22 X 매출액증가율과 총자산증가율은 기업의 외형적 성장을 측정하는 비율이다.

23 X 기업의 유보율과 지속가능성장률은 비례 관계에 있다.

24 X 기업의 배당률(배당성향)과 지속가능성장률은 반비례 관계에 있다.

출제예상문제

✔ 학습시간이 부족하거나 시험 전 최종정리를 하고 싶은 경우에는 출제빈도(★~★★★)가 높은 문제를 우선으로 풀이할 수 있습니다.
✔ 다시 봐야 할 문제(풀지 못한 문제, 헷갈리는 문제 등)는 문제 번호 하단의 네모박스(□)에 체크하여 반복 학습할 수 있습니다.

★
01 수익성분석
□□□

다음 중 기업의 제조(생산)마진을 나타내는 정보는 무엇인가?

① 매출액영업이익률 ② 매출액총이익률 ③ 매출액경상이익률
④ 매출액세전순이익률 ⑤ 이자보상비율

★
02 수익성분석
□□□

산업평균 대비 매출총이익률은 높으나 영업이익률이 낮은 기업에 대해 추정한 내용으로 옳지 않은 것은?

① 생산공정을 혁신하여 제조원가를 낮추었다.
② 마케팅 비용이 일시적으로 증가하였다.
③ 판매직 직원들의 노동생산성이 낮다.
④ 동종산업 대비 부채비율은 비슷하나 차입이자율이 높다.
⑤ 동종산업 대비 판매수수료가 높다.

[03 ~ 07]

다음은 A기업의 재무상태표와 손익계산서이다. 아래 제시된 재무제표를 활용하여 각 물음에 답하시오. (단, 재무상태표상 기초금액과 기말금액은 동일하다고 가정한다)

〈재무상태표〉

A기업 (단위 : 백만원)

현금	500	매입채무	1,000
단기투자자산	500	단기차입금	2,000
매출채권	2,000	장기차입금	3,000
재고자산	2,000	자본금	2,000
유형자산	4,000	자본잉여금	1,000
무형자산	1,000	이익잉여금	1,000
총자산	10,000	총자본	10,000

〈손익계산서〉

A기업 (단위 : 백만원)

매출액	10,000
매출원가	8,000
매출총이익	2,000
판매비와관리비	1,000
영업이익	1,000
영업외수익	100
영업외비용(이자비용 : 500)	600
법인세차감전순이익	500
법인세비용	100
당기순이익	400

★★★ 수익성분석

03 다음 중 A기업의 수익성 수치를 분석한 것으로 옳지 <u>않은</u> 것은?

□□□

① 매출액총이익률 : 20%

② 매출액영업이익률 : 10%

③ 매출액세전순이익률 : 5%

④ 매출액순이익률 : 4%

⑤ 총자본영업이익률 : 25%

정답 및 해설

01 ② 제조업에서 매출원가는 제조원가를 나타낸다. 따라서 매출액총이익은 매출액에서 매출원가(제조원가)를 차감한 것으로 순수한 제조(생산)마진을 의미한다.

02 ④ 이자비용은 영업외비용에 해당한다. 따라서 문제에서 제시된 자료만으로는 추정이 불가능하다.

03 ⑤ $\text{총자본영업이익률} = \frac{\text{영업이익}}{\text{총자본}} = \frac{1,000}{10,000} = 10\%$

★ 수익성분석

04 A기업의 자기자본순이익률(ROE)을 계산하면 얼마인가?

① 4% ② 6% ③ 8% ④ 10% ⑤ 12%

★ 수익성분석

05 A기업의 총자산영업이익률(ROA)을 계산하면 얼마인가?

① 2% ② 4% ③ 6% ④ 8% ⑤ 10%

★★ 수익성분석

06 다음 중 A기업의 총자본영업이익률(ROA)에 대해 분석한 것으로 옳지 <u>않은</u> 것은?

① A기업의 차입금평균이자율은 10%로 ROA(영업이익 기준)와 동일하므로 차입금을 잘 활용한다고 단정할 수 없다.
② A기업의 부채비율은 ROA와 직접적인 연관관계는 없다.
③ A기업의 산업평균ROA가 5%라고 할 때, A기업의 영업이익 창출능력은 높은 편이다.
④ A기업의 산업평균총자산회전율이 2회전이라고 할 때, A기업은 자산을 효율적으로 활용하지 못하고 있다.
⑤ A기업의 산업평균총자산회전율이 2회전이라고 할 때, A기업의 자산회전율은 ROA를 높이는 요인이 된다.

★★ 수익성분석

07 A기업의 수익성분석으로 옳지 <u>않은</u> 것은?

① 산업평균총자산회전율이 2회전이라고 할 때, A기업의 회전율은 ROI를 감소시키는 요인이다.
② 산업평균영업이익률이 5%라고 할 때, A기업의 영업이익률은 ROI를 증가시키는 요인이다.
③ 산업평균총자산회전율이 2회전이라고 할 때, A기업의 회전율은 낮은 편이다.
④ 산업평균매출액순이익률이 2%라고 할 때, A기업의 마진율은 높은 편이다.
⑤ 산업평균ROI가 5%라고 할 때, A기업의 총자본 대비 투자수익률은 높은 편이다.

★★ 수익성분석

08 다음 중 ROE에 대한 설명으로 옳지 않은 것은?

□□□

① 순이익을 자기자본으로 나눈 비율을 의미한다.
② 투입한 자기자본이 얼마만큼의 이익을 냈는지를 나타내는 지표이다.
③ 매출액순이익률을 자기자본회전율로 나누어 분석할 수 있다.
④ 주주의 입장에서는 ROE가 시중금리보다 높아야 기업투자의 의미가 있다.
⑤ 기업의 입장에서는 사후적인 자기자본비용의 대용치로 볼 수 있다.

★ 수익성분석

09 다음 중 ROE에 대한 설명으로 옳지 않은 것은?

□□□

① 매출액순이익률과 자기자본회전율을 곱하여 분석할 수 있다.
② 일반적으로 기업의 회전율이 높아지면 ROE도 개선된다.
③ ROE는 투하자본 대비 수익성이 적절하게 반영된 비율이라고 볼 수 있다.
④ ROE는 기업의 수익성과 회전율에 의해서만 영향을 받고, 레버리지에 의해서는 영향을 받지 않는다.
⑤ ROE가 높다는 것은 자기자본에 비해 그만큼 순이익을 많이 내 효율적인 기업활동을 했다는 것을 의미한다.

정답 및 해설

04 ④ $자기자본순이익률 = \frac{당기순이익}{자기자본} = \frac{400}{2,000 + 1,000 + 1,000} = 10\%$

05 ⑤ $총자산영업이익률 = \frac{영업이익}{총자산} = \frac{1,000}{10,000} = 10\%$

06 ⑤ A기업의 총자산회전율은 1이다. 총자산회전율이 낮으면, 이는 ROA를 낮추는 요인이 된다.

07 ⑤ A기업의 ROI는 4%로 산업평균 ROI(5%)보다 낮으므로 총자본 대비 투자수익률이 낮은 편이다.

08 ③ ROE는 매출액순이익률과 자기자본회전율을 곱하여 분석할 수 있다.

참고 $ROE = \frac{순이익}{자기자본} = \frac{순이익}{매출액} \times \frac{매출액}{자기자본}$

09 ④ ROE는 레버리지에 의해서도 영향을 받는다.

참고 $ROE = \frac{순이익}{자기자본} = \frac{순이익}{매출액} \times \frac{매출액}{총자산} \times \frac{총자산}{자기자본}$

★★★ 수익성분석

10 A기업은 동종기업 대비 매출액영업이익률과 매출액순이익률은 낮으나 ROE는 높다. 다음 A기업에 대한 재무분석 중 가능한 추론으로 가장 옳지 않은 것은?

① 매출원가율이 높고, 판매관리비비율도 높다.
② 영업이익률은 낮으나 영업외활동에서 얻은 수익이 높다.
③ 기업이 재무레버리지를 잘 활용하였다.
④ 기업의 최종 마진은 낮으나 자산의 회전율이 높다.
⑤ 수익성은 낮으나 회전율이나 레버리지가 높다.

★★★ 수익성분석

11 기업의 수익성분석에 대한 다음 설명 중 옳지 않은 것은?

① 기업가치와 관련하여 총자본영업이익률과 비교하는 적절한 정보는 자본비용이다.
② 자기자본순이익률은 사후적인 가중평균자본비용의 대용치로 활용될 수 있다.
③ 매입채무회전율과 균형관계를 가장 우선으로 보아야 할 재무정보는 매출채권회전율이다.
④ 자기자본순이익율이 10%인 것은 주주가 제공한 자본에 대해서 10%의 수익률을 얻고 있다는 의미이다.
⑤ ROI는 매출액수익성과 총자본회전속도가 결합된 비율로 볼 수 있다.

★★ 활동성분석

12 다음 중 활동성비율에 대한 설명으로 옳지 않은 것은?

① 총자산회전율 또는 총자본회전율은 매출액을 총자산으로 나눈 비율을 말한다.
② 자기자본회전율은 자기자본이 매출로 몇 번 반영되었는지를 나타내는 수치이다.
③ 비유동자산회전율은 매출액을 비유동자산으로 나눈 비율을 말한다.
④ 재고자산회전율은 매출액을 재고자산으로 나눈 비율을 말한다. 다만, 인플레이션이 심한 경우에는 매출액 대신 매출원가를 활용하여 계산하는 것도 고려할 수 있다.
⑤ 재고자산회전율 계산 시 계절성이 심한 업종의 경우 재고자산은 기초와 기말잔액의 평균으로 계산하는 것이 바람직하다.

★★
활동성분석

13 □□□ **A기업의 총자본순이익률과 매출액순이익률, 총자본회전기간을 잘 조합한 것은?**

	총자본순이익률	매출액순이익률	총자본회전기간
①	10%	5%	0.5년
②	10%	5%	1년
③	10%	5%	2년
④	10%	10%	0.5년
⑤	10%	10%	2년

★★★
활동성분석

14 □□□ **A기업이 매출채권을 회수하는 데 걸리는 기간은 통상 60일이다. 기초매출채권과 기말매출채권이 각각 500,000원, 700,000원이라고 가정할 때 A기업의 매출액을 계산한 것으로 옳은 것은?** (단, 사업연도의 일수를 360일로 가정한다)

① 3,000,000원 ② 3,600,000원 ③ 4,000,000원
④ 4,800,000원 ⑤ 5,200,000원

정답 및 해설

10 ② 영업이익률도 낮고 영업외활동에서 얻은 수익도 낮아야 매출액순이익률이 낮다.

11 ② 자기자본순이익률(ROE)은 사후적인 자기자본비용의 대용치로 활용될 수 있다.

12 ⑤ 재고자산회전율 계산 시 계절성이 심한 업종의 경우 재고자산은 연평균잔액으로 계산하는 것이 바람직하다.

13 ①

자산	100	부채	
		자본	
		총자본	100

매출	200
순이익	10

- 자본 대비 10%의 순이익을 계산한 후, 매출액순이익률을 이용하여 매출을 역산한다.
- 총자본회전율은 자본 대비 매출액이 2배이므로 2회전이다.
- 총자본회전기간은 총자본회전율의 역수이므로 0.5년이다.
- 총자본순이익률이 10%, 매출액순이익률이 10%인 경우 총자본회전율은 1회전, 총자본회전기간은 1년이다.

14 ② • 평균매출채권 = (500,000 + 700,000) ÷ 2 = 600,000원

• 매출액 = $600,000 \times \frac{360}{60} = 3,600,000$원

참고 매출채권회수시간이 60일이라는 것은 약 2개월에 한 번씩 매출채권이 회수된다는 뜻이다. 따라서 평균매출채권 대비 6배(360일 ÷ 60일)의 연간 매출액이 있다는 뜻이다.

★★★ 활동성분석

15 □□□

A기업은 매출액과 영업이익률은 산업평균과 비슷하지만, 재고자산회전율과 매출채권회전율은 산업평균 대비 낮으며 매입채무회전율은 산업평균 대비 높다. A기업에 대한 설명 중 옳은 것은?

① 1회전운전기간은 산업평균과 비슷하다.
② 산업평균에 비해 순운전자본의 규모가 작다.
③ 산업평균에 비해 자금압박이 있을 가능성이 작다.
④ 산업평균에 비해 재고자산과 매출채권 보유 비중이 높다.
⑤ 산업평균에 비해 외상매출의 비중이 작다.

★★★ 활동성분석

16 □□□

다음은 도소매업을 영위하는 A기업의 회계정보 중 일부이다. A기업은 재고자산을 모두 외상매입하여 결제한다. 사업연도 일수를 360일로 가정할 때, A기업의 매입채무회전기간을 계산한 것으로 옳은 것은? (단, 매출액 기준 매입채무회전율로 계산한다)

- 매출액 : 2,000,000원
- 매출원가 : 1,200,000원
- 매입채무(기초) : 200,000원
- 재고자산(기초) : 150,000원
- 재고자산(기말) : 250,000원
- 당기 중 외상매입액 결제액 : 900,000원

① 45일 ② 60일 ③ 72일 ④ 90일 ⑤ 120일

★★★ 활동성분석

17 □□□

A기업의 당기 매출액은 360억원이고, 매입채무회전기간은 60일이다. A기업의 내년도 매출액은 50% 증가, 매입채무회전기간이 90일로 되려면 평균매입채무 잔액은 올해보다 내년에 얼마나 증가하여야 하는지를 올바르게 계산한 것은? (단, 1년은 360일로 가정한다)

① 30억원 ② 45억원 ③ 60억원
④ 75억원 ⑤ 90억원

★ 활동성분석

18 □□□ **다음 표에서 A기업과 B기업의 매출채권회전율을 제시하였다. 아래 (가)와 (나)에 들어갈 매출채권회수기간은 각각 얼마인가?** (단, 1년은 365일이고, 가장 근사치로 구한다)

구 분	A기업	B기업
매출채권회전율	9	12
매출채권회수기간	(가)	(나)

	(가)	(나)
①	15일	20일
②	20일	15일
③	30일	40일
④	40일	30일
⑤	40일	70일

정답 및 해설

15 ④ 재고자산회전율, 매출채권회전율이 낮은 것은 재고자산과 매출채권 보유규모가 크다는 뜻이다. 이에 따라 1회전운전기간은 산업평균보다 길어지며, 순운전자본의 규모도 크다. 이에 따라 자금압박이 있을 가능성도 크다.

16 ③
- 기초재고 + 당기매입액(X) = 매출원가 + 기말재고
  150,000 + 당기매입액(X) = 1,200,000 + 250,000
  ➲ X = 1,300,000원
- 매입채무(기초) + 당기매입액 = 결제금액 + 기말매입채무(Y)
  200,000 + 1,300,000 = 900,000 + 기말매입채무(Y)
  ➲ Y = 600,000원
- 매입채무회전율 $= \frac{2,000,000}{(200,000 + 600,000) \div 2} =$ 5회전
- 매입채무회전기간 $= \frac{1}{5}$ 회전 × 360 = 72일

17 ④
- 당기 평균 매입채무 = 360억원 ÷ 6회전[1] = 60억원
- 내년 평균 매입채무 = 540억원[2] ÷ 4회전[3] = 135억원

[1] 360일 ÷ 60일 = 6회전
[2] 360억원 × 150% = 540억원
[3] 360일 ÷ 90일 = 4회전

18 ④
- (가) : A기업의 매출채권회수기간 $= \frac{365}{9} \fallingdotseq$ 40일
- (나) : B기업의 매출채권회수기간 $= \frac{365}{12} \fallingdotseq$ 30일

★★ 19 □□□

활동성분석

다음 중 운전자본과 운전기간에 대한 설명으로 옳지 않은 것은?

① 1회전운전자본은 1회 영업활동에 소요되는 운영자금을 말한다.
② 1회전운전기간은 1회 영업활동에 소요되는 기간을 말한다.
③ 1회전운전기간은 원재료를 구입하고 이를 생산하여 판매 후 현금으로 회수할 때까지 소요된 기간을 말한다.
④ 1회전운전기간은 재고자산회전기간, 매출채권회수기간, 매입채무회전기간을 모두 더하여 구한다.
⑤ 기업에 필요한 운영자금의 규모를 산정할 때 감가상각비는 포함하지 않는다.

★★★ 20 □□□

활동성분석

매출액이 120억원, 평균매출채권이 10억원, 평균재고자산이 20억원, 평균매입채무가 10억원, 영업이익이 5억원, 감가상각비가 15억원일 때, 다음 중 활동성비율을 계산한 것으로 옳지 않은 것은?

① 매출채권회전율 : 12회전
② 재고자산회전율 : 6회전
③ 매출채권회수기간 : 1개월
④ 1회전운전기간 : 2개월
⑤ 1회전운전자본 : 20억원

★★★ 21 □□□

활동성분석

다음 중 1회전운전기간이 줄어드는 요인에 해당하는 것으로 옳은 것은?

① 매출채권의 증가 ② 재고자산의 증가 ③ 현금의 증가
④ 매입채무의 증가 ⑤ 유형자산의 증가

★

활동성분석

22 □□□

매출채권회전율이 10회전, 매입채무회전율이 4회전, 총자산회전율이 2회전, 재고자산회전율이 5회전일 때, 1회전운전기간은 약 얼마인가?

① 5일 ② 10일 ③ 18일 ④ 20일 ⑤ 30일

★★★

활동성분석

23 □□□

매출액이 200억원, 매출원가가 150억원, 판매비와관리비가 30억원(감가상각비 20억원 포함)**, 세전이익이 10억원, 1회전운전기간이 183일일 때, 1회전운전자본은 약 얼마인가?**

① 20억원 ② 30억원 ③ 50억원
④ 60억원 ⑤ 80억원

정답 및 해설

19 ④ 1회전운전기간을 구할 때 매입채무회전기간은 차감한다.

20 ⑤ 1회전운전자본 = (매출액 − 영업이익 − 감가상각비) × 1회전운전기간(년)

$$= (120억 - 5억 - 15억) \times \frac{1}{6} ≒ 16.7억원$$

오답체크

① 매출채권회전율 $= \frac{매출액}{매출채권} = \frac{120억}{10억} = 12회전$

② 재고자산회전율 $= \frac{매출액}{재고자산} = \frac{120억}{20억} = 6회전$

③ 매출채권회수기간 $= \frac{1}{매출채권회전율} = \frac{1}{12}년 = 1개월$

④ 1회전운전기간 = 매출채권회수기간 + 재고자산회전기간 − 매입채무회전기간 $= \frac{1}{12} + \frac{1}{6} - \frac{1}{12} = \frac{1}{6}년 = 2개월$

또는 $\frac{120억}{10억 + 20억 - 10억} = 6회전(2개월)$으로도 구할 수 있다.

21 ④
- 1회전운전기간 = 매출채권회전기간 + 재고자산회전기간 − 매입채무회전기간
- 매출채권회전율, 재고자산회전율이 증가하고, 매입채무회전율이 감소하면 1회전운전기간이 줄어든다.

22 ③ 1회전운전기간 = 매출채권회수기간 + 재고자산회전기간 − 매입채무회전기간

$$= \frac{1}{10} + \frac{1}{5} - \frac{1}{4} = \frac{1}{20}년 ≒ 18일(≒ \frac{1}{20} \times 365)$$

23 ⑤ 1회전운전자본 = (매출액 − 영업이익 − 감가상각비) × 1회전운전기간(년)

$$= (200억 - 20억 - 20억) \times \frac{183}{365} ≒ 80억원$$

★★★ 활동성분석

24 □□□

A기업의 매출채권회전율은 5, 재고회전율은 10, 매입채무회전율은 4, 매출액은 200억이다. A기업의 매출액이 30% 증가하면 1회전운전자금 소요금액은 얼마나 증가하는가? (단, 1년은 360일로 가정한다)

① 1억원 ② 2억원 ③ 3억원 ④ 4억원 ⑤ 5억원

★★ 활동성분석

25 □□□

A기업의 매출액은 200억원, 매출채권은 40억원, 재고자산은 20억원, 매입채무는 10억원, 영업이익은 20억원, 감가상각비는 20억원이다. A기업의 1회전운전자본을 계산한 것으로 옳은 것은?

① 40억원 ② 45억원 ③ 48억원
④ 50억원 ⑤ 52.5억원

★★★ 활동성분석

26 □□□

다음 A기업의 자료를 이용하여 A기업의 1회전 소요 운전자금을 계산한 것으로 옳은 것은? (단, 1년은 360일로 가정한다)

• 매출액 : 90,000,000원	• 매출채권회전기간 : 60일
• 재고자산회전기간 : 90일	• 매입채무회전기간 : 72일

① 15,000,000원 ② 16,500,000원 ③ 18,000,000원
④ 19,500,000원 ⑤ 21,000,000원

★★ 활동성분석

27 □□□

은행은 기업의 1회전운전자본 규모를 감안하여 대출하고 있다고 가정한다. 즉, 1회전운전자본이 큰 경우에는 대출승인금액이 증가한다. 다음 중 다른 조건이 일정할 때 대출승인금액을 감소시키는 경우에 해당하는 것은?

① 매출채권의 증가 ② 재고자산의 증가 ③ 매입채무의 증가
④ 시설자금의 증가 ⑤ 감가상각비 증가

★ 활동성분석

28 A기업의 매출액과 영업비용 및 감가상각비는 동종 산업평균과 비슷하나, 재고자산과 매출채권은 산업평균에 비해 적으며 매입채무회전기간은 길다. 다음 중 A기업에 대한 설명으로 옳지 않은 것은?

① 동종 산업평균 대비 운영자금 규모가 작다.
② 동종 산업평균 대비 운전기간이 길다.
③ 동종 산업평균 대비 재고관리가 효율적으로 이루어진다.
④ 동종 산업평균 대비 채권관리가 효율적으로 이루어진다.
⑤ 동종 산업평균 대비 ROE가 높다면, 운영자금의 효율적 관리로 인한 결과일 수 있다.

★★★ 활동성분석

29 다음 중 1회전운전자본 및 1회전운전기간에 대한 설명으로 옳지 않은 것은?

① 매출액이 증가하면 일반적으로 1회전운전자본은 증가한다.
② 매출채권이 증가하면 일반적으로 1회전운전자본은 증가한다.
③ 재고자산이 증가하면 일반적으로 1회전운전자본은 증가한다.
④ 매출채권회수기간이 길어지면 1회전운전기간이 길어진다.
⑤ 매입채무지급기간이 길어지면 1회전운전기간이 길어진다.

정답 및 해설

24 ③
- 평균매출채권 : 260억원 ÷ 5회전 = 52억원
- 평균재고자산 : 260억원 ÷ 10회전 = 26억원
- 평균매입채무 : 260억원 ÷ 4회전 = 65억원
- 평균운전자본
  - 매출 260억원일 때 운전자본 : 52억원 + 26억원 − 65억원 = 13억원
  - 매출 200억원일 때 운전자본 : 40억원 + 20억원 − 50억원 = 10억원
  - 추가운전자본 소요액 : 13억원 − 10억원 = 3억원

  * 별해 : 추가 운전자본 소요액 : 10억원 × 30% = 3억원

25 ①
- $1회전운전기간 = \frac{200억원}{(40억원 + 20억원 - 10억원)} = 4회(\frac{1}{4}년)$
- $1회전운전자본 = (매출액 - 영업이익 - 감가상각비) \times \frac{1}{4}$

  $= (200 - 20 - 20) \times \frac{1}{4} = 40억원$

26 ④ 90,000,000 × (60 + 90 − 72) ÷ 360 = 19,500,000

27 ③ 매입채무의 증가 → 매입채무회전율↓ → 1회전운전기간↓ → 1회전운전자본↓ → 대출승인금액↓

참고 감가상각비 그 자체로는 1회전운전자본의 규모에 영향이 없다. 단순하게 산식을 보면 감가상각비는 1회전운전자본을 감소시키지만, 해당 감가상각비는 영업이익에서 상쇄되기 때문이다.

28 ② 동종 산업평균과 비교할 때 매출액은 비슷하고, 재고자산과 매출채권이 적으므로 재고자산회전기간과 매출채권회수기간이 모두 짧다. 또한, 매입채무회전기간은 길기 때문에 운전기간은 짧다.

참고 운전기간이 짧으면 운영자금에 대한 압박이 적다.

29 ⑤ 매입채무지급기간이 길어지면 1회전운전기간이 짧아진다.

★★★ 활동성분석

30 매출액이 일정하다고 가정할 때, 1회전운전기간을 감소시키는 요인으로 옳은 것은?

□□□

① 매출채권 증가　② 매입채무 증가　③ 재고자산 증가
④ 비유동자산 증가　⑤ 장기차입금 증가

★★ 활동성분석

31 A기업의 1회전운전기간은 200일, 매입채무회전율은 6일 때, A기업의 영업순환주기를 계산한 것으로 옳은 것은? (단, 1년은 360일로 가정한다)

□□□

① 140일　② 180일　③ 200일　④ 220일　⑤ 260일

★ 생산성분석

32 다음 자료를 이용하여 A기업의 부가가치를 계산한 것으로 옳은 것은?

□□□

• 매출액 : 200억원	• 매출원가 : 100억원	• 영업이익 : 30억원
• 감가상각비 : 20억원	• 관리직 인건비 : 10억원	• 노무비 : 12억원
• 복리후생비 : 3억원	• 재산세 : 1억원	• 법인세 : 3억원
• 대손상각비 : 2억원	• 세금과공과 : 2억원	• 이자비용 : 5억원

① 60억원　② 78억원　③ 79억원　④ 80억원　⑤ 83억원

★ 생산성분석

33 다음 자료를 이용하여 부가가치율을 계산한 것으로 옳은 것은?

□□□

• 매출액 : 200억원	• 매출총이익 : 100억원	• 판매비와관리비 : 50억원
• 감가상각비 : 20억원	• 인건비 : 30억원	• 대손상각비 : 3억원
• 복리후생비 : 10억원	• 세금과공과 : 3억원	• 이자비용 : 10억원

① 52%　② 54%　③ 56%　④ 58%　⑤ 60%

★★ 생산성분석

34 다음 자료를 이용하여 A기업의 노동생산성을 계산한 것으로 옳은 것은?

□□□

• 매출액 : 200억원	• 영업이익 : 20억원	• 감가상각비 : 20억원
• 대손상각비 : 1억원	• 판매직 인건비 : 10억원	• 노무비 : 10억원
• 복리후생비 : 2억원	• 조세공과 : 3억원	• 법인세 : 3억원
• 외주가공비 : 50억원	• 이자비용 : 3억원	• 평균 종업원 수 : 20명

① 2억원 ② 2.2억원 ③ 3.3억원 ④ 3.6억원 ⑤ 4억원

정답 및 해설

30 ② 매입채무가 증가하면 매입채무회전기간이 증가하며, 1회전운전기간이 감소하게 된다.

31 ⑤
• 매입채무회전기간 = 360일 ÷ 6회전 = 60일
• 영업순환주기 = 1회전운전기간 + 매입채무회전기간
= 200일 + 60일 = 260일

32 ④
• 영업잉여 = 영업이익 + 대손상각비 – 금융비용 = 30억 + 2억 – 5억 = 27억원
• 인건비 = 관리직 인건비 + 노무비 + 복리후생비 = 10억 + 12억 + 3억 = 25억원
• 금융비용 = 이자비용 = 5억원
• 조세공과 = 재산세 + 세금과공과 = 1억 + 2억 = 3억원
• 감가상각비 = 20억원
➲ 부가가치합계액 = 영업잉여 + 인건비 + 금융비용 + 조세공과 + 감가상각비 = 80억원

33 ④
• 영업잉여 = 영업이익 + 대손상각비 – 금융비용
= (100억원 – 50억원) + 3억원 – 10억원 = 43억원
• 부가가치 = 영업잉여 + 인건비 + 금융비용 + 조세공과 + 감가상각비
= 43억원 + (30억원 + 10억원) + 10억원 + 3억원 + 20억원
= 116억원
• 부가가치율 = 부가가치/매출액
$= \frac{116억원}{200억원} = 58\%$

34 ③
• 영업잉여 = 영업이익 + 대손상각비 – 금융비용 = 20억 + 1억 – 3억 = 18억원
• 인건비 = 판매직 인건비 + 노무비 + 복리후생비 = 10억 + 10억 + 2억 = 22억원
• 금융비용 = 이자비용 = 3억원
• 조세공과 = 3억원
• 감가상각비 = 20억원
➲ 부가가치합계액 = 영업잉여 + 인건비 + 금융비용 + 조세공과 + 감가상각비 = 66억원
➲ 노동생산성 $= \frac{66억}{20명} = 3.3억원$

★
35 □□□

생산성분석

다음 자료를 이용하여 A기업의 노동소득분배비율을 계산한 것으로 옳은 것은?

• 매출액 : 200억원	• 영업이익 : 14억원	• 감가상각비 : 20억원
• 대손상각비 : 1억원	• 판매직 인건비 : 8억원	• 노무비 : 6억원
• 복리후생비 : 1억원	• 조세공과 : 3억원	• 법인세 : 3억원
• 외주가공비 : 90억원	• 이자비용 : 2억원	• 평균 종업원 수 : 20명

① 50%　② 48%　③ 45%　④ 37.5%　⑤ 33.3%

★★
36 □□□

생산성분석

다음 중 기업의 생산성 및 부가가치에 대한 설명으로 옳지 않은 것은?

① 매출액이 높은 기업은 생산성이 높다.
② 부가가치는 기업의 생산액에서 외부투입액을 차감하여 계산할 수 있다.
③ 부가가치가 높은 기업은 근로자에게 높은 임금을 지급할 수 있다.
④ 부가가치가 높은 기업은 주주에게 많은 배당금을 지급할 수 있다.
⑤ 기업의 공시된 재무제표를 활용하여도 기업이 창출한 부가가치를 직접 계산하기는 어렵다.

★★
37 □□□

생산성분석

기업의 생산성 및 부가가치에 관한 설명으로 옳지 않은 것은?

① 부가가치 중 법인세는 영업잉여에 포함된다.
② 외주가공비는 부가가치를 구성하는 항목에 해당하지 아니한다.
③ 도소매업보다 서비스업에서 부가가치 중 인건비 비중이 크다.
④ 부가가치율이 높다는 것은 외부투입액의 비율이 낮다는 것을 의미한다.
⑤ 노동소득분배율이 높다는 것은 매출액 중에서 인건비가 차지하는 비중이 높다는 뜻이다.

★
38 □□□

생산성분석

다음 중 가산법에 따른 부가가치 산출 시 구성요소로 거리가 먼 것은?

① 영업잉여　② 복리후생비　③ 인건비
④ 재료비 및 외주가공비　⑤ 금융비용

★★ 생산성분석

39 □□□

다음 중 노동생산성에 대한 설명으로 옳지 않은 것은?

① 기업의 매출액을 평균 종업원 수로 나누어 계산한다.
② 노동력 단위당 생산성을 나타내는 지표이다.
③ 노동집약적인 기업일수록 노동생산성이 낮아지는 경향이 있다.
④ 노동생산성은 임금결정의 주요 기준이 된다.
⑤ 노동생산성이 높다는 것은 기업의 보유노동력을 효율적으로 이용한다는 의미이다.

★★ 생산성분석

40 □□□

다음 중 노동소득분배율에 대한 설명으로 옳지 않은 것은?

① 기업이 창출한 요소비용의 부가가치 중 근로자에게 지급된 금액의 비율이다.
② 요소비용의 부가가치는 영업잉여, 인건비, 금융비용의 합이다.
③ 기업의 부가가치가 커지면 노동소득분배율도 커진다.
④ 성과배분이 얼마나 합리적인가를 측정하는 데 활용된다.
⑤ 노동생산성이 단시간 내 급격히 상승하면 노동소득분배율은 하락하는 경향이 있다.

정답 및 해설

35 ①
- 영업잉여 = 영업이익 + 대손상각비 − 금융비용 = 14억 + 1억 − 2억 = 13억원
- 인건비 = 판매직 인건비 + 노무비 + 복리후생비 = 8억 + 6억 + 1억 = 15억원
- 요소비용 부가가치 = 영업잉여 + 인건비 + 금융비용 = 13억 + 15억 + 2억 = 30억원
- 노동소득분배비율 = $\frac{\text{인건비}}{\text{요소비용 부가가치}} = \frac{15\text{억}}{30\text{억}} = 50\%$

36 ① 매출액이 높다고 해서 생산성이 반드시 높다고 할 수 없다. 일반적으로 부가가치가 높은 기업이 생산성이 높다고 할 수 있다.

37 ⑤ 노동소득분배율은 인건비를 요소비용 부가가치(영업잉여 + 인건비 + 금융비용)로 나눈 값을 말한다.

38 ④ 재료비 및 외주가공비는 부가가치 산출 시 구성요소가 아니다.
참고 재료비 및 외주가공비가 높은 기업은 부가가치가 상대적으로 낮다.

39 ① 노동생산성은 기업의 부가가치를 평균 종업원 수로 나누어 계산한다.

40 ③ 부가가치가 커진다고 해서 반드시 노동소득분배율이 커지는 것은 아니다.

★ 생산성분석

41 다음 중 활동성분석과 생산성분석에서 가장 중요한 항목을 바르게 묶은 것은?

	활동성분석	생산성분석
①	부가가치	부가가치
②	매출액	부가가치
③	매출액	노동생산성
④	생산량	노동생산성
⑤	부가가치	자본생산성

★ 생산성분석

42 부가가치율이 증가하고, 노동생산성이 증가하고, 자본생산성이 감소할 때 다음 설명 중 옳지 않은 것은?

① 종업원 1인당 부가가치 증가
② 외주가공비 증가
③ 종업원 1인당 매출액 증가
④ 전체 이해관계자들에게 분배되는 몫의 증가
⑤ 총자본의 효율성이 감소

★ 생산성분석

43 다음 중 부가가치를 구성하는 항목에 해당하지 않는 것은?

① 영업잉여　② 조세공과　③ 감가상각비
④ 이자비용　⑤ 외주가공비

★ 생산성분석

44 생산성분석과 관련된 재무비율 수식으로 옳은 것은?

① 순부가가치 = 영업잉여 + 인건비 + 금융비용 + 조세공과 + 감가상각비
② 부가가치율 = 부가가치/매출액 × 100
③ 노동생산성 = 부가가치/인건비 × 100
④ 자본생산성 = 부가가치/자기자본 × 100
⑤ 노동소득분배율 = 요소소득 부가가치/인건비 × 100

★★ 생산성분석

45 다음 중 부가가치 구성요소 및 관련 수혜자에 대한 연결로 옳지 않은 것은?

	부가가치 구성요소	수혜자
①	영업잉여	주주와 채권자
②	인건비	종업원
③	조세공과	정부와 지방자치단체
④	금융비용	채권자
⑤	감가상각비	기업에 재분배

★ 성장성분석

46 다음 중 기업의 실질적 성장성을 나타내는 지표로 가장 적절한 것은?

① 매출액증가율 ② 자기자본증가율 ③ 총이익증가율
④ 주당순이익증가율 ⑤ 총자산증가율

정답 및 해설

41 ② 활동성분석에서는 매출액이, 생산성분석에서는 부가가치가 필수적인 요소이다.

용어 알아두기
- **활동성분석**: 매출액 대비 채권, 재고, 자산의 회전율을 분석하는 것
- **생산성분석**: 기업의 부가가치를 기준으로 노동생산성과 자본생산성 등을 분석하는 것

42 ② 부가가치는 매출액에서 다른 기업이 생산한 외부투입액인 재료비, 외주가공비 등을 차감한 것이다. 따라서 외주가공비가 증가하면 부가가치율이 감소한다.

43 ⑤ 부가가치 구성항목은 영업잉여, 인건비, 금융비용, 조세공과, 감가상각비이다.

44 ② 부가가치율은 '$\frac{\text{부가가치}}{\text{매출액}} \times 100$'으로 구한다.

오답체크

① 순부가가치에서는 감가상각비를 가산하지 않는다.

③ 노동생산성 $= \frac{\text{부가가치}}{\text{종업원 수}} \times 100$

④ 자본생산성 $= \frac{\text{부가가치}}{\text{총자본}} \times 100$

⑤ 노동소득분배율 $= \frac{\text{인건비}}{\text{요소소득 부가가치}} \times 100$

45 ① 영업잉여의 수혜자는 주주와 정부이다.

46 ④ 주당순이익증가율은 기업의 실질적 성장성을 나타내는 지표이다.

오답체크

③ 총이익은 순이익에 대비되는 개념으로 실질적 성장으로 보기에는 부적합하다.

★★
성장성분석

47 □□□

다음 중 기업의 성장률에 대한 설명으로 옳지 <u>않은</u> 것은?

① 매출액증가율이 외형성장에 대한 지표라면, 순이익증가율은 실질적인 성장을 나타내는 지표이다.
② 지속가능성장률은 기업이 보유한 잠재성장률을 말한다.
③ 지속가능성장률은 자기자본성장률을 의미한다.
④ 유보비율이 높을수록 지속가능성장률은 높아진다.
⑤ 배당성향이 높을수록 지속가능성장률은 높아진다.

★
성장성분석

48 □□□

매출액증가율이 10%, 총자산증가율이 8%, 자기자본순이익률(ROE)이 5%, 배당성향이 40%일 때, 지속가능성장률은 얼마인가?

① 3% ② 4% ③ 5% ④ 8% ⑤ 10%

★★
성장성분석

49 □□□

A기업의 매출액순이익률은 10%, 총자산회전율은 100%, 부채비율은 150%, 배당성향은 40%이다. A기업의 지속가능성장률은 얼마인가?

① 5% ② 8% ③ 10% ④ 12.5% ⑤ 15%

★★
성장성분석

50 □□□

A기업의 총자본순이익률은 10%, 부채비율은 200%, 배당성향은 40%이다. A기업의 지속가능성장률은 얼마인가?

① 18% ② 15% ③ 12.5% ④ 10% ⑤ 8%

★ 성장성분석

51 □□□ **다음 중 지속가능성장률에 대한 산식으로 적절하게 표시한 것은?**

① EVA × 유보율
② 배당성향 × 자기자본순이익률
③ 유보율 × 자기자본순이익률
④ ROIC × 유보율
⑤ ROIC × (1−배당성향)

정답 및 해설

47 ⑤ 유보비율은 배당성향과 역의 관계에 있다. 즉, 배당성향이 높은 기업은 유보비율이 낮고 지속가능성장률도 낮아진다.
참고 지속가능성장률(g) = 유보비율(b) × 자기자본순이익률

48 ① 지속가능성장률 = (1 − 40%) × 5% = 3%

49 ⑤

자산	100	부채	60
		자본	40

매출	100
순이익	10

• 자기자본순이익률(ROE) = 10/40 = 25%
• 지속가능성장률 = 25% × (1−40%) = 15%

50 ①

자산	300	부채	200
		자본	100

매출	100
순이익	30

• 자기자본순이익률(ROE) = 30/100 = 30%
• 지속가능성장률 = 30% × (1 − 40%) = 18%

51 ③ 지속가능성장률 = 유보율 × ROE = (1 − 배당성향) × ROE

제4절 시장가치분석

01 시장가치분석의 의의 ★

시장가치(Market Value)분석이란 기업이 시장에서 거래되는 주식가치를 분석하는 것이다. 즉, 기업의 주식가치가 고평가/저평가되었는지에 대한 지표를 제시하는 데 그 최종 목적이 있다. 아울러, 정상적인 지표와 현재 지표를 비교하여 그 원인을 밝히는 것도 포함된다. 시장가치비율에는 주가수익비율, 주가순자산비율, 주가매출액비율, 시장가치 관련 기타비율이 있다. 기업의 시장가치와 관련한 개념으로 경제적 부가가치가 있으며 경제적 부가가치는 주주의 입장에서 기업의 성과평가를 측정하는 지표이다.

02 주가수익비율(PER) ★★★

1. 개념

주가수익비율(Price Earnings Ratio, PER)이란 실제주가를 주당순이익(EPS)으로 나눈 비율로, 주가가 그 회사 1주당 수익의 몇 배가 되는지를 나타내는 지표이다. 주당순이익(EPS)는 당기순이익을 주식수로 나눈 값이다.

$$\text{주가수익비율} = \frac{\text{실제주가}}{\text{주당순이익(EPS)}} = \frac{\text{시가총액(실제주가} \times \text{주식수)}}{\text{당기순이익(주당순이익} \times \text{주식수)}}$$

2. PER 정보의 해석

구 분	원 인	해 석
PER이 높은 경우	회사의 순이익(주당순이익)은 동종산업 대비 평균수준이지만 주가가 높은 경우	성장성이 높은 기업
	회사의 주가는 동종산업 대비 평균수준이지만 순이익(주당이익)이 낮은 경우	일시적 주당순이익의 감소
PER이 낮은 경우	회사의 순이익(주당순이익)은 동종산업 대비 평균수준이지만 주가가 낮은 경우	성장성이 낮은 기업
	회사의 주가는 동종산업 대비 평균수준이지만 순이익(주당이익)이 높은 경우	일시적 주당순이익 증가

주의할 것은 위의 해석이 절대적인 개념은 아니라는 점이다. 예를 들어, 시장의 잘못된 정보에 의해 주가가 올라가는 경우 성장성이 높다기보다는 잘못된 정보에 의한 주식가치가 과대평가된 것으로도 볼 수 있다. 따라서 주식가치가 과대평가 또는 과소평가되었는지에 대한 판단은 실제 PER와 정상 PER를 비교하여 판단한다.

3. 고든의 배당평가모형

이론적인 주식가치에 대한 평가모델로 고든의 배당평가모형이 있다. 기업의 이론적인 주가는 미래에 기대되는 배당금을 주주의 요구수익률로 할인하여 현재가치로 계산한 것이다.

$$P_0^* = \frac{D_1}{(1+R_e)^1} + \frac{D_2}{(1+R_e)^2} + \cdots + \frac{D_\infty}{(1+R_e)^\infty} = \frac{D_1}{R_e - g}$$

*R_e : 주주의 요구수익률, g : 영구성장률

4. 정상 PER 결정요인

고든(Gorden)의 배당평가모형을 토대로 정상 PER을 구하는 산식은 다음과 같다.

$$정상\ PER = \frac{(1-b) \times (1+g)}{r-g}$$

b : 유보율, g : 성장률, r : 할인율(자기자본비용 = 주주의 요구수익률)

① 주주의 요구수익률은 CAPM(Capital Asset Pricing Model)에 따라 다음과 같이 계산된다.

주주의 요구수익률 = 무위험자산수익률 + 시장위험프리미엄 × 베타(β)

여기서 베타(β)란 증권시장선에서 체계적 위험을 말한다. 이는 증권시장 전체의 수익률 변동이 발생할 때 이에 대한 개별기업의 주가수익률이 얼마나 민감하게 반응하는가를 뜻한다. 예를 들어, 베타(β)계수가 2라면, 증권시장의 평균수익률이 10% 상승(하락)하면 개별기업의 수익률은 20% 상승(하락)한다는 의미이다.

② 실제 PER이 정상 PER보다 높다면 기업가치가 고평가될 가능성이 있다. 또는 투자자들이 해당 기업의 미래 성장가능성을 높게 평가하고 있을 수도 있다.

③ 실제 PER이 정상 PER보다 낮다면 기업가치가 저평가될 가능성이 있다. 또는 투자자들이 해당 기업의 미래 성장가능성을 낮게 평가하고 있을 수도 있다.

④ 산식을 보면 알 수 있듯이 정상 PER은 배당성향(1−b), 성장률(g)에 비례하며, 할인율(자기자본비용 = r)과는 반비례한다. 할인율에는 위험이 반영되어 있기 때문이다.

⑤ 정상 PER은 배당성향과 성장률의 증가함수이고, 위험과 유보율의 감소함수이다.

정상 PER = *f*(배당성향, 유보율, 성장률, 위험)
(+) (−) (+) (−)

03 주가순자산비율(PBR) ★★

1. 개념

$$주가순자산비율 = \frac{실제주가}{주당순장부가치(BPS)} = \frac{시가총액(실제주가 \times 주식수)}{자기자본(주당순장부가치 \times 주식수)}$$

① 주가순자산비율(Price Book value Ratio, PBR)은 실제주가를 주당순장부가치(BPS)로 나눈 비율이다. 주가가 그 회사 1주당 순장부가치의 몇 배가 되는지를 나타내는 지표이다.

② 주가순자산비율(PBR)은 증권시장에서 평가된 기업의 주식가치와 장부상 가치를 비교하는 비율이다.

③ 주가순자산비율(PBR)이 1보다 낮은 경우는 기업의 장부상가치보다 시장에서 거래되는 주식가치가 낮다는 뜻이다. 여러 가지 원인이 있겠지만 보통은 주식가치가 과소평가되어 있을 가능성이 있다.

2. 장부가치와 시장가치

① 기업의 장부가치는 자산에서 부채를 차감한 순자산의 장부가치이다. 자산은 당초 취득원가에서 감가상각을 차감한 금액이고 부채는 발생시점의 가치 그대로이다. 다른 조건이 일정하다면 기업의 장부상 가치는 감가상각 이상의 이익(감가상각비차감전이익)을 획득하여 유보하지 못하는 경우 줄어든다.

② 기업의 시장가치는 기업의 미래현금흐름의 현재가치를 반영한 것이다. 장부가치와 시장가치 차이의 원인은 현재가치와 미래가치의 차이로 인해 발생한다. 예를 들어, 신규고객의 증가, 새로운 기술의 획득 등은 즉시 미래가치에는 반영될 수 있으니 장부가치에는 즉시 반영되지 않기 때문이다.

3. 정상 PBR 결정요인

고든(Gorden)의 배당평가모형을 토대로 정상 PBR을 구하는 산식은 다음과 같다.

$$\text{정상 PBR} = \frac{ROE \times (1-b) \times (1+g)}{r-g} = ROE \times PER$$

b : 유보율, g : 성장률, r : 할인율(자기자본비용 = 주주의 요구수익률)

① 실제 PBR이 정상 PBR보다 높은 경우는 주식이 과대평가되었다는 의미이다.

② 정상 PBR은 고든의 배당평가모형에 따라 PER에 ROE를 곱하여 계산한다.

③ 산식을 보면 알 수 있듯이 정상 PBR은 배당성향(1−b), 성장률(g)에 비례하며, 할인율(자기자본비용 = r)과는 반비례한다. 할인율에는 위험이 반영되어 있기 때문이다.

④ 정상 PBR은 자기자본수익률, 배당성향과 성장률의 증가함수이고, 위험과 유보율의 감소함수이다.

정상 PBR = *f*(자기자본수익률, 배당성향, 유보율, 성장률, 위험)
(+) (+) (−) (+) (−)

4. 주가순자산비율(PBR) 사용의 유용성

① 회계처리기준이 동일하다면 주가순자산비율(PBR)은 동종업종 간에 과소 또는 과대평가된 주식을 발굴하는 데 유용하다.

② 일시적으로 순이익이 0 이하인 경우 주가수익비율(PER)은 사용할 수 없지만, 주가순자산비율(PBR)은 사용할 수 있다.

5. 주가순자산비율(PBR) 사용의 문제점

① 회계처리방법의 차이로 인해 영향을 받을 수 있다.

② 자산을 적게 보유하고 있는 서비스기업에는 유용성이 떨어진다.

04 주가매출액비율(PSR) ★

1. 개념

주가매출액비율(Price Sales Ratio, PSR)은 실제주가를 주당매출액으로 나눈 비율이다. 주가가 그 회사 1주당 매출액의 몇 배가 되는지를 나타내는 지표이다.

$$\text{주가매출액비율} = \frac{\text{실제주가}}{\text{주당매출액}} = \frac{\text{시가총액}}{\text{매출액}}$$

2. 주가매출액비율(PSR)의 특징

① 매출액과 주가로 평가하므로 적용이 단순하며, 회계처리에 큰 영향을 받지 않는다.

② 주가매출액비율(PSR)은 벤처기업 또는 스타트업(Start-up) 기업에서 주목받고 있다. 그 이유는 벤처기업 등은 일반적으로 당기순이익이 음(-)이기 때문에 PER 또는 PBR을 이용하여 주가의 적정성을 평가하는 것이 어렵기 때문이다.

③ 주가매출액비율(PSR)은 기업의 제품 또는 상품의 가격 변화가 주가에 미치는 영향을 쉽게 파악할 수 있다. 이에 따라 기업가치를 평가하는 승수로 이용되기도 한다.

④ 주가매출액비율(PSR)은 주가와 매출액의 비율이고, PER은 주가와 순이익의 비율이다. 매출액 변동성은 순이익 변동성에 비해 작으므로 PSR은 PER에 비해 변동성이 작다.

3. 정상 PSR 결정요인

고든(Gorden)의 배당평가모형을 토대로 정상 PSR을 구하는 산식은 다음과 같다.

$$\text{정상 PSR} = \frac{ROS \times (1-b) \times (1+g)}{r-g} = ROS \times PER$$

ROS : 매출액 대비 순이익률

b : 유보율, g : 성장률, r : 할인율[1](자기자본비용 = 주주의 요구수익률)

[1] 무위험자산수익률 + 시장위험프리미엄 × 베타

① 정상 PSR은 PSR이 높은지 낮은지를 판단하는 기준으로, 고든의 PER모형에서 ROS를 곱하여 계산한다. PSR이 낮은 주식은 기업가치가 저평가될 가능성이 있다.

② 산식을 보면 알 수 있듯이 정상 PSR은 매출액 대비 순이익률(ROS), 배당성향(1-b), 성장률(g)에 비례하며, 할인율(자기자본비용 = r)과는 반비례한다.

정상 PSR = *f*(ROS, 배당성향, 성장률, 위험)
(+) (+) (+) (−)

05 기타 시장가치 관련 비율 ★★★

1. 주가현금흐름비율(PCR)

$$\text{주가현금흐름비율} = \frac{\text{실제주가}}{\text{주당현금흐름}} = \frac{\text{시가총액}}{\text{기업의 현금흐름}}$$

① 주가현금흐름비율(Price Cash flows Ratio, PCR)은 실제주가를 주당현금흐름으로 나눈 비율로, 주가가 그 회사 1주당 현금흐름의 몇 배가 되는지 나타내는 지표이다.

② 여기서 현금흐름은 당기순이익에 감가상각비(무형자산상각비)를 더한 금액으로 한다.

③ 이러한 현금흐름 계산방식을 제2장 현금흐름분석에서는 전통적인 현금흐름(Traditional Cash Flow, TCF)이라고 한다.

④ PCR이 낮은 주식은 주가에 기업의 현금흐름이 잘 반영되어 있지 않음을 의미하여 저평가 가능성이 높다.

⑤ PCR이 높은 주식은 주가에 기업의 현금흐름이 잘 반영되어 있음을 의미하여 고평가 가능성이 높다.

2. EV/EBITDA비율

$$\text{EV/EBITDA비율} = \frac{\text{EV(시가총액 + 순차입금)}}{\text{EBITDA}}$$

① EV/EBITDA비율(Enterprise Value/EBITDA Ratio)은 기업의 시가총액과 순차입금의 합계액을 EBITDA로 나눈 비율이다.

② EV(기업가치)는 시가총액만을 의미하는 것이 아니라, 시가총액에 순차입금을 합한 금액이다.

③ 시가총액은 1주당 시가에 주식수를 곱한 금액으로서 주주지분의 시장가치를 말한다. 기업전체의 가치(EV)는 주주지분의 가치에 채권자의 몫을 더해야 하므로 순차입금을 더한다.

④ 순차입금은 총차입금에서 현금·예금을 차감한 금액이다.

⑤ EBITDA(법인세·이자·감가상각비차감전영업이익)는 EBIT(법인세·이자)에 감가상각비를 더한다. 영업외손익에 이자비용만 있다고 가정하면 EBITDA는 영업이익에 감가상각비를 더한 것으로 계산하기도 한다.

⑥ EBITDA(법인세·이자·감가상각비차감전영업이익)는 세전순이익에 이자비용과 감가상각비를 더한 금액으로 계산할 수도 있다.

- EV = 발행주식수 × 1주당 주가 + (총차입금 − 현금예금)
- EBITDA = EBIT + 감가상각비(무형자산상각비 포함)
  = 세전순이익 + 이자비용 + 감가상각비(무형자산상각비 포함)

⑦ 주가현금흐름비율(PCR)은 주주현금흐름을 기준으로 주식가치의 평가정도를 측정하는 것인데, EV/EBITDA비율은 기업의 영업현금흐름을 기준으로 주식가치의 평가정도를 측정한다.

⑧ EV/EBITDA비율이 높을수록 기업의 영업현금흐름에 비해서 주가가 과대평가되었을 가능성이 높다. 반면 EV/EBITDA비율이 낮을수록 기업의 영업현금흐름에 비해서 주가가 과소평가되었을 가능성이 높다.

06 경제적 부가가치(EVA) ★★★

1. 개념

경제적 부가가치(Economic Value Added, EVA)는 기업이 고유의 영업활동을 통해 창출한 기업의 순가치 증가분을 말한다. 경제적 부가가치(EVA)는 회계적 이익이 가지고 있는 한계를 보완하기 위해 등장하였다. EVA는 회계적 이익뿐만 아니라 주주가 요구하는 자기자본조달비용까지 고려한 것으로서 주주 중심의 경영성과지표로 볼 수 있다.

2. EVA 측정

EVA는 세후영업이익에서 자본비용을 차감한 값으로 주주 입장에서 본 실질적인 기업가치를 나타내며, 자기자본 사용에 대한 대가를 차감한 이익이라고 볼 수 있다.

$$\begin{aligned} EVA &= \text{세후순영업이익(NOPLAT)} - \text{투하자본조달비용} \\ &= (\text{영업이익} - \text{조정된 법인세}) - \text{투하자본조달비용} \\ &= \text{투하자본} \times \left(\frac{\text{영업이익} - \text{조정된 법인세}}{\text{투하자본}} - WACC\right) \\ &= \text{투하자본} \times (ROIC - WACC) \end{aligned}$$

(1) 세후순영업이익

세후순영업이익(Net Operating Profit Less Adjusted Taxes, NOPLAT)은 영업이익에서 영업이익에 대한 법인세(다른 비영업손익에 대한 법인세는 제외)를 차감하여 계산한다.

(2) 투하자본조달비용

① 투자자본조달비용은 평균투하자본에 가중평균자본비용(WACC)을 곱하여 계산한다.

② 가중평균자본비용(Weighted Average Cost of Capital, WACC)은 기업자산에 대한 요구수익률이다. 가중평균자본비용은 시장가치기준의 타인자본 구성비율과 자기자본 구성비율로 안분하여 계산한다. 구체적인 공식은 다음과 같다.

$$WACC = R_d \times (1 - t) \times \left(\frac{D}{D+E}\right) + R_e \times \left(\frac{E}{D+E}\right)$$

R_d : 타인자본비용(이자율), D : 부채의 시장가치, R_e : 자기자본비용, E : 자기자본의 시장가치

(3) 투하자본

① 총자산은 영업자산과 비영업자산으로 구분된다. 비영업자산은 생산활동(영업활동)에 투입되지 않은 자산으로서 금융자산, 투자자산, 건설중인자산이 포함된다. 운영자금에 해당하는 현금(단, 적정 시재 이상의 현금은 비영업자산)과 개발비는 영업자산이다.

② 투하자본은 영업자산에서 비이자발생부채를 차감한다. 비이자발생부채는 투자자들로부터 조달한 자금이 아니기 때문이다. 비이자발생부채에는 매입채무, 미지급금, 예수금, 미지급비용 등이 있다.

$$\text{투하자본} = \text{총자산} - \text{비영업자산} - \text{비이자발생부채} = \text{영업자산} - \text{비이자발생부채}$$

③ 영업이익에서 조정된 법인세를 차감한 금액을 분자로 하고 투하자본을 분모로 하면, 투하자본에 대한 세후영업이익률이 계산된다. 이를 투하자본수익률(Return On Invested Capital, ROIC)이라고 한다.

3. EVA의 유용성

① 자기자본비용을 비용으로 인식하기 때문에 경영자의 목표수익률이 주주에게 지급할 보상을 상회하여 설정된다. 따라서 경영의사결정을 EVA가 양수가 되는 것을 최우선으로 둔다면 경영자와 주주가 분리되어 발생하는 대리인 문제를 해소할 수 있다.

② EVA는 투자의사결정에 있어 회계상 이익보다 더 적합한 기준이 된다. 즉, 투자수익률(IRR)이 자본비용(가중평균자본비용)보다 크면 순현재가치(Net Present Value, NPV)가 0보다 크다.

4. 시장부가가치(MVA)

① 시장부가가치(Market Value Added, MVA)는 미래 발생가능한 모든 EVA를 가중평균자본비용으로 할인한 현재가치이다. 이를 근거로 기업의 주식가치를 산정하면 다음과 같다.

자기자본의 이론적 가치 = 자기자본의 장부가치 + 시장부가가치(MVA)

② 기업이 자기자본의 요구수익률만큼만 이익을 낸다면 자기자본의 가치는 자기자본의 장부가치와 일치하게 될 것이다. 기업이 자기자본의 요구수익률 이상의 이익을 창출한다면 자기자본의 가치는 자기자본의 장부가치 이상이 될 것이다.

개념완성문제

01 주가수익비율(Price Earnings Ratio, PER)이란 (　　　)을/를 (　　　)로/으로 나눈 비율로, 주가가 그 회사 1주당 수익의 몇 배가 되는지를 나타내는 지표이다.

02 PER이 높은 주식은 주가가 기업의 주당순이익보다 높게 평가되거나 미래의 성장가능성이 높다고 볼 수 있다. (O, X)

03 정상 PER은 배당성향, 성장률, 할인율(자기자본비용)과 비례 관계에 있다. (O, X)

04 지속가능성장률은 유보율에서 자기자본순이익률을 곱한 값이다. (O, X)

05 PER은 자기자본비용과는 반비례 관계에 있다고 볼 수 있다. (O, X)

06 자기자본비용은 PER과 (　　　)의 관계에 있다.

07 PBR이 낮은 주식은 기업가치가 저평가될 가능성이 있고, 미래 성장가능성이 낮다고도 볼 수 있으며, 위험이 높을 가능성이 있다. (O, X)

08 정상 PBR은 자기자본순이익률, 배당성향, 성장률과 비례 관계에 있지만, 할인율(자기자본비용)과는 반비례 관계이다. (O, X)

정답 및 해설

01 실제주가, 주당순이익

02 O

03 X 정상 PER은 배당성향과 성장률에는 비례하나 할인율(자기자본비용)에는 반비례한다.

04 O

05 O

06 반비례

참고 자기자본비용은 위험이라고 할 수 있다. 정상 PER 공식(p.85) 참고

07 O

08 O

09 정상 주가순자산비율(PBR)은 주가수익비율(PER)에 (   )을/를 곱한 값이다.

10 PSR은 1주당 주가를 (   )로/으로 나눈 비율이다.

11 PSR이 낮은 주식은 기업가치가 저평가될 가능성이 있지만, 위험이 높고 이익률이 낮다고 볼 수 있다. (O, X)

12 정상 PSR은 자기자본순이익률, 배당성향, 성장률, 할인율(자기자본비용)과 비례 관계에 있다. (O, X)

13 EV/EBITDA비율이 높을수록 기업의 영업현금흐름에 비해서 주가가 과대평가되었을 가능성이 높다. (O, X)

14 주가현금흐름비율(PCR)은 영업현금흐름을 기반으로 주가를 평가하는 데 반하여, EV/EBITDA는 주주현금흐름을 기반으로 주가를 평가하는 것에 차이점이 있다. (O, X)

15 EVA가 0보다 크다는 것은 투하된 자본에 대한 비용을 초과하여 기업이 이익을 발생시켰음을 의미한다. 이는 기업의 IRR(투자수익률)이 자본비용보다 더 작다는 것을 의미한다. (O, X)

16 EVA 계산 시 투하자본은 영업자산에서 (   )을/를 차감하여 계산한다.

정답 및 해설

09 자기자본순이익률(ROE)

10 1주당 매출액

11 O

12 X 정상 PSR은 자기자본순이익률과는 관계가 없고 배당성향, 성장률, 매출액 대비 순이익률과 비례 관계이며 할인율(자기자본비용)과는 반비례 관계에 있다.

13 O

14 X 주가현금흐름비율(PCR)은 주주현금흐름을 기반으로 주가를 평가하는 데 반하여, EV/EBITDA는 영업현금흐름을 기반으로 주가를 평가하는 것에 차이점이 있다.

15 X 기업의 IRR(투자수익률)이 자본비용보다 더 크다는 것을 의미한다.

16 비이자발생부채

출제예상문제

✔ 학습시간이 부족하거나 시험 전 최종정리를 하고 싶은 경우에는 출제빈도(★~★★★)가 높은 문제를 우선으로 풀이할 수 있습니다.
✔ 다시 봐야 할 문제(풀지 못한 문제, 헷갈리는 문제 등)는 문제 번호 하단의 네모박스(□)에 체크하여 반복 학습할 수 있습니다.

★★★ 주가수익비율(PER)

01 □□□ **다음 중 주가수익비율(PER)에 대한 설명으로 옳지 않은 것은?**

① PER은 실제주가를 주당순이익으로 나눈 수치이다.
② 주당순이익은 적정하나 일시적으로 주가가 높은 경우에는 PER이 높은 수치로 나타난다.
③ 주가는 적정하나 일시적으로 주당순이익이 낮은 경우에는 PER이 높은 수치로 나타난다.
④ PER이 낮은 기업은 기업가치 대비 주가가 낮게 형성되어 있다고 볼 수도 있다.
⑤ 일반적으로 PER이 높은 기업은 미래 성장가능성이 낮은 기업으로 볼 수 있다.

★ 주가수익비율(PER)

02 □□□ **다음 중 PER에 직접적인 영향을 미치는 요인이 아닌 것은?**

① 성장률 ② 유보율 ③ 배당성향 ④ 위험 ⑤ PBR

★ 주가수익비율(PER)

03 □□□ **배당성향이 50%, 자기자본비용이 연 10%, 성장률이 매년 3%로 일정할 때, 정상 PER은 얼마인가?** (단, 소수점 둘째 자리에서 절사하여 구한다)

① 5.2 ② 5.7 ③ 6.7 ④ 7.3 ⑤ 8.0

정답 및 해설

01 ⑤ 일반적으로 PER이 높은 기업은 미래 성장가능성이 높다는 의미이다. 주가에는 미래 성장가능성이 반영되어 있기 때문이다.

02 ⑤ 정상 PER = f(배당성향, 유보율, 성장률, 위험)
(+) (−) (+) (−)

03 ④ 정상 PER $= \frac{(1-b)\times(1+g)}{K_e - g} = \frac{배당성향 \times (1+g)}{K_e - g} = \frac{50\% \times (1+3\%)}{10\% - 3\%} \fallingdotseq 7.3$

★★
주가수익비율(PER)

04 □□□

A기업의 정상 PER이 5, 현재 1주당 주가 4,000원, 당기순이익 1억원, 주식수가 100,000주일 때, 주가 수준으로 옳은 것은?

① 매우 고평가 ② 고평가 ③ 적정
④ 저평가 ⑤ 추가 하락 가능

★
주가수익비율(PER)

05 □□□

A기업의 작년 말 배당금은 4,000원이며, 배당금액은 매년 5%씩 성장한다. A기업의 시장위험 프리미엄은 4%, 무위험자산의 수익률은 2%, 베타(β)는 1.5이라면 현재 시점(연초)의 이론적인 주가는 얼마인가?

① 50,000원 ② 52,500원 ③ 133,333원
④ 140,000원 ⑤ 420,000원

★★★
주가수익비율(PER)

06 □□□

다음 중 고든의 배당모형을 기초로 한 PER에 대한 설명으로 옳지 <u>않은</u> 것은?

① 기업의 유보율과 PER은 반비례한다.
② 위험과 PER은 반비례한다.
③ 성장률과 PER은 반비례한다.
④ 당기순이익의 성장가능성이 높을수록 PER은 높다.
⑤ 배당성향이 높을수록 PER은 높다.

★★
주가수익비율(PER)

07 □□□

A기업의 시가총액이 800억원, 주당순이익이 5,000원, 발행주식수가 1,000,000주일 때, A기업의 PER은 얼마인가?

① 10 ② 12 ③ 15 ④ 16 ⑤ 20

★ 주가수익비율(PER)

08 **다음은 A기업의 PER 관련 자료이다. 실제 PER과 정상 PER을 계산한 것으로 옳은 것은?** (단, 자기자본비용은 CAPM을 활용하여 증권시장선으로 추정한다)

- 주당순이익 : 1,000원
- 실제 주가(1주당 가격) : 8,000원
- 배당성향 : 50%
- 시장위험프리미엄 : 4%
- 베타(β) : 2
- 무위험자산순익률 : 2%
- 성장률 : 5%

	실제 PER	정상 PER
①	8	10.5
②	8	12.0
③	8	12.5
④	4	10.5
⑤	4	12.5

정답 및 해설

04 ④
- $\text{EPS(1주당 당기순이익)} = \frac{1억}{100,000주} = 1,000원$
- $\text{실제 PER} = \frac{현재주가}{EPS} = \frac{4,000}{1,000} = 4$
- 따라서 실제 PER(4)이 정상 PER(5)보다 낮기 때문에 주가는 저평가되어 있다고 할 수 있다.

05 ④
- 연말 기대 배당금 = $D_1 = 4,000 \times (1 + 5\%) = 4,200$원
- 주주의 요구수익률(K_e) = 무위험자산수익률 + 시장위험프리미엄 × 베타(β)
  $K_e = 2\% + 4\% \times 1.5 = 8\%$
- $\text{이론적인 주가} = \frac{D_1}{K_e - g} = \frac{4,200}{8\% - 5\%} = 140,000원$

06 ③ 성장률과 PER은 비례한다. 즉, 성장률이 높을수록 PER은 높다.

07 ④ $PER = \frac{시가총액}{당기순이익} = \frac{800억}{5,000 \times 1,000,000} = 16$

08 ①
- $\text{실제 PER} = \frac{주가}{주당순이익} = 8$
- 자기자본수익률 = 무위험자산수익률 + 시장위험프리미엄 × 베타(β)
  $= 2\% + 4\% \times 2 = 10\%$
- $\text{정상 PER} = \frac{(1-b) \times (1+g)}{r-g} = \frac{50\% \times (1+5\%)}{10\% - 5\%} = 10.5$

★★ 주가수익비용(PBR)

09 □□□

배당성향이 60%, 자기자본비용이 15%, 성장률이 2%일 때 정상 PER을 계산 것으로 옳은 것은? (단, 소수점 둘째 자리에서 반올림한다)

① 4.6% ② 4.7% ③ 6% ④ 6.2% ⑤ 7%

★★ 주가순자산비율(PBR)

10 □□□

다음 중 주가순자산비율(PBR)에 대한 설명으로 옳지 않은 것은?

① 현재 주가와 장부가치를 비교하는 비율이다.
② 기업의 1주당 실제주가가 10,000원이고 1주당 장부가치가 5,000원일 때, PBR은 2이다.
③ 서로 다른 회계원칙을 적용하더라도 PBR을 이용하면 기업 간 비교를 쉽게 할 수 있다.
④ PBR이 1보다 낮은 기업은 기업의 잉여금 등이 주가에 충분히 반영되지 못했다고 추정할 수 있다.
⑤ 일반적으로 배당성향이 높은 기업은 PBR도 높다.

★ 주가순자산비율(PBR)

11 □□□

다음 중 PBR 산출 시 영향을 미치는 직접적인 요인과 거리가 먼 것은?

① 배당성향 ② 유보율 ③ 자기자본비용
④ 성장률 ⑤ 총자산수익률(ROA)

★ 주가순자산비율(PBR)

12 □□□

A기업의 자기자본순이익률(ROE)이 9%, 주가순자산비율(PBR)이 1.5배일 때, 주가수익비율(PER)은 얼마인가? (단, 소수점 둘째 자리에서 반올림하여 구한다)

① 15.5 ② 16.7 ③ 17.5 ④ 18.7 ⑤ 19.5

★★ 주가순자산비율(PBR)

13 □□□

A기업의 자기자본순이익률(ROE)이 10%, A기업 자기자본의 장부가치가 100억원, 시가총액이 200억원일 때, 주가수익비율(PER)은 얼마인가?

① 5 ② 8 ③ 10 ④ 20 ⑤ 40

★ 주가순자산비율(PBR)

14 A기업의 ROE가 5%, PER이 10배, 장부가치가 50억원일 때, 시가총액은 얼마인가?

① 25억원 ② 50억원 ③ 100억원 ④ 200억원 ⑤ 250억원

★★ 주가순자산비율(PBR)

15 A기업은 주가순자산비율(PBR)이 1, 자기자본이 200억원, 현재 주가가 10,000원, 당기순이익이 20억원인 기업이다. A기업의 주가수익비율(PER)은 얼마인가?

① 6 ② 8 ③ 10 ④ 15 ⑤ 20

정답 및 해설

09 ② 정상 PER = $\frac{60\% \times (1+2\%)}{15\% - 2\%} \fallingdotseq 4.7\%$

10 ③ PBR은 회계원칙이 다를 경우 장부가액 산정방식의 차이로 인해 기업 간 비교가능성이 떨어진다.

11 ⑤ PBR 산출 시 영향을 미치는 요인은 배당성향, 유보율, 자기자본비용, 성장률이다.

참고

구 분	PBR	PER
자기자본수익률	비 례	비 례
배당성향(유보율)	비례(반비례)	비례(반비례)
성장률	비 례	비 례
위 험	반비례	반비례

12 ② PBR = ROE × PER

1.5 = 9% × PER

➲ PER = PBR ÷ ROE ≒ 16.7

13 ④ • PBR = $\frac{시가총액}{장부가치} = \frac{200억}{100억} = 2$

• PBR = ROE × PER

2 = 10% × PER

➲ PER = PBR ÷ ROE = 20

14 ① • PBR = ROE × PER = 5% × 10 = 0.5

• PBR = $\frac{시가총액}{장부가치}$

$0.5 = \frac{시가총액}{50억}$

➲ 시가총액 = 25억원

15 ③ • ROE = 당기순이익 ÷ 자기자본 = 20억원 ÷ 200억원 = 10%

• PBR = ROE × PER

1 = 10% × PER

➲ PER = PBR ÷ ROE = 1 ÷ 10% = 10배

★★★ 주가순자산비율(PBR)

16 □□□ **다음 중 PBR에 대한 설명으로 옳지 않은 것은?**

① 자기자본순이익률과 같은 방향으로 움직인다.
② PBR은 자산가치는 반영하나 미래 수익발생능력을 반영하지는 못한다.
③ PBR은 낮다는 것은 장부가치보다 시장가치가 저평가되었다는 의미이다.
④ PBR이 낮다는 것은 기업이 보유하는 잉여금이 주가에 충분히 반영되지 않았다는 의미이다.
⑤ 자산 취득 후 자산의 이익획득력이 크게 증가하는 경우 PBR은 높게 형성된다.

★ 주가매출액비율(PSR)

17 □□□ **기업의 매출액순이익률(ROS)이 10%, PER이 5(배)일 때, 기업의 주가매출액비율(PSR)은 얼마인가?**

① 0.2 ② 0.4 ③ 0.5 ④ 1 ⑤ 2

★★ 주가매출액비율(PSR)

18 □□□ **당기 주당순이익이 1,000원, 배당성향이 50%, 당기 주당매출액이 10,000원, 자기자본비용이 연 10%, 성장률이 5%로 일정할 때, 정상 PSR은 얼마인가?**

① 0.85 ② 0.9 ③ 0.95 ④ 1 ⑤ 1.05

★ 주가매출액비율(PSR)

19 □□□ **주가매출액비율(PSR)의 결정요인과 가장 거리가 먼 것은?**

① 배당성향 ② 위험 ③ 매출액순이익률
④ 총자본수익률 ⑤ 자기자본비용

★★ 주가매출액비율(PSR)

20 다음 중 주가매출액비율(PSR)에 대한 설명으로 옳지 않은 것은?

① 당기순이익이 적자인 회사의 PER은 의미 없는 수치인 데 반해, PSR은 유의미한 수치가 될 수 있다.
② PSR은 회계처리에 큰 영향을 받지 않는다.
③ PSR은 기업의 제품 또는 상품의 가격 변화가 주가에 미치는 영향을 쉽게 파악할 수 있는 수치이다.
④ PSR은 PER에 비해 변동성이 크다.
⑤ PSR이 낮은 기업은 저평가되었다고 볼 수 있지만, 동시에 위험은 높고 이익률은 낮다고 볼 수도 있다.

★ 주가매출액비율(PSR)

21 다음 중 PER, PBR, PSR에 모두 영향을 미치는 요인을 고른 것은?

ⓐ 배당성향 ⓑ 위험 ⓒ 성장률 ⓓ ROS ⓔ ROE

① ⓐ, ⓑ ② ⓐ, ⓑ, ⓒ ③ ⓐ, ⓑ, ⓓ
④ ⓐ, ⓑ, ⓒ, ⓔ ⑤ ⓐ, ⓑ, ⓒ, ⓓ, ⓔ

정답 및 해설

16 ② PBR은 자산가치와 미래 수익발생능력을 동시에 반영한다.

17 ③ PSR = ROS × PER = 10% × 5 = 0.5

참고 $\frac{\text{주가}}{\text{매출액}} = \frac{\text{이익}}{\text{매출액}} \times \frac{\text{주가}}{\text{이익}}$

18 ⑤
- $\text{ROS} = \frac{\text{이익}}{\text{매출액}} = \frac{1,000}{10,000} = 10\%$
- $\text{PER} = \frac{\text{배당성향} \times (1+g)}{\text{자기자본비용} - g} = \frac{50\% \times (1+5\%)}{10\% - 5\%} = 10.5$
- 정상 PSR = ROS × PER = 10% × 10.5 = 1.05

19 ④ 정상 PSR은 매출액 대비 순이익률(ROS), 배당성향(1−b), 성장률(g)과 비례하며, 할인율(자기자본비용 = r) 및 위험과는 반비례한다.

20 ④ PSR은 주가와 매출액의 비율이고, PER은 주가와 순이익의 비율이다. 매출액 변동성이 순이익 변동성에 비해 작으므로 PSR은 PER에 비해 변동성이 작다.

21 ② ROS는 주가매출액비율(PSR)에만 영향을 미치며, ROE는 주가순자산비율(PBR)에만 영향을 미친다.

★
기타 시장가치 관련 비율

22 □□□

다음 중 EBITDA의 계산 산식으로 올바르게 표현된 것은?

① EBITDA = 세전순이익 – 이자비용 – 감가상각비 – 무형자산상각비
② EBITDA = 세전순이익 + 이자비용 + 감가상각비 + 무형자산상각비
③ EBITDA = 세전순이익 + 이자비용 – 감가상각비 + 무형자산상각비
④ EBITDA = EBIT – 감가상각비 – 무형자산상각비
⑤ EBITDA = EBIT – 감가상각비 – 무형자산상각비 + 이자비용

★
기타 시장가치 관련 비율

23 □□□

다음 중 기업가치와 현금흐름에 대한 설명으로 옳지 않은 것은?

① 실제주가와 주당현금흐름의 비율을 나타낸 것이 주가현금흐름비율(PCR)이다.
② 주당현금흐름은 당기순이익에 감가상각비(무형자산상각비 포함)를 더한 금액을 주주현금으로 가정하고 이를 주식수로 나누어 계산한다.
③ EV/EBITDA비율은 기업의 영업활동으로 인한 현금흐름과 주가를 비교하는 수치이다.
④ EV는 시가총액에 순차입금을 더한 금액을 말한다.
⑤ EBITDA는 영업이익(EBIT)에 감가상각비(무형자산상각비 포함), 이자비용을 더한 금액을 말한다.

★
기타 시장가치 관련 비율

24 □□□

A기업의 현재 주가는 10,000원이고 발행주식수는 100만주이다. A기업의 영업이익은 12억원, 세전순이익은 10억원, 당기순이익은 8억원이다. 이자비용은 2억원, 감가상각비(무형자산상각비 포함)**는 2억원이다. A기업의 PCR**(주가현금흐름비율)**을 계산한 것으로 옳은 것은?**

① 4.5 ② 5.0 ③ 8.0 ④ 8.5 ⑤ 10.0

★★★
기타 시장가치 관련 비율

25 □□□

다음 자료를 이용하여 EV/EBITDA비율을 계산하면 얼마인가?

• 매출액 : 1,000억원	• 당기순이익 : 100억원
• 세전순이익 : 80억원	• 시가총액 : 500억원
• 이자비용 : 20억원	• 순차입금 : 400억원
• 감가상각비 : 50억원	

① 2배 ② 4배 ③ 6배 ④ 8배 ⑤ 10배

★★★ 기타 시장가치 관련 비율

26 다음 자료를 이용하여 EV/EBITDA비율을 계산한 것으로 옳은 것은?

구 분	금 액
매출액	300억원
총자산	450억원
세전순이익	10억원
이자비용	5억원
자기자본	100억원
순차입금	50억원
감가상각비	25억원
PBR	1.5

① 2배 ② 3배 ③ 4배 ④ 5배 ⑤ 6배

정답 및 해설

22 ② EBITDA = EBIT + 감가상각비 + 무형자산상각비
= 세전순이익 + 이자비용 + 감가상각비 + 무형자산상각비

23 ⑤ EBITDA = 영업이익(EBIT) + 감가상각비(무형자산상각비 포함)
= 세전순이익 + 이자비용 + 감가상각비(무형자산상각비 포함)

24 ⑤
- 기업의 현금흐름(전통적 현금흐름) = 당기순이익 + 감가상각비 = 8억 + 2억 = 10억원
- 주당현금흐름(PCR) = $\frac{\text{실제주가}}{\text{주당현금흐름}} = \frac{\text{시가총액}}{\text{기업의 현금흐름}} = \frac{\text{100억원}}{\text{10억원}} = 10$

25 ③
- EV = 시가총액 + 순차입금 = 500억 + 400억 = 900억원
- EBITDA = 세전순이익 + 이자비용 + 감가상각비 = 80억 + 20억 + 50억 = 150억원
- EV/EBITDA = $\frac{\text{900억}}{\text{150억}}$ = 6배

26 ④
- EV = 시가총액 + 순차입금 = 100억원 × 1.5(PBR) + 50억원 = 200억원
- EBITDA = 세전순이익 + 이자비용 + 감가상각비(무형자산상각비 포함)
= 10억원 + 5억원 + 25억원 = 40억원
- EV/EBITDA = 200억원/40억원 = 5배

★★★ 기타 시장가치 관련 비율

27 □□□

A기업의 현재 주가는 10,000원이고 발행주식수는 100만주이다. A기업의 당기순이익은 15억원, 법인세비용은 5억원, 이자비용은 3억원, 감가상각비(무형자산상각비 포함)는 5억원이다. A기업의 차입금은 50억원, 현금과 예금은 10억원이다. A기업의 EV/EBITDA를 계산한 것으로 옳은 것은?

① 4.5 ② 5.0 ③ 8.0 ④ 8.5 ⑤ 10.0

★★ 기타 시장가치 관련 비율

28 □□□

다음 중 EV/EBITDA비율이 10배인 회사에 대한 설명으로 옳지 않은 것은?

① 기업가치는 EBITDA의 10배로 평가된다.
② 시장가격으로 투자했을 때 해당 회사가 10년간 영업으로 벌어들인 이익을 합하면 투자금을 회수할 수 있다.
③ EV/EBITDA비율이 높을수록 과소평가되었을 가능성이 크다.
④ EV/EBITDA모델은 시계열지표를 비교하여 주가의 수준을 판단하는 데 이용되며, 기업가치를 평가할 때 주로 이용하는 적정주가 평가모델이다.
⑤ EV/EBITDA비율이 낮다는 것은 일반적으로 기업의 현금흐름이 주가에 충분히 반영되어 있지 않았음을 의미한다.

★★★ 경제적 부가가치(EVA)

29 □□□

다음 중 경제적 부가가치(EVA)에 대한 설명으로 옳지 않은 것은?

① 기업의 자기자본조달비용을 비용으로 인식하는 개념이다.
② 투자수익률(IRR)이 자본비용보다 큰 경우 EVA는 양수(+)가 된다.
③ EVA는 회계자료를 기초로 하여 측정된 개념이다.
④ EVA는 영업이익에서 조정법인세를 공제한 값에서 기업의 투자자본조달비용을 차감하여 산출한다.
⑤ EVA 산출 시 기업의 투하자본(투하자산)은 총자산에서 비영업자산과 비이자발생부채를 차감하여 계산한다.

★ 경제적 부가가치(EVA)

30 □□□

다음 중 영업자산에 속하는 것은?

① 개발비 ② 금융자산 ③ 건설중인자산
④ 상장법인 주식 ⑤ 상장법인 회사채

★ 경제적 부가가치(EVA)

31 A기업의 세전영업이익은 12억원, 조정된 법인세는 2억원, 총자산은 130억원, 건설중인자산은 20억원, 매입채무가 10억원인 경우, A기업의 EVA를 계산한 것으로 옳은 것은? (단, ROIC는 10%, WACC는 6%로 가정한다)

① 1억원 ② 2억원 ③ 3억원 ④ 4억원 ⑤ 5억원

★★ 경제적 부가가치(EVA)

32 총자산은 100억원, 비영업자산은 20억원, ROIC가 10%, 자기자본비용이 5%, 가중평균자본비용(WACC)은 8%, 투하자본이 70억원인 기업이 있다. 이 기업의 비이자발생부채와 경제적 부가가치(EVA)를 계산한 것으로 옳은 것은?

	비이자발생부채	EVA
①	10억원	1.4억원
②	10억원	1.6억원
③	10억원	2.8억원
④	0원	1.6억원
⑤	0원	2.8억원

정답 및 해설

27 ② • EV = 시가총액 + 순차입금 = 100억 + (50억 − 10억) = 140억원
• EBITDA = 세전순이익(당기순이익 + 법인세비용) + 이자비용 + 감가상각비
= 20억 + 3억 + 5억 = 28억원
• EV/EBITDA = 140억 ÷ 28억 = 5.0

28 ③ EV/EBITDA비율이 높을수록 과대평가되었을 가능성이 크다.

29 ③ EVA는 회계자료의 측정치의 한계(자기자본비용을 고려하지 않음)로 인해 도입된 개념이다.

30 ① 개발비는 영업자산에 속한다.

오답체크

④⑤ 상장법인 주식이나 회사채는 투자목적으로 보유하는 자산으로 기업의 영업활동을 위한 자산이 아니다.

31 ④ |방법1| (12억원 − 2억원) − (130억원 − 20억원 − 10억원) × 6% = 4억원
|방법2| (130억원 − 20억원 − 10억원) × (10% − 6%) = 4억원

32 ① • 비이자발생부채

<table>
<tr><td rowspan="2">영업자산
80억원</td><td colspan="2"></td><td>비이자발생부채</td><td>10억원</td></tr>
<tr><td>투하자본</td><td>70억원</td><td rowspan="2">이자발생부채 + 자기자본</td><td rowspan="2">90억원</td></tr>
<tr><td colspan="2">비영업자산</td><td>20억원</td></tr>
<tr><td colspan="2">총자산</td><td>100억원</td><td>부채 + 자기자본</td><td>100억원</td></tr>
</table>

− 투하자본 = 총자산 − 비영업자산 − 비이자발생부채(X)
70억 = 100억 − 20억 − X
➲ X = 10억
• EVA = 70억원 × (10% − 8%) = 1.4억원

★★ 경제적 부가가치(EVA)

33

A기업의 이자율은 6%, 법인세율은 20%, 자기자본비용은 10%이다. 부채의 장부가치는 100억원(시장가치 100억원)**, 자기자본의 장부가치는 100억원**(시장가치는 400억원)**일 때 A기업의 가중평균자본비용**(WACC)**을 계산한 것으로 옳은 것은?**

① 7.40% ② 8.96% ③ 9.24%
④ 9.82% ⑤ 10.00%

★★ 경제적 부가가치(EVA)

34

다음은 A기업의 재무자료이다. 아래 자료를 이용하여 A기업의 EVA를 적절하게 계산한 것은?

〈재무상태표〉

(단위 : 억원)

현금	20	매입채무	50
매출채권	90	단기차입금	50
재고자산	90	장기차입금	200
투자자산	50	자본금	100
기계장치	100	이익잉여금	100
건설중인자산	50		
개발비	100		
총자산	500	총자본	500

〈손익자료〉

매출액	500억원
영업이익률	10%
가중평균자본비용(WACC)	10%
조정된 법인세	10억원

① 5억원 ② 8억원 ③ 10억원
④ 15억원 ⑤ 40억원

★★ 경제적 부가가치(EVA)

35

기업의 경제적 부가가치(EVA)는 투하된 자본비용을 차감하고 얼마나 이익을 냈는지를 보여주는 지표이다. 다음 중 이를 올바르게 나타낸 것은?

① (투하자본수익률 – 가중평균자본비용) × 자기자본
② (투하자본수익률 – 가중평균자본비용) × 타인자본
③ (투하자본수익률 – 가중평균자본비용) × 투하자본
④ (투하자본수익률 – 자기자본비용) × 투하자본
⑤ (투하자본수익률 – 타인자본비용) × 투하자본

★★ 경제적 부가가치(EVA)

36 □□□ **시장가치분석 지표에 관한 다음 설명 중 옳지 않은 것은?**

① 기업이 보유하는 잉여금이 주가에 충분히 반영된 경우 PER는 높게 형성된다.
② EV는 주식수에 1주당 시가를 곱한 것이다.
③ EVA는 자기자본조달비용을 비용으로 인식한다는 점에서 회계적 이익과 다르다.
④ MVA(시장부가가치)는 미래 EVA의 현재가치이다.
⑤ EVA 계산 시 활용되는 투하자본은 영업자산에서 비이자발생부채를 차감한 것이다.

정답 및 해설

33 ② $WACC = R_d \times (1-t) \times (\frac{D}{D+E}) + R_e \times (\frac{E}{D+E})$

$= 6\% \times (1-20\%) \times (\frac{100}{100+400}) + 10\% \times (\frac{400}{100+400}) = 8.96\%$

34 ① • 영업이익 − 조정된 법인세 = 500억원 × 10% − 10억원 = 40억원
• 투자자본 = 총자산 − 비영업자산 − 비이자발생부채
= 500억원 − (50억원 + 50억원) − 50억원(매입채무) = 350억원
• EVA = (영업이익 − 조정된 법인세) − 투하자본 × WACC
= 40억원 − 350억원 × 10% = 5억원

35 ③ EVA = (ROIC − WACC) × 투하자본

36 ② EV는 시가총액에 순차입금을 더한 것이다.

제5절 종합분석

01 ROI분석 ★★★

1. 개념

$$총자본순이익률(ROI) = \frac{당기순이익}{총자산} = \frac{당기순이익}{매출액} \times \frac{매출액}{총자산}$$
$$= 매출액순이익률 \times 총자산회전율$$

① 총자본(총자산)순이익률(Return On Investment, ROI)분석이란 가장 널리 사용되는 경영성과 측정기준 중의 하나로 기업의 당기순이익을 총자산(총자본)으로 나누어 구한다.

② ROI는 듀폰모델이라고도 한다.

③ ROI분석은 기업의 주주와 채권자가 투자한 자본에 대하여 벌어들이는 수익성을 나타내는 지표이다.

2. ROI분석의 유용성

① ROI는 매출순이익률과 총자산회전율을 고려하여 구하기 때문에 ROI분석을 통해 매출수익성과 활동성에 대한 동시 분석이 가능하다.

② 목표 총자산수익률을 달성하기 위한 세부적인 관리수준을 제시하여, 재무제표에 대한 지식이 없는 자들에게도 활용이 가능하다.

③ 기업의 실제수익률이 목표수익률에 미치지 못하는 경우 그 원인을 규명하는 데 유용하다.

④ ROI분석은 기업의 총자산수익률을 극대화하기 위한 전략을 수립하는 데 유용하다.

3. ROI분석의 확장(ROE분석)

$$자기자본순이익률(ROE) = \frac{당기순이익}{자기자본(평균잔액)} = \frac{당기순이익}{매출액} \times \frac{매출액}{자기자본(평균잔액)}$$
$$= \frac{당기순이익}{매출액} \times \frac{매출액}{총자본(총자산)} \times \frac{총자본(총자산)}{자기자본(평균잔액)}$$
$$= 매출액순이익률 \times 총자본(총자산)회전율 \times (1 + 부채비율)$$

① ROI분석은 자기자본순이익률(Return On Equity, ROE)에 대한 평가까지 확장되어 활용할 수 있다. ROE는 당기순이익을 자기자본으로 나눈 비율이다.

② 타인자본을 잘 활용하면 ROE는 높아질 수 있다.

4. 재무레버리지

① **총자산영업이익률(영업이익/총자산) > 평균이자율**

주주에게 귀속되는 이익률(자기자본수익률)이 총자산영업이익률보다 커지게 된다.

② **총자산영업이익률(영업이익/총자산) < 평균이자율**

주주에게 귀속되는 이익률(자기자본수익률)이 총자산영업이익률보다 작아지게 된다.

02 지수법분석 ★

1. 개념

지수법(Index Method)분석은 월(A.Wall)에 의하여 최초 제시된 분석법으로 가중비율총합법(Weighted Ratio Method)이라고도 한다. 개별적인 비율분석이 단편적인 부분만 평가하는 것에 한계가 있는 점을 고려하여 만든 것이다. 예를 들어, 수익성은 양호하나 유동성이 불량한 경우에는 최종평가를 정확히 내리기 어려울 수 있다. 만일 수익성이 양호한 것이 더 중요한 경우에는 유동성이 불량하더라도 전체적으로 보면 양호하다고 결론 내릴 수 있다면 최종평가가 더 수월해진다. 결국 지수법분석은 개별분석의 한계점을 극복하여 종합적인 분석이 가능하다. 다만, 지수법은 설정자의 주관이 반영되어 주요 비율과 비율의 가중치가 부여되기 때문에 객관성의 한계가 존재한다.

2. 평가절차

① 분석목적에 따라 주요 재무비율을 선정한다.
② 선정된 재무비율에 가중치를 부여한다.
③ 실제비율과 표준비율의 관계비율을 설정한다.
④ 관계비율에 비율별 가중치를 곱하여 평점을 계산하고 평점을 합하여 지수를 산정한다.
⑤ 지수가 100점 이상이면 양호, 100점 이하이면 불량한 것으로 판단한다.

3. 지수법의 종류 및 한계

(1) 월(A.Wall)의 지수법

유동비율과 부채비율에 가중치를 크게 부여하여 재무안전성을 중시하는 분석법이다. 이는 채권자(여신)의 입장을 중점으로 둔 것이다.

(2) 트랜트(J.B.Trant)의 지수법

회전율에 가중치를 크게 부여하여 자산의 효율적 이용분석에 적합하다. 자산의 효율적 활용에 중점을 두고 있어 경영자에게 유용하다.

(3) 브리체트(F.F.Brichett)의 지수법

분석주체에 따라 주요 비율의 선정과 가중치를 다르게 부여할 수 있도록 하는 선택권이 제공되었다.

비 율	월	트랜트	브리체트		
			비 율	금융기관	채권자(거래처)
유동비율	25	15	유동비율	20	5
부채비율	25	10	당좌자산/유동자산	20	8
비유동비율	15	10	매출채권/재고자산	5	3
매출채권회전율	10	10	부채비율	10	20
재고자산회전율	10	20	재고자산회전율	5	4
비유동자산회전율	10	20	매출채권회전율	25	4
자기자본회전율	5	–	총자산회전율	5	20
매입채무회전율	–	15	이자보상비율	2	30
			매출액순이익률	5	3
			총자산순이익률	3	3
합 계	100	100	합 계	100	100

4. 기업체종합평가표분석

① 은행에서는 지수법의 변형인 기업체종합평가표를 통해 기업체의 신용을 평가하는 기준으로 활용한다.

② 기업체종합평가표는 지수법과 마찬가지로 100점으로 구성되어 있고, 재무상태, 경영일반, 산업요인, 운영효율성, 환경대응력, 은행거래상황 등으로 나누어 가중치를 둔다.

③ 은행마다 다소의 차이는 있으나 기업체 종합평점이 80점 이상인 기업에 대해서는 우대금리를 적용하고, 40점 이하인 기업에 대해서는 신규여신을 제한한다.

03 기업의 부실예측 ★

1. 기업부실과 경제적 실패

(1) 기업부실

기업부실(Corporate Financial Distress)은 기업이 경제적 실패에 있거나 지급불능상태에 있거나 법원에 의하여 파산선고를 받는 경우 등을 총칭하는 광범위한 개념이다.

(2) 경제적 실패의 원인

경제적 실패는 수익성의 저하로 인해 발생하게 되며 다음과 같이 구분할 수 있다.

① 총비용 > 총수익 ② 자본비용(WACC) > 투자수익률(IRR) ③ 투자수익률 < 동종 업종 평균투자수익률

이와 관련하여 금융기관에서는 기업세전순이익률(이자지급전 세전순이익 = 세전순이익 + 이자비용)이 차입금평균이자율보다도 낮으면 부실기업이라고 본다.

2. 기업의 부실화 과정

① 기술적 지급불능상태

일시적 유동성 부족이 원인이다. 기술적 지급불능상태에 있다고 하더라도 곧바로 기업부도로 이어지는 것은 아니다.

② 실질적 지급불능상태

전체 자산 < 전체 부채 ➲ 부도, 파산 등의 절차

3. 부실예측모형

(1) 단순예측모형

① 비버(W.H.Beaver)의 프로파일분석

② 즘쥬스키(M.E.Zmijewski)의 예측모형

(2) 단일변량 판별모형

① 1단계 : 부실기업 집단과 정상적인 기업 집단을 선택한다.

② 2단계 : 두 집단을 분류할 수 있는 단일재무정보를 선정한다. 예 이자보상비율

③ 3단계 : 최적절사점을 결정한다. 최적절사점을 잘못 결정하면 다음과 같은 오류가 발생할 수 있다.

구 분	1종 오류	2종 오류
실 제	부실기업	정상기업
판 정	정상기업	부실기업

채권자 입장에서는 1종 오류를 더 피하여야 한다.

(3) 다변량 판별모형

① 1단계 : 부실기업 집단과 정상적인 기업 집단을 선택한다.

② 2단계 : 두 집단을 분류할 수 있는 2개 이상의 재무정보를 선정한다.

③ 3단계 : 최적절사점을 결정한다. 최적절사점을 잘못 결정하면 1종 또는 2종 오류가 발생할 수 있다.

4. 기업부실 판별모형

구 분	내 용
Z-Score 모형(알트만)	1946년부터 1965년에 파산한 제조기업과 이와 유사한 정상기업 33개를 추정표본으로 한 비교
Z′-Score 모형(알트만)	비상장기업의 부실예측을 위하여 개발된 모형
Zeta 모형	미국의 111개 대기업을 표본으로 하여 만든 모형
한국은행 K-Score 모형	한국은행이 1996년에 알트만과 공동으로 개발

개념완성문제

01 ROI분석은 기업의 자기자본수익률을 극대화하기 위한 전략을 수립하는 데 유용하다. (O, X)

02 기업의 ROI가 높다면 반드시 ROE도 비례적으로 높아진다. (O, X)

03 총자산영업이익률이 평균이자율보다 높으면 주주에게 귀속되는 이익률이 총자산영업이익률보다 커진다. (O, X)

04 기업의 내부수익률(IRR)이 가중평균자본비용보다 크다면 기업가치는 증가한다. (O, X)

05 은행실무에서 건전기업 또는 부실기업 판단 시 기업세전순이익률과 비교하는 것은 (   )다/이다.

06 지수법(Index Method)분석은 월(A.Wall)에 의하여 최초 제시된 분석법으로 가중비율총합법(Weighted Ratio Method)이라고도 한다. (O, X)

07 월·트랜트·브리체트의 지수법은 각 개별수치에 가중평균값으로 재무비율을 분석하므로 주관적인 판단이 배제되는 장점이 있다. (O, X)

정답 및 해설

01 X 자기자본수익률이 아니라 총자산수익률을 극대화시키는 데 유용하다.

02 X ROI가 높더라도 부채비율이 낮으면 ROE는 낮을 수 있다.

03 O

04 O

05 차입금평균이자율

06 O

07 X 월·트랜트·브리체트의 지수법은 설정자의 주관이 반영되어 주요 비율에 가중치가 부여되기 때문에 객관성의 한계가 존재한다.

출제예상문제

✔ 학습시간이 부족하거나 시험 전 최종정리를 하고 싶은 경우에는 출제빈도(★~★★★)가 높은 문제를 우선으로 풀이할 수 있습니다.
✔ 다시 봐야 할 문제(풀지 못한 문제, 헷갈리는 문제 등)는 문제 번호 하단의 네모박스(□)에 체크하여 반복 학습할 수 있습니다.

★★ ROI분석

01 □□□ **다음 중 ROI분석에 대한 설명으로 옳지 <u>않은</u> 것은?**

① 1930년대 미국 듀폰(DuPont)사에서 개발된 모델로서 듀폰모델이라고도 한다.
② 기업의 실제수익률이 목표수익률에 미치지 못하는 경우 그 원인을 규명하는 데 유용하다.
③ ROI를 높이기 위해서는 반드시 회전율과 수익률 모두 높여야 한다.
④ ROI분석은 기업의 총자산수익률을 극대화하기 위한 전략을 수립하는 데 유용하다.
⑤ 부채비율이 높을수록 ROI 대비 ROE는 극대화된다.

★ ROI분석

02 □□□ **ROI가 3%, 부채비율이 200%, 매출액순이익률이 1%, 총자본회전율이 3회일 때, ROE는 얼마인가?**

① 1% ② 3% ③ 5% ④ 7% ⑤ 9%

★★ ROI분석

03 □□□ **매출액순이익률이 4%, 자기자본순이익률이 24%, 총자산회전율이 1.5회일 때, 기업의 자기자본비율을 계산하면 얼마인가?**

① 25% ② 50% ③ 60% ④ 75% ⑤ 80%

정답 및 해설

01 ③ 회전율 또는 수익률 중 한 부분만 높여도 ROI는 높아진다.

02 ⑤ ROE = ROI × (1 + 부채비율) = 3% × (1 + 200%) = 9%

참고 ROI = 총자본회전율 × 매출액순이익률 = 3 × 1% = 3%

03 ① • ROE = 총자신회전율 × 매출액순이익률 × (1 + 부체비율)
24% = 1.5 × 4% × (1 + 부채비율)

• 부채비율 = 300% $\left(= \frac{\text{부채(300)}}{\text{자기자본(100)}}\right)$

➲ 자기자본비율 = $\frac{\text{자기자본}}{\text{부채} + \text{자기자본}} = \frac{100}{400} = 25\%$

★ ROI분석

04 □□□

총자산회전율은 2, 자기자본비율은 50%, ROE가 6%일 때 매출액순이익률은?

① 1.5% ② 2% ③ 2.5% ④ 15% ⑤ 20%

★ ROI분석

05 □□□

A기업의 ROI가 3%, 총자본회전율이 3회, ROE가 12%일 때, 다음 중 A기업을 분석한 것으로 옳지 않은 것은?

① 박리다매형 기업이다.
② 이익률이 매우 낮은 업종이다.
③ 레버리지가 높은 편이다.
④ 기업의 수익성이 좋지 않은 경우 부실위험이 높다.
⑤ 재무구조가 안정적인 기업이다.

★ ROI분석

06 □□□

ROI는 산업평균에 비해 높으나, ROE는 산업평균에 비해 낮은 기업이 있다. 다음 중 그 원인을 분석한 것으로 옳은 것은?

① 재무구조가 안정적이다.
② 레버리지를 잘 활용하고 있다.
③ 매출액순이익률 등의 수익성이 낮다.
④ 자산회전율이 산업평균에 비해 낮다.
⑤ 자기자본비율이 낮다.

★ ROI분석

07 다음 중 ROE를 결정하는 요인으로 보기 어려운 것은?

① 총자본회전율 ② 매출액순이익률 ③ 비유동장기적합률
④ 자기자본비율 ⑤ 부채비율

정답 및 해설

04 ① ROE = 총자산회전율 × 매출액순이익률 × (1 + 부채비율)
6% = 2 × 매출액순이익률 × (1 + 100%)
➲ 매출액순이익률 = 1.5%

05 ⑤ • ROE = ROI × (1 + 부채비율)
12% = 3% × (1 + 부채비율)
• 따라서 부채비율이 300%이므로 재무구조가 안정적이라고 할 수 없다.

06 ① 산업평균에 비해 ROI는 높고, ROE는 낮으므로 부채비율이 낮다. 따라서 기업의 재무구조는 안정적이다.

07 ③ ROE = 매출액순이익률 × 총자본(총자산)회전율 × (1 + 부채비율)

★★ ROI분석

08

다음은 A기업과 동종산업의 평균 재무재표를 비교한 금액이다. 이에 관한 설명 중 옳지 않은 것은?

(단위 : 억원)

구 분	A기업	동종산업평균
매출액	100	100
매출원가	80	70
매출총이익	20	30
판관비	10	15
영업이익	10	15
영업외손익	–	–
법인세차감전순이익	10	15
당기순이익	8	12
총자산	80	100
유동자산	40	60
비유동자산	40	40
부 채	40	60
자기자본	40	40

① A기업의 ROI는 동종산업평균 대비 낮은 수준이다.
② A기업의 총자산회전율은 동종산업 대비 높은 수준이다.
③ A기업은 동종산업 대비 매출채권이나 재고자산 관리를 효율적으로 하고 있다.
④ A기업은 동종산업 대비 비용통제를 잘하고 있다.
⑤ A기업은 동종산업 대비 재무레버리지를 덜 활용하고 있다.

★★ ROI분석

09 □□□ **다음 자료를 이용하여 A기업의 ROI를 계산한 것으로 옳은 것은?** (단, 기초자산과 기말자산은 동일한 것으로 가정한다)

- 매출채권회수기간 : 36일(1년을 360일로 가정함)
- 재고자산회전율 : 5회
- 비유동자산회전율 : 8회전
- 총자산은 현금 150,000원과 매출채권, 재고자산, 비유동자산으로만 구성됨
- 매출원가 : 1,600,000원, 매출총이익률 : 20%, 당기순이익 : 200,000원

① 5%　② 10%　③ 18%
④ 20%　⑤ 25%

정답 및 해설

08 ④

구 분	A기업	동종산업평균
ROI	10%	12%
매출액순이익률	8%	12%
총자산회전율	125%	100%
유동자산회전율	250%	167%
부채비율	100%	150%

A기업의 이익률이 낮은 것은 비용통제가 잘 이루어지지 않음에 따라 매출 대비 비용이 많이 발생하였기 때문이다.

09 ④
- 매출액 – 1,600,000 ÷ (1 – 20%) – 2,000,000원
- 매출채권 = 2,000,000 ÷ 10회전 = 200,000원
- 재고자산 = 2,000,000 ÷ 5회전 = 400,000원
- 비유동자산 = 2,000,000 ÷ 8회전 = 250,000원
- 총자산 = 150,000 + 200,000 + 400,000 + 250,000 = 1,000,000원
- ROI = 200,000 ÷ 1,000,000 = 20%

★★ ROI분석

10 □□□

다음은 A기업의 지난 3년간 재무비율을 나타낸 것이다. A기업을 분석한 내용으로 옳지 않은 것은?

구 분	당 기	전 기	전전기
유동비율	100%	100%	112%
당좌비율	50%	67%	88%
부채비율	233%	186%	150%
비유동장기적합률	100%	100%	92%
재고자산회전율	5회전	9.6회전	14회전
매출채권회전율	5회전	6회전	7회전
비유동자산회전율	1.9회전	2.2회전	2.5회전

① 유동비율과 당좌비율의 관계를 볼 때, A기업의 재고자산이 잘 팔리지 않고 있을 가능성이 높다.
② 부채비율을 볼 때, 회사는 타인자본의 규모를 늘리고 있다.
③ 비유동장기적합률을 볼 때, 회사는 유동부채로 비유동자산에 투자하고 있다고 볼 수 있다.
④ 재고자산회전율로 볼 때, 재고자산의 판매기간이 길어지고 있다.
⑤ 매출채권회전율로 볼 때, 매출채권회수기간이 길어지고 있다.

★★ ROI분석

11 □□□

다음은 A기업의 지난 3년간 재무비율을 나타낸 것이다. A기업을 분석한 내용으로 옳지 않은 것은? (단, 계산 시 소수점 첫째 자리에서 올림하기로 한다. 예시: 5.2% → 6%)

구 분	당 기	전 기	전전기
총자본회전율	1회전	1.2회전	1.4회전
매출액순이익률	6%	7%	9%
자기자본순이익률	18%	21%	30%
부채비율	233%	186%	150%

① 회사의 총자본순이익률은 당기 6%, 전기 9%, 전전기 13%이다.
② 회사의 수익성은 계속 악화되고 있다.
③ 회사 자산규모에 변동이 없다면 매출액도 점차 감소하고 있는 것으로 추정할 수 있다.
④ 회사 자산규모에 변동이 없다면 자기자본의 규모도 감소하고 있다.
⑤ 회사의 자기자본순이익률이 감소하는 원인 중 하나는 타인자본사용이 감소하고 있기 때문이다.

★★ ROI분석

12 □□□ **다음은 물가수준변동과 기업의 재무비율과의 관계를 추정한 내용이다. 다음 내용 중 옳지 않은 것은?**

① 물가상승이 일어나면 동시에 성장성비율도 개선된다.
② 급격한 물가상승이 일어나면 유동비율이 높게 측정될 수 있다.
③ 물가상승이 일어나면 수익성비율도 개선되는 경향이 있다.
④ 활동성비율 계산 시 분모인 자산은 장부가액으로 계산되고 매출액은 시가로 계산되므로 물가상승이 일어나면 활동성비율도 올라간다.
⑤ 자기자본은 장부가액으로 표시되고 물가상승기에 부채는 증가하는 경향이 있으므로 부채비율은 올라가는 경향이 있다.

★ ROI분석

13 □□□ **다음 중 주주를 최우선으로 삼는 재무통제비율은 무엇인가?**

① PBR ② PER ③ ROS ④ ROI ⑤ ROE

정답 및 해설

10 ③ 비유동장기적합률이 100% 이하인 경우에는 비유동부채와 자기자본만으로 비유동자산에 투자한 것이다.

11 ⑤ 부채비율이 증가하고 있으므로 타인자본비용 사용은 증가하고 있다. 총자본수익률이 감소하는 것이 가장 큰 원인이다.

오답체크

① 총자본순이익률은 '총자본회전율 × 매출액순이익률'이다.
② 매출액순이익률이 점차 감소하고 있다.
③ 총자산회전율이 점차 떨어지고 있다.
④ 부채비율이 증가하고 있기 때문이다.

12 ② 재고자산의 구입가격은 현행원가 대비 낮은 금액으로 기록되어 있으므로 유동비율이 낮아진다.

13 ⑤ ROE는 주주의 투자 대비 이익을 산정하는 지표이다.

★ ROI분석

14 □□□ **다음 중 주주의 투자수익률하고 가장 유사한 재무비율에 해당하는 것은?**

① 주당순이익 ② 영업이익률 ③ 당기순이익률
④ 자기자본순이익률 ⑤ 부채비율

★ 지수법분석

15 □□□ **월(A.Wall)의 지수법에서 가중치를 크게 부여하는 항목인 것은?**

① 유동성, 안정성
② 유동성, 활동성
③ 유동성, 성장성
④ 활동성, 성장성
⑤ 활동성, 수익성

★ 지수법분석

16 □□□ **트랜트(J.B.Trant)의 지수법에서 가중치를 크게 부여하는 항목인 것은?**

① 활동성 ② 수익성 ③ 안정성 ④ 유동성 ⑤ 균형성

★ 지수법분석

17 □□□ **월(A.Wall)의 지수법은 (A)을 중시하는 분석법이고, 트렌트의 분석법은 (B)을 중시하는 분석법이다. A와 B에 들어갈 내용으로 옳은 것은?**

	A	B
①	재무안정성	자산의 효율적 이용분석
②	자산의 효율적 이용분석	재무안정성
③	성장성	재무안정성
④	재무안정성	성장성
⑤	경영의 효율성	성장성

★ 지수법분석

18 □□□

다음 중 기업의 재무분석 중 지수법에 대한 설명으로 옳지 않은 것은?

① 개별비율 분석의 한계로 인해 발달된 기법으로, 종합지수가 100을 넘으면 양호한 것으로 판단한다.
② 월(A. Wall) 지수법은 유동비율과 부채비율에 가중치를 크게 부여하여 재무안정성분석에 적합하다.
③ 트랜트(J.B. Trant) 지수법은 회전율에 가중치를 크게 부여하여 자산의 효율적 이용분석에 적합하다.
④ 브리체트(F.F. Brichett) 지수법은 분석자의 입장에 따라 가중치를 달리 부여한다.
⑤ 지수법은 각 개별수치에 가중평균값으로 재무비율을 분석하므로 주관적 판단이 배제되는 장점이 있다.

★ 지수법분석

19 □□□

다음 중 기업분석 시 재무비율을 종합적으로 분석하는 방법과 거리가 먼 것은?

① 지수법분석 ② 유동성분석 ③ ROI분석
④ 기업체종합평가표분석 ⑤ ROE분석

정답 및 해설

14 ④ 자기자본순이익률은 회계상 주주의 투자수익률과 같은 개념이다.

15 ① 월의 지수법은 여신자 입장에서의 분석이다. 유동비율과 부채비율에 가중치를 두므로 이는 유동성과 안정성에 초점을 둔 것이다.

16 ① 트랜트의 지수법은 경영자 입장에서의 분석이다. 회전율에 가중치를 두므로 활동성에 초점을 둔 것이다.

17 ① 유동비율, 부채비율에 가중치를 두는 것은 재무안정성, 회전율에 가중치를 두는 것은 자산의 효율성 이용분석을 중시하는 것이다.

18 ⑤ 지수법은 가중치 부여 정도에 따라 그 결과 값이 달라지므로 주관적일 수 있다는 단점이 있다.

19 ② 유동성분석은 재무비율을 종합적으로 분석하는 방법이 아니다. 유동성분석은 단기지급능력만을 파악하는 데 도움을 준다.

★ 기업부실

20 □□□ **다음 중 기업부실(Corporate Financial Distress)을 의미하는 내용을 조합한 것은?**

가. 경제적 실패	나. 성장률 둔화	다. 지급불능상태	라. 주가하락

① 다　② 가, 다　③ 가, 나, 다
④ 가, 다, 라　⑤ 가, 나, 다, 라

★ 기업부실

21 □□□ **기업부실예측에서 실제는 정상기업이지만 부실기업으로 판정되는 오류를 뜻하는 것은?**

① 1종 오류　② 2종 오류　③ 실행 오류
④ 착오 오류　⑤ 예측 오류

정답 및 해설

20 ② 그 밖에 파산선고가 있다.

21 ②

구 분	1종 오류	2종 오류
실 제	부실기업	정상기업
판 정	정상기업	부실기업

참고 채권자 입장에서는 1종 오류를 더 피하여야 한다.

제6절 레버리지분석

01 레버리지분석 ★★★

1. 영업레버리지분석

(1) 개념

① 영업레버리지(Operating Leverage)란 기업이 영업활동 시 발생하는 영업비용을 고정비와 변동비로 분류했을 때, 영업비용에서 고정비가 차지하는 정도를 의미하며, 설비자산의 의존도를 나타낸다.

② 영업레버리지는 고정비의 구성비율이 높아질수록 이익의 변화율이 매출액의 변화율보다 더 확대되는 현상을 말한다. 즉, 영업레버리지가 높은 경우 매출액이 변할 때 영업이익은 매출액이 변하는 비율보다 더 큰 비율로 변한다.

③ 생산이나 판매 등에 소요되는 비용인 영업비용 중 감가상각비 등의 고정비 비중이 클수록 영업레버리지도 커진다.

(2) 영업레버리지도(DOL)

$$\text{DOL(영업레버리지)} = \frac{\text{영업이익의 변화율}}{\text{매출액의 변화율}} = \frac{\text{공헌이익}}{\text{영업이익}} = \frac{\text{매출액} - \text{변동비}}{\text{영업이익}}$$

① 영업레버리지도(DOL)는 매출액의 변화율에 대한 영업이익의 변화율을 나타낸 것으로 영업레버리지효과를 계량적으로 측정한 것이다. 예를 들어, 영업레버리지 2는 매출액이 1% 상승할 때, 영업이익이 2% 상승한다는 의미이다.

② 공헌이익은 매출액에서 변동비를 차감한 것을 말한다.

③ 레버리지분석에서 영업이익은 EBIT으로 간주하며, 매출액에서 변동비와 고정비를 차감한 것을 말한다.

④ 영업고정비가 없다면 영업레버리지(DOL)는 1이나, 고정비가 존재한다면 DOL은 1보다 크다.

〈사례〉

구 분	당 기	전 기
매출액	110,000	100,000
변동비	66,000	60,000
공헌이익	44,000	40,000
고정비	20,000	20,000
영업이익	24,000	20,000

1. 전기 영업레버리지(DOL)는 2(= 40,000 ÷ 20,000)이다.
2. 전기 대비 당기 매출액이 10% 상승하였는데, 영업이익은 20% 상승한 것을 알 수 있다.
3. 사례의 회사는 변동비율 60%, 공헌이익률 40%임을 알 수 있다.

2. 재무레버리지분석

(1) 개념

① 재무레버리지(Financial Leverage)란 기업이 자본조달을 위해 타인자본을 사용할 때 수반되는 재무고정비인 이자비용의 부담 정도를 의미하며, 부채의 의존도를 나타낸다.

② 영업이익의 변화율은 이자비용과 같은 재무레버리지를 통해 다시 확대된다.

③ 주주에게 귀속되는 이익은 타인자본 사용에 따른 이자부담으로 인해 영업이익의 변화율보다 확대되어 변한다. 이때, 재무레버리지에 의해서 영업이익의 변화율보다 당기순이익(주당순이익)의 변화율이 더 커지게 되며 이와 같은 현상을 재무레버리지효과라고 한다.

(2) 재무레버리지도(DFL)

$$\text{DFL(재무레버리지)} = \frac{\text{당기순이익의 변화율}}{\text{영업이익의 변화율}} = \frac{\text{영업이익}}{\text{영업이익} - \text{이자비용}}$$

① 재무레버리지도(DFL)는 영업이익의 변화율에 대한 당기순이익의 변화율을 나타낸 것으로 재무레버리지효과를 측정할 수 있다. 예를 들어, 재무레버리지 2는 영업이익이 1% 상승할 때, 당기순이익(주당순이익)이 2% 상승한다는 의미이다.

② 이자비용이 없다면 재무레버리지(DFL)는 1이나, 이자비용이 존재한다면 DFL은 1보다 크다.

③ 재무레버리지(DFL)는 이자비용이 클수록 커진다.

〈사례〉

구 분	당 기	전 기
영업이익(EBIT)	24,000	20,000
이자비용	10,000	10,000
세전순이익(EBT)	14,000	10,000
법인세(20%)	2,800	2,000
당기순이익	11,200	8,000

1. 전기 재무레버리지(DFL)는 2(= 20,000 ÷ 10,000)이다.
2. 전기 대비 당기 영업이익이 20% 상승하였는데, 당기순이익은 40% 상승한 것을 알 수 있다.

3. 결합레버리지분석

(1) 개념

① 결합레버리지(Combined Leverage)는 영업레버리지와 재무레버리지를 결합한 것이다.

② 영업레버리지가 1차적으로 영업이익의 변화율을 확대하게 되면 그 확대된 영업이익의 변화율에 대하여 2차적으로 재무레버리지가 작용함으로써 당기순이익의 변화율을 더욱 확대시킨다.

③ 매출액의 변화가 영업레버리지 및 재무레버리지의 상승작용을 거쳐 매우 큰 폭의 당기순이익 변화로 연결되는 효과를 결합레버리지효과라고 한다.

(2) 결합레버리지도(DCL)

$$\text{DCL(결합레버리지)} = \frac{\text{당기순이익의 변화율}}{\text{매출액의 변화율}} = \text{DOL} \times \text{DFL}$$

① 결합레버리지도(DCL)는 매출액의 변화율에 대한 당기순이익의 변화율을 나타낸 것으로 영업레

버리지도와 재무레버리지도를 곱한 값으로 계산된다. 예를 들어, 결합레버리지도가 2라는 의미는 매출액이 1% 상승할 때, 당기순이익이 2% 상승한다는 의미이다.

② 결합레버리지도는 영업레버리지도와 재무레버리지도를 곱한 값으로 계산한다.

③ 고정비와 이자비용이 존재하는 한 결합레버리지도는 항상 1보다 크다.

〈사례〉

구 분	당 기	전 기
매출액	110,000	100,000
변동비	66,000	60,000
공헌이익	44,000	40,000
고정비	20,000	20,000
영업이익	24,000	20,000
이자비용	10,000	10,000
세전순이익(EBT)	14,000	10,000
법인세(20%)	2,800	2,000
당기순이익	11,200	8,000

1. 전기 영업레버리지도(DOL)는 2(= 40,000 ÷ 20,000)이다.
2. 전기 재무레버리지도(DFL)는 2(= 20,000 ÷ 10,000)이다.
3. 전기 결합레버리지도(DCL)는 4(= 2 × 2)이다.
4. 전기 대비 당기 매출액이 10% 상승하였는데, 당기순이익은 40% 상승한 것을 알 수 있다.
5. 참고로 레버리지도는 특정 시점의 값이다. 따라서 전기 레버리지도가 당기 레버리지도와 동일하지 않다. 수리적으로 탄력성의 특징으로 인해 발생하는 것이다. 아래 레버리지 값에서 당기 영업레버리지도가 전기 대비 감소한 이유는 비용 중에서 고정비가 차지하는 비율이 감소했기 때문이고, 당기 재무레버리지도가 전기 대비 감소한 이유는 영업이익 대비 이자비용의 규모가 감소했기 때문이다.

구 분	당 기	전 기
DOL	1.83	2
DFL	1.71	2
DCL	3.12	4

4. 자본조달분기점분석

(1) 개념

① 자본조달분기점(Financial Break-Even Point, FBEP)이란 자본구성비와 관계없이 주당순이익이 동일해지는 영업이익 수준을 말한다.

② 자본조달분기점은 신규투자의 자본조달을 주식을 발행할지 차입으로 할지를 결정하는 것과 관련된 것이다.

(2) 자본조달분기점(FBEP)

$$\text{자본조달분기점(FBEP)} = \frac{\text{대안1 주식수} \times \text{대안2 이자비용} - \text{대안2 주식수} \times \text{대안1 이자비용}}{\text{대안1 주식수} - \text{대안2 주식수}}$$

자본조달분기점은 부채로 조달하던 자기자본으로 조달하던 주당순이익(주주의 몫)이 동일해지는 영업이익을 계산한 것이다.

(3) 자본조달분기점의 활용

예상 영업이익 > 자본조달분기점(영업이익)	예상 영업이익 < 자본조달분기점(영업이익)
부채를 사용하는 것이 유리	부채를 사용하지 않는 것이 유리
투자수익률(총자본영업이익률) > 이자율	투자수익률(총자본영업이익률) < 이자율

자본조달분기점(FBEP) 수준에서 총자본(자산) 대비 영업이익률(ROA)은 이자율과 일치한다.

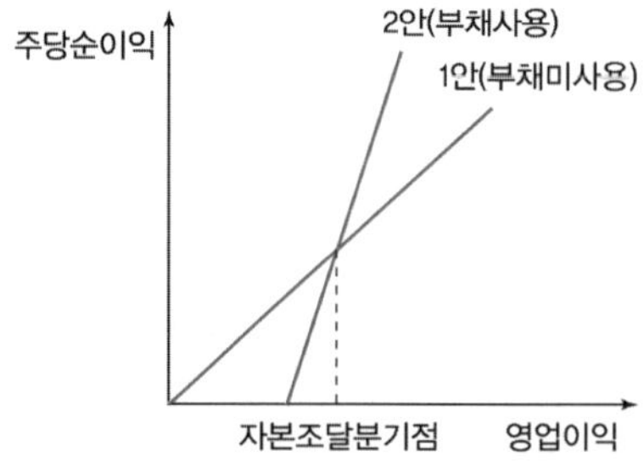

5. 추가차입규모의 추정

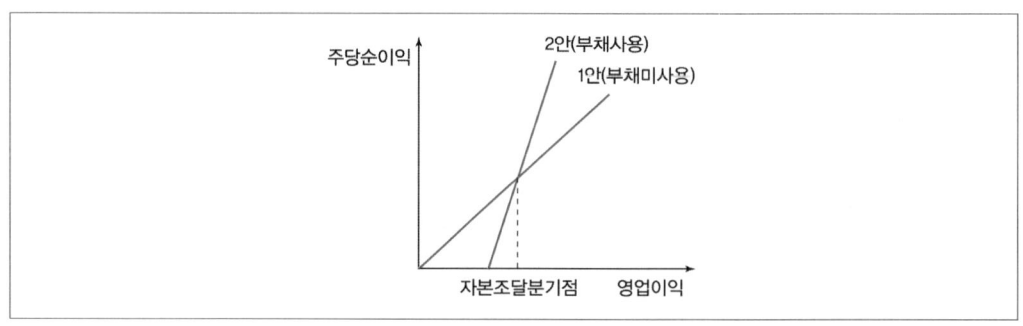

금융기관은 아래 수식을 이용하여 기업에게 추가적으로 대출할 수 있는 규모를 산출한다.

1. 이자지급 전 영업활동현금흐름	A
2. 금융비용보상비율(목표배율, 기업마다 상이함)	B
3. 부담가능차입이자(C)	C = A ÷ B
4. 적정차입금(D)	D = C ÷ 평균이자율
5. 기존차입금(E)	E
6. 추가차입가능금액	D − E

개념완성문제

01 영업비용 중 변동비의 비중이 클수록 영업레버리지가 커진다. (O, X)

02 레버리지도가 클수록 기업의 위험은 감소한다. (O, X)

03 인건비가 높아질수록 일반적으로 재무레버리지는 높아진다. (O, X)

04 재무레버리지도(DFL)는 매출액의 변화율에 대한 영업이익의 변화율을 나타낸 것이다. (O, X)

05 영업고정비가 존재하면 영업레버리지(DOL)는 항상 1보다 크다. (O, X)

06 고정비가 0이면 영업레버리지는 1이다. (O, X)

07 자본조달분기점에서는 총자본영업이익률이 이자율과 동일하다. (O, X)

08 자본조달분기점을 초과하는 수준에서는 부채를 발행하는 것이 주당순이익에 유리하다. (O, X)

정답 및 해설

01 X 고정비의 비중이 클수록 영업레버리지가 커진다.

02 X 기업의 위험은 증가한다.

03 X 영업레버리지가 높아진다. 인건비는 일반적으로 고정비로 간주하기 때문이다.

04 X 재무레버리지도(DFL)는 영업이익의 변화율에 대한 당기순이익의 변화율을 나타낸 것이다.

05 O

06 O

07 O

08 O 현재 영업이익 수준이 자본조달분기점을 초과하는 경우에는 레버리지를 활용하는 것이 주당순이익에 유리하다.

출제예상문제

✓ 학습시간이 부족하거나 시험 전 최종정리를 하고 싶은 경우에는 출제빈도(★~★★★)가 높은 문제를 우선으로 풀이할 수 있습니다.
✓ 다시 봐야 할 문제(풀지 못한 문제, 헷갈리는 문제 등)는 문제 번호 하단의 네모박스(□)에 체크하여 반복 학습할 수 있습니다.

★★ 레버리지분석

01 □□□ **다음 중 레버리지분석에 대한 설명으로 옳지 않은 것은?**

① 고정비 부담으로 인한 손익확대효과를 레버리지라고 한다.
② 영업활동에서 발생하는 감가상각비 등의 고정비를 중심으로 이익변동성을 측정하는 것이 영업레버리지이다.
③ 영업레버리지는 설비자산의 의존도를 나타낸다.
④ 재무레버리지는 부채의 의존도를 나타낸다.
⑤ 변동비의 비중이 클수록 레버리지효과는 크게 나타난다.

★ 레버리지분석

02 □□□ **다른 비용의 변동은 일정한데 영업 관련 고정비는 증가하고 이자비용은 감소하는 경우, 다음 중 레버리지효과를 분석한 것으로 옳은 것은?**

① 매출액변동률 대비 영업이익변동률이 크게 증가한다.
② 기업의 재무위험이 증가한다.
③ 매출액변동률 대비 순이익변동률이 반드시 크게 증가한다.
④ 재무레버리지가 증가한다.
⑤ 기업의 영업위험이 감소한다.

★ 레버리지분석

03 □□□ **다음 중 레버리지에 대한 설명으로 옳지 않은 것은?**

① 매출액변화율과 영업이익변화율의 관계를 나타내는 것은 영업레버리지이다.
② 고정비의 비중이 클수록 매출액변화율에 대한 영업이익의 변화율이 큰 것을 영업레버리지효과라 한다.
③ 이자비용이 있는 기업은 항상 재무레버리지가 1보다 크다.
④ 영업이익과 매출액 수준과 관계는 DFL로 설명한다.
⑤ 감가상각비가 많은 기업일수록 영업레버리지도가 높게 나온다.

★ 레버리지분석

04 다음 중 영업레버리지효과의 대상은?

① 매출액 – 매출총이익
② 매출총이익 – 영업이익
③ 매출액 – 영업이익
④ 영업이익 – 세전순이익
⑤ 영업이익 – 세후순이익

★ 레버리지분석

05 다음 중 레버리지에 대한 설명으로 옳지 않은 것은?

① 결합레버리지도는 영업레버리지도와 재무레버리지도의 곱이다.
② 고정비와 이자비용이 존재하는 한 결합레버리지는 항상 1보다 크다.
③ 영업레버리지는 매출액변화율에 대한 주당이익변화율의 비율이다.
④ 타인자본의존도가 클수록 재무레버리지가 커진다.
⑤ 유형자산의 비중이 클수록 위험도가 증가하는 것은 영업레버리지와 관련 있다.

★ 레버리지분석

06 재무레버리지는 (ⓐ)의 변화율에 대한 (ⓑ) 변화율을 나타낸 것이다. 다음 중 ⓐ와 ⓑ에 해당하는 단어로 옳은 것은?

	ⓐ	ⓑ
①	매출액	영업이익
②	영업이익	주당순이익
③	당기순이익	주당순이익
④	매출액	영업이익
⑤	매출액	주당순이익

정답 및 해설

01 ⑤ 고정비의 비중이 클수록 레버리지효과는 크게 나타난다.

02 ① 문제에서 주어진 상황은 영업레버리지는 높고, 재무레버리지는 낮은 상황이므로 매출액변동률보다 영업이익변동률이 크다.
참고 영업레버리지와 재무레버리지가 상반되는 상황에서 매출액 대비 순이익률의 변동폭은 단정할 수 없음

03 ④ 영업이익과 매출액 수준과 관계는 DOL로 설명한다.

04 ③ 영업레버리지는 매출액변화율에 따른 영업이익변화율을 측정한 것이다.

05 ③ 영업레버리지는 매출액변화율에 따른 영업이익변화율의 비율이다.

06 ② 재무레버리지 = $\frac{\triangle \text{당기순이익(주당순이익)}}{\triangle \text{영업이익}}$

★★ 레버리지분석

07 □□□

A회사의 매출액은 100억원, 변동비율은 50%, 고정비용은 30억원, 이자비용이 1억원이다. A회사의 매출액이 80억원이 되면 영업이익은 얼마인가?

① 18억원 ② 16억원 ③ 15억원
④ 10억원 ⑤ (−)10억원

[08 ~ 10]

다음은 A기업의 손익계산서이다. 아래 제시된 자료를 이용하여 각 물음에 답하시오.

〈손익계산서〉

A기업	(단위 : 백만원)
매출액	10,000
변동비	4,000
고정비	4,000
영업이익	2,000
이자비용	1,000
세전순이익	1,000

★★ 레버리지분석

08 □□□

A기업의 매출액이 10% 증가할 때, 영업이익은 얼마인가?

① 2,000백만원 ② 2,200백만원 ③ 2,600백만원
④ 3,000백만원 ⑤ 4,000백만원

★★ 레버리지분석

09 □□□

A기업의 영업이익이 10% 증가할 때, 세전순이익은 얼마인가?

① 1,000백만원 ② 1,200백만원 ③ 1,400백만원
④ 1,600백만원 ⑤ 2,000백만원

★★ 레버리지분석

10 □□□

A기업의 매출액이 10% 증가할 때, 세전순이익은 얼마인가?

① 1,000백만원 ② 1,200백만원 ③ 1,400백만원
④ 1,600백만원 ⑤ 2,000백만원

★ 레버리지분석

11 A기업의 매출액이 100억원, 영업변동비가 20억원, 영업고정비가 40억원, 이자비용이 10억원이다. 매출액이 10% 증가한 후의 영업이익은 얼마인가?

① 44억원 ② 48억원 ③ 60억원
④ 66억원 ⑤ 80억원

★ 레버리지분석

12 A기업의 EBITDA가 30억원, 감가상각비가 10억원, 이자보상비(배)율이 4이다. 영업이익이 1% 증가할 때, 순이익은 몇 % 증가하는가? (단, 소수점 둘째 자리에서 반올림하여 구한다)

① 1% ② 1.2% ③ 1.3% ④ 2% ⑤ 4%

정답 및 해설

07 ④
- 현재 영업이익 = 100억 − 50억 − 30억 = 20억원
- 영업레버리지도 $= \dfrac{\text{공헌이익}}{\text{영업이익}}$

  $= \dfrac{100\text{억} - 50\text{억}}{20\text{억}} = 2.5$
- 영업이익 = 20억 × (1 − 50%) = 10억원
- 영업레버리지도가 2.5이므로 매출액이 20% 감소하면 영업이익은 50% 감소한다.

08 ③
- 영업레버리지(DOL) $= \dfrac{\text{공헌이익}}{\text{EBIT}} = \dfrac{\text{매출액} - \text{변동비}}{\text{매출액} - \text{변동비} - \text{고정비}}$

  $= \dfrac{10{,}000 - 4{,}000}{10{,}000 - 4{,}000 - 4{,}000} = \dfrac{6{,}000}{2{,}000} = 3$
- 매출액이 10% 증가하면 영업이익은 30% 증가한다.

➲ 영업이익 = 2,000 × (1 + 0.3) = 2,600백만원

09 ②
- 재무레버리지(DFL) $= \dfrac{\text{EBIT}}{\text{EBIT} - \text{이자비용}} = \dfrac{2{,}000}{1{,}000} = 2$
- 영업이익이 10% 증가하면 순이익은 20% 증가한다.

➲ 세전순이익 = 1,000 × (1 + 0.2) = 1,200백만원

10 ④
- 결합레버리지(DCL) = DOL × DFL = 3 × 2 = 6
- 매출액이 10% 증가하면 순이익은 60% 증가한다.

➲ 세전순이익 = 1,000 × (1 + 0.6) = 1,600백만원

11 ②
- 영업레버리지(DOL) $= \dfrac{\text{공헌이익}}{\text{EBIT}} = \dfrac{\text{매출액} - \text{변동비}}{\text{매출액} - \text{변동비} - \text{고정비}} = \dfrac{100\text{억} - 20\text{억}}{100\text{억} - 20\text{억} - 40\text{억}} = 2$
- 매출액이 10% 증가하면 영업이익은 20% 증가한다.

➲ 영업이익 = 40억 × (1 + 0.2) = 48억원

12 ③
- EBIT = EBITDA − 감가상각비 = 30억 − 10억 = 20억원
- 이자보상비율 $= \dfrac{\text{EBIT}}{\text{이자비용}}$
- $4 = \dfrac{20\text{억}}{\text{이자비용}}$ ➲ 이자비용 = 5억원
- DFL $= \dfrac{\text{EBIT}}{\text{EBIT} - \text{이자비용}} = \dfrac{20\text{억}}{20\text{억} - 5\text{억}} \fallingdotseq 1.3$

★
레버리지분석

13 □□□

영업레버리지도가 3, 재무레버리지도가 4인 기업의 매출액이 1% 증가하면 주당순이익은 어떻게 변화하는가?

① 5% 증가 ② 7% 증가 ③ 8% 증가
④ 10% 증가 ⑤ 12% 증가

★
레버리지분석

14 □□□

영업레버리지(DOL)은 5, 결합레버리지(DCL)은 20, 매출액이 100억원, 영업이익은 20억원, 이자비용은 5억원일 때 매출액이 10% 감소하면 이자보상비율은 얼마인가?

① 1 ② 1.5 ③ 2 ④ 2.5 ⑤ 3

★
레버리지분석

15 □□□

A기업의 매출액이 100억원, 영업이익 10억원일 때 재무레버리지는 2, 결합레버리지는 5이다. A기업의 매출액이 10억원 증가하는 경우 예상 영업이익을 계산한 것으로 옳은 것은?

① 10억원 ② 12억원 ③ 12.5억원
④ 15억원 ⑤ 25억원

★
레버리지분석

16 □□□

다음 중 자본조달분기점(FBEP)에 대한 설명으로 옳지 <u>않은</u> 것은?

① FBEP는 자본구성비와 관계없이 주당순이익을 동일하게 하는 영업이익 수준을 말한다.
② 영업이익이 FBEP보다 낮은 경우에는 부채를 사용하지 않는 것이 유리하다.
③ 영업이익이 FBEP보다 높은 경우에는 부채를 사용하는 것이 유리하다.
④ FBEP가 100억이라는 것은 매출액이 100억일 때 부채 사용 여부에 관계없이 주당순이익은 동일하다는 의미이다.
⑤ FBEP에서 총자본영업이익률과 이자율은 동일하다.

★
레버리지분석

17 □□□

다음과 같은 투자대안이 있을 경우 FBEP는 얼마인가?

- [1안] 주식발행수 : 2,000주, 사채발행 시 이자비용 : 1억원
- [2안] 주식발행수 : 1,000주, 사채발행 시 이자비용 : 3억원

① 1억원 ② 2억원 ③ 4억원 ④ 5억원 ⑤ 6억원

★★ 레버리지분석

18 A기업은 현재 자본조달분기점(FBEP) 수준에 있다. A기업의 총자산은 200억원, 영업이익은 10억원, 차입금은 50억원이다. A기업의 현재 이자비용은 얼마인가?

① 1억원 ② 1.5억원 ③ 2억원 ④ 2.5억원 ⑤ 3억원

★★ 레버리지분석

19 A회사의 매출액은 100억원, 공헌이익률은 60%, 영업고정비는 40억원이다. 이자비용이 10억원이라면 DFL은 얼마인가?

① 1 ② 1.3 ③ 1.5 ④ 2 ⑤ 2.5

정답 및 해설

13 ⑤
- 결합레버리지(DCL) = DOL × DFL = 3 × 4 = 12
- 매출액이 1% 증가하면 주당순이익은 12% 증가한다.

14 ③
- 매출액 10% 감소 시 영업이익은 5배(50%) 감소된다.
- 영업이익은 20억원에서 10억원으로 감소된다.
- $\text{이자보상비율} = \frac{\text{영업이익}}{\text{이자비용}} = \frac{10\text{억원}}{5\text{억원}} = 2$

15 ③
- 영업레버리지 × 재무레버리지 = 결합레버리지
- 영업레버리지 = 5 ÷ 2 = 2.5
- 매출액 10% 증가 ➲ 영업이익 25% 증가
- 예상 영업이익 = 10억원 × (1 + 25%) = 12.5억원

16 ④ FBEP는 자본조달방법과 영업이익 및 순이익의 관계를 나타내므로 매출액과는 관계없다.

17 ④ $\text{FBEP} = \frac{\text{1안 주식발행수} \times \text{2안 이자비용} - \text{2안 주식발행수} \times \text{1안 이자비용}}{\text{1안 주식발행수} - \text{2안 주식발행수}}$

$= \frac{2{,}000\text{주} \times 3\text{억} - 1{,}000\text{주} \times 1\text{억원}}{2{,}000\text{주} - 1{,}000\text{주}} = 5\text{억원}$

18 ④ 자본조달분기점(FBEP) 수준에서 총자산대비 영업이익률은 이자율과 일치한다. 따라서 총자산 대비 영업이익률은 5%(10억원 ÷ 200억원)이므로 차입금 50억원에 대한 이자비용은 50억원의 5%인 2.5억원이다.

19 ④
- 영업이익 = 100억 − 40억(변동비) − 40억(고정비) = 20억원
- $\text{DFL} = \frac{\text{영업이익}}{\text{영업이익} - \text{이자비용}} = \frac{20\text{억원}}{20\text{억원} - 10\text{억원}} = 2$

★ 레버리지분석

20 □□□ A기업에 관한 다음 자료를 이용하여 A기업의 추가차입가능금액을 계산한 것으로 옳은 것은?

> • 영업활동현금흐름 : 1,000,000원
> • 이자지급액 : 200,000원
> • 금융비용목표배율 : 4배
> • 평균차입이자율 : 5%
> • 기존 차입금액 : 4,000,000원

① 1,200,000원 ② 2,000,000원 ③ 2,500,000원
④ 3,000,000원 ⑤ 4,000,000원

정답 및 해설

20 ②

1. 이자지급 전 영업활동현금흐름(= 1,000,000 + 200,000)	1,200,000
2. 금융비용보상비율	4
3. 부담가능차입이자(= 1,200,000 ÷ 4)	300,000
4. 적정차입금(= 300,000 ÷ 5%)	6,000,000
5. 기존차입금	4,000,000
6. 추가차입가능금액	2,000,000

제7절 BEP분석

01 BEP ★★★

1. 개념

① BEP(Break-Even Point)란 사전적인 의미로 일정 기간 수익과 비용이 같아서 이익도 손해도 생기지 않는 경우의 매출액을 말한다. 구체적으로는 영업이익이 0이 되는 수준의 매출액(판매량)을 말한다.

② 손익분기점분석은 CVP(Cost-Volume-Profit), 비용-매출-조업도분석이라고도 한다. 이때 모든 비용을 변동비와 고정비로 구분할 수 있다고 전제한다. 여기서 Cost는 영업비용만을 의미하므로 이자비용은 제외한다.

③ BEP분석에서는 판매단가와 단위당 변동비, 고정비(총액)는 일정하다고 가정한다.

④ 경제학에서는 변동비를 한계비용(Marginal Cost)이라고 하고, 판매단가를 한계수익(Marginal Revenue)이라고도 한다.

⑤ 참고로 한국은행의 자료에서 손익분기점은 세전순이익이 '0'이 되는 매출액 수준이다. 이는 매출액 대비 이자비용이 높은 우리나라 현실을 감안하여 변형된 방법이다.

2. BEP 측정

(1) BEP 판매량

- 영업수익 = 영업비용 = 변동비 + 고정비
  (TR) (TC) (VC) (FC)
- PQ(매출액) − VQ(변동비) − FC(고정비) = 0
- BEP 판매량 $= Q_{BEP} = \frac{FC}{P-V} = \frac{\text{고정비}}{\text{단위당 공헌이익}}$

손익분기점 도표

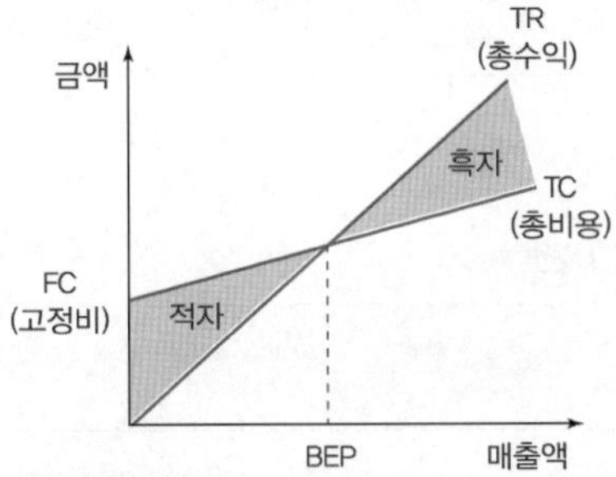

(2) BEP 매출액

$$\underset{\text{(BEP 매출액)}}{PQ_{BEP}} = \frac{FC}{P-V} \times P = \frac{FC}{1-\frac{V}{P}^{1)}}$$

$$\Rightarrow \text{BEP 매출액} = \frac{\text{고정비}}{\text{공헌이익률}^{2)}}$$

1) $\frac{V}{P}$ = 변동비율

2) 공헌이익률 = (1 − 변동비율) = $\frac{\text{단위당 공헌이익}}{\text{단위당 판매가격}} = \frac{\text{공헌이익}}{\text{매출액}}$

(3) 손익분기점률

$$\text{손익분기점률} = \frac{\text{손익분기점 매출액}}{\text{실제 매출액}}$$

① 매출액이 손익분기점에 도달하면 손익분기점률은 '1'이다.

② 손익분기점률이 1보다 작다는 뜻은 현재 손익분기점 매출액 이상을 달성하고 있다는 뜻이며, 반대로 1보다 큰 경우는 적자인 상태를 나타낸다.

③ 손익분기점률이 감소할수록 현재 경영성과가 좋다는 의미이다.

(4) 목표이익 판매량

$$\underset{\text{(목표이익 판매량)}}{Q_{TP}} = \frac{FC+TP}{P-V} = \frac{\text{고정비}+\text{목표이익}}{\text{단위당 공헌이익}^{1)}}$$

1) 단위당 공헌이익 = P(단위당 판매가격) − V(단위당 변동비)

(5) 목표이익 매출액

$$\underset{\text{(목표이익 매출액)}}{PQ_{TP}} = \frac{FC+TP}{P-V} \times P = \frac{FC+TP}{1-\frac{V}{P}}$$

$$\Rightarrow \text{목표이익 매출액} = \frac{\text{고정비}+\text{목표이익}}{\text{공헌이익률}}$$

02 MS비율과 현금흐름분기점 ★★★

1. 안전한계(MS)비율

$$\text{MS비율(안전한계비율)} = \frac{\text{실제 매출액} - \text{BEP 매출액}}{\text{실제 매출액}}$$
$$= 1 - \text{손익분기점률}$$

① 안전한계비율(Margin of Safety, MS)은 실제 매출액이 손익분기점 매출액(BEP)을 얼마나 초과하고 있는지를 나타내는 지표이다.

② 안전한계비율이 0보다 크다는 것은 손익분기점 이상의 매출액을 실현하고 있다는 뜻이다.

③ MS비율은 양수(+)뿐만 아니라 음수(−)도 가능하다. 적자인 경우에는 음수이다.

④ 안전한계비율이 20%라는 뜻은 현재 매출액에서 20%가 감소되더라도 손익분기점은 달성한다는 의미이다.

2. 현금흐름분기점(CBEP)

현금분기점(Cash Break-Even Point, CBEP)이란 현금지출을 모두 회수할 수 있는 최소한의 매출수준을 의미한다. 고정비 가운데 현금지출을 수반하지 않는 비용인 감가상각비의 효과를 제거하고 영업이익이 0이 되는 수준을 말한다.

(1) CBEP 판매량

- $PQ(\text{매출액}) - VQ(\text{변동비}) - FC(\text{고정비}) + D(\text{감가상각비}) = 0$
- $\text{CBEP 판매량} = \dfrac{Q_{CBEP}}{(\text{현금분기점 판매량})} = \dfrac{FC - D}{P - V} = \dfrac{\text{고정비} - \text{감가상각비}}{\text{단위당 공헌이익}}$

(2) CBEP 매출액

$$\dfrac{PQ_{CBEP}}{(\text{현금분기점 매출액})} = \dfrac{FC - D}{P - V} \times P = \dfrac{FC - D}{1 - \dfrac{V}{P}}$$

➲ $\text{CBEP 매출액} = \dfrac{\text{고정비} - \text{감가상각비}}{\text{공헌이익률}}$

개념완성문제

01 BEP(Break-Even Point)란 당기순이익이 0이 되는 수준을 말한다. (O, X)

02 손익분기점(BEP) 매출액은 변동비에서 공헌이익률을 나누어 계산하며 공헌이익률은 공헌이익에서 매출액을 나누어 계산한다. (O, X)

03 MS비율이 높을수록 손익분기점보다 더 많은 매출액이 달성되는 것으로 기업의 안정성은 높아진다. (O, X)

04 현금분기점(CBEP)이란 고정비 가운데 현금지출을 수반하지 않는 비용인 감가상각비의 효과를 제거하고 영업이익이 0이 되는 수준을 말한다. (O, X)

05 감가상각비가 존재할 때, BEP 매출액은 CBEP 매출액에 비해 항상 크다. (O, X)

정답 및 해설

01 X BEP(Break-Even Point)란 영업이익이 0이 되는 수준을 말한다.

02 X 손익분기점(BEP) 매출액은 고정비에서 공헌이익률을 나누어 계산한다.

03 O

04 O

05 O

출제예상문제

✔ 학습시간이 부족하거나 시험 전 최종정리를 하고 싶은 경우에는 출제빈도(★~★★★)가 높은 문제를 우선으로 풀이할 수 있습니다.
✔ 다시 봐야 할 문제(풀지 못한 문제, 헷갈리는 문제 등)는 문제 번호 하단의 네모박스(□)에 체크하여 반복 학습할 수 있습니다.

★ BEP분석

01 □□□ **제품의 개당 판매가격이 100원, 변동비가 60원, 고정비가 10,000원일 때, 손익분기점 판매량은 얼마인가?**

① 50개 ② 100개 ③ 150개 ④ 200개 ⑤ 250개

★ BEP분석

02 □□□ **변동비율이 80%, 고정비가 100,000원일 때, 손익분기점 매출액은 얼마인가?**

① 100,000원 ② 200,000원 ③ 250,000원
④ 400,000원 ⑤ 500,000원

★ BEP분석

03 □□□ **변동비율이 80%, 고정비가 100,000원, 목표이익이 50,000원일 때, 목표이익을 달성할 수 있는 매출액은 얼마인가?**

① 187,500원 ② 750,000원 ③ 800,000원
④ 1,000,000원 ⑤ 1,250,000원

정답 및 해설

01 ⑤ $\text{BEP 판매량} = \frac{\text{고정비}}{\text{단위당 공헌이익}} = \frac{10{,}000}{100-60} = 250\text{개}$

02 ⑤ $\text{BEP 매출액} = \frac{\text{고정비}}{\text{공헌이익률}} = \frac{100{,}000}{1-80\%} = 500{,}000\text{원}$

03 ② $\text{목표이익 매출액} = \frac{\text{고정비}+\text{목표이익}}{\text{공헌이익률}} = \frac{150{,}000}{1-80\%} = 750{,}000\text{원}$

★★ BEP분석

04 □□□

㈜신용은 아래와 같이 2가지 제품을 생산, 판매하고 있다. A기업의 고정비가 연간 690,000원이라고 할 때, ㈜신용의 제품구성이 변동되지 않는다는 가정하에 제품 A의 손익분기점(BEP) 매출액을 계산한 것으로 옳은 것은?

(단위 : 원)

제 품	매출액	변동비
제품 A	600,000	300,000
제품 B	400,000	240,000

① 600,000원 ② 900,000원 ③ 1,000,000원
④ 1,200,000원 ⑤ 1,500,000원

★★ BEP분석

05 □□□

고정비가 2,400,000원이고 A, B제품의 변동비율이 각각 80%, 70%이며 매출액 구성비율이 각각 60%, 40%인 기업의 손익분기점(BEP) 매출액은 얼마인가?

① 2,400,000원 ② 4,800,000원 ③ 8,000,000원
④ 10,000,000원 ⑤ 12,000,000원

★★★ BEP분석

06 □□□

비례율법에 따라 A회사의 변동비와 고정비를 구분한다고 가정할 때, A회사의 손익분기점 매출액을 계산한 것으로 옳은 것은?

(단위 : 원)

구 분	당 기	전 기
총매출	1,200,000	1,000,000
총비용	1,000,000	900,000

① 400,000원 ② 500,000원 ③ 800,000원
④ 900,000원 ⑤ 1,000,000원

★★★ BEP분석

07 회귀분석에 따라 A기업의 비용추정식을 다음과 같이 얻었다. A기업의 실제 매출액이 25,000,000원일 때 손익분기점률은 얼마인가?

$$TC = 0.8 \times TR + 2,000,000원$$

① 40% ② 50% ③ 60% ④ 80% ⑤ 100%

정답 및 해설

04 ② • 가중평균공헌이익률

제 품	매출비율	공헌이익률	가중평균
제품 A	60%	50%	30%
제품 B	40%	40%	16%
합 계			46%

• 회사 전체의 BEP 매출액 $= \frac{고정비}{공헌이익률} = \frac{690,000}{46\%} = 1,500,000원$

• 제품 A의 BEP 매출액 $= 1,500,000 \times 60\% = 900,000원$

05 ④ • 가중평균공헌이익률

제 품	매출비율	공헌이익률	가중평균
제품 A	60%	20%	12%
제품 B	40%	30%	12%
합 계			24%

• 회사 전체의 BEP 매출액 $= \frac{고정비}{공헌이익률} = \frac{2,400,000}{24\%} = 10,000,000원$

06 ③ • 비용추정

− 변동비율 $= \frac{\Delta비용}{\Delta매출} = \frac{100,000}{200,000} = 50\%$

− 고정비 $= 900,000 - 1,000,000 \times 0.5 = 400,000원$

• 손익분기점 매출액 $= \frac{고정비}{공헌이익률} = \frac{400,000}{0.5} = 800,000원$

07 ① • BEP 매출액 $= \frac{고정비}{공헌이익률} = \frac{2,000,000}{0.2} = 10,000,000원$

• 손익분기점률 $= \frac{BEP\ 매출액}{실제\ 매출액} = \frac{10,000,000}{25,000,000} = 40\%$

★★★ BEP분석

08 다음은 A회사의 BEP에 관한 그래프이다. 이에 대한 설명으로 옳지 않은 것은?

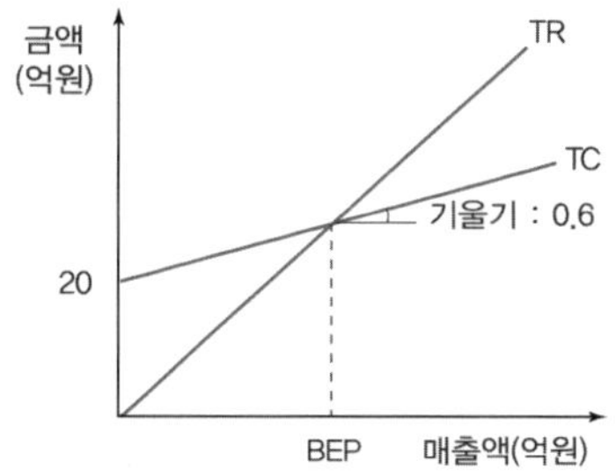

① 변동비율은 60%이다.
② 매출액 선의 기울기는 항상 0.6과 1 사이에서 결정된다.
③ 고정비는 20억원이다.
④ BEP 매출액은 50억원이다.
⑤ 현재 매출액이 80억이면 손익분기점률은 62.5%이다.

★★★ BEP분석

09 회사의 현재 매출액이 1,000,000원, 고정비는 500,000원, 손익분기점율이 80%이다. 현재 상태에서 매출액이 1,200,000원으로 증가할 경우 영업이익은 얼마인가?

① 125,000원 ② 250,000원 ③ 300,000원
④ 500,000원 ⑤ 700,000원

★★ BEP분석

10 영업비용(TC)와 매출액(TR)의 회귀식이 TC = 10억원 + 0.8TR이다. 매출액이 100억원이고 영업비용이 90억원일 때, 손익분기점률은 얼마인가?

① 10% ② 30% ③ 40% ④ 50% ⑤ 80%

★★ 손익분기점과 가중평균공헌이익률

11 A제품의 단위당 판매가격은 1,000원, 단위당 변동비는 600원, B제품의 단위당 판매가격은 2,000원, 고정비가 4,900만원, 손익분기점의 매출액이 1억원일 때 B제품의 단위당 변동비는 얼마인가? (단, A제품과 B제품의 매출비중은 7 : 3이다)

① 600원 ② 750원 ③ 800원
④ 1,200원 ⑤ 1,400원

★★ MS비율과 현금흐름분기점

12 □□□ **B회사의 손익분기점 매출액은 100억원이다. MS비율**(Margin of Safety : 안전한계비율)**이 20%일 때, B회사의 현재 매출액은 얼마인가?**

① 125억원 ② 150억원 ③ 200억원
④ 250억원 ⑤ 500억원

정답 및 해설

08 ② 매출액 선의 기울기는 항상 1이다.

09 ②
- 손익분기점 매출액

$$\frac{\text{BEP 매출액}}{\text{현재 매출액}} = 80\%$$

$$\frac{\text{BEP 매출액}}{1{,}000{,}000} = 80\%$$

➲ BEP 매출액 = 800,000원

- 변동비율
  - BEP상태에서 변동비 + 고정비 = 손익분기점 매출액 = 800,000
  - BEP상태에서 변동비 = 8000,000 − 500,000 = 300,000

➲ 변동비율 = $\frac{300{,}000}{800{,}000}$ = 37.5%

- 매출액 1,200,000원일 때 영업이익 = 1,200,000 × (1 − 37.5%) − 500,000 = 250,000원

참고 DOL 이용
- DOL = $\frac{625{,}000}{125{,}000}$ = 5
- 125,000 × (1 + 20% × 5) = 250,000원

10 ④
- BEP = $\frac{\text{고정비}}{\text{공헌이익률}} = \frac{\text{10억원}}{0.2}$ = 50억원
- 손익분기점률 = $\frac{\text{50억원}}{\text{100억원}}$ = 50%

11 ①
- 가중평균공헌이익률
  매출액 × 가중평균공헌이익률 − 고정비 = 영업이익
  100,000,000 × 가중평균공헌이익률 − 49,000,000 = 0 ➲ 손익분기점 영업이익 = 0
  ➲ 가중평균공헌이익률 = 49%
- B제품 공헌이익률 = 70%

구 분	A제품	B제품	합 계
공헌이익률	40%	70%	–
매출액비율	70%	30%	100%
가중평균공헌이익률	28%	21%	49%

- B제품의 단위당 변동비 = (2,000 − X) ÷ 2,000 = 70%
  ➲ X = 600원

12 ① 손익분기점률은 80%(= 1 − 20%)이고 손익분기점(BEP) 매출액이 100억원이므로 현재 매출액은 125억원(= $\frac{\text{100억}}{80\%}$)이다.

참고
- MS비율 = $\frac{\text{실제 매출액} - \text{BEP 매출액}}{\text{실제 매출액}}$ = 1 − 손익분기점률
- MS비율 : 실제 매출액이 BEP 매출액을 얼마나 초과하고 있는지를 나타내는 비율

★ MS비율과 현금흐름분기점

13 □□□

올해 1년간 단위당 20,000원의 가격으로 250,000개의 제품을 매출하여 50억원의 매출액을 실현하였다. 단위당 변동비가 10,000원, 고정비가 40억원일 때, 안전한계비율은 얼마인가?

① −60% ② −50% ③ 90% ④ 100% ⑤ 150%

★★ MS비율과 현금흐름분기점

14 □□□

A회사의 현재 매출액은 1,000,000원, 현재 영업이익은 150,000원 MS비율이 25%일 때, 현재 상태에서 매출액이 10% 증가하면 A회사의 영업이익이 얼마가 되는가?

① 160,000원 ② 180,000원 ③ 210,000원
④ 240,000원 ⑤ 300,000원

★ MS비율과 현금흐름분기점

15 □□□

A기업의 변동비율은 40%, 고정비는 500,000원이다. 고정비 중에서 감가상각비는 100,000원이다. A기업의 현금흐름분기점(CBEP)은 얼마인가?

① 400,000원 ② 500,000원 ③ 666,666원
④ 1,000,000원 ⑤ 1,250,000원

★ MS비율과 현금흐름분기점

16 □□□

A기업의 손익분기점 매출액은 100억원, 자본조달분기점은 20억원이다. 이에 관한 설명 중 옳은 것은?

① A기업은 부채를 추가로 차입하더라도 주당순이익에 변화가 없다. 단, A기업의 현재 매출액은 100억원이다.
② A기업의 손익분기점률이 1인 경우 A기업은 적자상태에 놓인다.
③ A기업이 추가로 부채를 차입하면 주당순이익이 증가한다. 단, A기업의 현재 매출액은 100억원이다.
④ A기업이 부채를 상환하면 손익분기점 매출액은 감소한다.
⑤ A기업이 추가로 부채를 차입하면 주당순이익은 증가한다. 단, A기업의 현재 영업이익은 30억원이다.

정답 및 해설

13 ①
- 변동비율 $= \dfrac{10,000}{20,000} = 50\%$
- BEP 매출액 $= \dfrac{40억}{1-50\%} = 80억원$
- MS비율 $= 1 - \dfrac{80억}{50억} = -60\%$

참고 MS비율은 음(-)의 값이 될 수도 있다. 즉, MS비율이 (-)60%이면 현재 매출 대비 60%의 매출상승이 있어야 BEP를 달성할 수 있음을 의미한다.

14 ③
- BEP 매출액
  - 손익분기점률은 75%(=1 - 25%)이므로 BEP 매출액은 750,000원이다.
- 고정비 추정

구 분	현 재	BEP
총매출	1,000,000	750,000
총비용	850,000	750,000
영업이익	150,000	0

- 비용추정
  - 변동비율 $= \dfrac{\triangle 비용}{\triangle 매출} = \dfrac{100,000}{250,000} = 40\%$
  - 고정비
    750,000 × 40% + 고정비(X) = 750,000
    ➲ 고정비(X) = 450,000원
- 영업이익 = 1,100,000 × (1 - 40%) - 450,000 = 210,000원

15 ③ 현금흐름분기점 $= \dfrac{고정비 - 감가상각비}{공헌이익률} = \dfrac{400,000}{0.6} = 666,666원$

16 ⑤ 자본조달분기점 이상이 구간에서는 부채를 차입하면 주당순이익이 증가한다.

오답체크

① 자본조달분기점은 부채를 추가로 차입하더라도 주당순이익에 영향이 없는 영업이익을 말한다.
② 손익분기점이 1인 경우는 영업이익이 '0'이다.
③ 손익분기점 상태에서는 영업이익이 '0'이므로 A기업은 자본조달분기점 아래에 있다. 따라서 부채를 사용하는 것이 불리하다.
④ 부채상환과 손익분기점 매출액은 상관이 없다.

■ **출제비중 및 출제경향**

제2장 현금흐름분석에서는 총 25문항이 80점 배점으로 출제된다. 본 장에서는 현금흐름표를 통해 영업활동현금흐름, 투자활동현금흐름, 재무활동현금흐름을 구분하고 분석할 수 있는 이론형 문제와 현금흐름 유입과 유출에 따른 계산형 문제가 주로 출제된다.

구 분	출제문항 수	페이지
제1절 현금흐름분석의 기초	7 ~ 8문제	p.146
제2절 유형별 현금흐름	8 ~ 10문제	p.160
제3절 현금흐름분석 종합	7 ~ 8문제	p.197

제2장
현금흐름분석

제1절 현금흐름분석의 기초
제2절 유형별 현금흐름
제3절 현금흐름분석 종합

제1절 현금흐름분석의 기초

01 자금의 개념 ★★★

1. 정의

사전적인 의미의 자금(資金)은 사업을 경영하는 데 쓰는 돈, 특정한 목적에 쓰는 돈, 기업에 투입된 경제 가치를 이르는 말이다. 재무이론에서는 자금을 다음과 같이 정의하고 있다.

(1) 현금(Cash)

① 통상적으로 자금은 현금으로 파악하는데, 현금은 지폐나 주화 등의 통화뿐만 아니라 타인발행수표, 자기앞수표, 우편환증서 등의 통화대용증권, 당좌예금, 보통예금 등의 요구불예금과 현금성자산을 포함한다.

② 현금성자산이란 큰 거래비용 없이 현금으로 전환이 용이하고 이자율 변동에 따른 가치변동 위험이 적은 금융상품으로 취득 당시 만기일(상환일)이 3개월 이내인 것을 말한다. 예를 들면, 취득 당시 만기가 3개월 이내에 도래하는 채권, 취득 당시 상환일까지 기간이 3개월 이내인 상환우선주, 3개월 이내의 환매채 등이 있다.

③ 일반기업회계기준에서는 자금을 현금으로 간주하고 현금기준에 의한 현금흐름표 작성을 의무화하고 있다.

(2) 순운전자본

① 자금을 순운전자본(Net Working Capital)으로 파악하기도 하는데 이는 전통적으로 기업의 유동성을 표시하는 수단으로 사용된다.

순운전자본 = 유동자산 − 유동부채

② 순운전자본은 유동자산에서 유동부채를 차감하고 남은 잔액을 의미하며, 이는 영업활동에 추가로 투입하거나 단기차입금상환에 사용할 수 있는 자본을 의미한다.

③ 순운전자본은 실질적인 지급능력평가의 지표로 활용함에 문제가 있을 수 있다. 재고자산은 실제 처분되지 않을 수 있고 선수금은 실제 지급되지 않을 부채임에도 불구하고 순운전자본을 감소시키기 때문이다.

(3) 총재무적자원

자금의 개념을 현금과 순운전자본에 한정하지 않고 기업의 모든 자산과 부채와 자본으로 그 개념을 넓힌다.

2. 지급능력

① 자금을 지급능력의 판단기준으로 보기도 하지만, 유동비율 또는 당좌비율을 기준으로 지급능력을 판단할 수도 있다.

② 유동비율이 높더라도 매출채권이나 재고자산의 회수가능성에 문제가 있는 경우에는 지급능력이 좋다고 단정하기 어렵다.

③ 유동비율이 높더라도 부실재고자산이 많은 경우에는 그 지급능력 측정에 문제가 있으므로 당좌비율에도 주목하여야 한다. 다만, 부실매출채권이 많은 경우에는 당좌비율 또한 지급능력 측정에 문제가 있다고 볼 수 있다.

02 비현금거래 ★★★

1. 비현금거래

① 거래(Transaction)란 기업의 자산·부채·자본의 증감변화와 수익·비용을 발생시키는 모든 현상을 말한다. 자산·부채·자본의 증감변화는 재무상태표를 통해서, 수익·비용의 발생 및 증감변화는 손익계산서를 통해서 확인할 수 있다.

② 기업의 일정 기간 동안 발생한 거래를 살펴보면 현금거래와 비현금거래로 나누어 볼 수 있다.

③ 현금거래는 현금의 유입이나 유출을 동반하는 거래이다. 기계장치를 구입하고 그 대금을 현금으로 지급한 것이나 사채를 발행하여 현금이 유입되는 것 등을 그 예로 들 수 있다.

④ 비현금거래는 수익이나 비용이 발생하였으나 현금의 변동이 없는 거래를 말한다. 다시 비현금거래는 비현금손익거래와 비현금교환거래로 나누어 볼 수 있다.

2. 비현금손익거래

① 비현금손익거래는 손익의 변동은 있으나, 현금의 변동이 없는 거래를 말한다.

② 유형자산의 감가상각은 당기순이익을 감소시키지만 감가상각비를 계상하는 때에는 실제로 현금지출이 일어나지 않는다. 해당 자산을 취득(투자)할 때 현금유출이 있고 이는 투자활동현금흐름으로 구분된다.

③ 유가증권평가이익 등 평가이익(손실)은 당기순이익을 증가(감소)시키지만 해당 자산을 처분한 바 없으므로 현금흐름에는 영향이 없다.

④ 외화표시자산부채의 환산은 당기순이익을 증감시키지만 현금흐름에는 영향이 없다.

⑤ 자산수증이익 또는 채무면제이익은 당기순이익에는 영향이 있으나 현금흐름에는 영향이 없다.

⑥ 퇴직급여충당금을 설정하는 것은 당기순이익을 감소시키지만 현금의 유출은 일어나지 않는다. 단, 실제로 퇴직금을 지급하는 것은 현금의 유출이 발생한다.

3. 비현금교환거래

① 비현금교환거래는 손익과 현금의 변동이 모두 없는 거래를 말한다.

② 비현금교환거래 중 중요한 것은 재무제표의 주석으로 공시하고 있다. 이는 재무상태표 및 손익계산서의 금액과 영업활동, 투자활동, 재무활동 관련 현금흐름을 대조하였을 때 차이가 발생하는 경우, 차이의 원인을 파악하기 위함이다.

③ 예를 들어, 주식배당으로 자본금이 증가하였음에도 불구하고 재무활동현금흐름이 증가하지 않는다. 이런 경우 정보이용자들은 주석사항이 없으면 자본금 증가에도 불구하고 재무활동현금흐름이 증가하지 않은 것에 대해 의구심을 가질 수 있다.

④ 주요 비현금교환거래의 예시는 다음과 같다.

[전환사채의 전환으로 인한 보통주 발행]

(차) 전환사채	×××	(대) 자본금(주발초)	×××

[이익잉여금의 자본전입으로 인한 무상증자]

(차) 이익잉여금	×××	(대) 자본금	×××

[현물출자로 유형자산 취득]

(차) 유형자산	×××	(대) 자본금(주발초)	×××

[장기차입금 또는 사채의 유동성대체]

(차) 장기차입금	×××	(대) 유동성장기차입금	×××

[건설중인자산의 유형자산대체]

(차) 유형자산	×××	(대) 건설중인자산	×××

03 현금흐름표 작성방법 ★★★

1. 현금흐름표의 정의

① 현금흐름표(State of Cash Flows)란 일정 기간 동안의 기업의 현금유입과 현금유출의 흐름을 보여주는 표로서, 기업이 현금을 어떻게 창출하였고 사용하였는지를 보여주는 역할을 한다.

② 현금흐름표는 현금의 변동내용을 명확하게 보고하기 위하여 당해 회계기간에 속하는 현금의 유입과 유출내용을 적정하게 표시하여야 한다.

③ 기업자금의 변동내역을 나타내는 보고서이며 자금의 개념을 어떻게 해석하는가에 따라 보고서의 내용이 달라질 뿐만 아니라, 정보이용자에게도 각각 상이한 유용성을 제시한다.

2. 현금흐름표의 유용성

(1) 일반적인 현금흐름표의 유용성

① 현금흐름표는 다른 재무제표와 같이 사용되는 경우 순자산의 변화, 재무구조(유동성과 지급능력 포함), 그리고 변화하는 상황과 기회에 적응하기 위하여 현금흐름의 금액과 시기를 조절하는 능력을 평가하는 데 유용한 정보를 제공한다.

② 현금흐름정보는 현금및현금성자산의 창출능력을 평가하는 데 유용할 뿐만 아니라, 서로 다른 기업의 미래현금흐름의 현재가치를 비교·평가하는 모형을 개발할 수 있도록 한다.

③ 동일한 거래와 사건에 대하여 서로 다른 회계처리를 적용함에 따라 발생하는 영향을 제거하기 때문에 영업성과에 대한 기업 간의 비교가능성을 제고한다.

(2) 현금흐름표의 목적

미국의 재무회계·보고에 관한 표준을 제정하는 독립된 회계기관인 FASB(Financial Accounting Standards Board)는 현금흐름표의 목적을 다음과 같이 표현하고 있다.

> ① 미래현금흐름창출능력에 대한 평가정보
> ② 배당금지급능력 및 부채상환능력과 외부자금조달의 필요성 파악
> ③ 당기순이익과 현금흐름의 차이 파악

① 미래현금흐름창출능력에 대한 평가정보

현금흐름표를 통해 정보이용자들은 매출액과 영업활동의 순현금흐름과의 관계를 알 수 있다. 즉, 정보이용자들은 과거의 영업활동현금흐름을 토대로 자신들에게 지급될 배당금이나, 대출금에 대한 이자상환능력 등을 예측할 수 있고, 더 나아가 미래현금흐름창출능력을 파악할 수 있다.

② 배당금지급능력 및 부채상환능력과 외부자금조달의 필요성 파악

기업이 영업활동에서 창출한 현금과 예금 등을 충분히 보유하고 있지 않으면 주주들에게 배당금을 지급할 수 없으며 부채를 상환할 수 없다. 장기적으로는 설비투자나 시설투자를 할 수 없게 되며, 이 경우 외부자금조달이 필요할 수 있다. 따라서 정보이용자들은 현금흐름표를 통해 기업의 배당금지급능력, 부채상환능력을 파악할 수 있으며 외부자금조달의 필요성에 대한 정보를 얻을 수 있다.

③ 당기순이익과 현금흐름의 차이 파악

당기순이익은 기업회계기준에 따른 발생주의에 따라 계산하는 금액으로 실제의 기업 현금흐름과는 차이가 있다. 당기순이익이 높아 기업의 이익이 높게 보이더라도 영업, 투자, 재무활동의 현금흐름은 음(−)의 수치를 나타낼 수 있다. 정보이용자들은 당기순이익과 현금흐름과의 크기와 방향에서 큰 차이가 나타나지 않을 때 그 당기순이익은 정보의 질이 높다고 판단한다. 따라서 정보이용자들은 현금흐름표를 통해 당기순이익과 기업의 현금흐름과의 차이를 파악할 수 있다.

3. 현금흐름표의 분류

현금흐름표는 영업활동으로 인한 현금흐름, 투자활동으로 인한 현금흐름, 재무활동으로 인한 현금흐름으로 구분하여 표시하고, 이에 기초의 현금을 가산하여 기말의 현금을 산출하는 형식으로 표시한다. 현금흐름표에서 현금은 일반기업회계기준에서 정의하고 있는 현금및현금성자산을 말한다.

(1) 영업활동으로 인한 현금흐름

① 영업활동이라 함은 일반적으로 제품의 생산과 상품 및 용역의 구매·판매활동을 말하며, 투자활동과 재무활동에 속하지 아니하는 거래를 모두 포함한다.

② 영업활동으로 인한 현금의 유입에는 제품 등의 판매에 따른 현금유입(매출채권의 회수 포함), 이자수익과 배당금수익, 기타 투자활동과 재무활동에 속하지 아니하는 거래에서 발생된 현금유입이 포함된다.

③ 영업활동으로 인한 현금의 유출에는 원재료, 상품 등의 구입에 따른 현금유출(매입채무의 결제 포함), 기타 상품과 용역의 공급자와 종업원에 대한 현금지출, 법인세(토지 등 양도소득에 대한 법인세 제외)의 지급, 이자비용, 기타 투자활동과 재무활동에 속하지 아니하는 거래에서 발생한 현금유출이 포함된다.

④ 영업활동으로 인한 현금흐름을 통해 알 수 있는 정보는 다음과 같다.

구 분	내 용
당기순이익과 영업현금흐름의 차이	예를 들어, 매출채권과 재고자산이 크게 증가한 경우 당기순이익은 (+)이지만, 영업활동현금흐름이 (−)일 수 있다.
배당금의 지급능력	영업활동으로 인한 현금흐름이 충분할 때 기업은 배당할 수 있다. 차입을 통해 배당하거나 설비자산의 매각을 통해 배당을 하는 것은 정상적인 기업활동으로 보기 어렵다.
계속기업으로서의 존속능력	예를 들어, 과거 3년간 기업의 영업활동현금흐름이 계속하여 (−)인 경우에는 계속기업으로서 존속능력에 중대한 의구심이 발생한다.
신규투자능력	영업활동에서의 현금흐름이 충분한 경우에만 이를 통해 신규투자가 신속히 이루어질 수 있다. 통상 영업활동현금흐름이 좋은 회사는 내부자금 동원능력이 있다.
부채의 원리금 상환능력	영업활동현금흐름이 (−)인 회사가 신규 차입이나 유상증자를 통해 기존 차입금의 원리금을 상환하는 것은 일시적으로는 가능할지 모르나 지속적으로 이루어지기는 어렵다.

(2) 투자활동으로 인한 현금흐름

① 투자활동이라 함은 현금의 대여와 회수활동, 유가증권·투자자산·유형자산 및 무형자산의 취득과 처분활동 등을 말한다.

② 투자활동으로 인한 현금의 유입에는 대여금의 회수, 단기투자자산·유가증권·투자자산·유형자산·무형자산의 처분 등이 포함된다.

③ 투자활동으로 인한 현금의 유출에는 현금의 대여, 단기투자자산·유가증권·투자자산·유형자산·무형자산의 취득에 따른 현금유출로서 취득 직전 또는 직후의 지급액 등이 포함된다.

④ 투자활동으로 인한 현금흐름을 통해 알 수 있는 정보는 다음과 같다.

구 분	내 용
유휴자산의 매각 여부	기업이 보유하고 있는 유휴설비(비업무용자산)의 처분을 통해 원리금 상환이 이루어지고 있는지를 확인할 수 있다.
적정수준의 설비투자인지 여부	대체투자와 증설투자의 규모를 확인하고 감가상각비 이상의 투자는 증설투자로 볼 수 있다. 증설투자 후 영업현금흐름의 추세를 파악한다.
외부자금조달의 필요성	회사의 투자활동현금흐름이 (-)이고 영업활동현금흐름이 투자활동현금흐름의 (-)금액에 미치지 못하는 경우에는 외부자금을 통해 투자가 필요하다. ➲ 최소한의 대체투자를 위함이다.
기업의 성장전략	기업의 성장전략이 다른 기업을 인수하는 방식인지 설비자산 확충방식인지를 파악할 수 있다.

(3) 재무활동으로 인한 현금흐름

① 재무활동은 현금의 차입 및 상환활동, 신주발행이나 배당금의 지급활동 등과 같이 부채 및 자본계정에 영향을 미치는 거래를 말한다.

② 재무활동으로 인한 현금의 유입에는 단기차입금·장기차입금의 차입, 어음·사채의 발행, 주식의 발행 등이 포함된다.

③ 재무활동으로 인한 현금의 유출에는 배당금의 지급, 유상감자, 자기주식의 취득, 차입금의 상환, 자산의 취득에 따른 부채의 상환 등이 포함된다.

④ 투자자산을 취득하면서 발생한 미지급금을 상환하는 경우 시험에서는 재무활동으로 분류하고 있다. 다만, 실무에서는 미지급금의 상환기간이 단기이면 투자활동현금유출에 반영한다.

⑤ 재무활동으로 인한 현금흐름을 통해 알 수 있는 정보는 다음과 같다.

구 분	내 용
장단기자금조달의 균형	순운전자본과 단기차입금의 헤징, 투자설비와 장기자금의 헤징
내부금융과 외부금융의 균형 여부	영업활동현금흐름(내부금융)과 재무활동현금흐름(외부금융)이 모두 (+)인 경우를 이상적인 재무활동현금으로 볼 수 있다.

(4) 직접법과 간접법

① 영업활동으로 인한 현금흐름은 직접법 또는 간접법으로 표시한다.

② 직접법은 현금을 수반하여 발생한 수익 또는 비용항목을 총액으로 표시하되 현금유입액은 원천별로, 현금유출액은 용도별로 분류하여 표시하는 방법을 말한다. 이 경우 현금을 수반하여 발생하는 수익·비용항목을 원천별로 구분하여 직접 계산하는 방법, 또는 매출과 매출원가에 현금의 유출·유입이 없는 항목과 재고자산·매출채권·매입채무의 증감을 가감하여 계산하는 방법이 있다.

③ 간접법은 당기순이익(또는 당기순손실)에 현금의 유출이 없는 비용 등을 가산하고 현금의 유입이 없는 수익 등을 차감하며, 영업활동으로 인한 자산·부채의 변동을 가감하여 표시하는 방법을 말한다.

- 현금의 유출이 없는 비용 등은 현금의 유출이 없는 비용, 투자활동과 재무활동으로 인한 비용을 말한다.
- 현금의 유입이 없는 수익 등은 현금의 유입이 없는 수익, 투자활동과 재무활동으로 인한 수익을 말한다.
- 영업활동으로 인한 자산·부채의 변동은 영업활동과 관련하여 발생한 유동자산 및 유동부채의 증가 또는 감소를 말한다.

④ 투자활동 현금흐름과 재무활동 현금흐름은 총현금유입과 총현금유출을 주요 항목별로 구분하여 총액으로 표시하는 것을 원칙(직접법)으로 한다.

⑤ 직접법은 현금유입과 현금유출을 각 항목별로 보여주기 때문에 목적적합한 정보를 제공한다. 즉, 직접법은 현금의 원천과 용도가 구분되어 있어 분석 및 조사에 용이하다. 또한 직접법은 분기별 또는 월별로 현금흐름을 추정하거나 자금계획을 작성할 경우 유용하다.

⑥ 직접법은 현금의 유입과 유출만을 고려하면 되는데, 간접법은 비현금비용과 비현금수익을 배분해야 하기 때문에 어려움이 있다.

⑦ 직접법은 당기순이익과 영업활동으로 인한 현금흐름의 차이를 설명하지 못하고 작성이 어렵다는 단점이 있다. 따라서 실무적으로는 간편한 간접법으로 현금흐름표를 작성한다.

⑧ 간접법은 당기순이익에서 시작하여 현금유출입이 없는 손익과 현금유출입으로 인한 자산·부채로 인한 효과를 고려하면 되기 때문에 작성이 쉬운 장점이 있다. 즉, 활동유형별 손익에 대해 자산·부채의 변동사항을 반영하여 계산한다. 다만, 상대적으로 직접법에 비해 목적적합성이 다소 떨어진다는 단점이 있다.

• 직접법에 의한 현금흐름표

현금흐름표

제×기 20××년 ×월 ×일～20××년 ×월 ×일
제×기 20××년 ×월 ×일～20××년 ×월 ×일

회사명 (단위 : 원)

과 목	제×(당)기		제×(전)기	
Ⅰ. 영업활동으로 인한 현금흐름				
1. 매출 등 수익활동으로부터의 유입액				
2. 매입 및 종업원에 대한 유출액				
3. 이자수익 유입액				
4. 배당금수익 유입액				
5. 이자비용 유출액				
6. 법인세의 지급				
Ⅱ. 투자활동으로 인한 현금흐름				
1. 투자활동으로 인한 현금유입액				
(1) 단기투자자산의 처분				
(2) 유가증권의 처분				
(3) 토지의 처분				
(4) 대여금의 회수				
2. 투자활동으로 인한 현금유출액				
(1) 현금의 단기대여				
(2) 단기투자자산의 취득				
(3) 유가증권의 취득				
(4) 토지의 취득				
(5) 개발비의 지급				
Ⅲ. 재무활동으로 인한 현금흐름				
1. 재무활동으로 인한 현금유입액				
(1) 단기차입금의 차입				
(2) 사채의 발행				
(3) 보통주의 발행(유상증자)				
2. 재무활동으로 인한 현금유출액				
(1) 단기차입금의 상환				
(2) 사채의 상환				
(3) 유상감자				
Ⅳ. 현금의 증가(감소)				
Ⅴ. 기초의 현금				
Ⅵ. 기말의 현금				

• 간접법에 의한 현금흐름표

현금흐름표

제×기　20××년 ×월 ×일～20××년 ×월 ×일
제×기　20××년 ×월 ×일～20××년 ×월 ×일

회사명　　　　　　　　　　　　　　　　　　　　　　　　　　　　　　　　(단위 : 원)

과 목	제×(당)기		제×(전)기	
I. 영업활동으로 인한 현금흐름				
1. 당기순이익(손실)				
2. 현금의 유출이 없는 비용 등의 가산				
(1) 감가상각비				
(2) 퇴직급여				
3. 현금의 유입이 없는 수익 등의 차감				
(1) 사채상환이익				
4. 영업활동으로 인한 자산·부채의 변동				
(1) 재고자산의 감소(증가)				
(2) 매출채권의 감소(증가)				
(3) 이연법인세자산의 감소(증가)				
(4) 매입채무의 증가(감소)				
(5) 당기법인세부채의 증가(감소)				
(6) 이연법인세부채의 증가(감소)				
II. 투자활동으로 인한 현금흐름				
1. 투자활동으로 인한 현금유입액				
(1) 단기투자자산의 처분				
(2) 유가증권의 처분				
(3) 토지의 처분				
2. 투자활동으로 인한 현금유출액				
(1) 현금의 단기대여				
(2) 단기투자자산의 취득				
(3) 유가증권의 취득				
(4) 토지의 취득				
(5) 개발비의 지급				
III. 재무활동으로 인한 현금흐름				
1. 재무활동으로 인한 현금유입액				
(1) 단기차입금의 차입				
(2) 사채의 발행				
(3) 보통주의 발행				
2. 재무활동으로 인한 현금유출액				
(1) 단기차입금의 상환				
(2) 사채의 상환				
(3) 유상감자				
IV. 현금의 증가(감소)				
V. 기초의 현금				
VI. 기말의 현금				

✓ **핵심체크**

1. 정보이용자들은 현금흐름표를 통해 미래현금흐름창출능력에 대한 평가정보를 알 수 있고, 배당금지급능력 및 부채상환능력과 외부자금조달의 필요성을 파악할 수 있으며, 당기순이익과 현금흐름의 차이를 알 수 있다.
2. 현금흐름표는 영업활동으로 인한 현금흐름, 투자활동으로 인한 현금흐름 및 재무활동으로 인한 현금흐름으로 분류한다.
3. 영업활동은 기업의 주요 수익창출활동과 투자활동이나 재무활동이 아닌 기타의 활동을 말한다.
4. 투자활동은 장기성자산 및 현금성자산에 속하지 않는 기타 투자자산의 취득과 처분을 말한다.
5. 직접법은 영업활동에서 나타나는 현금유입과 현금유출을 각 항목별로 보여주기 때문에 목적적합한 정보를 제공하지만, 그 작성에 어려움이 있다는 단점이 존재한다.
6. 간접법은 당기순이익에서 시작하여 현금유출입과 관련 없는 손익과 현금유출입으로 인한 자산·부채로 인한 효과를 고려하면 되기 때문에 작성이 쉬운 장점이 있으나, 상대적으로 직접법에 비해 목적적합한 정보가 다소 떨어진다는 단점이 있다.

개념완성문제

01 현금성자산이란 큰 거래비용 없이 현금으로 전환이 용이하고 이자율 변동에 따른 가치변동 위험이 적은 금융상품으로 결산일 현재 만기일(상환일)이 3개월 이내인 것을 말한다. (O, X)

02 비현금손익거래는 손익의 변동은 있으나, 현금의 변동이 없는 거래를 말하며, 비현금교환 거래는 손익과 현금의 변동이 모두 없는 거래를 말한다. (O, X)

03 현금흐름표는 (　　)로/으로 인한 현금흐름, (　　)로/으로 인한 현금흐름 및 (　　)로/으로 인한 현금흐름으로 분류한다.

04 직접법은 현금의 원천과 용도가 구분되어 있어 분석 및 조사에 용이하다. (O, X)

05 영업활동으로 인한 현금흐름을 직접법으로 나타내면 분기별 또는 월별로 추정하거나 자금계획을 작성하는 데 유용하다. (O, X)

06 직접법은 당기순이익에서 시작하여 현금유출입과 관련 없는 손익과 현금유출입으로 인한 자산·부채로 인한 효과를 고려하면 되기 때문에 작성이 쉽다는 장점이 있으나, 상대적으로 간접법에 비해 목적적합성이 다소 떨어진다는 단점이 있다. (O, X)

정답 및 해설

01 X 결산일 현재 → 취득 당시

02 O

03 영업활동, 투자활동, 재무활동

04 O

05 O

06 X 간접법의 장단점이다.

출제예상문제

✓ 학습시간이 부족하거나 시험 전 최종정리를 하고 싶은 경우에는 출제빈도(★~★★★)가 높은 문제를 우선으로 풀이할 수 있습니다.
✓ 다시 봐야 할 문제(풀지 못한 문제, 헷갈리는 문제 등)는 문제 번호 하단의 네모박스(□)에 체크하여 반복 학습할 수 있습니다.

★ 자금의 개념

01 □□□ **다음 중 자금의 개념을 현금으로 정의하였을 경우 자금의 변동을 가져온 거래로 옳은 것은?**

① 재고자산을 평가손실로 인식하였다.
② 전환사채의 전환으로 보통주를 발행하였다.
③ 이익준비금을 자본에 전입하여 무상증자하였다.
④ 기계장치를 구입하고 그 대금을 지급하였다.
⑤ 감가상각비를 계상하였다.

★ 자금의 개념

02 □□□ **다음 중 자금의 개념을 현금으로 정의하였을 경우 자금의 변동을 가져온 거래로 옳은 것은?**

① 사채를 발행하였다.
② 현물출자로 토지를 취득하였다.
③ 배당금을 주식으로 지급하였다.
④ 보고기간 종료일 현재 1년 이내에 사채의 상환기일이 도래하여 유동성장기부채로 대체하였다.
⑤ 건설중인자산을 기계장치로 대체하였다.

★ 자금의 개념

03 □□□ **다음 중 비현금교환거래가 아닌 것은?**

① 현물출자로 인한 토지취득
② 개발비 상각
③ 전환사채의 전환
④ 장기차입금의 유동성대체
⑤ 무상증자

★ 자금의 개념

04 다음 중 자금의 개념에 대한 설명으로 옳지 않은 것은?

① 현금흐름표는 기업자금의 변동내역을 나타내는 보고서로서 자금의 개념을 어떻게 정의하는가에 따라 보고서의 내용이 달라지는 것은 물론이고, 정보이용자에게 각각 상이한 유용성을 제시한다.
② 자금의 개념을 순운전자본의 개념으로 이해하면 자금은 유동자산에서 유동부채를 차감한 금액으로서 이는 전통적으로 기업의 유동성을 표시하는 수단으로 사용된다.
③ 일반기업회계기준에서는 자금을 현금및현금성자산으로 보고 현금기준에 의한 현금흐름표 작성을 의무화하고 있다.
④ 취득 당시에 만기가 3개월 이내에 도래하는 채권이나 환매채(3개월 이내의 환매조건)는 현금및현금성자산에 포함된다.
⑤ 당좌차월이 있으면 당좌예금과 상계하여 현금및현금성자산으로 보고한다.

★★ 자금의 개념

05 자금을 순운전자본으로 정의할 경우 자금의 변동에 대한 설명 중 옳지 않은 것은?

① 건물을 취득하면서 만기 2년의 어음을 발행한 경우 자금은 변동하지 않는다.
② 외화매출채권을 환산하면서 환산이익이 발생한 경우 자금은 증가한다.
③ 장기차입금의 만기가 1년 이내로 도래함에 따라 유동성장기부채로 대체하는 회계처리를 한 경우 자금은 감소한다.
④ 원재료를 구입하면서 현금결제한 경우 자금은 감소한다.
⑤ 기계장치를 매각하고 이를 현금결제 받은 경우 자금은 증가한다. 단, 유형자산처분손실을 인식하였다.

정답 및 해설

01 ④ 기계장치 구입은 투자활동으로 인한 현금흐름으로 분류되고, 현금의 유출에 해당한다.

02 ① 사채발행은 재무활동으로 인한 현금흐름으로 분류되고, 현금의 유입에 해당한다.

03 ② 비현금교환거래는 손익과 현금흐름의 변동이 모두 없는 거래를 말한다. 개발비 상각은 손익에는 영향을 미친다.

04 ⑤ 당좌차월은 총액기준에 의하여 당좌예금과 상계하지 않고, 재무활동에 의한 차입거래로 분류한다.

참고 현금및현금성자산이란 통화 및 타인발행수표 등 통화대용증권과 당좌예금, 보통예금 및 큰 거래비용 없이 현금으로 전환이 용이하고 이자율 변동에 따른 가치변동의 위험이 경미한 금융상품으로서 취득 당시 만기일(또는 상환일)이 3개월 이내인 것을 말한다.

05 ④ 원재료 증가는 순운전자본을 증가시키지만, 현금 감소는 순운전자본을 감소시켜 둘의 효과는 상쇄된다. 따라서 순운전자본은 불변이다.

오답체크

⑤ 유형자산처분손익과 관계없이 유형자산이 감소하고 순운전자본은 증가한다.

★★

자금의 개념

06 □□□

다음 중 순운전자본과 현금흐름에 모두 영향을 미치는 것은?

① 매출채권 10억원을 회수하였다.
② 기계장치를 10억원에 장기연불 매입하였다.
③ 외상매입금 10억원을 보통예금에서 결제하였다.
④ 장기차입금 40억원을 보통예금에 입금하였다.
⑤ 재고자산 10억원을 외상으로 판매하였다.

★★

자금의 개념

07 □□□

다음 중 순운전자본과 현금흐름에 동시에 영향을 미치는 항목은 무엇인가?

① 장기차입금을 차입해서 보통예금으로 입금하였다.
② 상품을 외상으로 구입하였다.
③ 기계장치를 외상으로 구입하였다.
④ 장기차입금의 만기가 1년 이내로 도래하여 유동성대체하였다.
⑤ 급여를 미지급하였다.

★★

현금흐름표 작성방법

08 □□□

다음 중 현금흐름표에서 직접법에 대한 설명으로 옳지 <u>않은</u> 것은?

① 직접법은 작성이 용이해 기업들에 적극 권장되고 있는 작성법이다.
② 직접법은 현금의 원천과 용도가 구분되어 있어 분석 및 조사에 용이하다.
③ 재무상태표 등식에서 현금의 증감방향과 자산의 증감방향은 서로 반대다.
④ 직접법은 당기순이익과 영업활동으로 인한 현금흐름의 차이를 설명하지 못한다.
⑤ 투자활동, 재무활동으로 인한 현금흐름은 직접법으로 작성한다.

★ 현금흐름표 작성방법

09 다음 중 현금흐름표의 작성과 관련된 설명으로 옳은 것은?

□□□

① 영업활동으로 인한 현금흐름을 간접법으로 나타내면 현금의 유입과 유출을 항목별로 보여 줄 수 있다.
② 직접법은 활동유형별 손익에 대해 자산부채의 변동사항을 반영하여 계산한다.
③ 전환사채에 대한 전환권조정 상각금액은 손익계산서에서 그 금액을 쉽게 확인할 수 있다.
④ 주식보상비용은 영업활동으로 인한 현금흐름을 간접법으로 나타낼 경우 당기순이익에서 차감되는 항목이다.
⑤ 영업활동으로 인한 현금흐름을 직접법으로 나타내면 분기별 또는 월별로 추정하거나 자금계획을 작성하는 데 유용하다.

★ 현금흐름표 작성방법

10 다음 중 현금흐름표를 통해서 알 수 있는 정보가 아닌 것은?

□□□

① 일정 시점의 재무상태
② 미래현금흐름창출능력
③ 배당금지급능력
④ 당기순이익과 현금흐름의 차이 파악
⑤ 외부자금조달의 필요성 파악

정답 및 해설

06 ④ 순운전자본이 증가하고 재무활동현금흐름으로 인한 현금유입액도 증가한다.

07 ① (차) 보통예금(유동자산) (대) 차입금(비유동부채)

08 ① 기업에서는 실무상 간접법으로 현금흐름표를 작성한다. 간접법은 작성이 용이하다는 장점이 있다.

09 ⑤ 영업활동으로 인한 현금흐름을 직접법으로 나타내면 분기별 또는 월별로 추정하거나 자금계획을 작성하는 데 유용하다.

오답체크

① 직접법에 대한 설명이다.
② 간접법에 대한 설명이다.
③ 전환권조정 상각금액은 이자비용에 포함되어 있으므로 개별 상각금액은 손익계산서에서 확인할 수 없다.
④ 주식보상비용은 당기순이익에 가산되는 항목이다.

10 ① 일정 시점의 재무상태는 재무상태표를 통해 파악할 수 있는 정보이다.

제2절 유형별 현금흐름

01 영업활동으로 인한 현금흐름 ★★

영업활동으로 인한 현금흐름은 직접법과 간접법으로 작성하는 방법이 있다. 먼저 직접법으로 영업활동으로 인한 현금흐름을 작성하는 방법을 살펴보자.

1. 직접법

(1) 매출활동에 의한 현금유입액

① 매출활동에 의한 현금유입은 손익계산서상 매출 관련 손익과 재무상태표상 매출 관련 자산·부채의 증감을 조정하여 계산한다.

> 매출활동에 의한 현금유입 = ① + ②
> ① 손익계산서상 매출 관련 손익
> - 매출액 (+)
> - 대손상각비 (−)
> - 매출채권 처분손익 (+), (−)
> - 매출채권 관련 외환차손익, 환산손익 (+), (−)
>
> ② 재무상태표상 매출 관련 자산·부채의 증감
> - 매출채권(순액) 증감 (−), (+)
> - 선수금 증감 (+), (−)

② 손익계산서상 대손상각비가 아닌 실제 대손을 조정하고 매출채권을 총액으로 조정하는 방식도 있다(총액법). 그러나 시험에서는 위에 제시된 바와 같이 대손상각비를 반영하고 매출채권 순액(대손충당금 차감 후 금액)으로 조정하는 것이 효율적이다.

예제1

다음 자료를 이용하여 매출활동에 의한 현금유입액을 계산하시오.

[재무상태표]

(단위 : 원)

구 분	기 초	기 말
매출채권	10,000	15,000
대손충당금	(1,000)	(600)
선수금	1,000	1,500

[손익계산서]
- 매출액 : 100,000원
- 대손상각비 : 300원

풀이

고객에 대한 현금유입액 = 94,800원

매출활동에 의한 현금유입 = ① + ②		94,800
① 손익계산서상 매출 관련 손익		99,700
• 매출액 (+) • 대손상각비 (−) • 매출채권 처분손익 (+), (−)	100,000 (300) −	
② 재무상태표상 매출 관련 자산·부채의 증감		(4,900)
• 매출채권(순액) 증가 (−) • 선수금 증가 (+)	(5,400) 500	

(2) 매입활동에 의한 현금유출

① 매입활동에 의한 현금유출은 손익계산서상 매입 관련 손익과 재무상태표상 매입 관련 자산·부채의 증감을 조정하여 계산한다.

> 공급자에 대한 현금유출 = ① + ②
> ① 손익계산서상 매입 관련 손익
> • 매출원가(재고자산평가손실, 정상적인 재고자산감모손실 포함) (−)
> • 재고자산감모손실(영업외비용에 포함된 것) (−)
> ② 재무상태표상 매입 관련 자산·부채의 증감
> • 재고자산 증감 (−), (+)
> • 선급금 증감 (−), (+)
> • 매입채무 증감 (+), (−)

② 재고자산평가손실이나 정상적인 재고자산감모손실은 모두 매출원가에 포함되어 있으므로 매출원가에서 조정된 것으로 본다. 그러나 재고자산감모손실 중 영업외비용 처리된 것(비정상적 감모손실)은 별도로 조정한다.

예제2

다음 자료를 이용하여 매입활동에 의한 현금유출액을 계산하시오.

[재무상태표]

(단위 : 원)

구 분	기 초	기 말
재고자산	7,000	10,000
선급금	4,000	3,000
매입채무	3,000	11,000

[손익계산서]

- 매출원가 : 20,000원
- 재고자산평가손실(매출원가 포함) : 2,000원
- 재고자산감모손실(영업외비용) : 3,000원

풀이

매입활동에 의한 현금유출액 = (17,000)원

매입활동에 의한 현금유출 = ① + ②		(17,000)
① 손익계산서상 매입 관련 손익		(23,000)
• 매출원가 (−) • 재고자산감모손실 (−)	(20,000) (3,000)	
② 재무상태표상 매입 관련 자산·부채의 증감		6,000
• 재고자산 증가 (−) • 선급금 감소 (+) • 매입채무 증가 (+)	(3,000) 1,000 8,000	

(3) 판매관리비 현금유출액

① 판매관리비 현금유출액은 손익계산서상 판매관리비 관련 손익과 재무상태표상 판매관리비 관련 자산·부채의 증감을 조정하여 계산한다.

> 판매관리비에 대한 현금유출 = ① + ②
> ① 손익계산서상 판매관리비 관련 손익
> • 판매관리비 (−)
> • 비현금비용(감가상각비, 퇴직급여, 대손상각비 등) (+)
> ② 재무상태표상 판매관리비 관련 자산·부채의 증감
> • 선급판매관리비 증감 (−), (+)
> • 미지급판매관리비 증감 (+), (−)

② 일반기업회계기준에서는 매입활동 현금유출액과 판매비와관리비 현금유출액을 합쳐서 매입 및 종업원에 대한 유출액으로 표시하도록 하고 있다. 그러나 시험에서는 구분하여 계산하도록 한다.

③ 퇴직급여는 퇴직급여충당금의 증가분으로 처리된 것은 가산 조정하여야 하지만, 실제 지급된 퇴직금은 가산조정하지 않는다. 예를 들어, 퇴직급여충당금은 100원 증가하였는데 실제 퇴직금 지급액이 80원이면 20원만 가산한다.

④ 확정기여형 퇴직연금에 가입한 회사는 별도로 조정하지 않는다.

예제3

다음 자료를 이용하여 판매관리비 현금유출액을 계산하시오.

[재무상태표]

(단위 : 원)

구 분	기 초	기 말
선급판매관리비	1,000	4,000
미지급판매관리비	6,000	2,000

[손익계산서]

• 판매관리비 : 10,000원

풀이

판매관리비 현금유출액 = (17,000)원

판매관리비 현금유출액 = ① + ②		(17,000)
① 손익계산서상 판매관리비 관련 손익		(10,000)
• 판매관리비 (–)	(10,000)	
② 재무상태표상 판매관리비 관련 자산·부채의 증감		(7,000)
• 선급판매관리비 증가 (–) • 미지급판매관리비 감소 (–)	(3,000) (4,000)	

(4) 이자수익 유입액

① 이자수익에 대한 현금유입은 손익계산서상 이자수익 관련 손익과 재무상태표상 이자수익 관련 자산·부채의 증감을 조정하여 계산한다.

이자수익에 대한 현금유입 = ① + ②
① 손익계산서상 이자수익 관련 손익
  • 이자수익 (+)
  • 장기할부매출채권 현재가치할인상각액 (–)
  • 만기보유금융자산 및 매도가능금융자산 할인 취득 상각액 (–)
  • 만기보유금융자산 및 매도가능금융자산 할증 취득 상각액 (+)
② 재무상태표상 이자수익 관련 자산·부채의 증감
  • 미수이자 증감 (–), (+)
  • 선수이자 증감 (+), (–)

② 채권을 보유함에 따라 발생한 이자는 현금의 유입이 없다. 따라서 이자수익에 포함된 부분 중 상각액은 다시 차감하여야 한다. 할증 취득 상각액은 이자수익을 차감시키므로 다시 가산하여야 한다.

예제4

다음의 자료를 이용하여 이자수익 현금유입액을 계산하시오.

[재무상태표]

(단위 : 원)

구 분	기 초	기 말
미수이자	30,000	20,000
선수이자	20,000	40,000

[손익계산서]

• 이자수익 : 50,000원(장기할부채권의 현재가치할인차금 상각액 10,000원 포함)

풀이

이자수익 현금유입액 = 70,000원

이자수익 현금유입액 = ① + ②		70,000
① 손익계산서상 이자수익 관련 손익		40,000
• 이자수익 (+) • 장기할부채권 (-)	50,000 (10,000)	
② 재무상태표상 이자수익 관련 자산·부채의 증감		30,000
• 미수이자 감소 (+) • 선수이자 증가 (+)	10,000 20,000	

(5) 배당금수익 현금유입액

① 배당금수익 현금유입액은 손익계산서상 배당금수익 관련 손익과 재무상태표상 배당금수익 관련 자산·부채의 증감을 조정하여 계산한다.

> 배당금수익에 대한 현금유입 = ① + ②
> ① 손익계산서상 배당금수익 관련 손익
> • 배당금수익 (+)
> ② 재무상태표상 배당금수익 관련 자산·부채의 증감
> • 미수배당금 증감 (-), (+)

② 배당금을 주식으로 수령하는 경우에는 회계처리하지 않으므로 현금유입액에 고려할 필요가 없다.

③ 미지급배당금은 재무활동 관련 현금흐름이므로 배당금수익에서 고려할 필요 없다.

예제5

다음 자료를 이용하여 배당금수익 현금유입액을 계산하시오.

[재무상태표]

(단위 : 원)

구 분	기 초	기 말
미수배당금	20,000	10,000
미지급배당금	50,000	45,000

[손익계산서]

• 배당금수익 : 20,000원

풀이

배당금수익 현금유입액 = 30,000원

배당금수익 현금유입 = ① + ②		30,000
① 손익계산서상 배당금수익 관련 손익		20,000
• 배당금수익 (+)	20,000	
② 재무상태표상 배당금수익 관련 자산·부채의 증감		10,000
• 미수배당금 감소 (+)	10,000	

(6) 이자비용 현금유출액

① 이자비용 현금유출액은 손익계산서상 이자비용 관련 손익과 재무상태표상 이자비용 관련 자산·부채의 증감을 조정하여 계산한다.

> 이자비용에 대한 현금유출 = ① + ②
> ① 손익계산서상 이자비용 관련 손익
> • 이자비용 (–)
> • 사채할인발행차금 상각액 (+)
> • 사채할증발행차금 상각액 (–)
> • 전환권조정, 신주인수권조정 상각액 (+)
> ② 재무상태표상 이자비용 관련 자산·부채의 증감
> • 선급이자 증감 (–), (+)
> • 미지급이자 증감 (+), (–)

② 사채할인발행차금 상각액은 이자비용에 포함되어 있으나 현금유출이 없으므로 가산한다. 사채할증발행차금 상각액은 이자비용을 감소시키므로 차감한다. 전환권조정, 신주인수권조정 상각액도 사채할인발행차금과 가산하는 이유는 동일하다.

예제6

다음 자료를 이용하여 이자비용 현금유출액을 계산하시오.

[재무상태표]

(단위 : 원)

구 분	기 초	기 말
선급이자	10,000	20,000
미지급이자	40,000	60,000

[손익계산서]

• 이자비용 : 40,000원(사채할인발행차금 상각액 10,000원 포함)

풀이

이자비용 현금유출액 = (20,000)원

이자비용 현금유출액 = ① + ②		(20,000)
① 손익계산서상 이자비용 관련 손익		(30,000)
• 이자비용 (-) • 사채할인발행차금 상각액 (+)	(40,000) 10,000	
② 재무상태표상 이자비용 관련 자산·부채의 증감		10,000
• 선급이자 증가 (-) • 미지급이자 증가 (+)	(10,000) 20,000	

(7) 법인세의 지급액

① 법인세의 지급액은 손익계산서상 법인세 관련 손익과 재무상태표상 법인세 관련 자산·부채의 증감을 조정하여 계산한다.

> 법인세에 대한 현금유출 = ① + ②
> ① 손익계산서상 법인세 관련 손익
> • 법인세비용 (-)
> • 토지등양도소득에 대한 법인세 (+)
> ② 재무상태표상 법인세 관련 자산·부채의 증감
> • 선급법인세 증감 (-), (+)
> • 당기법인세자산(이연법인세자산) 증감 (-), (+)
> • 당기법인세부채(이연법인세부채) 증감 (+), (-)

② 당기법인세 추납액은 법인세비용에 포함하고, 당기법인세 환급액은 법인세비용에서 차감한다. 별도로 표시되어 있는 경우에는 당기법인세 추납액은 현금유출, 당기법인세 환입액은 현금유입으로 표시한다.

예제7

다음 자료를 이용하여 법인세의 현금유출액을 계산하시오.

[재무상태표]

(단위 : 원)

구 분	기 초	기 말
당기법인세부채	40,000	60,000
이연법인세자산	10,000	20,000

[손익계산서]

• 법인세비용 : 40,000원

풀이

법인세에 대한 현금유출액 = (30,000)원

법인세에 대한 현금유출 = ① + ②		(30,000)
① 손익계산서상 법인세 관련 손익		(40,000)
• 법인세비용 (−)	(40,000)	
② 재무상태표상 법인세 관련 자산·부채의 증감		10,000
• 당기법인세부채 증가 (+) • 이연법인세자산 증가 (−)	20,000 (10,000)	

2. 간접법

(1) 의의

① 간접법이란 당기순이익에서 출발하여 비현금 수익·비용, 영업활동 이외에서 발생하는 수익·비용, 영업활동과 관련된 자산·부채의 증감을 고려하여 영업활동현금흐름을 구하는 방법이다.

② 간접법은 당기순이익에서 출발하여 현금의 유출이 없는 비용을 가산하고, 현금의 유입이 없는 수익을 차감한다. 여기에 영업활동과 무관한 투자활동 또는 재무활동 관련 비용이나 수익을 가산 또는 차감하고 다시 영업활동자산·부채를 조정한다. 영업활동자산이 증가(감소)하면 차감(가산), 영업활동부채가 증가(감소)하면 가산(차감)한다.

③ 직접법과 간접법은 그 표시방법의 차이일 뿐 실제 결과는 같다.

(2) 현금의 유출이 없는 비용

① 감가상각비

제조원가명세서와 판매비와관리비 계정에 있는 금액을 합산하여 가산한다.

② 무형자산상각비

연구개발비는 처음부터 개발비로 처리하여 자산으로 계상될 수 있다. 이러한 개발비는 투자활동현금흐름에서 현금유출로 처리한다. 이후 개발비에 대한 무형자산상각비를 계상하는 경우는 유형자산에 대한 감가상각비와 마찬가지로 영업활동현금흐름 계산 시 가산한다.

③ 대손상각비

〈사례〉

(단위 : 원)

구 분	당기말	전기말
매출채권	200	150
대손충당금	(30)	(25)
순 액	170	125

1. 회사의 당기 매출액은 50원이다.
2. 회사의 손익계산서상 대손상각비는 5원이다.
3. 회사는 당기 중 매출채권을 제각한 것이 없다.
4. 회사의 당기순이익은 위의 1, 2에만 영향을 받아 45원이다.

회사는 당기 모두 외상판매하였으며 이를 회수한 것은 없다고 가정한다. 현금흐름표에 미치는 영향을 분석해보면 다음과 같다.

Ⅰ. 영업활동으로 인한 현금흐름			0
1. 당기순이익(손실)		45	
2. 현금의 유출이 없는 비용 등의 가산		5	
(1) 대손상각비	5		
4. 영업활동으로 인한 자산·부채의 변동		(50)	
(1) 매출채권의 증가	(50)		

위의 작성법은 대손상각비를 조정하고 매출채권을 총액으로 조정하는 방식이다. 이를 실무에서는 총액법이라고 한다. 위와 같이 작성하지 않고 매출채권에서 대손충당금을 차감한 순액으로 작성할 수도 있다. 이를 실무에서는 순액법이라고 한다.

Ⅰ. 영업활동으로 인한 현금흐름			0
1. 당기순이익(손실)		45	
2. 현금의 유출이 없는 비용 등의 가산		–	
4. 영업활동으로 인한 자산·부채의 변동		(45)	
(1) 매출채권의 증가	(45)		

시험에서는 순액법으로 풀이하는 것이 더 빠른 방법이다. 따라서 간접법 방식에서는 대손상각비를 반영하지 않고 풀이하기로 한다. 다만, 종합문제에서 제시된 현금흐름표는 총액법으로 작성된 것도 많다. 종합문제에서 매출활동현금흐름을 직접 구할 것을 요구하지는 않으므로 둘의 차이가 왜 발생하는지 정도만 알고 있으면 충분하다.

④ 외화환산손익

순액법으로 작성하면 영업활동과 관련된 자산부채에서 발생한 외화환산손익은 조정하지 않는다. 따라서 재무분석 중 현금흐름에 대한 간접법 문제에서는 순액법으로 풀이하는 것이 효율적이다. 주의할 것은 이러한 외화환산손익이 영업활동과 관련된 자산부채에서 발생한 것이 아닐 때는 반드시 현금의 유출이 없는 비용 또는 현금의 유입이 없는 수익에 반영하여야 한다.

⑤ 외환차손익

외화환산손익과 달리 외환차익(차손)은 실제 현금으로 유입될 때 인식하는 것이므로 영업활동현금흐름에 포함한다. 따라서 간접법에서는 당기순이익에 이미 포함되어 있으므로 별도로 조정하지 않는다. 그러나 외환차익(차손)이 재무활동 또는 투자활동과 관련된 경우에는 영업활동현금흐름과는 관계가 없는 것이므로 영업활동현금흐름에서 조정해준다.

⑥ 확정기여형 퇴직급여(DC)

현금지출항목이므로 영업현금흐름 계산 시 별도로 고려할 필요 없다. 확정급여형 퇴직급여충당부채전입액은 퇴직급여를 가산하고 실제 퇴직금지급액을 차감하는 방식으로 작성한다. 그러나 이는 실무에서의 작성방법이고 시험에서는 별도로 조정하지 않아도 된다.

⑦ 주식보상비용

주식보상비용은 크게 현금결제형과 주식결제형으로 구분된다. 어떤 것이든 손익계산서에 계상된 비용은 현금의 유출이 없는 비용이므로 영업활동현금흐름 계산 시 가산하여야 한다.

⑧ 이자수익, 이자비용, 배당금수익

일반기업회계기준은 이자수익, 이자비용, 배당금수익은 모두 영업활동현금흐름으로 구분한다. 그러나 배당금지급액은 재무활동현금흐름으로 구분한다. 따라서 이자수익, 이자비용, 배당금수익은 원칙적으로 조정하지 않는다. 다만, 이자비용에 포함된 사채할인발행차금상각액은 실제 현금유출이 없으므로 가산하여야 한다. 같은 원리로 전환권조정상각 또는 신주인수권조정상각액도 가산하여야 한다.

⑨ 재고자산감모손실

재고자산감모손실은 당기순이익에서 차감되지만 재고자산의 감소는 다시 현금의 유입으로 처리된다. 따라서 시험에서는 순액기준으로 조정하므로 재고자산감모손실은 별도로 조정하지 않는다. 다만, 실무(총액법)에서는 재고자산감모손실이 현금의 유출이 없는 비용에 해당하므로 가산하여야 하며 재고자산평가손실도 마찬가지이다.

⑩ 기타 영업손익

유형자산처분손실, 유가증권처분손실, 유형자산손상차손, 매도가능증권손상차손, 만기보유증권손상차손, 지분법손실, 사채상환손실은 모두 현금유출이 없는 비용(또는 영업활동과는 관련이 없는 현금흐름)이므로 가산 조정한다. 매출활동 또는 매입활동 등 영업활동자산부채와 직접 관련된 항목에서 발생한 외환차손은 영업활동현금흐름 계산 시 조정하지 않는다. 순액법을 사용하기 때문이다. 그러나 차입금에서 발생한 외환차손, 외화환산손실은 모두 재무활동 관련 현금흐름이므로 가산하여야 한다.

(3) 현금의 유입이 없는 수익

① 이자수익 중 현재가치할인차금 상각액 등

장기할부매출채권의 현재가치할인차금 상각액 또는 만기보유증권의 상각액 등은 현금의 유입이 없으므로 차감 조정한다.

② 평가이익

각종 자산의 평가이익(당기손익에 반영된 것)과 지분법이익은 현금의 유입이 없으므로 차감한다.

③ 자산수증이익, 채무면제이익

현금의 유입이 없는 수익이므로 차감하여야 한다. 현금의 유입은 없으나 자산이 증가 또는 채무가 감소하므로 비현금거래로서 중요한 사항은 주석에 공시하여야 한다.

④ 기타 영업손익

유형자산처분이익, 유가증권처분이익, 유형자산손상차손환입, 매도가능증권손상차손환입, 만기보유증권손상차손환입, 사채상환이익은 모두 현금유입이 없는 수익(또는 영업활동과는 관련이 없는 현금흐름)이므로 차감 조정한다.

(4) 영업활동으로 인한 자산·부채의 변동

① 매출채권 증감액

매출은 영업활동 관련 항목이므로 매출채권의 증가액은 차감하고 매출채권의 감소액은 가산한다. 대손충당금과 별도로 관리할 수도 있으나 시험에서는 순액으로 조정하므로 대손충당금을 차감한 순액의 변동을 반영한다.

② 재고자산 증감액

매입활동은 영업활동 관련 항목이므로 재고자산의 증가액은 차감하고 재고자산의 감소액은 가산한다.

③ 그 밖에 영업활동 관련 자산부채

선급급, 선수금, 선급비용, 선수수익, 미수수익, 미지급비용, 이연법인세자산(부채), 당기법인세자산(부채), 매입채무 등은 모두 영업활동 자산부채로 본다. 다만, 유형자산을 취득하는 과정에서 발생한 미지급금은 투자자산 관련 항목으로 분류할 수도 있다. 시험에서는 별다른 언급이 없으면 영업활동으로 구분한다.

(5) 간접법과 직접법의 비교

아래 자료는 간접법 현금흐름표와 손익계산서이다. 이를 가지고 직접법에 따른 현금흐름표를 작성하면 다음과 같다.

① 현금흐름표(간접법)

(단위 : 원)

과 목	금 액	
I. 영업활동에 의한 현금흐름		
1. 당기순이익		100,000
2. 현금의 유출이 없는 비용의 가산		3,050
감가상각비	1,000	
지분법손실	2,000	
사채할인발행차금 상각액	50	
3. 현금의 유입이 없는 수익의 차감		(1,000)
외화환산이익(차입금에서 발생)	(1,000)	
4. 영업활동으로 인한 자산·부채의 변동		650
매출채권(대손충당금 차감) 감소	500	
선수금 감소	(1,000)	
재고자산 증가	(2,000)	
매입채무 증가	3,000	
미수이자 증가	(50)	
미지급이자 증가	300	
이연법인세자산 증가	(100)	
합 계		102,700

② 손익계산서

(단위 : 원)

과 목	금 액	
매출액		1,000,000
매출원가		(700,000)
매출총이익		300,000
판매비와관리비		(170,000)
급 여	150,000	
감가상각비	1,000	
지급수수료	7,000	
임차료	10,000	
대손상각비	2,000	
영업이익		130,000
영업외수익		2,000
이자수익	1,000	
외화환산이익	1,000	
영업외비용		(12,000)
이자비용	10,000	
지분법손실	2,000	
법인세차감전순이익		120,000
법인세비용		(20,000)
당기순이익		100,000

③ 현금흐름표(직접법)

(단위 : 원)

과 목	금 액	
1. 매출로 인한 현금유입액		999,500
매출액	1,000,000	
매출채권 감소	500	
선수금 감소	(1,000)	
2. 매입으로 인한 현금유출액		(699,000)
매출원가	(700,000)	
재고자산 증가	(2,000)	
매입채무 증가	3,000	
3. 판매비와관리비 현금유출액		(169,000)
판매관리비	(170,000)	
감가상각비	1,000	
4. 이자수익 현금유입액		950
이자수익	1,000	
미수이자 증가	(50)	
5. 이자비용 현금유출액		(9,650)
이자비용	(10,000)	
미지급이자 증가	300	
사채할인발행차금 상각	50	
6. 법인세비용 현금유출액		(20,100)
법인세비용	(20,000)	
이연법인세자산 증가	(100)	
7. 영업활동으로 인한 현금흐름		102,700

02 투자활동으로 인한 현금흐름 ★★★

① 투자활동은 장기성자산 및 현금성자산에 속하지 않는 기타 투자자산의 취득과 처분을 말한다. 투자활동은 유·무형자산, 다른 기업의 지분상품이나 채무상품 등의 취득과 처분활동, 제3자에 대한 대여 및 회수활동 등을 포함한다. 주로 비유동자산과 관련되어 있다.

② 투자활동현금흐름은 직접법과 간접법의 구분 없이 모두 직접법으로 작성한다.

③ 투자활동 현금흐름은 총현금유입과 총현금유출을 주요 항목별로 구분하여 총액으로 표시하는 것을 원칙으로 하며, 현금및현금성자산의 사용을 수반하지 않는 투자활동거래는 현금흐름표에서 제외한다.

④ 투자활동으로 인한 현금흐름은 주로 T계정을 활용하여 풀이하는 것이 효율적이다.

유형자산			
기초(순액)	×××	처 분	×××
취득(현금취득)	×××	감가상각비(손상)	×××
증가(평가, 대체)	×××	기말(순액)	×××
합 계	×××	합 계	×××

⑤ 위의 T계정에 제시된 금액은 모두 장부가액이다. 장부가액은 감가상각누계액을 차감한 순액으로 계산하면 된다. 따라서 처분 관련 현금흐름유입액은 해당 장부가액에 처분이익이 있으면 가산하고, 처분손실이 있으면 차감하여야 한다.

⑥ 자산의 평가로 인해 증가한 장부가액과 건설중인자산이 대체된 것도 기재하여야 한다.

⑦ 이 중 감소의 경우 처분과 관련된 감소는 현금흐름을 수반하고, 평가와 관련된 감소는 현금흐름과 무관하다. 증가의 경우 취득과 관련된 증가는 현금흐름을 수반하고, 평가와 관련된 증가는 현금흐름과 무관하다.

⑧ 어음을 발행하여 유형자산을 취득하거나 유형자산을 교환하는 경우 등은 현금흐름을 수반하지 않으므로 재무제표 투자활동현금흐름에 기재하지 않고 주석에 기재한다.

예제1

다음은 ㈜갑의 유형자산 및 감가상각누계액의 기초잔액과 기말잔액, 당기 변동을 나타낸 자료이다.

[재무상태표]

(단위 : 원)

구 분	기 초	기 말
유형자산	400,000	300,000
감가상각누계액	200,000	250,000

[손익계산서]

• 유형자산처분손실 : 100,000원

• 감가상각비 : 150,000원

㈜갑은 당기 중에 취득원가 300,000원(감가상각누계액 100,000원)의 유형자산을 처분하였고 유형자산처분손실 100,000원을 인식하였다. 당기 현금흐름표상에 표시될 투자활동으로 인한 현금유입액과 유출액을 계산하시오.

풀이

1. 유형자산처분으로 인한 현금흐름유입액 = 100,000원
   200,000(장부가액) - 100,000(처분손실) = 100,000원
2. 유형자산취득으로 인한 현금유출액 = (200,000)원

유형자산			
기초(순액)	200,000	처 분	200,000
취득(현금취득)	200,000	감가상각비	150,000
		기말(순액)	50,000
합 계	400,000	합 계	400,000

예제2

다음은 ㈜갑의 매도가능금융자산의 기초잔액과 기말잔액, 당기 변동을 나타낸 자료이다.

[재무상태표]

(단위 : 원)

구 분	기 초	기 말
매도가능증권	200,000	180,000

[손익계산서]

- 매도가능증권손상차손 : 100,000원
- 매도가능증권처분손실 : 20,000원
- 매도가능증권평가이익 : 10,000원(기타포괄손익)

㈜갑은 당기 중에 매도가능금융자산 장부가액 50,000원을 처분하였고 손익계산서상 매도가능증권처분손실을 20,000원 계상하였다. 당기 현금흐름표상에 표시될 투자활동으로 인한 현금흐름유입액과 유출액을 계산하시오.

풀이

1. 매도가능증권 처분으로 인한 현금유입액 = 30,000원
   50,000(장부가액) - 20,000(처분손실) = 30,000원
2. 매도가능증권 취득으로 인한 현금유출액 = (120,000)원

매도가능증권			
기 초	200,000	처 분	50,000
취 득	120,000	손상차손	100,000
평가이익(기타포괄손익)	10,000	기 말	180,000
합 계	330,000	합 계	330,000

03 재무활동으로 인한 현금흐름 ★★★

① 재무활동은 기업의 납입자본과 차입금의 크기 및 구성내용에 변동을 가져오는 활동을 말한다. 재무활동은 자본과 차입금의 조달, 환급 및 상환에 관한 활동을 포함한다.
② 재무활동현금흐름은 직접법과 간접법의 구분 없이 모두 직접법으로 작성한다.
③ 재무활동현금흐름은 총현금유입과 총현금유출을 주요 항목별로 구분하여 총액으로 표시하는 것을 원칙으로 하며, 현금및현금성자산의 사용을 수반하지 않는 재무활동거래는 현금흐름표에서 제외한다.
④ 재무활동현금흐름으로 분류되는 계정은 차입금, 사채, 자본금 등이다. 차입금이나 사채의 발행은 모두 타인자본을 조달하는 것이며 자본금의 증가는 자기자본을 조달하는 것이다.
⑤ 재무활동현금흐름은 T계정을 활용하면 효율적이다. 다만 T계정은 모두 장부가액으로 기재한다.
⑥ 유상감자, 차입금의 상환, 현금배당은 재무활동현금흐름 유출이고, 무상감자 및 주식배당은 현금흐름과 무관하다.
⑦ 유상증자, 차입금의 차입, 사채발행은 재무활동현금흐름의 유입이고 무상증자는 현금흐름과 무관하다.
⑧ 전환사채를 주식으로 전환하는 거래 등은 재무활동현금흐름에 포함하지 않고 주석에 기재한다.

예제1

다음은 ㈜갑의 사채 및 사채할인발행차금의 기초잔액과 기말잔액, 이자비용의 당기 변동을 나타낸 자료이다.

[재무상태표]

(단위 : 원)

구 분	기 초	기 말
사 채	200,000	400,000
사채할인발행차금	(30,000)	(50,000)

[손익계산서]

• 이자비용 : 50,000원(사채할인발행차금 상각액 10,000원 포함)

위의 자료를 근거로 ㈜갑의 당기 현금흐름표상에 표시될 재무활동으로 인한 현금흐름을 계산하시오. (단, 당기 중 상환된 사채는 없다)

풀이

1. 사채발행으로 인한 현금유입액 = 170,000원

사 채			
		기초(순액)	170,000
		사채발행	170,000
기말(순액)	350,000	상각액	10,000
합 계	350,000	합 계	350,000

2. 사채와 관련된 당기 중 회계처리를 표시하면 다음과 같다.

① 이자비용 계상

(차) 이자비용	50,00	(대) 현금	40,000
		사채할인발행차금	10,000

② 사채발행

(차) 현금	170,000	(대) 사채	200,000
사채할인발행차금	30,000		

참고 이자비용으로 인한 현금유출액은 영업활동으로 인한 현금흐름이다.

예제2

다음은 ㈜갑의 차입금과 관련된 기초잔액과 기말잔액, 당기 변동을 나타낸 자료이다.

[재무상태표]

(단위 : 원)

구 분	기 초	기 말
단기차입금	10,000	5,000
유동성장기차입금	5,000	10,000
장기차입금	30,000	40,300

[손익계산서]

- 차입금상환 시 외환차익(단기차입금에서 이루어진 것은 아님) : 500원
- 장기차입금에서 발생한 외화환산손실 : 300원

위의 자료를 근거로 ㈜갑의 당기 현금흐름표상에 표시될 재무활동으로 인한 현금흐름을 계산하시오. (단, 회사의 차입금상환은 계획대로 이루어졌다)

풀이

1. 단기차입금의 상환으로 인한 현금유출액 = 10,000원
2. 단기차입금의 차입으로 인한 현금유입액 = 5,000원
   별도의 언급이 없으면 전기말 단기차입금은 당기에 모두 상환되고 당기말 차입금은 모두 당기 중 차입한 것으로 본다. 실무에서는 기중 차입 및 상환도 모두 기록한다.
3. 장기차입금의 차입으로 인한 현금유입액 = 20,000원

장기차입금			
유동성대체	10,000	기 초	30,000
기 말	40,300	차 입	20,000
		환산손실	300
합 계	50,300	합 계	50,300

   전기말 장기차입금은 1년 이내 상환되지 않는 차입금이므로 당기 중 상환되지 않고 유동성대체가 될 뿐이다. 외화환산손실 관련 회계처리는 다음과 같다. 참고로 장기차입금에서 발생한 외화환산손실은 영업현금흐름(간접법) 계산 시 가산 조정하여야 한다.

(차) 외화환산손실	300	(대) 장기차입금	300

4. 유동성장기차입금상환으로 인한 현금유출액 = 4,500원
   유동성장기차입금에서 차입금 상환 시 외환차익은 다음과 같이 반영한다.

(차) 유동성장기차입금	5,000	(대) 현금	4,500
		외환차익	500

유동성장기차입금			
상 환	5,000	기 초	5,000
기 말	10,000	유동성대체	10,000
합 계	15,000	합 계	15,000

   전기말 유동성장기차입금이 당기 중 상환되고, 당기말 기준으로 장기차입금 중 만기 1년 이내 도래하는 것을 유동성장기차입금으로 대체한다.

(차) 장기차입금	10,000	(대) 유동성장기차입금	10,000

예제3

다음은 ㈜갑의 자본계정과 관련된 기초잔액과 기말잔액, 당기 변동을 나타낸 자료이다.

[재무상태표]

(단위 : 원)

구 분	기 초	기 말
자본금	300,000	500,000
자본잉여금(주식발행초과금)	100,000	200,000
미처분 이익잉여금	80,000	100,000

[손익계산서]

• 당기순이익 : 200,000원

㈜갑은 당기 중에 유상증자, 현금배당 및 주식배당을 실시하였다. 주식배당금은 50,000원(액면발행)이다. 자본금 및 자본잉여금 증가는 유상증자 외에는 영향이 없다. 당기 현금흐름표상에 표시될 재무활동으로 인한 현금흐름을 계산하시오.

풀이

1. 유상증자로 인한 현금유입액 = 250,000원

① 유상증자

(차) 현금	250,000	(대) 자본금(유상증자)	150,000
		주식발행초과금	100,000

② 주식배당

(차) 이익잉여금	50,000	(대) 자본금(주식배당)	50,000

유상증자와 관련된 현금흐름은 굳이 T계정을 쓰지 않더라도 곧바로 계산할 수 있다.

2. 현금배당으로 인한 현금유출액 = 130,000원

미처분이익잉여금			
주식배당	50,000	기 초	80,000
현금배당	130,000	당기순이익	200,000
기 말	100,000		
합 계	280,000	합 계	280,000

개념완성문제

01 영업활동현금흐름을 간접법으로 표시할 경우 감가상각비는 현금의 유출이 없는 비용으로서 당기순이익에 차감하는 항목이다. (O, X)

02 재무상태표 등식을 감안할 때 현금의 증감방향과 자본의 증감방향은 일치한다. (O, X)

03 영업활동으로 인한 현금흐름 중 직접법에서 이자비용에 대한 현금유출 계산 시 사채할인발행차금 상각액은 가산하고, 사채할증발행차금 상각액은 차감한다. (O, X)

04 유형자산의 처분, 감가상각, 손상차손은 투자활동으로 인한 현금흐름과 무관하다. (O, X)

05 영업활동현금흐름을 직접법으로 표시할 경우 이연법인세자산의 증감액은 현금흐름과 관련 없으므로 법인세비용 현금유출액 계산 시 감안할 필요가 없다. (O, X)

06 재무활동으로 인한 현금흐름 중 사채상환, 유상감자, 현금배당은 현금유출입과는 무관한 거래이다. (O, X)

07 재무활동으로 인한 현금흐름 중 무상감자, 주식배당, 무상증자는 현금유출입과는 무관한 거래이다. (O, X)

정답 및 해설

01 X 가산하는 항목이다.

02 O

03 O

04 X 투자활동으로 인한 현금흐름 중 유형자산 처분은 현금유입과 관련된 거래이며, 감가상각과 손상차손은 현금흐름과 무관하다.

05 X 이연법인세자산의 증가는 차감, 이연법인세부채의 증가는 가산하여야 한다.

06 X 재무활동으로 인한 현금흐름 중 사채상환, 유상감자, 현금배당은 현금유출과 관련된 거래이다.

07 O

08 재무활동으로 인한 현금흐름 중 장기차입금 차입과 유상증자는 현금유입과 관련된 거래이다. (O, X)

09 영업활동으로 인한 현금흐름을 통해 장·단기자금의 조달 및 운용의 균형여부를 알 수 있다. (O, X)

10 영업활동으로 인한 현금흐름을 통해 기업의 미래현금흐름창출능력과 계속기업으로서의 존속능력을 알 수 있다. (O, X)

정답 및 해설

08 O

09 X 재무활동으로 인한 정보이다.

10 O

출제예상문제

✓ 학습시간이 부족하거나 시험 전 최종정리를 하고 싶은 경우에는 출제빈도(★~★★★)가 높은 문제를 우선으로 풀이할 수 있습니다.
✓ 다시 봐야 할 문제(풀지 못한 문제, 헷갈리는 문제 등)는 문제 번호 하단의 네모박스(□)에 체크하여 반복 학습할 수 있습니다.

★★★ 영업활동으로 인한 현금흐름

01 □□□ **다음 A기업의 손익계산서와 재무상태표를 참고하여 영업활동으로 인한 현금흐름을 계산하면 얼마인가?**

〈손익계산서〉

A기업 (단위 : 백만원)

매출액	10,000
매출원가	(7,000)
판매비(감가상각비 500 포함)	(1,000)
영업이익	2,000
유형자산처분이익	1,000
세전순이익	3,000
법인세비용	(1,000)
당기순이익	2,000

〈A기업의 재무상태표 중 일부〉

(단위 : 백만원)

구 분	당 기	전 기
매출채권	3,000	2,000
재고자산	1,500	2,000
선수금	2,000	1,000

① 2,000백만원 감소 ② 2,000백만원 증가 ③ 1,000백만원 감소
④ 1,000백만원 증가 ⑤ 2,500백만원 증가

정답 및 해설

01 ②

과 목	금 액	
I. 영업활동에 의한 현금흐름		
1. 당기순이익		2,000
2. 현금의 유출이 없는 비용의 가산		500
감가상각비	500	
3. 현금의 유입이 없는 수익의 차감		(1,000)
유형자산처분이익	(1,000)	
4. 영업활동으로 인한 자산·부채의 변동		500
매출채권 증가	(1,000)	
재고자산 감소	500	
선수금 증가	1,000	
합 계		2,000

★ 영업활동으로 인한 현금흐름

02 □□□ **어느 기업의 손익계산서상 영업이익보다 현금흐름표상 영업활동으로 인한 현금흐름이 지속적으로 감소하고 있을 때, 이에 대한 원인을 분석한 것으로 옳은 것은?**

① 재고자산이 지속적으로 감소하고 있다.
② 매출채권이 지속적으로 감소하고 있다.
③ 현금매출이 지속적으로 증가하고 있다.
④ 유형자산투자가 지속적으로 증가하고 있다.
⑤ 선수금이 지속적으로 감소하고 있다.

★ 영업활동으로 인한 현금흐름

03 □□□ **다음 중 영업활동으로 인한 현금유입에 해당하는 것은?**

① 대여금의 회수 ② 유가증권의 취득 ③ 선수금의 수령
④ 유상증자 ⑤ 배당금지급

★ 영업활동으로 인한 현금흐름

04 □□□ **다음 중 영업활동으로 인한 현금흐름으로 분류되지 <u>않는</u> 항목은?**

① 사채이자지급 ② 배당금수령 ③ 배당금지급
④ 기부금지급 ⑤ 임대료수익

★ 영업활동으로 인한 현금흐름

05 □□□ **다음 중 당기 영업활동으로 인한 현금흐름에 영향을 미치는 항목으로 볼 수 <u>없는</u> 것은?**

① 운전자본 증가 ② 선수금 증가 ③ 이자비용 증가
④ 감가상각비 증가 ⑤ 매출원가 증가

★ 영업활동으로 인한 현금흐름

06 **당기 중 매출채권회수기간이 줄어들 경우, 매출채권 및 영업활동으로 인한 현금흐름에 미치는 영향으로 옳은 것은?** (단, 매출액은 변동이 없다고 가정한다)

	매출채권	영업활동으로 인한 현금흐름
①	변화 없음	변화 없음
②	변화 없음	감 소
③	감 소	증 가
④	감 소	감 소
⑤	증 가	증 가

★ 영업활동으로 인한 현금흐름

07 **다음 중 현금의 유입과 유출이 없는 거래로서 주석에 별도로 표시할 거래가 아닌 것은?**

① 현물출자로 인한 유형자산의 취득
② 유형자산의 연불구입
③ 전환사채의 전환
④ 주식배당
⑤ 감가상각비 계상

정답 및 해설

02 ⑤ 만약 선수금이 지속적으로 감소하면 매출로 인식되나, 이로 인해 영업활동으로 인한 현금흐름이 감소할 가능성이 높다.

참고 영업자산이 감소하면 영업활동으로 인한 현금흐름이 증가할 가능성이 높고, 영업부채가 감소하면 영업활동으로 인한 현금흐름이 감소할 가능성이 높음

03 ③ 선수금의 수령은 영업활동으로 인한 현금흐름이다.

오답체크

①② 대여금의 회수, 유가증권의 취득은 투자활동으로 인한 현금흐름이다.
④⑤ 유상증자 및 배당금지급은 재무활동으로 인한 현금흐름이다.

04 ③ 배당금지급은 재무활동으로 인한 현금흐름이다.

오답체크

④ 기부금은 영업외비용이나 영업활동현금흐름으로 분류한다.
⑤ 임대료수익은 영업외수익이나 영업활동으로 분류한다. 투자활동 또는 재무활동현금흐름이 아니면 영업활동으로 구분한다.

05 ④ 감가상각비 증가는 현금흐름에 영향을 미치지 않는다. 비록 현금흐름표 작성 시 가산하는 항목이나 현금흐름 그 자체에는 영향이 없다.

06 ③ 매출채권회수기간이 줄어들면, 매출채권 평균잔액은 감소하고 영업활동으로 인한 현금흐름은 증가한다.

07 ⑤ 감가상각비는 주석에 별도로 표시하지 않고 현금흐름표 본문에 직접 기재한다.

★ 영업활동으로 인한 현금흐름

08 □□□

다음 중 현금흐름표 본문이나 주석으로 공시할 사항에 해당하지 않는 것은?

① 전환사채를 주식으로 전환하였다.
② 보통예금의 현금을 당좌예금에 계좌이체 하였다.
③ 선수금을 수령하여 선수금잔액이 증가하였다.
④ 원재료 구입대금을 당좌수표를 발행하여 결제해서 재고자산이 증가하였다.
⑤ 당좌차월금액이 과다하여 보통예금으로 이를 결제하였다.

★ 영업활동으로 인한 현금흐름

09 □□□

다음은 20×1년에 설립된 A기업(도·소매업)의 손익계산서상 매출액 및 현금주의 매출액에 대한 정보이다. 이에 대한 설명으로 옳지 않은 것은?

(단위 : 천원)

구 분	20×1년	20×2년
매출액	70,000	80,000
현금주의 매출액	50,000	120,000

① 20×1년의 경우 외상매출금 잔액이 20,000천원이다.
② 20×2년의 경우 선수금이 발생했을 가능성이 높다.
③ 20×1년에 원재료 매입대금이 60,000천원이고, 이를 모두 현금결제하였다면 영업활동현금흐름으로 부족액이 생길 수 있다.
④ 20×2년 현금주의 매출액이 매출액보다 많은 것은 모두 20×1년 외상매출액 회수에 기인한다.
⑤ 20×3년에 선수금 수령이 없다면 현금주의 매출액은 손익계산서상의 매출액보다 줄어들 가능성이 있다.

★ 영업활동으로 인한 현금흐름

10 □□□

다음은 20×1년에 설립된 A기업(도·소매업)의 손익계산서상 매출원가 및 현금주의 매출원가에 대한 정보이다. 이에 대한 설명으로 옳은 것은?

(단위 : 천원)

구 분	20×1년	20×2년
매출원가	80,000	120,000
현금주의 매출원가	120,000	80,000

① 20×1년의 경우 선수금잔액이 증가했다.
② 20×1년의 경우 재고자산평가손실이 발생했을 가능성이 높다.
③ 20×1년의 경우 매입채무가 증가했다.
④ 20×2년의 경우 매출액이 감소했다.
⑤ 20×2년의 경우 재고자산이 감소했을 가능성이 높다.

[11 ~ 12]

다음은 A기업의 제10기(당기) 손익계산서와 재무상태표에서 추출한 자료이다. 이 자료를 바탕으로 각 물음에 답하시오.

〈A기업의 손익계산서 중 일부〉

A기업	(단위 : 천원)
매출액	40,000
매출원가	(30,000)
매출총이익	10,000

〈A기업의 재무상태표 중 일부〉

(단위 : 천원)

구 분	당 기	전 기
매출채권	3,000	2,000
재고자산	1,500	2,000
선급금	2,000	1,800
매입채무	900	1,200
선수금	2,000	1,400

★★ 영업활동으로 인한 현금흐름

11 A기업의 현금주의 매출액을 계산하면 얼마인가?

□□□

① 39,600천원 ② 40,000천원 ③ 41,000천원
④ 41,600천원 ⑤ 42,100천원

정답 및 해설

08 ② 현금및현금성자산으로 분류되는 항목 간의 대체는 자금 간 대체거래에 불과하다. 예를 들어, 현금을 3개월 이내 만기가 도래하는 환매채(RP)에 투자하는 것은 자금 간 대체거래에 해당한다. 이러한 자금 간 대체거래는 현금흐름표에 표시되지 않는다.

오답체크

① 주석에 기재된다.
③ 영업활동으로 인한 현금흐름이 증가하는 항목으로 본문에 기재된다.
④ 영업활동으로 인한 현금흐름이 감소하는 항목으로 본문에 기재된다.
⑤ 재무활동으로 인한 현금흐름에 해당한다.

09 ④ 20×1년의 외상매출액 20,000천원이 모두 회수되었을지라도 20×2년에는 현금주의 매출액이 매출액보다 40,000천원 더 많으므로 선수금이 있어야 한다.

10 ⑤ 20×2년의 경우 매출원가가 현금주의 매출원가보다 많으므로 재고자산이 감소했을 가능성이 높다.

참고 • 현금주의 매출원가 > 매출원가 : 재고자산 증가, 매입채무 감소
• 현금주의 매출원가 < 매출원가 : 재고자산 감소(재고자산 평가손실 포함), 매입채무 증가

11 ①

매출액	40,000
매출채권 증가	(1,000)
선수금 증가	600
➲ 현금주의 매출액	39,600

★★ 영업활동으로 인한 현금흐름

12 □□□ **A기업의 현금주의 매입액을 계산하면 얼마인가?**

① 29,000천원 ② 29,700천원 ③ 30,000천원
④ 30,700천원 ⑤ 31,000천원

★ 영업활동으로 인한 현금흐름

13 □□□ **자동차 제조·판매업을 영위하고 있는 A기업에서 매출로 인한 현금유입액이 증가하고 있는 경우, 이와 관련된 언론기사의 제목으로 어색한 것은?**

① 자동차 수출산업 호황
② A기업 신차 생산 증대
③ A기업 대리점 신용기간 대폭 축소
④ A기업 대리점 매출채권 할인율 증대
⑤ A기업 대규모 재고자산평가손실 인식

★★ 영업활동으로 인한 현금흐름

14 □□□ **다음 자료를 통하여 A기업의 이자비용 현금유출액을 계산하면 얼마인가?**

- 손익계산서상 이자비용 : 10,000,000원
- 기초 미지급비용 : 200,000원(이자 관련 150,000원)
- 기말 미지급비용 : 300,000원(이자 관련 100,000원)
- 기초 선급비용 : 500,000원(이자 관련 80,000원)
- 기말 선급비용 : 500,000원(이자 관련 100,000원)

① 9,930,000원 ② 9,980,000원 ③ 10,030,000원
④ 10,070,000원 ⑤ 10,110,000원

★★★ 영업활동으로 인한 현금흐름

15 다음 A기업의 재무자료를 이용하여 영업활동현금흐름을 간접법으로 표시할 경우 영업활동으로 인한 현금흐름을 계산하면 얼마인가?

- 당기순이익 : 5,000,000원
- 차입금에서 발생한 외화환산손실 : 50,000원
- 매출채권에서 발생한 외환차익 : 100,000원
- 유형자산손상차손 : 250,000원
- 매도가능증권처분이익 : 70,000원
- 매출채권(순액) 증가 : 200,000원
- 재고자산 감소 : 100,000원
- 매입채무 감소 : 90,000원

① 4,940,000원 ② 5,000,000원 ③ 5,040,000원
④ 5,220,000원 ⑤ 5,400,000원

정답 및 해설

12 ③

매출원가	(30,000)
재고자산 감소	500
선급금 증가	(200)
매입채무 감소	(300)
➲ 현금주의 매입액	(30,000)

13 ⑤ 재고자산평가손실은 매출채권 현금유입과 직접적인 관련이 없다. 한편, 호황기에 평가손실을 인식하는 경우는 드물다.

14 ④

이자비용	(10,000,000)	
미지급비용 감소	(50,000)	= 150,000 − 100,000
선급비용 증가	(20,000)	= 100,000 − 80,000
➲ 이자비용 현금유출액	(10,070,000)	

15 ③

과 목	금 액	
I. 영업활동에 의한 현금흐름		
1. 당기순이익		5,000,000
2. 현금의 유출이 없는 비용의 가산		300,000
외화환산손실	50,000	
유형자산손상차손	250,000	
3. 현금의 유입이 없는 수익의 차감		(70,000)
매도가능증권처분이익	(70,000)	
4. 영업활동으로 인한 자산·부채의 변동		(190,000)
매출채권 증가	(200,000)	
재고자산 감소	100,000	
매입채무 감소	(90,000)	
합 계		5,040,000

★★

영업활동으로 인한 현금흐름

16 □□□

영업활동현금흐름을 간접법으로 작성할 경우 당기순이익에 가산하는 항목이 아닌 것은?

① 감가상각비 ② 대손상각비 ③ 사채할인발행차금 상각
④ 주식보상비용 ⑤ 감자차손

★★

영업활동으로 인한 현금흐름

17 □□□

영업활동현금흐름을 간접법으로 작성할 경우 당기순이익에 차감하는 항목이 아닌 것은?

① 사채상환이익
② 유형자산처분이익
③ 외화장기차입금 관련 외화환산이익
④ 토지의 재평가이익
⑤ 지분법이익

★★

영업활동으로 인한 현금흐름

18 □□□

다음은 간접법으로 작성된 현금흐름표에서 현금의 유출이 없는 비용 또는 현금의 유입이 없는 수익 항목이다. 이 중에서 공시된 손익계산서의 본문에서 그 금액을 즉시 확인할 수 있는 것은? (단, 회사는 제조업이며 기계장치 등을 대량 보유하고 있다)

① 주식보상비용
② 감가상각비
③ 장기할부채권의 현재가치할인차금 상각액
④ 전환사채상환할증금 이자 계상액
⑤ 사채할인발행차금 상각액

★★

영업활동으로 인한 현금흐름

19 □□□

다음의 계정과목은 영업활동으로 인한 현금흐름에서 현금의 유출이 없는 비용 또는 현금의 유입이 없는 수익에 나타난 항목이다. 다음 중 손익계산서에서 그 금액을 즉시 확인할 수 있는 항목은?

① 사채할인발행차금 상각액
② 전환사채상환할증금 이자 미지급액
③ 이자수익 중 장기할부판매 이자 상당액
④ 매도가능증권 손상차손 환입액
⑤ 장기연불거래를 통해 취득한 미지급금의 현재가치할인차금 상각액

★ 영업활동으로 인한 현금흐름

20 □□□ **다음 중 영업활동으로 인한 현금흐름을 통해 파악할 수 있는 정보가 <u>아닌</u> 것은?**

① 계속기업가정의 유효성
② 부채의 원리금상환능력
③ 배당금지급능력
④ 회계상 이익과 영업활동으로 인한 현금흐름의 차이에 대한 원인 파악
⑤ 기업의 성장전략

정답 및 해설

16 ⑤ 감자차손은 처음부터 자본항목으로 처리하므로 당기순이익에 반영되지 않는다. 따라서 조정하지 않는다.

오답체크

② 대손상각비는 이론상으로는 가산하는 것이 맞지만 시험의 계산형 문제에서는 고려하지 않아도 된다. 최종적인 영업활동현금흐름 금액만 계산하면 되므로 순액법으로 계산하는 것이 간편하기 때문이다.

17 ④ 토지의 재평가이익은 자본에서 직접 조정한다. 따라서 당기순이익에 포함되지 않았으므로 별도로 조정하지 않는다.

18 ① 주식보상비용은 판매비와관리비에 포함되어 있으며 손익계산서상 금액과 현금흐름표에 계상된 금액과 일치한다.

오답체크

② 제조업의 경우 제조원가명세서상 감가상각비 금액은 손익계산서상 판매관리비에서 즉시 확인되지 않는다. 본문이 아닌 주석사항에서 확인할 수 있다.

19 ④ 대개 손상차손 계상액이나 환입액은 쉽게 손익계산서에서 확인할 수 있다.

참고 상각액, 현재가치할인차금, 상환할증금 등의 이자수익이나 이자비용에 포함된 항목은 손익계산서에서 직접 확인할 수 없다.

20 ⑤ 기업의 성장전략은 투자활동으로 인한 현금흐름을 통해 파악할 수 있다.

★
영업활동으로 인한 현금흐름

21 □□□ **다음 중 영업활동으로 인한 현금흐름을 통해 알 수 있는 정보인 것은?**

① 내부금융과 외부금융의 균형 여부
② 기업의 성장전략
③ 외부자금조달의 필요성
④ 신규투자능력
⑤ 재무탄력성

★
영업활동으로 인한 현금흐름

22 □□□ **최근 A기업은 영업활동으로 인한 현금흐름이 계속 악화되고 있다. 이에 대해 분석하기 위해 사용한 비율 항목으로 적합하지 <u>않은</u> 것은?**

① 매출원가율 ② 매출채권회전율 ③ 재고자산회전율
④ 비유동장기적합률 ⑤ 매입채무회전율

★
투자활동으로 인한 현금흐름

23 □□□ **일반기업회계기준에 의할 경우 다음 거래 중 투자활동으로 인한 현금흐름에 속하지 <u>않는</u> 것은?**

① 기부금을 지출하였다.
② 종업원에게 주택자금을 대여하였다.
③ 지분법적용주식을 처분하였다.
④ 기계장치를 취득하였다.
⑤ 연구개발활동에 투입된 연구개발비를 개발비로 하여 재무상태표에 무형자산으로 처리하였다.

★★★
투자활동으로 인한 현금흐름

24 □□□ **다음 자료를 이용하여 기계장치의 취득가액을 계산하면 얼마인가?** (단, 당기 중 기계장치를 매각하였는데 그 기계장치의 취득원가는 2,000원, 감가상각누계액은 500원이다)

(단위 : 원)

재무상태표 자료			손익계산서 자료	
계정과목	기 초	기 말	계정과목	금 액
기계장치	5,000	9,500	감가상각비	2,000
감가상각누계액	(1,500)	(3,000)	기계장치 처분손실	1,000

① 2,000원 ② 3,500원 ③ 6,000원
④ 6,500원 ⑤ 8,500원

★★★ 투자활동으로 인한 현금흐름

25 □□□ **다음 자료를 이용하여 기계장치의 처분으로 인한 현금유입액 계산하면 얼마인가?** (단, 기계장치의 당기 취득가액은 6,500원이다)

(단위 : 원)

재무상태표 자료			손익계산서 자료	
계정과목	기 초	기 말	계정과목	금 액
기계장치	5,000	9,500	감가상각비	2,000
감가상각누계액	(1,500)	(3,000)	기계장치 처분손실	1,000

① 500원 ② 1,500원 ③ 2,000원
④ 2,500원 ⑤ 3,000원

정답 및 해설

21 ④ 원칙적으로 영업활동으로 인한 현금흐름이 충분한 경우에 신규투자능력이 있다고 할 수 있다.

오답체크

① 재무활동으로 인한 현금흐름을 통해 알 수 있는 정보이다.
② 투자활동으로 인한 현금흐름을 통해 알 수 있는 정보이다.
③ 투자활동으로 인한 현금흐름을 통해 알 수 있는 정보이다. 예를 들어, 회사의 대체투자를 위한 투자활동현금흐름이 (−)1,000이고 영업활동현금흐름이 500인 경우 외부자금을 통해 투자가 필요하다.
⑤ 재무탄력성은 현금흐름표를 전반적으로 분석해야 나오는 결론(정보)이다.

22 ④ 비유동장기적합률은 $\frac{\text{비유동자산}}{\text{자기자본 + 비유동부채}}$으로 영업활동과는 관련 없는 자료이다. 이는 주로 재무활동과 관련이 깊다.

23 ① 기부금은 판매관리활동으로서 영업활동으로 인한 현금흐름이다.

24 ④

기계장치(순액)			
기 초	3,500	감가상각비	2,000
취득(현금)	6,500	처 분	1,500
		기 말	6,500
합 계	10,000	합 계	10,000

처분가액은 장부가액으로 기록한다.

25 ①

기계장치(순액)			
기 초	3,500	감가상각비	2,000
취득(현금)	6,500	처 분	1,500
		기 말	6,500
합 계	10,000	합 계	10,000

• 처분 시 회계처리

(차) 현금	500	(대) 기계장치(순)	1,500
처분손실	1,000		

★★★ 투자활동으로 인한 현금흐름

26 □□□ **다음 자료를 이용하여 기계장치 처분으로 인한 현금유입액을 계산하면 얼마인가?**

(단위 : 원)

구 분	당기말	전기말
기계장치	25,000	15,000
감가상각누계액	(8,000)	(3,000)

1. 당기 중 기계장치를 3,000원에 현금을 지급하고 구입하였다.
2. 전기말 건설중인자산 중 10,000원이 대체되었다.
3. 제조원가명세서상 기계장치 관련 감가상각비는 3,000원이다.
4. 손익계산서상 기계장치 처분이익은 500원이다.

① 4,000원 ② 5,000원 ③ 5,500원
④ 6,000원 ⑤ 15,000원

★ 투자활동으로 인한 현금흐름

27 □□□ **다음 중 투자활동으로 인한 현금흐름을 통해 파악할 수 있는 정보가 아닌 것은?**

① 기업의 투자규모 증감
② 신규투자능력
③ 기업의 성장전략
④ 구조조정의 요청에 따라 설비자산을 매각하였는지 여부
⑤ 외부자금조달의 필요성

★ 투자활동으로 인한 현금흐름

28 □□□ **A기업의 단기매매증권은 기초잔액이 60,000원, 기말잔액이 75,000원이고, 매도가능증권은 기초잔액이 110,000원, 기말잔액이 100,000원이다. A기업은 유가증권 관련하여 당기 중 취득과 처분이 없다. A기업의 당기 중 단기매매증권평가이익 15,000원, 매도가능증권 평가손실 10,000원이다. 다음 A기업의 현금흐름에 관한 설명 중 옳은 것은?**

① 현금의 유입이 없는 이익에 15,000원을 기재하고, 현금의 유출이 없는 비용에 0을 기재한다.
② 현금의 유입이 없는 이익에 15,000원을 기재하고, 현금의 유출이 없는 비용에 10,000을 기재한다.
③ 현금의 유입이 없는 이익에 10,000원을 기재하고, 현금의 유출이 없는 비용에 15,000을 기재한다.
④ 현금의 유출이 없는 비용에 10,000원을 기재하고, 현금의 유입이 없는 수익에 0을 기재한다.
⑤ 현금의 유출이 없는 비용에 15,000원을 기재하고, 현금의 유입이 없는 수익에 10,000을 기재한다.

★ 투자활동으로 인한 현금흐름

29 **다음 자료를 이용하여 A기업의 산업재산권 취득으로 인한 현금유출액을 계산한 것으로 옳은 것은?** (단, A기업은 산업재산권 이외의 다른 무형자산은 없으며, 당기 중 처분한 산업재산권은 없다)

재무상태표(일부)			손익계산서(당기 중 일부)	
구 분	당기말	전기말	계정과목	금 액
산업재산권	5,000,000	4,000,000	무형자산상각비	2,500,000

① 500,000원 ② 1,500,000원 ③ 2,500,000원
④ 3,500,000원 ⑤ 4,500,000원

정답 및 해설

26 ③

기계장치(순액)			
기초(순액)	12,000	감가상각비	3,000
취득(현금)	3,000	처 분	5,000
취득(대체)	10,000	기말(순액)	17,000
합 계	25,000	합 계	25,000

• 처분 시 회계처리

(차) 현금	5,500	(대) 기계장치(순)	5,000
		처분이익	500

27 ② 신규투자능력은 영업활동으로 인한 현금흐름을 통해 파악할 수 있다.

28 ① 단기매매증권평가이익은 손익계산서상 당기순이익에 반영되므로 이를 현금의 유입이 없는 이익에 가산하고, 매도가능증권평가손실은 기타포괄손익에 반영되므로 현금흐름표에 별도로 기재하지 않는다.

29 ④

전기말(기초)	4,000,000	감가상각비	2,500,000
취 득	3,500,000	당기말	5,000,000
합 계	7,500,000	합 계	7,500,000

★
재무활동으로 인한 현금흐름

30 □□□ **일반기업회계기준에 의할 경우 다음 거래 중 재무활동으로 인한 현금흐름에 속하지 않는 것은?**

① 주주에게 배당금을 지급하였다.
② 자기주식을 취득하였다.
③ 사채를 발행하였다.
④ 이자비용을 지급하였다.
⑤ 주식을 할증발행하였다.

★
재무활동으로 인한 현금흐름

31 □□□ **다음 중 재무활동현금흐름으로 적절하지 않은 것은?**

① 유상증자
② 배당금 지급
③ 자기주식 취득
④ 사채 발행
⑤ 주식선택권의 부여

★
재무활동으로 인한 현금흐름

32 □□□ **다음 중 일반기업회계기준상 재무활동에 속하는 것은?**

① 다른 회사의 사채를 취득하였다.
② 무상감자를 실시하였다.
③ 무상증자를 실시하였다.
④ 상환전환우선주를 취득하였다.
⑤ 자기주식을 취득하였다.

★★★
재무활동으로 인한 현금흐름

33 □□□ **다음은 A법인의 재무상태표상 잔액과 추가 자료이다. 제시된 자료를 이용하여 당기 중 장·단기차입금의 추가차입액을 계산하면 얼마인가?**

〈재무상태표〉

(단위 : 원)

구 분	기 초	기 말
단기차입금	1,000,000	2,000,000
유동성장기차입금	500,000	200,000
장기차입금	3,000,000	3,500,000

• 전기말 단기차입금과 유동성장기차입금은 계획대로 상환되었다.
• 장기차입금 기말잔액을 환산하면서 외화환산이익 50,000원이 발생하였다.

① 650,000원
② 2,750,000원
③ 2,850,000원
④ 3,250,000원
⑤ 3,500,000원

정답 및 해설

30 ④ 이자비용을 지급하는 것은 영업활동으로 인한 현금흐름이다.

오답체크

② 자기주식 취득이나 처분은 모두 재무활동으로 인한 현금흐름이다.

31 ⑤ 주식선택권을 부여하는 것만으로는 현금흐름에 아무런 영향이 없다.

32 ⑤ 자기주식의 취득은 재무활동에 속한다.

오답체크

① 투자활동에 속한다.
② 무상감자는 현금의 유출이 없다.
③ 무상증자는 현금의 유입이 없다.
④ 투자활동에 속한다. 참고로 일반기업회계기준에서 상환전환우선주의 발행은 재무활동(자본항목)으로 분류한다.

33 ② • 단기차입금의 차입으로 인한 현금유입액 = 2,000,000원

단기차입금			
상 환	1,000,000	기 초	1,000,000
기 말	2,000,000	차 입	2,000,000
합 계	3,000,000	합 계	3,000,000

단기차입금은 전기말 차입금은 당기 중 상환되고, 당기말 차입금은 당기 중 차입한 것으로 본다.

• 장기차입금의 차입으로 인한 현금유입액 = 750,000원

장기차입금			
유동성대체	200,000	기 초	3,000,000
환산이익	50,000	차 입	750,000
기 말	3,500,000		
합 계	3,750,000	합 계	3,750,000

- 장기차입금의 기말 환산 전 장부가액은 3,550,000원이었으나 환산을 통해 50,000원 감소하였다.

(차) 장기차입금	50,000	(대) 환산이익	50,000

- 유동성장기차입금은 전기말 차입금이 상환되었으며, 당기말 잔액은 장기차입금이 대체된 것이다.

(차) 장기차입금	200,000	(대) 유동성장기차입금	200,000

• 당기 중 추가차입액 = 2,750,000원
2,000,000(단기차입금) + 750,000(장기차입금) = 2,750,000원

★★★ 재무활동으로 인한 현금흐름

34 □□□ **아래 자료를 이용하여 당기 중 차입으로 인한 현금유입액과 차입금 관련 상환으로 인한 현금유출액을 계산한 것으로 옳은 것은?**

(단위 : 원)

구 분	당기말	전기말
유동성장기차입금	2,000	1,000
장기차입금	14,700	10,000

- 회사의 차입금상환은 계획대로 이루어졌다.
- 차입금상환 시 외환차익 100원이 발생하였다.
- 기말 장기차입금과 관련하여 외화환산이익 300원이 발생하였다.

	차입금 현금유입액	차입금 현금유출액
①	7,000원	900원
②	7,000원	1,000원
③	7,300원	900원
④	7,300원	1,000원
⑤	7,300원	1,100원

정답 및 해설

34 ①

장기차입금			
유동성대체	2,000	기 초	10,000
환산이익	300	차 입	7,000
기 말	14,700		
합 계	17,000	합 계	17,000

유동성장기차입금			
상 환	1,000	기 초	1,000
기 말	2,000	대 체	2,000
합 계	3,000	합 계	3,000

(차) 유동성장기차입금	1,000	(대) 현금	900
		외환차익	100

제3절 | 현금흐름분석 종합

01 현금흐름분석 종합 ★★★

현금흐름분석 종합과정은 앞에서 배운 내용들을 종합해서 기업전체의 재무상태표, 손익계산서, 현금흐름표를 통해 재무상태를 분석하는 과정이다.

1. 현금흐름의 유형

앞에서 기업의 현금흐름을 영업활동, 투자활동, 재무활동으로 인한 현금흐름으로 나누어 공부하였다. 위의 3가지 활동에 따른 현금흐름수치가 양수인지 또는 음수인지에 따라 현금흐름 유형을 아래의 8가지로 나눌 수 있다.

유 형	①	②	③	④	⑤	⑥	⑦	⑧
구 분	현금 보유형	성숙형	일부사업 구조 조정형	성장형	저수익 매각형	급성장 기업형	대규모 구조 조정형	쇠퇴형
영업활동	(+)	(+)	(+)	(+)	(−)	(−)	(−)	(−)
투자활동	(+)	(−)	(+)	(−)	(+)	(−)	(+)	(−)
재무활동	(+)	(−)	(−)	(+)	(+)	(+)	(−)	(−)

그 중 대표적인 유형은 다음과 같다.

(1) 성장형 기업(유형 ④)

성장형 기업은 영업으로 벌어들인 현금흐름으로 투자활동에 필요한 자금을 충분히 조달할 수 없는 유형이다. 따라서 영업으로 벌어들인 현금흐름과 차입이나 증자를 통한 재무활동으로 자금을 조달하여 설비투자 등의 투자활동에 필요한 자금을 조달하는 유형을 말한다.

구 분	×1년	×2년	×3년
영업활동	(+)	(+)	(+)
투자활동	(−)	(−)	(−)
재무활동	(+)	(+)	(+)

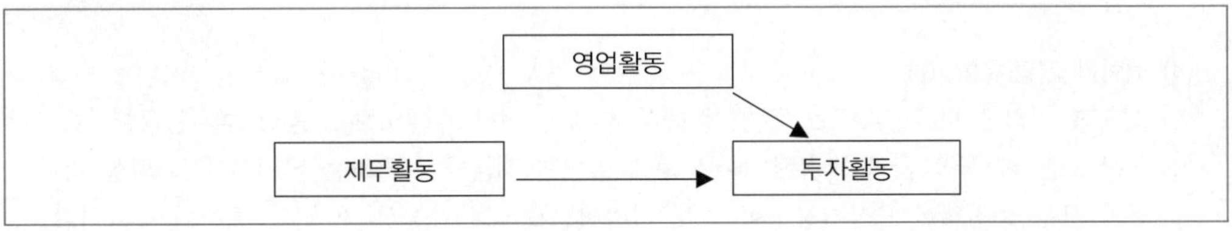

(2) 성숙형 기업(유형 ②)

성숙형 기업은 영업으로 벌어들인 현금흐름으로 투자활동에 필요한 자금을 충당하고도 현금이 남는 기업을 말한다. 이때, 영업으로 벌어들인 현금흐름으로 설비투자 등의 투자활동에 사용하거나, 차입금을 상환이나 배당금을 지급하는 재무활동에 사용하는 유형을 말한다.

구 분	×1년	×2년	×3년
영업활동	(+)	(+)	(+)
투자활동	(−)	(−)	(−)
재무활동	(−)	(−)	(−)

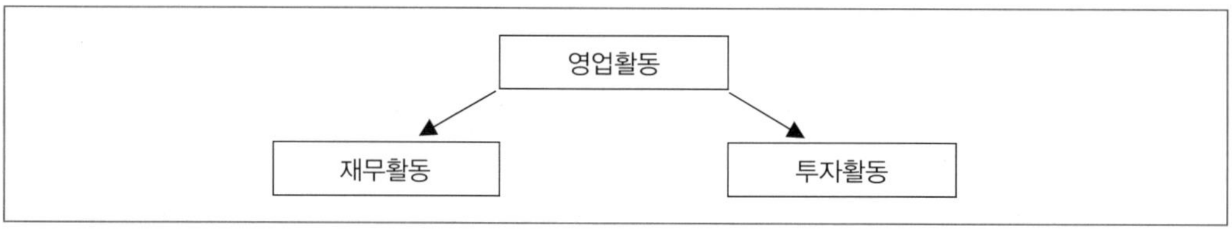

(3) 구조조정형 기업(유형 ③, ⑦)

구조조정형 기업은 영업으로 인한 현금으로 이자지급 및 차입금상환에 소요되는 자금을 충당하지 못하여 유휴설비를 매각하는 기업을 말한다. 영업으로 인한 현금흐름과 유형자산 등의 처분을 통한 투자활동현금흐름으로 배당금지급 및 차입금상환에 소요되는 재무활동과 관련된 자금을 충당하는 유형이다.

구 분	×1년	×2년	×3년
영업활동	(+)	(+), (−)	(+), (−)
투자활동	(−)	(+)	(+)
재무활동	(−)	(−)	(−)

① 일부사업 구조조정형(유형 ③)

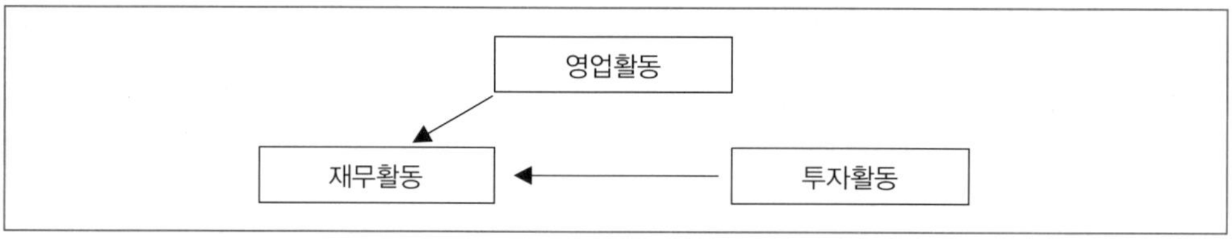

② 대규모 구조조정형(유형 ⑦)

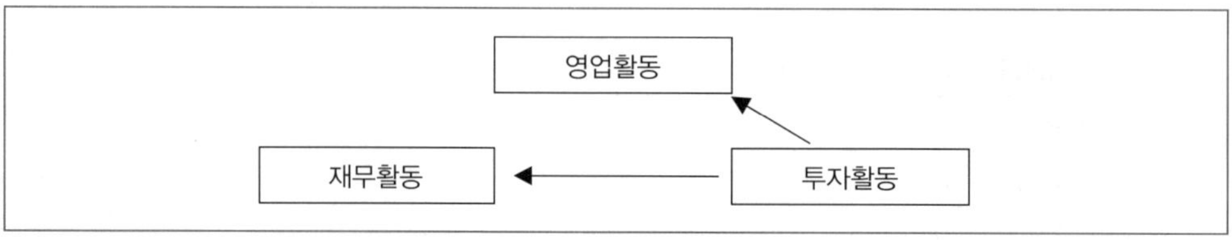

(4) 쇠퇴형 기업(유형 ⑧)

쇠퇴형 기업은 보유현금으로 영업활동에서 부족한 현금과 설비투자 등의 투자활동현금흐름과 차입금상환 또는 배당금지급과 관련된 재무활동에 필요한 자금을 충당하는 유형이다. 쇠퇴형 기업은 보유현금이 모두 소진되어 도산가능성이 높은 기업이므로 도산가능성 및 시기 예측이 중요하다.

구 분	×1년	×2년	×3년
영업활동	(+)	(−)	(−)
투자활동	(−)	(−)	(−)
재무활동	(+)	(+), (−)	(−)

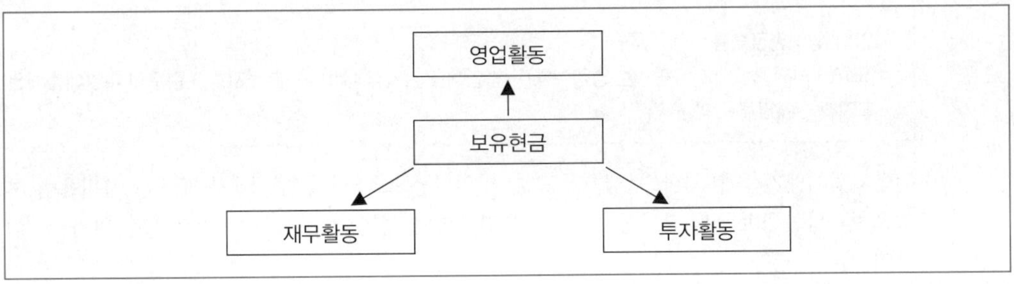

2. 현금흐름 계산방법

(1) 전통적인 현금흐름(TCF : Traditional Cash Flow)

> 당기순이익 + 감가상각비

① 현금흐름표를 작성하기 전에 가장 단순하게 현금흐름을 계산하는 방식이다.

② 현금흐름표에서는 운전자본의 증감을 영업활동 관련 자산·부채의 증감으로 표시하여 이들의 변동을 현금흐름에 반영하였으나, 전통적인 현금흐름에서는 이를 전혀 반영하지 않는다.

③ 그 결과 전통적인 현금흐름에서 현금은 영업활동으로 인한 운전자본의 흐름으로 다시 정의할 수 있다.

④ 전통적인 현금흐름은 지나치게 단순화한 현금흐름이므로 비영업활동 손익을 제거하지 못하며, 운전자본을 현금화하는 데 문제가 있는 경우 적합하지 못한 현금흐름이다.

(2) EBITDA(Earnings Before Interest & Tax & Depreciation & Amortization)

> EBITDA(법인세·이자·감가상각비 차감 전 영업이익) = 손익계산서상 영업이익 + 감가상각비

① EBITDA는 기업의 자본구조와 관계없이 현금흐름을 계산하는 방법이다.

② 기업가치를 평가하는 데 가장 널리 이용되는 방법이다.

③ 운전자본에 대한 고려는 하지 않는다.

④ 비영업이익과 관련된 손익은 포함하지 아니한다. 예 유형자산처분손익

⑤ EBITDA는 자기자본과 타인자본을 통해 기업이 벌어들일 수 있는 현금흐름의 대용치이다.

⑥ EBITDA를 이자비용으로 나눈 이자보상비율은 자본집약적 기업에서 그 금액이 더 커지는 경향이 있다.

⑦ EBITDA와 현금흐름표상 영업활동현금흐름과 가장 큰 차이를 나타내는 것은 운전자본의 증감이다. 영업활동현금흐름은 영업활동자산부채의 증감을 통해 운전자본의 증감을 제대로 반영하지만, EBITDA는 운전자본의 증감을 반영하지 못하기 때문이다.

3. 잉여현금흐름(FCF : Free Cash Flow)

잉여현금흐름은 보유 중인 자산을 유지하거나 확장하는 데 필요한 금액을 사용한 후에도 기업이 만들어 낼 수 있는 현금흐름을 의미한다.

(1) 기업 입장에서의 잉여현금흐름

① 기업이 현재의 생산능력을 유지하기 위해 운전자본이나 자본적지출에 투자하고도 남는 현금흐름을 말하며 다음과 같은 식으로 계산한다.

기업의 잉여현금흐름
= EBIT(이자와 법인세 차감 전 영업이익) – 법인세 + 감가상각비 – 자본적지출 – 순운전자본(매출채권 + 재고자산 – 매입채무)의 증감

② 일반기업회계기준에 의한 현금흐름표상 영업활동으로 인한 현금흐름에는 이자비용이 차감되어 있으며, 법인세비용과 감가상각비 및 운전자본의 증감이 포함되어 있으므로 위의 식을 아래와 같이 쓸 수 있다.

기업의 잉여현금흐름 = 영업활동으로 인한 현금흐름 + 이자비용(1 – t[1]) – 자본적지출

[1] t : 세율

③ 기업의 잉여현금흐름은 일반적으로 현금흐름할인법(DCF법 : Discounted Cash Flow Method)을 통해 기업가치를 평가하는 데 많이 사용되고 있다. 기업의 가치는 미래에 실현될 잉여현금흐름을 자본의 기회비용(가중평균자본비용)으로 할인한 현재의 가치로 측정된다.

(2) 주주의 잉여현금흐름

① 주주 입장에서 잉여현금흐름은 이자지급 후 영업활동현금흐름에서 우선주에 대한 배당금을 차감하고 자본적지출을 차감하여 계산한다.

② 주주가 기업가치를 감소시키지 않고 소비할 수 있는 현금을 말한다. 주주의 잉여현금흐름은 다음과 같은 식으로 사용할 수 있다.

주주의 잉여현금흐름
= 당기순이익 + 감가상각비 – 자본적지출 – 운전자본(매출채권 + 재고자산 – 매입채무)의 증감
= 영업활동으로 인한 현금흐름 – 자본적지출

4. 현금흐름표 비율분석

현금흐름표 비율분석은 관련 서적마다 그 내용이 조금씩 다르다. 시험에서는 한국은행 발간 '경영분석' 자료를 기초로 한다.

(1) 현금흐름보상비율

$$\text{현금흐름보상비율} = \frac{\text{영업활동현금흐름} + \text{이자비용}}{\text{단기차입금} + \text{이자비용}}$$

영업활동현금흐름으로 단기차입금의 원리금상환능력을 측정하는 지표이다. 단, 이자는 장기차입금 이자도 포함한다.

(2) 현금흐름이자보상비율

$$\text{현금흐름이자보상비율} = \frac{\text{영업활동현금흐름} + \text{이자비용}}{\text{이자비용}}$$

영업활동현금흐름으로 이자지급능력을 판단하는 지표이다. 손익계산서상의 이자비용이 재고자산 또는 유형자산의 취득원가에 계상된 경우에는 실제로 지급된 이자비용으로 변경해 보는 것이 좋다.

(3) 영업활동으로 인한 현금흐름 대 매출액

$$\text{영업활동으로 인한 현금흐름 대 매출액} = \frac{\text{영업활동으로 인한 현금흐름}}{\text{매출액}}$$

매출활동을 통해 영업현금흐름을 얼마나 창출해 낼 수 있는지 보여주는 지표이다.

(4) 당기순이익 대 영업활동으로 인한 현금흐름

$$\text{당기순이익 대 영업활동으로 인한 현금흐름} = \frac{\text{당기순이익}}{\text{영업활동으로 인한 현금흐름}}$$

영업활동으로 창출된 현금흐름 중 당기순이익이 차지하는 비중을 보여주는 지표이다. 이 비율은 일반적으로 100% 이하가 되는 것이 정상적이다. 영업활동현금흐름에는 감가상각비 등이 가산되어 있기 때문이다. 그러나 순운전자본 투자가 많거나 투자활동 또는 재무활동과 관련된 비경상적인 이익이 많은 기업은 100%를 초과할 수도 있다.

(5) 투자안정성비율

$$\text{투자안정성비율} = \frac{\text{영업활동으로 인한 현금흐름}}{\text{유형자산 투자순지출}}$$

영업활동에서 창출한 현금으로 유형자산 투자를 위한 지출에 어느 정도를 충당할 수 있는지 보여주는 지표이다.

(6) 영업활동으로 인한 현금흐름 대 차입금

$$\text{영업활동으로 인한 현금흐름 대 차입금} = \frac{\text{영업활동으로 인한 현금흐름}}{\text{평균차입금}}$$

영업활동으로 창출한 현금흐름으로 차입금을 어느 정도 상환할 수 있는지 나타내는 지표이다.

(7) 주당현금흐름비율(CPS : Cash Flows Per Share)

$$\text{주당현금흐름비율} = \frac{\text{영업활동으로 인한 현금흐름}}{\text{총유통보통주식수}}$$

1주당 영업현금흐름이 얼마인지를 나타내는 지표이다. 회계상 처리에 따라 주당순이익(EPS)이 달라질 수 있음에 반하여 주당현금흐름 비율(CPS)은 회계처리에 영향을 받지 않는다.

(8) 주가현금흐름비율(PCR : Price Cash Flows Ratio)

$$\text{주가현금흐름비율} = \frac{\text{보통주 1주당 시가}}{\text{CPS}}$$

주가수익비율(PER)과 마찬가지로 기업의 성장성을 파악하는 데 활용될 수 있으며, 현재 영업활동 현금흐름창출능력 대비 주가의 저평가 또는 고평가 여부를 확인할 수 있다. PER과 마찬가지로 PCR이 낮은 기업은 저평가되었다고 할 수 있다.

5. 현금흐름 추정

(1) 현금흐름 추정절차

① 매출액 추정 : 가장 선행, 가장 중요한 추정

② 매출원가·판관비 추정 : 원가율 활용

③ 재무상태표 항목 추정 : 회전율 이용

④ 금융비용·금융수익 등

⑤ 현금흐름표 추정 : 추정재무제표를 작성하면서 가장 마지막에 현금흐름표도 추정한다. 일반적으로 추정재무제표는 손익계산서, 재무상태표, 현금흐름표의 순서로 작성된다.

(2) 매출액 추정 고려요소

① 성장률

② GDP, 물가상승률, 유가, 환율, 실업률

③ 산업의 경제상황

④ 시장점유율(MS)

⑤ 산업의 경쟁 정도

⑥ 계절성

⑦ 수주잔량(수주산업), 수출기업의 경우 신용장(L/C) 내도액

(3) 매출액 추정방법

① 주관적 판단 : 시장조사, 델파이법(질문서법을 사용하여 합치된 의견 도출)

② 평균성장률을 이용한 추정

③ 시장점유율에 의한 추정 : 시장 전체 규모를 증가율을 예측

④ 회귀분석에 의한 추정

6. 분식회계와 현금흐름

(1) 비용 누락을 통한 당기순이익 과대계상

구 분	결 과
판매된 재고자산을 매출원가로 처리하지 않는 방법	재고자산 ↑ 매출원가 ↓ ➲ 당기순이익 ↑
감가상각비 미계상	유형자산 ↑ 판관비(제조원가) ↓ ➲ 당기순이익 ↑
대손상각비 미계상	매출채권 ↑ 판관비 ↓ ➲ 당기순이익 ↑
당기비용을 선급비용처리	선급비용(당좌자산) ↑ 판관비 ↓ ➲ 당기순이익 ↑
미지급비용 누락	미지급비용(유동부채) ↓ 판관비 ↓ ➲ 당기순이익 ↑
충당부채 누락 (퇴직급여충당부채, 제품보증충당부채 등)	충당부채(부채) ↓ 판관비 ↓ ➲ 당기순이익 ↑
비용처리할 것을 유형자산(무형자산)으로 처리	기계장치(개발비) ↑ 판관비 ↓ ➲ 당기순이익 ↑
수익적지출을 자산으로 처리	기계장치 ↑ 판관비 ↓ ➲ 당기순이익 ↑
부외부채 누락	충당부채(부채) ↓ 판관비 ↓ ➲ 당기순이익 ↑
사외유출된 지출항목을 대여금(가지급금) 또는 기타 자산으로 처리	기계장치(개발비) ↑ 판관비 ↓ ➲ 당기순이익 ↑

(2) 가공수익 계상을 통한 당기순이익 과대계상

구 분	결 과
가공매출	매출채권 ↑ 매출액 ↑ ➲ 당기순이익 ↑
선수금을 매출액으로 처리	선수금(부채) ↓ 매출액 ↑ ➲ 당기순이익 ↑
공사진행률 조작 (수주산업에서의 매출 조기인식)	매출채권 ↑ 매출액 ↑ ➲ 당기순이익 ↑
임대자산을 매출로 처리	매출채권 ↑(임대자산 ↓) 매출액 ↑ ➲ 당기순이익 ↑

(3) 분식회계가 영업활동현금흐름에 미치는 영향

① 영업활동현금흐름에 영향이 없는 경우

일반적인 분식회계는 자산 과대계상, 부채 과소계상, 자본 과대계상의 형태로 나타난다. 그러나 이는 일반적으로 재무상태표와 손익계산서에만 영향을 미치고 영업활동현금흐름에는 영향이 없다.

〈사례1〉
- 손익 : 재고자산 ↑ ➲ 매출원가 ↓ ➲ 당기순이익 ↑
- 영업활동현금흐름(간접법) : 당기순이익(가산), 재고자산의 증가(차감) ➲ 상쇄(영향 없음)

〈사례2〉
- 손익 : 가공매출 ↑ ➲ 매출채권 ↑ ➲ 당기순이익 ↑
- 영업활동현금흐름(간접법) : 당기순이익(가산), 매출채권의 증가(차감) ➲ 상쇄(영향 없음)

② 영업활동현금흐름에 영향을 미치는 경우

최종 현금의 증감은 동일하지만 영업활동현금흐름을 증가(감소)시키고 다른 유형의 현금흐름을 감소(증가)시키는 유형의 분식이 있다.

〈사례〉
- 손익 : 수선비 ↓ ➲ 유형자산 ↑ ➲ 당기순이익 ↑
- 영업활동현금흐름(간접법)
  : 당기순이익(가산) ➲ 영업활동자산부채의 증감에 영향 없음 ➲ 영업활동현금흐름 증가 ➲ 투자활동현금흐름(감소)

02 현금수지분석표 ★★★

1. 의의

① 현금수지분석표는 기업의 현금흐름과 관련하여 매출을 통한 현금유입, 현금지출 매출원가, 현금 매출총이익 등 세부적인 항목으로 나누어 현금의 증감을 분석하는 표이다. 과거 현금흐름표를 재무제표에서 강제하지 않았을 때부터 은행들은 현금수지분석표를 작성하여 기업의 신용분석에 이용하여 왔다.

② 현금수지분석표는 기업의 재무상태표, 손익계산서, 제조원가명세서를 토대로 작성된다.

③ 현금수지분석표는 단순히 현금 그 자체의 변동요인만 분석하지 않고 그 원인이 되는 사항을 함께 분석한다. 예를 들어 매출을 통한 현금유입액을 계산할 경우 매출액뿐만 아니라 매출액 증감원인(경기변동, 시장점유율, 노사분규 등)과 해당 기업의 기술력, 고객의 구성, 제품 구성비 등도 함께 검토한다.

현금수지분석표

(단위 : 백만원)

항 목	×××년	×××년	×××년
1. 매출을 통한 현금유입액			
① 순매출액			
② 매출채권 증감액			
2. 현금지출 매출원가			
① 매출원가			
② 재고자산 증감액			
③ 매입채무 증감액			
④ 감가상각비(제조원가)			
⑤ 무형자산상각비(제조원가)			
⑥ 퇴직급여충당금전입액(제조원가)			
3. 현금매출총이익(1 + 2)			
4. 현금판매비 및 일반관리비			
① 판매비 및 일반관리비			
② 선급비용 증감액			
③ 미지급비용 증감액			
④ 감가상각비(판관비)			
⑤ 무형자산상각비(판관비)			
⑥ 퇴직급여충당금전입액(판관비)			
5. 현금영업이익(3 + 4)			
6. 기타 영업활동에 의한 현금흐름액			
① 영업외수익			
② 미수수익(선수수익) 증감액			
③ 영업외비용			
④ 법인세 납부액			
⑤ 영업 관련 기타유동자산 증감액			
⑥ 영업 관련 기타유동부채 증감액			
⑦ 영업 관련 기타비유동부채 증감액			
⑧ 외화환산손익 등			
7. 영업활동 후의 현금흐름액(5 + 6)			
8. 이자비용과 배당금 지급액			
9. 이자지급 후의 현금흐름액(7 + 8)			
10. 유동성장기차입금상환액			
11. 유동성장기차입금상환 후 현금흐름액(9 + 10)			

12. 투자활동현금흐름액			
① 유형자산 증감액			
② 투자자산 증감액			
③ 무형자산 증감액			
④ 투자활동 관련 유동·비유동자산 증감액			
13. 외부자금조달 전 현금흐름액			
14. 총 외부자금조달액			
① 단기차입금 증감액			
② 장·단기 미지급금 증감액			
③ 장기차입금 증감액			
④ 자본금 증감액			
⑤ 자본조정 증감액			
⑥ 기타조정			
15. 외부자금조달 후 현금흐름			
16. 현금 증감액			
① 기초 현금및현금성자산 잔액			
② 기말 현금및현금성자산 잔액			

2. 기본 작성원리(공통사항)

① 수익은 현금유입항목에 기재한다. 단, 비현금수익은 현금유출항목으로 분류한다.

② 비용은 현금유출항목에 기재한다. 단, 비현금비용은 현금유입항목으로 분류한다.

③ 영업외수익에는 비현금수익 항목(외화환산이익, 투자자산평가이익, 자산수증이익, 파생상품평가이익, 유형자산처분이익, 사채상환이익)과 투자 및 재무활동 관련 수익을 제외한 금액을 기재한다. 예를 들어, 회사의 손익계산서상 영업외수익이 총 12,000원(이자수익 10,000원과 유형자산처분이익 2,000원)이 있는 경우 영업외수익에 기재될 금액은 10,000원(12,000원 - 2,000원)이다. 그 결과 '영업외수익'에 기재되는 금액은 영업활동으로 인해서 수령한 영업외수익 금액이 된다.

④ 영업외비용에는 이자비용과 비현금비용(외화환산손실, 투자자산평가손실, 유형자산처분손실 등)을 제외한 금액을 기재한다. 예를 들어, 회사의 손익계산서상 영업외비용이 총 12,000원(이자비용 10,000원, 유형자산처분손실 1,000원, 잡손실 1,000원)인 경우 영업외비용에 기재될 금액은 (-)1,000원(-12,000 + 10,000 + 1,000)이다. 그 결과 영업외비용에 기재되는 금액은 이자비용을 제외하고 영업활동으로 인해서 지출된 영업외비용이다.

3. 각 항목별 작성방법

(1) 매출을 통한 현금유입액

① 손익계산서 순매출액을 기재한다.

② 매출채권 증감액을 계산할 때는 대손충당금을 차감한 잔액으로 기재하는 것이 원칙이다.

③ 선수금 증감액을 매출 관련 현금유입액에 포함한다.

(2) 현금지출 매출원가

① 매출원가는 손익계산서상 매출원가를 기재한다.
② 재고자산 증감액, 매입채무 증감액, 선급금 증감액을 기재한다. 재고자산을 매입하기 위한 선급금이 아닌 유형자산을 매입하기 위한 선급금은 제외한다.
③ 제조원가명세서상 감가상각비 및 무형자산상각비이며, 비현금비용이므로 (+)로 기재한다.
④ 제조원가명세서상 노무비 중 퇴직급여이며, 비현금비용이므로 (+)로 기재한다.

(3) 현금판매비와관리비

① 손익계산서상 판매비와관리비를 기재하고, (−)부호로 기재한다.
② 선급비용 증감액, 미지급비용 증감액을 기재한다.
③ 손익계산서상 판매비와관리비에 계상된 감가상각비 및 무형자산상각비이며, 비현금비용이므로 (+)로 기재한다.
④ 손익계산서상 판매비와관리비에 계상된 퇴직급여이며, 비현금비용이므로 (+)로 기재한다.

(4) 기타 영업활동으로 인한 현금흐름액

① 영업외수익은 손익계산서상 영업외수익에서 법인세 환수액과 비현금수익 및 투자·재무활동의 수익을 차감한다.
② 미수수익 증가액은 (−)부호로, 선수수익 증가액은 (+)부호로 기재한다.
③ 영업외비용은 손익계산서상 영업외비용에서 이자비용과 법인세 추납액, 비현금비용 및 투자·재무활동 손실을 차감한다. 이자비용을 차감하는 것은 영업활동 후 현금흐름액에서 다시 이자비용과 배당금 지급액을 차감하기 때문이다. 현금흐름표 작성 시 이자비용을 영업활동현금흐름으로 분류하는 것과 상반된다. 법인세 추납액도 법인세 납부액을 별도로 감안하기 때문에 영업외비용에서 제거하여야 한다.
④ 법인세 납부액은 손익계산서상 법인세비용에 당기법인세부채 증감액, 이연법인세자산·부채 증감액 및 영업외수익이나 비용에 포함된 법인세 추납액 또는 환급액을 반영하여야 한다.
⑤ 영업 관련 기타유동자산 증감액에는 현금및현금성자산, 매출채권, 미수수익, 선급금, 선급비용, 투자활동 관련 유동자산계정인 단기금융상품, 단기대여금 등을 제외한 다른 계정의 증감액을 말한다.
⑥ 영업 관련 기타유동부채 증감액에는 매입채무, 선수금, 단기차입금, 미지급금, 미지급비용, 미지급법인세, 유동성장기부채 등을 제외한 다른 계정의 증감액을 기재한다.
⑦ 외화환산손익 등에는 외화환산손익, 외환차익, 파생상품 관련 손익 등을 모두 기재한다. 외화 관련 손익은 어느 한 계정하고만 관련되어 있지 않으므로 한 곳에 집계만 해둔다.

(5) 이자비용과 배당금 지급액

① 이자비용은 손익계산서상 이자비용을 (−)부호로 기재한다. 재무제표 주석을 분석하여 당기 중 재고자산이나 유형자산에 이자비용을 자본화한 금액을 가산하는 것도 고려하여야 한다.
② 배당금지급액은 전기이익잉여금처분계산서상 현금배당액과 당기 중간배당액을 합쳐서 (−)부호로 기재한다. 자본변동표에서 당기 중 배당금지급액을 기재하여도 된다.

(6) 유동성 장기차입금 상환액

① 재무상태표상 유동성 장기차입금 기초잔액을 기재한다.
② 기초잔액이 당기에 모두 상환되는 것이 일반적이기 때문이다.

(7) 투자활동현금흐름액

① 유형자산 증감액, 투자자산 증감액, 무형자산 증감액은 T계정을 작성하는 원리로 계산한다. (직접법 방식)

② 투자활동 관련 유동·비유동자산 증감액에는 단기예금, 단기대여금, 임차보증금 등이 있다.

(8) 총외부자금 조달액

① 장단기차입금, 자본금 증감액뿐만 아니라 상사채무에 속하는 장단기 미지급금도 기재한다.

② 외부자금조달 후 현금흐름액은 현금 증감액과 일치하여야 하나, 현금수지분석표는 회사 장부를 직접 입수하여 작성하는 것이 아니므로 부득이하게 차액이 발생하게 된다. 이 경우 그 차액을 기타 조정란에 기재한다.

03 현금순환분석표 ★★★

1. 의의

① 현금수지분석표가 직접법 양식과 비슷하다면, 현금순환분석표는 간접법 양식과 비슷하다.

② 일반기업회계기준에 의한 현금흐름표에서 영업활동현금흐름은 당기순이익에서 출발하였기 때문에 이자비용과 법인세비용을 모두 영업활동현금흐름에 속하는 것으로 간주하고 별도의 조정을 거치지 않는다. 이에 반해 현금순환분석표에서 영업활동으로부터의 원천은 법인세, 이자비용, 기타영업외손익을 지급하기 이전의 금액이므로 영업이익에서 출발한다.

③ 현금순환분석표는 영업활동을 그 원천과 운용 두 가지로 분리한다.

④ 현금순환분석표를 통하여 분석자는 기업의 영업활동현금흐름이 영업이익과 운전자산변동, 기타 요인 중 어디에서 가장 영향을 많이 받았는지를 쉽게 알 수 있다.

현금순환분석표

(단위 : 백만원)

항 목	×××년	×××년	×××년
1. 영업활동으로부터의 원천			
① 영업이익 ② 가산 : 비현금비용 감가상각비 무형자산상각비 퇴직급여			
2. 영업활동의 운영			
① 운전자산투자액 매출채권(선수금) 증감액 재고자산 증감액 매입채무(선급금) 증감액			
② 기타운용 영업 관련 기타유동자산 증감액 영업 관련 기타유동부채 증감액 영업외수익 선급비용(미지급비용) 증감액 미수수익(선수수익) 증감액 영업외비용 법인세 납부액 외화환산손익 등			

3. 영업활동 후의 현금흐름액(1 + 2)			
4. 이자비용과 배당금지급액			
5. 이자지급 후의 현금흐름액(3 + 4)			
6. 유동성장기차입금상환액			
7. 유동성장기차입금상환 후 현금흐름액(5 + 6)			
8. 투자활동현금흐름액			
① 유형자산 증감액			
② 투자자산 증감액			
③ 무형자산 증감액			
④ 투자활동 관련 유동·비유동자산 증감액			
9. 외부자금조달 전 현금흐름액(7 + 8)			
10. 총 외부자금조달액			
① 단기차입금 증감액			
② 장·단기 미지급금 증감액			
③ 장기차입금 증감액			
④ 자본금 증감액			
⑤ 자본조정 증감액			
⑥ 기타조정			
11. 외부자금조달 후 현금흐름액(9 + 10)			
12. 현금 증감액			
① 기초 현금및현금성자산 잔액			
② 기말 현금및현금성자산 잔액			

04 현금수지분석표의 유용성을 높이기 위한 심층적 분석 ★★★

활 동	내 용
매출액	① 매출액 증감추세분석(성장성) ② 기술력(Product life-cycle, 독점적인 기술 여부) ③ 고객과 제품의 구성비(특정 고객 편중 현상) ④ 시장점유율, 경쟁상대 ⑤ BEP 매출액
매출원가	① 매출원가 구성비(재료비, 노무비, 제조경비) ② 환율, 국제원자재 가격변동 ➲ 매출원가에 미치는 핵심 변수 파악 ③ 매출원가와 판매관리비 구성비율 ④ 제조원가명세서 확보가 중요(공시대상 아님)
판관비	① B2B(장치산업) : 판관비비율 ↓, B2C : 판관비비율 ↑ ② 판매관리비의 구성비(인건비, 판매비, 연구개발비) ③ 지출항목의 주요변수
매출채권	① 증감추세 및 원인 파악 ② 매출채권의 건전성 파악 ③ 매출채권 관리의 회사 정책 분석 • 신용기간 검토(매출할인율 검토) • 매출채권에 대한 담보 설정 • 거래처 신용등급 파악 ④ 매출액 대비 매출채권 증가율이 높은 경우 특히 주의 • 신용정책 변경(외상기간 확대) ➲ 경과기간별 매출채권 잔액(상장기업) • 불량채권(회수불능채권) ➲ 회수가능성 검토 • 분식결산(가공매출채권)
재고자산	① 증감추세 및 원인 파악 ② 특히 재고자산/매출액이 증가하는 경우 주의 • 진부화재고 ➲ 재고자산수불부(원재료, 재공품, 완제품 중 완제품주의) • 신제품재고 누적(신사업 실패) • 가공자산 • 원자재산업의 경우 재고자산 사전구매
매입채무	① 증감추세 및 원인 파악 ② 특히 급격한 매입채무 증가의 경우 주의 • 상사채무를 활용한 투자일 수 있음 • 원재료 매입처의 신용정책 변경 여부 • 구매자금대출제도 활용하는 경우 금융채무로 전환
기타 영업활동	① 법인세 납부액(손익계산서상 법인세비용과는 상이함) ② 일시적 우발적 손익에 주의 ③ 수출입 거래가 많은 기업의 경우 외환차익(차손)에 주의
영업활동 후 현금흐름	① 영업활동 후 현금흐름액은 차입금에 대한 원리금 상환과 배당의 재원이 되어 적정차입금 규모를 추정할 수 있다. ② 영업활동 후 현금흐름액에 포함된 항목 중 비경상적인 것을 제거하여 미래현금흐름을 추정한다. 매출증가에 따른 영업활동현금흐름(이자지급전)증가액 = 매출액 증가액 × (감가상각비 등 차감전 영업이익률 – 운전자산증가액비율 – 영업 관련 기타자산부채증가액 비율 – 매출액에 대한 법인세율)

이자와 배당금지급 후 현금흐름액	① 추가적인 외부자금의 유입 없이 영업활동을 수행할 수 있는 능력을 나타낸다. ② 보통 손익계산서상 이자비용 ➲ 선급이자, 미지급이자, 사채할인발행차금이자 상각액 등이 반영되지 않는다. ③ 재고자산 또는 유형자산으로 대체된 이자비용(자본화한 이자비용)은 별도로 포함하는 것을 고려할 수 있다. ④ 당기 배당금이 아닌 전기분이 지급된다. (단, 중간배당은 예외)
유동성장기차입금 상환 후 현금흐름	① 이자지급 후 현금흐름에서 유동성장기차입금상환 후 현금흐름을 말한다. ② 유동성장기차입금상환 후 현금흐름이 (−)인 경우에는 상환일정, 구조조정 가능 여부 등을 고려하여야 한다.
투자활동현금흐름	① 성장전략을 파악하고 주식인수 또는 신규설비투자, 개발비 투자 등을 확인한다. ② 감가상각비를 웃도는 수준의 투자가 이루어진 경우, 추후 매출에 반영되는지 확인한다. ③ 설비투자자금은 장기자금(장기차입금, 사채, 유상증자)으로 조달되고 있는지 확인한다. ➲ 비유동장기적합률 및 비유동비율을 확인 ④ 리스방식을 통한 설비투자가 있는지 확인한다. 금융리스는 현금흐름수지표에 반영되지만, 운용리스는 반영되지 않는다. ➲ 운용리스를 통한 부외금융을 활용하고 있는지 확인 ⑤ 투자부동산, 매도가능증권, 만기보유증권, 지분법적용 투자주식, 장기대여금 등의 투자자산 내역을 통해 성장전략을 확인한다. ⑥ R&D 비용은 경상연구개발비(비용처리) 또는 개발비로 처리된다. 개발비로 자산화한 것은 투자활동현금으로 본다.
외부자금조달활동 분석	① 외부자금조달 전 현금흐름액이 (+)인 경우에는 영업활동으로 벌어들인 현금에서 이자와 유동성장기차입금지급 및 투자에 소요되는 자금까지 다 사용하고도 남은 현금이 있다는 뜻이다. ② 단기차입금은 주로 단기 운영자금조달을 위한 것이어야 하며, 장기자금(차입금, 유상증자)은 주로 장기 운영자금조달을 위한 것이어야 한다.
현금보유상태	① 운전자금 소유가 많은 업종은 현금보유비율이 높아야 하며, 운전자금 수요가 적은 업종은 그에 비해 현금비율이 낮아도 된다. ② 1회전소요운전자금을 적정 현금보유금액으로 볼 수도 있다.

제조원가명세서

Ⅰ. 재료비		×××
기초원재료	×××	
당기매입액	×××	
기말원재료	(×××)	
Ⅱ. 노무비		×××
기본급	×××	
상여금	×××	
기타수당 등	×××	
⋮	⋮	
Ⅲ. 제조경비		×××
간접재료비	×××	
간접노무비	×××	
전기료	×××	
동력비	×××	
수도료	×××	
⋮	⋮	
Ⅳ. 당기총제조원가(= Ⅰ + Ⅱ + Ⅲ)		×××
Ⅴ. 기초재공품재고액		×××
Ⅵ. 합계(= Ⅳ + Ⅴ)		×××
Ⅶ. 기말재공품재고액		(×××)
Ⅷ. 당기제품제조원가(= Ⅵ − Ⅶ)		×××

개념완성문제

01 잉여현금흐름은 DCF 방법으로 기업가치를 평가하는 데 일반적으로 이용되는 방법이다. (O, X)

02 현금흐름할인법은 잉여현금흐름을 가중평균자본비용으로 할인하여 현재가치로 기업가치를 측정하는 방법이다. (O, X)

03 EBITDA와 현금흐름표상 영업활동으로 인한 현금흐름과 가장 차이가 나는 부분은 자본적 지출이다. 단, 이자비용과 법인세비용은 고려하지 않는다. (O, X)

04 잉여현금흐름(Free Cash Flow)은 영업활동현금흐름에 이자비용을 더하고 자본적지출을 차감한 금액과 유사하다. (O, X)

05 순운전자본의 투자가 많은 기업은 영업활동으로 인한 현금흐름 대 매출액 비율이 낮다. (O, X)

06 당기순이익이 영업활동현금흐름에서 차지하는 비중이 100% 이하인 기업은 순운전자본관리에 문제가 있을 수 있다. (O, X)

07 현금흐름 관련 비율 중 영업활동에서 창출한 현금으로 유형자산 투자에 어느 정도 지출할 수 있는지를 나타내는 지표는 (　　)비율이다.

정답 및 해설

01 O

02 O

03 X 자본적지출이 아닌 운전자본의 증감이다.

04 O 참고 법인세비용을 고려하지 않았을 때 맞는 지문이다. 시험에서는 이 정도의 표현은 맞는 것으로 본다.

05 O

06 X 100% 초과

07 투자안정성

08 현금흐름 관련 비율 중 영업활동으로 창출된 현금흐름으로 단기차입금과 이자비용을 부담할 수 있는가를 나타내는 지표는 (　　　)비율이다.

09 주가현금흐름비율(PCR)이 높은 기업은 주식가치가 저평가되었다고 볼 수 있다. (O, X)

10 추정재무제표 작성은 손익계산서를 먼저 작성하고 재무상태표를 작성하는 것이 일반적이다. 다만, 특정 항목은 번갈아 가면서 작성할 수도 있다. (O, X)

11 현금수지분석표에서 영업활동 후의 현금흐름액은 차입금이자를 지급한 후의 현금흐름을 말한다. (O, X)

12 현금수지분석표에서 매출채권이 과다하게 급증하고 있는 경우에도 매출채권의 건전성에 대한 분석은 분석대상이 아니다. (O, X)

13 손익계산서상 이자보상비율이 1보다 크고, 전통적인 현금흐름(TCF)도 양수이므로 유동성장기차입금을 상환할 수 있다고 판단되더라도 현금수지분석표상으로 유동성장기차입금상환 후 현금흐름이 음수일 수 있다. (O, X)

14 현금순환분석표에서 영업활동으로부터의 원천은 운전자본에 대한 투자가 없다고 가정할 때 영업활동으로부터 조달되는 총 현금을 의미한다. (O, X)

15 운전자금의 조달은 단기금융에 의존하고 설비투자자금의 조달은 장기자금에 의존하는 것을 헤징이라고 한다. 이때 장기자금에는 내부유보자금도 포함된다. (O, X)

정답 및 해설

08 현금흐름보상

09 X 고평가

10 O

11 X 이자와 배당지급 전 현금흐름을 말한다.

12 X 현금수지분석표를 분석할 때는 단순히 현금 그 자체의 변동요인뿐만 아니라 그 원인이 되는 사항도 같이 분석한다. 따라서 매출채권의 증감에 대한 현금흐름뿐만 아니라 그 원인이 되는 건전성에 대한 분석도 함께 살펴본다.

13 O 예를 들어, 운전자본이 증가함에 따라 음수가 될 수 있다.

14 O

15 O

16 회사가 부외금융을 하고 있는 경우 운전자산을 과대계상하는 분식을 할 가능성이 높다. (O, X)

17 일반기업회계기준에 의한 현금흐름표와 금융기관 양식인 현금수지분석표에서 모두 대여금 증가를 투자활동으로 분류하고 있다. (O, X)

18 현금흐름을 분석할 때 기업의 3년 내지 5년 이상의 현금흐름표를 수집하여 분석하는 것이 바람직하다. (O, X)

19 법인세효과가 없다고 가정할 경우, 재고자산평가손실을 인식하지 않는 분식을 하여 재무상태와 손익을 양호하게 하였더라도 현금흐름표상 영업활동현금흐름에는 영향이 없다. (O, X)

20 수선비로 계상할 금액을 유형자산의 자본적지출로 회계처리하여 분식을 한 경우에도 영업활동현금흐름에는 영향이 없다. (O, X)

21 회사의 매출채권회전율이 중요하게 감소된 경우에는 가공매출을 의심해 볼 수 있다. (O, X)

정답 및 해설

16 O 참고 이자지급을 장부에 기록할 수 없으므로 이를 대여금(가지급금) 처리하여야 한다. 세법상 규제로 인해 이를 매출채권이나 재고자산 등으로 분식할 우려가 있다.

17 O

18 O

19 O

20 X 영업활동현금흐름도 양호한 것으로 나타난다.

21 O

출제예상문제

✔ 학습시간이 부족하거나 시험 전 최종정리를 하고 싶은 경우에는 출제빈도(★~★★★)가 높은 문제를 우선으로 풀이할 수 있습니다.
✔ 다시 봐야 할 문제(풀지 못한 문제, 헷갈리는 문제 등)는 문제 번호 하단의 네모박스(□)에 체크하여 반복 학습할 수 있습니다.

[01 ~ 06]

다음은 제조업을 영위하는 A기업의 요약재무제표이다. 제시된 재무제표를 이용하여 각 물음에 답하시오. (단, 기타유동자산 및 기타유동부채에 선급금 또는 선수금은 없다)

〈재무상태표〉

(단위 : 원)

구 분	20×2년	20×1년
현금 및 현금등가물	3,385,000	6,620,000
매출채권(순액)	2,964,000	3,124,000
재고자산(순액)	3,158,000	3,016,000
기타유동자산	639,000	1,379,000
유형자산(순액)	25,900,000	22,000,000
기타비유동자산	800,000	800,000
자산총계	**36,846,000**	**36,939,000**
매입채무	3,300,000	11,200,000
기타유동부채	516,000	1,459,000
유동성장기부채	1,200,000	1,200,000
장기차입금	19,500,000	16,500,000
부채총계	**24,516,000**	**30,359,000**
자본금	7,280,000	3,280,000
이익잉여금	5,050,000	3,300,000
자본총계	**12,330,000**	**6,580,000**
부채와 자본총계	**36,846,000**	**36,939,000**

〈손익계산서〉

(단위 : 원)

구 분	20×2년	20×1년
매출액 매출원가	19,672,000 12,197,000	20,730,000 12,231,000
매출총이익	**7,475,000**	**8,499,000**
판매관리비	3,355,000	3,399,000
영업이익	**4,120,000**	**5,100,000**
이자비용	1,250,000	1,300,000
세전순이익	**2,870,000**	**3,800,000**
법인세비용	1,120,000	1,520,000
당기순이익	**1,750,000**	**2,280,000**

〈현금흐름표〉

(단위 : 원)

구 분	20×2년	20×1년
Ⅰ. 영업활동으로 인한 현금흐름	**(4,335,000)**	**5,400,000**
1. 당기순이익	1,750,000	2,280,000
2. 현금유출이 없는 비용 등의 가산 감가상각비	2,000,000 2,000,000	1,900,000 1,900,000
3. 영업활동으로 인한 자산 부채의 변동 매출채권 감소(증가) 재고자산 감소(증가) 기타유동자산 감소(증가) 매입채무 증가(감소) 기타유동부채 증가(감소)	(8,085,000) 160,000 (142,000) 740,000 (7,900,000) (943,000)	1,220,000 76,000 (116,000) – 760,000 500,000
Ⅱ. 투자활동으로 인한 현금흐름	?	**(2,900,000)**
유형자산의 취득	?	(2,900,000)
Ⅲ. 재무활동으로 인한 현금흐름	?	**(1,100,000)**
장기차입금의 차입 유동성장기부채상환 유상증자	4,200,000 ? ?	– (1,100,000) –
Ⅳ. 현금의 증가(감소)	?	**1,400,000**
Ⅴ. 기초의 현금	6,620,000	5,220,000
Ⅵ. 기말의 현금	**3,385,000**	**6,620,000**

★ 현금흐름분석 종합

01 □□□ **다음 중 A기업의 재무제표를 바탕으로 재무분석한 내용으로 옳지 <u>않은</u> 것은?**

① 매출원가 감소폭보다 매출 감소폭이 더 크기 때문에 회사 손익에 부정적인 영향이 발생하였다.
② 매출채권 회수에는 전기 대비 큰 문제가 없는 것으로 판단된다.
③ 차입금 관련하여 이자율이 높아졌다.
④ 20×2년 중에 배당금을 지급하지 않았다.
⑤ 20×2년은 20×1년보다 매출액 대비 판매관리비 비율이 증가하였다.

★★★ 현금흐름분석 종합

02 □□□ **A기업의 20×2년 매출활동 현금유입액을 계산하면 얼마인가?** (단, 판매관리비에 대손상각비 50,000원이 포함되어 있다)

① 19,462,000원 ② 19,512,000원 ③ 19,672,000원
④ 19,782,000원 ⑤ 19,882,000원

★★★ 현금흐름분석 종합

03 □□□ **A기업의 20×2년 매입활동 현금유출액을 계산하면 얼마인가?** (단, 매출원가에는 재고자산평가손실 500,000원이 포함되어 있다)

① 12,055,000원 ② 12,197,000원 ③ 12,339,000원
④ 12,839,000원 ⑤ 20,239,000원

정답 및 해설

01 ③ 차입금은 증가하였으나 전체 이자비용이 감소하였으므로 이자율은 낮아진 것으로 추정된다.

오답체크

① 매출 감소폭 : 5.1%, 매출원가 감소폭 : 0.3%
② 매출채권의 규모가 감소되었다.
④ 기초 이익잉여금 + 당기순이익 = 기말 이익잉여금 ➲ 3,300,000 + 1,750,000 = 5,050,000원
⑤ 20×1년 : 16.4%, 20×2년 : 17.1%

02 ④

매출액	19,672,000	
매출채권(순액) 감소	160,000	= 3,124,000 − 2,964,000
대손상각비	(50,000)	
➲ 현금주의 매출액	19,782,000	

03 ⑤

매출원가	(12,197,000)	
재고자산(순액) 증가	(142,000)	= 3,158,000 − 3,016,000
매입채무 증가(감소)	(7,900,000)	
➲ 현금주의 매출원가	(20,239,000)	

참고
• 재고자산을 순액으로 평가하는 경우에는 재고자산금액에 재고자산평가손실금액이 모두 반영된 것이다.
• 재고자산평가손실은 매출원가에 반영되어 있으므로 별도로 조정할 것이 없다.

★★★ 현금흐름분석 종합

04 □□□

A기업의 20×2년 현금흐름표에 기재될 유형자산 취득금액을 계산하면 얼마인가? (단, 당기 중 유형자산처분은 없었다)

① 1,900,000원 ② 2,000,000원 ③ 2,900,000원
④ 5,900,000원 ⑤ 6,900,000원

★★★ 현금흐름분석 종합

05 □□□

A기업의 20×2년 현금흐름표에 기재될 유동성장기부채상환금액을 계산하면 얼마인가?

① 상환금액 없음 ② 1,200,000원 ③ 3,000,000원
④ 4,200,000원 ⑤ 5,200,000원

★★★ 현금흐름분석 종합

06 □□□

A기업의 20×2년 현금흐름표에 기재될 유상증자금액을 계산하면 얼마인가?

① 3,000,000원 ② 3,280,000원 ③ 4,000,000원
④ 7,280,000원 ⑤ 10,560,000원

★★★ 현금흐름분석 종합

07 □□□

다음 중 현금흐름표상 투자활동에 의한 현금흐름에 해당하는 것은?

① 유상증자 ② 주주대여금의 회수 ③ 자기주식 취득
④ 자기주식 처분 ⑤ 배당금 지급

★★★ 현금흐름분석 종합

08 □□□

다음 중 현금흐름표상 영업활동에 의한 현금흐름이 아닌 것은?

① 매출채권 감소 ② 재고자산 증가 ③ 이자비용
④ 감가상각비 ⑤ 당기순이익

★★★ 현금흐름분석 종합

09 □□□ **다음 중 현금의 증가를 발생시키는 거래에 해당하는 것은?**

① 장기차입금의 감소
② 자기주식의 취득
③ 전환사채의 전환
④ 신주인수권부사채의 상환
⑤ 유형자산의 감소(유형자산처분손실 발생)

정답 및 해설

04 ④

유형자산			
기 초	22,000,000	처 분	0
취 득	5,900,000	감가상각비	2,000,000
		기 말	25,900,000
합 계	27,900,000	합 계	27,900,000

05 ②

장기차입금			
유동성대체	1,200,000	기 초	16,500,000
기 말	19,500,000	차 입	4,200,000
합 계	20,700,000	합 계	20,700,000

장기차입금상환액 1,200,000원은 유동성장기부채로 대체(1,200,000원)되므로 당기(20×2년) 장기부채상환금액은 없다.

참고 별다른 가정이 없다면 중도상환은 없는 것으로 본다. 단, 전기말(20X1년) 재무상태표상 유동성장기차입금금액이 상환되는 것이다.

06 ③ 재무상태표에서 증가한 자본잉여금이 없으므로 액면금액을 유상증자한 것을 알 수 있다.
➲ 유상증자 금액 = 7,280,000 − 3,280,000 = 4,000,000원

07 ② 유상증자, 자기주식 취득, 자기주식 처분, 배당금지급은 모두 재무활동에 의한 현금흐름에 해당한다.

08 ④ 감가상각비는 현금흐름에 영향이 없다. 다만, 현금흐름표를 간접법 방식에 따라 작성할 때 현금의 유출이 없는 비용에 가산한다. 이는 당기순이익에 (−)효과, 다시 현금의 유출이 없는 비용에 (+)효과를 가져오므로 전체 현금흐름에는 영향이 없다.

09 ⑤ 유형자산을 처분하게 되면 투자활동으로 인한 현금유입이 발생하게 된다. 유형자산처분손실이 발생하더라도 회사 전체의 현금은 증가한다.

[10 ~ 11]

다음은 A기업의 손익계산서와 재무상태표 중 현금흐름표 작성과 관련된 일부 필요한 자료이다. 이를 이용하여 각 물음에 답하시오.

• 당기순이익	1,000,000원	• 유형자산처분이익	200,000원
• 감가상각비	200,000원	• 기초 유형자산순액	5,000,000원
• 매출채권 증가	500,000원	• 기말 유형자산순액	7,000,000원
• 재고자산 감소	400,000원	• 매도가능증권처분손실	400,000원
• 유형자산처분금액	1,000,000원	• 매입채무 증가	500,000원

★★★ 현금흐름분석 종합

10 □□□ **A기업의 영업활동으로 인한 현금흐름을 계산하면 얼마인가?**

① 1,300,000원 ② 1,800,000원 ③ 2,300,000원
④ 2,800,000원 ⑤ 3,000,000원

★★★ 현금흐름분석 종합

11 □□□ **A기업의 당기 유형자산 취득으로 인한 현금유출액을 계산하면 얼마인가?**

① 1,200,000원 ② 1,400,000원 ③ 1,600,000원
④ 2,200,000원 ⑤ 3,000,000원

★ 현금흐름분석 종합

12 □□□ **A기업의 20×1년 현금흐름과 당기순이익의 차이를 분석한 결과 당기순이익이 영업활동으로 인한 현금유입액보다 큰 금액으로 나타났다. 이에 대한 분석으로 옳지 <u>않은</u> 것은?**

① 자회사의 당기순이익이 크게 증가하여 지분법이익을 인식하였다.
② 거액의 이자비용을 건설중인자산으로 대체하였다.
③ 당기 재고자산 구입액 중 판매된 것이 거의 없었다.
④ 전기 거액의 선수금이 들어왔는데 당기에 모두 판매되었다.
⑤ 당기 구조조정을 통해 공장을 매각하면서 처분이익이 발생하였다.

★ 현금흐름분석 종합

13 다음 중 영업이익은 (+)이나, 영업활동현금흐름은 (-)인 경우 옳은 것은?

□□□

① 이자비용의 증가
② 자회사로부터 배당금 수령
③ 이자수익 증가
④ 모회사에 배당금 지급
⑤ 주식매수선택권 지급

정답 및 해설

10 ②

과 목	금 액	
I. 영업활동에 의한 현금흐름		
1. 당기순이익		1,000,000
2. 현금의 유출이 없는 비용의 가산		600,000
감가상각비	200,000	
매도가능증권처분손실	400,000	
3. 현금의 유입이 없는 수익의 차감		(200,000)
유형자산처분이익	(200,000)	
4. 영업활동으로 인한 자산 · 부채의 변동		400,000
매출채권 증가	(500,000)	
재고자산 감소	400,000	
매입채무 증가	500,000	
합 계		1,800,000

유형자산처분이익은 조정하지만, 유형자산처분금액 그 자체는 투자활동 관련 현금흐름이다.

11 ⑤

유형자산(순액)			
기 초	5,000,000	감가상각비	200,000
취득(현금)	3,000,000	처 분	800,000
		기 말	7,000,000
합 계	8,000,000	합 계	8,000,000

처분금액은 장부가액으로 기록한다. 따라서 처분가액 1,000,000원에서 처분이익 200,000원을 차감한다.

12 ② 영업활동현금흐름과 당기순이익은 동일하게 증가하고, 투자활동현금흐름이 감소한다.

13 ① 이자비용은 영업외비용이므로 영업이익을 감소시키지 않으나 영업활동현금흐름에는 (-) 영향이 있다.

★ 현금흐름분석 종합

14 □□□

A기업의 영업이익은 (+)인데, 영업활동현금흐름은 (−)이다. 다음 중 이러한 결과가 발생하는 데 영향을 미친 내용으로 옳은 것은?

① 차입금에 대한 이자비용이 지출되었다.
② 재고자산평가손실이 과다하게 계상되었다.
③ 감가상각비가 과다하게 계상되었다.
④ 이자수익이 증가하였다.
⑤ 유형자산처분이익이 증가하였다.

★ 현금흐름분석 종합

15 □□□

다음 중 A기업의 당기순이익과 영업활동현금흐름을 모두 증가시키는 항목으로 옳은 것은?

① 대손충당금 환입액
② 외상매입금의 지급
③ 유가증권평가이익
④ 이자수익
⑤ 이자비용

★ 현금흐름분석 종합

16 □□□

A중공업은 지난 3년간 분식회계를 한 것으로 밝혀졌다. 이때, A중공업의 손익계산서와 현금흐름표의 관계를 추정한 것으로 옳은 것은?

① 영업이익이 영업활동으로 인한 현금흐름보다 좋게 나타난다.
② 영업활동으로 인한 현금흐름이 영업이익보다 좋게 나타난다.
③ 투자활동으로 인한 현금흐름이 음(−)의 값을 갖게 된다.
④ 재무활동으로 인한 현금흐름이 음(−)의 값을 갖게 된다.
⑤ 매출을 누락하여 영업이익이 감소한다.

★ 현금흐름분석 종합

17 □□□

영업활동현금흐름이 좋지 않은 제조업을 영위하는 기업에서 나타나는 현상으로서 가장 위험한 상황은 어떤 것인가?

① 재고자산 중 원재료가 크게 증가하였다.
② 재고자산 중 미착상품이 크게 증가하였다.
③ 재고자산 중 재공품이 크게 증가하였다.
④ 재고자산 중 저장품이 크게 증가하였다.
⑤ 재고자산 중 제품이 크게 증가하였다.

★ 현금흐름분석 종합

18 □□□ **다음은 A기업의 최근 3개년 현금흐름표를 요약한 것이다. A기업의 현금흐름분석에 대한 설명으로 옳은 것은?**

(단위 : 억원)

과 목	20×1년	20×2년	20×3년
영업활동으로 인한 현금흐름	50	60	70
투자활동으로 인한 현금흐름	(100)	(120)	(150)
재무활동으로 인한 현금흐름	60	50	90
현금의 증감	10	(10)	10

① 현금보유형 기업의 현금흐름패턴으로서 이러한 기업은 향후 M&A를 시도할 가능성이 높다.
② 성숙형 기업의 현금흐름패턴으로서 이러한 기업은 영업활동으로 인한 현금흐름이 계속 양호한 상태를 유지할 수 있는지를 중점적으로 분석해야 한다.
③ 구조조정형 기업의 현금흐름패턴으로서 이러한 기업은 구조조정이 성공적으로 진행되는지 여부와 향후 영업활동의 위축가능성을 검토해야 한다.
④ 성장형 기업의 현금흐름패턴으로서 이러한 기업은 설비투자의 성공 여부 및 영업활동의 증가가능성에 중점을 두고 분석해야 한다.
⑤ 신생기업형 기업의 현금흐름패턴으로서 현재 영업활동으로 인한 현금흐름도 부족한 상황이며 동시에 투자도 필요한 기업이다. 이러한 기업은 장래에 영업활동으로 인한 현금흐름이 개선될 여지가 있는지를 검토해야 한다.

정답 및 해설

14 ① 이자비용은 영업외비용으로 처리되고, 영업활동현금흐름을 감소시킨다.

오답체크

② 재고자산평가손실은 영업이익을 감소시킨다. 그러나 영업활동현금흐름에는 영향이 없다.
③ 감가상각비가 과다하게 계상되면 영업이익을 감소시킨다. 그러나 영업활동현금흐름에는 영향이 없다.
④ 이자수익은 영업외수익이므로 영업이익을 증가시키는 데 도움이 되지 않으나, 영업활동현금흐름에 포함되므로 영업활동현금흐름은 개선시킨다.
⑤ 유형자산처분이익이 증가하더라도 영업이익에는 영향이 없으며, 투자활동현금흐름을 개선시킬 수 있으나, 영업활동현금흐름에는 영향이 없다.

15 ④ 대손충당금 환입액, 유가증권평가이익은 영업활동현금흐름에 영향이 없다. 외상매입금을 지급하는 것은 당기순이익에 영향이 없다.

16 ① 분식회계를 하는 기업은 매출채권 또는 재고자산을 과대계상하여 영업이익은 양(+)의 값을 나타내지만, 영업활동으로 인한 현금흐름은 개선되지 않는다.

오답체크

②③④ 일반적으로 분식회계를 한 경우 영업활동으로 인한 현금흐름은 악화, 투자활동으로 인한 현금흐름은 악화(단정할 수는 없음), 재무활동으로 인한 현금흐름은 양(+)의 값을 갖는다.

17 ⑤ 완제품의 증가가 큰 경우가 가장 우려스러운 상황이다.

18 ④ 성장형 기업은 영업활동으로 벌어들인 현금으로 투자자금을 모두 조달할 수 없는 형태의 기업이다. 이러한 기업은 투자활동으로 인한 현금유출이 성공적으로 마무리되어 영업활동으로 인한 현금흐름이 개선되어야 한다.

★

현금흐름분석 종합

19 □□□

다음은 A기업의 최근 3개년 현금흐름표를 요약한 것이다. A기업의 현금흐름패턴을 정의한 것으로 옳은 것은?

(단위 : 억원)

과 목	20×1년	20×2년	20×3년
영업활동으로 인한 현금흐름	150	160	160
투자활동으로 인한 현금흐름	(50)	(30)	(40)
재무활동으로 인한 현금흐름	(80)	(100)	(100)
현금의 증감	20	30	20

① 현금보유형 기업 ② 성숙형 기업 ③ 구조조정형 기업
④ 성장형 기업 ⑤ 신생기업형 기업

★

현금흐름분석 종합

20 □□□

다음은 A기업의 최근 3개년 현금흐름표를 요약한 것이다. A기업의 현금흐름패턴을 정의한 것으로 옳은 것은?

(단위 : 억원)

과 목	20×1년	20×2년	20×3년
영업활동으로 인한 현금흐름	30	20	20
투자활동으로 인한 현금흐름	(50)	30	90
재무활동으로 인한 현금흐름	(30)	(60)	(100)
현금의 증감	(50)	(10)	10

① 현금보유형 기업 ② 성숙형 기업 ③ 구조조정형 기업
④ 성장형 기업 ⑤ 신생기업형 기업

★

현금흐름분석 종합

21 □□□

다음은 A기업의 최근 3개년 현금흐름표를 요약한 것이다. A기업의 현금흐름패턴을 정의한 것으로 옳은 것은?

(단위 : 억원)

과 목	20×1년	20×2년	20×3년
영업활동으로 인한 현금흐름	10	(30)	(40)
투자활동으로 인한 현금흐름	(50)	(80)	(10)
재무활동으로 인한 현금흐름	200	10	(50)
현금의 증감	160	(100)	(100)

① 현금보유형 기업 ② 성숙형 기업 ③ 구조조정형 기업
④ 성장형 기업 ⑤ 쇠퇴기업형 기업

★

현금흐름분석 종합

22 다음 중 잉여현금흐름(Free Cash Flow)에 대한 설명으로 옳지 <u>않은</u> 것은?

□□□

① 잉여현금흐름은 DCF 방법으로 기업가치를 평가하는 데 일반적으로 이용되는 방법이다.
② 기업경영을 통해 창출된 현금흐름이 투자에 소요되고 남은 현금흐름을 말한다.
③ 잉여현금흐름을 가중평균자본비용으로 할인하여 기업가치를 계산할 수 있고, 잉여현금흐름이 클수록 기업가치는 감소한다.
④ 기업 입장에서 잉여현금흐름은 기업의 운전자본이나 자본적지출에 투자하고도 남은 현금흐름을 말한다.
⑤ 주주 입장에서 잉여현금흐름은 주주가 기업가치를 감소시키지 않고 소비할 수 있는 현금을 말한다.

★

현금흐름분석 종합

23 다음 중 현금흐름표에 대한 설명으로 옳지 <u>않은</u> 것은?

□□□

① 전통적인 관점에서는 투하자본에 사용된 현금은 현금으로 보지 않는다.
② 직접법은 현금유입액은 원천별로, 현금유출액은 용도별로 분류하여 표시한다.
③ 잉여현금흐름은 보유 중인 자산을 유지하거나 확장하는 데 필요한 금액을 사용한 후에도 기업이 만들어 낼 수 있는 현금흐름을 말한다.
④ 기업의 잉여현금흐름은 영업활동으로 인한 현금흐름에 '이자비용 × (1 − 세율)'을 더하고 자본적지출을 차감하여 계산한다.
⑤ EBITDA는 기업의 자본구조에 영향을 받으므로 부채를 적게 사용할수록 큰 금액이 도출된다.

정답 및 해설

19 ② 성숙형 기업은 영업활동을 통해 창출한 현금을 투자활동에 충당하고도 자금에 여유가 있어 배당금지급, 차입금상환 등을 하는 형태의 기업이다.

20 ③ 구조조정형 기업은 영업활동으로 인한 현금흐름만으로는 이자지급, 채무상환에 소요될 자금을 충당하지 못하여 유휴설비 등을 매각하는 형태의 기업이다. 기업의 계속가능성을 검토하는 동시에 구조조정 후 영업활동을 유지할 수 있는지를 검토해야 한다.

21 ⑤ 쇠퇴기업형 기업은 보유현금을 모두 소진하여 장래에 도산가능성이 높은 형태의 기업이다. 이러한 기업은 향후 영업활동을 통해 현금흐름을 창출할 수 있는지 여부와 도산의 가능성 및 시기 등을 예측하는 것이 중요하다.

22 ③ 잉여현금흐름이 클수록 기업가치는 증가한다.

참고 기업 입장에서 잉여현금흐름(FCF)을 계산하는 방법
- 방법 1 : FCF = EBITDA − CAPEX − 운전자본(➲ 여기서 CAPEX는 자본적지출)
- 방법 2 : FCF = 영업활동으로 인한 현금흐름 + 이자비용 × (1 − t) − CAPEX(➲ 여기서 t는 세율)

23 ⑤ EBITDA는 기업의 자본구조에 영향을 받지 않는다.

★★★ 현금수지분석표

24 □□□

A기업의 감가상각비를 포함한 영업이익률은 20%, 운전자산보유비율은 13%, 매출액 대비 법인세 납부율은 2%이고, A기업의 당기매출액은 200억원이었다. 만약 A기업의 매출액이 10% 증가한다면 A기업의 이자납부 전 영업활동현금흐름 증감액은 얼마인가? (단, 감가상각비 포함 영업이익률 = (영업이익 + 감가상각비)/매출액, 운전자산보유비율 = 운전자산/매출액)

① 1억원 ② 2억원 ③ 1억 4천만원
④ 10억원 ⑤ 14억원

★★ 현금수지분석표

25 □□□

A기업의 감가상각비 등 차감전 영업이익률은 25%, 운전자산보유비율은 15%, 영업 관련 기타자산부채 증가비율은 3%, 매출액 대비 법인세율은 2%이다. (단, 감가상각비 등 차감전 영업이익률은 '영업이익 + 감가상각비 등 비현금비용/매출액'이고, 운전자산보유비율은 '운전자산보유액 / 매출액'임) **A기업의 당기 매출액이 5,000백만원이고, A기업이 매출액이 10% 증가한다면 A기업의 이자납부전 영업활동현금흐름 증가액을 계산한 것으로 옳은 것은?**

① 5백만원 ② 10백만원 ③ 20백만원
④ 25백만원 ⑤ 100백만원

★★ 현금수지분석표

26 □□□

회사가 판매비와관리비에 계상하여야 할 경상연구개발비를 개발비(무형자산)**로 계상하는 방식으로 분식을 한 경우 회사 재무제표에 미치는 영향으로 옳은 것은?**

	당기순이익	영업활동으로 인한 현금흐름
①	증 가	불 량
②	증 가	양 호
③	증 가	변화 없음
④	변화 없음	변화 없음
⑤	변화 없음	양 호

★★★ 현금수지분석표

27 다음 중 영업활동으로 인한 현금흐름이 양호한 것으로 나타나게 하는 분식방법은?

① 선수금 수령액을 매출로 인식하는 방법
② 진행률을 과대계상하는 방법
③ 유형자산처분이익을 과대계상하는 방법
④ 건설중인자산 계정에 공장직원 인건비(노무비)를 계상하는 방법
⑤ 자본적지출을 수익적지출로 계상하는 방법

정답 및 해설

24 ① 매출액 증가에 따른 영업활동현금흐름(이자지급 전) 증감액
= 매출액 증가액 × (감가상각비 포함 영업이익률 – 운전자산보유비율 – 매출액에 대한 법인세 납부율)
= 200억 × 10% × (20% – 13% – 2%) = 1억원

25 ④ 5,000백만원 × 10% × (25% – 15% – 3% – 2%) = 25백만원

26 ② 영업활동현금유출로 표시될 항목이 투자활동유출액으로 표시된다.

27 ④ 영업활동현금유출은 감소하여 양호하게 나타나고, 투자활동현금유출은 과대계상된다.

오답체크

① 당기순이익과 영업활동현금흐름이 일치하는 방향이다.
② 진행률을 과대계상하는 방법은 당기순이익이 양호한 것으로 나타날 뿐이다.
③ 유형자산처분이익은 영업활동현금흐름과 관련이 없다.
⑤ 영업활동현금흐름은 불량하게 나타난다.

★ 현금수지분석표

28 □□□ **현금수지분석에서 매출채권이 대폭 증가하였음을 확인할 수 있다. 이러한 원인으로 적합하지 않은 것은?**

① 외상기간의 확대(신용정책의 변경)
② 부실채권(불량채권)의 발생
③ 가공매출채권 인식
④ 매출채권 담보설정
⑤ 매출채권회전기간의 증가

★ 현금수지분석표

29 □□□ **현금수지분석에서 재고자산이 대폭 증가하였음을 확인할 수 있다. 이러한 원인으로 적합하지 않은 것은?**

① 원재료 가격상승을 통한 재고자산 선구매
② 신사업 실패
③ 진부화재고의 누적
④ 가공자산(분식회계)
⑤ 구매처의 신용기간 축소

★ 현금수지분석표

30 □□□ **현금수지분석에서 매입채무가 대폭 증가하였음을 확인할 수 있다. 이러한 원인으로 적합하지 않은 것은?**

① 특수관계자인 구매처로부터의 신용기간 지원
② 공급처의 신용기간 확대
③ 매입채무상환의 연장
④ 구매자금대출제도의 활용
⑤ 현금결제를 약속어음결제로 변경

★ 현금수지분석표

31 □□□ **다음 중 현금수지분석표에서 매출액 및 현금지출 매출원가에 대한 분석과 관련된 사항으로 옳지 않은 것은?**

① 매출액의 증감분석을 해야 한다.
② 해당 기업의 기술력은 분석대상이 아니다.
③ 매출원가의 구성비를 파악해야 한다.
④ 매출원가의 주요 변수를 파악해야 한다.
⑤ 환율, 국제원자재 가격, 소비자물가지수 등을 함께 파악해야 한다.

★ 현금수지분석표

32 다음 중 현금수지분석표 및 현금순환분석표의 분석과 관련된 사항으로 옳지 <u>않은</u> 것은?

① 매출채권이 과다하거나 급증하고 있는 경우에는 매출채권의 건전성에 대해 분석해야 한다.
② 판매관리비는 인건비, 관리비, 판매비, 연구개발비 등으로 구분하여 분석하는 것이 유용하다.
③ 재고자산이 급증한 경우에는 가공재고자산의 가능성도 검토해보아야 한다.
④ 감가상각비나 퇴직급여는 비현금성항목으로 분류하고, 영업이익에서 가산하여 영업활동으로부터의 원천금액을 계산한다.
⑤ 비현금성비용이 증가하면 현금성 판매비와관리비는 감소하게 된다.

★ 현금수지분석표

33 현금수지분석표에서 투자자산 증감액란에 '(−)1억원'이 기재되어 있다. 이러한 수치가 의미하는 바를 가장 잘 표현한 것은?

① 당기 투자자산을 1억원에 취득하였다.
② 당기 투자자산을 1억원에 처분하였다.
③ 당기 투자자산 취득과 처분이 모두 발생한 경우, 투자자산 처분으로 인한 현금유입액이 투자자산 취득으로 인한 현금유출액보다 1억원 더 많았다.
④ 당기 투자자산 취득과 처분이 모두 발생한 경우, 투자자산 취득으로 인한 현금유출액이 투자자산 처분으로 인한 현금유입액보다 1억원 더 많았다.
⑤ 당기 투자자산을 취득하여 현금유출된 금액이 외부자금조달액보다 1억원 더 많다.

정답 및 해설

28 ④ 매출채권 담보설정은 매출채권 증가의 직접적인 원인이 아니다. 단, 현금수지분석을 하면서 동시에 고려할 사항이다.

29 ⑤ 구매처의 신용기간 축소는 매입채무와 관련성이 높다.

30 ④ 구매자금대출제도를 활용하면 회계상 매입채무는 오히려 감소하고 단기차입금이 증가할 수 있다.

31 ② 현금수지분석표를 분석하면서 단순히 현금 그 자체의 변동요인만 분석하지 않고 그 원인이 되는 사항을 함께 분석해야 한다. 따라서 매출현금흐름과 함께 매출액 증감원인(경기변동, 시장점유율, 노사분규 등)과 해당 기업의 기술력, 고객의 구성, 제품구성비 등도 함께 검토해야 한다.

32 ⑤ 비현금성비용이 증가한다고 하여 현금성 판매비와관리비가 반드시 감소하지는 않는다. 현금흐름표의 작성 원리와 현금의 증감이 반드시 일치하는 것은 아니다.

33 ④ 투자자산 증감란의 금액은 취득과 처분을 모두 나타낸다.

★ 현금수지분석표

34 □□□ **현금수지분석표 작성에 관한 설명 중 옳지 않은 것은?**

① 현금지출 매출원가에 기재하는 감가상각비는 제조원가명세서상 금액을 기재한다.
② 현금판매비와관리비에는 기재하는 감가상각비는 판매비와관리비에 계상된 감가상각비를 기재한다.
③ 기타 영업활동으로 인한 현금흐름액에 기재하는 영업외수익에서 법인세 환수액을 가산한다.
④ 기타 영업활동으로 인한 현금흐름액에 기재하는 영업외비용에서 이자비용을 차감한다.
⑤ 배당금지급액은 전기이익잉여금처분계산서상 현금배당액과 당기 중간배당액을 합산하여 기재한다.

★ 현금수지분석표

35 □□□ **현금수지분석표 작성 시 '4. 현금판매비와관리비'를 계산함에 있어서 '4-1 판매비와관리비'에 손익계산서상 판매비와관리비를 기재하였다. '4-4 감가상각비'에 손익계산서상 판매비와관리비에 기재된 금액을 (㉠) 부호로 기재하고, '4-5 퇴직급여'에 손익계산서상 판매비와관리비에 기재된 금액을 (㉡) 부호로 기재한다. ㉠, ㉡에 들어갈 내용으로 옳은 것은?**

	㉠	㉡
①	+	+
②	+	−
③	−	+
④	−	−
⑤	상관없음	상관없음

★ 현금수지분석표

36 □□□ **A기업이 일반기업회계기준에 따라 작성한 현금흐름표상 '영업활동으로 인한 현금흐름'과 은행에서 작성한 A기업의 현금수지분석표상 '영업활동 후의 현금흐름'에 차이가 발생하였다. 위의 현금흐름표와 현금수지분석표가 정확하게 작성되었다고 가정할 경우, 이와 같은 차이점이 발생한 원인에 대한 분석 결과로 옳지 않은 것은?**

① 본사 건물에 대한 감가상각비는 현금흐름표에는 반영되지 않았으나 현금수지분석표에는 반영되었다.
② 현금흐름표상 영업활동으로 인한 현금흐름은 이자비용을 반영한 후의 금액이나, 현금수지분석표상 영업활동 후의 현금흐름은 이자비용을 반영하기 전의 금액이다.
③ 사채할인발행차금 상각액은 현금흐름표상 영업활동으로 인한 현금흐름에는 반영되어 있으나, 현금수지분석표상 영업활동 후 현금흐름에는 반영되어 있지 않다.
④ 공장에 근무하는 직원에 대한 퇴직급여충당금 전입액은 현금흐름표와 현금수지분석표에 모두 반영되었다.
⑤ 장기매출채권에 대한 현재가치할인차금 상각액은 현금수지분석표에는 반영되지 않았으나 현금흐름표에는 반영되었다.

★ 현금수지분석표

37 □□□ **A기업의 현금수지분석표를 분석한 결과 '영업활동 후 현금흐름'이 지속적으로 감소하고 있는 것으로 나타났다. 이러한 경우 A기업의 검토하여야 할 재무비율로 적합하지 않는 것은?**

① 재고자산회전율　② 비유동비율　③ 매출총이익률
④ 매입채무회전율　⑤ 영업이익률

★ 현금순환분석표

38 □□□ **A주식회사의 현금수지분석표 및 현금순환분석표에 관련된 다음 설명 중 옳지 않은 것은?**

① 유형자산 투자가 계속적으로 감소하고 있는 경우, 운용리스는 금융리스로 가정하여 현금수지분석표를 재작성하는 것을 고려하여야 한다.
② 재무제표 주석에 기재된 건설중인자산에 자본화한 금액이 있다면 이 금액을 현금수지분석표와 이자비용지급액에 포함하여 이자지급능력을 검토하는 것이 바람직하다.
③ 영업활동 후 현금흐름이 음수(−)인 회사는 상법상 배당금을 지급할 수 없다.
④ 제조업의 매출원가 분석에서는 제조원가에서 큰 비중을 차지하는 원가항목을 파악한 다음 그 원가를 발생시키는 주요변수를 파악하는 것이 바람직하다.
⑤ 현금순환분석표를 통해 기업의 영업활동현금흐름을 구성하는 주요 부분인 영업이익, 운전자산의 변동, 기타영업 관련 자산·부채의 변동을 알 수 있다.

정답 및 해설

34 ③ 법인세 환수액은 별도로 법인세 납부액에서 반영하여 조정한다. 따라서 영업외수익에서 환수액은 차감(제거)하여야 한다.

35 ① '4-1 손익계산서상 판매비와관리비'에 포함된 비현금유출거래인 감가상각비와 퇴직급여를 1+1로 기재한다.

36 ① 감가상각비는 현금흐름표와 현금수지분석표에 모두 반영된다.

37 ② 부채비율, 비유동비율 등은 영업활동현금흐름과 직접 관련 있는 비율로 보기 어렵다.

38 ③ 상법상 배당금은 이익잉여금이 있기만 하면 된다.

★
현금수지분석표

39 □□□ **제조업을 영위하는 A기업의 현금수지분석표 중 일부분이다. 이와 관련된 다음의 설명 중 옳은 것은?**

〈현금수지분석표〉

(단위 : 백만원)

항 목	×1	×2	×3
1. 매출을 통한 현금유입액	70,000	90,000	130,000
1-1 순매출액	80,000	98,000	140,000
1-2 매출채권 증감액	-10,000	-8,000	-10,000
2. 현금지출매출원가	-36,650	-56,100	-101,450
2-1 매출원가	-40,000	-50,000	-80,000
2-2 재고자산 증감액	-12,000	-18,500	-20,000
2-3 매입채무 증감액	15,000	12,000	-2,000
2-4 감가상각비	200	200	300
2-5 퇴직급여	150	200	250
3. 현금매출총이익	33,350	33,900	28,550

① 최근 3년 동안 매출채권잔액이 증가한 금액의 누계는 10,000백만원이다.
② 최근 3년 동안 재고자산이 감소한 금액의 누계는 50,500백만원이다.
③ 최근 3년 동안 매입채무가 증가한 금액의 누계는 29,000백만원이다.
④ 2-4와 2-5에 기재된 감가상각비와 퇴직급여는 기업에서 작성한 손익계산서를 보면 알 수 있다.
⑤ 최근 3년 동안 현금매출총이익률은 감소하고 있다.

★ 현금수지분석표

40 □□□ **다음은 A주식회사('회사') 현금수지분석표의 일부분을 나타낸 것이다. 동사의 현금흐름에 대해 설명한 다음 내용 중 옳지 않은 것은?**

〈현금수지분석표〉

(단위 : 백만원)

항 목	×1	×2	×3
1. 매출을 통한 현금유입액	40,000	55,000	60,000
1-1 순매출액	45,000	56,000	62,000
1-2 매출채권 증감액	−5,000	−1,000	−2,000
2. 현금지출매출원가	−40,300	−50,700	−56,600
2-1 매출원가	−40,000	−52,000	−58,000
2-2 재고자산 증감액	−2,000	−1,000	−1,000
2-3 매입채무 증감액	1,000	1,500	1,500
2-4 감가상각비(제조원가)	500	500	500
2-5 퇴직급여(제조원가)	200	300	400
3. 현금 매출 총 이익(1+2)	−300	4,300	3,400
4. 현금판매비 및 일반관리비	−1,800	−2,060	−2,800
5. 현금영업이익(3+4)	−2,100	2,240	600
6. 기타영업활동에 의한 현금흐름액	−4,000	1,000	−3,000
7. 영업활동 후의 현금흐름액(5+6)	−6,100	3,240	−2,400
8. 이자비용과 배당금 지급액	−5,000	−5,000	−5,000
9. 이자지급 후의 현금흐름액(7+8)	−11,100	−1,760	−7,400
10. 유동성장기차입금 상환액	−50	0	0
11. 유동성장기차입금상환후 현금흐름액(9+10)	−11,150	−1,760	−7,400

① 회사는 영업활동에서 조달한 현금으로 유동성장기차입금은 물론, 이자와 배당금도 지급할 능력이 없다.

② 회사의 영업활동 현금흐름에 '매출채권의 증가'보다 '재고자산의 증가'가 더 부정적인 효과를 미친다.

③ 회사의 판매비와관리비의 현금지출액이 계속 증가하고 있다.

④ 회사는 정기적으로 이자 또는 배당금을 지급하고 있다.

⑤ 회사의 매입채무가 매년 감소하는 것은 회사의 영업활동현금흐름이 좋지 않은 원인 중의 하나가 된다.

정답 및 해설

39 ⑤
- ×1 : 33,350 ÷ 70,000 ≒ 48%
- ×2 : 33,900 ÷ 90,000 ≒ 38%
- ×3 : 28,550 ÷ 130,000 ≒ 22%

오답체크

① 매출채권잔액 증가금액의 합계액은 28,000백만원이다.
② 재고자산이 증가한 금액의 합계액은 50,500백만원이다.
③ 최근 3년 동안 매입채무가 증가한 금액의 누계는 25,000백만원이다.
④ 제조원가와 관련된 현금흐름은 손익계산서를 통해 확인할 수 없다. (제조원가명세서는 공시되는 재무제표에 해당하지 아니함)

40 ② 최근 3년간 매출채권의 증가금액(8,000백만원)이 재고자산의 증가금액(4,000백만원)보다 크기 때문에 매출채권의 증가가 재고자산의 증가보다 부정적인 영향을 미친다.

[41~ 46]

다음은 ㈜A의 당기 회계연도 재무상태표 일부자료와 손익계산서이다. 이 자료를 토대로 물음에 답하시오.

〈재무상태표 일부 자료〉

(단위 : 백만원)

과 목	기초잔액	기말잔액
현금및현금성자산	500	600
매출채권	1,500	1,200
재고자산	400	450
선급비용	200	180
기타유동자산	1,000	1,250
투자자산	2,000	2,550
유형자산	8,500	9,000
매입채무	1,800	1,950
단기차입금	2,500	2,250
미지급비용	150	200
당기법인세부채	200	250
유동성장기부채	500	400
사 채	3,000	3,450
장기차입금	1,200	1,800
퇴직급여충당부채	800	900
기타고정부채	200	250
자본금	2,000	2,000
자본잉여금	800	800
이익잉여금	1,000	2,040

〈손익계산서〉

(단위 : 백만원)

과 목	금 액	
매출액		18,000
매출원가		11,000
감가상각비	300	
퇴직급여	700	
기타매출원가	10,000	
판매비와관리비		8,500
감가상각비	100	
퇴직급여	100	
기타판매비와관리비	8,300	
영업외수익		300
사채상환이익	20	
유형자산처분이익	30	
기타영업외수익	250	
영업외비용		1,000
이자비용	800	
투자자산손상차손	100	
기타영업외비용	100	
법인세차감전순이익		1,800
법인세비용		360
당기순이익		1,440

★ 현금수지분석표

41 □□□ **위 재무상태표와 손익계산서를 이용하여 ㈜A의 현금수지분석표상 기재할 법인세 납부액을 계산한 것으로 옳은 것은?**

① 260백만원 ② 310백만원 ③ 330백만원
④ 360백만원 ⑤ 410백만원

정답 및 해설

41 ② −360(법인세비용) + 250(기말 당기법인세부채) − 200(기초 당기법인세부채) = −310

★ 현금수지분석표

42 □□□ **위 재무상태표와 손익계산서를 이용하여 ㈜A의 현금수지분석표상 기재할 영업 관련 기타 비유동부채 증감액 계산한 것으로 옳은 것은?**

① 400백만원 감소 ② 450백만원 감소 ③ 550백만원 감소
④ 650백만원 감소 ⑤ 850백만원 감소

★ 현금수지분석표

43 □□□ **위 재무상태표와 손익계산서를 이용하여 ㈜A의 현금수지분석표상 기재할 유동성장기부채 상환액을 계산한 것으로 옳은 것은?**

① 100백만원 ② 300백만원 ③ 400백만원
④ 500백만원 ⑤ 900백만원

★ 현금수지분석표

44 □□□ **위 재무상태표와 손익계산서를 이용하여 ㈜A의 현금수지분석표상 기재할 유형자산 증감액을 계산한 것으로 옳은 것은?**

① 870백만원 감소 ② 900백만원 감소 ③ 930백만원 감소
④ 870백만원 증가 ⑤ 900백만원 증가

★ 현금수지분석표

45 □□□ **위 재무상태표와 손익계산서를 이용하여 ㈜A의 현금수지분석표상 기재할 투자자산 증감액을 계산한 것으로 옳은 것은?**

① 550백만원 감소 ② 650백만원 감소 ③ 800백만원 감소
④ 550백만원 증가 ⑤ 650백만원 증가

★ 현금수지분석표

46 □□□ **위 재무상태표와 손익계산서를 이용하여 ㈜A의 현금수지분석표상 기재할 장기차입금 증감액을 계산한 것으로 옳은 것은?** (단, 장기차입금에 사채를 포함한다)

① 1,430백만원 감소 ② 1,450백만원 감소 ③ 1,430백만원 증가
④ 1,450백만원 증가 ⑤ 1,470백만원 증가

★ 현금수지분석표

47 다음 중 현금수지분석표에서 영업활동 후 현금흐름이 음수인 경우 그 원인을 파악하기 위해 검토할 지표로 보기 어려운 것은?

① 매출채권회전기간　② 재고자산회전기간　③ 매출액총이익률
④ 부채비율　⑤ 유동비율

정답 및 해설

42 ④ −700(퇴직급여) − 100(퇴직급여) + 900(기말 퇴직급여충당부채) − 800(기초 퇴직급여충당부채) + 250(기말 기타고정부채) − 200(기말 기타고정부채) = −650

43 ④ 유동성장기부채는 전기말잔액(기초잔액)이 당기 상환되는 것을 전제로 한다. 당기말 유동성장기부채는 장기차입금이 당기말 대체된 것이다.

44 ① 8,500(기초) − 9,000(기말) − 300(감가상각비) − 100(감가상각비) + 30(유형자산처분이익) = −870

참고 별해

기 초	8,500	감가상각비	400
증 가	900	기 말	9,000
합 계	9,400	합 계	9,400

−900 + 30(처분이익) = −870

45 ② −2,550(기말) + 2,000(기초) − 100(손상차손) = −650

46 ⑤

유동성장기부채(대체)	400	기초 장기차입금	1,200
기말 장기차입금	1,800	기초 사채	3,000
기말 사채	3,450	차 입	1,450
합 계	5,650	합 계	5,650

1,450 + 20(사채상환이익) = 1,470(증가)

47 ④ 부채비율은 직접적인 영업활동과는 관련이 없다.

오답체크

⑤ 유동비율이 높은 기업은 운전자본 투자로 인해 영업활동 후 현금흐름이 불량하게 될 수 있다.

■ 출제비중 및 출제경향

제3장 시장환경분석에서는 총 16문항이 50점 배점으로 출제된다. 본 장에서는 경기분석과 산업분석에 대한 개념을 바탕으로 풀 수 있는 문제가 주로 출제된다.

구 분	출제문항 수	페이지
제1절 경기분석 및 경제정책	5 ~ 6문제	p.240
제2절 산업분석	5 ~ 7문제	p.262
제3절 경영진단	4 ~ 6문제	p.285

제3장
시장환경분석

제1절 | 경기분석 및 경제정책

01 경제통계 ★★★

1. 경제통계의 정의 및 분류

경제통계(Economic Statistics)란 사회현상에 관한 통계 중 경제의 모든 변수(變數)에 관한 통계를 일컫는 말이다. 이는 명목기준통계와 실질기준통계로 나누어 살펴볼 수 있다.

① 명목기준통계 : 통계를 작성하는 당시 기준의 시장가격으로 작성된 통계를 말한다.

② 실질기준통계 : 특정 연도의 가격으로 평가하여 작성되거나 물량 단위로 작성되는 통계를 말한다. 실질기준통계는 물가지수를 분모로 하여 작성된다.

2. 기본개념

(1) 유량통계와 저량통계

① 유량(Flow)통계

일정 기간을 기준으로 파악된 통계량의 흐름을 의미하며, 유량통계에는 국민소득, 국제수지, 생산, 소비 관련 통계가 있다.

예 일정 기간의 국민소득이나 국제수지에 대한 통계

② 저량(Stock)통계

특정 시점을 기준으로 파악된 통계량의 존재량을 의미하며, 저량통계는 인구, 실업률, 물가, 통화량 관련 통계가 있다.

예 특정 시점의 인구와 실업률에 대한 통계

(2) 유량과 저량과의 관계

유량과 저량 사이에는 다음과 같은 관계가 성립한다.

전기말 저량(Stock) + 당기 중 순유량(net flow) = 당기말 저량(stock)

예
- 전기말 금융기관의 대출잔액 = 1,000만원
- 당기 중 800만원 신규 대출, 300만원 상환
- 당기말 금융기관의 대출잔액 : 1,000만원(저량) + 800만원(유량) − 300만원(유량) = 1,500만원(저량)

(3) 연율(年率)

연율이란 월별, 분기별, 반년 기준으로 본 통계치를 1년 기준으로 고치는 것을 말한다. 즉, 비교 대상기간이 다른 변동률을 1년이라는 동일한 비교 기준으로 작성하는 것을 의미한다. 국민소득통계를 예로 들면 어느 1분기의 실질GNP(국민총생산)가 1조원이라면 그것을 4배한 4조원이 연율 환산한 값이다. 또 2/4분기의 실질경제성장률이 전분기에 비해 1%인 경우 1.01^4한 값인 4.06%가 연율 환산한 성장률이 된다.

02 국민소득 ★★★

1. 국민소득의 구분

(1) 국내총생산(Gross Domestic Product, GDP)

일정 기간 동안 한 나라의 국경 안에서 생산된 모든 최종생산물의 시장가치로, 국내의 총생산량에서 중간투입량을 제외한 가치를 말한다. GDP는 외국인이든 우리나라 사람이든 국적을 불문하고 우리나라 국경 내에서 이루어진 생산활동을 모두 포함하는 개념이다. 즉, GDP는 한 국가의 영역 내에서 가계, 기업, 정부 등 모든 경제주체가 일정 기간 동안 생산활동에 참여하여 창출한 부가가치 또는 최종 생산물을 시장가격으로 평가한 합계이다. GDP는 우리나라에서 생산된 모든 소득을 뜻하므로, 국내에 거주하는 비거주자(외국인)에게 지불되는 소득과 국내 거주자가 외국에 용역을 제공함으로써 수취한 소득도 포함된다.

(2) 국민총소득(Gross National Income, GNI)

한 나라의 국민이 일정 기간 생산활동에 참여한 대가로 벌어들인 소득의 합계로서, 국민총소득은 우리나라 사람과 기업을 기준으로 작성한다. 따라서, 국내총생산(GDP)과는 국외순수취요소소득만큼 차이가 난다.

국민총소득(GNI) = 국민총생산(GDP) + 국외순수취요소소득[1]

[1] 국외순수취요소소득 : 우리나라 사람이 외국에서 벌어들인 소득 - 외국인이 우리나라에서 벌어간 소득

2. 국민소득통계의 활용

(1) 경제성장률

경제성장률은 실질GDP(국내총생산)성장률로 전년도 대비 당해 연도에 얼마나 GDP성장률이 증가하였는지를 나타내는 것이다.

$$\text{GDP성장률(\%)} = \frac{\text{당해 연도 실질GDP} - \text{전년도 실질GDP}}{\text{전년도 실질GDP}} \times 100$$

(2) 저축률과 투자율

저축률은 저축을 국민소득(이는 국민총처분가능소득(Gross National Disposable Income)을 말한다)을 나눈 값을 말한다. 저축은 투자의 재원으로 사용되는데 국내저축으로 국내총투자를 충당하고 남은 부분은 외국에 빌려주게 되는 국외투자로 이어지게 되며 이러한 관계를 나타내면 다음과 같다.

총저축률 = 국내총투자율 + 국외투자율

(3) 노동소득분배율

노동소득분배율은 피용자보수를 국민총소득(GNI)으로 나누어 분석한다.

$$\text{노동소득분배율} = \frac{\text{피용자보수}}{\text{국민총소득(GNI)}} \times 100$$

(4) 조세부담률

조세부담률은 조세수입을 국민총소득(GNI)으로 나누어 분석한다.

$$\text{조세부담률} = \frac{\text{조세수입}}{\text{국민총소득(GNI)}} \times 100$$

03 물가지수 ★

1. 물가지수의 정의

(1) 물가지수

① 물가지수는 물가의 변동을 파악하기 위하여 작성되는 지수이다.

② 물가지수는 여러 가지 상품들의 가격을 특수한 방식으로 평균하여 하나의 숫자로 나타낸 것으로서 어느 시점의 물가를 100으로 놓고 비교되는 다른 시점의 물가를 지수로 표시한다. 예를 들어, 특정 시점의 물가지수가 120이라면 이 시점의 물가는 기준 시점보다 20% 오른 것이고, 80이라면 20% 떨어진 것이다.

2. 물가지수의 종류

물가지수의 종류는 생산자물가지수, 소비자물가지수, 수출입물가지수로 나누어 볼 수 있다.

(1) 생산자물가지수

① 생산자물가지수는 생산자들이 판매하는 상품이나 서비스의 가격변동을 나타내는 지수이다. 국내에서 생산되어 국내시장에 공급하는 모든 재화나 용역을 조사대상으로 하고 있다.

② 조사기준 가격은 국내 생산자의 출하가격인 부가가치세를 제외한 생산자 판매가격을 원칙으로 한다.

③ 다른 물가지수보다 포괄범위가 넓으며 전반적인 상품의 수급동향을 반영하고 있다.

④ 시장동향분석, 구매 및 판매 계약 등에 활용할 수 있다.

(2) 소비자물가지수

① 소비자물가지수

소비자물가지수는 소비자가 구입하는 상품이나 서비스의 가격변동을 나타내는 지수로, 가계의 평균 생활비나 구매력 변동을 측정하기 위한 지표로 이용된다. 소비자물가지수는 특정 가구나 계층을 대상으로 측정한 것이 아니라 전체 도시가구를 대상으로 측정한 것으로, 실제 소비자들이 느끼는 체감물가와 차이가 난다는 점이 문제점으로 지적되고 있다. 소비자물가지수는 전체 도시가구를 대상으로 하는 평균가구의 물가변동을 측정하기 때문에 개별가구의 물가변동인 체감물가와 차이가 나는 것이다.

② 생활물가지수

소비자물가지수의 보조지표로서 소비자의 체감물가를 파악하기 위해 생활물가지수가 활용되고 있다. 생활물가지수는 일상생활에서 소비자들이 자주 구입하는 물품과 기본생필품을 대상으로 작성한다. 2015년 기준 생활물가지수의 대상품목은 두부, 라면, 돼지고기, 쌀, 닭고기 등 자주 구입하거나 소비지출 비중이 높아 가격변동을 민감하게 느끼는 품목들과 자주 구입하지는 않지만 일상생활을 영위하는 데 필수적인 141개 품목으로 구성되어 있다.

(3) 수출입물가지수

수출입물가지수는 수출입상품의 가격변동을 파악하고 그 가격변동이 국내물가에 미치는 영향을 사전에 측정하기 위하여 작성되는 지수로서 한국은행에서 매월 초 전월 가격을 조사하여 작성한다.

04 국제수지 ★★

1. 경상수지

국가 간 상품 및 서비스의 수출입, 자본 노동 등 생산요소의 이동에 따른 대가의 수입과 지급을 종합적으로 나타낸 것으로, 국제수지를 이루는 중요한 요소이다.

(1) 상품수지

상품의 수출과 수입의 차이를 나타낸 항목으로 경상수지의 가장 큰 부분을 차지한다.

(2) 서비스수지

외국과의 서비스 거래(예 운수, 여행, 건설, 보험 등) 결과 벌어들인 돈과 지급한 돈의 차이를 말한다.

(3) 본원소득수지

우리나라 국민이 해외에서 받은 급료, 임금 및 투자소득과 외국인이 국내에서 받은 급료, 임금 및 투자소득의 차이를 말한다.

(4) 이전소득수지

거주자와 비거주자 사이에 아무런 대가 없이 주고받은 돈의 차이를 말한다.

예 해외교포와 국내 친척 간의 송금, 종교기관이나 자선단체의 기부금, 정부 간 무상원조

2. 자본·금융 계정

자본수지는 자본이전과 비생산·비금융자산의 취득과 처분을 포함하며, 금융계정은 투자계정과 준비자산으로 구분할 수 있다. 투자계정은 직접투자, 증권투자, 파생금융상품, 기타투자 등으로 구분할 수 있고, 준비자산은 외환보유액 변동분 중 거래적 요인에 의한 것만 포함한다.

05 환율 ★★★

환율이란 서로 다른 통화 간의 교환비율로 즉, 한 나라의 화폐가치를 다른 나라의 화폐가치로 표현한 것이다. 예를 들어, 1달러당 원화 환율이 1,300원이라는 말은 1달러를 사기 위해서 1,300원을 지불해야 한다는 말이다. 따라서 1달러당 환율이 1,300원에서 1,500원으로 상승했다는 말은 1달러의 가치가 200원만큼 상승한 것을 의미하며 상대적으로 원화의 가치는 200원만큼 하락한 것을 의미한다. 그렇기 때문에 환율이 상승하여 원화의 가치가 하락한 것을 일컬어 '평가절하'되었다고 말하며 달러강세, 원화 약세라는 표현을 쓴다. 반대로 환율이 하락하여 원화의 가치가 상승한 경우는 '평가절상'되었다고 말한다. 이렇듯 환율이 상승 혹은 하락하느냐에 따라 다양한 현상이 발생하는데 이를 살펴보면 다음과 같다.

1. 환율하락

환율이 하락하면 원화가치가 상승(원화절상)하게 된다. 예를 들어 1달러가 1,100원에서 1,000원으로 하락했다면 100원 싼 가격으로 달러를 살 수 있기 때문에 원화는 평가절상되는 것이다. 환율이 하락하면 일반

적으로 수출이 줄어든다. 예를 들어, 1,000원짜리 상품을 1달러에 수출하던 것이 환율이 떨어져 500원이 되었다면 2달러에 수출하게 된다. 따라서 달러화 표시 수출가격이 상승하여 수출상품의 가격경쟁력이 떨어지고, 수출이 줄어드는 것이다. 반대로, 환율하락에 따라 수입상품의 가격은 떨어져 수입이 증가하는 현상이 일어난다. 수출이 감소하고 수입이 증가하므로 경상수지는 악화된다. 또한 환율하락은 수입원자재의 가격부담이 줄어들어 국내 물가를 하락시키고, 외화차입기업의 경우 원리금이 감소하게 된다.

2. 환율상승

환율이 상승하면 원화가치가 하락(원화절하)하게 된다. 예를 들어, 1달러가 1,000원에서 1,100원으로 상승했다면 100원 비싼 가격으로 달러를 사야 하므로 원화는 평가절하되는 것이다. 환율이 상승하면 일반적으로 수출이 늘어난다. 예를 들어, 1,000원짜리 상품을 1달러에 수출하던 것이 환율이 상승하여 2,000원이 되었다면 0.5달러에 수출하게 된다. 따라서 달러화 표시의 수출가격이 하락하여 수출상품의 가격경쟁력이 생기고, 수출이 증가한다. 반대로, 환율상승에 따라 수입상품의 가격은 높아져 수입이 감소하는 현상이 일어난다. 수출이 증가하고 수입이 감소하므로 경상수지는 개선된다. 또한 환율상승은 수입원자재의 가격부담이 늘어나 국내 물가를 상승시키고, 외화차입기업의 경우 원리금이 증가하게 된다.

✓ 핵심체크

구 분	환율하락	환율상승
원화가치	원화절상	원화절하
수 출	수출 감소	수출 증대
수 입	수입 증가	수입 감소
경상수지	악 화	개 선
물 가	물가하락	물가상승
외화차입기업	원리금 감소	원리금 상승

06 통화 ★★

1. 통화의 개념

통화(Currency)란 거래에서 지급수단·유통수단으로서의 기능을 지닌 은행권과 정부 발행의 지폐·주화를 의미한다.

2. 통화의 특성

통화는 다음의 4가지 특성을 가지고 있다.

① 교환의 매개 예 재화와 용역의 맞교환
② 가치의 저장 예 부의 축적
③ 회계단위 기능 예 재무제표 작성단위
④ 이연지급의 기준 예 외상거래

3. 통화의 구분

(1) 협의통화(M1)

협의통화(M1)는 지급수단으로서의 화폐의 지급결제기능을 중시한 통화지표로서 민간이 보유하고 있는 현금과 예금취급기관의 결제성예금의 합계이다. 결제성예금은 수표발행, 자동이체서비스 등 입출금이 자유로워 바로 현금과 교환될 수 있기 때문에 협의통화(M1)에 포함된다. 이 같은 결제성 예금에는 예금취급기관의 당좌예금, 보통예금 등 요구불예금과 저축예금, 시장금리부 수시입출식예금(MMDA), 머니마켓펀드(MMF) 등 수시입출식예금이 포함된다.

(2) 광의통화(M2)

광의통화(M2)는 화폐의 거래적인 기능뿐만 아니라 가치를 저장하는 수단으로서의 기능까지 포괄한다. M1(협의통화)에 예금취급기관의 각종 저축성예금, 시장형 금융상품, 실적배당형 금융상품, 금융채, 거주자 외화예금 등을 더한 것이다. 다만, 유동성이 낮은 만기 2년 이상의 장기금융상품은 제외한다. 광의통화(M2)에는 기간물 정기예적금 및 부금 등 단기 저축성 예금뿐만 아니라 시장형 금융상품, 실적배당형 금융상품 등을 포함한다. 이들 금융상품이 거래적 수단보다는 자산을 증식하거나 미래의 지출에 대비한 일정 기간 저축수단으로 보유되지만, 약간의 이자소득만 포기한다면 언제든지 인출이 가능하여 결제성예금과 유동성 면에서 큰 차이가 없다고 보기 때문이다.

(3) 금융기관유동성(Lf)

금융기관유동성(Lf)은 광의통화(M2)에 만기 2년 이상 정기예적금, 만기 2년 이상 장기금전신탁, 유가증권 청약증거금, 통화금융기관이 발행하는 금융채, 환매채(RP), 상업어음 등을 포함한다.

(4) 광의유동성(L)

한 나라의 경제가 보유하고 있는 전체 유동성의 크기를 측정하는 지표를 말한다. 금융기관유동성(Lf)에 정부 및 기업 등이 발행한 유동성 시장금융상품(여신전문기관의 채권, 예금보험공사채, 자산관리공사채, 자산유동화전문회사의 자산유동화증권, 국채, 지방채, 기업어음, 회사채 등)을 더한 개념이다.

한 나라 경제 유동성 측정지표가 M1 < M2 < Lf < L의 구조를 이룬다고 보면 된다.

- M1(협의통화) : 민간이 보유한 현금 + 결제성예금
- M2(광의통화) : M1 + 정기예금(적금), 외화예금, CD 등(만기 2년 미만)
- Lf(금융기관유동성) : M2 + 만기 2년 이상 정기예적금, 만기 2년 이상 장기금전신탁, 유가증권 청약증거금, 통화금융기관이 발행하는 금융채, 환매채(RP), 상업어음 등
- L(광의유동성) : Lf + 유동성 시장금융상품(여신전문기관의 채권, 예금보험공사채, 자산관리공사채, 자산유동화전문회사의 자산유동화증권, 국채, 지방채, 기업어음, 회사채 등)

4. 통화량의 조절

통화량의 공급이 증가하면 통화의 가치가 떨어져 지속적으로 물가가 상승하는 인플레이션이 발생한다. 또한, 통화량의 공급이 늘어나면 금리는 하락하게 된다. 반대로 통화량의 공급이 감소하면 위의 현상과 반대의 상황이 나타난다.

5. 통화의 공급경로

통화량이 국민경제에 어떻게 영향을 미치는지 알기 위해서는 어떤 공급경로로 통화가 공급되는지 살펴볼 필요가 있다.

(1) 정부부문

정부에서 세금을 늘리면 시중의 통화량은 감소하게 되고, 정부의 재정지출이 증가하면 통화량은 증가하게 된다.

(2) 민간부문

금융기관에서 가계에 대한 대출이 증가하거나, 중앙은행이 기업이 발행한 유가증권을 매입하는 경우 통화량은 증가하게 된다.

(3) 해외부문

국제수지가 개선되어 수출이 증대된다면 외환이 유입되고 원화로 교환하는 과정에서 통화량은 증가하게 된다.

(4) 기타부문

기타부문은 금융기관이 건물자산을 구입하거나, 유상증자를 하는 것 등으로 이루어진다. 즉, 금융기관이 건물을 구입하면 구입대금이 시중으로 유통되어 통화량이 증가하게 되고, 유상증자를 하면 시중의 통화가 금융기관으로 유입되어 통화량이 감소하게 된다.

07 금리 ★★★

1. 금리의 개념

금리란 금융시장에서 자금수요자가 자금공급자에게 자금을 빌린 대가로 지급하는 이자율을 의미한다.

2. 금리에 영향을 미치는 요소

금리에 영향을 미치는 요소는 크게 3가지로 나누어 볼 수 있다.

(1) 만기(Maturity)

통상적으로 장기채권은 유동성이 낮고 위험에 오랫동안 노출되므로 금리가 단기보다 높다.

(2) 거래상대방의 신용위험

거래상대방의 신용위험이 높을수록 즉, 원리금 상환의 불이행 가능성이 높을수록 금리가 높아진다. 일반적으로 국채보다는 회사채의 금리가 높은 경향이 있고, 신용등급이 낮은 회사채일 경우 금리가 높다.

(3) 제도적인 정책

이자에 대한 소득세 등의 제도적 정책도 금리에 영향을 미친다. 예를 들어, 이자소득에 대하여 감세정책을 펼친다고 할 경우 사람들은 은행에 돈을 더 예치하려고 할 것이므로 금리가 낮아질 가능성이 있다.

3. Fisher의 방정식

피셔의 방정식(Fisher Equation)은 경제학에서 사용되는 식으로, 명목이자율을 실질이자율과 인플레이션율의 합으로 나타낸다.

$$i(\text{명목이자율}) = r(\text{실질이자율}) + \pi(\text{인플레이션율})$$

실질이자율은 기업의 투자효율에 따라 결정되고, 여기에 물가를 반영하면 표면이자율(명목금리)이 된다는 것이 피셔의 주장이다. 예를 들어, 은행에서 받은 이자가 6%인데, 인플레이션이 2%라면, 실질이자율은 4%가 된다. 피셔의 방정식에 따르면, 물가가 오르면 금리가 상승한다. 또한, 실질금리는 투자 자체에서 나오는 금리인데, 이는 기업의 투자효율에 따라 달라진다. 즉, 기업의 투자효율이 높아지면 금리는 낮아지고, 투자효율이 낮아지면 금리는 높아진다.

4. 국내 금리 하락의 효과

(1) 해외금융자산 선호

국내금융자산보다는 상대적으로 해외금융자산의 금리가 더 높으므로 해외금융자산을 더 선호하게 된다.

(2) 수입 감소

국내 원화의 가치가 떨어지게 되어(원화 약세) 환율이 상승하게 된다. 원화의 약세가 되면, 우리나라의 돈으로 사기에는 해외의 물가가 더 비싸지게 되어 수입은 감소한다.

(3) 외화 공급의 감소

해외투자자들은 우리나라에서 발행한 채권을 사지 않을 것이므로 국내 외환시장에서의 외화 공급이 감소하게 된다.

08 경기순환 ★★★

1. 경기순환의 정의

경기란 한 국가경제의 전반적인 활동수준의 좋고 나쁨을 나타내는 것으로, 경기는 일정한 패턴을 가지고 주기적으로 반복한다. 즉, 국민경제의 활동이 활발하여 경기가 호황일 때가 있고 경제활동이 위축되어 불황에 빠질 때도 있다. 이처럼 경기순환(Business Cycle)이란 경기상승과 경기하강이 반복하는 현상을 말한다.

경기순환의 확장국면은 경기가 저점(Trough)에서 벗어나 점차 회복되기 시작하고 확장세를 지속하다 정점(Peak)에 이르게 되기까지의 단계를 말하며, 수축국면은 경기가 정점에서 후퇴하기 시작해 다시 저점에 이르게 되는 단계를 말한다. 경기는 일반적으로 회복기, 확장기, 후퇴기, 수축기의 네 단계를 거치며 순환하는데 이 중 회복기와 확장기를 확장국면이라고 하고, 후퇴기와 수축기를 수축국면이라고 한다.

2. 경기순환의 단계

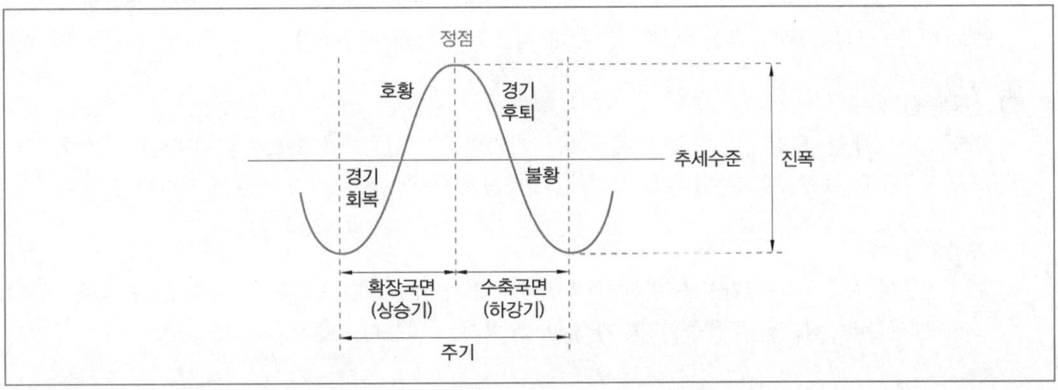

(1) 회복기

경기순환의 회복기는 경제활동이 최저 수준을 벗어나 점차 회복되는 국면을 말한다. 회복기에는 원자재 수요가 점차 증가하며, 정부나 중앙은행은 저금리 기조를 유지하는 등의 경기를 부양하기 위한 정책을 유지하므로 기업들이 설비투자를 하기에는 적절한 시기라고 보이나, 장래 수요에 대한 불안정성으로 인해 실제 설비투자는 미미한 수준이다.

(2) 확장기

경기순환의 확장기는 경제활동이 회복기를 지나 정점에 이르는 수준을 말한다. 확장기에는 수요 증가에 대한 확신으로 인해 기업들이 생산을 확대하고, 예비 재고를 보유하고자 하며 설비투자를 확대한다. 이는 곧 고용의 증대로 이어진다. 고용의 증대는 가계소득의 증가로 이어지고, 이로 인해 소비가 증가하여 물가상승을 가져온다. 국내 물가상승으로 인해 수입의 증가로 국제수지는 악화된다. 따라서 정부는 물가의 안정을 위해 재정지출을 줄이고, 금리를 인상하는 정책을 취하고자 한다.

(3) 후퇴기

경기순환의 후퇴기는 경제활동이 정점을 지나 서서히 둔화되는 시기를 말한다. 후퇴기에는 기업의 설비과잉투자로 인한 재고 증대가 나타나고, 재고 증대로 인하여 고용이 감소되고 설비투자의 감소가 일어난다.

(4) 수축기

경기순환의 수축기는 경제활동이 계속 위축되어 최저 수준으로 떨어지는 시기를 말한다. 수축기에는 누적된 재고해소를 위해 생산이 크게 감소하고 실업률은 최대에 달한다.

09 경기지표 ★

1. 경기지표의 개념

경제활동의 총체적 순환변동을 측정하고 이를 이용하여 경제의 현 상태 파악과 정책결정 및 경제예측에 사용하기 위한 목적으로 작성하는 지표를 말한다. 경기지표는 종합경기지표, 개별경기지표, 설문조사지표로 구분할 수 있다.

2. 경기종합지수(Composite Index, CI)

(1) 동행종합지수

현재 경기동향을 보여주는 지표로서 노동투입량, 총산업생산지수(광업·제조업·전기가스제조업 포함), 제조업가동률지수, 생산자출하지수, 전력사용량, 도소매판매지수, 비내구소비재출하지수, 시멘트소비량, 실질수출액, 실질수입액 등 10개 지표를 합산해 산출한다.

(2) 선행종합지수

보통 3~4개월 후의 경기동향을 예측하는 경기변동의 단기예측지표로서 내구소비재출하, 건축허가면적, 기계수주액, 재고순환지표, 통화량, 수출신용내도액 등 10가지 지표를 모아 계산한다.

(3) 후행종합지수

경기변동의 사후 검증, 확인을 위한 지표로서 취업자 수, 생산자제품재고지수 등과 같은 지표들을 모아 계산한다. 참고로 후행종합지수가 많이 쓰이지는 않는다.

구 분	선행종합지수	동행종합지수	후행종합지수
고용부문		• 비농림어업취업자 수	• 취업자 수
생산부문	• 재고순환지표	• 광공업생산지수 • 서비스업생산지수(도소매 제외) • 건설기성액	• 생산자제품재고지수
소비부문	• 소비자기대지수	• 소매판매액지수 • 내수출하지수	• 소비자물가지수변화율
투자부문	• 기계류내수출하지수 • 건설수주액		
금융부문	• 코스피지수		• 회사채유통수익률
무역부문	• 수출입물가비율	• 수입액	• 소비재수입액

3. 설문조사지표

(1) 기업경기실사지수(Business Survey Index, BSI)

BSI는 설문서를 통해 기업가들의 경기예측을 조사하여 지수화한 것으로 기업체가 느끼는 체감경기를 나타낸다. 100을 기준으로 100보다 낮으면 경기악화를 예상하는 기업이 호전될 것으로 예상하는 기업보다 많음을 의미하고, 100보다 높으면 경기호전을 예상하는 기업이 더 많다는 것을 의미한다. 지수를 작성하는 방법은 다음과 같다.

$$\frac{\text{긍정적 응답} - \text{부정적 응답}}{\text{전체응답}}$$

기업경기실사지수는 과거의 실적도 동시에 작성되어 기업가의 심리변화 과정을 추적할 수 있으므로 정책수립의 참고자료로 활용할 수 있다. 다만, 경기호전과 경기악화에 대한 방향성만 어느 정도 예측이 가능할 뿐 실제 경기의 진폭이나 강도를 예측하는 데는 한계점이 있다.

(2) 소비자태도지수(Consumer Sentiment Index, CSI)

장래의 소비지출 계획이나 경기전망에 대한 소비자들의 설문조사 결과를 지수로 환산하여 나타낸 지표로서 소비자동향지수(Consumer Survey Index), 소비자기대지수, 소비자신뢰지수, 소비자심리지수라고도 한다. 이 지수의 범위는 최저 0에서부터 최고 200까지이며, 지수가 100을 초과하면 소비자들은 경기가 확장하고 있다고 판단하고 지수가 100 미만이라면 경기가 수축하고 있다고 판단한다.

10 경기국면별 금융기관 경영여건 ★★★

1. 경제활동과 기업자금 수요

(1) 회복기

제품의 수요가 증가함에 따라 기업의 재고가 감소하며 판매 증가로 기업의 수익성이 개선된다. 기업의 생산능력 측면에서는 아직 여유가 있어 설비투자를 많이 늘리지는 않는다. 판매 증가로 인한 수입의 증가가 일어나지만 설비투자는 많지 않아서 기업의 자금사정은 크게 나아진다.

(2) 확장기

생산설비와 가동률이 높아지면서 투자가 늘어나고, 투자확대를 위하여 기업은 자금을 많이 필요로 하게 된다. 경기가 정점에 가까워지면서 부분적으로 자금 부족현상이 발생한다.

(3) **후퇴기**

투자가 과도해져 재고가 증가하면서 투자수익성이 낮아져 부분적으로는 투자가 감소한다. 기업은 기존의 투자계획을 계속 실행하고 기업규모를 늘림에 따라 자금수요가 지속적으로 늘어나지만, 임금상승과 소비자의 수요 감소 등으로 인해 수익성은 악화된다.

(4) **수축기**

투자와 소비의 감소가 확대되어 생산이 줄어들고 실업은 증가한다. 경기가 저점에 가까워지면서 부실기업들의 퇴출은 증가하고, 투자수요가 감소하면서 시중의 자금사정은 어느 정도 개선된다.

2. 금리 및 금융시장

(1) **회복기**

경기회복을 위하여 금리인하정책이 실시됨에 따라 단기적으로 금융시장의 금리는 하락한다.

(2) **확장기**

확장기에는 기업의 자금수요가 증가하고, 물가가 상승하여 단기금리와 장기금리 모두 상승한다.

(3) **후퇴기**

후퇴기에는 통화공급 축소 등 긴축정책의 시행으로 단기적으로 시장금리가 상승한다. 이에 따라 대출금리 상승, 대출자금의 공급 축소로 인해 장기금리도 상승한다.

(4) **수축기**

수축기에는 물가하락, 경제성장 둔화 등으로 인해 단기금리와 장기금리가 모두 하락한다.

3. 기업도산과 금융기관부실

(1) **회복기**

회복기에는 경제활동이 회복하고 시중에 자금사정이 나아짐에 따라 기업도산이 감소한다.

(2) **확장기**

기업의 수익성이 높아지고 현금흐름이 나아져서 도산기업이 크게 감소한다.

(3) **후퇴기**

기업의 수익성이 저하되어 기업의 자금사정이 악화되고, 후퇴기 후반으로 갈수록 도산기업이 늘어나게 된다.

(4) **수축기**

기업의 수익성과 현금흐름이 더욱 악화되어 도산기업은 크게 증가한다. 다만, 경기저점에 가까워지면서 부실기업의 퇴출 등으로 인해 신규로 발생하는 도산기업은 줄어든다.

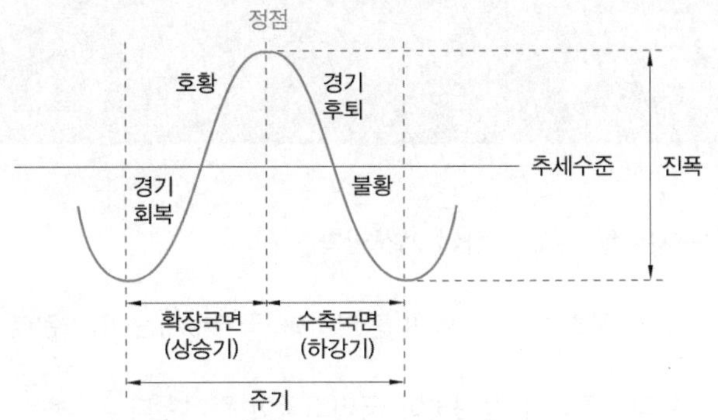

경기국면별 금융기관 경영여건

구 분	확장국면		수축국면	
	회복기	확장기	후퇴기	수축기
자금수요	안 정	증 가	증가 지속	감 소
금리(단기)	하 락	상 승	상 승	하 락
금리(장기)	하락(또는 상승)	상 승	상 승	하 락
기업도산 및 부실은행	감 소	감소 확대	증가 시작	증 가

개념완성문제

01 실질기준통계는 인구지수를 분모로 하여 계산한다. (O, X)

02 환율이 하락하면 수출이 감소하고, 수입이 증가하여 국제수지는 악화된다. (O, X)

03 자산가격이 상승하면 피구효과가 발생하여 국민소득이 증가한다. (O, X)

04 저량통계에는 국민소득, 국제수지, 생산, 소비 관련 통계가 있으며, 유량통계는 인구, 실업률, 물가, 통화량 관련 통계가 있다. (O, X)

05 지수는 기준 시점의 통계량을 100으로 하여 비교 시점의 통계량을 표시한 것을 말한다. (O, X)

06 국민소득통계를 이용하여 다양한 지표들을 분석하고 있는 데 대표적인 것으로 경제성장률, 1인당 국민소득, 경제구조, 수출입의존도, 노동소득분배율, 조세부담률을 들 수 있다. (O, X)

07 물가지수는 화폐의 구매력을 측정하는 수단으로 물가가 상승하면 구매력은 하락하게 된다. (O, X)

08 국내 생산된 재화와 용역의 시장가격 변동을 나타내는 것이 소비자물가지수이다. (O, X)

09 물가지수는 경기를 판단하는 지표로 활용될 수 있는데 경기가 상승하는 국면이라면 상품의 수요가 증가하게 되고 수요가 증가하면 물가가 상승한다. (O, X)

10 환율이 하락하면 수출이 감소하고, 수입은 증가하여 경상수지가 악화된다. (O, X)

정답 및 해설

01 X 실질기준통계는 물가지수를 분모로 하여 계산한다.

02 O

03 O

04 X
- 유량통계 : 국민소득, 국제수지, 생산, 소비 관련 통계
- 저량통계 : 인구, 실업률, 물가, 통화량 관련 통계

05 O

06 O

07 O

08 X 생산자물가지수에 대한 설명이다.

09 O

10 O

11 환율이 상승하면 물가가 상승하고, 외화차입기업의 원리금 부담이 하락한다. (O, X)

12 M2(광의통화)는 M1(협의통화)에 만기 2년 미만의 정기예적금 등을 더한 것이다. (O, X)

13 정부에서 세금을 늘리면 시중의 통화량은 감소하고, 정부의 재정지출이 증가하면 통화량은 증가한다. (O, X)

14 금융기관이 자산을 구입하면 통화량이 감소하게 되고, 유상증자를 하면 통화량이 증가하게 된다. (O, X)

15 일반적으로 장기금리는 단기금리에 비해 높게 나타난다. (O, X)

16 개별 기업의 신용위험이 높을수록 회사채금리는 낮아진다. (O, X)

17 경기순환 회복기에는 원자재 수요가 점차 증가하며, 정부나 중앙은행은 저금리 기조를 유지하는 등의 경기를 부양하기 위한 정책을 유지한다. (O, X)

18 경기순환 확장기에는 기업들이 생산을 확대하고, 예비재고를 보유하고자 한다. (O, X)

19 경기순환 후퇴기에는 재고 증대가 나타나나 고용은 일정 수준을 유지한다. (O, X)

20 경기국면의 4단계 구분법에 해당하는 것은 회복기, 확장기, 불황기, 후퇴기이다. (O, X)

정답 및 해설

11 X 환율이 상승하면 물가가 상승하고, 외화차입기업의 원리금 부담이 상승한다.

12 O

13 O

14 X 금융기관이 자산을 구입하면 구입대금이 시중으로 유통되어 통화량이 증가하고, 유상증자를 하면 시중의 통화가 금융기관으로 유입되어 통화량이 감소한다.

15 O

16 X 개별 기업의 신용위험이 높을수록 회사채금리는 높아진다. 신용위험이 높을수록 채권에 대한 원리금을 회수하지 못할 리스크가 있다. 따라서, 이러한 리스크를 금리에 반영하게 되므로 금리는 높아지게 된다.

17 O

18 O

19 X 경기순환 후퇴기에는 재고 증대가 나타나고, 재고 증대로 인하여 고용이 감소된다.

20 X 경기국면의 4단계 구분법에 해당하는 것은 회복기, 확장기, 후퇴기, 수축기이다.

출제예상문제

✓ 학습시간이 부족하거나 시험 전 최종정리를 하고 싶은 경우에는 출제빈도(★~★★★)가 높은 문제를 우선으로 풀이할 수 있습니다.
✓ 다시 봐야 할 문제(풀지 못한 문제, 헷갈리는 문제 등)는 문제 번호 하단의 네모박스(□)에 체크하여 반복 학습할 수 있습니다.

★ 경제통계

01 □□□ **다음 중 경제통계에 대한 설명으로 옳지 <u>않은</u> 것은?**

① 실질기준통계는 명목기준통계에서 물가 또는 가격상승분을 차감하여 계산한다.
② 국민소득, 국제수지, 인구, 물가통계는 유량통계이다.
③ 지수는 기준 시점의 통계량을 100으로 하여 비교 시점의 통계량을 표시한 것을 말한다.
④ 계절변동조정은 원계열에서 계절적 변동요인을 제거하는 것을 말한다.
⑤ 연율(年率)은 비교대상기간이 다른 변동률을 1년이라는 동일한 비교기준으로 작성한다.

★ 경제통계

02 □□□ **다음 중 국민소득통계를 이용하여 분석할 수 있는 지표를 모두 고른 것은?**

가. 경제성장률	나. 1인당 국민소득	다. 경제구조
라. 수출입의존도	마. 노동소득분배율	바. 조세부담률

① 가, 나, 라　② 가, 라, 마, 바　③ 나, 다, 라, 바
④ 가, 나, 라, 마, 바　⑤ 가, 나, 다, 라, 마, 바

★★ 경제통계

03 □□□ **다음 중 경제통계에 대한 설명으로 옳지 <u>않은</u> 것은?**

① 저량통계는 특정 시점을 기준으로 파악된 통계를 말한다.
② 저량통계에는 실업률, 국민소득, 통화량이 있다.
③ 실질기준통계는 특정 연도의 가격으로 평가하여 작성되는 통계로 물가상승분을 제외한다.
④ 종합주가지수는 시장 전체의 주가 움직임을 측정하는 지표로 이용되며 투자성과 측정, 다른 금융상품과의 수익률 비교척도, 경제상황 예측지표로도 이용된다.
⑤ 소비자물가지수는 소비 생활에 중요한 상품과 용역을 기준 연도의 지출 비중을 가중값으로 하여 산출한 평균적인 가격변동을 나타낸다.

★★ 경제통계

04 다음 통계지표 중 저량(Stock)통계지표는 무엇인가?

□□□

① 국민소득, 실업률
② 국민소득, 국제수지
③ 국제수지, 물가
④ 국제수지, 실업률
⑤ 물가, 통화량

★ 물가지수

05 다음 중 물가지수에 대한 설명으로 옳지 <u>않은</u> 것은?

□□□

① 물가지수는 화폐의 구매력을 나타내는 지표이다.
② 국내 생산된 재화와 용역의 시장가격 변동을 나타내는 것이 생산자물가지수이다.
③ 가계의 평균 생계비나 구매력의 변동을 측정하기 위한 것이 소비자물가지수이다. 이는 주로 가계가 일상생활에서 자주 구입하는 물품을 대상으로 작성한다.
④ 수출입상품의 가격변동이 국내 물가에 미치는 영향을 측정하기 위한 것이 수출입물가지수이다.
⑤ 지수물가와 실제물가의 괴리가 발생하는 원인은 물가지수 산정 시 포함된 물품과 가계마다 실제 사용하는 물품의 차이가 발생하기 때문이다.

정답 및 해설

01 ② 유량통계(일정 기간)는 국민소득, 국제수지, 생산 및 소비 관련 통계를 의미한다.

용어 알아두기
- **저량통계(특정 시점)** : 인구, 실업률, 물가, 통화량 관련 통계
- **명목기준통계** : 통계 작성 당시의 시장가격을 기준으로 작성되는 통계
- **실질기준통계** : 특정 연도의 가격을 기준으로 평가하여 작성되거나 물량 단위로 작성되는 통계

02 ⑤ 국민소득통계에는 주로 국내총생산(GDP), 국민총소득(GNI) 등이 있다.
가. 경제성장률 : 실질GDP 성장률을 말한다.
나. 1인당 국민소득 : GNI를 인구 수로 나눈 비율이다.
다. 경제구조 : 각 경제부문의 부가가치를 GDP로 나눈 비율로, 경제구조를 파악할 수 있다.
라. 수출입의존도 : 수출입규모를 GNI로 나눈 비율이다.
마. 노동소득분배율 : 피용자(근로자 등) 보수를 GNI로 나눈 비율이다.
바. 조세부담률 : 국가의 조세수입을 명목GNI로 나눈 비율이다.

03 ② 국민소득은 유량통계이다.

04 ⑤
- 국민소득, 국제수지 : 유량
- 실업률, 물가, 통화량 : 저량

05 ③ 주로 가계가 일상생활에서 자주 구입하는 물품을 대상으로 작성되는 물가지수는 생활물가지수이다. 생활물가지수는 소비자물가지수의 보조지수이다.

★★ 환율

06 □□□

다음 중 원화절상(환율하락)**의 효과를 분석한 것으로 옳지 않은 것은?**

① 수출이 감소한다.
② 경상수지가 악화된다.
③ 물가가 하락한다.
④ 외자도입기업의 원리금 상환부담이 감소한다.
⑤ 경제성장이 빨라진다.

★★ 환율

07 □□□

다음 중 원화절하(환율상승)**의 효과를 분석한 것으로 옳지 않은 것은?**

① 수출의 채산성이 악화된다.
② 수입이 감소한다.
③ 물가가 상승한다.
④ 외자도입기업의 원리금상환부담이 증가한다.
⑤ 경상수지가 개선된다.

★ 통화

08 □□□

다음 중 통화량에 대한 설명으로 옳지 않은 것은?

① 통화량을 늘리면 인플레이션이 발생할 우려가 있다.
② 통화량을 줄이면 금리가 하락할 우려가 있다.
③ M1(협의통화)은 화폐의 지급결제수단으로서의 기능을 중시한 지표이다.
④ M1(협의통화)은 민간의 화폐보유액과 예금취급기관의 결제성현금을 더한 것이다.
⑤ M2(광의통화)는 M1(협의통화)에 만기 2년 미만의 정기예적금 등을 더한 것이다.

★ 통화

09 □□□ **다음 중 통화의 공급경로에 대한 설명으로 옳지 않은 것은?**

① 세율을 올리면 통화량이 감소한다.
② 정부지출을 늘리면 통화량이 증가한다.
③ 금융기관이 증자하면 통화량이 감소한다.
④ 외국인이 국내 주식투자를 증대하면 통화량이 증가한다.
⑤ 금융기관이 대출을 늘리면 통화량이 감소한다.

★ 금리

10 □□□ **다음 중 금리와 환율 및 국제금융상품의 관계에 대한 설명으로 옳지 않은 것은?**

① 국내 금리가 인하되면 외화금융자산을 선호하게 된다.
② 국내 금리가 인하되면 환율은 상승한다.
③ 국내 금리가 인하되면 원화 약세의 흐름이 된다.
④ 국내 금리가 인하되면 원화 약세가 되어 수입이 증가한다.
⑤ 국내 금리가 인하되면 국내 외환시장에서 외화의 공급이 감소하게 된다.

정답 및 해설

06 ⑤ 원화절상(환율하락)의 경우 수출이 감소하고, 경상수지가 악화되고, 실업자가 증가하며, 경제성장이 둔화된다.

07 ① 원화절하(환율상승)의 경우 수출이 증가하고 수입은 감소한다.

용어 알아두기

채산성: 수입과 지출이 맞아서 이익이 있는 성질

08 ② 통화량을 줄이면 화폐의 가치가 올라가 금리가 상승할 우려가 있다.

09 ⑤ 금융기관이 대출을 늘리면 민간신용이 증가하게 되어 통화량이 증가한다.

10 ④ 국내 금리가 인하되면 원화 약세가 되어 수입은 감소하나, 국내 소득 증가에 따라 수입이 증가할 수도 있다. 따라서 그 방향이 명확하다고 볼 수 없다.

★★
금리
11
□□□
다음 중 금리에 대한 설명으로 옳지 않은 것은?

① 일반적으로 장기금리는 단기금리에 비해 높게 나타난다.
② 개별 기업의 신용위험이 높을수록 회사채금리는 높아진다.
③ 명목금리, 실질금리 및 물가상승률의 관계를 나타낸 것이 피셔(Fisher) 방정식이다.
④ 물가가 오르면 명목금리도 함께 오르는 현상을 피셔(Fisher)효과라고 부른다.
⑤ 기업의 원리금상환능력이 떨어질 것으로 예상될 때 해당 기업의 회사채금리는 낮아진다.

★
금리
12
□□□
다음 중 금리에 대한 설명으로 옳은 것은?

① 일반적으로 국채 금리가 회사채금리보다 높다.
② 신용등급이 높은 회사의 회사채금리는 높다.
③ 우리나라의 예금금리는 완전히 자유화되어 있다.
④ 경기가 좋아지는 경우 명목금리는 하락하는 경향이 있다.
⑤ 실질금리는 기업의 투자효율에 따라 결정되고, 여기에 물가를 반영하면 표면금리(명목금리)가 된다는 것이 피셔(Fisher)의 주장이다.

★
경기순환
13
□□□
다음 중 경기순환에 대한 설명으로 옳지 않은 것은?

① 경기순환 회복기에 원자재 수요가 늘어난다.
② 경기순환 확장기에 기업들은 예비재고를 확보하는 경향이 있다.
③ 경기순환 확장기에 중앙은행은 금리를 낮추고자 한다.
④ 경기순환 후퇴기에 기업들의 재고는 누적된다.
⑤ 경기순환 후퇴기에 실업률은 높아진다.

★ 경기순환

14 다음 중 경기순환의 일반적인 특징이 아닌 것은?

① 내구재 생산의 진폭이 비내구재 생산의 진폭보다 크다.
② 농산물과 천연자원의 생산활동은 평균보다 일치성이 낮다.
③ 단기이자율은 경기에 순응적이며, 장기이자율은 경기에 조금 순응적이다.
④ 물가는 일반적으로 경기에 역행적이다.
⑤ 수출입물량의 증가율은 경기에 순응적이다.

★★★ 경기순환

15 다음 중 경기국면별 경영여건에 관한 설명 중 A와 B에 알맞은 것으로 짝지어진 것은?

구 분	확장국면		수축국면	
	회복기	확장기	후퇴기	수축기
자금수요	안 정	(A)	증가세 지속	감 소
금리(단기)	하 락	상 승	상 승	(B)

① 증대, 상승　② 증대, 하락　③ 감소, 상승
④ 감소, 하락　⑤ 영향 없음, 영향 없음

정답 및 해설

11 ⑤ 신용위험이 높아질 것으로 예상될 경우에 회사채금리는 높아진다.

오답체크

① 주의할 것은 항상 장기금리가 단기금리보다 높은 것은 아니라는 점이다. 향후 금리가 떨어질 것으로 예상될 경우에 장기금리가 단기금리보다 낮게 형성되기도 한다.

12 ⑤ 실질금리는 기업의 투자효율에 따라 결정되고, 여기에 물가를 반영하면 표면금리(명목금리)가 된다는 것이 피셔(Fisher)의 주장이다.

오답체크

① 일반적으로 국채금리가 회사채금리보다 낮다. 국채금리는 무위험이자율에 가깝기 때문이다.
② 신용등급이 높은 회사의 경우 위험이 낮으므로 금리도 낮다.
③ 우리나라의 예금금리는 금융당국의 규제를 어느 정도 받고 있다.
④ 경기가 좋아지는 경우 명목금리는 상승하는 경향이 있다.

13 ③ 경기순환 확장기에 정부는 재정지출을 줄이고, 금리를 높이는 정책을 펼친다.

오답체크

① 경기순환 회복기는 경제활동이 최저 수준을 벗어나 점차 회복되는 국면을 말한다. 회복기에 원자재 수요는 점차 늘어나고, 재고가 줄어들며, 저금리 기조는 유지되어 설비투자를 행하기 좋은 시기이나 아직 위험이 존재하므로 투자를 신중히 고려해야 한다.
② 경기순환 확장기는 경제활동이 회복기를 지나 정점에 이르는 수준을 말한다. 기업은 생산을 늘리고 예비재고를 확보하는 경향이 있다. 생산, 고용, 설비투자 모두 증대되고 가계소득이 증가하는 선순환 구조를 띤다.
④ 경기순환 후퇴기는 경제활동이 정점을 지나 서서히 둔화되는 시기를 말한다. 기업의 재고는 누적되어 부실화되기 시작하고, 설비투자는 점차 감소한다.
⑤ 경기순환 후퇴기에 고용은 감소되어 실업률이 높아진다.

14 ④ 물가는 일반적으로 경기에 순응적이다. 즉, 경기가 확장기일 때에는 가격이 오르고, 경기가 수축기일 때에는 가격이 하락한다.

15 ②
- 확장국면에서는 투자확대를 위한 기업의 자금수요가 계속 늘어난다.
- 수축기에는 설비투자 감소에 따른 기업의 자금수요 감소, 물가하락, 경제성장 둔화 등으로 인해 단기금리와 장기금리 모두 하락한다.

★
16 □□□

경기지표

다음 중 선행종합지수 항목이 아닌 것은?

① 구인구직비율 ② 재고순환지표 ③ 소비재수입액
④ 소비자기대지수 ⑤ 코스피지수

★
17 □□□

경기지표

다음 중 후행종합지수 항목이 아닌 것은?

① 생산자제품재고지수 ② 소비재수입액 ③ 재고순환지표
④ 취업자 수 ⑤ 회사채유통수익률

★
18 □□□

경기지표

다음 중 동행종합지수 항목이 아닌 것은?

① 비농림어업취업자 수 ② 수입액 ③ 광공업생산지수
④ 건설기성액 ⑤ 코스피지수

★
19 □□□

경기지표

다음 중 종합경기지표와 관련한 설명으로 옳지 않은 것은?

① 선행종합지수는 보통 3 ~ 4개월 후의 경기동향을 예측하는 경기변동의 단기예측지표이다.
② 경기확산지수는 경기동향지수라고도 하며, 경기종합지수와는 달리 경기변동의 진폭이나 속도는 측정하지 않고 변화방향만을 파악하는 지표이다.
③ 종합경기지표는 개별 경제지표들을 선정한 후 이들 지표를 가공·종합한 경기지수이다.
④ 경기확산지수가 50을 초과하면 경기는 수축국면, 50 미만이면 확장국면으로 판단한다.
⑤ 후행종합지수는 경기변동의 사후 검증, 확인을 위한 지표이다.

★

경기지표

20

□□□

경기변동에 따라 금융기관이 부담하는 위험에 관한 설명으로 옳지 않은 것은?

① 일반적으로 금융기관이 부담하는 리스크는 경기가 상승할 때 위험이 감소하고 경기가 하락할 때는 위험이 증가한다고 본다.

② 장기적이고 동태적인 관점에서 본다면 경기가 상승할 때 위험이 감소하는 것만은 아니다.

③ 경기가 하락할 때 개별 금융기관이 대출을 급격히 감소한다면 전체 금융시스템의 위험은 오히려 증가할 수 있다.

④ 경기변동에 대응한 위험관리 방안에는 신용위험 측정모형에 거시경제 변수를 조건으로 부여하여 기업의 도산확률을 시간 흐름에 따라 동태적으로 측정하는 방법이 있다.

⑤ 경기변동에 대응한 위험관리 방안으로 경기변동을 사전에 예측하여 대출심사기준을 강화하거나 완화하는 방안이 현실적인 해결책이 될 수 있다.

정답 및 해설

16 ③ 소비재수입액은 후행종합지수이다.

17 ③ 재고순환지표는 선행종합지수이다.

18 ⑤ 코스피지수는 선행종합지수이다.

19 ④ 경기확산지수가 50을 초과하면 경기는 확장국면, 50 미만이면 수축국면으로 판단한다.

20 ⑤ 경기변동에 대응한 위험관리 방안으로 경기변동을 사전에 예측하여 대출심사기준을 강화하거나 완화하는 방안이 현실적인 해결책이 되기는 어렵다.

제2절 산업분석

01 산업분석 항목 ★★★

산업분석은 주로 환경요인분석, 수요공급분석, 연관산업분석, 경쟁강도분석, 재무특성분석으로 이루어진다.

1. 환경요인분석

① 환경요인분석은 분석대상 산업을 구체적으로 확정하여 산업 분류에 따라 시장범위를 결정한다. 시장범위에는 내수산업인지, 수출산업인지, 수입산업인지를 결정하는 것을 포함한다.

② 시장범위를 확정한 다음에는 시장의 산업활동에 영향을 미칠 수 있는 환경요인을 파악한다. 산업활동에 영향을 미칠 수 있는 환경요인에는 제도적 환경요인과 기술적 환경요인이 있다.

- 제도적 환경요인

  제도적 환경요인은 국가의 정부정책에 영향을 받는다. 특히 국가의 기간산업인 경우에는 정부정책에 더 많은 영향을 받게 된다.

- 기술적 환경요인

  기술적 환경요인은 기술변화의 역동성에 따라 산업의 변동성이 크게 나타난다. 특히, 기술변화가 빠른 업종일 경우 제품의 수명주기가 짧은 것으로 파악된다.

2. 수요공급분석

수요공급분석은 수요분석, 공급분석, 수급분석으로 나누어 볼 수 있다.

(1) 수요분석

① 산업분석에서 수요분석의 가장 중요한 분석대상은 수요변동성이다.

② 자동차와 같은 내구재산업은 불황에 큰 영향을 받아 경기변화에 따른 수요변동성이 높은 산업이다.

③ 수요의 성장성은 인구·가구 등 수요 및 소득수준의 변화에 따라 영향을 받을 수 있다.

(2) 공급분석

① 공급분석은 수요 및 가격 변화에 따른 공급의 변동성을 분석한다.

② 수요가 공급보다 더 크다면, 즉 공급의 변화속도가 느리다면 수요의 초과상황이 지속된다. 해운산업, 조선산업과 같이 생산에 시간이 오래 걸리거나, 설비확충능력에 장시간이 소요되는 산업이 그 예이다.

③ 공급이 수요보다 더 크다면, 즉 공급의 변화속도가 빠르다면 공급 초과 상황이 지속된다. 석유화학산업과 같이 단위 설비당 공급의 변화규모가 큰 산업이 그 예이다.

(3) 수급분석

① 수요와 공급분석 이후에는 수급분석을 통해 물량 및 가격변동성에 대해서 분석한다.

② 일반적으로 수요의 변동성이 높고, 공급의 변화속도가 느릴수록 수급불일치가 생겨 수량 및 가격변동성이 크게 나타날 수 있다.

3. 연관산업분석

연관산업분석은 전방산업과 후방산업을 분석하는 것이다.

① 전방산업 : 소비자에게 가까운 소비재를 생산하는 산업이다.

② 후방산업 : 원자재 또는 소재를 공급하는 산업이다.

4. 경쟁강도분석

경쟁강도분석은 산업의 진입장벽과 산업의 집중도 수준, 산업 내에서의 경쟁수단 등을 통해 산업의 경쟁강도를 분석하는 것으로 이러한 분석을 통해 기업의 수익성 수준을 파악할 수 있다.

(1) 진입장벽

산업의 진입장벽이 낮을수록 경쟁자가 많아지면서 경쟁강도가 증가한다. 반면, 진입장벽이 높을수록 산업의 경쟁강도는 낮아질 수 있으며, 경쟁이 상대적으로 덜하기 때문에 기업의 수익성은 어느 정도 보장이 된다.

(2) 산업집중도

산업집중도는 특정산업의 매출액이 소수의 기업에 집중된 정도를 측정하기 위한 것이다. 산업의 집중도가 높아 독과점시장이 이루어질수록 다수의 경쟁기업이 경쟁할 경우보다 산업 내 경쟁강도가 약하게 나타난다.

(3) 경쟁수단

기업의 주요 경쟁수단은 품질, 기술력, 원가경쟁력, 유통망 등이 있다. 산업 내에서는 다양한 경쟁수단이 있으며, 기업의 차별화된 경쟁수단이 존재하는 경우에는 동일한 산업 내에서 기업의 경쟁력은 높아지게 된다.

(4) 기타

산업 내에서 공급 초과인 상태에서는 경쟁강도가 심화되는데 고정비의 비중이 높은 산업에서는 고정비 충당 등의 유인으로 경쟁이 더욱 심화되는 경향이 있다.

5. 재무특성분석

재무특성분석은 원가구조, 운전자금, 자산구성, 자금조달, 재무구조를 분석하는 방법이다.

(1) 원가구조

① 산업별로 원가구조에 따라 손익의 변동성은 달라진다. 고정비 비중이 높은 산업에서는 매출의 변동에 따른 손익의 변동성이 크게 나타난다.

② 고정비 비중이 높은 산업은 자본집약적 산업과 노동집약적 산업이 있다.

- 자본집약적 산업 예 항공산업, 해운산업
- 노동집약적 산업 예 자동차 산업

(2) 운전자금

운전자금은 기업자본 중에서 일상적인 기업운영에 필요한 부분, 즉 임금지불, 원료구입 등 기업이 사업을 추진하는 데 있어 필요불가결한 자금을 말한다.

(3) 자산구성

산업별로 자산의 구성에 따라 재무위험의 정도가 달라진다. 산업이 보유하고 있는 자산의 구성비율이 매각가치나 담보가치가 높은 자산으로 이루어져 있다면 상대적으로 재무적 안정성은 높다고 판단된다.

(4) 자금조달

산업의 자금조달은 산업의 자산구성에 따라 달라지는데, 장기간에 걸쳐 투자가 이루어지는 설비자산이나 투자자산의 경우에는 장기자금으로 조달하고, 단기간에 걸쳐 투자가 이루어지는 운전자금의 경우에는 단기자금으로 조달한다.

(5) 재무구조

산업의 재무구조는 산업의 재무위험의 수준을 가늠할 수 있는 척도로 사용할 수 있다.

✓핵심체크

산업분석 : 산업의 특성과 전망에 대한 분석으로 개별산업 또는 관련 산업에 중요한 영향을 미치는 요인들을 광범위하게 연구·분석하는 것이다.

1. 환경요인분석 : 환경요인분석은 분석대상 산업을 구체적으로 확정하여 산업 분류에 따라 시장범위를 결정한다.
2. 수요공급분석
   ① 수요분석 : 수요분석의 가장 중요한 분석대상은 수요변동성이다.
   ② 공급분석 : 수요 및 가격변화에 따른 공급의 변동성을 분석한다.
   ③ 수급분석 : 수급분석을 통해 물량 및 가격변동성에 대해서 분석한다.
3. 연관산업분석
   ① 전방산업 : 소비자에게 가까운 소비재를 생산하는 산업이다.
   ② 후방산업 : 원자재나 소재를 공급하는 산업이다.
4. 경쟁강도분석
   ① 진입장벽
   ② 산업집중도
   ③ 경쟁수단
5. 재무특성분석
   ① 원가구조
   ② 운전자금
   ③ 자산구성
   ④ 자금조달
   ⑤ 재무구조

02 철강산업 ★★★

① 대규모의 장치산업이다.
② 공급과잉으로 인하여 아시아 역내 교역이 확대되었다.
③ 철강수입에 대한 규제를 심화하였다.
④ 다양한 전방산업의 보유로 위험분산효과가 존재한다.
⑤ 공급조절능력의 비탄력성이 나타난다.
⑥ 전방교섭력이 약화되는 추세이다.
⑦ 원재료 조달의 해외의존도가 높아 후방교섭력이 열위하다.
⑧ 높은 진입장벽 및 시장집중도를 형성한다.(독과점)
⑨ 성장성이 낮은 성숙기 단계에 있다.
⑩ 설비투자부담으로 인한 과도한 고정비가 발생한다.
⑪ 원자재 가격변동으로 인한 수익변동성이 높다.
⑫ 전·후방산업과의 연관효과가 매우 크다.

03 자동차산업 ★★★

① 세계시장이 아주 넓은 시장이며, 지역별 수요가 다르다.
② 환율영향이 매우 큰 사업에 속한다.
③ 국가별 환경규제에 큰 영향을 받게 된다.
④ 경기민감도가 높은 사업이다.
⑤ 품질과 브랜드 차별화 수준에 따라 소비자 교섭력에 차이가 나타난다.
⑥ 부품산업 등의 후방산업에 대해 교섭력이 높은 편이다.
⑦ 시장의 진입장벽이 높은 편이다.
⑧ 기간산업으로 노동창출효과가 높아 퇴출장벽이 존재한다.
⑨ 높은 고정비부담에 따라 영업이익 변동성이 크게 나타난다.

04 조선산업 ★★★

① 전 세계가 단일시장으로 형성된다.
② 시장 규모가 매우 큰 편이며, 해운·철강·기계 등 타 산업과의 연관효과가 크게 나타난다.
③ 대규모 설비투자, 건조경험의 축적 필요 등이 진입장벽으로 작용한다.
④ 환율변동의 민감도가 매우 큰 편이다.
⑤ 경기민감도가 매우 큰 편이다.
⑥ 전방산업에 대한 교섭력이 다소 열위한 수준이다.
⑦ 중국 조선업의 성장에 따라 경쟁강도가 심한 편이다.
⑧ 경기변동에 따른 수익성 변화가 심한 편이다.
⑨ 선수금 비중이 높아 부채비율이 높은 편이다.
⑩ 설비투자의 소요되는 시간이 길어 수급상황이 불일치되는 경우가 많다.

05 석유화학산업 ★★★

① 후방산업에 대한 교섭력은 다소 열위하다.
② 원가경쟁력에 따른 차별화, 운송비 등의 진입장벽이 존재한다.
③ 안전 및 환경 등의 규제위험이 존재한다.
④ 사업영위에 필요한 투자부담이 높은 편이다.
⑤ 전방산업에 대해 양호한 교섭력을 보유한다.
⑥ 자본집약적 산업으로 진입장벽이 높은 편이다.
⑦ 원재료 비중이 높아 제품스프레드가 영업이익을 좌우한다.

06 반도체산업 ★★★

① 대규모 투자 소요가 요구되는 관계로 자금조달에 따른 재무안정성 변화가능성이 존재하며 영업이익률의 진폭이 매우 크다.

② 전반적인 산업위험이 높다.
③ 전·후방산업에 대한 교섭력이 양호하다.
④ 신규사업자의 진입가능성이 낮은 편이며, 높은 진입장벽이 존재한다.
⑤ 공급자의 과점시장이 형성되어 있다.
⑥ 중국의 진입가능성이 점차 높아지고 있는 산업이다.

07 식품산업 ★★★

① 원재료가격 및 환율변동에 영향을 받으며, 세부산업별로 그 정도는 상이하다.
② 대체재 위험 및 기술변화 위험에 대한 노출이 낮은 산업이다.
③ 식품안전성 관련 위험요소에 민감한 산업이다.
④ 식품산업의 전방산업은 유통업이다.
⑤ 전방산업인 유통회사들의 PL(Private Label)브랜드상품 공급량을 확대하고 있다.
⑥ 식품산업은 영업이익률의 변동폭이 매우 낮은 편이다.
⑦ 일반적인 재무안정성은 양호한 편이다.

08 통신서비스산업 ★★★

① 사업기반이 국내로 제한되어 있어 인구, 소득 등 내수 기반에 영향을 받고 있다.
② 기술변화 위험에 노출되어 있다.
③ 경기민감도는 낮은 편이다.
④ 소비자에 대한 교섭력은 낮은 수준이다.
⑤ 후방산업에 대한 교섭력은 높은 수준이다.
⑥ 정부규제, 대규모 자본소요로 진입장벽은 높은 편이다.
⑦ 독과점시장으로서 시장집중도가 높다.
⑧ 타 산업 대비 재무적 안정성이 매우 높다.
⑨ 안정적 현금창출능력 보유하고 있으나, 기술변화에 따른 투자회수기간의 지연위험이 상존한다.
⑩ 마케팅 비용이 영업이익에 큰 영향을 미친다.

09 건설산업 ★★★

① 경기민감도가 높은 수준이다.
② 비탄력적 공급으로 인해 주기적인 수급이 불일치한다.
③ 전방산업에 대한 교섭력은 공종별로 상이하다.
④ 후방산업(토지 구매 등)에 대한 교섭력은 약한 편이다.
⑤ 노동집약적 산업으로 진입장벽 낮다.
⑥ 산업집중도가 낮은 수준으로 건설산업의 경쟁강도는 높은 수준이다.
⑦ 운전자금부담 및 변동성은 높은 수준이다.
⑧ 사후원가 투입에 따라 영업이익의 변동폭이 매우 크다.
⑨ 전체적인 산업위험은 매우 높은 편이다.

10 해상운송산업 ★★★

① 글로벌 경쟁산업으로서 시장규모가 매우 크며, 운임 경쟁강도가 높다.
② 선박종류별로 상이한 경쟁 환경에 노출되어 있다.
③ 국가기간산업으로 세계 각국 정부에서 다양한 지원 및 보호정책을 시행하고 있다.
④ 경기민감도가 높은 산업이다.
⑤ 장기간 사용되는 내구재로서의 특성과 선박건조기간 등으로 인해 공급이 매우 비탄력적인 특성을 보인다.
⑥ 서비스 차별화 제약, 낮은 진입장벽 등으로 전·후방부문에 대한 교섭력이 열위하다.
⑦ 높은 운임변동성, 유가변동에 민감한 사업구조 등으로 이익변동성이 매우 큰 수준을 보인다.
⑧ 부외부채 성격의 용선료지급부담은 개정된 리스회계기준이 적용될 2019년부터 장부상 반영될 예정이다.
⑨ 선박확보에 대규모 자본의 선투자를 필요로 하는 자본집약적인 산업이다.
⑩ 환율변동에 대한 순손익의 변동위험이 높으나, 기능통화제도를 도입한 기업의 경우에는 그 위험이 낮다.
⑪ 선박보유자산의 유동화를 통한 재무적 융통성을 확보한다.

11 소매유통산업 ★★★

① 고용창출효과가 높다.
② 기술변화에 따른 대체위험은 제한적이나 경쟁을 심화시키는 측면에서 영향을 미친다.
③ 소득구조, 인구 및 가구구성변화가 수요의 장기적 변동요인으로 작용한다.
④ 소매유통업의 성장성 및 변동성은 국내 경기변동에 연동된다.
⑤ 전체 수요기반은 안정적인 가운데, 환경변화에 대한 적합도에 따라 업태별 성장성 차별화는 가속화될 전망이다.
⑥ 후방산업에 대한 우수한 교섭력을 유지한다.
⑦ 운전자금부담이 낮기 때문에 안정적인 현금흐름이 창출된다.
⑧ 낮은 차입금의존도를 보인다.
⑨ 보유 유형자산을 유동화하는 방법으로 재무적 융통성을 높인다.

12 주류산업 및 청량음료산업 ★

1. 주류산업

① 내수산업이나 맥주의 경우 수입제품의 비중이 증가했다.
② 성장성은 매우 낮으나 수요의 안정성이 높다.
③ 산업 전반적으로 공급과잉 상태를 보인다.
④ 유통기능의 도매상은 주류기업과 대등한 교섭관계를 보인다.
⑤ 정부 규제와 함께 설비, 유통망 및 브랜드인지도 확보를 위한 자금부담으로 진입장벽이 높다.
⑥ 과점적인 경쟁구도를 형성한다.
⑦ 원가율은 낮지만 판관비부담이 높다.
⑧ 높은 운전자금을 부담한다.
⑨ 안정된 현금창출력과 재무구조를 보유한다.

2. 청량음료산업

① 청량음료산업은 장치산업임에도 대형 식품업체, 제과업체, 제약업체 등 여러 업체들로 인해 시장에서의 경쟁이 심하다.
② 청량음료의 수요는 소득수준 향상과 정(+)의 비례 관계에 있다.
③ 건강음료는 소득수준의 향상으로 인해 성장 추세에 있다.
④ 경쟁회사의 대체음료 개발, 제품 수명의 단축화 경향, 광고 및 판촉비의 증가 등의 영향으로 수익성 약화요인 및 신제품에 대한 위험요인이 존재한다.
⑤ 대체음료 개발로 성장성에 한계가 있다.

13 의류산업 ★

① 의류제품의 생산은 대부분 OEM 생산방식을 채택하고 있으며, 유통망에 대한 교섭력은 열위한 수준이다.
② 낮은 진입장벽으로 산업 내 경쟁강도는 높은 수준이다.
③ 브랜드 광고비, 유통업체 수수료 등으로 인해 판매관리비의 부담이 높은 수준이다.
④ 국내 경기와 경제여건에 민감한 내수 중심의 산업이다.
⑤ 재고관리, 유통관리, 채권관리가 중요하다.
⑥ 브랜드 차별화를 통해 높은 부가가치를 창출할 수 있다.
⑦ 소비자 성향, 계절요소 등을 종합적으로 고려해야 하는 위험부담률이 높다.
⑧ 중소기업과 대기업이 공존한다.
⑨ 소비자의 개성화와 라이프 스타일에 대응하는 소비자지향산업이다.

14 제지산업 ★

① 자본집약적 장치산업이다.
② 에너지다소비, 공해산업이다.
③ 높은 수준의 공급과잉이 이어진다.
④ 시장규모 변동성은 크지 않은 수준이다.
⑤ 펄프 등 원재료가격(환율 영향 포함)에 민감한 수익구조를 보인다.
⑥ 원재료인 펄프가격의 인상이 판매가격에 즉각적으로 반영되지 못한다.
⑦ 장기적인 수요의 예측과 이에 대응하는 전략이 필요하다.

15 의약품산업 ★

① 고부가가치산업이고, 고도의 지식산업이다.
② 자본력과 기술력의 차이로 인해 선진국과 후진국 사이의 시장이 구분된다.
③ 신약개발능력과 그 효능에 따라 성장성이 결정된다.
④ 선진국의 소수 대기업에 의한 독과점시장구조를 형성한다.
⑤ 국내시장에서는 의약품 유통구조나 의약품과 관련된 규제나 법령에 따라 판매가격이나 그 성장성이 영향을 받는다.
⑥ 연구개발비나 판매관리비, 운전자금의 부담이 높다.

16 비철금속산업 ★

① 대규모의 자본투자가 필요하고, 투자자금의 회수기간이 길게 소요된다.
② 수요와 공급의 불균형 현상이 발생한다.
③ 비철금속자원에 대한 지역적 편중현상으로 인해(주로 미국, 남미 등) 진입장벽이 높다.
④ 전·후방 연관효과가 큰 산업이다.
⑤ LME(London Metal Exchange)의 시장가격이 국제적인 가격의 표준이다.
⑥ 가격변동이 불규칙적이고, 시세차익 목적으로 유입되는 자금이 많다.
⑦ 원재료의 수입의존도가 높기 때문에 환율변동에 따라 수입가격이 영향을 받는다.
⑧ 에너지다소비산업이고, 환경오염산업이다.

17 시멘트산업 ★

① 내수 위주의 산업 성격을 지닌다.
② 대규모의 자본이 필요한 장치산업, 높은 진입장벽 존재한다.
③ 주택건설, 토목공사와 정(+)의 상관관계에 있다.
④ 이산화탄소 배출, 소음 등 환경문제와 연관된 대기오염산업이고, 에너지다소비산업이다.
⑤ 물류비용이 증가하고 있다.

개념완성문제

01 산업분석 항목 중 환경요인분석에서 시장범위는 내수산업인지, 수출산업인지, 수입산업인지를 결정하는 것을 포함한다. (O, X)

02 재무특성분석의 대상에는 원가구조, 운전자금, 자산구성, 자금조달, 기술능력이 있다. (O, X)

03 철강산업은 대규모 장치산업에 속하고, 공급조절능력이 탄력적이다. (O, X)

04 철강산업은 시장집중도가 높은 산업이고, 낮은 성숙기 단계의 산업이다. (O, X)

05 자동차산업은 각종 환경규제가 높은 산업이고, 경기에 민감하지 않은 산업이다. (O, X)

06 자동차산업은 독과점시장을 형성하고 있어 진입장벽이 높은 편이고, 기간산업으로 노동창출효과가 높아 퇴출장벽이 존재한다. (O, X)

07 조선산업은 시장 규모가 큰 편이며, 해운·철강·기계 등 타 산업과의 연관효과가 크게 나타난다. (O, X)

08 조선산업은 중국 조선업의 성장에 따라 국내 조선업의 경쟁강도가 높아지고 있으며, 경기변동에 따라 수익성의 편차가 심한 편이다. (O, X)

정답 및 해설

01 O
02 X 기술능력은 재무특성분석의 대상이 아니다.
03 X 철강산업은 공급조절능력이 비탄력적이다.
04 O
05 X 자동차산업은 경기민감도가 매우 높은 수준의 산업이다.
06 O
07 O
08 O

09 석유화학산업은 원가경쟁력에 따른 차별화, 운송비 등의 진입장벽이 존재한다. (O, X)

10 석유화학산업은 전방산업, 후방산업에 대한 교섭력이 양호한 편이다. (O, X)

11 반도체산업은 공급자의 과점시장이 형성되어 있다. (O, X)

12 반도체산업은 전방산업 및 후방산업에 대한 교섭력이 양호한 편이고, 자본 및 기술집약적 산업이며, 진입장벽은 낮은 산업이다. (O, X)

13 식품산업은 크게 곡물가공산업과 식품가공산업으로 구분되며, 대체재에 대한 위험이 높은 산업이다. (O, X)

14 식품산업은 수요가 경기에 민감하지 않고, 영업이익의 변동성이 매우 작은 수준이며 대부분 재무안정성이 높다. (O, X)

15 통신서비스산업은 독과점시장으로서 시장집중도가 높고, 경기민감도가 낮은 편이다. (O, X)

16 통신서비스산업은 후방산업에 대한 교섭력이 높은 수준이고, 기술변화 위험에 노출되어 있으며, 마케팅 비용이 영업이익에 큰 영향을 미친다. (O, X)

17 건설산업은 경기민감도가 높은 수준이며, 전체적인 산업위험은 매우 높은 편이다. (O, X)

18 건설산업은 후방산업에 대한 교섭력은 약한 편이고, 노동집약적 산업으로 진입장벽이 낮고, 사후원가 투입에 따라 영업이익의 변동폭이 매우 크다. (O, X)

정답 및 해설

09 O

10 X 석유화학산업은 후방산업에 대한 교섭력은 열악한 편이다.

11 O

12 X 반도체산업은 진입장벽이 높은 산업이다.

13 X 식품산업은 대체재에 대한 위험이 낮은 산업이다.

14 O

15 O

16 O

17 O

18 O

19 해상운송산업은 진입장벽이 낮은 산업이고, 전방산업(화주)에 대한 교섭력이 약한 편이며, 자본집약적 산업이다. (O, X)

20 해상운송산업은 운임변동성이 높기 때문에 매출액 변동가능성도 높고 호황기에는 연료비에 유류할증료를 부과하여 가격전가가 가능하나, 불황기에는 연료비에 대한 가격전가가 쉽지 않다. (O, X)

21 소매유통산업은 운전자금의 부담이 높기 때문에 안정적으로 현금흐름이 창출되기 어렵다. (O, X)

22 소매유통산업은 기술변화에 따른 대체재의 위험이 낮은 수준이고, 낮은 차입금의존도를 가지고 있다. (O, X)

23 주류산업은 대규모의 시설투자를 필요로 하는 장치산업이다. (O, X)

24 의류산업은 부가가치가 낮은 산업으로 소비자지향산업이다. (O, X)

25 제지산업은 원재료인 펄프의 가격에 민감한 수익구조이다. (O, X)

26 의약품산업은 연구개발비의 지출이 높지만, 판매관리비에는 지출이 낮다. (O, X)

27 비철금속산업은 AME(America Metal Exchange)가 국제가격의 표준이 되고 있다. (O, X)

28 시멘트산업은 내수보다는 수출 위주의 산업이다. (O, X)

정답 및 해설

19 O

20 O

21 X 소매유통산업은 운전자금의 부담이 낮기 때문에 안정적인 현금흐름이 창출된다.

22 O

23 O

24 X 의류산업은 부가가치가 높은 산업이다.

25 O

26 X 의약품산업은 광고, 판촉, 홍보 등의 판매관리비 지출 또한 높다.

27 X LME(London Metal Exchange)에 대한 설명이다.

28 X 시멘트산업은 내수 위주의 산업이다.

출제예상문제

✓ 학습시간이 부족하거나 시험 전 최종정리를 하고 싶은 경우에는 출제빈도(★~★★★)가 높은 문제를 우선으로 풀이할 수 있습니다.
✓ 다시 봐야 할 문제(풀지 못한 문제, 헷갈리는 문제 등)는 문제 번호 하단의 네모박스(□)에 체크하여 반복 학습할 수 있습니다.

★ 산업분석 항목

01 □□□

다음 산업분석의 대상 항목 중 분석대상 산업의 시장범위(수출, 내수산업)**와 기술적, 제도적 환경을 나타내는 항목으로 옳은 것은?**

① 환경요인분석 ② 수요공급분석 ③ 연관산업분석
④ 경쟁강도분석 ⑤ 재무특성분석

★★ 산업분석 항목

02 □□□

산업분석 항목 중 환경요인분석에 대한 설명으로 옳지 않은 것은?

① 산업분류에 따라 시장범위를 결정해야 한다.
② 시장범위는 내수산업인지, 수출산업인지 결정하는 것을 포함한다.
③ 환경요인에는 제도적 환경 및 기술적 환경이 포함된다.
④ 국가기간산업의 경우 정부정책에 많은 영향을 받게 된다.
⑤ 통신, IT산업 등 기술집약적 산업에서 기술적 환경요인은 산업분석에 도구로 활용되지 못한다.

정답 및 해설

01 ① 수출산업 또는 내수산업인지의 여부, 기술변화·정부정책 등에 영향을 받는지의 여부 등을 분석하는 것이 산업의 환경요인을 분석하는 것이다.

02 ⑤ 통신, IT산업 등 기술집약적이며 변화속도가 빠른 산업에서는 기술적 환경요인분석이 가장 중요한 분석 중 하나이다.

★

산업분석 항목

03 □□□

산업분석 항목 중 수요공급분석에 대한 설명으로 옳지 않은 것은?

① 수요분석의 가장 중요한 분석대상은 수요변동성이다.
② 원자재산업, 중간재산업, 소비재산업으로 구분하는 것은 수요변동성의 민감도를 판단하는 기준이 될 수 있다.
③ 내구소비재산업은 경기변화에 따른 수요변동성이 낮은 산업이다.
④ 조선산업 및 해운산업은 공급변화속도가 매우 느린 산업이다.
⑤ 석유화학산업은 단위 설비당 공급의 변화규모가 큰 산업이다.

★★

산업분석 항목

04 □□□

산업분석 항목 중 연관산업분석에 대한 설명으로 옳지 않은 것은?

① 연관산업분석은 전방산업과 후방산업을 분석하는 것이다.
② 전방산업은 소비자에게 가까운 소비재를 생산하는 산업을 말한다.
③ 후방산업은 원자재, 소재 업체를 말한다.
④ 반도체산업에서 핸드폰산업은 후방산업이다.
⑤ 전후방산업에 대한 교섭력 행사의 분석은 분석대상 산업이 어떠한 수준의 수익성을 올릴 수 있는지를 분석하는 데 유용하다.

★

산업분석 항목

05 □□□

산업분석의 대상 항목 중 분석대상 산업이 산업 내 경쟁구조에 대해 어느 정도의 수익성 변동이 있는지를 나타내는 항목으로 옳은 것은?

① 경쟁강도분석 ② 수요공급분석 ③ 연관산업분석
④ 환경요인분석 ⑤ 재무특성분석

★

산업분석 항목

06 □□□

다음 중 재무특성분석의 대상이 아닌 것은?

① 원가구조 ② 운전자금 ③ 자산구성
④ 자금조달 ⑤ 기술능력

★ 철강산업

07 □□□

다음 중 철강산업의 특징으로 옳지 않은 것은?

① 대규모 장치산업에 속한다.
② 공급조절능력이 탄력적이다.
③ 정부의 수출입 규제가 큰 산업이다.
④ 국내 철강회사들의 후방교섭력은 낮은 편이다.
⑤ 전·후방산업과의 연관효과가 매우 크다.

★ 철강산업

08 □□□

다음 중 철강산업의 특징으로 옳지 않은 것은?

① 시장집중도가 낮은 산업이다.
② 진입장벽이 높은 산업이다.
③ 성장성이 낮은 성숙기 단계의 산업이다.
④ 기술, 자본집약적 산업이다.
⑤ 생산조절능력이 비탄력적이어서 경기대응력이 취약한 산업이다.

정답 및 해설

03 ③ 자동차와 같은 내구소비재산업은 경기변동에 따라 수요변동성이 높은 산업이다.

04 ④ 핸드폰산업에서 반도체산업은 후방산업이다.

05 ① 경쟁강도분석의 내용으로는 진입장벽, 산업집중도(독과점 여부), 경쟁수단(서비스, 품질, 원가경쟁력 등)이 있다.

06 ⑤ 기술능력은 재무특성분석의 대상이 아니다.

오답체크

① 재무특성분석은 산업별 원가구조에 따른 손익변동성을 분석한다.
② 재무특성분석은 운전자금부담이 높은 산업에 대해 분석한다.
③ 재무특성분석은 자산구성과 경기대응력에 대해 분석한다.
④ 재무특성분석은 산업별 자금조달의 방법, 산업별 재무구조의 차이 등을 분석한다.

07 ② 철강산업은 공급조절능력이 비탄력적이다.

08 ① 철강산업은 설비투자 규모가 크기 때문에 진입장벽이 높고, 그 결과 시장집중도가 높은 산업이다.

★ 자동차산업

09 □□□ **다음 중 자동차산업의 특징으로 옳지 않은 것은?**

① 각종 환경규제가 높은 산업이다.
② 경기에 민감하지 않은 산업이다.
③ 지역별 수요의 특성이 다르다.
④ 개별, 기업별 소비자 교섭력의 차이가 크다.
⑤ 후방산업에 대해 교섭력이 높다.

★ 자동차산업

10 □□□ **다음 중 자동차산업의 특징으로 옳지 않은 것은?**

① 독과점시장을 형성하고 있어 진입장벽이 높은 편이다.
② 기간산업으로 노동창출효과가 높아 퇴출장벽이 존재한다.
③ 자본, 기술집약적 산업이므로 노동집약적 산업으로 분류되지는 않는다.
④ 고정비 비중이 높아 영업이익의 변동성이 높다.
⑤ 현금흐름 변동성이 높아 현금성자산을 보유하려는 경향이 강하다.

★ 조선산업

11 □□□ **다음 중 조선산업의 특징으로 옳지 않은 것은?**

① 전방산업으로는 해운산업과 에너지산업이 있다.
② 후방산업으로는 철강, 기계, 전기전자 등이 있다.
③ 환율변동의 민감도가 매우 큰 편이다.
④ 전방산업에 대한 교섭력이 좋은 편이다.
⑤ 후방산업에 대한 교섭력이 열악한 편이다.

★ 조선산업

12 □□□ **다음 중 조선산업의 특징으로 옳지 않은 것은?**

① 중국 조선업의 성장에 따라 조선업의 경쟁강도가 높아지고 있다.
② 경기변동에 따라 수익성의 편차가 심하다.
③ 선수금 비중이 높아 부채비율은 양호한 편이다.
④ 설비투자를 늘리는 데 긴 시간이 소요되어 수급상황 불일치가 자주 발생한다.
⑤ 불황기에는 수주부진 및 자금결제조건 변경 등으로 인하여 운전자금부담이 크게 확대된다.

★ 석유화학산업

13 다음 중 석유화학산업의 특징으로 옳지 않은 것은?

① 정유산업을 후방산업으로 한다.
② 석유화학제품을 원료로 하는 가공산업을 전방산업으로 한다.
③ 안전 및 환경 등의 규제위험이 존재한다.
④ 원료 다변화에 따른 대체재의 위험이 존재한다.
⑤ 경기가 하강국면에 있을 때 수요가 급격하게 감소한다.

★ 석유화학산업

14 다음 중 석유화학산업의 특징으로 옳지 않은 것은?

① 전방산업에 대해 양호한 교섭력을 보유한다.
② 후방산업에 대한 교섭력이 양호한 편이다.
③ 자본집약적 산업으로 진입장벽이 높은 편이다.
④ 원재료 비중이 높아 제품 스프레드가 영업이익을 좌우한다.
⑤ 공급이 비탄력적이고 증설투자가 대규모 단위로 이루어지므로 영업레버리지가 매우 높다.

정답 및 해설

09 ② 자동차산업은 경기민감도가 매우 높은 수준의 산업이다.

10 ③ 자동차산업은 자본, 기술, 노동집약적 산업으로 분류된다.

11 ④ 조선산업은 전방산업 및 후방산업에 대한 교섭력이 열악한 편이다.

12 ③ 선수금 비중이 높으면 부채비율이 악화된다.

13 ⑤ 석유화학제품은 필수 산업재로서 경기 하강국면에서도 하방경직적인 수요 감소를 나타낸다.

14 ② 후방산업에 대한 교섭력은 열악한 편이다.

★

반도체산업

15 □□□

다음 중 반도체산업의 특징으로 옳지 않은 것은?

① 다양한 전방산업이 존재한다.
② 수요 대비 공급능력 조절이 어렵다.
③ 대규모 장치산업에 속한다.
④ 매출 대비 영업이익률이 안정적이다.
⑤ 전방산업에 대한 교섭력이 양호한 편이다.

★

반도체산업

16 □□□

다음 중 반도체산업의 특징으로 옳지 않은 것은?

① 전방산업 및 후방산업에 대한 교섭력이 양호한 편이다.
② 자본 및 기술집약적 산업이다.
③ 진입장벽이 높은 산업이다.
④ 공급자의 과점시장이 형성되어 있다.
⑤ 전반적인 산업위험은 낮은 수준이다.

★

식품산업

17 □□□

다음 중 식품산업의 특징으로 옳지 않은 것은?

① 크게 곡물가공산업과 식품가공산업으로 구분된다.
② 대체재에 대한 위험이 높은 산업이다.
③ 환율변동에 크게 영향을 받는 산업이다.
④ 원재료가격에 크게 영향을 받는 산업이다.
⑤ 식품안전성 위험에 민감한 산업이다.

★

식품산업

18 □□□

다음 중 식품산업의 특징으로 옳지 않은 것은?

① 수요는 경기에 민감하지 않다.
② 식품가공산업의 전방산업은 유통업이다.
③ 곡물가공산업은 세분산업에 따라 진입장벽 높이의 수준이 다르다.
④ 영업이익의 변동성이 크다.
⑤ 대부분 재무안정성이 높다.

★ 통신서비스산업

19 다음 중 통신서비스산업의 특징으로 옳지 않은 것은?

① 독과점시장으로서 시장집중도가 높다.
② 소비자에 대한 교섭력이 높은 수준이다.
③ 경기민감도가 낮은 편이다.
④ 타 산업 대비 재무적 안정성이 매우 높다.
⑤ 대규모 투자로 고정비부담이 높은 편이나, 네트워크를 임차하는 경우 고정비부담은 낮은 대신 변동비부담이 크다.

★ 통신서비스산업

20 다음 중 통신서비스산업의 특징으로 옳지 않은 것은?

① 투자회수기간을 길게 예측하고 신규 사업에 투자하는 것이 바람직하다.
② 사업기반이 국내로 제한되어 있어 인구, 소득 등 내수시장에 영향을 받고 있다.
③ 후방산업에 대한 교섭력이 높은 수준이다.
④ 기술변화 위험에 노출되어 있다.
⑤ 마케팅 비용이 영업이익에 큰 영향을 미친다.

정답 및 해설

15 ④ 반도체산업의 영업이익률의 진폭은 매우 큰 편이다. 호황기에 영업이익률은 50%에 달하기도 하는 반면, 불황기에는 적자를 면치 못한다. 이는, 고정비가 높아 매출액에 따라 영향을 받기 때문이다.

16 ⑤ 수급불균형, 높은 이익률 변동성, 대규모 투자설비 등을 감안하면 반도체산업의 전반적인 산업위험은 높은 수준이라고 할 수 있다.

17 ② 식품산업은 대체재 및 기술변화에 대한 위험이 낮은 산업이다.

18 ④ 식품산업은 영업이익의 변동폭이 매우 작은 수준이다.
참고 곡물가공산업 중 제분, 제당 등은 진입장벽이 높으나, 배합사료산업은 진입장벽이 상대적으로 낮은 편이다.

19 ② 통신서비스산업은 소비자에 대한 교섭력이 낮은 수준이다.

20 ① 기술변화에 따라 투자회수기간을 길게 예측하고 신규 사업에 진출할 경우 위험이 높다.
오답체크
③ 후방산업으로는 통신장비회사가 있으며, 회사 간 경쟁이 치열하다.

★ 건설산업

21 다음 중 건설산업의 특징으로 옳지 않은 것은?

① 진입장벽이 높은 편이다.
② 건축건설사업, 토목사업, 플랜트사업 등으로 나뉜다.
③ 경기민감도가 높은 수준이다.
④ 매출대금 회수가 불안정적이다.
⑤ 토목사업과 플랜트사업은 정부정책에 큰 영향을 받는다.

★ 건설산업

22 다음 중 건설산업의 특징으로 옳지 않은 것은?

① 경쟁강도가 높은 편이다.
② 건축건설사업의 경우 제품 차별화가 가능하고, 구매자와의 협상력이 유리한 편이다.
③ 기술집약적 산업이다.
④ 건축건설사업의 경우 후방산업(토지 구매 등)에 대한 교섭력이 약한 편이다.
⑤ 사후원가 투입에 따라 영업이익의 변동폭이 매우 크다.

★ 해상운송산업

23 다음 중 해상운송산업의 특징으로 옳지 않은 것은?

① 진입장벽이 높은 산업이다.
② 전방산업(화주)에 대한 교섭력이 약한 편이다.
③ 환율변동에 대한 순손익 변동위험이 높으나, 기능통화제도를 도입한 기업의 경우에는 그 위험이 낮다.
④ 선박을 유동화하여 재무적 융통성을 확보한다.
⑤ 자본집약적 산업이다.

★ 해상운송산업

24 다음 중 해상운송산업의 특징으로 옳지 않은 것은?

① 운임변동성이 높기 때문에 매출액 변동가능성도 높다.
② 용선료는 변동비 성격을 지닌다.
③ 호황기에는 연료비에 유류할증료를 부과하여 화주에 대한 가격전가가 가능하다.
④ 불황기에는 화주에게 연료비의 가격전가가 쉽지 않다.
⑤ 영업이익 변동성이 높은 편이다.

★ 소매유통산업

25 □□□ **다음 중 소매유통산업의 특징으로 옳지 않은 것은?**

① 운전자금부담이 낮기 때문에 안정적인 현금흐름이 창출된다.
② 낮은 차입금의존도를 보인다.
③ 매출 대비 이익률이 높은 편이다.
④ 자산회전율이 높은 편이다.
⑤ 정부의 규제가 점차 심화되는 추세이다.

★ 소매유통산업

26 □□□ **다음 중 소매유통산업의 특징으로 옳지 않은 것은?**

① 기술변화에 따른 대체재의 위험이 낮은 수준이다.
② 고용창출효과가 낮은 편이다.
③ 백화점이나 대형마트는 경기민감도가 높은 편이다.
④ 보유 유형자산을 유동화하는 방법으로 재무적 융통성을 높이는 것이 있다.
⑤ 대형화 및 시장집중도 상승에 따라 후방산업에 대한 교섭력이 좋은 편이다.

정답 및 해설

21 ① 건설산업은 진입장벽이 낮은 편이다.

22 ③ 건설산업은 노동집약적 산업이다.

23 ① 해상운송산업은 진입장벽이 낮은 산업이다.

24 ② 용선료는 용선기간 동안 고정비 성격을 지닌다.

25 ③ 소매유통산업은 매출 대비 이익률이 낮은 편이다.

오답체크

⑤ 관련 규제 법률로는 유통산업발전법, 대중소기업 상생협력 촉진에 관한 법률, 대규모유통업에서의 거래 공정화에 관한 법률, 가맹사업거래의 공정화에 관한 법률 등이 있다.

26 ② 서비스업은 고용창출효과가 높은 편이다.

오답체크

③ 업태별로 경기변동에 대한 영업이익의 변동이 상이하다. 주로 백화점이나 대형마트는 경기민감도가 높은 편이나, 편의점이나 기업형 슈퍼마켓은 경기민감도가 낮은 편이다.

★ 주류산업 및 청량음료산업

27 □□□ **다음 중 주류산업에 대한 특징으로 옳지 않은 것은?**

① 내수산업이나 맥주의 경우에는 수입제품 비중이 증가하고 있다.
② 원가율이 높고, 판매관리비의 부담이 높다.
③ 일부 기업들의 과점적 경쟁구도가 형성되어 있다.
④ 안정된 현금창출력과 재무구조를 보유하고 있다.
⑤ 성장성이 매우 낮으나 수요의 안정성은 높다.

★ 주류산업 및 청량음료산업

28 □□□ **다음 중 청량음료산업에 대한 특징으로 옳지 않은 것은?**

① 소득수준이 높아질수록 청량음료의 수요는 높아진다.
② 소득수준의 향상으로 건강음료의 수요는 높아지면서 성장추세에 있다.
③ 청량음료는 대체음료의 개발과는 무관하게 그 성장성이 꾸준하다.
④ 판매촉진비의 증가의 영향으로 청량음료산업은 수익성이 약화되고 있다.
⑤ 청량음료산업은 장치산업임에도 시장에서의 경쟁이 심하다.

★ 의류산업

29 □□□ **다음 중 의류산업에 대한 특징으로 옳지 않은 것은?**

① 의류제품의 생산은 대부분 OEM 생산방식을 채택하고 있으며, 유통망에 대한 교섭력은 열위한 수준이다.
② 의류산업의 진입장벽은 높기 때문에 산업 내 경쟁강도는 낮다.
③ 중소기업과 대기업이 공존하는 산업이다.
④ 소비자 성향, 계절요소 등을 종합적으로 고려해야 하는 위험부담률이 높은 산업이다.
⑤ 재고관리, 유통관리, 채권관리가 중요시된다.

★ 의류산업

30 □□□ **다음 중 의류산업에 대한 특징으로 옳지 않은 것은?**

① 브랜드 광고비, 유통업체 수수료 등으로 인해 판매관리비의 부담이 높은 수준이다.
② 국내 경기와 경제여건이 민감한 내수 중심의 산업이다.
③ 부가가치가 낮은 산업이다.
④ 소비자의 개성화와 라이프 스타일에 대응하는 소비자지향산업이다.
⑤ 재고의 부담이 높기 때문에 재고관리에 특별히 신경을 써야 한다.

★ 제지산업

31 □□□ **다음 중 제지산업에 대한 특징으로 옳지 않은 것은?**

① 제지산업은 초기 대규모 자본이 투입되는 장치산업이다.
② 제지산업은 에너지다소비산업이고, 공해산업이다.
③ 원재료인 펄프가격의 인상이 판매가격에 즉각적으로 반영된다.
④ 장기적인 수요의 예측과 이에 대응하는 전략이 필요한 산업이다.
⑤ 제지산업은 높은 수준의 공급과잉이 이어지고 있다.

★ 제지산업

32 □□□ **다음 중 제지산업에 대한 특징으로 옳지 않은 것은?**

① 제지산업의 시장규모 변동성은 크지 않은 수준이다.
② 펄프 등 원재료가격에 민감한 수익구조이다.
③ 원재료인 펄프는 주로 국내에서 조달하고 있다.
④ 원재료 수입 시에 적용되는 환율변동에 따라 수입단가가 영향을 받고 있다.
⑤ 제지산업은 환경오염 방지시설의 설치 및 처리비용에 대한 부담이 존재한다.

★ 의약품산업

33 □□□ **다음 중 의약품산업에 대한 특징으로 옳지 않은 것은?**

① 의약품산업은 고부가가치산업이고, 고도의 지식산업이다.
② 선진국의 소수 대기업에 의한 독과점시장구조를 형성하고 있다.
③ 의약품과 관련된 규제나 법령이 있더라도 판매가격이나 그 성장성은 영향을 받지 않는다.
④ 의약산업의 성장성은 신약개발능력과 그 효능에 따라 결정된다.
⑤ 연구개발비나 판매관리비, 운전자금의 부담이 높다.

정답 및 해설

27 ② 주류산업의 원가율은 낮지만, 판매관리비의 부담은 높다.

28 ③ 청량음료는 대체음료의 개발로 인해 성장성에 한계가 있으며 수익성이 약화되고 있다.

29 ② 의류산업의 낮은 진입장벽으로 산업 내 경쟁강도는 높은 수준이다.

30 ③ 브랜드 차별화를 통해 높은 부가가치를 창출할 수 있는 산업이다.

31 ③ 제지산업은 원재료인 펄프를 수입하기 때문에 펄프가격의 인상이 판매가격에 즉각적으로 반영되지 못한다.

32 ③ 제지기업의 제조원가에서 원재료비(펄프 및 고지)가 차지하는 비중은 50% 내외로 높은 수준으로 이러한 원재료는 해외의존도가 높다.

33 ③ 의약품과 관련된 규제나 법령에 따라 판매가격이나 그 성장성이 영향을 받는다.

★ 비철금속산업

34 □□□ **다음 중 비철금속산업에 대한 특징으로 옳지 않은 것은?**

① 대규모의 자본투자가 필요하지만, 투자자금의 회수기간은 비교적 짧다.
② LME(London Metal Exchange)의 시장가격이 국제적인 가격의 표준이 되고 있다.
③ 비철금속 자원에 대한 지역적 편중현상으로 인해(주로 미국, 남미 등) 진입장벽이 높다.
④ 전·후방 연관효과가 큰 산업이다.
⑤ 수요와 공급의 불균형 현상이 발생한다.

★ 비철금속산업

35 □□□ **다음 중 비철금속산업에 대한 특징으로 옳지 않은 것은?**

① 전·후방 연관효과가 큰 산업이다.
② 가격변동이 불규칙적이고, 시세차익 목적으로 유입되는 자금이 많다.
③ 원재료의 수입의존도가 높기 때문에 환율변동에 따라 수입가격이 영향을 받는다.
④ 에너지다소비산업이고, 환경오염산업이다.
⑤ 자원은 전 세계적으로 골고루 분포하기 때문에 진입장벽은 대체로 낮다.

★ 시멘트산업

36 □□□ **다음 중 시멘트산업에 대한 특징으로 옳지 않은 것은?**

① 주택건설, 토목공사와 정(+)의 상관관계에 있다.
② 대규모의 자본이 필요한 장치산업이고, 높은 진입장벽이 존재한다.
③ 이산화탄소 배출, 소음 등 환경문제와 연관된 대기오염산업이고, 에너지다소비산업이다.
④ 물류비용이 증가하고 있다.
⑤ 국내 시멘트산업은 수출 위주의 산업구조를 형성하고 있다.

정답 및 해설

34 ① 대규모의 자본투자가 필요하고, 투자자금의 회수기간이 길게 소요된다.
35 ⑤ 비철금속자원은 지역적으로 편중되어 있어 진입장벽이 높다.
36 ⑤ 국내 시멘트산업은 내수 위주의 산업 성격을 지니고 있다.

제3절 경영진단

01 경영진단의 목적과 방법 ★★★

1. 경영진단의 개념

경영진단이란 기업체를 객관적인 입장에서 종합적으로 분석하고 평가하여 기업경영에 대한 문제점을 발견하고 그 원인을 분석하여 미래 모델을 수립하고 합리적인 개선책을 제시하는 것을 말한다.

2. 경영진단의 목적

경영진단은 기업의 문제점을 사전에 예방하고, 근본적으로 제거함으로써 기업경영의 기반을 공고하게 구축하는 것이 근본적인 목적이다. 또한, 기업의 이해관계자 입장에서 거래관계에 활용하기 위한 차원에서 실시한다.

경영진단의 일반적인 목적은 다음과 같다.

> ① 기업경영층에 대한 경영기술과 경영계획 및 관리방법의 조언
> ② 기업에 대한 경영지표 제공
> ③ 기업 투자금액의 적정 한도액 계산
> ④ 기업의 문제점을 찾고, 개선책 제시
> ⑤ 기업체의 실태를 상세하게 조사하여 금융기관에 참고자료 제시
> ⑥ 부실기업의 정비를 위한 판단자료 제시

3. 경영진단의 분류

(1) 진단주체에 따른 분류

① 자기진단 : 기업을 진단함에 있어 경영의 자기개선을 위하여 이루어지는 진단
　예 기업내부의 기획실, 감사실 등

② 외부진단 : 기업을 진단함에 있어 심층적, 전문적 차원의 진단을 목적으로 외부전문가에 의해 이루어지는 진단
　예 경영컨설턴트, 공인회계사 등

(2) 진단범위에 따른 분류

① 종합진단(기업의 경영전반을 진단) : 전반진단, 요약진단

② 부문진단(기업의 특정부문을 진단) : 경영기본부문진단, 재무부문진단, 판매부문진단, 생산부문진단 등

(3) 진단대상에 따른 분류

① 개별진단 : 공장진단, 상점진단, 광산진단

② 집단진단 : 조합진단, 지역별진단, 관계회사진단

(4) 시기에 따른 분류

① 정기진단 : 정기적으로 실시하는 진단 예 매년, 매월 등

② 수시진단 : 부정기적으로 실시하는 진단 예 특별 사안 발생

(5) 특수관계상에 따른 분류

기업의 이해관계인들이 기업정보를 필요로 하게 되고 그에 따라 기업진단이 이루어진다.

① 금융기관의 거래처 경영진단 : 거래처 여신관리, 부실기업정리, 컨설팅서비스 제공
② 정부의 기업 경영진단 : 정부투자기관평가, 경영품질평가
③ 신용평가사의 기업평가 : 신용등급평가
④ 회계법인 및 컨설팅 법인의 평가 : M & A, 기업 경영혁신

4. 진단프로세스

기업진단을 실행하는 프로세스의 관점은 하향식 접근방법과 상향식 접근방법으로 나누어 볼 수 있다.

(1) 하향식 접근법(Top-Down)

기업의 거시적환경, 산업환경과 같은 외부환경을 우선 분석(①)하고 기업의 조직구조, 사업구조, 업무프로세스 등의 내부를 분석(②)하는 방법을 말한다. 일반적으로 기업의 현황을 명확히 파악한다는 측면에서 하향식 접근법을 적용한다.

(2) 상향식 접근법(Bottom-Up)

기업의 내부를 먼저 분석(①)한 후 외부환경을 분석(②)하는 방법이다.

5. 경영진단분석방법

(1) 인터뷰법

기업의 경영진과 업무를 담당하고 있는 직원들을 만나 기업현황을 파악하는 방법이다.

(2) 설문지법

기업의 핵심성장요인이나 그 밖의 질문사항에 대하여 설문지를 작성하여 기업현황을 파악하는 방법이다.

(3) 체크리스트법(Checklist)

기업의 정성적인 부문을 파악해야 하는 경우 핵심성과지표를 토대로 사전에 정리된 체크리스트를 근거로 평가하는 방법이다.

(4) 갭(GAP)분석

기업의 벤치마킹을 통해 분석기업과의 차이점을 비교하여 현재수준보다 더 나은 미래 모델을 제시하는 방법이다. 기업의 현재 위치(AS-IS)를 TO-BE 모형과 비교하여 차이를 도출하고 분석함으로써 현재의 문제점을 도출하는 방법이다.

구 분	장 점	단 점
인터뷰법	• 정보의 질이 좋다.	• 시간이 많이 소요된다.
설문지법	• 신속한 조사가 가능하다. • 객관성을 확보할 수 있다.	• 부정확한 답변이 올 수 있다.
체크리스트법	• 신속한 조사가 가능하다.	• 체크리스트 구성에 오랜 시간이 걸릴 수 있다. • 기업마다 다른 특성을 반영하기 어렵다.

(5) 진단도구(Tool)활용

경영진단과 관련된 일반적인 진단모형은 다음과 같다.

진단부문		진단모형(Tool)
외부환경분석	거시환경분석	PEST분석
	산업환경분석	산업구조모형
	경쟁구조분석	5 Force
내부능력분석	사업구조분석	BCG, GE Matrix, 9 Building Blocks
	조직구조분석	7S분석
	부문분석	가치사슬분석

02 외부환경분석 ★★★

1. 거시환경분석

거시환경분석이란 기업에 영향을 줄 수 있는 요인을 정치환경, 경제환경, 사회문화환경, 기술환경으로 나누어서 영향을 분석하는 것이다. 구체적 내용은 다음과 같다.

(1) 정치적 환경요인(Political Environment)

예 법적 규제, 정치적 위협, 무역장벽, 독점금지(Anti-Trust) 등

(2) 경제적 환경요인(Economic Environment)

예 GDP성장률, 에너지 가격, 환율, 이자율, 물가 등

(3) 사회문화적 환경요인(Social Environment)

예 인구통계, 사회적 윤리규범, 라이프 스타일, 제품트렌드 등

(4) 기술적 환경요인(Technological Environment)

예 제품 라이프 사이클, 기술 라이프 사이클 등

2. 산업환경분석

산업환경은 기업경영에 직접적이고 가장 밀접하게 영향을 미치며 대표적인 산업환경분석방법에는 마이클 포터의 5 Forces 모형이 존재한다.

5 Forces 모형의 항목

- 신규진입자의 위협
  진입장벽이 낮을수록 후발주자가 산업에 진출하기 쉬워지므로 산업의 매력은 감소한다.
  예 초기투자, 정부규제, 기술장벽
- 대체재의 위협
  대체할 수 있는 제품이 많을수록 산업의 매력은 감소한다.
  예 서울우유의 경쟁자는 부산우유, 매일우유 등이 동종경쟁자이며, 주스, 탄산음료, 요거트 등 이종 제품들도 우유의 대체품으로 경쟁자가 될 수 있다.

• 구매자의 교섭력
구매자의 교섭력이 강할수록 산업의 매력은 감소한다. 구매자의 구매량이 많을수록, 제품의 차별성이 낮을수록 구매자의 교섭력이 강해진다.
(예) 기아자동차와 부품업체의 관계를 보면, 기아자동차가 부품업체를 상대로 표준화된 부품(제품의 차별성이 낮은 부품)을 대량으로 구입하기 때문에 기아자동차의 구매자 협상력은 매우 높다.
• 공급자의 교섭력
공급자의 교섭력이 강할수록 산업의 매력은 감소한다.
제품의 차별성이 클 경우, 공급업자의 판매량이 클수록 공급자의 교섭력이 강해진다.
(예) 삼성전자의 반도체의 경우 기술력이 높아 제품의 차별성이 크고, 반도체의 판매량이 크기 때문에 공급자의 교섭력이 크다.
• 기존 경쟁자 간의 경쟁강도
진출하고자 하는 산업 내 경쟁강도가 높을수록 산업의 매력은 감소한다.
(예) 시장의 성장성, 제품 차별성, 생산능력, 브랜드

✓ 핵심체크

1. 거시환경분석의 구성요소
   ① 정치적 환경요인(Political Environment)
   ② 경제적 환경요인(Economic Environment)
   ③ 사회문화적 환경요인(Social Environment)
   ④ 기술적 환경요인(Technological Environment)
2. 마이클 포터의 5 Forces 모형의 항목
   ① 신규진입자의 위협
   ② 대체재의 위협
   ③ 구매자의 교섭력
   ④ 공급자의 교섭력
   ⑤ 기존 경쟁자 간의 경쟁강도

03 내부능력분석 ★★★

1. 사업구조분석의 의의

사업구조분석이란 성장성과 수익성뿐만 아니라 장기적으로 유지할 수 있는 사업 포트폴리오를 보유하고 있는지 파악하는 것을 말한다.

2. 사업구조분석방법

(1) BCG(Boston Consulting Group)매트릭스 모델

BCG매트릭스 모델이란 '성장-점유율 매트릭스(Growth-Share Matrix)'라고도 불리며, 산업을 시장점유율과 시장성장률로 구분해 4가지로 분류하고 있다.
BCG매트릭스는 X축을 상대적 시장점유율로 하고, Y축을 시장성장률로 하여, 4가지 유형으로 나눌 수 있다. 각각의 유형은 다음과 같다.

시장성장률 \ 상대적 시장점유율	높다	낮다
높다	Star (인기사업) • 성장사업 • 높은 성장률, 높은 점유율	Question Mark (문제아) • 개발사업 • 높은 성장률, 낮은 점유율
낮다	Cash Cow (고수익사업) • 수익수종사업 • 낮은 성장률, 높은 점유율	Dog (골칫거리) • 사양산업 • 낮은 성장률, 낮은 점유율

① 스타(Star)

높은 성장률과 높은 시장점유율을 가진 성장사업을 말한다. 스타(Star)는 유지하는 전략을 구축하며, 성장률이 하락하면 금송아지(Cash Cow)로 이동한다.

② 문제아(Question Mark)

상대적으로 낮은 시장점유율과 높은 시장성장률을 가진 개발사업을 말한다. 기업의 행동에 따라서는 차후 스타(Star)가 되거나 개(Dog)로 전락할 수 있는 위치에 있다. 일단 투자하기로 결정한다면 상대적 시장점유율을 높이기 위해 많은 투자금액이 필요하다.

③ 금송아지(Cash Cow)

낮은 성장률과 높은 시장점유율을 가진 수익수종사업을 말한다. 수익창출원으로 기존의 투자에 의해 수익이 계속적으로 실현되기 때문에 자금의 원천사업이 된다. 그러나 시장성장률이 낮으므로 투자금액이 유지·보수 차원에서 머물게 되어 자금 투입보다 자금 산출이 더 많다.

④ 개(Dog)

낮은 성장률과 낮은 점유율을 가진 사양사업을 말하며 성장성과 수익성이 없는 사업이기 때문에 철수해야 한다. 만약 기존의 투자에 매달리다가 기회를 잃으면 더 많은 대가를 치를 수 있다.

(2) GE매트릭스 모델

GE매트릭스 모델은 시장매력도지수와 제품 경쟁력지수를 고·중·저의 3단계로 나누어 9개 유형으로 구분하고, 각 유형별로 전략적 대안을 제시한다.

시장매력도 \ 제품(사업단위) 경쟁력	고	중	저
고	유지, 방어 • 최대한 성장투자 • 경쟁력 유지 노력	성장을 위한 투자 • 선도자에 도전 • 선택적 경쟁력 강화 • 취약부문 보완	선택적 성장투자 • 강점 이용 전문화 • 약점보완책 모색 • 성장가망 없으면 철수
중	선택적 성장투자 • 유망시장 집중투자 • 경쟁대응 능력배양 • 생산성 향상을 통한 수익성 강화	선택적 수익관리 • 현 프로그램 보호 • 수익성 높고, 위험 적은 부문에 집중투자	제한적 확장, 철수 • 위험이 적은 확장 모색 • 투자제한 및 영업합리화
저	유지, 초점 조정 • 단기수익 위주 관리 • 매력부문에 집중 • 현 위치의 방어	수익성 경영 • 수익성 좋은 부문에서의 위치방어 • 제품 고급화 • 투자 최소화	전환, 철수 • 값 좋을 때는 매도 • 고정투자 피하고, 추가투자 회피

(3) 9 Building Blocks 모델

개별사업들이 고객가치를 만들어 내는 원리를 한눈에 파악할 수 있게 해주는 모델로 9가지 핵심 요소로 구성된다.

요 소	내 용
① 고객의 정의	고객세분화로 사업아이템에 대해 구매가능한 고객이 누구인지 분석하여 설정하는 과정
② 가치제안	설정된 고객에게 어떠한 가치(새로움, 성능, 디자인 등)를 제공할 것인지에 대한 방법과 내용
③ 채널	해당 제품을 어떤 경로를 통해서 고객에게 알리고, 판매하는지에 대한 내용
④ 수익모델	어느 부문에서 수익이 발생하는지에 대한 파악
⑤ 고객관계	고객을 확보하고 유지하기 위한 방법
⑥ 핵심지원	해당 사업에 필요한 핵심역량 중 현재 보유하고 있는 인적, 물적자원 등을 파악
⑦ 핵심활동	가치 제안을 만들고 비즈니스의 원활한 진행을 위해 필요한 활동
⑧ 파트너쉽	사업이 원활하게 진행하기 위해 필요한 외부의 이해관계자들
⑨ 비용구조	사업 운영에 있어 발생되는 비용(모든 비용)들로 고정비, 변동비 등 여러 가지를 살펴서 비용구조를 파악하고 개선해야 함

3. 조직구조분석

조직구조의 효율성 정도가 기업의 성과 및 위험에 영향을 미친다는 점에서 조직의 강점과 약점을 분석한다.

7S분석

- 7S분석은 전략(Strategy), 구조(Structure), 시스템(System), 가치관(Shared Value), 기술(Skills), 스타일(Style), 인재(Staff)로 나누어 조직구조를 분석하는 방법을 말한다.
- 7S분석은 하드웨어적 요소와 소프트웨어적 요소로 구분한다. 하드웨어적 요소에는 전략(Strategy), 구조(Structure), 시스템(System)이 있으며, 소프트웨어적 요소에는 가치관(Shared Value), 기술(Skills), 스타일(Style), 인재(Staff)가 있다.

하드웨어적 요소(Hard Elements)	소프트웨어적 요소(Soft Elements)
• 전략(Strategy) • 구조(Structure) • 시스템(System)	• 가치관(Shared Value) • 기술(Skills) • 스타일(Style) • 인재(Staff)

4. 내부활동분석

(1) 가치사슬분석(Value Chain Analysis)

① 정의

기업의 내부활동을 분석하는 대표적인 방법으로 가치사슬분석이란 고객에게 가치를 제공함에 있어 부가가치 창출에 직접 또는 간접적으로 관련된 일련의 활동·기능·프로세스를 연계하여 분석하는 기법이다.

② 주활동(Primary activities)과 지원활동(Support activities)

주활동은 부가가치를 직접 창출하는 활동으로서 제품의 생산·운송·마케팅·판매·물류·서비스 등과 같은 현장업무 활동을 의미한다. 지원활동은 부가가치가 창출되도록 간접적인 역할을 하는 활동으로 구매·기술개발·인사·재무·기획 등 현장활동을 지원하는 제반업무를 의미한다.

개념완성문제

01 경영진단의 목적은 부실기업의 정비를 위한 판단자료를 제공하고, 기업자본 투하액의 적정 한도액을 계산하며, 기업체의 실체를 조사하여 금융기관의 대출에 참고자료를 제공한다. (O, X)

02 경영진단의 분석방법 중 인터뷰법은 깊이 있는 정보를 얻을 수 있는 장점이 있으나 시간이 많이 소요되며, 설문지법은 신속하게 많은 조사를 할 수 있고 객관적이고 정확한 정보가 기입된다. (O, X)

03 마이클 포터의 5 Forces 모형에 따른 경쟁구조 항목은 신규진입자의 위협, 대체재의 위협, 구매자의 교섭력, 공급자의 교섭력, 기존 경쟁자 간의 경쟁강도이다. (O, X)

04 거시환경요소 중 법적 규제, 정치적 위협, 무역장벽, GDP성장률은 정치적 환경요인이다. (O, X)

05 BCG매트릭스 모델 중 Star는 높은 성장률과 높은 시장점유율을 나타내며, Star는 유지하는 전략을 구축하며, 성장률이 하락하면 Cash Cow로 이동한다. (O, X)

06 BCG매트릭스 모델 중 Question Mark는 성장률은 높으나, 시장점유율은 낮은 산업이고, Dog는 성장률도 낮고 시장점유율도 낮은 산업이다. (O, X)

07 7S 모델의 구성요소 중 직원들의 의사결정의 주요 문제를 판별하기 위한 관리제도 또는 절차에 해당하는 요소는 기술이다. (O, X)

정답 및 해설

01 O

02 X 설문지법은 신속하게 많은 조사를 할 수 있고, 객관적이기는 하나 부정확한 정보가 기입될 가능성이 높다.

03 O

04 X GDP성장률은 경제적 환경요인이다.

05 O

06 O

07 X 직원들의 의사결정의 주요 문제를 판별하기 위한 관리제도 또는 절차에 해당하는 요소는 시스템이다.

출제예상문제

✓ 학습시간이 부족하거나 시험 전 최종정리를 하고 싶은 경우에는 출제빈도(★~★★★)가 높은 문제를 우선으로 풀이할 수 있습니다.
✓ 다시 봐야 할 문제(풀지 못한 문제, 헷갈리는 문제 등)는 문제 번호 하단의 네모박스(□)에 체크하여 반복 학습할 수 있습니다.

★ 경영진단의 목적과 방법

01 □□□ **다음 중 경영진단의 목적이 아닌 것은?**

① 기업경영층에 대한 경영기술과 경영계획 및 관리방법을 조언·지도한다.
② 부실기업의 정비를 위한 판단자료를 제공한다.
③ 기업자본 투하액의 적정 한도액을 계산한다.
④ 기업체의 실제를 조사하여 금융기관 대출에 참고자료를 제공한다.
⑤ 경영진단은 기업의 문제점을 찾아내는 것에 한하고, 그 개선책은 기업 스스로 마련하여야 한다.

★ 경영진단의 목적과 방법

02 □□□ **다음 중 경영진단의 분석방법에 대한 설명으로 옳지 않은 것은?**

① 경영 관련 제반요소를 시스템적으로 파악하여야 한다.
② 하향식(Top-Down) 접근법은 기업의 외부환경을 먼저 분석한 후 기업의 내부를 분석하는 방법이다.
③ 상향식(Bottom-Up) 접근법은 기업의 내부현황을 먼저 분석한 후 외부환경을 분석하는 방법이다.
④ 상향식(Bottom-Up) 접근법이 일반적으로 이용된다.
⑤ 인터뷰법은 경영진 및 직원들을 직접 만나서 기업현황을 파악하는 방법이다.

★ 경영진단의 목적과 방법

03 □□□ **다음 중 경영진단의 분석방법에 대한 설명으로 옳지 않은 것은?**

① 인터뷰법은 깊이 있는 정보를 얻을 수 있는 장점이 있으나 시간이 많이 소요된다.
② 설문지법은 신속하게 많은 조사를 할 수 있고 객관적이나 부정확한 정보가 기입될 가능성이 높다.
③ 체크리스트법은 정보를 빠르게 수집할 수 있다는 장점이 있다.
④ 갭(GAP)분석은 벤치마킹을 통하여 정보를 수집하는 방법이다.
⑤ 기업의 위치(AS-IS)와 베스트 프랙티스(TO-BE)를 비교하는 방법은 체크리스트법에 속한다.

★★★ 경영진단의 목적과 방법

04 □□□ **경영진단에는 종합진단과 부문진단이 있는 데 부문진단의 범위가 아닌 것은?**

① 생산부문진단 ② 판매부문진단 ③ 재무부문진단
④ 경영기본부문진단 ⑤ 요약진단

★ 외부환경분석

05 □□□ **다음 중 경영진단의 거시환경분석(PEST)의 구성요소로 옳지 않은 것은?**

① 정치적 환경요인 ② 경제적 환경요인 ③ 경영적 환경요인
④ 사회문화적 환경요인 ⑤ 기술적 환경요인

★ 외부환경분석

06 □□□ **다음 거시환경요소 중 경제적 환경요인으로 볼 수 없는 것은?**

① 무역장벽 ② GDP성장률 ③ 이자율
④ 물가 ⑤ 환율

정답 및 해설

01 ⑤ 경영진단은 개선책(혁신책)을 입안하여 기업에 권고하기도 한다.

02 ④ 하향식(Top-Down) 접근법이 일반적으로 이용된다.

03 ⑤ 기업의 위치(AS-IS)와 베스트 프랙티스(TO-BE)를 비교하는 방법은 갭(GAP)분석에 속한다.

04 ⑤ 요약진단은 종합진단의 범위이다.

05 ③ 경영적 환경요인은 내부환경요소로 거시환경요소(외부환경 중 하나)에 속하지 않는다.

용어 알아두기

PEST(Politics, Economics, Social, Technology) : 외부환경분석 중 거시환경분석의 도구를 말하며, 이는 정치, 경제, 사회문화, 기술의 약어이다.

06 ① 무역장벽은 정치적 환경요인이다.

★ 외부환경분석

07 □□□ **다음 거시환경요소 중 그 성격이 다른 것은?**

① 인구통계변화
② 제품의 트렌드동향
③ 사회적 윤리 및 규범
④ 소비자의 라이프 스타일변화
⑤ 기술의 라이프 사이클변화

★★★ 외부환경분석

08 □□□ **다음 중 마이클 포터의 5 Forces에 따른 경쟁구조 항목이 아닌 것은?**

① 신규진입자의 위협
② 회사 임직원 간의 경쟁정도
③ 구매자의 교섭력
④ 대체재(대체제품 및 서비스)의 위협
⑤ 기존 경쟁자 간의 경쟁강도

★ 외부환경분석

09 □□□ **다음 제시된 경쟁구조분석의 유형 중 성격이 다른 것은?**

① 기술장벽 ② 생산능력 ③ 시장의 성장성
④ 브랜드력 ⑤ 제품의 차별성

★ 내부능력분석

10 □□□ **다음 중 사업구조분석의 도구가 아닌 것은?**

① PEST
② BCG Matrix
③ GE Matrix
④ 9 Building Blocks
⑤ PPM(Product Portfolio Management)

★★★ 내부능력분석

11 □□□ **다음 중 BCG Matrix에 대한 설명으로 옳지 <u>않은</u> 것은?**

① Star는 높은 성장률과 높은 시장점유율을 나타낸다.
② Star는 유지하는 전략을 구축하며, 성장률이 하락하면 Cash Cow로 이동한다.
③ Question Mark는 성장률은 높으나, 시장점유율은 낮은 사업이다.
④ Cash Cow는 시장점유율은 낮으나, 성장률은 높은 사업이다.
⑤ Dog는 성장률도 낮고, 시장점유율도 낮은 사업이다.

정답 및 해설

07 ⑤ 기술의 라이프 사이클변화는 기술적 환경요인이다.

오답체크

①②③④ 사회문화적 환경요인이다.

08 ② 5 Forces에 해당하는 것은 신규진입자의 위협, 구매자의 교섭력, 대체재(대체제품 및 서비스)의 위협, 기존 경쟁자 간의 경쟁강도, 공급자의 교섭력이다.

참고 마이클 포터의 5 Forces는 기업의 경쟁구조를 분석하는 모델로, 기업의 경쟁강도와 수익성 및 산업의 구조적 매력도를 논리적으로 설명한다.

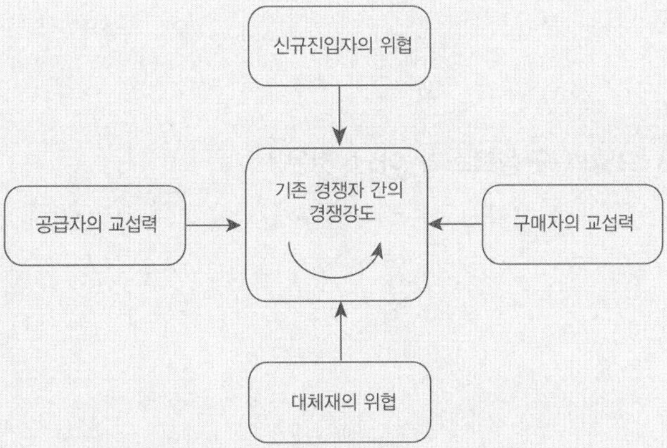

09 ① 기술장벽은 신규진입자의 위협과 관련된 것이다.

오답체크

②③④⑤ 기존 경쟁자 간의 경쟁강도와 관련된 것이다.

10 ① PEST(Politics, Economics, Social, Technology)는 외부환경분석 중 거시환경분석의 도구이다.

11 ④ Cash Cow는 시장점유율은 높으나, 성장률은 낮은 사업이다.

참고

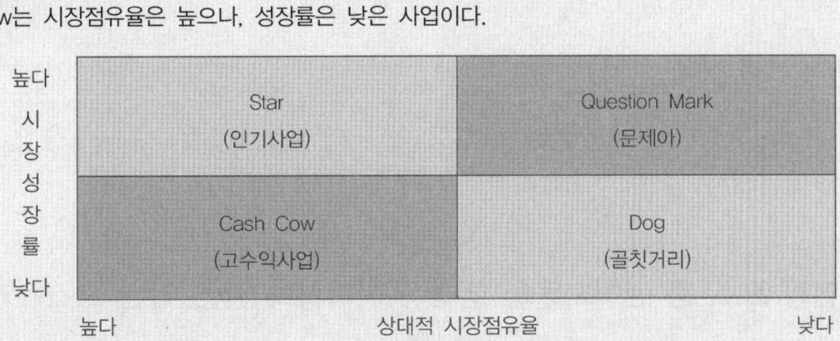

★ 내부능력분석

12 □□□

다음 중 BCG Matrix에서 X축의 오른쪽, Y축의 아래에 위치한 사업은 무엇인가?

① Star ② Cash Cow ③ Dog
④ Duck ⑤ Question Mark

★★ 내부능력분석

13 □□□

다음 중 BCG Matrix와 GE Matrix에 대한 설명으로 옳지 않은 것은?

① BCG Matrix는 2×2 구조이다.
② GE Matrix는 3×3 구조이다.
③ BCG Matrix는 X축을 시장점유율, GE Matrix는 X축을 사업단위 경쟁력으로 둔다.
④ BCG Matrix는 Y축을 시장성장률, GE Matrix는 Y축을 시장매력도로 둔다.
⑤ BCG Matrix는 컨설팅회사가 창안한 것이지만, GE Matrix는 일반기업이 창안한 것이다.

★ 내부능력분석

14 □□□

다음 중 7S 모델의 구성요소가 아닌 것은?

① 가치관 ② 전략 ③ 구조 ④ 강점 ⑤ 인재

★ 내부능력분석

15 □□□

다음 7S 모델의 요소 중 직원들의 의사결정의 주요 문제를 판별하기 위한 관리제도 또는 절차에 해당하는 요소는 무엇인가?

① 시스템 ② 기술 ③ 인재 ④ 전략 ⑤ 스타일

★ 내부능력분석

16 □□□

다음 7S 모델의 요소 중 관리자들의 행태나 리더십과 관련 있는 요소는?

① 시스템 ② 기술 ③ 인재 ④ 가치관 ⑤ 스타일

★ 내부능력분석

17 다음 중 생산관리부문에서 다루는 용어가 아닌 것은?

① 자재소요계획(MRP) ② 자재명세서(BOM) ③ 총괄생산계획(MPS)
④ 외주관리 ⑤ ABC관리

★ 내부능력분석

18 다음 중 구매관리에 대한 경영진단 내용으로 옳지 않은 것은?

① 회사에서 구매관리가 필요한 이유는 자원이 유한하기 때문에 자원의 확보가 기업의 미래 생존에 영향을 미치기 때문이다.
② 구매관리는 단순히 물품의 구매와 관련된 활동을 관리하는 것뿐만 아니라 구매조직, 구매전략 및 방침, 시장조사, 검수 및 품질수준통제, 재고관리, 전자적 구매, 구매회계 등의 여러 가지 요소들을 확인해야 한다.
③ 사업의 영향력이 높고, 공급시장 위험이 낮은 경우 경쟁품목을 구매대상품목에 대한 포지셔닝으로 한다.
④ ABC관리는 각 재고품목별로 그 가치나 중요성이 동일하지 않다는 점에서 출발하여 각 재고품목의 중요성 측정기준에 따라 재고품목을 3가지로 차별화하여 고가 품목에 통제능력을 많이 배분하는 재고관리를 말한다.
⑤ 재고유지비용이란 재고를 보유함으로써 발생하는 비용으로 이자, 보험료, 세금, 감가상각비, 손상비용, 도난비용 등과 같은 비용과 재고를 투자함에 따른 기회비용을 포함한다.

정답 및 해설

12 ③ X축은 시장점유율, Y축은 시장성장률을 말한다. X축의 오른쪽, Y축의 아래에 위치한 사업은 Dog이다.

13 ⑤ GE Matrix는 맥킨지(McKinsey) 컨설팅사가 GE그룹을 컨설팅하면서 창안한 것이다.

14 ④ 강점은 7S 모델의 구성요소가 아니다.

참고
- 7S 모델은 조직구조를 분석하기 위한 모델로 맥킨지(McKinsey)가 제시한 방법이다.
- 7S에 해당하는 것 : 가치관(Shared Value), 전략(Strategy), 구조(Structure), 시스템(System), 기술(Skills), 인재(Staff), 스타일(Style)

15 ① 시스템(System)은 직원들이 해야 할 일이나 결정을 내려야 할 주요 문제를 판별하기 위한 관리제도 또는 절차를 말한다.

16 ⑤ 스타일(Style)은 경영진의 경영스타일, 경영진의 효율성 등을 말한다.

17 ⑤ ABC관리는 구매관리와 관련된 용어이다.

18 ③ 사업의 영향력이 높고 공급시장 위험이 낮은 경우 안전품목을 구매대상품목에 대한 포지셔닝으로 한다.

★★ 내부능력분석

19 □□□

다음 중 내부활동분석 중 가치사슬분석에 대한 설명으로 옳지 않은 것은?

① 가치사슬분석이란 고객에게 가치를 제공함에 있어 부가가치 창출에 직접 또는 간접적으로 관련된 일련의 활동·기능·프로세스를 연계하여 분석하는 기법이다.
② 가치사슬분석은 1985년 미국 하버드 대학교의 마이클 포터(M.Porter)가 모델로 정립한 이후 광범위하게 활용되고 있는 이론이다.
③ 가치사슬분석 중 지원활동은 부가가치를 직접 창출하는 활동으로, 제품의 생산·운송·마케팅·판매·물류·서비스 등과 같은 현장업무 활동을 의미한다.
④ 가치사슬분석은 가치활동 각 단계에 있어서 부가가치 창출과 관련된 핵심활동이 무엇인가를 규명할 수 있으며, 각 단계 및 핵심활동들의 강점이나 약점 및 차별화 요인을 분석하고, 나아가 각 활동단계별 원가동인을 분석하여 경쟁우위 구축을 위한 도구로 활용할 수 있다.
⑤ 가치사슬분석은 주활동(Primary activities)과 지원활동(Support activities)으로 나눠볼 수 있다.

★★ 내부능력분석

20 □□□

내부활동분석의 부문별 분석 중 아래의 설명이 의미하는 용어는 무엇인가?

적기공급생산 또는 적시생산방식으로 불린다. 일본의 도요타자동차사가 원가절감을 통한 생산성 향상을 위해 창안한 독자적인 생산방식으로, 필요한 때에 맞추어 물건을 생산, 공급하는 것을 의미한다. 즉, 제조업체가 부품업체로부터 부품을 필요한 시기에 필요한 수량만큼만 공급받아 재고가 없도록 해주는 재고관리시스템이다.

① JIT ② PL ③ MRP ④ BOM ⑤ MPS

★★ 내부능력분석

21 □□□

미국보험협회에 의해서 1894년에 설립된 안전인증 시험기관의 약칭이며, 세계 최대의 전기·전자분야 공업규격이다. 미국 최초의 제품 안전 시험 및 인증기관으로 수많은 종류의 제품을 대상으로 안전인증 업무와 이에 따른 사후관리 업무, 국제규격에 따른 경영시스템 인증업무 등을 종합적으로 수행하고 있는 표준인증은 무엇인가?

① ISO 9001 ② CE ③ UL ④ JIS ⑤ ISO 14001

★★★ 내부능력분석

22 마케팅전략의 단계 가운데 분류가 다른 항목은 무엇인가?

□□□

① PRICE ② PRODUCT ③ PLACE
④ PROMOTION ⑤ COMPETITOR

★★★ 내부능력분석

23 다음 중 특허등록의 충족요건이 아닌 것은 무엇인가?

□□□

① 발명 ② 산업상 이용가능성 ③ 신규성
④ 진보성 ⑤ 독점성

정답 및 해설

19 ③ 주활동에 관한 내용이다.

20 ① JIT는 도요타자동차사가 원가절감을 통한 생산성 향상을 위해 창안한 독자적인 생산방식이다.

오답체크

② PL은 제조물책임으로 제품의 안정성이 결여되어 소비자가 피해를 입을 경우, 제조자가 부담해야 할 손해배상책임을 말한다.
③ MRP란 자재소요계획으로 제품의 수량 및 생산 일정을 토대로 그 제품 생산에 필요한 원자재, 부분품, 공정품, 조립품 등의 소모량 및 소요시기를 역산해서 일종의 자재조달계획을 수립하여 일정 관리를 겸한 효율적인 재고관리를 모색하는 시스템을 말한다.
④ BOM이란 자재명세서로 모든 품목에 대해 상위 품목과 부품의 관계와 사용량, 단위 등을 표시한 리스트, 도표, 또는 그림을 말한다.
⑤ MPS란 총괄생산계획으로 수요의 예측에 따른 판매계획을 효율적으로 달성할 수 있도록 고용수준, 재고수준, 생산능력 및 하청 등의 여러 가지 제약조건을 고려하여 전체적인 생산수준과 적절한 생산요소의 결합을 결정하는 과정을 의미한다.

21 ③ UL은 미국보험협회에 의해서 설립된 안전인증 시험기관의 약칭이다.

오답체크

① ISO 9001은 국제표준화기구(ISO)에서 제정·시행하고 있는 품질경영시스템에 관한 국제규격을 말한다.
② CE는 EU시장 내 안전에 관련된 통합 인증마크이다. 유럽시장 진출 시 필수적으로 갖춰야 할 수출상품의 비자(VISA)로 비유된다.
④ JIS는 공업표준화법에 근거하여 제정되는 일본의 국가규격을 말한다.
⑤ ISO 14001는 ISO(국제표준화기구)에서 1996년 제정한 환경경영(환경방침, 추진계획, 실행과 시정 조치, 경영자 검토, 지속적 개선활동 등)에 대한 국제 인증을 말한다.

22 ⑤ PRICE, PRODUCT, PLACE, PROMOTION은 마케팅믹스 단계를 말하며, COMPETITOR, CUSTOMER, COMPANY는 3C분석 단계를 말한다.

23 ⑤ 특허등록은 독점성하고는 관계없다.

금융·자격증 전문 교육기관 해커스금융
fn.Hackers.com

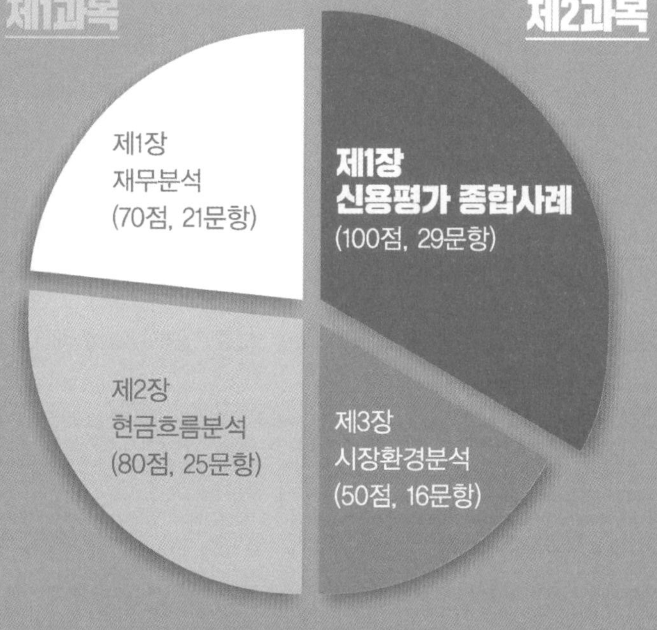

제2과목
종합신용평가

제1장 신용평가 종합사례

■ **출제비중 및 출제경향**

제1장 신용평가 종합사례에서는 총 29문항이 100점 배점으로 출제된다. 본 장에서는 회사의 재무제표를 바탕으로 앞서 제1과목에서 배운 내용들을 종합적으로 판단할 수 있는 문제와 주석을 통해 회사를 분석할 수 있는 문제들이 출제된다.

구 분	출제문항 수	페이지
제1절 신용평가 종합사례분석	29문제	p.304

제1장
신용평가 종합사례

제1절 신용평가 종합사례분석

제1절 신용평가 종합사례분석

[01 ~ 29] 다음 K기업에 대한 사례를 참고하여 1번부터 29번까지 각 물음에 답하시오.

01 재무상태표

(단위 : 원)

과 목	전전기	전 기	당 기
자 산			
Ⅰ. 유동자산	**18,577,166,289**	**19,600,326,922**	**16,559,621,839**
(1) 당좌자산	**16,682,863,325**	**16,638,287,493**	**13,868,440,606**
1. 현금및현금성자산	2,311,960,453	3,181,706,126	5,089,564,321
2. 단기금융상품	3,442,935,246	6,211,535,671	250,353,418
3. 매출채권	2,314,907,951	2,475,389,389	2,961,857,995
대손충당금	(19,214,271)	(28,581,562)	(23,118,400)
4. 단기대여금	7,571,575,000	2,913,528,994	5,767,958,024
대손충당금	(4,300,000)	(13,119,540)	(2,791,133,580)
5. 미수수익	126,979,321	357,151,976	295,586,673
대손충당금	–	–	(190,020,086)
6. 미수금	265,126,208	372,245,948	1,247,569,514
대손충당금	(94,072)	(51,694)	(515,119,491)
7. 선급금	177,364,274	770,419,579	585,208,179
대손충당금	(1,713,510)	(138,920)	(121,200)
8. 선급비용	16,318,169	223,967,871	262,743,101
9. 유동성이연법인세자산	481,018,556	174,233,655	927,112,138
(2) 재고자산	**1,894,302,964**	**2,962,039,429**	**2,691,181,233**
1. 상 품	1,222,189,456	1,746,499,095	1,469,564,669
2. 제 품	95,749,915	131,598,830	264,652,361
3. 원재료	76,947,354	159,737,407	77,907,913
4. 재공품	499,416,239	924,204,097	879,056,290
Ⅱ. 비유동자산	**27,563,511,526**	**30,245,307,561**	**34,897,574,515**
(1) 투자자산	**9,350,602,808**	**10,227,575,709**	**7,597,636,608**
1. 장기금융상품	1,675,780,585	2,621,573,376	853,260,507
2. 매도가능증권	–	–	167,973,000
3. 지분법적용투자주식	4,495,517,847	5,091,804,693	5,628,496,507
4. 장기대여금	3,164,888,876	2,493,172,140	949,333,260
대손충당금	(10,660,000)	(4,050,000)	(9,826,666)
5. 기타투자자산	25,075,500	25,075,500	8,400,000

과 목	전전기	전 기	당 기
(2) 유형자산	**16,216,475,730**	**16,874,779,561**	**23,227,644,693**
1. 토 지	7,076,864,470	7,076,864,470	10,756,300,080
2. 건 물	10,534,467,274	10,553,904,194	10,242,130,514
감가상각누계액	(2,455,294,665)	(2,746,241,166)	(2,812,094,835)
3. 구축물	128,834,726	95,125,026	95,125,026
감가상각누계액	(26,680,937)	(22,246,895)	(24,625,022)
4. 기계장치	762,836,479	1,178,994,592	1,007,782,243
감가상각누계액	(618,759,955)	(803,708,930)	(707,953,433)
5. 차량운반구	429,816,899	333,445,963	303,776,034
감가상각누계액	(403,077,164)	(299,029,222)	(270,198,985)
6. 공구와 기구	5,200,000	2,100,000	–
감가상각누계액	(5,197,000)	(2,099,000)	–
7. 비 품	1,154,715,230	1,459,445,120	1,922,854,935
감가상각누계액	(956,593,097)	(1,060,206,027)	(1,301,760,070)
8. 시설장치	583,922,440	1,485,894,264	1,908,236,107
감가상각누계액	(354,078,970)	(623,140,037)	(1,081,537,389)
9. 건설중인자산	359,500,000	245,677,209	3,189,609,488
(3) 무형자산	**242,763,216**	**989,078,368**	**1,762,778,315**
1. 영업권	64,500,000	695,122,751	1,315,787,962
2. 산업재산권	90,083,453	152,453,936	153,750,839
3. 기타무형자산	88,179,763	141,501,681	293,239,514
(4) 기타비유동자산	**1,753,669,772**	**2,153,873,923**	**2,309,514,899**
1. 보증금	1,166,775,000	1,320,942,000	1,468,705,800
2. 회원권	586,894,772	736,799,772	736,799,772
3. 비유동성이연법인세자산	–	96,132,151	104,009,327
자산총계	**46,140,677,815**	**49,845,634,483**	**51,457,196,354**
부 채			
Ⅰ. 유동부채	**26,428,864,444**	**36,113,589,430**	**30,016,659,899**
1. 매입채무	6,565,370,492	8,761,271,082	8,080,559,585
2. 단기차입금	13,736,500,000	21,005,164,000	14,420,000,000
3. 유동성장기부채	1,363,400,000	2,000,000,000	–
4. 미지급금	576,753,434	630,141,596	1,311,995,021
5. 예수금	42,960,370	89,226,548	345,950,926
6. 선수금	537,081,897	1,098,695,304	1,413,434,026
7. 미지급비용	1,817,237,730	1,346,363,464	1,578,135,098
8. 당기법인세부채	1,589,736,376	873,605,852	2,554,580,883
9. 부가세예수금	199,824,145	309,121,584	312,004,360
Ⅱ. 비유동부채	**5,271,310,806**	**3,120,808,191**	**3,510,283,507**

과 목	전전기	전 기	당 기
1. 장기차입금	2,476,600,000	–	–
2. 임대보증금	15,000,000	37,200,000	10,000,000
3. 퇴직급여충당부채	3,355,566,560	3,865,091,470	5,020,979,970
4. 퇴직연금운용자산	(2,564,477,900)	(2,902,483,279)	(3,776,696,463)
5. 이연법인세부채	37,622,146	–	–
6. 이행보증금	1,951,000,000	2,121,000,000	2,256,000,000
부채총계	**31,700,175,250**	**39,234,397,621**	**33,526,943,406**
자 본			
Ⅰ. 자본금	350,000,000	350,000,000	350,000,000
1. 보통주자본금	350,000,000	350,000,000	350,000,000
Ⅱ. 기타포괄손익누계액	(39,342,302)	(39,342,302)	1,709,724,049
1. 지분법자본잉여금	(39,342,302)	(39,342,302)	1,709,724,049
Ⅲ. 이익잉여금	14,129,844,867	10,300,579,164	15,915,610,392
1. 법정적립금	175,000,000	175,000,000	175,000,000
2. 임의적립금	600,000,000	600,000,000	600,000,000
3. 미처분이익잉여금	13,354,844,867	9,525,579,164	15,140,610,392
자본총계	**14,440,502,565**	**10,611,236,862**	**17,930,252,948**
부채 및 자본총계	**46,140,677,815**	**49,845,634,483**	**51,457,196,354**

02 손익계산서

(단위 : 원)

과 목	전전기	전 기	당 기
Ⅰ. 매출액	**142,522,649,698**	**174,148,187,584**	**227,869,733,543**
1. 상품매출	126,586,131,892	156,547,535,077	205,716,300,153
2. 제품매출	8,216,143,380	9,584,640,691	12,511,316,241
3. 가맹점매출	7,560,307,600	6,532,866,480	8,779,727,243
4. 기타매출	160,066,826	1,483,145,336	862,389,906
Ⅱ. 매출원가	**111,153,155,378**	**137,946,377,634**	**176,256,543,250**
1. 상품매출원가	**99,600,371,109**	**126,228,892,019**	**161,460,373,436**
기초상품재고액	955,484,693	1,222,189,456	1,519,547,795
당기상품매입액	100,249,318,712	127,171,977,520	162,184,022,617
타계정에서 대체액	185,652,778	699,175,221	48,808,714
타계정으로 대체액	(567,895,618)	(1,344,902,383)	(1,099,829,821)
기말상품재고액	(1,222,189,456)	(1,519,547,795)	(1,192,175,869)
2. 제품매출원가	**4,847,751,560**	**5,924,443,247**	**7,140,159,294**
기초제품재고액	65,157,218	95,749,915	131,598,830
당기제품제조원가	4,878,344,257	5,960,556,514	7,273,212,825

과 목	전전기	전 기	당 기
타계정으로 대체액	–	(264,352)	–
기말제품재고액	(95,749,915)	(131,598,830)	(264,652,361)
3. 가맹점매출원가	**6,705,032,709**	**5,793,042,368**	**7,656,010,520**
기초가맹점상품재고액	12,240,910	–	226,951,300
당기가맹점상품매입액	6,471,179,534	5,833,264,383	7,522,720,685
타계정에서 대체액	221,612,265	263,767,243	378,505,835
타계정으로 대체액	–	(77,037,958)	(194,778,500)
기말가맹점상품재고액	–	(226,951,300)	(277,388,800)
Ⅲ. 매출총이익	**31,369,494,320**	**36,201,809,950**	**51,613,190,293**
Ⅳ. 판매비와관리비	**20,153,813,648**	**27,009,638,869**	**36,575,088,979**
1. 급 여	6,521,546,710	7,778,768,028	12,385,919,439
2. 퇴직급여	391,312,560	747,019,825	1,261,327,187
3. 복리후생비	1,240,814,809	1,536,931,343	1,675,244,164
4. 여비교통비	800,473,139	1,213,047,996	1,171,799,530
5. 접대비	644,033,392	1,050,184,148	1,658,960,213
6. 통신비	122,670,326	158,791,098	154,356,511
7. 수도광열비	45,623,195	56,262,761	125,266,292
8. 전력비	130,608,848	161,288,231	177,702,577
9. 세금과공과	519,996,933	742,392,479	847,788,377
10. 감가상각비	373,343,111	545,161,479	923,510,040
11. 지급임차료	591,342,998	985,053,044	1,617,142,771
12. 수선비	93,915,900	95,249,354	91,257,636
13. 보험료	109,339,109	134,236,921	116,496,853
14. 차량유지비	354,637,357	399,926,932	395,169,467
15. 경상연구개발비	66,893,903	55,366,394	23,312,900
16. 운반비	848,483,581	874,962,890	906,969,569
17. 교육훈련비	48,880,909	84,584,446	207,410,832
18. 도서인쇄비	34,847,929	47,653,957	74,959,670
19. 회의비	34,040,000	44,521,691	48,554,002
20. 포장비	–	17,745,000	14,085,250
21. 사무용품비	14,168,883	17,074,032	20,178,602
22. 소모품비	163,509,417	417,917,402	536,320,166
23. 지급수수료	1,124,175,881	1,892,289,137	1,677,505,042
24. 보관비	24,067,180	19,899,268	90,094,124
25. 광고선전비	4,766,536,278	6,649,044,493	8,509,180,021
26. 판매촉진비	555,350,144	669,691,848	1,038,086,607
27. 대손상각비	2,336,996	10,966,005	(920,162)
28. 건물관리비	–	53,215,361	140,834,853

과 목	전전기	전 기	당 기
29. 수출제비용	2,112,500	–	–
30. 무형자산상각비	164,351,419	183,250,884	289,563,711
31. 견본비	111,088,166	166,067,349	222,452,640
32. 행사비	1,601,000	198,879,073	174,560,095
33. 잡 비	251,711,075	2,196,000	–
Ⅴ. 영업이익	**11,215,680,672**	**9,192,171,081**	**15,038,101,314**
Ⅵ. 영업외수익	**2,241,419,890**	**2,902,007,022**	**2,148,669,378**
1. 이자수익	583,505,546	656,167,778	302,150,627
2. 외환차익	200,934	2,025,711	108,744,391
3. 외화환산이익	1,283,374,962	1,311,398,732	160,080,159
4. 유형자산처분이익	168,729	20,953,953	17,734,734
5. 지분법이익	–	779,448,706	1,533,118,240
6. 투자자산평가이익	–	83,542,791	8,549,337
7. 잡이익	374,169,719	48,469,351	18,291,890
Ⅶ. 영업외비용	**6,540,263,748**	**8,497,691,678**	**6,475,172,803**
1. 이자비용	960,408,087	898,586,600	777,240,933
2. 외환차손	11,556,836	37,218,432	17,576,200
3. 기부금	124,334,126	73,288,880	623,444,072
4. 기타의 대손상각비	284,055,243	592,572	3,488,860,869
5. 외화환산손실	52,153,772	40,492,448	242,715
6. 유형자산처분손실	12,487,529	131,575,257	6,892,066
7. 유형자산폐기손실	13,981,967	–	146,573,892
8. 재고자산폐기손실	–	83,302,244	–
9. 기타자산처분손실	–	–	16,675,500
10. 회원권처분손실	–	33,336,818	–
11. 무형자산처분손실	–	–	44,333,333
12. 투자자산평가손실	71,469,415	–	91,387,808
13. 지분법손실	4,928,360,679	6,701,637,369	879,443,244
14. 지분법적용투자주식처분손실	55,663,853	–	201,667,127
15. 잡손실	25,792,241	497,661,058	180,835,044
Ⅷ. 법인세비용차감전순이익	**6,916,836,814**	**3,596,486,425**	**10,711,597,889**
Ⅸ. 법인세비용	**2,735,755,287**	**2,928,146,555**	**2,770,438,748**
Ⅹ. 당기순이익	**4,181,081,527**	**668,339,870**	**7,941,159,141**

03 현금흐름표

(단위 : 원)

과 목	전전기	전 기	당 기
Ⅰ. 영업활동으로 인한 현금흐름	**14,030,565,142**	**6,583,869,217**	**14,043,140,323**
1. 당기순이익	**4,181,081,527**	**668,339,870**	**7,941,159,141**
2. 현금의 유출이 없는 비용 등의 가산	**6,558,958,097**	**9,042,174,334**	**7,815,537,187**
퇴직급여	492,783,220	897,087,327	1,401,767,440
감가상각비	500,662,376	977,096,137	1,248,129,482
무형자산상각비	164,351,419	183,250,884	289,563,711
대손상각비	2,336,996	10,966,005	–
기타의 대손상각비	284,055,243	592,572	3,488,860,869
재고자산폐기손실	–	83,302,244	–
유형자산처분손실	12,487,529	131,575,257	6,892,066
유형자산폐기손실	13,981,967	–	146,573,892
기타자산처분손실	–	–	16,675,500
무형자산처분손실	–	–	44,333,333
회원권처분손실	–	33,336,818	–
투자자산평가손실	71,469,415	–	91,387,808
지분법손실	4,928,360,679	6,701,637,369	879,443,244
지분법적용투자주식처분손실	55,663,853	–	201,667,127
외화환산손실	32,805,400	23,329,721	242,715
3. 현금의 유입이 없는 수익 등의 차감	**(1,283,543,691)**	**(2,195,344,182)**	**(1,611,409,636)**
대손충당금환입	–	–	920,162
유형자산처분이익	168,729	20,953,953	17,734,734
외화환산이익	1,283,374,962	1,311,398,732	51,087,163
지분법이익	–	83,542,791	8,549,337
투자자산평가이익	–	779,448,706	1,533,118,240
4. 영업활동으로 인한 자산부채의 변동	**4,574,069,209**	**(931,300,805)**	**(102,146,369)**
매출채권의 감소(증가)	(301,015,525)	436,054,694	(469,326,415)
미수금의 감소(증가)	(130,981,537)	(118,896,219)	(853,927,387)
선급금의 감소(증가)	40,875,612	(592,505,416)	185,211,400
선급비용의 감소(증가)	2,511,199	(207,649,702)	(38,775,230)
미수수익의 감소(증가)	(42,258,795)	(230,172,655)	61,565,303
유동성이연법인세자산의 감소(증가)	394,727,738	306,784,901	(752,878,483)
재고자산의 감소(증가)	(213,396,571)	(785,112,543)	270,858,196
비유동성이연법인세자산의 증가	–	(96,132,151)	(7,877,176)
매입채무의 증가(감소)	2,750,318,722	1,933,724,776	(680,711,497)
예수금의 증가(감소)	(39,169,610)	47,089,108	256,724,378
부가세예수금의 증가(감소)	11,632,674	67,907,392	2,882,776

과 목	전전기	전 기	당 기
선수금의 증가(감소)	363,565,020	561,613,407	314,738,722
미지급금의 증가(감소)	291,463,382	(151,587,133)	681,714,503
미지급비용의 증가(감소)	947,988,388	(671,795,435)	231,771,634
당기법인세부채의 증가(감소)	532,407,729	(714,635,594)	1,680,975,031
비유동성이연법인세부채의 감소	(82,400,841)	(37,622,146)	–
이행보증금의 증가	339,000,000	144,000,000	135,000,000
퇴직연금운용자산의 증가	(192,037,736)	(661,504,239)	(1,083,005,694)
퇴직금의 지급	(99,160,640)	(160,861,850)	(37,086,430)
Ⅱ. 투자활동으로 인한 현금흐름	**(17,060,718,399)**	**(3,469,123,544)**	**(2,022,918,128)**
1. 투자활동으로 인한 현금유입액	**9,868,201,006**	**15,810,842,983**	**9,848,489,035**
단기금융상품의 감소	2,617,788,122	3,842,935,246	6,211,535,671
단기대여금의 감소	6,001,198,246	6,890,000,000	210,526,310
장기금융상품의 감소	389,000,000	404,000,000	2,434,967,580
장기대여금의 감소	446,773,866	1,041,716,736	58,785,540
회원권의 감소	–	85,155,000	–
보증금의 감소	408,722,588	291,043,000	215,238,000
유형자산의 처분	4,718,184	69,154,089	22,235,934
무형자산의 처분	–	–	70,000,000
지분법적용투자주식의 처분	–	–	200,000
배당금의 수취	–	–	625,000,000
합병으로 인한 현금유입액	–	3,186,838,912	–
2. 투자활동으로 인한 현금유출액	**(26,928,919,405)**	**(19,279,966,527)**	**(11,871,407,163)**
단기금융상품의 증가	3,442,935,246	6,011,535,671	70,000,000
단기대여금의 증가	12,812,743,093	2,238,809,091	740,000,000
장기금융상품의 증가	1,196,100,000	1,263,250,000	929,846,600
지분법적용투자주식의 취득	6,450,327,400	7,986,344,000	–
장기대여금의 증가	1,110,000,000	370,000,000	832,000,000
보증금의 증가	427,443,000	–	363,001,800
기타투자자산의 증가	16,675,500	–	–
토지의 취득	423,447,215	–	3,670,635,610
건물의 취득	–	736,920	44,167,265
기계장치의 취득	44,200,000	95,250,000	94,680,474
차량운반구의 취득	24,098,760	27,406,371	16,540,140
비품의 취득	169,465,079	157,958,150	500,616,959
시설장치의 취득	77,843,839	124,734,490	448,941,843
건설중인자산의 증가	605,499,845	384,977,209	2,995,629,481
무형자산의 취득	128,140,428	350,567,807	1,165,346,991
회원권의 취득	–	268,396,818	–

과 목	전전기	전 기	당 기
Ⅲ. 재무활동으로 인한 현금흐름	2,750,000,000	(2,245,000,000)	(10,112,364,000)
1. 재무활동으로 인한 현금유입액	39,653,711,909	43,841,434,377	49,895,889,821
단기차입금의 증가	39,653,711,909	43,841,434,377	49,895,889,821
2. 재무활동으로 인한 현금유출액	(36,903,711,909)	(46,086,434,377)	(60,008,253,821)
단기차입금의 감소	35,653,711,909	41,241,434,377	56,481,053,821
유동성장기차입금의 감소	1,000,000,000	1,840,000,000	2,000,000,000
임대보증금의 감소	250,000,000	5,000,000	27,200,000
배당금의 지급	–	3,000,000,000	1,500,000,000
Ⅳ. 현금의 증가(Ⅰ+Ⅱ+Ⅲ)	(280,153,257)	869,745,673	1,907,858,195
Ⅴ. 기초의 현금	2,592,113,710	2,311,960,453	3,181,706,126
Ⅵ. 기말의 현금	2,311,960,453	3,181,706,126	5,089,564,321

04 재무제표에 대한 주석

1. 일반사항

(1) **설립년월일** : 1999년 7월 1일

(2) **주요 영업내용** : 치킨 프랜차이즈 유통업, 가맹점에 육계 및 소스 공급

(3) **본점 소재지** : 경상북도 칠곡군

(4) **공장 소재지** : 경기도 오산(소스 공장)

(5) **물류센터** : 경북 칠곡, 양산 및 광주

(6) **가맹점 및 직영점**

브랜드명	사업내용	가맹점		직영점	
		당기말	전기말	당기말	전기말
K치킨	치킨 전문점	965	951	–	–
K교자	칼국수 전문점	14	16	1	1
K로쏘	이탈리안 레스토랑	5	6	2	2

(7) **주주현황**

주주명	주식수	금 액	지분율
권길동	26,212주	350,000,000원	100%

2. 중요한 회계처리 방침

당사의 재무제표는 한국의 일반기업회계기준에 따라 작성되었으며, 그 중요한 회계처리 방침은 다음과 같습니다.

(1) **수익인식**

당사는 제품 및 상품 매출에 대하여 재화의 소유에 따른 유의적인 위험과 효익이 이전된 시점에 수익으로 인식하고 있습니다. 기타의 수익에 대해서는 수익의 가득과정이 완료되고 수익금액을 신뢰성 있게 측정할 수 있으며, 경제적효익의 유입가능성이 매우 높을 경우에 인식하고 있습니다.

(2) 현금성자산

당사는 큰 거래비용 없이 현금으로 전환이 용이하고 이자율변동에 따른 가치변동이 중요하지 않은 유가증권 및 단기금융상품으로서 취득 당시 만기(또는 상환일)가 3개월 이내에 도래하는 것을 현금성자산으로 분류하고 있습니다.

(3) 금융자산

당사는 단기적 자금운용목적으로 소유하거나 기한이 1년 이내에 도래하는 금융기관의 정기예금, 정기적금 등을 단기금융상품으로 분류하고, 유동자산에 속하지 아니하는 금융상품을 장기금융상품으로 분류하고 있습니다.

(4) 대손충당금

당사는 보고기간 종료일 현재 매출채권, 대여금, 미수금 등 채권잔액의 회수가능성에 대한 개별분석 및 과거의 대손경험률을 토대로 하여 예상되는 대손추정액을 대손충당금으로 설정하고 있습니다.

(5) 재고자산

당사는 재고자산을 이동평균법에 의해 산정된 취득원가로 평가하고 있으며, 연중 계속기록법에 의하여 수량 및 금액을 계산하고 매 회계연도의 결산기에 실지재고조사를 실시하여 그 기록을 조정하고 있습니다. 다만, 재고자산의 시가가 취득원가보다 하락한 경우에는 시가를 장부금액으로 하고 있습니다.

(6) 유가증권

당사는 단기간 내의 매매차익을 목적으로 취득한 유가증권으로서 매수와 매도가 적극적이고 빈번하게 이루어지는 경우에는 단기매매증권으로, 만기가 확정된 채무증권으로서 상환금액이 확정되거나 확정이 가능한 채무증권을 만기까지 보유할 적극적인 의도와 능력이 있는 경우에는 만기보유증권으로, 단기매매증권이나 만기보유증권으로 분류되지 아니하는 유가증권은 매도가능증권으로 분류하고 있습니다.

유가증권의 취득원가는 유가증권의 취득을 위하여 제공한 대가의 시장가격에 취득부대비용을 포함한 가액으로 하고 있으며, 단기매매증권의 취득원가는 취득 당시의 공정가치로 하고 있습니다.

만기보유증권은 취득원가와 만기액면가액의 차이를 상환기간에 걸쳐 유효이자율법으로 상각하여 취득원가와 이자수익에 가감하고 있으며, 이러한 상각후원가를 재무상태표가액으로 계상하고 있습니다.

단기매매증권과 매도가능증권은 공정가치로 평가하고 있습니다. 시장성 있는 유가증권은 시장가격을 공정가치로 보며 시장가격은 보고기간 종료일 현재의 종가로 하고 있습니다. 다만, 매도가능증권 중 시장성이 없는 지분증권은 일반기업회계기준 제31장에 따라 취득원가로 평가하고 있습니다. 공정가치평가에 따라 발생하는 단기매매증권에 대한 미실현보유손익은 당기손익으로 처리하고 있으며, 매도가능증권에 대한 미실현보유손익은 매도가능증권평가손익(기타포괄손익누계액)으로 처리하고 매도가능증권평가손익의 누적금액은 매도가능증권을 처분하거나 손상차손을 인식하는 시점에 일괄하여 당기손익으로 처리하고 있습니다.

유가증권으로부터 회수할 수 있을 것으로 추정되는 금액(회수가능가액)이 채무증권의 상각 후 취득원가 또는 지분증권의 취득원가보다 작고 손상차손이 발생하였다는 객관적인 증거가 있는 경우에는 손상차손이 불필요하다는 명백한 반증이 없는 한 손상차손을 인식하여 당기손익으로 처리하고 있습니다.

(7) 지분법적용 투자주식

당사는 피투자기업에 대하여 유의적인 영향력을 행사할 수 있는 지분상품은 지분법을 적용하여 평가하고 있습니다. 지분법적용 투자주식을 원가로 인식한 후, 지분법적용 투자주식의 취득 시점 이후 발생한 지분변동액은 지분법적용 투자주식에 가감 처리하며 그 변동이 피투자기업의 당기순손익으로 인하여 발생한 경우에는 지분법손익의 과목으로 하여 당기손익으로 처리하고 있습니다. 또한, 지분법 피투자회사의 중대한 오류 및 회계변경에 의해 전기이월미처분이익잉여금의 증가(또는 감소)로 인한 경우에는 당사의 재무제표에 미치는 영향을 고려하여 당기손익이나 전기이월미처분이익잉여금의 증가(또는 감소)로, 당기손익과 전기이월미처분이익잉여금을 제외한 자본의 증가(또는 감소)로 인한 경우에는 지분법자본변동 또는 부의지분법자본변동의 과목으로 하여 기타포괄손익누계액의 증가(또는 감소)로 처리하고 있습니다.

또한 지분법적용 투자주식의 금액이 '0' 이하가 될 경우 지분법적용을 중지하나, 실질적으로 피투자기업에 대한 순투자액의 일부를 구성하는 장기투자항목이 있는 경우에는 그러한 자산의 장부금액이 '0'이 될 때까지 피투자기업의 손실을 계속적으로 반영하여 처리하고 있습니다.

(8) 유형자산의 평가 및 감가상각방법

당사는 유형자산에 대해 당해 자산의 구입원가 또는 제작원가 및 경영진이 의도하는 방식으로 자산을 가동하는 데 필요한 장소와 상태에 이르게 하는 데 직접 관련되는 지출을 취득원가(현물출자, 증여, 기타 무상으로 취득한 자산은 공정가치)로 산정하고 있습니다.

유형자산에 대한 감가상각비는 아래의 내용연수에 따라 정률법(건물 및 구축물의 경우는 정액법)에 의하여 계상하고 있습니다.

구 분	내용연수	구 분	내용연수
건 물	20 ~ 40년	공구와 기구	5년
구축물	20 ~ 40년	비 품	5년
기계장치	5년	시설장치	5년
차량운반구	5년		

한편, 유형자산의 취득 또는 완성 후의 지출이 유형자산으로 인식되기 위한 조건을 충족하는 경우에는 자본적지출로, 그렇지 않은 경우에는 발생한 기간의 비용으로 인식하고 있습니다.

(9) 무형자산의 평가 및 상각방법

개별적으로 취득한 무형자산은 취득원가로 계상하고, 사업결합으로 취득하는 무형자산은 취득일의 공정가치로 계상하며, 최초 취득 이후 상각누계액과 손상차손누계액을 직접 차감하여 표시하고 있습니다.

무형자산에 대하여 5년의 내용연수를 적용하여 정액법에 의하여 상각하고, 손상징후가 파악되는 경우 손상 여부를 검토하고 있습니다.

(10) 자산손상차손

당사는 공정가치로 평가되는 자산 이외에 투자, 유형 및 무형자산 등이 진부화, 물리적인 손상 및 시장가치의 급격한 하락 등의 원인으로 인하여 당해 자산의 회수가능가액이 장부금액에 중요하게 미달하는 경우 그 미달액을 자산손상차손의 과목으로 기간손익에 반영하고 있습니다.

차기 이후에 손상차손을 인식하였던 자산의 회수가능가액이 장부금액을 초과하는 경우에는 그 자산의 손상차손을 인식하기 전 장부금액의 (감가)상각 후 잔액을 한도로 하여 손상차손환입을 인식하고 있습니다. 다만, 매도가능증권의 경우에는 이전에 인식하였던 손상차손금액을 한도로 하여 회복된 금액을 손상차손환입으로 인식하고 있습니다.

(11) 퇴직급여

당사는 확정급여제도를 운영하고 있으며 임직원 퇴직금지급규정에 따라 보고기간 말 현재 1년 이상 근속한 전 임직원이 일시에 퇴직할 경우에 지급하여야 할 퇴직금 총 추계액을 퇴직급여충당부채로 설정하고 있습니다.

당사는 확정급여형 퇴직연금에 가입하고 있으며, 당사가 납부한 부담금은 퇴직연금운용자산으로 계상하여 퇴직급여충당부채에서 차감하는 형식으로 표시하고 있습니다. 퇴직연금운용자산이 퇴직급여충당부채의 금액을 초과하는 경우에는 그 초과액을 투자자산의 과목으로 표시하고 있습니다.

(12) 충당부채와 우발부채

당사는 지출 시기 또는 금액이 불확실한 부채 중 과거 사건이나 거래의 결과로 존재하는 현재 이무를 이행하기 위하여 자원이 유출될 가능성이 매우 크고, 그 의무의 이행에 소요되는 금액을 신뢰성 있게 추정할 수 있는 경우 충당부채로 계상하고 있습니다. 또한 충당부채의 명목가액과 현재가치의 차이가 중요한 경우에는 의무를 이행하기 위하여 예상되는 지출액의 현재가치로 평가하고 있습니다.

과거 사건은 발생하였으나 불확실한 미래 사건의 발생 여부에 의해서 존재 여부가 확인되는 잠재적인 의무 또는 과거 사건이나 거래의 결과로 발생한 현재 의무이지만 자원이 유출될 가능성이 매우 크지 않거나 당해 의무를 이행하여야 할 금액을 신뢰성 있게 추정할 수 없는 경우 우발부채로 주석에 기재하고 있습니다.

(13) 이연법인세

당사는 자산·부채의 장부금액과 세무가액의 차이에 따른 일시적차이에 대하여 이연법인세자산과 이연법인세 부채를 인식하고 있습니다. 이연법인세자산과 이연법인세부채는 미래에 일시적차이의 소멸 등으로 인하여 미래에 경감되거나 추가적으로 부담할 법인세 부담액으로 측정하고 있습니다. 일시적차이의 법인세효과는 발생한 기간의 법인세비용에 반영하고 있으며, 자본항목에 직접 반영되는 항목과 관련된 일시적차이의 법인세효과는 관련 자본항목에 직접 반영하고 있습니다.

이연법인세자산의 실현가능성은 보고기간 종료일마다 재검토하여 향후 과세소득의 발생이 거의 확실하여 이연법인세자산의 법인세 절감효과가 실현될 수 있을 것으로 기대되는 경우에 자산으로 인식하고 있으며, 이월 세액공제와 세액감면에 대하여서는 이월공제가 활용될 수 있는 미래 기간에 발생할 것이 거의 확실한 과세소득의 범위 안에서 이연법인세 자산을 인식하고 있습니다.

이연법인세자산과 이연법인세부채는 관련된 자산항목 또는 부채항목의 재무상태표상 분류에 따라 유동자산(유동부채) 또는 기타비유동자산(기타비유동부채)으로 분류하며, 동일한 과세당국과 관련된 이연법인세자산과 부채를 각각 상계하여 표시하고 있습니다.

(14) 외화자산 및 부채의 환산

당사는 화폐성 외화자산 및 부채는 보고기간 말 현재의 환율로 환산하고, 이에 따라 발생하는 환산 차이는 당기손익에 반영하고 있습니다. 한편, 역사적원가로 측정하는 비화폐성 외화항목은 거래일의 환율을, 공정가치로 측정하는 비화폐성 외화항목은 공정가치가 결정된 날의 환율을 적용하여 인식하고 있습니다.

3. 중요한 회계정책 판단근거 및 미래에 관한 중요한 가정·측정상의 불확실성에 대한 정보

당사의 경영자는 재무제표 작성 시 수익, 비용, 자산 및 부채에 대한 장부금액과 우발부채에 대한 주석공시사항에 영향을 미칠 수 있는 판단, 추정 및 가정을 하여야 합니다. 그러나 이러한 추정 및 가정의 불확실성은 향후 영향을 받을 자산 및 부채의 장부금액에 중요한 조정을 유발할 수 있습니다.

4. 사용이 제한된 예금 등

보고기간 종료일 현재 당사의 사용이 제한된 예금 등의 내역은 다음과 같습니다.

(단위 : 천원)

구 분	당기말	전기말	사용제한내역
단기금융상품	–	6,011,535	질권설정
장기금융상품	170,570	182,000	가맹점예치금
	2,000	2,000	당좌개설보증금
합 계	172,570	6,195,535	–

5. 매도가능증권

당기 중 당사의 매도가능증권의 변동내역은 다음과 같습니다.

(단위 : 천원)

구 분	지분율	기 초	대 체[1]	기 말
K기업	12%	–	167,973	167,973

[1] 당기 중 지분법적용 투자주식에서 대체되었습니다.

당사가 보유한 매도가능증권은 활성시장에서 가격이 공시되지 않으며, 공정가치를 신뢰성 있게 측정할 수 없으므로 취득원가로 평가하였습니다.

6. 지분법적용 투자주식

보고기간 종료일 현재 지분법적용 투자주식의 내역은 다음과 같습니다.

〈피투자기업에 대한 투자주식의 지분율 현황 등〉

(단위 : 천원)

구 분	지분율	취득원가	순자산 × 지분율	장부금액
A기업[1]	92%	22,949,534	−4,556,648	–
B기업	100%	4,028,240	2,167,558	2,167,098
C기업	100%	2,500,000	3,422,996	3,414,216
D기업	100%	50,000	−14,454	47,183
E기업[2]	50%	50,000	−1,009,309	–
합 계		29,577,774	10,143	5,628,497

[1] 종속회사인 A기업은 결손 누적으로 투자계정의 잔액이 영(0)이 되어 지분법적용을 중지하였으며, 이로 인하여 인식하지 못한 당기 지분변동액은 4,130,660천원(지분법손실 3,976,940천원, 지분법자본변동 153,720천원)입니다.

[2] E기업은 결손 누적으로 투자계정의 잔액이 영(0)이 되어 지분법적용을 중지하였으며, 이로 인하여 인식하지 못한 당기 지분변동액은 1,009,309천원입니다.

7. 보유토지의 공시지가

보고기간 종료일 현재 보유토지의 공시지가는 다음과 같습니다.

(단위 : 천원)

구 분	당기말[1]		전기말	
	장부금액	공시지가	장부금액	공시지가
토 지	8,620,712	9,385,993	7,076,864	8,429,860

[1] 보고기간 종료일 현재 토지의 지번이 확정되지 않아, 공시지가 확인이 불가능한 토지 2,136백만원은 제외하였습니다.

8. 유형자산

(단위 : 천원)

구 분	기 초	취 득	처 분	대 체[1]	감가상각비	기 말
토 지	7,076,864	3,670,636	–	8,800	–	10,756,300
건 물	7,807,663	44,167	−134,166	1,000	−288,628	7,430,036
구축물	72,879	–	–	–	−2,379	70,500
기계장치	375,286	94,680	−25	29,647	−199,759	299,829
차량운반구	34,417	16,540	−2	–	−17,378	33,577
공구와 기구	1	–	−1	–	–	–
비 품	399,239	500,617	−11,365	–	−267,396	621,095
시설장치	862,754	448,942	−12,408	–	−472,589	826,699
건설중인자산	245,677	2,995,629	–	−51,697	–	3,189,609
합 계	16,874,780	7,771,211	−157,967	−12,250	−1,248,129	23,227,645

[1] 당기 중 건설중인자산의 일부가 무형자산으로 대체되었습니다.

9. 무형자산

(단위 : 천원)

구 분	기 초	취 득	처 분	대 체[2]	감가상각비	기 말
영업권[1]	695,123	893,568	−114,333	12,250	−170,820	1,315,788
산업재산권	152,453	46,831	–	–	−45,534	153,750
기타의 무형자산	141,502	224,948	–	–	−73,210	293,240
합 계	989,078	1,165,347	−114,333	12,250	−289,564	1,762,778

[1] 당사는 직영목적으로 가맹점을 인수한 경우에 인수대상 순자산가액을 초과하여 지급한 인수대금을 영업권으로 계상하고 있습니다.
[2] 당기 중 건설중인자산으로부터 대체되었습니다.

10. 장·단기차입금

(1) 단기차입금

보고기간 종료일 현재 당사의 단기차입금의 내역은 다음과 같습니다.

(단위 : 천원)

구 분	차입내역	이자율	당 기	전 기
A은행	외화대출 (JPY)	–	–	5,425,164 (JPY 540,000,000)
B은행	일반자금대출	3.68%	720,000	720,000
		3.68%	2,000,000	2,000,000
C은행	일반자금대출	3.96%	5,300,000	5,300,000
		3.84%	1,000,000	–
D은행	일반자금대출	3.81%	1,000,000	1,000,000
E은행	일반자금대출	3.81%	3,000,000	3,000,000
		3.32%	–	2,260,000
F은행	일반자금대출	4.10%	1,400,000	1,300,000
합 계			14,420,000	21,005,164

(2) 장기차입금

보고기간 종료일 현재 당사의 장기차입금의 내역은 다음과 같습니다.

(단위 : 천원)

구 분	차입내역	이자율	당 기	전 기
C은행	일반자금대출	–	–	2,000,000
차감 : 유동성대체			–	–2,000,000
잔 액			–	–

(3) 담보제공자산

당기말 현재 당사의 차입금과 관련하여 금융기관에 담보로 제공한 자산은 다음과 같습니다.

(단위 : 천원)

구 분	담보제공자산	담보설정액	차입금액	차입금내역
C은행	토지 및 건물	18,000,000	6,300,000	단기차입금

11. 퇴직급여

(1) 보고기간 종료일 현재 당사의 퇴직급여충당부채의 내역은 다음과 같습니다.

(단위 : 천원)

구 분	당기말	전기말
퇴직급여충당부채	5,020,980	3,865,091
차감 : 퇴직연금운용자산	–3,776,696	–2,902,483
잔 액	1,244,284	962,608

(2) 당기 및 전기 중 당사의 퇴직급여충당부채의 변동내역은 다음과 같습니다.

(단위 : 천원)

구 분	당 기	전 기
기초잔액	3,865,091	3,355,566
퇴직급여설정액	1,401,768	897,087
퇴직급여지급액	-253,420	-484,361
합병으로 인한 승계	-	96,799
관계사 전출입	7,541	-
기말잔액	5,020,980	3,865,091

(3) 당기 및 전기 중 당사의 퇴직연금운용자산의 변동내역은 다음과 같습니다.

(단위 : 천원)

구 분	당 기	전 기
기초잔액	2,902,483	2,564,478
부담금납입액	1,010,459	582,000
이자수익	72,546	79,504
퇴직급여지급액	-216,333	-323,499
관계사 전출입	7,541	-
기말잔액	3,776,696	2,902,483

(4) 보고기간 종료일 현재 당사의 퇴직연금운용자산의 구성내역은 다음과 같습니다.

(단위 : 천원)

구 분	당기말	전기말
정기예금	3,776,696	2,902,483

12. 자본금

(1) 보고기간 종료일 현재 당사가 발행할 주식의 총수는 491,212주이며, 발행한 주식의 수 및 1주당 금액은 각각 보통주 26,212주 및 10,000원입니다.

(2) 이익소각

당사는 상법 제341조에 따라 전전기 이전에 보통주식 8,788주를 이익소각하였습니다. 이로 인하여 당기말 현재 당사의 자본금은 발행주식의 액면총액과 일치하지 않습니다.

13. 법정적립금 및 임의적립금

(1) 법정적립금

당사의 법정적립금은 전액 이익준비금으로 상법상 회사는 자본금의 50%에 달할 때까지 매 결산기에 금전에 의한 이익배당액의 10% 이상을 이익준비금으로 적립하도록 규정되어 있으며, 동 이익준비금은 현금으로 배당할 수 없으며, 주주총회의 결의에 의하여 이월결손금의 보전과 자본전입에만 사용될 수 있습니다.

(2) **임의적립금**

당사는 조세특례제한법의 규정에 따라 법인세 신고 시 손금으로 신고조정하는 금액으로 그 종류에 따라 연구인력개발준비금을 적립하고 있습니다. 동 적립금 중 각각의 용도에 사용한 금액과 사용 후 잔액은 임의적립금으로 이입하여 배당에 사용할 수 있습니다.

14. 이익잉여금처분계산서

(단위 : 천원)

구 분	당 기		전 기	
Ⅰ. 미처분이익잉여금		15,140,610		9,525,579
1. 전기이월미처분이익잉여금	8,025,579		10,354,845	
2. 지분법이익잉여금	–826,128		–	
3. 당기순이익	7,941,159		668,340	
4. 합병으로 인한 감소	–		–1,497,606	
Ⅱ. 이익잉여금처분액		–		1,500,000
1. 현금배당	–		1,500,000	
Ⅲ. 차기이월미처분이익잉여금		15,140,610		8,025,579

15. 특수관계자와의 거래

(1) 보고기간 종료일 현재 당사의 특수관계자 현황은 다음과 같습니다.

(단위 : 천원)

구 분	당기말	전기말
종속회사	A기업	A기업
	B기업	B기업
	F기업[1]	F기업[1]
	G기업[1]	G기업[1]
관계기업	C기업	C기업
	D기업	D기업
	E기업	E기업
	–	H기업[2]
	–	K기업[3]

[1] F기업과 G기업은 A기업의 종속기업입니다.

[2] H기업은 당기에 보유지분 전량을 매각하였습니다.

[3] K기업의 경우 당기 중 유상증자에 참여하지 않아 유의적인 영향력을 상실하여 특수관계자에서 제외하였습니다.

(2) 당기와 전기 중 특수관계자와의 매출·매입 거래내역은 다음과 같습니다.

① 당기

(단위 : 천원)

구 분	회사명	매 출	매입 등		
			매 입	지급임차료	기 타
종속회사	B기업	486	20,993,460	55,200	18,136
	F기업	141,309	–	–	–
	G기업	159,757	–	–	–
	소 계	301,552	20,993,460	55,200	18,136
관계기업	C기업	–	8,696,672	–	270
	E기업	802	35,396	–	6,778
	H기업	2,111	–	–	–
	소 계	2,913	8,732,068	–	7,048
합 계		304,465	29,725,528	55,200	25,184

② 전기

(단위 : 천원)

구 분	회사명	매출 등		매입 등		
		매 출	기 타	매 입	지급임차료	기 타
종속회사	A기업	–	–	–	–	4,025
	B기업	–	–	21,943,498	55,200	28,725
	F기업	134,630	–	–	–	13,160
	G기업	235,896	–	–	–	493
	소 계	370,526	–	21,943,498	55,200	46,403
관계기업	C기업	1,701	1,949	7,041,431	–	–
	E기업	6,401	–	6,723	–	–
	H기업	8,766	–	–	–	–
	I기업	8,100	–	34,092	–	–
	K기업	164,226	–	–	–	–
	소 계	189,194	1,949	7,082,246	–	–
합 계		559,720	1,949	29,025,744	55,200	46,403

(3) 보고기간 종료일 현재 특수관계자와의 채권 및 채무 거래내역은 다음과 같습니다.

① 당기말

(단위 : 천원)

구 분	회사명	채권 등		채무 등		
		매출채권	기 타	매입채무	미지급금	기 타
종속회사	A기업	–	507,724	–	–	–
	B기업	535	–	181,047	2,624	–
	F기업	174,606	–	–	3,478	–
	G기업	199,484	–	–	–	–
	소 계	374,625	507,724	181,047	6,102	–
관계기업	C기업	–	–	516,817	–	7,470
	E기업	–	155,598	–	–	–
	D기업	–	61,637	–	–	–
	소 계	–	217,235	516,817	–	7,470
기타의 특수관계자	종업원 및 임원	–	5,959	–	6,263	51,735
합 계		374,625	730,918	697,864	12,365	59,205

② 전기말

(단위 : 천원)

구 분	회사명	채권 등		채무 등		
		매출채권	기 타	매입채무	미지급금	기 타
종속회사	A기업	–	367,077	–	–	–
	B기업	–	–	687,355	1,569	240
	F기업	10,425	–	–	3,340	–
	G기업	28,129	–	–	–	–
	소 계	38,554	367,077	687,355	4,909	240
관계기업	C기업	1,871	–	427,535	–	–
	E기업	214	–	439	–	–
	D기업	–	61,637	–	–	–
	소 계	2,085	61,637	427,974	–	–
기타의 특수관계자	종업원 및 임원	–	12,783	–	–	28,035
합 계		40,639	441,497	1,115,329	4,909	28,275

(4) 당기 및 전기 중 특수관계자와의 자금거래는 다음과 같습니다.

① 당기

(단위 : 천원)

구 분	회사명	대여거래	
		대 여	회 수
관계기업	E기업	700,000	–
기타의 특수관계자	종업원 및 임원	30,000	4,452
합 계		730,000	4,452

② 전기

(단위 : 천원)

구 분	회사명	대여거래			
		대 여	회 수	이자수익	유상증자
종속기업	A기업	–	–	–	4,718,221
관계기업	E기업	850,000	–	145,767	–
	D기업	–	–	39,095	–
	소 계	850,000	–	184,862	–
기타의 특수관계자	종업원 및 임원	–	10,717	–	–
합 계		850,000	10,717	184,862	4,718,221

(5) 보고기간 종료일 현재 자금거래와 관련된 채권 및 채무잔액은 다음과 같습니다.

① 당기말

(단위 : 천원)

구 분	회사명	대여금	미수수익
관계기업	E기업[1)]	3,570,000	155,598
	D기업	651,575	61,637
	소 계	4,221,575	217,235
기타의 특수관계자	종업원 및 임원	93,720	–
합 계		4,315,295	217,235

[1)] 당기 중 채권의 회수가능성을 고려하여 2,360백만원의 대손충당금을 설정하였습니다.

② 전기말

(단위 : 천원)

구 분	회사명	대여금	미수수익
관계기업	E기업	2,870,000	155,598
	D기업	651,575	61,637
	소 계	3,521,575	217,235
기타의 특수관계자	종업원 및 임원	68,172	–
합 계		3,589,747	217,235

(6) 주요 경영진에 대한 보상

당사의 주요 경영진에 대한 보상내역은 다음과 같습니다.

(단위 : 천원)

구 분	당 기	전 기
단기종업원급여	2,143,142	1,147,610
장기종업원급여	1,412,021	1,120,504
합 계	3,555,163	2,268,114

(7) 보고기간 종료일 현재 당사가 특수관계자로부터 제공받은 지급보증내역은 다음과 같습니다.

(단위 : 천원)

특수관계자	금융기관	내 역	금 액
최대주주	C은행	해외 지급보증에 대한 보증	20,482,020
	G은행	대출금 및 모든 신용공여에 대한 보증	2,400,000
	B은행	차입금에 대한 지급보증	3,264,000
	D은행	차입금에 대한 연대보증	3,000,000
	E은행	지급보증	3,000,000
	F은행	차입금에 대한 지급보증	3,000,000
	H은행	약정에 대한 지급보증	2,000,000
합 계			37,146,020

(8) 보고기간 종료일 현재 당사가 특수관계자에게 제공한 지급보증내역은 다음과 같습니다.

(단위 : 천원, 외화 USD)

특수관계자	금융기관	내 역	금 액
B기업	B은행	일반자금대출	1,200,000
	A은행	일반자금대출	1,300,000
C기업	B은행	차입금에 대한 지급보증	3,600,000
A기업	C은행	차입금에 대한 지급보증	USD 9,000,000
합 계			6,100,000
			USD 9,000,000

16. 매출

당기 및 전기 중 당사의 매출액의 세부내역은 다음과 같습니다.

(단위 : 천원)

구 분	당 기	전 기
K치킨[1]	222,695,576	171,878,373
K교자	2,037,285	822,487
K로쏘	3,136,873	1,447,328
합 계	227,869,734	174,148,188

[1] K치킨의 당기 매출액은 상품매출액(계육)의 26.5% 증가에서 기인하였습니다.

17. 현금흐름표

당사는 현금흐름표상의 영업활동으로 인한 현금흐름을 간접법으로 작성하였으며, 현금의 유입과 유출이 없는 중요한 거래내역은 다음과 같습니다.

(단위 : 천원)

구 분	당 기	전 기
차입금의 유동성대체	–	1,750,000
대여금의 유동성대체	2,317,053	–
건설중인자산의 본계정대체	51,697	498,800

18. 보험가입자산

당기말 현재 보험가입자산의 내역은 다음과 같습니다.

(단위 : 천원)

구 분	부보자산	보험회사	부보액
화재보험	토지 및 건물	△△보험 등	19,787,209
책임보험	재고자산	△△보험	3,000,000
합 계			22,787,209

또한, 당사는 상기보험 외에 보유차량에 대하여 책임보험 및 종합보험에 가입하고 있습니다.

19. 제공받은 지급보증

당기말 현재 당사가 타인으로부터 제공받은 지급보증의 내역은 다음과 같습니다.

(단위 : 천원)

제공자	보증내용	보증금액
□□보험	계약이행보증	620,000

20. 우발부채 및 약정사항

(단위 : 천원)

과 목	종 류	금융기관	약정한도액
단기차입금	무역금융	C은행	1,000,000
단기차입금	일반자금대출		5,300,000
미지급비용	기업카드		100,000
매입채무	◇◇구매론	G은행	2,000,000
단기차입금	일반자금대출	B은행	720,000
단기차입금	일반자금대출		2,000,000
단기차입금	산업운영자금대출	D은행	2,000,000
단기차입금	운전일반자금대출	E은행	3,000,000
단기차입금	일반운전자금대출		3,000,000
단기차입금	운영자금대출	F은행	2,500,000
단기차입금	기업일반자금대출	A은행	3,000,000
단기차입금	기업일반자금대출	H은행	2,000,000
합 계			26,620,000

당사는 상기 약정사항 외에 특수관계자에 대하여 지급보증을 제공하고 있습니다.

21. 배당금

(1) 당사의 주주에 대한 배당금 산정내역은 다음과 같습니다.

(단위 : 천원)

구 분	당 기	전 기
1주당 배당금(배당률)	–	57,226원(572%)
발행주식수	26,212주	26,212주
배당금총액	–	1,500,000

(2) 당사의 배당성향은 다음과 같습니다.

(단위 : 천원)

구 분	당 기	전 기
배당액	–	1,500,000
당기순이익	7,991,006	668,340
배당성향	–	224.44%

22. 부가가치 계산에 필요한 사항

당사의 손익계산서에 포함된 부가가치의 계산에 필요한 사항은 다음과 같습니다.

(단위 : 천원)

과 목	매출원가		판매관리비		합 계	
	당 기	전 기	당 기	전 기	당 기	전 기
급 여	1,067,639	841,636	12,385,919	7,778,768	13,453,558	8,620,404
퇴직급여	140,440	150,068	1,261,327	747,020	1,401,767	897,088
복리후생비	99,315	27,279	1,675,244	1,536,931	1,774,559	1,564,210
지급임차료	89,943	63,569	1,617,143	985,053	1,707,086	1,048,622
감가상각비	324,619	431,935	923,510	545,161	1,248,129	977,096
세금과공과	7,026	18	847,788	742,393	854,814	742,411
합 계	1,728,982	1,514,505	18,710,931	12,335,326	20,439,913	13,849,831

05 산업별 특성

1. 수입 닭고기에 대한 경쟁요소

환율하락과 그에 따른 낮은 단가의 수입 닭고기 수입량 증대로 인한 국내 닭고기 시장의 파장은 적지 않을 것으로 예상됩니다. 그러나 국내 닭고기 시장의 85% 이상이 신선육으로 유통되고 국내 소비자들이 신선육 위주로 소비하는 것을 감안할 때 냉동상태인 수입 닭고기에 대하여 질적인 면에서 우위를 점할 것으로 여겨집니다. 또한 포장 유통 및 원산지표시가 정착되면 차별화로 인한 수입 냉동 닭고기와의 경쟁력에서 더욱 우위를 점할 수 있으리라 전망됩니다.

2. 원재료인 생계 및 초생추(병아리) 가격변동에 의한 판매가변동

원재료인 생계 및 초생추(병아리)는 현재 시장에서 공급과 수요의 변화에 따라 시세가 변동되며, 시세변동에 따라 판매단가 역시 변동되고 있어, 시세의 변동이 매출액 및 수익성 증감에 영향을 미치고 있습니다.

출제예상문제

✓ 학습시간이 부족하거나 시험 전 최종정리를 하고 싶은 경우에는 출제빈도(★~★★★)가 높은 문제를 우선으로 풀이할 수 있습니다.
✓ 다시 봐야 할 문제(풀지 못한 문제, 헷갈리는 문제 등)는 문제 번호 하단의 네모박스(□)에 체크하여 반복 학습할 수 있습니다.

★★★ 종합사례

01 □□□ **K기업의 시장위험평가에 대한 내용으로 옳지 않은 것은?**

① 금리상승은 동사의 수익성에 부정적이다.
② 동사가 통제할 수 없는 환경적 요인(식품안전성)에 취약할 수 있다.
③ 매출액이 환율변동에 영향을 받게 된다.
④ 정부의 정책이 경영환경에 영향을 미칠 수 있다.
⑤ 정부의 물가통제정책이 동사 매출에 부정적인 영향을 미칠 수 있다.

★★ 종합사례

02 □□□ **K기업에 대한 산업의 특성으로 옳지 않은 것은?**

① 주요 원료의 수입의존도가 낮다.
② 수출 비중이 낮다.
③ 대체재 및 기술변화에 대한 위험이 낮다.
④ 경쟁강도가 높은 편이다.
⑤ 경기민감도가 높은 산업이다.

정답 및 해설

01 ③ K기업은 내수산업이므로 환율변동과 매출액 간의 상관관계는 없다. 업종의 특성상 수출이 없다고 판단된다. 또한, 수출이 있는 경우는 주석에 수출에 대한 내용을 기재하여야 하지만, K기업 재무제표 주석에는 외화매출채권 관련 내용이 없다. 주석 20번에 무역금융을 보아 수출이 있다고 판단할 수도 있으나 무역금융은 수입 시 사용된 것으로 원부자재 구입을 위해 사용된 무역금융으로 추정된다.

오답체크

① 부채비율이 높고, 차입금이 적지 않으므로 금리상승은 동사의 수익성에 부정적이다.
② 조류독감 등 환경적 요인에 취약할 가능성이 있다.
④ 공정거래법 및 프랜차이즈 관련 법률이 회사의 경영환경에 영향을 미칠 수 있다.

02 ⑤ K기업은 소비재(식료품)를 판매하므로 경기민감도가 낮은 산업에 속한다.

★

종합사례

03 □□□

K기업의 위험요소로 옳지 않은 것은?

① 식품안전성에 대한 위협
② 성숙기 징후가 뚜렷한 산업
③ 경쟁강도 심화에 따른 마케팅 비용 증가
④ 원/달러 환율 상승
⑤ 후방산업의 공급비탄력성

★★

종합사례

04 □□□

K기업의 재무적인 특징에 대한 설명으로 옳지 않은 것은?

① 높은 회전율을 보인다.
② 매출채권에 대한 회수위험이 높은 편이다.
③ 특수관계자에 대한 매출의존도가 낮은 편이다.
④ 부채비율이 비교적 높은 편이다.
⑤ 유동비율이 낮은 편이다.

★

종합사례

05 □□□

K기업의 재무적인 특징에 대한 설명으로 옳지 않은 것은?

① 매출채권회전율이 높은 편이다.
② 재고자산회전율이 높은 편이다.
③ 회전율 대비 수익성이 높다고 할 수 없다.
④ 이자보상비율이 낮아 채무상환위험이 있다고 할 수 있다.
⑤ 관계회사 투자결과가 좋지 못하다.

★★★ 종합사례

06 K기업의 매출액과 관련된 내용으로 옳지 않은 것은?

① 당기 매출액은 전기에 비해 30% 이상 증가했다.
② 전기 매출액은 전전기에 비해 22% 이상 증가했다.
③ 당기 원재료가격이 상승하였다고 가정할 때, 회사는 이를 당기 판매가격에 반영하지 못하였다.
④ 전기 원재료가격이 상승하였다고 가정할 때, 회사는 이를 전기 판매가격에 반영하지 못하였다.
⑤ 전기 매출액은 전전기에 비해 증가했으나 매출총이익률은 감소했다.

정답 및 해설

03 ④ K기업은 내수산업이므로 환율의 영향은 크지 않다. 다만, 넓게 보면 후방산업에서 곡물사료의 가격 상승 등은 장기적인 원가상승 압력을 보인다.

04 ② 매출채권회전율이 상당히 높기 때문에 매출채권 회수위험은 낮다고 볼 수 있다. 또한, 가맹점에 대해 우월한 지위를 확보하고 있기 때문에 매출채권 회수에 큰 어려움이 없다고 추정할 수 있다.

오답체크

⑤ 유동비율은 100% 이하이므로 대체로 낮은 편이다. 그러나 높은 매출채권회전율(약 80회 이상)로 인해 단기지급능력이 반드시 낮다고는 볼 수 없다.

05 ④ 이자보상비율이 높은 편이며, 대체로 5배 이상이면 채무상환능력이 양호하다고 할 수 있다.

(단위 : 백만원)

구 분	전전기	전 기	당 기
영업이익	11,215	9,192	15,038
이자비용	960	898	777
이자보상비율	11.7배	10.2배	19.4배

오답체크

⑤ 지분법 투자주식에서 발생한 지분법손실의 규모로 확인할 수 있다.

06 ③ 원재료가격이 상승하고 이를 매출액에 제대로 반영하지 못한 경우에는 매출총이익률은 감소한다. 원재료가격 상승을 매출액에 반영한다는 것은 원재료가격이 상승한 것만큼 판매가격을 올린다는 뜻이다. 즉, 원가가 100원 올랐을때 매출액(판매가격)을 200원 올리면 매출총이익은 증가하게 될 것이지만 문제에서는 이러한 원가의 가격 상승을 매출액에 제대로 반영하지 못했다고 보는 것이다.

오답체크

매출총이익률의 변동 추이는 다음과 같다.

(단위 : 백만원)

구 분	전전기	전 기	당 기
매출액	142,522	174,148	227,869
매출원가	111,153	137,946	176,256
매출총이익	31,369	36,202	51,613
매출원가율	78.0%	79.2%	77.3%
매출총이익률	22.0%	20.8%	22.7%

① 당기 매출액 증가율 = $\frac{227,869}{174,148} - 1 ≒ 30.8\%$ 증가

② 전기 매출액 증가율 = $\frac{174,148}{142,522} - 1 ≒ 22.2\%$ 증가

★ 종합사례

07 K기업의 매출액을 분석한 것으로 옳지 않은 것은?

① 돼지고기 가격이 상승할수록 매출액은 증가할 가능성이 높다.
② 마케팅 비용을 증가시킬수록 매출액은 증가할 가능성이 높다.
③ 최고경영자가 사회적 물의를 일으킬 경우 매출액에 심각한 영향을 미칠 수 있다.
④ 월드컵 등의 국제적 체육행사가 있을 경우 매출액이 증가할 가능성이 높다.
⑤ 전기 대비 당기 광고선전비 지출 증가가 매출액 증가에 직·간접적인 영향을 미쳤다고 보기 어렵다.

★★ 종합사례

08 K기업의 매출원가에 대한 분석내용으로 옳지 않은 것은?

① 당기 제품의 매출액이 증가함에 따라 매출원가율은 최근 3년 대비 가장 높다.
② 당기 매출원가에서 감가상각비가 차지하는 비율은 1% 미만이다.
③ 제품의 원가율 변동이 회사 전체의 원가율에 미치는 영향은 크지 않다.
④ 당기에는 닭고기의 판매이익이 상승하였다.
⑤ 매출가격의 하방경직성으로 인해 닭고기 매입가격이 하락할 경우 회사의 매출총이익은 큰 폭으로 증가할 가능성이 높다.

★★ 종합사례

09 K기업의 수익구조에 대한 특성으로 옳지 않은 것은? (단, 회사의 종업원 수는 최근 3년간 거의 변동이 없다고 가정한다)

① 제품 대비 상품의 원가율이 높다.
② 매출액이 지속적으로 증가하고 있다.
③ 당기 매출액증가율 대비 영업이익증가율은 더 큰 폭으로 상승하였다.
④ 고정비 비중이 높다고 할 수 있다.
⑤ 경영자의 재량에 따라 지출되는 비용이 크다고 볼 수 있다.

★★★ 종합사례

10 K기업의 현금흐름에 대한 분석내용으로 옳지 않은 것은?

① 전기 영업활동으로 인한 현금흐름이 큰 폭으로 감소한 주된 원인 중 하나는 당기순이익의 감소이다.
② 전기 영업활동으로 인한 현금흐름이 당기순이익보다 59억원 정도 더 크다. 이 차이 중 현금의 유출이 없는 비용 등의 가산 항목에서는 지분법손실이 가장 큰 영향을 차지한다.
③ 매입채무 결제시기를 조정하여 영업활동으로 인한 현금흐름을 조절하는 측면이 있다.
④ 당기 재무활동으로 인한 현금흐름 중 차입금 감소로 인한 현금 유출이 580억원 정도 발생하였다.
⑤ 전전기에 단기대여금으로 인해 투자활동으로 인한 현금유출액이 유입액보다 68억원 더 작았다.

정답 및 해설

07 ⑤ K기업의 지속적인 광고선전비 지출은 매출액 증가에 직·간접적인 영향을 미친 것으로 추정된다.

08 ① 당기 제품의 매출원가율은 최근 3년 대비 가장 낮다. 제품의 매출원가율은 다음과 같다.

(단위 : 백만원)

구 분	전전기	전 기	당 기
제품 매출액	8,216	9,584	12,511
제품 매출원가	4,847	5,924	7,140
제품 매출총이익	3,369	3,660	5,371
제품 매출원가율	59%	62%	57%

오답체크

② 당기 매출원가는 176,256,543천원이고, 매출원가에 포함된 감가상각비는 324,619천원이므로 매출원가에서 감가상각비가 차지하는 비율은 0.2%에 불과하다.
④ 상품의 매출원가율은 다음과 같다. 전기 대비 당기의 원가율이 감소하였으므로 이익률이 상승하였다.

(단위 : 백만원)

구 분	전전기	전 기	당 기
상품 매출액	126,586	156,547	205,716
상품 매출원가	99,600	126,228	161,460
상품 매출총이익	26,986	30,319	44,256
상품 매출원가율	79%	81%	78%

09 ④ 고정비인 감가상각비나 급여가 매출 대비 차지하는 비중이 높다고 볼 수 없다.

오답체크

⑤ 광고선전비나 급여의 변동폭이 매우 크다. 일반적으로 급여는 경영자의 재량이 개입되지 않는 비용에 속하나, K기업의 경우 경영진의 급여가 높은 편이므로 경영진에게 지출된 비용이 큰 편이다.

10 ⑤ 단기대여금 증가(128억원) – 단기대여금 감소(60억원) = 68억원이므로 현금유출액이 유입액보다 더 컸다.

오답체크

③ 전기에는 영업활동현금흐름이 감소하여 매입채무 결제를 늦추었다가, 당기에는 영업활동현금흐름이 증가하여 매입채무 결제를 신속히 하였다.

★★★ 종합사례

11 □□□

K기업의 차입금 상환재원에 대해 분석한 것으로 옳지 않은 것은? (단, EBITDA = 영업이익 + 감가상각비 + 무형자산상각비로 계산한다)

① 최근 3년간 회사는 연간 100억원 이상의 EBITDA를 계속하여 창출한다.
② 당기 EBITDA 규모는 160억원 이상이다.
③ 당기 EBITDA는 매출액 대비 약 7.3%로 양호한 편이라고 할 수 있다.
④ 당기 EBITDA 중 영업이익의 구성 비율은 50%에 미달한다.
⑤ 당기 EBITDA 중 20억원을 유동성장기차입금의 상환에 사용하였다.

★★★ 종합사례

12 □□□

K기업의 당기 신용상태 종합평가에 대한 내용으로 옳지 않은 것은? (단, EBITDA = 영업이익 + 감가상각비 + 무형자산상각비로 계산한다)

① 매출액은 지난 3년간 지속적으로 증가하고 있으며, 이는 상품 매출액 증가세에 기인한다.
② 지난 3년간 자회사 투자를 통해 거액의 손실을 보고하였으며, 이는 회사의 재무상태에 부정적인 영향을 미치게 되었다.
③ 특별한 시설투자를 하고 있지 않는 것으로 보인다.
④ 전전기 투자활동으로 인한 현금유출액 중 지분법적용 투자주식의 취득으로 인한 현금유출액은 약 24% 비율을 차지한다.
⑤ 차입금이 있는 상황에서도 주요 경영진에 대한 보상(장단기 종업원급여)을 지속적으로 늘리는 상황이다.

★★ 종합사례

13 □□□

K기업의 경영위험평가에 대한 내용으로 옳은 것을 모두 고른 것은?

> 가. K기업은 소유와 경영이 분리된 기업이다.
> 나. 대주주의 경영권은 안정적이라고 할 수 있다.
> 다. 동사의 업적을 고려할 때 경영환경 변화에 대한 대처능력이 있다고 볼 수 있다.
> 라. 회사의 영업이익이 효율적인 재투자로 이어지고 있다.

① 가, 나　　② 나, 다　　③ 나, 라
④ 나, 다, 라　　⑤ 가, 나, 다, 라

★★★ 종합사례

14 □□□ **K기업의 영업위험평가에 대한 내용으로 옳은 것은?** (단, 매출채권은 대손충당금 차감 후 잔액을 기준으로 하며, 소수점 이하 둘째 자리에서 반올림한다)

① 전기 매출채권회전율은 36.7회이다.
② 전기 매출채권회전기간은 9.9일이다.
③ 당기 매출채권회전율은 42.3회이다.
④ 당기 매출채권회전기간은 8.6일이다.
⑤ 매출채권회전율에 문제가 없어 대손위험이 작다고 할 수 있다.

정답 및 해설

11 ④ 당기 EBITDA의 약 90%가 영업이익에 원천을 두고 있다.

(단위 : 백만원)

구 분	전전기	전 기	당 기
영업이익	11,215	9,192	15,038
감가상각비	501	977	1,248
무형자산상각비	164	183	289
EBITDA	11,880	10,352	16,575
매출액	142,522	174,148	227,869
매출액 대비 EBITDA	8.3%	5.9%	7.3%
EBITDA 중 영업이익	94.4%	88.8%	90.7%

* 위의 감가상각비는 현금흐름표상 감가상각비를 사용한다.

12 ③ 재무상태표에서 건설중인자산이 증가하고 있으므로 시설투자가 이루어지고 있는 것으로 볼 수 있다.

13 ② 나. 대주주의 지분이 100%이므로 경영권이 안정적으로 보장되어 있다.
다. K기업은 20년 이상 지속되고 있으므로 업적을 고려할 때, 경영환경변화에 대한 대처능력이 있다고 볼 수 있다.

오답체크

가. 대주주가 대표이사이므로 소유와 경영이 분리된 기업으로 볼 수 없다.
라. 회사 투자 손실이 거액이므로 효율적인 재투자라고 할 수 없다.

14 ⑤ 프랜차이즈 업종상 매출채권회전율이 매우 높다고 할 수 있다. 따라서 매출채권과 관련된 신용위험은 거의 없다.

(단위 : 천원)

구 분	전전기	전 기	당 기
매출채권	2,314,907	2,475,389	2,961,857
대손충당금	(19,214)	(28,581)	(23,118)
매출채권순액	2,295,693	2,446,808	2,938,739
평균매출채권잔액	–	2,371,251	2,692,774
매출액	–	174,148,187	227,869,733
매출채권회전율	–	73.4회	84.6회
매출채권회전기간	–	5.0일	4.3일

참고
- 평균매출채권잔액으로 매출채권회전율과 매출채권회전기간을 계산해야 한다.
- 당기 평균매출채권잔액은 전기 매출채권순액과 당기 매출채권순액을 더한 후 2로 나누어 계산한다.
- 매출채권회전율 = $\frac{\text{매출액}}{\text{매출채권}}$
- 매출채권회전기간 = $\frac{\text{매출채권}}{\text{매출액}} \times 365$

★★★ 종합사례

15 □□□

K기업의 영업위험평가에 대한 내용으로 옳은 것은? (단, 회전율 및 회전기간 산출 시 매출원가가 아닌 매출액을 기준으로 하며, 소수점 이하 둘째 자리에서 반올림한다)

① 전기 매입채무회전율은 22.7회이다.
② 전기 매입채무회전기간은 32.2일이다.
③ 당기 매입채무회전율은 54.2회이다.
④ 당기 매입채무회전기간은 27일이다.
⑤ K기업은 매입채무 결제를 일반 중소기업보다 늦게 하고 있으므로 후방교섭력이 좋은 것으로 평가된다.

★ 종합사례

16 □□□

K기업의 당기 영업순환기간으로 옳은 것은? (단, 매출채권은 대손충당금 차감 후 잔액을 기준으로 하며, 소수점 이하 둘째 자리에서 반올림한다)

영업순환기간 = 매출채권회전기간 + 재고자산회전기간

① 7.5일 ② 8.8일 ③ 10일
④ 121.8일 ⑤ 153.2일

★★ 종합사례

17 □□□

K기업의 당기 현금전환기간으로 옳은 것은? (단, 매출채권은 대손충당금 차감 후 잔액을, 매입채무회전기간은 매출원가가 아닌 매출액을 기준으로 하며, 소수점 이하 둘째 자리에서 반올림한다)

현금전환기간 = 영업순환기간 − 매입채무회전기간

① (−)4.7일 ② (−)6일 ③ 10일
④ 121.8일 ⑤ 153.2일

정답 및 해설

15 ①

(단위 : 천원)

구 분	전전기	전 기	당 기
매입채무	6,565,370	8,761,271	8,080,559
평균매입채무	−	7,663,321	8,420,915
매출액	−	174,148,187	227,869,733
매입채무회전율	−	22.7회	27.1회
매입채무회전기간	−	16.1일	13.5일

참고 • 평균매입채무로 매입채무회전율과 매입채무회전기간을 계산해야 한다.
• 당기 평균매입채무는 전기 매입채무와 당기 매입채무를 더한 후 2로 나누어 계산한다.
• 매입채무회전율 = $\frac{\text{매출액}}{\text{매입채무}}$
• 매입채무회전기간 = $\frac{\text{매입채무}}{\text{매출액}} \times 365$

오답체크

⑤ 통상적인 매입채무 결제는 30일을 초과하는데 K기업은 그보다 빠르게 매입채무를 결제하고 있으므로 후방교섭력이 열위에 있다고 할 수 있다.

16 ②

구 분	전 기	당 기
매출채권회전기간	5.0일	4.3일
재고자산회전기간	5.1일	4.5일
영업순환기간	10.1일	8.8일

참고 재고자산회전기간

(단위 : 천원)

구 분	전전기	전 기	당 기
재고자산	1,894,302	2,962,039	2,691,181
평균재고자산	−	2,428,171	2,826,610
매출액	142,522,649	174,148,187	227,869,733
재고자산회전율	−	71.7회	80.6회
재고자산회전기간	−	5.1일	4.5일

• 전기 평균재고자산 = $\frac{1{,}894{,}302 + 2{,}962{,}039}{2} \fallingdotseq$ 2,428,171천원

• 당기 평균재고자산 = $\frac{2{,}962{,}039 + 2{,}691{,}181}{2}$ = 2,826,610천원

17 ①

구 분	전 기	당 기
영업순환기간	10.1일	8.8일
매입채무회전기간	16.1일	13.5일
현금전환기간	(−)6일	(−)4.7일

참고 K기업은 전방교섭력이 매우 좋은 반면, 후방교섭력이 열위에 있는 관계로 영업순환기간보다 매입채무회전기간이 길다.

★★★ 종합사례

18 □□□ **K기업의 협의의 순운전자본에 대한 설명으로 옳지 않은 것은?**

① 전전기 순운전자본은 (-)7,852백만원이다.
② 전기 순운전자본은 (-)16,513백만원이다.
③ 당기 순운전자본은 (-)13,457백만원이다.
④ 순운전자본이 3년간 계속하여 마이너스(-)이므로 채무불이행 위험에 직면해 있다.
⑤ 당기 매출채권은 증가하고 매입채무는 감소하여, 순운전자본에는 긍정적인 영향을 미치나 영업활동으로 인한 현금흐름에는 부정적인 영향을 미친다.

★ 종합사례

19 □□□ **K기업의 수익성분석과 관련된 내용으로 옳지 않은 것은?**

① 식품산업의 평균 영업이익률이 3%라고 할 때, K기업은 산업평균 대비 양호한 영업이익률을 나타낸다.
② K기업은 3년간 매출액 증가로 인해 영업이익률이 계속하여 상승하고 있다.
③ 전기에는 매출총이익 증가분보다 판매관리비 증가분이 더 크기 때문에 영업이익이 감소하였다.
④ 전기 당기순이익이 크게 감소한 주된 원인은 영업이익의 감소, 지분법평가손실, 법인세비용 등으로 볼 수 있다.
⑤ 당기 광고선전비 증가로 인한 매출액 증가는 영업이익 증가에 긍정적인 영향을 미쳤다고 할 수 있다.

★★★ 종합사례

20 □□□ **K기업의 수익성분석에 대한 내용으로 옳지 않은 것은?**

① K기업은 매우 높은 ROA를 나타낸다.
② 당기 ROA는 29.7%이다.
③ 전기 ROA는 19.2%이다.
④ 당기 ROA는 전기보다 증가했다.
⑤ K기업의 ROA가 높은 이유는 회전율보다는 높은 이익률에 기인한다.

★★★ 종합사례

21 K기업의 수익성분석에 대한 내용으로 옳지 않은 것은?

① 당기 ROE는 44.2%이다.
② K기업은 재무레버리지를 통해 ROE를 증가시킨 것으로 볼 수 있다.
③ 당기 이자보상비율은 10배를 상회한다.
④ 매출액 대비 운반비는 일정하지 않으므로 변동비로 보기 어렵다.
⑤ 당기에는 전기 대비 매출액과 영업이익이 모두 증가하였다.

정답 및 해설

18 ④ 일반적으로 순운전자본이 계속하여 마이너스(-)인 경우 채무불이행 위험이 있다고 할 수 있으나, K기업과 같이 매출채권과 재고자산의 현금흐름이 매우 양호한 경우에는 채무불이행 위험에 직면해 있다고 볼 수 없다.

19 ② 영업이익률이 상승하는 것은 영업이익에 원천을 두고 있다.

(단위 : 백만원)

구 분	전전기	전 기	당 기
영업이익	11,215	9,192	15,038
매출액	142,522	174,148	227,869
영업이익률	7.9%	5.3%	6.6%

20 ⑤ K기업의 ROA(총자산영업이익률)가 높은 이유는 높은 회전율에 기인한다.

(단위 : 백만원)

구 분	전전기	전 기	당 기
영업이익	11,215	9,192	15,038
총자산	46,140	49,845	51,457
평균총자산	–	47,993	50,651
ROA	–	19.2%	29.7%

참고
- ROA는 총자산 대비 영업이익률을 기준으로 하는 경우도 있고, 총자산 대비 당기순이익을 기준으로 하는 경우도 있으므로 문제에서 제시된 정의에 따라 비율을 다르게 계산해야 한다.
- ROA 또는 ROE는 각각 평균총자산과 평균자기자본으로 계산해야 한다.

21 ① 당기 ROE(자기자본수익률)는 55.6%이다. ROE는 기말 자기자본이 아닌 평균자기자본을 사용하여 산출해야 한다.

(단위 : 백만원)

구 분	전전기	전 기	당 기
당기순이익	4,181	668	7,941
자기자본	14,440	10,611	17,930
평균자기자본	–	12,526	14,271
ROE	–	5.3%	55.6%

오답체크

④ 매출액이 100, 운반비 10. 매출액이 200, 운반비 20, 이러면 매출액 대비 운반비 비율이 10%로 일정하다. 즉, 매출액 대비 운반비의 비율이 일정해야 변동비가 되는 것이다. 문제에서는 매출액 대비 운반비가 일정하지 않으므로 변동비로 보기 어렵다.

★★★ 종합사례

22 □□□

K기업의 유동성 평가에 대한 내용으로 옳지 않은 것은?

① 당기 유동비율은 전기 대비 소폭 증가하였다.
② 전기 당좌비율은 전전기 대비 증가하였다.
③ 전기 유동비율은 전전기 대비 감소하였다.
④ 당기 유동자산이 감소하였지만 유동부채도 감소하여 유동비율을 유지할 수 있게 되었다.
⑤ 당기 유동부채 감소는 단기차입금이 감소하였기 때문이다.

★★ 종합사례

23 □□□

K기업의 자본구조평가에 대한 설명으로 옳지 않은 것은?

① 전기 자기자본비율은 약 21%이다.
② 당기 부채비율이 전기보다 감소한 원인은 이익의 증가 때문이다.
③ 전기 부채비율이 전전기보다 증가한 주된 원인은 배당금지급 때문이다.
④ 당기 자기자본비율은 약 35%이다.
⑤ 당기 K기업의 자본구조는 개선되었다.

★★ 종합사례

24 □□□

K기업의 차입구조평가에 관한 내용으로 옳지 않은 것은?

① 당기말 현재 K기업의 차입금은 모두 은행으로부터 받은 차입금이다.
② 당기말 현재 차입금의존도는 80.4%이다.
③ 당기 차입금의존도는 감소하였다.
④ 전전기 차입금의존도는 38.1%이다.
⑤ 당기 차입금의존도가 감소한 이유는 영업활동으로 인해 창출된 현금으로 차입금을 상환하였기 때문이다.

★★ 종합사례

25 □□□

K기업의 자본배분의 안정성에 대한 평가내용으로 옳지 않은 것은?

① K기업의 자본배분은 불안정적이라고 할 수 있다.
② 당기 비유동장기적합률은 163%이다.
③ 전기 비유동비율은 285%이다.
④ 당기의 자본배분은 전기보다 다소 안정적이다.
⑤ 당기에 장기성자산에 투입된 자본이 전부 장기성자금이기 때문에 자본배분이 불안정적이다.

정답 및 해설

22 ② 전기 당좌비율은 전전기 대비 감소하였다.

(단위 : 백만원)

구 분	전전기	전 기	당 기
당좌자산	16,682	16,638	13,868
유동자산	18,577	19,600	16,559
유동부채	26,428	36,113	30,016
당좌비율	63.1%	46.1%	46.2%
유동비율	70.3%	54.3%	55.2%

23 ③ 전기 부채비율이 전전기보다 증가한 주된 원인은 이익의 감소 때문이다. 물론 배당금지급도 영향이 있으나 주된 원인은 이익의 감소이다. 이익이 배당금지급액보다 더 크면 부채비율은 감소하기 때문이다.

(단위 : 백만원)

구 분	전전기	전 기	당 기
총부채	31,700	39,234	33,526
총자기자본	14,440	10,611	17,930
총자산	46,140	49,845	51,457
부채비율	220%	370%	187%
자기자본비율	31%	21%	35%

24 ② 당기 차입금의존도 = $\frac{14,420,000,000}{51,457,196,354} ≒ 28.0\%$

오답체크

③ 전기 차입금의존도 = $\frac{23,005,164,000}{49,845,634,483} ≒ 46.2\%$

④ 전전기 차입금의존도 = $\frac{17,576,500,000}{46,140,677,815} ≒ 38.1\%$

참고 차입금의존도 = $\frac{\text{장·단기차입금 + 회사채}}{\text{총자본}} \times 100$

25 ⑤ 당기에 장기성자산에 투입된 자본은 장기성자금(비유동부채와 자기자본)으로 부족하여 단기자금에서도 투입되었으므로 자본배분이 불안정적이다. 따라서 장기성자산에 투입된 자본이 전부 장기성자금이라는 것은 옳지 않다.

(단위 : 백만원)

구 분	전전기	전 기	당 기
비유동자산	27,563	30,245	34,897
비유동부채	5,271	3,120	3,510
자기자본	14,440	10,611	17,930
비유동부채 + 자기자본	19,711	13,731	21,440
비유동비율	191%	285%	195%
비유동장기적합률	140%	220%	163%

참고
- 비유동비율 = $\frac{\text{비유동자산}}{\text{자기자본}} \times 100$
- 비유동장기적합률 = $\frac{\text{비유동자산}}{\text{비유동부채 + 자기자본}} \times 100$
- 비유동장기적합률이 100%를 초과하면 이는 단기차입금 등으로 투자하였다는 것을 의미하므로 재무안정성을 높이기 위해서는 비유동장기적합률을 낮추어야 한다.

★★★ 종합사례

26 □□□

K기업의 상환능력평가에 대한 설명으로 옳지 않은 것은?

① 전반적으로 차입금상환계수는 불량하다.
② 전전기 차입금상환계수는 1.5이다.
③ 전기 차입금상환계수는 2.2이다.
④ 당기 차입금상환계수는 0.9이다.
⑤ 당기 EBITDA 규모가 내년에도 지속될 경우 K기업은 차입금을 전액 상환할 수 있는 능력이 있다.

★★★ 종합사례

27 □□□

K기업의 상환능력평가에 대한 내용으로 옳지 않은 것은? (단, 이자보상비율 = EBITDA/(이자비용 + 매출채권처분손실)로 계산한다)

① 전전기 이자보상비율은 12.4배이다.
② 전기 이자보상비율은 11.5배이다.
③ 당기 이자보상비율은 21.3배이다.
④ 당기 기준으로 이자비용에 대한 지급능력은 매우 양호한 편이다.
⑤ 당기 이자보상비율이 크게 상승한 이유는 EBITDA는 변동이 없으나 이자비용이 크게 하락하였기 때문이다.

★★★ 종합사례

28 □□□

K기업의 당기 현금흐름평가에 관한 내용으로 옳지 않은 것은?

① 영업활동으로 인한 현금흐름이 전기에 비해 크게 증가하였다.
② 영업활동으로 인한 현금흐름이 전기에 비해 증가한 이유 중 하나는 당기순이익의 증가이다.
③ 당기 매출채권과 재고자산의 변동은 모두 영업활동으로 인한 현금흐름을 증가시켰다.
④ 영업활동으로 인한 현금흐름으로 투자활동에 소요된 자금을 충당하고도 잉여현금흐름이 발생하였다.
⑤ 잉여자금은 차입금상환과 배당금지급에 사용되었다.

★★★ 종합사례

29 K기업의 현금흐름평가에 관한 설명으로 옳지 않은 것은?

□□□

① 전전기에는 대여금과 자회사 주식취득으로 인하여 투자활동으로 인한 현금유출이 많았다.
② 전기에는 대여금 증가액보다 대여금 회수액이 많았으나 자회사 주식을 추가로 취득하여 투자활동으로 인한 현금유출이 많았다.
③ 전기 영업활동으로 인한 현금흐름으로 투자활동에 소요된 자금을 충당하고도 잉여현금흐름이 발생하였다.
④ 전전기 영업활동으로 인한 현금흐름으로 투자활동에 소요된 자금을 충당하고도 잉여현금흐름이 발생하였다.
⑤ K기업의 기말 현금은 과거 3년간 계속하여 증가하고 있다.

정답 및 해설

26 ① K기업의 차입금상환계수는 전반적으로 양호하다. 1년 동안 발생한 EBITDA로 차입금을 전부 상환할 수 있기 때문이다. 차입금상환계수가 3 ~ 5 이하이면 전반적으로 양호하다고 볼 수 있다.

(단위 : 백만원)

구 분	전전기	전 기	당 기
차입금	17,577	23,005	14,420
EBITDA	11,880	10,352	16,575
차입금상환계수	1.5	2.2	0.9

참고 • 차입금 = 단기차입금 + 유동성장기부채 + 장기차입금
• 차입금상환계수 = $\frac{\text{차입금}}{\text{EBITDA}}$

27 ⑤ 당기 EBITDA는 크게 증가하였다.

(단위 : 백만원)

구 분	전전기	전 기	당 기
EBITDA	11,880	10,352	16,575
이자비용	960	898	777
이자보상비율	12.4배	11.5배	21.3배

28 ③ 매출채권이 증가되어 영업활동으로 인한 현금흐름을 감소시켰다.

29 ④ 전전기에는 투자활동으로 인한 현금흐름(170억원)이 영업활동으로 인한 현금흐름(140억원)을 상회한다. 따라서 잉여현금흐름이 발생하지 않아 재무활동으로 자금을 조달하였다.

해커스 신용분석사 2부 이론+적중문제+모의고사

개정 5판 3쇄 발행 2025년 1월 20일
개정 5판 1쇄 발행 2023년 11월 30일

지은이	원재훈, 김리석 공편저
펴낸곳	해커스패스
펴낸이	해커스금융 출판팀

주소	서울특별시 강남구 강남대로 428 해커스금융
고객센터	02-537-5000
교재 관련 문의	publishing@hackers.com 해커스금융 사이트(fn.Hackers.com) 교재Q&A 게시판
동영상강의	fn.Hackers.com

ISBN	979-11-6999-398-2 (13320)
Serial Number	05-03-01

최신개정판

해커스

신용분석사 2부

이론+적중문제+모의고사

시험 직전 최종 마무리

실전모의고사

해커스금융

해커스
신용분석사 2부

이론+적중문제+모의고사

시험 직전 최종 마무리

실전모의고사

해커스금융

01

회사의 총자산은 100억원, 자본은 50억원이고, 차입금의 이자율은 10%, 세전순이익이 5억원일 때, 이자보상비율은?

① 1배 ② 1.5배 ③ 2배
④ 2.5배 ⑤ 3배

02

재무상태표상의 총자산이 150억원, 부채가 90억원, 단기차입금이 20억원, 회사채가 10억원이고, 장기차입금은 10억원이다. 손익계산서상의 영업이익은 10억원, 이자비용은 4억원이다. 다음 중 레버리지비율을 분석한 것으로 옳지 않은 것은?

① 부채비율은 150%이다.
② 차입금평균이자율은 10%이다.
③ 이자보상비율은 2.5배이다.
④ 자기자본비율은 40%이다.
⑤ 차입금의존도는 30%이다.

03

회사는 매출채권을 담보로 하여 은행으로부터 현금을 단기차입하였다. 위의 거래가 유동비율과 부채비율에 미치는 영향은 어떻게 되는가? (해당 거래가 발생하기 이전의 유동비율은 50%, 부채비율은 100%이다)

① 유동비율과 부채비율 모두 감소한다.
② 유동비율은 감소하고, 부채비율은 증가한다.
③ 유동비율은 증가하고, 부채비율은 감소한다.
④ 유동비율과 부채비율 모두 증가한다.
⑤ 유동비율과 부채비율 모두 영향이 없다.

04

유동자산이 50억원, 비유동자산이 100억원, 유동부채가 40억원, 비유동부채가 70억원일 때, 비유동비율을 계산하면 얼마인가?

① 100% ② 200% ③ 250%
④ 300% ⑤ 350%

05

다음은 A회사의 재무제표의 일부이다. 사업연도를 300일로 가정하고, 이 회사가 평균적으로 매출채권을 회수하는 데 소요되는 기간이 50일이라면, 매출액은 얼마인가?

- 매출원가 : 2,000,000원
- 기초 매출채권 : 200,000원
- 기말 매출채권 : 400,000원
- 감가상각비 : 1,000,000원

① 1,000,000원 ② 1,500,000원
③ 1,800,000원 ④ 2,000,000원
⑤ 2,300,000원

06

매입채무회전율은 5회전, 매출채권회전율은 2회전, 총자산회전율은 10회전, 재고자산회전율은 4회전, 비유동자산회전율은 3회전일 때 1회전운전기간은?

① 0.1년 ② 0.35년 ③ 0.5년
④ 0.55년 ⑤ 0.65년

07

기업 입장에서의 위험에 대한 설명 중 옳지 않은 것은?

① 비유동자산이 유동자산에 비해 위험과 수익률 모두 높다.
② 비유동자산의 규모가 클수록 유동성이 낮아지므로 위험이 커진다.
③ 비유동자산에 대한 투자는 유동부채를 통해 조달될 때 위험이 낮아진다.
④ 위험이 큰 유동부채는 위험이 낮은 유동자산으로 커버하는 것이 바람직하다.
⑤ 자산구성의 위험이 자본구성의 위험과 균형을 이루는 것이 중요하다.

08

A회사의 매출채권회전율이 10회전, B회사의 매출채권회전율은 20회전이다. A회사와 B회사의 매출채권회수기간에 대한 설명으로 옳은 것은? (단, 1년을 360일로 가정한다)

① A회사가 B회사보다 매출채권회수기간이 15일 더 짧다.
② A회사가 B회사보다 매출채권회수기간이 15일 더 길다.
③ A회사가 B회사보다 매출채권회수기간이 18일 더 짧다.
④ A회사가 B회사보다 매출채권회수기간이 18일 더 길다.
⑤ A회사가 B회사보다 매출채권회수기간이 21일 더 길다.

09

A회사의 매출액이 200억원일 때 매출채권회전율은 5, 재고회전율은 10, 매입채무회전율은 40이다. 매출액이 30% 증가할 때 1회전운전자금 소요금액이 얼마나 증가하는가?

① 1억원 ② 3억원
③ 5억원 ④ 10억원
⑤ 30억원

10

자본배분의 안정성에 관한 다음 설명 중 옳은 것은?

① 조달된 자본이 기업 자산에 얼마나 적절하게 배분되고 있는지를 분석하는 지표에는 비유동비율과 비유동장기적합률이 있다.
② 비유동장기적합률은 비유동자산을 자기자본으로 나눈 비율이다.
③ 비유동비율은 자기자본에 비유동부채까지 확대하여 자본배분의 안정성을 측정하는 비율이다.
④ 기업 입장에서는 자기자본이 위험이 가장 높은 자산이다.
⑤ 비유동장기적합률이 100% 이하이면 자본배분 안정성에 문제가 있다고 볼 수 있다.

11

투하자본은 (㉠)에서 (㉡)을/를 차감한 것을 말한다. 괄호에 들어갈 용어로 알맞은 것은?

	㉠	㉡
①	총자산	총부채
②	총자산	비영업자산
③	영업자산	이자발생부채
④	영업자산	비이자발생부채
⑤	투자자산	비이자발생부채

12

정상 PBR은 PER × (　)로 계산하는데, 괄호 안에 들어갈 용어로 알맞은 것은?

① 자기자본순이익률
② 총자산순이익률
③ 총자산영업이익률
④ 매출액순이익률
⑤ 매출액영업이익률

13

다음 재무비율분석 중 성격이 다른 것은?

① 유동비율　② 순운전자본비율
③ 현금비율　④ 당좌비율
⑤ 부채비율

14

기업의 매출액순이익률이 5%, 자기자본순이익률이 30%, 총자산회전율이 2회일 때, 기업의 자기자본비율을 계산하면 얼마인가?

① 12.5%　② 20%　③ 30%
④ 33.33%　⑤ 45%

15

PSR은 실제주가를 (　　)로/으로 나눈 비율을 의미한다. 괄호 안에 들어갈 용어로 옳은 것은?

① 매출액　② 주당순이익
③ 총자본　④ 자기자본
⑤ 주당매출액

16

레버리지에 대한 설명으로 옳지 않은 것은?

① 영업레버리지는 매출액변화율과 영업이익변화율의 관계를 나타낸다.
② 레버리지효과란 고정비의 비중이 클수록 매출액변화율에 대한 이익의 변화율이 높은 것을 말한다.
③ 이자비용과 고정비가 있는 한 결합레버리지는 항상 1보다 작다
④ 결합레버리지(DCL)는 영업레버리지와 재무레버리지의 곱으로 계산된다.
⑤ 타인자본의존도가 클수록 재무레버리지가 커진다.

17

영업레버리지도가 4, 재무레버리지도가 6인 기업의 매출액이 1% 증가하면 당기순이익은 어떻게 변화하는가?

① 10% 증가　② 15% 증가　③ 20% 증가
④ 24% 증가　⑤ 30% 증가

18

회귀분석에 따라 A기업의 비용추정식을 다음과 같이 얻었다. A기업의 실제 매출액이 400,000,000원일 때 손익분기점률을 계산한 것으로 옳은 것은?

TC = TR × 0.6 + 100,000,000

① 62.5%　② 60%　③ 57.5%
④ 55%　⑤ 50%

19

A회사의 고정비는 80,000,000원, 단위당 판매가격은 10,000원, 단위당 변동비는 8,000원이다. 100% 조업 시 생산능력이 60,000개라고 할 때 80% 조업 시 영업이익을 계산한 것으로 옳은 것은?

① (−)12,000,000원
② 12,000,000원
③ (−)16,000,000원
④ 16,000,000원
⑤ 80,000,000원

20

다음 중 자금의 개념을 현금으로 정의하였을 경우 자금의 변동을 가져온 거래로 옳은 것은?

① 사채할인발행차금 상각액을 인식하였다.
② 주식결제형 주식보상거래와 관련하여 주식보상비용을 인식하였다.
③ 재고자산의 감모손실을 인식하였다.
④ 현물출자로 주식을 취득하였다.
⑤ 건물을 취득하여 그 대금을 지급하였다.

21

현금흐름표에 대한 설명으로 옳지 않은 것은?

① 현금흐름표는 기업의 현금흐름을 영업활동, 투자활동, 재무활동으로 구분하여 표시한다.
② 미래현금흐름을 추정하는 데 직접법이 간접법보다 더 유용한 정보를 제공한다.
③ 영업활동으로 인한 현금흐름을 계산하는 방법에는 직접법과 간접법으로 분류할 수 있다.
④ 큰 거래비용 없이 현금으로 전환이 용이하고 이자율변동에 따른 가치변동 위험이 적은 금융상품으로 재무제표일 현재 만기일(상환일)이 3개월 이내인 것은 현금및현금성자산에 포함된다.
⑤ 직접법은 현금의 원천과 용도가 구분되어 있어 분석 및 조사에 용이하다.

22

기업의 현금흐름표상 영업활동으로 인한 현금흐름이 최근 지속적으로 증가하고 있을 때 이에 대한 원인분석으로 적합하지 않은 것은?

① 재고자산의 감소
② 매출채권의 감소
③ 이자수익의 증가
④ 사채할인발행차금의 상각
⑤ 종업원급여지급액의 감소

23

아래 자료를 이용하여 당기 중 차입으로 인한 현금유입액과 차입금 관련 상환으로 인한 현금유출액을 계산한 것으로 옳은 것은?

(단위 : 원)

구 분	당기말	전기말
유동성장기차입금	4,000	2,000
장기차입금	15,000	8,000

• 회사의 차입금상환은 계획대로 이루어졌다.
• 차입금상환 시 외환차익 1,000원이 발생하였다.
• 기말 장기차입금과 관련하여 외화환산이익 2,000원이 발생하였다.

	차입금 현금유입액	차입금 현금유출액
①	10,000원	900원
②	12,000원	900원
③	13,000원	1,000원
④	14,000원	1,000원
⑤	15,000원	1,100원

24

다음은 최근 2년간 도소매업을 영위하는 어느 기업의 손익계산서상 매출원가 및 매입으로 인한 현금유출에 대한 정보이다. 이러한 상황에 대한 설명으로 가장 적절한 것은?

(단위 : 원)

구 분	20×1년	20×2년
매출원가(손익계산서)	20,000	32,000
매입으로 인한 현금유출	35,000	27,000

① 20×1년의 매입으로 인한 현금유출이 손익계산서상 매출원가보다 더 큰 것은 매입채무의 증가가 그 원인 중 하나이다.
② 20×1년의 매입으로 인한 현금유출이 손익계산서상 매출원가보다 더 큰 것은 재고자산의 증가가 그 원인 중 하나이다.
③ 20×1년의 매입으로 인한 현금유출이 손익계산서상 매출원가보다 더 큰 것은 선수금의 증가가 그 원인 중 하나이다.
④ 20×2년의 매입으로 인한 현금유출이 손익계산서상 매출원가보다 더 작은 것은 매입채무의 감소가 그 원인 중 하나이다.
⑤ 20×2년의 경우 재고자산에 대한 거액의 평가손실이 발생했을 가능성이 크다.

25

㈜A의 자금담당인 김자금씨는 회사의 당좌수표를 발행하여 90일 만기 환매조건부채권(RP)을 구입하였다. 동 거래는 현금흐름표에 어떻게 표시하여야 하는가?

① 영업활동현금흐름에 현금유출액으로 표시한다.
② 투자활동현금흐름에 현금유출액으로 표시한다.
③ 재무활동현금흐름에 현금유출액으로 표시한다.
④ 실제로 현금의 변동이 없으므로 비현금교환거래로 주석기재한다.
⑤ 자금의 변동이 없으므로 현금흐름표에는 표시되지 않는다.

26

다음은 ㈜A의 당기 재무제표에서 추출한 자료이다. 이 자료를 토대로 ㈜A의 당기 매입으로 인한 현금유출액을 계산하면 얼마인가?

(단위 : 원)

구 분	금 액	구 분	금 액
당기매출원가 (손익계산서)	5,000	매입채무 증가액	1,000
선급금 감소액	300	매출채권 감소액	900
선수금 증가액	150	재고자산 증가액	100

① 3,500원 ② 3,600원 ③ 3,700원
④ 3,800원 ⑤ 3,900원

27

다음은 ㈜A의 기초 및 기말 재무상태표상 잔액과 추가자료이다. 아래의 자료에 기초하여 당기 중 장기차입금 차입액은 얼마인가?

(단위 : 원)

구 분	기 초	기 말
유동성장기부채	200,000	150,000
장기차입금	1,000,000	1,500,000

• 장기차입금은 상환계획대로 상환되고 있다.
• 차입금을 상환하는 과정에서 외환차손 20,000원이 발생하였고, 외화장기차입금 기말잔액을 환산하면서 외화환산손실이 40,000원 발생하였다.

① 610,000원 ② 620,000원
③ 630,000원 ④ 640,000원
⑤ 650,000원

28

최근 2년간 A기업의 현금수지분석표상 매출액을 통한 현금유입액이 증가하였다. 이를 분석한 것으로 옳은 것은?

① 매출액 증가
② 매출채권회전율 감소
③ 장기 미회수 매출채권 잔액 증가
④ 선수금 감소
⑤ 시장점유율 감소

29

최근 2년간 A기업의 현금수지분석표상 현금지출 매출원가가 증가하였다. 이를 분석한 것으로 옳은 것은?

① 공장직원 인건비 증가
② 원재료 단가 인하
③ 재고자산 감소
④ 매입채무 증가
⑤ 시장점유율 하락으로 인한 판매량 감소

30

A기업의 손익계산서상 매출액을 계산한 것으로 옳은 것은? (단, 매출활동에 의한 현금유입액은 1,200,000원이다)

(단위 : 원)

구 분	기 초	기 말
매출채권	200,000	250,000
선급금	200,000	190,000
선수금	50,000	80,000

① 1,180,000원 ② 1,210,000원
③ 1,220,000원 ④ 1,230,000원
⑤ 1,250,000원

31

다음은 재무제표의 분식이 현금흐름에 미치는 영향을 기술한 것이다. 법인세효과가 없다고 가정할 경우 옳은 설명은?

① 재고자산을 과대계상하여 당기순이익을 증가시켰다면 현금흐름표상 영업활동으로 인한 현금흐름은 증가한다.
② 수선비로 계상하여야 할 비용을 유형자산으로 계상하였다면 현금흐름표상 영업활동으로 인한 현금유입액은 감소한다.
③ 개발비를 경상연구비로 비용에 계상하는 분식을 하였다면 현금흐름표상 투자활동으로 인한 현금유출액은 감소한다.
④ 차입금을 과소계상하였다면 현금흐름표상 재무활동으로 인한 현금유입액이 증가한다.
⑤ 매출채권을 과대계상하여 당기순이익을 증가시켰다면 현금흐름표상 영업활동으로 인한 현금유입액이 감소한다.

32

A회사의 기말 매출채권에 대한 대손충당금을 설정하고, 유형자산에 대한 수선비를 유형자산의 취득원가로 인식한 경우 영업활동, 투자활동, 재무활동현금흐름에 미치는 영향으로 올바른 것은?

	영업활동현금흐름	투자활동현금흐름	재무활동현금흐름
①	증 가	감 소	영향 없음
②	영향 없음	증 가	감 소
③	감 소	영향 없음	증 가
④	감 소	감 소	영향 없음
⑤	증 가	증 가	증 가

33

영업활동으로 인한 현금흐름이 당기순이익보다 작은 경우에 대한 설명 중 옳지 않은 것은?

① 매출채권이 증가하였다.
② 미지급급여가 감소하였다.
③ 이자수익이 감소하였다.
④ 선수금이 감소하였다.
⑤ 유형자산처분이익이 발생하였다.

34

다음은 A기업의 현금흐름유형을 그림으로 나타낸 것으로, 현금흐름유형 중 어느 기업에 해당되는가?

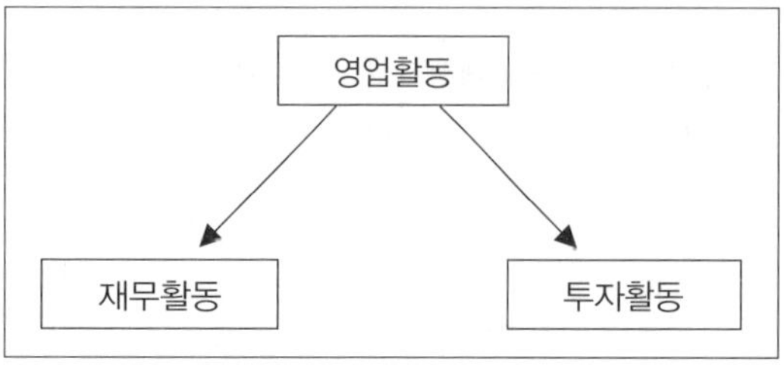

① 성숙형 기업　② 구조조정형 기업
③ 현금보유형 기업　④ 신생기업형 기업
⑤ 성장형 기업

35

다음 중 현금수지분석표의 분석과 관련된 사항으로 옳지 않은 것은?

① 현금수지분석표에서 일부 비현금교환거래가 현금거래로 표시될 수 있다.
② 비현금비용이 증가한다고 하여 현금성 판매비와관리비가 반드시 감소하지는 않는다.
③ 재무상태표상의 자산과 부채의 증감과 손익계산서상의 수익과 비용 항목이 대응되지 않을 때 현금수지분석표는 임의로 대응시켜 작성한다.
④ 재고자산이 급증한 경우에는 가공재고자산의 가능성도 검토해보아야 한다.
⑤ 손익계산서상 이자비용에 포함된 사채할인발행차금상각액은 현금수지분석표에서 고려한다.

36

제조원가명세서의 노무비에 표시되는 퇴직급여 계정에 포함된 내용으로 옳은 것은?

① 당기 중 영업담당 임직원에게 현금지급한 퇴직금
② 당기 중 공장 임직원에게 현금지급한 퇴직금
③ 공장근무 임직원에게 지급할 퇴직급여충당부채의 당기 전입액
④ 공장근무 임직원이 퇴직 시 수령한 퇴직연금계좌액
⑤ 공장근무 임직원에게 지급할 퇴직급여충당부채의 당기 환입액

37

일반기업회계기준에 의하여 제시된 다음 거래 중 현금흐름의 유형이 다른 것은?

① 개발비를 지출하였다.
② 유상감자를 실시하였다.
③ 장기차입금을 상환하였다.
④ 보통주를 발행하여 유상감자를 실시하였다.
⑤ 회사채를 할인발행하였다.

38

다음 중 금리에 대한 설명으로 옳지 않은 것은?

① 실질이자율은 명목이자율에서 인플레이션율을 차감한 것이다.
② 일반적으로 국채 금리가 회사채 금리보다 낮다.
③ 신용등급이 높은 회사의 회사채 금리는 낮다.
④ 명목이자율보다 인플레이션율이 더 크다면 실질이자율은 양(+)의 값을 갖는다.
⑤ 국내 금리가 인하되면 원화약세의 흐름이 된다.

39

다음 중 경기순환에 대한 설명으로 옳지 않은 것은?

① 경기순환의 회복기는 경제활동이 최저 수준을 벗어나 점차 회복되는 국면을 말한다.
② 경기순환의 회복기에는 원자재의 수요가 줄어든다.
③ 경기순환의 후퇴기에는 기업의 설비과잉투자로 인한 재고 증대가 나타나고, 재고증대로 인하여 고용이 감소되고 설비투자의 감소가 일어난다.
④ 경기순환의 확장기는 경제활동이 회복기를 지나 정점에 이르는 수준을 말한다.
⑤ 경기순환의 확장기에는 기업들의 생산은 확대되고 예비 재고를 보유하고자 한다.

40

다음 중 내부능력분석 모델에 대한 설명 중 옳지 않은 것은?

① 사업구조분석방법에는 BCG매트릭스, GE매트릭스, 9 Building Blocks가 있다.
② 7S분석방법은 조직구조분석방법에 속한다.
③ 가치사슬분석방법은 대표적인 외부활동분석방법에 속한다.
④ 가치사슬분석방법은 주활동과 지원활동으로 구분하여 각 활동단계별 원가동인을 분석한다.
⑤ 9 Building Blocks 모델은 개별사업만을 분석대상으로 할 수 밖에 없는 한계를 가지고 있다.

41

다음 중 원화평가절상(환율하락)의 효과를 분석한 것으로 옳지 않은 것은?

① 수출이 감소한다.
② 경상수지가 악화된다
③ 물가가 상승한다.
④ 외자도입기업의 원리금 상환 부담이 감소한다.
⑤ 경제성장이 둔화한다.

42

다음 중 현금흐름표 작성 시 주석에 기재될 사항이 아닌 것은?

① 현물출자로 인한 유형자산의 취득
② 유상감자
③ 주식배당
④ 전환사채의 전환
⑤ 유형자산의 연불구입

43

다음 중 기업실체 입장에서 잉여현금흐름(FCF)에 관한 설명으로 옳지 않은 것은?

① EBIT(이자와 법인세 차감전이익)에 감가상각비는 더하고, 법인세, 자본적지출, 운전자본증가액을 차감한다.
② 현행 현금흐름표상 '영업활동으로 인한 현금흐름액'에 자본적지출액을 차감한 금액을 말한다.
③ 기업의 잉여현금흐름은 기업가치를 평가하는 데 널리 사용되며, 이때 기업가치평가 방법은 주로 DCF(Discounted Cash Flow)이다.
④ 기업실체 입장에서 회사의 부채에 영향을 받지 않는 현금흐름이다.
⑤ 주주 및 채권자에게 원금을 상환하거나 투자수익을 분배하는 데 사용할 수 있는 현금흐름을 말한다.

44

다음은 신용분석자가 현금흐름분석 시 유의해야 할 사항이다. 그 내용 중 옳지 않은 것은?

① 재무제표 주석내용에 운용리스에 대한 내용이 포함되어 있는 경우 그 실질이 금융리스에 해당한다고 판단되면 운용리스 지급예상액을 현재가치로 평가하여 유형자산과 장기차입금에 각각 추가하여 현금수지분석을 하는 것을 고려하여야 한다.
② 자금조달과정에서 헷징이 이루어지고 있는지도 고려하여야 한다.
③ 적정 현금보유액을 산정하고자 할 때는 기업 규모, 업종 등을 고려하여야 한다.
④ 영업활동현금흐름이 좋지 못한 회사라도 재고자산이 증가한 경우에는 위험이 적다고 볼 수 있다.
⑤ 기업이 부외부채를 활용하고 있다고 의심되는 경우 매출채권이나 재고자산으로 위장하여 분식할 가능성도 염두에 두어야 한다.

45

A기업의 재고자산은 200만원 과대계상, 매출원가는 200만원 과소계상되었다. 이 점이 영업현금흐름에 미치는 영향으로 옳은 것은?

① 영업활동현금흐름에는 영향이 없다.
② 영업활동현금흐름이 증가한다.
③ 영업활동현금흐름이 감소한다.
④ 영업활동현금흐름은 영향이 없으나, 투자활동현금흐름이 증가한다.
⑤ 영업활동현금흐름은 영향이 없으나, 재무활동현금흐름이 감소한다.

46

다음 중 경영진단의 대상에 따른 분류로서 집단진단에 포함되지 않는 것은?

① 조합진단
② 업종별진단
③ 지역별진단
④ 산지진단
⑤ 공장진단

47

다음 중 건설산업의 특징으로 옳지 않은 것은?

① 경기민감도가 높은 수준이다.
② 전방산업에 대한 교섭력은 공종별로 상이하다.
③ 건축건설업의 경우 후방산업(토지 구매 등)에 대한 교섭력은 약한 편이다.
④ 자본집약적 산업으로 진입장벽이 높다.
⑤ 비탄력적공급에 따라 주기적인 수급이 이루어지지 않는다.

48

주요경제지표에 대한 설명 중 옳지 않은 것은?

① 경제성장률 = (금년도 실질GDP − 전년도 실질GDP)/전년도 실질GDP × 100
② 물가상승률 = 금년도 평균물건가격/전년도 평균물건가격 × 100
③ GNP = GDP + 해외로부터 수취하는 요소소득 − 해외로 지불하는 요소소득
④ GDP 갭 = 잠재GDP − 실세GDP
⑤ M2 = M1 + 저축성예금 + 수익성금융상품(만기 2년 이상 포함)

49

다음 중 마이클 포터의 5 Forces 모형에 대한 설명으로 옳지 않은 것은?

① 진입장벽이 높을수록 후발주자가 산업에 진출하기 힘들어진다.
② 대체할 수 있는 제품이 많을수록 산업의 매력은 감소한다.
③ 구매자의 구매량이 많을수록, 제품의 차별성이 높을수록 구매자의 교섭력이 강해진다.
④ 제품의 차별성이 클 경우, 공급업자의 판매량이 클수록 공급자의 교섭력이 강해진다.
⑤ 진출하고자 하는 산업 내 경쟁강도가 높을수록 산업의 매력은 감소한다.

50

다음 중 BCG매트릭스에 대한 설명으로 옳지 않은 것은?

① Question Mark는 성장률은 높으나, 시장점유율은 낮은 사업이다.
② Star는 높은 성장률과 높은 시장점유율을 나타낸다.
③ Dog는 성장률은 낮으나, 시장점유율은 높은 산업이다.
④ X축을 상대적 시장점유율, Y축을 시장성장률로 하고 있다.
⑤ Star는 유지하는 전략을 구축하며, 성장률이 하락하면 Cash Cow로 이동한다.

51

현금흐름표에 관한 설명으로 옳지 않은 것은?

① 이자와 차입금을 함께 상환하는 경우, 이자지급은 영업활동으로 분류될 수 있고 원금상환은 재무활동으로 분류된다.
② 회전율이 높고 금액이 크며 만기가 짧은 항목과 관련된 재무활동에서 발생하는 현금흐름은 순증감액으로 보고할 수 있다.
③ 타인에게 임대할 목적으로 보유하다가 후속적으로 판매목적으로 보유하는 자산을 제조하거나 취득하기 위한 현금지급액은 영업활동현금흐름이다.
④ 지분상품은 현금성자산에서 제외하므로 상환일이 정해져 있고 취득일부터 상환일까지의 기간이 3개월 이내인 우선주의 경우에도 현금성자산에서 제외한다.
⑤ 간접법보다 직접법을 적용하는 것이 미래현금흐름을 추정하는 데 보다 유용한 정보를 제공한다.

52

회사의 재무상태표상 재고자산과 매입채무의 금액은 다음과 같다.

(단위 : 원)

구 분	20×1 초	20×1 말
재고자산	600,000	750,000
매입채무	550,000	660,000

한편, 포괄손익계산서상 매입채무와 관련된 외환차익과 외화환산이익은 각각 80,000원, 200,000원으로 계상되었다. 회사의 20×1년도 현금흐름표상 매입으로 인한 현금유출(재고자산 매입)이 610,000원이라면 20×1년도 손익계산서상 매출원가는 얼마인가?

① 810,000원 ② 820,000원
③ 830,000원 ④ 840,000원
⑤ 850,000원

53

회사는 당기 중에 장부금액 40,000원인 기계장치를 52,000원에 처분하였으며 당기 중 취득한 기계장치는 없다. 법인세차감전순이익은 30,000원이며, 사채할인발행차금 이자비용은 2,000원이다. 영업활동현금흐름은 얼마인가?

(단위 : 원)

계정과목	기 초	기 말
매출채권(총액)	120,000	90,000
매출채권 대손충당금	4,000	5,000
재고자산	250,000	220,000
기계장치(총액)	400,000	300,000
감가상각누계액	230,000	190,000
매입채무	245,000	280,000

① 116,000원 ② 126,000원
③ 136,000원 ④ 146,000원
⑤ 156,000원

54

다음 자료를 이용할 경우 20×1년도 현금흐름표에 계상될 영업활동현금흐름은 얼마인가?

[손익계산서 자료]
- 당기순이익 : 250,000원
- 매도가능금융자산처분손실 : 20,000원
- 감가상각비 : 40,000원
- 법인세비용 : 80,000원
- 사채상환이익 : 35,000원
- 유상증자 : 110,000원

[자산 및 부채 계정잔액의 일부]

(단위 : 원)

구 분	20×1년 초	20×1년 말
매출채권(순액)	50,000	70,000
단기대여금	110,000	130,000
유형자산(순액)	135,000	95,000
매입채무	40,000	30,000
미지급비용	30,000	45,000
단기차입금	245,000	280,000

① 260,000원 유입 ② 265,000원 유입
③ 270,000원 유입 ④ 275,000원 유입
⑤ 290,000원 유입

55

A기업의 20×1년 손익계산서상 현금매출 및 외상매출은 각각 160,000원과 1,200,000원이고, 20×1년 기초와 기말의 매출채권 잔액은 각각 180,000원과 212,000원이다. A기업의 20×1년 영업비용은 240,000원이다. 20×1년 선급비용 기말잔액은 기초보다 16,000원이 증가하였고, 20×1년 미지급비용 기말잔액은 기초보다 24,000원이 감소하였다. 20×1년에 A기업의 매출로 인한 현금유입액은 얼마인가?

① 1,328,000원 ② 1,350,000원
③ 1,380,000원 ④ 1,390,000원
⑤ 1,410,000원

56

현금수지분석표에서 투자자산증감액란에 '(+)3억원'이 기재되어 있다. 이러한 수치가 의미하는 바를 가장 잘 표현한 것은?

① 당기 투자자산을 3억원에 취득하였다.
② 당기 투자자산을 3억원에 처분하였다.
③ 당기 투자자산 취득과 처분이 모두 발생한 경우, 투자자산 처분으로 인한 현금유입액이 투자자산 취득으로 인한 현금유출액보다 3억원 더 많았다.
④ 당기 투자자산 취득과 처분이 모두 발생한 경우, 투자자산 취득으로 인한 현금유출액이 투자자산 처분으로 인한 현금유입액보다 3억원 더 많았다.
⑤ 당기 투자자산을 취득하여 현금유출된 금액이 외부자금조달액보다 3억원 더 많다.

57

다음 자료는 일반기업회계기준을 적용하고 있는 A기업의 20×1년 말과 20×2년 말 재무상태표와 20×2년 포괄손익계산서 및 현금흐름표에서 발췌한 회계자료의 일부이다. A기업의 20×1년도 법인세비용차감전순이익을 계산하면 얼마인가?

- 감가상각비 : 40,000원
- 매출채권의 증가액 : 15,000원
- 유형자산처분손실 : 20,000원
- 대손충당금의 증가액 : 5,000원
- 법인세비용 : 30,000원
- 재고자산의 감소액 : 4,000원
- 미지급법인세의 감소액 : 5,000원
- 매입채무의 감소액 : 6,000원
- 이연법인세부채의 증가액 : 10,000원
- 영업활동현금흐름 : 200,000원

① 177,000원 ② 178,000원
③ 179,000원 ④ 180,000원
⑤ 181,000원

58

다음 중 영업활동현금흐름을 간접법으로 표시하는 경우 당기순이익에서 차감하여 조정하는 항목이 아닌 것은?

① 매입채무 감소, 단기매매금융자산평가이익
② 매도가능증권손상차손환입, 지분법이익
③ 퇴직급여충당금 설정, 사채할인발행차금 상각액
④ 미지급법인세 감소, 이연법인세부채 감소
⑤ 매출채권 증가, 재고자산 증가

59

환율의 개념과 표시방법에 대한 설명 중 옳지 않은 것은?

① 환율이란 외국 화폐와 우리나라 화폐를 바꿀 때 적용되는 교환비율을 말한다.
② 외국 화폐 1단위를 바꾸기 위해 우리나라 화폐를 얼마나 지급하여야 하는가를 나타내는 방식을 자국통화표시환율(지급환율)이라고 한다.
③ 우리나라 화폐 1단위로 외국 화폐를 얼마나 받을 수 있는가를 표시하는 방법을 외국통화표시환율(수취환율)이라고 한다.
④ 1달러당 1,200원으로 표시하는 것은 지급환율의 예이다.
⑤ 1원당 0.009달러로 표시하는 것은 자국통화표시환율의 예이다.

60

다음 중 신용분석에 대한 설명 중 옳지 않은 것은?

① 신용조사는 일반적으로 분석자의 판단과 분석 목적에 합당한 결론 도출은 생략하고 사실관계의 전달에 치중하는 것을 의미한다.
② 신용분석은 투자금의 회수가능성인 부도위험 및 손실위험에 대한 분석을 말한다.
③ 주식분석은 투자를 통한 수익획득 가능성에 대한 분석을 말한다.
④ 기업분석, 신용조사, 신용평가, 주식분석 가운데 기업분석이 가장 협의의 개념이다.
⑤ 주식분석은 신용분석에 비해 미래의 성장성을 주목하고 위험을 감수하는 경향이 강하다.

61

A회사의 손익계산서상 매출액은 800,000원, 재무상태표상 기말 매출채권은 300,000원, 기초 매출채권 180,000원, 기초 선수금 40,000원, 기말 선수금 80,000원으로 계상되어 있다. 이와 관련된 다음 설명 중 옳지 않은 것은?

① 당기 발생주의에 의한 상품매출액은 800,000원이다.
② 당기 선수금의 증가는 현금주의 매출액을 증가시키는 요인이다.
③ 당기 현금주의 매출액은 780,000원이다.
④ 당기 발생주의 매출액과 현금주의 매출액은 동일하지 않다.
⑤ 당기 현금주의 매출액이 발생주의 매출액보다 적은 이유는 매출채권 증가에 기인한다.

62

다음 중 투자활동으로 인한 현금흐름으로만 짝지은 것은 무엇인가?

가. 유형자산을 처분한 후 그 대금을 3개월 후에 수령하였다. 나. 대표이사에게 대여한 대여금 2억원을 회수하였다. 다. 피투자회사로부터 배당금을 수령하였다. 라. 보통주를 발행하여 유상증자하였다. 마. 만기보유증권으로부터 이자를 수령하였다.

① 가, 나　② 가, 다　③ 나, 다
④ 나, 라　⑤ 라, 마

[01~29] 다음 H기업에 대한 사례를 참고하여 1번부터 29번까지 각 물음에 답하시오.

01 재무상태표

(단위 : 원)

과 목	당 기	전 기	전전기
자 산			
I. 유동자산	**49,084,512,643**	**51,971,614,058**	**46,876,321,551**
(1) 당좌자산	**27,492,884,001**	**28,191,455,435**	**29,586,287,227**
현금및현금성자산(주석 3, 18)	1,256,545,078	2,343,346,774	1,905,456,386
단기금융상품(주석 3, 4, 14)	150,000,000	450,000,000	5,648,000,000
매출채권(주석 3, 6, 19)	20,514,992,342	19,783,473,983	17,703,884,303
미수금(주석 3, 6, 18)	2,376,067,290	2,141,675,279	311,451,126
단기대여금(주석 3, 6)	1,847,000,000	2,657,000,000	3,057,000,000
미수수익	6,062,856	22,311,723	17,955,699
선급금	2,189,824	334,357	–
선급비용	74,396,644	72,073,219	74,369,934
부가세대급금	1,265,629,967	686,564,440	771,240,201
당기법인세자산(주석 3, 24)	–	34,675,660	74,100,690
파생상품자산			22,828,888
(2) 재고자산(주석 3, 12)	**21,591,628,642**	**23,780,158,623**	**17,290,034,324**
제 품			2,487,315
상 품	2,607,619	23,652,359	2,845,727
원재료	1,719,228,987	2,357,058,787	2,480,155,561
저장품	9,154,439	15,170,977	12,238,917
미착원료	15,887,475,097	21,384,276,500	14,792,306,804
대여원료	3,973,162,500	–	–
II. 비유동자산	**37,364,828,128**	**36,666,051,807**	**36,651,996,084**
(1) 투자자산	1,778,962,597	1,448,658,414	2,235,175,542
장기금융상품(주석 3, 4, 14)	368,962,597	38,658,414	825,175,542
매도가능증권(주석 3, 5)	1,410,000,000	1,410,000,000	1,410,000,000
(2) 유형자산(주석 3, 7, 8, 11, 12, 14)	34,313,734,044	34,218,568,518	33,713,332,677
토 지	31,213,731,479	31,213,731,479	30,551,727,940
건 물	2,313,078,221	2,313,078,221	2,284,863,226
감가상각누계액	−995,276,562	−926,330,332	−857,783,353
구축물	2,245,595,790	2,193,363,370	2,089,753,096
감가상각누계액	−1,619,306,564	−1,556,140,022	−1,493,528,273
기계장치	8,580,124,843	8,065,729,397	7,892,289,398
감가상각누계액	−7,452,124,314	−7,117,262,640	−6,803,882,819

과 목	당 기	전 기	전전기
정부보조금	-2,000	-2,000	-2,000
차량운반구	29,310,000	29,310,000	29,310,000
감가상각누계액	-27,164,127	-24,378,467	-20,327,247
공구와기구	21,302,000	21,302,000	21,302,000
감가상각누계액	-21,291,000	-21,291,000	-21,291,000
비 품	401,210,132	386,729,270	381,770,001
감가상각누계액	-375,453,854	-359,270,758	-340,868,292
(3) 무형자산(주석 3, 9)	36,100,000	-	58,334
소프트웨어	36,100,000	-	58,334
(4) 기타비유동자산	1,236,031,487	998,824,875	703,429,531
보증금(주석 3, 18)	1,125,618,210	876,947,210	489,742,710
선물예치금(주석 3, 18)	94,413,277	105,877,665	195,109,288
장기선급비용			2,577,533
기타비유동자산	16,000,000	16,000,000	16,000,000
자산총계	86,449,340,771	88,637,665,865	83,528,317,635
부 채			
I. 유동부채	**62,367,425,104**	**67,024,876,328**	**60,221,986,496**
매입채무(주석 3, 13)	12,408,276,730	17,761,459,600	11,830,159,738
단기차입금(주석 3, 11, 13, 14, 18, 19)	41,464,573,227	43,638,226,513	40,486,269,336
미지급금(주석 6, 13)	1,395,484,849	1,661,520,636	1,313,462,339
예수금	44,003,520	39,812,980	44,565,230
예수보증금(주석 13)	3,973,404,500	242,000	-
선수금	324,897,076	1,195,382,931	1,188,964,531
차입원료	1,105,146,210	636,396,210	403,896,210
미지급비용(주석 13)	389,839,651	391,111,461	407,286,874
주임종단기차입금	-	-	500,000,000
유동성장기부채(주석 11, 13, 15, 19)	450,000,000	1,500,000,000	2,000,000,000
유동성전환부채			2,000,000,000
파생상품부채(주석 3, 10, 19)	599,789,366	195,118,000	47,382,238
부가세예수금	-	5,605,997	-
당기법인세부채	212,009,975	-	-
II. 비유동부채	**2,230,327,223**	**977,696,380**	**2,241,751,520**
장기차입금(주석 11, 13, 15, 19)	1,219,000,000	-	1,500,000,000
전환사채(주석 11, 13, 16)	500,000,000	500,000,000	-
현재가치할인차금(주석 16)	-14,945,883	-23,491,376	-
퇴직급여충당부채(주석 3, 17)	2,858,750,000	2,510,013,500	2,836,661,000

과 목	당 기	전 기	전전기
퇴직연금운용자산(주석 3, 4, 17)	−2,542,476,894	−2,198,825,744	−2,254,909,480
임대보증금(주석 13)	210,000,000	190,000,000	160,000,000
부채총계	64,597,752,327	68,002,572,708	62,463,738,016
자 본			
I. 자본금(주석 1, 20)	**1,405,480,000**	**1,405,480,000**	**1,405,480,000**
보통주자본금	1,405,480,000	1,405,480,000	1,405,480,000
II. 자본잉여금(주석 16, 20)	**28,729,260**	**28,729,260**	**−**
기타자본잉여금	28,729,260	28,729,260	−
III. 기타포괄손익누계액(주석 8, 22)	**14,326,904,905**	**14,326,904,905**	**14,326,904,905**
토지재평가차익	14,326,904,905	14,326,904,905	14,326,904,905
IV. 이익잉여금(주석 21)	**6,090,474,279**	**4,873,978,992**	**5,332,194,714**
이익준비금	207,160,000	207,160,000	207,160,000
재무구조개선적립금	120,000,000	120,000,000	120,000,000
임의적립금	425,580,259	425,580,259	425,580,259
미처분이익잉여금	5,337,734,020	4,121,238,733	4,579,454,455
자본총계	21,851,588,444	20,635,093,157	21,064,579,619
부채와 자본총계	86,449,340,771	88,637,665,865	83,528,317,635

02 손익계산서

(단위 : 원)

과 목	당 기	전 기	전전기
I. 매출액(주석 3, 6)	**115,775,213,220**	**113,006,051,549**	**96,106,938,669**
제품매출액	111,394,440,982	110,596,548,278	95,283,791,419
상품매출액	2,000,977,700	1,301,012,550	823,147,250
기타매출액	2,379,794,538	1,108,490,721	−
II. 매출원가(주석 26, 27)	**102,365,425,624**	**99,580,432,543**	**84,528,984,861**
(1) 제품매출원가	98,742,288,129	97,666,296,043	83,847,601,447
기초제품재고액	−	2,487,315	−
타계정에서대체액	10,375,627	20,348,881	−
당기제품제조원가	98,742,288,129	97,664,986,166	83,850,752,222
타계정으로대체액	−10,375,627	−21,526,319	−663,460
기말제품재고액	−	−	−2,487,315
(2) 상품매출원가	1,545,814,765	1,001,835,738	681,383,414
기초상품재고액	23,652,359	2,845,727	17,225,231
당기상품매입액	1,524,770,025	1,022,642,370	667,003,910

과 목	당 기	전 기	전전기
기말상품재고액	-2,607,619	-23,652,359	-2,845,727
(3) 기타매출원가	2,077,322,730	912,300,762	-
III. 매출총이익	**13,409,787,596**	**13,425,619,006**	**11,577,953,808**
IV. 판매비와관리비	**11,866,787,386**	**12,073,682,798**	**13,848,692,571**
급여(주석 26)	1,811,328,640	1,917,504,030	2,191,554,569
퇴직급여(주석 3, 17, 26)	194,990,500	420,831,580	155,325,000
복리후생비(주석 6, 26, 27)	199,693,901	206,511,999	210,954,016
여비교통비	101,661,093	121,948,939	148,225,247
통신비	22,379,122	25,261,440	31,275,987
수도광열비	526,804	910,419	101,014
소모품비	42,814,455	43,965,413	41,285,907
세금과공과(주석 26)	191,628,616	202,619,677	133,298,740
감가상각비(주석 3, 8, 26)	65,896,823	66,888,701	33,776,840
차량유지비	1,599,900	1,260,130	1,301,818
운반비	6,750,592,028	6,876,215,655	6,016,161,200
접대비	208,525,507	184,985,738	223,765,778
임차료(주석 26)	173,581,524	177,201,905	158,740,649
광고선전비	-	8,350,000	15,604,054
도서인쇄비	4,305,461	5,775,996	11,122,696
교육훈련비	3,245,847	2,724,955	13,141,255
지급수수료	1,330,845,142	1,288,822,887	1,534,129,970
수선비	70,000	4,965,728	2,478,000
보험료	81,696,088	67,447,057	76,900,731
전력비	1,459,481	1,341,540	-
대손상각비			2,458,072,513
무형자산상각비(주석 3, 9, 26)	1,900,000	58,334	54,061,667
판촉활동비	676,326,454	444,680,675	334,534,920
잡 비	1,720,000	3,410,000	2,880,000
V. 영업이익	**1,543,000,210**	**1,351,936,208**	**-2,270,738,763**
VI. 영업외수익	**3,116,874,523**	**1,659,326,014**	**17,607,765,376**
이자수익(주석 6)	157,986,763	226,567,060	459,081,507
배당수익	49,000,000	49,000,000	49,000,000
외환차익	748,084,734	65,222,662	148,693,238
외화환산이익(주석 3, 18)	1,916,070,241	623,144,101	183,657,544
유형자산처분이익	118,332	78,180	-
수수료수익(주석 6)	11,081,840	9,096,183	6,277,236

과 목	당 기	전 기	전전기
파생상품거래이익(주석 3, 10)	195,023,000	632,087,950	65,384,887
파생상품평가이익			22,828,888
자산수증이익			16,607,705,000
잡이익	39,509,613	54,129,878	65,137,076
Ⅶ. 영업외비용	**3,204,677,090**	**3,469,477,944**	**14,145,182,567**
이자비용	1,285,843,873	1,751,070,734	1,502,004,015
장기금융상품평가손실	3,294,881	4,328,134	–
외환차손	1,090,515,836	1,390,308,097	764,770,175
외화환산손실(주석 3, 18)	34,531,486	26,899,740	181,311,561
유형자산처분손실	649,744	54,165	
기부금(주석 27)	9,060,000	6,720,000	4,850,000
기타의대손상각비			11,562,296,526
파생상품거래손실(주석 3, 10)	132,910,000	33,264,599	33,026,000
파생상품평가손실(주석 3, 10)	599,789,366	195,118,000	47,382,238
잡손실	48,081,904	61,714,475	49,542,052
Ⅷ. 법인세차감전순이익(손실)	**1,455,197,643**	**–458,215,722**	**1,191,844,046**
Ⅸ. 법인세등(주석 3, 24)	**238,702,356**	**–**	**–**
Ⅹ. 당기순이익(손실)(주석 21, 22, 23)	**1,216,495,287**	**–458,215,722**	**1,191,844,046**
Ⅺ. 주당손익(주석 3, 23)			
기본주당손익	4,328	–1,630	4,240

03 현금흐름표

(단위 : 원)

과 목	당 기	전 기	전전기
Ⅰ. 영업활동으로 인한 현금흐름	–799,134,726	–5,075,946,880	–6,024,626,892
1. 당기순이익(손실)	1,216,495,287	–458,215,722	1,191,844,046
2. 현금의 유출이 없는 비용등의 가산	1,655,825,812	1,347,567,242	15,114,126,353
감가상각비	488,086,312	470,543,513	516,956,737
무형자산상각비	1,900,000	58,334	54,061,667
외화환산손실	15,170,516	7,380,473	181,304,672
대손상각비			2,458,072,513
기타의 대손상각비			11,562,296,526
장기금융상품평가손실	3,294,881	–	
파생상품평가손실	599,789,366	195,118,000	47,382,238
파생상품거래손실	132,910,000	33,264,599	33,026,000

과 목	당 기	전 기	전전기
퇴직급여	405,479,500	631,582,140	261,026,000
투자자산평가손실	–	4,328,134	
유형자산처분손실	649,744	54,165	
이자비용	8,545,493	5,237,884	
3. 현금의 유입이 없는 수익등의 차감	–2,111,211,574	–1,285,885,915	–16,885,774,554
외화환산이익	1,916,070,242	623,144,074	183,654,179
유형자산처분이익	118,332	78,180	
자산수증이익			16,613,906,600
파생상품평가이익			22,828,888
파생상품거래이익	195,023,000	662,663,661	65,384,887
4. 영업활동으로 인한 자산부채의 변동	–1,560,244,251	–4,679,412,485	–5,444,822,737
매출채권의 증가	–731,518,359	–2,079,589,680	–348,178,239
미수금의 증가	–246,072,527	–1,830,224,153	–255,522,316
미수수익의 감소(증가)	16,248,867	–4,356,024	–7,163,893
선급금의 증가	–1,855,467	–334,357	7,800,000
선급비용의 감소(증가)	–2,323,425	4,874,248	9,970,556
장기선급비용의 증가			–2,577,533
당기법인세자산 감소	34,675,660	39,425,030	36,335,830
부가세대급금의 감소(증가)	–579,065,527	84,675,761	–157,912,059
재고자산의 감소(증가)	2,188,529,981	–6,490,124,299	–4,306,347,024
매입채무의 증가(감소)	–5,353,182,870	5,931,299,862	685,066,235
미지급금의 증가(감소)	–266,035,787	343,248,297	–96,502,034
선수금의 증가(감소)	–870,485,855	6,418,400	529,032,845
예수금의 증가(감소)	4,190,540	–4,752,250	–11,132,980
부가세예수금의 증가(감소)	–5,605,997	5,605,997	
예수보증금의 증가	3,973,162,500	242,000	–550,000,000
미지급비용의 감소	–1,271,810	–16,175,413	44,165,874
당기법인세부채의 증가	212,009,975	–	
퇴직금의 지급	–56,743,000	–375,802,497	–330,433,000
퇴직연금운용자산의 증가	–343,651,150	–526,343,407	–298,224,999
차입원료의 증가	468,750,000	232,500,000	–393,200,000
II. 투자활동으로 인한 현금흐름(주석 25)	–219,083,926	5,715,073,195	2,023,050,318
1. 투자활동으로 인한 현금유입액	5,990,999,978	23,278,206,469	18,713,191,219
단기금융상품의 감소	450,000,000	5,648,000,000	5,636,000,000
장기금융상품의 감소	–	639,663,960	48,000,000
단기대여금의 회수	1,250,000,000	1,000,000,000	4,992,862,646

과 목	당 기	전 기	전전기
구축물의 처분	17,075,478	6,043,343	
비품의 처분	–	615,214	
보증금의 감소	2,581,979,000	10,361,012,290	5,950,109,264
선물예치금의 감소	1,691,945,500	5,046,435,950	2,488,195,712
파생상품의 결제	–	576,435,712	–401,976,403
2. 투자활동으로 인한 현금유출액	–6,210,083,904	–17,563,133,274	–16,690,140,901
단기금융상품의 증가	150,000,000	150,000,000	5,681,000,000
장기금융상품의 증가	333,599,064	157,474,966	547,517,029
단기대여금의 대여	440,000,000	600,000,000	2,350,000,000
보증금의 증가	2,830,650,000	10,750,840,085	5,118,239,200
선물예치금의 증가	1,730,068,112	4,922,404,327	2,665,000,000
토지의 취득	–	662,003,539	21,428,000
건물의 취득	–	28,214,995	
구축물의 취득	71,982,420	110,110,274	84,080,000
기계장치의 취득	514,395,446	173,439,999	198,700,000
비품의 취득	14,480,862	8,645,089	24,176,672
소프트웨어의 취득	38,000,000	–	
파생상품의 결제	86,908,000	–	
Ⅲ. 재무활동으로 인한 현금흐름(주석 25)	–68,583,044	–201,235,927	2,648,914,410
1. 재무활동으로 인한 현금유입액	99,772,540,615	112,825,983,483	102,492,236,587
단기차입금의 차입	98,083,540,615	112,295,983,483	98,492,236,587
주임종단기차입금의 차입			500,000,000
전환사채의 발행	–	500,000,000	2,000,000,000
장기차입금의 차입	1,669,000,000	–	1,500,000,000
임대보증금의 증가	20,000,000	30,000,000	
2. 재무활동으로 인한 현금유출액	–99,841,123,659	–113,027,219,410	–99,843,322,177
단기차입금의 상환	98,341,123,659	108,527,219,410	98,103,322,177
주임종단기차입금의 상환	–	500,000,000	
유동성장기부채의 상환	1,500,000,000	2,000,000,000	1,740,000,000
유동성전환사채의 상환	–	2,000,000,000	
Ⅳ. 현금의 증가(감소)(Ⅰ+Ⅱ+Ⅲ)	–1,086,801,696	437,890,388	–1,352,662,164
Ⅴ. 기초의 현금	2,343,346,774	1,905,456,386	3,258,118,550
Ⅵ. 기말의 현금(주석 25)	1,256,545,078	2,343,346,774	1,905,456,386

04 재무제표에 대한 주석

1. 당사의 개요

(1) **설립연월일** : 1969년 6월 13일

(2) **주요영업의 내용** : 배합사료의 제조 및 판매

(3) **대표자의 성명** : A·B

(4) **본사 및 공장** : 인천광역시 OO구 OO

(5) **주요 주주의 구성 및 지분 내역**

주 주	소유주식수(주)	주식금액(원)	지분율(%)
A	266,632	1,333,160,000	94.85
C	14,464	72,320,000	5.15
합 계	281,096	1,405,480,000	100

2. 재무제표 작성기준

(1) **당사가 채택한 제·개정 기준서**

당사의 재무제표는 일반기업회계기준에 준거하여 작성되었고, 당기 재무제표 작성에 적용된 유의적인 회계정책의 내용은 2020년 1월 1일 이후 최초로 시작하는 회계연도부터 적용되는 다음의 개정사항을 제외하고는 전기재무제표 작성 시 채택한 회계정책과 동일하게 적용되었습니다.

① 일반기업회계기준 제8장 '지분법' (개정)

개정된 기준은 실질적으로 기업의 관계기업에 대한 순투자액의 일부를 구성하는 우선주, 장기대여금, 장기수취채권 등과 같은 장기투자항목이 제6장 '금융자산·금융부채'의 적용대상임을 명확히 하였으며, 관계기업에 대한 순투자의 일부를 구성하는 장기투자지분의 손상 회계처리에 대해서는 제6장 '금융자산·금융부채'를 우선하여 적용하고 제8장 '지분법'에 따른 관계기업의 손실을 추가로 반영하는 것으로 개정하였습니다. 동 개정이 재무제표에 미치는 중요한 영향은 없습니다.

② 일반기업회계기준 제16장 '수익' (개정)

개정된 기준은 기업이 구매자에게 지급할 대가가 구매자에게서 받은 구별되는 재화나 용역에 대한 지급이라면 수익에서 차감하지 않는다는 점을 명확히 하였습니다. 동 개정이 재무제표에 미치는 중요한 영향은 없습니다.

③ 일반기업회계기준 제18장 '차입원가' (개정)

개정된 기준은 특정차입금을 관련 적격자산 차입원가 자본화가 종료되기 전까지의 자금으로 한정하며, 자본화가 종료되면 일반차입금에 포함됨을 명확히 하여 자본화이자율 산정 시 고려할 수 있는 것으로 개정하였습니다. 동 개정이 재무제표에 미치는 중요한 영향은 없습니다.

(2) **측정기준**

재무제표는 아래에서 열거하고 있는 재무상태표의 주요 항목을 제외하고는 역사적원가를 기준으로 작성되었습니다.

① 공정가치로 측정되는 파생상품

② 공정가치로 측정되는 단기매매증권 및 당기손익인식 지정항목

③ 공정가치로 측정되는 매도가능증권

(3) 추정과 판단

일반기업회계기준에서는 재무제표를 작성함에 있어서 회계정책의 적용이나, 보고기간 종료일 현재 자산, 부채 및 수익, 비용의 보고금액에 영향을 미치는 사항에 대하여 경영진의 최선의 판단을 기준으로 한 추정치와 가정의 사용을 요구하고 있습니다. 보고기간 말 현재 경영진의 최선의 판단을 기준으로 한 추정치와 가정이 실제 환경과 다를 경우 이러한 추정치와 실제 결과는 다를 수 있습니다. 다음 보고기간 이내에 유의적인 조정을 유발할 수 있는 위험과 관련된 유의적인 가정과 측정상의 불확실성에 대한 정보는 다음의 주석사항에 포함되어 있습니다.

① 주석 19 : 우발부채와 약정사항

3. 유의적 회계정책

당사가 일반기업회계기준에 따라 작성한 재무제표에 적용한 유의적인 회계정책은 다음과 같습니다.

(1) 수익인식기준

당사는 상품 및 제품 매출의 경우 재화에 대한 소유권과 효익이 이전되는 시점에 수익을 인식하고 있습니다.

(2) 현금및현금성자산의 분류

당사는 큰 거래비용 없이 현금으로 전환이 용이하고 이자율변동에 따른 가치변동이 중요하지 않은 유가증권 및 단기금융상품으로서 취득 당시 만기(또는 상환일)가 3개월 이내에 도래하는 것을 현금및현금성자산으로 분류하고 있습니다.

(3) 금융상품

① 공통사항

금융자산이나 금융부채는 당사가 금융상품의 계약당사자가 되는 때에만 재무상태표에 인식하고, 최초 인식 시 공정가치로 측정하며, 공정가치의 변동을 당기손익으로 인식하는 금융자산이나 금융부채가 아닌 경우 당해 금융자산(금융부채)의 취득(발행)과 직접 관련되는 거래원가는 최초 인식하는 공정가치에 가산(차감)하고 있습니다.

최초 인식 후 금융자산이나 금융부채는 유가증권, 파생상품 및 당기손익인식지정항목을 제외하고 상각후원가로 측정하고 있습니다.

당사는 상각후원가로 측정하는 금융자산의 손상 발생에 대한 객관적인 증거가 있는지를 매 보고기간 말에 평가하고, 그러한 증거가 있는 경우, 그러한 금융자산에 대한 손상차손의 인식, 측정 및 환입은 아래 유가증권의 손상에 대한 회계정책을 준용하여 회계처리하고 있습니다. 한편, 유가증권을 제외한 회수가 불확실한 금융자산은 합리적이고 객관적인 기준에 따라 산출한 대손추산액을 대손충당금으로 설정하고 있습니다.

유가증권을 제외한 금융자산의 양도의 경우에, 당사가 금융자산 양도 후 양도자산에 대한 권리를 행사할 수 없고, 양도 후에 효율적인 통제권을 행사할 수 없으며 양수인이 양수한 금융자산을 처분할 자유로운 권리가 있을 때에 한하여 금융자산을 제거하고 있으며, 이외의 경우에는 금융자산을 담보로 한 차입거래로 회계처리하고 있습니다.

② 유가증권

종속기업, 지분법피투자기업, 조인트벤처에 대한 투자를 제외한 지분증권과 채무증권에 대해서 취득하는 시점에 만기보유증권, 매도가능증권, 단기매매증권으로 분류하고 매 보고기간 말마다 분류의 적정성을 재검토하고 있습니다. 만기가 확정된 채무증권으로서 상환금액이 확정되었거나 확정이 가능한 채무증권을 만기까지 보유할 적극적인 의도와 능력이 있는 경우에는 만기보유증권으로, 주로 단기간 내의 매매차익을 목적으로 취득한 유가증권은 단기매매증권으로, 그리고 단기매매증권이나 만기보유증권으로 분류되지 아니하는 유가증권은 매도가능증권으로 분류하고 있습니다.

당사는 후속 측정 시 만기보유증권을 상각후원가로 평가하고, 만기보유증권의 만기액면금액과 취득원가의 차이를 상환기간에 걸쳐 유효이자율법에 의하여 상각하여 취득원가와 이자수익에 가감하고 있습니다.

단기매매증권과 매도가능증권은 공정가치로 평가하고 있습니다. 다만, 매도가능증권 중 시장성이 없는 지분증권의 공정가치를 신뢰성 있게 측정할 수 없는 경우에는 취득원가로 평가하고 있습니다. 시장성이 있는 유가증권의 평가는 시장가격을 공정가치로 보며 시장가격은 보고기간 말 현재의 종가로 하고 있습니다. 시장가격이 없는 채무증권의 경우에는 미래현금흐름을 합리적으로 추정하고, 공신력 있는 독립된 신용평가기관이 평가한 신용등급이 있는 경우에는 신용평가등급을 적절히 감안한 할인율을 사용하여 평가한 금액을 공정가치로 하고 있습니다. 한편, 시장성이 없는 수익증권의 경우에는 펀드운용회사가 제시하는 수익증권의 매매기준가격을 공정가치로 하고 있습니다.

당사는 단기매매증권의 미실현보유손익을 당기손익항목으로 처리하고, 매도가능증권의 미실현보유손익을 기타포괄손익누계액으로 처리하고 있으며, 당해 매도가능증권을 처분하거나 손상차손을 인식하는 시점에 일괄하여 당기손익에 반영하고 있습니다.

당사는 손상차손의 발생에 대한 객관적인 증거가 있는지 매 보고기간 말마다 평가하여 유가증권의 회수가능액이 채무증권의 상각후원가 또는 지분증권의 취득원가보다 작은 경우에는 손상차손이 불필요하다는 명백한 반증이 없는 한 손상차손을 인식하여 당기손익에 반영하고 있습니다. 손상차손의 회복이 손상차손 인식 후에 발생한 사건과 객관적으로 관련되는 경우, 만기보유증권 또는 원가로 평가하는 매도가능증권의 경우 당초에 손상차손을 인식하지 않았다면 회복일 현재의 상각후원가(매도가능증권의 경우 취득원가)를 한도로 당기이익을 인식하며, 공정가치로 평가하는 매도가능증권의 경우에는 이전에 인식하였던 손상차손금액을 한도로 하여 회복된 금액을 당기이익으로 인식하고 있습니다.

유가증권의 양도로 당사가 유가증권의 통제를 상실한 때에는 그 유가증권을 재무상태표에서 제거하나, 통제를 상실하지 않았을 경우 당해 거래를 담보차입거래로 회계처리하고 있습니다.

단기매매증권과 보고기간 말로부터 1년 내에 만기가 도래하거나 매도 등에 의하여 처분할 것이 거의 확실한 매도가능증권과 보고기간 말로부터 1년 내에 만기가 도래하는 만기보유증권은 유동자산으로 분류하고 있습니다.

(4) 재고자산의 평가

당사는 재고자산에 대하여 제조원가 또는 매입가액에 부대비용을 가산하고 총평균법(미착원료는 개별법)을 적용하여 산정한 취득원가를 재무상태표가액으로 계상하고 있으며, 재고자산의 품질이 저하되었거나 진부화되어 시가가 취득원가보다 하락한 경우에는 시가로 평가하고 있습니다. 재고자산을 저가기준으로 평가하는 경우 발생하는 평가손실은 해당 계정에서 차감계정으로 표시하고, 매출원가에 가산하고 있습니다. 또한, 저가법의 적용에 따른 평가손실을 초래했던 상황이 해소되어 새로운 시가가 장부가액보다 상승한 경우에는 최초의 장부가액을 초과하지 않는 범위 내에서 평가손실을 환입하고, 매출원가에서 차감하고 있습니다. 한편, 회계기간 중 계속기록법에 의해 재고자산의 수량 및 금액을 파악하고 있으며, 실지재고조사에 의하여 그 기록을 조정하고 있습니다.

(5) 유형자산

유형자산의 취득원가는 당해 자산의 제작원가 또는 매입원가에 취득부대비용을 가산한 가액으로 계상하고 있습니다.

한편, 현물출자, 증여, 기타 무상으로 취득한 자산의 가액은 공정가치를 취득원가로 하고, 동종자산과의 교환으로 받은 유형자산의 취득원가는 교환으로 제공한 자산의 장부금액으로, 다른 종류의 자산과의 교환으로 취득한 자산의 취득원가는 교환을 위하여 제공한 자산의 공정가치로 측정하고, 제공한 자산의 공정가치가 불확실한 경우에는 교환으로 취득한 자산의 공정가치로 측정하고 있습니다.

취득일 이후의 지출 중 당해 자산의 내용연수를 연장시키거나 가치를 실질적으로 증가시키는 지출은 당해 자산의 원가에 가산되며, 단지 원상을 회복시키거나 능률유지를 위한 지출은 당기의 비용으로 처리하고 있습니다.

유형자산의 감가상각은 아래의 내용연수를 적용하여 정률법(건물 및 구축물은 정액법)에 의하여 계산하고, 간접법에 의하여 표시하고 있습니다.

구 분	추정내용연수	구 분	추정내용연수
건 물	40년	구축물	10 ~ 40년
기계장치	10년	차량운반구	5년
공구와기구	5년	비 품	5년

유형자산의 진부화 또는 시장가치의 급격한 하락 등으로 인하여 유형자산의 미래경제적효익이 장부금액에 현저하게 미달할 가능성이 있고, 당해 유형자산의 사용 및 처분으로부터 기대되는 미래의 현금흐름총액의 추정액이 장부금액에 미달하는 경우에는 장부금액을 회수가능가액으로 조정하고 그 차액을 감액손실로 처리하고 있습니다.

(6) 무형자산

무형자산은 당해 자산의 제작원가 또는 매입가액에 취득부대비용을 가산한 가액을 취득원가로 계상하고, 아래의 내용연수 동안 정액법으로 상각하며 이에 의해 계상된 상각액을 직접 차감한 잔액을 장부금액으로 하고 있습니다.

구 분	추정내용연수
소프트웨어	5년

(7) 정부보조금

당사는 자산취득에 사용할 목적으로 정부보조금을 받는 경우에는 관련 자산을 취득하기 전까지 받은 자산 또는 받은 자산을 일시적으로 운용하기 위하여 취득하는 다른 자산의 차감계정으로 회계처리하고, 관련 자산을 취득하는 시점에서 취득자산의 차감계정으로 처리하여 당해 자산의 내용연수에 걸쳐 상각금액과 상계처리하고 있습니다. 또한, 상환의무가 없는 정부보조금 중 특정 비용의 보전을 목적으로 받는 부분은 관련 비용과 상계처리하고, 대응되는 비용이 없는 부분은 당사의 주된 영업활동과 직접적인 관련성이 있다면 영업수익으로, 그렇지 않다면 영업외수익으로 처리하고 있으며, 상환의무가 있는 국고보조금은 부채로 계상하고 있습니다.

(8) 자산손상

금융자산, 건설형공사계약에서 발생한 자산, 재고자산 및 중단사업에 속하는 자산을 제외한 당사의 모든 자산에 대해서는 매 보고기간 말마다 자산손상을 시사하는 징후가 있는지를 검토하며, 만약 그러한 징후가 있다면 당해자산의 회수가능액을 추정하고 있으며, 회수가능액은 개별 자산별로 추정합니다. 만약, 개별 자산의 회수가능액을 추정할 수 없다면 그 자산이 속하는 현금창출단위별로 회수가능액을 추정하고 있습니다.

현금창출단위란 다른 자산이나 자산집단에서의 현금유입과는 거의 독립적인 현금유입을 창출하는 식별가능한 최소자산집단을 의미합니다. 개별 자산이나 현금창출단위의 회수가능액이 장부금액에 미달하는 경우 자산의 장부금액을 감소시키며 이러한 장부금액의 감소는 손상차손(당기비용)으로 인식하고 있습니다. 또한, 매 보고기간 말에 영업권을 제외한 자산에 대해 과거기간에 인식한 손상차손이 더 이상 존재하지 않거나 감소된 것을 시사하는 징후가 있는지를 검토하고 직전 손상차손의 인식 시점 이후 회수가능액을 결정하는 데 사용된 추정치에 변화가 있는 경우에만 손상차손을 환입하고 있으며, 손상차손환입으로 증가된 장부금액은 과거에 손상차손을 인식하기 전 장부금액의 감가상각 또는 상각 후 잔액을 초과할 수 없습니다.

(9) 퇴직급여충당부채

당사는 보고기간 종료일 현재 재직 중인 전 임직원이 일시에 퇴직할 경우 퇴직급여규정에 따라 지급하여야 할 퇴직급여추계액을 퇴직급여충당부채로 계상하고 있습니다.

당사는 2007년부터 퇴직연금제도를 도입하였으며, 퇴직연금규약에 따라 퇴직연금제도의 설정 이후의 근무기간을 가입기간으로 하고 그 이전 근무기간에 대해서는 기존의 퇴직금제도를 그대로 유지하고 있습니다. 따라서 당사는 기존 퇴직금 제도의 퇴직급여충당부채와 퇴직연금 도입 후 퇴직급여를 합산하여 퇴직급여충당부채로 계상하고 있습니다.

당사의 퇴직연금제도는 확정급여형 퇴직연금제도로서 수급요건을 갖춘 종업원은 퇴직 시에 확정된 퇴직연금을 수령하게 됩니다. 종업원이 퇴직하기 전에는 보고기간 종료일 현재 종업원이 퇴직할 경우 지급하여야 할 퇴직일시금에 상당하는 금액을 퇴직급여충당부채로 계상하고 있으며, 퇴직연금에 대한 수급요건 중 가입기간요건을 갖추고 퇴사한 종업원이 퇴직연금의 수령을 선택한 경우에는 보고기간 종료일 이후 퇴직종업원에게 지급하여야 할 예상퇴직연금합계액을 보험수리적 가정을 사용하여 추정하고, 만기가 비슷한 국공채의 매 보고기간 종료일 현재 시장이자율에 기초하여 할인한 현재가치를 퇴직연금미지급금으로 계상하고 있습니다. 한편, 사망률과 같은 보험수리적 가정이 바뀌거나 시간의 경과에 따라 현재가치가 증가한 경우 퇴직급여로 비용처리하고 있습니다.

퇴직연금제도에서 운용되는 자산은 퇴직연금운용자산의 과목으로 하여 퇴직급여 관련 부채, 즉 퇴직급여충당부채와 퇴직연금미지급금에서 차감하는 형식으로 표시하고 있습니다. 다만, 퇴직연금이 퇴직급여 관련 부채의 합계액을 초과하는 경우에는 초과액을 투자자산으로 처리하고 있습니다.

(10) 외화거래 및 외화자산·부채의 환산

① 기능통화 및 표시통화

당사는 매출·매입 등 주요 영업활동이 이루어지는 주된 경제환경의 통화인 원화를 기능통화로 결정하여 재무제표를 작성하였습니다.

② 외화거래

당사는 기능통화 외의 통화(외화)로 이루어진 거래는 거래일의 환율을 적용하여 기록하고 있습니다. 역사적원가로 측정하는 비화폐성 외화항목은 거래일의 환율로 환산하고, 공정가치로 측정하는 비화폐성항목은 공정가치가 결정된 날의 환율로 환산하였습니다. 비화폐성항목에서 발생한 손익을 기타포괄손익으로 인식하는 경우에는 그 손익에 포함된 환율변동효과도 기타포괄손익으로 인식하고, 당기손익으로 인식하는 경우에는 환율변동효과도 당기손익으로 인식하고 있습니다. 또한, 화폐성 외화자산 및 부채는 보고기간 말 현재 환율로 환산하고 있으며 환산손익은 당기손익으로 계상하고 있습니다.

(11) **중소기업의 회계처리에 대한 특례적용**

당사는 중소기업기본법상의 중소기업에 해당하며, 다음 사항에 대하여는 일반기업회계기준 제31장에 따라 회계처리하고 있습니다.

법인세비용	법인세비용은 법인세법등의 법령에 따라 납부하여야 할 금액으로 법인세등의 과목으로 계상
현재가치할인발행차금	적용하지 아니함

(12) **주당손익**

주당손익은 당기순손익을 가중평균유통보통주식수로 나누어 계산한 것입니다.

(13) **충당부채와 우발부채**

당사는 과거사건이나 거래의 결과로 존재하는 현재 의무의 이행을 위하여 자원이 유출될 가능성이 매우 높고 동 손실의 금액을 신뢰성 있게 추정할 수 있는 경우에 그 손실금액을 충당부채로 계상하고 있습니다. 또한, 당사는 과거사건은 발생하였으나 불확실한 미래사건의 발생여부에 의해서 존재여부가 확인되는 잠재적인 의무가 있는 경우 또는 과거사건이나 거래의 결과 현재 의무가 존재하나 자원이 유출될 가능성이 매우 높지 않거나 당해 의무를 이행하여야 할 금액을 신뢰성 있게 추정할 수 없는 경우 우발부채로 주석기재하고 있습니다.

(14) **파생상품**

당사는 이자율위험과 환율위험을 회피하기 위하여 통화선도, 이자율스왑, 통화스왑 등의 파생상품 계약을 체결하고 있습니다. 파생상품은 최초 인식 시와 매 보고기간 말에 공정가치로 평가하고 있으며, 일반적인 거래비용은 발생 시에 당기손익으로 인식하고 있습니다. 또한 당사는 주계약의 경제적 특성 및 위험도와 밀접한 관련성이 없고 내재파생상품과 동일한 조건의 별도의 상품이 파생상품의 정의를 충족하는 경우, 복합상품이 당기손익인식항목으로 지정되지 않았다면 내재파생상품을 주계약과 분리하여 별도로 회계처리하고 있습니다. 주계약과 분리한 내재파생상품의 공정가치 변동은 당기손익으로 인식하고 있습니다.

당사는 특정위험으로 인한 기존 자산, 부채, 또는 확정계약의 공정가치변동위험을 회피하기 위해서 공정가치위험회피회계, 특정위험으로 인한 자산, 부채 및 예상거래의 미래 현금흐름변동위험을 감소시키기 위해서 현금흐름위험회피회계, 해외사업장의 순자산에 대한 당사의 지분 해당금액에 대하여 위험을 회피하기 위해서 해외사업장순투자의 위험회피회계를 적용하고 있습니다. 당사는 위험회피수단을 최초 지정하는 시점에 위험회피종류, 위험관리목적과 위험회피전략을 공식적으로 지정하고 문서화를 수행하고 있습니다. 또한 이 문서에는 위험회피대상항목, 위험회피수단, 위험의 속성, 위험회피수단의 위험회피효과에 대한 평가방법 등을 포함하고 있습니다.

① 공정가치위험회피

위험회피수단의 평가손익(파생상품이 아닌 금융상품을 위험회피수단으로 지정한 경우에는 외화환산손익) 및 특정위험으로 인한 위험회피대상항목의 평가손익은 당기손익으로 처리하고 있습니다. 공정가치위험회피회계는 당사가 더 이상 위험회피관계를 지정하지 않거나 위험회피수단이 종료, 소멸, 행사되거나 공정가치 위험회피회계의 적용요건을 더 이상 충족하지 않을 경우 전진적으로 중단됩니다.

② 현금흐름위험회피

예상거래의 미래현금흐름변동위험을 감소시키기 위하여 지정된 파생상품의 평가손익(위험회피수단이 파생상품이 아닌 금융상품인 경우에는 외화위험으로 인한 외환차이 변동분) 중 위험회피에 효과적인 부분은 현금흐름위험회피파생상품평가손익(외화환산손익)으로 기타포괄손익누계액의 항목으로 계상한 후 예상거래의 종류에 따라 향후 예상거래가 당기손익에 영향을 미치는 회계연도에 당기손익으로 인식하거나, 예상거래가 발생 시 관련 자산부채의 장부금액에서 가감하여 처리하고 있습니다. 현금흐름위험회피회계는 당사가 더 이상 위험회피관계를 지정하지 않거나 위험회피수단이 청산, 소멸, 행사되거나, 현금흐름위험회피회계의 적용요건을 더 이상 충족하지 않을 경우 중단되며, 현금흐름위험회피회계의 중단시점에서 기타포괄손익누계액으로 인식한 파생상품의 누적평가손익은 향후 예상거래가 발생하는 회계기간에 걸쳐 당기손익으로 인식하고 있습니다. 다만, 예상거래가 더 이상 발생하지 않을 것이라 예상되는 경우에는 기타포괄손익누계액으로 인식한 파생상품의 누적평가손익은 즉시 당기손익으로 인식하고 있습니다.

③ 해외사업장순투자의 위험회피

위험회피수단의 손익 중 위험회피에 효과적인 부분은 기타포괄손익으로, 비효과적인 부분은 당기손익으로 인식하고 있으며, 기타포괄손익으로 인식한 부분은 향후 해외사업장의 처분 시점에 당기손익으로 재분류하고 있습니다.

④ 기타

위험회피수단으로 지정되지 않고 매매목적 등으로 보유하고 있는 파생상품의 공정가치 변동은 당기 손익으로 인식하고 있습니다.

4. 사용이 제한된 금융상품

당기말과 전기말 현재 당사의 사용이 제한된 금융상품의 내용은 다음과 같습니다.

(단위 : 천원)

계정과목	은 행	당 기	전 기	비 고
단기금융상품	A은행	–	300,000	기타의 사용제한
	B은행	150,000	150,000	기타의 사용제한
	소 계	150,000	450,000	
장기금융상품	C은행	2,000	2,000	당좌개설보증금
	D은행	300,000	–	기타의 사용제한
	소 계	302,000	2,000	
퇴직연금운용자산	E은행 외	2,542,477	2,198,826	퇴직금 지급
합 계		2,994,477	2,650,826	

5. 매도가능증권

당기말과 전기말 현재 매도가능증권의 내용은 다음과 같습니다.

(단위 : 천원)

회사명	소유주식수	취득가액	순자산가액	장부가액	
				당 기	전 기
㈜AA[1]	1,000	10,000	10,000	10,000	10,000
㈜BB[2]	280,000	1,400,000	1,678,528	1,400,000	1,400,000
합 계		1,410,000	1,688,528	1,410,000	1,410,000

1) 신뢰성 있는 측정모델에 의한 공정가액을 평가할 수 없어 취득원가로 계상하였습니다.

2) 보고기간 종료일 현재의 가결산 재무제표를 이용하여 순자산가액을 평가하였습니다. 한편, 회사의 피투자회사에 대한 지분율은 20%이며, 해당 지분은 의결권이 없는 우선주이므로 지분법적용 투자주식이 아닌 매도가능증권으로 분류하였습니다.

6. 특수관계자와의 거래

(1) 당기와 전기 중 특수관계자와의 주요 거래 내역은 다음과 같습니다.

(단위 : 천원)

특수관계자명	특수관계자성격	거래내역	당 기	전 기
㈜CC	기타특수관계자	기타수익	11,082	9,096
		기타비용	145,186	100,087
DD	기타특수관계자	매 출	1,716,039	1,652,559

(2) 당기말과 전기말 현재 특수관계자와의 주요 채권·채무 잔액은 다음과 같습니다.

(단위 : 천원)

특수관계자명	특수관계자성격	채권·채무	당 기	전 기
㈜CC	기타특수관계자	미수금	11,082	15,373
		대여금	40,000	–
		미지급금	9,894	7,275
DD	기타특수관계자	매출채권	1,115,370	469,331

(3) 당기 중 특수관계자와의 자금거래 내역은 다음과 같습니다.

(단위 : 천원)

특수관계자명	대 여	회 수
㈜CC	40,000	–

(4) 전기 중 특수관계자와의 자금거래 내역은 다음과 같습니다.

(단위 : 천원)

특수관계자명	차 입	상 환
A	–	500,000

7. 보유토지의 공시지가

당기말과 전기말 현재 보유토지의 공시지가는 다음과 같습니다.

(단위 : 천원)

구 분	당 기		전 기	
	장부가액	공시지가	장부가액	공시지가
A토지	14,424,210	13,889,980	14,424,210	12,436,874
B토지	16,763,498	14,202,134	16,763,498	14,019,351
C토지	26,023	7,410	26,023	7,148
합 계	31,213,731	28,099,524	31,213,731	26,463,373

8. 유형자산의 변동

(1) 당기 중 당사의 유형자산의 장부가액 변동내역은 다음과 같습니다.

(단위 : 천원)

구 분	기초금액	취 득	처 분	감가상각	기말금액
토 지	31,213,731	–	–	–	31,213,731
건 물	1,386,748	–	–	–68,946	1,317,802
구축물	637,223	71,983	–17,607	–65,310	626,289
기계장치	948,467	514,395	–	–334,861	1,128,001
(정부보조금)	–2	–	–	–	–2
차량운반구	4,932	–	–	–2,786	2,146
공구와기구	11	–	–	–	11
비 품	27,459	14,480	–	–16,183	25,756
합 계	34,218,569	600,858	–17,607	–488,086	34,313,734

(2) 전기 중 당사의 유형자산의 장부가액 변동내역은 다음과 같습니다.

(단위 : 천원)

구 분	기초금액	취 득	처 분	감가상각	기말금액
토 지[1]	30,551,727	662,004	–		31,213,731
건 물[1]	1,427,080	28,215	–	–68,547	1,386,748
구축물	596,225	110,110	–6,098	–63,014	637,223
기계장치	1,088,407	173,440	–	–313,380	948,467
(정부보조금)	–2	–	–	–	–2
차량운반구	8,983	–	–	–4,051	4,932
공구와기구	11	–	–	–	11
비 품	40,902	8,645	–537	–21,551	27,459
합 계	33,713,333	982,414	–6,635	–470,543	34,218,569

[1] 전기 취득내역은 전기 이전 당사의 대표이사로부터 증여받은 토지 및 건물에 대한 취득세 등입니다.

(3) 토지의 재평가

당사는 2008년 12월 31일을 기준으로 보유 토지를 재평가하였으며, 재평가 차액 14,326,905천원을 기타포괄손익누계액에 계상하고 있습니다.

(단위 : 천원)

구 분	면적(㎡)	평가금액	평가전장부가액	재평가차익
토지(본사)[1]	10,684.60	14,424,210	97,305	14,326,905

[1] 인천광역시 OO 토지

9. 무형자산

(1) 당기 중 당사의 무형자산의 장부가액 변동내역은 다음과 같습니다.

(단위 : 천원)

구 분	기초금액	취 득	상 각	기말금액
소프트웨어	–	38,000	–1,900	36,100

(2) 전기 중 당사의 무형자산의 장부가액 변동내역은 다음과 같습니다.

(단위 : 천원)

구 분	기초금액	상 각	기말금액
소프트웨어	58	–58	–

(3) 당기 및 전기의 계정과목별 무형자산 상각내역은 다음과 같습니다.

(단위 : 천원)

구 분	당 기	전 기
판매비와관리비	1,900	58

10. 파생상품자산(부채)

당사는 당기 중 원화의 평가절하를 예상하고 만기 시 약정통화선도환율로 달러화를 매입하는 통화선도 등의 파생상품계약을 체결하였습니다. 당사는 해당 파생상품계약을 매매목적으로 분류하여 파생상품의 공정가치 변동을 당기 손익으로 인식하고 있습니다. 당기말과 전기말 현재 보유하고 있는 파생상품 총 계약금액은 각각 9,600,000달러 및 11,000,000달러입니다.

11. 담보제공자산 등

(1) 당기말과 전기말 현재 차입금 관련 제공한 담보의 내역은 다음과 같습니다.

① 당기말

(원화단위 : 천원)

제공자산	제공자산 장부금액	담보설정금액	차입구분	차입금액	제공처
부동산 (본사)[1]	15,095,053	1,800,000	축산발전기금, 운영자금대출	1,469,000	A은행
		USD 12,800,000	내국수입유산스[3]	USD 9,933,256.36	B은행
		5,000,000	채무보증	-	C캐피탈
부동산 (지점)[2]	17,404,255	18,060,000 USD 8,400,000	일반자금대출 내국수입유산스[4] 전환사채	11,200,000 USD 5,604,099.28 500,000	D은행
		2,000,000 USD 7,400,000	일반자금대출 내국수입유산스[5]	2,000,000 USD 4,354,811.04	E은행
합 계	32,499,308	26,860,000 USD 28,600,000		15,169,000 USD 19,892,166.68	

[1] 인천광역시 OO 토지 및 건물
[2] 경기도 고양시 OO 토지 및 건물
[3] 기한부 수입신용장발행 한도약정금액 USD 12,000,000, 인수 전 기한부 수입신용장발행 실행금액 USD 718,987.84
[4] 기한부 수입신용장발행 한도약정금액 USD 11,500,000, 인수 전 기한부 수입신용장발행 실행금액 USD 161,221.63
[5] 기한부 수입신용장발행 한도약정금액 USD 7,400,000, 인수 전 기한부 수입신용장발행 실행금액 USD 2,254,673

② 전기말

(원화단위 : 천원)

제공자산	제공자산 장부금액	담보설정금액	차입구분	차입금액	제공처
부동산 (본사)[1]	15,127,897	1,800,000	축산발전기금	1,500,000	A은행
		USD 12,800,000	내국수입유산스[3]	USD 8,872,859.31	B은행
부동산 (지점)[2]	17,446,559	15,660,000 USD 8,400,000	일반자금대출 내국수입유산스[4] 전환사채	8,600,000 USD 6,426,783.30 500,000	D은행
		2,600,000	일반자금대출	2,000,000	C캐피탈
합 계	32,574,456	20,060,000 USD 21,200,000		12,600,000 USD 15,299,643.61	

[1] 인천광역시 OO 토지 및 건물
[2] 경기도 고양시 OO 토지 및 건물
[3] 기한부 수입신용장발행 한도약정금액 USD 12,000,000, 인수 전 기한부 수입신용장발행 실행금액 USD 3,224,268.49
[4] 기한부 수입신용장발행 한도약정금액 USD 10,500,000, 인수 전 기한부 수입신용장발행 실행금액 USD 4,011,396.69

(2) 당기말과 전기말 현재 타인으로부터 제공받은 담보 및 보증의 내역은 다음과 같습니다.

① 당기말

(원화단위 : 천원)

제공받은 내용			관련 차입금		
제공자	제공내역	제공금액	구 분	차입금액	제공처
OO보증기금	보증서[1]	1,064,000	기업구매자금	1,196,449	A은행
OO보험공사	보증서	USD 2,340,000	내국수입유산스[2]	USD 1,569,706.79	A은행
대표이사 외	예 금 부동산	2,000,000 USD 7,400,000	일반자금[3] 내국수입유산스[4]	2,000,000 USD 4,354,811.04	B은행
대표이사 외	부동산	18,060,000 USD 8,400,000	일반자금대출 내국수입유산스[5] 전환사채	11,200,000 USD 5,604,099.28 500,000	C은행
대표이사 외	예 금	2,200,000			C은행
대표이사 외	연대보증	2,935,600			C은행
대표이사 외	부동산	1,100,000 USD 3,727,325	내국수입유산스[6] 농식품기업운전자금	USD 2,801,108.85 600,000	D은행
대표이사 외	연대보증	900,000 USD 500,000			D은행
대표이사 외	연대보증	297,000	KB우수기술기업 TCB신용대출	270,000	E은행
합계(원화)		28,556,600	합계(원화)	15,766,449	
합계(외화)		USD 22,367,325	합계(외화)	USD 14,329,725.96	

[1] 보증제공 한도금액 1,120,000천원

[2] 기한부 수입신용장발행 한도약정금액 USD 2,340,000, 인수 전 기한부 수입신용장발행 실행금액 없음

[3] 한도약정액 2,000,000천원

[4] 기한부 수입신용장발행 한도약정금액 USD 7,400,000, 인수 전 기한부 수입신용장발행 실행금액 USD 2,254,673

[5] 기한부 수입신용장발행 한도약정금액 USD 11,500,000, 인수 전 기한부 수입신용장발행 실행금액 USD 161,221.63

[6] 기한부 수입신용장발행 한도약정금액 USD 3,727,325, 인수 전 기한부 수입신용장발행 실행금액 없음

상기 담보 및 보증 외에 대표이사로부터 당사의 차입금 및 매출채권 회수와 관련하여 지급보증을 제공받고 있습니다.

12. 보험가입자산

(1) 당기말과 전기말 현재 당사가 보험에 가입한 자산내역은 다음과 같습니다.

(단위 : 천원)

보험 종류		당 기			전 기		
		보험금액	장부가액	보험회사	보험금액	장부가액	보험회사
화재보험	건 물	16,037,637	1,317,802	AA손해보험	15,925,635	1,386,748	AA손해보험
	구축물		626,289	AA손해보험		637,223	AA손해보험
	기계장치		1,127,999	AA손해보험		948,467	AA손해보험
	재고자산		21,591,629	AA손해보험		23,780,159	AA손해보험
합 계			24,663,719			26,752,597	

(2) 상기 보험 외 당사는 보유차량에 대한 종합보험, 가스사고배상책임보험, 전기위험담보, 도시가스이행보증보험에 가입하고 있습니다.

13. 금융부채의 만기분석 및 유동성위험관리

(1) 유동성위험 관리 방법

유동성위험이란 당사가 금융부채에 관련된 의무를 충족하는 데 어려움을 겪게 될 위험을 의미합니다. 당사의 유동성 관리방법은 재무적으로 어려운 상황에서도 받아들일 수 없는 손실이 발생하거나, 당사의 평판에 손상을 입힐 위험 없이, 만기일에 부채를 상환할 수 있는 충분한 유동성을 유지하도록 하는 것입니다.

당사는 부채 상환을 포함하여 예상 운영비용을 충당할 수 있는 충분한 유동자산을 보유하고 있다고 확신하고 있습니다. 여기에는 합리적으로 예상할 수 없는 극단적인 상황으로 인한 잠재적인 효과는 포함되지 않았습니다.

(2) 당기말과 전기말 현재 금융부채의 계약상 만기는 다음과 같습니다.

① 당기말

(단위 : 천원)

구 분	장부금액	6개월 이내	6 ~ 12개월	1 ~ 2년	2 ~ 5년	5년 이상
매입채무	12,408,277	12,408,277	–	–	–	–
단기차입금	41,464,573	35,098,125	6,366,448	–	–	–
유동성장기부채	450,000	225,000	225,000	–	–	–
장기차입금	1,219,000	–	–	1,219,000	–	–
전환사채[1]	500,000	–	–	500,000	–	–
미지급금	1,395,485	1,395,485	–	–	–	–
미지급비용	389,840	389,840	–	–	–	–
예수보증금	3,973,405	3,973,405	–	–	–	–
임대보증금	210,000	–	–	–	210,000	–
합 계	62,010,580	53,490,132	6,591,448	1,719,000	210,000	–

[1] 현재가치할인차금 차감 전 금액

② 전기말

(단위 : 천원)

구 분	장부금액	6개월 이내	6 ~ 12개월	1 ~ 2년	2 ~ 5년	5년 이상
매입채무	17,761,460	17,761,460	-	-	-	-
단기차입금	43,638,227	20,838,492	22,799,735	-	-	-
유동성장기부채	1,500,000	1,500,000	-	-	-	-
전환사채[1]	500,000	-	-	-	500,000	-
미지급금	1,661,521	1,661,521	-	-	-	-
미지급비용	391,111	391,111	-	-	-	-
예수보증금	242	242	-	-	-	-
임대보증금	190,000	-	-	-	190,000	-
합 계	65,642,561	42,152,826	22,799,735	-	690,000	-

[1] 현재가치할인차금 차감 전 금액

당사는 위 현금흐름이 유의적으로 더 이른 기간에 발생하거나, 유의적으로 다른 금액일 것으로 기대하지 않습니다.

14. 단기차입금

당기말과 전기말 현재 단기차입금의 내역은 다음과 같습니다.

(단위 : 천원)

종 류	차입처	당 기		전 기	
		연이자율	금 액	연이자율	금 액
내국수입유산스 (외화차입금)	A은행	Libor + 0.5%	3,047,606	Libor + 0.5%	4,087,970
	B은행	Libor + 0.6%	12,515,224	Libor + 0.6%	11,177,383
	C은행	Libor + 0.9%	4,738,034	Libor + 0.9%	5,965,495
	D은행	Libor + 0.8%	6,097,260	Libor + 0.8%	7,440,930
일반자금 (원화차입금)	E은행	3.12%	700,000	6.48%	900,000
	F은행	3.137 ~ 3.233%	1,196,449	3.788 ~ 3.944%	1,196,449
	G은행	3.27%	2,000,000	-	-
	H은행	6.24%	270,000	6.23%	270,000
	I은행	2.57 ~ 4.56%	10,900,000	3.12 ~ 4.25%	10,600,000
	C캐피탈	-	-	6.00%	2,000,000
합 계			41,464,573		43,638,227

[1] 당사는 상기 단기차입금 등과 관련하여 당사의 부동산을 담보로 제공하였습니다. 또한 대표이사 등으로부터 부동산과 예금 담보 및 지급보증을 제공받았고, oo보증기금과 oo보험공사로부터 지급보증을 제공받았습니다. (주석 4, 11 참조)

15. 장기차입금

(1) 당기말과 전기말 현재 장기차입금(유동성장기부채 포함)의 내역은 다음과 같습니다.

내 역	차입처	연이자율 (당기말)	연이자율 (전기말)	최종만기일	당 기	전 기
축산발전기금	A은행	3.00%	3.00%	2022-05-26	769,000	1,500,000
일반자금	A은행	5.92%	-	2022-04-01	600,000	-
일반자금	B은행	3.13%	-	2022-01-29	300,000	-
합 계					1,669,000	1,500,000
차감 : 유동성장기부채					-450,000	-1,500,000
잔 액					1,219,000	-

(2) 당기말과 전기말 현재 장기차입금 및 유동성장기부채의 연도별 상환계획은 다음과 같습니다.

(단위 : 천원)

상환연도	당 기	전 기
2021년	450,000	1,500,000
2022년	1,219,000	-
합 계	1,669,000	1,500,000

16. 전환사채

(1) 당기말 현재 당사가 발행한 전환사채의 세부내역은 다음과 같습니다.

구 분	내 역
발행회차	제2회 사모전환사채
사채의 권면액	500,000천원
사채의 발행가액	500,000천원
사채의 인수인	신한은행
용 도	운전, 시설자금
발행할 주식의 종류	발행인의 기명식 보통주식
표면금리	3.58%
이자지급 방법	매 3개월마다 후급
발행일	2019년 5월 31일
만기일	2022년 5월 31일
전환비율	사채권면액/전환가격 단, 단주는 현금지급
전환가격	64,577원/1주
전환가격조정	가 능
전환기간	2022년 5월 29일부터 상환 전일까지
조기상환권	은행이 동의하지 않는 경우에는 사채원금의 기일 전 상환할 수 없음

(2) 당기 중 전환사채의 장부금액 변동내역은 다음과 같습니다.

(단위 : 천원)

구 분	기 초	상 각	기 말
전환사채	500,000	-	500,000
현재가치할인차금	-23,491	8,545	-14,946
소 계	476,509	8,545	485,054

(3) 전기 중 전환사채의 장부금액 변동내역은 다음과 같습니다.

(단위 : 천원)

구 분	기 초	상 환	발 행	상 각	기 말
전환사채	2,000,000	-2,000,000	500,000	-	500,000
현재가치할인차금	-	-	-28,729	5,238	-23,491
소 계	2,000,000	-2,000,000	471,271	5,238	476,509
차감 : 유동성전환사채	-2,000,000	2,000,000	-	-	-
차감 후 금액	-	-	471,271	5,238	476,509

17. 퇴직급여충당부채

(1) 당사의 당기 및 전기 중 퇴직급여충당부채의 변동내역은 다음과 같습니다.

(단위 : 천원)

구 분	당 기	전 기
기초잔액	2,510,014	2,836,661
당기 설정	405,480	631,582
지 급	-56,744	-958,229
기말잔액	2,858,750	2,510,014

당사는 임직원의 퇴직금 지급에 충당하기 위하여 2020년 12월 31일 현재 A은행, B은행, C은행, D은행에 퇴직연금을 가입하고 있으며, 납입한 퇴직연금운용자산은 퇴직급여충당부채의 차감항목으로 계상하고 있습니다.

(2) 확정급여형퇴직연금제도

① 2020년 12월 31일로부터 1년 이내의 기간에 지급이 예상되는 확정급여형 퇴직연금의 합계액과 부담금은 없습니다.

② **퇴직연금운용자산의 변동내역**

당기말과 전기말 현재 퇴직연금운용자산의 변동내역은 다음과 같습니다.

(단위 : 천원)

구 분	당 기	전 기
기초잔액	2,198,826	2,254,909
당기설정	384,477	526,343
지 급	-40,826	-582,426
기말잔액	2,542,477	2,198,826

*상기 퇴직연금운용자산은 전액 정기예금으로 구성되어 있습니다.

③ 퇴직보험 및 퇴직연금에 대한 주요 계약내용은 다음과 같습니다.
당사가 가입한 퇴직보험은 정년, 중도퇴사, 사망 등의 실제 퇴직사유가 발생했을 때, 적립비율(납입보험료/퇴직금추계액)만큼의 퇴직금을 일시금으로 지급하도록 되어 있습니다. 당사가 가입한 퇴직연금은 만 55세 이상으로 가입기간이 10년 이상인 근로자에게 지급할 수 있으며, 상기 연금 수급요건을 갖추지 못하거나, 일시금 수급을 원하는 근로자에게는 일시금으로 지급하도록 되어 있습니다.

18. 외화자산·부채

당기말과 전기말 현재 외화자산·부채의 내역은 다음과 같습니다.

(원화단위 : 천원)

계정과목	당 기			전 기		
	외 화		원화환산액	외 화		원화환산액
현금및현금성자산	USD	361,269	393,060	USD	808,865.08	936,504
외화보증금	USD	-	-	USD	125,000	144,725
외화미수금	USD	216,306	235,341	USD	-	-
선물예치금	USD	50,000	54,400	USD	50,000	57,890
외화자산 계	USD	627,574	682,801	USD	933,865.08	1,139,119
단기차입금	USD	24,262,982	26,398,125	USD	24,764,016.28	28,671,778
외화부채 계	USD	24,262,982	26,398,125	USD	24,764,016.28	28,671,778
외화환산이익			1,916,070			623,144
외화환산손실			34,531			26,900

19. 우발부채와 약정사항

(1) 당기말과 전기말 현재 당사와 금융기관과의 약정내역은 다음과 같습니다.

(원화단위 : 천원)

금융기관	내 용	당 기		전 기	
		금 액	관련 차입금	금 액	관련 차입금
A은행	내국수입유산스 외	USD 14,340,000	12,515,224	USD 14,600,000	11,177,383
	기업구매자금	1,330,000	1,196,449	1,330,000	1,196,449
B은행	우수기술기업TCB	270,000	270,000	270,000	270,000
C은행	내국수입유산스 외	USD 7,400,000	4,738,034	USD 5,525,931.15	5,965,495
	산업운영자금	2,000,000	2,000,000	1,000,000	–
D은행	기업운전자금	11,200,000	11,200,000	10,600,000	10,600,000
	내국수입유산스 외	USD 18,700,000	6,097,260	USD 18,700,000	7,440,930
	전환사채	500,000	500,000	500,000	500,000
E은행	축산발전기금	769,000	769,000	1,500,000	1,500,000
	농식품기업운전자금	2,400,000	1,300,000	1,100,000	900,000
	내국수입유산스 외	USD 3,727,325	3,047,606	USD 3,727,325	4,087,970
	일람불수입신용장개설	–	–	USD 3,000,000	–
A캐피탈	일반자금	–	–	2,000,000	2,000,000
	사료한도약정	5,000,000	–	5,000,000	–
A보증기금	구매자금대출 근보증	1,120,000	–	1,120,000	–
B보험공사	수입보험	USD 2,340,000	–	USD 2,600,000	–
합 계	외 화	USD 46,507,325	43,633,573	USD 48,153,256.15	45,638,227
	원 화	24,589,000		24,420,000	

(2) 당기말과 전기말 현재 서울보증보험㈜로부터 각각 4,472천원 및 25,902천원의 계약이행보증 등을 제공받고 있습니다.

20. 자본금 및 자본잉여금

(1) 당기말과 전기말 현재 자본금의 내역은 다음과 같습니다.

구 분	당 기	전 기
발행할 주식의 총수 – 보통주	320,000주	320,000주
1주당 금액 – 보통주	5,000원	5,000원
발행주식수 – 보통주	281,096주	281,096주
보통주 자본금	1,405,480,000원	1,405,480,000원

(2) 당기말과 전기말 현재 자본잉여금의 내역은 다음과 같습니다.

(단위 : 천원)

구 분	당 기	전 기
전환권대가	28,729	28,729

21. 이익잉여금

(1) 당기말과 전기말 현재 이익잉여금의 내역은 다음과 같습니다.

(단위 : 천원)

구 분	당 기	전 기
이익준비금	207,160	207,160
재무구조개선적립금	120,000	120,000
임의적립금	425,580	425,580
미처분이익잉여금	5,337,734	4,121,239
합 계	6,090,474	4,873,979

(2) 배당이 제한된 이익잉여금

당사는 상법의 규정에 따라 자본금의 50%에 달할 때까지 매 결산기마다 금전에 의한 이익배당액의 10% 이상을 이익준비금으로 적립하도록 되어있으며, 동 이익준비금은 현금배당목적으로 사용될 수 없으나 자본전입 또는 결손보전이 가능합니다.

(3) 당기와 전기의 이익잉여금처분계산서는 다음과 같습니다.

(단위 : 천원)

과 목	당 기		전 기	
	처분예정일 : 2021년 3월 31일		처분확정일 : 2020년 3월 31일	
Ⅰ. 미처분 이익잉여금		5,337,734		4,121,238
전기이월미처분이익잉여금	4,121,238		4,579,454	
당기순이익(손실)	1,216,496		−458,216	
Ⅱ. 임의적립금등의 이입액		–		–
Ⅲ. 이익잉여금처분액		–		–
Ⅳ. 차기이월미처분이익잉여금		5,337,734		4,121,238

22. 포괄손익계산서

당기와 전기 중 당사의 포괄손익의 내역은 다음과 같습니다.

(단위 : 천원)

구 분	당 기	전 기
당기순이익(손실)	1,216,496	−458,216
기타포괄손익	–	–
포괄이익(손실)	1,216,496	−458,216

23. 주당손익

당기 및 전기의 기본주당순이익의 산출내역은 다음과 같습니다.

(1) 가중평균유통보통주식수

구 분	주식수	기 간	가중치	적 수	
				당 기	전 기
당기 기초	281,096	2020. 1. 1. ~ 2020. 12. 31.	366	102,881,136	
전기 기초	281,096	2019. 1. 1. ~ 2019. 12. 31.	365		102,600,040
적수계				102,600,040	102,600,040
당해 연도 일수				÷366	÷365
유통보통주식수				281,096	281,096

(2) 보통주 기본주당순이익은 다음과 같습니다.

구 분	당 기	전 기
당기순이익(손실)	1,216,495,287원	(458,215,722)원
가중평균보통유통주식수	281,096주	281,096주
기본주당순이익(손실)	4,328원	(1,630)원

24. 법인세등

당사의 법인세비용은 기업회계와 세액공제와 감면등을 포함한 세무회계와의 차이로 인하여 법인세차감전 순이익에 법인세율을 적용하여 산정한 세액과는 일치하지 아니합니다. 손익계산서에 계상된 법인세등의 내역은 다음과 같습니다.

(단위 : 천원)

구 분	당 기	전 기
I. 법인세등	238,702	–
당기 법인세 부담액	217,002	–
당기 지방소득세 부담액	21,700	–
II. 법인세차감전 순이익(손실)	1,216,496	–458,216
III. 유효세율 = 법인세등 ÷ 법인세차감전 순이익[1]	19.62%	–

[1] 전기는 세무상 결손으로 인하여 법인세등의 금액이 "0" 이므로 유효세율을 산출하지 아니합니다.

25. 현금흐름표

당기와 전기 중 현금의 유입과 유출이 없는 중요한 거래는 다음과 같습니다.

(단위 : 천원)

구 분	당 기	전 기
장기차입금의 유동성대체	450,000	1,500,000
장기선급비용의 유동성대체	–	2,578
장기금융상품의 유동성대체	–	300,000

현금흐름표상의 현금은 현금및현금성자산을 말하며, 현금성자산이란 큰 거래비용 없이 현금으로 전환이 용이하고, 이자율 변동에 따른 가치변동의 위험이 중요하지 않은 유가증권 및 단기금융상품으로서 취득 당시 만기(또는 상환일)가 3개월 이내에 도래하는 것입니다.

26. 부가가치 관련 자료

당기 및 전기의 매출원가와 판매비와관리비에 포함된 부가가치계산에 필요한 내역은 다음과 같습니다.

(단위 : 천원)

계정과목	당 기	전 기
급 여	3,359,615	3,332,556
퇴직급여	405,480	631,582
복리후생비	406,564	382,757
감가상각비	488,086	470,544
무형자산상각비	1,900	58
임차료	249,856	252,833
세금과공과	314,603	317,619
합 계	5,226,104	5,387,949

27. 종업원에 대한 복지 및 사회에 대한 기여금

당기 및 전기 중 당사의 종업원에 대한 복지를 위해 지출한 금액의 내역 및 사회에 대한 기여금의 내역은 다음과 같습니다.

(단위 : 천원)

내 역		당 기	전 기
종업원 복지를 위한 지출	복리후생비	406,564	382,757
사회에 대한 기여금	기부금	9,060	6,720

28. 재무제표의 확정기관

당사의 당기 재무제표는 2021년 3월 31일에 개최될 주주총회에서 최종 승인될 예정입니다.

05 산업별 특성

① 배합사료 시장은 국제곡물가격 급등에 따른 사료원료의 안정적 확보와 배합사료의 품질 향상 및 가축질병 발생에 따른 안전성 확보가 중요한 과제로 대두되고 있다. 배합사료 원료에서 수입산이 차지하는 비중은 1990년 이후 꾸준히 75% 수준을 유지하고 있다. 배합사료 산업은 대규모 설비투자를 필요로 하는 장치산업이나 생산에 특별한 기술을 요하지 않는 등의 이유로 품질 차별화가 어려운 구조이다. 따라서 제품차별화가 어려운 구조로 인해 업체들이 서비스 경쟁에 치중하고 있다.

② 또한 사료생산 업체 간 인수합병 등으로 규모가 큰 사료업체가 등장하면서 국내 배합사료 시장이 점차 과점화 되어가는 모습을 보이고 있다. 수입 축산물과 경쟁이 심화되고 있는 상황에서 생산비의 절대적 위치를 차지하는 배합사료의 가격경쟁력은 국산 축산물의 가격경쟁과 직결되기 때문에 배합사료가격 안정화, 원가 변동분 반영 등에 대한 축산농가의 요구가 증대되고 있다.

01

H기업의 시장위험평가에 대한 내용으로 옳지 않은 것은?

① 원재료 수입에 의존하는 산업특성상 환율의 영향은 회사의 수익성에 영향을 미친다.
② 제품차별화는 회사가 지속적인 수익성을 내기 위하여 필수적으로 고민을 해야 하는 방향이다.
③ 국내 배합사료 시장은 점차 과점화 되어 가는 모습을 보이고 있다.
④ 배합사료가격의 불안정성은 회사의 수익성에 악영향을 미친다.
⑤ 국제곡물가격의 안정성은 회사의 수익성에 영향을 미친다.

02

H기업에 대한 경영위험으로 옳지 않은 것은?

① 대표이사가 최대주주인 회사로 소유와 경영이 분리되어 있다고 볼 수 있다.
② 대표이사가 회사 차입금과 관련하여 지급보증을 제공하고 있는 것으로 보아 회사에 대한 책임감이 있다고 볼 수 있다.
③ 산업 특성상 화재에 대한 위험이 있어 회사는 건물에 대한 화재보험에 가입하고 있다.
④ 원재료 수입 시 환율의 변동을 고려해야 외환손실을 줄일 수 있다.
⑤ 운반비를 줄이는 것은 회사의 경영성과를 높이는 방법 중 하나이다.

03

H기업의 매출채권에 관한 설명 중 적절하지 않은 것은? (단, 매출채권은 대손충당금을 차감한 금액으로 하며, 1년은 365일로 가정한다)

① 당기 매출채권회전율은 5.75회이다.
② 전기 매출채권회전기간은 60.5일이다.
③ 당기 매출채권회전기간은 63.5일이다.
④ 전기 매출채권회전율은 6.03회이다.
⑤ 당기 매출채권회전율이 전기보다 증가한 이유는 전기보다 매출채권(평균)잔액이 증가하였고, 매출액이 증가하였기 때문이다.

04

H기업의 재고자산에 관한 설명 중 적절하지 않은 것은? (1년은 365일로 가정한다)

① 당기 재고자산회전율은 5.1회이다.
② 전기 재고자산회전율은 5.5회이다.
③ 당기 재고자산회전기간은 71.52일이다.
④ 전기 재고자산회전기간은 66.33일이다.
⑤ 당기 재고자산회전기간은 전기에 비해 약 2일 정도 짧아졌다.

05

H기업의 비유동자산에 관한 설명 중 적절하지 않은 것은? (1년은 365일로 가정한다)

① 당기 비유동자산회전율은 3.13회이다.
② 전기 비유동자산회전율은 1.19회이다.
③ 당기 비유동자산회전기간은 116.7일이다.
④ 전기 비유동자산회전기간은 118.4일이다.
⑤ 당기 비유동자산회전기간은 전기에 비해 약 1.7일 정도 짧아졌다.

06

다음과 같은 조건을 가정하였을 때, 당기 H기업의 시가총액이 50억이라면 EV/EBITDA비율은 얼마인가?

- EBITDA = 영업이익 + 감가상각비 + 무형자산상각비
- 소수점 둘째 자리에서 반올림한다.
- 순차입금 = 단기차입금 + 유동성장기부채 + 장기차입금 + 전환사채(현재가치할인차금 차감 후) – 현금및현금성자산

① 15.6 ② 18.3 ③ 23.3
④ 28.6 ⑤ 31.2

07

당기 H기업의 매출액총이익률에 대한 설명 중 옳지 않은 것은?

① 당기 매출액총이익률은 11.6%이다.
② 전기 매출액총이익률은 11.9%이다.
③ 당기 매출총이익은 전기보다 16(백만원) 감소하였다.
④ 당기 매출총이익이 전기보다 소폭 감소한 원인은 매출액의 증가액보다 매출원가의 증가액이 더 크기 때문이다.
⑤ 당기 매출액총이익률은 전기 대비 2.3% 정도 증가하였다.

08

전기 H기업의 매출액총이익률에 대한 설명 중 옳지 않은 것은? (비율계산 시 소수점 둘째 자리에서 반올림한다)

① 전기 매출액총이익률은 11.9%이다.
② 전전기 매출액총이익률은 12.0%이다.
③ 전기 매출총이익은 전전기보다 1,848(백만원) 증가하였다.
④ 전기 매출총이익이 전전기보다 증가한 원인은 매출액의 증가액이 매출원가의 증가액보다 더 크기 때문이다.
⑤ 전기 매출총이익률이 전전기보다 증가한 원인 중 상품매출원가도 영향을 미쳤다.

09

당기 H기업의 유동성 평가에 대한 내용으로 옳지 않은 것은? (비율계산 시 소수점 둘째 자리에서 반올림한다)

① 당기 유동비율은 78.7%이다.
② 전기 유동비율은 80.5%이다.
③ 당기 유동자산은 전기보다 2,887(백만원) 감소하였다.
④ 당기 유동부채는 전기보다 4,657(백만원) 감소하였다.
⑤ 당기 유동부채가 전기보다 감소한 원인 중 매입채무의 감소가 가장 크다.

10

전기 H기업의 유동성 평가에 대한 내용으로 옳지 않은 것은? (비율계산 시 소수점 둘째 자리에서 반올림한다)

① 전전기 유동비율은 77.8%이다.
② 전기 유동자산은 전전기보다 5,095(백만원) 증가하였다.
③ 전기 유동부채는 전전기보다 6,803(백만원) 증가하였다.
④ 전기 유동자산이 전전기보다 증가한 원인 중 미착원료의 증가가 가장 크다.
⑤ 전기 유동부채가 전전기보다 증가한 원인 중 단기차입금의 감소가 가장 크다.

11

H기업의 주석을 통해서 확인한 사실 중 옳지 않은 것은?

① 회사는 전기 이전에 대표이사로부터 토지와 건물을 증여받았다.
② 회사의 당기 토지의 장부가액 합계는 공시지가 합계보다 더 크다.
③ 장기차입금의 연도별 상환계획을 보면 2022년도까지 모두 상환된다.
④ 회사는 당기에 특수관계자인 DD에게 매출이 존재한다.
⑤ 당기에 특수관계인인 대표이사 A로부터 자금거래 상환이 있었다.

12

H기업의 당기 현금흐름에 관한 설명 중 틀린 것은?

① 현금의 유출이 없는 비용등의 가산 항목 중 파생상품평가손실이 영업활동현금흐름에 가장 큰 영향을 미친다.
② 매출채권의 증감은 영업활동현금흐름에 부정적(-)으로 작용하였다.
③ 선급금의 증감은 영업활동현금흐름에 부정적(-)으로 작용하였다.
④ 투자활동으로 인한 현금흐름의 마이너스(-)를 영업활동현금흐름이 모두 상쇄하였다.
⑤ 투자활동으로 인한 현금유출액 중 가장 큰 영향은 보증금의 증가이다.

13

H기업의 전기 현금흐름에 관한 설명 중 틀린 것은?

① 재무활동으로 인한 현금유출액 중 단기차입금의 상환이 가장 큰 영향을 미친다.
② 투자활동으로 인한 현금유출액 중 가장 큰 영향은 토지의 취득이다.
③ 부가세대급금의 증감은 영업활동현금흐름에 긍정적(+)으로 작용하였다.
④ 당기순손익은 영업활동현금흐름에 부정적(-)으로 작용하였다.
⑤ 재무활동으로 인한 현금유입액에 장기차입금의 영향은 없었다.

14

H기업의 당기 수익성분석에 대한 내용으로 옳지 않은 것은? (비율계산 시 소수점 둘째 자리에서 반올림한다)

① 매출액 대비 금융비용부담률은 0.5%이다.
② 매출액 순이익률은 1.1%이다.
③ 매출액 영업이익률은 1.3%이다.
④ 매출액 총이익률은 11.6%이다.
⑤ 당기 매출액 중 제품매출액의 비중이 96.2%이다.

15

H기업의 당기 레버리지비율에 대한 내용으로 옳지 않은 것은? (비율계산 시 소수점 둘째 자리에서 반올림한다)

① 당기 부채비율은 295.6%이다.
② 전기 부채비율은 329.5%이다.
③ 당기 자기자본비율은 25.3%이다.
④ 전기 자기자본비율은 18.3%이다.
⑤ 당기 부채비율이 전기보다 더 작은 이유는 전기 대비 당기 자기자본은 증가하고 부채는 감소하였기 때문이다.

16

H기업의 당기 레버리지비율에 대한 내용으로 옳지 않은 것은? (비율계산 시 소수점 둘째 자리에서 반올림한다)

① 당기 이자보상비율은 1.2배이다.
② 전기 이자보상비율은 0.8배이다.
③ 당기 순이자보상비율은 1.4배이다.
④ 전기 순이자보상비율은 0.9배이다.
⑤ 당기 이자보상비율이 전기 대비 증가한 이유는 이자비용과 영업이익이 증가하였기 때문이다.

17

다음과 같은 조건을 가정하였을 때, 당기의 순운전자본에 대한 설명으로 옳지 않은 것은?

- 순운전자본 = 매출채권 + 재고자산 − 매입채무
- 매출채권은 대손충당금을 차감한 금액으로 한다.

① 순운전자본비율은 34.4%이다.
② 당기 순운전자본비율은 전기보다 감소하였다.
③ 순운전자본은 29,698(백만원)이다.
④ 당기 순운전자본이 전기보다 증가한 원인은 매입채무의 감소가 가장 큰 영향을 차지한다.
⑤ 당기 순운전자본은 전기보다 증가하였다.

18

다음과 같은 조건을 가정하였을 때, 전기의 순운전자본에 대한 설명으로 옳지 않은 것은?

> • 순운전자본 = 매출채권 + 재고자산 − 매입채무
> • 매출채권은 대손충당금을 차감한 금액으로 한다.

① 순운전자본비율은 29.1%이다.
② 전기 순운전자본비율은 전전기보다 증가하였다.
③ 전기 순운전자본은 25,802(백만원)이다.
④ 전기 순운전자본이 전전기보다 증가한 원인은 매입채무의 증가가 가장 큰 영향을 차지한다.
⑤ 전기 순운전자본은 전전기보다 증가하였다.

19

비유동장기적합률에 대한 설명 중 옳지 않은 것은?

① 당기 비유동장기적합률은 155.2%이다.
② 과거 3개년 중 전기의 비유동장기적합률이 제일 크다.
③ 과거 3개년부터 최근까지 비유동장기적합률은 계속 감소하고 있다.
④ 과거 3개년 중 당기의 비유동자산이 제일 크다.
⑤ 당기 비유동자산 중 가장 큰 비중을 차지하는 것은 토지이다.

20

H기업의 차입금의존도에 관한 설명으로 옳지 않은 것은? (단, 차입금 = 단기차입금 + 유동성장기부채 + 장기차입금 + 유동성전환부채 + 전환사채(현재가치할인차금 차감 후)로 계산한다)

① 당기 차입금의존도는 50.5%이다.
② 전기 차입금의존도는 전전기보다 감소하였다.
③ 당기 차입금의존도는 전전기보다 0.4% 정도 증가하였다.
④ 과거 3개년치 차입금의존도의 차이는 5% 미만이다.
⑤ 차입금의존도는 과거 3개년 중 전전기가 제일 높다.

21

H기업의 당기 현금흐름평가에 관한 내용으로 옳지 않은 것은?

① 영업활동으로 인한 현금흐름은 전기에 비해 증가하였다.
② 영업활동으로 인한 현금흐름은 전기에 비해 증가한 이유 중 하나는 당기순이익의 증가이다.
③ 재무활동으로 인한 현금유출은 전기에 비해 증가하였다.
④ 당기에는 현금의 감소가 있었던 반면에 전기에는 현금의 증가가 있었다.
⑤ 당기에는 장기차입금의 증가로 인하여 재무활동으로 인한 현금유입액이 증가하였다.

22

H기업의 전기 이전 현금흐름평가에 관한 내용으로 옳지 않은 것은?

① 전기 장·단기차입금의 증가는 모두 재무활동으로 인한 현금흐름 유입액을 증가시켰다.
② 전전기에는 주임종단기차입금의 상환으로 인하여 재무활동현금흐름 유출액에 영향을 미치지 않았다.
③ 전기 토지의 취득으로 투자활동현금흐름 유출액이 6.6억 정도 증가하였다.
④ 전전기 기계장치의 취득으로 투자활동현금 유출액이 1.9억 증가하였다.
⑤ 전전기의 매출채권의 감소(증가)는 영업활동현금흐름에 부정적인(−) 영향을 미쳤다.

23

H기업의 특수관계자 거래에 대한 설명 중 적절하지 않은 것은?

① 당기에 대표이사 A로부터 추가로 차입금이 발생하였다.
② 회사는 대표이사 A 소유의 예금과 부동산에 대하여 담보를 제공받고 있다.
③ 당기에 ㈜CC에 대하여 대여금이 발생하였다.
④ DD에 대한 매출액은 전기보다 당기에 증가하였다.
⑤ ㈜CC에 대한 미지급금은 전기보다 당기에 더 증가하였다.

24

회사의 매출원가에 대한 분석내용으로 옳지 않은 것은?

① 전전기 매출원가율은 88.0%이다.
② 전기 대비 당기 매출원가율은 0.3% 정도 증가하였다.
③ 과거 3개년 중 당기에 매출원가가 제일 크다.
④ 과거 3개년부터 최근까지 매출액에서 제품매출이 차지하는 비중은 매년 높아지고 있다.
⑤ 과거 3개년부터 최근까지 매출액에서 상품매출이 차지하는 비중은 매년 높아지고 있다.

25

다음과 같은 조건을 가정하였을 때, H기업의 당기 1회전운전기간을 계산하면 얼마인가?

- 1년은 365일로 한다.
- 매출채권은 대손충당금을 차감한 금액으로 한다.
- 소수점 둘째 자리에서 반올림하여 계산한다.

① 60.2일 ② 70.5일 ③ 87.4일
④ 95.5일 ⑤ 102.3일

26

회사의 상환능력평가 및 이자보상비율에 대한 내용으로 옳지 않은 것은? (단, EBITDA = 영업이익 + 감가상각비 + 무형자산상각비로 계산하며, 비율계산 시 소수점 둘째 자리에서 반올림한다)

① 당기 EBITDA/이자보상비율은 1.6배이다.
② 전기 EBITDA/이자보상비율은 1.04배이다.
③ 당기가 전기보다 EBITDA가 더 크다.
④ 회사의 이자지급능력은 전기가 당기보다 더 크다고 볼 수 있다.
⑤ 당기 EBITDA/이자보상비율이 전기보다 더 증가한 원인은 전기 대비 EBITDA가 증가하고 이자비용이 감소하였기 때문이다.

27

회사의 당기 영업순환기간(매출채권회전기간 + 재고자산회전기간)으로 옳은 것은? (단, 매출채권은 대손충당금 차감 전 금액을 기준으로 하며, 소수점 이하 둘째 자리에서 반올림한다)

① 100일 ② 115일 ③ 120일
④ 135일 ⑤ 140일

28

H기업의 손익계산서를 통해 분석한 내용 중 옳지 않은 것은?

① 회사는 과거 3년부터 최근까지 동일한 배당금 수익을 인식하고 있다.
② 급여는 과거 3년부터 최근까지 계속 감소하고 있는데 직원퇴사가 그 감소의 원인이 될 수 있다.
③ 당기 영업외비용 가운데 이자비용의 비중은 40.1%이다.
④ 회사는 보유 중인 화폐성 외화자산·부채에 대하여 외화환산이익보다는 외화환산손실이 더 큰 상황이다.
⑤ 당기 영업외수익 가운데 외화환산이익의 비중은 61.5% 정도이다.

29

H기업의 주석을 통해 확인할 수 있는 사항 중 옳지 않은 것은?

① 회사는 전기 이전에 대표이사로부터 증여받은 토지 및 건물에 대한 취득세를 각각 토지와 건물의 취득원가에 가산하였다.
② 회사는 토지 재평가차익 14,326,905(천원)을 기타포괄손익누계액에 계상하고 있다.
③ 회사는 당기말 보유 중인 외화자산이 외환부채보다 금액이 더 크다.
④ 전환사채와 관련된 전환권대가는 당기와 전기에 금액의 변동이 없다.
⑤ 당기에는 장기차입금에서 유동성장기부채로 450,000(천원)이 대체되었다.

▶ 정답 및 해설 | p.152

01

A회사의 매출액은 100억원, 변동비율은 40%, 고정비용은 30억원, 이자비용이 1억원이다. A회사의 매출액이 80억원이 되면 영업이익은 얼마인가?

① 18억원 ② 16억원 ③ 15억원
④ 10억원 ⑤ (−)10억원

02

A기업은 현재 자본조달분기점(FBEP) 수준에 있다. A기업의 총자산은 200억원, 영업이익은 5억원, 차입금은 10억원이다. A기업의 현재 이자비용은 얼마인가?

① 0.2억원 ② 0.25억원 ③ 0.5억원
④ 1억원 ⑤ 1.5억원

03

외화포지션에 대한 다음 설명 중 옳지 <u>않은</u> 것은?

① 외환매입액(자산)이 매도액(부채)보다 많은 경우 오픈포지션(Open Position)상태에 있는 것으로 볼 수 있다.
② 오픈포지션(Open Position)이란 예상치 못한 환율변동의 위험에 항상 노출되어 있는 상태를 말한다.
③ 외환매입액(자산)과 매도액(부채)이 동일하여 외화자산과 부채가 균형을 이룬 상태를 균형포지션(Square Position)이라고 한다.
④ 롱포지션(Long Postion)에서는 외화가치가 상승하면 환차익이 발생한다.
⑤ 숏포지션(Short Postion)에서는 환율이 상승하면 환차익이 발생한다.

04

비유동장기적합률이 100% 미만이고, 비유동비율은 150% 미만이라고 가정할 때, 다음 중 옳은 것은?

① 부채비율은 100% 이상이다.
② 자기자본비율은 200% 이상이다.
③ 유동비율은 항상 150% 이상이다.
④ 유동비율은 항상 100% 이상이다.
⑤ 차입금의존도는 항상 50% 이상이다.

05

다음 자료를 참고하여 EBITDA/이자비용비율을 계산하면 얼마인가?

- 당기순이익 : 10,000원
- 감가상각비 : 2,000원
- 이자비용 : 1,000원
- 법인세비용 등 : 4,000원

① 10배 ② 15배 ③ 17배
④ 20배 ⑤ 25배

06

다음 자료를 이용하여 A기업의 이자 지급으로 인한 현금유출액을 계산한 것으로 옳은 것은?

- 재무상태표 중 일부

구 분	기 초	기 말
사 채	10,000,000	12,000,000
사채할인발행차금	(500,000)	(450,000)
미지급이자	200,000	180,000

- 당기 중 A기업은 사채를 상환한 바 없으며, 추가로 발행한 것만 있다.
- 손익계산서상 이자비용은 400,000원이다.

① 370,000원 ② 400,000원
③ 420,000원 ④ 450,000원
⑤ 470,000원

07

현금흐름에 대한 설명 중 가장 옳지 않은 것은 무엇인가?

① 현금흐름표는 회계기간 동안 발생한 현금흐름을 영업활동, 투자활동 및 재무활동으로 분류하여 보고한다.
② 영업활동은 기업의 주요 수익창출활동, 그리고 투자활동이나 재무활동이 아닌 기타의 활동을 말한다.
③ 재무활동은 투자자산의 크기 및 구성내용에 변동을 가져오는 활동을 말한다.
④ 투자활동은 유·무형자산, 다른 기업의 지분상품이나 채무상품 등의 취득과 처분활동, 제3자에 대한 대여 및 회수활동 등을 포함한다.
⑤ 이자와 차입금을 함께 상환하는 경우, 이자지급은 영업활동으로 분류하고, 원금상환은 재무활동으로 분류한다.

08

다음 중 매도가능증권평가이익이 회사 손익계산서와 현금흐름표에 미치는 영향을 제대로 분석한 것은?

	당기순이익	영업활동현금흐름
①	변동 없음	감 소
②	변동 없음	변동 없음
③	증 가	변동 없음
④	감 소	증 가
⑤	변동 없음	증 가

09

A기업의 다음 자료를 이용하여 현금흐름이자보상비율을 계산한 것으로 옳은 것은?

- 손익계산서 중 일부
  - 영업이익 : 1,200,000원
  - 영업외수익 : 300,000원
  - 법인세차감전순이익 : 1,100,000원
- 현금흐름표 중 일부
  - 영업활동현금흐름 : 1,500,000원
  - 감가상각비 : 500,000원
- 손익계산서상 영업외비용은 잡손실 100,000원 이외 이자비용이 전부이다.

① 3배 ② 4배 ③ 5배
④ 6배 ⑤ 8배

10

A기업의 현재 주가는 5,000원이고 발행주식수는 100만주이다. A기업의 영업이익은 12억원, 세전순이익은 10억원, 당기순이익은 7억원이다. 이자비용은 2억원, 감가상각비(무형자산상각비 포함)는 3억원이다. A기업의 PCR(주가현금흐름비율)을 계산한 것으로 옳은 것은?

① 4.5 ② 5.0 ③ 8.0
④ 8.5 ⑤ 10.0

11

PSR(주가매출액비율)의 결정요인과 가장 거리가 먼 것은?

① 총자본수익률 ② 자기자본비용
③ 매출액순이익률 ④ 배당성향
⑤ 위험

12
A기업의 기말 재무제표를 검토한 결과 재고자산은 200 과대계상, 매출원가는 200 과소계상된 점을 발견하였다. 이러한 오류가 A기업의 현금흐름에 미치는 영향을 올바르게 표현한 것은?

① 투자활동현금흐름이 감소하는 것으로 나타난다.
② 재무활동현금흐름이 증가하는 것으로 나타난다.
③ 영업활동현금흐름이 감소하는 것으로 나타난다.
④ 영업활동현금흐름이 증가하는 것으로 나타난다.
⑤ 현금흐름에는 아무런 영향이 없다.

13
월(A.Wall)의 지수법에서 가중치를 크게 부여하는 항목인 것은?

① 유동성 ② 성장성 ③ 수익성
④ 활동성 ⑤ 확장성

14
총자산이 100억원, 비영업자산이 30억원, ROIC가 8%, 자기자본비용이 5%, 가중평균자본비용(WACC)이 4%, 투하자본이 60억원인 기업이 있다. 이 기업의 비이자발생부채와 경제적 부가가치(EVA)를 계산한 것으로 옳은 것은?

	비이자발생부채	EVA
①	10억원	1.4억원
②	10억원	2.4억원
③	10억원	2.8억원
④	0원	1.6억원
⑤	0원	2.8억원

15
주주의 투자수익률의 대용재무제표로 옳은 것은?

① 경제적 부가가치 ② 주가순자산비율
③ 주가매출액비율 ④ 자기자본순이익률
⑤ 총자산순이익률

16
트랜트(J.B.Trant)의 지수법에서 가중치를 크게 부여하는 항목인 것은?

① 유동성 ② 균형성 ③ 안정성
④ 활동성 ⑤ 수익성

17
다음 중 기업부실(Corporate financial distress)을 의미하는 것으로만 짝지은 것은?

가. 파산선고	나. 지급불능상태
다. 판매량 감소	라. 주가하락

① 다 ② 가, 나
③ 가, 나, 다 ④ 가, 다, 라
⑤ 가, 나, 다, 라

18
다음 중 기업의 자본조달과 위험에 관한 설명 중 옳지 않은 것은?

① 기업관점에서 장기차입금이 단기차입금보다 위험이 높다.
② 주주의 요구수익률이 채권자의 요구수익률보다 높다.
③ 기업은 위험이 낮은 비유동부채로 위험이 높은 비유동자산을 커버해야 한다.
④ 기업은 위험이 큰 비유동자산을 위험이 낮은 자기자본과 비유동부채 등으로 조달하여야 한다.
⑤ 위험이 낮은 유동자산은 위험이 높은 유동부채로 커버해야 한다.

19

고정비가 3,600,000원이고 A, B제품의 변동비율이 각각 40%, 70%이며 매출액 구성비율이 각각 20%, 80%인 기업의 손익분기점(BEP) 매출액은 얼마인가?

① 2,400,000원
② 4,800,000원
③ 8,000,000원
④ 10,000,000원
⑤ 12,000,000원

20

다음 중 재무활동으로 인한 현금흐름에 해당하지 않는 것은?

① 주식의 취득이나 상환에 따른 소유주에 대한 현금유출
② 담보·무담보부사채 및 어음의 발행과 기타 장·단기차입에 따른 현금유입
③ 차입금상환에 따른 현금유출
④ 리스이용자의 리스부채상환에 따른 현금유출
⑤ 재화와 용역의 구입에 따른 현금유출

21

현금흐름표의 작성과 관련된 설명으로 옳지 않은 것은?

① 영업활동으로 인한 현금흐름을 직접법으로 나타내면 현금의 유입과 유출을 항목별로 보여줄 수 있다.
② 감가상각비는 영업활동으로 인한 현금흐름을 간접법으로 나타낼 경우 당기순이익에 가산되는 항목이다.
③ 사채할인발행차금에 대한 상각금액은 손익계산서에서 그 금액을 확인할 수 없다.
④ 간접법은 활동유형별 손익에 대해 자산부채의 변동사항을 반영하여 계산한다.
⑤ 영업활동으로 인한 현금흐름을 간접법으로 나타내면 분기별 또는 월별로 추정하거나 자금계획을 작성하는 데 유용하다.

22

회귀분석에 따라 A기업의 비용추정식을 다음과 같이 얻었다. A기업의 실제 매출액이 40,000,000원일 때 손익분기점률은 얼마인가?

TC = 0.6 × TR + 2,000,000원

① 10%
② 12.5%
③ 15%
④ 17.5%
⑤ 20%

23

A기업은 동종업종 대비 부채비율은 낮고, 차입금의 존도는 높다. 또한 이자보상비율은 낮고, EBITDA/이자보상비율은 높을 때 다음의 추론 내용으로 옳지 않은 것은?

① 부채 중 차입금 비율이 높은 편이다.
② 동종업종 대비 감가상각비 비중이 낮은 편이다.
③ 동종업종과 영업이익의 수준이 비슷하다고 가정할 때 차입이자율이 높다고 볼 수 있다.
④ 동종업종과 차입이자율 수준이 비슷하다고 가정할 때 영업이익이 낮은 편이라고 볼 수 있다.
⑤ 동종업종 대비 자기자본비율이 높은 편이다.

24

영업비용(TC)과 매출액(TR)의 회귀식이 TC = 12억원 + 0.2TR이다. 매출액이 100억원일 때, 손익분기점률은 얼마인가?

① 10%
② 15%
③ 30%
④ 45%
⑤ 60%

25

㈜신용은 아래와 같이 2가지 제품을 생산, 판매하고 있다. A기업의 고정비가 연간 560,000원(감가상각비 100,000원 포함)이라고 할 때, ㈜신용의 제품구성이 변동되지 않는다는 가정하에 제품 A의 현금흐름분기점 매출액을 계산한 것으로 옳은 것은?

(단위 : 원)

제 품	매출액	변동비
제품 A	600,000	300,000
제품 B	400,000	240,000

① 400,000원 ② 600,000원
③ 800,000원 ④ 1,200,000원
⑤ 1,500,000원

26

A기업의 변동비율은 80%, 고정비는 400,000원이다. 고정비 중에서 감가상각비는 200,000원이다. A기업의 현금흐름분기점(CBEP)은 얼마인가?

① 400,000원 ② 500,000원
③ 666,666원 ④ 1,000,000원
⑤ 1,250,000원

27

A기업에 관한 다음 자료를 이용하여 A기업의 추가차입가능금액을 계산한 것으로 옳은 것은?

- 영업활동현금흐름 : 500,000원
- 평균차입이자율 : 10%
- 이자지급액 : 300,000원
- 기존차입금액 : 3,000,000원
- 금융비용목표배율 : 2배

① 1,000,000원 ② 2,000,000원
③ 2,500,000원 ④ 3,000,000원
⑤ 4,000,000원

28

A기업의 감가상각비를 포함한 영업이익률은 15%, 운전자산보유비율은 8%, 매출액 대비 법인세 납부율은 5%이다. A기업의 당기 매출액이 500억원이었다. 만약 A기업의 매출액이 20% 증가한다면 A기업의 이자 납부 전 영업활동현금흐름 증감액은 얼마인가? (단, 감가상각비 포함 영업이익률 = (영업이익 + 감가상각비)/매출액, 운전자산보유비율 = 운전자산/매출액)

① 1억원 ② 2억원 ③ 1억 4천만원
④ 10억원 ⑤ 14억원

29

다음 자료를 이용하여 A기업의 ROI를 계산한 것으로 옳은 것은? (단, 기초자산과 기말자산은 동일한 것으로 가정한다)

- 매출채권회수기간 : 36일(1년을 360일로 가정함)
- 재고자산회전율 : 4회
- 비유동자산회전율 : 10회전
- 총자산은 현금 100,000원과 매출채권, 재고자산, 비유동자산으로만 구성됨
- 매출원가 : 2,000,000원, 매출총이익률 : 20%, 당기순이익 : 612,500원

① 20% ② 30% ③ 40%
④ 50% ⑤ 60%

30

A기업의 당기 매출액은 360억원, 매입채무회전기간은 60일이다. 차기 매출액이 50% 증가할 때 매입채무회전기간이 90일이 되려면 평균매입채무잔액은 올해보다 내년에 얼마나 증가해야 하는가? (단, 1년은 360일로 가정한다)

① 50억원 ② 60억원 ③ 75억원
④ 80억원 ⑤ 100억원

31

현금수지분석에서 재고자산이 대폭 증가하였음을 확인할 수 있다. 이러한 원인으로 적합하지 않은 것은?

① 원재료 가격상승을 통한 재고자산 선구매
② 가공자산(분식회계)
③ 진부화재고의 누적
④ 신사업 실패
⑤ 부실채권(불량채권)의 발생

32

현금수지분석에서 매출채권이 대폭 증가하였음을 확인할 수 있다. 이러한 원인으로 적합하지 않은 것은?

① 가공매출채권 인식
② 매출채권회전기간의 증가
③ 외상기간의 확대(신용정책의 변경)
④ 특수관계자인 구매처로부터의 신용기간 지원
⑤ 부실채권(불량채권)의 발생

33

다음의 자료를 이용하여 법인세에 대한 현금유출액을 계산하면 얼마인가?

[재무상태표]

(단위 : 원)

구 분	기 초	기 말
당기법인세부채	40,000	60,000
이연법인세자산	15,000	18,000

[손익계산서]

• 법인세비용 : 35,000원

① 15,000원 ② 18,000원 ③ 21,000원
④ 24,000원 ⑤ 27,000원

34

다음 자료를 이용하여 기계장치 처분으로 인한 현금유입액을 계산하면 얼마인가?

(단위 : 원)

구 분	당기말	전기말
기계장치	20,000	10,000
감가상각누계액	(8,000)	(3,000)

• 당기 중 기계장치를 3,000원에 현금을 지급하고 구입하였다.
• 전기말 건설중인자산 중 5,000원이 대체되었다.
• 제조원가명세서상 기계장치 관련 감가상각비는 2,000원이다.
• 손익계산서상 기계장치 처분이익은 1,500원이다.

① 1,000원 ② 1,500원 ③ 2,000원
④ 2,500원 ⑤ 3,000원

35

투자활동현금흐름을 통하여 파악할 수 있는 정보 중 옳지 않은 것은?

① 외부자금조달의 필요성
② 영업활동에 대한 자금조달의 통로로 유휴시설의 처분이 있었는지 여부
③ 설비투자가 적정규모인지 여부
④ 투자활동을 위한 기업의 성장 전략
⑤ 기업의 신규투자능력

36

다음 중 현금흐름과 관련된 설명으로 옳지 않은 것은?

① 영업활동으로 인한 현금흐름을 통해 기업의 미래 현금흐름창출능력과 계속기업으로서의 존속능력을 알 수 있다.
② 영업활동현금흐름을 간접법으로 표시할 경우 감가상각비는 현금의 유출이 없는 비용으로서 당기순이익에 가산하는 항목이다.
③ 재무상태표 등식을 감안할 때, 현금의 증감방향과 자본의 증감방향은 일치한다.
④ 영업활동현금흐름을 직접법으로 표시할 경우 이연법인세자산의 증감액은 현금흐름과 관계없으므로 법인세비용 현금유출액 계산 시 감안할 필요가 없다.
⑤ 재무활동으로 인한 현금흐름을 통해 장·단기 자금의 조달 및 운용의 균형여부를 알 수 있다.

37

요즘 경기가 좋지 않아 은행에 대출을 신청하는 기업이 늘어나고 있다. 은행에서는 내부적으로 부채비율이 200% 이상인 기업의 대출을 지양하고 있다. 이때, 부채비율이 200%라면, 자기자본비율은 얼마인가?

① 10% ② 20% ③ 30%
④ 33% ⑤ 35%

38

신용분석목적의 현금수지분석표와 일반기업회계기준에 의한 현금흐름표를 비교한 내용으로 옳지 않은 것은?

① 현금수지분석표는 투자 및 재무활동현금흐름을 순액으로 요약 표시한다.
② 현금흐름수지분석표 작성 시에도 비현금거래에 대한 정보는 필요하다.
③ 현금수지분석표가 영업활동현금흐름을 더 자세히 나타내준다.
④ 현금수지분석표상 영업활동 후 현금흐름은 이자지급 전 금액이다.
⑤ 현금수지분석표에는 현재가치할인차금 상각액, 사채할인발행차금 상각액 등은 영업활동 후 현금흐름에 반영한다.

39

다음 내용 중 옳지 않은 것은?

① 추정재무제표는 먼저 추정손익계산서를 작성하고 추정재무상태표를 작성하는 것이 일반적이다.
② 향후 매출액을 추정할 때 순차적인 질문서법을 사용하여 의견의 합일점을 찾아가는 방법을 델파이법이라고 한다.
③ 재무제표 추정절차 중 가장 우선적으로 하여야 할 추정은 매출액 추정이다. 이는 회사가 속한 사업의 경제상황, 판매량의 계절적 요인, 시장점유율, 경제성장률, GDP 등도 함께 고려하여야 한다.
④ 법인세지급액을 추정하는 데 이자비용을 계산할 필요는 없다.
⑤ 평균성장률을 이용한 추정은 대상항목의 과거 평균증가율을 계산하고 이를 금년의 대상액에 곱하여 추정하는 방법이다.

40

다음 자료를 이용하여 재무활동으로 인한 현금유입액과 현금유출액을 각각 계산하면 얼마인가?

- 단기금융상품의 처분 : 200,000원
- 유동성장기부채의 상환 : 120,000원
- 단기차입금의 상환 : 180,000원
- 전환사채 발행 : 150,000원
- 단기차입금의 차입 : 400,000원
- 전환사채의 주식전환 : 120,000원
- 단기대여금의 회수 : 130,000원

	현금유입액	현금유출액
①	400,000원	200,000원
②	500,000원	250,000원
③	550,000원	300,000원
④	550,000원	350,000원
⑤	600,000원	400,000원

41

A회사의 손익계산서상 매출액은 800,000원, 재무상태표상 기말 매출채권 180,000원, 기초 매출채권 100,000원, 기초 선수금 20,000원, 기말 선수금 50,000원으로 계상되어 있다. 이와 관련된 설명 중 옳지 않은 것은?

① 당기 발생주의에 의한 상품매출액은 800,000원이다.
② 당기 발생주의 매출액보다 현금주의 매출액이 더 크다.
③ 당기 현금주의 매출액은 750,000원이다.
④ 당기 선수금 증가액은 현금주의 매출액을 증가시킨다.
⑤ 당기 현금주의 매출액이 발생주의 매출액보다 적은 이유는 매출채권 증가에 기인한다.

42

다음 자료를 이용하여 A기업의 잉여현금흐름(FCF)을 계산하면 얼마인가? (단, 법인세율은 20%이다)

- 영업이익(EBIT) : 350,000원
- 자본적지출 : 60,000원
- 감가상각비 : 80,000원
- 운전자본의 증가분 : 30,000원

① 240,000원 ② 250,000원 ③ 260,000원
④ 270,000원 ⑤ 280,000원

43

다음 중 자동차 부품산업의 특징으로 옳지 않은 것은?

① 완성차 판매량에 영향을 많이 받게 된다.
② 완성차 생산업체가 해외진출하는 경우 동반 지출하는 경향이 있으며, 이는 재무구조에 악영향을 미치기도 한다.
③ 신차 생산량이 감소하면 부품업체의 매출도 감소하는 경향이 있다.
④ 우리나라 자동차 부품업체는 내수보다는 수출비중이 크다.
⑤ 자동차 부품업체는 고용창출효과가 커서 퇴출장벽이 존재한다.

44

다음은 ㈜A의 유형자산 및 감가상각누계액의 기초잔액과 기말잔액, 당기 변동을 나타낸 자료이다.

[재무상태표] (단위 : 원)

구 분	기 초	기 말
유형자산	380,000	230,000
감가상각누계액	100,000	150,000

[손익계산서]
- 유형자산처분이익 : 30,000원
- 감가상각비 : 150,000원

㈜A는 당기 중에 취득원가 280,000원(감가상각누계액 100,000원)의 유형자산을 처분하였고 유형자산처분이익 30,000원을 인식하였다. 당기 현금흐름표상 표시될 투자활동으로 인한 순현금흐름은 얼마인가?

① 50,000원 유출 ② 50,000원 유입
③ 80,000원 유출 ④ 80,000원 유입
⑤ 100,000원 유출

45

제조물책임(PL) 대응의 3단계 중 사전대응에 해당하는 것으로 옳은 것은?

① 설계심사 강화
② 제조물책임보험 가입
③ 피해자보험가입
④ 설계지시에 의한 생산 및 판매단계에서의 바른 사용법 전달
⑤ 소송 대응

46

물가와 인플레이션에 대한 다음 설명 중 옳지 않은 것은?

① 물가지수는 화폐의 구매력을 측정하는 수단이다.
② 물가가 하락하면 화폐의 구매력이 증가하게 된다.
③ 물가지수는 디플레이터로서의 기능을 가진다.
④ 지수물가가 실제 물가상승률보다 높게 나타나게 됨에 따라 인플레이션이 과장될 수 있으며 이를 물가지수의 상향편의라고 한다.
⑤ 석유가격 등의 상승은 근원인플레이션을 상승시킨다.

47

환율상승과 국민소득의 관계에 대한 설명 중 옳지 않은 것은?

① 환율상승은 수출을 증가시켜 국민소득을 증가시킨다.
② 환율상승은 수입물가를 상승시켜 국민소득을 감소시킨다.
③ 환율상승이 수출입에 미치는 효과는 비교적 장기간에 걸쳐 나타난다.
④ 환율상승이 수입물가를 상승시키는 효과는 비교적 장기간에 걸쳐 나타난다.
⑤ 환율상승이 국민소득에 미치는 영향은 수출입의존도, 수출·수입가격민감도 등의 차이에 따라 다르게 나타난다.

48

7S분석에 대한 설명으로 옳지 않은 것은?

① 전략은 변화하는 시장환경에 기업이 어떻게 적응하여 능력을 발휘할 것인가 하는 장기적인 목적과 계획, 그리고 이를 달성하기 위한 자원배분 방식 등을 말한다.
② 시스템은 반복되는 의사결정 사항들의 일관성을 유지하기 위해 제시된 틀을 말한다.
③ 7S분석은 하드웨어적 요소와 소프트웨어적 요소로 구분할 수 있는데, 하드웨어적 요소는 전략, 구조, 가치관으로 나눌 수 있다.
④ 인재는 기업이 필요로 하는 사람의 유형을 말하며, 기업 문화 형성의 주체이기도 하다.
⑤ 가치관은 조직구성원들의 행동이나 사고를 특정 방향으로 이끌어 가는 아주 특별한 원칙이나 기준을 말한다.

49

다음 중 후방산업분석에 대한 설명으로 옳지 않은 것은?

① 후방산업분석은 원가요소를 제공하는 산업에 대한 분석을 말한다.
② 후방산업분석은 주요 원재료를 제공하는 산업에 대한 분석만을 의미한다.
③ 후방산업분석에 있어 후방산업의 수급변동성 및 수급구조 검토 또한 필요하다.
④ 후방산업분석 시 후방산업 수급변화에 따른 원가요소 변동성과 교섭력을 통한 원가변동성에의 대응능력 파악이 가장 중요하다.
⑤ 후방산업에 대한 교섭력 수준의 분석은 후방산업에 대한 대체재의 존재 여부 및 대체가능성 수준의 분석을 통해 이루어진다.

50

다음은 A회사의 재무자료이다. A회사의 당기 영업활동으로 인한 현금흐름이 1,200,000원일 때 당기순이익은 얼마인가?

- 재고자산의 증가 : 1,000,000원
- 미지급급여의 증가 : 700,000원
- 매출채권의 감소 : 700,000원
- 감가상각비 : 200,000원
- 단기매매금융자산평가손실 : 900,000원
- 자기주식처분이익 : 1,100,000원
- 토지처분이익 : 600,000원
- 외상매입금의 감소 : 500,000원
- 기계장치의 취득 : 2,500,000원
- 장기차입금의 증가 : 3,000,000원

① 700,000원　② 800,000원
③ 900,000원　④ 1,000,000원
⑤ 1,100,000원

51

다음 중 원화평가절하(환율상승)의 효과를 분석한 것으로 옳지 않은 것은?

① 경상수지가 개선된다.
② 물가가 상승한다.
③ 외화차입금을 보유한 기업의 원리금상환부담이 증가한다.
④ 수출상품의 가격경쟁력이 낮아진다.
⑤ 수입이 감소한다.

52

주요 경제지표에 대한 설명으로 옳지 않은 것은?

① 실질GDP = 명목GDP/GDP 디플레이터
② 금융기관 대출잔액 : 전기말 저량 + 당기간 중 순유량 = 당기말 저량
③ GNI = GDP + 해외순수취 요소소득
④ 총저축률 = 국내총투자율 + 국외총저축률
⑤ 조세부담률 = 조세/GNI

53

경기와 금융에 관한 다음 설명 중 옳지 않은 것은?

① 금융이 경기진폭을 확대시키는 것을 금융이 경기순응성이 있다고 표현한다.
② 금융이 경기진폭을 축소시키는 것을 경기대응성이 있다고 표현한다.
③ 경기과열과 자산버블을 일으키는 것은 금융의 경기순응성과 관련 있다.
④ 금융의 경기순응성을 축소하고 경기대응성을 강화하는 것이 금융당국의 정책목표이다.
⑤ BaselⅢ에 의한 자기자본규제방식은 금융기관이 경기에 신축적으로 대응하게 하는 데 한계가 있다.

54

다음 중 환율에 대한 설명으로 옳지 않은 것은?

① 자국통화표시환율이란 외국 돈 1단위를 바꾸기 위해 우리 돈을 얼마나 지급해야 하는가를 나타내는 방법을 말한다.
② 수취환율이란 우리 돈 1단위로 외국 돈을 얼마나 받을 수 있는가를 표시하는 방법을 말한다.
③ 환율상승은 수출 증가의 효과를 가져온다.
④ 환율하락은 수입 증가의 효과를 가져온다.
⑤ 외자도입기업의 경우 환율하락은 원리금 상환부담 증가의 효과를 가져온다.

55

다음 중 조선산업의 특징으로 옳지 않은 것은?

① 전방산업과 후방산업에 대한 교섭력이 열악한 편이다.
② 선수금 비중이 높아 부채비율이 매우 높은 편이다.
③ 중국 조선업의 성장에 따라 경쟁강도가 매우 높은 편이다.
④ 경기변동에 따른 수익성 변화에 영향을 받지 않는 편이다.
⑤ 설비투자에 소요되는 시간이 길어 수급상황이 불일치되는 경우가 많다.

56

다음 자료를 이용하여 판매관리비에 대한 현금유출액을 계산하면 얼마인가?

[재무상태표] (단위 : 원)

구 분	기 초	기 말
선급판매관리비	10,000	15,000
미지급판매관리비	15,000	8,000

[손익계산서]
• 판매관리비 : 45,000원

① 17,000원 ② 27,000원 ③ 37,000원
④ 47,000원 ⑤ 57,000원

57

다음 자료를 이용하여 매도가능증권 취득으로 인한 현금유출액을 계산한 것으로 옳은 것은?

• 재무상태표 중 일부

구 분	기 초	기 말
매도가능증권	3,000,000	4,000,000
기타포괄손익누계액	100,000	300,000

• 회사의 매도가능증권은 모두 주식으로 구성되어 있고, 재무상태표상 금액은 모두 공정가치로 계상되어 있다.
• 당기 중 회사가 처분한 매도가능증권은 없다.

① 200,000원 ② 600,000원 ③ 800,000원
④ 1,000,000원 ⑤ 1,200,000원

58

다음 중 산업분석에 대한 설명으로 옳지 않은 것은?

① 전방산업분석은 생산 또는 제공하는 제품 및 서비스를 수요로 하는 산업에 대한 분석을 말한다.
② 산업의 변동성 등에 따른 위험요소는 전방산업이나 후방산업에 전가시켜 그 변동성을 상쇄시킬 수 있다.
③ 연관산업분석 시 전방산업과 후방산업에 대한 분석은 선택적이다.
④ 후방산업분석 시 후방산업에 대한 교섭력 수준에 대한 분석도 포함한다.
⑤ 전방산업분석 시 먼저 전방산업의 구성을 검토하고 전방산업의 수급변동성 및 수급구조를 검토한다.

59

다음 중 경영진단의 거시환경분석(PEST)의 구성요소로 옳지 않은 것은?

① 정치적 환경요인
② 사회문화적 환경요인
③ 경제적 환경요인
④ 예술적 환경요인
⑤ 기술적 환경요인

60

다음 자료를 이용하여 배당금수익에 대한 현금유입액을 계산하면 얼마인가?

[재무상태표] (단위 : 원)

구 분	기 초	기 말
미수배당금	50,000	30,000
선수배당금	80,000	70,000

[손익계산서]
• 배당금수익 : 20,000원

① 10,000원 ② 20,000원 ③ 30,000원
④ 40,000원 ⑤ 50,000원

61

다음 중 식품산업의 특징으로 옳지 않은 것은?

① 원재료 가격 및 환율변동에 영향을 받으며, 세부산업별로 그 정도는 상이하다.
② 식품안전성 관련 위험요소에 민감한 산업이다.
③ 전방산업인 유통회사들의 PL(Private Label)브랜드 상품의 공급량을 확대하고 있다. 이는 전반적인 전방교섭력 약화로 나타난다.
④ 대체재 위험 및 기술변화 위험에 대한 노출이 높은 산업이다.
⑤ 영업이익률의 변동폭이 매우 낮다.

62

다음 중 경영진단의 방법에 대한 설명으로 옳지 않은 것은?

① 인터뷰법은 기업의 경영진과 업무를 담당하고 있는 직원들을 만나 기업현황을 파악하는 방법이다. 정보의 질이 좋다는 장점이 있으나, 시간이 많이 소요된다는 단점이 있다.
② 설문지법은 기업의 핵심성장요인이나 그 밖의 질문사항에 대하여 설문지를 작성하여 기업현황을 파악하는 방법이다.
③ 설문지법은 신속한 조사가 가능하고 객관성을 확보할 수 있는 장점이 있으나, 부정확한 답변이 올 수 있다는 단점이 있다.
④ 체크리스트법(Checklist)은 신속한 조사가 가능하다는 장점이 있으나, 체크리스트 구성에 오랜 시간이 걸릴 수 있고 기업마다 다른 특성을 반영하기 어렵다는 단점이 있다.
⑤ 갭(GAP)분석은 기업의 현재 위치(AS-IS)를 TO-BE 모형과 비교하여 차이를 도출하고 분석함으로써 기업이 나아가야 할 미래방향을 제시하는 방법이다.

[01~29] 다음 A기업에 대한 사례를 참고하여 1번부터 29번까지 각 물음에 답하시오.

01 재무상태표

(단위 : 원)

과 목	당 기	전 기	전전기
자 산			
Ⅰ. 유동자산	**9,032,890,477**	**7,336,294,529**	**7,807,498,813**
(1) 당좌자산	5,624,374,843	3,133,822,241	3,577,337,473
현금및현금성자산	2,367,356,042	3,382,949,849	1,167,184,980
정부보조금	−162,790,144	−2,395,184,024	−5,285,479
단기금융상품	60,000,000	−	−
매출채권	1,199,014,587	1,353,349,023	1,703,316,512
대손충당금	−12,001,730	−13,533,490	−22,033,092
미수수익	206,331,638	134,877,193	59,600,689
선급금	199,129,682	132,642,027	539,000,000
대손충당금	−1,991,296	−1,326,420	−5,390,000
미수금	990,000,000	−	−
선급비용	264,461,291	452,359,712	29,878,314
부가세대급금	514,864,773	87,688,371	111,065,549
(2) 재고자산	3,408,515,634	4,202,472,288	4,230,161,340
제 품	647,499,052	806,047,394	804,694,696
원재료	2,336,544,372	2,690,119,643	2,719,007,550
재공품	424,472,210	706,305,251	706,459,094
Ⅱ. 비유동자산	**59,802,396,521**	**51,922,969,961**	**47,779,909,733**
(1) 투자자산	1,755,702,591	1,706,614,956	616,027,895
장기금융상품	755,702,591	706,614,956	616,027,895
매도가능증권(주석 3)	1,000,000,000	1,000,000,000	−
(2) 유형자산(주석 4, 5, 6)	7,184,902,142	49,401,062,153	45,816,318,462
토 지	8,631,798,420	8,631,798,420	6,745,121,400
건물(주석 15)	4,550,179,820	3,929,379,820	3,195,672,090
감가상각누계액	−2,285,458,173	−2,078,642,519	−1,909,687,571
정부보조금(주석 17)	−416,926,783	−26,098,948	−28,604,446
기계장치	50,036,420,317	32,751,563,317	28,357,076,716
감가상각누계액	−18,699,962,812	−18,556,328,031	−17,063,741,139
정부보조금(주석 17)	−2,880,715,764	−	−
차량운반구	348,599,882	394,645,084	394,645,084
감가상각누계액	−306,020,324	−325,875,636	−296,426,378

과 목	당 기	전 기	전전기
공구와기구	9,411,772,000	9,414,272,000	9,414,272,000
감가상각누계액	−8,556,137,534	−7,746,770,300	−6,771,745,283
정부보조금(주석 17)	−92,952,763	−249,678,763	−269,464,763
비 품	477,814,221	477,814,221	477,814,221
감가상각누계액	−472,410,489	−468,982,813	−464,050,142
시설장치	6,805,547,540	7,262,547,540	7,262,547,540
감가상각누계액	−3,277,597,755	−3,167,080,353	−2,625,377,620
정부보조금(주석 17)	−8,674,167	−10,584,167	−12,494,167
금형(주석 15)	28,410,437,626	34,616,767,009	28,433,335,051
감가상각누계액	−13,626,438,367	−16,822,209,738	−13,890,606,405
정부보조금(주석 17)	−873,372,753	−1,132,566,409	−723,150,684
조 경	9,000,000	9,000,000	9,000,000
건설중인자산	−	2,498,092,419	5,582,182,958
(3) 무형자산(주석 7)	73,351,788	126,852,852	178,123,376
기타의무형자산	280,840,092	142,966,301	196,184,970
정부보조금(주석 17)	−107,488,304	−16,113,449	−18,061,594
(4) 기타비유동자산	688,440,000	688,440,000	1,169,440,000
보증금	688,440,000	688,440,000	1,169,440,000
자산총계	**68,835,286,998**	**59,259,264,490**	**55,587,408,546**
부 채			
Ⅰ. 유동부채(주석 9)	**13,660,002,615**	**14,192,415,598**	**19,575,005,082**
매입채무	460,043,844	704,236,804	1,221,116,295
단기차입금(주석 8, 13, 14)	6,260,000,000	7,490,000,000	13,140,000,000
미지급금	268,854,954	150,488,171	240,201,888
예수금	100,030,890	21,180,740	21,931,520
미지급비용	387,397,129	359,252,501	345,186,271
당기법인세부채	18,984,690	23,126,130	19,271,776
유동성장기차입금(주석 8, 13, 14, 15)	5,464,691,108	4,744,131,252	4,587,297,332
유동성사채(주석 8)	700,000,000	700,000,000	−
Ⅱ. 비유동부채(주석 9)	**37,677,093,425**	**28,448,378,975**	**20,469,193,981**
장기차입금(주석 8, 13, 14)	32,317,224,731	25,000,605,049	19,797,400,466
퇴직급여충당부채(주석 10)	1,893,108,742	1,181,925,701	1,103,472,116
퇴직연금운용자산(주석 10)	−610,292,948	−531,705,175	−584,589,201
퇴직보험예치금(주석 10)	−22,947,100	−27,446,600	−22,089,400
장기미지급금	−	25,000,000	175,000,000
사채(주석 8)	4,100,000,000	2,800,000,000	−

과 목	당 기	전 기	전전기
부채총계	51,337,096,040	42,640,794,573	40,044,199,063
자 본			
Ⅰ. 자본금(주석 11)	3,579,430,000	3,400,000,000	3,400,000,000
보통주자본금	3,579,430,000	3,400,000,000	3,400,000,000
Ⅱ. 자본잉여금	401,474,088	80,904,450	80,904,450
주식발행초과금	401,474,088	80,904,450	80,904,450
Ⅲ. 기타포괄손익누계액(주석 18)	3,740,581,505	3,740,581,505	3,740,581,505
재평가잉여금	3,740,581,505	3,740,581,505	3,740,581,505
Ⅳ. 이익잉여금(주석 11)	9,776,705,365	9,396,983,962	8,321,723,528
이익준비금	1,000,000	1,000,000	1,000,000
미처분이익잉여금	9,775,705,365	9,395,983,962	8,320,723,528
자본총계	17,498,190,958	16,618,469,917	15,543,209,483
부채및자본총계	68,835,286,998	59,259,264,490	55,587,408,546

02 손익계산서

(단위 : 원)

과 목	당 기	전 기	전전기
Ⅰ. 매출액	51,450,753,066	47,164,759,701	37,651,188,455
제품매출	51,324,877,884	46,998,689,074	37,467,235,279
기타매출	125,875,182	166,070,627	183,953,176
Ⅱ. 매출원가(주석 16)	43,193,785,214	40,339,891,187	32,366,800,556
기초제품재고액	806,047,394	804,694,696	959,707,850
당기제품제조원가	43,035,236,872	40,341,243,885	32,211,787,402
계	43,841,284,266	41,145,938,581	33,171,495,252
기말제품재고액	−647,499,052	−806,047,394	−804,694,696
Ⅲ. 매출총이익	8,256,967,852	6,824,868,514	5,284,387,899
Ⅳ. 판매비와관리비(주석 16)	5,283,840,575	4,438,990,638	3,434,867,942
급 여	970,448,238	669,611,678	660,377,850
퇴직급여	357,675,093	146,457,758	106,717,682
복리후생비	127,206,345	182,819,100	114,965,261
여비교통비	3,764,582	22,806,660	20,566,943
접대비	24,655,000	34,166,000	45,360,902
통신비	14,532,835	3,479,682	3,925,301
전력비	8,936,450	5,515,330	3,949,010

과 목	당 기	전 기	전전기
세금과공과	105,569,863	94,613,580	97,495,840
감가상각비	56,430,926	72,790,442	42,626,715
수선비	1,510,456	347,273	–
보험료	47,963,836	45,898,024	59,381,732
차량유지비	23,436,922	12,914,317	9,238,290
경상연구개발비	2,261,585,215	1,882,619,426	1,278,556,354
운반비	1,007,673,748	1,033,041,886	710,120,780
교육훈련비	555,000	18,669,590	–
도서인쇄비	665,020	815,000	3,715,000
사무용품비	8,151,517	9,299,342	13,324,404
소모품비	12,779,006	7,109,287	3,892,100
지급수수료	165,547,616	135,758,921	176,928,671
대손상각비	–866,884	–12,563,182	8,367,487
무형자산상각비(주석 7)	53,492,064	51,270,524	37,057,620
협회비	32,127,727	21,550,000	38,300,000
Ⅴ. 영업이익	**2,973,127,277**	**2,385,877,876**	**1,849,519,957**
Ⅵ. 영업외수익	**275,637,146**	**292,258,358**	**178,809,617**
이자수익	22,271,344	25,067,740	50,300,414
유형자산처분이익	1,576,192	–	28,000,000
잡이익	251,789,610	267,190,618	100,509,203
Ⅶ. 영업외비용	**2,824,299,124**	**1,495,010,720**	**1,436,736,093**
이자비용	1,306,031,768	1,464,246,519	1,266,258,832
기부금	7,300,000	10,350,000	800,000
매출채권처분손실	–	6,306,740	8,253,058
유형자산처분손실	1,428,961,071	–	113,520,000
잡손실	82,006,285	14,107,461	47,904,203
Ⅷ. 법인세차감전순이익	**424,465,299**	**1,183,125,514**	**591,593,481**
Ⅸ. 법인세등(주석 12)	**44,743,896**	**107,865,080**	**54,899,201**
Ⅹ. 당기순이익	**379,721,403**	**1,075,260,434**	**536,694,280**
Ⅺ. 주당손익 (주석 18)			
기본주당순이익	1,116	3,163	1,579

03 현금흐름표

(단위 : 원)

과 목	당 기	전 기	전전기
Ⅰ. 영업활동으로 인한 현금흐름	**8,919,944,437**	**7,004,780,652**	**4,920,282,373**
1. 당기순이익	379,721,403	1,075,260,434	536,694,280
2. 현금의 유출이 없는 비용등의 가산	9,177,383,439	6,321,826,281	6,205,867,869
감가상각비	6,865,020,037	6,044,622,079	5,753,449,136
퇴직급여	829,910,267	219,626,938	293,473,626
무형자산상각비	53,492,064	51,270,524	37,057,620
매출채권처분손실	–	6,306,740	–
대손상각비			8,367,487
유형자산처분손실	1,428,961,071	–	113,520,000
3. 현금의 유입이 없는 수익등의 차감	–2,443,076	–12,563,182	–28,000,000
대손충당금환입	866,884	12,563,182	–
유형자산처분이익	1,576,192	–	28,000,000
4. 영업활동으로 인한 자산부채의 변동	–634,717,329	–379,742,881	–1,794,279,776
매출채권의 감소	154,334,436	343,660,749	–265,100,790
미수수익의 증가	–71,454,445	–75,276,504	–23,823,997
선급금의 감소(증가)	–66,487,655	406,357,973	–64,388,148
미수금의 증가	–990,000,000	–	4,903,794
선급비용의 감소(증가)	187,898,421	–422,481,398	–62,931,583
부가세대급금의 감소(증가)	–427,176,402	23,377,178	54,509,700
재고자산의 감소	793,956,654	27,689,052	53,236,327
퇴직연금운용자산의 감소	–78,587,773	52,884,026	8,323,400
퇴직보험예치금의 감소(증가)	4,499,500	–5,357,200	–280,869,722
매입채무의 감소	–244,192,960	–516,879,491	–687,022,200
미지급금의 증가(감소)	118,366,783	–89,713,717	1,830,780
예수금의 증가(감소)	78,850,150	–750,780	9,477,386
미지급비용의 증가	28,144,628	14,066,230	–10,532,009
당기법인세부채의 증가(감소)	–4,141,440	3,854,354	–329,922,332
퇴직금의 지급	–118,727,226	–141,173,353	–201,970,382
Ⅱ. 투자활동으로 인한 현금흐름	**–16,285,323,540**	**–10,238,952,831**	**–13,471,006,985**
1. 투자활동으로 인한 현금유입액	3,577,334,412	1,401,502,767	1,644,127,473
단기대여금의 회수	–	308,893,340	–
장기금융상품의 처분	38,456,954	107,762,427	106,307,003
기계장치의 처분			28,000,000
차량운반구의 처분	3,999,999	–	–

과 목	당 기	전 기	전전기
금형의 처분	129,965,000	–	–
정부보조금의 수령	3,404,912,459	484,847,000	649,820,470
건설중인자산의 감소			860,000,000
보증금의 감소	–	500,000,000	–
2. 투자활동으로 인한 현금유출액	–19,862,657,952	–11,640,455,598	–15,115,134,458
단기금융상품의 취득	60,000,000	–	–
단기대여금의 대여	–	308,893,340	–
장기금융상품의 취득	87,544,589	198,349,488	121,817,518
매도가능증권의 취득	–	1,000,000,000	–
토지의 취득	–	1,886,677,020	–
건물의 취득	620,800,000	733,707,730	–
기계장치의 취득	18,072,357,000	59,000,000	2,673,970,000
차량운반구의 취득			94,592,350
공구와기구의 취득			1,098,980,075
비품의 취득			1,576,240
시설장치의 취득			3,570,766,317
금형의 취득	821,976,363	775,847,000	981,297,000
건설중인자산의 증가	–	6,658,981,020	6,555,702,958
무형자산의 취득	199,980,000	–	16,432,000
보증금의 증가	–	19,000,000	–
Ⅲ. 재무활동으로 인한현금흐름	**8,582,179,176**	**3,060,038,503**	**6,373,598,554**
1. 재무활동으로 인한 현금유입액	23,941,310,428	12,113,333,335	10,687,250,000
단기차입금의 차입	7,960,000,000	800,000,000	770,000,000
장기차입금의 차입	13,481,310,790	7,813,333,335	9,917,250,000
사채의 차입	2,000,000,000	3,500,000,000	–
자본금의 증가	499,999,638	–	–
2. 재무활동으로 인한 현금유출액	–15,359,131,252	–9,053,294,832	–4,313,651,446
단기차입금의 상환	9,190,000,000	5,830,000,000	–
유동성장기부채의 상환	4,744,131,252	3,073,294,832	3,883,651,446
유동성사채의 상환	700,000,000	–	–
장기미지급금의 감소	25,000,000	150,000,000	–
장기차입금의 상환	700,000,000	–	430,000,000
Ⅳ. 현금의 증가(감소)	**1,216,800,073**	**–174,133,676**	**–2,177,126,058**
Ⅴ. 기초의 현금	**987,765,825**	**1,161,899,501**	**3,339,025,559**
Ⅵ. 기말의 현금(주석 15)	**2,204,565,898**	**987,765,825**	**1,161,899,501**

04 재무제표에 대한 주석

1. 당사의 개요

주식회사 A기업(이하 "당사")은 자동차 부품 제조 및 판매 등을 주요사업으로 하여 2000년 5월 25일에 설립되었으며, 광주광역시에 소재하고 있습니다.

당사의 설립 시 납입자본금은 200,000천원이었으며, 그 후 수차의 증자를 거쳐 당기말 현재 납입자본금은 3,579,430천원입니다.

당기말 현재 당사의 주주 및 지분비율은 다음과 같습니다.

(단위 : 주, %)

주주명	소유주식수	지분비율
AA(대표이사)	180,200	50.34
BB(대표이사 부인)	114,478	31.98
㈜CC	45,322	12.67
DD	17,943	5.01
합 계	357,943	100

2. 중요한 회계정책의 요약

당사의 재무제표는 일반기업회계기준에 따라 작성되었으며, 그 중요한 회계처리 방침은 다음과 같습니다.

(1) 수익인식기준

당사는 제품의 판매로 인한 수익은 제품이 인도되는 시점을 기준으로 인식하고 있으며 기타의 수익에 대해서는 수익가득과정이 완료되고 수익금액을 신뢰성 있게 측정할 수 있으며 유의적인 위험과 효익이 이전된 시점에 수익으로 인식하고 있습니다.

(2) 현금성자산

당사는 큰 거래비용 없이 현금으로 전환이 용이하고 이자율 변동에 따른 가치변동이 중요하지 않은 유가증권 및 단기금융상품으로서 취득 당시 만기(또는 상환일)가 3개월 이내에 도래하는 것을 현금및현금성자산으로 분류하고 있습니다.

(3) 금융자산

당사는 단기적 자금운용목적으로 소유하거나 기한이 1년 이내에 도래하는 금융기관의 정기예금, 정기적금 등을 단기금융상품으로 분류하고, 유동자산에 속하지 아니하는 금융상품을 장기금융상품으로 분류하고 있습니다.

(4) 대손충당금

당사는 보고기간 종료일 현재 매출채권 등 받을채권 잔액의 회수가능성에 대한 개별분석 및 과거의 대손경험률을 토대로 하여 예상되는 대손추정액을 대손충당금으로 설정하고 있습니다.

(5) 재고자산

당사는 재고자산을 계속기록법에 따라 기록한 수량을 실지재고조사에 의하여 확정하고 있으며, 제조원가 또는 매입가액에 부대비용을 가산하고 이에 원재료는 선입선출법, 기타의 재고자산은 총평균법을 적용하여 산정한 취득원가로 평가하고 있습니다. 다만, 재고자산의 시가가 취득원가보다 하락한 경우에는 시가를 장부금액으로 하고 있으며, 발생한 평가손실은 재고자산의 차감계정으로 표시하고 매출원가에 가산하고 있습니다.

(6) 유가증권

당사는 단기간 내의 매매차익을 목적으로 취득한 유가증권으로서 매수와 매도가 적극적이고 빈번하게 이루어지는 경우 단기매매증권으로, 만기가 확정된 채무증권으로서 상환금액이 확정되었거나 확정이 가능한 채무증권을 만기까지 보유할 적극적인 의도와 능력이 있는 경우에는 만기보유증권으로, 단기매매증권이나 만기보유증권으로 분류되지 아니하는 유가증권은 매도가능증권으로 분류하고 있습니다.

유가증권의 취득원가는 유가증권 취득을 위하여 제공한 대가의 시장가격에 취득부대비용을 포함한 가액으로 산정하고 있습니다. 단기매매증권의 취득원가는 취득 당시의 공정가치로 하고 있습니다.

단기매매증권과 매도가능증권은 공정가치로 평가하며, 매도가능증권 중 시장성이 없는 지분증권의 공정가액을 신뢰성 있게 측정할 수 없는 경우에는 취득원가로 평가하고 있습니다. 시장가격이 없는 채무증권은 공신력 있는 독립된 신용평가기관에 의한 신용평가등급 등을 적절히 감안한 할인율로 평가한 미래현금흐름을 공정가액으로 평가하고 있습니다.

공정가치 평가에 따라 발생하는 단기매매증권에 대한 미실현보유손익은 당기손익항목으로 처리하며, 매도가능증권에 대한 미실현보유손익은 자본항목의 기타포괄손익누계액으로 처리하고, 당해 유가증권에 대한 자본항목의 누적금액은 그 유가증권을 처분하거나 감액손실을 인식하는 시점에 일괄하여 당기손익에 반영하고 있습니다.

또한 유가증권으로부터 회수할 수 있을 것으로 추정되는 금액(회수가능가액)이 채무증권의 상각 후 취득원가 또는 지분증권의 취득원가보다 작고 손상차손이 발생하였다는 객관적인 증거가 있는 경우에는 손상차손이 불필요하다는 명백한 반증이 없는 한, 손상차손을 인식하여 당기손익으로 처리하고 있습니다.

만기보유증권은 상각후취득원가로 평가하며 취득원가와 만기액면가액의 차이를 상환기간에 걸쳐 유효이자율법에 의하여 상각하여 취득원가와 이자수익에 가감하고 있습니다.

(7) 유형자산의 평가 및 감가상각방법

유형자산의 취득원가는 구입원가 또는 제작원가 및 경영진이 의도하는 방식으로 자산을 가동하는데 필요한 장소와 상태에 이르게 하는 데 직접 관련되는 지출 등으로 구성되어 있습니다.

당사는 유형자산을 취득원가에서 아래의 추정내용연수와 감가상각방법에 따라 산정된 감가상각누계액과 손상차손누계액을 차감한 금액으로 표시하고 있습니다.

구 분	추정내용연수	감가상각방법
건 물	20년	정액법
기계장치	8년, 12년	정액법
차량운반구	5년	정액법
공기구비품	5년	정액법
시설장치	10년, 20년	정액법
금 형	8년	정액법

유형자산의 취득 또는 완성 후의 지출이 생산능력 증대, 내용연수 연장, 상당한 원가절감 또는 품질향상을 가져오는 등 미래경제적효익의 유입 가능성이 매우 높고, 원가를 신뢰성 있게 측정할 수 있는 경우에는 자본적지출로 인식하고, 그렇지 않은 경우에는 발생한 기간의 비용으로 인식하고 있습니다.

당사는 유형자산에 대하여 2011년도 일반기업회계기준 시행에 따라 원가모형으로 선택하여 적용하여 오다가, 2015년도부터 유형자산 중 토지에 대하여 재평가모형을 적용하는 것으로 회계변경하였습니다. 이에 따라 토지를 공정가치로 측정하고 있으며 재평가는 자산의 장부금액이 공정가치와 중요하게 차이가 나지 않도록 주기적으로 수행하고 있습니다.

토지의 장부금액이 재평가로 인해 증가된 경우 재평가에 따른 증가액은 기타포괄손익으로 인식하나, 동일한 유형자산에 대하여 이전에 당기손익으로 인식한 재평가감소액이 있다면 그 금액을 한도로 재평가증가액만큼 당기손익으로 인식하고 있습니다. 한편, 장부금액이 재평가로 인하여 감소된 경우에 그 감소액은 당기손익으로 인식하고 있으나, 그 유형자산의 재평가로 인해 인식한 기타포괄손익의 잔액이 있다면 그 금액을 한도로 재평가감소액을 기타포괄손익에서 차감하고 있습니다.

(8) 무형자산

무형자산의 취득원가는 당해 자산의 제작원가 또는 매입가액에 취득부대비용을 가산하여 산정하고 있습니다. 또한 합리적으로 추정한 내용연수(10년)에 따라 정액법으로 계산된 상각액을 취득원가에서 직접 차감한 잔액으로 표시하고, 관련된 정부보조금은 해당 자산과목에서 차감하는 형식으로 기재하고 있습니다.

(9) 정부보조금

당사는 자산 취득에 사용될 목적으로 수령한 상환의무가 없는 정부보조금 중 자산의 취득에 사용된 경우에는 이를 취득자산에서 차감하는 형식으로 표시하고 당해 자산의 내용연수에 걸쳐 감가상각비와 상계하고 있습니다. 또한, 특정 비용을 보전할 목적으로 지급되는 정부보조금의 경우에는 당기손익에 반영하지 않고 특정의 비용과 상계처리하고 있습니다.

(10) 자산손상차손

당사는 공정가치로 평가되는 자산이외에 투자, 유형 및 무형자산 등이 진부화, 물리적인 손상 및 시장가치의 급격한 하락 등의 원인으로 인하여 당해 자산의 회수가능가액이 장부금액에 중요하게 미달하는 경우 그 미달액을 자산손상차손의 과목으로 기간손익에 반영하고 있습니다. 차기 이후에 손상차손을 인식하였던 자산의 회수가능가액이 장부금액을 초과하는 경우에는 그 자산의 손상차손을 인식하기 전 장부금액의 (감가)상각 후 잔액을 한도로 하여 손상차손환입을 인식하고 있습니다.

(11) 퇴직급여충당부채

당사는 임직원퇴직금지급규정에 따라 임직원에 대한 퇴직금을 지급하고 있으며 당기말 현재 1년 이상 근속한 임직원이 일시에 퇴직할 경우 지급하여야 할 퇴직금추계액을 퇴직급여충당부채로 설정하고 있습니다.

당사는 현재 확정급여형 퇴직연금제도를 시행하고 있으며, 재직 중인 종업원과 퇴직연금의 수령을 선택하고 퇴사한 종업원과 관련한 부채를 각각 퇴직급여충당부채와 퇴직연금미지급금으로 계상하고 있습니다.

한편, 당사는 종업원의 수급권을 보장하는 퇴직보험을 산업은행 외 2개 은행에 가입하고 있으며, 납입보험료는 퇴직보험예치금의 과목으로 하여 퇴직연금운용자산과 구분하여 퇴직급여충당부채에서 차감하는 형식으로 표시하고 있습니다. 퇴직연금운용자산 및 퇴직보험예치금이 퇴직급여 관련 부채의 합계액을 초과하는 경우에는 그 초과액을 투자자산으로 표시하고 있습니다.

(12) 충당부채와 우발부채

당사는 과거사건이나 거래의 결과로 존재하는 현재 의무의 이행을 위하여 자원이 유출될 가능성이 매우 높고 동 손실의 금액을 신뢰성 있게 추정할 수 있는 경우에 그 손실금액을 충당부채로 계상하고 있습니다. 또한, 당사는 과거사건은 발생하였으나 불확실한 미래사건의 발생여부에 의해서 존재여부가 확인되는 잠재적인 의무가 있는 경우 또는 과거사건이나 거래의 결과 현재 의무가 존재하나 자원이 유출될 가능성이 매우 높지 않거나 당해 의무를 이행하여야 할 금액을 신뢰성 있게 추정할 수 없는 경우 우발부채로 주석기재하고 있습니다.

(13) 중소기업의 회계처리에 대한 특례

당사는 중소기업기본법에 의한 중소기업으로서 일반기업회계기준 제31장에 따라 중소기업의 회계처리특례를 적용하여 당기에 납부할 금액을 법인세등으로 계상하고, 유형자산의 내용연수 및 잔존가치는 법인세법 규정을 따랐으며, 시장성이 없는 지분증권은 취득원가로 평가하고 있습니다.

3. 유가증권

당사는 일반기업회계기준 제6장(금융자산·금융부채)에서 요구하는 바에 따라 그 유가증권의 당초의 취득목적과 보유의도 등을 고려하여 유가증권을 분류하고 있으며, 당기말과 전기말 현재 매도가능증권의 내역은 다음과 같습니다.

(단위 : 천원, 주, %)

피투자회사명	주식수	지분율	취득금액	시가 또는 순자산가액	당기말 장부금액
㈜EE	200,000	0.47	1,000,000	1,000,000	1,000,000

4. 유형자산

(1) 보유토지의 공시지가

기말 현재 당사가 보유하고 있는 토지의 공시지가 내역은 다음과 같습니다.

(단위 : 천원)

구 분	면 적	장부가액		공시지가	
		당 기	전 기	당 기	전 기
광주 광산구 외 2 필지	20,154.3㎡	8,631,798	8,631,798	5,942,520	5,890,108

(2) 보고기간 중 당사의 유형자산 변동내역은 다음과 같습니다.

① 당기

(단위 : 천원)

계정과목	기초장부가액	취득가액	대체증감	기타증감	처분장부가액	감가상각비	기말장부가액
토 지	8,631,798	–	–	–	–	–	8,631,798
건 물	1,824,638	620,800	–	-400,000	–	-197,643	1,847,795
기계장치	14,195,235	18,072,357	1,600,500	-2,904,924	-456,238	-2,051,188	28,455,742
차량운반구	68,769	–	–	–	-2,424	-23,766	42,579
공구와기구	1,417,823	–	–	–	-250	-654,891	762,682
비 품	8,832	–	–	–	(–)	-3,428	5,404
시설장치	4,084,883	–	–	–	-100,896	-464,712	3,519,275
금 형	16,661,991	821,976	897,593	–	-1,001,541	-3,469,392	13,910,627
조 경	9,000	–	–	–	–	–	9,000
건설중인자산	2,498,093	–	-2,498,093	–	–	–	–
합 계	49,401,062	19,515,133	–	-3,304,924	-1,561,349	-6,865,020	57,184,902

② 전기

(단위 : 천원)

계정과목	기초장부가액	취득가액	대체증감	재평가	처분장부가액	감가상각비	기말장부가액
토 지	6,745,121	1,886,677	-	-	-	-	8,631,798
건 물	1,257,380	733,708	-	-	-	(166,450)	1,824,638
기계장치	11,293,336	59,000	4,335,486	-	-	(1,492,587)	14,195,235
차량운반구	98,219	-	-	-	-	(29,450)	68,769
공구와기구	2,373,062	-	-	-	-	(955,239)	1,417,823
비 품	13,764		-	-	-	(4,932)	8,832
시설장치	4,624,676		-	-	-	(539,793)	4,084,883
금 형	13,819,578	775,847	5,407,585	-484,847	-	(2,856,172)	16,661,991
조 경	9,000	-	-	-	-	-	9,000
건설중인자산	5,582,183	6,658,981	-9,743,071	-	-	-	2,498,093
합 계	45,816,319	10,114,213	-	-484,847	-	-6,044,623	49,401,062

(3) **토지에 대한 재평가모형 적용**

당사는 토지에 대하여 2011년 이전에는 종전 기업회계기준서에 따라 재평가모형을 적용하였고, 일반기업회계기준이 시행되는 2011년부터 원가모형을 선택하여 동 기준 '시행일 및 경과규정' 문단 8에 따라 종전의 기업회계기준에 따른 토지의 장부금액을 2011년 초 시점의 간주원가로 사용하였습니다.
당사는 2015년부터 회계정책을 변경하여 토지에 대해 재평가모형을 적용하였습니다. 당기 재평가액은 2018년 12월 31일을 기준으로 독립적인 전문평가인인 ㈜FF감정원의 감정평가결과를 근거로 하였습니다. 토지의 공정가치는 거래사례비교법을 이용하여 평가하는 방법 또는 공시지가기준법으로 평가하고 거래사례비교법으로 평가액의 적정성을 검토하는 방법을 이용하여 추정하였으며, 이에 따라 1,150,826천원의 재평가이익이 전기에 발생하였습니다.
관련 토지의 최초 취득원가는 3,004,540천원이며, 재평가모형을 적용함에 따라 발생한 재평가잉여금(기타포괄손익누계액)은 3,740,581천원입니다.

5. 보험가입자산

(1) 보고기간 종료일 현재 보험에 가입된 자산의 내용은 다음과 같습니다.

(단위 : 천원)

보험종류	부보자산	부보금액	부보처	질권자
화재보험	건물 및 기계장치 등	33,552,646	AA손해보험	AA은행 외 4
화재보험	기계장치	8,850,000	BB손해보험	AA은행
합 계		42,402,646		

(2) 당사는 상기 보험 이외에 보유차량에 대한 자동차 책임보험과 종합보험, 가스배상책임보험 및 단체상해보험에 가입하고 있습니다.

6. 담보제공자산

보고기간 종료일 현재 당사 차입금에 대하여 담보를 제공하고 있는 당사소유의 자산의 내역은 다음과 같습니다.

(단위 : 천원)

담보제공자산	장부가액	설정금액	담보권자
재고자산, 토지, 건물, 기계장치, 공구와기구, 시설장치 등	60,672,902	42,480,000	AA은행
		4,569,616	BB은행
		1,560,000	CC은행
		2,040,000	DD은행
		1,920,000	EE공단
		433,333	HH주식회사
합 계	60,672,902	53,002,949	

7. 무형자산

보고기간 중 무형자산 장부가액의 변동내역은 다음과 같습니다.

① 당기

(단위 : 천원)

구 분	기 초	증 가	상 각	기 말
기타의 무형자산	142,966	199,981	−62,106	280,841
정부보조금	−16,114	−99,989	8,613	−107,490
합 계	126,852	99,992	−53,493	173,351

② 전기

(단위 : 천원)

구 분	기 초	증 가	상 각	기 말
기타의 무형자산	196,185	−	−53,219	142,966
정부보조금	−18,062	−	1,948	−16,114
합 계	178,123	−	−51,271	126,852

8. 차입금 등

(1) 보고기간 종료일 현재 단기차입금의 내용은 다음과 같습니다.

(단위 : 천원)

차입금 종류	차입처	이자율(%)	당 기	전 기
운영자금	AA은행	1.31 ~ 2.34	3,500,000	3,500,000
운영자금	BB은행	2.47 ~ 3.75	1,190,000	1,970,000
운영자금	CC은행	3.03	1,000,000	1,000,000
운영자금	DD은행	2.8	270,000	270,000
운영자금	EE은행	3.22	300,000	300,000
운영자금	FF은행	−	−	450,000
합 계			6,260,000	7,490,000

(2) 보고기간 종료일 현재 장기차입금의 내용은 다음과 같습니다.

(단위 : 천원)

구 분	차입처	이자율(%)	당 기	전 기
시설자금 등	AA은행	1.5 ~ 3.29	28,636,893	20,258,903
시설자금 등	BB은행	0.86 ~ 3.29	3,150,000	2,700,000
운영자금	CC은행	3.84 ~ 4.74	1,420,000	1,660,000
시설자금 등	DD은행	3.34	928,000	-
시설자금	EE은행	2.67 ~ 3.30	1,523,690	1,502,500
시설자금 등	EE공단	2.06 ~ 2.87	1,310,000	1,170,000
운영자금 등	HH주식회사	3.8	433,333	1,833,333
운영자금 등	FF은행	3.05	380,000	620,000
합 계			37,781,916	29,744,736
유동성장기차입금			-5,464,691	-4,744,131
장기차입금			32,317,225	25,000,605

(3) 보고기간 종료일 현재 사채의 발행내역은 다음과 같습니다.

(단위 : 천원)

종 류	발행일	최종상환일	이자율(%)	금 액	
				당 기	전 기
무보증사모사채	2019-09-27	2020-09-27	4.98	-	700,000
무보증사모사채	2019-09-27	2021-09-27	4.98	700,000	700,000
무보증사모사채	2019-09-27	2022-09-27	4.98	2,100,000	2,100,000
무보증사모사채	2020-04-23	2023-04-23	3.62	2,000,000	-
소 계				4,800,000	3,500,000
차감 : 1년 이내 만기도래분				-700,000	-700,000
합 계				4,100,000	2,800,000

(4) 보고기간 종료일 현재 장기차입금의 연도별 상환계획은 다음과 같습니다.

(단위 : 천원)

연 도	2022년	2023년	2024년	2025년	2026년 이후	합 계
장기차입금	3,766,932	4,866,559	3,590,059	2,367,279	17,726,396	32,317,225
사 채	2,100,000	2,000,000	-	-	-	4,100,000
합 계	5,866,932	6,866,559	3,590,059	2,367,279	17,726,396	36,417,225

9. 금융부채의 유동성위험 관리방법 및 종류별 만기분석

당사의 자금팀은 미사용 차입금 한도를 적정수준으로 유지하고 영업자금 수요를 충족시킬 수 있도록 유동성에 대한 예측을 항시 모니터링하여 차입금 한도나 약정을 위반하는 일이 없도록 하고 있습니다. 유동성에 대한 예측 시에는 당사의 자금조달 계획, 약정 준수, 당사 내부의 목표재무비율 및 통화에 대한 제한과 같은 외부 법규나 법률 요구사항이 있는 경우 그러한 요구사항을 고려하고 있습니다. 자금팀은 상기에서 언급한 예측을 통해 결정된 대로 여유있는 유동성이 확보될 수 있도록 적절한 만기나 충분한 유동성을 제공해주는 이자부 당좌예금, 정기예금, 수시입출금식 예금, 시장성 유가증권 등의 금융상품을 선택하여 잉여자금을 투자하고 있습니다.
당사의 채무에 대한 만기 분석내역은 다음과 같습니다.

(단위 : 천원)

과 목	1년 이하	1년에서 2년 이하	2년에서 5년 이하	5년 초과	합 계
매입채무	460,044	–	–	–	460,044
미지급금	268,855	–	–	–	268,855
미지급비용	387,397	–	–	–	387,397
단기차입금	6,260,000	–	–	–	6,260,000
장기차입금[1]	5,464,691	3,766,932	10,823,896	17,726,397	37,781,916
사 채[1]	700,000	2,100,000	2,000,000	–	4,800,000
합 계	13,540,987	5,866,932	12,823,896	17,726,397	49,958,212

[1] 계약 만기일까지의 잔여기간에 따른 만기별 구분에 포함된 현금흐름은 현재가치 할인을 하지 않은 금액입니다.

10. 퇴직급여충당부채

(1) 보고기간 중 당사의 퇴직급여충당부채 변동내역은 다음과 같습니다.

(단위 : 천원)

구 분	당 기	전 기
기초잔액	1,181,926	1,103,472
퇴직급여지급액	–118,727	–141,173
퇴직급여설정액	829,910	219,627
기말잔액	1,893,109	1,181,926
퇴직연금운용자산	–610,293	–531,705
퇴직보험예치금	–22,947	–27,447
합 계	1,259,869	622,774

(2) 보고기간 종료일 현재 전 임직원의 퇴직금 소요액은 1,893,109천원(전기 : 1,181,926천원)이며, 동일한 금액에 대하여 퇴직급여충당부채를 설정하고 있습니다. 또한, 당사는 퇴직금추계액의 32.24%(전기 : 44.99%)에 해당하는 금액에 대하여 산업은행 외 1개 은행에 확정급여형퇴직연금을 가입하고 있으며, bb화재보험㈜에 외국인출국만기보험을 가입하고 있습니다.

11. 자본

(1) 자본금

보고기간 종료일 현재 당사의 자본금에 관련된 사항은 다음과 같습니다.

(단위 : 천원)

구 분	당 기	전 기
발행할 주식의 총수	600,000	600,000
1주당 액면금액	10,000원	10,000원
발행한 주식의 수	357,943	340,000
자본금	3,579,430	3,400,000

(2) 유상증자

당사는 2020년 12월 29일을 증자등기일로 하여 1주당 발행금액 27,866원(액면가 10,000원), 발행주식수 17,943주를 발행하여 자본금 179,430천원 및 주식발행초과금 320,570천원으로 하여 유상증자 하였습니다.

(3) 이익준비금

당사는 상법상의 규정에 따라 자본금의 50%에 달할 때까지 매 결산기마다 금전에 의한 이익배당액의 10% 이상을 이익준비금으로 적립하고 있으며, 동 이익준비금은 현금으로 배당할 수 없으나 자본전입 또는 결손보전을 위해서는 사용될 수 있습니다.

(4) 이익잉여금처분계산서

당사의 이익잉여금처분계산서는 다음과 같습니다.

(단위 : 천원)

구 분	당 기		전 기	
	처분예정일 : 2021년 3월 25일		처분확정일 : 2020년 3월 31일	
Ⅰ. 미처분이익잉여금		9,775,705,365		9,395,983,962
1. 전기이월미처분이익잉여금	9,395,983,962		8,320,723,528	
2. 당기순이익	379,721,403		1,075,260,434	
Ⅱ. 이익잉여금처분액		–		–
Ⅲ. 차기이월미처분이익잉여금		9,775,705,365		9,395,983,962

12. 법인세등

(1) 당사는 일반기업회계기준 중소기업의 회계처리 특례에 따라 이연법인세를 도입하지 아니하므로 법인세비용차감전순손익과 법인세비용을 각각 법인세차감전순손익과 법인세등의 계정과목으로 표시하였습니다.

(2) 보고기간 중 당사의 과세소득은 법인세차감전순이익과 차이가 나는 바, 이는 기업회계와 세무회계의 차이로 인한 세무조정사항에 기인하며, 당사는 조세특례제한법상 연구인력비세액공제 등 규정에 따라 공제를 적용받고 있으며 당기 법인세차감전순이익에 대한 유효세율은 10.54%(전기 : 9.12%)입니다.

13. 제공받은 지급보증

보고기간 종료일 현재 당사가 타인으로부터 제공받은 지급보증의 내역은 다음과 같습니다.

(단위 : 천원)

보증제공기관	보증제공처	보증내역	보증금액
AA기금	AA은행	차입금보증	2,671,500
BB기금	BB은행	차입금보증	360,000
CC공사	CC은행	차입금보증	1,260,000
대표이사	금융기관	차입금보증	54,404,200

14. 우발채무 및 주요약정사항

(1) 금융기관과의 약정사항

당사가 보고기간 종료일 현재 금융기관과 체결한 주요 약정사항은 다음과 같습니다.

(단위 : 천원)

금융기관명	한도액	사용액	내 역
AA은행	80,797,127	28,636,893	시설자금대출 등
BB은행	2,070,000	1,690,000	운영자금대출
CC은행	3,500,000	3,500,000	수출성장자금대출
DD은행	5,440,000	4,340,000	진흥기금시설자금대출 등
EE공단	2,100,000	2,010,000	시설자금대출
EE은행	3,249,010	1,523,690	기업일반시설자금대출
FF은행	–	928,000	
GG은행	1,000,000	1,000,000	온렌딩대출
HH은행	1,000,000	680,000	운영자금대출
합 계	99,156,137	44,308,583	

(2) 당사가 금융기관 등에 양도 또는 배서한 어음 중 만기가 미도래한 금액은 당기말 175,876천원이며 당기 중에 발생한 매출채권처분손실은 없습니다.

15. 현금흐름표

당사의 당기와 전기 중 현금의 유입과 유출이 없는 중요거래 내용은 다음과 같습니다.

(단위 : 천원)

구 분	당 기	전 기
건설중인자산의 본계정대체	2,498,092	9,743,072
장기차입금의 유동성대체	6,164,691	3,930,129

16. 부가가치 계산

보고기간 중 당사의 부가가치계산과 관련된 계정과목의 내역은 다음과 같습니다.

(단위 : 천원)

계정과목	당 기			전 기		
	판관비	제조원가	계	판관비	제조원가	계
급 여	970,448	2,191,176	3,161,624	669,611	1,735,846	2,405,457
퇴직급여	357,675	485,854	843,529	146,458	82,808	229,266
복리후생비	127,206	184,223	311,429	182,819	167,324	350,143
세금과공과	105,570	89,625	195,195	94,614	69,869	164,483
감가상각비	56,431	680,589	6,865,020	72,790	5,971,832	6,044,622
무형자산상각비	53,492	–	62,128	51,271	–	51,271
합 계	1,670,822	3,631,467	11,438,925	1,217,563	8,027,679	8,930,113

17. 정부보조금

당사의 당기말 현재 정부보조금의 내역은 다음과 같습니다. 당해 자산의 상각금액은 당기 및 전기에 각각 7,378,336원, 6,197,474원이며 당기 및 전기에 각각 459,824원, 101,581원의 정부보조금을 동 상각금액과 상계하였습니다. 이 결과 동 자산의 감가상각비와 상계된 금액의 누계액은 기초 573,871원에서 기말 현재 969,608원으로 증가하였습니다.

18. 주당손익

당사의 당기 및 전기 중 기본주당순손익의 내역은 다음과 같습니다.

(단위 : 원, 주)

구 분	당 기	전 기
보통주당기순이익	379,721,403	1,075,260,434
가중평균유통보통주식수[1]	340,147	340,000
기본주당순이익	1,116	3,163

1) 가중평균유통보통주식수의 산정내역은 다음과 같습니다.

(단위 : 주, 일)

구 분	주식수	유통일수	적 수
2020. 1. 1. ~ 2020. 12. 28.	340,000	362	123,080,000
2020. 12. 29. ~ 2020. 12. 31.	357,943	3	1,073,829
가중평균유통보통주식수			340,147

19. 포괄손익계산서

기중 당사의 포괄손익의 내역은 다음과 같습니다.

(단위 : 천원)

구 분	당 기	전 기
Ⅰ. 당기순이익	379,721,403	1,075,260
Ⅱ. 기타포괄손익	–	–
Ⅲ. 포괄손익(Ⅰ+Ⅱ)	379,721,403	1,075,260

20. 재무제표 확정일

당사의 2020년 12월 31일 현재 및 동일로 종료되는 회계연도에 대한 재무제표는 2021년 3월 25일 주주총회에서 확정될 예정입니다.

05 산업별 특성

① A기업은 기아자동차 2차 벤더로서 2003년 TS-16949 인증 취득, 2004년 벤처기업 및 이노비즈 기업으로 선정되었고, 2005년도에는 SQ인증 취득, 2006년 ISO-14001 인증 취득, 2008년도에는 부품 소재 전문 기업으로 선정되었습니다.

② 자동차 산업은 우리나라의 대표적인 주력산업으로 3만여 개의 부품, 관련 소재 및 서비스 등 전후방 산업에 파급효과가 가장 큰 산업입니다.

③ 코로나19에 따른 글로벌 수요 감소로 최근 자동차 생산은 전년 대비 12% 감소하였고, 수출 역시 전년 대비 25% 감소하였습니다. 글로벌 자동차 판매량은 전년 대비 16% 감소하였으나, 향후 2021년도에는 코로나19 사태 진정 및 기저효과로 전년 대비 9% 증가로 예상하고 있습니다.

④ 뉴노멀시대 진입, 기후변화 이슈 및 ICT 기술 발전으로 촉발된 4차 산업혁명 이슈가 내연기관 중심의 글로벌 자동차산업에 큰 변화를 예상하고 있으며 빠르게 변화하는 외부환경에 어떻게 대응하느냐에 따라 기업의 운명이 좌우될 전망입니다.

01

A기업의 시장위험평가에 대한 내용으로 옳지 않은 것은?

① 기아자동차의 매출에 따라 A기업의 매출이 영향을 받는다.
② 코로나19로 인한 자동차산업의 매출 감소는 A기업의 수익성에도 마이너스(-) 영향을 준다.
③ 기아자동차의 수출 감소는 A기업의 수익성에도 마이너스(-) 영향을 준다.
④ 환율의 변동은 A기업의 수익성에 직접적인 영향을 미친다.
⑤ 벤처기업 인증, 부품 소재 전문 기업 등으로 인하여 전문성은 어느 정도 인정을 받았다고 볼 수 있다.

02

A기업에 대한 경영위험으로 옳지 않은 것은?

① A기업은 기술개발역량이 존재하며 이는 회사매출을 유지하거나 상승시키는 데 긍정적인 영향을 미친다.
② 매년 매출액이 상승하는 것으로 보아 경영자의 능력이 있다고 볼 수 있다.
③ 제조업 특성상 회사는 건물 및 기계장치에 대한 화재보험에 가입하고 있다.
④ A기업은 기아자동차에 대한 2차 벤더로서의 안정적인 위치에 따라 추가적인 연구개발비를 지출하지는 않는다.
⑤ 대표이사가 최대주주인 회사로 소유와 경영이 분리되어 있다고 볼 수 없다.

03

A기업의 당기 현금흐름에 관한 설명 중 틀린 것은?

① 선급금의 증감은 영업활동현금흐름에 부정적(-)으로 작용하였다.
② 투자활동으로 인한 현금흐름의 마이너스(-)를 영업활동현금흐름이 모두 상쇄하지 못한다.
③ 유형자산처분손실은 영업활동현금흐름에 부정적(-)으로 작용하였다.
④ 현금의 유출이 없는 비용등의 가산 항목 중 감가상각비가 영업활동현금흐름에 가장 큰 영향을 미친다.
⑤ 투자활동으로 인한 현금유출액 중 가장 큰 영향은 기계장치의 취득이다.

04

A기업의 재고자산에 관한 설명 중 적절하지 않은 것은? (단, 1년은 365일로 가정한다)

① 당기 재고자산회전율은 13.5회이다.
② 당기 재고자산회전기간은 전기에 비해 약 5일 정도 길어졌다.
③ 당기 재고자산회전기간은 27.0일이다.
④ 전기 재고자산회전기간은 32.6일이다.
⑤ 전기 재고자산회전율은 11.2회이다.

05

A기업의 주석을 통해 확인할 수 있는 사항 중 옳지 않은 것은?

① 회사는 금형에 대하여 정액법 8년으로 감가상각하고 있다.
② 회사는 ㈜EE에 대하여 매도가능증권을 보유하고 있으며 당기말 장부가액이 취득가액보다 더 작다.
③ 회사가 당기말 보유 중인 토지의 장부가액은 8,631,798(천원)이다.
④ 전기에는 토지 취득이 있었으나 당기에는 토지 취득은 존재하지 않았다.
⑤ 회사는 당기 퇴직급추계액의 32.24%에 해당하는 금액에 대하여 AA은행 외 1개 은행에 확정급여형 퇴직연금을 가입하고 있다.

06

다음과 같은 조건을 가정하였을 때 당기 EV/EBITDA비율이 5.5라면 A기업의 시가총액은 얼마인가?

> • EBITDA = 영업이익 + 감가상각비 + 무형자산상각비
> • 소수점 둘째 자리에서 반올림한다.
> • 순차입금 = 단기차입금 + 유동성장기차입금 + 유동성사채 + 장기차입금 + 사채 − 현금및현금성자산

① 50억 ② 60억 ③ 70억
④ 80억 ⑤ 90억

07

당기 A기업의 매출액총이익률에 대한 설명 중 옳지 않은 것은?

① 당기 매출액총이익률은 16%이다.
② 전기 매출액총이익률은 14.5%이다.
③ 당기 매출총이익은 전기보다 1,432(백만원) 증가하였다.
④ 당기 매출총이익이 전기보다 증가한 원인 중 하나는 기타매출의 증가이다.
⑤ 당기 매출총이익이 전기보다 증가한 원인 중 가장 큰 원인은 제품매출액의 증가이다.

08

당기 A기업의 유동성 평가에 대한 내용으로 옳지 않은 것은? (비율 계산 시 소수점 둘째 자리에서 반올림한다)

① 당기 유동비율은 66.1%이다.
② 전기 유동비율은 51.7%이다.
③ 당기 유동자산이 전기보다 증가한 원인 중 정부보조금의 감소가 가장 큰 영향을 미쳤다.
④ 당기 유동부채가 전기보다 감소한 원인 중 매입채무의 감소가 가장 크다.
⑤ 당기 유동부채가 전기보다 감소한 원인 중 유동성장기차입금의 증가는 영향이 없다.

09

전기 A기업의 유동성 평가에 대한 내용으로 옳지 않은 것은? (비율 계산 시 소수점 둘째 자리에서 반올림한다)

① 전전기 유동비율은 39.9%이다.
② 전기 유동자산이 전전기보다 감소한 원인 중 정부보조금의 증가가 가장 큰 영향을 미쳤다.
③ 전기 유동자산이 전전기보다 감소한 원인 중 선급금도 영향을 미쳤다.
④ 전기 유동부채가 전전기보다 감소한 원인 중 단기차입금의 감소가 가장 크다.
⑤ 전기 유동부채가 전전기보다 감소한 원인 중 미지급금의 영향은 없다.

10

A기업의 재무제표 및 주석을 통해서 확인한 사실 중 옳지 않은 것은?

① 회사는 건물 취득자금 중의 일부에 정부보조금을 사용하였다.
② 회사의 당기 토지가액과 공시지가는 동일하다.
③ 회사는 조경도 취득하여 유형자산에 계상하고 있다.
④ 회사 사채의 최종만기일은 2023년 4월 23일이다.
⑤ 회사는 특수관계인과의 거래가 없다.

11

A기업의 매출채권에 관한 설명 중 적절하지 않은 것은? (단, 매출채권은 대손충당금을 차감한 금액으로 하며, 1년은 365일로 가정한다)

① 당기 매출채권회전율은 40.7회이다.
② 전기 매출채권회전율은 27.2회이다.
③ 당기 매출채권회전기간은 9일이다.
④ 전기 매출채권회전기간은 11.7일이다.
⑤ 당기 매출채권 회전율이 전기보다 증가한 원인 중 하나는 제품매출액의 증가이다.

12

A기업의 전기 현금흐름에 관한 설명 중 틀린 것은?

① 퇴직연금운용자산의 증감은 영업활동현금흐름에 긍정적(+)으로 작용하였다.
② 투자활동으로 인한 현금유입액 중 정부보조금 수령으로 약 34억의 현금흐름이 증가하였다.
③ 재무활동으로 인한 현금유출액에 가장 큰 영향을 미친 항목은 단기차입금의 상환이다.
④ 당기순손익은 영업활동현금흐름에 긍정적(+)으로 작용하였다.
⑤ 재무활동으로 인한 현금유입액 중 장기차입금의 차입이 가장 큰 영향을 미친다.

13

A기업의 당기 수익성분석에 대한 내용으로 옳지 않은 것은? (비율 계산 시 소수점 둘째 자리에서 반올림한다)

① 당기 매출액 중 제품매출액의 비중이 99.8%이다.
② 매출액 순이익률은 0.7%이다.
③ 매출액 영업이익률은 5.8%이다.
④ 매출액 대비 금융비용부담률은 4.5%이다.
⑤ 매출액 총이익률은 16%이다.

14

A기업의 당기 레버리지비율에 대한 내용으로 옳지 않은 것은? (비율 계산 시 소수점 둘째 자리에서 반올림한다)

① 당기 부채비율은 293.4%이다.
② 전기 부채비율은 256.6%이다.
③ 당기 자기자본비율은 25.4%이다.
④ 전기 자기자본비율은 28%이다.
⑤ 당기 자기자본이 전기보다 증가한 원인 중 재평가잉여금의 증가도 영향을 미쳤다.

15

A기업의 당기 레버리지비율에 대한 내용으로 옳지 않은 것은? (비율 계산 시 소수점 둘째 자리에서 반올림한다)

① 당기 이자보상비율은 2.3배이다.
② 전기 이자보상비율은 1.6배이다.
③ 당기 순이자보상비율은 2.3배이다.
④ 전기 순이자보상비율은 1.7배이다.
⑤ 전기 이자보상비율과 전기 순이자보상비율이 유사한 이유는 이자비용의 영향이다.

16

다음과 같은 조건을 가정하였을 때 당기의 순운전자본에 대한 설명으로 옳지 않은 것은?

- 순운전자본 = 매출채권 + 재고자산 − 매입채무
- 매출채권은 대손충당금을 차감한 금액으로 한다.

① 당기 순운전자본은 전기보다 감소하였다.
② 당기 순운전자본이 전기보다 감소한 원인은 재고자산의 감소가 가장 큰 영향을 차지한다.
③ 당기 순운전자본은 4,135(백만원)이다.
④ 당기 순운전자본비율은 전기보다 감소하였다.
⑤ 당기 순운전자본비율은 8.5%이다.

17

다음과 같은 조건을 가정하였을 때 전기의 순운전자본에 대한 설명으로 옳지 않은 것은?

- 순운전자본 = 매출채권 + 재고자산 − 매입채무
- 매출채권은 대손충당금을 차감한 금액으로 한다.

① 전기 순운전자본이 전전기보다 증가한 원인은 매입채무의 감소가 가장 큰 영향을 차지한다.
② 전기 매출채권은 전전기보다 감소하였다.
③ 전기 순운전자본비율은 8.2%이다.
④ 전기 순운전자본은 59,259(백만원)이다.
⑤ 전기 순운전자본비율은 전전기보다 감소하였다.

18

비유동장기적합률에 대한 설명 중 옳지 않은 것은?

① 과거 3개년 중 당기의 비유동자산이 제일 크다.
② 당기 비유동장기적합률은 108.4%이다.
③ 당기 비유동자산 중 가장 큰 비중을 차지하는 것은 토지이다.
④ 당기 비유동부채 중 가장 큰 비중을 차지하는 것은 장기차입금이다.
⑤ 전기 비유동장기적합률은 전전기보다 더 작다.

19

A기업의 차입금의존도에 관한 설명으로 옳지 않은 것은? (단, 차입금에는 사채도 포함하도록 한다)

① 당기 차입금의존도는 71.0%이다.
② 과거 3개년 중 차입금은 당기가 제일 많다.
③ 전기 차입금의존도는 전전기보다 증가하였다.
④ 차입금의존도는 과거 3개년 중 전기가 제일 높다.
⑤ 당기 차입금의존도는 전기보다 2.2% 정도 증가하였다.

20

A기업의 당기 현금흐름평가에 관한 내용으로 옳지 않은 것은?

① 재무활동으로 인한 현금유출은 전기에 비해 증가하였다.
② 전기 대비 당기에 금형의 취득으로 인하여 투자활동으로 인한 현금유출액을 더 증가하였다.
③ 영업활동으로 인한 현금흐름은 전기에 비해 증가하였다.
④ 당기에는 자본금의 증가로 인하여 재무활동으로 인한 현금유입액이 증가하였다.
⑤ 영업활동으로 인한 현금흐름이 전기에 비해 증가한 이유 중 하나는 당기순이익의 증가이다.

21

A기업의 전기 이전 현금흐름평가에 관한 내용으로 옳지 않은 것은?

① 전전기의 유형자산처분이익은 영업활동현금흐름에 부정적인(-) 영향을 미쳤다.
② 전기 장기금융상품의 처분으로 투자활동현금흐름 유입액이 1억 정도 증가하였다.
③ 전전기 기계장치의 취득으로 투자활동현금유출액이 26억 증가하였다.
④ 전전기에는 자본금의 증가로 재무활동현금흐름 유입액이 증가하였다.
⑤ 전기 장기차입금의 증가는 모두 재무활동으로 인한 현금흐름유입액을 증가시켰다.

22

A기업의 당기 매출액 대비 경상개발비 비율은 전기보다 얼마나 증가하였는가?

① 0.4% ② 0.8% ③ 1.2%
④ 1.6% ⑤ 2.0%

23

회사의 손익계산서상 판매관리비에 대한 분석내용으로 옳지 않은 것은?

① 당기 판매비와관리비에서 큰 비중을 차지하는 항목은 경상연구개발비이다.
② 매출액 대비 판매관리비 비율은 당기가 제일 높다.
③ 당기 판매비와관리비에서 운반비가 차지하는 비중은 19%이다.
④ 무형자산상각비는 과거 3개년부터 계속적으로 그 금액이 증가하고 있다.
⑤ 당기 매출액 대비 판매비와관리비 비중은 8.6%이다.

24

다음과 같은 조건을 가정하였을 때 A기업의 당기 1회전운전기간을 계산하면 얼마인가?

> • 1년은 365일로 한다.
> • 매출채권은 대손충당금을 차감한 금액으로 한다.
> • 소수점 둘째 자리에서 반올림하여 계산한다.

① 25.6일　② 28.9일　③ 31.9일
④ 37.6일　⑤ 40.1일

25

회사의 상환능력평가 및 이자보상비율에 대한 내용으로 옳지 <u>않은</u> 것은? (단, EBITDA = 영업이익 + 감가상각비 + 무형자산상각비로 계산하며, 비율 계산 시 소수점 둘째 자리에서 반올림한다)

① 당기 EBITDA/이자보상비율은 7.6배이다.
② 전기 EBITDA/이자보상비율은 5.8배이다.
③ 당기 EBITDA/이자보상비율이 전기보다 더 증가한 원인은 전기 대비 EBITDA가 증가하고 이자비용이 감소하였기 때문이다.
④ 당기 EBITDA/이자보상비율은 전기보다 4.6배 정도 더 크다.
⑤ 회사의 이자지급능력은 당기가 전기보다 더 크다고 볼 수 있다.

26

다음과 같은 조건을 가정하였을 때 차기의 매출액이 당기보다 30% 증가한다면, 차기의 1회전운전기간은 당기보다 얼마나 줄어드는가?

> • 1년은 365일로 한다.
> • 매출채권은 대손충당금을 차감한 금액으로 한다.
> • 소수점 둘째 자리에서 반올림하여 계산한다.
> • 매출액 이외의 요건은 당기와 차이에 변동이 없다고 가정한다.

① 2.1일　② 3.4일　③ 6.4일
④ 7.4일　⑤ 11.5일

27

A기업의 손익계산서를 통해 분석한 내용 중 옳지 <u>않은</u> 것은?

① 과거 3개년 중 회사의 당기순이익이 당기에 가장 작은 이유는 유형자산처분손실 때문이다.
② 회사의 급여와 퇴직급여는 과거 3개년 중 당기에 제일 크다.
③ 회사의 매출이 매년 증가함과 대비하여 경상연구개발비 금액도 매년 상승하고 있다.
④ 회사는 보유 중인 화폐성 외화자산, 부채가 존재하지 아니하여 외화환산손익을 인식하고 있지 않다.
⑤ 매출액 대비 매출원가의 비중은 당기에 제일 크다.

28

회사의 주석에서 판관비와 제조원가의 내용을 분석한 것으로 옳지 <u>않은</u> 것은?

① 전기 대비 당기에 사무직 급여와 생산직 급여의 증가비율이 매출액 증가비율보다 더 작다.
② 퇴직급여 합계에서 사무직 퇴직급여가 차지하는 비중은 당기가 전기보다 감소하였다.
③ 당기 복리후생비 합계 중 제조원가가 차지하는 비중은 59.2%이다.
④ 복리후생비 합계에서 제조원가가 차지하는 비중은 당기가 전기보다 증가하였다.
⑤ 당기 감가상각비 합계 중 판관비가 차지하는 비중은 0.8%이다.

29

A기업의 비유동자산에 관한 설명 중 적절하지 <u>않은</u> 것은? (1년은 365일로 가정한다)

① 당기 비유동자산회전율은 1.2회이다.
② 전기 비유동자산회전율은 0.94회이다.
③ 당기 비유동자산회전기간은 396일이다.
④ 전기 비유동자산회전기간은 388일이다.
⑤ 당기 비유동자산회전기간은 전기에 비해 약 8일 정도 길어졌다.

▶ 정답 및 해설 | p.167

01

자본조달의 위험성과 관련한 설명 중 옳지 않은 것은?

① 자본조달의 위험성은 자기자본, 비유동부채, 유동부채 순으로 높아진다.
② 위험이 큰 비유동자산은 위험이 낮은 유동부채로 조달하는 것이 안정적이다.
③ 자산위험이 증가할수록 기대수익은 높아진다.
④ 기업이 청산할 때 채권자는 주주에 우선하여 권리를 행사할 수 있으므로 주주보다는 자본조달의 리스크가 낮다.
⑤ 타인자본의 사용이 증가할수록 주주의 위험은 증가된다.

02

자본조달의 위험성이 가장 낮은 것은 무엇인가?

① 주식발행초과금 ② 단기차입금
③ 장기차입금 ④ 사채
⑤ 유동성장기차입금

03

매출액 100억원, 매출총이익 10억원, 법인세차감전순이익 4억원, 당기순이익 2억원, 영업외비용 4억원, 영업외수익 1억원, 이자보상비율 2배일 때, 이자비용은 얼마인가?

① 3억원 ② 3.5억원 ③ 4억원
④ 4.5억원 ⑤ 5억원

04

A기업의 PER이 20배, 장부가치가 50억원, 시가총액이 25억원일 때, ROE는 얼마인가?

① 1.5% ② 2.0% ③ 2.5%
④ 3.0% ⑤ 3.5%

05

다음 자료를 이용하여 A기업의 부가가치를 계산한 것으로 옳은 것은?

- 매출액 : 200억원
- 매출원가 : 100억원
- 영업이익 : 40억원
- 감가상각비 : 15억원
- 관리직 인건비 : 10억원
- 노무비 : 12억원
- 복리후생비 : 3억원
- 재산세 : 3억원
- 법인세 : 3억원
- 대손상각비 : 3억원
- 세금과공과 : 2억원
- 이자비용 : 4억원

① 86억원 ② 87억원 ③ 88억원
④ 89억원 ⑤ 90억원

06

다음 중 PBR에 영향을 미치는 4가지 요소가 아닌 것은?

① 자기자본수익률 ② 배당성향
③ 유보율 ④ 성장률
⑤ 타인자본수익률

07

월의 지수법은 ( )을/를 중시하는 분석법이고, 트렌트의 분석법은 ( )을/를 중시하는 분석법이다. 괄호 안에 들어갈 내용으로 적절한 것은?

① 재무안정성, 자산의 효율적 이용분석
② 손익분기점, 자산의 효율적 이용분석
③ 위험기피성, 수익극대화
④ 수익극대화, 위험기피성
⑤ 자산의 효율적 이용분석, 손익분기점

08

다음 중 주주의 투자수익률과 유사한 재무비율은 무엇인가?

① 총자산회전율　② 자기자본영업이익률
③ 매출액영업이익률　④ 매출액순이익률
⑤ 자기자본순이익률

09

재무레버리지가 2, 결합레버리지가 5일 때, 영업이익이 100억원인 경우 매출액이 10% 증가하면 영업이익이 얼마인가?

① 100억원　② 120억원　③ 125억원
④ 130억원　⑤ 135억원

10

레버리지에 대한 설명으로 옳지 않은 것은?

① 결합레버리지는 당기순이익변화율과 매출액변화율의 관계를 나타낸다.
② 타인자본의존도가 클수록 재무레버리지는 커진다.
③ 고정비가 0이면 영업레버리지는 1보다 크다.
④ 이자비용과 고정비가 있는 한 결합레버리지는 항상 1보다 크다.
⑤ 고정비 비중이 높다는 것은 영업레버리지가 높다는 것을 의미한다.

11

현금성자산이란 큰 거래비용 없이 현금으로 전환이 용이하고 이자율 변동에 따른 가치변동 위험이 적은 금융상품으로 ( ) 만기일이 ( ) 이내인 것을 말한다. ( )에 알맞은 용어는 무엇인가?

① 취득일 당시, 3개월
② 결산일 당시, 4개월
③ 사업연도 종료일 당시, 5개월
④ 취득일 당시, 4개월
⑤ 결산일 당시, 5개월

12

현금흐름표를 보면서 확인할 수 없는 사항은?

① 미래현금흐름창출능력
② 배당금지급능력
③ 부채상환능력
④ 회사임직원의 교체 여부
⑤ 당기순이익과 현금흐름의 차이 파악

13

재무활동으로 인한 현금흐름을 통해 확인할 수 있는 사항은?

① 유휴자산의 매각 여부
② 적정수준의 설비투자인지 여부
③ 외부자금조달의 필요성
④ 기업의 성장전략
⑤ 내부금융과 외부금융의 균형 여부

14

A회사는 손익계산서상 판매관리비로 처리해야 할 수선비 2억원을 건설중인자산의 자산항목으로 인식한 경우 영업활동현금흐름과 투자활동현금흐름에 미치는 영향으로 옳은 것은?

① 영업활동으로 인한 현금흐름은 2억원 증가하고, 투자활동으로 인한 현금흐름은 2억원 감소한다.
② 영업활동으로 인한 현금흐름은 2억원 감소하고, 투자활동으로 인한 현금흐름은 2억원 증가한다.
③ 영업활동으로 인한 현금흐름은 변동 없으며, 투자활동으로 인한 현금흐름은 2억원 감소한다.
④ 영업활동으로 인한 현금흐름은 2억원 증가하고, 투자활동으로 인한 현금흐름은 2억원 증가한다.
⑤ 영업활동으로 인한 현금흐름과 투자활동으로 인한 현금흐름 모두 영향 없다.

15

영업이익은 (+)인데 영업활동현금흐름은 (−)일 때, 다음 중 영향을 미친 항목에 해당하는 것은?

① 재고자산평가손실이 과다하게 계상되었다.
② 감가상각비가 과다하게 계상되었다.
③ 유형자산손상차손이 과다하게 계상되었다.
④ 현금배당금이 과다하게 지급되었다.
⑤ 차입금에 대한 이자비용이 지출되었다.

16

순운전자본과 현금흐름에 동시에 영향을 미치는 항목은 무엇인가?

① 장기차입금을 차입해서 보통예금으로 입금하였다.
② 상품을 외상으로 매입하였다.
③ 기계장치를 외상으로 매입하였다.
④ 장기차입금에 대하여 유동성 대체를 하였다.
⑤ 급여를 미지급하였다.

17

영업활동현금흐름 중 직접법의 특징에 대한 설명으로 옳지 않은 것은?

① 직접법은 현금을 수반하여 수익 또는 비용항목을 총액으로 표시하되, 현금유입액은 원천별로, 현금유출액은 용도별로 분류하여 표시하는 방법을 말한다.
② 직접법은 현금유입과 현금유출을 각 항목별로 보여주기 때문에 목적적합한 정보를 제공한다.
③ 직접법은 분기별 또는 월별로 현금흐름을 추정하거나 자금계획을 작성할 경우 유용하다.
④ 직접법은 비현금비용과 비현금수익을 배분해야 하기 때문에 작성하는 데 어려움이 있다.
⑤ 직접법은 당기순이익과 영업활동으로 인한 현금흐름의 차이를 설명하지 못하고 작성이 어렵다는 단점이 있다.

18

매출로 인한 현금유입액이 100,000원일 때, 다음 자료를 이용하여 계산한 손익계산서상 매출액은 얼마인가?

(단위 : 원)

구 분	기 초	기 말
매출채권(순액)	10,000	15,000
선수금	1,000	1,500

① 94,500원 ② 100,000원 ③ 104,500원
④ 109,500원 ⑤ 110,000원

19

현금지급 이자비용이 20,000원일 때, 다음 자료를 이용하여 계산한 손익계산서상 이자비용은 얼마인가?

(단위 : 원)

구 분	기 초	기 말
선급이자	10,000	15,000
미지급이자	30,000	50,000

① 30,000원 ② 35,000원 ③ 40,000원
④ 45,000원 ⑤ 50,000원

20

다음 자료를 이용하여 계산한 산업재산권의 취득가액은 얼마인가?

(단위 : 원)

구 분	기초(장부가액)	기말(장부가액)
산업재산권	4,000	10,000

• 감가상각비 : 2,000원

① 5,000원 ② 6,000원 ③ 7,000원
④ 8,000원 ⑤ 9,000원

21

당기 유형자산의 취득은 없다는 가정하에 다음 자료를 이용하여 계산한 유형자산 처분으로 인한 현금유입액은 얼마인가? (당기 유형자산의 감가상각은 없다고 가정한다)

(단위 : 원)

구 분	기 초	기 말
유형자산	100,000	40,000
감가상각누계액	40,000	10,000

• 유형자산처분이익 : 20,000원

① 30,000원 ② 40,000원 ③ 50,000원
④ 60,000원 ⑤ 70,000원

22

다음 자료를 이용하여 계산한 장기차입금의 증가로 인한 현금유입액은 얼마인가? (단, 회사의 차입금상환은 계획대로 이루어졌다)

(단위 : 원)

구 분	기 초	기 말
유동성장기차입금	100,000	30,000
장기차입금	60,000	70,000

• 장기차입금에서 발생한 외화환산이익 : 20,000원

① 30,000원 ② 40,000원 ③ 50,000원
④ 60,000원 ⑤ 70,000원

23

다음 중 현금수지분석표와 현금흐름표를 비교한 내용으로 옳지 않은 것은?

① 현금수지분석표가 현금흐름표보다 영업활동현금흐름을 더 자세히 나타낸다.
② 현금수지분석표는 투자활동현금흐름을 순액으로 요약 표시한다.
③ 현금수지분석표 작성 시에도 비현금거래에 대한 정보는 필요하다.
④ 현금수지분석표는 이자수익을 투자활동으로 분류한다.
⑤ 현금수지분석표에서 현재가치할인차금 상각액은 영업활동 후 현금흐름에 반영되지 않는다.

24

A기업의 현금흐름유형이 다음과 같을 때, A기업은 현금흐름유형 중 어떤 유형에 해당되는가?

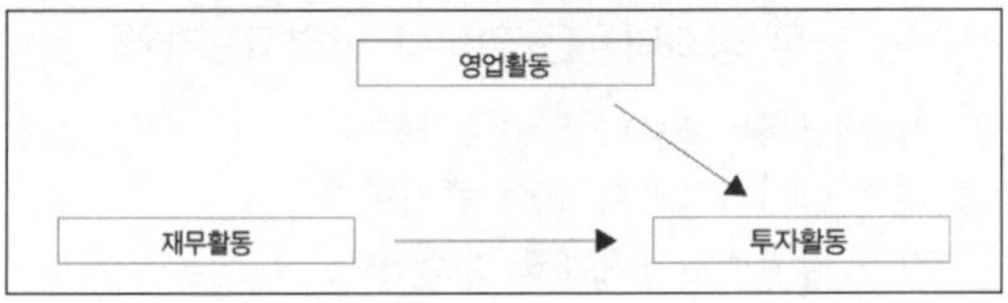

① 성숙형 기업
② 구조조정형 기업
③ 현금보유형 기업
④ 신생기업형 기업
⑤ 성장형 기업

25

다음 중 환율의 변동효과를 분석한 내용으로 옳지 않은 것은?

① 환율이 하락하면 수출이 감소된다.
② 환율이 하락하면 물가는 상승한다.
③ 환율이 상승하면 경상수지는 개선된다.
④ 환율이 상승하면 수입은 감소된다.
⑤ 환율이 상승하면 외화차입기업의 경우 원리금이 증가하게 된다.

26

다음 중 조선산업의 특징으로 옳지 않은 것은?

① 조선산업은 대규모 설비투자, 건조경험 축적이 필요하여 진입장벽이 높다.
② 조선산업은 환율변동의 민감도는 일반적으로 낮다.
③ 조선산업은 전방산업에 대한 교섭력이 다소 열위한 수준이다.
④ 조선산업은 경기변동에 따른 수익성 변화가 심한 편이다.
⑤ 조선산업은 설비투자에 소요되는 시간이 길어 수급상황이 불일치되는 경우가 많다.

27

다음 중 철강산업의 특징으로 옳지 않은 것은?

① 철강산업은 공급조절능력의 비탄력성이 존재한다.
② 철강산업은 전방교섭력이 약화되는 추세이다.
③ 철강산업은 전후방산업과의 연관효과가 매우 크다.
④ 철강산업은 원자재 가격변동이 낮아 수익변동성이 일정하다.
⑤ 철강산업은 설비투자부담으로 인하여 고정비가 과도하게 발생한다.

28

다음 중 BCG Matrix에 대한 설명으로 옳지 않은 것은?

① Star는 높은 성장률과 높은 시장점유율을 나타낸다.
② Cash Cow는 시장점유율은 높으나, 성장률이 낮은 사업이다.
③ Dog는 시장점유율은 낮지만, 성장률은 높은 사업이다.
④ X축을 상대적 시장점유율, Y축을 시장성장률로 하고 있다.
⑤ Cash Cow는 기존투자에 의해 수익이 계속적으로 실현되기 때문에 자금의 원천사업이 된다.

29

EBITDA와 영업이익의 차이에 대한 다음 설명 중 옳지 않은 것은?

① EBITDA는 법인세와 이자비용 차감 후 수익성지표이다.
② 영업이익은 법인세와 이자비용 차감 전 수익성지표이다.
③ 영업외수익과 영업외비용이 같은 경우 감가상각이 크다면 영업이익보다 EBITDA가 더 크다.
④ 영업이익/이자비용 산식에서 분자에서는 배당금수익을 포함하지 않는다.
⑤ EBITDA/이자비용 산식에서 분자에서는 배당금수익을 포함하지 않는다.

30

자기자본비율 10%, 성장률이 매년 4%로 일정하고, 정상 PER이 6.24일 때, 배당성향을 구하면 얼마인가?

① 30% ② 33% ③ 36%
④ 39% ⑤ 42%

31

영업활동으로 인한 현금흐름이 당기순이익보다 큰 경우에 대한 설명으로 옳지 않은 것은?

① 매출채권이 감소하였다.
② 이자비용이 증가하였다.
③ 유형자산처분손실이 발생하였다.
④ 미지급금이 증가하였다.
⑤ 재고자산평가손실이 발생하였다.

32

다음 중 재무활동으로 인한 현금흐름이 아닌 것은?

① 단기차입금의 차입
② 사채의 발행
③ 유상증자
④ 장기차입금의 유동성대체
⑤ 유동성장기차입금의 상환

33

A기업의 유동자산이 20억원, 재고자산이 10억원, 부채총액은 50억원, 비유동부채가 30억원이다. 만일 A기업이 재고자산 5억원을 외상(만기 3개월 어음)으로 구입할 경우 당좌비율은 얼마나 변경되는가?

① 기존 당좌비율보다 5% 증가한다.
② 기존 당좌비율보다 10% 증가한다.
③ 기존 당좌비율보다 5% 감소한다.
④ 기존 당좌비율보다 10% 감소한다.
⑤ 기존 당좌비율보다 15% 증가한다.

34

다음 중 수익성분석에 속하지 않는 비율은?

① 매출액총이익률
② 총자본영업이익률
③ 이자보상비율
④ 자기자본순이익률
⑤ 총자본순이익률

35

총자산이 100억원, 유동자산이 40억원, 총부채가 60억원, 유동부채가 40억원일 때, 건물 5억원을 현금으로 구입하였다면, 비유동장기적합률(고정장기적합률)은 얼마나 변동되는가? (단, 계산 시 소수점 둘째 자리에서 반올림하여 계산한다)

① 기존 비유동장기적합률보다 5.3% 증가하였다.
② 기존 비유동장기적합률보다 8.3% 증가하였다.
③ 기존 비유동장기적합률보다 11.3% 증가하였다.
④ 기존 비유동장기적합률보다 5.3% 감소하였다.
⑤ 기존 비유동장기적합률보다 8.3% 감소하였다.

36

A기업의 올해 매출채권회전율은 10회전이고, 매출채권은 500,000원이다. 내년 매출액이 20% 증가하고 매출채권회전율이 12회전이라면 매출채권잔액은 얼마인가? (단, 사업연도의 일수를 360일로 가정한다)

① 500,000원 ② 550,000원
③ 600,000원 ④ 650,000원
⑤ 700,000원

37

매출채권회전율이 10회전, 자기자본회전율이 3회전, 매입채무회전율이 5회전, 재고자산회전율이 8회전, 총자산회전율이 2회전일 때, 1회전운전기간은 얼마인가? (단, 사업연도의 일수를 360일로 가정한다)

① 5일 ② 6일 ③ 7일
④ 8일 ⑤ 9일

38

다음 중 투자활동으로 인한 현금흐름이 아닌 것은?

① 토지의 취득
② 단기매매증권의 처분
③ 현금배당금의 지급
④ 단기대여금의 회수
⑤ 임차보증금의 증가

39

다음 자료를 이용하여 A기업의 노동생산성을 계산한 것으로 옳은 것은?

- 매출액 : 100억원
- 영업이익 : 10억원
- 감가상각비 : 10억원
- 대손상각비 : 1억원
- 판매직 인건비 : 5억원
- 노무비 : 10억원
- 복리후생비 : 2억원
- 조세공과 : 2억원
- 법인세 : 2억원
- 외주가공비 : 100억원
- 이자비용 : 1억원
- 평균 종업원 수 : 10명

① 2억원 ② 3억원 ③ 4억원
④ 5억원 ⑤ 6억원

40

A기업은 주가순자산비율(PBR)이 3, 자기자본이 100억원, 현재 주가가 5,000원, 당기순이익이 15억원인 기업이다. A기업의 주가수익비율(PER)은 얼마인가?

① 5 ② 10 ③ 15
④ 20 ⑤ 25

41

A기업의 현재 주가는 10,000원이고 발행주식수는 100만주이다. A기업의 재무상태표상 순차입금은 36억원이고 손익계산서상 항목은 다음과 같을 때 EV/EBITDA를 계산한 것으로 옳은 것은?

[손익계산서]

	매출액	100억원
(−)	매출원가	20억원
	매출총이익	80억원
(−)	판매비와관리비	14억원
	급여	10억원
	퇴직급여	1억원
	감가상각비	2억원
	무형자산상각비	1억원
	영업이익	66억원
(−)	영업외비용	3억원
	이자비용	2억원
	기부금	1억원
	법인세비용차감전순이익	63억원
(−)	법인세비용	3억원
	당기순이익	60억원

① 1 ② 2 ③ 3
④ 4 ⑤ 5

42

A기업의 변동비율은 20%, 고정비는 400,000원이다. 고정비 중에서 감가상각비는 50,000원일 때, A기업의 현금흐름분기점(CBEP)는 얼마인가?

① 350,000원 ② 370,000원
③ 401,350원 ④ 412,300원
⑤ 437,500원

43

다음은 ㈜갑의 매도가능금융자산의 기초잔액과 기말잔액, 당기 변동을 나타낸 자료이다.

[재무상태표] (단위 : 원)

구 분	기 초	기 말
매도가능증권	300,000	170,000
매도가능증권평가이익	−	20,000

[손익계산서]
- 매도가능증권손상차손 : 80,000
- 매도가능증권처분손실 : 10,000

㈜갑은 당기 중에 매도가능금융자산 장부가액 150,000원을 처분하였으며, 당기 현금흐름표상에 표시될 투자활동으로 인한 현금유출액은 얼마인가?

① 70,000 ② 80,000 ③ 90,000
④ 100,000 ⑤ 110,000

44

다음 중 주석 공시사항이 아닌 것은?

① 회사의 채무를 위하여 담보로 제공되어 있는 자산
② 퇴직급여충당부채의 변동 내역
③ 타인으로부터 제공받은 지급보증 내역
④ 보험에 가입한 자산 내역
⑤ 선수금 수령과 관련된 거래처 내역

45

다음 중 경기순환에 대한 설명으로 옳지 않은 것은?

① 경기순환의 회복기에는 자금수요가 안정적이다.
② 경기순환의 후퇴기에는 단기금리와 장기금리 모두 상승한다.
③ 경기순환의 확장기에는 자금수요가 증가한다.
④ 경기순환의 회복기에는 기업도산 및 부실은행 수가 감소한다.
⑤ 경기순환의 수축기에는 단기금리와 장기금리 모두 상승한다.

46

다음 통계지표 중 유량(Flow)통계지표가 아닌 것은?

① 국민소득　② 인구　③ 생산
④ 소비　⑤ 국제수지

47

다음 중 선행종합지수 항목이 아닌 것은?

① 재고순환지표　② 소비자기대지수
③ 구인구직비율　④ 취업자수
⑤ 코스피지수

48

다음 중 핵심성과지표(KPI)와 관련 있는 경영진단분석방법은 무엇인가?

① 인터뷰법　② 설문지법
③ 체크리스트법　④ 갭분석
⑤ 브레인스토밍법

49

포터의 5 Forces 모형에 대한 다음 설명 중 옳지 않은 것은?

① 진입장벽이 낮을수록 산업의 매력은 증가한다.
② 대체할 수 있는 제품이 많을수록 산업의 매력은 감소한다.
③ 구매자의 교섭력이 강할수록 산업의 매력은 감소한다.
④ 공급자의 교섭력이 강할수록 산업의 매력은 감소한다.
⑤ 진출하고자 하는 산업 내 경쟁강도가 높을수록 산업의 매력은 감소한다.

50

다음 중 거시환경분석의 구성요소가 아닌 것은?

① 정치적 환경요인
② 경제적 환경요인
③ 기술적 환경요인
④ 사회문화적 환경요인
⑤ 지리적 환경요인

51

7S분석 중 반복되는 의사결정 사항들의 일관성을 유지하기 위해 제시되는 틀을 의미하는 요소는 무엇인가?

① 구조　② 시스템　③ 가치관
④ 기술　⑤ 스타일

52

다음 생산관리 용어 중 제품의 수량 및 생산 일정을 토대로 그 제품 생산에 필요한 원자재, 부분품, 공정품, 조립품 등의 소모량 및 소요시기를 역산하여 효율적인 재고관리를 모색하는 시스템을 의미하는 것은 무엇인가?

① JIT　② MRP　③ ISO9001
④ UL　⑤ CE

53

다음 중 신용분석을 위한 구체적인 산업분석 중 옳지 않은 것은?

① 재무특성분석 ② 경쟁강도분석
③ 현금흐름분석 ④ 수요공급분석
⑤ 환경요인분석

54

경기지표를 구분하는 지표 가운데 설문서를 통해 기업가들의 경기예측을 조사하여 지수화하는 것으로 기업체가 느끼는 체감경기를 나타내는 지수는 무엇인가?

① 소비자태도지수 ② 기업경기실사지수
③ 경기확산지수 ④ 동행종합지수
⑤ 선행종합지수

55

다음 중 통화에 대한 설명으로 옳지 않은 것은?

① 통화는 교환매개, 가치저장, 회계단위, 이연지급의 기준의 성격을 가지고 있다.
② 협의통화에는 당좌예금, 보통예금 등의 요구불예금뿐만 아니라 수시입출식예금(MMDA), 머니마켓펀드(MMF) 등 수시입출식예금을 포함한다.
③ 광의통화에는 협의통화뿐만 아니라 정기예금, 외화예금 등을 포함한다.
④ 금융기관 유동성에는 만기 2년 이상의 장기금전신탁을 포함한다.
⑤ 광의통화보다 협의통화가 유동성이 떨어진다.

56

다음 중 아래의 설명에 해당하는 산업분석방법은 무엇인가?

- 전방산업과 후방산업의 교섭력 분석과 수급변동성을 분석한다.
- 전방산업의 경우 분석 시점에서의 수급구조에 대한 검토가 필요하며, 후방산업의 경우 산업 내에서 인정적인 원가 구성요소 조달을 통한 사업활동의 가능여부에 대한 분석이 필요하다.

① 환경요인분석 ② 수요공급분석
③ 연관산업분석 ④ 경쟁강도분석
⑤ 재무특성분석

57

다음 중 경제통계에 대한 내용으로 옳지 않은 것은?

① 유량(Flow)통계란 일정 기간을 기준으로 파악된 통계량의 흐름을 의미한다.
② 연율이란 월별, 분기별, 반년 기준으로 본 통계치를 1년 기준으로 고치는 것을 말한다.
③ 지수(Index)란 기준 시점의 통계량을 100으로 하여 비교 시점의 통계량을 표시하는 것으로 종합주가지수는 지수의 한 예로 볼 수 있다.
④ 인구, 실업률, 물가 관련 통계는 유량(Flow)통계로 볼 수 있다.
⑤ 소비자물가지수(CPI)는 소비 생활에 중요한 상품과 용역을 기준 연도의 지출 비중을 가중값으로 하여 산출한 평균적인 가격변동을 나타낸다.

58

당기 주당순이익이 500원, 배당성향이 80%, 당기 주당매출액이 10,000원, 자기자본비용이 연 15%, 성장률이 5%로 일정할 때, 정상 PSR은 얼마인가?

① 0.2　② 0.42　③ 0.62
④ 0.82　⑤ 1.2

59

매출액순이익률이 5%, 자기자본순이익률이 50%, 총자산회전율이 2회일 때, 기업의 자기자본비율을 계산하면 얼마인가?

① 10%　② 20%　③ 30%
④ 40%　⑤ 50%

60

다음 중 영업활동으로 인한 현금흐름에 영향을 미치는 항목으로 볼 수 없는 것은?

① 매출채권의 감소
② 미지급금의 증가
③ 선수금의 증가
④ 재고자산평가손실의 증가
⑤ 이자비용의 증가

61

A기업의 현재주가는 5,000원이고 발행주식수는 100만주이다. A기업의 영업이익은 10억원, 세전순이익은 8억원, 당기순이익은 6억원이다. 이자비용은 1억원, 감가상각비(무형자산상각비 포함)는 2억원이다. A기업의 PCR(주가현금흐름비율)을 계산한 것으로 옳은 것은? (단, PCR 계산 시 소수점 둘째 자리에서 반올림하여 계산한다)

① 3.5　② 6.3　③ 7.5
④ 8.9　⑤ 9.5

62

다음 중 생산성분석과 관련된 재무비율 수식으로 옳지 않은 것은?

① $\text{부가가치율} = \frac{\text{부가가치}}{\text{매출액}} \times 100$

② $\text{노동생산성} = \frac{\text{부가가치}}{\text{종업원 수}} \times 100$

③ $\text{노동소득분배율} = \frac{\text{인건비}}{\text{요소소득부가가치}} \times 100$

④ $\text{자본생산성} = \frac{\text{부가가치}}{\text{총자본}} \times 100$

⑤ 순부가가치 = 영업잉여 + 인건비 + 금융비용 + 조세공과 + 감가상각비

[01~29] 다음 A기업에 대한 사례를 참고하여 1번부터 29번까지 각 물음에 답하시오.

01 재무상태표

(단위 : 원)

과 목	당 기	전 기	전전기
자 산			
Ⅰ. 유동자산	**9,493,264,104**	**7,401,549,214**	**18,366,795,930**
(1) 당좌자산	4,045,320,233	5,854,780,737	14,173,433,920
현금및현금성자산(주석 2)	276,917,247	173,197,842	344,199,996
단기금융상품	2,435,092,831	3,190,617,854	2,148,286,730
매출채권(주석 2)	1,261,116,780	2,196,763,180	2,490,466,180
대손충당금	−48,750,118	−21,967,631	−24,904,661
단기대여금(주석 12)	72,310,000	90,310,000	8,961,594,289
미수수익	−	32,588,202	132,849,186
미수금	−	−	13,842,448
선급금	536,000	440,000	615,700
선급비용	43,291,323	76,472,060	106,484,052
선급법인세	4,806,170	116,359,230	
(2) 재고자산(주석 2)	5,447,943,871	1,546,768,477	4,193,362,010
제 품	5,282,404,663	1,386,285,567	3,981,206,270
원재료	154,713,848	146,389,500	190,432,860
부재료	10,825,360	14,093,410	21,722,880
Ⅱ. 비유동자산	**11,562,968,309**	**12,008,195,745**	**12,597,774,664**
(1) 투자자산	60,352,242	55,815,072	44,944,553
장기금융상품	54,352,242	49,815,072	38,944,553
매도가능증권	6,000,000	6,000,000	6,000,000
(2) 유형자산(주석 2, 3, 4, 13, 14)	10,871,438,688	11,322,445,294	12,176,147,290
토 지	3,562,809,882	3,562,809,882	3,562,809,882
건 물	5,761,092,734	5,740,872,734	5,740,872,734
감가상각누계액	−1,034,768,369	−890,741,052	−747,219,235
구축물	833,626,872	833,626,872	833,626,872
감가상각누계액	−217,780,058	−176,098,716	−134,417,374
기계장치	7,603,823,463	7,403,561,463	7,364,337,463
감가상각누계액	−5,911,423,274	−5,332,831,043	−4,609,053,500
차량운반구	645,305,159	433,282,929	647,275,113
감가상각누계액	−380,283,906	−265,073,714	−504,634,407
공구와 기구	211,949,050	211,949,050	211,949,050
감가상각누계액	−218,882,113	−211,158,245	−207,276,174

과 목	당 기	전 기	전전기
비 품	128,666,510	124,942,396	120,629,395
감가상각누계액	−112,697,262	−112,697,262	−102,752,529
(3) 무형자산		−	
(4) 기타 비유동자산	631,177,379	629,935,379	376,682,821
임차보증금	10,300,000	19,300,000	27,300,000
기타비유동자산	620,877,379	610,635,379	349,382,821
자산총계	**21,056,232,413**	**19,409,744,959**	**30,964,570,594**
부 채			
I. 유동부채	**15,296,134,960**	**12,886,599,193**	**10,516,772,198**
매입채무	2,277,484,495	3,206,350,152	3,319,778,980
미지급금	760,439,845	259,769,537	308,567,135
예수금	58,928,571	51,488,161	59,284,651
미지급법인세	136,156,158	−	42,681,350
부가세예수금	88,370,260	93,758,840	411,282,380
주주임원단기차입금(주석 12)	1,591,800	1,591,800	
선수금	40,074,810	16,177,100	9,110,000
단기차입금(주석 6)	9,463,000,000	6,937,100,000	3,500,000,000
미지급비용	261,384,055	258,521,243	279,095,142
연차충당부채	89,664,966	92,802,360	67,932,560
유동성장기부채(주석 6)	2,119,040,000	1,969,040,000	2,519,040,000
II. 비유동부채	**1,724,304,324**	**2,988,309,533**	**4,158,701,494**
장기차입금(주석 6)	795,000,000	2,264,040,000	3,433,080,000
퇴직급여충당부채(주석 7)	828,013,381	714,797,320	676,362,770
퇴직연금운용자산	−40,051,819	−7,936,900	−7,936,900
장기미지급금	141,342,762	17,409,113	57,195,624
부채총계	**17,020,439,284**	**15,874,908,726**	**14,675,473,692**
자 본			
I. 자본금(주석 8)	**3,000,000,000**	**3,000,000,000**	**3,000,000,000**
보통주자본금	3,000,000,000	3,000,000,000	3,000,000,000
II. 자본조정	**−5,658,500**	**−5,658,500**	**−5,658,500**
주식할인발행차금	−5,658,500	−5,658,500	−5,658,500
III. 이익잉여금	**1,041,451,629**	**540,494,733**	**13,294,755,402**
이익준비금	1,300,000,000	300,000,000	300,000,000
미처분이익잉여금(주석 9)	−258,548,371	240,494,733	12,994,755,402
자본총계	**4,035,793,129**	**3,534,836,233**	**16,289,096,902**
부채와 자본총계	21,056,232,413	19,409,744,959	30,964,570,594

02 손익계산서

(단위 : 원)

과 목	당 기	전 기	전전기
Ⅰ. 매출액	**12,275,380,894**	**17,964,309,364**	**25,167,954,621**
1. 매 출	12,275,380,894	17,964,309,364	25,167,954,621
Ⅱ. 매출원가	**7,548,027,839**	**16,727,365,913**	**18,176,381,016**
1. 제품매출원가	7,548,027,839	16,727,365,913	18,176,381,016
기초제품재고액	1,386,285,567	3,981,206,270	3,571,906,208
당기제품제조원가	11,444,146,935	14,132,445,210	18,585,681,078
기말제품재고액	−5,282,404,663	−1,386,285,567	−3,981,206,270
Ⅲ. 매출총이익	**4,727,353,055**	**1,236,943,451**	**6,991,573,605**
Ⅳ. 판매비와관리비(주석 15)	**4,145,916,998**	**3,756,460,076**	**5,073,200,785**
임원급여	120,000,000	135,817,990	180,000,000
직원급여	642,097,236	564,053,000	629,122,970
퇴직급여	46,898,405	72,911,243	90,528,357
복리후생비	34,519,209	92,071,773	110,670,798
여비교통비	10,624,654	14,675,874	18,186,926
접대비	59,213,212	68,997,593	85,552,296
통신비	5,515,170	5,972,770	6,152,964
수도광열비	1,022,863	626,843	346,820
세금과공과	647,438,610	68,552,840	79,219,260
감가상각비	31,777,214	27,055,218	24,213,720
지급임차료	47,539,497	90,467,825	139,181,522
수선비	434,547	574,182	89,819
보험료	29,973,509	37,788,511	33,041,032
차량유지비	121,613,274	117,081,615	171,240,262
건물관리비	−	−	22,000,000
운반비	1,948,096,101	2,169,681,664	3,130,224,273
교육훈련비	5,792,000	15,180,000	5,926,000
도서인쇄비	10,439,245	11,810,556	8,112,937
사무용품비	2,679,148	2,607,375	491,666
소모품비	14,509,877	24,074,437	14,100,616
지급수수료	317,153,130	216,321,380	297,027,726
광고선전비	5,200,000	4,572,727	7,300,000
대손상각비	26,782,487	−2,937,030	2,712,871
경상연구개발비	13,187,610	14,901,690	16,457,950
잡 비	3,410,000	3,600,000	1,300,000

과 목	당 기	전 기	전전기
Ⅴ. 영업이익(손실)	**581,436,057**	**-2,519,516,625**	**1,918,372,820**
Ⅵ. 영업외수익	**307,381,250**	**87,954,453**	**207,408,130**
이자수익	31,365,789	54,973,360	193,536,535
유형자산처분이익	0	8,504,905	
법인세환급액	234,322,150	24,476,188	
잡이익	41,693,311		13,871,595
Ⅶ. 영업외비용	**251,704,253**	**322,698,497**	**330,232,287**
이자비용	251,137,059	297,657,774	324,631,150
기부금	0	21,400,000	3,920,000
잡손실	567,194	3,640,723	1,681,137
Ⅷ. 법인세비용차감전순이익(손실)	**637,113,054**	**-2,754,260,669**	**1,795,548,663**
Ⅸ. 법인세등(주석 2, 11)	**136,156,158**	–	**336,952,442**
법인세등	136,156,158	–	336,952,442
Ⅹ. 당기순이익(손실)	**500,956,896**	**-2,754,260,669**	**1,458,596,221**

03 현금흐름표

(단위 : 원)

과 목	당 기	전 기	전전기
Ⅰ. 영업활동으로 인한 현금흐름	**-1,558,591,753**	**713,027,520**	**1,628,838,238**
1. 당기순이익(손실)	500,956,896	-2,754,260,669	1,458,596,221
2. 현금의 유출이 없는 비용등의 가산	914,017,437	1,029,366,502	1,743,959,971
가. 감가상각비	887,234,950	990,931,952	1,242,219,543
나. 대손상각비	26,782,487	–	2,712,871
다. 퇴직급여	–	38,434,550	499,027,557
3. 현금의 유입이 없는 수익등의 차감	–	-8,504,905	
가. 유형자산처분이익	–	-8,504,905	
4. 영업활동으로 인한 자산부채의 변동	-2,973,566,086	2,446,426,592	-1,573,717,954
가. 매출채권의 감소(증가)	935,646,400	290,765,970	-271,287,032
나. 미수금의 감소(증가)	–	13,842,448	-13,842,448
다. 선급금의 감소(증가)	-96,000	175,700	9,900,000
라. 선급비용의 감소(증가)	33,180,737	30,011,992	20,147,712
마. 선급법인세의 증가	111,553,060	-116,359,230	–
바. 미수수익의 증가	32,588,202	100,260,984	-127,693,540
사. 재고자산의 감소(증가)	-3,901,175,394	2,646,593,533	-351,868,737

과 목	당 기	전 기	전전기
아. 매입채무의 증가(감소)	-928,865,657	-113,428,828	-91,840,767
자. 예수금의 증가(감소)	7,440,410	-7,796,490	12,962,137
차. 예수보증금의 증가(감소)	-5,388,580	-317,523,540	116,673,370
카. 선수금의 증가(감소)	23,897,710	7,067,100	-4,915,000
타. 미지급비용의 증가(감소)	2,862,812	-20,573,899	-56,026,017
파. 미지급금의 증가(감소)	500,670,308	-48,797,598	-85,872,006
하. 미지급법인세의 증가(감소)	136,156,158	-42,681,350	-302,019,045
거. 연차충당부채의 증가(감소)	-3,137,394	24,869,800	-7,768,750
너. 퇴직연금의 증가	-32,114,919	-	-
더. 퇴직금의 지급	113,216,061		-420,267,831
Ⅱ. 투자활동으로 인한 현금흐름	**331,517,509**	**7,436,105,037**	**-2,652,391,921**
1. 투자활동으로 인한 현금유입액	773,525,023	8,929,684,289	31,916,190
가. 단기대여금의 감소	18,000,000	8,871,284,289	916,190
나. 단기금융상품의 감소	755,525,023		
다. 유형자산의 처분	-	50,400,000	
라. 임차보증금의 감소	-	8,000,000	31,000,000
2. 투자활동으로 인한 현금유출액	-442,007,514	-1,493,579,252	-2,684,308,111
가. 단기금융상품의 증가	0	-1,042,331,124	-2,094,670,212
나. 단기대여금의 증가	0	-10,870,519	
다. 유형자산의 증가	-436,228,344	-179,125,051	-553,748,310
라. 투자자산의 증가	-4,537,170	-	-10,866,768
마. 기타보증금의 증가	-1,242,000	-261,252,558	-25,022,821
Ⅲ. 재무활동으로 인한 현금흐름	**1,330,793,649**	**-8,320,134,711**	**313,715,546**
1. 재무활동으로 인한 현금유입액	2,649,833,649	4,238,691,800	1,567,083,810
가. 단기차입금의 차입	2,525,900,000	3,437,100,000	1,512,083,810
나. 주임종단기차입금의 증가	-	1,591,800	
다. 장기차입금의 차입	-	800,000,000	55,000,000
라. 장기미지급금의 증가	123,933,649		
2. 재무활동으로 인한 현금유출액	-1,319,040,000	-12,558,826,511	-1,253,368,264
가. 유동성장기부채의 상환	-1,319,040,000	-2,519,040,000	1,169,040,000
나. 장기미지급금의 감소	-	-39,786,511	84,328,264
다. 배당금의 지급	-	-10,000,000,000	
Ⅳ. 현금의 증가(감소)(Ⅰ+Ⅱ+Ⅲ)	**103,719,405**	**-171,002,154**	**-709,838,137**
Ⅴ. 기초의 현금	**173,197,842**	**344,199,996**	**1,054,038,133**
Ⅵ. 기말의 현금	**276,917,247**	**173,197,842**	**344,199,996**

04 재무제표에 대한 주석

1. 일반사항

(1) 회사의 개요

A회사는 2011년 8월 30일 자로 설립되어 콘크리트파일 제조업을 영위하고 있습니다. 당사는 충청북도에 소재하고 있으며, 보고기간 종료일 현재 자본금은 30억원이고 주주 구성내역은 다음과 같습니다.

(단위 : 주, %)

성 명	소유주식수	지분율	비 고
B기업(주)	300,000	100%	지배주주
합 계	300,000	100%	

2. 중요한 회계정책

재무제표의 작성에 적용된 중요한 회계정책은 아래에 제시되어 있습니다. 이러한 정책은 별도의 언급이 없다면, 표시된 회계기간에 계속적으로 적용되었습니다.

(1) 재무제표 작성기준

회사는 2011년 1월 1일 이후에 개시하는 연차보고기간부터 일반기업회계기준을 적용하고 있습니다. 일반기업회계기준은 '주식회사등의 외부감사에 관한 법률'의 적용대상기업 중 한국채택국제회계기준에 따라 회계처리하지 아니하는 기업에 적용되는 기준입니다.

(2) 회계정책과 공시의 변경

회사는 2017년 1월 1일로 개시하는 회계기간부터 다음의 개정 기준서를 신규로 적용하였습니다.

① 일반기업회계기준 25장 특수관계자

특수관계자의 정의를 개정하였으며, 이로 인하여 특수관계자의 범위가 변동되었습니다. 비교공시된 특수관계자의 범위는 개정된 기준서의 영향이 없음에 따라 재작성되지 않았습니다.

(3) 현금및현금성자산

회사는 통화 및 타인발행수표 등 통화대용증권과 보통예금 및 취득 당시 만기(또는 상환일)가 6개월 이내에 도래하는 것으로서, 큰 거래비용 없이 현금으로 전환이 용이하고 이자율 변동에 따른 가치변동의 위험이 중요하지 않은 유가증권 및 단기금융상품을 현금및현금성자산으로 계상하고 있습니다.

(4) 장·단기 금융상품

회사는 금융기관이 취급하는 정기예금, 정기적금, 사용이 제한되어 있는 예금 및 기타 정형화된 상품 등으로 단기적 자금운용목적으로 소유하거나 기한이 보고기간 종료일로부터 1년 이내에 도래하는 것을 단기금융상품으로 계상하고 있으며, 현금및현금성자산 또는 단기금융상품에 속하지 아니하는 것을 장기금융상품으로 계상하고 있습니다.

(5) 대손충당금의 설정

회사는 회수가 불확실한 매출채권 등은 합리적이고 객관적인 기준에 따라 산출한 대손추산액을 대손충당금으로 설정하고 있습니다. 대손추산액에서 대손충당금 잔액을 차감한 금액을 대손상각비로 인식하며, 상거래에서 발생한 매출채권에 대한 대손상각비는 판매비와관리비로 계상하고, 기타 채권에 대한 대손상각비는 영업외비용으로 계상하고 있습니다. 회수가 불가능한 채권은 대손충당금과 상계하고, 대손충당금이 부족한 경우에는 그 부족액을 대손상각비로 인식하고 있습니다.

(6) 재고자산의 평가기준

회사는 재고자산 중 원자재는 계속기록법에 따라 기록한 수량을 실지재고조사에 의하여 확정하고 있으며, 선입선출에 의하여 산정된 취득원가로 평가하고 있습니다. 또한, 재고자산의 시가가 취득원가보다 하락한 경우에는 시가(제품, 상품 및 재공품의 시가는 순실현가능가액, 원재료 및 저장품의 시가는 현행대체원가)를 재무상태표가액으로 하고 있습니다. 다만, 재고자산의 평가손실을 초래했던 상황이 해소되어 새로운 시가가 장부금액보다 상승한 경우에는 최초의 장부금액을 초과하지 않는 범위 내에서 평가손실을 환입하고 있으며, 재고자산평가손실의 환입은 매출원가에서 차감하여 표시하고 있습니다.

(7) 유형자산의 평가 및 상각

회사는 유형자산을 최초에는 취득원가(구입원가 또는 제작원가 및 경영진이 의도하는 방식으로 자산을 가동하는 데 필요한 장소와 상태에 이르게 하는 데 직접 관련되는 지출 등으로 구성되며 매입할인 등이 있는 경우에는 이를 차감)로 측정하며, 현물출자, 증여, 기타무상으로 취득한 유형자산은 공정가치를 취득원가로 하고 있습니다.

한편, 동종자산과의 교환으로 받은 유형자산의 취득원가는 교환으로 제공한 자산의 장부금액으로, 다른 종류의 자산과의 교환으로 취득한 자산의 취득원가는 교환을 위하여 제공한 자산의 공정가치로 측정하고, 제공한 자산의 공정가치가 불확실한 경우에는 교환으로 취득한 자산의 공정가치로 측정하고 있습니다.

회사는 유형자산의 취득 또는 완성 후의 지출이 자산으로부터 발생하는 미래경제적효익이 유입될 가능성이 높으며, 그 원가를 신뢰성 있게 측정할 수 있는 경우에 한하여 자본적지출로 처리하고 적절한 경우 별도의 자산으로 인식하고 교체된 자산은 재무상태표에서 제거하고 있습니다. 한편, 수선유지를 위한 지출에는 발생한 기간의 비용으로 인식하고 있습니다.

유형자산에 대한 감가상각은 자산이 사용가능한 때(경영진이 의도하는 방식으로 자산을 가동하는 데 필요한 장소와 상태에 이른 때)부터 아래의 자산별 내용연수에 따라 정액법에 의하여 계상하고 있습니다. 각 기간의 감가상각비는 다른 자산의 제조와 관련된 경우에는 관련 자산의 제조원가로, 그 밖의 경우에는 판매비와관리비로 계상하고 있습니다.

계정과목	내용연수	상각방법
건 물	20년 ~ 40년	정액법
구축물	20년	정액법
기계장치	10년	정률법
차량운반구	5년	정률법
공구와 기구	5년	정률법
비 품	5년	정률법
시설장치	10년	정률법

한편, 회사는 내용연수 도중 사용을 중단하고, 처분 또는 폐기할 예정인 유형자산은 감가상각을 하지 않는 대신 사용을 중단한 시점의 장부금액을 투자자산으로 재분류하고, 손상차손 발생 여부를 매 회계연도 말에 검토하고 있습니다.

(8) 수익인식

회사는 재화의 판매, 용역의 제공이나 자산의 사용에 대하여 받았거나 또는 받을 대가의 공정가치로 수익을 측정하고 있으며, 부가가치세, 매출에누리와 할인 및 환입은 수익에서 차감하고 있습니다. 회사는 수익을 신뢰성 있게 측정할 수 있으며 관련된 경제적 효익의 유입 가능성이 매우 높은 경우에 수익을 인식합니다.

(9) 리스거래

회사는 리스자산의 소유에 따른 위험과 효익이 당사로 이전되는 정도에 따라 금융리스와 운용리스로 분류하여 회계처리하고 있습니다. 당사는 ① 리스기간 종료 시 또는 그 이전에 리스자산의 소유권이 당사에게 이전되는 경우, ② 리스실행일 현재 당사가 염가매수선택권을 가지고 있고, 이를 행사할 것이 확실시되는 경우, ③ 리스자산의 소유권이 이전되지 않을지라도 리스기간이 리스자산 내용연수의 상당부분(75% 이상)인 경우, ④ 리스실행일 현재 최소리스료를 내재이자율로 할인한 현재가치가 리스자산 공정가치의 대부분(90% 이상)을 차지하는 경우, 또는 ⑤ 당사만이 유의적인 변경 없이 사용할 수 있는 특수한 용도의 리스자산인 경우에는 당해 리스계약을 금융리스로, 그 이외의 리스계약은 운용리스로 처리하고 있습니다.

한편, 당사는 운용리스에 대해서는 보증잔존가치를 제외한 최소리스료를 리스기간에 걸쳐 균등하게 배분한 금액을 비용으로 인식하고 있으며, 운용리스 관련 조정리스료는 동 리스료가 발생한 기간의 비용으로 처리하고 있습니다. 금융리스에 대해서는 리스실행일에 최소리스료를 리스제공자의 내재이자율(만약 이를 알 수 없다면 당사의 증분차입이자율)로 할인한 현재가치와 리스자산의 공정가치 중 적은 금액을 금융리스자산과 금융리스부채로 각각 인식하고 있으며, 또한 회사가 지급한 리스개설직접원가는 금융리스자산으로 인식될 금액에 포함하고 있습니다. 금융리스자산의 감가상각은 당사가 소유한 다른 유사자산의 감가상각과 일관성 있게 회계처리하고 있으며, 보증잔존가치를 제외한 매기의 최소리스료는 이자비용과 금융리스부채의 상환액으로 배분하며 이자비용은 유효이자율법으로 계산하고 있습니다. 금융리스 관련 조정리스료는 동 리스료가 발생한 기간의 비용으로 처리하고 있으나, 다만 그 금액이 유의적인 경우에는 잔여리스기간에 걸쳐 원금 및 이자부분으로 구분하여 처리하고 있습니다.

(10) 종업원 급여

① 퇴직급여충당부채

회사는 전 임직원에 대하여 퇴직금으로 지급해야 할 총액을 퇴직급여충당부채로 설정하고 있습니다.

② 연차수당부채

회사는 직원이 미래의 연차유급휴가에 대한 권리를 발생시키는 근무용역을 제공하는 회계기간에 연차유급휴가와 관련된 비용과 부채를 인식하고 있습니다. 회사는 근로기준법에 따라 연차유급휴가의 사용촉진제도를 시행하고 있으며, 미사용 연차유급휴가에 대해서는 보상의무가 없습니다. 따라서, 보고기간 종료일 현재 근무용역의 제공을 통하여 발생한 연차유급휴가 중 종업원이 사용할 것으로 예상되는 부분에 대하여 비용과 부채를 인식하고 있습니다.

(11) 추정의 사용

대한민국의 일반적으로 인정된 회계처리기준에 따라 재무제표를 작성하기 위하여 회사는 자산과 부채의 금액 및 충당부채 등에 대한 공시, 수익 및 비용의 측정과 관련하여 많은 합리적인 추정과 가정을 사용합니다. 여기에는 유형자산의 장부가액, 매출채권, 재고자산에 대한 평가 등이 포함됩니다. 이러한 평가금액은 실제와 다를 수 있습니다.

(12) 중소기업의 회계처리에 대한 특례

① 시장성이 없는 지분증권은 취득원가로 평가하고 있습니다.
② 유의적인 영향력을 행사할 수 있는 지분증권에 대하여는 지분법을 적용하지 않고 있습니다.

③ 장기연불조건의 매매거래 및 장기금전대차거래 등에서 발생하는 채권·채무는 현재가치가 아닌 명목가치로 평가하고 있습니다.
④ 유형자산과 무형자산의 내용연수 및 잔존가치의 결정은 법인세법의 규정에 따르고 있습니다.
⑤ 법인세 비용은 법인세법 등의 법령에 의하여 납부할 금액으로 계상하고 있습니다.

3. 보유토지의 공시지가

보고기간 종료일 현재 유형자산 중 토지는 충청북도에 있는 공장부지로써 공시지가 내역은 다음과 같습니다.

(단위 : 천원)

구 분	장부가액		공시지가	
	당 기	전 기	당 기	전 기
토 지	3,562,810	3,562,810	2,081,981	2,030,915

4. 유형자산 장부가액의 변동내용

회사의 보고기간 중 유형자산의 장부가액의 변동내용은 다음과 같습니다.

(1) 당기 중

(단위 : 천원)

구 분	기 초	증 가	기타증감	감가상각비	기 말
토 지	3,562,810				3,562,810
건 물	4,850,132	20,220		−144,027	4,726,325
구축물	657,528			−41,681	615,847
기계장치	2,070,730	200,262		−578,592	1,692,400
차량운반구	168,209	212,022		−115,210	265,021
공구와 기구	791			−769	22
비 품	12,245	3,724		−6,955	9,014
합 계	11,322,445	436,228	−	−887,234	10,871,439

(2) 전기 중

(단위 : 천원)

구 분	기초장부가액	증가금액	감소금액	감가상각비	기말장부가액
토 지	3,562,810	−	−	−	3,562,810
건 물	4,993,654	−	−	−143,522	4,850,132
구축물	699,210	−	−	−41,682	657,528
기계장치	2,755,284	39,222	−	−723,777	2,070,730
차량운반구	142,640	135,588	−41,895	−68,124	168,209
공구와 기구	4,673	−	−	−3,882	791
비 품	17,876	4,313	−	−9,944	12,245
합 계	12,176,147	179,123	−41,895	−990,931	11,322,445

5. 단기차입금

보고기간 종료일 현재 당사의 단기차입금 내역은 다음과 같습니다.

(단위 : 천원)

거래처	당 기			전 기		
	금 액	만기일	이자율	금 액	만기일	이자율
A은행	1,000,000	2021-06-25	3.58%	1,000,000	2020-06-26	3.21%
	1,900,000	2021-07-17	4.77%	2,250,000	2020-01-17	3.06%
	190,000	2021-04-29	4.27%	190,000	2020-04-29	3.46%
	144,000	2021-06-25	5.18%	160,000	2020-07-11	3.31%
B은행	200,000	2021-06-25	2.05%	200,000	2020-06-26	2.43%
	-			100	2020-01-06	4.76%
B기업(주)	2,500,000	2021-12-31		2,500,000	2020-12-31	
C건설(주)	1,182,900	2021-12-31		300,000	2020-12-31	
D건설(주)	152,100	2021-12-31		90,000	2020-12-31	
E개발(주)	712,000	2021-12-31		247,000	2020-12-31	
F콘크리트(주)	126,000	2021-12-31				
G산업(주)	25,000	2021-12-31				
H기업(주)	775,000	2021-12-31				
G기업(주)	556,000	2021-12-31				
합 계	9,463,000			6,937,100		

6. 장기차입금

(1) 보고기간 종료일 현재 당사의 장기차입금 내역은 다음과 같습니다.

① 당기

(단위 : 천원)

차입처	차입금의 종류	금 액	만기일	이자율	상환방법
A은행	시설자금	718,160	2022-12-10	3.18%	분할상환
	시설자금	310,880	2022-12-10	2.66%	분할상환
	시설자금	280,000	2022-12-10	1.35%	분할상환
	시설자금	750,000	2025-10-26	1.32%	분할상환
B은행	중소기업자금	800,000	2022-06-30	3.21%	만기상환
	시설자금	55,000	2026-09-15	1.50%	분할상환
장기차입금 합계		2,914,040			
유동성장기부채 대체		-2,119,040			
장기차입금		795,000			

② 전기

(단위 : 천원)

차입처	차입금의 종류	금 액	만기일	이자율	상환방법
A은행	시설자금	1,436,320	2021-12-10	3.83%	분할상환
	시설자금	621,760	2021-12-10	3.31%	분할상환
	시설자금	420,000	2022-12-10	2.00%	분할상환
	시설자금	900,000	2025-10-26	1.96%	분할상환
B은행	중소기업자금	800,000	2021-06-30	3.66%	분할상환
	시설자금	55,000	2026-09-15	1.50%	분할상환
장기차입금 합계		4,233,080			
유동성장기부채 대체		-1,969,040			
장기차입금		2,264,040			

(2) 상환기일 도래내역

회사 장기차입금에 대한 계약상 상환기일 도래내역과 금액은 다음과 같습니다.

(단위 : 천원)

차입처	1년 내 상환	2년 내 상환	3년 내 상환	3년 후 상환	합 계
A은행	1,319,040	290,000	150,000	300,000	2,059,040
B은행	800,000	11,000	11,000	33,000	855,000
합 계	2,119,040	301,000	161,000	333,000	2,914,040

7. 퇴직급여충당부채

보고기간 중 당사의 퇴직급여충당부채의 내용은 다음과 같습니다.

(단위 : 천원)

계정과목	퇴직급여충당부채	퇴직연금
기초금액	714,797,320	7,936,900
당기전입액	235,150,880	32,114,919
기중지급액	-121,934,819	-
기말금액	828,013,381	40,051,819

상기 퇴직급여충당부채와 관련하여 기업은행에 퇴직연금이 일부 가입되어 있습니다.

8. 자본금

보고기간 종료일 현재 당사의 자본금과 관련된 사항은 다음과 같습니다.

구 분	당 기	전 기	비 고
발행할 주식의 총수	1,000,000주	1,000,000주	
1주의 금액	@10,000원	@10,000원	
발행한 주식의 총수	300,000주	300,000주	
자본금	3,000,000,000원	3,000,000,000원	

9. 이익잉여금처분계산서

보고기간 종료일 현재 당사의 이익잉여금처분계산서는 다음과 같습니다.

(단위 : 원)

과 목	제10(당)기	제9(전)기
	처분예정일 : 2021년 3월 31일	처분확정일 : 2020년 3월 29일
미처분이익잉여금		
전기이월미처분이익잉여금	−759,505,267	12,994,755,402
중간배당	−	−10,000,000,000
당기순이익	500,956,896	−2,754,260,669
합 계	−258,548,371	240,494,733
이익잉여금처분액		
이익준비금	−	−1,000,000,000
차기이월미리결손금	−258,548,371	−759,505,267

10. 배당금

(1) 당기와 전기 중간배당금의 계산내역은 다음과 같습니다.

(단위 : 원, 주)

구 분	당 기	전 기
	보통주	보통주
배당받을 주식수	300,000	300,000
주당액면금액	10,000	10,000
액면배당금액	−	1,000,000
배당금액	−	10,000,000,000

(2) 당기와 전기 배당성향의 계산내역은 다음과 같습니다.

(단위 : 천원)

구 분	당 기	전 기
배당금	−	10,000,000
당기순이익(손실)	−2,754,261	−2,754,261
배당성향	−	−

11. 법인세비용

회사가 부담할 법인세의 법정세율은 과세표준 2억원 이하의 경우 10%, 2억원 초과 200억원 이하 금액에 대하여는 20%, 200억원 초과 금액에 대하여는 22%입니다.

12. 특수관계자와의 거래 및 채권·채무

(1) 보고기간 종료일 현재 당사와 특수관계에 있는 주요 회사 등은 다음과 같습니다.

회사명	당사와의 관계
A씨	대표이사
C건설㈜	대표이사의 특수관계자
D건설㈜	대표이사의 특수관계자
F콘크리트㈜	대퓨이사의 특수관계자
H기업㈜	대표이사의 특수관계자
G산업㈜	대표이사의 특수관계자

(2) 당기와 전기 중 특수관계자와의 자금거래 내역과 당기말과 전기말 현재 특수관계자에 대한 채권·채무 내역은 다음과 같습니다.

(단위 : 백만원)

특수관계구분	당 기			전 기		
	차 입	상 환	잔 액	차 입	상 환	잔 액
대표이사(A씨)	1		1	1		1
E개발	1,089	377	712	1,190	943	247
C건설㈜	2,208	1,025	1,183	300		300
D건설㈜	717	565	152	260	170	90
B기업㈜	2,500		2,500	2,500		2,500
F콘크리트㈜	126		126			
G산업㈜	25		25			
H기업㈜	975	200	775			
G기업㈜	736	180	556			

(3) 보고기간 종료일 현재 회사의 자금조달 등을 위하여 제공받은 지급보증의 내역은 다음과 같습니다.

(단위 : 백만원)

특수관계	보증처	당 기		전 기	
		보증 건수	연대보증금액	보증 건수	연대보증금액
대표이사	A은행	4	2,859	4	3,378
기술보증기금	A은행	1	810	1	810
기술보증기금	B은행	2	850	2	850
기술보증기금	C은행	1	850	1	850

13. 담보제공자산

보고기간 종료일 현재 회사가 차입금 등의 채무를 담보하기 위하여 제공한 담보제공자산의 내용은 다음과 같습니다.

(1) 당기

(단위 : 천원)

채권자	종 류	채권최고액	차입금잔액	제공방법
A은행	토 지	10,400,000	3,378,080	근저당
	건 물			
B양회㈜	토 지	1,000,000	구매물품담보	근저당
	건 물			
C커머셜㈜	지게차	130,190	-	지게차
	지게차			

(2) 전기

(단위 : 천원)

채권자	종 류	채권최고액	차입금잔액	제공방법
A은행	토 지	10,400,000	3,378,080	근저당
	건 물			
B양회㈜	토 지	130,190	-	지게차
	건 물			
C커머셜㈜	지게차			
	지게차			

14. 보험가입자산

회사의 보고기간 중 보험가입자산의 내용은 다음과 같습니다.

(단위 : 천원)

보험종류	부보대상자산	장부가액	부보금액	보험회사
화재보험	건물	4,726,324	4,203,478	A손해보험㈜
화재보험	기계	1,692,400	3,094,690	A손해보험㈜
화재보험	집기비품	15,969	200,000	A손해보험㈜
화재보험	시설일체	873,935	100,000	A손해보험㈜
화재보험	특수건물		1,000,000	A손해보험㈜
화재보험	보일러		30,000	A손해보험㈜
화재보험	창고등		40,000	A손해보험㈜
합 계		7,308,628	8,668,168	

상기 화재보험의 부보금액은 회사 차입금과 관련하여 산업은행에서 질권 설정하고 있습니다. 또한, 회사는 KB손해보험㈜에 가스사고배상책임보험을 가입하고 있으며, 회사 소유 차량에 대하여 자동차책임보험에 가입하고 있습니다.

15. 부가가치

회사의 보고기간 중 제조원가 및 판매비와 일반관리비에 포함된 부가가치의 내용은 다음과 같습니다.

(1) 당기 중

(단위 : 천원)

계정과목	제조원가	판매비와관리비	합 계
급 여	1,900,052	762,096	2,662,148
퇴직급여	188,252	46,898	235,150
복리후생비	174,676	34,519	209,195
임차료	50,977	47,539	98,516
세금과공과	71,738	647,439	719,177
감가상각비	855,458	31,777	887,235
합 계	3,241,153	1,570,268	4,811,421

(2) 전기 중

(단위 : 천원)

계정과목	제조원가	판매비와관리비	합 계
급 여	1,920,464	699,871	2,620,335
퇴직급여	159,246	72,911	232,157
복리후생비	186,181	92,072	278,253
임차료	27,936	90,468	118,404
세금과공과	62,895	68,553	131,448
감가상각비	963,877	27,055	990,932
합 계	3,320,599	1,050,930	4,371,529

16. 재무제표가 사실상 확정된 날과 승인기관

회사의 재무제표는 2021년 3월 31일 정기주주총회에서 승인될 예정입니다.

05 사업의 개요

1. 산업의 특성

콘크리트파일 제품은 건설공사의 기초자재라는 특성으로 인하여 생산량과 출하량이 건설경기의 변동과 관련되어 있습니다. 또한 파일 제품은 연약 지반에 대한 공사 진행 시 특히 수요가 더 높기 때문에 연약 지반에 대하여 수행되는 아파트 등 주택 건설 및 플랜트와 같은 대규모 프로젝트에 보다 밀접한 관련성을 가지고 있습니다. 한편 계절적 변동으로는 봄, 가을의 성수기에는 수요가 확대되며, 겨울과 비가 많이 내리는 장마철 등 비수기에는 수요가 감소하는 것이 일반적이나, 최근 다양한 형태의 신규 제품 개발과 시공기술의 발전으로 인하여 이러한 계절성은 감소하는 추세입니다. 이외에 파일 산업과 관련된 주요 특징은 다음과 같습니다.

① 초기 투자비가 많이 드는 장치산업으로 진입장벽이 높습니다.

PHC파일 산업은 대규모 장치산업입니다. 콘크리트 배합설비 외에 원심대, AC 오토크레이브 양생조, 몰드 등 고가의 설비가 필요하며, 생산공정이 하나의 일련 공정으로 되어 있어 생산부지가 넓어야 하고, 구경별, 길이별 다양한 종류의 생산제품을 야적할 수 있는 넓은 야적공간이 필요합니다. 이처럼 PHC파일 산업은 초기 투자비가 많이 들어가는 사업으로 중소 규모업체 및 대기업 모두에게 진입장벽이 존재하는 시장의 특성을 가지고 있습니다.

② 내수 중심으로 시장이 형성되어 있습니다.
콘크리트파일은 고중량 대형제품의 특성으로 운반비에 대한 부담이 커서 내수 중심으로 시장이 형성되어 있습니다.

③ PHC파일은 건설공사의 기초자재로서 건설경기의 변동에 전적으로 영향을 받고 있으며, 특히 아파트 분양 및 대규모 플랜트산업 등 국가 산업정책에 따른 수요가 매출액에 높은 영향을 미치고 있습니다.

2. 산업의 성장성

2020년도 상반기 민영아파트 분양시장은 수도권 재건축, 재개발 물량 및 한국토지주택공사(LH)의 공공임대주택 공급물량이 주요 수요를 이루었으며, 하반기에 수도권 재건축, 재개발 위주의 주택물량과 인천, 용인 등 물류센타 증가 및 평택 삼성 반도체공장 증설 등의 플랜트 수요 증가로 전국 PHC파일 수요는 전년과 비슷한 수준의 실적을 기록하였으며, 특히 작년 10월 추석연휴 이후에 대기 중이던 아파트 현장의 공사착공이 한꺼번에 몰리면서 PHC파일 수요가 급증하였고 일부 규격 재고부족 상황까지 발생하는 등 PHC파일 수요가 공급을 초과하였습니다. 2021년에도 정부의 주택공급 증대정책에 따른 공공주택의 투자증가(3기 신도시 및 세종시, 부산 에코델타시티 등)와 반도체 경기회복에 따른 투자증가(평택 삼성 반도체공장 증설) 및 전남 여수의 롯데케미칼, GS에너지의 화학공장 증설, 울산항 동북아 오일허브 북항사업 등 대형 플랜트사업 예정으로 2021년도 PHC파일 수요 증가를 이어갈 것으로 예상됩니다. 익산공장과 근접해 있는 새만금사업과 관련하여 2023년까지 필수 인프라 확충을 위한 육상태양광 발전사업(사업비 1,500억원), 수변도시 조성(사업비 9,000억원), 인입철도(사업비 1조 3,000억원) 및 공항건설(사업비 7,800억원) 등의 계획이 올해 상반기 이후부터 착공예정되어 있어 PHC파일 수요증가에 대한 기대감은 더욱 높아지고 있습니다.

코로나 19 사태에도 불구하고 2020년도 전국 PHC파일 수요는 전년 대비 약 20만톤 줄어든 570만톤 실적을 시현하였으며, 2021년 전국 PHC파일 수요는 52시간제 적용으로 전년 대비 다소 감소한 약 550만톤이 예상되나 공급물량의 부족에 따른 판매단가 인상으로 인해 큰 폭의 수익개선이 기대됩니다.

3. 경기변동의 특성

국내 PHC파일 업체의 생산량이 대부분 내수 수요에 대응하고 있음에 따라 국내 건설경기의 변화에 따른 영향을 가장 많이 받는다고 할 수 있습니다. 특히 정부의 부동산정책에 따른 아파트 분양 시황이나 SOC 사업부문의 정책에 따른 투자 증감 등이 파일 수요변동에 많은 영향을 미친다고 할 수 있습니다.

한편, 수요처의 형태로 보면 수도권이나 경기 북부지역 등 대체로 지반이 튼튼한 지역보다는 해안가나 매립지 등 연약지반인 지역의 건축, 토목공사가 많을수록 수요 확대에 대한 기여도가 큽니다.

4. 경쟁요소

국내 PHC파일 산업은 대규모 장치산업으로서 초기 투자비가 많이 들어가는 사업으로 중소업체 및 대기업 모두에게 진입장벽이 존재하는 특성을 가지고 있습니다.

또한 대형 건설사의 경우 대규모 물량을 적시에 납품할 수 있는 대형업체 위주로 파일 발주를 진행하고 있습니다. 따라서 상대적으로 업계 상위 업체들이 대형 건설사로부터 안정적인 수주 물량을 확보하기가 유리한 시장 특성을 나타내고 있습니다.

이러한 이유로 콘크리트파일 시장은 상위 7개사가 시장의 약 60% 이상의 점유율을 차지하는 경쟁구도를 나타내고 있습니다.

5. 자원조달의 특성

콘크리트파일의 주요 원재료는 강선, 기타철재, 시멘트, 골재 등이며, 이 원재료는 다수의 국내업체들이 양산체제를 구축하고 경쟁하고 있습니다. 따라서 원재료의 수급상황은 문제가 없으며, 자사 제품의 특성에 맞게 원재료의 조달원을 결정할 수 있습니다.

06 주요 제품 등의 현황

1. 주요 제품 등의 현황

산업의 최근 3년간 매출액 및 총매출에서 차지하는 비율입니다.

(단위 : 백만원)

구 분	당 기		전 기		전전기	
	매출액	비 율	매출액	비 율	매출액	비 율
PHC파일	46,899	99.89%	53,017	99.71%	67,744	99.73%
기 타	52	0.11%	152	0.29%	186	0.27%

2. 주요 제품 등의 가격변동추이

(단위 : 원/톤)

구 분		당 기	전 기	전전기
PHC파일	내 수	94,937	100,754	102,154
	수 출	–	–	–

(1) 가격산출 기준

주요 제품별 가격 산출 기준은 해당 사업연도별 총 판매금액 합계를 제품 판매량으로 나누어 평균가격으로 산출하였습니다. 연도별로 판매량 대비 거래처별 판매금액이 각각 다르며, 판매된 제품의 구성(초고강도, 대구경, 선단확장형 파일의 비중이 변동)이 달라지기 때문에 매년 제품별 가격의 변동 추이가 발생합니다.

(2) 가격변동 원인

제품의 원재료 가격 변동이나 시장 상황(수요와 공급의 차이)이 가격의 변동에 가장 큰 영향을 미치는 요소입니다. PHC파일의 종류가 다양화됨에 따라 제품의 가격도 세분화되고 있습니다. 이러한 제품가격의 세분화와 관련하여 크게 두 가지 정도로 나누어 볼 수 있습니다.

① 파일의 초고강도화입니다.
건축물의 높이가 점점 더 고층화 되어감에 따라 기존 고강도 파일보다 강도가 높은 파일에 대한 수요가 현장의 원가절감노력과 맞물려 점차 증가하고 있는 추세입니다.

② 파일의 고기능화 경향이 두드러지고 있습니다.
기존 고강도파일에 선단부를 확장하여 보다 큰 구경의 파일을 시공하는 효과를 발생시키는 등 최근 공사현장에서는 시공사 입장에서 공사비용의 절감을 목적으로 선단확장형파일이 적용되고 있으며, 그 수요가 꾸준히 증가하고 있습니다.

상기 내용과 같이 파일제품의 다변화는 기존 고강도파일 위주에서 벗어나 PHC파일제품의 주요 가격변동 요인으로 작용하고 있습니다.

01

A기업이 영위하는 산업의 특성에 대한 내용으로 옳지 않은 것은?

① 봄, 가을에는 수요가 확대되며, 겨울과 장마철 등에는 수요가 감소하는 것이 일반적이다.
② 초기 투자비가 많이 드는 장치산업으로 진입장벽이 높다.
③ 원재료 조달 시 주로 수입에 의존하여 환율의 영향을 많이 받는다.
④ 국내 건설경기의 변화에 따른 영향을 많이 받는다.
⑤ 정부의 부동산정책에 따른 아파트 분양 시황 또한 산업에 영향을 미치는 요인 중 하나이다.

02

A기업이 영위하는 산업의 제품 및 가격변동추이에 대한 설명으로 옳지 않은 것은?

① PHC파일의 매출액은 과거 3년 동안 계속적으로 낮아지고 있다.
② PHC파일이 해당 산업에서 차지하는 비중은 과거 3년 동안 90%가 넘는다.
③ PHC파일은 과거 3년간 수출과 내수 판매가 골고루 형성되어 있다.
④ PHC파일의 가격(원/톤)은 과거 3년간 계속 낮아지고 있다.
⑤ PHC파일의 가격(원/톤)은 전기가 당기보다 5,817(원/톤)보다 더 높다.

03

A기업의 위험으로 옳지 않은 것은?

① 국제원유가격이 증가하면 운송비가 증가하여 회사의 영업위험이 증가한다.
② 금리가 상승하면 회사의 영업위험이 증가한다.
③ 국가가 SOC 사업부문을 지원하면 회사의 영업위험이 낮아진다.
④ 도시계발계획을 수행하면 영업위험이 낮아진다.
⑤ 내수위주로 하되, 수출도 일부 존재하므로 환율변동으로 인한 영업위험에 노출되어 있다.

04

A기업의 당기 자본구조에 대한 설명으로 옳지 않은 것은? (단, 차입금의존도 계산 시 차입금은 단기차입금(주주임원단기차입금 제외), 유동성장기부채, 장기차입금으로 한다)

① 당기 부채비율은 전기보다 더 낮다.
② 당기 차입금의존도는 전기보다 더 낮다.
③ 당기 자기자본비율은 전기보다 더 높다.
④ 당기 총자본은 전기 대비 약 16억원 정도 증가하였다.
⑤ 당기와 전기 부채비율은 모두 400%가 넘는다.

05

A기업의 전기 자본구조에 대한 설명으로 옳지 않은 것은?

① 전기 부채비율은 전전기 대비 증가하였다.
② 전기 부채총액은 전전기 대비 약 12억원 정도 증가하였다.
③ 전기 차입금의존도는 전전기 대비 25% 이상 증가하였다.
④ 전기 자기자본비율은 전전기 대비 증가하였다.
⑤ 전기 장기차입금은 전전기 대비 약 11억원 정도 감소하였다.

06

A기업의 당기 부채구조를 분석한 내용으로 옳지 않은 것은?

① 당기 매입채무는 전체부채의 13%를 차지한다.
② 당기 미지급금은 유동부채의 5%를 차지한다.
③ 당기 매입채무가 전체부채에서 차지하는 비율은 전기 대비 7% 정도 감소하였다.
④ 당기 단기차입금은 유동부채의 62%를 차지한다.
⑤ 당기 단기차입금이 유동부채에서 차지하는 비율은 전기 대비 8% 정도 감소하였다.

07

A기업의 전기 부채구조를 분석한 내용으로 옳지 않은 것은?

① 전기 매입채무는 전체부채의 20%를 차지한다.
② 전기 장기차입금은 비유동부채의 76%를 차지한다.
③ 전기 유동성장기부채는 전체부채의 12%를 차지한다.
④ 전기 장기차입금이 비유동부채에서 차지하는 비율은 전전기 대비 7% 정도 증가하였다.
⑤ 전기 단기차입금이 유동부채에서 차지하는 비율은 전전기 대비 21% 정도 증가하였다.

08

A기업의 당기 EBITDA/이자비용비율을 계산하면 얼마인가? (단, EBITDA = 영업이익 + 감가상각비 + 무형자산상각비로 계산하며, 비율 계산 시 소수점 이하는 생략한다)

① 4배 ② 6배 ③ 8배
④ 10배 ⑤ 12배

09

A기업의 당기 수익성구조를 분석한 내용으로 옳지 않은 것은?

① 당기 매출총이익률은 전기 대비 약 32% 증가하였다.
② 당기 매출원가율이 전기보다 감소한 것으로 보아 원가절감이 이루어졌다고 볼 수 있다.
③ 당기 매출액순이익률은 전기 대비 19% 정도 증가하였다.
④ 당기 매출액 대비 판매비와관리비 비율은 전기보다 13% 정도 감소하였다.
⑤ 당기 매출액영업이익률은 전기 대비 19% 정도 증가하였다.

10

A기업의 전기 수익성구조를 분석한 내용으로 옳지 않은 것은?

① 전기 매출총이익률은 전전기 대비 21% 감소하였다.
② 전기 매출액영업이익률은 전전기 대비 22% 감소하였다.
③ 전기 매출액순이익률은 전전기 대비 21% 정도 감소하였다.
④ 전기 매출액 대비 판매비와관리비 비율은 전전기와 비교하여 그 차이가 3% 미만이다.
⑤ 전기 매출원가율은 72%이다.

11

A기업의 유동자산구성에 대한 내용으로 옳지 않은 것은?

① 단기금융상품이 유동자산에서 차지하는 비중은 당기, 전기, 전전기 가운데 전기가 제일 높다.
② 매출채권(대손충당금 차감 후)이 유동자산에서 차지하는 비중은 당기, 전기, 전전기 가운데 전기가 제일 높다.
③ 제품이 유동자산에서 차지하는 비중은 당기, 전기, 전전기 가운데 전기가 제일 높다.
④ 단기대여금이 유동자산에서 차지하는 비중은 당기와 전기 모두 2% 미만이다.
⑤ 단기대여금이 유동자산에서 차지하는 비중은 과거 3년 전부터 계속 감소하고 있다.

12

A기업의 당기 비유동성 평가에 대한 내용으로 옳지 않은 것은? (단, 비율 계산 시 소수점 둘째 자리에서 반올림한다)

① 당기 비유동비율(고정비율)은 287%이다.
② 전기 비유동비율(고정비율)은 340%이다.
③ 당기 비유동자산이 전기보다 감소한 원인 중 기계장치 감가상각누계액의 증가가 가장 큰 영향을 미쳤다.
④ 당기 비유동비율이 전기보다 감소한 원인은 자기자본과 비유동자산이 모두 증가하였기 때문이다.
⑤ 당기 자기자본이 전기보다 증가한 원인 중 이익준비금의 증가가 가장 큰 영향을 미쳤다.

13

A기업의 전기 비유동성 평가에 대한 내용으로 옳지 않은 것은? (단, 비율 계산 시 소수점 둘째 자리에서 반올림한다)

① 전전기 비유동비율(고정비율)은 77%이다.
② 전기 비유동자산이 전전기보다 감소한 원인 중 임차보증금의 감소가 가장 큰 영향을 미쳤다.
③ 전기 기타비유동자산이 전전기보다 증가한 원인 중 기타비유동자산의 증가가 가장 큰 영향을 미쳤다.
④ 전기 자본총계가 전전기보다 감소한 원인 중 미처분이익잉여금의 감소가 가장 큰 영향을 미쳤다.
⑤ 전기와 전전기 모두 자본금과 자본조정 금액에는 변화가 없다.

14

A기업의 주석을 통해서 확인한 사실 중 옳지 않은 것은?

① 토지의 장부가액은 당기 중 변동이 없다.
② 장기차입금(유동성장기부채)를 포함하여 1년 내 상환되는 금액이 제일 많다.
③ 당기 중 건물 20,220(천원)의 취득이 있었다.
④ 당기 대표이사에 대한 차입금 잔액은 1(백만원)이다.
⑤ 당기 A은행에 대한 차입금 담보로 지게차에 대하여 근저당을 설정하였다.

15

A기업의 당기 현금흐름에 관한 설명 중 옳지 않은 것은?

① 영업활동현금흐름이 (−)인 원인 중 재고자산의 증가가 가장 큰 영향을 미쳤다.
② 미지급금은 영업활동현금흐름에 긍정적(+)으로 작용하였다.
③ 투자활동으로 인한 현금유입액 중 단기금융상품의 감소가 가장 큰 영향을 미쳤다.
④ 재무활동으로 인한 현금유출액은 유동성장기부채의 상환이외의 다른 항목의 영향은 없다.
⑤ 장기미지급금의 증가는 투자활동으로 인한 현금유입액에 긍정적(+)으로 작용하였다.

16

A기업의 전기 현금흐름에 관한 설명 중 옳지 않은 것은?

① 전기 당기순이익이 (−)임에도 불구하고 영업활동으로 인한 현금흐름은 (+)이다.
② 전기 재고자산의 감소로 영업활동으로 인한 현금흐름이 26억원 증가하였다.
③ 전기 투자활동으로 인한 현금유출액 중 유형자산의 증가가 가장 큰 영향을 차지하였다.
④ 전기에는 배당금 지급으로 인하여 재무활동으로 인한 현금유출액이 100억원 증가하였다.
⑤ 전기 현금의 감소는 재무활동으로 인한 현금흐름이 (−)이기 때문이다.

17

A기업의 손익계산서를 통해 분석한 내용 중 옳지 않은 것은?

① 과거 3개년 중 전기의 영업이익이 가장 작은 이유는 매출원가의 영향이다.
② 판매비와관리비 가운데에서는 운반비의 비중이 가장 크다.
③ 임원급여 및 직원급여는 과거 3년 중 전전기가 제일 크다.
④ 당기에는 법인세 환급액 2.3억원이 발생하였다.
⑤ 회사의 매출이 계속 감소함에 따라 운반비도 매년 감소하고 있다.

18

A기업의 주석에서 판관비와 제조원가의 내용을 분석한 것으로 옳지 않은 것은?

① 당기 판매비와관리비 중 세금과공과가 차지하는 비중은 41%이다.
② 당기 판매비와관리비 중 복리후생비가 차지하는 비중은 전기보다 증가하였다.
③ 당기 제조원가 가운데 생산직 급여가 차지하는 비중은 전기보다 증가하였다.
④ 당기 감가상각비가 제조원가에서 차지하는 비중은 26.39%이다.
⑤ 당기 퇴직급여 중 사무직 퇴직급여가 차지하는 비중은 전기보다 감소하였다.

19

A기업의 당기 매출액 대비 운반비 비율은 전기보다 얼마나 증가하였는가? (단, 비율계산 시 소수점 둘째 자리에서 반올림한다)

① 2.5% ② 3.8% ③ 4.4%
④ 4.7% ⑤ 5.2%

20

다음과 같은 조건을 가정하였을 때, 당기의 순운전자본에 대한 설명으로 옳지 <u>않은</u> 것은?

• 순운전자본 = 매출채권 + 재고자산 − 매입채무
• 매출채권은 대손충당금을 차감한 금액으로 한다.

① 당기 순운전자본이 전기보다 증가한 원인은 재고자산의 증가가 가장 큰 영향을 차지한다.
② 당기 매출채권이 순운전자본에서 차지하는 비중은 전기 대비 감소하였다.
③ 당기 순운전자본은 전기보다 증가하였다.
④ 당기 재고자산이 순운전자본에서 차지하는 비중은 전기 대비 증가하였다.
⑤ 당기 매입채무가 순운전자본에서 차지하는 비중은 전기 대비 감소하였다.

21

다음과 같은 조건을 가정하였을 때, 전기의 순운전자본에 대한 설명으로 옳지 <u>않은</u> 것은?

• 순운전자본 = 매출채권 + 재고자산 − 매입채무
• 매출채권은 대손충당금을 차감한 금액으로 한다.

① 전기 매입채무가 순운전자본에서 차지하는 비중은 전전기 대비 증가하였다.
② 전기 재고자산이 순운전자본에서 차지하는 비중은 전전기 대비 증가하였다.
③ 전기 매출채권이 순운전자본에서 차지하는 비중은 전전기 대비 증가하였다.
④ 전전기 순운전자본이 전기보다 더 크다.
⑤ 순운전자본비율은 전기가 전전기보다 증가하였다.

22

회사의 당기 유동비율 및 당좌비율에 대한 설명으로 옳지 <u>않은</u> 것은?

구 분	당 기	전 기
유동비율	62.1%	X
당좌비율	Y	45.4%

① X는 57.4%이다.
② Y는 26.4%이다.
③ 당기 유동자산은 전기보다 증가하였는데 이는 재고자산 증가의 영향이 크다.
④ 당기 당좌자산은 전기보다 감소하였는데 이는 단기금융상품 감소의 영향이 크다.
⑤ 당기 당좌비율이 전기보다 감소한 원인은 전기보다 유동부채가 증가하고, 당좌자산이 감소하였기 때문이다.

23

회사의 전기 유동비율 및 당좌비율에 대한 설명으로 옳지 <u>않은</u> 것은?

구 분	전 기	전전기
유동비율	X	174.6%
당좌비율	45.4%	Y

① X는 57.4%이다.
② Y는 134.8%이다.
③ 전기 유동비율은 전전기보다 감소하였는데 이는 전전기보다 유동자산이 감소하면서 유동부채는 증가한 것이 원인이다.
④ 전기 대비 전전기의 유동비율 감소폭이 당좌비율 감소폭보다 더 크다.
⑤ 전기 당좌비율은 전전기보다 감소하였는데 이는 전전기보다 유동자산의 감소폭이 재고자산의 증가폭보다 크기 때문이다.

24

A기업의 당기 기계장치와 차량운반구의 취득가액 합계액은 얼마인가?

① 396,680천원 ② 400,284천원
③ 408,680천원 ④ 412,284천원
⑤ 420,787천원

25

A회사의 당기 매출채권과 매입채무에 관한 설명 중 옳지 않은 것은? (단, 매출채권은 대손충당금을 차감한 금액으로 하고, 회전율 및 회전기간 산출 시 매출원가가 아닌 매출액을 기준으로 하며, 소수점 이하 둘째 자리에서 반올림한다)

구 분	당 기	전 기
매출채권회전율	X	7.74
매입채무회전율	4.48	Y

① X는 7.2회이다.
② Y는 5.5회이다.
③ 전기 매입채무회전기간은 66.3일이다.
④ 당기 매출채권회전기간은 50.4일이다.
⑤ 당기 매입채무회전기간은 전기보다 3.2일 정도 더 길다.

26

A회사의 당기와 전기의 1회전운전기간의 차이를 계산하면 얼마인가? (단, 매출채권은 대손충당금을 차감한 금액으로 하고, 회전율 및 회전기간 산출 시 매출원가가 아닌 매출액을 기준으로 하며, 소수점 이하 둘째 자리에서 반올림한다)

① 33.8일 ② 37.9일 ③ 41.3일
④ 45.5일 ⑤ 47.8일

27

A회사의 성장성분석과 관련하여 옳지 않은 것은?

① 당기 매출액 증가율(전기 대비 당기 매출액 증가율)은 −32%이다.
② 전기 매출액 증가율(전전기 대비 전기 매출액 증가율)은 −29%이다.
③ 당기 총자산 증가율(전기 대비 당기 총자산 증가율)은 15%이다.
④ 당기 순이익 증가율(전기 대비 당기 순이익 증가율)은 −118%이다.
⑤ 전기 총자산 증가율(전전기 대비 전기 총자산 증가율)은 -37%이다.

28

A회사의 당기 총자본순이익률에 관한 설명 중 옳지 않은 것은? (단, 총자본은 기말잔액 기준으로 소수점 이하 둘째 자리에서 반올림한다)

① 당기 총자본순이익률은 2.4%이다.
② 당기 총자본순이익률은 전전기 대비 4.8% 감소하였다.
③ 전기 총자본순이익률은 전전기 대비 18.9% 감소하였다.
④ 당기 총자본순이익률은 전기 대비 16.6% 증가하였다.
⑤ 회사의 총자산은 전전기가 제일 많다.

29

A회사의 재무상태표를 분석한 내용으로 옳지 않은 것은?

① 회사의 비유동부채 가운데 장기차입금은 매년 감소하고 있다.
② 회사의 단기차입금(주주임원단기차입금 제외)은 매년 증가하고 있다.
③ 회사의 재고자산은 매년 증가하고 있다.
④ 구축물 취득가액은 과거 3년간 변동이 없다.
⑤ 당기 이익준비금은 전기 대비 10억원 증가하였다.

▶ 정답 및 해설 | p.183

01

다음 중 유동성분석과 거리가 먼 것은?

① 기업의 단기지급능력을 나타내는 지표
② 지급불능위험
③ 유동자산과 유동부채의 적합성
④ 손익의 적정성분석
⑤ 단기간 기업의 부실예측 정도를 파악하는 모형

02

다음 중 철강산업에 관한 분석내용으로 옳지 않은 것은?

① 원재료 조달에 해외의존도가 높아 후방교섭력이 열위하다.
② 진입장벽이 낮아 공급과잉 상태에 있다.
③ 원자재 가격변동으로 인한 수익변동성이 높다.
④ 대규모 장치산업이다.
⑤ 다양한 전방산업이 존재하여 위험 분산효과가 발생한다.

03

다음 중 가장 위험이 낮은 자산은 무엇인가?

① 건물　② 투자자산
③ 기계장치　④ 영업권
⑤ 매출채권

04

다음 자료를 이용하여 당기 중 장기차입금의 차입액을 계산하면 얼마인가?

• 기초 장기차입금 : 40,000원
• 장기차입금 유동성대체액 : 5,000원
• 장기차입금에 대한 외화환산손실 : 2,500원
• 기말 장기차입금 : 53,000원

① 13,500원　② 14,500원
③ 15,500원　④ 18,500원
⑤ 20,500원

05

다음 중 총자본영업이익률(ROA)에 대한 설명 중 옳지 않은 것은?

① 총자산회전율과 마진율이 상승하면 ROA는 상승한다.
② ROA는 총자본과 영업이익의 관계를 말하므로, 자본조달이 어떻게 이루어져 있는지는 관계가 없다.
③ ROA분석을 통해 회사 구성원들에게 해당 부서의 업무와 회사의 목표 간의 관계를 인식시킬 수 있다.
④ ROA는 매출에 대한 활동성과 수익성을 동시에 분석할 수 있는 지표이다.
⑤ ROA는 재무상태표 및 손익계산서 항목들이 결합된 재무비율로 기업의 경영목표를 수립하는 기준으로 활용될 수 있으나, 기업의 전반적인 경영상태를 분석할 수는 없다.

06

총자산이 100억원, 유동자산이 50억원, 재고자산이 20억원, 총부채가 60억원, 비유동부채가 20억원일 때 당좌비율은 얼마인가?

① 25%　② 50%　③ 75%
④ 100%　⑤ 150%

07

회사의 주주가치 증가 여부에 대한 정보를 가장 잘 알 수 있도록 하는 수익성비율은 무엇인가?

① 매출액총이익률 ② 매출액영업이익률
③ 자기자본순이익률 ④ 매출액순이익률
⑤ 총자본영업이익률

08

주당순이익이 5,000원, 유보율이 40%, 자기자본비용이 12%이고, 성장률이 매년 4%로 일정할 때 정상 PER를 구하면 얼마인가?

① 4.5 ② 5.4 ③ 6.7
④ 7.8 ⑤ 8.5

09

기업의 수익성을 알려주는 지표와 거리가 먼 것은 무엇인가?

① 매출액총이익률 ② 매출액영업이익률
③ 총자본순이익률 ④ 총자본영업이익률
⑤ 자기자본회전율

10

다음 자료를 이용하여 A기업의 잉여현금흐름(FCF)을 계산한 것으로 옳은 것은? (단, 법인세율은 20%이다)

- 영업이익(EBIT) : 400,000원
- 감가상각비 : 100,000원
- 자본적지출 : 150,000원
- 운전자본의 증가분 : 50,000원

① 200,000원 ② 220,000원
③ 240,000원 ④ 260,000원
⑤ 280,000원

11

시장가치분석에 대한 설명 중 옳지 않은 것은?

① PBR은 ROE와 양(+)의 관계를 가진다.
② PSR과 PBR은 PER과 양(+)의 관계를 가진다.
③ PBR은 순장부가치를 기준으로 주가를 평가하기 때문에 기업 간에 서로 다른 회계원칙을 사용한다면 장부가액 산정방식의 차이로 인해 기업 간 비교가능성은 떨어질 수 있다.
④ EV/EBITDA비율은 기업 고유의 영업활동의 결과인 영업현금흐름을 기준으로 한 시장가치비율이다.
⑤ PCR과 EV/EBITDA는 주주현금흐름을 기반으로 주가를 평가한다.

12

다음 중 재무제표분석에 대한 설명 중 옳지 않은 것은?

① 유동자산은 위험과 수익성이 낮다.
② 기업 입장에서 유동부채가 비유동부채보다 위험이 높다.
③ 투자자 입장에서 채권이 자본에 비해 위험이 낮다.
④ 기업 입장에서 타인자본이 자기자본보다 위험이 높다.
⑤ 총자산과 당기순이익의 관계를 통해 영업투입량과 영업산출량의 효율성을 비교할 수 있다.

13

다음은 ㈜A의 유형자산 및 감가상각누계액의 기초잔액과 기말잔액, 당기 변동을 나타낸 자료이다.

[재무상태표] (단위 : 원)

구 분	기 초	기 말
유형자산	400,000	280,000
감가상각누계액	200,000	250,000

[손익계산서]
- 감가상각비 : 170,000원

㈜A는 당기 중에 취득원가 350,000원(감가상각누계액 120,000원)의 유형자산을 처분하였고 유형자산처분손실 50,000원을 인식하였다. 당기 현금흐름표상에 표시될 투자활동으로 인한 순현금흐름은 얼마인가?

① 50,000원 유출 ② 50,000원 유입
③ 80,000원 유출 ④ 80,000원 유입
⑤ 100,000원 유출

14

총자산이 50억원, 영업이익이 40억원, 조정된 법인세가 20억원, 비영업자산이 20억원, 비이자발생부채가 10억, 가중평균자본비용이 10%, 자기자본비용이 15%일 때 EVA은 얼마인가?

① 10억원 ② 15억원 ③ 18억원
④ 20억원 ⑤ 22억원

15

다음 중 ROI분석에 대한 설명으로 옳지 않은 것은?

① 1930년대 미국 듀폰(Dupont)사에서 개발된 모델로서 듀폰모델이라고 한다.
② ROI는 기업전체 경영성과의 계획, 내부통제, 자원배분 결정, 이익예측, 채권자 및 투자자에 의한 기업 경영성과의 평가 등 여러가지 목적에 사용되고 있다.
③ ROI분석은 기업의 총자산수익률을 극대화하기 위한 전략을 수립하는 데 유용하다.
④ 재무상태표와 손익계산서를 집약한 성과지표를 나타낸다.
⑤ ROI는 매출액과 총자산과의 관계를 나타낸다.

16

다음 자료를 이용하여 기계장치 처분으로 인한 현금유입액을 계산하면 얼마인가?

(단위 : 원)

구 분	당기말	전기말
기계장치	28,000	12,000
감가상각누계액	(10,000)	(4,000)

- 당기 중 기계장치를 7,000원에 현금을 지급하고 구입하였다.
- 전기말 건설중인자산 중 15,000원이 대체되었다.
- 기계장치 관련 감가상각비는 8,000원이다.
- 손익계산서상 기계장치 처분이익은 500원이다.

① 4,500원 ② 6,000원 ③ 6,500원
④ 7,500원 ⑤ 8,000원

17

다음 중 은행부실과 관련된 설명으로 옳지 않은 것은?

① 경기의 저점 직후 회복기에 은행부실이 많다.
② 금융기관의 부실은 기업부실 뒤에 후행하는 경향이 있다.
③ 회복기에는 기업도산이 감소하여 은행부실도 감소한다.
④ 후퇴기에는 기업도산이 증가하게 되어 은행부실도 증가한다.
⑤ 미래상환능력의 원칙에 따라 자산건전성분류를 충실하게 시행하면 기업도산과 은행부실의 시차는 거의 발생하지 않는다.

18

다음 중 은행이 대출을 실행을 함에 있어서 제시하는 조건으로 볼 수 없는 것은?

① 금융비용 하한선 제시
② 매출원가율 상한선 제시
③ 비유동자산의 매각
④ 배당금 지급 제한
⑤ 부채비율 하한선 제시

[19 ~ 20]

다음은 A기업의 손익계산서이다. 아래 제시된 자료를 이용하여 각 물음에 답하시오.

A기업	(단위 : 원)
매출액	10,000
변동비	4,000
고정비	2,000
영업이익	4,000
이자비용	3,000
세전순이익	1,000

19

A기업의 매출액이 10% 증가할 때, 세전순이익은 얼마인가?

① 1,200원 ② 1,300원 ③ 1,400원
④ 1,500원 ⑤ 1,600원

20

A기업의 손익분기점률은 얼마인가?

① 20% ② 30% ③ 33.3%
④ 40% ⑤ 50%

21

다음 중 경영진단의 분석방법에 대한 설명으로 옳지 않은 것은?

① 하향식 접근법은 기업의 외부환경을 먼저 분석한 후 기업의 내부를 분석하는 방법이다.
② 상향식 접근법은 기업의 내부를 먼저 분석한 후 기업의 외부환경을 분석하는 방법이다.
③ 설문지법은 깊이 있는 정보를 얻을 수 있다는 장점이 있다.
④ 체크리스트법은 정성적인 부분의 진단 시 주로 활용한다.
⑤ 일반적으로 기업의 현황을 명확히 파악한다는 측면에서 하향식 방법을 적용한다.

[22 ~ 23]

다음은 A기업의 손익계산서이다. A기업의 단위당 판매가격은 100원이고 단위당 변동비가 20원일 때, 아래 제시된 자료를 이용하여 각 물음에 답하시오.

A기업	(단위 : 원)
매출액	15,000
변동비	3,000
고정비	2,000
영업이익	10,000
이자비용	5,000
세전순이익	5,000

22

A기업의 손익분기점 매출액은 얼마인가?

① 1,000원 ② 1,500원 ③ 2,000원
④ 2,500원 ⑤ 3,000원

23

A기업의 안전한계율(MS비율)은 얼마인가?

① 0.33 ② 0.52 ③ 0.73
④ 0.83 ⑤ 0.94

24

아래 제시된 A회사 관련 그래프를 올바르게 해석한 것은?

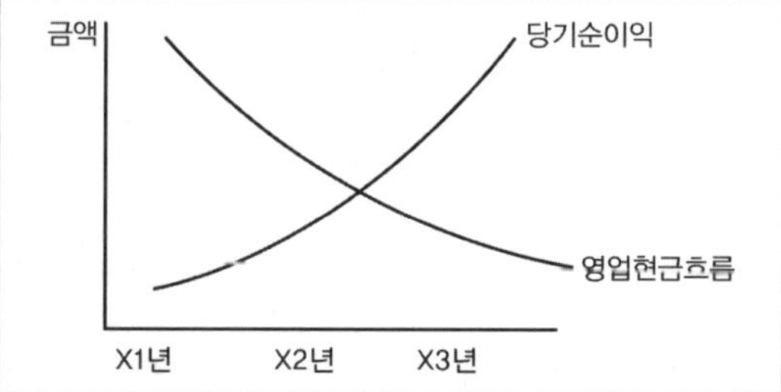

① 회사 이익의 질이 개선되고 있다.
② 회사의 매출채권이 감소되고 있을 가능성이 높다.
③ 회사의 재고자산이 증가되고 있을 가능성이 높다.
④ 회사가 수주산업(건설업, 조선업 등)을 영위하고 있다고 가정하면 수주액이 증가하고 있을 가능성이 높다.
⑤ 회사가 수주산업(건설업, 조선업 등)을 영위하고 있다고 가정하면 선수금이 증가하고 있을 가능성이 높다.

25

다음 중 부채 사용의 적정성 여부를 알려주는 지표로 가장 적합한 것은?

① 유동비율 ② 당좌비율
③ 부채비율 ④ 비유동비율
⑤ 현금비율

26

영업활동현금흐름을 간접법으로 작성할 경우 당기순이익에 가산하는 항목이 아닌 것은?

① 유형자산처분손실 ② 대손상각비
③ 감가상각비 ④ 무형자산손상차손
⑤ 임차료

27

다음 중 자금의 개념을 현금으로 정의하였을 경우 자금의 변동을 가져온 거래로 옳은 것은?

① 상품을 구입하고 그 대금을 지급하였다.
② 기계 감가상각비를 인식하였다.
③ 재고자산의 감모손실을 인식하였다.
④ 현물출자로 주식을 취득하였다.
⑤ 전환사채의 전환으로 보통주를 발행하였다.

28

산업분석 항목 중 수요공급분석에 대한 설명으로 옳지 <u>않은</u> 것은?

① 자동차와 같은 내구소비재산업은 경기변동에 따라 수요변동성이 높은 산업이다.
② 원자재산업, 중간재산업, 소비재산업으로 구분하는 것은 수요변동성의 민감도를 판단하는 기준이 될 수 있다.
③ 수요분석의 가장 중요한 분석대상은 수요변동성이다.
④ 석유화학산업은 단위 설비당 공급의 변화규모가 작은 산업이다.
⑤ 조선산업 및 해운산업은 공급변화속도가 매우 느린 산업이다.

29

A기업의 외화자산은 100억원, 외화부채는 80억원, 자기자본은 20억원이다. A기업의 현재 Open Position 비율을 계산한 것으로 옳은 것은?

① 50% ② 100% ③ 150%
④ 200% ⑤ 250%

30

다음의 자료를 근거로 할 때, 판매관리비에 대한 현금유출액은 얼마인가?

[재무상태표] (단위 : 원)

구 분	기 초	기 말
선급판매관리비	1,000	5,000
미지급판매관리비	8,000	3,000

[손익계산서]
• 판매관리비 : 20,000원

① 10,000원 ② 20,000원
③ 29,000원 ④ 39,000원
⑤ 49,000원

31

다음은 현금흐름표 본문이나 주석에 영향을 미치는 사항을 나열한 것이다. 옳지 <u>않은</u> 것은?

① 보유현금이 충분하여 일부 금액을 90일 만기의 환매채(RP)에 투자하였다.
② 당기 중 외상으로 매출하고 그 중에서 일부만 보통예금으로 수금하였다.
③ 당기 중 전환사채의 주식전환청구가 있어 보통주를 발행하여 교부하였다.
④ 전기에 외상으로 구입하였던 기계장치 구입대금을 당좌수표를 발행하여 결제하였다.
⑤ 당기 전기료를 미지급하였다.

32

다음의 자료를 근거로 할 때, 이자비용에 대한 현금유출액은 얼마인가?

[재무상태표] (단위 : 원)

구 분	기 초	기 말
선급이자	40,000	70,000
미지급이자	20,000	50,000

[손익계산서]
• 이자비용 : 10,000
(사채할증발행차금 상각액 5,000 포함)

① 15,000원 ② 25,000원
③ 35,000원 ④ 45,000원
⑤ 55,000원

33

아래 제시된 현금수지분석표를 기초로 회사를 평가한 내용으로 옳은 것은? (단, A, B회사 모두 배당금을 지급하지 않았다고 가정한다)

(단위 : 원)

구 분	A회사	B회사
5. 현금영업이익	1,000	2,000
7. 영업활동 후 현금흐름액	1,200	1,800
9. 이자지급 후의 현금흐름액	800	1,200
11. 유동성장기차입금 상환 후 현금흐름액	800	(300)
13. 외부자금 조달 전 현금흐름액	200	500
15. 외부자금 조달 후 현금흐름액	200	600

① A회사가 B회사보다 영업현금창출능력이 좋다.
② B회사만 이자를 지급하였다.
③ A회사는 차입금상환으로 인해 자금흐름이 악화되고 있다.
④ B회사는 투자활동을 통해 현금을 조달하였다.
⑤ A회사는 외부자금조달을 통해 현금흐름을 조달하였다.

34

신용분석목적의 현금수지분석표와 일반기업회계기준에 의한 현금흐름표를 비교한 내용으로 옳은 것은?

① 회계기준에 따른 현금흐름표가 영업활동현금흐름을 더 자세히 나타내준다.
② 현금수지분석표는 투자 및 재무활동현금흐름을 총액으로 표시한다.
③ 현금흐름수지분석표 작성 시 비현금거래에 대한 정보는 필요하지 않다.
④ 현금수지분석표상 영업활동 후 현금흐름은 이자지급 후 금액이다.
⑤ 현금수지분석표에는 현재가치할인차금 상각액, 사채상할인발행차금 상각액 등은 영업활동 후 현금흐름에 반영되지 않는다.

35

다음의 자료를 근거로 할 때, 법인세비용 현금유출액은 얼마인가?

[재무상태표] (단위 : 원)

구 분	기 초	기 말
이연법인세자산	10,000	30,000
당기법인세부채	30,000	60,000

[손익계산서]
• 법인세비용 : 20,000원

① 5,000원 ② 10,000원
③ 15,000원 ④ 20,000원
⑤ 25,000원

36

다음 중 자동차산업의 특징으로 옳지 않은 것은?

① 경기민감도가 높은 산업이다.
② 국가별 환경규제에 큰 영향을 받는다.
③ 자동차산업은 국내 완성차의 약 70%가 수출되는 세계시장이 아주 넓은 시장이다.
④ 지역별로 수요가 다르다.
⑤ 환율에 별로 영향을 받지 않는 산업에 속한다.

37

다음 A기업의 재무자료를 이용하여 영업활동으로 인한 현금흐름을 계산하면 얼마인가?

• 당기순이익 : 3,000,000원
• 유형자산손상차손 : 200,000원
• 매출채권 증가 : 100,000원
• 매도가능증권처분이익 : 50,000원
• 매입채무 감소 : 40,000원
• 장기차입금에 대한 외화환산손실 : 20,000원
• 매입채무 감소 시 외환차익 : 140,000원
• 재고자산 감소 : 300,000원

① 3,000,000원 ② 3,300,000원
③ 3,330,000원 ④ 3,630,000원
⑤ 3,930,000원

38

다음 중 마이클 포터의 5 Forces에 따른 경쟁구조 항목이 아닌 것은?

① 보완재의 위협
② 구매자의 교섭력(Buyer)
③ 기존 경쟁자 간의 경쟁강도
④ 신규진입자의 위협
⑤ 공급자의 교섭력(Supplier)

39

A기업의 감가상각비를 포함한 영업이익률은 30%, 운전자산보유비율은 15%, 매출액 대비 법인세 납부율은 4%이다. A기업의 당기 매출액이 400억원이었다. 만약 A기업의 매출액이 15% 증가한다면 A기업의 이자납부 전 영업활동현금흐름 증가액은 얼마인가? (단, 감가상각비 포함 영업이익률 = (영업이익 + 감가상각비)/매출액, 운전자산보유비율 = 운전자산/매출액)

① 5억원 ② 5.3억원 ③ 5.7억원
④ 6.6억원 ⑤ 6.8억원

40

다음 중 경기순환국면의 4단계가 아닌 것은?

① 회복기 ② 확장기 ③ 수축기
④ 후퇴기 ⑤ 성숙기

41

주당순이익 5,000원, 유보율이 40%, 매출액순이익률(ROS) 10%, 자기자본비용이 연 12%이고, 성장률이 매년 4%로 일정할 때 정상 PSR을 구하면 얼마인가?

① 0.45 ② 0.54 ③ 0.67
④ 0.78 ⑤ 0.85

42

산업분석 항목 중 환경요인분석에 대한 설명으로 옳지 않은 것은?

① 환경요인에는 제도적 환경 및 기술적 환경이 포함된다.
② 국가기간산업의 경우 정부정책에 많은 영향을 받게 된다.
③ 시장범위를 먼저 확정지은 다음 산업분류를 결정한다.
④ 통신, IT산업 등 기술집약적 산업에서 기술적 환경요인은 산업분석의 도구로 활용할 수 있다.
⑤ 시장범위는 내수산업, 수출산업인지 결정하는 것을 포함한다.

[43 ~ 46]

다음은 A기업의 재무상태표와 손익계산서, 현금흐름표 중 일부 필요한 자료이다. 이를 이용하여 각 물음에 답하시오.

(단위 : 원)

재무상태표 자료			손익계산서 자료	
계정과목	20×1년	20×2년	계정과목	20×2년
매출채권(순액)	3,000,000	3,500,000	매출액	20,000,000
재고자산(순액)	2,500,000	2,800,000	매출원가	15,000,000
유형자산(순액)	16,000,000	19,000,000	대손상각비	200,000
매입채무	4,000,000	7,500,000	유형자산 감가상각비	2,000,000
유동성 장기부채	3,000,000	2,000,000		
장기차입금	15,000,000	12,000,000		
자본금	3,000,000	5,000,000		

43

A기업의 20×2년 매출활동 현금유입액을 계산하면 얼마인가?

① 19,000,000원
② 19,300,000원
③ 19,700,000원
④ 19,900,000원
⑤ 20,200,000원

44

A기업의 20×2년 매입활동 현금유출액을 계산하면 얼마인가? (단, 매출원가에는 재고자산평가손실 500,000원이 포함되어 있다)

① 11,000,000원
② 11,500,000원
③ 11,800,000원
④ 12,100,000원
⑤ 12,400,000원

45

A기업의 20×2년 현금흐름표에 기재될 유형자산 취득금액을 계산하면 얼마인가? (단, 당기 중 유형자산처분은 없었다)

① 3,000,000원
② 4,000,000원
③ 5,000,000원
④ 6,000,000원
⑤ 7,000,000원

46

A기업의 20×2년 현금흐름표에 기재될 장기차입금의 중도상환금액을 계산하면 얼마인가? (단, 당기 추가 차입한 장기차입금은 없다)

① 1,000,000원
② 2,000,000원
③ 3,000,000원
④ 4,000,000원
⑤ 5,000,000원

47

A기업에 관한 다음 자료를 이용하여 A기업의 추가 차입가능금액을 계산한 것으로 옳은 것은?

- 영업활동현금흐름 : 2,000,000원
- 평균차입이자율 : 5%
- 이자지급액 : 400,000원
- 기존 차입금액 : 5,000,000원
- 금융비용목표배율 : 4배

① 3,000,000원 ② 5,000,000원
③ 6,000,000원 ④ 7,000,000원
⑤ 8,000,000원

48

A기업의 당기 매출활동으로 인한 현금유입액은 250,000원이다. 다음 자료를 이용하여 A기업의 손익계산서상 매출액을 제시한 것으로 옳은 것은?

구 분	당기말	전기말
매출채권	50,000원	30,000원
선수금	20,000원	25,000원
선급금	10,000원	8,000원

① 270,000원 ② 273,000원
③ 275,000원 ④ 277,000원
⑤ 280,000원

49

다음 중 조선산업의 특징으로 옳지 않은 것은?

① 전 세계가 단일시장으로 형성되어 있다.
② 전방산업으로는 해운산업, 에너지산업이 있고, 후방산업으로는 철강, 기계, 전기전자, 화학 등이 있다.
③ 국내 5개 회사의 세계시장점유율이 약 25%이며, 높은 진입장벽이 존재한다.
④ 환율변동의 민감도가 매우 큰 편이다.
⑤ 경기민감도가 낮은 편이다.

50

A회사의 재무상태표상 재고자산과 매입채무의 금액은 다음과 같다.

(단위 : 원)

구 분	20×1년	20×2년
재고자산	530,000	590,000
매입채무	550,000	630,000

20×2년도 손익계산서상 매입채무와 관련된 외환차손과 외화환산이익은 각각 100,000원, 350,000원이다. A회사의 20×2년도 현금흐름표상 매입으로 인한 현금유출액이 580,000원인 경우 20×2년도 손익계산서상 매출원가는 얼마인가?

① 850,000원 ② 950,000원
③ 1,050,000원 ④ 1,150,000원
⑤ 1,250,000원

51

㈜신용은 아래와 같이 2가지 제품을 생산, 판매하고 있다. A기업의 고정비가 연간 828,000원이라고 할 때, ㈜신용의 제품구성이 변동되지 않는다는 가정하에 제품 A의 손익분기점 매출액을 계산한 것으로 옳은 것은?

(단위 : 원)

제 품	매출액	변동비
제품 A	800,000	600,000
제품 B	1,200,000	480,000

① 720,000원 ② 1,080,000원
③ 1,200,000원 ④ 1,500,000원
⑤ 1,800,000원

52

매출액이 480억, 매입채무회전기간이 60일이다. 매출액이 50% 증가하였을 때, 매입채무회전기간이 90일이 되기 위한 매입채무는 얼마나 증가해야 하는가? (1년은 360일로 가정한다)

① 60억원 ② 80억원 ③ 100억원
④ 120억원 ⑤ 150억원

53

다음은 ㈜A의 매도가능금융자산의 기초잔액과 기말 잔액, 당기 변동을 나타낸 자료이다.

[재무상태표] (단위 : 원)

구 분	기 초	기 말
매도가능금융자산	150,000	200,000

[손익계산서]
• 매도가능금융자산손상차손 : 120,000원
• 매도가능금융자산처분손실 : 30,000원

㈜A는 당기 중에 매도가능금융자산 장부가액 70,000원을 처분하였고 손익계산서상 매도가능증권처분손실을 30,000원 계상하였다. 당기 현금흐름표상에 표시될 투자활동으로 인한 순현금흐름은 얼마인가?

① 50,000원 유출　② 80,000원 유입
③ 80,000원 유출　④ 200,000원 유입
⑤ 200,000원 유출

54

다음 자료를 이용하여 EBITDA/이자비용을 계산한 것으로 옳은 것은?

• 당기순이익 : 4,000,0000원
• 이자비용 : 2,000,000원
• 감가상각비 : 1,000,0000원
• 법인세비용 : 1,000,000원

① 2배　② 3배　③ 4배
④ 5배　⑤ 6배

55

아래의 그림의 현금흐름에 해당하는 기업유형은 무엇인가?

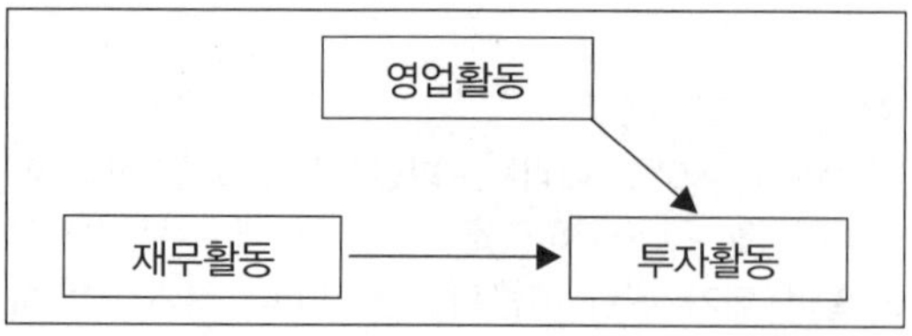

① 성장형　② 성숙형
③ 구조조정형　④ 급성장기업형
⑤ 쇠퇴형

56

다음 중 경제지표 산식으로 옳지 않은 것은?

① GDP성장률 = (당기 실질GDP − 전년도 실질GDP)/전년도 실질GDP
② 총 저축률 = 국내총투자율 + 국외투자율
③ 당기말 저량 = 전기말 저량 + 당기 중 순유입액
④ 수출입의존도 = 수출입규모 ÷ 국민총소득(GNI)
⑤ 노동소득분배율 = 피용자보수 ÷ 국민총생산(GDP)

57

다음 중 영업활동으로 인한 현금흐름이 양호한 것으로 나타내게 하는 분식방법은?

① 건설중인자산 계정에 판매관리비를 계상하는 방법
② 진행률을 과대계상하는 방법
③ 매도가능증권평가이익을 과대계상하는 방법
④ 자본적지출을 수익적지출로 계상하는 방법
⑤ 차입원가자본화의 회계처리를 누락하는 방법

58

다음 중 경기순환에 대한 설명으로 옳지 않은 것은?

① 경기순환은 회복기, 확장기, 후퇴기, 수축기의 단계를 거친다.
② 후퇴기에는 재고 증가로 인하여 고용이 감소되고 설비투자의 감소가 일어난다.
③ 수축기에는 주로 확정적 재정정책을 펼친다.
④ 회복기에는 원자재 수요가 증가하기 때문에 설비투자가 원활히 이루어진다.
⑤ 회복기에 물가는 전체적으로는 안정된 수준이나 점차 상승하는 경향이 있다.

59

다음 중 원화절상에 대한 효과로 옳지 않은 것은?

① 수출 감소
② 수입 감소
③ 물가하락
④ 외채 도입기업의 경우 원리금 부담 감소
⑤ 경상수지 악화

60

다음 자료를 이용하여 A기업의 1회전소요운전자금을 산출한 것으로 옳은 것은? (단, 1년은 360일로 가정할 것)

- 추정매출액 : 600억원
- 매출채권회전기간 : 90일
- 재고자산회전기간 : 60일
- 매입채무회전기간 : 72일

① 100억원 ② 120억원 ③ 130억원
④ 150억원 ⑤ 200억원

61

다음 중 경영진단의 목적이 아닌 것은?

① 기업경영층에 대한 경영기술과 경영계획 및 관리방법을 조언·지도한다.
② 부실기업의 정비를 위한 판단자료를 제공한다.
③ 기업에서 경영혁신을 위한 차원에서 실시한다.
④ 기업체의 실태를 조사하기는 하나, 이를 금융기관 대출에 참고자료로 제공하지는 않는다.
⑤ 경영진단은 기업의 문제점을 찾아내어 그 개선책을 기업에 권고하기도 한다.

62

A회사의 총자산은 4,000억원, 부채비율은 300%, 차입금은 총부채의 40%, 차입금 평균이자율은 10%, 세전순이익은 240억원일 때, A회사의 이자보상비율은 얼마인가? (단, 이자비용을 제외하고 영업외손익은 없는 것으로 가정한다)

① 25% ② 100% ③ 300%
④ 400% ⑤ 500%

[01~29] 다음 M기업에 대한 사례를 참고하여 1번부터 29번까지 각 물음에 답하시오.

01 재무상태표

(단위 : 원)

과 목	전전기	전 기	당 기
자 산			
Ⅰ. 유동자산	**94,548,464,074**	**92,747,921,342**	**113,267,774,761**
(1) 당좌자산	**74,467,260,706**	**65,985,908,795**	**86,743,911,596**
1. 현금및현금성자산	2,690,993,575	843,472,931	18,162,587,730
2. 단기금융상품	6,020,000,000	2,020,000,000	10,220,000,000
3. 매출채권	62,722,398,455	62,441,890,843	57,410,365,502
대손충당금	(1,597,661,288)	(1,687,232,518)	(3,240,013,212)
4. 단기대여금	574,300,000	500,600,000	470,200,000
5. 미수금	2,510,422,243	1,266,534,529	2,931,202,029
6. 미수수익	4,266,380	21,666	24,999
7. 선급금	1,140,159,790	210,272,906	28,023,400
8. 선급비용	402,304,154	369,048,975	238,087,403
9. 기타 당좌자산	77,397	21,299,463	272,727
10. 이연법인세자산	–	–	523,161,018
(2) 재고자산	**20,081,203,368**	**26,762,012,547**	**26,523,863,165**
1. 제 품	11,297,147,626	15,587,369,188	14,537,157,994
2. 재공품	3,732,104,200	4,485,247,271	4,684,549,825
3. 원재료	4,038,823,140	5,517,652,065	6,124,044,134
4. 부재료	694,108,138	808,231,576	894,399,692
5. 저장품	319,020,264	363,512,447	282,713,037
6. 미착원료	–	–	998,483
Ⅱ. 비유동자산	**97,596,021,632**	**140,467,587,252**	**129,345,308,766**
(1) 투자자산	12,075,395,660	7,495,122,156	348,001,903
1. 장기금융상품	503,000,000	24,888,224	3,000,000
2. 매도가능증권	11,572,395,660	7,470,233,932	345,001,903
(2) 유형자산	**83,693,042,955**	**131,229,337,799**	**127,244,050,902**
1. 토 지	24,052,360,390	75,153,186,078	74,172,869,828
2. 건 물	41,757,560,623	49,321,446,452	47,924,273,079
감가상각누계액	(9,135,947,153)	(11,259,678,014)	(13,459,289,999)
3. 구축물	1,148,351,425	1,148,351,425	1,148,351,425
감가상각누계액	(820,857,889)	(878,275,458)	(935,693,027)
4. 기계장치	59,960,900,773	63,371,131,124	65,011,442,300
감가상각누계액	(35,997,301,610)	(47,561,151,117)	(55,275,039,678)

과 목	전전기	전 기	당 기
5. 차량운반구	438,748,071	438,748,071	438,748,071
감가상각누계액	(353,318,571)	(391,845,019)	(412,996,038)
6. 공기구비품	5,537,145,004	6,887,090,004	6,915,090,004
감가상각누계액	(4,109,838,086)	(5,168,765,747)	(5,963,910,943)
7. 건설중인자산	1,215,239,978	169,100,000	7,680,205,880
(3) 무형자산	3,904,544	4,679,824	4,808,488
1. 산업재산권	3,904,544	4,679,824	4,808,488
(4) 기타 비유동자산	1,823,678,473	1,738,447,473	1,748,447,473
1. 보증금	1,823,678,473	1,738,447,473	1,748,447,473
자산총계	**192,144,485,706**	**233,215,508,594**	**242,613,083,527**
부 채			
Ⅰ. 유동부채	**15,710,148,786**	**29,805,312,774**	**26,484,496,906**
1. 매입채무	1,777,801,358	2,540,729,518	2,487,667,190
2. 미지급금	6,495,681,026	4,827,256,423	5,258,205,974
3. 예수금	394,841,110	371,945,088	371,987,412
4. 단기차입금	–	11,499,087,693	7,000,000,000
5. 부가세예수금	1,704,887,700	1,775,303,106	1,806,322,099
6. 미지급비용	6,351,271	12,560,655	205,756,987
7. 당기법인세부채	3,768,879,707	6,029,200,336	5,956,040,452
8. 선수수익	32,464,217	15,505,723	47,773,904
9. 유동성장기부채	1,015,800,000	2,461,538,460	2,461,538,460
10. 이연법인세부채	513,442,397	272,185,772	–
11. 반품추정부채	–	–	889,204,428
Ⅱ. 비유동부채	**6,728,089,865**	**10,358,695,212**	**6,514,245,070**
1. 장기차입금	2,398,700,000	5,538,461,540	3,076,923,080
2. 임대보증금	100,000,000	1,447,744,000	1,347,744,000
3. 퇴직급여충당부채	12,190,873,000	13,326,953,100	14,780,546,000
국민연금전환금	(24,872,800)	(22,682,200)	(19,007,600)
퇴직연금운용자산	(11,820,089,965)	(13,304,270,900)	(14,746,513,675)
4. 이연법인세부채	3,883,479,630	3,372,489,672	2,074,553,265
부채총계	**22,438,238,651**	**40,164,007,986**	**32,998,741,976**
자 본			
Ⅰ. 자본금	**5,600,000,000**	**5,600,000,000**	**5,600,000,000**
1. 보통주자본금	5,600,000,000	5,600,000,000	5,600,000,000
Ⅱ. 자본잉여금	**697,406,485**	**697,406,485**	**697,406,485**
1. 재평가적립금	697,406,485	697,406,485	697,406,485

과 목	전전기	전 기	당 기
Ⅲ. 이익잉여금	**163,408,840,570**	**186,754,094,123**	**203,316,935,066**
1. 이익준비금	5,332,000,000	5,332,000,000	5,892,000,000
2. 임의적립금	112,250,000,000	122,250,000,000	142,250,000,000
3. 기업발전적립금	1,300,000,000	1,300,000,000	1,300,000,000
4. 연구 및 인력개발준비금	9,850,000,000	6,800,000,000	3,500,000,000
5. 미처분이익잉여금	34,676,840,570	51,072,094,123	50,374,935,066
자본총계	**169,706,247,055**	**193,051,500,608**	**209,614,341,551**
부채와 자본총계	**192,144,485,706**	**233,215,508,594**	**242,613,083,527**

02 손익계산서

(단위 : 원)

과 목	전전기	전 기	당 기
Ⅰ. 매출액	**140,849,006,831**	**147,928,355,662**	**156,228,612,666**
1. 제품매출액	140,849,006,831	147,928,355,662	156,228,612,666
Ⅱ. 매출원가	**49,849,606,194**	**54,539,168,659**	**57,079,239,062**
(1) 제품매출원가	49,849,606,194	54,539,168,659	57,079,239,062
1. 기초제품재고액	9,985,203,479	11,297,147,626	15,587,369,188
2. 당기제품제조원가	51,161,550,341	58,829,390,221	56,540,145,373
계	61,146,753,820	70,126,537,847	72,127,514,561
3. 타계정으로 대체액	–	–	(511,117,505)
4. 기말제품재고액	(11,297,147,626)	(15,587,369,188)	(14,537,157,994)
Ⅲ. 매출총이익	**90,999,400,637**	**93,389,187,003**	**99,149,373,604**
Ⅳ. 판매비와관리비	**60,458,310,836**	**62,107,143,201**	**63,488,027,588**
1. 급여	13,421,125,600	12,856,154,600	12,491,938,600
2. 퇴직급여	1,268,608,033	1,380,475,857	1,757,401,878
3. 복리후생비	2,217,465,759	2,234,779,640	2,251,103,404
4. 여비교통비	2,141,336,241	1,632,233,338	1,651,653,255
5. 출장비	195,403,797	123,509,010	108,552,796
6. 통신비	101,350,259	148,315,394	109,566,606
7. 수도광열비	103,864,043	89,338,425	79,068,838
8. 세금과공과	735,935,987	785,539,013	1,048,926,920
9. 임차료	209,621,477	220,349,200	234,780,692
10. 수선비	142,104,600	123,592,681	133,562,574
11. 보험료	214,607,657	236,546,379	231,536,530
12. 접대비	1,712,254,615	1,776,811,366	2,287,764,379

과 목	전전기	전 기	당 기
13. 광고선전비	26,551,864,985	28,298,169,813	27,217,398,579
14. 판매촉진비	1,557,923,455	1,358,325,709	1,814,441,710
15. 운반비	481,566,560	524,194,930	540,170,860
16. 지급수수료	1,882,521,395	1,852,803,246	1,919,382,792
17. 소모품비	1,084,360,478	1,022,158,652	873,428,751
18. 도서인쇄비	344,117,918	352,938,203	286,716,337
19. 차량유지비	689,809,458	393,165,520	455,884,399
20. 회의비	590,452,119	485,205,233	438,515,280
21. 교육훈련비	1,514,627,084	1,408,257,521	1,216,711,512
22. 잡 비	68,856,000	47,200,000	23,450,000
23. 경상개발비	1,731,714,490	2,405,711,378	2,885,991,548
24. 포장비	169,607,842	173,972,361	193,188,555
25. 감가상각비	358,626,890	822,448,757	938,922,877
26. 대손상각비	966,387,158	1,352,615,655	2,295,792,220
27. 무형자산상각비	2,196,936	2,331,320	2,175,696
Ⅴ. 영업이익	**30,541,089,801**	**31,282,043,802**	**35,661,346,016**
Ⅵ. 영업외수익	**1,508,370,420**	**6,492,534,418**	**6,455,590,748**
1. 이자수익	452,650,478	270,243,081	269,714,544
2. 외환차익	79,388,574	193,129,046	171,818,667
3. 외화환산이익	121,933,615	17,163,070	4,496,232
4. 유형자산처분이익	58,322,480	–	232,684,750
5. 배당금수익	230,463,250	241,877,700	112,935,000
6. 잡이익	427,695,733	556,679,145	508,492,849
7. 매도가능증권처분이익	137,916,290	4,815,551,496	3,678,079,746
8. 수입임대료	–	397,890,880	1,477,368,960
Ⅶ. 영업외비용	**589,286,841**	**782,316,301**	**6,444,683,816**
1. 이자비용	142,837,760	445,402,126	389,489,709
2. 외환차손	123,066,482	289,710,178	90,931,635
3. 외화환산손실	263,342,599	–	384,677,879
4. 매도가능증권손상차손	–	–	4,181,398,097
5. 기부금	41,000,000	47,203,997	54,617,911
6. 유형자산처분손실	19,040,000	–	1,343,568,585
Ⅷ. 법인세차감전순이익	**31,460,173,380**	**36,992,261,919**	**35,672,252,948**
Ⅸ. 법인세비용	6,653,209,112	8,047,008,366	7,909,412,005
Ⅹ. 당기순이익	**24,806,964,268**	**28,945,253,553**	**27,762,840,943**

03 현금흐름표

(단위 : 원)

과 목	전전기	전 기	당 기
Ⅰ. 영업활동으로 인한 현금흐름	**34,096,667,402**	**35,147,245,153**	**45,110,660,466**
(1) 당기순이익	**24,806,964,268**	**28,945,253,553**	**27,762,840,943**
(2) 현금의 유출이 없는 비용 등의 가산	**14,884,855,780**	**18,418,039,199**	**21,520,237,416**
1. 매도가능증권손상차손	–	–	4,181,398,097
2. 대손상각비	966,387,158	1,352,045,633	2,295,792,220
3. 감가상각비	11,837,590,786	14,842,452,046	10,867,220,118
4. 무형자산상각비	2,196,936	2,331,320	2,175,696
5. 퇴직급여	2,059,640,900	2,221,210,200	2,830,082,700
6. 유형자산처분손실	19,040,000	–	1,343,568,585
(3) 현금의 유입이 없는 수익 등의 차감	**(196,238,770)**	**(4,815,551,496)**	**(3,910,764,496)**
1. 유형자산처분이익	58,322,480	–	232,684,750
2. 매도가능증권처분이익	137,916,290	4,815,551,496	3,678,079,746
(4) 영업활동으로 인한 자산/부채의 변동	**(5,398,913,876)**	**(7,400,496,103)**	**(261,653,397)**
1. 매출채권의 감소(증가)	(3,558,567,395)	(981,966,791)	4,288,513,815
2. 선급금의 감소(증가)	3,692,163,452	929,886,884	182,249,506
3. 선급비용의 감소(증가)	(216,907,495)	33,255,179	130,961,572
4. 기타 당좌자산의 감소(증가)	377,148	(21,222,066)	21,026,736
5. 재고자산의 감소(증가)	(2,462,556,593)	(6,680,809,179)	238,149,382
6. 미수금의 감소(증가)	–	1,243,887,714	(1,664,667,500)
7. 미수수익의 감소(증가)	–	4,244,714	(3,333)
8. 퇴직운용자산의 감소(증가)	–	(1,484,180,935)	(1,442,242,775)
9. 선수수익의 증가(감소)	(9,856,321)	(16,958,494)	32,268,181
10. 매입채무의 증가(감소)	128,711,791	762,928,160	(53,062,328)
11. 예수금의 증가(감소)	144,502,700	(22,896,022)	42,324
12. 미지급비용의 증가(감소)	(5,215,932)	6,209,384	193,196,332
13. 당기법인세부채의 증가(감소)	(842,171,863)	2,260,320,629	(73,159,884)
14. 부가세예수금의 증가(감소)	217,496,384	70,415,406	31,018,993
15. 국민연금전환금의 감소(증가)	12,752,300	2,190,600	3,674,600
16. 퇴직금의 지급	(1,990,107,500)	(1,085,130,100)	(1,376,489,800)
17. 이연법인세부채의 증가(감소)	(593,282,385)	(752,246,583)	(1,570,122,179)
18. 미지급금의 증가(감소)	83,747,833	(1,668,424,603)	430,949,551
19. 이연법인세자산의 감소(증가)	–	–	(523,161,018)
20. 반품추정부채의 증가(감소)	–	–	889,204,428
Ⅱ. 투자활동으로 인한 현금흐름	**(32,321,767,725)**	**(48,827,097,490)**	**(9,530,919,514)**

과 목	전전기	전 기	당 기
(1) 투자활동으로 인한 현금유입액	**28,339,489,798**	**32,094,611,938**	**32,370,801,902**
1. 단기금융상품의 감소	24,440,000,000	22,040,000,000	24,340,000,000
2. 장기금융상품의 감소	–	800,000,000	21,888,224
3. 단기대여금의 감소	992,464,762	173,700,000	190,400,000
4. 장기대여금의 감소	1,500,000,000	–	–
5. 보증금의 감소	102,500,000	95,231,000	10,000,000
6. 건물의 처분	–	–	5,000,000
7. 토지의 처분	–	–	1,181,600,000
8. 기계장치의 처분	60,823,636	–	–
9. 매도가능증권의 처분	1,243,701,400	8,917,713,224	6,621,913,678
10. 건설중인자산의 감소	–	67,967,714	–
(2) 투자활동으로 인한 현금유출액	**(60,661,257,523)**	**(80,921,709,428)**	**(41,901,721,416)**
1. 단기금융상품의 증가	21,340,000,000	18,040,000,000	32,540,000,000
2. 단기대여금의 증가	580,000,000	100,000,000	160,000,000
3. 장기금융상품의 증가	500,000,000	321,888,224	–
4. 보증금의 증가	217,422,000	10,000,000	20,000,000
5. 기계장치의 취득	17,286,325,075	144,465,600	112,600,000
6. 공기구비품의 취득	1,127,643,869	1,349,945,000	28,000,000
7. 차량운반구의 취득	15,617,132	–	–
8. 건설중인자산의 취득	19,592,521,087	60,952,304,004	9,038,817,056
9. 산업재산권의 증가	1,728,360	3,106,600	2,304,360
Ⅲ. 재무활동으로 인한 현금흐름	**(7,365,800,000)**	**11,832,331,693**	**(18,260,626,153)**
(1) 재무활동으로 인한 현금유입액	**–**	**25,914,831,693**	**7,000,000,000**
1. 단기차입금의 증가	–	16,499,087,693	7,000,000,000
2. 장기차입금의 증가	–	8,000,000,000	–
3. 임대보증금의 증가	–	1,415,744,000	–
(2) 재무활동으로 인한 현금유출액	**(7,365,800,000)**	**(14,082,500,000)**	**(25,260,626,153)**
1. 단기차입금의 감소	–	5,000,000,000	11,499,087,693
2. 유동성장기부채의 감소	1,765,800,000	1,015,800,000	2,461,538,460
3. 장기차입금의 감소	–	2,398,700,000	–
4. 배당금의 지급	5,600,000,000	5,600,000,000	11,200,000,000
5. 임대보증금의 감소	–	68,000,000	100,000,000
Ⅳ. 현금의 증가(감소) (Ⅰ+Ⅱ+Ⅲ)	**(5,590,900,323)**	**(1,847,520,644)**	**17,319,114,799**
Ⅴ. 기초의 현금	8,281,893,898	2,690,993,575	843,472,931
Ⅵ. 기말의 현금	**2,690,993,575**	**843,472,931**	**18,162,587,730**

04 재무제표에 대한 주석

1. 당사의 개요 및 주요 내용

당사의 개황 및 주요 영업의 내용은 다음과 같습니다.

(1) **당사의 설립일** : 1988년 11월 8일

(2) **주요 영업의 내용** : 의약품 제조 및 판매

(3) **본사 및 공장의 소재지** : 경기도 화성시

(4) **대표자의 성명** : 김길동

(5) **대주주(특수관계인 포함)의 지분비율**

구 분	소유주식수	지분비율	비 고
김길동	1,500,000주	27%	대표이사
A자산운용	500,000주	8.9%	–
B자산운용	500,000주	8.93%	–
기 타	3,100,000주	55.36%	회사임원 외 90명

2. 재무제표 작성 기준

(1) 측정 기준

재무제표는 아래에서 열거하고 있는 재무상태표의 주요 항목을 제외하고는 역사적원가를 기준으로 작성되었습니다.

① 공정가치로 측정되는 단기매매증권 및 당기손익인식 지정항목

② 공정가치로 측정되는 매도가능증권

(2) 추정과 판단

일반기업회계기준에서는 재무제표를 작성함에 있어서 회계정책의 적용이나, 보고기간 말 현재 자산, 부채 및 수익, 비용의 보고금액에 영향을 미치는 사항에 대하여 경영진의 최선의 판단을 기준으로 한 추정치와 가정의 사용을 요구하고 있습니다. 보고기간 말 현재 경영진의 최선의 판단을 기준으로 한 추정치와 가정이 실제 환경과 다를 경우 이러한 추정치와 실제 결과는 다를 수 있습니다.

3. 유의적 회계정책

당사가 일반기업회계기준에 따라 작성한 재무제표에 적용한 유의적인 회계정책은 다음과 같습니다.

(1) 현금및현금성자산

당사는 통화 및 타인발행수표 등의 통화대용증권과 당좌예금, 보통예금 및 큰 거래비용 없이 현금으로 전환이 용이하고 이자율 변동에 따른 가치변동의 위험이 경미한 금융상품으로서 취득 당시 만기일(또는 상환일)이 3개월 이내인 것을 현금및현금성자산으로 분류하고 있습니다.

(2) 재고자산

재고자산의 취득원가는 매입원가 또는 제조원가 취득에 직접적으로 관련되어 있으며 정상적으로 발생되는 기타 원가를 포함하고 있으며, 재고자산의 단위원가는 총평균법으로 결정하고 있습니다.

재고자산의 시가가 취득원가보다 하락한 경우에 발생한 평가손실 및 정상적으로 발생한 감모손실은 매출원가에 가산하고, 평가손실은 재고자산의 차감계정으로 표시하고 있습니다. 한편, 재고자산 평가손실을 초래했던 상황이 해소되어 새로운 시가가 장부금액보다 상승한 경우에는 최초의 장부금액을 초과하지 않는 범위 내에서 평가손실을 환입하고 매출원가에서 차감하고 있습니다.

(3) 금융상품

① 공통사항

금융자산이나 금융부채는 당사가 금융상품의 계약당사자가 되는 때에만 재무상태표에 인식하고, 최초 인식 시 공정가치로 측정하며, 공정가치의 변동을 당기손익으로 인식하는 금융자산이나 금융부채가 아닌 경우 당해 금융자산(금융부채)의 취득(발행)과 직접 관련되는 거래원가는 최초 인식하는 공정가치에 가산(차감)하고 있습니다.

최초 인식 후 금융자산이나 금융부채는 유가증권, 파생상품 및 당기손익인식 지정항목을 제외하고 상각후원가로 측정하고 있습니다.

당사는 상각후원가로 측정하는 금융자산의 손상 발생에 대한 객관적인 증거가 있는지를 매 보고기간 말에 평가하고, 그러한 증거가 있는 경우에는 그러한 금융자산에 대한 손상차손의 인식, 측정 및 환입은 아래 유가증권의 손상에 대한 회계정책을 준용하여 회계처리하고 있습니다. 한편, 유가증권을 제외한 회수가 불확실한 금융자산은 합리적이고 객관적인 기준에 따라 산출한 대손추산액을 대손충당금으로 설정하고 있습니다.

유가증권을 제외한 금융자산 양도의 경우에 당사가 금융자산 양도 후 양도자산에 대한 권리를 행사할 수 없고, 양도 후 효율적인 통제권을 행사할 수 없습니다. 또한, 양수인이 양수한 금융자산을 처분할 자유로운 권리가 있을 때에 한하여 금융자산을 제거하고 있으며, 이외의 경우에는 금융자산을 담보로 한 차입거래로 회계처리하고 있습니다.

② 유가증권

종속기업, 지분법피투자기업, 조인트벤처에 대한 투자를 제외한 지분증권과 채무증권에 대해서 취득하는 시점에 만기보유증권, 매도가능증권, 단기매매증권으로 분류하고 보고기간 말마다 분류의 적정성을 재검토하고 있습니다. 만기가 확정된 채무증권으로서 상환금액이 확정되었거나 확정이 가능한 채무증권을 만기까지 보유할 적극적인 의도와 능력이 있는 경우에는 만기보유증권으로, 주로 단기간 내의 매매차익을 목적으로 취득한 유가증권은 단기매매증권으로, 그리고 단기매매증권이나 만기보유증권으로 분류되지 아니하는 유가증권은 매도가능증권으로 분류하고 있습니다.

당사는 후속 측정 시 만기보유증권을 상각후원가로 평가하고, 만기보유증권의 만기액면금액과 취득원가의 차이를 상환기간에 걸쳐 유효이자율법에 의하여 상각하여 취득원가와 이자수익에 가감하고 있습니다.

단기매매증권과 매도가능증권은 공정가치로 평가하고 있습니다. 다만, 매도가능증권 중 시장성이 없는 지분증권의 공정가치를 신뢰성 있게 측정할 수 없는 경우에는 취득원가로 평가하고 있습니다. 시장성이 있는 유가증권의 평가는 시장가격을 공정가치로 보며 시장가격은 보고기간 말 현재의 종가로 하고 있습니다. 시장가격이 없는 채무증권의 경우에는 미래현금흐름을 합리적으로 추정하고, 공신력 있는 독립된 신용평가기관이 평가한 신용등급이 있는 경우에는 신용평가등급을 적절히 감안한 할인율을 사용하여 평가한 금액을 공정가치로 하고 있습니다. 한편, 시장성이 없는 수익증권의 경우에는 펀드운용회사가 제시하는 수익증권의 매매기준가격을 공정가치로 하고 있습니다.

당사는 단기매매증권의 미실현보유손익을 당기손익항목으로 처리하고, 매도가능증권의 미실현보유손익을 기타포괄손익누계액으로 처리하고 있으며, 당해 매도가능증권을 처분하거나 손상차손을 인식하는 시점에 일괄하여 당기손익에 반영하고 있습니다.

당사는 손상차손의 발생에 대한 객관적인 증거가 있는지 보고기간 말마다 평가하여 유가증권의 회수가능액이 채무증권의 상각후원가 또는 지분증권의 취득원가보다 작은 경우에는 손상차손이 불필요하다는 명백한 반증이 없는 한 손상차손을 인식하여 당기손익에 반영하고 있습니다. 손상차손의 회복이 손상차손 인식 후에 발생한 사건과 객관적으로 관련된 경우, 만기보유증권 또는 원가로 평가하는 매도가능증권의 경우 당초에 손상차손을 인식하지 않았다면 회복일 현재의 상각후원가(매도가능증권의 경우 취득원가)를 한도로 당기이익을 인식하며, 공정가치로 평가하는 매도가능증권의 경우에는 이전에 인식하였던 손상차손금액을 한도로 하여 회복된 금액을 당기이익으로 인식하고 있습니다.

유가증권의 양도로 당사가 유가증권의 통제를 상실한 경우에는 그 유가증권을 재무상태표에서 제거하나, 통제를 상실하지 않았을 경우에는 당해 거래를 담보차입거래로 회계처리하고 있습니다.

단기매매증권과 보고기간 말로부터 1년 내에 만기가 도래하거나 매도 등에 의하여 처분할 것이 거의 확실한 매도가능증권과 보고기간 말로부터 1년 내에 만기가 도래하는 만기보유증권은 유동자산으로 분류하고 있습니다.

(4) 유형자산

당사는 유형자산의 취득원가 산정 시, 당해 자산의 제작원가 또는 구입원가 및 경영진이 의도하는 방식으로 가동하는 데 필요한 장소와 상태에 이르게 하는 데 직접 관련되는 원가를 가산하고 있습니다. 현물출자, 증여, 기타 무상으로 취득한 자산의 가액은 공정가치를 취득원가로 하고, 동일한 업종 내에서 유사한 용도로 사용되고 공정가치가 비슷한 동종자산과의 교환으로 받은 유형자산의 취득원가는 교환으로 제공한 자산의 장부금액으로 인식합니다. 한편, 다른 종류의 자산과의 교환으로 취득한 자산의 취득원가는 교환을 위하여 제공한 자산의 공정가치로 측정하고, 제공한 자산의 공정가치가 불확실한 경우에는 교환으로 취득한 자산의 공정가치로 측정하고 있습니다.

유형자산의 취득 또는 완성 후의 지출이 유형자산의 내용연수를 연장시키거나 가치를 실질적으로 증가시키는 지출인 경우에는 자본적지출로 처리하고, 원상을 회복시키거나 능률유지를 위한 지출은 당기 비용으로 처리하고 있습니다.

최초 인식 후에 유형자산은 원가에서 감가상각누계액과 손상차손누계액을 차감한 금액을 장부금액으로 하고 있습니다.

유형자산에 대한 감가상각비는 아래의 경제적 추정내용연수와 상각방법에 따라 계산하고 있습니다.

계정과목	추정내용연수	상각방법
건 물	20 ~ 40년	정액법
구축물	10 ~ 20년	정액법
기계장치	5년	정률법
차량운반구	5년	정률법
공기구비품	5년	정률법

유형자산의 제거로부터 발생하는 손익은 처분금액과 장부금액의 차액으로 결정되며, 당기손익으로 인식하고 있습니다.

(5) 무형자산

무형자산은 당해 자산의 제작원가 또는 매입가액에 취득부대비용을 가산한 가액을 취득원가로 계상하며, 당해 자산의 사용가능한 시점부터 아래의 내용연수 동안 정액법으로 상각하며 이에 의해 계상된 상각액을 직접 차감한 잔액으로 평가하고 있습니다.

계정과목	추정내용연수	상각방법
산업재산권	5년	정액법

(6) **납입자본**

당사는 주식을 발행하는 경우 주식의 발행금액이 액면금액보다 크다면 그 차액을 주식발행초과금으로 하여 자본잉여금으로 처리하고, 발행금액이 액면금액보다 작다면 그 차액을 주식발행초과금의 범위 내에서 상계처리하고 미상계된 잔액이 있는 경우에는 자본조정의 주식할인발행차금으로 처리하고 있습니다.

(7) **수익**

당사는 재화의 판매, 용역의 제공이나 자산의 사용에 대하여 받았거나 또는 받을 대가의 공정가액으로 수익을 측정하고 있으며, 부가가치세, 매출에누리와 할인 및 환입은 수익에서 차감하고 있습니다. 회사는 수익을 신뢰성 있게 측정할 수 있으며 관련된 경제적효익의 유입가능성이 매우 높은 경우에 수익을 인식하고 있습니다.

(8) **자산손상**

금융자산, 건설형 공사계약에서 발생한 자산, 재고자산, 이연법인세자산 및 중단사업에 속하는 자산을 제외한 당사의 모든 자산에 대해서는 보고기간 말마다 자산손상을 시사하는 징후가 있는지를 검토하며, 만약 그러한 징후가 있다면 당해 자산의 회수가능액을 추정하고 있습니다. 또한, 아직 사용할 수 없는 무형자산에 대해서는 자산손상을 시사하는 징후와 관계없이 매년 회수가능액과 장부금액을 비교하여 손상검사를 하고 있습니다.

회수가능액은 개별 자산별로 추정합니다. 만약 개별 자산의 회수가능액을 추정할 수 없다면, 그 자산이 속하는 현금창출단위별로 회수가능가액을 추정하고 있습니다. 현금창출단위란 다른 자산이나 자산집단에서의 현금유입과는 거의 독립적인 현금유입을 창출하는 식별가능한 최소자산집단을 의미합니다. 개별 자산이나 현금창출단위의 회수가능액이 장부금액에 미달하는 경우 자산의 장부금액을 감소시키며 이러한 장부금액의 감소는 손상차손(당기손익)으로 인식하고 있습니다.

매 보고기간 말에 영업권을 제외한 자산에 대해 과거기간에 인식한 손상차손이 더 이상 존재하지 않거나 감소된 것을 시사하는 징후가 있는지를 검토하고 직전 손상차손의 인식시점 이후 회수가능액을 결정하는 데 사용된 추정치에 변화가 있는 경우에만 손상차손을 환입하고 있으며, 손상차손환입으로 증가된 장부금액은 과거에 손상차손을 인식하기 전 장부금액의 감가상각 또는 상각 후 잔액을 초과할 수 없습니다.

(9) **퇴직급여충당부채**

당사는 보고기간 말 현재 1년 이상 근속한 전 임직원이 일시에 퇴직할 경우 지급하여야 할 퇴직금에 상당하는 금액을 퇴직급여충당부채로 계상하고 있으며, 또한 임직원의 퇴직수급권을 보장하는 확정급여형 퇴직연금보험에 가입하고 납입한 퇴직보험료는 퇴직연금운용자산의 과목으로 퇴직급여충당부채에서 차감하는 형식으로 표시하고 있습니다. 다만 퇴직보험예치금액이 퇴직급여충당부채를 초과하는 경우 당해 초과액은 투자자산으로 처리하고 있습니다.

(10) **충당부채와 우발부채**

회사는 과거사건이나 거래의 결과로 존재하는 현재 의무이행을 위하여 자원이 유출될 가능성이 매우 높고 동 손실의 금액을 신뢰성 있게 추정할 수 있는 경우에 그 손실금액을 충당부채로 계상하고 있습니다. 또한 회사는 과거사건은 발생하였으나 불확실한 미래사건의 발생 여부에 의해서 존재여부가 확인되는 잠재적인 의무가 있는 경우 또는 과거사건이나 거래의 결과 현재의무가 존재하나 자원이 유출될 가능성이 매우 높지 않거나 당해 의무를 이행하여야 할 금액을 신뢰성 있게 추정할 수 없는 경우 우발부채로 주석에 기재하고 있습니다.

충당부채는 의무를 이행하기 위하여 예상되는 지출액의 현재가치로 측정하며 현재가치평가에 사용하는 할인율은 그 부채의 고유한 위험과 화폐의 시간가치에 대한 현행시장의 평가를 반영한 세전이자율입니다. 또한 충당부채는 보고기간 말마다 그 잔액을 검토하고 보고기간 말 현재 최선의 추정치를 반영하여 증감 조정하며, 이때 현재가치평가에 사용한 할인율은 변동되지 않는 것으로 보고 당초에 사용한 할인율로 평가하고 있습니다.

(11) **이연법인세**

법인세비용은 법인세 부담액에 이연법인세 변동액을 가감하여 산출하고 있습니다. 법인세 부담액은 법인세법 등의 법령에 의하여 각 회계연도에 부담할 법인세 및 법인세에 부가되는 세액의 합계이며, 전기 이전의 기간과 관련된 법인세 부담액을 당기에 인식하는 법인세 추납액 또는 환급액이 포함됩니다. 자산·부채의 장부금액과 세무가액의 차이인 일시적차이와 이월공제가 가능한 세무상결손금과 세액공제 등에 대하여 미래에 부담하게 될 법인세 부담액과 미래에 경감될 법인세 부담액을 각각 이연법인세부채 및 자산으로 인식하고 있습니다. 이연법인세는 일시적차이 등의 실현이 예상되는 회계연도에 적용되는 법인세율을 사용하여 측정하고 있습니다.

(12) **외화자산·부채의 환산**

당사는 비화폐성 외화자산 및 부채는 당해 자산을 취득하거나 당해 부채를 부담한 당시 환율을 적용하여 환산하고, 화폐성 외화자산 및 부채는 재무제표일 현재 외국환거래법에 의한 기준환율로 환산하고 있으며 이로 인한 환산손익은 당기손익으로 계상하고 있습니다.

4. 사용이 제한된 예금

당기말 및 전기말 현재 사용이 제한된 예금의 내용은 다음과 같습니다.

(단위 : 원)

과 목	예금 종류	사용제한의 내용	당 기	전 기
장기금융상품	별단예금	당좌거래	3,000,000	3,000,000
장기금융상품	퇴직연금	퇴직금 지급	–	21,888,224
단기금융상품	표지어음	광고료	2,000,000,000	2,000,000,000
퇴직연금운용자산	퇴직연금	퇴직금 지급	14,746,513,675	13,304,270,900
합 계			16,749,513,675	15,329,159,124

5. 매출채권

당기말 및 전기말 현재 매출채권의 내역은 다음과 같습니다.

(단위 : 원)

과 목	당 기	전 기
외상매출금	44,899,807,526	51,093,971,011
받을어음	12,510,557,976	11,347,919,832
계	57,410,365,502	62,441,890,843
대손충당금	−3,240,013,212	−1,687,232,518
차감잔액	54,170,352,290	60,754,658,325

6. 매도가능증권

당기말 및 전기말 현재 회사가 보유하고 있는 매도가능증권의 내역은 다음과 같습니다.

(단위 : 원)

구 분	회사명	소유출자 수	주식소유 비율	취득원가	시가 또는 순자산가액	장부가액
당 기	△△약품공업 협동조합	264좌	2.53%	26,400,000	231,417,811	26,400,000
	㈜A회사	900,000주	0.80%	4,500,000,000	318,601,903	318,601,903
	계	–	–	4,526,400,000	550,019,714	345,001,903
전 기	△△약품공업 협동조합	264좌	2.53%	26,400,000	219,373,757	26,400,000
	㈜A회사	900,000주	0.82%	4,500,000,000	715,781,992	4,500,000,000
	㈜B제약	451,740주	2.43%	2,943,833,932	7,160,079,000	2,943,833,932
	계	–	–	7,470,233,932	8,095,234,749	7,470,233,932

7. 자산재평가

회사는 1999년 ××월 ××일을 기준일로 자산재평가법에 의한 자산재평가를 실시하였으며, 그 내역은 다음과 같습니다.

① 재평가 자산 : 토지, 건물, 구축물, 기계장치
② 재평가 적립금 : 3,197,406,485원
③ 자본전입 : 2,500,000,000원
④ 재평가 적립금 잔액 : 697,406,485원

8. 유형자산

(1) 당기말 및 전기말 현재 회사가 보유하고 있는 토지의 내역 및 공시지가는 다음과 같습니다.

(단위 : 원)

구 분	계정과목	내 용	장부가액	공시지가
당 기	토 지	공장부지 외	74,172,869,828	55,954,726,680
전 기	토 지	공장부지 외	75,153,186,078	56,074,339,180

(2) 당기 및 전기 중 유형자산의 증감내역

① 당기

(단위 : 원)

과 목	기초잔액	취득액	처분액 (대체포함)	감가상각비	기말잔액
토 지	75,153,186,078	–	−980,316,250	–	74,172,869,828
건 물	38,061,768,438	–	−1,317,167,585	−2,279,617,773	34,464,983,080
구축물	270,075,967	–	–	−57,417,569	212,658,398
기계장치	15,809,980,007	1,640,311,176	–	−7,713,888,561	9,736,402,622
차량운반구	46,903,052	–	–	−21,151,019	25,752,033
공기구 비품	1,718,324,257	28,000,000	–	−795,145,196	951,179,061
건설중인자산	169,100,000	9,038,817,056	−1,527,711,176	–	7,680,205,880
계	131,229,337,799	10,707,128,232	−3,825,195,011	−10,867,220,118	127,244,050,902

② 전기

(단위 : 원)

과 목	기초잔액	취득액	처분액 (대체포함)	감가상각비	기말잔액
토 지	24,052,360,390	51,100,825,688	–	–	75,153,186,078
건 물	32,621,613,470	7,563,885,829	–	−2,123,730,861	38,061,768,438
구축물	327,493,536	–	–	−57,417,569	270,075,967
기계장치	23,963,599,163	3,410,230,351	–	−11,563,849,507	15,809,980,007
차량운반구	85,429,500	–	–	−38,526,448	46,903,052
공기구 비품	1,427,306,918	1,349,945,000	–	−1,058,927,661	1,718,324,257
건설중인자산	1,215,239,978	60,952,304,004	−61,998,443,982	–	169,100,000
계	83,693,042,955	124,377,190,872	−61,998,443,982	−14,842,452,046	131,229,337,799

(3) 유형자산 재평가

① 재평가 기준일 : 2008년 ××월 ××일

② 토지 재평가 차액 14,059,407,136원에서 이연법인세부채 3,093,069,569원을 차감한 10,966,337,567원을 이익잉여금으로 계상하였습니다.

9. 무형자산

(1) 무형자산의 상각에 관련한 내용연수 및 상각방법

과 목	내용연수	상각방법
산업재산권	5년	정액법

감가상각액 계산 시 잔존가액은 없는 것으로 하였습니다.

(2) 당기말 무형자산의 총장부가액, 상각누계액, 미상각장부가액

(단위 : 원)

과 목	총장부가액	상각누계액	미상각장부가액
산업재산권	79,433,256	−74,624,768	4,808,488

(3) 무형자산 당기상각액의 손익계산서의 계정과목과 상각금액

(단위 : 원)

계정과목	상각금액
무형자산상각비	2,175,696

(4) 무형자산 장부가액의 당기 중 변동내용

(단위 : 원)

과 목	기초잔액	증가액	상각액(환입액)	처분액	기말잔액
산업재산권	4,679,824	2,304,360	−2,175,696	−	4,808,488

10. 보험가입자산

(1) 당기말 현재 보험에 가입된 자산의 내역은 다음과 같습니다.

(단위 : 천원)

보험가입자산	보험 종류	장부가액	부보금액	부보처
공장건물, 기계, 제품, 원재료	화재보험	36,507,385	60,520,740	ㅁㅁ화재보험
서울 사옥건물, 비품	화재보험	3,169,686	4,000,000	ㅁㅁ화재보험

(2) 회사는 A은행 외 2개 금융기관과 계약에 의하여 임직원을 수급자로 하는 퇴직연금(DB형)에 가입하고 있습니다.

11. 담보제공자산, 전세권설정 및 제공받은 보증의 내역

(1) 당기말 현재 회사의 자산 중 차입금 및 광고료와 관련하여 담보로 제공되어 있는 자산의 내역은 다음과 같습니다.

(단위 : 천원)

담보제공내역			관련 채무	
담보자산	담보권자	설정액	내 역	금 액
토지, 건물	B은행	12,000,000	−	−
단기금융상품	㈜C커뮤니케이션	2,000,000	광고료	1개월 상당 광고료

상기 B은행 외 담보제공과 동시에 이행명 개인보증액 303.6억원과 USD 3,360,000이 있습니다.

(2) 전세권설정

회사는 서초동 부동산임대와 관련하여 전세입주자인 건강보험심사평가원의 전세금 1,347,744천원에 대한 전세권이 설정되어 있습니다.

(3) 제공받은 보증

회사는 ㈜OO보험으로부터 건축공사인허가보증 외 153백만원의 보증을 받았습니다.

12. 장·단기차입금

(1) 단기차입금 내역은 다음과 같습니다.

(단위 : 천원)

차입처	당 기		전 기	
	연이율	금 액	연이율	금 액
B은행	–	–	2.98%	10,000,000
A은행	–	–	2.73%	1,499,087
C은행	2.25%	7,000,000	–	–
계	–	7,000,000	–	11,499,087

(2) 기말 현재 장기차입금의 내역과 상환계획은 다음과 같습니다.

① 장기차입금 내역

(단위 : 천원)

차입처	내 역	연이율	상환방법	당 기	전 기
B은행	시설자금	3.00%	분할상환	5,538,461	8,000,000
유동성장기부채				–2,461,538	–2,461,539
계				3,076,923	5,538,461

② 상환계획

(단위 : 천원)

상환 연도	금 액
1년 이내	2,461,538
2년 이내	2,461,538
3년 이내	615,385
계	5,538,461

13. 외화자산 및 외화부채

당기말 및 전기말 현재 외화자산 및 외화부채의 내용 및 환산내역은 다음과 같습니다.

(단위 : 원)

구 분	과 목	외화금액	원화금액		
			환산 전 금액	환산 후 금액	환산이익(손실)
당 기	현금및 현금성자산	USD 7,312,735.41	8,219,542,597	7,834,864,718	–384,677,879
		EUR 1,132,521.38	1,447,989,513	1,448,777,975	788,462
		JPY 200,000,000	1,894,512,230	1,898,220,000	3,707,770
전 기	현금및 현금성자산	JPY 1,538	–17,147,124	15,946	17,163,070

당기 외화환산 시에 적용한 환율은 외국환은행이 고시한 기준환율인 USD 1 : 1,071.40원, EUR 1 : 1,279.25원, JPY 1 : 9.4911원입니다.

14. 퇴직급여충당부채

(1) 퇴직급여충당부채의 변동내역

당기말 현재 재직 중인 전 임직원이 퇴직할 경우 회사의 퇴직금지급규정에 의하여 지급되어야 할 퇴직금추계액은 14,780,546,000원(전기말 추계액 13,326,953,100원)이며, 퇴직급여충당부채의 변동내역은 다음과 같습니다.

(단위 : 원)

구 분	당 기	전 기
기초잔액	13,326,953,100	12,190,873,000
기중퇴직금지급액	–1,376,489,800	–1,085,130,100
당기설정액	2,830,082,700	2,221,210,200
기말잔액	14,780,546,000	13,326,953,100

(2) 국민연금전환금

국민연금법의 규정에 따라 납부한 퇴직금전환금의 잔액은 당기말 현재 19,007,600원(전기말 현재 22,682,200원)입니다.

(3) 퇴직연금운용자산

회사는 A은행 외 금융기관에 퇴직연금(DB형)에 가입하고 있으며 변동내역은 다음과 같습니다.

(단위 : 원)

구 분	당 기	전 기
기초잔액	13,304,270,900	11,820,089,965
당기증가액	2,609,279,247	2,404,897,345
당기감소액	–1,167,036,472	–920,716,410
기말잔액	14,746,513,675	13,304,270,900

15. 중요한 약정사항

회사의 당기말 현재 중요한 약정사항은 다음과 같습니다.

(단위 : 원)

제공자	내 용	한도액	실행액
B은행	수입신용장발행	USD 2,800,000	-
	일반자금대출	5,000,000,000	-
A은행	우량기업마스터론	10,000,000,000	-
D은행	일반당좌대출	300,000,000	-

16. 자본금

당기말 및 전기말 현재 회사가 발행할 주식의 총수는 10,000,000주이며, 1주당 액면금액은 1,000원으로, 보통주 5,600,000주를 발행하여 자본금은 5,600,000,000원입니다.

17. 이익잉여금

(1) 이익배당 제한된 이익잉여금

당기말 및 전기말 현재 자본잉여금과 이익준비금 이외에 법령 등에 의하여 이익배당이 제한되어 있는 잉여금의 내역은 다음과 같습니다.

(단위 : 원)

과 목	배당제한내역	당 기	전 기
연구 및 인력개발준비금	목적 달성 후 환입하여 배당 가능	3,500,000,000	6,800,000,000
이익잉여금	토지재평가차액	10,966,337,567	10,966,337,567

(2) 이익잉여금처분계산서

(단위 : 원)

과 목	당 기		전 기	
Ⅰ. 미처분이익잉여금		50,374,935,066		51,072,094,123
1. 전기이월미처분이익잉여금	33,812,094,123		27,726,840,570	
2. 중간배당금	−11,200,000,000		−5,600,000,000	
3. 당기순이익	27,762,840,943		28,945,253,553	
Ⅱ. 임의적립금 등의 이입액		2,300,000,000		3,300,000,000
1. 연구인력개발준비금	2,300,000,000		3,300,000,000	
합 계		52,674,935,066		54,372,094,123
Ⅲ. 이익잉여금처분액		30,360,000,000		20,560,000,000
1. 이익준비금	1,960,000,000		560,000,000	
2. 현금배당	8,400,000,000		−	
주당배당금(율)				
당기 : 1,500원(150%)				
전기 : −				
3. 임의적립금	20,000,000,000		20,000,000,000	
Ⅳ. 차기이월미처분이익잉여금		22,314,935,066		33,812,094,123

18. 주당순이익

당기 및 전기의 주당순이익의 산출내역은 다음과 같습니다.

(1) 유통보통주식

구 분	당 기	전 기
유통보통주식수	5,600,000주	5,600,000주

(2) 기본주당순이익

(단위 : 원)

구 분	기본주당순이익	
	당 기	전 기
보통주당기순이익	27,762,840,943	28,945,253,553
주식수	5,600,000주	5,600,000주
주당당기순이익	4,957	5,168

19. 배당금

(1) 당기 정기주주총회의 잉여금처분에 의한 배당금 및 배당성향은 다음과 같습니다.

① 배당금 산정 내역

(단위 : 원)

주식의 종류	발생주식수	1주당 배당금	배당률	배당금
보통주식	5,600,000주	1,500	150%	8,400,000,000

② 배당성향

(단위 : 원)

구 분	금 액
배당금	8,400,000,000
당기순이익	27,762,840,943
배당성향	30.2%

(2) 회사는 2017년 ××월 ××일 이사회 결의로 다음과 같이 중간배당을 하였습니다.

(단위 : 원)

구 분	당 기
주식수	5,600,000주
1주당 배당액	2,000
배당총액	11,200,000,000

20. 특수관계자의 명칭 및 거래내용, 채권채무 잔액

(1) **특수관계자 명칭 :** ㈜D커뮤니케이션

(2) 당기 및 전기 중 특수관계자의 거래내용은 다음과 같습니다.

(단위 : 천원)

구 분	회사명	유형자산 취득	비 고
당 기	㈜D커뮤니케이션	–	–
전 기	㈜D커뮤니케이션	47,520,000	토지, 건물, 구축물

회사는 ㈜D커뮤니케이션에 광고료 지급을 담보하기 위하여 표지어음 20억원을 담보로 제공하고 있습니다.

(3) 당기말 및 전기말 현재 특수관계자의 채권, 채무잔액은 없습니다.

21. 현금흐름표

현금의 유입과 유출이 없는 거래 중 중요한 거래의 내역은 다음과 같습니다.

(단위 : 원)

내 역	당 기	전 기
건설중인자산의 건물 등의 유형자산대체	1,527,711,176	61,930,476,268
장기차입금의 유동성대체	2,461,538,460	2,461,538,460

22. 부가가치 계산에 필요한 사항

부가가치의 계산에 필요한 요소비용 등의 내역은 다음과 같습니다.

(1) 당기

(단위 : 원)

계정과목	제조원가	판매비와관리비	합 계
급 여	6,701,186,900	12,491,938,600	19,193,125,500
퇴직급여	1,072,680,822	1,757,401,878	2,830,082,700
복리후생비	847,884,299	2,251,103,404	3,098,987,703
임차료	–	234,780,692	234,780,692
감가상각비	9,928,297,241	938,922,877	10,867,220,118
세금과공과	498,354,070	1,048,926,920	1,547,280,990
계	19,048,403,332	18,723,074,371	37,771,477,703

(2) 전기

(단위 : 원)

계정과목	제조원가	판매비와관리비	합 계
급 여	7,742,307,940	12,856,154,600	20,598,462,540
퇴직급여	840,734,343	1,380,475,857	2,221,210,200
복리후생비	892,057,808	2,234,779,640	3,126,837,448
임차료	–	220,349,200	220,349,200
감가상각비	14,020,003,289	822,448,757	14,842,452,046
세금과공과	468,289,560	785,539,013	1,253,828,573
계	23,963,392,940	18,299,747,067	42,263,140,007

23. 연구개발비용

회사의 연구개발비용 발생 및 회계처리내역은 다음과 같습니다.

(1) 당기

(단위 : 원)

과 목	경상연구비	경상개발비	합 계
재료비	2,457,679,567	1,707,413,663	4,165,093,230
인건비	3,885,160,800	–	3,885,160,800
위탁연구비	23,547,615	1,178,577,885	1,202,125,500
계	6,366,387,982	2,885,991,548	9,252,379,530

(2) 전기

(단위 : 원)

과 목	경상연구비	경상개발비	합 계
재료비	1,592,956,294	1,037,856,168	2,630,812,462
인건비	2,228,755,700	-	2,228,755,700
위탁연구비	349,134,214	1,367,855,210	1,716,989,424
계	4,170,846,208	2,405,711,378	6,576,557,586

05 산업별 특성

① 제약산업은 기술집약적 연구개발 투자형의 고부가가치 산업의 특성이 있으며 신약개발을 위해서는 상당한 전문성과 기술력이 요구되는 고급 두뇌의존형 산업으로서 신제품 개발 여부에 따라 엄청난 부가가치를 창출할 수 있는 미래 성장산업으로 분류됩니다.

② 제약산업은 전체 제조업 중에서 연구개발비 비중이 높은 산업으로서 일반 제조업의 연구개발비 비중이 매출액의 3 ~ 4%인 반면 제약산업은 10% 이상을 보이고 있습니다. 특히 신약개발을 진행 중인 연구집약적 기업들은 15 ~ 20% 정도의 연구개발비를 투자합니다.

③ 국민건강 및 질병치료에 필수적이라는 제품의 특성상 경기 순환에 대한 민감도가 높지 않은 편이나, 경기 침체시기에는 환자들의 내원횟수 감소, 일반의약품 및 드링크류의 매출 감소 등 시장 성장 및 수익성에 다소 영향을 받는 측면이 있습니다.

01

M기업의 시장위험평가에 대한 내용으로 옳지 않은 것은?

① 금리상승은 동사의 수익성에 크게 영향을 미친다.
② 정부의 규제에 영향을 받을 가능성이 있다.
③ 매출액은 환율변동에 큰 영향을 받지 않는다.
④ 경기변동에 민감하지 않다.
⑤ 신제품 개발의 성패에 따라 회사의 경영성과가 크게 달라질 수 있다.

02

M기업에 대한 산업의 특성으로 옳지 않은 것은?

① 정부의 규제가 높은 편이다.
② 정부의 가격정책에 영향을 받는 편이다.
③ 대체재 및 기술변화에 대한 위험이 낮다.
④ 경쟁강도가 높은 편이다.
⑤ 경기민감도가 낮은 산업이다.

03

M기업의 위험요소로서 옳지 않은 것은?

① 대체재의 개발
② 불법행위에 대한 정부의 규제
③ 경쟁강도 심화에 따른 마케팅 비용 증가
④ 탄력적 수요시장
⑤ 지식재산권 침해에 따른 소송 위험

04

M기업의 재무적인 특징에 대한 설명으로 옳지 않은 것은?

① 높은 회전율을 보인다.
② 부채비율이 비교적 낮은 편이다.
③ 특수관계인에 대한 매출의존도가 낮은 편이다.
④ 매출채권에 대한 회수위험이 높은 편이다.
⑤ 유동비율이 높은 편이다.

05

M기업의 재무적인 특징에 대한 설명으로 옳지 않은 것은?

① 매출채권회전율이 낮은 편이다.
② 재고자산회전율이 낮은 편이다.
③ 회전율 대비 수익성이 높다고 할 수 있다.
④ 이자보상비율이 높아 채무상환위험은 낮은 편이다.
⑤ 영업이익률의 변동폭이 매우 높다.

06

M기업의 매출액 및 제조원가에 대한 내용으로 옳지 않은 것은?

① 당기 매출액과 매출총이익은 전기 대비 증가하였다.
② 당기 매출액은 전기에 비해 5% 이상 증가하였다.
③ 전기 대비 당기의 매출원가율은 큰 변동 없이 안정적이다.
④ 전기 매출액은 전전기에 비해 증가하였으나 매출총이익률은 감소하였다.
⑤ 전기 매출총이익률이 감소함에 따라 매출총이익도 감소하였다.

07

M기업의 매출액분석으로 옳지 않은 것은?

① 마케팅 비용을 증가시킬수록 회사의 매출액은 증가할 가능성이 높다.
② 연구개발활동에 대한 비용을 증가시킬수록 장기적인 매출액 상승가능성이 높다.
③ 의약품 도매업의 매출 비중이 점차 증가하고 있다.
④ 외상매출비율이 매우 높다.
⑤ 전방산업과의 교섭력이 열위에 있다고 할 수 있다.

08

M기업의 매출원가에 대해 분석한 내용으로 옳지 않은 것은?

① 최근 3년간 매출원가율은 비교적 안정적이다.
② 당기 매출원가에서 감가상각비가 차지하는 비율은 약 17%이다.
③ 기말 재고자산의 평가액에 따라 매출원가는 달라질 가능성이 높다.
④ 수입원재료의 비율이 높은 편이므로 매출원가는 환율변동에 민감하다.
⑤ 제조업 평균 대비 매출원가율은 매우 낮은 편이다.

09

M기업의 수익구조에 대한 특성으로 옳지 않은 것은?

① 영업이익률이 높은 편이다.
② 매출액이 지속적으로 증가하고 있다.
③ 당기 영업이익증가율은 매출액증가율보다 더 크다.
④ 제조원가 대비 판매관리비의 비율이 낮다.
⑤ 매출액 대비 광고선전비의 비율이 높다.

10

M기업의 현금흐름에 대한 분석내용으로 옳지 않은 것은?

① 영업이익과 영업활동으로 인한 현금흐름의 차이가 크게 발생하는 가장 중요한 원인 중 하나는 감가상각비이다.
② 당기 영업활동에서 창출한 현금흐름으로 60억원 이상의 차입금을 상환하였다.
③ 지속적인 유형자산(설비)투자를 하고 있음을 알 수 있다.
④ 전기의 설비투자를 위한 투자자금의 일부는 차입을 통해 이루어졌다.
⑤ 당기 매도가능증권평가차손은 회사의 영업활동으로 인한 현금흐름에 부정적인 영향을 미쳤다.

11

M기업의 EBITDA의 발생 및 사용에 대해 분석한 내용으로 옳지 않은 것은? (단, EBITDA = 영업이익 + 감가상각비 + 무형자산상각비로 계산한다)

① 최근 3년간 회사는 연간 100억원 이상의 EBITDA를 계속하여 창출하고 있다.
② 당기 EBITDA의 규모는 450억원 이상이다.
③ 당기 매출액 대비 EBITDA는 약 30%로 양호한 편이라고 할 수 있다.
④ 당기 EBITDA 중 영업이익의 구성비율은 70%를 초과한다.
⑤ 당기 EBITDA 발생액으로만 투자활동과 재무활동에 필요한 자금을 모두 조달하기는 어렵다.

12

M기업의 당기 신용상태 종합평가내용으로 옳지 않은 것은? (단, EBITDA = 영업이익 + 감가상각비 + 무형자산상각비로 계산한다)

① 매출액은 지난 3년간 지속적으로 증가하고 있다.
② 동사는 지난 3년간 총 1,000억원 이상을 시설투자자금으로 지출하고 있다.
③ 동사는 전기와 당기 모두 순차입금을 상환하고 있다.
④ 동사의 차입금상환능력은 안정적이라고 평가할 수 있다.
⑤ 차입금이 있는 상황에서도 배당금을 계속하여 지급하고 있다.

13

M기업의 경영위험평가내용으로 옳은 것을 모두 고른 것은?

가. 회사는 소유와 경영이 분리된 기업이다. 나. 대주주의 경영권은 안정적이라고 할 수 있다. 다. 동사의 업적을 고려할 때 경영환경변화에 대한 대처능력이 있다고 볼 수 있다. 라. 회사의 영업이익이 효율적인 재투자로 이어지고 있다.

① 가, 나 ② 나, 다 ③ 다, 라
④ 나, 다, 라 ⑤ 가, 나, 다, 라

14

M기업의 영업위험평가에 대한 내용으로 옳은 것은? (단, 소수점 이하 둘째 자리에서 반올림하며, 매출채권은 대손충당금 차감 후 잔액 기준이다)

① 전기 매출채권회전율은 2.7회이다.
② 전기 매출채권회전기간은 75.5일이다.
③ 당기 매출채권회전율은 2.4회이다.
④ 당기 매출채권회전기간은 134.3일이다.
⑤ 매출채권회전율이 매우 낮으므로 대손위험이 낮다고 할 수 있다.

15

M기업의 영업위험평가에 대한 내용으로 옳지 않은 것은? (단, 소수점 이하 둘째 자리에서 반올림하며, 회전율 및 회전기간 산출 시 매출원가가 아닌 매출액을 기준으로 한다)

① 전기 매입채무회전율은 68.5회이다.
② 전기 매입채무회전기간은 한 달 이내이다.
③ 당기 매입채무회전율은 전기보다 하락하였다.
④ 당기 매입채무회전기간은 전기보다 길어졌다.
⑤ 회사의 매입채무결제기간을 고려할 때 후방교섭력은 우위에 있다고 볼 수 있다.

16

M기업의 당기 영업순환기간으로 옳은 것은? (단, 소수점 이하 둘째 자리에서 반올림하고, 매출채권은 대손충당금 차감 후 잔액 기준으로 한다)

영업순환기간 = 매출채권회전기간 + 재고자산회전기간

① 57.8일 ② 132일 ③ 150일
④ 196.5일 ⑤ 208.2일

17

M기업의 당기 현금전환기간으로 옳은 것은? (단, 소수점 이하 둘째 자리에서 반올림하고, 매출채권은 대손충당금 차감 후 잔액 기준, 매입채무회전기간은 매출원가가 아닌 매출액 기준으로 한다)

현금전환기간 = 영업순환기간 − 매입채무회전기간

① 5.3일 ② 122.5일 ③ 190.6일
④ 194.2일 ⑤ 202.9일

18

M기업의 순운전자본에 대한 설명으로 옳지 <u>않은</u> 것은?

① 당기 순운전자본은 86,784백만원이다.
② 전기 순운전자본은 62,943백만원이다.
③ M기업의 순운전자본은 지난 3년간 계속하여 증가하였다.
④ M기업의 순운전자본을 감안할 때 회사의 단기채무이행능력은 충분하다고 볼 수 있다.
⑤ 당기 매출채권이 감소하여도 현금이 증가하여 순운전자본에는 영향을 미치지 않으나, 영업활동으로 인한 현금흐름에는 긍정적인 영향을 미친다.

19

M기업의 수익성분석에 관련된 내용으로 옳지 <u>않은</u> 것은?

① 제약산업의 평균 영업이익률이 15%라고 할 때, 산업평균 대비 양호한 영업이익률을 나타낸다.
② 매출액 대비 광고선전비 비율이 매우 높은 수준이다.
③ 당기 매출액 대비 연구인력개발 관련 지출은 증가하였다.
④ M기업은 의약품 제조 및 판매업에 속하고 제조원가의 비중이 판매관리비의 비중보다 높다.
⑤ 광고선전비의 지출규모를 볼 때 주로 일반의약품 판매의 매출비중이 높다고 추정할 수 있다.

20

M기업의 수익성분석에 대한 내용으로 옳지 <u>않은</u> 것은?

① 당기 ROA는 15%이다.
② 전기 ROA는 14.7%이다.
③ ROA는 회전율보다는 이익률에 의해 유지된다고 볼 수 있다.
④ ROA를 높이기 위해서는 회전율을 높일 필요가 있다.
⑤ ROA를 높이기 위해서는 차입금의 규모를 낮추어 이자비용을 줄일 필요가 있다.

21

M기업의 수익성분석에 대한 내용으로 옳지 <u>않은</u> 것은?

① 당기 ROE(자기자본수익률)는 13.8%이다.
② 재무레버리지를 통해 ROE를 크게 증가시킨 것으로 볼 수 있다.
③ 배당성향을 증가시키면 ROE는 증가할 수 있다.
④ 당기 ROE가 전기 대비 감소한 이유 중 하나는 자기자본의 규모가 증가한 데 있다.
⑤ ROA(총자산영업이익률) 대비 ROE가 높다고 할 수 없다.

22

M기업의 유동성 평가에 관한 내용으로 옳지 <u>않은</u> 것은?

① 당기 유동비율은 전기 대비 증가하였다.
② 당기 당좌비율은 전기 대비 증가하였다.
③ 유동비율은 매우 안정적이며, 이는 동시에 수익성 창출에도 긍정적인 영향을 미친다.
④ 당기 배당금을 지급하는 것은 유동비율을 감소시키는 데 영향을 미친다.
⑤ 당기 매출채권회수금액을 단기금융상품에 투자하는 것은 유동비율에 아무런 영향을 미치지 않는다.

23

M기업의 자본구조평가에 관한 설명으로 옳지 <u>않은</u> 것은?

① 당기 부채비율은 약 16%이다.
② 전기 부채비율이 소폭 증가한 것은 시설투자로 인한 것이다.
③ 부채비율이 매우 낮은 편이다.
④ 장기 차입금지급능력이 매우 양호한 편이다.
⑤ 당기 부채비율이 감소한 이유는 배당금지급 때문이다.

24

M기업의 차입구조평가에 관한 내용으로 옳지 않은 것은?

① 당기말 현재 회사의 차입금은 모두 은행으로부터 받은 차입금이다.
② 지난 3년간 회사의 차입금의존도는 10% 이하이다.
③ 당기 차입금의존도는 5.2%이다.
④ 당기 차입금의존도가 증가한 이유는 시설투자자금을 차입금으로 일부 조달하였기 때문이다.
⑤ 회사가 부담하는 차입금이자율은 3% 이하이다.

25

M기업의 자본배분의 안정성에 대한 평가내용으로 옳지 않은 것은?

① 회사의 자본배분은 안정적이라고 할 수 있다.
② 당기 비유동장기적합률은 60%이다.
③ 전기 비유동비율은 73%이다.
④ 비유동비율이 100% 이하이므로 비유동자산에 투자된 자금의 원천은 모두 자기자본에서 충당되었다고 볼 수 있다.
⑤ 비유동장기적합률이 100% 이하이므로 비유동자산에 투자된 자금의 원천 중 일부는 유동부채에서 충당되었다고 볼 수 있다.

26

M기업의 상환능력평가에 관한 설명으로 옳지 않은 것은?

① 회사의 전반적인 차입금상환계수는 양호하다.
② 전기 차입금상환계수는 0.42이다.
③ 당기 차입금상환계수는 0.27이다.
④ 회사의 차입금상환계수는 1 미만이므로 1년 이내 EBITDA로 차입금을 전부 상환하는 것은 불가능하다.
⑤ 회사가 차입금을 상환하지 않고 있는 것은 적정한 부채 사용으로 얻을 수 있는 장점 때문이라고 해석할 수 있다.

27

M기업의 상환능력평가에 대한 내용으로 옳지 않은 것은? (단, 이자보상비율 = EBITDA/(이자비용 + 매출채권처분손실)로 계산한다)

① 전전기 이자보상비율은 260배 이상이다.
② 전기 이자보상비율은 100배 이상이다.
③ 이자보상비율은 매우 양호한 편이다.
④ 회사는 1개월 동안 발생한 EBITDA로 연간 이자비용을 모두 지급할 수 있다.
⑤ 회사는 이자보상비율 및 차입금 규모를 감안할 때 차입금을 통해 재무레버리지를 극대화한다고 볼 수 있다.

28

M기업의 당기 현금흐름평가에 관한 내용 중 옳지 않은 것은?

① 영업활동으로 인한 현금흐름이 전기에 비해 크게 증가하였다.
② 영업활동으로 인한 현금흐름이 전기에 비해 증가한 이유 중 하나는 매출채권의 감소이다.
③ 당기 매출채권과 재고자산의 변동은 모두 영업활동으로 인한 현금흐름을 증가시켰다.
④ 영업활동으로 인한 현금흐름으로 투자활동에 소요된 자금을 충당하고도 잉여현금흐름이 발생하였다.
⑤ 투자활동에 소요된 자금을 차감한 잉여현금흐름은 차입금상환에만 사용되었다.

29

M기업의 현금흐름에 대한 평가에 관한 내용으로 옳지 않은 것은?

① 전전기에는 시설투자로 인한 투자활동현금유출이 많았다.
② 당기에는 차입금 증가 금액보다 차입금 감소 금액이 더 크므로 전체적으로 차입금을 상환한 것으로 볼 수 있다.
③ 전기 영업활동으로 인한 현금흐름으로 투자활동에 소요된 자금을 충당하고도 잉여현금흐름이 발생하였다.
④ 당기 영업활동으로 인한 현금흐름으로 투자활동에 소요된 자금을 충당하고도 잉여현금흐름이 발생하였다.
⑤ 회사의 당기 기말현금은 전기 대비 크게 증가하였다.

▶ 정답 및 해설 | p.197

▶ 문제 | p.2

신용분석

01 ③	02 ⑤	03 ④	04 ③	05 ③	06 ④	07 ③	08 ④	09 ②	10 ①
11 ④	12 ①	13 ⑤	14 ④	15 ⑤	16 ③	17 ④	18 ①	19 ④	20 ⑤
21 ④	22 ④	23 ③	24 ②	25 ⑤	26 ④	27 ①	28 ①	29 ①	30 ③
31 ③	32 ①	33 ③	34 ①	35 ⑤	36 ③	37 ①	38 ④	39 ②	40 ③
41 ③	42 ②	43 ②	44 ④	45 ①	46 ⑤	47 ④	48 ⑤	49 ③	50 ③
51 ④	52 ⑤	53 ③	54 ①	55 ①	56 ③	57 ①	58 ③	59 ⑤	60 ④
61 ③	62 ①								

01 이자보상비(배)율

③ $\text{이자보상비율} = \frac{\text{영업이익}}{\text{이자비용}} = \frac{\text{세전순이익} + \text{이자비용}}{\text{이자비용}} = \frac{5+5}{5} = 2\text{배}$

02 재무상태표분석

⑤ $\text{차입금의존도} = \frac{\text{장·단기차입금} + \text{회사채}}{\text{총자본}} = \frac{20\text{억} + 10\text{억} + 10\text{억}}{150\text{억}} = 26.67\%$

오답체크

① $\text{부채비율} = \frac{\text{부채}}{\text{자기자본}} = \frac{90\text{억}}{60\text{억}} = 150\%$

② $\text{차입금평균이자율} = \frac{\text{이자비용}}{(\text{장·단기차입금} + \text{회사채})\text{평잔}} = \frac{4\text{억}}{30\text{억} + 10\text{억}} = 10\%$

③ $\text{이자보상비율} = \frac{\text{영업이익}}{\text{이자비용}} = \frac{10\text{억}}{4\text{억}} = 2.5\text{배}$

④ $\text{자기자본비율} = \frac{\text{자기자본}}{\text{총자산}} = \frac{60\text{억}}{150\text{억}} = 40\%$

03 재무상태표분석

④ 유동비율과 부채비율은 증가한다.

예 유동비율분석

유동부채 100, 유동자산 50 → 현금, 단기차입금 80으로 가정 시

$\frac{80+50}{80+100} = 72.22\%$(50% → 72.22%로 증가)

예 부채비율분석

자기자본 100, 부채 100 → 현금, 단기차입금 80으로 가정 시

$\frac{80+100}{100} = 180\%$(100% → 180%로 증가)

04 비유동비율(고정비율)

③ $\text{비유동비율} = \frac{\text{비유동자산}}{\text{자기자본}} = \frac{100}{100+50-40-70} = 250\%$

05 활동성분석

③ $\text{매출채권회수기간} = \dfrac{1\text{년}(365\text{일})}{\text{매출채권회전율}}$ ➲ $50 = \dfrac{300}{X}$ ➲ $X = 6$

$\text{매출채권회전율} = \dfrac{\text{매출액}}{\text{매출채권(평잔)}}$ ➲ $6 = \dfrac{Y}{(200{,}000 + 400{,}000) \div 2}$ ➲ $Y = 1{,}800{,}000$

➲ 매출액 = 1,800,000원

06 활동성분석

④ $\dfrac{1}{4} + \dfrac{1}{2} - \dfrac{1}{5} = 0.55\text{년}$

> 1회전운전기간(년) = 재고자산회전기간 + 매출채권회전기간 − 매입채무회전기간
>
> $= \dfrac{1\text{년}}{\text{재고자산회전율}} + \dfrac{1\text{년}}{\text{매출채권회전율}} - \dfrac{1\text{년}}{\text{매입채무회전율}}$

07 재무분석

③ 위험이 큰 비유동자산의 투자는 위험이 작은 자본(자기자본)과 비유동부채를 통해 이루어지는 것이 바람직하다.

08 활동성분석

④ • A회사 : $\dfrac{360}{10\text{회전}} = 36\text{일}$

• B회사 : $\dfrac{360}{20\text{회전}} = 18\text{일}$

> $\text{매출채권회수기간} = \dfrac{1\text{년}(365\text{일})}{\text{매출채권회전율}}$

09 활동성분석

② 1회전운전자금은 10억원에서 13억원으로 3억원 증가한다.

구 분	매출액 200억원	매출액 260억원
평균매출채권	40억원	52억원
평균재고자산	20억원	26억원
평균매입채무	(−)50억원	(−)65억원
1회전운전자금(자본)	10억원	13억원

10 안정성분석

① 조달된 자본이 기업 자산에 얼마나 적절하게 배분되고 있는지를 분석하는 지표에는 비유동비율과 비유동장기적합률이 있다.

오답체크

② 비유동비율(고정비율)에 대한 설명이다.
③ 비유동장기적합률에 대한 설명이다.
④ 기업 입장에서는 자기자본이 위험이 가장 낮은 자산이다.
⑤ 비유동장기적합률이 100%를 초과하면, 자본배분 안정성에 문제가 있다고 볼 수 있다.

11 경제적 부가가치

④ 투하자본은 영업자산에서 비이자발생부채를 차감하는 것을 의미한다.

12 주가순자산비율

① 정상 PBR은 'PER × ROE(자기자본순이익률)'를 의미한다.

13 재무상태표분석

⑤ 부채비율만 레버리지분석에 속하고 나머지 항목은 모두 유동성분석항목이다.

14 ROI분석의 확장

④ ROE = 총자산회전율 × 매출액순이익률 × (1 + 부채비율)
30% = 2 × 5% × (1 + 부채비율)

➲ 부채비율 = $2\left(= 200\% = \frac{\text{부채}}{\text{자기자본}} = \frac{200}{100}\right)$

자기자본비율 = $\frac{\text{자기자본}}{\text{부채} + \text{자기자본}} = \frac{100}{300} = 33.33\%$

15 주가매출액비율

⑤ PSR은 실제주가를 주당매출액으로 나눈 값을 의미한다.

16 레버리지분석

③ 이자비용과 고정비가 있는 한 결합레버리지는 항상 1보다 크다.

17 레버리지분석

④ 결합레버리지(DCL) = DOL × DFL = 4 × 6 = 24
따라서 매출액이 1% 증가하면 당기순이익은 24% 증가한다.

18 BEP분석

① • BEP 매출액 = 100,000,000 ÷ (1 − 0.6) = 250,000,000
• 현재 매출액 = 400,000,000
• 손익분기점율 = BEP 매출액 ÷ 현재(실현) 매출액
= 250,000,000 ÷ 400,000,000 = 62.5%

19 BEP분석

④ 영업이익 = 60,000 × 80% × (10,000 − 8,000) − 80,000,000 = 16,000,000

20 현금흐름분석의 기초

⑤ 건물의 취득은 투자활동으로 인한 현금흐름으로 분류되고, 현금의 유출에 해당된다.

21 현금흐름분석의 기초

④ 큰 거래비용 없이 현금으로 전환이 용이하고 이자율변동에 따른 가치변동 위험이 적은 금융상품으로 취득일 현재 만기일(상환일)이 3개월 이내인 것은 현금및현금성자산에 포함된다.

22 현금흐름분석의 기초

④ 사채할인발행차금의 상각은 현금흐름과는 무관하다.

23 유형별 현금흐름

③

장기차입금			
유동성대체	4,000	기 초	8,000
환산이익	2,000	차 입	13,000
기 말	15,000		
합 계	21,000	합 계	21,000

유동성장기차입금			
상 환	2,000	기 초	2,000
기 말	4,000	대 체	4,000
합 계	6,000	합 계	6,000

(차) 유동성장기차입금	2,000	(대) 현금	1,000
		외환차익	1,000

24 매입으로 인한 현금유출

② 20×1년의 매입으로 인한 현금유출이 손익계산서상의 매출원가보다 큰 것은 매입채무의 감소, 재고자산의 증가가 원인이고, 20×2년의 매입으로 인한 현금유출이 손익계산서상의 매출원가보다 작은 것은 매입채무의 증가, 재고자산의 감소가 원인이다. 재고자산평가손실은 손익계산서상 매출원가에는 가산되지만 현금흐름에는 아무런 영향이 없으며, 선수금은 손익계산서상 매출원가와 관련이 없다.

25 유형별 현금흐름

⑤ 당좌예금도 현금흐름표상의 현금이며, 90일 만기의 환매채도 현금성자산으로 현금에 해당되어 자금변동이 없다. 따라서 현금흐름표에는 표시되지 않는다.

26 매입으로 인한 현금유출

④ 매입으로 인한 현금유출액 = – 매출원가 – 재고자산증가액 + 매입채무증가액 + 선급금감소액
= (5,000) – 100 + 1,000 + 300 = (3,800)원

27 재무활동으로 인한 현금흐름

① 기초 + 차입액(X) + 외화환산손실 – 유동성대체 = 기말
1,000,000 + X + 40,000 – 150,000 = 1,500,000
➲ 당기 차입액 = 610,000원

28 현금수지분석표

① 오답체크
② 매출채권회전율이 감소하는 것은 현금회수가 양호하지 못하다는 증거이다.
③ 장기 미회수 매출채권 잔액이 증가하는 것은 매출액이 증가하더라도 현금유입액이 없다는 뜻이다.
④ 선수금이 증가한 경우에 현금유입액이 증가한다.
⑤ 수주공사 감소나 시장점유율 감소도 매출에 부정적인 요소이다.

29 현금수지분석표

① 오답체크
② 원재료 단가가 인하되면 현금지출 매출원가는 감소한다.
③ 재고자산이 감소하면 현금지출 매출원가는 감소한다.
④ 매입채무가 감소되어야 현금지출액이 증가한다.
⑤ 판매량이 감소하면 매출원가 및 현금지출 매출원가가 감소한다.

30 현금흐름분석 종합

③

매출액(I/S)	X
매출채권 증가	(50,000)
선수금 증가	30,000
현금주의 매출액	1,200,000

• X – 50,000 + 30,000 = 1,200,000
➲ X = 1,220,000원
• 선급금은 매출활동 현금유입액과는 관련 없는 자료이다.

31 유형별 현금흐름

③ 재고자산과 매출채권을 과대계상하여 당기순이익을 증가시켰더라도 현금흐름표상 영업활동에는 영향이 없으며 수선비를 유형자산으로 계상하였다면 영업활동으로 인한 현금흐름은 증가되며 부외부채는 장부에 계상되지 않은 부채이므로 현금흐름표에 나타나지 않는다.

32 현금흐름분석 종합

① • 영업활동현금흐름 : 대손충당금 설정으로 대손상각비가 인식되면서 당기순이익이 감소되더라도 영업활동현금흐름에서 대손상각비는 현금의 유출이 없는 비용으로 가산하기 때문에 영향은 없다. 다만, 수선비 지출을 유형자산으로 계상하였으므로, 당기순이익이 증가하게 되어 영업활동으로 인한 현금흐름이 증가한다. 따라서 전체적으로 영업활동현금흐름은 증가한다.
• 투자활동현금흐름 : 수선유지비 지출이 투자활동으로 인한 현금유출로 반영된다.
• 재무활동현금흐름 : 재무활동현금흐름에는 영향이 없다.

33 현금흐름분석 종합

③ 이자수익은 영업활동현금흐름과 당기순이익에 같은 영향을 미친다.

34 현금흐름분석 종합

① 성숙형 기업은 영업활동을 통해 창출한 현금을 투자활동에 충당하고도 여유가 있어 배당금지급, 차입금상환 등을 하는 형태의 기업이다.

35 현금흐름분석 종합

⑤ 현금수지분석표에서는 이자비용에 포함된 사채할인발행차금 상각액은 고려대상이 아니다.

오답체크

② 예를 들어, 비현금비용 중의 하나인 감가상각비가 증가한다고 하더라도 선급비용이 증가한다면 현금성 판매비와관리비가 감소하지 않을 수 있다.

36 현금흐름분석 종합

③ 퇴직급여계정에는 퇴직급여충당부채의 당기 전입액이 포함되고, 실제 지급액은 퇴직급여충당부채와 상계한다.

37 경기분석 및 경제정책

① 개발비 지출만 투자활동이고, 나머지는 모두 재무활동이다.

38 경기분석 및 경제정책

④ 명목이자율보다 인플레이션율이 더 크다면 실질이자율은 음(−)의 값을 갖는다.

$$i(\text{명목이자율}) = r(\text{실질이자율}) + \pi(\text{인플레이션율})$$

오답체크

② 회사채는 국채보다 채무불이행위험이 높으므로 금리가 더 높다.

39 경기순환

② 경기순환의 회복기에는 원자재의 수요가 늘어난다.

40 내부능력분석

③ 가치사슬분석방법은 내부활동분석방법에 속한다.

41 환율

③ 원화절상(환율하락) 시 물가는 하락한다.

42 현금흐름분석의 기초

② 현물출자로 인한 유형자산의 취득, 유형자산의 연불구입, 무상증자, 무상감자, 주식배당, 전환사채의 전환 등 현금의 유입과 유출이 없는 거래 중 유의적인 거래 등은 주석기재사항이다.

43 영업활동으로 인한 현금흐름

② '영업활동으로 인한 현금흐름액'에 이자비용을 더하고 자본적지출액을 차감한 금액을 말한다. 단, 법인세효과는 고려하지 않는다.

44 현금흐름분석 종합

④ 영업활동현금흐름이 좋지 못한 회사에서 재고자산이 증가한 경우에는 분식회계가 있을 가능성까지 검토하여야 한다.

오답체크

② 운전자금 조달은 단기금융으로 설비투자자금 조달은 장기자금으로 하는 것이 바람직하며, 이를 자금조달의 헷징이라고 한다.

⑤ 부외금융을 활용하는 경우 관련 이자지급액을 회계처리할 수 없다. 한편, 이자지급액을 단기대여금으로 처리할 경우 세법상 문제가 발생할 수 있다. 이에 다수의 기업이 이자지급액을 매출채권이나 재고자산으로 위장하는 경우가 있다.

45 현금흐름분석 종합

① 매출원가 과소계상으로 당기순이익이 증가하나 재고자산 과대계상으로 다시 자산부채가 차감된다. 그 결과 영업활동현금흐름에 영향이 없다. 한편, 영업활동자산부채의 증감이므로 투자활동이나 재무활동현금흐름과 관계없다.

46 경영진단

⑤ 경영진단의 분류는 아래와 같다.

진단범위	종합진단	전반진단, 요약진단
	부문진단	경영기본부문진단, 재무부문진단, 생산부문진단, 판매부문진단 등
진단대상	개별진단	공장진단, 광산진단, 상점진단
	집단진단	조합진단, 업종별진단, 지역별진단, 계열별진단, 산지진단, 하청기업진단, 관계회사진단
진단시기	정기진단	매년, 매월 정기적 실시
	수시진단	특별한 사안이 발생하였을 경우 실시

47 건설산업

④ 건설산업은 노동집약적 산업으로 진입장벽이 낮다. 건설산업은 제품의 표준화, 규격화가 어렵기 때문에 많은 노동력이 투입되는 노동집약적 산업으로 안전 및 노무관리가 중요하다. 또한, 건설회사는 적은 자본과 낮은 기술로 쉽게 설립이 가능하여 진입장벽이 낮은 편이다.

48 경기지표

⑤

M2 = M1 + 저축성예금 + 수익성금융상품(만기 2년 이상 제외)

49 외부환경분석

③ 구매자의 구매량이 많을수록, 제품의 차별성이 낮을수록 구매자의 교섭력이 강해진다.

예 기아자동차와 부품업체의 관계를 보면, 기아자동차가 부품업체를 상대로 표준화된 부품(제품의 차별성이 낮은 부품)을 대량으로 구입하기 때문에 기아자동차의 구매자 협상력은 매우 높다.

50 내부능력분석

③ Dog는 성장률이 낮고, 시장점유율도 낮은 산업이다.

51 유형별 현금흐름

④ 취득 당시 상환기일이 3개월 이내에 도래하는 상환우선주는 현금성자산으로 분류한다.

52 매입으로 인한 현금유출

⑤

매입으로 인한 현금유출액 = ① + ②		(610,000)
① 손익계산서상 매입 관련 손익		(A) + 280,000
• 매출원가 (–) • 환율변동손익(외환차익, 외환환산이익)	(A) 280,000	
② 재무상태표상 매입 관련 자산·부채의 증감		(40,000)
• 재고자산 증감 (+), (–) • 선급금 증감 (+), (–) • 매입채무 증감 (+), (–)	(150,000) – 110,000	

매출원가(A) = (610,000) = – A + 280,000 – 40,000

➲ A = (850,000)원

53 유형별 현금흐름

③

① 법인세비용차감전순이익		30,000
② 손익계산서상 매입 관련 손익		10,000
• 감가상각비 • 유형자산처분이익 • 사채할인발행차금 이자비용	20,000[1] (12,000) 2,000	
③ 재무상태표상 매입 관련 자산·부채의 증감		96,000
• 매출채권 증감 (+), (–) • 대손충당금 증감 (+), (–) • 재고자산 증감 (+), (–) • 매입채무 증감 (+), (–)	30,000 1,000 30,000 35,000	
④ 영업에서 창출된 현금흐름(④ = ① + ② + ③)		136,000

구 분	기 초	증가(취득)	감소(처분)	기 말
기계장치(총액)	400,000		100,000	300,000
(감가상각누계액)	(230,000)	(20,000)	(60,000)	(190,000)

[1] 기계장치(취득가액) = 400,000 – 감소(처분) = 300,000 ➲ 감소(처분) = 100,000
기계장치 처분장부가액 = 40,000(= 처분가액 – 감가상각누계액 = 100,000 – 60,000)
➲ 감가상각비 20,000

54 유형별 현금흐름

①

① 당기순이익		250,000
② 손익계산서상 손익		25,000
• 감가상각비 • 사채상환이익 • 매도가능금융자산처분손실	40,000 (35,000) 20,000	
③ 재무상태표상 자산·부채의 증감		(15,000)
• 매출채권 증감 (+), (−) • 대손충당금 증감 (+), (−) • 미지급비용 증감 (+), (−) • 매입채무 증감 (+), (−)	(20,000) 15,000 (10,000)	
④ 영업활동현금흐름(④ = ① + ② + ③)		260,000

55 현금흐름분석 종합

①

매출로 인한 현금유입액 = ① + ②		1,328,000
① 손익계산서상 매출 관련 손익		1,360,000
• 매출액 (+) • 대손상각비 (−) • 매출채권 처분손익 (+), (−)	160,000 + 1,200,000	
② 재무상태표상 매출 관련 자산·부채의 증감		(32,000)
• 매출채권 증감 (+), (−) • 대손충당금 증감 (+), (−) • 선수금 증감 (+), (−)	(32,000)	

56 현금흐름분석 종합

③ 투자자산증감란의 금액은 취득과 처분을 모두 나타낸다.

57 현금흐름분석 종합

①

법인세비용차감전순이익		177,000
① 손익계산서상 손익		30,000
• 감가상각비 • 유형자산처분손실 • 법인세비용	40,000 20,000 (30,000)	
② 재무상태표상 자산·부채의 증감		(7,000)
• 매출채권 증감 (+), (−) • 대손충당금 증감 (+), (−) • 재고자산 증감 (+), (−) • 매입채무 증감 (+), (−) • 미지급법인세 증감 (+), (−) • 이연법인세 증감 (+), (−)	(15,000) 5,000 4,000 (6,000) (5,000) 10,000	
영업활동현금흐름		200,000

* 법인세비용(30,000) + 미지급법인세(5,000) + 이연법인세부채10,000

참고 54번 문제에서는 간접법에 따른 영업활동현금흐름을 계산하는 것이므로 법인세비용을 조정하지 않는다. 영업활동현금흐름에 법인세비용이 들어간다고 보기 때문이다. 이에 반하여 57번 문제는 역으로 영업현금흐름을 계산하는 것이므로 당기순이익부터 구해야 한다. 따라서 당기순이익을 계산할 때는 법인세비용을 차감하며, 다시 조정하지는 않는다.

58 현금흐름분석 종합

③ 퇴직급여충당금 설정액과 사채할인발행차금 상각액은 당기순이익에서 가산해서 조정하는 항목이다.

59 환율

⑤ 1원당 0.009달러로 표시하는 것은 수취환율(외국통화표시환율)의 예이다.

60 경영진단

④ 기업분석은 가장 광의의 개념으로 투자 등 의사결정을 돕기 위해 투자자에 의해 수행되는 모든 유형의 기업분석 행위를 의미한다.

61 현금흐름분석 종합

③

매출액	800,000
매출채권 증가	(120,000)
선수금 증가	40,000
➲ 현금주의 매출액	720,000

62 현금흐름분석 종합

① 다 : 영업활동, 라 : 재무활동, 마 : 영업활동

종합신용평가

01 ②	02 ①	03 ⑤	04 ⑤	05 ②	06 ③	07 ⑤	08 ⑤	09 ②	10 ⑤
11 ⑤	12 ④	13 ②	14 ①	15 ④	16 ⑤	17 ②	18 ④	19 ③	20 ③
21 ③	22 ①	23 ①	24 ④	25 ③	26 ④	27 ④	28 ④	29 ③	

01 산업분석

② 배합사료 제조 및 판매 시장은 제품차별화가 어렵기 때문에 제품차별화보다는 서비스차별화에 중점을 두어야 할 것이다.

02 경영진단

① 대표이사가 최대주주인 회사는 소유와 경영이 분리되어 있다고 보기 어렵다.

03 활동성분석

⑤ 당기 매출채권회전율은 전기보다 더 줄어들었다.

(단위 : 백만원)

구 분	당 기	전 기
매출액	115,775	113,006
평균매출채권	20,149	18,744
매출채권회전율	5.75	6.03
매출채권회전기간	63.5	60.5

04 활동성분석

⑤ 당기 재고자산회전기간은 전기에 비해 약 5일 정도 늘어났다.

(단위 : 백만원)

구 분	당 기	전 기
매출액	115,775	113,006
평균재고자산	22,686	20,535
재고자산회전율	5.10	5.50
재고자산회전기간	71.52	66.33

05 활동성분석

② 전기 비유동자산회전율은 3.08회이다.

(단위 : 백만원)

구 분	당 기	전 기
매출액	115,775	113,006
평균비유동자산	37,015	36,659
비유동자산회전율	3.13	3.08
비유동자산회전기간	116.7	118.4

06 레버리지분석

③ EV/EBITDA비율은 23.3이다.

- EV = 시가총액 + 총차입금 − 현금예금
  = 5,000 + 43,619 − 1,257 = 47,362
- EBITDA = EBIT + 감가상각비 + 무형자산상각비
  = 1,543 + 488 + 2 = 2,033

➲ EV/EBITDA비율 = $\frac{\text{EV(시가총액 + 순차입금)}}{\text{EBITDA}}$

= 47,362/2,033 = 23.3

07 손익계산서분석

⑤ 당기 매출액총이익률은 전기 대비 0.3% 정도 감소하였다.

(단위 : 백만원)

구 분	당 기	전 기
매출총이익	13,410	13,426
매출액	115,775	113,006
매출총이익률	11.6%	11.9%

08 수익성분석

⑤ 상품매출원가는 전전기보다 전기에 더 증가하였으므로 매출총이익이 증가하는 데 영향을 미치지 않았다.

(단위 : 백만원)

구 분	전 기	전전기
매출총이익	13,426	11,578
매출액	113,006	96,107
매출총이익률	11.9%	12.0%

09 유동성분석

② 전기 유동비율은 77.5%이다.

(단위 : 백만원)

구 분	당 기	전 기	전전기
유동자산	49,085	51,972	46,876
유동부채	62,367	67,025	60,222
유동비율	78.7%	77.5%	77.8%

10 유동성분석

⑤ 전기 유동부채가 전전기보다 증가한 원인 중 매입채무의 증가가 가장 크다.

(단위 : 백만원)

구 분	당 기	전 기	전전기
유동자산	49,085	51,972	46,876
유동부채	62,367	67,025	60,222
유동비율	78.7%	77.5%	77.8%

11 재무제표주석분석

⑤ 전기에 특수관계인인 대표이사 A로부터 자금거래 상환이 있었다. (주석 6 참고)

12 현금흐름분석

④ 영업활동현금흐름도 마이너스(−)라 투자활동으로 인한 현금흐름의 마이너스(−)를 상쇄하지 못한다.

13 현금흐름분석

② 투자활동으로 인한 현금유출액 중 가장 큰 영향은 보증금의 증가이다.

14 수익성분석

① 매출액 대비 금융비용부담률 = 이자비용/매출액
= 1,286/115,775 = 1.1%

오답체크

② 매출액 순이익률 = 당기순이익/매출액 = 1,216/115,775 = 1.1%
③ 매출액 영업이익률 = 영업이익/매출액 = 1,543/115,775 = 1.3%
④ 매출액 총이익률 = 매출총이익/매출액 = 13,410/115,775 = 11.6%
⑤ 제품매출액 비율 = 제품매출액/매출액 = 111,394/115,775 = 96.2%

15 레버리지분석

④ 전기 자기자본비율은 23.3%이다.

(단위 : 백만원)

구 분	당 기	전 기
부 채	64,598	68,003
자기자본	21,852	20,635
부채비율	295.6%	329.5%

구 분	당 기	전 기
자기자본	21,852	20,635
총자본	86,449	88,638
자기자본비율	25.3%	23.3%

16 레버리지분석

⑤ 당기 이자보상비율이 전기 대비 증가한 이유는 이자비용은 감소하고, 영업이익은 증가하였기 때문이다.

(단위 : 백만원)

구 분	당 기	전 기
영업이익	1,543	1,352
이자비용	1,286	1,751
이자보상비율	1.2	0.8

구 분	당 기	전 기
영업이익	1,543	1,352
이자비용 – 이자수익	1,128	1,525
순이자보상비율	1.4	0.9

17 유동성분석

② 당기 순운전자본비율은 전기보다 증가하였다.

(단위 : 백만원)

구 분	당 기	전 기
순운전자본	29,698	25,802
총자산	86,449	88,638
순운전자본비율	34.4%	29.1%

18 유동성분석

④ 전기 순운전자본이 전전기보다 증가한 원인은 재고자산의 증가가 가장 큰 영향을 차지한다.

(단위 : 백만원)

구 분	전 기	전전기
순운전자본	25,802	23,164
총자산	88,638	83,528
순운전자본비율	29.1%	27.7%

19 안정성분석

③ 전기에서 당기에는 감소하였으나, 전전기에서 전기에는 증가하였다. 따라서 매년 감소하고 있지는 않다.

(단위 : 백만원)

구 분	당 기	전 기	전전기
비유동자산	37,365	36,666	36,652
자기자본 + 비유동부채	24,082	21,613	23,306
비유동장기적합률	155.2%	169.6%	157.3%

20 레버리지분석

③ 당기 차입금의존도는 전전기보다 0.4% 감소하였다.

(단위 : 백만원)

구 분	당 기	전 기	전전기
차입금	43,619	45,615	45,986
총자본	86,449	88,638	83,528
차입금의존도	50.5%	51.5%	55.0%

21 현금흐름분석

③ 재무활동으로 인한 현금유출은 전기에 비해 감소하였다.

22 현금흐름분석

① 전기에는 단기차입금의 증가는 있었지만 장기차입금의 증가는 없었다.

23 재무제표주석분석

① 회사는 대표이사로부터 A에 대한 차입금을 작년에 전액 상환하였고, 추가 차입금은 발생하지 않았다.

24 수익성분석

④ 과거 3개년부터 최근까지 매출액에서 제품매출이 차지하는 비중은 매년 낮아지고 있다.

(단위 : 백만원)

구 분	당 기	전 기	전전기
매출원가	102,365	99,580	84,529
매출액	115,775	113,006	96,107
매출원가율	88.4%	88.1%	88.0%

구 분	당 기	전 기	전전기
제품매출	96.2%	97.9%	99.1%
상품매출	1.7%	1.2%	0.9%
기타매출	2.1%	1.0%	0.0%
매출액	100.0%	100.0%	100.0%

25 활동성분석

③ 당기 1회전운전기간 = 매출채권회전기간 + 재고자산회전기간 − 매입채무회전기간

= 63.5 + 71.5 − 47.6 = 87.4일

(단위 : 백만원)

구 분	당 기
매출액	115,775
평균매출채권	20,149
매출채권회전율	5.75
매출채권회전기간	63.5

구 분	당 기
매출액	115,775
평균재고자산	22,686
재고자산회전율	5.10
재고자산회전기간	71.5

구 분	당 기
매출액	115,775
평균매입채무	15,085
매입채무회전율	7.67
매입채무회전기간	47.6

26 레버리지분석

④ EBITDA/이자보상비율이 당기가 전기보다 더 크므로 회사의 이자지급능력은 당기가 전기보다 더 크다고 볼 수 있다.

(단위 : 백만원)

구 분	당 기	전 기
EBITDA	2,033	1,823
이자비용	1,286	1,751
EBITDA/이자보상비율	1.6	1.04

27 활동성분석

④ 영업순환기간 = 매출채권회전기간 + 재고자산회전기간

= 63.5 + 71.5 = 135일

(단위 : 백만원)

구 분	당 기
매출액	115,775
평균매출채권	20,149
매출채권회전율	5.7
매출채권회전기간	63.5

구 분	당 기
매출액	115,775
평균재고자산	22,686
재고자산회전율	5.1
재고자산회전기간	71.5

28 손익계산서분석

④ 회사는 보유 중인 화폐성 외화자산·부채에 대하여 외화환산손실보다는 외화환산이익이 더 큰 상황이다.

29 재무제표주석분석

③ 회사는 당기말 보유 중인 외화자산보다 외환부채의 금액이 더 크다. (주석 18 참고)

▶ 문제 | p.47

신용분석

01 ①	02 ②	03 ⑤	04 ④	05 ③	06 ①	07 ③	08 ②	09 ④	10 ②
11 ①	12 ⑤	13 ①	14 ②	15 ④	16 ④	17 ②	18 ①	19 ④	20 ⑤
21 ⑤	22 ②	23 ②	24 ②	25 ②	26 ④	27 ①	28 ②	29 ④	30 ③
31 ⑤	32 ④	33 ②	34 ④	35 ⑤	36 ④	37 ④	38 ⑤	39 ④	40 ③
41 ②	42 ④	43 ④	44 ④	45 ②	46 ⑤	47 ③	48 ③	49 ②	50 ②
51 ④	52 ④	53 ⑤	54 ⑤	55 ④	56 ⑤	57 ③	58 ③	59 ④	60 ③
61 ④	62 ⑤								

01 레버리지분석

① • 현재 영업이익 = 100억 − 40억 − 30억 = 30억원

• 영업레버리지 = $\frac{\text{공헌이익}}{\text{영업이익}} = \frac{\text{100억원} - \text{40억}}{\text{30억}} = 2$

• 영업이익 = 30억 × (1 − 40%) = 18억원

• 영업레버리지가 2이므로 매출액이 20% 감소하면 영업이익은 40% 감소한다.

02 레버리지분석

② 자본조달분기점(FBEP) 수준에서 총자산 대비 영업이익률은 이자율과 일치한다. 따라서 이자율은 2.5%(5억원 ÷ 200억원)이므로 이자비용은 10억원의 2.5%인 0.25억원이다.

예상 영업이익 > 자본조달분기점(영업이익)	예상 영업이익 < 자본조달분기점(영업이익)
부채를 사용하는 것이 유리	부채를 사용하지 않는 것이 유리
투자수익률(총자본영업이익률) > 이자율	투자수익률(총자본영업이익률) < 이자율

03 시장가치분석

⑤ 숏포지션(Short Postion)에서는 환율이 상승하면 환차손이 발생한다.

구 분	Long Position	Short Position	Square Position
외화가치 상승/환율상승	환차익	환차손	불변
외화가치 하락/환율하락	환차손	환차익	불변

04 자본배분 안정성분석

④ 비유동장기적합률과 유동비율은 반비례 관계에 있다.

유동자산	A	유동부채	A
비유동자산	150	비유동부채	50
		자기자본	100
합 계	150 + A	합 계	150 + A

05 레버리지분석

③ $\frac{(10{,}000 + 4{,}000) + 1{,}000 + 2{,}000}{1{,}000} = 17$배

$$\text{EBITDA/이자비용비율} = \frac{\text{세전순이익} + \text{이자비용} + \text{감가상각비(무형자산상각비)}}{\text{이자비용}}$$

06 유형별 현금흐름

① −400,000(이자비용) + 50,000(사채할인발행차금 상각액) − 20,000(미지급이자 감소) = −370,000

07 유형별 현금흐름

③ 재무활동은 기업의 납입자본과 차입금의 크기 및 구성내용에 변동을 가져오는 활동을 말한다.

08 유형별 현금흐름

② 매도가능증권에 대한 미실현보유손익은 기타포괄손익누계액으로 처리하고, 당해 유가증권에 대한 기타포괄손익누계액은 그 유가증권을 처분하거나 손상차손을 인식하는 시점에 일괄하여 당기손익에 반영한다.

09 현금흐름분석 종합

④ • 1,200,000 + 300,000 − (100,000 + 이자비용) = 1,100,000
➲ 이자비용 = 300,000원
• 현금흐름이자보상비율 = $\frac{\text{영업활동현금흐름} + \text{이자비용}}{\text{이자비용}} = \frac{(1{,}500{,}000 + 300{,}000)}{300{,}000} = 6$배

10 주가현금흐름비율

② • 기업의 현금흐름(전통적 현금흐름) = 당기순이익 + 감가상각비
= 7억 + 3억 = 10억원
• PCR(주당현금흐름) = $\frac{\text{실제주가}}{\text{주당현금흐름}} = \frac{\text{시가총액}}{\text{기업의 현금흐름}} = \frac{50억}{10억} = 5$

11 주가매출액비율

① 정상 PSR은 매출액 대비 순이익률(ROS), 배당성향(1 − b), 성장률(g)과 비례하며, 할인율(자기자본비용 = r) 및 위험과는 반비례한다.

12 현금흐름분석 종합

⑤ 순효과 '0'

13 지수법

① 월의 지수법은 여신자 입장에서의 분석이다. 유동비율과 부채비율에 가중치를 두므로 이는 유동성과 안정성에 초점을 둔 것이다.

14 경제적 부가가치

② • 비이자발생부채

영업자산 70억원	투하자본	60억원	비이자발생부채	10억원
			이자발생부채 + 자기자본	90억원
비영업자산		30억원		
총자산		100억원	부채 + 자기자본	100억원

• EVA = 60억원 × (8% − 4%) = 2.4억원

15 수익성분석

④ 자기자본수익률(ROE)이 가장 주주의 투자수익률의 지표에 적합하다.

16 지수법

④ 트랜트(J.B.Trant)의 지수법은 회전율에 중점을 둔 것으로 활동성에 높은 가중치를 부여하였다.

17 기업부실예측

② 그 밖에 경제적 실패가 있다.

18 재무분석 및 재무제표의 이해

① 장기차입금이 단기차입금보다 위험이 낮다.

19 BEP분석

④ • 가중평균공헌이익률

제 품	매출비율	공헌이익률	가중평균
A제품	20%	60%	12%
B제품	80%	30%	24%
합 계			36%

• 회사 전체의 BEP 매출액 = $\frac{\text{고정비}}{\text{공헌이익률}} = \frac{3,600,000}{36\%}$ = 10,000,000원

20 현금흐름분석의 기초

⑤ 재화와 용역의 구입에 따른 현금유출은 영업활동으로 인한 현금흐름으로 분류된다.

21 현금흐름표 작성방법

⑤ 영업활동으로 인한 현금흐름을 직접법으로 나타내면 분기별 또는 월별로 추정하거나 자금계획을 작성하는 데 유용하다.

22 BEP분석

② • BEP 매출액 = $\frac{\text{고정비}}{\text{공헌이익률}} = \frac{2,000,000}{0.4}$ = 5,000,000

• 손익분기점률 = $\frac{\text{BEP 매출액}}{\text{실제 매출액}} = \frac{5,000,000}{40,000,000}$ = 12.5%

23 레버리지분석

② 동업업종 대비 이자보상비율은 낮으나, EBITDA/이자보상비율이 높다면 감가상각비 비중이 높다고 볼 수 있다.

24 레버리지분석

② • BEP = $\frac{\text{고정비}}{\text{공헌이익률}} = \frac{\text{12억}}{0.8}$ = 15억원

• 손익분기점률 = $\frac{\text{15억}}{\text{100억}}$ = 15%

25 BEP분석

② • 가중평균공헌이익률

제 품	매출비율	공헌이익률	가중평균
제품 A	60%	50%	30%
제품 B	40%	40%	16%
합 계			46%

• 회사 전체 현금흐름분기점 매출액 $= \frac{\text{고정비} - \text{감가상각비}}{\text{공헌이익률}} = \frac{460,000}{46\%} = 1,000,000$원

➲ 제품 A의 현금흐름분기점 매출액 = 1,000,000 × 60% = 600,000원

26 BEP분석

④ 현금흐름분기점 $= \frac{\text{고정비} - \text{감가상각비}}{\text{공헌이익률}} = \frac{200,000}{0.2} = 1,000,000$원

27 레버리지분석

①

1. 이자지급 전 영업활동현금흐름(500,000 + 300,000)	800,000
2. 금융비용보상비율	2
3. 부담가능차입이자(800,000 ÷ 2)	400,000
4. 적정차입금(400,000 ÷ 10%)	4,000,000
5. 기존차입금	3,000,000
6. 추가차입가능금액	1,000,000

28 현금흐름분석

② 매출액 증가에 따른 영업활동현금흐름(이자지급 전) 증감액

= 매출액 증가액 × (감가상각비 포함 영업이익률 – 운전자산보유비율 – 매출액에 대한 법인세 납부율)

= 500억원 × 20% × (15% – 8% – 5%) = 2억원

29 ROI분석

④ • 매출액 = 2,000,000 ÷ (1 – 20%) = 2,500,000원

• 매출채권회전율 = 360일 ÷ 36일 = 10회전

• 매출채권 = 2,500,000 ÷ 10회전 = 250,000원

• 재고자산 = 2,500,000 ÷ 4회전 = 625,000원

• 비유동자산 = 2,500,000 ÷ 10회전 = 250,000원

• 총자산 = 100,000 + 250,000 + 625,000 + 250,000 = 1,225,000원

➲ ROI = 612,500 ÷ 1,225,000 = 50%

30 활동성분석

③ • 차기 매출액 = 360억 × 1.5 = 540억

• 목표 매입채무회전율 = 360/90 = 4

• 차기 평균매입채무 = 540억 ÷ 4 = 135억

• 당기 평균매입채무 = 360억 ÷ 6 = 60억

• 평균매입채무 잔액 증가 = 135억 – 60억 = 75억

31 현금흐름분석 종합

⑤ 부실채권(불량채권)의 발생은 매출채권이 증가하는 원인이다.

32 현금흐름분석 종합

④ 특수관계자인 구매처로부터의 신용기간 지원은 매입채무가 증가하는 원인이다.

33 유형별 현금흐름

②

법인세에 대한 현금유출 = ① + ②		(18,000)
① 손익계산서상 법인세 관련 손익		(35,000)
• 법인세비용 (–)	(35,000)	
② 재무상태표상 법인세 관련 자산·부채의 증감		17,000
• 선급법인세 증감 (+), (–) • 당기법인세자산·부채 증감 (+), (–) • 이연법인세자산·부채 증감 (+), (–)	– 20,000 (3,000)	

34 투자활동으로 인한 현금흐름

④

기계장치(순액)			
기초(순액)	7,000	감가상각비	2,000
취득(현금)	3,000	처 분	1,000
취득(대체)	5,000	기말(순액)	12,000
합 계	15,000	합 계	15,000

• 처분 시 회계처리

(차) 현금	2,500	(대) 기계장치(순)	1,000
		처분차익	1,500

35 유형별 현금흐름

⑤ 기업의 신규투자능력은 영업활동현금흐름을 통해서 파악할 수 있다. 즉, 영업활동현금흐름을 통해 현금창출능력을 확인하고 그 범위 내에서 신규투자능력을 판단할 수 있다.

36 유형별 현금흐름

④ 이연법인세자산의 증가는 차감, 이연법인세부채의 증가는 가산하여야 한다.

37 재무상태표분석

④ • 부채비율 = $\frac{\text{부채}}{\text{자기자본}} = \frac{200}{100} = 200\%$

• 자기자본비율 = $\frac{\text{자기자본}}{\text{총자산}} = \frac{100}{300} = 33.33\%$

38 현금흐름분석 종합

⑤ 현금수지분석표에는 현재가치할인차금 상각액, 사채할인발행차금 상각액 등이 영업활동 후 현금흐름에 반영되지 않는다.

39 현금흐름분석 종합

④ 이자비용을 절세효과로 파악해야 한다.

40 현금흐름분석 종합

③ • 재무활동으로 인한 현금유입액

단기차입금의 차입	400,000
전환사채 발행	150,000
합 계	550,000

• 재무활동으로 인한 현금유출액

단기차입금의 상환	180,000
유동성장기부채의 상환	120,000
합 계	300,000

참고 재무활동현금흐름은 총액으로 기재하여야 한다. 따라서 단기차입금의 상환과 차입을 상계하지 않고 구분하여 기재한다. 전환사채의 주식전환은 주석기재사항이다.

41 현금흐름분석 종합

② 당기 발생주의 매출액보다 현금주의 매출액이 더 작다.

• 현금주의 매출액

매출액	800,000
매출채권 증가	(80,000)
선수금 증가	30,000
현금주의 매출액	750,000

42 현금흐름분석 종합

④ 350,000 − 350,000 × 0.2 + 80,000 − 60,000 − 30,000 = 270,000원

43 자동차산업

④ 우리나라 자동차 부품업체들은 내수비중이 훨씬 크다.

44 현금흐름분석 종합

④ • 유형자산 처분으로 인한 현금유입 : 210,000원

• 유형자산 취득으로 인한 현금유출 : (130,000)원

① 유형자산 처분으로 인한 현금유입		210,000
• 유형자산 취득원가 • 감가상각누계액 (−) • 유형자산처분손익 (+), (−)	280,000 (100,000) 30,000	
② 유형자산 취득으로 인한 현금유출		(130,000)
• 기초 장부가액 • 감소 취득원가 (−) • 증가 • 기말 장부가액	380,000 (280,000) X 230,000	

380,000 − 280,000 + X = 230,000

➲ X = (130,000)

45 경영진단

② 제조물책임 대응의 3단계는 아래와 같다.

미연 방지	설계심사 강화, 설계지시에 따른 사용법 강화
사전 대응	보험가입(제조물책임보험)
사후 대응	피해자 보험 가입, 소송 대응

46 경기분석 및 경제정책

⑤ 근원인플레이션은 유가, 이상기후, 제도변화 등의 일시적 물가변동분을 제외하고 난 후의 기초적인 장기 물가상승률을 의미한다.

47 환율

③ 환율상승이 수출입에 미치는 효과는 비교적 빠르게 나타난다.

48 조직구조분석

③ 7S분석은 하드웨어적 요소와 소프트웨어적 요소로 구분한다. 하드웨어적 요소에는 전략(Strategy), 구조(Structure), 시스템(System)이 있으며, 소프트웨어적 요소에는 가치관(Shared Value), 기술(Skills), 스타일(Style), 인재(Staff)가 있다.

하드웨어적 요소(Hard Elements)	소프트웨어적 요소(Soft Elements)
• 전략(Strategy) • 구조(Structure) • 시스템(System)	• 가치관(Shared Value) • 기술(Skills) • 스타일(Style) • 인재(Staff)

49 산업분석

② 후방산업분석은 원재료 이외에도 생산설비, 노동력, 기술, 에너지 등에 대한 생산요소를 제공하는 산업에 대한 분석을 포함한다.

50 유형별 현금흐름

②

• 당기순이익	X
• 재고자산의 증가	(1,000,000)
• 매출채권의 감소	700,000
• 단기매매금융자산평가손실	900,000
• 토지처분이익	(600,000)
• 기계장치의 취득	–
• 미지급급여의 증가	700,000
• 감가상각비	200,000
• 자기주식처분이익	–
• 외상매입금의 감소	(500,000)
• 장기차입금의 증가	–
• 영업활동현금흐름	1,200,000

자기주식처분이익은 자본잉여금 항목으로 영업현금흐름과는 관계없다.

51 환율

④ 원화평가절하(환율상승)의 경우 수출상품의 가격경쟁력은 높아지므로 수출이 증가한다.

52 경기분석 및 경제정책

④

총저축률 = 국내총투자율 + 국외투자율

53 경기분석 및 경제정책

⑤ Basel II 방식이 경기대응성이 낮다는 비판하에, Basel III로 전환되었다. Basel III는 경기대응적 자본규제를 중심으로 금융기관의 경기대응능력을 확대하고자 하는 것이 핵심이다.

54 경기분석 및 경제정책

⑤ 환율하락은 원리금 상환부담 감소의 효과를 가져온다.

55 조선산업

④ 조선산업은 경기변동에 따른 수익성 변화가 심한 편이다. 선박가격은 전 세계 건조능력(공급)과 선박의 발주량(수요) 수준에 따라 결정된다. 호황기에는 발주량이 크게 증가함에도 불구하고, 건조능력이 증가한 발주량을 감당하지 못하여 선박가격이 상승하고, 반대로 불황기에는 건조능력은 충분하나 발주량이 크게 감소하면서 선박가격이 하락한다. 이와 같은 선박가격의 높은 변동성으로 인해 조선사의 수익성 변동폭도 크게 나타난다.

56 유형별 현금흐름

⑤

판매관리비에 대한 현금유출 = ① + ②		(57,000)
① 손익계산서상 판매관리비 관련 손익		(45,000)
• 판매관리비 (–)	(45,000)	
② 재무상태표상 판매관리비 관련 자산·부채의 증감		(12,000)
• 선급판매관리비 증감 (+), (–) • 미지급판매관리비 증감 (+), (–)	(5,000) (7,000)	

57 유형별 현금흐름

③

기 초	3,000,000	감 소	0
취 득	800,000	기 말	4,000,000
평가이익[1]	200,000		
합 계	4,000,000	합 계	4,000,000

[1] 300,000 – 100,000 = 200,000

58 산업분석

③ 산업의 위험요소는 전방산업과 후방산업에 대한 교섭력 수준에 따라 감소하거나 증가할 수 있기 때문에 전방산업과 후방산업의 분석은 필수적이다.

59 경영진단

④ 거시환경분석은 정치적 환경요인(Political Environment), 사회문화적 환경요인(Social Environment), 경제적 환경요인(Economic Environment), 기술적 환경요인(Technological Environment)으로 PEST는 이 단어들의 영어 약어를 의미한다.

60 유형별 현금흐름

③

배당금수익에 대한 현금유입 = ① + ②		30,000
① 손익계산서상 배당금수익 관련 손익		20,000
• 배당금수익 (+)	20,000	
② 재무상태표상 배당금수익 관련 자산·부채의 증감		10,000
• 미수배당금 증감 (+), (−) • 선수배당금 증감 (+), (−)	20,000 (10,000)	

61 식품산업

④ 식품산업은 대체재 위험 및 기술변화 위험에 대한 노출이 낮은 산업이다.

62 경영진단

⑤ 갭분석은 현재 위치를 TO-BE 모형과 비교하여 현재 기업의 문제점을 도출하는 방법이다.

종합신용평가

01 ④	02 ④	03 ③	04 ②	05 ②	06 ④	07 ④	08 ④	09 ⑤	10 ②
11 ②	12 ②	13 ④	14 ⑤	15 ⑤	16 ⑤	17 ④	18 ③	19 ④	20 ⑤
21 ④	22 ①	23 ⑤	24 ③	25 ④	26 ④	27 ⑤	28 ①	29 ①	

01 산업분석

④ 기아자동차 2차 벤더로서 기아자동차에 대한 매출이 100%이기 때문에 환율의 변동은 A기업의 수익성에 영향을 미치지 않는다. 또한, 손익계산서상 외화환산손익 및 외환차손이 없으므로 외환거래에 따른 환율의 영향과는 무관하다고 볼 수 있다.

02 손익계산서분석

④ 손익계산서상 경상연구개발비로 매년 10억원 이상을 지출한다.

03 현금흐름분석

③ 유형자산처분손실은 영업활동현금흐름에 긍정적(+)으로 작용하였다.

04 활동성분석

② 당기 재고자산회전기간은 전기에 비해 약 5일 정도 짧아졌다.

(단위 : 백만원)

구 분	당 기	전 기
매출액	51,451	47,165
평균재고자산	3,805	4,216
재고자산회전율	13.5	11.2
재고자산회전기간	27.0	32.6

05 활동성분석

② 회사는 ㈜EE에 대하여 매도가능증권을 보유하고 있으며 당기말 장부가액과 취득가액이 일치한다.

06 레버리지분석

④ • EV = 시가총액(X) + 순차입금

= X + 46,475

• EBITDA = 영업이익 + 감가상각비 + 무형자산상각비

= 2,973 + 6,865 + 53 = 9,892

• $\text{EV/EBITDA} = \frac{\text{EV}}{\text{EBITDA}} = 5.5$

$= \frac{X + 46,475}{9,892} = 5.5$

➲ X = 7,931

07 손익계산서분석

④ 기타매출은 전기 대비 당기에 감소하였으므로 당기 매출총이익의 증가와는 관계없다.

(단위 : 백만원)

구 분	당 기	전 기
매출총이익	8,257	6,825
매출액	51,451	47,165
매출총이익률	16.0%	14.5%

08 유동성분석

④ 당기 유동부채가 전기보다 감소한 원인 중 단기차입금의 감소가 가장 크다.

(단위 : 백만원)

구 분	당 기	전 기	전전기
유동자산	9,033	7,336	7,807
유동부채	13,660	14,192	19,575
유동비율	66.1%	51.7%	39.9%

09 유동성분석

⑤ 전기 대비 당기에 미지급금이 줄어들었으므로 당기 유동부채의 감소에 미지급금의 영향도 존재한다.

(단위 : 백만원)

구 분	당 기	전 기	전전기
유동자산	9,033	7,336	7,807
유동부채	13,660	14,192	19,575
유동비율	66.1%	51.7%	39.9%

10 재무상태표분석

② 회사의 당기 장부가액은 공시지가보다 더 크다.

11 활동성분석

② 전기 매출채권회전율은 31.2회이다.

(단위 : 백만원)

구 분	당 기	전 기
매출액	51,451	47,165
평균매출채권	1,263	1,511
매출채권회전율	40.7	31.2
매출채권회전기간	9.0	11.7

12 현금흐름분석

② 당기가 34억이고, 전기는 4.84억의 현금흐름이 증가하였다.

13 손익계산서분석

④ 매출액 대비 금융비용부담률 = 이자비용/매출액
= 1,306/51,451 = 2.5%

오답체크

① 제품매출액 비율 = 제품매출액/매출액 = 51,325/51,451 = 99.8%
② 매출액 순이익률 = 당기순이익/매출액 = 380/51,451 = 0.7%
③ 매출액 영업이익률 = 영업이익/매출액 = 2,973/51,451 = 5.8%
⑤ 매출액 총이익률 = 매출총이익/매출액 = 8,257/51,451 = 16.0%

14 레버리지분석

⑤ 재평가잉여금은 전기와 당기가 동일하다.

(단위 : 백만원)

구 분	당 기	전 기
부 채	51,337	42,641
자기자본	17,498	16,618
부채비율	293.4%	256.6%

구 분	당 기	전 기
자기자본	17,498	16,618
총자본(총자산)	68,835	59,259
자기자본비율	25.4%	28.0%

15 레버리지분석

⑤ 이자보상비율과 순이자보상비율의 차이는 이자수익에 있다. 전기와 당기의 이자수익의 변동이 크지 않기 때문에 이자보상비율과 순이자보상비율에 차이가 많이 나지 않는다.

(단위 : 백만원)

구 분	전 기	전전기
영업이익	2,973	2,386
이자비용	1,306	1,464
이자보상비율	2.3	1.6

구 분	전 기	전전기
영업이익	2,973	2,386
이자비용 – 이자수익	1,284	1,439
순이자보상비율	2.3	1.7

16 유동성분석

⑤ 당기 순운전자본비율은 6.0%이다.

(단위 : 백만원)

구 분	당 기	전 기
순운전자본	4,135	4,838
총자산	68,835	59,259
순운전자본비율	6.0%	8.2%

17 유동성분석

④ 전기 순운전자본은 4,838백만원이다.

(단위 : 백만원)

구 분	전 기	전전기
순운전자본	4,838	4,690
총자산	59,259	55,587
순운전자본비율	8.2%	8.4%

18 안정성분석

③ 당기 비유동자산 중 가장 큰 비중을 차지하는 것은 금형이다.

(단위 : 백만원)

구 분	당 기	전 기	전전기
비유동자산	59,802	51,923	47,780
자기자본 + 비유동부채	55,175	45,067	36,012
비유동장기적합률	108.4%	115.2%	132.7%

19 레버리지분석

④ 차입금의존도는 과거 3개년 중 당기가 제일 높다.

(단위 : 백만원)

구 분	당 기	전 기	전전기
차입금	48,842	40,735	37,525
총자본	68,835	59,259	55,587
차입금의존도	71.0%	68.7%	67.5%

20 현금흐름분석

⑤ 당기순이익은 전기 대비 당기에 감소하였으므로 영업활동으로 인한 현금흐름이 전기 대비 증가한 원인이 될 수 없다.

21 현금흐름분석

④ 전전기에는 자본금의 증가가 없었다.

22 손익계산서분석

① 당기 매출액 대비 경상개발비 비율은 전기보다 0.4% 증가하였다.

(단위 : 백만원)

구 분	당 기	전 기
경상개발비	2,262	1,883
매출액	51,451	47,165
비 율	4.4%	4.0%
차 이	0.4%	

23 손익계산서분석

⑤ 당기 매출액 대비 판매비와관리비 비중은 10.3%이다.

(단위 : 백만원)

구 분	당 기	전 기	전전기
판매비와관리비	5,284	4,439	3,435
매출액	51,451	47,165	37,651
비 율	10.3%	9.4%	9.1%

24 활동성분석

③ 당기 1회전운전기간 = 매출채권회전기간 + 재고자산회전기간 − 매입채무회전기간

= 9.0 + 27 − 4.1 = 31.9일

구 분	당 기
매출액	51,451
평균매출채권	1,263
매출채권회전율	40.72
매출채권회전기간	9.0

구 분	당 기
매출액	51,451
평균재고자산	3,805
재고자산회전율	13.52
재고자산회전기간	27.0

구 분	당 기
매출액	51,451
평균매입채무	582
매입채무회전율	88.4
매입채무회전기간	4.1

25 레버리지분석

④ 당기 EBITDA/이자보상비율은 전기보다 1.8배 정도 더 크다.

구 분	당 기	전 기
EBITDA	9,892	8,482
이자비용	1,306	1,464
EBITDA/이자보상비율	7.6	5.8
비율차이	1.8	

26 활동성분석

④ • 당기 1회전운전기간 : 9.0 + 27 – 4.1 = 31.9
• 차기 1회전운전기간 : 6.9 + 20.8 – 3.2 = 24.5
➲ 차이 : 31.9 – 24.5 = 7.4일

(단위 : 백만원)

구 분	당 기	차 기
매출액	51,451	66,886
평균매출채권	1,263	1,263
매출채권회전율	40.72	52.94
매출채권회전기간	9.0	6.9

구 분	당 기	차 기
매출액	51,451	66,886
평균재고자산	3,805	3,805
재고자산회전율	13.5	17.6
재고자산회전기간	27.0	20.8

구 분	당 기	차 기
매출액	51,451	66,886
평균매입채무	582	582
매입채무회전율	88	114.9
매입채무회전기간	4.1	3.2

27 손익계산서분석

⑤ 매출액 대비 매출원가의 비중은 당기에 제일 작다.

(단위 : 백만원)

구 분	당 기	전 기	전전기
매출원가	43,194	40,340	32,367
매출액	51,451	47,165	37,651
비 율	83.95%	85.53%	85.96%

28 재무제표주석분석

① • 사무직 증가비율 : (970 / 670) − 1 = 45.0%
• 생산직 증가비율 : (2,191 / 1,736) − 1 = 26.2%
• 매출액 증가율 : (51,450 / 47,164) − 1 = 9%
• 당기

(단위 : 백만원)

구 분	판관비	제조원가	합 계	판관비/합계	제조원가/합계	제조원가/합계
급 여	970	2,191	3,162	30.7%	69.3%	100%
퇴직급여	358	486	844	42.4%	57.6%	100%
복리후생비	127	184	311	40.8%	59.2%	100%
세금과공과	106	90	195	54.1%	45.9%	100%
감가상각비	56	681	6,865	0.8%	9.9%	10.7%

• 전기

구 분	판관비	제조원가	합계	판관비/합계	제조원가/합계	제조원가/합계
급 여	670	1,736	2,405	27.8%	72.2%	100%
퇴직급여	146	83	229	63.9%	36.1%	100%
복리후생비	183	167	350	52.2%	47.8%	100%
세금과공과	95	70	164	57.5%	42.5%	100%
감가상각비	73	5,972	6,045	1.2%	98.8%	100%

오답체크

② 당기 : 42.4%, 전기 : 63.9%

④ 당기 : 59.2%, 전기 : 47.8%

29 활동성분석

① 당기 비유동자산회전율은 0.92회이다.

(단위 : 백만원)

구 분	당 기	전 기
매출액	51,451	47,165
평균비유동자산	55,862	49,850
비유동자산회전율	0.92	0.95
비유동자산회전기간	396	388

▶ 문제 | p.81

신용분석

01 ②	02 ①	03 ②	04 ③	05 ③	06 ⑤	07 ①	08 ⑤	09 ③	10 ③
11 ①	12 ④	13 ⑤	14 ①	15 ⑤	16 ①	17 ④	18 ③	19 ②	20 ④
21 ③	22 ④	23 ④	24 ⑤	25 ②	26 ②	27 ④	28 ③	29 ①	30 ③
31 ②	32 ④	33 ④	34 ③	35 ②	36 ①	37 ⑤	38 ③	39 ③	40 ④
41 ②	42 ⑤	43 ②	44 ⑤	45 ⑤	46 ②	47 ④	48 ③	49 ①	50 ⑤
51 ②	52 ②	53 ③	54 ②	55 ⑤	56 ③	57 ④	58 ②	59 ②	60 ④
61 ②	62 ⑤								

01 유동성분석

② 위험이 낮은 비유동부채로 조달해야 안정적이다.

02 유동성분석

① 자본조달의 위험성은 유동부채, 비유동부채, 자기자본의 순서로 낮아진다.

03 레버리지분석

② 이자보상비율 = $\frac{\text{영업이익}}{\text{이자비용}}$

영업이익 + 영업외수익 − 영업외비용 = 법인세차감전순이익

➲ 영업이익 = 법인세차감전순이익 − 영업외수익 + 영업외비용

영업이익 = 4 − 1 + 4 = 7억원

$2 = \frac{\text{7억원}}{\text{이자비용}}$

∴ 이자비용 = 3.5억원

04 주가순자산비율(PBR)

③ • PBR = $\frac{\text{시가총액}}{\text{장부가치}}$

• PBR = ROE × PER = ROE × 20 = 0.5

➲ ROE = 2.5%

05 생산성분석

③ • 영업잉여 = 영업이익 + 대손상각비 − 금융비용 = 40 + 3 − 4 = 39억원

• 인건비 = 관리직 인건비 + 노무비 + 복리후생비 = 10 + 12 + 3 = 25억원

• 금융비용 = 이자비용 = 4억원

• 조세공과 = 재산세 + 세금과공과 = 3 + 2 = 5억원

• 감가상각비 = 15억원

➲ 부가가치합계액 = 영업잉여 + 인건비 + 금융비용 + 조세공과 + 감가상각비 = 88억원

06 주가순자산비율(PBR)

⑤ 타인자본수익률은 PBR에 영향을 미치는 요소가 아니다.

07 지수법분석

① 월의 지수법은 유동비율과 부채비율에 가중치를 크게 부여하여 재무안전성을 중시하는 분석법이고, 트렌트의 분석법은 회전율의 가중치를 크게 부여하여 자산의 효율적 이용분석에 적합하다.

08 ROI분석

⑤ 주주의 투자수익률과 자기자본순이익률이 유사하다.

09 레버리지분석

③ • 결합레버리지 $= \dfrac{\text{당기순이익변화율}}{\text{매출액변화율}}$

$5 = \dfrac{\text{당기순이익변화율}}{10\%}$

∴ 당기순이익변화율 = 50%

• 재무레버리지 $= \dfrac{\text{당기순이익변화율}}{\text{영업이익변화율}}$

$2 = \dfrac{50\%}{\text{영업이익변화율}}$

∴ 영업이익변화율 = 25%

➲ 영업이익 = 100 × (1 + 25%) = 125억원

10 레버리지분석

③ 고정비가 0이면 영업레버리지는 1이다.

11 자금의 개념

① 현금성자산이란 큰 거래비용 없이 현금으로 전환이 용이하고 이자율 변동에 따른 가치변동 위험이 적은 금융상품으로 취득일 당시 만기일이 3개월 이내인 것을 말한다.

12 현금흐름표 작성방법

④ 현금흐름표를 통해서 회사임직원의 교체 여부는 확인할 수 없다.

13 현금흐름표 작성방법

⑤ ①~④는 투자활동으로 인한 현금흐름을 통해서 확인할 수 있는 사항이다.

14 현금흐름표 작성방법

① 수선비 2억원을 유형자산으로 계상하였으므로, 당기순이익이 증가하게 되어 영업활동으로 인한 현금흐름이 증가하고, 수선비 2억원을 건설중인자산 항목으로 인식하였기 때문에 투자활동으로 인한 현금유출이 2억원 증가하였다.

15 영업활동으로 인한 현금흐름

⑤ 차입금에 대한 이자비용은 영업외비용이므로 영업이익에는 영향이 없고, 영업활동현금흐름에는 (−)의 영향이 있다.

오답체크

①, ②, ③ 재고자산평가손실과 감가상각비는 영업활동현금흐름과는 무관하다.
④ 현금배당금 지급은 재무활동으로 인한 현금흐름으로 영업활동현금흐름과는 무관하다.

16 자금의 개념

① 장기차입금을 차입해서 보통예금으로 입금하면 재무활동으로 인한 현금흐름에 영향을 미치며 보통예금의 증가로 순운전자본에 영향을 미친다.

17 영업활동으로 인한 현금흐름

④ 간접법에 대한 설명이다.

18 영업활동으로 인한 현금흐름

③ • 손익계산서상 매출 관련 손익
  – 매출액 : X
• 재무상태표상 자산, 부채의 증감 = (4,500원)
  – 매출채권(순액) 증가 : (5,000원)
  – 선수금 증가 : 500원
➲ X – 4,500 = 100,000원
  X = 104,500원

19 영업활동으로 인한 현금흐름

② • 손익계산서상 이자비용 관련 손익
  – 이자비용 : (X)
• 재무상태표상 자산, 부채의 증감 = 15,000원
  – 선급이자 증가 : (5,000원)
  – 미지급이자 증가 : 20,000원
➲ (X) + 15,000 = (20,000원)
  X = 35,000원

20 투자활동으로 인한 현금흐름

④ 기초 장부가액 – 감가상각비 + 당기 취득가액 = 기말 장부가액
4,000 – 2,000 + X = 10,000원
➲ X = 8,000원

21 투자활동으로 인한 현금흐름

③ 유형자산으로 처분으로 인한 현금유입액

현 금	50,000	**유형자산**	60,000
감가상각누계액	30,000	**유형자산처분이익**	20,000

22 재무활동으로 인한 현금흐름

④ 장기차입금의 증가로 인한 현금유입액

기 초	60,000
유동성장기차입금(대체)	(30,000)
외화환산이익	(20,000)
장기차입금의 증가	X
기 말	70,000

➲ X = 60,000원

23 현금흐름분석 종합

④ 현금수지분석표에서 이자수익은 기타영업활동에 의한 현금흐름액 중 영업외수익에 계상된다.

24 현금흐름분석 종합

⑤ 성장형 기업은 영업으로 벌어들인 현금흐름으로 투자활동에 필요한 자금을 충분히 조달할 수 없는 유형이다. 따라서 영업으로 벌어들인 현금흐름과 차입이나 증자를 통한 재무활동으로 자금을 조달하여 설비투자 등의 투자활동에 필요한 자금을 조달하는 유형을 말한다.

25 환율

② 환율이 하락하면 수입원자재의 가격부담이 줄어들어 국내 물가를 하락시킨다.

26 조선산업

② 조선산업은 선박대금이 대부분 달러화로 결제되기 때문에 조선사의 환위험 노출수준이 상당히 높으므로 민감도가 높은 편이다.

27 철강산업

④ 철강산업은 원자재 가격변동이 일정하지 않아 수익변동성이 높다.

28 내부능력분석

③ Dog는 시장점유율과 성장률 둘 다 낮은 사업이다.

29 레버리지분석

① EBITDA는 법인세·이자·감가상각비 차감 전 영업이익으로 영업이익과 감가상각비의 합계이다.

30 주가수익비율(PER)

③ 정상 PER $= \frac{X \times (1 + 4\%)}{(10\% - 4\%)} = 6.24$

➲ $X = 36\%$

31 영업활동으로 인한 현금흐름

② 이자비용은 영업활동현금흐름과 당기순이익에 같은 영향을 미친다.

32 재무활동으로 인한 현금흐름

④ 장기차입금의 유동성대체는 현금흐름과는 관계없다.

33 유동성분석

④

$$당좌비율 = \frac{당좌자산}{유동부채} \times 100 = \frac{유동자산 - 재고자산}{유동부채} \times 100$$

- 당좌비율(기존) $= \frac{20억원 - 10억원}{20억원} = 50\%$
- 당좌비율(변경) $= \frac{25억원 - 15억원}{25억원} = 40\%$

34 수익성분석

③ 이자보상비율은 레버리지비율과 관계가 있다.

35 자본배분 안정성분석

②

$$비유동장기적합률(고정장기적합률) = \frac{비유동자산}{자기자본 + 비유동부채} \times 100$$

- 비유동장기적합률(기존) $= \frac{60억원}{40억원 + 20억원} = 100\%$

유동자산	40	유동부채	40
비유동자산	60	비유동부채	20
		자기자본	40
총자본	100	총자본	100

- 비유동장기적합률(변경) $= \frac{65}{40 + 20} = 108.3\%$

유동자산	35	유동부채	40
비유동자산	65	비유동부채	20
		자기자본	40
총자본	100	총자본	100

36 활동성분석

① • 매출액(기존) = 500,000 × 10 = 5,000,000원
• 매출액(변경) = 6,000,000원
X × 12 = 6,000,000원
➲ X = 500,000원

37 활동성분석

⑤ 1회전운전기간 = 매출채권회전기간 + 재고자산회전기간 − 매입채무회전기간 = $\frac{1}{10}+\frac{1}{8}-\frac{1}{5}=\frac{1}{40}$년
➲ $\frac{360}{40}$ = 9일

38 현금흐름표 작성방법

③ 현금배당금의 지급은 재무활동으로 인한 현금흐름이다.

39 생산성분석

③ • 영업잉여 = 영업이익 + 대손상각비 − 금융비용 = 10 + 1 − 1 = 10억원
• 인건비 = 판매직 인건비 + 노무비 + 복리후생비 = 5 + 10 + 2 = 17억원
• 금융비용 = 이자비용 = 1억원
• 조세공과 = 2억원
• 감가상각비 = 10억원
➲ 부가가치합계액 = 영업잉여 + 인건비 + 금융비용 + 조세공과 + 감가상각비 = 10 + 17 + 1 + 2 + 10 = 40억원
➲ 노동생산성 = $\frac{40억원}{10명}$ = 4억원

40 주가순자산비율(PBR)

④ • ROE = 당기순이익 ÷ 자기자본 = 15억원 ÷ 100억원 = 15%
• PBR = ROE × PER
3 = 15% × PER
➲ PER = 20

41 기타 시장가치 관련 비율

② • EV = 시가총액 + 순차입금 = 100 + 36 = 136억원
• EBITDA = 세전순이익(당기순이익 + 법인세비용) + 이자비용 + 감가상각비
= 60 + 3 + 2 + 2 + 1 = 68억원
➲ EV/EBITDA = $\frac{136억원}{68억원}$ = 2

42 MS비율과 현금흐름분기점

⑤ 현금흐름분기점 = (고정비 − 감가상각비) ÷ 공헌이익률 = $\frac{400,000-50,000}{0.8}$ = 437,500원

43 투자활동으로 인한 현금흐름

②

매도가능증권			
기 초	300,000	처 분	150,000
취 득	80,000	손상차손	80,000
평가이익	20,000	기 말	170,000
합 계	400,000	합 계	400,000

44 재무상태표분석

⑤ 선수금 수령과 관련된 거래처 내역은 주석 공시사항이 아니다.

45 경기순환

⑤ 경기순환의 수축기에는 물가하락, 경제성장 둔화 등으로 인해 금리가 장·단기적으로 하락한다.

46 경제통계

② 인구는 저량통계지표이다.

47 경기지표

④ 취업자 수는 후행종합지수 항목이다.

48 경영진단의 목적과 방법

③ 체크리스트법은 기업의 정성적인 부문을 파악해야 하는 경우 핵심성과지표를 토대로 사전에 정리된 체크리스트를 근거로 평가하는 방법이다.

49 외부환경분석

① 산업의 진입장벽이 낮을수록 후발주자가 산업에 진출하기 쉬워지므로 산업의 매력은 감소한다.

50 외부환경분석

⑤ 지리적 환경요인은 거시환경분석의 구성요소가 아니다.

51 내부능력분석

② 시스템은 의사결정 사항들의 일관성을 유지하기 위해 제시되는 틀로서 의사결정 시 발생하는 주요 문제를 판별하기 위한 관리제도 또는 절차에 해당하는 요소를 말한다.

52 내부능력분석

② 자재소요계획(MRP)에 대한 설명이다.

53 산업분석 항목

③ 현금흐름분석은 신용분석을 위한 산업분석과는 관계없다.

54 경기지표

② 기업경기실사지수에 대한 내용이다.

55 통화

⑤ 협의통화가 광의통화보다 유동성이 더 높다.

56 산업분석

③ 연관산업분석에 대한 내용이다.

57 경제통계

④ 인구, 실업률, 물가 관련 통계는 저량(Stock)통계로 볼 수 있다.

58 주가매출액비율(PSR)

② • ROS = 이익 ÷ 매출액 = $\frac{500원}{10,000원}$ = 5%

• PER = 80% × $\frac{1+5\%}{15\%-5\%}$ = 8.4

➲ 정상 PSR = ROS × PER = 5% × 8.4 = 0.42

59 ROI분석

② • ROE = 총자산회전율 × 매출액순이익률 × (1 + 부채비율)

50% = 2 × 5% × (1 + 부채비율)

• 부채비율 = 400% = $\frac{부채(400)}{자기자본(100)}$

➲ 자기자본비율 = $\frac{자기자본}{부채+자기자본}$

= $\frac{100}{400+100}$ = 20%

60 영업활동으로 인한 현금흐름

④ 재고자산평가손실은 현금유출이 없는 비용으로 영업활동현금흐름에 영향이 없다.

61 기타 시장가치 관련 비율

② • 기업의 현금흐름(전통적 현금흐름) = 당기순이익 + 감가상각비 = 6 + 2 = 8억원

➲ 주당현금흐름(PCR) = $\frac{실제주가}{주당현금흐름}$ = $\frac{시가총액}{기업의\ 현금흐름}$ = $\frac{50}{8}$ = 6.25

➲ 6.3

62 생산성분석

⑤ 순부가가치에서는 감가상각비를 가산하지 않는다.

종합신용평가

01 ③	02 ③	03 ⑤	04 ②	05 ④	06 ⑤	07 ④	08 ②	09 ④	10 ⑤
11 ③	12 ④	13 ②	14 ⑤	15 ⑤	16 ③	17 ③	18 ②	19 ②	20 ④
21 ⑤	22 ④	23 ⑤	24 ④	25 ⑤	26 ①	27 ③	28 ②	29 ③	

01 주석분석

③ 원재료는 국내업체들이 경쟁하고 있는 내수중심의 시장이 형성되어 있어 환율의 영향은 많이 받지 않는다.

02 주석분석

③ PHC파일은 과거 3년간 수출은 이루어지지 않고 내수 위주의 시장으로 형성되어 있다.

03 주석분석

⑤ A기업은 내수위주의 매출이 존재하며, 수출은 존재하지 않는다. (손익계산서상 외화환산손익 관련 금액이 존재하지 않으며, 산업의 개요를 통해서도 수출이 없음을 파악할 수 있다)

오답체크

① 운반비의 부담이 크기 때문에 유가의 영향을 많이 받는다.
② 차입금이 존재하여 금리가 상승하면 영업위험은 증가한다.
③ SOC 사업부문의 정책에 따른 투자 증감 등은 파일 수요변동에 많은 영향을 미친다고 할 수 있으며 이는 영업위험이 낮아지는 효과를 미친다.
④ 도시계발계획을 수행하면 파일 수요변동에 많은 영향을 미치며 이는 영업위험이 낮아지는 효과를 미친다.

04 레버리지분석

② 당기 차입금의존도는 전기보다 더 높다.

구 분	당 기	전 기	전전기
부 채	17,020,439,284	15,874,908,726	14,675,473,692
자기자본	4,035,793,129	3,534,836,233	16,289,096,902
부채비율	422%	449%	90%

구 분	당 기	전 기	전전기
자기자본	4,035,793,129	3,534,836,233	16,289,096,902
총자본	21,056,232,413	19,409,744,959	30,964,570,594
자기자본비율	19%	18%	53%

구 분	당 기	전 기	전전기
단기차입금	9,463,000,000	6,937,100,000	3,500,000,000
장기차입금	795,000,000	2,264,040,000	3,433,080,000
유동성장기부채	2,119,040,000	1,969,040,000	2,519,040,000
총자본	21,056,232,413	19,409,744,959	30,964,570,594
차입금의존도	59%	58%	31%

05 레버리지분석

④ 전기 자기자본비율은 전전기 대비 감소하였다.

06 유동성분석

⑤ 당기 단기차입금이 유동부채에서 차지하는 비율은 전기 대비 8% 정도 증가하였다.

①

구 분	당 기	전 기	전전기
매입채무	2,277,484,495	3,206,350,152	3,319,778,980
전체부채	17,020,439,284	15,874,908,726	14,675,473,692
비 율	13%	20%	23%

② ③

구 분	당 기	전 기	전전기
미지급금	760,439,845	259,769,537	308,567,135
유동부채	15,296,134,960	12,886,599,193	10,516,772,198
비 율	5%	2%	3%

④ ⑤

구 분	당 기	전 기	전전기
단기차입금	9,463,000,000	6,937,100,000	3,500,000,000
유동부채	15,296,134,960	12,886,599,193	10,516,772,198
비 율	62%	54%	33%

07 유동성분석

④ 전기 장기차입금이 비유동부채에서 차지하는 비율은 전전기 대비 7% 정도 감소하였다.

② ④

구 분	당 기	전 기	전전기
장기차입금	795,000,000	2,264,040,000	3,433,080,000
비유동부채	1,724,304,324	2,988,309,533	4,158,701,494
비 율	46%	76%	83%

③

구 분	당 기	전 기	전전기
유동성장기부채	2,119,040,000	1,969,040,000	2,519,040,000
전체부채	17,020,439,284	15,874,908,726	14,675,473,692
비 율	12%	12%	17%

08 레버리지분석

② EBITDA = 영업이익 + 감가상각비 + 무형자산상각비

= 581,436,057 + 887,234,950(현금흐름표 참고)

= 1,468,671,007

➲ $\frac{\text{EBITDA}}{\text{이자비용비율}} = \frac{1,468,671,007}{251,137,059}$ = 약 6배

09 수익성분석

④ 당기 매출액 대비 판매비와관리비 비율은 전기보다 13% 정도 증가하였다.

구 분	당 기	전 기	전전기
매출총이익	4,727,353,055	1,236,943,451	6,991,573,605
매출액	12,275,380,894	17,964,309,364	25,167,954,621
매출총이익률	39%	7%	28%
매출원가율	61%	93%	72%

구 분	당 기	전 기	전전기
영업이익	581,436,057	−2,519,516,625	1,918,372,820
매출액	12,275,380,894	17,964,309,364	25,167,954,621
매출액영업이익률	5%	−14%	8%

구 분	당 기	전 기	전전기
당기순이익	500,956,896	−2,754,260,669	1,458,596,221
매출액	12,275,380,894	17,964,309,364	25,167,954,621
매출액순이익률	4%	−15%	6%

구 분	당 기	전 기	전전기
판매비와관리비	4,145,916,998	3,756,460,076	5,073,200,785
매출액	12,275,380,894	17,964,309,364	25,167,954,621
매출액 대비 판관비 비율	34%	21%	20%

10 수익성분석

⑤ 전전기 매출원가율이 72%이고, 전기 매출원가율은 93%이다.

11 재무상태표분석

③ 제품이 유동자산에서 차지하는 비중은 당기, 전기, 전전기 가운데 당기가 제일 높다.

구 분	당 기	전 기	전전기
단기금융상품	2,435,092,831	3,190,617,854	2,148,286,730
매출채권	1,212,366,662	2,174,795,549	2,465,561,519
제 품	5,282,404,663	1,386,285,567	3,981,206,270
단기대여금	72,310,000	90,310,000	8,961,594,289
유동자산	9,493,264,104	7,401,549,214	18,366,795,930

구 분	당 기	전 기	전전기
단기금융상품/유동자산	26%	43%	12%
매출채권/유동자산	13%	29%	13%
제품/유동자산	56%	19%	22%
단기대여금/유동자산	0.8%	1.2%	49%

12 자본배분 안정성분석

④ 당기 비유동비율이 전기보다 감소한 원인은 자기자본은 증가하면서 비유동자산은 감소하였기 때문이다.

구 분	당 기	전 기	전전기
비유동자산	11,562,968,309	12,008,195,745	12,597,774,664
자기자본	4,035,793,129	3,534,836,233	16,289,096,902
비유동비율	287%	340%	77%

13 재무상태표분석

② 전기 비유동자산이 전전기보다 감소한 원인 중 기계장치 감가상각누계액의 증가가 가장 큰 영향을 미쳤다.

14 주석분석

⑤ 당기 A은행에 대한 차입금 담보로 토지와 건물에 대하여 근저당을 설정하였다.

15 현금흐름표분석

⑤ 장기미지급금의 증가는 재무활동으로 인한 현금유입액에 긍정적(+)으로 작용하였다.

16 현금흐름표분석

③ 전기 투자활동으로 인한 현금유출액 중 단기금융상품의 증가가 가장 큰 영향을 차지하였다.

17 손익계산서분석

③ 임원급여는 전전기가 제일 크나, 직원급여는 당기가 제일 크다.

18 주석분석

② 당기 판매비와관리비 중 복리후생비가 차지하는 비중은 전기보다 감소하였다.

①

구 분	당 기
세금과공과	647,439
판매비와관리비	1,570,268
비 율	41%

②

구 분	당 기	전 기
복리후생비	34,519	92,072
판매비와관리비	1,570,268	1,050,930
비 율	2%	9%

③

구 분	당 기	전 기
생산직 급여	1,900,052	1,920,464
제조원가	3,241,153	3,320,599
비 율	58.62%	57.83%

④

구 분	당 기	전 기
감가상각비	855,458	963,877
제조원가	3,241,153	3,320,599
비 율	26.39%	29.03%

⑤

구 분	당 기	전 기
사무직 퇴직급여	46,898	72,911
판매비와관리비	188,252	159,246
비 율	19.94%	31.4%

19 손익계산서분석

②

구 분	당 기	전 기	전전기
운반비	1,948,096,101	2,169,681,664	
매출액	12,275,380,894	17,964,309,364	
비 율	15.87%	12.08%	3.8%

20 유동성분석

④ 당기 재고자산이 순운전자본에서 차지하는 비중은 전기 대비 감소하였다.

구 분	당 기	전 기	차 이
매출채권	1,261,116,780	2,196,763,180	(935,646,400)
(대손충당금)	(48,750,118)	(21,967,631)	(26,782,487)
재고자산	5,447,943,871	1,546,768,477	3,901,175,394
매입채무	2,277,484,495	3,206,350,152	(928,865,657)
순운전자본	4,382,826,038	515,213,874	
매출채권/순운전자본	28%	422%	
재고자산/순운전자본	124%	300%	
매입채무/순운전자본	52%	622%	

21 유동성분석

⑤ 순운전자본비율은 전기가 전전기보다 감소하였다.

구 분	전 기	전전기	차 이
매출채권	2,196,763,180	2,490,466,180	(293,703,000)
(대손충당금)	(21,967,631)	(24,904,661)	2,937,030
재고자산	1,546,768,477	4,193,362,010	(2,646,593,533)
매입채무	3,206,350,152	3,319,778,980	(113,428,828)
순운전자본	515,213,874	3,339,144,549	
총자산	19,409,744,959	30,964,570,594	
매출채권/순운전자본	422%	74%	
재고자산/순운전자본	300%	126%	
매입채무/순운전자본	622%	99%	
순운전자본/총자산	2.7%	10.8%	

22 유동성분석

④ 당기 당좌자산은 전기보다 감소하였는데 이는 매출채권 감소의 영향이 크다.

구 분	당 기	전 기
유동자산	9,493,264,104	7,401,549,214
재고자산	5,447,943,871	1,546,768,477
유동부채	15,296,134,960	12,886,599,193
유동비율	62.1%	57.4%
당좌비율	26.4%	45.4%

23 유동성분석

⑤ 전기는 전전기보다 유동자산과 재고자산 모두 감소하였다.

구 분	전 기	전전기	차 이
유동자산	7,401,549,214	18,366,795,930	
재고자산	1,546,768,477	4,193,362,010	
유동부채	12,886,599,193	10,516,772,198	
유동비율	57.4%	174.6%	−117.2%
당좌비율	45.4%	134.8%	−89.3%

24 주석분석

④ 당기 중 기계장치 및 차량운반구 증가액을 합산한다. (주석4 참고) 기타 증감이 없으므로 처분가액은 없다.

구 분	당기 증가
기계장치	200,262
차량운반구	212,022
합 계	412,284

25 활동성분석

⑤ 당기 매입채무회전기간은 전기보다 15.2일 정도 더 길다.

구 분	당 기	전 기	전전기
매출액	12,275,380,894	17,964,309,364	25,167,954,621
매출채권	1,212,366,662	2,174,795,549	2,465,561,519
매입채무	2,277,484,495	3,206,350,152	3,319,778,980
매출채권(평균)	1,693,581,106	2,320,178,534	
매입채무(평균)	2,741,917,324	3,263,064,566	
매출채권회전율	7.2	7.7	
매출채권회전기간	50.4	47.1	
매입채무회전율	4.5	5.5	
매입채무회전기간	81.5	66.3	

26 활동성분석

①

구 분	당 기	전 기	전전기
매출액	12,275,380,894	17,964,309,364	
재고자산	5,447,943,871	1,546,768,477	4,193,362,010
재고자산(평균)	3,497,356,174	2,870,065,244	
재고자산회전율	3.5	6.3	
재고자산회전기간	104.0	58.3	
매출채권회전기간	50.4	47.1	
매입채무회전기간	81.5	66.3	
1회전운전기간	72.9	39.1	
차 이		33.8	

27 성장성분석

③ 당기 총자산 증가율(전기 대비 당기 총자산 증가율)은 8%이다.

구 분	당 기	전 기	전전기
매출액	12,275,380,894	17,964,309,364	25,167,954,621
당기순이익	500,956,896	−2,754,260,669	1,458,596,221
총자산	21,056,232,413	19,409,744,959	30,964,570,594
매출액 증가율	−32%	−29%	
당기순이익 증가율	−118%	−289%	
총자산 증가율	8%	−37%	

28 수익성분석

② 당기 총자본순이익률은 전전기 대비 2.3% 감소하였다.

구 분	당 기	전 기	전전기
당기순이익	500,956,896	−2,754,260,669	1,458,596,221
총자산	21,056,232,413	19,409,744,959	30,964,570,594
총자본순이익률	2.4%	−14.2%	4.7%
기간 비교	16.6%	−18.9%	

29 재무상태표분석

③ 회사 재고자산은 전기에는 전전기보다 감소하였다.

▶ 문제 | p.114

신용분석

01 ④	02 ②	03 ⑤	04 ③	05 ⑤	06 ③	07 ③	08 ④	09 ⑤	10 ②
11 ⑤	12 ⑤	13 ①	14 ③	15 ⑤	16 ①	17 ①	18 ③	19 ⑤	20 ③
21 ③	22 ④	23 ④	24 ③	25 ③	26 ⑤	27 ①	28 ④	29 ②	30 ③
31 ①	32 ①	33 ④	34 ⑤	35 ②	36 ⑤	37 ③	38 ①	39 ④	40 ⑤
41 ④	42 ③	43 ②	44 ③	45 ③	46 ①	47 ④	48 ③	49 ⑤	50 ①
51 ①	52 ③	53 ⑤	54 ③	55 ①	56 ⑤	57 ①	58 ④	59 ②	60 ③
61 ④	62 ③								

01 유동성분석

④ 유동성분석은 재무상태표를 이용하는 분석으로, 손익의 적정성분석은 손익계산서를 이용해야 하므로 분석대상이 아니다.

02 철강산업

② 철강산업은 진입장벽이 높다.

03 재무분석 및 재무제표의 이해

⑤ 자산의 위험은 비유동자산이 유동자산보다 더 크다. ➲ 유동성의 역순

04 재무활동으로 인한 현금흐름

③

장기차입금			
유동성대체	5,000	기 초	40,000
기 말	53,000	차 입	15,500
		환산손실	2,500
합 계	58,000	합 계	58,000

참고 특별한 언급이 없는 한, 장기차입금은 중도 상환되지 않는 것으로 가정한다. 장기차입금 관련 외화환산손실은 장기차입금을 증가시킨다.

05 총자본영업이익률

⑤ ROA는 기업의 전반적인 경영상태분석 및 경영목표를 수립하는 기준으로 활용할 수 있다.

06 당좌비율

③ 당좌비율 = $\frac{\text{유동자산} - \text{재고자산}}{\text{유동부채}} \times 100 = \frac{50-20}{60-20} \times 100 = 75\%$

07 자기자본순이익률

③ 자기자본순이익률(ROE)을 통해 주주가 투하한 자본에 대한 수익성을 알 수 있으므로 주주가치 증가를 확인할 수 있다.

08 주가수익비율

④ 정상 PER = $\frac{(1-40\%) \times (1+4\%)}{12\% - 4\%} = 7.8$

$$정상\ PER = \frac{(1-b) \times (1+g)}{r-g}$$

b : 유보율, g : 성장률, r : 할인율[1](자기자본비용 = 주주의 요구수익률)

[1] r : 무위험자산수익률 + 시장위험프리미엄 × 베타

09 손익계산서분석

⑤ 자기자본회전율은 기업의 활동성을 알려주는 지표이다.

10 현금흐름분석 종합

② 기업의 잉여현금흐름 = EBIT(이자와 법인세차감전영업이익) – 법인세 + 감가상각비 – 자본적 지출 – 운전자본(매출채권 + 재고자산 – 매입채무)의 증가
= 400,000 – (400,000 × 0.2) + 100,000 – 150,000 – 50,000 = 220,000원

11 시장가치분석

⑤ 주가현금흐름비율(PCR)은 주주현금흐름을 기반으로 주가를 평가하는 데 반하여, EV/EBITDA는 영업현금흐름을 기반으로 주가를 평가한다.

12 재무분석 및 재무제표의 이해

⑤ 총자산과 영업이익의 관계를 통해 영업투입량과 영업산출량의 효율성을 비교할 수 있다.

13 현금흐름분석 종합

①

유형자산(순액)			
기 초	200,000	감가상각비	170,000
취 득	230,000	처분(장부가액)	230,000
		기 말	30,000
합 계	430,000	합 계	430,000

- 유형자산 처분으로 인한 현금흐름 = 230,000 – 50,000(처분손실) = 180,000원
- 유형자산 취득으로 인한 현금흐름 = 230,000원
- 투자활동순현금흐름 = 180,000 – 230,000 = (–)50,000원

14 시장가치분석

③ EVA = (40 – 20) – (50 – 20 – 10) × 10% = 18

EVA = NOPLAT[1] – 투하자본조달비용[2]
= (영업이익 – 조정된 법인세) – 투하자본조달비용
$= 투하자본^{3)} \times \left(\frac{영업이익 - 조정된\ 법인세}{평균투하자본} - WACC^{4)}\right)$
= 투하자본 × (ROIC[5] – WACC)

[1] NOPLAT(세후순영업이익) : Net Operating Profit Less Adjusted Taxes
[2] 투자자본조달비용 = 투하자본 × WACC
[3] 투하자본 = 총자산 – 비영업자산* – 비이자발생부채 = 영업자산 – 비이자발생부채
* 비영업자산 = 적정시재 이상의 금융자산 + 투자자산 + 건설중인자산 등
[4] WACC : 가중평균자본비용, 기업의 총자본에 대한 평균조달비용
[5] ROIC : 투하자본수익률 (NOPLAT/투하자본)

15 ROI분석

⑤ ROI는 당기순이익과 총자산의 관계를 나타낸 산식이다.

참고

$$총자본순이익률(ROI) = \frac{당기순이익}{총자산} = \frac{당기순이익}{매출액} \times \frac{매출액}{총자산} = 매출액순이익률 \times 총자산회전율$$

16 유형별 현금흐름

①

기계장치(순액)			
기초(순액)	8,000	감가상각비	8,000
취득(현금)	7,000	처 분	4,000
취득(대체)	15,000	기말(순액)	18,000
합 계	30,000	합 계	30,000

• 처분 시 회계처리

(차) 현금	4,500	(대) 기계장치(순)	4,000
		처분이익	500

17 경기분석 및 경제정책

① 경기의 저점 직후 회복기에는 은행부실이 감소하기 시작한다.

18 경기분석 및 경제정책

③ 비유동자산을 매각하면 향후 이자와 원금지급이 어렵다.

19 결합레버리지분석

⑤ • 결합레버리지(DCL) = DOL × DFL = 1.5 × 4 = 6
• 매출액이 10% 증가하면 순이익은 60% 증가한다.
➲ 세전순이익 = 1,000 × (1 + 60%) = 1,600원

20 BEP분석

③ • $손익분기점\ 매출액 = \frac{고정비}{공헌이익률} = \frac{2,000}{0.6} = 3,333$

• $손익분기점률 = \frac{BEP매출액}{실제\ 매출액} = \frac{3,333}{10,000} = 33.3\%$

21 경영진단의 목적과 방법

③ 인터뷰법에 대한 내용이다.

22 BEP분석

④ • $손익분기점\ 판매량 = \frac{고정비}{단위당\ 공헌이익} = \frac{2,000}{100 - 20} = 25개$

• 손익분기점 매출액 = 손익분기점 판매량 × 단위당 판매가격
= 25개 × 100원 = 2,500원

23 BEP분석

④ $안전한계율 = \frac{실제\ 매출액 - BEP\ 매출액}{실제\ 매출액} = \frac{15,000 - 2,500}{15,000} = 0.83$

참고 $손익분기점률 = \frac{2,500}{15,000} = 0.16$

24 현금흐름표 작성방법

③ 이익의 질은 감소하고 있으며, 영업현금흐름이 감소하고 있으므로 수주액이나 선수금도 감소하고 있다. 매출채권이나 재고자산은 증가하고 있다.

25 부채비율

③ 부채비율이 적정비율 이하일 때 채권회수가 안정적이며, 이는 대출을 실행할 수 있다는 근거가 된다. 따라서, 부채비율은 부채사용의 적정성 여부를 알려주는 지표가 된다.

26 영업활동으로 인한 현금흐름

⑤ 임차료는 현금지출로 인한 비용으로 현금의 유출이 없는 비용 등의 가산항목이 아니다.

오답체크

② 대손상각비는 이론상으로는 가산하는 것이 맞다. 다만, 시험의 계산형 문제에서는 고려하지 않아도 된다. 시험에서는 최종적인 영업활동현금흐름금액만 계산하면 되므로 순액법으로 계산하는 것이 간편하기 때문이다.

27 자금의 개념

① 상품의 구입은 영업활동으로 인한 현금흐름으로 분류되고, 현금의 유출에 해당된다. 나머지 보기들은 현금유출과는 관계없는 자산·부채·자본의 계정 간 대체 혹은 교환거래이다.

28 산업분석

④ 석유화학산업은 단위 설비당 공급의 변화규모가 큰 산업이다.

29 레버리지분석

② • $Open\ Position\ 비율 = \frac{(외화자산 - 외화부채) + (외국환매입 - 외국환매도)}{자기자본} = \frac{100억원 - 80억원}{20억원} = 100\%$

• 외국환에는 통화선도, 통화선물, 통화옵션, 통화스왑 등 파생금융상품을 포함한다.

30 판매관리비에 대한 현금유출

③

판매관리비에 대한 현금유출 = ① + ②		(29,000)
① 손익계산서상 판매관리비 관련 손익		(20,000)
• 판매관리비 (−)	(20,000)	
② 재무상태표상 판매관리비 관련 자산·부채의 증감		(9,000)
• 선급판매관리비 증감 (+), (−) • 미지급판매관리비 증감 (+), (−)	(4,000) (5,000)	

31 유형별 현금흐름

① 자금 간의 대체거래로서 현금흐름표 주석 또는 본문에 표시되지 않는다.

오답체크

③ 비현금 교환거래로 주석으로 기재한다.

32 이자비용에 대한 현금유출

①

이자비용에 대한 현금유출 = ① + ②		(15,000)
① 손익계산서상 이자비용 관련 손익		(15,000)
• 이자비용 (−) • 사채할인발행차금 상각액 (+) • 사채할증발행차금 상각액 (−) • 전환권조정, 신주인수권조정 상각액 (+)	(10,000) − (5,000) −	
② 재무상태표상 이자비용 관련 자산·부채의 증감		−
• 선급이자 증감 (+), (−) • 미지급이자 증감 (+), (−)	(30,000) 30,000	

33 현금수지분석표

④ B회사는 투자활동을 통해 현금을 조달하였다.

오답체크

① B회사의 현금영업이익이 더 크므로 B회사가 영업현금창출능력이 더 좋다.
② 두 회사는 모두 이자를 지급하였다.
③ A회사는 차입금상환액이 없을 가능성이 높다.
⑤ A회사는 외부자금 조달 전과 후의 현금흐름이 일치한다.

34 재무상태표분석

⑤ 현금수지분석표에는 현재가치할인차금 상각액, 사채상할인발행차금 상각액 등은 영업활동 후 현금흐름에 반영되지 않는다.

오답체크

① 현금수지분석표가 영업활동현금흐름을 더 자세히 나타내준다.
② 현금수지분석표는 투자 및 재무활동현금흐름을 순액으로 요약 표시한다.
③ 현금흐름수지분석표 작성 시에도 비현금거래에 대한 정보는 필요하다.
④ 현금수지분석표상 영업활동 후 현금흐름은 이자 지급 전 금액이다.

35 법인세비용에 대한 현금유출

②

법인세비용 현금유출액 = ① + ②		(10,000)
① 손익계산서상 법인세 관련 손익		(20,000)
• 법인세비용 (−)	(20,000)	
② 재무상태표상 법인세 관련 자산·부채의 증감		10,000
• 선급법인세 증감 (+), (−) • 당기법인세 자산·부채 증감 (+), (−) • 이연법인세 자산·부채 증감 (+), (−)	− 30,000 (20,000)	

36 자동차산업

⑤ 자동차산업은 환율영향이 매우 큰 산업에 속한다. 국내 완성차기업들의 경우 전체 판매에서 수출이 차지하는 비중이 높아 미국 달러화를 비롯한 이종 통화의 환율변동이 수익성에 미치는 영향이 큰 것으로 나타난다.

37 영업활동으로 인한 현금흐름

③

당기순이익	3,000,000
매출채권 증가	(100,000)
매입채무 감소	(40,000)
외환차익	–[1]
유형자산손상차손	200,000
매도가능증권처분이익	(50,000)
외화환산손실	20,000
재고자산 감소	300,000
➲ 영업활동으로 인한 현금흐름	3,330,000

[1] 외환차익은 현금유출입과 관계가 있는 손익이므로 고려대상 아님

즉, 매입채무와 관련된 외환차익은 영업활동과 관련된 손익으로 이미 당기순이익에 반영되어 있으므로 별도의 조정이 없다.

전기 :	(차) 상품	100,000	(대) 매입채무	100,000 (당시 환율 1,000원)
당기 :	(차) 매입채무	100,000	(대) 현금	90,000 (당기 환율 900원)
			외환차익	10,000

➲ 현금유출은 90,000이고, 이때 매입채무와 관련된 외환차익 10,000은 당기순이익에 포함되어 있을 것이다. 간접법에 의한 영업활동현금흐름은 다음과 같으므로 별도로 외환차익에 대한 조정은 없는 것이다.

(간접법)		
당기순이익	10,000	(외환차익)
매입채무감소	(100,000)	
영업활동현금흐름	(90,000)	

38 5 Forces 모형의 항목

① 마이클 포터의 5 Forces에 해당하는 것은 대체재의 위협, 구매자의 교섭력, 기존 경쟁자 간의 경쟁강도, 신규진입자의 위협, 공급자의 교섭력이다.

39 영업현금흐름 증가액

④ 매출액 증가에 따른 영업활동현금흐름(이자지급 전) 증감액
= 매출액 증가액 × (감가상각비 포함 영업이익률 – 운전자산보유비율 – 매출액에 대한 법인세납부율)
= 400억 × 15% × (30% – 15% – 4%) = 6.6억원

40 경기순환

⑤ 경기는 일반적으로 회복기, 확장기, 후퇴기, 수축기의 네 단계를 거치며 순환하는데 이 중 회복기와 확장기를 확장국면이라고 하고, 후퇴기와 수축기를 수축국면이라고 한다.

41 주가매출액비율

④ $PSR = \frac{10\% \times (1 - 40\%) \times (1 + 4\%)}{12\% - 4\%} = 0.78$

$$\text{정상 } PSR = \frac{ROS \times (1 - b) \times (1 + g)}{r - g} = ROS \times PER$$

ROS : 매출액 대비 순이익률
b : 유보율, g : 성장률, r : 할인율[1](자기자본비용 = 주주의 요구수익률)

[1] r : 무위험자산수익률 + 시장위험프리미엄 × 베타

42 환경요인분석

③ 산업분류에 따라 시장범위를 결정해야 한다.

43 현금흐름분석 종합

②

매출액	20,000,000
대손상각비	(200,000)
매출채권(순액) 증감	(500,000)
➲ 매출활동 현금유입액	19,300,000

44 현금흐름분석 종합

③

매출원가	(15,000,000)
재고자산(순액) 증감	(300,000)
매입채무 증감	3,500,000
➲ 매입활동 현금유출액	11,800,000

참고 재고자산평가손실은 매출원가에 반영되어 있으므로 별도로 조정할 것이 없다.

45 현금흐름분석 종합

③

유형자산(순액)			
기 초	16,000,000	감가상각비	2,000,000
취 득	5,000,000	처분(없음)	0
		기 말	19,000,000
합 계	21,000,000	합 계	21,000,000

46 현금흐름분석 종합

①

장기차입금			
유동성대체	2,000,000	기 초	15,000,000
중도상환	1,000,000	차입(없음)	0
기 말	12,000,000		
합 계	15,000,000	합 계	15,000,000

참고 특별한 가정이 없는 한 전기말 장기차입금은 당기 중 상환되지 않는다. 그러나 문제에서와 같이 중도상환금액을 계산하는 경우에는 전기말 장기차입금 중 일부가 상환될 수 있다.

47 현금흐름분석 종합

④

1. 이자지급 전 영업활동현금흐름 (2,000,000 + 400,000)	2,400,000
2. 금융비용보상비율	4
3. 부담가능차입이자 (2,400,000 ÷ 4)	600,000
4. 적정차입금 (600,000 ÷ 5%)	12,000,000
5. 기존차입금	5,000,000
6. 추가차입가능금액	7,000,000

48 유형별 현금흐름

③

	손익계산서상 매출액	×××	→ 275,000
(−)	매출채권 증가	(−) 20,000	
(−)	선수금 감소	(−) 5,000	
	현금주의 매출액	250,000	

49 조선산업

⑤ 조선산업은 경기민감도가 매우 큰 편이다. 전 세계가 단일시장으로 이루어져 있는 조선산업의 특성상 국제경기에 대한 민감도가 높으며, 특히 전 세계 교역량변동, 국제원자재 수요변동에 민감하게 반응하는 해운산업의 영향을 크게 받고 있다.

50 매입으로 인한 현금유출

①

매입으로 인한 현금유출액 = ① + ②		(580,000)
① 손익계산서상 매입 관련 손익		(A) + 250,000
• 매출원가 (−) • 외환차손 • 외화환산이익	(A) (100,000) 350,000	
② 재무상태표상 매입 관련 자산·부채의 증감		20,000
• 재고자산 증감 (+), (−) • 선급금 증감 (+), (−) • 매입채무 증감 (+), (−)	(60,000) − 80,000	

(A) + 250,000 + 20,000 = (580,000)

➲ (A) = 850,000

51 BEP분석

① • 가중평균공헌이익률

제 품	매출비율	공헌이익률	가중평균
제품 A	40%	25%	10%
제품 B	60%	60%	36%
합 계			46%

• 회사 전체의 BEP 매출액 = $\frac{\text{고정비}}{\text{공헌이익률}} = \frac{828,000}{46\%}$ = 1,800,000원

• 제품 A의 BEP 매출액 = 1,800,000 × 40% = 720,000원

52 활동성분석

③ • 현재 매입채무 : 480억원 × (60/360) = 80억원

• 매출액 50% 증가할 때 매입채무 : 480억원 × (1 + 50%) × (90/360) = 180억원

• 증가하는 매입채무 : 180억원 − 80억원 = 100억원

53 투자활동으로 인한 현금흐름

⑤

매도가능금융자산			
기 초	150,000	손상차손	120,000
취 득	240,000	처 분	70,000
		기 말	200,000
합 계	390,000	합 계	390,000

- 매도가능금융자산 처분으로 인한 현금흐름 = 70,000 − 30,000 = 40,000원
- 매도가능금융자산 취득으로 인한 현금흐름 = 240,000원
- 투자활동순현금흐름 : 40,000 − 240,000 = (−)200,000원

54 EBITDA

③ • EBITDA = 세전순이익(당기순이익 + 법인세비용) + 이자비용 + 감가상각비
= 5,000,000 + 2,000,000 + 1,000,000 = 8,000,000원

• $\frac{\text{EBITDA}}{\text{이자비용}} = \frac{8,000,000}{2,000,000} = 4$배

55 현금흐름분석 종합

① 영업으로 벌어들인 현금흐름과 차입이나 증자를 통한 재무활동으로 자금을 조달하여 설비투자 등의 투자활동에 필요한 자금을 조달하는 유형은 성장형 기업이다.

56 경기분석 및 경제정책

⑤ 노동소득분배율 = 피용자보수 ÷ 국민총소득(GNI)

57 분식회계와 현금흐름

① 영업활동현금유출은 감소되어 양호하게 나타나고, 투자활동현금유출은 과대계상된다.

오답체크

② 진행률을 과대계상하는 방법은 당기순이익이 양호한 것으로 나타날 뿐이다.
③ 매도가능증권평가이익은 영업활동현금흐름과 관련이 없다.
④ 영업활동현금흐름이 불량하게 나타난다.
⑤ 이자비용이 과대계상되어 영업활동현금흐름이 불량하게 나타난다.

58 경기분석 및 경제정책

④ 회복기에는 기업들이 설비투자를 하기에는 적절한 시기라고 보이나, 장래 수요에 대한 불안정성으로 인해 실제 설비투자는 미미한 수준이다.

59 경기분석 및 경제정책

② 원화절상(환율하락)의 경우는 수입이 증가하는 효과를 가진다.

60 활동성분석

③ 600억원 × (90 + 60 − 72) ÷ 360 = 130억원

61 경영진단의 목적과 방법

④ 경영진단은 기업체의 실태를 조사하여 금융기관의 대출에 참고자료를 제공한다.

62 이자보상비(배)율

③

총자산	4,000	부채 3,000 → 차입금	3,000 × 40% = 1,200
		자기자본	1,000

- 이자비용 = 1,200 × 10% = 120억원
- 영업이익 = 240 + 120 = 360억원
- 이자보상비율 = $\frac{360}{120}$ = 300%

종합신용평가

01 ①	02 ③	03 ④	04 ①	05 ⑤	06 ⑤	07 ③	08 ④	09 ④	10 ⑤
11 ⑤	12 ③	13 ③	14 ④	15 ⑤	16 ④	17 ③	18 ③	19 ④	20 ⑤
21 ②	22 ③	23 ⑤	24 ④	25 ⑤	26 ④	27 ⑤	28 ⑤	29 ③	

01 산업분석

① M기업은 부채비율이 높지 않고, 영업이익 대비 이자비용도 높지 않다. 따라서 금리상승은 회사의 수익성에 크게 영향을 미치지 않는다.

오답체크

② 식약청의 인허가에 민감하게 영향을 받는다.
③ 수출 비중이 높지 않으므로 매출액은 환율변동에 큰 영향을 받지 않는다.
④ 제약산업은 경기변동에 민감하지 않으며, 수요도 비탄력적이라고 할 수 있다.
⑤ 제약산업은 신제품 개발의 성패에 따라 기업가치가 크게 달라진다.

02 산업분석

③ 대체재 및 기술변화에 대한 위험이 높다.

03 산업분석

④ 제약산업에 대한 수요는 비탄력적이다.

04 유동성분석

① 회사의 영업이익률은 높은 편이나, 전체적인 회전율이 낮은 편이다.

오답체크

② 부채비율이 비교적 낮은 편이다.
③ 주석 사항을 통해 특수관계 매출액이 없는 것을 확인할 수 있다.
④ 매출채권회전율이 매우 낮은 편이므로, 회수위험이 높다고 할 수 있다.
⑤ 유동비율이 대체로 높은 편이다.

05 손익계산서분석

⑤ 영업이익률은 높은 편이지만, 영업이익률의 변동폭은 매우 낮다.

(단위 : 백만원)

구 분	전전기	전 기	당 기
영업이익	30,541	31,282	35,661
매출액	140,849	147,928	156,229
영업이익률	22%	21%	23%

06 손익계산서분석

⑤ 매출총이익률이 감소하더라도 매출액이 증가하면 매출총이익은 증가할 수 있다.

(단위 : 백만원)

구 분	전전기	전 기	당 기
매출액	140,849	147,928	156,229
매출원가	49,850	54,539	57,079
매출총이익	90,999	93,389	99,149
매출원가율	35.4%	36.9%	36.5%
매출총이익률	64.6%	63.1%	63.5%
매출액증가율	−	5.0%	5.6%

07 산업분석

③ 제품매출액은 있으나, 상품매출액은 없으므로 도매 매출은 없다.

오답체크

① 손익계산서상 매출액 대비 광고선전비가 감소하여 틀린 지문으로 생각할 수 있지만, 일반론으로는 그러하지 않다.

08 재무제표주석분석

④ 외화 관련 주석사항을 검토했을 때, 외화자산부채의 내역에 매입채무 등이 있지 않다. 따라서 수입원재료의 비율이 높다고 단정할 수는 없다.

오답체크

① 최근 3년간 매출원가율은 변동폭이 2% 내외로 변동성이 낮은 편이다.

② 당기 매출원가에 포함된 감가상각비 = 9,928백만원 (주석 22 참고)

당기 매출원가 대비 감가상각비의 비율 = $\frac{9,928}{57,079} \fallingdotseq 17.4\%$

③ 매출원가 대비 기말 재고금액이 높은 편이므로 기말 재고금액의 평가에 따라 매출원가는 크게 변동될 수 있다.

⑤ 의약품 제조업의 매출원가율은 일반적으로 제조업 평균 대비 낮은 편이다.

(단위 : 백만원)

구 분	전전기	전 기	당 기
감가상각비(매출원가)	−	14,020	9,928
제품 매출원가	49,850	54,539	57,079
제품 매출총이익	90,999	93,389	99,149
제품 매출원가율	35.4%	36.9%	36.5%

09 손익계산서분석

④ 제조원가 대비 판매관리비의 비율이 높다.

오답체크

③ 당기 매출액증가율 : 5%, 당기 영업이익증가율 : 14%

⑤ 당기 매출액 대비 광고선전비 비율 : 17%

10 현금흐름분석 종합

⑤ 매도가능증권평가차손은 현금의 유출이 없는 비용이므로 실제 영업활동으로 인한 현금흐름에 부정적인 영향을 미치지는 않는다. 유의할 것은 매도가능증권손상차손은 당기순이익 계산 시 차감하나, 영업활동으로 인한 현금 계산 시 가산하기 때문에 궁극적으로 영업활동으로 인한 현금흐름에는 아무런 영향이 없다.

11 레버리지분석

⑤ 당기 EBITDA 발생액은 약 465억원으로 투자활동(약 95억원)과 재무활동(약 183억원)에 필요한 자금을 충분히 충당할 수 있다.

오답체크

①②③④

(단위 : 백만원)

구 분	전전기	전 기	당 기
영업이익	30,541	31,282	35,661
감가상각비	11,838	14,842	10,867
무형자산상각비	2	2	2
EBITDA	42,381	46,126	46,530
매출액	140,849	147,928	156,229
매출액 대비 EBITDA	30%	31%	30%
EBITDA 중 영업이익	72%	68%	77%

12 재무상태표분석

③ 전기에는 순차입금을 증가시켜 현금을 유입하였으나, 당기에는 순차입금을 감소시켜 상환하였다.

오답체크

② 건설중인자산, 기계장치 등의 투자금액 합계액은 1,000억원을 상회한다.

13 경영진단

③ 다. 회사가 20년 이상 지속되고 있으므로 업력을 고려할 때, 경영환경변화에 대한 대처능력이 있다고 할 수 있다.
라. 회사는 지속적인 시설투자와 연구개발을 하고 있으며, 이는 안정적인 EBITDA를 창출하는 데 기여하고 있다.

오답체크

가. 대주주가 대표이사이므로 소유와 경영이 분리된 것으로 볼 수 없다.
나. 대주주의 지분이 50%(비상장법인) 이하이므로 경영권이 안정적이라고 할 수 없다.

14 활동성분석

④

(단위 : 백만원)

구 분	전전기	전 기	당 기
매출채권	62,722	62,442	57,410
대손충당금	–1,598	–1,687	–3,240
매출채권잔액	61,124	60,755	54,170
평균매출채권잔액	–	60,940	57,463
매출액	140,849	147,928	156,229
매출채권회전율	–	2.4회	2.7회
매출채권회전기간	–	150.4일	134.3일

참고
- 평균매출채권잔액으로 회전율과 회전기간을 계산하여야 한다.
- 당기 평균매출채권잔액은 전기 매출채권잔액과 당기 매출채권잔액을 더한 후 2로 나누어 계산한다.
- 매출채권회전율 = $\frac{\text{매출액}}{\text{매출채권}}$
- 매출채권회전기간 = $\frac{\text{매출채권}}{\text{매출액}} \times 365$

오답체크

① 전기 매출채권회전율은 2.4회이다.
② 전기 매출채권회전기간은 150.4일이다.
③ 당기 매출채권회전율은 2.7회이다.
⑤ 제약산업은 업종의 특성상 매출채권회전율이 매우 낮으며, 대손위험이 크다.

15 활동성분석

⑤ 통상적으로 매입채무 결제는 30일을 초과한다. M기업은 매입채무 결제가 상당히 신속하게 이루어지고 있으므로 후방교섭력은 열위에 있는 것으로 평가된다.

오답체크

① ② ③ ④

(단위 : 백만원)

구 분	전전기	전 기	당 기
매입채무	1,778	2,541	2,488
평균매입채무	–	2,160	2,515
매출액	140,849	147,928	156,229
매입채무회전율	–	68.5회	62.1회
매입채무회전기간	–	5.3일	5.9일

참고
- 평균매입채무금액으로 회전율과 회전기간을 계산하여야 한다.
- 평균매입채무금액은 전기 매입채무금액과 당기 매입채무금액을 더한 후 2로 나누어 계산한다.
- 매입채무회전율 = $\frac{\text{매출액}}{\text{매입채무}}$
- 매입채무회전기간 = $\frac{\text{매입채무}}{\text{매출액}} \times 365$

16 활동성분석

④

구 분	전 기	당 기
매출채권회전기간	150.4일	134.3일
재고자산회전기간	57.8일	62.2일
영업순환기간	208.2일	196.5일

참고 재고자산회전기간

(단위 : 백만원)

구 분	전전기	전 기	당 기
재고자산	20,081	26,762	26,524
평균재고자산	–	23,422	26,643
매출액	140,849	147,928	156,229
재고자산회전율	–	6.3회	5.9회
재고자산회전기간	–	57.8일	62.2일

- $\text{재고자산회전율} = \dfrac{\text{매출액}}{\text{재고자산}}$
- $\text{재고자산회전기간} = \dfrac{\text{재고자산}}{\text{매출액}} \times 365$

17 활동성분석

③

구 분	전 기	당 기
영업순환기간	208.2일	196.5일
매입채무회전기간	5.3일	5.9일
현금전환기간	202.9일	190.6일

18 현금흐름분석의 기초

③ M기업의 순운전자본은 전기에 감소하였다가 당기에 증가하였다.

(단위 : 백만원)

구 분	전전기	전 기	당 기
유동자산	94,548	92,748	113,268
유동부채	15,710	29,805	26,484
순운전자본	78,838	62,943	86,784

19 손익계산서분석

④ M기업은 의약품 제조 및 판매를 주로 하고 있음에도 불구하고 제조원가보다는 판매관리비의 비중이 높다.

오답체크

① ③

(단위 : 백만원)

구 분	전전기	전 기	당 기
영업이익	30,541	31,282	35,661
매출액	140,849	147,928	156,229
영업이익률	21.7%	21.1%	22.8%
광고선전비	26,552	28,298	27,217
매출액 대비 광고선전비 비율	18.9%	19.1%	17.4%
연구개발비(주석 23번 참고)	–	6,577	9,252
매출액 대비 연구개발비 비율	–	4.4%	5.9%

② ⑤ 광고선전비 비중이 높은 이유는 전문의약품보다는 일반의약품 비중이 높기 때문이라고 추정해 볼 수 있다.

20 손익계산서분석

⑤ ROA(총자산영업이익률)와 이자비용은 관련이 없다.

오답체크

① ②

(단위 : 백만원)

구 분	전전기	전 기	당 기
영업이익	30,541	31,282	35,661
총자산	192,144	233,216	242,613
평균 총자산	–	212,680	237,915
ROA(총자산영업이익률)	–	14.7%	15.0%

③ 회사의 ROA(총자산영업이익률)가 높은 이유는 높은 이익률에 기인한다.

참고 ROA는 총자산 대비 영업이익률을 기준으로 하는 경우도 있고, 총자산 대비 당기순이익을 기준으로 하는 경우도 있으므로 문제에 제시된 정의에 따라 비율을 산정하여야 한다.

21 손익계산서분석

② M기업은 부채를 적게 사용하고 있어 재무레버리지가 거의 발생하지 않는다.

오답체크

① ④ ⑤

(단위 : 백만원)

구 분	전전기	전 기	당 기
당기순이익	24,807	28,945	27,763
자기자본	169,706	193,052	209,614
평균 자기자본	–	181,379	201,333
ROE(자기자본수익률)	–	16.0%	13.8%
ROA(총자산영업이익률)	–	14.7%	15.0%

③ 배당성향을 증가시키면 평균 자기자본이 감소하여 ROE는 증가한다.

22 유동성분석

③ 유동비율은 200% 이상이므로 매우 안정적이나, 수익성 창출에는 부정적인 영향을 미칠 수 있다.

(단위 : 백만원)

구 분	전전기	전 기	당 기
당좌자산	74,467	65,986	86,744
유동자산	94,548	92,748	113,268
유동부채	15,710	29,805	26,484
당좌비율	474%	221%	328%
유동비율	602%	311%	428%

23 레버리지분석

⑤ 배당금을 지급하는 경우 부채비율은 증가한다. 따라서 이익의 증가로 인해 당기 부채비율이 감소한 것으로 볼 수 있다.

(단위 : 백만원)

구 분	전전기	전 기	당 기
총부채	22,438	40,164	32,999
총자기자본	169,706	193,052	209,614
총자산	192,144	233,216	242,613
부채비율	13%	21%	16%
자기자본비율	88%	83%	86%

24 레버리지분석

④ 차입금의존도는 전기에 증가, 당기에 감소하였다. 전기 차입금의존도가 증가한 이유는 시설투자 자금을 차입금으로 일부 조달하였기 때문이다.

(단위 : 백만원)

구 분	전전기	전 기	당 기
차입금	3,415	19,499	12,538
총자본	192,144	233,216	242,613
차입금의존도	1.8%	8.4%	5.2%

참고 • 차입금의존도 = $\frac{\text{장·단기차입금(유동성장기부채 포함) + 회사채}}{\text{총자본}} \times 100$

• 유동성장기부채도 차입금에 포함된다.

오답체크

⑤ 차입금이자율은 주석 12 참고

25 안정성분석

⑤ 회사의 비유동장기적합률이 100% 이하이므로 유동부채에서 충당된 자금은 없다.

(단위 : 백만원)

구 분	전전기	전 기	당 기
비유동자산	97,596	140,468	129,345
비유동부채	6,728	10,359	6,514
자기자본	169,706	193,052	209,614
비유동부채 + 자기자본	176,434	203,411	216,128
비유동비율	58%	73%	62%
비유동장기적합률	55%	69%	60%

참고
- 비유동비율 $= \frac{\text{비유동자산}}{\text{자기자본}} \times 100$
- 비유동장기적합률 $= \frac{\text{비유동자산}}{\text{비유동부채} + \text{자기자본}} \times 100$
- 비유동비율이나 비유동장기적합률이 100% 이하이면 재무안정성이 높다고 할 수 있다.
- 비유동장기적합률이 100%를 초과하면 이는 단기차입금 등으로 투자하였다는 것을 의미하므로 재무안정성을 높이기 위해서는 비유동장기적합률을 낮추어야 한다.

26 재무상태표분석

④ 차입금상환계수가 1 이하이면 1년 이내 차입금을 전부 상환하는 것이 이론적으로는 가능하다.

오답체크

① 회사의 차입금상환계수는 전반적으로 양호하다.

② ③

(단위 : 백만원)

구 분	전전기	전 기	당 기
차입금	3,415	19,499	12,538
EBITDA	42,381	46,126	46,530
차입금상환계수	0.08	0.42	0.27

참고 차입금상환계수 $= \frac{\text{차입금}}{\text{EBITDA}}$

27 레버리지분석

⑤ 이자비용 및 차입금이 적은 편이므로 재무레버리지가 높지 않다.

(단위 : 백만원)

구 분	전전기	전 기	당 기
EBITDA	42,381	46,126	46,530
이자비용	143	445	389
이자보상비율	296배	104배	120배

28 현금흐름표분석

⑤ 투자활동에 소요된 자금을 차감한 잉여현금흐름은 배당금지급에도 사용되었다.

29 현금흐름표분석

③ 전기에는 영업활동으로 인한 현금흐름으로 투자활동에 소요되는 자금을 충당할 수 없었으므로 잉여현금흐름이 발생하지는 않았다.

성 명

교 시	문제형	주민등록번호							
								–	
①	①	①	①	①	①	①	①		①
②	②	②	②	②	②	②	②		②
③		③	③	③	③	③	③		
		④	④	④	④	④	④		
		⑤	⑤	⑤	⑤	⑤	⑤		
		⑥	⑥	⑥	⑥	⑥	⑥		
		⑦	⑦	⑦	⑦	⑦	⑦		
		⑧	⑧	⑧	⑧	⑧	⑧		
		⑨	⑨	⑨	⑨	⑨	⑨		
		ⓞ	ⓞ	ⓞ	ⓞ	ⓞ	ⓞ		

수험번호									
①	①	①	①	①	①	①	①	①	①
②	②	②	②	②	②	②	②	②	②
③	③	③	③	③	③	③	③	③	③
④	④	④	④	④	④	④	④	④	④
⑤	⑤	⑤	⑤	⑤	⑤	⑤	⑤	⑤	⑤
⑥	⑥	⑥	⑥	⑥	⑥	⑥	⑥	⑥	⑥
⑦	⑦	⑦	⑦	⑦	⑦	⑦	⑦	⑦	⑦
⑧	⑧	⑧	⑧	⑧	⑧	⑧	⑧	⑧	⑧
⑨	⑨	⑨	⑨	⑨	⑨	⑨	⑨	⑨	⑨
ⓞ	ⓞ	ⓞ	ⓞ	ⓞ	ⓞ	ⓞ	ⓞ	ⓞ	ⓞ

감독관 확인란

* 필기도구는 검정색 펜(연필류 제외)을 이용하고, 정답을 정해진 칸에 까맣게 칠하시오.

제1회 실전모의고사 OMR 답안지

신용분석

1	①	②	③	④	⑤	26	①	②	③	④	⑤	51	①	②	③	④	⑤
2	①	②	③	④	⑤	27	①	②	③	④	⑤	52	①	②	③	④	⑤
3	①	②	③	④	⑤	28	①	②	③	④	⑤	53	①	②	③	④	⑤
4	①	②	③	④	⑤	29	①	②	③	④	⑤	54	①	②	③	④	⑤
5	①	②	③	④	⑤	30	①	②	③	④	⑤	55	①	②	③	④	⑤
6	①	②	③	④	⑤	31	①	②	③	④	⑤	56	①	②	③	④	⑤
7	①	②	③	④	⑤	32	①	②	③	④	⑤	57	①	②	③	④	⑤
8	①	②	③	④	⑤	33	①	②	③	④	⑤	58	①	②	③	④	⑤
9	①	②	③	④	⑤	34	①	②	③	④	⑤	59	①	②	③	④	⑤
10	①	②	③	④	⑤	35	①	②	③	④	⑤	60	①	②	③	④	⑤
11	①	②	③	④	⑤	36	①	②	③	④	⑤	61	①	②	③	④	⑤
12	①	②	③	④	⑤	37	①	②	③	④	⑤	62	①	②	③	④	⑤
13	①	②	③	④	⑤	38	①	②	③	④	⑤						
14	①	②	③	④	⑤	39	①	②	③	④	⑤						
15	①	②	③	④	⑤	40	①	②	③	④	⑤						
16	①	②	③	④	⑤	41	①	②	③	④	⑤						
17	①	②	③	④	⑤	42	①	②	③	④	⑤						
18	①	②	③	④	⑤	43	①	②	③	④	⑤						
19	①	②	③	④	⑤	44	①	②	③	④	⑤						
20	①	②	③	④	⑤	45	①	②	③	④	⑤						
21	①	②	③	④	⑤	46	①	②	③	④	⑤						
22	①	②	③	④	⑤	47	①	②	③	④	⑤						
23	①	②	③	④	⑤	48	①	②	③	④	⑤						
24	①	②	③	④	⑤	49	①	②	③	④	⑤						
25	①	②	③	④	⑤	50	①	②	③	④	⑤						

종합신용평가

1	①	②	③	④	⑤	26	①	②	③	④	⑤
2	①	②	③	④	⑤	27	①	②	③	④	⑤
3	①	②	③	④	⑤	28	①	②	③	④	⑤
4	①	②	③	④	⑤	29	①	②	③	④	⑤
5	①	②	③	④	⑤						
6	①	②	③	④	⑤						
7	①	②	③	④	⑤						
8	①	②	③	④	⑤						
9	①	②	③	④	⑤						
10	①	②	③	④	⑤						
11	①	②	③	④	⑤						
12	①	②	③	④	⑤						
13	①	②	③	④	⑤						
14	①	②	③	④	⑤						
15	①	②	③	④	⑤						
16	①	②	③	④	⑤						
17	①	②	③	④	⑤						
18	①	②	③	④	⑤						
19	①	②	③	④	⑤						
20	①	②	③	④	⑤						
21	①	②	③	④	⑤						
22	①	②	③	④	⑤						
23	①	②	③	④	⑤						
24	①	②	③	④	⑤						
25	①	②	③	④	⑤						

합격의 기준, **해커스금융**
fn.Hackers.com

성 명

교 시	문제형	주민등록번호							
								–	
① ② ③	① ②	①②③④⑤⑥⑦⑧⑨⓪	①②③④⑤⑥⑦⑧⑨⓪	①②③④⑤⑥⑦⑧⑨⓪	①②③④⑤⑥⑦⑧⑨⓪	①②③④⑤⑥⑦⑧⑨⓪	①②③④⑤⑥⑦⑧⑨⓪		① ②

수험번호									
①②③④⑤⑥⑦⑧⑨⓪	①②③④⑤⑥⑦⑧⑨⓪	①②③④⑤⑥⑦⑧⑨⓪	①②③④⑤⑥⑦⑧⑨⓪	①②③④⑤⑥⑦⑧⑨⓪	①②③④⑤⑥⑦⑧⑨⓪	①②③④⑤⑥⑦⑧⑨⓪	①②③④⑤⑥⑦⑧⑨⓪	①②③④⑤⑥⑦⑧⑨⓪	①②③④⑤⑥⑦⑧⑨⓪

감독관 확인란

* 필기도구는 검정색 펜(연필류 제외)을 이용하고, 정답을 정해진 칸에 까맣게 칠하시오.

제2회 실전모의고사 OMR 답안지

신용분석					
1	① ② ③ ④ ⑤	26	① ② ③ ④ ⑤	51	① ② ③ ④ ⑤
2	① ② ③ ④ ⑤	27	① ② ③ ④ ⑤	52	① ② ③ ④ ⑤
3	① ② ③ ④ ⑤	28	① ② ③ ④ ⑤	53	① ② ③ ④ ⑤
4	① ② ③ ④ ⑤	29	① ② ③ ④ ⑤	54	① ② ③ ④ ⑤
5	① ② ③ ④ ⑤	30	① ② ③ ④ ⑤	55	① ② ③ ④ ⑤
6	① ② ③ ④ ⑤	31	① ② ③ ④ ⑤	56	① ② ③ ④ ⑤
7	① ② ③ ④ ⑤	32	① ② ③ ④ ⑤	57	① ② ③ ④ ⑤
8	① ② ③ ④ ⑤	33	① ② ③ ④ ⑤	58	① ② ③ ④ ⑤
9	① ② ③ ④ ⑤	34	① ② ③ ④ ⑤	59	① ② ③ ④ ⑤
10	① ② ③ ④ ⑤	35	① ② ③ ④ ⑤	60	① ② ③ ④ ⑤
11	① ② ③ ④ ⑤	36	① ② ③ ④ ⑤	61	① ② ③ ④ ⑤
12	① ② ③ ④ ⑤	37	① ② ③ ④ ⑤	62	① ② ③ ④ ⑤
13	① ② ③ ④ ⑤	38	① ② ③ ④ ⑤		
14	① ② ③ ④ ⑤	39	① ② ③ ④ ⑤		
15	① ② ③ ④ ⑤	40	① ② ③ ④ ⑤		
16	① ② ③ ④ ⑤	41	① ② ③ ④ ⑤		
17	① ② ③ ④ ⑤	42	① ② ③ ④ ⑤		
18	① ② ③ ④ ⑤	43	① ② ③ ④ ⑤		
19	① ② ③ ④ ⑤	44	① ② ③ ④ ⑤		
20	① ② ③ ④ ⑤	45	① ② ③ ④ ⑤		
21	① ② ③ ④ ⑤	46	① ② ③ ④ ⑤		
22	① ② ③ ④ ⑤	47	① ② ③ ④ ⑤		
23	① ② ③ ④ ⑤	48	① ② ③ ④ ⑤		
24	① ② ③ ④ ⑤	49	① ② ③ ④ ⑤		
25	① ② ③ ④ ⑤	50	① ② ③ ④ ⑤		

종합신용평가			
1	① ② ③ ④ ⑤	26	① ② ③ ④ ⑤
2	① ② ③ ④ ⑤	27	① ② ③ ④ ⑤
3	① ② ③ ④ ⑤	28	① ② ③ ④ ⑤
4	① ② ③ ④ ⑤	29	① ② ③ ④ ⑤
5	① ② ③ ④ ⑤		
6	① ② ③ ④ ⑤		
7	① ② ③ ④ ⑤		
8	① ② ③ ④ ⑤		
9	① ② ③ ④ ⑤		
10	① ② ③ ④ ⑤		
11	① ② ③ ④ ⑤		
12	① ② ③ ④ ⑤		
13	① ② ③ ④ ⑤		
14	① ② ③ ④ ⑤		
15	① ② ③ ④ ⑤		
16	① ② ③ ④ ⑤		
17	① ② ③ ④ ⑤		
18	① ② ③ ④ ⑤		
19	① ② ③ ④ ⑤		
20	① ② ③ ④ ⑤		
21	① ② ③ ④ ⑤		
22	① ② ③ ④ ⑤		
23	① ② ③ ④ ⑤		
24	① ② ③ ④ ⑤		
25	① ② ③ ④ ⑤		

합격의 기준, **해커스금융**
fn.Hackers.com

성 명

교 시	문제형	주민등록번호							
								–	
①	①	①	①	①	①	①	①		①
②	②	②	②	②	②	②	②		②
③		③	③	③	③	③	③		
		④	④	④	④	④	④		
		⑤	⑤	⑤	⑤	⑤	⑤		
		⑥	⑥	⑥	⑥	⑥	⑥		
		⑦	⑦	⑦	⑦	⑦	⑦		
		⑧	⑧	⑧	⑧	⑧	⑧		
		⑨	⑨	⑨	⑨	⑨	⑨		
		⓪	⓪	⓪	⓪	⓪	⓪		

수험번호									
①	①	①	①	①	①	①	①	①	①
②	②	②	②	②	②	②	②	②	②
③	③	③	③	③	③	③	③	③	③
④	④	④	④	④	④	④	④	④	④
⑤	⑤	⑤	⑤	⑤	⑤	⑤	⑤	⑤	⑤
⑥	⑥	⑥	⑥	⑥	⑥	⑥	⑥	⑥	⑥
⑦	⑦	⑦	⑦	⑦	⑦	⑦	⑦	⑦	⑦
⑧	⑧	⑧	⑧	⑧	⑧	⑧	⑧	⑧	⑧
⑨	⑨	⑨	⑨	⑨	⑨	⑨	⑨	⑨	⑨
⓪	⓪	⓪	⓪	⓪	⓪	⓪	⓪	⓪	⓪

감독관 확인란

* 필기도구는 검정색 펜(연필류 제외)을 이용하고, 정답을 정해진 칸에 까맣게 칠하시오.

제3회 실전모의고사 OMR 답안지

신용분석						종합신용평가			
1	① ② ③ ④ ⑤	26	① ② ③ ④ ⑤	51	① ② ③ ④ ⑤	1	① ② ③ ④ ⑤	26	① ② ③ ④ ⑤
2	① ② ③ ④ ⑤	27	① ② ③ ④ ⑤	52	① ② ③ ④ ⑤	2	① ② ③ ④ ⑤	27	① ② ③ ④ ⑤
3	① ② ③ ④ ⑤	28	① ② ③ ④ ⑤	53	① ② ③ ④ ⑤	3	① ② ③ ④ ⑤	28	① ② ③ ④ ⑤
4	① ② ③ ④ ⑤	29	① ② ③ ④ ⑤	54	① ② ③ ④ ⑤	4	① ② ③ ④ ⑤	29	① ② ③ ④ ⑤
5	① ② ③ ④ ⑤	30	① ② ③ ④ ⑤	55	① ② ③ ④ ⑤	5	① ② ③ ④ ⑤		
6	① ② ③ ④ ⑤	31	① ② ③ ④ ⑤	56	① ② ③ ④ ⑤	6	① ② ③ ④ ⑤		
7	① ② ③ ④ ⑤	32	① ② ③ ④ ⑤	57	① ② ③ ④ ⑤	7	① ② ③ ④ ⑤		
8	① ② ③ ④ ⑤	33	① ② ③ ④ ⑤	58	① ② ③ ④ ⑤	8	① ② ③ ④ ⑤		
9	① ② ③ ④ ⑤	34	① ② ③ ④ ⑤	59	① ② ③ ④ ⑤	9	① ② ③ ④ ⑤		
10	① ② ③ ④ ⑤	35	① ② ③ ④ ⑤	60	① ② ③ ④ ⑤	10	① ② ③ ④ ⑤		
11	① ② ③ ④ ⑤	36	① ② ③ ④ ⑤	61	① ② ③ ④ ⑤	11	① ② ③ ④ ⑤		
12	① ② ③ ④ ⑤	37	① ② ③ ④ ⑤	62	① ② ③ ④ ⑤	12	① ② ③ ④ ⑤		
13	① ② ③ ④ ⑤	38	① ② ③ ④ ⑤			13	① ② ③ ④ ⑤		
14	① ② ③ ④ ⑤	39	① ② ③ ④ ⑤			14	① ② ③ ④ ⑤		
15	① ② ③ ④ ⑤	40	① ② ③ ④ ⑤			15	① ② ③ ④ ⑤		
16	① ② ③ ④ ⑤	41	① ② ③ ④ ⑤			16	① ② ③ ④ ⑤		
17	① ② ③ ④ ⑤	42	① ② ③ ④ ⑤			17	① ② ③ ④ ⑤		
18	① ② ③ ④ ⑤	43	① ② ③ ④ ⑤			18	① ② ③ ④ ⑤		
19	① ② ③ ④ ⑤	44	① ② ③ ④ ⑤			19	① ② ③ ④ ⑤		
20	① ② ③ ④ ⑤	45	① ② ③ ④ ⑤			20	① ② ③ ④ ⑤		
21	① ② ③ ④ ⑤	46	① ② ③ ④ ⑤			21	① ② ③ ④ ⑤		
22	① ② ③ ④ ⑤	47	① ② ③ ④ ⑤			22	① ② ③ ④ ⑤		
23	① ② ③ ④ ⑤	48	① ② ③ ④ ⑤			23	① ② ③ ④ ⑤		
24	① ② ③ ④ ⑤	49	① ② ③ ④ ⑤			24	① ② ③ ④ ⑤		
25	① ② ③ ④ ⑤	50	① ② ③ ④ ⑤			25	① ② ③ ④ ⑤		

합격의 기준, **해커스금융**
fn.Hackers.com

성 명

교 시	문제형	주민등록번호							
								–	
①	①	①	①	①	①	①	①		①
②	②	②	②	②	②	②	②		②
③		③	③	③	③	③	③		
		④	④	④	④	④	④		
		⑤	⑤	⑤	⑤	⑤	⑤		
		⑥	⑥	⑥	⑥	⑥	⑥		
		⑦	⑦	⑦	⑦	⑦	⑦		
		⑧	⑧	⑧	⑧	⑧	⑧		
		⑨	⑨	⑨	⑨	⑨	⑨		
		ⓞ	ⓞ	ⓞ	ⓞ	ⓞ	ⓞ		

수험번호									
①	①	①	①	①	①	①	①	①	①
②	②	②	②	②	②	②	②	②	②
③	③	③	③	③	③	③	③	③	③
④	④	④	④	④	④	④	④	④	④
⑤	⑤	⑤	⑤	⑤	⑤	⑤	⑤	⑤	⑤
⑥	⑥	⑥	⑥	⑥	⑥	⑥	⑥	⑥	⑥
⑦	⑦	⑦	⑦	⑦	⑦	⑦	⑦	⑦	⑦
⑧	⑧	⑧	⑧	⑧	⑧	⑧	⑧	⑧	⑧
⑨	⑨	⑨	⑨	⑨	⑨	⑨	⑨	⑨	⑨
ⓞ	ⓞ	ⓞ	ⓞ	ⓞ	ⓞ	ⓞ	ⓞ	ⓞ	ⓞ

감독관 확인란

* 필기도구는 검정색 펜(연필류 제외)을 이용하고, 정답을 정해진 칸에 까맣게 칠하시오.

제4회 실전모의고사 OMR 답안지

신용분석						종합신용평가			
1	① ② ③ ④ ⑤	26	① ② ③ ④ ⑤	51	① ② ③ ④ ⑤	1	① ② ③ ④ ⑤	26	① ② ③ ④ ⑤
2	① ② ③ ④ ⑤	27	① ② ③ ④ ⑤	52	① ② ③ ④ ⑤	2	① ② ③ ④ ⑤	27	① ② ③ ④ ⑤
3	① ② ③ ④ ⑤	28	① ② ③ ④ ⑤	53	① ② ③ ④ ⑤	3	① ② ③ ④ ⑤	28	① ② ③ ④ ⑤
4	① ② ③ ④ ⑤	29	① ② ③ ④ ⑤	54	① ② ③ ④ ⑤	4	① ② ③ ④ ⑤	29	① ② ③ ④ ⑤
5	① ② ③ ④ ⑤	30	① ② ③ ④ ⑤	55	① ② ③ ④ ⑤	5	① ② ③ ④ ⑤		
6	① ② ③ ④ ⑤	31	① ② ③ ④ ⑤	56	① ② ③ ④ ⑤	6	① ② ③ ④ ⑤		
7	① ② ③ ④ ⑤	32	① ② ③ ④ ⑤	57	① ② ③ ④ ⑤	7	① ② ③ ④ ⑤		
8	① ② ③ ④ ⑤	33	① ② ③ ④ ⑤	58	① ② ③ ④ ⑤	8	① ② ③ ④ ⑤		
9	① ② ③ ④ ⑤	34	① ② ③ ④ ⑤	59	① ② ③ ④ ⑤	9	① ② ③ ④ ⑤		
10	① ② ③ ④ ⑤	35	① ② ③ ④ ⑤	60	① ② ③ ④ ⑤	10	① ② ③ ④ ⑤		
11	① ② ③ ④ ⑤	36	① ② ③ ④ ⑤	61	① ② ③ ④ ⑤	11	① ② ③ ④ ⑤		
12	① ② ③ ④ ⑤	37	① ② ③ ④ ⑤	62	① ② ③ ④ ⑤	12	① ② ③ ④ ⑤		
13	① ② ③ ④ ⑤	38	① ② ③ ④ ⑤			13	① ② ③ ④ ⑤		
14	① ② ③ ④ ⑤	39	① ② ③ ④ ⑤			14	① ② ③ ④ ⑤		
15	① ② ③ ④ ⑤	40	① ② ③ ④ ⑤			15	① ② ③ ④ ⑤		
16	① ② ③ ④ ⑤	41	① ② ③ ④ ⑤			16	① ② ③ ④ ⑤		
17	① ② ③ ④ ⑤	42	① ② ③ ④ ⑤			17	① ② ③ ④ ⑤		
18	① ② ③ ④ ⑤	43	① ② ③ ④ ⑤			18	① ② ③ ④ ⑤		
19	① ② ③ ④ ⑤	44	① ② ③ ④ ⑤			19	① ② ③ ④ ⑤		
20	① ② ③ ④ ⑤	45	① ② ③ ④ ⑤			20	① ② ③ ④ ⑤		
21	① ② ③ ④ ⑤	46	① ② ③ ④ ⑤			21	① ② ③ ④ ⑤		
22	① ② ③ ④ ⑤	47	① ② ③ ④ ⑤			22	① ② ③ ④ ⑤		
23	① ② ③ ④ ⑤	48	① ② ③ ④ ⑤			23	① ② ③ ④ ⑤		
24	① ② ③ ④ ⑤	49	① ② ③ ④ ⑤			24	① ② ③ ④ ⑤		
25	① ② ③ ④ ⑤	50	① ② ③ ④ ⑤			25	① ② ③ ④ ⑤		

전산세무 2급 합격을 위한 해커스금융의 특별 혜택

이론+실무 기초특강&빈출분개+연말정산 특강

해커스금융(fn.Hackers.com) 접속 후 로그인 ▶ 페이지 상단의 **[회계/세무]** 클릭 ▶
좌측의 **[전산세무회계 전급수 인강무료]** 클릭 후 이용

* 수강신청 후 7일간 수강 가능하며, 강의는 자동으로 시작됩니다.

▲ QR코드로 확인하기

이남호 교수님의 최신기출문제 해설강의(112강)+해설집

해커스금융(fn.Hackers.com) 접속 후 로그인 ▶ 페이지 상단의 **[회계/세무]** 클릭 ▶
좌측의 **[전산세무회계 기출해설 무료]** 클릭 ▶ 급수 선택 후 이용

▲ QR코드로 확인하기

2024 최신 개정세법 해설 특강+자료집(PDF)

VFN3BABDAFF735B4EJ

해커스금융(fn.Hackers.com) 접속 후 로그인 ▶ 페이지 하단의 [쿠폰&수강권 등록] 클릭 ▶
[수강권입력] 란에 쿠폰번호 입력 후 이용

* 유효기간: 2025년 12월 31일까지(등록 후 7일간 수강 가능)
* 수강권 등록 시 강의는 자동으로 시작되며, 제공된 강의는 연장이 불가합니다.
*자료집(PDF)은 특강 내 교안으로 제공됩니다.

기본기를 점검하는 강의+학습자료

① KcLep 프로그램 사용법 강의

해커스금융(fn.Hackers.com) 접속 후 로그인 ▶ 페이지 상단의 **[회계/세무]** 클릭 ▶
좌측의 **[전산세무회계 기출해설 무료]** 클릭 후 이용

▲ QR코드로 확인하기

② 기초 회계원리 학습자료(PDF)

KUYKN93SEXD9

해커스금융(fn.Hackers.com) 접속 후 로그인 ▶ 페이지 우측 상단의 [교재] 클릭 ▶
좌측의 [무료 자료 다운로드] 클릭 ▶ 쿠폰번호 입력 후 이용

▲ QR코드로 확인하기

분개연습 노트(PDF)

PBDJD2RJXBAV

해커스금융(fn.Hackers.com) 접속 후 로그인 ▶ 페이지 우측 상단의 [교재] 클릭 ▶
좌측의 [무료 자료 다운로드] 클릭 ▶ 쿠폰번호 입력 후 이용

▲ QR코드로 확인하기

합격의 기준, 해커스금융 **fn.Hackers.com**

해커스
전산세무 2급
이론 + 실무 | 상

해커스금융

이 책의 저자

이남호

학 력

단국대학교 회계학과 졸업

경 력

현 | 해커스금융 온라인 및 오프라인 전임교수

전 | KPMG 삼정회계법인(세무사업본부, Manager)
동남회계법인(회계감사)
한울회계법인(회계감사)

강의경력

현 | 한국생산성본부 회계 · 세무 실무강의

자격증

한국공인회계사(CPA), 세무사, 미국공인회계사(AICPA)

전산세무 2급도 역시

해커스

fn.Hackers.com
금융·세무회계 전문 교육기관 해커스금융

최근 5년간 평균 합격률 39.1%*, 낮은 합격률의 원인은?

시험에 합격하기 힘든 교재로 공부했기 때문입니다!

시중 교재는 시험에 출제되는 내용을 책에서 다루고 있지 않거나, 해설을 보아도 문제를 풀기 어렵거나, 이론과 실무를 따로 학습해야 하여 제대로 시험을 준비하기엔 턱없이 부족했습니다.

「해커스 전산세무 2급 이론+실무+최신기출」은

❶ 시험에 출제되는 내용을 빠짐없이 학습할 수 있도록 **풍부한 이론을 수록하고 문제를 푸는 데 필요한 내용을 해설에서 꼼꼼히 짚어주어** 모든 문제를 확실하게 풀 수 있습니다.

❷ **학습한 이론을 바로 실무에 적용**하여 이론과 실무를 함께 익힐 수 있어, 이론 복습 효과와 더불어 실무 이해력을 높일 수 있습니다.
또한, 편리하게 학습할 수 있도록 두꺼운 교재를 총 3권(이론+실무 상/하편, 최신기출편)으로 분권하였습니다.

❸ **총 12회분의 풍부한 기출문제를 수록**하여 실전에 철저히 대비할 수 있습니다.

전산세무 2급도 역시 해커스입니다!

「해커스 전산세무 2급 이론+실무+최신기출」은 금융·세무회계 분야에서 여러 차례 베스트셀러를 달성하며 쌓아온 해커스만의 합격 노하우와 철저한 기출 분석 결과를 담은 교재입니다.

해커스와 함께 전산세무 2급 시험을 준비하는 수험생 모두 합격의 꿈을 이루고 더 큰 목표를 향해 한 걸음 더 나아갈 수 있기를 바랍니다.

* 82~112회 전산세무 2급 평균 합격률 기준(한국세무사회 공식 발표자료 기준)

목차

이론+실무 상편

이론+실무 하편

최신기출편

최신기출문제

빈출분개 80선 + 연말정산 필수이론정리 [별책]
최신 개정세법 자료집 PDF
기초회계원리 학습자료 PDF
분개연습 노트 PDF
최신기출문제 및 해설집 PDF

• 모든 PDF자료는 해커스금융 사이트(fn.Hackers.com)에서 무료로 다운받으실 수 있습니다.

전산세무 2급 학습방법

1 출제경향을 파악하고 학습플랜으로 전략적으로 학습한다.

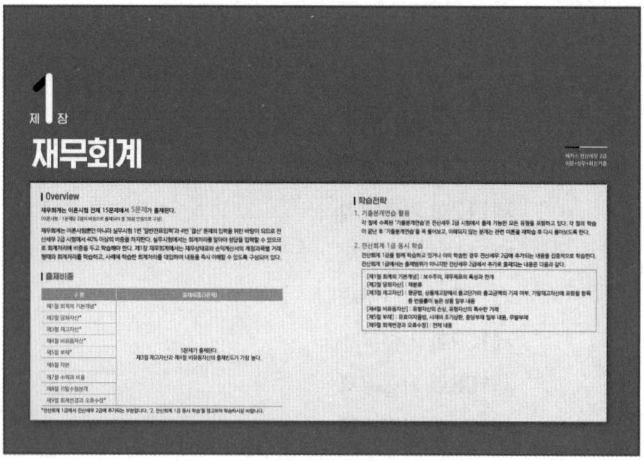

출제비중 및 학습전략

장별로 기출문제를 철저히 분석한 최신출제경향을 통해 효과적인 학습전략을 세울 수 있습니다. 또한, 절별 출제비중을 수록하여 출제비중에 맞게 보다 전략적으로 학습할 수 있습니다.

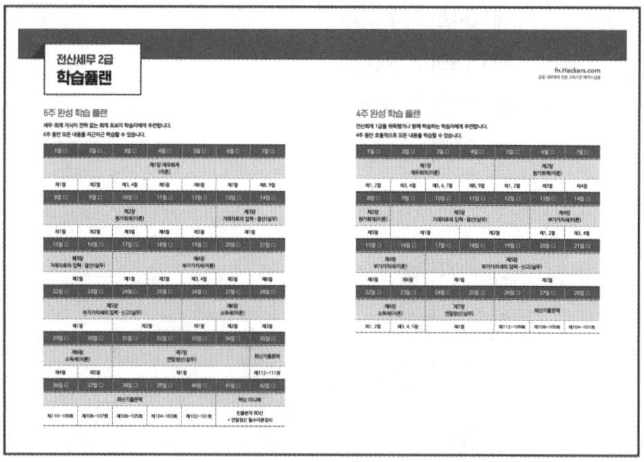

학습플랜

학습자의 상황에 따라 적합한 학습플랜을 선택할 수 있도록 6주/4주/2주 학습플랜을 수록하였습니다.

학습플랜을 통해 이론부터 실무까지 계획적으로 학습이 가능합니다.

2 시험에 꼭 나오는 이론을 확실하게 정리한다.

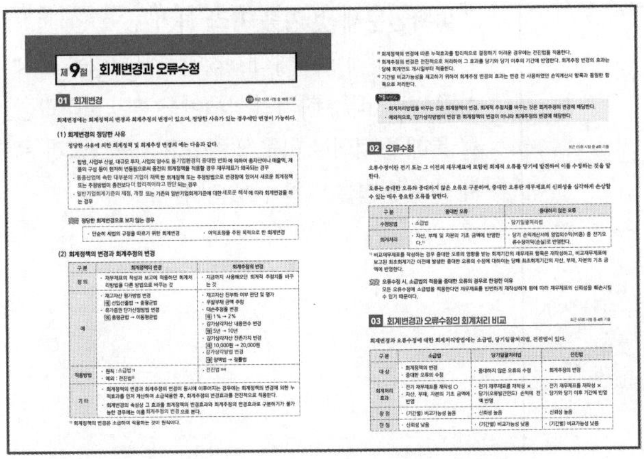

기출 횟수 및 빈출 표시

최근 71회 시험 중 각 이론과 관련된 문제의 출제 횟수를 표기하였고, 시험에 자주 나오는 이론에는 빈출을 표시하여 출제 경향과 중요한 이론을 파악할 수 있습니다.

기출포인트

시험에 자주 출제되는 포인트를 확인할 수 있습니다.

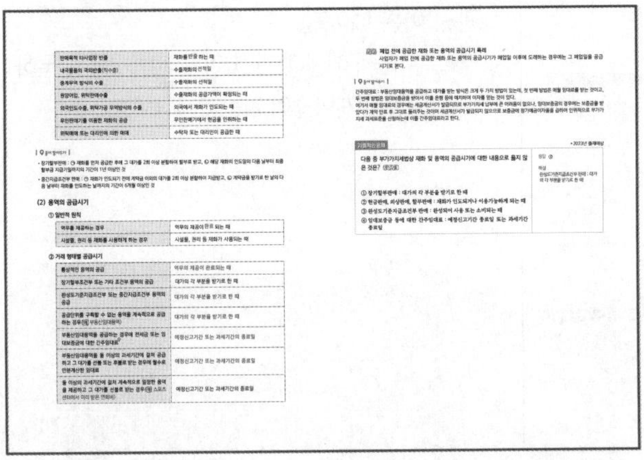

기출확인문제

학습한 이론을 바로 기출문제에 적용하여 풀어보면서 문제 적용 능력을 키울 수 있습니다.

용어 알아두기

본문 내용 중 생소한 용어를 설명하여 세무·회계 지식이 없는 학습자도 쉽게 학습할 수 있습니다.

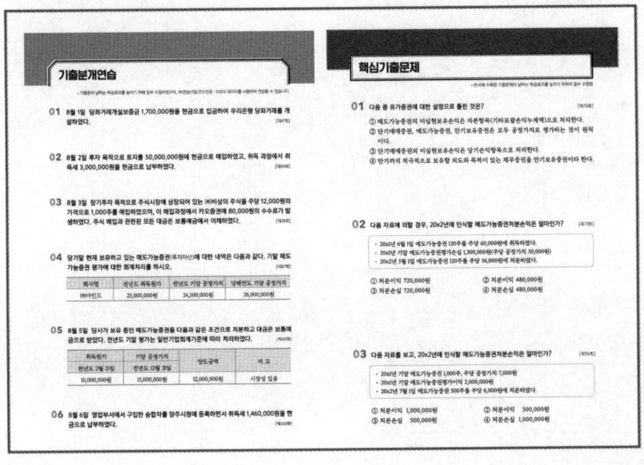

기출분개연습

이론에서 배운 대표 계정과목 분개연습을 KcLep 프로그램((주)연습산업 : 0301)으로도 풀어보며 이론과 실무를 연계하여 학습할 수 있습니다.

핵심기출문제

시험에 자주 출제되는 핵심기출문제를 풀어보며 실전에 충분히 대비할 수 있습니다.

전산세무 2급
학습방법

3 대표 출제유형 문제로 실무문제를 완전히 정복한다.

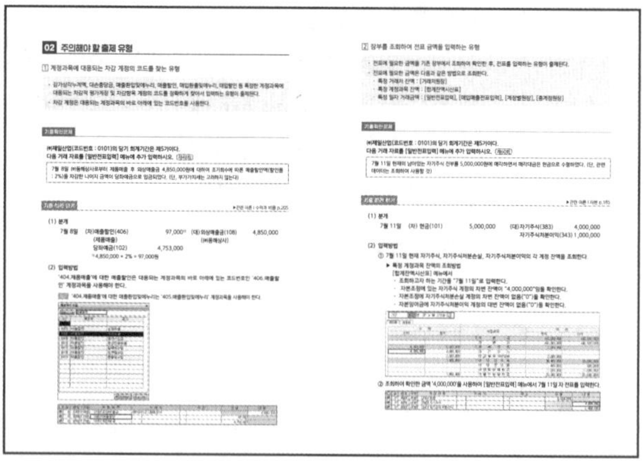

기출확인문제 및 기출 따라 하기

기출확인문제를 통해 대표적인 출제유형을 파악하고, 기출 따라 하기의 상세한 단계별 풀이과정을 통해 순서대로 답을 입력하며 자연스럽게 문제 해결 방법을 익힐 수 있습니다.

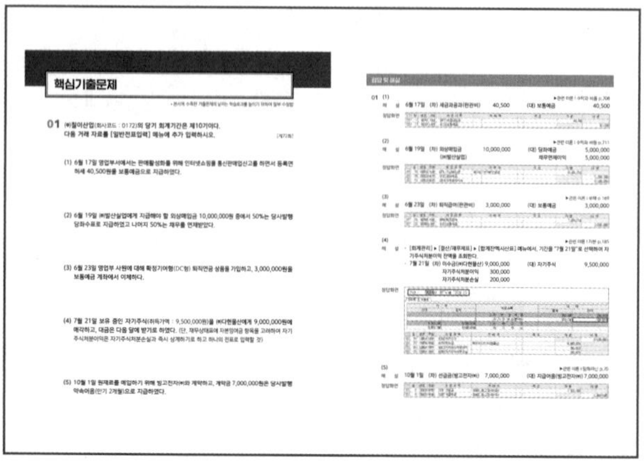

관련 이론 페이지

각 실무 문제 해설에 관련 이론 페이지를 수록하여 이론과 연계학습이 가능합니다.

4 풍부한 최신기출문제로 실전감각을 극대화한다.

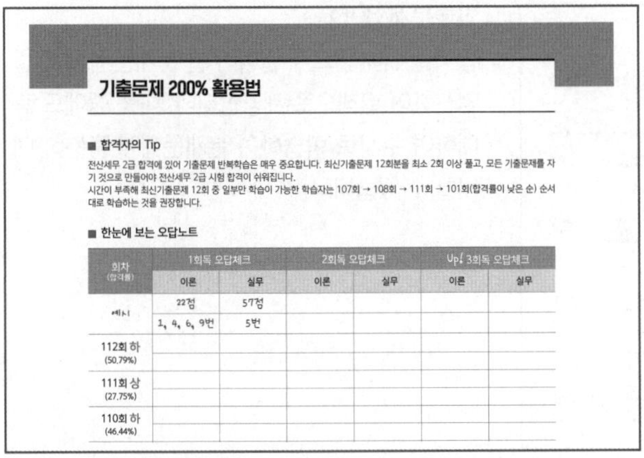

기출문제 200% 활용법

■ 합격자의 Tip

전산세무 2급 합격에 있어 기출문제 반복학습은 매우 중요합니다. 최신기출문제 12회분을 최소 2회 이상 풀고, 모든 기출문제를 자기 것으로 만들어야 전산세무 2급 시험 합격이 쉬워집니다.
시간이 부족해 최신기출문제 12회 중 일부만 학습이 가능한 학습자는 107회 → 108회 → 111회 → 101회(합격률이 낮은 순) 순서대로 학습하는 것을 권장합니다.

■ 한눈에 보는 오답노트

회차 (합격률)	1회독 오답체크		2회독 오답체크		Up! 3회독 오답체크	
	이론	실무	이론	실무	이론	실무
예시	22점	57점				
	1, 4, 6, 9번	5번				
112회 하 (50.79%)						
111회 상 (27.75%)						
110회 하 (46.44%)						

기출문제 200% 활용법
교재에 수록된 12회분의 최신기출문제를 보다 효율적으로 활용할 수 있습니다. 회차별 합격률을 확인하여 합격률이 낮은 순서대로 학습할 수 있고 각 회독마다 틀린 문제를 파악하여 효율적으로 복습할 수 있습니다.

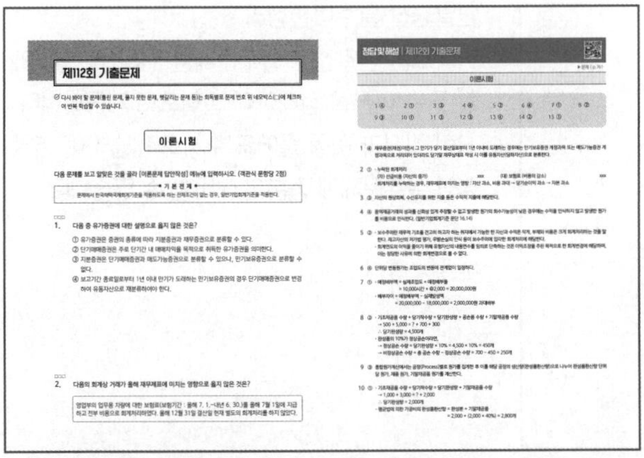

제112회 기출문제

이론시험

정답 및 해설 | 제112회 기출문제

최신기출문제와 정답 및 해설
최신기출문제 12회분과 상세한 정답 및 해설을 제공합니다. 많은 기출문제를 풀어보며 확실하게 실전 마무리가 가능합니다.

기출문제 해설강의
잘 이해되지 않는 문제는 해커스금융(fn.Hackers.com)에서 선생님의 자세한 최신기출문제 해설 강의로 확실하게 이해할 수 있습니다.

5 시험 직전 핵심 미니북으로 최종 마무리한다.

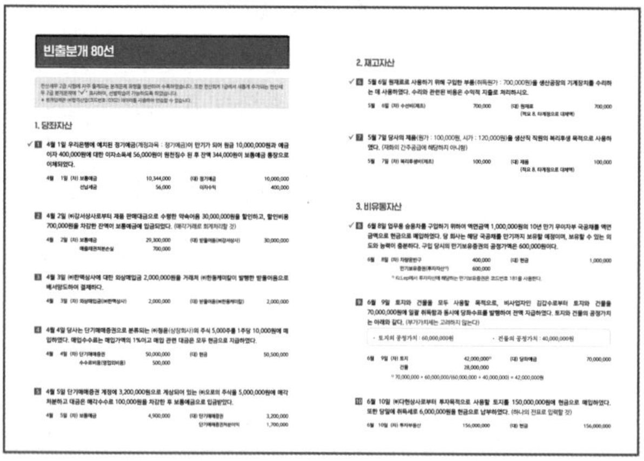

빈출분개 80선

합격을 위해 반드시 알아야 할 분개문제 80개를 엄선하여 별책으로 제공합니다. 이동 중에도 휴대하여 수시로 학습하여 분개문제에 충분히 대비할 수 있습니다.

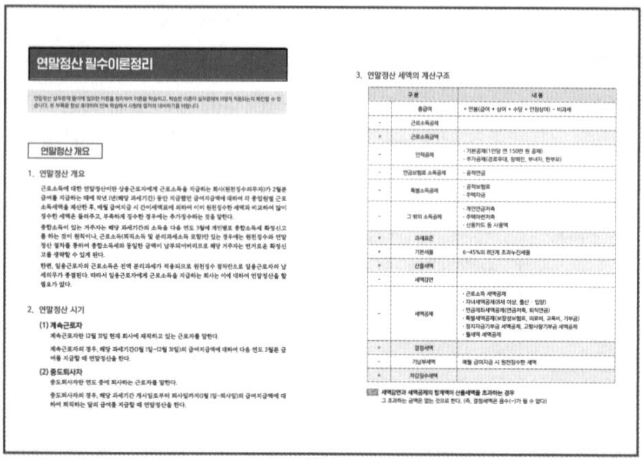

연말정산 필수이론정리

까다로운 연말정산 실무문제를 위해 꼭 알아야 할 필수 이론을 정리하여 별책으로 제공합니다. 시험 직전과 이동 중에도 수시로 학습하여 연말정산 실무문제에 충분히 대비할 수 있습니다.

6 다양한 부가 학습자료로 교재를 200% 활용한다.

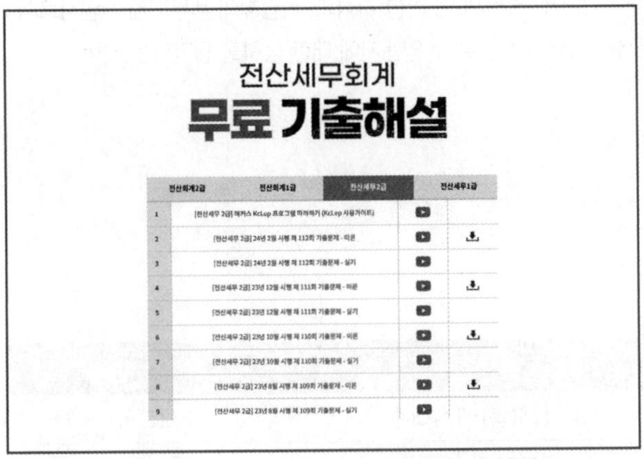

56회분 기출문제 및 해설 PDF

해커스금융(fn.Hackers.com)에서 교재에 수록된 최신기출문제 12회분을 포함한 56회분 기출문제 PDF를 제공합니다. 또한 알기 쉽게 설명된 정답 및 해설을 제공하여 모르는 문제 없이 기출문제 학습이 가능합니다.

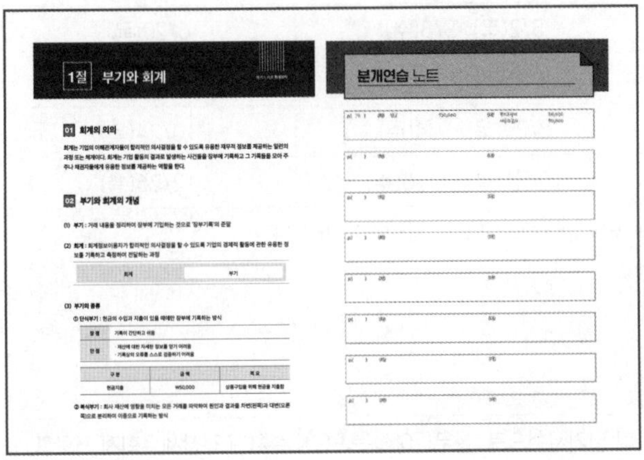

기초회계원리 PDF

기초 회계지식을 확실히 학습할 수 있도록 기초 회계원리를 정리했습니다. 워밍업 단계로 학습하면 회계 초급자도 쉽게 전산세무 2급을 시작할 수 있습니다.

분개연습 노트 PDF

분개문제를 필기하며 편리하게 풀어볼 수 있습니다.

전산세무 2급
합격 가이드

전산세무 2급이란?

전문대학 졸업 수준의 재무회계와 원가회계, 세무회계(부가가치세, 소득세)에 관한 지식과, 기업체의 세무회계 책임자로서 전산세무회계 프로그램을 활용한 세무회계 전반의 실무처리 업무를 수행할 수 있는지에 대한 능력을 평가하는 시험

자격시험 안내

■ 시험일정

회 차	시험일	원서 접수일	합격자 발표
제112회	2/4(일)	1/4(목)~1/10(수)	2/22(목)
제113회	4/6(토)	2/28(수)~3/5(화)	4/25(목)
제114회	6/1(토)	5/2(목)~5/8(수)	6/20(목)
제115회	8/3(토)	7/4(목)~7/10(수)	8/22(목)
제116회	10/6(일)	8/29(목)~9/4(수)	10/24(목)
제117회	12/7(토)	10/31(목)~11/6(수)	12/26(목)

* 자세한 시험 일정은 한국세무사회 자격시험 사이트(http://license.kacpta.or.kr.)에서도 확인할 수 있습니다.

■ 시험 관련 세부사항

시험방법	이론(30%)은 객관식 4지선다형 필기시험으로, 실무(70%)는 PC에 설치된 전산세무회계 프로그램(케이렙 : KcLep)을 이용한 실무시험으로 진행
합격자 결정기준	100점 만점에 70점 이상
시험시간	90분
응시자격	제한 없음 (다만, 부정행위자는 해당 시험을 중지 또는 무효로 하며, 이후 2년간 시험에 응시할 수 없음)
접수방법	한국세무사회 자격시험 사이트(http://license.kacpta.or.kr)로 접속하여 단체 및 개인별 선착순 접수(회원가입 및 사진등록)
시험주관	한국세무사회(02-521-8398, http://www.kacpta.or.kr)

■ 시험 평가범위

구 분		평가범위
이 론 (15문항, 30%)	재무회계 (10%)	당좌자산, 재고자산, 유·무형자산, 유가증권과 투자유가증권, 부채, 자본금, 잉여금, 수익과 비용
	원가회계 (10%)	원가의 개념, 요소별·부문별원가계산, 개별·종합(단일, 공정별, 조별, 등급별)원가계산
	세무회계 (10%)	부가가치세법, 소득세법(종합소득세액의 계산 및 원천징수 부분에 한함)
실 무 (5문항, 70%)	재무회계 및 원가회계 (35%)	초기이월, 거래자료입력, 결산자료입력
	부가가치세 (20%)	매입·매출거래자료입력, 부가가치세신고서의 작성 및 전자신고
	원천제세 (15%)	원천징수와 연말정산 기초 및 전자신고

· 각 구분별 ±10% 이내에서 범위를 조정할 수 있으며, 전산세무 2급은 전산회계 1급의 내용을 포함함
· 답안매체로는 문제 USB 메모리가 주어지며, 이 USB 메모리에는 전산세무회계 실무과정을 폭넓게 평가하기 위하여 회계처리 대상 회사의 기초등록사항 및 1년간의 거래자료가 전산 수록되어 있음
· 답안수록은 문제 USB 메모리의 기본 DATA를 이용하여 수험프로그램상에서 주어진 문제의 해답을 입력하고 USB 메모리에 일괄 수록(저장)하면 됨

합격 전략

TIP 1. 전산세무 2급 시험은 2~6주 정도 학습하는 것이 좋습니다.

해커스가 분석한 결과, 전산세무 2급 합격자의 평균 학습기간은 4주입니다. 본 교재는 이러한 학습자의 성향과 해커스만의 단기 합격 비법을 듬뿍 담아 6주/4주/2주 완성 학습플랜을 수록하였으며, 학습자의 상황에 따라 적합한 플랜을 선택할 수 있어 최적의 학습이 가능합니다. 또한 본 교재는 전산세무 2급 기출문제를 철저히 분석하여 출제되지 않은 불필요한 내용은 줄이고 기출된 핵심 이론을 풍부하게 수록하여 단기간에 전략적인 학습이 가능합니다.

TIP 2. '이론 → 실무'의 순서대로 학습하는 것이 가장 효율적입니다.

전산세무 2급은 이론 30%, 실무 70%인 시험이지만, 이론이 바탕이 되어야 실무문제를 쉽게 풀 수 있습니다. 본 교재는 이론 학습 후 실무를 바로 연결하여 학습할 수 있도록 구성되어 있어 가장 효율적인 학습이 가능합니다.

TIP 3. 기출문제를 많이 풀어볼수록 유리합니다.

전산세무회계 시험은 과거 기출되었던 문제가 반복해서 출제되는 경향이 있습니다. 따라서 기출문제 학습은 매우 중요하며, 최소 1년치(6회분) 이상의 기출문제를 학습하는 것을 권장합니다. 해커스는 총 12회분의 기출문제를 수록하여 다양한 기출문제를 학습할 수 있고 효과적으로 반복학습할 수 있도록 '기출문제 200% 활용법'을 수록하여 충분한 실전 연습이 가능합니다.

시험 당일 체크 포인트

시험 시작 전

1. 고사장 가기 전	• 수험표, 신분증, 일반계산기, 필기구(흑색 또는 청색)를 반드시 준비합니다. • 교재 부록인 <핵심 미니북>을 준비하여, 시험 시작 전까지 최종 정리를 합니다.  수험표 신분증 일반 계산기 필기구 <핵심 미니북> 참고 유효신분증 주민등록증(분실 시 임시 발급확인서), 운전면허증, 여권, 생활기록부 사본(사진부착, 학교 직인 포함), 중·고등학생의 학생증(사진부착, 생년월일 포함), 청소년증(분실 시 청소년증 임시 발급 확인서), 장애인카드, 공무원증, 중·고등학교 재학증명서(사진부착, 생년월일과 학교 직인 포함)
2. 고사장 도착 (PM 12:10 이전)	• 고사장에는 오후 12시 10분(시험 시작 20분 전) 이전에 도착해야 합니다. • 고사장 입구에서 자신의 이름과 수험번호로 해당 고사실을 확인한 후, 고사실 입구에서 자신의 자리를 확인합니다.
3. 쉬는 시간 (도착 후~PM 12:20)	• 고사장에 도착한 후, 약 12시 20분까지 쉬는 시간이 주어집니다. 시험이 시작되면 쉬는 시간이 없으므로 반드시 이 시간에 화장실을 다녀오도록 합니다. • 컴퓨터를 부팅하여 키보드, 마우스 작동 상태 및 KcLep 프로그램 설치 유무를 확인합니다. • 준비해 간 <핵심 미니북>을 보면서 최종 마무리 학습을 합니다.
4. USB 수령 및 문제 수록 파일 설치 (PM 12:20~12:25)	• USB 수령 : 감독관에게 USB를 수령한 후, USB 꼬리표에 기재된 내용이 본인이 응시한 시험 종목 및 급수가 맞는지 확인하고, 꼬리표에 수험정보(수험번호, 성명)를 기재합니다. • USB 내 문제 수록 파일 설치 · USB를 컴퓨터에 꽂은 후, 내 컴퓨터를 실행하여 USB 드라이브로 이동합니다. · USB 드라이브에서 문제 수록 파일인 'Tax.exe' 파일을 설치합니다. 주의 Tax.exe 파일은 처음 설치한 이후, 수험자 임의로 절대 재설치(초기화)하지 말아야 합니다. · 파일이 설치되면 KcLep 프로그램을 실행한 후, 수험정보 [수험번호(8자리)] - [성명] - [문제유형(A, B)]을 정확히 입력합니다. 주의 · 처음 수험정보를 입력한 이후에는 수정이 불가합니다. · 수험정보를 잘못 입력하여 발생하는 일체의 불이익과 책임은 수험자 본인에게 있습니다.
5. 시험지 수령 (PM 12:25~12:30)	시험지가 USB 꼬리표에 기재된 시험 종목 및 급수와 동일한지 확인하고, 총 페이지 및 인쇄 상태를 확인합니다.

❙ 시험 시작 후

<table>
<tr><td>1. 시험 시작
(PM 12:30)</td><td>감독관이 불러주는 [감독관 확인번호]를 정확히 입력한 후, 엔터를 누르면 시험이 시작됩니다.</td></tr>
<tr><td>2. 문제 풀이 및 답안 저장
(PM 12:30~2:00)</td><td>이론문제와 실무문제를 푸는 순서가 정해져 있지 않으므로, 본인이 편한 순서로 문제를 풉니다.

이론문제 답안부터 입력하는 방법
① 시험지에 답안 체크
② [이론문제 답안작성] 클릭
③ 이론문제 답안 입력
④ 실무문제 답안 입력
⑤ [답안작성(USB로 저장)] 클릭

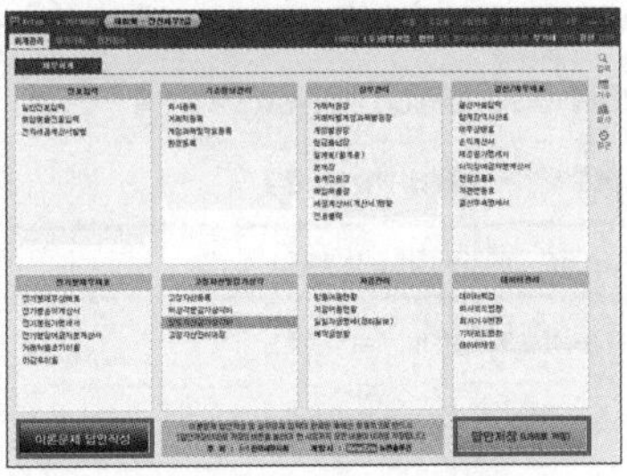

실무문제 답안부터 입력하는 방법
① 시험지에 답안 체크
② 실무문제 답안 입력
③ [이론문제 답안작성] 클릭
④ 이론문제 답안 입력
⑤ [답안작성(USB로 저장)] 클릭

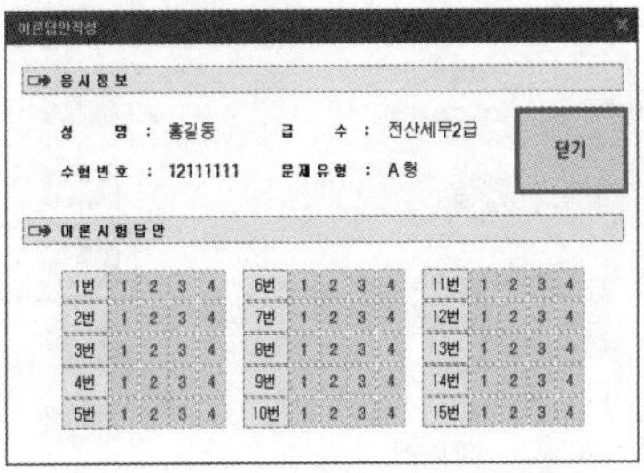

참고 · [이론문제 답안작성]을 클릭하여 작성한 답안은 USB에 저장되는 것이 아니며, PC상에 임시로 작성되는 것입니다. 따라서 실무문제 답안까지 작성한 후, [답안저장(USB로 저장)] 버튼을 눌러야 모든 답안이 USB에 저장됩니다.
· 실무문제 답안은 KcLep 프로그램 입력 시 자동으로 저장됩니다.

주의 · 답안저장 소요시간도 시험시간에 포함됩니다.
[답안저장(USB로 저장)] 후 답안을 수정한 경우 반드시 다시 저장해야 하며, [답안저장(USB로 저장)]을 하지 않음으로써 발생하는 일체의 불이익과 책임은 수험자 본인에게 있습니다.
· 타인의 답안을 자신의 답안으로 부정 복사한 경우, 해당 관련자 모두 불합격 처리됩니다.</td></tr>
<tr><td>3. 시험 종료
(PM 2:00)</td><td>답안이 수록된 USB를 감독관에게 제출한 후, 시험지를 가지고 조용히 퇴실합니다.
참고 퇴실은 오후 1시 40분(시험 종료 20분 전)부터 가능합니다.</td></tr>
</table>

KcLep & 백데이터 설치방법

1. KcLep 수험용 프로그램 설치방법

CASE 1 | 해커스금융(fn.Hackers.com)에서 다운로드 받는 방법

[1] 해커스금융(fn.Hackers.com)에 접속합니다.

[2] 홈페이지 상단 bar 메뉴 '회계/세무' ▶ 무료컨텐츠 ▶ 무료 자료실 클릭 후, KcLep 최신 버전을 클릭합니다.

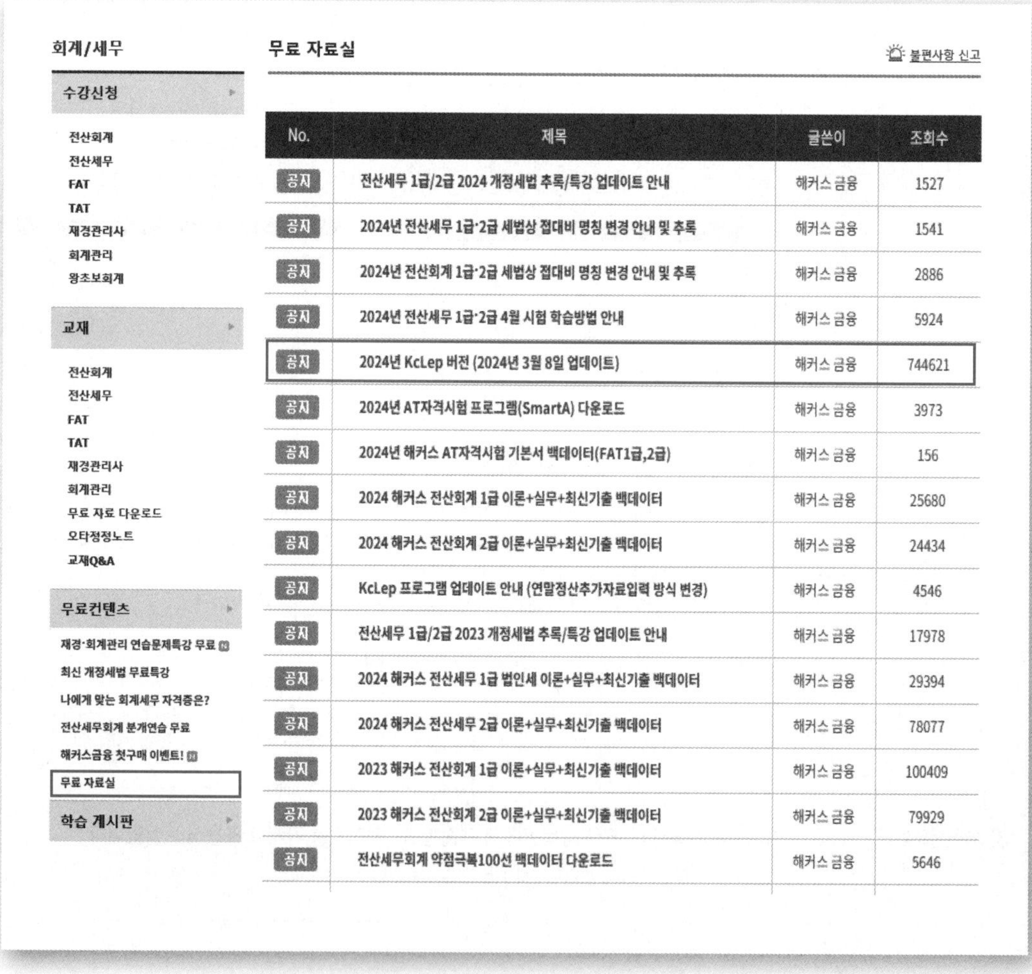

회계/세무
무료 자료실
불편사항 신고
수강신청
전산회계
전산세무
FAT
TAT
재경관리사
회계관리
왕초보회계
교재
전산회계
전산세무
FAT
TAT
재경관리사
회계관리
무료 자료 다운로드
오타정정노트
교재Q&A
무료컨텐츠
재경·회계관리 연습문제특강 무료
최신 개정세법 무료특강
나에게 맞는 회계세무 자격증은?
전산세무회계 분개연습 무료
해커스금융 첫구매 이벤트!
무료 자료실
학습 게시판
No.
제목
글쓴이
조회수
공지
전산세무 1급/2급 2024 개정세법 추록/특강 업데이트 안내
해커스 금융
1527
2024년 전산세무 1급·2급 세법상 접대비 명칭 변경 안내 및 추록
1541
2024년 전산회계 1급·2급 세법상 접대비 명칭 변경 안내 및 추록
2886
2024년 전산세무 1급·2급 4월 시험 학습방법 안내
5924
2024년 KcLep 버전 (2024년 3월 8일 업데이트)
744621
2024년 AT자격시험 프로그램(SmartA) 다운로드
3973
2024년 해커스 AT자격시험 기본서 백데이터(FAT1급,2급)
156
2024 해커스 전산회계 1급 이론+실무+최신기출 백데이터
25680
2024 해커스 전산회계 2급 이론+실무+최신기출 백데이터
24434
KcLep 프로그램 업데이트 안내 (연말정산추가자료입력 방식 변경)
4546
전산세무 1급/2급 2023 개정세법 추록/특강 업데이트 안내
17978
2024 해커스 전산세무 1급 법인세 이론+실무+최신기출 백데이터
29394
2024 해커스 전산세무 2급 이론+실무+최신기출 백데이터
78077
2023 해커스 전산회계 1급 이론+실무+최신기출 백데이터
100409
2023 해커스 전산회계 2급 이론+실무+최신기출 백데이터
79929
전산세무회계 약점극복100선 백데이터 다운로드
5646

3 다운로드 파일을 클릭하여 KcLep 설치 파일을 다운로드합니다.

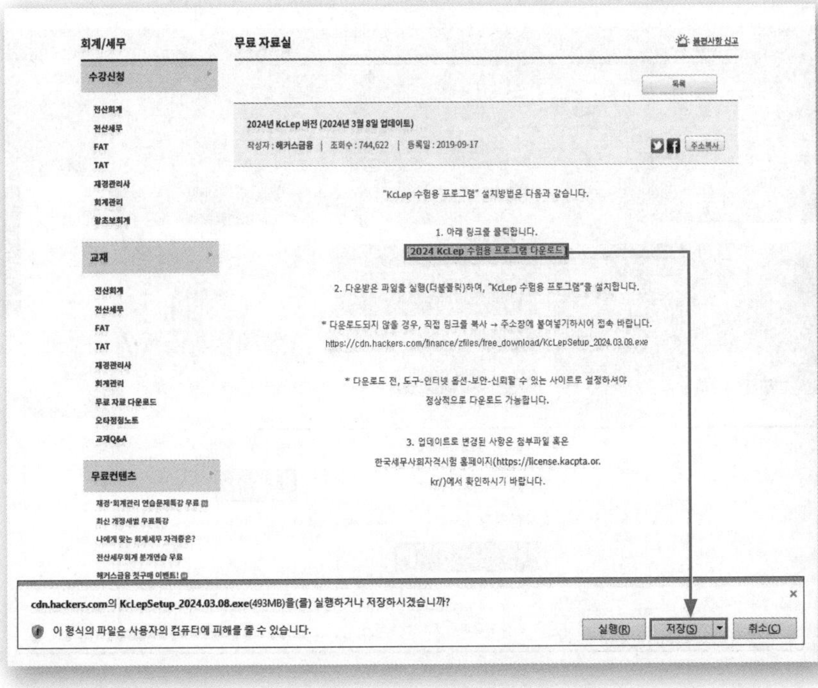

4 KcLepSetup_2024.03.08 설치파일이 설치폴더에 정상적으로 다운로드되었는지 확인합니다.

* KcLep 프로그램은 한국세무사회 업데이트 일정에 따라 버전이 달라질 수 있습니다.

5 다운로드 받은 파일을 실행하여 KcLep 수험용 프로그램을 설치합니다.

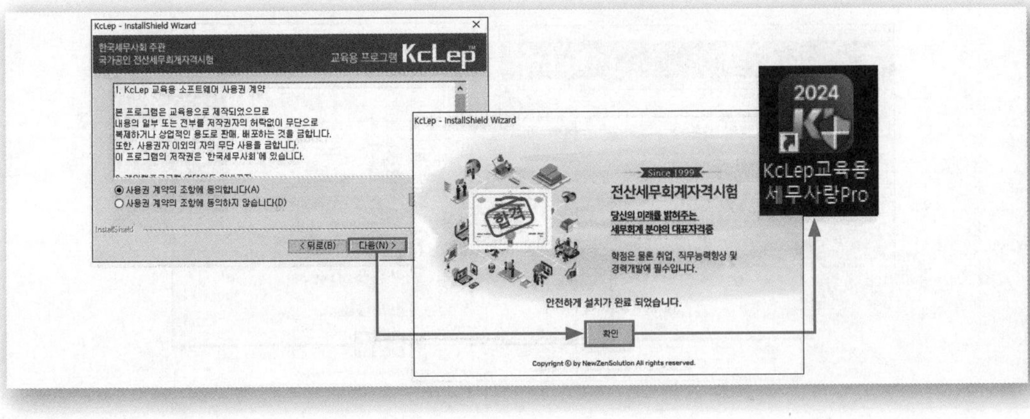

CASE 2 | 한국세무사회 홈페이지(license.kacpta.or.kr)에서 다운로드 받는 방법

1 한국세무사회 자격시험 홈페이지(license.kacpta.or.kr)에 접속 후 왼쪽 하단에 있는 케이렙(수험용) 다운로드를 클릭하여 다운로드합니다.

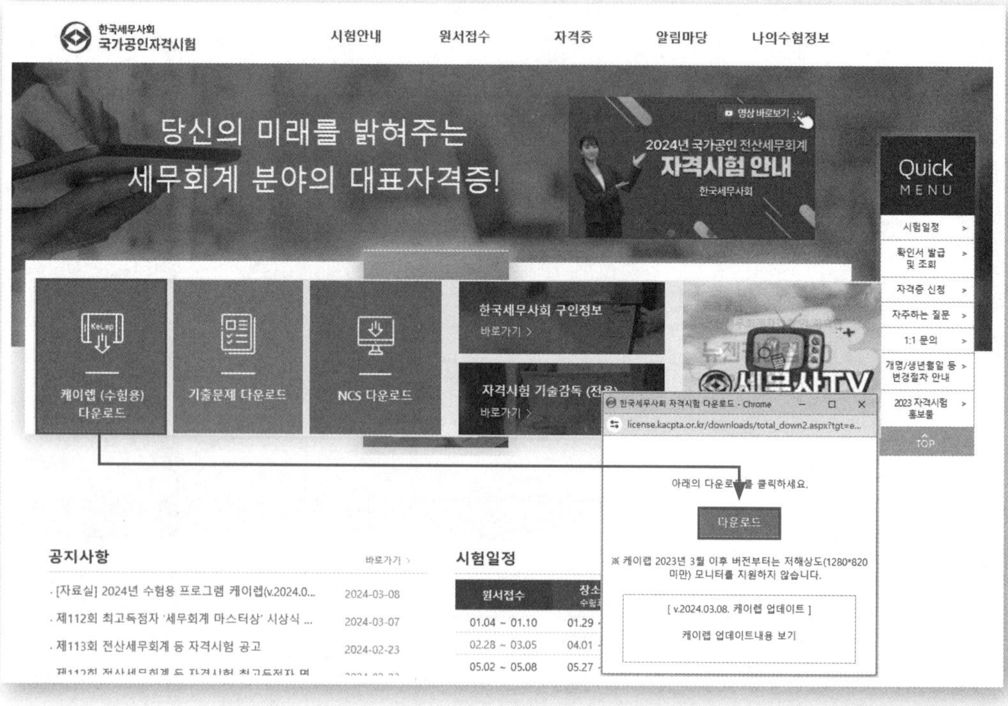

2 KcLepSetup_2024.03.08 설치파일이 설치폴더에 정상적으로 다운로드되었는지 확인합니다.

* KcLep 프로그램은 한국세무사회 업데이트 일정에 따라 버전이 달라질 수 있습니다.

3 다운로드 받은 파일을 실행하여 KcLep 수험용 프로그램을 설치합니다.

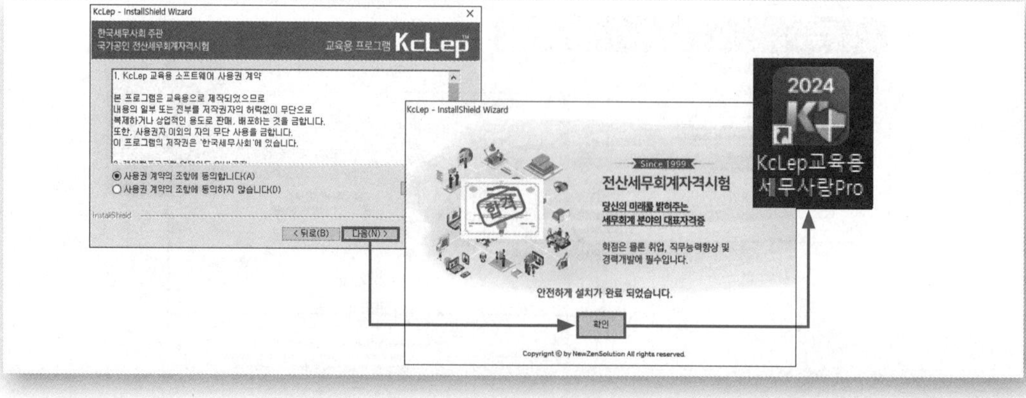

2. 백데이터 설치방법

1 해커스금융(fn.Hackers.com)에 접속 후 상단 bar 메뉴 '회계/세무' ▶ 무료컨텐츠 ▶ 무료 자료실 클릭 후, 전산세무 2급 이론+실무+최신기출 백데이터를 클릭합니다.

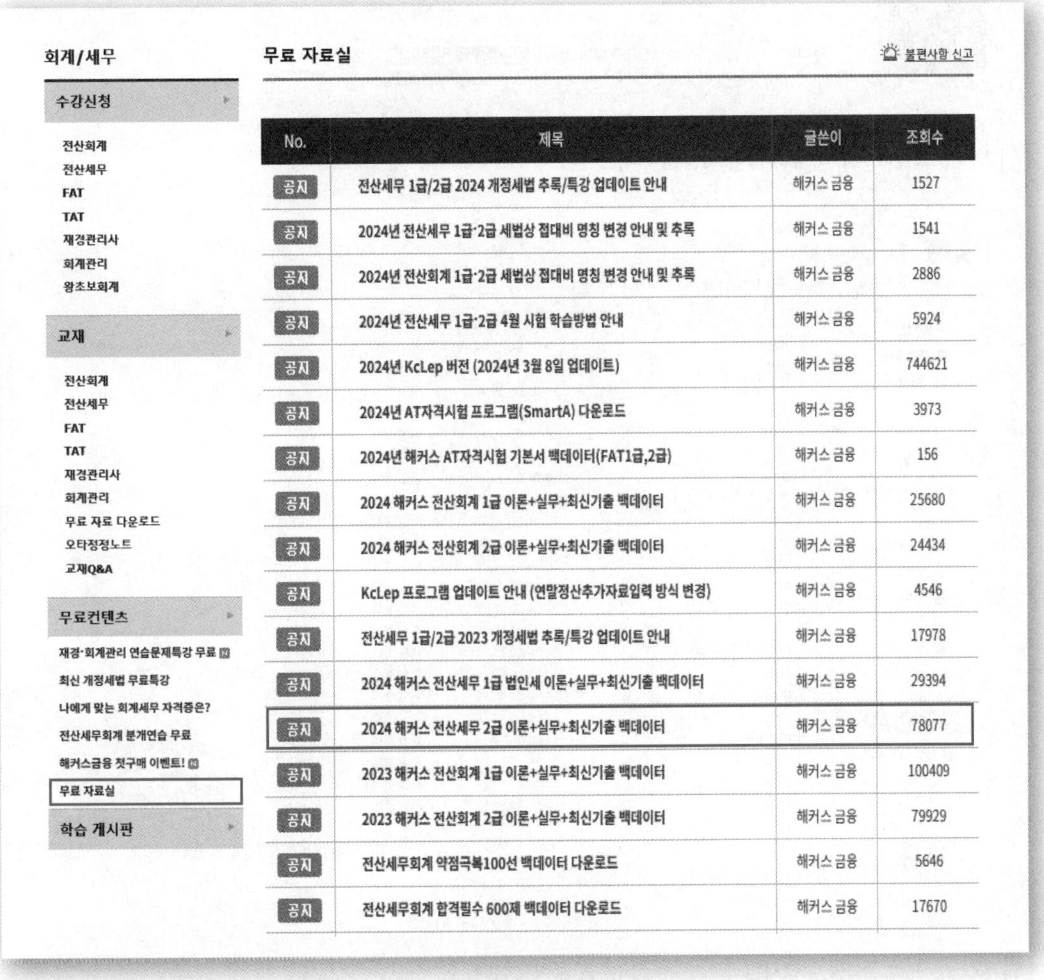

회계/세무
수강신청
전산회계
전산세무
FAT
TAT
재경관리사
회계관리
왕초보회계
교재
전산회계
전산세무
FAT
TAT
재경관리사
회계관리
무료 자료 다운로드
오타정정노트
교재Q&A
무료컨텐츠
재경·회계관리 연습문제특강 무료
최신 개정세법 무료특강
나에게 맞는 회계세무 자격증은?
전산세무회계 분개연습 무료
해커스금융 첫구매 이벤트!
무료 자료실
학습 게시판
무료 자료실
불편사항 신고
No. 제목 글쓴이 조회수
공지 전산세무 1급/2급 2024 개정세법 추록/특강 업데이트 안내 해커스 금융 1527
공지 2024년 전산세무 1급·2급 세법상 접대비 명칭 변경 안내 및 추록 해커스 금융 1541
공지 2024년 전산회계 1급·2급 세법상 접대비 명칭 변경 안내 및 추록 해커스 금융 2886
공지 2024년 전산세무 1급·2급 4월 시험 학습방법 안내 해커스 금융 5924
공지 2024년 KcLep 버전 (2024년 3월 8일 업데이트) 해커스 금융 744621
공지 2024년 AT자격시험 프로그램(SmartA) 다운로드 해커스 금융 3973
공지 2024년 해커스 AT자격시험 기본서 백데이터(FAT1급,2급) 해커스 금융 156
공지 2024 해커스 전산회계 1급 이론+실무+최신기출 백데이터 해커스 금융 25680
공지 2024 해커스 전산회계 2급 이론+실무+최신기출 백데이터 해커스 금융 24434
공지 KcLep 프로그램 업데이트 안내 (연말정산추가자료입력 방식 변경) 해커스 금융 4546
공지 전산세무 1급/2급 2023 개정세법 추록/특강 업데이트 안내 해커스 금융 17978
공지 2024 해커스 전산세무 1급 법인세 이론+실무+최신기출 백데이터 해커스 금융 29394
공지 2024 해커스 전산세무 2급 이론+실무+최신기출 백데이터 해커스 금융 78077
공지 2023 해커스 전산회계 1급 이론+실무+최신기출 백데이터 해커스 금융 100409
공지 2023 해커스 전산회계 2급 이론+실무+최신기출 백데이터 해커스 금융 79929
공지 전산세무회계 약점극복100선 백데이터 다운로드 해커스 금융 5646
공지 전산세무회계 합격필수 600제 백데이터 다운로드 해커스 금융 17670

2 다운로드 파일을 클릭하여 백데이터 파일을 다운로드합니다. (다운로드 완료 시, 압축파일이 생성됨)

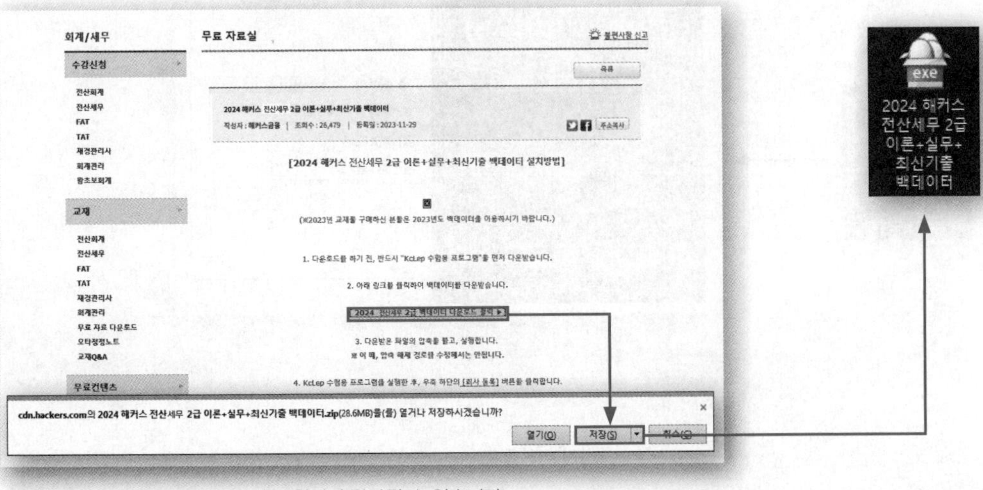

* 백데이터 업데이트 일정에 따라 파일명이 달라질 수 있습니다.

3 2024 해커스 전산세무 2급 이론+실무+최신기출 백데이터를 더블 클릭 시, 자동으로 정해진 위치에 압축이 해제되어 저장됩니다.

4 다운로드 완료 시, 다음과 같이 저장됩니다.

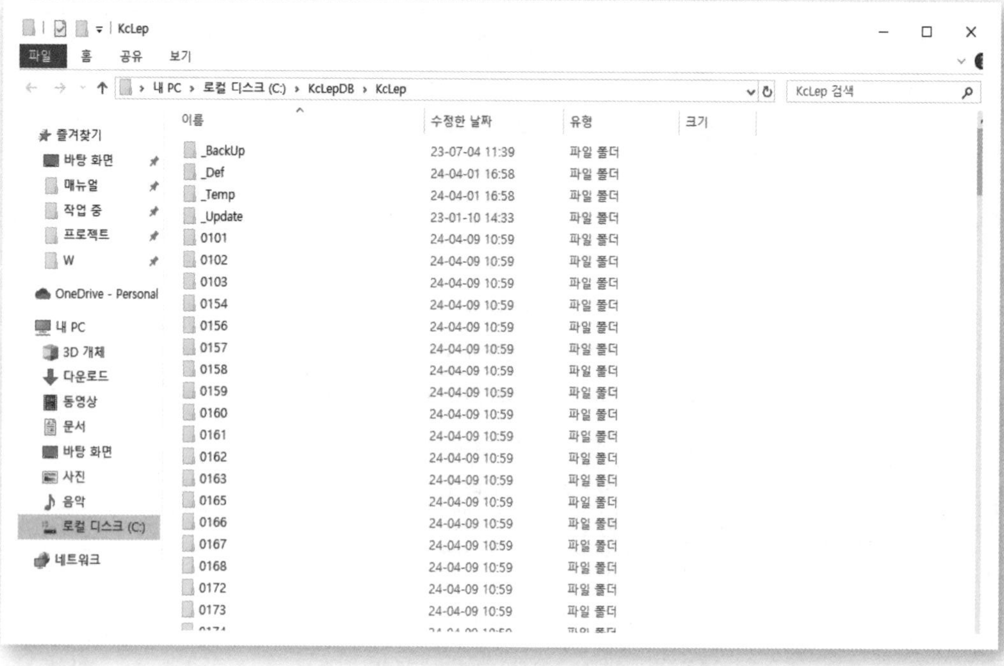

* 정렬방식 등에 따라 보이는 이미지와 다를 수 있습니다.

5 KcLep 프로그램을 실행시킨 후 [회사등록] 버튼을 클릭합니다.

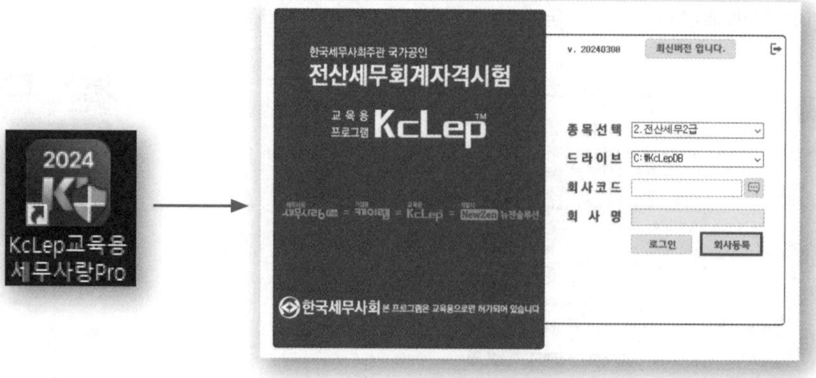

6 회사등록 버튼 클릭 시 아래의 화면을 확인할 수 있으며 F4 회사코드재생성 클릭 후, 예(Y) 버튼을 클릭합니다.

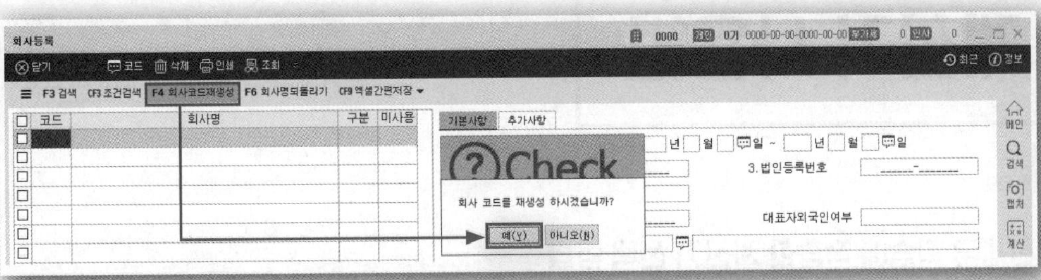

7 회사등록이 완료되었습니다.

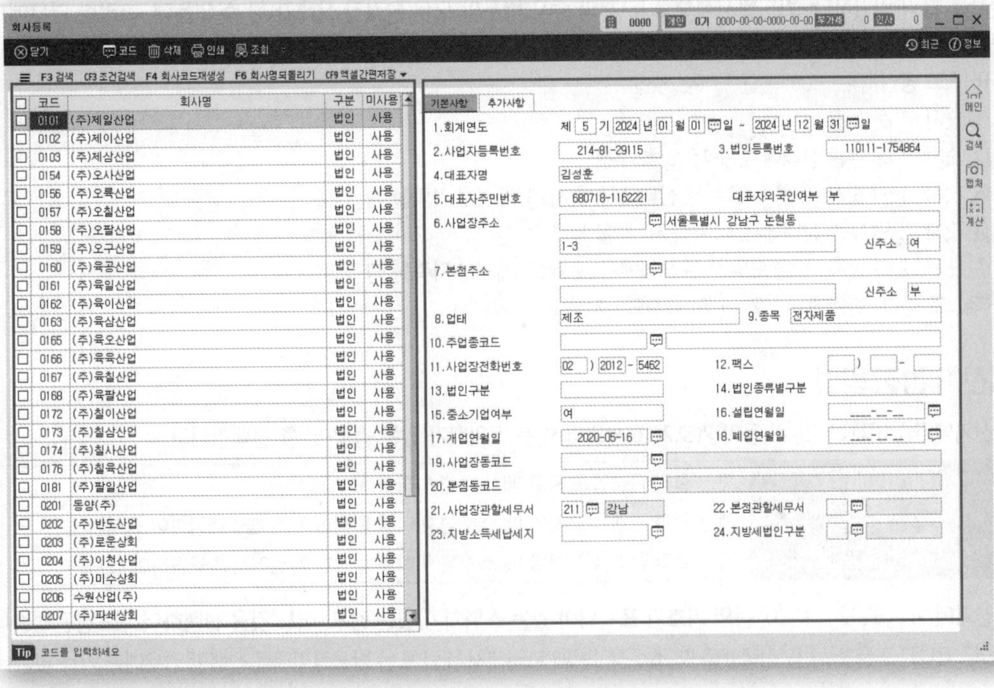

* 백데이터 업데이트에 따라 보이는 이미지와 다를 수 있습니다.

Q. 저장되어 있는 실무 답을 지우고 다시 풀어보고 싶은데, 어떻게 하나요? (백데이터 초기화 방법)

A. 백데이터를 다시 다운받을 시 초기화된 상태에서 실무문제를 풀 수 있습니다. 백데이터를 다시 다운받기 전, p.20 ④번과 같이 번호가 있는 폴더를 모두 이동(정답 데이터를 저장해두고 싶을 경우) 또는 삭제합니다. 이후 p.19의 순서대로 백데이터를 다시 다운로드하면 초기화할 수 있습니다.

알아두면 유용한 계산기 사용법

전산세무 학습에 적합한 계산기 선택 방법

- [+], [−], [×], [÷]만 되는 일반계산기이어야 합니다.
  - 공학용 계산기, 전자사전 등은 공식 저장 기능이 있기 때문에 시험장에서 사용 불가
- 숫자를 빨리 입력하다 보면 일시적으로 두 개의 숫자 버튼이 모두 눌러진 상태가 될 수 있는데, 그러한 경우에도 두 숫자가 모두 순차적으로 입력이 되는 계산기이어야 합니다.
  - (테스트 방법) ① → ② → ③ → ④ → ⑤
    ① 숫자 [1]을 누름
    ② 숫자 [1]을 누른 상태에서, 숫자 [2]를 누름
    ③ 숫자 [1]과 숫자 [2]를 모두 누른 상태에서, 숫자 [1]에서 손가락을 뗌
    ④ 숫자 [2]만 누른 상태에서, 다시 숫자 [1]을 누름
    ⑤ 숫자 [2]와 숫자 [1]을 모두 누른 상태에서, 숫자 [2]에서 손가락을 뗌
  - (테스트 결과) 화면에 [1] [2] [1]이 표시되는지 확인

계산기 설정 방법

- 계산기에 'F', 'CUT', '5/4' 등의 기호가 표시되어 있는 스위치가 있는 경우 'F'를 선택합니다.

F (Full)	계산 결과 금액을 표시할 때 소수점 이하를 모두 표시
CUT	계산 결과 금액을 표시할 때 소수점 이하를 일정한 자리에서 내림하여 표시
5/4	계산 결과 금액을 표시할 때 소수점 이하를 일정한 자리에서 반올림하여 표시

- 계산기에 '4', '3', '2', '1', '0' 등의 기호가 표시되어 있는 스위치가 있는 경우, 어느 것을 선택하더라도 상관없습니다.
  예 4 : 'CUT' 또는 '5/4'를 선택했을 때 소수점 4번째 자리에서 내림 또는 반올림 ('F'를 선택한 경우에는 기능 없음)

알아두면 유용한 계산기 기능

- [M+], [M−], [MR], [MC]

[M+] (Memory Plus)	계산한 금액을 더하면서 저장함
[M−] (Memory Minus)	계산한 금액을 빼면서 저장함
[MR] (Memory Result)	저장된 금액을 불러옴
[MC] (Memory Clear)	저장된 금액을 지움

[사례] (2 × 3) + (2 × 2) = 10
[입력방법]

순서	①	②	③	④*	⑤	⑥	⑦	⑧	⑨*	⑩	⑪
입력	[2]	[×]	[3]	[=]	[M+]	[2]	[×]	[2]	[=]	[M+]	[MR]
결과				6	6				4	4	10

* 생략 가능

■ [GT], [C], [AC]

[GT] (Grand Total)	[=]를 눌러서 나온 금액들을 모두 합한 금액을 불러옴
[C] (Clear)	[GT] 금액은 지우지 않고, 방금 전에 계산한 금액만 지움
[AC] (All Clear)	방금 전에 계산한 금액과 [GT] 금액을 모두 지움

[사례] (2 × 3) + (2 × 2) = 10
[입력방법]

순서	①	②	③	④	⑤	⑥	⑦	⑧	⑨	⑩
입력	[2]	[×]	[3]	[=]	[C]	[2]	[×]	[2]	[=]	[GT]
결과				6	0				4	10

■ **A [+] [+] B : B에서 출발하여 A만큼씩 계속 더하기**
[사례] 3에서 출발하여 2씩 더하기
[입력방법]

순서	①	②	③	④	⑤	⑥	⑦	⑧	⑨	⑩
입력	[2]	[+]	[+]	[3]	[=]	[=]	[=]	[=]	[=]	[=]
결과			K	K	5	7	9	11	13	…

■ **A [−] [−] B : B에서 출발하여 A만큼씩 계속 빼기**
[사례] 15에서 출발하여 2씩 계속 빼기
[입력방법]

순서	①	②	③	④	⑤	⑥	⑦	⑧	⑨	⑩
입력	[2]	[−]	[−]	[15]	[=]	[=]	[=]	[=]	[=]	[=]
결과			K	K	13	11	9	7	5	…

■ **A [×] [×] B : B에서 출발하여 A만큼씩 계속 곱하기**
[사례] 3에서 출발하여 2씩 계속 곱하기
[입력방법]

순서	①	②	③	④	⑤	⑥	⑦	⑧	⑨	⑩
입력	[2]	[×]	[×]	[3]	[=]	[=]	[=]	[=]	[=]	[=]
결과			K	K	6	12	24	48	96	…

■ **A [÷] [÷] B : B에서 출발하여 A만큼씩 계속 나누기**
[사례] 192에서 출발하여 2씩 나누기
[입력방법]

순서	①	②	③	④	⑤	⑥	⑦	⑧	⑨	⑩
입력	[2]	[÷]	[÷]	[192]	[=]	[=]	[=]	[=]	[=]	[=]
결과			K	K	96	48	24	12	6	…

전산세무 2급 : 추가되는 내용

전산회계 1급을 함께 학습하고 있거나 이미 학습한 경우 전산세무 2급에 추가되는 내용을 집중적으로 학습하시길 바랍니다. 전산회계 1급에서는 출제범위가 아니지만 전산세무 2급에서 추가로 출제되는 내용은 다음과 같습니다.

구 분		추가되는 내용
제1장	제1절	04. > (5) > 참고 보수주의 06. > (3) 재무제표의 특성과 한계
	제2절	05. > (3) 재분류
	제3절	04. > (2) > 참고 평균법 04. > (3) > ④ > 참고 상품재고장에서 출고단가와 출고금액의 기재 여부 05. 기말재고자산에 포함될 항목의 결정 > (5)~(6)
	제4절	07. 유형자산의 손상 09. 유형자산의 특수한 거래
	제5절	03. > (5) 유효이자율법 03. > (6) 사채의 조기상환 04. > (1) 충당부채 > ③~④ 04. > (2) 우발부채
	제6절	–
	제7절	–
	제8절	–
	제9절	전체
제2장	제1절	–
	제2절	–
	제3절	–
	제4절	–
	제5절	06. > (2) 공손원가 관련 고려사항 07. 결합원가계산
제3장	제1절	–
	제2절	02. > 4) 매출원가의 계상(재고자산 기말 재고액 입력) 03. 재무제표 작성 > 기출유형

제4장	제1절	-
	제2절	-
	제3절	-
	제4절	-
	제5절	01. > (1) 재화와 용역의 공급에 대한 과세표준 > ⑤, ⑧, ⑨ 01. > (3) 재화의 간주공급에 대한 과세표준 02. 대손세액공제 04. > (3) > 참고 세금계산서 지연수취 또는 사전발급에 대한 매입세액 공제 허용범위 확대 05. 의제매입세액공제 06. 공통매입세액의 안분, 정산, 재계산
	제6절	01. 경감·공제세액 05. 간이과세자 06. 가산세
제5장	제1절	02. > 3 > 참고 '건별[14]'에 해당하는 대표적인 사례
	제2절	**전체**
제6장	제1절 ~ 제5절	**전체**
제7장	제1절	**전체**

전산세무 2급 학습플랜

6주 완성 학습 플랜

세무·회계 지식이 전혀 없는 회계 초보자 학습자에게 추천합니다.
6주 동안 모든 내용을 차근차근 학습할 수 있습니다.

1일 □	2일 □	3일 □	4일 □	5일 □	6일 □	7일 □
제1장 재무회계 (이론)						
제1절	제2절	제3, 4절	제5절	제6절	제7절	제8, 9절
8일 □	9일 □	10일 □	11일 □	12일 □	13일 □	14일 □
제2장 원가회계(이론)					제3장 거래자료의 입력 · 결산(실무)	
제1절	제2절	제3절	제4절	제5절	제1절	
15일 □	16일 □	17일 □	18일 □	19일 □	20일 □	21일 □
제3장 거래자료의 입력 · 결산(실무)		제4장 부가가치세(이론)				
제2절		제1절	제2절	제3, 4절	제5절	제6절
22일 □	23일 □	24일 □	25일 □	26일 □	27일 □	28일 □
제5장 부가가치세의 입력 · 신고(실무)				제6장 소득세(이론)		
제1절		제2절		제1절	제2절	제3절
29일 □	30일 □	31일 □	32일 □	33일 □	34일 □	35일 □
제6장 소득세(이론)		제7장 연말정산(실무)				최신기출문제
제4절	제5절	제1절				제112~111회
36일 □	37일 □	38일 □	39일 □	40일 □	41일 □	42일 □
최신기출문제					핵심 미니북	
제110~109회	제108~107회	제106~105회	제104~103회	제102~101회	빈출분개 80선 + 연말정산 필수이론정리	

4주 완성 학습 플랜

전산회계 1급을 취득했거나 함께 학습하는 학습자에게 추천합니다.
4주 동안 효율적으로 모든 내용을 학습할 수 있습니다.

<table>
<tr><th>1일 □</th><th>2일 □</th><th>3일 □</th><th>4일 □</th><th>5일 □</th><th>6일 □</th><th>7일 □</th></tr>
<tr><td colspan="4">제1장
재무회계(이론)</td><td colspan="3">제2장
원가회계(이론)</td></tr>
<tr><td>제1, 2절</td><td>제3, 4절</td><td>제5, 6, 7절</td><td>제8, 9절</td><td>제1, 2절</td><td>제3절</td><td>제4절</td></tr>
<tr><th>8일 □</th><th>9일 □</th><th>10일 □</th><th>11일 □</th><th>12일 □</th><th>13일 □</th><th>14일 □</th></tr>
<tr><td>제2장
원가회계(이론)</td><td colspan="4">제3장
거래자료의 입력 · 결산(실무)</td><td colspan="2">제4장
부가가치세(이론)</td></tr>
<tr><td>제5절</td><td colspan="2">제1절</td><td colspan="2">제2절</td><td>제1, 2절</td><td>제3, 4절</td></tr>
<tr><th>15일 □</th><th>16일 □</th><th>17일 □</th><th>18일 □</th><th>19일 □</th><th>20일 □</th><th>21일 □</th></tr>
<tr><td colspan="2">제4장
부가가치세(이론)</td><td colspan="5">제5장
부가가치세의 입력 · 신고(실무)</td></tr>
<tr><td>제5절</td><td>제6절</td><td colspan="2">제1절</td><td colspan="3">제2절</td></tr>
<tr><th>22일 □</th><th>23일 □</th><th>24일 □</th><th>25일 □</th><th>26일 □</th><th>27일 □</th><th>28일 □</th></tr>
<tr><td colspan="2">제6장
소득세(이론)</td><td colspan="2">제7장
연말정산(실무)</td><td colspan="3">최신기출문제</td></tr>
<tr><td>제1, 2절</td><td>제3, 4, 5절</td><td colspan="2">제1절</td><td>제112~109회</td><td>제108~105회</td><td>제104~101회</td></tr>
</table>

전산세무 2급

학습플랜

2주 완성 학습 플랜

전산회계 1급을 취득했으며 기초적인 세무·회계지식이 있는 학습자에게 추천합니다.
2주 동안 빠르고 확실하게 모든 내용을 학습할 수 있습니다.

1일 □	2일 □	3일 □	4일 □	5일 □	6일 □	7일 □
제1장 재무회계(이론)		제2장 원가회계(이론)	제4장 부가가치세(이론)	제5장 부가가치세의 입력 · 신고(실무)		
제3, 4, 9절		제5절	제5절	제2절		
8일 □	**9일 □**	**10일 □**	**11일 □**	**12일 □**	**13일 □**	**14일 □**
제6장 소득세(이론)		제7장 연말정산(실무)		최신기출문제		
제1, 2절	제3, 4, 5절	제1절		제112~109회	제108~105회	제104~101회

제 1 장

재무회계

제 1 장

재무회계

Overview

재무회계는 이론시험 전체 15문제에서 5문제가 출제된다.
(이론시험 : 1문제당 2점의 배점으로 출제되어 총 30점 만점으로 구성)

재무회계는 이론시험뿐만 아니라 실무시험 1번 '일반전표입력'과 4번 '결산' 문제의 입력을 위한 바탕이 되므로 전산세무 2급 시험에서 40% 이상의 비중을 차지한다. 실무시험에서는 회계처리를 알아야 정답을 입력할 수 있으므로 회계처리에 비중을 두고 학습해야 한다. 제1장 재무회계에서는 재무상태표와 손익계산서의 계정과목별 거래형태와 회계처리를 학습하고, 사례에 학습한 회계처리를 대입하여 내용을 즉시 이해할 수 있도록 구성되어 있다.

출제비중

구 분	출제비중(5문제)
제1절 회계의 기본개념*	5문제가 출제된다. 제3절 재고자산과 제4절 비유동자산의 출제빈도가 가장 높다.
제2절 당좌자산*	
제3절 재고자산*	
제4절 비유동자산*	
제5절 부채*	
제6절 자본	
제7절 수익과 비용	
제8절 기말수정분개	
제9절 회계변경과 오류수정*	

*전산회계 1급에서 전산세무 2급에 추가되는 부분입니다. '2. 전산회계 1급 동시 학습'을 참고하여 학습하시길 바랍니다.

해커스 전산세무 2급
이론+실무+최신기출

학습전략

1. 기출분개연습 활용

각 절에 수록된 '기출분개연습'은 전산세무 2급 시험에서 출제 가능한 모든 유형을 포함하고 있다. 각 절의 학습이 끝난 후 '기출분개연습'을 꼭 풀어보고, 이해되지 않는 분개는 관련 이론을 재학습 후 다시 풀어보도록 한다.

2. 전산회계 1급 동시 학습

전산회계 1급을 함께 학습하고 있거나 이미 학습한 경우 전산세무 2급에 추가되는 내용을 집중적으로 학습한다. 전산회계 1급에서는 출제범위가 아니지만 전산세무 2급에서 추가로 출제되는 내용은 다음과 같다.

[제1절 회계의 기본개념] : 보수주의, 재무제표의 특성과 한계
[제2절 당좌자산] : 재분류
[제3절 재고자산] : 평균법, 상품재고장에서 출고단가와 출고금액의 기재 여부, 기말재고자산에 포함될 항목 중 반품률이 높은 상품 일부 내용
[제4절 비유동자산] : 유형자산의 손상, 유형자산의 특수한 거래
[제5절 부채] : 유효이자율법, 사채의 조기상환, 충당부채 일부 내용, 우발부채
[제9절 회계변경과 오류수정] : 전체 내용

제 1 절 | 회계의 기본개념

01 회계의 정의

회계(Accounting)란 회계정보이용자가 합리적인 판단과 의사결정을 할 수 있도록 기업의 경제적 활동에 관한 유용한 정보를 식별, 측정, 기록하여 전달하는 과정을 말한다.

02 회계의 종류

최근 71회 시험 중 **2**회 기출

회계는 주된 정보이용자가 누구인지에 따라 크게 재무회계(Financial Accounting)와 원가회계(관리회계 또는 원가관리회계라고도 함, Cost and Management Accounting)로 분류된다. 재무회계는 외부정보이용자를, 원가회계는 내부정보이용자를 주된 정보이용자로 하는 회계이다.

구 분	재무회계	원가회계
정보이용자	외부정보이용자(주주, 채권자)	내부정보이용자(경영자)
목 적	외부정보이용자의 공통된 요구를 충족시키기 위한 일반목적 재무제표(Financial Statements) 작성을 주요 목적으로 함	경영자의 영업활동에 필요한 재무정보를 산출하고 이를 분석하는 것을 주요 목적으로 함
정보전달수단	재무제표	특수목적 보고서
작성원칙	일반적으로 인정된 회계원칙(GAAP : Generally Accepted Accounting Principles)에 따라 작성	특별한 기준이나 일정한 원칙에 구애받지 않고 작성

03 회계의 기본가정과 특징

최근 71회 시험 중 2회 기출

회계에는 ① 계속기업, ② 기업실체, ③ 기간별 보고라는 기본가정이 깔려 있으며, ④ 발생주의를 기본적 특징으로 한다.

<table>
<tr><td>계속기업의 가정
(Going Concern)</td><td>· 계속기업의 가정이란 기업이 예상가능한 기간 동안 영업을 계속할 것이라는 가정을 말한다.
· 이는 앞으로 학습하게 될 여러 가지 회계처리에 대하여 이론적인 근거를 제공한다.</td></tr>
<tr><td>기업실체의 가정
(Business Entity)</td><td>· 회계에서는 기업을 소유주와 분리된 독립적인 존재로 보아 기업실체라고 부른다.
· 기업실체의 가정이란 기업의 관점에서 경제활동에 대한 정보를 측정, 보고한다는 가정을 말한다.
· 예를 들어 기업의 지분 전액을 한 사람이 보유하고 있는 경우라 하더라도, 기업은 소유주와 분리된 별도의 회계단위로 인정되며 회계 처리의 주체는 기업이다.
· 경제활동을 측정, 보고하기 위하여 구분하는 장소적 범위를 회계단위라고 한다. 일반적으로 하나의 기업이 하나의 회계단위가 된다.</td></tr>
<tr><td>기간별 보고의 가정
(Periodicity)</td><td>· 기간별 보고의 가정이란 기업의 존속기간을 일정한 기간 단위로 분할하여 각 기간 단위별로 정보를 측정, 보고한다는 가정을 말한다.
· 기업의 경제활동은 사업을 개시하는 날부터 계속적으로 이루어지므로 경영성과를 파악하기 위해서는 인위적으로 6개월 또는 1년 등으로 구분하여 기간적 범위를 설정하여야 하는데, 이를 회계연도 또는 회계기간이라 한다.
· 회계기간은 1년을 초과할 수 없다. 개인기업은 회계기간이 1월 1일부터 12월 31일까지로 정해져 있으며, 법인기업은 기업이 정관에서 정한 기간으로 한다.</td></tr>
<tr><td>발생주의
(Accrual Basis)</td><td>· 수익과 비용을 인식하는 시점을 언제로 볼 것인지에 대한 기준으로 현금기준과 발생기준이 있을 수 있는데, 회계에서는 이 중 발생기준에 따른다.
<table><tr><td>현금기준
(현금주의, Cash Basis)</td><td>현금이 유입될 때 수익으로 인식하고, 현금이 유출될 때 비용으로 인식한다.</td></tr><tr><td>발생기준
(발생주의, Accrual Basis)</td><td>현금의 수수에 관계없이 거래나 사건이 발생한 시점에 수익과 비용을 인식한다.</td></tr></table></td></tr>
</table>

04 회계의 질적 특성

회계정보의 질적 특성이란 정보이용자의 의사결정에 유용한 정보를 제공하기 위하여 회계정보가 갖추어야 할 속성을 말한다.

회계정보의 질적 특성은 다음과 같은 체계로 나타낼 수 있다.

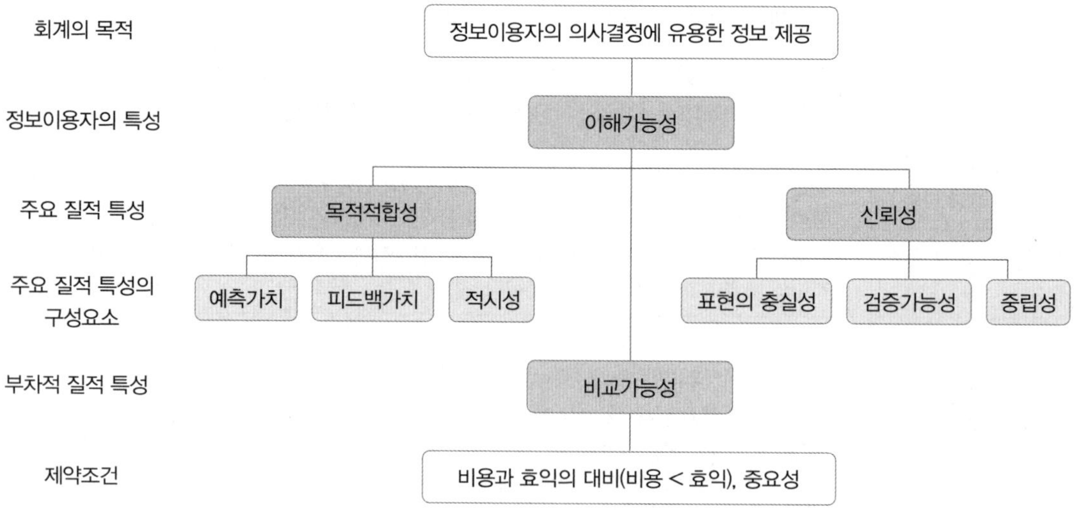

회계정보의 주요 질적 특성은 목적적합성과 신뢰성이다.

목적적합성과 신뢰성은 서로 상충될 수 있으나, 둘 중 어느 하나가 완전히 상실될 경우 그 회계정보는 유용한 정보가 될 수 없다.

이해가능성은 회계정보이용자가 갖추어야 할 특성으로 볼 수 있고, 비교가능성은 목적적합성과 신뢰성을 충족시킨 다음 확보하여야 하는 부차적 특성에 해당한다.

(1) 이해가능성

이해가능성이란 회계정보는 회계정보이용자가 쉽게 이해할 수 있어야 한다는 것을 말한다. 이는 회계정보이용자가 기업실체의 경제활동에 대한 지식을 가지고 회계정보를 이해하기 위해 노력을 할 것이라는 가정을 전제로 하는 것이므로 회계정보이용자가 갖추어야 할 특성으로 해석된다.

(2) 목적적합성

목적적합성이란 회계정보는 정보이용자의 의사결정 목적과 관련 있어야 한다는 특성을 말한다.

목적적합성의 구성요소는 다음과 같다.

예측가치	회계정보는 기업실체의 재무상태, 경영성과, 순현금흐름 등에 관한 정보이용자의 미래 예측에 활용될 수 있어야 한다.
피드백가치	회계정보는 기업실체의 재무상태, 경영성과, 순현금흐름 등에 관한 정보이용자의 당초 기대치를 확인시켜주거나 수정시켜줄 수 있어야 한다.
적시성	회계정보는 정보이용자가 의사결정을 하는 시점에 이용 가능해야 한다.

(3) 신뢰성

신뢰성이란 회계정보는 믿을 수 있는 것이어야 한다는 특성을 말한다.

신뢰성의 구성요소는 다음과 같다.

표현의 충실성	회계정보는 기업실체의 경제적 자원과 의무, 그리고 이들의 변동을 정확한 측정치로 충실하게 표현하여야 한다.
검증가능성	회계정보는 **동일한 경제적 사건이나 거래**에 대하여 동일한 측정방법을 적용할 경우 **다수의 측정자가 각각 독립적으로 측정**하더라도 거의 **유사한 측정치**에 도달하게 되는 것이어야 한다.
중립성	회계정보는 의도적으로 미리 정해 놓은 특정한 결과를 가져오게 하는 편견이나 편의가 없어야 한다.

(4) 비교가능성

비교가능성이란 회계정보는 기간별로, 그리고 기업 간에 비교 가능한 것이어야 한다는 특성을 말한다.

계속성 (기간별 비교가능성)	여러 회계기간에 걸쳐 일관된 회계처리방법을 사용하여 기간별로 비교가 가능하여야 한다.
통일성 (기업 간 비교가능성)	여러 기업이 동일한 회계처리방법을 사용하여 기업 간에 비교가 가능하여야 한다.

(5) 제약조건

① 비용과 효익의 대비

비용과 효익의 대비란 어떠한 회계정보에서 기대되는 효익은 그 정보를 제공하기 위하여 소요되는 원가보다 커야 한다는 것을 말한다. (비용 < 효익)

② 중요성

중요성이란 회계정보가 정보이용자의 의사결정에 영향을 미치는 정도를 말한다. 어떠한 회계정보가 **잘못 표시되거나 생략됨으로 인하여 정보이용자의 의사결정이 잘못될 수 있다면** 해당 정보는 중요한 정보인 것으로 볼 수 있다.

참고 보수주의

재무적 기초를 견고히 하고자 하는 취지에서, 가능한 한 자산과 수익은 작게, 부채와 비용은 크게 회계처리하는 것을 말한다. 보수주의에 입각한 회계처리의 대표적인 예는 다음과 같다.

· 우발부채의 처리	· 재고자산의 저가법 평가	· 광고비 지출액의 비용 처리

05 기업회계기준

다양한 외부정보이용자에게 제공되는 회계정보가 유용한 것이 되기 위해서는 그 회계정보가 일정한 기준에 따라 작성된 것이어야 한다.

기업이 회계처리를 하거나 재무제표를 작성할 때 기준으로 삼는 원칙을 '일반적으로 인정된 회계원칙(GAAP : Generally Accepted Accounting Principles)'이라고 하며, GAAP을 성문화한 규정들을 통칭하여 기업회계기준이라고 부른다.

우리나라의 기업회계기준은 금융위원회의 권한을 위임받아 한국회계기준원에서 제정하고 있으며, 다음과 같이 구성되어 있다.

구 분	내 용
한국채택국제회계기준 (K-IFRS)[1]	재무제표의 국제적 통일성 향상과 국가경쟁력 강화를 도모하고자, 국제회계기준위원회가 공표하는 회계기준에 맞추어 제정한 새로운 회계기준
일반기업회계기준	K-IFRS를 적용하지 않는 기업을 위하여 종전의 기업회계기준을 수정·보완하여 제정한 편람식 회계기준
중소기업회계기준[2]	중소기업이 회계처리를 단순화할 수 있도록 제정한 회계기준

1) K-IFRS : Korean-International Financial Reporting Standards

2) 중소기업회계기준은 일반기업회계기준 중에서 중소기업에 허용되는 특례들만 모아 놓은 규정집으로서, 일반기업회계기준의 일부로 볼 수 있음

우리나라 기업이 선택할 수 있는 기업회계기준은 다음과 같이 요약할 수 있다.

구 분		K-IFRS	일반기업회계기준	중소기업회계기준
외부감사대상 기업[1]	상장기업[2]	○		
	비상장기업	○	○	
외부감사대상이 아닌 기업		○	○	○

1) 외부감사대상 : '주식회사의 외부감사에 관한 법률'에서 정하는 일정 규모(예 직전 사업연도 말의 자산총액 120억 원) 이상의 기업

2) 상장기업이란 증권거래소나 코스닥 등의 유가증권 시장에 등록되어 주식이 거래되고 있는 기업을 말하며, 상장기업은 반드시 K-IFRS를 적용하여야 함

이 책에서는 K-IFRS와 일반기업회계기준(중소기업회계기준 포함)에서 공통으로 규정하고 있는 내용을 학습하게 되며, 전산세무 자격시험은 일반기업회계기준을 출제범위로 한다.

06 재무제표

빈출 최근 71회 시험 중 16회 기출

재무제표란 외부정보이용자에게 기업에 관한 유용한 회계정보를 전달하기 위하여, 기업회계기준에 따라 일정한 양식으로 작성하는 보고서를 말한다.

(1) 재무제표의 작성 책임

재무제표를 작성할 책임은 일차적으로 경영자에게 있다.

(2) 재무제표의 종류

일반기업회계기준에 따르면 재무제표의 종류는 다음과 같다.

재무상태표	일정 시점 현재 기업의 재무상태(자산, 부채, 자본)를 나타내는 보고서
손익계산서	일정 기간 동안의 기업의 경영성과(수익, 비용)를 나타내는 보고서
자본변동표	기업의 자본에 관하여 일정 시점 현재 크기와 일정 기간 동안의 변동 내역을 나타내는 보고서
현금흐름표	기업의 현금에 관하여 일정 시점 현재 크기와 일정 기간 동안의 변동(유입, 유출) 내역을 나타내는 보고서
주 석	재무제표상의 과목 또는 금액에 기호를 붙여 해당 항목에 대한 추가적인 정보를 나타내는 별지

기출포인트

- 주석은 재무제표 뒷부분에 있는 별지를 말한다. 여기에는 재무제표상의 과목 또는 금액 중 기호가 표시된 항목들에 대한 세부내역이 기재된다. 이뿐만 아니라 기업이 적용한 기업회계기준(K-IFRS or 일반기업회계기준), 금액으로 표시되지 않은 소송사건 등과 같이 재무제표를 이해하는 데 필요한 여러 정보가 기재되므로 주석은 재무제표에 포함된다.
- 주기는 재무제표상의 과목 다음에 간단한 단어나 금액을 괄호 안에 표시하는 것을 말한다. 주기는 단순히 부연설명 역할만 하는 것이므로 재무제표에 포함되지 않는다.
- 이익잉여금처분계산서(결손금처리계산서)는 재무제표에 포함되지 않는다. 다만 상법 등 관련 법규에서 요구하는 경우에는 주석에 포함하여 공시할 수 있다.

(3) 재무제표의 특성과 한계

- 재무제표는 화폐단위로 측정된 정보를 주로 제공한다.
- 재무제표는 대부분 과거에 발생한 거래나 사건에 대한 정보를 나타낸다.
- 재무제표는 추정에 의한 측정치를 포함하고 있다.
- 재무제표는 특정 기업실체에 관한 정보를 제공하며, 산업 또는 경제 전반에 관한 정보를 제공하지 않는다.

07 재무상태표

최근 71회 시험 중 8회 기출

재무상태표는 기업의 재무상태를 보고하기 위하여 일정 시점 현재의 자산, 부채, 자본을 나타내는 보고서이다.

(1) 재무상태표의 기본구조

재무상태표

xx기업 20x1년 12월 31일 현재

자산	부채
유동자산	유동부채
당좌자산	비유동부채
재고자산	자본
비유동자산	자본금
투자자산	자본잉여금
유형자산	자본조정
무형자산	기타포괄손익누계액
기타비유동자산	이익잉여금

(2) 재무상태표의 작성기준

구분 표시	· 자산, 부채, 자본 중 중요한 항목에 대해서는 별도 항목으로 구분 표시하여야 한다.
총액주의	· 자산, 부채, 자본은 총액으로 기재함을 원칙으로 한다. 자산 항목과 부채·자본 항목을 상계함으로써 그 전부 또는 일부를 재무상태표에서 제외하여서는 안 된다.
1년 기준	· 자산과 부채는 '보고기간 종료일로부터 1년'을 기준으로 각각 유동과 비유동으로 구분한다. 다만, '보고기간 종료일로부터 1년'을 초과하더라도 '정상적인 1영업주기' 이내인 경우에는 유동으로 분류할 수 있다. · 정상영업주기란 영업활동을 위하여 자산을 취득하는 시점부터 그 자산을 외부로 팔고 판매대금을 회수하는 시점까지 소요되는 기간을 말한다. 정상영업주기를 명확하게 식별할 수 없는 경우에는 이를 1년으로 추정한다.
유동성 배열법	· 자산과 부채는 유동성이 높은 계정(현금화하기 쉬운 계정)부터 배열한다. · 이에 따라, 재무상태표의 자산은 '당좌자산, 재고자산, 투자자산, 유형자산, 무형자산, 기타비유동자산'의 순서로 배열한다.
잉여금의 구분	· 법인 기업의 경우 자본 항목 중 잉여금은 자본거래에서 발생한 자본잉여금과 손익거래에서 발생한 이익잉여금을 구분하여 표시한다.
미결산항목 표시금지	· 가지급금, 가수금 등과 같은 미결산항목 또는 비망계정이 있는 경우에는 동 항목이 재무상태표상 자산·부채 항목으로 표시되지 않도록 그 내용을 나타내는 적절한 계정으로 대체하여야 한다.

기출확인문제

문제	정답 및 해설
다음 중 재무상태표에 대한 설명으로 옳은 것은? (제51회) ① 재무상태표는 자산, 부채, 자본으로 구성되어 있다. ② 재무상태표는 일정 기간 동안의 기업의 경영성과에 대한 정보를 제공해 준다. ③ 기타포괄손익누계액은 부채에 해당한다. ④ 자산과 부채는 원칙적으로 상계하여 순액으로 표시하여야 한다.	정답 ① 해설 ② 손익계산서에 대한 설명이다. ③ 기타포괄손익누계액은 자본에 해당한다. ④ 자산과 부채는 원칙적으로 상계하지 않고 총액으로 표시하여야 한다.

08 손익계산서

최근 71회 시험 중 5회 기출

손익계산서는 기업의 경영성과를 보고하기 위하여 일정 기간 동안의 수익, 비용, 순이익을 나타내는 보고서이다.

(1) 손익계산서의 기본구조

손익계산서

xx기업 20x1년 1월 1일부터 20x1년 12월 31일까지

Ⅰ. 매출액	
Ⅱ. 매출원가	
Ⅲ. 매출총이익	(= 매출액 – 매출원가)
Ⅳ. 판매비와관리비	
Ⅴ. 영업이익	(= 매출총이익 – 판매비와관리비)
Ⅵ. 영업외수익	
Ⅶ. 영업외비용	
Ⅷ. 법인세비용차감전순이익	(= 영업이익 + 영업외수익 – 영업외비용)
Ⅸ. 법인세비용	
Ⅹ. 당기순이익	(= 법인세비용차감전순이익 – 법인세비용)

(2) 손익계산서의 작성기준

발생주의	· 수익과 비용이 그 현금의 유출입이 있는 기간이 아니라 해당 거래나 사건이 발생한 기간에 정당하게 배분되도록 회계처리 하여야 한다.
실현주의	· 실현주의란 발생주의를 구현하기 위한 수익 인식의 원칙으로서, "수익은 실현된 기간에 인식하여야 한다."는 원칙을 말한다. · 수익이 실현되는 시점은 "㉠ 수익획득을 위한 노력이 완료되거나 실질적으로 거의 완료되고 ㉡ 금액을 합리적으로 측정할 수 있는 때"를 의미한다. · 예를 들어 상품을 판매하고 한 달 후에 대금을 받는 거래에서, 상품 포장 완료, 주문 수령, 상품 인도, 대금 회수 등 여러 시점 중에서 상품 인도 시점을 수익이 실현되는 시점으로 보아 그 시점에 수익을 인식한다.
수익·비용 대응의 원칙	· 수익·비용 대응의 원칙이란 발생주의를 구현하기 위한 비용 인식의 원칙으로서, "비용은 그와 관련된 수익이 인식되는 기간에 그 관련 수익에 대응시켜서 인식해야 한다."는 원칙을 말한다.
총액주의	· 수익과 비용은 총액으로 기재함을 원칙으로 한다. 수익 항목과 비용 항목을 직접 상계함으로써 그 전부 또는 일부를 손익계산서에서 제외하여서는 안 된다.
구분 계산	· 손익계산서상 이익은 매출총이익, 영업이익, 법인세비용차감전순이익, 당기순이익으로 구분하여 계산하여야 한다.

참고 비용의 인식방법 3가지

비용을 인식하는 가장 기본적인 원칙은 수익·비용 대응의 원칙이다. 그러나 수익과 비용의 직접적인 인과관계를 파악할 수 없을 때에는, 발생 즉시 비용으로 인식하거나, 또는 합리적으로 추정된 여러 기간으로 나누어 비용으로 인식하는 방법도 사용되고 있다.

관련 수익에 직접 대응	관련 수익과 직접적인 인과관계를 파악할 수 있는 비용은 관련 수익에 직접 대응시킨다. 예 당기 매출액에 대한 당기 매출원가
즉시 비용처리	관련 수익과 직접적인 인과관계를 파악할 수 없고 당해 지출이 미래 경제적 효익을 제공하지 못하거나 미래 경제적 효익의 유입가능성이 불확실한 경우에는 이를 발생 즉시 비용으로 처리한다. 예 광고선전비
합리적이고 체계적인 방법에 의한 기간배분	관련 수익과의 직접적인 인과관계를 파악할 수는 없지만 당해 지출이 일정 기간 동안 수익창출활동에 기여하는 것으로 판단되면 이를 해당되는 기간에 걸쳐 합리적이고 체계적으로 배분하여 비용으로 처리한다. 예 감가상각비

핵심기출문제

* 본서에 수록된 기출문제의 날짜는 학습효과를 높이기 위하여 일부 수정함

01 다음 중 재무회계에 관한 설명으로 가장 적절하지 않은 것은? [제32회 수정]

① 재무제표에는 재무상태표, 손익계산서, 자본변동표, 현금흐름표, 주석이 있다.
② 특정 시점의 재무상태를 나타내는 보고서는 재무상태표이다.
③ 기업의 내부이해관계자에게 유용한 정보를 제공하는 것을 주된 목적으로 한다.
④ 일반적으로 인정된 회계원칙의 지배를 받는다.

02 회계이론을 연역적으로 설명하기 위하여 기본적인 가정 또는 전제가 필요하다. 재무제표를 작성·공시하는 데 있어 기초가 되는 기본 가정이 아닌 것은? [제21회 수정]

① 기업실체
② 화폐단위 측정
③ 기간별 보고
④ 계속기업

03 다음은 회계정보가 정보이용자의 의사결정에 유용성을 충족하기 위해서 갖추어야 할 회계정보의 질적 특성 중 목적적합성에 대한 설명이다. 목적적합성의 하부 속성에 해당하지 않는 것은? [제49회]

① 예측가치
② 표현의 충실성
③ 피드백가치
④ 적시성

04 재무제표정보의 질적 특성인 신뢰성에 대한 내용이 아닌 것은? [제58회]

① 재무정보가 의사결정에 반영될 수 있도록 적시에 제공되어야 한다.
② 재무정보가 특정 이용자에게 치우치거나 편견을 내포해서는 안 된다.
③ 거래나 사건을 사실대로 충실하게 표현하여야 한다.
④ 동일 사건에 대해 다수의 서로 다른 측정자들이 동일하거나 유사한 측정치에 도달하여야 한다.

05 다음 중 회계정보가 갖추어야 할 질적 특성에 대한 설명으로 틀린 것은? [제28회]

① 예측가치란 회계정보이용자가 기업실체의 미래 재무상태, 경영성과, 순현금흐름 등을 예측하는 데에 그 정보가 활용될 수 있는 능력을 의미한다.
② 피드백가치란 제공되는 회계정보가 기업실체의 재무상태, 경영성과, 순현금흐름 등에 대한 정보이용자의 당초 기대치를 확인 또는 수정되게 함으로써 의사결정에 영향을 미칠 수 있는 능력을 말한다.
③ 중립성이란 동일한 경제적 사건이나 거래에 대하여 동일한 측정방법을 적용할 경우 다수의 독립적인 측정자가 유사한 결론에 도달할 수 있어야 함을 의미한다.
④ 표현의 충실성은 재무제표상의 회계수치가 회계기간 말 현재 기업실체가 보유하는 자산과 부채의 크기를 충실히 나타내야 한다는 것이다.

정답 및 해설

01 ③ 기업의 내부이해관계자에게 유용한 정보를 제공하는 것을 주된 목적으로 하는 것은 관리회계이다.

02 ② 화폐단위 측정은 기본 가정에 해당하지 않는다. 재무제표는 일정한 가정하에서 작성되며, 기본가정에는 기업실체에 대한 가정, 기간별 보고의 가정, 계속기업의 가정이 있다.

03 ② 표현의 충실성, 검증가능성, 중립성은 회계정보의 질적 특성 중 신뢰성을 갖추기 위한 속성에 해당한다.

04 ① 적시성에 대한 내용으로 예측가치, 피드백가치와 함께 목적적합성에 해당한다.

05 ③ 중립성이 아니라 검증가능성에 대한 설명이다.

06 일반기업회계기준에서 계속성의 원칙을 중요시하는 이유는? [제54회]

① 중요한 회계정보를 필요한 때에 적시성 있게 제공하기 위함이다.
② 기간별로 재무제표의 비교를 가능하도록 하기 위함이다.
③ 수익과 비용을 적절히 대응하기 위함이다.
④ 기업 간 회계처리의 비교가능성을 제고하기 위함이다.

07 다음 중 보수주의에 대한 설명으로 잘못된 것은? [제59회]

① 우발부채의 인식은 보수주의에 해당한다.
② 보수주의는 재무적 기초를 견고히 하는 관점에서 이익을 낮게 보고하는 방법을 선택하는 것을 말한다.
③ 재고자산의 평가 시 저가법을 적용하는 것은 보수주의에 해당한다.
④ 보수주의는 이익조작의 가능성이 존재하지 않는다.

08 다음 중 일반기업회계기준에서 설명하고 있는 재무제표의 특성과 한계가 아닌 것은? [제43회 수정]

① 재무제표는 추정에 의한 측정치를 허용하지 않는다.
② 재무제표는 화폐단위로 측정된 정보를 주로 제공한다.
③ 재무제표는 대부분 과거에 발생한 거래나 사건에 대한 정보를 나타낸다.
④ 재무제표는 특정 기업실체에 관한 정보를 제공하며, 산업 또는 경제 전반에 관한 정보는 제공하지 않는다.

09 다음 중 재무상태표 구성요소의 구분과 관련된 설명 중 틀린 것은? [제53회]

① 유동자산은 당좌자산, 매출채권, 재고자산으로 구분한다.
② 비유동자산은 투자자산, 유형자산, 무형자산, 기타 비유동자산으로 구분한다.
③ 부채는 유동부채와 비유동부채로 구분한다.
④ 자본은 자본금, 자본잉여금, 자본조정, 기타포괄손익누계액 및 이익잉여금(또는 결손금)으로 구분한다.

10 다음은 재무제표의 작성과 관련된 설명이다. 올바르지 않은 것은? [제98회]

① 자산·부채 및 자본은 총액에 의하여 기재함을 원칙으로 하며, 자산·부채의 항목 및 자본의 항목을 상계함으로써 그 전부 또는 일부를 재무상태표에서 제외하여서는 안 된다.
② 자산과 부채는 1년을 기준으로 하여 유동자산 또는 비유동자산, 유동부채 또는 비유동부채로 구분하는 것을 원칙으로 한다.
③ 자산과 부채는 유동성이 높은 항목부터 배열하는 것을 원칙으로 한다.
④ 중요한 항목은 재무제표의 본문이나 주석에서 성격이나 기능이 유사한 항목과 통합하여 표시하여야 한다.

정답 및 해설

06 ② 계속성의 원칙은 회계처리의 기간별 비교를 위해 중요시된다.

07 ④ 보수주의에서는 자산과 수익은 작게, 부채와 비용은 크게 회계처리하므로 이익조작의 가능성이 존재한다.

08 ① 재무제표는 추정에 의한 측정치를 포함하고 있다.

09 ① 유동자산은 당좌자산과 재고자산으로 구분한다.

10 ④ 중요한 항목은 재무제표의 본문이나 주석에 그 내용을 가장 잘 나타낼 수 있도록 구분하여 표시하여야 하며, 중요하지 않은 항목은 성격이나 기능이 유사한 항목과 통합하여 표시할 수 있다.

제2절 | 당좌자산

01 당좌자산

최근 71회 시험 중 5회 기출

(1) 유동자산

유동자산이란 보고기간 종료일로부터 1년 이내에 현금화되는 자산을 말한다.

유동자산은 당좌자산과 재고자산으로 나누어진다.

(2) 당좌자산의 정의

당좌자산이란 판매과정을 거치지 않고 보고기간 종료일로부터 1년 이내에 현금화되는 자산을 말한다.

(3) 당좌자산에 해당하는 계정과목

계정과목	내 용
현 금	통화(지폐, 동전)와 통화대용증권(타인발행수표, 자기앞수표, 우편환증서 등)
보통예금	수시로 자유로이 입·출금할 수 있는 통장식 은행예금
당좌예금	은행과의 당좌거래 약정에 의하여 당좌수표를 발행할 수 있는 예금
현금성자산	채무증권이나 금융상품 중에서 취득 당시에 만기가 3개월 이내인 것
현금및현금성자산	외부보고용 재무상태표에서 사용되는 **통합 표시 계정**으로서, '현금 + 요구불예금(보통예금, 당좌예금 등) + 현금성자산'을 말함
단기금융상품[1)]	만기가 결산일로부터 1년 이내에 도래하는 금융상품(정기예금, 정기적금, 양도성예금증서(CD), CMA 등)으로서 현금성자산이 아닌 것
단기매매증권[1)]	기업이 여유자금으로 단기간 내에 매매차익을 얻기 위하여 취득하는 유가증권(주식 등 지분증권, 회사채 등 채무증권)
단기대여금[1)]	차용증서를 받고 타인에게 빌려준 금전으로서 만기가 결산일로부터 1년 이내에 도래하는 것
외상매출금	기업의 주된 영업활동(일반적인 상거래)인 상품매출을 하고 아직 받지 않은 외상대금
받을어음	기업의 주된 영업활동(일반적인 상거래)인 상품매출을 하고 이에 대한 대금으로 상대방으로부터 받은 어음
매출채권	외부보고용 재무상태표에서 사용되는 **통합 표시 계정**으로서, '외상매출금 + 받을어음'을 말함
대손충당금	상대방의 파산 등의 사유로 인하여 외상매출금, 받을어음 등을 회수하지 못할 가능성을 추정하여 금액으로 표시하는 차감적 평가계정 참고 외상매출금, 받을어음 등의 차감계정

미수금	일반적인 상거래 이외의 거래에서 발생한 외상대금
미수수익	당기에 속하는 수익 중 차기에 회수될 예정인 것(미수이자, 미수임대료 등)으로서 기말 결산 시 발생주의에 따라 추가 계상하는 수익상당액
선급금	계약금 성격으로 미리 지급한 대금
선급비용	당기에 지급한 비용 중 차기 비용에 해당하는 부분(선급이자, 선급임차료, 선급보험료 등)으로서 기말 결산 시 발생주의에 따라 차감하는 비용상당액
소모품	소모품 구입 시 이를 자산으로 처리한 것
가지급금	금전을 지급하였으나 그 내용이 확정되지 않았을 경우 그 내용이 확정될 때까지 임시적으로 사용하는 계정과목
부가세대급금	외부로부터 재화나 용역을 구입할 때 부담하는 부가가치세로서 매입세액공제를 받을 수 있는 것
선납세금	법인세 중간예납세액 + 법인의 이자수익에 대한 원천납부세액
현금과부족	장부상 현금 잔액과 금고에 있는 실제 현금 잔액이 일치하지 않을 경우 그 원인이 밝혀질 때까지 임시적으로 사용하는 계정과목

[1] 외부보고용 재무상태표를 작성할 때 '단기금융상품 + 단기매매증권 + 단기대여금'에 대하여, 각 항목의 금액이 중요한 경우에는 각각 구분 표시하지만, 중요하지 않은 경우에는 이를 합하여 '단기투자자산'계정으로 통합 표시할 수 있다.

참고 기업 내부 목적용 상세 계정과목

기업 내부적으로 거래를 자세히 기록·관리하기 위하여 필요한 경우에는 상세 계정과목을 사용하여 회계처리한 다음, 재무제표를 작성할 때 상기 계정과목으로 합산하여 표시한다. 예를 들어, 단기금융상품에 대한 상세 계정과목에는 정기예금, 정기적금 등이 있다.

02 현금및현금성자산

빈출 최근 71회 시험 중 13회 기출

현금및현금성자산이란 자산 중에서 결제수단으로 자유롭게 사용 가능한 것들을 통틀어 나타내는 개념으로서 '현금 + 요구불예금(보통예금, 당좌예금 등) + 현금성자산'으로 구성되어 있다.

기업 내부적으로 회계처리를 할 때는 현금 계정, 보통예금 계정 등을 사용하고, 외부보고용 재무제표를 작성할 때는 현금및현금성자산 계정으로 통합 표시한다.

(1) 현금

현금은 기업이 보유하고 있는 자산 중 유동성이 가장 높은 자산이다.

회계상 현금은 지폐나 동전 등의 통화뿐만 아니라 통화처럼 사용할 수 있는 통화대용증권을 포함한다. 예를 들어 거래처로부터 통화대용증권인 자기앞수표를 받은 경우 이는 장부에 현금 계정으로 기록된다.

- 통화 : 지폐, 동전
- 통화대용증권 : 은행발행 자기앞수표, 타인발행 당좌수표, 송금수표, 우편환증서, 만기가 도래한 공·사채의 이자표, 배당금지급통지표 등

기출포인트

우표나 수입인지는 통화대용증권(현금)으로 보지 않고 통신비나 세금과공과 등 비용으로 분류한다.

(2) 요구불예금

요구불예금이란 만기 없이 언제든지 인출할 수 있는 예금을 말하며, 보통예금, 당좌예금 등이 여기에 해당한다.

- 보통예금 : 만기 없이 수시로 자유로이 입·출금할 수 있는 통장식 은행예금
- 당좌예금 : 은행과의 당좌거래 약정에 의하여 현금을 예입하고 당좌수표를 발행하여 언제든지 인출할 수 있는 예금

(3) 현금성자산

현금성자산이란 ㉠ 큰 거래비용 없이 현금으로 전환이 용이하고 ㉡ 이자율 변동에 따른 가치변동의 위험이 중요하지 않은 것으로서 ㉢ **취득 당시**에 만기가 3개월 이내인 **채무증권 또는 금융상품**을 말한다.

만기가 3개월 이내인지 여부를 판단하는 기산일은 결산일이 아니라 취득일이라는 점에 주의해야 한다.

주식(지분증권)은 만기가 없기 때문에 현금성자산에 포함되지 않는다. 다만, 상환우선주의 경우에는 만기 성격인 상환일이 정해져 있으므로 예외로 한다.

현금성자산의 예는 다음과 같다.

- 취득 당시에 만기가 3개월 이내에 도래하는 채무증권(국채, 공채, 회사채)
- 취득 당시에 상환일이 3개월 이내에 도래하는 상환우선주
- 취득 당시에 3개월 이내의 환매조건인 환매채
- 취득 당시에 만기가 3개월 이내에 도래하는 금융상품(정기예금, 정기적금, CD, CMA 등)

기출확인문제

다음 중 현금및현금성자산에 해당하지 않는 것은? (제74회)

① 자기앞수표
② 수입인지
③ 보통예금
④ 취득 당시 만기가 3개월 이내에 도래하는 양도성예금증서(CD)

정답 ②

해설
수입인지는 현금(통화대용증권)으로 보지 않고 세금과공과 등 비용으로 분류한다.

03 당좌수표와 당좌차월

(1) 당좌수표의 정의

당좌수표란 당좌예금을 예입한 발행인이 수표소지인에게 일정한 금액을 지급하겠다는 내용을 기재한 증서를 말한다.

참고 인터넷뱅킹
최근에는 인터넷뱅킹이 보편화됨에 따라 실무에서 당좌수표는 그 쓰임새가 많이 줄어들었다. 그러나 이론적으로나 수험목적으로는 당좌수표는 여전히 중요한 주제에 해당한다.

(2) 당좌수표의 회계처리

① 당사가 당좌수표를 발행하면 당좌예금 계정을 대변

당좌예금의 예금주인 기업 입장에서 볼 때 당좌수표를 발행하면 당좌예금 잔고가 감소하므로, 당사가 당좌수표를 발행하면 당좌예금 계정을 대변으로(자산의 감소) 회계처리한다.

(차) [계정명]	xxx	(대) 당좌예금	xxx

[사례] 상품을 4,000원에 구입하고 대금은 당좌수표를 발행하여 지급하였다.

(차) 상품	4,000	(대) 당좌예금	4,000

② 타인발행 당좌수표는 현금 계정

타인발행 당좌수표(타인발행수표)란 다른 회사가 발행한 당좌수표를 말한다.

당사 입장에서 볼 때 타인발행 당좌수표는 언제든지 현금으로 바꿀 수 있는 통화대용증권에 해당한다. 따라서 타인발행 당좌수표를 수령하면 현금 계정을 차변으로(자산의 증가), 보유하고 있던 타인발행 당좌수표를 대금 결제에 사용하면 현금 계정을 대변으로(자산의 감소) 회계처리한다.

(차) 현금	xxx	(대) [계정명]	xxx

[사례] 상품을 5,000원에 판매하고 상대방 거래처가 발행한 당좌수표를 받았다.

(차) 현금	5,000	(대) 상품매출	5,000

(차) [계정명]	xxx	**(대) 현금**	xxx

[사례] 상품을 2,000원에 구입하고 대금은 보유하고 있던 타인발행 당좌수표로 지급하였다.

(차) 상품	2,000	(대) 현금	2,000

(3) 당좌차월

기업은 원칙적으로 당좌예금 잔액 범위 내에서 당좌수표를 발행할 수 있고, 잔액을 초과하여 발행하면 은행에서 지급이 거절된다. 그러나 일시적 자금 부족으로 인해 수표의 지급이 거절되고 부도 처리되는 것을 방지하기 위하여, 예금 잔액이 부족하더라도 일정 한도까지는 수표발행을 할 수 있도록 은행과 약정을 맺을 수 있는데, 이를 당좌차월 계약이라고 한다.

당좌차월 계약에 따라 당좌예금 잔액을 초과하여 인출된 금액은 은행으로부터 일시적으로 차입한 금액에 해당하므로 부채로 분류되는 단기차입금 계정으로 회계처리한다.

(차) [계정명]	xxx	**(대) 단기차입금**	xxx

[사례] 당좌예금 잔액은 3,000원인데, 4,000원의 상품을 구입하고 대금을 전액 당좌수표를 발행하여 지급하였다.

(차) 상품	4,000	(대) 당좌예금	3,000
		단기차입금[1]	1,000

[1] 기중에는 '당좌차월'이라는 임시 계정과목을 사용하다가 기말 결산 때 단기차입금으로 계정 대체하는 것도 가능하다.

(4) 자기앞수표의 정의

자기앞수표란 발행인인 은행이 수표소지인에게 일정한 금액을 지급하겠다는 내용을 기재한 증서를 말한다.

즉, 자기앞수표란 발행인이 은행인 수표를 말하는 것이며, 이는 일상생활에서 현금처럼 사용되고 있는 대표적인 통화대용증권에 해당한다.

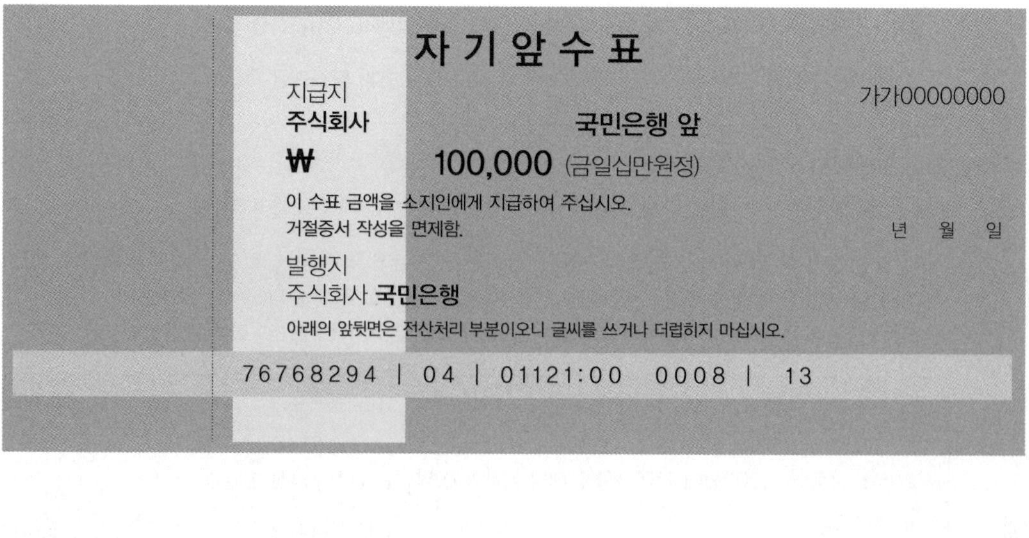

(5) 자기앞수표의 회계처리

자기앞수표는 통화대용증권이므로 현금 계정으로 회계처리한다. 따라서 자기앞수표를 수령하면 현금 계정을 차변으로(자산의 증가), 보유하고 있던 자기앞수표를 대금 결제에 사용하면 현금 계정을 대변으로(자산의 감소) 회계처리한다.

(차) 현금	xxx	(대) [계정명]	xxx

[사례] 상품을 6,000원에 판매하고 자기앞수표를 받았다.

(차) 현금	6,000	(대) 상품매출	6,000

(차) [계정명]	xxx	(대) 현금	xxx

[사례] 상품을 3,000원에 구입하고 대금은 보유하고 있던 자기앞수표로 지급하였다.

(차) 상품	3,000	(대) 현금	3,000

04 단기금융상품

단기금융상품이란 금융기관에서 불특정 다수의 고객을 상대로 개발한 정형화된 금융상품(정기예금, 정기적금, 양도성예금증서(CD), 어음관리계좌(CMA), 환매채(RP), 신종기업어음(CP 등) 중에서 당사가 보유하고 있는 것으로서 만기가 결산일로부터 1년 이내에 도래하지만 현금성자산이 아닌 것을 말한다.

기업이 보유하는 금융상품은 그 만기에 따라 다음과 같이 분류한다.

- 현금및현금성자산 : 취득 당시 만기가 3개월 이내
- 단기금융상품 : 결산일로부터 만기가 1년 이내
- 장기금융상품 : 결산일로부터 만기가 1년 이후

예를 들어 기업이 정기예금을 개설했을 때, 개설 당시에 만기가 3개월 이내에 도래하는 경우에는 현금및현금성자산으로 분류하고, 만기가 결산일로부터 1년 이내에 도래하는 경우에는 단기금융상품으로, 결산일로부터 1년 이후에 도래하는 경우에는 장기금융상품으로 분류한다.

단기금융상품의 경우 기업 내부적으로는 정기예금, 정기적금 등 상세 계정과목을 사용하여 회계처리하고, 재무상태표를 작성할 때에는 단기금융상품 계정으로 합산하여 표시한다.

참고 사용이 제한되어 있는 예금

- 보통예금이나 당좌예금이라 하더라도 사용이 제한되어 있는 경우(예 차입금에 대한 담보로 제공된 예금)에는 이를 현금및현금성자산으로 분류할 수 없다.
- 사용이 제한되어 있는 예금은 만기에 따라 단기·장기금융상품으로 분류하며, 그 내용을 주석에 기재하여야 한다.

| 용어 알아두기 |

- 정기예금 : 정해진 기간 동안 일정한 금액을 예치한 후 만기가 되면 이자와 원금을 돌려받는 금융상품
- 정기적금 : 정해진 기간 동안 매월 일정 금액을 불입한 후 만기가 되면 이자와 원금을 돌려받는 금융상품
- 양도성예금증서(CD, Certificate of Deposit) : 예금의 만기일에 예금증서 소지인에게 원금과 이자를 지급하는 무기명 정기예금 증서
- 어음관리계좌(CMA, Cash Management Account) : 종금사에서 예탁금을 어음이나 채권에 투자하여 그 수익을 돌려주는 실적배당 상품
- 환매채(RP, Repurchase Agreement) : 환매조건부채권의 줄임말로 발행기관이 일정 기간 후에 다시 매입하는 조건으로 판매하는 채권
- 신종기업어음(CP, Commercial Paper) : 신용도 높은 우량기업이 단기적인 자금조달을 위해 발행하는 단기 무담보 융통어음

05 유가증권

빈출 최근 71회 시험 중 **16**회 기출

(1) 개요

유가증권이란 재산적인 권리를 표시하는 증서를 말한다.

유가증권은 증권시장 등을 통하여 거래되며 여유자금이 있는 기업은 이를 취득한다.

유가증권의 형태는 지분증권과 채무증권으로 나눌 수 있다.

지분증권이란 주식 등과 같이 발행한 회사의 순자산에 대한 소유권을 나타내는 유가증권을 말한다. 지분증권은 만기가 없다. 지분증권을 취득하면 보유기간 동안 배당을 받고 주주총회에서 의결권을 행사할 수 있다.

채무증권이란 국채, 공채, 회사채 등과 같이 발행자에게 금전을 청구할 수 있는 권리를 나타내는 유가증권을 말한다. 채무증권은 만기가 있다. 채무증권을 취득하면 보유기간 동안 이자를 받고 만기가 되면 액면금액을 받는다.

(2) 계정과목

기업이 유가증권을 취득하면, 유가증권의 형태가 지분증권(주식)인지 채무증권(채권)인지에 따라, 그리고 기업이 유가증권을 보유하는 목적이 무엇인지에 따라 해당 유가증권을 단기매매증권, 만기보유증권, 지분법적용투자주식, 매도가능증권 중 하나의 계정과목으로 처리한다.

계정과목	보유목적	유가증권 형태		재무상태표에서의 위치
		주 식	채 권	
단기매매증권	단기간 내의 매매차익 목적	O	O	당좌자산
만기보유증권	만기까지 보유할 목적	X	O	투자자산 (만기가 1년 이내로 도래하면 유동자산)
지분법적용투자주식	유의적인 영향력을 행사할 목적	O	X	투자자산
매도가능증권	장기투자 목적	O	O	투자자산 (만기가 1년 이내로 도래하면 유동자산)

기출포인트

- 지분증권(주식)은 만기가 없으므로 만기보유증권 계정과목으로 처리할 수 없다.
- 채무증권(채권)은 주주총회에서 의결권을 행사할 수 없으므로 지분법적용투자주식 계정과목으로 처리할 수 없다.
- 채무증권(채권)이면서 그 만기가 당기 결산일로부터 1년 이내에 도래하는 경우에는, 만기보유증권 계정과목 또는 매도가능증권 계정과목으로 처리되어 있다 하더라도 당기말 재무상태표 작성 시 이를 유동자산(당좌자산)으로 분류한다.
- 만약 채무증권(채권)이면서 취득 당시에 만기가 3개월 이내에 도래하는 경우라면 이를 현금성자산 계정과목(현금및현금성자산)으로 처리한다.

(3) 재분류

- 취득 후 보유목적이 바뀌더라도 기업 임의대로 '단기매매증권 ↔ 다른 범주'로 재분류할 수는 없다.
- 취득 후 보유목적이 바뀌면 '매도가능증권 ↔ 만기보유증권'으로는 재분류할 수 있다.
- **단기매매증권**이 **시장성을 상실한 경우에는 반드시 매도가능증권으로 재분류**하여야 한다.
- 유가증권을 재분류할 때에는 먼저 재분류일 현재의 공정가치로 평가한 후 분류변경을 한다. ('선평가 후분류'의 원칙)

06 단기매매증권

빈출 최근 71회 시험 중 **15**회 기출

단기매매증권이란 단기간 내의 매매차익을 목적으로 취득한 유가증권을 말한다.

(1) 단기매매증권의 취득

단기매매증권의 경우 해당 주식이나 채권의 **순수한 매입가액**(취득 시점의 공정가치)만 **취득원가**로 처리하고, 수수료 등 취득과 관련하여 발생하는 **취득부대비용은 당기 비용(영업외비용)**으로 처리한다.

(차) 단기매매증권	XXX	(대) [계정명]	XXX
수수료비용	XXX		

[사례] 단기매매차익을 목적으로 주식 10주를 주당 2,000원에 매입하였으며 매입수수료 1,000원을 포함하여 현금으로 지급하였다.

(차) 단기매매증권	20,000	(대) 현금	21,000
수수료비용(영업외비용)	1,000		

참고 유가증권 취득 시 취득부대비용의 회계처리

- 자산 취득 시 발생하는 취득부대비용은 해당 자산의 취득원가로 처리하는 것이 원칙이다.
- 단기매매증권의 경우만은 예외적으로 취득부대비용을 당기 비용(영업외비용)으로 처리한다. 이는 단기매매증권의 성격상 순수한 매입가액을 사용하여 매매수익률을 산정해 보아야 할 필요가 있기 때문이다.
- 따라서 취득하는 유가증권을 단기매매증권 계정과목이 아니라 매도가능증권이나 만기보유증권 등의 계정과목으로 처리하는 경우에는, 취득부대비용을 일반적인 원칙에 따라 자산의 취득원가로 처리한다.

(2) 보유기간 중 배당금수익 및 이자수익

단기매매증권을 보유하는 기간 중 주식에 대한 배당금을 받았을 경우에는 배당금수익 계정(수익)을, 채권에 대한 이자를 받았을 경우에는 이자수익 계정(수익)을 인식한다.

(차) [계정명]	xxx	**(대) 배당금수익**	xxx

[사례] 보유 중인 단기매매증권(주식)에 대하여 배당금 1,000원이 보통예금으로 입금되었다.

(차) 보통예금	1,000	(대) 배당금수익	1,000

(차) [계정명]	xxx	**(대) 이자수익**	xxx

[사례] 보유 중인 단기매매증권(채권)에 대하여 이자 1,500원이 보통예금으로 입금되었다.

(차) 보통예금	1,500	(대) 이자수익	1,500

(3) 단기매매증권의 기말평가

단기매매증권을 취득하여 기말 현재 보유하고 있는 경우에는 이를 기말 공정가치(시가)로 평가한다.

기말 공정가치가 평가 전 장부금액보다 크다면 단기매매증권평가이익 계정(수익)을, 기말 공정가치가 평가 전 장부금액보다 작다면 단기매매증권평가손실 계정(비용)을 인식한다.

기말 공정금액 > 평가 전 장부금액 : 단기매매증권평가이익

(차) 단기매매증권	xxx	**(대) 단기매매증권평가이익**	xxx

[사례] 당기중에 단기매매차익을 목적으로 매입가액 10,000원에 취득한 주식의 기말(12월 31일) 공정가치가 12,000원으로 상승하였다.

12월 31일 (차) 단기매매증권	2,000	(대) 단기매매증권평가이익	2,000

기말 공정금액 < 평가 전 장부금액 : 단기매매증권평가손실

(차) 단기매매증권평가손실	xxx	**(대) 단기매매증권**	xxx

[사례] 당기중에 단기매매차익을 목적으로 매입가액 10,000원에 취득한 채권의 기말(12월 31일) 공정가치가 9,000원으로 하락하였다.

12월 31일 (차) 단기매매증권평가손실	1,000	(대) 단기매매증권	1,000

(4) 단기매매증권의 처분

단기매매증권을 처분하는 경우에는 처분금액과 처분 전 장부금액을 비교하여 처분손익을 인식한다.

처분금액이 처분 전 장부금액보다 크다면 단기매매증권처분이익 계정(수익)을, 처분금액이 처분 전 장부금액보다 작다면 단기매매증권처분손실 계정(비용)을 인식한다.

처분금액을 계상할 때, 수수료 등 매각 시 부대비용이 있는 경우에는 매각금액에서 동 부대비용을 차감한 순매각금액을 처분금액으로 본다.

처분 전 장부금액을 계상할 때, 처분하는 단기매매증권이 당기에 취득한 것이라면 취득원가가 곧 장부금액이 되지만, 만약 전기에 취득하여 전기말에 공정가치로 평가한 것이라면 전기말 공정가치가 장부금액이 된다.

처분금액 > 처분 전 장부금액 : 단기매매증권처분이익

(차) [계정명]	xxx	(대) 단기매매증권	xxx
		단기매매증권처분이익	xxx

[사례] 당기 3월 1일에 단기매매차익을 목적으로 매입가액 10,000원에 취득한 주식을 9월 1일에 13,000원에 매각처분하고 대금은 매각수수료 1,000원을 차감한 후 현금으로 받았다.

9월 1일	(차) 현금	12,000	(대) 단기매매증권	10,000
			단기매매증권처분이익	2,000[1]

[1] 처분금액 - 처분 전 장부금액 = (13,000 - 1,000) - 10,000 = 2,000원

처분금액 < 처분 전 장부금액 : 단기매매증권처분손실

(차) [계정명]	xxx	(대) 단기매매증권	xxx
단기매매증권처분손실	xxx		

[사례] 전기 11월 1일에 단기매매차익을 목적으로 주식을 매입가액 14,000원에 취득하고 전기 결산일인 12월 31일에 공정가치 20,000원으로 평가하였다. 이 주식을 당기 8월 1일에 18,000원에 매각처분하고 대금은 매각수수료 2,000원을 차감한 후 현금으로 받았다.

8월 1일	(차) 현금	16,000	(대) 단기매매증권	20,000
	단기매매증권처분손실	4,000[1]		

[1] 처분금액 - 처분 전 장부금액 = (18,000 - 2,000) - 20,000 = (-)4,000원

참고 자산을 취득할 때와 처분할 때 발생하는 운송료, 수수료, 제세금 등의 회계처리

구 분		회계처리
자산 취득 시 운송료, 수수료, 제세금 등	원 칙	자산의 취득과 관련하여 발생하는 취득부대비용은 **자산의 취득원가**로 회계처리한다.
	예 외	단기매매증권의 취득과 관련하여 발생하는 취득부대비용은 **당기비용(영업외비용)**으로 회계처리한다.
자산 처분 시 운송료, 수수료, 제세금 등	일반적인 상거래	기업의 주된 영업활동인 상품매출(재고자산의 처분)과 관련하여 발생하는 부대비용은 **운반비, 수수료비용, 세금과공과 등 별도의 비용 계정**(판매비와관리비)으로 회계처리한다.
	일반적인 상거래 이외의 거래	기업의 주된 영업활동이 아닌 자산의 처분(재고자산이 아닌 자산의 처분)과 관련하여 발생하는 부대비용은 자산의 처분금액에서 직접 차감하여 **해당 자산의 처분손익 계정**(영업외수익 또는 영업외비용)으로 회계처리한다.

07 어음

(1) 어음의 정의

어음(약속어음)이란 발행인이 미래의 일정한 날짜에 어음상의 수취인 또는 어음소지인에게 일정한 금액을 지급하겠다는 내용을 기재한 증서를 말한다.

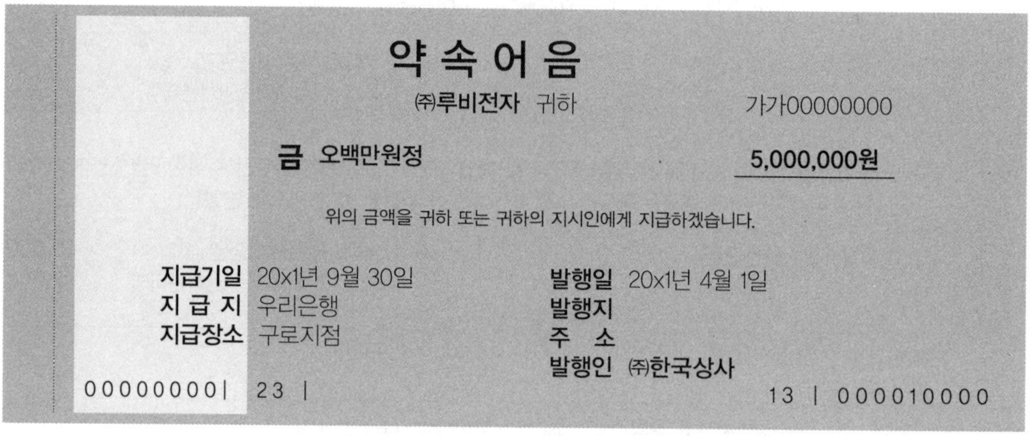
약 속 어 음

㈜루비전자 귀하 가가00000000

금 오백만원정 5,000,000원

위의 금액을 귀하 또는 귀하의 지시인에게 지급하겠습니다.

지급기일 20x1년 9월 30일 발행일 20x1년 4월 1일
지 급 지 우리은행 발행지
지급장소 구로지점 주 소
발행인 ㈜한국상사

00000000I 23 | 13 | 000010000

참고 전자어음

최근에는 실무에서 어음을 발행할 때 종이어음 형태가 아니라 대부분 전자어음 형태로 발행하고 있다. 전자어음이란 작성자의 신원을 확인할 수 있는 공인인증시스템을 거쳐 정보통신망으로 발급하는 어음을 말한다.

(2) 분류

어음(약속어음)은 약속증서일 뿐 채무증권 또는 정형화된 금융상품이 아니므로, 설사 취득 당시에 어음의 만기가 3개월 이내인 경우라 하더라도 이는 현금성자산에 포함되지 않는다.

어음을 타인으로부터 수령하면 향후에 돈을 받을 수 있으므로 이는 수취채권(받을 돈)에 해당하고, 어음을 타인에게 발행하면 향후에 돈을 지급해야 하므로 이는 지급채무(줄 돈)에 해당한다.

(3) 수표와 어음의 차이점

수표소지인과 어음소지인은 모두 증서에 기재된 금액을 받을 수 있다는 공통점이 있지만, 그 시기를 보면 수표소지인은 지금 즉시 받을 수 있는 반면, 어음소지인은 어음의 만기가 되어야 받을 수 있다는 점에서 차이가 있다.

참고 선일자수표

실무에서는 장래의 어느 일자가 발행일로 기재된 수표가 발행되어 유통되는 것을 볼 수 있는데, 이를 선일자수표라고 부른다. 수표는 어음에 비해 발행이 간편한 대신 유효기간이 짧은데, 은행과 어음거래를 할 수 없는 소규모 기업은 수표를 어음처럼 활용하기 위하여 이러한 선일자수표를 발행하게 된다. 따라서, **선일자수표**에 대한 **회계처리**는 **어음**과 **동일**하다. 선일자수표를 수령하거나 발행하면 어음을 수령하거나 발행한 것으로 보고 회계처리한다.

(4) 외상거래와 어음거래의 차이점

어음이라는 증서는 제3자에게 양도가 가능하므로, 어음소지인은 어음의 만기가 되기 전에 자금을 유통할 수 있다는 장점이 있다.

예를 들어, A사가 B사에게 물건을 팔고 대금은 인도일로부터 일정 기간 후에 받기로 했을 때, 어음을 발행하지 않는 단순 외상거래인 경우라면 A사는 대금을 받기로 한 날까지 기다렸다가 B사로부터 돈을 직접 받아야 한다. 이와 달리 B사가 A사에게 어음을 발행한 경우라면 A사는 제3자인 C사에게 어음을 양도하면서 대금을 지불할 수 있으므로 어음의 만기 전이라도 자금을 유통할 수 있다.

08 수취채권과 지급채무

수취채권(채권)이란 타인에게 재화, 용역, 금전을 제공한 대가로 청구할 수 있는 권리(즉, 받을 돈)를 말한다.

지급채무(채무)란 타인에게 재화, 용역, 금전을 제공받은 대가로 지급하여야 할 의무(즉, 줄 돈)를 말한다.

일반적인 상거래란 기업의 사업 목적을 달성하기 위한 계속적·반복적 영업활동(즉, 주된 영업활동)에서 발생하는 거래를 말한다. 도·소매업을 영위하는 기업의 경우 상품을 구입하는 거래(재고자산의 취득)와 상품을 판매하는 거래(재고자산의 처분), 제조업을 영위하는 기업의 경우 원재료를 구입하는 거래(재고자산의 취득)와 제품을 판매하는 거래(재고자산의 처분)가 이에 해당한다.

수취채권과 지급채무에 대하여 사용하는 계정과목은 다음과 같다.

구 분		수취채권(자산)	지급채무(부채)
일반적인 상거래	외 상	외상매출금	외상매입금
	어 음	받을어음	지급어음
일반적인 상거래 이외의 거래	외 상	미수금	미지급금
	어 음		
금전대차거래		대여금	차입금

일반적인 상거래 이외의 거래에서 어음을 수령하는 경우

(차) 미수금	XXX	(대) [계정명]	XXX

[사례] 사용하던 토지(장부금액 : 50,000원)를 50,000원에 매각하고 어음을 받았다.

(차) 미수금	50,000	(대) 토지	50,000

일반적인 상거래 이외의 거래에서 어음을 발행하여 지급하는 경우

(차) [계정명]	XXX	(대) 미지급금	XXX

[사례] 사무실에서 사용할 비품을 4,000원에 구입하고 대금은 어음을 발행하여 지급하였다.

(차) 비품	4,000	(대) 미지급금	4,000

기출포인트

일반적인 상거래 이외의 거래(예 유형자산의 처분이나 구입)에서는 어음을 수령하거나 발행하더라도 이를 받을어음 계정이나 지급어음 계정이 아니라 미수금 계정이나 미지급금 계정으로 회계처리한다.

참고 '채권'이라는 용어의 서로 다른 두 가지 뜻

채 권	≠	채 권
‖		‖
'수취채권'의 줄임말		'채무증권'의 줄임말
‖		‖
'받을 돈'을 의미함		예 국채, 공채, 회사채

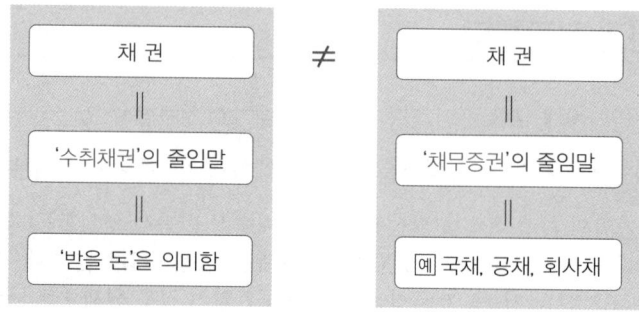

09 매출채권

최근 71회 시험 중 3회 기출

매출채권이란 기업의 주된 영업활동(일반적인 상거래)인 상품매출을 하고 획득한 금전적인 권리를 통틀어 나타내는 개념으로서 '외상매출금 + 받을어음'으로 구성되어 있다.

기업 내부적으로 회계처리를 할 때는 외상매출금 계정과 받을어음 계정을 사용하고, 외부보고용 재무제표를 작성할 때는 매출채권 계정으로 통합 표시한다.

(1) 외상매출금

외상매출금이란 기업의 주된 영업활동인 상품매출을 하고 아직 받지 않은 외상대금을 말한다.

① 외상판매

(차) 외상매출금	XXX	(대) 상품매출	XXX

[사례] 상품을 10,000원에 판매하고 3,000원은 현금으로 받고 나머지는 다음 달 10일에 받기로 하였다.

(차) 현금	3,000	(대) 상품매출	10,000
외상매출금	7,000		

② 외상매출금의 회수

(차) [계정명]	XXX	(대) 외상매출금	XXX

[사례] 외상매출금 7,000원을 현금으로 회수하였다.

(차) 현금	7,000	(대) 외상매출금	7,000

(2) 받을어음

받을어음이란 기업의 주된 영업활동인 상품매출을 하고 이에 대한 대금으로 상대방으로부터 받은 어음을 말한다.

받을어음을 수령한 기업은, 어음의 만기까지 기다렸다가 금액을 회수(추심)할 수도 있지만, 대금 지불 수단으로 다른 기업에 양도(배서양도)하거나 은행에서 현금화(할인) 함으로써 만기가 되기 전에 자금을 유통할 수도 있다.

① 받을어음의 수령

당사가 상품매출을 하고 이에 대한 대금으로 상대방이 발행하였거나 상대방이 보유하고 있던 어음(타인발행 약속어음)을 수령하면 받을어음 계정으로 회계처리한다.

(차) 받을어음	xxx	(대) 상품매출	xxx

[사례] 상품을 5,000원에 판매하고 약속어음을 받았다.

(차) 받을어음	5,000	(대) 상품매출	5,000

② 받을어음의 추심

어음의 만기가 되면 어음소지인은 어음에 기재된 지급장소에서 어음을 제시하여 어음에 기재된 금액을 받을 수 있다. 그러나 일반적으로는 어음소지인이 어음상의 지급장소로 직접 방문하지 않고 자신의 거래 은행에 이러한 대금 회수 업무를 위임하는데, 위임을 받은 은행이 어음의 대금을 회수하는 것을 추심이라고 한다.

어음을 양도할 때에는 어음의 뒷면에 양도자의 인적사항을 기재하게 되는데, 이를 배서라고 한다. 거래 은행에 추심을 의뢰할 때에도 배서를 하기 때문에 실무에서는 추심의뢰를 추심위임배서라고 부르기도 한다.

어음소지인이 거래 은행에 추심을 의뢰하면서 지급하는 수수료는 수수료비용 계정(비용)으로 회계처리한다.

(차) [계정명]	xxx	(대) 받을어음	xxx
수수료비용	xxx		

[사례] 상품매출 대금으로 받아 보유 중이던 타인발행 약속어음 5,000원의 만기일이 도래하여 거래 은행에 추심을 의뢰하고 추심료 100원을 차감한 잔액을 현금으로 받았다.

(차) 현금	4,900	(대) 받을어음	5,000
수수료비용	100		

③ 받을어음의 배서양도

배서양도란 어음소지인이 다른 기업에 대금을 지불하기 위하여 자신이 보유하고 있던 타인발행 약속어음을 어음의 만기가 되기 전에 배서하여 양도하는 것을 말한다.

(차) [계정명]	XXX	(대) 받을어음	XXX

[사례] 강원상사에서 상품을 6,000원에 구입하고, 대금 결제를 위하여 제주상사로부터 상품매출 대금으로 받아 보유 중이던 약속어음 5,000원을 강원상사로 배서양도하고, 나머지 1,000원은 현금으로 지급하였다.

(차) 상품	6,000	(대) 받을어음	5,000
		현금	1,000

④ 받을어음의 할인

어음의 할인이란 어음소지인이 어음의 만기가 되기 전에 이를 현금화 시키기 위하여 은행에 배서양도하는 것을 말한다.

어음을 할인하면 어음소지인은 어음에 기재된 금액에서 만기까지 남은 기간에 대한 선이자를 차감한 금액을 받게 되는데, 이러한 선이자를 할인료라고 한다.

어음의 할인 거래는 일반적으로 수취채권의 매각거래로 보므로, 어음소지인이 어음을 할인하면서 지급하는 할인료는 매출채권처분손실 계정(비용)으로 회계처리한다.

(차) [계정명]	XXX	(대) 받을어음	XXX
매출채권처분손실	XXX		

[사례] 만기가 2개월 남은 받을어음 5,000원을 할인하고 할인료 400원을 차감한 잔액을 현금으로 받았다. (매각거래로 가정함)

(차) 현금	4,600	(대) 받을어음	5,000
매출채권처분손실	400		

10 대손충당금

최근 71회 시험 중 **8**회 기출

(1) 개요

① 대손의 정의

대손이란 외상매출금, 받을어음 등의 수취채권을 채무자의 파산 등의 이유로 받지 못하게 되는 것을 말한다.

② 대손 관련 비용의 인식방법

대손에 대하여 비용을 인식하는 방법으로는 직접상각법과 충당금설정법이 있을 수 있는데, 기업회계기준에서는 충당금설정법만 인정하고 있다.

직접상각법	대손이 예상되는 시점에는 별도의 회계처리를 하지 않고 실제로 대손이 확정된 시점에만 비용(대손상각비)을 인식하는 방법
충당금설정법	각 회계연도 말에 대손이 예상되는 금액을 추정하여 자산의 차감적 평가계정(대손충당금)을 설정함으로써 미리 비용(대손상각비)을 인식하고, 실제로 대손이 확정된 시점에는 설정되어 있던 대손충당금과 우선 상계하고 대손충당금 잔액이 부족한 부분에 대하여만 비용(대손상각비)을 인식하는 방법

③ 충당금설정법의 회계처리 흐름

- 상품 외상매출 : 20x1년 6월 15일 상품을 200,000원에 외상판매하였다.

20x1. 6. 15.	(차) 외상매출금	200,000	(대) 상품매출	200,000

- 대손예상액의 추정 : 20x1년 12월 31일 기말 결산 시 외상매출금 200,000원 중 2,000원이 대손 발생할 것으로 추정되어 대손충당금을 설정하였다.

20x1. 12. 31.	(차) 대손상각비	2,000	(대) 대손충당금	2,000

- 대손의 확정 : 20x2년 2월 1일 외상매출금 중 3,000원이 대손으로 확정되었다.

20x2. 2. 1.	(차) 대손충당금	2,000	(대) 외상매출금	3,000
	대손상각비	1,000		

④ 충당금설정법의 장점

- 20x1년 기말 현재 외상매출금 잔액은 200,000원이지만 그에 대한 대손예상액 2,000원을 차감함으로써, 재무상태표에서 수취채권을 회수가능한 금액으로 표시할 수 있다.
- 3,000원의 대손이 20x2년에서야 확정되었지만, 그에 대한 비용 금액을 20x1년에 2,000원, 20x2년에 1,000원으로 합리적이고 체계적인 방법에 의하여 기간배분함으로써, 손익계산서에서 비용을 수익·비용 대응의 원칙에 부합하는 금액으로 표시할 수 있다.

⑤ 대손충당금의 표시방법

대손충당금이란 외상매출금, 받을어음, 미수금, 대여금 등 수취채권 성격이 있는 계정들의 잔액에 대한 대손예상액을 말한다.

회계처리를 할 때 대손충당금 계정은 수취채권 **계정과목마다** 별도의 계정(예 외상매출금에 대한 대손충당금 계정, 미수금에 대한 대손충당금 계정)을 사용한다.

재무상태표를 작성할 때 대손충당금 계정은 아래 예시와 같이 각 수취채권 계정별로 구분하여 차감적 평가계정으로 표시한다.

재무상태표

자산		
외상매출금	200,000	
대손충당금	(2,000)	
	198,000	
미수금	50,000	
대손충당금	(500)	
	49,500	

(2) 회계처리

① 대손충당금의 설정

기말 현재 보유 중인 수취채권에 대한 대손예상액(대손추산액)은 일반적으로 '기말 현재 수취채권 잔액'에 과거 데이터를 분석하여 통계적으로 산출한 '대손추정률'을 곱하여 계산한다.

각 수취채권 계정별로 기말 대손추산액을 구하고 나면 이 금액이 기말 재무상태표상 대손충당금 잔액이 되도록 대손충당금을 설정한다. 즉, 기말에 대손충당금을 설정할 때 만약 과거에 설정했던 대손충당금 잔액이 남아 있다면 기말 대손추산액에서 이 금액을 차감하여 부족한 금액만을 당기에 추가로 설정하는데, 이러한 설정 방식을 보충법이라고 부른다.

대손충당금 추가설정액 = (기말채권 잔액 × 대손추정률) – 기 설정 대손충당금

대손충당금 계정은 자산의 차감적 평가계정이므로 증가할 때는 대변으로(자산 차감의 증가 = 자산의 감소), 감소할 때는 차변으로(자산 차감의 감소 = 자산의 증가) 회계처리한다는 점에 주의해야 한다.

기말 대손추산액이 기 설정 대손충당금보다 큰 경우에는 부족한 금액만큼 대손충당금을 추가로 설정하여야 하는데, 이때는 대변에 대손충당금 계정의 증가를, 차변에 판매비와관리비에 해당하는 대손상각비 계정(비용의 증가) 또는 영업외비용에 해당하는 기타의대손상각비 계정(비용의 증가)을 회계처리한다.

반대로 기말 대손추산액이 기 설정 대손충당금보다 작은 경우에는 과다한 금액만큼 대손충당금을 환입하여야 하는데, 이때는 차변에 대손충당금 계정의 감소를, 대변에 판매비와관리비의 차감 항목에 해당하는 대손충당금환입 계정(비용 차감의 증가 = 비용의 감소) 또는 영업외수익에 해당하는 대손충당금환입 계정(수익의 증가)을 회계처리한다.

대손충당금 추가설정 및 환입과 관련된 계정과목과 손익계산서상 위치를 요약하면 다음과 같다.

구 분	수취채권 계정과목	계정과목과 손익계산서상 위치	
		대손충당금 추가설정	대손충당금환입
일반적인 상거래	외상매출금	대손상각비 (판매비와관리비)	대손충당금환입 (판매비와관리비의 차감항목)
	받을어음		
일반적인 상거래 이외의 거래	미수금	기타의대손상각비 (영업외비용)	대손충당금환입 (영업외수익)
금전대차거래	대여금		

대손추산액 > 외상매출금, 받을어음의 기 설정 대손충당금

(차) 대손상각비 xxx (대) 대손충당금 xxx
(판매비와관리비)

[사례] 20x1년 12월 31일 결산일 현재 외상매출금 잔액은 500,000원이다. 외상매출금에 대한 대손추정률이 1%이고 전기로부터 이월된 대손충당금 잔액이 3,000원 남아 있을 때, 기말 결산 시 대손충당금을 보충법으로 회계처리하였다.

20x1.12.31. (차) 대손상각비 2,000 (대) 대손충당금 2,000[1)]

1) (500,000원 × 1%) – 3,000원 = 2,000원

대손추산액 > 미수금, 대여금의 기 설정 대손충당금				
(차) 기타의대손상각비 (영업외비용)	xxx	(대) 대손충당금	xxx	

[사례] 20x1년 12월 31일 결산일 현재 미수금 잔액은 150,000원이다. 미수금에 대한 대손추정률이 2%이고 전기로부터 이월된 대손충당금 잔액이 없을 때, 기말 결산 시 대손충당금을 보충법으로 회계처리하였다.

20x1. 12. 31. (차) 기타의대손상각비 3,000 (대) 대손충당금 3,000[1)]

1) (150,000원 × 2%) - 0원 = 3,000원

대손추산액 < 외상매출금, 받을어음의 기 설정 대손충당금			
(차) 대손충당금	xxx	(대) 대손충당금환입 (판매비와관리비의 차감항목)	xxx

[사례] 20x1년 12월 31일 결산일 현재 외상매출금 잔액은 600,000원이다. 외상매출금에 대한 대손추정률이 1.5%이고 전기로부터 이월된 대손충당금 잔액이 10,000원 남아 있을 때, 기말 결산 시 대손충당금을 보충법으로 회계처리하였다.

20x1. 12. 31. (차) 대손충당금 1,000[1)] (대) 대손충당금환입 1,000

1) (600,000원 × 1.5%) - 10,000원 = (-)1,000원

대손추산액 < 미수금, 대여금의 기 설정 대손충당금			
(차) 대손충당금	xxx	(대) 대손충당금환입 (영업외수익)	xxx

[사례] 20x1년 12월 31일 결산일 현재 미수금 잔액은 500,000원이다. 미수금에 대한 대손추정률이 1%이고 전기로부터 이월된 대손충당금 잔액이 6,000원 남아 있을 때, 기말 결산 시 대손충당금을 보충법으로 회계처리하였다.

20x1. 12. 31. (차) 대손충당금 1,000[1)] (대) 대손충당금환입 1,000

1) (500,000원 × 1%) - 6,000원 = (-)1,000원

② 대손의 확정

회계기간 중에 채무자의 파산 등으로 인해 대손이 확정되었을 경우, 해당 수취채권은 더 이상 회수할 수 없으므로 수취채권 계정과목을 대변으로(자산의 감소) 회계처리한다. 차변에는 동 수취채권에 대하여 설정되어 있는 대손충당금 계정을 우선 상계 처리하고 대손충당금 잔액이 부족한 부분에 대하여만 비용(대손상각비 계정, 기타의대손상각비 계정)으로 인식한다.

대손확정액 < 외상매출금, 받을어음, 미수금, 대여금의 대손충당금 잔액

(차) 대손충당금	xxx	(대) 해당 수취채권 계정	xxx

[사례] 20x2년 3월 15일 채무자의 파산으로 외상매출금 4,000원을 회수할 수 없음이 확정(대손 확정)되었다. 외상매출금에 대한 대손충당금 잔액은 5,000원이 있었다.

20x2. 3. 15.	(차) 대손충당금	4,000	(대) 외상매출금	4,000

대손확정액 > 외상매출금, 받을어음의 대손충당금 잔액

(차) 대손충당금	xxx	(대) 외상매출금, 받을어음	xxx
대손상각비 (판매비와관리비)	xxx		

[사례] 20x2년 3월 30일 채무자의 파산으로 외상매출금 4,000원을 회수할 수 없음이 확정(대손 확정)되었다. 외상매출금에 대한 대손충당금 잔액은 3,000원이 있었다.

20x2. 3. 30.	(차) 대손충당금	3,000	(대) 외상매출금	4,000
	대손상각비	1,000		

대손확정액 > 미수금, 대여금의 대손충당금 잔액

(차) 대손충당금	xxx	(대) 미수금, 대여금	xxx
기타의대손상각비 (영업외비용)	xxx		

[사례] 20x2년 4월 15일 채무자의 파산으로 미수금 4,000원을 회수할 수 없음이 확정(대손 확정)되었다. 미수금에 대한 대손충당금 잔액은 1,000원이 있었다.

20x2. 4. 15.	(차) 대손충당금	1,000	(대) 미수금	4,000
	기타의대손상각비	3,000		

③ 전기에 대손처리한 수취채권의 회수

대손이 확정되어 수취채권 계정을 감소시키는 대손 확정 회계처리를 하였는데 그 이후 회계연도에 그 수취채권이 현금 등으로 다시 회수되는 경우가 있다.

전기에 이미 대손 확정 회계처리한 수취채권이 당기 회계연도 중에 현금 등으로 회수되는 경우에는, 회수되는 시점에 회수되는 현금 계정과목 등을 차변으로 회계처리하고, 대변에는 대손충당금 계정으로(대손충당금 계정의 증가 = 자산 차감의 증가 = 자산의 감소) 회계처리한다.

이와 같이 회수 시점의 회계처리를 하면, 기중 회계처리에서는 회수액에 대하여 수익·비용 계정이 나타나지 않지만, 기말 결산 때 대손충당금 추가설정 금액이 그만큼 줄어들게 되므로 결국 회수액 만큼 당기 비용을 감소시키는 효과(= 당기순이익을 증가시키는 효과)를 가져온다.

(차) [계정명]	xxx	(대) 대손충당금	xxx

[사례] 20x3년 2월 20일 전기에 대손 확정되어 감소시켰던 외상매출금 중 1,500원을 현금으로 회수하였다.

20x3. 2. 20.	(차) 현금	1,500	(대) 대손충당금	1,500

20x3년 12월 31일 결산일 현재 외상매출금 잔액은 800,000원이다. 외상매출금에 대한 대손추정률이 1%이고, 전기로부터 이월된 대손충당금 기초잔액은 3,000원이다. 전기에 이미 대손 확정 회계처리를 하였으나 당기에 현금으로 회수되어 대손충당금의 증가로 회계처리한 금액 1,500원이 있을 때, 기말 결산 시 대손충당금을 보충법으로 회계처리하였다.

20x3. 12. 31.	(차) 대손상각비	3,500	(대) 대손충당금	3,500[1]

1) • (800,000원 × 1%) − (3,000원 + 1,500원) = 3,500원
• 기중에 회수된 금액 1,500원을 대손충당금의 증가로 회계처리함에 따라 기말 결산 시 비용으로 인식하여야 하는 대손충당금 추가설정액이 동 금액만큼 줄어들었다.

④ **당기에 대손처리한 수취채권의 회수**

대손이 확정되어 수취채권 계정을 감소시키는 대손 확정 회계처리를 하였는데 해당 회계연도에 그 수취채권이 현금 등으로 다시 회수되는 경우도 있다.

당기에 이미 대손 확정 회계처리한 수취채권이 당기 회계연도 중에 현금 등으로 회수되는 경우에는, 회수되는 시점에 회수되는 현금 계정과목 등을 차변으로 회계처리하고, 대변에는 당기 대손 확정 시점에 차변으로 회계처리했던 대손충당금 또는 대손상각비 계정을 그대로 대변으로 회계처리한다.

이와 같이 회수 시점의 회계처리를 하면, 당기의 대손 확정 분개와 당기의 대손채권 회수 분개를 합했을 때 수취채권 계정이 현금 등으로 회수되는 결과만 남게 된다.

(차) [계정명]	xxx	(대) 대손충당금	xxx
		대손상각비, 기타의대손상각비	xxx

[사례] 20x3년 1월 10일 채무자의 파산으로 외상매출금 300,000원을 회수할 수 없게 되었다. 외상매출금에 대한 대손충당금 잔액은 400,000원이 있었다.
20x3년 2월 10일 당기 1월 10일에 대손 확정되어 감소시켰던 외상매출금 300,000원을 현금으로 회수하였다.

· 대손 확정

20x3. 1. 10.	(차) 대손충당금	300,000	(대) 외상매출금	300,000

· 회수

20x3. 2. 10.	(차) 현금	300,000	(대) 대손충당금	300,000

[사례] 20x3년 3월 20일 채무자의 파산으로 외상매출금 300,000원을 회수할 수 없게 되었다. 외상매출금에 대한 대손충당금 잔액은 200,000원이 있었다.
20x3년 4월 20일 당기 3월 20일에 대손 확정되어 감소시켰던 외상매출금 300,000원을 현금으로 회수하였다.

· 대손 확정

20x3. 3. 20.	(차) 대손충당금	200,000	(대) 외상매출금	300,000
	대손상각비	100,000		

· 회수

20x3. 4. 20.	(차) 현금	300,000	(대) 대손충당금	200,000
			대손상각비	100,000

[사례] 20x3년 5월 30일 채무자의 파산으로 외상매출금 300,000원을 회수할 수 없게 되었다. 외상매출금에 대한 대손충당금 잔액은 0원이었다.
20x3년 6월 30일 당기 5월 30일에 대손 확정되어 감소시켰던 외상매출금 300,000원을 현금으로 회수하였다.

· 대손 확정

20x3. 5. 30.	(차) 대손상각비	300,000	(대) 외상매출금	300,000

· 회수

20x3. 6. 30.	(차) 현금	300,000	(대) 대손상각비	300,000

11 그 밖의 당좌자산

(1) 단기대여금

단기대여금이란 금전대차거래에 따라 차용증서 등을 받고 타인에게 빌려준 금전으로서 만기가 회계기간 종료일로부터 1년 이내에 도래하는 것을 말한다. 만기가 회계기간 종료일로부터 1년 이후에 도래하는 경우에는 장기대여금으로 분류한다.

① 대여

(차) 단기대여금	xxx	(대) [계정명]	xxx

[사례] 거래처에 6개월 만기로 현금 50,000원을 대여하였다.

(차) 단기대여금	50,000	(대) 현금	50,000

② 원금과 이자의 회수

(차) [계정명]	xxx	(대) 단기대여금	xxx
		이자수익	xxx

[사례] 거래처에 6개월 만기로 빌려주었던 대여금의 만기가 도래하여 원금 50,000원과 이자 2,000원을 현금으로 회수하였다.

(차) 현금	52,000	(대) 단기대여금	50,000
		이자수익	2,000

기출포인트

- 단기대여금은 회계기간 종료일로부터 만기가 1년 이내에 도래하는 것이므로, 전체 대여기간이 1년을 초과하는 대여금도 경우에 따라 단기대여금으로 분류될 수 있다.
- 예를 들어 20x1년 4월 1일에 빌려준 18개월 만기 대여금의 경우, 만기(20x2. 9. 30.)가 회계기간 종료일(20x1. 12. 31.)로부터 1년 이내이므로 회사는 대여일에 이를 단기대여금 계정으로 회계처리한다.

(2) 미수금

미수금이란 일반적인 상거래 이외의 거래(예 사용하던 기계장치의 매각)에서 발생한 외상대금을 말한다.

일반적인 상거래 이외의 거래에서는 타인발행 약속어음을 수령하더라도 이를 받을어음 계정이 아니라 미수금 계정으로 회계처리한다.

① 외상 매각

(차) 미수금	xxx	(대) [계정명]	xxx

[사례] 사용하던 토지(장부금액 600,000원)를 600,000원에 외상으로 매각하였다.

(차) 미수금	600,000	(대) 토지	600,000

② 어음 수령

(차) 미수금	xxx	(대) [계정명]	xxx

[사례] 사용하던 토지(장부금액 600,000원)를 600,000원에 매각하고 약속어음을 받았다.

(차) 미수금	600,000	(대) 토지	600,000

③ 미수금의 회수

(차) [계정명]	xxx	(대) 미수금	xxx

[사례] 사용하던 토지를 매각하고 발생한 외상대금 600,000원을 현금으로 회수하였다.

(차) 현금	600,000	(대) 미수금	600,000

(3) 선급금

선급금이란 계약금 성격으로 미리 지급한 대금을 말한다.

① 계약금 선지급

(차) 선급금	xxx	(대) [계정명]	xxx

[사례] 공급처에 상품 20,000원을 구입 주문하고 계약금 4,000원을 현금으로 지급하였다.

(차) 선급금	4,000	(대) 현금	4,000

② 상품 인수

(차) 상품	xxx	(대) 선급금	xxx
		[계정명]	xxx

[사례] 구입 주문했던 상품 20,000원이 창고에 입고되어 계약금 4,000원을 제외한 잔액을 현금으로 지급하였다.

(차) 상품	20,000	(대) 선급금	4,000
		현금	16,000

(4) 선납세금

선납세금이란 회계연도 중에 미리 납부한 법인세를 말한다.

법인세는 회계연도(각 사업연도)가 종료된 후 3개월 이내에 신고·납부하는 것이 원칙이지만, 조세수입의 조기 확보를 도모하고자 하는 세법의 규정에 따라 기업은 '법인세 중간예납세액'과 '법인의 이자수익에 대한 원천납부세액'이라는 두 가지 형태로 회계연도 중에 법인세의 일부를 미리 납부하게 된다.

이에 따라 기업은 기말 결산을 할 때 당기 사업연도 소득에 대하여 납부하여야 하는 법인세부담액(법인세비용)에서 기중에 미리 납부한 중간예납세액 및 원천납부세액 금액(선납세금)을 차감함으로써 법인세부담액 중 아직 납부하지 않은 금액(미지급세금)을 계산할 수 있게 된다.

미지급세금 = 법인세비용 - 선납세금

① 법인세 중간예납세액

	(차) 선납세금	xxx	(대) [계정명]	xxx
[사례]	당해 사업연도의 법인세 중간예납세액 500,000원을 현금으로 납부하였다.			
	(차) 선납세금	500,000	(대) 현금	500,000

② 법인의 이자수익에 대한 원천납부세액

	(차) 선납세금	xxx	(대) 이자수익	xxx
	[계정명]	xxx		
[사례]	보통예금 예입액에 대한 이자수익 10,000원이 발생하여 법인세 원천납부세액 1,540원을 제외한 잔액이 보통예금 통장에 입금되었다.			
	(차) 선납세금	1,540	(대) 이자수익	10,000
	보통예금	8,460		

참고 선납세금 vs 예수금

세법의 규정에 의거하여 특정한 소득을 지급하는 기업은 소득을 지급받는 자가 납부하여야 하는 법인세나 소득세 등을 지급액에서 공제하여 일시적으로 보관하고 있다가 다음 달 10일에 해당 기관에 대신 납부하게 되는데, 이를 원천징수라고 한다.

당사에게 이자수익을 지급하는 은행은 당사의 법인세를 이자 지급액에서 공제하여 잔액만 지급하고 공제한 금액은 다음 달에 당사 대신 납부하게 된다. 이와 같이 은행이 원천징수하여 당사 대신 납부한 금액은 당사 입장에서는 은행에 원천징수되어 미리 납부한 법인세가 되므로 이를 자산에 해당하는 선납세금 계정으로 회계처리한다.

이와 반대로, 종업원에게 급여를 지급하는 당사는 종업원의 소득세 등을 급여 지급액에서 공제하여 잔액만 지급하고 공제한 금액은 다음 달에 종업원 대신 납부하게 된다. 이때 당사가 원천징수하여 일시적으로 보관하고 있는 금액은 당사 입장에서는 다음 달에 종업원 대신 해당 기관에 납부하여야 하는 금액이므로 이를 부채에 해당하는 예수금 계정으로 회계처리한다.

(5) 가지급금

가지급금이란 금전을 지급하였으나 그 내용이 확정되지 않았을 경우 그 내용이 확정될 때까지 임시적으로 사용하는 계정과목을 말한다.

가지급금은 그 내용이 확정되면 적절한 계정과목으로 대체하여야 하며, 대표적인 미결산항목에 해당하므로 기말 결산 때까지는 반드시 적절한 계정과목으로 대체하여 최종 재무제표에는 나타나지 않도록 하여야 한다.

① 가지급

(차) 가지급금	xxx	(대) [계정명]	xxx

[사례] 영업사원에게 출장을 명하고 출장비 예상액 50,000원을 현금으로 지급하였다.

(차) 가지급금	50,000	(대) 현금	50,000

② 내용 확정

(차) [계정명]	xxx	(대) 가지급금	xxx

[사례] 출장 후 복귀한 영업사원으로부터 어림잡아 지급했던 금액 50,000원 중 40,000원은 교통비 및 숙박비 지출증빙을 제출받아 확인하고 남은 금액 10,000원은 현금으로 반환받았다.

(차) 여비교통비	40,000	(대) 가지급금	50,000
현금	10,000		

(6) 현금과부족

현금과부족이란 장부상 현금 잔액과 금고에 있는 실제 현금 잔액이 일치하지 않을 경우 그 원인이 밝혀질 때까지 임시적으로 사용하는 계정과목을 말한다.

현금과부족은 그 원인이 규명되면 적절한 계정과목으로 대체하여야 하며, 기말 결산 때까지 그 원인이 밝혀지지 않을 경우에는 잡이익 계정(수익)이나 잡손실 계정(비용)으로 대체한다.

① 현금과잉 : 실제 현금 잔액 > 장부상 현금 잔액

· 현금과잉 발생

(차) 현금	xxx	(대) 현금과부족	xxx

[사례] 20x1년 4월 1일 현재 장부상 현금 잔액은 50,000원이나, 금고에 있는 실제 현금 잔액은 60,000원이다.

20x1. 4. 1.	(차) 현금	10,000	(대) 현금과부족	10,000

· 원인 규명분 계정 대체

(차) 현금과부족	xxx	(대) [계정명]	xxx

[사례] 20x1년 4월 15일 월초에 발견되었던 현금과잉액 중 8,000원은 이자수익을 회수한 것에 대한 회계처리 누락임을 확인하였다.

20x1. 4. 15.	(차) 현금과부족	8,000	(대) 이자수익	8,000

· 기말 결산 시 원인 불명분 계정 대체

(차) 현금과부족	xxx	(대) 잡이익	xxx

[사례] 20x1년 12월 31일 기말 결산 시까지 현금과잉액 2,000원의 원인이 밝혀지지 않았다.

20x1.12.31. (차) 현금과부족 2,000 (대) 잡이익 2,000

② 현금부족 : 실제 현금 잔액 < 장부상 현금 잔액

· 현금부족 발생

(차) 현금과부족	xxx	(대) 현금	xxx

[사례] 20x1년 9월 1일 현재 장부상 현금 잔액은 50,000원이나 금고에 있는 실제 현금 잔액은 43,000원이다.

20x1.9.1. (차) 현금과부족 7,000 (대) 현금 7,000

· 원인 규명분 계정 대체

(차) [계정명]	xxx	(대) 현금과부족	xxx

[사례] 20x1년 9월 15일 월초에 발견되었던 현금부족액 중 4,000원은 이자비용을 지급한 것에 대한 회계처리 누락임을 확인하였다.

20x1.9.15. (차) 이자비용 4,000 (대) 현금과부족 4,000

· 기말 결산 시 원인 불명분 계정 대체

(차) 잡손실	xxx	(대) 현금과부족	xxx

[사례] 20x1년 12월 31일 기말 결산 시까지 현금부족액 3,000원의 원인이 밝혀지지 않았다.

20x1.12.31. (차) 잡손실 3,000 (대) 현금과부족 3,000

참고 가지급금·가수금 vs 현금과부족

가지급금	누구에게 금전을 지급하였는지는 알고 있으나 그 내용이 확정되지 않았을 때 사용한다.
가수금	누구로부터 금전을 받았는지는 알고 있으나 그 내용이 확정되지 않았을 때 사용한다.
현금과부족	장부상 현금 잔액과 금고에 있는 실제 현금 잔액이 일치하지 않고, 누구에게 지급하였거나 누구로부터 받았는지도 모를 때 사용한다.

기출분개연습

* 기출문제 날짜는 학습효과를 높이기 위해 일부 수정하였으며, ㈜연습산업(코드번호 : 0301) 데이터를 사용하여 연습할 수 있습니다.

01 6월 1일 ㈜나라에 대한 외상매출금 10,000,000원에 대하여 ㈜나라가 발행한 당좌수표를 받았다. [제80회]

02 6월 2일 당사는 단기투자목적으로 시장성이 있는 주식을 주당 20,000원에 2,000주를 매입하고, 매입수수료 300,000원을 포함하여 보통예금에서 이체하였다. [제91회]

03 당사는 단기매매차익 목적으로 시장성이 있는 유가증권인 ㈜코스파의 주식 1,000주를 다음과 같이 매입하였다. 기말 시가는 1주당 33,000원이고, 당기말까지 해당 주식의 매매거래는 없었다. 기말수정분개를 하시오. [제75회]

취득일	취득단가	주식수	취득수수료	지급총액
올해 6. 3.	1주당 30,000원	1,000주	300,000원	30,300,000원

04 6월 4일 단기매매목적으로 보유 중인 ㈜삼삼의 주식(장부금액 50,000,000원)을 전부 47,000,000원에 처분하였다. 주식처분 수수료 45,000원을 차감한 잔액이 보통예금으로 입금되었다. [제92회]

05 6월 5일 매출처 그린실업㈜에 제품을 매출하고 수령한 그린실업㈜ 발행 약속어음 12,000,000원을 국민은행에 추심의뢰하였는데, 금일 만기가 도래하였다. 이에 대하여 국민은행으로부터 추심수수료 70,000원을 차감한 잔액을 당사 보통예금 계좌에 입금하였다는 통지를 받았다. [제27회]

06 6월 6일 회사는 부족한 운영자금문제를 해결하기 위해 ㈜해일기업으로부터 제품 판매대금으로 받았던 약속어음 30,000,000원(만기일 : 9월 30일)을 대박은행에 할인하고 할인비용 300,000원을 제외한 금액을 보통예금으로 수령하였다. (약속어음의 할인은 매각거래에 해당한다) [제73회]

07 6월 7일 ㈜필연에 제품을 판매하고 받은 약속어음 3,000,000원이 ㈜필연의 부도로 인하여 대손이 확정되었다. 받을어음에 대한 대손충당금 2,000,000원이 기 설정되어 있으며, 부가가치세는 고려하지 아니한다. [제86회]

정답 및 해설

01	6월 1일	(차) 현금[1]	10,000,000	(대) 외상매출금(㈜나라)	10,000,000

[1] 타인발행 당좌수표는 통화대용증권에 해당하므로 '현금' 계정으로 회계처리한다.

02	6월 2일	(차) 단기매매증권	40,000,000	(대) 보통예금	40,300,000
		수수료비용(영업외비용)[1]	300,000		

[1] 단기매매증권 구입 시 발생하는 제비용은 '수수료비용' 계정 등 영업외비용으로 회계처리한다.

03	12월 31일	(차) 단기매매증권	3,000,000	(대) 단기매매증권평가이익	3,000,000[1]

[1] (1,000주 × @33,000원) - (1,000주 × @30,000원) = 3,000,000원

04	6월 4일	(차) 보통예금	46,955,000	(대) 단기매매증권	50,000,000
		단기매매증권처분손실	3,045,000		
05	6월 5일	(차) 보통예금	11,930,000	(대) 받을어음(그린실업㈜)	12,000,000
		수수료비용(판관비)	70,000		
06	6월 6일	(차) 보통예금	29,700,000	(대) 받을어음(㈜해일기업)	30,000,000
		매출채권처분손실	300,000		
07	6월 7일	(차) 대손충당금(받을어음)	2,000,000	(대) 받을어음(㈜필연)	3,000,000
		대손상각비	1,000,000		

08 6월 8일 당사는 ㈜한국물류에게 대여한 단기대여금 10,000,000원이 회수불능인 것으로 확인되어 전액 대손처리하였다. 기 설정되어 있는 대손충당금은 7,000,000원이다. [제46회]

09 6월 9일 전기에 대손처리한 ㈜지구상사에 대한 외상매출금 전액이 보통예금 계좌로 입금되었다. 전기에 회계처리한 내용은 아래와 같았고, 부가가치세는 고려하지 않는다. [제38회]

(차) 대손충당금	1,000,000	(대) 외상매출금	2,000,000
대손상각비	1,000,000	(㈜지구상사)	

10 6월 10일 ㈜대한에 9,000,000원을 15개월 후 회수조건(만기 : 내년 9월 30일)으로 대여하기로 하고 보통예금 계좌에서 이체하였다. [제87회]

11 6월 11일 원재료를 매입하기 위해 ㈜SJH전자와 계약하고, 계약금 5,000,000원을 보통예금으로 지급하였다. [제85회]

12 8월 31일 당해 사업연도의 법인세 중간예납세액(자산으로 처리) 5,000,000원을 보통예금에서 이체하였다. [제96회]

13 **6월 13일 원금 30,000,000원인 정기예금이 만기가 되어 이자수익 1,500,000원에 대한 원천징수세액**(231,000원)**을 제외한 원금과 이자 전액이 보통예금으로 이체되었다.** (원천징수세액은 법인세와 지방소득세를 합한 금액이고 자산으로 처리할 것) [제80회]

14 **6월 14일 6월 1일에 계상된 가지급금 900,000원은 영업팀 이무영 씨가 대전에 출장을 다녀온 후 출장비로 다음과 같이 정산되었다.** (단, 가지급금의 거래처 입력은 생략함) [제60회]

출장비 지출 내역	· 현금 잔액 : 30,000원 · 교통비, 음식비, 숙박비 : 870,000원

정답 및 해설

08	6월 8일	(차) 대손충당금(단기대여금)	7,000,000	(대) 단기대여금((주)한국물류)	10,000,000
		기타의대손상각비	3,000,000		
09	6월 9일	(차) 보통예금	2,000,000	(대) 대손충당금(외상매출금)[1]	2,000,000
10	6월 10일	(차) 단기대여금((주)대한)[1]	9,000,000	(대) 보통예금	9,000,000
11	6월 11일	(차) 선급금((주)SJH전자)	5,000,000	(대) 보통예금	5,000,000
12	8월 31일	(차) 선납세금	5,000,000	(대) 보통예금	5,000,000
13	6월 13일	(차) 보통예금	31,269,000	(대) 정기예금	30,000,000
		선납세금	231,000	이자수익	1,500,000
14	6월 14일	(차) 현금	30,000	(대) 가지급금	900,000
		여비교통비(판관비)	870,000		

09 [1] 전기에 대손처리한 채권을 회수하는 경우에는 대변을 대손충당금 계정으로 회계처리한다.

10 [1] 전체 대여기간은 1년을 초과하나, 만기가 결산일(당해연도 12월 31일)로부터 1년 이내에 도래하므로 유동자산에 해당하는 '단기대여금' 계정으로 회계처리한다.

핵심기출문제

* 본서에 수록된 기출문제의 날짜는 학습효과를 높이기 위하여 일부 수정함

01 다음 중 현금및현금성자산에 해당하지 않는 것은? [제73회]

① 타인발행당좌수표
② 당좌예금
③ 당좌차월
④ 취득 당시에 3개월 이내의 환매조건을 가진 환매채(RP)

02 다음 중 현금및현금성자산에 대한 설명으로 틀린 것은? [제92회]

① 취득 당시 만기가 1년인 양도성예금증서(CD)는 현금및현금성자산에 속한다.
② 지폐와 동전(외화 포함)은 현금및현금성자산에 속한다.
③ 우표와 수입인지는 현금및현금성자산이라고 볼 수 없다.
④ 직원가불금은 단기대여금이므로 현금및현금성자산이라고 볼 수 없다.

03 다음 중 현금및현금성자산으로 분류되는 것은? [제54회]

① 미국 달러화 지폐 $100
② 질권이 설정된 보통예금 300,000원
③ 11월 1일에 수취한 양도성예금증서(CD) 1,000,000원(만기일 : 다음 연도 3월 1일)
④ 12월 1일에 ㈜한국에 대여한 단기대여금 500,000원(상환일 : 다음 연도 3월 15일)

04 다음 중 유가증권에 대한 설명으로 옳은 것은? [제67회]

① 채무증권을 취득하면 단기매매증권이나 매도가능증권 중 하나로만 분류한다.
② 단기매매증권이 시장성을 상실한 경우에는 매도가능증권으로 분류하여야 한다.
③ 매도가능증권은 만기보유증권으로 재분류할 수 있으며, 만기보유증권은 매도가능증권으로 재분류할 수 없다.
④ 매도가능증권은 주로 단기간 내의 매매차익을 목적으로 취득한 유가증권이다.

정답 및 해설

01 ③ 당좌차월이란 당좌예금 잔액을 초과하여 수표를 발행하였을 경우 그 초과 금액을 말하며, 이는 부채에 해당한다.

02 ① · 취득 당시 만기가 3개월 이내에 도래하는 양도성예금증서(CD)는 현금성자산에 해당한다.
· 취득 당시 만기가 1년인 양도성예금증서(CD)는 단기금융상품에 해당한다.

03 ① ① 외국통화(외화현금)
② 사용이 제한되어 있는 예금
③ 단기금융상품
④ 단기대여금

04 ② ① 채무증권을 취득하면 단기매매증권, 매도가능증권, 만기보유증권 중 하나로 분류한다.
③ 매도가능증권은 만기보유증권으로 재분류할 수 있으며, 만기보유증권은 매도가능증권으로 재분류할 수 있다.
④ 매도가능증권은 주로 장기투자 목적으로 취득한 유가증권이다.

05 ㈜우연의 단기매매목적으로 취득한 유가증권의 취득 및 처분 내역은 다음과 같다. 당기 ㈜우연의 손익계산서에 보고될 유가증권의 평가손익은 얼마인가? (㈜우연의 결산일은 12월 31일이며, 시가를 공정가치로 본다) [제87회]

- 당기 2. 15. : 1주당 액면금액이 4,000원인 ㈜필연의 주식 20주를 주당 150,000원에 취득
- 당기 10. 20. : ㈜필연 주식 중 6주를 주당 220,000원에 처분
- 당기 12. 31. : ㈜필연 주식의 시가는 주당 130,000원

① 평가이익 80,000원
② 평가이익 420,000원
③ 평가손실 280,000원
④ 평가손실 120,000원

06 다음 자료를 보고 당기에 인식할 처분손익을 계산하면 얼마인가? [제85회]

- 전기 기말 단기매매증권 1,000주, 주당 공정가치 10,000원
- 전기 기말 단기매매증권 평가이익 1,500,000원
- 당기 8월 1일에 1,000주를 주당 8,000원에 처분하였다.

① 처분이익 500,000원
② 처분손실 1,500,000원
③ 처분이익 1,500,000원
④ 처분손실 2,000,000원

07 대손금 회계처리에 대한 다음의 설명 중 틀린 것은? [제68회]

① 대손예상액은 기말 채권잔액에 대손추정률을 곱하여 산정한다.
② 모든 채권에서 발생된 대손처리 비용은 판매비와관리비로 처리한다.
③ 대손 발생 시 대손충당금 잔액이 있으면 먼저 상계한다.
④ 대손충당금은 수취채권의 평가성 항목으로서 수취채권에서 차감하는 형식으로 표시한다.

08 다음은 ㈜한국산업의 대손충당금과 관련된 내용이다. 당기 대손충당금 추가설정 금액은 얼마인가? [제84회]

- 전기말의 매출채권 잔액은 500,000원이고 대손충당금 잔액은 180,000원이다.
- 당기에 매출채권 중 150,000원이 대손확정되었다.
- 전기에 대손처리했던 매출채권 중에 10,000원이 당기에 현금으로 회수되었다.
- 당기말의 대손충당금 잔액은 210,000원이다.

① 180,000원　② 170,000원　③ 150,000원　④ 130,000원

정답 및 해설

05 ③ · 기말 공정가치 = (20주 – 6주) × @130,000원 = 1,820,000원
· 평가 전 장부금액 = (20주 – 6주) × @150,000원 = 2,100,000원
· 평가손익 = 기말 공정가치 – 평가 전 장부금액 = 1,820,000 – 2,100,000 = (–)280,000원

06 ④ · 처분손익 = 처분금액 – 처분 전 장부금액
= (1,000주 × @8,000원) – (1,000주 × @10,000원) = (–)2,000,000원
· 처분 시 회계처리

(차) 현금 등	8,000,000	(대) 단기매매증권	10,000,000
단기매매증권처분손실	2,000,000		

07 ② 매출채권 이외의 채권에서 발생된 대손처리 비용은 영업외비용으로 처리한다.

08 ② · 대손충당금의 총계정원장

대손충당금

대손확정	150,000	기초	180,000
		대손채권 회수	10,000
기말	210,000	추가설정	170,000
	360,000		360,000

· 대손확정 회계처리

(차) 대손충당금	150,000	(대) 매출채권	150,000

· 전기 대손처리 채권의 회수 회계처리

(차) 현금	10,000	(대) 대손충당금	10,000

· 추가설정 회계처리

(차) 대손상각비	170,000	(대) 대손충당금	170,000[1]

[1] 기말잔액 – 기 설정 대손충당금
= 210,000 – (180,000 – 150,000 + 10,000) = 170,000원

제3절 재고자산

01 재고자산

최근 71회 시험 중 3회 기출

(1) 재고자산의 정의

재고자산이란 기업의 주된 영업활동에서 ㉠ 판매를 목적으로 보유하고 있는 자산(상품, 제품), ㉡ 판매를 목적으로 생산과정에 있는 자산(재공품, 반제품), ㉢ 판매할 자산의 생산과정에 투입될 자산(원재료, 저장품)을 말한다.

재고자산은 해당 기업의 업종에 따라 범위가 달라질 수 있다. 예를 들어, 토지나 건물은 영업활동에 사용할 목적으로 보유하는 유형자산으로 분류되는 것이 일반적이나, 부동산매매업을 주업으로 하는 기업이 판매를 목적으로 토지나 건물을 구입하여 보유하고 있다면 이는 재고자산으로 분류된다.

(2) 재고자산에 해당하는 계정과목

도·소매업을 영위하는 기업(상기업)에서 재고자산에 해당하는 계정과목은 상품이다. 상품이란 기업의 주된 영업활동으로서 판매하기 위하여 외부에서 완성품 형태로 구입한 물품을 말한다. 상기업의 재무상태표상 재고자산은 기말 현재 판매되지 않고 남아있는 상품의 가액이 된다.

제조업을 영위하는 기업(제조기업)에서 재고자산에 해당하는 계정과목은 원재료, 재공품, 제품 등이다. 제품이란 기업의 주된 영업활동으로서 판매하기 위하여 당사가 직접 만든 물품을 말한다. 제조기업의 재무상태표상 재고자산은 기말 현재 남아있는 원재료 잔량, 미완성된 재공품, 판매되지 않은 제품 등의 가액으로 구성된다.

계정과목	내 용
상 품	상기업의 주된 영업활동으로서 판매할 목적으로 외부로부터 구입한 물품
제 품	제조기업의 주된 영업활동으로서 판매할 목적으로 재료비, 노무비, 제조경비를 투입하여 제조한 생산품
재공품	재료비, 노무비, 제조경비를 투입하여 제조 과정에 있는 미완성품(완성된 제품은 아니나 현재 상태에서도 판매 가능한 재공품인 반제품도 포함)
원재료	제품을 만들기 위하여 구입한 원료
저장품	생산과정에 투입될 소모품, 수선용 부분품 등으로서 비용으로 처리하지 않고 재고자산으로 처리한 것
미착품	상품 또는 원재료를 주문하였으나 결산일 현재 운송 중에 있는 것
매입환출및에누리	구입한 상품 또는 원재료 중 하자나 파손이 발견되어 해당 물품을 반품하거나 값을 깎는 것 참고 상품 또는 원재료의 차감계정
매입할인	상품 또는 원재료의 구매자가 외상매입대금을 조기에 지급하여 약정에 따라 할인 받는 것 참고 상품 또는 원재료의 차감계정

02 주된 영업활동에 대한 회계처리

(1) 주된 영업활동에 대한 회계처리방법

기업이 주된 영업활동(일반적인 상거래)을 하여 얻는 수익을 매출이라고 하며 이러한 매출을 창출하기 위하여 투입된 원가로서 매출에 직접 대응되는 비용을 매출원가라고 한다.

제조기업은 구입한 원재료에 노무비와 제조경비를 투입한다는 점에서 상기업과 차이가 있지만, 매출과 매출원가를 인식하는 원리는 기본적으로 상기업과 제조기업이 동일하며, 이하에서는 상기업을 전제로 하여 설명하기로 한다.

상기업의 주된 영업활동은 상품을 싸게 사와서 그 상품에 이윤을 붙여서 파는 거래이다.

주된 영업활동에 대하여 회계처리하는 방법을 살펴보면, 이론적으로는 '처분손익만 표시하는 방법(1분법)'과 '매출과 매출원가를 모두 표시하는 방법(2분법)' 두 가지가 있을 수 있는데, 일반적으로 인정된 회계원칙(GAAP)에서는 이 중 후자의 방법(2분법)으로 회계처리하도록 하고 있다.

처분손익만 표시하는 방법 (1분법)	· 주된 영업활동이 아닌 자산의 매매거래(예 유형자산의 구입·처분)에 사용되는 회계처리방법 · 판매할 때마다 처분손익을 인식함
매출과 매출원가를 모두 표시하는 방법 (2분법)	· 주된 영업활동인 상품의 매매거래에 사용되는 회계처리방법 · 판매할 때에는 매출(수익)만 인식하고, 매출원가(비용)는 기말 결산 시점에 인식함

(2) 1분법 및 2분법에 의한 상품 매매거래의 회계처리

상기업인 A사의 제2기 회계연도에 다음과 같은 거래가 발생했을 때 이를 분개하여 보자.

- 기초재고 : 20x1년 1월 1일 기초 현재, 전기로부터 이월된 상품 1개가 있으며 당초 취득원가는 80원이었다.
- 당기매입 : 20x1년 2월 15일 상품 10개를 개당 100원에 현금으로 구입하였다.
- 당기매출 : 20x1년 3월 20일 전기에 구입했던 상품(개당 원가 80원) 1개와 당기에 구입한 상품(개당 원가 100원) 8개를 합한 총 9개를 개당 110원에 현금으로 판매하였다.
- 기말재고 : 20x1년 12월 31일 기말 현재, 상품 2개가 판매되지 않고 남아 있으며 취득원가는 개당 100원이었다.

① 처분손익만 표시하는 방법(1분법)

- 기초재고 : 기초 재무상태표상 재고자산 금액은 80원으로 계상되어 있다.
- 당기매입 : 자산의 취득으로 회계처리한다.

20x1. 2. 15.	(차) 상품	1,000	(대) 현금	1,000

- 당기매출 : 처분금액으로 받는 현금 계정과목 등을 차변으로(자산의 증가 등), 상품 계정과목의 처분 전 장부금액을 대변으로(자산의 감소) 회계처리한다. 처분금액과 처분 전 장부금액의 차이만큼 처분손익을 인식한다.

20x1. 3. 20.	(차) 현금	990[1]	(대) 상품	880[2]
			상품처분이익	110[3]

[1] 처분금액 = 9개 × @110원 = 990원
[2] 처분 전 장부금액 = (1개 × @80원) + (8개 × @100원) = 880원
[3] 처분금액 − 처분 전 장부금액 = 990 − 880 = 110원

- 기말재고 : 기말 결산 시 별도의 기말수정분개가 필요 없으며, 기말재고자산 금액은 200원[4](= 2개 × @100원)이 남아 있다.

  [4] 기초재고 + 당기매입 - 당기판매분 = 80 + 1,000 - 880 = 200원

② **매출 및 매출원가를 모두 표시하는 방법**(2분법)

- 기초재고 : 기초 재무상태표상 재고자산 금액은 80원으로 계상되어 있다.
- 당기매입 : 자산의 취득으로 회계처리한다.

	(차) 상품	xxx	(대) [계정명]	xxx
20x1. 2. 15.	(차) 상품	1,000	(대) 현금	1,000

- 당기매출 : 차변에는 처분금액으로 받는 현금 계정과목 등으로(자산의 증가 등) 회계처리하고, 대변에는 동일한 금액을 상품매출 계정과목으로(수익의 발생) 회계처리한다. 상품 계정의 감소 및 그에 따른 비용을 인식하지 않고, 처분금액 전체에 대하여 수익만 인식한다.

	(차) [계정명]	xxx	(대) 상품매출	xxx
20x1. 3. 20.	(차) 현금	990	(대) 상품매출	990[1]

[1] 처분금액 = 9개 × @110원 = 990원

- 기말재고 : 기말 결산 시 기말재고를 파악하여 매출원가를 역으로 계산하고, 이 금액만큼 차변에 상품매출원가 계정(비용의 발생)으로, 대변에 상품 계정으로(자산의 감소) 회계처리한다. 이러한 기말수정분개에 따라 기말재고자산 금액은 200원(= 2개 × @100원)이 남게 된다.

	(차) 상품매출원가	xxx	(대) 상품	xxx
20x1. 12. 31.	(차) 상품매출원가	880[2]	(대) 상품	880

[2] 기초재고 + 당기매입 - 기말재고 = 80 + 1,000 - 200 = 880원

(3) 2분법의 장점

기업의 주된 영업활동에 대하여 '매출과 매출원가를 모두 표시하는 방법(2분법)'으로 회계처리하는 경우, '처분손익만 표시하는 방법(1분법)'과 비교할 때 다음과 같은 장점이 있다.

① 유용한 정보 제공

주된 영업활동에 대하여 단순히 처분손익(상품처분이익)만을 보여주는 것이 아니라 얼마만큼의 판매(상품매출)가 이루어졌는지, 그리고 그 판매에 대응하는 비용(매출원가)은 얼마인지를 보여줌으로써 회계정보이용자에게 보다 유용한 정보를 제공할 수 있다.

손익계산서에는 상품매출에서 상품매출원가를 차감한 매출총이익이 별도로 표시되며 이는 상품처분이익과 동일한 금액이다.

매출총이익 = 상품매출 - 상품매출원가 = 상품처분이익

② 실무상 적용 용이

주된 영업활동인 상품의 구입과 판매는 매우 빈번하게 일어나고 동일한 상품이더라도 구입 시점에 따라 그 가격이 달라지기 때문에, 1분법에 따라 판매 시점마다 일일이 상품의 처분 전 장부금액(당초 구입원가)과 처분손익(상품처분이익)을 구하는 것은 현실적으로 어렵다.

반면, 2분법으로 회계처리하는 경우에는 기말 결산 시점에 상품 실지재고조사를 통하여 구입 상품 중에서 당기에 판매된 분을 역으로 계산하고 이를 상품매출원가로 한 번에 계정 대체하기 때문에 실무상 적용이 편리하다.

참고 상품, 상품매출, 상품매출원가의 비교

계정과목	구 분
상 품	자산(재고자산)
상품매출	수익(매출액)
상품매출원가	비용(매출원가)

(4) 상품매출원가

상품매출원가란 당기에 팔린 상품들의 당초 구입원가를 말한다.

상품매출원가는 기초상품재고액에서 당기상품매입액을 가산한 후 기말상품재고액을 차감하여 계산한다.

여기서 기초상품재고액과 당기상품매입액을 합한 금액은 분개와 전기를 통하여 상품 계정의 총계정원장에서 차변으로 집계되는데, 이를 판매가능상품 금액이라고 한다.

기말 결산 시점까지 집계된 판매가능상품 금액은 당기에 판매된 부분(상품매출원가)과 기말 현재 판매되지 않고 남아 있는 부분(기말상품재고액)으로 배분된다.

따라서 기말 결산 시 실지재고조사를 통하여 기말상품재고액을 파악한 후 이를 장부상 판매가능상품 금액에서 차감함으로써 상품매출원가를 역산할 수 있는 것이다.

상품매출원가	=	기초상품재고액	+	당기상품매입액	-	기말상품재고액
	=	판매가능상품금액			-	기말상품재고액

참고 상품의 총계정원장

A사의 제2기 회계연도를 사례로 2분법에 따른 상품 계정의 총계정원장을 작성하여 보면 다음과 같다.

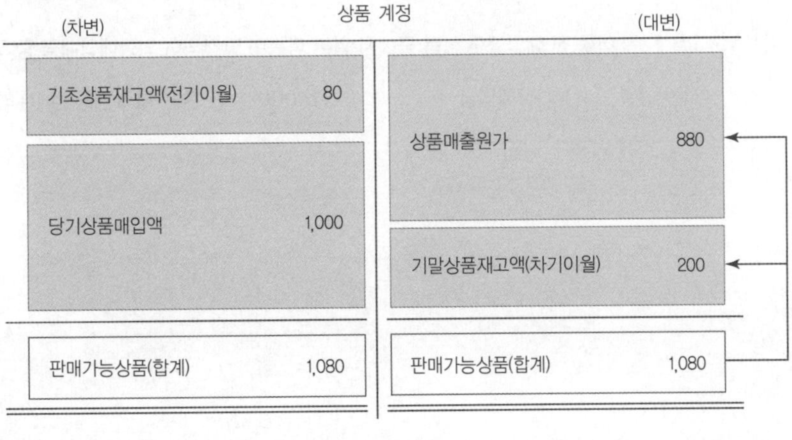

03 재고자산의 취득원가

(1) 상품의 취득원가

취득원가 = 당기(순)매입액
= 매입가액 + 취득부대비용[1] - 매입환출[2] - 매입에누리[3] - 매입할인[4]

[1] 매입운임, 매입하역료, 매입수수료, 취득세 등 상품을 취득하는 과정에서 정상적으로 발생하는 비용
[2] 구입한 상품 중 하자나 파손이 발견되어 해당 물품을 반품하는 것
[3] 구입한 상품 중 하자나 파손이 발견되어 값을 깎는 것
[4] 상품의 구매자가 외상매입대금을 조기에 지급하여 약정에 따라 할인 받는 것

기출포인트

- 상품 취득 시 운송료, 수수료, 제세금 : 자산의 취득과 관련한 취득부대비용이므로 상품의 취득원가에 포함한다.
- 상품 매출 시 운송료, 수수료, 제세금 : 기업의 주된 영업활동인 상품의 매출과 관련하여 발생하는 비용이므로 운반비, 수수료비용, 세금과공과 등 별도의 비용 계정(판매비와관리비)으로 회계처리한다.

(2) 상품의 취득에 대한 회계처리

상품을 취득할 때 취득부대비용은 상품 계정을 사용하여 취득원가에 그대로 합산되도록 회계처리하고, 매입환출·매입에누리·매입할인은 상품의 차감계정을 사용하여 취득원가에서 차감되도록 회계처리한다.

매입환출·매입에누리·매입할인 계정은 기중에 기업 내부적으로 사용하는 상세 계정과목이므로, 기말 결산 시 재무제표를 작성할 때에는 상품 계정에서 직접 차감한다.

① 취득부대비용

	(차) 상품	xxx	(대) [계정명]	xxx

[사례] 1월 10일 상품을 20,000원에 외상으로 매입하고 매입운임 1,000원을 현금으로 지급하였다.

1월 10일	(차) 상품	21,000	(대) 외상매입금	20,000
			현금	1,000

② 매입환출 및 매입에누리

	(차) 외상매입금	xxx	(대) 매입환출및에누리	xxx

[사례] 1월 12일 이틀 전 매입했던 상품 중에서 일부 파손이 발견되어 외상매입대금 중 5,000원을 깎았다.

1월 12일	(차) 외상매입금	5,000	(대) 매입환출및에누리	5,000

③ 매입할인

(차) 외상매입금	XXX	(대) [계정명]	XXX
		매입할인	XXX

[사례] 1월 18일 8일 전에 매입했던 상품의 외상매입대금 15,000원에 대하여 현금으로 결제하였다. 판매자와의 약정에 따라 조기 결제금액인 15,000원의 2%를 할인 받았다.

1월 18일	(차) 외상매입금	15,000	(대) 현금	14,700
			매입할인	300[1]

[1] 15,000원 × 2% = 300원

④ 상품 계정의 당기(순)매입액

= 매입가액 + 취득부대비용 - 매입환출 - 매입에누리 - 매입할인

= 20,000 + 1,000 - 0 - 5,000 - 300

= 15,700원

04 기말재고자산가액의 결정

빈출 최근 71회 시험 중 25회 기출

기말 결산 시 회사는 상품 총계정원장의 차변에 집계된 판매가능상품 금액에서 재고실사로 파악한 기말상품재고액을 차감하여 상품매출원가를 산출한다. 따라서 기말상품재고액의 결정은 상품매출원가에 영향을 끼침으로써 당기순이익을 달라지게 할 수 있다.

기말재고자산가액(기말상품재고액)은 다음과 같이 결정된다.

기말상품재고액	=	수량	×	단가
		① 계속기록법		① 개별법
		② 실지재고조사법		② 선입선출법
		③ 혼합법		③ 후입선출법
				④ 총평균법
				⑤ 이동평균법

(1) 수량 결정방법

계속기록법	· 기중에 상품의 입고와 출고 수량을 계속적으로 기록하여 기말에 장부에 의하여 수량을 파악하는 방법을 말한다. · 계속기록법에서는 기초재고수량, 당기매입수량, 당기판매수량이 모두 기록되므로 장부상 재고수량은 언제든지 파악할 수 있으나, 실제 재고수량은 조사하지 않으므로 이를 파악할 수 없다.
실지재고조사법	· 기말에 직접 조사를 통하여 실제 재고수량을 파악하는 방법을 말한다. · 실지재고조사법에서는 기중에는 상품의 입고만 기록하고 입고란에 기록된 수량에서 기말에 직접 조사한 실제 수량을 차감하여 판매된 수량을 산출한다. 즉, 기초재고수량과 당기매입수량만 기록되므로 당기판매수량은 기말에 실지재고조사를 마쳐야만 일괄적으로 파악할 수 있다.

혼합법	· 실무에서는 기말재고수량을 파악할 때 **계속기록법과 실지재고조사법을 병행**하고 있는데, 이를 혼합법이라고 한다. · 혼합법에서는 장부상 재고수량과 직접 조사한 실제 재고수량을 모두 알 수 있기 때문에 보관 중에 발생한 **재고감모수량**(도난이나 파손 등)을 파악할 수 있다.

(2) 단가 결정방법(원가흐름의 가정)

상품의 구입시기에 따라 동일한 상품의 구입단가가 계속하여 변동하는 경우 구입한 상품이 팔리는 순서에 관하여 일정한 가정을 하게 되는데, 이를 원가흐름의 가정이라고 한다.

재고자산의 원가흐름을 어떻게 가정하는가에 따라 매출원가와 기말재고자산가액을 계산할 때 사용되는 단가가 달라지게 된다.

원가흐름의 가정, 즉 기말재고자산의 단가 결정방법은 다음과 같다.

개별법	· 개별 상품 각각에 가격표를 붙여서 개별 물량흐름을 직접 추적하여 출고단가를 산정하는 방법을 말한다. · 가장 정확한 단가 산정방법이나 실무에서 적용하기는 현실적으로 어렵다.
선입선출법	· 먼저 매입(입고)한 상품을 먼저 판매(출고)한다는 가정하에 출고단가를 산정하는 방법을 말한다. (FIFO : First-In-First-Out) · 기말재고자산이 가장 최근 매입분으로 구성되므로 시가에 가깝게 표시된다(장점). 반면, 오래전 매입분이 매출원가로 기록되므로 수익·비용 대응이 적절히 이루어지지 않는다(단점).
후입선출법	· 나중에 매입(입고)한 상품을 먼저 판매(출고)한다는 가정하에 출고단가를 산정하는 방법을 말한다. (LIFO : Last-In-First-Out) · 가장 최근 매입분이 매출원가로 기록되므로 수익·비용 대응이 적절히 이루어진다(장점). 반면, 기말재고자산이 오래전 매입분으로 구성되므로 시가에 가깝게 표시되지 않는다(단점).
총평균법	· 기말에 총입고금액을 총입고수량으로 나누어 총평균단가를 구하고 총평균단가로 출고단가를 산정하는 방법을 말한다. · 공식 $\text{총평균단가} = \dfrac{\text{기초재고액} + \text{당기매입액}}{\text{기초재고수량} + \text{당기매입수량}}$
이동평균법	· 매입할 때마다 새로 입고되는 상품의 매입액과 기존 상품의 장부금액을 합하여 새로운 평균단가(이동평균단가)를 구하고 이동평균단가로 출고단가를 산정하는 방법을 말한다. · 공식 $\text{이동평균단가} = \dfrac{\text{매입 직전 재고액} + \text{추가 매입액}}{\text{매입 직전 재고수량} + \text{추가 매입수량}}$

참고 **평균법**

먼저 매입한 상품과 나중에 매입한 상품이 평균적으로 판매된다는 가정하에 일정 기간 동안의 재고자산매입액을 평균한 평균단가로 출고단가를 산정하는 방법을 평균법(또는 가중평균법)이라고 한다. 평균법에는 총평균법(실지재고조사법하에서의 평균법)과 이동평균법(계속기록법하에서의 평균법)이 있다.

(3) 단가 결정방법에 따른 기말재고자산가액의 결정 사례

상기업인 B사의 제2기 회계연도에 다음과 같은 상품 거래가 발생했을 때 선입선출법, 후입선출법, 총평균법, 이동평균법에 따라 상품재고장(재고수불부)을 작성하고 기말재고자산가액 및 매출원가를 구하여 보자.

- 1월 1일 기초 현재, 전기로부터 이월된 상품 10개가 있으며 개당 120원이었다.
- 2월 2일 공급처로부터 상품 30개를 개당 140원에 현금 매입하였다.
- 3월 3일 고객사에 상품 20개를 개당 200원에 현금 매출하였다.
- 7월 7일 공급처로부터 상품 20개를 개당 165원에 현금 매입하였다.
- 11월 11일 고객사에 상품 20개를 개당 200원에 현금 매출하였다.
- 12월 31일 기말 결산 시, 창고를 직접 조사하여 기말 현재 판매되지 않고 남아있는 재고수량이 20개라는 것을 확인하였다.

① 선입선출법

<u>상품재고장</u>

(단위 : 원)

날 짜	구 분	입 고			출 고			잔 고		
1/1	전기이월	10개	@120	1,200				10개	@120	1,200
2/2	매 입	30개	@140	4,200				10개	@120	1,200
								30개	@140	4,200
3/3	매 출				10개	@120	1,200			
					10개	@140	1,400	20개	@140	2,800
7/7	매 입	20개	@165	3,300				20개	@140	2,800
								20개	@165	3,300
11/11	매 출				20개	@140	2,800	20개	@165	3,300
12/31	차기이월				20개	@165	3,300			
합 계		60개		8,700	60개		8,700			

- 기말재고자산가액 = 20개 × @165원 = 3,300원
- 매출원가 = 판매가능상품 금액 - 기말재고자산가액 = 8,700 - 3,300 = 5,400원

② 후입선출법

상품재고장

(단위 : 원)

날 짜	구 분	입 고			출 고			잔 고		
1/1	전기이월	10개	@120	1,200				10개	@120	1,200
2/2	매 입	30개	@140	4,200				10개	@120	1,200
								30개	@140	4,200
3/3	매 출				20개	@140	2,800	10개	@120	1,200
								10개	@140	1,400
7/7	매 입	20개	@165	3,300				10개	@120	1,200
								10개	@140	1,400
								20개	@165	3,300
11/11	매 출				20개	@165	3,300	10개	@120	1,200
								10개	@140	1,400
12/31	차기이월				10개	@120	1,200			
					10개	@140	1,400			
합 계		60개		8,700	60개		8,700			

• 기말재고자산가액 = (10개 × @120원) + (10개 × @140원) = 2,600원

• 매출원가 = 판매가능상품 금액 − 기말재고자산가액 = 8,700 − 2,600 = 6,100원

③ 총평균법

상품재고장

(단위 : 원)

날 짜	구 분	입 고			출 고			잔 고		
1/1	전기이월	10개	@120	1,200				10개		
2/2	매 입	30개	@140	4,200				40개		
3/3	매 출				20개			20개		
7/7	매 입	20개	@165	3,300				40개		
11/11	매 출				20개			20개		
12/31	차기이월				20개					
합 계		60개		8,700	60개					

- 총평균단가 = 총입고금액 ÷ 총입고수량 = 8,700원 ÷ 60개 = @145원
- 기말재고자산가액 = 기말재고수량 × 총평균단가 = 20개 × @145원 = 2,900원
- 매출원가 = 판매가능상품 금액 - 기말재고자산가액 = 8,700 - 2,900 = 5,800원

④ 이동평균법

상품재고장

(단위 : 원)

날짜	구분	입고			출고			잔고		
1/1	전기이월	10개	@120	1,200				10개	@120	1,200
2/2	매 입	30개	@140	4,200				40개	@135	5,400
3/3	매 출				20개	@135	2,700	20개	@135	2,700
7/7	매 입	20개	@165	3,300				40개	@150	6,000
11/11	매 출				20개	@150	3,000	20개	@150	3,000
12/31	차기이월				20개	@150	3,000			
합 계		60개		8,700	60개		8,700			

- 2월 2일 이동평균단가 = (1,200원 + 4,200원) ÷ (10개 + 30개) = @135원
  7월 7일 이동평균단가 = (2,700원 + 3,300원) ÷ (20개 + 20개) = @150원
- 기말재고자산가액 = 기말재고수량 × 이동평균단가 = 20개 × @150원 = 3,000원
- 매출원가 = 판매가능상품 금액 - 기말재고자산가액 = 8,700 - 3,000 = 5,700원

참고 상품재고장에서 출고단가와 출고금액의 기재 여부

실무에서는 상품재고장을 작성할 때 출고수량만 기재하고 출고단가와 출고금액은 기재하지 않는 경우가 많다. 왜냐하면 이는 매출시점마다 일일이 상품의 처분 전 장부금액을 구하는 것에 준하는 번거로운 작업이기 때문이다.

다만, ㉠ 이동평균법을 적용할 때에는 상품재고장에 출고금액과 잔고금액을 지속적으로 기재하여야만 이동평균단가를 계산할 수 있으며, ㉡ 후입선출법을 적용할 때에는 상품재고장에 출고단가 및 출고금액을 기재하는 경우(계속기록법하에서의 후입선출법)와 그렇지 않은 경우(실지재고조사법하에서의 후입선출법) 계산결과가 서로 달라질 수 있다.

⑤ 단가 결정방법에 따른 기말재고자산가액, 매출원가, 당기순이익의 계산 결과

(단위 : 원)

구 분	선입선출법	이동평균법	총평균법	후입선출법
판매가능상품 금액	8,700	8,700	8,700	8,700
기말재고자산가액	3,300	3,000	2,900	2,600
매출원가	5,400	5,700	5,800	6,100
매출액	8,000	8,000	8,000	8,000
매출총이익, 당기순이익	2,600	2,300	2,200	1,900

참고 단가 결정방법에 따른 기말재고자산가액, 매출원가, 당기순이익의 계산 결과 비교
㉠ 물가는 상승하고 ㉡ 기말재고수량은 기초재고수량보다 같거나 크다고 가정한다.

구 분	계산 결과
기말재고자산가액	선입선출법 > 이동평균법 > 총평균법 > 후입선출법
매출원가	선입선출법 < 이동평균법 < 총평균법 < 후입선출법
당기순이익	선입선출법 > 이동평균법 > 총평균법 > 후입선출법

기출확인문제 *2024년 출제예상

다음 중 계속적으로 물가가 상승하고, 기말상품재고량은 기초상품재고량보다 증가한 상황일 때 미치는 영향으로 옳지 않은 것은? (제71회)

① 매출원가는 선입선출법이 총평균법보다 작게 평가된다.
② 기말상품가액은 선입선출법이 후입선출법보다 크게 평가된다.
③ 당기순이익은 선입선출법이 후입선출법보다 크게 평가된다.
④ 기말상품가액은 선입선출법이 이동평균법보다 작게 평가된다.

정답 ④

해설
선입선출법에서 기말재고는 가장 최근에 구입한 단가로 구성되므로, 물가(단가)가 점점 상승하는 상황일 때 선입선출법에서의 기말재고자산가액은 그 외 방법에서의 기말재고자산가액보다 크게 평가된다.

05 기말재고자산에 포함될 항목의 결정

최근 71회 시험 중 8회 기출

회사의 재고자산은 실질적인 소유권에 따라 판단하여야 한다. 기말 현재 창고에 보관 중인 자산이라 하더라도 회사의 소유가 아닐 수 있으며, 창고에 없는 자산이라 하더라도 회사의 소유일 수 있다.

특수한 상황들에 대하여 회사의 기말재고자산에 포함하여야 하는지 여부를 정리하여 보면 다음과 같다.

(1) 미착품

미착품이란 상품을 주문하였으나 결산일 현재 운송 중에 있는 것을 말한다. 미착품에 대한 소유권이 판매자에게 있는지 구매자에게 있는지는 매매계약조건에 따라 결정된다.

구 분	선적 전	선적시점	운 송	도착시점
선적지 인도조건	판매자 소유	구매자 소유		
도착지 인도조건	판매자 소유			구매자 소유

① 선적지 인도조건

선적지 인도조건일 경우 판매자는 재화를 선적하는 시점에 수익을 인식한다.

선적지 인도조건에서는 상품을 선적하는 시점에 소유권이 구매자에게 이전되기 때문에, 기말 현재 운송 중에 있는 미착품은 구매자의 재고자산에 포함된다.

② 도착지 인도조건

도착지 인도조건일 경우 판매자는 재화가 목적지에 도착하는 시점에 수익을 인식한다.

도착지 인도조건에서는 상품이 도착하는 시점에 소유권이 구매자에게 이전되기 때문에, 기말 현재 운송 중에 있는 미착품은 판매자의 재고자산에 포함된다.

(2) 적송품(위탁판매)

위탁판매란 회사가 자신의 상품을 홈쇼핑 등에 위탁하는 방식으로 판매하는 것을 말한다.

이때 판매를 위탁한 회사를 위탁자, 판매를 위탁받아서 판매를 대행하는 홈쇼핑 등을 수탁자라고 하며, 위탁자가 수탁자에게 판매를 위탁하기 위하여 보낸 상품을 적송품이라고 한다.

위탁판매일 경우 위탁자는 수탁자가 적송품을 판매한 시점에 수익을 인식한다.

적송품은 고객에게 판매되기 전까지 위탁자의 소유 자산이므로, 기말 현재 판매되지 않은 적송품은 수탁자의 창고에 보관되어 있더라도 위탁자의 재고자산에 포함된다.

수탁자는 적송품을 재고자산으로 포함하지 않으며 판매 시 수수료만을 수익으로 계상하게 된다.

(3) 시송품(시용판매)

시용판매란 회사가 자신의 상품을 고객에게 먼저 보낸 다음 고객이 일정 기간 사용해보고 구매 여부를 결정할 수 있는 방식으로 판매하는 것을 말한다.

이때 고객이 일정 기간 사용해보고 구매 여부를 결정할 수 있도록 판매자가 고객에게 보내놓은 상품을 시송품이라고 한다.

시용판매일 경우 판매자는 고객이 구매의사를 표시한 시점에 수익을 인식한다.

시송품은 고객이 구매의사를 표시하기 전까지는 판매된 것이 아니므로, 기말 현재 구매의사표시가 없는 시송품은 판매자의 재고자산에 포함된다.

(4) 할부판매상품

할부판매란 회사가 자신의 상품을 고객에게 먼저 인도한 다음 대금을 2회 이상 분할하여 회수하는 방식으로 판매하는 것을 말한다.

할부판매일 경우 판매자는 재화를 고객에게 인도하는 시점에 수익을 인식한다.

할부판매에서는 상품을 인도하는 시점에 소유권이 구매자에게 이전되기 때문에, 할부판매된 상품은 기말 현재 대금이 아직 회수되지 않았더라도 판매자의 재고자산에 포함되지 않는다.

(5) 반품률이 높은 상품의 판매

일반조건의 매매계약이라 하더라도 반품률이 높은 상품을 판매한 경우에는 해당 반품률을 합리적으로 추정할 수 있는지 여부에 따라 기말재고자산 포함 여부가 달라진다.

① 반품률이 합리적으로 추정 가능한 경우

판매자는 인도 시점에 예상반품금액을 반영하여 매출을 인식하므로, 반품률이 합리적으로 추정 가능한 판매 상품은 판매자의 기말재고자산에 포함되지 않는다.

② 반품률이 합리적으로 추정 불가능한 경우

판매자는 반품기간이 종료될 때까지는 매출 인식하지 않으므로, 기말 현재 반품기간이 남아있고 반품률이 합리적으로 추정 불가능한 판매 상품은 판매자의 기말재고자산에 포함된다.

(6) 저당상품

저당상품이란 금융기관 등으로부터 자금을 차입하면서 그 담보로 제공한 상품을 말한다.

저당상품은 저당권이 실행되어 소유권이 이전되기 전까지는 담보제공자가 소유권을 가지고 있으므로, 기말 현재 저당권이 실행되지 않은 저당상품은 담보제공자의 재고자산에 포함한다.

기출확인문제

다음 중 재고자산에 대한 설명으로 가장 옳지 않은 것은? (제85회) ① 도착지 인도조건인 경우 미착상품은 매입자의 재고자산에 포함된다. ② 매입자가 매입의사를 표시하지 않은 경우 시송품은 판매자의 재고자산에 포함된다. ③ 수탁자가 제3자에게 판매를 한 경우 적송품은 위탁자의 재고자산에 포함되지 않는다. ④ 할부판매상품의 경우 대금이 모두 회수되지 않았더라도 판매자의 재고자산에 포함되지 않는다.	정답 ① 해설 도착지 인도조건에서는 상품 등이 도착하는 시점에 소유권이 구매자에게 이전되기 때문에 기말 현재 운송 중에 있는 미착품은 판매자의 재고자산에 포함된다.

06 재고자산감모손실과 재고자산평가손실

최근 71회 시험 중 **8**회 기출

(1) 재고자산감모손실

재고자산감모손실이란 재고자산의 도난, 분실, 파손, 증발, 마모 등으로 인하여 재고자산의 실제 수량이 장부상 수량보다 부족한 경우 발생하는 손실을 말한다.

재고자산감모손실 = (장부상 수량 - 실제 수량) × 장부상 단가
= 장부상 수량에 대한 취득원가 - 실제 수량에 대한 취득원가

재고자산감모손실이 발생하면 감모손실만큼 대변에 상품 계정으로(자산의 감소), 차변에 비용 계정으로(비용의 발생) 회계처리한다.

차변에서 비용을 인식할 때, 감모손실 중 정상적 범위 내에서 발생한 감모손실(**정상감모손실**)은 원가성이 인정되는 것으로 보아 상품매출원가 계정(**매출원가**)으로 회계처리하고, 비정상적으로 발생한 감모손실(**비정상감모손실**)은 원가성이 인정되지 않는 것으로 보아 재고자산감모손실 계정(**영업외비용**)으로 회계처리한다.

① 정상적인 감모손실

(차) 상품매출원가 (매출원가)	XXX	(대) 상품	XXX

② 비정상적인 감모손실

(차) 재고자산감모손실 (영업외비용)	XXX	(대) 상품	XXX

(2) 재고자산평가손실

재고자산평가손실이란 재고자산의 물리적 손상, 진부화, 판매가격 하락 등으로 인하여 보유 중인 재고자산의 가치가 하락하는 경우 발생하는 손실을 말한다.

재고자산을 평가할 때, 기말 단가가 취득원가보다 상승한 경우에는 별도의 회계처리(재고자산평가이익 인식)를 하지 않고, 기말 단가가 취득원가보다 하락한 경우에만 재고자산평가손실을 인식하는데, 이와 같은 회계처리 방법을 저가법(Lower of Cost or Market)이라고 한다.

저가법 회계처리의 결과, 기말 재무상태표의 재고자산은 취득원가와 시가(순실현가능가치) 중 낮은 금액으로 측정된다. 순실현가능가치(Net Realizable Value)란 정상적인 영업과정에서의 예상 판매가격에서 예상 판매비용을 차감한 금액을 말한다.

재고실사를 통하여 실제 기말재고자산을 파악할 때 회사는 수량과 단가 중 수량을 먼저 확정하게 된다. 따라서 재고자산감모손실과 재고자산평가손실이 모두 있는 경우, 재고자산감모손실을 먼저 계산한 다음에 재고자산평가손실을 계산한다.

재고자산평가손실 = (장부상 단가 − 실제 단가) × 실제 수량
= 실제 수량에 대한 취득원가 − 실제 수량에 대한 시가

재고자산평가손실이 발생하면 평가손실만큼 대변에 상품의 차감적 평가계정인 상품평가충당금 계정으로(자산 차감의 증가 = 자산의 감소), 차변에 비용 계정으로(비용의 발생) 회계처리한다.

대변에서 자산의 감소를 인식할 때, 상품 계정을 직접 감소시키는 것이 아니라 상품의 차감적 평가계정인 상품평가충당금 계정을 사용한다는 점에서 감모손실에서의 회계처리와 차이가 있다.

차변에서 비용을 인식할 때, **재고자산평가손실**은 매출원가에 해당하는 것으로 보아 상품매출원가 계정(**매출원가**)으로 회계처리한다.

향후에 평가손실을 초래했던 상황이 해소되어 시가가 회복되는 경우에는 최초의 취득원가(최초의 장부금액)를 회복된 시가의 한도로 하여 시가회복분(평가손실환입액)을 계산하고, 시가회복분만큼 차변에 상품평가충당금 계정으로(자산 차감의 감소 = 자산의 증가), 대변에 상품매출원가 계정(매출원가)으로(비용의 감소) 회계처리한다.

① 재고자산평가손실

(차) 상품매출원가 (매출원가)	xxx	(대) 상품평가충당금 (상품의 차감계정)	xxx

② 재고자산평가손실환입

(차) 상품평가충당금 (상품의 차감계정)	xxx	(대) 상품매출원가 (매출원가)	xxx

[사례] 20x1년에 매입한 상품 A의 취득원가는 30,000원, 20x1년 기말 순실현가능가치는 28,000원이었고 회사는 저가법에 따라 20x1년에 재고자산평가손실 2,000원을 인식하였다.
20x2년 말 현재 상품 A가 재고로 남아 있고 기말 순실현가능가치가 31,000원으로 회복된 경우, 20x2년의 결산 시 회계처리는?

(차) 상품평가충당금	2,000	(대) 상품매출원가	2,000[1]

[1] Min[㉠ 회복된 시가, ㉡ 최초 취득원가] − 장부금액 = Min[㉠ 31,000, ㉡ 30,000] − 28,000 = 2,000원

(3) 사례

상기업인 C사의 기말 상품과 관련한 자료가 다음과 같을 때, 재고자산감모손실과 재고자산평가손실을 계산하고 일반기업회계기준에 따라 회계처리를 하여 보자. (단, 해당 상품의 특성상 30개의 수량감소는 정상적인 범위인 것으로 가정함)

구분	수량	단가	금액
장부상 기말재고	200개	@20원	4,000원
재고실사 결과	100개	@18원	1,800원

① 계산

장부상 수량(200개) × 취득원가(@20원) = 장부상 수량에 대한 취득원가(4,000원)

실제 수량(100개) × 취득원가(@20원) = 실제 수량에 대한 취득원가(2,000원)

실제 수량(100개) × 시가(@18원) = 실제 수량에 대한 시가(1,800원)

재고자산감모손실 2,000원

재고자산평가손실 200원

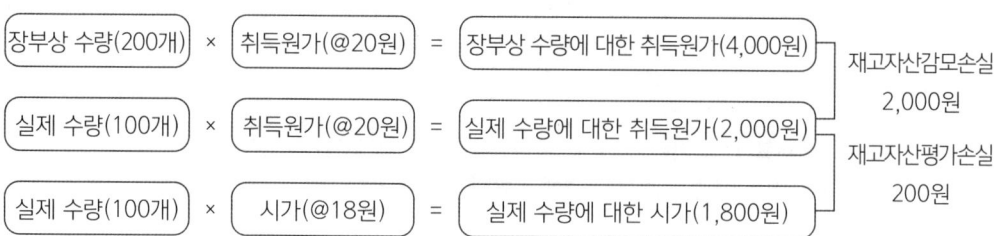

- 재고자산감모손실 = (장부상 수량 - 실제 수량) × 장부상 단가 = (200개 - 100개) × @20원 = 2,000원
  - 정상감모손실 = 정상적인 감모수량 × 장부상 단가 = 30개 × @20원 = 600원
  - 비정상감모손실 = 재고자산(총)감모손실 - 정상감모손실 = 2,000 - 600 = 1,400원
- 재고자산평가손실 = (장부상 단가 - 실제 단가) × 실제 수량 = (@20원 - @18원) × 100개 = 200원

② 회계처리

- 정상감모손실

(차) 상품매출원가	600	(대) 상품	600

- 비정상감모손실

(차) 재고자산감모손실 (영업외비용)	1,400	(대) 상품	1,400

- 재고자산평가손실

(차) 상품매출원가	200	(대) 상품평가충당금	200

07 타계정 대체

최근 71회 시험 중 1회 기출

(1) 타계정대체의 정의와 회계처리

기업이 보유하고 있는 상품은 외부에 판매됨으로써 매출원가로 대체되는 것이 원칙이다. 그러나 기업이 영업활동을 하는 과정에서 자사의 상품을 외부판매 이외의 용도로 사용하는 경우가 있는데, 이를 타계정대체라고 한다.

타계정대체는 상품을 광고선전 목적으로 사용하는 경우, 접대 목적으로 사용하는 경우, 종업원의 복리후생 목적으로 사용하는 경우 등 다양한 유형으로 나타날 수 있다.

타계정대체 거래가 발생하면 대변을 상품 계정으로(재고자산의 감소), 차변을 매출원가 이외의 적절한 비용 계정과목으로(매출원가가 아닌 비용의 발생) 회계처리한다.

비정상감모손실에 대하여 상품 계정을 감소시키고 매출원가 이외의 비용인 재고자산감모손실 계정(영업외비용)을 인식하는 것도 이러한 타계정대체 거래에 해당한다.

(2) 사례

상기업인 D사의 상품과 관련한 자료가 다음과 같을 때, 기중의 타계정대체 거래와 기말 결산에 대한 회계처리를 하고, 상품 계정의 총계정원장과 당기 손익계산서를 작성하여 보자. (단, 해당 상품의 특성상 30개의 수량감소는 정상적인 범위인 것으로 가정함)

· 기초상품재고액 : 1,000원
· 당기상품매입액 : 30,000원
· 상품 중 일부(원가 500원)를 사무실 직원의 복리후생 목적으로 사용
· 상품 중 일부(원가 1,500원)를 거래처에 선물로 증정
· 기말상품 내역

구 분	수 량	단 가	금 액
장부상 기말재고	200개	@20원	4,000원
재고실사 결과	100개	@18원	1,800원

① 기중의 타계정대체 거래 회계처리

· 원가 500원의 상품을 사무실 직원의 복리후생 목적으로 사용

(차) 복리후생비(판매비와관리비)	500	(대) 상품	500

· 원가 1,500원의 상품을 거래처에 선물로 증정

(차) 기업업무추진비(판매비와관리비)	1,500	(대) 상품	1,500

② 기말 결산 회계처리

· 장부상 기말재고에 의한 매출원가
= 기초재고 + 당기매입 - 기중의 타계정대체 - 장부상 기말재고
= 1,000 + 30,000 - (500 + 1,500) - 4,000 = 25,000원

(차) 상품매출원가	25,000	(대) 상품	25,000

· 정상감모손실
= 정상적인 감모수량 × 장부상 단가 = 30개 × @20원 = 600원

(차) 상품매출원가	600	(대) 상품	600

· 비정상감모손실
= 재고자산(총)감모손실 - 정상감모손실 = 2,000 - 600 = 1,400원

(차) 재고자산감모손실 (영업외비용)	1,400	(대) 상품	1,400

· 재고자산평가손실
= (장부상 단가 - 실제 단가) × 실제 수량 = (@20원 - @18원) × 100개 = 200원

(차) 상품매출원가	200	(대) 상품평가충당금	200

③ 상품 계정의 총계정원장

상품 계정

(차변)		(대변)	
기초상품재고액	1,000	복리후생비	500
당기상품매입액	30,000	기업업무추진비	1,500
		장부상 매출원가	25,000
		정상감모(매출원가)	600
		비정상감모(영업외비용)	1,400
		재고평가손실(매출원가)	200
		기말상품재고액	1,800
판매가능상품	31,000	판매가능상품	31,000

참고 재무상태표에서의 표시

재무상태표에서는 기말상품재고액 1,800원이 상품 계정 2,000원과 상품평가충당금 계정 (-)200원으로 구분 표시된다.

재무상태표

자산		
상품	2,000	
상품평가충당금	(200)	
	1,800	

④ 당기 손익계산서

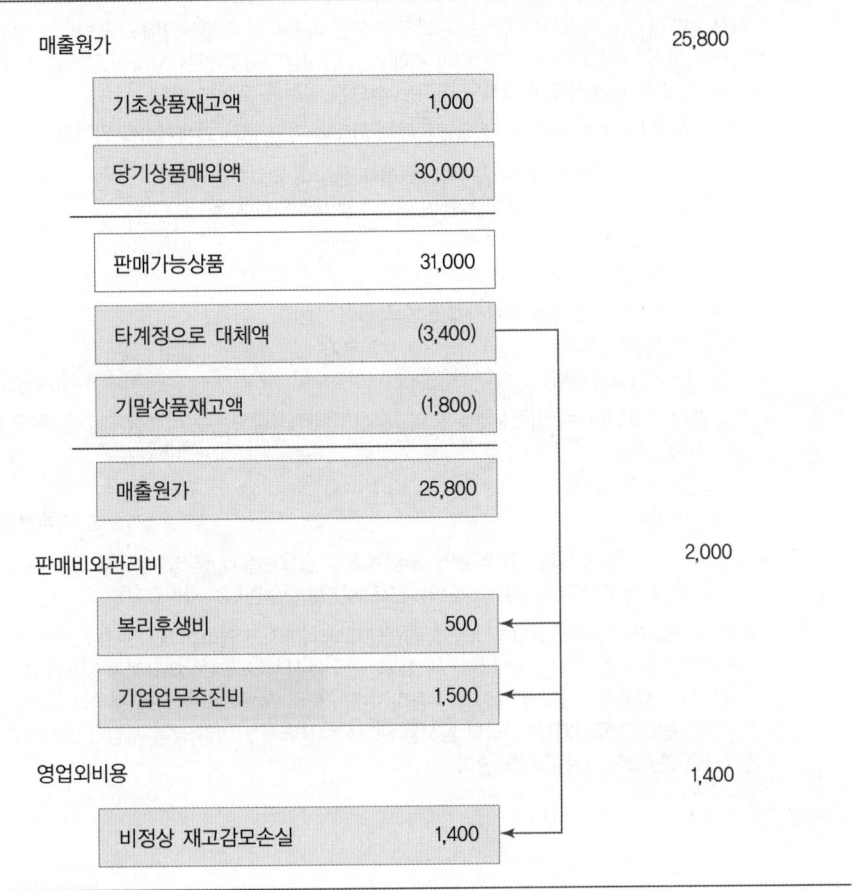

손익계산서

매출원가		25,800
기초상품재고액	1,000	
당기상품매입액	30,000	
판매가능상품	31,000	
타계정으로 대체액	(3,400)	
기말상품재고액	(1,800)	
매출원가	25,800	
판매비와관리비		2,000
복리후생비	500	
기업업무추진비	1,500	
영업외비용		1,400
비정상 재고감모손실	1,400	

기출포인트

타계정대체가 있을 때 상품매출원가를 구하는 방법

(방법1) [상품 계정의 총계정원장 접근법]

상품매출원가 = 장부상 기말재고에 의한 매출원가 + 정상감모손실 + 재고자산평가손실
= (기초재고 + 당기매입 - 기중의 타계정대체 - 장부상 기말재고) + 정상감모손실 + 재고자산평가손실
= {1,000 + 30,000 - (500 + 1,500) - 4,000} + 600 + 200
= 25,000 + 600 + 200
= 25,800원

(방법2) [손익계산서 접근법]

상품매출원가 = (기초재고 + 당기매입 - 실제 기말재고) - 타계정대체
= (기초재고 + 당기매입 - 실제 기말재고) - 기중의 타계정대체 - 비정상감모손실
= (1,000 + 30,000 - 1,800) - {(500 + 1,500) + 1,400}
= (31,000 - 1,800) - 2,000 - 1,400
= 25,800원

참고 KcLep 프로그램에서의 타계정대체

KcLep 프로그램에서는 기말 결산 시 [결산자료입력]이라는 메뉴에 기말재고액만 입력해주면 매출원가 금액(= 판매가능상품 - 기말재고)이 역산되고, 동 금액의 매출원가를 인식하는 분개가 자동으로 생성된다.

타계정대체 금액은 기말재고액에 포함되지 않으면서 동시에 매출원가에도 포함되지 않기 때문에, 프로그램 상에서 매출원가가 정확하게 역산되기 위해서는 타계정대체로 인한 상품의 감소를 기록할 때 전표 입력 단계에서 '적요 8. 타계정으로 대체액'이라는 적요를 입력해 주어야 한다.

D사를 사례로 KcLep 프로그램에 타계정대체 거래와 기말 결산 회계처리를 입력하여 보면 다음과 같다.

- 기중 거래 입력 시, 타계정대체를 '적요 8'을 사용하여 입력한다.
  - 원가 500원의 상품을 사무실 직원의 복리후생 목적으로 사용

(차) 복리후생비 (판매비와관리비)	500	(대) 상품 (적요 8. 타계정으로 대체액)	500

  - 원가 1,500원의 상품을 거래처에 선물로 증정

(차) 기업업무추진비 (판매비와관리비)	1,500	(대) 상품 (적요 8. 타계정으로 대체액)	1,500

- 기말 결산 시, [일반전표입력] 메뉴에 재고자산의 비정상감모손실(타계정대체)을 '적요 8'을 사용하여 입력한다. (수동결산)

(차) 재고자산감모손실 (영업외비용)	1,400	(대) 상품 (적요 8. 타계정으로 대체액)	1,400

- 기말 결산 시, [결산자료입력] 메뉴에 정상·비정상 감모손실과 평가손실까지 모두 차감된 실제 기말재고액(1,800원)을 입력한 다음, 메뉴 상단의 '전표추가'를 클릭한다. (자동결산)
- 상기 절차를 거치면 프로그램 내에서 타계정대체 금액까지 반영하여 매출원가 금액이 정확하게 계산되고, 동 금액의 매출원가를 인식하는 분개가 생성되어 손익계산서와 재무상태표까지 자동으로 작성된다. 다만, 프로그램에서는 상품평가충당금 계정을 사용하지 않으므로 자동으로 작성된 재무상태표에는 상품 계정이 순액인 1,800원으로 표시되는데, 외부 공시용 재무상태표에서는 이를 상품 계정 2,000원과 상품평가충당금 계정 (-)200원으로 구분 표시해 준다.

기출분개연습

* 기출문제 날짜는 학습효과를 높이기 위해 일부 수정하였으며, ㈜연습산업(코드번호 : 0301) 데이터를 사용하여 연습할 수 있습니다.

01 7월 1일 일본 소니사로부터 원재료를 수입하고, 당해 원재료 수입과 관련하여 발생한 다음의 경비를 현금으로 지급하였다. [제27회]

품 목	금 액	비 고
관 세	500,000원	납부영수증을 교부받다.
운반수수료	48,000원	간이영수증을 교부받다.

02 7월 2일 원재료로 사용하기 위해 구입했던 과일(취득원가 1,000,000원)을 당사 영업팀 회식에 사용하였다. [제63회]

03 7월 3일 당사는 산불피해 이재민을 돕기 위하여 제품인 컴퓨터 10대를 강릉시에 기부하였다. 컴퓨터 10대의 원가는 30,000,000원이며 시가는 35,000,000원이다. [제97회]

정답 및 해설

01 7월 1일	(차) 원재료	548,000	(대) 현금	548,000
02 7월 2일	(차) 복리후생비(판관비)	1,000,000	(대) 원재료 (적요 8. 타계정으로 대체액)	1,000,000
03 7월 3일	(차) 기부금	30,000,000	(대) 제품 (적요 8. 타계정으로 대체액)	30,000,000

핵심기출문제

* 본서에 수록된 기출문제의 날짜는 학습효과를 높이기 위하여 일부 수정함

01 ㈜선화는 재고자산에 대하여 선입선출법을 적용한다. 다음 자료를 이용한 경우 기말의 재고액은 얼마인가? [제30회]

날짜	내용	수량	단가	금액
1월 1일	기초재고	100개	10원	1,000원
3월 10일	매입	50개	12원	600원
5월 15일	매출	70개	-	-
12월 31일	기말재고	80개	-	( )

① 900원　② 880원　③ 800원　④ 960원

02 물가가 하락한다고 가정할 경우 당기순이익이 가장 적게 계상되는 재고자산의 평가방법은 무엇인가? [제90회]

① 선입선출법　② 후입선출법　③ 총평균법　④ 이동평균법

03 다음의 자료에서 설명하는 재고자산의 평가방법은? [제79회]

- 일반적인 물가상승 시 당기순이익이 과소계상되어 당기의 법인세를 줄이는 효과가 있다.
- 기말재고자산이 현시가를 반영하지 못한다.
- 디플레이션 시에는 경영진의 경영 실적을 높이려는 유혹을 가져올 수 있다.

① 선입선출법　② 후입선출법　③ 개별법　④ 이동평균법

04 다음 중 재고자산에 대한 설명으로 틀린 것은? [제96회]

① 재고자산이란 정상적인 영업과정에서 판매를 목적으로 하는 자산을 말한다.
② 재고자산의 수량을 결정하는 방법에는 계속기록법, 실지재고조사법, 혼합법이 있다.
③ 재고자산의 단가결정방법에는 개별법, 선입선출법, 후입선출법, 가중평균법이 있다.
④ 가중평균법 적용 시, 계속기록법하에서 적용한 평균법을 총평균법이라 하고, 실지재고조사법하에서 적용한 평균법을 이동평균법이라 한다.

정답 및 해설

01 ① · 상품재고장

상품

기초재고 100개 × @10 =	1,000원	매출원가	70개	
3월 10일 50개 × @12 =	600원	기말재고	80개	
150개	1,600원		150개	1,600원

· 선입선출법
- 기말재고 = (50개 × @12원) + (30개 × @10원) = 900원
- 매출원가 = 판매가능상품 금액 - 기말재고 = 1,600 - 900 = 700원

02 ① · 물가가 상승하는 경우, 단가결정방법에 따른 기말재고자산가액 및 당기순이익의 크기 순서
: 선입선출법 > 이동평균법 > 총평균법 > 후입선출법
· 물가가 하락하는 경우, 단가결정방법에 따른 기말재고자산가액 및 당기순이익의 크기 순서
: 선입선출법 < 이동평균법 < 총평균법 < 후입선출법

03 ② · 후입선출법의 경우, 매출원가가 가장 최근 매입분으로 구성되므로 수익·비용의 대응이 적절히 이루어지는 장점이 있는 반면 기말재고자산이 오래 전 매입분으로 구성되므로 현시가를 반영하지 못하는 단점이 있다.
· 물가상승 시 후입선출법은 선입선출법에 비해 당기순이익을 과소계상하므로, 당기의 법인세를 줄이고 세부담을 이연하는 효과가 있다.

04 ④ · (가중)평균법에는 총평균법과 이동평균법이 있다.
· 계속기록법하에서 적용한 평균법을 이동평균법이라 하고, 실지재고조사법하에서 적용한 평균법을 총평균법이라 한다.

05 다음과 같은 특징이 있는 재고자산의 평가방법으로 옳은 것은? [제99회]

- 기말재고자산이 최근에 매입한 단가가 적용되므로 시가에 가깝게 표시된다.
- 현재의 수익에 과거의 원가가 대응된다.
- 물가가 상승하는 상황에서는 당기순이익이 과대계상 된다.
- 기말재고자산가액 및 매출원가를 계산할 때, 계속기록법하에서 적용하는 경우와 실지재고조사법하에서 적용하는 경우 모두 동일한 결과값을 얻을 수 있다.

① 선입선출법 ② 후입선출법 ③ 이동평균법 ④ 총평균법

06 아래의 자료에서 기말재고자산에 포함해야 할 금액은 얼마인가? [제100회]

- 도착지 인도조건으로 매입한 미착상품 : 3,000,000원
- 구매자가 매입의사를 표시한 시송품 : 5,000,000원
- 제3자에게 판매하기 전인 적송품 : 2,000,000원
- 담보로 제공한 저당상품 : 7,000,000원

① 7,000,000원 ② 8,000,000원 ③ 9,000,000원 ④ 10,000,000원

07 기말재고자산을 확인하기 위하여 창고에 있는 재고자산을 실사한 결과 창고에 보관 중인 재고자산의 가액은 2,000,000원으로 확인되었다. 그 외에 재고자산과 관련된 자료는 다음과 같다. 정확한 기말재고액을 계산하면 얼마인가? [제95회]

항 목	금 액	비 고
미착상품	150,000원	선적지 인도조건으로 매입하여 운송 중인 상품
시송품	500,000원	40%는 소비자가 매입의사를 표시함
장기할부판매	250,000원	할부판매에 따라 고객에 인도하였으나 대금이 모두 회수되지 않음
적송품	400,000원	수탁자로부터 75% 판매되었음을 통지 받음

① 2,350,000원 ② 2,550,000원 ③ 2,700,000원 ④ 2,800,000원

08 다음 설명 중 ㈜태성의 기말재고자산에 포함되지 않는 것은? [제38회]

가. ㈜태성은 기말 현재 운송 중인 상품을 선적지 인도조건으로 ㈜황소로부터 구입하였다.
나. ㈜태성이 ㈜북부에게 판매를 위탁한 상품(적송품)이 기말 현재 ㈜북부의 창고에 보관 중이다.
다. ㈜태성은 반품률을 합리적으로 추정 가능한 상태로 상품을 ㈜한국에게 판매(인도)하였다.
라. ㈜태성은 기말 현재 운송 중인 상품을 도착지 인도조건으로 ㈜남부에 판매하였다.

① 가 ② 나 ③ 다 ④ 라

정답 및 해설

05 ①
- 선입선출법의 장점 : 기말재고자산이 가장 최근 매입분으로 구성되므로 시가에 가깝게 표시된다.
- 선입선출법의 단점 : 매출원가가 오래전 매입분으로 구성되므로 수익·비용의 대응이 적절히 이루어지지 않는다.
- 물가가 상승하는 상황에서, 단가결정방법에 따른 당기순이익의 크기 순서
  : 선입선출법 > 이동평균법 > 총평균법 > 후입선출법
- 선입선출법에서는, 기말재고자산가액 및 매출원가를 계산할 때, '상품재고장에 출고단가를 기재하는 방법(계속기록법하에서의 선입선출법)'일 때의 계산결과와 '상품재고장에 출고단가를 기재하지 않는 방법(실지재고조사법하에서의 선입선출법)'일 때의 계산결과가 항상 동일하다.

06 ③
- 도착지 인도조건인 경우 상품 등이 도착하는 시점에 소유권이 구매자에게 이전되기 때문에, 기말 현재 운송 중에 있는 미착품은 판매자(거래상대방)의 재고자산에 포함된다.
- 시송품은 고객이 구매의사를 표시하는 시점에 소유권이 구매자에게 이전되기 때문에, 기말 현재 구매자가 구매의사를 표시한 시송품은 구매자(고객)의 재고자산에 포함된다.
- 적송품은 고객에게 판매되기 전까지는 위탁자의 소유 자산이므로, 기말 현재 판매되지 않은 적송품은 수탁자의 창고에 보관되어 있더라도 위탁자(당사)의 재고자산에 포함된다.
- 저당상품은 저당권이 실행되어 소유권이 이전되기 전까지는 담보제공자(당사)가 소유권을 가지고 있으므로, 이는 당사의 재고자산에 포함된다.
- 기말재고자산에 포함해야 할 금액 = 기말 현재 판매되지 않은 적송품 + 담보 제공 저당상품
  = 2,000,000 + 7,000,000
  = 9,000,000원

07 ②
- 선적지 인도조건인 경우 상품 등을 선적하는 시점에 소유권이 구매자에게 이전되기 때문에, 기말 현재 운송 중에 있는 미착품은 구매자의 재고자산에 포함된다.
- 할부판매의 경우, 인도 시점에 소유권이 구매자에게 이전되기 때문에, 할부판매된 상품 등은 기말 현재 대금이 아직 회수되지 않았더라도 판매자의 재고자산에 포함되지 않는다.
- 기말재고액 = 당사 창고 재고액 + 선적지 인도조건으로 매입하여 운송 중인 상품
  + 구매의사표시가 없는 시송품 + 기말 현재 판매되지 않은 적송품
  = 2,000,000 + 150,000 + (500,000 × 60%) + (400,000 × 25%)
  = 2,550,000원

08 ③ 반품률을 합리적으로 추정 가능한 상태로 판매한 상품은 판매자의 기말재고자산에 포함되지 않는다.

09 재고자산의 시가가 취득원가보다 하락한 경우에는 저가법을 사용하여 장부금액을 결정한다. 이와 같이 저가법을 적용하는 사유에 해당하지 않는 것은? [제69회]

① 보고기간 말로부터 1년 또는 정상영업주기 내에 판매되지 않았거나 생산에 투입할 수 없어 장기체화 된 경우
② 도난, 분실, 파손, 증발, 마모 등이 발생한 경우
③ 완성하거나 판매하는 데 필요한 원가가 상승한 경우
④ 진부화하여 정상적인 판매시장이 사라지거나 기술 및 시장 여건 등의 변화에 의해서 판매 가치가 하락한 경우

10 다음은 일반기업회계기준상 재고자산에 대한 설명이다. 괄호 안에 들어갈 내용으로 옳은 것은? [제60회]

> 재고자산은 이를 판매하여 수익을 인식한 기간에 (㉠)(으)로 인식한다.
> 재고자산의 시가가 장부금액 이하로 하락하여 발생한 평가손실은 재고자산의 차감계정으로 표시하고 (㉡)에 가산한다.
> 재고자산의 장부상 수량과 실제 수량과의 차이에서 발생하는 감모손실의 경우 정상적으로 발생한 감모손실은 (㉢)에 가산하고 비정상적으로 발생한 감모손실은 (㉣)(으)로 분류한다.

	㉠	㉡	㉢	㉣
①	매출원가	영업외비용	영업외비용	매출원가
②	매출원가	매출원가	매출원가	영업외비용
③	영업외비용	매출원가	매출원가	영업외비용
④	영업외비용	영업외비용	영업외비용	매출원가

11 다음의 자료는 ㈜아주상사의 기말재고자산 내역이다. 재고자산감모손실이 당기 매출총이익에 미치는 영향을 바르게 설명한 것은? [제105회]

- 장부상 기말재고 수량 : 1,000개
- 단위당 원가 : 1,500원(단위당 시가 : 1,700원)
- 실사에 의한 기말재고 수량 : 950개
- 재고자산감모손실의 5%는 비정상적으로 발생하였다.

① 매출총이익이 71,250원 감소한다.
② 매출총이익이 75,000원 감소한다.
③ 매출총이익이 76,500원 감소한다.
④ 매출총이익이 85,000원 감소한다.

정답 및 해설

09 ② · 재고자산의 도난, 분실, 파손, 증발, 마모 등으로 인하여 실제 수량이 장부상 수량보다 부족한 경우 발생하는 손실은 감모손실에 해당한다.
· 재고자산의 물리적 손상, 진부화, 판매가격 하락, 장기체화, 완성하는 데 필요한 원가상승 등으로 인하여 보유 중인 재고자산의 가치가 하락하는 경우 발생하는 손실은 평가손실에 해당한다.

10 ② ㉠ 매출원가, ㉡ 매출원가, ㉢ 매출원가, ㉣ 영업외비용

11 ① · 총감모손실 = (장부상 수량 - 실제 수량) × 장부상 단가
= (1,000개 - 950개) × @1,500원 = 75,000원
· 정상감모손실 = 정상적인 감모수량 × 장부상 단가
= (50개 × 95%) × @1,500원 = 71,250원(→ 매출원가 증가 → 매출총이익 감소)
· 비정상감모손실 = 총감모손실 - 정상감모손실
= 75,000 - 71,250 = 3,750원(→ 영업외비용 증가)
· 재고자산평가손실 : 없음(∵ 저가법)

제4절 비유동자산

01 비유동자산의 정의

비유동자산이란 장기간 보유하는 자산으로서 보고기간 종료일로부터 1년 이후에 현금화되는 자산을 말한다. 비유동자산은 투자자산, 유형자산, 무형자산, 기타 비유동자산으로 나누어진다.

02 투자자산

빈출 최근 71회 시험 중 **14**회 기출

(1) 투자자산의 정의

투자자산이란 장기적인 투자수익을 목적으로 보유하고 있는 자산을 말한다.

(2) 투자자산에 해당하는 계정과목

계정과목	내 용
장기금융상품	만기가 결산일로부터 1년 이후에 도래하는 금융상품(정기예금, 정기적금 등)
장기대여금	차용증서를 받고 타인에게 빌려준 금전으로서, 만기가 결산일로부터 1년 이후에 도래하는 것
투자부동산	투자 목적으로, 즉 시세차익을 얻기 위하여 보유하는 토지, 건물 및 기타의 부동산
매도가능증권	단기매매증권, 만기보유증권, 지분법적용투자주식으로 분류되지 않는 유가증권으로서 장기투자 목적으로 보유하는 것
만기보유증권	만기가 확정된 채무증권으로서 만기까지 보유할 적극적인 의도와 능력이 있는 것
지분법적용투자주식	다른 회사에 유의적인 영향력을 행사할 목적으로 보유하는 주식

참고 장기금융상품의 경우 기업 내부적으로는 거래를 상세하게 기록하기 위하여 장기성예금, 특정현금과예금 등 상세 계정과목을 사용하여 회계처리하고, 재무상태표를 작성할 때에는 장기금융상품으로 합산하여 표시한다.

용어 알아두기

- 장기성예금 : 사용이 제한되어 있지 않은 일반적인 장기금융상품
- 특정현금과예금 : 사용이 제한되어 있는 장기금융상품

(3) 당좌개설보증금

당좌개설보증금이란 기업이 당좌예금을 개설할 때 은행에 맡겨야 하고 당좌거래를 유지하는 동안 찾을 수 없는 보증금을 말한다.

당좌개설보증금은 사용이 제한되어 있는 예금으로서 만기(당좌거래계약 종료일)가 결산일로부터 1년 이후에 도래하는 것이므로 장기금융상품으로 분류하며, 그 내용을 주석에 기재한다.

기업 내부적으로는 상세 계정과목(특정현금과예금)을 사용하여 회계처리한다.

(차) 특정현금과예금	xxx	(대) [계정명]	xxx

[사례] 은행과 3년간 당좌거래계약을 체결하고 당좌개설보증금 2,000원을 현금으로 납입하였다.

(차) 특정현금과예금	2,000	(대) 현금	2,000

(4) 매도가능증권

매도가능증권이란 단기매매증권, 만기보유증권, 지분법적용투자주식으로 분류되지 않는 유가증권으로서 장기투자 목적으로 보유하는 것을 말한다.

매도가능증권의 형태에는 지분증권(주식)과 채무증권(채권)이 있다. 여기서는 주식 형태인 매도가능증권으로 가정하여 회계처리를 설명하기로 한다.

① 매도가능증권의 취득

자산 취득 시 발생하는 취득부대비용은 해당 자산의 취득원가로 처리하는 것이 원칙이다.

이러한 일반 원칙에 따라, 매도가능증권의 취득원가는 해당 주식이나 채권의 순수한 매입가액(취득 시점의 공정가치)에 수수료 등 취득과 관련하여 발생하는 취득부대비용을 더한 금액으로 한다.

(차) 매도가능증권	xxx	(대) [계정명]	xxx

[사례] 20x1년 3월 1일 당사는 장기투자 목적으로 A사의 주식 5주를 주당 1,800원에 매입하였으며 매입수수료 1,000원을 포함하여 현금으로 지급하였다.

20x1. 3. 1.	(차) 매도가능증권	10,000[1)]	(대) 현금	10,000

1) (5주 × @1,800) + 1,000 = 10,000원

② 보유기간 중 배당금수익

매도가능증권을 보유하는 기간 중에 주식에 대한 배당금을 받았을 경우에는 배당금수익 계정(수익)을 인식한다. 매도가능증권의 배당금수익에 대한 회계처리는 단기매매증권과 동일하다.

(차) [계정명]	xxx	(대) 배당금수익	xxx

[사례] 20x1년 9월 1일 보유 중인 매도가능증권(주식 A)에 대하여 배당금 1,000원이 보통예금으로 입금되었다.

20x1. 9. 1.	(차) 보통예금	1,000	(대) 배당금수익	1,000

③ 매도가능증권의 기말평가

매도가능증권을 취득하여 기말 현재 보유하고 있는 경우에는 단기매매증권과 마찬가지로 기말 공정가치(시가)로 평가하여야 한다. 그러나 평가손익을 회계처리하는 방법에는 단기매매증권과 차이가 있다.

매도가능증권은 단기간 내에 처분할 목적이 아니므로, 평가손익을 당기 손익으로 직접 반영하지 않고 자본항목(기타포괄손익누계액)으로 회계처리하여, 공정가치 변동에 따른 손익을 처분 시점까지 이연한다.

즉, 보유 중인 매도가능증권의 기말 공정가치가 평가 전 장부금액보다 크다면 자본항목(기타포괄손익누계액)인 매도가능증권평가이익 계정으로, 기말 공정가치가 평가 전 장부금액보다 작다면 자본항목(기타포괄손익누계액)인 매도가능증권평가손실 계정으로 회계처리한다.

매도가능증권평가이익·손실 계정은 자본에 해당하므로 전기말 금액이 당기초로 이월이 되고, 당기말 재무상태표에는 매도가능증권을 취득했던 회계연도부터 당기 회계연도까지 매 기말마다 회계처리했던 금액들의 누적액이 표시된다.

따라서, 주식 형태인 매도가능증권의 경우 재무상태표상 매도가능증권평가이익·손실은 항상 기말 공정가치와 취득원가의 차액이 된다.

바꾸어 말하면, 주식 형태인 매도가능증권의 경우 재무상태표상 자산 항목인 매도가능증권 계정의 잔액(= 기말 공정가치)과 재무상태표상 자본 항목인 매도가능증권평가이익·손실 계정의 잔액(= 기말 공정가치와 취득원가의 차액)을 차변(= 자산계정의 잔액이 남는 위치)에서 집계하여 보면 항상 취득원가가 된다는 점을 확인할 수 있다.

기말 공정가치 > 평가 전 장부금액 : 매도가능증권평가이익

(차) 매도가능증권	xxx	(대) 매도가능증권평가이익 (기타포괄손익누계액)	xxx

[사례] 장기투자 목적으로 20x1년 3월 취득했던 주식 A(취득원가 10,000원)의 20x1년 기말(12월 31일) 공정가치가 12,000원으로 상승하였다.

20x1. 12. 31.	(차) 매도가능증권	2,000[1]	(대) 매도가능증권평가이익 (기타포괄손익누계액)	2,000[2]

[1] 기말 공정가치 − 평가 전 장부금액 = 12,000 − 10,000 = 2,000원

[2] 20x1년 기말 평가 후 재무상태표에서 자산 항목인 매도가능증권 계정의 차변 잔액과 자본 항목인 매도가능증권평가이익 계정의 대변 잔액을 차변에서 집계하여 보면 취득원가가 된다.

재무상태표

자산		부채 / 자본	
		부채	
		자본	
매도가능증권	12,000	매도가능증권평가이익	2,000

차변 집계 결과

매도가능증권 (자산)	12,000
매도가능증권평가이익 (기타포괄손익누계액)	(2,000)
취득원가 (차변 집계금액)	10,000

기말 공정가치 < 평가 전 장부금액 : 매도가능증권평가손실

(차) 매도가능증권평가손실 (기타포괄손익누계액)	xxx	(대) 매도가능증권	xxx

[사례] 장기투자 목적으로 20x1년 3월 취득했던 주식 A(취득원가 10,000원, 20x1년 기말 공정가치 12,000원, 장부금액 12,000원)의 20x2년 기말(12월 31일) 공정가치가 9,000원으로 하락하였다.

20x2. 12. 31.	(차) 매도가능증권평가이익 (기타포괄손익누계액)	2,000[2)]	(대) 매도가능증권	3,000[1)]
	매도가능증권평가손실 (기타포괄손익누계액)	1,000[3)]		

1) 기말 공정가치 − 평가 전 장부금액 = 9,000 − 12,000 = (−)3,000원

2) 해당 주식에 대하여 자본 항목에 매도가능증권평가이익(손실)이 있는 상태에서 당기말 공정가치가 평가 전 장부금액보다 하락(상승)한 경우에는 기존에 있던 매도가능증권평가이익(손실)을 먼저 차감하고 초과분을 매도가능증권평가손실(이익)로 회계처리한다.

3) 20x2년 기말 평가 후 재무상태표에서 자산 항목인 매도가능증권 계정의 차변 잔액과 자본 항목인 매도가능증권평가손실 계정의 차변 잔액을 차변에서 집계하여 보면 취득원가가 된다.

재무상태표

자산		부채	
		자본	
매도가능증권	9,000	매도가능증권평가손실	(1,000)

차변 집계 결과

매도가능증권 (자산)	9,000
매도가능증권평가손실 (기타포괄손익누계액)	1,000
취득원가 (차변 집계금액)	10,000

④ 매도가능증권의 처분

매도가능증권을 처분하는 경우에는 자산항목인 매도가능증권 계정뿐만 아니라 해당 매도가능증권에 대하여 공정가치 변동 손익을 자본항목으로 이연시켜왔던 매도가능증권평가이익·손실 계정까지 함께 제거하여야 한다.

주식 형태인 매도가능증권의 경우 재무상태표상 매도가능증권 잔액과 매도가능증권평가이익·손실 잔액을 차변에서 집계하면 항상 취득원가가 되기 때문에, 매도가능증권을 처분할 때 인식하는 처분손익 금액은 '처분금액'과 '취득원가'의 차액이라고 요약할 수 있다.

처분금액이 취득원가보다 크다면 매도가능증권처분이익 계정(수익)을, 처분금액이 취득원가보다 작다면 매도가능증권처분손실 계정(비용)을 인식한다.

처분금액을 계상할 때, 수수료 등 매각 시 부대비용이 있는 경우에는 매각금액에서 동 부대비용을 차감한 순매각금액을 처분금액으로 본다.

처분금액 > 취득원가 : 매도가능증권처분이익

(차) [계정명]	xxx	(대) 매도가능증권	xxx
매도가능증권평가이익	xxx	매도가능증권평가손실	xxx
		매도가능증권처분이익	xxx

[사례] 장기투자 목적으로 20x1년 3월 취득했던 주식 A(취득원가 10,000원, 20x1년 기말 공정가치 12,000원, 20x2년 기말 공정가치 9,000원, 장부금액 9,000원)를 20x3년 2월 1일에 18,000원에 매각처분하고 대금은 매각수수료 2,000원을 차감한 후 현금으로 받았다.

20x3. 2. 1.	(차) 현금	16,000	(대) 매도가능증권	9,000
			매도가능증권평가손실	1,000
			매도가능증권처분이익	6,000[1]

[1] 처분금액 - 취득원가 = (18,000 - 2,000) - (9,000 + 1,000) = 6,000원

처분금액 < 취득원가 : 매도가능증권처분손실

(차) [계정명]	xxx	(대) 매도가능증권	xxx
매도가능증권평가이익	xxx	매도가능증권평가손실	xxx
매도가능증권처분손실	xxx		

[사례] 장기투자 목적으로 20x1년 10월 취득했던 주식 B(취득원가 20,000원, 20x1년 기말 공정가치 16,000원, 20x2년 기말 공정가치 15,000원, 장부금액 15,000원)를 20x3년 4월 1일에 19,000원에 매각처분하고 대금은 매각수수료 2,000원을 차감한 후 현금으로 받았다.

20x3. 4. 1.	(차) 현금	17,000	(대) 매도가능증권	15,000[1]
	매도가능증권처분손실	3,000[2]	매도가능증권평가손실	5,000[1]

[1] 20x3년 처분 직전 시점 재무상태표에서 자산 항목인 매도가능증권 계정의 차변 잔액과 자본 항목인 매도가능증권평가손실 계정의 차변 잔액을 차변에서 집계하여 보면 취득원가가 된다.

재무상태표

자산		부채 / 자본	
		부채	
		자본	
매도가능증권	15,000	매도가능증권평가손실	(5,000)

차변 집계 결과

매도가능증권 (자산)	15,000
매도가능증권평가손실 (기타포괄손익누계액)	5,000
취득원가 (차변 집계금액)	20,000

[2] 처분금액 - 취득원가 = (19,000 - 2,000) - (15,000 + 5,000) = (-)3,000원

기출포인트

주식인 것으로 가정할 때, 일반기업회계기준에 따른 단기매매증권과 매도가능증권의 회계처리를 비교하여 보면 다음과 같다.

구 분	단기매매증권	매도가능증권
취득부대비용 발생 시 취득원가의 계산	취득원가 = (only) 취득 시점의 공정가치	취득원가 = 취득 시점의 공정가치 + 취득부대비용
평가손익[1]의 분류	· 평가이익 : 수익 · 평가손실 : 비용	· 평가이익 : 자본(기타포괄손익누계액) · 평가손실 : 자본(기타포괄손익누계액)
처분손익[2] 의 계산	처분손익 = 처분금액 - 처분 전 장부금액	처분손익 = 처분금액 - 취득원가
처분손익[2] 의 분류	· 처분이익 : 수익 · 처분손실 : 비용	· 처분이익 : 수익 · 처분손실 : 비용

1) '평가손익'을 '미실현보유손익'이라고 함
2) '처분손익'을 '실현보유손익'이라고 함

(5) 만기보유증권

만기보유증권이란 만기가 확정된 채무증권으로서 만기까지 보유할 적극적인 의도와 능력이 있는 것을 말한다.

지분증권(주식)은 만기가 없으므로, 만기보유증권의 형태는 채무증권(채권)이다.

만기보유증권은 처분할 목적이 아니므로, 기말에 공정가치(시가)가 변동하여 장부금액과 달라지더라도 평가손익을 인식하지 않는다.

03 유형자산

최근 71회 시험 중 **7**회 기출

(1) 유형자산의 정의

유형자산이란 장기간에 걸쳐 영업활동에 사용할 목적으로 보유하는 자산으로서 물리적 형체가 있는 자산을 말한다.

(2) 유형자산에 해당하는 계정과목

계정과목	내 용
토 지	영업활동에 사용할 목적으로 보유하는 대지, 임야, 전, 답 등
건 물	영업활동에 사용할 목적으로 보유하는 공장, 사무실, 창고 등으로서 냉난방, 조명, 기타 건물 부속설비를 포함함
구축물	영업활동에 사용할 목적으로 보유하는 것으로서 토지 위에 정착된 건물 이외의 토목설비, 공작물 및 이들의 부속설비(교량, 도로포장, 굴뚝, 정원설비 등)
기계장치	영업활동에 사용할 목적으로 보유하는 기계장치, 운송설비 및 이들의 부속설비

차량운반구	영업활동에 사용할 목적으로 보유하는 승용차, 트럭, 오토바이 등
비 품	영업활동에 사용할 목적으로 보유하는 컴퓨터, 복사기, 책상, 의자 등
건설중인자산	유형자산의 건설을 위하여 지출한 금액을 건설 완료 전까지 집계하기 위한 계정 (건설이 완료되면 건물 등 해당 계정으로 대체함)
감가상각누계액	건물, 구축물, 기계장치, 차량운반구, 비품 등 유형자산에 대하여 가치감소분을 누적적으로 표시하는 차감적 평가계정 참고 건물, 구축물, 기계장치, 차량운반구, 비품 등의 차감계정

(3) 유형자산의 특징

① 영업활동에 사용할 목적으로 보유

유형자산은 기업이 영업활동에 사용할 목적으로 보유하고 있는 것이어야 한다. 예를 들어 토지나 건물이라 하더라도, 기업이 이를 영업활동에 사용하지 않고 투자목적으로(시세차익을 얻기 위하여) 보유하고 있다면 투자자산(투자부동산 계정)으로 분류되어야 하고, 부동산매매업을 주업으로 하는 기업이 이를 판매를 목적으로 보유하고 있다면 재고자산으로 분류되어야 한다.

② 여러 회계기간에 걸쳐 사용

유형자산은 여러 회계기간에 걸쳐 수익창출활동에 기여하는 것이어야 한다. 예를 들어 비품을 취득하였는데 해당 자산이 수익창출활동에 기여하는 기간(내용연수)이 1년 미만이라면 이는 유형자산이 아니라 당기 비용(소모품비 계정)으로 분류되어야 한다.

③ 물리적 형체가 있는 자산

유형자산은 물리적 형체가 있는 것이어야 한다. 예를 들어 컴퓨터 소프트웨어인 ERP 프로그램을 구입하였다면 이는 물리적 형체가 없으므로 무형자산(소프트웨어 계정)으로 분류되어야 한다.

04 유형자산의 취득원가

최근 71회 시험 중 **12**회 기출

(1) 취득원가의 구성

유형자산의 취득원가는 해당 자산의 매입가액(외부구입 시) 또는 제조원가(자가건설 시)에 취득부대비용을 더하며 매입할인 등이 있는 경우에는 이를 취득원가에서 차감한다.

취득부대비용에 해당하는 대표적인 항목은 다음과 같다.

- 설치장소 준비를 위한 지출
- 외부 운송비
- 설치비
- 정상적인 사용을 위한 시운전비
- 설계와 관련하여 전문가에게 지급하는 수수료
- 취득과 관련된 중개인수수료
- 취득세 등 취득과 직접 관련된 제세공과금

기출포인트

재산세, 자동차보험료, 보관비용 등은 자산의 보유와 관련된 지출이므로 취득부대비용(취득원가)으로 보지 않고 당기 비용으로 분류한다.

(2) 외부구입

취득원가 = 매입가액 + 취득부대비용 - 매입할인 등			
(차) 해당 유형자산 계정	xxx	**(대)** [계정명]	xxx

[사례] 사무실 건물을 20,000원에 외상으로 구입하고 건물 구입과 관련하여 취득세 1,000원을 현금으로 지급하였다.

(차) 건물	21,000	(대) 미지급금	20,000
		현금	1,000

(3) 자가건설(건설중인자산)

건설과 관련하여 소요되는 지출은 건설중인자산 계정으로 집계하였다가 건설이 완료되면 건물이나 기계장치 등 해당 유형자산 계정으로 대체한다.

건설 완료 전까지 지출 발생			
(차) 건설중인자산	xxx	**(대)** [계정명]	xxx
건설 완료되어 공사 잔금을 지급			
(차) 해당 유형자산 계정	xxx	**(대) 건설중인자산**	xxx
		[계정명]	xxx

[사례] 1월 11일 사무실 건물을 신축하기로 결정하고 공사 착수금 30,000원을 현금으로 지급하였다.
9월 30일 사무실 건물 신축 공사를 완료하고 잔금 50,000원을 보통예금으로 지급하였다.

1월 11일	(차) 건설중인자산[1]	30,000	(대) 현금	30,000
9월 30일	(차) 건물	80,000	(대) 건설중인자산	30,000
			보통예금	50,000

[1] 유형자산을 건설하기 위하여 지출한 금액으로서 아직 건설이 완료되지 않은 것을 말한다.

(4) 증여에 의한 무상취득

증여에 의하여 무상으로 취득한 경우에는 그 자산의 공정가치를 취득원가로 한다.

공정가치(Fair Value)란 합리적인 판단력과 거래의사가 있는 독립적 당사자 사이의 거래에서 인정되는 해당 자산의 교환가치를 말한다.

취득원가 = 공정가치 + 취득부대비용			
(차) 해당 유형자산 계정	xxx	**(대) 자산수증이익**	xxx
		[계정명]	xxx

[사례] 회사의 임원 홍길동으로부터 공정가치 50,000원인 토지를 증여받고 취득세 2,000원을 현금으로 지급하였다.

(차) 토지	52,000	(대) 자산수증이익[1]	50,000
		현금	2,000

[1] 회사가 주주 또는 기타의 자로부터 재산을 무상으로 증여받음으로써 발생하는 수익을 말한다.

(5) 현물출자에 의한 취득

현물출자에 의하여 취득한 유형자산은 그 자산의 공정가치를 취득원가로 한다.

현물출자란 기업이 주식을 발행하여 교부하고 그 대가로 유형자산 등의 현물을 취득하는 것을 말한다. 기업이 발행하는 주식은 취득한 현물의 공정가치를 발행금액으로 한다.

(차) 해당 유형자산 계정	xxx	(대) 자본금	xxx
		주식발행초과금	xxx

[사례] 주식 10주(주당 액면금액 5,000원)를 발행하고 공정가치 80,000원인 토지를 현물출자 받았다.

(차) 토지	80,000	(대) 자본금	50,000
		주식발행초과금[1]	30,000

[1] 기업이 주식을 발행할 때 발행금액 중 주식의 액면금액까지는 대변을 자본금 계정으로(자본의 증가), 액면금액을 초과하는 금액은 대변을 주식발행초과금 계정으로(자본의 증가) 회계처리한다.

(6) 자본화대상인 차입원가

유형자산을 취득하기 위한 자금을 차입금으로 조달한 경우, 그 차입금에 대한 이자비용은 당기 비용으로 회계처리하는 것이 원칙이다. 그러나 예외적으로 ㉠ **건설이 시작된 날로부터 완공되기 전까지의 이자비용** 중에서 ㉡ 기업회계기준에서 정하는 방법에 따라 계산한 금액에 대하여는 자산의 취득원가(건설중인자산 계정)로 회계처리할 수 있는데, 이를 '자본화대상인 차입원가'(또는 '차입원가 자본화')라고 한다.

(차) 건설중인자산	xxx	(대) [계정명]	xxx

[사례] 6월 30일 사무실 건물 신축 자금으로 사용된 은행대출금에 대하여 이자 10,000원이 보통예금에서 계좌이체되었다. (사무실 건물의 착공일은 올해 2월 1일, 준공예정일은 내년 10월 31일이며, 해당 대출금에 대한 이자는 전액 자본화대상에 해당한다)

6월 30일 (차) 건설중인자산	10,000	(대) 보통예금	10,000

(7) 국·공채의 의무매입

유형자산을 취득할 때 관련 법규에 따라 불가피하게 국·공채 등을 공정가치보다 높은 가격으로 매입하여야 하는 경우가 있다.

이러한 경우 매입하는 국·공채의 취득원가는 공정가치로 계상하고, 국·공채의 공정가치와 실제 매입가격의 차액은 유형자산의 취득과 관련된 취득부대비용으로 보아 해당 유형자산의 취득원가에 가산한다.

(차) 해당 유형자산 계정	xxx	(대) [계정명]	xxx
국·공채의 유가증권 계정	xxx		

[사례] 업무용 차량을 100,000원에 6개월 할부로 취득하고, 차량 구입과 관련하여 공채(액면금액 5,000원)를 액면금액에 취득하고 대금을 현금으로 지급하였다. 취득 당시 해당 공채의 공정가치는 3,000원이며, 회사는 이를 단기매매증권으로 분류하였다.

(차) 차량운반구	102,000[1]	(대) 미지급금	100,000
단기매매증권	3,000	현금	5,000

[1] 100,000 + (5,000 − 3,000) = 102,000원

(8) 토지와 건물의 일괄구입

일괄구입이란 두 종류 이상의 자산을 일괄 취득하는 것을 말한다. 건물이 있는 토지의 경우 토지와 건물이 함께 매매되는 경우가 일반적이므로 매입자 입장에서는 토지와 건물을 일괄구입하게 된다.

① 토지와 건물을 모두 사용할 목적으로 일괄구입하는 경우

- 토지와 건물의 취득원가는 총지급금액을 토지와 건물의 공정가치 비율로 안분한 금액으로 한다.

(차) 토지	xxx	(대) [계정명]	xxx
건물	xxx		

[사례] 토지와 건물을 모두 사용할 목적으로, 건물이 있는 토지를 400,000원에 현금으로 일괄구입하였다. 취득 당시 토지와 건물의 공정가치는 각각 300,000원과 200,000원이다.

(차) 토지	240,000[1]	(대) 현금	400,000
건물	160,000		

[1] $400,000 \times \frac{300,000}{(300,000 + 200,000)} = 240,000$원

② 토지만 사용할 목적으로 일괄구입하는 경우

- 건물은 철거하여 사용하지 않을 것이므로 건물 구입가격도 토지의 취득원가에 가산한다.
- 건물의 철거비용과 토지정지비용은 토지의 취득원가에 가산한다.
- 철거된 건물에서 나온 부산물을 판매하여 얻은 수익은 토지의 취득원가에서 차감한다.

(차) 토지	xxx	(대) [계정명]	xxx

[사례] 건물을 신축할 목적(토지만 사용할 목적)으로 건물이 있는 토지를 400,000원에 현금으로 일괄구입하였다. 구 건물 철거비용 20,000원과 토지정지비용 10,000원을 현금으로 추가 지급하였고, 철거한 건물의 부산물을 5,000원에 현금으로 처분하였다.

(차) 토지	425,000[1]	(대) 현금	425,000

[1] 400,000 + 20,000 + 10,000 − 5,000 = 425,000원

(9) 사용 중이던 회사 소유 건물의 철거

- 기존 건물의 장부금액을 제거하여 유형자산처분손실 계정(비용)으로 회계처리한다.
- 기존 건물의 철거 관련 비용은 유형자산처분손실 계정(비용)으로 회계처리한다.

(차) 감가상각누계액	xxx	(대) 건물	xxx
유형자산처분손실	xxx	[계정명]	xxx

[사례] 본사 사옥을 신축하기 위하여 사용 중이던 회사 소유 건물(취득원가 300,000원, 감가상각누계액 180,000원)을 철거하였다. 구 건물 철거비용 20,000원은 현금으로 지급하였다.

(차) 감가상각누계액	180,000	(대) 건물	300,000
유형자산처분손실	140,000[1]	현금	20,000

[1] (300,000 − 180,000) + 20,000 = 140,000원

05 유형자산 취득 이후의 지출

최근 71회 시험 중 6회 기출

유형자산을 취득한 이후에 이를 영업활동에 사용하는 과정에서 각종 지출이 발생하게 되는데, 회사는 지출의 성격에 따라 다음과 같이 '자본적 지출'과 '수익적 지출'로 구분하여 회계처리한다.

(1) 자본적 지출

자본적 지출이란 유형자산의 취득 이후에 발생하는 지출이 해당 자산의 내용연수를 연장하거나 성능 수준을 현저히 향상시키는 등 **미래 경제적 효익을 증가**시키는 경우를 말한다.

자본적 지출에 해당하는 대표적인 항목은 다음과 같다.

- 본래의 용도를 변경하기 위한 개조
- 엘리베이터 또는 냉난방 장치의 설치
- 빌딩 등에 있어서 피난시설 등의 설치
- 기타 개량, 확장, 증설 등 자산의 가치를 증가시키는 것

자본적 지출이 발생하는 경우에는 지출금액을 **해당 자산의 취득원가에 가산**한다. 그 후, 지출의 효익이 지속되는 기간에 걸쳐 감가상각을 통하여 비용을 인식한다.

(차) 해당 유형자산 계정	XXX	**(대)** [계정명]	XXX

[사례] 사무실 건물에 엘리베이터를 설치하고 공사대금 20,000원은 현금으로 지급하였다.

(차) 건물	20,000	(대) 현금	20,000

(2) 수익적 지출

수익적 지출이란 유형자산의 취득 이후에 발생하는 지출이 해당 자산을 수선하는 등 **당초 예상되었던 성능 수준으로 회복시키거나 유지**하기 위한 경우를 말한다.

수익적 지출에 해당하는 대표적인 항목은 다음과 같다.

- 건물 또는 벽의 도장
- 파손된 유리나 기와의 대체
- 기계의 소모된 부속품과 벨트의 대체
- 자동차의 타이어 튜브의 대체
- 기타 조업 가능한 상태의 유지 등을 위한 것

수익적 지출이 발생하는 경우에는 지출금액을 수선비 계정이나 차량유지비 계정 등 **당기 비용으로 회계처리**한다.

(차) 수선비, 차량유지비 등 (당기 비용)	XXX	**(대)** [계정명]	XXX

[사례] 사무실 건물의 외벽이 낡아 페인트 공사를 실시하고 도색비용 10,000원은 현금으로 지급하였다.

(차) 수선비	10,000	(대) 현금	10,000

기출포인트

자본적 지출과 수익적 지출에 대한 회계처리 오류 발생 시 영향

오류 유형	자 산	비 용	당기순이익	자 본
자본적 지출을 수익적 지출로 처리하는 경우 (자산으로 처리하여야 하는 것을 비용으로 처리하는 경우)	과 소	과 대	과 소	과 소
수익적 지출을 자본적 지출로 처리하는 경우 (비용으로 처리하여야 하는 것을 자산으로 처리하는 경우)	과 대	과 소	과 대	과 대

기출확인문제

자본적 지출로 처리하여야 할 것을 수익적 지출로 잘못 회계처리한 경우 재무제표에 미치는 영향으로 옳지 않은 것은? (제78회)

① 당기순이익이 과소계상된다.
② 비용이 과대계상된다.
③ 자산이 과소계상된다.
④ 자본이 과대계상된다.

정답 ④

해설
자본적 지출(자산)을 수익적 지출(비용)로 회계처리하는 경우, 재무제표에 미치는 영향
: 자산 과소, 비용 과대 → 당기순이익 과소 → 자본 과소

06 유형자산의 감가상각

최근 71회 시험 중 12회 기출

(1) 감가상각의 정의

유형자산은 영업활동에 사용되면서 소모되므로 시간의 경과에 따라 자산가치가 점점 감소하게 되는데, 이러한 현상을 측정하여 유형자산의 사용기간에 걸쳐 비용으로 배분하는 절차를 감가상각이라고 한다.

감가상각은 수익·비용 대응의 원칙에 입각한 비용의 인식을 위하여, 유형자산의 취득원가에서 잔존가치를 차감한 감가상각대상금액을 그 자산이 사용되면서 수익창출활동에 기여하는 기간에 걸쳐 합리적이고 체계적인 방법으로 배분하는 것이라고 할 수 있다.

기출포인트

- 토지는 감가상각을 하지 않는다.
- 건설중인자산은 아직 건설이 완료되지 않은 것이므로 감가상각을 하지 않는다. (건설이 완료되어 건물 등 해당 계정으로 대체되고 자산이 사용 가능한 때부터 감가상각을 시작한다)

(2) 감가상각의 회계처리

각 회계연도 말에 당기 감가상각 금액을 계산하여, 차변에는 비용인 감가상각비 계정으로(비용의 발생), 대변에는 자산의 차감적 평가계정인 감가상각누계액 계정으로(자산 차감의 증가 = 자산의 감소) 회계처리한다.

(차) 감가상각비	XXX	(대) 감가상각누계액	XXX

감가상각누계액이란 건물, 기계장치 등 유형자산에 해당하는 계정들의 취득원가에 대한 가치감소분의 누적액을 말한다.

회계처리를 할 때 감가상각누계액 계정은 유형자산 계정과목마다 별도의 계정(예 건물에 대한 감가상각누계액 계정, 기계장치에 대한 감가상각누계액 계정)을 사용한다.

재무상태표를 작성할 때 감가상각누계액 계정은 아래 예시와 같이 각 유형자산 계정별로 구분하여 차감적 평가계정으로 표시한다.

유형자산의 취득원가에서 감가상각누계액을 차감한 금액을 유형자산의 장부금액(또는 미상각잔액)이라고 한다.

재무상태표

유형자산		
건물	200,000	
감가상각누계액	(80,000)	
	120,000	
기계장치	50,000	
감가상각누계액	(25,000)	
	25,000	

[사례] 20x1년 1월 1일에 건물을 1,000,000원에 취득하였고, 20x1년 기말에 감가상각비 200,000원을 인식하였다. 20x2년의 감가상각비가 200,000원으로 계산되었을 때, 20x2년 기말의 감가상각 회계처리를 하고 20x2년 손익계산서와 20x2년 말 재무상태표에 표시하여 보자.

[풀이] · 20x2년 기말 결산 시 감가상각 회계처리

20x2. 12. 31. (차) 감가상각비 200,000 (대) 감가상각누계액 200,000

· 20x2년 회계연도 손익계산서

판매비와관리비		
감가상각비	200,000	

· 20x2년 회계연도 기말 재무상태표

유형자산		
건물	1,000,000	
감가상각누계액[1]	(400,000)	
	600,000	

[1] 가치감소분의 누적액 = 200,000(20x1년 가치감소분) + 200,000(20x2년 가치감소분) = 400,000원

(3) 감가상각비의 계산요소

당기 감가상각비를 계산하기 위해서는 취득원가, 잔존가치, 내용연수를 알아야 한다.

취득원가	취득 시점의 장부금액을 말하며, 취득 시점 이후 자본적 지출이 발생하는 경우에는 이를 가산한다.
잔존가치	자산을 내용연수가 종료하는 시점까지 사용한 후 처분할 때 받을 것으로 예상되는 처분금액에서 예상되는 처분비용을 차감한 금액을 말한다.
내용연수	자산에 대한 예상 사용기간을 말한다.

(4) 감가상각방법

① 정액법

정액법이란 감가상각대상금액(= 취득원가 - 잔존가치)을 내용연수 동안 매기 동일한 금액으로 균등하게 배분하는 방법을 말한다.

$$감가상각비 = (취득원가 - 잔존가치) \times \frac{1}{내용연수}$$

[사례] 20x1년 1월 1일에 기계장치를 1,000,000원에 취득하였다. 내용연수는 4년, 잔존가치는 100,000원이다. 감가상각방법이 정액법일 경우 각 회계연도별 감가상각비를 계산하여 보자.

[풀이]

회계연도	감가상각비 계산근거	당기 감가상각비	기말 감가상각누계액	기말 장부금액
20x1년	(1,000,000 - 100,000) × (1/4)	225,000	225,000	775,000
20x2년	(1,000,000 - 100,000) × (1/4)	225,000	450,000	550,000
20x3년	(1,000,000 - 100,000) × (1/4)	225,000	675,000	325,000
20x4년	(1,000,000 - 100,000) × (1/4)	225,000	900,000	100,000

참고 정액법일 경우 감가상각비와 장부금액의 변동 추이

자산을 기초 시점에 취득하였다고 가정하면 정액법일 경우, 감가상각비는 매년 동일하고, 이에 따라 장부금액은 매년 일정한 금액만큼씩 감소하게 된다. 이러한 변동 추이를 그림으로 살펴보면 다음과 같다.

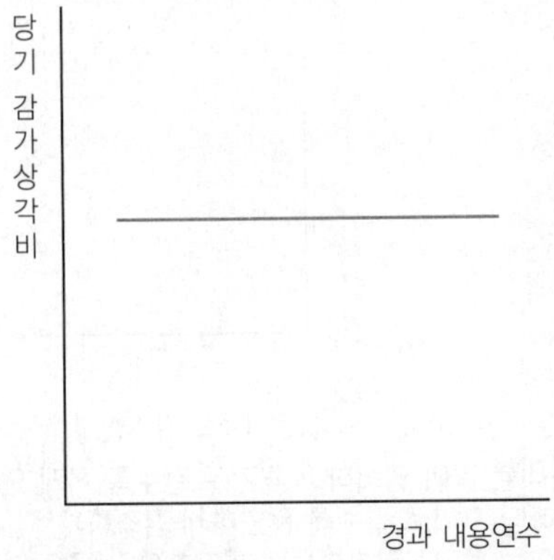

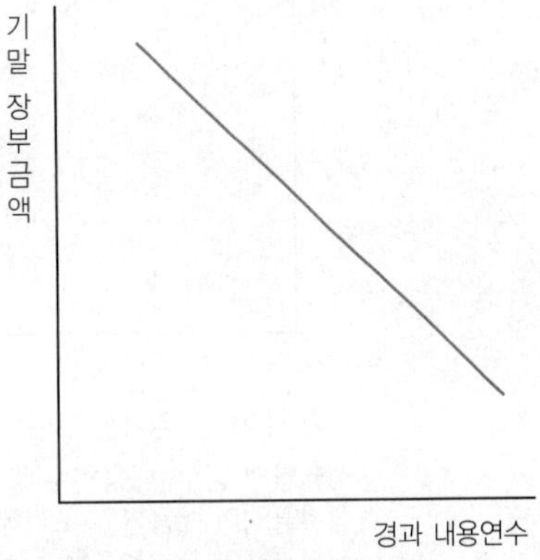

② 정률법

정률법이란 기초의 미상각잔액(= 취득원가 - 감가상각누계액)에 매기 동일한 상각률을 곱해서 감가상각비를 구하는 방법을 말한다.

정률법을 적용하면 내용연수 초기에는 감가상각비를 많이 인식하고 후기로 갈수록 적게 인식하게 된다.

정률법의 상각률은 제곱근을 사용하여 계산되므로 문제에서 값이 주어지는 것이 일반적이다.

감가상각비 = (취득원가 - 기초의 감가상각누계액) × 감가상각률[1)]

1) 감가상각률 = 1 - $\sqrt[n]{잔존가치/취득원가}$ (n : 내용연수)

[사례] 20x1년 1월 1일에 기계장치를 1,000,000원에 취득하였다. 내용연수는 4년, 잔존가치는 100,000원이다. 감가상각방법이 정률법(감가상각률 : 0.438[2)])일 경우 각 회계연도별 감가상각비를 계산하여 보자.

[풀이]

회계연도	감가상각비 계산근거	당기 감가상각비	기말 감가상각누계액	기말 장부금액
20x1년	(1,000,000 - 0) × 0.438	438,000	438,000	562,000
20x2년	(1,000,000 - 438,000) × 0.438	246,156	684,156	315,844
20x3년	(1,000,000 - 684,156) × 0.438	138,340	822,496	177,504
20x4년	(1,000,000 - 822,496) × 0.438	77,504[3)]	900,000	100,000

2) 감가상각률 = 1 - $\sqrt[4]{100,000/1,000,000}$ = 0.438

3) 감가상각이 종료되는 20x4년의 감가상각비 계산 시 기말 장부금액이 잔존가치와 일치되도록 끝수를 조정하였는데, 이는 계산에 사용되었던 감가상각률이 정확한 비율이 아니라 소수점 넷째 자리에서 반올림한 것이기 때문이다.

참고 정률법일 경우 감가상각비와 장부금액의 변동 추이

자산을 기초 시점에 취득하였다고 가정하면 정률법일 경우, 감가상각비는 매년 일정한 비율(= 1 - 감가상각률)로 감소하고[1)], 이에 따라 장부금액은 매년 체감적으로 감소하게 된다[2)]. 이러한 변동 추이를 그림으로 살펴보면 다음과 같다.

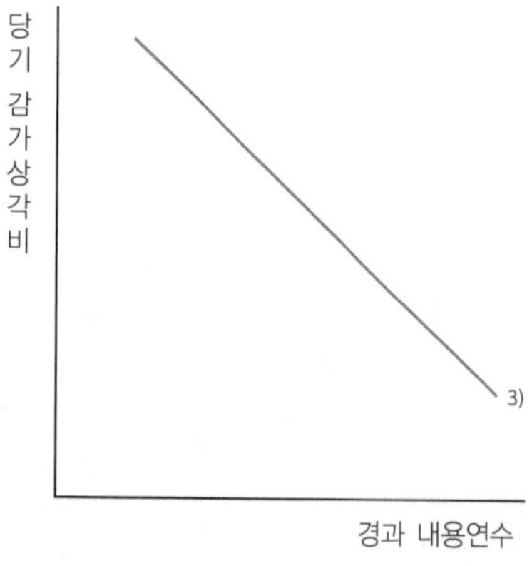

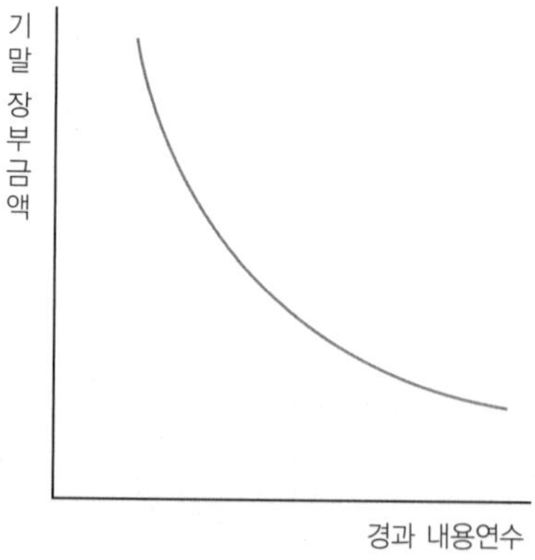

1) 상기 사례에서 감가상각비는 매년 0.562(= 1 - 0.438)라는 일정한 비율로 감소한다.

2) 정률법의 경우, 내용연수 초기에는 감가상각비를 많이 인식하고 후기로 갈수록 적게 인식하기 때문에 장부금액이 내용연수 초기에는 급격히 감소하나 후기로 갈수록 완만하게 감소하게 되는데, 이와 같이 장부금액이 체감적으로 감소하는 행태를 보이는 감가상각방법들을 통칭하여 '체감잔액법'이라고 한다. 정률법 외에도 이중체감법이나 연수합계법이 체감잔액법에 해당한다.

3) 체감잔액법에 해당하는 감가상각방법의 경우 경과 내용연수에 따른 당기 감가상각비 그래프는 모두 우하향한다. 우하향 그래프의 형태를 보면, 정률법 또는 이중체감법일 때는 거의 직선에 가까운 곡선 형태로, 연수합계법일 때는 완전한 직선 형태로 나타난다.

③ 이중체감법

이중체감법이란 기초의 미상각잔액(= 취득원가 - 감가상각누계액)에 '2 ÷ 내용연수'로 계산한 감가상각률을 곱해서 감가상각비를 구하는 방법을 말한다.

기초 미상각잔액에 매년 일정한 감가상각률을 곱하여 감가상각비를 구한다는 점에서 이중체감법은 정률법과 동일한 구조이다. 정률법의 감가상각률이 정확한 것이기는 하나 제곱근을 사용하여 도출하여야 하는 단점이 있기 때문에 이를 보완하여 간편하게 감가상각률을 구하고자 고안된 방법이 이중체감법이다.

이중체감법을 적용하면 내용연수 초기에는 감가상각비를 많이 인식하고 후기로 갈수록 적게 인식하게 된다.

$$\text{감가상각비} = (\text{취득원가} - \text{기초의 감가상각누계액}) \times \frac{2}{\text{내용연수}}$$

[사례] 20x1년 1월 1일에 기계장치를 1,000,000원에 취득하였다. 내용연수는 4년, 잔존가치는 100,000원이다. 감가상각방법이 이중체감법[1]일 경우 각 회계연도별 감가상각비를 계산하여 보자.

[풀이]

회계연도	감가상각비 계산근거	당기 감가상각비	기말 감가상각누계액	기말 장부금액
20x1년	(1,000,000 - 0) × 0.5	500,000	500,000	500,000
20x2년	(1,000,000 - 500,000) × 0.5	250,000	750,000	250,000
20x3년	(1,000,000 - 750,000) × 0.5	125,000	875,000	125,000
20x4년	(1,000,000 - 875,000) × 0.5	25,000[2]	900,000	100,000

1) 감가상각률 $= \frac{2}{\text{내용연수}} = \frac{2}{4} = 0.5$

2) 이중체감법에서 감가상각이 종료되는 20x4년의 감가상각비는 기말 장부금액을 잔존가치와 일치시키기 위한 금액을 역산하여 산출한다.

④ 연수합계법

연수합계법이란 감가상각대상금액(= 취득원가 - 잔존가치)에 내용연수의 합계를 분모로 하고 기초 현재 잔여내용연수를 분자로 하여 계산한 감가상각률을 곱해서 감가상각비를 구하는 방법을 말한다.

연수합계법을 적용하면 내용연수 초기에는 감가상각비를 많이 인식하고 후기로 갈수록 적게 인식하게 된다.

$$\text{감가상각비} = (\text{취득원가} - \text{잔존가치}) \times \frac{\text{기초 현재 잔여내용연수}}{\text{내용연수의 합계}}$$

[사례] 20x1년 1월 1일에 기계장치를 1,000,000원에 취득하였다. 내용연수는 4년, 잔존가치는 100,000원이다. 감가상각방법이 연수합계법[1]일 경우 각 회계연도별 감가상각비를 계산하여 보자.

[풀이]

회계연도	감가상각비 계산근거	당기 감가상각비	기말 감가상각누계액	기말 장부금액
20x1년	(1,000,000 - 100,000) × (4/10)	360,000	360,000	640,000
20x2년	(1,000,000 - 100,000) × (3/10)	270,000	630,000	370,000
20x3년	(1,000,000 - 100,000) × (2/10)	180,000	810,000	190,000
20x4년	(1,000,000 - 100,000) × (1/10)	90,000	900,000	100,000

[1] 내용연수의 합계 = 1 + 2 + 3 + 4 = 10년

⑤ 생산량비례법

생산량비례법이란 감가상각대상금액(= 취득원가 - 잔존가치)에 총예정생산량을 분모로 하고 당기 실제생산량을 분자로 하여 계산한 감가상각률을 곱해서 감가상각비를 구하는 방법을 말한다.

생산량비례법은 주로 석탄 등의 채굴산업을 하는 기업에서 사용하는 방법으로서 전체 매장량을 추정하고 채굴되어 나오는 만큼 유형자산을 감가상각해 주는 방법이다.

$$감가상각비 = (취득원가 - 잔존가치) \times \frac{당기\ 실제생산량}{총예정생산량}$$

[사례] 20x1년 1월 1일에 기계장치를 1,000,000원에 취득하였다. 내용연수는 4년, 잔존가치는 100,000원이다. 감가상각방법이 생산량비례법일 경우 각 회계연도별 감가상각비를 계산하여 보자. 단, 당사는 기계장치를 사용하여 총 100톤의 석탄을 채굴할 것으로 추정하였으며, 실제생산량은 1차 연도에 30톤, 2차 연도에 30톤, 3차 연도에 20톤, 4차 연도에 20톤이었다.

[풀이]

회계연도	감가상각비 계산근거	당기 감가상각비	기말 감가상각누계액	기말 장부금액
20x1년	(1,000,000 - 100,000) × (30/100)	270,000	270,000	730,000
20x2년	(1,000,000 - 100,000) × (30/100)	270,000	540,000	460,000
20x3년	(1,000,000 - 100,000) × (20/100)	180,000	720,000	280,000
20x4년	(1,000,000 - 100,000) × (20/100)	180,000	900,000	100,000

(5) 기중에 취득하는 경우의 감가상각

유형자산을 기초가 아니라 기중에 취득하는 경우, 첫 회계기간의 감가상각비는 취득 시점부터 기말까지의 기간에 대하여만 인식하여야 한다.

기중에 취득한 유형자산에 대한 각 회계연도별 감가상각비를 계산할 때에는, 먼저 취득 시점을 기준으로 하여 1년 단위로 감가상각비를 구한 다음, 이를 각 회계기간이 차지하는 기간 비율에 따라 안분한다.

다만, 감가상각방법이 연수합계법인 경우를 제외하면, 그 외의 감가상각방법에서는 각 회계연도별 감가상각비를 간편법으로도 계산할 수 있다.

[사례] 20x1년 4월 1일에 기계장치를 1,000,000원에 취득하였다. 내용연수는 4년, 잔존가치는 100,000원이다.
감가상각방법이 정액법, 정률법(감가상각률 : 0.438), 이중체감법, 연수합계법일 경우를 가정하여 20x1년과 20x2년의 감가상각비를 각각 계산하여 보자. (단, 결산일은 매년 12월 31일이며, 월할 계산한다)

[풀이] · 정액법

회계연도	감가상각비 계산근거	당기 감가상각비
20x1년	(1,000,000 - 100,000) × (1/4) × (9개월/12개월)	168,750
20x2년	{(1,000,000 - 100,000) × (1/4) × (3개월/12개월)} + {(1,000,000 - 100,000) × (1/4) × (9개월/12개월)}	225,000[1]

[1] 간편법 = (취득원가 - 잔존가치) × $\frac{1}{\text{내용연수}}$

= (1,000,000 - 100,000) × $\frac{1}{4}$ = 225,000원

· 정률법

회계연도	감가상각비 계산근거	당기 감가상각비
20x1년	(1,000,000 - 0) × 0.438 × (9개월/12개월)	328,500
20x2년	{(1,000,000 - 0) × 0.438 × (3개월/12개월)} + {(1,000,000 - 438,000) × 0.438 × (9개월/12개월)}	294,117[2]

[2] 간편법 = (취득원가 - 기초의 감가상각누계액) × 감가상각률
= (1,000,000 - 328,500) × 0.438 = 294,117원

· 이중체감법

회계연도	감가상각비 계산근거	당기 감가상각비
20x1년	(1,000,000 - 0) × 0.5 × (9개월/12개월)	375,000
20x2년	{(1,000,000 - 0) × 0.5 × (3개월/12개월)} + {(1,000,000 - 500,000) × 0.5 × (9개월/12개월)}	312,500[3]

[3] 간편법 = (취득원가 - 기초의 감가상각누계액) × $\frac{2}{\text{내용연수}}$
= (1,000,000 - 375,000) × 0.5 = 312,500원

· 연수합계법

회계연도	감가상각비 계산근거	당기 감가상각비
20x1년	(1,000,000 - 100,000) × (4/10) × (9개월/12개월)	270,000
20x2년	{(1,000,000 - 100,000) × (4/10) × (3개월/12개월)} + {(1,000,000 - 100,000) × (3/10) × (9개월/12개월)}	292,500[4]

[4] 연수합계법의 경우 기중 취득 시점을 기준으로 하여 1년 단위로 감가상각률이 변하므로, 반드시 취득 시점으로부터 1년 단위로 감가상각비를 계산한 후 회계기간 단위로 배분하여야 한다.

07 유형자산의 손상

(1) 손상차손

유형자산의 손상징후가 있다고 판단되고, 당해 유형자산의 사용 및 처분으로부터 기대되는 미래 경제적 효익(= 회수가능액[1]이라고 함)이 장부금액에 미달하는 경우에는 장부금액을 회수가능액으로 조정하고 그 차액을 손상차손으로 인식한다.

[1] 회수가능액이란 유형자산의 사용으로 얻을 수 있는 '사용가치'와 유형자산의 처분으로 얻을 수 있는 '순공정가치' 중 큰 금액을 말한다.

(차) 유형자산손상차손 (영업외비용)	xxx	(대) 손상차손누계액 (자산의 차감적 평가계정)	xxx

(2) 손상차손 환입

향후에 회수가능액이 회복되어 장부금액을 초과하는 경우에는, '그 자산이 감액되기 전의 장부금액의 감가상각 후 잔액'[2]을 회복된 회수가능액의 한도로 하여 그 초과액을 손상차손환입으로 인식한다.

[2] '손상되지 않았을 경우를 가정한 현재시점의 장부금액'을 의미한다.

(차) 손상차손누계액 (자산의 차감적 평가계정)	xxx	(대) 유형자산손상차손환입 (영업외수익)	xxx

(3) 손상차손누계액의 표시방법

손상차손누계액이란 건물, 기계장치 등 유형자산에 해당하는 계정들의 취득원가에 대한 손상차손의 누적액을 말한다.

회계처리를 할 때 손상차손누계액 계정은 유형자산 계정과목마다 별도의 계정(예 건물에 대한 손상차손누계액 계정)을 사용하고, 재무상태표를 작성할 때 감가상각누계액 계정은 아래 예시와 같이 각 유형자산 계정별로 구분하여 차감적 평가계정으로 표시한다.

손상차손누계액이 있는 경우, 유형자산의 취득원가에서 감가상각누계액과 손상차손누계액을 차감한 금액을 유형자산의 장부금액이라고 한다.

재무상태표

건물	100,000	
감가상각누계액	(20,000)	
손상차손누계액	(10,000)	
	70,000	

08 유형자산의 처분

유형자산을 처분하는 경우에는 처분금액과 처분 전 장부금액(= 취득원가 – 감가상각누계액)을 비교하여 처분손익을 인식한다.

처분금액이 처분 전 장부금액보다 크다면 유형자산처분이익 계정(수익)을, 처분금액이 처분 전 장부금액보다 작다면 유형자산처분손실 계정(비용)을 인식한다.

처분금액을 계상할 때, 수수료 등 매각 시 부대비용이 있는 경우에는 매각금액에서 동 부대비용을 차감한 순매각금액을 처분금액으로 본다.

처분금액 > 처분 전 장부금액 : 유형자산처분이익

(차) [계정명]	xxx	(대) 해당 유형자산 계정	xxx
감가상각누계액	xxx	유형자산처분이익	xxx

[사례] 사용하던 기계장치를 거래처에 100,000원으로 매각처분하고 대금은 매각수수료 1,000원을 차감한 후 현금으로 받았다. 처분 시점 현재 기계장치의 장부상 취득원가는 200,000원, 감가상각누계액은 120,000원이었다.

(차) 감가상각누계액	120,000	(대) 기계장치	200,000
현금	99,000	유형자산처분이익	19,000[1)]

[1)] 처분금액 – 처분 전 장부금액 = (100,000 – 1,000) – (200,000 – 120,000) = 19,000원

처분금액 < 처분 전 장부금액 : 유형자산처분손실

(차) [계정명]	xxx	(대) 해당 유형자산 계정	xxx
감가상각누계액	xxx		
유형자산처분손실	xxx		

[사례] 사용하던 차량을 중고자동차매매업체에 30,000원으로 매각처분하고 대금은 현금으로 받았다. 처분 시점 현재 차량의 장부상 취득원가는 100,000원, 감가상각누계액은 60,000원이었다.

(차) 감가상각누계액	60,000	(대) 차량운반구	100,000
현금	30,000		
유형자산처분손실	10,000[1)]		

[2)] 처분금액 – 처분 전 장부금액 = 30,000 – (100,000 – 60,000) = (–)10,000원

09 유형자산의 특수한 거래

빈출 최근 71회 시험 중 22회 기출

(1) 교환으로 인한 취득

유형자산의 교환이란 당사가 보유 중이던 유형자산을 거래상대방에게 제공하고 대신 거래상대방이 보유 중이던 유형자산을 취득하는 거래를 말한다.

구 분	유형자산처분손익	유형자산의 취득원가
이종자산 간의 교환	인식 ○	제공한 자산의 공정가치 + 현금지급액 - 현금수령액
동종자산 간의 교환	인식 ×	제공한 자산의 장부금액 + 현금지급액 - 현금수령액

① 이종자산 간의 교환

기존 자산을 매각하고 그 매각 대금으로 다른 종류의 자산을 취득한 것으로 본다. 따라서 유형자산처분손익을 인식하고, 유형자산의 취득원가는 제공한 자산의 공정가치로 측정한다.

자산의 교환에 현금 수수액이 있는 경우에는 취득원가에 이를 반영하고, 예외적으로 제공한 자산의 공정가치가 불확실한 경우에는 취득한 자산의 공정가치를 취득원가로 할 수 있다.

(차) 감가상각누계액	XXX	(대) 이종자산(구)	XXX
이종자산(신)	XXX	유형자산처분이익	XXX
유형자산처분손실	XXX		

[사례] 당사 A는 사용 중이던 기계장치(취득원가 300,000원, 감가상각누계액 160,000원, 공정가치 190,000원)와 현금 10,000원을 B사에 제공하고 B사가 보유 중이던 건물(공정가치 200,000원)을 취득하였다.

(차) 감가상각누계액	160,000	(대) 기계장치(구)	300,000
건물(신)	200,000[1]	현금	10,000
		유형자산처분이익	50,000[2]

[1] 제공한 자산의 공정가치 + 현금지급액 = 190,000 + 10,000 = 200,000원

[2] 처분금액 - 처분 전 장부금액 = 제공한 자산의 공정가치 - 제공한 자산의 장부금액
= 190,000 - (300,000 - 160,000) = 50,000원

② 동종자산 간의 교환

기존 자산의 수익창출과정이 연속되는 것으로 본다. 따라서 유형자산처분손익을 인식하지 않고, 유형자산의 취득원가는 제공한 자산의 장부금액으로 측정한다.

교환과정에서 현금 수수액 등 다른 종류의 자산이 포함될 수 있는데, 그 금액이 중요하지 않은 경우에는 취득원가에 이를 반영하면 되고, 그 금액이 중요한 경우에는 거래를 이종자산 간의 교환에 준하여 회계처리한다.

(차) 감가상각누계액	xxx	(대) 동종자산(구)	xxx
동종자산(신)	xxx		

[사례] 당사 A는 사용 중이던 기계장치(취득원가 300,000원, 감가상각누계액 160,000원, 공정가치 200,000원)를 B사에 제공하고 B사가 보유 중이던 유사한 용도의 기계장치(공정가치 200,000원)를 취득하였다.

(차) 감가상각누계액	160,000	(대) 기계장치(구)	300,000
기계장치(신)	140,000[1]		

[1] 제공한 자산의 장부금액 = 300,000 - 160,000 = 140,000원

(2) 정부보조금에 의한 취득

- 정부보조금에 의해 유형자산을 무상 또는 저가로 취득한 경우 그 자산의 공정가치를 취득원가로 한다.
- 정부보조금은 재무상태표를 작성할 때 **취득원가에서 차감하는 형식으로 표시**한다.
- 정부보조금은 자산의 내용연수에 걸쳐 **감가상각비와 상계**한다.

정부보조금을 지원받을 때

(차) 현금	xxx	(대) 정부보조금 (현금 차감계정)	xxx

지원받은 정부보조금을 사용하여 유형자산을 취득할 때

(차) 해당 유형자산계정	xxx	(대) 현금	xxx
정부보조금 (현금 차감계정)	xxx	정부보조금 (유형자산 차감계정)	xxx

감가상각비를 인식할 때

(차) 감가상각비	xxx	(대) 감가상각누계액	xxx
정부보조금 (유형자산 차감계정)	xxx	감가상각비	xxx

[사례] 20x1년 1월 1일 정부보조금 600,000원을 현금으로 지원받았다.

20x1. 1. 1.	(차) 현금	600,000	(대) 정부보조금 (현금 차감계정)	600,000

20x1년 1월 2일 정부보조금을 사용하여 기계장치를 1,000,000원에 현금 취득하였다.

20x1. 1. 2.	(차) 기계장치	1,000,000	(대) 현금	1,000,000
	정부보조금 (현금 차감계정)	600,000	정부보조금 (유형자산 차감계정)	600,000

20x1년 12월 31일 기계장치의 감가상각비를 인식하였다. (내용연수 2년, 잔존가치 없음, 정액법, 월할 계산)

20x1. 12. 31.	(차) 감가상각비	500,000	(대) 감가상각누계액	500,000
	정부보조금 (유형자산 차감계정)	300,000	감가상각비	300,000[1]

[1] 500,000 × (600,000/1,000,000) = 300,000원
→ 20x1년 감가상각비={(1,000,000-600,000)-0}÷2=200,000원

참고 각 연도별 장부금액

재무상태표	20x1년 초	20x1년 말	20x2년 말
기계장치 감가상각누계액 정부보조금	1,000,000 (0) (600,000)	1,000,000 (500,000) (300,000)	1,000,000 (1,000,000) (0)
장부금액	400,000	200,000	0

장부금액의 연도별 추이

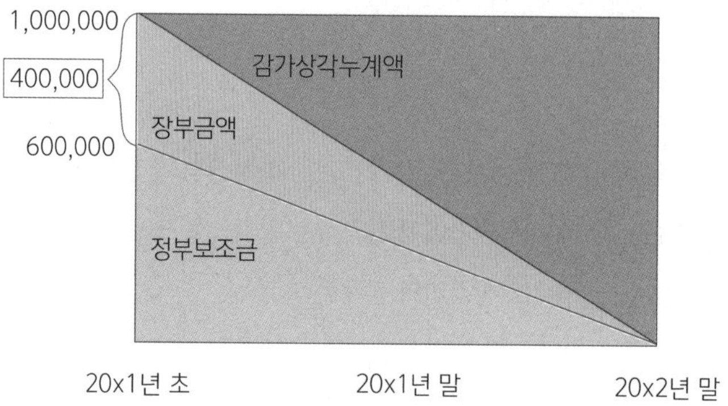

10 무형자산

빈출 최근 71회 시험 중 25회 기출

(1) 무형자산의 정의

무형자산이란 장기간에 걸쳐 영업활동에 사용할 목적으로 보유하는 물리적 형체가 없는 자산으로서 ㉠ 식별 가능하고, ㉡ 기업이 통제하고 있으며, ㉢ 미래 경제적 효익이 있는 것을 말한다.

(2) 무형자산에 해당하는 계정과목

계정과목	내 용
영업권	우수한 경영진, 뛰어난 영업망, 유리한 위치, 기업의 좋은 이미지 등 동종의 다른 기업에 비하여 특별히 유리한 사항들을 집합한 무형의 자원 (사업결합 등 외부로부터 취득한 영업권만 인정되며, 내부적으로 창출한 영업권은 인정되지 않음)
산업재산권	일정 기간 동안 독점적·배타적으로 이용할 수 있는 권리 예 특허권, 실용신안권, 디자인권, 상표권
소프트웨어	컴퓨터 소프트웨어의 구입 금액 예 회계프로그램, ERP프로그램, MS오피스프로그램
개발비	신제품이나 신기술의 개발단계에서 발생한 지출로서 취득원가를 개별적으로 식별 가능하고 미래 경제적 효익을 창출할 수 있는 것

참고 임차권리금

임차권리금이란 사업체를 인수할 때 유리한 위치, 좋은 이미지 등에 대한 대가로 기존 사업자인 점포임차인에게 지급하는 금전을 말하며, 실무에서는 '프리미엄'이라고도 부른다. 사업체를 인수하는 자 입장에서, 이는 외부로부터 취득하는 영업권에 해당한다.

(3) 개발비

신제품이나 신기술의 개발 활동은 연구단계와 개발단계로 구분한다.

연구단계(Research phase)란 새로운 지식을 탐색하고 여러 가지 대체안을 평가하여 최종안을 선택하는 단계를 말한다.

개발단계(Development phase)란 상업화를 결정하고 관련 시제품과 모형을 설계·제작·시험하는 단계로서, 연구단계보다 훨씬 더 진전되어 있는 상태를 말한다.

개발 활동과 관련하여 발생한 지출을 무형자산인 개발비 계정으로 회계처리하기 위해서는 ㉠ 개발단계에서 발생한 것이어야 하고, ㉡ 기업회계기준에서 정하는 개발비 인식요건[1]을 모두 충족하는 것이어야 한다.

1) 예 취득원가를 신뢰성 있게 측정 가능, 미래 경제적 효익을 창출, 무형자산을 완성하여 사용하려는 기업의 의도와 능력

연구단계에서 발생한 지출은 당기 비용인 연구비 계정으로, 개발단계에 발생한 지출 중 개발비 인식요건을 충족하지 못하는 것은 당기 비용인 경상개발비 계정으로 회계처리한다.

내부 프로젝트를 연구단계와 개발단계로 구분할 수 없는 경우에는 그 프로젝트에서 발생한 지출은 모두 연구단계에서 발생한 것으로 본다.

구 분		회계처리
연구단계에서 발생한 지출		연구비(비용)[2]
개발단계에서 발생한 지출	개발비 인식요건을 미충족	경상개발비(비용)[2]
	개발비 인식요건을 충족	개발비(무형자산)

2) KcLep 프로그램에서는 연구비와 경상개발비를 합해서 경상연구개발비 계정을 사용한다.

(차) 개발비	XXX	(대) [계정명]	XXX

[사례] 신제품 개발을 위하여 실험재료비 30,000원을 현금으로 지급하였다. 동 지출은 개발단계에서 발생하였으며 무형자산의 인식요건을 모두 충족한다.

(차) 개발비	30,000	(대) 현금	30,000

(4) 무형자산의 상각

- 용어 : 매년 인식하는 가치감소분에 대하여 유형자산에서는 '감가상각(Depreciation)'이라는 용어를, 무형자산에서는 '상각(Amortization)'이라는 용어를 사용한다.
- 회계처리 : 유형자산 감가상각을 회계처리할 때에는 '감가상각누계액'이라는 자산의 차감적 평가계정을 사용하지만, 무형자산 상각을 회계처리할 때에는 일반적으로 해당 자산계정을 '직접 차감'한다. (직접법)
- 잔존가치 : 무형자산 상각 시 잔존가치는 원칙적으로 '0'인 것으로 본다.
- 상각방법 : 무형자산의 상각방법에는 유형자산과 마찬가지로 정액법, 정률법 등이 있는데, 소비되는 형태를 신뢰성 있게 결정할 수 없는 경우에는 '정액법'을 사용한다.
- 내용연수 : 무형자산의 상각기간은 독점적·배타적인 권리를 부여하고 있는 관계 법령이나 계약에 정해진 경우를 제외하고는 20년을 초과할 수 없다.

참고 직접법과 간접법

무형자산 상각의 회계처리 방법으로는 취득원가에서 무형자산상각액을 직접 차감하는 '직접법'과 유형자산에서와 같이 취득원가는 그대로 두고 평가적 평가계정인 상각누계액 계정을 사용하는 '간접법'이 모두 허용된다. 일반적으로는 두 가지 방법 중 '직접법'으로 처리하고 있다.

직접법으로 회계처리를 하면, 재무상태표에서 무형자산 계정은 미상각잔액(= 장부금액 = 취득원가 - 상각누계액)으로만 표시되며 취득원가와 상각누계액 금액은 별도로 표시되지 않는다.

(차) 무형자산상각비	xxx	(대) 해당 무형자산 계정	xxx

[사례] 20x2년 기말 결산 시 무형자산인 개발비를 상각하려고 한다. 이는 전기인 20x1년 1월 초에 취득한 것으로서, 전기말 재무상태표상 미상각잔액은 24,000원, 총내용연수는 5년, 잔존가치는 0원, 상각방법은 정액법이다. (직접법으로 회계처리할 것)

20x2. 12. 31. (차) 무형자산상각비 6,000[1] (대) 개발비 6,000

[1] · (방법1) (기초의 미상각잔액 - 잔존가치) $\times \frac{1}{\text{기초 현재 잔여내용연수}}$

$= (24,000 - 0) \times \frac{1\text{년}}{(5\text{년} - 1\text{년})} = 6,000\text{원}$

· (방법2) (취득원가 - 잔존가치) $\times \frac{1}{\text{총내용연수}} = $ 20x2년 상각비

$\rightarrow \{(24,000 + ?) - 0)\} \times \frac{1\text{년}}{5\text{년}} = ?$

∴ ? = 20x1년 상각비 = 20x2년 상각비 = 6,000원

기출확인문제

다음 중 무형자산에 해당하는 것으로 볼 수 없는 것은? (제82회)

① 산업재산권
② 소프트웨어
③ 내부적으로 창출한 영업권
④ 내부 프로젝트의 개발단계에서 발생한 지출로서 자산인식요건을 모두 충족하는 개발비

정답 ③

해설
내부적으로 창출한 영업권은 원가를 신뢰성 있게 측정할 수 없을 뿐만 아니라 기업이 통제하고 있는 식별 가능한 자원도 아니기 때문에 자산으로 인식하지 않는다.

11 기타 비유동자산

최근 71회 시험 중 2회 기출

(1) 기타 비유동자산의 정의

기타 비유동자산이란 비유동자산 중에서 투자자산, 유형자산, 무형자산에 속하지 아니하는 자산을 말한다.

(2) 기타 비유동자산에 해당하는 계정과목

계정과목	내 용
임차보증금	월세 등의 조건으로 타인의 동산이나 부동산을 사용하기 위하여 임대차계약에 따라 임차인이 임대인에게 지급하는 보증금(계약기간이 만료되면 다시 반환 받음)
전세권	월세 조건 없이 타인의 부동산을 사용하기 위하여 임대차계약에 따라 임차인이 임대인에게 지급하는 전세금(계약기간이 만료되면 다시 반환 받음)
장기외상매출금	기업의 주된 영업활동(일반적인 상거래)인 상품매출을 하고 아직 받지 않은 외상대금으로서, 만기가 결산일로부터 1년 이후에 도래하는 것
장기받을어음	기업의 주된 영업활동(일반적인 상거래)인 상품매출을 하고 이에 대한 대금으로 상대방으로부터 받은 어음으로서, 만기가 결산일로부터 1년 이후에 도래하는 것
장기매출채권	외부보고용 재무상태표에서 사용되는 통합 표시 계정으로서, '장기외상매출금 + 장기받을어음'을 말함
대손충당금	상대방의 파산 등의 사유로 인하여 장기외상매출금, 장기받을어음 등을 회수하지 못할 가능성을 추정하여 금액으로 표시하는 차감적 평가계정 참고 장기외상매출금, 장기받을어음 등의 차감계정
장기미수금	일반적인 상거래 이외의 거래에서 발생한 외상대금으로서, 만기가 결산일로부터 1년 이후에 도래하는 것
부도어음과수표	부도 처리된 어음을 따로 관리하기 위하여 기업 내부적으로 사용하는 임시계정

(3) 임차보증금

① 임차계약 체결 시 임차보증금의 지급

(차) 임차보증금	xxx	(대) [계정명]	xxx

[사례] 월세를 조건으로 사무실 임차계약을 체결하고 보증금 100,000원을 현금으로 지급하였다.

(차) 임차보증금	100,000	(대) 현금	100,000

② 임차계약 만료 시 임차보증금의 회수

(차) [계정명]	xxx	(대) 임차보증금	xxx

[사례] 사무실 임차계약기간이 만료되어 계약 체결 당시 납입했었던 보증금 100,000원을 현금으로 돌려받았다.

(차) 현금	100,000	(대) 임차보증금	100,000

참고 임차보증금, 임대보증금, 임차료, 임대료의 비교

동산이나 부동산의 임대차계약을 체결할 때, 임료를 내고 상대방의 물건을 빌리는 사람(세입자)을 임차인이라고 하고, 임료를 받고 자신의 물건을 빌려주는 사람(집주인)을 임대인이라고 한다.

임대차계약에서 임료의 형태는 크게 월세와 보증금으로 나누어 볼 수 있다.

임차인과 임대인의 입장에서 월세와 보증금을 회계처리할 때 사용하는 계정과목은 각각 다음과 같다.

구 분	임차인(세입자)	임대인(집주인)
월 세	임차료(비용)	임대료(수익)
보증금	임차보증금(자산)	임대보증금(부채)

(4) 부도어음과수표

부도란 만기가 되어 지급을 청구하였으나 지급을 받지 못하는 것을 말한다.

보유하고 있는 타인발행 약속어음에 대하여 은행으로부터 부도 통보를 받으면 이를 부도어음과수표 계정으로 대체하는 회계처리를 한다.

부도어음과수표 계정은 부도 통보된 어음을 실제 대손이 확정될 때까지 일반 어음과 구분하여 관리하기 위해 기업 내부적으로 사용하는 임시계정이다. 따라서 외부보고용 재무제표를 작성할 때에는 이를 부도 통보 전 계정에 포함하여 보고한다.

(차) 부도어음과수표	xxx	(대) 받을어음	xxx

[사례] 상품매출 대금으로 받아 보유 중이던 타인발행 약속어음 50,000원이 부도 처리되었다는 것을 은행으로부터 통보받았다. 해당 어음은 회수가능성이 있어 대손처리는 하지 않았다.

(차) 부도어음과수표	50,000	(대) 받을어음	50,000

기출분개연습

* 기출문제 날짜는 학습효과를 높이기 위해 일부 수정하였으며, ㈜연습산업(코드번호 : 0301) 데이터를 사용하여 연습할 수 있습니다.

01 8월 1일 당좌거래개설보증금 1,700,000원을 현금으로 입금하여 우리은행 당좌거래를 개설하였다. [제41회]

02 8월 2일 투자 목적으로 토지를 50,000,000원에 현금으로 매입하였고, 취득 과정에서 취득세 3,000,000원을 현금으로 납부하였다. [제69회]

03 8월 3일 장기투자 목적으로 주식시장에 상장되어 있는 ㈜비상의 주식을 주당 12,000원의 가격으로 1,000주를 매입하였으며, 이 매입과정에서 카오증권에 80,000원의 수수료가 발생하였다. 주식 매입과 관련된 모든 대금은 보통예금에서 이체하였다. [제78회]

04 당기말 현재 보유하고 있는 매도가능증권(투자자산)에 대한 내역은 다음과 같다. 기말 매도가능증권 평가에 대한 회계처리를 하시오. [제87회]

회사명	전년도 취득원가	전년도 기말 공정가치	당해연도 기말 공정가치
㈜마인드	25,000,000원	24,500,000원	26,000,000원

05 8월 5일 당사가 보유 중인 매도가능증권을 다음과 같은 조건으로 처분하고 대금은 보통예금으로 받았다. 전년도 기말 평가는 일반기업회계기준에 따라 처리하였다. [제49회]

취득원가	기말 공정가치	양도금액	비 고
전년도 2월 15일	전년도 12월 31일		
10,000,000원	15,000,000원	12,000,000원	시장성 있음

06 8월 6일 영업부서에서 구입한 승합차를 양주시청에 등록하면서 취득세 1,460,000원을 현금으로 납부하였다. [제100회]

07 8월 7일 대표이사 이만수씨로부터 시가 30,000,000원의 업무용차량을 증여받고, 취득세로 2,100,000원을 현금으로 지출하였다. [제78회]

08 8월 8일 신축 중인 본사 사옥의 공사대금으로 사용한 차입금에 대한 이자비용 1,250,000원을 보통예금으로 지급하였다. 동 이자비용은 자본화대상이며, 본사 사옥은 내년 9월 30일 완공예정이다. [16년 8월 특별회차]

09 8월 9일 업무용승용차를 구입하기 위하여 액면금액 1,000,000원의 10년 만기 무이자부 국공채를 액면금액으로 현금으로 매입하였다. 당 회사는 해당 국공채를 만기까지 보유할 예정이며, 보유할 수 있는 의도와 능력이 충분하다. 구입 당시의 만기보유증권의 공정가치는 600,000원이다. [제63회]

정답 및 해설

01	8월 1일	(차) 특정현금과예금	1,700,000	(대) 현금	1,700,000
02	8월 2일	(차) 투자부동산	53,000,000	(대) 현금	53,000,000
03	8월 3일	(차) 매도가능증권(투자)	12,080,000	(대) 보통예금	12,080,000
04	12월 31일	(차) 매도가능증권(투자)	1,500,000	(대) 매도가능증권평가손실	500,000
				매도가능증권평가이익	1,000,000[1]

[1] 당기말 재무상태표에서 매도가능증권 계정과 매도가능증권평가이익 계정의 잔액을 차변으로 집계하여 보면 취득원가 금액이 된다.

매도가능증권 (투자자산)	26,000,000
매도가능증권평가이익 (기타포괄손익누계액)	(1,000,000)
취득원가 (차변 집계금액)	25,000,000

05	8월 5일	(차) 보통예금	12,000,000	(대) 매도가능증권(투자)	15,000,000
		매도가능증권평가이익	5,000,000	매도가능증권처분이익	2,000,000[1]

[1] 처분금액 - 취득원가 = 12,000,000 - 10,000,000 = 2,000,000원

06	8월 6일	(차) 차량운반구	1,460,000	(대) 현금	1,460,000
07	8월 7일	(차) 차량운반구	32,100,000	(대) 자산수증이익	30,000,000
				현금	2,100,000
08	8월 8일	(차) 건설중인자산	1,250,000	(대) 보통예금	1,250,000
09	8월 9일	(차) 차량운반구	400,000	(대) 현금	1,000,000
		만기보유증권(투자)	600,000		

10 8월 10일 토지와 건물을 모두 사용할 목적으로, 비사업자인 김갑수로부터 토지와 건물을 70,000,000원에 일괄 취득하고 대금은 보통예금으로 지급하였다. 토지와 건물의 공정가치는 아래와 같다. (부가가치세는 고려하지 않는다) [제63회]

> • 토지의 공정가치 : 60,000,000원 • 건물의 공정가치 : 40,000,000원

11 8월 11일 새로운 공장을 짓기 위하여 건물이 있는 부지를 구입하고, 구입 즉시 건물을 철거하였다. 건물이 있는 부지의 구입비 100,000,000원과 철거비용 5,000,000원을 보통예금 계좌에서 이체하여 지급하였다. (부가가치세는 고려하지 않는다) [제36회]

12 8월 12일 사용 중인 공장건물을 새로 신축하기 위하여 기존 건물을 철거하였다. 철거 당시의 기존 건물의 취득원가 및 감가상각누계액의 자료는 다음과 같다. [제35회]

> • 건물의 취득원가 : 100,000,000원
> • 철거 당시 감가상각누계액 : 80,000,000원
> • 건물 철거비용 : 3,000,000원을 현금 지급함(부가가치세는 고려하지 말 것)

13 8월 13일 내용연수가 경과하여 운행이 불가능한 승용차(취득원가 8,500,000원, 감가상각누계액 8,499,000원)를 폐차대행업체를 통해 폐차시키고, 당해 폐차대행업체로부터 고철비 명목으로 30,000원을 현금으로 받다. (단, 부가가치세는 고려하지 않는다) [제27회]

14 8월 14일 ㈜동국 소유의 건물로 사무실을 이전하고 보증금 15,000,000원 중 계약금 5,000,000원(7월 14일 지급)을 제외한 잔금 10,000,000원을 보통예금 계좌에서 지급하였다. [제103회]

15 8월 15일 제품을 매출하고 인천상사로부터 수취한 약속어음 3,300,000원이 부도 처리되었다는 것을 은행으로부터 통보받았다. [제69회]

16 **다음의 자산의 당기**(20x4년) **감가상각비를 결산에 반영하시오.** (월할 계산할 것) [제98회]

구 분	취득원가	전기말 상각누계액	잔존가치	상각방법	내용연수	상각률	취득일자
건물(본사 사무실)	200,000,000원	12,500,000원	0원	정액법	40년	0.025	20x1. 7. 1.
기계장치(영업부서)	50,000,000원	15,650,000원	2,500,000원	정률법	8년	0.313	20x3. 1. 1.

17 **당기**(20x3년) **결산 마감 전 영업권**(무형자산)**의 기초 미상각잔액이 6,000,000원이 있으며, 이 영업권은 20x1년 1월 초에 취득한 것이다. 기말수정분개를 하시오.** (단, 비용은 판매비와 관리비로 분류하고, 회사는 무형자산에 대하여 5년간 월할 균등상각하고 있다) [제88회]

정답 및 해설

10 8월 10일	(차) 토지	42,000,000	(대) 보통예금	70,000,000
	건물	28,000,000		
11 8월 11일	(차) 토지	105,000,000	(대) 보통예금	105,000,000
12 8월 12일	(차) 감가상각누계액(건물)	80,000,000	(대) 건물	100,000,000
	유형자산처분손실	23,000,000	현금	3,000,000
13 8월 13일	(차) 감가상각누계액(차량운반구)	8,499,000	(대) 차량운반구	8,500,000
	현금	30,000	유형자산처분이익	29,000
14 8월 14일	(차) 임차보증금(㈜동국)	15,000,000	(대) 선급금(㈜동국)	5,000,000
			보통예금	10,000,000
15 8월 15일	(차) 부도어음과수표(인천상사)	3,300,000	(대) 받을어음(인천상사)	3,300,000
16 12월 31일	(차) 감가상각비(판관비)	15,751,550	(대) 감가상각누계액(건물)	5,000,000[1]
			감가상각누계액(기계장치)	10,751,550[2]

[1] (취득원가 - 잔존가치) ÷ 내용연수
= (200,000,000원 - 0원) ÷ 40년 = 5,000,000원

[2] (취득원가 - 기초의 감가상각누계액) × 감가상각률
= (50,000,000원 - 15,650,000원) × 0.313 = 10,751,550원

17 12월 31일	(차) 무형자산상각비(판관비)	2,000,000	(대) 영업권	2,000,000[1]

[1] (전기말 미상각잔액 - 잔존가치) ÷ 기초 현재 잔여내용연수
= (6,000,000원 - 0원) ÷ (5년 - 2년) = 2,000,000원

참고 무형자산 상각 시, 잔존가치에 대하여 별도의 언급이 없는 경우 '0'인 것으로 본다.

핵심기출문제

* 본서에 수록된 기출문제의 날짜는 학습효과를 높이기 위하여 일부 수정함

01 다음 중 유가증권에 대한 설명으로 틀린 것은? [제70회]

① 매도가능증권의 미실현보유손익은 자본항목(기타포괄손익누계액)으로 처리한다.
② 단기매매증권, 매도가능증권, 만기보유증권은 모두 공정가치로 평가하는 것이 원칙이다.
③ 단기매매증권의 미실현보유손익은 당기손익항목으로 처리한다.
④ 만기까지 적극적으로 보유할 의도와 능력이 있는 채무증권을 만기보유증권이라 한다.

02 다음 자료에 의할 경우, 20x2년에 인식할 매도가능증권처분손익은 얼마인가? [제73회]

- 20x1년 6월 1일 매도가능증권 120주를 주당 60,000원에 취득하였다.
- 20x1년 기말 매도가능증권평가손실 1,200,000원(주당 공정가치 50,000원)
- 20x2년 5월 1일 매도가능증권 120주를 주당 56,000원에 처분하였다.

① 처분이익 720,000원 ② 처분이익 480,000원
③ 처분손실 720,000원 ④ 처분손실 480,000원

03 다음 자료를 보고, 20x2년에 인식할 매도가능증권처분손익을 구하시오. [제56회]

- 20x1년 기말 매도가능증권 1,000주, 주당 공정가치 7,000원
- 20x1년 기말 매도가능증권평가이익 2,000,000원
- 20x2년 7월 1일 매도가능증권 500주를 주당 6,000원에 처분하였다.

① 처분이익 1,000,000원 ② 처분이익 500,000원
③ 처분손실 500,000원 ④ 처분손실 1,000,000원

04 다음의 유가증권을 단기매매증권으로 분류하는 경우와 매도가능증권으로 분류하는 경우의 올해 계상되는 당기순이익 차이 금액은 얼마인가? [제79회]

> ㈜대한은 A회사 주식 1,000주를 주당 5,000원(공정가치)에 매입하면서 거래비용으로 50,000원이 발생하였고 기말에 주당 공정가치가 5,500원으로 평가되었다.

① 50,000원 ② 450,000원 ③ 500,000원 ④ 550,000원

정답 및 해설

01 ② 만기보유증권은 처분할 목적이 아니므로, 기말에 공정가치(시가)가 변동하여 장부금액과 달라지더라도 평가손익을 인식하지 않는다.

02 ④

· 20x1. 6. 1.	(차) 매도가능증권	7,200,000	(대) 현금 등	7,200,000
· 20x1. 12. 31.	(차) 매도가능증권평가손실	1,200,000	(대) 매도가능증권	1,200,000
· 20x2. 5. 1.	(차) 현금 등	6,720,000	(대) 매도가능증권	6,000,000
	매도가능증권처분손실	480,000[1]	매도가능증권평가손실	1,200,000

[1] 처분금액 - 취득원가
= (120주 × @56,000원) - (120주 × @60,000원) = (-)480,000원

03 ② (처분 시 분개)

(차) 현금 등	3,000,000	(대) 매도가능증권	3,500,000[1]
매도가능증권평가이익	1,000,000[2]	매도가능증권처분이익	500,000[3]

[1] (1,000주 × @7,000원) × (500주/1,000주) = 3,500,000원
[2] 2,000,000원 × (500주/1,000주) = 1,000,000원
[3] 처분금액 - 취득원가
= (500주 × @6,000원) - (500주 × @5,000원) = 500,000원

04 ②

· 단기매매증권으로 분류하는 경우

- 취득일 : (차) 단기매매증권	5,000,000	(대) 현금 등	5,050,000
수수료비용(영업외비용)	50,000		
- 결산일 : (차) 단기매매증권	500,000	(대) 단기매매증권평가이익 (영업외수익)	500,000

- 당기순이익 영향 = (-)50,000 + 500,000 = 450,000원 증가

· 매도가능증권으로 분류하는 경우

- 취득일 : (차) 매도가능증권	5,050,000	(대) 현금 등	5,050,000
- 결산일 : (차) 매도가능증권	450,000	(대) 매도가능증권평가이익 (기타포괄손익누계액)	450,000

- 당기순이익 영향 = 0원

05 다음 자료는 시장성 있는 유가증권에 관련된 내용이다. 이 유가증권을 단기매매증권으로 분류하는 경우와 매도가능증권으로 분류하는 경우 20x2년 당기손익의 차이는 얼마인가?

[제87회]

- 20x1년 7월 1일 A회사 주식 1,000주를 주당 6,000원에 매입하였다.
- 20x1년 기말 A회사 주식의 공정가치는 주당 7,000원이다.
- 20x2년 6월 30일 A회사 주식 전부를 주당 7,500원에 처분하였다.

① 차이 없음 ② 500,000원 ③ 1,000,000원 ④ 1,500,000원

06 다음은 유형자산의 취득원가에 관한 설명이다. 옳지 않은 것은? [제81회]

① 유형자산의 취득과 관련된 운송비와 설치비용은 취득원가에 가산한다.
② 유형자산의 취득과 관련된 중개인 수수료는 취득원가에 가산한다.
③ 유형자산의 보유와 관련된 재산세는 취득원가에 가산한다.
④ 유형자산의 취득과 관련된 취득세는 취득원가에 가산한다.

07 유형자산의 취득원가에 관한 내용 중 옳지 않은 것은? [제33회]

① 취득원가는 구입원가 또는 제작원가 및 경영진이 의도하는 방식으로 자산을 가동하는 데 필요한 장소와 상태에 이르게 하는 데 직접 관련되는 원가로 구성된다.
② 새로운 건물을 신축하기 위하여 사용 중인 기존 건물을 철거하는 경우 기존 건물의 장부금액은 새로운 건물의 취득원가에 가산한다.
③ 정부보조금에 의해 유형자산을 무상 또는 공정가치보다 낮은 대가로 취득한 경우 정부보조금은 유형자산의 취득원가에서 차감하는 형식으로 표시한다.
④ 유형자산의 취득과 관련하여 국·공채를 불가피하게 매입하는 경우 국·공채의 매입금액과 기업회계기준에 따라 평가한 현재가치와의 차액을 해당 유형자산의 취득원가에 가산한다.

08 다음은 일반기업회계기준에 따른 유형자산의 취득원가에 대한 설명이다. 옳지 않은 것은?

[제52회]

① 새로운 건물을 신축하기 위하여 기존 건물이 있는 토지를 취득하고 그 건물을 철거하는 경우 기존 건물의 철거 관련 비용은 건물의 취득원가에 가산한다.
② 유형자산이 정상적으로 작동되는지 여부를 시험하는 과정에서 발생하는 원가는 취득부대비용으로 보아 취득원가에 가산한다.
③ 현물출자로 취득하거나 증여로 취득한 자산은 공정가치를 취득원가로 한다.
④ 정부보조금에 의해 유형자산을 무상 또는 공정가치보다 낮은 대가로 취득한 경우에도 그 유형자산의 취득원가는 취득일의 공정가치로 한다.

정답 및 해설

05 ③ · 단기매매증권으로 분류하는 경우의 처분 회계처리 : 당기손익 500,000원

20x2. 6. 30.	(차) 현금 등	7,500,000	(대) 단기매매증권	7,000,000
			단기매매증권처분이익 (영업외수익)	500,000[1]

[1] 처분금액 - 처분 전 장부금액
= (1,000주 × @7,500원) - (1,000주 × @7,000원) = 500,000원

· 매도가능증권으로 분류하는 경우의 처분 회계처리 : 당기손익 1,500,000원

20x2. 6. 30.	(차) 현금 등	7,500,000	(대) 매도가능증권	7,000,000
	매도가능증권평가이익	1,000,000	매도가능증권처분이익 (영업외수익)	1,500,000[2]

[2] 처분금액 - 취득원가
= (1,000주 × @7,500원) - (1,000주 × @6,000원) = 1,500,000원

06 ③ 유형자산의 보유와 관련된 재산세는 당기 비용으로 처리한다.

07 ② 새로운 건물을 취득하기 위하여 사용 중인 기존 건물을 철거하는 경우에 기존 건물의 장부금액과 철거 관련 비용은 유형자산처분손실로 처리한다.

08 ① 새로운 건물을 신축하기 위하여 기존 건물이 있는 토지를 취득하고 그 건물을 철거하는 경우 기존 건물의 철거 관련 비용은 토지의 취득원가에 가산한다.

09 다음은 일반기업회계기준상 유형자산의 교환에 대한 내용이다. 옳지 않은 것은? [제47회]

① 이종자산 간 교환하는 경우 취득한 유형자산의 취득원가는 제공한 자산의 장부금액으로 측정한다.
② 자산의 교환에 현금수수액이 있는 경우에는 그 현금수수액을 반영하여 취득원가를 결정한다.
③ 동종자산 간 교환하는 경우 취득한 유형자산의 취득원가는 제공한 자산의 장부금액으로 측정한다.
④ 동종자산과의 교환이라 하더라도 교환에 포함된 현금 등의 금액이 유의적이라면 그 거래를 동종자산 간 교환으로 보지 않고 이종자산 간 교환에 준하여 회계처리한다.

10 다음 자료는 본사건물 건설용 토지의 취득과 관련된 내용이다. 토지의 취득원가는 얼마인가? [제25회]

- 토지 취득대금 : 30,000,000원
- 토지상의 구건물 철거비용 : 3,700,000원
- 토지 취득세 : 1,400,000원
- 토지 재산세 : 450,000원
- 구건물 철거 시 철골자재 등 매각대금 : 2,100,000원

① 30,000,000원 ② 33,000,000원 ③ 33,450,000원 ④ 33,100,000원

11 다음은 자본적 지출과 수익적 지출에 대한 설명이다. 틀린 것은? [제86회]

① 엘리베이터 설치 등 자산의 가치를 증대시키는 지출은 자본적 지출로 처리한다.
② 증축, 개축 등 자산의 내용 연수를 연장시키는 지출은 자본적 지출로 처리한다.
③ 파손된 유리 교체 등 자산의 원상복구를 위한 지출은 수익적 지출로 처리한다.
④ 건물의 도색 등 자산의 현상유지를 위한 지출은 자본적 지출로 처리한다.

12 수익적 지출 항목을 자본적 지출로 잘못 회계처리한 경우 재무제표에 미치는 영향으로 틀린 것은? [제87회]

① 당기순이익이 과대계상된다. ② 비용이 과소계상된다.
③ 자산이 과대계상된다. ④ 자본이 과소계상된다.

13 다음 중 유형자산의 감가상각에 관한 설명으로 틀린 것은? [제71회]

① 유형자산의 감가상각대상금액은 내용연수에 걸쳐 합리적이고 체계적인 방법으로 배분한다.
② 유형자산의 감가상각은 자산을 구입한 때부터 즉시 시작한다.
③ 유형자산의 감가상각방법은 자산의 경제적 효익이 소멸되는 형태를 반영한 합리적인 방법이어야 한다.
④ 초기 감가상각비의 크기는 정률법이 정액법보다 더 크다.

14 기계장치의 감가상각 관련 자료가 다음과 같을 때, 2차연도인 20x2년의 손익계산서상 감가상각비와 20x2년 말 재무상태표상 감가상각누계액을 바르게 표시한 것은? [제57회]

- 취득일 : 20x1년 1월 1일
- 취득원가 : 2,000,000원
- 내용연수 : 10년
- 정률법 감가상각률 : 10%
- 감가상각방법 : 정률법

	감가상각비	감가상각누계액		감가상각비	감가상각누계액
①	200,000원	300,000원	②	180,000원	380,000원
③	200,000원	400,000원	④	180,000원	180,000원

정답 및 해설

09 ① 이종자산 간 교환하는 경우 취득한 유형자산의 취득원가는 제공한 자산의 공정가치로 측정한다. 예외적으로 제공한 자산의 공정가치가 불확실한 경우에는 취득한 자산의 공정가치로 측정할 수 있다.

10 ② 토지의 취득원가 = 토지 취득대금 + 구건물 철거비용 − 구건물 철거 시 철골자재 등 매각대금 + 취득세
= 30,000,000 + 3,700,000 − 2,100,000 + 1,400,000
= 33,000,000원

11 ④ 건물의 도색 등 자산의 현상유지를 위한 지출은 수익적 지출로 처리한다.

12 ④ 수익적지출(비용)을 자본적지출(자산)로 회계처리하는 경우, 재무제표에 미치는 영향
: 자산 과대, 비용 과소 → 당기순이익 과대 → 자본 과대

13 ②
- 유형자산의 감가상각은 자산이 사용 가능한 때부터 시작한다. 즉, 경영진이 의도하는 방식으로 자산을 가동하는 데 필요한 장소와 상태에 이른 때부터 시작한다.
- 정액법의 경우 감가상각비가 매년 동일한 금액인 반면, 정률법(체감잔액법)의 경우 내용연수 초기에는 감가상각비를 많이 인식하고 후기로 갈수록 적게 인식하기 때문에, 내용연수 초기 감가상각비의 크기는 정률법이 정액법보다 더 크다.

14 ②
- 1차연도 감가상각비 = (2,000,000원 − 0원) × 0.1 = 200,000원
- 2차연도 감가상각비 = (2,000,000원 − 200,000원) × 0.1 = 180,000원
- 2차연도 말 감가상각누계액 = 200,000 + 180,000 = 380,000원

15 유형자산의 감가상각방법 중 정액법, 정률법 및 연수합계법 각각에 의한 3차연도의 감가상각비를 계산하였을 때, 금액이 큰 것부터 바르게 나열한 것은? [제72회]

- 기계장치 취득원가 : 1,000,000원(1월 1일 취득)
- 내용연수 : 5년
- 잔존가치 : 취득원가의 10%
- 정률법 상각률 : 0.4

① 정률법 > 정액법 = 연수합계법
② 정률법 > 연수합계법 > 정액법
③ 연수합계법 > 정률법 > 정액법
④ 연수합계법 = 정액법 > 정률법

16 다음 중 무형자산의 인식요건이 아닌 것은? [제63회]

① 식별가능성
② 검증가능성
③ 통제가능성
④ 미래의 경제적 효익의 유입가능성

17 다음 중 무형자산에 대한 설명으로 틀린 것은? [제72회]

① 무형자산의 상각은 자산이 사용 가능한 때부터 시작한다.
② 무형자산의 공정가치가 증가하면 그 공정가치를 반영하여 상각한다.
③ 합리적인 상각방법을 정할 수 없는 경우에는 정액법을 사용한다.
④ 무형자산의 잔존가치는 없는 것을 원칙으로 한다.

18 다음 중 무형자산에 관한 설명으로 옳지 않은 것은? [제35회]

① 내부적으로 창출한 영업권은 취득원가를 신뢰성 있게 측정할 수 없을 뿐만 아니라 기업이 통제하고 있는 식별 가능한 자원도 아니기 때문에 자산으로 인식하지 않는다.
② 무형자산을 창출하기 위한 내부 프로젝트를 연구단계와 개발단계로 구분할 수 없는 경우에는 그 프로젝트에서 발생한 지출은 모두 개발단계에서 발생한 것으로 본다.
③ 연구단계에서 발생한 지출은 무형자산으로 인식할 수 없고 발생한 기간의 비용으로 인식한다.
④ 무형자산의 상각기간은 독점적·배타적인 권리를 부여하고 있는 관계 법령이나 계약에 정해진 경우를 제외하고는 20년을 초과할 수 없다.

19 다음 중 일반기업회계기준의 무형자산에 속하지 않는 것은? [제67회]

① 산업재산권 ② 라이선스와 프랜차이즈
③ 임차권리금 ④ 전세권

정답 및 해설

15 ④ (3차연도의 감가상각비)
- 정액법 = (1,000,000 - 100,000) × 1/5 = 180,000원
- 정률법 = (1,000,000 - 400,000 - 240,000) × 0.4 = 144,000원
- 연수합계법 = (1,000,000 - 100,000) × $\frac{3}{1+2+3+4+5}$ = 180,000원

16 ② 무형자산이란 장기간에 걸쳐 영업활동에 사용할 목적으로 보유하는 물리적 형체가 없는 자산으로서 ㉠ 식별 가능하고, ㉡ 기업이 통제하고 있으며, ㉢ 미래 경제적 효익이 있는 것을 말한다.

17 ② 무형자산의 공정가치가 증가하더라도 상각은 취득원가에 기초한다.

18 ② 무형자산을 창출하기 위한 내부 프로젝트를 연구단계와 개발단계로 구분할 수 없는 경우에는 그 프로젝트에서 발생한 지출은 모두 연구단계에서 발생한 것으로 본다.

19 ④
- 일반기업회계기준에 열거된 무형자산의 예 : 산업재산권(특허권, 실용신안권, 디자인권, 상표권 포함), 라이선스와 프랜차이즈, 저작권, 컴퓨터 소프트웨어, 개발비, 임차권리금, 광업권, 어업권
- 전세권 또는 임차보증금은 비유동자산 중 기타비유동자산에 해당한다.

제5절 부채

01 유동부채

최근 71회 시험 중 5회 기출

(1) 유동부채의 정의

유동부채란 보고기간 종료일로부터 1년 이내에 상환기한이 도래하는 부채를 말한다.

(2) 유동부채에 해당하는 계정과목

계정과목	내 용
외상매입금	기업의 주된 영업활동(일반적인 상거래)인 상품 매입을 하고 아직 지급하지 않은 외상대금
지급어음	기업의 주된 영업활동(일반적인 상거래)인 상품 매입을 하고 이에 대한 대금으로 상대방에게 발행하여 지급한 어음
매입채무	외부보고용 재무상태표에서 사용되는 통합 표시 계정으로서, '외상매입금 + 지급어음'을 말함
단기차입금	타인으로부터 빌려온 금전으로서 만기가 결산일로부터 1년 이내에 도래하는 것
미지급금	일반적인 상거래 이외의 거래에서 발생한 외상대금
미지급비용	당기에 속하는 비용 중 차기에 지급할 예정인 것(미지급이자, 미지급임차료 등)으로서 기말 결산 시 발생주의에 따라 추가 계상하는 비용상당액
선수금	계약금 성격으로 미리 받은 대금
선수수익	당기에 받은 수익 중 차기 수익에 해당하는 부분(선수이자, 선수임대료 등)으로서 기말 결산 시 발생주의에 따라 차감하는 수익상당액
예수금	최종적으로는 제3자에게 지급해야 할 금액을 거래처나 종업원으로부터 미리 받아 일시적으로 보관하고 있는 금액
부가세예수금	외부에 재화나 용역을 공급하고 거래징수한 부가가치세로서 매출세액으로 납부하여야 하는 것
가수금	금전을 수취하였으나 그 내용이 확정되지 않았을 경우 그 내용이 확정될 때까지 임시적으로 사용하는 계정과목
유동성장기부채	장기차입금 등 비유동부채 중에서 당기 결산일을 기준으로 1년 이내에 만기가 도래하는 부채
미지급세금	당기 사업연도 소득에 대하여 회사가 납부하여야 하는 법인세부담액 중 아직 납부하지 않은 금액
미지급배당금	배당결의일 현재 미지급된 현금배당액

(3) 매입채무

① 외상매입금

• 외상 구입

(차) 상품	xxx	(대) 외상매입금	xxx

[사례] 상품을 10,000원에 구입하고 3,000원은 현금으로 지급하고 나머지는 다음 달 10일에 지급하기로 하였다.

(차) 상품	10,000	(대) 현금	3,000
		외상매입금	7,000

• 외상매입금의 상환

(차) 외상매입금	xxx	(대) [계정명]	xxx

[사례] 외상매입금 7,000원을 현금으로 지급하였다.

(차) 외상매입금	7,000	(대) 현금	7,000

② 지급어음

• 어음을 발행하여 구입

(차) 상품	xxx	(대) 지급어음	xxx

[사례] 상품을 4,000원에 구입하고 대금은 약속어음을 발행하여 지급하였다.

(차) 상품	4,000	(대) 지급어음	4,000

• 어음대금의 상환

(차) 지급어음	xxx	(대) [계정명]	xxx

[사례] 상품 구입 대금으로 발행하였던 약속어음의 만기일이 도래하여 어음소지인에게 어음상 액면금액인 4,000원을 현금으로 지급하였다.

(차) 지급어음	4,000	(대) 현금	4,000

(4) 단기차입금

① 차입

(차) [계정명]	xxx	(대) 단기차입금	xxx

[사례] 은행으로부터 6개월 만기로 현금 50,000원을 차입하였다.

(차) 현금	50,000	(대) 단기차입금	50,000

② 원금과 이자의 상환

(차) 단기차입금	xxx	(대) [계정명]	xxx
이자비용	xxx		

[사례] 은행으로부터 6개월 만기로 빌려왔던 차입금의 만기가 도래하여 원금 50,000원과 이자 2,000원을 현금으로 지급하였다.

(차) 단기차입금	50,000	(대) 현금	52,000
이자비용	2,000		

기출포인트

- 단기차입금은 회계기간 종료일로부터 만기가 1년 이내에 도래하는 것이므로, 전체 차입기간이 1년을 초과하는 차입금도 경우에 따라 단기차입금으로 분류될 수 있다.
- 예를 들어 20x1년 4월 1일에 빌려온 18개월 만기 차입금의 경우, 만기(20x2. 9. 30.)가 회계기간 종료일(20x1. 12. 31.)로부터 1년 이내이므로 회사는 차입일에 이를 단기차입금 계정으로 회계처리한다.

(5) 미지급금

① 일반적인 상거래 이외의 거래에서 외상 구입

(차) [계정명]	xxx	(대) 미지급금	xxx

[사례] 사무실에서 사용할 비품을 10,000원에 외상으로 구입하였다.

(차) 비품	10,000	(대) 미지급금	10,000

② 일반적인 상거래 이외의 거래에서 어음을 발행하여 구입

(차) [계정명]	xxx	(대) 미지급금	xxx

[사례] 사무실에서 사용할 비품을 10,000원에 구입하고 대금은 약속어음을 발행하여 구입하였다.

(차) 비품	10,000	(대) 미지급금[1]	10,000

[1] 일반적인 상거래 이외의 거래에서는 약속 어음을 발행하여 대금을 지급하더라도 이를 지급어음 계정이 아니라 미지급금 계정으로 회계처리한다.

③ 일반적인 상거래 이외의 거래에서 신용카드로 결제하여 구입

(차) [계정명]	xxx	(대) 미지급금	xxx

[사례] 사무실에서 사용할 비품을 A사로부터 10,000원에 구입하고 대금은 신용카드(현대카드)로 결제하였다.

(차) 비품	10,000	(대) 미지급금[1]	10,000

[1] 일반적인 상거래 이외의 거래에서 발생한 지급채무이므로 미지급금 계정으로 회계처리하되, 신용카드로 결제하여 발생한 지급채무이므로 그 거래처를 A사가 아니라 현대카드로 기록하여 관리하여야 한다.

참고 신용카드로 결제하여 발생한 지급채무

거래상대방(A거래처)으로부터 재화나 용역을 구입하고 그 대금을 신용카드(B신용카드사)로 결제한 경우, 동 지급채무에 대한 회계처리방법은 다음과 같다.

- 계정과목 : 외상매입금(일반적인 상거래) 또는 미지급금(일반적인 상거래 이외의 거래)
- 거래처 : B신용카드사(이유 : 당사가 향후 카드대금을 지급하여야 할 곳은 A거래처가 아니라 B신용카드사임)

④ 미지급금의 상환

(차) 미지급금	xxx	(대) [계정명]	xxx

[사례] 사무실에서 사용할 비품을 구입하고 발생한 외상대금 10,000원을 현금으로 지급하였다.

(차) 미지급금	10,000	(대) 현금	10,000

(6) 선수금

① 계약금 선수령

(차) [계정명]	xxx	(대) 선수금	xxx

[사례] 고객사로부터 상품 20,000원을 주문받고 계약금 4,000원을 현금으로 받았다.

(차) 현금	4,000	(대) 선수금	4,000

② 인도

(차) 선수금	xxx	(대) 상품(제품)매출	xxx
[계정명]	xxx		

[사례] 주문받았던 상품 20,000원을 고객사에 인도하고 계약금 4,000원을 제외한 잔액을 현금으로 받았다.

(차) 선수금	4,000	(대) 상품매출	20,000
현금	16,000		

(7) 예수금

예수금이란 최종적으로는 제3자에게 지급해야 할 금액을 거래처나 종업원으로부터 미리 받아 일시적으로 보관하고 있는 금액을 말한다.

예를 들면, 종업원에게 급여를 지급할 때 기업은 관련 법규에 따라 종업원이 납부하여야 하는 소득세, 국민연금, 건강보험료 등을 급여 지급액에서 공제하여 일시적으로 보관하고 있다가 다음 달 10일에 해당 기관에 종업원 대신 납부하게 된다. 이와 같이 기업이 급여 등을 지급할 때 소득귀속자의 세금 등을 미리 공제하는 것을 원천징수라고 하며, 원천징수된 금액은 기업의 장부에 예수금 계정으로 회계처리된다.

참고 4대보험

- 우리나라의 사회보장법에 따르면, 회사가 종업원을 고용하면 사회보험에 가입하여야 하고 해당 보험료를 회사와 종업원이 분담하도록 정하고 있다. 사회보험의 종류에는 국민연금, 건강보험(장기요양보험 포함), 고용보험, 산재보험이 있으며 이를 4대보험이라고 한다.
- 일반적으로 기업은 소득을 지급할 때 세법에 따른 법인세·소득세·지방소득세만 원천징수하면 되나, 종업원에게 급여를 지급할 때에는 사회보험료에 대한 종업원 부담분까지 원천징수를 하여야 하고, 다음 달 10일에 해당 기관에 납부할 때 사회보험료에 대하여는 종업원으로부터 원천징수한 종업원 부담분 외에 기업이 부담하여야 할 회사 부담분까지 같이 납부하게 된다.
- 회사 부담분 사회보험료를 납부할 때 회사는 복리후생비, 보험료, 세금과공과 등의 계정과목을 사용하여 비용을 인식한다.

① 원천징수

(차) 급여 등	xxx	(대) 예수금	xxx
		[계정명]	xxx

[사례] 2월 25일, 2월분 급여 총액 1,200,000원 중에서 소득세 등 192,500원을 원천징수하고 나머지 금액을 종업원에게 현금으로 지급하였다.

2월 25일	(차) 급여	1,200,000	(대) 예수금	192,500
			현금	1,007,500

② 원천징수한 금액을 해당 기관에 납부

(차) 예수금	xxx	(대) [계정명]	xxx

[사례] 3월 10일, 2월분 급여 지급 시 원천징수했던 금액과 회사 부담분 4대보험료를 각 해당 기관에 현금으로 납부하였다. 소득세 및 4대보험 납부내역은 다음과 같으며, 4대보험료에 대하여 회사는 복리후생비 계정을 사용한다.

(단위 : 원)

구 분	근로 소득세	지방 소득세	국민연금	건강보험	장기요양 보험	고용보험	산재보험	계
종업원 부담분	100,000	10,000	50,000	30,000	2,000	500	-	192,500
회사 부담분	-	-	50,000	30,000	2,000	900	1,200	84,100
계	100,000	10,000	100,000	60,000	4,000	1,400	1,200	276,600

3월 10일	(차) 예수금	192,500	(대) 현금	276,600
	복리후생비	84,100		

(8) 가수금

가수금이란 금전을 수취하였으나 그 내용이 확정되지 않았을 경우 그 내용이 확정될 때까지 임시적으로 사용하는 계정과목을 말한다.

가수금 역시 가지급금과 마찬가지로 그 내용이 확정되면 적절한 계정과목으로 대체하여야 하며, 대표적인 미결산계정에 해당하므로 기말 결산 때까지는 반드시 적절한 계정과목으로 대체하여 최종 재무제표에는 나타나지 않도록 하여야 한다.

① 가수금

(차) [계정명]	xxx	(대) 가수금	xxx

[사례] 내용을 알 수 없는 보통예금 10,000원을 계좌이체 받았다.

(차) 보통예금	10,000	(대) 가수금	10,000

② 내용 확정

(차) 가수금	xxx	(대) [계정명]	xxx

[사례] 원인 불명으로 계좌이체 받았던 보통예금 10,000원이 외상매출금의 회수였던 것으로 밝혀졌다.

(차) 가수금	10,000	(대) 외상매출금	10,000

(9) 유동성장기부채

장기차입금 등 비유동부채 중에서 결산일을 기준으로 1년 이내에 만기가 도래하는 부채가 있는 경우, 결산 시 이를 비유동부채에서 유동부채로 대체하여야 하는데, 유동성장기부채란 이러한 대체 분개를 할 때 사용되는 유동부채 계정과목을 말한다.

	(차) 장기차입금	xxx	(대) 유동성장기부채	xxx

[사례] 20x2년 12월 31일 기말 결산일 현재 장기차입금 300,000원(차입기간 : 20x1. 4. 1.~20x3. 3. 31.)의 상환기일이 내년으로 도래하였음을 확인하였다.

20x2년 12월 31일	(차) 장기차입금	300,000	(대) 유동성장기부채	300,000

(10) 미지급세금

미지급세금이란 당기 사업연도 소득에 대하여 회사가 납부하여야 하는 법인세부담액 중 아직 납부하지 않은 금액을 말한다.

회사는 기말 결산 시 법인세차감전순이익에 대하여 회사가 납부하여야 하는 법인세부담액(법인세비용)을 계산하여 비용으로 인식하고, 법인세부담액에서 회계연도 중에 미리 납부한 중간예납세액 및 원천납부세액 금액(선납세금)을 차감하여 법인세부담액 중 아직 납부하지 않은 금액(미지급세금)을 구하고 이를 부채로 인식한다.

부채로 계상한 미지급세금은 법인세법에 따라 회계연도(각 사업연도)가 종료된 후 3개월 이내에 납부하게 된다.

미지급세금 = 법인세비용 - 선납세금

	(차) 법인세등[1]	xxx	(대) 선납세금	xxx
			미지급세금	xxx

[사례] 20x1년 8월 31일, 당해 사업연도의 법인세 중간예납세액 500,000원을 현금으로 납부하였다.
20x1년 9월 30일, 보통예금 예입액에 대한 이자수익 10,000이 발생하여 법인세 원천납부세액 1,540원을 제외한 잔액이 보통예금 통장에 입금되었다.
20x1년 12월 31일, 기말 결산 시 법인세비용차감전순이익에 대한 법인세 추산액은 1,200,000원이다.
20x2년 3월 31일, 법인세 미납액을 현금으로 납부하였다.

20x1. 8. 31.	(차) 선납세금	500,000	(대) 현금	500,000
20x1. 9. 30.	(차) 선납세금	1,540	(대) 이자수익	10,000
	보통예금	8,460		
20x1. 12. 31.	(차) 법인세등	1,200,000	(대) 선납세금	501,540
			미지급세금	698,460
20x2. 3. 31.	(차) 미지급세금	698,460	(대) 현금	698,460

[1] KcLep 프로그램에서는 '법인세비용' 대신 '법인세등' 계정과목을 사용한다.

02 비유동부채

(1) 비유동부채의 정의

비유동부채란 보고기간 종료일로부터 1년 이후에 상환기한이 도래하는 부채를 말한다.

(2) 비유동부채에 해당하는 계정과목

계정과목	내 용
사 채	기업이 회사채라는 채무증권을 발행하여 장기자금을 조달함으로써 발생하는 부채
사채할인발행차금	사채를 액면가액보다 낮게 발행하는 경우 그 차액 참고 사채의 차감계정
사채할증발행차금	사채를 액면가액보다 높게 발행하는 경우 그 차액 참고 사채의 가산계정
임대보증금	월세 등의 조건으로 타인(임차인)에게 동산이나 부동산을 임대하는 임대차계약을 체결하고 임차인으로부터 받는 보증금(계약기간이 만료되면 다시 반환하여야 함)
장기차입금	타인으로부터 빌려온 금전으로서 만기가 결산일로부터 1년 이후에 도래하는 것
장기외상매입금	기업의 주된 영업활동(일반적인 상거래)인 상품 매입을 하고 아직 지급하지 않은 외상대금으로서, 만기가 결산일로부터 1년 이후에 도래하는 것
장기지급어음	기업의 주된 영업활동(일반적인 상거래)인 상품 매입을 하고 이에 대한 대금으로 상대방에게 발행하여 지급한 어음으로서, 만기가 결산일로부터 1년 이후에 도래하는 것
장기매입채무	외부보고용 재무상태표에서 사용되는 통합 표시 계정으로서, '장기외상매입금 + 장기지급어음'을 말함
장기미지급금	일반적인 상거래 이외의 거래에서 발생한 외상대금으로서, 만기가 결산일로부터 1년 이후에 도래하는 것
퇴직급여충당부채	종업원이 퇴직할 때 지급해야 할 퇴직급여를 충당하기 위하여 미리 부채로 설정해 놓은 것

(3) 임대보증금

① 임대계약 체결 시 임대보증금의 수취

(차) [계정명]	xxx	(대) 임대보증금	xxx

[사례] 회사가 보유하고 있는 건물을 월세 조건으로 임대하고 세입자(임차인)로부터 보증금 100,000원을 현금으로 받았다.

(차) 현금	100,000	(대) 임대보증금	100,000

② 임대계약 만료 시 임대보증금의 지급

(차) 임대보증금	xxx	(대) [계정명]	xxx
[사례] 건물 임대계약기간이 만료되어 계약 체결 당시 받았던 보증금 100,000원을 현금으로 반환하였다.			
(차) 임대보증금	100,000	(대) 현금	100,000

03 사채

빈출 최근 71회 시험 중 **14**회 기출

(1) 사채의 정의

사채란 기업이 장기자금을 조달하기 위하여 회사채라는 채무증권을 발행하고, 회사채에서 정해진 바에 따라 만기까지의 기간 동안 표시이자(액면이자)를 지급하고 만기일에 원금(액면금액)을 상환할 것을 약정하는 부채를 말한다.

(2) 사채의 발행유형

사채의 현금흐름을 발행자(채무자) 입장에서 살펴보면, 사채를 발행하는 시점에 발행금액만큼 자금이 유입되고 그 후 만기까지의 기간 동안 액면이자와 액면금액이 유출된다.

사채의 발행금액은 미래 현금흐름인 액면이자와 액면금액을 시장이자율을 사용하여 현재가치로 할인한 금액으로 결정되는데, 여기서 시장이자율이란 일반투자자들이 동 회사채에 투자하는 대신 다른 곳에 투자할 경우 받을 수 있는 이자율을 의미한다.

액면이자율과 시장이자율 간의 관계에 따라 사채는 다음과 같은 유형으로 발행된다.

사채의 발행유형	이자율 간의 관계	비 고
액면발행 (액면금액으로 발행)	액면이자율 = 시장이자율	-
할인발행 (액면금액보다 낮게 발행)	액면이자율 < 시장이자율	액면이자율이 시장에서 주는 이자율(시장이자율)보다 더 낮다면 투자자들이 해당 회사채를 매입하려 하지 않을 것이므로 사채발행회사는 회사채를 액면금액 보다 낮게 할인발행할 수밖에 없음
할증발행 (액면금액보다 높게 발행)	액면이자율 > 시장이자율	액면이자율이 시장에서 주는 이자율(시장이자율)보다 더 높다면 투자자들이 해당 회사채를 적극적으로 매입하려 할 것이므로 사채발행회사는 회사채를 액면금액보다 높게 할증발행하게 됨

참고 사채의 발행유형 사례

사채의 액면금액이 100,000원, 액면이자율은 10%일 때, 사채의 발행금액은 발행 당시 시장이자율에 따라 다음과 같이 결정된다.

[사채발행조건]
- 발행일 : 20x1. 1. 1.
- 만기 : 20x3. 12. 31.
- 액면금액 : 100,000원
- 액면이자 : 매년 10,000원(액면이자율 : 연 10%)
- 이자지급시기 : 매년 12월 31일

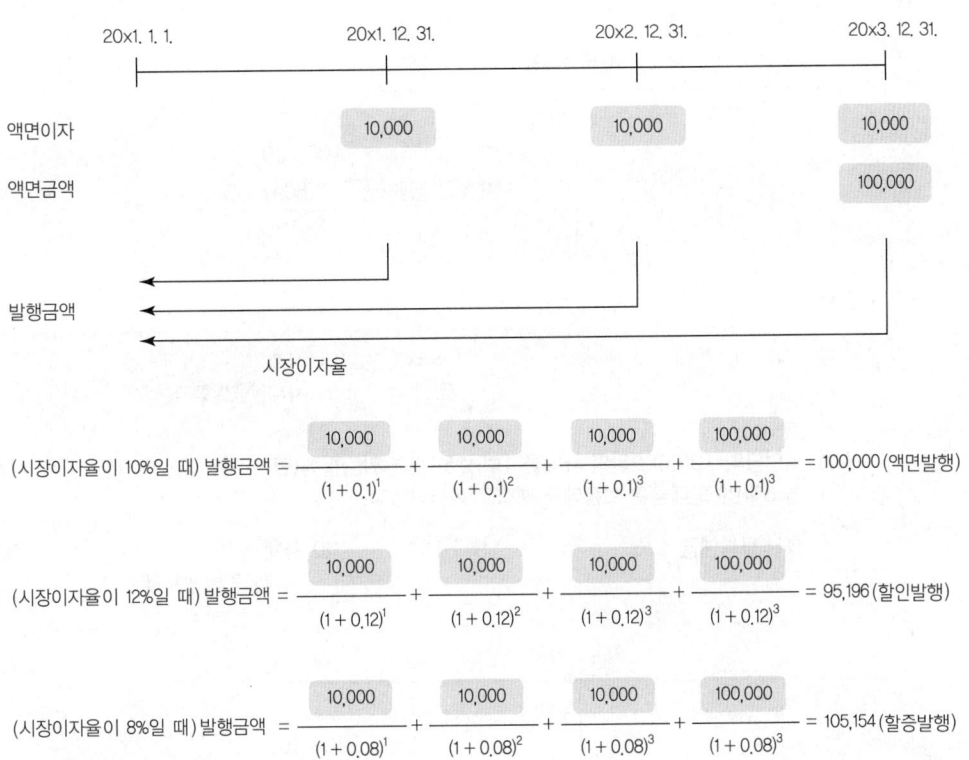

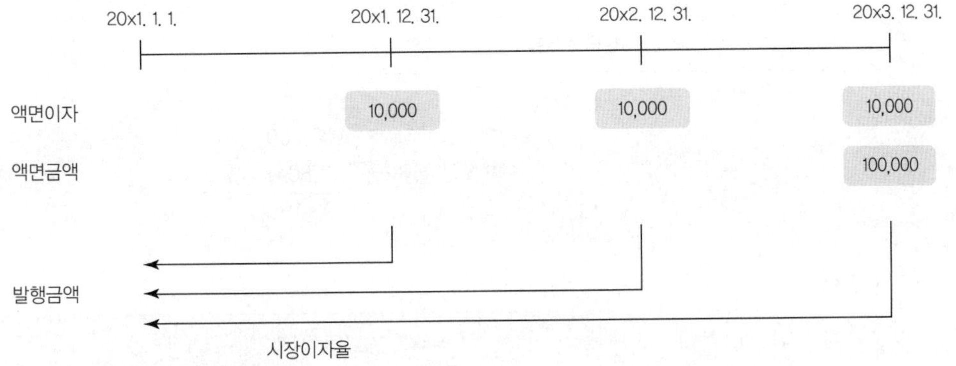

$$(\text{시장이자율이 10\%일 때}) \text{ 발행금액} = \frac{10,000}{(1+0.1)^1} + \frac{10,000}{(1+0.1)^2} + \frac{10,000}{(1+0.1)^3} + \frac{100,000}{(1+0.1)^3} = 100,000 \text{ (액면발행)}$$

$$(\text{시장이자율이 12\%일 때}) \text{ 발행금액} = \frac{10,000}{(1+0.12)^1} + \frac{10,000}{(1+0.12)^2} + \frac{10,000}{(1+0.12)^3} + \frac{100,000}{(1+0.12)^3} = 95,196 \text{ (할인발행)}$$

$$(\text{시장이자율이 8\%일 때}) \text{ 발행금액} = \frac{10,000}{(1+0.08)^1} + \frac{10,000}{(1+0.08)^2} + \frac{10,000}{(1+0.08)^3} + \frac{100,000}{(1+0.08)^3} = 105,154 \text{ (할증발행)}$$

(3) 사채의 발행에 대한 회계처리

사채를 발행하면 사채 계정은 만기에 상환하여야 하는 액면금액으로 회계처리한다. 발행금액과 액면금액과의 차액은 사채의 차감 또는 가산 계정에 해당하는 사채할인발행차금 또는 사채할증발행차금 계정으로 회계처리한다.

- 액면발행

(차) [계정명]	xxx	(대) 사채	xxx

[사례] 액면금액 100,000원의 사채를 100,000원에 액면발행(만기 3년, 액면이자율 10%, 시장이자율 10%)하고 대금은 보통예금 계좌로 송금받았다.

(차) 보통예금	100,000	(대) 사채	100,000[1]

1) 재무상태표

	부채
	사채 100,000

• 할인발행

(차) [계정명]	xxx	**(대) 사채**	xxx
사채할인발행차금	xxx		

[사례] 액면금액 100,000원의 사채를 95,196원에 할인발행(만기 3년, 액면이자율 10%, 시장이자율 12%)하고 대금은 보통예금 계좌로 송금받았다.

(차) 보통예금	95,196	(대) 사채	100,000
사채할인발행차금	4,804[2]		

2)

재무상태표

	부채	
	사채	100,000
	사채할인발행차금	(4,804)
		95,196

• 할증발행

(차) [계정명]	xxx	**(대) 사채**	xxx
		사채할증발행차금	xxx

[사례] 액면금액 100,000원의 사채를 105,154원에 할증발행(만기 3년, 액면이자율 10%, 시장이자율 8%)하고 대금은 보통예금 계좌로 송금받았다.

(차) 보통예금	105,154	(대) 사채	100,000
		사채할증발행차금	5,154[3]

3)

재무상태표

	부채	
	사채	100,000
	사채할증발행차금	5,154
		105,154

(4) 사채발행비에 대한 회계처리

사채발행비란 사채발행과 직접 관련된 회사채인쇄비, 사채발행수수료 등의 거래원가를 말한다.

사채발행비는 사채의 발행에 필수적으로 소요되는 지출로서, 사채발행을 통하여 유입되는 발행금액을 감소시키는 결과를 가져온다. 따라서 사채가 액면발행되었거나 할인발행된 경우에는 사채발행비만큼 사채할인발행차금을 가산하는 회계처리를 하고, 사채가 할증발행된 경우에는 사채발행비만큼 사채할증발행차금을 차감하는 회계처리를 한다.

사채발행비가 있는 경우

(차) [계정명]	xxx	(대) 사채	xxx
사채할인발행차금	xxx	사채할증발행차금	xxx

[사례] 액면금액 100,000원의 사채를 100,000원에 액면발행(만기 3년, 액면이자율 10%, 시장이자율 10%)하고, 대금은 발행수수료 2,000원을 제외한 잔액을 보통예금 계좌로 송금받았다.

(차) 보통예금	98,000[1)]	(대) 사채	100,000
사채할인발행차금	2,000		

[사례] 액면금액 100,000원의 사채를 95,196원에 할인발행(만기 3년, 액면이자율 10%, 시장이자율 12%)하고, 대금은 발행수수료 2,000원을 제외한 잔액을 보통예금 계좌로 송금받았다.

(차) 보통예금	93,196[2)]	(대) 사채	100,000
사채할인발행차금	6,804		

[사례] 액면금액 100,000원의 사채를 105,154원에 할증발행(만기 3년, 액면이자율 10%, 시장이자율 8%)하고, 대금은 발행수수료 2,000원을 제외한 잔액을 보통예금 계좌로 송금받았다.

(차) 보통예금	103,154[3)]	(대) 사채	100,000
		사채할증발행차금	3,154

1) 100,000 - 2,000 = 98,000원
2) 95,196 - 2,000 = 93,196원
3) 105,154 - 2,000 = 103,154원

(5) 유효이자율법

사채를 할인발행 또는 할증발행 하였더라도 만기에는 원금인 액면금액으로 상환하여야 하기 때문에, 사채할인발행차금 또는 사채할증발행차금을 만기일이 될 때까지 일정한 방법으로 상각하여야 하는데, 이때 사용하는 상각방법을 유효이자율법이라고 한다.

[사례]

- 발행일 : 20x1. 1. 1.
- 만기 : 20x3. 12. 31.
- 액면금액 : 100,000원
- 액면이자 : 매년 10,000원 (액면이자율 : 연 10%)
- 이자지급시기 : 매년 12월 31일
- 사채발행비 : 없음
- 사채발행금액 유입, 이자지급, 원금상환 모두 현금이라고 가정
- 사채발행금액
  [Case 1 (할인발행)] 95,196원 (유효이자율 : 연 12%)
  [Case 2 (할증발행)] 105,154원 (유효이자율 : 연 8%)

① 할인발행의 상각

- 상각표

기 간	유효이자(12%) (장부금액 × 유효이자율)	액면이자(10%) (액면금액 × 액면이자율)	상각액[1] (유효이자 - 액면이자)	장부금액 (액면금액 - 할인차금)
20x1. 1. 1.	-	-	-	95,196
20x1. 12. 31.	11,424	10,000	1,424	96,620
20x2. 12. 31.	11,594	10,000	1,594	98,214
20x3. 12. 31.	11,786	10,000	1,786	100,000
합 계	34,804	30,000	4,804	-

[1] 상각액은 매년 1.12(= 1 + 유효이자율 = 1 + 0.12)라는 일정한 비율로 증가한다.

- 회계처리

20x1. 1. 1.	(차) 현금 95,196 (대) 사채 100,000 사채할인발행차금 4,804
20x1. 12. 31.	(차) 이자비용 11,424 (대) 현금 10,000 사채할인발행차금 1,424
20x2. 12. 31.	(차) 이자비용 11,594 (대) 현금 10,000 사채할인발행차금 1,594
20x3. 12. 31.	(차) 이자비용 11,786 (대) 현금 10,000 사채할인발행차금 1,786 (차) 사채 100,000 (대) 현금 100,000

② 할증발행의 상각

· 상각표

기 간	유효이자(8%) (장부금액×유효이자율)	액면이자(10%) (액면금액×액면이자율)	상각액[1] (유효이자 - 액면이자)	장부금액 (액면금액 + 할증차금)
20x1. 1. 1.	-	-	-	105,154
20x1. 12. 31.	8,412	10,000	(-)1,588	103,566
20x2. 12. 31.	8,285	10,000	(-)1,715	101,851
20x3. 12. 31.	8,149	10,000	(-)1,851	100,000
합 계	24,846	30,000	(-)5,154	-

[1] 상각액의 절댓값 크기는 매년 1.08(= 1 + 유효이자율 = 1 + 0.08)이라는 일정한 비율로 증가한다.

· 회계처리

20x1. 1. 1.	(차) 현금 105,154 (대) 사채 100,000 사채할증발행차금 5,154
20x1. 12. 31.	(차) 이자비용 8,412 (대) 현금 10,000 사채할증발행차금 1,588
20x2. 12. 31.	(차) 이자비용 8,285 (대) 현금 10,000 사채할증발행차금 1,715
20x3. 12. 31.	(차) 이자비용 8,149 (대) 현금 10,000 사채할증발행차금 1,851 (차) 사채 100,000 (대) 현금 100,000

③ 유효이자율법에 따른 금액 변동 요약

· 유효이자율법의 특성상 매기 상각액의 절댓값 크기는 점점 커진다.

· 이자비용은 할인발행의 경우 '액면이자 + 상각액', 할증발행의 경우 '액면이자 - 상각액'이다.

· 사채의 장부금액, 상각액, 이자비용의 변동

구 분	사채의 장부금액	액면이자	상각액의 증감률	이자비용	비 고
액면발행	일 정	일 정	-	일 정	-
할인발행	증 가	일 정	증 가	증 가	이자비용 = 액면이자(일정) + 상각액(점점 커짐)
할증발행	감 소	일 정	증 가	감 소	이자비용 = 액면이자(일정) - 상각액(점점 커짐)

기출포인트

상기 사례의 [Case 1(할인발행)]에서 20x2. 12. 31. 현재 사채의 장부금액을 신속하게 계산하는 방법은 다음과 같다.

(방법1) 상각액이 매년 '1 + 유효이자율' 비율로 증가한다는 점을 이용

· 1차연도(20x1년) 상각액 = (발행금액 × 유효이자) - 액면이자
= 95,196 × 0.12 - 10,000 = 1,424원

· 2차연도(20x2년) 상각액 = 1차연도의 상각액 × (1 + 유효이자율)
= 1,424 × 1.12 = 1,594원

· 2차연도 말(20x2. 12. 31.) 장부금액 = 할인발행금액 + 1차연도 상각액 + 2차연도 상각액
= 95,196 + 1,424 + 1,594 = 98,214원

(방법2) 상각표에서 '전기말 장부금액 + (전기말 장부금액 × 유효이자율) - 액면이자 = 당기말 장부금액' 관계가 성립한다는 점을 이용

· 1차 연도 말(20×1. 12. 31.) 장부금액 = 전기말 장부금액 × (1 + 유효이자율) - 액면이자
= 95,196 × 1.12 - 10,000 = 96,620원 [1)]

· 2차 연도 말(20×2. 12. 31.) 장부금액 = → 96,620 × 1.12 - 10,000 = 98,214원

1) 연속해서 계산 가능

(방법3) '장부금액 = 잔여 미래 현금흐름을 유효이자율을 사용하여 현재가치로 할인한 금액' 관계가 성립한다는 점을 이용

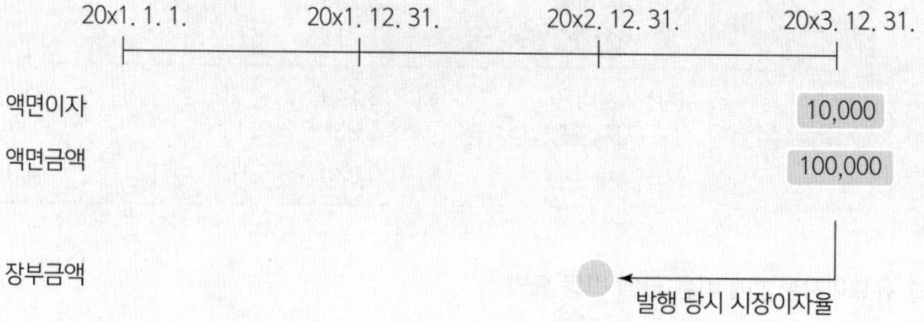

(유효이자율 12%일 때) 20×2. 12. 31. 장부금액 = $\frac{10,000}{(1 + 0.12)^1} + \frac{100,000}{(1 + 0.12)^1} = 98,214$

| 용어 알아두기 |

유효이자율 : 사채의 발행금액과 미래 현금흐름의 현재가치를 일치시켜주는 이자율을 말하며, 이를 실질이자율이라고도 한다. 사채발행비가 없다면 유효이자율은 발행 당시 시장이자율과 일치한다.

(6) 사채의 조기상환

사채를 발행한 회사가 자금에 여력이 생겨서 사채의 만기일이 되기 전에 사채를 상환하는 경우가 있는데, 이를 조기상환이라고 한다.

사채를 만기에 상환하는 경우에는 상환금액과 장부금액이 모두 액면금액과 동일하므로 상환손익이 발생하지 않는 반면, 사채를 조기에 상환하는 경우에는 상환금액[1]과 장부금액[2]이 서로 다르므로 차액만큼 상환손익이 발생한다.

[1] 상환금액 = 상환일 현재 사채의 공정가치
= 잔여 미래 현금흐름을 상환 시점의 시장이자율을 사용하여 현재가치로 할인한 금액

[2] 장부금액 = 액면금액 ± 상환일 현재 사채할인·할증발행차금
= 잔여 미래 현금흐름을 발행 당시의 시장이자율을 사용하여 현재가치로 할인한 금액

상환금액이 상환 전 장부금액보다 크다면 사채상환손실 계정(비용)을, 상환금액이 상환 전 장부금액보다 작다면 사채상환이익 계정(수익)을 인식한다.

상환금액 > 상환 전 장부금액 : 사채상환손실

(차) 사채	xxx	(대) [계정명]	xxx
사채할증발행차금	xxx	사채할인발행차금	xxx
사채상환손실	xxx		

[사례] 장기자금조달목적으로 20x1년초에 할인발행했던 사채(발행금액 95,196원, 액면금액 100,000원, 만기 20x3. 12. 31., 액면이자율 연 10%, 이자지급시기 매년 12월 31일)를 20x3년 1월 1일에 99,000원에 조기상환하고 대금은 현금으로 지급하였다. 상환시점 현재 사채의 액면금액은 100,000원, 사채할인발행차금은 1,786원이었다.

20x3. 1. 1.	(차) 사채	100,000	(대) 사채할인발행차금	1,786
	사채상환손실	786[1]	현금	99,000

[1] 상환금액 - 상환 전 장부금액 = 99,000 - (100,000 - 1,786) = 786원(부채를 비싸게 상환하였으므로 상환손실)

상환금액 < 상환 전 장부금액 : 사채상환이익

(차) 사채	xxx	(대) [계정명]	xxx
사채할증발행차금	xxx	사채할인발행차금	xxx
		사채상환이익	xxx

[사례] 장기자금조달목적으로 20x1년초에 할인발행했던 사채(발행금액 95,196원, 액면금액 100,000원, 만기 20x3. 12. 31., 액면이자율 연 10%, 이자지급시기 매년 12월 31일)를 20x3년 1월 1일에 98,000원에 조기상환하고 대금은 현금으로 지급하였다. 상환시점 현재 사채의 액면금액은 100,000원, 사채할인발행차금은 1,786원이었다.

20x3. 1. 1.	(차) 사채	100,000	(대) 사채할인발행차금	1,786
			현금	98,000
			사채상환이익	214[1]

[1] 상환금액 - 상환 전 장부금액 = 98,000 - (100,000 - 1,786) = (-)214원(부채를 싸게 상환하였으므로 상환이익)

기출확인문제

사채에 관한 다음 설명 중 틀린 것은? (제32회) ① 사채할인발행차금은 사채의 액면금액에서 차감하는 형식으로 표시한다. ② '액면이자율 > 시장이자율'인 경우에는 할인발행된다. ③ 유효이자율법을 적용하여 분개할 때 사채할인발행차금 상각액은 매년 증가한다. ④ 유효이자율법을 적용하여 분개할 때 사채할증발행차금 상각액은 매년 증가한다.	정답 ② 해설 '액면이자율 > 시장이자율'인 경우에는 할증발행된다.

04 충당부채

최근 71회 시험 중 **10**회 기출

(1) 충당부채

① 충당부채의 정의

충당부채란 지출시기나 금액이 불확실하지만 부채로 인식할 만한 성격을 지닌 것을 말한다.

② 충당부채의 인식요건

충당부채는 다음의 요건을 모두 충족하는 경우에 인식한다.

- 과거사건이나 거래의 결과로 현재 의무가 존재한다.
- 당해 의무를 이행하기 위하여 자원이 유출될 가능성이 매우 높다.
- 그 의무의 이행에 소요되는 금액을 신뢰성 있게 추정할 수 있다.

③ 충당부채의 측정

충당부채로 인식하는 금액은 현재의무의 이행에 소요되는 지출에 대한 보고기간 말 현재 최선의 추정치이어야 한다.

충당부채의 금액에 대한 최선의 추정치는 관련된 사건과 상황에 대한 불확실성이 고려되어야 한다.

충당부채의 명목금액과 현재가치의 차이가 중요한 경우에는 의무를 이행하기 위하여 예상되는 지출액의 현재가치로 평가한다.

충당부채는 보고기간 말마다 그 잔액을 검토하고, 보고기간 말 현재 최선의 추정치를 반영하여 증감 조정한다.

④ 충당부채의 사용

충당부채는 최초의 인식시점에서 의도한 목적과 용도에만 사용하여야 한다. 다른 목적으로 충당부채를 사용하면 상이한 목적을 가진 두 가지 지출의 영향이 적절하게 표시되지 못하기 때문이다.

⑤ 충당부채의 예

충당부채에 해당하는 대표적인 계정은 다음과 같다.

- 퇴직급여충당부채 : 직원이 퇴직할 때 지급해야 할 퇴직급여를 충당하기 위하여 미리 부채로 설정해 놓은 것
- 제품보증충당부채 : 상품이나 제품을 판매한 후 품질보증기간 동안 발생할 것으로 예상되는 비용을 미리 부채로 설정해 놓은 것

참고 충당금 vs 충당부채

충당금	·권리의 감소 ·해당 계정(예 대손충당금)을 자산의 차감계정으로 분류
충당부채	·의무의 증가 ·해당 계정(예 퇴직급여충당부채)을 부채로 분류

기출포인트

대손충당금, 상품평가충당금, 감가상각누계액, 사채할인발행차금, 사채할증발행차금은 충당부채가 아니라, 자산 및 부채 계정과목에 가산 또는 차감하는 형식으로 표시하는 평가계정에 해당한다.

(2) 우발부채

① 우발자산과 우발부채의 정의

우발자산이란 자산의 인식요건은 충족하지 않으나 자원의 유입가능성이 있는 잠재적인 자산을 말한다.

우발부채란 부채의 인식요건은 충족하지 않으나 자원의 유출가능성이 있는 잠재적인 부채를 말한다.

② 우발자산과 우발부채의 처리

우발자산은 자산으로 인식하지 아니하고, 자원의 유입가능성이 매우 높은 경우에만 주석에 기재한다.

우발부채는 부채로 인식하지 아니하나, 자원의 유출가능성이 아주 낮지 않는 한 주석에 기재한다. (보수주의)

(3) 충당부채와 우발부채의 비교

자원의 유출가능성	금액의 추정가능성	
	신뢰성 있게 추정 가능	신뢰성 있게 추정 불가능
가능성이 매우 높음	충당부채로 부채 인식	우발부채로 주석 공시
가능성이 어느 정도 있음	우발부채로 주석 공시	우발부채로 주석 공시
가능성이 거의 없음	공시하지 않음	공시하지 않음

05 퇴직급여충당부채

(1) 퇴직급여충당부채의 회계처리

일반기업회계기준에 따르면, 회사는 결산일 현재 전 종업원이 일시에 퇴사한다고 가정했을 때 관련 법규 및 회사 규정에 따라 지급하여야 할 퇴직금 상당액(퇴직금추계액)을 계산하고, 이 금액이 기말 재무상태표상 퇴직급여충당부채 잔액이 되도록 퇴직급여충당부채를 설정한다.

기말 결산 시 퇴직금추계액이 기 설정 퇴직급여충당부채보다 큰 경우에는 부족한 금액만큼 퇴직급여충당부채를 추가로 설정(전입)하여야 하는데, 이때는 대변을 퇴직급여충당부채 계정으로(부채의 증가), 차변을 퇴직급여 계정으로(비용의 증가) 회계처리한다.

기말 결산 시 퇴직금추계액이 기 설정 퇴직급여충당부채보다 작은 경우에는 과다한 금액만큼 퇴직급여충당부채를 환입하여야 하는데, 이때는 차변을 퇴직급여충당부채 계정으로(부채의 감소), 대변을 퇴직급여 계정으로(비용의 감소) 회계처리한다.

실제로 종업원이 퇴사하여 퇴직금을 지급할 때에는, 지급하는 현금 계정과목 등을 대변으로 회계처리한다. 차변에는 설정되어 있던 퇴직급여충당부채 계정을 우선 상계 처리하고 퇴직급여충당부채 잔액이 부족한 부분에 대하여만 비용(퇴직급여 계정)으로 인식한다.

퇴직급여충당부채 전입액 = 기말 퇴직금추계액 - 기 설정 퇴직급여충당부채

퇴직급여충당부채 전입 : 퇴직금추계액 > 기 설정 퇴직급여충당부채

(차) 퇴직급여	xxx	(대) 퇴직급여충당부채	xxx

퇴직급여충당부채 환입 : 퇴직금추계액 < 기 설정 퇴직급여충당부채

(차) 퇴직급여충당부채	xxx	(대) 퇴직급여	xxx

퇴직금 지급

(차) 퇴직급여충당부채	xxx	(대) [계정명]	xxx
퇴직급여	xxx		

[사례] 전기말 전입 : 20x1년 12월 31일 기말 현재 전 종업원이 일시에 퇴사할 경우 지급해야 할 퇴직금은 1,000,000원으로 예상되었다. 설정 전 장부상 퇴직급여충당부채 잔액은 없었다.

20x1. 12. 31.	(차) 퇴직급여	1,000,000	(대) 퇴직급여충당부채	1,000,000

당기중 지급 : 20x2년 9월 15일 종업원 1명이 퇴사함에 따라 퇴직금 200,000원을 현금으로 지급하였다.

20x2. 9. 15.	(차) 퇴직급여충당부채	200,000	(대) 현금	200,000

당기말 전입 : 20x2년 12월 31일 기말 현재 전 종업원이 일시에 퇴사할 경우 지급해야 할 퇴직금은 1,300,000원으로 예상되었다.

20x2. 12. 31.	(차) 퇴직급여	500,000	(대) 퇴직급여충당부채	500,000[1]

[1] 1,300,000 - (1,000,000 - 200,000) = 500,000원

(2) 퇴직연금제도

퇴직연금이란 종업원의 퇴직금 지급 재원을 안전하게 보장하기 위하여 회사가 외부의 금융기관에 일정 금액을 적립하고 퇴직급여 지급을 위탁하는 제도를 말한다. 퇴직연금은 그 성격에 따라 확정급여형과 확정기여형으로 나누어진다.

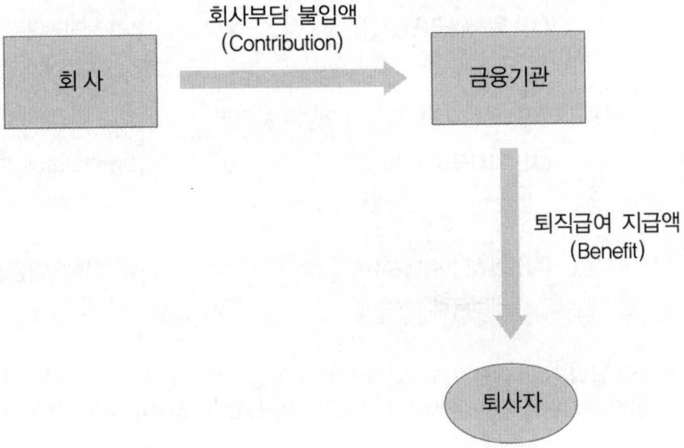

① **확정급여형**(Defined Benefit : DB형) **퇴직연금**

확정급여형 퇴직연금이란 종업원이 퇴직할 때 지급해야 하는 퇴직급여(Benefit) 금액의 확보에 대하여 회사에 책임이 있는 계약방식을 말하며, 다음과 같은 특징이 있다.

- 기업의 의무는 지급규정에 따라 정해진 퇴직급여를 종업원에게 지급하는 것이다.
- 퇴직연금 적립금은 퇴직급여 지급 전까지 회사의 소유이므로, 퇴직연금 적립금의 운용에 관한 위험(책임)과 효익(권한)은 회사에 귀속된다.

확정급여형 퇴직연금에서는 회사가 연금을 불입하더라도 회사의 퇴직금 지급의무가 소멸되지 않으므로, 회사는 퇴직금추계액을 퇴직급여충당부채 계정(부채)으로, 연금적립금을 퇴직연금운용자산 계정(자산)으로 회계처리하면서 장부에서 계속 관리해 간다.

퇴직연금운용자산 금액이 있으면 동 금액만큼 회사의 퇴직금 지급의무가 감소하므로, 재무상태표를 작성할 때에는 퇴직연금운용자산 계정(자산)을 퇴직급여충당부채 계정에서 차감(부채의 차감)하는 형식으로 표시한다.

회사부담 불입액 납입 시

(차) 퇴직연금운용자산	xxx	(대) [계정명]	xxx
수수료비용	xxx		

퇴직연금 적립액의 운용수익 발생

(차) 퇴직연금운용자산	xxx	(대) 퇴직연금운용수익 또는 이자수익	xxx

기말 결산 시 퇴직급여충당부채 전입

(차) 퇴직급여	xxx	(대) 퇴직급여충당부채	xxx

퇴직금 지급

(차) 퇴직급여충당부채	xxx	(대) 퇴직연금운용자산	xxx
퇴직급여	xxx	[계정명]	xxx

[사례] 불입액 납입 : 20x1년 7월 1일 회사는 확정급여형(DB형) 퇴직연금에 가입하고 회사부담 불입액 800,000원을 신한은행에 현금으로 납부하였다. 운용수수료 10,000원은 별도로 현금 지급하였다.

20x1. 7. 1.	(차) 퇴직연금운용자산	800,000	(대) 현금	810,000
	수수료비용	10,000		

운용수익 발생 : 20x1년 9월 30일 신한은행으로부터 확정급여형 퇴직연금의 운용수익 20,000원이 발생하였음을 통보받았다.

20x1. 9. 30.	(차) 퇴직연금운용자산	20,000	(대) 퇴직연금운용수익 또는 이자수익	20,000

퇴직급여충당부채 전입 : 20x1년 12월 31일 기말 현재 전 종업원이 일시에 퇴사할 경우 지급해야 할 퇴직금은 1,000,000원으로 예상되었다. 설정 전 장부상 퇴직급여충당부채 잔액은 없었다.

20x1. 12. 31.	(차) 퇴직급여	1,000,000	(대) 퇴직급여충당부채	1,000,000[1]

퇴직금 지급 : 20x2년 8월 31일 종업원 2명이 퇴사하였고 회사 규정에 따른 퇴직금이 900,000원인데, 이 중 820,000원은 신한은행에 불입했던 확정급여형 퇴직연금 적립액으로 지급하였고, 나머지는 회사가 현금으로 지급하였다.

20x2. 8. 31.	(차) 퇴직급여충당부채	900,000	(대) 퇴직연금운용자산	820,000
			현금	80,000

[1] 20x1. 12. 31. 현재 재무상태표

재무상태표

	부채	
	퇴직급여충당부채	1,000,000
	퇴직연금운용자산	(820,000)
		180,000

② **확정기여형**(Defined Contribution : DC형) **퇴직연금**

확정기여형 퇴직연금이란 금융기관에 납입하는 회사부담 불입액(Contribution) 금액의 확보에 대하여 회사에 책임이 있는 계약방식을 말하며, 다음과 같은 특징이 있다.

- 기업의 의무는 약정에 따라 정해진 회사부담 불입액을 금융기관에 납입하는 것이다.
- 퇴직연금 적립금은 종업원의 소유이므로, 퇴직연금 적립금의 운용에 관한 위험(책임)과 효익(권한)은 종업원 개인에게 귀속된다.

확정기여형 퇴직연금에서는 회사가 연금을 불입하면 회사의 퇴직금 지급의무가 소멸되므로, 회사는 납입 시점에 불입한 금액만 퇴직급여 계정(비용)으로 인식하면 되고, 퇴직급여충당부채 계정이나 퇴직연금운용자산 계정에 대하여는 회계처리하지 않는다.

회사부담 불입액 납입 시

(차) 퇴직급여	xxx	(대) [계정명]	xxx

[사례] 불입액 납입 : 20x1년 7월 1일 회사는 확정기여형(DC형) 퇴직연금에 가입하고 회사부담 불입액 800,000원을 신한은행에 현금으로 납부하였다.

20x1. 7. 1.	(차) 퇴직급여	800,000	(대) 현금	800,000

기출포인트

확정기여형 퇴직연금에 가입하고 회사부담 불입액을 납입한 경우에는 적립금의 운용, 종업원의 퇴직금 수취, 퇴직급여충당부채의 전입에 관하여 회사는 더 이상 회계처리할 필요가 없다.

기출분개연습

* 기출문제 날짜는 학습효과를 높이기 위해 일부 수정하였으며, ㈜연습산업(코드번호 : 0301) 데이터를 사용하여 연습할 수 있습니다.

01 9월 1일 당사는 ㈜우주상사에 제품을 공급하기로 계약을 맺고, 계약금 11,000,000원을 보통예금 계좌로 이체받았다. [제41회]

02 9월 30일 9월분 직원급여가 아래와 같을 경우 이에 대한 회계처리를 하시오. 당사의 급여 지급일은 매월 말일이며, 보통예금에서 지급하였다. [제96회]

[9월 급여대장]

(단위 : 원)

부서	성명	지급내용		공제내용						차감 수령액
		기본급	직책수당	소득세	지방소득세	고용보험	국민연금	건강보험	공제계	
영업	박상민	2,400,000	100,000	41,630	4,160	16,800	94,500	77,200	234,290	2,265,710
영업	차희찬	2,300,000	-	29,160	2,910	16,000	90,000	73,530	211,600	2,088,400
합계		4,700,000	100,000	70,790	7,070	32,800	184,500	150,730	445,890	4,354,110

03 9월 10일 본사 영업부의 4대보험 및 근로소득세 납부내역은 다음 표와 같다. 회사는 보통예금으로 동 금액을 납부하였다. 국민연금은 세금과공과 계정을 사용하고, 건강보험과 장기요양보험은 복리후생비 계정, 고용보험과 산재보험은 보험료 계정을 사용한다. [제62회]

구분	근로소득세	지방소득세	국민연금	건강보험	장기요양보험	고용보험	산재보험
회사 부담분	-	-	50,000원	30,000원	2,000원	850원	1,200원
본인 부담분	100,000원	10,000원	50,000원	30,000원	2,000원	550원	-
계	100,000원	10,000원	100,000원	60,000원	4,000원	1,400원	1,200원

04 9월 4일 영업사원 직무교육에 대한 강사료 3,500,000원을 지급하고 원천징수 하였다. 강사료는 원천징수세액(지방소득세 포함) 115,500원을 차감하고 보통예금 계좌에서 이체하였다. [제88회]

05 9월 5일 하나은행으로부터 5년 후 상환조건으로 100,000,000원을 차입하고, 보통예금 계좌로 입금받았다. [제102회]

06 9월 6일 기업은행에서 차입한 단기차입금 100,000,000원의 만기상환일이 도래하여 원금을 상환하고, 동시에 차입금의 이자 300,000원도 함께 보통예금 계좌에서 이체하여 지급하였다. [제103회]

정답 및 해설

01	9월 1일	(차) 보통예금	11,000,000	(대) 선수금((주)우주상사)	11,000,000
02	9월 30일	(차) 급여(판관비)	4,800,000	(대) 예수금	445,890
				보통예금	4,354,110
03	9월 10일	(차) 예수금	192,550	(대) 보통예금	276,600
		세금과공과(판관비)	50,000		
		복리후생비(판관비)	32,000		
		보험료(판관비)	2,050		
04	9월 4일	(차) 교육훈련비(판관비)	3,500,000	(대) 예수금	115,500
				보통예금	3,384,500
05	9월 5일	(차) 보통예금	100,000,000	(대) 장기차입금(하나은행)	100,000,000
06	9월 6일	(차) 단기차입금(기업은행)	100,000,000	(대) 보통예금	100,300,000
		이자비용	300,000		

07 20x3년 기말 현재 한솔은행에 대한 장기차입금 내역은 다음과 같다. 아래 자료를 근거로 결산 시 회계처리를 하시오. [16년 8월 특별회차]

구 분	금액(원)	상환예정시기	차입일	상환방법
장기차입금	100,000,000	20x4. 8. 31.	20x1. 8. 31.	만기 일시상환
장기차입금	150,000,000	20x5. 8. 31.	20x3. 8. 31.	만기 일시상환
합 계	250,000,000			

08 당기 법인세(지방소득세 포함)는 3,300,000원으로 확정되었다. 기말수정분개를 하시오. (법인세 중간예납액 1,000,000원과 이자수익에 대한 원천징수세액 1,000,000원이 선납세금으로 계상되어 있다) [제75회]

09 9월 9일 당사는 자금조달을 위하여 액면금액 1,000,000원의 사채를 960,000원에 할인발행하였다. 사채발행대금은 보통예금 계좌로 입금되었고, 사채발행비 20,000원은 현금으로 지급하였다. [제100회]

10 다음 제시된 자료를 토대로 당초 할인발행한 사채의 이자비용에 대한 기말 회계처리를 하시오. [제72회]

구 분	금 액	비 고
(올해 귀속) 사채 액면이자	10,000,000원	보통예금으로 이체함(지급일 : 12월 31일)
(올해 귀속) 사채할인발행차금 상각액	1,423,760원	-

11 9월 11일 회사는 영업부서 직원들에 대해 확정급여형 퇴직연금(DB)에 가입하고 있으며, 9월 불입액인 3,000,000원을 보통예금에서 지급하였다. [제92회]

12 9월 12일 당사는 확정급여형(DB) 퇴직연금을 가입하고 있으며, 가입한 퇴직연금에 대한 이자 200,000원이 퇴직연금 계좌로 입금되었다. [제79회]

13 9월 13일 영업부 사원에 대해 확정기여형(DC형) 퇴직연금상품을 가입하고, 3,000,000원을 보통예금 계좌에서 이체하였다. [제72회]

정답 및 해설

07	12월 31일	(차) 장기차입금(한솔은행)	100,000,000	(대) 유동성장기부채(한솔은행)	100,000,000
08	12월 31일	(차) 법인세등	3,300,000	(대) 선납세금	2,000,000
				미지급세금	1,300,000
09	9월 9일	(차) 보통예금	960,000	(대) 사채	1,000,000
		사채할인발행차금	60,000	현금	20,000
10	12월 31일	(차) 이자비용	11,423,760	(대) 보통예금	10,000,000
				사채할인발행차금	1,423,760
11	9월 11일	(차) 퇴직연금운용자산	3,000,000	(대) 보통예금	3,000,000
12	9월 12일	(차) 퇴직연금운용자산	200,000	(대) 이자수익	200,000
13	9월 13일	(차) 퇴직급여(판관비)	3,000,000	(대) 보통예금	3,000,000

핵심기출문제

* 본서에 수록된 기출문제의 날짜는 학습효과를 높이기 위하여 일부 수정함

01 다음 중 부채의 유동성에 따른 분류가 다른 것은? [제83회]

① 선수금
② 퇴직급여충당부채
③ 사채
④ 장기차입금

02 다음 사례의 회계처리를 할 경우 대변의 빈칸에 적절한 계정과목은? [제94회]

관리부문 직원의 6월 급여 2,500,000원을 지급하면서 원천세 등 공제항목 250,000원을 제외한 나머지 금액 2,250,000원을 보통예금으로 지급하였다.

(차변) 급여	2,500,000원	(대변) (　　　)	250,000원
		보통예금	2,250,000원

① 예수금　② 가수금　③ 선수금　④ 미지급금

03 다음의 사채를 20x1년 1월 1일 발행하였다. 사채발행비는 없고 이자는 매년 말에 현금으로 지급한다고 가정할 경우 사채와 관련한 다음 설명 중 잘못된 것은? [제90회]

액면금액	액면이자율	시장이자율	만 기	발행금액
100,000원	8%	10%	3년	95,026원

① 20x1년 결산일 현재 사채 장부금액은 사채 액면금액보다 작다.
② 20x1년 현금으로 지급된 이자는 8,000원이다.
③ 20x3년 말 이자비용 인식 후 사채할인발행차금 잔액은 0원이다.
④ 사채할인발행차금 상각액은 매년 감소한다.

04 사채가 할인발행되고 유효이자율법이 적용되는 경우, 다음 설명 중 틀린 것은? [제48회]

① 사채의 액면이자율이 시장이자율보다 낮다.
② 매기간 인식하는 이자비용은 기간이 지날수록 금액이 작아진다.
③ 사채의 장부금액은 기간이 지날수록 금액이 커진다.
④ 사채발행시점에 발생한 사채발행비는 즉시 비용으로 처리하지 않고, 사채의 만기 동안의 기간에 걸쳐 유효이자율법을 적용하여 비용화한다.

정답 및 해설

01 ① 선수금(유동부채), 퇴직급여충당부채(비유동부채), 사채(비유동부채), 장기차입금(비유동부채)

02 ① 기업이 급여 등을 지급할 때 관련 법규에 따라 소득귀속자의 세금 등을 원천징수하는 경우, 원천징수 금액을 예수금 계정으로 회계처리한다.

03 ④ 사채할인발행차금 상각액은 매년 증가한다.

04 ② 사채가 할인발행되고 유효이자율법이 적용되는 경우, 매기간 인식하는 이자비용은 기간이 지날수록 금액이 커진다.

05 사채와 관련된 다음 설명 중 옳지 않은 것은? [제86회]

① 사채할인발행차금에 대한 상각액은 매년 증가한다.
② 사채할증발행차금에 대한 상각액은 매년 증가한다.
③ 사채가 할인발행되면 매년 인식하는 이자비용은 증가한다
④ 사채가 할증발행되면 매년 인식하는 이자비용은 증가한다.

06 다음 중 충당부채로 인식할 수 있는 요건이 아닌 것은? [제72회]

① 과거사건이나 거래의 결과로 현재 의무가 존재한다.
② 당해 의무를 이행하기 위하여 자원이 유출될 가능성이 매우 높다.
③ 지출의 시기 및 금액을 확실히 추정할 수 있다.
④ 당해 의무의 이행에 소요되는 금액을 신뢰성 있게 추정할 수 있다.

07 다음은 충당부채에 관한 설명이다. 잘못된 것은? [제65회]

① 충당부채로 인식하는 금액은 현재의무의 이행에 소요되는 지출에 대한 보고기간 말 현재 최선의 추정치이어야 한다.
② 충당부채의 명목금액과 현재가치의 차이가 중요한 경우에는 의무를 이행하기 위하여 예상되는 지출액의 현재가치로 평가한다.
③ 충당부채는 보고기간 말마다 그 잔액을 검토하고, 보고기간 말 현재 최선의 추정치를 반영하여 증감 조정한다.
④ 충당부채는 최초의 인식시점에서 의도한 목적과 용도 외에도 사용할 수 있다.

08 다음 중 충당부채, 우발부채 및 우발자산에 대한 설명으로 틀린 것은? [제92회]

① 우발부채는 부채로 인식하지 않으나 우발자산은 자산으로 인식한다.
② 우발부채는 자원의 유출가능성이 아주 낮지 않은 한, 주석에 기재한다.
③ 충당부채는 자원의 유출가능성이 매우 높으며 부채로 인식한다.
④ 충당부채는 그 의무 이행에 소요되는 금액을 신뢰성 있게 추정할 수 있다.

정답 및 해설

05 ④ · 유효이자율법의 특성상 매기 상각액의 절댓값 크기는 매년 커진다.
· 할인발행 이자비용 = 액면이자(일정) + 상각액(매년 절댓값 커짐) = 매년 증가
· 할증발행 이자비용 = 액면이자(일정) − 상각액(매년 절댓값 커짐) = 매년 감소

06 ③ 충당부채란 지출의 시기나 금액이 불확실하지만 부채로 인식할 만한 성격을 지닌 것을 말한다.

07 ④ 충당부채는 최초의 인식시점에서 의도한 목적과 용도에만 사용하여야 한다. 다른 목적으로 충당부채를 사용하면 상이한 목적을 가진 두 가지 지출의 영향이 적절하게 표시되지 못하기 때문이다.

08 ① · 우발부채는 부채로 인식하지 않는다. 자원의 유출가능성이 아주 낮은 경우를 제외하고는 우발부채를 주석에 기재한다.
· 우발자산은 자산으로 인식하지 않는다. 자원의 유입가능성이 아주 높은 경우에만 우발자산을 주석에 기재한다.

제6절 자본

01 자본의 구성

자본이란 자산총액에서 부채총액을 차감한 잔액을 말하며, 이를 순자산, 자기자본, 잔여지분이라고도 한다.

재무상태표를 작성할 때, 법인기업은 자본을 자본금, 자본잉여금, 자본조정, 기타포괄손익누계액, 이익잉여금으로 구분하여 표시한다.

02 자본에 해당하는 계정과목

빈출 최근 71회 시험 중 **22**회 기출

(1) 자본금

자본금이란 주주가 납입한 법정자본금을 말한다. 이는 '주당 액면금액[1) × 발행주식수'로 계산한 금액이다.

1) 주당 발행금액 아님

계정과목	내 용
(보통주) 자본금[2)	기업이 발행한 보통주 주식의 액면금액
우선주 자본금	기업이 발행한 우선주 주식의 액면금액 참고 우선주는 배당을 받을 때 우선권이 있으나 주주총회에서 의결권이 없다는 점에서 보통주와 차이가 있음

2) 회사가 단일 종류의 주식만 발행한 경우에는 특별히 보통주라는 명칭을 붙이지 않아도 됨

(2) 자본잉여금

자본잉여금이란 증자나 감자 등 주주와의 자본거래에서 발생하여 자본을 증가시키는 잉여금을 말한다.

계정과목	내 용
주식발행초과금	주식을 발행할 때 발행금액이 액면금액보다 큰 경우 그 차액
감자차익	자본금을 감소시킬 때 감자대가가 액면금액보다 작은 경우 그 차액
자기주식처분이익	자기주식을 처분할 때 처분금액이 처분 전 장부금액보다 큰 경우 그 차액

(3) 자본조정

자본조정이란 당해 항목의 성격상 자본거래에 해당하나 최종 납입된 자본으로 볼 수 없는 것, 또는 자본총액에 대한 가산·차감 성격이 있으나 자본금·자본잉여금으로 분류할 수 없는 것을 말한다.

계정과목	내 용
주식할인발행차금	주식을 발행할 때 발행금액이 액면금액보다 작은 경우 그 차액
감자차손	자본금을 감소시킬 때 감자대가가 액면금액보다 큰 경우 그 차액
자기주식	회사가 이미 발행한 자기 회사의 주식을 다시 매입하여 보유하고 있는 것
자기주식처분손실	자기주식을 처분할 때 처분금액이 처분 전 장부금액보다 작은 경우 그 차액
미교부주식배당금	배당결의일 현재 미교부된 주식배당액

(4) 기타포괄손익누계액

기타포괄손익누계액이란 당기 수익·비용으로 분류할 수 없는 잠재적인 손익항목(기타포괄손익)에 대한 누적액을 말한다.

계정과목	내 용
매도가능증권 평가이익(손실)	매도가능증권을 기말에 공정가치로 평가할 때 기말 공정가치가 평가 전 장부금액보다 큰(작은) 경우 그 차액

(5) 이익잉여금

이익잉여금이란 매기 손익거래에서 벌어들인 이익(손익계산서상 당기순이익) 중 사외유출(배당) 되지 않고 사내에 유보되어 온 금액을 말한다.

계정과목	내 용
이익준비금	상법 규정에 따라 자본금의 1/2에 달할 때까지 금전에 의한 이익배당액의 1/10 이상의 금액을 적립한 금액 참고 법령에 따라 적립이 강제되므로 이를 법정적립금이라고도 함
임의적립금	회사의 정관이나 주주총회의 결의에 따라 임의로 적립한 금액 예 사업확장적립금(사업확장을 위하여 적립), 감채기금적립금(부채 상환을 위하여 적립)
미처분이익잉여금[1]	매기 발생한 손익계산서상 당기순이익 중에서 배당이나 적립금으로 처분되지 않고 남아 있는 금액 참고 당기순손실이 발생하여 금액이 마이너스(-)인 경우 : 미처리결손금[2]

[1] KcLep 프로그램에서는 '미처분이익잉여금' 대신 '이월이익잉여금' 계정과목을 사용한다.

[2] KcLep 프로그램에서는 '미처리결손금' 대신 '이월결손금' 계정과목을 사용한다.

기출확인문제

일반기업회계기준상 자본은 '자본금, 자본잉여금, 자본조정, 기타포괄손익누계액, 이익잉여금(또는 결손금)'으로 분류되는데, 다음 중 나머지 셋과 다르게 분류되는 것은? (제39회)

① 주식발행초과금 ② 자기주식처분이익
③ 이익준비금 ④ 감자차익

정답 ③

해설
주식발행초과금(자본잉여금), 자기주식처분이익(자본잉여금), 이익준비금(이익잉여금), 감자차익(자본잉여금)

03 주식의 발행(유상증자)

최근 71회 시험 중 **5**회 기출

회사는 법인 설립 때 신고했던 발행가능주식수(수권주식수)의 범위 내에서 주식을 발행할 수 있다.

주식을 발행하면 자본금이 증가하므로, 주식의 발행을 증자라고 한다.

일반적으로 주식을 발행하면 발행금액만큼 자산이 증가하거나 부채가 감소하므로 순자산이 증가하는데, 순자산의 증가를 수반하는 주식의 발행을 유상증자라고 한다.

(1) 주식의 발행유형

주식의 발행유형은 발행금액과 액면금액 간의 관계에 따라 액면발행, 할증발행, 할인발행으로 구분할 수 있다.

주식의 발행유형	발행금액과 액면금액 간의 관계	비 고
액면발행	발행금액 = 액면금액	-
할증발행	발행금액 > 액면금액	발행금액과 액면금액의 차액 : 주식발행초과금(자본잉여금)
할인발행	발행금액 < 액면금액	발행금액과 액면금액의 차액 : 주식할인발행차금(자본조정)

① 액면발행

(차) [계정명]	XXX	(대) 자본금	XXX

[사례] 주당 액면금액이 1,000원인 주식 100주를 주당 1,000원으로 발행하고 대금은 보통예금 계좌로 송금받았다.

(차) 보통예금	100,000	(대) 자본금	100,000

② 할증발행

(차) [계정명]	xxx	(대) 자본금	xxx
		주식발행초과금	xxx

[사례] 주당 액면금액이 1,000원인 주식 100주를 주당 1,200원으로 발행하고 대금은 보통예금 계좌로 송금 받았다.

(차) 보통예금	120,000	(대) 자본금	100,000
		주식발행초과금	20,000

③ 할인발행

(차) [계정명]	xxx	(대) 자본금	xxx
주식할인발행차금	xxx		

[사례] 주당 액면금액이 1,000원인 주식 100주를 주당 900원에 발행하고, 대금은 보통예금 계좌로 송금받았다.

(차) 보통예금	90,000	(대) 자본금	100,000
주식할인발행차금	10,000		

(2) 신주발행비

신주발행비란 주식발행과 직접 관련된 법률비용, 주주모집을 위한 광고비, 주권인쇄비, 증권회사수수료 등의 거래원가를 말한다.

신주발행비는 주식의 발행에 필수적으로 소요되는 지출로서, 주식발행을 통하여 유입되는 발행금액을 감소시키는 결과를 가져온다. 따라서 주식이 할증발행된 경우에는 신주발행비만큼 주식발행초과금을 차감하는 회계처리를 하고, 주식이 액면발행되었거나 할인발행된 경우에는 신주발행비만큼 주식할인발행차금을 가산하는 회계처리를 한다.

신주발행비가 있는 경우

(차) [계정명]	xxx	(대) 자본금	xxx
주식할인발행차금	xxx	주식발행초과금	xxx

[사례] 주당 액면금액이 1,000원인 주식 100주를 주당 1,000원에 발행하고 대금은 발행수수료 2,000원을 제외한 잔액을 보통예금 계좌로 송금받았다.

(차) 보통예금	98,000[1]	(대) 자본금	100,000
주식할인발행차금	2,000		

[사례] 주당 액면금액이 1,000원인 주식 100주를 주당 1,200원에 발행하고 대금은 발행수수료 2,000원을 제외한 잔액을 보통예금 계좌로 송금받았다.

(차) 보통예금	118,000[2]	(대) 자본금	100,000
		주식발행초과금	18,000

[사례] 주당 액면금액이 1,000원인 주식 100주를 주당 900원에 발행하고 대금은 발행수수료 2,000원을 제외한 잔액을 보통예금 계좌로 송금받았다.

(차) 보통예금	88,000[3]	(대) 자본금	100,000
주식할인발행차금	12,000		

[1] 100,000 - 2,000 = 98,000원
[2] 120,000 - 2,000 = 118,000원
[3] 90,000 - 2,000 = 88,000원

(3) 현물출자

현물출자란 주식발행 대가를 금전 이외의 현물(유형자산 등)로 납입받는 것을 말한다.

현물출자에 의하여 취득한 유형자산은 그 자산의 공정가치를 취득원가로 하며, 기업이 발행하는 주식은 취득한 현물의 공정가치를 발행금액으로 한다.

(차) 해당 유형자산계정	xxx	(대) 자본금	xxx
		주식발행초과금	xxx

[사례] 주식 10주(주당 액면가액 5,000원)를 발행하고 공정가치 80,000원인 토지를 현물출자 받았다.

(차) 토지	80,000	(대) 자본금	50,000
		주식발행초과금	30,000

(4) 출자전환

출자전환이란 주식발행의 대가로 자산의 증가가 아니라 부채의 감소가 발생하는 것을 말한다.

(차) 해당 부채계정	xxx	(대) 자본금	xxx
		주식발행초과금	xxx

[사례] A사에 대한 단기차입금 60,000원이 주식으로 출자전환됨에 따라, 회사는 주식 10주(주당 액면금액 5,000원, 주당 공정가치 6,000원)를 발행하여 A사에 교부하였다.

(차) 단기차입금	60,000	(대) 자본금	50,000
		주식발행초과금	10,000

04 주식의 소각 (유상감자)

최근 71회 시험 중 1회 기출

주식의 소각이란 주주에게 현금 등을 지급하여 회사의 주식을 사들인 후 소각함으로써 자본금을 감소시키는 것을 말한다.

주식을 소각하면 자본금이 감소하므로, 주식의 소각을 감자라고 한다.

일반적으로 주식을 소각하면 소각금액만큼 자산이 감소하므로 순자산이 감소하는데, 순자산의 감소를 수반하는 주식의 소각을 유상감자라고 한다.

주식을 소각할 때, 감자대가(지급한 금액)가 액면금액보다 작은 경우에는 그 차액을 감자차익 계정(자본잉여금)으로, 감자대가가 액면금액보다 큰 경우에는 그 차액을 감자차손 계정(자본조정)으로 회계처리한다.

감자대가 < 액면금액 : 감자차익 (자본잉여금)

(차) 자본금	xxx	(대) [계정명]	xxx
		감자차익	xxx

[사례] 주당 액면금액이 1,000원인 주식 100주를 주당 700원에 현금으로 매입하여 소각하였다.

(차) 자본금	100,000	(대) 현금	70,000
		감자차익	30,000

감자대가 > 액면금액 : 감자차손 (자본조정)

(차) 자본금	xxx	(대) [계정명]	xxx
감자차손	xxx		

[사례] 주당 액면금액이 1,000원인 주식 100주를 주당 1,100원에 현금으로 매입하여 소각하였다.

(차) 자본금	100,000	(대) 현금	110,000
감자차손	10,000		

05 자기주식

최근 71회 시험 중 **4**회 기출

회사가 이미 발행한 자기 회사의 주식을 다시 매입하여 보유하고 있는 것을 말한다.

회사는 보유하고 있는 자기주식을 외부로 '처분'할 수도 있고 '소각'할 수도 있다.

(1) 자기주식의 취득

자기주식을 취득(매입)하면, 취득 시 지불하는 금액을 취득원가로 하여 자기주식 계정(자본조정)으로 회계처리한다.

(차) 자기주식	xxx	**(대)** [계정명]	xxx

[사례] 자기주식 100주를 주당 1,200원에 현금으로 취득하였다. (주당 액면금액 1,000원)

(차) 자기주식	120,000	(대) 현금	120,000

(2) 자기주식의 처분

자기주식을 처분할 때, 처분금액이 처분 전 장부금액(= 취득원가)보다 큰 경우에는 그 차액을 자기주식처분이익 계정(자본잉여금)으로, 처분금액이 처분 전 장부금액보다 작은 경우에는 그 차액을 자기주식처분손실 계정(자본조정)으로 회계처리한다.

처분금액 > 처분 전 장부금액(= 취득원가) : 자기주식처분이익 (자본잉여금)

(차) [계정명]	xxx	**(대) 자기주식**	xxx
		자기주식처분이익	xxx

[사례] 주당 1,200원에 취득했던 자기주식 100주를 주당 1,300원에 현금으로 처분하였다. (주당 액면금액 1,000원)

(차) 현금	130,000	(대) 자기주식	120,000
		자기주식처분이익	10,000

처분금액 < 처분 전 장부금액(= 취득원가) : 자기주식처분손실 (자본조정)

(차) [계정명]	xxx	**(대) 자기주식**	xxx
자기주식처분손실	xxx		

[사례] 주당 1,200원에 취득했던 자기주식 100주를 주당 1,100원에 현금으로 처분하였다. (주당 액면금액 1,000원)

(차) 현금	110,000	(대) 자기주식	120,000
자기주식처분손실	10,000		

(3) 자기주식의 소각

자기주식을 소각하면 자본금이 감소하므로, 자기주식의 소각도 주식의 소각에 준하여 회계처리하면 된다.

자기주식을 소각할 때, 감자대가(= 자기주식의 장부금액 = 자기주식의 취득원가)가 액면금액보다 작은 경우에는 그 차액을 감자차익 계정(자본잉여금)으로, 감자대가가 액면금액보다 큰 경우에는 감자차손 계정(자본조정)으로 회계처리한다.

감자대가(= 자기주식의 장부금액 = 자기주식의 취득원가) < 액면금액 : 감자차익 (자본잉여금)

(차) 자본금	xxx	(대) 자기주식	xxx
		감자차익	xxx

[사례] 주당 700원에 취득했던 자기주식 100주를 소각하였다. (주당 액면금액 1,000원)

(차) 자본금	100,000	(대) 자기주식	70,000
		감자차익	30,000

감자대가(= 자기주식의 장부금액 = 자기주식의 취득원가) > 액면금액 : 감자차손 (자본조정)

(차) 자본금	xxx	(대) 자기주식	xxx
감자차손	xxx		

[사례] 주당 1,200원에 취득했던 자기주식 100주를 소각하였다. (주당 액면금액 1,000원)

(차) 자본금	100,000	(대) 자기주식	120,000
감자차손	20,000		

참고 주식의 소각 vs 자기주식의 소각

주식의 소각	· 회사가 이미 발행한 자기 회사의 주식을 매입하여 즉시 소각 · 소각 시점의 회계처리에서 감자대가 금액을 기록하는 대변 계정과목 : 현금, 보통예금 등
자기주식의 소각	· 회사가 이미 발행한 자기 회사의 주식을 매입하여 일정 기간 보유한 다음 소각 · 소각 시점의 회계처리에서 감자대가 금액을 기록하는 대변 계정과목 : 자기주식

06 자본잉여금과 자본조정의 상계

(1) 주식발행초과금과 주식할인발행차금의 상계

장부에 자본 항목인 주식발행초과금(주식할인발행차금) 계정이 먼저 계상되어 있으면, 주식의 발행을 회계처리할 때 이를 우선 상계하고 초과분에 대하여만 주식할인발행차금(주식발행초과금) 계정을 인식한다.

[사례] 주당 액면금액이 1,000원인 주식 100주를 주당 700원에 발행하고 대금은 보통예금 계좌로 송금받았다. (주식발행 당시 장부에는 주식발행초과금 10,000원이 계상되어 있음)

(차) 보통예금	70,000	(대) 자본금	100,000
주식발행초과금	10,000		
주식할인발행차금	20,000		

(2) 감자차익과 감자차손의 상계

장부에 자본 항목인 감자차익(감자차손) 계정이 먼저 계상되어 있으면, 주식의 소각을 회계처리할 때 이를 우선 상계하고 초과분에 대하여만 감자차손(감자차익) 계정을 인식한다.

[사례] 주당 액면금액이 1,000원인 주식 100주를 주당 1,300원에 현금으로 매입하여 소각하였다. (주식소각 당시 장부에는 감자차익 10,000원이 계상되어 있음)

(차) 자본금	100,000	(대) 현금	130,000
감자차익	10,000		
감자차손	20,000		

(3) 자기주식처분이익과 자기주식처분손실의 상계

장부에 자본 항목인 자기주식처분이익(자기주식처분손실) 계정이 먼저 계상되어 있으면, 자기주식의 처분을 회계처리할 때 이를 우선 상계하고 초과분에 대하여만 자기주식처분손실(자기주식처분이익) 계정을 인식한다.

[사례] 주당 1,400원에 취득했던 자기주식 100주(주당 액면금액 1,000원)를 주당 1,100원에 현금으로 처분하였다. (자기주식처분 당시 장부에는 자기주식처분이익 10,000원이 계상되어 있음)

(차) 현금	110,000	(대) 자기주식	140,000
자기주식처분이익	10,000		
자기주식처분손실	20,000		

07 이익잉여금의 처분

최근 71회 시험 중 7회 기출

회계연도가 종료되고 나면 3개월 내에 정기주주총회가 개최되어 재무제표가 승인되고, 이익잉여금이 주주총회의 결의에 따라 배당이나 적립금으로 처분된다.

여기서 주의할 점은, 이익잉여금 처분에 대한 회계처리는 해당 회계연도가 종료된 이후 실제로 처분이 결의되는 시점에 이루어지므로, **당기말 재무상태표상 미처분이익잉여금은 당기 회계연도에 대한 이익잉여금 처분 내용이 반영되기 전 금액**이라는 점이다.

(1) 현금배당

현금배당이란 회사가 창출한 이익을 주주들에게 금전으로 배분하는 것을 말한다.

배당결의일에 현금배당이 결의되면 회사는 자본 항목인 미처분이익잉여금 계정을 부채 항목인 미지급배당금 계정으로 대체하는 회계처리를 하고, 배당지급일에 현금배당을 이행하는 회계처리를 한다.

미지급배당금 계정은 배당결의일과 배당지급일 사이에 한시적으로 장부에 기록되는 계정과목이라고 할 수 있다.

상법 규정에 따르면, 회사는 자본금의 1/2에 달할 때까지 현금배당액의 1/10 이상을 이익준비금으로 적립하여야 한다. 따라서, 실무나 시험에서 현금배당 결의에 대한 회계처리를 할 때에는 이익준비금의 적립 여부를 반드시 확인하여야 한다.

배당결의일

(차) 이월이익잉여금	xxx	(대) 이익준비금	xxx
		미지급배당금	xxx

배당지급일

(차) 미지급배당금	xxx	(대) [계정명]	xxx

[사례] 배당결의일
20x2. 3. 15. 정기주주총회가 개최되어 20x1년 회계연도(1월 1일~12월 31일)의 재무제표를 승인하고, 20x1년 재무상태표상 미처분이익잉여금에 대하여 다음과 같이 처분하기로 결의하였다.

· 현금배당	100,000원	· 이익준비금 적립	10,000원

20x2. 3. 15.	(차) 이월이익잉여금	110,000	(대) 이익준비금	10,000
			미지급배당금	100,000

[사례] 배당지급일
20x2. 4. 10. 배당 결의 내용에 따라 배당금 100,000원을 보통예금 계좌에서 이체하여 지급하였다.

20x2. 4. 10.	(차) 미지급배당금	100,000	(대) 보통예금	100,000

용어 알아두기

- 배당기준일 : 배당을 받을 권리가 있는 주주들이 결정되는 날(예 20x1. 12. 31.)을 말하며, 배당기준일에는 배당에 관하여 아무런 회계처리를 하지 않음
- 배당결의일 : 회계기간이 종료된 이후 이익잉여금을 배당으로 처분하도록 주주총회에서 결의한 날(예 20x2. 3. 15.)
- 배당지급일 : 주주총회에서 배당으로 결의된 금액을 실제 지급하는 날(예 20x2. 4. 10.)

(2) 주식배당

주식배당이란 회사가 창출한 이익에 대한 배당 명목으로 주주들에게 주식을 발행하여 교부하는 것을 말한다.

장부상 이익이 발생했지만 신규 투자 등의 이유로 자금이 부족한 회사의 경우, 주식배당을 하면 배당금 지급에 따른 자금의 유출 없이도 배당을 한 것과 동일한 효과를 낼 수 있다는 장점이 있다.

① 주식배당의 회계처리

배당결의일에 주식배당이 결의되면 회사는 자본 항목인 미처분이익잉여금 계정을 자본 항목인 미교부주식배당금 계정(자본조정)으로 대체하는 회계처리를 한다.

주식배당을 할 때에는 주식의 액면금액[1]을 발행금액으로 하므로, 배당지급일의 회계처리에서는 미교부주식배당금 계정을 전액 자본금 계정으로 대체한다.

[1] 주식의 공정가치 아님

미교부주식배당금 계정은 배당결의일과 배당지급일 사이에 한시적으로 장부에 기록되는 계정과목이라고 할 수 있다.

상법 규정에 따른 이익준비금의 적립 규정은 금전에 의한 배당을 대상으로 하므로, 주식배당에는 적용되지 않는다.

배당결의일

(차) 이월이익잉여금	xxx	(대) 미교부주식배당금	xxx

배당지급일

(차) 미교부주식배당금	xxx	(대) 자본금	xxx

[사례] 배당결의일

20x2. 3. 15. 정기주주총회가 개최되어 20x1년 회계연도(1월 1일~12월 31일)의 재무제표를 승인하고, 20x1년 재무상태표상 미처분이익잉여금 200,000원에 대하여 주식배당하기로 결의하였다.

20x2. 3. 15.	(차) 이월이익잉여금	200,000	(대) 미교부주식배당금	200,000

[사례] 배당지급일

20x2. 4. 10. 배당 결의 내용에 따라 200,000원의 주식을 발행하여 배당 명목으로 교부하였다.

20x2. 4. 10.	(차) 미교부주식배당금	200,000	(대) 자본금	200,000

② 주식배당의 특징

- 주식배당을 하면 주식배당금액만큼 미처분이익잉여금 계정이 감소하고 자본금 계정이 증가하기 때문에, 회사 입장에서 자금 유출 또는 순자산 감소가 발생하지 않는다.
- 주식배당을 하면 주식이 발행되므로 주식수는 증가하나, 회사의 자본 총액은 변하지 않는다.
- 주식배당을 받으면 보유하게 되는 주식의 수는 증가하나 주당 가치가 동시에 감소하기 때문에, 주식배당을 받은 주주 입장에서 보유 주식의 재산가치 총액은 변하지 않는다. 따라서, 주식배당을 받더라도 별도의 회계처리는 하지 않고, 주식수에 대한 비망기록만 하면 된다.

(3) 임의적립

임의적립이란 회사가 필요에 의하여 이익잉여금을 별도 목적의 적립금으로 대체하여 사내에 유보해 두는 것을 말한다.

배당결의일에 임의적립이 결의되면 회사는 자본 항목인 미처분이익잉여금 계정을 자본 항목인 해당 임의적립금 계정(예 사업확장적립금, 감채기금적립금)으로 대체하는 회계처리를 한다.

배당결의일

(차) 이월이익잉여금	xxx	(대) 해당 임의적립금 계정	xxx

[사례] 배당결의일
20x2. 3. 15. 정기주주총회가 개최되어 20x1년 회계연도(1월 1일~12월 31일)의 재무제표를 승인하고, 20x1년 재무상태표상 미처분이익잉여금 150,000원에 대하여 사업확장적립금으로 적립해 두기로 결의하였다.

20x2. 3. 15.	(차) 이월이익잉여금	150,000	(대) 사업확장적립금	150,000

(4) 이익잉여금처분계산서의 작성

이익잉여금처분계산서[1]란 기업의 미처분이익잉여금에 관하여 일정 시점 현재 크기와 일정 기간 동안의 변동 내역을 나타내는 보고서를 말한다.

[1] 미처리결손금인 경우에는 결손금처리계산서라고 함

이익잉여금처분계산서에는 당기 회계연도에 대한 이익잉여금 처분 내용이 기재되지만, 재무상태표일 시점에서 동 처분 내용은 미발생사건일 뿐이므로, 기말 재무상태표상 미처분이익잉여금 계정은 처분 내용이 반영되기 전 금액으로 기재된다.

[사례] 결산일이 12월 31일인 법인기업 A사의 다음 자료를 보고, 20x2년 회계연도의 이익잉여금처분계산서(처분예정일 : 20x3년 2월 25일)를 작성하여 보자.

- 20x1년 기말 재무상태표상 미처분이익잉여금 : 500,000원
- 20x1년 이익잉여금처분계산서상 이익잉여금 처분 : 220,000원(= 현금배당 200,000원 + 이익준비금 20,000원)
- 20x2년 수정전시산표상 미처분이익잉여금 : 280,000원
- 20x2년 손익계산서상 당기순이익 : 650,000원
- 20x2년 이익잉여금처분계산서상 이익잉여금 처분 : 630,000원(= 현금배당 300,000원 + 이익준비금 30,000원 + 주식배당 100,000원 + 사업확장적립금 200,000원)

[풀이]

이익잉여금처분계산서
20x2년 1월 1일~20x2년 12월 31일
처분예정일 : 20x3년 2월 25일

A사 (단위 : 원)

	Ⅰ. 미처분이익잉여금		930,000[1]
	전기이월미처분이익잉여금	280,000[2]	
	중간배당[3]	0	
	당기순이익	650,000	
(+)	Ⅱ. 임의적립금 이입액		0
	임의적립금의 이입[4]	0	
(-)	Ⅲ. 이익잉여금 처분액		630,000
	이익준비금의 적립	30,000	
	현금배당	300,000	
	주식배당	100,000	
	사업확장적립금의 적립	200,000	
(=)	Ⅳ. 차기이월미처분이익잉여금		300,000

1) 20x2년 기말 재무상태표상 미처분이익잉여금 = 930,000원

2) 20x1년 기말 재무상태표상 미처분이익잉여금 - 20x1년 이익잉여금처분계산서상 이익잉여금 처분
= 500,000 - 220,000 = 280,000원

3) 중간배당이란 기중의 영업실적을 감안하여 결산일이 되기 전에(= 회계연도 중에) 실시하는 배당을 말한다. 상법 규정에 따르면 중간배당은 정관에 정함이 있어야 하고 연 1회에 한하여 이사회의 승인을 거쳐 진행할 수 있다.

4) 임의적립금의 이입이란 과거에 적립해 두었던 임의적립금을 다시 미처분이익잉여금으로 환원시키는 것을 말한다.

08 그 밖의 자본거래

(1) 자본잉여금 등의 자본전입(무상증자)

자본전입이란 자본잉여금이나 이익준비금을 자본금으로 대체하고 주식을 신규로 발행하는 것을 말한다.

자본전입을 하면 자본잉여금 또는 이익준비금 계정이 감소하고 자본금 계정이 증가하기 때문에, 회사 입장에서 자금 유입 또는 순자산 증가가 발생하지 않는다.

자본전입 거래에서는 주식이 발행되지만 순자산의 증가가 나타나지 않으므로, 자본전입을 무상증자라고 한다.

① 무상증자의 회계처리

(차) 해당 자본잉여금 계정 또는 이익준비금	xxx	(대) 자본금	xxx

[사례] 20x2. 3. 15. 이익준비금 200,000원을 자본전입하기로 주주총회에서 결의하고, 주식 1,000주(주당 액면금액 200원)를 발행하였다.

20x2. 3. 15.	(차) 이익준비금	200,000	(대) 자본금	200,000

② 무상증자의 특징

- 유상증자와의 차이점 : 자금유입 또는 순자산 증가가 발생하지 않으므로 자본 총액이 변하지 않는다.
- 주식배당과의 차이점 : 주식배당은 미처분이익잉여금을 재원으로 하나, 무상증자는 이익준비금 또는 자본잉여금 계정을 재원으로 한다.

(2) 결손금 보전에 따른 자본금 감소(무상감자)

결손금 보전이란 회사의 결손금이 누적된 경우 이를 감소시키기 위하여 감자대가의 지급 없이 주식을 회수하여 소각시키는 것을 말한다.

결손금 보전을 하면 미처리결손금 계정이 감소하고 자본금 계정이 감소하기 때문에, 회사 입장에서 자금 유출 또는 순자산 감소가 발생하지 않는다.

결손금 보전 거래에서는 주식이 소각되지만 순자산의 감소가 나타나지 않으므로, 결손금 보전을 무상감자라고 한다.

① 무상감자의 회계처리

(차) 자본금	xxx	(대) 이월결손금	xxx

[사례] 20x2. 3. 15. 정기주주총회가 개최되어 20x1년 회계연도(1월 1일~12월 31일)의 재무제표를 승인하고, 20x1년 재무상태표상 미처리결손금 100,000원을 보전하기 위하여 주식 1,000주(주당 액면금액 200원)을 500주로 무상감자하기로 결의하였다.

20x2. 3. 15.	(차) 자본금	100,000	(대) 이월결손금	100,000

② 무상감자의 특징

유상감자와의 차이점 : 자금유출 또는 순자산 감소가 발생하지 않으므로 자본 총액이 변하지 않는다.

참고 주주들로부터 주식을 회수하여 무상감자를 수행하는 방법

- 주식수는 그대로 두고 주당 액면금액을 감소시키는 방법
  예 1,000주(주당 액면금액 200원) → 1,000주(주당 액면금액 100원)
- 주당 액면금액은 그대로 두고 주식수를 감소시키는 방법
  예 1,000주(주당 액면금액 200원) → 500주(주당 액면금액 200원)

(3) 주식분할

주식분할이란 주식의 한 주당 가격이 너무 높은 경우 주식시장에서 매매가 잘 안 되는 어려움을 해소하기 위하여 발행한 주식의 액면금액을 일제히 나누는 것을 말한다.

주식분할을 하면 주식의 수는 증가하나 주당 액면금액이 감소하기 때문에, 회사 입장에서 자본금 계정과 자본 총액은 변하지 않는다.

주식분할에서는 계정과목의 증감변화가 나타나지 않기 때문에, 주식분할을 하더라도 회사는 별도의 회계처리는 하지 않고, 주식수에 대한 비망기록만 하면 된다.

[사례] 당사 주식의 거래 편의성을 높이기 위하여 다음과 같이 주식분할하기로 주주총회에서 결의하였다. 회사의 회계처리는?

구 분	주식분할 전	주식분할 후
주당 공정가치	200,000원	100,000원
주당 액면금액	100,000원	50,000원
주식수	100주	200주
자본금 계정 금액	10,000,000원	10,000,000원

[풀이] 회사는 별도의 회계처리는 하지 않고, 주식수에 대한 비망기록만 하면 된다.

09 법인기업에서 재무상태표와 손익계산서의 관계

재무상태표의 기초 자본
\+ 유상증자[1] – 현금배당[2] ± 그 외 순자산 변동을 가져오는 주주와의 자본거래[3]
\+ 손익계산서의 당기순이익 ± 기타포괄손익누계액의 증가·감소[4]
= 재무상태표의 기말 자본

1) 순자산 변동이 없는 무상증자는 제외
2) 순자산 변동이 없는 주식배당은 제외
3) 예 현물출자, 출자전환, 유상감자, 자기주식의 취득과 처분
4) 예 (차) 매도가능증권 XXX (대) 매도가능증권평가이익 XXX

참고 **총포괄손익**

총포괄손익(CI 손익 : Comprehensive Income)이란 주주와의 자본거래를 제외한 모든 거래에서 발생한 순자산의 변동을 말한다.

총포괄손익 = 당기순이익 ± 기타포괄손익누계액의 증가·감소

오늘날 회계는 당기순이익뿐만 아니라 총포괄손익에 대한 정보까지 제공한다.
일반기업회계기준에서는 주석에, K-IFRS 에서는 (포괄)손익계산서 하단부에, 당기순이익[1] 정보와 함께 기타포괄손익누계액의 증가·감소[2]를 추가하여 표시하도록 규정하고 있다.

1) 당기순이익 (NI 손익 : Net Income)
2) 기타포괄손익 (OCI 손익 : Other Comprehensive Income)

NI 손익	= 당기순이익	= 수익 – 비용
(±) OCI 손익	= 기타포괄손익	= 기타포괄손익누계액의 증가·감소
(=) CI 손익	= 총포괄손익	

기출분개연습

* 기출문제 날짜는 학습효과를 높이기 위해 일부 수정하였으며, ㈜연습산업(코드번호 : 0301) 데이터를 사용하여 연습할 수 있습니다.

01 10월 1일 당사는 액면금액 1주당 10,000원인 보통주 1,000주를 1주당 12,000원에 발행하고 전액 보통예금으로 납입받았으며, 주식발행에 관련된 법무사 수수료(부가가치세는 무시하기로 함) 500,000원은 현금으로 지급하였다. (주식할인발행차금 잔액은 없다) [제87회]

02 10월 2일 당사는 보통주(액면금액 주당 5,000원) 10,000주를 주당 4,500원에 발행하고 주식대금은 보통예금 계좌로 납입받았다. 신주발행 당시 주식발행초과금의 잔액은 3,000,000원이며, 신주발행수수료 1,500,000원은 현금으로 지급하였다. [제77회]

03 10월 3일 사업축소를 위하여 당사의 주식 2,000주(액면금액 주당 5,000원)를 1주당 4,000원에 매입 후 즉시 소각하고 대금은 보통예금으로 지급하였다. [제69회]

04 10월 4일 주주총회의 승인을 얻어 당사의 보통주 1,000주(주당 액면금액 5,000원)를 소각하기 위하여 주당 5,500원에 매입하고 현금을 지급하였다. 취득한 주식은 전액을 즉시 소각하였다. [제73회]

05 10월 5일 1월 15일에 자기주식 400주를 1,350,000원에 취득하였었는데, 이 중 300주를 주당 5,700원에 매각하고 대금은 전액 보통예금으로 입금받았다. 자기주식의 주당 액면금액은 5,400원이다. [제87회]

정답 및 해설

01 10월 1일	(차) 보통예금	12,000,000	(대) 자본금	10,000,000
			주식발행초과금	1,500,000
			현금	500,000
02 10월 2일	(차) 보통예금	45,000,000	(대) 자본금	50,000,000
	주식발행초과금	3,000,000	현금	1,500,000
	주식할인발행차금	3,500,000		
03 10월 3일	(차) 자본금	10,000,000	(대) 보통예금	8,000,000
			감자차익	2,000,000
04 10월 4일	(차) 자본금	5,000,000	(대) 현금	5,500,000
	감자차손	500,000		
05 10월 5일	(차) 보통예금	1,710,000	(대) 자기주식	1,012,500[1]
			자기주식처분이익	697,500

[1] 1,350,000원 × (300주/400주) = 1,012,500원

06 10월 6일 회사가 보유 중인 자기주식 전량을 10,000,000원에 처분하고 매각대금은 보통예금으로 입금받았다. 단, 처분 시점의 자기주식 장부금액은 8,000,000원이며, 자기주식처분손실 계정의 잔액은 1,300,000원이다. [제102회]

07 10월 7일 1,000,000원에 취득하였던 자기주식을 모두 소각하였다. 자기주식의 소각일 현재 공정가치는 1,200,000원이고, 액면금액은 500,000원이다. [제67회]

08 3월 8일 주주총회에서 현금배당 5,000,000원과 현금배당액의 10%인 500,000원의 이익준비금 설정을 결의하였다. [제99회]

09 10월 9일 주식발행초과금 5,000,000원을 자본금에 전입하기로 하고, 1주당 액면금액 5,000원의 주식 1,000주를 발행하여 기존 주주들에게 무상으로 교부하였다. [제94회]

10 10월 10일 무상증자를 위하여 이익준비금 20,000,000원을 자본금으로 전입하고, 무상주 4,000주(1주당 액면금액 5,000원)를 발행하였다. [제53회]

정답 및 해설

06 10월 6일	(차) 보통예금	10,000,000	(대) 자기주식	8,000,000
				자기주식처분손실	1,300,000
				자기주식처분이익	700,000
07 10월 7일	(차) 자본금	500,000	(대) 자기주식	1,000,000
	감자차손	500,000		
08 3월 8일	(차) 이월이익잉여금	5,500,000	(대) 미지급배당금	5,000,000
			이익준비금	500,000
09 10월 9일	(차) 주식발행초과금	5,000,000	(대) 자본금	5,000,000
10 10월 10일	(차) 이익준비금	20,000,000	(대) 자본금	20,000,000

핵심기출문제

* 본서에 수록된 기출문제의 날짜는 학습효과를 높이기 위하여 일부 수정함

01 자본에 대한 다음 설명 중 틀린 것은? [제70회]

① 자본은 자산총액에서 부채총액을 차감한 잔액을 말한다.
② 자본금은 법정 납입자본금으로서 주당 발행금액에 발행주식수를 곱한 금액을 말한다.
③ 주식발행과 직접 관련된 비용은 주식발행초과금에서 차감하거나 주식할인발행차금에 가산한다.
④ 상법 규정에 따라 자본금의 1/2에 달할 때까지 금전에 의한 이익배당액의 1/10 이상의 금액을 이익준비금으로 적립하여야 한다.

02 다음 중 자본조정 항목에 해당하지 않는 것은? [제75회]

① 자기주식 ② 주식할인발행차금
③ 감자차손 ④ 자기주식처분이익

03 다음 자료를 이용하여 자본잉여금에 해당하는 금액을 구하면 얼마인가? [제104회]

- 주식발행초과금 : 500,000원
- 매도가능증권평가이익 : 300,000원
- 자기주식처분손실 : 1,000,000원
- 이익준비금 : 1,000,000원
- 임의적립금 : 400,000원
- 감자차익 : 700,000원

① 1,100,000원 ② 1,200,000원 ③ 1,500,000원 ④ 2,500,000원

04 ㈜거성의 당기초 자본금은 40,000,000원(주식수 40,000주, 주당 액면금액 1,000원)이다. 당기 8월 1일 주당 900원에 10,000주를 유상증자 하였다. 당기말 자본금은 얼마인가?

[제87회]

① 49,000,000원 ② 50,000,000원 ③ 53,000,000원 ④ 65,000,000원

정답 및 해설

01 ② 자본금은 법정 납입자본금으로서 주당 액면금액에 발행주식수를 곱한 금액을 말한다.

02 ④ 자기주식(자본조정), 주식할인발행차금(자본조정), 감자차손(자본조정), 자기주식처분이익(자본잉여금)

03 ② · 주식발행초과금(자본잉여금), 매도가능증권평가이익(기타포괄손익누계액), 자기주식처분손실(자본조정), 이익준비금(이익잉여금), 임의적립금(이익잉여금), 감자차익(자본잉여금)

· 자본잉여금 = 주식발행초과금 + 감자차익 = 500,000 + 700,000 = 1,200,000원

04 ② · 회계처리

(차) 현금 등	9,000,000	(대) 자본금	10,000,000
주식할인발행차금	1,000,000		

· 기말 자본금 = (방법1) : 기초 자본금 ± 기중 증감액 = 40,000,000 + 10,000,000
= (방법2) : 기말 주식수 × 주당 액면금액 = (40,000주 + 10,000주) × @1,000원
= 50,000,000원

05 주식배당에 관한 다음 설명 중 잘못된 것은? [제58회]

① 주식배당은 순자산의 유출이 없이 배당효과를 얻을 수 있다.
② 주식배당 후에도 자본 총액의 크기는 변동이 없다.
③ 미교부주식배당금 계정은 이익잉여금처분계산서상의 주식배당액을 의미하며, 주식교부 시 자본금 계정으로 대체된다.
④ 주식배당 후에도 발행주식수는 변동이 없다.

06 다음 중 자본 총액이 증가하는 거래가 아닌 것은? [제55회]

① 액면금액 100만 원인 주식을 60만 원에 유상증자하였다.
② 장부금액 100만 원인 자기주식을 70만 원에 처분하였다.
③ 감자를 위하여 액면금액 100만 원인 자사의 주식을 80만 원에 취득하여 바로 소각하였다.
④ 90만 원 상당의 특허권을 취득하고, 그 대가로 액면금액 100만 원의 주식을 새로 발행하여 교부하였다.

07 다음 중 자본 총액이 감소하는 거래만으로 짝지어진 것은? [제78회]

가. 결손금 보전을 위해 이익준비금을 자본금에 전입하다.
나. 현금배당을 실시하다.
다. 주식배당을 실시하다.
라. 10,000주를 무상증자하다.
마. 액면금액 5,000원인 자사의 주식을 4,000원에 취득 후 바로 소각하다.

① 가, 나 ② 나, 마 ③ 가, 라 ④ 나, 다

정답 및 해설

05 ④ · 주식배당을 하면 미처분이익잉여금이 감소하면서 동시에 자본금이 증가하기 때문에 자본 총액은 변하지 않는다.
· 주식배당을 하면 주식이 발행되므로 주식수는 증가하나 자본 총액에는 변화가 없다.

06 ③ · 자본거래 회계처리에서 거래요소 결합관계를 이용하여 자본 총액의 변동 금액을 계산하는 요령
(이유 : 자본거래 회계처리에서는 수익 계정과 비용 계정이 나타나지 않기 때문)

> 자본 총액의 증가(감소) 금액 = 자산 계정의 증가(감소) 금액 - 부채 계정의 증가(감소) 금액

· ① : (차) 현금 등(자산의 증가) 600,000 (대) 자본금(자본의 증가) 1,000,000
주식할인발행차금(자본의 감소) 400,000
→ 자산 600,000원 증가 → 자본 총액 600,000원 증가

· ② : (차) 현금 등(자산의 증가) 700,000 (대) 자기주식(자본의 증가) 1,000,000
자기주식처분손실(자본의 감소) 300,000
→ 자산 700,000원 증가 → 자본 총액 700,000원 증가

· ③ : (차) 자본금(자본의 감소) 1,000,000 (대) 현금 등(자산의 감소) 800,000
감자차익(자본의 증가) 200,000
→ 자산 800,000원 감소 → 자본 총액 800,000원 감소

· ④ : (차) 특허권(자산의 증가) 900,000 (대) 자본금(자본의 증가) 1,000,000
주식할인발행차금(자본의 감소) 100,000
→ 자산 900,000원 증가 → 자본 총액 900,000원 증가

07 ② · 가 : (차) 자본금(자본의 감소) xxx (대) 미처리결손금(자본의 증가) xxx
→ 자본 총액 불변

· 나 : (차) 미처분이익잉여금(자본의 감소) xxx (대) 현금 등(자산의 감소) xxx
→ 자본 총액 감소

· 다 : (차) 미처분이익잉여금(자본의 감소) xxx (대) 자본금(자본의 증가) xxx
→ 자본 총액 불변

· 라 : (차) 자본잉여금 등(자본의 감소) xxx (대) 자본금(자본의 증가) xxx
→ 자본 총액 불변

· 마 : (차) 자본금(자본의 감소) 5,000 (대) 현금 등(자산의 감소) 4,000
감자차익(자본의 증가) 1,000
→ 자본 총액 감소

제7절 수익과 비용

01 손익계산서 양식

최근 71회 시험 중 **7**회 기출

Ⅰ. 매출액	
Ⅱ. 매출원가	
Ⅲ. 매출총이익	(= 매출액 - 매출원가)
Ⅳ. 판매비와관리비	
Ⅴ. 영업이익	(= 매출총이익 - 판매비와관리비)
Ⅵ. 영업외수익	
Ⅶ. 영업외비용	
Ⅷ. 법인세비용차감전순이익	(= 영업이익 + 영업외수익 - 영업외비용)
Ⅸ. 법인세비용	
Ⅹ. 당기순이익	(= 법인세비용차감전순이익 - 법인세비용)

용어 알아두기

- 매출총이익률 = $\frac{\text{매출총이익}}{\text{매출액}}$
- 영업이익률 = $\frac{\text{영업이익}}{\text{매출액}}$

02 매출액

(1) 매출액의 정의

매출액이란 기업의 주된 영업활동에서 발생하는 수익을 말한다.

(2) 매출액에 해당하는 계정과목

상기업에서 매출액에 해당하는 계정과목은 상품매출이고, 제조기업에서 매출액에 해당하는 계정과목은 제품매출이다.

계정과목	내 용
상품(제품)매출	기업의 주된 영업활동으로서 외부에 판매한 상품(제품)의 판매금액
매출환입및에누리	매출한 상품 중 하자나 파손이 발견되어 해당 물품을 반품받거나 값을 깎는 것 참고 상품매출의 차감계정
매출할인	상품의 구매자로부터 외상매출대금을 조기에 회수하여 약정에 따라 할인해 주는 것 참고 상품매출의 차감계정

(3) 상품매출의 회계처리

매출액 = 당기(순)매출액
= 총매출액 - 매출환입 - 매출에누리 - 매출할인

① 총매출액

(차) [계정명]	xxx	(대) 상품매출	xxx

[사례] 1월 10일 상품을 30,000원에 판매하고 대금은 한 달 후에 받기로 하였다.

1월 10일 (차) 외상매출금 30,000 (대) 상품매출 30,000

② 매출환입 및 매출에누리

(차) 매출환입및에누리	xxx	(대) 외상매출금	xxx

[사례] 1월 12일 이틀 전에 판매했던 상품 중에서 일부 파손이 발견되어 외상매출대금 중 5,000원을 깎아주기로 하였다.

1월 12일 (차) 매출환입및에누리 5,000 (대) 외상매출금 5,000

③ 매출할인

(차) [계정명]	xxx	(대) 외상매출금	xxx
매출할인	xxx		

[사례] 1월 18일 8일 전에 판매했던 상품의 외상매출대금 25,000원에 대하여 현금으로 결제받았다. 구매자와의 약정에 따라 조기 결제금액인 25,000원의 2%를 할인해 주었다.

1월 18일	(차) 현금	24,500	(대) 외상매출금	25,000
	매출할인	500[1]		

[1] 25,000원 × 2% = 500원

④ 당기순매출액

= 총매출액 - 매출환입 - 매출에누리 - 매출할인

= 30,000 - 0 - 5,000 - 500

= 24,500원

기출확인문제

다음 중 자료를 이용하여 순매출액을 계산하는 데 있어 차감하면 안 될 항목은? (제49회)

① 매출운임 ② 매출에누리
③ 매출환입 ④ 매출할인

정답 ①

해설
기업의 주된 영업활동인 상품·제품을 매출하는 과정에서 발생하는 운송료(매출운임)은 판매비와 관리비에 해당하는 운반비 계정으로 회계처리한다.

03 매출원가

최근 71회 시험 중 5회 기출

(1) 매출원가의 정의

매출원가란 매출액에 직접 대응되는 비용을 말한다.

(2) 매출원가에 해당하는 계정과목

계정과목	내 용
상품매출원가	상기업의 주된 영업활동으로서 당기에 판매한 상품들의 당초 구입원가
제품매출원가	제조기업의 주된 영업활동으로서 당기에 판매한 제품들의 제조원가

(3) 상품매출원가의 회계처리

· 상품매출원가 = 기초상품재고액 + 당기상품(순)매입액 − 기말상품재고액
= 판매가능상품금액 − 기말상품재고액

· 당기상품(순)매입액 = 매입가액 + 취득부대비용 − 매입환출 − 매입에누리 − 매입할인

(차) 상품매출원가	XXX	(대) 상품	XXX

[사례] 12월31일 기말 결산 시 상품매출원가를 계산하고 상품 계정을 상품매출원가 계정으로 대체하는 분개를 하여 보자.

· 기초 재무상태표상 상품 계정 금액 : 2,000원
· 당기 상품 순매입액 : 60,000원
· 기말 결산 시 실지재고조사를 통하여 파악한 상품 재고액 : 5,000원

12월 31일	(차) 상품매출원가	57,000[1]	(대) 상품	57,000

[1] 기초재고 + 당기매입 − 기말재고 = 2,000 + 60,000 − 5,000 = 57,000원

04 판매비와관리비

(1) 판매비와관리비의 정의

판매비와관리비란 상품(제품)의 판매활동과 기업의 관리활동에서 발생하는 비용으로서 매출원가에 속하지 않는 모든 영업비용을 말한다.

(2) 판매비와관리비에 해당하는 계정과목

계정과목	내 용
급 여	종업원에게 근로의 대가로 지급하는 급여와 수당 참고 공장 등에서 근무하는 종업원에 대한 급여는 제조원가에 산입하며 이때는 '임금'이라는 계정과목을 사용함
상여금	종업원에게 지급하는 상여금과 보너스
잡 급	일용직 근로자에게 지급하는 일당
퇴직급여	종업원의 근속기간이 경과함에 따라 증가하는 퇴직금에 대한 비용 인식분
복리후생비	종업원의 근로환경 개선 및 근로의욕 향상을 위한 지출 예 식대, 차·음료, 당사 종업원의 경조사비, 직장체육대회, 야유회, 피복비, 회사가 부담하는 국민연금·건강보험료 등 사회보험료 참고 회사가 부담하는 국민연금·건강보험료 등 사회보험료에 대하여 '보험료' 또는 '세금과공과' 계정과목을 사용하기도 함
여비교통비	종업원의 업무와 관련된 여비(출장)와 교통비(이동) 예 출장에 따른 철도운임, 항공운임, 숙박료, 식사대, 시내교통비, 주차료, 통행료
기업업무추진비	영업을 목적으로 거래처와의 관계를 유지하기 위하여 소요되는 지출 예 거래처 접대비, 거래처 선물대금, 거래처 경조사비 참고 종전의 '접대비'에서 '기업업무추진비'로 계정과목 명칭이 변경되었음
통신비	전화, 핸드폰, 인터넷, 우편 등의 요금 예 전화료, 정보통신료, 우편료
수도광열비	수도, 전기, 가스, 난방 등의 요금 예 상하수도 요금, 전기 요금, 도시가스 요금, 난방용 유류대 참고 공장 등에서 발생하는 수도료, 가스료, 전기료는 제조원가에 산입하며 이때는 '가스수도료' 또는 '전력비'라는 계정과목을 사용함
세금과공과	세금과 공과금 예 재산세, 자동차세, 대한상공회의소 회비, 협회비, 벌금, 과태료
감가상각비	건물, 기계장치, 차량운반구 등 유형자산의 당해 연도 가치감소분에 대한 비용 인식분
무형자산상각비	산업재산권, 개발비, 소프트웨어 등 무형자산의 당해 연도 가치감소분에 대한 비용 인식분
임차료	타인의 토지, 건물, 기계장치, 차량운반구 등을 임차하여 그 사용료로 지불하는 비용 예 사무실 임차료, 복사기 임차료

수선비	건물, 기계장치 등의 현상유지를 위한 수리비용 예 건물 수리비, 비품 수리비
보험료	보험에 가입하고 납부하는 보험료 예 화재 보험료, 자동차 보험료
차량유지비	차량의 유지와 수선에 소요되는 지출 예 유류대, 차량 수리비, 차량 검사비, 정기주차료
경상연구개발비	신제품이나 신기술의 연구 및 개발 관련 지출로서, 무형자산(개발비)의 인식요건을 충족하지 못하여 당기 비용으로 처리되는 '연구비'와 '경상개발비'를 합한 계정과목
운반비	기업의 주된 영업활동인 상품(제품)을 매출하는 과정에서 발생하는 운송료 예 상·하차비, 배달비 참고 상품을 취득하는 과정에서 발생하는 운송료는 취득부대비용에 해당하므로 상품 계정으로 회계처리함
교육훈련비	종업원의 직무능력 향상을 위한 교육 및 훈련에 소요되는 지출 예 강사 초청료, 교육장 대관료, 위탁 교육비
도서인쇄비	도서 구입비, 신문이나 잡지 구독료, 인쇄비 등에 소요되는 지출 예 도서 대금, 신문·잡지 구독료, 제본비, 명함인쇄비
소모품비	소모성 사무용품 등을 구입하는 데 소요되는 지출 예 복사 용지, 문구류, 소모자재
수수료비용	용역(서비스)을 제공받고 지불하는 비용 예 은행의 송금수수료, 어음의 추심수수료, 신용카드 결제수수료, 세무기장료, 무인경비시스템 이용료
광고선전비	상품(제품)의 판매촉진을 위하여 불특정 다수인을 대상으로 광고하고 선전하는 활동에 소요되는 지출 예 TV 광고료, 신문 광고료, 광고물 제작비, 선전용품 제작비
대손상각비	매출채권(외상매출금, 받을어음)에 대하여 기중에 회수불능(대손 확정)되었을 때 또는 기말 결산 시 대손충당금을 추가설정할 때 비용으로 인식하는 계정과목
대손충당금환입	매출채권(외상매출금, 받을어음)에 대하여 기말 결산 시 대손충당금을 환입할 때 사용하는 계정과목 참고 손익계산서 작성 시 판매비와관리비의 차감항목으로 표시함
잡 비	판매비와관리비에는 해당하나 그 금액이 중요하지 않은 지출

참고 차량과 관련된 비용의 계정과목

- 여비교통비 : 출장에 따른 주차료 및 통행료
- 차량유지비 : 유류대, 차량 수리비, 차량 검사비, 정기주차료
- 보험료 : 자동차보험료
- 세금과공과 : 자동차세, 벌금, 과태료

(3) 판매비와관리비의 회계처리

(차) 해당 비용 계정 (판매비와관리비)	xxx	(대) [계정명]	xxx

[사례] 사무실 직원들의 야근 식대 100,000원을 현금으로 지급하였다.

(차) 복리후생비	100,000	(대) 현금	100,000

[사례] 당사 종업원의 결혼축하금 50,000원을 현금으로 지급하였다.

(차) 복리후생비	50,000	(대) 현금	50,000

[사례] 종업원의 시내출장비 30,000원을 현금으로 지급하였다.

(차) 여비교통비	30,000	(대) 현금	30,000

[사례] 거래처 사장과 A식당에서 저녁식사를 하고 식사대금 50,000원을 당사 신용카드(비씨카드)로 결제하였다.

(차) 기업업무추진비	50,000	(대) 미지급금[1]	50,000

[사례] 거래처 직원의 결혼축하금 50,000원을 현금으로 지급하였다.

(차) 기업업무추진비[2]	50,000	(대) 현금	50,000

[사례] 우체국에서 업무용 서류를 등기우편으로 발송하고 우편요금 20,000원을 현금으로 지급하였다.

(차) 통신비	20,000	(대) 현금	20,000

[사례] 인터넷 사용료 30,000원이 보통예금 통장에서 자동인출되었다.

(차) 통신비	30,000	(대) 보통예금	30,000

[사례] 사무실 난방용 유류 80,000원을 구입하고 대금을 현금으로 지급하였다.

(차) 수도광열비	80,000	(대) 현금	80,000

[사례] 대한상공회의소 회비 50,000원을 현금으로 납부하였다.

(차) 세금과공과	50,000	(대) 현금	50,000

[사례] 회사 보유 차량에 대한 자동차세 200,000원을 현금으로 납부하였다.

(차) 세금과공과	200,000	(대) 현금	200,000

[사례] 사무실 임차료 200,000원을 보통예금 계좌에서 이체하여 지급하였다. 계좌 이체 과정에서 수수료 1,000원이 발생하여 보통예금으로 지급하였다.

(차) 임차료	200,000	(대) 보통예금	201,000
수수료비용	1,000		

[사례] 사무실 복사기를 수리하고 수리비 50,000원을 현금으로 지급하였다. (수익적 지출로 처리할 것)

(차) 수선비[3]	50,000	(대) 현금	50,000

[사례] 업무용 차량에 대한 자동차 보험에 가입하고 보험료 300,000원을 현금으로 지급하였다.

(차) 보험료	300,000	(대) 현금	300,000

[1] 일반적인 상거래 이외의 거래에서 발생한 지급채무이므로 미지급금 계정으로 회계처리하되, 신용카드로 결제하여 발생한 지급채무이므로 그 거래처를 A식당이 아니라 비씨카드로 기록하여 관리하여야 한다.

[2] 당사 종업원의 경조사비인 경우에는 복리후생비 계정으로, 거래처 관련 경조사비인 경우에는 기업업무추진비 계정으로 회계처리한다.

[3] 수익적 지출인 경우에는 수선비 계정 등 당기 비용으로, 자본적 지출인 경우에는 해당 자산 계정으로 회계처리한다.

[사례] 업무용 차량에 주유하고 대금 80,000원을 현금으로 지급하였다.			
(차) 차량유지비	80,000	(대) 현금	80,000
[사례] 업무용 차량의 1개월 정기주차료 100,000원을 현금으로 지급하였다.			
(차) 차량유지비	100,000	(대) 현금	100,000
[사례] 신제품 개발을 위하여 실험재료비 30,000원을 현금으로 지급하였다. 동 지출은 무형자산의 인식 요건을 충족하지 못하는 것으로 확인되었다.			
(차) 경상연구개발비	30,000	(대) 현금	30,000
[사례] 고객사에 상품을 판매하고 택배로 발송하면서 택배비 20,000원을 현금으로 지급하였다.			
(차) 운반비	20,000	(대) 현금	20,000
[사례] 신입사원 교육을 위해 위탁교육기관에 교육비 100,000원을 현금으로 지급하였다.			
(차) 교육훈련비	100,000	(대) 현금	100,000
[사례] 영업부서에서 구독하는 월간지와 신문대금 30,000원을 현금으로 지급하였다.			
(차) 도서인쇄비	30,000	(대) 현금	30,000
[사례] 사무실에서 사용할 복사 용지를 50,000원에 현금으로 구입하였다. (비용으로 처리할 것)			
(차) 소모품비[4]	50,000	(대) 현금	50,000
[사례] 회계법인에 세무기장료 200,000원을 현금으로 지급하였다.			
(차) 수수료비용	200,000	(대) 현금	200,000
[사례] 사무실 건물 구입과 관련하여 공인중개사 수수료 300,000원을 현금으로 지급하였다.			
(차) 건물[5]	300,000	(대) 현금	300,000
[사례] 사무실 건물 임차와 관련하여 공인중개사 수수료 300,000원을 현금으로 지급하였다.			
(차) 수수료비용[6]	300,000	(대) 현금	300,000
[사례] 새벽일보에 회사 광고를 게재하고 광고료 200,000원을 현금으로 지급하였다.			
(차) 광고선전비	200,000	(대) 현금	200,000
[사례] 광고용 전단지 인쇄대금 30,000원을 현금으로 지급하였다.			
(차) 광고선전비	30,000	(대) 현금	30,000

4) 소모성 사무용품을 구입할 때, 비용으로 처리하는 경우에는 '소모품비' 계정으로, 자산으로 처리하는 경우에는 '소모품' 계정으로 회계처리한다.

5) 건물 취득 과정에서 발생하는 중개인수수료는 취득부대비용에 해당하므로 해당 자산 계정으로 회계처리한다.

6) 건물 임차 과정에서 발생하는 중개인수수료는 취득부대비용에 해당하지 않으므로 당기 비용인 수수료비용 계정으로 회계처리한다.

05 영업외수익

(1) 영업외수익의 정의

영업외수익이란 기업의 주된 영업활동이 아닌 부수적인 활동에서 발생하는 수익을 말한다.

(2) 영업외수익에 해당하는 계정과목

계정과목	내 용
이자수익	예금이나 대여금에서 받는 이자
배당금수익	보유 중인 유가증권 중 주식(지분증권)에서 받는 배당금
임대료	임대업을 주업으로 하지 않는 기업이 타인에게 동산이나 부동산을 임대하고 받는 대가
단기매매증권평가이익	단기매매증권을 기말 결산 시 공정가치로 평가할 때, 기말 공정가치가 평가 전 장부금액보다 클 경우 그 차액
단기매매증권처분이익	단기매매증권을 처분할 때, 처분금액이 처분 전 장부금액보다 클 경우 그 차액
매도가능증권처분이익	매도가능증권을 처분할 때, 처분금액이 당초 취득원가보다 클 경우 그 차액 참고 매도가능증권평가이익 계정은 기타포괄손익누계액으로 분류함
유형자산처분이익	유형자산을 처분할 때, 처분금액이 처분 전 장부금액보다 클 경우 그 차액
대손충당금환입	매출채권 이외의 수취채권(미수금, 대여금)에 대하여 기말 결산 시 대손충당금을 환입할 때 사용하는 계정과목
외화환산이익	외화자산이나 외화부채를 기말 결산 시 결산일 환율로 환산할 때, 환율의 차이로 인하여 발생하는 수익
외환차익	외화자산을 회수하거나 외화부채를 상환할 때, 환율의 차이로 인하여 발생하는 수익
자산수증이익	회사가 주주, 채권자 등으로부터 재산을 무상으로 증여받음으로써 발생하는 수익
채무면제이익	회사가 주주, 채권자 등으로부터 지급채무를 면제받음으로써 발생하는 수익
보험금수익	보험에 가입된 자산이 피해를 입었을 경우 보험회사로부터 받는 보험금
잡이익	영업외수익에는 해당하나 그 금액이 중요하지 않은 수익

(3) 영업외수익의 회계처리

(차) [계정명] xxx (대) 해당 수익 계정 (영업외수익) xxx

[사례] 매장의 일부를 빌려주고 당월분 사용료 300,000원을 현금으로 받았다.

(차) 현금 300,000 (대) 임대료 300,000

[사례] 관계회사인 A사에 지급하여야 할 외상매입금 300,000원을 전액 면제받았다.

(차) 외상매입금 300,000 (대) 채무면제이익 300,000

06 영업외비용

(1) 영업외비용의 정의

영업외비용이란 기업의 주된 영업활동이 아닌 부수적인 활동에서 발생하는 비용을 말한다.

(2) 영업외비용에 해당하는 계정과목

계정과목	내 용
이자비용	차입금에 대하여 지급하는 이자
기부금	업무와 관련 없이 무상으로 기증하는 재산
매출채권처분손실	수취채권의 매각거래로 보는 어음의 할인 거래에서 발생하는 할인료
단기매매증권평가손실	단기매매증권을 기말 결산 시 공정가치로 평가할 때, 기말 공정가치가 평가 전 장부금액보다 작을 경우 그 차액
단기매매증권처분손실	단기매매증권을 처분할 때, 처분금액이 처분 전 장부금액보다 작을 경우 그 차액
매도가능증권처분손실	매도가능증권을 처분할 때, 처분금액이 당초 취득원가보다 작을 경우 그 차액 참고 매도가능증권평가손실 계정은 기타포괄손익누계액으로 분류함
유형자산처분손실	유형자산을 처분할 때, 처분금액이 처분 전 장부금액보다 작을 경우 그 차액
기타의대손상각비	매출채권 이외의 수취채권(미수금, 대여금)에 대하여 기중에 회수불능(대손 확정)되었을 때 또는 기말 결산 시 대손충당금을 추가설정할 때 비용으로 인식하는 계정과목
외화환산손실	외화자산이나 외화부채를 기말 결산 시 결산일 환율로 환산할 때, 환율의 차이로 인하여 발생하는 비용
외환차손	외화자산을 회수하거나 외화부채를 상환할 때, 환율의 차이로 인하여 발생하는 비용
재고자산감모손실	재고자산의 도난, 분실, 파손, 증발, 마모 등으로 인하여 재고자산의 실제 수량이 장부상 수량보다 비정상적으로 부족한 경우 발생하는 손실 참고 정상적인 감모손실은 상품매출원가 계정으로 회계처리함
재해손실	천재지변 또는 예측치 못한 사건으로 인하여 발생하는 손실
잡손실	영업외비용에는 해당하나 그 금액이 중요하지 않은 지출

(3) 영업외비용의 회계처리

(차) 해당 비용 계정 (영업외비용)	xxx	(대) [계정명]	xxx

[사례] 폭우로 피해를 입은 수재민을 돕기 위해 현금 300,000원을 지역 신문사에 기탁하였다.

(차) 기부금	300,000	(대) 현금	300,000

[사례] 창고에 보관 중이던 상품 500,000원이 화재로 소실되었다. 당사는 화재보험에 가입되어 있지 않다.

(차) 재해손실(영업외비용)	500,000	(대) 상품[1]	500,000

[1] · 재고자산인 상품 계정을 감소시키면서 매출원가 이외의 비용 계정을 인식하므로 타계정대체 거래에 해당한다.
· 타계정대체가 있을 때 상품매출원가 = (기초재고 + 당기매입 − 실제 기말재고) − 타계정대체

07 자산을 취득할 때와 처분할 때 발생하는 운송료, 수수료, 제세금 등의 회계처리

(1) 자산을 취득할 때

자산을 취득하는 과정에서 발생하는 운송료, 수수료, 제세금 등의 부대비용은 자산의 취득원가로 회계처리한다.

다만, 예외적으로 단기매매증권을 취득하는 과정에서 발생하는 부대비용은 당기 비용(영업외비용)으로 회계처리한다.

(2) 자산을 처분할 때

기업의 주된 영업활동인 상품매출(재고자산의 처분) 과정에서 발생하는 운송료, 수수료, 제세금 등의 부대비용은 운반비 계정, 수수료비용 계정, 세금과공과 계정 등 별도의 비용 계정(판매비와관리비)으로 회계처리한다.

반면, 기업의 주된 영업활동이 아닌 자산의 처분(재고자산이 아닌 자산의 처분) 과정에서 발생하는 부대비용은 자산의 처분금액에서 직접 차감함으로써 유형자산처분손익, 단기매매증권처분손익 등 해당 자산의 처분손익 계정(영업외수익 또는 영업외비용)으로 회계처리한다.

08 화폐성 외화자산·부채에 대한 외화환산손익과 외환차손익

(1) 화폐성 외화자산·부채

화폐성 자산·부채란 확정된 화폐단위 수량으로 회수하거나 지급하여야 하는 자산·부채를 말한다.

구 분	자 산	부 채
화폐성	· 외국통화, 외화예금 · 매출채권, 미수금, 대여금, 임차보증금	· 매입채무, 미지급금, 차입금, 임대보증금
비화폐성	· 선급금 · 재고자산, 유형자산, 무형자산	· 선수금

외화로 표시된 화폐성 자산·부채, 즉 화폐성 외화자산·부채(예 외상매출금 500달러)는 환율이 변동되면 원화환산액이 달라지기 때문에 외화환산손익과 외환차손익이 발생한다.

외화환산손익	화폐성 외화자산·부채를 기말 결산일 현재 보유하고 있을 때 인식
외환차손익	화폐성 외화자산·부채가 기중에 없어질 때 인식

(2) 외화환산손익

외화거래에 따라 화폐성 외화자산·부채가 발생하면 거래발생일의 환율로 원화 금액을 계산하여 장부에 회계처리한다.

기말 현재 회사가 보유하고 있는 화폐성 외화자산·부채는 결산일 현재 환율로 환산하여야 하는데, 기말 환산액과 환산 전 장부금액의 차액을 외화환산이익 계정(수익) 또는 외화환산손실 계정(비용)으로 인식한다.

만약 환율이 상승하여 기말 환산액이 환산 전 장부금액보다 커졌다면, 외화자산에 대하여는 자산의 증가로 인하여 외화환산이익이 발생하나, 외화부채에 대하여는 부채의 증가로 인하여 외화환산손실이 발생하게 된다.

① 외화자산

기말 환산액 > 환산 전 장부금액 : 외화환산이익

(차) 해당 외화자산 계정	xxx	(대) 외화환산이익	xxx

기말 환산액 < 환산 전 장부금액 : 외화환산손실

(차) 외화환산손실	xxx	(대) 해당 외화자산 계정	xxx

② 외화부채

기말 환산액 > 환산 전 장부금액 : 외화환산손실

(차) 외화환산손실	xxx	(대) 해당 외화부채 계정	xxx

기말 환산액 < 환산 전 장부금액 : 외화환산이익

(차) 해당 외화부채 계정	xxx	(대) 외화환산이익	xxx

(3) 외환차손익

회사가 외화자산을 회수하거나 외화채무를 상환하는 경우 실제 수수한 외화의 원화 환산액(실제 회수·상환일의 환산액)과 회수·상환 전 장부금액의 차액을 외환차익 계정(수익) 또는 외환차손 계정(비용)으로 인식한다.

만약 환율이 상승하여 실제 회수·상환일의 환산액이 회수·상환 전 장부금액보다 커졌다면, 외화자산에 대하여는 자산의 증가로 인하여 외환차익이 발생하나, 외화부채에 대하여는 부채의 증가로 인하여 외환차손이 발생하게 된다.

① 외화자산

실제 회수일의 환산액 > 회수 전 장부금액 : 외환차익

(차) [계정명]	xxx	(대) 해당 외화자산 계정	xxx
		외환차익	xxx

실제 회수일의 환산액 < 회수 전 장부금액 : 외환차손

(차) [계정명]	xxx	(대) 해당 외화자산 계정	xxx
외환차손	xxx		

② 외화부채

실제 상환일의 환산액 > 상환 전 장부금액 : 외환차손			
(차) 해당 외화부채 계정	xxx	(대) [계정명]	xxx
외환차손	xxx		

실제 상환일의 환산액 < 상환 전 장부금액 : 외환차익			
(차) 해당 외화부채 계정	xxx	(대) [계정명]	xxx
		외환차익	xxx

(4) 사례

① 외화자산 사례

A사는 20x1년 10월 20일에 미국에 있는 고객사에 상품 500달러($)를 외상으로 수출하였으며 대금은 20x2년 2월 20일에 보통예금으로 회수하였다. A사의 결산일은 12월 31일이다. 각 일자별 환율이 다음과 같을 때, 회계처리를 하여 보자.

- 20x1년 10월 20일 : 1,000원/$
- 20x1년 12월 31일 : 1,100원/$
- 20x2년 2월 20일 : 1,200원/$

20x1. 10. 20.	(차) 외상매출금	500,000[1)]	(대) 상품매출	500,000
20x1. 12. 31.	(차) 외상매출금	50,000	(대) 외화환산이익	50,000[2)]
20x2. 2. 20.	(차) 보통예금	600,000	(대) 외상매출금	550,000
			외환차익	50,000[3)]

1) $500 × @1,000원 = 500,000원

2) 기말 환산액 – 환산 전 장부금액 = ($500 × @1,100원) – 500,000원 = 50,000원

3) 실제 회수일의 환산액 – 회수 전 장부금액 = ($500 × @1,200원) – 550,000원 = 50,000원

② 외화부채 사례

B사는 20x1년 10월 20일에 미국에 있는 공급처로부터 상품 300달러($)를 외상으로 매입하였으며 대금은 20x2년 2월 20일에 보통예금으로 상환하였다. B사의 결산일은 12월 31일이다. 각 일자별 환율이 다음과 같을 때, 회계처리를 하여 보자.

- 20x1년 10월 20일 : 1,000원/$
- 20x1년 12월 31일 : 1,200원/$
- 20x2년 2월 20일 : 1,100원/$

20x1. 10. 20.	(차) 상품	300,000	(대) 외상매입금	300,000[1)]
20x1. 12. 31.	(차) 외화환산손실	60,000[2)]	(대) 외상매입금	60,000
20x2. 2. 20.	(차) 외상매입금	360,000	(대) 보통예금	330,000
			외환차익	30,000[3)]

1) $300 × @1,000원 = 300,000원

2) 기말 환산액 – 환산 전 장부금액 = ($300 × @1,200원) – 300,000원 = 60,000원(부채이므로 외화환산손실)

3) 실제 상환일의 환산액 – 상환 전 장부금액 = ($300 × @1,100원) – 360,000원 = (–)30,000원(부채이므로 외환차익)

09 거래형태별 수익인식기준

빈출 최근 71회 시험 중 16회 기출

(1) 재화의 판매

① 수익인식요건

재화의 판매로 인한 수익은 다음 요건이 모두 충족될 때 인식한다.

- 재화의 소유에 따른 유의적인 위험과 보상이 구매자에게 이전된다.
- 판매자는 판매한 재화에 대하여 소유권이 있을 때 통상적으로 행사하는 정도의 관리나 효과적인 통제를 할 수 없다.
- 수익금액을 신뢰성 있게 측정할 수 있다.
- 경제적 효익의 유입 가능성이 매우 높다.
- 거래와 관련하여 발생했거나 발생할 원가를 신뢰성 있게 측정할 수 있다.

② 각 거래형태별 구체적 수익인식시기

- 일반적인 상품 및 제품 판매 : 인도한 시점
- 위탁판매 : 수탁자가 적송품을 판매한 시점
- 시용판매 : 고객이 구매의사를 표시한 시점
- 결산일 현재 운송 중에 있는 재화의 판매

선적지 인도조건	판매자가 재화를 선적하는 시점
도착지 인도조건	재화가 목적지에 도착하는 시점

- 할부판매

원 칙	인도한 시점[1]
예 외	중소기업인 경우에는 장기할부판매에 대하여 회수되는 금액으로 매출을 인식하는 것(회수기일 도래기준)도 가능

- 상품권 발행 : 상품권을 회수하고 재화를 인도하는 시점[2]
- 정기간행물

금액이 매기간 동일	구독기간에 걸쳐 매기간 동일한 금액(정액기준)으로 수익 인식
금액이 기간별로 상이	총예상판매금액을 해당 기간 금액의 비율로 안분하여 수익 인식

[1] 단, 장기할부판매의 경우에는 인도시점에 현재가치로 수익(매출)을 인식하고, 명목금액과 현재가치의 차액(현재가치할인차금)은 기간 경과에 따라 수익(이자수익)을 인식한다.

[2] 상품권을 판매하는 시점에는 수익을 인식하지 않고, 받은 돈을 부채(선수금)로 기록한다.

(2) 용역의 제공

① 수익인식요건

용역의 제공으로 인한 수익은 다음 요건이 모두 충족될 때 진행기준[1]에 따라 인식한다.

- 거래 전체의 수익금액을 신뢰성 있게 측정할 수 있다.
- 경제적 효익의 유입 가능성이 매우 높다.
- 진행률을 신뢰성 있게 측정할 수 있다.
- 이미 발생한 원가 및 거래의 완료를 위하여 투입하여야 할 원가를 신뢰성 있게 측정할 수 있다.

[1] 진행기준이란 작업 진행 정도에 따라 수익을 인식하는 것을 말한다.

② 각 거래형태별 구체적 수익인식시기

- 일반적인 용역매출 및 예약매출[1] : 진행기준
- 건설형 공사계약 : 장기·단기를 불문하고 모두 진행기준
- 주문개발 소프트웨어 : 진행기준
- 광고제작사의 광고제작수익 : 진행기준
- 방송사의 광고수익 : 광고를 대중에게 전달하는 시점
- 공연입장료 : 행사가 개최되는 시점
- 수강료 : 강의 기간 동안 발생기준에 따라 인식

[1] 예약매출이란 주문을 먼저 받은 후 제조하는 거래로서 도급공사, 아파트분양, 대형선박 등이 이에 해당한다.

(3) 그 밖의 거래

① 수익인식요건

자산을 타인에게 사용하게 함으로써 발생하는 이자, 배당금, 로열티 등의 수익은 다음 요건이 모두 충족될 때 인식한다.

- 수익금액을 신뢰성 있게 측정할 수 있다.
- 경제적 효익의 유입 가능성이 매우 높다.

② 각 거래형태별 구체적 수익인식시기

이자수익	유효이자율을 적용하여 발생기준에 따라 인식
배당금수익	배당금을 받을 권리와 금액이 확정되는 시점
로열티수익	관련된 계약의 경제적 실질을 반영하여 발생기준에 따라 인식

기출분개연습

* 기출문제 날짜는 학습효과를 높이기 위해 일부 수정하였으며, ㈜연습산업(코드번호 : 0301) 데이터를 사용하여 연습할 수 있습니다.

01 11월 1일 영업부 연말회식을 연말식당(간이과세자)에서 하고 법인카드(비씨카드)로 500,000원을 결제하였다. (부가가치세는 고려하지 말 것) [제81회]

02 11월 2일 영업부 직원 김사랑의 결혼 시 경조사비 지급규정에 의해 축의금 200,000원을 보통예금에서 이체하였다. [제76회]

03 11월 3일 당사는 매출거래처인 ㈜역삼에 선물을 하기 위해 ㈜홍삼에서 홍삼을 250,000원에 구입하고, 전액 당사의 비씨카드로 결제하였다. (단, 부가가치세는 고려하지 않는다) [제68회]

04 11월 4일 매출거래처 직원인 김갑수의 결혼축의금으로 500,000원을 보통예금에서 이체하였다. [제86회]

05 11월 5일 영업부서의 난방용 유류대 350,000원과 공장 작업실의 난방용 유류대 740,000원을 보통예금 이체로 결제하였다. [제42회]

06 11월 6일 전기요금 800,000원(본사관리부 300,000원, 공장 500,000원)이 보통예금 통장에서 자동 이체되었다. [제68회]

07 11월 7일 영업부가 사용하는 건물에 대한 재산세 1,260,000원을 보통예금으로 납부하였다. [제104회]

08 11월 8일 영업부서 차량에 대한 자동차세 200,000원을 보통예금으로 납부하였다. [제61회]

09 11월 9일 영업부에서 무역협회(법정단체) 일반회비 200,000원을 보통예금으로 지급하였다. [제45회]

정답 및 해설

01	11월 1일	(차) 복리후생비(판관비)	500,000	(대) 미지급금(비씨카드)	500,000
02	11월 2일	(차) 복리후생비(판관비)	200,000	(대) 보통예금	200,000
03	11월 3일	(차) 기업업무추진비(판관비)	250,000	(대) 미지급금(비씨카드)	250,000
04	11월 4일	(차) 기업업무추진비(판관비)	500,000	(대) 보통예금	500,000
05	11월 5일	(차) 수도광열비(판관비)	350,000	(대) 보통예금	1,090,000
		가스수도료(제조)	740,000		
06	11월 6일	(차) 수도광열비(판관비)	300,000	(대) 보통예금	800,000
		전력비(제조)	500,000		
07	11월 7일	(차) 세금과공과(판관비)	1,260,000	(대) 보통예금	1,260,000
08	11월 8일	(차) 세금과공과(판관비)	200,000	(대) 보통예금	200,000
09	11월 9일	(차) 세금과공과(판관비)	200,000	(대) 보통예금	200,000

10 11월 10일 KBC 방송국의 납품입찰에 들어가기 위하여 보증보험에 가입하면서, 보험료 900,000원(보험기간 : 올해 11월 10일~올해 12월 31일)을 현금으로 지급하였다. [제40회]

11 11월 11일 매출거래처에게 제품을 화물차로 보내고 운임 300,000원을 현금으로 지급한 뒤 운송장을 발급받았다. (부가가치세는 무시할 것) [제80회]

12 11월 12일 당사가 보유하는 ㈜한경상사 주식에 대하여 2,000,000원이 중간배당되어 당사의 보통예금에 입금되었다. (단, 원천징수세액은 고려하지 말 것) [제66회]

13 11월 13일 ㈜발산실업에게 지급해야 할 외상매입금 10,000,000원 중에서 50%는 보통예금 계좌에서 송금하였고 나머지 50%는 채무를 면제받았다. [제72회]

14 기말 현재 장기대여금 계정과목 중에는 RET사에 외화로 빌려준 10,000,000원($10,000)이 계상되어 있다. 기말 현재 기준환율은 $1당 1,200원이다. 기말수정분개를 하시오. [제87회]

15 올해 10월 1일 미국의 ABS사로부터 $100,000를 3년 후 상환하는 조건으로 차입하였다. 환율정보가 다음과 같을 때 결산분개를 하시오. (단, 외화장기차입금 계정으로 회계처리 할 것) [제82회]

10월 1일	12월 31일
₩ 1,050 = $1	₩ 1,100 = $1

16 **11월 16일 전기에 제품을 수출한 수출거래처 STAR사의 외화외상매출금 $100,000이 전액 보통예금으로 입금되었다. 전기말 적용 환율은 $1당 1,200원으로서 외화자산·부채 평가는 적절하게 이루어졌고, 회수 시 적용환율은 $1당 1,100원이다.** (단, 외화외상매출금은 외상매출금 계정과목으로 반영할 것)

[제88회]

17 **11월 17일 뉴욕은행으로부터 차입한 외화장기차입금 $10,000와 올해 발생분 이자 $200를 보통예금으로 상환하였다. 전기말 적용환율은 $1당 1,000원이며, 상환 시 적용환율은 $1당 1,100원이다.** (단, 뉴욕은행에 대한 차입금은 외화장기차입금 계정과목으로 반영할 것)

[16년 8월 특별회차]

정답 및 해설

10	11월 10일	(차) 보험료(판관비)	900,000	(대) 현금	900,000
11	11월 11일	(차) 운반비(판관비)	300,000	(대) 현금	300,000
12	11월 12일	(차) 보통예금	2,000,000	(대) 배당금수익	2,000,000
13	11월 13일	(차) 외상매입금(㈜발산실업)	10,000,000	(대) 보통예금	5,000,000
				채무면제이익	5,000,000
14	12월 31일	(차) 장기대여금(RET)	2,000,000	(대) 외화환산이익	2,000,000[1]

1) ($10,000 × @1,200원) − 10,000,000원 = 2,000,000원(자산이므로 외환환산이익)

15	12월 31일	(차) 외화환산손실	5,000,000[1]	(대) 외화장기차입금(ABS사)	5,000,000

1) ($100,000 × @1,100원) − ($100,000 × @1,050원) = 5,000,000원(부채이므로 외환환산손실)

16	11월 16일	(차) 보통예금	110,000,000	(대) 외상매출금(STAR사)	120,000,000
		외환차손	10,000,000[1]		

1) ($100,000 × @1,100원) − ($100,000 × @1,200원) = (−)10,000,000원(자산이므로 외환차손)

17	11월 17일	(차) 외화장기차입금(뉴욕은행)	10,000,000	(대) 보통예금	11,220,000[1]
		이자비용	220,000[2]		
		외환차손	1,000,000[3]		

1) ($10,000 + $200) × @1,100원 = 11,220,000원
2) $200 × @1,100원 = 220,000원
3) ($10,000 × @1,100원) − ($10,000 × @1,000원) = 1,000,000원(부채이므로 외환차손)

핵심기출문제

* 본서에 수록된 기출문제의 날짜는 학습효과를 높이기 위하여 일부 수정함

01 ㈜세무는 홍수로 인해 재고자산이 유실되었다. 다음 자료에 따르면 재고자산이 유실된 금액은 얼마인가? [제65회]

- 기초재고자산 : 80,000원
- 당기중 매출액 : 800,000원
- 평상시 매출총이익률 : 20%
- 당기중 매입액 : 1,020,000원
- 홍수피해 후 기말재고 실사금액 : 100,000원

① 360,000원　② 460,000원　③ 560,000원　④ 640,000원

02 다음은 ㈜성일상사의 재고자산(상품) 관련 자료이다. 당기 손익계산서상 매출원가는 얼마인가? [제29회]

- 기초재고액 : 150,000원
- 매입환출 : 50,000원
- 타계정 대체액 : 20,000원 (접대목적의 거래처 증정분)
- 당기총매입액 : 270,000원
- 매입할인 : 30,000원
- 기말재고액 : 30,000원

① 270,000원　② 290,000원　③ 320,000원　④ 340,000원

03 다음 중 손익계산서상 영업이익에 영향을 미치지 않는 항목은? [제55회]

① 유형자산인 사무실 건물에 대한 감가상각비의 인식
② 판매 사원에 대한 급여의 지급
③ 매출채권에 대한 대손상각비의 인식
④ 유형자산인 기계장치의 처분으로 발생한 처분손실

04 다음 자료를 이용하여 영업이익을 계산하면 얼마인가? [제58회]

· 매출액 : 30,000,000원	· 매출원가 : 20,000,000원	· 급여 : 2,000,000원
· 소모품비 : 2,000,000원	· 감가상각비 : 800,000원	· 기업업무추진비 : 500,000원
· 세금과공과 : 200,000원	· 이자수익 : 100,000원	· 기부금 : 300,000원

① 10,000,000원 ② 6,000,000원
③ 4,500,000원 ④ 4,300,000원

정답 및 해설

01 ① · 매출총이익률 = (매출액 - 매출원가) ÷ 매출액
→ 20% = (800,000 - ?) ÷ 800,000
∴ 매출원가 = 640,000원
· 매출원가 = 기초재고 + 당기매입 - 장부상 기말재고
→ 640,000 = 80,000 + 1,020,000 - ?
∴ 장부상 기말재고 = 460,000원
· 실제 기말재고 = 장부상 기말재고 - 유실된 금액
→ 100,000 = 460,000 - ?
∴ 유실된 금액 = 360,000원

02 ② · 당기순매입액 = 당기총매입액 - 매입환출 - 매입에누리 - 매입할인
= 270,000 - 50,000 - 30,000 - 0
= 190,000원
· 타계정대체가 있을 때 상품매출원가 = (기초재고 + 당기순매입액 - 실제 기말재고) - 타계정대체
= (150,000 + 190,000 - 30,000) - 20,000
= 290,000원

03 ④ ① 감가상각비(판관비), ② 급여(판관비), ③ 대손상각비(판관비), ④ 유형자산처분손실(영업외비용)

04 ③ · 이자수익(영업외수익), 기부금(영업외비용)
· 판매비와관리비 = 급여 + 소모품비 + 감가상각비 + 기업업무추진비 + 세금과공과
= 2,000,000 + 2,000,000 + 800,000 + 500,000 + 200,000 = 5,500,000원
· 영업이익 = 매출액 - 매출원가 - 판매비와관리비
= 30,000,000 - 20,000,000 - 5,500,000 = 4,500,000원

05 재화의 판매로 인한 수익인식요건에 대한 설명으로 옳지 않은 것은? [제90회]

① 수익금액을 신뢰성 있게 측정할 수 있다.
② 판매자는 판매한 재화에 대하여 소유권이 있을 때 통상적으로 행사하는 정도의 관리나 효과적인 통제를 할 수 없다.
③ 재화의 소유에 따른 유의적인 위험과 보상이 판매자에게 있다.
④ 거래와 관련하여 발생했거나 발생할 원가를 신뢰성 있게 측정할 수 있다.

06 다음의 거래형태별 수익인식기준 중 잘못된 것은? [제80회]

① 위탁판매 : 위탁자가 수탁자에게 물건을 인도하는 시점
② 시용판매 : 고객이 구매의사를 표시하는 시점
③ 상품권 판매 : 상품권을 회수하고 재화를 인도하는 시점
④ 일반적인 상품 및 제품판매 : 인도하는 시점

07 거래처로부터 6월 10일에 상품주문을 받아서 6월 28일에 인도하였으며, 대금 중 절반은 6월 30일에 현금으로 받았고, 나머지는 7월 2일에 현금으로 받았다. 이러한 상품 판매의 수익인식시점은 언제인가? [제22회]

① 6월 10일 ② 6월 28일 ③ 6월 30일 ④ 7월 2일

08 다음 중 용역 제공에 따른 수익을 진행기준으로 인식하기 위한 요건으로 옳지 않은 것은? [제47회]

① 재화의 소유에 따른 유의적인 위험과 보상이 구매자에게 이전될 것
② 경제적 효익의 유입가능성이 매우 높을 것
③ 진행률을 신뢰성 있게 측정할 수 있을 것
④ 이미 발생한 원가 및 거래의 완료를 위하여 투입하여야 할 원가를 신뢰성 있게 측정할 수 있을 것

09 용역 제공의 거래형태별 수익인식기준과 관련하여 다음 중 옳은 것은? [제29회]

① 광고제작사 등의 광고제작수수료는 관련 용역이 모두 완료되는 시점에 수익을 인식한다.
② 수강료는 현금주의에 따라 수익을 인식한다.
③ 주문 개발하는 소프트웨어의 대가로 받는 수수료는 진행기준에 따라 수익을 인식한다.
④ 예술공연 등의 행사에서 받는 입장료는 입장권을 발매하는 시점에 수익을 인식한다.

정답 및 해설

05 ③ 재화의 소유에 따른 유의적인 위험과 보상이 구매자에게 이전된다.

06 ① 위탁판매 : 수탁자가 적송품을 판매하는 시점

07 ② 일반적인 상품 및 제품판매 : 인도하는 시점

08 ① '재화의 소유에 따른 유의적인 위험과 보상이 구매자에게 이전될 것'은 재화 판매의 수익인식요건에 해당한다.

09 ③ ① 광고제작사 등의 광고제작수수료는 진행기준에 따라 수익을 인식한다.
② 수강료는 강의 기간 동안 발생기준에 따라 수익을 인식한다.
④ 예술공연 등의 행사에서 받는 입장료는 행사가 개최되는 시점에 수익을 인식한다.

제8절 기말수정분개

01 개요

기중의 회계처리만으로는 자산·부채·자본·수익·비용을 정확하게 나타낼 수 없기 때문에, 기말 결산 때 각 계정의 실제 잔액을 파악하여 총계정원장의 잔액이 실제 잔액과 일치하도록 조정해주는 분개를 하는데, 이를 기말수정분개(또는 결산정리분개)라고 한다.

기말수정분개에 해당하는 대표적인 항목은 다음과 같다.

- 수익·비용의 발생과 이연
- 소모품의 정리
- 부가세예수금·부가세대급금의 정리
- 마이너스 통장의 정리
- 현금과부족의 정리
- 가지급금·가수금의 정리
- 화폐성 외화자산·부채의 환산
- 단기매매증권의 평가
- 매도가능증권의 평가
- 비유동부채의 유동성 대체
- 퇴직급여충당부채의 설정
- 대손충당금의 설정
- 감가상각비의 계상
- 매출원가의 계상
- 법인세비용의 계상

02 수익·비용의 발생과 이연

최근 71회 시험 중 1회 기출

(1) 수익의 발생(미수수익)

당기에 속하는 수익이지만 결산일까지 회수되지 않은 금액을 당기의 수익으로 인식한다.

(차) 미수수익 (자산)	xxx	(대) 해당 수익 계정	xxx

[사례] 당기 결산 시 : 20x1년 12월 31일 기말 결산일 현재 은행예금에 대한 당기분 이자 미수액 40,000원을 수익으로 계상하다. (이자수령일은 다음 연도 1월 2일이다)

20x1. 12. 31.	(차) 미수수익	40,000	(대) 이자수익	40,000

실제 입금 시 : 20x2년 1월 2일 은행예금에 대한 전년도분 이자 40,000원이 보통예금 계좌로 입금되었다.

20x2. 1. 2.	(차) 보통예금	40,000	(대) 미수수익	40,000

(2) 비용의 발생(미지급비용)

당기에 속하는 비용이지만 결산일까지 지급되지 않은 금액을 당기의 비용으로 인식한다.

(차) 해당 비용 계정	xxx	(대) 미지급비용(부채)	xxx

[사례] 당기 결산 시 : 20x1년 12월 31일 기말 결산일 현재 은행차입금에 대한 당기분 이자 미지급액 100,000원을 비용으로 계상하다. (이자지급일은 다음 연도 1월 2일이다)

20x1. 12. 31.	(차) 이자비용	100,000	(대) 미지급비용	100,000

실제 지급 시 : 20x2년 1월 2일 은행차입금에 대한 전년도분 이자 100,000원을 보통예금 계좌에서 이체하여 지급하였다.

20x2. 1. 2.	(차) 미지급비용	100,000	(대) 보통예금	100,000

참고 미지급금 vs 미지급비용

실무에서 미지급금과 미지급비용은 구분이 모호한 경우가 많다. 또한, 분개를 작성해야 하는 시험에서도 두 계정과목이 모두 정답으로 인정되는 경우가 많다.

수험목적으로는 기말수정분개 및 관련 분개일 때에는 미지급비용 계정과목으로, 그 외에는 미지급금 계정과목으로 회계처리하면 된다.

(3) 수익의 이연(선수수익)

당기에 이미 받은 금액 중에서 차기에 속하는 부분을 계산하여 당기의 수익에서 차감한다. (즉, 차기의 수익으로 이연시킨다)

기중에 수령액을 전액 수익으로 처리한 경우 기말수정분개			
(차) 해당 수익 계정	xxx	(대) 선수수익(부채)	xxx

[사례] 기중 입금 시 : 20x1년 6월 1일 1년분(20x1. 6. 1.~20x2. 5. 31.) 임대료 120,000원을 현금으로 미리 받고 전액 수익으로 계상하였다.

20x1. 6. 1.	(차) 현금	120,000	(대) 임대료	120,000

기말 결산 시 : 기중 회계처리에서 계상되어 있는 임대료 계정 120,000원 중 50,000원은 다음 연도 해당분 임대료임을 확인하였다. (단, 월할 계산한다)

20x1. 12. 31.	(차) 임대료	50,000	(대) 선수수익	50,000[1)]

1) · 120,000원 × (5개월/12개월) = 50,000원
· 임대료 수령액 중 최종 재무제표에 당기 수익(임대료 계정)으로 표시되는 금액 = 70,000원

기중에 수령액을 전액 부채로 처리한 경우 기말수정분개			
(차) 선수수익 (부채)	xxx	(대) 해당 수익 계정	xxx

[사례] 기중 입금 시 : 20x1년 6월 1일 1년분(20x1. 6. 1.~20x2. 5. 31.) 임대료 120,000원을 현금으로 미리 받고 전액 부채로 계상하였다.

20x1. 6. 1.	(차) 현금	120,000	(대) 선수수익	120,000

기말 결산 시 : 기중 회계처리에서 계상되어 있는 선수수익 계정 120,000원 중 50,000원이 다음 연도 해당분 임대료임을 확인하였다. (단, 월할 계산한다)

20x1. 12. 31.	(차) 선수수익	70,000	(대) 임대료	70,000[1)]

1) 임대료 수령액 중 최종 재무제표에 당기 수익(임대료 계정)으로 표시되는 금액 = 70,000원

(4) 비용의 이연(선급비용)

당기에 이미 지급한 금액 중에서 차기에 속하는 부분을 계산하여 당기의 비용에서 차감한다. (즉, 차기의 비용으로 이연시킨다)

기중에 지급액을 전액 비용으로 처리한 경우 기말수정분개			
(차) 선급비용(자산)	xxx	(대) 해당 비용 계정	xxx

[사례] 기중 지급 시 : 20x1년 10월 1일 1년분(20x1. 10. 1.~20x2. 9. 30.) 보험료 240,000원을 현금으로 미리 지급하고 전액 비용으로 계상하였다.

20x1. 10. 1.	(차) 보험료	240,000	(대) 현금	240,000

기말 결산 시 : 기중 회계처리에서 계상되어 있는 보험료 계정 240,000원 중 180,000원은 다음 연도 해당분 보험료임을 확인하였다. (단, 월할 계산한다)

20x1. 12. 31.	(차) 선급비용	180,000[1]	(대) 보험료	180,000

[1] · 240,000원 × (9개월/12개월) = 180,000원
· 보험료 지급액 중 최종 재무제표에 당기 비용(보험료 계정)으로 표시되는 금액 = 60,000원

기중에 지급액을 전액 자산으로 처리한 경우 기말수정분개			
(차) 해당 비용 계정	xxx	(대) 선급비용(자산)	xxx

[사례] 기중 지급 시 : 20x1년 10월 1일 1년분(20x1. 10. 1.~20x2. 9. 30.) 보험료 240,000원을 현금으로 미리 지급하고 전액 자산으로 계상하였다.

20x1. 10. 1.	(차) 선급비용	240,000	(대) 현금	240,000

기말 결산 시 : 기중 회계처리에서 계상되어 있는 선급비용 계정 240,000원 중 180,000원이 다음 연도 해당분 보험료임을 확인하였다. (단, 월할 계산한다)

20x1. 12. 31.	(차) 보험료	60,000[1]	(대) 선급비용	60,000

[1] 보험료 지급액 중 최종 재무제표에 당기 비용(보험료 계정)으로 표시되는 금액 = 60,000원

03 소모품의 정리

기중에 소모성 사무용품 등을 구입할 때, 지출액을 전액 비용(소모품비 계정)으로 처리하는 경우도 있고 전액 자산(소모품 계정)으로 처리하는 경우도 있다.

기말 결산일에는 구입한 소모품을 사용액과 미사용액으로 구분하여, 최종 재무제표에 사용액은 당기 비용으로, 미사용액은 자산으로 표시되도록 하는 기말수정분개를 한다.

기중에 지출액을 전액 비용으로 처리한 경우 기말수정분개

(차) 소모품 (자산)	xxx	(대) 소모품비 (비용)	xxx

[사례] 기중 구입 시 : 20x1년 9월 1일 소모성 사무용품 100,000원을 현금으로 구입하고 전액 비용으로 계상하였다.

20x1. 9. 1.	(차) 소모품비	100,000	(대) 현금	100,000

기말 결산 시 : 기중 회계처리에서 계상한 소모품비 계정 100,000원 중에서 12월 31일 기말 현재 미사용액은 40,000원이고 당기 사용액은 60,000원인 것으로 확인하였다.

20x1. 12. 31.	(차) 소모품	40,000[1)]	(대) 소모품비	40,000

1) · 전액 비용으로 처리되었던 소모품 구입액 중 당기 미사용 잔액 40,000원을 자산으로 대체한다.
· 소모품 구입액 중 최종 재무제표에 당기 비용(소모품비 계정)으로 표시되는 금액 = 60,000원

기중에 지출액을 전액 자산으로 처리한 경우 기말수정분개

(차) 소모품비 (비용)	xxx	(대) 소모품 (자산)	xxx

[사례] 기중 구입 시 : 20x1년 9월 1일 소모성 사무용품 100,000원을 현금으로 구입하고 전액 자산으로 계상하였다.

20x1. 9. 1.	(차) 소모품	100,000	(대) 현금	100,000

기말 결산 시 : 기중 회계처리에서 계상한 소모품비 계정 100,000원 중에서 12월 31일 기말 현재 미사용액은 40,000원이고 당기 사용액은 60,000원인 것으로 확인하였다.

20x1. 12. 31.	(차) 소모품비	60,000[1)]	(대) 소모품	60,000

1) · 전액 자산으로 처리되었던 소모품 구입액 중 당기 사용액 60,000원을 비용으로 대체한다.
· 소모품 구입액 중 최종 재무제표에 당기 비용(소모품비 계정)으로 표시되는 금액 = 60,000원

04 부가세예수금·부가세대급금의 정리

부가세예수금이란 외부에 재화나 용역을 공급하고 거래징수한 부가가치세로서 매출세액으로 납부하여야 하는 것을 말하며, 부채에 해당한다.

부가세대급금이란 외부로부터 재화나 용역을 구입할 때 부담하는 부가가치세로서 매입세액공제를 받을 수 있는 것을 말하며, 자산에 해당한다.

기업은 부가가치세법 규정에 따라 일정 기간마다 매출세액(부가세예수금)과 매입세액(부가세대급금)을 정리하는 분개를 한다.

매출세액이 매입세액보다 큰 경우에는 납부세액을 미지급세금 계정(부채)으로 회계처리하고, 매출세액이 매입세액보다 작은 경우에는 환급세액을 미수금 계정(자산)으로 회계처리한다.

	(차) 부가세예수금	xxx	(대) 부가세대급금	xxx
			미지급세금	xxx

[사례] 상품 매입 : 10월 15일 상품을 100,000원(부가가치세 별도)에 현금 매입하였다.

20x1. 10. 15.	(차) 상품	100,000	(대) 현금	110,000
	부가세대급금	10,000		

상품 매출 : 11월 25일 상품을 150,000원(부가가치세 별도)에 현금 판매하였다.

20x1. 11. 25.	(차) 현금	165,000	(대) 상품매출	150,000
			부가세예수금	15,000

기말 결산 시 : 장부에 기록되어 있는 부가가치세 2기 확정신고기간(10월~12월)의 매출세액(부가세예수금)은 15,000원이고 매입세액(부가세대급금)은 10,000원이다.

20x1. 12. 31.	(차) 부가세예수금	15,000	(대) 부가세대급금	10,000
			미지급세금	5,000

실제 납부 시 : 20x2년 1월 25일, 부가가치세 2기 확정신고기간(10월~12월)의 납부세액을 현금으로 납부하였다.

20x2. 1. 25.	(차) 미지급세금	5,000	(대) 현금	5,000

05 마이너스 통장의 정리

기업은 원칙적으로 보통예금에 대하여 잔고 범위 내에서만 돈을 인출할 수 있다. 그러나 신용거래의 일환으로, 예금 잔액이 부족하더라도 일정 한도까지는 금액을 인출할 수 있도록 은행과 약정을 맺을 수 있는데, 이를 흔히 마이너스 통장이라고 부른다.

기말 결산 시 마이너스 통장에서 보통예금 잔액을 초과하여 인출된 금액이 있는 경우, 이는 은행으로부터 일시적으로 차입한 금액에 해당하므로 부채로 분류되는 단기차입금 계정으로 대체한다.

(차) 보통예금	xxx	(대) 단기차입금	xxx

[사례] 당사의 보통예금은 마이너스 통장이다. 기말 결산일 현재 보통예금 차변 잔액이 (-)1,500,000원이므로 이를 단기차입금 계정으로 대체하였다.

20x1. 12. 31.	(차) 보통예금	1,500,000	(대) 단기차입금	1,500,000

06 기말수정분개

빈출 최근 71회 시험 중 13회 기출

(1) 현금과부족의 정리

현금과부족은 장부상 현금 잔액과 금고에 있는 실제 현금 잔액이 일치하지 않을 경우 그 원인이 밝혀질 때까지 임시적으로 사용하는 계정과목이다. 기말 결산 때까지 현금과부족의 원인이 밝혀지지 않을 경우에는 현금과부족 계정을 잡이익 계정(수익)이나 잡손실 계정(비용)으로 대체한다.

현금과잉의 원인이 기말 결산 때까지 밝혀지지 않을 경우

(차) 현금과부족	XXX	(대) 잡이익	XXX

[사례] 현금과잉 발생 : 20x1년 11월 1일 현재 장부상 현금 잔액은 50,000원이나 금고에 있는 실제 현금 잔액은 60,000원이다.

20x1. 11. 1.	(차) 현금	10,000	(대) 현금과부족	10,000

기말 결산 시 : 12월 31일 기말 결산 시까지 현금과잉액 10,000원의 원인이 밝혀지지 않았다.

20x1. 12. 31.	(차) 현금과부족	10,000	(대) 잡이익	10,000

현금부족의 원인이 기말 결산 때까지 밝혀지지 않을 경우

(차) 잡손실	XXX	(대) 현금과부족	XXX

[사례] 현금부족 발생 : 20x1년 11월 1일 현재 장부상 현금 잔액은 50,000원이나 금고에 있는 실제 현금 잔액은 43,000원이다.

20x1. 11. 1.	(차) 현금과부족	7,000	(대) 현금	7,000

기말 결산 시 : 12월 31일 기말 결산 시까지 현금부족액 7,000원의 원인이 밝혀지지 않았다.

20x1. 12. 31.	(차) 잡손실	7,000	(대) 현금과부족	7,000

(2) 가지급금·가수금의 정리

가지급금 또는 가수금은 금전을 지급 또는 수취하였으나 그 내용이 확정되지 않았을 경우 그 내용이 확정될 때까지 임시적으로 사용하는 계정과목이다. 이들은 미결산항목에 해당하므로 기말 결산 때까지는 반드시 적절한 계정과목으로 대체하여 최종 재무제표에는 나타나지 않도록 하여야 한다.

① 가지급금

(차) [계정명]	xxx	(대) 가지급금	xxx

[사례] 가지급 시 : 20x1년 10월 15일 영업사원에게 출장을 명하고 출장비 예상액 50,000원을 현금으로 지급하였다.

20x1. 10. 15.	(차) 가지급금	50,000	(대) 현금	50,000

기말 결산 시 : 12월 31일 출장 후 복귀한 영업사원으로부터 어림잡아 지급했던 금액 50,000원 중 40,000원은 교통비 및 숙박비 지출증빙을 제출받아 확인하고 남은 금액 10,000원은 반환받았다.

20x1. 12. 31.	(차) 여비교통비	40,000	(대) 가지급금	50,000
	현금	10,000		

② 가수금

(차) 가수금	xxx	(대) [계정명]	xxx

[사례] 가수취 시 : 20x1년 10월 15일 내용을 알 수 없는 보통예금 10,000원을 계좌이체 받았다.

20x1. 10. 15.	(차) 보통예금	10,000	(대) 가수금	10,000

기말 결산 시 : 12월 31일 원인 불명으로 계좌이체 받았던 보통예금 10,000원이 외상매출금의 회수였던 것으로 밝혀졌다.

20x1. 12. 31.	(차) 가수금	10,000	(대) 외상매출금	10,000

(3) 화폐성 외화자산·부채의 환산

기말 현재 회사가 보유하고 있는 화폐성 외화자산·부채는 결산일 현재 환율로 환산한다.

① 외화자산

기말 환산액 > 환산 전 장부금액 : 외화환산이익

(차) 해당 외화자산 계정	xxx	(대) 외화환산이익	xxx

기말 환산액 < 환산 전 장부금액 : 외화환산손실

(차) 외화환산손실	xxx	(대) 해당 외화자산 계정	xxx

[사례] 20x1년 10월 20일에 미국에 있는 고객사에 상품 500달러($)를 외상으로 수출하고 외상매출금 500,000원을 계상하였다. 20x1년 12월 31일 결산일 현재 환율은 1,100원/$이다.

20x1. 12. 31.	(차) 외상매출금	50,000	(대) 외화환산이익	50,000[1]

[1] 기말 환산액 − 환산 전 장부금액
= ($500 × @1,100원) − 500,000원 = 50,000원

② 외화부채

기말 환산액 > 환산 전 장부금액 : 외화환산손실

(차) 외화환산손실	xxx	(차) 해당 외화부채 계정	xxx

기말 환산액 < 환산 전 장부금액 : 외화환산이익

(차) 해당 외화부채 계정	xxx	(대) 외화환산이익	xxx

[사례] 20x1년 10월 20일에 미국에 있는 공급처로부터 상품 300달러($)를 외상으로 매입하고 외상매입금 300,000원을 계상하였다. 20x1년 12월 31일 결산일 현재 환율은 1,200원/$ 이다.

20x1. 12. 31.	(차) 외화환산손실	60,000[2]	(대) 외상매입금	60,000

[2] 기말 환산액 − 환산 전 장부금액
= ($300 × @1,200원) − 300,000원 = 60,000원 (부채이므로 외화환산손실)

(4) 단기매매증권의 평가

단기매매증권을 취득하여 기말 현재 보유하고 있는 경우에는 이를 기말 공정가치(시가)로 평가한다.

기말 공정가치 > 평가 전 장부금액 : 단기매매증권평가이익

(차) 단기매매증권 xxx (대) 단기매매증권평가이익 xxx

[사례] 당기중에 단기매매차익을 목적으로 매입가액 10,000원에 취득한 주식의 기말(12월 31일) 공정가치가 12,000원으로 상승하였다.

20x1. 12. 31. (차) 단기매매증권 2,000 (대) 단기매매증권평가이익 2,000

기말 공정가치 < 평가 전 장부금액 : 단기매매증권평가손실

(차) 단기매매증권평가손실 xxx (대) 단기매매증권 xxx

[사례] 당기중에 단기매매차익을 목적으로 매입가액 10,000원에 취득한 채권의 기말(12월 31일) 공정가치가 9,000원으로 하락하였다.

20x1. 12. 31. (차) 단기매매증권평가손실 1,000 (대) 단기매매증권 1,000

(5) 매도가능증권의 평가

매도가능증권을 취득하여 기말 현재 보유하고 있는 경우에는 이를 기말 공정가치(시가)로 평가한다.

기말 공정가치 > 평가 전 장부금액 : 매도가능증권평가이익

(차) 매도가능증권 xxx (대) 매도가능증권평가이익 (기타포괄손익누계액) xxx

[사례] 20x1년 3월 장기투자 목적으로 10,000원에 취득한 주식 A의 20x1년 기말(12월 31일) 공정가치가 12,000원으로 상승하였다.

20x1. 12. 31. (차) 매도가능증권 2,000[1] (대) 매도가능증권평가이익 (기타포괄손익누계액) 2,000[2]

[1] 기말 공정가치 - 평가 전 장부금액 = 12,000 - 10,000 = 2,000원

[2] 20x1년 기말 재무상태표에서 자산 항목인 매도가능증권 계정의 차변 잔액과 자본 항목인 매도가능증권평가이익 계정의 대변 잔액을 차변에서 집계하여 보면 취득원가가 된다.

재무상태표

자산		부채	
		자본	
매도가능증권	12,000	매도가능증권평가이익	2,000

차변 집계 결과

매도가능증권 (자산)	12,000
매도가능증권평가이익 (기타포괄손익누계액)	(2,000)
취득원가 (차변 집계금액)	10,000

기말 공정가치 < 평가 전 장부금액 : 매도가능증권평가손실

(차) 매도가능증권평가손실 (기타포괄손익누계액)	xxx	(대) 매도가능증권	xxx

[사례] 장기투자 목적으로 20x1년 3월 취득했던 주식 A(취득원가 10,000원, 20x1년 기말 공정가치 12,000원, 장부금액 12,000원)의 20x2년 기말(12월 31일) 공정가치가 9,000원으로 하락하였다.

20x2. 12. 31.	(차) 매도가능증권평가이익 (기타포괄손익누계액)	2,000	(대) 매도가능증권	3,000[1]
	매도가능증권평가손실 (기타포괄손익누계액)	1,000[2]		

[1] 기말 공정가치 - 평가 전 장부금액 = 9,000 - 12,000 = (-)3,000원

[2] 20x2년 기말 재무상태표에서 자산 항목인 매도가능증권 계정의 차변 잔액과 자본 항목인 매도가능증권평가손실 계정의 차변 잔액을 차변에서 집계하여 보면 취득원가가 된다.

재무상태표

자산		부채	
		자본	
매도가능증권	9,000	매도가능증권평가손실	(1,000)

차변 집계 결과

매도가능증권 (자산)	9,000
매도가능증권평가손실 (기타포괄손익누계액)	1,000
취득원가 (차변 집계금액)	10,000

(6) 비유동부채의 유동성 대체

장기차입금 등 비유동부채 중에서 당기 결산일을 기준으로 1년 이내에 만기가 도래하는 부채가 있는 경우, 결산 시 이를 비유동부채에서 유동부채(유동성장기부채 계정)로 대체한다.

(차) 장기차입금	xxx	(대) 유동성장기부채	xxx

[사례] 20x2년 12월 31일 결산일 현재 장기차입금 300,000원(차입기간 : 20x1. 4. 1.~20x3. 3. 31.)의 상환기일이 내년으로 도래하였음을 확인하였다.

20x2. 12. 31.	(차) 장기차입금	300,000	(대) 유동성장기부채	300,000

(7) 퇴직급여충당부채의 설정

기말 현재 퇴직금추계액을 구하고 이 금액이 기말 재무상태표상 퇴직급여충당부채 잔액이 되도록 퇴직급여충당부채를 추가설정(전입) 한다.

(차) 퇴직급여	xxx	(대) 퇴직급여충당부채	xxx

[사례] 20x1년 12월 31일 결산일 현재 전 종업원이 일시에 퇴사할 경우 지급해야 할 퇴직금은 1,300,000원으로 예상되었다. 당기 설정 전 장부상 퇴직급여충당부채 잔액은 800,000원이다.

20x1. 12. 31.	(차) 퇴직급여	500,000	(대) 퇴직급여충당부채	500,000[1]

1) 1,300,000 - 800,000 = 500,000원

(8) 대손충당금의 설정

기말 현재 회사가 보유하고 있는 수취채권에 대하여 각 계정별로 대손추산액을 구하고, 이 금액이 기말 재무상태표상 대손충당금 잔액이 되도록 대손충당금을 추가설정 또는 환입한다.

대손추산액 > 외상매출금, 받을어음의 기 설정 대손충당금

(차) 대손상각비 (판매비와관리비)	xxx	(대) 대손충당금	xxx

[사례] 20x1년 12월 31일 결산일 현재 외상매출금 잔액은 500,000원이다. 외상매출금에 대한 대손추정률이 1%이고 전기로부터 이월된 대손충당금 잔액이 3,000원 남아 있을 때, 기말 결산 시 대손충당금을 보충법으로 회계처리하였다.

20x1. 12. 31.	(차) 대손상각비	2,000	(대) 대손충당금	2,000[1]

1) (500,000원 × 1%) - 3,000원 = 2,000원

대손추산액 > 미수금, 대여금의 기 설정 대손충당금

(차) 기타의대손상각비 (영업외비용)	xxx	(대) 대손충당금	xxx

[사례] 20x1년 12월 31일 결산일 현재 미수금 잔액은 150,000원이다. 미수금에 대한 대손추정률이 2%이고 전기로부터 이월된 대손충당금 잔액이 없을 때, 기말 결산 시 대손충당금을 보충법으로 회계처리하였다.

20x1. 12. 31.	(차) 기타의대손상각비	3,000	(대) 대손충당금	3,000[1]

1) (150,000원 × 2%) - 0원 = 3,000원

대손추산액 < 외상매출금, 받을어음의 기 설정 대손충당금			
(차) 대손충당금	xxx	(대) 대손충당금환입 (판매비와관리비의 차감항목)	xxx

[사례] 20x1년 12월 31일 결산일 현재 외상매출금 잔액은 600,000원이다. 외상매출금에 대한 대손추정률이 1.5%이고 전기로부터 이월된 대손충당금 잔액이 10,000원 남아 있을 때, 기말 결산 시 대손충당금을 보충법으로 회계처리하였다.

20x1. 12. 31.	(차) 대손충당금	1,000[1)]	(대) 대손충당금환입	1,000

1) (600,000원 × 1.5%) - 10,000원 = (-)1,000원

대손추산액 < 미수금, 대여금의 기 설정 대손충당금			
(차) 대손충당금	xxx	(대) 대손충당금환입 (영업외수익)	xxx

[사례] 20x1년 12월 31일 결산일 현재 미수금 잔액은 500,000원이다. 미수금에 대한 대손추정률이 1%이고 전기로부터 이월된 대손충당금 잔액이 6,000원 남아 있을 때, 기말 결산 시 대손충당금을 보충법으로 회계처리하였다.

20x1. 12. 31.	(차) 대손충당금	1,000[1)]	(대) 대손충당금환입	1,000

1) (500,000원 × 1%) - 6,000원 = (-)1,000원

(9) 감가상각비의 계상

기말 현재 보유하고 있는 유형자산과 무형자산에 대하여 각 계정별로 당기 감가상각비와 당기 상각비를 계산하여 비용으로 인식한다.

(차) 감가상각비	xxx	(대) 감가상각누계액	xxx

[사례] 20x2년 12월 31일 기말 결산 시 유형자산인 기계장치에 대하여 당기 감가상각비를 인식하려고 한다. 동 기계장치는 전기인 20x1년 1월 1일에 1,000,000원에 취득한 것으로서, 총내용연수는 4년, 잔존가치는 100,000원, 감가상각방법은 정액법이다.

20x2. 12. 31.	(차) 감가상각비	225,000[1)]	(대) 감가상각누계액	225,000

1) $(\text{취득원가} - \text{잔존가치}) \times \frac{1}{\text{총내용연수}} = (1{,}000{,}000\text{원} - 100{,}000\text{원}) \times \frac{1}{4} = 225{,}000\text{원}$

(10) 매출원가의 계상

기말 결산 시 실지재고조사를 통하여 기말상품재고액을 파악한 후 이를 장부상 판매가능상품 금액에서 차감하여 상품매출원가를 계산하고 비용으로 인식한다.

장부상 기말재고와 실제 기말재고 간에 차이가 있는 경우, 정상적인 재고자산감모손실은 상품매출원가 계정(매출원가)으로, 비정상적인 재고자산감모손실은 재고자산감모손실 계정(영업외비용)으로, 재고자산평가손실은 상품매출원가 계정(매출원가)으로 회계처리한다.

장부상 기말재고에 의한 매출원가

(차) 상품매출원가	xxx	(대) 상품	xxx

정상적인 감모손실

(차) 상품매출원가	xxx	(대) 상품	xxx

비정상적인 감모손실

(차) 재고자산감모손실 (영업외비용)	xxx	(대) 상품	xxx

재고자산평가손실

(차) 상품매출원가	xxx	(대) 상품평가충당금	xxx

[사례] 상기업인 A사의 20x1년 12월 31일 결산일 현재 상품과 관련한 자료가 다음과 같을 때 기말수정분개를 하여 보자. (단, 일반기업회계기준에 따라 회계처리를 하며, 해당 상품의 특성상 수량 감소분 중 60%는 정상적인 범위인 것으로 가정함)

- 기초상품재고액 : 1,000원
- 당기상품매입액 : 60,000원
- 기말상품 내역

구 분	수 량	단 가	금 액
장부상 기말재고	200개	@20원	4,000원
재고실사 결과	100개	@20원	2,000원

20x1. 12. 31.	(차) 재고자산감모손실	800[1]	(대) 상품 (적요 8. 타계정으로 대체액)	800
20x1. 12. 31.	(차) 상품매출원가	58,200[2]	(대) 상품	58,200

[1] · 총감모손실 = (장부상 수량 – 실제 수량) × 장부상 단가
= (200개 – 100개) × @20원 = 2,000원

· 정상적인 감모손실 = 정상적인 감모수량 × 장부상 단가
= (100개 × 60%) × @20원 = 1,200원

· 비정상적인 감모손실 = 총감모손실 – 정상감모손실
= 2,000 – 1,200 = 800원

2) · (방법1)

상품매출원가 = 장부상 기말재고에 의한 매출원가 + 정상감모손실 + 재고자산평가손실
= (기초재고 + 당기매입 - 기중의 타계정대체 - 장부상 기말재고) + 정상감모손실 + 재고자산평가손실
= (1,000 + 60,000 - 0 - 4,000) + 1,200 + 0
= 57,000 + 1,200 + 0
= 58,200원

· (방법2)

상품매출원가 = (기초재고 + 당기매입 - 실제 기말재고) - 타계정대체
= (기초재고 + 당기매입 - 실제 기말재고) - 기중의 타계정대체 - 비정상감모손실
= (1,000 + 60,000 - 2,000) - (0 + 800)
= (61,000 - 2,000) - 0 - 800
= 58,200원

(11) 법인세비용의 계상

기말 결산 시 법인세비용차감전순이익에 대하여 회사가 납부하여야 하는 법인세부담액(법인세비용)을 계산하여 비용으로 인식하고, 법인세부담액에서 회계연도 중에 미리 납부한 중간예납세액 및 원천납부세액 금액(선납세금)을 차감하여 법인세부담액 중 아직 납부하지 않은 금액(미지급세금)을 구하고 이를 부채로 인식한다.

(차) 법인세등[1]	xxx	(대) 선납세금	xxx
		미지급세금	xxx

[사례] 20x1년 12월 31일, 기말 결산 시 법인세비용차감전순이익에 대한 법인세 추산액은 1,200,000원이다. 법인세 중간예납세액과 원천납부세액은 장부상 선납세금 501,540원으로 계상되어 있다.

20x1. 12. 31.	(차) 법인세등	1,200,000	(대) 선납세금	501,540
			미지급세금	698,460

[1] KcLep 프로그램에서는 '법인세비용' 대신 '법인세등' 계정과목을 사용한다.

기출분개연습

* 기출문제 날짜는 학습효과를 높이기 위해 일부 수정하였으며, ㈜연습산업(코드번호 : 0301) 데이터를 사용하여 연습할 수 있습니다.

01 아래의 자료에 근거하여 정기예금에 대한 당기분 경과이자를 회계처리 하시오. [제94회]

- 예금금액 : 300,000,000원
- 연 이자율 : 1%(월할 계산할 것)
- 가입기간 : 올해 4. 1.~내년 3. 31.
- 이자수령시점 : 만기일(내년 3. 31.)에 일시불 수령

02 올해 5월 1일 하나은행으로부터 3억 원을 연 4%의 이자율로 1년간 차입하였다. 이자는 원금상환과 함께 1년 후에 보통예금에서 지급할 예정이다. (단, 월할 계산할 것) [제96회]

03 9월 1일 사무실 건물 중 일부를 12개월간 임대(임대기간 : 올해 9. 1.~내년 8. 31.)하고, 12개월분 임대료 12,000,000원 전액을 수령하여 임대료(영업외수익)로 회계처리하였다. (부가가치세는 고려하지 않으며, 월할 계산할 것) [제56회]

04 10월 1일에 영업부서에서 납부한 자동차보험료(보험계약기간 : 올해 10. 1.~내년 9. 30.) 1,200,000원에 대하여 모두 보험료 계정으로 회계처리하였다. (월할 계산할 것) [제54회]

05 영업부서에서 월간기술지를 6개월 정기구독(정기구독기간 : 올해 12. 1.~내년 5. 31.)하고 구독료 900,000원을 12월 1일에 전액 지급하고 선급비용으로 회계처리하였다. (월할 계산할 것) [제66회]

06 당사는 광고 선전 목적으로 구입한 탁상시계를 광고선전비(판관비)로 계상하였으나, 결산 시 미사용분 500,000원을 소모품으로 대체하였다. [제94회]

정답 및 해설

01 12월 31일 (차) 미수수익 2,250,000 (대) 이자수익 2,250,000[1)]

1) (300,000,000원 × 연 1%) × (9개월/12개월) = 2,250,000원

02 12월 31일 (차) 이자비용 8,000,000[1)] (대) 미지급비용 8,000,000

1) (300,000,000원 × 4%) × (8개월/12개월) = 8,000,000원

03 12월 31일 (차) 임대료 8,000,000[1)] (대) 선수수익 8,000,000

1) 12,000,000원 × (8개월/12개월) = 8,000,000원
(→ 임대료 수령액 중 당기 수익(임대료)으로 계상되는 금액 = 4,000,000원)

참고 if 기중 임대료 수령 시 12,000,000원을 전액 수익(임대료)이 아니라 부채(선수수익)으로 처리한 경우라면, 기말수정분개는 아래와 같다.

12월 31일 (차) 선수수익 4,000,000 (대) 임대료 4,000,000[2)]

2) 12,000,000원 × (4개월/12개월) = 4,000,000원
(→ 임대료 수령액 중 당기 수익(임대료)으로 계상되는 금액 = 4,000,000원)

04 12월 31일 (차) 선급비용 900,000 (대) 보험료(판관비) 900,000[1)]

1) 1,200,000원 × (9개월/12개월) = 900,000원

05 12월 31일 (차) 도서인쇄비(판관비) 150,000[1)] (대) 선급비용 150,000

1) 당기 비용으로 계상되는 금액 = 900,000원 × (1개월/6개월) = 150,000원

06 12월 31일 (차) 소모품 500,000 (대) 광고선전비(판관비) 500,000

07 당사는 영업부서에서 사용할 소모품 5,000,000원을 올해 연중에 구입하고 전액 소모품 계정과목으로 회계처리하였는데, 기말에 소모품 잔액을 확인해보니 500,000원이 남아있었다. [제75회]

08 제2기 확정신고기간의 부가가치세와 관련된 내용이 다음과 같다고 가정한다. 12월 31일 부가세예수금과 부가세대급금을 정리하는 회계처리를 하시오. (단, 납부세액(또는 환급세액)은 미지급세금(또는 미수금)으로, 경감공제세액은 잡이익으로 회계처리할 것) [제72회]

- 부가가치세 대급금 : 25,000,000원
- 부가가치세 예수금 : 55,000,000원
- 전자신고세액공제 : 10,000원

09 당사는 별빛은행으로부터 1년마다 갱신조건의 마이너스 통장(보통예금)을 개설하였다. 12월 31일 현재 통장잔고는 (-)10,154,000원이다. [제98회]

10 당기중 현금시재가 부족하여 현금과부족으로 처리했던 130,000원을 결산일에 확인한 결과 내용은 다음과 같았다. (단, 기중에 인식된 현금과부족은 적절히 회계처리되었다고 가정하며, 회계처리 날짜는 결산일로 한다) [제78회]

내 용	금 액	비 고
영업부 매출 거래처 대표이사의 자녀 결혼 축의금	100,000원	적절한 계정과목 선택
원재료 매입 시 운반비 지급액 누락분(간이영수증 수령)	30,000원	적절한 계정과목 선택

11 독일의 벤스에서 차입한 외화장기차입금 4,500,000원(차입 당시 900원/$)에 대한 결산일 현재의 환율은 1,150원/$이다. (단, 외화장기차입금 계정과목으로 반영할 것) [제68회]

12 당기말 현재 보유하고 있는 단기매매증권의 내역은 다음과 같다. [제90회]

주식명	취득일	주식수	전기말 주당 공정가치	당기말 주당 공정가치
㈜갑돌	전년도 12. 30.	1,000주	105,000원	115,000원

정답 및 해설

07 12월 31일	(차) 소모품비(판관비)	4,500,000[1]	(대) 소모품	4,500,000

[1] 당기 비용으로 계상되는 금액 = 5,000,000원 - 500,000원 = 4,500,000원

08 12월 31일	(차) 부가세예수금	55,000,000	(대) 부가세대급금	25,000,000
			잡이익	10,000
			미지급세금	29,990,000
09 12월 31일	(차) 보통예금	10,154,000	(대) 단기차입금(별빛은행)	10,154,000
10 12월 31일	(차) 기업업무추진비(판관비)	100,000	(대) 현금과부족	130,000
	원재료	30,000		
11 12월 31일	(차) 외화환산손실	1,250,000[1]	(대) 외화장기차입금(벤스)	1,250,000

[1] ($5,000 × @1,150) - ($5,000 × @900) = 1,250,000원(부채이므로 외화환산손실)

12 12월 31일	(차) 단기매매증권	10,000,000	(대) 단기매매증권평가이익	10,000,000[1]

[1] (1,000주 × @115,000원) - (1,000주 × @105,000원) = 10,000,000원

13 시장성이 있는 주식인 매도가능증권에 대한 보유내역이 다음과 같다. 20x2년 기말 매도가능증권 평가에 대한 회계처리를 하시오. [제55회]

- 20x1년 취득원가 : 2,000,000원
- 20x1년 기말 공정가치 : 2,200,000원
- 20x2년 기말 공정가치 : 1,900,000원

14 서울은행으로부터 차입한 장기차입금 중 100,000,000원은 내년 9월 30일에 상환기일이 도래한다. [제99회]

15 퇴직급여충당부채를 설정하기 전 기말 현재 퇴직급여추계액 및 퇴직급여충당부채의 잔액은 다음과 같다. 퇴직급여충당부채는 퇴직급여추계액의 100%를 설정한다. [제72회]

구 분	퇴직급여추계액	퇴직급여충당부채 잔액
본사 사무직	15,000,000원	6,000,000원

16 당기(20x3년) 결산항목 반영 전에 개발비의 기초 미상각잔액 7,200,000원이 있다. 이는 20x1년 1월 초에 취득한 것으로서 취득 후 즉시 사용하였으며 모든 무형자산은 사용 가능 시점부터 5년간 상각한다. (월할 상각하고, 비용은 판매비와관리비로 분류한다) [제63회]

17 당기분 법인세(지방소득세 포함)가 10,500,000원으로 계산되었다. 단, 회사는 당기 법인세 중간예납세액 4,600,000원을 납부 시점에 법인세등 계정으로 회계처리하였다. 추가 납부할 세금은 미지급세금 계정으로 회계처리한다. [제63회]

정답 및 해설

13 12월 31일 (차) 매도가능증권평가이익 200,000 (대) 매도가능증권(투자) 300,000
매도가능증권평가손실 100,000[1)]

1) 당기말 재무상태표에서 매도가능증권 계정과 매도가능증권평가손실 계정의 잔액을 차변으로 집계하여 보면 취득원가 금액이 된다.

매도가능증권 (투자자산)	1,900,000
매도가능증권평가손실 (기타포괄손익누계액)	100,000
취득원가 (차변 집계금액)	2,000,000

14 12월 31일 (차) 장기차입금(서울은행) 100,000,000 (대) 유동성장기부채(서울은행) 100,000,000

15 12월 31일 (차) 퇴직급여(판관비) 9,000,000 (대) 퇴직급여충당부채 9,000,000

16 12월 31일 (차) 무형자산상각비(판관비) 2,400,000 (대) 개발비 2,400,000[1)]

1) (전기말 미상각잔액 - 잔존가치) ÷ 기초 현재 잔여내용연수
= (7,200,000원 - 0원) ÷ (5년 - 2년) = 2,400,000원

참고 무형자산 상각 시, 별도의 언급이 없는 경우 잔존가치는 '0', 상각방법은 '정액법'인 것으로 본다.

17 12월 31일 (차) 법인세등 5,900,000[1)] (대) 미지급세금 5,900,000

1) 10,500,000원 - 4,600,000원 = 5,900,000원
(→ 당기 비용(법인세등)으로 계상되는 금액 = 10,500,000원)

참고 if 기중 법인세 중간예납세액 납부 시 4,600,000원을 비용(법인세등)이 아니라 자산(선납세금)으로 처리한 경우라면, 기말 수정분개는 아래와 같다.

12월 31일 (차) 법인세등 10,500,000[2)] (대) 선납세금 4,600,000
미지급세금 5,900,000

2) 법인세(지방소득세 포함) 계산 금액 = 10,500,000원
(→ 당기 비용(법인세등)으로 계상되는 금액 = 10,500,000원)

핵심기출문제

* 본서에 수록된 기출문제의 날짜는 학습효과를 높이기 위하여 일부 수정함

01 결산 수정 전 당기순이익이 950,000원이었다. 기말 정리사항이 다음과 같을 때 수정 후 당기순이익은 얼마인가? [제20회]

- 미수이자 40,000원 과소계상
- 미지급임차료 15,000원 과소계상
- 선수임대료 33,000원 과소계상
- 선급보험료 50,000원 과소계상

① 992,000원 ② 958,000원 ③ 942,000원 ④ 908,000원

02 수정분개를 하기 전의 당기순이익은 500,000원이었다. 수정 전 당기순이익을 계산할 때 선급비용 10,000원을 당기의 비용으로 계상하였고, 미수수익 6,000원이 고려되지 않았다. 수정분개를 반영한 정확한 당기순이익은 얼마인가? [제74회]

① 484,000원 ② 496,000원 ③ 504,000원 ④ 516,000원

03 ㈜나라는 올해 4월 1일 다음의 조건으로 10,000,000원을 차입하였으며, 차입일에는 이자비용에 대한 회계처리를 하지 않았다. 올해 12월 31일 이자비용에 대한 결산분개를 누락한 경우 재무제표에 미치는 영향으로 올바른 것은? (단, 월할 계산한다) [제79회]

- 만기일 : 내년 3월 31일
- 연 이자율 : 12%
- 원금 및 이자 : 만기일에 전액 상환

① 자산 300,000원 과소계상 ② 부채 900,000원 과소계상
③ 자본 300,000원 과대계상 ④ 비용 900,000원 과대계상

정답 및 해설

01 ① · 미수수익 과소계상을 수정하는 회계처리 = 미수수익 누락을 추가반영하는 회계처리 (ⓐ)

(차) 미수수익 (자산의 증가) 40,000 (대) 이자수익 (수익의 증가) 40,000

(→ 미수수익(자산) 증가 → 수익 증가 → 당기순이익 증가)

· 미지급비용 과소계상을 수정하는 회계처리 = 미지급비용 누락을 추가반영하는 회계처리 (ⓑ)

(차) 임차료 (비용의 증가) 15,000 (대) 미지급비용 (부채의 증가) 15,000

(→ 미지급비용(부채) 증가 → 비용 증가 → 당기순이익 감소)

· 선수수익 과소계상을 수정하는 회계처리 = 선수수익 누락을 추가반영하는 회계처리 (ⓒ)

(차) 임대료 (수익의 감소) 33,000 (대) 선수수익 (부채의 증가) 33,000

(→ 선수수익(부채) 증가 → 수익 감소 → 당기순이익 감소)

· 선급비용 과소계상을 수정하는 회계처리 = 선급비용 누락을 추가반영하는 회계처리 (ⓓ)

(차) 선급비용 (자산의 증가) 50,000 (대) 보험료 (비용의 감소) 50,000

(→ 선급비용(자산) 증가 → 비용 감소 → 당기순이익 증가)

· 수정 후 당기순이익 = 수정 전 당기순이익 + ⓐ - ⓑ - ⓒ + ⓓ
= 950,000 + 40,000 - 15,000 - 33,000 + 50,000
= 992,000원

02 ④ · 선급비용 과소계상을 수정하는 회계처리 = 선급비용 누락을 추가반영하는 회계처리 (ⓐ)

(차) 선급비용 (자산의 증가) 10,000 (대) 보험료 등 (비용의 감소) 10,000

(→ 선급비용(자산) 증가 → 비용 감소 → 당기순이익 증가)

· 미수수익 과소계상을 수정하는 회계처리 = 미수수익 누락을 추가반영하는 회계처리 (ⓑ)

(차) 미수수익 (자산의 증가) 6,000 (대) 이자수익 등 (수익의 증가) 6,000

(→ 미수수익(자산) 증가 → 수익 증가 → 당기순이익 증가)

· 수정 후 당기순이익 = 수정 전 당기순이익 + ⓐ + ⓑ
= 500,000 + 10,000 + 6,000
= 516,000원

03 ② · 누락된 회계처리

(차) 이자비용 (비용의 증가) 900,000[1] (대) 미지급비용 (부채의 증가) 900,000

[1] (10,000,000원 × 12%) × (9개월/12개월) = 900,000원

· 회계처리를 누락하는 경우, 재무제표에 미치는 영향
비용 과소, 부채 과소 → 당기순이익 과대 → 자본 과대

제9절 회계변경과 오류수정

01 회계변경

빈출 최근 71회 시험 중 18회 기출

회계변경에는 회계정책의 변경과 회계추정의 변경이 있으며, 정당한 사유가 있는 경우에만 변경이 가능하다.

(1) 회계변경의 정당한 사유

정당한 사유에 의한 회계정책 및 회계추정 변경의 예는 다음과 같다.

- 합병, 사업부 신설, 대규모 투자, 사업의 양수도 등 **기업환경의 중대한 변화**에 의하여 총자산이나 매출액, 제품의 구성 등이 현저히 변동됨으로써 종전의 회계정책을 적용할 경우 재무제표가 왜곡되는 경우
- **동종산업에 속한 대부분의 기업이 채택**한 회계정책 또는 추정방법으로 변경함에 있어서 새로운 회계정책 또는 추정방법이 종전보다 **더 합리적이라고 판단**되는 경우
- **일반기업회계기준의 제정, 개정** 또는 기존의 일반기업회계기준에 대한 **새로운 해석**에 따라 회계변경을 하는 경우

참고 정당한 회계변경으로 보지 않는 경우

- 단순히 세법의 규정을 따르기 위한 회계변경
- 이익조정을 주된 목적으로 한 회계변경

(2) 회계정책의 변경과 회계추정의 변경

구 분	회계정책의 변경	회계추정의 변경
정 의	· 재무제표의 작성과 보고에 적용하던 회계처리방법을 다른 방법으로 바꾸는 것	· 지금까지 사용해오던 회계적 추정치를 바꾸는 것
예	· 재고자산 평가방법 변경 예 선입선출법 → 총평균법 · 유가증권 단가산정방법 변경 예 총평균법 → 이동평균법	· 재고자산 진부화 여부 판단 및 평가 · 우발부채 금액 추정 · 대손추정률 변경 예 1% → 2% · 감가상각자산 내용연수 변경 예 5년 → 10년 · 감가상각자산 잔존가치 변경 예 10,000원 → 20,000원 · **감가상각방법 변경** 예 정액법 → 정률법
적용방법	· 원칙 : **소급법**[1)] · 예외 : 전진법[2)]	· **전진법**[3)4)]
기 타	· 회계정책의 변경과 회계추정의 변경이 동시에 이루어지는 경우에는 회계정책의 변경에 의한 누적효과를 먼저 계산하여 소급적용한 후, 회계추정의 변경효과를 전진적으로 적용한다. · 회계변경의 속성상 그 효과를 회계정책의 변경효과와 회계추정의 변경효과로 구분하기가 불가능한 경우에는 이를 **회계추정의 변경**으로 본다.	

1) 회계정책의 변경은 소급하여 적용하는 것이 원칙이다.

2) 회계정책의 변경에 따른 누적효과를 합리적으로 결정하기 어려운 경우에는 전진법을 적용한다.
3) 회계추정의 변경은 전진적으로 처리하여 그 효과를 당기와 당기 이후의 기간에 반영한다. 회계추정 변경의 효과는 당해 회계연도 개시일부터 적용한다.
4) 기간별 비교가능성을 제고하기 위하여 회계추정 변경의 효과는 변경 전 사용하였던 손익계산서 항목과 동일한 항목으로 처리한다.

기출포인트

· 회계처리방법을 바꾸는 것은 회계정책의 변경, 회계적 추정치를 바꾸는 것은 회계추정의 변경에 해당한다.
· 예외적으로, '감가상각방법의 변경'은 회계정책의 변경이 아니라 회계추정의 변경에 해당한다.

02 오류수정

최근 71회 시험 중 **4**회 기출

오류수정이란 전기 또는 그 이전의 재무제표에 포함된 회계적 오류를 당기에 발견하여 이를 수정하는 것을 말한다.

오류는 중대한 오류와 중대하지 않은 오류로 구분하며, 중대한 오류란 재무제표의 신뢰성을 심각하게 손상할 수 있는 매우 중요한 오류를 말한다.

구 분	중대한 오류	중대하지 않은 오류
수정방법	· 소급법	· 당기일괄처리법
회계처리	· 자산, 부채 및 자본의 기초 금액에 반영한다.1)	· 당기 손익계산서에 영업외수익(비용) 중 전기오류수정이익(손실)로 반영한다.

1) 비교재무제표를 작성하는 경우 중대한 오류의 영향을 받는 회계기간의 재무제표 항목은 재작성하고, 비교재무제표에 보고된 최초회계기간 이전에 발생한 중대한 오류의 수정에 대하여는 당해 최초회계기간의 자산, 부채, 자본의 기초 금액에 반영한다.

참고 오류수정 시, 소급법의 적용을 중대한 오류의 경우로 한정한 이유
모든 오류수정에 소급법을 적용한다면 재무제표를 빈번하게 재작성하게 됨에 따라 재무제표의 신뢰성을 훼손시킬 수 있기 때문이다.

03 회계변경과 오류수정의 회계처리 비교

최근 71회 시험 중 **4**회 기출

회계변경과 오류수정에 대한 회계처리방법에는 소급법, 당기일괄처리법, 전진법이 있다.

구 분	소급법	당기일괄처리법	전진법
대 상	· 회계정책의 변경 · 중대한 오류의 수정	· 중대하지 않은 오류의 수정	· 회계추정의 변경
회계처리 효과	· 전기 재무제표를 재작성 ○ · 자산, 부채, 자본의 기초 금액에 반영	· 전기 재무제표를 재작성 × · 당기(오류발견연도) 손익에 전액 반영	· 전기 재무세표를 재작성 × · 당기와 당기 이후 기간에 반영
장 점	· (기간별) 비교가능성 높음	· 신뢰성 높음	· 신뢰성 높음
단 점	· 신뢰성 낮음	· (기간별) 비교가능성 낮음	· (기간별) 비교가능성 낮음

기출분개연습

* 기출문제 날짜는 학습효과를 높이기 위해 일부 수정하였으며, ㈜연습산업(코드번호 : 0301) 데이터를 사용하여 연습할 수 있습니다.

01 9월 30일 본사 건물에 대한 감가상각비가 전년도에 500,000원만큼 과대계상된 오류를 발견하였다. 본 사항은 중대하지 않은 오류로 판단된다. [제67회]

02 당기(20x3년) 12월 31일에 기말수정분개를 하려고 한다. 20x3년 1월 1일 영업권(무형자산) 미상각잔액이 4,000,000원이 있으며, 이 영업권은 20x1년 1월 초에 취득한 것이다. 회사는 당해연도(20x3년)부터 영업권의 총내용연수를 기존 10년에서 6년으로 변경하였다. (단, 회계추정의 변경은 기업회계기준에 적합한 것으로 가정하며 상각방법은 정액법이고, 비용은 판매비와관리비로 분류하며 월할 계산한다) [제85회]

정답 및 해설

01 9월 30일 (차) 감가상각누계액(건물) 500,000 (대) 전기오류수정이익(영업외수익) 500,000

02 12월 31일 (차) 무형자산상각비(판관비) 1,000,000 (대) 영업권 1,000,000[1]

[1] · 회계추정의 변경은 당해 회계연도 개시일부터 전진적으로 처리하여 그 효과를 당기와 당기 이후 기간에 반영한다.
· 무형자산 상각 시, 별도의 언급이 없는 경우 잔존가치는 '0'인 것으로 본다.
· 당기초 미상각잔액 = 4,000,000원
· 당기상각비 계산 시 기초 현재 잔여내용연수 = 변경된 총내용연수 - 경과된 내용연수
= 6년 - 2년 = 4년
· 당기 상각비 = (전기말 미상각잔액 - 잔존가치) ÷ 기초 현재 잔여내용연수
= (4,000,000원 - 0원) ÷ 4년 = 1,000,000원

핵심기출문제

* 본서에 수록된 기출문제의 날짜는 학습효과를 높이기 위하여 일부 수정함

01 다음 중 정당한 회계변경으로 볼 수 없는 경우는? [제40회]

① 동종산업에 속한 대부분의 기업이 채택한 회계정책 또는 추정방법으로 변경함에 있어서 새로운 회계정책 또는 추정방법이 종전보다 더 합리적이라고 판단되는 경우
② 기업회계기준의 제정, 개정 또는 기존의 기업회계기준에 대한 새로운 해석에 따라 회계변경을 하는 경우
③ 합병, 사업부 신설 등 기업환경의 중대한 변화에 의하여 총자산이나 매출액, 제품의 구성 등이 현저히 변동됨으로써 종전의 회계정책을 적용할 경우 재무제표가 왜곡되는 경우
④ 세법의 규정이 변경되어 회계처리를 변경해야 하는 경우

02 회계변경에 관한 다음 설명 중 옳지 않은 것은? [제57회]

① 회계정책의 변경은 소급하여 적용하는 것이 원칙이다.
② 회계추정의 변경은 전진적으로 처리한다.
③ 회계정책의 변경과 회계추정의 변경이 동시에 이루어지는 경우에는 회계정책의 변경에 의한 누적효과를 먼저 계산하여 소급적용한 후, 회계추정의 변경효과를 전진적으로 적용한다.
④ 회계변경의 속성상 그 효과를 회계정책의 변경효과와 회계추정의 변경효과로 구분하기가 불가능한 경우에는 이를 회계정책의 변경으로 본다.

03 회계추정의 변경에 관한 다음 설명 중 옳지 않은 것은? [제38회]

① 회계추정의 변경은 전진적으로 처리하여 그 효과를 당기와 당기 이후의 기간에 반영한다.
② 기간별 비교가능성을 제고하기 위하여 회계추정 변경의 효과는 변경 전 사용하였던 손익계산서 항목과 동일한 항목으로 처리한다.
③ 회계추정 변경의 효과는 당해 회계연도 종료일부터 적용한다.
④ 회계추정에는 대손의 추정, 재고자산의 진부화 여부에 대한 판단과 평가, 감가상각자산의 내용연수 추정 등이 있다.

정답 및 해설

01 ④ 단순히 세법의 규정을 따르기 위한 회계변경은 정당한 회계변경으로 보지 아니한다.

02 ④ 회계변경의 속성상 그 효과를 회계정책의 변경효과와 회계추정의 변경효과로 구분하기가 불가능한 경우에는 이를 회계추정의 변경으로 본다.

03 ③ 회계추정 변경의 효과는 당해 회계연도 개시일부터 적용한다.

04 다음 중 회계추정의 변경에 해당하지 않는 것은? [제98회]

① 재고자산 평가방법을 후입선출법에서 선입선출법으로 변경하는 경우
② 기계설비의 감가상각 대상 내용연수를 5년에서 8년으로 변경하는 경우
③ 매출채권에 대한 대손추정률을 1%에서 2%로 변경하는 경우
④ 비품의 감가상각방법을 정률법에서 정액법으로 변경하는 경우

05 다음 중 오류수정에 의한 회계처리 대상이 아닌 것은? [제32회]

① 전기말 기말재고자산의 과소계상
② 전기 미지급비용의 과소계상
③ 전기 감가상각비의 과대계상
④ 선입선출법에서 총평균법으로 재고자산 평가방법의 변경

06 다음 중 오류수정에 대한 설명으로 옳지 않은 것은? [제62회]

① 당기에 발견한 전기 또는 그 이전 기간의 중대하지 않은 오류는 당기 손익계산서에 영업외손익 중 전기오류수정손익으로 반영한다.

② 전기 또는 그 이전 기간에 발생한 중대한 오류의 수정은 전진적으로 처리하여 그 효과를 당기와 당기 이후의 기간에 반영한다.

③ 비교재무제표를 작성하는 경우 중대한 오류의 영향을 받는 회계기간의 재무제표 항목은 재작성하고, 비교재무제표에 보고된 최초회계기간 이전에 발생한 중대한 오류의 수정에 대하여는 당해 최초회계기간의 자산, 부채, 및 자본의 기초금액에 반영한다.

④ 중대한 오류는 재무제표의 신뢰성을 심각하게 손상할 수 있는 매우 중요한 오류를 말한다.

정답 및 해설

04 ① · 회계처리방법을 바꾸는 것(예 재고자산 평가방법을 후입선출법에서 선입선출법으로 변경)은 회계정책의 변경에 해당한다.
· 회계적 추정치를 바꾸는 것(예 감가상각 대상 내용연수를 변경, 대손추정률을 변경)은 회계추정의 변경에 해당한다.
· 예외적으로, '감가상각방법의 변경'은 회계정책의 변경이 아니라 회계추정의 변경에 해당한다.

05 ④ 재고자산 평가방법의 변경은 오류수정이 아니라 회계정책의 변경에 해당한다.

06 ② 전기 또는 그 이전 기간에 발생한 중대한 오류의 수정은 소급법을 적용하여 자산, 부채 및 자본의 기초금액에 반영한다.

제 2 장

원가회계

제 2 장

원가회계

Overview

원가회계는 이론시험 전체 15문제에서 5문제가 출제된다.
(이론시험 : 1문제당 2점의 배점으로 출제되어 총 30점 만점으로 구성)

원가회계는 제조기업의 재고자산인 제품의 원가를 계산하는 데에 필요한 이론을 설명하고 있다. 다른 이론과목보다 계산 문제가 많이 출제되어 이해 중심의 체계적인 학습이 필요하다. 본장은 원가의 흐름을 시각화하여 이론을 자연스럽게 이해하고, 관련 사례를 학습하여 이론형 문제와 계산형 문제를 완벽 대비할 수 있게 구성되어 있다.

출제비중

구 분	출제비중(5문제)
제1절 원가회계의 기본개념	5문제가 출제된다. 제5절 종합원가계산의 출제빈도가 가장 높다.
제2절 원가의 흐름	
제3절 보조부문의 원가배분	
제4절 개별원가계산	
제5절 종합원가계산*	

*전산회계 1급에서 전산세무 2급에 추가되는 부분입니다. 학습전략 '3. 전산회계 1급 동시 학습'을 참고하여 학습하시기 바랍니다.

학습전략

1. 이해 위주의 학습

시험에서 내용 이해 위주의 문제가 출제되므로 용어의 암기보다는 전체적인 흐름을 이해하는 데에 초점을 두고 학습하는 것이 중요하다.

2. 계산식의 이해

제2장 원가회계는 계산형 문제의 출제빈도가 높다. 기출문제에서는 변형된 계산식이 출제되므로 단순히 계산식을 암기하려 한다면 실제 시험에 적용하기 어렵다. 따라서 계산식이 어떻게 만들어지는지, 어떤 방법으로 사용되는지에 대하여 이해하는 것이 중요하다.

3. 전산회계 1급 동시 학습

전산회계 1급을 함께 학습하고 있거나, 이미 학습한 경우 전산세무 2급에 추가되는 내용을 집중적으로 학습한다. 전산회계 1급에서는 출제범위가 아니지만 전산세무 2급에서 추가로 출제되는 내용은 다음과 같다.

[제5절 종합원가계산] : 공손원가 관련 고려사항, 결합원가계산

제 1 절 원가회계의 기본개념

01 원가회계의 정의

회계는 주된 정보이용자가 외부정보이용자(주주, 은행, 일반대중 등)인지 내부정보이용자(경영자, 종업원)인지에 따라 재무회계와 원가관리회계로 분류된다.

원가관리회계란 제품을 만드는 데 얼마의 원가가 들어갔는지를 기록·계산·집계하여 재무제표상의 재고자산과 매출원가를 결정하는 데 필요한 정보를 제공하고, 나아가서 예산설정, 경영활동의 통제, 성과평가 등 관리적 의사결정에 필요한 정보를 제공하는 회계분야이다.

현대에는 원가회계, 관리회계, 원가관리회계라는 영역의 구분이 모호해짐에 따라 세 가지 용어를 혼용해서 사용하고 있다. 다만, 원가회계는 제품의 생산에 소비된 원가를 기록·계산·집계하는 것을 강조하는 반면, 관리회계는 집계된 원가자료를 계획수립이나 통제 및 특수의사결정에 이용하는 것을 강조한다는 점에서 차이가 있다.

02 원가회계의 목적

최근 71회 시험 중 1회 기출

(1) 재무제표 작성 목적

제품의 생산에 소비된 원가(당기제품제조원가)를 파악함으로써 기말재고자산과 매출원가를 결정하기 위한 정보를 제공한다.

(2) 원가통제 목적

원가가 과대 또는 과소하게 발생하거나 불필요하게 낭비되는 것을 통제하고 관리하는 데 필요한 정보를 제공한다.

(3) 경영의사결정 목적

경영자의 가격결정, 예산편성 등 다양한 의사결정을 하는 데 필요한 정보를 제공한다.

03 상기업과 제조기업

(1) 상기업

상품의 구입 → 상품의 판매

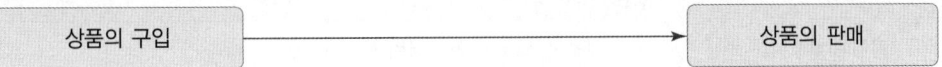

상기업은 상품을 싸게 사와서 이윤을 붙여 파는 기업이다. 상품이란 주된 영업활동으로 판매하기 위하여 사온 외부에서 만들어진 물건이다.

(2) 제조기업

원가요소의 구입 → 제품의 제조 → 제품의 판매

제조기업은 원재료를 구입하고 노무비와 제조경비를 투입하여(원가요소의 구입) 제품을 만들고 여기에 이윤을 붙여 파는 기업이다. 제품이란 주된 영업활동으로 판매하기 위하여 직접 제조하여 만든 물건이다.

(3) 상기업과 제조기업의 비교

구 분	상기업	제조기업
재고자산	· 상품 : 기말 현재 판매되지 않고 남아있는 상품의 가액	· 원재료 : 기말 현재 남아있는 원재료의 가액 · 재공품 : 기말 현재 미완성된 재공품의 가액 · 제품 : 기말 현재 판매되지 않은 완성품의 가액
매출원가	· 상품매출원가 : 당기에 팔린 상품들의 매입원가 상당액	· 제품매출원가 : 당기에 팔린 제품들을 제조할 때 발생하였던 원가 상당액

04 원가의 정의

최근 71회 시험 중 1회 기출

원가회계에서의 원가(Cost)란 재화나 용역을 생산하는 과정에서 소비되는 모든 경제적 가치이다. 이는 제조기업이 재화나 용역을 생산하는 데 사용한 원재료, 노무비, 기타 경비의 소비액인 제조원가를 의미한다.

이와 같이 발생한 원가 중 기업의 수익획득 과정에 사용된 것(판매된 것)은 손익계산서상 매출원가로, 사용되지 않은 것(판매되지 않고 남아있는 것)은 재무상태표상 재고자산으로 계상한다. 즉, 생산과정에서 발생한 원가는 외부에 판매되는 시점에 비용으로 인식하게 된다.

05 원가의 분류

빈출 최근 71회 시험 중 73회 기출

분류 기준	내 용
원가 발생형태에 따른 분류	재료비, 노무비, 제조경비
원가 추적가능성에 따른 분류	직접비(직접원가), 간접비(간접원가)
원가의 발생형태, 추적가능성에 따른 분류	직접재료비, 직접노무비, 제조간접비
원가행태에 따른 분류	변동비(변동원가), 고정비(고정원가), 준변동비(준변동원가, 혼합원가), 준고정비(준고정원가, 계단원가)
의사결정과의 관련성에 따른 분류	관련원가, 비관련원가, 매몰원가(Sunk Cost), 기회비용(기회원가, Opportunity Cost), 회피가능원가, 회피불능원가

(1) 원가 발생형태에 따른 분류

재료비	제품제조를 위하여 사용된 재료의 소비액을 말한다. 재료의 당기 매입액 전체 금액이 당기 재료비가 되는 것이 아니고, 당기에 사용된 재료의 원가만 당기 재료비가 된다. 또한 사용되지 않고 기말까지 남아있는 재료는 재고자산으로서 차기로 이월된다.
노무비	제품제조를 위하여 투입된 노동력의 소비로 인하여 발생하는 원가이다. 예 생산직 근로자의 임금, 상여금 등
제조경비	제품제조를 위하여 투입된 모든 제조원가 중에서 재료비와 노무비를 제외한 것을 말한다. 예 공장의 감가상각비, 가스수도료, 전력비, 수선비 등

(2) 원가 추적가능성에 따른 분류

직접비 (직접원가)	특정 제품의 제조를 위해서만 소비되어 직접 추적할 수 있는 원가를 말한다. 예를 들어, 자동차 제조업에서 자동차 타이어의 원가는 자동차별로 직접 추적할 수 있는 원가이므로 직접비에 해당한다.
간접비 (간접원가)	여러 제품의 제조에 공통으로 소비되어 특정 제품의 원가로 직접 추적할 수 없는 원가를 말한다. 예를 들어, 여러 종류의 자동차를 생산하는 공장의 감가상각비는 특정 자동차의 원가로 직접 추적할 수 없으므로 간접비에 해당한다.

(3) 원가의 발생형태, 추적가능성에 따른 분류

원가의 발생형태와 추적가능성이라는 2개의 복합적 기준을 사용할 경우 원가는 직접재료비, 간접재료비, 직접노무비, 간접노무비, 직접제조경비, 간접제조경비로 나눌 수 있다. 이 중 직접재료비와 직접노무비를 제외한 나머지 항목들은 제조간접비로 분류한다.

직접재료비	특정 제품에 직접 추적이 가능한 재료비를 말한다.
직접노무비	특정 제품에 직접 추적이 가능한 노무비를 말한다.
제조간접비	직접재료비와 직접노무비를 제외한 모든 제조원가를 말한다.

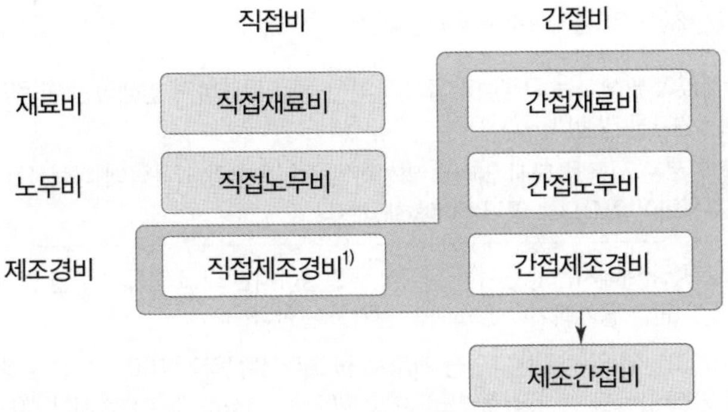

1) 직접제조경비는 실무상 거의 찾아보기 힘들기 때문에 상기 분류에 포함시키지 않는 것이 일반적이다.

제조원가를 직접재료비, 직접노무비, 제조간접비로 분류할 때, 직접재료비와 직접노무비를 합하여 기본원가(기초원가)라고 하며, 직접노무비와 제조간접비를 합하여 가공원가(가공비, 전환원가)라고 한다.

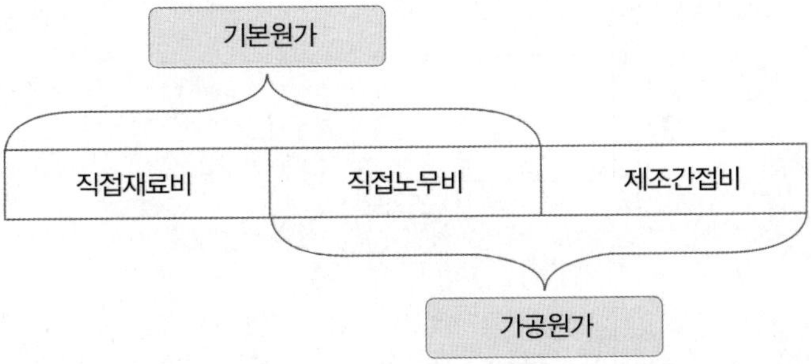

기본원가 = 직접재료비 + 직접노무비

가공원가 = 직접노무비 + 제조간접비

참고 제조원가 구성 등식

제조원가 = 직접재료비 + 직접노무비 + 제조간접비
= 기본원가 + 제조간접비
= 직접재료비 + 가공원가

(4) 원가행태에 따른 분류

원가는 관련범위 내에서 조업도가 증가함에 따른 총원가가 어떻게 변화하는지에 따라 변동비, 고정비, 준변동비, 준고정비로 나눌 수 있다. 여기서 관련범위란 의사결정의 대상이 되는 조업도의 범위를 말하며, 조업도란 생산활동이 진행된 정도를 나타내는 지표로서 생산량, 직접노동시간, 기계가동시간 등으로 표시된다.

변동비 (변동원가)	· 조업도의 변동에 비례하여 총원가가 변동하는 원가를 말한다. · 단위당 원가는 조업도의 변동에 관계없이 일정하다.
고정비 (고정원가)	· 조업도의 변동에 관계없이 총원가가 일정하게 발생하는 원가를 말한다. · 단위당 원가는 조업도가 증가할수록 감소한다.
준변동비 (준변동원가, 혼합원가)	· 조업도와 관계없이 발생하는 고정비와 조업도의 변동에 비례하여 발생하는 변동비로 구성되어 있는 원가를 말한다. · 예를 들면, 전기료는 사용을 하지 않아도 발생하는 기본요금과 사용량에 비례하는 사용요금으로 구성되어 있으므로 준변동비에 해당한다.
준고정비 (준고정원가, 계단원가)	· 일정한 조업도 범위 내에서는 총원가가 일정하게 발생하지만 그 조업도 범위를 벗어나면 원가가 일정액만큼 증가하거나 감소하는 원가를 말한다. · 예를 들면, 생산라인에 있는 직원 1인당 자동차 월 최대 생산량이 100대인 경우 생산라인의 직원 인건비는 월 생산량(조업도) 100대까지는 일정하게 발생하지만 101대일 때에는 직원 1명의 인건비만큼이 추가되어야 되므로 이는 준고정비에 해당한다.

참고 원가행태별 조업도에 따른 총원가의 변화

<변동비>

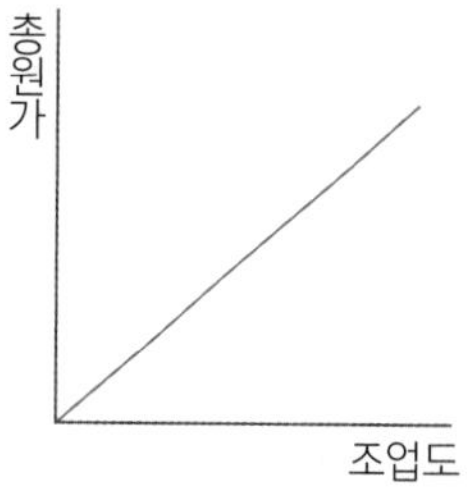

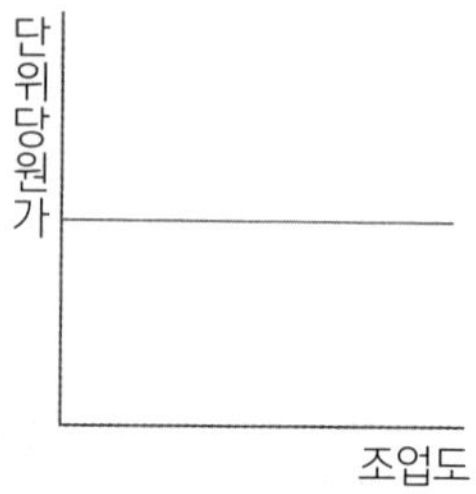

<고정비>

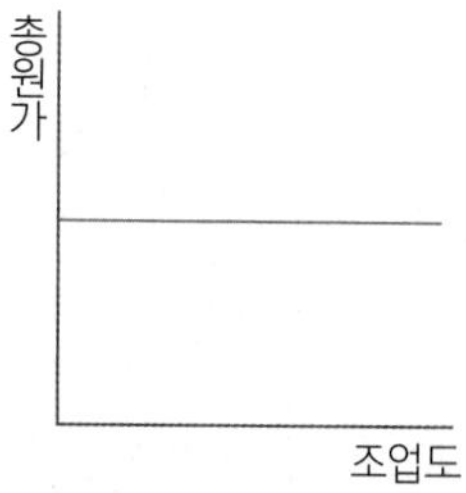

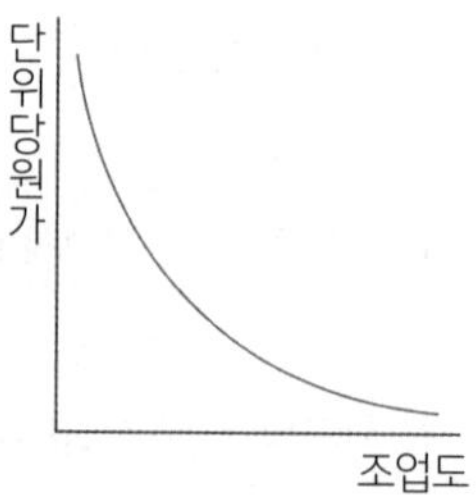

<준변동비>

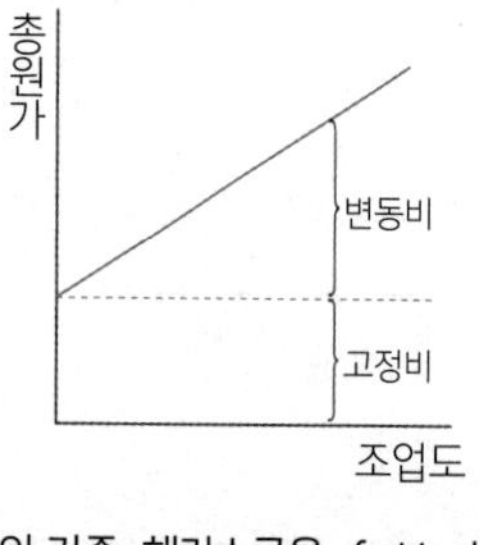

<준고정비>

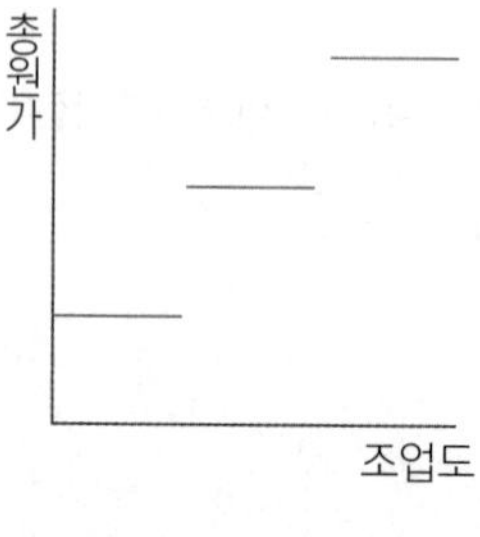

(5) 의사결정과의 관련성에 따른 분류

관련원가와 비관련원가	· 관련원가 : 의사결정 대안 간에 차이가 나는 원가로 의사결정에 영향을 주는 원가를 말한다. · 비관련원가 : 의사결정 대안 간에 차이가 나지 않는 원가로 의사결정에 영향을 미치지 않는 원가를 말한다.
매몰원가 (Sunk Cost)	· 과거의 의사결정으로 이미 발생한 원가로서 어떤 의사결정을 하더라도 회수할 수 없는 원가를 말한다. · 의사결정에 영향을 미치지 않으므로 대표적인 비관련원가에 해당한다.
기회비용 (기회원가, Opportunity Cost)	· 자원을 현재 용도 이외에 다른 용도로 사용했을 경우 얻을 수 있는 최대 금액을 말한다. 이는 여러 대안 중에서 어느 하나를 선택하였을 때 포기해야 하는 다른 대안들의 효익 중 가장 큰 것이라고 할 수 있다. · 의사결정에 영향을 미치는 대표적인 관련원가에 해당한다.
회피가능원가와 회피불능원가	· 회피가능원가 : 의사결정에 따라 절약할 수 있는 원가로 관련원가에 해당한다. · 회피불능원가 : 어떤 의사결정을 하더라도 절약할 수 없는 원가로 비관련원가에 해당한다.

기출확인문제

다음 중 기본원가이면서 전환원가에도 해당되는 것은? (제60회) ① 직접노무비 ② 제조간접비 ③ 간접재료비 ④ 직접재료비	정답 ① 해설 · 기본원가 = 직접재료비 + 직접노무비 · 전환원가 = 직접노무비 + 제조간접비

06 원가계산방법(원가회계시스템)의 분류

최근 71회 시험 중 5회 기출

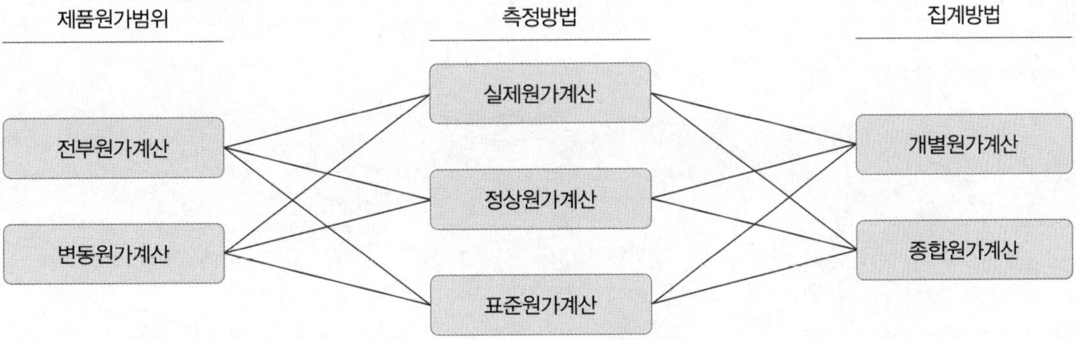

이들은 상호 결합하여 변동·실제·개별원가계산, 전부·정상·종합원가계산 등 다양한 조합의 원가계산방법을 구성할 수 있으며, 회사는 당사의 생산방식이나 원가정보의 사용 목적에 맞도록 적절한 원가계산방법을 선택하여야 한다.

(1) 제품원가범위에 따른 분류

고정제조간접비를 제품원가에 포함시킬 것인가 아니면 기간비용으로 처리할 것인가에 따라 전부원가계산과 변동원가계산으로 나누어진다.

전부원가계산	· 고정제조간접비를 포함한 모든 제조원가를 제품원가로 처리하고, 판매비 및 관리비는 기간비용으로 처리하는 방법이다. · 재무제표 작성을 목적으로 원가를 산정하는 경우에는 전부원가계산을 적용해야 한다.
변동원가계산	· 직접재료비, 직접노무비, 변동제조간접비만을 제품원가로 처리하고, 고정제조간접비와 판매비 및 관리비는 기간비용으로 처리하는 방법이다. · 재무제표 작성을 목적으로 사용할 수 없으며, 주로 내부 경영관리 및 원가통제 목적에 사용한다.

(2) 원가의 측정방법에 따른 분류

실제원가계산	경영활동의 실상을 그대로 나타내고자 실제 사용수량과 실제 구입가격을 기준으로 측정하는 방법이다.
정상원가계산	직접재료비와 직접노무비는 실제원가를 사용하지만, 제조간접비는 예정배부율에 따라 결정된 원가를 적용하여 측정하는 방법이다.
표준원가계산	원가관리를 목적으로 사전에 정해진 표준수량과 표준가격을 기준으로 측정하는 방법이다.

(3) 원가의 집계방법(또는 생산방식)에 따른 분류

개별원가계산	· 개별작업(Job-Order)별로 원가를 집계하는 방법이다. 즉, 한 단위 또는 일정 수량의 제품에 대하여 제조지시서를 발행하고 제조원가를 지시서별(개별제품별)로 집계하는 방법이다. · 조선업, 건설업, 기계제작업, 항공기 제조업 등 고객의 주문에 따라 종류, 모양, 크기 등이 서로 다른 제품을 개별적으로 생산하는 방식에 사용한다.
종합원가계산	· 공정(Process)별로 원가를 집계하는 방법이다. 즉, 일정 기간 동안 공정에서 발생한 모든 원가를 공정별로 집계하여 이를 공정에서 수행한 작업량을 기준으로 평준화하여 완성품원가와 기말재공품원가로 배분하는 방법이다. · 정유업, 화학업, 제지업 등 동일한 제품을 연속적으로 대량 생산하는 방식에 사용한다.

핵심기출문제

* 본서에 수록된 기출문제의 날짜는 학습효과를 높이기 위하여 일부 수정함

01 다음 중 제조원가에 해당하지 않는 것은? [제32회]

① 생산부서 감독관인 김갑동 과장의 급여
② 제조부문 절단기계의 감가상각비
③ 공장건물의 임차료
④ 제품의 홍보비

02 다음 자료에 의하여 제조원가에 포함될 금액은 얼마인가? [제91회]

- 간접 재료비 : 250,000원
- 제조 공장장 급여 : 85,000원
- 제조 기계 감가상각비 : 75,000원
- 제조 공장 임차료 : 120,000원
- 제조 공장 화재보험료 : 50,000원
- 영업부 건물 화재보험료 : 80,000원
- 영업부 여비 교통비 : 20,000원
- 영업부 사무실 임차료 : 100,000원

① 495,000원 ② 580,000원 ③ 600,000원 ④ 660,000원

03 다음 중 원가의 분류기준에 대한 설명으로 옳지 않은 것은? [제105회]

① 원가 발생형태에 따른 분류 : 재료원가, 노무원가, 제조경비
② 원가행태에 따른 분류 : 변동원가, 고정원가, 준변동원가, 준고정원가
③ 원가의 추적가능성에 따른 분류 : 제조원가, 비제조원가
④ 의사결정과의 관련성에 따른 분류 : 관련원가, 비관련원가, 기회원가, 매몰원가

04 원가구성요소의 분류상 해당항목에 포함되는 내용 중 틀린 것은? [제75회]

	기본원가	가공비	제조원가
①	직접노무비	제조간접비	직접재료비
②	직접재료비	제조간접비	직접노무비
③	제조간접비	직접노무비	직접재료비
④	직접노무비	간접재료비	간접노무비

05 다음 자료에 의한 당기의 직접재료비는 얼마인가? [제68회]

- 당기총제조원가는 6,500,000원
- 제조간접비는 직접노무비의 75%이다.
- 제조간접비는 당기총제조원가의 30%이다.

① 1,950,000원 ② 2,600,000원 ③ 2,005,000원 ④ 2,000,000원

정답 및 해설

01 ④ 제품의 홍보비(광고선전비)는 판매비와관리비에 해당한다.

02 ② 제조원가에 포함될 금액
= 간접 재료비 + 제조 공장 화재보험료 + 제조 공장장 급여 + 제조 기계 감가상각비 + 제조 공장 임차료
= 250,000 + 50,000 + 85,000 + 75,000 + 120,000
= 580,000원

03 ③ 원가의 추적가능성에 따른 분류 : 직접원가, 간접원가

04 ③
· 기본원가 = 직접재료비 + 직접노무비
· 가공원가 = 직접노무비 + 제조간접비
· 제조원가 = 직접재료비 + 직접노무비 + 제조간접비
· 제조간접비 = 간접재료비 + 간접노무비 + 제조경비

05 ①
· 제조간접비 = 당기총제조원가의 30%
= 6,500,000원 × 30%
= 1,950,000원
· 제조간접비 = 직접노무비 × 75%
→ 1,950,000 = ? × 75%
∴ 직접노무비 = 2,600,000원
· 당기총제조원가 = 직접재료비 + 직접노무비 + 제조간접비
→ 6,500,000 = ? + 2,600,000 + 1,950,000
∴ 직접재료비 = 1,950,000원

06 다음 중 원가 행태에 대한 설명으로 옳지 않은 것은? [제101회]

① 조업도가 증가하면 변동원가 총액은 증가한다.
② 조업도가 증가하면 단위당 고정원가는 감소한다.
③ 조업도가 감소하면 단위당 변동원가는 증가한다.
④ 조업도와 관계없이 고정비 총액은 항상 일정하다.

07 다음 중 원가의 개념에 대한 설명으로 가장 틀린 것은? [제94회]

① 매몰원가는 과거에 발생한 원가로서 의사결정에 고려되지 않는 원가를 말한다.
② 기회원가는 현재 이 대안을 선택하였을 때 포기해야 하는 대안 중 최대금액 혹은 최대이익을 말한다.
③ 고정원가의 경우 조업도의 변동에 관계없이 단위당 원가가 일정하게 발생한다.
④ 특정제품에만 투입되는 원재료의 원가는 직접원가에 해당한다.

08 다음은 관련범위 내의 조업도에 따른 원가의 자료이다. 원가행태에 따른 분류로 알맞은 것은? [제45회]

생산량	200개	400개	600개
총원가	300,000원	600,000원	900,000원
단위원가	1,500원	1,500원	1,500원

① 변동비 ② 고정비 ③ 준변동비 ④ 준고정비

09 제조원가 중 원가행태가 다음과 같이 나타나는 경우로 보기 어려운 것은? [제69회]

조업도	100시간	500시간	1,000시간
총원가	10,000원	10,000원	10,000원

① 공장재산세 ② 전기요금
③ 정액법에 의한 감가상각비 ④ 임차료

정답 및 해설

06 ③ 조업도의 증감에 관계없이 단위당 변동원가는 일정하다.

07 ③ 고정원가의 경우 총원가는 조업도의 변동에 관계없이 일정하고 단위당 원가는 조업도가 증가할수록 감소한다.

08 ① 변동비의 경우 총원가는 조업도가 증가할수록 증가하고 단위당 원가는 조업도의 변동에 관계없이 일정하다.

09 ② 조업도가 변화하더라도 총원가가 일정한 원가행태는 고정비이다. 전기요금은 혼합원가(준변동비)에 해당한다.

10 다음의 원가행태에 대한 설명으로 틀린 것은? [제88회]

> 전기료, 수도료 등은 사용하지 않는 경우에도 기본요금을 부담해야 하고 또한 사용량에 비례하여 종량요금은 증가한다.

① 조업도의 변동과 관계없이 일정하게 발생하는 고정비와 조업도의 변동에 따라 비례하여 발생하는 변동비의 두 요소를 모두 가지고 있다.
② 계단원가(Step costs)라고도 한다.
③ 준변동비의 특성에 대한 설명이다.
④ 혼합원가(Mixed costs)라고도 한다.

11 다음은 ㈜반도에서 임차하여 사용하고 있는 기계장치에 관한 내용이다. 내년 예상 물량을 생산하기 위해 기계장치 1대를 추가로 임차하기로 하였다. 이와 관련된 원가행태를 나타내고 있는 것은? [제77회]

> · 현재 사용하고 있는 기계장치 수 : 2대
> · 기계장치 1대당 임차료 : 20,000,000원
> · 기계장치 1대당 최대생산량 : 10,000개
> · 내년 예상 생산량 : 24,000개

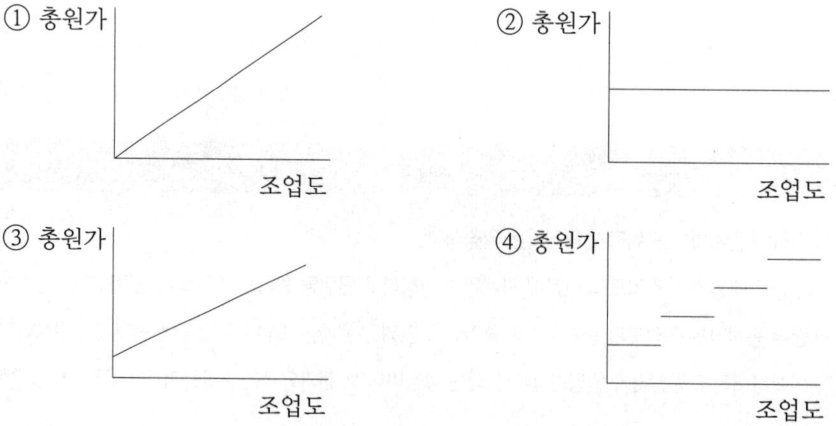

12 공장에 설치하여 사용하던 기계가 고장나서 처분하려고 한다. 취득원가는 2,000,000원, 고장 시점까지의 감가상각누계액은 1,500,000원이다. 동 기계를 바로 처분하는 경우 600,000원에 처분 가능하며 100,000원의 수리비를 들여 수리하는 경우 800,000원에 처분할 수 있다. 이때 매몰원가는 얼마인가? [제88회]

① 100,000원 ② 500,000원 ③ 600,000원 ④ 800,000원

정답 및 해설

10 ② · 준변동비란 조업도와 관계없이 발생하는 고정비와 조업도의 변동에 비례하여 발생하는 변동비로 구성되어 있는 원가를 말하며, 이를 혼합원가라고도 한다.
· 준고정비를 계단원가라고도 한다.

11 ④ 준고정원가(계단원가)란 일정한 조업도 범위 내에서는 총원가가 일정하게 발생하지만 그 조업도 범위를 벗어나면 총원가가 일정액만큼 증가하거나 감소하는 원가를 말한다.

12 ② 고장난 기계에 대하여 '바로 처분'할 것인지 아니면 '수리 후 처분'할 것인지를 의사결정 할 때, 해당 기계의 당초 취득원가(2,000,000원), 고장 시점까지의 감가상각누계액(1,500,000원), 고장 시점 현재 장부금액(500,000원)은 모두 이미 발생한 원가로서 현재의 의사결정에 영향을 미치지 않는 매몰원가에 해당한다.

제2절 원가의 흐름

01 원가의 흐름

제조기업의 경영활동은 원재료를 구입하고 노무비와 제조경비를 투입하는 구매활동, 구입한 원가요소를 사용하여 제품을 만드는 제조활동, 제조가 완료된 제품을 판매하는 판매활동이라는 일련의 과정을 거치게 된다. 이에 따라, 제조기업은 이러한 일련의 과정을 회계처리함으로써 제조원가의 흐름을 파악한다.

구매활동을 통해 투입된 재료비, 노무비, 제조경비는 재공품 계정에 집계되고, 완성된 제품의 원가 상당액은 제품 계정으로 대체된다. 그리고 제품이 판매되면 매출원가 계정으로 대체된다.

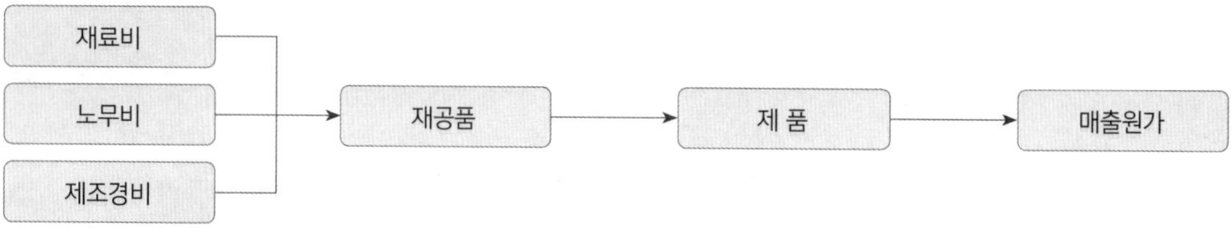

02 원가요소

최근 71회 시험 중 3회 기출

(1) 재료비

재료비란 제품을 제조하기 위하여 구입한 원재료 중 당기에 사용·소비된 원재료의 원가이다. 이러한 원재료 사용액은 전기에 사용하지 않고 남은 금액인 기초원재료재고액에 당기원재료매입액을 가산한 후 기말에 남아있는 기말원재료재고액을 차감하여 구하게 된다.

재료비 = 기초원재료재고액 + 당기원재료매입액 - 기말원재료재고액

당기에 소비된 재료비 중에서 특정 제품의 제조에만 소비된 직접재료비는 해당 제품의 재공품 계정으로 직접 대체하고, 여러 제품의 제조에 공통으로 소비된 간접재료비는 제조간접비 계정으로 대체한다.

[사례] 기초원재료재고액은 100원, 당기중 원재료구입액은 500원, 기말원재료재고액은 200원이다. 당기원재료사용액 400원[1] 중 300원은 A제품 제조에 사용된 직접재료비, 100원은 여러 제품의 제조에 사용된 간접재료비이다.

[1] 기초원재료재고액 + 당기원재료매입액 - 기말원재료재고액 = 100 + 500 - 200 = 400원

[풀이]

· 당기중 재료구입

(차) 원재료	500	(대) 현금 등	500

· 당기 사용 재료비의 계정 대체

(차) 재공품 A	300	(대) 원재료	400
제조간접비	100		

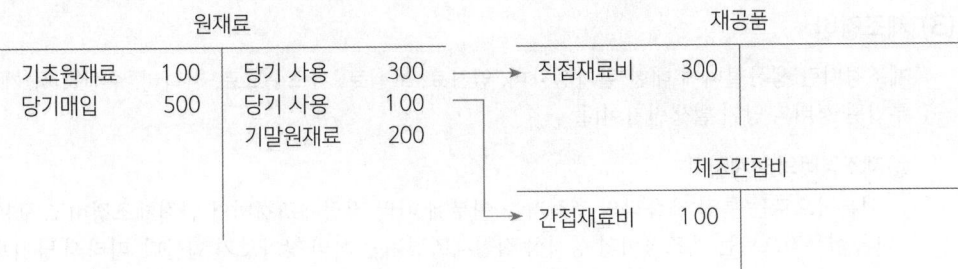

원재료

차변		대변	
기초원재료	100	당기 사용	300
당기매입	500	당기 사용	100
		기말원재료	200

→ 재공품

차변		대변
직접재료비	300	

→ 제조간접비

차변		대변
간접재료비	100	

(2) 노무비

노무비란 제품을 제조하기 위하여 투입된 임금, 상여금 등의 당기 발생원가이다. 당기에 발생한 노무비는 특정 제품과의 추적가능 여부에 따라 직접노무비와 간접노무비로 구분하고, 각각 재공품 계정과 제조간접비 계정으로 대체한다.

노무비나 제조경비의 지급과 관련하여 미지급액(미지급금이나 미지급비용으로 인식한 금액)이나 선급액(선급금이나 선급비용으로 인식한 금액)이 있는 경우, 발생주의에 따른 당기 투입원가(당기 발생원가)는 다음과 같이 계산한다.

> 발생주의 당기 투입원가 = 당기 현금지급액 + 당기 미지급액 - 당기 선급액
> - 전기 미지급액 + 전기 선급액

[사례] 생산직 근로자의 임금에 대하여 당기 현금지급액은 400원, 전기말 현재 미지급비용 인식액은 100원, 당기말 현재 미지급비용 인식액은 200원이다. 당기 발생 임금(노무비) 500원[1] 중 400원은 A제품 제조에 사용된 직접노무비, 100원은 여러 제품의 제조에 사용된 간접노무비이다.

[1] 당기 투입 노무비 = 당기 현금지급액 + 당기 미지급액 - 전기 미지급액 = 400 + 200 - 100 = 500원

[풀이]
- 전기말에 인식한 임금 미지급비용에 대한 당기 발생 임금 차감 계상

(차) 미지급비용	100	(대) 임금	100

- 임금의 당기중 현금 지급

(차) 임금	400	(대) 현금	400

- 당기말 현재 임금 미지급비용에 대한 당기 발생 임금 가산 계상

(차) 임금	200	(대) 미지급비용	200

- 당기 발생 노무비의 계정 대체

(차) 재공품 A	400	(대) 임금	500
제조간접비	100		

임금

차변		대변	
당기 지급	400	전기 미지급	100
당기 미지급	200	당기 투입	400
		당기 투입	100

→ 재공품

차변		대변
직접노무비	400	

→ 제조간접비

차변		대변
간접노무비	100	

(3) 제조경비

제조경비란 생산설비에 대한 감가상각비, 임차료, 보험료, 가스수도료, 전력비, 수선비 등 제조과정에서 투입된 경비의 당기 발생원가이다.

① 제조경비의 회계처리

이론적으로는 특정 제품과의 추적가능 여부에 따라 직접제조경비와 간접제조경비로 구분할 수 있으나, 실무적으로는 제조경비의 성격상 직접제조경비는 거의 찾아보기 힘들다. 따라서 당기에 발생한 제조경비는 전액 간접제조경비로 보아 제조간접비 계정으로 대체한다.

[사례] 생산설비의 보험료에 대하여 당기 현금지급액은 300원, 전기말 현재 선급비용 인식액은 200원, 당기말 현재 선급비용 인식액은 100원이다. 또한 생산설비의 당기 감가상각비는 200원이다.

[풀이]
- 전기말에 인식한 보험료 선급비용에 대한 당기 발생 보험료 가산 계상

(차) 보험료	200	(대) 선급비용	200

- 보험료의 당기중 현금지급

(차) 보험료	300	(대) 현금	300

- 당기말 현재 보험료 선급비용에 대한 당기 발생 보험료 차감 계상

(차) 선급비용	100	(대) 보험료	100

- 당기 감가상각비 인식

(차) 감가상각비	200	(대) 감가상각누계액	200

- 당기 발생 제조경비의 계정 대체

(차) 제조간접비	600	(대) 보험료	400[1]
		감가상각비	200

[1] 당기 투입 보험료 = 당기 현금지급액 - 당기 선급액 + 전기 선급액 = 300 - 100 + 200 = 400원

② 제조경비의 원가흐름

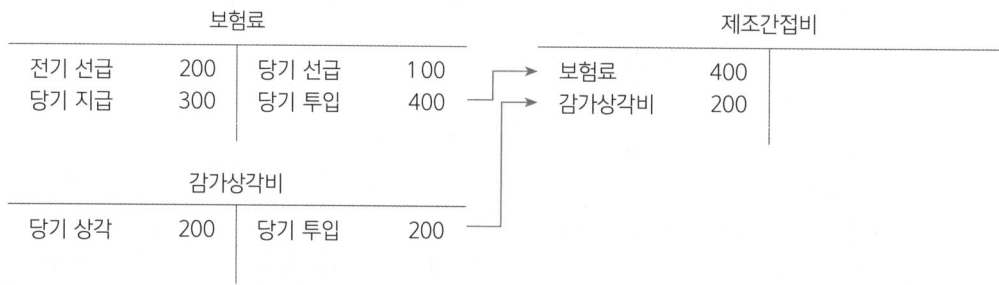

보험료

전기 선급	200	당기 선급	100
당기 지급	300	당기 투입	400

감가상각비

당기 상각	200	당기 투입	200

제조간접비

보험료	400		
감가상각비	200		

③ 제조간접비의 배부

제조간접비는 인과관계를 고려하여 해당되는 재공품으로 배부한다.
제조간접비 계정의 차변으로 집계된 금액은 배부율이 확정되면 해당 재공품 계정의 차변으로 대체한다.

[사례] 당사는 단일 제품인 A제품만 제조하는 기업으로서, 제조간접비 800원[1]을 전액 A제품의 재공품 계정으로 배부하였다.

[1] 간접재료비 + 간접노무비 + 보험료 + 감가상각비 = 100 + 100 + 400 + 200 = 800원

[풀이] 제조간접비의 계정 대체

(차) 재공품 A 800 (대) 제조간접비 800

제조간접비

간접재료비	100	배부	800
간접노무비	100		
보험료	400		
감가상각비	200		

→ 재공품

제조간접비	800		

03 재공품

빈출 최근 71회 시험 중 26회 기출

재공품이란 생산과정 중에 있는 미완성품이다. 당기총제조원가(당기에 발생한 모든 직접재료비, 직접노무비, 제조간접비)는 재공품 계정 차변에 집계되는데, 여기에 기초재공품재고액을 가산하여 재공품 계정 차변 총액을 집계한 후, 이 중 당기에 완성된 제품의 원가상당액(당기제품제조원가)은 제품 계정으로 대체한다.

> 당기총제조원가 = 직접재료비 + 직접노무비 + 제조간접비

> 당기제품제조원가 = 기초재공품재고액 + 당기총제조원가 - 기말재공품재고액

[사례] A제품의 제조와 관련하여 당기 발생 직접재료비는 300원, 직접노무비는 400원, 제조간접비는 800원이며, 전액 재공품 계정에 집계되어 있다. 기초재공품재고액은 300원, 기말재공품재고액은 500원이다.

[풀이] 당기 완성분의 계정 대체

(차) 제품 1,300 (대) 재공품 1,300[1)]

[1)] 기초재공품 + 당기총제조원가 - 기말재공품 = 300 + (300 + 400 + 800) - 500 = 1,300원

재공품

기초재공품	300	당기 완성	1,300
당기총제조원가		기말재공품	500
직접재료비	300		
직접노무비	400		
제조간접비	800		

→ 제품

당기제품제조원가	1,300		

04 제품

최근 71회 시험 중 **8**회 기출

제품이란 제조과정이 완료된 완성품이다. 당기제품제조원가(당기에 완성된 제품의 원가)는 제품 계정 차변에 집계되는데, 여기에 기초제품재고액을 가산하여 제품 계정 차변 총액을 집계한 후, 이 중 당기에 판매된 제품의 원가상당액(매출원가)은 매출원가 계정으로 대체한다.

매출원가 = 기초제품재고액 + 당기제품제조원가 - 기말제품재고액

[사례] 당기에 완성된 제품의 원가는 1,300원으로 제품 계정에 집계되어 있다. 기초제품재고액은 600원, 기말제품재고액은 200원이다.

[풀이] 당기 판매분의 계정 대체

(차) 매출원가	1,700[1]	(대) 제품	1,700

[1] 매출원가 = 기초제품 + 당기제품제조원가 - 기말제품 = 600 + 1,300 - 200 = 1,700원

제품

기초제품	600	매출원가	1,700
당기제품제조원가	1,300	기말제품	200

05 원가의 흐름 사례

최근 71회 시험 중 **2**회 기출

사례에서의 원가의 흐름을 T계정을 통해서 살펴보면 다음과 같다.

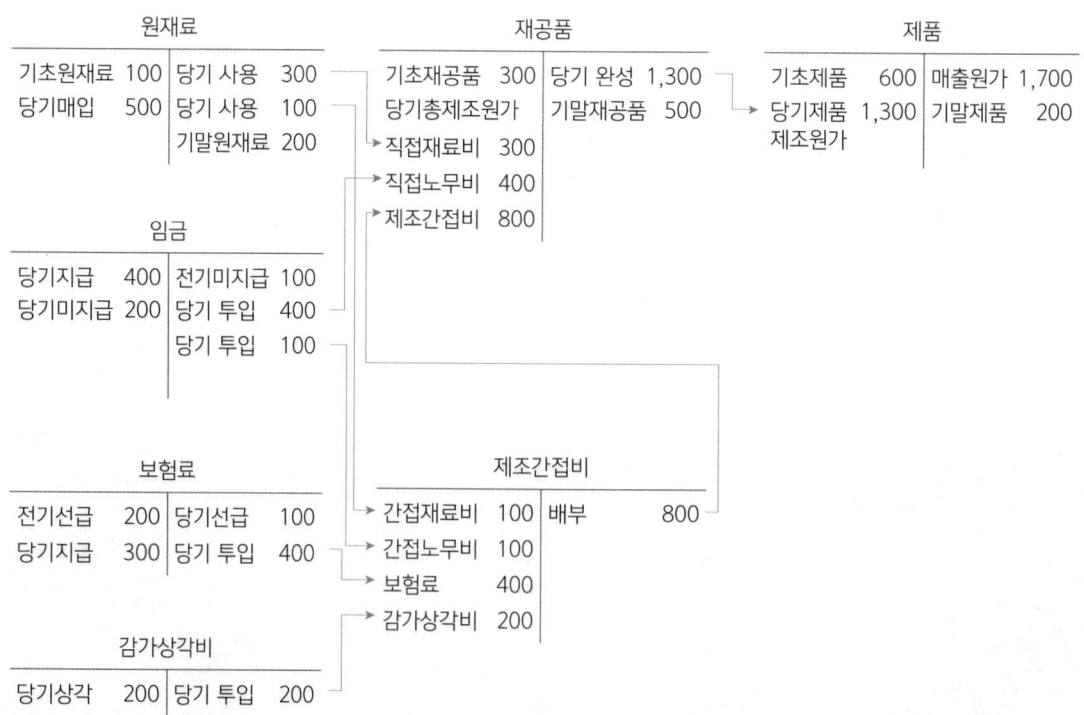

원재료

기초원재료	100	당기 사용	300
당기매입	500	당기 사용	100
		기말원재료	200

재공품

기초재공품	300	당기 완성	1,300
당기총제조원가		기말재공품	500
직접재료비	300		
직접노무비	400		
제조간접비	800		

제품

기초제품	600	매출원가	1,700
당기제품 제조원가	1,300	기말제품	200

임금

당기지급	400	전기미지급	100
당기미지급	200	당기 투입	400
		당기 투입	100

보험료

전기선급	200	당기선급	100
당기지급	300	당기 투입	400

제조간접비

간접재료비	100	배부	800
간접노무비	100		
보험료	400		
감가상각비	200		

감가상각비

당기상각	200	당기 투입	200

06 제조원가명세서

빈출 최근 71회 시험 중 14회 기출

제조원가명세서란 제조기업의 당기제품제조원가를 상세히 나타내기 위한 보고서이며, 이는 원가의 흐름에 따라 관련 정보를 기재한 것이라 할 수 있다. 이러한 제조원가명세서는 재무상태표에 표시되는 원재료, 재공품, 제품의 재고자산가액과 손익계산서에 표시되는 매출원가를 결정하기 위한 정보를 제공한다.
사례에서의 제조원가명세서를 작성하여 보면 다음과 같다.

제조원가명세서

Ⅰ. 재료비		400
① 기초원재료재고액	100	
② 당기원재료매입액	500	
③ 기말원재료재고액	(200)	
Ⅱ. 노무비		500
Ⅲ. 제조경비		600
Ⅳ. 당기총제조원가		1,500
Ⅴ. 기초재공품원가		300
Ⅵ. 기말재공품원가		(500)
Ⅶ. 당기제품제조원가		1,300

손익계산서

Ⅰ. 매출액		XXX
Ⅱ. 매출원가		1,700
① 기초제품재고액	600	
② 당기제품제조원가	1,300	
③ 기말제품재고액	(200)	
Ⅲ. 매출총이익		XXX
Ⅳ. 판매비와관리비		XXX
Ⅴ. 영업이익		XXX
(이하 생략)		

기출확인문제

*2024년 출제예상

다음은 제조원가명세서를 작성하기 위한 자료들이다. 이 중 제조원가명세서에 포함되지 않는 항목은? (제53회)

① 당기재료비 사용액 ② 당기총제조원가
③ 당기기초제품재고액 ④ 당기기초재공품재고액

정답 ③

해설
기초제품재고액은 손익계산서의 매출원가란에 나타난다.

핵심기출문제

* 본서에 수록된 기출문제의 날짜는 학습효과를 높이기 위하여 일부 수정함

01 당기에 사용한 원재료는 3,000,000원이다. 당기말 원재료재고액은 당기초 원재료재고액보다 200,000원이 더 많다. 당기의 원재료 매입액은 얼마인가? [제97회]

① 2,800,000원 ② 3,100,000원 ③ 3,200,000원 ④ 3,400,000원

02 다음 자료에 의한 기초재공품 수량은? [제70회]

- 기초제품수량 : 100개
- 기말제품수량 : 50개
- 당기매출수량 : 1,000개
- 당기착수수량 : 800개
- 기말재공품 수량 : 0개

① 100개 ② 130개 ③ 140개 ④ 150개

03 다음은 제조원가 및 재고자산에 관한 자료이다. 당기 매출원가는 얼마인가? [제90회]

구 분	기초재고	기말재고
재공품	500,000원	2,000,000원
제 품	1,000,000원	2,000,000원
당기총제조원가는 10,500,000원이다.		

① 6,000,000원 ② 7,000,000원 ③ 8,000,000원 ④ 9,000,000원

04 다음의 자료를 이용하여 당기총제조원가를 구하면 얼마인가? [제100회]

- 기초재공품재고액 : 30,000원
- 기말재공품재고액 : 10,000원
- 기초제품재고액 : 50,000원
- 기말제품재고액 : 40,000원
- 매출원가 : 550,000원

① 500,000원 ② 520,000원 ③ 540,000원 ④ 560,000원

05 **다음 자료를 이용하여 당기제품제조원가를 구하면 얼마인가?** (단, 간접재료비는 없다고 가정한다) [제94회]

- 기초원재료 재고액 : 100,000원
- 기중원재료 매입액 : 150,000원
- 제조간접비 : 200,000원
- 기말재공품 재고액 : 150,000원
- 기말제품 재고액 : 200,000원
- 기말원재료 재고액 : 30,000원
- 직접노무비 : 200,000원
- 기초재공품 재고액 : 10,000원
- 기초제품 재고액 : 80,000원

① 340,000원 ② 360,000원 ③ 480,000원 ④ 490,000원

정답 및 해설

01 ③ 당기재료비 = 기초원재료 + 당기원재료매입액 - 기말원재료
→ 3,000,000 = 0 + ? - 200,000
∴ 당기원재료매입액 = 3,200,000원

02 ④

재공품(수량)

기초	150	당기완성	950
당기착수	800	기말	0
	950		950

제품(수량)

기초	100	당기판매	1,000
당기완성	950	기말	50
	1,050		1,050

03 ③ · 당기제품제조원가 = 기초재공품 + 당기총제조원가 - 기말재공품
→ ? = 500,000 + 10,500,000 - 2,000,000
∴ 당기제품제조원가 = 9,000,000원
· 매출원가 = 기초제품 + 당기제품제조원가 - 기말제품
→ ? = 1,000,000 + 9,000,000 - 2,000,000
∴ 매출원가 = 8,000,000원

04 ② · 매출원가 = 기초제품 + 당기제품제조원가 - 기말제품
→ 550,000 = 50,000 + ? - 40,000
∴ 당기제품제조원가 = 540,000원
· 당기제품제조원가 = 기초재공품 + 당기총제조원가 - 기말재공품
→ 540,000 = 30,000 + ? - 10,000
∴ 당기총제조원가 = 520,000원

05 ③ · 재료비 = 기초원재료 + 당기매입액 - 기말원재료
= 100,000 + 150,000 - 30,000 = 220,000원
· 당기총제조원가 = (직접)재료비 + 직접노무비 + 제조간접비
= 220,000 + 200,000 + 200,000 = 620,000원
· 당기제품제조원가 = 기초재공품 + 당기총제조원가 - 기말재공품
= 10,000 + 620,000 - 150,000 = 480,000원

06 다음 중 재공품 계정의 총계정원장에서 대변에 기입되는 사항은? [제35회]

① 제품 차기이월액
② 당기총제조원가
③ 당기제품제조원가
④ 재공품 전기이월액

07 다음 원가 집계과정에 대한 설명 중 틀린 것은? [제97회]

① 당기총제조원가는 재공품 계정의 차변으로 대체된다.
② 당기제품제조원가(당기완성품원가)는 재공품 계정의 대변으로 대체된다.
③ 당기제품제조원가(당기완성품원가)는 제품 계정의 차변으로 대체된다.
④ 제품매출원가는 재공품 계정의 대변으로 대체된다.

08 당기의 기말재공품이 기초재공품보다 더 큰 경우에 대한 상황을 가장 적절하게 설명한 것은? [제55회]

① 당기총제조원가가 당기제품제조원가보다 클 것이다.
② 당기총제조원가가 당기제품제조원가보다 작을 것이다.
③ 당기제품제조원가가 매출원가보다 클 것이다.
④ 당기제품제조원가가 매출원가보다 작을 것이다.

09 다음의 자료를 이용하여 당기말 제품 재고액을 계산하면 얼마인가? [제86회]

- 당기말 재공품은 전기와 비교하여 45,000원이 증가하였다.
- 전기말 제품 재고는 620,000원이었다.
- 당기중 발생원가집계
  - 직접재료비 : 360,000원 - 직접노무비 : 480,000원 - 제조간접비 : 530,000원
- 당기 손익계산서상 매출원가는 1,350,000원이다.

① 640,000원 ② 595,000원 ③ 540,000원 ④ 495,000원

정답 및 해설

06 ③ 재공품 계정의 총계정원장에서 대변에는 당기제품제조원가와 기말재공품이 기입된다.

07 ④ 제품매출원가는 제품 계정의 대변으로 대체된다.

08 ① 기초재공품 + 당기총제조원가 = 당기제품제조원가 + 기말재공품
∴ if 기초재공품 < 기말재공품, 당기총제조원가 > 당기제품제조원가

09 ② · 당기총제조원가 = 직접재료비 + 직접노무비 + 제조간접비
= 360,000 + 480,000 + 530,000 = 1,370,000원
· 당기제품제조원가 = 기초재공품 + 당기총제조원가 - 기말재공품
= 0 + 1,370,000 - 45,000 = 1,325,000원
· 매출원가 = 기초제품 + 당기제품제조원가 - 기말제품
→ 1,350,000 = 620,000 + 1,325,000 - ?
∴ 기말제품 = 595,000원

10 다음 자료에 의한 직접재료비는 얼마인가? [제73회]

- 기초재공품 : 1,000,000원
- 당기제품제조원가 : 5,500,000원
- 제조간접비 : 당기제품제조원가의 40%
- 직접노무비 : 제조간접비의 1.2배
- 기말재공품 : 2,000,000원

① 1,200,000원 ② 1,550,000원 ③ 1,660,000원 ④ 1,860,000원

11 다음 중 제조원가명세서의 당기제품제조원가에 영향을 미치지 않는 회계거래는? [제42회]

① 당기에 투입된 원재료를 과소계상하였다.
② 기말의 재공품원가를 과소계상하였다.
③ 공장직원의 복리후생비를 과대계상하였다.
④ 기초의 제품원가를 과대계상하였다.

12 다음 중 제조원가명세서에 나타나지 않는 것은? [제59회]

① 당기제품제조원가 ② 당기재료비사용액
③ 당기재료비구입액 ④ 기말제품재고액

13 ㈜세무의 제조원가명세서는 아래와 같다. 이에 대한 설명으로 틀린 것은? [제25회]

구 분	과 목	금액(단위 : 원)	
I	재료비		140,000
	기초재료재고액	10,000	
	당기재료매입액	160,000	
	기말재료재고액	30,000	
II	노무비		180,000
III	경비		150,000
IV	당기총제조비용		( )
V	기초재공품원가		20,000
VI	기말재공품원가		40,000
VII	(㉮)		( )

① 재무상태표에 반영될 기말재고자산 금액의 합계는 50,000원이다.
② 당기총제조비용은 470,000원이다.
③ ㉮의 금액은 450,000원이다.
④ ㉮의 과목은 당기제품제조원가이다.

정답 및 해설

10 ③
- 제조간접비 = 당기제품제조원가의 40% = 5,500,000 × 40% = 2,200,000원
- 직접노무비 = 제조간접비의 1.2배 = 2,200,000 × 1.2 = 2,640,000원
- 당기제품제조원가 = 기초재공품 + 당기총제조원가 - 기말재공품
  → 5,500,000 = 1,000,000 + ? - 2,000,000
  ∴ 당기총제조원가 = 6,500,000원
- 당기총제조원가 = 직접재료비 + 직접노무비 + 제조간접비
  → 6,500,000 = ? + 2,640,000 + 2,200,000
  ∴ 직접재료비 = 1,660,000원

11 ④ 기초제품재고의 과대계상은 제조원가명세서상 당기제품제조원가에는 영향을 미치지 않고, 손익계산서상 매출원가에만 영향을 미친다.

12 ④ 기말제품재고액은 손익계산서의 매출원가 내역에 기재되는 항목이다.

13 ①
- 기말재고자산 금액의 합계 = 기말재료재고액 + 기말재공품원가
  = 30,000 + 40,000 = 70,000원
- 당기총제조원가 = 재료비 + 노무비 + 경비
  = 140,000 + 180,000 + 150,000 = 470,000원
- 당기제품제조원가 = 기초재공품 + 당기총제조원가 - 기말재공품
  = 20,000 + 470,000 - 40,000 = 450,000원

제3절 보조부문의 원가배분

01 원가배분의 정의와 목적

(1) 원가배분의 정의

원가배분(Cost Allocation)이란 간접원가 또는 공통원가를 집계하여 합리적인 배분기준에 따라 원가대상에 대응시키는 과정을 말한다.

참고 배분과 배부
원가회계에서 제조간접비 금액을 해당 제품의 원가로 보내는 것을 배부라고 하고, 그 외의 공통원가를 원가대상에 대응시키는 것을 배분이라고 하는 것이 정확한 구분이다. 그러나, 실무나 자격시험에서 배분과 배부라는 용어가 종종 혼용되어 사용되고 있다.

(2) 원가배분의 목적

① 경제적 의사결정
② 부문책임자나 종업원의 동기부여와 성과평가
③ 외부보고용 재무제표 작성(재고자산과 매출원가의 결정)
④ 가격결정

02 원가배분기준

최근 71회 시험 중 **4**회 기출

원가배분기준은 집계된 공통원가를 각 원가대상에 공정하고 공평하게 배분할 수 있는 것이어야 하는데, 가장 이상적인 기준은 인과관계 기준이다. 그러나 인과관계를 파악하기 어려운 경우에는 차선으로 수혜기준이나 부담능력기준 등에 따라 배분한다.

(1) 인과관계기준

원가와 원가대상 사이에 추적 가능한 인과관계가 존재하는 경우에 그 인과관계에 따라 원가를 배분하여야 한다는 기준이다.
예를 들어, 수도요금을 각 부문의 수도사용량에 따라 배분하는 것이다.

(2) 수혜기준

원가대상에 제공된 경제적 효익을 측정할 수 있는 경우 이러한 경제적 효익의 크기에 비례하여 원가를 배분하여야 한다는 기준이다.
예를 들어, 기업 이미지 광고로 모든 사업부의 매출이 늘어난 경우 광고비용을 각 사업부의 매출 증가액에 따라 배분하는 것이다.

(3) 부담능력기준

원가대상이 원가를 부담할 수 있는 능력에 비례하여 원가를 배분하여야 한다는 기준이다.
예를 들어, 최고경영자의 급여를 각 사업부의 영업이익에 따라 배분하는 것이다.

03 제조부문과 보조부문

최근 71회 시험 중 1회 기출

제조기업은 여러 원가부문을 통해서 제품을 생산하게 된다. 원가부문이란 원가를 발생장소별로 집계하기 위한 조직단위를 말하며, 제조부문과 보조부문으로 나누어진다.

제조부문	제품의 제조활동을 직접 담당하는 부문이다. 예 주조부문, 조립부문, 절단부문
보조부문	제품의 제조활동에는 직접 참여하지 않고 제조부문의 제조활동을 보조하기 위해 여러 가지 용역을 제공하는 부문이다. 예 동력부문, 수선부문, 식당부문 등

04 보조부문의 원가배분절차

빈출 최근 71회 시험 중 42회 기출

제조부문과 보조부문이 있는 제조기업에서 보조부문원가를 배분(부문별 원가계산)하는 절차는 다음과 같다.

1단계	부문직접비를 각 부문에 부과
2단계	부문간접비를 각 부문에 배분
3단계	보조부문에 집계된 원가를 제조부문에 배분(직접배분법, 단계배분법, 상호배분법)
4단계	제조부문에 집계된 원가를 각 제품에 배부

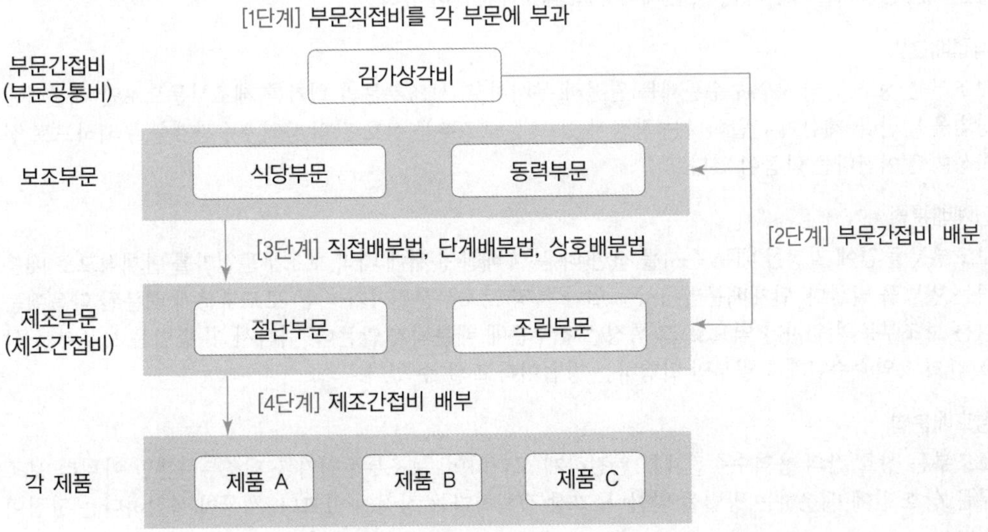

(1) 1단계 : 부문직접비를 각 부문에 부과

부문직접비란 특정 부문에서 개별적으로 발생하는 원가로서, 비록 개별 제품에는 추적이 어려운 제조간접비지만 특정 부문에는 추적 가능한 원가를 말한다.
예를 들어, 특정 부문 책임자의 급여나 특정 부문에서만 사용하는 기계장치의 감가상각비 등이 이에 해당한다.

(2) 2단계 : 부문간접비를 각 부문에 배분

부문간접비란 개별 제품뿐만 아니라 개별 부문에 직접 추적할 수 없는 제조간접비를 말한다.
예를 들어, 여러 부문의 공장 전체를 감독하는 공장장의 급여, 공동으로 사용하는 기계장치의 감가상각비 등이 이에 해당한다.

부문간접비를 각 부문에 배분하기 위한 배분기준의 대표적인 예를 살펴보면 다음과 같다.

· 감가상각비 : 사용시간, 면적	· 전기사용료 : 전기소비량, 운전시간
· 운반비 : 무게, 거리, 횟수	· 복리후생비 : 근무시간, 종업원 수

(3) 3단계 : 보조부문에 집계된 원가를 제조부문에 배분 (직접배분법, 단계배분법, 상호배분법)

부문직접비를 부과하고 부문간접비를 배분하면 보조부문의 원가 발생액을 알 수 있다. 그러나 보조부문은 제품이 직접 통과하지 않으므로 보조부문원가를 각 제품에 직접 배부할 수 없다. 따라서 보조부문원가를 제조부문으로 배분하는 절차가 필요하다.

보조부문원가를 제조부문에 배분하기 위한 배분기준의 대표적인 예를 살펴보면 다음과 같다.

· 건물관리부문 : 사용면적	· 동력부문 : 전력사용량
· 수선유지부문 : 작업시간, 기계시간	· 식당부문 : 종업원 수
· 구매부문 : 주문횟수, 주문수량	· 창고부문 : 사용면적, 재료사용량
· 종업원복리후생부문 : 종업원 수	· 공장인사관리부문 : 종업원 수

보조부문원가를 제조부문에 배분할 때, 보조부문이 제조부문에만 용역을 제공하고 있다면 배분 작업은 어렵지 않으나, 보조부문이 둘 이상이고 보조부문 간에 용역을 주고받는 경우에는 이를 적절하게 반영하기 위한 방법이 필요하게 된다. 이와 같이, 보조부문 간에 용역을 주고받는 경우 보조부문원가를 제조부문에 배분하는 방법에는 직접배분법, 단계배분법, 상호배분법이 있다.

① 직접배분법

보조부문 상호 간의 용역수수관계를 완전히 무시하고, 보조부문의 원가를 제조부문으로만 배분하는 방법을 말한다. 계산이 간단하다는 장점이 있으나, 보조부문 상호 간의 용역수수관계를 무시하므로 정확성이 떨어진다는 단점이 있다.

② 단계배분법

보조부문들 간에 일정한 배분 순서를 정한 다음 그 배분 순서에 따라 보조부문원가를 단계적으로 배분하는 방법을 말한다. 단계배분법에서는 일단 특정 보조부문원가가 다른 보조부문에 배분된 다음에는 다른 보조부문의 원가가 역으로 그 특정 보조부문에 배분되지 않는다. 따라서 이 방법은 보조부문 상호 간의 용역수수관계를 일부만 반영하는 방법이라고 볼 수 있다.

③ 상호배분법

보조부문 상호 간의 용역수수관계를 완전하게 고려하여, 보조부문원가를 제조부문뿐만 아니라 보조부문 상호 간에 배분하는 방법을 말한다. 가장 정확하다는 장점이 있으나, 계산이 복잡하다는 단점이 있다.

[사례]

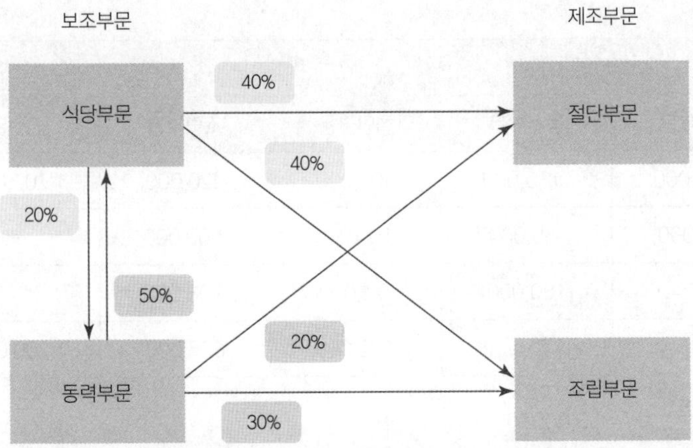

당사의 공장에는 두 개의 보조부문(식당부문, 동력부문)과 두 개의 제조부문(절단부문, 조립부문)이 있다. 각 부문의 발생원가(제조간접비)와 용역수수관계가 다음과 같을 때, 직접배분법, 단계배분법(식당부문의 원가부터 우선배분), 상호배분법을 이용하여 보조부문원가를 제조부문에 배분하여 보자.

구 분	보조부문		제조부문		합 계
	식당부문	동력부문	절단부문	조립부문	
발생원가	250,000원	130,000원	400,000원	420,000원	1,200,000원
식당부문	–	20%	40%	40%	100%
동력부문	50%	–	20%	30%	100%

[풀이] <직접배분법>

(단위 : 원)

구 분	보조부문		제조부문		합 계
	식당부문	동력부문	절단부문	조립부문	
배분 전 원가	250,000	130,000	400,000	420,000	1,200,000
식당부문 원가배분	(250,000)	–	125,000[1)]	125,000	–
동력부문 원가배분	–	(130,000)	52,000[2)]	78,000	–
배분 후 원가	–	–	577,000	623,000	1,200,000

1) $250{,}000원 \times \frac{40\%}{40\% + 40\%} = 125{,}000원$

2) $130{,}000원 \times \frac{20\%}{20\% + 30\%} = 52{,}000원$

<단계배분법>

(단위 : 원)

구 분	보조부문		제조부문		합 계
	식당부문	동력부문	절단부문	조립부문	
배분 전 원가	250,000	130,000	400,000	420,000	1,200,000
식당부문 원가배분	(250,000)	50,000[1]	100,000	100,000	-
동력부문 원가배분	-	(180,000)	72,000[2]	108,000	-
배분 후 원가	-	-	572,000	628,000	1,200,000

[1] $250{,}000\text{원} \times \dfrac{20\%}{20\% + 40\% + 40\%} = 50{,}000\text{원}$

[2] $(130{,}000\text{원} + 50{,}000\text{원}) \times \dfrac{20\%}{20\% + 30\%} = 72{,}000\text{원}$

<상호배분법>

(단위 : 원)

구 분	보조부문		제조부문		합 계
	식당부문	동력부문	절단부문	조립부문	
배분 전 원가	250,000	130,000	400,000	420,000	1,200,000
식당부문 원가배분	(350,000)[1]	70,000	140,000[3]	140,000	-
동력부문 원가배분	100,000	(200,000)[2]	40,000[4]	60,000	-
배분 후 원가	-	-	580,000	620,000	1,200,000

[1] 식당부문의 원가 = x, [2] 동력부문의 원가 = y

x = 250,000원 + 0.5y

y = 130,000원 + 0.2x

→ x = 350,000원, y = 200,000원

∴ [3] $350{,}000\text{원} \times \dfrac{40\%}{20\% + 40\% + 40\%} = 140{,}000\text{원}$

[4] $200{,}000\text{원} \times \dfrac{20\%}{50\% + 20\% + 30\%} = 40{,}000\text{원}$

기출포인트

- 보조부문원가를 제조부문으로 배분하는 방법으로는 직접배분법, 단계배분법, 상호배분법이 있지만, 어느 방법으로 배분하더라도 보조부문원가 전액이 제조부문으로 배분된다는 점은 동일하므로, 회사 전체의 제조간접비 총액을 비교하여 보면 배분 전과 후가 동일하다.
- 따라서, 만약 기초재고와 기말재고가 없다면, 보조부문원가의 배분방법이 바뀌더라도 회사의 총이익은 달라지지 않는다.

참고 단일배분율법과 이중배분율법

보조부문의 원가를 제조부문으로 배분할 때, 보조부문의 원가행태를 변동비와 고정비로 구분하여 서로 다른 배분기준을 사용하는 것을 고려할 수도 있다.

- 단일배분율법 : 보조부문의 원가를 변동비와 고정비로 구분하지 않고 하나의 기준으로 배분하는 방법
- 이중배분율법 : 보조부문의 원가를 변동비와 고정비로 구분한 후, 변동비는 실제조업도 기준으로 배분하고, 고정비는 최대조업도 기준으로 배분하는 방법

보조부문원가를 제조부문으로 배분함에 있어서, 보조부문 상호 간의 용역수수에 따른 배분방법(직접배분법, 단계배분법, 상호배분법)과 보조부문 원가행태에 따른 배분방법(단일배분율법, 이중배분율법)이 있는데, 양자는 상호배타적이 아니라 상호 결합하여 사용할 수 있다. 예 단일배분율·직접배분법, 이중배분율·단계배분법 등

(4) 4단계 : 제조부문에 집계된 원가를 각 제품에 배부

보조부문원가를 제조부문에 배분하고 나면, 제조부문원가 계정에는 제조부문에서 발생한 제조간접비와 보조부문에서 배분받은 제조간접비의 합계액이 집계된다. 이와 같이 집계된 각 제조부문의 원가는 합리적인 기준에 따라 해당 제조부문을 통과한 각 제품에 배부한다.

기출확인문제

*2024년 출제예상

문제	정답 및 해설
원가배부에 대한 내용으로 옳지 않은 것은? (제55회) ① 직접배부법은 모든 보조부문비를 제조부문에 제공하는 용역비율에 따라 제조부문에만 직접 배부하는 방법이다. ② 단계배부법은 보조부문들 간에 일정한 배부순서에 따라 보조부문비를 단계적으로 다른 보조부문과 제조부문에 배부하는 방법이다. ③ 상호배부법은 보조부문 상호 간의 용역수수관계를 완전히 고려하는 방법이다. ④ 보조부문비를 가장 정확하게 배부하는 방법은 단계배부법이다.	정답 ④ 해설 보조부문비를 가장 정확하게 배부하는 방법은 상호배부법이다.

핵심기출문제

* 본서에 수록된 기출문제의 날짜는 학습효과를 높이기 위하여 일부 수정함

01 다음 중 제조기업의 원가계산의 흐름으로 맞는 것은? [제58회]

① 요소별 원가계산 → 부문별 원가계산 → 제품별 원가계산
② 부문별 원가계산 → 제품별 원가계산 → 요소별 원가계산
③ 제품별 원가계산 → 요소별 원가계산 → 부문별 원가계산
④ 부문별 원가계산 → 요소별 원가계산 → 제품별 원가계산

02 다음 중 제조간접비의 배부기준을 설정할 때 고려해야 하는 요소 중 가장 합리적인 것으로서 우선으로 적용되어야 하는 요소는 무엇인가? [제99회]

① 원가절감
② 인과관계
③ 예측가능성
④ 부담능력

03 다음 중 부문공통원가를 각 부문에 배부하는 기준과 관련하여 가장 올바르지 않게 연결한 것은? [제53회]

① 복리후생비 : 종업원 수
② 기계장치 감가상각비 : 기계가동시간
③ 전기요금 : 전력사용량
④ 공장건물 임차료 : 종업원 수

04 보조부문원가를 제조부문에 배부하는 기준으로 가장 적합한 것은? [제80회]

① 건물관리부문 : 종업원 수
② 종업원복리후생부문 : 종업원 수
③ 식당부문 : 사용면적
④ 창고부문 : 기계시간

05 보조부문원가를 제조부문에 배부하는 기준으로 가장 적합하지 않은 것은? [제90회]

① 건물관리부문 : 사용면적
② 노무관리부문 : 종업원 수
③ 검사부문 : 검사수량, 검사시간
④ 구매부문 : 기계시간

정답 및 해설

01 ① 제조기업의 원가계산의 흐름
: 요소별 원가계산(재료비, 노무비, 제조경비) → 부문별 원가계산(보조부문비, 제조부문비) → 제품별 원가계산 (제조부문에 집계된 원가를 각 제품에 배부)

02 ② 원가배분기준은 집계된 공통원가를 각 원가대상에 합리적으로 배분할 수 있는 것이어야 하는데, 가장 이상적인 기준은 인과관계 기준이다. 그러나 인과관계를 파악하기 어려운 경우에는 차선으로 수혜기준이나 부담능력기준 등에 따라 배분한다.

03 ④ 공장건물 임차료 : 점유면적

04 ②
- 건물관리부문 : 건물 사용면적
- 식당부문 : 종업원 수
- 창고부문 : 창고 사용면적, 재료사용량

05 ④ 구매부문 : 주문횟수, 주문수량

06 다음 중 보조부문원가의 배분방법에 대한 설명으로 옳지 않은 것은? [제91회]

① 직접배분법은 보조부문 간 용역수수관계를 전혀 고려하지 않는 배분방법이다.
② 단계배분법은 배분순위를 고려한 배분방법이다.
③ 직접배분법은 가장 정확성이 높은 배분방법이다.
④ 단계배분법과 상호배분법은 보조부문 상호 간의 용역제공관계를 고려한다.

07 보조부문비를 제조부문에 배부하는 방법 중 상호배부법에 대한 설명으로 옳은 것은? [제39회]

① 보조부문 상호 간의 용역수수관계를 불완전하게 인식하는 방식이다.
② 보조부문의 배부순서를 고려할 필요가 없다.
③ 보조부문 상호 간의 용역수수관계가 중요하지 않을 경우에 적합하다.
④ 배부절차가 다른 방법에 비해 비교적 간편하다.

08 ㈜한라는 직접배부법으로 보조부문의 제조간접비를 제조부문에 배부하고자 한다. 보조부문의 제조간접비를 배부한 후 절단부문의 총원가는 얼마인가? [제100회]

구 분	보조부문		제조부문	
	설비부문	동력부문	조립부문	절단부문
설비부문 공급(시간)	-	500	400	600
동력부문 공급(kW)	1,100	-	300	200
배분 전 원가	300,000원	250,000원	750,000원	900,000원

① 151,250원 ② 280,000원 ③ 1,051,250원 ④ 1,180,000원

09 당사는 단계배부법을 이용하여 보조부문 제조간접비를 제조부문에 배부하고자 한다. 각 부문별 원가발생액과 보조부문의 용역공급이 다음과 같을 경우 수선부문에서 조립부문으로 배부될 제조간접비는 얼마인가? (단, 전력부문부터 배부한다고 가정함) [제72회]

구 분	제조부문		보조부문	
	조립부문	절단부문	전력부문	수선부문
자기부문 제조간접비	600,000원	500,000원	300,000원	450,000원
전력부문 동력공급(kW)	300	400	-	300
수선부문 수선공급(시간)	40	50	10	-

① 200,000원 ② 240,000원 ③ 250,000원 ④ 300,000원

정답 및 해설

06 ③ 직접배분법은 보조부문 상호 간의 용역수수관계를 전혀 고려하지 않으므로, 계산이 간단하다는 장점이 있으나 정확성이 떨어진다는 단점이 있다.

07 ② ① 상호배부법은 보조부문 상호 간의 용역수수관계를 완전하게 인식하는 방식이다.
③ 상호배부법은 보조부문 상호 간의 용역수수관계가 중요할 경우 적합한 방식이다.
④ 배부절차가 다른 방법에 비해 비교적 복잡하다.

08 ④ · 설비부문 → 절단부문 : 300,000원 × $\frac{600시간}{400시간 + 600시간}$ = 180,000원

· 동력부문 → 절단부문 : 250,000원 × $\frac{200kW}{300kW + 200kW}$ = 100,000원

· 절단부문의 총원가 = 900,000 + 180,000 + 100,000 = 1,180,000원

09 ② · 전력부문 → 수선부문 : 300,000원 × $\frac{300kW}{300kW + 400kW + 300kW}$ = 90,000원

· 수선부문 → 조립부문 : (450,000원 + 90,000원) × $\frac{40시간}{40시간 + 50시간}$ = 240,000원

10 다음 자료를 이용하여 제조부문 A에 배분해야 하는 보조부문 총변동원가는 얼마인가?

[제86회]

㈜동일제조는 두 개의 보조부문 S1, S2와 두 개의 제조부문 A, B를 두고 있다. 당년도 6월 중에 각 보조부문에서 제공한 보조용역에 대한 사용원가율은 다음과 같았다.

사용 / 제공	보조부문		제조부문	
	S1	S2	A	B
S1	0	0.2	0.4	0.4
S2	0.4	0	0.2	0.4

S1부문과 S2부문에서 해당 월에 발생한 변동원가는 각각 400,000원과 200,000원이었다. ㈜동일제조는 보조부문원가의 배분 시 단계배분법을 사용하며 S2부문부터 배분한다.

① 310,000원 ② 140,000원 ③ 200,000원 ④ 280,000원

11 ㈜한세실업의 보조부문은 수선부문과 동력부문으로 구성되어 있으며, 서로 용역을 주고받고 있다. 어떤 특정 기간 동안 각 부문이 다른 부문에 제공한 용역의 비율은 아래와 같다. 이 기간 동안 수선부문과 동력부문의 발생원가는 각각 20,000원과 30,000원이다. 상호배분법에 의하여 보조부문 원가를 배분할 경우 연립방정식으로 올바른 것은? (단, 수선부문의 총원가를 'x'라 하고, 동력부문의 총원가를 'y'라 한다)

[제65회]

구 분	수선부문의 용역 제공비율	동력부문의 용역 제공비율
수선부문	–	20%
동력부문	30%	–
제조부문	70%	80%
합 계	100%	100%

① $x = 30{,}000 + 0.3y$: $y = 20{,}000 + 0.2x$
② $x = 30{,}000 + 0.2y$: $y = 20{,}000 + 0.3x$
③ $x = 20{,}000 + 0.3y$: $y = 30{,}000 + 0.2x$
④ $x = 20{,}000 + 0.2y$: $y = 30{,}000 + 0.3x$

12 ㈜형진의 보조부문에서 발생한 변동제조간접원가는 1,500,000원, 고정제조간접원가는 3,000,000원이었다. 이중배분율법에 의하여 보조부문의 제조간접원가를 제조부문에 배분할 경우 절단부문에 배분할 제조간접원가는 얼마인가? (단, 보조부문 상호 간의 용역수수관계는 무시한다) [제31회]

구 분	실제기계시간	최대기계시간
절단부문	2,500시간	7,000시간
조립부문	5,000시간	8,000시간

① 1,500,000원 ② 1,700,000원 ③ 1,900,000원 ④ 2,100,000원

정답 및 해설

10 ④ · S2 → S1 : $200{,}000원 \times \frac{0.4}{0.4 + 0.2 + 0.4} = 80{,}000원$

· S2 → A : $200{,}000원 \times \frac{0.2}{0.4 + 0.2 + 0.4} = 40{,}000원$

· S1 → A : $(400{,}000원 + 80{,}000원) \times \frac{0.4}{0.4 + 0.4} = 240{,}000원$

· 제조부문 A에 배분해야 하는 보조부문 총변동원가 = 40,000 + 240,000 = 280,000원

· 표

구 분	보조부문		제조부문	
	S1	S2	A	B
배분 전 원가	400,000	200,000		
S1원가 배분액	(−)480,000		240,000	240,000
S2원가 배분액	80,000	(−)200,000	40,000	80,000
배분 후 원가	0	0	280,000	320,000

11 ④ 상호배분법을 적용할 경우, 배분대상 보조부문 원가는 자기부문의 발생원가에 다른 보조부문으로부터 배분받은 원가를 합산하여 계산한다.

12 ③ · 절단부문에 배분할 변동제조간접원가 = $1{,}500{,}000원 \times \frac{2{,}500시간}{2{,}500시간 + 5{,}000시간} = 500{,}000원$

· 절단부문에 배분할 고정제조간접원가 = $3{,}000{,}000원 \times \frac{7{,}000시간}{7{,}000시간 + 8{,}000시간} = 1{,}400{,}000원$

· 절단부문에 배분할 제조간접원가 = 500,000 + 1,400,000 = 1,900,000원

제4절 개별원가계산

01 개별원가계산의 정의

최근 71회 시험 중 2회 기출

개별원가계산(Job-Order Costing)이란 개별 작업(Job-Order)별로 원가를 집계하는 방법을 말한다. 즉, 한 단위 또는 일정 수량의 제품에 대하여 제조지시서를 발행하고 제조원가를 지시서별(개별 제품별)로 집계하는 방법이다. 이 방법은 종류, 모양, 크기 등이 서로 다른 제품을 주로 고객의 주문에 의하여 소량씩 개별적으로 생산하는 건설업, 조선업, 항공기 제조업, 주문에 의한 가구 및 기계 제조업 등에서 주로 사용한다.

02 제조지시서와 작업원가표(원가계산표)

(1) 제조지시서

제조지시서란 고객이 주문한 규격, 수량, 기일 등을 기입하여 특정 제품의 제조를 작업현장에 명령하는 문서이다. 개별원가계산은 제조지시서를 중심으로 원가를 집계·배부하기 때문에 제조지시서별 원가계산이라고 할 수 있다.

(2) 작업원가표(원가계산표)

작업원가표란 제조지시서에 따라 작업을 하면서 발생하는 원가를 직접재료비, 직접노무비, 제조간접비로 나누어 집계하는 명세서이다. 생산이 착수되면 회계부서는 제조지시서별로 개별작업원가를 작업원가표에 기록한다.

03 개별원가계산의 절차

1단계	직접비를 개별 작업에 부과
2단계	제조간접비를 각 개별 작업에 배부

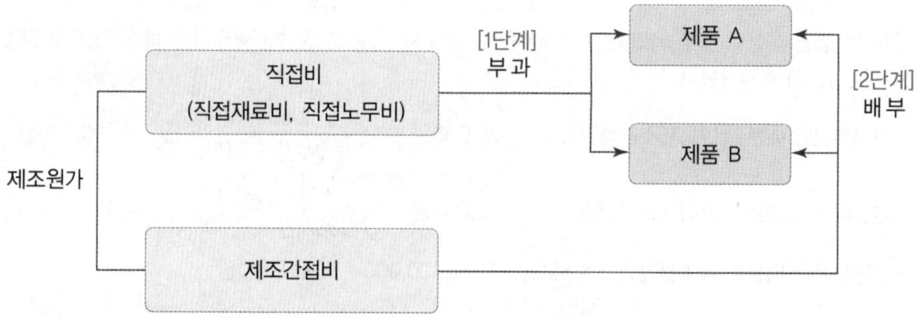

(1) 1단계 : 직접비를 각 개별 작업에 부과

작업별로 추적 가능한 직접비(= 직접재료비 + 직접노무비)를 파악하여 해당 개별 작업에 직접 부과한다.

(2) 2단계 : 제조간접비를 각 개별 작업에 배부

작업별로 추적할 수 없는 제조간접비는 적절한 배부기준에 따라 해당 개별 작업에 배부한다. 제조간접비를 배부할 때 일반적으로 사용되는 배부기준은 다음과 같다.

금액 기준	직접재료비 기준	제품을 제조하는 데 소비된 직접재료비를 기준으로 배부
	직접노무비 기준	제품을 제조하는 데 소비된 직접노무비를 기준으로 배부
	직접비 기준	제품을 제조하는 데 소비된 직접비를 기준으로 배부
시간 기준	직접노동시간 기준	제품을 제조하는 데 소비된 직접노동시간을 기준으로 배부
	기계시간 기준	제품을 제조하는 데 소비된 기계시간을 기준으로 배부

04 개별원가계산의 특징 및 종류

빈출 최근 71회 시험 중 23회 기출

(1) 개별원가계산의 특징

① 다품종 소량생산, 주문생산에 적합하다.
② 제조지시서를 통하여 개별제품별로 제조를 지시한다.
③ 작업원가표를 통하여 개별제품별로 제조원가가 집계된다.
④ 직접비와 제조간접비의 구분이 중요하며, 제조간접비의 배부가 원가계산의 핵심과제이다.
⑤ 건설업, 조선업, 항공기 제조업, 주문에 의한 가구 및 기계 제조업 등에 적합하다.

(2) 개별원가계산의 종류

개별원가계산은 제조간접비 배부율로 무엇을 사용하는지에 따라 실제배부율을 사용하는 실제개별원가계산과 예정배부율을 사용하는 정상개별원가계산으로 구분할 수 있다.

실제개별원가계산의 경우 ㉠ 제조간접비 실제발생액이 집계될 때까지 원가계산이 지연되고, ㉡ 실제배부율이 기간별로 크게 변동한다는 단점이 있다. 정상개별원가계산은 실제개별원가계산의 단점을 보완하기 위하여 사용되는 방법이다.

구 분	실제개별원가계산	정상개별원가계산
직접재료비	실제발생액	실제발생액
직접노무비	실제발생액	실제발생액
제조간접비	실제발생액	예정배부액

05 실제개별원가계산

실제개별원가계산은 실제 발생한 직접재료비, 직접노무비, 제조간접비를 사용하여 제품의 원가를 계산하는 방법이다.

(1) 제조간접비 실제배부

실제개별원가계산에서의 제조간접비는 일정 기간 동안 실제 발생한 제조간접비를 동일 기간의 실제조업도로 나눈 실제배부율에 의하여 개별 제품에 배부한다.

$$\text{제조간접비 실제배부율} = \frac{\text{실제 발생한 제조간접비}}{\text{실제조업도}}$$

제조간접비 배부액 = 개별 작업 실제조업도 × 제조간접비 실제배부율

(2) 실제개별원가계산 사례

[사례] 당사의 A제품과 B제품 두 가지에 대한 제조원가 및 기타 자료가 다음과 같을 때, 기계시간을 기준으로 제조간접비를 배부하여 제품원가를 구하여 보자. (단, A제품과 B제품 모두 기초 및 기말 재공품 금액은 없었다)

구 분	A제품	B제품	합 계
직접재료비	300,000원	700,000원	1,000,000원
직접노무비	200,000원	400,000원	600,000원
기계시간	300시간	500시간	800시간
제조간접비(실제)	-	-	2,000,000원

[풀이] • 제조간접비 실제배부율 = 실제 발생한 제조간접비 ÷ 실제조업도
= 2,000,000원 ÷ 800시간 = @2,500원/기계시간

• 제조간접비 배부액 = 개별 작업 실제조업도 × 제조간접비 실제배부율
· A제품 = 300시간 × @2,500원 = 750,000원
· B제품 = 500시간 × @2,500원 = 1,250,000원

∴ 제품원가
· A제품 = 300,000 + 200,000 + 750,000 = 1,250,000원
· B제품 = 700,000 + 400,000 + 1,250,000 = 2,350,000원

기출확인문제

㈜세무는 직접원가를 기준으로 제조간접비를 배부한다. 다음 자료에 의해 작업지시서 No.1의 제조간접비 배부액은 얼마인가? (제35회)

구 분	공장전체발생원가	작업지시서 No.1
직접재료비	1,000,000원	300,000원
직접노무비	1,500,000원	400,000원
기계시간	150시간	15시간
제조간접비	7,500,000원	( )

① 700,000원 ② 2,100,000원
③ 3,000,000원 ④ 3,651,310원

정답 ②

해설
· 공장전체 직접원가
= 1,000,000 + 1,500,000
= 2,500,000원
· 작업지시서 No.1 직접원가
= 300,000 + 400,000
= 700,000원
· 제조간접비 실제배부율
= 실제제조간접비/실제조업도
= 7,500,000/2,500,000
= 3원
∴ 제조간접비 배부액
= 개별 작업 실제조업도
× 제조간접비 실제배부율
= 700,000 × 3
= 2,100,000원

06 정상개별원가계산

빈출 최근 71회 시험 중 35회 기출

정상개별원가계산은 직접재료비와 직접노무비는 실제 발생한 원가를 사용하고 제조간접비는 예정배부액을 사용하여 제품의 원가를 계산하는 방법이다.

(1) 제조간접비 예정배부

정상개별원가계산에서는 제조간접비를 배부하기 위해서 기초에 미리 예측한 제조간접비 예산액을 예정조업도로 나누어 예정배부율을 계산하고, 개별 작업의 실제조업도에 예정배부율을 곱하여 개별 제품에 제조간접비를 배부한다.

$$\text{제조간접비 예정배부율} = \frac{\text{제조간접비 예산액}}{\text{예정조업도}}$$

제조간접비 예정배부액 = 개별 작업 실제조업도 × 제조간접비 예정배부율

(2) 배부차이 조정

① 배부차이

정상개별원가계산에서는 제조간접비 예정배부율을 이용하여 제조간접비를 계산한다. 그러나 외부보고용 재무제표에는 실제 발생한 제조간접비를 반영하여야 하므로 제조간접비 실제발생액과 예정배부액과의 차이(배부차이)를 조정해야 한다.

제조간접비 배부차이 = 실제발생액 - 예정배부액
· 실제발생액 > 예정배부액 : 과소배부
· 실제발생액 < 예정배부액 : 과대배부

② 배부차이 조정방법

매출원가 조정법	배부차이 전액을 매출원가에서 가감하는 방법
영업외손익법	배부차이 전액을 영업외손익에서 가감하는 방법
비례조정법	배부차이를 기말재공품, 기말제품, 매출원가의 상대적 비율에 따라 안분하는 방법

(3) 정상개별원가계산의 사례

[사례] 당사의 A제품과 B제품 두 가지에 대한 제조원가 및 기타 자료가 다음과 같을 때, 정상개별원가계산에서 기계시간을 기준으로 하여 제조간접비를 배부하고 배부차이를 계산하여 보자. (단, A제품과 B제품 모두 기초 및 기말재공품 금액은 없었으며, 당사는 배부차이를 전액 매출원가에서 조정한다)

구 분	A제품	B제품	합 계
직접재료비	300,000원	700,000원	1,000,000원
직접노무비	200,000원	400,000원	600,000원
기계시간(실제)	300시간	500시간	800시간
제조간접비(실제)	-	-	2,000,000원
기계시간(예정)	400시간	600시간	1,000시간
제조간접비(예산)	-	-	1,800,000원

[풀이] · 제조간접비 예정배부율 = 제조간접비 예산액 ÷ 예정조업도
= 1,800,000원 ÷ 1,000시간 = @1,800원/기계시간

· 제조간접비 예정배부액 = 개별 작업의 실제조업도 × 제조간접비 예정배부율
· A제품 = 300시간 × @1,800원 = 540,000원
· B제품 = 500시간 × @1,800원 = 900,000원

· 제품원가(정상원가)
· A제품 = 300,000 + 200,000 + 540,000 = 1,040,000원
· B제품 = 700,000 + 400,000 + 900,000 = 2,000,000원

∴ 제조간접비 배부차이 = 실제발생액 - 예정배부액
= 2,000,000 - 1,440,000 = 560,000원(과소배부)

참고 실제발생액보다 과소배부된 560,000원은 매출원가에 가산한다.

(차) 매출원가	560,000	(대) 현금 등	560,000

기출확인문제

*2024년 출제예상

㈜백두의 제조간접비 예정배부율은 '작업시간당 10,000원'이다. 작업시간이 500시간이고, 제조간접비 배부차이가 200,000원 과소배부일 때 제조간접비 실제발생액은? (제22회) ① 5,000,000원 ② 4,800,000원 ③ 5,200,000원 ④ 4,600,000원	정답 ③ 해설 제조간접비 실제발생액 = 과소배부 + 예정배부액 = 200,000원 + (500시간 × 10,000원) = 5,200,000원

핵심기출문제

* 본서에 수록된 기출문제의 날짜는 학습효과를 높이기 위하여 일부 수정함

01 개별원가계산에 대한 설명으로 가장 옳지 않은 것은? [제75회]

① 다양한 품종을 생산한다.
② 주문생산형태로 제품을 제작한다.
③ 개별 제품의 제작원가가 비교적 크다.
④ 동일한 종류의 제품을 대량으로 생산하고 있다.

02 기초(기본)원가를 기준으로 제조간접비를 배부한다고 할 때 다음 자료에 의하여 작업지시서 No.1에 배부할 제조간접비는 얼마인가? (단, 기초 및 기말재고는 없다) [제74회]

구 분	공장전체 발생	작업지시서 No.1
직접재료비	1,000,000원	500,000원
직접노무비	4,000,000원	1,500,000원
당기총제조비용	12,000,000원	-

① 2,000,000원 ② 2,800,000원 ③ 3,000,000원 ④ 4,800,000원

03 다음의 자료는 ㈜블루오션의 선박제조와 관련하여 발생한 원가자료이다. 유람선B의 당기 총제조원가는 얼마인가? (당기 제조간접비 발생액은 250,000원이며, 회사는 직접노무비를 기준으로 제조간접비를 배부하고 있다) [제96회]

구 분	유람선A	유람선B	합 계
직접재료비	400,000원	600,000원	1,000,000원
직접노무비	300,000원	200,000원	500,000원

① 900,000원 ② 950,000원 ③ 1,000,000원 ④ 1,050,000원

04 다음은 실제개별원가계산과 정상개별원가계산에 대한 설명이다. 틀린 것은? [제91회]

① 실제개별원가계산과 정상개별원가계산 모두 직접재료비와 직접노무비는 실제발생액을 개별작업에 직접 부과한다.
② 실제개별원가계산은 일정 기간 동안 실제 발생한 제조간접비를 동일 기간의 실제 배부기준 총수로 나눈 실제배부율에 의하여 개별제품에 배부한다.
③ 정상개별원가계산은 개별작업에 직접 부과할 수 없는 제조간접비를 예정배부율을 이용하여 배부한다.
④ 원가계산이 기말까지 지연되는 문제를 해결하고자 실제개별원가계산이 도입되었다.

정답 및 해설

01 ④ 개별원가계산은 다양한 종류의 제품을 소량으로 생산하는 방식에 적합하다.

02 ② · 실제 발생 제조간접비 = 당기총제조비용 − 직접재료비 − 직접노무비
= 12,000,000 − 1,000,000 − 4,000,000 = 7,000,000원
· 실제 조업도 = 공장 전체 기초원가 = 직접재료비 + 직접노무비
= 1,000,000 + 4,000,000 = 5,000,000원
· 실제 배부율 = 실제 발생 제조간접비 ÷ 실제 조업도
= 7,000,000원 ÷ 5,000,000원 = @1.4원/원
· 제조간접비 배부액(작업지시서 No.1) = 개별 작업 실제조업도 × 실제 배부율
= (500,000원 + 1,500,000원) × @1.4 = 2,800,000원

03 ① · 제조간접비 실제배부율 = 실제 발생한 제조간접비 ÷ 실제조업도
= 250,000원 ÷ 500,000원 = @0.5원/원
· 유람선B의 제조간접비 배부액 = 개별 작업 실제조업도 × 제조간접비 실제배부율
= 200,000원 × @0.5 = 100,000원
· 유람선B의 당기총제조원가 = 직접재료비 + 직접노무비 + 제조간접비
= 600,000 + 200,000 + 100,000 = 900,000원

04 ④ 실제개별원가계산의 경우 ㉠ 제조간접비 실제발생액이 집계될 때까지 원가계산이 지연되고, ㉡ 실제배부율이 기간별로 크게 변동한다는 단점이 있다. 실제개별원가계산의 이러한 단점을 보완하기 위하여 정상개별원가계산이 도입되었다.

05 다음 중 제조간접비 예정배부액의 계산방법은? [제57회]

① 제품별 배부기준의 실제발생액 × 예정배부율
② 제품별 배부기준의 실제발생액 × 실제배부율
③ 제품별 배부기준의 예정발생액 × 예정배부율
④ 제품별 배부기준의 예정발생액 × 실제배부율

06 ㈜청윤은 제조간접비를 기계사용시간으로 배부하고 있다. 당해연도 초의 제조간접비 예상액은 1,500,000원이고, 예상 기계사용시간은 30,000시간이다. 당기말 현재 실제 제조간접비 발생액이 1,650,000원이다. 실제 기계사용시간이 36,900시간일 경우 당기의 제조간접비 배부차이는 얼마인가? [제54회]

① 345,000원(과소배부)
② 345,000원(과대배부)
③ 195,000원(과소배부)
④ 195,000원(과대배부)

07 ㈜유한제지의 제조간접비 예정배부율은 작업시간당 2,500원이다. 예정작업시간이 4,000시간, 실제작업시간이 5,000시간이고 제조간접비 배부차이가 300,000원 과대배부라면, 실제 제조간접비 발생액은 얼마인가? [제80회]

① 9,700,000원
② 10,300,000원
③ 12,200,000원
④ 12,800,000원

08 당사는 정상개별원가계산제도를 사용하고 있다. 제조간접비 배부기준은 직접노무시간이다. 예상 직접노무시간은 40시간이고 실제 직접노무시간은 50시간이다. 제조간접비 예정배부액은 400,000원이고 실제 제조간접비 발생액이 500,000원이라면 제조간접비 예정배부율은 얼마인가? [제83회]

① 직접노무시간당 12,500원 ② 직접노무시간당 8,000원
③ 직접노무시간당 10,000원 ④ 직접노무시간당 9,000원

정답 및 해설

05 ① · 예정배부율 = 제조간접비 예산액 ÷ 예정조업도
· 예정배부액 = 실제조업도 × 예정배부율

06 ④ · 예정배부율 = 제조간접비 예산액 ÷ 예정조업도
= 1,500,000원 ÷ 30,000시간 = @50원/시간
· 예정배부액 = 실제조업도 × 예정배부율
= 36,900시간 × @50 = 1,845,000원
· 배부차이 = 예정배부액 - 실제발생액
= 1,845,000 - 1,650,000 = 195,000원(과대배부)

07 ③ · 예정배부액 = 실제조업도 × 예정배부율
= 5,000시간 × @2,500원 = 12,500,000원
· 배부차이 = 예정배부액 - 실제발생액
→ 300,000원 과대배부 = 12,500,000 - ?
∴ 실제발생액 = 12,200,000원

08 ② 예정배부액 = 실제조업도 × 예정배부율
→ 400,000원 = 50시간 × @ ?
∴ 예정배부율 = @8,000원/시간

09 다음 중 제조간접비 배부차이 조정방법에 해당하지 않는 것은? [제97회]

① 비례배부법
② 직접배분법
③ 매출원가조정법
④ 영업외손익법

10 정상원가계산제도하에서 제조간접비의 배부차이를 비례조정법으로 조정하고 있으나 만약 배부차이 전액을 매출원가에서 조정한다면, 매출총이익의 변화에 대한 설명으로 올바른 것은? (기초재고는 없다고 간주한다) [제87회]

- 과소배부액 : 1,000,000원
- 기말재공품 : 1,000,000원
- 기말제품 : 1,000,000원
- 매출원가 : 3,000,000원

① 400,000원 감소
② 1,000,000원 감소
③ 600,000원 감소
④ 400,000원 증가

11 ㈜한결은 정상개별원가계산을 적용하고 있다. 제조간접비 과소배부액 50,000원을 원가요소기준법에 의해 배부하는 경우, 매출원가에 배부되는 금액은? [제77회]

구 분	재공품	제 품	매출원가
직접재료비	15,000원	25,000원	23,000원
직접노무비	35,000원	45,000원	47,000원
제조간접비	30,000원	20,000원	50,000원
합 계	80,000원	90,000원	120,000원

① 25,000원 ② 35,000원 ③ 75,000원 ④ 125,000원

정답 및 해설

09 ② · 정상개별원가계산에서 제조간접비 배부차이를 조정하는 방법 : 매출원가조정법, 영업외손익법, 비례조정법
· 보조부문에 집계된 원가를 제조부문으로 배분하는 방법 : 직접배분법, 단계배분법, 상호배분법

10 ① · 비례조정법에 의한 매출원가 변동액

$= 1,000,000원\ 과소배부 \times \frac{3,000,000}{1,000,000 + 1,000,000 + 3,000,000}$

= 600,000원(매출원가 증가)

· 매출원가조정법에 의한 매출원가 변동액
= 1,000,000원 과소배부 = 1,000,000원(매출원가 증가)

· '비례조정법 → 매출원가조정법'일 경우, 매출총이익 변동액
= 매출원가 400,000원 증가 = 매출총이익 400,000원 감소

11 ① · 배부차이 조정방법 중 원가요소기준법이란 비례조정법을 보다 정교하게 보완한 것으로서, 배부차이를 기말재공품, 기말제품, 매출원가 금액에 포함되어 있는 제조간접비 금액의 상대적 비율에 따라 안분하는 방법을 말한다.
· 과소배부액 50,000원을 원가요소기준법에 의해 배부하는 경우 매출원가에 배부되는 금액

$= 50,000원\ 과소배부 \times \frac{50,000}{30,000 + 20,000 + 50,000} = 25,000원(매출원가\ 증가)$

제5절 종합원가계산

01 종합원가계산의 정의

종합원가계산(Process Costing)이란 공정(Process)별로 원가를 집계하는 방법을 말한다. 즉, 일정 기간 동안 공정에서 발생한 모든 원가를 집계하여 이를 공정에서 수행한 작업량을 기준으로 평준화하여 완성품원가와 기말재공품원가로 배분하는 방법이다. 이 방법은 단일 제품을 대량으로 연속 생산하는 정유업, 화학공업, 시멘트공업, 제지업 등에서 주로 사용한다.

02 종합원가계산의 특징

빈출 최근 71회 시험 중 **14**회 기출

① 동종제품 대량생산, 연속생산에 적합하다.
② 제조원가는 각 공정별로 집계된다.
③ 제조원가보고서를 통하여 제조원가를 계산한다.
④ 완성품환산량 계산이 원가계산의 핵심 과제이다.
⑤ 정유업, 화학공업, 시멘트공업 등에 적합하다.

참고 개별원가계산과 종합원가계산의 비교

구 분	개별원가계산	종합원가계산
생산방식	다품종 소량생산, 주문생산	동종제품 대량생산, 연속생산
원가집계 단위	개별제품, 개별작업(Job-Order)	공정(Process)
주요 원가자료	제조지시서와 작업원가표	제조원가보고서
핵심 과제	제조간접비의 배부	완성품환산량 계산
업 종	건설업, 조선업, 항공기 제조업, 주문에 의한 가구 및 기계 제조업 등	정유업, 화학공업, 시멘트공업 등

개별원가계산과 종합원가계산의 상대적 비교
종합원가계산은 완성품환산량이라는 평준화 개념을 사용하므로, 개별원가계산에 비해 원가 기록업무가 비교적 단순하고 경제적이나, 상대적으로 원가계산의 정확성이 낮다.

구 분	개별원가계산	종합원가계산
장 점	정확성이 높음	원가 기록업무가 비교적 단순하고 경제적
단 점	원가 기록업무가 비교적 복잡하고 비용이 많이 소요됨	정확성이 낮음

| 용어 알아두기 |

제조원가보고서 : 공정에서 수행한 작업량, 제조원가, 평준화한 산출물 단위당 원가, 완성품과 기말재공품으로의 원가배분을 종합적으로 나타내는 보고서이며, 종합원가계산의 작업은 제조원가보고서를 통해서 이루어진다.

03 완성품환산량

빈출 최근 71회 시험 중 21회 기출

(1) 완성품환산량의 정의

완성품환산량이란 일정 기간에 투입한 원가를 그 기간에 완성품만을 생산하는 데 투입했더라면 완성되었을 완성품수량으로 나타낸 수치이다.

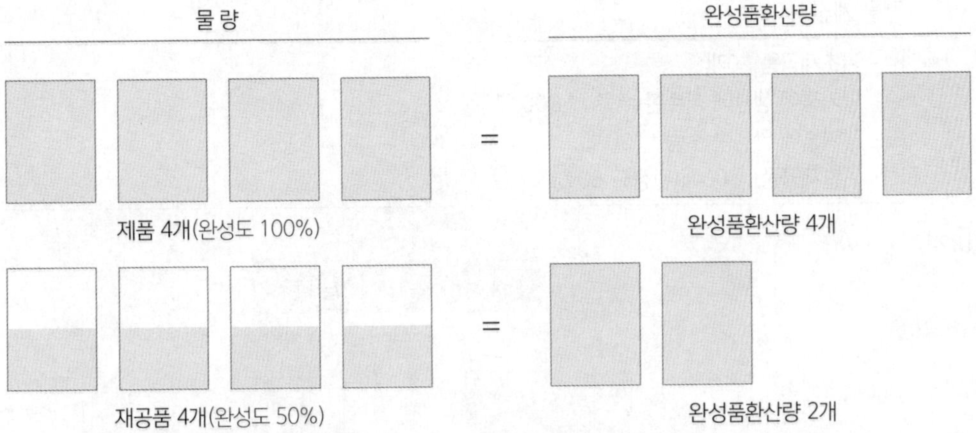

종합원가계산에서는 공정에 투입된 원가를 완성품원가와 기말재공품원가로 배분하는 것이 중요하다. 이때 가공된 정도가 서로 다른 제품과 재공품에 단순히 물량을 기준으로 원가를 배분하는 것은 불합리하므로, 완성품환산량이라는 개념을 사용하여 경제적으로 동일한 가치로 평준화한 후 배분하게 된다.

(2) 완성품환산량의 계산

완성품환산량은 물량에 완성도를 곱하여 계산하는데, 완성도를 산정함에 있어서 재료비와 가공비는 공정에 투입되는 시점이 다르기 때문에 각각 별도로 완성품환산량을 계산하여야 한다.

완성품환산량 = 물량 × 완성도

원가요소별 완성도 산정방법은 다음과 같다.

재료비	재료비는 일반적으로 공정 초기에 전량 투입된다. 따라서 기말재공품의 경우에도 재료비는 전량 투입되어 있는 경우가 일반적이다. 이 경우 기말재공품의 재료비 완성도는 100%이다. (단, 재료비의 투입시점을 별도로 제시하는 경우에는 그에 따라 완성도를 산정하면 된다)
가공비	가공비는 일반적으로 공정 전반에 걸쳐 균등하게 투입된다. 따라서 기말재공품의 경우 가공비는 공정의 진척도에 비례하여 투입되는 경우가 일반적이다. 이 경우 기말재공품의 가공비 완성도는 진척도와 동일하다.

기출포인트

- 개별원가계산에서는 제조간접비의 각 제품으로의 배부가 핵심과제이므로 원가요소를 직접비(직접재료비, 직접노무비)와 간접비(제조간접비)로 구분하여 원가를 계산한다.
- 종합원가계산에서는 완성품환산량의 계산이 핵심과제이므로 이를 위하여 원가요소를 (직접)재료비와 가공비(= 직접노무비 + 제조간접비)로 구분하여 원가를 계산한다. (즉, 재료비와 가공비의 원가 투입시기가 서로 다르기 때문에 재료비와 가공비로 나누어 각각 완성품환산량을 계산한다) 또한, 종합원가계산에서는 단일 제품의 생산을 가정하므로 직접재료비(직접비)와 간접재료비(간접비)의 구분에 실익이 없다.

(3) 완성품환산량의 계산 사례

[사례] 회사는 단일 제품을 대량생산하고 있다. 원재료는 공정 초기에 전량 투입되고, 가공비는 공정 전반에 걸쳐 균등하게 투입된다. 물량과 완성도가 다음과 같을 때, 재료비와 가공비의 완성품환산량을 계산하여 보자.

- 기초재공품 : 0개
- 당기중에 생산에 착수한 수량 : 1,000개
- 당기중에 완성한 수량 : 700개
- 기말재공품 : 300개(완성도 60%)

[풀이]

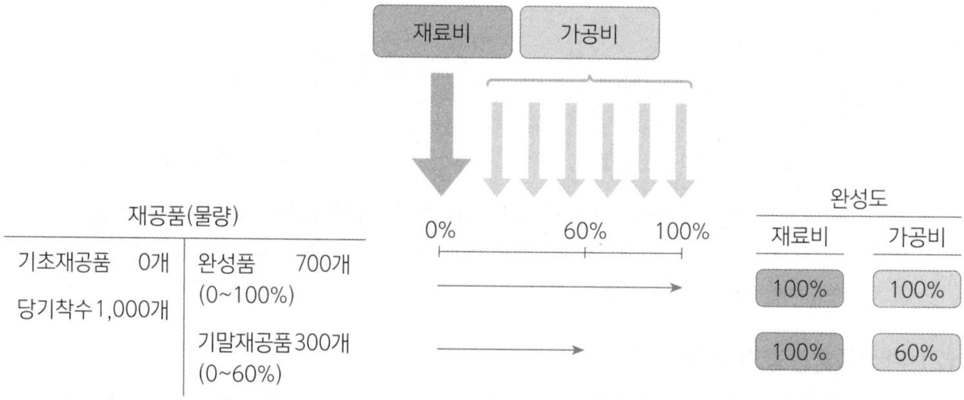

구 분	물 량	재료비 완성품환산량	가공비 완성품환산량
완성품 (0~100%)	700개	700개 (= 700개 × 100%)	700개 (= 700개 × 100%)
기말재공품 (0~60%)	300개	300개 (= 300개 × 100%[1])	180개 (= 300개 × 60%[2])
합 계	1,000개	1,000개	880개

[1] 재료비는 공정 초기에 전량 투입되므로 기말 현재 미완성된 재공품의 경우에도 재료비는 전량 투입되어 있다. 따라서 기말재공품의 재료비 완성도는 100%이다.

[2] 가공비는 공정 전반에 걸쳐 균등하게 투입된다. 따라서 기말재공품의 가공비 완성도는 진척도와 동일한 60%이다.

기출확인문제 *2024년 출제예상

㈜산성은 당월에 800개를 생산에 착수하여 이 중 60%는 완성하고, 40%는 월말 재고(완성도 50%)로 남아있다. 원재료는 공정 초기에 전량 투입되며, 가공비는 전공정에 걸쳐 균등 투입된다. 기초재공품 재고는 없다. 재료비와 가공비의 완성품환산량을 계산하면? (제49회) ① 재료비 : 480개, 가공비 : 320개 ② 재료비 : 480개, 가공비 : 480개 ③ 재료비 : 800개, 가공비 : 640개 ④ 재료비 : 800개, 가공비 : 800개	정답 ③ 해설 · 재료비 완성품환산량 = 800개 · 가공비 완성품환산량 = (800개 × 60%) + (800개 × 40% × 50%) = 640개

04 종합원가계산방법

빈출 최근 71회 시험 중 41회 기출

(1) 종합원가계산의 절차

1단계 : 물량흐름 파악	물량의 흐름을 파악한다.
2단계 : 완성품환산량 계산	원가요소별로 완성품환산량을 계산한다.
3단계 : 배분대상 원가 요약	원가요소별로 기초재공품원가와 당기투입원가를 파악하고, 배분대상 원가를 요약한다.
4단계 : 환산량 단위당 원가 계산	원가요소별로 완성품환산량 단위당 원가를 계산한다.
5단계 : 원가의 배분	완성품원가와 기말재공품원가를 계산한다.

(2) 평균법과 선입선출법

종합원가계산을 적용함에 있어서 기초재공품이 존재하는 경우에는, 기초재공품과 당기착수물량의 제조순서와 관련하여 원가흐름의 가정이 필요하게 된다. 이때 일반적으로 많이 사용되는 가정으로는 평균법과 선입선출법이 있다.

① 평균법

평균법은 기초재공품을 당기 이전에 착수하였음에도 불구하고 이를 당기에 착수한 것과 동일한 것으로 가정하는 방법이다. 즉 당기 이전에 착수된 기초재공품의 기완성도를 무시하자는 방법이다. 따라서 평균법에서는 기초재공품원가와 당기발생원가를 구분하지 않고 동일하게 취급하여, 둘을 합한 후 이를 완성품원가와 기말재공품원가로 배분한다.

재공품

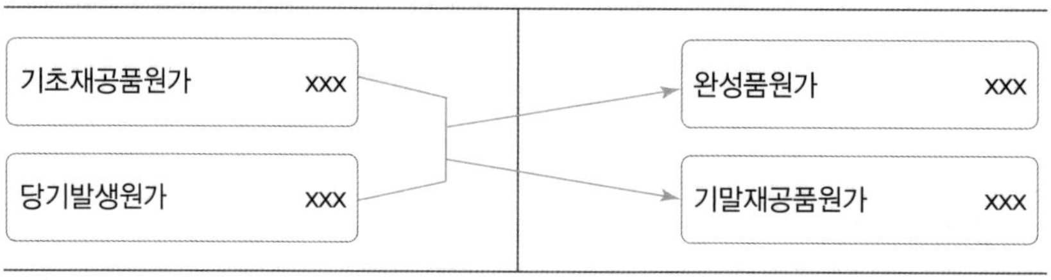

② 선입선출법

선입선출법은 기초재공품을 먼저 가공하여 완성시키고 그 다음에 당기착수물량을 가공한다고 가정하는 방법이다. 즉 당기 이전에 착수된 기초재공품의 기완성도를 인정하자는 방법이다. 따라서 선입선출법에서는 기초재공품원가를 당기발생원가와 명확히 구분하여, 기초재공품원가는 전액 완성품원가에 포함시키고, 당기 발생원가만 완성품원가와 기말재공품원가로 배분한다.

재공품

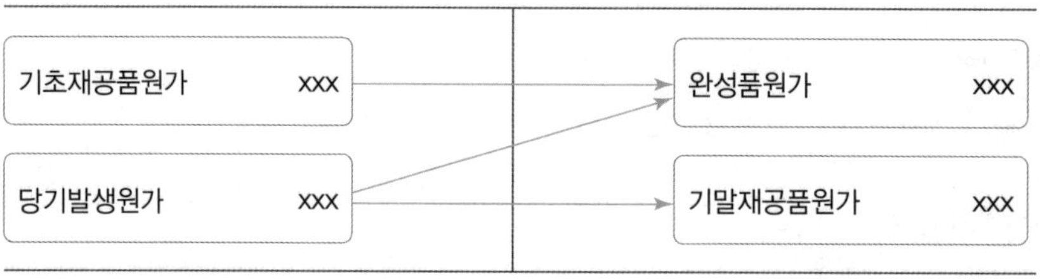

(3) 평균법과 선입선출법에 의한 종합원가계산

[사례] 회사는 단일제품을 대량생산하고 있다. 원재료는 공정 초기에 전량 투입되고, 가공비는 공정 전반에 걸쳐 균등하게 투입된다. 종합원가계산을 위한 자료가 다음과 같을 때, 평균법 및 선입선출법에 의한 완성품원가와 기말 재공품원가를 계산하여 보자. (제조원가보고서 양식으로 작성하여 보기로 한다)

- 물량 자료
  - 기초재공품 : 400개(완성도 60%)
  - 당기착수량 : 1,000개
  - 당기완성량 : 1,200개
  - 기말재공품 : 200개(완성도 50%)
- 원가 자료
  - 기초재공품원가 : 재료비 140,000원, 가공비 134,000원
  - 당기발생원가 : 재료비 280,000원, 가공비 477,000원

[풀이] <평균법>

	[1단계] 물량흐름	[2단계] 완성품환산량 재료비	가공비	합 계
기초재공품(60%~)	400			
당기착수량(0%~)	1,000			
합 계	1,400			
당기완성량(0~100%)	1,200	1,200	1,200	
기말재공품(0~50%)	200	200	100	
합 계	1,400	1,400	1,300	
[3단계] 배분대상 원가 요약				합 계
기초재공품		140,000	134,000	274,000원
당기발생원가		280,000	477,000	757,000원
합 계		420,000	611,000	1,031,000원
[4단계] 환산량 단위당 원가				
완성품환산량		1,400	1,300	
완성품환산량 단위당 원가		@300	@470	

[5단계] 원가의 배분

완성품원가	(1,200개 × @300원) + (1,200개 × @470원) =	924,000원
기말재공품원가	(200개 × @300원) + (100개 × @470원) =	107,000원
		1,031,000원

<선입선출법>

	[1단계] 물량흐름	[2단계] 완성품환산량 재료비	가공비	합 계
기초재공품(60%~)	400			
당기착수량(0%~)	1,000			
합 계	1,400			
기초재공품 당기완성량(60~100%)	400	0	160	
당기착수 당기완성(0~100%)	800	800	800	
기말재공품(0~50%)	200	200	100	
합 계	1,400	1,000	1,060	
[3단계] 배분대상 원가 요약				합 계
기초재공품				274,000원
당기발생원가		280,000	477,000	757,000원
합 계		280,000	477,000	1,031,000원
[4단계] 환산량 단위당 원가				
완성품환산량		1,000	1,060	
완성품환산량 단위당 원가		@280	@450	

[5단계] 원가의 배분

완성품원가	274,000원 + (800개 × @280원) + (960개 × @450원) =	930,000원
기말재공품원가	(200개 × @280원) + (100개 × @450원) =	101,000원
		1,031,000원

기출포인트

종합원가계산을 적용함에 있어서 기초재공품의 기완성도를 어떻게 처리하느냐에 따라 평균법과 선입선출법으로 구분하는 것이므로, 만약 기초재공품이 없는 경우라면 평균법과 선입선출법의 결과가 동일하다.

05 연속공정에서의 종합원가계산 (공정별 종합원가계산)

최근 71회 시험 중 1회 기출

A라는 공정을 마친 후 B라는 공정을 거쳐야만 제품이 완성되는 연속공정의 생산작업에서 A와 B 각 공정별로 종합원가계산을 하는 경우, A공정(앞 공정)의 완성품원가를 전(前)공정원가라고 한다.

연속공정에서 뒷 공정의 종합원가계산 시 원가요소에 재료비, 가공비 외에 전공정원가를 추가하고, 전공정원가의 완성품환산량은 공정초기에 전량 투입되는 것으로 보아 계산한다. (일반적인 경우의 재료비와 동일하게 계산)

전공정원가가 B공정(뒷 공정)의 종합원가계산 시 공정초기에 전량 투입되는 것을 전공정대체라고 하며, 이러한 과정을 거쳐 계산된 최종 공정에서의 완성품원가가 당기제품제조원가이다.

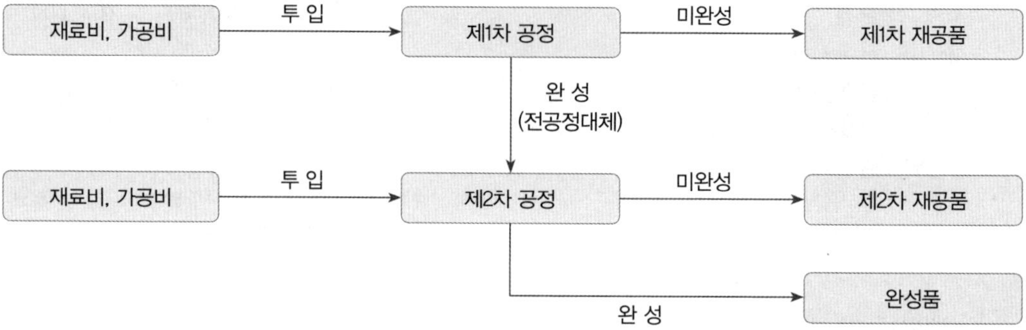

06 공손품과 작업폐물

빈출 최근 71회 시험 중 27회 기출

(1) 공손품

공손품(Spoilage)이란 품질 및 규격이 표준에 미달하는 불합격품이다. 원가회계에서의 공손품은 추가적인 작업을 하더라도 완성품으로 만들 수 없다는 점에서 추가적인 작업을 수행하면 완성품이 될 수 있는 불량품(Reworked Units)과는 구분되는 개념이다.

공손품으로 판명될 때까지 해당 공손품에 투입된 제조원가를 공손원가라고 하며, 공손품은 다음과 같이 정상공손과 비정상공손으로 나눌 수 있다.

정상공손	· 제조과정에서 불가피하게 발생하는 공손을 말한다. · 정상공손품에 투입된 제조원가(정상공손원가)는 정상품(완성품과 기말재공품) 원가로 처리한다.
비정상공손	· 작업자의 부주의, 생산계획의 미비 등에 따라 발생하는 것으로서 제조활동을 효율적으로 수행하면 방지할 수 있는 공손을 말한다. · 비정상공손품에 투입된 제조원가(비정상공손원가)는 영업외비용으로 처리한다.

(2) 공손원가 관련 고려사항

① 물량

- 정상공손수량 = 완성품 물량 × 일정비율(%)
- 비정상공손수량 = 총 공손 수량 - 정상공손수량

② 완성도

- 재료비와 가공비의 완성품환산량을 구할 때, 공손품의 완성도는 검사시점과 동일한 것으로 본다.

③ 정상공손원가를 정상품(완성품과 기말재공품) 원가로 처리하는 방법

- 검사시점이 기말재공품의 완성도 이후인 경우 : 공손품이 완성품에서만 나온 상황이므로, 정상공손원가를 모두 완성품원가에 합산한다.
- 검사시점이 기말재공품의 완성도 이전인 경우 : 공손품이 완성품과 기말재공품 모두에서 나온 상황이므로, 정상공손원가를 물량 기준으로 안분하여 완성품원가와 기말재공품원가에 합산한다.

기출포인트

정상공손원가를 완성품과 기말재공품으로 안분하는 기준 : 정상공손원가를 안분할 때, 완성품환산량이 아니라 물량에 따라 안분한다.

(3) 작업폐물

작업폐물(Scrap)이란 제품의 제조과정에서 발생하는 원재료의 부스러기로, 제품제조를 위하여 투입된 원가가 아니라는 점에서 공손품과는 구분되는 개념이다. 예를 들어, 가구 제조업에서의 나무토막이나 기계작업에서의 철판조각 등이 이에 해당한다.

작업폐물은 별도의 제조원가를 들이지 않고 획득한 것으로 이를 외부에 매각하면 금전을 얻을 수 있다. 따라서 작업폐물이 발생하면 작업폐물의 평가액만큼 제품의 제조원가를 감소시켜야 한다. 이때 작업폐물이 특정 제품과 관련하여 발생한 경우에는 직접재료비를, 여러 제품의 제조과정에서 발생하면 제조간접비를 감소시킨다.

기출확인문제 *2024년 출제예상

다음 중 공손에 대한 회계처리 중 틀린 것은? (제45회)

① 비정상공손품은 전체 공손품에서 정상공손품을 공제한 나머지를 의미한다.
② 정상공손은 제품원가의 일부를 구성한다.
③ 기말재공품에 대하여 공손품 검사를 하였을 경우에 비정상공손원가는 기말재공품에도 배부하여야 한다.
④ 공손품과 작업폐물은 같지 않다.

정답 ③

해설
비정상공손은 발생기간의 비용으로 처리하고 완성품이나 기말재공품에 배부하지 않는다.

07 결합원가계산

최근 71회 시험 중 5회 기출

(1) 결합원가

① 결합제품

동일한 원재료를 사용하여 동일한 제조공정에서 생산되는 두 종류 이상의 서로 다른 제품들을 말하며, 이를 연산품이라고도 한다.

참고 결합제품의 예

업 종	원재료	결합제품
정유업	원 유	휘발유, 등유, 경유, 중유 등
우유가공업	우 유	버터, 치즈 등

② 분리점

결합제품의 제조과정에서 각 제품의 물리적 식별이 가능한 시점을 말한다.

③ 결합원가

결합제품의 제조과정에서 분리점 이전까지 투입된 원가를 말한다.

(2) 결합원가의 배분방법

① 상대적 판매가치법

분리점에서 개별제품을 시장에 판매한다면 획득할 수 있는 수익(상대적 판매가치)을 기준으로 배분하는 방법을 말한다.

② 순실현가능가치법

최종 판매가치에서 추가가공원가와 판매비용을 차감한 금액(순실현가능가치, 순실현가치)을 기준으로 배분하는 방법을 말한다.

③ 물량기준법

결합제품의 수량, 무게, 부피 등을 기준으로 배분하는 방법을 말한다.

[사례]

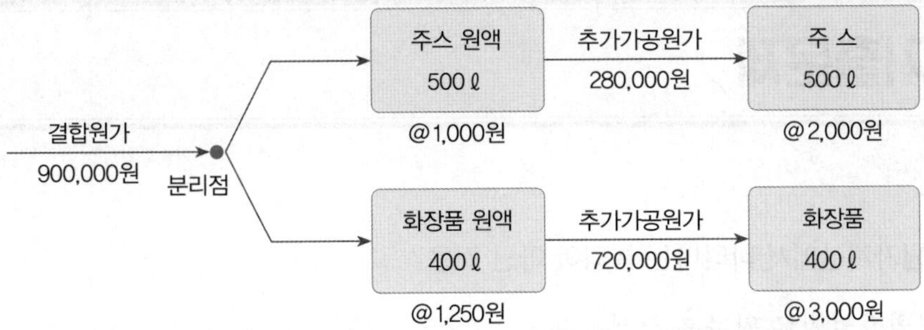

회사는 올리브를 가공하여 주스 원액과 화장품 원액을 생산하고, 다시 추가가공을 거쳐 주스와 화장품을 생산하고 있다. 올리브를 투입하여 주스 원액 500ℓ와 화장품 원액 400ℓ를 생산하였으며, 분리점까지의 발생원가는 900,000원이었다. 주스 원액 500ℓ는 추가가공원가 280,000원으로 주스 500ℓ가 만들어지고, 화장품 원액 400ℓ는 추가가공원가 720,000원으로 화장품 400ℓ가 만들어진다.

제품별 판매가격이 다음과 같을 때, 상대적 판매가치법, 순실현가능가치법, 물량기준법에 의하여 결합원가를 배분하여 보자.

- 주스 원액 : 1,000원/ℓ
- 화장품 원액 : 1,250원/ℓ
- 주스 : 2,000원/ℓ
- 화장품 : 3,000원/ℓ

[풀이] <상대적 판매가치법>

구 분	상대적 판매가치	배분비율	결합원가 배분액
주스 원액	500ℓ × 1,000원 = 500,000원	50%	450,000원
화장품 원액	400ℓ × 1,250원 = 500,000원	50%	450,000원
합 계	1,000,000원	100%	900,000원

<순실현가능가치법>

구 분	순실현가치	배분비율	결합원가 배분액
주스 원액	500ℓ × 2,000원 − 280,000원 = 720,000원	60%	540,000원
화장품 원액	400ℓ × 3,000원 − 720,000원 = 480,000원	40%	360,000원
합 계	1,200,000원	100%	900,000원

<물량기준법>

구 분	물 량	배분비율	결합원가 배분액
주스 원액	500ℓ	5/9	500,000원
화장품 원액	400ℓ	4/9	400,000원
합 계	900ℓ	100%	900,000원

핵심기출문제

* 본서에 수록된 기출문제의 날짜는 학습효과를 높이기 위하여 일부 수정함

01 종합원가계산에서 나타나는 특징이 아닌 것은? [제65회]

① 개별작업별로 원가를 집계한다.
② 원가요소의 분류가 재료비와 가공비로 단순화된다.
③ 연속적으로 대량·반복 생산하는 경우 적합하다.
④ 동일 공정에서 생산된 제품은 동질적이라는 가정에 따라 평균화 과정에 기초하여 제품원가가 계산된다.

02 다음 중 개별원가계산방법과 종합원가계산방법에 대한 내용으로 잘못 짝지어진 것은? [제72회]

구 분	종합원가계산방법	개별원가계산방법
① 핵심과제	완성품환산량 계산	제조간접비 배부
② 생산형태	소품종 대량생산	다품종 소량생산
③ 장 점	정확한 원가계산	경제성 및 편리함
④ 원가집계	공정별 집계	개별작업별 집계

03 종합원가계산의 흐름을 바르게 나열한 것은? [제87회]

가. 물량의 흐름을 파악한다.
나. 완성품과 기말재공품 원가를 계산한다.
다. 재료원가와 가공원가의 완성품환산량 단위당 원가를 구한다.
라. 재료원가와 가공원가의 기초재공품원가와 당기총제조원가를 집계한다.
마. 재료원가와 가공원가의 완성품환산량을 계산한다.

① 가 → 나 → 다 → 라 → 마
② 가 → 마 → 라 → 다 → 나
③ 가 → 라 → 마 → 다 → 나
④ 나 → 가 → 다 → 라 → 마

04 다음 중 종합원가계산에서 재료비와 가공비를 구분할 필요가 없는 경우는? [제54회]

① 재료비와 가공비의 제조과정에 투입시점이 같다.
② 제조과정에 투입되는 재료비와 가공비의 물량이 같다.
③ 제조과정에 투입되는 재료비와 가공비의 금액이 같다.
④ 재료비와 가공비의 기말잔액이 같다.

05 종합원가계산하에서 선입선출법과 평균법에 대한 설명 중 틀린 것은? [제63회]

① 선입선출법은 평균법보다 실제물량흐름을 더 충실히 반영하며 원가통제 등에 더 유용한 정보를 제공한다.
② 선입선출법은 완성품환산량 계산 시 순수한 당기발생작업량만으로 계산한다.
③ 선입선출법은 기초재공품원가와 당기발생원가를 구분하지 않고 모두 당기발생원가로 가정하여 완성품과 기말재공품에 배분한다.
④ 기초재공품이 없다면 선입선출법과 평균법의 결과는 차이를 보이지 않는다.

정답 및 해설

01 ① 개별작업별로 원가를 집계하는 것은 개별원가계산의 특징에 해당한다.

02 ③ 정확한 원가계산은 개별원가계산의 장점이고, 경제성 및 편리함은 종합원가계산의 장점이다.

03 ② 가. 물량흐름 파악 → 마. 완성품환산량 계산 → 라. 배분대상 원가 파악 → 다. 환산량 단위당 원가 계산 → 나. 완성품과 기말재공품 원가 계산

04 ① 종합원가계산에서 재료비와 가공비로 구분하여 완성품환산량을 계산하는 이유는 재료비와 가공비의 투입시점이 다르기 때문이다. 따라서, 재료비와 가공비의 투입시점이 같다면 재료비와 가공비를 구분하는 실익이 없다.

05 ③ 선입선출법에서는 기초재공품원가(전기 발생원가)를 당기발생원가와 명확히 구분하여, 기초재공품원가는 모두 완성품원가에 포함시키고, 당기발생원가만 완성품원가와 기말재공품원가로 배분한다.

06 선입선출법에 의한 종합원가계산 과정에서 완성품환산량 단위당 원가를 다음과 같이 계산하는 경우 '㉠'에 해당하는 것은? [제71회]

$$\text{선입선출법에 의한 완성품환산량 단위당 원가} = \frac{㉠}{\text{완성품 환산량}}$$

① 기초재공품원가
② 당기투입원가
③ 당기투입원가 - 기초재공품원가
④ 기초재공품원가 + 당기투입원가

07 신라공업㈜은 종합원가계산을 채택하고 있다. 재료비는 공정 초기에 전량 투입되며, 가공비는 공정기간 동안 균등하게 투입될 경우에 평균법에 의하여 완성품환산량을 구하면 얼마인가? [제32회]

구 분	물 량	완성도	구 분	물 량	완성도
기초재공품	300개	70%	완성품	1,300개	-
당기투입	1,500개	-	기말재공품	500개	40%
계	1,800개	-	계	1,800개	-

	재료비	가공비
①	1,800개	1,500개
②	1,800개	1,800개
③	1,500개	1,500개
④	1,500개	1,800개

08 다음 자료에 의하여 선입선출법에 의한 재료비 완성품환산량을 계산하면 얼마인가? [제84회]

- 당사는 종합원가계산시스템을 도입하여 원가계산을 하고 있다.
- 재료비는 공정의 초기에 전량 투입되고, 가공비는 공정의 진행에 따라서 균일하게 발생한다.
- 기초재공품 : 1,000개(가공비 완성도 40%)
- 당기착수분 : 5,000개
- 기말재공품 : 2,000개(가공비 완성도 50%)

① 3,000개 ② 4,000개 ③ 4,600개 ④ 5,000개

09 ㈜은아의 기초재공품은 150개(완성도 40%), 당기완성품은 400개이며, 기말재공품은 100개(완성도 20%)이다. 선입선출법에 따른 가공비의 완성품환산량은 얼마인가? 다만, 가공비는 공정 전반에 걸쳐 균등하게 투입된다. [제99회]

① 360단위 ② 480단위 ③ 510단위 ④ 570단위

정답 및 해설

06 ② · 선입선출법에 의한 완성품환산량 단위당 원가 = 당기투입원가 ÷ 완성품환산량
· 평균법에 의한 완성품환산량 단위당 원가 = (기초재공품원가 + 당기투입원가) ÷ 완성품환산량

07 ① · 평균법에 의한 재료비의 완성품환산량 = 완성분 + 기말재공품
= 1,300 + (500 × 100%) = 1,800개
· 평균법에 의한 가공비의 완성품환산량 = 완성분 + 기말재공품
= 1,300 + (500 × 40%) = 1,500개

08 ④ 선입선출법에 의한 재료비의 완성품환산량 = 기초재공품 완성분 + 당기착수 완성분 + 기말재공품
= (1,000 × 0%) + 3,000 + (2,000 × 100%) = 5,000개

09 ① 선입선출법에 의한 가공비의 완성품환산량 = 기초재공품 완성분 + 당기착수 완성분 + 기말재공품
= (150 × 60%) + 250 + (100 × 20%) = 360개

10 한결㈜은 종합원가계산을 채택하고 있다. 재료비는 공정 초기에 전량 투입되며, 가공비는 공정기간 동안 균등하게 투입될 경우에 선입선출법에 의하여 완성품환산량을 구하면 얼마인가? [제78회]

구 분	물 량	완성도	구 분	물 량	완성도
기초재공품	300개	70%	완성품	1,300개	-
당기투입	1,500개	-	기말재공품	500개	40%
계	1,800개	-	계	1,800개	-

	재료비	가공비
①	1,800개	1,290개
②	1,800개	1,410개
③	1,500개	1,290개
④	1,500개	1,410개

11 다음의 자료에 의하여 종합원가계산에 의한 가공비의 완성품환산량을 계산하시오. (단, 가공비는 가공 과정 동안 균등하게 발생한다고 가정한다) [제79회]

- 기초재공품 : 200개(완성도 30%)
- 당기 착수량 : 800개
- 당기 완성량 : 600개
- 기말재공품 : 400개(완성도 70%)

	평균법	선입선출법
①	880개	820개
②	800개	820개
③	880개	800개
④	820개	820개

12 기초재공품은 10,000개(완성도 20%), 당기완성품수량은 190,000개, 기말재공품은 8,000개(완성도 40%)이다. 평균법과 선입선출법의 가공비에 대한 완성품환산량의 차이는 얼마인가? (단, 재료는 공정 초에 전량 투입되고, 가공비는 공정 전반에 걸쳐 균등하게 투입된다) [제69회]

① 2,000개 ② 5,000개 ③ 6,000개 ④ 7,000개

13 다음 자료를 이용하여 평균법을 적용한 기말재공품원가를 구하시오. 당기완성품은 1,200개이며 기말재공품은 400개(완성도 50%)이다. 재료비는 공정초기에 모두 발생하며 가공비는 공정 전체에 균일하게 발생한다. [제97회]

구 분	수 량	재료비	가공비
기초재공품원가	500개[1]	500,000원	300,000원
당기총제조원가	1,100개	700,000원	400,000원

[1] 기초재공품의 완성도는 50%이다.

① 400,000원 ② 450,000원 ③ 500,000원 ④ 550,000원

정답 및 해설

10 ③ · 선입선출법에 의한 재료비의 완성품환산량 = 기초재공품 완성분 + 당기착수 완성분 + 기말재공품
= (300 × 0%) + 1,000 + (500 × 100%) = 1,500개

· 선입선출법에 의한 가공비의 완성품환산량 = 기초재공품 완성분 + 당기착수 완성분 + 기말재공품
= (300 × 30%) + 1,000 + (500 × 40%) = 1,290개

11 ① · 평균법에 의한 가공비의 완성품환산량 = 완성분 + 기말재공품
= 600 + (400 × 70%) = 880개

· 선입선출법에 의한 가공비의 완성품환산량 = 기초재공품 완성분 + 당기착수 완성분 + 기말재공품
= (200 × 70%) + 400 + (400 × 70%) = 820개

12 ① · 평균법에 의한 가공비의 완성품환산량 = 완성분 + 기말재공품
= 190,000 + (8,000 × 0.4) = 193,200개

· 선입선출법에 의한 가공비의 완성품환산량 = 기초재공품 완성분 + 당기착수 완성분 + 기말재공품
= (10,000 × 80%) + 180,000 + (8,000 × 40%) = 191,200개

· 가공비의 완성품환산량의 차이 = (방법1) 평균법 - 선입선출법 = 193,200 - 191,200 = 2,000개
= (방법2) 기초재공품 기완성분 = 10,000 × 20% = 2,000개

13 ①

	물 량	재료비	가공비
완성품	1,200	1,200	1,200
기말재공품(50%)	400	400	200
완성품환산량	1,600	1,600	1,400
배분대상원가		1,200,000	700,000
환산량 단위당 원가		@750	@500

∴ 평균법에 의한 기말재공품원가 = (400개 × @750원) + (200개 × @500원)
= 400,000원

14 **완성품이 2,000개이고, 기말재공품은 500개**(완성도 40%)**인 경우 평균법에 의한 종합원가 계산에서 재료비 및 가공비 완성품환산량은 몇 개인가?** (단, 재료는 공정 50% 시점에 전량 투입되며, 가공비는 전 공정에 균일하게 투입된다) [제86회]

	재료비 완성품 환산량	가공비 완성품 환산량
①	2,000개	2,200개
②	2,000개	2,500개
③	2,500개	2,200개
④	2,500개	2,500개

15 **㈜수정은 종합원가계산제도를 채택하고 있다. 다음 자료에 의한 당기 기말재공품의 원가는 얼마인가?** [제100회]

- 원가흐름의 가정은 선입선출법을 선택하고 있으며, 모든 원가는 전 공정에서 균등하게 발생한다.
- 기초재공품은 7,800단위이며 완성도는 50%이다.
- 당기중 45,000단위를 추가로 투입하였다.
- 기말재공품은 5,500단위이며 완성도는 50%이다.
- 당기 총발생원가는 1,615,250원이다.

① 82,500원　② 96,250원　③ 165,000원　④ 192,500원

16 **다음 자료를 이용하여 비정상공손수량을 계산하면 얼마인가?** (단, 정상공손은 당기 완성품의 10%로 가정한다) [제92회]

- 기초재공품 : 200개
- 당기착수량 : 600개
- 기말재공품 : 50개
- 당기완성량 : 650개

① 25개　② 28개　③ 30개　④ 35개

17 다음 중 종합원가계산에서 공손품 회계에 대한 설명으로 틀린 것은? [제70회]

① 공손품의 의미는 재작업이 불가능한 불합격품을 의미한다.
② 공손품의 검사시점이 기말재공품의 완성도 이전인 경우에 정상공손원가를 모두 완성품에만 부담시킨다.
③ 비정상공손원가는 영업외비용으로 처리한다.
④ 정상공손은 생산과정에서 불가피하게 발생하는 공손이다.

정답 및 해설

14 ① · 평균법에 의한 재료비(50% 시점 투입)의 완성품환산량 = 완성품 + 기말재공품(완성도 40%)
= 2,000 + (500 × 0%) = 2,000개

· 평균법에 의한 가공비(균등 투입)의 완성품 환산량 = 완성품 + 기말재공품(완성도 40%)
= 2,000개 + (500개 × 40%) = 2,200개

15 ②

	물 량	재료비 + 가공비
기초재공품 완성분(50%~)	7,800	3,900
당기착수 완성분	39,500	39,500
기말재공품(~50%)	5,500	2,750
완성품환산량	52,800	46,150
당기발생원가		1,615,250
환산량 단위당 원가		@35

∴ 선입선출법에 의한 기말재공품원가 = 2,750단위 × @35원 = 96,250원

16 ④ · 총 공손 수량 = 기초재공품 + 당기착수수량 - 당기완성량 - 기말재공품
= 200 + 600 - 650 - 50 = 100개

· 정상공손수량 = 완성품 물량 × 일정비율
= 650개 × 10% = 65개

· 비정상공손수량 = 총 공손수량 - 정상공손수량
= 100 - 65 = 35개

17 ② 공손품의 검사시점이 기말재공품의 완성도 이전인 경우에 정상공손원가를 완성품과 기말재공품에 안분하여 부담시킨다.

18 ㈜세계는 공손품 중 품질검사를 통과한 정상품의 10%만을 정상공손으로 간주하며, 나머지는 비정상공손으로 간주한다. 다음 설명 중 틀린 것은? [제94회]

재공품

기초재공품	2,000개(완성도 10%)	당기완성품	6,000개
당기투입분	8,000개	공손품	1,500개
		기말재공품	2,500개(완성도 25%)
계	10,000개	계	10,000개

① 품질검사를 공정의 60% 시점에서 한다고 가정하였을 경우에 정상공손품은 600개이다.
② 품질검사를 공정의 20% 시점에서 한다고 가정하였을 경우에 정상공손품은 850개이다.
③ 품질검사를 공정의 60% 시점에서 한다고 가정하였을 경우에 정상공손원가는 당기완성품원가와 기말재공품원가에 각각 배부하여야 한다.
④ 비정상공손원가는 품질검사시점과 상관없이 제조원가에 반영되어서는 안 된다.

19 진성㈜은 동일한 원재료를 투입하여 동일한 공정에서 각기 다른 A, B, C 제품을 생산하고 있다. 진성㈜이 결합원가 2,600,000원을 상대적 판매가치법에 의하여 배부하는 경우, 다음 자료에 의하여 B제품에 배부될 결합원가를 계산하면 얼마인가? [제24회]

제 품	생산량(개)	판매단가(원)	판매가치(원)
A	2,106	1,000	2,106,000
B	900	1,300	1,170,000
C	520	2,700	1,404,000

① 650,000원 ② 676,000원 ③ 680,000원 ④ 692,000원

정답 및 해설

18 ③ · 검사시점(60%)이 기말재공품 완성도(25%) 이후인 경우 정상공손수량
= 검사를 통과한 정상품의 10% = 당기완성품 × 10% = 6,000 × 10% = 600개
· 검사시점(20%)이 기말재공품 완성도(25%) 이전인 경우 정상공손수량
= 검사를 통과한 정상품의 10% = (당기완성품 + 기말재공품) × 10% = (6,000 + 2,500) × 10% = 850개
· 검사시점(60%)이 기말재공품 완성도(25%) 이후인 경우, 정상공손수량이 완성품에서만 나온 상황이므로, 정상공손원가를 모두 당기완성품원가에 합산한다.
· 비정상공손원가는 영업외비용으로 처리한다.

19 ① · 결합원가의 판매가치 합계 = 2,106,000 + 1,170,000 + 1,404,000 = 4,680,000원
· 상대적 판매가치법에 의해 B제품에 배부될 결합원가 = 2,600,000원 × $\frac{1,170,000}{4,680,000}$ = 650,000원

제 3 장

거래자료의 입력·결산

제 3 장

거래자료의 입력·결산

Overview

거래자료의 입력·결산은 실무시험 전체 70점 중 30점의 비중으로 출제된다.

거래자료의 입력·결산은 제1장 재무회계에서 학습한 회계처리를 KcLep의 [일반전표입력]과 [결산자료입력] 메뉴에 입력하는 방법을 학습하는 장이다. '기출확인문제'를 본서의 풀이순서에 따라 KcLep에 입력하고, 문제 풀이에 필요한 KcLep의 기능과 관련 이론을 학습할 수 있도록 구성되어 있다.

출제비중

구 분	출제문항	배점(30점)
제1절 일반전표입력	문제 1	15점
제2절 결산	문제 4	15점

해커스 전산세무 2급
이론+실무+최신기출

학습전략

제1절 일반전표입력

[일반전표입력]과 관련된 문제를 풀기 위해서는 [일반전표입력]에서의 입력 방법과 KcLep의 기능뿐만 아니라 문제에서 주어진 회계처리를 정확히 알아야 한다. '핵심기출문제' 풀이 중 모르는 회계처리가 있다면 해설 우측 '관련 이론 페이지'를 확인하여, 제1장 재무회계에서 문제와 관련된 회계처리를 다시 학습하도록 한다.

제2절 결산

실무시험에서 출제되는 15가지의 출제 유형 중 [일반전표입력]에 입력해야 할 결산항목과 [결산자료입력]에 입력해야 할 결산항목을 구분하여 해당되는 메뉴에 입력할 수 있어야 한다. 결산 문제는 '제1장 제8절 기말수정분개'를 기반으로 출제되므로 해당 파트의 이론과 기출분개연습을 연계하여 학습하도록 한다.

제1절 일반전표입력

01 일반전표입력

- [일반전표입력]은 회계상 거래 중에서 부가가치세 신고와 관련 없는 모든 거래를 입력하는 메뉴이다.
- [일반전표입력] 문제는 실무시험 문제 1(15점)에서 출제된다.
- [일반전표입력] 화면은 [회계관리] ▶ [전표입력] ▶ [일반전표입력]을 선택하여 들어갈 수 있다.

기출확인문제

㈜제일산업(코드번호 : 0101)의 당기 회계기간은 제5기이다.
다음 거래자료를 [일반전표입력] 메뉴에 추가 입력하시오. (제59회)

> 7월 4일 ㈜강서상사로부터 제품 판매대금으로 수령한 약속어음 30,000,000원을 할인하고, 할인비용 700,000원을 차감한 잔액이 보통예금에 입금되었다. (매각거래로 회계처리 할 것)

기출 따라 하기

▶관련 이론 | 당좌자산 p.61

(1) 분개

7월 4일	(차) 매출채권처분손실(956)	700,000	(대) 받을어음(110)	30,000,000
	보통예금(103)	29,300,000	(㈜강서상사)	

(2) 입력방법

[일반전표입력] 메뉴 화면을 연 다음, 월, 일, 차변·대변, 계정과목, 금액 등을 입력하여 라인을 채워 나가면 된다. 라인의 순서는 차변·대변 중 어느 것을 먼저 입력하더라도, 또는 계정과목 중 어느 것을 먼저 입력하더라도 상관없다. (단, 아래 내용은 110.받을어음 라인의 입력을 중심으로 설명하였다)

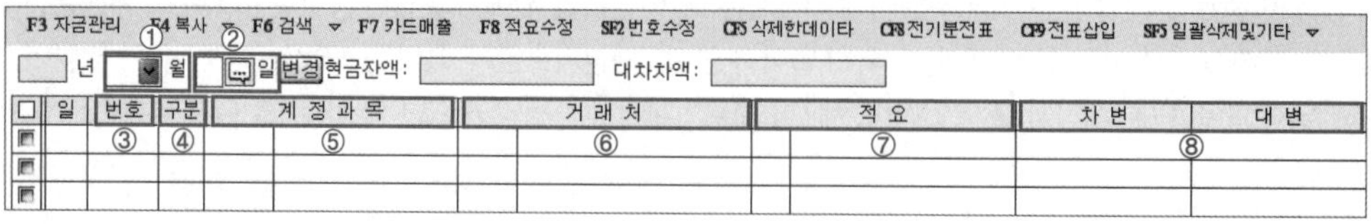

① 월란에 "7월"을 입력한다.

▶ 거래 월 입력방법

거래 월을 입력하는 방식은 두 가지가 있는데, 변경을 클릭하여 필요에 맞는 방식을 선택하면 된다.

| 방법1 | 하나의 월만 입력하는 방식 : 원하는 일자까지 입력하여 해당 일자의 화면을 볼 수 있으므로, 전표를 입력할 때 유용하다.

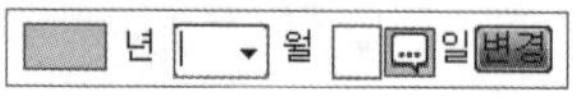

| 방법2 | 둘 이상의 월을 입력하는 방식 : 1개월을 초과하는 기간의 전표를 하나의 화면에서 볼 수 있으므로, 일정 기간의 전표를 조회할 때 유용하다.

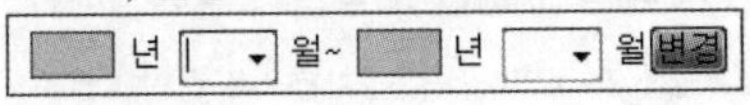

② 일란에 "4일"을 입력한다.

▶ 거래일 입력방법

| 방법1 | 화면 상단의 일란을 빈칸으로 두고 Enter↵를 누르면 해당 월의 전표들이 모두 화면에 나타나게 되고, 커서는 맨 아래 라인으로 이동된다. 이동된 라인에서 거래일을 입력한다.
이 방법은 동일한 월이면서 날짜가 서로 다른 여러 개의 분개를 입력할 때 편리하다.

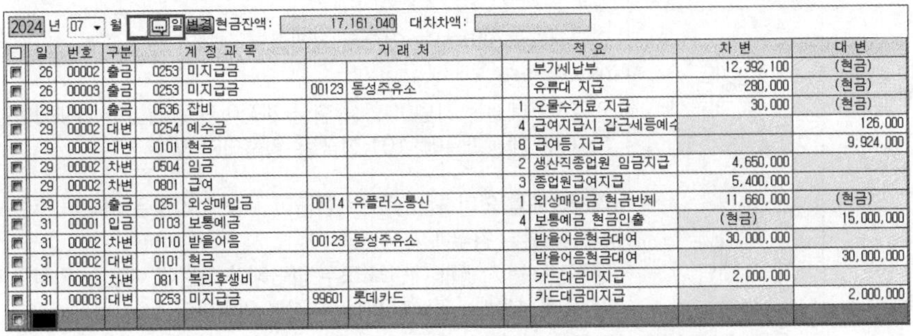
2024 년 07 월 일 변경 현금잔액: 17,161,040 대차차액:

일	번호	구분	계정과목		거래처		적요		차변	대변
26	00002	출금	0253	미지급금				부가세납부	12,392,100	(현금)
26	00003	출금	0253	미지급금	00123	동성주유소		유류대 지급	280,000	(현금)
29	00001	출금	0536	잡비			1	오물수거료 지급	30,000	(현금)
29	00002	대변	0254	예수금			4	급여지급시 갑근세등예수		126,000
29	00002	대변	0101	현금			8	급여등 지급		9,924,000
29	00002	차변	0504	임금			2	생산직종업원 임금지급	4,650,000	
29	00002	차변	0801	급여			3	종업원급여지급	5,400,000	
29	00003	출금	0251	외상매입금	00114	유플러스통신	1	외상매입금 현금반제	11,660,000	(현금)
31	00001	입금	0103	보통예금			4	보통예금 현금인출	(현금)	15,000,000
31	00002	차변	0110	받을어음	00123	동성주유소		받을어음현금대여	30,000,000	
31	00002	대변	0101	현금				받을어음현금대여		30,000,000
31	00003	차변	0811	복리후생비				카드대금미지급	2,000,000	
31	00003	대변	0253	미지급금	99601	롯데카드		카드대금미지급		2,000,000

| 방법2 | 화면 상단의 일란에 일자를 입력하고 Enter↵를 누르면 해당 날짜의 전표들만 화면에 나타나게 되고, 커서는 맨 아래 라인으로 이동된다. 이동된 라인에서 거래일을 입력한다.
이 방법은 날짜가 동일한 여러 개의 분개를 입력하거나 한 개의 분개만 입력할 때 편리하다.

③ 번호란의 전표번호는 전표입력이 완료되면 자동으로 부여된다.

▶ 전표번호는 일자별로 '00001'부터 자동으로 부여된다.

차변과 대변의 합계가 일치할 때까지 한 개의 전표로 인식하여 동일한 번호가 부여되며, 차변과 대변의 합계가 일치된 다음 입력되는 전표는 새로운 전표로 인식하여 다음 번호가 자동으로 부여된다.

만약, 하나의 전표로 기록하여야 함에도 불구하고 차변요소와 대변요소가 각각 2개 이상이고 입력 도중에 차변과 대변이 일치하여 하나의 전표에 대하여 둘 이상의 전표번호가 부여된 경우에는 전표번호의 수정이 필요하다. 이때에는 해당 라인에 커서를 두고 화면 상단의 SF2 번호수정 (또는 Shift + F2)을 클릭하면 상단에 번호수정 이라는 표시가 나타나고, 전표번호 입력란이 활성화되어 수정 입력할 수 있게 된다. 수정을 마치고 다시 SF2 번호수정 을 클릭하면 화면은 일반상태로 돌아온다.

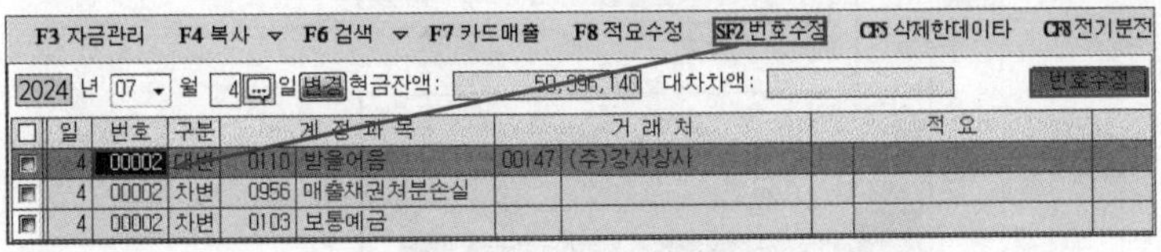

④ 구분란에 "4.대변"을 선택하여 입력한다.

▶ 구분란에 커서를 두면 메뉴 하단 메시지창에 다음과 같은 도움말이 나타난다.

구분을 입력하세요. 1.출금, 2.입금, 3.차변, 4.대변, 5.결산차변, 6.결산대변

구분란은 다음과 같은 기준에 따라 숫자로 입력한다.

1.출금	출금전표를 의미하는 것으로 거래금액 전체가 현금으로 출금되는 거래인 경우에 사용한다. 출금전표에서는 대변이 항상 현금 계정이므로 차변의 기재내용만 입력하면 되며, 차변 계정과목에 '101.현금'은 입력되지 않는다.
2.입금	입금전표를 의미하는 것으로 거래금액 전체가 현금으로 입금되는 거래인 경우에 사용한다. 입금전표에서는 차변이 항상 현금 계정이므로 대변의 기재내용만 입력하면 되며, 대변 계정과목에 '101.현금'은 입력되지 않는다.
3.차변 4.대변	대체전표를 의미하는 것으로 현금이 포함되지 않은 거래이거나 또는 현금이 일부만 포함된 경우에 사용한다. 대체전표는 차변과 대변을 모두 입력해야 하는데, 차변을 입력할 때에는 구분란에 '3'을, 대변을 입력할 때에는 '4'를 입력한다.
5.결산(결산차변) 6.결산(결산대변)	[결산자료입력] 메뉴에는 결산정리분개 중 몇 가지 유형에 대하여는 일일이 전표입력을 하지 않고도 자동으로 전표를 생성해주는 기능이 있다. [결산자료입력] 메뉴에서 자동으로 생성된 결산정리분개는 12월 31일 자 [일반전표입력] 화면에서 조회할 수 있는데, 이러한 자동생성전표에서는 차변과 대변이 결차와 결대로 표시되어 나타난다.

▶ 전산세무 자격시험에서의 전표입력 방법

[일반전표입력] 메뉴에서 전표를 입력할 때, 거래금액 전체가 현금의 증가 또는 감소라 하더라도 반드시 '1.출금'이나 '2.입금'으로 입력해야 하는 것은 아니다. '3.차변'과 '4.대변'을 이용하여 입력해도 그 결과만 동일하면 상관없다. 전산세무 자격시험에서는 입금전표, 출금전표, 대체전표로 구분하지 않고 모든 거래를 대체전표로 입력하여도 정답으로 인정된다.

⑤ 계정과목란에 "110.받을어음"을 검색하여 입력한다.

▶ 계정과목 입력방법

| 방법1 | 계정과목코드 입력란에 커서를 두고 코드(또는 F2)를 클릭하면 검색창이 나타난다. 검색창에서 찾고자 하는 계정과목의 앞 1글자 이상을 입력하면 해당하는 계정과목이 조회된다.

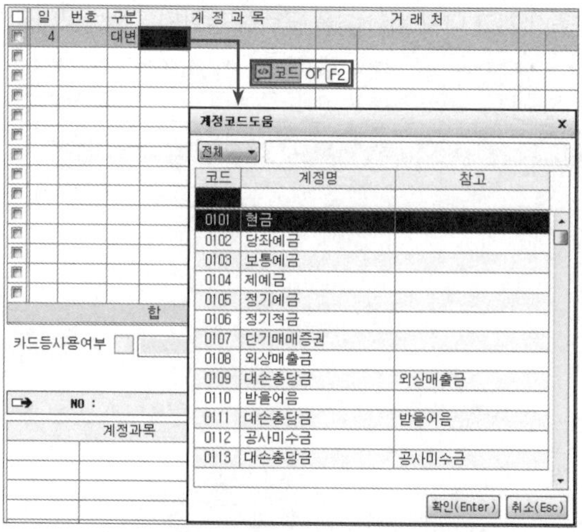

| 방법2 | 계정과목코드 입력란에 커서를 두고 찾고자 하는 계정과목의 앞 1글자 이상을 입력한 후 Enter↵를 누르면 검색창에 해당하는 계정과목이 조회된다.

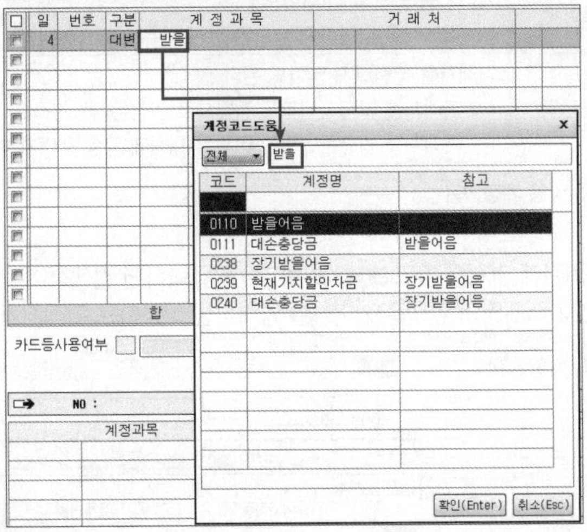

▶ 계정과목코드

계정과목코드를 검색할 때 동일한 명칭의 계정과목이 여러 개 조회되더라도 그 분류에 따라 정확한 코드를 찾아서 입력해야 함에 유의하여야 한다.

계정과목 명칭이 동일하더라도 자산·부채계정의 경우 유동자산인지 비유동자산인지에 따라 코드가 달라지며, 비용계정의 경우 제조원가인지 판매관리비인지 또는 영업외비용인지에 따라 코드가 달라진다.

자산·부채·비용계정 관련 코드는 다음과 같다.

자 산	· 유동자산(당좌자산, 재고자산) : 101~175번(계정과목 검색창에서 위쪽에 있음) · 비유동자산(투자자산, 유형자산, 무형자산, 기타비유동자산) : 176~250번(계정과목 검색창에서 아래쪽에 있음)
부 채	· 유동부채 : 251~290번(계정과목 검색창에서 위쪽에 있음) · 비유동부채 : 291~330번(계정과목 검색창에서 아래쪽에 있음)
비 용	· 제조원가 : 500번대 · 판매비와관리비 : 800번대 · 영업외수익 및 영업외비용 : 900번대

⑥ 받을어음은 수취채권에 해당하므로 거래처란에 "147.㈜강서상사"를 검색하여 입력한다.

▶ 수취채권(받을 돈)과 지급채무(줄 돈)는 각 거래처별 잔액을 관리하여야 하므로, 전표 입력 단계에서 채권·채무에 해당하는 계정과목을 입력할 때에는 해당 거래처가 등록되어 있는지 확인하고 거래처코드를 반드시 입력해 주어야 한다.

기출포인트

거래처코드를 입력해주어야 하는 계정과목

채 권	· 외상매출금 · 가지급금	· 받을어음 · 임차보증금	· 미수금 · 단기대여금	· 선급금 · 장기대여금
채 무	· 외상매입금 · 가수금 · 유동성장기부채	· 지급어음 · 임대보증금	· 미지급금 · 단기차입금	· 선수금 · 장기차입금

참고 전산회계 자격시험에서 전표를 입력할 때 계정과목에 대하여 거래처 입력 여부를 판단하는 방법

채권·채무 계정과목	거래처를 반드시 입력하여야 한다. (→ 거래처를 입력하지 않으면 감점 사유에 해당한다)
그 외의 계정과목[1]	거래처를 입력하지 않아도 된다. (→ 거래처를 입력하더라도 정답으로 인정된다) (→ 거래처를 입력하였는지 여부가 채점에 영향을 미치지 않는다)

[1] 예 수익 계정과목, 비용 계정과목

▶ 거래처 입력방법

| 방법1 | 거래처코드 입력란에 커서를 두고 코드(또는 F2)를 클릭하면 검색창이 나타난다. 검색창에서 찾고자 하는 거래처명의 앞 1글자 이상을 입력하면 해당하는 거래처가 조회된다.

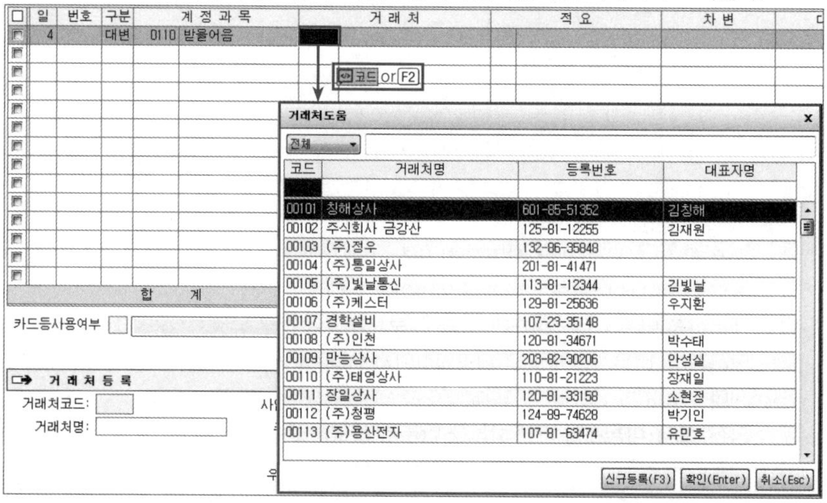

| 방법2 | 계정과목코드 입력란에 찾고자 하는 거래처명의 앞 1글자 이상을 입력한 후 Enter를 누르면 검색창에 해당하는 거래처가 조회된다.

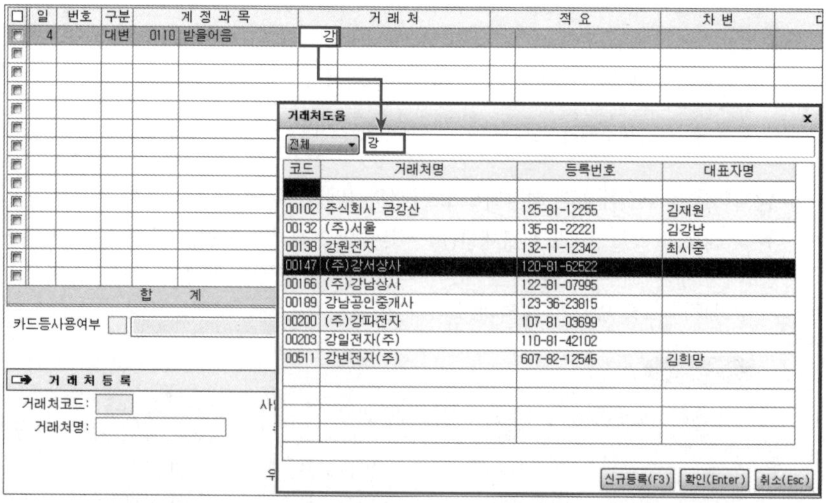

⑦ 타계정 대체거래가 아니므로 적요란은 공란으로 비워둔다.

▶ 적요는 거래내역에 관한 일종의 메모를 말하는데, 전산세무 자격시험에서는 적요의 입력을 요구하는 경우에만 입력하면 된다.

[일반전표입력] 메뉴에서 계정과목이 입력되면 그 계정과목에 대하여 [계정과목및적요등록] 메뉴에 등록되어 있는 적요가 화면 하단에 표시된다. 해당 전표 내용에 적합한 적요가 등록되어 있으면 그 적요번호를 입력하고, 적합한 적요가 등록되어 있지 않으면 전표의 적요란에 내용을 직접 입력하면 된다.

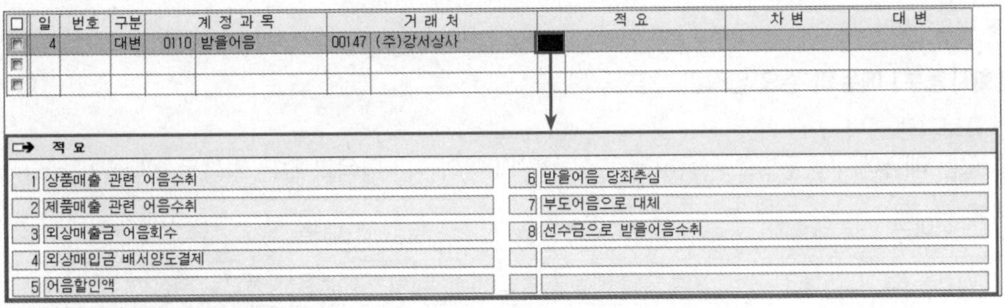

'현금적요'에 등록된 내용	구분란에 '1.출금', '2.입금'을 선택한 경우에 표시된다.
'대체적요'에 등록된 내용	구분란에 '3.차변', '4.대변'을 선택한 경우에 표시된다.

▶ 타계정 대체거래인 경우에는 적요를 반드시 입력한다.

회사가 보유하고 있는 원재료, 재공품, 제품, 상품 등의 재고자산이 제조나 판매를 통하여 매출원가로 대체되는 것이 아니라 그 이외의 용도(예를 들어, 복리후생비, 기업업무추진비)로 사용되어 감소하는 것을 '타계정 대체'라고 한다. 전산세무 자격시험에서는 타계정 대체거래에 대하여는 전표입력 시 반드시 등록된 적요를 선택하여 입력하도록 요구하고 있다. 따라서 [일반전표입력] 메뉴에서 전표를 입력할 때, 원재료, 재공품, 제품, 상품 등 재고자산 계정과목이 매출원가 대체 이외의 사유(예를 들어, 복리후생비, 기업업무추진비, 재고자산감모손실)로 인하여 '대변'에 입력되는 경우에는 반드시 적요에 '8. 타계정으로 대체액'을 선택하여 입력하여야 한다.

KcLep 프로그램에서는 기말 결산 시 [결산자료입력] 메뉴에 기말재고자산 잔액이 입력되면 재고자산 총계정원장에서 집계된 판매가능재고자산 금액에서 동 잔액이 차감되어 매출원가가 자동으로 계산된다. 이때, 타계정 대체거래 금액은 기말재고자산 잔액에 포함되지 않으면서 동시에 매출원가에서도 제외되어야 하기 때문에, 전표입력 단계에서 재고자산 계정과목의 적요란에 '적요 8. 타계정으로 대체액'을 선택하여 입력해야 한다.

⑧ 대변란에 "30,000,000"을 입력한다.

▶ 차변과 대변의 거래금액을 입력한다.

구분란이 '1.출금' 또는 '3.차변'인 경우에는 차변에만 입력되고, '2.입금' 또는 '4.대변'인 경우에는 대변에만 입력된다.

참고 금액 입력 시 플러스키 [+]의 활용

모든 메뉴에서 공통으로 금액의 자릿수 콤마(,)는 3자리마다 자동으로 반영된다. 그리고 금액을 입력할 때 [+]를 누르면 '000'이 자동으로 입력된다. 예를 들어, '30,000,000'을 넣고자 할 때 해당란에 '30000000' 또는 '30[+][+]'를 입력하면 된다.

⑨ 110.받을어음 라인의 입력이 완료되면, 956.매출채권처분손실 라인과 103.보통예금 라인을 동일한 방법으로 각각 ③~⑧의 순서에 따라 입력한다.

▶ [일반전표입력] 메뉴에서 전표를 입력할 때 [Enter↵]를 누르면 바로 위 라인의 내용과 동일한 내용이 입력되고, [Space bar]를 누르면 해당란의 내용이 지워져서 공란이 된다.

전표입력 시, '구분'란에 바로 위 라인과 동일한 내용(예를 들어, '4.대변')을 넣고자 할 때에는 [Enter↵]를 누르면 되고, '거래처'나 '적요'란을 공란으로 두고 넘어가고자 할 때에는 바로 위 라인도 공란이면 [Enter↵]만 누르면 된다. 바로 위 라인이 공란이 아니라면 [Space bar]를 눌러서 공란으로 만든 후 다음 입력란으로 넘어가면 된다.

▼ ①~⑨ 입력결과 화면은 아래와 같다.

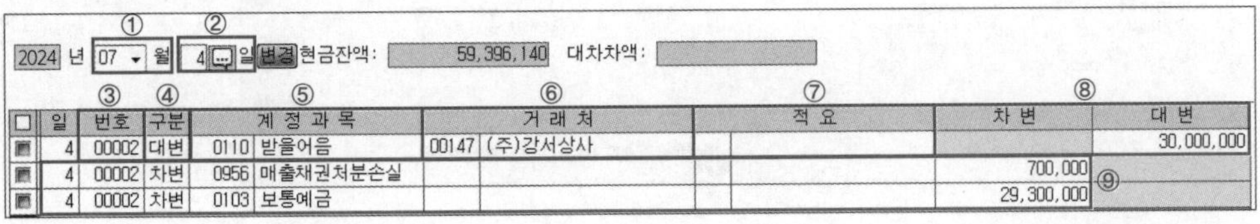

①
②
2024 년 07 월 4 일 변경 현금잔액: 59,396,140 대차차액:
③ ④ ⑤ ⑥ ⑦ ⑧
일
번호
구분
계 정 과 목
거 래 처
적 요
차 변
대 변
4 00002 대변 0110 받을어음 00147 (주)강서상사 30,000,000
4 00002 차변 0956 매출채권처분손실 700,000
4 00002 차변 0103 보통예금 29,300,000
⑨

+ 더알아보기

[회사등록] 메뉴의 주요 입력란

· 프로그램 툴바

모든 메뉴에서 공통으로 사용하는 좌측 상단의 아이콘은 다음과 같은 기능을 한다.

아이콘	단축키	내 용
(종료)	Esc	실행 중인 메뉴를 종료한다. (입력된 내용을 자동으로 저장한다)
(도움)	F1	해당 메뉴에 있는 모든 입력란에 대한 해설과 상세 입력방법이 포함된 매뉴얼 화면 창을 불러온다. (교재에 설명되어 있지 않은 입력란에 대한 사용방법이 궁금할 때 유용하게 활용할 수 있다. 단, 실제 시험에서는 매뉴얼 화면이 제공되지 않는다)
코드(코드)	F2	커서의 위치에 따라 프로그램에 등록된 '거래처' 또는 '계정과목'의 코드를 검색한다. (커서가 거래처 또는 계정과목과 관련 없는 란에 위치해 있을 때에는 기타 내용에 대한 검색키(Ctrl + F)기능을 하기도 한다)
(삭제)	F5	커서가 위치한 입력내용을 삭제한다.
(인쇄)	F9	해당 메뉴의 서식을 인쇄한다.
(조회)	F12	데이터를 다시 불러온다. ('새로고침'과 같은 기능을 한다)

· 회사변경 방법

[회사등록]에 등록된 회사는 KcLep 프로그램을 사용할 수 있게 된다.

㈜제일산업의 작업을 하다가 ㈜오팔산업으로 이동하여 작업을 하고자 하는 경우, 새로 프로그램을 열어서 로그인 화면으로 돌아가지 않고도 ㈜제일산업에서 ㈜오팔산업으로 바로 이동할 수 있다. 즉, ㈜제일산업의 메인메뉴 화면 우측메뉴에 회사를 클릭하면 검색창이 나타나고, 작업하고자 하는 ㈜오팔산업을 선택하여 변경을 클릭하면 ㈜오팔산업의 메인메뉴 화면으로 바로 이동된다.

- 검색창에서 조회되지 않는 신규 거래처의 입력 방법

  [거래처등록] 메뉴로 이동할 필요 없이 [일반전표입력] 메뉴에서 다음과 같은 방법으로 거래처를 직접 등록할 수 있다. 거래처 검색창에서 [신규등록(F3)]을 클릭하면 거래처를 간편등록할 수 있는 보조창이 나타난다. 보조창에서 자동 부여된 거래처코드를 원하는 번호로 직접 수정하고 거래처명, 사업자등록번호 등을 입력한 후 [확인(Tab)]을 클릭하면 해당 코드로 거래처가 등록된다. 화면 하단에서는 업태, 종목 등 추가사항까지 입력할 수 있다.

  예를 들어, '㈜별사랑'이라는 신규 거래처를 자동 부여된 거래처코드로 등록하는 경우 보조창과 추가사항 입력화면이 나타난다. 실무에서는 만약 신규 거래처가 상시 거래가 발생할만한 거래처가 아닌 경우에는 거래처등록 없이 거래처란에 상호명만 입력하고 전표를 작성하면 된다. 전산세무 시험에서는 채권·채무와 관련된 거래처명은 반드시 기 등록되어 있는 거래처코드를 선택하는 방법으로 거래처명을 입력한다.

- 대차차액

  [일반전표입력] 메뉴의 우측 상단에는 대차평균의 원리에 따라 정확하게 전표입력될 수 있도록 차변합계와 대변합계의 차액이 나타난다. 대차차액이 있는 상태에서 메뉴를 종료하는 경우에는 보조창이 나타나므로 이를 확인하고 종료하여야 한다.

  예를 들어, 차변에 1,500,000원, 대변에 150,000원을 입력한 상태에서 메뉴를 종료하려고 하는 경우 보조창이 나타나는데, 보조창에서 [예(Y)]를 클릭하면 대차차액이 있는 전표가 조회된다. 전표를 수정할 때 해당 금액란에 커서를 놓고 [Space bar]를 누르면 대차차액을 조정하는 금액이 자동 계산되어 입력된다. 전표수정을 마치면 메뉴를 종료하거나 [Esc]를 누른다.

- 전표삽입

  [일반전표입력] 메뉴에 이미 입력되어 있는 하나의 완성된 전표에 대하여 계정을 추가하여 수정하고자 하는 경우에는 '전표삽입' 기능을 사용하면 된다.

  예를 들어, 차변에 미지급금 300,000원, 대변에 보통예금 300,000원이 입력된 전표에 동 거래에서 발생한 계좌이체수수료 1,000원을 추가하여 수정하는 경우, 계정을 추가하려는 자리의 아래 라인에 커서를 두고 화면 상단의 [CF9 전표삽입](또는 [Ctrl]+[F9])을 클릭하면 원하는 계정과 금액을 추가할 수 있다. 한쪽편(차변) 계정에 금액을 추가 입력함에 따라 대차차액이 발생한 상태에서 반대편(대변) 계정의 금액란을 수정 입력할 때 [Space bar]를 누르면 금액을 직접 입력하지 않아도 금액이 자동 계산되어 입력된다.

- 입력된 전표의 날짜변경

  [일반전표입력] 메뉴에 이미 입력되어 있는 하나의 완성된 전표에 대하여 날짜를 수정하고자 하는 경우에는 '이동' 기능을 사용하면 된다.

  예를 들어, 11월 4일 자로 차변에 운반비 50,000원, 대변에 현금 50,000원이 입력된 전표의 거래일자를 12월 10일 자로 수정하는 경우에는 11월 4일 자 기존 전표를 선택한 후, 화면 상단의 [F4 복사 ▾] 옆에 있는 [▾]를 클릭하고 아래에 나오는 [SF3 이동](또는 [Shift]+[F3])을 클릭하면, '이동' 창이 나타나고, 여기에 이동하고자 하는 일자인 12월 10일을 입력하고 [확인(Tab)]을 클릭하면 된다.

02 주의해야 할 출제 유형

1 계정과목에 대응되는 차감 계정의 코드를 찾는 유형

- 감가상각누계액, 대손충당금, 매출환입및에누리, 매출할인, 매입환출및에누리, 매입할인 등 특정한 계정과목에 대응되는 차감적 평가계정 및 차감항목 계정의 코드를 정확하게 찾아서 입력하는 유형이 출제된다.
- 차감 계정은 대응되는 계정과목의 바로 아래에 있는 코드번호를 사용한다.

기출확인문제

㈜제일산업(코드번호 : 0101)의 당기 회계기간은 제5기이다.
다음 거래 자료를 [일반전표입력] 메뉴에 추가 입력하시오. (제48회)

> 7월 8일 ㈜동해상사로부터 제품매출 후 외상매출금 4,850,000원에 대하여 조기회수에 따른 매출할인액(할인율 : 2%)을 차감한 나머지 금액이 당좌예금으로 입금되었다. (단, 부가가치세는 고려하지 않는다)

기출 따라 하기

▶관련 이론 I 수익과 비용 p.205

(1) 분개

7월 8일	(차) 매출할인(406) (제품매출)	97,000[1]	(대) 외상매출금(108) ((주)동해상사)	4,850,000
	당좌예금(102)	4,753,000		

[1] 4,850,000 × 2% = 97,000원

(2) 입력방법

'404.제품매출'에 대한 매출할인은 대응되는 계정과목의 바로 아래에 있는 코드번호인 '406.매출할인' 계정과목을 사용해야 한다.

참고 '404.제품매출'에 대한 매출환입및에누리는 '405.매출환입및에누리' 계정과목을 사용해야 한다.

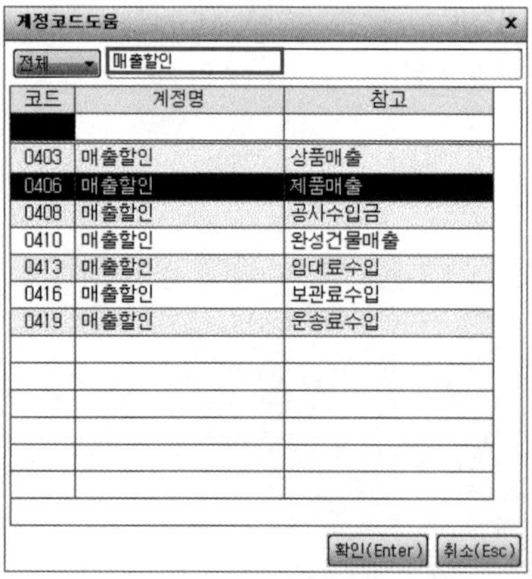

□	일	번호	구분	계정과목		거래처		적요		차변	대변
■	8	00003	대변	0108	외상매출금	00187	(주)동해상사				4,850,000
■	8	00003	차변	0406	매출할인					97,000	
■	8	00003	차변	0102	당좌예금					4,753,000	

2 장부를 조회하여 전표 금액을 입력하는 유형

- 전표에 필요한 금액을 기존 장부에서 조회하여 확인한 후, 전표를 입력하는 유형이 출제된다.
- 전표에 필요한 금액은 다음과 같은 방법으로 조회한다.
  - 특정 거래처 잔액 : [거래처원장]
    예 3월 31일 현재 ㈜대한기업에 대한 외상매출금 잔액
  - 특정 계정과목 잔액 : [합계잔액시산표]
    예 3월 15일 현재 외상매출금에 대한 대손충당금 계정의 잔액
  - 특정 일자 거래금액 : [일반전표입력], [매입매출전표입력], [계정별원장], [총계정원장]
    예 4월 30일에 회계처리한 예수금 계정의 금액

기출확인문제

㈜제일산업(코드번호 : 0101)의 당기 회계기간은 제5기이다.
다음 거래 자료를 [일반전표입력] 메뉴에 추가 입력하시오. (제60회)

7월 11일 현재의 남아있는 자기주식 전부를 5,000,000원에 매각하면서 매각대금은 현금으로 수령하였다. (단, 관련 데이터는 조회하여 사용할 것)

기출 따라 하기

▶관련 이론 I 자본 p.186

(1) 분개

7월 11일	(차) 현금(101)	5,000,000	(대) 자기주식(383)	4,000,000
			자기주식처분이익(343)	1,000,000

(2) 입력방법

① 7월 11일 현재 자기주식, 자기주식처분손실, 자기주식처분이익의 각 계정 잔액을 조회한다.

▶ 특정 계정과목 잔액의 조회방법
[합계잔액시산표] 메뉴에서
- 조회하고자 하는 기간을 "7월 11일"로 입력한다.
- 자본조정에 있는 자기주식 계정의 차변 잔액이 "4,000,000"임을 확인한다.
- 자본조정에 자기주식처분손실 계정의 차변 잔액이 없음("0")을 확인한다.
- 자본잉여금에 자기주식처분이익 계정의 대변 잔액이 없음("0")을 확인한다.

기간 2024 년 07 월 11 일

관리용 제출용

차변 잔액	차변 합계	계정과목	대변 합계	대변 잔액
		5.자 본 금	442,000,000	442,000,000
		자 본 금	442,000,000	442,000,000
4,000,000	6,000,000	6.자 본 조 정	2,000,000	
4,000,000	4,000,000	자 기 주 식		
	2,000,000	미 교 부 주 식배당금	2,000,000	

② 조회하여 확인한 금액 '4,000,000'을 사용하여 [일반전표입력] 메뉴에서 7월 11일 자 전표를 입력한다.

□	일	번호	구분	계정과목		거래처		적요		차변	대변
■	11	00001	차변	0101	현금					5,000,000	
■	11	00001	대변	0383	자기주식						4,000,000
■	11	00001	대변	0343	자기주식처분이익						1,000,000

3 제조원가와 판매비와관리비를 구분하는 유형

- 비용 계정과목의 코드를 검색할 때 제조원가(500번대)와 판매비와관리비(800번대)를 구분한다.
- 공장 등 생산부문과 관련된 비용은 제조원가에 해당하므로 500번대를 선택하여 입력한다.
- 생산부문 외의 부문(예를 들어, 본사, 영업부, 관리팀)과 관련된 비용은 판매비와관리비이므로 800번대를 선택하여 입력한다.

기출확인문제

㈜제일산업(코드번호 : 0101)의 당기 회계기간은 제5기이다.
다음 거래 자료를 [일반전표입력] 메뉴에 추가 입력하시오. (제61회)

> 7월 13일 법인 영업부서 차량에 대한 자동차세 200,000원과 제조부서에서 사용하는 트럭에 대한 자동차세 100,000원을 보통예금에서 납부하였다.

기출 따라 하기

▶관련 이론 I 수익과 비용 p.208

(1) 분개

7월 13일	(차) 세금과공과(817)(판관비)	200,000	(대) 보통예금(103)	300,000
	세금과공과(517)(제조)	100,000		

(2) 입력방법

영업부서 관련 자동차세는 판매비와관리비에 해당하므로 800번대 코드인 '817.세금과공과' 계정과목을 사용하고, 제조부서 관련 자동차세는 제조원가에 해당하므로 500번대 코드인 '517.세금과공과' 계정과목을 사용한다.

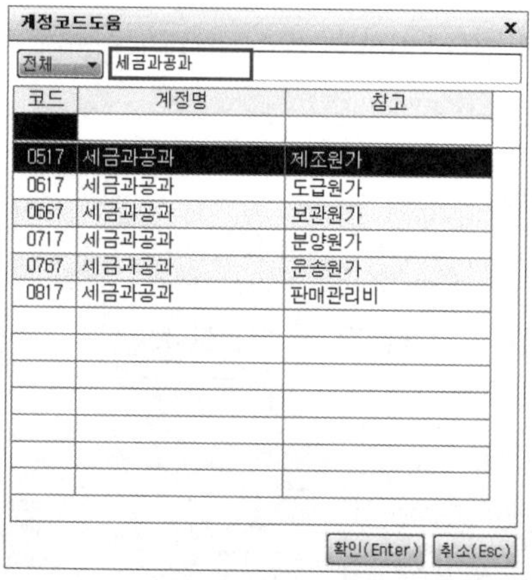

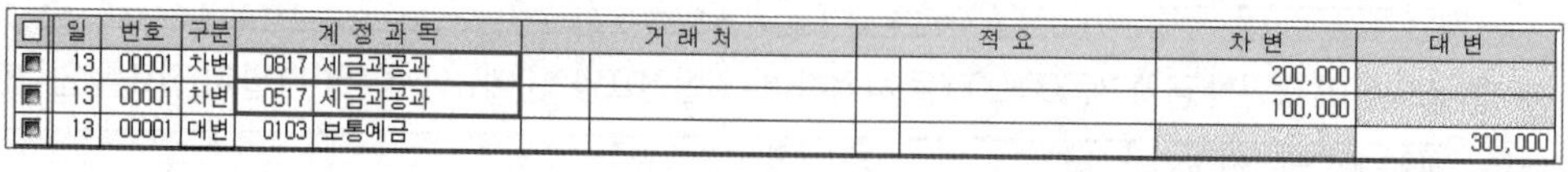

일	번호	구분	계정과목		거래처		적요		차변	대변
13	00001	차변	0817	세금과공과					200,000	
13	00001	차변	0517	세금과공과					100,000	
13	00001	대변	0103	보통예금						300,000

4 유동자산(부채)과 비유동자산(부채)을 구분하는 유형

- 자산·부채 계정과목의 코드를 검색할 때 동일한 이름의 계정과목에 대하여 두 개의 코드가 조회되는 경우가 있는데, 이때에는 코드번호가 작은 것(검색창에서 위쪽에 있음)은 유동항목이고 코드번호가 큰 것(검색창에서 아래쪽에 있음)은 비유동항목이다.
- '매도가능증권'이나 '만기보유증권' 계정과목을 전표에 입력할 때 각각 두 개의 코드가 조회되는데, 해당 유가증권의 만기가 결산일로부터 1년 이내로 도래되었다는 특별한 언급이 있는 상황이 아니라면 동 계정과목은 비유동자산으로 분류되어야 하므로, 두 코드번호 중 큰 것을 선택하여 입력한다.

기출확인문제

㈜제일산업(코드번호 : 0101)의 당기 회계기간은 제5기이다.
다음 거래 자료를 [일반전표입력] 메뉴에 추가 입력하시오. (제63회)

> 7월 19일 업무용승용차를 구입하기 위하여 액면금액 1,000,000원의 10년 만기 무이자부 국공채를 액면금액으로 현금으로 매입하였다. 당 회사는 해당 국공채를 만기까지 보유할 예정이며, 보유할 수 있는 의도와 능력이 충분하다. 구입 당시의 만기보유증권의 공정가액은 600,000원이다.

기출 따라 하기

▶관련 이론 I 비유동자산 p.118

(1) 분개

7월 19일	(차) 차량운반구(208)	400,000	(대) 현금(101)	1,000,000
	만기보유증권(181) (투자자산)	600,000		

(2) 입력방법

채권의 만기가 결산일로부터 1년 이후에 도래하므로 해당 만기보유증권은 비유동자산(투자자산)으로 분류된다. 따라서 만기보유증권으로 조회되는 두 개의 코드(124, 181) 중 큰 것(181)을 사용한다.

계정코드도움

전체 | 만기보유증권

코드	계정명	참고
0124	만기보유증권	
0181	만기보유증권	
0902	만기보유증권이자	
0922	만기보유증권처분이익	
0978	만기보유증권처분손실	

확인(Enter) 취소(Esc)

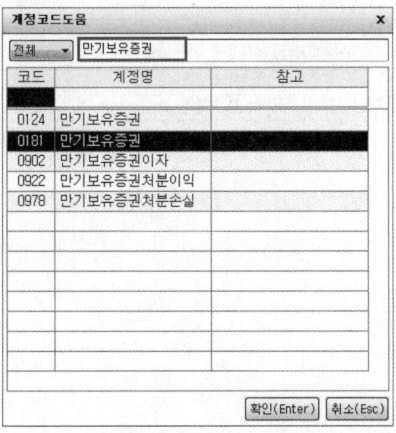

□	일	번호	구분	계정과목		거래처		적요		차변	대변
■	19	00001	대변	0101	현금						1,000,000
■	19	00001	차변	0208	차량운반구					400,000	
■	19	00001	차변	0181	만기보유증권					600,000	

5 타계정 대체거래

[일반전표입력] 메뉴에서 전표를 입력할 때, 원재료, 재공품, 제품, 상품 등 재고자산 계정과목이 매출원가 대체 이외의 사유(예 복리후생비, 기업업무추진비, 재고자산감모손실)로 인하여 감소하는 거래인 경우에는 반드시 '적요 8. 타계정으로 대체액'을 선택하여 입력하여야 한다.

기출확인문제

㈜제일산업(코드번호 : 0101)의 당기 회계기간은 제5기이다.
다음 거래 자료를 [일반전표입력] 메뉴에 추가 입력하시오. (제63회)

> 7월 23일 원재료로 사용하기 위해 구입한 미가공식료품(취득원가 : 1,000,000원)을 당사 영업팀 회식에 사용하였다. (재화의 간주공급에 해당하지 아니함)

기출 따라 하기

▶관련 이론 I 수익과 비용 p.208

(1) 분개

7월 23일	(차) 복리후생비(811) (판관비)	1,000,000	(대) 원재료(153) (적요 8. 타계정으로 대체액)	1,000,000

(2) 입력방법

재고자산 계정과목인 원재료가 복리후생비로 사용됨에 따라 대변에 입력되는 거래이므로, 원재료 계정과목의 적요로 등록되어 있는 '8. 타계정으로 대체액'을 선택하여 입력한다.

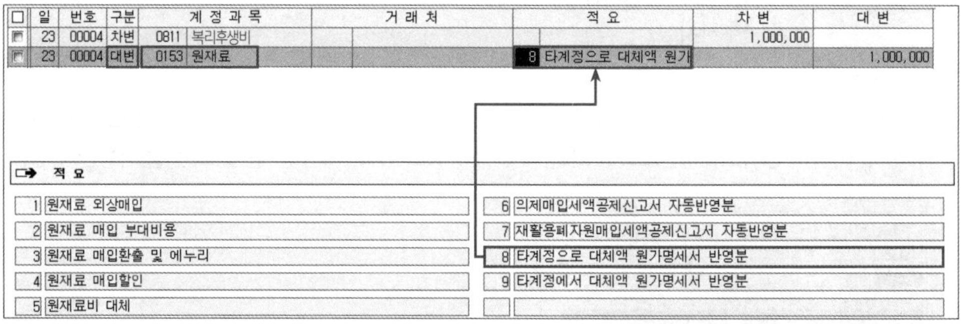

핵심기출문제

* 본서에 수록된 기출문제의 날짜는 학습효과를 높이기 위하여 일부 수정함

01 ㈜칠이산업(회사코드 : 0172)의 당기 회계기간은 제10기이다.
다음 거래 자료를 [일반전표입력] 메뉴에 추가 입력하시오. [제72회]

(1) 6월 17일 영업부서에서는 판매활성화를 위해 인터넷쇼핑몰 통신판매업신고를 하면서 등록면허세 40,500원을 보통예금으로 지급하였다.

(2) 6월 19일 ㈜발산실업에게 지급해야 할 외상매입금 10,000,000원 중에서 50%는 당사발행 당좌수표로 지급하였고 나머지 50%는 채무를 면제받았다.

(3) 6월 23일 영업부 사원에 대해 확정기여형(DC형) 퇴직연금 상품을 가입하고, 3,000,000원을 보통예금 계좌에서 이체하다.

(4) 7월 21일 보유 중인 자기주식(취득가액 : 9,500,000원)을 ㈜다현물산에게 9,000,000원에 매각하고, 대금은 다음 달에 받기로 하였다. (단, 재무상태표의 자본잉여금 항목을 고려하여 자기주식처분이익은 자기주식처분손실과 즉시 상계하기로 하고 하나의 전표로 입력할 것)

(5) 10월 1일 원재료를 매입하기 위해 빙고전자㈜와 계약하고, 계약금 7,000,000원은 당사발행 약속어음(만기 2개월)으로 지급하였다.

정답 및 해설

01 (1) ▶관련 이론 | 수익과 비용 p.208

해 설 6월 17일 (차) 세금과공과(판관비) 40,500 (대) 보통예금 40,500

정답화면

□	일	번호	구분	계정과목		거래처		적요		차변	대변
	17	00001	차변	0817	세금과공과					40,500	
	17	00001	대변	0103	보통예금						40,500

(2) ▶관련 이론 | 수익과 비용 p.212

해 설 6월 19일 (차) 외상매입금 10,000,000 (대) 당좌예금 5,000,000
((주)발산실업) 채무면제이익 5,000,000

정답화면

□	일	번호	구분	계정과목		거래처		적요		차변	대변
	19	00003	차변	0251	외상매입금	00120	(주)발산실업			10,000,000	
	19	00003	대변	0102	당좌예금						5,000,000
	19	00003	대변	0918	채무면제이익						5,000,000

(3) ▶관련 이론 | 부채 p.169

해 설 6월 23일 (차) 퇴직급여(판관비) 3,000,000 (대) 보통예금 3,000,000

정답화면

□	일	번호	구분	계정과목		거래처		적요		차변	대변
	23	00003	차변	0806	퇴직급여					3,000,000	
	23	00003	대변	0103	보통예금						3,000,000

(4) ▶관련 이론 | 자본 p.186

해 설 · [회계관리] ▸ [결산/재무제표] ▸ [합계잔액시산표] 메뉴에서, 기간을 "7월 21일"로 선택하여 자기주식처분이익 잔액을 조회한다.

· 7월 21일 (차) 미수금((주)다현물산) 9,000,000 (대) 자기주식 9,500,000
자기주식처분이익 300,000
자기주식처분손실 200,000

정답화면

기간 : 2024 년 07 월 21 일

관리용 제출용

차변 잔액	차변 합계	계정과목	대변 합계	대변 잔액
		6.자 본 잉 여 금	300,000	300,000
		자 기 주 식 처분이익	300,000	300,000
9,500,000	9,500,000	7.자 본 조 정		
9,500,000	9,500,000	자 기 주 식		

□	일	번호	구분	계정과목		거래처		적요		차변	대변
	21	00004	대변	0383	자기주식						9,500,000
	21	00004	차변	0120	미수금	00110	(주)다현물산			9,000,000	
	21	00004	차변	0343	자기주식처분이익					300,000	
	21	00004	차변	0390	자기주식처분손실					200,000	

(5) ▶관련 이론 | 당좌자산 p.70

해 설 10월 1일 (차) 선급금(빙고전자(주)) 7,000,000 (대) 지급어음(빙고전자(주)) 7,000,000

정답화면

□	일	번호	구분	계정과목		거래처		적요		차변	대변
	1	00003	차변	0131	선급금	00601	빙고전자(주)			7,000,000	
	1	00003	대변	0252	지급어음	00601	빙고전자(주)				7,000,000

02 ㈜육삼산업(회사코드 : 0163)의 당기 회계기간은 제24기이다.
다음 거래 자료를 [일반전표입력] 메뉴에 추가 입력하시오. [제63회]

(1) 2월 1일 당사는 ㈜호주무역에게 대여한 단기대여금 20,000,000원을 회수불능채권으로 보아 전액 대손처리하였다. (대손충당금은 조회하여 처리하시오)

(2) 2월 20일 업무용승용차를 구입하기 위하여 액면금액 1,000,000원의 10년 만기 무이자부 국공채를 액면금액으로 현금으로 매입하였다. 당 회사는 해당 국공채를 만기까지 보유할 예정이며, 보유할 수 있는 의도와 능력이 충분하다. 구입 당시 만기보유증권의 공정가액은 600,000원이다.

(3) 2월 28일 당사는 1월 10일에 제품을 판매하고 ㈜부도로부터 약속어음 50,000,000원을 받아 소지하고 있었으나, ㈜부도의 자금사정 악화로 2월 28일 자로 금융기관으로부터 최종부도 처리되었음이 확인되었다. (대손세액공제 등 부가가치세는 고려하지 말 것)

(4) 3월 1일 비사업자인 김갑수로부터 토지와 건물을 70,000,000원에 일괄 취득함과 동시에 당좌수표를 발행하여 전액 지급하였다. 토지와 건물의 공정가치는 아래와 같다.

- 토지의 공정가치 : 60,000,000원
- 건물의 공정가치 : 40,000,000원

(5) 3월 15일 원재료로 사용하기 위해 구입한 미가공식료품(취득원가 : 1,000,000원)을 당사 영업팀 회식에 사용하였다. (재화의 간주공급에 해당하지 아니함)

정답 및 해설

02 (1) ▶관련 이론 | 기말수정분개 p.240

해 설 · [회계관리] ▶ [결산/재무제표] ▶ [합계잔액시산표] 메뉴에서, 기간을 "2월 1일"로 선택하여 단기대여금에 대한 대손충당금 잔액을 조회한다.

· 2월 1일 (차) 대손충당금 9,000,000 (대) 단기대여금 20,000,000
(단기대여금) ((주)호주무역)
기타의대손상각비[1] 11,000,000

[1] 대여금에서 발생한 항목이므로 기타의대손상각비(영업외비용)로 회계처리한다.

정답화면

기간 : 2024년 02 월 01일

관리용 | 제출용

차변 잔액	차변 합계	계정과목	대변 합계	대변 잔액
90,000,000	90,000,000	단 기 대 여 금		
		대 손 충 당 금	9,000,000	9,000,000

일	번호	구분	계정과목		거래처		적요	차변	대변
1	00004	대변	0114	단기대여금	00101	(주)호주무역			20,000,000
1	00004	차변	0115	대손충당금				9,000,000	
1	00004	차변	0954	기타의대손상각비				11,000,000	

(2) ▶관련 이론 | 비유동자산 p.118

해 설 2월 20일 (차) 차량운반구 400,000 (대) 현금 1,000,000
만기보유증권(투자자산) 600,000

정답화면

일	번호	구분	계정과목		거래처		적요	차변	대변
20	00006	대변	0101	현금					1,000,000
20	00006	차변	0208	차량운반구				400,000	
20	00006	차변	0181	만기보유증권				600,000	

(3) ▶관련 이론 | 비유동자산 p.135

해 설 2월 28일 (차) 부도어음과수표 50,000,000 (대) 받을어음 50,000,000
((주)부도) ((주)부도)

정답화면

일	번호	구분	계정과목		거래처		적요	차변	대변
28	00001	대변	0110	받을어음	00302	(주)부도			50,000,000
28	00001	차변	0246	부도어음과수표	00302	(주)부도		50,000,000	

(4) ▶관련 이론 | 비유동자산 p.119

해 설 3월 1일 (차) 토지 42,000,000 (대) 당좌예금 70,000,000
건물 28,000,000

정답화면

일	번호	구분	계정과목		거래처		적요	차변	대변
1	00001	대변	0102	당좌예금					70,000,000
1	00001	차변	0201	토지				42,000,000	
1	00001	차변	0202	건물				28,000,000	

(5) ▶관련 이론 | 수익과 비용 p.208

해 설 3월 15일 (차) 복리후생비(판관비) 1,000,000 (대) 원재료 1,000,000
(적요 8. 타계정으로 대체액)

정답화면

일	번호	구분	계정과목		거래처		적요	차변	대변
15	00001	차변	0811	복리후생비				1,000,000	
15	00001	대변	0153	원재료			8 타계정으로 대체액 원가		1,000,000

03 ㈜육이산업(코드번호 : 0162)의 당기 회계기간은 제20기이다. 다음 거래 자료를 [일반전표입력] 메뉴에 추가 입력하시오.

[제62회]

(1) 4월 30일 영업부에서는 법정단체인 무역협회에 일반회비로 500,000원을 보통예금에서 지급하였다.

(2) 5월 10일 ㈜한국에 대한 전기 외화외상매출금(계정과목 : 외상매출금) $600,000를 전액 보통예금으로 지급받았다. (단, 전기말 외화자산 평가는 적절하게 하였다)

- 전기말 기준환율 : 1,200원/$
- 당기 5월 10일 입금 시 적용환율 : 1,100원/$

(3) 5월 11일 다음 통장거래를 [일반전표입력] 메뉴에 입력하시오. (단, 이자소득세는 자산계정으로 처리한다)

일 자	출금액	입금액	내 역
5월 11일	-	169,200원	예금결산이자는 200,000원이며, 이자소득세 30,800원을 차감한 금액을 보통예금 계좌에 입금하였다.

(4) 5월 29일 당사는 당사의 주식 4,000주(1주당 액면가액 5,000원)를 1주당 4,000원으로 매입소각하였다. 대금은 보통예금 계좌에서 이체하여 지급하였다.

(5) 12월 10일 본사 영업부의 4대보험 및 근로소득세 납부내역은 다음 표와 같다. 회사는 보통예금으로 동 금액을 납부하였다. 국민연금은 세금과공과 계정을 사용하고 건강보험과 장기요양보험은 복리후생비, 고용보험 및 산재보험은 보험료 계정을 사용한다.

구 분	근로소득세	지방소득세	국민연금	건강보험	장기요양보험	고용보험	산재보험
회사 부담분			50,000원	30,000원	2,000원	850원	1,200원
본인 부담분	100,000원	10,000원	50,000원	30,000원	2,000원	550원	
합 계	100,000원	10,000원	100,000원	60,000원	4,000원	1,400원	1,200원

정답 및 해설

03 (1) ▶관련 이론 | 수익과 비용 p.208

해 설 4월 30일 (차) 세금과공과(판관비) 500,000 (대) 보통예금 500,000

정답화면

□	일	번호	구분	계정과목		거래처		적요		차변	대변
	30	00016	차변	0817	세금과공과					500,000	
	30	00016	대변	0103	보통예금						500,000

(2) ▶관련 이론 | 수익과 비용 p.216

해 설 5월 10일 (차) 보통예금 660,000,000 (대) 외상매출금((주)한국) 720,000,000
외환차손 60,000,000

정답화면

□	일	번호	구분	계정과목		거래처		적요		차변	대변
	10	00005	대변	0108	외상매출금	00404	(주)한국				720,000,000
	10	00005	차변	0103	보통예금					660,000,000	
	10	00005	차변	0952	외환차손					60,000,000	

(3) ▶관련 이론 | 부채 p.156

해 설 5월 11일 (차) 선납세금 30,800 (대) 이자수익 200,000
보통예금 169,200

정답화면

□	일	번호	구분	계정과목		거래처		적요		차변	대변
	11	00003	대변	0901	이자수익						200,000
	11	00003	차변	0136	선납세금					30,800	
	11	00003	차변	0103	보통예금					169,200	

(4) ▶관련 이론 | 자본 p.180

해 설 5월 29일 (차) 자본금 20,000,000 (대) 보통예금 16,000,000
감자차익 4,000,000

정답화면

□	일	번호	구분	계정과목		거래처		적요		차변	대변
	29	00003	차변	0331	자본금					20,000,000	
	29	00003	대변	0103	보통예금						16,000,000
	29	00003	대변	0342	감자차익						4,000,000

(5) ▶관련 이론 | 수익과 비용 p.208

해 설 12월 10일 (차) 예수금 192,550 (대) 보통예금 276,600
세금과공과(판관비) 50,000
복리후생비(판관비) 32,000
보험료(판관비) 2,050

정답화면

□	일	번호	구분	계정과목		거래처		적요		차변	대변
	10	00004	차변	0254	예수금					192,550	
	10	00004	차변	0817	세금과공과					50,000	
	10	00004	차변	0811	복리후생비					32,000	
	10	00004	차변	0821	보험료					2,050	
	10	00004	대변	0103	보통예금						276,600

04 ㈜육공산업(회사코드 : 0160)의 당기 회계기간은 제10기이다.
다음 거래 자료를 [일반전표입력] 메뉴에 추가 입력하시오. [제60회]

(1) 3월 21일 ㈜석천기업으로부터 기계장치를 구입하기로 계약하고, 계약금 6,000,000원을 당좌수표를 발행하여 지급하였다.

(2) 3월 23일 ㈜다현상사로부터 투자목적으로 사용할 토지를 150,000,000원에 현금으로 매입하였다. 또한 당일 취득세로 6,000,000원을 현금으로 납부하였다. (하나의 전표로 입력할 것)

(3) 4월 16일 업무용 차량 구입 시 법령에 의하여 액면가액 800,000원의 공채를 액면가액에 현금으로 매입하다. (단, 공채의 매입 당시 공정가액은 600,000원으로 평가되며 단기매매증권으로 분류함)

(4) 4월 17일 4월 1일에 계상된 가지급금은 영업팀의 이무영 씨가 대전에 출장을 다녀온 후 출장비로 다음과 같이 정산되었다. (단, 가지급금의 거래처 입력은 생략함)

출장비 지출 내역	• 교통비, 음식비 및 숙박비 : 870,000원 • 현금 잔액 : 30,000원

(5) 4월 20일 현재의 남아있는 자기주식 전부를 5,000,000원에 매각하면서 매각대금은 현금으로 수령하였다. (단, 관련 데이터는 조회하여 사용할 것)

정답 및 해설

04 (1) ▶관련 이론 I 당좌자산 p.70

해 설 3월 21일 (차) 선급금(㈜석천기업) 6,000,000 (대) 당좌예금 6,000,000

정답화면

□	일	번호	구분	계 정 과 목		거 래 처		적 요		차 변	대 변
▣	21	00001	차변	0131	선급금	00104	(주)석천기업			6,000,000	
▣	21	00001	대변	0102	당좌예금						6,000,000

(2) ▶관련 이론 I 비유동자산 p.110

해 설 3월 23일 (차) 투자부동산 156,000,000 (대) 현금 156,000,000

정답화면

□	일	번호	구분	계 정 과 목		거 래 처		적 요		차 변	대 변
▣	23	00009	차변	0183	투자부동산					156,000,000	
▣	23	00009	대변	0101	현금						156,000,000

(3) ▶관련 이론 I 비유동자산 p.118

해 설 4월 16일 (차) 단기매매증권 600,000 (대) 현금 800,000
차량운반구 200,000

정답화면

□	일	번호	구분	계 정 과 목		거 래 처		적 요		차 변	대 변
▣	16	00004	차변	0107	단기매매증권					600,000	
▣	16	00004	차변	0208	차량운반구					200,000	
▣	16	00004	대변	0101	현금						800,000

(4) ▶관련 이론 I 당좌자산 p.72

해 설 4월 17일 (차) 현금 30,000 (대) 가지급금 900,000
여비교통비(판관비) 870,000

정답화면

□	일	번호	구분	계 정 과 목		거 래 처		적 요		차 변	대 변
▣	17	00005	차변	0101	현금					30,000	
▣	17	00005	차변	0812	여비교통비					870,000	
▣	17	00005	대변	0134	가지급금						900,000

(5) ▶관련 이론 I 자본 p.186

해 설
- [회계관리] ▶ [결산/재무제표] ▶ [합계잔액시산표] 메뉴에서, 기간을 "4월 20일"로 선택하여 자기주식, 자기주식처분손실, 자기주식처분이익의 잔액을 조회한다.
- 4월 20일 (차) 현금 5,000,000 (대) 자기주식 4,000,000
자기주식처분이익 1,000,000

정답화면

기간 : 2024 년 04 월 20 일

관리용 | 제출용

차변 잔액	차변 합계	계정과목	대변 합계	대변 잔액
4,750,000	4,750,000	6.자 본 조 정		
750,000	750,000	주식할인발행차금		
4,000,000	4,000,000	자 기 주 식		
		7.기타포괄손익누계액	200,000	200,000

□	일	번호	구분	계 정 과 목		거 래 처		적 요		차 변	대 변
▣	20	00002	차변	0101	현금					5,000,000	
▣	20	00002	대변	0383	자기주식						4,000,000
▣	20	00002	대변	0343	자기주식처분이익						1,000,000

05 ㈜오구산업(회사코드 : 0159)의 당기 회계기간은 제20기이다.
다음 거래 자료를 [일반전표입력] 메뉴에 추가 입력하시오. [제59회]

(1) 1월 6일 강서상사㈜로부터 제품 판매대금으로 수령한 약속어음 30,000,000원을 할인하고, 할인비용 700,000원을 차감한 잔액이 보통예금에 입금되었다. (매각거래로 회계처리할 것)

(2) 3월 7일 영업직 직원들의 서비스 능력향상을 위하여 외부에서 전문강사를 초빙하여 교육한 후 강의료로 500,000원을 지급하였다. (단, 사업소득에 대한 원천세(3.3%)를 차감한 나머지 금액을 보통예금 통장에서 계좌이체하였다. 예수금의 경우 소득세와 지방소득세를 합한 전체 금액만을 기재하시오)

(3) 4월 1일 전기에 미국 스탠다드은행으로부터 차입한 외화장기차입금 $500,000와 이자비용 $15,000를 보통예금에서 지급하여 상환하였다.

- 전기 12월 31일 기준환율 : 1,100원/$
- 당기 4월 1일 상환 시 적용환율 : 1,050원/$

(4) 5월 20일 생산직 사원인 홍길동이 퇴사하여 퇴직금 6,000,000원 중 퇴직소득세 및 지방소득세 합계액 110,000원을 원천징수하고, 나머지 잔액을 보통예금에서 지급하였다. (퇴직일 현재 장부상 퇴직급여충당부채 계정 잔액은 4,000,000원이다)

(5) 5월 25일 미지급세금으로 처리되어 있던 제1기 예정신고분의 부가가치세 미납분 1,000,000원을 납부지연가산세 7,500원과 함께 보통예금에서 이체하여 납부하였다. (단, 가산세는 판매비와관리비의 세금과공과로 처리한다)

정답 및 해설

05 (1)

▶관련 이론 | 당좌자산 p.62

해　설　1월　6일 (차) 보통예금　29,300,000　(대) 받을어음(강서상사㈜) 30,000,000
매출채권처분손실　700,000

정답화면

□	일	번호	구분	계 정 과 목		거 래 처		적 요		차 변	대 변
▣	6	00001	차변	0103	보통예금					29,300,000	
▣	6	00001	차변	0956	매출채권처분손실					700,000	
▣	6	00001	대변	0110	받을어음	00206	강서상사(주)				30,000,000

(2)

▶관련 이론 | 수익과 비용 p.209

해　설　3월　7일 (차) 교육훈련비(판관비)　500,000　(대) 예수금　16,500
보통예금　483,500

정답화면

□	일	번호	구분	계 정 과 목		거 래 처		적 요		차 변	대 변
▣	7	00001	차변	0825	교육훈련비					500,000	
▣	7	00001	대변	0254	예수금						16,500
▣	7	00001	대변	0103	보통예금						483,500

(3)

▶관련 이론 | 수익과 비용 p.214

해　설　4월　1일 (차) 외화장기차입금　550,000,000　(대) 보통예금　540,750,000[1)]
(스탠다드은행)　외환차익　25,000,000[2)]
이자비용　15,750,000[3)]

1) ($500,000 + $15,000) × 1,050원 = 540,750,000원(원금 및 이자비용 상환금액)

2) ($500,000 × 1,050원) − ($500,000 × 1,100원) = (−)25,000,000원
(부채이므로 외환차익)

3) $15,000 × 1,050원 = 15,750,000원

정답화면

□	일	번호	구분	계 정 과 목		거 래 처		적 요		차 변	대 변
▣	1	00006	차변	0305	외화장기차입금	98003	스탠다드은행			550,000,000	
▣	1	00006	차변	0951	이자비용					15,750,000	
▣	1	00006	대변	0103	보통예금						540,750,000
▣	1	00006	대변	0907	외환차익						25,000,000

(4)

▶관련 이론 | 기말수정분개 p.240

해　설　5월　20일 (차) 퇴직급여충당부채　4,000,000　(대) 예수금　110,000
퇴직급여(제조)　2,000,000　보통예금　5,890,000

정답화면

□	일	번호	구분	계 정 과 목		거 래 처		적 요		차 변	대 변
▣	20	00008	차변	0295	퇴직급여충당부채					4,000,000	
▣	20	00008	차변	0508	퇴직급여					2,000,000	
▣	20	00008	대변	0254	예수금						110,000
▣	20	00008	대변	0103	보통예금						5,890,000

(5)

▶관련 이론 | 기말수정분개 p.243

해　설　5월　25일 (차) 미지급세금　1,000,000　(대) 보통예금　1,007,500
세금과공과(판관비)　7,500

정답화면

□	일	번호	구분	계 정 과 목		거 래 처		적 요		차 변	대 변
▣	25	00001	차변	0261	미지급세금					1,000,000	
▣	25	00001	차변	0817	세금과공과					7,500	
▣	25	00001	대변	0103	보통예금						1,007,500

06 ㈜오륙산업(회사코드 : 0156)의 당기 회계기간은 제22기이다. 다음 거래 자료를 [일반전표입력] 메뉴에 추가 입력하시오. [제56회]

(1) 4월 25일 당사는 확정기여형 퇴직연금(DC형)을 가입하고 있는데, 당월분 퇴직연금을 다음과 같이 보통예금에서 지급하였다.

- 영업직 직원 퇴직연금 : 32,000,000원
- 생산직 직원 퇴직연금 : 19,000,000원

(2) 5월 1일 공장건물 청소원인 김갑순에게 인건비 500,000원을 현금으로 지급하고 일용직 근로소득으로 신고하였다. 이와 관련된 원천징수세액은 없으며 동 금액은 잡급으로 처리하기로 한다.

(3) 5월 15일 액면가액 100,000,000원인 3년 만기의 사채를 106,000,000원에 발행하였으며, 대금은 국민은행 보통예금으로 입금받았다.

(4) 5월 31일 ㈜서울상사에서 발행한 만기 3년인 채권을 다음과 같이 구입하였다. 당사는 동 채권을 만기까지 보유할 의도 및 능력을 갖추고 있다. (하나의 전표로 처리할 것)

구 분	금 액	비 고
㈜서울상사가 발행한 채권의 구입비	1,000,000원	보통예금에서 이체함
채권구입과 관련하여 ㈜한국증권에게 지급한 수수료	30,000원	보통예금에서 이체함
계	1,030,000원	-

(5) 9월 3일 당사의 제품(원가 : 100,000원, 판매가 : 120,000원)을 생산직 직원의 복리후생 목적으로 제공하였다. (재화의 간주공급에 해당하지 아니함)

정답 및 해설

06 (1) ▶관련 이론 | 부채 p.171

해 설 4월 25일 (차) 퇴직급여(판관비) 32,000,000 (대) 보통예금 51,000,000
퇴직급여(제조) 19,000,000

정답화면

□	일	번호	구분	계 정 과 목		거 래 처		적 요		차 변	대 변
	25	00006	차변	0806	퇴직급여					32,000,000	
	25	00006	차변	0508	퇴직급여					19,000,000	
	25	00006	대변	0103	보통예금						51,000,000

(2) ▶관련 이론 | 수익과 비용 p.208

해 설 5월 1일 (차) 잡급(제조) 500,000 (대) 현금 500,000

정답화면

□	일	번호	구분	계 정 과 목		거 래 처		적 요		차 변	대 변
	1	00004	차변	0507	잡급					500,000	
	1	00004	대변	0101	현금						500,000

(3) ▶관련 이론 | 부채 p.163

해 설 5월 15일 (차) 보통예금 106,000,000 (대) 사채 100,000,000
사채할증발행차금 6,000,000

정답화면

□	일	번호	구분	계 정 과 목		거 래 처		적 요		차 변	대 변
	15	00003	차변	0103	보통예금					106,000,000	
	15	00003	대변	0291	사채						100,000,000
	15	00003	대변	0313	사채할증발행차금						6,000,000

(4) ▶관련 이론 | 비유동자산 p.110

해 설 5월 31일 (차) 만기보유증권 1,030,000 (대) 보통예금 1,030,000
(투자자산)

정답화면

□	일	번호	구분	계 정 과 목		거 래 처		적 요		차 변	대 변
	31	00002	차변	0181	만기보유증권					1,030,000	
	31	00002	대변	0103	보통예금						1,030,000

(5) ▶관련 이론 | 수익과 비용 p.208

해 설 9월 3일 (차) 복리후생비(제조) 100,000 (대) 제품 100,000
(적요 8. 타계정으로 대체액)

정답화면

□	일	번호	구분	계 정 과 목		거 래 처		적 요		차 변	대 변
	3	00002	차변	0511	복리후생비					100,000	
	3	00002	대변	0150	제품			8	타계정으로 대체액 손익		100,000

제2절 결산

01 기말수정분개의 입력

- 결산 문제는 기말수정분개를 ㉠ [일반전표입력] 메뉴에서 12월 31일 자 일반전표로 입력하거나(수동결산), ㉡ [결산자료입력] 메뉴에서 자동전표로 생성시키는(자동결산) 유형으로 출제된다.
- 결산 문제는 실무시험 문제 4(15점)에서 출제된다.

1) 수동결산

수동결산이란 [일반전표입력] 메뉴에 기말수정분개를 12월 31일(결산일) 자 일반전표로 직접 입력하는 것이다. 수동결산에 해당하는 대표적인 기말수정분개 항목은 다음과 같다.

(1) 수익·비용의 발생과 이연
(2) 소모품의 정리
(3) 부가세예수금·부가세대급금의 정리
(4) 마이너스 통장의 정리
(5) 현금과부족의 정리
(6) 가지급금·가수금의 정리
(7) 외화채권·외화채무의 환산
(8) 단기매매증권의 평가
(9) 매도가능증권의 평가
(10) 비유동부채의 유동성 대체

2) 자동결산

자동결산이란 기말수정분개 중 정형화된 몇 가지 유형에 대하여 계정과목을 일일이 입력하지 않고 프로그램상에서 자동으로 전표를 생성시키는 것이다. 자동으로 전표를 생성시키기 위해서는 [결산자료입력] 메뉴에 해당 항목의 결산반영금액을 입력한 후 메뉴 상단의 [F3 전표추가]를 클릭하여야 한다. 자동결산에 해당하는 기말수정분개 항목은 다음과 같다.

(1) 퇴직급여충당부채의 설정
(2) 대손충당금의 설정
(3) 감가상각비의 계상
(4) 매출원가의 계상
(5) 법인세비용의 계상

02 자동결산

- [결산자료입력]은 기말수정분개 중에서 계정과목이 정형화되어 있는 몇 가지 유형에 대하여 전표를 편리하게 생성시킬 수 있도록 지원하는 메뉴이다.
- [결산자료입력] 화면은 [회계관리] ▶ [결산/재무제표] ▶ [결산자료입력]을 선택하여 들어갈 수 있다.

참고 자동결산 항목이라 하더라도 [결산자료입력] 메뉴를 사용하지 않고 [일반전표입력] 메뉴에 12월 31일 자 일반전표로 입력할 수도 있다. 그렇지만 기말수정분개를 누락 없이 신속하고 정확하게 입력하기 위하여 실무는 물론 수험 목적에서도 자동결산 항목에 대하여는 [결산자료입력] 메뉴를 활용하는 것이 일반적이다.

1) 퇴직급여충당부채 설정(퇴직급여충당부채 전입액 입력)

기출확인문제

㈜제이산업(코드번호 : 0102)*의 당기 회계기간은 제5기이다.
다음 결산자료를 입력하여 결산을 완료하시오. (제52회 수정)

* 교재와 동일한 화면으로 학습을 진행하기 위하여 ㈜제이산업을 사용함

퇴직급여추계액은 다음과 같으며, 퇴직급여충당부채는 퇴직급여추계액의 100%를 설정한다.

부 서	퇴직급여추계액	퇴직급여충당부채 기초 잔액
제조부문	17,000,000원	12,000,000원
영업부문	19,000,000원	8,000,000원

기출 따라 하기

▶관련 이론 I 기말수정분개 p.240

(1) 분개

12월 31일	(차) 퇴직급여(508)	5,000,000	(대) 퇴직급여충당부채(295)	16,000,000
	퇴직급여(806)	11,000,000		

(2) 입력방법

[결산자료입력] 메뉴에서 (기간 : 1월~12월)

① 제조부문 사원의 퇴직급여충당부채 전입액은 '2. 매출원가 ▸ 제품매출원가 ▸ 3)노무비 ▸ 508.퇴직급여(전입액)'에 결산반영금액 "5,000,000"을 입력한다.

② 영업부문 사원의 퇴직급여충당부채 전입액은 '4. 판매비와 일반관리비 ▸ 806.퇴직급여(전입액)'에 결산반영금액 "11,000,000"을 입력한다.

● ①~② 입력결과 화면은 아래와 같다.

· 제조부문 사원

±	코드	과 목	결산분개금액	결산전금액	결산반영금액	결산후금액
	0455	제품매출원가				857,653,670
		3)노 무 비		57,820,000	5,000,000	62,820,000
		1). 급여 외		57,820,000		57,820,000
	0503	급여		3,000,000		3,000,000
	0504	임금		54,820,000		54,820,000
	0508	2). 퇴직급여(전입액)		①	5,000,000	5,000,000
	0550	3). 퇴직연금충당금전입액				

· 영업부문 사원

±	코드	과 목	결산분개금액	결산전금액	결산반영금액	결산후금액
		4. 판매비와 일반관리비		158,890,940	11,000,000	169,890,940
		1). 급여 외		67,700,000		67,700,000
	0801	급여		67,700,000		67,700,000
	0806	2). 퇴직급여(전입액)		②	11,000,000	11,000,000
	0850	3). 퇴직연금충당금전입액				

③ 전체 입력 완료 후 메뉴 상단의 F3 전표추가 를 클릭하면 결산분개가 자동으로 생성된다.

참고 [결산자료입력] 메뉴의 결산반영금액 입력란

[결산자료입력] 화면에서 결산반영금액 입력란을 클릭했을 때 파란색 줄이 행 전체에 생겨서 추가 입력이 안되는 것은 자동결산항목이 아니고, 해당 칸에만 파란색이 생기면서 입력이 가능한 항목이 자동결산항목이다. 메뉴 화면에서 자동결산항목의 결산반영금액 입력란은 연두색 음영으로 표시되어 있다.

· 입력하지 못하는 란

±	코드	과 목	결산분개금액	결산전금액	결산반영금액	결산후금액
		7). 기타비용		91,190,940		91,190,940
	0811	복리후생비		9,049,200		9,049,200
	0812	여비교통비		409,800		409,800
	0813	기업업무추진비		40,479,500		40,479,500

· 입력할 수 있는 란(= 자동결산항목의 입력란)

±	코드	과 목	결산분개금액	결산전금액	결산반영금액	결산후금액
	0818	4). 감가상각비				
	0202	건물				
	0206	기계장치				
	0208	차량운반구				
	0212	비품				

+ 더알아보기

퇴직급여충당부채 전입액의 자동계산

메뉴 상단의 CF8 퇴직충당 (또는 Ctrl + F8)을 클릭하면 보조창이 나타나고, 보조창을 사용하여 퇴직급여충당부채 전입액을 자동으로 계산할 수 있다. 보조창 하단의 결산반영 을 클릭하면 계산된 전입액이 해당 입력란에 자동으로 반영된다.

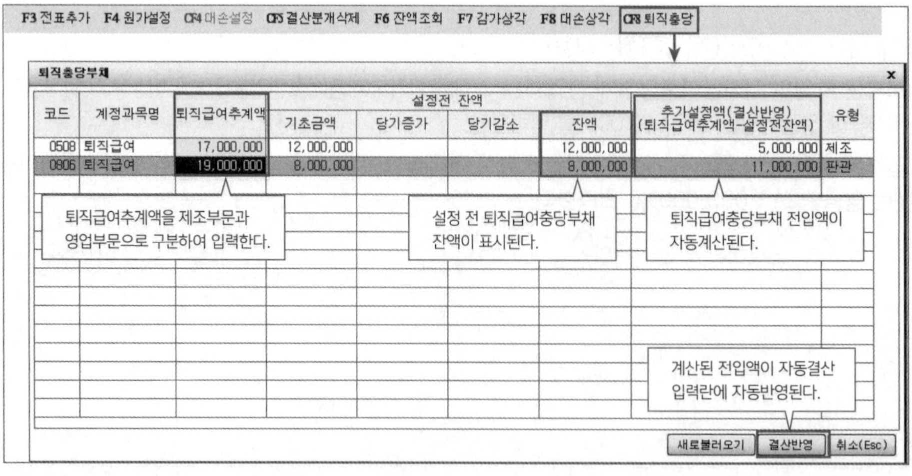

2) **대손충당금 설정**(대손충당금 추가설정액 입력)

기출확인문제

㈜제이산업(코드번호 : 0102)의 당기 회계기간은 제5기이다.
다음 결산자료를 입력하여 결산을 완료하시오. (제62회 수정)

매출채권(외상매출금 및 받을어음) 기말잔액에 대하여 1%의 대손충당금을 보충법으로 설정한다.

기출 따라 하기

▶관련 이론 I 기말수정분개 p.240

(1) 분개

12월 31일	(차) 대손상각비(835)	1,565,500	(대) 대손충당금(109)	1,155,000[1]
			대손충당금(111)	410,500[2]

[1] 600,500,000원 × 1% - 4,850,000원 = 1,155,000원
[2] 130,050,000원 × 1% - 890,000원 = 410,500원

(2) 입력방법

[회계관리] ▸ [결산/재무제표] ▸ [합계잔액시산표]를 선택하여 [합계잔액시산표] 메뉴에서

① 기간란에 "12월 31일"을 선택한다.

기간 : 2024년 12 월 31 일

② 12월 말 현재 외상매출금, 받을어음, 대손충당금의 잔액을 조회한다.

▶ 외상매출금 잔액 : 600,500,000원
받을어음 잔액 : 130,050,000원
외상매출금에 대한 대손충당금 잔액 : 4,850,000원
받을어음에 대한 대손충당금 잔액 : 890,000원

관리용 | 제출용

차변 잔액	차변 합계	계정과목	대변 합계	대변 잔액
600,500,000	791,100,000	외상매출금	190,600,000	
		대손충당금	4,850,000	4,850,000
130,050,000	130,050,000	받을어음		
		대손충당금	890,000	890,000
10,000,000	10,000,000	단기대여금		

③ 외상매출금과 받을어음에 대한 대손충당금 추가설정액을 계산한다.

▶ 외상매출금에 대한 대손충당금 추가설정액 = 600,500,000원 × 1% - 4,850,000원
= 1,155,000원
받을어음에 대한 대손충당금 추가설정액 = 130,050,000원 × 1% - 890,000원 = 410,500원

[결산자료입력] 메뉴에서 (기간 : 1월~12월)

④ 외상매출금의 대손충당금 추가설정액은 '4. 판매비와 일반관리비 ▸ 5). 대손상각 ▸ 108.외상매출금'에 결산반영금액 "1,155,000"을 입력한다.

⑤ 받을어음의 대손충당금 추가설정액은 '4. 판매비와 일반관리비 ▸ 5). 대손상각 ▸ 110.받을어음'에 결산반영금액 "410,500"을 입력한다.

▼ ④~⑤ 입력결과 화면은 아래와 같다.

±	코드	과 목	결산분개금액	결산전금액	결산반영금액	결산후금액
		4. 판매비와 일반관리비		158,890,940	12,565,500	171,456,440
	0835	5). 대손상각			1,565,500	1,565,500
④	0108	외상매출금			1,155,000	1,155,000
⑤	0110	받을어음			410,500	410,500

참고 미수금에 대한 대손충당금 추가설정액은 '영업외 비용 ▶ 기타의대손상각 ▶120.미수금'에 결산반영금액을 입력한다.

⑥ 전체 입력 완료 후 메뉴 상단의 F3 전표추가 를 클릭하면 결산분개가 자동으로 생성된다.

+ 더알아보기

대손충당금 추가설정액 자동계산

메뉴 상단의 F8 대손상각 을 클릭하면 보조창이 나타나고, 보조창을 사용하여 대손충당금 추가설정액을 자동으로 계산할 수 있다. 보조창 하단의 결산반영 을 클릭하면 계산된 추가설정액이 해당 입력란에 자동으로 반영된다.

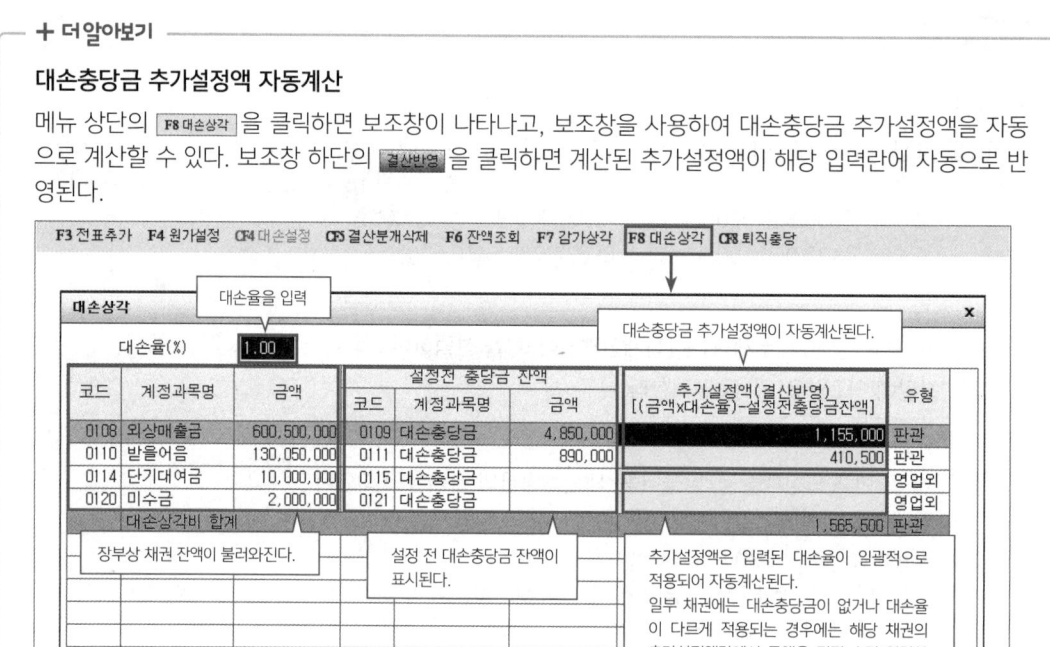

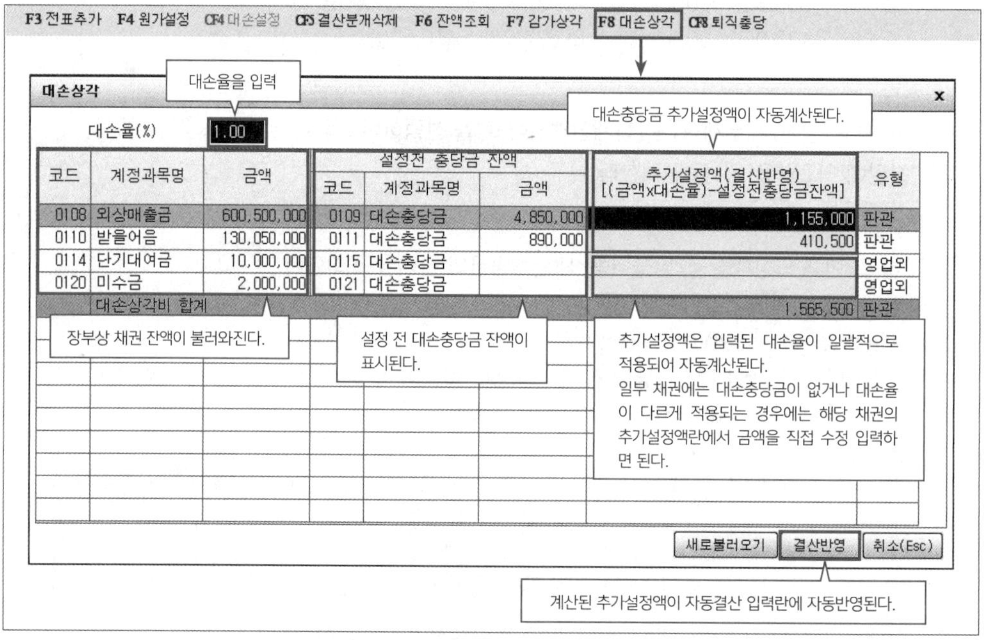

3) 감가상각비의 계상(당기 감가상각비 입력)

기출확인문제

㈜제이산업(코드번호 : 0102)의 당기 회계기간은 제5기이다.
다음 결산자료를 입력하여 결산을 완료하시오. (제62회)

> 제품 생산을 위해 7월 1일에 15,000,000원에 구입한 기계장치를 일반기업회계기준에 따라 정액법으로 감가상각비를 계상하시오. (내용연수는 5년이며 잔존가액 없고, 월할 계산한다)

기출 따라 하기

▶관련 이론 I 기말수정분개 p.241

(1) 분개

12월 31일 (차) 감가상각비(518) 1,500,000[1] (대) 감가상각누계액(207) 1,500,000

[1] 15,000,000원 × (1년/5년) × (6개월/12개월) = 1,500,000원

(2) 입력방법

[결산자료입력] 메뉴에서 (기간 : 1월~12월)

① 생산용 기계장치의 감가상각비는 '2. 매출원가 ▸ 제품매출원가 ▸ 7)경비 ▸ 2). 일반감가상각비 ▸ 206.기계장치'에 결산반영금액 "1,500,000"을 입력한다.

±	코드	과 목	결산분개금액	결산전금액	결산반영금액	결산후금액
	0455	제품매출원가				859,153,670
	0518	2). 일반감가상각비			1,500,000	1,500,000
	0202	건물				
	0206	기계장치			1,500,000	1,500,000
	0208	차량운반구				
	0212	비품				

② 전체 입력 완료 후 메뉴 상단의 [F3 전표추가]를 클릭하면 결산분개가 자동으로 생성된다.

4) 매출원가의 계상(재고자산 기말 재고액 입력)

기출확인문제

㈜제이산업(코드번호 : 0102)의 당기 회계기간은 제5기이다.
다음 결산자료를 입력하여 결산을 완료하시오. (제63회 수정)

> 기말재고자산의 장부가액은 다음과 같다. [결산자료입력] 메뉴에 입력하고, 비정상 감모손실에 대해서는 [일반전표입력] 메뉴에 입력하시오.
>
> - 원재료 중에는 기말 현재 해외로부터 선적지 인도기준으로 매입운송 중인 금액 300,000원이 포함되어 있지 않다.
>   - · 원재료 : 2,000,000원 · 재공품 : 1,000,000원 · 제품 : 15,000,000원
> - 제품의 실사평가를 한 결과 다음과 같으며, 수량감소는 비정상적으로 발생한 것이다. (기타 다른 사항은 없는 것으로 한다)
>   - · 장부상 수량 : 1,000개 · 실지재고 수량 : 900개
>   - · 단위당 취득원가 : 15,000원 · 단위당 시가(공정가치) : 18,000원

기출 따라 하기

▶관련 이론 I 기말수정분개 p.242

[일반전표입력] 메뉴에서

① 비정상 감모손실을 '적요'를 사용하여 12월 31일 자 전표에 입력한다.

12월 31일 (차) 재고자산감모손실 1,500,000[1)] (대) 제품 1,500,000
(적요 8. 타계정으로 대체액)

1) (1,000개 - 900개) × 15,000원 = 1,500,000원

□	일	번호	구분	계 정 과 목		거 래 처		적 요		차 변	대 변
■	31	00006	차변	0959	재고자산감모손실					1,500,000	
■	31	00006	대변	0150	제품			8	타계정으로 대체액 손익		1,500,000

[결산자료입력] 메뉴에서 (기간 : 1월~12월)

② 기말 원재료 재고액은 '2. 매출원가 ▸ 제품매출원가 ▸ 1)원재료비 ▸ 153.기말 원재료 재고액'에 결산반영금액 "2,300,000"[1)]을 입력한다.

1) 선적지 인도기준의 경우, 기말 현재 운송 중인 매입 원재료는 당사(구매자)의 재고자산에 포함된다.

③ 기말 재공품 재고액은 '2. 매출원가 ▸ 제품매출원가 ▸ 8)당기 총제조비용 ▸ 169.기말 재공품 재고액'에 결산반영금액 "1,000,000"을 입력한다.

④ 기말 제품 재고액은 '2. 매출원가 ▸ 제품매출원가 ▸ 9)당기완성품제조원가 ▸ 150.기말 제품 재고액'에 결산반영금액 "13,500,000"[1)]을 입력한다.

1) 900개 × 15,000원 = 13,500,000원
정상·비정상 감모손실과 평가손실까지 모두 반영된 실제 기말재고액을 입력한다. 단, 재고자산은 저가법으로 평가하기 때문에 기말 공정가치가 취득원가보다 상승하였다 하더라도 평가이익은 인식하지 않는다.

▼ ②~④ 입력결과 화면은 아래와 같다.

±	코드	과 목	결산분개금액	결산전금액	결산반영금액	결산후금액
	0455	제품매출원가				840,853,670
		1)원재료비		689,229,000		686,929,000
	0501	원재료비		689,229,000		686,929,000
	0153	① 기초 원재료 재고액		3,500,000		3,500,000
	0153	② 당기 원재료 매입액		687,029,000		687,029,000
	0153	⑥ 타계정으로 대체액		1,300,000		1,300,000
②	0153	⑩ 기말 원재료 재고액			2,300,000	2,300,000
		3)노 무 비		57,820,000	5,000,000	62,820,000
		7)경 비		88,104,670	1,500,000	89,604,670
	0455	8)당기 총제조비용		835,153,670		839,353,670
	0169	① 기초 재공품 재고액		7,000,000		7,000,000
③	0169	⑩ 기말 재공품 재고액			1,000,000	1,000,000
	0150	9)당기완성품제조원가		842,153,670		845,353,670
	0150	① 기초 제품 재고액		10,500,000		10,500,000
	0150	⑥ 타계정으로 대체액		1,500,000		1,500,000
④	0150	⑩ 기말 제품 재고액			13,500,000	13,500,000

⑤ 전체 입력 완료 후 [F3 전표추가]를 클릭하면 기말수정분개 전표가 자동으로 생성된다.

참고 **재고자산감모손실과 재고자산평가손실이 있을 때의 입력 방법**

- 타계정 대체에 해당하는 비정상 감모손실(영업외비용)을 [일반전표입력] 메뉴에 '적요 8'을 사용하여 전표 입력한다.
  (수동결산)
  (차) 재고자산감모손실(영업외비용) xxx (대) 제품 xxx
  (적요 8. 타계정으로 대체액)
- [결산자료입력] 메뉴에 정상·비정상 감모손실과 평가손실까지 모두 반영된 실제 기말 재고액을 입력하고 메뉴 상단의 [F3 전표추가]를 클릭한다. (자동결산)

→ 이에 따라 정상 감모손실과 재고자산 평가손실이 모두 매출원가로 회계처리된다.

+ 더알아보기

매출원가 관련 기말수정분개

㈜제이산업의 사례에서 매출원가와 관련하여 자동 생성되는 기말수정분개는 다음과 같다.

- 당기 사용 원재료비 대체
  (차) 재공품(169) 686,929,000 (대) 원재료비(153) 686,929,000[1)]
- 당기 발생 노무비 대체
  (차) 재공품(169) 62,820,000 (대) 노무비 62,820,000[2)]
- 당기 발생 경비 대체
  (차) 재공품(169) 89,604,670 (대) 경비 89,604,670[3)]
- 당기완성품제조원가
  (차) 제품(150) 845,353,670 (대) 재공품(169) 845,353,670[4)]
- 당기매출원가
  (차) 제품매출원가(455) 840,853,670 (대) 제품(150) 840,853,670[5)]

1) 기초 원재료재고액 + 당기 원재료매입액 - 타계정으로 대체액 - 기말 원재료재고액
= 3,500,000 + 687,029,000 - 1,300,000 - 2,300,000 = 686,929,000원

2) 임금(504), 퇴직급여(508) 등의 합계

3) 복리후생비(511), 가스수도료(515), 감가상각비(518) 등의 합계

4) · 당기 총제조원가 = 재료비 + 노무비 + 경비 = 686,929,000 + 62,820,000 + 89,604,670 = 839,353,670원
· 당기 제품제조원가(= 당기완성품제조원가) = 기초 재공품재고액 + 당기 총제조원가 - 기말 재공품재고액
= 7,000,000 + 839,353,670 - 1,000.000 = 845,353,670원

5) 기초 제품재고액 + 당기 제품제조원가 - 타계정으로 대체액 - 기말 제품재고액
= 10,500,000 + 845,353,670 - 1,500,000 - 13,500,000 = 840,853,670원

5) 법인세비용의 계상(선납세금과 미지급세금을 입력)

기출확인문제

㈜제이산업(코드번호 : 0102)의 당기 회계기간은 제5기이다.
다음 결산자료를 입력하여 결산을 완료하시오. (제51회)

> 당기분 법인세가 10,500,000원(법인세할 지방소득세 포함)으로 계산되었다. 단, 회사는 당기 법인세 기납부세액(중간예납액 + 원천징수세액)을 선납세금으로 계상하였다.

기출 따라 하기

▶관련 이론 I 기말수정분개 p.243

(1) 분개

12월 31일 (차) 법인세등(998) 10,500,000 (대) 선납세금(136) 3,385,000
미지급세금(261) 7,115,000

(2) 입력방법

① [회계관리] ▸ [결산/재무제표] ▸ [합계잔액시산표]를 선택하여 [합계잔액시산표] 메뉴에 들어간 후, 기간을 12월 31일로 선택하여 조회하면 12월 말 현재 선납세금의 잔액이 3,385,000원임을 확인할 수 있다. [합계잔액시산표]의 금액을 더블 클릭하면 해당 금액에 대한 원장 내용도 볼 수 있다.

합계잔액시산표

F3 제목수정 F4 통합계정 F6 원장조회 F7 임대주택 F8 계정과목편집 F9 인쇄 F11계정코드 CF9 영어계정

기간 : 2024 년 12 월 31 일

관리용 | 제출용

차변		계정과목	대변	
잔액	합계		합계	잔액
	78,113,900	부 가 세 대 급 금	78,113,900	
3,385,000	3,385,000	선 납 세 금		
500,000	500,000	임 직 원 등 단기채권		

원장조회

기 간 2024 년 1 월 1 일 ~ 2024 년 12 월 31 일 전표수정(F3) 합계옵션(F6) 원장인쇄(F9)

계정과목 0136 선납세금 - 0136 선납세금 0136:선납세금

일자	번호	적요	코드	거래처	차변	대변	잔액
08-31	00002	법인세 중간예납세액			3,000,000		3,000,000
		[월 계]			3,000,000		
		[누 계]			3,000,000		
09-25	00002	이자소득 원천징수세액			154,000		3,154,000
		[월 계]			154,000		
		[누 계]			3,154,000		
12-25	00004	이자소득 원천징수세액			231,000		3,385,000
		[월 계]			231,000		
		[누 계]			3,385,000		

[결산자료입력] 메뉴에서 (기간 : 1월~12월)

② 선납세금 금액은 '법인세등 ▸ 136.선납세금'에 결산반영금액 "3,385,000"을 입력한다.

③ 미지급세금은 '법인세등 ▸ 998.추가계상액'에 결산반영금액 "7,115,000"을 입력한다.

▶ 법인세등 추가계상액 = 당기 법인세등 - 선납법인세 = 10,500,000 - 3,385,000 = 7,115,000원

④ '998.법인세등' 라인의 '결산후금액'이 당기 법인세비용 금액인 "10,500,000"과 일치함을 확인한다.

▼ ②~④ 입력결과 화면은 아래와 같다.

±	코드	과 목	결산분개금액	결산전금액	결산반영금액	결산후금액
④	0998	9. 법인세등			10,500,000	10,500,000
②	0136	1). 선납세금		3,385,000	3,385,000	3,385,000
③	0998	2). 추가계상액			7,115,000	7,115,000

⑤ 전체 입력 완료 후 메뉴 상단의 [F3 전표추가]를 클릭하면 결산분개가 자동으로 생성된다.

참고 **기말수정분개 전표의 자동 생성**

[결산자료입력] 메뉴에서 자동결산항목에 대한 결산반영금액 입력이 모두 완료되면 반드시 메뉴 상단에 있는 [F3 전표추가](또는 [F3])를 클릭하여 기말수정분개 전표를 생성시켜야 한다.

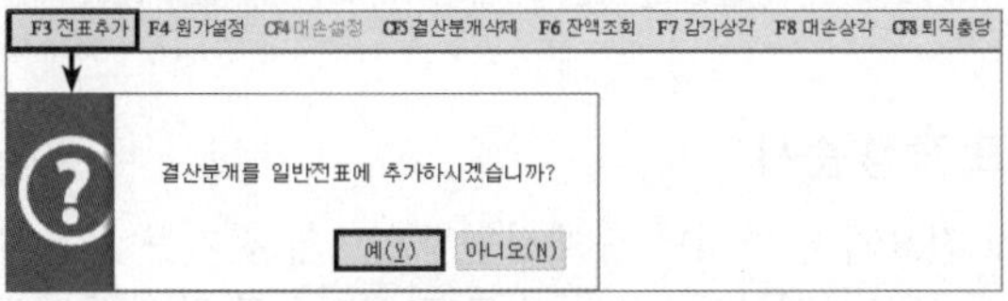

[일반전표입력] 메뉴에서 12월 31일 자로 전표를 조회하면 자동 생성된 기말수정분개 전표는 오른쪽 상단에 '결산'이라는 글자가 나타나고, '구분'란에 '결차' 또는 '결대'로 표시되는 것을 확인할 수 있다.

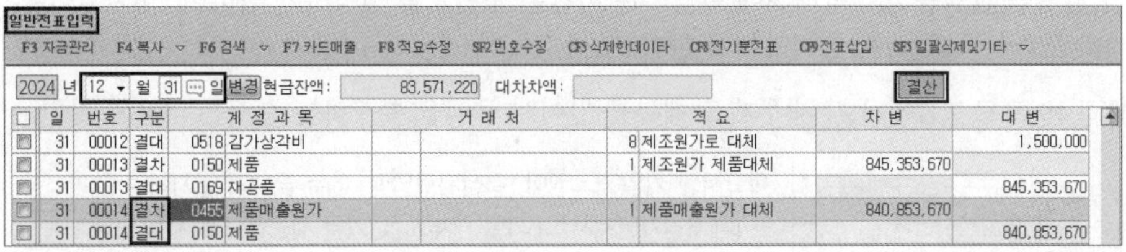

자동 생성된 기말수정분개 전표를 일괄 삭제하는 방법

| 방법1 | [일반전표입력] 메뉴에서 화면 상단의 [SF5 일괄삭제및기타 ▽]를 클릭한 후 보조창에서 [확인(Tab)]을 클릭한다.

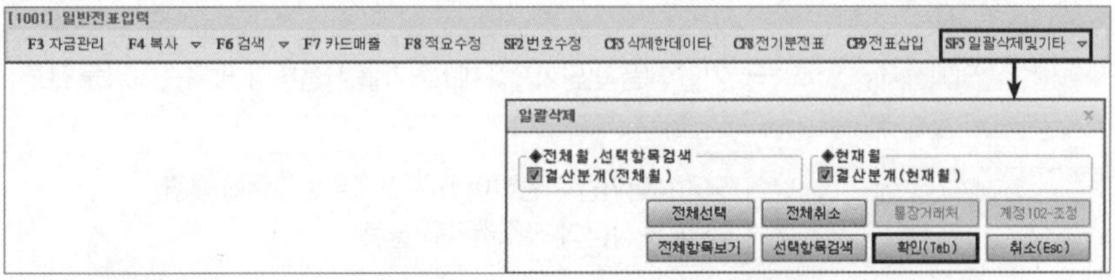

| 방법2 | [결산자료입력] 메뉴에서 [CF5 결산분개삭제]를 클릭한 후 보조창에서 [예(Y)]를 클릭한다.

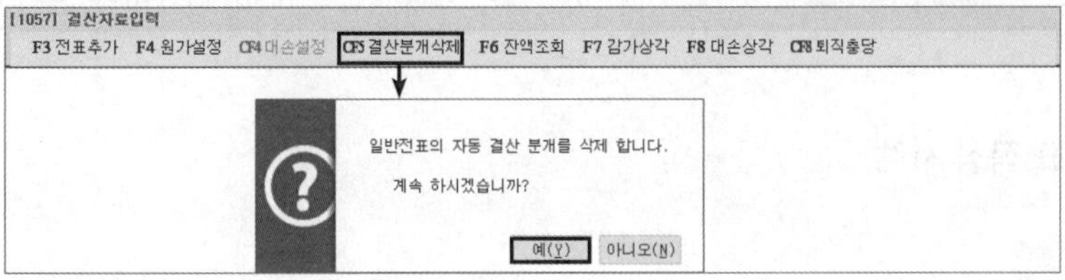

자동 생성된 기말수정분개 전표를 수정하는 방법

[결산자료입력] 메뉴를 열 때, 보조창에서 [예(Y)]를 클릭하여 기존 입력내용을 불러온다.

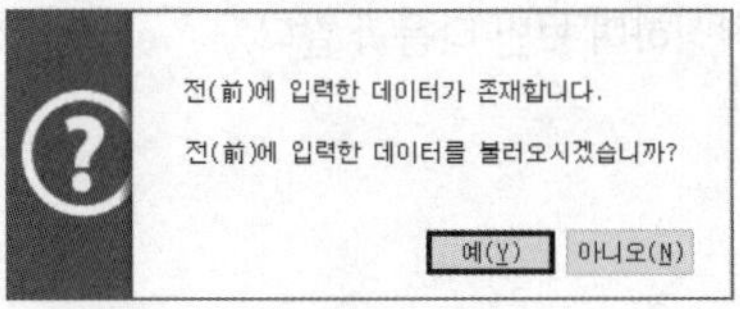

[결산자료입력] 메뉴의 기존 입력내용에 수정사항을 반영하여 결산반영금액 입력을 완료하고 [F3 전표추가]를 클릭한 후 보조창에서 [예(Y)]를 클릭한다. (기존에 있던 자동생성 전표들은 모두 삭제되고, 최종 시점의 자동생성 전표들로 대체된다)

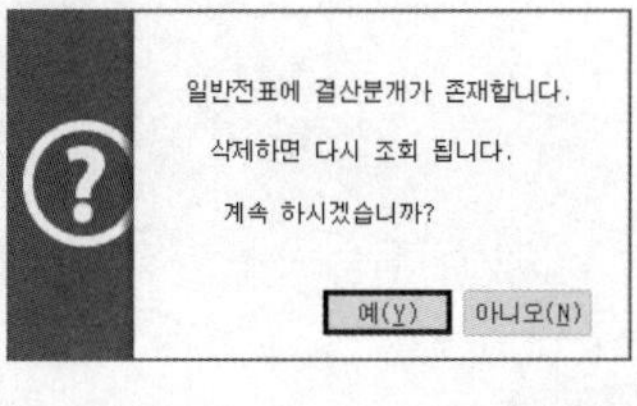

03 재무제표 작성

기말수정분개 전표가 모두 입력되고 나면 재무제표 간의 연관관계를 고려하여 재무제표를 작성한다.

1) KcLep 프로그램을 활용한 재무제표 작성 순서

KcLep 프로그램에서는 기말수정분개 전표가 입력되면 총계정원장으로의 전기는 물론 각 재무제표에 포함되어 있는 계정과목의 금액 집계가 프로그램상에서 자동으로 진행되므로 각 재무제표 메뉴를 클릭하고 기간을 입력하면 재무제표가 자동으로 작성되어 화면에 나타난다. 다만, 손익계정을 마감하고 이익잉여금 잔액을 재무상태표에 반영하는 마감분개 전표를 생성하기 위하여 [이익잉여금처분계산서] 메뉴 상단의 F3 전표추가 를 클릭하여야 한다.

KcLep 프로그램에서 각 재무제표 메뉴를 열어서 금액을 확정하는 순서는 다음과 같다.

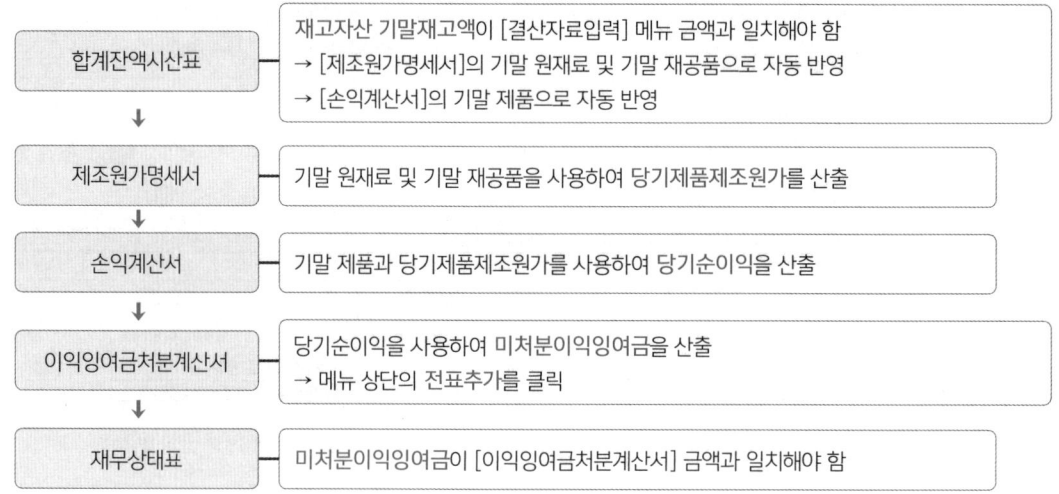

합계잔액시산표	재고자산 기말재고액이 [결산자료입력] 메뉴 금액과 일치해야 함 → [제조원가명세서]의 기말 원재료 및 기말 재공품으로 자동 반영 → [손익계산서]의 기말 제품으로 자동 반영
↓	
제조원가명세서	기말 원재료 및 기말 재공품을 사용하여 당기제품제조원가를 산출
↓	
손익계산서	기말 제품과 당기제품제조원가를 사용하여 당기순이익을 산출
↓	
이익잉여금처분계산서	당기순이익을 사용하여 미처분이익잉여금을 산출 → 메뉴 상단의 전표추가를 클릭
↓	
재무상태표	미처분이익잉여금이 [이익잉여금처분계산서] 금액과 일치해야 함

2) 재무제표 작성 사례

연습문제

㈜제이산업(코드번호 : 0102)의 당기 회계기간은 제5기이다.
기말수정분개 전표입력을 모두 마친 상태에서 재무제표를 작성하여 보면 다음과 같다.

① [합계잔액시산표] 메뉴에서 12월 말일 자로 조회한다.

▶ 차변합계액과 대변합계액이 일치하는지 확인하고, 재고자산(원재료, 재공품, 제품)의 잔액이 [결산자료입력] 메뉴에 입력한 각 재고자산 잔액 금액과 일치하는지 확인한다.

합계잔액시산표

F3 제목수정 F4 통합계정 F6 원장조회 F7 임대주택 F8 계정과목편집 F9 인쇄 F11계정코드 CF9 영어계정

기간 : 2024 년 12 월 31 일

관리용 | 제출용

차변		계정과목	대변	
잔액	합계		합계	잔액
	3,385,000	선 납 세 금	3,385,000	
500,000	500,000	임 직 원 등 단기채권		
16,800,000	2,392,736,340	<재 고 자 산>	2,375,936,340	
13,500,000	855,853,670	제 품	842,353,670	
2,300,000	690,529,000	원 재 료	688,229,000	
1,000,000	846,353,670	재 공 품	845,353,670	
695,350,000	695,350,000	2.비 유 동 자 산	101,758,000	101,758,000
304,600,000	304,600,000	<투 자 자 산>		
4,000,000	4,000,000	매 도 가 능 증 권		
300,000,000	300,000,000	장 기 대 여 금		
600,000	600,000	만 기 보 유 증 권		
390,750,000	390,750,000	<유 형 자 산>	101,758,000	101,758,000
240,000,000	240,000,000	건 물		
		감 가 상 각 누 계 액	61,000,000	61,000,000
71,950,000	71,950,000	기 계 장 치		
		감 가 상 각 누 계 액	19,758,000	19,758,000
42,400,000	42,400,000	차 량 운 반 구		
		감 가 상 각 누 계 액	21,000,000	21,000,000
36,400,000	36,400,000	비 품		
	261,067,258	3.유 동 부 채	1,166,866,152	905,798,894
	80,297,463	외 상 매 입 금	609,718,500	529,421,037
		지 급 어 음	174,855,000	174,855,000
2,872,651,587	8,400,260,938	합 계	8,400,260,938	2,872,651,587

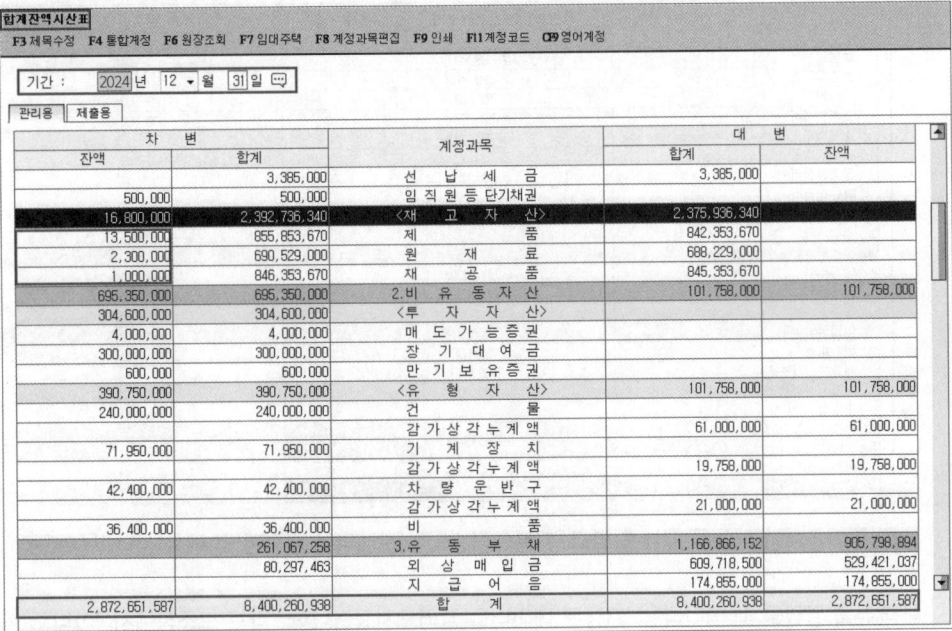

② [제조원가명세서] 메뉴를 12월 말일 자로 조회한다.

▶ 기말 원재료 및 재공품 잔액을 사용하여 산출된 당기제품제조원가가 표시되어 있는지 확인한다.

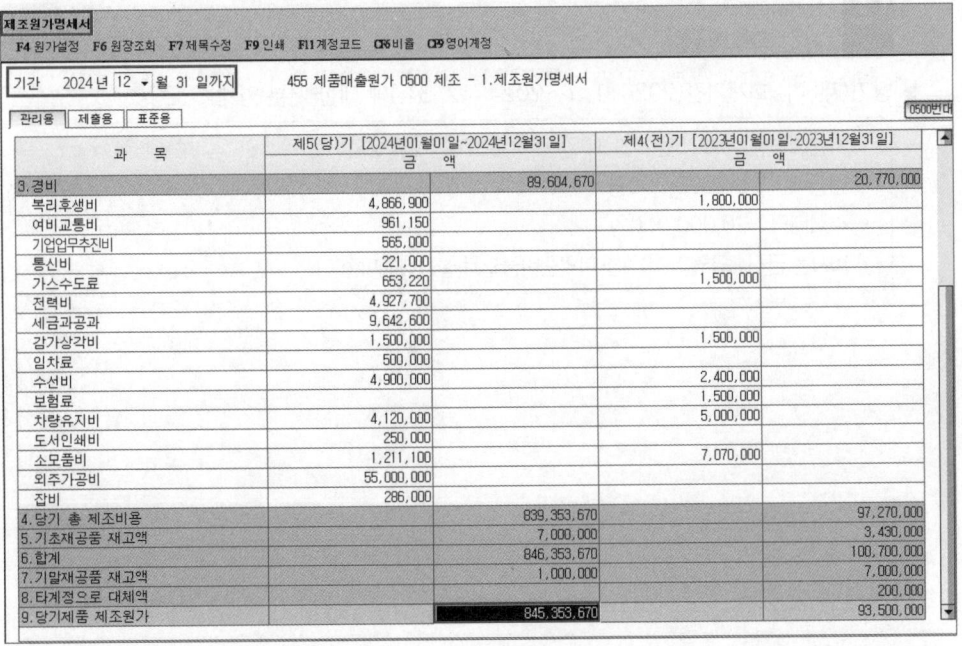

제조원가명세서

F4 원가설정 F6 원장조회 F7 제목수정 F9 인쇄 F11계정코드 CF6 비율 CF9 영어계정

기간 2024 년 12 월 31 일까지 455 제품매출원가 0500 제조 - 1.제조원가명세서

관리용 | 제출용 | 표준용 0500번대

과 목	제5(당)기 [2024년01월01일~2024년12월31일]		제4(전)기 [2023년01월01일~2023년12월31일]	
	금 액		금 액	
3.경비		89,604,670		20,770,000
복리후생비	4,866,900		1,800,000	
여비교통비	961,150			
기업업무추진비	565,000			
통신비	221,000			
가스수도료	653,220		1,500,000	
전력비	4,927,700			
세금과공과	9,642,600			
감가상각비	1,500,000		1,500,000	
임차료	500,000			
수선비	4,900,000		2,400,000	
보험료			1,500,000	
차량유지비	4,120,000		5,000,000	
도서인쇄비	250,000			
소모품비	1,211,100		7,070,000	
외주가공비	55,000,000			
잡비	286,000			
4.당기 총 제조비용		839,353,670		97,270,000
5.기초재공품 재고액		7,000,000		3,430,000
6.합계		846,353,670		100,700,000
7.기말재공품 재고액		1,000,000		7,000,000
8.타계정으로 대체액				200,000
9.당기제품 제조원가		845,353,670		93,500,000

③ [손익계산서] 메뉴를 12월 말일 자로 조회한다.

▶ 기말 제품 잔액과 당기제품제조원가를 사용하여 산출된 당기순이익이 표시되어 있는지 확인한다.

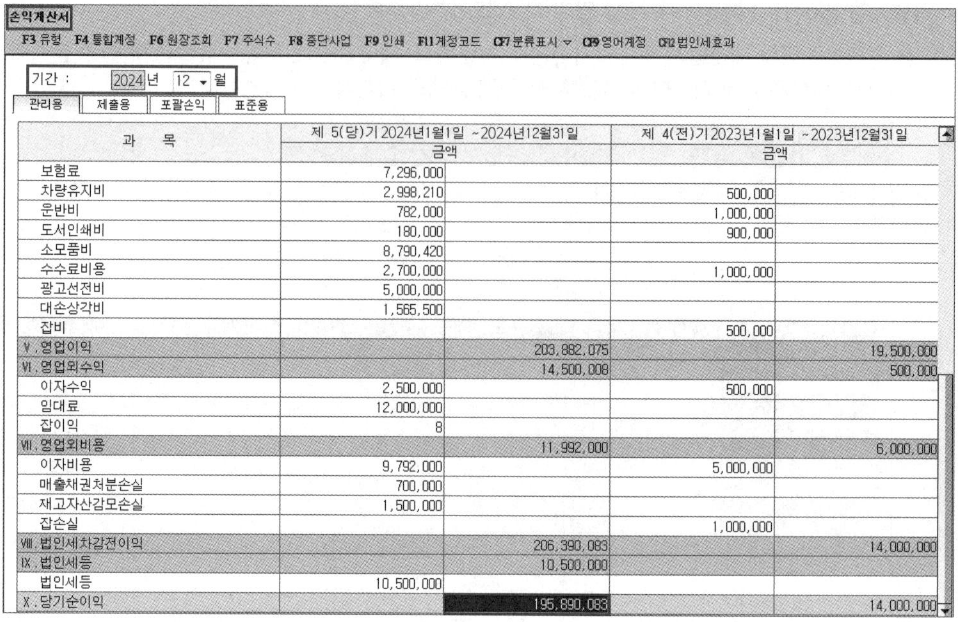

과 목	제 5(당)기 2024년1월1일 ~2024년12월31일 금액		제 4(전)기 2023년1월1일 ~2023년12월31일 금액	
보험료	7,296,000			
차량유지비	2,998,210		500,000	
운반비	782,000		1,000,000	
도서인쇄비	180,000		900,000	
소모품비	8,790,420			
수수료비용	2,700,000		1,000,000	
광고선전비	5,000,000			
대손상각비	1,565,500			
잡비			500,000	
Ⅴ.영업이익		203,882,075		19,500,000
Ⅵ.영업외수익		14,500,008		500,000
이자수익	2,500,000		500,000	
임대료	12,000,000			
잡이익	8			
Ⅶ.영업외비용		11,992,000		6,000,000
이자비용	9,792,000		5,000,000	
매출채권처분손실	700,000			
재고자산감모손실	1,500,000			
잡손실			1,000,000	
Ⅷ.법인세차감전이익		206,390,083		14,000,000
Ⅸ.법인세등		10,500,000		
법인세등	10,500,000			
Ⅹ.당기순이익		195,890,083		14,000,000

④ [이익잉여금처분계산서] 메뉴를 열고, 처분예정일과 처분내역을 입력한 후 메뉴 상단의 F3 전표추가 를 클릭한다.

▶ 메뉴를 열었을 때 나타나는 '저장된 데이터를 불러오시겠습니까?'라는 보조창에서 "아니오"를 클릭하고, 당기순이익이 [손익계산서] 메뉴에서의 금액과 일치하는지 확인한다.

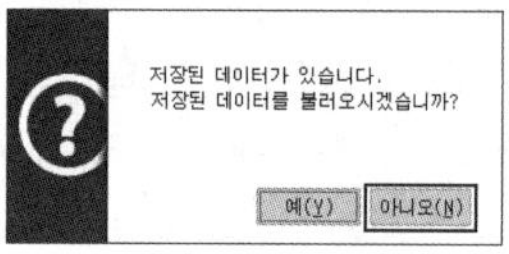

▶ 당기(제5기) 회계기간(2024. 1. 1.~2024. 12. 31.)에 대한 처분 명세

- 처분예정일 : 2025년 2월 19일(전기 2024년 2월 25일)
- 현금배당 : 30,000,000원
- 주식배당 : 20,000,000원
- 회사는 금전배당액의 10%를 이익준비금으로 설정하여야 한다.

▶ 당기순이익을 사용하여 산출된 미처분이익잉여금이 표시되어 있는지 확인한다.

이익잉여금처분계산서

`F4 칸추가` `F6 전표추가`

당기처분예정일: 2025 년 2 월 19 일 전기처분확정일: 2024 년 2 월 25 일

과목		계정과목명	제 5(당)기 2024년01월01일~2024년12월31일		제 4(전)기 2023년01월01일~2023년12월31일	
			제 5기(당기)		제 4기(전기)	
			금액		금액	
I.미처분이익잉여금				217,490,083		29,000,000
1.전기이월미처분이익잉여금			21,600,000		15,000,000	
2.회계변경의 누적효과	0369	회계변경의누적효과				
3.전기오류수정이익	0370	전기오류수정이익				
4.전기오류수정손실	0371	전기오류수정손실				
5.중간배당금	0372	중간배당금				
6.당기순이익			195,890,083		14,000,000	
II.임의적립금 등의 이입액						
1.						
2.						
합계				217,490,083		29,000,000
III.이익잉여금처분액				53,000,000		7,400,000
1.이익준비금	0351	이익준비금	3,000,000		400,000	
2.재무구조개선적립금	0354	재무구조개선적립금				
3.주식할인발행차금상각액	0381	주식할인발행차금				
4.배당금			50,000,000		6,000,000	
가.현금배당	0265	미지급배당금	30,000,000		4,000,000	
주당배당금(률)		보통주				
		우선주				
나.주식배당	0387	미교부주식배당금	20,000,000		2,000,000	
주당배당금(률)		보통주				
		우선주				
5.사업확장적립금	0356	사업확장적립금			1,000,000	
6.감채적립금	0357	감채적립금				
7.배당평균적립금	0358	배당평균적립금				
8.기 업 합 리화 적립금	0352	기업합리화적립금				
IV.차기이월미처분이익잉여금				164,490,083		21,600,000

이익잉여금 처분 전 금액으로서, 재무상태표에
미처분이익잉여금으로 표시되어야 한다.

참고 마감분개 전표의 자동 생성

손익계정을 마감하고 이익잉여금 잔액을 재무상태표에 반영하는 마감분개 전표를 생성하기 위하여 반드시 [이익잉여금처분계산서] 메뉴 상단에 있는 `F6 전표추가` (또는 F6)를 클릭하여야 한다.

이익잉여금처분계산서

`F4 칸추가` `F6 전표추가`

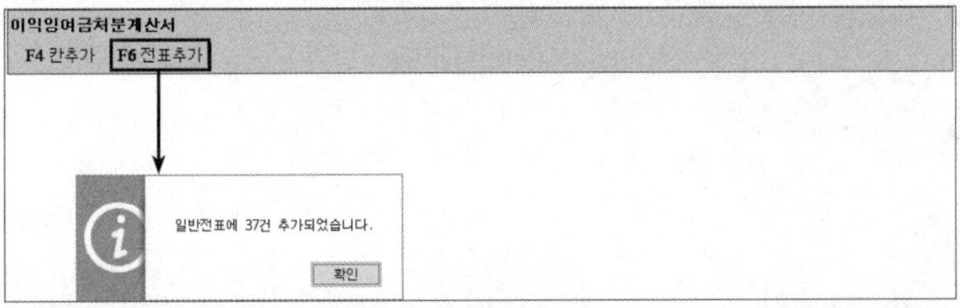

일반전표에 37건 추가되었습니다.

확인

[일반전표입력] 메뉴에서 12월 31일 자로 전표를 조회하여 보면, 자동 생성된 마감분개 전표는 오른쪽 상단에 '손익'이라는 글자가 표시되는 것을 확인할 수 있다.

일반전표입력

F3 자금관리   F4 복사 ▾ F6 검색 ▾ F7 카드매출   F8 적요수정   SF2 번호수정   CF5 삭제한데이타   CF8 전기분전표   CF9 전표삽입   SF5 일괄삭제및기타 ▾

2024 년 12 ▾ 월 31 … 일 변경 현금잔액: 83,571,220   대차차액: [손익]

	일	번호	구분	계 정 과 목	거 래 처	적 요	차 변	대 변
☐	31	00020	대변	0831 수수료비용		손익계정에 대체		2,700,000
☐	31	00020	대변	0833 광고선전비		손익계정에 대체		5,000,000
☐	31	00020	대변	0835 대손상각비		손익계정에 대체		1,565,500
☐	31	00020	대변	0951 이자비용		손익계정에 대체		9,792,000
☐	31	00020	대변	0956 매출채권처분손실		손익계정에 대체		700,000
☐	31	00020	대변	0959 재고자산감모손실		손익계정에 대체		1,500,000
☐	31	00020	대변	0998 법인세등		손익계정에 대체		10,500,000
☐	31	00020	차변	0400 손익		비용에서 대체	1,034,802,110	
☐	31	00021	차변	0400 손익		당기순손익 잉여금에 대.	195,890,083	
☐	31	00021	대변	0377 미처분이익잉여금		당기순이익 잉여금에 대.		195,890,083
☐	31	00021	차변	0375 이월이익잉여금		처분전 이익잉여금에 대.	21,600,000	
☐	31	00021	대변	0377 미처분이익잉여금		이월이익잉여금에서 대체		21,600,000
☐	31	00022	대변	0375 이월이익잉여금		처분전 이익잉여금에 대.		217,490,083
☐	31	00022	차변	0377 미처분이익잉여금		이월이익잉여금에서 대체	217,490,083	

⑤ [재무상태표] 메뉴를 열고 12월 자로 조회한다.

▶ 미처분이익잉여금이 [이익잉여금처분계산서] 메뉴에서의 금액과 일치하는지 확인한다.

재무상태표

F3 유형 F4 통합계정 F6 원장조회 F7 임대주택 F11계정코드 CF7제목수정 ▽ CF9 퇴직부채 합산여부 CF10 타이틀 변경

기간 : 2024 년 12 월

관리용 | 제출용 | 표준용

과 목	제 5(당)기 2024년1월1일 ~ 2024년12월31일		제 4(전)기 2023년1월1일 ~ 2023년12월31일	
	금액		금액	
미지급세금		17,158,910		
선수수익		1,820,000		1,820,000
Ⅱ.비유동부채		156,000,000		225,000,000
사채	20,000,000			
사채할인발행차금	5,000,000	15,000,000		
장기차입금		105,000,000		205,000,000
퇴직급여충당부채		36,000,000		20,000,000
부채총계		1,061,798,894		460,797,957
자본				
Ⅰ.자본금		442,000,000		440,000,000
자본금		442,000,000		440,000,000
Ⅱ.자본잉여금		1,000,000		
자기주식처분이익		1,000,000		
Ⅲ.자본조정				
Ⅳ.기타포괄손익누계액				
Ⅴ.이익잉여금		218,890,083		29,000,000
이익준비금		400,000		
사업확장적립금		1,000,000		
미처분이익잉여금		217,490,083		29,000,000
(당기순이익)				
당기: 195,890,083				
전기: 14,000,000				
자본총계		661,890,083		469,000,000
부채와자본총계		1,723,688,977		929,797,957

참고 **재무상태표상 미처분이익잉여금**

당기말 현재 미처분이익잉여금에 대한 처분은 결산일 현재로서는 예정된 것일 뿐이고 미발생 사건에 해당하므로 재무상태표에는 처분 전 금액이 표시되어야 한다. 즉, 전기이월미처분이익잉여금에 당기순이익을 더한 미처분이익잉여금 금액이 재무상태표상 미처분이익잉여금과 일치하여야 한다.

재무상태표상 미처분이익잉여금 = 당기 이익잉여금 처분 내용을 반영하기 전 금액

= 전기이월미처분이익잉여금 + 당기순이익

+ 더알아보기

재무제표 간의 연관관계

㈜제이산업의 사례에서 재무제표 간 연관관계를 살펴보면 다음과 같다. (단, 금액단위는 천원으로 함)

제조원가명세서

Ⅰ. 재료비		686,929
① 기초원재료재고액	3,500	
② 당기원재료매입액	687,029	
③ 타계정으로 대체액	(1,300)	
④ 기말원재료재고액	(2,300)	
Ⅱ. 노무비		62,820
Ⅲ. 제조경비		89,605
Ⅳ. 당기총제조원가		839,354
Ⅴ. 기초재공품재고액		7,000
Ⅵ. 기말재공품재고액		(1,000)
Ⅶ. 당기제품제조원가		845,354

손익계산서

Ⅰ. 매출액		xxx
Ⅱ. 매출원가		840,854
① 기초제품재고액	10,500	
② 당기제품제조원가	845,354	
③ 타계정으로 대체	(1,500)	
④ 기말제품재고액	(13,500)	
Ⅲ. 매출총이익		xxx
Ⅳ. 판매비와관리비		xxx
⋮		
Ⅹ. 당기순이익		195,890

합계잔액시산표

자산	
제품	13,500
재공품	1,000
원재료	2,300

이익잉여금처분계산서

Ⅰ. 미처분이익잉여금		217,490
전기이월미처분이익잉여금	21,600	
당기순이익	195,890	
⋮		
(이하 생략)		

재무상태표

자본	
미처분이익잉여금	217,490

기출유형

전산세무 2급에서 출제되는 실무편 결산 문제 유형은 다음과 같이 두 가지로 나눌 수 있다.

| 유형1 | 기말수정분개 사항만 제시되는 유형

- 수동결산 : [일반전표입력] 메뉴에 12월 31일 자 전표를 입력
- 자동결산 : [결산자료입력] 메뉴에 결산반영금액을 입력하고 메뉴 상단의 [F3 전표추가]를 클릭

| 유형2 | 기말수정분개 사항과 이익잉여금 처분내역이 제시되는 유형

- 수동결산 : [일반전표입력] 메뉴에 12월 31일 자 전표를 입력
- 자동결산 : [결산자료입력] 메뉴에 결산반영금액을 입력하고 메뉴 상단의 [F3 전표추가]를 클릭
- 이익잉여금처분계산서 : [이익잉여금처분계산서] 메뉴에 이익처분 내역을 입력하고 메뉴 상단의 [F6 전표추가]를 클릭

핵심기출문제

* 본서에 수록된 기출문제의 날짜는 학습효과를 높이기 위하여 일부 수정함

01 ㈜팔일산업(회사코드 : 0181)의 당기 회계기간은 제7기이다.
다음 결산자료를 입력하여 결산을 완료하시오. [제81회]

(1) 다음 자료를 이용하여 12월 31일의 부가세대급금과 부가세예수금을 정리하는 분개를 입력하시오. (납부세액은 미지급세금으로 계상하고 환급세액은 미수금으로 계상하되, 거래처는 입력하지 말 것)

- 부가세대급금 : 18,000,000원
- 부가세예수금 : 10,000,000원

(2) 당사가 보유하고 있는 다음의 매도가능증권(투자자산)의 내역을 반영하여 기말 매도가능증권 평가에 대한 회계처리를 하시오.

회사명	당기중 취득가액	당기말 공정가액
㈜대박	132,500,000원	125,000,000원

(3) 대출금에 대한 이자지급일은 매월 16일이다. 당해연도분 미지급비용을 인식하여 회계처리하시오. (거래처는 입력하지 않을 것)

금리는 변동금리로 은행에 문의한 결과 올해 12월 16일부터 내년 1월 15일까지 지급되어야 할 이자는 2,500,000원이었으며, 이 중 올해 12월 31일까지의 발생이자는 1,300,000원이었다.

정답 및 해설

01 (1) ▶관련 이론 I 기말수정분개 p.233

해　설　수동결산 [일반전표입력]

12월 31일 (차) 부가세예수금 10,000,000 (대) 부가세대급금 18,000,000
미수금 8,000,000

정답화면

□	일	번호	구분	계 정 과 목		거 래 처		적 요	차 변	대 변
▣	31	00001	차변	0255	부가세예수금				10,000,000	
▣	31	00001	차변	0120	미수금				8,000,000	
▣	31	00001	대변	0135	부가세대급금					18,000,000

(2) ▶관련 이론 I 기말수정분개 p.238

해　설　수동결산 [일반전표입력]

12월 31일 (차) 매도가능증권평가손실 7,500,000 (대) 매도가능증권(투자) 7,500,000
(기타포괄손익누계액)

정답화면

□	일	번호	구분	계 정 과 목		거 래 처		적 요	차 변	대 변
▣	31	00002	차변	0395	매도가능증권평가손				7,500,000	
▣	31	00002	대변	0178	매도가능증권					7,500,000

(3) ▶관련 이론 I 기말수정분개 p.229

해　설　수동결산 [일반전표입력]

12월 31일 (차) 이자비용 1,300,000 (대) 미지급비용 1,300,000

정답화면

□	일	번호	구분	계 정 과 목		거 래 처		적 요	차 변	대 변
▣	31	00003	차변	0951	이자비용				1,300,000	
▣	31	00003	대변	0262	미지급비용					1,300,000

(4) 외상매출금과 미수금의 기말잔액에 2%의 대손율을 적용하여 보충법에 의해 대손충당금을 설정하시오.

(5) 결산일 현재 창고에 보유 중인 재고자산은 다음과 같다. 결산자료입력을 이용하여 결산을 행하시오.

구 분	금 액	비 고
원재료	75,000,000원	선적지 인도기준 선적된 미착 원재료 1,500,000원 불포함
재공품	50,000,000원	-
제 품	232,000,000원	수탁자 보관 제품 2,000,000원 불포함

정답 및 해설

(4) ▶관련 이론 | 기말수정분개 p.240

해 설 | 방법1 | 자동결산 [결산자료입력] 메뉴에서 (기간 : 1월~12월) 다음과 같이 입력한다. 자동결산 항목 입력이 완료되고 나면 상단의 [전표추가]를 클릭하여 결산분개를 생성한다.

- 판매비와 일반관리비 ▶ 대손상각 ▶ 외상매출금 : 2,885,200[1)]
- 영업외비용 ▶ 기타의대손상각 ▶ 미수금 : 834,000[2)]

[1)] 351,760,000원 × 2% - 4,150,000원 = 2,885,200원

[2)] 41,700,000원 × 2% - 0원 = 834,000원

정답 및 해설

| 방법2 | 수동결산

- [합계잔액시산표] (12월 31일)
  외상매출금, 미수금, 대손충당금 기말잔액 조회
- [일반전표입력]
  12월 31일 (차) 대손상각비 2,885,200 (대) 대손충당금(외상매출금) 2,885,200
  기타의대손상각비 834,000 대손충당금(미수금) 834,000

정답화면 · 자동결산

±	코드	과 목	결산분개금액	결산전금액	결산반영금액	결산후금액
		4. 판매비와 일반관리비		766,864,970	2,885,200	769,750,170
	0835	5). 대손상각			2,885,200	2,885,200
	0108	외상매출금			2,885,200	2,885,200
	0110	받을어음				
		7. 영업외 비용		46,747,000	834,000	47,581,000
	0954	2). 기타의대손상각			834,000	834,000
	0114	단기대여금				
	0120	미수금			834,000	834,000
	0131	선급금				

· 수동결산

차 변		계정과목	대 변	
잔액	합계		합계	잔액
351,760,000	1,631,146,000	외 상 매 출 금	1,279,386,000	
		대 손 충 당 금	4,150,000	4,150,000
176,840,000	391,040,000	받 을 어 음	214,200,000	
		대 손 충 당 금	1,250,000	1,250,000
9,000,000	24,000,000	단 기 대 여 금	15,000,000	
41,700,000	41,700,000	미 수 금		
2,000,000	47,250,000	선 급 금	45,250,000	

☐	일	번호	구분	계 정 과 목	거 래 처	적 요	차 변	대 변
■	31	00004	차변	0835 대손상각비			2,885,200	
■	31	00004	차변	0954 기타의대손상각비			834,000	
■	31	00004	대변	0109 대손충당금				2,885,200
■	31	00004	대변	0121 대손충당금				834,000

참고 제3장 제2절 핵심기출문제의 01-(1)번을 정답과 다르게 입력한 경우, 미수금 계정 잔액에 영향을 미치기 때문에 이 문제의 기말수정분개 금액이 달라질 수 있다. 실제 시험에서는 수정후시산표에서 대손충당금 계정 잔액이 외상매출금과 미수금 계정 잔액의 2%가 맞으면 정답으로 인정된다.

(5) ▶관련 이론 | 기말수정분개 p.242

해 설 자동결산 [결산자료입력] 메뉴에서 (기간 : 1월~12월) 다음과 같이 입력한다. 자동결산 항목 입력이 완료되고 나면 상단의 [전표추가]를 클릭하여 결산분개를 생성한다.

- 기말 원재료 재고액 : 76,500,000[1)]
- 기말 재공품 재고액 : 50,000,000
- 기말 제품 재고액 : 234,000,000[2)]

1) 선적지 인도기준으로 매입하여 운송 중인 원재료 포함

2) 수탁자가 보유하고 있는 적송품 포함

정답화면

±	코드	과 목	결산분개금액	결산전금액	결산반영금액	결산후금액
	0455	제품매출원가				1,915,155,950
		1)원재료비		1,780,821,060		1,704,321,060
	0501	원재료비		1,780,821,060		1,704,321,060
	0153	① 기초 원재료 재고액		73,600,000		73,600,000
	0153	② 당기 원재료 매입액		1,707,221,060		1,707,221,060
	0153	⑩ 기말 원재료 재고액			76,500,000	76,500,000
	0455	8)당기 총제조비용		2,198,655,950		2,122,155,950
	0169	① 기초 재공품 재고액		15,000,000		15,000,000
	0169	⑩ 기말 재공품 재고액			50,000,000	50,000,000
	0150	9)당기완성품제조원가		2,213,655,950		2,087,155,950
	0150	① 기초 제품 재고액		62,000,000		62,000,000
	0150	⑩ 기말 제품 재고액			234,000,000	234,000,000

02 ㈜칠사산업(회사코드 : 0174)의 당기 회계기간은 제13기이다.
다음 결산자료를 입력하여 결산을 완료하시오. [제74회]

(1) 5월 1일에 1년치 보험료(제조부서 1,200,000원, 영업부서 600,000원)를 현금으로 지급하면서 전액 비용 처리하였다. (단, 월할로 계산하며, 음수로 입력하지 말 것)

(2) 당사는 광고 선전 목적으로 구입한 탁상시계를 광고선전비(판매관리비)로 계상하였으나, 결산 시 미사용분 500,000원을 소모품으로 대체하였다. (단, 음수로 입력하지 말 것)

(3) 미국에 있는 다저스사에 외화장기차입금 $100,000(장부가액 110,000,000원)가 있으며, 보고기간 종료일(회계연도 말일) 현재의 환율은 $1당 1,200원이다.

정답 및 해설

02 (1) ▶관련 이론 I 기말수정분개 p.231

해　설　수동결산 [일반전표입력]

12월 31일 (차) 선급비용 600,000 (대) 보험료(제조) 400,000[1)]

보험료(판관비) 200,000[2)]

1) 1,200,000원 × (4개월/12개월) = 400,000원

2) 600,000원 × (4개월/12개월) = 200,000원

정답화면

□	일	번호	구분	계 정 과 목		거 래 처		적 요		차 변	대 변
	31	00009	대변	0521	보험료						400,000
	31	00009	대변	0821	보험료						200,000
	31	00009	차변	0133	선급비용					600,000	

(2) ▶관련 이론 I 기말수정분개 p.232

해　설　수동결산 [일반전표입력]

12월 31일 (차) 소모품 500,000 (대) 광고선전비(판관비) 500,000

정답화면

□	일	번호	구분	계 정 과 목		거 래 처		적 요		차 변	대 변
	31	00010	대변	0833	광고선전비						500,000
	31	00010	차변	0122	소모품					500,000	

(3) ▶관련 이론 I 기말수정분개 p.237

해　설　수동결산 [일반전표입력]

12월 31일 (차) 외화환산손실 10,000,000[1)] (대) 외화장기차입금(다저스)10,000,000

1) ($100,000 × @1,200) - 110,000,000 = 10,000,000

(부채이므로 외화환산손실)

정답화면

□	일	번호	구분	계 정 과 목		거 래 처		적 요		차 변	대 변
	31	00011	대변	0305	외화장기차입금	00333	다저스				10,000,000
	31	00011	차변	0955	외화환산손실					10,000,000	

(4) 12월 31일 현재 보유 중인 제조부문의 감가상각대상 자산은 다음과 같다. 제시된 자료 이외에 감가상각대상 자산은 없다고 가정하고, 감가상각금액을 계산(월할 상각)하여 일반전표입력에 반영하시오. (단, 고정자산등록은 생략할 것)

계정과목	취득원가	잔존가치	내용연수	전기말 감가상각누계액	취득일자	상각방법	상각률
기계장치	100,000,000원	0원	5년	0	올해 7. 1.	정률법	0.451

(5) 기말 현재 제품에 대한 실지재고조사 결과는 다음과 같다. 감모된 수량 중 30개는 정상적인 것이며, 나머지는 모두 비정상적인 것이다. 비정상 재고자산감모손실과 관련된 회계처리와 기말제품가액을 반영하여 결산을 완료하시오. (다른 기말재고자산은 없는 것으로 가정한다)

- 장부 재고수량 : 300개
- 실제 재고수량 : 230개
- 단위당 취득원가 : 10,000원

정답 및 해설

(4) ▶관련 이론 I 기말수정분개 p.241

해 설 I 방법1 I 자동결산 [결산자료입력] 메뉴에서 (기간 : 1월~12월) 다음과 같이 입력한다. 자동결산 항목 입력이 완료되고 나면 상단의 [전표추가]를 클릭하여 결산분개를 생성한다.

제품매출원가 ▶ 경비 ▶ 일반감가상각비 ▶ 기계장치 : 22,550,000[1)]

[1)] 100,000,000원 × 0.451 × (6개월/12개월) = 22,550,000원

I 방법2 I 수동결산 [일반전표입력]

12월 31일 (차) 감가상각비 (제조) 22,550,000 (대) 감가상각누계액 (기계장치) 22,550,000

정답화면 · 자동결산

±	코드	과 목	결산분개금액	결산전금액	결산반영금액	결산후금액
	0518	2). 일반감가상각비			22,550,000	22,550,000
	0202	건물				
	0206	기계장치			22,550,000	22,550,000
	0208	차량운반구				
	0210	공구와기구				
	0212	비품				

· 수동결산

□	일	번호	구분	계 정 과 목		거 래 처		적 요		차 변	대 변
▣	31	00013	대변	0207	감가상각누계액						22,550,000
▣	31	00013	차변	0518	감가상각비					22,550,000	

(5) ▶관련 이론 I 기말수정분개 p.242

해 설 1단계 수동결산 [일반전표입력]

12월 31일 (차) 재고자산감모손실 (영업외비용) 400,000[1)] (대) 제품 (적요 8. 타계정으로 대체액) 400,000

[1)] 비정상 감모손실 = (300개 - 230개 - 30개) × @10,000원 = 400,000원

2단계 자동결산 [결산자료입력] 메뉴에서 (기간 : 1월~12월) 다음과 같이 입력한다. 자동결산 항목 입력이 완료되고 나면 상단의 [전표추가]를 클릭하여 결산분개를 생성한다.

기말 제품 재고액 : 2,300,000[1)]

[1)] 230개 × @10,000원 = 2,300,000원

(정상·비정상 감모손실과 평가손실까지 모두 반영된 실제 기말재고액)

정답화면 1단계 수동결산

□	일	번호	구분	계 정 과 목		거 래 처		적 요		차 변	대 변
▣	31	00012	차변	0959	재고자산감모손실					400,000	
▣	31	00012	대변	0150	제품			8	타계정으로 대체액 손익		400,000

2단계 자동결산

코드	과 목	결산분개금액	결산전금액	결산반영금액	결산후금액
0455	제품매출원가	2,511,522,800			2,511,522,800
0150	9)당기완성품제조원가	2,460,222,800	2,437,672,800		2,460,222,800
0150	① 기초 제품 재고액		54,000,000		54,000,000
0150	⑥ 타계정으로 대체액		400,000		400,000
0150	⑩ 기말 제품 재고액			2,300,000	2,300,000

03 ㈜육이산업(코드번호 : 0162)의 당기 회계기간은 제20기이다.
다음 결산자료를 입력하여 결산을 완료하시오. [제62회]

(1) ㈜육이산업은 4월 1일 공장 화재보험료(보험기간 : 당해연도 4월 1일~다음 연도 3월 31일) 2,400,000원을 보통예금에서 이체하고 선급비용으로 회계처리하였다. 기말 수정분개를 하시오. (단, 음수로 입력하지 말고 월할 계산할 것)

(2) 당기중 실제 현금보다 장부상 현금이 7,000원 많아 현금과부족으로 처리했던 금액 중 결산일에 현금 5,000원은 책상 밑에서 발견되었으나, 나머지 2,000원은 결산일 현재까지도 그 원인을 알 수 없었다. (영업외비용 항목 중 적절한 계정과목을 선택하여 처리할 것)

(3) 당사의 ABC.CO.LTD의 외화외상매출금(계정과목 : 외상매출금)과 관련된 자료는 다음과 같다. 기말수정분개를 하시오.

- 10월 31일 수출 및 선적 : 수출대금 $30,000, 선적일 환율 1,170원/$, 전액외상으로 수출함
- 11월 30일 : 위 수출대금 중 일부인 $12,000를 회수함(환율 1,180원/$)
- 결산일 환율 : 1,120원/$

정답 및 해설

03 (1) ▶관련 이론 I 기말수정분개 p.231

해　설　수동결산 [일반전표입력]

12월 31일 (차) 보험료(제조)　1,800,000[1)]　(대) 선급비용　1,800,000

1) 2,400,000원 × (9개월/12개월) = 1,800,000원

정답화면

□	일	번호	구분	계정과목		거래처		적요		차변	대변
■	31	00004	차변	0521	보험료					1,800,000	
■	31	00004	대변	0133	선급비용						1,800,000

(2) ▶관련 이론 I 기말수정분개 p.235

해　설　수동결산 [일반전표입력]

12월 31일 (차) 현금　5,000　(대) 현금과부족　7,000
　　　　　　잡손실　2,000

정답화면

□	일	번호	구분	계정과목		거래처		적요		차변	대변
■	31	00005	대변	0141	현금과부족						7,000
■	31	00005	차변	0101	현금					5,000	
■	31	00005	차변	0980	잡손실					2,000	

(3) ▶관련 이론 I 기말수정분개 p.237

해　설　수동결산 [일반전표입력]

12월 31일 (차) 외화환산손실　900,000[1)]　(대) 외상매출금　900,000
　　　　　　　　　　　　　　　　　(ABC.CO.LTD)

1) 기말 환산액 - 환산 전 장부가액 = ($18,000 × @1,120원) - ($18,000 × @1,170원)
= (-)900,000원(자산이므로 외화환산손실 900,000원)

정답화면

□	일	번호	구분	계정과목		거래처		적요		차변	대변
■	31	00006	차변	0955	외화환산손실					900,000	
■	31	00006	대변	0108	외상매출금	00506	ABC.CO.LTD				900,000

(4) 매출채권(외상매출금 및 받을어음) 기말잔액에 대하여 1%의 대손충당금을 보충법으로 설정하시오.

(5) 기말재고자산의 내역은 다음과 같으며 장부상 재고와 실제 재고는 일치한다.

- 원재료 : 8,000,000원
- 재공품 : 4,000,000원
- 제품 : 12,840,000원

정답 및 해설

(4)

▶관련 이론 I 기말수정분개 p.240

해　설 | 방법1 | 자동결산 [결산자료입력] 메뉴에서 (기간 : 1월~12월) 다음과 같이 입력한다. 자동결산 항목 입력이 완료되고 나면 상단의 [전표추가]를 클릭하여 결산분개를 생성한다.

- 판매비와 일반관리비 ▶ 대손상각 ▶ 외상매출금 : 1,130,000[1)]
- 판매비와 일반관리비 ▶ 대손상각 ▶ 받을어음 : 1,307,930[2)]

1) 대손충당금(외상매출금) = 233,000,000 × 1% - 1,200,000 = 1,130,000원

2) 대손충당금(받을어음) = 209,293,000 × 1% - 785,000 = 1,307,930원

| 방법2 | 수동결산

- [합계잔액시산표] (12월 31일)
  외상매출금, 받을어음, 대손충당금 기말 잔액 조회
- [일반전표입력]
  12월 31일 (차) 대손상각비 2,437,930 (대) 대손충당금(외상매출금)1,130,000
  (판관비) 대손충당금(받을어음) 1,307,930

정답화면 · 자동결산

±	코드	과 목	결산분개금액	결산전금액	결산반영금액	결산후금액
		4. 판매비와 일반관리비		490,110,370	2,437,930	492,548,300
	0835	5). 대손상각			2,437,930	2,437,930
	0108	외상매출금			1,130,000	1,130,000
	0110	받을어음			1,307,930	1,307,930

· 수동결산

차변		계정과목	대변	
잔액	합계		합계	잔액
233,000,000	1,683,491,000	외 상 매 출 금	1,450,491,000	
		대 손 충 당 금	1,200,000	1,200,000
209,293,000	344,540,000	받 을 어 음	135,247,000	
		대 손 충 당 금	785,000	785,000

□	일	번호	구분	계 정 과 목		거 래 처		적 요		차 변	대 변
■	31	00007	대변	0109	대손충당금						1,130,000
■	31	00007	대변	0111	대손충당금						1,307,930
■	31	00007	차변	0835	대손상각비					2,437,930	

참고 제3장 제1절 핵심기출문제의 03-(2)번을 정답과 다르게 입력하였거나 제5장 제1절 핵심기출문제를 먼저 푼 경우, 외상매출금과 받을어음 계정 잔액에 영향을 미치기 때문에 이 문제의 기말수정분개 금액이 달라질 수 있다. 실제 시험에서는 수정후시산표에서 대손충당금 계정 잔액이 외상매출금과 받을어음 계정 잔액의 1%가 맞으면 정답으로 인정된다.

(5)

▶관련 이론 I 기말수정분개 p.242

해　설 자동결산 [결산자료입력] 메뉴에서 (기간 : 1월~12월) 다음과 같이 입력한다. 자동결산 항목 입력이 완료되고 나면 상단의 [전표추가]를 클릭하여 결산분개를 생성한다.

- 기말 원재료 재고액 : 8,000,000
- 기말 재공품 재고액 : 4,000,000
- 기말 제품 재고액 : 12,840,000

정답화면

±	코드	과 목	결산분개금액	결산전금액	결산반영금액	결산후금액
	0455	제품매출원가				1,824,952,800
		1)원재료비		1,342,484,800		1,334,484,800
	0501	원재료비		1,342,484,800		1,334,484,800
	0153	① 기초 원재료 재고액		67,000,000		67,000,000
	0153	② 당기 원재료 매입액		1,275,484,800		1,275,484,800
	0153	⑩ 기말 원재료 재고액			8,000,000	8,000,000
	0455	8)당기 총제조비용		1,780,792,800		1,772,792,800
	0169	① 기초 재공품 재고액		15,000,000		15,000,000
	0169	⑩ 기말 재공품 재고액			4,000,000	4,000,000
	0150	9)당기완성품제조원가		1,795,792,800		1,783,792,800
	0150	① 기초 제품 재고액		54,000,000		54,000,000
	0150	⑩ 기말 제품 재고액			12,840,000	12,840,000

04 ㈜육일산업(회사코드 : 0161)의 당기 회계기간은 제20기이다.
다음 결산자료를 입력하여 결산을 완료하시오. [제61회]

(1) 당사는 제품 판매 홍보용으로 USB를 구입하여 전액 광고선전비로 계상하였으나, 결산 시 미사용된 잔액 1,000,000원을 자산(소모품)으로 대체한다.

(2) 기말 현재 보유 중인 매도가능증권의 평가액은 다음과 같다.

구 분	수 량	올해 1월 3일 취득가액	기말 현재 공정가액
㈜양하산업	1,000주	32,000,000원	38,000,000원

(3) 당사의 당기 무형자산에 대한 상각비는 아래와 같다. 다음의 무형자산상각비에 대하여 회계처리를 하시오. (일반기업회계기준의 자산 인식요건 및 상각기간 등 요건을 충족한다고 가정하고, 판매비와관리비로 처리하며, 직접법을 사용하고 상각누계액을 사용하지 말 것)

- 특허권 상각비 : 7,000,000원
- 개발비 상각비 : 6,000,000원

04 (1) ▶관련 이론 | 기말수정분개 p.232

해 설 수동결산 [일반전표입력]

12월 31일 (차) 소모품 1,000,000 (대) 광고선전비(판관비) 1,000,000

정답화면

□	일	번호	구분	계 정 과 목		거 래 처		적 요		차 변	대 변
	31	00005	차변	0122	소모품					1,000,000	
	31	00005	대변	0833	광고선전비						1,000,000

(2) ▶관련 이론 | 기말수정분개 p.238

해 설 수동결산 [일반전표입력]

12월 31일 (차) 매도가능증권 6,000,000 (대) 매도가능증권평가이익 6,000,000
(투자자산) (기타포괄손익누계액)

정답화면

□	일	번호	구분	계 정 과 목		거 래 처		적 요		차 변	대 변
	31	00006	차변	0178	매도가능증권					6,000,000	
	31	00006	대변	0394	매도가능증권평가이						6,000,000

(3) ▶관련 이론 | 비유동자산 p.134

해 설 | 방법1 | 자동결산 [결산자료입력] 메뉴에서 (기간 : 1월~12월) 다음과 같이 입력한다. 자동결산 항목 입력이 완료되고 나면 상단의 [전표추가]를 클릭하여 결산분개를 생성한다.

- 판매비와 일반관리비 ▶ 무형자산상각비 ▶ 특허권 : 7,000,000
- 판매비와 일반관리비 ▶ 무형자산상각비 ▶ 개발비 : 6,000,000

| 방법2 | 수동결산 [일반전표입력]

12월 31일 (차) 무형자산상각비 13,000,000 (대) 특허권 7,000,000
(판관비) 개발비 6,000,000

정답화면 · 자동결산

±	코드	과 목	결산분개금액	결산전금액	결산반영금액	결산후금액
	0840	6). 무형자산상각비			13,000,000	13,000,000
	0219	특허권			7,000,000	7,000,000
	0226	개발비			6,000,000	6,000,000

· 수동결산

□	일	번호	구분	계 정 과 목		거 래 처		적 요		차 변	대 변
	31	00007	대변	0219	특허권						7,000,000
	31	00007	대변	0226	개발비						6,000,000
	31	00007	차변	0840	무형자산상각비					13,000,000	

(4) 당기분 법인세 등은 33,000,000원(법인세할 지방소득세 포함)이다. 회사는 이미 당해연도 8월에 납부한 법인세 중간예납세액과 은행에서 원천징수한 선납세금이 있다.

(5) 당기 회계기간에 대한 이익잉여금 처분명세는 다음과 같다.

- 처분예정일 : 2025년 2월 19일(전기 : 2024년 2월 25일)
- 현금배당 : 30,000,000원
- 주식배당 : 20,000,000원
- 회사는 금전배당액의 10%를 이익준비금으로 설정하여야 함

(4) ▶관련 이론 I 부채 p.156

해　　설 | 방법1 | 자동결산 [결산자료입력] 메뉴에서 (기간 : 1월~12월) 다음과 같이 입력한다. 자동결산 항목 입력이 완료되고 나면 상단의 [전표추가]를 클릭하여 결산분개를 생성한다.

- 법인세등 ▶ 선납세금 : 14,400,000
- 법인세등 ▶ 추가계상액 : 18,600,000[1)]

1) 당기 법인세등 - 선납법인세 = 33,000,000 - 14,400,000 = 18,600,000원

| 방법2 | 수동결산

- [합계잔액시산표] (12월 31일)
  선납세금의 기말 잔액을 조회한다.
- [일반전표입력]
  12월 31일 (차) 법인세등 33,000,000 (대) 선납세금 14,400,000
  미지급세금 18,600,000

정답화면 · 자동결산

±	코드	과　목	결산분개금액	결산전금액	결산반영금액	결산후금액
	0998	9. 법인세등			33,000,000	33,000,000
	0136	1). 선납세금		14,400,000	14,400,000	14,400,000
	0998	2). 추가계상액			18,600,000	18,600,000

· 수동결산

차　변		계정과목	대　변	
잔액	합계		합계	잔액
14,400,000	14,400,000	선　납　세　금		

□	일	번호	구분	계 정 과 목		거 래 처		적 요		차 변	대 변
	31	00008	차변	0998	법인세등					33,000,000	
	31	00008	대변	0136	선납세금						14,400,000
	31	00008	대변	0261	미지급세금						18,600,000

(5) ▶관련 이론 I 자본 p.189

해　　설 [이익잉여금처분계산서] 메뉴에서 처분예정일과 처분내역란을 입력한 후, 메뉴 상단의 F6 전표추가 를 클릭한다.

- 당기처분예정일 : 2025년 2월 19일, 전기처분확정일 : 2024년 2월 25일
- 351.이익준비금 : 3,000,000
- 265.미지급배당금 : 30,000,000
- 387.미교부주식배당금 : 20,000,000

정답화면

당기처분예정일: 2025 년 2 월 19 일 전기처분확정일: 2024 년 2 월 25 일

과목		계정과목명	제 20(당)기 2024년01월01일~2024년12월31일		제 19(전)기 2023년01월01일~2023년12월31일	
			제 20기(당기)		제 19기(전기)	
			금액		금액	
III.이익잉여금처분액				53,000,000		
1.이익준비금	0351	이익준비금	3,000,000			
2.재무구조개선적립금	0354	재무구조개선적립금				
3.주식할인발행차금상각액	0381	주식할인발행차금				
4.배당금			50,000,000			
가.현금배당	0265	미지급배당금	30,000,000			
주당배당금(률)		보통주				
		우선주				
나.주식배당	0387	미교부주식배당금	20,000,000			
주당배당금(률)		보통주				
		우선주				
5.사업확장적립금	0356	사업확장적립금				
6.감채적립금	0357	감채적립금				
7.배당평균적립금	0358	배당평균적립금				
8.기 업 합 리화 적립금	0352	기업합리화적립금				

05 ㈜육공산업(회사코드 : 0160)의 당기 회계기간은 제10기이다. 다음 결산자료를 입력하여 결산을 완료하시오.

[제60회]

(1) 월간 기술지를 생산부서에서 6개월 정기구독(정기구독 기간 : 당해연도 12월 1일~다음 연도 5월 31일)하고 구독료 900,000원은 12월 1일에 전액 지급하여 선급비용으로 회계처리하였다. (월할 계산하고, 거래처 입력 생략)

(2) 당사의 제2기 확정신고기간의 부가가치세와 관련된 내용이 다음과 같다고 가정한다. 입력된 데이터는 무시하고 12월 31일 부가세예수금과 부가세대급금을 정리하는 회계처리를 하시오. (납부세액은 미지급세금으로 처리한다)

- 부가세대급금 : 57,000,000원
- 부가세예수금 : 73,000,000원
- 전자신고세액공제액 : 10,000원 (잡이익으로 처리할 것)

(3) 전기에 유동성장기부채로 대체한 대한은행의 장기차입금 300,000,000원 중 100,000,000원에 대하여 상환기간을 2년 연장하기로 하였다.

(4) 당사의 기말제품재고자산과 관련된 자료는 다음과 같다. 비정상 재고자산감모손실에 대한 회계처리만 입력하시오.

- 장부가액 : 7,000,000원
- 실제수량 : 620개
- 장부상 수량 : 700개
- 감모수량 중 60%는 정상감모분임

(5) 기말 현재 단기대여금에 대하여 1%의 대손충당금을 보충법으로 설정하기로 한다. 당기중 대손처리된 금액은 없다.

정답 및 해설

05 (1)

▶관련 이론 I 기말수정분개 p.231

해　설　수동결산 [일반전표입력]

12월 31일 (차) 도서인쇄비(제조)　150,000[1)]　(대) 선급비용　150,000

1) 900,000원 × (1개월/6개월) = 150,000원

정답화면

□	일	번호	구분	계정과목		거래처		적요		차변	대변
	31	00006	차변	0526	도서인쇄비					150,000	
	31	00006	대변	0133	선급비용						150,000

정답 및 해설

(2)
▶관련 이론 I 기말수정분개 p.233

해 설 수동결산 [일반전표입력]

12월 31일 (차) 부가세예수금 73,000,000 (대) 부가세대급금 57,000,000
잡이익 10,000
미지급세금 15,990,000

정답화면

□	일	번호	구분	계 정 과 목		거 래 처		적 요	차 변	대 변
	31	00007	차변	0255	부가세예수금				73,000,000	
	31	00007	대변	0135	부가세대급금					57,000,000
	31	00007	대변	0930	잡이익					10,000
	31	00007	대변	0261	미지급세금					15,990,000

(3)
▶관련 이론 I 기말수정분개 p.239

해 설 수동결산 [일반전표입력]

12월 31일 (차) 유동성장기부채 100,000,000 (대) 장기차입금 100,000,000
(대한은행) (대한은행)

정답화면

□	일	번호	구분	계 정 과 목		거 래 처		적 요	차 변	대 변
	31	00008	차변	0264	유동성장기부채	98001	대한은행		100,000,000	
	31	00008	대변	0293	장기차입금	98001	대한은행			100,000,000

(4)
▶관련 이론 I 기말수정분개 p.242

해 설 수동결산 [일반전표입력]

12월 31일 (차) 재고자산감모손실 320,000[1] (대) 제품 320,000
(영업외비용) (적요 8. 타계정으로 대체액)

[1] 비정상 감모손실 = {(700개 - 620개) × 40%} × 10,000원 = 320,000원

정답화면

□	일	번호	구분	계 정 과 목		거 래 처		적 요	차 변	대 변
	31	00009	차변	0959	재고자산감모손실				320,000	
	31	00009	대변	0150	제품			8 타계정으로 대체액 손익		320,000

(5)
▶관련 이론 I 기말수정분개 p.240

해 설 | 방법1 | 자동결산 [결산자료입력] 메뉴에서 (기간 : 1월~12월) 다음과 같이 입력한다. 자동결산 항목 입력이 완료되고 나면 상단의 [전표추가]를 클릭하여 결산분개를 생성한다.

영업외 비용 ▶ 기타의대손상각 ▶ 단기대여금 : 1,509,080[1]

[1] (207,908,000원 × 1%) - 570,000원 = 1,509,080원

| 방법2 | 수동결산

· [합계잔액시산표] (12월 31일)
단기대여금과 대손충당금 기말 잔액을 조회한다.

· [일반전표입력]
12월 31일 (차) 기타의대손상각비 1,509,080 (대) 대손충당금(단기대여금) 1,509,080

정답화면 · 자동결산

±	코드	과 목	결산분개금액	결산전금액	결산반영금액	결산후금액
	0954	2). 기타의대손상각			1,509,080	1,509,080
	0114	단기대여금			1,509,080	1,509,080

· 수동결산

차 변		계정과목	대 변	
잔액	합계		합계	잔액
207,908,000	207,908,000	단 기 대 여 금		
		대 손 충 당 금	570,000	570,000

□	일	번호	구분	계 정 과 목		거 래 처		적 요	차 변	대 변
	31	00010	차변	0954	기타의대손상각비				1,509,080	
	31	00010	대변	0115	대손충당금					1,509,080

06 ㈜오칠산업(회사코드 : 0157)의 당기 회계기간은 제15기이다.
다음 결산자료를 입력하여 결산을 완료하시오. [제57회]

(1) 대한은행으로부터 차입한 장기차입금 50,000,000원은 결산일 현재 1년 이내에 상환기일이 도래하므로 유동성대체를 한다.

(2) 당기(20x3년) 결산 마감 전 특허권(무형자산)의 기초 미상각잔액이 60,000,000원이 있으며, 이 특허권은 20×1년 1월 초에 취득한 것이다. 회사는 무형자산에 대하여 5년간 정액법으로 상각하고 있다. (단, 비용은 판매비와 관리비로 분류하며, 월할계산하고 상각기간 계산시 1월 미만은 1월로 간주한다)

(3) 퇴직급여충당부채를 설정하기 전 기말 현재 퇴직급여추계액 및 퇴직급여충당부채의 잔액은 다음과 같다. 퇴직급여충당부채는 퇴직급여추계액의 100%를 설정한다.

구 분	퇴직급여추계액	퇴직급여충당부채
생산직	5,000,000원	2,000,000원
영업직	10,000,000원	6,000,000원

정답 및 해설

06 (1) ▶관련 이론 | 기말수정분개 p.239

해　설　수동결산 [일반전표입력]

12월 31일 (차) 장기차입금　50,000,000　(대) 유동성장기부채　50,000,000
(대한은행)　(대한은행)

정답화면

□	일	번호	구분	계정과목		거래처		적요	차변	대변
▣	31	00003	차변	0293	장기차입금	98001	대한은행		50,000,000	
▣	31	00003	대변	0264	유동성장기부채	98001	대한은행			50,000,000

(2) ▶관련 이론 | 비유동자산 p.134

해　설　| 방법1 | 자동결산 [결산자료입력] 메뉴에서 (기간 : 1월~12월) 다음과 같이 입력한다. 자동결산 항목 입력이 완료되고 나면 상단의 [전표추가]를 클릭하여 결산분개를 생성한다.

판매비와 일반관리비 ▶ 무형자산상각비 ▶ 특허권 : 20,000,000[1)]

[1)] (전기말 미상각잔액 - 잔존가치) ÷ 기초 현재 잔여내용연수
= (60,000,000원 - 0원) ÷ (5년 - 2년) = 20,000,000원

참고 무형자산 상각 시, 잔존가치에 대하여 별도의 언급이 없는 경우 '0'인 것으로 본다.

| 방법2 | 수동결산 [일반전표입력]

12월 31일 (차) 무형자산상각비　20,000,000　(대) 특허권　20,000,000
(판관비)

정답화면 · 자동결산

±	코드	과목	결산분개금액	결산전금액	결산반영금액	결산후금액
	0840	6). 무형자산상각비			20,000,000	20,000,000
	0219	특허권			20,000,000	20,000,000
	0226	개발비				

· 수동결산

□	일	번호	구분	계정과목		거래처	적요	차변	대변
▣	31	00004	차변	0840	무형자산상각비			20,000,000	
▣	31	00004	대변	0219	특허권				20,000,000

(3) ▶관련 이론 | 기말수정분개 p.240

해　설　| 방법1 | 자동결산 [결산자료입력] 메뉴에서 (기간 : 1월~12월) 다음과 같이 입력한다. 자동결산 항목 입력이 완료되고 나면 상단의 [전표추가]를 클릭하여 결산분개를 생성한다.

- 제품매출원가 ▶ 노무비 ▶ 퇴직급여(전입액) : 3,000,000[1)]
- 판매비와 일반관리비 ▶ 퇴직급여(전입액) : 4,000,000[2)]

[1)] (5,000,000원 × 100%) - 2,000,000원 = 3,000,000원
[2)] (10,000,000원 × 100%) - 6,000,000원 = 4,000,000원

| 방법2 | 수동결산 [일반전표입력]

12월 31일 (차) 퇴직급여(제조)　3,000,000　(대) 퇴직급여충당부채 7,000,000
퇴직급여(판관비)　4,000,000

정답화면 · 자동결산

±	코드	과목	결산분개금액	결산전금액	결산반영금액	결산후금액
	0508	2). 퇴직급여(전입액)			3,000,000	3,000,000
	0806	2). 퇴직급여(전입액)			4,000,000	4,000,000

· 수동결산

□	일	번호	구분	계정과목		거래처	적요	차변	대변
▣	31	00005	차변	0508	퇴직급여			3,000,000	
▣	31	00005	차변	0806	퇴직급여			4,000,000	
▣	31	00005	대변	0295	퇴직급여충당부채				7,000,000

해커스
전산세무 2급
이론+실무+최신기출

개정 10판 2쇄 발행 2024년 11월 11일
개정 10판 1쇄 발행 2024년 5월 2일

지은이 이남호
펴낸곳 해커스패스
펴낸이 해커스금융 출판팀

주소 서울특별시 강남구 강남대로 428 해커스금융
고객센터 02-537-5000
교재 관련 문의 publishing@hackers.com
해커스금융 사이트(fn.Hackers.com) 교재 Q&A 게시판
동영상강의 fn.Hackers.com

ISBN 979-11-6999-984-7 (13320)
Serial Number 10-02-01

해커스

전산세무 2급

이론+실무 I 상

해커스 전산세무회계 교재

해커스
전산회계 2급
이론+실무+최신기출

해커스
전산회계 1급
이론+실무+최신기출

해커스
전산세무 2급
이론+실무+최신기출

해커스
전산세무 1급 법인세
이론+실무+최신기출

13320
9 791169 999847
ISBN 979-11-6999-984-7

최신개정판

1위 해커스

주간동아 선정 2022 올해의 교육 브랜드 파워
온·오프라인 금융자격증 부문 1위

4주 합격

해커스 전산세무 2급

이남호

이론 + 실무 | 하

89개월 베스트셀러 1위*

빈출분개 +연말정산 미니북 제공

동영상강의 133강 무료
* 이론+실무 및 일부 강의 최대 7일간 수강 가능

해커스금융 | fn.Hackers.com

- 본 교재 인강 (할인쿠폰 수록)
- 최신기출문제 해설강의
- 이론+실무 기초특강 (7일)
- 빈출분개+연말정산 특강 (7일)
- 최신 개정세법 해설 특강 (3일)
- KcLep 프로그램 사용법 강의

특별 제공
- 최신기출문제 및 해설집
- 최신 개정세법 자료집
- 분개연습 노트

* YES24 수험서 자격증 베스트셀러 전산세무 2급 분야 1위 (2016년 11월부터, 1~10판 월별 베스트 1위 통산)

빠른 합격을 원한다면
전산세무회계 1위 해커스입니다!
그 날 배운 이론은 기출풀이까지 한 번에!
구조화된 인강으로 효율 극대화!
해커스
전산세무회계
이남호
· 한국공인회계사(CPA)
· 세무사
· 미국공인회계사(AICPA)
· 회계법인 회계감사 출신
· 해커스금융 전임교수
이론
단기 합격
실무
기출
수강생 만족도 1위
누적 수강생 1위
강의 만족도 100%
[전산세무회계 1위] 한경비즈니스 선정 2020 한국품질만족도 교육(온·오프라인 전산세무회계) 부문 1위 해커스
[수강생 만족도] 해커스금융 수강후기 만족도 조사결과(2020.06.13~2021.02.21)
[누적 수강생] 해커스금융 개설강의 누적 수강생수 기준(2019년 전체)
[강의 만족도] 95회 해커스 전산세무회계 환급반 설문조사 결과(2021.04)
해커스 전산세무 인강 바로가기 ▲
해커스 전산세무 2급 4개월 합격패스 2만원 할인쿠폰
X746D213W634Y232
*유효기간: 2025년 12월 31일까지(등록 후 7일간 사용 가능)
할인쿠폰 바로 등록하기 ▲
합격의 기준, 해커스금융 fn.Hackers.com

해커스
전산세무 2급

이론 + 실무 | 하

해커스금융

목차

이론+실무 상편

이론+실무 하편

최신기출편

최신기출문제

- 빈출분개 80선 + 연말정산 필수이론정리 [별책]
- 최신 개정세법 자료집 PDF
- 기초회계원리 학습자료 PDF
- 분개연습 노트 PDF
- 최신기출문제 및 해설집 PDF

• 모든 PDF자료는 해커스금융 사이트(fn.Hackers.com)에서 무료로 다운받으실 수 있습니다.

전산세무 2급 :
추가되는 내용

전산회계 1급을 함께 학습하고 있거나 이미 학습한 경우 전산세무 2급에 추가되는 내용을 집중적으로 학습하시길 바랍니다.
전산회계 1급에서는 출제범위가 아니지만 전산세무 2급에서 추가로 출제되는 내용은 다음과 같습니다.

구 분		추가되는 내용
제1장	제1절	04. > (5) > 참고 보수주의 06. > (3) 재무제표의 특성과 한계
	제2절	05. > (3) 재분류
	제3절	04. > (2) > 참고 평균법 04. > (3) > ④ > 참고 상품재고장에서 출고단가와 출고금액의 기재 여부 05. 기말재고자산에 포함될 항목의 결정 > (5)~(6)
	제4절	07. 유형자산의 손상 09. 유형자산의 특수한 거래
	제5절	03. > (5) 유효이자율법 03. > (6) 사채의 조기상환 04. > (1) 충당부채 > ③~④ 04. > (2) 우발부채
	제6절	-
	제7절	-
	제8절	-
	제9절	전체
제2장	제1절	-
	제2절	-
	제3절	-
	제4절	-
	제5절	06. > (2) 공손원가 관련 고려사항 07. 결합원가계산
제3장	제1절	-
	제2절	02. > 4) 매출원가의 계상(재고자산 기말 재고액 입력) 03. 재무제표 작성 > 기출유형

제4장	제1절	–
	제2절	–
	제3절	–
	제4절	–
	제5절	01. > (1) 재화와 용역의 공급에 대한 과세표준 > ⑤, ⑧, ⑨ 01. > (3) 재화의 간주공급에 대한 과세표준 02. 대손세액공제 04. > (3) > 참고 세금계산서 지연수취 또는 사전발급에 대한 매입세액 공제 허용범위 확대 05. 의제매입세액공제 06. 공통매입세액의 안분, 정산, 재계산
	제6절	01. 경감·공제세액 05. 간이과세자 06. 가산세
제5장	제1절	02. > ③ > 참고 '건별[14]'에 해당하는 대표적인 사례
	제2절	**전체**
제6장	제1절 ~ 제5절	**전체**
제7장	제1절	**전체**

전산세무 2급 학습플랜

6주 완성 학습 플랜

세무·회계 지식이 전혀 없는 회계 초보자 학습자에게 추천합니다.
6주 동안 모든 내용을 차근차근 학습할 수 있습니다.

<table>
<tr><th>1일 □</th><th>2일 □</th><th>3일 □</th><th>4일 □</th><th>5일 □</th><th>6일 □</th><th>7일 □</th></tr>
<tr><td colspan="7">제1장
재무회계(이론)</td></tr>
<tr><td>제1절</td><td>제2절</td><td>제3, 4절</td><td>제5절</td><td>제6절</td><td>제7절</td><td>제8, 9절</td></tr>
<tr><th>8일 □</th><th>9일 □</th><th>10일 □</th><th>11일 □</th><th>12일 □</th><th>13일 □</th><th>14일 □</th></tr>
<tr><td colspan="5">제2장
원가회계(이론)</td><td colspan="2">제3장
거래자료의 입력 · 결산(실무)</td></tr>
<tr><td>제1절</td><td>제2절</td><td>제3절</td><td>제4절</td><td>제5절</td><td colspan="2">제1절</td></tr>
<tr><th>15일 □</th><th>16일 □</th><th>17일 □</th><th>18일 □</th><th>19일 □</th><th>20일 □</th><th>21일 □</th></tr>
<tr><td colspan="2">제3장
거래자료의 입력 · 결산(실무)</td><td colspan="5">제4장
부가가치세(이론)</td></tr>
<tr><td colspan="2">제2절</td><td>제1절</td><td>제2절</td><td>제3, 4절</td><td>제5절</td><td>제6절</td></tr>
<tr><th>22일 □</th><th>23일 □</th><th>24일 □</th><th>25일 □</th><th>26일 □</th><th>27일 □</th><th>28일 □</th></tr>
<tr><td colspan="4">제5장
부가가치세의 입력 · 신고(실무)</td><td colspan="3">제6장
소득세(이론)</td></tr>
<tr><td colspan="2">제1절</td><td colspan="2">제2절</td><td>제1절</td><td>제2절</td><td>제3절</td></tr>
<tr><th>29일 □</th><th>30일 □</th><th>31일 □</th><th>32일 □</th><th>33일 □</th><th>34일 □</th><th>35일 □</th></tr>
<tr><td colspan="2">제6장
소득세(이론)</td><td colspan="4">제7장
연말정산(실무)</td><td>최신기출문제</td></tr>
<tr><td>제4절</td><td>제5절</td><td colspan="4">제1절</td><td>제112~111회</td></tr>
<tr><th>36일 □</th><th>37일 □</th><th>38일 □</th><th>39일 □</th><th>40일 □</th><th>41일 □</th><th>42일 □</th></tr>
<tr><td colspan="5">최신기출문제</td><td colspan="2">핵심 미니북</td></tr>
<tr><td>제110~109회</td><td>제108~107회</td><td>제106~105회</td><td>제104~103회</td><td>제102~101회</td><td colspan="2">빈출분개 80선
+ 연말정산 필수이론정리</td></tr>
</table>

4주 완성 학습 플랜

전산회계 1급을 취득했거나 함께 학습하는 학습자에게 추천합니다.
4주 동안 효율적으로 모든 내용을 학습할 수 있습니다.

<table>
<tr><th>1일 □</th><th>2일 □</th><th>3일 □</th><th>4일 □</th><th>5일 □</th><th>6일 □</th><th>7일 □</th></tr>
<tr><td colspan="4">제1장
재무회계(이론)</td><td colspan="3">제2장
원가회계(이론)</td></tr>
<tr><td>제1, 2절</td><td>제3, 4절</td><td>제5, 6, 7절</td><td>제8, 9절</td><td>제1, 2절</td><td>제3절</td><td>제4절</td></tr>
<tr><th>8일 □</th><th>9일 □</th><th>10일 □</th><th>11일 □</th><th>12일 □</th><th>13일 □</th><th>14일 □</th></tr>
<tr><td>제2장
원가회계(이론)</td><td colspan="4">제3장
거래자료의 입력 · 결산(실무)</td><td colspan="2">제4장
부가가치세(이론)</td></tr>
<tr><td>제5절</td><td colspan="2">제1절</td><td colspan="2">제2절</td><td>제1, 2절</td><td>제3, 4절</td></tr>
<tr><th>15일 □</th><th>16일 □</th><th>17일 □</th><th>18일 □</th><th>19일 □</th><th>20일 □</th><th>21일 □</th></tr>
<tr><td colspan="2">제4장
부가가치세(이론)</td><td colspan="5">제5장
부가가치세의 입력 · 신고(실무)</td></tr>
<tr><td>제5절</td><td>제6절</td><td colspan="2">제1절</td><td colspan="3">제2절</td></tr>
<tr><th>22일 □</th><th>23일 □</th><th>24일 □</th><th>25일 □</th><th>26일 □</th><th>27일 □</th><th>28일 □</th></tr>
<tr><td colspan="2">제6장
소득세(이론)</td><td colspan="2">제7장
연말정산(실무)</td><td colspan="3">최신기출문제</td></tr>
<tr><td>제1, 2절</td><td>제3, 4, 5절</td><td colspan="2">제1절</td><td>제112~109회</td><td>제108~105회</td><td>제104~101회</td></tr>
</table>

전산세무 2급
학습플랜

2주 완성 학습 플랜

전산회계 1급을 취득했으며 기초적인 세무·회계지식이 있는 학습자에게 추천합니다.
2주 동안 빠르고 확실하게 모든 내용을 학습할 수 있습니다.

<table>
<tr><th>1일 □</th><th>2일 □</th><th>3일 □</th><th>4일 □</th><th>5일 □</th><th>6일 □</th><th>7일 □</th></tr>
<tr><td colspan="2">제1장
재무회계(이론)</td><td>제2장
원가회계(이론)</td><td>제4장
부가가치세(이론)</td><td colspan="3">제5장
부가가치세의 입력 · 신고(실무)</td></tr>
<tr><td colspan="2">제3, 4, 9절</td><td>제5절</td><td>제5절</td><td colspan="3">제2절</td></tr>
<tr><th>8일 □</th><th>9일 □</th><th>10일 □</th><th>11일 □</th><th>12일 □</th><th>13일 □</th><th>14일 □</th></tr>
<tr><td colspan="2">제6장
소득세(이론)</td><td colspan="2">제7장
연말정산(실무)</td><td colspan="3">최신기출문제</td></tr>
<tr><td>제1, 2절</td><td>제3, 4, 5절</td><td colspan="2">제1절</td><td>제112~109회</td><td>제108~105회</td><td>제104~101회</td></tr>
</table>

해커스 전산세무 2급
이론+실무+최신기출

제 4 장

부가가치세

제 4 장

부가가치세

Overview

부가가치세는 이론시험 전체 15문제에서 3문제가 출제된다.
(이론시험 : 1문제당 2점의 배점으로 출제되어 총 30점 만점으로 구성)

부가가치세는 이론시험에서 출제비중이 높지 않으나, 실무시험 2번 '매입매출전표입력', 3번 '부가가치세신고' 문제의 입력을 위한 바탕이 되므로 전산세무 2급 시험에서 30% 이상의 비중을 차지한다. 본 장은 전산세무 2급 기출문제 분석을 바탕으로 실제 시험에서 출제될 가능성이 높은 내용만을 담아, 꼭 시험에 나오는 부분만 학습할 수 있도록 구성되어 있다.

출제비중

구 분	출제비중(3문제)
제1절 부가가치세 총칙	3문제가 출제된다. 제1~5절에서 골고루 출제되는 편이고, 제6절의 출제빈도가 낮다.
제2절 부가가치세 과세대상 거래	
제3절 영세율과 면세	
제4절 세금계산서	
제5절 매출세액과 매입세액*	
제6절 신고와 납부*	

*전산회계 1급에서 전산세무 2급에 추가되는 부분입니다. 학습전략의 '3. 전산회계 1급 동시 학습'을 참고하여 학습하시기 바랍니다.

해커스 전산세무 2급
이론+실무+최신기출

학습전략

1. 전체적인 흐름을 파악하는 이해 위주의 학습

학습 분량 대비 이론시험의 출제비중이 높지 않으므로 세부내용 하나하나를 암기하기보다는 세법 규정의 취지와 전체 흐름에 대한 이해 위주로 학습하자.

2. 실무시험과 연결되는 내용에 집중

실무편 문제인 매입매출전표입력과 부가가치세신고서식 작성은 관련 부가가치세 이론을 알아야 풀 수 있으므로, 실무시험과 연결되는 내용을 집중적으로 학습하자.

3. 전산회계 1급 동시 학습

전산회계 1급을 함께 학습하고 있거나, 이미 학습한 경우 전산세무 2급에 추가되는 내용을 집중적으로 학습한다. 전산회계 1급에서는 출제범위가 아니지만 전산세무 2급에서 추가로 출제되는 내용은 다음과 같다.

[제5절 매출세액과 매입세액] : 과세표준 일부 내용, 대손세액공제, 세금계산서 지연수취 또는 사전발급에 대한 매입세액 공제 허용범위 확대, 의제매입세액공제, 공통매입세액의 안분, 정산, 재계산
[제6절 신고와 납부] : 경감·공제세액, 간이과세자, 가산세

제 1 절 부가가치세 총칙

01 부가가치세의 정의

부가가치란 재화 또는 용역이 생산·유통되는 모든 단계에서 기업이 새로이 창출하는 가치의 증가분을 말한다. 부가가치세(Value Added Tax : VAT)는 사업자가 창출한 부가가치에 과세하는 조세이다.

02 부가가치세의 계산방법

최근 71회 시험 중 1회 기출

이론적으로 볼 때 부가가치세를 계산하는 방법으로는 가산법, 전단계거래액공제법, 전단계세액공제법 등이 있는데, 우리나라를 포함한 대부분의 나라들은 이 중 전단계세액공제법을 사용하여 부가가치세를 계산한다. 전단계세액공제법이란 매출세액(= 매출액 × 세율)에서 전단계 사업자에게 지급한 매입세액을 차감(공제)하는 방식으로 부가가치세 납부세액을 계산하는 방법이다.

납부세액 = (매출액 × 세율) - (매입액 × 세율)
= (매출액 × 세율) - 세금계산서 등으로 입증된 매입세액

03 부가가치세제의 기본 구조

10%의 세율이 적용되는 부가가치세 과세사업자 A, B, C와 최종소비자가 있고, 각 사업자가 창출하는 부가가치는 1,000원이라고 가정할 때, 전단계세액공제법에 의한 부가가치세제의 기본 구조를 살펴보면 다음과 같다.

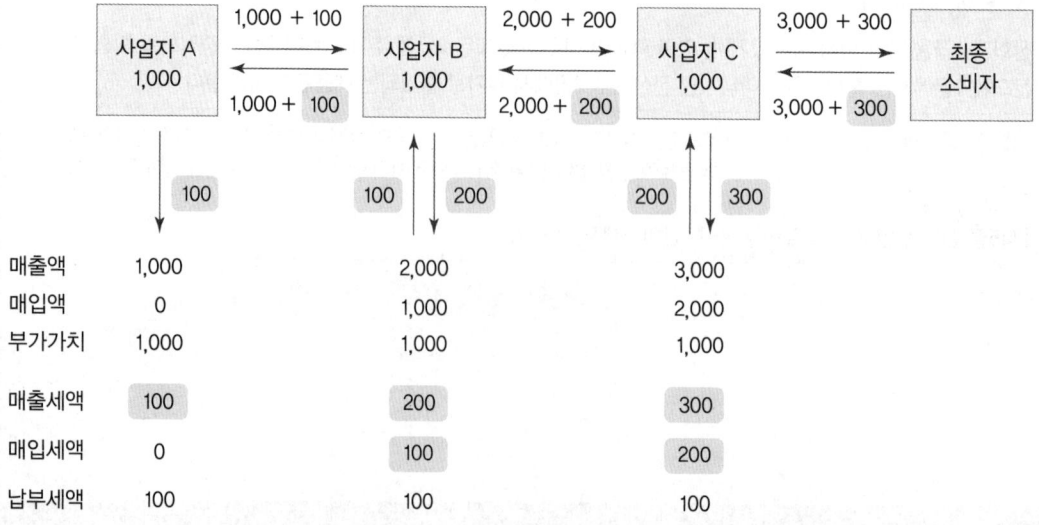

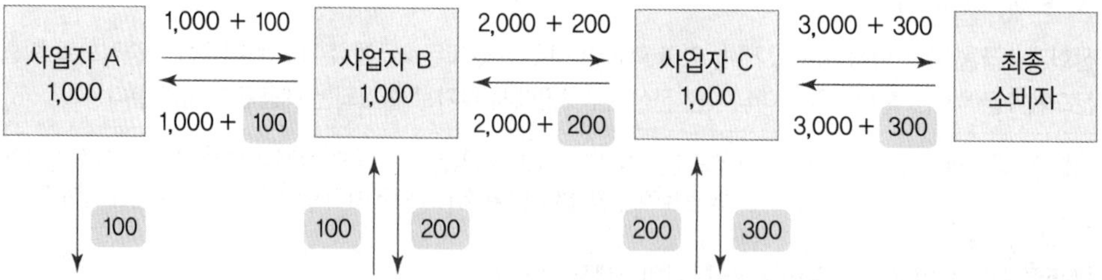

매출액	1,000	2,000	3,000
매입액	0	1,000	2,000
부가가치	1,000	1,000	1,000
매출세액	100	200	300
매입세액	0	100	200
납부세액	100	100	100

각 사업자의 매출세액은 자신의 앞 단계로부터 쌓여온 부가가치까지 포함된 금액에 대한 것이므로 중복된 부분을 제거하기 위해 매입세액을 차감하여 납부세액을 계산한다.

부가가치세는 재화나 용역의 최종소비자가 부담하게 되며 생산·유통단계에 있는 사업자는 단순히 중간단계에서 세금을 징수하고 납부하는 역할만을 한다. 즉, 부가가치세의 납세의무자(실제로 세무서에 세금을 내는 사람)는 사업자이지만 담세자(세금을 부담하는 사람)는 소비자가 되어 납세의무자와 담세자가 일치하지 않으며, 이러한 조세를 간접세라고 부른다.

납세의무자는 간접세를 자기 부담으로 내는 것이 아니기 때문에, 납부할 때 비용계정을 사용하지 않고 자산(부가세대급금)과 부채(부가세예수금)계정을 사용한다. 상기 거래구조에서 사업자 C의 부가가치세 관련 회계처리를 살펴보면 다음과 같다.

· 매출 시

(차) 현금	3,300	(대) 매출	3,000
		부가세예수금	300

· 매입 시

(차) 상품	2,000	(대) 현금	2,200
부가세대급금	200		

· 부가가치세 납부 시

(차) 부가세예수금	300	(대) 부가세대급금	200
		현금	100

04 우리나라 부가가치세의 특징

최근 71회 시험 중 3회 기출

국 세	국가가 과세권을 가지고 부과하는 국세이다.
물 세	납세의무자의 인적사항을 고려하지 않으므로 물세에 해당한다.
단일비례세	과세표준의 크기에 관계없이 10%의 단일세율로 부과되는 단일비례세에 해당한다.
다단계거래세	제조·유통 등의 각 거래단계마다 과세하는 세금이므로 다단계거래세라고 할 수 있다.
일반소비세	면세로 열거된 것을 제외한 모든 재화나 용역의 소비행위에 대해서 과세하므로 일반세이며, 소비를 담세력으로 하는 소비세이다.
역진성	최종소비자 입장에서는 소득과 무관하게 소비금액에 비례하여 세부담이 생기므로 저소득층일수록 상대적 세부담 효과가 커지게 되는 역진성을 나타낸다.
간접세	납세의무자(사업자)와 담세자(최종소비자)가 다르므로 간접세에 해당한다.
전단계세액공제법	매출세액에서 전단계까지 발생한 매입세액을 공제하는 방식으로 납부세액을 계산한다.
소비지국 과세원칙	국제 거래되는 재화에 대한 이중과세 방지를 위하여 생산지국에서 수출할 때 부가가치세를 과세하지 않고, 소비지국에서 수입할 때 과세할 수 있도록 하는 소비지국 과세원칙을 채택하고 있다. 참고 수출하는 재화에 대하여는 0% 세율(영세율)을 적용함으로써 국내 생산단계에서 발생한 부가가치세를 전액 공제로 완전히 제거시키고, 수입하는 재화에 대하여는 국내생산 재화와 동일하게 10% 세율로 부가가치세를 과세한다.

기출확인문제 *2024년 출제예상

현행 부가가치세법의 특징이 아닌 것은? (제18회) ① 소비형 부가가치세제를 채택하고 있다. ② 전단계세액공제법을 채택하고 있다. ③ 각 거래단계마다 증가하는 부가가치에 대하여 거래징수하는 다단계 거래세이다. ④ 납세의무자와 담세자가 일치하는 직접세이다.	정답 ④ 해설 부가가치세는 납세의무자와 담세자가 일치하지 않는 간접세이다.

05 부가가치세의 납세의무자

최근 71회 시험 중 3회 기출

부가가치세의 납세의무자는 '사업자'와 '재화를 수입하는 자'이다.

(1) 사업자

① 사업자의 요건

사업자란 ㉠ 사업목적이 영리인지 비영리인지에 관계없이 ㉡ 사업상 ㉢ 독립적으로 ㉣ 부가가치세 과세대상인 재화 또는 용역을 공급하는 자를 말한다. 사업자의 구체적인 요건은 다음과 같다.

영리목적 여부 불문	부가가치세는 사업자가 얻은 소득에 대하여 과세하는 것이 아니라 그가 창출하여 공급한 부가가치에 대해 공급받는 자로부터 세액을 징수하여 납부하는 것이므로, 부가가치세 납세의무는 사업목적이 영리인지 비영리인지에 관계없이 발생한다. 따라서, 비영리법인도 납세의무가 있는 것이 원칙이다.
사업성 (계속반복성)	사업성이란 부가가치를 창출해 낼 수 있는 정도의 사업형태를 갖추고 계속적·반복적으로 공급하는 것을 말한다. 따라서, 사용하던 중고 핸드폰을 한두 번 판매하는 것과 같이 비반복적인 행위는 사업에 해당하지 않는다.
독립성	독립성이란 타인에게 고용된 것이 아니라는 것을 말한다. 따라서, 회사에 고용된 직원으로서 어떤 일을 수행하고 받는 급여에는 부가가치세가 과세되지 않는다.
재화 또는 용역의 공급	부가가치세 납세의무가 있는 사업자는 부가가치세 과세대상인 재화 또는 용역을 공급하는 자이며, 부가가치세 면세대상인 재화 또는 용역을 공급하는 자는 부가가치세법상 납세의무자가 아니다.

② 사업자의 구분

넓은 의미의 사업자는 부가가치세 과세대상인 재화 또는 용역을 공급하는 과세사업자와 부가가치세 면세대상인 재화 또는 용역을 공급하는 면세사업자로 구분한다. 과세사업자는 다시 매출규모에 따라 일반과세자와 간이과세자로 구분한다.

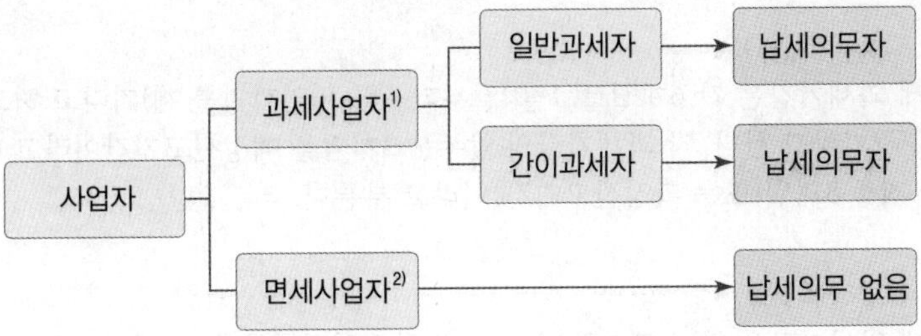

1) 영세율을 적용받는 사업자는 과세사업자이므로 부가가치세 납세의무가 있다.

2) 면세사업자는 부가가치세 납세의무가 없다.

(2) 재화를 수입하는 자

소비지국 과세원칙에 입각하여, 면세대상을 제외한 모든 재화는 수입 통관 시 10% 세율로 부가가치세가 과세된다. 따라서, 재화를 수입하는 자는 사업자 여부에 관계없이 부가가치세 납세의무가 있다.

06 간이과세자의 적용대상과 특징

최근 71회 시험 중 1회 기출

(1) 적용대상

직전 1역년의 재화와 용역의 공급대가(= 매출액 등 + 해당 부가가치세)가 1억 400만 원 미만인 개인사업자로 한다. 따라서 법인은 간이과세자가 될 수 없다. 그리고 일부 제조업, 도매업, 부동산매매업 등의 업종은 간이과세자 적용이 배제된다.

(2) 특징

주로 최종소비자를 매출처로 하기 때문에 전단계세액공제법을 적용하지 않더라도 부가가치세 제도 운영에 큰 지장이 없다고 보아 특례를 적용한다. 이에 따라, 간이과세자 중 신규사업자 및 직전연도 공급대가 4,800만 원 미만인 사업자는 세금계산서를 발급할 수 없고 영수증만 발급할 수 있다.

07 과세기간

최근 71회 시험 중 3회 기출

구 분	과세기간			신고·납부기한
일반과세자	제1기 1월 1일~6월 30일	예정신고	1월 1일~3월 31일	4월 25일
		확정신고	4월 1일~6월 30일	7월 25일
	제2기 7월 1일~12월 31일	예정신고	7월 1일~9월 30일	10월 25일
		확정신고	10월 1일~12월 31일	다음 해 1월 25일
간이과세자	1년을 과세기간으로 함	1월 1일~12월 31일		다음 해 1월 25일
신규사업자	최초과세기간	사업개시일~과세기간 종료일		다음 달 25일
폐업자	최종과세기간	과세기간 개시일~폐업일		다음 달 25일

(1) 일반과세자

일반과세자의 부가가치세 과세기간은 각 6개월로, 1월 1일부터 6월 30일까지를 제1기라고 하고, 7월 1일부터 12월 31일까지를 제2기라고 한다. 각 과세기간의 앞부분 3개월을 예정신고기간이라고 하고, 나머지 뒷부분을 과세기간 최종 3개월(또는 확정신고기간)이라고 부른다.

(2) 간이과세자

간이과세자의 부가가치세 과세기간은 1년으로, 1월 1일부터 12월 31일까지를 한 과세기간으로 한다.

(3) 신규사업자 및 폐업자

신규로 사업을 시작하는 자의 최초과세기간은 사업개시일로부터 그날이 속하는 과세기간의 종료일까지로 한다. 다만, 사업개시일 이전에 사업자등록을 하면 그 신청한 때부터 그날이 속하는 과세기간의 종료일까지로 한다.

사업을 폐업하는 경우의 최종과세기간은 폐업일이 속하는 과세기간의 개시일부터 폐업일까지로 한다.

08 납세지

최근 71회 시험 중 8회 기출

(1) 부가가치세의 납세지

납세지란 납세의무자가 납세의무를 이행하고 과세권자가 부과권과 징수권을 행사하는 기준이 되는 장소를 말한다. 부가가치세의 납세지는 각 사업장 소재지로 한다. 따라서 사업자가 여러 사업장을 가지고 있다면 각 사업장마다 사업자등록을 하고 부가가치세를 신고·납부하는 것을 원칙으로 한다.

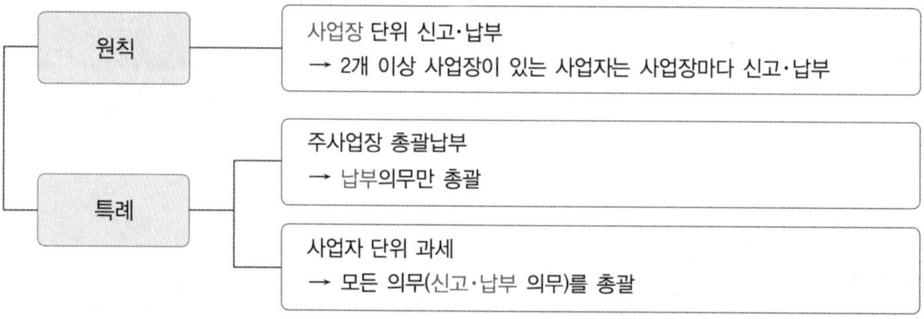

(2) 사업장의 범위

① 업종별 사업장의 범위

구 분	사업장
광 업	· 광업사무소의 소재지
제조업	· 최종제품을 완성하는 장소
건설업, 운수업, 부동산매매업	· 법인인 경우 : 법인의 등기부상 소재지 · 개인인 경우 : 사업에 관한 업무를 총괄하는 장소
부동산임대업	· 부동산의 등기부상 소재지

무인자동판매기에 의한 사업	· 사업에 관한 업무를 총괄하는 장소
사업장을 설치하지 않은 경우	· 사업자의 주소 또는 거소

② 별도 사업장 해당 여부

구 분	내 용	별도 사업장 해당
직매장	사업자가 자기의 사업과 관련하여 생산·취득한 재화를 직접 판매하기 위하여 특별히 판매시설을 갖춘 장소	O
하치장	재화를 보관·관리할 수 있는 시설만 갖춘 장소	X
임시사업장	각종 경기대회나 박람회 등 행사가 개최되는 곳에 개설한 장소	X

(3) 주사업장 총괄납부와 사업자 단위 과세

① 주사업장 총괄납부

주사업장 총괄납부란 사업장이 둘 이상 있는 사업자가 일정한 요건을 갖춘 경우 각 사업장의 납부세액 및 환급세액을 합산하여 주된 사업장에서 총괄하여 납부할 수 있는 제도이다. 이 제도는 세액의 납부(환급)만 총괄하는 것이므로 주사업장 총괄납부를 신청하였다고 하더라도 사업자등록, 부가가치세 신고, 수정신고 및 경정청구 등은 각 사업장별로 이루어져야 한다.

② 사업자 단위 과세

사업자 단위 과세란 사업장이 둘 이상 있는 사업자가 사업자 단위 과세로 사업자등록을 한 경우 부가가치세 신고·납부를 포함한 모든 납세의무의 이행을 주된 사업장에서 총괄하여 할 수 있는 제도이다. 사업자 단위 과세를 적용받는 경우에는 사업자등록, 부가가치세 신고, 납부, 수정신고 및 경정청구 등이 주된 사업장에서 총괄하여 이루어진다.

③ 주사업장 총괄납부와 사업자 단위 과세의 비교

구 분	주사업장 총괄납부	사업자 단위 과세
효 력	· 부가가치세 납부(환급)만 주된 사업장에서 총괄하여야 함 · 사업자등록, 부가가치세 신고, 세금계산서 수수 등은 각 사업장별로 하여야 함	· 사업자등록, 부가가치세 신고와 납부, 세금계산서 수수를 모두 주된 사업장에서만 하면 됨
주된 사업장	· 법인 : 본점 또는 지점 · 개인 : 주사무소	· 법인 : 본점 · 개인 : 주사무소
등록신청 및 포기신청	· 해당 과세기간 개시 20일 전까지	· 해당 과세기간 개시 20일 전까지
수정신고 및 경정청구	· 그 사유가 발생한 사업장	· 주된 사업장

용어 알아두기

- 수정신고 : 이미 신고한 과세표준·세액이 정확한 금액보다 작아서, 이를 큰 금액으로 정정하는 신고
- 경정청구 : 이미 신고한 과세표준·세액이 정확한 금액보다 커서, 이를 작은 금액으로 정정하는 신고

09 사업자등록

사업자등록이란 부가가치세 납세의무자에 해당하는 사업자의 사업내용을 관할세무서의 대장에 등록하는 것을 말한다.
이를 통하여 과세관청은 납세의무자를 파악할 수 있고 사업자는 사업자등록번호를 부여받아 거래에 활용하게 된다.

(1) 사업자등록의 신청

① 사업자는 사업장마다 사업개시일로부터 20일 이내에 사업자등록 신청을 하여야 한다. 다만, 신규로 사업을 시작하려는 자는 사업개시일 전이라도 사업자등록을 신청할 수 있다.

② 사업장이 둘 이상 있는 사업자는 원칙적으로 사업장마다 사업자등록 신청을 하여야 한다. 다만, 사업자 단위 과세적용사업자는 본점(주사무소)에서만 사업자등록을 신청할 수 있다.

③ 사업자등록 신청을 받은 관할 세무서장은 신청일로부터 2일 이내에 사업자등록증을 발급하여야 한다. 다만, 사업현황 확인을 위하여 국세청장이 필요하다고 인정하는 경우에는 발급기한을 5일 이내에서 연장할 수 있다.

④ 사업자등록의 신청을 사업장 관할 세무서장이 아닌 다른 세무서장에게도 할 수 있다. 이 경우 사업장 관할 세무서장에게 사업자등록을 신청한 것으로 본다.

(2) 사업자등록을 하지 않은 경우 세무상의 불이익

미등록 가산세	· 사업개시일로부터 20일 이내에 사업자등록 신청을 하지 아니한 경우에는 미등록 가산세를 부과한다. · 미등록 가산세는 사업개시일로부터 등록을 신청한 날의 직전 일까지의 공급가액에 대하여 1%를 곱한 금액으로 한다.
매입세액 불공제	· 사업자등록을 하기 전의 매입세액은 매출세액에서 공제하지 않는다. · 다만, 공급시기가 속하는 과세기간이 끝난 후 20일 이내에 등록 신청한 경우에는 등록 신청일로부터 공급시기가 속하는 과세기간의 기산일까지 역산한 기간 이내의 매입세액을 공제한다. 그러나, 이 경우에도 미등록 가산세는 부과된다. 예 20x1. 7. 20.에 등록신청 시 20x1. 1. 1. 매입분부터 공제 가능

(3) 사업자등록의 정정

사업자는 등록사항에 변동이 발생한 때에는 지체 없이 정정신고를 하여야 한다. 사업자등록 정정신고를 받은 관할세무서장은 신청일 당일 또는 2일 이내에 사업자등록증을 정정하여 재발급한다.

재발급일	등록 정정사유
신청일 당일	· 상호 변경 · 통신판매업자의 사이버몰 명칭 또는 인터넷 도메인 이름 변경
신청일로부터 2일 이내	· 법인의 대표자 변경[1] · 사업장 이전[2] · 사업의 종류 변경 · 공동사업자의 구성원 또는 출자 지분 변경 · 임대인, 임대차 목적물·면적, 보증금, 임대차 기간의 변경, 새로 상가건물을 임차 · 사업자 단위 과세사업자가 적용사업장을 변경, 종된 사업장을 신설·이전·휴업·폐업 · 상속으로 인하여 사업자 명의가 변경되는 때

[1] 개인사업자의 대표자 변경은 폐업사유에 해당한다.

[2] 사업자의 자택주소 변경은 정정사유가 아니다.

기출확인문제

부가가치세법상 사업자등록과 관련된 설명 중 틀린 것은? (제51회)

① 사업자는 사업장마다 사업개시일부터 20일 내에 사업자등록을 하여야 한다.

② 신규로 사업을 시작하려는 자는 사업개시일 전이라도 사업자등록을 할 수 있다.

③ 신규 사업자등록의 신청을 받은 관할세무서장은 신청일부터 2일 이내에 사업자등록증을 신청자에게 발급하는 것이 원칙이다.

④ 상속으로 인하여 사업자의 명의가 변경되는 때에는 폐업을 하고 신규로 사업자등록을 하여야 한다.

정답 ④

해설
상속으로 인하여 사업자의 명의가 변경되는 것은 사업자등록의 정정사유에 해당한다.

핵심기출문제

* 본서에 수록된 기출문제의 날짜는 학습효과를 높이기 위하여 일부 수정함

01 다음 중 우리나라의 부가가치세법에 대한 설명으로 옳은 것은? [제106회]

가. 우리나라 부가가치세는 간접세이다.
나. 우리나라 부가가치세는 생산지국과세원칙을 적용하고 있다.
다. 우리나라 부가가치세는 지방세이다.
라. 우리나라 부가가치세는 전단계거래액공제법이다.

① 가　　② 가, 나　　③ 가, 다　　④ 가, 라

02 다음 중 사업장의 범위에 대한 설명으로 옳지 않은 것은? [제84회]

① 제조업 : 최종제품을 완성하는 장소
② 건설업 : 법인인 경우 법인의 등기부상 소재지
③ 부동산매매업 : 개인인 경우 사업에 관한 업무를 총괄하는 장소
④ 부동산임대업 : 사업에 관한 업무를 총괄하는 장소

03 다음 중 부가가치세법상 주사업장 총괄납부 제도에 대한 설명으로 틀린 것은? [제77회]

① 사업장이 둘 이상 있는 경우에는 주사업장 총괄납부를 신청하여 주된 사업장에서 부가가치세를 일괄하여 납부하거나 환급받을 수 있다.
② 주된 사업장은 법인의 본점(주사무소를 포함한다) 또는 개인의 주사무소로 한다. 다만, 법인의 경우에는 지점(분사무소를 포함한다)을 주된 사업장으로 할 수 있다.
③ 주된 사업장에 한 개의 등록번호를 부여한다.
④ 납부하려는 과세기간 개시 20일 전에 주사업장 총괄납부 신청서를 주된 사업장의 관할 세무서장에게 제출하여야 한다.

04 다음은 부가가치세법상 사업자 단위 과세 제도에 대한 설명이다. 옳지 않은 것은? [제92회]

① 사업장이 둘 이상 있는 경우에는 사업자 단위 과세 제도를 신청하여 주된 사업장에서 부가가치세를 일괄하여 신고와 납부, 세금계산서 수수를 할 수 있다.
② 주된 사업장은 법인의 본점(주사무소를 포함한다) 또는 개인의 주사무소로 한다. 다만, 법인의 경우에는 지점(분사무소를 포함한다)을 주된 사업장으로 할 수 있다.
③ 주된 사업장에 한 개의 사업자등록번호를 부여한다.
④ 사업장 단위로 등록한 사업자가 사업자 단위 과세 사업자로 변경하려면 사업자 단위 과세 사업자로 적용받으려는 과세기간 개시 20일 전까지 변경등록을 신청하여야 한다.

05 다음 중 부가가치세법상 사업자등록과 관련된 설명으로 틀린 것은? [제86회]

① 사업자는 원칙적으로 사업장마다 사업개시일부터 20일 이내에 사업자등록을 하여야 한다.
② 신규로 사업을 시작하려는 자는 사업개시일 전에 사업자등록을 할 수 없다.
③ 사업장이 둘 이상인 사업자는 사업자 단위로 해당 사업자의 본점 또는 주사무소 관할 세무서장에게 등록을 신청할 수 있다.
④ 사업자는 사업자등록의 신청을 사업장 관할 세무서장이 아닌 다른 세무서장에게도 할 수 있다.

정답 및 해설

01 ① 가. 간접세 / 나. 소비지국과세원칙 / 다. 국세 / 라. 전단계세액공제법

02 ④ 부동산임대업 : 부동산의 등기부상 소재지

03 ③ 주사업장 총괄납부 제도는 세액의 납부(환급)만 총괄하는 것이므로 사업자등록 및 등록번호 부여는 각 사업장별로 이루어진다.

04 ② · 사업자 단위 과세에서 주된 사업장은 법인의 경우 본점만 가능하다.
· 주사업장 총괄납부에서 주된 사업장은 법인의 경우 본점 또는 지점 모두 가능하다.

05 ② 신규로 사업을 시작하려는 자는 사업개시일 전이라도 사업자등록을 신청할 수 있다.

제2절 | 부가가치세 과세대상 거래

01 과세대상 거래

최근 71회 시험 중 2회 기출

부가가치세 과세대상 거래는 다음과 같다.
① 사업자가 행하는 재화의 공급
② 사업자가 행하는 용역의 공급
③ 재화의 수입

02 재화의 공급

빈출 최근 71회 시험 중 24회 기출

(1) 재화의 정의

재화는 재산적 가치가 있는 모든 유체물과 무체물을 말한다.

유체물	상품, 제품, 원료, 기계, 건물 등 모든 유형적 물건을 포함하지만 수표·어음 등의 화폐대용증권은 재화로 보지 않는다.
무체물	전기, 가스, 열, 에너지, 기타 관리할 수 있는 자연력 또는 권리 등으로서 재산적 가치가 있는 유체물 외의 모든 것을 포함한다.

참고 재화에 해당하지 않는 경우

- 수표·어음이나 상품권 등의 화폐대용증권
- 주식·채권 등의 유가증권

(2) 재화의 실질공급

재화의 실질공급이란 계약상 또는 법률상 모든 원인에 따라 재화를 인도하거나 양도하는 것을 말한다. 그 사례는 다음과 같다.

매매거래	현금판매, 외상판매, 할부판매, 장기할부판매, 조건부 및 기한부 판매, 위탁판매와 그 밖의 매매계약에 따라 재화를 인도하거나 양도하는 것
가공거래	자기가 주요자재의 전부 또는 일부를 부담하고 상대방으로부터 인도받은 재화를 가공하여 새로운 재화를 만드는 가공계약에 따라 재화를 인도하는 것
교환거래	재화의 인도 대가로서 다른 재화를 인도받거나 용역을 제공받는 것
기타 계약상 또는 법률상 원인에 따른 거래	현물출자, 기타 계약상 또는 법률상 원인에 따라 재화를 인도하거나 양도하는 것

참고 재화의 공급에 해당하지 않는 경우
화재나 도난으로 인한 재화의 멸실(∵ 계약상 또는 법률상 원인이 아니므로)

(3) 재화의 간주공급

재화의 간주공급(공급의제)이란 재화의 실질공급에 해당하지는 않지만 일정한 요건에 해당하면 그 거래가 재화의 공급으로 간주되어 부가가치세 과세대상이 되는 것을 말한다. 그 유형은 다음과 같다.

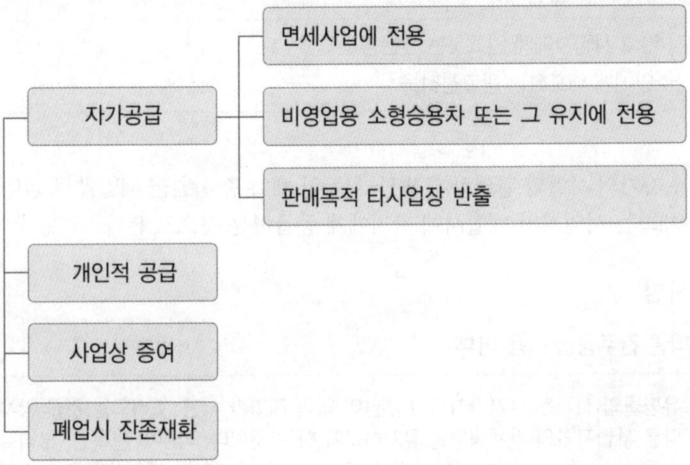

① 자가공급

자가공급이란 사업자가 자기의 사업과 관련하여 생산·취득한 재화를 자기의 사업을 위하여 직접 사용·소비하는 것을 말한다.

자가공급은 자기의 재화를 자기의 사업을 위하여 사용한 것이므로 재화의 공급에 해당하지 않는 것이 일반적이나, 다음에 해당하는 경우에는 재화의 공급으로 본다.

면세사업에 전용	사업자가 자기의 사업과 관련하여 생산·취득한 재화를 자기의 면세사업을 위하여 사용·소비하는 것은 재화의 공급으로 본다.
비영업용 소형승용차 또는 그 유지에 전용	사업자가 자기의 사업과 관련하여 생산·취득한 재화를 비영업용 소형승용차로 사용하거나 또는 그 유지에 사용·소비하는 것은 재화의 공급으로 본다.
판매목적 타사업장 반출	사업장이 둘 이상 있는 사업자가 자기의 사업과 관련하여 생산·취득한 재화를 판매할 목적으로 다른 사업장에 반출하는 것은 재화의 공급으로 본다.

② 개인적 공급

개인적 공급이란 사업자가 자기의 사업과 관련하여 생산·취득한 재화를 사업과 직접 관계없이 ㉠ 자기의 개인적인 목적으로 사용·소비하거나 ㉡ 그 사용인 등(임직원)이 사용·소비하는 것을 말한다. 개인적 공급은 재화의 공급으로 본다.

다만, 다음의 것은 개인적 공급으로 보지 않는다.

- 사용인 등에게 무상으로 공급하는 작업복·작업모·작업화
- 직장체육비·직장연예비와 관련된 재화
- 경조사와 관련된 재화[1]

[1] ⓐ 경조사(예 결혼, 출산, 장례)와 ⓑ 명절·기념일(예 설날, 추석, 창립기념일, 생일)로 구분하여 ⓐ·ⓑ별로 각각 1인당 연간 10만 원을 한도로 하며, 10만 원을 초과하는 경우 초과액은 재화의 공급으로 봄

③ 사업상 증여

사업상 증여란 자기의 사업과 관련하여 생산·취득한 재화를 자기의 고객이나 불특정다수인에게 증여하는 것을 말하며 사업상 증여는 재화의 공급으로 본다.
다만, 다음의 것은 사업상 증여로 보지 않는다.

- 사업을 위하여 대가를 받지 않고 사업자에게 인도하는 견본품
- 광고선전용으로 불특정 다수인에게 배포하는 광고선전물

④ 폐업시 잔존재화

폐업시 잔존재화란 사업자가 자기의 사업과 관련하여 생산·취득한 재화 중 사업을 폐업할 때 남아있는 재화를 말한다. 폐업시 잔존재화는 사업자가 폐업시에 자기에게 공급하는 것으로 본다.

(4) 재화의 간주공급 관련 고려사항

① 당초 매입세액 공제 여부에 따른 간주공급 적용 여부

간주공급 유형 중 면세사업에 전용, 비영업용 소형 승용차 또는 그 유지에 전용, 개인적 공급, 사업상 증여, 폐업시 잔존재화	이 유형들의 취지는 부가가치세의 부담이 없이 재화가 사용·소비되는 것을 방지하여 다른 사업자와의 과세형평을 유지하고자 하는 것이다. 바꾸어 말하면, 부적절하게 사용·소비되는 재화에 대하여 당초 구입 시 공제 받았던 매입세액을 환수하고자 하는 것이다. 예 사업자가 회사의 비품 명목으로 TV를 구입하고 그에 대한 매입세액을 공제받은 후 이를 자기 집에서 개인적 용도로 사용하였다고 가정하여 보자. 만약 처음부터 최종 소비자로서 TV를 구입하였다면 이에 대한 매입세액은 공제받지 못하였을 것이나 이에 대해 부당하게 매입세액공제를 받은 상황이므로, TV를 자기의 개인적 용도로 사용·소비하는 것을 재화의 공급(개인적 공급)으로 보아 부가가치세를 부담하도록 만드는 것이다. 따라서, 이 유형들은 당초 구입 시 매입세액이 공제되지 아니한 경우라면 매입세액의 환수가 필요 없는 상황이므로 간주공급이 적용되지 않는다.
간주공급 유형 중 판매목적 타사업장 반출	이 유형은 둘 이상의 사업장이 있는 사업자가 사업장별로 부가가치세를 신고·납부하는 경우, 판매 사업장의 매출세액은 3개월(예정신고와 확정신고) 주기로 납부하는 반면, 구매 사업장의 매입세액은 6개월(확정신고) 주기로 환급받음에 따라 자금 유동성에 어려움을 겪게 되는데, 이를 완화하고자 하는 것이다. 따라서, 이 유형은 다른 유형들과 그 취지가 다르기 때문에 당초 구입 시 매입세액이 공제되지 아니한 경우에도 간주공급이 적용된다.

② 판매목적 타사업장 반출의 특징

- 판매목적 타사업장 반출은 다른 유형들과 달리 당초 매입세액이 공제되지 아니한 경우에도 간주공급이 적용된다.
- 다른 간주공급 유형에서는 세금계산서의 발급 의무가 없지만, 판매목적 타사업장 반출의 경우에는 세금계산서를 발급하여야 한다.
- 재화의 공급에 대하여 세금계산서를 발급하는 경우 일반적인 과세표준은 해당 재화의 '시가'이나, 판매목적 타사업장 반출의 경우에는 과세표준을 취득원가로 한다.
- 판매목적 타사업장 반출에 의한 간주공급은 주사업장 총괄납부 또는 사업자 단위 과세를 채택한 사업자에게는 적용될 여지가 없다.
- 판매목적 타사업장 반출에 의한 간주공급은 판매목적으로 반출하는 경우에만 적용되는 것이므로, 사용 또는 소비 목적으로 반출하는 경우에는 적용되지 않는다.

(5) 재화의 공급으로 보지 않는 것

담보제공	질권, 저당권 또는 양도담보의 목적으로 동산, 부동산 및 부동산상의 권리를 제공하는 것
사업의 포괄적 양도	사업장별로 그 사업에 관한 모든 권리와 의무를 포괄적으로 승계시키는 사업의 양도
조세의 물납	사업용 자산을 상속세법 또는 지방세법 규정에 따라 물납하는 것
법률에 따른 공매·경매	국세징수법에 따른 공매, 민사집행법에 의한 강제경매
법률에 따른 수용	도시 및 주거환경정비법 등에 따른 수용

기출확인문제

다음 중 부가가치세법상 과세대상인 재화가 아닌 것은? (제45회)

① 영업권　② 상가건물　③ 상품권　④ 특허권

정답 ③

해설
상품권은 과세대상인 재화에 해당하지 않는다.

03 용역의 공급

최근 71회 시험 중 **4**회 기출

(1) 과세대상 용역의 공급

용역의 공급이란 계약상 또는 법률상의 모든 원인에 의하여 역무를 제공하거나, 재화·시설물 또는 권리를 사용하게 하는 것을 말한다. 이러한 용역의 공급에 해당하는 업종에는 건설업, 숙박 및 음식점업, 부동산임대업 등이 있다.
다음과 같은 거래는 용역의 공급에 해당한다.

- 건설업자가 건설자재의 전부 또는 일부를 부담하는 경우의 건설 용역 제공
- 상대방으로부터 인도받은 재화에 주요자재를 전혀 부담하지 않고 단순히 가공만 하여 주는 것
- 산업·상업상 또는 과학상의 지식·경험 등의 정보를 제공하는 것

(2) 용역의 무상공급

사업자가 대가를 받지 아니하고 타인에게 용역을 공급하는 것은 용역의 공급으로 보지 아니한다. 다만, 사업자가 특수관계인에게 사업용 부동산의 임대용역을 무상으로 공급하는 것은 용역의 공급으로 본다.

참고 용역의 간주공급
이론적으로는 용역에 대하여도 간주공급(용역의 자가공급·무상공급) 개념을 생각해 볼 수 있으나, 현행 부가가치세법 규정에서는 특수관계인에게 사업용 부동산의 임대용역을 무상공급하는 것을 제외하고는 용역의 간주공급이 적용되지 않고 있다.
이는 용역의 경우 실물의 이동이 없으므로 과세행정상 이를 포착하기 어렵고, 시가의 측정이 쉽지 않기 때문인 것으로 해석된다.

04 재화의 수입

재화의 수입이란 다음 중 어느 하나에 해당하는 물품을 국내로 반입하는 것을 말한다.

- 외국으로부터 국내에 도착한 물품으로서 수입신고가 수리되기 전의 것
- 수출신고가 수리된 물품

참고 수출신고가 수리되어 선적이 완료되면 이를 외국물품으로 보므로 이를 다시 반입하면 수입이 된다.

재화의 수입에 대해서는 사업자 이외의 자가 하는 경우에도 부가가치세 과세대상으로 보며, 재화의 수입에 대한 부가가치세는 통관 시 세관장이 징수한다.

기출포인트

용역의 수입은 과세대상 거래가 아니다.

05 부수 재화 또는 용역의 공급

최근 71회 시험 중 2회 기출

구 분	대 상		결 과	사 례
주된 거래에 부수되는 공급	주된 거래 : 과세		과 세	음악 CD에 부수되어 있는 화보집
	주된 거래 : 면세		면 세	도서에 부수되어 있는 해설 CD
주된 사업에 부수되는 공급	주된 사업 : 과세	부수되는 것 : 과세	과 세	과세 제조업자의 건물 공급
		부수되는 것 : 면세	면 세	과세 제조업자의 토지 공급
	주된 사업 : 면세	부수되는 것 : 과세	면 세	면세사업자인 은행의 건물 공급
		부수되는 것 : 면세	면 세	면세사업자인 은행의 토지 공급

(1) 주된 거래에 부수되는 공급

다음 중 어느 하나에 해당하는 재화 또는 용역의 공급은 주된 거래에 부수되는 것으로 본다.
이 경우, 부수 공급의 과세·면세 여부는 주된 거래에 따른다.

- 해당 대가가 주된 거래인 재화 또는 용역의 공급대가에 통상적으로 포함되어 공급되는 재화 또는 용역
- 거래의 관행으로 보아 통상적으로 주된 재화 또는 용역의 공급에 부수하여 공급되는 것으로 인정되는 재화 또는 용역

(2) 주된 사업에 부수되는 공급

다음 중 어느 하나에 해당하는 재화 또는 용역의 공급은 주된 사업에 부수되는 것으로 본다.
이 경우, 부수 공급의 과세·면세 여부는 주된 사업에 따른다. 다만, 해당 재화·용역이 면세대상이라면 주된 사업이 과세사업이든 면세사업이든 관계없이 면세된다. (면세우선의 원칙)

- 주된 사업과 관련하여 우연히 또는 일시적으로 공급되는 재화 또는 용역
- 주된 사업과 관련하여 주된 재화의 생산 과정이나 용역의 제공 과정에서 필연적으로 생기는 재화
  예 부산물·작업폐물의 매각

06 공급시기

빈출 최근 71회 시험 중 19회 기출

재화 또는 용역의 공급시기는 재화·용역의 공급이 어느 과세기간에 귀속되는가를 결정하는 기준이 된다. 이뿐만 아니라 공급시기가 도래하면 공급자는 거래상대방에게 세금계산서를 발급해야 하므로 공급시기는 세금계산서 발급의 기준시점이 된다.

(1) 재화의 공급시기

① 일반원칙

㉠ 재화의 이동이 필요한 경우	재화가 인도되는 때
㉡ 재화의 이동이 필요하지 않은 경우	재화가 이용 가능하게 되는 때
㉢ 위 ㉠과 ㉡의 규정을 적용할 수 없는 경우	재화의 공급이 확정되는 때

② 거래형태별 공급시기

현금판매, 외상판매, 할부판매	재화가 인도되거나 이용 가능하게 되는 때
상품권 등을 현금 또는 외상으로 판매하고 그 후 해당 상품권 등을 현물과 교환하는 경우	재화가 실제로 인도되는 때
재화의 공급으로 보는 가공의 경우	가공된 재화를 인도하는 때
반환조건부판매, 동의조건부판매, 기타 조건부 및 기한부 판매	그 조건이 성취되거나 기한이 경과하여 판매가 확정되는 때
장기할부판매	대가의 각 부분을 받기로 한 때
완성도기준지급조건부 또는 중간지급조건부 판매	대가의 각 부분을 받기로 한 때
전력이나 기타 공급단위를 구획할 수 없는 재화의 계속적 공급	대가의 각 부분을 받기로 한 때
면세사업 전용, 비영업용 소형승용차 전용, 개인적 공급	재화를 사용·소비하는 때
사업상 증여	재화를 증여하는 때
폐업시 잔존재화	폐업하는 때

판매목적 타사업장 반출	재화를 반출하는 때
내국물품의 국외반출(직수출)	수출재화의 선적일
중계무역 방식의 수출	수출재화의 선적일
원양어업, 위탁판매수출	수출재화의 공급가액이 확정되는 때
외국인도수출, 위탁가공 무역방식의 수출	외국에서 재화가 인도되는 때
무인판매기를 이용한 재화의 공급	무인판매기에서 현금을 인취하는 때
위탁매매 또는 대리인에 의한 매매	수탁자 또는 대리인이 공급한 때

용어 알아두기

- 장기할부판매 : ㉠ 재화를 먼저 공급한 후에 그 대가를 2회 이상 분할하여 할부로 받고, ㉡ 해당 재화의 인도일의 다음 날부터 최종 할부금 지급기일까지의 기간이 1년 이상인 것
- 중간지급조건부 판매 : ㉠ 재화가 인도되기 전에 계약금 이외의 대가를 2회 이상 분할하여 지급받고, ㉡ 계약금을 받기로 한 날의 다음 날부터 재화를 인도하는 날까지의 기간이 6개월 이상인 것

(2) 용역의 공급시기

① 일반적 원칙

역무를 제공하는 경우	역무의 제공이 완료되는 때
시설물, 권리 등 재화를 사용하게 하는 경우	시설물, 권리 등 재화가 사용되는 때

② 거래 형태별 공급시기

통상적인 용역의 공급	역무의 제공이 완료되는 때
장기할부조건부 또는 기타 조건부 용역의 공급	대가의 각 부분을 받기로 한 때
완성도기준지급조건부 또는 중간지급조건부 용역의 공급	대가의 각 부분을 받기로 한 때
공급단위를 구획할 수 없는 용역을 계속적으로 공급하는 경우(예 부동산임대용역)	대가의 각 부분을 받기로 한 때
부동산임대용역을 공급하는 경우에 전세금 또는 임대보증금에 대한 간주임대료	예정신고기간 또는 과세기간의 종료일
부동산임대용역을 둘 이상의 과세기간에 걸쳐 공급하고 그 대가를 선불 또는 후불로 받는 경우에 월수로 안분계산한 임대료	예정신고기간 또는 과세기간의 종료일
둘 이상의 과세기간에 걸쳐 계속적으로 일정한 용역을 제공하고 그 대가를 선불로 받는 경우(예 스포츠센터에서 미리 받은 연회비)	예정신고기간 또는 과세기간의 종료일

참고 폐업 전에 공급한 재화 또는 용역의 공급시기 특례

사업자가 폐업 전에 공급한 재화 또는 용역의 공급시기가 폐업일 이후에 도래하는 경우에는 그 폐업일을 공급시기로 본다.

용어 알아두기

간주임대료 : 부동산임대용역을 공급하고 대가를 받는 방식은 크게 두 가지 방법이 있는데, 첫 번째 방법은 매월 임대료를 받는 것이고, 두 번째 방법은 임대보증금을 받아서 이를 은행 등에 예치하여 이자를 얻는 것이 있다.

여기서 매월 임대료의 경우에는 세금계산서가 발급되므로 부가가치세 납부에 큰 어려움이 없으나, 임대보증금의 경우에는 보증금을 받았다가 계약 만료 후 그대로 돌려주는 것이며 세금계산서가 발급되지 않으므로 보증금에 정기예금이자율을 곱하여 인위적으로 부가가치세 과세표준을 산정하는데 이를 간주임대료라고 한다.

기출확인문제

*2024년 출제예상

다음 중 부가가치세법상 재화 및 용역의 공급시기에 대한 내용으로 옳지 않은 것은? (제102회)

① 장기할부판매 : 대가의 각 부분을 받기로 한 때
② 현금판매, 외상판매, 할부판매 : 재화가 인도되거나 이용가능하게 되는 때
③ 완성도기준지급조건부 판매 : 완성되어 사용 또는 소비되는 때
④ 임대보증금 등에 대한 간주임대료 : 예정신고기간 종료일 또는 과세기간 종료일

정답 ③

해설
완성도기준지급조건부 판매 : 대가의 각 부분을 받기로 한 때

핵심기출문제

* 본서에 수록된 기출문제의 날짜는 학습효과를 높이기 위하여 일부 수정함

01 다음 중 부가가치세법상 재화의 공급에 해당하지 않는 것은? [제62회]

① 현금판매, 외상판매, 할부판매, 장기할부판매, 조건부 및 기한부 판매, 위탁판매와 그 밖의 매매계약
② 자기가 주요자재의 전부 또는 일부를 부담하고 상대방으로부터 인도받은 재화를 가공하여 새로운 재화를 만드는 가공계약
③ 재화의 인도 대가로서 다른 재화를 인도받거나 용역을 제공받는 교환계약
④ 국세징수법에 따른 공매, 민사집행법에 따른 경매에 따라 재화를 인도하거나 양도하는 것

02 다음 중 부가가치세법상 용역의 공급에 해당하지 않는 것은? [제66회]

① 상표권의 양도
② 부동산임대업의 임대
③ 특허권의 대여
④ 건설업의 건설용역

03 부가가치세 과세대상에 대한 다음 설명 중 잘못된 것은? [제59회]

① 재화의 수입은 수입한 자가 사업자인 경우에만 세관장이 부가가치세를 징수할 수 있다.
② 수표, 어음 등의 화폐대용증권은 재화로 보지 않는다.
③ 숙박업은 용역의 공급에 해당한다.
④ 고용관계에 의하여 근로를 제공하는 경우 과세거래로 보지 않는다.

04 **다음 중 부가가치세법상 재화의 간주공급에 해당하는 것은?** (모두 매입세액공제를 적용받은 것으로 가정함) [제51회]

① 생산직 근로자에게 작업복과 작업화를 무상으로 제공하는 경우
② 택시회사가 영업용 택시로 취득한 승용차(3,000cc, 5인승)를 택시가 아닌 용도로 사용하는 경우
③ 다른 사업장에서 원료나 자재 등으로 사용 또는 소비하기 위하여 반출하는 경우
④ 컴퓨터를 제조하는 사업자가 원재료로 사용하기 위해 취득한 부품을 자사의 기계장치 수리에 사용하는 경우

05 **다음 중 부가가치세법상 재화의 간주공급에 해당하지 않는 것은?** (단, 아래의 모든 재화·용역은 매입 시에 매입세액 공제를 받은 것으로 가정한다) [제84회]

① 제조업을 운영하던 사업자가 폐업하는 경우 창고에 보관되어 있는 판매용 재화
② 직원의 결혼 선물로 시가 50만 원 상당액의 판매용 재화를 공급한 경우
③ 자기의 과세사업을 위하여 구입한 재화를 자기의 면세사업에 사용한 경우
④ 주유소를 운영하는 사업자가 사업 관련 트럭에 연료를 무상으로 공급하는 경우

정답 및 해설

01 ④ 국세징수법에 따른 공매, 민사집행법에 따른 경매는 재화의 공급으로 보지 않는다.

02 ① ① 상표권의 양도는 무체물(권리)을 실질공급하는 것이므로 재화의 공급에 해당한다.
② 부동산임대업의 임대는 재화·시설물을 사용하게 하는 것(대여)이므로 용역의 공급에 해당한다.
③ 특허권의 대여는 권리를 사용하게 하는 것(대여)이므로 용역의 공급에 해당한다.
④ 건설업의 건설용역은 건설자재의 부담 여부와 관계없이 용역의 공급에 해당한다.

03 ① 재화의 수입에 대해서는 사업자 이외의 자가 하는 경우에도 부가가치세 과세대상으로 보며, 재화의 수입에 대한 부가가치세는 통관 시 세관장이 징수한다.

04 ② ① 사용인 등에게 무상으로 공급하는 작업복·작업모·작업화는 재화의 간주공급(개인적 공급)으로 보지 않는다.
② 재화의 간주공급(비영업용 소형승용차 또는 그 유지에 전용)에 해당한다.
③ 판매목적 타사업장 반출에 의한 간주공급은 판매목적으로 반출하는 경우에만 적용되는 것이므로, 사용 또는 소비 목적으로 반출하는 경우에는 적용되지 않는다.
④ 면세사업에 전용, 비영업용 소형승용차 또는 그 유지에 전용, 판매목적 타사업장 반출을 제외한 그 외의 일반적인 자가공급은 자기의 재화를 자기의 사업을 위하여 사용한 것이므로 재화의 공급에 해당하지 않는다.

05 ④ ① 폐업시 잔존재화에 해당한다.
② 경조사(결혼)와 관련된 재화로서 1인당 연간 10만 원을 초과하는 경우 초과액은 개인적 공급에 해당한다.
③ 면세사업에 전용에 해당한다.
④ 트럭은 승용차가 아니므로 비영업용 소형승용차 또는 그 유지에 전용에 해당하지 않는다.

06 다음 중 부가가치세법상 재화 또는 용역의 공급으로 보지 않는 것은? [제76회]

① 법률에 따라 조세를 물납하는 경우
② 사업자가 폐업할 때 당초 매입세액이 공제된 자기생산·취득 재화 중 남아있는 재화
③ 사업자가 당초 매입세액이 공제된 자기생산·취득 재화를 특정 거래처에 선물로 제공하는 경우
④ 특수관계인에게 사업용 부동산 임대용역을 무상으로 제공하는 경우

07 다음은 부가가치세법상 주된 재화 또는 용역의 공급에 부수되어 공급되는 재화 또는 용역의 과세 여부에 관한 내용이다. 다음 중 연결이 틀린 것은? [제61회]

	주된 공급	부수 재화 또는 용역	부수 재화 또는 용역의 과세 여부
㉠	과세거래인 경우	과세대상 재화 또는 용역	과 세
㉡	과세거래인 경우	면세대상 재화 또는 용역	과 세
㉢	면세거래인 경우	과세대상 재화 또는 용역	과 세
㉣	면세거래인 경우	면세대상 재화 또는 용역	면 세

① ㉠ ② ㉡ ③ ㉢ ④ ㉣

08 다음 중 부가가치세법상 재화와 용역의 공급시기에 대한 연결이 옳지 않은 것은? [제63회]

① 폐업시 잔존재화 : 폐업 후 재화가 사용되는 때
② 개인적 공급 : 재화가 사용 또는 소비되는 때
③ 수출재화 : 수출재화의 선(기)적일
④ 무인판매기에 의한 공급의 경우 : 무인판매기에서 현금을 인취하는 때

09 다음 중 부가가치세법상 공급시기에 대한 내용으로 틀린 것은? [제57회]

	공급형태	공급시기
①	중간지급조건부판매	각 대가를 받기로 한 때
②	계속적 공급	각 대가를 받기로 한 때
③	선(후)불로 받은 임대료	각 대가를 받기로 한 때
④	장기할부판매	각 대가를 받기로 한 때

10 다음은 갑회사의 거래내역이다. 부가가치세법상의 재화·용역의 공급시기는? [제36회]

- 갑회사는 을회사와 제품공급계약(수량 1개, 공급가액 1억 원)을 맺고, 다음과 같이 이행하기로 하였다.
- 대금지급방법 : 계좌이체
- 대금지급일
  - 계약금(10,000,000원) : 20x1. 8. 1.
  - 중도금(40,000,000원) : 20x1. 12. 1.
  - 잔금(50,000,000원) : 20x2. 4. 1.
- 제품인도일 : 20x2. 4. 1.

① 20x1. 8. 1.　　② 20x1. 12. 1.
③ 20x2. 4. 1.　　④ 20x1. 8. 1., 20x1. 12. 1., 20x2. 4. 1. 모두

정답 및 해설

06 ① ① 법률에 따라 조세를 물납하는 것은 재화의 공급으로 보지 않는다.
② 재화의 간주공급(폐업시 잔존재화)에 해당한다.
③ 재화의 간주공급(사업상 증여)에 해당한다.
④ 용역의 무상공급은 용역의 공급으로 않는다. 다만, 사업자가 특수관계인에게 사업용 부동산의 임대용역을 무상으로 공급하는 것은 용역의 공급으로 본다.

07 ③ · 재화·용역의 공급이 주된 거래에 부수되는 경우, 부수공급의 과세 여부는 주된 거래에 따른다.
· 재화·용역의 공급이 주된 사업에 부수되는 경우, 부수공급의 과세 여부는 주된 사업에 따른다. 다만, 해당 재화·용역이 면세대상이라면 주된 사업이 과세사업이든 면세사업이든 관계없이 면세된다.

08 ① 폐업시 잔존재화 : 폐업하는 때

09 ③ 선(후)불로 받은 임대료 : 예정신고기간 또는 과세기간의 종료일

10 ④ · ㉠ 재화가 인도되기 전에 계약금 이외의 대가를 2회 이상 분할하여 지급받고, ㉡ 계약금을 받기로 한 날의 다음 날부터 재화를 인도하는 날까지의 기간이 6개월 이상이므로, 중간지급조건부 판매에 해당한다.
· 중간지급조건부 판매의 공급시기는 대가의 각 부분을 받기로 한 때이다.

제3절 영세율과 면세

01 영세율

빈출 최근 71회 시험 중 15회 기출

영세율이란 일정한 재화 또는 용역의 공급에 대하여 0%의 세율을 적용하는 제도를 말한다. 영세율을 적용받으려면 해당 사업자는 부가가치세법상 과세사업자이어야 한다.

참고 영세율을 적용받는 사업자는 과세사업자이므로 특정한 매출에 대하여 영세율이 적용되어 매출에 대한 부가가치세(매출세액)가 없더라도 매입에 대한 부가가치세(매입세액)를 돌려받을 수 있다. 따라서 영세율을 적용받는 사업자는 부가가치세 신고의무가 있고, 영세율 적용 매출 이외에 일반 매출이 있다면 당연히 부가가치세 납세의무가 있다.

(1) 영세율의 특징

수출촉진	수출가격을 낮추고 매입세액을 전액 환급함으로써 수출업자의 자금 부담을 덜어주고 수출을 촉진시킨다.
완전면세제도	매출세액을 영(0)으로 하되 이미 부담한 매입세액은 전액 공제하여 사업자의 부가가치세 부담을 완전히 면제해준다.
소비지국 과세원칙 실현	생산지국에서 수출할 때는 영세율을 적용하여 부가가치세를 과세하지 않고, 소비지국에서 수입할 때는 과세하여 국가 간 이중과세를 방지한다.

(2) 영세율 적용대상 거래

재화의 수출	· 내국물품을 외국으로 반출하는 것(직수출) · 국내의 사업장에서 계약과 대가수령 등의 거래가 이루어지는 것으로서 중계무역 방식의 수출, 위탁판매수출, 외국인도수출, 위탁가공무역 방식의 수출 · 내국신용장[1] 또는 구매확인서[2]에 의하여 공급하는 재화
용역의 국외공급	· 사업장이 국내에 있는 사업자가 국외에서 공급하는 용역 예 해외 건설공사
선박, 항공기의 외국항행용역 공급	· 선박 또는 항공기에 의하여 여객이나 화물을 국내에서 국외로, 국외에서 국내로 수송하는 것
기타 외화 획득 재화 또는 용역의 공급	· 국내에서의 거래이지만 그 실질이 수출과 동일하거나 외화를 획득하는 사업으로 인정되는 경우 영세율을 적용한다. · 비거주자 또는 외국법인에게 공급하는 일정한 재화 또는 용역(그 대금을 법정 방법[3]에 따라 외화로 받아야 함) · 수출업자와 직접 도급계약을 체결하였거나 또는 내국신용장·구매확인서에 의하여 공급하는 수출재화 임가공용역 · 우리나라에 상주하는 외교공관, 국제연합군 또는 미국군 등에 공급하는 재화 또는 용역

1) 수출업자가 국내 하청업체로부터 수출용 원자재 등을 신용거래로 납품(공급)받고자 하는 경우에 당해 수출업자의 신청에 의하여 외국환은행의 장이 개설하는 국내용 신용장을 말한다.

2) 수출업자의 무역금융한도초과 등으로 내국신용장 개설이 어려운 경우 관련 법에 따라 외국환은행의 장이 내국신용장에 준하여 발급하는 확인서를 말한다.

3) ㉠ 외국환은행에서 원화로 받는 방법
㉡ 외화를 직접 송금받아 외국환은행에 매각하는 방법
㉢ 비거주자·외국법인에게 지급할 외화 금액에서 빼는 방법

기출포인트

대부분의 영세율 거래는 그 거래상대방이 국내 사업자가 아니기 때문에 특례규정에 따라 세금계산서 발급의무가 면제된다.
그러나, 다음과 같은 영세율 거래는 거래 쌍방이 모두 국내 사업자인 거래에 해당하므로 영세율세금계산서가 발급되어야 한다.

- 내국신용장·구매확인서에 의해 공급하는 재화
- 수출업자와 직접 도급계약을 체결하였거나 또는 내국신용장·구매확인서에 의하여 공급하는 수출재화 임가공용역
- 한국국제협력단, 한국국제보건의료재단, 대한적십자사에 공급하는 재화

기출확인문제

문제	정답 및 해설
다음 중 부가가치세법상 영세율과 면세제도에 대한 설명으로 잘못된 것은? (제58회) ① 수출의 경우 영세율을 적용한다. ② 국내거래라 하더라도 영세율이 적용되는 경우가 있다. ③ 영세율은 완전면세제도이고, 면세는 부분면세제도이다. ④ 영세율과 면세의 경우 모두 부가가치세 신고의무가 면제된다.	정답 ④ 해설 영세율을 적용받으려면 해당 사업자는 과세사업자이어야 한다. 따라서 영세율을 적용받는 사업자는 부가가치세 신고를 하여야 한다.

02 면세

면세란 일정한 재화 또는 용역의 공급에 대하여 부가가치세를 면제하는 제도를 말한다.

참고 면세사업자는 매출에 대하여 부가가치세(매출세액)를 납부할 필요가 없는 대신 매입 시 부담한 부가가치세(매입세액)가 있더라도 이를 돌려받을 수 없다. 따라서 면세사업자는 부가가치세 신고의무와 납세의무가 없다.

(1) 면세제도의 특징

역진성 완화	기초생활필수품에 대하여 부가가치세를 면제함으로써 저소득층에 대한 세부담의 역진성을 완화시킨다.
부분면세제도	부가가치세 납세의무가 면제되므로 매출세액을 납부하지 않으나 이미 부담한 매입세액은 공제되지 않으므로 사업자의 부가가치세 부담이 완전히 제거되지는 않는다.

(2) 면세 적용대상 거래

기초생활필수품	· 미가공 식료품(국내산·외국산 불문) · 국내산 비식용 농·축·수·임산물 · 수돗물(생수는 과세) · 연탄과 무연탄 · 여성용 생리처리 위생용품 · 여객운송용역(항공기, 우등고속버스, 전세버스, 택시, 고속철도, 관광용 케이블카·유람선에 의한 여객 운송은 과세) · 주택과 이에 부수되는 토지의 임대용역(주택면적 관계없이 면세)
국민후생 및 문화 관련 재화·용역	· 의료보건용역과 혈액(미용목적 성형수술은 과세) 참고 약사의 조제의약품은 면세이나 일반의약품은 과세 · 인·허가받은 교육용역(무도학원, 자동차운전학원은 과세) · 도서, 신문, 잡지, 관보, 뉴스통신(광고는 과세) · 예술창작품, 예술행사, 문화행사 또는 아마추어 운동경기 · 도서관, 과학관, 박물관, 미술관, 동물원, 식물원의 입장료
부가가치 생산요소	· 토지의 공급 참고 토지의 공급은 면세이나, 토지의 임대는 과세 · 금융·보험용역 · 저술가, 작곡가 등 직업상 제공하는 인적용역
기 타	· 우표(수집용 우표는 과세), 복권, 공중전화 · 종교, 학술, 기타를 목적으로 하는 단체가 공급하는 재화·용역 · 국가, 지방자치단체 등이 공급하는 재화·용역 · 국가, 지방자치단체 등에 무상으로 공급하는 재화·용역
조세특례제한법상 면세대상	· 국민주택의 공급과 국민주택의 건설용역(주택면적이 국민주택규모 이하인 경우만 면세) · 영유아용 기저귀와 분유

기출포인트

부동산의 공급과 임대에 대한 부가가치세 과세는 다음과 같다.

구 분	공 급	임 대
건 물	· 원칙 : 과세 · 국민주택의 공급 : 면세	· 상가의 임대 : 과세 · 주택의 임대 : 면세
토 지	· 면세	· 원칙 : 과세 · 주택부수토지의 임대 : 면세

(3) 면세포기

면세포기란 면세되는 재화 또는 용역을 공급하는 사업자가 면세 적용을 포기하고 과세로 전환하는 것을 말한다.

① 면세포기대상

다음의 경우에 한하여 면세포기가 인정된다.

- 영세율의 적용대상이 되는 재화 또는 용역
- 학술연구단체와 기술연구단체가 공급하는 재화 또는 용역

② 면세포기절차

- 면세를 포기하고자 하는 사업자는 관할세무서에 포기신고서를 제출하고, 지체 없이 사업자등록을 해야 한다.
- 면세포기는 언제든지 가능하며 관할관청의 승인을 요하지 않는다.
- 면세포기를 한 사업자는 신고한 날부터 3년간 부가가치세를 면세받지 못하며, 그 후 다시 면세 적용 신고를 하지 않은 경우 계속하여 면세를 포기한 것으로 본다.

기출확인문제

*2024년 출제예상

다음 중 면세의 범위에 해당하지 않는 것은? (제85회)

① 식용으로 제공되지 아니하는 농산물로서 외국에서 생산된 것
② 시내버스에 의한 여객운송 용역
③ 금융·보험용역으로서 자금의 대출 또는 어음의 할인
④ 주무관청의 허가를 받은 미술학원이 제공하는 교육 용역

정답 ①

해설
비식용 농·축·수·임산물은 우리나라에서 생산된 것만 면세에 해당한다.

핵심기출문제

* 본서에 수록된 기출문제의 날짜는 학습효과를 높이기 위하여 일부 수정함

01 다음 중 부가가치세법상 영세율 적용대상에 해당하는 것은? [제47회]

① 자동차대여 용역 ② 주택임대용역
③ 선박 또는 항공기의 외국항행용역 ④ 도서대여 용역

02 다음 중 부가가치세법상의 납세의무가 없는 경우는? [제56회]

① 소규모 식당을 운영하는 간이과세 대상 사업자
② 대가를 받고 대한민국 정부에 복사기를 판매하는 상인
③ 화장품을 중국에 수출하는 무역업자
④ 서울에 소재하는 소아과전문병원

03 다음 중 부가가치세가 면세되는 재화 또는 용역의 공급의 개수는? [제34회 수정]

· 신문	· 해외건설공사	· 일반의약품	· 복권
· 토지의 매매	· 수돗물	· 보험용역	· 전기

① 2개 ② 3개 ③ 4개 ④ 5개

04 부동산의 임대 및 공급에 대한 다음 항목 중 부가가치세가 면세되는 것을 모두 묶은 것은? [제62회]

가. 국민주택면적을 초과하는 아파트의 임대
나. 상가용 토지의 공급
다. 주차장용 토지의 임대
라. 국민주택면적을 초과하는 아파트의 공급

① 가, 나 ② 가, 다 ③ 나, 다 ④ 가, 라

05 다음 중 부가가치세법상 영세율과 면세에 대한 설명으로 옳은 것은? [제44회 수정]

① 영세율 적용대상 사업자와 면세사업자 모두 매입세액을 공제받을 수 있다.
② 영세율 적용대상 거래에 대하여는 세금계산서 발급의무가 없다.
③ 면세를 포기하고자 하는 사업자는 과세기간 종료일 20일 전까지 면세포기신고서를 관할 세무서장에게 제출하여야 한다.
④ 영세율 적용대상인 재화 또는 용역을 공급하는 면세사업자도 면세포기를 함으로써 매입세액을 공제받을 수 있다.

정답 및 해설

01 ③ ① 자동차대여 용역은 과세대상에 해당한다.
② 주택임대용역은 주택면적에 관계없이 면세대상에 해당한다.
③ 선박 또는 항공기의 외국항행용역은 영세율 적용대상에 해당한다.
④ 도서대여 용역은 면세대상에 해당한다.

02 ④ ① 간이과세자도 과세사업자이므로 부가가치세 납세의무가 있다.
② 국가·지방자치단체 등에 재화·용역을 무상으로 공급하는 거래는 면세대상이나, 유상으로 공급하는 거래는 과세대상에 해당한다.
③ 재화의 수출은 영세율 적용대상이며, 과세사업자이므로 부가가치세 납세의무가 있다.
④ 의료보건용역은 면세대상이며, 면세사업자는 부가가치세 납세의무가 없다.

03 ④ 신문(면세) / 해외건설공사(과세) / 일반의약품(과세) / 복권(면세) / 토지의 매매(면세) / 수돗물(면세) / 보험용역(면세) / 전기(과세)

04 ① 가. 주택의 임대(주택면적에 관계없이 면세)
나. 토지의 공급(면세)
다. 주택부수토지가 아닌 토지의 임대(과세)
라. 국민주택이 아닌 건물의 공급(과세)

05 ④ ① 영세율 적용대상 사업자는 매입세액을 공제받을 수 있고, 면세사업자는 매입세액을 공제받을 수 없다.
② 영세율 적용대상 거래이더라도 거래 쌍방이 모두 국내 사업자인 경우(예 내국신용장·구매확인서에 의한 재화의 공급)에는 영세율세금계산서가 발급되어야 한다.
③ 면세를 포기하고자 하는 사업자는 지체 없이 면세포기신고서를 관할 세무서장에게 제출하면 된다. 면세포기신고는 언제든지 할 수 있으며 관할관청의 승인을 요하지 않는다.

제4절 세금계산서

01 거래징수

거래징수란 사업자가 재화 또는 용역을 공급하는 경우에 공급가액에 부가가치세율을 적용하여 계산한 부가가치세를 재화 또는 용역을 공급받는 자로부터 징수하는 것을 말한다.
부가가치세의 거래징수대상은 과세대상인 재화 또는 용역의 공급이며, 각 거래단계에서의 거래징수를 통하여 부가가치세는 최종소비자에게 전가된다. 따라서, 공급받는 자가 비사업자나 면세사업자인 경우에도 모두 거래징수대상이 된다.

02 세금계산서

최근 71회 시험 중 **10**회 기출

세금계산서(Tax Invoice)란 과세사업자가 재화 또는 용역을 공급하는 때에 부가가치세를 거래징수하고 이를 증명하기 위하여 공급받는 자에게 발급하는 증서를 말한다.

(1) 세금계산서의 종류

(일반)세금계산서	10% 과세되는 재화 또는 용역의 공급에 대하여 사업자가 발급하는 세금계산서
영세율세금계산서	영세율이 적용되는 재화 또는 용역의 공급에 대하여 사업자가 발급하는 세금계산서
수입세금계산서	재화의 수입에 대하여 10% 과세하여 통관 시 세관장이 발급하는 세금계산서

기출포인트

- 간이과세자 중 신규사업자 및 직전연도 공급대가 4,800만 원 미만인 사업자는 세금계산서를 발급할 수 없고, 영수증만 발급할 수 있다.
- 면세사업자는 세금계산서를 발급할 수 없고, 계산서 또는 영수증만 발급할 수 있다.

(2) 세금계산서의 기재사항

세금계산서는 공급하는 사업자가 2매를 작성하여 1매(공급자 보관용)는 보관하고, 1매(공급받는 자 보관용)는 공급받는 자에게 발급한다. 세금계산서의 기재사항은 다음과 같다.

구 분	기재사항	비 고
필요적 기재사항	· 공급하는 사업자의 등록번호와 성명 또는 명칭 · 공급받는 자의 등록번호 · 공급가액과 부가가치세액 · 작성연월일	필요적 기재사항 전부 또는 일부가 기재되지 않았거나 그 내용이 사실과 다른 경우 세금계산서로서의 효력이 인정되지 않는다.
임의적 기재사항	· 공급하는 자의 주소 · 공급받는 자의 상호, 성명, 주소 · 품목, 단가, 수량 · 공급연월일 · 거래의 종류 등	세금계산서의 효력에 영향을 미치지 않는다.

참고 필요적 기재사항이 ㉠ 기재 누락되거나 ㉡ 사실과 다르게 기재되는 경우의 세무상 불이익

- 공급하는 사업자 : 세금계산서불성실가산세(공급가액의 1%)
- 공급받는 자 : 매입세액 불공제

(3) 세금계산서의 예시

전자세금계산서					승인번호				
공급자	등록번호	120 - 81 - 21410			공급받는자	등록번호	105 - 86 - 55876		
	상호	㈜한신산업	성명	김민규		상호	㈜신라전자	성명	김근옥
	사업장 주소	서울 강남구 선릉로 668(삼성동)				사업장 주소	서울 금천구 시흥대로 38길 62		
	업태	제조업외	종사업장번호			업태	제조업	종사업장번호	
	종목	전자제품				종목	컴퓨터		
	E-mail	hansin@bill36524.com				E-mail	sltt3250@bill36524.com		

작성일자			공급가액	세액
20x1	6	29	6,750,000	675,000

비고								
월	일	품목	규격	수량	단가	공급가액	세액	비고
6	29	전자제품		150	45,000	6,750,000	675,000	

합계금액	현금	수표	어음	외상미수금	이 금액을 ○ 영수 ● 청구 함
7,425,000				7,425,000	

(4) 전자세금계산서

전자세금계산서란 작성자의 신원을 확인할 수 있는 공인인증시스템을 거쳐 정보통신망으로 발급하는 세금계산서를 말한다.

① 전자세금계산서로 발급하여야 하는 사업자

· 법인사업자 · 직전 연도의 사업장별 공급가액(면세공급가액 포함) 합계액이 8천만 원 이상인 개인사업자[1]

[1] · 당해 연도 7월 1일부터 계속하여 전자세금계산서 의무발급 개인사업자인 것으로 본다.
· 위 외의 개인사업자도 전자세금계산서를 발급할 수 있다.

② 전자세금계산서 발급명세 전송

전자세금계산서를 발급하였을 때에는 전자세금계산서 발급일의 다음 날까지 전자세금계산서 발급명세를 국세청장에게 전송해야 한다.

(5) 합계표 제출과 보관 의무

사업자는 발급하거나 수취한 세금계산서에 대하여 원칙적으로 매출처별·매입처별 세금계산서합계표를 작성하여 부가가치세 신고 시 제출하고, 해당 세금계산서를 5년간 보관하여야 한다.

다만, 전자세금계산서 발급명세가 국세청장에게 전송된 경우에는 매출처별·매입처별 세금계산서합계표를 제출하지 않아도 되며, 세금계산서를 5년간 보관하는 의무가 면제된다.

(6) 매입자발행 세금계산서

세금계산서 발급의무가 있는 사업자가 재화 또는 용역을 공급하고 세금계산서를 발급하지 않은 경우, 공급받은 자가 관할세무서장의 확인을 받아 세금계산서를 발급할 수 있는데, 이를 매입자발행 세금계산서라고 한다. 이러한 매입자발행 세금계산서에 기재된 부가가치세액은 공제할 수 있는 매입세액으로 본다.

발행할 수 있는 매입사업자	면세사업자를 포함하는 모든 사업자 참고 면세사업자의 경우 매입세액공제는 받을 수 없지만 지출증빙 관리를 위하여 세금계산서를 수취하고 보관할 필요가 있으므로, 면세사업자도 매입자발행 세금계산서를 발급할 수 있다.
대상 거래	거래 건당 공급대가가 5만 원 이상인 거래

03 영수증

최근 71회 시험 중 3회 기출

(1) 영수증의 정의

영수증이란 공급받는 자의 사업자등록번호와 부가가치세액을 따로 기재하지 않은 증명서류를 말한다. 따라서 영수증에는 부가가치세가 포함된 금액, 즉 공급대가를 기재한다. 다만, 일반과세자 등으로서 영수증 발급 대상 사업을 하는 자가 신용카드기 등 기계적 장치에 의하여 영수증을 발급하는 때에는 영수증에 공급가액과 세액을 별도로 구분하여 기재하여야 한다.

(2) 영수증의 종류

부가가치세법상 영수증의 종류에는 다음과 같이 신용카드매출전표와 현금영수증도 포함된다.

신용카드매출전표, 현금영수증	부가가치세액이 별도로 구분 기재되어 있고 법 소정 요건을 충족하는 경우, 공급받은 자는 수취한 신용카드매출전표 또는 현금영수증만으로도 매입세액공제가 가능하다.
간이영수증	공급받는 자의 사업자등록번호와 부가가치세액이 별도로 기재되어 있지 않기 때문에, 공급받은 자는 수취한 간이영수증만으로는 매입세액공제가 불가능하다.

04 영수증 발급대상 사업

과세사업자(간이과세자 중 신규사업자 및 직전연도 공급대가 4,800만 원 미만인 사업자 제외)는 과세 대상 재화 또는 용역의 공급에 대하여 세금계산서(일반세금계산서, 영세율 세금계산서, 수입세금계산서)를 발급하는 것이 원칙이다. 그러나, 주로 최종소비자에게 재화 또는 용역을 공급하는 일부 업종의 경우 예외적으로 세금계산서 대신 영수증(신용카드매출전표, 현금영수증, 간이영수증)을 발급한다.

원 칙	가 군	· 세금계산서를 발급함
예외 (영수증 발급대상 사업)	나 군	· 영수증 또는 세금계산서를 발급함 · 공급받는 자가 요구하는 경우에는 세금계산서를 발급하여야 함 · 공급받는 자는 매입세액 공제 가능 · 해당 업종 · 소매업, 음식점업, 숙박업, 전세버스 · 변호사 등 전문직 · 도정업, 양복점, 주차장, 부동산중개업, 주거용건물공급업, 자동차제조업·판매업
	다 군	· 영수증만 발급할 수 있음 · 공급받는 자가 요구하더라도 세금계산서를 발급할 수 없음 · 공급받는 자는 매입세액 공제 불가능 · 해당 업종 · 목욕, 이발, 미용, 여객운송업(전세버스 제외), 입장권발행 사업 · 특정 의료업 및 수의사 · 무도학원, 자동차운전학원

05 세금계산서 또는 영수증의 발급의무 면제

최근 71회 시험 중 8회 기출

다음의 경우에는 재화·용역의 공급에 대하여 세금계산서 또는 영수증을 아예 발급하지 않아도 된다.

- 택시, 노점, 무인자동판매기
- 소매업(단, 공급받는 자가 요구하는 경우에는 발급하여야 함)
- 목욕, 이발, 미용
- 재화의 간주공급(단, 판매목적 타사업장 반출의 경우에는 발급하여야 함)
- 부동산임대용역 중 간주임대료
- 영세율 거래(단, 내국신용장에 의해 공급하는 재화 등 국내사업자 간의 거래인 경우에는 발급하여야 함)

기출확인문제

다음 중 부가가치세법상 세금계산서의 발급의무가 면제되지 않는 것은? (제62회)

① 택시운송
② 간주공급 중 개인적공급
③ 내국신용장 또는 구매확인서에 의하여 공급하는 재화
④ 부동산임대용역 중 간주임대료

정답 ③

해설
수출하는 재화는 세금계산서의 발급의무가 면제된다. 다만, 내국신용장에 의해 공급하는 재화 등 국내사업자 간의 거래인 경우에는 세금계산서의 발급의무가 면제되지 않는다.

06 세금계산서의 발급시기

최근 71회 시험 중 2회 기출

(1) 원칙

세금계산서는 재화·용역의 공급시기에 세금계산서를 발급해야 한다.

(2) 공급시기 전 발급특례(선세금계산서)

① 대가수령 없이 선발급

사업자가 다음의 거래에 대하여 공급시기가 되기 전에 세금계산서를 발급하는 경우에는 그 발급한 때를 재화·용역의 공급시기로 본다.

- 장기할부판매, 장기할부조건부 용역 공급
- 전력이나 기타 공급단위를 구획할 수 없는 재화의 계속적 공급
- 공급단위를 구획할 수 없는 용역을 계속적으로 공급하는 경우
  예 부동산임대용역

② 대가수령분 선발급

사업자가 본래의 공급시기가 되기 전에 재화·용역 대가의 전부 또는 일부를 미리 받고 동 금액(선수금)에 대하여 세금계산서를 발급하는 경우에는 그 발급한 때를 재화·용역의 공급시기로 본다.

참고 본래의 공급시기가 되기 전에 대가를 먼저 받은 경우, 대가를 받은 날이 아니라 공급시기가 되기 전의 다른 과세기간에 세금계산서를 발급하는 것도 인정된다.

예 20x1년 4월 20일에 선수금 220,000원(부가가치세 포함) 수령 → 20x1년 9월 20일에 220,000원에 대하여 세금계산서 발급 → 20x2년 1월 20일에 재화 인도

③ 선발급 후 7일 이내 대가 수령

사업자가 본래의 공급시기가 되기 전에 세금계산서를 발급하고 그 세금계산서 발급일로부터 7일 이내에 대가를 받는 경우에는 그 발급한 때를 재화·용역의 공급시기로 본다.

④ 선발급 후 7일이 지난 후 대가 수령

사업자가 본래의 공급시기가 되기 전에 세금계산서를 발급하고 그 세금계산서 발급일로부터 7일이 지난 후 대가를 받더라도 다음 중 어느 하나에 해당하는 경우에는 그 발급한 때를 재화·용역의 공급시기로 본다.

- 거래 당사자 간의 계약서·약정서 등에 대금 청구시기(세금계산서 발급일을 말한다)와 지급시기를 따로 적고, 대금 청구시기와 지급시기 사이의 기간이 30일 이내인 경우
- 재화·용역의 공급시기가 세금계산서 발급일이 속하는 과세기간 내에 도래하는 경우(단, 공급받는 자가 조기환급을 받은 경우에는 공급시기가 세금계산서 발급일로부터 30일 이내에 도래할 것)

(3) 공급시기 후 발급특례(월합계세금계산서)

다음에 해당하는 경우에는 재화·용역의 공급일이 속하는 달의 다음 달 10일(그날이 공휴일 또는 토요일인 경우에는 바로 다음 영업일까지를 말함)까지 세금계산서를 발급할 수 있다.

- 거래처별로 1역월의 공급가액을 합계하고 해당 월의 말일 자를 작성연월일로 하여 세금계산서를 발급하는 경우
- 거래처별로 1역월 이내에서 사업자가 임의로 정한 기간의 공급가액을 합계하고 그 기간의 종료일자를 작성연월일로 하여 세금계산서를 발급하는 경우
- 관계 증명서류 등에 따라 실제 거래사실이 확인되는 경우로서 해당 거래일자를 작성연월일로 하여 세금계산서를 발급하는 경우

| 용어 알아두기 |

1역월 : 달력 기준의 한달, 즉 매월 1일부터 그 달의 말일까지를 말함

07 수정세금계산서

사업자가 세금계산서를 발급한 후 그 기재사항에 관하여 착오나 정정 등의 사유가 발생한 경우에는 수정세금계산서를 다음과 같이 발급할 수 있다.

발급사유	작성연월일	발급방법
당초 공급한 재화가 환입되는 경우	환입된 날	비고란에 당초 작성연월일을 부기
계약의 해제로 재화·용역이 공급되지 아니한 경우	계약해제일	비고란에 당초 작성연월일을 부기
계약의 해지 등에 따라 공급가액에 추가·차감되는 금액이 발생한 경우	증감사유 발생일	추가되는 금액은 검은색 글씨로, 차감되는 금액은 붉은색 글씨로 기재
내국신용장이나 구매확인서가 과세기간 종료 후 25일 이내에 개설된 경우	당초 작성연월일	당초의 10% 세금계산서를 (-)표시하고, 당초 작성연월일로 0% 세금계산서를 발급 (신고기한까지 부가가치세 신고하면 되므로 수정신고 필요 없음)
필요적 기재사항이 착오로 잘못 기재된 경우[1]	당초 작성연월일	당초 세금계산서를 (-)표시하고, 수정발급
필요적 기재사항이 착오 외의 사유로 잘못 기재된 경우[1]	당초 작성연월일	재화·용역 공급일이 속하는 과세기간에 대한 확정신고기한 다음 날부터 1년 이내에 수정발급하여야 함
착오로 전자세금계산서를 이중으로 발급한 경우	당초 작성연월일	당초 세금계산서를 (-)표시하고, 수정발급
면세 등 발급대상이 아닌 거래 등에 대하여 발급한 경우	당초 작성연월일	당초 세금계산서를 (-)표시하고, 수정발급
세율을 잘못 적용하여 발급한 경우[1]	당초 작성연월일	당초 세금계산서를 (-)표시하고, 수정발급

[1] 필요적 기재사항을 잘못 기재하거나 세율을 잘못 적용하여 발급함에 따라 과세표준 또는 세액이 경정될 것을 미리 알고 있는 경우(세무조사 통지, 과세자료 해명통지를 받은 경우 포함)에는 수정세금계산서를 발급할 수 없음

핵심기출문제

* 본서에 수록된 기출문제의 날짜는 학습효과를 높이기 위하여 일부 수정함

01 다음 중 세금계산서의 필요적 기재사항이 아닌 것은? [제83회]

① 공급하는 자의 상호 또는 성명
② 공급가액과 부가가치세
③ 공급받는 자의 사업자등록번호
④ 공급연월일

02 다음 중 부가가치세법상 세금계산서에 대한 설명으로 옳지 않은 것은? [제90회]

① 법인사업자와 직전연도의 사업장별 재화 및 용역의 공급가액(면세공급가액 포함)의 합계액이 8천만 원 이상인 개인사업자는 세금계산서를 발급하려면 전자세금계산서로 발급하여야 한다.
② 전자세금계산서의 필요적 기재사항을 착오로 잘못 적은 경우 수정전자세금계산서를 발급할 수 있다.
③ 전자세금계산서로 발급하여야 하는 사업자가 아닌 사업자는 전자세금계산서를 발급할 수 없다.
④ 전자세금계산서를 발급하였을 때에는 전자세금계산서 발급일의 다음 날까지 전자세금계산서 발급명세를 국세청장에게 전송하여야 한다.

03 다음 중 부가가치세법에서 정한 재화 또는 용역의 공급시기에 공급받는 자가 사업자등록증을 제시하고 세금계산서 발급을 요구하는 경우에도 세금계산서를 발급할 수 없는 사업자는? [제80회]

① 소매업
② 음식점업
③ 전세버스운송사업
④ 항공여객운송사업

04 다음 중 부가가치세법상 세금계산서 발급의무 면제에 해당하지 않는 것은? [제69회]

① 영세율 적용분 중 내국신용장·구매확인서에 의한 재화의 공급
② 공급받는 자가 세금계산서 발급을 요구하지 않는 경우의 소매업
③ 폐업시 잔존재화
④ 택시운전사, 노점상

05 부가가치세법상 재화 또는 용역의 공급이 아래와 같을 경우 세금계산서 발급 대상에 해당하는 공급가액의 합계액은 얼마인가? [제87회]

- 내국신용장에 의한 재화의 공급 : 25,000,000원
- 외국으로의 직수출액 : 15,000,000원
- 부동산임대보증금에 대한 간주임대료 : 350,000원
- 견본품 무상제공(장부금액 : 4,000,000원, 시가 : 5,000,000원)

① 25,000,000원　② 25,350,000원　③ 30,000,000원　④ 30,350,000원

정답 및 해설

01 ④ 작성연월일이 필요적 기재사항에 해당하며, 공급연월일은 임의적 기재사항에 해당한다.

02 ③ 전자세금계산서로 발급하여야 하는 사업자가 아닌 사업자(직전연도 공급가액 합계액이 8천만 원 미만인 개인사업자)도 전자세금계산서를 발급할 수 있다.

03 ④ 여객운송업(전세버스 제외)은 영수증만 발급할 수 있는 업종에 해당하므로, 공급받는 자가 요구하더라도 세금계산서를 발급할 수 없다.

04 ① 내국신용장·구매확인서에 의한 재화의 공급의 경우 영세율 적용분이라 하더라도 세금계산서를 발급하여야 한다.

05 ①
- 내국신용장에 의한 재화의 공급에 대하여는 영세율세금계산서가 발급되어야 한다.
- 직수출과 간주임대료에 대하여는 세금계산서 발급의무가 면제된다.
- 견본품의 무상제공은 재화의 사업상 증여(재화의 간주공급)로 보지 않으며, 이는 과세대상 거래에 해당하지 않는다.

06 다음 중 부가가치세법상 판매목적 타사업장 반출에 대한 설명으로 옳지 않은 것은? [제39회]

① 판매목적 타사업장 반출에 대해서는 재화의 공급으로 보더라도 세금계산서의 발급의무가 면제된다.
② 직매장은 사업장에 해당되나, 하치장은 사업장에 해당되지 않는다.
③ 자기의 다른 사업장에서 원료 등으로 사용하기 위하여 반출하는 경우에는 이를 재화의 공급으로 보지 않는다.
④ 주사업장 총괄납부 사업자가 자기의 타사업장으로 재화를 반출하는 경우에는 이를 재화의 공급으로 보지 않는다.

07 다음 중 부가가치세법상 수정세금계산서의 작성일자로 옳지 않은 것은? [16년 8월 특별회차]

① 당초 공급한 재화가 환입된 경우 재화가 환입된 날
② 재화를 공급한 후에 공급시기가 속하는 과세기간 종료 후 25일 이내에 내국신용장이 개설된 경우 당초 세금계산서 작성일
③ 계약의 해지 등에 따라 공급가액에 증감액이 발생한 경우 증감사유가 발생한 날
④ 계약의 해제로 재화가 공급되지 않은 경우 당초 세금계산서 작성일

08 다음 중 부가가치세법상 수정세금계산서 발급 사유가 아닌 것은? [제55회]

① 필요적 기재사항이 착오로 잘못 기재되어 경정될 것을 미리 알고 있는 경우
② 착오로 전자세금계산서를 이중으로 발급한 경우
③ 면세 등 발급대상이 아닌 거래 등에 대하여 발급한 경우
④ 계약의 해지 등에 따라 공급가액에 추가 또는 차감되는 금액이 발생한 경우

09 다음은 부가가치세법상 세금계산서의 발급에 관한 사항이다. 적절하게 발급하지 않은 것의 개수는?

[제37회]

A. 공급시기 전에 세금계산서를 발급하고 발급일로부터 7일 이내에 대가를 지급받음
B. 단기할부판매에 관하여 대가의 각 부분을 받기로 한 때마다 각각 세금계산서를 발급함
C. 반복적 거래처에 있어서 월합계 금액을 공급가액으로 하고, 매월 말일자를 작성연월일로하여 다음 달 말일까지 세금계산서를 발급함
D. 이미 공급한 재화가 환입된 경우에는 환입된 날을 작성연월일로 하여 수정세금계산서를 발급함

① 1개　　② 2개　　③ 3개　　④ 4개

정답 및 해설

06 ① 판매목적 타사업장 반출에 대해서는 재화의 간주공급에 해당되는 경우 세금계산서를 반드시 발급하여야 한다.

07 ④ 계약의 해제로 재화 또는 용역이 공급되지 아니한 경우 : 계약해제일

08 ① 필요적 기재사항을 잘못 기재하거나 세율을 잘못 적용하여 발급함에 따라 과세표준 또는 세액이 경정될 것을 미리 알고 있는 경우(세무조사 통지, 과세자료 해명통지를 받은 경우 포함)에는 수정세금계산서를 발급할 수 없다.

09 ② B. 단기할부판매의 경우 원칙적인 공급시기(재화가 인도되거나 이용 가능하게 되는 때)에 세금계산서를 발급한다.
C. 월합계 세금계산서는 다음 달 10일까지 세금계산서를 발급한다.

제5절 매출세액과 매입세액

01 과세표준

빈출 최근 71회 시험 중 14회 기출

과세표준이란 세액산출의 기초가 되는 과세대상의 수량 또는 가액을 말한다.
재화 또는 용역에 대한 부가가치세의 과세표준은 해당 과세기간에 공급한 재화 또는 용역의 공급가액을 합한 금액으로 한다. 여기서 공급가액은 부가가치세를 포함하지 않은 매출액 등을 말하는 것이며, 부가가치세를 포함한 금액은 이와 구분하여 공급대가라고 한다.

사업자가 재화 또는 용역을 공급하고 그 대가로 받은 금액에 부가가치세가 포함되어 있는지가 불분명한 경우에는 동 금액에 부가가치세가 포함된 것으로 보아 거래금액에 '100/110'을 곱한 금액을 공급가액으로 한다.

공급가액 (매출액)

매출액	부가가치세	합 계
1,000,000 원	100,000 원	1,100,000 원

공급대가 (매출액 + 부가가치세)

(1) 재화와 용역의 공급에 대한 과세표준

① 과세표준의 일반원칙

금전으로 대가를 받는 경우	그 대가
금전 이외의 대가를 받는 경우	자기가 공급한 재화·용역의 시가

② 공급형태별 과세표준

외상판매·할부판매의 경우	공급한 재화의 총가액
장기할부판매의 경우	계약에 따라 받기로 한 대가의 각 부분
완성도기준지급·중간지급조건부로 재화·용역을 공급하는 경우	계약에 따라 받기로 한 대가의 각 부분
계속적으로 재화·용역을 공급하는 경우	계약에 따라 받기로 한 대가의 각 부분
둘 이상의 과세기간에 걸쳐 계속적으로 일정한 용역을 제공하고 그 대가를 선불로 받는 경우	$\text{선불로 받은 금액} \times \frac{\text{과세대상기간의 개월 수}}{\text{계약기간의 전체 개월 수}}$

③ 과세표준에 포함하는 것과 포함하지 않는 것

과세표준에 포함하는 것	과세표준에 포함하지 않는 것
· 할부판매의 이자상당액 · 대가의 일부로 받는 운송비, 포장비, 하역비, 운송보험료, 산재보험료 등	· 매출에누리, 매출할인, 매출환입 · 공급받는 자에게 도달하기 전에 파손, 훼손, 멸실된 재화의 가액 · 재화 또는 용역의 공급과 직접 관련되지 아니하는 국고보조금과 공공보조금 · 공급에 대한 대가의 지급이 지체되었음을 이유로 받는 연체이자 · 용기 또는 포장의 회수를 보장하기 위하여 받는 보증금 · 대가와 구분 기재한 종업원의 봉사료

④ 과세표준에서 공제하지 않는 것

재화 또는 용역을 공급한 후에 그 공급가액에 대하여 다음과 같은 항목이 발생하더라도 이는 과세표준에서 공제하지 않는다. 따라서 이를 차감하기 전의 금액을 과세표준으로 한다.

- 금전으로 지급하는 판매장려금(일정 기간 동안의 거래실적에 따라 지급하는 금전)[1]
- 하자보증금(하자보증을 위해 공급받는 자에게 공급대가의 일부를 보관시키는 것)
- 대손금(법정 요건을 충족할 때 대손세액공제를 통하여 매출세액을 직접 차감하므로, 대손금을 과세표준에서 공제하지 않음)

[1] 재화로 지급하는 판매장려물품(일정 기간 동안의 거래실적에 따라 무상으로 공급하는 재화)인 경우 이는 사업상증여(간주공급)에 해당되므로, 그 금액이 과세표준에서 차감되지 않을 뿐 아니라 과세대상 과세표준에 오히려 가산이 된다.

⑤ 마일리지로 결제받은 경우의 과세표준

재화 또는 용역을 공급하고 마일리지·포인트 등으로 대가의 전부 또는 일부를 결제받은 경우 과세표준은 다음과 같이 계산한다.

'자가적립마일리지'로 결제받은 경우	마일리지가 아닌 방법으로 결제받은 금액
'자가적립마일리지 외의 마일리지'로 결제받은 경우	과세표준 = ㉠ + ㉡ ㉠ 마일리지가 아닌 방법으로 결제받은 금액 ㉡ '자가적립마일리지 외의 마일리지'로 결제받은 금액 중 당초 마일리지를 적립해준 사업자로부터 보전받는 금액

[사례1] A백화점이 홍길동(고객)에게 시가 10만 원(공급가액)인 시계를 공급하고 이 중 8만 원은 현금으로 결제받고 2만 원은 A백화점이 홍길동에게 적립해주었던 마일리지로 결제받은 경우 부가가치세법상 과세표준은?

[풀이] 과세표준 = 마일리지가 아닌 방법으로 결제받은 금액 = 8만 원

[사례2] B레스토랑이 홍길동(고객)에게 시가 10만 원(공급가액)인 코스요리를 공급하고 이 중 8만 원은 현금으로 결제받고 2만 원은 C통신사가 홍길동에게 적립해주었던 마일리지로 결제받은 경우 부가가치세법상 과세표준은? (단, B레스토랑은 C통신사로부터 2만 원을 현금으로 보전받는다)

[풀이] 과세표준 = ㉠ + ㉡ = 8만 원 + 2만 원 = 10만 원
㉠ 마일리지가 아닌 방법으로 결제받은 금액
㉡ '자가적립마일리지 외의 마일리지'로 결제받은 금액 중 당초 마일리지를 적립해준 사업자로부터 보전받는 금액

⑥ 외화의 환산

대가를 외화로 받은 경우에는 다음과 같이 환산한 가액을 과세표준으로 한다.

공급시기 도래 전에 원화로 환가한 경우	그 환가한 금액
공급시기 이후에 외국통화로 보유하거나 지급받은 경우[1]	공급시기의 기준환율(재정환율)에 따라 계산한 금액

[1] ㉠ 공급시기 도래 전에 받았지만 공급시기 이후까지 원화로 환가하지 않고 외국통화로 보유하고 있거나 ㉡ 공급시기 이후에 받은 경우

[사례] 제품 $1,000를 수출하고 대가를 외화로 아래와 같이 받은 경우 부가가치세법상 과세표준과 장부상 제품매출 금액은?

구 분	$100 선수 및 환가	선 적	$900 회수
일 자	20x1. 1. 10.	20x1. 1. 20.	20x1. 1. 30.
환 율	환가환율 ₩1,100/$	기준환율 ₩1,200/$	기준환율 ₩1,300/$

[풀이] · 부가가치세법상 과세표준 = ($100 × @1,100) + ($900 × @1,200) = 1,190,000원

· 장부상 제품매출 : 1,190,000원

· 회계처리

1월 10일	(차) 현금	110,000	(대) 선수금	110,000
1월 20일	(차) 선수금	110,000	(대) 매출액	1,190,000
	외상매출금	1,080,000		
1월 30일	(차) 현금	1,170,000	(대) 외상매출금	1,080,000
			외환차익	90,000

⑦ 부당행위계산의 부인

특수관계인에게 재화 또는 용역을 공급하고 부당하게 낮은 대가를 받거나 대가를 받지 않음에 따라 조세의 부담을 부당하게 감소시킬 것으로 인정되는 경우로서, 다음 중 어느 하나에 해당하는 경우에는 '자기가 공급한 재화 또는 용역의 시가'를 과세표준으로 한다.

· 특수관계인에게 재화를 공급하고 시가보다 낮은 대가를 받거나 대가를 받지 않은 경우
· 특수관계인에게 용역을 공급하고 시가보다 낮은 대가를 받은 경우
· 특수관계인에게 사업용 부동산의 임대용역을 공급하고 대가를 받지 않은 경우

⑧ 부동산임대용역의 과세표준

과세표준 = 임대료 + 간주임대료[1] + 관리비

[1] $\text{임대보증금} \times \text{정기예금이자율} \times \frac{\text{임대일수}}{365(\text{윤년 } 366)}$

⑨ 과세사업과 면세사업에 공통으로 사용하던 재화를 공급하는 경우의 과세표준

$$\text{과세표준} = \text{해당 재화의 공급가액} \times \text{직전 과세기간의 } \frac{\text{과세공급가액}}{\text{총공급가액}}$$

참고 안분계산을 하지 않아도 되는 경우

다음 중 어느 하나에 해당하는 경우에는 전액 과세되는 과세표준으로 한다.

- 직전 과세기간의 총공급가액 중 면세공급가액이 5% 미만인 경우(단, 공통사용재화의 공급가액이 5,000만 원 이상인 경우는 제외)
- 해당 재화의 공급가액이 50만 원 미만인 경우
- 해당 과세기간에 신규로 사업을 시작하여 직전 과세기간이 없는 경우

(2) 재화의 수입에 대한 과세표준

과세표준 = 관세의 과세가격 + 관세 + 개별소비세·주세
+ 교육세·농특세 + 교통세·에너지세·환경세

(3) 재화의 간주공급에 대한 과세표준

① 감가상각대상 자산이 아닌 경우

일반적인 간주공급(판매목적 타사업장 반출 제외)의 경우	시 가
판매목적 타사업장 반출	취득원가

② 감가상각대상 자산인 경우(과세표준 = 간주시가)

건물 또는 구축물	취득원가 × {1 − (체감률 5% × 경과된 과세기간의 수[1])}
기타 감가상각자산	취득원가 × {1 − (체감률 25% × 경과된 과세기간의 수[1])}

[1] 경과된 과세기간의 수를 계산할 때, 해당 과세기간의 개시일에 취득 및 공급을 하게 된 것으로 본다. (기초취득·기초공급 간주)

기출확인문제

다음 중 부가가치세 공급가액에 포함되는 것은 무엇인가? (제65회)

① 매출할인
② 반환조건부 용기대금
③ 대가와 구분기재된 종업원의 봉사료
④ 할부판매 이자상당액

정답 ④

해설
장기할부판매의 경우 과세표준은 계약에 따라 받기로 한 대가의 각 부분이고 할부이자상당액도 과세표준에 포함된다.

02 대손세액공제

최근 71회 시험 중 2회 기출

(1) 대손세액공제의 정의

사업자가 부가가치세가 과세되는 재화 또는 용역을 공급한 후 해당 매출채권의 전부 또는 일부가 대손되어 회수할 수 없는 경우 그 대손세액(대손금액에 포함된 부가가치세)을 대손이 확정된 날이 속하는 과세기간의 매출세액에서 차감하는 것을 말한다.

(2) 인정되는 대손사유

- 파산
- 강제집행
- 사망, 실종
- 정리계획 : 관련 법에 따른 회생계획인가 또는 법원의 면책결정에 따라 회수불능으로 확정된 채권
- **부도(6개월 경과)**
  ㉠ 부도발생일로부터 6개월 이상 경과한 수표 또는 어음상의 채권
  ㉡ 부도발생일로부터 6개월 이상 경과한 중소기업의 외상매출금
  ㉢ 다만, 채무자의 재산에 대하여 저당권을 설정하고 있는 경우는 제외
- **소멸시효완성** : 상법 등에 따른 소멸시효가 완성된 채권
- 6개월 경과 소액채권 : 회수기일이 6개월 이상 지난 30만 원 이하의 채권
- 2년 경과 중소기업
  ㉠ 회수기일이 2년 이상 지난 중소기업의 외상매출금·미수금
  ㉡ 다만, 특수관계인과의 거래로 발생한 경우는 제외
- 법인세법·소득세법에서 인정되는 그 외의 대손사유

(3) 대손세액공제액

대손세액공제액 = 대손금액(부가가치세 포함) × 10/110

(4) 공제시기

대손세액공제는 예정신고 시에는 적용 받을 수 없고, **확정신고 시에만 적용받을 수 있다.**

(5) 공제기한

재화 또는 용역의 공급일로부터 10년이 경과한 날이 속하는 과세기간에 대한 확정신고기한까지 대손이 확정되어야 한다.

(6) 대손세액가산액

대손세액공제를 받은 사업자가 대손금액의 전부 또는 일부를 회수한 경우에는 회수한 대손금액에 포함된 부가가치세를 회수일이 속하는 과세기간의 매출세액에 가산한다.

03 부가가치세 신고서상 과세표준 및 매출세액

구분				금액	세율	세액
과세표준및매출세액	과세	세금계산서발급분	1		10/100	
		매입자발행세금계산서	2		10/100	
		신용카드·현금영수증발행분	3		10/100	
		기타(정규영수증외매출분)	4			
	영세	세금계산서발급분	5		0/100	
		기 타	6		0/100	
	예정신고누락분		7			
	대손세액가감		8			
	합 계		9		㉮	

부가가치세 신고서상 과세표준과 매출세액은 10% 세율 적용분과 영세율 적용분을 구분하고, 세금계산서 발급분인지 아닌지를 구분하여 작성한다. 대손세액공제(가산)액이 있는 경우 '과세표준'란은 공란으로 두고 '매출세액'란에만 차감(가산) 금액을 기입한다.

04 매입세액

최근 71회 시험 중 **9**회 기출

사업자가 재화·용역을 공급받을 때 거래징수당한 매입세액은 적격증빙(세금계산서, 신용카드매출전표, 현금영수증)을 통하여 공제받을 수 있다. 다만, 적격증빙을 받았다고 하더라도 부가가치세법에서 정하는 일정한 사유에 해당하는 경우에는 매입세액공제를 받을 수 없다.

(1) 세금계산서 수취분

사업자로부터 수취한 세금계산서 또는 세관장으로부터 수취한 수입세금계산서를 통하여 다음의 매입세액을 공제받을 수 있다.

- 자기의 사업에 사용하기 위하여 공급받은 재화·용역에 대한 부가가치세액
- 자기의 사업에 사용하기 위하여 수입한 재화의 부가가치세액

참고 **합계표 제출과 보관 의무**

사업자는 수취한 세금계산서에 대하여 매입세액공제를 공제받으려면 원칙적으로 매입처별 세금계산서합계표를 제출하고 세금계산서를 5년간 보관하여야 한다. 다만, 전자세금계산서 발급명세가 국세청장에게 전송된 경우에는 이러한 의무가 면제된다.

(2) 신용카드매출전표 및 현금영수증 수취분

과세사업자(간이과세자 중 신규사업자 및 직전연도 공급대가 4,800만 원 미만인 사업자는 제외)로부터 재화 또는 용역을 공급받고 세금계산서를 발급받는 대신 부가가치세액이 별도로 구분 기재된 신용카드매출전표 및 현금영수증을 발급받은 때에는 다음의 요건을 모두 충족하는 경우 그 부가가치세액을 매입세액공제 받을 수 있다.

- 신용카드매출전표 등 수령명세서를 제출할 것
- 신용카드매출전표 등을 그 거래사실이 속하는 과세기간의 확정신고기한으로부터 5년간 보관할 것

(3) 공제받지못할매입세액

다음에 해당하는 경우에는 적격증빙을 받았다고 하더라도 매입세액공제를 받을 수 없다. 이를 매입세액 불공제라고 한다.

세금계산서 미수취, 불명분	· 세금계산서를 발급받지 아니한 경우 참고 세금계산서를 해당 과세기간의 확정신고기한이 지난 후 발급받는 것도 세금계산서 미수취로 보아 (원칙적으로) 매입세액 불공제 · 발급받은 세금계산서의 필요적 기재사항이 전부 또는 일부가 기재되지 않았거나 사실과 다르게 적힌 경우 참고 착오로 잘못 적혔으나 거래사실이 확인되는 경우에는 공제 가능
매입처별 세금계산서합계표 미제출, 불명분	· 매입처별 세금계산서합계표를 제출하지 아니한 경우 참고 전자세금계산서 발급명세가 국세청장에게 전송된 경우에는 공제 가능 · 제출한 매입처별 세금계산서합계표의 기재사항 중 거래처별 등록번호 또는 공급가액의 전부 또는 일부가 기재되지 않았거나 사실과 다르게 적힌 경우 참고 착오로 잘못 적혔으나 거래사실이 확인되는 경우에는 공제 가능
사업과 직접 관련이 없는 지출의 매입세액	· **사업과 직접 관련이 없는 지출**에 대한 매입세액 예 대표이사가 자기 집에서 개인적 용도로 사용하기 위하여 TV를 구입한 경우라면, 공급받는 자에 회사의 상호가 기재된 세금계산서를 받았다 하더라도, 회사는 (이를 비용으로 회계처리할 수 없을 뿐만 아니라) 세금계산서에 기재된 부가가치세 금액을 매입세액공제 받지 못함
비영업용 소형승용차 관련 매입세액	· **비영업용 소형승용차의 구입, 임차, 유지**에 관련된 매입세액 예 영업부에서 사용하는 2,000cc 승용차에 휘발유를 주유한 경우 세금계산서에 기재된 부가가치세 금액을 매입세액공제 받지 못함
기업업무추진비 관련 매입세액	· **기업업무추진비(접대비)** 및 이와 유사한 비용의 지출에 관련된 매입세액은 공제하지 아니한다. 예 거래처에 선물로 제공하기 위하여 에어컨을 구입한 경우 세금계산서에 기재된 부가가치세 금액을 매입세액공제 받지 못함
면세사업 관련 매입세액	· 면세사업과 관련된 매입세액 예 마을버스를 운영하는 회사(면세사업을 하는 회사)가 소모품을 구입하고 10% 부가가치세가 기재된 세금계산서를 받은 경우 세금계산서에 기재된 부가가치세 금액을 매입세액공제 받지 못함

토지 관련 매입세액	· 토지의 조성 등을 위한 자본적 지출과 관련된 매입세액 예 공장 신축용 토지를 취득하는 과정에서 용역회사로부터 토지정지작업을 제공받고 수수료에 대하여 10% 부가가치세가 기재된 세금계산서를 받은 경우 세금계산서에 기재된 부가가치세 금액을 매입세액공제 받지 못함
사업자등록을 신청하기 전의 매입세액	· 사업자등록을 신청하기 전의 매입세액 참고 공급시기가 속하는 과세기간이 지난 후 20일 이내에 등록 신청한 경우 해당 과세기간 기산일까지 역산한 기간 이내의 매입세액은 공제 가능

기출포인트

· 세금계산서가 법정 기한(공급일이 속하는 다음 달 10일) 이후에 발급되는 경우의 세무상 불이익

구 분	해당 과세기간의 확정신고기한 내 발급	해당 과세기간의 확정신고기한 경과 후 발급
공급자	· 공급가액의 1%(지연발급 가산세)	· 공급가액의 2%(미발급 가산세)
공급받는 자	· 매입세액 공제 가능 · 공급가액의 0.5%(지연수취 가산세)	· 매입세액 불공제(세금계산서 미수취로 봄)

· 비영업용 소형승용차의 범위

비영업용 소형승용차란 ㉠ 택시운수업, 자동차판매업 등이 아닌 일반 업종 회사가 소유하고 있는 업무용 차량으로서, ㉡ 정원 8인승 이하이고 ㉢ 배기량 1,000cc를 초과하는 ㉣ 승용자동차를 말한다.

비영업용	'영업용'이란 택시운수업, 자동차판매업 등과 같이 자동차를 영업에 직접 사용하는 것을 말한다. 따라서, 당사의 업종이 택시운수업, 자동차판매업 등이 아니라면 당사 명의의 업무용 차량은 '비영업용'으로 분류된다.
소형승용차	정원 8인 이하(배기량 1,000cc 이하의 경차 제외)의 승용자동차, 이륜자동차(배기량 125cc 초과분에 한함), 캠핑용 자동차를 말한다. 따라서, 배기량 1,000cc 이하의 경차, 정원 9인승 이상의 승합차, 화물트럭 등은 매입세액이 공제된다.

참고 세금계산서 지연수취 또는 사전발급에 대한 매입세액 공제 허용범위 확대

다음 중 어느 하나에 해당하는 경우 공급받은 자는 매입세액 공제를 받을 수 있다. 다만, 지연수취 가산세가 부과된다.

· 세금계산서를 해당 과세기간의 확정신고기한이 지난 후 발급받았더라도,
㉠ 그 세금계산서의 발급일이 확정신고기한 다음 날부터 1년 이내이고,
㉡ 납세자가 수정신고·경정청구[1]하거나 과세기관이 결정·경정하는 경우

[1] [사례] 4월 20일(공급시기)에 구입한 재화에 대하여 세금계산서를 받지 못하여 이를 누락한 상태로 1기 확정 부가가치세 신고를 하였고, 작성연월일이 4월 20일로 기재된 세금계산서를 9월 20일에 발급받아서 1기 확정 부가가치세 신고를 사업자(납세자)가 수정신고·경정청구하는 경우

· 세금계산서를 재화·용역의 공급시기 전에 발급받았더라도,
㉠ 공급시기가 그 세금계산서의 발급일로부터 6개월 이내에 도래하고,
㉡ 과세기관이 결정·경정하는 경우

05 의제매입세액공제

(1) 의제매입세액공제의 정의

사업자가 면세로 공급받은 농산물 등을 원재료로 하여 제조·가공한 재화 또는 창출한 용역이 과세되는 경우 해당 면세농산물 등에 대하여 매입세액이 있는 것으로 보아 일정 금액을 공제할 수 있는 것을 말한다.

(2) 의제매입세액공제의 취지

'과세 → 면세 → 과세'의 흐름이 이루어지면, 면세의 효과가 상실되고(**환수효과**) 면세 앞 단계에서 과세된 부분이 중복적으로 과세되어(**누적효과**), 면세가 없는 경우보다 오히려 소비자의 부가가치세 부담이 커지는 현상이 나타나는데, 의제매입세액공제는 이를 완화하기 위하여 마련된 제도이다.

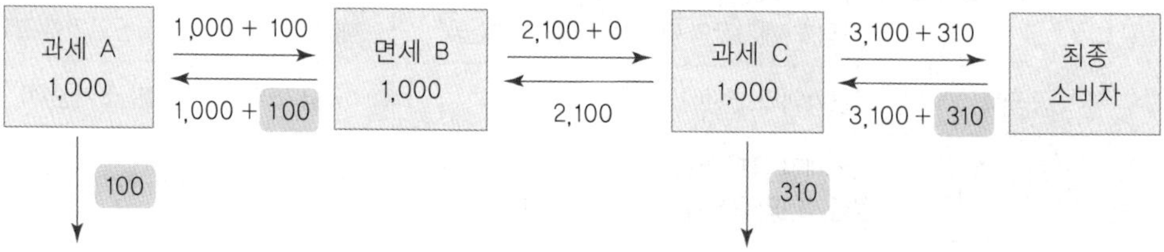

	과세 A	면세 B	과세 C
매출액	1,000	2,100	3,100
매입액	0	1,100	2,100
부가가치	1,000	1,000	1,000
매출세액	100	0	310
매입세액	0	0	0
납부세액	100	0	310

차이 210
= 환수효과 100
+ 누적효과 110

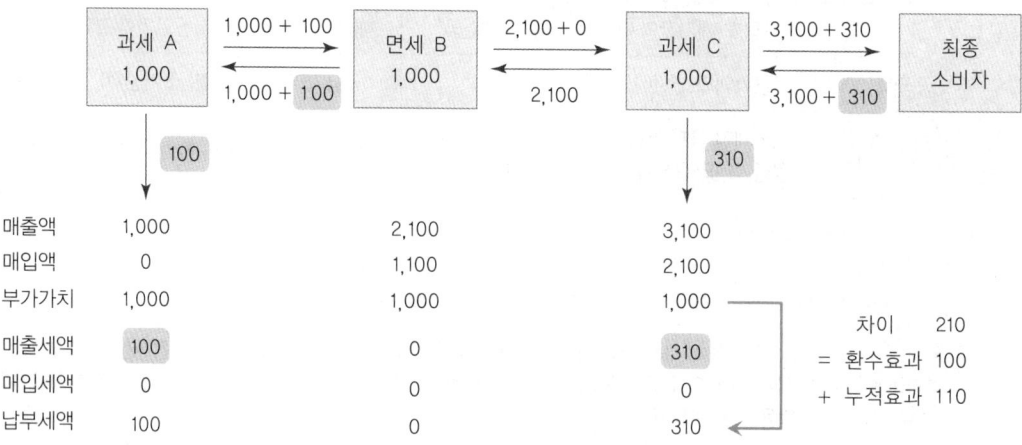

(3) 적용요건

- ㉠ **과세사업자**가 ㉡ 면세사업자로부터 농·축·수·임산물(**면세농산물 등**)을 **구입하여** ㉢ **과세 대상인 재화·용역**의 제조·창출에 **직접적인 원재료**로 사용해야 함
- 면세농산물 구입 시 **계산서** 또는 **신용카드매출전표·현금영수증**을 증빙으로 받아야 함(부가가치세 신고 시 합계표를 제출) 단, **제조업**의 경우에는 계산서·신용카드매출전표·현금영수증을 받지 않고 **농·어민으로부터 직접 구입하는 것도 인정됨**

(4) 의제매입세액

의제매입세액 = 면세농산물 등의 매입가액[1] × 공제율[2]

[1] 운임 등 취득부대비용을 제외한다.
[2] 공제율

<table>
<tr><th colspan="2">구 분</th><th colspan="2">공제율</th></tr>
<tr><td rowspan="2">음식점업</td><td>법 인</td><td>6/106</td><td rowspan="2">과세유흥장소는 2/102</td></tr>
<tr><td>개 인</td><td>8/108[i]</td></tr>
<tr><td>제조업</td><td>중소기업, 개인</td><td colspan="2">4/104[ii]</td></tr>
<tr><td colspan="2">그 외</td><td colspan="2">2/102</td></tr>
</table>

[i] 음식점업 개인사업자 중 과세표준 2억 원 이하인 경우 '9/109'
[ii] 제조업 개인사업자 중 과자점업, 도정업, 제분업, 떡방앗간인 경우 '6/106'

(5) 한도

의제매입세액의 한도 = 해당 과세기간의 과세표준 × 일정률[1] × 공제율

[1] 법인 : 50%, 개인 : 55~75%

(6) 공제시기

면세농산물을 구입한 날(사용한 날이 아님)이 속하는 예정신고 시 또는 확정신고 시 공제한다.

(7) 추징

의제매입세액 공제를 받은 면세농산물을 과세대상 재화·용역의 원재료로 사용하지 않고 그대로 양도하거나 면세사업에 사용하는 경우 이미 공제한 의제매입세액을 다시 납부하여야 한다.

기출확인문제

다음 중 부가가치세법상 의제매입세액공제에 대한 내용으로 가장 올바르지 않은 것은? (제64회)

① 사업자가 공급받은 면세농산물 등을 원재료로 하여 가공한 재화나 용역의 공급이 과세되는 경우에 적용한다.
② 일반적으로 의제매입세액은 면세농산물 등을 사용하는 날이 속하는 과세기간에 공제한다.
③ 의제매입세액공제를 받은 면세농산물 등을 그대로 양도하는 경우, 그 공제액은 납부세액에 가산하거나 환급세액에서 공제한다.
④ 음식점업의 경우에는 개인사업자와 법인사업자의 의제매입세액 공제율이 다르다.

정답 ②

해설
의제매입세액의 공제시기는 면세농산물 등을 사용하는 시점이 아니라 구입하는 시점이다.

06 공통매입세액의 안분, 정산, 재계산

최근 71회 시험 중 3회 기출

(1) 공통매입세액의 안분계산

공급받은 재화·용역을 과세사업과 면세사업에 공통으로 사용하고 그 실제 귀속을 구분할 수 없는 경우, 면세사업 관련 매입세액은 다음 산식에 의하여 계산한다.

$$\text{면세 관련 매입세액} = \text{공통매입세액} \times \text{해당 과세기간의 } \frac{\text{면세공급가액}}{\text{총공급가액}}$$

참고 안분계산을 하지 않아도 되는 경우

다음 중 어느 하나에 해당하는 경우에는 전액 공제되는 매입세액으로 한다.

- 해당 과세기간의 총공급가액 중 면세공급가액이 5% 미만인 경우(단, 공통매입세액이 500만 원 이상인 경우는 제외)
- 해당 공통매입세액이 5만 원 미만인 경우
- 해당 과세기간에 신규로 사업을 시작한 사업자가 동 과세기간에 외부에 매각하면서 전액 과세표준으로 처리하였던 공통사용 재화인 경우

당기에 매입하여 당기에 매각한 경우의 안분기준

(당해 과세기간에 신규로 사업을 시작한 사업자가 아니면서) 과세사업과 면세사업에 공통으로 사용하는 재화를 '매입한 과세기간 중에 다시 매각'함에 따라 매각한 재화의 과세표준을 직전 과세기간의 공급가액 비율에 따라 안분계산한 경우에는, 그 재화에 대한 매입세액의 안분계산도 직전 과세기간의 공급가액 비율을 기준으로 한다.

(2) 공통매입세액의 정산

예정신고 시 안분계산한 공통매입세액은 확정신고 시 다음 산식에 의하여 반드시 정산하여야 한다.

$$\text{면세 관련 매입세액} = \left(\text{공통매입세액} \times \text{해당 과세기간의 } \frac{\text{면세공급가액}}{\text{총공급가액}}\right) - \text{기 불공제 매입세액}$$

(3) 납부(환급)세액의 재계산

공통매입세액 안분계산에 따라 매입세액을 공제받은 감가상각자산에 대하여 향후 면세사업 비중이 증가 또는 감소하여 다음의 요건을 모두 충족하는 경우 당초 안분계산했던 매입세액을 다시 계산하여 납부세액에 가산하거나 공제한다. 이러한 납부(환급)세액의 재계산은 예정신고 때에는 하지 않고 확정신고 때에만 한다.

재계산의 요건은 다음과 같다.

- 감가상각자산이어야 함
- 직전에 재계산한 과세기간보다 면세비율이 5% 이상 증가 또는 감소하여야 함
- 공통매입세액 안분계산에 의하여 매입세액이 공제되었어야 함

가산 또는 공제되는 매입세액
= 공통매입세액 × {1 - (체감률[1] × 경과된 과세기간의 수[2])} × 면세증감비율

[1] 건물 및 구축물 5%, 기타의 감가상각자산 25%

[2] 경과된 과세기간의 수를 계산할 때, 해당 과세기간의 개시일에 취득 및 재계산을 하게 된 것으로 본다. (기초취득·기초재계산 간주)

(4) 사례

회사는 과세사업(택시)과 면세사업(마을버스)에 같이 사용하기 위하여 20x1년 1월 2일에 기계장치(차량수리용 장비)를 공급가액 8,000,000원, 부가가치세 800,000원에 구입하고 세금계산서를 발급받았다. 과세와 면세 공급가액이 다음과 같을 때, 면세 관련 매입세액에 대하여 공통매입세액의 안분, 정산, 재계산을 하여 보자.

구 분	과세공급가액	면세공급가액	합 계	면세비율
20x1. 1. 1.~3. 31.	7억 원	3억 원	10억 원	30%
20x1. 4. 1.~6. 30.	9억 원	6억 원	15억 원	40%
합 계	16억 원	9억 원	25억 원	36%
20x1. 7. 1.~9. 30.	6억 원	4억 원	10억 원	40%
20x1. 10. 1.~12. 31.	5억 원	5억 원	10억 원	50%
합 계	11억 원	9억 원	20억 원	45%

[풀이] · 20x1년 제1기 예정신고 안분계산

$$\text{면세 관련 매입세액} = \text{공통매입세액} \times \text{해당 예정신고기간의 } \frac{\text{면세공급가액}}{\text{총공급가액}}$$

$$= 800,000 \times \frac{3\text{억}}{10\text{억}} = 240,000\text{원(불공제)}$$

· 20x1년 제1기 확정신고 정산

$$\text{면세 관련 매입세액} = (\text{공통매입세액} \times \text{해당 과세기간의 } \frac{\text{면세공급가액}}{\text{총공급가액}}) - \text{기 불공제 매입세액}$$

$$= (800,000 \times \frac{3\text{억} + 6\text{억}}{10\text{억} + 15\text{억}}) - 240,000 = 48,000\text{원(불공제)}$$

· 20x1년 제2기 확정신고 재계산

가산 또는 공제되는 매입세액 = 공통매입세액 × {1 - (체감률 × 경과된 과세기간의 수)} × 면세증감비율
= 800,000원 × {1 - (25% × 1)} × (45% - 36%) = 54,000원(불공제)

07 부가가치세 신고서상 매입세액

매입세액	세금계산서 수취분	일반매입	10			
		고정자산매입	11			
	예정신고누락분		12			
	매입자발행세금계산서		13			
	그 밖의 공제매입세액		14			
	합계(10 + 11 + 12 + 13 + 14)		15			
	공제받지못할매입세액		16			
	차감계(15 - 16)		17		㉯	

부가가치세 신고서에서 적격증빙에 대한 매입세액공제는 다음과 같은 방식으로 작성한다. 의제매입세액공제가 있는 경우 '그 밖의 공제매입세액'란에 기입하고, 공통매입세액의 안분, 정산, 재계산에서 면세 관련 매입세액은 '공제받지못할매입세액'란에 기입한다.

(1) 세금계산서 수취분

매입세액공제 여부와 관계없이 수취한 모든 세금계산서의 합계 금액을 '세금계산서 수취분'란에 기입한 후, 세금계산서 수취분 중 매입세액 불공제분을 다시 '공제받지못할매입세액'란에 기입한다.

(2) 신용카드매출전표, 현금영수증 수취분

매입세액공제 받을 수 있는 항목의 합계 금액만 '그 밖의 공제매입세액'란에 기입한다.
따라서, 부가가치세 신고서와 신용카드매출전표 등 수령명세서를 작성할 때에는 신용카드매출전표 등 수취분 중 다음 항목들을 제외한 금액만 기재하여야 한다.

- 매입세액 불공제분
- 간이과세자 중 신규사업자 및 직전연도 공급대가 4,800만 원 미만인 사업자로부터 받은 수취분

  참고 간이과세자 중 신규사업자 및 직전연도 공급대가 4,800만 원 미만인 사업자는 세금계산서를 발급할 수 없는 자이므로, 동 사업자로부터 받은 신용카드매출전표 등으로는 매입세액공제 받을 수 없다.
- 영수증만 발급할 수 있는 거래인 목욕, 이발, 미용, 여객운송업(전세버스 제외), 입장권발행 사업자 등으로부터 받은 수취분

  참고 영수증만 발급할 수 있는 업종(다군)은 세금계산서를 발급할 수 없는 업종이므로, 동 업종에서 받은 신용카드매출전표 등으로는 매입세액공제 받을 수 없다.

참고 고정자산매입과 일반매입

고정자산(감가상각대상인 유형자산과 무형자산)에 대한 매입이 있는 경우 부가가치세 조기환급을 받을 수 있으므로, 부가가치세신고서 서식에서 세금계산서 수취분과 신용카드매출전표 등 수령분을 기입할 때 '고정자산매입'과 '일반매입'을 구분하여 기입한다.

핵심기출문제

* 본서에 수록된 기출문제의 날짜는 학습효과를 높이기 위하여 일부 수정함

01 다음 중 부가가치세 과세표준에 포함하는 항목이 아닌 것은? [제96회]

① 재화의 수입에 대한 관세, 개별소비세, 주세, 교육세, 농어촌특별세 상당액
② 할부판매, 장기할부판매의 경우 이자 상당액
③ 공급대가의 지급 지연으로 인하여 지급받는 연체이자
④ 대가의 일부로 받은 운송보험료, 산재보험료

02 다음 자료는 올해 2기 확정신고기간의 자료이다. 부가가치세 과세표준은 얼마인가?

[제82회]

구 분	금 액	비 고
세금계산서를 발급한 제품매출	100,000,000원 (공급가액)	· 할부판매, 장기할부판매의 이자 상당액 2,000,000원 포함되어 있음 · 현금으로 지급한 판매장려금 1,000,000원이 차감되지 않았음 · 제품으로 지급한 판매장려물품의 시가 1,000,000원(공급가액)이 차감되지 않았음

① 99,000,000원 ② 100,000,000원 ③ 101,000,000원 ④ 102,000,000원

03 ㈜구룡은 제품을 외국에 수출하는 업체이다. 당사 제품 $50,000를 수출하기 위하여 올해 11월 20일에 선적하고 대금은 올해 12월 10일에 수령하였다. 수출 관련 과세표준은 얼마인가?

[제91회]

11월 20일 기준환율	1,000원/$	12월 10일 기준환율	1,100원/$
11월 20일 대고객매입률	1,050원/$	12월 10일 대고객매입률	1,200원/$

① 50,000,000원 ② 55,000,000원 ③ 50,500,000원 ④ 60,000,000원

04 당기에 면세사업과 과세사업에 공통으로 사용하던 업무용 트럭 1대를 매각하였다. 다음 중 공급가액의 안분계산이 필요한 경우는? [제66회]

(단위 : 원)

	공통사용재화 공급가액	직전 과세기간 총공급가액	직전 과세기간 면세공급가액	당기과세기간 총공급가액	당기과세기간 면세공급가액
①	490,000	100,000,000	50,000,000	150,000,000	10,000,000
②	45,000,000	신규사업개시로 없음		200,000,000	150,000,000
③	35,000,000	300,000,000	14,000,000	500,000,000	41,000,000
④	55,000,000	200,000,000	9,000,000	150,000,000	20,000,000

정답 및 해설

01 ③ 공급에 대한 대가의 지급이 지체되었음을 이유로 받는 연체이자는 과세표준에 포함하지 않는다.

02 ③
- 할부판매의 이자상당액은 과세표준에 포함한다.
- 금전으로 지급하는 판매장려금은 과세표준에서 공제하지 않는다.
- 재화로 지급하는 판매장려물품은 사업상 증여에 해당하므로, 과세표준에서 공제하지 않을 뿐 아니라 별도의 과세대상 과세표준으로 가산한다.
- 과세표준 = 100,000,000(제품매출) − 0(판매장려금) − 0(판매장려물품) + 1,000,000(판매장려물품)
  = 101,000,000원

03 ①
- 대가를 외화로 받은 경우로서, ㉠ 공급시기 도래 전에 받았지만 공급시기 이후까지 원화로 환가하지 않고 외국통화로 보유하고 있거나 ㉡ 공급시기 이후에 받은 경우에는, 공급시기(선적일)의 기준환율에 따라 계산한 금액을 과세표준으로 한다.
- 과세표준 = $50,000 × @1,000 = 50,000,000원

04 ④
① 해당 재화의 공급가액이 50만 원 미만인 경우 : 안분계산 X
② 해당 과세기간에 신규로 사업을 시작하여 직전 과세기간이 없는 경우 : 안분계산 X
③ 직전 과세기간의 총공급가액 중 면세공급가액이 5% 미만인 경우(단, 공통사용재화의 공급가액이 5,000만 원 이상인 경우는 제외) : 안분계산 X
④ 직전 과세기간의 총공급가액 중 면세공급가액이 5% 미만이라 하더라도 공통사용재화의 공급가액이 5,000만 원 이상인 경우 : 안분계산 O

05 아래의 자료를 이용하여 부가가치세법상 폐업시 잔존재화의 과세표준을 구하면 얼마인가?

[제100회]

- 감가상각자산 : 기계장치
- 취득일자 : 작년 4. 2.
- 폐업일자 : 올해 6. 1.
- 취득원가 : 54,000,000원(부가가치세 5,400,000원 별도)
- 취득 당시 매입세액공제 받음

① 13,500,000원 ② 20,000,000원 ③ 27,000,000원 ④ 48,600,000원

06 다음 중 부가가치세 매입세액공제가 가능한 경우는? [제69회]

① 공장부지 및 택지의 조성과 관련하여 수취한 세금계산서상 매입세액
② 제조업자가 영업팀에서 사용할 승용차(5인승, 2,000cc)를 구입하고 수취한 세금계산서상 매입세액
③ 음식업자가 캔통조림을 구입하고 수취한 세금계산서상 매입세액
④ 소매업자가 사업과 관련하여 수취한 간이영수증에 의한 매입세액

07 다음은 세금계산서의 작성, 발급, 전송 등에 관한 사항이다. 설명이 잘못된 것은? [제67회]

① 1월 15일을 작성일자로 한 세금계산서를 같은 해 2월 15일에 발급한 경우 매출자에게는 세금계산서 관련 가산세가 적용된다.
② 1월 15일을 작성일자로 한 세금계산서를 같은 해 2월 15일에 발급받은 경우 매입자에게는 세금계산서 관련 가산세가 적용된다.
③ 1월 15일을 작성일자로 한 세금계산서를 같은 해 7월 15일에 발급한 경우 매출자에게는 세금계산서 관련 가산세가 적용된다.
④ 1월 15일을 작성일자로 한 세금계산서를 같은 해 7월 15일에 발급받은 경우 매입자에게는 매입세액이 공제되지 않는다.

08 다음 중 부가가치세법상 대손세액공제와 관련된 설명 중 틀린 것은? [제43회]

① 대손세액공제는 확정신고 시에만 가능하다.
② 어음은 부도가 발생하면 즉시 대손세액공제가 가능하다.
③ 대손세액공제액은 대손금액(부가가치세 포함)에 110분의 10을 곱한 금액이다.
④ 대손금액을 회수한 경우 대손세액을 회수한 날이 속하는 과세기간의 매출세액에 가산한다.

정답 및 해설

05 ③ 재화의 간주공급에 대한 과세표준 중 감가상각대상 자산인 경우(= 간주시가)
= 취득원가 × 1 − (체감률 25% × 경과된 과세기간의 수)
= 54,000,000 × 1 − (25% × 2)
= 27,000,000원

06 ③ ① 토지의 자본적 지출 관련 매입세액
② 비영업용 소형승용차의 구입·임차·유지 관련 매입세액
④ 간이영수증에 의한 매입세액

07 ④ 공급시기가 속하는 과세기간의 확정신고기한 이내에 세금계산서를 발급받은 경우 매입세액공제를 받을 수 있다.

08 ② 어음은 부도발생일로부터 6개월 이상 경과한 날이 속하는 과세기간의 확정신고 시 대손세액공제가 가능하다.

09 다음 중 부가가치세법상 의제매입세액공제와 관련된 설명으로 틀린 것은? [제31회 수정]

① 음식점에서 양념하지 않은 돼지고기를 구입하고 계산서를 받은 경우 의제매입세액공제 대상이다.

② 의제매입세액의 공제대상이 되는 원재료의 매입가액에는 운임 등의 부대비용을 포함한다.

③ 일반과세자인 음식점은 정규 증빙 없이 농어민으로부터 구입 시 의제매입세액공제를 받을 수 없다.

④ 예정신고 시에도 의제매입세액공제를 적용한다.

10 다음 자료는 올해 2기 예정신고기간의 자료이다. 부가가치세 과세표준은 얼마인가? (단, 제시된 자료 이외는 고려하지 말 것) [제98회]

- 발급한 세금계산서 중 영세율세금계산서의 공급가액은 2,000,000원이다. 그 외의 매출 및 매입과 관련된 영세율 거래는 없다.
- 세금계산서를 받고 매입한 물품은 공급가액 15,500,000원, 부가가치세 1,550,000원이다. 이 중 거래처 선물용으로 매입한 물품(공급가액 500,000원, 부가가치세 50,000원)이 포함되어 있다.
- 납부세액은 2,500,000원이다.

① 40,000,000원 ② 40,500,000원 ③ 42,000,000원 ④ 45,000,000원

정답 및 해설

09 ② 의제매입세액의 공제대상이 되는 원재료의 매입가액에는 운임 등의 부대비용을 제외한다.

10 ③ · 납부세액 = 매출세액 - (매입세액 - 매입세액불공제)
→ 2,500,000 = ? - (1,550,000 - 50,000)
∴ 매출세액 = 4,000,000원
· 매출세액 = 10% 과세 공급가액 × 10%
→ 4,000,000 = ? × 10%
∴ 10% 과세 공급가액 = 40,000,000원
· 과세표준 = 10% 과세 공급가액 + 영세율 적용 공급가액
= 40,000,000 + 2,000,000
= 42,000,000원

제6절 | 신고와 납부

01 경감·공제세액

최근 71회 시험 중 4회 기출

(1) 신용카드매출전표 등 발행 세액공제

일반과세자·간이과세자 중 영수증 발급 대상자가 부가가치세가 과세되는 재화 또는 용역을 공급하고 세금계산서의 발급시기에 신용카드매출전표·현금영수증을 발급하거나, 전자적 결제수단에 의하여 그 대금을 결제받는 경우 다음 산식에 의한 금액을 연간 1,000만 원을 한도로 납부세액에서 공제한다. (단, 법인은 적용 불가, 직전 연도 공급가액 합계액이 10억 원을 초과하는 개인사업자는 적용 불가) 이 경우 공제받는 금액이 납부세액을 초과하는 때에는 그 초과하는 금액은 없는 것으로 본다.

공제액 = 그 발급금액 또는 결제금액 × 1.3%

(2) 전자세금계산서 발급·전송 세액공제

직전연도 공급가액의 합계액이 3억 원 미만인 개인사업자가 전자세금계산서를 발급하고 발급일의 다음 날까지 발급명세를 전송한 경우 다음 산식에 의한 금액을 연간 100만 원을 한도로 납부세액에서 공제한다. (단, 법인은 적용 불가) 이 경우 공제받는 금액이 납부세액을 초과하는 때에는 그 초과하는 금액은 없는 것으로 본다.

공제액 = 전자세금계산서 발급 건수 × 200원

(3) 전자신고 세액공제

납세자가 직접 전자신고방법에 의하여 부가가치세 확정신고[1]를 하는 경우 해당 납부세액에서 1만 원을 공제하거나 환급세액에 가산한다. (법인도 적용 가능)

[1] 예정신고 때에는 적용되지 않는다.

02 예정신고와 납부

최근 71회 시험 중 2회 기출

(1) 법인사업자의 경우

예정신고기간의 종료 후 25일 이내에 해당 예정신고기간에 대한 과세표준과 납부세액을 신고·납부하여야 한다.

참고 영세한 법인사업자에 대한 부가가치세 예정고지 허용
직전 과세기간 공급가액의 합계액이 1억 5천만 원 미만인 영세법인사업자의 경우에는 개인사업자와 마찬가지로 예정신고기간의 부가가치세가 과세관청으로부터 고지가 되므로 별도의 신고 없이 납부만 할 수 있다.

(2) 개인사업자의 경우

① 원칙 : 예정고지

개인사업자 및 영세법인사업자의 경우 예정신고기간의 부가가치세는 직전 과세기간(6개월) 납부세액의 1/2에 해당하는 금액이 과세관청으로부터 고지되므로 별도의 신고 없이 납부만 하면 된다. 다만, 징수세액이 50만 원 미만인 경우에는 고지·징수되지 않는다.

참고 전자고지세액공제
개인사업자 및 영세법인사업자가 부가가치세 예정고지에 대하여 전자적 방법으로 송달받을 것을 신청(전자고지 신청)한 경우, 해당 납부세액에서 1,000원을 공제한다.

② 예외 : 예정신고

개인사업자 및 영세법인사업자라고 하더라도 다음 중 어느 하나에 해당하는 경우에는 예정신고·납부할 수 있다.

- 휴업 또는 사업부진으로 인하여 각 예정신고기간의 공급가액 또는 납부세액이 직전 과세기간의 공급가액 또는 납부세액의 1/3에 미달하는 자
- 각 예정신고기간분에 대해 조기환급을 받고자 하는 자

03 확정신고와 납부

최근 71회 시험 중 2회 기출

사업자는 각 과세기간 종료 후 25일 이내에 해당 과세기간에 대한 과세표준과 납부세액을 신고·납부하여야 한다.

납부(환급)세액(매출세액 ㉮ - 매입세액 ㉯)				㉰	
경감공제세액	그 밖의 경감·공제세액	18			
	신용카드매출전표등 발행공제등	19			
	합 계	20		㉱	
예정신고미환급세액		21		㉳	
예정고지세액		22		㉴	
사업양수자의 대리납부 기납부세액		23		㉵	
매입자 납부특례 기납부세액		24		㉶	
가산세액계		26		㉸	
차감·가감하여 납부할 세액(환급받을 세액) (㉰ - ㉱ - ㉳ - ㉴ - ㉵ - ㉶ + ㉸)				27	
총괄납부사업자가 납부할 세액(환급받을 세액)					

확정신고·납부와 관련하여 주의할 사항은 다음과 같다.

- 예정신고 및 조기환급신고에 있어서 이미 신고한 내용은 확정신고대상에서 제외하며, 예정신고 시 미환급된 세액은 확정신고 시 '예정신고미환급세액'란에 기입하여 납부세액에서 공제한다.
- 예정고지액을 납부한 개인사업자 및 영세법인사업자의 경우 확정신고 시 과세기간 전체에 대한 매출 및 매입을 신고하고, 예정고지납부세액을 '예정고지세액'란에 기입하여 납부세액에서 공제한다.
- 확정신고 시에는 부가가치세 확정신고서와 함께 매입·매출처별 세금계산서합계표, 영세율첨부서류, 신용카드매출전표 등 수령명세서, 기타 첨부서류를 제출하여야 하나, 예정신고 및 조기환급신고에 있어서 이미 제출한 것은 제외한다.

04 환급

최근 71회 시험 중 **10**회 기출

부가가치세 납부세액을 계산함에 있어 매입세액이 매출세액을 초과하는 경우에는 환급세액이 발생하게 되는데, 환급세액을 돌려받는 유형은 일반환급과 조기환급 두 가지로 나누어 볼 수 있다.

(1) 일반환급

환급세액은 원칙적으로 예정신고 시에는 환급되지 않고 확정신고 시에만, 확정신고기한 경과 후 30일 이내에 환급된다. 예정신고기간의 환급세액은 환급이 되는 것이 아니라 확정신고 시 납부할 세액에서 차감된다.

(2) 조기환급

조기환급이란 환급세액을 각 예정·확정신고기간 또는 조기환급기간별로 해당 신고기한 경과 후 15일 이내에 환급받는 것을 말한다.

① 조기환급대상

- 영세율 규정이 적용되는 때
- 사업설비(감가상각대상인 유형자산과 무형자산)를 신설, 취득, 확장 또는 증축하는 때
- 법원의 인가결정을 받은 회생계획 등 재무구조개선계획을 이행 중인 때

② 조기환급절차

- 예정·확정신고기간별 조기환급

신 고	조기환급을 받고자 하는 사업자가 확정 또는 예정신고서를 제출한 경우에는 환급에 관하여 신고한 것으로 본다.
환 급	환급세액은 각 확정 또는 예정신고기한 경과 후 15일 이내에 환급받는다.

· 조기환급기간별 조기환급

<table>
<tr>
<td>신 고</td>
<td>
조기환급기간이란 예정신고기간 또는 과세기간 최종 3개월에서 매월 또는 매 2월을 말한다.
조기환급기간에 조기환급을 받고자 하는 사업자는 조기환급기간 종료 후 25일 내에 조기환급기간에 대한 과세표준과 환급세액을 신고하여야 한다.

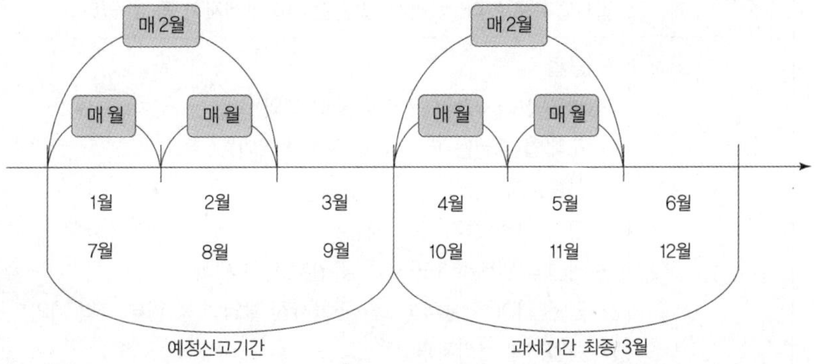

</td>
</tr>
<tr>
<td>환 급</td>
<td>
조기환급기간에 대한 환급세액은 조기환급기간별로 조기환급신고기한 경과 후 15일 이내에 환급받는다.

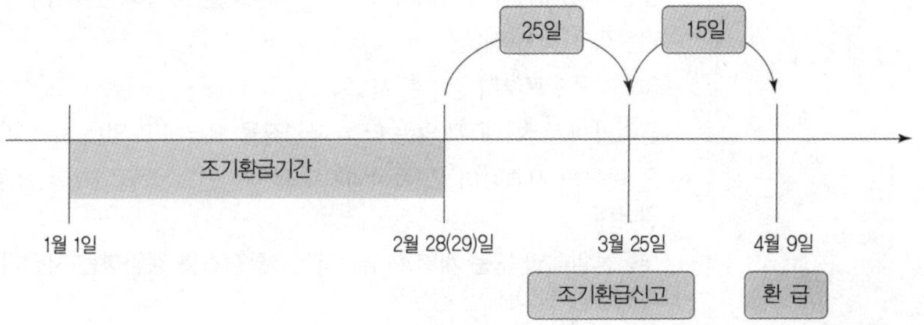

</td>
</tr>
</table>

기출확인문제

*2024년 출제예상

<table>
<tr>
<td>
일반과세자의 부가가치세 확정신고 시 조기환급세액이 발생하는 경우, 부가가치세법상 환급세액을 확정신고기한 경과 후 며칠 이내에 환급해주어야 하는가? (특별회차(16년 8월))

① 15일 ② 20일 ③ 25일 ④ 30일
</td>
<td>
정답 ①

해설
조기환급을 받고자 하는 사업자가 부가가치세 확정신고서를 제출한 경우, 확정신고기한 경과 후 15일 이내에 환급받는다.
</td>
</tr>
</table>

05 간이과세자

빈출 최근 71회 시험 중 15회 기출

(1) 간이과세자의 범위

적용대상	직전 1역년의 재화와 용역의 공급대가(= 공급가액 + 부가가치세)가 1억 400만 원 미만[1)]인 개업사업자로 한다. 따라서, 법인은 간이과세자가 될 수 없다.
적용배제 업종	· 광업 · 제조업(과자점업 등 일부 사업 제외) · 도매업(재생용 재료 수집·판매업 제외) · 상품중개업 · 전기·가스·증기·수도 사업 · 건설업(인테리어 공사업 등 일부 사업 제외) · 전문·과학·기술서비스업(인물사진 촬영업 등 일부 사업 제외) · 사업시설 관리지원업 · 부동산매매업 · 일정지역 내에서 일정 규모 이상인 부동산임대업[1)] · 일정지역 내에서 개별소비세 과세유흥장소를 경영하는 사업[1)] · 전문직 사업서비스업 · 일반과세자로부터 양수한 사업 · 간이과세가 적용되지 않는 다른 사업장을 보유하고 있는 사업자 · 둘 이상의 사업장이 있는 사업자로서 직전연도 공급대가의 합계액이 1억 400만 원 이상인 경우 · 부동산임대업 또는 개별소비세 과세유흥장소를 경영하는 사업자로서 직전연도 공급대가가 4,800만 원 이상인 경우[1)]

[1)] 업종이 부동산임대업 또는 개별소비세 과세유흥장소인 경우에는, ㉠ 간이과세 적용이 배제되거나, ㉡ 간이과세 판단 기준금액이 4,800만 원임

(2) 간이과세자의 특징

- 주로 최종소비자를 매출처로 하기 때문에 전단계세액공제법을 적용하지 않더라도 부가가치세 제도 운영에 큰 지장이 없다고 보아 특례를 적용한다. 이에 따라, 간이과세자 중 신규사업자 및 직전연도 공급대가 4,800만 원 미만인 사업자는 세금계산서를 발급할 수 없고 영수증만 발급할 수 있다.
- 납부세액을 '매출세액 – 매입세액'으로 계산하지 않고, 공급대가와 업종별 부가가치율을 사용하여 간편한 방법으로 계산한다. 이에 따라, 간이과세자는 원칙적으로 매입세액공제를 적용할 수 없고, 매출세액보다 매입세액이 크더라도 부가가치세액을 환급받지 못한다.
- 간이과세자에게도 영세율이 적용되나, 영세율을 적용받는 경우에도 부가가치세액을 환급받지 못한다.
- 간이과세자는 공급대가를 과세표준으로 한다.

(3) 간이과세자의 부가가치세 계산구조

① 납부세액

간이과세자의 경우, 납부세액은 공급대가에 부가가치세율(10% 또는 0%)을 곱한 후 다시 업종별 부가가치율(15~40%)을 곱하여 계산한다.

납부세액 = 공급대가 × (0% 또는 10%) × 업종별 부가가치율(15~40%)

② 차감 납부할 세액

납부세액[3]	공급대가 × (0%, 10%) × 업종별 부가가치율(15%~40%)
(+) 재고납부세액	일반과세자가 간이과세자로 과세유형이 변경된 경우
(-) 세액공제[4]	매입세금계산서 등에 대한 세액공제[1], 신용카드매출전표 등 발행세액공제, 전자세금계산서 발급·전송 세액공제, 전자신고세액공제, 전자고지세액공제
(-) 예정고지세액	-
(+) 가산세	세금계산서 미수취 가산세[2], 그 외
(=) 차감 납부할 세액	-

1) 세금계산서·신용카드매출전표·현금영수증을 발급받은 공급대가 × 0.5%

2) 간이과세자가 세금계산서 발급의무가 있는 사업자로부터 재화·용역을 공급받고 세금계산서를 발급받지 않은 경우, '공급대가 × 0.5%'

3) 대손세액공제 적용 안 됨

4) 의제매입세액공제 적용 안 됨

(4) 간이과세자의 신고와 납부

간이과세자는 1월 1일부터 12월 31일까지를 한 과세기간으로 하여 과세기간 종료 후 25일 이내에 해당 과세기간에 대한 과세표준과 납부세액을 신고·납부하여야 한다.

1월 1일부터 6월 30일까지를 예정부과기간으로 하여 직전 과세기간(1년) 납부세액의 1/2에 해당하는 금액이 고지되고 이를 납부하게 된다.

다만, 예정부과기간에 세금계산서를 발급한 간이과세자는 예정부과기간에 대한 과세표준과 납부세액을 반드시 신고·납부하여야 한다(강제규정).

(5) 납부의무의 면제

간이과세자의 해당 과세기간(1년)에 대한 공급대가가 4,800만 원 미만인 경우에는 납부세액의 납부의무가 면제된다.

다만, 재고납부세액의 납부의무는 면제되지 않는다.

(6) 간이과세의 포기

간이과세자가 간이과세자에 관한 규정의 적용을 포기하고 일반과세자에 관한 규정을 적용받으려는 경우에는, 관할 세무서에 일반과세를 적용받고자 하는 달의 전달 마지막 날까지 간이과세 포기신고서를 제출하여야 한다.

간이과세 포기를 한 경우에는 이후 3년이 되는 날이 속하는 과세기간까지는 간이과세자에 관한 규정을 적용받지 못한다.

다만, 직전연도 공급대가 4,800만 원 이상 1억 400만 원 미만인 개인사업자는 3년 이내라도 포기의 철회가 가능하며, 이 경우 해당 과세기간 개시 10일 전까지 신고하여야 한다.

기출확인문제 *2024년 출제예상

다음 중 부가가치세법상 간이과세자에 대한 설명 중 틀린 것은? (제45회)

① 간이과세자의 과세표준은 공급대가이다.
② 일반과세자인 부동산임대사업자가 신규로 음식점 사업을 하는 경우 간이과세자가 될 수 있다.
③ 간이과세자도 영세율을 적용받을 수 있다.
④ 간이과세자의 부가가치세율은 10%이다.

정답 ②

해설
간이과세가 적용되지 않는 다른 사업장을 보유하고 있는 사업자는 간이과세자가 될 수 없다.

06 가산세

최근 71회 시험 중 2회 기출

(1) 가산세의 종류

① 사업자미등록 등 가산세

구 분	내 용	가산세 금액
사업자미등록 등[61]	· 미등록 : 사업개시일로부터 20일 이내에 사업자등록을 신청하지 않은 경우 · 타인명의등록 : 타인명의로 사업자등록을 하는 경우	미등록·타인명의등록 기간 동안의 공급가액[1] × 1%

[1] 사업개시일로부터 실제 사업자등록신청일 직전일까지의 공급가액 합계액을 말한다.

② 세금계산서 가산세

구 분	내 용	가산세 금액
지연발급 등[62]	· 지연발급 : 세금계산서를 법정 발급기한 이후이면서 해당 재화·용역의 공급시기가 속하는 과세기간의 확정신고기한 이내에 발급한 경우 · 부실기재 : 발급한 세금계산서의 필요적 기재사항의 전부 또는 일부가 기재되지 않았거나 사실과 다른 경우(단, 착오인 경우로서 나머지 기재사항에 의하여 거래사실이 확인되는 경우에는 제외)	공급가액 × 1%
지연수취[63]	· 지연수취 : 세금계산서를 법정 발급기한 이후이면서 해당 재화·용역의 공급시기가 속하는 과세기간의 확정신고기한 이내에 발급받은 경우[1]	공급가액 × 0.5%

미발급 등[64]	· 미발급 : 재화·용역의 공급시기가 속하는 과세기간의 확정신고기한 이내에 세금계산서를 발급하지 아니한 경우 · 위장발급·수취 : 실제와 다른 명의로 세금계산서 또는 신용카드매출전표 등을 발급하거나 발급받은 경우 · 과다 기재 발급·수취 : 공급가액을 과다 기재한 세금계산서 또는 신용카드매출전표 등을 발급하거나 발급받은 경우	공급가액 × 2%[2)]
	· 가공발급·수취 : 재화·용역을 공급하거나 공급받지 않고 세금계산서 또는 신용카드매출전표 등을 발급하거나 발급받은 경우	공급가액 × 3%

1) 다음 중 어느 하나에 해당하는 경우 포함
- 세금계산서를 해당 과세기간의 확정신고기한이 지난 후 발급받았더라도, ㉠ 그 세금계산서의 발급일이 확정신고기한 다음 날부터 1년 이내이고, ㉡ 납세자가 수정신고·경정청구하거나 과세기관이 결정·경정하는 경우
- 세금계산서를 재화·용역의 공급시기 전에 발급받았더라도, ㉠ 공급시기가 그 세금계산서의 발급일로부터 6개월 이내에 도래하고, ㉡ 과세기관이 결정·경정하는 경우

2) 다음 중 어느 하나에 해당하는 경우에는 그 공급가액의 1%를 가산세로 한다.
- 전자세금계산서 발급의무자(예 법인)가 종이세금계산서를 발급한 경우
- 둘 이상의 사업장을 가진 사업자가 재화·용역을 공급한 사업장 명의로 세금계산서를 발급하지 아니하고 세금계산서의 발급시기에 자신의 다른 사업장 명의로 세금계산서를 발급한 경우

③ 전자세금계산서발급명세 가산세

구 분	내 용	가산세 금액
지연전송[65]	발급명세를 법정 전송기한 이후이면서 해당 재화·용역의 공급시기가 속하는 과세기간의 확정신고기한 이내에 전송한 경우	공급가액 × 0.3%
미전송[66]	재화·용역의 공급시기가 속하는 과세기간의 확정신고기한 이내에 발급명세를 전송하지 아니한 경우	공급가액 × 0.5%

④ 세금계산서합계표 가산세

구 분	내 용	가산세 금액
매출처별 세금계산서합계표 불성실 가산세 [67] [68]	· 미제출 : 매출처별 세금계산서합계표를 제출하지 않은 경우 · 부실기재 : 매출처별 세금계산서합계표의 기재사항 중 거래처별 등록번호 또는 공급가액이 누락되거나 사실과 다르게 기재된 경우(단, 착오인 경우로서 세금계산서에 의하여 거래사실이 확인되는 경우에는 제외)	공급가액 × 0.5%
	· 지연제출 : 예정신고 시 제출해야 할 매출처별 세금계산서합계표를 확정신고 시 제출하는 경우	공급가액 × 0.3%

매입처별 세금계산서합계표 불성실 가산세 [67]	다음의 경우에는 가산세가 부과됨[1)] · 경정기관에 의한 추후 공제 : 매입처별 세금계산서 합계표의 미제출·부실기재[2)]로 인하여 매입세액 불공제가 되었다가 추후에 경정기관으로부터 세금계산서를 확인받고 해당 세금계산서를 경정기관에 제출하여 매입세액 공제를 받는 경우 · 과다 기재 : 매입처별 세금계산서합계표의 기재사항 중 공급가액이 과다하게 기재[2)]된 경우	공급가액 × 0.5%

[1)] 매입처별 세금계산서합계표를 제출하지 않으면 매입세액 공제를 받지 못하므로, 매입처별 세금계산서합계표의 미제출이나 지연제출에 대하여는 가산세가 부과되지 않는다.

[2)] 단, 착오인 경우로서 세금계산서에 의하여 거래사실이 확인되는 경우에는 제외

참고 **전자세금계산서 발급명세가 전송된 경우 세금계산서합계표 제출 의무 면제**

전자세금계산서 발급명세가 재화·용역의 공급시기가 속하는 과세기간(예정신고의 경우에는 예정신고기간) 말의 다음 달 11일까지 국세청장에게 전송된 경우에는 해당 예정신고 또는 확정신고 시 매출·매입처별 세금계산서합계표를 제출하지 아니할 수 있다.

⑤ 신용카드매출전표 등 가산세

구 분	내 용	가산세 금액
신용카드매출전표 등 수령명세서 불성실 가산세 [67]	다음의 경우에는 가산세가 부과됨[1)] · 경정기관에 의한 추후 공제 : 신용카드매출전표 등 수령명세서의 미제출로 인하여 매입세액 불공제가 되었다가 추후에 경정기관으로부터 신용카드매출전표 등을 확인받고 해당 신용카드매출전표 등을 경정기관에 제출하여 매입세액 공제를 받는 경우 · 과다 기재 : 신용카드매출전표 등 수령명세서의 기재사항 중 공급가액이 과다하게 기재[2)]된 경우	공급가액 × 0.5%

[1)] 신용카드매출전표 등 수령명세서를 제출하지 않으면 매입세액 공제를 받지 못하므로, 신용카드매출전표 등 수령명세서의 미제출이나 지연제출에 대하여는 가산세가 부과되지 않는다.

[2)] 단, 착오인 경우로서 신용카드매출전표 등에 의하여 거래사실이 확인되는 경우에는 제외

⑥ 신고불성실 가산세

구 분	내 용	가산세 금액
무신고 [69] [70]	사업자가 법정신고기한까지 예정신고 또는 확정신고를 하지 아니한 경우	일반 무신고 = 납부세액 × 20%
		부당[1)] 무신고 = 납부세액 × 40%
과소신고 [71] [72]	사업자가 법정신고기한까지 예정신고 또는 확정신고를 한 경우로서 ㉠ 납부세액을 과소신고하거나 ㉡ 환급세액을 과대신고한 경우	일반 과소신고 = 납부세액 × 10%
		부당[1)] 과소신고 = 납부세액 × 40%

[1)] 부당(부정)행위는 이중장부, 장부파기, 자산은닉 등 조세징수를 현저히 곤란하게 하는 행위를 말한다.

⑦ 납부지연 가산세

구 분	내 용	가산세 금액
납부지연[73]	사업자가 부가가치세를 ㉠ 납부기한까지 납부하지 않거나 미달 납부한 경우, 또는 ㉡ 초과 환급받은 경우	미달납부세액 × (22/100,000) × 미납일수[1]

[1] 법정 납부기한의 다음 날부터 자진납부일까지의 일수를 말한다.

⑧ 영세율과세표준 신고불성실 가산세

구 분	내 용	가산세 금액
영세율과세표준 신고불성실[74]	㉠ 영세율이 적용되는 과세표준을 신고하지 아니하거나 과소신고한 경우, 또는 ㉡ 영세율 첨부서류를 제출하지 않은 경우	영세율과세표준 × 0.5%

(2) 가산세의 중복적용 배제

우선 적용되는 가산세	적용 배제되는 가산세
· 미등록·타인명의등록 가산세(1%)	· 세금계산서 지연발급·부실기재 가산세(1%) 참고 세금계산서 미발급 가산세(2%)는 적용 배제되지 않음 · 전자세금계산서 발급명세 미전송·지연전송 가산세(0.5%, 0.3%) · 매출처별 세금계산서합계표 불성실 가산세(0.5%, 0.3%) · 신용카드매출전표 등 수령명세서 불성실 가산세(0.5%)
· 세금계산서 미발급·위장·과다기재·가공 가산세(2%, 3%)	· 미등록·타인명의등록 가산세(1%) · 매출처별 세금계산서합계표 불성실 가산세(0.5%, 0.3%) · 매입처별 세금계산서합계표 불성실 가산세(0.5%)
· 세금계산서 지연발급 가산세(1%) · 세금계산서 부실기재 가산세(1%) · 전자세금계산서 발급명세 미전송·지연전송 가산세(0.5%, 0.3%)	· 매출처별 세금계산서합계표 불성실 가산세(0.5%, 0.3%)
· 세금계산서 미발급·지연발급 가산세(2%, 1%)	· 세금계산서 부실기재 가산세(1%) · 전자세금계산서 발급명세 미전송·지연전송 가산세(0.5%, 0.3%)
· 세금계산서 과다기재 가산세(2%)	· 세금계산서 부실기재 가산세(1%)
· 세금계산서 부실기재 가산세(1%)	· 전자세금계산서 발급명세 미전송·지연전송 가산세(0.5%, 0.3%)
· 세금계산서 위장 가산세(2%)	· 세금계산서 미발급 가산세(2%)

기출포인트

세금계산서가 미발급·지연발급되면, 전자세금계산서 발급명세가 미전송·지연전송되고, 매출처별 세금계산서 합계표가 미제출·지연제출된다. 이와 관련된 가산세의 적용 순위는 다음과 같다.

- (1순위) 세금계산서 미발급·지연발급 가산세(2%, 1%)
- (2순위) 전자세금계산서 발급명세 미전송·지연전송 가산세(0.5%, 0.3%)
- (3순위) 매출처별 세금계산서합계표 불성실 가산세(0.5%, 0.3%)

(3) 가산세의 감면

① 수정신고 시 가산세 감면

- 감면대상 : 과소신고(또는 초과환급신고) 가산세(10%, 40%), 영세율과세표준 신고불성실 가산세(0.5%)
- 감면율

수정신고 시기	감면율
1개월 이내	90%
1개월 초과~3개월 이내	75%
3개월 초과~6개월 이내	50%
6개월 초과~1년 이내	30%
1년 초과~1년 6개월 이내	20%
1년 6개월 초과~2년 이내	10%

기출포인트

- 예정신고 누락분을 확정신고서에 반영하는 것도 수정신고하는 것으로 보아 감면을 적용한다.
- 납부지연 가산세에는 감면이 적용되지 않는다.

② 기한 후 신고 시 가산세 감면

- 감면대상 : 무신고가산세(20%, 40%)
- 감면율

기한 후 신고 시기	감면율
1개월 이내	50%
1개월 초과~3개월 이내	30%
3개월 초과~6개월 이내	20%

③ 지연 제출 및 지연 등록 시 가산세 감면

- 감면대상 : 매출처별 세금계산서합계표 미제출 가산세(0.5%), 영세율 첨부서류 미제출에 따른 영세율과세표준 신고불성실 가산세(0.5%), 사업자미등록 가산세(1%)
- 감면율

제출 시기	감면율
1개월 이내	50%

핵심기출문제

* 본서에 수록된 기출문제의 날짜는 학습효과를 높이기 위하여 일부 수정함

01 **다음 중 부가가치세법상 환급에 대한 설명으로 틀린 것은?** [제87회]

① 일반환급이란 환급세액을 각 과세기간별로 확정신고기한 경과 후 30일 이내에 환급받는 것을 말한다.
② 재화 및 용역의 공급에 영세율이 적용되는 경우 조기환급이 가능하다.
③ 고정자산매입 등 사업설비를 신설하는 경우 조기환급이 가능하다.
④ 예정신고기간에 대한 조기환급세액은 예정신고기한 경과 후 25일 이내에 환급받는다.

02 **20x1년 1월 10일에 사업을 개시하면서 대규모 기계설비를 취득한 경우, 시설투자로 인한 조기환급을 신고할 수 있는 가장 빠른 신고기한과 환급기한은 언제인가?** [제25회]

① 신고기한 : 20x1년 1월 31일, 환급기한 : 15일
② 신고기한 : 20x1년 2월 25일, 환급기한 : 15일
③ 신고기한 : 20x1년 4월 25일, 환급기한 : 15일
④ 신고기한 : 20x1년 4월 25일, 환급기한 : 30일

03 **다음 중 부가가치세법상 간이과세를 적용받을 수 있는 사업자는?** (단, 보기 외의 다른 소득은 없다) [제70회]

① 당기에 사업을 개시한 패션 악세사리(재생용 아님) 도매 사업자 김정수 씨
② 당기에 사업을 개시한 베이커리 사업자 장경미 씨
③ 직전 연도의 공급대가가 1억 2,000만 원에 해당하는 의류 매장을 운영하는 박민철 씨가 사업확장을 위하여 당기에 신규로 사업을 개시한 두 번째 의류 매장
④ 직전 연도의 공급가액이 1억 400만 원(부가가치세 1천 40만 원 별도)인 한식당을 운영하는 이영희 씨

04 다음 중 부가가치세법상 간이과세자에 대한 설명으로 틀린 것은? [제105회 수정]

① 법인은 간이과세자가 될 수 없다.
② 간이과세자도 영세율을 적용받을 수 있으나 공제세액이 납부세액을 초과하더라도 환급되지 않는다.
③ 간이과세자도 의제매입세액 공제를 받을 수 있다.
④ 간이과세자가 일반과세자에 관한 규정을 적용받으려는 경우에는 그 적용받으려는 달의 전달 마지막 날까지 관할 세무서장에게 간이과세 포기신고서를 제출하여야 한다.

05 다음 중 부가가치세법상 간이과세자에 대한 설명으로 옳은 것은? [제97회 수정]

① 모든 간이과세자는 세금계산서를 발급하여야 한다.
② 간이과세자는 전액 매입세액공제 받을 수 있다.
③ 간이과세자도 예정부과기간에 반드시 예정신고를 하여야 하는 경우가 있다.
④ 간이과세자는 해당 과세기간에 대한 공급대가가 3,000만 원 미만이어야만 납부의무가 면제된다.

정답 및 해설

01 ④ 조기환급이 적용되는 경우, 환급세액은 각 예정·확정신고기간 또는 조기환급기간별로 해당 신고기한 경과 후 15일 이내에 환급받는다.

02 ② · 조기환급기간별 신고기한은 조기환급기간 종료 후 25일 이내이며, 환급기한은 신고기한 경과 후 15일 이내이다.
· 1월 10일에 기계설비를 취득한 경우 1월을 조기환급기간으로 하여 2월 25일까지 환급세액을 신고할 수 있고 동 신고기한 경과 후 15일 이내에 환급받을 수 있다.

03 ② ① 도매업을 영위하는 경우 간이과세자가 될 수 없다.
③ 간이과세가 적용되지 않는 다른 사업장을 보유하고 있는 사업자는 간이과세자가 될 수 없다.
④ 간이과세의 적용대상은 직전 1역년의 공급대가(= 공급가액 + 부가가치세)가 1억 400만 원 미만인 개인사업자로 한다.

04 ③ 간이과세자는 의제매입세액 공제를 받을 수 없다.

05 ③ ① 간이과세자 중 신규사업자 및 직전 연도 공급대가 4,800만 원 미만인 사업자는 세금계산서를 발급할 수 없고 영수증만 발급할 수 있다.
② 간이과세자는 납부세액을 공급대가와 업종별 부가가치율을 사용하여 간편한 방법으로 계산한다. 이에 따라, 간이과세자는 원칙적으로 매입세액공제를 받을 수 없고, 세금계산서 등을 발급받은 공급대가의 0.5%에 대하여 세액공제를 받는다.
③ 예정부과기간에 세금계산서를 발급한 간이과세자는 예정부과기간에 대한 과세표준과 납부세액을 반드시 신고·납부하여야 한다.
④ 간이과세자는 해당 과세기간에 대한 공급대가가 4,800만 원 미만인 경우 납부의무가 면제된다.

제 5 장

부가가치세의 입력·신고

제 5 장

부가가치세의 입력·신고

Overview

부가가치세의 입력·신고는 실무시험 전체 70점 중 평균적으로 25점의 비중으로 출제된다.

부가가치세의 입력·신고는 제4장 부가가치세에서 학습한 회계처리를 KcLep의 [매입매출전표입력]과 [부가가치세신고서] 메뉴 등에 입력하는 방법을 학습하는 장이다. '기출확인문제'를 본서의 풀이순서에 따라 KcLep에 입력해보고, 문제 풀이에 필요한 KcLep의 기능과 관련 이론을 학습할 수 있도록 구성되어 있다.

출제비중

구 분	출제문항	배점(25점)
제1절 매입매출전표입력	문제 2	15점
제2절 부가가치세신고서 작성*	문제 3	10점

*전산회계 1급에서 전산세무 2급에 추가되는 부분입니다. 학습전략을 참고하여 학습하시기 바랍니다.

학습전략

제1절 매입매출전표입력

[매입매출전표입력]과 관련된 문제를 풀기 위해서는 [매입매출전표입력]에서의 입력 방법과 KcLep의 기능뿐만 아니라, 매입매출전표 유형의 구분과 일반전표의 회계처리를 알아야 한다. '핵심기출문제' 풀이 중 매입매출전표의 유형을 구분할 수 없다면, 제4장 부가가치세에서 문제와 관련된 이론을 다시 학습할 수 있도록 한다.

제2절 부가가치세신고서 작성

전산회계 시험에서는 출제범위가 아니지만 전산세무 2급부터 추가로 출제되는 부분이다. 전산회계 1급을 함께 학습하고 있거나, 이미 학습한 경우 '제2절 부가가치세신고서 작성' 전체 내용을 집중적으로 학습한다. 최근 71회 기출에서는 9가지의 부가가치세신고 관련 메뉴 중 매회 2~3문제씩 무작위로 출제되고 있다. 그중 [부가가치세신고서] 메뉴는 가장 출제빈도가 높고(71회 중 50회), 배점이 높아 다른 메뉴들보다 비중 있게 학습해야 한다.

제 1 절 | 매입매출전표입력

01 매입매출전표입력

· [매입매출전표입력]은 회계상 거래 중에서 부가가치세신고와 관련되는 거래를 입력하는 메뉴이다.
· [매입매출전표입력] 문제는 실무시험 문제 2(15점)에서 출제된다.
· [매입매출전표입력] 화면은 [회계관리] ▸ [전표입력] ▸ [매입매출전표입력]을 선택하여 들어갈 수 있다.

기출확인문제

㈜제일산업(코드번호 : 0101)의 당기 회계기간은 제5기이다.
다음 거래 자료를 [매입매출전표입력] 메뉴에 입력하시오. 제61회

> 8월 1일 ㈜대한기업에 제품을 8,000,000원(부가가치세 별도)에 판매하고 전자세금계산서를 발급하였다. 대금은 당사가 ㈜서울상사에게 지급할 외상매입금 2,000,000원을 직접 ㈜대한기업이 지급하기로 하였으며, 나머지는 보통예금으로 입금되었다.

기출 따라 하기

▶관련 이론 I 매출세액과 매입세액 p.454

(1) 분개

8월 1일	(차) 외상매입금(㈜서울상사)	2,000,000	(대) 제품매출	8,000,000
	보통예금	6,800,000	부가세예수금	800,000

(2) 입력방법

① 월란에 "8월"을 입력한다.

▶ 거래가 발생한 날짜의 월을 입력한다. 숫자를 직접 입력하거나 열림단추를 클릭하여 1월~12월 중 해당 월을 선택한다.

② 일란에 "1일"을 입력한다.

▶ 거래일은 다음과 같이 두 가지 방법으로 입력할 수 있다. 이는 [일반전표입력] 메뉴에서의 방법과 동일하다.

| 방법1 | 화면 상단의 일란을 빈칸으로 두고 Enter↵를 누른다. 이에 따라 해당 월의 전표들이 모두 화면에 나타나게 되고, 커서는 맨 아래 라인으로 이동된다. 이동된 라인에서 '일'을 입력한다.

| 방법2 | 화면 상단의 일란에 일자를 입력하고 Enter↵를 누른다. 이에 따라 해당 날짜의 전표들만 화면에 나타나게 되고, 커서는 맨 아래 라인으로 이동된다. 이동된 라인에서는 '일'을 다시 입력하지 않아도 된다.

③ 번호란의 전표번호는 전표입력이 완료되면 자동으로 부여된다.

▶ 번호란 전표번호를 말하며, 매 일자별로 '50001'부터 자동으로 부여된다.
상단부의 라인 하나 및 그에 해당하는 하단부의 회계처리가 1개의 전표로 인식되어 1개의 전표번호가 부여된다.

참고 [매입매출전표입력]의 화면 구성

· 화면 상단 탭
[매입매출전표입력] 메뉴의 화면 상단에 있는 탭은 실무에서 동일한 '유형'의 전표만 조회하거나 집중적으로 입력할 때 활용하는 기능이다. 예를 들어, [11.매출과세] 탭을 클릭하면 해당 월의 [11.매출과세] 거래 전표만 조회가 되고, 이 탭에서 전표를 입력하면 '유형'이 자동으로 "11.과세"로 입력된다. 이러한 탭은 실무에서 사용하는 기능이므로, 전산세무 자격시험에서는 문제에서 특별한 언급이 없으면 별도의 탭을 클릭할 필요 없이 [전체입력] 탭에 입력하면 된다.

· 상단부
부가가치세신고와 관련된 내용을 입력하는 부분으로서 입력된 내용은 [부가가치세신고서], [세금계산서합계표], [매입매출장] 등 관련 서식에 자동 반영된다.

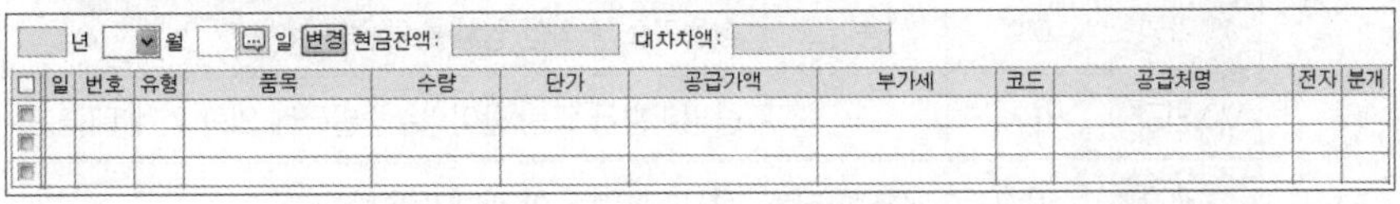

· 하단부
회계처리를 입력하는 부분으로서 입력된 내용은 각종 회계장부와 재무제표에 자동 반영된다.

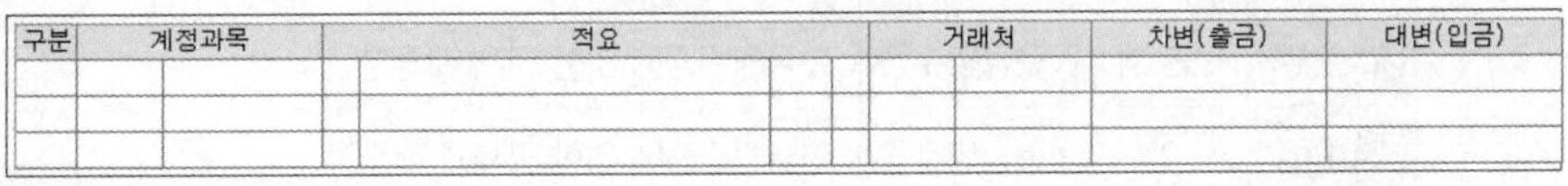

④ VAT 과세거래이고 세금계산서를 발급하였으므로 유형란에 "11.과세"를 선택하여 입력한다.

▶ 유형란에 커서를 놓으면 화면 하단에 부가가치세 유형코드가 나타나는데, 해당 거래에 대한 과세유형(10%, 0%, 간이과세, 면세)과 증빙유형(세금계산서, 신용카드, 현금영수증, 무증빙)을 파악하여 정확한 유형코드를 선택하여 입력한다.
유형코드가 결정되면 이에 따라 매입매출전표 상단부 입력 내용이 [부가가치세신고서], [세금계산서합계표], [매입매출장], 기타 관련 서식에 자동으로 반영된다.

▶ 매출거래 주요 유형코드와 [부가가치세신고서] 반영위치

코 드	과세유형	증빙유형	내 용	출제대상
11.과세	10%	세금계산서	세금계산서에 의한 과세 매출분	11.과세
12.영세	0%	세금계산서	영세율세금계산서에 의한 영세율 매출분	12.영세
13.면세	면 세	계산서	계산서에 의한 면세 매출분	-
14.건별	10%	-	증빙미발급 또는 간이영수증발급에 의한 과세 매출분	14.건별
15.간이	간이과세	-	간이과세자의 간이과세 매출분	-
16.수출	0%	-	해외직수출 등 영세율 매출분	16.수출
17.카과	10%	신용카드	신용카드에 의한 과세 매출분	17.카과
18.카면	면 세	신용카드	신용카드에 의한 면세 매출분	-
19.카영	0%	신용카드	신용카드에 의한 영세율 매출분	-
20.면건	면 세	-	증빙미발급 또는 간이영수증발급에 의한 면세 매출분	-
21.전자	10%	전자화폐	전자화폐에 의한 과세 매출분	-
22.현과	10%	현금영수증	현금영수증에 의한 과세 매출분	22.현과
23.현면	면 세	현금영수증	현금영수증에 의한 면세 매출분	-
24.현영	0%	현금영수증	현금영수증에 의한 영세율 매출분	-

구 분				금 액	세 율	세 액
과세표준 및 매출세액	과세	세금계산서발급분	1	11.과세	10/100	
		매입자발행세금계산서	2		10/100	
		신용카드·현금영수증발행분	3	17.카과 22.현과	10/100	
		기타(정규영수증외매출분)	4	14.건별		
	영세	세금계산서발급분	5	12.영세	0/100	
		기 타	6	16.수출	0/100	
	예정신고누락분		7			
	대손세액가감		8			
	합 계		9		㉮	

▶ 매입거래 주요 유형코드와 [부가가치세신고서] 반영위치

코 드	과세유형	증빙유형	내 용	출제대상
51.과세	10%	세금계산서	세금계산서에 의한 과세 매입분 중 매입세액 공제분	51.과세
52.영세	0%	세금계산서	영세율세금계산서에 의한 영세율 매입분	52.영세
53.면세	면 세	계산서	계산서에 의한 면세 매입분	53.면세
54.불공	10%	세금계산서	세금계산서에 의한 과세 매입분 중 매입세액 불공제분	54.불공
55.수입	10%	세금계산서	재화의 수입에 따른 수입세금계산서 수취분	55.수입
56.금전	-	-	금전등록기 계산서(1998년 이전에만 사용되던 입력란)	-
57.카과	10%	신용카드	신용카드에 의한 과세 매입분 중 매입세액 공제분	57.카과
58.카면	면 세	신용카드	신용카드에 의한 면세 매입분	58.카면
59.카영	0%	신용카드	신용카드에 의한 영세율 매입분	-
60.면건	면 세	-	증명미발급 또는 간이영수증발급에 의한 면세 매입분	-
61.현과	10%	현금영수증	현금영수증에 의한 과세 매입분 중 매입세액 공제분	61.현과
62.현면	면 세	현금영수증	현금영수증에 의한 면세 매입분	62.현면

구 분				금 액	세 율	세 액
매입세액	세금계산서 수취분	일반매입	10	51.과세 52.영세 54.불공 55.수입		
		고정자산매입	11			
	예정신고누락분		12			
	매입자발행세금계산서		13			
	그 밖의 공제매입세액		14	57.카과 61.현과		
	합계(10 + 11 + 12 + 13 + 14)		15			
	공제받지못할매입세액		16	54.불공[1]		
	차감계(15 - 16)		17		㉯	

[1] 매입세액불공제분은 '10번'란과 '16번'란에 동시에 기재된다.

기타의 서식	53.면세 58.카면 62.현면

⑤ 제품 매출이라는 점 외에 별도의 언급이 없으므로, 품목란을 "제품"으로 입력하거나 공란으로 비워두고, 수량과 단가란을 공란으로 비워둔다.

▶ 품목, 수량, 단가란에는 세금계산서에 기재된 품목·수량·단가를 입력하면 되나, 이들은 임의적 기재사항이다. 따라서, 전산세무 자격시험에서는 별도의 요구사항이 있는 경우를 제외하고는 품목·수량·단가는 채점대상이 아니므로 공란으로 두고 넘어가면 된다.

참고 복수거래 입력

하나의 거래에 품목·수량·단가가 두 가지 이상인 경우에는 화면 상단에 있는 F7 복수거래 (또는 F7)를 클릭하고 화면 하단에 나타나는 복수거래 내용창에 각각의 품목·수량·단가를 입력한다.

예를 들어, 상기 사례의 공급가액 8,000,000원이 A제품 6,000,000원(= 150개 × @40,000원)과 B제품 2,000,000원(= 100개 × @20,000원)으로 구성되어 있다면 다음과 같이 입력하면 된다.

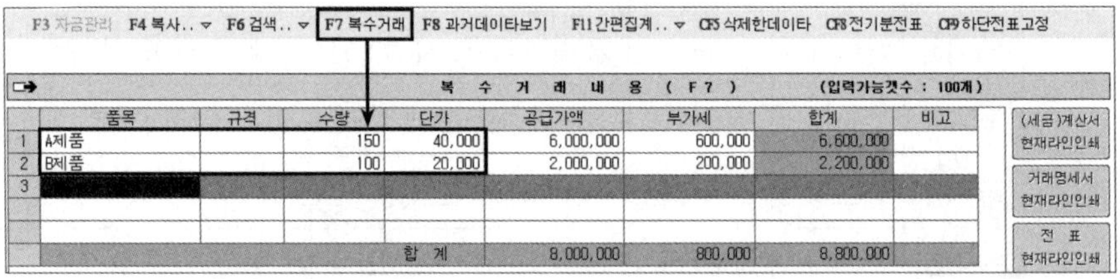

	품목	규격	수량	단가	공급가액	부가세	합계	비고
1	A제품		150	40,000	6,000,000	600,000	6,600,000	
2	B제품		100	20,000	2,000,000	200,000	2,200,000	
3								
				합 계	8,000,000	800,000	8,800,000	

⑥ 공급가액란에는 세금계산서에 기재된 부가가치세법상 과세표준 금액인 "8,000,000"을 입력한다.

▶ 공급가액란에는 해당 거래에 대한 부가가치세법상 과세표준을 입력한다. 수량·단가를 입력한 경우에는 공급가액이 자동으로 계산되어 표시되며, 수량·단가를 입력하지 않은 경우에는 금액을 직접 입력하면 된다.

⑦ 부가세란에는 부가가치세 "800,000"이 자동으로 계산되어 표시된다.

▶ '유형'과 '공급가액'이 입력되면 그에 따라 '부가가치세액'이 자동으로 계산되어 표시된다. 즉, 과세거래인 경우에는 '공급가액'의 10% 금액이, 영세율이나 면세 거래인 경우에는 '0원'이 표시된다.

⑧ 공급처명에 등록되어 있는 "00115.㈜대한기업"을 검색하여 입력한다.

▶ 매입·매출 거래처의 거래처코드를 검색하여 입력한다. 입력 내용이 부가가치세 신고서식인 [세금계산서합계표]에 자동으로 반영되기 위해서는 해당 거래처가 등록되어 있는지 확인하고 거래처코드를 반드시 입력해 주어야 한다.

참고 [매입매출전표입력]의 거래처 입력방법

거래처란에는 [거래처등록] 메뉴에 등록되어 있는 거래처를 다음과 같이 두 가지 방법으로 검색하여 입력할 수 있다. 이는 [일반전표입력] 메뉴에서의 방법과 동일하다.

| 방법1 | 코드란에 커서를 놓고 코드(또는 F2)를 클릭하면 검색창이 나타난다. 검색창에서 찾고자 하는 거래처명의 앞 1글자 이상을 입력하면 해당하는 거래처가 조회된다.

| 방법2 | 코드란에 찾고자 하는 거래처명의 앞 1글자 이상을 입력한 후 Enter↵를 누르면 검색창에 해당하는 거래처가 조회된다.

거래처 신규 등록 방법

검색창에서 조회가 되지 않는 신규 거래처인 경우에는 [거래처등록] 메뉴로 이동할 필요 없이 [매입매출전표입력] 메뉴에서 다음과 같은 방법으로 거래처를 직접 등록할 수 있다. 이는 [일반전표입력] 메뉴에서의 방법과 동일하다. 거래처 검색창에서 신규등록(F3)을 클릭하면 거래처를 간편등록할 수 있는 보조창이 나타난다. 보조창에서 자동 부여된 거래처코드를 원하는 번호로 직접 수정하고 거래처명, 사업자등록번호 등을 입력한 후 확인(Tab)을 클릭하면 해당 코드로 거래처가 등록되고, 화면 하단에서 업태, 종목 등 추가사항까지 입력할 수 있다.

⑨ 전자세금계산서를 발급받았으므로 전자란에 "1 : 여"를 선택하여 입력한다.

▶ 전자란에는 세금계산서 또는 계산서를 발급하거나 발급받을 때 그 형태가 전자식인지 여부를 입력한다.

1 : 여	· 전자세금계산서 또는 전자계산서를 발급하거나 수취한 경우
0 : 부	· 종이세금계산서 또는 종이계산서를 발급하거나 수취한 경우 · 세금계산서 또는 계산서 자체를 발급하거나 수취하지 않은 경우 예 신용카드, 현금영수증, 무증빙

참고 KcLep 프로그램을 활용한 전자세금계산서 발급

매출거래에 있어서 [매입매출전표입력] 메뉴에서 전자란을 공란으로 두고 전표를 입력한 후, 이 거래에 대하여 [회계관리] ▶ [전표입력] ▶ [전자세금계산서발행] 메뉴에서 전자세금계산서를 발급할 수 있으며, 전자세금계산서가 발급되고 나면 [매입매출전표입력] 메뉴의 전자란이 "1 : 여"로 자동 반영된다. 그러나 이러한 전자세금계산서 발급 절차는 전산세무 자격시험의 출제범위를 벗어나므로, 시험에서는 전자세금계산서를 발급한 매출 거래라 하더라도 전자란을 "1 : 여"로 입력하고 넘어가면 된다.

⑩ 거래금액 전체가 전액 현금 또는 외상 거래가 아니므로 분개란에 "3 : 혼합"을 선택하여 입력한다.

▶ 분개란에는 매입·매출 거래의 회계처리를 위한 분개 유형을 선택하여 입력한다.
해당란에 커서를 두면 화면 하단에 아래와 같은 도움말이 나타난다.

분개유형 [0:분개없음 1:현금 2:외상 3:혼합 4:카드 5:추가(환경설정에서 설정합니다.)]

▶ 분개란은 다음과 같은 기준에 따라 분개 유형을 숫자로 입력한다.

0 : 분개없음	· 하단부에 분개를 입력하지 않는 경우 예 분개는 추후에 입력할 예정이고, 부가가치세 신고를 위한 부가가치세 정보만 입력하는 경우 참고 전산세무 자격시험에서 출제되지 않는 항목
1 : 현금	· 거래금액 전체가 현금으로 입금되거나 출금되는 경우(매출거래에 대하여는 하단부 전표가 전액 '입금전표'로 처리되고, 매입거래에 대하여는 전액 '출금전표'로 처리됨)
2 : 외상	· 거래금액 전체가 외상 매출거래이거나 외상 매입거래인 경우
3 : 혼합	· 거래금액의 일부만 현금, 외상, 신용카드 결제되는 경우 · 거래금액 전체가 외상 또는 신용카드로 결제되었지만, "2 : 외상" 또는 "4 : 카드" 분개유형에 대하여 [환경등록] 메뉴에 등록된 계정과목이 해당 거래의 내용과 맞지 않는 경우
4 : 카드	· 거래금액 전체가 신용카드로 결제받거나, 결제 지급하는 경우
5 : 추가	· 회사에서 빈번하게 발생하는 매출 및 매입거래에 대하여 [환경등록] 메뉴에 계정과목을 등록하여 자동 분개 생성 기능을 사용하는 경우 참고 전산세무 자격시험에서 출제되지 않는 항목

▶ 분개유형을 선택하여 입력하면 분개의 전부 또는 일부가 자동 표시된다. 이때의 자동분개는 [회계관리] ▶ [기초정보등록] ▶ [환경등록] 메뉴에 있는 '2 분개유형 설정'에 등록된 계정과목이 반영된 것이며, 해당 거래의 내용과 맞지 않는 경우에는 계정과목을 직접 수정 입력하면 된다.

참고 전산세무 자격시험에서의 분개유형 입력방법

[매입매출전표입력] 메뉴에서 '분개유형'을 입력할 때, 거래금액 전체가 현금거래이거나 외상거래 또는 신용카드 결제인 경우라 하더라도 반드시 "1 : 현금", "2 : 외상" 또는 "4 : 카드"로 입력해야 하는 것은 아니고 분개 유형을 "3 : 혼합"으로 입력해도 분개만 동일하면 상관없다.
즉, 분개유형 입력란은 하단부 분개를 신속하게 입력하기 위한 보조 역할을 하는 것이므로, 전산세무 자격시험에서는 현금거래, 외상거래, 혼합거래, 카드거래로 구분하지 않고 모든 거래를 "3 : 혼합"으로 입력하여도 정답으로 인정된다.

⑪ 타계정 대체거래가 아니므로 적요란은 품목란의 내용대로 두고 넘어가면 된다.

▶ 전산세무 자격시험에서는 타계정 대체거래의 경우에만 적요를 입력하도록 요구하고 있다.

참고 **적요의 입력과 수정**

매입매출전표의 하단부에 있는 적요란은 별도로 입력하지 않으면 상단부의 품목란의 내용이 입력된다. 내용을 수정하려면 적요란에 커서를 두고 F2를 입력하여 계정과목에 대하여 등록되어 있는 적요 항목을 검색한 후 적합한 적요의 번호를 입력하면 되고, 적합한 적요가 등록되어 있지 않으면 내용을 직접 입력하여도 된다.

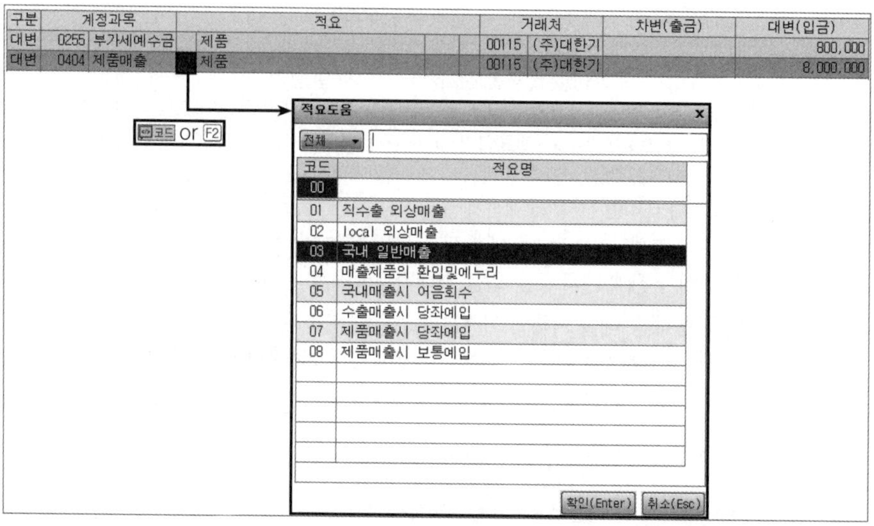

구분	계정과목	적요	거래처	차변(출금)	대변(입금)
대변	0255 부가세예수금	제품	00115 (주)대한기		800,000
대변	0404 제품매출	제품	00115 (주)대한기		8,000,000

코드 or F2

적요도움

전체

코드	적요명
00	
01	직수출 외상매출
02	local 외상매출
03	국내 일반매출
04	매출제품의 환입및에누리
05	국내매출시 어음회수
06	수출매출시 당좌예입
07	제품매출시 당좌예입
08	제품매출시 보통예입

확인(Enter) 취소(Esc)

⑫ 하단부의 입력란에 "[차변] 251.외상매입금((주)서울상사) 2,000,000"과 "[차변] 103.보통예금 6,800,000"을 입력하여 전표를 완성한다.

▼ ①~⑫ 입력결과 화면은 아래와 같다.

· 상단부

2024 년 ① 08 월 ② 1 일 변경 현금잔액: 21,161,040 대차차액:

일	번호 ③	유형 ④	품목 ⑤	수량	단가	공급가액 ⑥	부가세 ⑦	코드	공급처명 ⑧	사업자주민번호	전자 ⑨	분개 ⑩
1	50001	과세	제품			8,000,000	800,000	00115	(주)대한기업	107-81-31220	여	혼합

· 하단부

구분	계정과목	적요 ⑪	거래처	차변(출금)	대변(입금)
대변	0255 부가세예수금	제품	00115 (주)대한기		800,000
대변	0404 제품매출	제품	00115 (주)대한기		8,000,000
⑫ 차변	0251 외상매입금	제품	00124 (주)서울상	2,000,000	
차변	0103 보통예금	제품	00115 (주)대한기	6,800,000	

참고 **거래처 입력란**

상단부의 공급처명란에는 회사가 제품(재화)을 공급하고 세금계산서를 발행한 부가가치세법상 거래상대방인 "(주)대한기업"을 입력하였으나, 제품매출로 인해 감소하는 외상매입금에 대한 거래처란에는 "(주)서울상사"를 입력한다.

부가세예수금과 제품매출은 채권·채무가 아니므로 거래처를 입력하지 않아도 되나, 분개유형 입력에 따라 자동 생성된 분개에는 상단부의 공급처명이 그대로 입력된다. 문제에서 특별한 언급이 없는 경우 채권·채무가 아닌 계정과목에 대하여 자동 입력된 거래처코드를 그대로 두더라도 상관없다.

02 매출전표의 유형별 작성 사례

1 과세[11]

부가가치세가 과세되는 재화나 용역을 공급하고 일반적인 10% 세금계산서를 발급한 경우 사용한다.

기출확인문제

㈜제일산업(코드번호 : 0101)의 당기 회계기간은 제5기이다.
다음 거래 자료를 [매입매출전표입력] 메뉴에 입력하시오. (제60회)

> 8월 11일 당사는 ㈜성일기업에 공장의 기계장치 일부를 매각하고 전자세금계산서를 발급하였다. 매각대금은 전액 외상으로 하였다.
> · 매각대금 : 30,000,000원(부가가치세 별도)
> · 매각 당시 감가상각누계액 : 5,000,000원
> · 취득가액 : 25,000,000원

기출 따라 하기

▶관련 이론 I 매출세액과 매입세액 p.454

(1) 분개

8월 11일	(차) 감가상각누계액(기계장치)	5,000,000	(대) 기계장치	25,000,000
	미수금(㈜성일기업)	33,000,000	부가세예수금	3,000,000
			유형자산처분이익	10,000,000

(2) 입력방법

① VAT 과세거래이고 세금계산서를 발급하였으므로 유형란에 "11.과세"를 선택하여 입력한다.

코 드	과세유형	증빙유형	내 용
11.과세	10%	세금계산서	세금계산서에 의한 과세 매출분

② 품목란에 "기계장치"를 입력한다. (공란으로 두어도 정답으로 인정됨)
③ 공급가액란에 부가가치세 과세표준에 해당하는 "30,000,000"을 입력한다.
④ 부가세란에 "3,000,000"이 자동으로 입력된다.
⑤ 공급처명란에 "㈜성일기업"을 입력한다.
⑥ 전자세금계산서를 발급하였으므로 전자란에 "1 : 여"를 선택한다.
⑦ 분개란에 "3 : 혼합"을 입력한다.
⑧ 하단부 입력란을 완성한다.

▼ ①~⑧ 입력결과 화면은 아래와 같다.

· 상단부

			①	②			③	④	⑤			⑥	⑦
□	일	번호	유형	품목	수량	단가	공급가액	부가세	코드	공급처명	사업자주민번호	전자	분개
■	11	50005	과세	기계장치			30,000,000	3,000,000	00411	(주)성일기업	115-85-22512	여	혼합

· 하단부

⑧

구분	계정과목		적요	거래처		차변(출금)	대변(입금)
대변	0255	부가세예수금	기계장치	00411	(주)성일기		3,000,000
대변	0206	기계장치	기계장치	00411	(주)성일기		25,000,000
차변	0207	감가상각누계액	기계장치	00411	(주)성일기	5,000,000	
차변	0120	미수금	기계장치	00411	(주)성일기	33,000,000	
대변	0914	유형자산처분이익	기계장치	00411	(주)성일기		10,000,000

참고 매출환입, 매출에누리, 매출할인

부가가치세법상 과세표준에 포함되지 않는 항목이므로, 매출을 한 후에 이러한 거래가 발생하면 그 금액만큼 마이너스(-) 세금계산서를 발행하게 된다. [매입매출전표입력] 메뉴에 입력할 때에는 '유형'을 '11.과세'로 선택하고, 수량·공급가액·부가가치세를 음수(-)로 입력하면 된다.

2 영세[12]

영세율이 적용되는 재화나 용역을 공급하고 영세율세금계산서를 발급한 경우(예를 들어, 내국신용장 또는 구매확인서에 의하여 공급하는 재화) 사용한다.

기출확인문제

㈜제일산업(코드번호 : 0101)의 당기 회계기간은 제5기이다.
다음 거래 자료를 [매입매출전표입력] 메뉴에 입력하시오. (제54회)

8월 12일 수출업체인 ㈜강서상사에게 구매확인서를 받고 제품 20,000,000원(영세율)을 납품하였다. 전자세금계산서를 발행하였으며, 대금 중 2,000,000원은 현금으로 수령하고, 나머지 대금은 3개월 후에 받기로 하였다.

기출 따라 하기

▶관련 이론 | 영세율과 면세 p.436

(1) 분개

8월 12일	(차) 외상매출금(㈜강서상사)	18,000,000	(대) 제품매출	20,000,000
	현금	2,000,000		

(2) 입력방법

① 영세율 거래이고 영세율세금계산서를 발급하였으므로 유형란에 "12.영세"를 선택하여 입력한다.

코드	과세유형	증빙유형	내용
12.영세	0%	세금계산서	영세율세금계산서에 의한 영세율 매출분

② 품목란에 "제품"을 입력한다. (공란으로 두어도 정답으로 인정됨)

③ 공급가액란에 부가가치세 과세표준에 해당하는 "20,000,000"을 입력한다.

④ 영세율 거래로 부가세란에 자동으로 "0"(공란)이 입력된다.

⑤ 공급처명란에 "㈜강서상사"를 입력한다.

⑥ 전자세금계산서를 발급하였으므로 전자란에 "1 : 여"를 선택한다.

⑦ 매출전표가 영세율이 적용되는 경우에는 영세율 구분란에 해당하는 영세율 유형을 선택하여 입력하여야 한다. 해당란의 (또는 F2)를 클릭하면 보조창이 나타나는데 여기서 "3.내국신용장·구매확인서에 의하여 공급하는 재화"를 선택하고 확인(Enter)을 클릭한다.

영세율구분

출력형태

전체

코드	영세율매출내용	구분	조문
1	직접수출(대행수출 포함)	부가세법	제21조
2	중계무역 · 위탁판매 · 외국인도 또는 위탁가공무역 방식의 수출	부가세법	제21조
3	내국신용장 · 구매확인서에 의하여 공급하는 재화	부가세법	제21조
4	한국국제협력단 및 한국국제보건의료재단에 공급하는 해외반출용 재화	부가세법	제21조
5	수탁가공무역 수출용으로 공급하는 재화	부가세법	제21조
6	국외에서 제공하는 용역	부가세법	제22조
7	선박 · 항공기에 의한 외국항행용역	부가세법	제23조
8	국제복합운송계약에 의한 외국항행용역	부가세법	제23조
9	국내에서 비거주자 · 외국법인에게 공급되는 재화 또는 용역	부가세법	제24조
10	수출재화임가공용역	부가세법	제24조
11	외국항행 선박 · 항공기 등에 공급하는 재화 또는 용역	부가세법	제24조
12	국내 주재 외교공관, 영사기관, 국제연합과 이에 준하는 국제기구, 국제연합	부가세법	제24조
13	「관광진흥법」에 따른 일반여행업자 또는 외국인전용 관광기념품 판매업자	부가세법	제24조
14	외국인전용판매장 또는 주한외국군인 등의 전용 유흥음식점에서 공급하는 자	부가세법	제24조

확인(Enter) 취소(Esc)

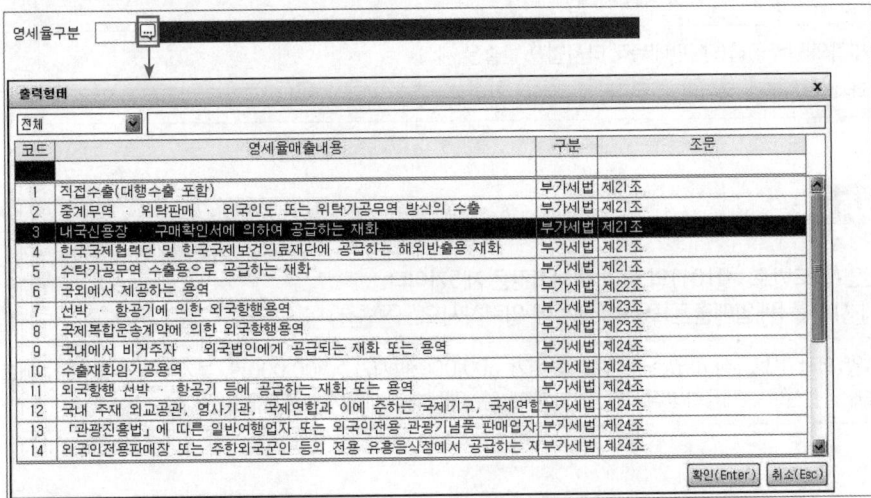

⑧ 분개란에 "3 : 혼합"을 선택한다.

⑨ 하단부 입력란을 완성한다.

▼ ①~⑨ 입력결과 화면은 아래와 같다.

· 상단부

□	일	번호	① 유형	품목	② 수량	단가	③ 공급가액	④ 부가세	코드	⑤ 공급처명	사업자주민번호	⑥ 전자	⑧ 분개
■	12	50008	영세	제품			20,000,000		00147	(주)강서상사	120-81-62522	여	혼합

⑦ 영세율구분 3 내국신용장 · 구매확인서에 의하여 공급하는 재화

· 하단부

	구분	계정과목		적요	거래처		차변(출금)	대변(입금)
⑨	대변	0404	제품매출	제품	00147	(주)강서상		20,000,000
	차변	0108	외상매출금	제품	00147	(주)강서상	18,000,000	
	차변	0101	현금	제품	00147	(주)강서상	2,000,000	

3 건별[14]

부가가치세가 과세되는 재화나 용역을 공급하고, 간이영수증을 발급하거나 아무것도 발급하지 않은 경우 사용한다.

참고 '건별[14]'에 해당하는 대표적인 사례

- 재화의 간주공급(단, 판매목적 타사업장 반출은 제외)
- 과세대상 재화·용역의 실질공급에 대하여 간이영수증을 발급하거나 아무것도 발급하지 않은 경우

기출확인문제

㈜제일산업(코드번호 : 0101)의 당기 회계기간은 제5기이다.
다음 거래 자료를 [매입매출전표입력] 메뉴에 입력하시오. (제59회)

8월 14일 회사가 보유하고 있는 원재료 중 원가 600,000원(시가 : 800,000원, 부가가치세 별도)을 매출거래처인 ㈜국제에 명절선물로 제공하였다. (단, 매입 원재료는 적법하게 매입세액공제를 받았다)

기출 따라 하기

▶관련 이론 I 부가가치세 과세대상거래 p.426

(1) 분개

8월 14일 (차) 기업업무추진비(판관비) 680,000 (대) 원재료 600,000
(적요 8. 타계정으로 대체액)
부가세예수금 80,000

(2) 입력방법

① 재화의 간주공급(사업상 증여) 거래이다. 이는 VAT 과세거래이고 간이영수증을 발급 또는 아무것도 발급하지 않은 경우에 해당하므로 유형란에 "14.건별"을 선택하여 입력한다.

코드	과세유형	증빙유형	내 용
14.건별	10%	-	증빙미발급 또는 간이영수증발급에 의한 과세 매출분

② 품목란에 "원재료"를 입력한다. (공란으로 두어도 정답으로 인정됨)

③ 공급가액란에 부가가치세 과세표준(시가)에 해당하는 800,000원이 표시되도록 "880,000"을 입력한다.

▶ 유형 '14.건별'일 때의 '공급가액' 입력 금액
유형 '14.건별'에 대한 [환경등록]의 기본설정 내용에 따라, 공급가액란에 "880,000"을 입력하면 공급가액란과 부가가치세란에 각각 '800,000'과 '80,000'이 자동으로 안분되어 입력된다. 만약 자동 입력된 금액을 수정하고자 할 때에는 해당란에서 직접 수정 입력하면 된다.

참고 신용카드 거래(17.카과, 57.카과), 현금영수증 거래(22.현과, 61.현과), 무증빙 거래(14.건별)는 실무에서 부가가치세가 포함된 총결제금액을 많이 사용하기 때문에, KcLep 프로그램에서는 실무상 편의를 위해 공급가액란에 부가가치세가 포함된 금액을 입력하면 공급가액이 자동 계산되어 입력되도록 환경설정이 되어 있다.

④ 부가세란에 "80,000"이 자동으로 입력된다.

⑤ 공급처명란에 "㈜국제"를 입력한다.

⑥ "14.건별"은 전자세금계산서를 발급하지 않은 경우이므로 전자란이 자동으로 "0 : 부"(공란)로 입력된다.

⑦ 분개란에 "3 : 혼합"을 입력한다.

⑧ 하단부 입력란을 완성한다.

▼ ①~⑧ 입력결과 화면은 아래와 같다.

· 상단부

			①		②		③	④	⑤			⑥	⑦
□	일	번호	유형	품목	수량	단가	공급가액	부가세	코드	공급처명	사업자주민번호	전자	분개
■	14	50001	건별	원재료			800,000	80,000	00175	(주)국제	108-81-12565		혼합

· 하단부

	구분	계정과목		적요		거래처		차변(출금)	대변(입금)
⑧	대변	0255	부가세예수금		원재료	00175	(주)국제		80,000
	대변	0153	원재료	08	타계정으로 대체액 원가명세서 반영	00175	(주)국제		600,000
	차변	0813	기업업무추진비		원재료	00175	(주)국제	680,000	

4 수출[16]

영세율이 적용되는 재화나 용역을 공급하고 세금계산서 발급의무 면제 거래에 해당하여 세금계산서를 발급하지 않은 경우(예를 들어, 재화의 해외 직수출) 사용한다.

기출확인문제

㈜제일산업(코드번호 : 0101)의 당기 회계기간은 제5기이다.
다음 거래 자료를 [매입매출전표입력] 메뉴에 입력하시오. (제55회)

8월 16일 홍콩에 소재하는 줄리아나에게 제품을 US$100,000에 수출하고 대금은 8월 20일에 받기로 하였다. 8월 16일의 회계처리만 하시오. (단, 일자별 환율은 다음과 같다)

일 자	기준환율	비 고
8월 16일	1 US$당 1,100원	선적일
8월 20일	1 US$당 1,200원	대금수령일

기출 따라 하기

▶관련 이론 I 매출세액과 매입세액 p.456

(1) 분개

8월 16일 (차) 외상매출금(줄리아나) 110,000,000 (대) 제품매출 110,000,000

(2) 입력방법

① 영세율 거래이고 세금계산서를 발급하지 않은 경우에 해당하므로 유형란에 "16.수출"을 선택하여 입력한다.

코드	과세유형	증빙유형	내용
16.수출	0%	-	해외직수출 등 영세율 매출분

② 품목란에 "제품"을 입력한다. (공란으로 두어도 정답으로 인정됨)

③ 공급가액란에 부가가치세 과세표준에 해당하는 "110,000,000"[1]을 입력한다.

[1] 공급시기 이후에 외국환으로 지급받거나 보유한 경우의 과세표준 = 공급시기(선적일)의 기준환율로 환산한 금액
= \$100,000 × 1,100원 = 110,000,000원

④ 영세율 거래이므로 부가세란에 자동으로 "0"(공란)이 입력된다.

⑤ 공급처명란에 "줄리아나"를 입력한다.

⑥ "16.수출"은 전자세금계산서가 발급되지 않은 경우이므로 전자란은 자동으로 "0 : 부"(공란)로 입력된다.

⑦ 매출전표가 영세율이 적용되는 경우에는 영세율구분란에 해당하는 영세율 유형을 선택하여 입력하여야 한다. 해당란의 (또는 F2)를 클릭하면 보조창이 나타나는데 여기서 "1.직접수출(대행수출 포함)"을 선택하고 확인(Enter) 을 클릭한다.

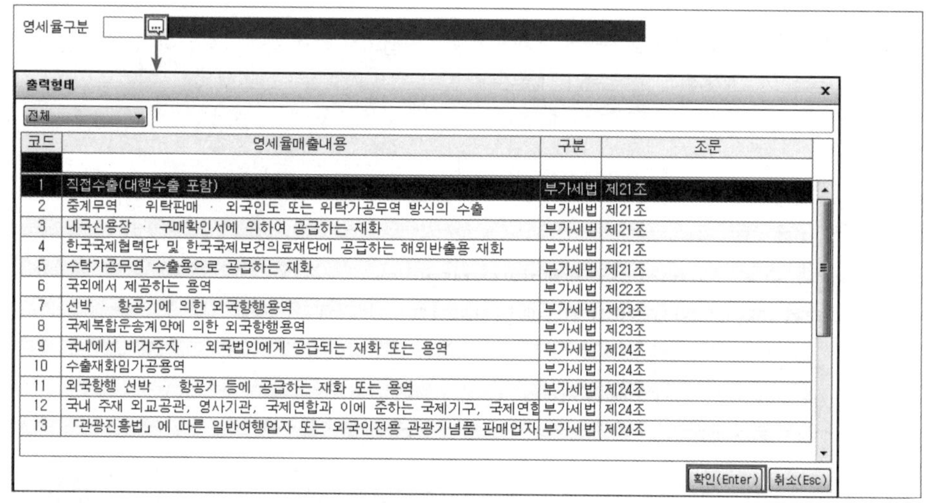

코드	영세율매출내용	구분	조문
1	직접수출(대행수출 포함)	부가세법	제21조
2	중계무역 · 위탁판매 · 외국인도 또는 위탁가공무역 방식의 수출	부가세법	제21조
3	내국신용장 · 구매확인서에 의하여 공급하는 재화	부가세법	제21조
4	한국국제협력단 및 한국국제보건의료재단에 공급하는 해외반출용 재화	부가세법	제21조
5	수탁가공무역 수출용으로 공급하는 재화	부가세법	제21조
6	국외에서 제공하는 용역	부가세법	제22조
7	선박 · 항공기에 의한 외국항행용역	부가세법	제23조
8	국제복합운송계약에 의한 외국항행용역	부가세법	제23조
9	국내에서 비거주자 · 외국법인에게 공급되는 재화 또는 용역	부가세법	제24조
10	수출재화임가공용역	부가세법	제24조
11	외국항행 선박 · 항공기 등에 공급하는 재화 또는 용역	부가세법	제24조
12	국내 주재 외교공관, 영사기관, 국제연합과 이에 준하는 국제기구, 국제연합	부가세법	제24조
13	「관광진흥법」에 따른 일반여행업자 또는 외국인전용 관광기념품 판매업자	부가세법	제24조

⑧ 분개란에 "3 : 혼합"(또는 "2 : 외상")을 선택하여 입력한다.

⑨ 하단부 입력란을 완성한다.

▼ ①~⑨ 입력결과 화면은 아래와 같다.

· 상단부

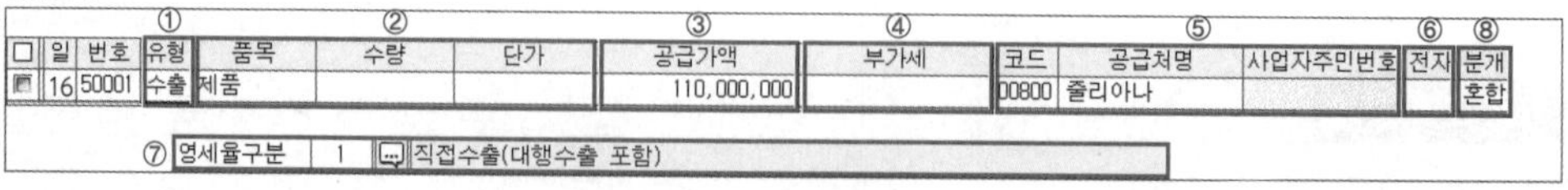

일	번호	유형 ①	품목 ②	수량	단가	공급가액 ③	부가세 ④	코드	공급처명 ⑤	사업자주민번호	전자 ⑥	분개 ⑧
16	50001	수출	제품			110,000,000		00800	줄리아나			혼합

⑦ 영세율구분 1 직접수출(대행수출 포함)

· 하단부

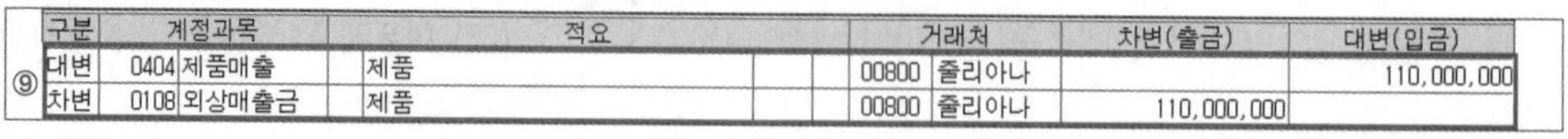

⑨

구분	계정과목		적요	거래처		차변(출금)	대변(입금)
대변	0404	제품매출	제품	00800	줄리아나		110,000,000
차변	0108	외상매출금	제품	00800	줄리아나	110,000,000	

5 카과[17]

부가가치세가 과세되는 재화나 용역을 공급하고 신용카드매출전표를 발급한 경우 사용한다.

참고 대금을 신용카드로 결제받음에 따라 세금계산서도 발급하고 신용카드매출전표도 발급한 경우에는 '11.과세'를 선택해야 한다.

기출확인문제

㈜제일산업(코드번호 : 0101)의 당기 회계기간은 제5기이다.
다음 거래 자료를 [매입매출전표입력] 메뉴에 입력하시오. (제64회)

8월 17일 소비자인 류현진 씨에게 제품을 판매하고, 판매대금 770,000원(부가가치세 포함)은 신용카드(우리카드)로 결제받았다.

기출 따라 하기

▶관련 이론 I 세금계산서 p.444

(1) 분개

8월 17일	(차) 외상매출금(우리카드)	770,000	(대) 부가세예수금	70,000
			제품매출	700,000

(2) 입력방법

① VAT 과세거래이고 신용카드매출전표를 발급하였으므로 유형란에 "17.카과"를 선택하여 입력한다.

코 드	과세유형	증빙유형	내 용
17.카과	10%	신용카드	신용카드에 의한 과세 매출분

② 품목란에 "제품"을 입력한다. (공란으로 두어도 정답으로 인정됨)

③ 공급가액란에 부가가치세 과세표준에 해당하는 700,000원이 표시되도록 "770,000"을 입력한다.

▶ 유형 '17.카과'일 때의 '공급가액' 입력 금액
유형 '17.카과'에 대한 [환경등록]의 기본설정 내용에 따라, 공급가액란에 "770,000"을 입력하면 공급가액란과 부가가치세란에 각각 '700,000'과 '70,000'이 자동으로 안분되어 입력된다. 만약 자동 입력된 금액을 수정하고자 할 때에는 해당란에서 직접 수정 입력하면 된다.

참고 신용카드 거래(17.카과, 57.카과), 현금영수증 거래(22.현과, 61.현과), 무증빙 거래(14.건별)는 실무에서 부가가치세가 포함된 총결제금액을 많이 사용하기 때문에, KcLep 프로그램에서는 실무상 편의를 위하여 공급가액란에 부가가치세가 포함된 금액을 입력하면 공급가액이 자동 계산되어 입력되도록 환경설정이 되어 있다.

④ 부가세란에 "70,000"이 자동으로 입력된다.

⑤ 공급처명란에 "류현진"을 입력한다.

▶ 회계처리에서 외상매출금에 대한 거래처는 카드사인 '우리카드'가 되지만, 부가가치세법상 공급처는 재화를 공급받은 자인 '류현진'이 된다.

⑥ '17.카과'는 전자세금계산서가 발급되지 않은 경우이므로 전자란이 자동으로 "0 : 부"(공란)로 작성된다.

⑦ 신용카드매출전표가 발급된 경우에는 신용카드사란에 해당하는 카드사를 선택하여 입력하여야 한다. 해당란의 [...](또는 F2)를 클릭하면 보조창이 나타나는데 여기서 "우리카드"를 선택하고 확인(Enter)을 클릭한다.

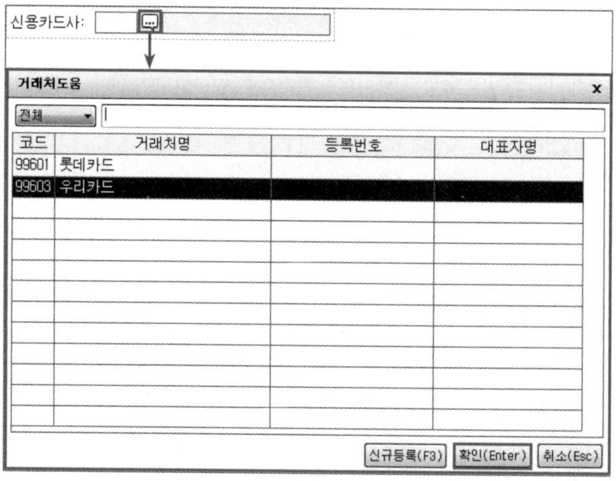

⑧ 분개란에 "3 : 혼합"(또는 "2 : 외상")을 입력한다.

⑨ 하단부 입력란을 완성한다.

▼ ①~⑨ 입력결과 화면은 아래와 같다.

· 상단부

□	일	번호	① 유형	품목	② 수량	단가	③ 공급가액	④ 부가세	코드	⑤ 공급처명	사업자주민번호	⑥ 전자	⑧ 분개
■	17	50001	카과	제품			700,000	70,000	00406	류현진	680808-1111112		혼합

⑦ 신용카드사: 99603 우리카드 봉사료:

· 하단부

⑨

구분	계정과목		적요	거래처		차변(출금)	대변(입금)
대변	0255	부가세예수금	제품	00406	류현진		70,000
대변	0404	제품매출	제품	00406	류현진		700,000
차변	0108	외상매출금	제품	99603	우리카드	770,000	

6 현과[22]

부가가치세가 과세되는 재화나 용역을 공급하고 현금영수증을 발급한 경우 사용한다.

참고 세금계산서도 발급하고 현금영수증도 발급한 경우에는 '11.과세'를 선택하여야 한다.

기출확인문제

㈜제일산업(코드번호 : 0101)의 당기 회계기간은 제5기이다.
다음 거래 자료를 [매입매출전표입력] 메뉴에 입력하시오. (제60회)

> 8월 22일 소비자 김철수 씨에게 제품 100개를 5,500,000원(부가가치세 포함)에 현금매출하고 소득공제용 현금영수증을 교부하였다.

기출 따라 하기

▶관련 이론 | 세금계산서 p.444

(1) 분개

8월 22일	(차) 현금	5,500,000	(대) 제품매출	5,000,000
			부가세예수금	500,000

(2) 입력방법

① VAT 과세거래이고 현금영수증을 발급하였으므로 유형란에 "22.현과"를 선택하여 입력한다.

코 드	과세유형	증빙유형	내 용
22.현과	10%	현금영수증	현금영수증에 의한 과세 매출분

② 품목란에 "제품"을 입력한다. (공란으로 두어도 정답으로 인정됨)

③ 공급가액란에 부가가치세 과세표준에 해당하는 5,000,000원이 표시되도록 "5,500,000"을 입력한다.

▶ 유형 '22.현과'일 때의 '공급가액' 입력 금액

유형 '22.현과'에 대한 [환경등록]의 기본설정 내용에 따라, 공급가액란에 "5,500,000"을 입력하면 공급가액란과 부가가치세란에 각각 '5,000,000'과 '500,000'이 자동으로 안분되어 입력된다. 만약 자동 입력된 금액을 수정하고자 할 때에는 해당란에서 직접 수정 입력하면 된다.

참고 신용카드 거래(17.카과, 57.카과), 현금영수증 거래(22.현과, 61.현과), 무증빙 거래(14.건별)는 실무에서 부가가치세가 포함된 총결제금액을 많이 사용하기 때문에, KcLep 프로그램에서는 실무상 편의를 위해 공급가액란에 부가가치세가 포함된 금액을 입력하면 공급가액이 자동 계산되어 입력되도록 환경설정이 되어 있다.

④ 부가세란에 "500,000"이 자동으로 입력된다.

⑤ 공급처명란에 "김철수"를 입력한다.

⑥ '22.현과'는 전자세금계산서가 발급되지 않은 경우이므로 전자란이 자동으로 "0 : 부"(공란)로 작성된다.

⑦ 분개란에 "3 : 혼합"(또는 "1 : 현금")을 입력한다.

⑧ 하단부 입력란을 완성한다.

▼ ①~⑧ 입력결과 화면은 아래와 같다.

· 상단부

□	일	번호	① 유형	품목	② 수량	단가	③ 공급가액	④ 부가세	코드	⑤ 공급처명	사업자주민번호	⑥ 전자	⑦ 분개
▣	22	50003	현과	제품			5,000,000	500,000	00401	김철수	650101-1056226		혼합

· 하단부

	구분	계정과목		적요		거래처		차변(출금)	대변(입금)
⑧	대변	0255	부가세예수금	제품		00401	김철수		500,000
	대변	0404	제품매출	제품		00401	김철수		5,000,000
	차변	0101	현금	제품		00401	김철수	5,500,000	

03 매입전표의 유형별 작성 사례

1 과세[51]

부가가치세가 과세되는 재화나 용역을 공급받고 일반적인 10% 세금계산서를 수취하였으며 동 건에 대해 매입세액공제를 받을 수 있는 경우 사용한다.

기출확인문제

㈜제일산업(코드번호 : 0101)의 당기 회계기간은 제5기이다.
다음 거래 자료를 [매입매출전표입력] 메뉴에 입력하시오. (제63회)

10월 21일 ㈜청평으로부터 원재료 공급가액 21,000,000원(부가가치세 별도)을 매입하고 전자세금계산서를 받았다. 전월에 지급한 선급금 5,000,000원을 제외한 잔액을 보통예금으로 지급하였다.

기출 따라 하기

▶관련 이론 I 매출세액과 매입세액 p.459

(1) 분개

10월 21일	(차) 원재료	21,000,000	(대) 선급금(㈜청평)	5,000,000
	부가세대급금	2,100,000	보통예금	18,100,000

(2) 입력방법

① VAT 과세거래이고 매입세액공제가 가능한 세금계산서를 수취하였으므로 유형란에 "51.과세"를 선택하여 입력한다.

코드	과세유형	증빙유형	내 용
51.과세	10%	세금계산서	세금계산서에 의한 과세 매입분 중 매입세액 공제분

② 품목란에 "원재료"를 입력한다. (공란으로 두어도 정답으로 인정됨)
③ 공급가액란에 부가가치세 과세표준에 해당하는 "21,000,000"을 입력한다.
④ 부가세란에 "2,100,000"이 자동으로 입력된다.
⑤ 공급처명란에 "㈜청평"을 입력한다.
⑥ 전자세금계산서를 수취하였으므로 전자란에 "1 : 여"를 선택한다.
⑦ 분개란에 "3 : 혼합"을 선택하여 입력한다.
⑧ 하단부 입력란을 완성한다.

▼ ①~⑧ 입력결과 화면은 아래와 같다.

· 상단부

			①		②		③	④		⑤		⑥	⑦
□	일	번호	유형	품목	수량	단가	공급가액	부가세	코드	공급처명	사업자주민번호	전자	분개
☑	21	50002	과세	원재료			21,000,000	2,100,000	00112	(주)청평	124-89-74628	여	혼합

· 하단부

	구분	계정과목		적요	거래처		차변(출금)	대변(입금)
⑧	차변	0135	부가세대급금	원재료	00112	(주)청평	2,100,000	
	차변	0153	원재료	원재료	00112	(주)청평	21,000,000	
	대변	0131	선급금	원재료	00112	(주)청평		5,000,000
	대변	0103	보통예금	원재료	00112	(주)청평		18,100,000

2 영세[52]

영세율이 적용되는 재화나 용역을 공급받고 영세율세금계산서를 수취한 경우(예를 들어, 내국신용장 또는 구매확인서에 의하여 공급받는 재화) 사용한다.

기출확인문제

㈜제일산업(코드번호 : 0101)의 당기 회계기간은 제5기이다.
다음 거래 자료를 [매입매출전표입력] 메뉴에 입력하시오. (제52회)

> 10월 22일 원재료 납품업체인 상신물산㈜로부터 Local L/C에 의해 수출용 제품생산에 사용될 원재료(1,000개, 단가 30,000원)를 납품받고 영세율 전자세금계산서를 교부받았다. 대금결제는 전액 약속어음을 발행하여 지급하였다. (만기일 : 올해 12. 30.)

기출 따라 하기

▶관련 이론 | 영세율과 면세 p.436

(1) 분개

10월 22일 (차) 원재료 30,000,000 (대) 지급어음(상신물산㈜) 30,000,000

(2) 입력방법

① 영세율 거래이고 영세율세금계산서를 수취하였으므로 유형란에 "52.영세"를 선택하여 입력한다.

코 드	과세유형	증빙유형	내 용
52.영세	0%	세금계산서	영세율세금계산서에 의한 영세율 매입분

② 품목란에 "원재료"를 입력한다. (공란으로 두어도 정답으로 인정됨)

③ 수량란에 "1,000", 단가란에 "30,000"을 입력하면, 공급가액란에 부가가치세 과세표준에 해당하는 "30,000,000"이 자동으로 입력된다.

④ 영세율 거래이므로 부가세란에 자동으로 "0"(공란)이 입력된다.

⑤ 공급처명란에 "상신물산㈜"을 입력한다.

⑥ 전자세금계산서를 수취하였으므로 전자란에 "1 : 여"를 선택하여 입력한다.

⑦ 분개란에 "3 : 혼합"을 입력한다.

⑧ 하단부 입력란을 완성한다.

▼ ①~⑧ 입력결과 화면은 아래와 같다.

· 상단부

□	일	번호	유형 ①	품목 ②	수량 ②	단가 ②	공급가액 ③	부가세 ④	코드 ⑤	공급처명 ⑤	사업자주민번호 ⑤	전자 ⑥	분개 ⑦
■	22	50001	영세	원재료	1,000	30,000	30,000,000		00146	상신물산(주)	124-81-12058	여	혼합

· 하단부

	구분	계정과목		적요	거래처		차변(출금)	대변(입금)
⑧	차변	0153	원재료	원재료 1000X30000	00146	상신물산(주	30,000,000	
	대변	0252	지급어음	원재료 1000X30000	00146	상신물산(주		30,000,000

참고 상기 사례는 영세율이 적용되었으나 매출전표가 아니라 매입전표이므로 영세율구분란이 활성화되지 않는다.

3 면세[53]

면세가 적용되는 재화나 용역을 공급받고 계산서를 수취한 경우 사용한다.

기출확인문제

㈜제일산업(코드번호 : 0101)의 당기 회계기간은 제5기이다.
다음 거래 자료를 [매입매출전표입력] 메뉴에 입력하시오. (제64회)

> 10월 23일 당사는 공장의 생산직 사원들을 격려하기 위해 사과 10상자(1상자당 40,000원)를 구입하면서 ㈜호이마트로부터 전자계산서를 교부받았다. 해당 대금 중 100,000원은 현금 지급하고, 나머지 잔액은 외상으로 하였다.

기출 따라 하기

▶관련 이론 | 영세율과 면세 p.438

(1) 분개

10월 23일	(차) 복리후생비(제조)	400,000	(대) 현금	100,000
			미지급금(㈜호이마트)	300,000

(2) 입력방법

① 면세 거래(미가공식료품)이고 계산서를 수취하였으므로 유형란에 "53.면세"를 선택하여 입력한다.

코 드	과세유형	증빙유형	내 용
53.면세	면 세	계산서	계산서에 의한 면세 매입분

② 품목란에 "사과"를 입력한다. (공란으로 두어도 정답으로 인정됨)

③ 수량란에 "10", 단가란에 "40,000"을 입력하면, 공급가액란에 "400,000"이 입력된다.

④ 면세 거래이므로 부가세란에 자동으로 "0"(공란)이 입력된다.

⑤ 공급처명란에 "㈜호이마트"를 입력한다.

⑥ 전자계산서를 수취하였으므로 전자란에 "1 : 여"를 선택한다.
⑦ 분개란에 "3 : 혼합"을 입력한다.
⑧ 하단부 입력란을 완성한다.

▼ ①~⑧ 입력결과 화면은 아래와 같다.

· 상단부

□	일	번호	① 유형	품목	② 수량	단가	③ 공급가액	④ 부가세	코드	⑤ 공급처명	사업자주민번호	⑥ 전자	⑦ 분개
■	23	50002	면세	사과	10	40,000	400,000		00121	(주)호이마트	120-81-35097	여	혼합

· 하단부

	구분	계정과목		적요	거래처		차변(출금)	대변(입금)
⑧	차변	0511	복리후생비	사과 10X40000	00121	(주)호이마	400,000	
	대변	0101	현금	사과 10X40000	00121	(주)호이마		100,000
	대변	0253	미지급금	사과 10X40000	00121	(주)호이마		300,000

4 불공[54]

부가가치세가 과세되는 재화나 용역을 공급받고 일반적인 10% 세금계산서를 수취하였으나, 동 건에 대해 매입세액공제를 받을 수 없는 경우 사용한다.

참고 불공[54]은 다음 두 가지 요건이 모두 충족되는 경우에 사용한다.

· 일반적인 10% 세금계산서를 수취하여야 한다.
· 해당 지출이 매입세액불공제 사유에 해당하여야 한다.

기출확인문제

㈜제일산업(코드번호 : 0101)의 당기 회계기간은 제5기이다.
다음 거래 자료를 [매입매출전표입력] 메뉴에 입력하시오. (제54회)

10월 24일 출판사업부에서 사용할 기계장치를 ㈜동서산업으로부터 10,000,000원(부가가치세 별도)에 전액 외상으로 구입하고 전자세금계산서를 수취하였다. 당사에서는 출판사업부에서 발생한 매출액에 대하여 부가가치세를 면세로 신고해오고 있다.

기출 따라 하기

▶관련 이론 I 매출세액과 매입세액 p.460

(1) 분개

10월 24일 (차) 기계장치 11,000,000[1] (대) 미지급금(㈜동서산업) 11,000,000

[1] 세금계산서상에 공급가액 10,000,000원, 부가가치세 1,000,000원이 기재되어 있으나 동 매입 부가가치세에 대하여 공제받을 수 없으므로 부가세대급금 1,000,000원을 인식하지 않고 공급가액과 부가가치세액을 합한 금액(공급대가)인 11,000,000원을 전액 자산(또는 비용)으로 인식한다.

(2) 입력방법

① VAT 과세거래이고 세금계산서를 수취하였으나 매입세액불공제 사유에 해당하므로 유형란에 "54. 불공"을 선택하여 입력한다.

코 드	과세유형	증빙유형	내 용
54.불공	10%	세금계산서	세금계산서에 의한 과세 매입분 중 매입세액 불공제분

② 품목란에 "기계장치"를 입력한다. (공란으로 두어도 정답으로 인정됨)

③ 공급가액란에 부가가치세 과세표준에 해당하는 "10,000,000"을 입력한다.

④ 부가세란에 "1,000,000"이 자동으로 입력된다.

⑤ 공급처명란에 "㈜동서산업"을 입력한다.

⑥ 전자세금계산서를 수취하였으므로 전자란에 "1 : 여"를 선택하여 입력한다.

⑦ 매입전표에서 '54.불공'이 적용되는 경우에는 불공제사유란에 해당하는 매입세액불공제 사유 유형을 선택하여 입력하여야 한다. 해당란의 (또는 F2)를 클릭하면 보조창이 나타나는데 여기서 "⑤면세사업 관련"을 선택하고 확인(Enter)을 클릭한다.

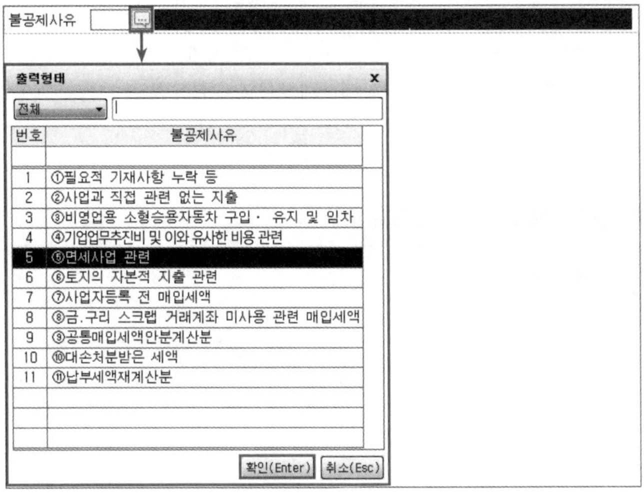

⑧ 분개란에 "3 : 혼합"을 입력한다.

⑨ 하단부 입력란을 완성한다.

▼ ①~⑨ 입력결과 화면은 아래와 같다.

· 상단부

□	일	번호	① 유형	② 품목	수량	단가	③ 공급가액	④ 부가세	코드	⑤ 공급처명	사업자주민번호	⑥ 전자	⑧ 분개
■	24	50001	불공	기계장치			10,000,000	1,000,000	00126	(주)동서산업	220-82-74010	여	혼합

⑦ 불공제사유 5 ⑤면세사업 관련

· 하단부

	구분	계정과목		적요	거래처		차변(출금)	대변(입금)
⑨	차변	0206	기계장치	기계장치	00126	(주)동서산	11,000,000	
	대변	0253	미지급금	기계장치	00126	(주)동서산		11,000,000

5 수입[55]

재화를 수입하고 세관장으로부터 수입세금계산서를 수취한 경우 사용한다.

기출확인문제

㈜제일산업(코드번호 : 0101)의 당기 회계기간은 제5기이다.
다음 거래 자료를 [매입매출전표입력] 메뉴에 입력하시오. (제57회)

10월 25일 캐나다의 벤쿠버상사로부터 원재료를 수입하면서 인천세관으로부터 전자수입세금계산서(공급대가 : 5,500,000원)를 교부받았고, 부가가치세와 관세를 합해서 900,000원을 현금으로 지급하였다. 원재료의 공급가액은 회계처리하지 않고 관세 및 부가가치세만 회계처리하기로 한다.

기출 따라 하기

▶관련 이론 | 매출세액과 매입세액 p.459

(1) 분개

10월 25일	(차) 원재료[1]	400,000	(대) 현금	900,000
	부가세대급금	500,000		

[1] 관세는 취득부대비용에 해당하므로 해당 자산의 취득원가로 처리한다.

(2) 입력방법

① VAT 과세거래이고 세관장으로부터 수입세금계산서를 수취하였으므로 유형란에 "55.수입"을 선택하여 입력한다.

코 드	과세유형	증빙유형	내 용
55.수입	10%	세금계산서	재화의 수입에 따른 수입세금계산서 수취분

② 품목란에 "원재료"를 입력한다. (공란으로 두어도 정답으로 인정됨)

③ 공급가액란에 부가가치세 과세표준에 해당하는 "5,000,000"을 입력한다.

④ 부가세란에 "500,000"이 자동으로 입력된다.

⑤ 공급처명란에 "인천세관"을 입력한다.

▶ 수입세금계산서에서 공급자는 세관으로 기재되어 있다. 즉, 수입세금계산서에 따르면 세관(공급자)이 수입하는 자(공급받는 자)에게 재화를 공급하는 것이다.

⑥ 전자세금계산서를 수취하였으므로 전자란에 "1 : 여"를 선택하여 입력한다.

⑦ 분개란에 "3 : 혼합"(또는 "1 : 현금")을 입력한다.

⑧ 하단부 입력란을 완성한다.

▼ ①~⑧ 입력결과 화면은 아래와 같다.

· 상단부

			①	②			③	④	⑤			⑥	⑦
□	일	번호	유형	품목	수량	단가	공급가액	부가세	코드	공급처명	사업자주민번호	전자	분개
▣	25	50001	수입	원재료			5,000,000	500,000	00710	인천세관	123-81-13262	여	혼합

· 하단부

	구분	계정과목		적요		거래처		차변(출금)	대변(입금)
⑧	차변	0135	부가세대급금	원재료		00710	인천세관	500,000	
	차변	0153	원재료	원재료		00710	인천세관	400,000	
	대변	0101	현금	원재료		00710	인천세관		900,000

참고 수입세금계산서의 매입매출전표입력

통관 시 세관장으로부터 수취한 수입세금계산서상의 공급가액은 부가가치세 징수를 위한 과세표준일 뿐이므로 회계상 매입가액과는 일치하지 않는다. 따라서, 수입세금계산서상의 공급가액은 회계처리 대상이 아니고, 유형 '55.수입'을 사용한 매입전표의 하단부에는 수입세금계산서상의 '부가가치세'에 대한 회계처리만 표시된다.

6 카과[57]

부가가치세가 과세되는 재화나 용역을 공급받고 신용카드매출전표를 수취하였으며 동 건에 대해 매입세액공제를 받을 수 있는 경우 사용한다.

참고

- 매입세액공제 받을 수 있는 지출에 대하여, 대금을 신용카드로 결제함에 따라 세금계산서도 발급받고 신용카드매출전표도 수취한 경우 '51.과세'를 선택하여야 한다.
- 10% 부가가치세가 기재된 신용카드매출전표를 수취하였더라도 매입세액공제 받을 수 없는 경우라면, 해당 거래는 부가가치세신고서 작성 시 전혀 반영되지 않으므로 [매입매출전표입력] 메뉴가 아니라 [일반전표입력] 메뉴에 입력하여야 한다.

기출확인문제

㈜제일산업(코드번호 : 0101)의 당기 회계기간은 제5기이다.
다음 거래 자료를 [매입매출전표입력] 메뉴에 입력하시오. (제56회)

10월 27일 당사 공장에 설치 중인 기계장치의 성능을 시운전하기 위하여 동성주유소에서 휘발유 1,100,000원(부가가치세 포함)을 구입하면서 법인명의의 신용카드(신용카드사 : 비씨카드)로 결제하였다.

기출 따라 하기

▶관련 이론 I 매출세액과 매입세액 p.459

(1) 분개

10월 27일	(차) 기계장치[1]	1,000,000	(대) 미지급금(비씨카드)	1,100,000
	부가세대급금	100,000		

[1] 시운전비는 취득부대비용에 해당하므로 해당 자산의 취득원가로 처리한다.

(2) 입력방법

① VAT 과세거래이고 매입세액공제가 가능한 신용카드매출전표를 수취하였으므로 유형란에 "57.카과"를 선택하여 입력한다.

코드	과세유형	증빙유형	내 용
57.카과	10%	신용카드	신용카드에 의한 과세 매입분 중 매입세액 공제분

② 품목란에 "휘발유"(또는 "시운전")를 입력한다. (공란으로 두어도 정답으로 인정됨)

③ 공급가액란에 부가가치세 과세표준에 해당하는 1,000,000원이 표시되도록 "1,100,000"을 입력한다.

▶ 유형 '57.카과'일 때의 '공급가액' 입력 금액
유형 '57.카과'에 대한 [환경등록]의 기본설정 내용에 따라 공급가액란에 "1,100,000"을 입력하면 공급가액란과 부가가치세란에 각각 '1,000,000'과 '100,000'이 자동으로 안분되어 입력된다. 만약 자동 입력된 금액을 수정하고자 할 때에는 해당란에서 직접 수정 입력하면 된다.

참고 신용카드 거래(17.카과, 57.카과), 현금영수증 거래(22.현과, 61.현과), 무증빙 거래(14.건별)는 실무에서 부가가치세가 포함된 총결제금액을 많이 사용하기 때문에, KcLep 프로그램에서는 실무상 편의를 위해 공급가액란에 부가가치세가 포함된 금액을 입력하면 공급가액이 자동 계산되어 입력되도록 환경설정이 되어 있다.

④ 부가세란에 "100,000"이 자동으로 입력된다.

⑤ 공급처명란에 "동성주유소"를 입력한다.

▶ 회계처리에서 미지급금에 대한 거래처는 카드사인 '비씨카드'가 되지만, 부가가치세법상 공급처는 재화를 공급한 자인 '동성주유소'가 된다.

⑥ '57.카과'는 전자세금계산서가 발급되지 않은 경우이므로 전자란이 자동으로 "0 : 부"(공란)로 작성된다.

⑦ 신용카드매출전표를 수취한 경우에는 신용카드사란에 해당하는 카드사를 선택하여 입력하여야 한다. 해당란의 [...](또는 F2)를 클릭하면 보조창이 나타나는데 여기서 "비씨카드(법인)"를 선택하고 확인(Enter)을 클릭한다.

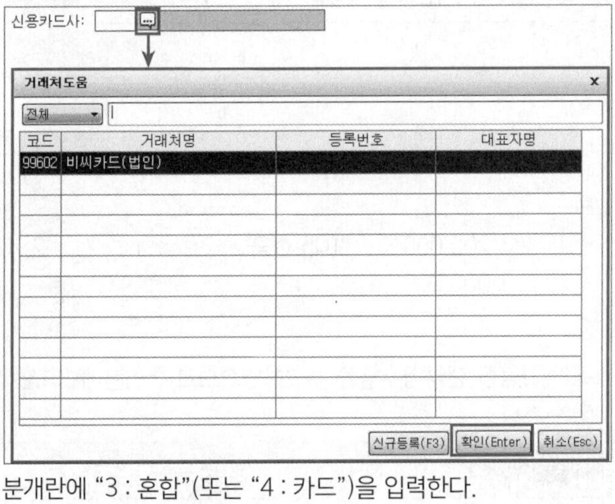

⑧ 분개란에 "3 : 혼합"(또는 "4 : 카드")을 입력한다.

⑨ 하단부 입력란을 완성한다.

▼ ①~⑨ 입력결과 화면은 아래와 같다.

· 상단부

□	일	번호	① 유형	② 품목	수량	단가	③ 공급가액	④ 부가세	코드	⑤ 공급처명	사업자주민번호	⑥ 전자	⑧ 분개
■	27	50003	카과	휘발유			1,000,000	100,000	00123	동성주유소	220-36-54128		혼합

⑦ 신용카드사: 99602 [...] 비씨카드(법인) 봉사료:

· 하단부

	구분	계정과목		적요	거래처		차변(출금)	대변(입금)
⑨	차변	0135	부가세대급금	휘발유	00123	동성주유소	100,000	
	차변	0206	기계장치	휘발유	00123	동성주유소	1,000,000	
	대변	0253	미지급금	휘발유	99602	비씨카드(법		1,100,000

7 현과[61]

부가가치세가 과세되는 재화나 용역을 공급받고 현금영수증을 수취하였으며 동 건에 대해 매입세액 공제를 받을 수 있는 경우 사용한다.

참고

- 매입세액공제 받을 수 있는 지출에 대하여, 세금계산서도 발급받고 현금영수증도 수취한 경우 '51.과세'를 선택하여야 한다.
- 10% 부가가치세가 기재된 현금영수증을 수취하였더라도 매입세액공제 받을 수 없는 경우라면, 해당 거래는 부가가치세신고서 작성 시 전혀 반영되지 않으므로 [매입매출전표입력] 메뉴가 아니라 [일반전표입력] 메뉴에 입력하여야 한다.

기출확인문제

㈜제일산업(코드번호 : 0101)의 당기 회계기간은 제5기이다.
다음 거래 자료를 [매입매출전표입력] 메뉴에 입력하시오. (제65회)

10월 31일 공장 생산부서에서 사용할 컴퓨터를 ㈜컴세상에서 구입하고, 대금 2,200,000원(부가가치세 포함)은 현금으로 지급하고, 현금영수증(지출증빙용)을 발행받았다. (자산으로 처리할 것)

기출 따라 하기

▶관련 이론 | 매출세액과 매입세액 p.459

(1) 분개

10월 31일	(차) 부가세대급금	200,000	(대) 현금	2,200,000
	비품	2,000,000		

(2) 입력방법

① VAT 과세거래이고 매입세액공제가 가능한 현금영수증을 수취하였으므로 유형란에 "61.현과"를 선택하여 입력한다.

코 드	과세유형	증빙유형	내 용
61.현과	10%	현금영수증	현금영수증에 의한 과세 매입분 중 매입세액 공제분

② 품목란에 "컴퓨터"를 입력한다. (공란으로 두어도 정답으로 인정됨)

③ 공급가액란에 부가가치세 과세표준에 해당하는 2,000,000원이 표시되도록 "2,200,000"을 입력한다.

▶ 유형 '61.현과'일 때의 '공급가액' 입력 금액
유형 '61.현과'에 대한 [환경등록]의 기본설정 내용에 따라 공급가액란에 "2,200,000"을 입력하면 공급가액란과 부가가치세란에 각각 '2,000,000'과 '200,000'이 자동으로 안분되어 입력된다. 만약 자동 입력된 금액을 수정하고자 할 때에는 해당란에서 직접 수정 입력하면 된다.

참고 신용카드 거래(17.카과, 57.카과), 현금영수증 거래(22.현과, 61.현과), 무증빙 거래(14.건별)는 실무에서 부가가치세가 포함된 총결제금액을 많이 사용하기 때문에, KcLep 프로그램에서는 실무상 편의를 위해 공급가액란에 부가가치세가 포함된 금액을 입력하면 공급가액이 자동 계산되어 입력되도록 환경설정이 되어 있다.

④ 부가세란에 "200,000"이 자동으로 입력된다.

⑤ 공급처명란에 "㈜컴세상"을 입력한다.

⑥ '61.현과'는 전자세금계산서가 발급되지 않은 경우이므로 전자란이 자동으로 "0 : 부"(공란)로 작성된다.

⑦ 분개란에 "3 : 혼합"(또는 "1 : 현금")을 입력한다.

⑧ 하단부 입력란을 완성한다.

▼ ①~⑧ 입력결과 화면은 아래와 같다.

· 상단부

			①		②		③	④		⑤		⑥	⑦
□	일	번호	유형	품목	수량	단가	공급가액	부가세	코드	공급처명	사업자주민번호	전자	분개
■	31	50001	현과	컴퓨터			2,000,000	200,000	00197	(주)컴세상	341-84-25692		혼합

· 하단부

	구분	계정과목		적요	거래처		차변(출금)	대변(입금)
⑧	차변	0135	부가세대급금	컴퓨터	00197	(주)컴세상	200,000	
	차변	0212	비품	컴퓨터	00197	(주)컴세상	2,000,000	
	대변	0101	현금	컴퓨터	00197	(주)컴세상		2,200,000

핵심기출문제

* 본서에 수록된 기출문제의 날짜는 학습효과를 높이기 위하여 일부 수정함

01 ㈜칠삼산업(회사코드 : 0173)의 당기 회계기간은 제20기이다.
다음 거래 자료를 [매입매출전표입력] 메뉴에 추가로 입력하시오. [제73회]

(1) 7월 10일 수출업체인 ㈜미스터에 구매확인서에 의하여 제품 100개(개당 150,000원)를 판매하고 영세율전자세금계산서를 발급하였으며, 대금은 다음 달 10일까지 지급받기로 하였다.

(2) 7월 13일 제품을 다음과 같이 최공유(721228-1110112)에게 10,000,000원(부가가치세 별도)에 판매하고 전자세금계산서를 발급하였으며 판매대금은 전액 현금으로 수취하였다. 최공유(상호 : ㈜도깨비)의 사업개시일은 올해 7월 1일, 사업자등록 신청일은 올해 7월 30일이다.

<table>
<tr><td colspan="6">전자세금계산서(공급받는자 보관용)</td><td>승인번호</td><td colspan="3"></td></tr>
<tr><td rowspan="5">공급자</td><td>사업자
등록번호</td><td>105-81-33130</td><td>종사업장
번호</td><td></td><td rowspan="5">공급받는자</td><td>사업자
등록번호</td><td></td><td>종사업장
번호</td><td></td></tr>
<tr><td>상호
(법인명)</td><td>㈜칠삼산업</td><td>성명
(대표자)</td><td>윤소현</td><td>상호
(법인명)</td><td></td><td>성명
(대표자)</td><td>최공유</td></tr>
<tr><td>사업장
주소</td><td colspan="3">서울특별시 강남구 도곡로 7길 13</td><td>사업장
주소</td><td colspan="3">서울 은평구 불광동 451-4</td></tr>
<tr><td>업태</td><td>제조, 도소매</td><td>종목</td><td>전자제품 외</td><td>업태</td><td>제조, 도소매</td><td>종목</td><td>전자제품 외</td></tr>
<tr><td>이메일</td><td colspan="3">rlarhdms@naver.com</td><td>이메일</td><td colspan="3">kkorrd@naver.com</td></tr>
</table>

작성연월일	공급가액	세액	수정사유
20xx. 7. 13.	10,000,000	1,000,000	

비고	주민번호 721228 - 1110112

월	일	품목	규격	수량	단가	공급가액	세액	비고
7	13	전자제품				10,000,000	1,000,000	

합계금액	현금	수표	어음	외상미수금	이 금액을 영수/청구 함
11,000,000	11,000,000				

정답 및 해설

01 (1)

▶관련 이론 I 매출세액과 매입세액 p.456

해　설　7월 10일 유형 : 12.영세 / 공급가액 : 15,000,000 / 부가세 : 0 / 거래처 : ㈜미스터 / 전자 : 여 / 분개 : 혼합(외상) / (영세율구분 : 3.내국신용장·구매확인서에 의하여 공급하는 재화)

(차) 외상매출금(㈜미스터)	15,000,000	(대) 제품매출	15,000,000

정답화면

□	일	번호	유형	품목	수량	단가	공급가액	부가세	코드	공급처명	사업/주민번호	전자	분개
□	10	50005	영세				15,000,000		00606	(주)미스터	306-81-32428	여	혼합

영세율구분 3 내국신용장 · 구매확인서　서류번호

구분	계정과목		적요	거래처		차변(출금)	대변(입금)
대변	0404	제품매출		00606	(주)미스터		15,000,000
차변	0108	외상매출금		00606	(주)미스터	15,000,000	

(2)

▶관련 이론 I 매출세액과 매입세액 p.454

해　설　7월 13일 유형 : 11.과세 / 공급가액 : 10,000,000 / 부가세 : 1,000,000 / 공급처명 : 최공유 / 전자 : 여 / 분개 : 혼합(현금)

(차) 현금	11,000,000	(대) 제품매출	10,000,000
		부가세예수금	1,000,000

정답화면

□	일	번호	유형	품목	수량	단가	공급가액	부가세	코드	공급처명	사업/주민번호	전자	분개
■	13	50005	과세				10,000,000	1,000,000	00602	최공유	721228-1110112	여	혼합

구분	계정과목		적요	거래처		차변(출금)	대변(입금)
대변	0255	부가세예수금		00602	최공유		1,000,000
대변	0404	제품매출		00602	최공유		10,000,000
차변	0101	현금		00602	최공유	11,000,000	

(3) 8월 14일 제조현장에서 사용할 화물용 트럭에 사용하기 위하여 더케이주유소에서 경유 165,000원(부가가치세 포함)을 구입하고 법인카드(카드사 : 롯데카드)로 결제하였다.

(4) 8월 30일 비사업자인 권나라에게 제품을 판매하고, 판매대금 330,000원(부가가치세 포함)을 전액 보통예금으로 수령하였다. 해당 거래에 대하여 별도의 세금계산서나 현금영수증을 발급하지 않았으며 간이영수증만 발급하였다.

(5) 9월 15일 회사는 마케팅 부서의 업무용 리스차량(9인승 승합차, 3,000cc)의 월 운용리스료 660,000원을 보통예금에서 지급하고, 아주캐피탈로부터 전자계산서를 수취하였다. (임차료 계정과목을 사용할 것)

정답 및 해설

(3)

▶관련 이론 I 매출세액과 매입세액 p.459

해 설 8월 14일 유형 : 57.카과 / 공급가액 : 150,000 / 부가세 : 15,000 / 공급처명 : 더케이주유소 / 분개 : 혼합(카드) / (신용카드사 : 롯데카드)

(차) 차량유지비(제조)	150,000	(대) 미지급금(롯데카드)	165,000
부가세대급금	15,000		

정답화면

□	일	번호	유형	품목	수량	단가	공급가액	부가세	코드	공급처명	사업/주민번호	전자	분개
■	14	50001	카과				150,000	15,000	00508	더케이주유소	305-86-22413		혼합

신용카드사: 99603 롯데카드

구분	계정과목	적요	거래처	차변(출금)	대변(입금)
차변	0135 부가세대급금		00508 더케이주유:	15,000	
차변	0522 차량유지비		00508 더케이주유:	150,000	
대변	0253 미지급금		99603 롯데카드		165,000

(4)

▶관련 이론 I 매출세액과 매입세액 p.454

해 설 8월 30일 유형 : 14.건별 / 공급가액 : 300,000 / 부가세 : 30,000 / 공급처명 : 권나라 / 분개 : 혼합

(차) 보통예금	330,000	(대) 제품매출	300,000
		부가세예수금	30,000

정답화면

□	일	번호	유형	품목	수량	단가	공급가액	부가세	코드	공급처명	사업/주민번호	전자	분개
■	30	50005	건별				300,000	30,000	00511	권나라	820210-2103213		혼합

구분	계정과목	적요	거래처	차변(출금)	대변(입금)
대변	0255 부가세예수금		00511 권나라		30,000
대변	0404 제품매출		00511 권나라		300,000
차변	0103 보통예금		00511 권나라	330,000	

(5)

▶관련 이론 I 매출세액과 매입세액 p.459

해 설 9월 15일 유형 : 53.면세 / 공급가액 : 660,000 / 공급처명 : 아주캐피탈 / 전자 : 여 / 분개 : 혼합

(차) 임차료(판관비)	660,000	(대) 보통예금	660,000

정답화면

□	일	번호	유형	품목	수량	단가	공급가액	부가세	코드	공급처명	사업/주민번호	전자	분개
■	15	50001	면세				660,000		00601	아주캐피탈	402-82-15272	여	혼합

구분	계정과목	적요	거래처	차변(출금)	대변(입금)
차변	0819 임차료		00601 아주캐피탈	660,000	
대변	0103 보통예금		00601 아주캐피탈		660,000

참고 운용리스

- 리스회사는 여신전문금융업법에 따라 등록한 시설대여업자로서 면세사업자에 해당하므로 리스회사는 운용리스료에 대하여 '계산서'를 발급한다.
- 리스이용자는 운용리스료에 대하여 임차료 계정과목을 사용하여 비용으로 회계처리한다.

02 ㈜육칠산업(회사코드 : 0167)의 당기 회계기간은 제13기이다.
다음 거래 자료를 [매입매출전표입력] 메뉴에 추가로 입력하시오. [제67회]

(1) 4월 3일 알파상사에 제품을 8,000,000원(부가가치세 별도)에 판매하고, 전자세금계산서를 교부하였다. (단, 전월에 계약금으로 받은 800,000원을 제외한 판매대금 잔액은 다음 달 말일에 수취하기로 하였다)

(2) 4월 21일 ㈜한영으로부터 원재료 100개(단가 @100,000원, 부가가치세 별도)를 매입하면서 전자세금계산서를 수취하였다. 대금 중 80%는 당좌수표를 발행하여 지급하고 잔액은 다음 달에 지급하기로 하였다.

(3) 4월 25일 공장에 새로운 기계장치 설치를 다모서비스에 의뢰하고 보통예금에서 계좌이체한 후, 지출증빙용 현금영수증을 수취하였다.

다모서비스		
114-81-80641		남재안
서울 송파구 문정동 101-2 TEL : 3289-8085		
홈페이지 http://www.kacpta.or.kr		
현금(지출증빙)		
구매 20xx/4/25 17:06 거래번호 : 0026-0107		
상품명	수량	금액
기계설치		3,850,000원
2043655000009		
	과세물품가액	3,500,000원
	부가가치세	350,000원
	합계	3,850,000원
	받은금액	3,850,000원

정답 및 해설

02 (1)

▶관련 이론 I 매출세액과 매입세액 p.454

해 설 4월 3일 유형 : 11.과세 / 공급가액 : 8,000,000 / 부가세 : 800,000 / 공급처명 : 알파상사 / 전자 : 여 / 분개 : 혼합

(차) 외상매출금(알파상사)	8,000,000	(대) 제품매출	8,000,000
선수금(알파상사)	800,000	부가세예수금	800,000

정답화면

□	일	번호	유형	품목	수량	단가	공급가액	부가세	코드	공급처명	사업자주민번호	전자	분개
☑	3	50004	과세				8,000,000	800,000	00109	알파상사	210-09-07603	여	혼합

구분	계정과목		적요	거래처		차변(출금)	대변(입금)
대변	0255	부가세예수금		00109	알파상사		800,000
대변	0404	제품매출		00109	알파상사		8,000,000
차변	0259	선수금		00109	알파상사	800,000	
차변	0108	외상매출금		00109	알파상사	8,000,000	

(2)

▶관련 이론 I 매출세액과 매입세액 p.459

해 설 4월 21일 유형 : 51.과세 / 공급가액 : 10,000,000 / 부가세 : 1,000,000 / 공급처명 : ㈜한영 / 전자 : 여 / 분개 : 혼합

(차) 원재료	10,000,000	(대) 당좌예금	8,800,000
부가세대급금	1,000,000	외상매입금(㈜한영)	2,200,000

정답화면

□	일	번호	유형	품목	수량	단가	공급가액	부가세	코드	공급처명	사업자주민번호	전자	분개
☑	21	50006	과세				10,000,000	1,000,000	00120	(주)한영	105-08-07890	여	혼합

구분	계정과목		적요	거래처		차변(출금)	대변(입금)
차변	0135	부가세대급금		00120	(주)한영	1,000,000	
차변	0153	원재료		00120	(주)한영	10,000,000	
대변	0102	당좌예금		00120	(주)한영		8,800,000
대변	0251	외상매입금		00120	(주)한영		2,200,000

(3)

▶관련 이론 I 매출세액과 매입세액 p.459

해 설 4월 25일 유형 : 61.현과 / 공급가액 : 3,500,000 / 부가세 : 350,000 / 공급처명 : 다모서비스 / 분개 : 혼합

(차) 기계장치	3,500,000	(대) 보통예금	3,850,000
부가세대급금	350,000		

정답화면

□	일	번호	유형	품목	수량	단가	공급가액	부가세	코드	공급처명	사업자주민번호	전자	분개
☑	25	50008	현과				3,500,000	350,000	00403	다모서비스	114-81-80641		혼합

구분	계정과목		적요	거래처		차변(출금)	대변(입금)
차변	0135	부가세대급금		00403	다모서비스	350,000	
차변	0206	기계장치		00403	다모서비스	3,500,000	
대변	0103	보통예금		00403	다모서비스		3,850,000

(4) 5월 5일 프랑스 알퐁스사로부터 수입한 공장용 기계장치와 관련하여 인천세관으로부터 43,000,000원(부가가치세 별도)의 전자수입세금계산서를 수취하고, 관련 부가가치세는 보통예금에서 이체하였다. (단, 유형자산 회계처리는 생략할 것)

(5) 5월 27일 ㈜대양유통으로부터 수건을 3,000,000원(부가가치세 별도)에 외상으로 구입하고 전자세금계산서를 수취하였으며, 동 수건은 영업부서의 판매거래처에 체육대회 경품으로 제공하였다.

<table>
<tr><td colspan="6">전자세금계산서(공급받는자 보관용)</td><td>승인번호</td><td colspan="3">20xx0108-41000042-55746692</td></tr>
<tr><td rowspan="5">공급자</td><td>사업자 등록번호</td><td>101-86-54365</td><td>종사업장 번호</td><td></td><td rowspan="5">공급받는자</td><td>사업자 등록번호</td><td>984-09-80909</td><td>종사업장 번호</td><td></td></tr>
<tr><td>상호 (법인명)</td><td>㈜대양유통</td><td>성명 (대표자)</td><td>방수원</td><td>상호 (법인명)</td><td>㈜육칠산업</td><td>성명 (대표자)</td><td>송만세</td></tr>
<tr><td>사업장 주소</td><td colspan="3">서울 강남구 테헤란로38길 43(역삼동)</td><td>사업장 주소</td><td colspan="3">서울 강남구 강남대로 482(논현동)</td></tr>
<tr><td>업태</td><td>도소매</td><td>종목</td><td>잡화</td><td>업태</td><td>제조, 도소매</td><td>종목</td><td>전자제품 외</td></tr>
<tr><td>이메일</td><td colspan="3">daeyang@naver.com</td><td>이메일</td><td colspan="3">kkorrd@naver.com</td></tr>
</table>

<table>
<tr><td>작성연월일</td><td>공급가액</td><td>세액</td><td>수정사유</td></tr>
<tr><td>20xx. 5. 27.</td><td>3,000,000</td><td>300,000</td><td></td></tr>
<tr><td>비고</td><td colspan="3"></td></tr>
</table>

월	일	품목	규격	수량	단가	공급가액	세액	비고
5	27	수건				3,000,000	300,000	

<table>
<tr><td>합계금액</td><td>현금</td><td>수표</td><td>어음</td><td>외상미수금</td><td rowspan="2">이 금액을 영수/청구 함</td></tr>
<tr><td>3,300,000</td><td></td><td></td><td></td><td>3,300,000</td></tr>
</table>

정답 및 해설

(4)

▶관련 이론 I 매출세액과 매입세액 p.459

해　　설　5월　5일 유형 : 55.수입 / 공급가액 : 43,000,000 / 부가세 : 4,300,000 / 공급처명 : 인천세관 / 전자 : 여 / 분개 : 혼합

(차) 부가세대급금　4,300,000　(대) 보통예금　4,300,000

정답화면

□	일	번호	유형	품목	수량	단가	공급가액	부가세	코드	공급처명	사업자주민번호	전자	분개
■	5	50004	수입				43,000,000	4,300,000	00107	인천세관	874-50-50809	여	혼합

구분	계정과목		적요	거래처		차변(출금)	대변(입금)
차변	0135	부가세대급금		00107	인천세관	4,300,000	
대변	0103	보통예금		00107	인천세관		4,300,000

(5)

▶관련 이론 I 매출세액과 매입세액 p.460

해　　설　5월 27일 유형 : 54.불공 / 공급가액 : 3,000,000 / 부가세 : 300,000 / 공급처명 : ㈜대양유통 / 전자 : 여 / 분개 : 혼합 / (불공제사유 : ④기업업무추진비 및 이와 유사한 비용 관련)

(차) 기업업무추진비(판관비)　3,300,000　(대) 미지급금(㈜대양유통)　3,300,000

정답화면

□	일	번호	유형	품목	수량	단가	공급가액	부가세	코드	공급처명	사업자주민번호	전자	분개
■	27	50002	불공				3,000,000	300,000	00404	(주)대양유통	101-86-54365	여	혼합

불공제사유　4　④기업업무추진비 및 이와 유사한 비용 관련

구분	계정과목		적요	거래처		차변(출금)	대변(입금)
차변	0813	기업업무추진비		00404	(주)대양유	3,300,000	
대변	0253	미지급금		00404	(주)대양유		3,300,000

03 ㈜육이산업(코드번호 : 0162)의 당기 회계기간은 제20기이다.
다음 거래 자료를 [매입매출전표입력] 메뉴에 추가로 입력하시오. [제62회]

(1) 다음은 당일에 제품을 공급하고 발행한 전자세금계산서이다. 적절한 회계처리를 하시오.

전자세금계산서(공급받는자 보관용)						승인번호			
공급자	등록번호	125-81-77559	종사업장 번호		공급받는자	등록번호	130-42-27256	종사업장 번호	
	상호(법인명)	㈜육이산업	성명	홍길동		상호(법인명)	서울상사	성명(대표자)	이범수
	사업장 주소	서울시 구로구 새말로 97				사업장 주소	서울시 마포구 마포대로 58		
	업태	제조, 도소매, 무역	종목	전자제품		업태	소매	종목	전자제품

작성연월일			공급가액												세액										수정사유
년	월	일	천	백	십	억	천	백	십	만	천	백	십	일	십	억	천	백	십	만	천	백	십	일	
20xx	4	10						4	0	0	0	0	0	0					4	0	0	0	0	0	

비고								
월	일	품목	규격	수량	단가	공급가액	세액	비고
4	10	전자제품		1		4,000,000	400,000	

합계금액	현금	수표	어음	외상미수금	이 금액을 영수 청구 함
4,400,000	400,000		2,000,000	2,000,000	

(2) 4월 12일 비사업자인 이석우에게 제품을 판매하고, 판매대금 440,000원(부가가치세 포함)은 신용카드(신한카드)로 결제받았다.

(3) 4월 15일 광고를 목적으로 ㈜우리상사에서 4월 1일 매입한 판촉용 수건에 하자가 있어 반품하고 수정전자세금계산서(공급가액 : (-)100,000원, 부가가치세 : (-)10,000원)를 교부받고 대금은 미지급금과 상계처리하였다.

정답 및 해설

03 (1)

▶관련 이론 I 매출세액과 매입세액 p.454

해　설　4월 10일　유형 : 11.과세 / 공급가액 : 4,000,000 / 부가세 : 400,000 / 공급처명 : 서울상사 / 전자 : 여 / 분개 : 혼합

(차) 현금	400,000	(대) 제품매출	4,000,000
받을어음(서울상사)	2,000,000	부가세예수금	400,000
외상매출금(서울상사)	2,000,000		

정답화면

□	일	번호	유형	품목	수량	단가	공급가액	부가세	코드	공급처명	사업자주민번호	전자	분개
	10	50004	과세				4,000,000	400,000	00503	서울상사	130-42-27256	여	혼합

구분	계정과목		적요	거래처		차변(출금)	대변(입금)
대변	0255	부가세예수금		00503	서울상사		400,000
대변	0404	제품매출		00503	서울상사		4,000,000
차변	0101	현금		00503	서울상사	400,000	
차변	0110	받을어음		00503	서울상사	2,000,000	
차변	0108	외상매출금		00503	서울상사	2,000,000	

(2)

▶관련 이론 I 매출세액과 매입세액 p.454

해　설　4월 12일　유형 : 17.카과 / 공급가액 : 400,000 / 부가세 : 40,000 / 거래처 : 이석우 / 분개 : 혼합(외상) / 신용카드사 : 신한카드

(차) 외상매출금(신한카드)	440,000	(대) 제품매출	400,000
		부가세예수금	40,000

정답화면

□	일	번호	유형	품목	수량	단가	공급가액	부가세	코드	공급처명	사업/주민번호	전자	분개
□	12	50003	카과				400,000	40,000	00507	이석우	680808-1111112		혼합

신용카드사　99700　신한카드

구분	계정과목		적요	거래처		차변(출금)	대변(입금)
대변	0255	부가세예수금		00507	이석우		40,000
대변	0404	제품매출		00507	이석우		400,000
차변	0108	외상매출금		99700	신한카드	440,000	

참고 신용카드로 결제받은 수취채권

거래상대방(A거래처)에게 재화나 용역을 제공하고 그 대금을 신용카드(B신용카드사)로 결제받은 경우, 동 수취채권에 대한 회계처리방법은 다음과 같다.

- 계정과목 : 외상매출금(일반적인 상거래) 또는 미수금(일반적인 상거래 이외의 거래)
- 거래처 : B신용카드사(당사가 향후 대금을 수령하여야 할 곳은 A거래처가 아니라 B신용카드사임)

(3)

▶관련 이론 I 세금계산서 p.448

해　설　4월 15일　유형 : 51.과세 / 공급가액 : (-)100,000 / 부가세 : (-)10,000 / 공급처명 : ㈜우리상사 / 전자 : 여 / 분개 : 혼합

(차) 광고선전비(판관비)	(-)100,000	(대) 미지급금(㈜우리상사)	(-)110,000
부가세대급금	(-)10,000		

정답화면

□	일	번호	유형	품목	수량	단가	공급가액	부가세	코드	공급처명	사업자주민번호	전자	분개
	15	50003	과세				-100,000	-10,000	00214	(주)우리상사	120-81-12449	여	혼합

구분	계정과목		적요	거래처		차변(출금)	대변(입금)
차변	0135	부가세대급금		00214	(주)우리상	-10,000	
차변	0833	광고선전비		00214	(주)우리상	-100,000	
대변	0253	미지급금		00214	(주)우리상		-110,000

(4) 4월 17일 대표이사가 업무를 위해 제주도에 방문하여 업무용승용차(998cc)를 ㈜탐라렌트카에서 3일간 렌트(렌트대금 : 500,000원, 부가가치세 별도)하고 전자세금계산서를 수령하였다. 대금은 다음 달 10일에 지급하기로 하였다. (임차료 계정과목으로 처리할 것)

(5) 4월 30일 일본 노무라사로부터 수입한 공장용 기계부품과 관련하여 양산세관으로부터 아래와 같은 내용의 수입전자세금계산서를 발급받았고, 관련 부가가치세는 금일 전액 보통예금에서 납부하였다.

작성일자	품 목	공급가액	세 액	합 계	비 고
4월 30일	기계부품	15,500,000원	1,550,000원	17,050,000원	영 수

정답 및 해설

(4) ▶관련 이론 I 매출세액과 매입세액 p.459

해　설　4월 17일 유형 : 51.과세[1)] / 공급가액 : 500,000 / 부가세 : 50,000 / 공급처명 : ㈜탐라렌트카 / 전자 : 여 / 분개 : 혼합

(차) 임차료(판관비)	500,000	(대) 미지급금(㈜탐라렌트카)	550,000
부가세대급금	50,000		

1) 배기량 1,000cc 이하의 경차이므로 매입세액이 공제된다.

정답화면

□	일	번호	유형	품목	수량	단가	공급가액	부가세	코드	공급처명	사업자주민번호	전자	분개
▦	17	50002	과세				500,000	50,000	00312	(주)탐라렌트카	132-82-13225	여	혼합

구분	계정과목		적요	거래처		차변(출금)	대변(입금)
차변	0135	부가세대급금		00312	(주)탐라렌	50,000	
차변	0819	임차료		00312	(주)탐라렌	500,000	
대변	0253	미지급금		00312	(주)탐라렌		550,000

(5) ▶관련 이론 I 매출세액과 매입세액 p.459

해　설　4월 30일 유형 : 55.수입 / 공급가액 : 15,500,000 / 부가세 : 1,550,000 / 공급처명 : 양산세관 / 전자 : 여 / 분개 : 혼합

(차) 부가세대급금	1,550,000	(대) 보통예금	1,550,000

정답화면

□	일	번호	유형	품목	수량	단가	공급가액	부가세	코드	공급처명	사업자주민번호	전자	분개
▦	30	50007	수입				15,500,000	1,550,000	00505	양산세관	104-81-34567	여	혼합

구분	계정과목		적요	거래처		차변(출금)	대변(입금)
차변	0135	부가세대급금		00505	양산세관	1,550,000	
대변	0103	보통예금		00505	양산세관		1,550,000

04 ㈜육공산업(코드번호 : 0160)의 당기 회계기간은 제10기이다. 다음 거래 자료를 [매입매출전표입력] 메뉴에 추가로 입력하시오.

[제60회]

(1) 5월 2일 원재료를 구입하면서 운반비로 ㈜양화물류에게 88,000원(부가가치세 포함)을 현금으로 지급하고 전자세금계산서를 수취하였다.

(2) 5월 15일 올해 3월 17일 ㈜서해에 전자세금계산서를 발급하고 외상매출한 제품에 대하여 품질불량의 사유로 클레임이 발생하였다. 당사자 간 합의에 의하여 물품대금 3,300,000원(부가가치세 포함)을 직접 깎아주기로 합의하고 수정전자세금계산서를 발급하였다. 이는 클레임에 대한 손해배상금이 아니다.

(3) 6월 2일 영업부에서 매출거래처인 ㈜서해산업의 임시주주총회 행사장에 보내기 위해서 화환(면세)을 참사랑화원에서 170,000원에 현금으로 구입하고 전자계산서를 발급받았다.

(4) 6월 16일 소비자 김정민(주민등록번호 : 751010-1041216)에게 제품 100개를 총 5,500,000원(부가가치세 포함)에 현금매출하고 소득공제용 현금영수증을 교부하였다.

(5) 6월 17일 당사는 ㈜서진산업에 공장의 기계장치 일부를 매각하고 전자세금계산서를 발급하였다. 매각대금은 전액 외상으로 하였다.

- 매각대금 : 30,000,000원(부가가치세 별도)
- 매각 당시 감가상각누계액 : 5,000,000원
- 취득가액 : 25,000,000원

정답 및 해설

04 (1)

▶관련 이론 I 매출세액과 매입세액 p.459

해　설　5월 2일 유형 : 51.과세 / 공급가액 : 80,000 / 부가세 : 8,000 / 공급처명 : ㈜양화물류 / 전자 : 여 / 분개 : 현금(혼합)

(차) 원재료	80,000	(대) 현금	88,000
부가세대급금	8,000		

정답화면

□	일	번호	유형	품목	수량	단가	공급가액	부가세	코드	공급처명	사업자주민번호	전자	분개
▦	2	50004	과세				80,000	8,000	00509	(주)양화물류	107-81-03699	여	현금

구분	계정과목		적요	거래처		차변(출금)	대변(입금)
출금	0135	부가세대급금		00509	(주)양화물	8,000	(현금)
출금	0153	원재료		00509	(주)양화물	80,000	(현금)

정답 및 해설

(2)
▶관련 이론 I 세금계산서 p.448

해　설　5월 15일 유형 : 11.과세 / 공급가액 : (-)3,000,000 / 부가세 : (-)300,000 / 공급처명 : ㈜서해 / 전자 : 여 / 분개 : 외상(혼합)

(차) 외상매출금(㈜서해)	(-)3,300,000	(대) 제품매출	(-)3,000,000
		부가세예수금	(-)300,000

정답화면

□	일	번호	유형	품목	수량	단가	공급가액	부가세	코드	공급처명	사업자주민번호	전자	분개
▦	15	50001	과세				-3,000,000	-300,000	00603	(주)서해	116-81-02170	여	외상

구분	계정과목	적요	거래처	차변(출금)	대변(입금)
차변	0108 외상매출금		00603 (주)서해	-3,300,000	
대변	0255 부가세예수금		00603 (주)서해		-300,000
대변	0404 제품매출		00603 (주)서해		-3,000,000

(3)
▶관련 이론 I 영세율과 면세 p.438

해　설　6월　2일 유형 : 53.면세 / 공급가액 : 170,000 / 공급처명 : 참사랑화원 / 전자 : 여 / 분개 : 현금(혼합)

(차) 기업업무추진비(판관비)	170,000	(대) 현금	170,000

정답화면

□	일	번호	유형	품목	수량	단가	공급가액	부가세	코드	공급처명	사업자주민번호	전자	분개
▦	2	50002	면세				170,000		00112	참사랑화원	135-81-22221	여	현금

구분	계정과목	적요	거래처	차변(출금)	대변(입금)
출금	0813 기업업무추진비		00112 참사랑화원	170,000	(현금)

(4)
▶관련 이론 I 매출세액과 매입세액 p.454

해　설　6월 16일 유형 : 22.현과 / 공급가액 : 5,000,000 / 부가세 : 500,000 / 공급처명 : 김정민 / 분개 : 현금(혼합)

(차) 현금	5,500,000	(대) 제품매출	5,000,000
		부가세예수금	500,000

정답화면

□	일	번호	유형	품목	수량	단가	공급가액	부가세	코드	공급처명	사업자주민번호	전자	분개
▦	16	50001	현과				5,000,000	500,000	00615	김정민	751010-1041216		현금

구분	계정과목	적요	거래처	차변(출금)	대변(입금)
입금	0255 부가세예수금		00615 김정민	(현금)	500,000
입금	0404 제품매출		00615 김정민	(현금)	5,000,000

(5)
▶관련 이론 I 매출세액과 매입세액 p.454

해　설　6월 17일 유형 : 11.과세 / 공급가액 : 30,000,000 / 부가세 : 3,000,000 / 공급처명 : ㈜서진산업 / 전자 : 여 / 분개 : 혼합

(차) 미수금(㈜서진산업)	33,000,000	(대) 기계장치	25,000,000
감가상각누계액(기계장치)	5,000,000	부가세예수금	3,000,000
		유형자산처분이익	10,000,000

정답화면

□	일	번호	유형	품목	수량	단가	공급가액	부가세	코드	공급처명	사업자주민번호	전자	분개
▦	17	50001	과세				30,000,000	3,000,000	00403	(주)서진산업	121-85-00245	여	혼합

구분	계정과목	적요	거래처	차변(출금)	대변(입금)
대변	0255 부가세예수금		00403 (주)서진산		3,000,000
대변	0206 기계장치		00403 (주)서진산		25,000,000
차변	0120 미수금		00403 (주)서진산	33,000,000	
차변	0207 감가상각누계'		00403 (주)서진산	5,000,000	
대변	0914 유형자산처분		00403 (주)서진산		10,000,000

05 ㈜오구산업(코드번호 : 0159)의 당기 회계기간은 제20기이다. 다음 거래자료를 [매입매출전표입력] 메뉴에 추가로 입력하시오.

[제59회]

(1) 5월 25일 ㈜대웅으로부터 원재료(1,000개, 단위당 원가 20,000원)를 매입하고 영세율전자세금계산서를 수취하였다. 대금은 국민은행 기업구매자금대출(만기 6개월)로 지급하였다.

(2) 6월 7일 당사는 미국 샌프란시스코사에 미화 10,000달러의 제품을 직수출하였다. 수출신고필증상의 신고일은 올해 6월 4일이며, B/L에 의하여 확인된 선적일은 올해 6월 7일이다. 동 거래에 대한 대금은 올해 7월 15일에 받기로 하였다. 아래 자료를 보고 정상적인 환율을 적용하여 매입매출전표에 입력하시오.

일 자	올해 6. 4.	올해 6. 7.	올해 7. 15.
일자별 환율	1,000원	1,100원	1,150원

(3) 6월 20일 다음은 당사에서 발행한 전자세금계산서 자료이다. 매입매출전표에 입력하시오.

<table>
<tr><td colspan="9">전자세금계산서(공급자 보관용)</td><td>승인번호</td><td colspan="3"></td></tr>
<tr><td rowspan="5">공급자</td><td>사업자 등록번호</td><td colspan="3">105-81-33130</td><td>종사업장 번호</td><td colspan="2"></td><td rowspan="5">공급받는자</td><td>사업자 등록번호</td><td>315-83-05123</td><td>종사업장 번호</td><td></td></tr>
<tr><td>상호 (법인명)</td><td colspan="3">㈜오구산업</td><td>성명 (대표자)</td><td colspan="2">김태영</td><td>상호 (법인명)</td><td>㈜세연상사</td><td>성명 (대표자)</td><td>박희철</td></tr>
<tr><td>사업장 주소</td><td colspan="6">경기도 성남시 분당구 신수로 787</td><td>사업장 주소</td><td colspan="3">충남 천안시 서북구 성정로 101</td></tr>
<tr><td>업태</td><td colspan="3">제조</td><td>종목</td><td colspan="2">전자제품</td><td>업태</td><td>소매</td><td>종목</td><td>가전</td></tr>
<tr><td>이메일</td><td colspan="6"></td><td>이메일</td><td colspan="3">kkorrd@naver.com</td></tr>
<tr><td colspan="2">작성연월일</td><td colspan="2">공급가액</td><td colspan="4">세액</td><td colspan="5">수정사유</td></tr>
<tr><td colspan="2">20xx. 6. 20</td><td colspan="2">12,000,000</td><td colspan="4">1,200,000</td><td colspan="5"></td></tr>
<tr><td colspan="2">비고</td><td colspan="11"></td></tr>
<tr><td>월</td><td>일</td><td colspan="3">품목</td><td>규격</td><td>수량</td><td colspan="2">단가</td><td colspan="2">공급가액</td><td>세액</td><td>비고</td></tr>
<tr><td>6</td><td>20</td><td colspan="3">제품</td><td></td><td></td><td colspan="2"></td><td colspan="2">12,000,000</td><td>1,200,000</td><td></td></tr>
<tr><td></td><td></td><td colspan="3"></td><td></td><td></td><td colspan="2"></td><td colspan="2"></td><td></td><td></td></tr>
<tr><td colspan="2">합계금액</td><td colspan="2">현금</td><td colspan="2">수표</td><td colspan="2">어음</td><td colspan="2">외상미수금</td><td colspan="3" rowspan="2">이 금액을 영수/청구 함</td></tr>
<tr><td colspan="2">13,200,000</td><td colspan="2">4,000,000</td><td colspan="2"></td><td colspan="2"></td><td colspan="2">9,200,000</td></tr>
</table>

정답 및 해설

05 (1)

▶관련 이론 I 영세율과 면세 p.436

해 설 5월 25일 유형 : 52.영세 / 공급가액 : 20,000,000 / 부가세 : 0 / 공급처명 : ㈜대웅 / 전자 : 여 / 분개 : 혼합

(차) 원재료 20,000,000 (대) 단기차입금(국민은행) 20,000,000

정답화면

□	일	번호	유형	품목	수량	단가	공급가액	부가세	코드	공급처명	사업자주민번호	전자	분개
▣	25	50010	영세				20,000,000		00304	(주)대웅	123-81-00831	여	혼합

구분	계정과목		적요	거래처		차변(출금)	대변(입금)
차변	0153	원재료		00304	(주)대웅	20,000,000	
대변	0260	단기차입금		98002	국민은행		20,000,000

(2)

▶관련 이론 I 영세율과 면세 p.436

해 설 6월 7일 유형 : 16.수출 / 공급가액 : 11,000,000 / 부가세 : 0 / 공급처명 : 샌프란시스코 / 분개 : 혼합 / (영세율구분 : 1.직접수출(대행수출 포함))

(차) 외상매출금(샌프란시스코) 11,000,000 (대) 제품매출 11,000,000

정답화면

□	일	번호	유형	품목	수량	단가	공급가액	부가세	코드	공급처명	사업자주민번호	전자	분개
▣	7	50002	수출				11,000,000		00611	샌프란시스코			혼합

영세율구분 1 직접수출(대행수출 포함)

구분	계정과목		적요	거래처		차변(출금)	대변(입금)
대변	0404	제품매출		00611	샌프란시스		11,000,000
차변	0108	외상매출금		00611	샌프란시스	11,000,000	

(3)

▶관련 이론 I 매출세액과 매입세액 p.454

해 설 6월 20일 유형 : 11.과세 / 공급가액 : 12,000,000 / 부가세 : 1,200,000 / 공급처명 : ㈜세연상사 / 전자 : 여 / 분개 : 혼합

(차) 현금 4,000,000 (대) 제품매출 12,000,000
외상매출금(㈜세연상사) 9,200,000 부가세예수금 1,200,000

정답화면

□	일	번호	유형	품목	수량	단가	공급가액	부가세	코드	공급처명	사업자주민번호	전자	분개
▣	20	50007	과세				12,000,000	1,200,000	00108	(주)세연상사	315-83-05123	여	혼합

구분	계정과목		적요	거래처		차변(출금)	대변(입금)
대변	0255	부가세예수금		00108	(주)세연상		1,200,000
대변	0404	제품매출		00108	(주)세연상		12,000,000
차변	0101	현금		00108	(주)세연상	4,000,000	
차변	0108	외상매출금		00108	(주)세연상	9,200,000	

(4) 6월 25일 회사가 보유하고 있는 원재료 중 원가 600,000원(시가 : 800,000원, 부가가치세 별도)**을 매출거래처인 ㈜동양에 명절선물로 제공하였다.** (단, 매입 원재료는 적법하게 매입세액공제를 받았다)

(5) 6월 30일 ㈜팔팔로부터 원재료 공급가액 12,000,000원(부가가치세 별도)**을 매입하고 전자세금계산서를 받았다. 대금은 5월 16일에 지급한 선급금 1,000,000원을 제외한 잔액을 보통예금으로 지급하였다.**

(4) ▶관련 이론 | 부가가치세 과세대상 거래 p.426

해 설 6월 25일 유형 : 14.건별 / 공급가액 : 800,000 / 부가세 : 80,000 / 공급처명 : ㈜동양 / 분개 : 혼합

(차) 기업업무추진비(판관비)	680,000	(대) 원재료	600,000
		(적요 8. 타계정으로 대체액)	
		부가세예수금	80,000

정답화면

□	일	번호	유형	품목	수량	단가	공급가액	부가세	코드	공급처명	사업자주민번호	전자	분개
▦	25	50007	건별				800,000	80,000	00112	(주)동양	135-81-22221		혼합

구분	계정과목		적요	거래처		차변(출금)	대변(입금)
대변	0255	부가세예수금		00112	(주)동양		80,000
대변	0153	원재료	08 타계정으로 대체액 원가명세서 반영	00112	(주)동양		600,000
차변	0813	기업업무추진비		00112	(주)동양	680,000	

(5) ▶관련 이론 | 매출세액과 매입세액 p.459

해 설 6월 30일 유형 : 51.과세 / 공급가액 : 12,000,000 / 부가세 : 1,200,000 / 공급처명 : ㈜팔팔 / 전자 : 여 / 분개 : 혼합

(차) 원재료	12,000,000	(대) 보통예금	12,200,000
부가세대급금	1,200,000	선급금(㈜팔팔)	1,000,000

정답화면

□	일	번호	유형	품목	수량	단가	공급가액	부가세	코드	공급처명	사업자주민번호	전자	분개
▦	30	50003	과세				12,000,000	1,200,000	00209	(주)팔팔	123-12-12345	여	혼합

구분	계정과목		적요	거래처		차변(출금)	대변(입금)
차변	0135	부가세대급금		00209	(주)팔팔	1,200,000	
차변	0153	원재료		00209	(주)팔팔	12,000,000	
대변	0131	선급금		00209	(주)팔팔		1,000,000
대변	0103	보통예금		00209	(주)팔팔		12,200,000

06 ㈜오륙산업(코드번호 : 0156)의 당기 회계기간은 제22기이다.
다음 거래자료를 [매입매출전표입력] 메뉴에 추가로 입력하시오. [제56회]

(1) 2월 10일 본사 영업부서에서 사용할 승용자동차(2,000cc, 5인승)를 15,000,000원(부가가치세 별도)에 ㈜경기자동차에서 구입하고 전자세금계산서를 발급받았다. 2월 1일 계약금으로 지급한 1,500,000원을 제외한 나머지 금액은 다음 달부터 12개월 할부로 지급하기로 하였다.

(2) 3월 21일 개인소비자 김미선에게 제품을 880,000원(부가가치세 포함)에 판매하고 현금영수증을 발급하였다. 대금은 기존에 발행하였던 상품권 1,000,000원을 수령하고, 잔액은 현금으로 지급하였다.

(3) 3월 31일 세진상사에서 원재료(공급가액 : 1,000,000원, 부가가치세 : 100,000원)를 외상으로 구입하면서 세금계산서를 발급(전자분 아님)받았다. 제1기 예정 부가가치세 신고 시 해당 세금계산서를 누락하여 제1기 확정 부가가치세 신고에 반영하려고 한다. 해당 세금계산서를 제1기 확정 부가가치세 신고에 반영시킬 수 있도록 입력/설정하시오.

정답 및 해설

06 (1)

▶관련 이론 I 매출세액과 매입세액 p.459

해 설 2월 10일 유형 : 54.불공 / 공급가액 : 15,000,000 / 부가세 : 1,500,000 / 공급처명 : ㈜경기자동차 / 전자 : 여 / 분개 : 혼합 / (불공제사유 : ③비영업용 소형승용자동차 구입·유지 및 임차)

(차) 차량운반구	16,500,000	(대) 선급금(㈜경기자동차)	1,500,000
		미지급금(㈜경기자동차)	15,000,000

정답화면

□	일	번호	유형	품목	수량	단가	공급가액	부가세	코드	공급처명	사업자주민번호	전자	분개
▣	10	50002	불공				15,000,000	1,500,000	00303	(주)경기자동차	111-82-49065	여	혼합

불공제사유 3 ③비영업용 소형승용자동차 구입· 유지 및 임차

구분	계정과목		적요	거래처		차변(출금)	대변(입금)
차변	0208	차량운반구		00303	(주)경기자	16,500,000	
대변	0131	선급금		00303	(주)경기자		1,500,000
대변	0253	미지급금		00303	(주)경기자		15,000,000

(2)

▶관련 이론 I 세금계산서 p.444

해 설 3월 21일 유형 : 22.현과 / 공급가액 : 800,000 / 부가세 : 80,000 / 공급처명 : 김미선 / 분개 : 혼합

(차) 선수금(김미선)	1,000,000	(대) 제품매출	800,000
		부가세예수금	80,000
		현금	120,000

정답화면

□	일	번호	유형	품목	수량	단가	공급가액	부가세	코드	공급처명	사업자주민번호	전자	분개
▣	21	50005	현과				800,000	80,000	00611	김미선	850621-1052123		혼합

구분	계정과목		적요	거래처		차변(출금)	대변(입금)
대변	0255	부가세예수금		00611	김미선		80,000
대변	0404	제품매출		00611	김미선		800,000
차변	0259	선수금		00611	김미선	1,000,000	
대변	0101	현금		00611	김미선		120,000

(3)

▶관련 이론 I 매출세액과 매입세액 p.459

해 설 3월 31일 유형 : 51.과세 / 공급가액 : 1,000,000 / 부가세 : 100,000 / 공급처명 : 세진상사 / 전자 : 부 / 분개 : 외상(혼합) / 해당 전표를 선택하여 [예정신고누락분 확정신고] 보조창을 열고, 확정신고 개시년월란에 "2024년 4월"을 입력

(차) 원재료	1,000,000	(대) 외상매입금(세진상사)	1,100,000
부가세대급금	100,000		

정답화면

□	일	번호	유형	품목	수량	단가	공급가액	부가세	코드	공급처명	사업자주민번호	전자	분개
▣	31	50003	과세				1,000,000	100,000	00106	세진상사	203-81-30209		외상

구분	계정과목		적요	거래처		차변(출금)	대변(입금)
대변	0251	외상매입금		00106	세진상사		1,100,000
차변	0135	부가세대급금		00106	세진상사	100,000	
차변	0153	원재료		00106	세진상사	1,000,000	

참고 예정신고누락분을 [매입매출전표입력] 메뉴에 전표로 입력한 후, 확정신고서에 자동 반영시키는 방법

해당 전표를 선택한 후, 메뉴 화면 상단에 있는 [F11 간편집계.. ▼]의 [▼]를 클릭하고, [SF5 예정 누락분](또는 Shift + F5)을 선택한 후, 보조창에서 확정신고 개시년월란에 "2024년 4월"을 입력하고 [확인(Tab)]을 클릭한다.

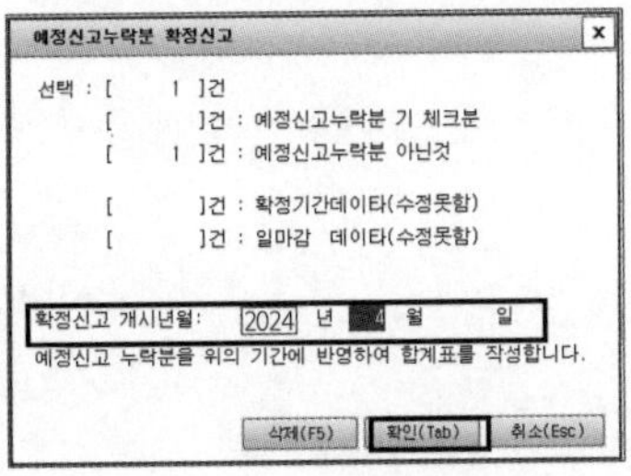

(4) 7월 5일 대표이사인 신상호가 자택에서 사용할 목적으로 ㈜국도전자에서 TV를 9,900,000원(부가가치세 포함)에 구입하고, 당사 명의로 전자세금계산서를 발급받았다. 대금은 회사에서 보통예금을 이체하여 결제하였으며, 회사가 대신 지급한 대금은 신상호에 대한 가지급금으로 처리하기로 하였다.

(5) 7월 7일 당사 공장에 설치 중인 기계장치의 성능을 시운전하기 위하여 한국주유소에서 휘발유 1,100,000원(부가가치세 포함)을 구입하면서 법인명의의 신용카드(신용카드사 : 대한카드)로 결제하였다.

정답 및 해설

(4) ▶관련 이론 I 매출세액과 매입세액 p.454

해　설　7월 5일 유형 : 54.불공 / 공급가액 : 9,000,000 / 부가세 : 900,000 / 거래처 : ㈜국도전자 / 전자 : 여 / 분개 : 혼합 / (불공제사유 : ②사업과 직접 관련 없는 지출)

(차) 가지급금(신상호)	9,900,000	(대) 보통예금	9,900,000

정답화면

□	일	번호	유형	품목	수량	단가	공급가액	부가세	코드	공급처명	사업/주민번호	전자	분개
□	5	50004	불공				9,000,000	900,000	00107	(주)국도전자	123-81-13262	여	혼합

불공제사유 2 ②사업과 직접 관련 없는 지출

구분	계정과목		적요	거래처		차변(출금)	대변(입금)
차변	0134	가지급금		00612	신상호	9,900,000	
대변	0103	보통예금		00107	(주)국도전자		9,900,000

(5) ▶관련 이론 I 매출세액과 매입세액 p.459

해　설　7월 7일 유형 : 57.카과 / 공급가액 : 1,000,000 / 부가세 : 100,000 / 공급처명 : 한국주유소 / 분개 : 카드(혼합) / (신용카드사 : 대한카드)

(차) 기계장치	1,000,000	(대) 미지급금(대한카드)	1,100,000
부가세대급금	100,000		

정답화면

□	일	번호	유형	품목	수량	단가	공급가액	부가세	코드	공급처명	사업자주민번호	전자	분개
■	7	50002	카과				1,000,000	100,000	00304	한국주유소	123-81-00831		카드

신용카드사: 99601 대한카드　　봉사료:

구분	계정과목		적요	거래처		차변(출금)	대변(입금)
대변	0253	미지급금		99601	대한카드		1,100,000
차변	0135	부가세대급금		00304	한국주유소	100,000	
차변	0206	기계장치		00304	한국주유소	1,000,000	

제2절 부가가치세신고서 작성

01 부가가치세신고서

- [부가가치세신고서]는 해당 신고기간의 부가가치세신고서를 작성하는 메뉴이다.
- [부가가치세신고서] 메뉴와 관련하여 가산세가 발생하지 않는 상황에서 거래 내용을 반영하여 부가가치세신고서 해당란에 금액을 입력하는 문제가 실무시험 문제 3(4~7점)으로 출제된다.
- [부가가치세신고서] 화면은 [부가가치] ▸ [부가가치세] ▸ [부가가치세신고서]를 선택하여 들어갈 수 있다.

기출확인문제

㈜제일산업(코드번호 : 0101)의 당기(제5기) 회계기간은 2024. 1. 1.~2024. 12. 31.이다.
다음은 올해 제1기 확정 부가가치세신고기간(4. 1.~6. 30.)에 대한 관련 자료이다. 아래 자료를 반영하여 제1기 확정분 부가가치세신고서를 작성하시오. (부가가치세신고서 작성 시 기존자료는 삭제하고 아래 자료의 내용으로 입력하시오) (제63회 수정)

- 대손이 확정된 외상매출금 2,200,000원에 대하여 대손세액공제를 적용한다.
- 내국신용장에 의하여 제품을 판매하고 영세율세금계산서를 발급하였다. (공급가액 : 30,000,000원)
- 수출신고필증 및 선하증권상에서 확인된 수출액을 원화로 환산하면 24,000,000원이다.
- 증빙을 발급하지 않은 현금매출로 5,500,000원(부가가치세 포함)이 발생하였다. (가산세 적용 대상은 아님)
- 업무용 소모품을 법인신용카드로 매입한 금액 550,000원(부가가치세 포함)이 예정신고 시 누락되었다.

기출 따라 하기

▶관련 이론 I 매출세액과 매입세액 p.454 ~ 459

[부가가치세신고서] 메뉴에서

① [일반과세] 탭을 선택한 후, 조회기간란에 "4월 1일 ~ 6월 30일", 신고구분란에 "1.정기신고"를 입력한다.

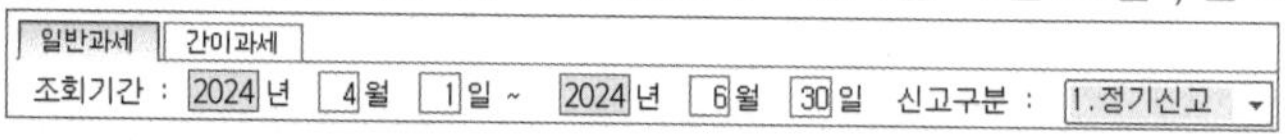

참고 [부가가치세신고서] 메뉴를 열 때 나오는 대화창
아래 화면에서 예(Y) 를 클릭하면 [부가가치세신고서] 메뉴에서 임의로 금액을 입력하고 저장했던 데이터를 불러오고, 아니오(N) 를 클릭하면 [매입매출전표입력] 메뉴에 입력된 내용만으로 자동 작성된 데이터를 불러온다.

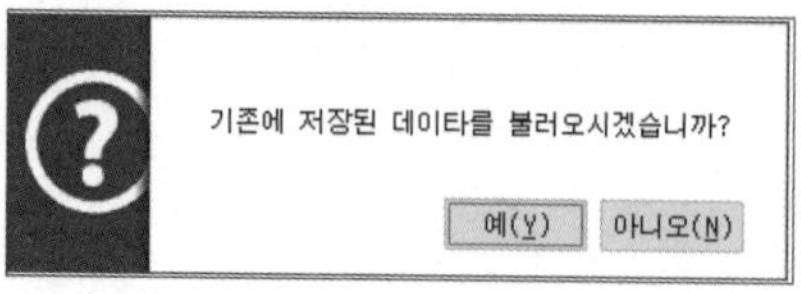

▶ 매입매출전표 내용에 따라 자동 작성된 금액이 있는 경우, Space bar 를 눌러서 모두 지운다.

② 대손세액가감[8]의 세액란에 "(-)200,000"[1]을 입력한다.

▶ 대손금은 과세표준에서 공제하지 않으므로, 금액란은 공란으로 두고 세액란에만 음수(-)로 입력한다.

[1] 대손세액 = 외상매출금 × (10/110) = 2,200,000 × (10/110) = 200,000원

(차) 대손충당금 (또는 대손상각비)	2,000,000	(대) 외상매출금	2,200,000
부가세예수금	200,000		

③ 영세(세금계산서발급분)[5]의 금액란에 내국신용장에 의한 영세율 세금계산서 매출금액 "30,000,000"을 입력한다.

▶ 과세란에 금액을 입력하면 금액의 10%가 세액란에 자동으로 입력되나 영세율은 세액이 항상 0원으로 공란 처리된다.

④ 영세(기타)[6] 금액란에 직수출 매출금액 "24,000,000"을 입력한다.

⑤ 과세(기타)(정규영수증외매출분)[4]의 금액란에 현금매출 "5,000,000"을 입력하면 세액란에 금액의 10%인 "500,000"이 자동으로 입력된다.

⑥ 예정신고누락분[12] 금액란에 "500,000", 세액란에 "50,000"을 입력한다.

▶ 카드매입에 대한 예정신고 누락분으로 '12.매입(예정신고누락분) ▶ 그 밖의 공제매입세액[39] ▶ 신용카드매출수령금액합계 ▶ 일반매입'에 금액과 세액을 입력한다.

◘ ②~⑥의 입력결과 화면은 아래와 같다.

구분				금액	세율	세액
과세표준및매출세액	과세	세금계산서발급분	1		10/100	
		매입자발행세금계산서	2		10/100	
		신용카드 · 현금영수증발행분	3		10/100	
		기타(정규영수증외매출분)	4	⑤ 5,000,000		500,000
	영세	세금계산서발급분	5	③ 30,000,000	0/100	
		기타	6	④ 24,000,000	0/100	
	예정신고누락분		7			
	대손세액가감		8			② -200,000
	합계		9	59,000,000	㉮	300,000
매입세액	세금계산서수취분	일반매입	10			
		수출기업수입분납부유예	10			
		고정자산매입	11			
	예정신고누락분		12	⑥ 500,000		50,000
	매입자발행세금계산서		13			
	그 밖의 공제매입세액		14			
	합계(10)-(10-1)+(11)+(12)+(13)+(14)		15	500,000		50,000
	공제받지못할매입세액		16			
	차감계 (15-16)		17	500,000	㉯	50,000
납부(환급)세액(매출세액㉮-매입세액㉯)					㉰	250,000

12.매입(예정신고누락분)						
예정누락분	세금계산서		38			
	그 밖의 공제매입세액		39	500,000		50,000
	합계		40	500,000		50,000
	신용카드매출수령금액합계	일반매입		500,000		50,000
		고정매입				
	의제매입세액					
	재활용폐자원등매입세액					
	과세사업전환매입세액					
	재고매입세액					
	변제대손세액					
	외국인관광객에대한환급/					
	합계			500,000		50,000

참고 과세표준 및 매출세액 입력란

구분				금액	세율	세액
과세표준및매출세액	과세	세금계산서발급분	1	11.과세	10/100	
		매입자발행세금계산서	2		10/100	
		신용카드 현금영수증발행분	3	17.카과 22.현과	10/100	
		기타(정규영수증외매출분)	4	14.건별		
	영세	세금계산서발급분	5	12.영세	0/100	
		기타	6	16.수출	0/100	
	예정신고누락분		7			
	대손세액가감		8			
	합계		9		㉮	

구분				금액	세율	세액
7.매출(예정신고누락분)						
예정누락분	과세	세금계산서	33		10/100	
		기타	34		10/100	
	영세	세금계산서	35		0/100	
		기타	36		0/100	
	합계		37			

매입세액 입력란

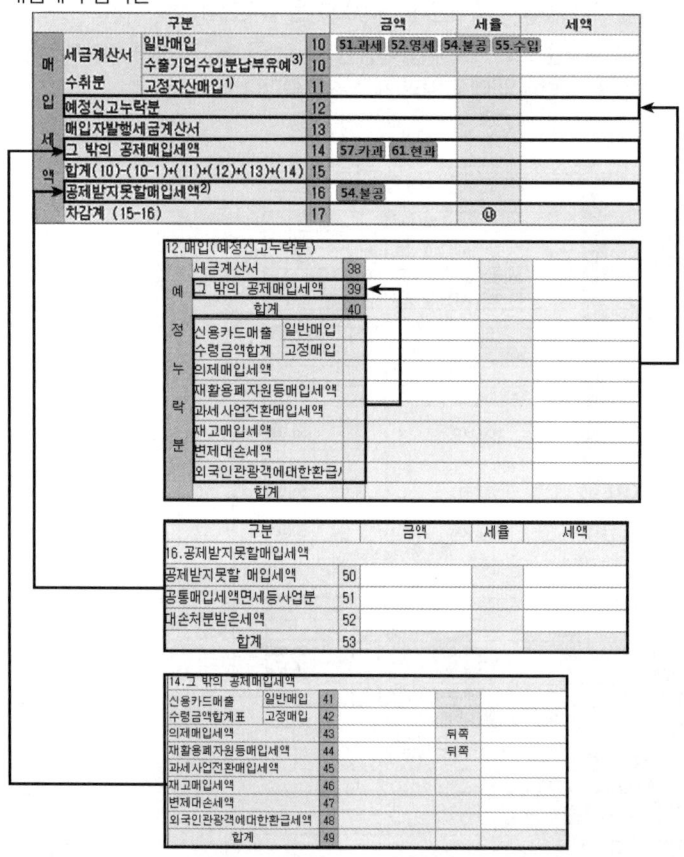

구분				금액	세율	세액
매입세액	세금계산서 수취분	일반매입	10	51.과세 52.영세 54.불공 55.수입		
		수출기업수입분납부유예[3]	10			
		고정자산매입[1]	11			
	예정신고누락분		12			
	매입자발행세금계산서		13			
	그 밖의 공제매입세액		14	57.카과 61.현과		
	합계(10)-(10-1)+(11)+(12)+(13)+(14)		15			
	공제받지못할매입세액[2]		16	54.불공		
	차감계 (15-16)		17		㉯	

12.매입(예정신고누락분)						
예정누락분	세금계산서		38			
	그 밖의 공제매입세액		39			
	합계		40			
	신용카드매출 수령금액합계	일반매입				
		고정매입				
	의제매입세액					
	재활용폐자원등매입세액					
	과세사업전환매입세액					
	재고매입세액					
	변제대손세액					
	외국인관광객에대한환급/					
	합계					

구분		금액	세율	세액
16.공제받지못할매입세액				
공제받지못할 매입세액	50			
공통매입세액면세등사업분	51			
대손처분받은세액	52			
합계	53			

14.그 밖의 공제매입세액					
신용카드매출 수령금액합계표	일반매입	41			
	고정매입	42			
의제매입세액		43		뒤쪽	
재활용폐자원등매입세액		44		뒤쪽	
과세사업전환매입세액		45			
재고매입세액		46			
변제대손세액		47			
외국인관광객에대한환급세액		48			
합계		49			

[1] 고정자산(감가상각대상인 유형자산과 무형자산) 매입이 있는 경우 부가가치세 조기환급을 받을 수 있으므로, 세금계산서 수취분과 신용카드매출전표 등 수령분을 기입할 때 일반매입과 고정자산매입을 구분하여 기입한다.

[2] 세금계산서 수취분은 매입세액공제 여부와 관계없이 수취한 전체금액을 입력한 후 매입세액불공제분을 다시 입력한다. 반면, 신용카드매출전표 등 수령분은 매입세액공제를 받을 수 있는 금액만 입력한다.

[3] 수출기업의 자금부담을 완화시키고자 하는 취지에 따라, 법 소정 요건을 충족하는 수출기업의 경우 재화를 수입할 때 세관으로부터 발급받는 수입세금계산서상의 부가가치세를 수입 시점에는 일단 세관에 납부하지 않고 부가가치세를 신고할 때 그 금액을 납부(정산)할 수 있는 납부유예제도가 인정되는데, 세금계산서 수취분에 있는 '수출기업수입분납부유예'란은 이러한 특례규정 적용 시 사용하는 란으로서 전산세무 자격시험 출제범위를 벗어난다.

경감·공제세액과 예정신고미환급세액 입력란

납부(환급)세액(매출세액㉮-매입세액㉯)				㉰	
경감 공제 세액	그 밖의 경감·공제세액	18			
	신용카드매출전표등 발행공제등	19			
	합계	20		㉱	
소규모 개인사업자 부가가치세 감면세액		20		㉲	
예정신고미환급세액[1]		21		㉳	
예정고지세액		22		㉴	
사업양수자의 대리납부 기납부세액		23		㉵	
매입자 납부특례 기납부세액		24		㉶	
신용카드업자의 대리납부 기납부세액		25		㉷	
가산세액계		26		㉸	
차가감하여 납부할세액(환급받을세액)㉰-㉱-㉲-㉳-㉴-㉵-㉶-㉷+㉸				27	
총괄납부사업자가 납부할 세액(환급받을 세액)					

구분		금액	세율	세액
18.그 밖의 경감·공제세액				
전자신고세액공제	54			
전자세금계산서발급세액공제	55			
택시운송사업자경감세액	56			
대리납부세액공제	57			
현금영수증사업자세액공제	58			
기타	59			
합계	60			

[1] 예정신고 시 미환급된 세액이 있는 경우 확정신고 시 예정신고미환급세액[21]에 기입하여 납부세액에서 차감한다.

실무 제5장 부가가치세의 입력·신고 해커스 전산세무 2급 이론+실무+최신기출

+ 더알아보기1

'과세표준명세' 보조창의 주요 입력란

[부가가치세신고서] 메뉴의 화면 상단에 있는 F4 과표명세 (또는 F4)를 클릭하면 과세표준명세 보조창이 나타난다.

- 신고구분
  예정신고, 확정신고, 영세율 등 조기환급신고, 기한후신고 중 하나를 선택하여 입력한다.

- 과세표준명세

과세표준명세					
업 태		종 목	코 드	금 액
28	제 조	전자제품		
29				
30				
31	수입금액제외			
32	합 계			

·[28]~[30] : 부가가치세신고서상 과세표준 금액 중 매출 계정과목(계정코드 401~430)으로 분개된 금액을 업태·종목에 따라 구분하여 입력한다.
·[31] : 부가가치세신고서상 과세표준 금액 중 매출 이외의 계정과목으로 분개된 금액을 입력한다.
예 고정자산 매각, 간주공급, 임대료(영업외수익), 간주임대료
·[32] : 과세표준명세 합계금액은 부가가치세신고서상 과세표준 합계 금액(신고서상 [9]번의 금액란에 표시된 금액)과 일치하여야 한다.

- 계산서발급 및 수취명세

계산서발급 및 수취명세	84.계산서발급금액	
	85.계산서수취금액	

·[84] : [매입매출전표입력] 메뉴에서 "13.면세"로 입력하면 자동 반영된다.
·[85] : [매입매출전표입력] 메뉴에서 "53.면세"로 입력하면 자동 반영된다.

+ 더알아보기2

부가가치세신고서 작성 시 유의사항

- 매출세액에서는 금액만 입력하면 세액이 자동으로 표시되지만, 매입세액에서는 금액과 세액을 모두 입력해야 한다. 즉, 매출세액에서는 과세의 경우 '금액 × 10% = 세액', 영세의 경우 '금액 × 0% = 세액'이라는 일률적인 관계가 성립하지만, 매입세액에서는 세금계산서 수취분이라 하더라도 그중에는 영세율세금계산서가 있을 수 있기 때문에 '금액 × 10% = 세액'이라는 일률적인 관계가 성립하지 않는다.
- 매출 시 세금계산서도 발급하고 신용카드매출전표도 발급한 경우 신고서상에는 '세금계산서 발급분'으로 입력하면 되고, 마찬가지로 매입 시 세금계산서도 발급받고 신용카드매출전표도 수취한 경우 신고서상에는 '세금계산서 수취분'으로 입력하면 된다.

02 가산세

- ㉠ 예정신고누락분을 확정신고 때 반영하거나, 또는 ㉡ 당초 신고한 예정·확정 신고서를 다시 수정신고하는 경우, 가산세가 발생한다.
- [부가가치세신고서] 메뉴와 관련하여 가산세가 발생하는 상황에서 거래 내용과 함께 관련된 가산세를 계산하여 부가가치세 신고서 해당란에 입력하는 문제가 실무시험 문제 3(4~7점)으로 출제된다.

기출확인문제

㈜제일산업(코드번호 : 0101)의 당기(제5기) 회계기간은 2024. 1. 1.~2024. 12. 31.이다.
올해 제2기 부가가치세 확정신고(10. 1.~12. 31.)를 하려고 한다. 다음의 사항과 가산세(부당과소신고는 아님)를 반영하여 부가가치세신고서를 작성하시오. 과소납부경과일수는 91일로 하며 예정신고기한이 지난 후 확정신고일까지의 기간은 1개월 초과 3개월 이내이다. (부가가치세신고서를 불러올 때 자동으로 반영되는 자료는 삭제하고, 부가가치세신고서 이외에 부속서류의 작성은 생략한다) (제62회 수정)

예정신고 누락내용	· 신용카드 매출(공급가액 : 50,000,000원, 부가가치세 : 5,000,000원) · 제품을 직수출하고 받은 외화입금증명서(공급가액 : 20,000,000원) · 영업부서의 2,000cc 승용차(공급가액 : 20,000,000원, 부가가치세 : 2,000,000원) 세금계산서 매입
제2기 확정신고 시 기타 사항	· 전기 확정신고 시 대손세액공제를 받았던 외상매출금 3,300,000원을 회수하였다. · 제2기 예정신고 시 미환급세액 400,000원이 있다. · 신용카드 매출(위에서 언급한 55,000,000원)과 부가가치세 전자신고를 직접 이행함에 따른 세액공제 적용여부를 판단하여 적용한다.

▶관련 이론 | 신고와 납부 p.478

[부가가치세신고서] 메뉴에서

① [일반과세] 탭을 선택한 후 조회기간란에 "10월 1일~12월 31일", 신고구분란에 "1.정기신고"를 입력한다.

일반과세	간이과세
조회기간 : 2024 년 10 월 1 일 ~ 2024 년 12 월 31 일	신고구분 : 1.정기신고

▶ 매입매출전표 내용에 따라 자동 작성된 금액이 있는 경우, Space bar를 눌러서 모두 지운다.

② 카드매출에 대한 예정신고누락분으로 과세(기타)[34] 금액란에 "50,000,000"을 입력한다.

③ 직수출에 대한 예정신고누락분으로 영세(기타)[36] 금액란에 "20,000,000"을 입력한다.

④ 세금계산서 수취분[38] 금액란에 "20,000,000"을, 세액란에 "2,000,000"을 각각 입력하고, 공제받지못할매입세액[50]의 금액란에 "20,000,000"을, 세액란에 "2,000,000"을 각각 입력한다.

▶ 비영업용소형승용차 매입 예정신고누락분으로 '세금계산서 수취분이면서 매입세액 불공제분'이다.

⑤ 대손세액가감[8]의 세액란에 "300,000[1)]"을 입력한다.

1) 대손세액 회수액 = 외상매출금 × (10/110) = 3,300,000 × (10/110) = 300,000원

(차) 현금	3,300,000	(대) 대손충당금	3,000,000
		부가세예수금	300,000

⑥ 예정신고미환급세액[21]의 세액란에 "400,000"을 입력한다.

⑦ 전자신고세액공제[54]의 세액란에 "10,000"을 입력한다.

▼ ②~⑦ 입력결과 화면은 아래와 같다.

구분			번호	정기신고금액 금액	세율	세액
과세표준및매출세액	과세	세금계산서발급분	1		10/100	
		매입자발행세금계산서	2		10/100	
		신용카드 · 현금영수증발행분	3		10/100	
		기타(정규영수증외매출분)	4			
	영세	세금계산서발급분	5		0/100	
		기타	6		0/100	
	예정신고누락분		7	70,000,000		5,000,000
	대손세액가감		8			⑤ 300,000
	합계		9	70,000,000	㉮	5,300,000
매입세액	세금계산서 수취분	일반매입	10			
		수출기업수입분납부유예	10			
		고정자산매입	11			
	예정신고누락분		12	20,000,000		2,000,000
	매입자발행세금계산서		13			
	그 밖의 공제매입세액		14			
	합계(10)-(10-1)+(11)+(12)+(13)+(14)		15	20,000,000		2,000,000
	공제받지못할매입세액		16	20,000,000		2,000,000
	차감계 (15-16)		17		㉯	
납부(환급)세액(매출세액㉮-매입세액㉯)					㉰	5,300,000
경감공제세액	그 밖의 경감 · 공제세액		18			10,000
	신용카드매출전표등 발행공제등		19			
	합계		20		㉱	10,000
소규모 개인사업자 부가가치세 감면세액			20		㉲	
예정신고미환급세액			21		㉳	⑥ 400,000
예정고지세액			22		㉴	
사업양수자의 대리납부 기납부세액			23		㉵	
매입자 납부특례 기납부세액			24		㉶	
신용카드업자의 대리납부 기납부세액			25		㉷	
가산세액계			26		㉸	250,100
차가감하여 납부할세액(환급받을세액)㉰-㉱-㉲-㉳-㉴-㉵-㉶-㉷+㉸					27	5,140,100
총괄납부사업자가 납부할 세액(환급받을 세액)						

구분			번호	금액	세율	세액
7.매출(예정신고누락분)						
예정누락분	과세	세금계산서	33		10/100	
		기타	34	② 50,000,000	10/100	5,000,000
	영세	세금계산서	35		0/100	
		기타	36	③ 20,000,000	0/100	
	합계		37	70,000,000		5,000,000
12.매입(예정신고누락분)						
예정누락분	세금계산서		38	④ 20,000,000		2,000,000
	그 밖의 공제매입세액		39			
	합계		40	20,000,000		2,000,000
	신용카드매출 수령금액합계	일반매입				
		고정매입				
	의제매입세액					
	재활용폐자원등매입세액					
	과세사업전환매입세액					
	재고매입세액					
	변제대손세액					
	외국인관광객에대한환급/					
	합계					

구분	번호	금액	세율	세액
16.공제받지못할매입세액				
공제받지못할 매입세액	50	④ 20,000,000		2,000,000
공통매입세액면세등사업분	51			
대손처분받은세액	52			
합계	53	20,000,000		2,000,000
18.그 밖의 경감·공제세액				
전자신고세액공제	54			⑦ 10,000
전자세금계산서발급세액공제	55			
택시운송사업자경감세액	56			
대리납부세액공제	57			
현금영수증사업자세액공제	58			
기타	59			
합계	60			10,000

⑧ 영세율과세표준신고불성실가산세[74]의 금액란에 "20,000,000"을, 세액란에 "25,000"[1)]을 입력한다.

▶ 직수출에 대한 20,000,000원의 과세표준을 예정신고에서 누락하였으므로, 영세율과세표준신고불성실가산세를 납부해야 한다.

1) 20,000,000 × 0.5% × (100% - 75%) = 25,000원
법정신고기한이 지난 후 1개월 초과 3개월 이내 수정신고에 해당하므로 75% 감면된다.

⑨ 신고불성실가산세 중 과소신고·초과환급(일반)[71] 금액란에 "5,000,000"을, 세액란에 "125,000"[1]을 입력한다.

▶ 신용카드매출에 대한 5,000,000원의 세액을 예정신고에서 누락하였으므로, 신고불성실가산세를 납부해야 한다.

[1] {50,000,000 × 10% - (20,000,000 - 20,000,000) × 10%} × 10% × (100% - 75%) = 125,000원
법정신고기한이 지난 후 1개월 초과 3개월 이내 수정신고에 해당하므로 75% 감면된다.

⑩ 납부지연가산세[73]의 금액란에 "5,000,000"을, 세액란에 "100,100"[1]을 입력한다.

▶ 카드매출에 대한 5,000,000원의 세액을 예정신고기간에 납부하지 않았으므로 납부지연가산세를 납부해야 한다.

▶ 세액란에 커서를 두면 납부지연일수 보조창이 나타나는데, 문제 자료에 '당초납부기한'과 '실제 납부일'이 제시되어 있는 경우 이를 보조창에 입력하면 미납일수와 납부지연가산세가 자동 계산된다.

[1] 5,000,000 × (22/100,000) × 91일 = 100,100원

⑧~⑩ 입력결과 화면은 아래와 같다.

25.가산세명세					
사업자미등록등		61		1/100	
세 금 계산서	지연발급 등	62		1/100	
	지연수취	63		5/1,000	
	미발급 등	64		뒤쪽참조	
전자세금 발급명세	지연전송	65		3/1,000	
	미전송	66		5/1,000	
세금계산서 합계표	제출불성실	67		5/1,000	
	지연제출	68		3/1,000	
신고 불성실	무신고(일반)	69		뒤쪽	
	무신고(부당)	70		뒤쪽	
	과소·초과환급(일반)	71	⑨ 5,000,000	뒤쪽	125,000
	과소·초과환급(부당)	72		뒤쪽	
납부지연		73	⑩ 5,000,000	뒤쪽	100,100
영세율과세표준신고불성실		74	⑧ 20,000,000	5/1,000	25,000
현금매출명세서불성실		75		1/100	
부동산임대공급가액명세서		76		1/100	
매입자 납부특례	거래계좌 미사용	77		뒤쪽	
	거래계좌 지연입금	78		뒤쪽	
합계		79			250,100

+ 더알아보기1

매출누락분에 대한 신고 형태별 가산세

전자세금계산서가 정상발급·정상전송된 매출 거래가 부가가치세신고서에 누락되어 추후에 이를 신고하는 경우 가산세는 다음과 같다.

구 분	예정신고누락분을 확정신고서에 반영하는 경우	당초 신고한 예정·확정신고서를 다시 수정신고하는 경우
과소신고가산세	납부세액 × 10% × (100% - 75%)[1]	납부세액 × 10% × 감면 가능[2]
영세율과세표준신고불성실가산세	영세율과세표준 × 0.5% × (100% - 75%)[1]	영세율과세표준 × 0.5% × 감면 가능[2]
납부지연가산세	미달납부세액 × (22/100,000) × 미납일수	미달납부세액 × (22/100,000) × 미납일수

[1] 법정신고기한이 지난 후 1개월 초과 3개월 이내 수정신고에 해당하므로 75% 감면 가능하다.
[2] 수정신고 시기에 따라 10%~90% 감면 가능하다.

+ 더알아보기2

가산세 계산사례

[사례 1] 다음은 회사(법인)의 20x1년 제2기 예정신고서에서 누락된 거래이며, 예정신고 시 매출·매입처별 세금계산서합계표에서도 누락되었다. 예정신고누락분을 반영하여 제2기 확정신고서를 작성할 때, 가산세를 구하시오. (누락분은 부정행위가 아니고, 미납일수는 92일이며 예정신고기한이 지난 후 확정신고일까지의 기간은 1개월 초과 3개월 이내이다) (단, 전자세금계산서 수취분은 매입세액공제 가능하고 정상 발급·전송되었다고 가정한다)

구 분	일 자	공급가액	부가가치세	비 고
매 출	8월 15일	10,000,000원	1,000,000원	전자세금계산서 발급분
매 입	8월 16일	6,000,000원	600,000원	전자세금계산서 수취분

<Case 1>
상기 매출 건에 대하여 공급일(8월 15일)에 전자세금계산서를 발급하고 8월 16일에 발급명세를 정상전송한 경우

<Case 2>
상기 매출 건에 대하여 공급일(8월 15일)에 전자세금계산서를 발급하였으나 9월 16일에 발급명세를 지연전송한 경우

<Case 3>
상기 매출 건에 대하여 공급일(8월 15일)에 전자세금계산서를 발급하였으나 발급명세를 미전송한 경우

[풀이] <Case 1>

- 과소신고가산세 = (1,000,000원 − 600,000원) × 10% × (100% − 75%)[1] = 10,000원
- 납부지연가산세 = (1,000,000원 − 600,000원) × (22/100,000) × 92일 = 8,096원
- 매출처별 세금계산서합계표지연제출가산세는 없음[2]

[1] 법정신고기한이 지난 후 1개월 초과 3개월 이내 수정신고에 해당하므로 75% 감면된다.

[2] 전자세금계산서 발급명세가 재화·용역의 공급시기가 속하는 과세기간(예정신고의 경우에는 예정신고기간) 말의 다음 달 11일까지 국세청장에게 전송된 경우에는 해당 예정신고 또는 확정신고 시 매출·매입처별 세금계산서합계표를 제출하지 아니할 수 있다.

<Case 2>

- 과소신고가산세 = (1,000,000원 − 600,000원) × 10% × (100% − 75%) = 10,000원
- 납부지연가산세 = (1,000,000원 − 600,000원) × (22/100,000) × 92일 = 8,096원
- 발급명세지연전송가산세 = 10,000,000 × 0.3% = 30,000원
- 매출처별 세금계산서합계표 지연제출가산세는 없음

<Case 3>

- 과소신고가산세 = (1,000,000원 − 600,000원) × 10% × (100% − 75%) = 10,000원
- 납부지연가산세 = (1,000,000원 − 600,000원) × (22/100,000) × 92일 = 8,096원
- 발급명세미전송가산세 = 10,000,000원 × 0.5% = 50,000원
- 매출처별 세금계산서합계표 지연제출가산세는 없음[1]

[1] 전자세금계산서 발급명세 전송 관련 가산세가 적용되는 부분에 대하여는 매출처별 세금계산서합계표 불성실가산세가 적용 배제된다.

[사례 2] 다음은 회사(법인)의 20x1년 제2기 확정신고서에서 누락된 거래이며, 확정신고 시 매출·매입처별 세금계산서합계표에서도 누락되었다. 이미 신고한 제2기 확정신고서에 대하여 수정신고서를 작성할 때, 가산세를 구하시오. (누락분은 부정행위가 아니고, 확정신고기한은 20x2년 1월 25일, 수정신고일은 20x2년 2월 20일, 미납일수는 26일이다) (단, 전자세금계산서 수취분은 매입세액공제 가능하고 정상 발급·전송되었다고 가정한다)

구 분	일 자	공급가액	부가가치세	비 고
매 출	11월 15일	10,000,000원	1,000,000원	전자세금계산서 발급분
매 입	11월 16일	6,000,000원	600,000원	전자세금계산서 수취분

<Case 1>
상기 매출 건에 대하여 공급일(11월 15일)에 전자세금계산서를 발급하고 11월 16일에 발급명세를 정상전송한 경우

<Case 2>
상기 매출 건에 대하여 공급일(11월 15일)에 전자세금계산서를 발급하였으나 12월 16일에 발급명세를 지연전송한 경우

<Case 3>
상기 매출 건에 대하여 공급일(11월 15일)에 전자세금계산서를 발급하였으나 발급명세를 미전송한 경우

[풀이] <Case 1>

- 과소신고가산세 = (1,000,000원 − 600,000원) × 10% × (100% − 90%)[1] = 4,000원
- 납부지연가산세 = (1,000,000원 − 600,000원) × (22/100,000) × 26일 = 2,288원
- 매출처별 세금계산서합계표 미제출가산세는 없음[2]

[1] 법정신고기한이 지난 후 1개월 이내 수정신고에 해당하므로 90% 감면된다.

[2] 전자세금계산서 발급명세가 재화·용역의 공급시기가 속하는 과세기간(예정신고의 경우에는 예정신고기간) 말의 다음 달 11일까지 국세청장에게 전송된 경우에는 해당 예정신고 또는 확정신고 시 매출·매입처별 세금계산서합계표를 제출하지 아니할 수 있다.

<Case 2>

- 과소신고가산세 = (1,000,000원 − 600,000원) × 10% × (100% − 90%) = 4,000원
- 납부지연가산세 = (1,000,000원 − 600,000원) × (22/100,000) × 26일 = 2,288원
- 발급명세지연전송가산세 = 10,000,000원 × 0.3% = 30,000원
- 매출처별 세금계산서합계표 미제출가산세는 없음

<Case 3>

- 과소신고가산세 = (1,000,000원 − 600,000원) × 10% × (100% − 90%) = 4,000원
- 납부지연가산세 = (1,000,000원 − 600,000원) × (22/100,000) × 26일 = 2,288원
- 발급명세 미전송가산세 = 10,000,000원 × 0.5% = 50,000원
- 매출처별 세금계산서합계표 미제출가산세는 없음[1]

[1] 전자세금계산서 발급명세 전송 관련 가산세가 적용되는 부분에 대하여는 매출처별 세금계산서합계표 불성실가산세가 적용 배제된다.

+ 더알아보기3

[매입매출전표입력] 메뉴를 이용한 예정신고누락분 자동반영

예정신고누락분을 확정신고서에 반영할 때, [매입매출전표입력] 메뉴에 누락된 거래의 전표를 입력한 후 확정신고서에 자동으로 반영되도록 할 수도 있다.

[사례] 다음은 제1기 예정신고 시 누락된 거래이다. [매입매출전표입력] 메뉴에 전표를 입력한 후 제1기 확정신고서로 반영시켜 보자. (가산세 계산 및 입력은 생략하기로 한다)

> 2월 14일 ㈜강남상사에 제품(공급가액 : 10,000,000원, 부가가치세 : 1,000,000원)을 현금 판매하고 전자세금계산서 발급 및 발급내역 전송을 하였다.

[풀이] [매입매출전표입력] 메뉴에서

① 2월 14일자 매출전표를 입력한다.

2024 년 02 월 14 일 변경 현금잔액: 93,039,900 대차차액:

□	일	번호	유형	품목	수량	단가	공급가액	부가세	코드	공급처명	사업자주민번호	전자	분개
■	14	50001	과세				10,000,000	1,000,000	00166	(주)강남상사	122-81-07995	여	현금

② 메뉴 화면 상단에 있는 F11간편집계...▾ 의 ▾를 클릭하고, SF5 예정 누락분 (또는 Shift + F5)을 선택한 후, 대화창에서 확정신고 개시년월란에 "2024년 4월"을 입력하고 확인(Tab) 을 클릭한다.

예정신고누락분 확정신고 ×

선택 : [1]건
[ ]건 : 예정신고누락분 기 체크분
[1]건 : 예정신고누락분 아닌것

[ ]건 : 확정기간데이타(수정못함)
[ ]건 : 일마감 데이타(수정못함)

확정신고 개시년월: 2024 년 4 월 1 일
예정신고 누락분을 위의 기간에 반영하여 합계표를 작성합니다.

삭제(F5) 확인(Tab) 취소(Esc)

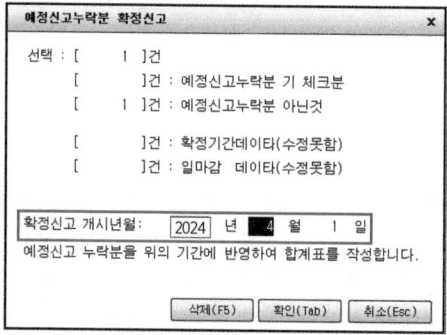

[부가가치세신고서] 메뉴에서

③ 조회기간란에 "4월 1일~6월 30일", 신고구분란에 "1.정기신고"를 입력하여 자동으로 작성된 부가가치세신고서 금액을 불러온다.

④ 2월 14일자 매출전표 내용이 제1기 확정신고서에서 예정누락분(매출)으로 반영되었는지 확인한다.

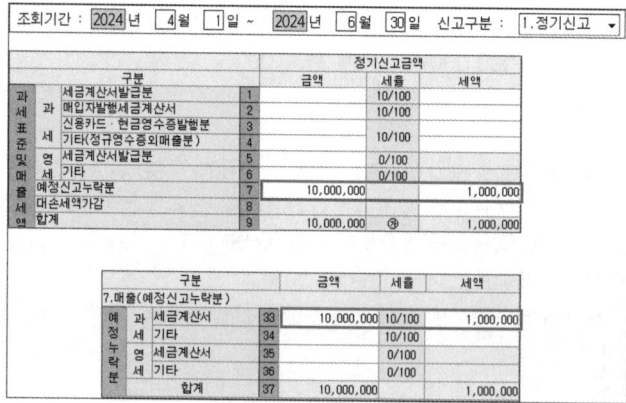

조회기간 : 2024 년 4 월 1 일 ~ 2024 년 6 월 30 일 신고구분 : 1.정기신고

구분				정기신고금액		
				금액	세율	세액
과세표준및매출세액	과세	세금계산서발급분	1		10/100	
		매입자발행세금계산서	2		10/100	
		신용카드 · 현금영수증발행분	3		10/100	
		기타(정규영수증외매출분)	4			
	영세	세금계산서발급분	5		0/100	
		기타	6		0/100	
	예정신고누락분		7	10,000,000		1,000,000
	대손세액가감		8			
	합계		9	10,000,000	㉮	1,000,000

구분				금액	세율	세액
7.매출(예정신고누락분)						
예정누락분	과세	세금계산서	33	10,000,000	10/100	1,000,000
		기타	34		10/100	
	영세	세금계산서	35		0/100	
		기타	36		0/100	
	합계		37	10,000,000		1,000,000

+ 더알아보기4

예정신고 시 누락된 매입 중에서 '세금계산서 수취분이면서 매입세액 불공제분'이 있는 경우

예정신고 시 누락된 매입 중에서, 세금계산서 수취분이면서 매입세액 불공제에 해당하는 금액을 확정 신고서에 반영할 때에는 ㉠ 예정신고누락분(매입)의 세금계산서[37]에 입력한 후 ㉡ 공제받지못할매입세액[49]에 다시 입력하여야 한다.

[사례] 기업업무추진비(매입세액 불공제분) 1,000,000원(VAT 제외)을 지출하고 세금계산서를 수취한 매입 건이 예정신고 시 누락되어 확정신고에 반영하는 경우 다음과 같이 입력한다.

[풀이]

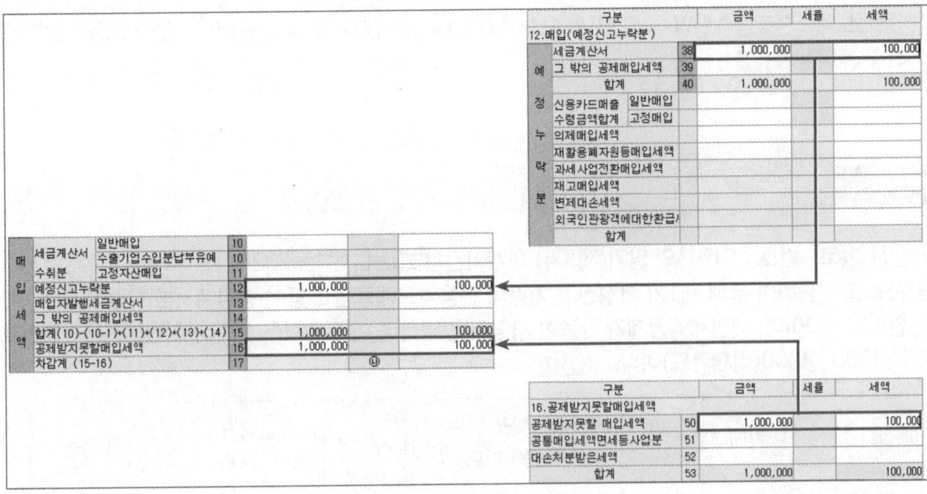

+ 더알아보기5

작성방법켜기 기능

[부가가치세신고서] 메뉴 상단에 있는 F11 작성방법켜기 (또는 Ctrl + F11)를 클릭하면 커서가 위치한 란에 대한 작성방법을 확인할 수 있다. 예를 들어, 가산세의 경우 해당 가산세의 정의, 가산세율, 감면율 등을 확인할 수 있다.

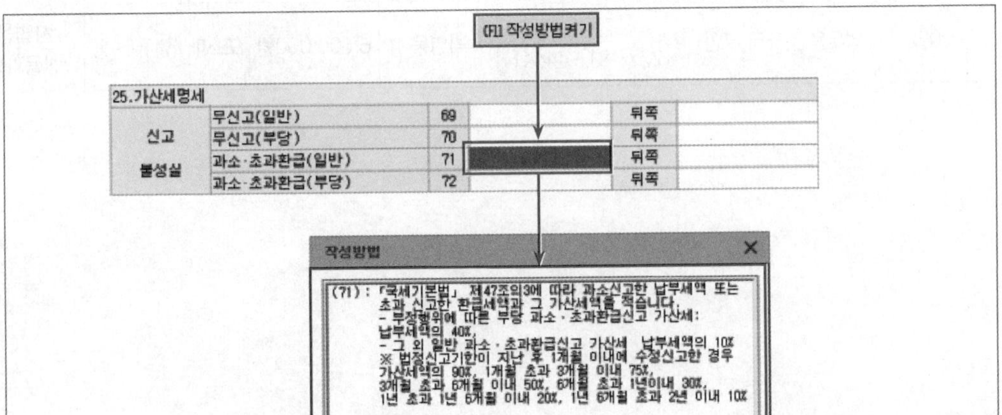

03 신용카드매출전표등수령명세서

- [신용카드매출전표등수령명세서]는 사업자가 재화·용역을 공급받고 세금계산서 대신 신용카드매출전표 또는 현금영수증을 교부받은 경우 이것으로 매입세액공제를 받기 위해 작성하는 서식이다.
- [신용카드매출전표등수령명세서] 메뉴와 관련하여 제시된 자료에서 매입세액공제를 받을 수 있는 항목을 선별·집계하여 신용카드매출전표 등 수령명세서 해당란에 금액을 입력하는 문제는 실무시험 문제 3(4점)으로 출제된다.
- [신용카드매출전표등수령명세서] 화면은 [부가가치] ▸ [부가가치세] ▸ [신용카드매출전표등수령명세서]를 선택하여 들어갈 수 있다.

기출확인문제

㈜제일산업(코드번호 : 0101)의 당기(제5기) 회계기간은 2024. 1. 1.~2024. 12. 31.이다.
다음 자료를 이용하여 올해 제1기 확정신고 기간의 신용카드매출전표 등 수령명세서를 작성하시오. 단, 모든 거래처는 일반과세자이며, 매입세액공제가 가능한 사항만 반영하며, 전표입력은 생략하고 법인신용카드번호는 1000-2000-3000-4000(비씨카드)이다. (제59회)

거래일자	거래내용	거래처명 (사업자등록번호)	대표자성명	공급대가 (VAT 포함)	거래처 업종	증빙자료
4월 3일	출장목적 항공권	보람항공 (123-81-45672)	김우주	2,200,000원	여객운송 등	사업용 신용카드
4월 15일	사무용품 구입	우리문구 (456-06-45672)	김사장	110,000원	소매/문구	사업용 신용카드
5월 20일	거래처 접대	차이나타운 (111-22-33332)	홍길동	440,000원	음식업	사업용 신용카드
6월 20일	업무용 컴퓨터 구입	컴사랑 (222-81-44441)	박영웅	6,600,000원	도소매/컴퓨터 등	사업용 신용카드

(1) 매입세액공제 여부 판단

거래일자	거래내용	거래처 업종	공제 여부	매입세액공제 받을 수 없는 이유
4월 3일	출장목적 항공권	여객운송업	X	여객운송업은 영수증만 발급할 수 있는 업종임
4월 15일	사무용품	소매업	O	-
5월 20일	기업업무추진비	음식점업	X	기업업무추진비는 매입세액 불공제 사유에 해당함
6월 20일	비품 구입	도소매업	O	-

▶ [신용카드매출전표등수령명세서]를 작성할 때 제외하여야 하는 항목
세금계산서 대신 교부받은 여러 건의 신용카드매출전표 또는 현금영수증 중에서 부가가치세신고서에는 매입세액공제를 받게 되는 항목의 금액만 그 밖의 공제매입세액란에 기재되어야 하므로, [신용카드매출전표등수령명세서]를 작성할 때 다음 항목들은 제외하여야 한다.

- 세금계산서와 신용카드매출전표·현금영수증을 동시에 수취한 분
- 매입세액 불공제분
  예 기업업무추진비, 비영업용 소형승용차, 면세사업, 토지 관련 매입세액
- 간이과세자 중 신규사업자 및 직전연도 공급대가가 4,800만 원 미만인 사업자로부터 받은 수취분
- 영수증만 발급할 수 있는 업종인 목욕, 이발, 미용, 여객운송업(전세버스 제외), 입장권발행 사업자 등으로부터 받은 수취분

(2) 입력방법

[신용카드매출전표등수령명세서] 메뉴에서

① 조회기간란에 "4월~6월"을 입력한다.

② 4월 15일 거래에 대하여, 3.거래내역입력에서 월/일란에 "04-15", 구분란에 "3:사업", 공급자란에 "우리문구", 공급자(가맹점) 사업자등록번호란에 "456-06-45672", 카드회원번호란에 "1000-2000-3000-4000", 거래건수란에 "1", 공급가액란에 "100,000", 세액란에 "10,000"을 입력한다.

▶ 구분란에 커서를 두고 화면 하단의 [구분(1:현금 2:복지, 3:사업, 4:신용)]에 따라 아래 네 가지 중 하나를 선택하여 입력한다.

1 : 현금	현금영수증	3 : 사업	회사 명의의 법인카드
2 : 복지	화물운전자가 발급받은 화물운전자복지카드	4 : 신용	임직원 명의의 개인카드

▶ 공급자 또는 공급자(가맹점) 사업자등록번호란에 커서를 두고 [코드](또는 [F2])를 클릭한 후, 거래처도움 검색창에서 거래처를 검색하여 [확인(Enter)]을 클릭하면 [거래처등록] 메뉴에 등록되어 있는 정보에 따라 공급자와 공급자 사업자등록번호가 자동으로 입력된다.

▶ 카드회원번호란에 커서를 두고 [코드](또는 [F2])를 클릭한 후, 거래처도움 검색창에서 거래처를 검색하여 [확인(Enter)]을 클릭하면 [거래처등록] 메뉴에 등록되어 있는 정보에 따라 카드번호(매입)가 자동으로 입력된다. 만약 [거래처등록] 메뉴에 등록되어 있지 않은 카드번호라면 이를 직접 입력하면 된다.

③ 6월 20일 거래에 대하여, 3.거래내역입력에서 월/일란에 "06-20", 구분란에 "3 : 사업", 공급자란에 "컴사랑", 공급자(가맹점) 사업자등록번호란에 "222-81-44441", 카드회원번호란에 "1000-2000-3000-4000", 거래건수란에 "1", 공급가액란에 "6,000,000", 세액란에 "600,000"을 입력한다.

④ '3.거래내역입력'에 입력된 내용이 '2.신용카드 등 매입내역 합계'에서 집계되어 표시됨을 확인한다.

▼ ①~④ 입력결과 화면은 아래와 같다.

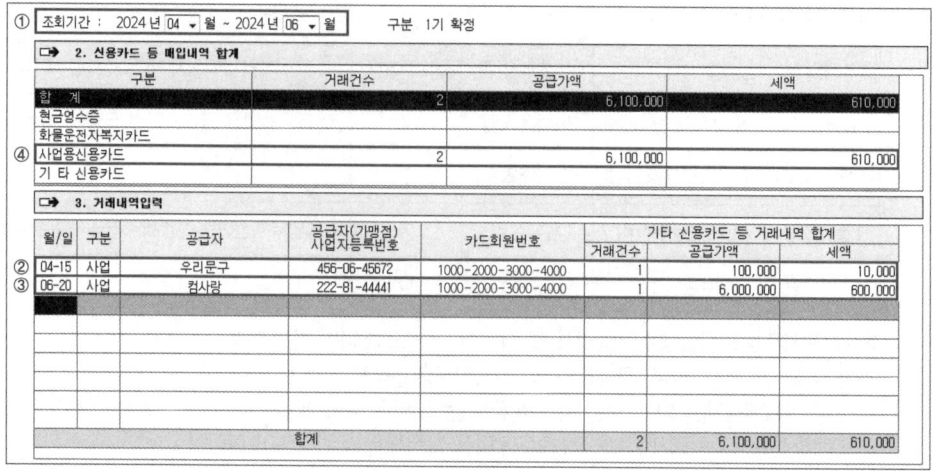

① 조회기간 : 2024 년 04 월 ~ 2024 년 06 월   구분 1기 확정

2. 신용카드 등 매입내역 합계

구분	거래건수	공급가액	세액
합 계	2	6,100,000	610,000
현금영수증			
화물운전자복지카드			
④ 사업용신용카드	2	6,100,000	610,000
기 타 신용카드			

3. 거래내역입력

월/일	구분	공급자	공급자(가맹점) 사업자등록번호	카드회원번호	기타 신용카드 등 거래내역 합계		
					거래건수	공급가액	세액
② 04-15	사업	우리문구	456-06-45672	1000-2000-3000-4000	1	100,000	10,000
③ 06-20	사업	컴사랑	222-81-44441	1000-2000-3000-4000	1	6,000,000	600,000
합계					2	6,100,000	610,000

참고 [매입매출전표입력] 메뉴와의 관계

[매입매출전표입력] 메뉴에서 '57.카과', '61.현과'로 입력하면 [신용카드매출전표등수령명세서] 메뉴에 자동 반영된다. 실제 문제에서는 [신용카드매출전표등수령명세서] 메뉴에 직접 금액을 입력하는 방식으로 출제된다.

불러오기

메뉴 화면 상단에 있는 F4 불러오기 (또는 F4)를 클릭한 후, 대화창에서 예(Y) 를 클릭하면 [매입매출전표입력] 메뉴에 입력된 내용만으로 자동 작성된 데이터를 불러온다.

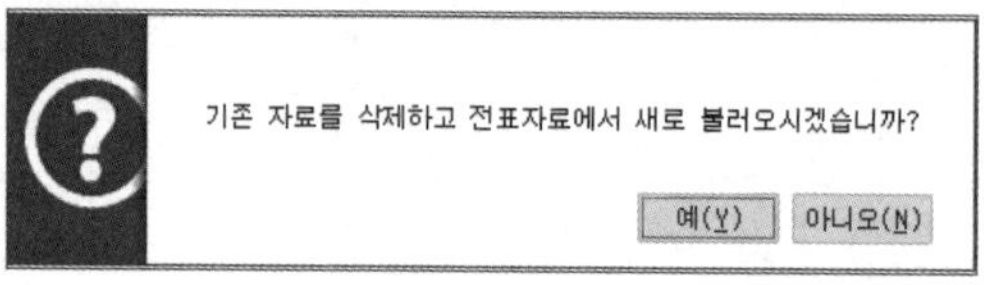
기존 자료를 삭제하고 전표자료에서 새로 불러오시겠습니까?
예(Y)
아니오(N)

04 신용카드매출전표등발행금액집계표

- [신용카드매출전표등발행금액집계표]는 사업자가 재화·용역을 공급하고 신용카드매출전표 또는 현금영수증을 발급한 경우 이에 대한 내역을 신고하는 서식이다. 개인사업자의 경우 이 서식은 신용카드매출전표 등 발행공제 금액을 계산하는 근거를 제공한다.
- [신용카드매출전표등발행금액집계표] 메뉴와 관련하여 거래 내용을 반영하여 [신용카드매출전표등발행금액집계표] 해당란에 금액을 입력하는 문제는 실무시험 문제 3(4점)으로 출제된다.
- [신용카드매출전표등발행금액집계표] 화면은 [부가가치] ▶ [부가가치세] ▶ [신용카드매출전표등발행금액집계표]를 선택하여 들어갈 수 있다.

기출확인문제

㈜제일산업(코드번호 : 0101)의 당기(제5기) 회계기간은 2024. 1. 1.~2024. 12. 31.이다. 다음 자료를 보고 올해 제2기 예정신고기간의 [신용카드매출전표등발행금액집계표]를 작성하시오. (매입매출전표 입력은 생략하고, 서식을 불러올 때 자동으로 반영되는 자료는 삭제한다) (제56회)

- 7월 19일 비사업자인 김철수 씨에게 제품 5,500,000원(부가가치세 포함)을 판매하고 현금영수증을 발급하였다.
- 8월 6일 ㈜대길에게 제품 9,900,000원(부가가치세 포함)을 판매하고 전자세금계산서를 발급하였으며, 대금 중 5,000,000원은 현금으로, 4,900,000원은 9월 18일 롯데카드로 결제받았다.
- 9월 27일 ㈜국제에게 제품 8,800,000원(부가가치세 포함)을 판매하고 롯데카드로 대금결제를 받았다.

기출 따라 하기

▶ 관련 이론 I 신고와 납부 p.474

[신용카드매출전표등발행금액집계표] 메뉴에서

① 조회기간란에 "7월~9월"을 입력한다.

② 과세 매출분의 신용·직불·기명식 선불카드란에 "13,700,000"[1]을 입력한다.

[1] 4,900,000(8월 6일) + 8,800,000(9월 27일) = 13,700,000원

▶ 과세 매출분의 경우, 공급가액과 부가가치세가 포함된 전체 결제금액(즉, 공급대가)을 입력한다.

▶ 신용카드매출전표 등 발행금액에 대하여 세금계산서 또는 계산서도 발급된 경우라 하더라도, 일단 신용카드매출전표 등 발행금액을 전액 입력한다.

참고 동일 매출에 대하여 신용카드매출전표와 세금계산서가 동시에 발급되는 경우 매출금액이 과세관청에 중복보고되어 과세행정상 혼란을 줄 수 있기 때문에, 부가가치세법에서는 나군의 경우 원칙적으로 둘 중 하나만 발급하도록 유도하고 있다. 그러나 이에 대한 가산세는 따로 없는 관계로 실무에서는 신용카드매출전표와 세금계산서가 동시에 발급되는 경우가 종종 일어난다.

③ 과세 매출분의 현금영수증란에 7월 19일의 제품 판매금액 "5,500,000"을 입력한다.

④ 세금계산서교부금액란에 8월 6일 세금계산서 발급분 중 카드결제금액인 "4,900,000"을 입력한다.

▶ 3.신용카드매출전표 등 발행금액 중 세금계산서 교부내역의 입력
- 세금계산서발급금액 : 과세 매출분에 해당하는 신용·직불·기명식 선불카드 및 현금영수증 합계금액 중 세금계산서를 발급한 금액(공급대가)을 입력한다.
- 계산서발급금액 : 면세 매출분에 해당하는 신용·직불·기명식 선불카드 및 현금영수증 합계금액 중 계산서를 발급한 금액을 입력한다.

▼ ①~④ 입력결과 화면은 아래와 같다.

① 조회기간 : 2024 년 07 월 ~ 2024 년 09 월　　구분 2기 예정

1. 인적사항

상호[법인명]	(주)제일산업	성명[대표자]	김성훈	사업등록번호	214-81-29115
사업장소재지	서울특별시 강남구 논현동 1-3				

2. 신용카드매출전표 등 발행금액 현황

구 분	합 계	신용 · 직불 · 기명식 선불카드	현금영수증	직불전자지급 수단 및 기명식선불 전자지급수단
합 계	19,200,000	13,700,000	5,500,000	
과세 매출분	19,200,000	② 13,700,000	③ 5,500,000	
면세 매출분				
봉 사 료				

3. 신용카드매출전표 등 발행금액중 세금계산서 교부내역

세금계산서발급금액	④ 4,900,000	계산서발급금액	

+ 더알아보기1

[부가가치세신고서] 메뉴와의 관계

상기 사례에서의 [신용카드매출전표등발행금액집계표] 메뉴 입력 결과를 제2기 예정신고기간의 [부가가치세신고서] 메뉴에 반영하여 보면 다음과 같다.

[풀이]

구분				정기신고금액 금액	세율	세액
과세표준및매출세액	과세	세금계산서발급분	1	9,000,000 1)	10/100	900,000
		매입자발행세금계산서	2		10/100	
		신용카드 · 현금영수증발행분	3	13,000,000 2)	10/100	1,300,000
		기타(정규영수증외매출분)	4			
	영세	세금계산서발급분	5		0/100	
		기타	6		0/100	
	예정신고누락분		7			
	대손세액가감		8			
	합계		9	22,000,000 3)	㉮	2,200,000

× 1.1

구분			금액		세액
경감공제세액	그 밖의 경감 · 공제세액	18			
	신용카드매출전표등 발행공제등	19	14,300,000 4)		5)
	합계	20		㉱	

1) 9,900,000 × (100/110) = 9,000,000원
세금계산서도 발급하고 신용카드매출전표도 발급한 금액도 일부 포함되어 있지만, 부가가치세신고서상에는 '세금계산서 발급분'으로 입력하면 된다.

2) {5,500,000 × (100/110)} + {8,800,000 × (100/110)} = 13,000,000원

3) {5,500,000 × (100/110)} + {9,900,000 × (100/110)} + {8,800,000 × (100/110)} = 22,000,000원

4) · 과세 매출분 공급대가에 해당하는 신용·직불·기명식 선불카드 및 현금영수증 합계액 − 세금계산서발급금액 = 19,200,000원 − 4,900,000원 = 14,300,000원
· 법인의 경우, 신용카드매출전표 등 발행공제가 적용되지 않으므로 (문제에서 별도의 요구사항이 없다면) '금액'란을 입력하지 않더라도 채점에는 영향이 없다.

5) 법인의 경우, 공제가 적용되지 않으므로 '세액'란에는 숫자가 입력되지 않는다.

+ 더알아보기2

세금계산서와 신용카드매출전표·현금영수증을 동시에 수취하거나 발급한 경우, 서식 작성방법

서식	동시에 수취한 경우	동시에 발급한 경우
부가가치세 신고서	[부가가치세신고서] 메뉴에서 세금계산서 수취분으로 입력함	[부가가치세신고서] 메뉴에서 세금계산서 발급분으로 입력함
부속서식	[신용카드매출전표등수령명세서] 메뉴에서 입력하지 않음	[신용카드매출전표등발행금액집계표] 메뉴에서 두 군데[1)]에 입력함

1) '2. 신용카드매출전표 등 발행금액 현황'과 '3. 신용카드매출전표 등 발행금액 중 세금계산서 교부내역'에 각각 입력함

05 공제받지못할매입세액명세서

- [공제받지못할매입세액명세서]는 ㉠ 매입세액불공제 사유에 해당하는 불공제분과 ㉡ 공통매입세액의 안분·정산·재계산에 의한 불공제분에 대하여 내역을 신고하는 서식이다.
- [공제받지못할매입세액명세서] 메뉴와 관련하여 제시된 자료에서 ㉠ 매입세액불공제 사유에 해당하는 금액과 ㉡ 공통매입세액의 안분·정산·재계산에 의한 불공제 금액을 해당란에 입력하는 문제는 실무시험 문제 3 (4점)으로 출제된다.
- [공제받지못할매입세액명세서] 화면은 [부가가치] ▸ [부속명세서 I] ▸ [공제받지못할매입세액명세서]를 선택하여 들어갈 수 있다.

1) 매입세액 불공제분

기출확인문제

㈜제일산업(코드번호 : 0101)의 당기(제5기) 회계기간은 2024. 1. 1.~2024. 12. 31.이다.
다음은 올해 제2기 예정신고기간(7. 1.~9. 30.)에 발생한 매입자료이다. 기존에 입력된 자료는 삭제하고 다음의 자료만으로 부가가치세신고서의 부속서류인 [공제받지못할매입세액명세서]를 작성하시오. (제55회)

- 상품(공급가액 : 3,000,000원, 부가가치세 : 300,000원)을 구입하고 세금계산서를 수취하였으나, 세금계산서에 공급받는 자의 상호 및 공급받는 자의 대표자 성명이 누락되는 오류가 있었다.
- 대표이사가 사업과 상관없이 개인적으로 사용할 노트북을 1,000,000원(부가가치세 별도)에 구입하고 ㈜제일산업을 공급받는 자로 하여 세금계산서를 교부받았다.
- 회사의 업무용으로 사용하기 위하여 차량(배기량 2,500cc, 5인용, 승용)을 21,500,000원(부가가치세 별도)에 구입하고 세금계산서를 받았다.
- 매출 거래처에 선물용으로 공급하기 위해서 우산(단가 : 10,000원, 수량 : 200개, 부가가치세 별도)을 구입하고 세금계산서를 교부받았다.

(1) 매입세액불공제 사유에 해당하는 항목인지 판단

매입거래내용	세금계산서[1]	공제 / 불공제	비 고
세금계산서에 공급받는 자의 상호, 대표자 성명 기재 누락	O	공 제	공급하는 자의 상호는 필요적 기재사항이나, 공급받는 자의 상호는 필요적 기재사항이 아니므로 기재 누락되더라도 매입세액공제가 가능함
대표이사가 사업과 상관없이 개인적으로 사용할 노트북 구입	O	불공제	사업과 직접 관련없는 지출
회사 업무용으로 소형승용차(8인승 이하, 1,000cc 초과)를 구입	O	불공제	비영업용 소형승용차 관련 지출
거래처 선물용으로 사용할 물건을 구입	O	불공제	기업업무추진비 관련 지출

[1] 10% 부가가치세가 포함된 세금계산서를 받았는지 여부를 먼저 확인해야 한다.

(2) 입력방법

[공제받지못할매입세액명세서] 메뉴에서

① 조회기간란에 "7월~9월"을 입력한다.

② [공제받지못할매입세액내역] 탭을 클릭한다.

③ ②사업과 직접 관련 없는 지출의 매수란에 "1", 공급가액란에 "1,000,000", 매입세액란에 "100,000"을 입력한다.

④ ③비영업용 소형승용자동차 구입·유지 및 임차의 매수란에 "1", 공급가액란에 "21,500,000", 매입세액란에 "2,150,000"을 입력한다.

⑤ ④기업업무추진비 및 이와 유사한 비용 관련의 매수란에 "1", 공급가액란에 "2,000,000", 매입세액란에 "200,000"을 입력한다.

▼ ①~⑤ 입력결과 화면은 아래와 같다.

① 조회기간 : 2024 년 07 월 ~ 2024 년 09 월　　구분 : 2기 예정

② 공제받지못할매입세액내역 | 공통매입세액안분계산내역 | 공통매입세액의정산내역 | 납부세액또는환급세액재계산

	매입세액 불공제 사유	세금계산서		
		매수	공급가액	매입세액
	①필요적 기재사항 누락 등			
③	②사업과 직접 관련 없는 지출	1	1,000,000	100,000
④	③비영업용 소형승용자동차 구입 · 유지 및 임차	1	21,500,000	2,150,000
⑤	④기업업무추진비 및 이와 유사한 비용 관련	1	2,000,000	200,000
	⑤면세사업등 관련			
	⑥토지의 자본적 지출 관련			
	⑦사업자등록 전 매입세액			
	⑧금 · 구리 스크랩 거래계좌 미사용 관련 매입세액			
	합계	3	24,500,000	2,450,000

참고 [매입매출전표입력] 메뉴와의 관계

[매입매출전표입력] 메뉴에서 "54.불공"[1]으로 입력하면 [공제받지못할매입세액명세서] 메뉴의 [공제받지못할매입세액내역] 탭에 자동 반영된다. 실제 문제에서는 [공제받지못할매입세액명세서] 메뉴에 직접 금액을 입력하는 방식으로 출제된다.

[1] ㉠ 10% 부가가치세가 포함된 세금계산서를 받고, ㉡ 매입세액 불공제 사유에 해당하여야 한다.

2) 공통매입세액 안분·정산·재계산

기출확인문제

㈜제일산업(코드번호 : 0101)의 당기(제5기) 회계기간은 2024. 1. 1.~2024. 12. 31.이다.
회사는 올해 3월 5일에 과세사업과 면세사업에 같이 사용하기 위하여 건물을 공급가액 100,000,000원, 부가가치세 10,000,000원을 지불하고 구입하였다. 한편 동 건물에 딸려 있는 토지는 총 400,000,000원을 지불하고 구입하였다. 올해 제1기 확정신고 시 [공제받지못할매입세액명세서]를 작성하시오.
회사는 예정신고 시 공급가액기준으로 정상적으로 공통매입세액 안분계산을 하였다. (단, 불러오는 데이터는 삭제하고 새로 작성하시오) (제58회)

구 분	과세공급가액	면세공급가액	합 계
올해 제1기 예정	800,000,000원	1,200,000,000원	2,000,000,000원
올해 제1기 확정	1,000,000,000원	2,000,000,000원	3,000,000,000원
합 계	1,800,000,000원	3,200,000,000원	5,000,000,000원

기출 따라 하기

▶관련 이론 | 매출세액과 매입세액 p.458

(1) 공통매입세액의 안분·정산에 의한 불공제 금액 계산

- 과세사업과 면세사업에 공통으로 사용하더라도 토지는 면세 재화로서 부가가치세 매입세액 자체가 발생하지 않으므로 안분·정산 대상이 아니다.
- 과세사업과 면세사업에 공통으로 사용하는 건물에 대한 매입세액 10,000,000원은 공통매입세액으로서 안분·정산 대상에 해당한다.
- 정산이란 예정신고 때 했던 3개월 동안의 임시적인 면세비율에 의한 안분계산을 전체 과세기간인 6개월 단위로 다시 정확하게 안분계산하여 조정하는 것을 말한다.
- 올해 제1기 예정 안분계산내역 : 10,000,000 × (12억 원/20억 원) = 6,000,000원 불공제
- 올해 제1기 확정 정산내역 : 10,000,000 × (12억 원 + 20억 원)/(20억 원 + 30억 원) − 6,000,000
  = 400,000원 불공제

(2) 입력방법

[공제받지못할매입세액명세서] 메뉴에서

① 조회기간란에 "4월~6월"을 입력한다.

② [공통매입세액의정산내역] 탭을 클릭한다.

③ 문제에서 공통매입세액을 공급가액기준으로 안분하였다고 명시되어 있으므로, 산식란에서 "1.당해과세기간의 공급가액기준"을 선택하여 입력한다.

1: 당해과세기간의 공급가액기준
2: 당해과세기간의 매입가액기준
3: 당해과세기간의 예정공급가액기준
4: 당해과세기간의 예정사용면적기준
5: 당해과세기간의 총도축두수

▶ 안분기준 선택 방법

- 과세와 면세비율을 정하는 안분기준은 '1 : 공급가액'을 원칙으로 하고, 공급가액이 없으면 '2 : 매입가액', '3 : 예정공급가액', '4 : 예정사용면적'의 순으로 적용한다. (다만, 건물은 '4 : 예정사용면적'을 '2', '3'보다 우선 적용)
- 산식란에 안분기준을 선택 입력하면 아래와 같은 대화창이 나타난다.

전표데이타를 불러오시겠습니까?
예(Y)
아니오(N)

여기서, [예(Y)]를 클릭하면 해당기간에 전표로 입력된 총공급가액(총매입가액)과 면세공급가액(면세매입가액)을 자동으로 불러온다. 실제 문제에서는 금액을 [공제받지못할매입세액명세서] 메뉴에 직접 금액을 입력하는 방식으로 출제된다.

④ 총공통매입세액란에 "10,000,000"을 입력한다.

⑤ 총공급가액란에 "5,000,000,000"[1], 면세공급가액란에 "3,200,000,000"[2]을 입력한다.

[1] 전체 과세기간인 6개월 동안의 총공급가액 = 2,000,000,000 + 3,000,000,000 = 5,000,000,000원

[2] 전체 과세기간인 6개월 동안의 면세공급가액 = 1,200,000,000 + 2,000,000,000 = 3,200,000,000원

⑥ 불공제매입세액총액란에 "6,400,000"이 자동 계산됨을 확인한다.

▶ 전체 과세기간인 6개월 동안의 면세비율로 정확하게 안분계산한 공통매입세액 불공제 금액
= 10,000,000 × (12억 원 + 20억 원)/(20억 원 + 30억 원) = 6,400,000원

⑦ 기불공제매입세액란에 "6,000,000"을 입력한다.

▶ 예정신고 때 3개월 동안의 면세비율로 임시적으로 안분계산했던 공통매입세액 불공제 금액

⑧ 가산또는공제되는매입세액란에 "400,000"이 자동 계산됨을 확인한다.

▶ 해당 금액이 양수(+)이면 공통매입세액 면세사업분이 증가한 경우이므로 공제받지 못할 매입세액이 증가한다.

▼ ①~⑧ 입력결과 화면은 아래와 같다.

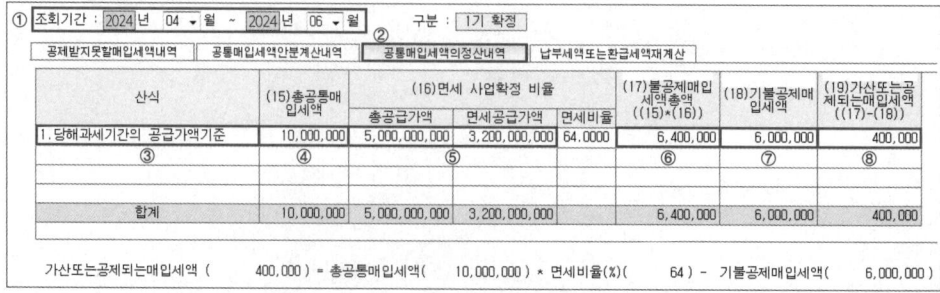

① 조회기간 : 2024 년 04 월 ~ 2024 년 06 월　　구분 : 1기 확정

공제받지못할매입세액내역 | 공통매입세액안분계산내역 | ② 공통매입세액의정산내역 | 납부세액또는환급세액재계산

산식	(15)총공통매입세액	(16)면세 사업확정 비율			(17)불공제매입세액총액((15)*(16))	(18)기불공제매입세액	(19)가산또는공제되는매입세액((17)-(18))
		총공급가액	면세공급가액	면세비율			
1.당해과세기간의 공급가액기준	10,000,000	5,000,000,000	3,200,000,000	64.0000	6,400,000	6,000,000	400,000
③	④	⑤			⑥	⑦	⑧
합계	10,000,000	5,000,000,000	3,200,000,000		6,400,000	6,000,000	400,000

가산또는공제되는매입세액 (400,000) = 총공통매입세액(10,000,000) * 면세비율(%)(64) - 기불공제매입세액(6,000,000)

+ 더알아보기

공통매입세액의 안분·정산·재계산에 대한 서식 작성

[사례] 회사는 과세사업(택시)과 면세사업(마을버스)에 같이 사용하기 위하여 올해 1월 2일에 기계장치(차량수리용)를 공급가액 8,000,000원, 부가가치세 800,000원에 구입하고 세금계산서를 발급받았다. 과세와 면세 공급가액이 다음과 같을 때, 부가가치세 신고에 필요한 [공제받지못할매입세액명세서]와 [부가가치세신고서] 메뉴를 입력하시오.

구 분	과세공급가액	면세공급가액	합 계	면세비율
올해 1. 1.~3. 31.	7억 원	3억 원	10억 원	30%
올해 4. 1.~6. 30.	9억 원	6억 원	15억 원	40%
합 계	16억 원	9억 원	25억 원	36%
올해 7. 1.~9. 30.	6억 원	4억 원	10억 원	40%
올해 10. 1.~12. 31.	5억 원	5억 원	10억 원	50%
합 계	11억 원	9억 원	20억 원	45%

[풀이] ① 안분계산(올해 제1기 예정신고)

· 면세 관련 매입세액 = 공통매입세액 × 해당 과세기간의 $\frac{\text{면세공급가액}}{\text{총공급가액}}$

$$= 800,000 \times \frac{3억}{10억} = 240,000원(불공제)$$

· [공제받지못할매입세액명세서] 메뉴에서

▶ [공통매입세액안분계산내역] 탭은 예정신고 때에만 사용한다.

조회기간 : 2024년 01 월 ~ 2024년 03 월　　구분 : 1기 예정

공제받지못할매입세액내역 | 공통매입세액안분계산내역 | 공통매입세액의정산내역 | 납부세액또는환급세액재계산

산식	과세·면세사업 공통매입 ⑩공급가액	과세·면세사업 공통매입 ⑪세액	⑫총공급가액등	⑬면세공급가액등	면세비율(⑬÷⑫)	⑭불공제매입세액[⑪*(⑬÷⑫)]
1.당해과세기간의 공급가액기준	8,000,000	800,000	1,000,000,000	300,000,000	30.0000	240,000
합계	8,000,000	800,000	1,000,000,000	300,000,000		240,000

불공제매입세액 (240,000) = 세액(800,000) * 면세공급가액등 (300,000,000) / 총공급가액 (1,000,000,000)

· [부가가치세신고서] 메뉴에서

▶ 공통매입세액면세등사업분[51]은 [공제받지못할매입세액명세서] 메뉴에서 공통매입세액에 대한 [안분계산], [정산], [재계산] 탭을 작성하고 저장하면 자동 반영된다.

조회기간 : 2024 년 1 월 1 일 ~ 2024 년 3 월 31 일

구분				정기신고금액		
				금액	세율	세액
매입세액	세금계산서 수취분	일반매입	10			
		수출기업수입분납부유예	10			
		고정자산매입	11	8,000,000		800,000
	예정신고누락분		12			
	매입자발행세금계산서		13			
	그 밖의 공제매입세액		14			
	합계(10)-(10-1)+(11)+(12)+(13)+(14)		15	8,000,000		800,000
	공제받지못할매입세액		16	2,400,000		240,000
	차감계 (15-16)		17	5,600,000	㉯	560,000

구분		금액	세율	세액
16.공제받지못할매입세액				
공제받지못할 매입세액	50			
공통매입세액면세등사업분	51	2,400,000		240,000
대손처분받은세액	52			
합계	53	2,400,000		240,000

② 정산(올해 제1기 확정신고)

· 면세 관련 매입세액 = (공통매입세액 × 해당 과세기간의 $\frac{\text{면세공급가액}}{\text{총공급가액}}$) − 기 불공제 매입세액

$$= (800{,}000 \times \frac{(3\text{억} + 6\text{억})}{(10\text{억} + 15\text{억})}) - 240{,}000 = 48{,}000\text{원(불공제)}$$

· [공제받지못할매입세액명세서] 메뉴에서

▶ [공통매입세액정산내역] 탭은 확정신고 때에만 사용한다.

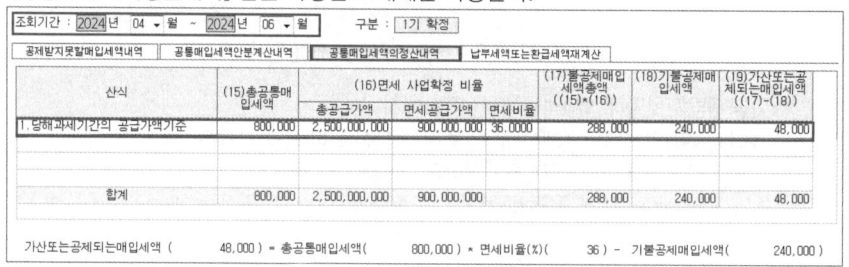

조회기간 : 2024 년 04 월 ~ 2024 년 06 월　　구분 : 1기 확정

공제받지못할매입세액내역 | 공통매입세액안분계산내역 | 공통매입세액의정산내역 | 납부세액또는환급세액재계산

산식	(15)총공통매입세액	(16)면세 사업확정 비율			(17)불공제매입세액총액((15)*(16))	(18)기불공제매입세액	(19)가산또는공제되는매입세액((17)-(18))
		총공급가액	면세공급가액	면세비율			
1.당해과세기간의 공급가액기준	800,000	2,500,000,000	900,000,000	36.0000	288,000	240,000	48,000
합계	800,000	2,500,000,000	900,000,000		288,000	240,000	48,000

가산또는공제되는매입세액 (48,000) = 총공통매입세액(800,000) * 면세비율(%)(36) - 기불공제매입세액(240,000)

· [부가가치세신고서] 메뉴에서

▶ 공통매입세액면세등사업분[51]은 [공제받지못할매입세액명세서] 메뉴에서 공통매입세액에 대한 [안분계산], [정산], [재계산] 탭을 작성하고 저장하면 자동 반영된다.

조회기간 : 2024 년 4 월 1 일 ~ 2024 년 6 월 30 일

구분				정기신고금액		
				금액	세율	세액
매입세액	세금계산서 수취분	일반매입	10			
		수출기업수입분납부유예	10			
		고정자산매입	11			
	예정신고누락분		12			
	매입자발행세금계산서		13			
	그 밖의 공제매입세액		14			
	합계(10)-(10-1)+(11)+(12)+(13)+(14)		15			
	공제받지못할매입세액		16	480,000		48,000
	차감계 (15-16)		17	-480,000	㉯	-48,000

구분		금액	세율	세액
16.공제받지못할매입세액				
공제받지못할 매입세액	50			
공통매입세액면세등사업분	51	480,000		48,000
대손처분받은세액	52			
합계	53	480,000		48,000

③ 재계산(올해 제2기 확정신고)

· 가산 또는 공제되는 매입세액 = 공통매입세액 × {1 - (체감률 × 경과된 과세기간의 수)} × 면세증감비율
= 800,000원 × {1 - (25% × 1)} × (45% - 36%) = 54,000원(불공제)

▶ 재계산 요건

· 과세사업과 면세사업에 공통으로 사용되고 있는 감가상각자산이어야 함
· 면세비율 변동이 5% 이상 생긴 경우이어야 함
· 당초 구입 시 안분계산 또는 매입세액공제 되었어야 함

▶ 재계산 공식

가산 또는 공제되는 매입세액
= 해당 재화의 매입세액 × (1 - 체감률[1)] × 경과된 과세기간 수) × 증가 또는 감소된 면세비율

[1)] 건물 및 구축물 5%, 기타의 감가상각자산 25%

▶ 재계산은 예정신고 시에는 하지 않고, 확정신고 시에만 한다.
▶ 면세비율은 과세기간(6개월)을 단위로 5% 이상 증감 여부를 판단한다.

· [공제받지못할매입세액명세서] 메뉴에서
▶ [납부세액또는환급세액재계산] 탭은 확정신고 때에만 사용한다.

조회기간 : 2024 년 10 월 ~ 2024 년 12 월   구분 : 2기 확정

공제받지못할매입세액내역 | 공통매입세액안분계산내역 | 공통매입세액의정산내역 | 납부세액또는환급세액재계산

자산	(20)해당재화의매입세액	(21)경감률[1-(체감율*경과된과세기간의수)]				(22)증가 또는 감소된 면세공급가액(사용면적)비율					(23)가산또는공제되는매입세액((20)*(21)*(22))
		취득년월	체감율	경과과세기간	경감율	당기 총공급	당기 면세공급	직전 총공급	직전 면세공급	증가율	
2.기타자산	800,000	2024-01	25	1	75	2,000,000,000	900,000,000	2,500,000,000	900,000,000	9.0000	54,000
합계											54,000

가산또는공제되는매입세액 (54,000) = 해당재화의매입세액(800,000) * 경감률(%)(75) * 증가율(%)(9)

▶ 기계장치는 건물·구축물이 아니므로, 자산란에서 "2 : 기타자산"을 선택하여 입력한다.

1:건물,구축물
2:기타자산

· [부가가치세신고서] 메뉴에서
▶ 공통매입세액면세등사업분[51]은 [공제받지못할매입세액명세서] 메뉴에서 공통매입세액에 대한 [안분계산], [정산], [재계산] 탭을 작성하고 저장하면 자동 반영된다.

조회기간 : 2024 년 10 월 1 일 ~ 2024 년 12 월 31 일

구분				정기신고금액 금액	세율	세액
매입세액	세금계산서 수취분	일반매입	10			
		수출기업수입분납부유예	10			
		고정자산매입	11			
	예정신고누락분		12			
	매입자발행세금계산서		13			
	그 밖의 공제매입세액		14			
	합계(10)-(10-1)+(11)+(12)+(13)+(14)		15			
	공제받지못할매입세액		16	540,000		54,000
	차감계 (15-16)		17	-540,000	㉯	-54,000

구분		금액	세율	세액
16.공제받지못할매입세액				
공제받지못할 매입세액	50			
공통매입세액면세등사업분	51	540,000		54,000
대손처분받은세액	52			
합계	53	540,000		54,000

06 대손세액공제신고서

· [대손세액공제신고서]는 대손이 발생한 경우 대손세액을 공제받기 위하여 작성하는 서식이다.
· [대손세액공제신고서] 메뉴와 관련하여 제시된 자료에서 대손세액공제 요건을 충족하는 항목을 선별·집계하여 대손세액공제신고서 해당란에 금액을 입력하는 문제는 실무시험 문제 3(3~7점)으로 출제된다.
· [대손세액공제신고서] 화면은 [부가가치] ▸ [부속명세서 I] ▸ [대손세액공제신고서]를 선택하여 들어갈 수 있다.

기출확인문제

㈜제일산업(코드번호 : 0101)의 당기(제5기) 회계기간은 2024. 1. 1.~2024. 12. 31.이다.
다음 자료를 이용하여 올해 제2기 확정분 대손세액공제신고서를 작성하시오. (제56회)

대손사유 발생일	대손채권	대손금(원)	거래상대방				대손사유
			상 호	성 명	등록번호	주 소	
10/5[1]	외상매출금	1,100,000	㈜서울	김강남	135-81-22221	서울 강남구 대치동 100	소멸시효완성
11/3[2]	받을어음	550,000	㈜경기	이수원	105-03-64106	서울 서초구 잠원동 30	부도발생
12/1[2]	장기대여금	1,320,000	㈜인천	박부평	110-81-02624	서울 동대문구 장안동 52	파 산

[1] 당초공급일 : 2021. 10. 1.
[2] 당초공급일 : 2023. 7. 1.

기출 따라 하기

▶관련 이론 I 매출세액과 매입세액 p.458

(1) 제2기 확정신고 시 대손세액공제 요건 충족 여부 판단

일자	대손채권	대손사유	대손세액공제	비 고
10/5	외상매출금	소멸시효완성	O	소멸시효 완성일에 대손세액공제 요건 충족됨
11/3	받을어음	부도발생	X	부도발생일로부터 6개월이 경과하는 날(내년 5월 4일)에 대손세액공제 요건 충족됨
12/1	장기대여금	파 산	X	재화 및 용역의 공급과 관련이 없는 채권(장기대여금)에 대하여는 대손세액공제를 인정받을 수 없음

(2) 입력방법

[대손세액공제신고서] 메뉴에서

① [대손발생] 탭을 선택한 후, 조회기간란에 "10월~12월"을 입력한다.

② 당초공급일란에 "2021-10-01", 대손확정일란에 "2024-10-05"를 입력한다.

③ 대손금액란에 "1,100,000"을 입력한다.

▶ 대손금액란에는 부가가치세가 포함된 금액(공급대가)을 입력한다.

(차) 대손충당금(또는 대손상각비)	1,000,000	(대) 외상매출금	1,100,000
부가세예수금	100,000		

④ 대손세액란에 금액[1]이 자동 계산되어 표시된다.

[1] 대손세액 = 대손금 1,100,000 × (10/110) = 100,000원

⑤ 거래처란에 "㈜서울"을 입력한다.

▶ 거래처란에 커서를 두고 [코드](또는 [F2])를 클릭한 후, 거래처도움 검색창에서 거래처를 검색하여 [확인(Enter)]을 클릭하면 [거래처등록] 메뉴에 등록되어 있는 정보에 따라 거래처명과 화면 하단에 있는 대표자 성명, 사업자등록번호, 소재지, 주민등록번호가 자동으로 입력된다.
[거래처등록] 메뉴에 등록되어 있지 않은 거래처라면 검색창에서 검색되지 않는데, 이 경우에는 해당 정보를 직접 입력하면 된다.

⑥ 대손사유란에 커서를 두면 아래와 같은 선택 창이 나타나는데, 이 중 "6.소멸시효완성"을 선택하여 입력한다.

1:파산
2:강제집행
3:사망,실종
4:정리계획
5:부도(6개월경과)
6:소멸시효완성
7:직접입력

▶ 대손세액공제 요건

대손사유	· 파산 · 강제집행 · 사망, 실종 · 정리계획 : 관련 법에 따른 회생계획인가 또는 법원의 면책결정에 따라 회수불능으로 확정된 채권 · 부도(6개월 경과) : ㉠ 부도발생일로부터 6개월 이상 경과한 수표 또는 어음상의 채권 ㉡ 부도발생일로부터 6개월 이상 경과한 중소기업의 외상매출금 ㉢ 다만, 채무자의 재산에 대하여 저당권을 설정하고 있는 경우는 제외 · 소멸시효완성 : 상법 등에 따른 소멸시효가 완성된 채권 · 6개월 경과 소액채권 : 회수기일이 6개월 이상 지난 30만 원 이하의 채권 · 2년 경과 중소기업 : ㉠ 회수기일이 2년 이상 지난 중소기업의 외상매출금·미수금 ㉡ 다만, 특수관계인과의 거래로 발생한 경우는 제외 · 법인세법·소득세법에서 인정되는 그 외의 대손사유
공제기한	부가가치세가 과세되는 재화·용역을 공급한 후 그 공급일로부터 10년이 경과한 날이 속하는 확정신고기한까지 법정 대손사유로 대손이 확정되어야 함
신고유형	대손세액공제는 예정신고 시에는 적용 받을 수 없고, 확정신고 시에만 적용받을 수 있음

⑦ 화면 하단에서, 성명란에 "김강남", 사업자등록번호란에 "135-81-22221", 소재지란에 "서울 강남구 대치동 100"을 입력한다.

▶ 거래처란을 입력할 때 거래처도움 검색창을 사용한 경우에는 [거래처등록] 메뉴에 등록되어 있는 정보가 자동으로 입력된다.

▼ ①~⑦ 입력결과 화면은 아래와 같다.

① [대손발생] [대손변제]

① 조회기간 2024 년 10 월 ~ 2024 년 12 월 2기 확정

당초공급일	대손확정일	대손금액	공제율	대손세액	거래처	대손사유	
2021-10-01	2024-10-05	1,100,000	10/110	100,000	(주)서울	6	소멸시효완성
	②	③		④	⑤	⑥	

⑦

성명	김강남	사업자등록번호	135-81-22221
소재지	서울 강남구 대치동 100	주민등록번호	______-______

+ 더알아보기

대손 확정 및 대손금 회수에 따른 공급자와 공급받은 자의 서식 작성

[사례] 사업자 A(공급자, 중소기업)는 사업자 B(공급받는 자)에게 제품을 공급가액 1,000,000원, 부가가치세 100,000원에 외상 판매(2024년 1월 2일)하였다. 2024년 1월 2일 이후에 사업자 B의 부도발생(2024년 3월 29일)으로 대손 확정(대손세액공제 요건 충족, 2024년 9월 30일)과 대손금 회수(2025년 4월 2일)가 발생한 경우, 사업자 A와 B의 각 시점별 부가가치세 신고에 필요한 [대손세액공제신고서]와 [부가가치세신고서] 메뉴를 입력하시오.

시 점	공급자 A	공급받은 자 B
대손 확정 (대손세액공제 요건 충족 시)	<Case 1> 매출세액에서 대손세액공제액을 차감 (→ 매출세액 감소)	<Case 3> 공제받지 못할 매입세액으로 처리 (→ 공제매입세액 감소)
대손금 회수	<Case 2> 매출세액에서 대손세액공제액을 가산 (→ 매출세액 증가)	<Case 4> 그 밖의 공제매입세액으로 처리 (→ 공제매입세액 증가)

[풀이] <Case 1>

대손 확정 시(부도발생일로부터 6개월 경과 시점)(→ 대손세액공제 → 매출세액 감소)

· 2024년 9월 30일 (차) 대손충당금 1,000,000 (대) 외상매출금 1,100,000
(또는 대손상각비)
부가세예수금 100,000

· 2024년 제2기 확정 [대손세액공제신고서] 메뉴의 [대손발생] 탭에서 다음을 입력한다.

[대손발생] [대손변제]

조회기간 2024 년 10 월 ~ 2024 년 12 월 2기 확정

당초공급일	대손확정일	대손금액	공제율	대손세액	거래처	대손사유	
2024-01-02	2024-09-30	1,100,000	10/110	100,000	사업자 B	5	부도(6개월경과)

· 대손금액은 부가가치세가 포함된 금액(공급대가)으로 입력한다.

· 대손금액을 양수(+)로 입력한다.

· 2024년 제2기 확정 [부가가치세신고서] 메뉴에서 대손세액가감[8]란이 자동 반영된다.

조회기간 : 2024 년 10 월 1 일 ~ 2024 년 12 월 31 일

구분				정기신고금액 금액	세율	세액
과세표준및매출세액	과세	세금계산서발급분	1		10/100	
		매입자발행세금계산서	2		10/100	
		신용카드 · 현금영수증발행분	3		10/100	
		기타(정규영수증외매출분)	4			
	영세	세금계산서발급분	5		0/100	
		기타	6		0/100	
	예정신고누락분		7			
	대손세액가감		8			-100,000
	합계		9		㉮	-100,000

· 매출세액이 감소되어야 하므로 금액이 음수(-)로 반영된다.

<Case 2>

대손금 회수 시(→ 대손세액공제 감소 → 매출세액 증가)

- 2025년 4월 2일 (차) 현금 1,100,000 (대) 대손충당금 1,000,000
  부가세예수금 100,000
- 2025년 제1기 확정 [대손세액공제신고서] 메뉴의 [대손발생] 탭은 작성하지 않는다.
- [부가가치세신고서] 메뉴에서 대손세액가감[8]의 세액란을 직접 입력한다.

조회기간 : 2025 년 4 월 1 일 ~ 2025 년 6 월 30 일

구분				정기신고금액 금액	세율	세액
과세표준및매출세액	과세	세금계산서발급분	1		10/100	
		매입자발행세금계산서	2		10/100	
		신용카드 · 현금영수증발행분	3		10/100	
		기타(정규영수증외매출분)	4			
	영세	세금계산서발급분	5		0/100	
		기타	6		0/100	
	예정신고누락분		7			
	대손세액가감		8			100,000[1]
	합계		9		㉮	100,000

1) 매출세액이 증가되어야 하므로 금액을 양수(+)로 입력한다.

<Case 3>

대손 확정 시(부도발생일로부터 6개월 경과 시점)(→ 공제받지 못할 매입세액으로 처리 → 공제매입세액 감소)

- 2024년 9월 30일 (차) 외상매입금 100,000 (대) 부가세대급금 100,000
- 2024년 제2기 확정 [대손세액공제신고서] 메뉴의 [대손변제] 탭은 작성하지 않는다.
- [부가가치세신고서] 메뉴에서 대손처분받은세액[51]을 직접 입력한다.

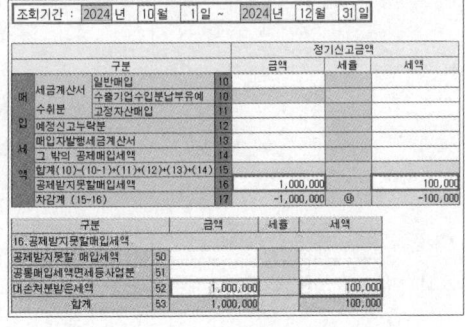

조회기간 : 2024 년 10 월 1 일 ~ 2024 년 12 월 31 일

구분				정기신고금액 금액	세율	세액
매입세액	세금계산서 수취분	일반매입	10			
		수출기업수입분납부유예	10			
		고정자산매입	11			
	예정신고누락분		12			
	매입자발행세금계산서		13			
	그 밖의 공제매입세액		14			
	합계(10)-(10-1)+(11)+(12)+(13)+(14)		15			
	공제받지못할매입세액		16	1,000,000		100,000
	차감계 (15-16)		17	-1,000,000	㉯	-100,000

구분		금액	세율	세액
16.공제받지못할매입세액				
공제받지못할 매입세액	50			
공통매입세액면세등사업분	51			
대손처분받은세액	52	1,000,000		100,000
합계	53	1,000,000		100,000

<Case 4>

대손금 변제 시(→ 그 밖의 공제매입세액으로 처리 → 공제매입세액 증가)

- 2025년 4월 2일 (차) 외상매입금 1,000,000 (대) 현금 1,100,000
  부가세대급금 100,000
- 2025년 제1기 확정 [대손세액공제신고서] 메뉴의 [대손변제] 탭에서 다음을 입력한다.

대손발생 | 대손변제

조회기간 2025 년 04 월 ~ 2025 년 06 월 1기 확정

당초대손확정일	변제확정일	변제금액	공제율	변제세액	거래처	변제사유	
2024-09-30	2025-04-02	1,100,000	10/110	100,000	사업자 A	7	전액 변제

· 변제금액은 부가가치세가 포함된 금액(공급대가)으로 입력한다.
· 변제사유란에는 대손 확정 당시의 대손사유를 선택하여 입력하거나 해당 변제사유를 직접 입력한다.

· 2025년 제1기 확정 [부가가치세신고서] 메뉴에서 변제대손세액[46]란이 자동 반영된다.

조회기간 : 2025년 4월 1일 ~ 2025년 6월 30일

구분				정기신고금액 금액	세율	세액
매입세액	세금계산서 수취분	일반매입	10			
		수출기업수입분납부유예	10			
		고정자산매입	11			
	예정신고누락분		12			
	매입자발행세금계산서		13			
	그 밖의 공제매입세액		14			100,000
	합계(10)-(10-1)+(11)+(12)+(13)+(14)		15			100,000
	공제받지못할매입세액		16			
	차감계 (15-16)		17		㉯	100,000

14.그 밖의 공제매입세액					
신용카드매출 수령금액합계표	일반매입	41			
	고정매입	42			
의제매입세액		43		뒤쪽	
재활용폐자원등매입세액		44		뒤쪽	
과세사업전환매입세액		45			
재고매입세액		46			
변제대손세액		47			100,000
외국인관광객에대한환급세액		48			
합계		49			100,000

07 부동산임대공급가액명세서

- [부동산임대공급가액명세서]는 부동산임대용역을 제공하는 사업자가 임대계약과 수입금액 내역을 기재하여 신고하는 서식이다.
- [부동산임대공급가액명세서] 메뉴와 관련하여 제시된 자료를 이용하여 간주임대료를 계산하고 부동산임대공급가액명세서 해당란에 정보를 입력하는 문제는 실무시험 문제 3(3~5점)으로 출제된다.
- [부동산임대공급가액명세서] 화면은 [부가가치] ▸ [부속명세서 I] ▸ [부동산임대공급가액명세서]를 선택하여 들어갈 수 있다.

기출확인문제

㈜제일산업(코드번호 : 0101)의 당기(제5기) 회계기간은 2024. 1. 1.~2024. 12. 31.이다.
다음 자료를 이용하여 올해 2기 예정신고기간의 부동산임대공급가액명세서를 작성하고 부가가치세신고서에 반영하시오. (단, 월세와 관리비는 부가가치세 별도 금액이며, 적법하게 세금계산서를 교부하였다. 이자율은 KcLep에 등록되어 있는 이자율을 사용한다. 부가가치세신고서 작성 시 기존 자료는 삭제하고, 월세 등 부동산임대공급가액명세서의 내용을 반영하며, 전표입력은 생략한다) (제62회)

- 거래처명 : 나이스상사
- 사업자등록번호 : 312-85-60155
- 용도 : 점포(면적 155㎡)
- 동, 층, 호수 : 1동, 1층, 1호
- 임대기간별 임대료 및 관리비

임대기간	보증금	월 세	월 관리비
2023. 8. 1.~2024. 7. 31.	10,000,000원	1,000,000원	50,000원
2024. 8. 1.~2025. 7. 31.	20,000,000원	1,100,000원	50,000원

기출 따라 하기

▶관련 이론 | 매출세액과 매입세액 p.456

(1) 부동산임대용역에 대한 과세표준 계산(기간 : 2024. 7. 1.~9. 30.)

구 분	과세표준
월 세	· 7. 1.~7. 31. : 월 1,000,000원 × 1개월 = 1,000,000원 · 8. 1.~9. 30. : 월 1,100,000원 × 2개월 = 2,200,000원 ∴ 소계 : 3,200,000원
관리비	· 월 50,000원 × 3개월 = 150,000원
간주임대료	· 7. 1.~7. 31. : 보증금 10,000,000원 × 연 3.5% × (31/366)일 = 29,644원[1] · 8. 1.~9. 30. : 보증금 20,000,000원 × 연 3.5% × (61/366)일 = 116,666원[1] ∴ 소계 : 146,310원
합 계	3,496,310원

[1] 원단위 미만 절사

(2) 입력방법

[부동산임대공급가액명세서] 메뉴에서

① 조회기간란에 "7월~9월"을 입력한다.

② 검색창을 사용하여 코드 및 거래처명(임차인)란을 입력하고, 제시된 자료에 따라 동, 층, 호를 입력한다.

▶ 코드 또는 거래처명(임차인)란에 커서를 두고 코드(또는 F2)를 클릭한 후, 거래처도움 검색창에서 거래처를 검색하여 확인(Enter)을 클릭하면 [거래처등록] 메뉴에 등록되어 있는 정보에 따라 코드, 거래처명과 화면 우측에 있는 사업자등록번호가 자동으로 입력된다. 단, [거래처등록] 메뉴에 등록되어 있지 않은 거래처라면 검색창에서 검색되지 않는데, 이 경우에는 해당 정보를 직접 입력하면 된다.

③ 제시된 자료에 따라 사업자등록번호, 면적, 용도를 입력한다.

④ 조회기간 중에 임대계약이 갱신되었으므로, 갱신 전과 후로 나누어 정보를 입력한다. 먼저, 갱신 전 계약기간에 대한 과세표준 정보를 입력한다. 임대기간란에 "2023-08-01~2024-07-31"을 입력한 후, 보증금란에 "10,000,000", 월세란에 "1,000,000", 관리비란에 "50,000"을 입력한다.

▶ '6.계약내용'의 입력방법

보증금	금액란에 임대차 계약 체결 및 갱신 당시 받았던 보증금 금액을 입력한다. 참고 해당 계약기간의 일수와 설정된 이자율에 따라 간주임대료 금액이 자동 계산되어 7.간주 임대료란에 입력된다.
월세, 관리비	금액란에 월 단위 금액을 입력한다. 참고 해당 계약기간의 월수에 따라 자동 계산된 금액이 당해과세기간계란에 자동 반영된다. 이 금액은 월 단위 금액 및 월수에 따라 계산된 것이며 자동 계산된 금액의 수정이 필요한 경우 직접 수정 입력할 수도 있다.

⑤ 갱신 후 계약기간에 대한 과세표준 정보를 입력한다. 계약갱신일란에 "2024-08-01", 임대기간란에 "2024-08-01~2025-07-31"을 입력한 후, 보증금란에 "20,000,000", 월세란에 "1,100,000", 관리비란에 "50,000"을 입력한다.

⑥ 해당 거래처(임차인)에 대한 조회기간(신고기간) 동안의 과세표준이 화면 하단에 집계되어 표시됨을 확인한다.

⑦ 모든 거래처(임차인)에 대한 조회기간(신고기간) 동안의 과세표준이 화면 하단에 집계되어 표시됨을 확인한다.

▼ ①~⑦ 입력결과 화면은 아래와 같다.

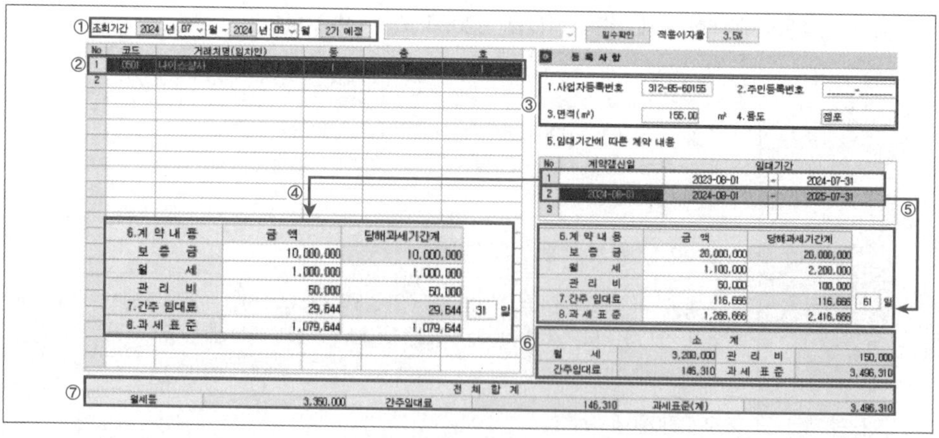

[부가가치세신고서] 메뉴에서

⑧ 조회기간란에 "7월 1일~9월 30일"을 입력한 후, 자동으로 작성된 금액이 있는 경우 Space bar를 눌러서 모두 지운다.

⑨ 월세와 관리비(과세표준 : 3,350,000원)는 세금계산서가 발급되므로, 세금계산서 발급분 금액란에 "3,350,000", 세액란에 "335,000"을 입력한다.

⑩ 간주임대료(과세표준 : 146,310원)는 세금계산서가 발급되지 않으므로, 기타(정규영수증외매출분) 금액란에 "146,310", 세액란에 "14,631"[1]을 입력한다.

[1] 원단위 미만 절사

▼ ⑧~⑩ 입력결과 화면은 아래와 같다.

⑧ 조회기간 : 2024 년 7 월 1 일 ~ 2024 년 9 월 30 일

구분				정기신고금액 금액	세율	세액
과세표준및매출세액	과세	세금계산서발급분	1	⑨ 3,350,000	10/100	335,000
		매입자발행세금계산서	2		10/100	
		신용카드 · 현금영수증발행분	3		10/100	
		기타(정규영수증외매출분)	4	⑩ 146,310		14,631
	영세	세금계산서발급분	5		0/100	
		기타	6		0/100	
	예정신고누락분		7			
	대손세액가감		8			
	합계		9	3,496,310	㉮	349,631

참고 이자율

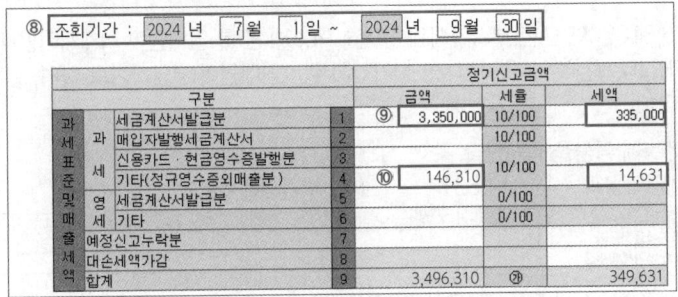

화면 상단의 F6 이자율 (또는 F6)을 클릭하면 이자율 설정 보조창이 나타나는데, 여기서 현재 프로그램상 설정되어 있는 정기예금이자율을 확인할 수 있고, 세법 개정 등의 이유로 이자율을 변경하고자 할 경우 적용할 이자율을 입력하고 확인(Tab) 을 클릭하면 된다.

일수 확인

화면 상단의 일수 확인 을 클릭하면 보증금 이자 계산 일수 확인 보조창이 나타나는데, 여기서 현재 프로그램상에서 간주임대료를 계산할 때 사용되는 일수가 365일인지 366일인지 확인할 수 있다.

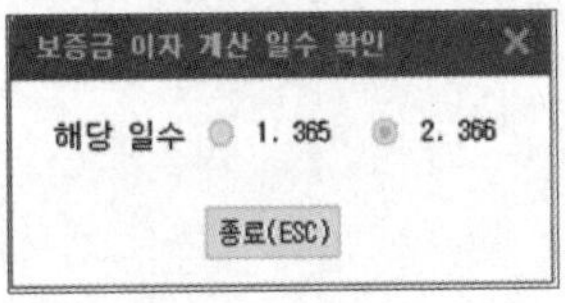

+ 더알아보기

간주임대료의 부가가치세에 대한 회계처리

· 회계처리

· 간주임대료는 보증금에 정기예금이자율을 곱해서 구한 인위적인 금액으로서 세금계산서가 발급되지 않기 때문에 거래상대방으로부터 거래징수되지 않는다. 따라서, 간주임대료에 대한 부가가치세는 이를 부담하는 자가 세금과공과(비용)로 회계처리한다.

· 간주임대료에 대한 부가가치세를 과세관청에 신고·납부하는 것은 항상 임대인이 하여야 하지만, 이를 누가 부담할 것인지는 임대인과 임차인 간의 약정에 따라 달라질 수 있다.

· 전표입력

간주임대료(과세표준 : 146,310원)에 대한 부가가치세(세액 : 14,631원)를 임대인이 회계처리할 때 전표에 입력하는 방법은 다음과 같다. (간주임대료에 대한 부가가치세는 임대인이 부담하기로 하며, 일자는 9월 30일이다)

| 방법1 | [일반전표입력] 메뉴에 다음을 입력한다.

9월 30일 (차) 세금과공과 14,631 (대) 부가세예수금 14,631

□	일	번호	구분	계정과목	거래처	적요	차변	대변
□	30	00004	차변	0817 세금과공과			14,631	
□	30	00004	대변	0255 부가세예수금				14,631

참고 [부가가치세신고서] 메뉴에 자동 반영되지 않으므로 금액을 직접 입력해야 한다.

| 방법2 | [매입매출전표입력] 메뉴에 다음을 입력한다.

9월 30일 유형 : 14.건별 / 공급가액 : 146,310 / 부가세 : 14,631 / 거래처 : - / 분개 : 혼합

(차) 세금과공과 14,631 (대) 부가세예수금 14,631

□	일	번호	유형	품목	수량	단가	공급가액	부가세	코드	공급처명	사업/주민번호	전자	분개
□	30	50001	건별				146,310	14,631					혼합

구분	계정과목	적요	거래처	차변(출금)	대변(입금)
대변	0255 부가세예수금				14,631
차변	0817 세금과공과			14,631	

참고 [부가가치세신고서] 메뉴에 자동 반영된다.

08 수출실적명세서

· [수출실적명세서]는 외국으로 재화를 직접 반출(수출)하여 영세율을 적용 받는 사업자가 작성하는 서식이다.
· [수출실적명세서] 메뉴와 관련하여 제시된 자료를 이용하여 영세율과세표준을 계산하고 수출실적명세서 해당란에 정보를 입력하는 문제는 실무시험 문제 3(3~4점)으로 출제된다.
· [수출실적명세서] 화면은 [부가가치] ▸ [부속명세서 I] ▸ [수출실적명세서]를 선택하여 들어갈 수 있다.

기출확인문제

㈜제일산업(코드번호 : 0101)의 당기(제5기) 회계기간은 2024. 1. 1.~2024. 12. 31.이다. 다음의 자료를 토대로 회사의 올해 제2기 확정신고기간(10. 1.~12. 31.)의 수출실적명세서를 작성하시오. (단, 매입매출전표입력은 생략한다) 제56회

· 회사는 미국 마틴사에 미화 $50,000에 해당하는 제품을 외상으로 직수출하였는데, 수출신고는 10월 1일 완료하였고, 통관일은 10월 5일이며, 선하증권상의 선적일은 10월 6일로 확인되었다. 수출신고번호는 13041-20-044581X이다.
· 회사는 일본 도쿄상사에 엔화 ￥1,000,000에 해당하는 기계장치를 외상으로 직수출하였는데, 수출신고는 10월 10일 완료하였고, 통관일은 10월 15일이며, 선하증권상의 선적일은 10월 20일로 확인되었다. 수출신고번호는 13055-10-011460X이다.
· 기준환율 및 재정환율은 다음과 같다.
  · 미국달러(USD) 환율($1당)

통화 \ 날짜	10/1	10/5	10/6
USD($1당)	1,000원	1,050원	1,100원

  · 일본엔화(JPY) 환율(100엔당)

통화 \ 날짜	10/10	10/15	10/20
JPY(100엔당)	1,100원	1,150원	1,200원

기출 따라 하기

▸관련 이론 I 매출세액과 매입세액 p.456

(1) 직수출에 대한 영세율과세표준 계산

거래처	외 화	선적일	환 율[1]	과세표준
마틴사	USD 50,000	10/06	1,100원/1$	USD50,000 × 1,100원 = 55,000,000원
도쿄상사	JPY 1,000,000	10/20	1200원/100엔	JPY1,000,000 × (1,200원/100엔) = 12,000,000원
합 계	-	-	-	67,000,000원

[1] 선적일의 환율

(2) 입력방법

[수출실적명세서] 메뉴에서

① 조회기간란에 "10월~12월"을 입력한다.

② 수출 건별로 정보를 입력한다. 먼저, 마틴사 수출건에 대한 과세표준 정보를 입력한다.

▶ 통화코드란에 커서를 두고 코드(또는 F2)를 클릭한 후, 통화코드도움 검색창에서 "미국"을 입력하여 USD를 검색한 후 확인(Enter)을 클릭한다.

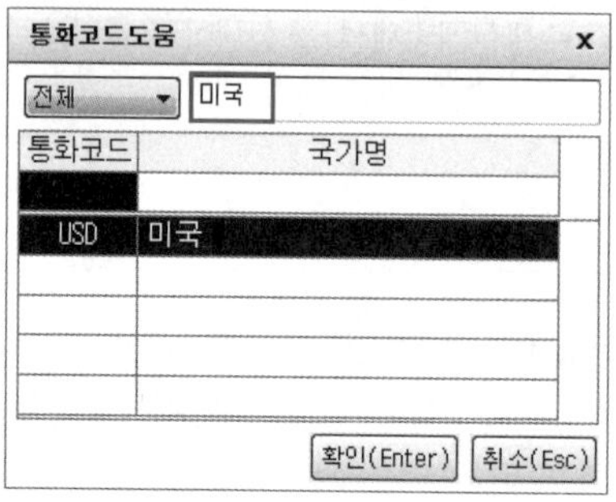

▶ 선적일의 환율이 1$당 1,100원이므로 환율란에 "1,100"을 입력한다.

▶ 거래처코드 또는 거래처명란에 커서를 두고 코드(또는 F2)를 클릭한 후, 거래처도움 검색창에서 거래처를 검색하여 확인(Enter)을 클릭한다.

③ 다음, 도쿄상사 수출건에 대한 과세표준 정보를 입력한다.

▶ 통화코드란에 커서를 두고 코드(또는 F2)를 클릭한 후, 통화코드도움 검색창에서 "일본"을 입력하여 JPY를 검색한 후 확인(Enter)을 클릭한다.

▶ 선적일의 환율이 100엔당 1,200원이므로 환율란에는 1엔당 원화금액에 해당하는 "12"(=1,200원/100엔)를 입력한다.

④ 조회기간(신고기간) 동안의 과세표준이 화면 하단과 상단에 집계되어 표시됨을 확인한다.

▼ ①~④ 입력결과 화면은 아래와 같다.

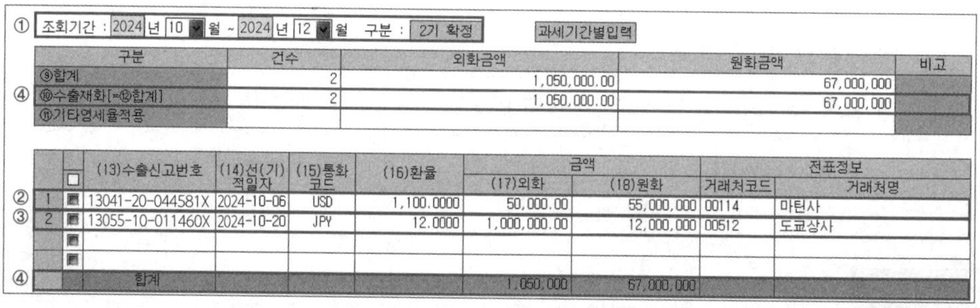

① 조회기간 : 2024 년 10 월 ~ 2024 년 12 월 구분 : 2기 확정
과세기간별입력
구분 | 건수 | 외화금액 | 원화금액 | 비고
⑨합계 | 2 | 1,050,000.00 | 67,000,000
④ ⑩수출재화[=⑫합계] | 2 | 1,050,000.00 | 67,000,000
⑪기타영세율적용
(13)수출신고번호 | (14)선(기)적일자 | (15)통화코드 | (16)환율 | 금액 (17)외화 | (18)원화 | 전표정보 거래처코드 | 거래처명
② 1 13041-20-044581X | 2024-10-06 | USD | 1,100.0000 | 50,000.00 | 55,000,000 | 00114 | 마틴사
③ 2 13055-10-011460X | 2024-10-20 | JPY | 12.0000 | 1,000,000.00 | 12,000,000 | 00512 | 도쿄상사
④ 합계 | 1,050,000 | 67,000,000

참고 직수출에 대한 영세율과세표준 계산 시 유의사항

구분	내용
공급시기 (재화수출의 공급시기)	· 선적일
과세표준 (공급대가를 외화로 받는 경우)	· 공급시기(선적일) 도래 전에 원화로 환가한 경우 : 그 환가한 금액 · 공급시기(선적일) 이후에 외국통화로 보유하고 있거나 지급받는 경우 : 공급시기(선적일)의 기준환율에 따라 계산한 금액

09 의제매입세액공제신고서

- [의제매입세액공제신고서]는 과세사업자가 면세사업자로부터 구입한 농·축·수·임산물에 대하여 의제매입세액공제를 받고자 하는 경우 작성하는 서식이다.
- [의제매입세액공제신고서] 메뉴와 관련하여 제시된 자료를 이용하여 의제매입세액을 계산하고 의제매입세액공제신고서 해당란에 정보를 입력하는 문제는 실무시험 문제 3(3~5점)으로 출제된다.
- [의제매입세액공제신고서] 화면은 [부가가치] ▶ [부속명세서 I] ▶ [의제매입세액공제신고서]를 선택하여 들어갈 수 있다.

기출확인문제

㈜제일산업(코드번호 : 0101)의 당기(제5기) 회계기간은 2024. 1. 1.~2024. 12. 31.이다. 회사는 본 문제에 한하여 음식점업을 영위하는 법인으로 본다. 다음은 올해 제2기 확정신고기간(10. 1.~12. 31.) 동안 매입한 면세자료이다. 의제매입세액공제신고서를 작성하시오. (수량은 편의상 1로 입력하고, 의제매입세액으로 공제대상인 구입내역만 반영할 것) (제60회)

[자료1] 확정신고기간 구입내역

구 분	일 자	상호(성명)	사업자번호(주민등록번호)	매입가액(원)	품 명
계산서매입(현금거래)	10/31	㈜세미	211-81-87421	30,000,000	야 채
신용카드매입	11/24	㈜진우	101-81-99111	80,000,000	정 육
농어민매입(현금거래)	12/27	김농부	510412-1874214	15,000,000	쌀

[자료2] 공급가액	· 올해 제2기(7. 1.~12. 31.)의 음식점업 매출과 관련한 공급가액은 350,000,000원(제2기 예정 공급가액 : 143,600,000원, 제2기 확정 공급가액 : 206,400,000원)이다.
[자료3] 관련자료	· 예정신고 시 의제매입세액공제대상 면세매입금액 : 74,200,000원 · 예정신고 시 의제매입세액공제액 : 4,200,000원

기출 따라 하기

▶관련 이론 I 매출세액과 매입세액 p.461

(1) 확정신고 시 의제매입세액공제 금액의 계산

① 확정신고기간의 대상 매입가액과 대상 세액

구 분	대상 여부	대상 매입가액	공제율	대상 세액
계산서매입(현금거래)	O	30,000,000원	6/106[2]	1,698,113원
신용카드매입	O	80,000,000원	6/106[2]	4,528,301원
농어민매입(현금거래)[1]	X	-	-	-
합 계	-	110,000,000원	-	6,226,414원

[1] 제조업이 아닌 업종의 경우, 농어민으로부터의 직접 구입분은 공제받지 못한다.
[2] 음식점업을 영위하는 법인의 경우, 공제율은 6/106이다.

▶ 의제매입세액 적용요건과 대상세액

적용요건	· ㉠ 과세사업자가 ㉡ 면세사업자로부터 농·축·수·임산물(면세농산물)을 구입하여 ㉢ 과세 대상인 재화·용역의 제조·창출에 직접적인 원재료로 사용해야 함 · 면세농산물 구입 시 계산서 또는 신용카드매출전표·현금영수증을 증빙으로 받아야 하며(부가가치세 신고 시 합계표를 제출) 단, 제조업의 경우에는(계산서·신용카드매출전표·현금영수증을 받지 않고) 농·어민으로부터 직접 구입하는 것도 인정됨
대상 세액	· 의제매입세액 = 면세농산물의 매입가액[1] × 공제율[2]

[1] 운임 등 취득부대비용을 제외한다.

[2]

구 분		공제율	
음식점업	법 인	6/106	과세유흥장소는 2/102
	개 인	8/108	
제조업	중소기업, 개인	4/104	
그 외		2/102	

② 올해 제2기 전체 과세기간의 의제매입세액 한도

구 분	7. 1.~9. 30.	10. 1.~12. 31.	합 계	한도율	공제율	세 액
㉠ 대상 매입가액	74,200,000	110,000,000	184,200,000	-	6/106	10,426,415[2]
㉡ 음식점업 과세표준	143,600,000	206,400,000	350,000,000	50%[1]	6/106	9,905,660[3]
한도(= Min[㉠, ㉡])	-	-	-	-	-	9,905,660

[1] 법인사업자의 경우 과세표준의 50%를 한도로 한다.

[2] 대상 매입가액에 의한 의제매입세액 금액 = 대상 매입가액 × 공제율 = 184,200,000원 × 6/106 = 10,426,415원

[3] 과세표준에 의한 의제매입세액 한도 = 과세표준 × 법인한도율 × 공제율 = 350,000,000원 × 50% × 6/106
= 9,905,660원

▶ 의제매입세액의 한도

의제매입세액의 한도 = 해당 과세기간의 과세표준 × 일정률[1] × 공제율

[1] 법인 : 50%, 개인 : 55~75%

③ 확정신고 시 의제매입세액공제 금액

구 분	금 액
㉢ 올해 제2기 전체 과세기간의 의제매입세액 한도(= Min[㉠, ㉡])	9,905,660원
㉣ 예정신고 시 의제매입세액공제 금액	4,200,000원
㉤ 확정신고 시 의제매입세액공제 금액(= ㉢ - ㉣)	5,705,660원

▶ 확정신고 시 의제매입세액공제 금액

확정신고 시 의제매입세액공제 금액 = Min[㉠, ㉡] - ㉣ ㉠ 전체 과세기간의 대상 매입가액 × 공제율 ㉡ 전체 과세기간의 과세표준 × 일정률 × 공제율 ㉣ 예정신고 시 의제매입세액공제 금액

(2) 입력방법

[의제매입세액공제신고서] 메뉴에서

① 조회기간란에 "10월~12월"을 입력하고, [관리용] 탭을 선택한다.

▶ [신고용] 탭은 [관리용] 탭에서 입력된 금액을 신고서 서식 형태로 표시해 주는 화면이다.

② 대상 매입가액별로 정보를 입력한다. 먼저, ㈜세미 매입건에 대한 정보를 입력한다. 거래처를 검색하여 공급자와 사업자등록번호를 입력하고, 취득일자, 구분, 물품명, 수량, 매입가액, 공제율을 입력하면, 의제매입세액이 자동 계산되어 표시된다.

▶ 공급자 검색방법

공급자란에 커서를 두고 [코드](또는 [F2])를 클릭한 후, 거래처도움 검색창에서 거래처를 검색하여 [확인(Enter)]을 클릭한다.

▶ 구분 입력방법

구분란에 커서를 두면 아래와 같은 선택창이 나타나는데, 여기서 면세농산물을 구입할 때 받은 증빙 종류를 선택하여 입력한다.

1.계산서
2.신용카드등
3.농어민매입

▶ 공제율 입력방법

공제율란에 커서를 두면 아래와 같은 선택창이 나타나는데, 여기서 업종에 맞는 의제매입세액공제율을 선택하여 입력한다.

1. 2/102
2. 4/104
3. 6/106
4. 직접입력

③ ㈜진우 매입건에 대한 정보를 입력한다. 거래처를 검색하여 공급자와 사업자등록번호를 입력하고, 취득일자, 구분, 물품명, 수량, 매입가액, 공제율을 입력하면, 의제매입세액이 자동 계산되어 표시된다.

④ [면세농산물등] 탭을 선택한다.

참고 [제조업 면세농산물등] 탭

면세농산물 등의 매입이 특정기간에 집중되는 제조업의 경우 6개월(과세기간)이 아니라 1년을 단위로 하여 의제매입세액 한도를 적용할 수 있는데, 이러한 특례규정 적용 시 사용하는 탭으로서 전산세무 자격시험 출제범위를 벗어난다.

⑤ 가. 과세기간 과세표준 및 공제가능한 금액등에서, 예정분란에 "143,600,000", 확정분란에 "206,400,000", 한도율란에 "50/100"[1], 당기매입액란에 "184,200,000"[2]을 입력한다.

[1] 법인의 경우, 한도율란에 50/100가 자동 반영된다.

[2] 당기매입액 = 예정신고기간의 대상 매입가액 + 확정신고기간의 대상 매입가액
= 74,200,000 + 110,000,000 = 184,200,000원

⑥ 나. 과세기간 공제할 세액에서, 공제율란에 "6/106", 예정신고분란에 "4,200,000"을 입력한다.

▶ 공제대상금액(= 9,905,660원 = 전체 과세기간의 의제매입세액 한도)은 자동 계산된다.

⑦ 확정신고기간의 매입가액 총계 "110,000,000", 의제매입세액 총계 "6,226,414", 공제(납부)할세액 "5,705,660"이 자동 계산되어 표시됨을 확인한다.

▼ ①~⑦ 입력결과 화면은 아래와 같다.

① 조회기간 2024 년 10 월 ~ 2024 년 12 월 2기 확정   관리용 = 신고용

① 관리용 | 신고용   ※농.어민으로부터의 매입분에 대한 자료 입력시 주민등록번호, 품명, 수량은 필수입력 사항입니다.

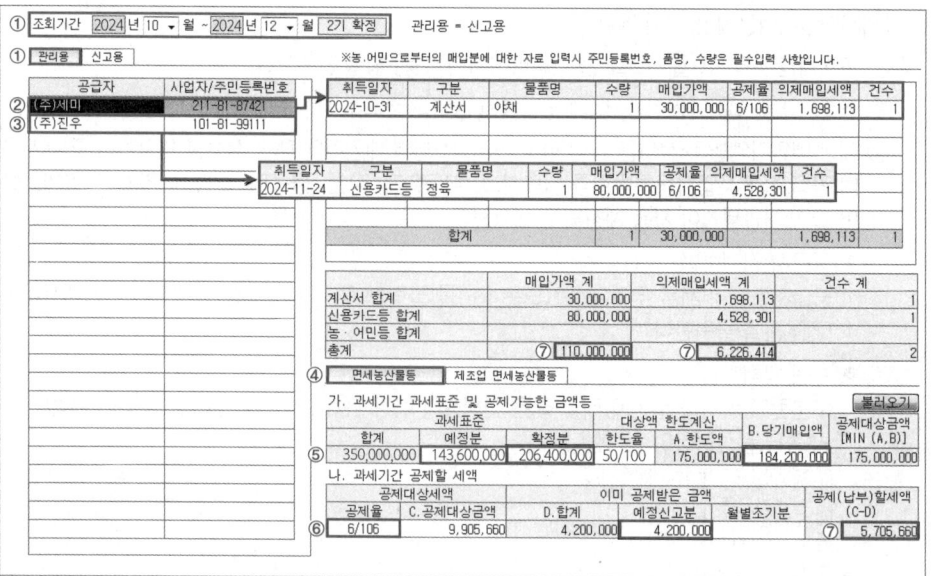

	공급자	사업자/주민등록번호
②	(주)세미	211-81-87421
③	(주)진우	101-81-99111

(주)세미

취득일자	구분	물품명	수량	매입가액	공제율	의제매입세액	건수
2024-10-31	계산서	야채	1	30,000,000	6/106	1,698,113	1
합계			1	30,000,000		1,698,113	1

(주)진우

취득일자	구분	물품명	수량	매입가액	공제율	의제매입세액	건수
2024-11-24	신용카드등	정육	1	80,000,000	6/106	4,528,301	1

	매입가액 계	의제매입세액 계	건수 계
계산서 합계	30,000,000	1,698,113	1
신용카드등 합계	80,000,000	4,528,301	1
농·어민등 합계			
총계	⑦ 110,000,000	⑦ 6,226,414	2

④ 면세농산물등 | 제조업 면세농산물등

가. 과세기간 과세표준 및 공제가능한 금액등   불러오기

	과세표준			대상액 한도계산		B.당기매입액	공제대상금액 [MIN (A,B)]
	합계	예정분	확정분	한도율	A.한도액		
⑤	350,000,000	143,600,000	206,400,000	50/100	175,000,000	184,200,000	175,000,000

나. 과세기간 공제할 세액

	공제대상세액		이미 공제받은 금액			공제(납부)할세액 (C-D)
	공제율	C.공제대상금액	D.합계	예정신고분	월별조기분	
⑥	6/106	9,905,660	4,200,000	4,200,000		⑦ 5,705,660

참고 [부가가치세신고서] 메뉴와의 관계

[부가가치세신고서] 메뉴에서 그 밖의 공제매입세액 ▶ 의제매입세액[42]은 [의제매입세액공제신고서] 메뉴에 금액을 입력하고 저장하면 자동 반영된다.

[의제매입세액공제신고서] 메뉴 입력 결과는 제2기 확정신고기간의 [부가가치세신고서] 메뉴에 다음과 같이 반영된다.

조회기간 : 2024 년 10 월 1 일 ~ 2024 년 12 월 31 일

구분				정기신고금액 금액	세율	세액
매입세액	세금계산서 수취분	일반매입	10			
		수출기업수입분납부유예	10			
		고정자산매입	11			
	예정신고누락분		12			
	매입자발행세금계산서		13			
	그 밖의 공제매입세액		14	110,000,000		5,705,660
	합계(10)-(10-1)+(11)+(12)+(13)+(14)		15	110,000,000		5,705,660
	공제받지못할매입세액		16			
	차감계 (15-16)		17	110,000,000	ⓗ	5,705,660

구분			금액	세율	세액
14.그 밖의 공제매입세액					
신용카드매출 수령금액합계표	일반매입	41			
	고정매입	42			
의제매입세액		43	110,000,000 1)	뒤쪽	5,705,660 2)
재활용폐자원등매입세액		44		뒤쪽	
과세사업전환매입세액		45			
재고매입세액		46			
변제대손세액		47			
외국인관광객에대한환급세액		48			
합계		49	110,000,000		5,705,660

1) 의제매입세액[42] 금액란 : 110,000,000원(대상 매입가액)

2) 의제매입세액[42] 세액란 : 5,705,660원(의제매입세액공제 금액)

+ 더알아보기

의제매입세액공제 신청에 대한 회계처리

의제매입세액공제를 신청하는 경우 원재료(면세농산물)의 취득원가를 감소시키는 회계처리를 한다.
의제매입세액공제(세액 5,705,660원)를 회계처리하여 보면 다음과 같다. (일자는 12월 31일이다)

12월 31일	(차) 부가세대급금	5,705,660	(대) 원재료	5,705,660
			(적요 8. 타계정으로 대체액)	

□	일	번호	구분	계 정 과 목		거 래 처	적 요	차 변	대 변
■	31	00001	차변	0135	부가세대급금			5,705,660	
■	31	00001	대변	0153	원재료		8 타계정으로 대체액 원가		5,705,660

참고 재고자산 계정과목이 매출원가 대체 이외의 사유로 인하여 감소하는 타계정 대체거래이므로 '적요 8. 타계정으로 대체액 원가명세서 반영분'을 입력하여야 한다.

10 재활용폐자원세액공제신고서

· [재활용폐자원세액공제신고서]는 재활용폐자원 및 중고품을 수집하는 사업자가 과세사업자가 아닌 자 또는 간이과세자로부터 취득한 재활용폐자원에 대하여 공제를 받고자 하는 경우 작성하는 서식이다.
· [재활용폐자원세액공제신고서] 메뉴와 관련하여 제시된 자료에서 공제를 받을 수 있는 항목을 선별·집계하여 재활용폐자원세액공제신고서 해당란에 정보를 입력하는 문제는 실무시험 문제 3(3점)으로 출제된다.
· [재활용폐자원세액공제신고서] 화면은 [부가가치] ▶ [부속명세서 I] ▶ [재활용폐자원세액공제신고서]를 선택하여 들어갈 수 있다.

기출확인문제

㈜제일산업(코드번호 : 0101)의 당기(제5기) 회계기간은 2024. 1. 1.~2024. 12. 31.이다.
당사는 재활용폐자원을 수집하는 사업자이다. 다음 자료에 의하여 올해 2기 확정신고기간의 재활용폐자원세액공제 신고서를 작성하시오. (제71회)

거래자료

공급자	사업자번호	거래일자	품 명	수량(kg)	취득금액	증 빙	건 수
왕고물상	101-02-21108	올해 10. 6.	고 철	200	4,650,000원	영수증	1

추가자료

· 왕고물상은 직전 연도 공급대가가 4,800만 원 미만인 간이과세자이다.
· 매입매출전표입력은 생략하며, 예정신고기간 중의 재활용폐자원 신고내역은 없다.
· 2기 과세기간 중 재활용 관련 매출액과 세금계산서 일반매입액은 다음과 같다.

구 분	매출액	매입공급가액(세금계산서)
예정분	58,000,000원	43,000,000원
확정분	63,000,000원	52,000,000원

(1) 확정신고 시 재활용폐자원세액공제 금액의 계산

① 확정신고기간의 대상 매입가액과 대상 세액

공급자 유형	품 명	증 빙	대상 여부	대상 매입가액	공제율	대상 세액
간이과세자	고 철	영수증	O	4,650,000 원	3/103	135,436원

▶ 재활용폐자원세액공제 적용요건

- ㉠ 재활용폐자원 및 중고품을 수집하는 사업자가 ㉡ '과세사업자가 아닌 자' 또는 '간이과세자 중 신규사업자 및 직전연도 공급대가 4,800만 원 미만인 사업자'로부터 재활용폐자원 및 중고자동차를 취득하여 제조, 가공하거나 이를 공급하여야 함
  참고 세금계산서 수취분은 공제적용대상이 아님
- 적용대상사업자의 범위
  - 폐기물관리법에 의하여 폐기물의 재활용신고를 한 자
  - 자동차관리법에 따라 중고자동차매매업등록을 한 자 등
- 적용대상품목
  - 재활용폐자원 : 고철, 폐지, 폐합성수지, 폐합성고무 등
  - 자동차관리법에 따른 중고자동차

▶ 재활용폐자원세액공제 대상세액과 한도

재활용폐자원세액공제 = (재활용폐자원 매입가액[1] × 3/103) + (중고자동차 매입가액 × 10/110)

[1] 재활용폐자원 매입가액 = Min[㉠, ㉡]
㉠ 해당 과세기간 동안 영수증과 계산서 수취분 재활용폐자원 매입가액
㉡ (해당 과세기간 동안 공급한 재활용폐자원 관련 과세표준 × 80%) – 세금계산서 수취분 재활용폐자원 매입가액(사업용 고정자산 매입가액 제외)

② 확정신고 시 재활용폐자원세액공제 금액

구 분	금 액
올해 2기 전체 과세기간의 재활용폐자원 매입가액 한도	1,800,000원[1]
공제율	3/103
올해 2기 전체 과세기간의 재활용폐자원세액공제 한도	52,427원
예정신고 시 재활용폐자원세액공제 금액	0원
확정신고 시 재활용폐자원세액공제 금액	52,427원

[1] Min[㉠, ㉡] = 1,800,000원
㉠ 0 + 4,650,000 = 4,650,000원
㉡ {(58,000,000 + 63,000,000)× 80%} – (43,000,000 + 52,000,000) = 1,800,000원

(2) 입력방법

[재활용폐자원세액공제신고서] 메뉴에서

① 조회기간란에 "10월~12월"을 입력하고, [관리용] 탭을 선택한다.

② 대상 매입가액에 대한 정보를 입력한다. 거래처를 검색하여 공급자의 상호와 사업자등록번호를 입력하고, 거래구분, 구분코드, 건수, 품명, 수량, 취득금액, 공제율, 취득일자를 입력하면 대상 세액이 자동 계산되어 표시된다.

▶ 공급자 검색방법

공급자란에 커서를 두고 [코드](또는 F2)를 클릭한 후, 거래처도움 검색창에서 거래처를 검색하여 [확인(Enter)]을 클릭한다.

▶ 거래구분 입력방법

구분란에 커서를 두면 아래와 같은 선택창이 나타나는데, 여기서 재활용폐자원을 구입할 때 받은 증빙 종류를 선택하여 입력한다.

1:영수증
2:계산서

▶ 구분코드 입력방법

거래구분란에 커서를 두면 아래와 같은 선택창이 나타나는데, 여기서 해당되는 항목을 선택하여 입력한다.

1:중고자동차
2:기타재활용폐자원

▶ 공제율 입력방법

공제율란에 커서를 두면 아래와 같은 선택창이 나타나는데, 여기서 해당되는 공제율을 선택하여 입력한다.

1:3/103
2:10/110

③ 매출액에서 예정분란에 "58,000,000", 확정분란에 "63,000,000"을 입력한다.

④ 당기매입액에서 세금계산서란에 "95,000,000"[1], 영수증 등란에 "4,650,000"[2]을 입력한다.

[1] 당기매입액(세금계산서) = 예정신고기간 매입가액 + 확정신고기간 매입가액
= 43,000,000 + 52,000,000 = 95,000,000원

[2] 당기매입액(영수증, 계산서) = 예정신고기간 매입가액 + 확정신고기간 매입가액
= 0 + 4,650,000 = 4,650,000원

⑤ 이미 공제받은 세액에서 예정신고분란에 "0"을 입력한다.

⑥ 확정신고기간의 매입가액 총계 "4,650,000", 세액 총계 "135,436", 공제(납부)할세액 "52,427"이 자동 계산되어 표시됨을 확인한다.

▼ ①~⑥ 입력결과 화면은 아래와 같다.

① 조회기간 : 2024년 10월 ~ 2024년 12월 구분 : 2기 확정 ⑥ 공제(납부)세액 : 52,427원 ※중요

① 관리용 | 신고용

	(24)공급자 성명 또는 거래처 상호(기관명)	(24)공급자 주민등록번호또는 사업자등록번호	거래구분	(25)구분코드	(26)건수	(27)품명	(28)수량	(29)차량번호	(30)차대번호	(31)취득금액	(32)공제율	(33)공제액((31)*(32))	취득일자
② 1	왕고물상	101-02-21108	1.영수증	2.기타재활용폐자원	1	고철	200			4,650,000	3/103	135,436	2024-10-06
2													
	영수증수취분		1		1					4,650,000		135,436	
	계산서수취분												
	합계		1		1					⑥ 4,650,000		⑥ 135,436	

재활용폐자원 매입세액공제 관련 신고내용(이 란은 확정신고시 작성하며, 중고자동차(10/110)의 경우에는 작성하지 않습니다.) 불러오기

매출액			대상액한도계산		당기매입액			(16)공제가능한 금액(=(12)-(14))
(8)합계	(9)예정분 ③	(10)확정분	(11)한도율	(12)한도액	(13)합계	(14)세금계산서 ④	(15)영수증 등	
121,000,000	58,000,000	63,000,000	80%	96,800,000	99,650,000	95,000,000	4,650,000	1,800,000

(17)공제대상금액(=(15)과 (16)의 금액중 적은 금액)	공제대상세액		이미 공제받은 세액			(23)공제(납부)할세액 (=(19)-(20))	{참고}10/110 공제액합계
	(18)공제율	(19)공제대상세액	(20)합계	(21)예정신고분	(22)월별조기분		
1,800,000	3/103	52,427	⑤		⑥	52,427	

11 건물등감가상각자산취득명세서

- 사업자가 고정자산(감가상각대상인 유형자산과 무형자산)을 취득하는 경우 부가가치세 조기환급을 받을 수 있으므로, 부가가치세신고서 서식에서 세금계산서 수취분과 신용카드매출전표 등 수령분을 기입할 때 해당 금액을 '고정자산매입'란에 입력하게 되는데, [건물등감가상각자산취득명세서]는 이에 대한 내역을 신고하는 서식이다.
- [건물등감가상각자산취득명세서] 메뉴와 관련하여 제시된 자료에서 서식에 기재하여야 하는 항목을 선별·집계하여 건물등감가상각자산취득명세서 해당란에 금액을 입력하는 문제는 실무시험 문제 3(3점)으로 출제된다.
- [건물등감가상각자산취득명세서] 화면은 [부가가치] ▶ [부속명세서 I] ▶ [건물등감가상각자산취득명세서]를 선택하여 들어갈 수 있다.

기출확인문제

㈜제일산업(코드번호 : 0101)의 당기(제5기) 회계기간은 2024. 1. 1.~2024. 12. 31.이다.
다음의 자료를 이용하여 올해 1기 확정신고기간에 대한 [건물등감가상각자산취득명세서]를 작성하시오. (단, 모두 감가상각자산에 해당함) (제105회)

일 자	내 역	공급가액	부가가치세	상 호	사업자등록번호
4/8	생산부가 사용할 공장건물 구입 · 전자세금계산서 수령 · 보통예금으로 지급	500,000,000원	50,000,000원	㈜용을	130-81-50950
5/12	생산부 공장에서 사용할 포장용 기계장치 구입 · 전자세금계산서 수령 · 보통예금으로 지급	60,000,000원	6,000,000원	㈜광명	201-81-14367
6/22	영업부 환경개선을 위해 에어컨 구입 · 신용카드매출전표 수령 · 법인카드로 결제	8,000,000원	800,000원	㈜ck전자	203-81-55457

기출 따라 하기

▶관련 이론 I 매출세액과 매입세액 p.461

(1) 부가가치세신고서 서식상 '고정자산매입' 기재 여부 판단

일 자	자산구분	내 역	부가가치세신고서상 위치	고정자산매입 여부
4/8	건물	전자세금계산서 수령	세금계산서 수취분 > 고정자산매입[11]	O
5/12	기계장치	전자세금계산서 수령	세금계산서 수취분 > 고정자산매입[11]	O
6/22	비품	신용카드매출전표 수령	신용카드매출수령금액합계표 > 고정매입[42]	O

(2) 입력방법

[건물등감가상각자산취득명세서] 메뉴에서

① 조회기간란에 "4월~6월"을 입력한다.

② 대상 매입가액에 대한 정보를 입력한다. 거래처를 검색하여 상호와 사업자등록번호를 입력하고, 자산구분, 공급가액, 세액, 건수를 입력한다.

▶ 상호 검색방법
상호란에 커서를 두고 코드(또는 F2)를 클릭한 후, 거래처도움 검색창에서 거래처를 검색하여 확인(Enter)을 클릭한다.

▶ 자산구분 입력방법
자산구분란에 커서를 두면 아래와 같은 선택창이 나타나는데, 여기서 해당되는 항목을 선택하여 입력한다.

1:건물,구축물
2:기계장치
3:차량운반구
4:기타

③ '거래처별 감가상각자산 취득명세'에 입력된 내용이 '감가상각종류별 취득내역'에서 집계되어 표시됨을 확인한다.

▼ ①~③ 입력결과 화면은 아래와 같다.

① 조회기간 2024 년 04 월 ~ 2024 년 06 월 구분 1기 확정

취득내역

③

감가상각자산종류	건수	공급가액	세 액	비 고
합 계	3	568,000,000	56,800,000	
건물 · 구축물	1	500,000,000	50,000,000	
기 계 장 치	1	60,000,000	6,000,000	
차 량 운 반 구				
기타감가상각자산	1	8,000,000	800,000	

②

No	거래처별 감가상각자산 취득명세						
	월/일	상호	사업자등록번호	자산구분	공급가액	세액	건수
1	04-08	(주)용을	130-81-50950	건물,구축물	500,000,000	50,000,000	1
2	05-12	(주)광명	201-81-14367	기계장치	60,000,000	6,000,000	1
3	06-22	(주)ck전자	203-81-55457	기타	8,000,000	800,000	1
4							
	합 계				568,000,000	56,800,000	3

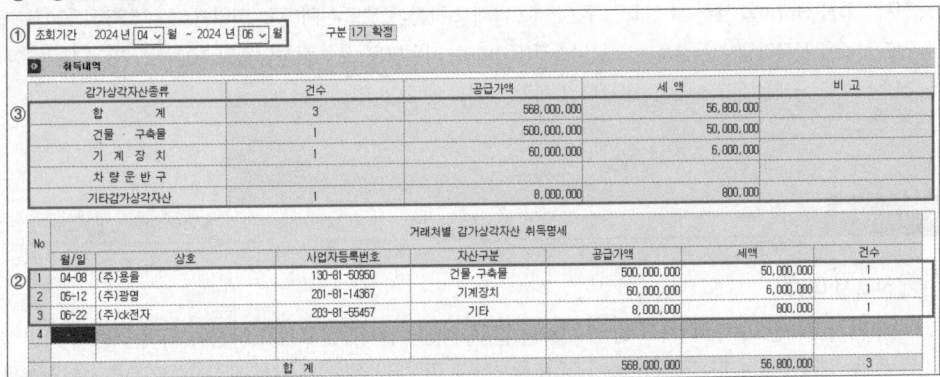

참고 매입세액공제 여부와의 관계

매입세액공제를 받지 못하더라도, 부가가치세신고서에서 '고정자산매입'란에 기재되는 항목이라면 [건물등감가상각자산취득명세서] 서식에 기재한다.

예를 들어, 비영업용소형승용차를 취득하면서 10% 부가가치세가 기재된 세금계산서를 수취한 경우, 해당 금액이 '세금계산서 수취분 > 고정자산매입[11]'과 '공제받지못할매입세액[16]'에 동시에 기재되더라도, 이를 [건물등감가상각자산취득명세서] 서식에 기재한다.

12 전자신고

· [전자신고]는 작성된 부가가치세신고서를 전자신고할 때 사용하는 메뉴이다.
· [전자신고] 메뉴와 관련하여 제시된 자료를 이용하여 전자신고를 수행하는 문제는 실무시험 문제 3(2점)으로 출제된다.
· [전자신고] 화면은 [부가가치] ▶ [전자신고] ▶ [전자신고]를 선택하여 들어갈 수 있다.

기출확인문제

㈜제삼산업(코드번호 : 0103)[1]의 당기(제10기) 회계기간은 2024. 1. 1.~2024. 12. 31.이다.

[1] 관련 메뉴를 마감하고 학습을 진행하기 위하여 ㈜제삼산업을 사용함

올해 2기 확정 부가가치세 신고서를 작성 및 마감하여 가상홈택스에서 부가가치세 신고를 수행하시오. (제105회)

1. 부가가치세신고서와 관련 부속서류는 마감되어 있다. (세액공제는 고려하지 않는다)
2. [전자신고] → [국세청 홈택스 전자신고변환(교육용)] 순으로 진행한다.
3. 전자신고용 전자파일 제작 시 신고인 구분은 "2.납세자 자진신고"로 선택하고, 비밀번호는 "12341234"로 입력한다.
4. 전자신고용 전자파일 저장경로는 로컬디스크(C:)이며, 파일명은 "enc작성연월일.101.v2228114476"이다.
5. 최종적으로 국세청 홈택스에서 [전자파일 제출하기]를 완료한다.

기출 따라 하기

▶관련 이론 I 매출세액과 매입세액 p.461

1단계 신고서 마감

[부가가치세신고서] 메뉴(10월~12월)를 열고, 해당 기간의 신고서가 마감이 되어 있는지 확인[1]한다.

[1] 메뉴 상단에 있는 F3 마감취소 (또는 F3)를 클릭하면, 마감되어 있는 부가가치세신고서와 부속 서식 메뉴를 보조창에서 확인할 수 있음

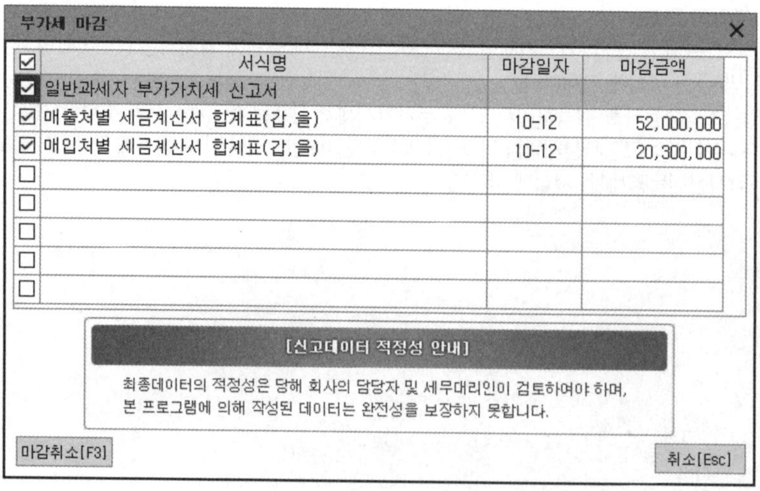

2단계 전자신고파일 제작

[전자신고] 메뉴를 열고, [전자신고제작] 탭(10월~12월)에서 신고인구분란에 "2. 납세자 자진신고"를 선택하고, 메뉴 상단에 있는 F4 제작(또는 F2)를 클릭한 다음, 보조창에서 제시된 비밀번호 "12341234"를 입력하고 확인 을 클릭한다.

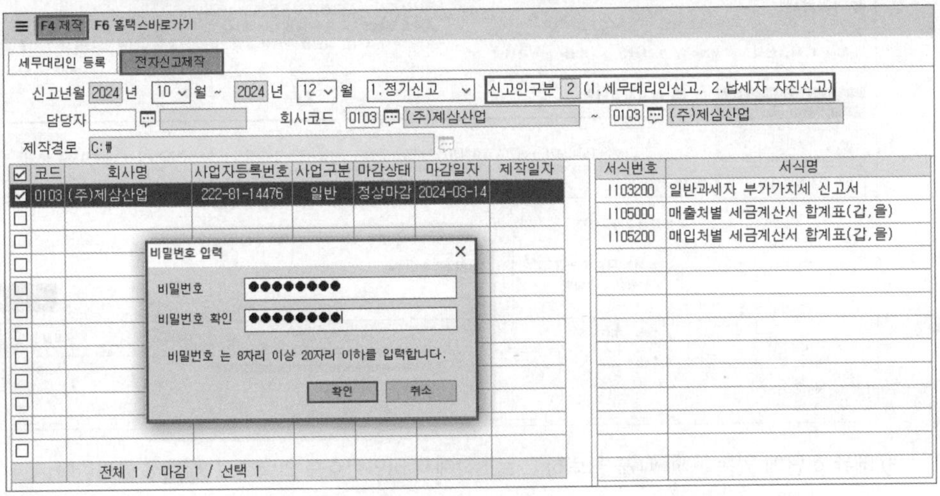

3단계 전자신고파일 제출

① [국세청 홈택스 전자신고변환(교육용)] 메뉴를 열고[1], 화면에 있는 닫기 버튼(×)을 클릭하여 로그인한다.

[1] [전자신고] 메뉴에서 메뉴 상단에 있는 F6 홈택스바로가기(또는 F2) 클릭하여도 메뉴가 연결됨

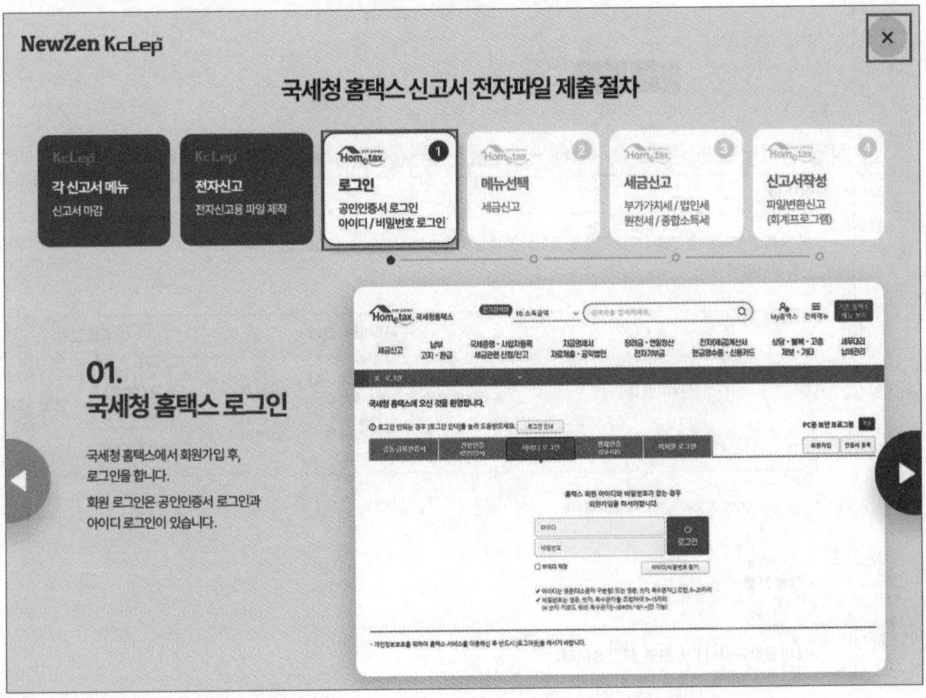

② 메뉴 상단에 있는 찾아보기를 클릭하고 보조창에서 전자신고파일을 선택하여 업로드 한다.

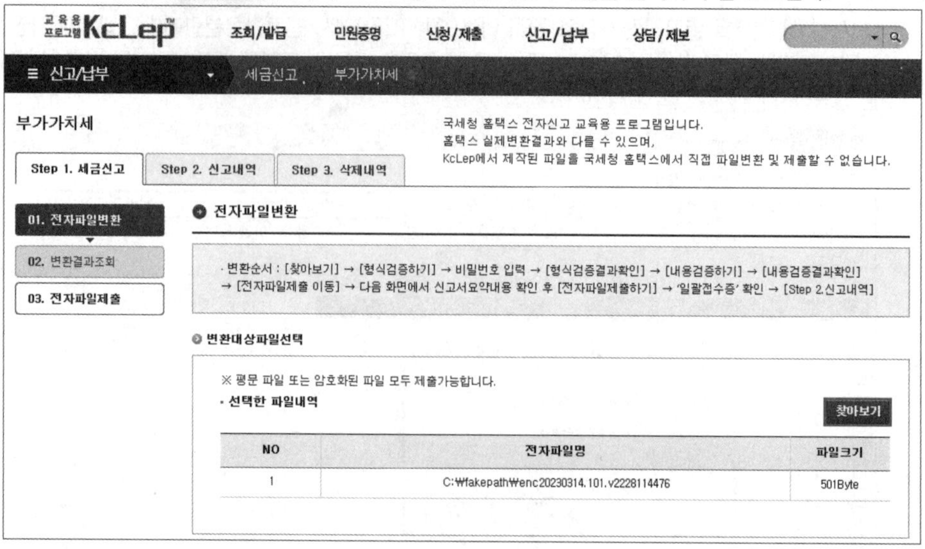

③ 메뉴 하단에 있는 형식검증하기를 클릭하고 보조창에서 비밀번호를 입력하고 확인을 클릭한다.

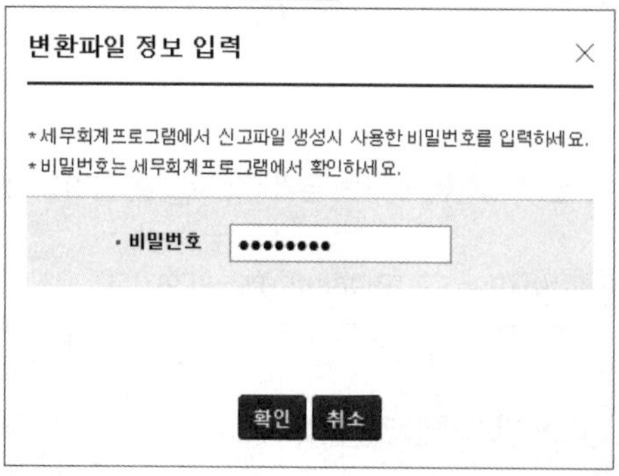

④ 작업 순서대로 형식검증하기 → 형식검증결과확인 → 내용검증하기 → 내용검증결과확인 → 전자파일제출 버튼을 클릭한다.

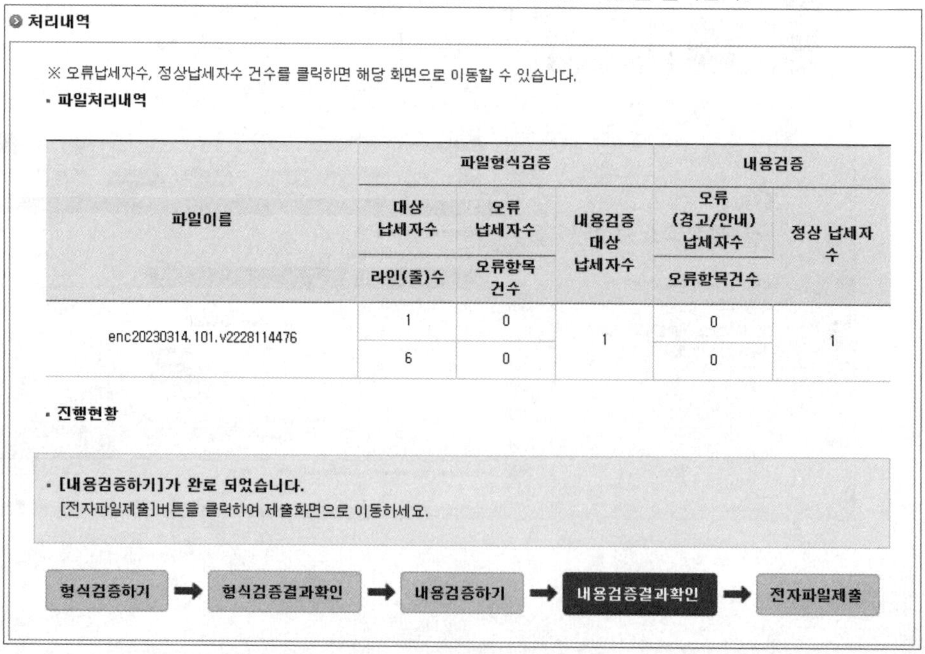

⑤ 전자파일제출 화면에서 전자파일 제출하기를 클릭한다.

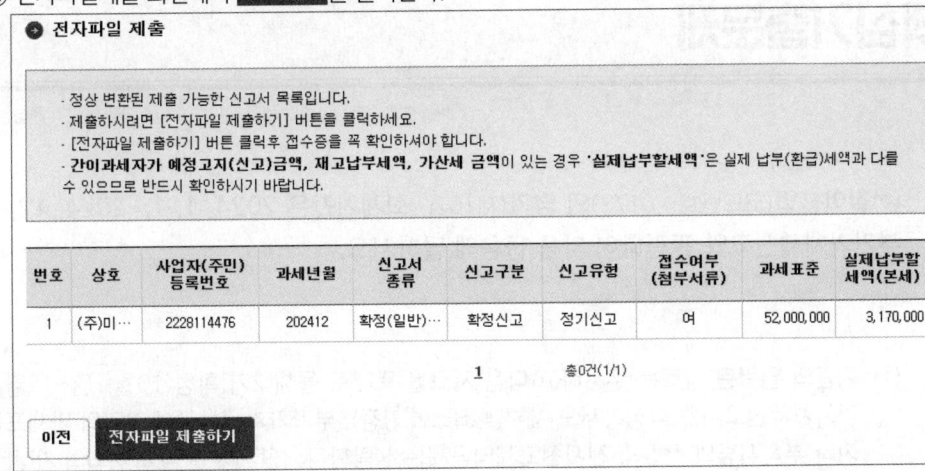

● 전자파일 제출

- 정상 변환된 제출 가능한 신고서 목록입니다.
- 제출하시려면 [전자파일 제출하기] 버튼을 클릭하세요.
- [전자파일 제출하기] 버튼 클릭후 접수증을 꼭 확인하셔야 합니다.
- **간이과세자가 예정고지(신고)금액, 재고납부세액, 가산세 금액**이 있는 경우 **'실제납부할세액'**은 실제 납부(환급)세액과 다를 수 있으므로 반드시 확인하시기 바랍니다.

번호	상호	사업자(주민)등록번호	과세년월	신고서 종류	신고구분	신고유형	접수여부 (첨부서류)	과세표준	실제납부할 세액(본세)
1	(주)미…	2228114476	202412	확정(일반)…	확정신고	정기신고	여	52,000,000	3,170,000

1 총0건(1/1)

이전 전자파일 제출하기

⑥ 신고서 접수증을 확인한다.

부가가치세 신고서 접수증(파일변환)

▪ 접수내용

사용자ID		사용자명		접수일시	2023-03-14 21:18:00
총 신고건수	1건	정상건수	1건	오류건수	0건

▪ 정상제출내용 (단위 : 원) 10건 확인

과세년월	신고서종류	신고구분	신고유형	상호 (성명)	사업자(주민) 등록번호	접수번호
202412	확정(일반) 신고서	확정신고	정기신고	(주)미수상회	2228114476	

1 총1건(1/1)

위와 같이 접수 되었습니다.

닫기 인쇄하기

핵심기출문제

*본서에 수록된 기출문제의 날짜는 학습효과를 높이기 위하여 일부 수정함

01 ㈜칠이산업(코드번호 : 0172)의 당기(제10기) 회계기간은 2024. 1. 1.~2024. 12. 31.이다. 부가가치세신고와 관련하여 다음 물음에 답하시오. [제72회 수정]

(1) 기존의 입력된 자료는 무시하고 다음 자료를 토대로 올해 2기 확정(10월 1일~12월 31일) 부가가치세신고서를 작성하시오(세부담 최소화 가정). 부가가치세신고서 이외의 과세표준명세 등 기타 부속서류의 작성과 전자신고세액공제는 생략한다. (단 제시된 자료 이외의 거래는 없다)

구 분	거래내용	공급가액	부가가치세	비 고
매출자료	세금계산서 발급 과세 매출액	350,000,000원	35,000,000원	-
	신용카드 과세 매출액	20,000,000원	2,000,000원	-
	간주공급에 해당하는 사업상 증여 금액	3,000,000원	300,000원	시가(원가는 2,000,000원임)
	수출신고필증 및 선하증권상에서 확인된 수출액	28,000,000원	0원	원화환산액 (영세율세금계산서 발급한 바 없음)
매입자료	990cc 경차 구입액(영업팀 사용목적) - 세금계산서 수취함	30,000,000원	3,000,000원	-
	접대목적으로 구입한 물품 세금계산서 매입액	5,000,000원	500,000원	-
	원재료를 구입하고 세금계산서 매입액	225,000,000원	22,500,000원	-
	직전연도 공급대가 4,800만 원 미만인 간이과세자에게 지출한 복리후생비의 법인카드 결제액	5,000,000원	500,000원	-

정답 및 해설

01 (1)

▶관련 이론 I 매출세액과 매입세액 p.454~459

해　설　· 과세표준 및 매출세액

- · 과세 ▶ 세금계산서발급분 [1] : 350,000,000 / 35,000,000
- · 과세 ▶ 신용카드·현금영수증발행분 [3] : 20,000,000 / 2,000,000
- · 과세 ▶ 기타(정규영수증외매출분) [4] : 3,000,000 / 300,000
- · 영세 ▶ 기타 [6] : 28,000,000 / -

· 매입세액

- · 세금계산서 수취분 ▶ 일반매입 [10] : 230,000,000 / 23,000,000
- · 세금계산서 수취분 ▶ 고정자산매입 [11] : 30,000,000 / 3,000,000
- · 16.공제받지 못할 매입세액 ▶ 공제받지 못할 매입세액 [50] : 5,000,000 / 500,000

참고 '직전 연도 공급대가가 4,800만 원 미만인 간이과세자에게 지출한 복리후생비의 법인카드 결제액'은 10% 부가가치세가 기재된 신용카드매출전표를 수취하였지만 매입세액공제 받을 수 없는 경우에 해당하므로 해당 거래는 부가가치세신고서 작성 시 기재하지 않는다.

정답화면

조회기간 : 2024년 10월 1일 ~ 2024년 12월 31일

구분				정기신고금액 금액	세율	세액
과세표준및매출세액	과세	세금계산서발급분	1	350,000,000	10/100	35,000,000
		매입자발행세금계산서	2		10/100	
		신용카드 · 현금영수증발행분	3	20,000,000	10/100	2,000,000
		기타(정규영수증외매출분)	4	3,000,000		300,000
	영세	세금계산서발급분	5		0/100	
		기타	6	28,000,000	0/100	
	예정신고누락분		7			
	대손세액가감		8			
	합계		9	401,000,000	㉮	37,300,000
매입세액	세금계산서 수취분	일반매입	10	230,000,000		23,000,000
		수출기업수입분납부유예	10			
		고정자산매입	11	30,000,000		3,000,000
	예정신고누락분		12			
	매입자발행세금계산서		13			
	그 밖의 공제매입세액		14			
	합계(10)-(10-1)+(11)+(12)+(13)+(14)		15	260,000,000		26,000,000
	공제받지못할매입세액		16	5,000,000		500,000
	차감계 (15-16)		17	255,000,000	㉯	25,500,000
납부(환급)세액(매출세액㉮-매입세액㉯)					㉰	11,800,000
경감공제세액	그 밖의 경감 · 공제세액		18			
	신용카드매출전표등 발행공제등		19			
	합계		20		㉱	
소규모 개인사업자 부가가치세 감면세액			20		㉲	
예정신고미환급세액			21		㉳	
예정고지세액			22		㉴	
사업양수자의 대리납부 기납부세액			23		㉵	
매입자 납부특례 기납부세액			24		㉶	
신용카드업자의 대리납부 기납부세액			25		㉷	
가산세액계			26		㉸	
차가감하여 납부할세액(환급받을세액)㉰-㉱-㉲-㉳-㉴-㉵-㉶-㉷+㉸					27	11,800,000
총괄납부사업자가 납부할 세액(환급받을 세액)						

구분		금액	세율	세액
16.공제받지못할매입세액				
공제받지못할 매입세액	50	5,000,000		500,000
공통매입세액면세등사업분	51			
대손처분받은세액	52			
합계	53	5,000,000		500,000

(2) 다음 자료는 올해 1기 확정 부가가치세 신고기간(4월~6월)의 부동산 임대내역이다. 부동산임대공급가액명세서를 작성하고 이를 부가가치세신고서에 반영하시오. 계약갱신일은 2024. 5. 1. 이고, 임대료 수익에 대하여 매월 말일자로 전자세금계산서를 발급하였다. 과세표준명세와 전표입력은 생략한다. (제시된 자료 이외의 거래는 없다고 가정하며, 이자율은 KcLep에 등록되어 있는 이자율을 사용하기로 한다)

거래처명/ 사업자등록 번호	동/층 /호수	면 적	용 도	임대기간	보증금	월 세	관리비
신미상사 102-81-95063	1동/1층 /101호	87㎡	사무실	2022. 5. 1. ~2024. 4. 30.	10,000,000원	1,500,000원	200,000원
				2024. 5. 1. ~2026. 4. 30.	20,000,000원	1,800,000원	200,000원

정답 및 해설

(2) ▶관련 이론 I 매출세액과 매입세액 p.456

해 설 1단계 [부동산임대공급가액명세서] 메뉴에서 조회기간란에 "4월~6월"을 입력한다.

- 검색창을 사용하여 코드 및 거래처명(임차인)란을 입력하고, 조회기간 중에 임대계약이 갱신되었으므로, 갱신 전과 후로 나누어 정보를 입력한다.
- 화면 상단의 **F6 이자율** 을 클릭하여 프로그램상 설정되어 있는 이자율을 확인하고, 월세와 간주임대료에 대한 과세표준을 계산해보고 메뉴 하단에 집계된 금액과 일치하는지 확인한다.
  - 월세 = 1,500,000 + 1,800,000 + 1,800,000 = 5,100,000원
  - 관리비 = 200,000 + 200,000 + 200,000 = 600,000원
  - 간주임대료 = {10,000,000 × 연3.5% × 30일/366일} + {20,000,000 × 연3.5% × (31일 + 30일)/366일} = 145,354원[1)]

1) 단수차이 1원 발생

2단계 [부가가치세신고서] 메뉴에서 조회기간란에 "4월 1일~6월 30일", 신고구분란에 "1.정기신고"를 입력한다.

- 과세표준및매출세액
  - 과세 ▶ 세금계산서발급분 [1] : 5,700,000 / 570,000
  - 과세 ▶ 기타(정규영수증외매출분) [4] : 145,354 / 14,535

정답화면 1단계

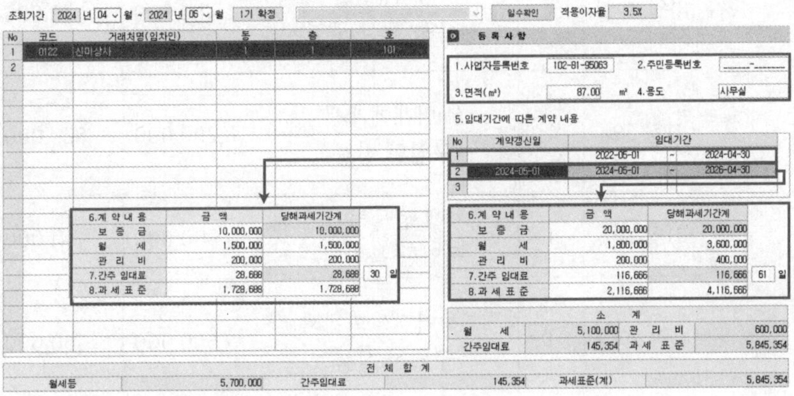

2단계

구분				정기신고금액 금액	세율	세액
과세표준및매출세액	과세	세금계산서발급분	1	5,700,000	10/100	570,000
		매입자발행세금계산서	2		10/100	
		신용카드·현금영수증발행분	3		10/100	
		기타(정규영수증외매출분)	4	145,354		14,535
	영세	세금계산서발급분	5		0/100	
		기타	6		0/100	
	예정신고누락분		7			
	대손세액가감		8			
	합계		9	5,845,354	㉮	584,535

02 ㈜육칠산업(코드번호 : 0167)의 당기(제13기) 회계기간은 2024. 1. 1.~2024. 12. 31.이다. 부가가치세신고와 관련하여 다음 물음에 답하시오.

(1) 다음은 올해 2기 확정 부가가치세신고기간(10. 1.~12. 31.)에 대한 매입세금계산서 관련 자료이다. 동 자료만을 사용하여 [공제받지못할매입세액명세서]에 반영하시오. [특별회차(16년 8월)]

작성일자	매 수	내 역	공급가액(원)	VAT(원)	특이사항
10월 2일	1	2,000cc 업무용승용차 구입	21,000,000	2,100,000	-
10월 4일	1	건물철거비용	18,000,000	1,800,000	주차장으로 사용하기 위해 구입한 토지 위에 있던 노후된 건축물을 취득 즉시 철거한 비용이다.
10월 29일	1	영업부서 사무용 책상 구입	480,000	48,000	전자세금계산서를 발급받은 날은 올해 11. 15.이다.
11월 5일	1	㈜미래에게서 구입한 상품	8,200,000	820,000	전자세금계산서가 아닌 종이세금계산서를 올해 12. 5. 교부받았다.
11월 8일	1	거래처에 선물하기 위해 구입한 복합기	410,000	41,000	-
11월 29일	1	㈜하머니상회에서 구입한 상품	7,500,000	750,000	전자세금계산서를 발급받은 날은 올해 12. 12.이다.

(2) 다음 자료를 보고 올해 2기 예정신고기간의 수출실적명세서를 작성하시오. [제67회]

거래처	수출신고번호	선적일	환가일	통 화	수출액	기준환율(선적일)	환가환율(환가일)
히로상사	13041-20-044581X	8월 20일	8월 15일	USD	$200,000	₩950/$	₩900/$
LA상사	13055-10-011460X	8월 22일	8월 25일	USD	$100,000	₩1,050/$	₩1,060/$
킹덤상사	13064-25-147041X	9월 17일	-	USD	$200,000	₩1,100/$	-

정답 및 해설

02 (1)

▶관련 이론 | 매출세액과 매입세액 p.459

해 설 [공제받지못할매입세액명세서] 메뉴에서 조회기간란에 "10월~12월"을 입력하고, [공제받지못할매입세액내역] 탭을 클릭한다.

· 10월 2일 → ③비영업용 소형승용차 구입·유지 및 임차 : 21,000,000 / 2,100,000

· 10월 4일 → ⑥토지의 자본적 지출 관련 : 18,000,000 / 1,800,000
주차장으로 사용하기 위해 구입한 토지 위에 있던 노후된 건축물을 취득 즉시 철거하는 비용은 토지의 자본적 지출에 해당하므로 매입세액공제를 받을 수 없다.

· 10월 29일 → 입력 안 함
전자세금계산서의 경우 공급시기가 속하는 과세기간의 확정신고기한 이내에 세금계산서를 수취하면 매입세액공제를 받을 수 있다.

· 11월 5일 → 입력 안 함
법인으로부터 종이세금계산서를 교부받았더라도, 공급시기가 속하는 과세기간의 확정신고기한 이내에 세금계산서를 수취하면 매입자는 매입세액공제를 받을 수 있다.

· 11월 8일 → ④기업업무추진비 및 이와 유사한 비용 관련 : 410,000 / 41,000

· 11월 29일 → 입력 안 함
전자세금계산서의 경우 공급시기가 속하는 과세기간의 확정신고기한 이내에 세금계산서를 수취하면 매입세액공제를 받을 수 있다.

정답화면

조회기간 : 2024년 10월 ~ 2024년 12월 구분 : 2기 확정

공제받지못할매입세액내역 | 공통매입세액안분계산내역 | 공통매입세액의정산내역 | 납부세액또는환급세액재계산

매입세액 불공제 사유	세금계산서		
	매수	공급가액	매입세액
①필요적 기재사항 누락 등			
②사업과 직접 관련 없는 지출			
③비영업용 소형승용자동차 구입· 유지 및 임차	1	21,000,000	2,100,000
④기업업무추진비 및 이와 유사한 비용 관련	1	410,000	41,000
⑤면세사업등 관련			
⑥토지의 자본적 지출 관련	1	18,000,000	1,800,000
⑦사업자등록 전 매입세액			
⑧금 · 구리 스크랩 거래계좌 미사용 관련 매입세액			
합계	3	39,410,000	3,941,000

(2)

▶관련 이론 | 매출세액과 매입세액 p.448

해 설 [수출실적명세서] 메뉴에서 조회기간란에 "7월 ~ 9월"을 입력한다.

· 각 수출건에 대한 수출신고번호, 선적일, 통화코드를 입력한다.
  · 통화코드 : F2를 누른 후, 통화코드도움 검색창에서 "미국"을 입력하여 USD를 검색한다.

· 각 수출건에 대한 환율[1])을 입력한다.
  · 히로상사 : 900
  · LA상사 : 1,050
  · 킹덤상사 : 1,100

  [1]) 공급시기(선적일) 도래 전에 원화로 환가한 경우 그 환가한 금액을 과세표준으로 하며, 그 외의 경우에는 공급시기(선적일)의 기준환율에 따라 계산한 금액을 과세표준으로 한다.

· 각 수출건에 대한 외화금액과 거래처코드를 입력한다.

정답화면

조회기간 : 2024년 07월 ~ 2024년 09월 구분 : 2기 예정 과세기간별입력

구분	건수	외화금액	원화금액	비고
⑨합계	3	500,000.00	505,000,000	
⑩수출재화[=⑫합계]	3	500,000.00	505,000,000	
⑪기타영세율적용				

	□	(13)수출신고번호	(14)선(기)적일자	(15)통화코드	(16)환율	금액		전표정보	
						(17)외화	(18)원화	거래처코드	거래처명
1	■	13041-20-044581X	2024-08-20	USD	900.0000	200,000.00	180,000,000	00101	히로상사
2	■	13055-10-011460X	2024-08-22	USD	1,050.0000	100,000.00	105,000,000	00106	LA상사
3	■	13064-25-147041X	2024-09-17	USD	1,100.0000	200,000.00	220,000,000	00105	킹덤상사
		합계				500,000	505,000,000		

03 ㈜육오산업(코드번호 : 0165)의 당기(제15기) 회계기간은 2024. 1. 1.~2024. 12. 31.이다. 부가가치세신고와 관련하여 다음 물음에 답하시오. [제65회]

(1) 당사는 과세 및 면세사업을 영위하는 겸영사업자이다. 다음의 자료를 이용하여 올해 제2기 확정신고기간에 대한 [공제받지못할매입세액명세서] 중 [공통매입세액의정산내역] 탭을 입력하시오. 단, 올해 제2기 부가가치세 예정신고서에 반영된 공통매입세액 불공제분은 200,000원이며, 공급가액 기준으로 안분계산하고 있다. (입력된 전표는 무시할 것)

구 분		제2기 예정(7월~9월)		제2기 확정(10월~12월)		전체(7월~12월)	
		공급가액	세 액	공급가액	세 액	공급가액 합계	세액 합계
매 출	과 세	30,000,000원	3,000,000원	70,000,000원	7,000,000원	100,000,000원	10,000,000원
	면 세	20,000,000원	-	30,000,000원	-	50,000,000원	-
공통매입세액		5,000,000원	500,000원	10,000,000원	1,000,000원	15,000,000원	1,500,000원

정답 및 해설

03 (1)

▶관련 이론 I 매출세액과 매입세액 p.460

해 설 [공제받지못할매입세액명세서] 메뉴에서 조회기간란에 "10월~12월"을 입력하고, [공통매입세액의 정산내역] 탭을 클릭한다.

· 제2기 예정신고기간 구입분에 대한 공통매입세액의 정산 정보를 입력한다.
  · 제2기 예정신고 시 안분계산 = 500,000 × (20,000,000/50,000,000) = 200,000원 불공제
  · 제2기 확정신고 시 정산 = 500,000 × (50,000,000/150,000,000) − 200,000 = (−)33,334원 불공제((−)이므로 공제를 의미함)

· 제2기 확정신고기간 구입분에 대한 공통매입세액의 정산 정보를 입력한다.
  · 제2기 확정신고 시 정산 = 1,000,000 × (50,000,000/150,000,000) − 0[1]) = 333,333원 불공제

1) 확정신고기간 구입분이므로 예정신고 시 안분계산된 불공제 금액이 없음

정답화면

조회기간 : 2024년 10 월 ~ 2024년 12 월 구분 : 2기 확정

공제받지못할매입세액내역 | 공통매입세액안분계산내역 | 공통매입세액의정산내역 | 납부세액또는환급세액재계산

산식	(15)총공통매입세액	(16)면세 사업확정 비율			(17)불공제매입세액총액((15)*(16))	(18)기불공제매입세액	(19)가산또는공제되는매입세액((17)-(18))
		총공급가액	면세공급가액	면세비율			
1.당해과세기간의 공급가액기준	500,000	150,000,000	50,000,000	33.333300	166,666	200,000	-33,334
1.당해과세기간의 공급가액기준	1,000,000	150,000,000	50,000,000	33.333300	333,333		333,333
합계	1,500,000	300,000,000	100,000,000		499,999	200,000	299,999

참고 아래와 같이 하나의 라인으로 입력하여도 정답으로 인정

조회기간 : 2024년 10 월 ~ 2024년 12 월 구분 : 2기 확정

공제받지못할매입세액내역 | 공통매입세액안분계산내역 | 공통매입세액의정산내역 | 납부세액또는환급세액재계산

산식	(15)총공통매입세액	(16)면세 사업확정 비율			(17)불공제매입세액총액((15)*(16))	(18)기불공제매입세액	(19)가산또는공제되는매입세액((17)-(18))
		총공급가액	면세공급가액	면세비율			
1.당해과세기간의 공급가액기준	1,500,000	150,000,000	50,000,000	33.333300	499,999	200,000	299,999
합계	1,500,000	150,000,000	50,000,000		499,999	200,000	299,999

가산또는공제되는매입세액 (299,999) = 총공통매입세액(1,500,000) * 면세비율(%)(33.3333) - 기불공제매입세액(200,000)

(2) **올해 제1기 확정신고**(4월~6월)**를 법정신고기한인 7월 25일에 하였는데, 이에 대한 오류 내용이 발견되어 처음으로 올해 10월 23일 수정신고 및 납부를 하였다. 부가가치세수정신고서**(과세표준명세 포함)**를 작성하시오.** (단, 미납일수는 90일이며 확정신고기한이 지난 후 수정신고일까지의 기간은 1개월 초과 3개월 이내이다. 매입매출전표에 입력하지 마시오)

오류 사항	· 직수출 50,000,000원에 대한 매출누락(부정행위 아님)이 발생하였다. · 비사업자인 최현에게 제품운반용 중고트럭을 22,000,000원(부가가치세 포함)에 현금판매한 것을 누락하였다. (세금계산서 미발급분이다) · 당초 부가가치세신고서에 반영하지 못한 제품 타계정대체액 명세는 다음과 같다. 제품제조에 사용된 재화는 모두 매입세액공제분이다. 　· 매출처에 접대목적으로 제공 : 원가 2,000,000원, 시가 2,500,000원 　· 불특정다수인에게 홍보용제품 제공 : 원가 1,000,000원, 시가 1,200,000원

정답 및 해설

(2)

▶관련 이론 I 신고와 납부 p.476

해　설 1단계 [부가가치세신고서] 메뉴의 [일반과세] 탭에서 4월 1일~6월 30일을 조회하여 신고구분란에 2.수정신고, 신고차수란에 1차를 선택하고, 다음을 입력하여 금액을 수정한다.

참고 신고구분란에 '수정신고'가 선택되지 않는 경우, '정기신고' 상태에서 화면 상단의 F3 마감을 클릭한 후 보조창에서 마감(F3) 및 강제마감(F3)을 클릭한다.

· 과세표준및매출세액 ▶ 과세 ▶ 기타[4] : 0 → 22,500,000[1)] / 0 → 2,250,000

1) 트럭판매 + 사업상증여 = 20,000,000 + 2,500,000 = 22,500,000

· 과세표준및매출세액 ▶ 영세 ▶ 기타[6] : 0 → 50,000,000

정답 및 해설

2단계 가산세액계의 세액란을 클릭하여 보조창의 안내에 따라 Tab을 누른 후 가산세명세에 다음을 입력한다.

- 세금계산서미발급가산세 = 20,000,000 × 2% = 400,000원
  세금계산서미발급[64] : 20,000,000 / 400,000
- 신고불성실가산세 = (2,000,000 + 250,000) × 10% × (100% − 75%)[1] = 56,250원
  [1] 법정신고기한이 지난 후 1개월 초과 3개월 이내 수정신고에 해당하므로 75% 감면된다.
  신고불성실 ▶ 과소·초과환급(일반)[71] : 2,250,000 / 56,250
- 납부지연가산세 = 2,250,000 × 90일 × 22/100,000 = 44,550원
  납부지연[73] : 2,250,000 / 44,550
- 영세율과세표준신고불성실가산세 = 50,000,000 × 5/1,000 × (100% − 75%)[1] = 62,500원
  [1] 법정신고기한이 지난 후 1개월 초과 3개월 이내 수정신고에 해당하므로 75% 감면된다.
  영세율과세표준신고불성실[74] : 50,000,000 / 62,500

3단계 화면 상단의 [과표명세]를 클릭한 후, 다음을 입력하여 금액을 수정한다.

- 과세표준명세 ▶ 제조, 도소매 및 무역[28] : 1,717,900,000 → 1,767,900,000
- 과세표준명세 ▶ 수입금액제외[31] : 0 → 22,500,000[1]
  [1] 트럭판매(고정자산 매각) + 사업상증여(간주공급) = 20,000,000 + 2,500,000 = 22,500,000

정답화면 1단계

조회기간 : 2024 년 4 월 1 일 ~ 2024 년 6 월 30 일 신고구분 : 2.수정신고 신고차수 : 1

구분				정기신고금액 금액	세율	세액		수정신고금액 금액	세율	세액
과세표준및매출세액	과세	세금계산서발급분	1	1,717,900,000	10/100	171,790,000	1	1,717,900,000	10/100	171,790,000
		매입자발행세금계산서	2		10/100		2		10/100	
		신용카드·현금영수증발행분	3		10/100		3		10/100	
		기타(정규영수증외매출분)	4				4	22,500,000		2,250,000
	영세	세금계산서발급분	5		0/100		5		0/100	
		기타	6		0/100		6	50,000,000	0/100	
	예정신고누락분		7				7			
	대손세액가감		8				8			
	합계		9	1,717,900,000	㉮	171,790,000	9	1,790,400,000	㉮	174,040,000

2단계

25.가산세명세					
사업자미등록등		61		1/100	
세금계산서	지연발급 등	62		1/100	
	지연수취	63		5/1,000	
	미발급 등	64	20,000,000	뒤쪽참조	400,000
전자세금발급명세	지연전송	65		5/1,000	
	미전송	66		5/1,000	
세금계산서합계표	제출불성실	67		5/1,000	
	지연제출	68		3/1,000	
신고불성실	무신고(일반)	69		뒤쪽	
	무신고(부당)	70		뒤쪽	
	과소·초과환급(일반)	71	2,250,000	뒤쪽	56,250
	과소·초과환급(부당)	72		뒤쪽	
납부지연		73	2,250,000	뒤쪽	44,550
영세율과세표준신고불성실		74	50,000,000	5/1,000	62,500
현금매출명세서불성실		75		1/100	
부동산임대공급가액명세서		76		1/100	
매입자납부특례	거래계좌 미사용	77		뒤쪽	
	거래계좌 지연입금	78		뒤쪽	
합계		79			563,300

3단계

	과세표준명세 업태	종목	코드	금액		과세표준명세 업태	종목	코드	금액
28	제조,도·소매 및 무역	컴퓨터 및 주변장치, 소프	515050	1,717,900,000	28	제조,도·소매 및 무역	컴퓨터 및 주변장치, 소프	515050	1,767,900,000
29					29				
30					30				
31	수입금액제외				31	수입금액제외		515050	22,500,000
32	합계			1,717,900,000	32	합계			1,790,400,000

04 ㈜**육삼산업**(코드번호 : 0163)**의 당기**(제24기) **회계기간은 2024. 1. 1.~2024. 12. 31.이다. 부가가치세신고와 관련하여 다음 물음에 답하시오.** [제63회 수정]

당사는 원재료인 고기를 가공하여 깡통 통조림 제조업을 영위하는 법인 중소기업이며, 다음의 자료를 이용하여 올해 제2기 확정(10월~12월) 의제매입세액공제신고서를 작성하시오. (원단위 미만은 절사할 것. 불러오는 자료는 무시하고 직접 입력하시오)

구분	공급자	사업자번호	매입일자	품 명	수 량	매입가격	증 빙	건 수
매입자료	한 우	111-11-11119	2024. 10. 5.	소고기	100	6,000,000원	계산서	1
	한 돈	222-22-22227	2024. 11. 7.	돼지고기	200	4,000,000원	신용카드	1
추가자료	· 제2기 예정 과세표준은 7,000,000원이며, 제2기 확정 과세표준은 11,200,000원이다. · 7월에서 9월까지의 면세품목에 대한 매입금액은 2,600,000원이었고, 그에 대한 의제매입세액공제액은 100,000원이었다.							

정답 및 해설

04

▶관련 이론 | 매출세액과 매입세액 p.461

해 설 [의제매입세액공제신고서] 메뉴에서 조회기간란에 "10월~12월"을 입력한다.

- 한우 매입 건을 입력한다.
  - 구분 : 계산서 / 공제율 : 4/104(제조업을 영위하는 중소기업)
- 한돈 매입 건을 입력한다.
  - 구분 : 신용카드등 / 공제율 : 4/104
- 한도 계산을 위하여 과세기간 전체에 관한 정보를 입력한다.
  - 과세표준 : 예정분 7,000,000원, 확정분 11,200,000원
  - B. 당기매입액 = 예정분 + 확정분 = 2,600,000 + 10,000,000 = 12,600,000원
  - 이미 공제받은 금액(예정신고분) = 100,000원
- 확정신고 시 의제매입세액공제 금액을 계산해보고 메뉴에서 계산된 금액과 일치하는지 확인한다.
  - 확정신고 시 의제매입세액공제 금액 = Min[㉠, ㉡] – ㉢ = 250,000원

    ㉠ 전체 과세기간의 대상 매입가액 × 공제율 = 12,600,000원 × (4/104) = 484,615원

    ㉡ 전체 과세기간의 과세표준 × 일정률 × 공제율 = 18,200,000원 × 50% × (4/104) = 350,000원

    ㉢ 예정신고 시 의제매입세액공제 금액 = 100,000원

정답화면

조회기간 2024 년 10 월 ~ 2024 년 12 월 2기 확정 관리용 = 신고용

관리용 신고용

※농.어민으로부터의 매입분에 대한 자료 입력시 주민등록번호, 품명, 수량은 필수입력 사항입니다.

공급자	사업자/주민등록번호
한우	111-11-11119
한돈	222-22-22227

취득일자	구분	물품명	수량	매입가액	공제율	의제매입세액	건수
2024-10-05	계산서	소고기	100	6,000,000	4/104	230,769	1
합계			100	6,000,000		230,769	1

취득일자	구분	물품명	수량	매입가액	공제율	의제매입세액	건수
2024-11-07	신용카드등	돼지고기	200	4,000,000	4/104	153,846	1

	매입가액 계	의제매입세액 계	건수 계
계산서 합계	6,000,000	230,769	1
신용카드등 합계	4,000,000	153,846	1
농·어민등 합계			
총계	10,000,000	384,615	2

면세농산물등 | 제조업 면세농산물등

가. 과세기간 과세표준 및 공제가능한 금액등 불러오기

과세표준			대상액 한도계산		B.당기매입액	공제대상금액 [MIN (A,B)]
합계	예정분	확정분	한도율	A.한도액		
18,200,000	7,000,000	11,200,000	50/100	9,100,000	12,600,000	9,100,000

나. 과세기간 공제할 세액

공제대상세액		이미 공제받은 금액			공제(납부)할세액 (C-D)
공제율	C.공제대상금액	D.합계	예정신고분	월별조기분	
4/104	350,000	100,000	100,000		250,000

05 ㈜육일산업(코드번호 : 0161)의 당기(제20기) 회계기간은 2024. 1. 1.~2024. 12. 31.이다. 부가가치세신고와 관련하여 다음 물음에 답하시오. [제61회]

(1) 다음 자료를 이용하여 올해 제2기 확정(10월 1일~12월 31일) 부가가치세신고서를 작성하시오. (부가가치세 신고서 이외에 과세표준명세 및 기타부속서류 작성은 생략할 것) 기존에 입력된 자료는 무시하고, 문제에 제시된 자료 이외에 거래는 없는 것으로 가정한다.

매출 자료	· 올해 10월~12월에 과세로 공급한 세금계산서발급분은 공급가액 250,000,000원, 부가가치세 25,000,000원이다. · 8월에 공급하고 적법하게 발급 전송했던 매출전자세금계산서 공급가액 30,000,000원, 부가가치세 3,000,000원을 담당자의 실수로 예정신고 시 누락하게 되었다. (부정행위가 아님, 미납일수는 92일이며 예정신고기한이 지난 후 확정신고일까지의 기간은 1개월 초과 3개월 이내이다) · 올해 10월~12월에 과세신용카드 매출액은 공급대가 22,000,000원이다.
매입 자료	· 올해 10월~12월에 과세로 매입하고 적법하게 교부받은 세금계산서는 공급가액 100,000,000원, 부가가치세 10,000,000원이다. 이 중 공장용 트럭(매입세액공제 대상)을 구입하고 교부받은 세금계산서 공급가액 20,000,000원, 부가가치세 2,000,000원과 토지와 관련된(자본적 지출) 포크레인 공사를 하고 받은 세금계산서 공급가액 10,000,000원, 부가가치세 1,000,000원도 포함되어 있다.

정답 및 해설

05 (1) ▶관련 이론 I 신고와 납부 p.477

해 설 [부가가치세신고서] 메뉴에서 조회기간란에 "10월 1일~12월 31일", 신고구분란에 "1.정기신고"를 입력한다.

· 과세표준및매출세액
  · 과세 ▶ 세금계산서발급분[1] : 250,000,000 / 25,000,000
  · 과세 ▶ 신용카드·현금영수증발행분[3] : 20,000,000 / 2,000,000
  · 7.매출(예정신고누락분) ▶ 과세 ▶ 세금계산서[33] : 30,000,000 / 3,000,000

정답 및 해설

- 매입세액
  - · 세금계산서 수취분 ▶ 일반매입[10] : 80,000,000 / 8,000,000
  - · 세금계산서 수취분 ▶ 고정자산매입[11] : 20,000,000 / 2,000,000
  - · 16.공제받지못할매입세액 ▶ 공제받지못할매입세액[50] : 10,000,000[1] / 1,000,000
- 가산세액계
  - · 과소신고가산세 = {30,000,000원 × 10% - (0원 - 0원) × 10%} × 10% × (100% - 75%)[2]
    = 75,000원
    신고불성실 ▶ 과소·초과환급(일반)[71] : 3,000,000 / 75,000
  - · 납부지연가산세 = 3,000,000원 × (22/100,000) × 92일 = 60,720원
    납부지연[73] : 3,000,000 / 60,720
  - · 매출처별 세금계산서합계표 지연제출가산세 : 없음[3]

[1] 토지의 자본적 지출 관련 매입세액이다.

참고 고정자산매입란에는 조기환급을 받을 수 있는 사업설비(감가상각대상인 유형자산과 무형자산)를 신설, 취득, 확장, 증축하는 경우 이를 기재하는 것이다. 따라서, 토지의 자본적지출 10,000,000은 고정자산매입이 아니라 일반매입으로 기재한다.

[2] 법정신고기한이 지난 후 1개월 초과 3개월 이내 수정신고에 해당하므로 75% 감면된다.

[3] 전자세금계산서 발급명세가 재화·용역의 공급시기가 속하는 과세기간(예정신고의 경우에는 예정신고기간) 말의 다음 달 11일까지 국세청장에게 전송된 경우에는 해당 예정신고 또는 확정신고 시 매출·매입처별 세금계산서합계표를 제출하지 아니할 수 있다.

정답화면

조회기간 : 2024년 10월 1일 ~ 2024년 12월 31일

구분				정기신고금액		
				금액	세율	세액
과세표준및매출세액	과세	세금계산서발급분	1	250,000,000	10/100	25,000,000
		매입자발행세금계산서	2		10/100	
		신용카드·현금영수증발행분	3	20,000,000	10/100	2,000,000
		기타(정규영수증외매출분)	4			
	영세	세금계산서발급분	5		0/100	
		기타	6		0/100	
	예정신고누락분		7	30,000,000		3,000,000
	대손세액가감		8			
	합계		9	300,000,000	㉮	30,000,000
매입세액	세금계산서수취분	일반매입	10	80,000,000		8,000,000
		수출기업수입분납부유예	10			
		고정자산매입	11	20,000,000		2,000,000
	예정신고누락분		12			
	매입자발행세금계산서		13			
	그 밖의 공제매입세액		14			
	합계(10)-(10-1)+(11)+(12)+(13)+(14)		15	100,000,000		10,000,000
	공제받지못할매입세액		16	10,000,000		1,000,000
	차감계 (15-16)		17	90,000,000	㉯	9,000,000
납부(환급)세액(매출세액㉮-매입세액㉯)					㉰	21,000,000
경감공제세액	그 밖의 경감·공제세액		18			
	신용카드매출전표등 발행공제등		19			
	합계		20		㉱	
소규모 개인사업자 부가가치세 감면세액			20		㉲	
예정신고미환급세액			21		㉳	
예정고지세액			22		㉴	
사업양수자의 대리납부 기납부세액			23		㉵	
매입자 납부특례 기납부세액			24		㉶	
신용카드업자의 대리납부 기납부세액			25		㉷	
가산세액계			26		㉸	135,720
차가감하여 납부할세액(환급받을세액)㉰-㉱-㉲-㉳-㉴-㉵-㉶-㉷+㉸			27			21,135,720
총괄납부사업자가 납부할 세액(환급받을 세액)						

구분				금액	세율	세액
7.매출(예정신고누락분)						
예정누락분	과세	세금계산서	33	30,000,000	10/100	3,000,000
		기타	34		10/100	
	영세	세금계산서	35		0/100	
		기타	36		0/100	
	합계		37	30,000,000		3,000,000

구분		금액	세율	세액
16.공제받지못할매입세액				
공제받지못할 매입세액	50	10,000,000		1,000,000
공통매입세액면세등사업분	51			
대손처분받은세액	52			
합계	53	10,000,000		1,000,000

25.가산세명세					
사업자미등록등		61		1/100	
세금계산서	지연발급 등	62		1/100	
	지연수취	63		5/1,000	
	미발급 등	64		뒤쪽참조	
전자세금발급명세	지연전송	65		3/1,000	
	미전송	66		5/1,000	
세금계산서합계표	제출불성실	67		5/1,000	
	지연제출	68		3/1,000	
신고불성실	무신고(일반)	69		뒤쪽	
	무신고(부당)	70		뒤쪽	
	과소·초과환급(일반)	71	3,000,000	뒤쪽	75,000
	과소·초과환급(부당)	72		뒤쪽	
납부지연		73	3,000,000	뒤쪽	60,720
영세율과세표준신고불성실		74		5/1,000	
현금매출명세서불성실		75		1/100	
부동산임대공급가액명세서		76		1/100	
매입자납부특례	거래계좌 미사용	77		뒤쪽	
	거래계좌 지연입금	78		뒤쪽	
합계		79			135,720

(2) **다음은 ㈜육일산업의 올해 제1기 부가가치세 확정신고기간**(4. 1.~6. 30.)**에 반영을 고려 중인 내용이다. 다음의 자료를 토대로 대손세액공제신고서를 작성하시오.** (단, 모든 거래의 당초공급일은 작년 1월 1일인 것으로 가정함)

1. 매출채권의 대손 발생 내역

날 짜	검토자료	거래처	사업자등록번호	대표자	대손금액 (부가가치세 포함)
올해 2. 5.	파산법에 의한 파산으로 채권배분계산서의 통지를 받음	대윤통신	217-12-95753	이종훈	12,100,000원
올해 4. 10.	전년도 매출에 대한 어음이 당일 부도 발생함	휴먼에이티	217-85-83931	김태한	16,500,000원
올해 5. 15.	대표자의 사망으로 채권을 회수할 수 없음이 입증됨	엘에이산업	217-12-74398	유병인	22,000,000원

2. 전기에 대손처리한 매출채권의 회수 내역

날 짜	검토자료	거래처	사업자등록번호	대표자	회수금액 (부가가치세 포함)
올해 6. 20.	전년도에 대손처리하고 대손세액공제를 받았던 매출채권 중 일부를 회수함 (대손사유는"7.대손채권 일부회수"로 직접 입력)	경주상사	113-81-63431	김경익	5,500,000원

정답 및 해설

(2) ▶관련 이론 | 매출세액과 매입세액 p.459

해 설 [대손세액공제신고서] 메뉴의 [대손발생] 탭에서 조회기간 4월~6월에 다음을 입력한다.[1)]

· 당초공급일 : 2023-01-01 / 대손확정일 : 2024-02-05[2)] / 대손금액 : 12,100,000 / 거래처 : 대윤통신 / 대손사유 : 1.파산

· 당초공급일 : 2023-01-01 / 대손확정일 : 2024-05-15 / 대손금액 : 22,000,000 / 거래처 : 엘에이산업 / 대손사유 : 3.사망

· 당초공급일 : 2023-01-01 / 대손확정일 : 2024-06-20 / 대손금액 : (-)5,500,000[3)] / 거래처 : 경주상사 / 대손사유 : 7.대손채권 일부회수

1) 휴먼에이티 매출에 대한 어음 부도는 부도발생일로부터 6개월이 경과한 날(올해 10월 11일)이 속하는 확정신고기간에 대손세액공제가 가능하다.

2) 대손세액공제는 예정신고 시에는 적용 받을 수 없고, 확정신고 시에만 적용받을 수 있다.

3) 대손세액공제 받았던 채권이 회수되는 경우 회수일이 속하는 과세기간의 확정신고 시 부가가치세신고서에 매출세액의 증가로 반영되어야 하며, 대손세액공제신고서에 입력할 때에는 음수(-)로 입력한다.

정답화면

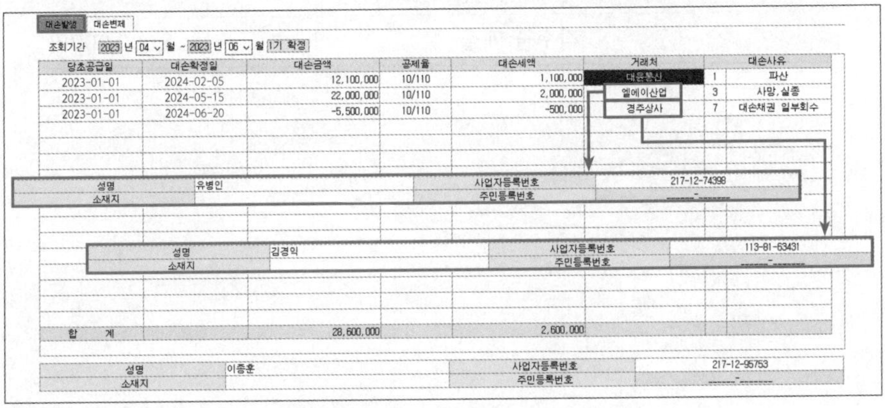

대손발생 | 대손변제

조회기간 2023 년 04 월 ~ 2023 년 06 월 1기 확정

당초공급일	대손확정일	대손금액	공제율	대손세액	거래처	대손사유
2023-01-01	2024-02-05	12,100,000	10/110	1,100,000	대윤통신	1 파산
2023-01-01	2024-05-15	22,000,000	10/110	2,000,000	엘에이산업	3 사망,실종
2023-01-01	2024-06-20	-5,500,000	10/110	-500,000	경주상사	7 대손채권 일부회수
합 계		28,600,000		2,600,000		

성명	유병인	사업자등록번호	217-12-74398
소재지		주민등록번호	-

성명	김경익	사업자등록번호	113-81-63431
소재지		주민등록번호	-

성명	이종훈	사업자등록번호	217-12-95753
소재지		주민등록번호	-

참고 [대손세액공제신고서] 메뉴의 [대손발생] 탭에 집계되는 대손세액 합계 금액 "2,600,000"은 [부가가치세신고서] 메뉴에서 '대손세액가감[8]' 라인의 세액란에 "(-)2,600,000"으로 자동 반영된다.

06 ㈜**육공산업**(코드번호 : 0160)**의 당기**(제10기) **회계기간은 2024. 1. 1.~2024. 12. 31.이다. 부가가치세신고와 관련하여 다음 물음에 답하시오.** [제60회]

올해 제2기 부가가치세 예정신고 시 다음의 매출 내용이 누락되었다. 예정신고 누락분을 모두 반영하여 제2기 부가가치세 확정신고서를 작성하시오. 불러오는 데이터는 무시하고 문제에 제시된 자료 이외에 거래는 없는 것으로 가정한다. (부당과소신고가 아니며, 가산세 계산 시 미납일수는 92일로 하며 예정신고기한이 지난 후 확정신고일까지의 기간은 1개월 초과 3개월 이내이다)

구 분	공급가액	부가가치세
신용카드매출전표 발행 매출	10,000,000원	1,000,000원
영세율전자세금계산서 매출 (전자세금계산서는 적법하게 발급하였으나 발급명세를 지연전송하였음)	3,000,000원	-
직수출 매출	5,000,000원	-

06

▶관련 이론 I 신고와 납부 p.477

해　설　[부가가치세신고서] 메뉴에서 조회기간란에 "10월 1일~12월 31일", 신고구분란에 "1.정기신고"를 입력한다.

- 과세표준및매출세액
  - 7.매출(예정신고누락분) ▶ 과세 ▶ 기타[34] : 10,000,000 / 1,000,000
  - 7.매출(예정신고누락분) ▶ 영세 ▶ 세금계산서[35] : 3,000,000 / -
  - 7.매출(예정신고누락분) ▶ 영세 ▶ 기타[36] : 5,000,000 / -
- 가산세
  - 영세율과세표준신고불성실가산세 = 8,000,000원 × 0.5% × (100% - 75%)[1] = 10,000원
    영세율과세표준신고불성실[74] : 8,000,000 / 10,000
  - 과소신고 가산세 = {10,000,000원 × 10% - (0원 - 0원) × 10%} × 10% × (100% - 75%)[1] = 25,000원
    신고불성실 ▶ 과소·초과환급(일반)[71] : 1,000,000 / 25,000
  - 납부지연가산세 = 1,000,000원 × (22/100,000) × 92일 = 20,240원
    납부지연[73] : 1,000,000 / 20,240
  - 발급명세지연전송가산세 = 3,000,000원 × 0.3% = 9,000원
    전자세금발급명세 ▶ 지연전송[65] : 3,000,000 / 9,000
  - 매출처별 세금계산서합계표 지연제출가산세는 없음[2]

[1] 법정신고기한이 지난 후 1개월 초과 3개월 이내 수정신고에 해당하므로 75% 감면된다.

[2] 전자세금계산서 발급명세 전송 관련 가산세가 적용되는 부분에 대하여는 매출처별 세금계산서합계표 불성실가산세가 적용 배제된다.

정답화면

조회기간 : 2024 년 10 월 1 일 ~ 2024 년 12 월 31 일

구분			번호	정기신고금액 금액	세율	세액
과세표준및매출세액	과세	세금계산서발급분	1		10/100	
		매입자발행세금계산서	2		10/100	
		신용카드·현금영수증발행분	3		10/100	
		기타(정규영수증외매출분)	4			
	영세	세금계산서발급분	5		0/100	
		기타	6		0/100	
	예정신고누락분		7	18,000,000		1,000,000
	대손세액가감		8			
	합계		9	18,000,000	㉮	1,000,000
매입세액	세금계산서수취분	일반매입	10			
		수출기업수입분납부유예	10			
		고정자산매입	11			
	예정신고누락분		12			
	매입자발행세금계산서		13			
	그 밖의 공제매입세액		14			
	합계(10)-(10-1)+(11)+(12)+(13)+(14)		15			
	공제받지못할매입세액		16			
	차감계 (15-16)		17		㉯	
납부(환급)세액(매출세액㉮-매입세액㉯)					㉰	1,000,000
경감공제세액	그 밖의 경감·공제세액		18			
	신용카드매출전표등 발행공제등		19			
	합계		20		㉱	
소규모 개인사업자 부가가치세 감면세액			20		㉲	
예정신고미환급세액			21		㉳	
예정고지세액			22		㉴	
사업양수자의 대리납부 기납부세액			23		㉵	
매입자 납부특례 기납부세액			24		㉶	
신용카드업자의 대리납부 기납부세액			25		㉷	
가산세액계			26		㉸	64,240
차가감하여 납부할세액(환급받을세액)㉰-㉱-㉲-㉳-㉴-㉵-㉶-㉷+㉸					27	1,064,240
총괄납부사업자가 납부할 세액(환급받을 세액)						

구분			번호	금액	세율	세액
7.매출(예정신고누락분)						
예정누락분	과세	세금계산서	33		10/100	
		기타	34	10,000,000	10/100	1,000,000
	영세	세금계산서	35	3,000,000	0/100	
		기타	36	5,000,000	0/100	
	합계		37	18,000,000		1,000,000

25.가산세명세		번호	금액	세율	세액
사업자미등록등		61		1/100	
세금계산서	지연발급 등	62		1/100	
	지연수취	63		5/1,000	
	미발급 등	64		뒤쪽참조	
전자세금발급명세	지연전송	65	3,000,000	3/1,000	9,000
	미전송	66		5/1,000	
세금계산서합계표	제출불성실	67		5/1,000	
	지연제출	68		3/1,000	
신고불성실	무신고(일반)	69		뒤쪽	
	무신고(부당)	70		뒤쪽	
	과소·초과환급(일반)	71	1,000,000	뒤쪽	25,000
	과소·초과환급(부당)	72		뒤쪽	
납부지연		73	1,000,000	뒤쪽	20,240
영세율과세표준신고불성실		74	8,000,000	5/1,000	10,000
현금매출명세서불성실		75		1/100	
부동산임대공급가액명세서		76		1/100	
매입자납부특례	거래계좌 미사용	77		뒤쪽	
	거래계좌 지연입금	78		뒤쪽	
합계		79			64,240

07 ㈜오칠산업(코드번호 : 0157)의 당기(제15기) 회계기간은 2024. 1. 1.~2024. 12. 31.이다. 부가가치세신고와 관련하여 다음 물음에 답하시오. [제57회 수정]

(1) 다음 자료를 토대로 올해 제1기 확정분 신용카드매출전표등수령명세서를 작성하시오. (단, 매입매출전표입력은 생략하되, 사용한 법인카드번호는 하나카드 1111-2222-3333-4444이며 매입세액공제가 가능한 사항만 반영하시오)

매입일자	매입내역	공급가액(원)	세액(원)	사용처(모두 일반과세자)		증 빙
				상 호	사업자등록번호	
6월 3일	출장 목적의 KTX승차권	80,000	8,000	코레일	204-85-22637	신용카드
6월 4일	사업장 난방용 석유 구입	50,000	5,000	㈜엑스오일	314-81-11803	신용카드
6월 5일	비영업용 소형승용차 임차료	200,000	20,000	무신렌트	212-18-93257	현금영수증
6월 6일	직원회의 시 커피 구입비	30,000	3,000	별다방	204-25-33620	현금영수증
6월 7일	원재료 구입 시 신용카드 결제 (세금계산서 수취함)	400,000	40,000	㈜정우	132-86-35848	신용카드

정답 및 해설

07 (1) ▶관련 이론 I 매출세액과 매입세액 p.458

해　설　[신용카드매출전표등수령명세서] 메뉴에서 조회기간란에 "4월~6월"을 조회하여 입력한다.

- 6월 3일 코레일 매입 건은 입력하지 않는다.
  KTX는 여객운송업으로서 영수증만 발급할 수 있는 업종이므로, 동 업종으로부터 매입한 신용카드 결제분은 매입세액공제가 불가능하다.
- 6월 4일 엑스오일 매입 건에 대한 정보를 입력한다. (구분 : 3.사업)
  공급자 또는 공급자 사업자등록번호란을 입력할 때, 해당란에서 F2를 누른 후 거래처도움 검색창을 사용한다.
- 6월 5일 무신렌트 매입 건은 입력하지 않는다.
  비영업용 소형승용차 관련 지출은 매입세액 불공제 사유에 해당한다.
- 6월 6일 별다방 매입 건에 대한 정보를 입력한다. (구분 : 1.현금)
- 6월 7일 하나의 거래에 대하여 세금계산서도 발급받고 신용카드매출전표도 발급받은 금액이 있는 경우, 동 금액은 신용카드매출전표등수령명세서에 기재하지 않고, 부가가치세신고서에서 '세금계산서 수취분'으로 기재한다.

참고 신용카드매출전표등수령명세서에는 세금계산서 대신 교부받은 신용카드매출전표·현금영수증 중에서 매입세액공제를 받을 수 있는 금액만 기재하고, 동 금액은 부가가치세신고서에서 '그 밖의 공제매입세액'으로 기재한다.

정답화면

조회기간 : 2024 년 04 월 ~ 2024 년 06 월　　구분 1기 확정

2. 신용카드 등 매입내역 합계

구분	거래건수	공급가액	세액
합　계	2	80,000	8,000
현금영수증	1	30,000	3,000
화물운전자복지카드			
사업용신용카드	1	50,000	5,000
그 밖의 신용카드			

3. 거래내역입력

	월/일	구분	공급자	공급자(가맹점) 사업자등록번호	카드회원번호	그 밖의 신용카드 등 거래내역 합계 거래건수	공급가액	세액
1	06-04	사업	(주)엑스오일	314-81-11803	1111-2222-3333-4444	1	50,000	5,000
2	06-06	현금	별다방	204-25-33620		1	30,000	3,000
	합계					2	80,000	8,000

(2) 기존에 입력된 자료는 무시하고 다음 자료를 토대로 올해 제2기 확정신고에 대한 부가가치세신고서를 작성하시오. (세부담 최소화 가정) 부가가치세신고서 이외의 과세표준명세 등 기타 부속서류는 작성을 생략한다. (단, 제시된 자료 이외의 거래는 없으며, 홈택스에서 직접 전자신고하였다)

매출 자료	· 전자세금계산서 발급 매출액 : 450,000,000원(부가가치세 별도) · 신용카드 매출액 : 66,000,000원(부가가치세 포함) → 전자세금계산서 발급 금액 22,000,000원(부가가치세 포함)이 포함되어 있으며, 동 금액은 상기 전자세금계산서 발급 매출액에도 포함되어 있음 · 직수출액 : 200,000,000원 · 제1기 확정신고 시 대손세액공제를 받은 외상매출금 22,000,000원을 전액 회수함
매입 자료	· 세금계산서 일반매입액 : 500,000,000원(부가가치세 별도) → 기업업무추진비 관련 금액 30,000,000원(부가가치세 별도)이 포함되어 있음 · 제2기 예정신고 시 누락된 세금계산서 매입액 : 10,000,000원(부가가치세 별도) · 제2기 예정신고 시 미환급된 세액 : 1,000,000원

(2) ▶관련 이론 I 신고와 납부 p.476

해 설 [부가가치세신고서] 메뉴에서 조회기간란에 "10월 1일~12월 31일", 신고구분란에 "1.정기신고"를 입력한다.

- 과세표준및매출세액
  - · 과세 ▶ 세금계산서발급분[1] : 450,000,000 / 45,000,000
  - · 과세 ▶ 신용카드·현금영수증발행분[3] : 40,000,000[1] / 4,000,000
  - · 영세 ▶ 기타[6] : 200,000,000 / -
  - · 대손세액가감[8] : (+)2,000,000[2]
- 매입세액
  - · 세금계산서 수취분 ▶ 일반매입[10] : 500,000,000 / 50,000,000
  - · 세금계산서 수취분 ▶ 고정자산매입[11] : 0 / 0
  - · 12.매입(예정신고누락분) ▶ 세금계산서[38] : 10,000,000 / 1,000,000
  - · 16.공제받지못할매입세액 ▶ 공제받지못할매입세액[50] : 30,000,000[3] / 3,000,000
- 경감공제세액
  - · 18.그 밖의 경감·공제세액 ▶ 전자신고세액공제[54] : - / 10,000
- 납부세액
  - · 예정신고미환급세액[21] : 1,000,000
  - · 가산세 : 없음[4]

1) · 하나의 거래에 대하여 세금계산서도 발급하고 신용카드매출전표도 발급한 금액이 있는 경우, 동 금액은 부가가치세신고서에 '세금계산서 발급분'으로 기재한다.
· (66,000,000 - 22,000,000) × (100/110) = 40,000,000원

2) 대손세액공제를 받은 외상매출금을 다시 회수한 경우 부가가치세 금액을 양수(+)로 입력하여 매출세액을 증가시킨다.

(차) 현금	22,000,000	(대) 대손충당금	20,000,000
		부가세예수금	2,000,000

3) 기업업무추진비 관련 매입세액은 매입세액 불공제 사유에 해당한다.

4) 예정신고 시 매출분은 누락되지 않고 세금계산서 매입분만 누락되었으므로 가산세는 없다.

정답화면

조회기간 : 2024년 10월 1일 ~ 2024년 12월 31일

구분		정기신고금액 금액	세율	세액
과세표준및매출세액 과세 세금계산서발급분	1	450,000,000	10/100	45,000,000
과세 매입자발행세금계산서	2		10/100	
과세 신용카드·현금영수증발행분	3	40,000,000	10/100	4,000,000
과세 기타(정규영수증외매출분)	4			
영세 세금계산서발급분	5		0/100	
영세 기타	6	200,000,000	0/100	
예정신고누락분	7			
대손세액가감	8			2,000,000
합계	9	690,000,000	㉮	51,000,000
매입세액 세금계산서 수취분 일반매입	10	500,000,000		50,000,000
세금계산서 수취분 수출기업수입분납부유예	10			
세금계산서 수취분 고정자산매입	11			
예정신고누락분	12	10,000,000		1,000,000
매입자발행세금계산서	13			
그 밖의 공제매입세액	14			
합계(10)-(10-1)+(11)+(12)+(13)+(14)	15	510,000,000		51,000,000
공제받지못할매입세액	16	30,000,000		3,000,000
차감계 (15-16)	17	480,000,000	㉯	48,000,000
납부(환급)세액(매출세액㉮-매입세액㉯)			㉰	3,000,000
경감공제세액 그 밖의 경감·공제세액	18			10,000
경감공제세액 신용카드매출전표등 발행공제등	19			
경감공제세액 합계	20		㉱	10,000
소규모 개인사업자 부가가치세 감면세액	20		㉲	
예정신고미환급세액	21		㉳	1,000,000
예정고지세액	22		㉴	
사업양수자의 대리납부 기납부세액	23		㉵	
매입자 납부특례 기납부세액	24		㉶	
신용카드업자의 대리납부 기납부세액	25		㉷	
가산세액계	26		㉸	
차가감하여 납부할세액(환급받을세액)㉰-㉱-㉲-㉳-㉴-㉵-㉶-㉷+㉸			27	1,990,000
총괄납부사업자가 납부할 세액(환급받을 세액)				

구분		금액	세율	세액
7.매출(예정신고누락분)				
예정누락분 과세 세금계산서	33		10/100	
과세 기타	34		10/100	
영세 세금계산서	35		0/100	
영세 기타	36		0/100	
합계	37			
12.매입(예정신고누락분)				
예정누락분 세금계산서	38	10,000,000		1,000,000
그 밖의 공제매입세액	39			
합계	40	10,000,000		1,000,000
신용카드매출 수령금액합계 일반매입				
신용카드매출 수령금액합계 고정매입				
의제매입세액				
재활용폐자원등매입세액				
과세사업전환매입세액				
재고매입세액				
변제대손세액				
외국인관광객에대한환급/				
합계				

구분		금액	세율	세액
16.공제받지못할매입세액				
공제받지못할 매입세액	50	30,000,000		3,000,000
공통매입세액면세등사업분	51			
대손처분받은세액	52			
합계	53	30,000,000		3,000,000
18.그 밖의 경감·공제세액				
전자신고세액공제	54			10,000
전자세금계산서발급세액공제	55			
택시운송사업자경감세액	56			
대리납부세액공제	57			
현금영수증사업자세액공제	58			
기타	59			
합계	60			10,000

08 ㈜**오륙산업**(코드번호 : 0156)**의 당기**(제22기) **회계기간은 2024. 1. 1.~2024. 12. 31.이다. 부가가치세신고와 관련하여 다음 물음에 답하시오.** [제51회 수정]

(1) 회사는 당해연도 제2기 확정신고(10월~12월, 신고기한 : 다음 연도 1월 25일)를 한 후 다음과 같은 오류를 발견하였다. 다음 연도 2월 24일 수정신고하는 경우 부가가치세수정신고서를 작성하시오.

가 정	· 과세표준명세 작성과 오류사항에 대한 전표입력은 생략한다. · 세금계산서합계표 및 신용카드매출전표등수령명세서의 작성은 생략한다. · 아래 오류사항 이외에는 추가적으로 반영할 사항이 없고 각종 세액공제는 모두 생략한다. · 부당과소신고가 아니며, 가산세 계산 시 미납일수는 30일로 하며 확정신고 기한이 지난 후 수정신고일까지의 기간은 1개월 이내이다.
오류사항	· 제품을 5,000,000원(부가가치세 별도)에 판매(판매일 : 당해연도 10월 1일)하고 즉시 전자세금계산서를 발급한 1건에 대하여 국세청 전송을 누락하여 다음 연도 2월 20일에 전송하였는데 부가가치세 신고서에도 반영되지 않았다. · 원재료를 소매로 3,000,000원(부가가치세 별도)에 매입하고 신용카드로 결제한 내역 1건을 부가가치세 신고 시 누락하였다. (원재료 판매처는 일반과세자이다) · 원재료를 1,000,000원(부가가치세 별도)에 매입하고 전자세금계산서를 발급받은 1건을 부가가치세 신고 시 누락하였다.

<기존에 신고한 부가가치세신고서 내용>

신고내용						
구 분				금 액	세 율	세 액
과세표준및매출세액	과세	세금계산서발급분	1	360,000,000	$\frac{10}{100}$	36,000,000
		매입자발행세금계산서	2		$\frac{10}{100}$	
		신용카드·현금영수증발행분	3			
		기타(정규영수증외매출분)	4		$\frac{10}{100}$	
	영세율	세금계산서발급분	5		$\frac{0}{100}$	
		기 타	6			
	예정신고누락분		7			
	대손세액가감		8			
	합 계		9	360,000,000	㉮	36,000,000
매입세액	세금계산서수취분	일반매입	10	320,000,000		32,000,000
		수출기업수입분납부유예	10			
		고정자산 매입	11			
	예정신고누락분		12			
	매입자발행세금계산서		13			
	그 밖의 공제매입세액		14			
	합계(10) + (11) + (12) + (13) + (14)		15	320,000,000		32,000,000
	공제받지못할매입세액		16			
	차감계(15) - (16)		17	320,000,000	㉯	32,000,000
납부(환급)세액(매출세액 ㉮ - 매입세액 ㉯)					㉰	4,000,000
경감·공제세액	그 밖의 경감·공제세액		18			
	신용카드매출전표등 발행공제등		19			
	합계		20		㉱	
예정신고미환급세액			21		㉳	
예정고지세액			22		㉴	
사업양수자의 대리납부 기납부세액			23		㉵	
매입자 납부특례 기납부세액			24		㉶	
가산세액계			26		㉸	
차가감하여 납부할 세액(환급받을 세액) (㉰ - ㉱ - ㉳ - ㉴ - ㉵ - ㉶ + ㉸)					(27)	4,000,000
총괄납부사업자가 납부할 세액(환급받을 세액)						

08 (1)

▶관련 이론 I 신고와 납부 p.476

해 설 [부가가치세신고서] 메뉴에서 조회기간란에 "10월 1일~12월 31일"을, 신고구분란에 "2.수정신고", 신고차수란에 "1"을 입력한다.

참고 신고구분란에서 '수정신고'가 선택되지 않는 경우, '정기신고' 상태에서 화면상단의 F3 마감 을 클릭한 후 보조창에서 마감[F3] 및 강제마감[F3] 을 클릭한다.

- 과세표준및매출세액
  - 과세 ▶ 세금계산서발급분[1] : (+)5,000,000(→ 365,000,000) / (+)500,000(→ 36,500,000)
- 매입세액
  - 세금계산서 수취분 ▶ 일반매입[10] : (+)1,000,000(→ 321,000,000) / (+)100,000 (→ 32,100,000)
  - 14. 그 밖의 공제매입세액 ▶ 신용카드매출수령금액합계표 ▶ 일반매입[41][1] : (+)3,000,000 (→ 3,000,000) / (+)300,000(→ 300,000)
- 가산세
  - 과소신고가산세 = {5,000,000원 × 10% - (4,000,000원 - 0원) × 10%} × 10% × (100% - 90%)[2] = 1,000원

    신고불성실 ▶ 과소·초과환급(일반)[71] : 100,000 / 1,000
  - 납부지연가산세 = 100,000원 × (22/100,000) × 30일 = 660원

    납부지연[73] : 100,000 / 660
  - 발급명세미전송가산세[3] = 5,000,000원 × 0.5% = 25,000원

    전자세금발급명세 ▶ 미전송[66] : 5,000,000 / 25,000
  - 매출처별 세금계산서합계표 미제출가산세 : 없음[4]

[1] 보조창의 안내에 따라 Tab을 누른 후 금액을 입력한다.

[2] 법정신고기한이 지난 후 1개월 이내 수정신고에 해당하므로 90% 감면된다.

[3] 재화·용역의 공급시기가 속하는 과세기간의 확정신고기한 이내에 발급명세를 전송하지 아니한 경우이므로 미전송 가산세가 적용된다.

[4] 전자세금계산서 발급명세 전송 관련 가산세가 적용되는 부분에 대하여는 매출처별 세금계산서합계표 불성실가산세가 적용 배제된다.

정답 및 해설

정답화면

조회기간 : 2024 년 10 월 1 일 ~ 2024 년 12 월 31 일 신고구분 : 2.수정신고 신고차수 : 1

구분			번호	정기신고금액 금액	세율	세액	번호	수정신고금액 금액	세율	세액
과세표준및매출세액	과세	세금계산서발급분	1	360,000,000	10/100	36,000,000	1	365,000,000	10/100	36,500,000
	과세	매입자발행세금계산서	2		10/100		2		10/100	
	과세	신용카드 · 현금영수증발행분	3		10/100		3		10/100	
	과세	기타(정규영수증외매출분)	4				4			
	영세	세금계산서발급분	5		0/100		5		0/100	
	영세	기타	6		0/100		6		0/100	
	예정신고누락분		7				7			
	대손세액가감		8				8			
	합계		9	360,000,000	㉮	36,000,000	9	365,000,000	㉮	36,500,000
매입세액	세금계산서수취분	일반매입	10	320,000,000		32,000,000	10	321,000,000		32,100,000
	세금계산서수취분	수출기업수입분납부유예	10				10			
	세금계산서수취분	고정자산매입	11				11			
	예정신고누락분		12				12			
	매입자발행세금계산서		13				13			
	그 밖의 공제매입세액		14				14	3,000,000		300,000
	합계(10)-(10-1)+(11)+(12)+(13)+(14)		15	320,000,000		32,000,000	15	324,000,000		32,400,000
	공제받지못할매입세액		16				16			
	차감계 (15-16)		17	320,000,000	㉯	32,000,000	17	324,000,000	㉯	32,400,000
납부(환급)세액(매출세액㉮-매입세액㉯)					㉰	4,000,000			㉰	4,100,000
경감공제세액	그 밖의 경감 · 공제세액		18				18			
	신용카드매출전표등 발행공제등		19				19			
	합계		20		㉱		20		㉱	
소규모 개인사업자 부가가치세 감면세액			20		㉲		21		㉲	
예정신고미환급세액			21		㉳		21		㉳	
예정고지세액			22		㉴		22		㉴	
사업양수자의 대리납부 기납부세액			23		㉵		23		㉵	
매입자 납부특례 기납부세액			24		㉶		24		㉶	
신용카드업자의 대리납부 기납부세액			25		㉷		25		㉷	
가산세액계			26		㉸		26		㉸	26,660
차가감하여 납부할세액(환급받을세액)㉰-㉱-㉲-㉳-㉴-㉵-㉶-㉷+㉸			27			4,000,000			27	4,126,660
총괄납부사업자가 납부할 세액(환급받을 세액)										

14.그 밖의 공제매입세액

구분		번호	정기 금액	세율	세액	수정 금액	세율	세액
신용카드매출수령금액합계표	일반매입	41				3,000,000		300,000
	고정매입	42						
의제매입세액		43		뒤쪽			뒤쪽	
재활용폐자원등매입세액		44		뒤쪽			뒤쪽	
과세사업전환매입세액		45						
재고매입세액		46						
변제대손세액		47						
외국인관광객에대한환급세액		48						
합계		49				3,000,000		300,000

25.가산세명세

구분		번호	정기 금액	세율	세액	수정 금액	세율	세액
사업자미등록등		61		1/100			1/100	
세금계산서	지연발급 등	62		1/100			1/100	
	지연수취	63		5/1,000			5/1,000	
	미발급 등	64		뒤쪽참조			뒤쪽참조	
전자세금발급명세	지연전송	65		5/1,000			5/1,000	
	미전송	66		5/1,000		5,000,000	5/1,000	25,000
세금계산서합계표	제출불성실	67		5/1,000			5/1,000	
	지연제출	68		3/1,000			3/1,000	
신고불성실	무신고(일반)	69		뒤쪽			뒤쪽	
	무신고(부당)	70		뒤쪽			뒤쪽	
	과소·초과환급(일반)	71		뒤쪽		100,000	뒤쪽	1,000
	과소·초과환급(부당)	72		뒤쪽			뒤쪽	
납부지연		73		뒤쪽		100,000	뒤쪽	660
영세율과세표준신고불성실		74		5/1,000			5/1,000	
현금매출명세서불성실		75		1/100			1/100	
부동산임대공급가액명세서		76		1/100			1/100	
매입자납부특례	거래계좌 미사용	77		뒤쪽			뒤쪽	
	거래계좌 지연입금	78		뒤쪽			뒤쪽	
합계		79						26,660

(2) 신문사 및 광고업을 겸영하는 당사는 신문사 및 광고업에 공통으로 사용할 목적으로 작년 9월 5일 신문용지(원재료) 10,000,000원(세액 : 1,000,000원) 및 윤전기(유형자산)를 40,000,000원(세액 : 4,000,000원)에 구입하였다. 이와 관련하여 올해 1기 부가가치세 확정신고 시에 반영할 공통매입세액 재계산 내역을 [공제받지못할매입세액명세서]에 반영하시오. '신문사 및 광고업의 매출내역' 관련 자료는 아래와 같다.

기 별	구독료수입	광고수입	총공급가액
작년 2기	10,000,000원	40,000,000원	50,000,000원
올해 1기	24,000,000원	36,000,000원	60,000,000원

참고 윤전기는 인쇄용 기계장치이다. (단, 이 문제에 한하여 당사는 신문사와 광고업만을 운영한다고 가정한다)

(2) ▶관련 이론 I 매출세액과 매입세액 p.460

해 설 [공제받지못할매입세액명세서] 메뉴에서 조회기간란에 "4월~6월"을 입력하고, [납부세액또는환급세액재계산] 탭을 클릭한다.

- 작년 9월에 구입한 윤전기에 대한 재계산 정보를 입력한다.
  - · 신문용지(원재료)는 감가상각자산이 아니므로 재계산 대상이 아니다.
  - · 구독료수입은 면세, 광고수입은 과세에 해당한다.
- 재계산 금액을 계산해보고 메뉴에서 계산된 금액과 일치하는지 확인한다.
  - · 올해 1기 확정 재계산내역 = 4,000,000원 × {1 – (25% × 1)} × (40% – 20%)
    = 600,000원(불공제)

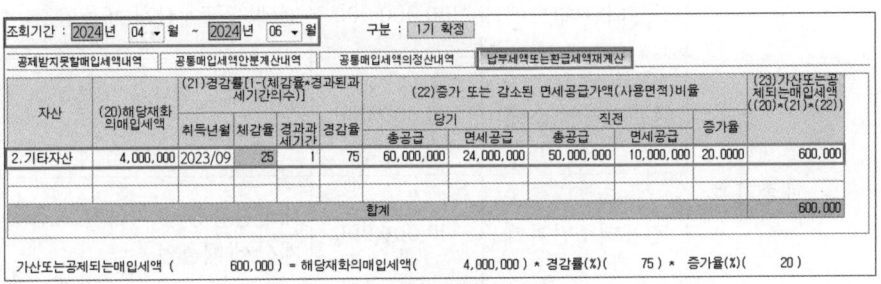

정답화면

조회기간 : 2024년 04 월 ~ 2024년 06 월 구분 : 1기 확정

공제받지못할매입세액내역 | 공통매입세액안분계산내역 | 공통매입세액의정산내역 | 납부세액또는환급세액재계산

자산	(20)해당재화의매입세액	(21)경감률[1-(체감율*경과된과세기간의수)]				(22)증가 또는 감소된 면세공급가액(사용면적)비율					(23)가산또는공제되는매입세액((20)*(21)*(22))
		취득년월	체감율	경과과세기간	경감율	당기 총공급	당기 면세공급	직전 총공급	직전 면세공급	증가율	
2.기타자산	4,000,000	2023/09	25	1	75	60,000,000	24,000,000	50,000,000	10,000,000	20.0000	600,000
합계											600,000

가산또는공제되는매입세액 (600,000) = 해당재화의매입세액(4,000,000) * 경감률(%)(75) * 증가율(%)(20)

09 ㈜오사산업(코드번호 : 0154)의 당기(제5기) 회계기간은 2024. 1. 1.~2024. 12. 31.이다. 부가가치세신고와 관련하여 다음 물음에 답하시오. [제39회 수정]

다음은 회사의 올해 2기 확정신고기간(10. 1.~12. 31.)의 자료이다. [부가가치세신고서]와 [신용카드매출전표발행금액집계표]를 작성하시오. (전표입력은 생략하며, 불러오는 데이터는 무시하고 제시된 자료 이외의 거래는 없는 것으로 가정한다)

구 분	적 요	공급가액(원)	비 고
매출가액	컴퓨터판매(도매)	100,000,000	전액 세금계산서 매출임
	컴퓨터판매(소매)	50,000,000	전액 세금계산서 매출이며 대금을 신용카드로 결제받음
	컴퓨터주변기기	10,000,000	내국신용장에 의하여 공급하는 영세율 세금계산서 매출임
	전자제품판매	83,000,000	이 금액 중 300만 원은 현금영수증 매출이며 8,000만 원은 신용카드 매출임
매입가액	승용차매입	4,000,000	2,500cc 업무용 승용차이며, 세금계산서를 수취함
	원재료매입	82,000,000	컴퓨터 생산에 필요한 원재료이며, 세금계산서를 수취함
	임차료	12,000,000	본사 사무실 임차료이며, 세금계산서를 수취함
	기계수리비 (수익적 지출)	1,200,000	세금계산서는 수취하지 않았고, 대금을 법인신용카드로 결제함
	전기요금	900,000	2기 예정신고 시 누락된 본사 전기요금이며, 세금계산서를 수취함

09

▶관련 이론 | 신고와 납부 p.474

해 설 [신용카드매출전표등발행금액집계표] 메뉴에서 조회기간란에 "10월~12월"을 입력한다.

- 과세 매출분 ▶ 신용·직불·기명식 선불카드 : 143,000,000[1)]
- 과세 매출분 ▶ 현금영수증 : 3,300,000
- 세금계산서발급금액 : 55,000,000[1)]

[부가가치세신고서] 메뉴에서 조회기간란에 "10월 1일~12월 31일", 신고구분란에 "1.정기신고"를 입력한다.

- 과세표준 및 매출세액
  - 과세 ▶ 세금계산서발급분[1] : 150,000,000[2)] / 15,000,000
  - 과세 ▶ 신용카드·현금영수증발행분[3] : 83,000,000[3)] / 8,300,000
  - 영세 ▶ 세금계산서발급분[5] : 10,000,000 / –
- 매입세액
  - 세금계산서 수취분 ▶ 일반매입[10] : 94,000,000[4)] / 9,400,000
  - 세금계산서 수취분 ▶ 고정자산매입[11] : 4,000,000 / 400,000
  - 12.매입(예정신고누락분) ▶ 세금계산서[38] : 900,000 / 90,000
  - 14.그 밖의 공제매입세액 ▶ 신용카드매출수령금액합계표 ▶ 일반매입[41] : 1,200,000 / 120,000
  - 16.공제받지못할매입세액 ▶ 공제받지못할매입세액[50] : 4,000,000[5)] / 400,000
- 경감공제세액
  - 신용카드매출전표 등 발행공제[19] : 91,300,000[6)]/ –
- 납부세액
  - 가산세 : 없음[7)]

1) · 신용카드매출전표등발행금액집계표 메뉴에서는 공급대가를 입력한다.
 · 하나의 거래에 대하여 세금계산서도 발급하고 신용카드매출전표도 발급한 금액이 있는 경우, 동 금액은 신용카드매출전표등발행금액집계표에서 '과세 매출분 ▶ 신용·직불·기명식 선불카드'란과 '세금계산서발급금액'란에 모두 기재한다.
 · (55,000,000 + 88,000,000) = 143,000,000원

2) · 하나의 거래에 대하여 세금계산서도 발급하고 신용카드매출전표도 발급한 금액이 있는 경우, 동 금액은 부가가치세신고서에서 '세금계산서 발급분'으로 기재한다.
 · 100,000,000 + 50,000,000 = 150,000,000원

3) {(143,000,000 – 55,000,000) + 3,300,000} × (100/110) = 83,000,000원

4) 82,000,000 + 12,000,000 = 94,000,000원

5) 비영업용 소형승용차 구입·유지 및 임차 관련 매입세액이다.

6) · 과세 매출분 공급대가에 해당하는 신용·직불·기명식 선불카드 및 현금영수증 합계액 – 세금계산서발급금액
 = 146,300,000원 – 55,000,000원 = 91,300,000원
 · 법인의 경우, 신용카드매출전표 등 발행공제가 적용되지 않으므로 (문제에서 별도의 요구사항이 없다면) '금액' 란을 입력하지 않더라도 채점에는 영향이 없다.

7) 예정신고 시 매출분은 누락되지 않고 세금계산서 매입분만 누락되었으므로 가산세는 없다.

정답화면 · 신용카드매출전표등발행집계표

조회기간 : 2024 년 10 월 ~ 2024 년 12 월　　구분 2기 확정

1. 인적사항

상호[법인명]	(주)오사산업	성명[대표자]	박성빈	사업등록번호	125-81-77559
사업장소재지	서울 중구 쌍림동 100				

2. 신용카드매출전표 등 발행금액 현황

구 분	합 계	신용 · 직불 · 기명식 선불카드	현금영수증	직불전자지급 수단 및 기명식선불 전자지급수단
합 계	146,300,000	143,000,000	3,300,000	
과세 매출분	146,300,000	143,000,000	3,300,000	
면세 매출분				
봉 사 료				

3. 신용카드매출전표 등 발행금액중 세금계산서 교부내역

세금계산서발급금액	55,000,000	계산서발급금액	

· 부가가치세신고서

조회기간 : 2024 년 10 월 1 일 ~ 2024 년 12 월 31 일

구분				정기신고금액 금액	세율	세액
과세표준 및 매출세액	과세	세금계산서발급분	1	150,000,000	10/100	15,000,000
	과세	매입자발행세금계산서	2		10/100	
	과세	신용카드 · 현금영수증발행분	3	83,000,000	10/100	8,300,000
	과세	기타(정규영수증외매출분)	4			
	영세	세금계산서발급분	5	10,000,000	0/100	
	영세	기타	6		0/100	
	예정신고누락분		7			
	대손세액가감		8			
	합계		9	243,000,000	㉮	23,300,000
매입세액	세금계산서 수취분	일반매입	10	94,000,000		9,400,000
	세금계산서 수취분	수출기업수입분납부유예	10			
	세금계산서 수취분	고정자산매입	11	4,000,000		400,000
	예정신고누락분		12	900,000		90,000
	매입자발행세금계산서		13			
	그 밖의 공제매입세액		14	1,200,000		120,000
	합계(10)-(10-1)+(11)+(12)+(13)+(14)		15	100,100,000		10,010,000
	공제받지못할매입세액		16	4,000,000		400,000
	차감계 (15-16)		17	96,100,000	㉯	9,610,000
납부(환급)세액(매출세액㉮-매입세액㉯)					㉰	13,690,000
경감 공제 세액	그 밖의 경감 · 공제세액		18			
	신용카드매출전표등 발행공제등		19	91,300,000		
	합계		20		㉱	
소규모 개인사업자 부가가치세 감면세액			20		㉲	
예정신고미환급세액			21		㉳	
예정고지세액			22		㉴	
사업양수자의 대리납부 기납부세액			23		㉵	
매입자 납부특례 기납부세액			24		㉶	
신용카드업자의 대리납부 기납부세액			25		㉷	
가산세액계			26		㉸	
차가감하여 납부할세액(환급받을세액)㉰-㉱-㉲-㉳-㉴-㉵-㉶-㉷+㉸					27	13,690,000
총괄납부사업자가 납부할 세액(환급받을 세액)						

구분				금액	세율	세액
7.매출(예정신고누락분)						
예정누락분	과세	세금계산서	33		10/100	
	과세	기타	34		10/100	
	영세	세금계산서	35		0/100	
	영세	기타	36		0/100	
	합계		37			
12.매입(예정신고누락분)						
예정누락분	세금계산서		38	900,000		90,000
	그 밖의 공제매입세액		39			
	합계		40	900,000		90,000
	신용카드매출 수령금액합계	일반매입				
	신용카드매출 수령금액합계	고정매입				
	의제매입세액					
	재활용폐자원등매입세액					
	과세사업전환매입세액					
	재고매입세액					
	변제대손세액					
	외국인관광객에대한환급/					
	합계					
14.그 밖의 공제매입세액						
신용카드매출 수령금액합계표	일반매입		41	1,200,000		120,000
신용카드매출 수령금액합계표	고정매입		42			
의제매입세액			43		뒤쪽	
재활용폐자원등매입세액			44		뒤쪽	
과세사업전환매입세액			45			
재고매입세액			46			
변제대손세액			47			
외국인관광객에대한환급세액			48			
합계			49	1,200,000		120,000

구분		금액	세율	세액
16.공제받지못할매입세액				
공제받지못할 매입세액	50	4,000,000		400,000
공통매입세액면세등사업분	51			
대손처분받은세액	52			
합계	53	4,000,000		400,000

해커스 전산세무 2급
이론+실무+최신기출

제 6 장

소득세

제 6 장

소득세

Overview

소득세는 이론시험 전체 15문제에서 2문제가 출제된다.
(이론시험 : 1문제당 2점의 배점으로 출제되어 총 30점 만점으로 구성)

소득세는 전산회계 시험에서는 출제범위가 아니지만 전산세무 2급부터 추가로 출제되는 부분이다. 이론시험에서 출제비중이 높지 않으나, 실무시험 5번 '연말정산' 문제의 입력을 위한 바탕이 되므로 전산세무 2급 시험에서 약 20%의 비중을 차지한다. 기출문제에서 종합소득과세를 중심으로 각 소득을 비교하여 구분하는 문제의 출제 빈도가 높으므로, 종합소득의 과세체계를 각 소득별로 비교하여 학습할 수 있도록 구성되어 있다.

출제비중

구 분	출제비중(2문제)
제1절 소득세 총칙*	2문제가 출제된다. 제2절 종합소득금액의 계산의 출제빈도가 가장 높다.
제2절 종합소득금액의 계산*	
제3절 원천징수*	
제4절 종합소득공제·세액공제*	
제5절 확정신고와 납부*	

*전산회계 1급에서 전산세무 2급에 추가되는 부분입니다. 학습전략을 참고하여 학습하시기 바랍니다.

해커스 전산세무 2급
이론+실무+최신기출

학습전략

1. 전체적인 흐름을 파악하는 이해 위주의 학습

학습 분량 대비 이론시험의 출제비중이 높지 않으므로 세부내용 하나하나를 암기하기보다는 소득세 과세체계와 전체 흐름에 대한 이해 위주로 학습한다.

2. 실무시험과 연결되는 내용에 집중

실무편 문제인 연말정산에서 기본공제 대상자의 소득금액 요건 판단은 각 소득형태별 과세방법을 알아야 풀 수 있으므로 해당 내용을 집중적으로 학습한다. 그리고 실무편 문제인 연말정산에 관한 이론을 정리하고자 한다면 '연말정산 필수이론정리'를 활용한다.

3. 전산회계 1급 동시 학습

전산회계 시험에서는 출제범위가 아니지만 전산세무 2급부터 추가로 출제되는 부분이다. 전산회계 1급을 함께 학습하고 있거나, 이미 학습한 경우 '제6장 소득세' 전체 내용을 집중적으로 학습한다.

제 1 절 소득세 총칙

01 소득세의 정의

최근 71회 시험 중 3회 기출

소득세란 개인(자연인)이 일정 기간 동안 벌어들인 소득에 대하여 과세하는 조세이다.

참고 이론적으로 볼 때 소득에 대한 세금은 법인소득세와 개인소득세로 나누어지는데, 우리나라에서는 법인소득세를 '법인세', 개인소득세를 '소득세'라고 한다.

02 소득세의 특징

최근 71회 시험 중 4회 기출

(1) 개인단위 과세

개인별 소득을 기준으로 과세하는 개인단위 과세방식을 원칙으로 하며, 세대별·부부별로 합산하지 않는다. 단, 조세회피 목적의 공동사업은 세대 단위 등으로 합산하여 과세한다.

(2) 개인의 인적사정을 고려하는 과세

소득세는 개인에게 과세되는 것으로서, 개인의 인적사정에 따른 세금부담능력을 고려하기 위해 인적공제를 적용하고 있다. 따라서 소득세는 소득이 귀속되는 사람을 중심으로 인적사정을 고려하는 인세에 해당한다.

(3) 납세자의 부담능력에 따른 과세

개인의 부담능력은 소득의 증가에 비례하여 누진적으로 증가하므로 소득세는 8단계 초과누진세율로 과세하고 있다. 따라서 소득세는 개인의 부담능력에 따라 과세되는 조세로서 응능과세에 해당한다.

(4) 신고납세제도

소득세는 신고납세제도를 채택하고 있으므로 납세의무자의 신고에 의하여 과세표준과 세액이 확정된다. 따라서 납세의무자는 과세기간의 다음 연도 5월에 확정신고·납부하는 것을 원칙으로 한다.

03 과세대상 소득

최근 71회 시험 중 2회 기출

현행 소득세법은 과세대상 소득의 범위를 ① 이자소득, ② 배당소득, ③ 사업소득, ④ 근로소득, ⑤ 연금소득, ⑥ 기타소득, ⑦ 퇴직소득, ⑧ 양도소득의 8가지 소득으로 나누어 명시하고 있다.

과세대상 소득을 정함에 있어서, 소득세법은 법에 열거한 것만을 과세대상으로 보는 열거주의를 원칙으로 한다. 다만, 사회발전에 따라 다양한 금융상품이 등장하고 있는 현실을 감안하여, 이자소득과 배당소득에 대해서는 법에 열거되지 않았더라도 유사한 소득을 과세대상으로 보는 유형별 포괄주의를 적용하고 있다.

참고 법인세법은 주주와의 자본거래를 제외한 모든 순자산증가액을 과세대상으로 보는 '포괄주의'를 원칙으로 한다.

기출포인트

법령에 열거되지 않음에 따라 소득세법상 과세대상으로 보지 않는 소득(미열거소득)의 사례는 다음과 같다.
- **상장주식의 양도차익**
- **간편장부대상자의 사업용 유형고정자산(부동산 제외) 양도차익**

04 과세방법

최근 71회 시험 중 8회 기출

현행 소득세법은 종합과세, 분류과세, 분리과세의 방법을 통하여 대상 소득을 과세하고 있다.

종합과세	· 종합과세란 소득을 그 종류에 관계없이 일정기간의 모든 소득을 합산하여 하나의 과세표준으로 하여 과세하는 방법을 말한다. · 현행 소득세법은 종합과세를 원칙으로 하므로 분류과세 적용소득과 분리과세 적용소득을 제외한 모든 소득을 합산하여 종합소득금액을 구하고 이를 기초로 종합소득세를 계산한다.
분류과세	· 분류과세란 다른 소득과 합산하지 않고 한 종류의 소득을 별도의 과세표준으로 분류하여 과세하는 방법을 말한다. · 퇴직소득과 양도소득은 장기간에 걸쳐 형성된 소득이 일시에 실현된다는 특징이 있으므로 이를 다른 소득과 합산하여 누진세율을 적용하면 그 실현되는 시점에 부당하게 높은 세율이 적용되는 현상(결집효과)이 발생한다. 이러한 점을 감안하여 퇴직소득과 양도소득은 종합과세하지 않고 소득별로 분류하여 각각 소득금액을 구하고 이를 기초로 퇴직소득세와 양도소득세를 계산한다. 즉, 퇴직소득과 양도소득에 대하여는 분류과세가 적용된다.
분리과세	· 소득세의 과세대상이 되는 대부분의 소득에 대하여 소득 지급 단계에서 원천징수가 이루어지는데, 분리과세란 소득을 지급할 때 그 소득을 지급하는 자가 소득세를 원천징수하는 절차만으로 해당 소득에 대한 소득귀속자의 납세의무가 종결되어 버리는 과세방법을 말한다. · 이자소득, 배당소득, 근로소득, 연금소득, 기타소득 중 일정 요건을 충족하는 소득에 대하여는 분리과세가 적용된다. 참고 사업소득에는 분리과세가 적용되지 않는다.

기출포인트

소득세의 과세방법

구 분	과세방법	
① 이자소득	종합과세	일정 요건 충족 시 분리과세
② 배당소득		일정 요건 충족 시 분리과세
③ 사업소득		-
④ 근로소득		일정 요건 충족 시 분리과세
⑤ 연금소득		일정 요건 충족 시 분리과세
⑥ 기타소득		일정 요건 충족 시 분리과세
⑦ 퇴직소득	분류과세	
⑧ 양도소득		

기출확인문제

다음 중 소득세법상 거주자의 종합소득에 해당하지 않는 것은? (제90회)

① 배당소득 ② 사업소득 ③ 기타소득 ④ 퇴직소득

정답 ④

해설
퇴직소득과 양도소득은 분류과세가 적용되므로 종합소득에 해당하지 않는다.

05 과세기간

최근 71회 시험 중 **10**회 기출

소득세의 과세기간은 1년으로서, 1월 1일부터 12월 31일까지이다. 이는 개인이 임의로 변경할 수 없으며, 연중에 사업개시나 폐업이 있더라도 바뀌지 않는다.

구 분	과세기간	비 고
사 망	1월 1일~사망일	소득세 및 상속세에 대한 과세를 신속하게 처리할 필요가 있으므로, 소득세 과세기간이 변동된다.
출 국	1월 1일~출국일	출국 전에 소득세에 대한 과세를 신속하게 처리할 필요가 있으므로, 소득세 과세기간이 변동된다.
사업개시, 폐업	1월 1일~12월 31일	사업개시나 폐업은 여러 가지 소득 중 사업소득 유무에만 영향을 미치므로, 소득세 과세기간은 불변이다.

06 납세의무자

최근 71회 시험 중 9회 기출

소득세의 납세의무자는 개인이며 개인은 다시 거주자와 비거주자로 나눌 수 있으며 납세의무자의 개념과 납세의무의 범위는 다음과 같다.

구 분	개 념	납세의무의 범위
거주자	· 국내에 주소를 둔 개인 · 국내에 183일 이상 거소[1]를 둔 개인	국내원천소득 + 국외원천소득
비거주자	· 거주자가 아닌 개인	국내원천소득

[1] 주소지 외의 장소 중 상당 기간에 걸쳐 거주하는 장소로서 주소와 같이 밀접한 생활관계가 형성되지 아니한 장소를 말한다.

07 납세지

최근 71회 시험 중 7회 기출

소득세의 납세지는 납세의무자가 소득세에 관한 신고·신청·납부 등의 행위를 하는 관할세무서를 결정하는 기준이 되며 소득세의 납세지는 다음과 같다.

구 분		납세지
일 반	거주자	주소지(주소지가 없는 경우 : 거소지)
	비거주자	주된 국내사업장(국내사업장이 없는 경우 : 국내원천소득이 발생하는 장소)
납세지의 지정		사업소득이 있는 거주자는 사업장 소재지를 납세지로 신청 가능

기출확인문제

다음 중 소득세법상 납세의무자에 대한 설명으로 옳지 않은 것은? (제67회)

① 소득세법상 거주자가 되려면 국내에 주소를 두거나 1년 이상 거소를 두어야 한다.
② 거주자는 국내외원천소득에 대한 납세의무가 있다.
③ 비거주자는 국내원천소득에 대한 납세의무가 있다.
④ 비거주자는 국외원천소득에 대한 납세의무가 없다.

정답 ①

해설
'거주자'란 국내에 주소를 두거나 183일 이상의 거소를 둔 개인을 말한다.

핵심기출문제

* 본서에 수록된 기출문제의 날짜는 학습효과를 높이기 위하여 일부 수정함

01 다음 중 소득세의 특징으로 옳지 않은 것은? [제66회]

① 소득세는 납세자와 담세자가 동일한 직접세에 해당한다.
② 소득세는 개인별 소득을 기준으로 과세하는 개인단위 과세제도를 원칙으로 한다.
③ 소득세의 과세방법에는 종합과세, 분리과세, 분류과세가 있다.
④ 소득세는 소득금액과 관계없이 단일세율을 적용한다.

02 다음 중 소득세법에 대한 설명으로 옳지 않은 것은? [제60회]

① 소득세는 6가지의 종합소득과 퇴직소득 및 양도소득을 과세대상으로 하는 조세이다.
② 6가지의 종합소득은 원칙적으로 종합과세되고 일부는 분리과세되는 경우도 있다.
③ 소득세법은 열거주의 과세방식이나 이자소득과 배당소득은 유형별 포괄주의를 채택하고 있다.
④ 퇴직소득과 양도소득은 분리과세한다.

03 다음 중 소득세법상 과세기간에 대한 설명으로 틀린 것은? [제87회]

① 일반적인 소득세의 과세기간은 1월 1일부터 12월 31일까지 1년으로 한다.
② 거주자가 사망한 경우의 과세기간은 1월 1일부터 사망한 날까지로 한다.
③ 폐업사업자의 사업소득의 과세기간은 1월 1일부터 폐업일까지로 한다.
④ 거주자가 주소 또는 거소를 국외로 이전하여 비거주자가 되는 경우의 과세기간은 1월 1일부터 출국한 날까지로 한다.

04 다음은 소득세법에 대한 설명이다. 틀린 것은? [제70회]

① 거주자란 국내에 주소를 두거나 183일 이상 거소를 둔 개인을 말한다.
② 외국을 항행하는 선박 또는 항공기 승무원의 경우 생계를 같이하는 가족이 거주하는 장소 또는 승무원이 근무기간 외의 기간 중 통상 체재하는 장소가 국내에 있는 때에는 당해 승무원의 주소는 국내에 있는 것으로 본다.
③ 국내에 거소를 둔 기간은 입국하는 날의 다음날부터 출국하는 날까지로 한다.
④ 미국시민권자나 영주권자의 경우 비거주자로 본다.

정답 및 해설

01 ④ 소득세는 단계별 초과누진세율을 적용하여 소득이 많은 납세자에게 상대적으로 많은 세금을 과세하고 있다.

02 ④ 퇴직소득과 양도소득은 분류과세한다.

03 ③ 소득세의 과세기간은 연중에 사업개시나 폐업이 있더라도 바뀌지 않는다.

04 ④ 비거주자란 거주자가 아닌 개인을 말한다. 거주자란 국내에 주소를 두거나 183일 이상의 거소를 둔 개인을 말한다.

05 다음 중 소득세법에 관한 설명으로 옳지 않은 것은? [제83회]

① 소득세의 과세기간은 1/1~12/31을 원칙으로 하며, 사업자의 선택에 의하여 이를 변경할 수 없다.
② 거주자의 소득세 납세지는 원칙적으로 주소지로 한다.
③ 소득세법은 종합과세제도이므로 거주자의 모든 소득을 반드시 합산하여 과세한다.
④ 소득세의 과세기간은 사업개시나 폐업의 영향을 받지 않는다.

06 다음 내용을 보고, 소득세법 및 부가가치세법의 내용으로 잘못된 것은? [제36회]

- 거주자인 갑은 서울 영등포구 영등포동에서 ○○의류샵을 운영하고, 서울 서초구 서초동에서 ××음식점을 운영하고 있다.
- 갑의 주소지는 서울 서초구 서초동에 있다.
- 갑은 사업자단위과세제도 및 주사업장총괄납부 대상자가 아니며 영등포동과 서초동은 각각 영등포세무서와 서초세무서 관할이다.

① 갑의 부가가치세에 대한 관할세무서는 ○○의류샵에 대하여는 영등포세무서이고, ××음식점에 대하여는 서초세무서이다.
② 갑의 소득세 신고에 대한 관할세무서는 ○○의류샵에 대하여는 영등포세무서이고, ××음식점에 대하여는 서초세무서이다.
③ 갑이 부가가치세 신고 시에는 ○○의류샵에서 발생한 내역과 ××음식점에서 발생한 내역을 별도의 신고서에 작성하여 각각 신고하여야 한다.
④ 갑이 소득세 신고 시에는 ○○의류샵에서 발생한 내역과 ××음식점에서 발생한 내역을 합산하여 하나의 신고서에 작성하여 신고하여야 한다.

정답 및 해설

05 ③ 소득세법은 종합과세, 분류과세, 분리과세의 방법을 통하여 대상 소득을 과세한다. 종합소득세는 분류과세 적용소득과 분리과세 적용소득을 제외한 모든 소득을 합산하여 종합소득금액을 구하고 이를 기초로 계산한다.

06 ② 거주자의 소득세 납세지는 그 주소지로 한다.

제2절 종합소득금액의 계산

01 종합소득금액의 계산구조

빈출 최근 71회 시험 중 22회 기출

종합소득금액이란 종합과세가 적용되는 모든 소득의 금액을 합산한 것을 말한다. 따라서, 이는 이자소득, 배당소득, 사업소득, 근로소득, 연금소득, 기타소득 중 분리과세 적용소득을 제외한 개념이며, 법 소정의 비과세 소득을 제외한 개념이다.

각 소득종류별 소득금액은 '총수입금액'(소득세법상 수익)에서 '필요경비'(소득세법상 비용)를 차감하여 계산한다. 다만, 이자소득과 배당소득에는 그 성격상 필요경비가 인정되지 않고, 근로소득과 연금소득에 대하여는 필요경비 대신 법 소정의 근로소득공제 및 연금소득공제를 사용한다.

종합소득금액의 계산구조는 다음과 같다.

이자소득 총수입금액(비과세, 분리과세 제외)			=	이자소득금액
				+
배당소득 총수입금액(비과세, 분리과세 제외)			=	배당소득금액
				+
사업소득 총수입금액(비과세 제외)	-	필요경비	=	사업소득금액
				+
근로소득 총수입금액(비과세, 분리과세 제외)	-	근로소득공제	=	근로소득금액
				+
연금소득 총수입금액(비과세, 분리과세 제외)	-	연금소득공제	=	연금소득금액
				+
기타소득 총수입금액(비과세, 분리과세 제외)	-	필요경비	=	기타소득금액
				종합소득금액

기출확인문제

다음 중 소득세법상 총수입금액과 소득금액이 동일한 것은? (제68회)

① 사업소득　　② 기타소득
③ 근로소득　　④ 이자소득

정답 ④

해설
사업소득과 기타소득은 필요경비 차감 후, 근로소득은 근로소득공제 차감 후 소득금액을 산출한다.

02 이자소득

(1) 이자소득의 범위

예금·적금의 이자	· 국내 또는 국외에서 받는 예금·적금의 이자
채권·증권의 이자	· 국가, 내국법인, 외국법인의 국내지점 등에서 발행한 채권·증권의 이자와 할인액 · 금융기관이 취급하는 채권·증권의 환매조건부 매매차익
단기저축성보험의 보험차익	· 단기저축성보험이란 보험계약기간이 10년 미만이면서 만기에 원금을 돌려받는 보험을 말한다. 참고 보험계약기간이 10년 이상인 장기저축성보험의 보험차익으로서 법 소정 요건을 충족하는 경우 과세되지 않는다. (비과세)
직장공제회 초과반환금	· 직장공제회 초과반환금 = 퇴직 시 직장공제회로부터 받는 반환금 - 납입했던 금액
비영업대금이익	· 비영업대금이익이란 은행업·금전대부업을 주업으로 하지 않는 일반기업이 자금에 여유가 생겨 일시적·비반복적으로 타인에게 금전을 대여하고 받는 이자를 말한다.
유사이자소득	· 위와 유사한 소득

(2) 이자소득금액의 계산

이자소득금액은 해당 연도의 총수입금액으로 하며, 필요경비는 인정되지 않는다.

이자소득금액 = 이자소득 총수입금액(비과세소득과 분리과세소득은 제외)

(3) 이자소득에 대한 원천징수

이자소득을 지급하는 자는 지급액에 다음 세율을 곱한 금액을 원천징수하여야 한다.

- 일반적인 이자소득 : 14%
- 비영업대금이익 : 25%[1)]
- 비실명 이자소득 : 45%(금융실명거래 위반 시에는 90%)
- 직장공제회 초과반환금[2)] : 기본세율(6~45%)

1) 비영업대금이익에 대해서는 일반적인 이자소득보다 높은 원천징수세율이 적용된다.

2) 직장공제회 초과반환금은 그 성격이 퇴직소득과 유사하기 때문에 퇴직소득에 대한 원천징수세율과 동일하다. 이에 대한 구체적인 계산방법은 전산세무 자격시험의 출제범위를 벗어난다.

03 배당소득

(1) 배당소득의 범위

일반배당	· 내국법인 또는 외국법인으로부터 받는 이익 및 잉여금의 배당
의제배당	· 피투자회사의 합병, 분할, 해산, 자본감소 등으로 인한 의제배당 참고 피합병법인 등의 주주로서 받는 대가가 소멸되는 기존 주식의 취득가액을 초과하는 경우 그 초과액은 해당 주주의 배당소득으로 간주된다. · 피투자회사의 잉여금 자본전입(무상주)으로 인한 의제배당 참고 회사의 이익잉여금을 자본금으로 전입함에 따라 무상주를 교부하는 경우 그 무상주는 해당 주주의 배당소득으로 간주된다.
인정배당	· 법인세법에 따라 배당으로 소득처분된 금액 참고 법인세법에 따라 회사에 대한 세무조정을 하는 과정에서 회사의 이익이 주주에게 귀속된 것으로 확인되는 경우 이는 해당 주주의 배당소득으로 처리된다.
집합투자기구로부터의 이익	· 국내 또는 국외에서 받는 투자신탁, 펀드 등으로부터의 이익
출자공동사업자의 배당소득	· 공동대표로 있는 사업체에서 발생하는 소득금액 중 출자공동사업자의 손익분배비율에 해당하는 금액 참고 출자공동사업자란 사업체에 공동대표로 있으면서 출자를 하고 손익을 분배받지만 경영에는 참여하지 아니하는 자를 말하며, 상법에서는 이를 '익명조합원' 이라고 부른다.
유사배당소득	· 위와 유사한 소득

(2) 배당소득금액의 계산

배당소득금액은 해당 연도의 총수입금액으로 하며, 필요경비는 인정되지 않는다. 다만, 개인주주의 배당소득 중 법 소정 요건을 충족하는 금액에 대해서는 이중과세 조정을 위하여 배당가산액을 더한 금액을 배당소득금액으로 한다.

배당소득금액 = 배당소득 총수입금액(비과세소득과 분리과세소득은 제외) + 배당가산액[1]

[1] 법 소정 요건을 충족하는 배당소득 × 10%

(3) 배당가산액

법인단계에서 이익이 발생하면 이에 대하여 법인세가 과세되고 그 이익을 주주에게 배당할 때 배당소득에 대하여 다시 주주단계에서 소득세가 과세되는데 이를 '배당소득에 대한 이중과세'라고 한다.

현행 소득세법에서는 이러한 배당소득의 이중과세 문제를 해결하기 위하여 'Gross-up 제도'를 적용하고 있는데, 이는 개인주주에게 배당에 대한 소득세를 과세할 때 해당 소득에 대한 법인세 상당액인 '배당가산액'을 배당소득금액에 가산하여 소득세를 계산한 후 그 금액을 다시 세액 자체에서 공제(배당세액공제)하는 방식을 말한다.

여기서 '배당가산액'은 '귀속법인세' 또는 'Gross-up 금액'이라고도 하며, 현행 소득세법상 배당가산율은 법인세율가정치를 고려하여 10%[1]로 정해져 있다.

[1] 법인세율가정치/(1 - 법인세율가정치) = 9%/(1 - 9%) = 10%

그러나 주의할 점은, 현행 소득세법에 따르면 개인주주가 받는 모든 배당소득에 대하여 Gross-up이 적용되는 것은 아니고 법 소정 요건을 충족하는 경우에만 적용되고 있다는 점이다. 특히, 해당 배당소득이 종합과세되어야 한다는 요건이 있기 때문에 금융소득이 2,000만 원을 초과하지 않는 자의 경우에는 이러한 배당가산액이 적용되지 않는다.

[사례] 다음 사례를 통하여 Gross-up 방식의 조정과정을 살펴보자.

- 법인세율은 9%, 소득세율은 30%, 배당가산율은 10%라고 가정
- Case 1 : 개인기업을 영위하는 개인사업자가 회사의 이익을 사업소득으로 가져오는 경우
- Case 2 : Gross-up 제도가 없는 환경하에서, 법인기업에 100% 지분을 가지고 있는 개인이 회사의 이익을 배당소득으로 가져오는 경우 (→ 배당소득 이중과세문제가 발생)
- Case 3 : Gross-up 제도가 있는 환경하에서, 법인기업에 100% 지분을 가지고 있는 개인이 회사의 이익을 배당소득으로 가져오는 경우 (→ 배당소득 이중과세문제가 해결됨)

[풀이] (단위 : 원)

구 분	Case 1	Case 2	Case 3
기업의 당기 이익	개인기업 1,000	법인기업 1,000	법인기업 1,000
법인세 납부액(㉠)	-	90 (= 1,000 × 9%)	90 (= 1,000 × 9%)
개인의 총수입금액	사업소득 1,000	배당소득 910	배당소득 910
Gross-up 금액	-	-	91 (= 910 × 10%)
개인의 소득금액	사업소득금액 1,000	배당소득금액 910	배당소득금액 1,001
소득세 산출세액	300 (= 1,000 × 30%)	273 (= 910 × 30%)	301 (= 1,001 × 30%)
배당세액공제	-	-	91 (= Gross-up 금액)
소득세 납부액(㉡)	300	273	210
세금부담액(= ㉠ + ㉡)	300	363	300

(4) 배당소득에 대한 원천징수

배당소득을 지급하는 자는 지급액에 다음과 같은 세율을 곱한 금액을 원천징수하여야 한다.

- 일반적인 배당소득 : 14%
- 출자공동사업자의 배당소득 : 25%[1)]
- 비실명 배당소득 : 45%(금융실명거래 위반 시에는 90%)

[1)] 출자공동사업자 배당소득에 대해서는 일반적인 배당소득보다 높은 원천징수세율이 적용된다.

04 금융소득의 과세방법

최근 71회 시험 중 2회 기출

금융소득이란 이자소득과 배당소득을 합산한 것을 말한다. 금융소득에 대한 과세방법은 다음과 같다.

무조건 분리과세	· 비실명 이자·배당소득 · 직장공제회 초과반환금
조건부 종합과세	· 대상 금융소득의 연 합계액이 2,000만 원 초과인 경우 : 종합과세 · 대상 금융소득의 연 합계액이 2,000만 원 이하인 경우 : 분리과세
무조건 종합과세	· 원천징수되지 않은 이자·배당소득 예 국외에서 받은 금융소득으로서 조세조약에 따라 원천징수 되지 않은 것 · 출자공동사업자의 배당소득 참고 공동사업자에 해당하므로 일반사업자가 획득하는 사업소득이 항상 종합과세된다는 점과 형평성을 제고하기 위한 취지임

참고 금융소득의 과세방법 요약

구 분	원천징수 여부	납세방법
이자소득	O	· 무조건 분리과세 · 조건부 종합과세(금융소득 2,000만 원 기준) · 무조건 종합과세
배당소득		

05 사업소득

빈출 최근 71회 시험 중 18회 기출

(1) 사업소득의 범위

사업소득이란 영리를 목적으로 자기의 계산과 책임하에 계속적·반복적으로 행하는 활동을 통하여 얻는 소득을 말한다. 농업, 어업, 제조업, 도소매업, 건설업, 부동산임대업, 부동산매매업 등 모든 업종에서 계속적·반복적으로 발생하는 소득은 사업소득으로 과세된다.

기출포인트

토지·건물 등 부동산은 양도소득세의 과세대상자산에 해당한다. 이러한 부동산의 매각이 일시적·우발적으로 발생한다면 양도소득으로 과세되나, 계속적·반복적으로 발생한다면 사업소득으로 과세된다.

(2) 사업의 범위에서 제외되는 것(과세제외)

다음에 해당하는 경우에는 사업소득으로 보지 않는다.

· 농업 중 식량작물재배업
· 계약에 따라 대가를 받으면서 행하는 것이 아닌 연구·개발업
· 유아교육법에 따른 유치원, 초·중등교육법 및 고등교육법에 따른 학교의 교육사업
· 사회복지사업법에 따른 사회복지사업

(3) 비과세 사업소득

사업소득 중 다음의 소득에 대해서는 소득세를 과세하지 않는다.

- 논·밭 임대소득
  - 논·밭을 작물 생산에 이용하게 함으로써 발생하는 논·밭 임대소득
- 1주택자의 주택임대소득[1)]
  - 1개의 주택을 소유하는 자의 주택임대소득(단, 기준시가 12억 원을 초과하는 고가 주택 또는 국외 소재 주택은 제외)
- 농·어가 부업소득
  - 농·어민이 부업으로 하는 축산, 특산물 제조, 민박, 음식물 판매 등에서 얻는 소득으로서, 법 소정 규모 이하의 축산이거나 소득금액 합계액이 연 3,000만 원 이하인 것
- 전통주 제조소득
  - 수도권 밖의 읍·면지역에서 전통주를 제조하여 얻는 소득으로서, 소득금액 합계액이 연 1,200만 원 이하인 것
- 조림기간 5년 이상이고 소득금액 600만 원 이하인 산림소득
  - 조림기간 5년 이상인 임목의 벌채 및 양도에서 얻는 소득으로서, 소득금액 합계액이 연 600만 원 이하인 것
- 식량 이외의 작물재배업 소득
  - 식량작물재배업 이외의 작물재배업에서 발생하는 소득으로서, 총수입금액 합계액이 연 10억 원 이하인 것
- 어로어업·양식어업 소득
  - 어로어업(연근해어업과 내수면어업) 또는 양식어업에서 발생하는 소득으로서, 소득금액 합계액이 연 5,000만 원 이하인 것

[1)] 여기에 해당하면 그 금액에 관계없이 비과세

(4) 사업소득금액의 계산

사업소득금액은 해당 연도의 총수입금액에서 필요경비를 차감한 금액으로 한다.

사업소득금액 = 사업소득 총수입금액(비과세소득은 제외) - 필요경비

(5) 총수입금액

사업소득의 총수입금액이란 소득세법상 인정되는 사업소득의 수익금액이라 할 수 있다. 사업소득의 총수입금액의 범위를 판단함에 있어서 주의가 요구되는 주요 항목들은 다음과 같다.

구 분	사업소득 총수입금액에 포함 여부	비 고
자산수증이익 채무면제이익	O (사업과 관련된 부분만 포함)	· 사업과 관련 없는 자산수증이익이나 채무면제이익은 소득세가 아니라 증여세가 과세된다.
보험차익	O (사업용 자산과 관련된 부분만 포함)	· 사업용 자산이 아닌 자산의 손실로 인한 보험차익은 과세대상이 아니다. (과세제외)
이자수익 배당금수익	X	· 사업 운영 과정에서 이자수익이나 배당금수익이 발생하였다 하더라도, 이는 사업소득이 아니라 각각 이자소득과 배당소득으로 과세된다.

고정자산처분이익	O (복식부기의무자의 사업용 유형고정자산인 경우만 포함)	· 토지, 건물 등 부동산의 처분이익 : 양도소득으로 과세 · 무형자산 중 광업권, 어업권, 산업재산권 등의 처분이익 : 기타소득으로 과세 · 복식부기의무자의 사업용 유형고정자산(부동산 제외) 처분이익 : 사업소득으로 과세 · 그 밖의 사업용 고정자산 양도차익 : 과세대상이 아님(미열거소득) 예 간편장부대상자의 사업용 기계장치 처분이익
소득세 및 지방소득세의 환급금	X	· 소득세 및 지방소득세는 납부하더라도 필요경비로 인정되지 않으며, 환급받더라도 총수입금액으로 보지 않는다. · 소득세 및 지방소득세의 환급 시 덧붙여지는 이자상당액도 총수입금액으로 보지 않는다.
부가가치세 매출세액	X	· 매출 시 거래상대방으로부터 받는 부가가치세 매출세액(부가세예수금)은 부가가치세 신고 시 납부하여야 하는 부채이므로 총수입금액으로 보지 않는다.

| 용어 알아두기 |

• 복식부기의무자 : 간편장부대상자 외의 사업자

• 간편장부대상자 : 업종별 일정 규모 미만의 사업자(예 제조업 : 직전 연도 수입금액 1억 5천만 원 미만)

(6) 필요경비

사업소득의 필요경비란 소득세법상 인정되는 사업소득의 비용금액이라 할 수 있다. 사업소득의 필요경비의 범위를 판단함에 있어서 주의가 요구되는 주요 항목들은 다음과 같다.

구 분	사업소득 필요경비에 포함 여부	비 고
가사관련경비, 업무무관경비	X	사업과 관련없는 지출은 사업소득의 필요경비로 인정되지 않는다.
사업자 본인(대표자)의 급여와 퇴직급여	X	개인 기업에서의 사업자 본인의 급여와 퇴직급여는 그 성격상 법인 기업에서의 배당과 차이가 없으므로, 해당 사업소득의 계산에 있어서 필요경비로 인정되지 않는다.
벌금, 과태료, 가산세	X	벌칙 효과 극대화 차원에서, 법규 위반으로 인하여 납부하는 벌금, 과태료, 가산세 등은 필요경비로 인정되지 않는다.
소득세 및 지방소득세의 납부액	X	소득금액을 기초로 소득세 및 지방소득세를 계산하는 점을 감안하여(즉, 순환모순을 방지하기 위하여), 소득세 및 지방소득세 납부액은 필요경비로 인정되지 않는다.
부가가치세 매입세액	X	매입 시 거래상대방에게 지급하는 부가가치세 매입세액(부가세대급금)은 부가가치세 신고를 통하여 환급받게 되는 자산이므로 필요경비로 인정되지 않는다.

(7) 주택의 임대소득

사업소득 중 주택임대소득에 대한 소득세법상 주요 규정은 다음과 같다.

- 1주택자의 주택임대소득[1]은 비과세한다. (단, 기준시가 12억 원을 초과하는 고가 주택 또는 국외 소재 주택은 과세)
- 부가가치세법상 간주임대료와 유사한 개념이 소득세법에도 있는데, 이는 거주자가 3주택 이상을 소유하고 있고 보증금 합계액이 3억 원을 초과하는 경우에만 적용한다.
- 주택 수를 계산할 때 본인과 배우자가 각각 주택을 소유하는 경우에는 이를 합하여 계산한다.
- 총수입금액의 합계액이 연 2,000만 원 이하인 자의 주택임대소득(소규모 주택임대소득)은 종합소득과세표준에 합산하지 않고 특례규정에 따라 종합소득 결정세액을 계산할 수 있다.

[1] 여기에 해당하면 그 금액에 관계없이 비과세

(8) 특정사업소득에 대한 원천징수

일반적인 사업소득이 있는 자에게 대금을 지급하는 자는 원천징수를 하지 않아도 된다. 그러나 인적용역 등 특정한 사업소득만 있는 자에게 소득을 지급하는 자는 지급액에 다음 세율을 곱하여 원천징수하여야 한다.

- 부가가치세 면세대상인 의료보건용역 및 인적용역 : 3%
- 봉사료 : 5%

(9) 간편장부대상자에 해당하는 보험모집인 등에 대한 사업소득의 연말정산

부가가치세 면세대상인 인적용역 중 간편장부대상자(직전 연도 수입금액 7,500만 원 미만)에 해당하는 보험모집인, 방문판매원, 음료배달원에게 소득을 지급하는 원천징수의무자는 해당 사업소득에 대한 연말정산을 다음 연도 2월에 하여야 한다.

(10) 사업소득의 과세방법

사업소득은 분리과세가 적용되지 않고 종합과세만 적용된다. 따라서, 사업소득을 수령하는 자는 원칙적으로 다음 연도 5월에 종합소득세 확정신고를 하여야 한다. 다만, 연말정산되는 사업소득만 있는 자는 종합소득세 확정신고를 하지 않아도 된다.

참고 사업소득의 과세방법 요약

구 분	원천징수 여부	연말정산 여부	납세방법
일반적인 사업소득	X	X	종합과세
특정사업소득	O	O (간편장부대상자인 보험모집인 등의 경우만 해당)	종합과세[1]

[1] 연말정산되는 사업소득만 있는 자는 종합소득세 확정신고 생략 가능

기출확인문제

소득세법상 사업소득과 관련된 다음 설명 중 적절하지 않은 것은? (제41회 수정) ① 간편장부대상자의 사업용 유형고정자산(부동산 제외)의 양도로 인해 발생한 처분이익은 소득세 과세대상이 아니다. ② 사업소득에 대해서도 원천징수하는 경우가 있다. ③ 사업소득에 대해서도 연말정산 하는 경우가 있다. ④ 사업소득에서 발생한 은행예금에 대한 이자수익은 사업소득의 총수입금액에 산입된다.	정답 ④ 해설 은행예금에 대한 이자수익은 이자소득으로 과세된다.

06 근로소득

빈출 최근 71회 시험 중 23회 기출

(1) 근로소득의 범위

근로소득이란 고용계약에 따라 비독립적 지위에서 근로를 제공하고 받는 다음과 같은 각종 대가를 말한다.

- 근로를 제공함으로써 받는 봉급·상여·수당과 이와 유사한 성질의 급여(일반급여)
- 법인의 주주총회 또는 이에 준하는 의결기관의 결의에 따라 상여로 받는 소득(잉여금 처분에 의한 상여)
- 법인세법에 따라 상여로 소득처분된 금액(인정상여)
- 임원의 퇴직금 중에서 법인세법과 소득세법 규정에 따라 퇴직소득으로 인정되지 않고 근로소득으로 간주되는 금액(법인세법 및 소득세법에 따른 임원퇴직금 한도초과액)
- 발명진흥법에 따른 직무발명으로 회사로부터 재직 중에 받는 보상금(단, 연 700만 원 이하의 금액은 비과세)

(2) 근로소득에 포함되는 것

근로소득에는 다음의 소득이 포함된다.

- 법인의 임직원이 고용 관계에 따라 부여받은 주식매수선택권(스톡옵션)을 재직 중에 행사함으로써 얻는 이익
- 사택을 제공받음으로써 얻는 이익(단, ㉠ 비출자임원(주주가 아닌 임원을 말하며, 소액주주인 임원을 포함함)과 ㉡ 직원(임원이 아닌 종업원)이 사택을 제공받음으로써 얻는 이익은 비과세)[1)]

  1) 출자임원이 사택을 제공받음으로써 얻는 이익만 과세됨
- 종업원이 계약자이거나 종업원 및 가족을 수익자로 하는 보험에 대하여 사용자(회사)가 부담하는 보험료(단, 단체순수보장성보험 및 단체환급부보장성보험의 보험료 중 1인당 연 70만 원 이하의 금액은 비과세)
- 종업원이 주택의 구입·임차자금을 저리 또는 무상으로 대여받음으로써 얻는 이익(단, 중소기업 종업원이 대여받음으로써 얻는 이익은 비과세)
- 공무원이 국가·지방자치단체로부터 공무 수행과 관련하여 받는 상금과 부상(단, 연 240만 원 이하의 금액은 비과세)

(3) 근로소득에 포함되지 않는 것(과세제외)

다음에 해당하는 경우에는 근로소득으로 보지 않는다.

- 사회통념상 타당하다고 인정되는 범위 내의 경조금

(4) 비과세 근로소득

근로소득 중 다음의 소득에 대해서는 소득세를 과세하지 않는다.

① 실비변상적인 성질의 급여

- 일직료·숙직료 또는 여비(출장비)로서 실제 지출한 영수증에 의해 환급받거나 회사의 지급규정에 의해 지급받는 실비변상 정도의 금액
- 자가운전보조금[1] 중 월 20만 원 이내의 금액

[1] 종업원의 소유 차량 또는 종업원 본인 명의로 임차한 차량을 종업원이 직접 운전하여 회사의 업무수행에 이용하고 시내출장 등에 소요된 실제 여비를 받는 대신 회사의 지급규정에 따라 받는 금액을 말한다.

- 학교의 교원이거나 법 소정 연구부서의 연구원이 받는 연구활동비 중 월 20만 원 이내의 금액
- 신문·방송사의 기자가 받는 취재수당 중 월 20만 원 이내의 금액
- 근로자가 산간 등 외진 곳에서 근무함으로 인하여 받는 벽지수당 중 월 20만 원 이내의 금액
- 근로자가 천재지변이나 그 밖의 재해로 인하여 받는 급여

② 국외근로소득

국외에서 근로를 제공하고 받는 보수 중 월 100만 원(단, 원양어선 또는 국외건설은 월 500만 원) 이내의 금액

③ 법 소정 요건을 충족하는 생산직 근로자의 초과근로수당 중 연 240만 원 이내의 금액

④ 식사 또는 식사대

- 사내급식 등 현물로 제공받는 식사 기타 음식물
- 위 식사 기타 음식물을 제공받지 않는 근로자가 받는 식사대 중 월 20만 원 이내의 금액

⑤ 출산 및 자녀보육 수당

근로자 또는 그 배우자의 출산이나 6세 이하 자녀의 보육과 관련하여 지급받는 급여 중 월 20만 원 이내의 금액

⑥ 법 소정 요건을 충족하는 근로자 본인에 대한 업무 관련 교육비

⑦ 발명진흥법에 따른 직무발명으로 회사로부터 재직 중에 받는 보상금 중 연 700만 원 이하의 금액[1]

[1] 사업자·지배주주의 특수관계인에 해당하는 경우에는 전액 과세

⑧ 복리후생적 성질의 급여

- ㉠ 비출자임원(주주가 아닌 임원을 말하며, 소액주주인 임원을 포함함)과 ㉡ 직원(임원이 아닌 종업원)이 사택을 제공받음으로써 얻는 이익
- 단체순수보장성보험 및 단체환급부보장성보험의 보험료 중 1인당 연 70만 원 이하의 금액
- 중소기업의 종업원이 주택의 구입·임차 자금을 저리 또는 무상으로 대여 받음으로써 얻는 이익[1]

[1] 사업자·지배주주의 특수관계인에 해당하는 경우에는 전액 과세

- 공무원이 국가·지방자치단체로부터 공무 수행과 관련하여 받는 상금과 부상 중 연 240만 원 이하의 금액
- 사업주가 영유아보육법에 따라 직장어린이집을 설치·운영하거나 지역의 어린이집과 위탁계약을 맺고 그 비용을 부담함으로써 해당 사업장의 종업원이 얻는 이익

⑨ 4대 보험료의 법정 회사부담금

국민연금, 국민건강보험, 노인장기요양보험, 고용보험 보험료의 법령에 따른 회사(사용자) 부담금

⑩ 그 외

- 복무 중인 현역병 등이 받는 급여
- 고용보험법에 따라 받는 실업급여, 육아휴직급여, 산전후휴가급여
- 산업재해보상법에 따라 받는 요양급여, 휴업급여, 장해급여, 유족급여

(5) 근로소득의 수입시기

구 분	근로소득의 수입시기
일반급여	근로를 제공한 날
환율인상, 급여인상 등의 이유로 차액을 추가로 지급하는 경우	당초 근로를 제공한 날
잉여금 처분에 의한 상여	해당 법인의 잉여금 처분결의일
인정상여	해당 법인 사업연도 중의 근로를 제공한 날
주식매수선택권(스톡옵션)	주식매수선택권을 행사한 날

(6) 근로소득금액의 계산

근로소득의 총수입금액을 총급여액이라고 하며, 근로소득금액은 해당 연도의 총급여액에서 근로소득공제를 차감한 금액으로 한다.

근로소득금액 = 총급여액(비과세소득과 분리과세소득은 제외) - 근로소득공제

참고 근로소득공제

총급여액	근로소득공제[1]
500만 원 이하	총급여액 × 70%
500만 원 초과 1,500만 원 이하	350만 원 + (총급여액 - 500만 원) × 40%
1,500만 원 초과 4,500만 원 이하	750만 원 + (총급여액 - 1,500만 원) × 15%
4,500만 원 초과 1억 원 이하	1,200만 원 + (총급여액 - 4,500만 원) × 5%
1억 원 초과	1,475만 원 + (총급여액 - 1억 원) × 2%

[1] 근로소득공제액 한도 : 2,000만 원

(7) 근로소득에 대한 원천징수

근로소득을 지급하는 자는 다음과 같은 방법으로 계산된 세액을 원천징수하여야 한다.

상용근로자	간이세액표에 의한 세액
일용근로자	(일급여액 - 일 150,000원) × 6% - 근로소득세액공제 = (일급여액 - 일 150,000원) × 6% - {(일급여액 - 일 150,000원) × 6%} × 55%

[사례] 일용근로자에게 2일 치 근무수당 400,000원(1일당 200,000원)을 지급할 때 원천징수하여야 할 소득세액은?

[풀이] [{400,000원 - (2일 × 150,000원)} × 6%] - [{400,000원 - (2일 × 150,000원)} × 6%] × 55%
= 2,700원

(8) 상용근로자의 근로소득에 대한 연말정산

상용근로자에게 근로소득을 지급하는 원천징수의무자는 해당 근로소득에 대한 연말정산을 다음 연도 2월에 하여야 한다.

일용근로자에게 지급하는 근로소득에 대해서는 전액 분리과세가 적용되므로(즉, 원천징수 절차만으로 일용근로자의 납세의무가 종결되므로) 연말정산 절차가 별도로 필요하지 않다.

(9) 근로소득의 과세방법

상용근로자의 근로소득은 종합과세가 적용되고 일용근로자의 근로소득은 분리과세가 적용된다. 다만, 상용근로자라 하더라도 근로소득만 있는 경우에는 소득금액이 전액 연말정산되므로 종합소득세 확정신고를 하지 않아도 된다.

참고 근로소득의 과세방법 요약

구 분	원천징수 여부	연말정산 여부	납세방법
상용근로자	O	O	종합과세[1]
일용근로자	O	X	분리과세

[1] 근로소득만 있는 자는 종합소득세 확정신고 생략 가능

07 연금소득

최근 71회 시험 중 6회 기출

(1) 연금소득의 범위

연금소득이란 해당 과세기간에 발생한 다음의 소득을 말한다.

구 분	소득의 범위
공적연금	국민연금법, 공무원연금법, 군인연금법, 사립학교교직원연금법 등 공적연금 관련법에 따라 받는 각종 연금(2002. 1. 1. 이후 불입분을 기초로 하여 받는 것만 과세함)
사적연금	연금저축 및 퇴직연금의 연금계좌에서 수령하는 연금

(2) 비과세 연금소득

연금소득 중 다음의 소득에 대해서는 소득세를 과세하지 않는다.

- 공적연금 관련법에 따라 받는 유족연금, 장애연금, 장해연금, 상이연금, 연계노령유족연금 또는 연계퇴직유족연금
- 산업재해보상법에 의하여 지급받는 각종 연금
- 국군포로의 송환 및 대우 등에 관한 법률에 따른 국군포로가 받는 연금

(3) 연금소득금액의 계산

연금소득의 총수입금액을 총연금액이라고 하며, 연금소득금액은 해당 연도의 총연금액에서 연금소득공제를 차감한 금액으로 한다.

연금소득금액 = 총연금액(비과세소득과 분리과세소득은 제외) − 연금소득공제

참고 연금소득공제

연금소득공제는 다음의 금액으로 하되, 공제액이 900만 원을 초과하는 경우에는 900만 원을 한도로 한다.

총연금액	연금소득공제액
350만 원 이하	총연금액
350만 원 초과 700만 원 이하	350만 원 + (총연금액 - 350만 원) × 40%
700만 원 초과 1,400만 원 이하	490만 원 + (총연금액 - 700만 원) × 20%
1,400만 원 초과 4,100만 원 이하	630만 원 + (총연금액 - 1,400만 원) × 10%
4,100만 원 초과	900만 원(한도액)

(4) 연금소득에 대한 원천징수

연금소득을 지급하는 자는 다음과 같은 방법으로 계산된 세액을 원천징수하여야 한다.

공적연금	간이세액표에 의한 세액
사적연금	지급액 × 3~5%(연령 및 유형에 따라 차등 적용)

(5) 공적연금의 연금소득에 대한 연말정산

공적연금을 지급하는 원천징수의무자는 해당 연금소득에 대한 연말정산을 다음 연도 1월에 하며, 사적연금에 대해서는 연말정산 절차가 없다.

(6) 연금소득의 과세방법

공적연금의 연금소득은 종합과세가 적용된다. 다만, 공적연금의 연금소득만 있는 자는 소득금액이 전액 연말정산되므로 종합소득세 확정신고를 하지 않아도 된다.

사적연금의 연금소득은 원칙적으로 종합과세가 적용된다. 그러나, 예외적으로 사적연금의 총연금액이 연 1,500만 원 이하인 경우에는 납세의무자의 선택에 따라 분리과세를 적용받을 수 있다. (선택적 분리과세) 또한, 사적연금의 총연금액이 연 1,500만 원을 초과하는 경우에도 이를 종합소득과세표준에 합산하지 않고 특례규정에 따라 종합소득 결정세액을 계산할 수 있다.

참고 연금소득의 과세방법 요약

구 분	원천징수 여부	연말정산 여부	납세방법
공적연금	O	O	종합과세[1]
사적연금	O	X	· 원칙 : 종합과세[2] · 예외 : 선택적 분리과세(총연금액 1,500만 원 기준)

[1] 공적연금의 연금소득만 있는 자는 종합소득세 확정신고 생략 가능

[2] 사적연금의 총연금액이 연 1,500만 원을 초과하는 경우에도 특례규정에 따라 종합소득 결정세액을 계산 가능

08 기타소득

(1) 기타소득의 범위

기타소득이란 이자소득, 배당소득, 사업소득, 근로소득, 연금소득, 퇴직소득, 양도소득 이외의 소득으로서 소득세법에 열거된 것을 말한다. 기타소득은 일시적·우발적으로 발생하는 소득이라는 특징을 가지고 있다.

소득세법에서 열거하고 있는 기타소득의 범위는 다음과 같다.

상금, 당첨금	· 상금·현상금·포상금 또는 이에 준하는 금품 · 복권, 경품권, 그 밖의 추첨권에 당첨되어 받는 금품 · 승마투표권·승자투표권의 구매자가 받는 환급금 · 슬롯머신 등의 당첨금품
양도 또는 대여로 얻는 소득	· 저작자·음반제작자 이외의 자가 저작권을 양도하거나 대여하고 받는 금품 · 광업권, 어업권, 산업재산권 등을 양도하거나 대여하고 받는 금품 · 일시적으로 물품 또는 장소를 대여하고 받는 금품 · 통신판매중개를 하는 자를 통하여 물품 또는 장소를 대여(예 카풀 서비스, 주차장 대여)하고 받는 금품으로서 총수입금액이 연 500만 원 이하인 것 · 공익사업과 관련하여 지상권·지역권을 설정 또는 대여하고 받는 금품 · 서화·골동품의 양도로 발생하는 소득[1]으로서 개당 양도가액이 6,000만 원 이상인 것(단, 양도일 현재 생존해 있는 국내 원작자의 작품은 과세제외)
인적용역의 일시적 제공으로 얻은 소득	· 고용관계 없이 다수인에게 강연하고 받는 강연료 · 라디오·텔레비전 방송 등을 통하여 해설·심사 등을 하고 받는 보수 · 변호사·공인회계사·세무사 등 전문적 지식 또는 특별한 기능을 가진 자가 일시적으로 당해 지식을 활용하여 용역을 제공하고 받는 보수 · 그밖에 고용관계 없이 수당 또는 이와 유사한 성질의 대가를 받고 제공하는 용역
그 외 소득	· 문예창작소득(문예·학술·미술·음악·사진에 속하는 창작품에 대한 원작자로서 받는 대가) · 인정기타소득(법인세법에 따라 기타소득으로 소득처분된 금액) · 연금저축의 연금계좌에서 수령하는 일시금(연금저축 가입자가 수령액을 연금 형태가 아니라 일시금 형태로 받는 금액) · 퇴직 전에 부여받은 주식매수선택권(스톡옵션)을 퇴직 후에 행사함으로써 얻는 이익 · 발명진흥법에 따른 직무발명으로 회사로부터 퇴직 후에 받는 보상금(단, 연 700만 원 이하의 금액은 비과세) · 계약의 위약 또는 해약으로 인하여 받는 위약금, 배상금 및 그 법정이자 · 재산권에 관한 알선수수료 · 사례금(사무처리 또는 역무의 제공과 관련하여 사례의 뜻으로 상대방으로부터 지급받는 금품) · 뇌물, 알선수재 및 배임수재에 의하여 받은 금품 · 종교 관련 종사자가 종교단체로부터 받는 소득(종교인 소득)

[1] 서화·골동품의 양도로 발생하는 소득의 경우, 그 성격상 계속적·반복적인지 일시적·우발적인지의 구분이 모호한 면이 있으므로, 다음 중 어느 하나에 해당하는 경우에만 사업소득으로 구분하고, 그 외에는 기타소득으로 구분함
· 서화·골동품의 거래를 위하여 사업장 등 물적시설(인터넷 사이트 포함)을 갖춘 경우
· 서화·골동품을 거래하기 위한 목적으로 사업자등록을 한 경우

기출포인트

소득구분 시 주의해야 할 소득유형은 다음과 같다.

소득유형		소득구분
저작권의 양도 및 사용대가	저작자 자신에게 귀속	사업소득
	저작자 외의 자(저작권을 상속·증여·양도받은 자)에게 귀속	기타소득
인적용역의 제공	계속적·반복적	사업소득
	일시적	기타소득
원작자가 받는 저작권 사용료	계속적·직업적	사업소득
	일시적 문예창작소득	기타소득
물품 또는 장소의 대여	계속적·반복적	사업소득
	일시적	기타소득
	통신판매중개를 하는 자를 통하여 대여하고 총수입금액이 연 500만 원 이하인 것	기타소득
지상권·지역권의 설정 및 사용대가	공익사업과 관련된 것	기타소득
	그 외	사업소득
손해배상금	계약의 위약·해약으로 인하여 받는 것	기타소득
	육체적·정신적·물리적 피해로 인하여 받는 것	과세제외

용어 알아두기

- 지상권 : 타인의 토지에 건물 등을 지어서 소유하기 위하여 그 토지를 사용할 수 있는 권리
- 지역권 : 자기 토지의 이용가치를 증가시키기 위하여 타인의 토지를 일정한 방법으로 이용할 수 있는 권리

(2) 비과세 기타소득

기타소득 중 다음의 소득에 대해서는 소득세를 과세하지 않는다.

- 국가보안법, 상훈법 등에 따라 받는 상금과 부상(단, 공무원이 국가·지방자치단체로부터 공무 수행과 관련하여 받는 상금과 부상은 제외)
- 발명진흥법에 따른 직무발명으로 회사로부터 퇴직 후에 받는 보상금 중 연 700만 원 이하의 금액[1]
- 국가지정문화재로 지정된 서화·골동품의 양도로 발생하는 소득
- 서화·골동품을 박물관 또는 미술관에 양도함으로써 발생하는 소득
- 종교인 소득 중 법 소정 금액[2]

[1] 사업자·지배주주의 특수관계인에 해당하는 경우에는 전액 과세
[2] 예 식사 또는 식사대

(3) 기타소득금액의 계산

기타소득금액은 해당 연도의 총수입금액에서 필요경비를 차감한 금액으로 한다.

기타소득금액 = 기타소득 총수입금액(비과세소득과 분리과세소득은 제외) - 필요경비

(4) 필요경비

기타소득의 필요경비란 해당 과세기간의 기타소득 총수입금액에 대응하는 소득세법상 비용으로서 실제 발생한 금액으로 한다.

다만, 기타소득은 그 성격상 필요경비의 실제 발생 금액을 산정하기 어려운 점이 있기 때문에, 소득세법에서는 기타소득 중 일부 항목에 대하여 필요경비 산정방법을 다음과 같이 정하고 이를 필요경비 금액으로 인정하고 있다.

구 분	필요경비
· 상금·현상금·포상금 중에서 · 공익법인이 주무관청의 승인을 얻어 시상하는 상금 및 부상 · 다수가 순위 경쟁하는 대회에서 입상자가 받는 상금 및 부상 · 계약의 위약 또는 해약으로 인하여 받는 위약금과 배상금 중에서 주택입주 지체상금	필요경비로 인정되는 금액 = Max[㉠, ㉡] ㉠ 총수입금액 × 80% ㉡ 실제 발생 금액
· 광업권, 어업권, 산업재산권 등을 양도하거나 대여하고 받는 금품 · 통신판매중개를 하는 자를 통하여 물품 또는 장소를 대여하고 받는 금품으로서 총수입금액이 연 500만 원 이하인 것 · 공익사업과 관련하여 지상권·지역권을 설정 또는 대여하고 받는 금품 · 문예창작소득 · 인적용역의 일시적 제공	필요경비로 인정되는 금액 = Max[㉠, ㉡] ㉠ 총수입금액 × 60% ㉡ 실제 발생 금액
· 서화·골동품의 양도로 발생하는 소득	필요경비로 인정되는 금액 = Max[㉠, ㉡] ㉠ 총수입금액 × 80%(90%)[1)] ㉡ 실제 발생 금액
· 종교 관련 종사자가 종교단체로부터 받는 소득	필요경비로 인정되는 금액 = Max[㉠, ㉡] ㉠ 총수입금액 × (20%~80%) ㉡ 실제 발생 금액
· 승마투표권·승자투표권의 구매자가 받는 환급금	승마·승자투표적중자가 구입한 해당 투표권의 단위투표금액
· 슬롯머신 등의 당첨금품	당첨 당시에 슬롯머신에 투입한 금액

1) 서화·골동품의 보유기간이 10년 이상인 경우, 또는 총수입금액 1억 원 이하분에 대하여는 90%

(5) 과세최저한

기타소득이 다음 중 어느 하나에 해당하면 소득세를 과세하지 않는다.

- 일반적인 기타소득 : 건별로 기타소득금액이 5만 원 이하인 경우
- 승마투표권·승자투표권의 구매자가 받는 환급금 : 건별로 권면 표시금액이 10만 원 이하이고 환급금이 단위투표금액의 100배 이하이면서 200만 원 이하인 경우
- 복권 당첨금, 슬롯머신 등의 당첨금품 : 건별로 당첨금품이 200만 원 이하인 경우

(6) 기타소득에 대한 원천징수

기타소득을 지급하는 자는 다음과 같은 방법으로 계산된 세액을 원천징수 하여야 한다.

구 분	원천징수세율
일반적인 기타소득	기타소득금액 × 20%
복권, 승마투표권, 슬롯머신 등에서 받는 당첨금품	기타소득금액 × 20%(3억 원 초과분은 30%)
연금저축의 연금계좌에서 수령하는 일시금	기타소득금액 × 15%

다만, 다음 중 어느 하나에 해당하는 기타소득은 원천징수를 하지 않아도 된다.

- 뇌물, 알선수재 및 배임수재에 의하여 받은 금품[1]
- 계약의 위약 또는 해약으로 인하여 받는 위약금과 배상금 중 계약금이 위약금과 배상금으로 대체되는 경우[2]

[1] 무조건 종합과세

[2] · 선택적 분리과세
· 분리과세를 선택하는 경우, 원천징수세율 20%를 적용하여 세액을 계산

(7) 기타소득의 원천징수 사례

다음 각 사례에서 기타소득을 지급하는 자가 원천징수하여야 할 소득세 금액을 구하여 보자.

[사례1] 고용관계 없이 다수인에게 강연(인적용역의 일시적 제공)을 하고 강연료로서 120,000원을 받는 경우

[풀 이] 기타소득금액 = 총수입금액 - 필요경비 = 120,000원 - (120,000원 × 60%) = 48,000원
∴ 기타소득금액이 48,000원이므로 과세최저한(건별 기타소득금액 50,000원 이하) 규정에 따라 소득세가 과세되지 않기 때문에 0원(즉, 원천징수 없이 전액 지급하면 됨)

[사례2] 고용관계 없이 다수인에게 강연(인적용역의 일시적 제공)을 하고 강연료로서 500,000원을 받는 경우

[풀 이] 인적용역의 일시적 제공은 총수입금액의 60%가 필요경비로 인정된다.
∴ 기타소득금액 × 20% = {500,000원 - (500,000원 × 60%)} × 20% = 40,000원

[사례3] 사례금으로 500,000원을 받는 경우

[풀 이] 사례금은 총수입금액의 60%가 필요경비로 인정되는 항목이 아니다.
∴ 기타소득금액 × 20% = (500,000원 - 0원) × 20% = 100,000원

(8) 기타소득의 과세방법

기타소득은 원칙적으로 종합과세가 적용된다. 그러나, 예외적으로 일부 항목들에 대해서는 무조건 분리과세 또는 무조건 종합과세가 적용되고, 기타소득금액이 연 300만 원 이하인 경우에는 납세의무자의 선택에 따라 분리과세를 적용받을 수 있다. (선택적 분리과세)

무조건 분리과세	다음 중 어느 하나에 해당하는 기타소득은 항상 분리과세한다. · 서화·골동품의 양도로 발생하는 소득 · 복권, 승마투표권, 슬롯머신 등의 당첨금품 · 연금저축의 연금계좌에서 수령하는 일시금
무조건 종합과세	다음 중 어느 하나에 해당하는 기타소득은 항상 종합과세한다. · 뇌물, 알선수재 및 배임수재에 의하여 받은 금품
선택적 분리과세	대상 기타소득금액이 연 300만 원 이하인 경우 분리과세를 선택할 수 있다.

참고 기타소득의 과세방법 요약

구 분	원천징수 여부	납세방법
기타소득	O[1]	· 무조건 분리과세 · 무조건 종합과세 · 선택적 분리과세(기타소득금액 300만 원 기준)

[1] 뇌물, 알선수재 금품, 계약금에서 대체된 위약금에 대해서는 원천징수를 하지 않음

09 결손금과 이월결손금의 공제

최근 71회 시험 중 **12**회 기출

(1) 결손금의 공제

결손금이란 해당 과세기간의 필요경비가 총수입금액을 초과하는 경우 그 초과금액을 말하며, 소득세법상 결손금은 과세대상 소득의 성격상 사업소득과 양도소득에서만 인정된다.

종합소득금액의 계산에 있어서 사업소득의 결손금에 대한 소득세법상 처리방법은 다음과 같다.

일반적인 사업소득	부동산임대업을 제외한 일반적인 사업소득의 결손금은 '근로소득금액 - 연금소득금액 - 기타소득금액 - 이자소득금액 - 배당소득금액'의 순으로 공제하고, 남은 결손금은 다음 과세기간으로 이월시킨다.
사업소득 중 부동산임대소득[1]	부동산임대업의 결손금은 다른 소득금액에서 공제하지 않고 다음 과세기간으로 이월시킨다. 이는 추후 발생하는 부동산임대업의 소득금액에서만 공제할 수 있다.

[1] 주거용 건물 임대업은 일반적인 사업소득으로 본다.

참고 결손금 공제순서를 정해놓은 취지

금융소득(이자소득, 배당소득)은 조건부 종합과세로서 2,000만 원을 기준으로 과세방법이 달라지기 때문에, 금융소득이 있는 자와 없는 자 간에 결손금 공제효과의 차이가 최소화될 수 있도록 공제순서를 정해놓고 있다.

(2) 이월결손금의 공제

이월결손금이란 당기 이전 과세기간에 발생하여 해당 과세기간에 공제되지 않고 당기로 이월되어 온 결손금을 말한다. 이월결손금은 해당 이월결손금이 발생한 과세기간으로부터 15년(2019. 12. 31. 이전 발생분은 10년)간 공제한다.

종합소득금액의 계산에 있어서 이월결손금에 대한 소득세법상 처리방법은 다음과 같다.

일반적인 사업소득	'사업소득금액(부동산임대업의 소득금액 포함) - 근로소득금액 - 연금소득금액 - 기타소득금액 - 이자소득금액 - 배당소득금액'의 순으로 공제한다.
사업소득 중 부동산임대소득[1]	부동산임대업의 이월결손금은 당기에 발생한 부동산임대업의 소득금액에서만 공제한다.

[1] 주거용 건물 임대업은 일반적인 사업소득으로 본다.

참고 이월결손금 공제 시 추가 고려사항

- 당기 과세기간에 결손금이 발생하였고, 당기 이전으로부터 이월되어 온 이월결손금도 있는 경우 : 당기 과세기간의 결손금을 먼저 공제한다.
- 당기 이전의 여러 과세기간에서 결손금이 발생하여 당기로 이월되어 온 경우 : 먼저 발생한 이월결손금부터 순서대로 공제한다.
- 당기 과세기간의 소득금액을 장부 기록이 아니라 추계에 의하여 신고하는 경우 : 이월결손금 공제가 인정되지 않는다. (이월결손금 공제 배제)

(3) 결손금의 소급공제

결손금의 소급공제란 당기 사업소득에서 발생한 결손금 중 다른 소득금액에서 공제하고 남은 금액을 다음 과세기간으로 이월하는 것이 아니라 직전 과세기간의 사업소득금액에서 공제함으로써 전년도에 냈던 소득세를 돌려받을 수 있도록 하는 제도를 말한다.

소득세법에 따르면 중소기업의 경우 이러한 결손금의 소급공제가 인정된다. 다만, 부동산임대업의 결손금은 소급공제가 인정되지 않는다.

핵심기출문제

* 본서에 수록된 기출문제의 날짜는 학습효과를 높이기 위하여 일부 수정함

01 다음은 이자소득의 대상을 나열한 것이다. 이자소득으로 볼 수 없는 것은? [제15회]

① 계약의 위약 또는 해약으로 인하여 받는 손해배상금에 대한 법정이자
② 국내에서 지급받는 예금의 이자
③ 내국법인이 발행한 채권 또는 증권의 이자
④ 비영업대금의 이익

02 다음 중 소득세법상 배당소득에 해당하지 않는 것은? [제52회]

① 법인으로 보는 단체로부터 받는 분배금
② 공동사업에서 발생한 소득금액 중 출자공동사업자의 손익분배비율에 해당하는 금액
③ 법인세법에 따라 배당으로 처분된 금액
④ 단기저축성보험의 보험차익

03 다음 중 소득세법상 분리과세 이자소득이 아닌 것은? [제55회]

① 직장공제회 초과반환금
② 원천징수 되지 않은 이자소득
③ 종합과세 기준금액 이하의 이자소득
④ 비실명이자소득

04 다음 중 소득세의 과세대상이 아닌 경우는? [제44회]

① 학원사업으로 인하여 발생되는 순수익 1억 원
② 회사에 근로를 제공한 대가로 받는 급여 1억 원
③ 간편장부대상자에 해당하는 제조업자의 유형자산인 트럭의 처분으로 발생되는 1,000만 원의 처분이익
④ 복권 당첨으로 받는 5,000만 원

05 다음 중 소득세법상 주택의 임대소득에 대한 설명으로서 옳지 않은 것은? [제50회]

① 1개의 주택을 소유하는 자의 월세에 대한 임대소득에 대하여 소득세가 과세되는 경우는 없다.
② 2주택을 보유한 거주자가 주택을 임대하고 받은 보증금액에 대해서는 소득세를 과세하지 않는다.
③ 3주택 이상의 주택을 소유한 자라 하더라도 주택을 전세로만 임대하고 받은 전세금의 전체 합계액이 3억 원 이하이면 소득세가 과세되지 않는다.
④ 본인과 배우자가 각각 주택을 소유하는 경우에는 이를 합산하여 주택 수를 계산한다.

정답 및 해설

01 ① 계약의 위약 또는 해약으로 인하여 받는 위약금, 배상금 및 그 법정이자는 기타소득에 해당한다.

02 ④ 단기저축성보험의 보험차익은 이자소득에 해당한다.

03 ② 원천징수 되지 않은 이자·배당소득은 언제나 종합소득과세표준에 합산된다. (무조건 종합과세)

04 ③ 간편장부대상자의 사업용 유형고정자산(부동산 제외)의 양도로 인해 발생한 처분이익은 미열거소득이므로 소득세의 과세대상이 아니다.

05 ①
- 1주택자의 임대소득이라 하더라도 고가주택 또는 국외 소재 주택에 대해서는 소득세를 과세한다.
- 부가가치세법상 간주임대료와 유사한 개념이 소득세법에도 있는데, 이는 거주자가 3주택 이상을 소유하고 있고 전세금 합계액이 3억 원을 초과하는 경우에만 적용한다.
- 주택 수를 계산할 때 본인과 배우자가 각각 주택을 소유하는 경우에는 이를 합하여 계산한다.

06 다음 중 소득세법상 근로소득의 범위에 해당하지 않는 것은? [제75회]

① 법인의 주주총회의 결의에 따라 상여로 받는 소득
② 법인세법에 따라 상여로 처분된 금액
③ 중소기업이 아닌 경우, 근로자가 회사로부터 주택의 구입·임차에 소요되는 자금을 무상으로 대여받음으로써 얻는 이익
④ 법인의 임직원이 고용관계에 따라 부여받은 주식매수선택권을 퇴사 후에 행사함으로써 얻는 이익

07 다음 중 비과세 근로소득이 아닌 것은? [제58회]

① 근로자 또는 배우자의 출산과 관련하여 받는 월 8만 원의 육아수당
② 일직료·숙직료 또는 여비로서 실비변상 정도의 금액
③ 회사에서 식사를 제공하는 근로자에게 별도로 지급하는 월 5만 원의 식대
④ 종업원의 소유 차량을 종업원이 직접 운전하여 사용자의 업무수행에 이용하고 시내출장 등에 소요된 실제 여비를 받는 대신에 그 소요경비를 당해 사업체의 규칙 등에 의하여 정하여진 지급기준에 따라 받는 금액으로서 월 15만 원의 자가운전보조금

08 다음은 비과세 근로소득에 대한 설명이다. 옳지 않은 것은? [제96회]

① 자가운전보조금 : 월 20만 원 이하의 금액
② 근로자가 제공받는 식대 : 식사를 제공받지 않으며 월 20만 원 이하의 금액
③ 출산·보육수당 : 월 30만 원 이하의 금액
④ 직무발명보상금 : 지배주주 등의 특수관계인이 아니며 연 700만 원 이하의 금액

09 다음 중 소득세법에 따른 근로소득의 수입시기에 대한 설명으로 틀린 것은? [제97회]

	구 분	수입시기
①	급 여	근로를 제공한 날
②	주식매수선택권	해당 법인에서 퇴사하는 날
③	잉여금 처분에 의한 상여	해당 법인의 잉여금 처분결의일
④	인정상여	해당 사업연도 중의 근로를 제공한 날

10 다음 중 소득세법상 일용근로자에 대한 설명으로 틀린 것은? [제60회]

① 일용근로자의 근로소득이 일당(日當)으로 15만 원 이하인 경우에는 부담할 소득세는 없다.
② 일용근로자의 산출세액은 일반근로자와 마찬가지로 근로소득금액에 기본세율(6~45%)이 적용된다.
③ 일용근로자의 근로소득세액공제는 산출세액의 55%를 공제한다.
④ 일용근로자의 근로소득은 항상 분리과세한다.

정답 및 해설

06 ④ 법인의 임직원이 고용관계에 따라 부여받은 주식매수선택권을 재직 중에 행사함으로써 얻는 이익은 근로소득에 해당하지만, 퇴사 후에 행사함으로써 얻는 이익은 기타소득에 해당한다.

07 ③ 식사와 식사대를 함께 제공받는 경우 식사는 비과세, 식사대는 전액 과세로 처리한다.

08 ③ 출산·보육수당 : 월 20만 원 이하의 금액을 비과세

09 ② 주식매수선택권(스톡옵션) : 주식매수선택권을 행사한 날

10 ② 일용근로자의 산출세액은 근로소득금액에 6%의 단일세율을 적용한다.

11 다음 중 소득세법상 연금소득과 관련된 설명 중 적절하지 않은 것은? [제51회]

① 사적연금의 연금소득만 있는 자는 분리과세를 선택할 수 없다.
② 당해연도에 받은 총연금액이 350만 원 이하인 경우 납부할 소득세는 없다.
③ 근로자퇴직급여보장법에 따라 지급받는 퇴직연금도 연금소득으로 과세된다.
④ 공적연금의 연금소득만 있는 자는 소득금액이 전액 연말정산되므로 다른 소득이 없다면 종합소득세 확정신고를 하지 않아도 된다.

12 다음 중 소득세법상 기타소득에 해당되지 않는 것은? [제38회]

① 물품 또는 장소를 일시적으로 대여하고 사용료로서 받는 금품
② 계약의 위약 또는 해약으로 인하여 받는 위약금과 배상금
③ 저작자가 자신의 저작권의 사용의 대가로 받는 금품
④ 상금, 현상금, 포상금

13 거주자 고우진이 교육청에서 주관한 1 : 100 퀴즈 대회에서 우승하여 그 원천징수세액이 40만 원(지방세 제외)인 경우 소득세법상 기타소득 총수입금액은 얼마인가? [제68회]

① 1,000만 원　② 200만 원　③ 400만 원　④ 800만 원

14 ㈜제조라는 제조기업이 외부강사를 초빙하여 임직원을 위한 특강을 하고 강사료 200만 원을 지급하였다. 강사료를 지급하면서 원천징수할 세액은 얼마인가? (단, 초빙강사의 강사료 소득은 기타소득으로 보며, 지방소득세는 제외한다) [제83회]

① 400,000원　　② 80,000원　　③ 160,000원　　④ 20,000원

정답 및 해설

11 ① · 사적연금의 총연금액이 연 1,500만 원 이하인 경우에는 납세의무자의 선택에 따라 분리과세를 적용받을 수 있다. (선택적 분리과세)
· 총연금액 350만 원 이하에 대하여는 그 총연금액이 연금소득공제액이므로 납부할 소득세가 없다.

12 ③ 일시적 문예창작소득이 아닌 일반적인 저작권에 대한 사용대가의 경우, 저작자 이외의 자에게 귀속되는 소득은 기타소득에 해당하지만, 저작자 자신에게 귀속되는 소득은 사업소득에 해당한다.

13 ① 기타소득(다수 경쟁 상금)에 대한 소득세 원천징수세액 = {총수입금액 - (총수입금액 × 80%)} × 20%
→ 400,000 = {? - (? × 80%)} × 20%
∴ 총수입금액 = 10,000,000원

14 ③ · 인적용역의 일시적 제공에 대한 기타소득금액 = 총수입금액 - (총수입금액 × 60%)
= 2,000,000 - (2,000,000 × 60%) = 800,000원
· 소득세 원천징수세액 = 기타소득금액 × 20%
= 800,000 × 20% = 160,000원

15 소득세법상 기타소득 중 무조건 분리과세 대상인 것은? [제57회]

① 복권당첨금
② 뇌물
③ 알선수재 및 배임수재에 의하여 받는 금품
④ 당연분리과세를 제외한 기타소득금액이 연 200만 원인 경우

16 다음은 소득세법상 결손금공제에 관한 설명이다. 틀린 것은? [제69회]

① 사업소득(주택임대업이 아닌 부동산임대업 제외)의 결손금은 다른 소득금액과 통산하고 통산 후 남은 결손금은 다음 연도로 이월시킨다.
② 주택임대업이 아닌 부동산임대업에서 발생한 결손금은 다른 소득금액과 통산하지 않고 다음 연도로 이월시킨다.
③ 이월결손금은 발생연도 종료일로부터 15년(2019. 12. 31. 이전 발생분은 10년) 내에 종료하는 과세기간의 소득금액 계산 시 먼저 발생한 것부터 순차로 공제한다.
④ 결손금과 이월결손금이 동시에 존재할 때에는 이월결손금을 우선적으로 공제한 후 결손금을 공제한다.

17 사업소득(주택임대업이 아닌 부동산임대업 제외)의 결손금 공제순서로 올바른 것은? [제58회]

① 이자소득금액 - 배당소득금액 - 기타소득금액 - 근로소득금액 - 연금소득금액
② 근로소득금액 - 연금소득금액 - 기타소득금액 - 이자소득금액 - 배당소득금액
③ 기타소득금액 - 이자소득금액 - 배당소득금액 - 근로소득금액 - 연금소득금액
④ 기타소득금액 - 근로소득금액 - 연금소득금액 - 이자소득금액 - 배당소득금액

18 **소득세법상 다음 자료에 의한 소득만 있는 거주자 김영민의 당기 종합소득금액을 계산하면 얼마인가?** (단, 이월결손금은 전기에 부동산(상가)임대업 이외의 사업소득금액에서 이월된 금액이다) [제88회]

- 부동산(상가)임대 이외의 사업소득금액 : 25,000,000원
- 부동산(상가)임대 사업소득금액 : 15,000,000원
- 근로소득금액 : 10,000,000원
- 이월결손금 : 40,000,000원

① 10,000,000원 ② 15,000,000원 ③ 20,000,000원 ④ 25,000,000원

정답 및 해설

15 ① · 복권당첨금은 무조건 분리과세되는 기타소득이다.
· 뇌물, 알선수재 및 배임수재에 의하여 받은 금품은 무조건 종합과세되는 기타소득이다.
· 무조건 분리과세 대상을 제외한 기타소득금액이 연 300만 원 이하인 경우에는 납세의무자의 선택에 따라 분리과세를 적용받을 수 있다. (선택적 분리과세)

16 ④ 당기 과세기간에 결손금이 발생하였고 당기 이전으로부터 이월되어 온 이월결손금도 있는 경우, 당기 과세기간의 결손금을 먼저 공제한다.

17 ② 해당 과세기간의 사업소득금액 계산 시 발생한 결손금은 그 과세기간의 종합소득과세표준을 계산할 때 '근로소득금액 – 연금소득금액 – 기타소득금액 – 이자소득금액 – 배당소득금액'의 순으로 공제한다.

18 ① · 부동산(상가)임대업에서 발생한 이월결손금은 부동산(상가)임대업의 소득금액에서만 공제한다.
· 부동산(상가)임대업 이외의 사업소득에서 발생한 이월결손금은 해당 과세기간의 사업소득금액(부동산(상가)임대업의 소득금액 포함)에서 먼저 공제하고, 남은 금액은 '근로소득금액 – 연금소득금액 – 기타소득금액 – 이자소득금액 – 배당소득금액'에서 순서대로 공제한다.
· 종합소득금액 = 25,000,000 + 15,000,000 + 10,000,000 – 40,000,000 = 10,000,000원

제3절 원천징수

01 원천징수의 정의

최근 71회 시험 중 5회 기출

원천징수란 소득을 지급하는 자가 그 지급받는 자의 조세를 징수하여 과세기관에 납부하는 제도를 말한다. 즉 소득을 지급하는 자가 그 소득에 대한 원천징수세액을 차감한 잔액만을 지급한 후 원천징수세액을 다음 달 10일까지 관할세무서에 납부하는 것을 말한다.

02 원천징수세율

빈출 최근 71회 시험 중 15회 기출

소득세의 납세의무자는 그 숫자가 대단히 많고 여기에는 사업자가 아닌 일반 개인도 상당수 포함되어 있기 때문에, 세원 탈루를 최소화하고 납세편의를 도모하기 위한 목적으로 현행 소득세법은 원천징수제도를 광범위하게 적용하고 있다.

소득세법상 과세소득 종류별 원천징수 여부와 원천징수세율은 다음과 같다.

구 분	원천징수 여부	원천징수세율
이자소득	O	· 일반적인 이자소득 : 14% · 비영업대금이익 : 25% · 비실명 이자소득 : 45%(금융실명거래 위반 시에는 90%) · 직장공제회 초과반환금 : 기본세율(6~45%)
배당소득	O	· 일반적인 배당소득 : 14% · 출자공동사업자의 배당소득 : 25% · 비실명 배당소득 : 45%(금융실명거래 위반 시에는 90%)
사업소득	X (특정사업소득은 O)	· 부가가치세 면세대상인 의료보건용역 및 인적용역 : 3% · 봉사료 : 5%
근로소득	O	· 상용근로자 : 간이세액표 · 일용근로자 : 6%
연금소득	O	· 공적연금 : 간이세액표 · 사적연금 : 3~5%
기타소득	O (일부유형은 X)	· 일반적인 기타소득 : 기타소득금액의 20% · 복권당첨소득 중 3억 원 초과분 : 30% · 연금저축의 연금계좌에서 수령하는 일시금 : 15%
퇴직소득	O	· 기본세율(6~45%)
양도소득	X	-

참고 원천징수 하지 않는 소득

- 일반적인 사업소득에 대하여는 원천징수를 하지 않아도 된다.
  왜냐하면, 일반적인 사업소득이 있는 자는 개인사업자로서 사업자등록번호가 있고 거래 금액에 대하여 거래 상대방(소득지급자)에게 세금계산서를 교부하기 때문이다.
  다만, 인적용역 등 특정한 사업소득만 있는 자는 실질적으로는 사업자로 보기 어렵고 사업자등록번호와 세금계산서 교부 절차가 없기 때문에 이러한 경우 소득을 지급하는 자는 그 소득을 지급할 때 원천징수를 하여야 한다.
- 양도소득에 대하여는 원천징수를 하지 않아도 된다.
  왜냐하면, 양도소득에 대하여 원천징수를 하려면 매매가액 자체가 아니라 양도차익(= 매매가액 - 해당 자산의 당초 취득가액)에 대하여 세율을 곱하여 원천징수세액을 계산해야 하는데, 매매가액을 지급하는 양수인이 소득귀속자인 양도인의 당초 취득가액을 알 수가 없기 때문이다.
  양도소득에 대하여는 원천징수가 적용되지 않는 대신, 양도인이 자신의 양도차익과 그에 대한 양도소득세를 계산하여 법 소정 기한 이내에 자진해서 신고하는 것(양도소득세 예정신고)이 의무화되어 있다.
- 기타소득 중 일부 유형은 원천징수하지 않아도 된다. 뇌물, 알선수재 금품, 계약의 위약으로 인해 계약금에서 대체된 위약금 등은 원천징수가 현실적으로 어려우므로 원천징수대상에서 제외한다.

기출확인문제

다음 중 소득세법상 원천징수대상 소득인 것은? (제47회)

① 뇌물
② 알선수재 및 배임수재에 의하여 받는 금품
③ 부동산임대업자가 임차인으로부터 받는 임대료
④ 일용근로자의 일급여

정답 ④

해설
일용근로자 근로소득의 6%를 원천징수한다.

03 원천징수의 적용방식

최근 71회 시험 중 10회 기출

원천징수가 적용되는 방식은 완납적 원천징수와 예납적 원천징수로 나누어진다.

완납적 원천징수	· 완납적 원천징수란 소득을 지급하는 자가 소득세를 원천징수 하는 절차만으로 소득귀속자의 납세의무가 종결되므로 추후에 더 이상 원천징수 된 세액에 대한 정산이 필요 없는 방식을 말한다. · 분리과세로 종결되는 경우가 이에 해당한다. · 원천징수대상이 되는 소득 중 일정 요건을 충족하는 경우에만 완납적 원천징수가 적용되는데, 이러한 소득을 분리과세 적용소득이라고 한다.
예납적 원천징수	· 예납적 원천징수란 원천징수 절차만으로 납세의무가 종결되지는 않으므로 추후에 납세의무를 확정할 때 원천징수대상이 되었던 소득도 과세표준에 포함하여 확정 세액을 계산하고 이미 원천징수 된 세액은 기납부세액으로 공제하는 방식으로 정산하는 방식을 말한다. · 종합소득세 확정신고까지 하는 경우가 이에 해당한다. · 원천징수대상이 되는 소득 중 분리과세 적용소득을 제외한 모든 소득에 대하여는 예납적 원천징수가 적용된다.

참고 소득 유형별 원천징수 적용방식

구 분	원천징수 적용방식
이자소득	예납적(분리과세 적용소득은 완납적)
배당소득	예납적(분리과세 적용소득은 완납적)
특정사업소득	(only) 예납적
근로소득	예납적(분리과세 적용소득은 완납적)
연금소득	예납적(분리과세 적용소득은 완납적)
기타소득	예납적(분리과세 적용소득은 완납적)

· 사업소득에는 분리과세가 적용되지 않기 때문에, 원천징수대상이 되는 법 소정의 특정사업소득에 대한 원천징수는 오로지 예납적 방식으로만 적용된다.

· 퇴직소득은 그 과세방법이 분류과세이기 때문에, 원천징수 적용방식이 예납적인지 아니면 완납적인지를 구분하지 않는 것이 일반적이다.

핵심기출문제

* 본서에 수록된 기출문제의 날짜는 학습효과를 높이기 위하여 일부 수정함

01 다음의 소득세법상 원천징수세율 중 옳은 것은? [제54회]

① 일용근로자의 근로소득 : 8%
② 모든 원천징수대상 사업소득 : 3%
③ 주택복권의 당첨소득 중 2억 초과분 : 30%
④ 이자소득 중 비영업대금의 이익 : 25%

02 다음 중 소득세법상 원천징수대상 소득과 원천징수세율이 틀린 것은? [제17회]

① 보통예금에 대한 이자소득 : 14%
② 주식보유에 대한 배당소득 : 14%
③ 일용근로자에 대한 근로소득 : 10%
④ 기타소득 : 기타소득금액의 20%

03 다음 중 소득세법상 소득에 대해 적용되는 원천징수세율이 가장 낮은 것부터 순서대로 나열한 것은? [제59회]

가. 비영업대금의 이익
나. 3억 원 이하의 복권당첨소득
다. 비실명 이자소득(금융실명거래 위반은 아님)
라. 일당 20만 원의 일용근로소득

① 가 - 나 - 다 - 라
② 나 - 다 - 라 - 가
③ 라 - 나 - 가 - 다
④ 나 - 가 - 다 - 라

04 다음에 해당하는 소득을 각각 1,000,000원씩 지급하는 경우 원천징수세액이 가장 작은 소득은? [제28회]

① 비영업대금의 이익
② 부가가치세가 면세되는 인적용역 사업소득
③ 일시적인 문예창작소득에 해당하는 기타소득
④ 실지명의가 확인되지 아니하는 배당소득(금융실명거래 위반은 아님)

05 다음에 열거된 소득 중 원천징수대상 소득이 아닌 것은? [제18회]

① 이자소득
② 근로소득
③ 도소매업 사업소득
④ 퇴직소득

정답 및 해설

01 ④ ① 6%
② 부가가치세 면세대상인 의료보건용역 및 인적용역은 3%, 봉사료는 5%
③ 3억 원 이하는 20%, 3억 원 초과분은 30%

02 ③ 일용근로자에 대한 근로소득 : 6%

03 ③ 라. (6%) - 나. (20%) - 가. (25%) - 다. (45%)

04 ② ① 250,000원(= 25%)
② 30,000원(= 3%)
③ 80,000원(= 8% = 소득금액의 20%)
④ 450,000원(= 45%)

05 ③ 도소매업 사업소득의 경우 거래에 대하여 세금계산서 등이 교부되기 때문에, 이는 원천징수대상 소득이 아니다.

06 **다음 중 소득세법상 원천징수대상 소득이 아닌 것은?** (단, 거주자의 소득으로 한정한다)

[제93회]

① 기타소득 ② 퇴직소득 ③ 근로소득 ④ 양도소득

07 **과세최저한을 초과하는 기타소득금액 중 원천징수되지 않는 것은?** [제57회]

① 일시적으로 강연을 하고 받는 강연료
② 계약금이 위약금으로 대체되는 경우 그 위약금
③ 공익사업과 관련하여 지역권을 대여하고 받는 금품
④ 복권 당첨금

08 **대학교수인 김태환 씨가 일시적으로 공무원 교육기관에서 공무원을 대상으로 강연을 하였다. 김태환 씨의 강연료가 1,200,000원**(원천징수 전 금액)**인 경우, 김태환 씨의 소득세법상 소득구분과 원천징수세액**(지방소득세 포함)**을 바르게 연결한 것은?** (단, 김태환 씨는 당해연도에 이 건 외의 외부강연료를 지급받은 적이 없다) [제36회]

① 기타소득, 105,600원
② 사업소득, 105,600원
③ 기타소득, 264,000원
④ 사업소득, 52,800원

09 다음의 내용은 소득세법상 원천징수에 대한 설명이다. 틀린 것은? [제32회]

① 부동산임대업 사업소득은 원천징수대상 소득이 아니다.
② 사업소득의 경우에도 완납적 원천징수되는 경우가 있다.
③ 상용근로소득은 예납적 원천징수대상 소득이며, 일용근로소득은 완납적 원천징수대상 소득이다.
④ 원천징수의무자는 원칙적으로 원천징수대상 소득을 지급하는 자이다.

정답 및 해설

06 ④ 거주자의 소득으로 가정할 때, ㉠ (특정사업소득을 제외한) 일반적인 사업소득, ㉡ 양도소득, ㉢ 기타소득 중 일부 유형(예 뇌물)은 원천징수대상이 아니다.

07 ② 기타소득 중 계약금이 위약금으로 대체되는 경우에는 그 위약금에 대하여 원천징수되지 않는다.

08 ① · 고용관계 없이 다수인에게 강연을 하고 받는 강연료(인적용역의 일시적 제공)는 기타소득에 해당하며, 총수입금액의 60%가 필요경비로 인정된다.
· 지방소득세 = 소득세의 10%
· 기타소득금액 = 총수입금액 – (총수입금액 × 60%)
= 1,200,000 – (1,200,000 × 60%) = 480,000원
· 원천징수세액(지방소득세 포함) = (방법1) 기타소득금액 × 20% × 1.1 = 480,000 × 20% × 1.1
= (방법2) 총수입금액 × (40% × 20% × 1.1) = 1,200,000 × 8.8%
= 105,600원

09 ② · 사업소득은 분리과세가 적용되지 않기 때문에, 원천징수대상이 되는 법 소정의 특정사업소득에 대한 원천징수는 오로지 예납적 방식으로만 적용된다.
· 상용근로자의 근로소득은 종합과세가 적용되므로 예납적 원천징수에 해당하고, 일용근로자의 근로소득은 분리과세가 적용되므로 완납적 원천징수에 해당한다. 다만, 상용근로자라 하더라도 근로소득만 있는 경우에는 소득금액이 전액 연말정산되므로 종합소득세 확정신고를 하지 않아도 된다.

제4절 종합소득공제·세액공제

01 종합소득 과세표준과 세액의 계산구조

구 분		내 용
	종합소득금액	· 이자소득금액 + 배당소득금액 + 사업소득금액 + 근로소득금액 + 연금소득금액 + 기타소득금액
−	소득공제	· 인적공제(기본, 추가) · 연금보험료공제 · 특별소득공제(공적보험료, 주택자금) · 그 밖의 소득공제(개인연금저축, 주택마련저축, 신용카드사용분)
=	종합소득 과세표준	
×	기본세율	· 6 ~ 45%의 8단계 초과누진세율
=	종합소득 산출세액	
−	세액감면	
−	세액공제	· 자녀세액공제(8세 이상, 출산·입양) · 연금계좌세액공제(연금저축, 퇴직연금) · 특별세액공제(보장성보험료, 의료비, 교육비, 기부금) · 정치자금기부금 세액공제, 고향사랑기부금 세액공제 · 월세액 세액공제 · 근로소득세액공제 · 배당세액공제 · 기장세액공제 · 외국납부세액공제 · 재해손실세액공제
=	종합소득 결정세액	
+	가산세	
=	총결정세액	
−	기납부세액	· 중간예납세액 · (예납적) 원천징수세액
=	차감 납부할 세액	

02 인적공제와 자녀세액공제

최근 71회 시험 중 8회 기출

(1) 인적공제

① 기본공제

다음 중 어느 하나에 해당하는 사람의 수에 1명당 150만 원을 곱하여 계산한 금액을 근로소득금액에서 공제한다.

구 분	공제대상자[1]	기본공제 요건	
		나 이[2]	소득금액[3]
본인공제	본 인	-	-
배우자공제	배우자	-	100만 원 이하
부양가족공제[4]	① 직계존속	60세 이상	100만 원 이하
	② 직계비속, 입양자	20세 이하	100만 원 이하
	③ 형제자매	20세 이하 또는 60세 이상	100만 원 이하
	④ 기초생활수급자	-	100만 원 이하
	⑤ 위탁아동	18세 미만	100만 원 이하

1) 대상자에는 본인·배우자의 형제자매는 포함되지만, 직계비속·형제자매의 배우자는 포함되지 않는다.

2) 장애인은 나이 요건의 제한을 받지 않는다.

3) 소득금액은 종합소득금액, 퇴직소득금액, 양도소득금액의 합계액으로서, 비과세, 과세제외, 분리과세대상 소득을 제외한 금액을 말한다. 소득금액 요건 판단 시, 근로소득만 있는 기본공제대상자의 경우에는 예외적으로 총급여 500만 원(= 근로소득금액 150만 원)까지 인정된다.

구 분	소득금액 100만 원 이하 요건을 충족하는 경우의 예
이자소득, 배당소득	· 이자소득과 배당소득의 합계액이 2,000만 원 이하인 경우 (이유 : 분리과세)
사업소득	· 식량작물재배 소득이 있는 경우 (이유 : 과세제외) · 1개 주택(기준시가 12억 원 초과 아님, 국내 소재)을 소유하는 자의 주택임대소득 (이유 : 비과세)
근로소득	· 일용근로소득이 있는 경우 (이유 : 분리과세) · 근로소득만 있고 상용근로에 따른 총급여액이 500만 원 이하인 경우 (이유 : 특례규정에 따라 인정)
연금소득	· 사적연금 수령액이 1,500만 원 이하이고 분리과세를 선택한 경우 (이유 : 분리과세) · 공적연금과 사적연금의 수령액 합계액이 516만 원 이하인 경우 (이유 : 연금소득금액 = 총연금액 - 연금소득공제 = 516만 원 - 416만 원 = 100만 원)
기타소득	· 복권당첨소득이 있는 경우 (이유 : 분리과세) · 일시적 인적용역을 제공하고 받은 수령액이 250만 원 이하인 경우 (이유 : 기타소득금액 = 총수입금액 - 필요경비 = 250만 원 - 250만 원 × 60% = 100만 원) · 기타소득금액이 300만 원 이하이고 분리과세를 선택한 경우 (이유 : 분리과세)

4) 부양가족은 원칙적으로 주민등록표상 동거가족으로서 해당 근로자의 주소지에서 현실적으로 생계를 같이하여야 한다. 다만, 배우자·직계비속·입양자는 항상 생계를 같이하는 것으로 보며, 직계존속이 주거 형편상 별거를 하고 있거나, 그 외의 동거가족이 취학·질병요양 등으로 일시 퇴거한 경우에도 생계를 같이하는 것으로 인정한다.

② 추가공제

기본공제대상자가 다음 요건을 충족하는 경우 추가적인 금액을 근로소득금액에서 공제한다.

구 분	공제요건	공제액
경로우대공제	기본공제대상자가 70세 이상인 경우	1인당 100만 원
장애인공제	기본공제대상자가 장애인인 경우	1인당 200만 원
부녀자공제	근로자 본인이 종합소득금액이 3,000만 원 이하이고, 다음 중 하나에 해당하는 경우 · 배우자(소득 유무 불문)가 있는 여성인 경우 · ㉠ 배우자가 없는 여성으로서 ㉡ 기본공제대상자인 부양가족이 있는 세대주인 경우	연 50만 원
한부모공제[1]	근로자 본인이 ㉠ 배우자가 없는 사람으로서 ㉡ 기본공제대상자인 직계비속이 있는 세대주	연 100만 원

[1] 추가공제는 원칙적으로 중복적용이 가능하지만, 부녀자공제와 한부모공제에 모두 해당하는 경우에는 한부모공제를 적용한다.

(2) 자녀세액공제

기본공제대상자에 해당하는 자녀(입양자·위탁아동 포함) 및 손자·손녀에 대해서는 다음의 금액을 산출세액에서 공제한다.

8세 이상[1]	기본공제대상자이고 8세 이상인 자녀(입양자·위탁아동 포함) 및 손자·손녀가 있을 때 · 1명 : 15만 원 · 2명 : 35만 원 · 3명 이상 : 35만 원 + 30만 원 × (자녀수 - 2명)
출산·입양	기본공제대상자이고 해당 과세기간에 출산하거나 입양신고한 자녀(입양자·위탁아동 포함)가 있을 때 · 첫째 : 30만 원 · 둘째 : 50만 원 · 셋째 이상 : 70만 원

[1] 자녀세액공제 적용 대상을 '8세 이상'으로 규정하고 있는 이유 : '만 8세(96개월) 미만'인 모든 아동에게는 아동수당이 지급되기 때문이다.

(3) 인적공제, 자녀세액공제 판단 시 기준시점

구 분	기준시점
원 칙	· 과세기간 종료일인 12월 31일의 상황에 따른다.
예 외	· 연중에 사망한 자에 대해서는 사망일 전날의 상황에 따른다. · 연중에 장애가 치유된 자에 대해서는 치유일 전날의 상황에 따른다. · 나이를 판정할 때, 해당 과세기간 중에 요건을 충족하는 날이 하루라도 있으면 공제대상자로 한다. 예 2024년 과세기간 60세 이상 : 1964. 12. 31. 이전 출생 (∵ 2024년 - 60세 = 1964년)

03 연말정산에 사용되는 주요 공제항목

최근 71회 시험 중 8회 기출

(1) 보장성보험료 세액공제

공제대상	· 기본공제대상자(나이 및 소득금액의 제한을 받음)를 계약자 및 피보험자로 하여 납부한 보장성보험료
공제제외	· 저축성보험료 납입액
세액공제액	· 일반보장성보험 세액공제액 = 보험료 납입액(100만 원 한도) × 12% · 장애인전용보장성보험 세액공제액 = 보험료 납입액(100만 원 한도) × 15%

(2) 의료비 세액공제

공제대상	· 기본공제대상자(**나이 및 소득금액의 제한을 받지 않음**)를 위하여 지출한 의료비 · 진찰·진료·질병예방, 치료·요양(한약 포함), 라식수술, 보청기 · 안경·콘택트렌즈(1인당 50만 원 한도) · 산후조리원 비용(출산 1회당 200만 원 한도)
공제제외	· 실손의료보험금으로 보전받은 금액 · 미용·성형수술비, 건강증진을 위한 의약품, 건강기능식품, 보약 · 간병인, 국외 의료기관
세액공제액	· 의료비 세액공제액 = (㉠ + ㉡) × 15%(미숙아·선천성이상아는 20%, 난임시술비는 30%) ㉠ 본인 등 의료비 : 본인, 6세 이하, 65세 이상, 장애인, 중증질환자, 미숙아·선천성이상아, 난임시술비 ㉡ Min[위 ㉠을 제외한 일반의료비 − (총급여 × 3%), 연 700만 원]

(3) 교육비 세액공제

공제대상	· 기본공제대상자(**나이의 제한을 받지 않음, 직계존속 분은 공제 제외**)를 위하여 지출한 교육비 · 유치원, 어린이집, 초·중·고 및 대학교, 국외 교육기관 · 취학 전 아동의 학원, 근로자 본인의 대학원 · 수업료, 입학금, 각종 공납금, 기성회비, 육성회비 · 방과 후 수업료 및 교재 구입비 · 중·고등학생 교복구입비용(1인당 50만 원 한도) · 초·중·고등학생 체험학습비(1인당 30만 원 한도) · 대학입학전형료, 수능응시료, 학자금 대출의 원리금 상환액
공제제외	· 직계존속의 교육비(단, 장애인특수교육비는 인정) · 국외 어학연수기관, 취학 전 아동 이외의 학원, 본인 이외의 대학원 · 학생회비, 통학버스비, 기숙사비
세액공제액	· 교육비 세액공제액 = Min[㉠, ㉡] × 15% ㉠ 공제대상 교육비 ㉡ 한도 : 취학 전 아동과 초·중·고등학생은 1인당 300만 원, 대학생은 1인당 900만 원, 본인과 장애인특수교육비는 한도 없이 전액 인정

(4) 기부금 세액공제

공제대상	기본공제대상자(나이의 제한을 받지 않음)가 지출한 기부금 · 특례기부금(법정기부금) · 국가, 지방자치단체, 천재지변으로 인한 이재민 · 국·공립·사립학교 등에 지급하는 시설비·교육비·장학금·연구비 · 사회복지공동모금회 · 정치자금기부금으로서 10만 원을 초과하는 경우 그 초과금액 · 고향사랑기부금으로서 10만 원을 초과하는 경우 그 초과금액 · 일반기부금(지정기부금) · 종교단체, 사회복지법인, 어린이집, 대한적십자사, 노동조합 회비 · 학교 장이 추천하는 개인에게 지급하는 교육비·장학금·연구비
공제제외	· 동창회비, 경로당후원금, 종친회비
세액공제액	· 기부금 세액공제액 = 한도 내 기부금 × 15%[1)] [1)] 1,000만 원 초과 3,000만 원 이하분은 30%, 3,000만 원 초과분은 40% · 한도 : 특례 기부금은 소득금액, 일반 기부금은 소득금액의 30%(종교단체 외) 또는 10%(종교단체)

(5) 정치자금기부금 세액공제

공제대상	㉠ 근로자 본인이 지출한 것으로서, ㉡ 정치자금법에 따라 정당(후원회 및 선거관리위원회 포함)에 기부한 정치자금
세액공제액	정치자금기부금 세액공제액 = 공제대상 금액 중 10만 원 이내의 금액 × 100/110

(6) 고향사랑기부금 세액공제

공제대상	㉠ 근로자 본인이 지출한 것으로서, ㉡ 고향사랑 기부금에 관한 법률에 따라 지방자치단체에 기부한 금액 (연간 상한액 500만 원)
세액공제액	고향사랑기부금 세액공제액 = 공제대상 금액 중 10만 원 이내의 금액 × 100/110

(7) 월세액 세액공제

공제대상	㉠ 무주택 세대의 ㉡ 세대주이고 ㉢ 총급여액 8,000만 원 이하인 근로자가 ㉣ 국민주택규모 이하의 주택(오피스텔, 고시원 포함)을 임차하기 위하여 지급하는 월세액
세액공제액	월세액 세액공제액 = Min[공제대상 월세액, 연 1,000만 원] × 15%[1)]

[1)] 총급여액 5,500만 원 이하인 경우는 17%

(8) 신용카드 등 사용액에 대한 소득공제

공제대상	· 기본공제대상자(나이의 제한을 받지 않음, 형제자매 분은 공제 제외)가 사용한 신용카드, 직불카드(체크카드), 기명식 선불카드, 현금영수증

공제제외	· 국외에서 사용한 금액, 면세점에서 사용한 금액, 현금서비스 사용액, 회사의 비용으로 계상된 지출액 · 보험료 지불액, 공교육비 지불액, 기부금 지불액 · 세액공제를 적용받은 정치자금기부금·고향사랑기부금·월세액 지불액 · 각종 공과금, 도로통행료, 전기료, 수도료, 가스료, 전화료, 인터넷이용료, 핸드폰요금, 아파트관리비 · 취득세 또는 등록면허세가 부과되는 재산의 구입(주택, 자동차, 중고자동차 등)[1] · 자동차 리스료, 유가증권 구입, 금융·보험용역 관련 수수료
소득공제액	· 신용카드 등 사용액 소득공제액 = Min [①, ②] + ③ ① 기본공제대상금액 : ㉠ + ㉡ + ㉢ + ㉣ + ㉤ + ㉥ ㉠ {일반 신용카드 - (총급여액 × 25%)[2]} × 15% ㉡ {직불카드·현금영수증 - (총급여액 × 25%)[2]} × 30% ㉢ {총급여액 7,000만 원 이하인 경우 도서 등 사용분[3] - (총급여액 × 25%)[2]} × 30% ㉣ {전통시장 - (총급여액 × 25%)[2]} × 40% ㉤ {대중교통 - (총급여액 × 25%)[2]} × 40% ㉥ 소비증가분 공제금액[4] ② 기본공제한도금액 : 연 300만 원[5] ③ 추가공제액 : Min [㉦, ㉧+㉨] ㉦ 기본공제한도초과액 ㉧ Min [ⓐ (총급여액 7,000만 원 이하인 경우 도서 등 사용분 × 30%) + (전통시장 × 40%) + (대중교통 × 40%), ⓑ 연 300만 원[6]] ㉨ Min [ⓒ 소비증가분 공제금액, ⓓ 연 100만 원]

[1] 중고자동차는 구입금액의 10%를 공제대상 금액에 포함한다.

[2] 기본공제대상금액(①)을 계산할 때, '총급여액 × 25%'(최저사용금액)는 공제율이 낮은 것에서부터 순서대로(㉠ → ㉡ → ㉢ → ㉣ → ㉤ → ㉥) 차감한다.

[3] 총급여액 7,000만 원 이하인 경우 도서·신문·공연·박물관·미술관·영화관람료 사용분

[4] 소비증가분 공제금액 = {당해연도 신용카드 등 사용금액 - (전년도 신용카드 등 사용금액 × 105%) } × 10%
(단, 0보다 작은 경우에는 없는 것으로 봄)

[5] 기본공제한도금액 : 총급여액 7,000만 원 이하인 경우 300만 원, 7,000만 원 초과인 경우 250만 원

[6] 소비증가분을 제외한 추가공제한도금액 : 총급여액 7,000만 원 이하인 경우 300만 원, 7,000만 원 초과인 경우 200만 원

(9) 주요 공제항목별 기본공제 요건

구 분	기본공제 요건[1]		비 고
	나이 요건[2]	소득금액 요건	
보험료 세액공제	O	O	-
의료비 세액공제	X	X	-
(일반)교육비 세액공제	X	O	직계존속 지출분은 제외
기부금 세액공제	X	O	정치자금기부금·고향사랑기부금은 본인 지출분만 인정
신용카드 등 사용액 소득공제	X	O	형제자매 지출분은 제외
월세액 세액공제	-	-	본인 지출분만 인정

[1] 본인은 나이 요건 및 소득금액 요건의 제한을 받지 않는다.

[2] 배우자와 장애인은 나이 요건의 제한을 받지 않는다.

(10) 신용카드로 결제한 지출액에 대한 중복공제 적용 여부

구 분	적용 여부		비 고
	신용카드 등 소득공제	해당 세액공제	
보험료	X	O	–
의료비	O	O	중복공제 가능
(공)교육비	X	O	–
(사)교육비	O	O	중복공제 가능[1]
기부금	X	O	–
월세액	X	O	–

[1] 신용카드로 결제한 사교육비 지출액 사례

- 취학 전 아동에 대한 학원·체육시설 수강료 : 신용카드 등 소득공제 O, 교육비 세액공제 O(중복공제 가능)
- 초·중·고등학생에 대한 학원비 : 신용카드 등 소득공제 O, 교육비 세액공제 X
- 중·고등학생에 대한 1인당 연 50만 원 이내의 교복구입비용 : 신용카드 등 소득공제 O, 교육비 세액공제 O(중복공제 가능)

04 거주자 본인의 근로소득 유무에 따른 주요 공제항목 적용 여부

최근 71회 시험 중 5회 기출

구 분			적용 여부	
			근로소득이 있는 자	근로소득이 없는 자
소득공제	인적공제(기본, 추가)		O	O
	연금보험료공제		O	O
	특별소득공제	공적보험료	O	X
		주택자금	O	X
	그 밖의 소득공제	개인연금저축	O	O
		주택마련저축	O	X
		신용카드 등 사용분	O	X

세액공제	자녀세액공제(8세 이상, 출산·입양)		O	O
	연금계좌세액공제(연금저축, 퇴직연금)		O	O
	특별세액공제	보장성보험료	O	X
		의료비	O	X
		교육비	O	X
		기부금	O	O[1]
	정치자금기부금 세액공제, 고향사랑기부금 세액공제		O	O
	월세액 세액공제		O	X
	근로소득세액공제		O	X

[1] 사업소득만 있는 자는 기부금에 대하여 세액공제는 적용받을 수 없고, 이를 사업소득의 필요경비로만 처리할 수 있다.

기출포인트

근로소득 유무에 관계없이 적용받을 수 있는 공제는 다음과 같다.

- 인적공제
- 자녀세액공제
- 연금 관련 공제(연금보험료 소득공제, 개인연금저축 소득공제, 연금계좌 세액공제)
- 기부금 관련 공제(기부금세액공제, 정치자금기부금 세액공제, 고향사랑기부금 세액공제)

05 연말정산과 관계없는 기타 세액공제

배당세액공제	배당소득에 대한 이중과세 조정을 위한 Gross-up이 적용되어 배당가산액을 배당소득금액에 가산한 경우 그 금액을 세액 자체에서 공제하는 것을 말한다.
기장세액공제	영세한 규모의 사업자는 간편식 장부만 작성하는 것도 인정되는데, 이러한 간편장부대상자가 복식부기에 따라 기장하는 경우 산출세액의 20%를 공제해 주는 것을 말한다. 이는 사업소득이 있는 경우에 적용된다.
외국납부세액공제	종합소득금액에 국외원천소득이 합산되는 경우 그 국외원천소득과 관련하여 국외에서 납부한 외국소득세액을 공제해 주는 것을 말한다.
재해손실세액공제	천재지변 등에 따라 손실을 입은 경우 세액을 공제해 주는 것을 말한다. 이는 사업소득이 있는 경우에 적용된다.

핵심기출문제

* 본서에 수록된 기출문제의 날짜는 학습효과를 높이기 위하여 일부 수정함

01 다음은 소득세법상 인적공제에 관한 설명이다. 옳지 않은 것은? [제99회]

① 기본공제 대상 판정에 있어 소득금액 합계액은 종합소득금액, 퇴직소득금액, 양도소득금액을 합하여 판단한다.
② 배우자가 없는 거주자로서 기본공제대상자인 자녀가 있는 경우에도 종합소득금액이 3천만 원을 초과하는 경우에는 한부모 추가공제를 적용받을 수 없다.
③ 형제자매의 배우자는 공제대상 부양가족에서 제외한다.
④ 부양기간이 1년 미만인 경우에도 인적공제는 월할 계산하지 않는다.

02 다음 중 소득세법상 근로소득 유무에 관계없이 적용되는 공제내역이 아닌 것은? [제45회]

① 본인이 부담하는 본인 자동차보험의 보험료
② 본인의 명의로 납부한 교회헌금
③ 자녀 출산에 따른 세액공제
④ 본인이 납부한 국민연금보험료

03 다음 중 소득세법상 근로소득 유무에 관계없이 소득공제 또는 세액공제 받을 수 있는 것은? [제33회]

① 보장성보험료 세액공제
② 부녀자공제
③ 교육비 세액공제
④ 신용카드 등 사용액 소득공제

04 다음 중 금융소득 종합과세대상인 배당소득만이 있는 거주자로서, 종합소득세 확정신고 시 적용받을 수 있는 세액공제는? [제37회]

① 기장세액공제
② 배당세액공제
③ 재해손실세액공제
④ 근로소득세액공제

05 다음은 소득세법의 세액계산순서를 설명한 것이다. 옳지 않은 것은? [제18회]

① 결정세액에 가산세를 가산하고, 기납부세액을 공제하여 총결정세액을 계산한다.
② 산출세액에서 세액공제와 감면세액을 공제하여 결정세액을 계산한다.
③ 종합소득금액에서 종합소득공제를 차감하여 종합소득 과세표준을 계산한다.
④ 종합소득 과세표준에서 기본세율을 곱하여 종합소득 산출세액을 계산한다.

정답 및 해설

01 ② 배우자가 없는 거주자로서 기본공제대상자인 직계비속이 있는 경우 한부모 추가공제를 적용받을 수 있다. '종합소득금액 3천만 원 이하'라는 항목은 한부모 추가공제가 아니라 부녀자 추가공제의 요건에 해당한다.

02 ① 인적공제, 자녀세액공제, 연금 관련 공제(연금보험료 소득공제, 개인연금저축 소득공제, 연금계좌 세액공제), 기부금 관련 공제(기부금세액공제, 정치자금기부금 세액공제, 고향사랑기부금 세액공제)는 근로소득 유무에 관계없이 적용받을 수 있다.

03 ② 부녀자공제는 근로소득 유무에 관계없이 적용받을 수 있다.

04 ② 기장세액공제와 재해손실세액공제는 사업소득이 있는 경우 적용된다. 근로소득세액공제는 근로소득이 있는 경우 적용된다.

05 ① 결정세액에 가산세를 가산하면 총결정세액이 되고, 여기서 기납부세액을 차감하면 차감 납부할 세액이 된다.

제5절 | 확정신고와 납부

01 확정신고

최근 71회 시험 중 6회 기출

(1) 신고기한

해당 과세기간에 종합소득금액이 있는 거주자는 그 과세표준과 세액을 그 과세기간의 다음 연도 5월 1일부터 5월 31일까지 납세지 관할 세무서장에게 확정신고하여야 한다.

(2) 확정신고의무 면제 대상자

다음 중 어느 하나에 해당하는 경우에는 확정신고를 하지 않아도 된다.

구 분	확정신고 예외대상자	비 고
연말정산대상 소득만 있는 자	① 상용근로소득만 있는 자 ② 공적연금소득만 있는 자 ③ 연말정산되는 사업소득만 있는 자	①~③ 중 둘 이상의 소득이 있는 자는 확정신고를 해야 함(누진세율 때문)
퇴직소득만 있는 자	④ 퇴직소득만 있는 자	지급 시 원천징수 되고 분류과세 적용 소득임
연말정산대상 소득 중 하나와 퇴직소득만 있는 자	⑤ 상용근로소득과 퇴직소득만 있는 자 ⑥ 공적연금소득과 퇴직소득만 있는 자 ⑦ 연말정산되는 사업소득과 퇴직소득만 있는 자	퇴직소득은 분류과세 되기 때문에 ①~③ 중 하나와 결합되더라도 확정신고 시 세액이 이미 납부한 세액과 달라지지 않음
분리과세소득만 있는 자	⑧ 분리과세이자소득, 분리과세배당소득, 분리과세근로소득, 분리과세연금소득, 분리과세기타소득만 있는 자	지급 시 원천징수 되고 분리과세 적용 소득임
①~⑦ 중 하나에 해당하고 분리과세소득이 있는 자	⑨ ①~⑦ 중 하나에 해당하는 자로서 ⑧의 소득이 있는 자	분리과세 적용 소득은 원천징수 절차로 납세의무가 종결되므로 ①~⑦ 중 하나와 결합되더라도 확정신고 시 세액이 이미 납부한 세액과 달라지지 않음

기출포인트

확정신고의 예외를 인정하고 있는 이유

원천징수와 연말정산 절차를 통하여 소득세가 납부되었고, 확정신고를 하더라도 신고세액이 이미 납부한 세액과 달라지지 않는 경우에는 확정신고를 하는 실익이 없기 때문이다.

참고 총수입금액 합계액이 연 2,000만 원 이하인 자의 주택임대소득(소규모 주택임대소득[1])의 과세방법

- 종합소득과세표준에 합산하지 않는다.
- 주택임대소득(사업소득)에 대하여는 원천징수를 하지 않으므로, 소규모 주택임대소득만 있는 경우에도 확정신고를 하여야 한다.
- 소규모 주택임대소득이 있는 경우 종합소득 결정세액
  : ① 또는 ② 중 선택
  ① {(소규모 주택임대소득 총수입금액 - 법 소정 금액[2]) × 14%} + 그 외의 종합소득 결정세액(기본세율)
  ② 소규모 주택임대소득을 종합소득과세표준에 합산하였을 때의 종합소득 결정세액(기본세율)

[1] 세법 원문에서는 "분리과세 주택임대소득"이라는 용어를 사용하고 있음

[2] 사업자등록을 하였는지 여부에 따라 차등 적용

02 세율

최근 71회 시험 중 2회 기출

종합소득 산출세액은 종합소득 과세표준에 다음의 소득세법상 기본세율을 곱하여 계산한다. 기본세율은 과세표준이 증가함에 따라 일정 구간을 초과하는 금액에 대하여 높은 세율을 적용하는 초과누진세율 구조를 취하고 있으며, 다음과 같이 6~45%의 8단계로 이루어져 있다.

과세표준	기본세율
1,400만 원 이하	과세표준 × 6%
1,400만 원 초과 5,000만 원 이하	84만 원 + (과세표준 - 1,400만 원) × 15%
5,000만 원 초과 8,800만 원 이하	624만 원 + (과세표준 - 5,000만 원) × 24%
8,800만 원 초과 1억 5천만 원 이하	1,536만 원 + (과세표준 - 8,800만 원) × 35%
1억 5천만 원 초과 3억 원 이하	3,706만 원 + (과세표준 - 1억5천만 원) × 38%
3억 원 초과 5억 원 이하	9,406만 원 + (과세표준 - 3억 원) × 40%
5억 원 초과 10억 원 이하	1억 7,406만 원 + (과세표준 - 5억 원) × 42%
10억 원 초과	3억 8,406만 원 + (과세표준 - 10억 원) × 45%

[사례] 과세표준이 60,000,000원일 때 산출세액은?

[풀이] 6,240,000원 + (60,000,000원 - 50,000,000원) × 24% = 8,640,000원

03 중간예납

소득세 중간예납은 사업소득이 있는 자에 대하여 1월 1일부터 6월 30일까지의 소득금액에 대한 소득세를 미리 납부하도록 하는 제도이다. 이는 과세기관의 조세수입 조기 확보와 납세자의 세부담 분산을 목적으로 한다.

(1) 중간예납의무자

사업소득이 있는 거주자는 중간예납을 하여야 한다. 다만, 사업소득이 있다 하더라도 다음에 해당하는 경우에는 중간예납 의무가 없다.

- 신규사업자
- 보험모집인, 소규모 주택임대소득(분리과세 주택임대소득) 등 법 소정 사업소득만 있는 자

(2) 중간예납절차

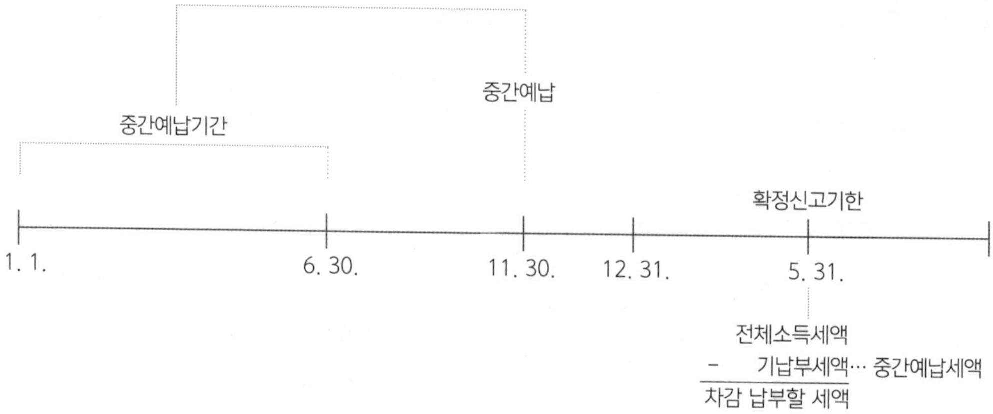

참고 소득세 중간예납기한의 취지

소득세 중간예납의무자는 사업소득자이고, 사업소득은 분리과세가 적용되지 않으므로 사업소득자는 다음 연도 5월 31일까지 종합소득세 확정신고를 한다는 점을 고려하여, 확정신고기한으로부터 6개월 이전의 날짜인 당해연도 11월 30일을 중간예납기한으로 정하고 있다.

(3) 중간예납세액의 결정 방법

① 원칙 : 전년도 납부세액의 1/2 상당액의 고지 및 징수

과세관청(관할 세무서장)은 전년도 납부세액의 1/2 상당액을 중간예납세액으로 결정하여 납세고지서를 발급하고, 거주자는 고지된 금액을 기한 내에 납부하면 된다.

참고 전자고지세액공제

사업소득자가 소득세 중간예납세액의 고지에 대하여 전자적 방법으로 송달받을 것을 신청(전자고지 신청)한 경우, 중간예납 소득세의 납부세액에서 1,000원을 공제한다.

② 예외 : 당기 중간예납기간의 실적기준 세액의 신고 및 납부

- 복식부기의무자에 해당하고 전년도 납부세액이 없는 경우 해당 거주자는 당기 중간예납기간 동안의 실적을 가결산하여 계산한 세액을 자진 신고 및 납부하여야 한다. (강제규정)
- 전년도 납부세액이 있고 과세관청으로부터 중간예납세액이 고지되었다 하더라도, 당기 중간예납기간 동안의 실적을 가결산하여 계산한 세액이 전년도 납부세액의 30%에 미달하는 경우 해당 거주자는 가결산하여 계산한 세액을 자진 신고 및 납부할 수 있다. (임의규정)

기출확인문제

다음 중 소득세법상 중간예납의무가 있는 자는? (제12회)

① 당해 과세기간 중 신규사업개시자
② 부동산(상가) 임대소득만 있는 사업자
③ 근로소득만 있는 자
④ 기타소득만 있는 자

정답 ②

해설
사업소득이 있는 거주자가 중간예납 납부대상이나 신규사업자는 중간예납의무가 없다.

04 분납

최근 71회 시험 중 2회 기출

중간예납 또는 확정신고 시 납부할 세액이 1,000만 원을 초과하는 자는 다음의 금액을 납부기한이 지난 후 2개월 이내에 분할납부(분납)할 수 있다.

총 납부할 세액	2개월 이내에 분납할 수 있는 세액
1,000만 원 초과 2,000만 원 이하	1,000만 원을 초과하는 금액
2,000만 원 초과	해당 세액의 50% 이하의 금액

[사례] 과세관청으로부터 소득세 중간예납세액 1,600만 원이 고지되었고 이를 분납을 적용하여 납부하는 경우, 납부일자와 납부금액은?

[풀이] 11월 30일 1,000만 원 납부 후 다음 해 1월 31일에 600만 원 납부한다.

05 소액부징수

최근 71회 시험 중 2회 기출

다음 중 어느 하나에 해당하는 경우에는 해당 소득세를 징수하지 않는다.

- 원천징수세액이 1,000원 미만인 경우
  (단, ㉠ 이자소득[1]과 ㉡ 인적용역의 계속적·반복적 공급으로 발생하는 특정사업소득[2]은 제외)
- 중간예납세액이 50만 원 미만인 경우

1) 거액을 소액으로 나누어 매일 이자지급식 예금에 가입하여 개인의 이자소득에 대한 소득세 부담을 회피하는 사례를 방지하기 위한 것이다.

2) 계속적·반복적 인적용역(예 배달 라이더)의 대가를 소액(예 배달 건별)으로 나누어 원천징수 절차를 생략하는 사례를 방지하기 위한 것이다.

핵심기출문제

* 본서에 수록된 기출문제의 날짜는 학습효과를 높이기 위하여 일부 수정함

01 다음은 상용근로소득자의 납세 절차에 관한 설명이다. 옳지 않은 것은? [제15회]

① 매월분 급여 등을 지급 시 간이세액표에 의해 소득세를 원천징수 한다.
② 다음 연도 2월분의 근로소득을 지급하는 때에 연말정산을 한다.
③ 연말정산 시 징수(환급) 세액은 결정세액에서 기원천징수세액을 차감한 것이다.
④ 근로소득만 있는 자도 종합소득세 과세표준 확정신고의무가 있다.

02 다음 중 소득세법상 다음 연도 5월 31일까지 반드시 종합소득 과세표준 확정신고를 해야 하는 자는 누구인가? [제78회]

① 상용근로소득금액 7,000만 원과 복권당첨소득 1억 원이 있는 자
② 퇴직소득금액 5,000만 원과 양도소득금액 8,000만 원이 있는 자
③ 국내 정기예금 이자소득금액 2,400만 원과 일시적인 강연료 기타소득금액 330만 원이 있는 자
④ 일용근로소득 1,500만 원과 공적연금소득 1,000만 원이 있는 자

03 다음 중 소득세법상 과세표준 확정신고를 하여야 하는 경우는? [제82회]

① 퇴직소득만 있는 경우
② 상용근로소득과 퇴직소득이 있는 경우
③ 상용근로소득과 보통예금이자 150만 원(14% 원천징수세율 적용대상)이 있는 경우
④ 상용근로소득과 사업소득이 있는 경우

04 다음 중 소득세법상 과세표준 확정신고 의무가 있는 자는 누구인가? [제100회]

① 분리과세 이자소득과 상용근로소득이 있는 자
② 상용근로소득과 연말정산대상 사업소득이 있는 자
③ 공적연금소득과 퇴직소득이 있는 자
④ 상용근로소득과 일용근로소득이 있는 자

정답 및 해설

01 ④ 상용근로소득만 있는 자는 소득금액이 전액 연말정산되므로 종합소득세 확정신고를 하지 않아도 된다.

02 ③ ① 상용근로소득은 연말정산을 통하여 소득세가 납부되었고, 복권당첨소득은 무조건 분리과세가 적용되므로, 확정신고를 하더라도 세액이 달라지지 않는다.
② 퇴직소득과 양도소득에 대하여는 종합과세가 아니라 분류과세가 적용된다.
③ 국내 정기예금 이자소득은 금융소득에 해당하므로 2천만 원 초과인 경우 종합과세가 적용되고, 일시적인 강연료 기타소득금액은 300만 원 초과인 경우 종합과세가 적용된다.
④ 일용근로소득은 무조건 분리과세가 적용되고, 공적연금소득은 연말정산을 통하여 소득세가 납부되었으므로, 확정신고를 하더라도 세액이 달라지지 않는다.

03 ④ · 퇴직소득은 지급 시 원천징수 되고 분류과세가 적용되므로, 확정신고를 하더라도 세액이 달라지지 않는다.
· 상용근로소득은 연말정산을 통하여 소득세가 납부되었고, 2천만 원 이하의 금융소득은 분리과세가 적용되므로, 확정신고를 하더라도 세액이 달라지지 않는다.
· 상용근로소득은 연말정산을 통하여 소득세가 납부되지만 종합과세가 적용되고, 사업소득도 종합과세가 적용되므로, 두 소득을 합산한 금액으로 종합소득세를 계산하면 연말정산으로 납부한 세액과 달라지므로 반드시 확정신고를 하여야 한다.

04 ② 상용근로소득과 연말정산대상 사업소득이 있는 자의 경우, 상용근로소득만 있는 것으로 가정하여 연말정산을 하였고, 사업소득만 있는 것으로 가정하여 연말정산을 하였으나, 두 소득을 합산한 금액으로 종합소득세를 계산하면 이미 납부한 세액의 합계액과 달라지므로 반드시 확정신고를 하여야 한다.

05 거주자 김철수 씨의 소득이 다음과 같을 경우 종합소득세 확정신고하여야 하는 종합소득금액은 얼마인가? [제84회]

• 양도소득금액 : 20,000,000원	• 상용근로소득금액 : 30,000,000원
• 배당소득금액 : 22,000,000원	• 퇴직소득금액 : 2,700,000원

① 30,000,000원 ② 52,000,000원 ③ 54,700,000원 ④ 0원

06 다음 중 소득세법상 중간예납에 대한 설명으로 옳지 않은 것은? [제80회]

① 과세기간 중 신규로 사업을 시작한 자는 중간예납 의무가 없다.
② 중간예납에 대한 고지를 받은 자는 11월 30일까지 납부하는 것이 원칙이다.
③ 중간예납은 관할 세무서장의 고지에 따라 납부하는 것이 원칙이다.
④ 복식부기의무자에 해당하고 전년도 납부세액이 없는 경우 중간예납 의무가 없다.

07 다음 중 당해 소득세를 징수하는 것은? [제45회]

① 배당소득에 따른 원천징수세액이 1천 원 미만인 경우
② 근로소득에 따른 원천징수세액이 1천 원 미만인 경우
③ 이자소득에 따른 원천징수세액이 1천 원 미만인 경우
④ 중간예납세액이 50만 원 미만인 경우

정답 및 해설

05 ② · 퇴직소득과 양도소득은 분류과세하므로 종합소득금액 계산 시 이를 합산하지 않는다.
· 배당소득(금융소득)은 2천만 원 초과인 경우 종합과세한다.
· 상용근로소득은 종합과세한다.
· 상용근로소득과 종합과세되는 배당소득이 있으므로, 상용근로소득에 대하여 연말정산이 되더라도 종합소득세 확정신고를 생략할 수 없다.
· 종합소득금액 = 22,000,000 + 30,000,000 = 52,000,000원

06 ④ 복식부기의무자에 해당하고 전년도 납부세액이 없는 경우 해당 거주자는 중간예납기간 동안의 실적을 가결산하여 계산한 세액을 자진 신고 및 납부하여야 한다.

07 ③ 소득세법상 이자소득에 대해서는 소액부징수 규정이 적용되지 않는다.

제 7 장

연말정산

제1절 연말정산

제 7 장

연말정산

Overview

연말정산은 실무시험 전체 70점 중 평균적으로 15점의 비중으로 출제된다.

연말정산은 제6장 소득세에서 학습한 회계처리를 KcLep의 [사원등록], [급여자료입력], [연말정산추가자료입력] 메뉴 등에 입력하는 방법을 학습한다. '기출확인문제'를 본서의 풀이순서에 따라 KcLep에 입력하고, 문제 해결에 필요한 KcLep의 기능과 관련 이론을 학습할 수 있도록 구성되어 있다.

출제비중

구 분	출제문항	배점(15점)
제1절 연말정산*	문제 5	15점

*전산회계 1급에서 전산세무 2급에 추가되는 부분입니다. 학습전략을 참고하여 학습하시기 바랍니다.

해커스 전산세무 2급
이론+실무+최신기출

학습전략

제1절 연말정산

전산회계 시험에서는 출제범위가 아니지만 전산세무 2급부터 추가로 출제되는 부분이다. 전산회계 1급을 함께 학습하고 있거나, 이미 학습한 경우 '제7장 연말정산' 전체 내용을 집중적으로 학습한다.

최근 71회 기출에서는 4가지의 연말정산 관련 메뉴 중 매회 2문제씩 무작위로 출제되고 있다. 그중 [연말정산추가자료입력] 메뉴가 매회 출제되고 배점이 높으므로 다른 메뉴들보다 비중있게 학습하는 것이 필요하다. '핵심기출문제'에서 답을 입력하는 데에 어려움이 있다면 '연말정산 필수이론정리'에서 관련 이론을 추가로 학습하도록 한다.

제 1 절 연말정산

01 사원등록

- [사원등록]은 각 사원별로 본인, 배우자, 부양가족에 대한 인적정보를 입력하는 메뉴이다.
- [사원등록] 메뉴와 관련하여 해당 사원, 배우자, 부양가족에 대한 인적사항, 연말정산 시 인적공제 및 자녀세액 공제 적용 여부를 입력하는 문제는 실무시험 문제 5(4~7점)로 출제된다.
- [사원등록] 화면은 [원천징수] ▸ [근로소득관리] ▸ [사원등록]을 선택하여 들어갈 수 있다.

기출확인문제

㈜제일산업(코드번호 : 0101)의 2024년 귀속 원천징수자료와 관련하여, 다음 자료를 보고 내국인이며 거주자인 사무직사원 정별인(760128-2436807, 세대주, 입사일자 2024년 2월 1일, 국내근무, 종합소득금액이 3,000만원 이하)을 사원등록(코드번호 104)하고, 정별인의 부양가족을 모두 부양가족명세에 등록 후 세부담이 최소화되도록 공제 여부를 입력하시오. (제56회 수정)

관 계	성 명	주민등록번호	비 고
배우자	최소한	660717-1002098	사업소득자(월 평균소득금액 3,000,000원)
아 들	최한성	060506-3002095	고등학생, 일본 유학 중
딸	최한미	120330-4520265	-
동 생	정별거	770830-1234561	장애인복지법에 따른 장애인, 질병 치료관계로 국내 별도 거주
아버지	정영일	541230-1786529	미국 거주
어머니	김영미	551005-2786522	미국 거주

(1) 인적공제와 자녀세액공제의 해당 여부 판단

관 계	성 명	나 이	소득금액	비 고	기본공제	추가공제	자녀 세액공제
본 인	정별인	-	-	-	O	⑥ 부녀자	-
배우자	최소한	-	① 100만 원 초과	-	X	-	-
아 들	최한성	18세	소득 없음	② 일본 유학 중	O	-	⑨ 8세 이상
딸	최한미	12세	소득 없음	-	O	-	⑨ 8세 이상
동 생	정별거	47세	소득 없음	③ 장애인 ④ 질병 치료관계로 국내 별도 거주	O	⑦ 장애인	-
아버지	정영일	70세	소득 없음	⑤ 미국 거주	X	⑧ -	-
어머니	김영미	69세	소득 없음	⑤ 미국 거주	X	-	-

① 배우자는 월 평균소득금액이 3,000,000원이므로 소득금액 요건을 충족하지 못한다.
② 배우자·직계비속은 주민등록표상 주소지와 관계없이 항상 생계를 같이하는 것으로 본다.
③ 장애인의 경우 나이요건은 충족하지 않아도 된다.
④ 형제자매가 취학, 질병의 요양, 근무상 형편 등으로 본래의 주소지에서 일시적으로 퇴거한 경우 그 사실이 입증될 때에는 생계를 같이하는 것으로 본다.
⑤ 직계존속이 주거 형편상 국내에서 별거하고 있는 경우 생계를 같이하는 것으로 본다. 다만, 직계존속이 해외에 거주하는 경우에는 이를 주거 형편상 별거로 볼 수 없기 때문에 기본공제대상자가 될 수 없다.
⑥ 근로자 본인이 배우자가 있는 여성이고 종합소득금액이 3,000만 원 이하이므로 부녀자공제가 가능하다.
⑦ 기본공제대상자가 장애인이므로 장애인공제가 가능하다.
⑧ 70세 이상이나 기본공제대상자가 아니므로 추가공제(경로우대공제)가 적용되지 않는다.
⑨ 기본공제대상자이고 8세 이상인 자녀가 있으므로 8세 이상 세액공제가 적용된다.

(2) 입력방법

[사원등록] 메뉴의 [기본사항] 탭에서

① 사번란에 "104", 성명란에 "정별인", 주민(외국인)번호란에 "1.주민등록번호" 및 "760128-2436807"을 입력한다.
② 입사년월일란에 "2024년 2월 1일"을 입력한다.
③ 좌측 주민(외국인)번호란에 입력한 내용이 자동 반영되어 내/외국인란에 "내국인", 주민구분란에 "주민등록번호"가 입력되어 있는 것을 확인한다.
④ 거주구분란(기본값으로 설정되어 있음)에 "거주자"를 입력한다.
⑤ 국외근로제공란(기본값으로 설정되어 있음)에 "부"를 입력한다.
⑥ 생산직여부란(기본값으로 설정되어 있음)에 "부"를 입력한다.

▼ ①~⑥ 입력결과 화면은 아래와 같다.

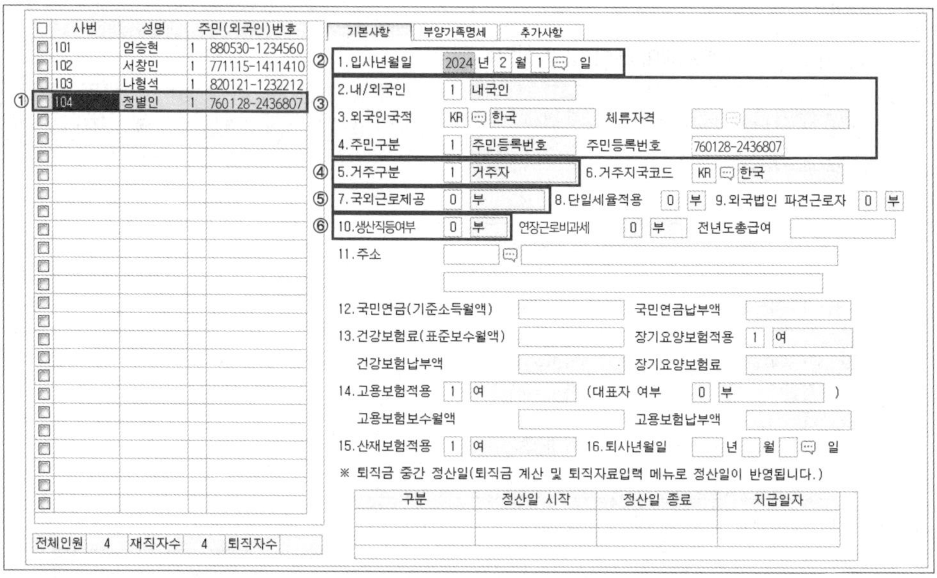

[사원등록] 메뉴의 [부양가족명세] 탭에서

⑦ 연말관계란에 근로자 본인과의 가족관계를 고려하여 '0~8' 코드 중 하나를 선택하여 입력한다.

▶ 연말관계 코드 기준은 다음과 같으며, 해당란에 커서를 놓고 코드(또는 F2)를 클릭하여 검색창을 띄우거나, 화면 중단의 코드설명을 참고하여 확인할 수 있다.

0	소득자 본인
1	소득자의 직계존속
2	배우자의 직계존속
3	배우자
4	직계비속 중 자녀, 입양자, 손자·손녀
5	직계비속 중 '4' 이외
6	형제자매
7	수급자 ('1~6' 제외)
8	위탁아동

⑧ 기본공제란에 배우자 및 부양가족이 기본공제대상자인지 여부 및 그 유형을 고려하여 해당란에서 나타나는 항목 중 하나를 선택하여 입력한다.

▶ 기본공제란은 아래의 기준에 따라 해당 항목을 선택한다.

구 분	공제요건
0 : 부	배우자 및 부양가족에는 해당하나, 나이요건 또는 소득금액요건을 충족하지 못하여 기본공제대상자에 해당하지 않는 경우[1]
1 : 본인	소득자 본인인 경우
2 : 배우자	㉠ 기본공제대상자이면서 ㉡ 배우자인 경우
3 : 20세 이하	㉠ 기본공제대상자이면서 ㉡ 20세 이하이고 ㉢ 직계비속·입양자 또는 형제자매인 경우
4 : 60세 이상	㉠ 기본공제대상자이면서 ㉡ 60세 이상이고 ㉢ 직계존속 또는 형제자매인 경우
5 : 장애인[2]	㉠ 기본공제대상자이면서 ㉡ 장애인인 경우
6 : 기초생활대상 등	㉠ 기본공제대상자이면서 ㉡ 장애인은 아니고 ㉢ 기초생활수급자 또는 위탁아동인 경우

[1] 기본공제대상자에 해당하지 않음에도 불구하고 부양가족명세를 작성하는 이유는 기본공제요건을 충족하지 못하는 대상자에 대하여도 소득공제나 세액공제가 적용되는 경우가 있는데, 이 경우 해당 대상자의 인적사항이 입력되어 있어야 하기 때문이다.

[2] 장애인이란 다음의 어느 하나에 해당하는 자를 말하며, 장애인란에 해당되는 유형을 선택하여 입력한다.
- '장애인복지법'에 따른 장애인
- '국가유공자등 예우 및 지원에 관한 법률'에 따른 상이자 및 이와 유사한 자로서 근로능력이 없는 자
- 항시 치료를 요하는 중증환자

⑨ 위탁관계란은 별도의 요구사항이 있는 경우를 제외하고는 전산세무 자격시험에서 채점대상이 아니므로 공란으로 두고 넘어가면 된다.

참고 위탁관계 입력란

연말관계에 입력된 가족관계에 대한 내용을 조금 더 자세히 표시해주는 기능을 한다. 해당란에 커서를 놓고 코드(또는 F2)를 클릭하면 아래의 검색창이 나타나는데 여기서 해당되는 항목을 선택한다.

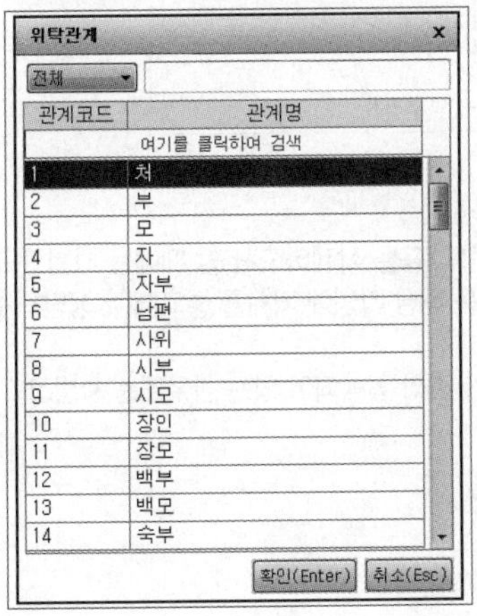

⑩ 본인(정별인)에 대하여 부녀자란에 "여"를 입력한다.

⑪ 배우자(최소한)에 대하여 연말관계란에 "3", 기본공제란에 "부"를 입력한다.

⑫ 아들(최한성)에 대하여 연말관계란에 "4", 기본공제란에 "20세 이하"를 입력한다. (자녀란에는 자동으로 "여"가 체크됨)

▶ 자녀란은 자녀가 기본공제대상자에 해당하고 8세 이상일 경우 자동으로 체크된다.

⑬ 딸(최한미)에 대하여 연말관계란에 "4", 기본공제란에 "20세 이하"를 입력한다. (자녀란에는 자동으로 "여"가 체크됨)

⑭ 동생(정별거)에 대하여 연말관계란에 "6", 기본공제란에 "장애인"을 입력한다. (장애인란에는 "1 : 장애인복지법"을 입력함)

⑮ 아버지(정영일)에 대하여 연말관계란에 "1", 기본공제란에 "부"를 입력한다.

⑯ 어머니(김영미)에 대하여 연말관계란에 "1", 기본공제란에 "부"를 입력한다.

⑰ 세대주 구분란(기본값으로 설정되어 있음)에 "1 : 세대주"를 입력한다.

⑦~⑰ 입력결과 화면은 아래와 같다.

	연말관계 ⑦	성명	내/외국인		주민(외국인)번호	나이	기본공제 ⑧	부녀자	한부모	경로우대	장애인	자녀	출산입양	위탁관계 ⑨
⑩	0	정별인	내	1	760128-2436807	48	본인	○						
⑪	3	최소한	내	1	660717-1002098	58	부							
⑫	4	최한성	내	1	060506-3002095	18	20세이하					○		
⑬	4	최한미	내	1	120330-4520265	12	20세이하					○		
⑭	6	정별거	내	1	770830-1234561	47	장애인				1			
⑮	1	정영일	내	1	541230-1786529	70	부							
⑯	1	김영미	내	1	551005-2786522	69	부							

※ 연말관계 : 0.소득자 본인, 1.소득자의 직계존속, 2.배우자의 직계존속, 3.배우자
4.직계비속(자녀+입양자), 5.직계비속(4 제외), 6. 형제자매, 7.수급자(1~6 제외)
8.위탁아동(만 18세 미만)

◆ 부양가족 공제 현황

1. 기본공제 인원 (세대주 구분 1 세대주) ⑰

	본인	○	배우자	무	20세 이하	2	60세 이상	
2. 추가공제 인원			경로 우대		장 애 인	1	부 녀 자	여
			한 부 모	부	출산입양자			
3. 자녀세액공제 인원			자녀세액공제	2				

◆ 자녀세액공제는 8세 이상 20세 이하의 자녀인 경우 공제 받을 수 있습니다.

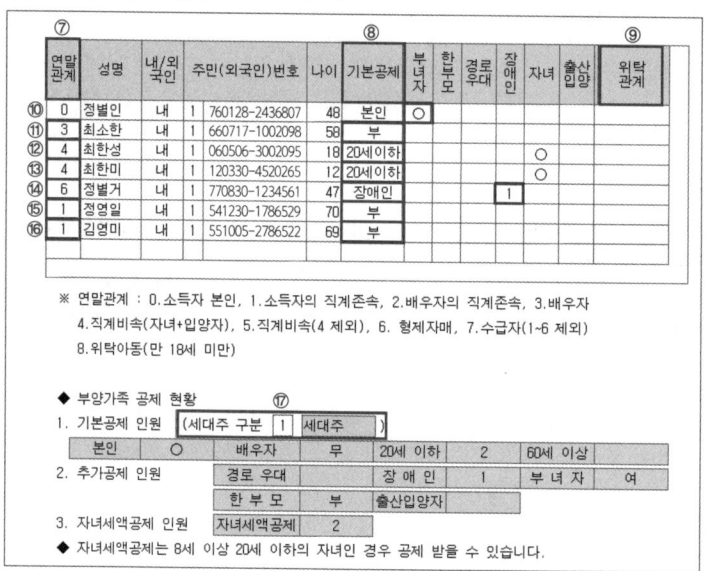

참고 **[사원등록] 메뉴에 입력된 내용을 삭제하는 방법**

사원에 대한 [기본사항] 및 [부양가족명세] 탭의 모든 입력 내용을 삭제하고자 할 때에는 사번코드 입력란에, [부양가족명세] 탭에 있는 하나의 라인을 삭제하고자 할 때에는 해당 라인에 커서를 놓고 메뉴 상단의 ⊗삭제 (또는 F5)를 클릭하면 된다.

다만, [급여자료입력] 메뉴에 해당 사원에 대한 급여자료가 이미 입력되어 있는 경우에는 사번코드의 삭제가 불가능하다.

+ 더알아보기

[사원등록] 메뉴의 [기본사항] 탭 주요 입력란

사 번	등록할 사번코드를 10자 이내의 숫자로 입력
성 명	사원의 성명을 20자 이내로 입력
주민(외국인)번호	내국인은 '1 : 주민등록번호'를 선택하고 주민등록번호를 입력, 외국인은 '2 : 외국인등록번호'와 '3 : 여권번호' 중 하나를 선택하고 해당 번호를 입력
1. 입사년월일	사원의 입사일자를 입력
2. 내/외국인	사원의 국적에 따라 '1.내국인'과 '2.외국인' 중에서 선택 참고 주민(외국인)번호란에 입력한 내용이 자동 반영됨
3. 외국인국적	사원이 외국인인 경우 해당란의 [...](또는 F2)를 클릭하여 국적을 검색하여 입력
4. 주민구분	'1.주민등록번호', '2.외국인등록번호', '3.여권번호' 중에서 선택하고 해당 번호를 입력 참고 주민(외국인)번호란에 입력한 내용이 자동 반영됨
5. 거주구분	사원이 소득세법상 거주자에 해당하는지 여부에 따라 '1.거주자'(기본값)와 '2.비거주자' 중에서 선택
6. 거주지국코드	사원이 비거주자인 경우 해당란의 [...](또는 F2)를 클릭하여 거주지국을 검색하여 입력
7. 국외근로제공	비과세가 적용되는 국외근로소득이 있는지 여부 및 그 유형에 따라 '0.부'(기본값), '1.(일반) 월 100만 원 비과세', '2.(원양, 건설) 월 500만 원 비과세' 중에서 선택
10. 생산직등여부	사무직은 '0.부'(기본값)를, 생산직 또는 단순노무직은 '1.여'를 선택
연장근로비과세	사원이 생산직등인 경우, 초과근로수당에 대한 비과세 요건을 충족하는지 여부에 따라 '0.부'(기본값)와 '1.여' 중에서 선택
12. 국민연금보수월액 13. 건강보험보수월액 14. 고용보험보수월액	회사는 각 사원에 대하여 국민연금액, 건강보험료, 고용보험료의 산정기준이 되는 기준금액을 해당 공단에 신고하는데, (문제에서 제시되는 경우) 동 금액을 입력
대표자 여부	회사가 고용보험을 적용받더라도 회사의 대표자는 고용보험에 가입할 필요가 없는데, 등록하는 사원이 회사의 대표자인지 여부에 따라 '0.부'(기본값)와 '1.여' 중에서 선택
16. 퇴사년월일	사원이 퇴사하는 경우 퇴사일자를 입력 참고 [급여자료입력] 메뉴에서 중도퇴사자에 대한 연말정산을 실행하기 위해서는 [사원등록] 메뉴에 퇴사년월일이 먼저 입력되어 있어야 함

02 급여자료입력

- [급여자료입력]은 수당 및 공제항목을 등록하고 각 사원의 급여금액 및 공제금액을 입력하는 메뉴이다.
- [급여자료입력] 메뉴와 관련하여 비과세 여부를 고려해서 급여항목을 등록하고 해당 사원의 급여 및 공제금액을 입력하는 문제는 실무시험 문제 5(4~6점)로 출제된다.
- [급여자료입력] 화면은 [원천징수] ▸ [근로소득관리] ▸ [급여자료입력]을 선택하여 들어갈 수 있다.

기출확인문제

㈜제일산업(코드번호 : 0101)의 2024년 귀속 원천징수자료와 관련하여, 다음 자료를 보고 영업부 소속인 엄승현(사번 : 101) 사원의 5월분 급여대장에 수당등록 및 공제항목을 추가하여 5월분 급여자료입력을 하시오. (제62회 수정)

- 엄승현의 급여지급일은 매월 25일이다.
- 5월에 지급할 급여항목은 다음과 같다. 야간근로수당 및 자가운전보조금을 제외하고는 모두 월정액이다. 비과세로 인정받을 수 있는 항목은 최대한 반영하기로 한다.

  - 기본급 : 4,000,000원
  - 식대 : 200,000원(중식을 별도로 제공하지 않음)
  - 육아수당 : 200,000원(만 6세의 자녀가 있음)
  - 야간근로수당 : 100,000원
  - 체력단련수당 : 50,000원
  - 출근수당 : 50,000원(원거리 출·퇴근자에게 지급함)
  - 자가운전보조금 : 300,000원(본인 소유의 차량을 업무에 사용하면서 받았음)

- 5월에 공제할 항목은 다음과 같다.

  - 국민연금 : 180,000원
  - 건강보험료 : 121,400원(장기요양보험료 : 7,950원)
  - 고용보험료 : 27,300원
  - 주차비 : 100,000원(공제소득유형 : 기타)
  - 소득세 : 131,850원(지방소득세 : 13,180원)

기출 따라 하기

▶관련 이론 I 종합소득금액의 계산 p.640~641

(1) 급여항목에 대한 과세 및 비과세의 구분

구 분	금 액	과세/비과세	비 고
기본급	4,000,000원	과 세	-
식 대	200,000원	비과세	현물 식사를 별도로 제공받지 않았고 월 20만 원 이내의 금액을 받았음
자가운전보조금	300,000원	비과세[1]	비과세 요건은 충족하나 월 20만 원을 초과함
야간근로수당	100,000원	과 세	영업부 소속이고 기본급 금액이 4,000,000원이므로, 비과세 요건 중 생산직 요건과 월정액 급여액 월 210만 원 이하 요건을 충족하지 못함
육아수당	200,000원	비과세	6세 이하 자녀가 있고, 월 20만 원 이내의 금액을 받았음
출근수당	50,000원	과 세	열거된 비과세 근로소득이 아니므로 과세
체력단련수당	50,000원	과 세	열거된 비과세 근로소득이 아니므로 과세

[1] 문제에서 주어진 자가운전보조금 30만 원 중 20만 원까지만 비과세되고 이를 초과하는 10만 원은 과세된다.

▶ 주요 비과세 근로소득의 요건

자가운전보조금	다음 요건을 모두 충족하는 경우 월 20만 원 이내의 금액을 비과세 · 근로자가 본인 소유 차량 또는 본인 명의 임차 차량을 직접 운전하여 회사의 업무수행에 이용할 것 · 시내출장 등에 소요된 실제 여비를 받지 않을 것 · 회사의 지급규정에 따라 받을 것
연구보조비	법 소정 연구전담부서의 연구원이 받는 연구보조비 중 월 20만 원 이내의 금액을 비과세
벽지수당	산간 등 외진 곳에서 근무함에 따라 받는 벽지수당 중 월 20만 원 이내의 금액을 비과세
국외근로수당	국외에서 근로를 제공하고 받는 보수 중 월 100만 원(원양어선·국외건설은 월 500만 원) 이내의 금액을 비과세
야간근로수당	다음 요건을 모두 충족하는 경우 초과근로수당 중 연 240만 원 이내의 금액을 비과세 · **생산직 근로자** 또는 단순 노무직 근로자[1]에 대한 것일 것 · 직전 연도 총급여액이 3,000만 원 이하일 것 · 월정액급여액[2]이 월 210만 원 이하일 것
식 대	사내급식을 제공받지 않고 지급받는 식대 중 월 20만 원 이내의 금액을 비과세
육아수당	근로자 또는 그 배우자의 출산이나 6세 이하 자녀의 보육과 관련하여 지급받는 수당 중 월 20만 원 이내의 금액을 비과세
학자금	다음 요건을 모두 충족하는 경우 전액을 비과세 · **근로자 본인**에 대한 것일 것 · 회사 업무와 관련이 있는 교육·훈련을 위한 것일 것 · 회사의 지급규정에 따라 받을 것 · 교육기간이 6개월 이상인 경우 교육 후 해당 교육기간을 초과하여 근무하지 아니하는 때에는 지급받은 금액을 반납하는 조건일 것

[1] 예 운전, 청소, 경비, 미용, 숙박, 조리

[2] 월정액급여액
= 월 급여지급액 – 상여 등 부정기적 급여 – 실비변상적인 성질의 급여 – 복리후생적 성질의 급여 – 초과근로수당

(2) 입력방법

[급여자료입력] 메뉴에서

① 귀속년월란에 "5월"을 입력한다.

② 지급년월일란에 "5월 25일"을 입력한다.

③ 화면에 나타나는 급여항목 및 공제항목 외에 추가로 금액을 입력해야 할 항목이 있는지 파악한다.

◆ ①~③ 입력결과 화면은 아래와 같다.

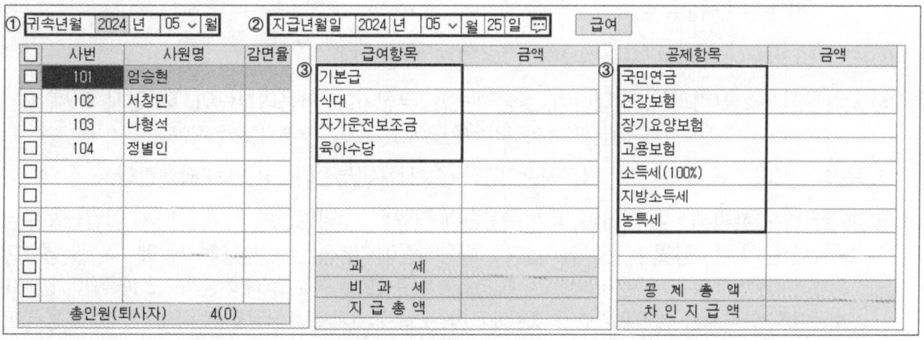

참고 전월 데이터 복사

[급여자료입력] 메뉴에서 해당 귀속년월에 대하여 입력된 데이터가 없을 때, 전월 데이터를 복사할 수 있는 보조창이 나타난다. (실제 시험에서는 나타나지 않으며, 채점 대상이 아니다)

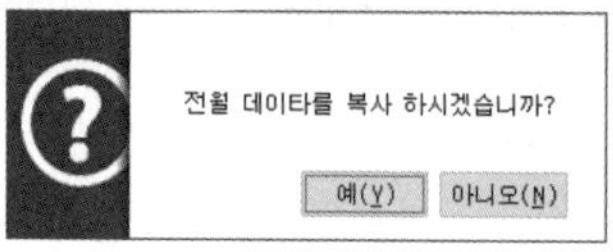

[급여자료입력] 메뉴의 화면 상단 F4 수당공제 (또는 F4)를 클릭한 후, 급여항목과 공제항목에서

④ 수당공제등록 보조창 화면은 수당등록과 공제등록으로 구성되어 있는데, 기본적으로 등록되어 있는 항목은 수정하거나 삭제할 수 없으므로 사용여부란에서 “0 : 부” 또는 “1 : 여” 중 하나를 선택하여 입력한다.

▶ 수당등록에서 이미 등록되어 있는 수당 외의 새로운 항목은 아래의 방법으로 등록한다.

코 드	· 코드는 자동으로 부여되므로 별도로 입력하지 않아도 됨
과세구분	· 과세 근로소득인지 비과세 근로소득인지에 따라 ‘1 : 과세’ 또는 ‘2 : 비과세’를 선택
수당명	· 과세항목인 경우, 수당명란에 직접 타이핑하여 수당명을 입력 · 비과세항목인 경우, 수당명란에 커서를 놓고 F2를 누르면 검색창이 나타나는데 여기서 해당되는 항목을 선택하여 입력
근로소득유형	· 과세항목인 경우, 근로소득유형란에 커서를 놓고 F2를 누르면 검색창이 나타나는데 여기서 해당되는 항목을 선택하여 입력 · 비과세항목인 경우, 수당명란에서 검색창을 사용하여 해당 항목을 입력하면 근로소득유형(유형, 코드, 한도)란이 자동으로 완성됨
월정액	· 월정액(매월 일정하게 지급되는 금액)에 해당하는지 여부는 생산직 근로자의 초과근로수당에 대한 비과세 여부를 판단할 때 필요한 정보임 · 월정액인지 여부에 관하여 별도의 언급이 없는 경우, ㉠ 상여 등 부정기적 급여, ㉡ 실비변상적인 성질의 급여(일직료·숙직료, 여비, 자가운전보조금 등), ㉢ 복리후생적 성질의 급여(비출자임원·직원의 사택제공이익 등), ㉣ 야간근로·휴일근로 수당은 ‘0 : 부정기’를 선택하고, 그 외의 항목은 ‘1 : 정기’를 선택함 · 단, 월정액인지 여부에 관하여 별도의 언급이 있는 경우, 그에 따라 입력
통상임금	· 근로기준법상 통상임금에 해당하는지 여부를 표시하는 란이며, 전산세무 자격시험에서는 별도의 요구사항이 있는 경우를 제외하고는 통상임금 여부는 채점대상이 아니므로 기본값 그대로 두고 넘어가면 됨
사용여부	· [급여자료입력] 메뉴에서 급여항목란에 표시할지 여부에 따라 ‘0 : 부’ 또는 ‘1 : 여’를 선택

⑤ 식대(비과세)에 대하여, 사용여부란이 “여”인지 확인한다.

⑥ 자가운전보조금(비과세)에 대하여, 월정액란이 “부정기”[1], 사용여부란이 “여”인지 확인한다.

1) 문제에서 자가운전보조금은 월정액이 아니라는 언급이 있으므로 “부정기”로 입력한다.

⑦ 육아수당(비과세)에 대하여, 월정액란이 “정기”, 사용여부란이 “여”인지 확인한다.

⑧ 야간근로수당(과세)[1]에 대하여, 과세구분란에 “과세”, 수당명란에 타이핑하여 “야간근로수당”, 근로소득유형란에 검색창을 사용하여 “급여”, 월정액란에 “부정기”[2], 사용여부란에 “여”를 입력한다.

1) 문제에서 주어진 야간수당은 비과세 요건을 충족하지 못하므로 프로그램에 기본적으로 등록되어 있는 야간근로수당(비과세)의 사용여부란에 “부”로 표시하고 야간근로수당(과세)을 새로운 항목으로 입력하여 등록한다.

2) 문제에서 야간근로수당은 월정액이 아니라는 언급이 있으므로 “부정기”로 입력한다.

⑨ 출근수당(과세)에 대하여 과세구분란에 "과세", 수당명란에 타이핑하여 "출근수당", 근로소득유형란에 검색창을 사용하여 "급여", 월정액란에 "정기", 사용여부란에 "여"를 입력한다.

⑩ 체력단련수당(과세)에 대하여 과세구분란에 "과세", 수당명란에 타이핑하여 "체력단련수당", 근로소득유형란에 검색창을 사용하여 "급여", 월정액란에 "정기", 사용여부란에 "여"를 입력한다.

⑪ 주차비에 대하여 공제항목명란에 타이핑하여 "주차비", 공제소득유형란에 "기타", 사용여부란에 "여"를 입력한다.

▶ 공제등록에서 이미 등록되어 있는 공제 외의 새로운 항목은 아래의 방법으로 등록한다. 단, 소득세와 지방소득세는 [급여자료입력] 메뉴에서 공제항목으로 자동으로 표시되므로 별도로 공제등록을 하지 않아도 된다.

코 드	코드는 자동으로 부여되므로 별도로 입력하지 않아도 됨
공제항목명	공제항목명을 직접 타이핑하여 입력
공제소득유형	공제소득유형란에 커서를 놓고 F2를 누르면 검색창이 나타나는데 여기서 해당되는 항목을 선택하여 입력
사용여부	급여자료입력 메뉴에서 공제항목란에 표시할지 여부에 따라 '0 : 부' 또는 '1 : 여'를 선택

▼ ④~⑪ 입력결과 화면은 아래와 같다.

수당등록

		코드	과세구분	수당명	근로소득유형			월정액	④ 사용여부
					유형	코드	한도		
	1	1001	과세	기본급	급여			정기	여
	2	1002	과세	상여	상여			부정기	부
	3	1003	과세	직책수당	급여			정기	부
	4	1004	과세	월차수당	급여			정기	부
⑤	5	1005	비과세	식대	식대	P01	(월)200,000	정기	여
⑥	6	1006	비과세	자가운전보조금	자가운전보조금	H03	(월)200,000	부정기	여
	7	1007	비과세	야간근로수당	야간근로수당	001	(년)2,400,000	부정기	부
⑦	8	2001	비과세	육아수당	육아수당	Q01	(월)200,000	정기	여
⑧	9	2002	과세	야간근로수당	급여			부정기	여
⑨	10	2003	과세	출근수당	급여			정기	여
⑩	11	2004	과세	체력단련수당	급여			정기	여

공제등록

		코드	공제항목명	공제소득유형	사용여부
	1	5001	국민연금	고정항목	여
	2	5002	건강보험	고정항목	여
	3	5003	장기요양보험	고정항목	여
	4	5004	고용보험	고정항목	여
	5	5005	학자금상환	고정항목	여
⑪	6	6001	주차비	기타	여

[급여자료입력] 메뉴의 급여항목과 공제항목 금액 입력란에서

⑫ 기본급란에 "4,000,000", 식대란에 "200,000", 자가운전보조금란에 "300,000", 야간근로수당란에 "100,000", 육아수당란에 "200,000", 출근수당란에 "50,000", 체력단련수당란에 "50,000"을 입력한다.

▶ 수당공제등록 보조창에서 확인할 수 있는 바와 같이 자가운전보조금에 대해서는 월 20만 원을 한도로 비과세되도록 설정이 되어 있기 때문에, [급여자료입력] 메뉴에서 자가운전보조금 금액으로 30만 원이 입력되면 그중 20만 원은 비과세 금액으로 집계되고, 10만 원은 과세 금액으로 집계된다.

⑬ 국민연금란에 "180,000", 건강보험란에 "121,400", 장기요양보험란에 "7,950", 고용보험란에 "27,300", 주차비란에 "100,000", 소득세란에 "131,850", 지방소득세란에 "13,180"을 입력한다.

▶ 급여항목 금액을 입력하면 프로그램 내의 기능에 따라 국민연금, 건강보험, 장기요양보험, 고용보험, 소득세, 지방소득세가 프로그램 내에서 자동 계산되어 입력되나, 문제에서 제시된 금액이 이와 다를 경우 자동 계산된 금액을 수정하여 입력해야 한다.

▼ ⑫~⑬ 입력결과 화면은 아래와 같다.

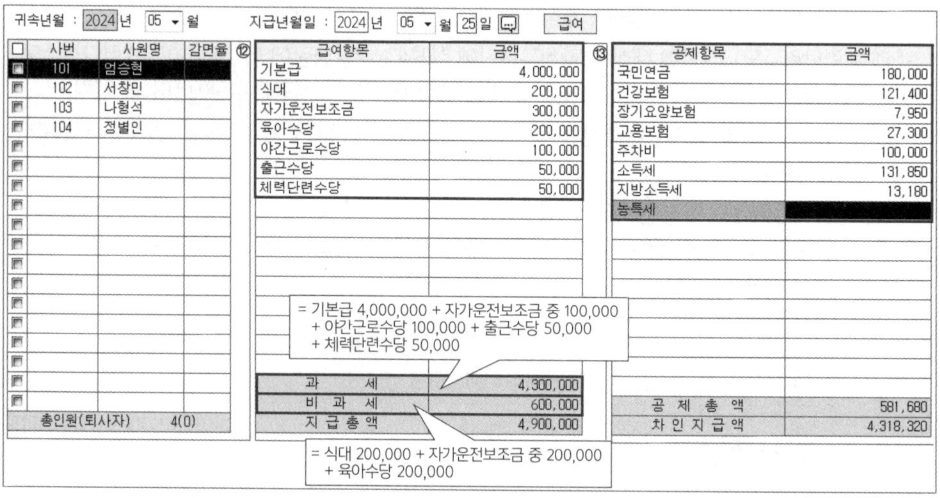

귀속년월 : 2024 년 05 월　　지급년월일 : 2024 년 05 월 25 일　급여

□	사번	사원명	감면율
■	101	엄승현	
■	102	서창민	
■	103	나형석	
■	104	정별인	
총인원(퇴사자)		4(0)	

⑫

급여항목	금액
기본급	4,000,000
식대	200,000
자가운전보조금	300,000
육아수당	200,000
야간근로수당	100,000
출근수당	50,000
체력단련수당	50,000
과세	4,300,000
비과세	600,000
지급총액	4,900,000

⑬

공제항목	금액
국민연금	180,000
건강보험	121,400
장기요양보험	7,950
고용보험	27,300
주차비	100,000
소득세	131,850
지방소득세	13,180
농특세	
공제총액	581,680
차인지급액	4,318,320

(과세) = 기본급 4,000,000 + 자가운전보조금 중 100,000 + 야간근로수당 100,000 + 출근수당 50,000 + 체력단련수당 50,000

(비과세) = 식대 200,000 + 자가운전보조금 중 200,000 + 육아수당 200,000

참고 **지급일자 수정, 복사(이동), 삭제**

[급여자료입력] 메뉴 화면 상단의 F6 지급일자 (또는 F6)를 클릭하면 '지급일자 수정, 복사(이동), 삭제' 보조창이 나타난다. 여기서는 귀속월, 지급일, 총지급액, 차인지급액 등 [급여자료입력] 메뉴에 입력된 월별 급여자료를 볼 수 있고, 다음과 같은 작업을 할 수 있다.

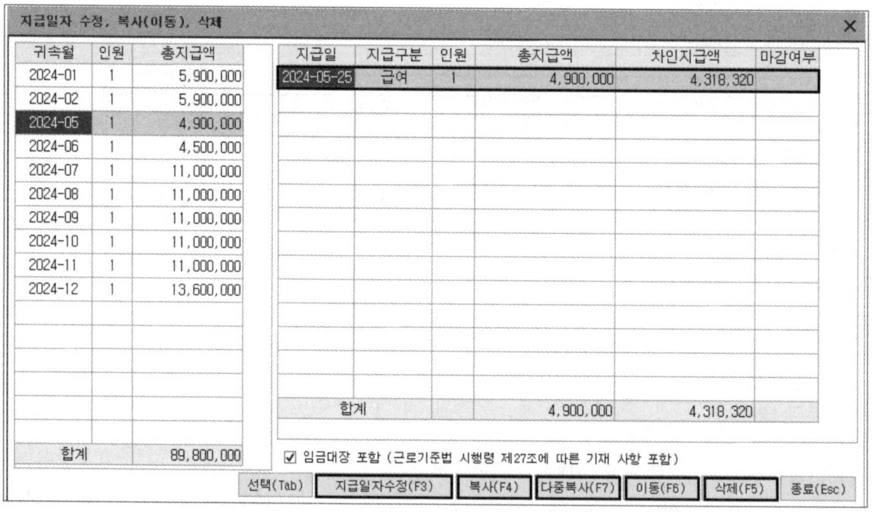

지급일자 수정, 복사(이동), 삭제

귀속월	인원	총지급액
2024-01	1	5,900,000
2024-02	1	5,900,000
2024-05	1	4,900,000
2024-06	1	4,500,000
2024-07	1	11,000,000
2024-08	1	11,000,000
2024-09	1	11,000,000
2024-10	1	11,000,000
2024-11	1	11,000,000
2024-12	1	13,600,000
합계		89,800,000

지급일	지급구분	인원	총지급액	차인지급액	마감여부
2024-05-25	급여	1	4,900,000	4,318,320	
합계			4,900,000	4,318,320	

☑ 임금대장 포함 (근로기준법 시행령 제27조에 따른 기재 사항 포함)

선택(Tab) | 지급일자수정(F3) | 복사(F4) | 다중복사(F7) | 이동(F6) | 삭제(F5) | 종료(Esc)

- 지급일자수정(F3) : 커서가 위치한 지급일을 수정할 수 있다.
- 복사(F4) : 커서가 위치한 지급일자의 급여자료를 복사하여 다른 월에 입력할 수 있다.

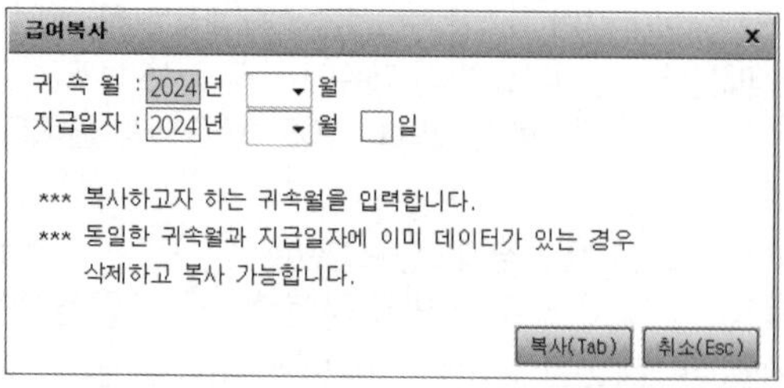

급여복사

귀 속 월 : 2024 년 ▾ 월

지급일자 : 2024 년 ▾ 월 □ 일

*** 복사하고자 하는 귀속월을 입력합니다.

*** 동일한 귀속월과 지급일자에 이미 데이터가 있는 경우 삭제하고 복사 가능합니다.

복사(Tab) | 취소(Esc)

· 다중복사(F7) : 커서가 위치한 지급일자의 급여자료를 복사하여 둘 이상의 다른 월에 입력할 수 있다.

예 지급일자 5월 25일의 급여자료와 동일한 내용을 6월, 7월, 8월에 입력

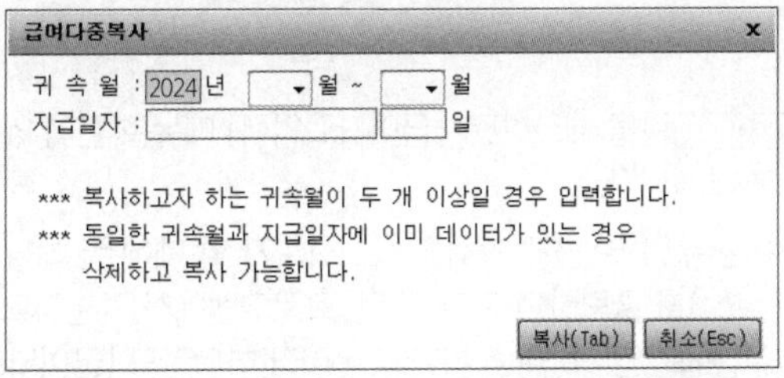

· 이동(F6) : 커서가 위치한 지급일자의 급여자료에 대하여 귀속월과 지급일자를 수정할 수 있다.

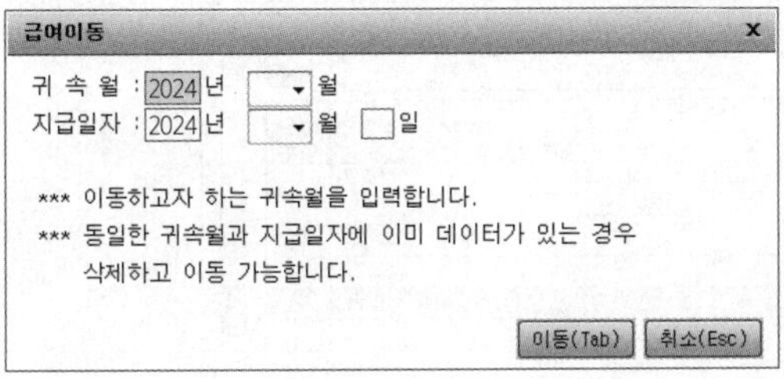

· 삭제(F5) : 커서가 위치한 지급일자의 급여자료를 삭제할 수 있다.

+ 더알아보기

수당공제등록

- 수당공제등록 보조창의 부수 기능
  - 수당공제등록 보조창에 있는 [비과세항목 입력화면 표시여부 ☑]란을 체크하면, [급여자료입력] 메뉴 화면에 있는 급여 항목란에서 비과세항목이 파란색 글씨로 구분 표시된다.
  - 수당공제등록 보조창에서 새로 입력하여 등록한 수당 및 공제 항목을 삭제하고자 할 때에는, 해당 항목에 커서를 놓고 보조창 하단에 있는 [삭제(F5)] (또는 [F5])를 클릭하면 된다. 다만, 프로그램에서 기본적으로 등록되어 있는 수당 및 공제 항목은 삭제할 수 없고, 새로 입력하여 등록한 항목이라 하더라도 [급여자료입력] 메뉴에 해당 항목에 대한 금액이 이미 입력되어 있는 경우에는 삭제할 수 없다.

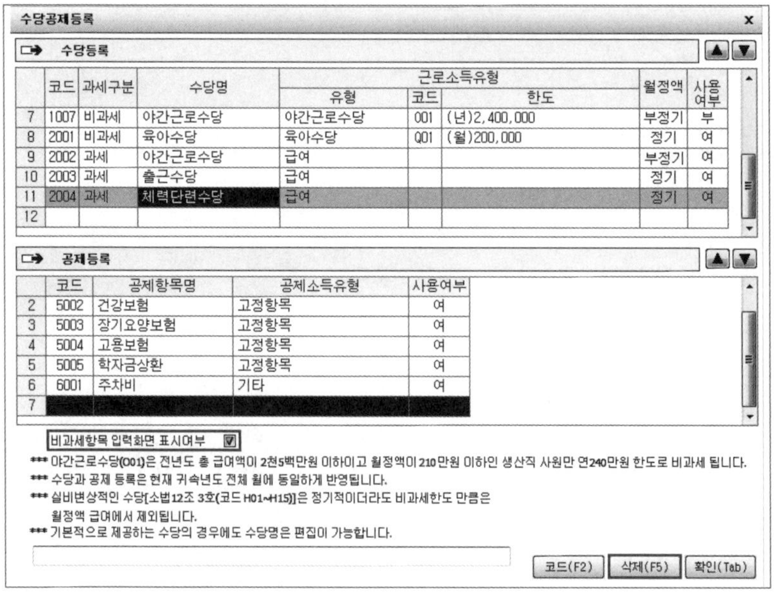

수당공제등록

수당등록

	코드	과세구분	수당명	근로소득유형			월정액	사용여부
				유형	코드	한도		
7	1007	비과세	야간근로수당	야간근로수당	001	(년)2,400,000	부정기	부
8	2001	비과세	육아수당	육아수당	Q01	(월)200,000	정기	여
9	2002	과세	야간근로수당	급여			부정기	여
10	2003	과세	출근수당	급여			정기	여
11	2004	과세	체력단련수당	급여			정기	여
12								

공제등록

	코드	공제항목명	공제소득유형	사용여부
2	5002	건강보험	고정항목	여
3	5003	장기요양보험	고정항목	여
4	5004	고용보험	고정항목	여
5	5005	학자금상환	고정항목	여
6	6001	주차비	기타	여
7				

비과세항목 입력화면 표시여부 ☑

*** 야간근로수당(001)은 전년도 총 급여액이 2천5백만원 이하이고 월정액이 210만원 이하인 생산직 사원만 연240만원 한도로 비과세 됩니다.
*** 수당과 공제 등록은 현재 귀속년도 전체 월에 동일하게 반영됩니다.
*** 실비변상적인 수당[소법12조 3호(코드 H01~H15)]은 정기적이더라도 비과세한도 만큼은 월정액 급여에서 제외됩니다.
*** 기본적으로 제공하는 수당의 경우에도 수당명은 편집이 가능합니다.

코드(F2) 삭제(F5) 확인(Tab)

- 수당공제등록의 검색창에서 비과세명을 찾는 방법

  수당등록에서 비과세항목에 대하여 검색창을 사용하여 수당명을 찾을 때, 검색창에서 비과세명의 전부 또는 일부뿐만 아니라 한도에 관한 정보를 입력하여도 된다. 예를 들어, 육아수당(비과세)을 찾을 때, "육아", "수당", "200,000" 등을 입력하면 비과세 항목 중에서 입력된 정보를 포함하고 있는 항목이 검색된다.

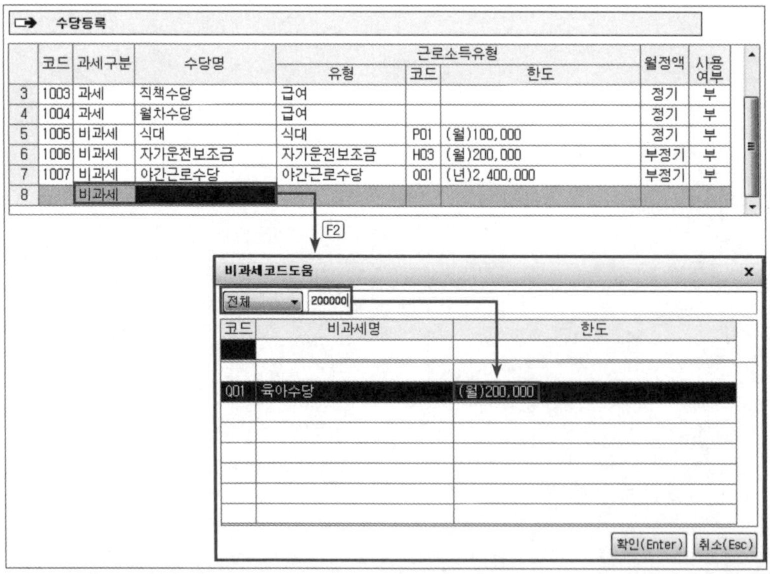

수당등록

	코드	과세구분	수당명	근로소득유형			월정액	사용여부
				유형	코드	한도		
3	1003	과세	직책수당	급여			정기	부
4	1004	과세	월차수당	급여			정기	부
5	1005	비과세	식대	식대	P01	(월)100,000	정기	부
6	1006	비과세	자가운전보조금	자가운전보조금	H03	(월)200,000	부정기	부
7	1007	비과세	야간근로수당	야간근로수당	001	(년)2,400,000	부정기	부
8		비과세						

F2

비과세코드도움

전체 ▾ 200000

코드	비과세명	한도
Q01	육아수당	(월)200,000

확인(Enter) 취소(Esc)

03 원천징수이행상황신고서

- [원천징수이행상황신고서]는 회사가 급여지급일의 다음 달 10일까지 과세기관에 원천징수 내역을 신고하기 위한 서식을 작성하는 메뉴이다.
- [원천징수이행상황신고서] 메뉴와 관련하여 귀속기간, 지급일, 전월 미환급세액을 입력하는 문제는 실무시험 문제 5(2~6점)로 [급여자료입력]과 연계되어 출제된다.
- [원천징수이행상황신고서] 화면은 [원천징수] ▶ [근로소득관리] ▶ [원천징수이행상황신고서]를 선택하여 들어갈 수 있다.

기출확인문제

㈜제일산업(코드번호 : 0101)의 2024년 귀속 원천징수자료와 관련하여, [급여자료입력] 메뉴에 엄승현(사번 : 101) 사원의 6월분 급여자료가 다음과 같이 입력되어 있다. 이를 근거로 [원천징수이행상황신고서]를 작성하시오. (단, 신고일 현재 전월 미환급세액 150,000원이 있으며, ㈜제일산업이 6월에 급여를 지급하는 사원은 엄승현 사원 한 명밖에 없다고 가정한다) (제58회 수정)

- 엄승현의 급여지급일은 매월 25일이다.
- 6월에 지급할 내역은 다음과 같다. (단, 식대, 자가운전보조금, 육아수당은 비과세 요건을 충족하였다)

· 기본급 : 4,000,000원	· 식대 : 200,000원
· 자가운전보조금 : 200,000원	· 육아수당 : 100,000원

- 6월에 공제할 항목은 다음과 같다.

· 국민연금 : 180,000원	· 건강보험료 : 121,400원(장기요양보험료 : 7,950원)
· 고용보험료 : 27,300원	· 소득세 : 112,630원(지방소득세 : 11,260원)

기출 따라 하기

▶관련 이론 I 종합소득금액의 계산 p.640~641

[급여자료입력] 메뉴에서

① 6월분 급여를 6월 25일에 지급하였으므로, 귀속년월은 "6월", 지급년월일은 "6월 25일"이다.

② 해당 일자에 엄승현에게 지급된 급여금액과 그에 대한 공제금액이 입력되어 있다.

③ 해당 일자에 지급된 전체사원의 지급총액과 과세 및 총비과세 금액이 표시된다.

④ 전체 사원의 비과세 합계금액은 다시 원천징수이행상황신고서 작성 시 포함되어야 하는 금액(제출비과세)이 얼마인지, 그리고 포함되지 말아야 하는 금액(미제출비과세)이 얼마인지로 구분되어 표시된다.

▶ [급여자료입력] 메뉴에서 비과세 항목 금액이 입력되면 프로그램 내에서 '제출비과세'와 '미제출비과세'로 자동 구분되고, 이 결과는 [원천징수이행상황신고서] 메뉴의 '총지급액' 금액에 자동 반영된다.

참고 주요 비과세 근로소득에 대한 구분

구 분	비과세 한도	제출/미제출
식 대	월 200,000원	제 출
자가운전보조금	월 200,000원	미제출
육아수당	월 200,000원	제 출

⑤ 해당 일자에 지급된 전체사원 급여에 대한 공제금액이 항목별로 집계되어 표시되며, 그중 소득세 원천징수금액이 얼마인지 표시된다.

◆ ①~⑤의 입력화면은 아래와 같다.

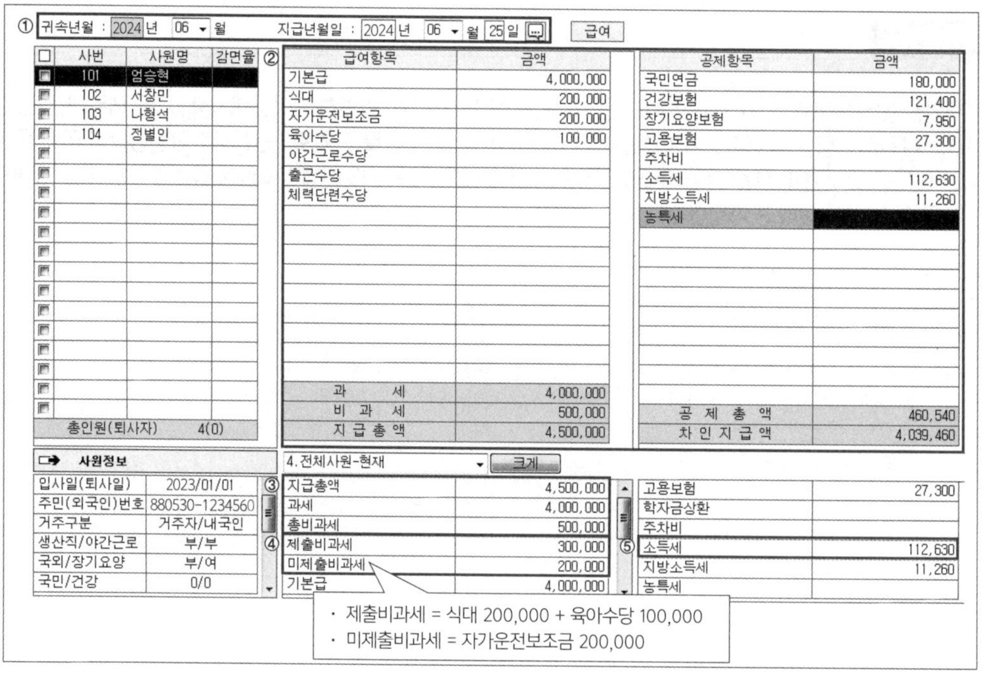

[원천징수이행상황신고서] 메뉴에서

⑥ 6월분 급여를 6월 25일에 지급하였으므로, 귀속기간란에 "6월~6월"을, 지급기간란에 "6월~6월"을 입력한다.

⑦ 신고구분란에 '1.정기신고, 2.수정신고, 3.기한후신고' 중 "1.정기신고"를 선택하여 입력한다.

▶ 신고의 구분

1.정기신고	법정 신고기한인 급여지급일의 다음 달 10일까지 원천세 신고하는 경우를 말하는 것으로, 문제에서 별도의 언급이 없으면 이를 선택한다.
2.수정신고	당초 신고한 내용에 대하여 신고기한이 지난 후 수정하여 다시 신고하는 것을 말한다.
3.기한후신고	당초 신고하지 않았다가 신고기한이 지난 후 신고하는 것을 말한다.

⑧ [급여자료입력] 메뉴에서 입력된 금액이 [원천징수이행상황신고서] 메뉴의 "총지급액"과 원천징수된 "소득세 등"으로 자동 반영되어 있음을 확인한다.

원천징수이행상황신고서	급여자료입력
총지급액 4,300,000원	급여 지급총액 중 과세 금액 4,000,000원과 제출비과세 금액 300,000원의 합산액
소득세 등 112,630원	공제금액 중 소득세 원천징수금액 112,630원

⑨ 전월미환급란에 "150,000"을 입력한다.

⑩ 입력한 전월미환급 세액에서 당월에 납부하여야 할 금액이 차감되어 차월로 이월되는 환급세액이 자동으로 계산됨을 확인한다.

	구 분	금 액	내 용
	12.전월미환급	150,000원	연말정산 결과에 따라 과세기관으로부터 돌려받아야 하는 환급세액으로서 전월까지 환급되지 않고 당월로 이월되어 온 금액을 말함
-	19.당월조정 환급세액계	112,630원	당월에 원천징수한 세액으로서 과세기관에 납부하여야 할 금액을 말함
=	20.차월이월 환급세액	37,370원	전월로부터 이월되어 온 미환급 세액에서 당월에 납부할 원천징수 세액을 차감(상계)한 잔액을 말함

참고 **21.환급신청액**

당월까지 환급되지 않은 금액이 있을 때(즉, '20.차월이월 환급세액' 금액이 있을 때) 회사는 이를 차월로 이월하여 차월 납부세액과 상계하는 것이 일반적이지만, 이를 차월로 이월하지 않고 당월에 환급을 신청할 수도 있다. 만약 당월 환급신청을 하고자 하는 경우에는 21.환급신청액란에 해당 금액을 기재하면 된다.

▼ ⑥~⑩ 입력결과 화면은 아래와 같다.

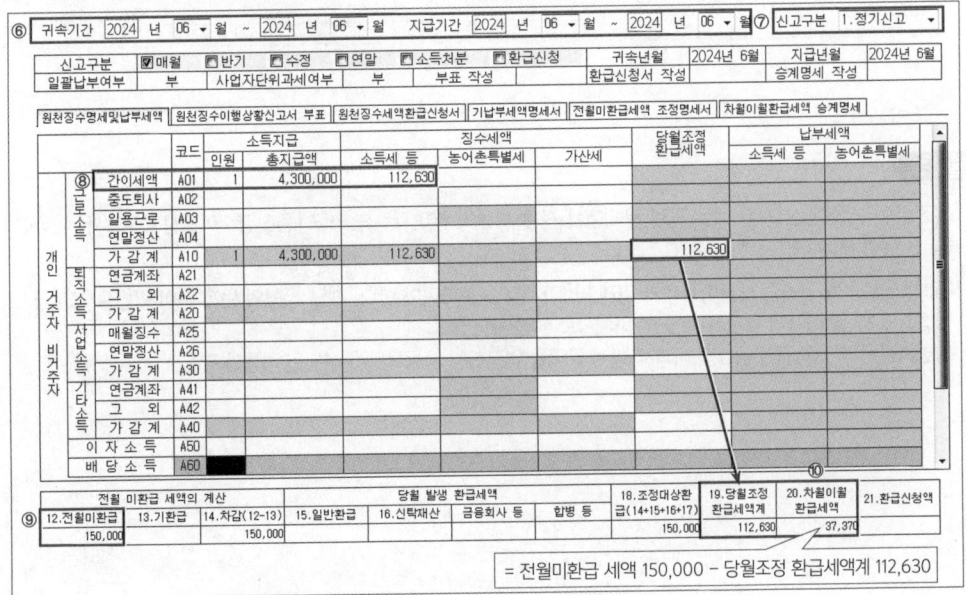

⑥ 귀속기간 2024 년 06 월 ~ 2024 년 06 월 지급기간 2024 년 06 월 ~ 2024 년 06 월 ⑦ 신고구분 1.정기신고

신고구분	☑매월	☐반기	☐수정	☐연말	☐소득처분	☐환급신청	귀속년월	2024년 6월	지급년월	2024년 6월
일괄납부여부	부	사업자단위과세여부	부	부표 작성			환급신청서 작성		승계명세 작성	

원천징수명세및납부세액 | 원천징수이행상황신고서 부표 | 원천징수세액환급신청서 | 기납부세액명세서 | 전월미환급세액 조정명세서 | 차월이월환급세액 승계명세

			코드	소득지급		징수세액			당월조정 환급세액	납부세액	
				인원	총지급액	소득세 등	농어촌특별세	가산세		소득세 등	농어촌특별세
개인 거주자 비거주자	근로소득	⑧ 간이세액	A01	1	4,300,000	112,630					
		중도퇴사	A02								
		일용근로	A03								
		연말정산	A04								
		가 감 계	A10	1	4,300,000	112,630			112,630		
	퇴직소득	연금계좌	A21								
		그 외	A22								
		가 감 계	A20								
	사업소득	매월징수	A25								
		연말정산	A26								
		가 감 계	A30								
	기타소득	연금계좌	A41								
		그 외	A42								
		가 감 계	A40								
	이 자 소 득		A50								
	배 당 소 득		A60								

전월 미환급 세액의 계산			당월 발생 환급세액				18.조정대상환급(14+15+16+17)	19.당월조정 환급세액계	20.차월이월 환급세액	21.환급신청액
⑨ 12.전월미환급	13.기환급	14.차감(12-13)	15.일반환급	16.신탁재산	금융회사 등	합병 등			⑩	
150,000		150,000					150,000	112,630	37,370	

= 전월미환급 세액 150,000 - 당월조정 환급세액계 112,630

+ 더알아보기

[원천징수이행상황신고서] 메뉴의 주요 입력란

회사가 원천징수한 소득세와 관련하여 각 소득별 해당 메뉴에서 금액이 입력되면 이는 [원천징수이행상황신고서] 메뉴에 자동으로 반영된다. 또한 [원천징수이행상황신고서] 메뉴에서 금액을 직접 입력, 수정, 삭제할 수도 있다.

· 근로소득의 원천징수 주요 입력란

구 분	입력내용	비 고
간이세액 (A01)	상용근로자에게 해당 월에 지급한 급여와 간이세액표에 따라 원천징수한 소득세를 입력	상용근로자에 대한 원천징수(매월)
중도퇴사 (A02)	중도퇴사자에게 1월부터 퇴사일까지 지급한 급여와 이에 대한 연말정산 결과 납부하거나 환급받게 되는 소득세를 입력	중도퇴사자에 대한 연말정산 (퇴직하는 달의 급여 지급 시)
일용근로 (A03)	일용근로자에게 해당 월에 지급한 잡급과 법정 산식에 따라 계산하여 원천징수한 소득세를 입력	일용근로자에 대한 원천징수(매월)
연말정산 (A04)	계속근로자에게 작년 1년(해당 과세기간) 동안 지급한 급여와 이에 대한 연말정산 결과 납부하거나 환급받게 되는 소득세를 입력	계속근로자에 대한 연말정산 (해당 과세기간의 다음 연도 2월)

· 공통사항

· 인원 = 해당되는 인원
· 총지급액 = 과세 금액 + 제출비과세 금액
· 소득세 등 = 소득세 원천징수금액(지방소득세 제외)

기출유형

[원천징수이행상황신고서] 메뉴 관련 문제에서 전체 사원의 급여자료를 보고 [원천징수이행상황신고서] 메뉴에 직접 입력하는 유형 [제47회]

비과세 근로소득 항목을 제출비과세와 미제출비과세로 구분하여야 한다. 해당 유형의 문제 풀이 방법은 다음과 같다.
| 방법1 | 제시된 비과세 항목을 제출 및 미제출로 직접 구분
| 방법2 | [급여자료입력] 메뉴에 비과세 항목 금액을 입력하면 자동으로 구분되는 기능을 활용

04 연말정산추가자료입력

· [연말정산추가자료입력]은 각 사원의 연말정산 시 소득공제 및 세액공제 요건을 충족하는 지출액을 입력하면 한도액과 산식을 적용하여 공제금액을 자동으로 계산해주는 메뉴이다.
· [연말정산추가자료입력] 메뉴와 관련하여 제시된 자료에서 소득공제 및 세액공제 요건을 충족하는 지출액을 파악하여 해당란에 입력하는 문제는 실무시험 문제 5(7~10점)로 출제된다.
· [연말정산추가자료입력] 화면은 [원천징수] ▸ [근로소득관리] ▸ [연말정산추가자료입력]을 선택하여 들어갈 수 있다.

기출확인문제

㈜제일산업(코드번호 : 0101)의 2024년 귀속 원천징수자료와 관련하여, 다음 자료를 보고 [연말정산추가자료입력] 메뉴에서 서창민(사번 : 102) 사원의 [연말정산입력] 탭을 입력하시오. (단, 자료는 모두 국세청 홈택스 연말정산간소화서비스 자료이며, 세부담 최소화를 가정한다) ([연말정산입력] 탭에 지출액이 입력되지 않을 경우, [부양가족] 탭에 입력하고 F8 부양가족탭불러오기 를 클릭할 것)

(제62회 수정)

· 부양가족 인적사항
가족 중에 장애인은 없고, 배우자는 총급여액 3,300,000원이 있으며, 자녀들은 소득이 없다.

· 배우자 이정연 : 1979년 4월 12일생	· 자녀 서시온 : 2002년 11월 24일생
· 자녀 서시우 : 2005년 2월 9일생	· 자녀 서시진 : 2006년 7월 9일생

· 보험료, 의료비, 교육비, 기부금 관련 자료
의료비는 전부 서창민 씨 본인이 부양가족들을 위하여 지출한 금액이다.

보험료	· 배우자의 생명보험료(보장성보험) : 1,200,000원 · 서시온의 자동차보험료 : 600,000원
의료비	· 본인의 의료비 : 2,052,400원 · 서시온의 의료비 : 1,400,500원 · 서시우의 의료비 : 477,250원
교육비	· 본인의 대학원 교육비 : 2,000,000원 · 서시온의 대학교 교육비 : 10,000,000원
기부금	· 본인의 정치자금기부금(금전) : 300,000원 · 배우자의 정치자금기부금(금전) : 200,000원

· 서창민 씨 본인의 신용카드 등 관련 자료
신용카드·현금영수증·직불카드 사용액은 전통시장 사용액 및 대중교통 사용액이 제외된 금액이며, 전년 대비 소비증가분은 없다고 가정한다.

· 신용카드 사용액 : 20,169,390원	· 현금영수증 사용액 : 1,958,408원
· 직불카드 사용액 : 2,484,570원	· 전통시장 사용액 : 70,550원
· 대중교통 사용액 : 62,240원	

(1) 공제대상 지출액 파악

① 기본공제요건 파악

구 분	나이 요건	소득금액 요건
배우자 이정연(45세)	-	O[1]
자녀 서시온(22세)	X	O
자녀 서시우(19세)	O	O
자녀 서시진(18세)	O	O

[1] 근로소득만 있고 총급여액 500만 원 이하이므로 소득금액 요건을 충족한다.

② 소득공제 및 세액공제 요건 파악

구 분	제시된 자료	소득공제 및 세액공제 적용가능 지출액
보험료	· 배우자 생명보험료 : 1,200,000원 · 서시온 자동차보험료 : 600,000원[1]	· 보장성보험 ▶ 일반 : 1,200,000원
의료비	· 본인 의료비 : 2,052,400원 · 서시온 의료비 : 1,400,500원[2] · 서시우 의료비 : 477,250원	· 의료비 ▶ 본인 : 2,052,400원 · 의료비 ▶그 밖의 공제대상자 : 1,877,750원
교육비	· 본인 대학원 : 2,000,000원 · 서시온 대학교 : 10,000,000원[3]	· 교육비 ▶ 본인 : 2,000,000원 · 교육비 ▶ 대학생 : 10,000,000원
기부금	· 본인 정치자금 : 300,000원 · 배우자 정치자금 : 200,000원[4]	· 기부금 ▶ 정치자금기부금(10만 원 이하) : 100,000원 · 기부금 ▶ 정치자금기부금(10만 원 초과) : 200,000원
신용카드	· 신용카드 사용액 : 20,169,390원 · 현금영수증 사용액 : 1,958,408원 · 직불카드 사용액 : 2,484,570원 · 전통시장 사용액 : 70,550원 · 대중교통 사용액 : 62,240원	· 신용카드 ▶ 신용카드(15%) : 20,169,390원 · 신용카드 ▶ 현금영수증(30%) : 1,958,408원 · 신용카드 ▶ 직불카드 등(30%) : 2,484,570원 · 신용카드 ▶ 전통시장(40%) : 70,550원 · 신용카드 ▶ 대중교통(40%) : 62,240원

[1] 일반보장성보험료는 나이 및 소득금액의 제한을 받는다.
[2] 의료비는 나이 및 소득금액의 제한을 받지 않는다.
[3] 교육비는 나이의 제한을 받지 않는다.
[4] 정치자금기부금은 본인 지출분만 인정된다.

▶ 주요 공제항목별 기본공제 요건

구 분	나이 요건[1]	소득금액 요건	비 고
보험료 세액공제	O	O	-
의료비 세액공제	X	X	-
(일반)교육비 세액공제	X	O	직계존속 지출분은 제외
기부금 세액공제	X	O	정치자금기부금·고향사랑기부금은 본인 지출분만 인정
신용카드 등 사용액 소득공제	X	O	형제자매 지출분은 제외
월세액 세액공제	-	-	본인 지출분만 인정

[1] 배우자와 장애인은 나이 요건의 제한을 받지 않는다.

(2) 입력방법

[연말정산추가자료입력] 메뉴의 [부양가족] 탭에서

① 화면 왼쪽에 있는 사번란에 커서를 놓고 화면 상단의 코드 (또는 F2)를 클릭하면 '사원코드도움' 보조창이 나타나는데, 여기서 서창민 사원을 선택하고 확인(Enter)을 클릭한다.

② [부양가족] 탭 상단에 있는 배우자 이정연란에 커서를 놓고 하단에 있는 보험료란을 더블클릭하면 '보험료 등 공제대상금액' 보조창이 나타나는데, 여기서 공제 적용가능 지출액 "1,200,000"을 입력하고 종료(Esc)를 클릭한다.

보험료 등 공제대상금액

자료구분	국세청간소화	급여/기타	정산	공제대상금액
국민연금_직장				
국민연금_지역				
합 계				
건강보험료-보수월액				
장기요양보험료-보수월액				
건강보험료-소득월액(납부)				
기요양보험료-소득월액(납녀				
합 계				
고용보험료				
보장성보험-일반	1,200,000			1,200,000
보장성보험-장애인				
합 계	1,200,000			1,200,000

■ 처음에는 현근무지/종(전), 납세조합에서 지출한 금액(급여/기타)이 공제대상금액으로 반영됩니다.
■ 국세청간소화문서(PDF) 적용시 국민연금, 건강보험료 적용을 선택하면 PDF금액이 공제대상금액으로 반영
☞ 공제대상금액 적용값을 변경하고자 할 경우 아래 각 [공제대상금액]에서 적용하고자 하는 구분을 클릭하세요.(실시간 적용 됨)
■ 국세청간소화문서(PDF) 선택시 종(전)근무지에 입력한 국민연금, 건강보험료는 반영되지 않습니다.
■ 건강(장기요양)보험료소득월액 직접납부금액은 [정산]란에 입력합니다.
★ 근로소득공제신고서 불러오기
국민연금/건강/고용보험은 종전/주현근무지 모두 급여/기타란에 합산표시 됩니다.

▶ 국민연금 공제대상금액
[1.현근무지+종(전)근무지 적용] [2.국세청간소화문서(PDF) 적용]
▶ 건강(장기요양)보험료 공제대상금액
[1.현근무지+종(전)근무지 적용] [2.국세청간소화문서(PDF) 적용]

종료(Esc)

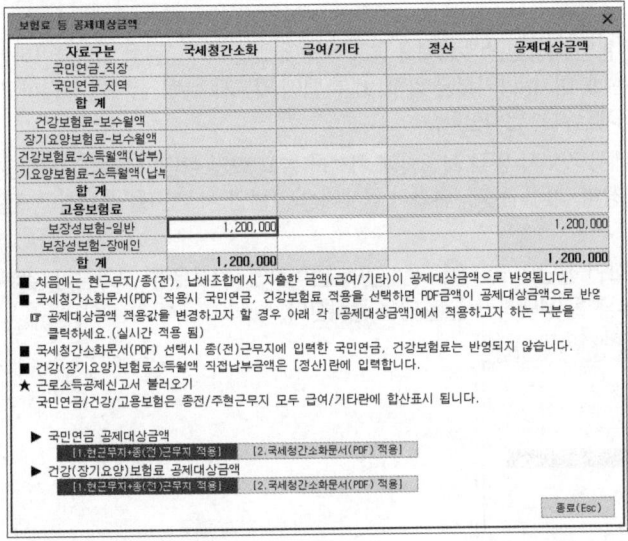

③ [부양가족] 탭 상단에 있는 본인 서창민(또는 자녀 서시온, 자녀 서시우)란에 커서를 놓고 하단에 있는 의료비란을 더블클릭하면 [의료비] 탭으로 화면이 이동되는데, 여기서 공제대상자와 공제 적용가능 지출액을 입력한다.

- 의료비 공제대상자란에 커서를 놓고 화면 상단의 코드 (또는 F2)를 클릭하면 '부양가족코드도움' 보조창이 나타나는데, 여기서 공제대상자(본인 서창민, 자녀 서시온, 자녀 서시우)를 선택하고 확인(Enter)을 클릭한다.
- 지급처의 증빙코드란에 커서를 두면 아래와 같은 선택 창이 나타나는데, 이 중 "1.국세청장"을 선택하여 입력한다.

1.국세청장
2.국민건강보험
3.진료 · 약제비
4.장기요양
5.기타영수증

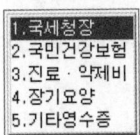

- 지급명세의 금액란에 공제 적용가능 지출액 "2,052,400", "1,400,500", "477,250"을 각각 입력한다.

2024년 의료비 지급명세서

의료비 공제대상자					지급처			지급명세						14.산후조리원
성명	내/외	5.주민등록번호	6.본인등 해당여부		9.증빙코드	8.상호	7.사업자등록번호	10.건수	11.금액	11-1.실손보험수령액	12.미숙아 선천성이상아	13.난임여부		
서창민	내	771115-1411410	1	0	1				2,052,400		X	X		X
서시온	내	021124-3044789	3	X	1				1,400,500		X	X		X
서시우	내	050209-4044781	3	X	1				477,250		X	X		X
		합계							3,930,150					
일반의료비(본인)		2,052,400	6세 이하, 65세 이상, 장애인				일반의료비(그 외)		1,877,750	난임시술비 / 미숙아.선천성이상아				

④ [부양가족] 탭 상단에 있는 본인 서창민과 자녀 서시온란에 커서를 놓고 하단에 있는 교육비란에 공제 적용가능 지출액을 각각 입력한다.

- 교육비란에 공제 적용가능 지출액을 입력하면 화면 하단에 아래와 같은 도움말이 나타나는데, 인별 교육비 한도가 정확하게 적용될 수 있도록 해당 교육비를 숫자로 입력한다.

1.취학전 아동(연300만원/1인), 2.초중고(연300만원/1인), 3.대학생(연900만원/1인), 4.본인, 5.공제대상아님

- 본인 서창민에 대하여 "2,000,000"과 "4.본인"을 입력하고, 자녀 서시온에 대하여 "10,000,000"과 "3.대학생(연900만원/1인)"을 입력한다.

⑤ [부양가족] 탭 상단에 있는 본인 서창민란에 커서를 놓고 하단에 있는 기부금란을 더블클릭하면 [기부금] 탭으로 화면이 이동되는데, 여기서 [기부금 입력] 세부 탭에 기부자·유형·금액을 입력하고, [기부금 조정] 세부 탭에 당기 공제금액을 입력한다.

- [기부금 입력] 세부 탭에서 기부자 인적 사항란에 커서를 놓고 화면 상단의 코드 (또는 F2)를 클릭하면 '부양가족' 보조창이 나타나는데, 여기서 공제대상자(본인 서창민)을 선택하고 확인(Enter)을 클릭한다.
- 유형란에 커서를 놓고 화면 상단의 코드 (또는 F2)를 클릭하면 '기부유형' 보조창이 나타나는데, 이 중 "20.정치자금기부금"을 선택하고 확인(Enter)을 클릭한다.

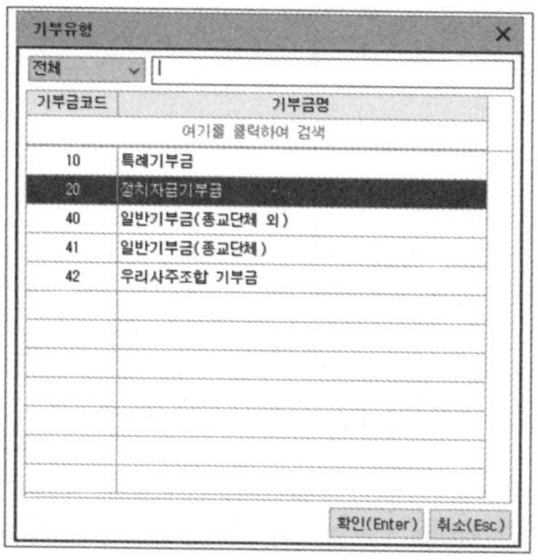

- 기부내용란에 커서를 두면 아래와 같은 선택 창이 나타나는데, 이 중 "1.금전"을 선택하여 입력한다.

1.금전
2.현물

- 자료구분란에 커서를 두면 아래와 같은 선택 창이 나타나는데, 이 중 "0.국세청"을 선택하여 입력한다.

0.국세청
1.기타

- 공제대상 기부금액란에 공제 적용가능 당기 지출액 "300,000"을 입력한다.

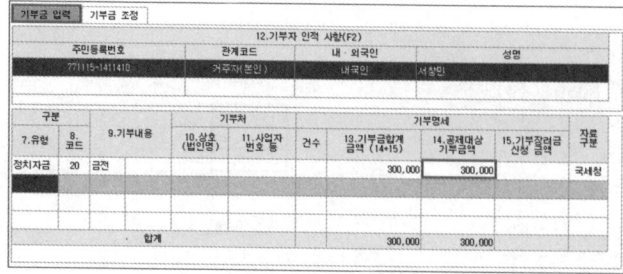

기부금 입력 | 기부금 조정

12.기부자 인적 사항(F2)			
주민등록번호	관계코드	내·외국인	성명
771115-1411410	거주자(본인)	내국인	서창민

구분			기부처		기부명세				자료구분
7.유형	8.코드	9.기부내용	10.상호(법인명)	11.사업자번호 등	건수	13.기부금합계금액(14+15)	14.공제대상기부금액	15.기부장려금신청 금액	
정치자금	20	금전				300,000	300,000		국세청
합계						300,000	300,000		

· [기부금 조정] 세부 탭에서 [공제금액계산] 을 클릭하면 '기부금 공제금액 계산 참조' 보조창이 나타난다. 여기서 [불러오기], [공제금액반영], [종료(Esc)] 를 순차적으로 클릭한다.

기부금 공제금액 계산 참조

근로소득금액	55,420,000	정치자금기부금 외 세액공제대상금액		세액공제가능액	4,121,984

코드	구분	지출액	공제대상금액	공제율1 (15%, 20%)	공제율2 (25%,30%,35%)	소득/세액공제액	공제초과이월액
20	정치자금(10만원 이하)	100,000	100,000			90,909	
20	정치자금(10만원 초과)	200,000	200,000			30,000	
10	특례기부금 2013년이월						
10	특례기부금 2014년이월						
10	특례기부금 2015년이월						
10	특례기부금 2016년이월						
10	특례기부금 2017년이월						
10	특례기부금 2018년이월						
10	특례기부금 2019년이월						
10	특례기부금 2020년이월						
10	특례기부금 2021년이월						
10	특례기부금 2022년이월						
10	특례기부금 당기						
42	우리사주조합기부금						
40	일반기부금(종교외) 2013년이전						
41	일반기부금(종교) 2013년이전						
40	일반기부금(종교외) 2014년이월						
40	일반기부금(종교외) 2015년이월						
40	일반기부금(종교외) 2016년이월						
40	일반기부금(종교외) 2017년이월						
40	일반기부금(종교외) 2018년이월						
	합계	300,000	300,000			120,909	

기부금(이월액)소득공제		정치기부금10만원 초과세액공제	30,000	특례기부금 세액공제	
우리사주기부금 세액공제		일반기부금(종교외) 세액공제		일반기부금(종교) 세액공제	

▶ 기부금명세서 작성시 주의사항

① 기부금을 이월하는 경우에는 기부금명세서에서 해당년도 공제금액을 반드시 확인합니다.
② 표준세액공제를 적용받는 경우 기부금조정명세서의 해당연도공제금액, 이월(소멸)금액은 판단하여 입력합니다.
(표준세액공제를 적용받는 경우 정치자금기부금과 우리사주기부금은 중복공제 가능합니다.)

[불러오기] [공제금액반영] [전체삭제] [저장] [종료(Esc)]

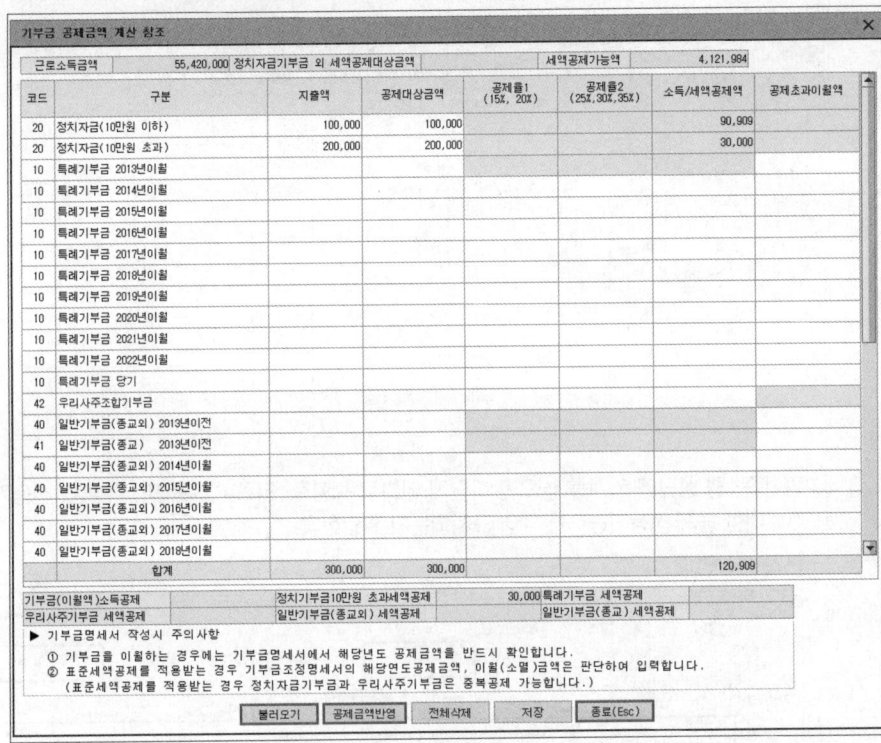

· [기부금 조정] 세부 탭에서 해당연도 공제금액란에 "300,000"이 자동으로 반영되어 있는지 확인한다.

[기부금 입력] [기부금 조정] [공제금액계산]

구분		기부연도	16.기부금액	17.전년도까지 공제된금액	18.공제대상 금액(16-17)	해당연도 공제금액	해당연도에 공제받지 못한 금액	
유형	코드						소멸금액	이월금액
정치자금	20	2024	300,000		300,000	300,000		
합계			300,000		300,000	300,000		

참고 **기부금 입력 시, [기부금 조정] 세부 탭과 [공제금액계산] 을 사용하는 이유**

기부금 지출액 중 한도초과로 인해 공제받지 못하는 금액은 이후 10년까지 이월하여 공제받을 수 있는데, ㉠ 당기로 이월되어 온 한도초과 기부금과 ㉡ 다음 연도로 이월시켜야 할 한도초과 기부금을 관리하기 위하여, [기부금 조정] 세부 탭과 [공제금액계산] 을 사용한다. 만약 ㉠과 ㉡이 모두 없는 경우라면 당기 기부금 지출액을 [기부금 조정] 탭의 해당연도 공제금액란에 직접 입력하여도 정답으로 인정된다.

⑥ [부양가족] 탭 상단에 있는 본인 서창민란에 커서를 놓고 하단에 있는 신용카드등 사용액공제란을 더블클릭하면 [신용카드 등] 탭으로 화면이 이동되는데, 여기서 공제 적용가능 지출액을 입력한다. 전년대비 소비증가분에 표시되는 금액은 삭제한다.

□	내/외 관계	성명 생년월일	자료 구분	신용카드	직불,선불	현금영수증	도서등 신용	도서등 직불	도서등 현금	전통시장	대중교통	소비증가분 2023년	소비증가분 2024년
□	내	서창민	국세청	20,169,390	2,484,570	1,958,408				70,550	62,240		
	0	1977-11-15	기타										
□	내	이정연	국세청										
	3	1979-04-12	기타										
□	내	서시온	국세청										
	4	2002-11-24	기타										
□	내	서시우	국세청										
	4	2005-02-09	기타										
□	내	서시진	국세청										
	4	2006-07-09	기타										
□													
□													
	합계			20,169,390	2,484,570	1,958,408				70,550	62,240		

⑦ [부양가족] 탭 상단에 커서를 놓으면 하단에 인별로 보험료, 의료비, 교육비, 기부금, 신용카드 등 사용액에 대한 공제 적용가능 지출액이 표시되는지 확인한다.

· 본인 서창민

자료구분	보험료 건강	보험료 고용	보험료 일반보장성	보험료 장애인전용	의료비 일반		의료비 실손	의료비 선천성이상아	의료비 난임	의료비 65세,장애인	교육비 일반		교육비 장애인특수
국세청					2,052,400	1.전액					2,000,000	4.본인	
기타	1,697,640	445,900											

자료구분	신용카드	직불카드등	현금영수증	전통시장사용분	대중교통이용분	도서공연 등	기부금
국세청	20,169,390	2,484,570	1,958,408	70,550	62,240		300,000
기타							

· 배우자 이정연

자료구분	보험료 건강	보험료 고용	보험료 일반보장성	보험료 장애인전용	의료비 일반		의료비 실손	의료비 선천성이상아	의료비 난임	의료비 65세,장애인	교육비 일반		교육비 장애인특수
국세청			1,200,000										
기타													

자료구분	신용카드	직불카드등	현금영수증	전통시장사용분	대중교통이용분	도서공연 등	기부금
국세청							
기타							

· 자녀 서시온

자료구분	보험료 건강	보험료 고용	보험료 일반보장성	보험료 장애인전용	의료비 일반		의료비 실손	의료비 선천성이상아	의료비 난임	의료비 65세,장애인	교육비 일반		교육비 장애인특수
국세청					1,400,500	2.일반					10,000,000	3.대학생	
기타													

자료구분	신용카드	직불카드등	현금영수증	전통시장사용분	대중교통이용분	도서공연 등	기부금
국세청							
기타							

· 자녀 서시우

자료구분	보험료 건강	보험료 고용	보험료 일반보장성	보험료 장애인전용	의료비 일반		의료비 실손	의료비 선천성이상아	의료비 난임	의료비 65세,장애인	교육비 일반		교육비 장애인특수
국세청					477,250	2.일반							
기타													

자료구분	신용카드	직불카드등	현금영수증	전통시장사용분	대중교통이용분	도서공연 등	기부금
국세청							
기타							

[연말정산추가자료입력] 메뉴의 [연말정산입력] 탭에서

⑧ 화면 상단에 있는 **F8 부양가족탭불러오기** (또는 F8)를 클릭하여, [부양가족] 탭에서 표시되는 인별 공제 적용가능 지출액이 [연말정산입력] 탭에 반영되도록 한다.

· 소득공제

	구분	지출액	공제금액
의	41.투자조합출자 등 소득공제		
소	42.신용카드 등 사용액	24,745,158	1,838,918

· 세액공제

		구분			지출액	공제대상금액	공제금액
액	특	61.보장성보험	일반	1,200,000	1,200,000	1,000,000	120,000
			장애인				
	별	62.의료비		3,930,150	3,930,150	1,872,150	280,822
		63.교육비		12,000,000	12,000,000	11,000,000	1,650,000
	세	64.기부금		300,000	300,000	300,000	120,909
		1)정치자금 기부금	10만원이하		100,000	100,000	90,909
	액		10만원초과		200,000	200,000	30,000
공		2)특례기부금(전액)					
	공	3)우리사주조합기부금					
		4)일반기부금(종교단체외)					
	제	5)일반기부금(종교단체)					
		65.특별세액공제 계					2,171,731

· 소득공제 ▶ 신용카드 등 사용액

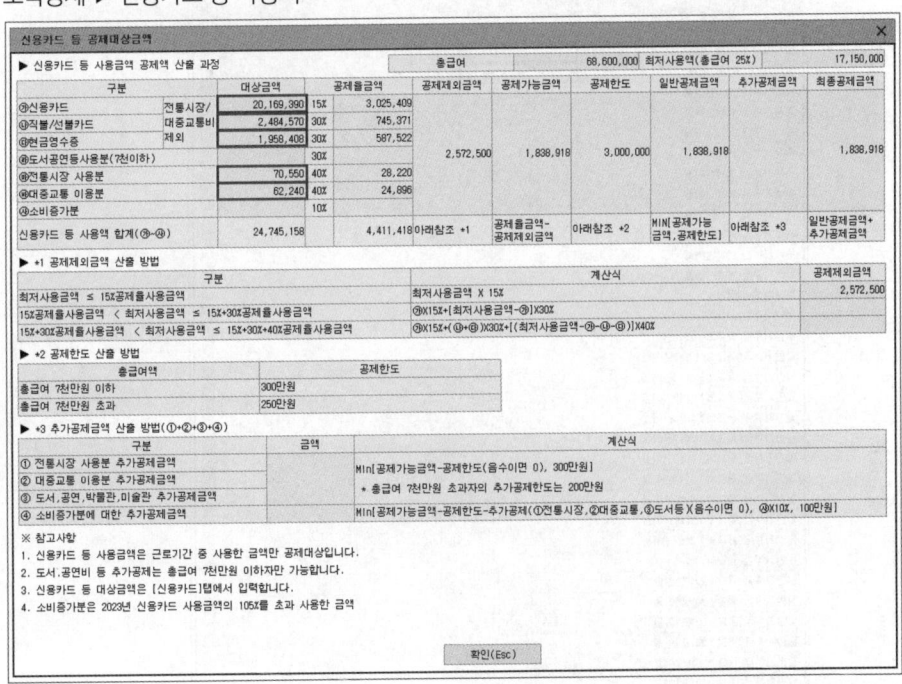

신용카드 등 공제대상금액

▶ 신용카드 등 사용금액 공제액 산출 과정

총급여	68,600,000	최저사용액(총급여 25%)	17,150,000

구분		대상금액	공제율금액		공제제외금액	공제가능금액	공제한도	일반공제금액	추가공제금액	최종공제금액
㉮신용카드	전통시장/	20,169,390	15%	3,025,409	2,572,500	1,838,918	3,000,000	1,838,918		1,838,918
㉯직불/선불카드	대중교통비	2,484,570	30%	745,371						
㉰현금영수증	제외	1,958,408	30%	587,522						
㉱도서공연등사용분(7천이하)			30%							
㉲전통시장 사용분		70,550	40%	28,220						
㉳대중교통 이용분		62,240	40%	24,896						
㉴소비증가분			10%							
신용카드 등 사용액 합계(㉮~㉴)		24,745,158		4,411,418	아래참조 *1	공제율금액-공제제외금액	아래참조 *2	MIN[공제가능금액,공제한도]	아래참조 *3	일반공제금액+추가공제금액

▶ *1 공제제외금액 산출 방법

구분	계산식	공제제외금액
최저사용금액 ≤ 15%공제율사용금액	최저사용금액 X 15%	2,572,500
15%공제율사용금액 < 최저사용금액 ≤ 15%+30%공제율사용금액	㉮X15%+[최저사용금액-㉮]X30%	
15%+30%공제율사용금액 < 최저사용금액 ≤ 15%+30%+40%공제율사용금액	㉮X15%+(㉯+㉰)X30%+[(최저사용금액-㉮-㉯-㉰)]X40%	

▶ *2 공제한도 산출 방법

총급여액	공제한도
총급여 7천만원 이하	300만원
총급여 7천만원 초과	250만원

▶ *3 추가공제금액 산출 방법(①+②+③+④)

구분	금액	계산식
① 전통시장 사용분 추가공제금액		Min[공제가능금액-공제한도(음수이면 0), 300만원] * 총급여 7천만원 초과자의 추가공제한도는 200만원
② 대중교통 이용분 추가공제금액		
③ 도서,공연,박물관,미술관 추가공제금액		
④ 소비증가분에 대한 추가공제금액		Min[공제가능금액-공제한도-추가공제(①전통시장,②대중교통,③도서등)(음수이면 0), ㉴X10%, 100만원]

※ 참고사항

1. 신용카드 등 사용금액은 근로기간 중 사용한 금액만 공제대상입니다.
2. 도서.공연비 등 추가공제는 총급여 7천만원 이하자만 가능합니다.
3. 신용카드 등 대상금액은 [신용카드]탭에서 입력합니다.
4. 소비증가분은 2023년 신용카드 사용금액의 105%를 초과 사용한 금액

확인(Esc)

· 세액공제 ▶ 의료비

의료비

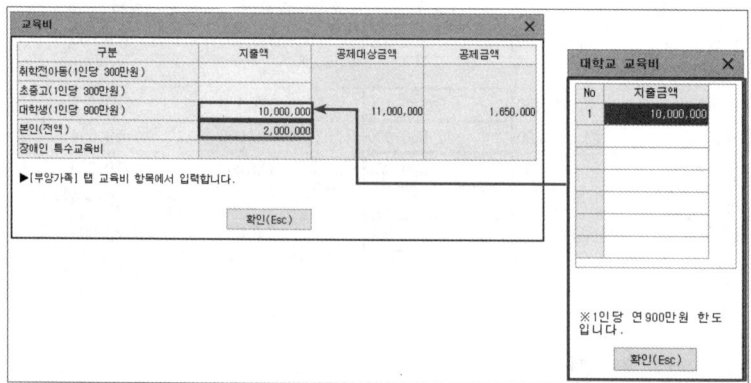

구분	지출액	실손의료보험금	공제대상금액	공제금액
미숙아.선천성 이상아 치료비				
난임시술비				
본인	2,052,400		1,872,150	280,822
6세, 65세, 장애인				
그 밖의 공제대상자	1,877,750			

▶ [부양가족] 탭 의료비 항목에서 입력합니다.
▶ 실손의료보험금은 공제대상자별 지출액에서 각각 차감 적용합니다.
▶ 공제대상금액란은 참고사항입니다.

확인(Esc)

· 세액공제 ▶ 교육비

교육비

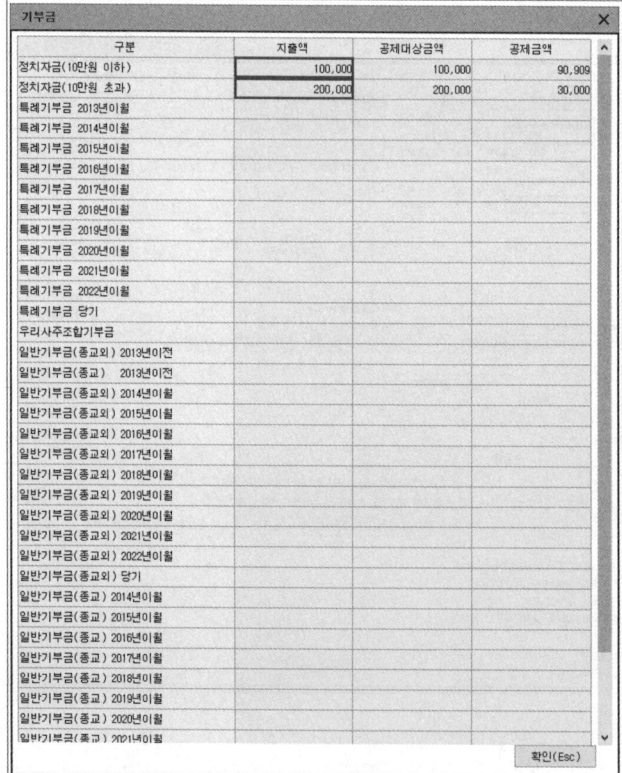

구분	지출액	공제대상금액	공제금액
취학전아동(1인당 300만원)			
초중고(1인당 300만원)			
대학생(1인당 900만원)	10,000,000	11,000,000	1,650,000
본인(전액)	2,000,000		
장애인 특수교육비			

▶[부양가족] 탭 교육비 항목에서 입력합니다.

확인(Esc)

대학교 교육비

No	지출금액
1	10,000,000

※1인당 연900만원 한도입니다.

확인(Esc)

· 세액공제 ▶ 기부금

기부금

구분	지출액	공제대상금액	공제금액
정치자금(10만원 이하)	100,000	100,000	90,909
정치자금(10만원 초과)	200,000	200,000	30,000
특례기부금 2013년이월			
특례기부금 2014년이월			
특례기부금 2015년이월			
특례기부금 2016년이월			
특례기부금 2017년이월			
특례기부금 2018년이월			
특례기부금 2019년이월			
특례기부금 2020년이월			
특례기부금 2021년이월			
특례기부금 2022년이월			
특례기부금 당기			
우리사주조합기부금			
일반기부금(종교외) 2013년이전			
일반기부금(종교) 2013년이전			
일반기부금(종교외) 2014년이월			
일반기부금(종교외) 2015년이월			
일반기부금(종교외) 2016년이월			
일반기부금(종교외) 2017년이월			
일반기부금(종교외) 2018년이월			
일반기부금(종교외) 2019년이월			
일반기부금(종교외) 2020년이월			
일반기부금(종교외) 2021년이월			
일반기부금(종교외) 2022년이월			
일반기부금(종교외) 당기			
일반기부금(종교) 2014년이월			
일반기부금(종교) 2015년이월			
일반기부금(종교) 2016년이월			
일반기부금(종교) 2017년이월			
일반기부금(종교) 2018년이월			
일반기부금(종교) 2019년이월			
일반기부금(종교) 2020년이월			
일반기부금(종교) 2021년이월			

확인(Esc)

+ 더알아보기1

[연말정산입력] 탭의 주요 입력란

총급여	[급여자료입력] 메뉴에 입력된 급여항목 중 과세 금액이 자동 반영된다.
국민연금보험료	[급여자료입력] 메뉴에 입력된 공제항목 중 국민연금 금액이 자동 반영된다.
보험료	[급여자료입력] 메뉴에 입력된 공제항목 중 건강보험, 장기요양보험, 고용보험 금액이 자동 반영된다. 참고 국민연금(지역), 건강보험료(지역), 장기요양보험료(지역) : 지역가입자로서 당기에 납부한 금액이 있는 경우 [부양가족] 탭의 해당 보험료 정산란에 입력한다.
주택차입금 원리금상환액	· 대출기관 대출기관으로부터 차입한 본인 명의의 주택임차차입금에 대하여 당기에 상환한 원금과 이자의 합계액을 지출액란에 직접 입력[1] 한다. · 거주자 대부업자가 아닌 개인으로부터 차입한 본인 명의의 주택임차차입금에 대하여 당기에 상환한 원금과 이자의 합계액이 지출액란에 표시되는데, [월세액] 탭의 [2 거주자간 주택임차차입금 원리금 상환액 소득공제 명세] 표에 해당 금액을 입력하면 여기에 자동 반영된다.
장기주택저당차입금 이자상환액	본인 명의의 장기주택저당차입금에 대하여 당기에 상환한 이자 금액을 지출액란에 직접 입력[1] 한다. 단, 차입시기와 상환방식에 따라 입력란이 세분화되어 있으므로 해당되는 란에 입력하여야 한다.
개인연금저축	2000. 12. 31. 이전까지 가입한 본인 명의의 연금저축에 대하여 당기에 저축불입한 금액이 있는 경우 지출액란에 표시되는데, [연금저축 등 I] 탭의 [2 연금계좌 세액공제 - 연금저축계좌] 표에 '개인연금저축'으로 해당 금액을 입력하면 여기에 자동 반영된다.
주택마련저축 소득공제	본인 명의의 주택마련저축에 대하여 당기에 저축불입한 금액이 있는 경우 지출액란에 표시되는데, [연금저축 등 I] 탭의 [3 주택마련저축 공제] 표에 해당 저축종류와 금액을 입력하면 여기에 자동 반영된다.
근로자퇴직연금	본인 명의의 퇴직연금에 대하여 당기에 저축불입한 금액이 있는 경우 지출액란에 표시되는데, [연금저축 등 I] 탭의 [1 연금계좌 세액공제 - 퇴직연금계좌] 표에 '퇴직연금'으로 해당 금액을 입력하면 여기에 자동 반영된다.
연금저축	2001. 1. 1. 이후에 가입한 본인 명의의 연금저축에 대하여 당기에 저축불입한 금액이 있는 경우 지출액란에 표시되는데, [연금저축 등 I] 탭의 [2 연금계좌 세액공제 - 연금저축계좌] 표에 '연금저축'으로 해당 금액을 입력하면 여기에 자동 반영된다.
월세액	본인이 지출한 월세액이 지출액란에 표시되는데, [월세액] 탭의 [1 월세액 세액공제 명세] 표에 해당 금액을 입력하면 여기에 자동 반영된다.

[1] [연말정산입력] 탭의 보조창에서 지출액을 직접 입력하는 항목
: ① 주택차입금 원리금상환액 중 대출기관, ② 장기주택저당차입금 이자상환액

+ 더알아보기2

[소득명세] 탭의 주요 입력란

구분			⑦ 합계	① 주(현)	납세조합	④ 종(전) [1/1]
소득명세	9.근무처명			주)제일산업		
	9-1.종교관련 종사자			부		
	10.사업자등록번호			214-81-29115	___-__-_____	___-__-_____
	11.근무기간			2024-01-01 ~ 2024-12-31	____-__-__ ~ ____-__-__	____-__-__ ~ ____-__-__
	12.감면기간			____-__-__ ~ ____-__-__	____-__-__ ~ ____-__-__	____-__-__ ~ ____-__-__
	13-1.급여(급여자료입력)		68,600,000	68,600,000		
	13-2.비과세한도초과액					
	13-3.과세대상추가(인정상여추가)					
	14.상여					
	15.인정상여					
	15-1.주식매수선택권행사이익					
	15-2.우리사주조합 인출금					
	15-3.임원퇴직소득금액한도초과액					
	15-4.직무발명보상금					
	16.계		68,600,000	68,600,000		
			⑧	②		⑤
공제보험료명세	직장	건강보험료(직장)(33)	1,593,340	1,593,340		
		장기요양보험료(33)	104,300	104,300		
		고용보험료(33)	445,900	445,900		
		국민연금보험료(31)	1,285,500	1,285,500		
	공적연금보험료	공무원 연금(32)				
		군인연금(32)				
		사립학교교직원연금(32)				
		별정우체국연금(32)	⑨	③		⑥
세액명세	기납부세액	소득세	6,438,950	6,438,950		
		지방소득세	643,870	643,870		
		농어촌특별세				
	납부특례세액	소득세				
		지방소득세				
		농어촌특별세				

① [급여자료입력] 메뉴에 입력된 현 근무지에서의 급여항목 중 과세 금액이 자동 반영된다.

▶ [급여자료입력] 메뉴에 입력된 급여항목 외에 추가로 현 근무지에서의 과세 금액에 포함시켜야 할 금액이 있는 경우 13-3.과세대상추가(인정상여추가)란을 사용한다.

②, ③ [급여자료입력] 메뉴에 입력된 현 근무지에서의 공제항목 중 건강보험료, 장기요양보험료, 고용보험료, 국민연금보험료, 소득세, 지방소득세 금액이 자동 반영된다.

④ 중도 입사자(또는 이중 근로자)의 경우, 전 근무지(또는 종 근무지)에서의 근로소득원천징수영수증을 참조하여 급여항목 중 과세 금액을 직접 입력한다.

▶ 근로소득원천징수영수증이란 총급여액, 소득공제, 세액공제, 결정세액, 기납부세액, 차감징수세액 등 연말정산 내역이 기재된 서식을 말하며 이를 '지급명세서'라고도 한다.

⑤, ⑥ 중도 입사자(또는 이중근로자)의 경우, 전 근무지(또는 종 근무지)에서의 근로소득원천징수영수증을 참조하여 공제항목 중 건강보험료, 장기요양보험료, 고용보험료, 국민연금보험료, 소득세, 지방소득세 금액을 직접 입력한다.

▶ **전 근무지에서의 소득세 기납부세액**에 해당하는 금액은 **전 근무지 원천징수영수증**에 기재된 결정세액, 기납부세액, 차감징수세액 중에서 **결정세액** 금액이다.

⑦ 현 근무지의 최종 연말정산 시 총급여액으로 자동 반영된다.

⑧ 현 근무지의 최종 연말정산 시 국민연금보험료 및 공적보험료 지출액으로 자동 반영된다.

⑨ 매월 원천징수(현 근무지)와 중도퇴사자 연말정산(전 근무지)을 통하여 이미 납부한 소득세 및 지방소득세에 대한 현 근무지와 전 근무지의 합계액으로서 현 근무지의 최종 연말정산 시 기납부세액으로 자동 반영된다.

+ 더알아보기3

[부양가족] 탭의 주요 입력란

· 화면 상단
[사원등록] 메뉴에 입력된 본인, 배우자, 부양가족에 대한 인적사항, 인적공제 및 자녀세액공제 적용 여부가 자동 반영되어 표시된다.

· 화면 하단
소득공제 및 세액공제 요건을 충족하는 보험료, 의료비, 교육비, 신용카드, 기부금 지출액을 화면 상단에 표시된 인별로 직접 입력한다. 지출액은 국세청 자료와 기타 자료로 구분하여 입력한다.

보험료	더블클릭하면 보조창이 나타나는데, 보조창에 종류별 금액을 입력한다.
의료비	더블클릭하면 [의료비] 탭으로 화면이 이동되는데, [의료비] 탭에 공제대상자(성명란에서 F2를 사용하여 검색), 증빙코드(국세청 자료 여부), 금액을 입력한다.
교육비	하단에서 금액을 직접 입력한 다음, 1.취학전 아동(연300만원/1인), 2.초중고(연300만원/1인), 3.대학생(연900만원/1인), 4.본인, 5.공제대상아님 중 하나를 선택하여 입력한다.
신용카드 등 사용액	더블클릭하면 [신용카드 등] 탭으로 화면이 이동되는데, [신용카드 등] 탭에 종류별 금액을 입력한다.
기부금	더블클릭하면 [기부금] 탭으로 화면이 이동되는데, **[기부금 입력] 세부 탭**에 기부자 및 유형(F2를 사용하여 검색), 금액을 입력하고, **[기부금 조정] 세부 탭**에 당기 공제금액을 입력한다.

· 부양가족탭불러오기
[연말정산입력] 탭에서 화면 상단에 있는 F8 부양가족탭불러오기 (또는 F8)를 클릭하면, [부양가족] 탭에 표시되는 인별 보험료, 의료비, 교육비, 신용카드, 기부금 지출액이 [연말정산입력] 탭으로 자동 반영된다.

+ 더알아보기4

[의료비] 탭 입력 시, 주의해야 할 출제 유형

2024년 의료비 지급명세서												
의료비 공제대상자				지급처			지급명세					14.산후조리원
성명	내/외	5.주민등록번호	6.본인등 해당여부	9.증빙코드	8.상호	7.사업자등록번호	10.건수	11.금액	11-1.실손보험수령액	12.미숙아 선천성이상아	13.난임여부	
		③						①		②		
		합계										
일반의료비(본인)			6세 이하, 65세 이상, 장애인			일반의료비(그 외)			난임시술비			
									미숙아.선천성이상아			

① (유형 1) 실손의료보험금을 수령한 경우

예 병원 치료비 8,000,000원, 그 중 3,000,000원은 실손의료보험금 수령액으로 지급 : '11.금액'란에 "8,000,000"을 입력하고, '11-1.실손보험수령액'란에 "3,000,000"을 입력

(→ '11.금액'에서 '11-1.실손보험수령액'을 차감한 금액으로 세액공제대상 의료비가 계산됨)

② (유형 2) 미숙아·선천성이상아, 난임시술비, 산후조리원 비용인 경우

예 배우자의 산후조리원 비용 3,000,000원, 배우자의 그 외 의료비 2,500,000원 : 동일인의 의료비이지만 두 개 라인으로 나누어 입력하고, 산후조리원 비용에 대하여는 '14.산후조리원'란에서 화면 하단의 도움말에 따라 `1. 해당, 2. 해당하지 않음` 중 "1.해당"을 입력

(→ 산후조리원 비용에 대하여 출산 1회당 200만 원 한도가 적용됨)

③ (유형 3) 본인 등 해당여부를 수정 입력하여야 하는 경우

예 65세 이상·6세 이하가 아니고, 장애인이지만 소득금액 요건을 충족하지 못하는 부양가족의 의료비 : '6.본인 등 해당여부'란에서 화면 하단의 도움말 (`1. 본인, 2. 65세이상.장애인.건강보험산정특례자, 3. 그 밖의 기본공제대상자`)에 따라 "3.그 밖의 공제대상자"를 "2.장애인"으로 수정 입력

(→ 해당 의료비가 본인 등 의료비로 분류되어 세액공제대상 의료비가 계산됨)

+ 더알아보기5

[연금저축 등 Ⅰ], [월세액] 탭의 주요 입력란

· [연금저축 등 Ⅰ] 탭

· [1] 연금계좌 세액공제 – 퇴직연금계좌(연말정산입력 탭의 58.과학기술인공제, 59.근로자퇴직연금)

연금계좌 세액공제 요건을 충족하는 퇴직연금 저축불입액을 입력한다.

· [2] 연금계좌 세액공제 – 연금저축계좌(연말정산입력 탭의 38.개인연금저축, 60.연금저축)

연금저축구분란에 커서를 두면 아래와 같은 선택 창이 나타나는데, 2000.12.31. 이전 가입분은 "1.개인연금저축"을 선택하고, 2001.1.1. 이후 가입분은 "2. 연금저축"을 선택한다.

1.개인연금저축
2.연금저축

개인연금저축 소득공제 요건을 충족하는 개인연금저축 저축불입액(2000.12.31. 이전 가입분), 연금계좌 세액공제 요건을 충족하는 연금저축 저축불입액(2001.1.1. 이후 가입분)을 입력한다.

· [4] 주택마련저축 공제(연말정산탭의 40.주택마련저축소득공제)

주택마련저축 소득공제 요건을 충족하는 청약저축, 주택청약저축 저축불입액을 입력한다.

· [월세액] 탭

· 1 월세액 세액공제 명세(연말정산입력 탭의 70.월세액)

월세액 세액공제 요건을 충족하는 월세지출액을 입력한다.

· 2 거주자간 주택임차차입금 원리금 상환액 소득공제 명세(연말정산입력 탭의 34.주택차입금원리금상환액의 거주자)

주택자금 소득공제 요건을 충족하는 주택임차차입금에 대한 원리금 상환액(개인에게 차입한 경우에만 입력함)을 입력한다.

+ 더알아보기6

[연말정산입력] 탭을 통한 연말정산 결과 확인

총급여~결정세액	· 총급여에서 결정세액에 이르는 일련의 연말정산 계산구조(즉, 근로소득원천징수영수증에 기재되는 금액)를 보여 준다. · [급여자료입력] 메뉴와 [소득명세] 탭에 입력된 총급여액 금액이 자동 반영된다. · [사원등록] 메뉴에 입력된 본인, 배우자, 부양가족에 대한 인적공제 및 자녀세액공제 금액이 자동 반영된다.
결정세액(ⓐ)	· 해당 과세기간(1월 1일~12월 31일)의 근로소득에 대한 계속근로자 연말정산 결과 계산된 소득세 결정세액이 반영된다.
전 근무지 기납부세액(ⓑ)	· 중도퇴사자 연말정산을 통하여 전 근무지에서 이미 납부한 소득세(= [소득명세] 탭에서 입력된 전 근무지 기납부세액 = 전 근무지 원천징수영수증에 기재된 결정세액)가 반영된다.
현 근무지 기납부세액(ⓒ)	· 매월 원천징수를 통하여 현 근무지에서 이미 납부한 소득세(= [소득명세] 탭에서 표시된 현 근무지 기납부세액 = [급여자료입력] 메뉴에 입력된 공제항목 중 소득세의 연 합계금액)가 반영된다.
차감징수세액	· 해당 과세기간(1월 1일~12월 31일)의 근로소득에 대한 계속근로자 연말정산을 통하여 계산된 결정세액(= ⓐ)과 전 근무지 및 현 근무지에서의 기납부세액 합계액(= ⓑ + ⓒ)을 비교하여 많이 납부한 경우 돌려받고 부족하게 납부한 경우 추가 납부하게 되는 소득세(= ⓐ - (ⓑ + ⓒ))가 반영된다.

05 중도퇴사자에 대한 연말정산

- 중도퇴사자가 있는 경우, 회사는 해당 사원의 1월 1일부터 퇴사일까지의 근로소득에 대하여 연말정산을 하고 이를 퇴직하는 달의 급여를 지급할 때 반영한다.
- 중도퇴사자의 연말정산과 관련된 문제는 실무시험 문제 5(7~10점)로 출제된다.

기출확인문제

㈜제일산업(코드번호 : 0101)의 2024년 귀속 원천징수자료와 관련하여 물음에 답하시오.
나형석(사번 : 103) 사원은 2024년 3월 25일 퇴사하고 퇴사일에 3월분 급여를 받았다. 나형석 사원의 3월분 급여 지급내역 및 퇴사하기 전까지 공제와 관련된 내역은 다음과 같다.
다음 자료를 토대로 중도퇴사자 연말정산을 수행하여 급여자료입력 메뉴에 반영하고, 2024년 3월 지급분으로 4월에 신고해야 될 원천징수이행상황신고서를 작성하시오. (단, ㈜제일산업이 2024년 3월에 급여를 지급하는 사원은 나형석 사원 한 명밖에 없다고 가정한다) (제45회 수정)

- 급여내역

지급내역	금액(원)	공제내역	금액(원)
기본급	5,400,000	국민연금	183,600
식 대[1]	200,000	건강보험료	151,750
출근수당	300,000	장기요양보험료	9,930
-	-	고용보험료	37,050
-	-	소득세	446,980
-	-	지방소득세	44,690

[1] 비과세 항목이다.

- 공제 대상 지출 내역

· 자동차보험료 : 700,000원(국세청 자료는 아님(기타))
· 신용카드사용액 : 5,280,000원(국세청 자료는 아니며(기타), 전년 대비 소비증가분은 없음)
· 나형석씨의 부양가족은 없음

기출 따라 하기

① [사원등록] 메뉴에서, 해당 사원을 선택하고 퇴사년월일란에 "2024년 3월 25일"을 입력한다.

② [급여자료입력] 메뉴에서, 귀속년월란에 "3월", 지급년월일란에 "2024년 3월 25일"을 입력한 후, 해당 사원을 선택하여 급여항목과 공제항목을 입력한다. 이때, 소득세란에도 문제에서 제시된 금액인 "446,980"을 직접 입력한다.

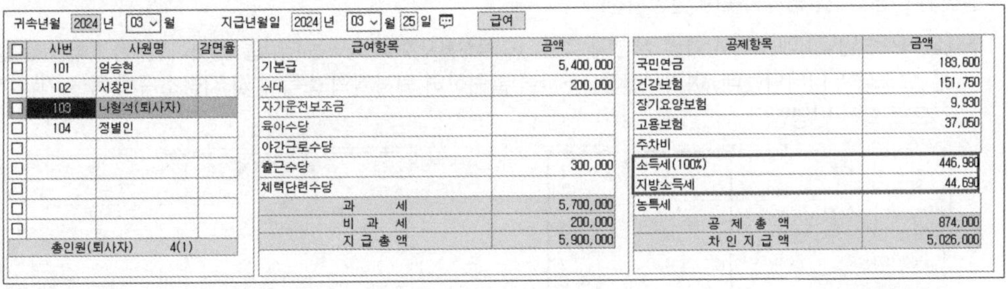

③ [연말정산추가자료입력] 메뉴에서 해당 사원을 선택하여 공제 대상 지출액을 입력한다.

- [연말정산추가자료입력] 메뉴를 열고, 화면 왼쪽에 있는 [중도] 탭에서 나형석 사원을 선택한다.

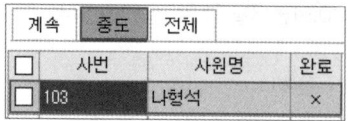

계속 | 중도 | 전체

□	사번	사원명	완료
□	103	나형석	×

- [부양가족] 탭에서 상단에 있는 본인 나형석란에 커서를 놓고 하단에 있는 보험료란을 더블클릭하면 '보험료 등 공제대상금액' 보조창이 나타나는데, 여기서 '보장성보험-일반 ▶ 급여/기타'란에 "700,000"을 입력하고 종료(Esc) 를 클릭한다.
- [부양가족] 탭에서 상단에 있는 본인 나형석란에 커서를 놓고 하단에 있는 신용카드등 사용액공제란을 더블클릭하면 [신용카드 등] 탭으로 화면이 이동되는데, 여기서 '신용카드 ▶ 기타'란에 "5,280,000"을 입력한다. 전년 대비 소비증가분에 표시되는 금액은 삭제한다.
- [부양가족] 탭에서 상단에 있는 본인 나형석란에 커서를 놓고 하단에 보험료와 신용카드사용액에 대한 공제 적용가능 지출액이 표시되는지 확인한 다음, [연말정산입력] 탭에서 화면 상단에 있는 **F8 부양가족탭불러오기** (또는 F8)를 클릭한다.

자료구분	보험료				의료비					교육비	
	건강	고용	일반보장성	장애인전용	일반	실손	선천성이상아	난임	65세,장애인	일반	장애인특수
국세청											
기타	485,040	111,150	700,000								

자료구분	신용카드등 사용액공제						기부금
	신용카드	직불카드등	현금영수증	전통시장사용분	대중교통이용분	도서공연 등	
국세청							
기타	5,280,000						

④ [급여자료입력] 메뉴의 '중도퇴사 연말정산' 보조창에서 연말정산 결과를 확인하고 퇴사월의 소득세 등을 합산한 다음, 이를 공제항목에 반영시킨다.

- [급여자료입력] 메뉴에서 화면 상단에 있는 **F7 중도퇴사자정산** (또는 F7)을 클릭하면 '중도퇴사 연말정산' 보조창이 나타나는데, 여기서 퇴사월소득세반영 을 클릭하여 퇴사월의 소득세 및 지방소득세 등을 기납부세액으로 합산 반영한다.

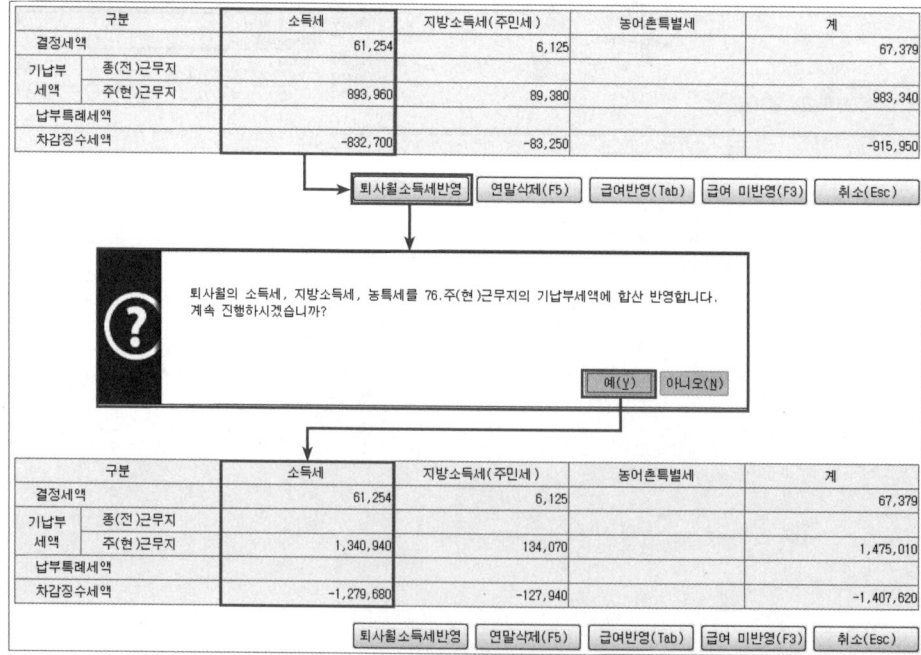

구분		소득세	지방소득세(주민세)	농어촌특별세	계
결정세액		61,254	6,125		67,379
기납부세액	종(전)근무지				
	주(현)근무지	893,960	89,380		983,340
납부특례세액					
차감징수세액		-832,700	-83,250		-915,950

퇴사월소득세반영 | 연말삭제(F5) | 급여반영(Tab) | 급여 미반영(F3) | 취소(Esc)

퇴사월의 소득세, 지방소득세, 농특세를 76.주(현)근무지의 기납부세액에 합산 반영합니다.
계속 진행하시겠습니까?

예(Y) | 아니오(N)

구분		소득세	지방소득세(주민세)	농어촌특별세	계
결정세액		61,254	6,125		67,379
기납부세액	종(전)근무지				
	주(현)근무지	1,340,940	134,070		1,475,010
납부특례세액					
차감징수세액		-1,279,680	-127,940		-1,407,620

퇴사월소득세반영 | 연말삭제(F5) | 급여반영(Tab) | 급여 미반영(F3) | 취소(Esc)

· [급여자료입력] 메뉴의 '중도퇴사 연말정산' 보조창에서, 급여반영(Tab) (또는 Tab)을 클릭하면 중도퇴사 연말정산에 따른 차감징수세액이 [급여자료입력] 메뉴의 공제항목에 반영되어 나타난다.

귀속년월 2024 년 03 월 지급년월일 2024 년 03 월 25 일 급여 중도정산적용함

□	사번	사원명	감면율
□	101	엄승현	
□	102	서창민	
□	103	나형석(퇴사자)	
□	104	정별인	
총인원(퇴사자)		4(1)	

급여항목	금액
기본급	5,400,000
식대	200,000
자가운전보조금	
육아수당	
야간근로수당	
출근수당	300,000
체력단련수당	
과세	5,700,000
비과세	200,000
지급총액	5,900,000

공제항목	금액
국민연금	183,600
건강보험	151,750
장기요양보험	9,930
고용보험	37,050
주차비	
소득세(100%)	446,980
지방소득세	44,690
농특세	
중도정산소득세	-1,279,680
중도정산지방소득세	-127,940
공제총액	-533,620
차인지급액	6,433,620

⑤ [원천징수이행상황신고서] 메뉴에서, 귀속기간란에 "3월~3월", 지급기간란에 "3월~3월", 신고구분란에 "1.정기신고"를 입력한 후, 간이세액표에 의한 당월 소득세 "446,980", 중도퇴사 연말정산에 의한 차감징수세액 "(-)1,279,680"을 확인한다.

귀속기간 2024 년 03 월 ~ 2024 년 03 월 지급기간 2024 년 03 월 ~ 2024 년 03 월 신고구분 1.정기신고 차수

신고구분	☑매월 □반기 □수정 □연말 □소득처분 □환급신청				귀속년월	2024년 3월	지급년월	2024년 3월
일괄납부여부	부	사업자단위과세여부	부	부표 작성	환급신청서 작성		승계명세 작성	

원천징수명세및납부세액 | 원천징수이행상황신고서 부표 | 원천징수세액환급신청서 | 기납부세액명세서 | 전월미환급세액 조정명세서 | 차월이월환급세액 승계명세

소득자 소득구분		코드	소득지급		징수세액			당월조정 환급세액	납부세액	
			인원	총지급액	소득세 등	농어촌특별세	가산세		소득세 등	농어촌특별세
근로소득	간이세액	A01	1	5,900,000	446,980					
	중도퇴사	A02	1	17,700,000	-1,279,680					
	일용근로	A03								
	연말정산	A04								
	(분납신청)	A05								
	(납부금액)	A06								
	가 감 계	A10	2	23,600,000	-832,700					

+ 더 알아보기

퇴직하는 달의 급여에 대해서는 소득세를 공제하지 않는 경우의 입력 방법

[사례] 중도퇴사자가 있는 경우, 실무에서는 퇴직하는 달의 급여에 대하여는 소득세를 공제하지 않는 것이 일반적이다. 상기 사례에서 퇴직하는 달(2024년 3월)의 급여에 대한 소득세가 446,980원이 아니라 0원이라면, 중도퇴사 연말정산을 위한 입력방법은 다음과 같이 달라진다.

[풀이]
- [사원등록] 메뉴에서, 해당 사원을 선택하고 퇴사년월일란에 "2024년 3월 25일"을 입력한다.
- [급여자료입력] 메뉴에서, 귀속년월란에 "3월", 지급년월일란에 "2024년 3월 25일"을 입력한 후, 해당 사원을 선택하여 급여항목과 공제항목을 입력한다. 이때, 소득세란에는 금액을 입력하지 않는다.

귀속년월 : 2024 년 03 월　　지급년월일 : 2024 년 03 월 25 일　급여

□	사번	사원명	감면율
☑	101	엄승현	
☑	102	서창민	
☑	103	나형석(퇴사자	
☑	104	정별인	

급여항목	금액
기본급	5,400,000
식대	200,000
자가운전보조금	
육아수당	
야간근로수당	
출근수당	300,000
체력단련수당	

공제항목	금액
국민연금	183,600
건강보험	151,750
장기요양보험	9,930
고용보험	37,050
주차비	
소득세	
지방소득세	
농특세	

- [연말정산추가자료입력] 메뉴에서, 해당 사원을 선택하여 일반보장성보험료 "700,000"과 신용카드 사용액 "5,280,000"을 입력한다.
- [급여자료입력] 메뉴의 '중도퇴사 연말정산' 보조창에서, 연말정산 결과를 확인한다.

구분		소득세	지방소득세(주민세)	농어촌특별세	계
결정세액		61,254	6,125		67,379
기납부세액	종(전)근무지				
	주(현)근무지	893,960	89,380		983,340
납부특례세액					
차감징수세액		-832,700	-83,250		-915,950

퇴사월소득세반영　연말삭제(F5)　급여반영(Tab)　급여 미반영(F3)　취소(Esc)

참고 퇴사월의 소득세로 입력된 금액이 없기 때문에 퇴사월소득세반영 을 클릭하더라도 금액의 변동이 생기지 않는다.

- [급여자료입력] 메뉴의 '중도퇴사 연말정산' 보조창에서, 급여반영(Tab) (또는 Tab)을 클릭하면 중도퇴사 연말정산에 따른 차감징수세액이 [급여자료입력] 메뉴의 공제항목에 반영되어 나타난다.

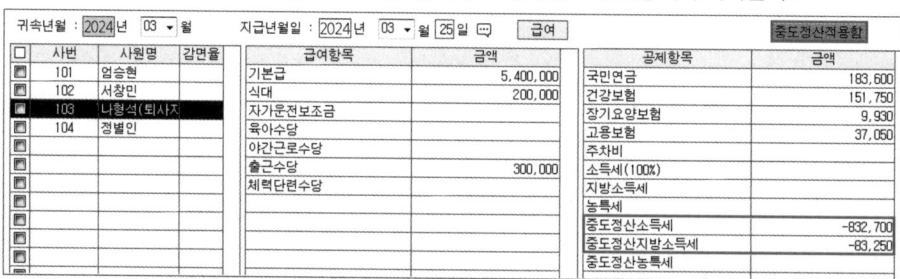

귀속년월 : 2024 년 03 월　　지급년월일 : 2024 년 03 월 25 일　급여　　중도정산적용함

□	사번	사원명	감면율
☑	101	엄승현	
☑	102	서창민	
☑	103	나형석(퇴사자	
☑	104	정별인	

급여항목	금액
기본급	5,400,000
식대	200,000
자가운전보조금	
육아수당	
야간근로수당	
출근수당	300,000
체력단련수당	

공제항목	금액
국민연금	183,600
건강보험	151,750
장기요양보험	9,930
고용보험	37,050
주차비	
소득세(100%)	
지방소득세	
농특세	
중도정산소득세	-832,700
중도정산지방소득세	-83,250
중도정산농특세	

- [원천징수이행상황신고서] 메뉴에서, 귀속기간란에 "3월~3월", 지급기간란에 "3월~3월", 신고구분란에 "정기신고"를 입력한 후, 간이세액표에 의한 당월 소득세 "0", 중도퇴사 연말정산에 의한 차감징수세액 "(-)832,700"을 확인한다.

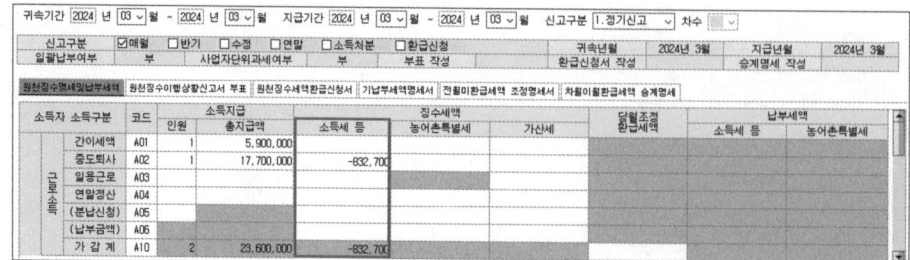

귀속기간 2024 년 03 월 ~ 2024 년 03 월　지급기간 2024 년 03 월 ~ 2024 년 03 월　신고구분 1.정기신고　차수

신고구분	☑매월 □반기 □수정 □연말 □소득처분 □환급신청				귀속년월	2024년 3월	지급년월	2024년 3월
일괄납부여부	부	사업자단위과세여부	부	부표 작성	환급신청서 작성		승계명세 작성	

원천징수명세및납부세액 | 원천징수이행상황신고서 부표 | 원천징수세액환급신청서 | 기납부세액명세서 | 전월미환급세액 조정명세서 | 차월이월환급세액 승계명세

소득자 소득구분		코드	소득지급 인원	소득지급 총지급액	징수세액 소득세 등	징수세액 농어촌특별세	징수세액 가산세	당월조정 환급세액	납부세액 소득세 등	납부세액 농어촌특별세
근로소득	간이세액	A01	1	5,900,000						
	중도퇴사	A02	1	17,700,000	-832,700					
	일용근로	A03								
	연말정산	A04								
	(분납신청)	A05								
	(납부금액)	A06								
	가 감 계	A10	2	23,600,000	-832,700					

핵심기출문제

＊본서에 수록된 기출문제의 날짜는 학습효과를 높이기 위하여 일부 수정함

01 ㈜칠육산업(회사코드 : 0176)의 2024년 귀속 원천징수자료와 관련하여 다음의 물음에 답하시오.

[제76회 수정]

(1) 다음 자료를 보고 영업사원 김대호(직급 : 대리)의 필요한 수당등록과 11월분 급여자료입력을 하시오.

(1) 급여명세서

11월 급여명세서					
급여내역	기본급	3,000,000원	공제내역	소득세	147,110원
	식 대	200,000원		지방소득세	14,710원
	야간근로수당	250,000원		국민연금	135,000원
	자가운전보조금	200,000원		건강보험	91,800원
	육아수당	200,000원		장기요양보험	6,010원
	직무수당	200,000원		고용보험	21,770원
	급여총액	4,050,000원		사내 대출금	500,000원
-	-	-		공제총액	916,400원
-	-	-	차인지급액		3,133,600원
귀하의 노고에 감사드립니다.					

(2) 추가 자료 및 요청 사항

① 급여지급일은 매월 말일이다.

② 수당내역

- 식대 : 당 회사는 구내식당에서 식사를 별도로 제공하고 있다.
- 야간근로수당 : 업무시간 외 추가로 근무를 하는 경우 야근수당을 지급하고 있다.
- 자가운전보조금 : 직원 명의의 차량을 소유하고 있고, 그 차량을 업무수행에 이용하는 경우 자가운전보조금을 200,000원 지급하고 있다.
- 육아수당 : 6세 이하의 자녀가 있는 경우 200,000원의 육아수당을 지급하고 있다.
- 직무수당 : 직급에 따른 차등지급액으로 대리급은 200,000원을 지급하고 있다.
- 야간근로수당 및 자가운전보조금을 제외한 모든 수당은 월정액에 해당한다.

③ 공제내역

- 국민연금, 건강보험, 장기요양보험 및 고용보험은 당월에 고지된 내역을 반영하였다.
- 사내 대출금은 주택구입대출금에 대한 상환액이다.

④ 급여대장 작성 시, 과세여부를 판단하여 필요한 수당은 추가 등록하고, 사용하지 않는 수당은 사용여부를 모두 '부'로 변경하며, 급여명세서에 제시된 항목 및 금액이 표시될 수 있도록 작성한다.

정답 및 해설

01 (1) ▶관련 이론 | 종합소득금액의 계산 p.640~641

해 설 1단계 [급여자료입력] 메뉴에서 귀속년월 11월, 지급년월일 11월 30일을 입력한 후, [수당공제]를 클릭하여 [수당등록]에 '식대(과세)', '야간근로수당(과세)', '육아수당(비과세)', '직무수당(과세)'를 등록하고, '상여(과세)', '직책수당(과세)', '월차수당(과세)', '식대(비과세)', '야간근로수당(비과세)'를 사용여부 "부"로 표시한다. [공제등록]에 '사내 대출금(대출)'을 등록한다.

- 구내식당에서 식사를 별도로 제공하고 있으므로 식대는 과세 소득에 해당한다.
- 생산직 근로자가 아니므로 야간근로수당은 과세 소득에 해당한다.
- 문제에서 야간근로수당 및 자가운전보조금을 제외한 모든 수당은 월정액에 해당한다는 언급이 있으므로 수당등록 화면에서 야간근로수당, 자가운전보조금에 대하여는 월정액란에 부정기로 표시한다.

참고 [사원등록] 메뉴에서 야간근로비과세란이 "0 : 부"로 등록되어 있으면 [급여자료입력] 메뉴에서 "야간근로수당(비과세)"로 금액을 입력하더라도 동 금액이 전액 과세로 자동 집계되는 기능이 있기 때문에, 이 문제에서 '야간근로수당(과세)'를 등록하지 않고, 250,000원을 "야간근로수당(비과세)"로 입력하여도 정답으로 인정된다.

2단계 [급여자료입력] 메뉴에서 급여자료를 입력한다.

정답화면 1단계 · [수당등록]

	코드	과세구분	수당명	근로소득유형			월정액	사용여부
				유형	코드	한도		
1	1001	과세	기본급	급여			정기	여
2	1002	과세	상여	상여			부정기	부
3	1003	과세	직책수당	급여			정기	부
4	1004	과세	월차수당	급여			정기	부
5	1005	비과세	식대	식대	P01	(월)200,000	정기	부
6	1006	비과세	자가운전보조금	자가운전보조금	H03	(월)200,000	부정기	여
7	1007	비과세	야간근로수당	야간근로수당	001	(년)2,400,000	부정기	부
8	2001	과세	식대	급여			정기	여
9	2002	과세	야간근로수당	급여			부정기	여
10	2003	비과세	출산.보육수당(육아수당)	출산.보육수당(육아수당)	Q01	(월)200,000	정기	여
11	2004	과세	직무수당	급여			정기	여

· [공제등록]

	코드	공제항목명	공제소득유형	사용여부
1	5001	국민연금	고정항목	여
2	5002	건강보험	고정항목	여
3	5003	장기요양보험	고정항목	여
4	5004	고용보험	고정항목	여
5	5005	학자금상환	고정항목	여
6	6001	사내 대출금	대출	여

정답 및 해설

2단계

귀속년월: 2024년 11월　　지급년월일: 2024년 11월 30일　　급여

사번	사원명	감면율
101	김대호	
110	정영희	
총인원(퇴사자)		2(0)

급여항목	금액
기본급	3,000,000
자가운전보조금	200,000
식대	200,000
야간근로수당	250,000
출산.보육수당(육아수당)	200,000
직무수당	200,000
과세	3,650,000
비과세	400,000
지급총액	4,050,000

공제항목	금액
국민연금	135,000
건강보험	91,800
장기요양보험	6,010
고용보험	21,770
사내 대출금	500,000
소득세(100%)	147,110
지방소득세	14,710
농특세	
공제총액	916,400
차인지급액	3,133,600

· 과세 = 기본급 + 식대 + 야간근로수당 + 직무수당
　　= 3,000,000 + 200,000 + 250,000 + 200,000 = 3,650,000원

· 비과세 = 자가운전보조금 + 육아수당
　　= 200,000 + 200,000 = 400,000원

(2) 다음 자료를 이용하여 사원코드 110번인 정영희(여성)의 [사원등록] 메뉴의 [부양가족명세] 탭과, [연말정산추가자료입력] 메뉴의 [연말정산입력] 탭에 입력하시오. (세부담이 최소화되도록 하고, 기본공제 대상자가 아닌 경우에도 입력하시오) ([연말정산입력] 탭에 지출액이 입력되지 않을 경우, [부양가족] 탭에 입력하고 F8 부양가족탭불러오기 를 클릭할 것)

1. 부양가족사항 (모두 생계를 같이함)

이 름	관 계	연령(만)	주민등록번호	비 고
정영희	본 인	43세	811111-2111118	총급여 66,000,000원, 근로소득금액 52,950,000원, 세대주
차민수	배우자	46세	781111-1111118	총급여 3,000,000원
차태영	아 들	15세	091111-3311117	중학생, 소득 없음
차태희	딸	6세	181111-4211119	취학 전 아동, 소득 없음
정호영	아버지	73세	511111-1211112	장애인복지법에 따른 장애인, 소득 없음
차민영	시누이	42세	821111-2222224	배우자의 여동생, 소득 없음

2. 연말정산 추가자료 (모두 국세청 자료임)

항 목	내 용
보험료	• 본인 생명보험료 : 1,200,000원 • 본인 저축성 변액보험료 : 7,200,000원 • 아버지(정호영) 장애인 전용 보장성 보험료 : 1,500,000원
의료비	• 본인 건강검진비 : 500,000원 • 본인 시력보정용 콘택트렌즈 구입비 : 600,000원 • 아들(차태영) 질병치료목적의 병원 진료비 : 2,000,000원 • 아버지(정호영) 질병치료목적의 병원 입원비 : 6,500,000원 ※ 의료비는 전액 본인(정영희)이 결제하였다.
교육비	• 아들(차태영) 중학교 등록금 : 700,000원, 현장체험학습비 : 500,000원, 교복 구입비 : 500,000원 • 딸(차태희) 미술학원(월 단위 실시, 1주 2일 수업) 수강료 : 300,000원 • 아버지(정호영) 방송통신대학 수업료 : 2,000,000원
기부금	• 본인 정치자금으로 정당에 기부 : 300,000원(금전) • 아버지(정호영) 교회 헌금(일반기부금) : 2,000,000원 (금전)
신용카드 등	• 본인 신용카드사용액 : 자동차리스료 3,000,000원, 도서·공연 사용액 1,000,000원, 그 외 16,000,000원 • 배우자(차민수) 직불카드사용액 : 전통시장 사용액 5,000,000원, 그 외 10,000,000원 • 시누이(차민영) 현금영수증사용액 : 1,500,000원 • 전년 대비 소비증가분은 없음

(2) ▶관련 이론 I 종합소득공제·세액공제 p.671~673

해 설 1단계 [사원등록] 메뉴에서 110.정영희를 선택하고 [부양가족명세] 탭을 입력한다.

- 정영희(본인)의 종합소득금액(근로소득금액)이 30,000,000원을 초과하므로 부녀자공제는 적용 안 됨
- 차민수(배우자)는 소득금액 요건을 충족하므로 기본공제가 적용됨
- 차태영(아들)은 기본공제대상자인 자녀이고 8세 이상이므로 자녀란이 자동 체크됨
- 정호영(아버지)에 대하여 기본공제란에 "장애인"을 입력하여도 정답 인정

2단계 [연말정산추가자료입력] 메뉴에서 [부양가족] 탭에 공제 적용대상 지출액을 입력한다.

구분		제시된 금액	공제 대상 지출액
보험료	· 본인 생명보험료	1,200,000	1,200,000
	· 본인 저축성 변액보험료	7,200,000	0[1)]
	· 아버지 장애인 전용 보장성 보험료	1,500,000	1,500,000
의료비	· 본인 건강검진비	500,000	500,000[2)]
	· 본인 시력보정용 콘택트렌즈 구입비	600,000	**500,000**[3)]
	· 아들(그 밖의 공제대상자) 질병치료 목적 병원 진료비	2,000,000	2,000,000
	· 아버지(65세 이상, 장애인) 질병치료목적 병원 입원비	6,500,000	6,500,000
교육비	· 아들 중학교 등록금	700,000	700,000
	· 아들 중학교 현장체험학습비	500,000	**300,000**[4)]
	· 아들 중학교 교복구입비	500,000	**500,000**[5)]
	· 딸 취학 전 미술학원 수강료	300,000	300,000[6)]
	· 아버지 방송통신대학 수업료	2,000,000	0[7)]
기부금	· 본인 정치자금기부금	300,000	300,000
	· 아버지 교회 헌금	2,000,000	2,000,000
신용카드 등	· 본인 신용카드 ▶ 자동차리스료	3,000,000	0[8)]
	· 본인 신용카드 ▶ 도서·공연 사용액	1,000,000	1,000,000[9)]
	· 본인 신용카드 ▶ 그 외	16,000,000	16,000,000
	· 배우자 직불카드 ▶ 전통시장	5,000,000	5,000,000
	· 배우자 직불카드 ▶ 그 외	10,000,000	10,000,000
	· 시누이 현금영수증	1,500,000	0[10)]

[1)] 저축성 보험료는 공제 적용 안 됨
[2)] 건강검진비도 의료비 공제 적용됨
[3)] 시력보정용 안경·콘택트렌즈 구입비는 1인당 연 50만 원을 한도로 공제
[4)] 체험학습비는 1인당 연 30만 원을 한도로 공제
[5)] 중·고등학교 교복구입비용은 1인당 연 50만 원을 한도로 공제
[6)] 취학 전 아동의 학원비는 교육비 공제 적용됨
[7)] 방송통신대학 수업료는 일반교육비에 해당하며, 직계존속의 일반교육비는 공제 적용 안 됨
[8)] 자동차리스료는 신용카드 등 사용액 공제 적용 안 됨
[9)] 정영희(본인)의 총급여액이 7,000만 원 이하이므로, 해당 사용액을 도서등 사용분란에 입력
[10)] 형제자매(시누이)의 신용카드 등 사용액은 공제 적용 안 됨

3단계 [연말정산입력] 탭에서 F8 부양가족탭불러오기 를 클릭한다.

정답화면

1단계

연말관계	성명	내/외국인	주민(외국인)번호		나이	기본공제	부녀자	한부모	경로우대	장애인	자녀	출산입양	위탁관계
0	정영희	내	1	811111-2111118	43	본인							
3	차민수	내	1	781111-1111118	46	배우자							
4	차태영	내	1	091111-3311117	15	20세이하					○		
4	차태희	내	1	181111-4211119	6	20세이하							
1	정호영	내	1	511111-1211112	73	60세이상			○	1			
6	차민영	내	1	821111-2222224	42	부							

2단계 · [부양가족] 탭 ▶ 본인 정영희

자료구분	보험료				의료비						교육비	
	건강	고용	일반보장성	장애인전용	일반		실손	선천성이상아	난임	65세,장애인	일반	장애인특수
국세청			1,200,000		1,000,000	1.전액						
기타	2,278,300	594,000										

자료구분	신용카드등 사용액공제						기부금
	신용카드	직불카드등	현금영수증	전통시장사용분	대중교통이용분	도서공연 등	
국세청	16,000,000					1,000,000	300,000
기타							

· [부양가족] 탭 ▶ 아버지 정호영

자료구분	보험료				의료비						교육비	
	건강	고용	일반보장성	장애인전용	일반		실손	선천성이상아	난임	65세,장애인	일반	장애인특수
국세청				1,500,000						6,500,000		
기타												

자료구분	신용카드등 사용액공제						기부금
	신용카드	직불카드등	현금영수증	전통시장사용분	대중교통이용분	도서공연 등	
국세청							2,000,000
기타							

· [부양가족] 탭 ▶ 배우자 차민수

자료구분	보험료				의료비						교육비	
	건강	고용	일반보장성	장애인전용	일반		실손	선천성이상아	난임	65세,장애인	일반	장애인특수
국세청												
기타												

자료구분	신용카드등 사용액공제						기부금
	신용카드	직불카드등	현금영수증	전통시장사용분	대중교통이용분	도서공연 등	
국세청		10,000,000		5,000,000			
기타							

· [부양가족] 탭 ▶ 아들 차태영

자료구분	보험료				의료비						교육비		
	건강	고용	일반보장성	장애인전용	일반		실손	선천성이상아	난임	65세,장애인	일반		장애인특수
국세청					2,000,000	2.일반					1,500,000	2.초중고	
기타													

자료구분	신용카드등 사용액공제						기부금
	신용카드	직불카드등	현금영수증	전통시장사용분	대중교통이용분	도서공연 등	
국세청							
기타							

· [부양가족] 탭 ▶ 딸 차태희

자료구분	보험료				의료비						교육비		
	건강	고용	일반보장성	장애인전용	일반		실손	선천성이상아	난임	65세,장애인	일반		장애인특수
국세청											300,000	1.취학전	
기타													

자료구분	신용카드등 사용액공제						기부금
	신용카드	직불카드등	현금영수증	전통시장사용분	대중교통이용분	도서공연 등	
국세청							
기타							

· [부양가족] 탭 ▶ 시누이 차민영

자료구분	보험료				의료비						교육비		
	건강	고용	일반보장성	장애인전용	일반		실손	선천성이상아	난임	65세,장애인	일반		장애인특수
국세청													
기타													

자료구분	신용카드등 사용액공제						기부금
	신용카드	직불카드등	현금영수증	전통시장사용분	대중교통이용분	도서공연 등	
국세청							
기타							

· [신용카드 등] 탭

□	내/외 관계	성명 생년월일	자료구분	신용카드	직불,선불	현금영수증	도서등 신용	도서등 직불	도서등 현금	전통시장	대중교통	소비증가분 2023년	소비증가분 2024년
□	내	정영희	국세청	16,000,000			1,000,000						
	0	1981-11-11	기타										
□	내	정호영	국세청										
	1	1951-11-11	기타										
□	내	차민수	국세청		10,000,000					5,000,000			
	3	1978-11-11	기타										
□	내	차태영	국세청										
	4	2009-11-11	기타										
□	내	차태희	국세청										
	4	2018-11-11	기타										
□	내	차민영	국세청										
	6	1982-11-11	기타										
	합계			16,000,000	10,000,000		1,000,000			5,000,000			

· [의료비] 탭

2024년 의료비 지급명세서														
의료비 공제대상자					지급처			지급명세						14.산후조리원
성명	내/외	5.주민등록번호	6.본인등 해당여부		9.증빙코드	8.상호	7.사업자등록번호	10.건수	11.금액	11-1.실손보험수령액	12.미숙아 선천성이상아	13.난임여부		
정영희	내	811111-2111118	1	O	1				1,000,000		X	X		X
정호영	내	511111-1211112	2	O	1				6,500,000		X	X		X
차태영	내	091111-3311117	3	X	1				2,000,000		X	X		X
	합계								9,500,000					
일반의료비(본인)	1,000,000	6세 이하, 65세 이상, 장애인				6,500,000	일반의료비(그 외)		2,000,000	난임시술비				
										미숙아.선천성이상아				

· [기부금] 탭 ▶ [기부금 입력] 세부 탭 ▶ 본인 정영희

구분		9.기부내용		기부처		기부명세				자료구분
7.유형	8.코드			10.상호(법인명)	11.사업자번호 등	건수	13.기부금합계 금액(14+15)	14.공제대상 기부금액	15.기부장려금 신청 금액	
정치자금	20	금전					300,000	300,000		국세청

· [기부금] 탭 ▶ [기부금 입력] 세부 탭 ▶ 직계존속 정호영

구분		9.기부내용		기부처		기부명세				자료구분
7.유형	8.코드			10.상호(법인명)	11.사업자번호 등	건수	13.기부금합계 금액(14+15)	14.공제대상 기부금액	15.기부장려금 신청 금액	
종교	41	금전					2,000,000	2,000,000		국세청

· [기부금] 탭 ▶ [기부금 조정] 세부 탭

구분		기부연도	16.기부금액	17.전년도까지 공제된금액	18.공제대상 금액(16-17)	해당연도 공제금액	해당연도에 공제받지 못한 금액	
유형	코드						소멸금액	이월금액
정치자금	20	2024	300,000		300,000	300,000		
종교	41	2024	2,000,000		2,000,000	2,000,000		
합계			2,300,000		2,300,000	2,300,000		

정답 및 해설

3단계 · [연말정산입력] 탭 ▶ 소득공제

구분	지출액	공제금액
41.투자조합출자 등 소득공제		
42.신용카드 등 사용액	32,000,000	5,150,000

· [연말정산입력] 탭 ▶ 세액공제

구분			지출액	공제대상금액	공제금액
61.보장성보험	일반	1,200,000	1,200,000	1,000,000	120,000
	장애인	1,500,000	1,500,000	1,000,000	150,000
62.의료비		9,500,000	9,500,000	7,520,000	1,128,000
63.교육비		1,800,000	1,800,000	1,800,000	270,000
64.기부금		2,300,000	2,300,000	2,300,000	420,909
1)정치자금 기부금	10만원이하		100,000	100,000	90,909
	10만원초과		200,000	200,000	30,000
2)특례기부금(전액)					
3)우리사주조합기부금					
4)일반기부금(종교단체외)					
5)일반기부금(종교단체)			2,000,000	2,000,000	300,000
65.특별세액공제 계					2,088,909

· [연말정산입력] 탭 ▶ 세액공제 ▶의료비

의료비

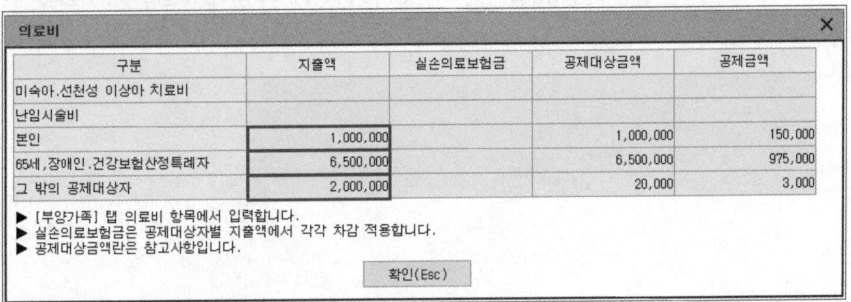

구분	지출액	실손의료보험금	공제대상금액	공제금액
미숙아.선천성 이상아 치료비				
난임시술비				
본인	1,000,000		1,000,000	150,000
65세,장애인.건강보험산정특례자	6,500,000		6,500,000	975,000
그 밖의 공제대상자	2,000,000		20,000	3,000

▶ [부양가족] 탭 의료비 항목에서 입력합니다.
▶ 실손의료보험금은 공제대상자별 지출액에서 각각 차감 적용합니다.
▶ 공제대상금액란은 참고사항입니다.

확인(Esc)

· [연말정산입력] 탭 ▶ 세액공제 ▶교육비

교육비

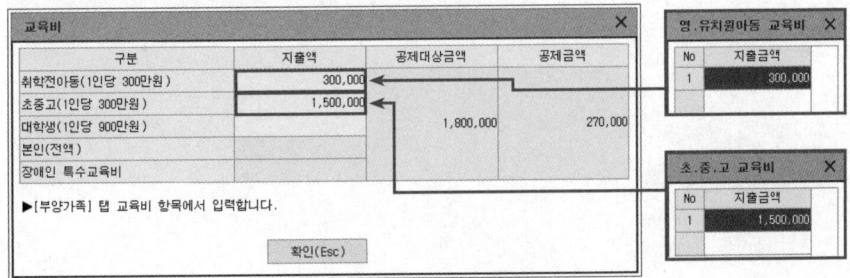

구분	지출액	공제대상금액	공제금액
취학전아동(1인당 300만원)	300,000	1,800,000	270,000
초중고(1인당 300만원)	1,500,000		
대학생(1인당 900만원)			
본인(전액)			
장애인 특수교육비			

▶[부양가족] 탭 교육비 항목에서 입력합니다.

확인(Esc)

영.유치원아동 교육비

No	지출금액
1	300,000

초.중.고 교육비

No	지출금액
1	1,500,000

02 ㈜육팔산업(회사코드 : 0168)의 2024년 귀속 원천징수자료와 관련하여 다음의 물음에 답하시오.

[제68회]

(1) 관리부 소속인 김수당(사번 : 101) 사원이 올해 7월 31일 퇴사하여, 7월 급여 지급 시 중도퇴사에 대한 연말정산을 실시하였다. 김수당씨의 올해 7월분의 급여대장을 아래의 내용대로 수당등록 및 공제항목을 추가하여 7월분 급여자료입력을 하고, 7월 급여대장 작성 시 중도퇴사에 대한 연말정산 금액을 급여대장에 반영하시오.

① 김수당의 급여지급일은 매월 말일이다.

② 7월에 지급할 내역은 다음과 같으며 모두 월정액이다. 비과세로 인정받을 수 있는 항목은 최대한 반영하기로 한다.

- 기본급 : 3,000,000원
- 식대 : 100,000원(별도의 식사를 제공함)
- 자격수당 : 200,000원
- 야간근로수당 : 100,000원
- 육아수당 : 100,000원(만 9세의 자녀가 있음)
- 출근수당 : 50,000원(원거리 출·퇴근자에게 지급함)

③ 7월 공제할 항목은 다음과 같다.

- 국민연금 : 180,000원
- 건강보험료 : 121,400원
- 장기요양보험료 : 7,950원
- 고용보험료 : 23,070원
- 주차비 : 100,000원(공제소득유형 : 기타)

정답 및 해설

02 (1) ▶관련 이론 I 종합소득금액의 계산 p.640~641

해 설 1단계 [사원등록] 메뉴에서 김수당 사원의 퇴사일(7월 31일)이 입력되어 있는지 확인한다.

2단계 [급여자료입력] 메뉴에서 귀속년월 7월, 지급년월일 7월 31일을 입력한 후, [수당공제]를 클릭하여 수당등록에 "자격수당(과세)", "육아수당(과세)", "출근수당(과세)", "식대(과세)", "야간근로수당(과세)"를 입력하고, '식대(비과세)', '야간근로수당(비과세)'를 사용여부 "부"로 표시한다. 공제등록에 "주차비(공제소득유형 : 기타)"를 입력한다.

- 별도의 식사를 제공하고 있으므로 식대는 과세 소득에 해당한다.
- 생산직 근로자가 아니므로 야간근로수당은 과세 소득에 해당한다.
- 6세 이하의 자녀가 아니므로 육아수당은 과세 소득에 해당한다.

3단계 [급여자료입력] 메뉴에서 급여자료를 입력한다.

4단계 [급여자료입력] 메뉴 상단의 **F7 중도퇴사자정산** 을 클릭하여, '중도퇴사 연말정산' 보조창에서 연말정산 결과를 확인한다. (본 문제에서는 [연말정산추가자료입력] 메뉴에 입력할 공제 적용가능 지출액이 없음)

5단계 '중도퇴사 연말정산' 보조창에서 급여반영(Tab) 을 클릭하여 중도퇴사 연말정산에 따른 차감징수세액이 현재 월의 급여자료에 반영되도록 한다.

정답화면 1단계

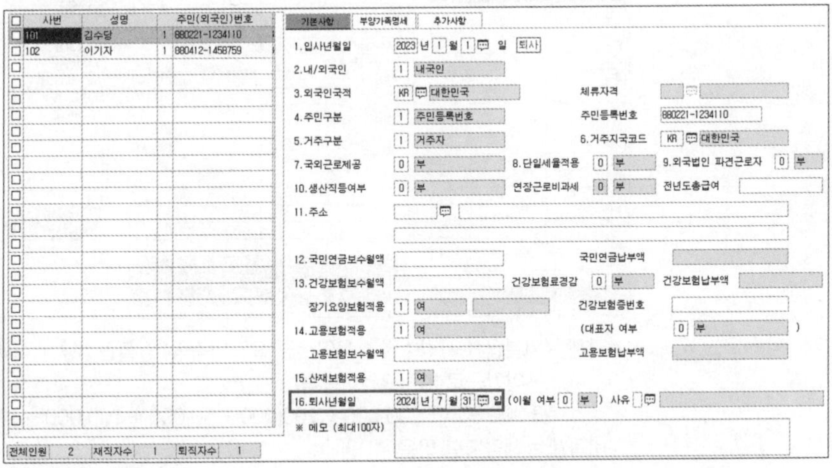

2단계

수당등록

	코드	과세구분	수당명	근로소득유형			월정액	사용여부
				유형	코드	한도		
5	1005	비과세	식대	식대	P01	(월)200,000	정기	부
6	1006	비과세	자가운전보조금	자가운전보조금	H03	(월)200,000	부정기	여
7	1007	비과세	야간근로수당	야간근로수당	001	(년)2,400,000	부정기	부
8	2001	과세	자격수당	급여			정기	여
9	2002	과세	육아수당	급여			정기	여
10	2003	과세	출근수당	급여			정기	여
11	2004	과세	식대	급여			정기	여
12	2005	과세	야간근로수당	급여			정기	여

공제등록

	코드	공제항목명	공제소득유형	사용여부
1	5001	국민연금	고정항목	여
2	5002	건강보험	고정항목	여
3	5003	장기요양보험	고정항목	여
4	5004	고용보험	고정항목	여
5	5005	학자금상환	고정항목	여
6	6001	주차비	기타	여

3단계

귀속년월 : 2024년 07 월　　지급년월일 : 2024년 07 월 31 일　급여

사번	사원명	감면율
101	김수당(퇴사자	
102	이기자	
총인원(퇴사자)	2(1)	

급여항목	금액
기본급	3,000,000
상여	
직책수당	
월차수당	
자가운전보조금	
자격수당	200,000
육아수당	100,000
출근수당	50,000
식대	100,000
야간근로수당	100,000
과세	3,550,000
비과세	
지급총액	3,550,000

공제항목	금액
국민연금	180,000
건강보험	121,400
장기요양보험	7,950
고용보험	23,070
주차비	100,000
소득세(100%)	
지방소득세	
농특세	
공제총액	432,420
차인지급액	3,117,580

· 과세 = 기본급 + 자격수당 + 육아수당(요건미충족) + 출근수당 + 식대(요건미충족)
　　+ 야간근로수당(요건미충족)
　　= 3,000,000 + 200,000 + 100,000 + 50,000 + 100,000 + 100,000 = 3,550,000원
· 비과세 = 해당사항 없음 = 0원

정답 및 해설

4단계

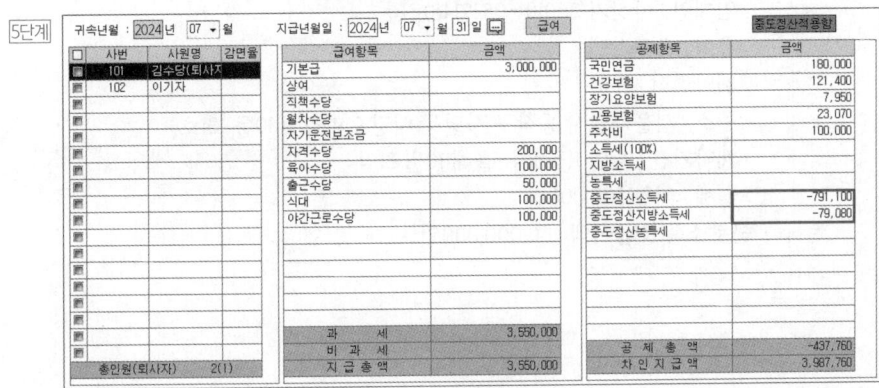

구분		소득세	지방소득세	농어촌특별세	계
결정세액					
기납부세액	종(전)근무지				
	주(현)근무지	791,100	79,080		870,180
납부특례세액					
차감징수세액		-791,100	-79,080		-870,180

퇴사월소득세반영 | 연말삭제(F5) | 급여반영(Tab) | 급여 미반영(F3) | 취소(Esc)

5단계

귀속년월 : 2024년 07 월 지급년월일 : 2024년 07 월 31 일 급여 중도정산적용함

사번	사원명	감면율
101	김수당(퇴사자	
102	이기자	
총인원(퇴사자)	2(1)	

급여항목	금액
기본급	3,000,000
상여	
직책수당	
월차수당	
자가운전보조금	
자격수당	200,000
육아수당	100,000
출근수당	50,000
식대	100,000
야간근로수당	100,000
과세	3,550,000
비과세	
지급총액	3,550,000

공제항목	금액
국민연금	180,000
건강보험	121,400
장기요양보험	7,950
고용보험	23,070
주차비	100,000
소득세(100%)	
지방소득세	
농특세	
중도정산소득세	-791,100
중도정산지방소득세	-79,080
중도정산농특세	
공제총액	-437,760
차인지급액	3,987,760

(2) 다음 연말정산자료를 이용하여 사원코드 102번 이기자의 [연말정산추가자료입력] 메뉴의 [월세액] 탭과 [연말정산입력] 탭에 입력하시오. (단, 이기자는 무주택자이며 본인 외 부양가족은 없다) (모든 자료는 국세청 자료이며, [연말정산입력] 탭에 지출액이 입력되지 않을 경우, [부양가족] 탭에 입력하고 F8 부양가족탭불러오기 를 클릭할 것)

- 보장성보험료(일반) : 2,500,000원
- 의료비 : 6,500,000원(이 중 2,000,000원은 본인의 미용성형수술 금액이다)
- 대학원 교육비 : 3,000,000원
- 월세 관련 자료(공제 요건을 충족한다)
  - · 임대인 : 나상가(560101-2522148)
  - · 유형 : 오피스텔
  - · 계약면적 : 55㎡
  - · 주소 : 서울특별시 동작구 사당동 사당오피스텔 10동 101호
  - · 계약기간 : 작년 11월 1일~올해 10월 31일
  - · 월세 : 매월 500,000원
- 근로소득 총급여액 : 60,000,000원

정답 및 해설

(2)

▶관련 이론 | 종합소득공제·세액공제 p.671~673

해 설 [1단계] [연말정산추가자료입력] 메뉴에서 102.이기자를 선택하고 [부양가족] 탭에서 다음과 같이 입력한다.

- 본인 이기자
  - 보험료 보조창 ▶ 국세청간소화 ▶ 보장성보험-일반 : 2,500,000
  - [의료비] 탭 ▶ 본인 ▶ 국세청장 ▶ 금액 : 4,500,000[1)]
  - 교육비 ▶ 국세청 ▶ 일반 ▶ 본인 : 3,000,000[2)]

[1)] 미용성형수술은 의료비 공제 적용 안 됨

[2)] 본인의 경우 대학원 교육비도 공제 적용됨

[2단계] [월세액] 탭에서 다음과 같이 입력한다.

- 월세액 세액공제 명세
  - 임대인 : 나상가
  - 주민등록번호 : 560101-2522148
  - 유형 : 오피스텔(F2를 사용하여 검색)
  - 계약면적(㎡) : 55
  - 주소 : 서울특별시 동작구 사당동 사당오피스텔 10동 101호
  - 계약기간 : 2023.11.01.~2024.10.31.
  - 연간 월세액 : 5,000,000[3)]
  - 무주택자 해당 여부 : 여

[3)] 500,000원 × 10개월 = 5,000,000원

[3단계] [연말정산입력] 탭에서 F8 부양가족탭불러오기 를 클릭한다.

정답 및 해설

정답화면 1단계 · [부양가족] 탭 ▶ 본인 이기자

자료구분	보험료				의료비						교육비		
	건강	고용	일반보장성	장애인전용	일반		실손	선천성이상아	난임	65세,장애인	일반		장애인특수
국세청			2,500,000		4,500,000	1.전액					3,000,000	4.본인	
기타	1,353,700	450,000											

자료구분	신용카드등 사용액공제						기부금
	신용카드	직불카드등	현금영수증	전통시장사용분	대중교통이용분	도서공연 등	
국세청							
기타							

· [의료비] 탭

2024년 의료비 지급명세서													
의료비 공제대상자					지급처			지급명세					14.산후 조리원
성명	내/외	5.주민등록번호	6.본인등 해당여부		9.증빙 코드	8.상호	7.사업자 등록번호	10. 건수	11.금액	11-1.실손 보험수령액	12.미숙아 선천성이상아	13.난임 여부	
이기자	내	880412-1458759	1	0	1				4,500,000		X	X	X
		합계							4,500,000				
일반의료비 (본인)	4,500,000	6세 이하, 65세 이상, 장애인				일반의료비 (그 외)				난임시술비			
										미숙아.선천성이상아			

2단계 · [월세액] 탭 ▶ 월세액 세액공제 명세

임대인명 (상호)	주민등록번호 (사업자번호)	유형	계약 면적(㎡)	임대차계약서 상 주소지	계약서상 임대차 계약기간			연간 월세액	공제대상금액	세액공제금액
					개시일	~	종료일			
나상가	560101-2522148	오피스텔	55.00	서울특별시 동작구 사당동 사	2023-11-01	~	2024-10-31	5,000,000	5,000,000	750,000

■ 무주택자 해당 여부 [√] 여, [ ] 부

3단계 · [연말정산입력] 탭 ▶ 세액공제

구분				지출액	공제대상금액	공제금액
세액공제	특별세액공제	61.보장성보험 일반	2,500,000	2,500,000	1,000,000	120,000
		61.보장성보험 장애인				
		62.의료비	4,500,000	4,500,000	2,700,000	405,000
		63.교육비	3,000,000	3,000,000	3,000,000	450,000
		64.기부금				
		1)정치자금 기부금	10만원이하			
			10만원초과			
		2)특례기부금(전액)				
		3)우리사주조합기부금				
		4)일반기부금(종교단체외)				
		5)일반기부금(종교단체)				
		65.특별세액공제 계				975,000
	66.표준세액공제					
	67.납세조합공제					
	68.주택차입금					
	69.외국납부		▶			
	70.월세액			5,000,000	5,000,000	750,000
	71.세액공제 계					2,385,000

03 ㈜육육산업(회사코드 : 0166)의 2024년 귀속 원천징수자료와 관련하여 다음 물음에 답하시오.

[제66회]

다음 자료를 보고 김용식의 필요한 수당등록과 5월분 급여자료입력을 하고, 원천징수이행상황신고서를 작성하시오. (급여지급일은 매월 말일, 원천징수신고는 매월하고 있으며, 연말정산으로 인한 전월미환급세액 130,000원이 있다. 회사는 별도의 식사를 제공하지 않으며, 자가운전에 따른 별도의 보조금은 없고, 6세 이하의 자녀가 있는 경우 자녀 1인당 200,000원의 육아수당을 지급하고 있다)

5월 급여내역

이 름	김용식	지급일	5월 31일
기본급	2,000,000원	소득세	11,900원
직책수당	300,000원	지방소득세	1,190원
식 대	250,000원	고용보험	16,900원
교통비	150,000원	국민연금	117,000원
육아수당	400,000원	건강보험	79,560원
-	-	장기요양보험	5,210원
급여계	3,100,000원	공제합계	231,760원
노고에 감사드립니다.		차인지급액	2,868,240원

03

▶관련 이론 | 종합소득금액의 계산 p.640~641

해 설 [1단계] [급여자료입력] 메뉴에서 귀속년월 5월, 지급년월일 5월 31일을 입력한 후, [수당공제]를 클릭하여 수당등록에 "교통비(과세)"와 "육아수당(비과세)"을 입력한다.

[2단계] [급여자료입력] 메뉴에서 급여자료를 입력한다.

[3단계] [원천징수이행상황신고서] 메뉴에서 귀속기간 "5월~5월", 지급기간 "5월~5월", 신고구분 "정기신고"를 입력하여 해당 월의 금액을 불러온 후, 전월미환급란에 "130,000"을 입력한다.

정답화면 [1단계]

	코드	과세구분	수당명	근로소득유형			월정액	사용여부
				유형	코드	한도		
8	2001	과세	교통비	급여			정기	여
9	2002	비과세	출산.보육수당(육아수당)	출산.보육수당(육아수당)	Q01	(월)200,000	정기	여

[2단계]

귀속년월: 2024 년 05 월　지급년월일: 2024 년 05 월 31 일　급여

□	사번	사원명	감면율
□	101	김용식	
□	102	박경수	
총인원(퇴사자)		2(0)	

급여항목	금액
기본급	2,000,000
상여	
직책수당	300,000
월차수당	
식대	250,000
자가운전보조금	
야간근로수당	
교통비	150,000
출산.보육수당(육아수당)	400,000
과세	2,700,000
비과세	400,000
지급총액	3,100,000

공제항목	금액
국민연금	117,000
건강보험	79,560
장기요양보험	5,210
고용보험	16,900
소득세(100%)	11,900
지방소득세	1,190
농특세	
공제총액	231,760
차인지급액	2,868,240

사원정보　임금대장　4.전체사원-현재　크게

입사일(퇴사일)	2024/01/01
주민(외국인)번호	960101-1234561
거주/내외국인	거주자/내국인
생산직/연장근로	부/부
국외근로/종교관련	부/부
건강경감/장기요양	부/여

지급총액	3,100,000
과세	2,700,000
총비과세	400,000
제출비과세	400,000
미제출비과세	
기본급	2,000,000

공제총액	231,760
차인지급액	2,868,240
국민연금	117,000
건강보험	79,560
장기요양보험	5,210
고용보험	16,900

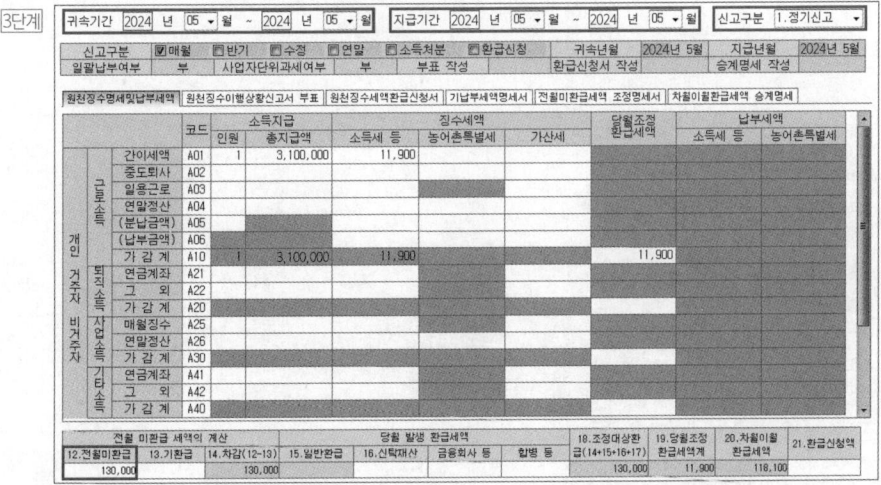

· 과세 = 기본급 + 직책수당 + 식대 비과세 한도초과분 + 교통비 + 육아수당 비과세 한도초과분
= 2,000,000 + 300,000 + 50,000 + 150,000 + 200,000 = 2,700,000원

· 비과세 = 식대(한도) + 육아수당(한도)
= 200,000(제출) + 200,000(제출) = 400,000원

[3단계]

귀속기간 2024 년 05 월 ~ 2024 년 05 월　지급기간 2024 년 05 월 ~ 2024 년 05 월　신고구분 1.정기신고

신고구분	☑매월	□반기	□수정	□연말	□소득처분	□환급신청	귀속년월	2024년 5월	지급년월	2024년 5월
일괄납부여부	부	사업자단위과세여부	부	부표 작성			환급신청서 작성		승계명세 작성	

원천징수명세및납부세액 | 원천징수이행상황신고서 부표 | 원천징수세액환급신청서 | 기납부세액명세서 | 전월미환급세액 조정명세서 | 차월이월환급세액 승계명세

			코드	소득지급		징수세액			당월조정환급세액	납부세액	
				인원	총지급액	소득세 등	농어촌특별세	가산세		소득세 등	농어촌특별세
개인 거주자 비거주자	근로소득	간이세액	A01	1	3,100,000	11,900					
		중도퇴사	A02								
		일용근로	A03								
		연말정산	A04								
		(분납금액)	A05								
		(납부금액)	A06								
		가 감 계	A10	1	3,100,000	11,900			11,900		
	퇴직소득	연금계좌	A21								
		그 외	A22								
		가 감 계	A20								
	사업소득	매월징수	A25								
		연말정산	A26								
		가 감 계	A30								
	기타소득	연금계좌	A41								
		그 외	A42								
		가 감 계	A40								

전월 미환급 세액의 계산			당월 발생 환급세액				18.조정대상환급(14+15+16+17)	19.당월조정환급세액계	20.차월이월환급세액	21.환급신청액
12.전월미환급	13.기환급	14.차감(12-13)	15.일반환급	16.신탁재산	금융회사 등	합병 등				
130,000		130,000					130,000	11,900	118,100	

04 ㈜육삼산업(회사코드 : 0163)의 2024년 귀속 원천징수자료와 관련하여 다음의 물음에 답하시오.

[제63회]

(1) 다음은 김예림(사번 : 101, 여성, 세대주)의 부양가족 내역이다. [사원등록] 메뉴에서 연말정산 시 세부담을 최소화할 수 있도록 부양가족명세를 입력하시오. 본인 포함 부양가족 전원을 반영하되, 기본공제대상자가 아닌 경우에는 기본공제 항목에 "부"로 입력한다. (단, 본인 및 부양가족의 소득은 다음의 소득이 전부이며, 주민등록번호는 정확한 것으로 가정한다)

성 명	관 계	주민등록번호	연령(만)	내/외국인	동거 여부	비 고
김예림	본 인	880530-2134561	36세	내국인	-	연간 총급여액 2,400만 원
최 영	배우자	830420-1234563	41세	내국인	근무형편상 별거	연간 총급여액 550만 원
김진훈	부	460330-1345671	78세	내국인	주거형편상 별거	복권당첨소득 500만 원
유지유	모	450730-2345678	79세	내국인	주거형편상 별거	소득 없음
최유선	딸	160805-4123458	8세	내국인	취학상 별거	소득 없음, 장애인복지법에 따른 장애인
최상욱	아 들	170505-3123456	7세	내국인	동 거	소득 없음

정답 및 해설

04 (1) ▶ 관련 이론 I 종합소득공제·세액공제 p.669

해 설 [사원등록] 메뉴의 [부양가족명세] 탭에서, 김예림(사번 : 101) 사원에 대한 부양가족을 다음과 같이 입력한다.

- 근로자 본인으로서 종합소득금액 3,000만 원 이하이고 배우자가 있는 여성이므로, 김예림은 부녀자공제가 가능하다.
- 총급여액 550만 원은 총급여 500만 원을 초과하므로, 최영은 기본공제가 불가능하다.
- 복권당첨소득은 분리과세대상이고, 종합소득·퇴직소득·양도소득에 해당하는 금액이 없으므로, 김진훈은 기본공제가 가능하다.
- 장애인이므로, 최유선은 장애인공제가 가능하다. 기본공제란에 "장애인"을 입력하여도 정답 인정된다.
- 최유선(딸)과 최상유(아들)는 둘 다 기본공제가 적용되나, 8세 이상 세액공제는 최유선(8세)만 가능하다.
- 배우자와 직계비속은 주소지와 관계없이 항상 생계를 같이하는 것으로 보고, 직계존속은 주거형편상 별거하고 있더라도 생계를 같이하는 것으로 본다. 그 외의 부양가족은 취학·질병요양·사업상 형편에 따라 일시 퇴거한 경우 생계를 같이하는 것으로 본다.

정답화면

기본사항 | 부양가족명세 | 추가사항

연말관계	성명	내/외국인	주민(외국인)번호		나이	기본공제	부녀자	한부모	경로우대	장애인	자녀		출산입양	위탁관계
0	김예림	내	1	880530-2134561	36	본인	○							
3	최영	내	1	830420-1234563	41	부								
1	김진훈	내	1	460330-1345671	78	60세이상			○					
1	유지유	내	1	450730-2345678	79	60세이상			○					
4	최유선	내	1	160805-4123458	8	20세이하				1	○			
4	최상욱	내	1	170505-3123456	7	20세이하								

(2) 2024년 10월 1일 입사한 박용민의 연말정산 관련 자료는 다음과 같다. [연말정산추가자료입력] 메뉴의 [소득명세] 및 [연말정산입력] 탭을 입력하시오. (박용민은 무주택 세대주이며 부양가족은 없다) (모든 자료는 국세청 자료이며, [연말정산입력] 탭에 지출액이 입력되지 않을 경우, [부양가족] 탭에 입력하고 F8 부양가족탭불러오기 를 클릭할 것)

현 근무지	· 급여총액 : 18,000,000원(상여·비과세 없음, 국민연금·보험료 등 생략) · 소득세 기납부세액 : 1,500,000원(지방소득세 150,000원)
종전 근무지	· ㈜신승상사(근무기간 2024. 1. 1.~2024. 9. 30., 사업자등록번호 111-11-11119) · 급여총액 : 54,000,000원(상여·비과세 없음, 국민연금·보험료 등 생략) · 소득세 결정세액 : 4,000,000원(지방소득세 400,000원) · 소득세 기납부세액 : 5,000,000원(지방소득세 500,000원) · 소득세 차감징수세액 : (-)1,000,000원(지방소득세 (-)100,000원)
연말정산 자료	· 신용카드 등 사용금액 내역(전년 대비 소비증가분은 없음) 구 분 / 연간사용액 신용카드 / 10,000,000원(대중교통 2,000,000원 포함) 현금영수증 / 16,000,000원(전통시장 4,000,000원 포함) 총 계 / 26,000,000원 · 일반보장성보험료 : 1,000,000원 · 본인 의료비 : 치료비 7,000,000원(이 중 3,000,000원은 실손의료보험금 수령액으로 지급함), 건강검진비 1,000,000원

정답 및 해설

(2)

▶관련 이론 I 종합소득공제·세액공제 p.671~674

해 설 1단계 [연말정산추가자료입력] 메뉴에서 102.박용민을 선택하고 [소득명세] 탭에서 다음과 같이 입력한다.

· 종전 근무지
  - 근무지 : ㈜신승상사
  - 사업자등록번호 : 111-11-11119
  - 근무기간 : 2024.01.01. ~ 2024.09.30.
  - 급여 : 54,000,000
  - 기납부세액 ▶ 소득세 : 4,000,000[1)]
  - 기납부세액 ▶ 지방소득세 : 400,000[1)]

[1)] 전 근무지에서의 기납부세액은 종전근무지 근로소득원천징수영수증에 기재된 결정세액, 기납부세액, 차감징수세액 중 결정세액임

2단계 [부양가족] 탭에서 다음과 같이 입력한다.

· 본인 박용민
  - 보험료 보조창 ▶ 국세청간소화 ▶ 보장성보험-일반 : 1,000,000
  - [의료비] 탭 ▶ 본인 ▶ 국세청장 ▶ 금액 : 8,000,000[2)]
  - [의료비] 탭 ▶ 본인 ▶ 국세청장 ▶ 실손보험수령액 : 3,000,000[3)]

[2)] 건강검진 비용도 의료비 공제 적용됨

[3)] 실손보험금 수령액으로 지급한 의료비는 공제 적용 안 되므로, 서식에서 별도로 표기

3단계 [연말정산입력] 탭에서 F8 부양가족탭불러오기 를 클릭한다.

정답 및 해설

정답화면 1단계 · [소득명세] 탭

구분			합계	주(현)		납세조합		종(전) [1/2]	
소득	9.근무처명			(주)육삼산업				(주)신승상사	
	9-1.종교관련 종사자			부				부	
	10.사업자등록번호			105-81-33130		___-__-_____		111-11-11119	
	11.근무기간			2024-10-01 ~	2024-12-31	____-__-__ ~	____-__-__	2024-01-01 ~	2024-09-30
	12.감면기간			____-__-__ ~	____-__-__	____-__-__ ~	____-__-__	____-__-__ ~	____-__-__
	13-1.급여(급여자료입력)		72,000,000	18,000,000				54,000,000	
세액	기납부세액	소득세	5,500,000	1,500,000				4,000,000	
		지방소득세	550,000	150,000				400,000	
		농어촌특별세							

2단계 · [부양가족] 탭 ▶ 본인 박용민

자료구분	보험료				의료비							교육비	
	건강	고용	일반보장성	장애인전용	일반		실손	선천성이상아	난임	65세,장애인	일반		장애인특수
국세청			1,000,000		8,000,000	1.전액	3,000,000						
기타													

자료구분	신용카드등 사용액공제						기부금
	신용카드	직불카드등	현금영수증	전통시장사용분	대중교통이용분	도서공연 등	
국세청	8,000,000		12,000,000	4,000,000	2,000,000		
기타							

· [신용카드 등] 탭

□	내/외	성명	자료구분	신용카드	직불,선불	현금영수증	도서등 신용	도서등 직불	도서등 현금	전통시장	대중교통	소비증가분	
	관계	생년월일										2023년	2024년
□	내	박용민	국세청	8,000,000		12,000,000				4,000,000	2,000,000		
	0	1988-04-20	기타										

· [의료비] 탭

2024년 의료비 지급명세서														
의료비 공제대상자					지급처			지급명세						14.산후조리원
성명	내/외	5.주민등록번호	6.본인등 해당여부		9.증빙코드	8.상호	7.사업자등록번호	10.건수	11.금액	11-1.실손보험수령액	12.미숙아 선천성이상아	13.난임여부		
박용민	내	880420-1987656	1	0	1				8,000,000	3,000,000	X	X		X
		합계							8,000,000	3,000,000				
일반의료비(본인)		8,000,000	6세 이하, 65세 이상, 장애인				일반의료비(그 외)			난임시술비				
										미숙아.선천성이상아				

3단계 · [연말정산입력] 탭 ▶ 소득공제

구분		지출액	공제금액
의소	41.투자조합출자 등 소득공제		
	42.신용카드 등 사용액	26,000,000	3,000,000

· [연말정산입력] 탭 ▶ 세액공제

구분					지출액	공제대상금액	공제금액
세액공제	특별세액공제	61.보장성보험	일반	1,000,000	1,000,000	1,000,000	120,000
			장애인				
		62.의료비		8,000,000	8,000,000	2,840,000	426,000
		63.교육비					
		64.기부금					
		1)정치자금 기부금	10만원이하				
			10만원초과				
		2)특례기부금(전액)					
		3)우리사주조합기부금					
		4)일반기부금(종교단체외)					
		5)일반기부금(종교단체)					
		65.특별세액공제 계					546,000

05 ㈜육일산업(코드번호 : 0161)의 2024년 귀속 원천징수자료와 관련하여 다음의 물음에 답하시오.

[제61회]

(1) **사원 김용민**(남자, 세대주, 장애인복지법에 따른 장애인)**의 부양가족사항**(생계를 같이함)**은 다음과 같다. 김용민의 세부담이 최소화되도록 사원등록에서 부양가족명세서를 작성하시오.** (단, 부양가족의 소득은 다음의 소득이 전부이며, 주민등록번호는 정확한 것으로 본다)

관 계	이 름	주민번호	2024년 연말정산 시 참고사항
배우자	정인영	-	2023년 사망
부	김동명	520806-1173918	장애인복지법에 따른 장애인, 2024년 10월 31일 사망
모	유영숙	600914-2535227	장애인복지법에 따른 장애인, 양도소득금액 2백만 원 있음
자	김시은	051130-4035228	대학생, 급여총액 4백만 원(비과세 1백만 원 포함) 있음
자	김윤우	171230-3078511	2024년 입양

정답 및 해설

05 (1) ▶관련 이론 | 종합소득공제·세액공제 p.669

해 설 [사원등록] 메뉴의 [부양가족명세] 탭에서, 김용민 사원에 대한 부양가족을 입력한다.

- 근로자 본인이 배우자가 없는 자로서 기본공제대상자인 직계비속이 있는 세대주이므로, 김용민은 한부모공제가 가능하다.
- 과세기간 종료일 전에 사망한 사람에 대하여는 사망일 전날의 상황에 따라 인적공제를 판단하므로, 김동명은 기본공제, 경로우대공제, 장애인공제 모두 가능하다. 기본공제란에 "장애인"을 입력하여도 정답 인정된다.
- 장애인의 경우 나이요건은 충족하지 않아도 되나 소득금액요건은 충족하여야 하는데, 양도소득금액이 100만 원을 초과하므로, 유영숙은 기본공제와 장애인공제가 모두 불가능하다.
- 총급여액은 급여총액에서 비과세를 차감한 금액인 300만 원이며, 근로소득만 있고 총급여액 500만 원 이하에 해당하므로, 김시은은 소득금액 요건을 충족하여 기본공제가 가능하다.
- 올해에 입양하였고 7세이므로, 김윤우는 기본공제, 출산입양(둘째) 세액공제는 가능하나, 8세 이상 세액공제는 불가능하다.
- 배우자는 2023년에 사망하였으므로 입력하지 않는다.

정답화면

기본사항 | 부양가족명세 | 추가사항

연말관계	성명	내/외국인	주민(외국인)번호		나이	기본공제	부녀자	한부모	경로우대	장애인	자녀	출산입양	위탁관계
0	김용민	내	1	780826-1173917	46	본인		○		1			
1	김동명	내	1	520806-1173918	72	60세이상			○	1			
1	유영숙	내	1	600914-2535227	64	부							
4	김시은	내	1	051130-4035228	19	20세이하					○		
4	김윤우	내	1	171230-3078511	7	20세이하						둘째	

(2) **다음 자료를 이용하여 사무직에서 근무하는 계속근로자인 김신우**(남성, 무주택 세대주, 만 43세, 사원코드 : 103)**의 세부담이 최소화되도록 [연말정산추가자료입력] 메뉴의 [연말정산입력] 탭을 입력하시오.** (모든 자료는 국세청 자료이며, [연말정산입력] 탭에 지출액이 입력되지 않을 경우, [부양가족] 탭에 입력하고 F8 부양가족탭불러오기 를 클릭할 것)

구 분	사용 내역
신용카드	· 본인 국내 신용카드사용액 18,000,000원(전통시장사용분 3,000,000원 포함) · 배우자(만 40세, 복권당첨소득 100,000,000원 있음) 국내 현금영수증사용액 2,000,000원 · 배우자 해외신용카드사용액 1,000,000원 · 본인 신규 자동차구입 현금영수증사용액 15,000,000원 · 전년 대비 소비증가분은 없음
보험료	· 본인 저축성보험 1,000,000원 · 장남(만 16세, 고등학생, 소득 없음) 보장성보험 1,200,000원 · 모친(만 73세, 장애인, 소득 없음) 장애인전용보장성보험 1,000,000원
의료비	· 모친 치아 임플란트시술 2,000,000원 · 장남 보약 구입 1,000,000원
교육비	· 모친 노인대학등록금 2,000,000원 · 장남 교복 구입 비용 600,000원 · 차남(만 10세, 초등학생, 소득 없음) 초등학교 수업료 2,800,000원
기부금	· 본인 정치자금기부금 300,000원(금전) · 배우자 정치자금기부금 200,000원(금전)
주택차입금 원리금상환액	· 대출기관으로부터 차입한 본인 명의의 주택임차차입금(공제 요건을 충족함)에 대하여 당기에 상환한 원금 3,000,000원과 이자 300,000원

(2) ▶관련 이론 | 종합소득공제·세액공제 p.671~674

해 설 1단계 [연말정산추가자료입력] 메뉴에서 103.김신우를 선택하고 [부양가족] 탭에서 공제 적용대상 지출액을 입력한다.

구분		제시된 금액	공제 대상 지출액
신용카드	· 본인 신용카드 ▶ 전통시장 · 본인 신용카드 ▶ 그 외 · 배우자 국내 현금영수증 · 배우자 해외 신용카드 사용액 · 본인 신규 자동차 구입 현금영수증	3,000,000 15,000,000 2.000,000 1,000,000 15,000,000	3,000,000 15,000,000 2.000,000[1] 0[2] 0[3]
보험료	· 본인 저축성보험 · 장남 보장성보험 · 모친 장애인전용보장성보험	1,000,000 1,200,000 1,000,000	0[4] 1,200,000 1,000,000
의료비	· 모친(65세 이상, 장애인) 치아 임플란트시술 · 장남 보약 구입	2,000,000 1,000,000	2,000,000[5] 0[6]
교육비	· 모친 노인대학등록금 · 장남(고등학생) 교복 구입 비용 · 차남 초등학교 수업료	2,000,000 600,000 2,800,000	0[7] 500,000[8] 2,800,000
기부금	· 본인 정치자금기부금 · 배우자 정치자금기부금	300,000 200,000	300,000 0[9]

1) 복권당첨소득은 분리과세 되므로, 배우자는 소득금액 요건을 충족하고 신용카드 등 사용액 공제 가능함
2) 해외에서 신용카드 등을 사용한 금액은 신용카드 등 사용액 공제 적용 안 됨
3) 신규 자동차구입은 전액 신용카드 등 사용액 공제 적용 안 됨
4) 저축성 보험료는 공제 적용 안 됨
5) 치아 임플란트 시술 비용도 의료비 공제 적용됨
6) 보약 구입비는 의료비 공제 적용 안 됨
7) 노인대학등록금은 일반교육비에 해당하며, 직계존속의 일반교육비는 공제 적용 안 됨
8) 중·고등학교 교복구입비용은 1인당 연 50만 원을 한도로 공제
9) 정치자금기부금은 본인 지출분만 인정됨

2단계 [연말정산] 탭에서 '주택차입금 원리금상환액' 보조창에 다음과 같이 입력한다.

· 주택임차차입금 원리금상환액 ▶ 대출기관 ▶ 불입/상환액 : 3,300,000[1]

1) 원리금 상환액 = 원금 상환액 3,000,000 + 이자 상환액 300,000 = 3,300,000원

3단계 [연말정산입력] 탭에서 F8 부양가족탭불러오기 를 클릭한다.

정답화면

1단계 · [부양가족] 탭 ▶ 본인 김신우

자료구분	보험료				의료비					교육비	
	건강	고용	일반보장성	장애인전용	일반	실손	선천성이상아	난임	65세,장애인	일반	장애인특수
국세청											
기타	2,707,320	540,000									

자료구분	신용카드등 사용액공제						기부금
	신용카드	직불카드등	현금영수증	전통시장사용분	대중교통이용분	도서공연 등	
국세청	15,000,000			3,000,000			300,000
기타							

· [부양가족] 탭 ▶ 모친 박선자

자료구분	보험료				의료비					교육비	
	건강	고용	일반보장성	장애인전용	일반	실손	선천성이상아	난임	65세,장애인	일반	장애인특수
국세청				1,000,000					2,000,000		
기타											

자료구분	신용카드등 사용액공제						기부금
	신용카드	직불카드등	현금영수증	전통시장사용분	대중교통이용분	도서공연 등	
국세청							
기타							

· [부양가족] 탭 ▶ 배우자 이영희

자료구분	보험료				의료비					교육비	
	건강	고용	일반보장성	장애인전용	일반	실손	선천성이상아	난임	65세,장애인	일반	장애인특수
국세청											
기타											

자료구분	신용카드등 사용액공제						기부금
	신용카드	직불카드등	현금영수증	전통시장사용분	대중교통이용분	도서공연 등	
국세청			2,000,000				
기타							

· [부양가족] 탭 ▶ 장남 김민석

자료구분	보험료				의료비					교육비	
	건강	고용	일반보장성	장애인전용	일반	실손	선천성이상아	난임	65세,장애인	일반	장애인특수
국세청			1,200,000							500,000 2.초중고	
기타											

자료구분	신용카드등 사용액공제						기부금
	신용카드	직불카드등	현금영수증	전통시장사용분	대중교통이용분	도서공연 등	
국세청							
기타							

· [부양가족] 탭 ▶ 차남 김민혁

자료구분	보험료				의료비					교육비	
	건강	고용	일반보장성	장애인전용	일반	실손	선천성이상아	난임	65세,장애인	일반	장애인특수
국세청										2,800,000 2.초중고	
기타											

자료구분	신용카드등 사용액공제						기부금
	신용카드	직불카드등	현금영수증	전통시장사용분	대중교통이용분	도서공연 등	
국세청							
기타							

정답 및 해설

· [신용카드 등] 탭

□	내/외 관계	성명 생년월일	자료구분	신용카드	직불,선불	현금영수증	도서등 신용	도서등 직불	도서등 현금	전통시장	대중교통	소비증가분 2023년	소비증가분 2024년
□	내	김신우	국세청	15,000,000						3,000,000			
	0	1981-10-01	기타										
□	내	박선자	국세청										
	1	1951-03-20	기타										
□	내	이영희	국세청			2,000,000							
	3	1984-06-30	기타										
□	내	김민석	국세청										
	4	2008-07-01	기타										
□	내	김민혁	국세청										
	4	2014-03-28	기타										
□													
□													
	합계			15,000,000		2,000,000				3,000,000			

· [의료비] 탭

2024년 의료비 지급명세서													
의료비 공제대상자					지급처			지급명세					14.산후조리원
성명	내/외	5.주민등록번호	6.본인등 해당여부		9.증빙코드	8.상호	7.사업자등록번호	10.건수	11.금액	11-1.실손보험수령액	12.미숙아 선천성이상아	13.난임여부	
박선자	내	510320-2122429	2	0	1				2,000,000		X	X	X
		합계							2,000,000				
일반의료비(본인)		6세 이하, 65세 이상, 장애인		2,000,000	일반의료비(그 외)					난임시술비 / 미숙아.선천성이상아			

· [기부금] 탭 ▶ [기부금 입력] 세부 탭 ▶ 본인 김신우

구분 7.유형	구분 8.코드	9.기부내용		기부처 10.상호(법인명)	기부처 11.사업자번호 등	기부명세 건수	13.기부금합계 금액(14+15)	14.공제대상 기부금액	15.기부장려금 신청 금액	자료구분
정치자금	20	금전					300,000	300,000		국세청

· [기부금] 탭 ▶ [기부금 조정] 세부 탭

구분 유형	구분 코드	기부연도	16.기부금액	17.전년도까지 공제된금액	18.공제대상 금액(16-17)	해당연도 공제금액	해당연도에 공제받지 못한 금액 소멸금액	해당연도에 공제받지 못한 금액 이월금액
정치자금	20	2024	300,000		300,000	300,000		

정답 및 해설

2단계 · [연말정산입력] 탭 ▶ '주택차입금 원리금상환액' 보조창

주택자금

구분				공제한도	불입/상환액	공제금액
①청약저축_연 납입 240만원				불입액의 40%		
②주택청약저축(무주택자)_연 납입 240만원						
③근로자주택마련저축_월 납입 15만원, 연 납입 180만원						
1.주택마련저축공제계(①~③)				연 400만원 한도		
주택임차차입금 원리금상환액	①대출기관			불입액의 40%	3,300,000	1,320,000
	②거주자(총급여 5천만원 이하)					
2.주택차입금원리금상환액(①~②)				1+2 ≤ 연 400만원	3,300,000	1,320,000
장기주택 저당차입금 이자상환액	2011년 이전 차입금	㉠15년 미만		1+2+㉠ ≤ 600만원		
		㉡15년~29년		1+2+㉡ ≤ 1,000만원		
		㉢30년 이상		1+2+㉢ ≤1,500만원		
	2012년 이후 차입금	㉣고정금리OR비거치상환		1+2+㉣ ≤1,500만원		
		㉤기타대출		1+2+㉤ ≤500만원		
	2015년 이후 차입금	15년 이상	㉥고정AND비거치	1+2+㉥ ≤1,800만원		
			㉦고정OR비거치	1+2+㉦ ≤1,500만원		
			㉧기타대출	1+2+㉧ ≤500만원		
		10년~15년	㉨고정OR비거치	1+2+㉨ ≤300만원		
3.장기주택저당차입금이자상환액						
합 계(1+2+3)					3,300,000	1,320,000

▶ 1.주택마련저축공제

≫①, ②는 2015년 이후 가입자는 총급여 7,000만원 이하인 경우만 공제 가능

≫②는 3.장기주택저당차입금이자상환액공제를 받는 경우 공제 불가

▶ 주택차입금이자세액공제를 받는 차입금의 이자는 장기주택저당차입금이자상환액공제 적용 불가

확인(Esc)

3단계 · [연말정산입력] 탭 ▶ 소득공제

구분				지출액	공제금액
공제	소득공제	34.주택차입금 원리금상환액	대출기관	3,300,000	1,320,000
			거주자		
		34.장기주택저당차입금이자상			
		35.기부금-2013년이전이월분			
		36.특별소득공제 계			4,567,320
37.차감소득금액					30,382,680
그 밖의 소	38.개인연금저축				
	39.소기업,소상공인 공제부금	2015년이전가입			
		2016년이후가입			
	40.주택 마련저축 소득공제	청약저축			
		주택청약			
		근로자주택마련			
	41.투자조합출자 등 소득공제				
	42.신용카드 등 사용액			20,000,000	1,800,000

· [연말정산입력] 탭 ▶ 세액공제

구분				지출액	공제대상금액	공제금액
특별세액공제	61.보장성보험	일반	1,200,000	1,200,000	1,000,000	120,000
		장애인	1,000,000	1,000,000	1,000,000	150,000
	62.의료비		2,000,000	2,000,000	200,000	30,000
	63.교육비		3,300,000	3,300,000	3,300,000	495,000
	64.기부금		300,000	300,000	300,000	120,909
	1)정치자금기부금	10만원이하		100,000	100,000	90,909
		10만원초과		200,000	200,000	30,000
	2)특례기부금(전액)					
	3)우리사주조합기부금					
	4)일반기부금(종교단체외)					
	5)일반기부금(종교단체)					
	65.특별세액공제 계					915,909

· [연말정산입력] 탭 ▶ 세액공제 ▶ 의료비

의료비

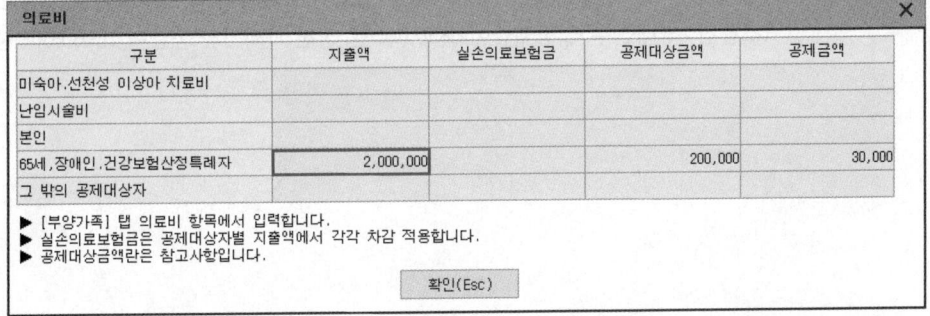

구분	지출액	실손의료보험금	공제대상금액	공제금액
미숙아.선천성 이상아 치료비				
난임시술비				
본인				
65세,장애인.건강보험산정특례자	2,000,000		200,000	30,000
그 밖의 공제대상자				

▶ [부양가족] 탭 의료비 항목에서 입력합니다.
▶ 실손의료보험금은 공제대상자별 지출액에서 각각 차감 적용합니다.
▶ 공제대상금액란은 참고사항입니다.

확인(Esc)

· [연말정산입력] 탭 ▶ 세액공제 ▶ 교육비

교육비

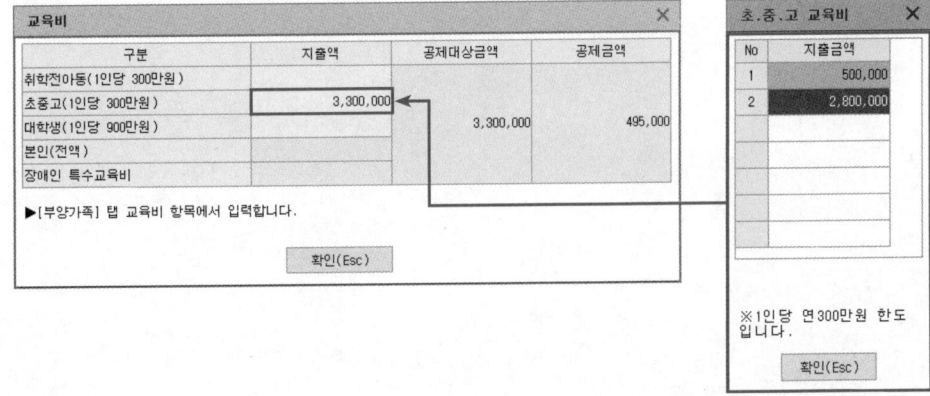

구분	지출액	공제대상금액	공제금액
취학전아동(1인당 300만원)		3,300,000	495,000
초중고(1인당 300만원)	3,300,000		
대학생(1인당 900만원)			
본인(전액)			
장애인 특수교육비			

▶[부양가족] 탭 교육비 항목에서 입력합니다.

확인(Esc)

초.중.고 교육비

No	지출금액
1	500,000
2	2,800,000

※1인당 연300만원 한도입니다.

확인(Esc)

06 ㈜오구산업(코드번호 : 0159)의 2024년 귀속 원천징수자료와 관련하여 다음 물음에 답하시오.

[제59회]

(1) 다음 자료를 보고 내국인이며 거주자인 생산직 사원 조윤진(730128 - 2436805, 세대주, 입사일자 2024년 5월 1일)의 세부담이 최소화되도록 5월분 급여자료를 입력하시오. (단, 급여지급일은 매월 25일이다)

급여 및 제수당	기본급	식 대	시내교통비	육아수당	야간근로수당
금액(원)	1,200,000	200,000	250,000	200,000	2,000,000

- 별도의 식사를 제공하지 않고 있으며, 식대로 매월 200,000원을 지급하고 있다.
- 출퇴근용 시내교통비로 매월 250,000원을 지급하고 있다.
- 육아수당은 비과세 요건을 충족한다.
- 3월 및 5월에는 업무특성상 야간근무를 하고 이에 대하여 별도 수당을 지급하고 있다.
  (조윤진 : 국내근무, 월정액급여 1,850,000원, 직전 과세기간 총급여 21,960,000원)

정답 및 해설

06 (1)

▶관련 이론 I 종합소득금액의 계산 p.640~641

해　설　[급여자료입력] 메뉴에서 귀속년월 "5월", 지급년월일 "5월 25일" 101.조윤진의 급여자료를 다음과 같이 입력한다.

· 생산직 사원이고, 직전 연도 총급여액이 3,000만 원 이하로서, 월정액급여액이 월 210만 원 이하이므로 야간근로수당은 연 240만 원을 한도로 비과세 항목이다.

참고 [사원등록] 메뉴에서 야간근로비과세란이 "0 : 부"로 등록되어 있으면 [급여자료입력] 메뉴에서 "야간근로수당(비과세)"로 금액을 입력하더라도 동 금액이 전액 과세로 자동 집계되는 기능이 있기 때문에, [급여자료입력] 메뉴에 "야간근로수당(비과세)"로 금액을 입력하여야 하는 경우에는 [사원등록] 메뉴에서 해당 사원의 야간근로비과세란이 "1 : 여"로 등록되어 있는지 먼저 확인하여야 한다.

· F4 수당공제 (또는 F4)를 클릭한 후, 수당공제등록 보조창에서 과세 항목인 시내교통비(과세/급여/정기)를 입력한다.

· 수당공제등록 보조창에서 비과세 항목인 육아수당(비과세/육아수당/정기)을 F2를 누른 후 검색하여 입력한다.

정답화면

귀속년월 : 2024 년 05 월　　지급년월일 : 2024 년 05 월 25 일　　급여

□	사번	사원명	감면율
■	101	조윤진	
■	102	장영아	
총인원(퇴사자)		2(0)	

급여항목	금액
기본급	1,200,000
상여	
직책수당	
월차수당	
식대	200,000
자가운전보조금	
야간근로수당	2,000,000
시내교통비	250,000
출산.보육수당(육아수당)	200,000
과　세	1,450,000
비 과 세	2,400,000
지 급 총 액	3,850,000

· 과세 = 기본급 + 시내교통비
　= 1,200,000 + 250,000 = 1,450,000원

· 비과세 = 식대 + 육아수당 + 야간근로수당
　= 200,000 + 200,000 + 2,000,000 = 2,400,000원

(2) **다음 자료를 보고 2024. 12. 31. 현재 사무직 계속근로자인 장영아**(810121-2232218, 입사일 2022. 7. 1. 세대주, 거주자) **씨의 세부담 최소화를 위한 2024년 [연말정산추가자료입력] 메뉴의 [연말정산입력] 탭을 입력하시오.** (단, 배우자는 양도소득금액 1,500,000원이 있고, 다른 부양가족은 소득이 없으며, 모두 생계를 같이하고 있다) (모든 자료는 국세청 자료이며, [연말정산입력] 탭에 지출액이 입력되지 않을 경우, [부양가족] 탭에 입력하고 F8 부양가족탭불러오기 를 클릭할 것)

관 계	내 용	금액(원)
본 인	자동차보험료	960,000
	신용카드 사용액(전통시장 사용액 3,000,000원 포함, 전년 대비 소비증가분 없음)	25,000,000
	출산 관련 분만 의료비	2,500,000
	산후조리원 비용	3,000,000
배우자	현금영수증 사용액(전년 대비 소비증가분 없음)	3,000,000
아들(17세)	고등학교 등록금	2,400,000
	보습학원비	3,000,000
	시력보정용 안경 구입	800,000
딸(0세)	2024년 12월 30일 출생	-
	질병 치료비	1,100,000
동생(23세)	대학교 등록금	10,000,000
	이재민 구호금품 기부금(금전)	200,000
부친 (71세, 장애인)	장애인전용 보장성보험료	2,000,000

정답 및 해설

(2)

▶관련 이론 | 종합소득공제·세액공제 p.671 ~ 674

해 설 1단계 [연말정산추가자료입력] 메뉴에서 102.장영아를 선택하고 [부양가족] 탭에서 공제 적용대상 지출액을 입력한다.

구분		제시된 금액	공제 대상 지출액
본인	· 자동차보험료 · 신용카드 ▶ 전통시장 · 신용카드 ▶ 그 외 · 출산 관련 분만 의료비 · (산후조리원) 산후조리원 비용	960,000 3,000,000 22,000,000 2,500,000 3,000,000	960,000 3,000,000 22,000,000 2,500,000 2,000,000 1)
배우자	· 현금영수증	3,000,000	0 2)

정답 및 해설

아들	· 고등학교 등록금 · 보습학원비 · 시력보정용 안경 구입	2,400,000 3,000,000 800,000	2,400,000 0[3] 500,000[4]
딸	· (6세 이하) 질병치료비	1,100,000	1,100,000
동생	· 대학교 등록금 · (특례기부금) 이재민 구호금품 기부금	10,000,000 200,000	10,000,000[5] 200,000[6]
부친	· 장애인전용 보장성보험료	2,000,000	2,000,000

1) 산후조리원 비용은 출산 1회당 200만 원 한도가 적용되어야 하므로, [의료비] 탭의 '산후조리원'란에서 "1.해당"을 입력

2) 신용카드 등 사용액은 나이의 제한은 받지 않으나 소득금액의 제한은 받으므로, 소득금액 요건을 충족하지 못하는 배우자의 현금영수증 사용액은 공제 적용 안 됨

3) 취학 전 아동 이외의 자녀 학원비는 공제 적용 안 됨

4) 시력보정용 안경 구입비는 1인당 연 50만 원을 한도로 공제

5) 교육비는 나이의 제한을 받지 않음

6) 기부금은 나이의 제한을 받지 않으며, 이재민 구호금품 기부금은 특례기부금에 해당함

2단계 [연말정산입력] 탭에서 **F8 부양가족탭불러오기** 를 클릭한다.

정답화면

1단계 · [부양가족] 탭 ▶ 본인 장영아

자료구분	보험료				의료비					교육비	
	건강	고용	일반보장성	장애인전용	일반	실손	선천성이상아	난임	65세,장애인	일반	장애인특수
국세청			960,000		4,500,000 1.전액						
기타	1,804,900	540,000									

자료구분	신용카드등 사용액공제						기부금
	신용카드	직불카드등	현금영수증	전통시장사용분	대중교통이용분	도서공연 등	
국세청	22,000,000			3,000,000			
기타							

· [부양가족] 탭 ▶ 부친 장동진

자료구분	보험료				의료비					교육비	
	건강	고용	일반보장성	장애인전용	일반	실손	선천성이상아	난임	65세,장애인	일반	장애인특수
국세청				2,000,000							
기타											

자료구분	신용카드등 사용액공제						기부금
	신용카드	직불카드등	현금영수증	전통시장사용분	대중교통이용분	도서공연 등	
국세청							
기타							

· [부양가족] 탭 ▶ 배우자 김상식

자료구분	보험료				의료비					교육비	
	건강	고용	일반보장성	장애인전용	일반	실손	선천성이상아	난임	65세,장애인	일반	장애인특수
국세청											
기타											

자료구분	신용카드등 사용액공제						기부금
	신용카드	직불카드등	현금영수증	전통시장사용분	대중교통이용분	도서공연 등	
국세청							
기타							

· [부양가족] 탭 ▶ 아들 김훈

자료구분	보험료				의료비					교육비	
	건강	고용	일반보장성	장애인전용	일반	실손	선천성이상아	난임	65세,장애인	일반	장애인특수
국세청					500,000 2.일반					2,400,000 2.초중고	
기타											

자료구분	신용카드등 사용액공제						기부금
	신용카드	직불카드등	현금영수증	전통시장사용분	대중교통이용분	도서공연 등	
국세청							
기타							

· [부양가족] 탭 ▶ 딸 김예슬

자료구분	보험료				의료비					교육비	
	건강	고용	일반보장성	장애인전용	일반	실손	선천성이상아	난임	65세,장애인	일반	장애인특수
국세청									1,100,000		
기타											

자료구분	신용카드등 사용액공제						기부금
	신용카드	직불카드등	현금영수증	전통시장사용분	대중교통이용분	도서공연 등	
국세청							
기타							

· [부양가족] 탭 ▶ 동생 장영순

자료구분	보험료				의료비					교육비	
	건강	고용	일반보장성	장애인전용	일반	실손	선천성이상아	난임	65세,장애인	일반	장애인특수
국세청										10,000,000 3.대학생	
기타											

자료구분	신용카드등 사용액공제						기부금
	신용카드	직불카드등	현금영수증	전통시장사용분	대중교통이용분	도서공연 등	
국세청							200,000
기타							

· [신용카드 등] 탭

☐	내/외 관계	성명 생년월일	자료구분	신용카드	직불,선불	현금영수증	도서등 신용	도서등 직불	도서등 현금	전통시장	대중교통	소비증가분 2023년	소비증가분 2024년
☐	내	장영아	국세청	22,000,000						3,000,000			
	0	1981-01-21	기타										
☐	내	장동진	국세청										
	1	1953-05-05	기타										
☐	내	김상식	국세청										
	3	1973-08-27	기타										
☐	내	김훈	국세청										
	4	2007-12-12	기타										
☐	내	김예슬	국세청										
	4	2024-12-30	기타										
☐	내	장영순	국세청										
	6	2001-03-14	기타										
☐													
	합계			22,000,000						3,000,000			

· [의료비] 탭

2024년 의료비 지급명세서

성명	내/외	5.주민등록번호	6.본인등 해당여부		9.증빙코드	8.상호	7.사업자등록번호	10.건수	11.금액	11-1.실손보험수령액	12.미숙아 선천성이상아	13.난임여부	14.산후조리원
장영아	내	810121-2232218	1	0	1				2,500,000		X	X	X
장영아	내	810121-2232218	1	0	1				2,000,000		X	X	0
김예슬	내	241230-4538335	2	0	1				1,100,000		X	X	X
김훈	내	071212-3538336	3	X	1				500,000		X	X	X
		합계							6,100,000				

일반의료비(본인)	4,500,000	6세 이하, 65세 이상, 장애인	1,100,000	일반의료비(그 외)	500,000	난임시술비	
						미숙아.선천성이상아	

· [기부금] 탭 ▶ [기부금 입력] 세부 탭 ▶ 형제자매 장영순

7.유형	8.코드	9.기부내용	10.상호(법인명)	11.사업자번호 등	건수	13.기부금합계 금액 (14+15)	14.공제대상 기부금액	15.기부장려금 신청 금액	자료구분
특례	10	금전				200,000	200,000		국세청

· [기부금] 탭 ▶ [기부금 조정] 세부 탭

유형	코드	기부연도	16.기부금액	17.전년도까지 공제된금액	18.공제대상금액(16-17)	해당연도 공제금액	해당연도에 공제받지 못한 금액 소멸금액	해당연도에 공제받지 못한 금액 이월금액
특례	10	2024	200,000		200,000	200,000		

정답 및 해설

2단계 · [연말정산입력] 탭 ▶ 소득공제

구분	지출액	공제금액
41.투자조합출자 등 소득공제		
42.신용카드 등 사용액	25,000,000	2,250,000

· [연말정산입력] 탭 ▶ 세액공제

구분			지출액	공제대상금액	공제금액
61.보장성보험	일반	960,000	960,000	960,000	115,200
	장애인	2,000,000	2,000,000	1,000,000	150,000
62.의료비		6,100,000	6,100,000	4,300,000	645,000
63.교육비		12,400,000	12,400,000	11,400,000	1,292,665
64.기부금		200,000	200,000		
1)정치자금 기부금	10만원이하				
	10만원초과				
2)특례기부금(전액)			200,000		
3)우리사주조합기부금					
4)일반기부금(종교단체외)					
5)일반기부금(종교단체)					
65.특별세액공제 계					2,202,865

· [연말정산입력] 탭 ▶ 세액공제 ▶ 의료비

의료비

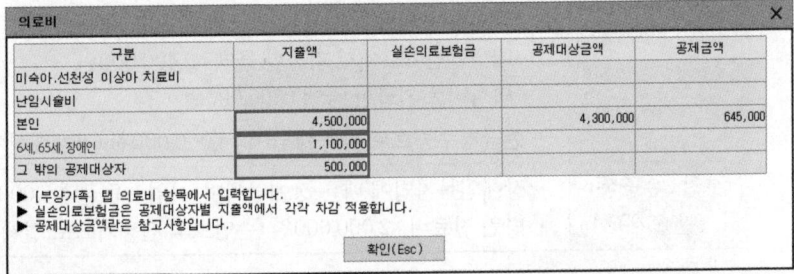

구분	지출액	실손의료보험금	공제대상금액	공제금액
미숙아.선천성 이상아 치료비				
난임시술비				
본인	4,500,000		4,300,000	645,000
6세, 65세, 장애인	1,100,000			
그 밖의 공제대상자	500,000			

▶ [부양가족] 탭 의료비 항목에서 입력합니다.
▶ 실손의료보험금은 공제대상자별 지출액에서 각각 차감 적용합니다.
▶ 공제대상금액란은 참고사항입니다.

확인(Esc)

· [연말정산입력] 탭 ▶ 세액공제 ▶ 교육비

교육비

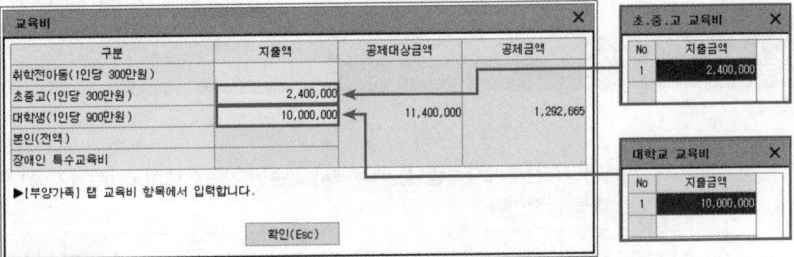

구분	지출액	공제대상금액	공제금액
취학전아동(1인당 300만원)			
초중고(1인당 300만원)	2,400,000		
대학생(1인당 900만원)	10,000,000	11,400,000	1,292,665
본인(전액)			
장애인 특수교육비			

▶[부양가족] 탭 교육비 항목에서 입력합니다.

확인(Esc)

초.중.고 교육비

No	지출금액
1	2,400,000

대학교 교육비

No	지출금액
1	10,000,000

07 ㈜오팔산업(코드번호 : 0158)의 2024년 귀속 원천징수자료와 관련하여 다음의 물음에 답하시오.

[제58회 수정]

다음은 손민호(사번 : 3)의 연말정산 자료이다. [연말정산추가자료입력] 메뉴의 [부양가족] 탭과 [연금저축] 탭을 입력하고 서식 작성을 완료하시오. 신용카드 사용액은 공제가능한 금액만 입력하시오. (단, 배우자는 소득이 없으며, 지출액은 모두 국세청 자료이고, 전년 대비 소비증가분은 없다)

본인 : 손민호 (만 27세)	• 연금저축(2년 전 가입, ㈜신한은행, 계좌번호 110-120-1300) 올해 납입액 : 1,200,000원 • 신용카드 사용내역 · 부친의 병원 진료비를 손민호의 신용카드로 결제한 금액 : 2,000,000원 · 그 외 사용액 : 4,200,000원 (공제대상에 해당)
배우자 : 이지은 (만 25세)	• 일반 보장성보험료 : 500,000원 (이지은의 신용카드로 결제함) • 신용카드 사용내역 · 일반 보장성보험료 결제액 : 500,000원 · 국외에서 사용한 신용카드 금액 : 2,300,000원 · 대형할인마트에서 지출한 금액 : 2,400,000원 · 외식비로 지출한 금액 : 800,000원 • 현금영수증으로 지출한 금액 : 4,000,000원 (공제대상에 해당)
부친 : 손중식 (만 63세)	• 장애인복지법에 따른 장애인이며, 사업소득금액 5,000,000원이 있음 • 병원 진료비 : 2,000,000원 (손민호의 신용카드로 결제함)

정답 및 해설

07

▶관련 이론 I 종합소득공제·세액공제 p.671~674

해 설 [1단계] [연말정산추가자료입력] 메뉴에서 3.손민호를 선택하고 [부양가족] 탭에서 공제 적용대상 지출액을 입력한다.

구분		제시된 금액	공제 대상 지출액
본인	· 신용카드 ▶ 부친의 병원비 · 신용카드 ▶ 그 외	2,000,000 4,200,000	2,000,000[1)] 4,200,000
배우자	· 일반 보장성보험료 · 신용카드 ▶ 일반 보장성보험료 · 신용카드 ▶ 국외에서 사용한 금액 · 신용카드 ▶ 대형할인마트에서 지출한 금액 · 신용카드 ▶ 외식비로 지출한 금액 · 현금영수증	500,000 500,000 2,300,000 2,400,000 800,000 4,000,000	500,000 0[2)] 0[3)] 2,400,000 800,000 4,000,000
부친	· (장애인) 병원 진료비	2,000,000	2,000,000[4) 5)]

정답 및 해설

1) 보험료를 신용카드로 결제한 경우, 보험료 공제만 적용됨
2) 의료비를 신용카드로 결제한 경우, 의료비 공제와 신용카드 등 사용액 공제가 모두 적용됨
3) 국외에서 신용카드 등을 사용한 금액은 신용카드 등 사용액 공제 적용 안 됨
4) 의료비는 나이 및 소득금액의 제한을 받지 않음
5) 부친(65세 이상·6세 이하가 아니고, 장애인이지만 소득금액 요건을 충족하지 못하는 부양가족)의 의료비는 본인 등 의료비로 분류되어 세액공제대상 의료비가 계산되어야 하므로, [의료비] 탭의 '6.본인 등 해당여부'란에서 "3.그 밖의 공제대상자"를 "2.장애인"으로 수정 입력

참고 신용카드로 결제한 지출액에 대한 중복공제 적용 여부

구분	적용 여부		비고
	신용카드 등 소득공제	해당 세액공제	
보험료	X	O	
의료비	O	O	중복공제 가능
(공)교육비	X	O	
(사)교육비	O	O	중복공제 가능
기부금	X	O	
월세액	X	O	

2단계 [연금저축 등 I] 탭에서 다음과 같이 입력한다.

- 연금계좌 세액공제
  - 연금저축구분 : 2.연금저축[1]
  - 금융회사 등 : ㈜신한은행(F2 를 사용하여 검색)
  - 계좌번호 : 110-120-1300
  - 납입금액 : 1,200,000

1) 2001.1.1. 이후 가입분이므로 1.개인연금저축, 2.연금저축 중 "2.연금저축"을 선택함

3단계 [연말정산입력] 탭에서 F8 부양가족탭불러오기 를 클릭한다.

정답화면

1단계 · [부양가족] 탭 ▶ 본인 손민호

자료구분	보험료				의료비					교육비	
	건강	고용	일반보장성	장애인전용	일반	실손	선천성이상아	난임	65세,장애인	일반	장애인특수
국세청											
기타	821,640	324,000									

자료구분	신용카드등 사용액공제						기부금
	신용카드	직불카드등	현금영수증	전통시장사용분	대중교통이용분	도서공연 등	
국세청	6,200,000						
기타							

· [부양가족] 탭 ▶ 부친 손중식

자료구분	보험료				의료비					교육비	
	건강	고용	일반보장성	장애인전용	일반	실손	선천성이상아	난임	65세,장애인	일반	장애인특수
국세청											
기타									2,000,000		

자료구분	신용카드등 사용액공제						기부금
	신용카드	직불카드등	현금영수증	전통시장사용분	대중교통이용분	도서공연 등	
국세청							
기타							

· [부양가족] 탭 ▶ 배우자 이지은

자료구분	보험료				의료비					교육비	
	건강	고용	일반보장성	장애인전용	일반	실손	선천성이상아	난임	65세,장애인	일반	장애인특수
국세청			500,000								
기타											

자료구분	신용카드등 사용액공제						기부금
	신용카드	직불카드등	현금영수증	전통시장사용분	대중교통이용분	도서공연 등	
국세청	3,200,000		4,000,000				
기타							

· [신용카드 등] 탭

□	내/외 관계	성명 생년월일	자료구분	신용카드	직불,선불	현금영수증	도서등 신용	도서등 직불	도서등 현금	전통시장	대중교통	소비증가분 2023년	소비증가분 2024년
□	내	손민호	국세청	6,200,000									
	0	1997-06-06	기타										
□	내	손중식	국세청										
	1	1961-02-02	기타										
□	내	이지은	국세청	3,200,000		4,000,000							
	3	1999-03-30	기타										
□													
□													
□													
□													
□													
□													
	합계			9,400,000		4,000,000							

· [의료비] 탭

2024년 의료비 지급명세서

의료비 공제대상자					지급처			지급명세					14.산후조리원
성명	내/외	5.주민등록번호	6.본인등 해당여부		9.증빙코드	8.상호	7.사업자등록번호	10.건수	11.금액	11-1.실손보험수령액	12.미숙아 선천성이상아	13.난임여부	
손중식	내	610202-1538335	2	0	1				2,000,000		X	X	X
합계									2,000,000				

일반의료비(본인)		6세 이하, 65세 이상, 장애인	2,000,000	일반의료비(그 외)		난임시술비	
						미숙아.선천성이상아	

정답 및 해설

2단계 · [연금저축 등 I] 탭 ▶ 2 연금계좌 세액공제

연금저축구분	코드	금융회사 등	계좌번호(증권번호)	납입금액
2.연금저축	308	(주) 신한은행	110-120-1300	1,200,000

3단계 · [연말정산입력] 탭 ▶ 소득공제

구분		지출액	공제금액
의	41.투자조합출자 등 소득공제		
소	42.신용카드 등 사용액	13,400,000	1,260,000

· [연말정산입력] 탭 ▶ 세액공제

구분					지출액	공제대상금액	공제금액
세액공제	연금계좌	58.과학기술공제					
		59.근로자퇴직연금					
		60.연금저축			1,200,000	1,200,000	180,000
		60-1.ISA연금계좌전환					
	특별세액공제	61.보장성보험	일반	500,000	500,000	500,000	60,000
			장애인				
		62.의료비		2,000,000	2,000,000	920,000	138,000
		63.교육비					
		64.기부금					
		1)정치자금 기부금	10만원이하				
			10만원초과				
		2)특례기부금(전액)					
		3)우리사주조합기부금					
		4)일반기부금(종교단체외)					
		5)일반기부금(종교단체)					
		65.특별세액공제 계					198,000

· [연말정산입력] 탭 ▶ 세액공제 ▶ 의료비

의료비

구분	지출액	실손의료보험금	공제대상금액	공제금액
미숙아.선천성 이상아 치료비				
난임시술비				
본인				
6세, 65세, 장애인	2,000,000		920,000	138,000
그 밖의 공제대상자				

▶ [부양가족] 탭 의료비 항목에서 입력합니다.
▶ 실손의료보험금은 공제대상자별 지출액에서 각각 차감 적용합니다.
▶ 공제대상금액란은 참고사항입니다.

확인(Esc)

08 ㈜오칠산업(코드번호 : 0157)의 2024년 귀속 원천징수자료와 관련하여 다음의 물음에 답하시오.

[제57회]

당사 직원 이용규 씨(남, 사원코드 : 102)는 2024년 3월 31일 퇴사하고 3월 급여 수령 시 중도퇴사에 대한 연말정산을 실시하였다. 이용규 씨의 3월 급여명세서로 3월의 급여대장을 작성하고 3월 귀속·3월 지급분에 대한 원천징수이행상황신고서를 작성하시오. 3월 급여대장 작성 시 중도퇴사에 대한 연말정산 금액을 급여대장에 반영하기로 하며, 원천징수이행상황신고서에 환급 발생 시 전액 차월이월하기로 한다. 단, 신고일 현재 전월 미환급세액 98,000원이 있다. (당사의 급여 지급일은 매월 말일이며, 별도 공제항목을 만들지 말 것)

	급여항목	금액(원)	공제항목	금액(원)
3월 급여명세서	기본급	5,400,000	국민연금	225,000
	직책수당	100,000	건강보험	147,250
	식대(비과세)	200,000	장기요양보험	9,640
	-	-	고용보험	35,750

정답 및 해설

08

▶관련 이론 I 원천징수 p.660

해 설 1단계 [사원등록] 메뉴에서, 이용규 사원의 퇴사년월일란에 "2024년 3월 31일"을 입력한다. (이미 입력되어 있음)

2단계 [급여자료입력] 메뉴에서, 귀속년월란에 "3월", 지급년월일란에 "3월 31일"을 입력한 후, 다음과 같이 수당공제를 등록하고 급여자료를 입력한다. (본 문제에서는 추가로 등록할 수당공제 사항이 없으며, 소득세란에 금액을 입력하지 않음)

3단계 [급여자료입력] 메뉴 상단의 [F7 중도퇴사자정산 ▽]을 클릭하여 '중도퇴사 연말정산' 보조창에서 연말정산 결과를 확인한다. (본 문제에서는 [연말정산추가자료입력] 메뉴에 입력할 공제 적용가능 지출액이 없음)

4단계 '중도퇴사 연말정산' 보조창에서, [급여반영(Tab)]을 클릭하여 중도퇴사 연말정산에 따른 차감징수세액이 현재 월의 급여자료에 반영되도록 한다.

5단계 [원천징수이행상황신고서] 메뉴에서, 귀속기간란에 "3월~3월", 지급기간란에 "3월~3월", 신고구분란에 "정기신고"를 입력한 후, 간이세액표에 의한 당월 소득세 "0", 중도퇴사 연말정산에 의한 차감징수세액 "(-)766,950"을 확인하고, '12.전월미환급'란에 "98,000"을 입력한다.

정답화면

1단계

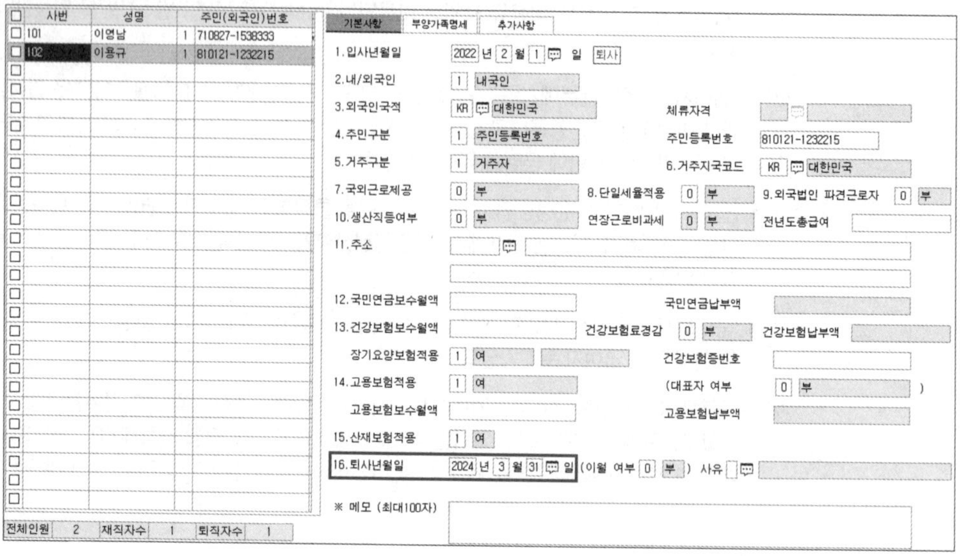

2단계

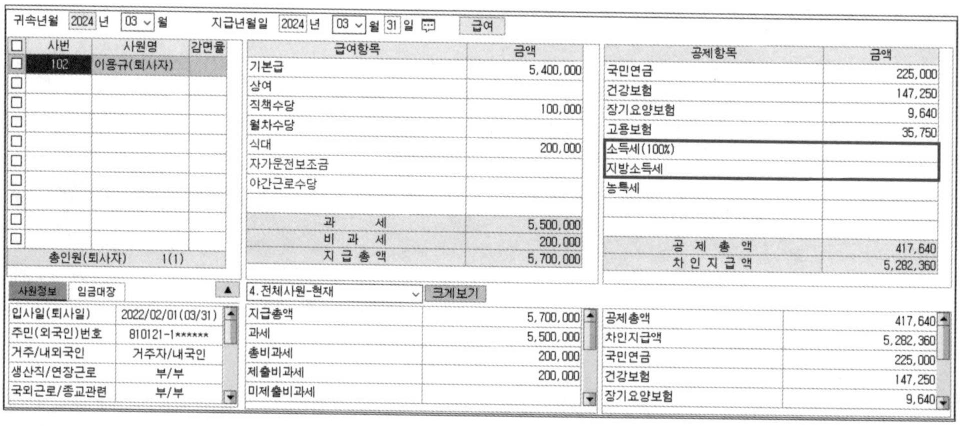

· 과세 = 기본급 + 직책수당 = 5,400,000 + 100,000 = 5,500,000원

· 비과세 = 식대(제출) = 200,000원

정답 및 해설

3단계

구분		소득세	지방소득세	농어촌특별세	계
73.결정세액		60,350	6,035		66,385
기납부세액	74.종(전)근무지				
	75.주(현)근무지	827,300	82,720		910,020
76.납부특례세액					
77.차감징수세액		-766,950	-76,680		-843,630

□크게보기 [퇴사월소득세반영] [연말삭제(F5)] [급여반영(Tab)] [급여 미반영(F3)] [취소(Esc)]

4단계

귀속년월 2024 년 03 월 지급년월일 2024 년 03 월 31 일 [급여] [중도정산적용함]

□	사번	사원명	감면율
□	102	이용규(퇴사자)	
	총인원(퇴사자)	1(1)	

급여항목	금액
기본급	5,400,000
상여	
직책수당	100,000
월차수당	
식대	200,000
자가운전보조금	
야간근로수당	
과세	5,500,000
비과세	200,000
지급총액	5,700,000

공제항목	금액
국민연금	225,000
건강보험	147,250
장기요양보험	9,640
고용보험	35,750
소득세(100%)	
지방소득세	
농특세	
중도정산소득세	-766,950
중도정산지방소득세	-76,680
공제총액	-425,990
차인지급액	6,125,990

5단계

귀속기간 2024 년 03 월 ~ 2024 년 03 월 지급기간 2024 년 03 월 ~ 2024 년 03 월 신고구분 1.정기신고 차수

신고구분	☑매월 □반기 □수정 □연말 □소득처분 □환급신청			귀속년월	2024년 3월	지급년월	2024년 3월
일괄납부여부	부	사업자단위과세여부	부	부표 작성		환급신청서 작성		승계명세 작성	

원천징수명세및납부세액 | 원천징수이행상황신고서 부표 | 원천징수세액환급신청서 | 기납부세액명세서 | 전월미환급세액 조정명세서 | 차월이월환급세액 승계명세

소득자 소득구분		코드	소득지급 인원	소득지급 총지급액	징수세액 소득세 등	징수세액 농어촌특별세	징수세액 가산세	당월조정 환급세액	납부세액 소득세 등	납부세액 농어촌특별세
근로소득	간이세액	A01	1	5,700,000						
	중도퇴사	A02	1	17,100,000	-766,950					
	일용근로	A03								
	연말정산	A04								
	(분납신청)	A05								
	(납부금액)	A06								
	가감계	A10	2	22,800,000	-766,950					

전월 미환급 세액의 계산			당월 발생 환급세액				18.조정대상환급(14+15+16+17)	19.당월조정환급세액계	20.차월이월환급세액	21.환급신청액
12.전월미환급	13.기환급	14.차감(12-13)	15.일반환급	16.신탁재산	금융회사 등	합병 등				
98,000		98,000	766,950				864,950		864,950	

09 ㈜오륙산업(코드번호 : 0156)의 2024년 귀속 원천징수자료와 관련하여 다음의 물음에 답하시오.

[제47회 수정]

다음 자료를 보고 당사의 원천징수이행상황신고서를 작성하라. (단, 급여자료입력은 생략한다)

- 당월(5월) 정규근로자(일용근로자가 아님) 급여지급내역

성 명	기본급여 및 제수당(원)				공제액(원)			
	기본급	상 여	식 대	지급합계	국민연금 등	근로 소득세	지방 소득세	공제 합계
김갑동	1,500,000	300,000	200,000	2,000,000	110,000	11,000	1,100	122,100
이을동	2,000,000	300,000	200,000	2,500,000	150,000	15,000	1,500	166,500
박병동	2,500,000	300,000	200,000	3,000,000	170,000	21,000	2,100	193,100
최정동	3,000,000	300,000	200,000	3,500,000	190,000	25,000	2,500	217,500
합 계	9,000,000	1,200,000	800,000	11,000,000	620,000	72,000	7,200	699,200

· '식대' 항목은 소득세법상 비과세요건을 충족한다.
· '국민연금 등' 항목은 국민연금, 건강보험, 고용보험료를 합계한 금액이다.
· 당월 중 퇴직직원은 없다.

- 당월(5월) 공장 일용근로자 급여지급내역

성 명	급여액(원)			공제액(원)		
	당월 근로 제공 일수	일급여	지급합계	근로소득세	지방소득세	공제합계
이태백	10일	100,000	1,000,000	-	-	-
박문수	10일	50,000	500,000	-	-	-
정약용	5일	250,000	1,250,000	13,500	1,350	14,850
합 계	-	400,000	2,750,000	13,500	1,350	14,850

· 일용근로자 모두는 국민연금, 건강보험, 고용보험 가입대상자가 아니다.

- 기타사항
  · 당사는 당월분 급여(일용근로자 급여 포함)를 당월 말일에 일괄 지급하고 있다.
  · 당사는 매월별 원천징수세액 납부대상사업자이다.
  · 전월분 원천징수이행상황신고서상의 차월이월환급세액은 17,500원이었으며, 환급세액에 대하여는 일체의 환급신청을 하지 않았다.

09 ▶관련 이론 I 종합소득금액의 계산 p.640~642

해 설 [원천징수이행상황신고서] 메뉴에서, 귀속기간란에 "5월~5월", 지급기간란에 "5월~5월", 신고구분란에 "1.정기신고"를 입력하여 해당 월의 금액을 불러온 후, 다음과 같이 입력한다.

- 간이세액 : 인원 4 / 총지급액 11,000,000(= 과세 10,200,000 + 제출비과세 800,000) / 소득세 등 72,000(지방소득세 제외)
- 일용근로 : 인원 3 / 총지급액 2,750,000 / 소득세 등 13,500
- 전월미환급 : 17,500

참고 **비과세 항목을 제출비과세와 미제출비과세로 구분하는 방법**

비과세 항목을 제출비과세와 미제출비과세로 구분할 때, [급여자료입력] 메뉴에 비과세 항목 금액을 입력하면 자동으로 구분되는 기능을 활용할 수도 있다. 예를 들어, [급여자료입력] 메뉴에서 임의의 지급일자를 열고, 식대(비과세)에 금액을 입력하면 제출비과세로 집계되는 것을 확인할 수 있다.

급여항목	금액
기본급	
상여	
직책수당	
월차수당	
식대	200,000
자가운전보조금	
야간근로수당	
과 세	
비 과 세	200,000
지 급 총 액	200,000

4.전체사원-현재 크게보기

지급총액	200,000
과세	
총비과세	200,000
제출비과세	200,000
미제출비과세	

정답화면

귀속기간 2024 년 05 월 ~ 2024 년 05 월 | 지급기간 2024 년 05 월 ~ 2024 년 05 월 | 신고구분 1.정기신고

신고구분	☑매월	☐반기	☐수정	☐연말	☐소득처분	☐환급신청	귀속년월	2024년 5월	지급년월	2024년 5월
일괄납부여부	부	사업자단위과세여부	부	부표 작성			환급신청서 작성		승계명세 작성	

원천징수명세및납부세액 | 원천징수이행상황신고서 부표 | 원천징수세액환급신청서 | 기납부세액명세서 | 전월미환급세액 조정명세서 | 차월이월환급세액 승계명세

			코드	소득지급		징수세액			당월조정 환급세액	납부세액	
				인원	총지급액	소득세 등	농어촌특별세	가산세		소득세 등	농어촌특별세
개인 거주자 비거주자	근로소득	간이세액	A01	4	11,000,000	72,000					
		중도퇴사	A02								
		일용근로	A03	3	2,750,000	13,500					
		연말정산	A04								
		가 감 계	A10	7	13,750,000	85,500			17,500	68,000	
	퇴직소득	연금계좌	A21								
		그 외	A22								
		가 감 계	A20								
	사업소득	매월징수	A25								
		연말정산	A26								
		가 감 계	A30								
	기타소득	연금계좌	A41								
		그 외	A42								
		가 감 계	A40								
	이 자 소 득		A50								
	배 당 소 득		A60								

전월 미환급 세액의 계산			당월 발생 환급세액				18.조정대상환급(14+15+16+17)	19.당월조정환급세액계	20.차월이월환급세액	21.환급신청액
12.전월미환급	13.기환급	14.차감(12-13)	15.일반환급	16.신탁재산	금융회사 등	합병 등				
17,500		17,500					17,500	17,500		

해커스

전산세무 2급

이론+실무 | 하

해커스 전산세무회계 교재

해커스
전산회계 2급
이론+실무+최신기출

해커스
전산회계 1급
이론+실무+최신기출

해커스
전산세무 2급
이론+실무+최신기출

해커스
전산세무 1급 법인세
이론+실무+최신기출

13320
9 791169 999847
ISBN 979-11-6999-984-7

최신개정판

1위
해커스

주간동아 선정 2022 올해의 교육 브랜드 파워
온·오프라인 금융자격증 부문 1위

4주 합격

해커스
전산세무 2급

89개월 베스트셀러 1위*

이남호

최신기출

동영상강의 133강 무료
* 이론+실무 및 일부 강의 최대 7일간 수강 가능

12회분

해커스금융 | fn.Hackers.com

- 본 교재 인강(할인쿠폰 수록)
- 최신기출문제 해설강의
- 이론+실무 기초특강(7일)
- 빈출분개+연말정산 특강(7일)
- 최신 개정세법 해설 특강(3일)
- KcLep 프로그램 사용법 강의

특별제공
- 최신기출문제 및 해설집
- 최신 개정세법 자료집
- 분개연습 노트

* YES24 수험서 자격증 베스트셀러 전산세무 2급 분야 1위 (2016년 11월부터, 1~10판 월별 베스트 1위 통산)

해커스
전산세무 2급
최신기출

해커스금융

금융 · 세무회계 전문 교육기관
해커스금융 fn.Hackers.com

최신기출문제

기출문제 200% 활용법

정답 및 해설

PDF

해커스금융(fn.Hackers.com)에서 최신기출문제 12개년 56회분의 기출문제와 해설집을 무료로 학습할 수 있습니다.

모든 기출문제는 실전처럼 시간을 정해놓고 풀어보시길 바랍니다.
제한시간 : 1회분당 90분

본서에 수록된 기출문제는 모두 실제 기출문제입니다.
(단, 세법이 개정되었거나 실제 기출문제에 오류가 있었던 경우 모두 올바르게 수정하고, 날짜 및 회사명은 학습효과를 높이기 위하여 일부 수정함)

기출문제 200% 활용법

■ 합격자의 Tip

전산세무 2급 합격에 있어 기출문제 반복학습은 매우 중요합니다. 최신기출문제 12회분을 최소 2회 이상 풀고, 모든 기출문제를 자기 것으로 만들어야 전산세무 2급 시험 합격이 쉬워집니다.
시간이 부족해 최신기출문제 12회 중 일부만 학습이 가능한 학습자는 107회 → 108회 → 111회 → 101회(합격률이 낮은 순) 순서대로 학습하는 것을 권장합니다.

■ 한눈에 보는 오답노트

회차 (합격률)	1회독 오답체크		2회독 오답체크		Up! 3회독 오답체크	
	이론	실무	이론	실무	이론	실무
예시	22점	57점				
	1, 4, 6, 9번	5번				
112회 하 (50.79%)						
111회 상 (27.75%)						
110회 하 (46.44%)						
109회 하 (47.01%)						
108회 상 (25.51%)						
107회 상 (19.06%)						
106회 하 (40.67%)						
105회 하 (48.57%)						
104회 하 (44.45%)						
103회 하 (43.5%)						
102회 하 (40.53%)						
101회 상 (33.91%)						

※ 난이도 기준 난이도 상 - 합격률 35% 미만
난이도 중 - 합격률 35% 이상~40% 미만
난이도 하 - 합격률 40% 이상

제112회 기출문제

✓ 다시 봐야 할 문제(틀린 문제, 풀지 못한 문제, 헷갈리는 문제 등)는 회독별로 문제 번호 위 네모박스(□)에 체크하여 반복 학습할 수 있습니다.

이론시험

다음 문제를 보고 알맞은 것을 골라 [이론문제 답안작성] 메뉴에 입력하시오. (객관식 문항당 2점)

● 기 본 전 제 ●

문제에서 한국채택국제회계기준을 적용하도록 하는 전제조건이 없는 경우, 일반기업회계기준을 적용한다.

□□□

1. 다음 중 유가증권에 대한 설명으로 옳지 않은 것은?

① 유가증권은 증권의 종류에 따라 지분증권과 채무증권으로 분류할 수 있다.
② 단기매매증권은 주로 단기간 내 매매차익을 목적으로 취득한 유가증권을 의미한다.
③ 지분증권은 단기매매증권과 매도가능증권으로 분류할 수 있으나, 만기보유증권으로 분류할 수 없다.
④ 보고기간 종료일로부터 1년 이내 만기가 도래하는 만기보유증권의 경우 단기매매증권으로 변경하여 유동자산으로 재분류하여야 한다.

□□□

2. 다음의 회계상 거래가 올해 재무제표에 미치는 영향으로 옳지 않은 것은?

영업부의 업무용 차량에 대한 보험료(보험기간 : 올해 7. 1.~내년 6. 30.)를 올해 7월 1일에 지급하고 전부 비용으로 회계처리하였다. 올해 12월 31일 결산일 현재 별도의 회계처리를 하지 않았다.

① 자산 과대 ② 비용 과대 ③ 당기순이익 과소 ④ 부채 영향 없음

□□□

3. 다음 중 유형자산의 취득 이후 지출에 대한 설명으로 가장 옳지 않은 것은?

① 유형자산의 인식기준을 충족하는 경우에는 자본적 지출로 처리하고, 충족하지 못한 경우에는 수익적 지출로 처리한다.
② 본래의 용도를 변경하기 위한 지출은 자본적 지출에 해당한다.
③ 자산의 원상회복, 수선유지를 위한 지출 등은 자본적 지출에 해당한다.
④ 건물 벽의 도장, 파손된 유리창 대체, 일반적인 소액 수선비는 수익적 지출에 해당한다.

□□□

4. 다음 중 용역의 제공으로 인한 수익인식의 조건에 대한 설명으로 틀린 것은?

① 용역제공거래의 성과를 신뢰성 있게 추정할 수 있을 때 진행기준에 따라 인식한다.
② 이미 발생한 원가와 그 거래를 완료하기 위해 추가로 발생할 것으로 추정되는 원가의 합계액이 총수익을 초과하는 경우에는 그 초과액과 이미 인식한 이익의 합계액을 전액 당기손실로 인식한다.
③ 용역제공거래의 성과를 신뢰성 있게 추정할 수 없는 경우에는 발생한 비용의 범위 내에서 회수 가능한 금액을 수익으로 인식한다.
④ 용역제공거래의 성과를 신뢰성 있게 추정할 수 없고 발생한 원가의 회수가능성이 낮은 경우에는 수익을 인식하지 않고 발생한 원가도 비용으로 인식하지 않는다.

□□□

5. 다음 중 일반기업회계기준상 보수주의에 대한 예시로 옳지 않은 것은?

① 재고자산의 평가 시 저가주의에 따른다.
② 회계연도의 이익을 줄이기 위해 유형자산의 내용연수를 임의로 단축한다.
③ 물가 상승 시 재고자산평가방법으로 후입선출법을 적용한다.
④ 우발손실은 인식하나 우발이익은 인식하지 않는다.

□□□

6. 다음 중 원가행태에 따른 분류에 대한 설명으로 가장 틀린 것은?

① 고정원가는 조업도의 변동과 관계없이 일정하게 발생하는 원가이다.
② 조업도가 증가하면 총 변동원가도 증가한다.
③ 제조공장의 임차료는 대표적인 고정원가이다.
④ 조업도가 감소하면 단위당 변동원가는 증가한다.

□□□

7. ㈜한국은 제조간접원가를 직접노무시간 기준으로 배부하고 있으며 제조간접원가 배부율은 시간당 2,000원이다. 제조간접원가 실제 발생액이 18,000,000원이고, 실제 직접노무시간이 10,000시간이 발생한 경우 제조간접원가 배부차이는 얼마인가?

① 2,000,000원 과대배부 ② 2,000,000원 과소배부
③ 3,000,000원 과소배부 ④ 배부차이 없음

□□□

8. 다음은 ㈜한국의 제조활동과 관련된 물량흐름 관련 자료이다. 이에 대한 설명으로 옳은 것은?

· 기초재공품 : 500개	· 당기착수량 : 5,000개
· 기말재공품 : 300개	· 공손품수량 : 700개

① 완성품의 10%가 정상공손이면 완성품수량은 4,200개이다.
② 완성품의 10%가 정상공손이면 정상공손수량은 450개이다.
③ 완성품의 10%가 정상공손이면 비정상공손수량은 280개이다.
④ 완성품의 10%가 정상공손이면 정상공손수량은 420개이다.

□□□

9. 다음 중 개별원가계산에 대한 설명으로 옳지 않은 것은?

① 작업원가표를 근거로 원가계산을 한다.
② 직접원가와 제조간접원가의 구분이 중요하다.
③ 공정별 제품원가 집계 후 해당 공정의 생산량으로 나누어 단위당 원가를 계산하는 방식이다.
④ 주문생산형태에 적합한 원가계산방식이다.

□□□

10. 아래의 자료를 이용하여 평균법에 의한 가공원가의 완성품환산량을 계산하면 얼마인가?

구분	수량	완성도
기초재공품	1,000개	50%
당기착수	3,000개	-
기말재공품	2,000개	40%

① 2,800개 ② 3,800개 ③ 4,000개 ④ 4,300개

□□□

11. 다음 중 부가가치세법상 간이과세자에 대한 설명으로 가장 틀린 것은?

① 간이과세자란 원칙적으로 직전 연도의 공급대가의 합계액이 1억 400만 원에 미달하는 사업자를 말한다.
② 직전 연도의 공급대가의 합계액이 4,800만 원 이상인 부동산임대사업자는 간이과세자로 보지 않는다.
③ 간이과세자는 세금계산서를 발급받은 재화의 공급대가에 1%를 곱한 금액을 납부세액에서 공제한다.
④ 직전 연도의 공급대가의 합계액이 4,800만 원 미만인 간이과세자는 세금계산서를 발급할 수 없다.

□□□

12. 다음 중 부가가치세법상 의제매입세액공제제도에 관한 내용으로 가장 틀린 것은?

① 의제매입세액은 면세농산물 등을 공급받거나 수입한 날이 속하는 과세기간의 매출세액에서 공제한다.
② 의제매입세액공제는 사업자등록을 한 부가가치세 과세사업자가 적용대상자이며, 미등록자는 허용되지 않는다.
③ 면세농산물 등의 매입가액에는 운임 등의 직접 부대비용 및 관세를 포함한다.
④ 면세농산물 등에 대하여 세금계산서 없이도 일정한 금액을 매입세액으로 의제하여 공제하는 것이기 때문에 의제매입세액공제라고 한다.

□□□

13. 다음 중 소득세법상 근로소득과 관련된 내용으로 틀린 것은?

① 식사나 기타 음식물을 제공받지 않는 근로자가 받는 월 20만 원 이하의 식사대는 비과세 근로소득이다.
② 종업원이 지급받은 경조금 중 사회통념상 타당하다고 인정되는 범위 내의 금액은 근로소득으로 보지 않는다.
③ 고용관계에 의하여 지급받은 강연료는 근로소득이다.
④ 근로자의 가족에 대한 학자금은 비과세 근로소득이다.

□□□

14. 다음 중 소득세법상 과세표준 확정신고를 반드시 하여야 하는 경우는?

① 퇴직소득만 있는 경우
② 상용근로소득과 사업소득이 있는 경우
③ 상용근로소득과 퇴직소득이 있는 경우
④ 상용근로소득과 보통예금이자 150만 원(14% 원천징수세율 적용 대상)이 있는 경우

□□□

15. 다음 중 소득세법상 종합소득공제에 대한 설명으로 가장 옳지 않은 것은?

① 상용근로소득금액 5,000,000원이 있는 40세 배우자는 기본공제 대상자에 해당한다. (단, 다른 소득은 없다)
② 본인의 종합소득금액이 35,000,000원이고, 배우자가 없는 거주자로서 기본공제 대상자인 직계비속이 있는 자는 한부모공제가 가능하다.
③ 부녀자공제와 한부모공제가 중복되는 경우에는 한부모공제만 적용한다.
④ 기본공제 대상자가 아닌 자는 추가공제 대상자가 될 수 없다.

실무시험

㈜시완산업(회사코드 : 2012)은 전자제품의 제조 및 도·소매업을 주업으로 영위하는 중소기업으로, 당기(제12기)의 회계기간은 2024. 1. 1.~2024. 12. 31.이다. 전산세무회계 수험용 프로그램을 이용하여 다음 물음에 답하시오.

● 기 본 전 제 ●

- 문제에서 한국채택국제회계기준을 적용하도록 하는 전제조건이 없는 경우, 일반기업회계기준을 적용하여 회계처리한다.
- 문제의 풀이와 답안작성은 제시된 문제의 순서대로 진행한다.

문제 1 [일반전표입력] 메뉴를 이용하여 다음의 거래자료를 입력하시오. (15점)

● 입력 시 유의사항 ●

- 일반적인 적요의 입력은 생략하지만, 타계정 대체거래는 적요번호를 선택하여 입력한다.
- 채권·채무와 관련된 거래는 별도의 요구가 없는 한 반드시 기등록된 거래처코드를 선택하는 방법으로 거래처명을 입력한다.
- 제조경비는 500번대 계정코드를, 판매비와관리비는 800번대 계정코드를 사용한다.
- 회계처리 시 계정과목은 별도의 제시가 없는 한 등록된 계정과목 중 가장 적절한 과목으로 한다.

□□□

(1) 6월 12일 단기매매증권으로 분류되는 ㈜단타의 주식 5,000주를 1주당 2,000원에 매입하였다. 매입수수료는 매입가액의 1%이고, 매입 관련 대금은 모두 보통예금 계좌에서 지급하였다. (3점)

□□□

(2) 7월 9일 5월분 급여 지급 시 원천징수한 소득세 3,000,000원 및 지방소득세 300,000원을 보통예금 계좌에서 이체하여 납부하였다. (단, 소득세와 지방소득세를 합하여 하나의 전표로 입력할 것) (3점)

□□□

(3) 7월 21일 대주주로부터 업무용 토지(공정가치 350,000,000원)를 무상으로 기증받고, 같은 날에 토지에 대한 취득세 20,000,000원을 보통예금 계좌에서 납부하였다. (단, 하나의 전표로 입력할 것) (3점)

□□□

(4) 9월 20일 액면금액 35,000,000원(5년 만기)인 사채를 34,100,000원에 발행하고, 대금은 전액 보통예금 계좌로 입금받았다. (3점)

□□□

(5) 10월 21일 전기에 발생한 ㈜도담의 외상매출금 $100,000를 회수하고 즉시 전액을 원화로 환가하여 보통예금 계좌에 입금하였다. (단, 전기 결산일에 외화자산 및 부채의 평가는 적절히 반영되었으며, 계정과목은 외상매출금을 사용할 것) (3점)

전년도 12월 31일(전기 결산일) 기준환율	올해 10월 21일(환가일) 적용환율
1,150원/$	1,250원/$

문제 2 [매입매출전표입력] 메뉴를 이용하여 다음의 거래자료를 입력하시오. (15점)

● 입력 시 유의사항 ●

- 일반적인 적요의 입력은 생략하지만, 타계정 대체거래는 적요번호를 선택하여 입력한다.
- 채권·채무 관련 거래는 별도의 요구가 없는 한 반드시 기등록된 거래처코드를 선택하는 방법으로 거래처명을 입력한다.
- 제조경비는 500번대 계정코드를, 판매비와관리비는 800번대 계정코드를 사용한다.
- 회계처리 시 계정과목은 등록된 계정과목 중 가장 적절한 과목으로 한다.
- 입력화면 하단의 분개까지 처리하고, 세금계산서 및 계산서는 전자 여부를 입력하여 반영한다.

□□□

(1) 7월 2일 기계장치의 내용연수를 연장시키는 주요 부품을 교체하고 16,500,000원(부가가치세 포함)을 대보상사에 당좌수표를 발행하여 지급하였다. 이에 대해 종이세금계산서를 수취하였다. (단, 부품교체 비용은 자본적지출로 처리할 것) (3점)

□□□

(2) 7월 24일 마케팅부서 직원의 야식을 참맛식당(일반과세자)에서 현금으로 구입하고, 현금영수증(지출증빙용)을 발급받았다. (3점)

현금영수증			
· 거래정보			
거래일시	20xx. 7. 24.		
승인번호	G00260107		
거래구분	승인거래		
거래용도	지출증빙		
발급수단번호	609-81-40259		
· 거래금액			
공급가액	부가세	봉사료	총 거래금액
80,000	8,000	0	88,000
· 가맹점 정보			
상호	참맛식당		
사업자번호	356-52-00538		
대표자명	강연우		
주소	서울시 강서구 가로공원로 74		
· 익일 홈택스에서 현금영수증 발급 여부를 반드시 확인하시기 바랍니다. · 홈페이지 (http://www.hometax.go.kr) - 조회/발급 > 현금영수증 조회 > 사용내역(소득공제) 조회 > 매입내역(지출증빙) 조회 · 관련문의는 국세상담센터(☎126-1-1)			

□□□

(3) 8월 1일 제품의 영업관리를 위하여 개별소비세 과세대상 승용차(1,500cc)를 ㈜빠름자동차에서 구입하였다. 대금은 보통예금 계좌에서 3,000,000원을 지급하고 나머지는 외상으로 하였으며, 다음과 같은 전자세금계산서를 발급받았다. (3점)

전자세금계산서						승인번호			
공급자	등록번호	123-81-12147	종사업장번호		공급받는자	등록번호	609-81-40259	종사업장번호	
	상호(법인명)	㈜빠름자동차	성명(대표자)	김빠름		상호(법인명)	㈜시완산업	성명(대표자)	신서윤
	사업장 주소	서울 강남구 강남대로 256				사업장 주소	서울특별시 강서구 가로공원로 173		
	업태	제조	종목	자동차		업태	제조, 도소매	종목	전자제품
	이메일					이메일			

작성일자	공급가액	세액	수정사유	비고
20xx-08-01	25,000,000	2,500,000	해당없음	

월	일	품목	규격	수량	단가	공급가액	세액	비고
8	1	승용차(1,500cc)				25,000,000	2,500,000	

□□□

(4) 8월 17일 ㈜더뷰상사에게 제품 2,000개를 개당 20,000원(부가가치세 별도)에 판매하고 전자세금계산서를 발급하였다. 이와 관련하여 공급가액의 30%는 보통예금 계좌로 받고 나머지는 외상으로 하였다. (3점)

전자세금계산서						승인번호			
공급자	등록번호	609-81-40259	종사업장번호		공급받는자	등록번호	606-81-95866	종사업장번호	
	상호(법인명)	㈜시완산업	성명(대표자)	신서윤		상호(법인명)	㈜더뷰상사	성명(대표자)	김소인
	사업장 주소	서울특별시 강서구 가로공원로 173				사업장 주소	충북 청주시 흥덕구 청주역로 105		
	업태	제조,도소매	종목	전자제품		업태	도소매	종목	완구
	이메일					이메일			

작성일자	공급가액	세액	수정사유	비고
20xx-08-17	40,000,000	4,000,000		

월	일	품목	규격	수량	단가	공급가액	세액	비고
8	17	모니터 외		2,000	20,000	40,000,000	4,000,000	

□□□

(5) 11월 30일 미국의 KYM사에 $60,000(수출신고일 11월 27일, 선적일 11월 30일)의 제품을 직수출하였다. 수출대금 중 $30,000는 11월 30일에 보통예금 계좌로 받았으며, 나머지 잔액은 12월 5일에 받기로 하였다. 일자별 기준환율은 다음과 같다. (단, 수출신고필증은 정상적으로 발급받았으며, 수출신고번호는 고려하지 말 것) (3점)

일자	11월 27일	11월 30일	12월 5일
기준환율	1,350원/$	1,310원/$	1,295원/$

문제 3 부가가치세 신고와 관련하여 다음 물음에 답하시오. (10점)

□□□

(1) 다음 자료를 바탕으로 올해 2기 확정신고기간(10. 1.~12. 31.)의 [부동산임대공급가액명세서]를 작성하시오. (단, 간주임대료에 대한 정기예금이자율은 연 3.5%로 가정한다) (3점)

<table>
<tr><th>동수</th><th>층수</th><th>호수</th><th>면적(㎡)</th><th>용도</th><th>임대기간</th><th>보증금(원)</th><th>월세(원)</th><th>관리비(원)</th></tr>
<tr><td rowspan="2">2</td><td rowspan="2">1</td><td rowspan="2">103</td><td rowspan="2">100</td><td rowspan="2">사무실</td><td>2022. 11. 1.~
2024. 10. 31.</td><td>50,000,000</td><td>2,000,000</td><td>500,000</td></tr>
<tr><td>2024. 11. 1.~
2026. 10. 31.</td><td>60,000,000</td><td>2,000,000</td><td>500,000</td></tr>
<tr><td colspan="9">· 위 사무실은 ㈜삼정테크(502-86-56232)에게 2022. 11. 1. 최초로 임대를 개시하였으며, 계약기간 만료로 올해 11월 1일 임대차계약을 갱신하면서 보증금만 인상하기로 하였다.
· 월세와 관리비 수입은 모두 정상적으로 세금계산서를 발급하였으며, 간주임대료에 대한 부가가치세는 임대인이 부담하고 있다.</td></tr>
</table>

□□□

(2) 다음 자료를 이용하여 올해 1기 예정신고기간(1. 1.~3. 31.)의 [부가가치세신고서]를 작성하시오. (단, 기존에 입력된 자료 또는 불러오는 자료는 무시하고, 부가가치세 신고서 외의 부속서류 작성은 생략할 것) (5점)

매출자료	(1) 전자세금계산서 발급분 : 공급가액 350,000,000원, 세액 35,000,000원 (2) 현금영수증 발급분 : 공급가액 12,000,000원, 세액 1,200,000원 (3) [부동산임대공급가액명세서]에서 계산된 간주임대료 과세표준 금액 : 287,600원 (단, 임대료에 대한 전자세금계산서는 적법하게 발급되었음)
매입자료	(1) 전자세금계산서 수취분 일반매입 : 공급가액 110,000,000원, 세액 11,000,000원 - 업무용 토지취득 관련 법무사비용 공급가액 350,000원, 세액 35,000원이 포함되어 있다. (2) 전자세금계산서 수취분 고정자산매입 : 공급가액 40,000,000원, 세액 4,000,000원 - 개별소비세 과세 대상 업무용승용차(5인승, 1,995cc) 매입액이다. (3) 신용카드 일반매입액 : 공급가액 50,000,000원, 세액 5,000,000원 - 기업업무추진비(접대비) 관련 카드사용분 공급가액 5,000,000원, 세액 500,000원이 포함되어 있다.
기타자료	· 매출 및 매입에 대한 전자세금계산서는 적법하게 발급되었다. · 전자신고세액공제는 고려하지 않는다.

□□□

(3) 올해 1기 확정 부가가치세신고서의 [전자신고]를 수행하시오. (2점)

1. 부가가치세신고서와 관련 부속서류는 마감되어 있다.
2. [전자신고] → [국세청 홈택스 전자신고변환(교육용)] 순으로 진행한다.
3. 전자신고용 전자파일 제작 시 신고인 구분은 2.납세자 자진신고로 선택하고, 비밀번호는 "13001300"으로 입력한다.
4. [국세청 홈택스 전자신고변환(교육용)] → 전자파일변환(변환대상파일선택) → [찾아보기]에서 전자신고용 전자파일을 선택한다.
5. 전자신고용 전자파일 저장경로는 로컬디스크(C:)이며, 파일명은 "enc작성연월일.101.v6098140259"이다.
6. [형식검증하기] → [형식검증결과확인] → [내용검증하기] → [내용검증결과확인] → [전자파일제출]을 순서대로 클릭한다.
7. 최종적으로 [전자파일 제출하기]를 완료한다.

문제 4 다음 결산자료를 입력하여 결산을 완료하시오. (15점)

□□□

(1) 올해 3월 22일에 장기 투자 목적으로 ㈜바른상사의 비상장주식 10,000주를 7,300,000원에 취득하였다. 결산일 현재 해당 주식의 시가는 1주당 850원이다. (3점)

□□□

(2) 12월 30일에 장부상 현금보다 실제 현금이 102,000원이 적은 것을 발견하여 현금과부족으로 회계처리하였으나 기말까지 원인을 파악하지 못했다. (3점)

□□□

(3) 결산 시 보통예금(우리은행)의 잔액이 (-)35,423,800원임을 발견하였다. 보통예금(우리은행) 계좌는 마이너스 통장으로 확인되었다. (단, 마이너스 통장은 단기차입금 계정을 사용하고, 음수(-)로 회계처리하지 말 것) (3점)

□□□

(4) 올해 3월 1일에 영업부 사무실에 대한 화재보험료(보험기간 올해 3월 초~내년 2월 말) 1,200,000원을 전액 납입하고, 전액 비용으로 회계처리하였다. (단, 음수(-)로 회계처리하지 말고, 월할 계산할 것) (3점)

□□□

(5) 퇴직급여추계액이 다음과 같을 때 퇴직급여충당부채를 설정하시오. 회사는 퇴직급여추계액의 100%를 퇴직급여충당부채로 설정하고 있다. (3점)

구분	퇴직금추계액	설정 전 퇴직급여충당부채 잔액
생산부서	300,000,000원	60,000,000원
마케팅부서	100,000,000원	20,000,000원

문제 5 2024년 귀속 원천징수자료와 관련하여 다음의 물음에 답하시오. (15점)

□□□

(1) 다음 자료를 이용하여 본사 기업부설연구소의 수석연구원으로 근무하는 박정수(사번 : 102)의 7월분 [급여자료입력]과 [원천징수이행상황신고서]를 작성하시오. (단, 전월미환급세액은 150,000원이다) (5점)

※ 수당등록 시 월정액 및 통상임금은 고려하지 않으며, 사용하는 수당 이외의 항목은 사용 여부를 "부"로 체크한다.

※ 급여자료입력 시 공제항목의 불러온 데이터는 무시하고 직접 입력하여 작성한다.

※ 원천징수이행상황신고서의 귀속월과 지급월은 동일하게 매월 작성하여 신고하고 있으며, 박정수의 급여내역만 반영하고 환급신청은 하지 않기로 한다.

※ 비과세 요건에 해당하면 최대한 반영하기로 한다.

<7월 급여내역>

이름	박정수	지급일	7월 31일
기본급	2,000,000원	소득세	39,690원
직책수당	300,000원	지방소득세	3,960원
식대	200,000원	국민연금	112,500원
[기업연구소]연구보조비	200,000원	건강보험	88,620원
육아수당	300,000원	장기요양보험	11,350원
-	-	고용보험	23,400원
급여합계	3,000,000원	공제합계	279,520원
		차인지급액	2,720,480원

· 식대 : 식대 이외에 현물식사도 함께 제공하고 있다.

· [기업연구소]연구보조비 : 연구활동에 직접 종사하는 자에게 지급하고 있다.

· 육아수당 : 사규에 따라 6세 이하 자녀의 보육과 관련하여 자녀 1인당 300,000원의 수당을 지급하고 있다.

□□□

(2) 올해 9월 20일에 입사한 사원 김민수(사번 : 130, 세대주)의 연말정산 관련 자료는 다음과 같다. [연말정산추가자료입력] 메뉴에서 이전 근무지와 관련한 근로소득 원천징수영수증은 [소득명세] 탭, 나머지 연말정산 자료에 따라 [부양가족] 탭에 입력하고, [연말정산입력] 탭을 완성하시오. (단, 제시된 자료 외의 소득은 없으며, 본인의 세부담 최소화를 가정한다) (10점)

1. 가족사항 (단, 모두 생계를 같이 하며, 반드시 기본공제대상자가 아닌 경우에는 "부"로 입력할 것)

성명	관계	주민번호	비고
김민수	본인	790205-1884527	-
여민지	배우자	820120-2118521	근로소득자(총급여액 : 5,000,000원)
김수지	자녀	110810-4988229	중학생, 일시적인 문예창작소득 50만 원

김지민	자녀	130520-3118526	초등학생, 소득 없음
한미녀	모친	561211-2113258	「장애인복지법」상 장애인, 원천징수 대상 금융소득금액 1,000만 원

2. 김민수의 전(前) 근무지 근로소득 원천징수영수증

· 근무처 : ㈜강일전자(205-85-11389) · 급여 : 33,250,000원 · 국민연금보험료 : 1,822,500원 · 장기요양보험료 : 183,870원		· 근무기간 : 2024. 1. 1.~2024. 9. 19. · 상여 : 8,500,000원 · 국민건강보험료 : 1,435,680원 · 고용보험료 : 364,500원	
구분		소득세	지방소득세
세액명세	결정세액	325,000원	32,500원
	기납부세액	370,000원	37,000원
	차감징수세액	-45,000원	-4,500원

3. 연말정산추가자료(모두 국세청 연말정산간소화서비스에서 조회한 자료임)

항목	내용
보험료	· 김민수 자동차 운전자보험료(보장성) : 1,150,000원 · 한미녀 장애인전용보장성 보험료 : 1,200,000원
의료비	· 여민지(배우자) : 국내에서 지출한 질병 치료비 3,000,000원(김민수의 신용카드로 결제함) ※ 실손의료보험금 수령액 1,000,000원 · 김수지(자녀) : 시력보정용 콘택트렌즈 구입비 600,000원(김민수 신용카드로 결제함)
교육비	· 김수지(자녀) : 중학교의 수업료 및 특별활동비 200,000원, 영어학원비 1,000,000원 · 김지민(자녀) : 초등학교 현장학습체험학습비 400,000원, 태권도학원비 700,000원 · 한미녀(모친) : 평생교육법에 따른 대학교 등록금 3,000,000원(장애인특수교육비에 해당하지 않음)
신용카드등 사용액	· 김민수(본인) 신용카드 사용액 : 32,570,000원(아래의 항목이 포함된 금액임) <table><tr><th>구분</th><th>금액</th></tr><tr><td>전통시장</td><td>5,200,000원</td></tr><tr><td>대중교통</td><td>7,500,000원</td></tr></table>· 여민지(배우자) 직불카드 사용액 : 12,000,000원 · 한미녀(모친) 현금영수증 사용액 : 5,000,000원 · 전년 대비 소비증가분은 없다.

▶ 정답 및 해설 | p.2

제111회 기출문제

✓ 다시 봐야 할 문제(틀린 문제, 풀지 못한 문제, 헷갈리는 문제 등)는 회독별로 문제 번호 위 네모박스(□)에 체크하여 반복 학습할 수 있습니다.

이론시험

다음 문제를 보고 알맞은 것을 골라 [이론문제 답안작성] 메뉴에 입력하시오. (객관식 문항당 2점)

● 기 본 전 제 ●

문제에서 한국채택국제회계기준을 적용하도록 하는 전제조건이 없는 경우, 일반기업회계기준을 적용한다.

□□□

1. 다음 중 재무제표의 기본가정에 대한 설명으로 가장 옳은 것은?

① 재무제표의 기본가정에는 기업실체의 가정, 계속기업의 가정, 수익·비용 대응의 가정이 있다.
② 기간별 보고의 가정은 자산과 부채의 분류표시를 유동성 순위에 따라 분류하여야 한다는 가정이다.
③ 기업실체의 가정은 기업실체를 소유주와는 독립적으로 보아 기업의 자산과 소유주의 자산을 분리하여 인식하여야 한다는 가정이다.
④ 계속기업의 가정은 기업실체의 지속적인 경제적 활동을 일정한 기간 단위로 분할하여 각 기간별로 재무제표를 작성하는 것을 말한다.

□□□

2. 물가가 지속해서 상승하는 경제 상황을 가정할 때, 다음 중 당기순이익이 가장 적게 계상되는 재고자산 평가방법은 무엇인가?

① 선입선출법　② 총평균법　③ 이동평균법　④ 후입선출법

□□□
3. 올해 10월 1일 ㈜한국은 기계장치를 5,000,000원에 취득하였다. 기계장치의 내용연수는 3년, 잔존가치는 500,000원으로 추정되었으며, 연수합계법으로 상각한다. ㈜한국이 결산일인 올해 12월 31일에 계상하여야 할 감가상각비는 얼마인가? (단, 월할 상각할 것)

① 416,666원 ② 562,500원 ③ 625,000원 ④ 750,000원

□□□
4. 다음 중 무형자산에 대한 설명으로 옳지 않은 것은?

① 무형자산의 재무제표 표시방법으로 직접법만을 허용하고 있다.
② 무형자산 상각 시 잔존가치는 원칙적으로 '0'인 것으로 본다.
③ 무형자산은 유형자산과 마찬가지로 매입가액에 취득 관련 부대 원가를 가산한 금액을 취득원가로 처리한다.
④ 무형자산의 상각기간은 독점적·배타적인 권리를 부여하고 있는 관계 법령이나 계약에 정해진 경우를 제외하고는 20년을 초과할 수 없다.

□□□
5. 다음 중 자본 항목의 자본조정으로 분류하는 것은?

① 자기주식처분손실 ② 주식발행초과금
③ 매도가능증권평가손익 ④ 감자차익

□□□
6. 다음 중 원가의 개념에 대한 설명으로 가장 옳지 않은 것은?

① 기회원가 : 자원을 다른 대체적인 용도로 사용할 경우 얻을 수 있는 최대금액
② 매몰원가 : 과거의 의사결정으로 이미 발생한 원가로서 의사결정에 고려하지 말아야 하는 원가
③ 회피가능원가 : 특정한 대체안을 선택하는 것과 관계없이 계속해서 발생하는 원가
④ 관련원가 : 여러 대안 사이에 차이가 나는 원가로서 의사결정에 직접적으로 관련되는 원가

□□□

7. 다음 중 변동원가와 고정원가에 대한 설명으로 가장 옳지 않은 것은?

① 변동원가는 생산량이 증가함에 따라 총원가가 증가하는 원가이다.
② 고정원가는 생산량의 증감과는 관계없이 총원가가 일정한 원가이다.
③ 생산량의 증감과는 관계없이 제품 단위당 변동원가는 일정하다.
④ 생산량의 증감과는 관계없이 제품 단위당 고정원가는 일정하다.

□□□

8. 다음 중 제조원가명세서에 대한 설명으로 가장 옳지 않은 것은?

① 제조원가명세서에는 기말 제품 재고액이 표시된다.
② 판매비와관리비는 제조원가명세서 작성과 관련이 없다.
③ 당기총제조원가는 재료비, 노무비, 제조경비의 합을 의미한다.
④ 제조원가명세서의 당기제품제조원가는 손익계산서의 당기제품제조원가와 일치한다.

□□□

9. 캠핑카를 생산하여 판매하는 ㈜붕붕은 고급형 캠핑카와 일반형 캠핑카 두 가지 모델을 생산하고 있다. 모델별 제조와 관련하여 당기에 발생한 원가는 각각 아래와 같다. ㈜붕붕은 직접재료원가를 기준으로 제조간접원가를 배부하고 있으며, 당기의 실제 제조간접원가는 2,400,000원이다. 일반형 캠핑카의 당기총제조원가는 얼마인가?

구분	고급형 캠핑카	일반형 캠핑카	합계
직접재료원가	1,800,000원	1,200,000원	3,000,000원
직접노무원가	1,000,000원	600,000원	1,600,000원

① 2,700,000원　② 2,760,000원　③ 4,240,000원　④ 4,300,000원

□□□

10. 다음 자료를 이용하여 평균법에 따른 종합원가계산을 적용할 경우, 가공원가의 완성품환산량 단위당 원가는 얼마인가?

> · 직접재료는 공정 개시 시점에 모두 투입하며, 가공원가는 공정 진행에 따라 균등하게 발생한다.
> · 기초재공품 2,500개(완성도 30%), 당기투입량 30,000개, 기말재공품 4,000개(완성도 30%)
> · 기초재공품원가 : 직접재료원가 200,000원, 가공원가 30,000원
> · 당기제조원가 : 직접재료원가 2,400,000원, 가공원가 1,306,500원

① 25원 ② 37원 ③ 42원 ④ 45원

□□□

11. 다음 중 부가가치세법상 면세에 해당하는 것은 모두 몇 개인가?

> 가. 시외우등고속버스 여객운송용역
> 나. 토지의 공급
> 다. 자동차운전학원에서 가르치는 교육용역
> 라. 식용으로 제공되는 외국산 미가공식료품
> 마. 형사소송법에 따른 국선변호인의 국선 변호
> 바. 제작 후 100년이 초과된 골동품

① 5개 ② 4개 ③ 3개 ④ 2개

□□□

12. 다음 중 부가가치세법상 대손세액공제에 대한 설명으로 가장 옳지 않은 것은?

① 대손 사유에는 부도발생일부터 6개월 이상 지난 어음·수표가 포함된다.
② 회수기일이 6개월 이상 지난 채권 중 채권가액이 30만 원 이하인 채권은 대손사유를 충족한다.
③ 재화를 공급한 후 공급일부터 15년이 지난 날이 속하는 과세기간에 대한 확정신고기한까지 대손사유로 확정되는 경우 대손세액공제를 적용한다.
④ 대손세액은 대손이 확정된 날이 속하는 과세기간의 매출세액에서 뺄 수 있다.

□□□

13. 다음 중 소득세의 특징으로 가장 옳은 것은?

① 소득세의 과세기간은 사업자의 선택에 따라 변경할 수 있다.
② 거주자의 소득세 납세지는 거주자의 거소지가 원칙이다.
③ 소득세법은 종합과세제도에 의하므로 거주자의 모든 소득을 합산하여 과세한다.
④ 소득세는 개인별 소득을 기준으로 과세하는 개인 단위 과세제도이다.

□□□

14. 거주자 김민재 씨의 소득이 다음과 같을 경우, 종합소득금액은 얼마인가? (단, 이자소득금액은 모두 국내은행의 정기예금이자이다)

· 양도소득금액 : 10,000,000원	· 상용근로소득금액 : 30,000,000원
· 이자소득금액 : 22,000,000원	· 퇴직소득금액 : 8,700,000원

① 30,000,000원
② 52,000,000원
③ 54,700,000원
④ 74,700,000원

□□□

15. 다음 중 소득세법상 근로소득의 원천징수 시기가 틀린 것은?

① 20x1년 11월 귀속 근로소득을 20x1년 12월 31일에 지급한 경우 : 20x1년 12월 말일
② 20x1년 11월 귀속 근로소득을 20x2년 1월 31일에 지급한 경우 : 20x2년 1월 말일
③ 20x1년 12월 귀속 근로소득을 20x2년 1월 31일에 지급한 경우 : 20x2년 1월 말일
④ 20x1년 12월 귀속 근로소득을 20x2년 3월 31일에 지급한 경우 : 20x2년 2월 말일

실무시험

㈜대동산업(회사코드 : 0211)은 컴퓨터 및 주변장치의 제조 및 도·소매업을 주업으로 영위하는 중소기업으로, 당기(15기)의 회계기간은 2024. 1. 1.~2024. 12. 31.이다. 전산세무회계 수험용 프로그램을 이용하여 다음 물음에 답하시오.

● 기 본 전 제 ●

- 문제에서 한국채택국제회계기준을 적용하도록 하는 전제조건이 없는 경우, 일반기업회계기준을 적용하여 회계처리한다.
- 문제의 풀이와 답안작성은 제시된 문제의 순서대로 진행한다.

문제 1 [일반전표입력] 메뉴를 이용하여 다음의 거래자료를 입력하시오. (15점)

● 입력 시 유의사항 ●

- 일반적인 적요의 입력은 생략하지만, 타계정 대체거래는 적요번호를 선택하여 입력한다.
- 채권·채무와 관련된 거래는 별도의 요구가 없는 한 반드시 기등록된 거래처코드를 선택하는 방법으로 거래처명을 입력한다.
- 제조경비는 500번대 계정코드를, 판매비와관리비는 800번대 계정코드를 사용한다.
- 회계처리 시 계정과목은 별도의 제시가 없는 한 등록된 계정과목 중 가장 적절한 과목으로 한다.

□□□

(1) 1월 30일 당사가 생산한 제품(원가 50,000원, 시가 80,000원)을 제조부 생산직 직원에게 복리후생 목적으로 제공하였다. (단, 부가가치세법상 재화의 공급의제에 해당하지 아니함) (3점)

□□□

(2) 4월 1일 미국 LA은행으로부터 차입한 외화장기차입금 $20,000와 이자 $800에 대해 보통예금으로 달러를 구입하여 원금과 이자를 지급하였다. 4월 1일의 기준환율은 ₩1,400/$이다. (단, 외화장기차입금은 거래처원장을 조회하여 회계처리하고, 하나의 전표로 처리할 것) (3점)

□□□

(3) 5월 6일 영업부 사무실로 사용하기 위하여 4월 2일에 아래와 같이 ㈜명당과 체결한 부동산임대차계약에 따라 임대차계약서상의 보증금 20,000,000원 중 잔금 18,000,000원을 보통예금 계좌에서 송금하여 지급하고, 사무실의 임차를 개시하였다. (단, 관련 계정을 조회하여 처리할 것) (3점)

부동산임대차계약서

제1조 임대차계약에 있어 임차인은 보증금을 아래와 같이 계약금과 잔금으로 나누어 지급하기로 한다.

보증금	일금 이천만원정 (₩ 20,000,000)
계약금	일금 이백만원정 (₩ 2,000,000)은 계약 시에 지불하고 영수함
잔금	일금 일천팔백만원정 (₩ 18,000,000)은 5월 6일에 지불함

□□□

(4) 8월 20일 전기에 회수불능으로 대손처리한 외상매출금 2,750,000원(부가가치세 포함)을 회수하여 보통예금 계좌로 입금되었다. (단, 당시 대손 요건을 충족하여 대손세액공제를 받았으며, 하나의 전표로 처리할 것) (3점)

□□□

(5) 9월 19일 영업부에서 사용할 업무용 차량의 취득세 1,250,000원을 보통예금 계좌에서 납부하였다. (3점)

문제 2 [매입매출전표입력] 메뉴를 이용하여 다음의 거래자료를 입력하시오. (15점)

● 입력 시 유의사항 ●

- 일반적인 적요의 입력은 생략하지만, 타계정 대체거래는 적요번호를 선택하여 입력한다.
- 채권·채무 관련 거래는 별도의 요구가 없는 한 반드시 기등록된 거래처코드를 선택하는 방법으로 거래처명을 입력한다.
- 제조경비는 500번대 계정코드를, 판매비와관리비는 800번대 계정코드를 사용한다.
- 회계처리 시 계정과목은 등록된 계정과목 중 가장 적절한 과목으로 한다.
- 입력화면 하단의 분개까지 처리하고, 세금계산서 및 계산서는 전자 여부를 입력하여 반영한다.

□□□

(1) 4월 2일 제품을 ㈜이레테크에 판매하고 다음과 같이 전자세금계산서를 발급하였다. 3월 2일에 받은 선수금 5,000,000원을 제외한 대금 중 30,000,000원은 ㈜이레테크가 발행한 어음으로 받고 나머지는 외상으로 하였다. (3점)

전자세금계산서					승인번호			
공급자	등록번호	128-81-59325	종사업장번호		공급받는자	등록번호	127-81-32505	종사업장번호	
	상호(법인명)	(주)대동산업	성명(대표자)	지민아		상호(법인명)	㈜이레테크	성명(대표자)	이진주
	사업장 주소	서울시 서초구 서초대로12길 45				사업장 주소	부산시 사상구 대동로 307		
	업태	제조 외	종목	컴퓨터 및 주변장치		업태	제조업	종목	전자제품
	이메일	jjjj@daum.net				이메일	sky@naver.com		

작성일자	공급가액	세액	수정사유	비고
20xx. 4. 2.	50,000,000원	5,000,000원	해당 없음	

월	일	품목	규격	수량	단가	공급가액	세액	비고
4	2	제품				50,000,000원	5,000,000원	

합계금액	현금	수표	어음	외상미수금	이 금액을 청구 함
55,000,000원	5,000,000원		30,000,000원	20,000,000원	

□□□

(2) 4월 9일 해외 매출거래처인 BTECH에 제품을 3,000,000원에 직수출하고, 대금은 1개월 후에 받기로 하였다. (단, 반드시 수출신고번호는 「1234500123456X」를 입력할 것) (3점)

□□□

(3) 5월 29일 직원회식대로 제조부 660,000원과 영업부 440,000원을 지출하고 침산가든에서 제일카드(법인카드)로 결제하였다. (3점)

신용카드매출전표

카드종류		카드번호
제일카드		9435-2802-7580-0500
유효기간		구매자명
거래일시(취소일시)		품명
20xx/05/29 21:32		
거래유형	할부	승인번호
신용승인		00360380

			백			천			원
금액/AMOUNT			1	0	0	0	0	0	0
부가세/V.A.T				1	0	0	0	0	0
합계/TOTAL			1	1	0	0	0	0	0

공급자 정보	카드사 가맹정보
공급자 상호	가맹점명
침산가든	좌동
대표자명	대표자명
	좌동
사업자등록번호	사업자등록번호
106-62-61190	좌동
사업장 주소	가맹점 주소
서울 용산구 부흥로2가 15-2	좌동
이용문의(구매, 취소, 환불)	승인관련문의
1544-4525	1545-8452

서명(Signature)
㈜대동산업

□□□

(4) 6월 5일 ㈜한라상사로부터 과세사업에는 사용하지 않고 면세사업에만 사용하기 위한 기계장치를 공급가액 100,000,000원(세액 10,000,000원)에 취득하고, 전자세금계산서를 발급받았다. 대금은 보통예금 계좌에서 10,000,000원을 송금하고, 나머지는 당좌수표를 발행하여 지급하였다. (3점)

□□□

(5) 6월 15일 제조부가 사용할 청소용품을 일진상사(일반과세자)에서 현금으로 구입하고, 현금영수증을 발급받았다. (단, 소모품비로 회계처리할 것) (3점)

일진상사

211-11-10614 박일문

경기도 부천시 신흥로 110 TEL : 031-117-2727

홈페이지 http://www.kacpta.or.kr

현금영수증(지출증빙용)

구매 20xx/06/15 17:27 거래번호 : 11511

상품명	수량	단가	금액
청소용품			200,000
		과 세 물 품 가 액	200,000원
		부 가 가 치 세 액	20,000원
		합 계	220,000원
		받 은 금 액	220,000원

문제 3 부가가치세 신고와 관련하여 다음 물음에 답하시오. (10점)

□□□

(1) 다음 자료를 보고 올해 1기 예정신고기간의 [수출실적명세서]와 [영세율매출명세서]를 작성하시오. (단, 매입매출전표입력은 생략할 것) (4점)

거래처	수출신고번호	선적일	환가일	통화	수출액	적용환율	
						선적일	환가일
제임스사	13065-22-065849X	1월 31일	1월 25일	USD	$100,000	₩1,000/$	₩1,080/$
랜덤기업	13075-20-080907X	2월 20일	2월 23일	USD	$80,000	₩1,050/$	₩1,070/$
큐수상사	13889-25-148890X	3월 18일	-	JPY	¥5,000,000	₩800/100¥	-

□□□

(2) 다음은 올해 2기 부가가치세 확정신고기간 귀속 자료이다. 다음 자료만을 이용하여 [부가가치세 신고서]를 작성하시오. (단, 기존의 입력된 자료는 무시하고, 부가가치세신고서 외의 부속서류 및 과세표준명세 입력은 생략할 것) (6점)

구분	자료
매출	1. 전자세금계산서 발급분(과세분) : 공급가액 500,000,000원, 세액 50,000,000원 2. 신용카드에 의한 매출액 : 공급가액 80,000,000원, 세액 8,000,000원 3. 직수출액 : 150,000,000원 4. 영세율세금계산서 발급분 : 50,000,000원(종이 세금계산서 발급) 5. 작년 2기 확정신고 시 대손세액공제 받은 외상매출금 33,000,000원을 전액 회수함
매입	1. 세금계산서 수취분 일반매입 : 공급가액 550,000,000원, 세액 55,000,000원(세금계산서 수취분 매입액 중 520,000,000원은 과세사업의 매출과 관련된 매입액이며, 나머지 30,000,000원은 거래처 접대와 관련된 매입액임) 2. 제2기 예정신고 시 누락된 종이 세금계산서 수취분 : 공급가액 20,000,000원, 세액 2,000,000원
기타	1. 예정신고 누락분은 확정신고 시 반영하기로 함 2. 홈택스에서 직접 전자신고하여 세액공제를 받기로 함

문제 4 다음 결산자료를 입력하여 결산을 완료하시오. (15점)

□□□

(1) 관리부가 올해 9월 1일에 구입한 소모품 중 당기 말 현재까지 미사용한 소모품은 100,000원이다. (단, 비용에 대한 계정과목은 소모품비(판관비)를 사용하고, 반드시 해당 거래를 조회하여 적절한 회계처리를 할 것) (3점)

□□□

(2) 결산일 현재 보유 중인 매도가능증권(전년도에 취득)에 대하여 일반기업회계기준에 따라 회계처리를 하시오. (단, 매도가능증권은 비유동자산에 해당함) (3점)

주식명	주식 수	취득일	1주당 취득원가	전년도 12월 31일 1주당 공정가치	당해연도 12월 31일 1주당 공정가치
㈜에코	100주	전년도 5. 23.	10,000원	8,300원	7,000원

□□□

(3) 올해 12월 16일에 차입한 대출금에 대한 이자를 다음 달부터 매월 16일에 지급하기로 하였다. (3점)

> 올해 12월 16일부터 내년 1월 15일까지 1개월 동안 지급되어야 할 이자는 3,100,000원이었으며, 이 중 올해 12월 31일까지의 발생이자는 1,600,000원이었다.

□□□

(4) 당해연도 말 퇴직급여추계액은 생산직 75,000,000원, 관리직 35,000,000원이며, 이미 설정된 퇴직급여충당부채액은 생산직 50,000,000원과 관리직 28,000,000원이다. 당사는 퇴직급여추계액의 100%를 퇴직급여충당부채로 계상한다. (3점)

□□□

(5) 당해연도 결산을 하면서 당해연도에 대한 법인세 45,000,000원, 법인지방소득세 6,000,000원을 확정하였다. 중간예납세액 23,000,000원, 이자수익에 대한 원천징수세액 3,080,000원이 자산으로 계상되어 있다. (3점)

문제 5 2024년 귀속 원천징수자료와 관련하여 다음의 물음에 답하시오. (15점)

□□□

(1) 다음 자료는 인사부 박한별 사원(입사일 2024년 6월 1일, 국내 근무)의 부양가족과 관련된 내용이다. 제시된 자료만을 이용하여 [사원등록(사번 : 500)]을 하고, 부양가족을 모두 [부양가족명세]에 등록 후 박한별의 세부담이 최소화되도록 기본공제 및 추가공제 여부를 입력하시오. (6점)

- 박한별 사원 본인과 부양가족은 모두 내국인이며 거주자이다.
- 기본공제 대상자가 아닌 경우 "부"로 표시한다.

관계	성명	주민등록번호	동거(생계) 여부	장애인 여부	소득현황 및 기타사항
본인	박한별	820505-2027815	-	부	근로소득금액 2,500만 원
배우자	김준호	810525-1056939	부	부	소득 없음, 주거형편상 별거
본인의 아버지	박인수	520725-1013116	여	여	「장애인복지법」상 장애인에 해당함, 소득 없음, 2024년 1월 31일에 사망
아들	김은수	060510-3212682	부	부	분리과세 기타소득 200만 원, 국외 유학 중
딸	김아름	241225-4115739	여	부	소득 없음

□□□

(2) 2024년 7월 1일 입사한 김기웅(사번 : 600)의 연말정산 자료는 다음과 같다. [연말정산추가입력]에 전(前) 근무지의 내용을 반영하여 [소득명세] 탭, [부양가족] 탭, [신용카드 등] 탭, [의료비] 탭, [연말정산입력] 탭을 작성하시오. (9점)

> 1. 전(前) 근무지(㈜해탈상사)에서 받은 근로소득원천징수영수증 자료를 입력한다.
> 2. 당해연도 7월에 직장 근처로 이사하면서 대출기관으로부터 전세자금대출을 받았다.

<김기웅의 전(前) 근무지 근로소득원천징수영수증>

	구 분		주(현)	종(전)	⑯-1 납세조합	합 계
Ⅰ 근무처별소득명세	⑨ 근 무 처 명		㈜해탈상사			
	⑩ 사업자등록번호		120-85-22227			
	⑪ 근무기간		2024. 1. 1.~2024. 6. 30.	~	~	~
	⑫ 감면기간		~	~	~	~
	⑬ 급 여		24,000,000			
	⑭ 상 여		3,000,000			
	⑮ 인 정 상 여					
	⑮-1 주식매수선택권 행사이익					
	⑮-2 우리사주조합인출금					
	⑮-3 임원 퇴직소득금액 한도초과액					
	⑯ 계		27,000,000			
Ⅱ 비과세및감면소득명세	⑱ 국외근로					
	⑱-1 야간근로수당	001				
	⑱-2 출산·보육수당	Q01	600,000			
	⑱-4 연구보조비					
	~					
	⑱-29					
	⑲ 수련보조수당	Y22				
	⑳ 비과세소득 계					
	⑳-1 감면소득 계					

	구 분				(78) 소 득 세	(79) 지방소득세	(80) 농어촌특별세
Ⅲ 세액명세	(72) 결 정 세 액				1,255,000	125,500	
	기납부세액	(73) 종(전)근무지 (결정세액란의 세액을 적습니다)	사업자등록번호				
		(74) 주(현)근무지			1,350,000	135,000	
	(75) 납부특례세액						
	(76) 차 감 징 수 세 액((72) - (73) - (74) - (75))				△95,000	△9,500	

(국민연금 1,610,000원 건강보험 1,388,000원 장기요양보험 189,000원 고용보험 235,600원)
위의 원천징수액(근로소득)을 정히 영수(지급)합니다.

<김기웅의 연말정산자료 : 모든 자료는 국세청에서 제공된 자료에 해당함>

항목	내용
보험료	· 본인 저축성보험료 : 800,000원
교육비	· 본인 야간대학원 등록금 : 3,000,000원
의료비	· 시력보정용 안경 구입비 : 600,000원(본인 신용카드 결제) · 본인 질병 치료비 : 2,500,000원(실손의료보험금 500,000원 수령)
신용카드 등 사용액	· 신용카드 사용액 : 21,200,000원(대중교통 1,200,000원 포함) · 직불카드 사용액 : 1,300,000원(전통시장 300,000원 포함) · 현금영수증 사용액 : 1,200,000원(도서·공연 200,000원 포함) ※ 본인의 총급여액은 7,000만 원 이하이며, 전년 대비 소비증가분은 없는 것으로 가정함
주택차입금 원리금상환액	· 이자상환액 : 300,000원 · 원금상환액 : 3,000,000원 ※ 주택임차차입금원리금 상환액 공제요건을 충족한다고 가정함

▶ 정답 및 해설 | p.10

제110회 기출문제

✓ 다시 봐야 할 문제(틀린 문제, 풀지 못한 문제, 헷갈리는 문제 등)는 회독별로 문제 번호 위 네모박스(□)에 체크하여 반복 학습할 수 있습니다.

이론시험

다음 문제를 보고 알맞은 것을 골라 [이론문제 답안작성] 메뉴에 입력하시오. (객관식 문항당 2점)

● 기 본 전 제 ●

문제에서 한국채택국제회계기준을 적용하도록 하는 전제조건이 없는 경우, 일반기업회계기준을 적용한다.

□□□

1. 다음 중 재무제표의 작성과 표시에 관한 설명으로 틀린 것은?

① 자산과 부채는 유동성이 낮은 항목부터 배열하는 것을 원칙으로 한다.
② 재무제표는 재무상태표, 손익계산서, 현금흐름표, 자본변동표로 구성되며, 주석을 포함한다.
③ 자산과 부채 및 자본은 총액에 의하여 기재함을 원칙으로 하고, 자산 항목과 부채 항목 또는 자본 항목을 상계하여 그 전부 또는 일부를 재무상태표에서 제외하면 안 된다.
④ 자본거래에서 발생한 자본잉여금과 손익거래에서 발생한 이익잉여금을 구분하여 표시한다.

□□□

2. 다음 자료를 이용하여 유동자산에 해당하는 금액의 합계액을 구하면 얼마인가?

· 매출채권 : 1,000,000원	· 상품 : 2,500,000원
· 특허권 : 1,500,000원	· 당좌예금 : 3,000,000원
· 선급비용 : 500,000원	· 장기매출채권 : 2,000,000원

① 5,500,000원 ② 6,000,000원 ③ 6,500,000원 ④ 7,000,000원

□□□

3. 다음 중 물가가 지속적으로 상승하는 상황에서 기말재고자산이 가장 크게 계상되는 재고자산의 평가방법은 무엇인가?

① 선입선출법 ② 후입선출법 ③ 총평균법 ④ 이동평균법

□□□

4. 유형자산을 보유하고 있는 동안 발생한 수익적 지출을 자본적 지출로 잘못 회계처리한 경우, 재무제표에 미치는 효과로 가장 올바른 것은?

① 자산의 과소계상
② 부채의 과대계상
③ 당기순이익의 과대계상
④ 매출총이익의 과소계상

□□□

5. 다음 중 자본에 대한 설명으로 가장 옳지 않은 것은?

① 자본금은 기업이 발행한 발행주식총수에 1주당 액면금액을 곱한 금액이다.
② 자본잉여금은 주식발행초과금과 기타자본잉여금(감자차익, 자기주식처분이익 등)으로 구분하여 표시한다.
③ 매도가능증권평가손익은 자본조정 항목으로 계상한다.
④ 미처분이익잉여금은 배당 등으로 처분할 수 있는 이익잉여금을 말한다.

□□□

6. 다음 중 원가에 대한 설명으로 가장 옳지 않은 것은?

① 직접원가란 특정 원가집적대상에 직접 추적이 가능하거나 식별 가능한 원가이다.
② 고정원가란 관련범위 내에서 조업도 수준과 관계없이 총원가가 일정한 원가행태를 말한다.
③ 가공원가란 직접재료원가와 직접노무원가를 말한다.
④ 매몰원가란 과거 의사결정에 따라 이미 발생한 원가로 현재의 의사결정에 영향을 미치지 못하는 원가를 의미한다.

□□□

7. 다음의 원가 자료를 이용하여 직접재료원가를 계산하면 얼마인가?

- 총제조원가 : 4,000,000원
- 직접노무원가 : 제조간접원가의 2배
- 제조간접원가 : 총제조원가의 25%

① 1,000,000원 ② 1,500,000원 ③ 2,000,000원 ④ 2,500,000원

□□□

8. ㈜한국은 직접노무시간을 기준으로 제조간접원가를 예정배부하고 있다. 당기초 제조간접원가 예산은 2,000,000원이며, 예정 직접노무시간은 200시간이다. 당기말 현재 실제 제조간접원가는 2,500,000원이 발생하였으며, 제조간접원가 배부차이가 발생하지 않았다면 실제 직접노무시간은 얼마인가?

① 160시간 ② 200시간 ③ 250시간 ④ 500시간

□□□

9. 다음 중 공손과 작업폐물에 관한 설명으로 옳지 않은 것은?

① 정상적인 생산과정에서 필수불가결하게 발생하는 정상공손원가는 제조원가에 포함된다.
② 주산품의 제조과정에서 발생한 원재료의 부스러기 등 작업폐물의 순실현가치는 제조원가에서 차감한다.
③ 작업자의 부주의 등에 의하여 발생하는 비정상공손원가는 발생한 기간의 영업외비용으로 처리한다.
④ 총공손수량은 원가흐름의 가정에 따라 다르게 계산된다.

□□□

10. 다음 중 가중평균법에 의한 종합원가계산방법을 적용하여 완성품환산량 단위당 원가를 산정할 때 필요하지 않은 자료는 무엇인가?

① 기말재공품의 완성도
② 당기총제조원가
③ 완성품의 물량
④ 기초재공품의 기완성도

□□□

11. 다음 중 부가가치세법상 재화의 공급의제(재화의 공급으로 보는 특례)에 해당하는 것은? (단, 일반과세자로서 매입 시 매입세액은 전부 공제받았다고 가정한다)

① 자기의 다른 과세사업장에서 원료 또는 자재 등으로 사용·소비하기 위해 반출하는 경우
② 사용인에게 사업을 위해 착용하는 작업복, 작업모, 작업화를 제공하는 경우
③ 무상으로 견본품을 인도 또는 양도하거나 불특정다수에게 광고선전물을 배포하는 경우
④ 자동차 제조회사가 자기생산한 승용자동차(2,000cc)를 업무용으로 사용하는 경우

□□□

12. 다음 중 부가가치세법상 영세율제도에 대한 설명으로 가장 옳지 않은 것은?

① 부가가치세의 역진성 완화를 목적으로 한다.
② 완전 면세제도이다.
③ 면세사업자는 영세율 적용대상자가 아니다.
④ 비거주자 또는 외국법인의 경우에는 상호면세주의에 따른다.

□□□

13. 다음은 부가가치세법상 가산세에 대한 설명이다. 빈칸에 들어갈 내용으로 알맞은 것은?

> 사업자가 재화 또는 용역을 공급하지 아니하고 세금계산서를 발급하는 경우 그 세금계산서에 적힌 공급가액의 ( )를 납부세액에 더하거나 환급세액에서 뺀다.

① 1% ② 2% ③ 3% ④ 10%

□□□

14. 다음 중 소득세법상 근로소득의 수입시기로 옳지 않은 것은?

① 잉여금 처분에 의한 상여 : 결산일
② 인정상여 : 해당 사업연도 중 근로를 제공한 날
③ 일반상여 : 근로를 제공한 날
④ 일반급여 : 근로를 제공한 날

□□□

15. 다음의 자료를 이용하여 소득세법상 복식부기의무자의 사업소득 총수입금액을 구하면 얼마인가?

> · 매출액 : 300,000,000원
> · 원천징수된 은행 예금의 이자수익 : 500,000원
> · 차량운반구(사업용) 양도가액 : 30,000,000원
> · 공장건물 양도가액 : 100,000,000원

① 430,500,000원 ② 430,000,000원
③ 330,000,000원 ④ 300,000,000원

실무시험

㈜도원기업(회사코드 : 0210)은 전자제품의 제조 및 도·소매업을 주업으로 영위하는 중소기업으로, 당기(제18기)의 회계기간은 2024. 1. 1.~2024. 12. 31.이다. 전산세무회계 수험용 프로그램을 이용하여 다음 물음에 답하시오.

기 본 전 제

- 문제에서 한국채택국제회계기준을 적용하도록 하는 전제조건이 없는 경우, 일반기업회계기준을 적용하여 회계처리한다.
- 문제의 풀이와 답안작성은 제시된 문제의 순서대로 진행한다.

문제 1 [일반전표입력] 메뉴를 이용하여 다음의 거래자료를 입력하시오. (15점)

입력 시 유의사항

- 일반적인 적요의 입력은 생략하지만, 타계정 대체거래는 적요번호를 선택하여 입력한다.
- 채권·채무와 관련된 거래는 별도의 요구가 없는 한 반드시 기등록된 거래처코드를 선택하는 방법으로 거래처명을 입력한다.
- 제조경비는 500번대 계정코드를, 판매비와관리비는 800번대 계정코드를 사용한다.
- 회계처리 시 계정과목은 별도의 제시가 없는 한 등록된 계정과목 중 가장 적절한 과목으로 한다.

□□□

(1) 1월 5일 에코전자의 상장주식 100주를 단기 투자목적으로 1주당 60,000원에 취득하고 대금은 증권거래수수료 30,000원과 함께 보통예금 계좌에서 지급하였다. (3점)

□□□

(2) 3월 31일 보유 중인 신한은행의 예금에서 이자수익 500,000원이 발생하여 원천징수세액을 제외한 423,000원이 보통예금 계좌로 입금되었다. (단, 원천징수세액은 자산으로 처리할 것) (3점)

□□□

(3) 4월 30일 본사 건물 신축공사를 위한 장기차입금의 이자비용 2,500,000원을 보통예금 계좌에서 지급하였다. 해당 지출은 차입원가 자본화 요건을 충족하였으며, 신축공사 중인 건물은 내년 2월 말에 완공될 예정이다. (3점)

□□□

(4) 7월 10일 당사는 퇴직연금제도를 도입하면서 퇴직연금상품에 가입하였다. 생산부서 직원에 대해서는 확정급여형(DB형) 상품으로 10,000,000원, 영업부서 직원에 대해서는 확정기여형(DC형) 상품으로 7,000,000원을 보통예금 계좌에서 이체하여 납입하였다. (단, 하나의 전표로 입력하고 기초 퇴직급여충당부채 금액은 고려하지 말 것) (3점)

□□□

(5) 7월 15일 ㈜지유로부터 공장에서 사용할 기계장치를 구입하기로 계약하고, 계약금 5,000,000원을 즉시 당좌수표를 발행하여 지급하였다. (3점)

문제 2 [매입매출전표입력] 메뉴를 이용하여 다음의 거래자료를 입력하시오. (15점)

입력 시 유의사항

- 일반적인 적요의 입력은 생략하지만, 타계정 대체거래는 적요번호를 선택하여 입력한다.
- 채권·채무 관련 거래는 별도의 요구가 없는 한 반드시 기등록된 거래처코드를 선택하는 방법으로 거래처명을 입력한다.
- 제조경비는 500번대 계정코드를, 판매비와관리비는 800번대 계정코드를 사용한다.
- 회계처리 시 계정과목은 등록된 계정과목 중 가장 적절한 과목으로 한다.
- 입력화면 하단의 분개까지 처리하고, 세금계산서 및 계산서는 전자 여부를 입력하여 반영한다.

□□□

(1) 7월 7일 ㈜신화에서 영업부서의 매출처에 선물로 증정할 와인세트 10세트를 1세트당 50,000원(부가가치세 별도)에 구입하고 전자세금계산서를 발급받았다. 대금 550,000원은 현금으로 지급하고, 선물은 구입 즉시 모두 거래처에 전달하였다. (3점)

□□□

(2) 7월 20일 공장에서 생산부서가 사용할 선풍기를 ㈜하나마트에서 현금으로 구입하고, 아래와 같이 현금영수증을 발급받았다. (단, 소모품비로 처리할 것) (3점)

㈜하나마트

㈜하나마트 T:(02)117-2727
128-85-46204 유하나
서울특별시 구로구 구로동 2727

영수증 미지참시 교환/환불 불가
정상상품에 한함, 30일 이내(신선 7일)

[현금영수증(지출증빙)]

[구매] 20xx-07-20 17:27 POS:7901-9979

상품명	단가	수량	금액
맥스파워선풍기	110,000	10	1,100,000
	과 세 물 품		1,000,000
	부 가 세		100,000
	합 계		1,100,000
	결제대상금액		1,100,000

현금영수증 승인번호 17090235
식별정보 3708112345
문의 ☎ 126-1-1

□□□

(3) 8월 16일 미국 UFC사에 제품을 $10,000에 해외 직수출하고, 8월 31일에 수출대금 전액을 달러($)로 받기로 하였다. 일자별 환율은 다음과 같다. (단, 수출신고번호 입력은 생략할 것) (3점)

구분	8월 10일(수출신고일)	8월 16일(선적일)	8월 31일(대금회수일)
기준환율	1,150원/$	1,100원/$	1,200원/$

□□□

(4) 9월 30일 ㈜명학산업에 제품을 공급하고 아래와 같이 전자세금계산서를 발급하였다. 대금은 8월 31일에 기수령한 계약금 1,800,000원을 제외한 잔액을 ㈜명학산업이 발행한 당좌수표로 수령하였다. (3점)

<table>
<tr><td colspan="5">전자세금계산서</td><td colspan="2">승인번호</td><td colspan="3"></td></tr>
<tr><td rowspan="5">공급자</td><td>등록번호</td><td>370-81-12345</td><td>종사업장번호</td><td></td><td rowspan="5">공급받는자</td><td>등록번호</td><td>301-81-45665</td><td>종사업장번호</td><td></td></tr>
<tr><td>상호(법인명)</td><td>㈜도원기업</td><td>성명(대표자)</td><td>이세종</td><td>상호(법인명)</td><td>㈜명학산업</td><td>성명(대표자)</td><td>김연동</td></tr>
<tr><td>사업장 주소</td><td colspan="3">서울 구로구 안양천로539길 6</td><td>사업장 주소</td><td colspan="3">세종시 부강면 문곡리 128</td></tr>
<tr><td>업태</td><td>제조등</td><td>종목</td><td>전자부품</td><td>업태</td><td>제조</td><td>종목</td><td>가전제품</td></tr>
<tr><td>이메일</td><td colspan="3"></td><td>이메일</td><td colspan="3"></td></tr>
</table>

<table>
<tr><td>작성일자</td><td>공급가액</td><td>세액</td><td>수정사유</td><td>비고</td></tr>
<tr><td>20xx. 9. 30.</td><td>18,000,000원</td><td>1,800,000원</td><td></td><td></td></tr>
</table>

월	일	품목	규격	수량	단가	공급가액	세액	비고
9	30	제품				18,000,000원	1,800,000원	

<table>
<tr><td>합계금액</td><td>현금</td><td>수표</td><td>어음</td><td>외상미수금</td><td rowspan="2">이 금액을 영수 함</td></tr>
<tr><td>19,800,000원</td><td>1,800,000원</td><td>18,000,000원</td><td></td><td></td></tr>
</table>

□□□

(5) 10월 31일 구매확인서에 의하여 ㈜크림으로부터 수출용 원재료(공급가액 6,000,000원)를 매입하고 영세율전자세금계산서를 발급받았다. 대금은 보통예금 계좌에서 지급하였다. (3점)

문제 3 부가가치세 신고와 관련하여 다음 물음에 답하시오. (10점)

□□□

(1) 다음의 자료를 이용하여 올해 2기 부가가치세 확정신고기간에 대한 [건물등감가상각자산취득명세서]를 작성하시오. (단, 아래의 자산은 모두 감가상각 대상에 해당함) (3점)

취득일	내용	공급가액 부가가치세액	상호 사업자등록번호	비고
10. 4.	회계부서의 컴퓨터 및 프린터 교체	20,000,000원 2,000,000원	우리전산 102-03-52877	종이세금계산서 수취
11. 11.	생산부서의 보관창고 신축공사비	100,000,000원 10,000,000원	㈜튼튼건설 101-81-25749	전자세금계산서 수취
11. 20.	업무용승용차(1,500cc) 구입	15,000,000원 1,500,000원	㈜빠름자동차 204-81-96316	전자세금계산서 수취
12. 14.	영업부서의 에어컨 구입	10,000,000원 1,000,000원	㈜시원마트 304-81-74529	법인 신용카드 결제

□□□

(2) 아래의 자료만을 이용하여 올해 1기 부가가치세 확정신고기간(4월~6월)의 [부가가치세신고서]를 직접 입력하여 작성하시오. (단, 부가가치세신고서 외의 부속서류와 과세표준명세의 작성은 생략하며, 불러온 데이터는 무시하고 새로 입력할 것) (5점)

구분	내용
매출자료	· 전자세금계산서 매출액[1] : 공급가액 320,000,000원, 세액 30,000,000원 1) 영세율세금계산서 매출액(공급가액 20,000,000원)이 포함되어 있다. · 해외 직수출 매출액 : 공급가액 15,000,000원 · 현금영수증 과세매출액 : 공급대가 11,000,000원
매입자료	· 전자세금계산서를 수취한 매입액[2] : 공급가액 150,000,000원, 세액 15,000,000원 2) 운반용 화물자동차 매입액(공급가액 20,000,000원, 세액 2,000,000원)이 포함되어 있으며, 나머지 금액은 모두 재고자산 매입액이다. · 신용카드 매입액은 다음과 같다.
기타자료	· 예정신고 미환급세액은 900,000원으로 가정한다. · 전자신고세액공제 10,000원을 적용하여 세부담최소화를 가정한다.

(매입자료 – 신용카드 매입액)

구분	내용	공급가액	세액
일반매입	직원 복리후생 관련 매입	8,000,000원	800,000원
일반매입	대표자 개인용 물품 매입	1,000,000원	100,000원
고정자산매입	제품 품질 테스트 기계설비 매입	6,000,000원	600,000원
합계		15,000,000원	1,500,000원

□□□

(3) 올해 1기 예정신고기간(1.1.~3.31.)의 [부가가치세신고서]를 전자신고하시오. (2점)

> 1. 부가가치세신고서와 관련 부속서류는 마감되어 있다.
> 2. [전자신고] → [국세청 홈택스 전자신고변환(교육용)] 순으로 진행한다.
> 3. [전자신고] 메뉴의 [전자신고제작] 탭에서 신고인구분은 2.납세자 자진신고를 선택하고, 비밀번호는 "12341234"로 입력한다.
> 4. [국세청 홈택스 전자신고변환(교육용)] → 전자파일변환(변환대상파일선택) → [찾아보기]에서 전자신고용 전자파일을 선택한다.
> 5. 전자신고용 전자파일 저장경로는 로컬디스크(C:)이며, 파일명은 "enc작성연월일.101.v3708112345"이다.
> 6. [형식검증하기] → [형식검증결과확인] → [내용검증하기] → [내용검증결과확인] → [전자파일제출]을 순서대로 클릭한다.
> 7. 최종적으로 [전자파일 제출하기]를 완료한다.

문제 4 다음 결산자료를 입력하여 결산을 완료하시오. (15점)

□□□

(1) 다음은 올해 2기 확정신고기간의 부가가치세 관련 자료이다. 아래의 자료만을 이용하여 부가세대급금과 부가세예수금을 정리하는 회계처리를 하시오. (단 입력된 데이터는 무시하고, 납부세액은 미지급세금으로, 환급세액은 미수금으로, 가산세는 세금과공과(판관비)로, 공제세액은 잡이익으로 처리하시오) (3점)

> · 부가세예수금 : 720,000원
> · 부가세대급금 : 520,000원
> · 전자세금계산서지연발급가산세 : 10,000원
> · 전자신고세액공제 : 10,000원

□□□

(2) 돌담은행으로부터 차입한 장기차입금 중 100,000,000원은 내년 6월 30일에 상환기일이 도래한다. (3점)

□□□

(3) 외상매출금 및 미수금에 대하여만 기말잔액에 1%의 대손율을 적용하여 보충법에 의해 대손충당금을 설정하시오. (3점)

□□□

(4) 기말 현재 보유하고 있는 무형자산 중 영업권의 전기 말 상각 후 미상각잔액은 16,000,000원이다. 해당 영업권의 취득일은 전년도 1월 1일이며, 회사는 영업권에 대하여 5년간 월할 균등상각하고 있다. (단, 비용은 판매비와관리비로 분류한다) (3점)

□□□

(5) 결산일 현재 재고자산은 다음과 같다. 결산자료입력을 이용하여 결산을 수행하시오. (3점)

구분	금액	비고
원재료	93,000,000원	선적지 인도기준으로 매입하여 운송 중인 미착원재료 2,000,000원 미포함
재공품	70,000,000원	-
제품	135,000,000원	수탁자가 보관 중인 위탁제품 5,000,000원 미포함

문제 5 2024년 귀속 원천징수자료와 관련하여 다음의 물음에 답하시오. (15점)

□□□

(1) 다음은 ㈜도원기업의 사무직 사원 김우리(사원코드 : 100)의 6월 급여자료이다. 아래 자료를 이용하여 [사원등록]의 [부양가족명세] 탭의 부양가족에 대한 기본공제 및 추가공제 여부를 반영하고, [수당공제등록] 및 [급여자료입력]을 수행하시오. (단, 근로자 본인의 세부담 최소화를 가정한다) (5점)

1. 부양가족 명세(모두 거주자인 내국인에 해당함)

성명	주민등록번호	관계	동거(생계) 여부	비고
김우리	811210-1127855	본인	-	세대주, 당해연도 총급여액 5,200만 원
이현진	831010-2145208	배우자	여	소득 없음
김아현	200101-4928328	입양자녀	여	소득 없음, 당해연도 1월에 입양신고함

※ 제시된 자료 외의 다른 소득은 없다.

2. 6월분 급여자료

이름	김우리	지급일	7월 10일
기본급	3,000,000원	소득세	89,390원
식대	200,000원	지방소득세	8,930원
자가운전보조금	200,000원	국민연금	166,500원
육아수당	300,000원	건강보험	131,160원
야간근로수당	527,000원	장기요양보험	16,800원
-	-	고용보험	34,440원
급여계	4,227,000원	공제합계	447,220원
		차인지급액	3,779,780원

- 식대 : 당사는 현물식사와 식대를 함께 제공하고 있다.
- 자가운전보조금 : 당사는 본인 명의의 차량을 업무 목적으로 사용한 직원에게만 자가운전보조금을 지급하고 있으며, 실제 발생한 교통비를 별도로 지급하지 않는다.
- 육아수당 : 당사는 6세 이하 자녀(입양자녀 포함) 1명당 300,000원씩 육아수당을 지급하고 있다.

※ 수당등록 시 월정액 및 통상임금은 고려하지 않으며, 사용하는 수당 이외의 항목은 사용 여부를 "부"로 반영한다.

※ 급여자료입력 시 공제항목의 불러온 데이터는 무시하고 직접 입력하여 작성한다.

□□□

(2) 다음은 회계부서에 재직 중인 김갑용(사원코드 : 101) 사원의 연말정산 관련 자료이다. 다음의 자료를 이용하여 [연말정산추가자료입력] 메뉴의 [부양가족] 탭 및 관련된 탭을 모두 작성하여 연말정산을 완료하시오. (단, 근로자 본인의 세부담 최소화를 가정하고, [연말정산입력] 탭은 직접 입력하지 않음) (10점)

1. 가족사항(모두 거주자인 내국인에 해당함)

성명	관계	주민등록번호	동거 여부	소득금액	비고
김갑용	본인	840505-1478529		65,000,000원	총급여액(근로소득 외의 소득 없음), 세대주
강희영	배우자	850630-2547855	여	10,000,000원	근로소득금액
김수필	부친	571012-1587425	여	900,000원	부동산임대소득금액 : 총수입금액 20,000,000원, 필요경비 19,100,000원
김정은	아들	150408-3852618	여	-	초등학생
김준희	딸	201104-4487125	여	-	취학 전 아동

2. 연말정산 관련 추가자료(모든 자료는 국세청에서 제공된 자료에 해당함)

내역	비고
보장성 보험료	· 김갑용(본인) : 자동차보험료 300,000원 · 강희영(배우자) : 보장성보험료 200,000원 · 김수필(부친) : 생명보험료 150,000원(만기까지 납입액이 만기환급액보다 큰 경우에 해당) · 김준희(딸) : 보장성보험료 350,000원
교육비	· 김갑용(본인) : 정규 교육 과정 대학원 교육비 5,000,000원 · 김정은(아들) : 국내 소재 사립초등학교(「교육법」상의 정규 교육기관) 수업료 8,000,000원, 바이올린 학원비 2,400,000원 · 김준희(딸) : 「영유아보육법」상의 어린이집 교육비 1,800,000원
의료비	· 김갑용(본인) : 시력보정용 안경 구입비용 650,000원 · 김수필(부친) : 질병 치료 목적 의료비 1,500,000원 · 김준희(딸) : 질병 치료 목적 의료비 250,000원
신용카드 사용액	· 김갑용(본인) : 신용카드 사용액 21,500,000원(국세청 자료)(신용카드사용분 중 전통시장·대중교통·도서 등 사용분은 없음, 전년 대비 소비증가분 없음)
연금저축	· 김갑용(본인) : 당해연도 연금저축계좌 납입액 6,000,000원(계좌번호 : 농협중앙회 301-02-228451, 당해연도에 가입함)

▶ 정답 및 해설 | p.17

제109회 기출문제

✓ 다시 봐야 할 문제(틀린 문제, 풀지 못한 문제, 헷갈리는 문제 등)는 회독별로 문제 번호 위 네모박스(□)에 체크하여 반복 학습할 수 있습니다.

이론시험

다음 문제를 보고 알맞은 것을 골라 [이론문제 답안작성] 메뉴에 입력하시오. (객관식 문항당 2점)

● 기 본 전 제 ●

문제에서 한국채택국제회계기준을 적용하도록 하는 전제조건이 없는 경우, 일반기업회계기준을 적용한다.

□□□

1. 다음 중 금융부채에 대한 설명으로 틀린 것은?

① 금융부채는 최초 인식 시 공정가치로 측정하는 것이 원칙이다.
② 양도한 금융부채의 장부금액과 지급한 대가의 차액은 기타포괄손익으로 인식한다.
③ 금융부채는 후속 측정 시 상각후원가로 측정하는 것이 원칙이다.
④ 금융채무자가 재화 또는 용역을 채권자에게 제공하여 금융부채를 소멸시킬 수 있다.

□□□

2. 아래의 자료는 시장성 있는 유가증권에 관련된 내용이다. 이에 대한 설명으로 옳은 것은?

- 20x1년 8월 5일 : A회사 주식 500주를 주당 4,000원에 매입하였다.
- 20x1년 12월 31일 : A회사 주식의 공정가치는 주당 5,000원이다.
- 20x2년 4월 30일 : A회사 주식 전부를 주당 6,000원에 처분하였다.

① 단기매매증권으로 분류할 경우 매도가능증권으로 분류하였을 때보다 20x1년 당기순이익은 감소한다.
② 단기매매증권으로 분류할 경우 매도가능증권으로 분류하였을 때보다 20x1년 기말 자산이 더 크다.
③ 매도가능증권으로 분류할 경우 처분 시 매도가능증권처분이익은 500,000원이다.
④ 매도가능증권으로 분류할 경우 단기매매증권으로 분류하였을 때보다 20x2년 당기순이익은 증가한다.

□□□

3. 다음 중 회계변경으로 인정되는 정당한 사례로 적절하지 않은 것은?

① 일반기업회계기준의 제·개정으로 인하여 새로운 해석에 따라 회계변경을 하는 경우
② 기업환경의 중대한 변화에 의하여 종전의 회계정책을 적용하면 재무제표가 왜곡되는 경우
③ 동종산업에 속한 대부분의 기업이 채택한 회계정책 또는 추정방법으로 변경함에 있어서 새로운 회계정책 또는 추정방법이 종전보다 더 합리적이라고 판단되는 경우
④ 정확한 세무신고를 위해 세법 규정을 따를 필요가 있는 경우

□□□

4. 다음 중 무형자산에 대한 설명으로 가장 옳지 않은 것은?

① 개발비 중 연구단계에서 발생한 지출은 발생한 기간의 비용으로 인식한다.
② 합리적인 상각방법을 정할 수 없는 경우에는 정률법으로 상각한다.
③ 일반기업회계기준에서는 무형자산의 재무제표 표시방법으로 직접상각법과 간접상각법을 모두 허용하고 있다.
④ 무형자산의 내용연수는 법적 내용연수와 경제적 내용연수 중 짧은 것으로 한다.

□□□

5. 다음 중 자본에 대한 설명으로 틀린 것은?

① 자본은 기업의 자산에서 모든 부채를 차감한 후의 잔여지분을 나타낸다.
② 주식의 발행금액이 액면금액보다 크면 그 차액을 주식발행초과금으로 하여 이익잉여금으로 회계처리한다.
③ 납입된 자본에 기업활동을 통해 획득하여 기업의 활동을 위해 유보된 금액을 가산하여 계산한다.
④ 납입된 자본에 소유자에 대한 배당으로 인한 주주지분 감소액을 차감하여 계산한다.

□□□

6. ㈜하나의 제조간접원가 배부차이가 250,000원 과대배부인 경우, 실제 제조간접원가 발생액은 얼마인가? (단, 제조간접원가 예정배부율은 작업시간당 3,000원이며, 작업시간은 1일당 5시간으로 총 100일간 작업하였다)

① 1,000,000원 ② 1,250,000원 ③ 1,500,000원 ④ 1,750,000원

□□□

7. ㈜연우가 당기에 사용한 원재료는 500,000원이다. 당기초 원재료 재고액이 당기말 원재료 재고액보다 50,000원 적을 경우, 당기의 원재료 매입액은 얼마인가?

① 450,000원 ② 500,000원 ③ 550,000원 ④ 600,000원

□□□

8. 다음 중 제조원가명세서를 작성하기 위하여 필요한 내용이 아닌 것은?

① 당기 노무원가 발생액 ② 당기 재료 구입액
③ 당기 기말제품 재고액 ④ 당기 재료 사용액

□□□

9. ㈜푸른솔은 보조부문의 원가배분방법으로 직접배분법을 사용한다. 보조부문 A와 B의 원가가 각각 1,500,000원과 1,600,000원으로 집계되었을 경우, 아래의 자료를 바탕으로 제조부문 X에 배분될 보조부문원가는 얼마인가?

사용부문 / 제공부문	보조부문		제조부문		합계
	A	B	X	Y	
A	–	50시간	500시간	300시간	850시간
B	200시간	–	300시간	500시간	1,000시간

① 1,150,000원 ② 1,250,000원 ③ 1,332,500원 ④ 1,537,500원

□□□

10. 다음 중 종합원가계산에 대한 설명으로 틀린 것은?

① 선입선출법은 실제 물량흐름을 반영하므로 평균법보다 더 유용한 정보를 제공한다.
② 평균법은 당기 이전에 착수된 기초재공품도 당기에 착수한 것으로 본다.
③ 선입선출법이 평균법보다 계산방법이 간편하다.
④ 기초재공품이 없다면 선입선출법과 평균법의 적용 시 기말재공품원가는 언제나 동일하다.

□□□

11. 다음 중 부가가치세법상 용역의 공급시기에 대한 설명으로 틀린 것은?

① 임대보증금의 간주임대료는 예정신고기간 또는 과세기간의 종료일을 공급시기로 한다.
② 폐업 전에 공급한 용역의 공급시기가 폐업일 이후에 도래하는 경우 폐업일을 공급시기로 한다.
③ 장기할부조건부 용역의 공급의 경우 대가의 각 부분을 받기로 한 때를 공급시기로 한다.
④ 용역의 대가의 각 부분을 받기로 한 때 대가를 받지 못하는 경우 공급시기로 보지 않는다.

□□□

12. 다음 중 부가가치세법상 면세 대상이 아닌 것은?

① 항공법에 따른 항공기에 의한 여객운송용역
② 도서, 신문
③ 연탄과 무연탄
④ 우표, 인지, 증지, 복권

□□□

13. 다음 중 부가가치세법상 재화의 공급에 해당하는 거래는?

① 과세사업자가 사업을 폐업할 때 자기생산·취득재화가 남아 있는 경우
② 사업장별로 그 사업에 관한 모든 권리와 의무를 포괄적으로 승계시키는 경우
③ 법률에 따라 조세를 물납하는 경우
④ 각종 법에 의한 강제 경매나 공매에 따라 재화를 인도하거나 양도하는 경우

□□□

14. 다음 중 소득세법상 과세방법이 다른 하나는?

① 복권 당첨금
② 일용근로소득
③ 계약금이 위약금으로 대체되는 경우의 위약금이나 배상금
④ 비실명 이자소득

□□□

15. 다음 중 근로소득만 있는 거주자의 연말정산 시 산출세액에서 공제하는 세액공제에 대한 설명으로 틀린 것은?

① 저축성보험료에 대해서는 공제받을 수 없다.
② 근로를 제공한 기간에 지출한 의료비만 공제 대상 의료비에 해당한다.
③ 직계존속의 일반대학교 등록금은 교육비세액공제 대상이다.
④ 의료비세액공제는 지출한 의료비가 총급여액의 3%를 초과하는 경우에만 적용받을 수 있다.

실무시험

㈜천부전자(회사코드 : 0209)는 제조 및 도·소매업을 영위하는 중소기업으로, 당기(제16기) 회계기간은 2024. 1. 1.~2024. 12. 31.이다. 전산세무회계 수험용 프로그램을 이용하여 다음 물음에 답하시오.

● 기 본 전 제 ●

- 문제에서 한국채택국제회계기준을 적용하도록 하는 전제조건이 없는 경우, 일반기업회계기준을 적용하여 회계처리한다.
- 문제의 풀이와 답안작성은 제시된 문제의 순서대로 진행한다.

문제 1 [일반전표입력] 메뉴를 이용하여 다음의 거래자료를 입력하시오. (15점)

● 입력 시 유의사항 ●

- 일반적인 적요의 입력은 생략하지만, 타계정 대체거래는 적요번호를 선택하여 입력한다.
- 채권·채무와 관련된 거래는 별도의 요구가 없는 한 반드시 기등록된 거래처코드를 선택하는 방법으로 거래처명을 입력한다.
- 제조경비는 500번대 계정코드를, 판매비와관리비는 800번대 계정코드를 사용한다.
- 회계처리 시 계정과목은 별도의 제시가 없는 한 등록된 계정과목 중 가장 적절한 과목으로 한다.

□□□

(1) 1월 22일 ㈜한강물산에 제품을 8,000,000원에 판매하기로 계약하고, 판매대금 중 20%를 당좌예금 계좌로 송금받았다. (3점)

□□□

(2) 3월 25일 거래처인 ㈜동방불패의 파산으로 외상매출금 13,000,000원의 회수가 불가능해짐에 따라 대손처리하였다. (대손 발생일 직전 외상매출금에 대한 대손충당금 잔액은 4,000,000원이었으며, 부가가치세법상 대손세액공제는 고려하지 않는다) (3점)

□□□

(3) 6월 30일 업무용 승용자동차(5인승, 2,000cc)의 엔진 교체 후 대금 7,700,000원을 보통예금 계좌에서 지급하고 현금영수증을 수령하였다. (단, 승용자동차의 엔진 교체는 자본적 지출에 해당한다) (3점)

□□□

(4) 7월 25일 이사회에서 7월 12일에 결의한 중간배당(현금배당 100,000,000원)인 미지급배당금에 대하여 소득세 등 15.4%를 원천징수하고 보통예금 계좌에서 지급하였다. (단, 관련 데이터를 조회하여 회계처리할 것) (3점)

□□□

(5) 11월 5일 액면가액 10,000,000원(3년 만기)인 사채를 10,850,000원에 할증발행하였으며, 대금은 전액 보통예금 계좌로 입금되었다. (3점)

문제 2 [매입매출전표입력] 메뉴를 이용하여 다음의 거래자료를 입력하시오. (15점)

● 입력 시 유의사항 ●

- 일반적인 적요의 입력은 생략하지만, 타계정 대체거래는 적요번호를 선택하여 입력한다.
- 채권·채무 관련 거래는 별도의 요구가 없는 한 반드시 기등록된 거래처코드를 선택하는 방법으로 거래처명을 입력한다.
- 제조경비는 500번대 계정코드를, 판매비와관리비는 800번대 계정코드를 사용한다.
- 회계처리 시 계정과목은 등록된 계정과목 중 가장 적절한 과목으로 한다.
- 입력화면 하단의 분개까지 처리하고, 세금계산서 및 계산서는 전자 여부를 입력하여 반영한다.

□□□

(1) 7월 18일 취득가액은 52,000,000원, 매각 당시 감가상각누계액은 38,000,000원인 공장에서 사용하던 기계장치를 ㈜로라상사에 매각하고 아래와 같이 전자세금계산서를 발급하였다. (당기의 감가상각비는 고려하지 말고 하나의 전표로 입력할 것) (3점)

전자세금계산서					승인번호			
공급자	등록번호	130-81-25029	종사업장번호		공급받는자	등록번호	101-81-42001	종사업장번호	
	상호(법인명)	㈜천부전자	성명(대표자)	정지훈		상호(법인명)	㈜로라상사	성명(대표자)	전소민
	사업장 주소	인천시 남동구 간석로 7				사업장 주소	경기 포천시 중앙로 8		
	업태	제조, 도소매	종목	전자제품		업태	제조업	종목	자동차부품
	이메일					이메일			

작성일자	공급가액	세액	수정사유	비고
20xx.07.18.	11,000,000	1,100,000	해당 없음	

월	일	품목	규격	수량	단가	공급가액	세액	비고
7	18	기계장치 매각				11,000,000원	1,100,000원	

합계금액	현금	수표	어음	외상미수금	이 금액을 청구 함
12,100,000원				12,100,000원	

□□□

(2) 7월 30일 영업부에 필요한 비품을 ㈜소나무로부터 구입하고 법인 명의로 현금영수증을 발급받았다. 법인의 운영자금이 부족하여 대표자 개인 명의의 계좌에서 대금을 지급하였다. (단, 가수금(대표자)으로 처리할 것) (3점)

현금영수증			
· 거래정보			
거래일시	20xx년 7월 30일 13:40:14		
승인번호	1234567		
거래구분	승인거래		
거래용도	지출증빙		
발급수단번호	130-81-25029		
· 거래금액			
공급가액	부가세	봉사료	총 거래금액
600,000	60,000		660,000
· 가맹점 정보			
상호	㈜소나무		
사업자번호	222-81-12347		
대표자명	박무늬		
주소	서울특별시 강남구 압구정동 14		
· 익일 홈택스에서 현금영수증 발급 여부를 반드시 확인하시기 바랍니다. · 홈페이지 (http://www.hometax.go.kr) - 조회/발급 > 현금영수증 조회 > 사용내역(소득공제) 조회 > 매입내역(지출증빙) 조회 · 관련문의는 국세상담센터(☎126-1-1)			

☐☐☐

(3) 8월 31일 올해 2기 부가가치세 예정신고 시 누락한 제조부의 자재 창고 임차료에 대하여 아래와 같이 종이 세금계산서를 10월 30일에 수취하였다. (단, 가산세는 고려하지 않으며, 올해 2기 확정 부가가치세 신고서에 자동 반영되도록 입력 및 설정할 것) (3점)

세금계산서(공급받는 자 보관용)				책번호	권 호
				일련번호	-

공급자	등록번호	113-55-61448			공급받는자	등록번호	130-81-25029	
	상호(법인명)	오미순 부동산	성명(대표자)	오미순		상호(법인명)	㈜천부전자	성명(대표자) 정지훈
	사업장 주소	경기도 부천시 신흥로 111				사업장 주소	인천시 남동구 간석로 7	
	업태	부동산업	종목	임대업		업태	제조 외	종목 전자제품

작성			공급가액												세액										비고
연	월	일	빈칸수	백	십	억	천	백	십	만	천	백	십	일	십	억	천	백	십	만	천	백	십	일	
xx	08	31	4					1	5	0	0	0	0	0					1	5	0	0	0	0	

월	일	품목	규격	수량	단가	공급가액	세액	비고
8	31	자재창고 임차료				1,500,000원	150,000원	

합계금액	현금	수표	어음	외상미수금	이 금액을 청구 함
1,650,000원				1,650,000원	

☐☐☐

(4) 9월 28일 제품의 제작에 필요한 원재료를 수입하면서 인천세관으로부터 아래의 수입전자세금계산서를 발급받고, 부가가치세는 보통예금 계좌에서 지급하였다. (단, 재고자산에 대한 회계처리는 생략할 것) (3점)

수입전자세금계산서						승인번호			
세관명	등록번호	135-82-12512	종사업장 번호		수입자	등록번호	130-81-25029	종사업장 번호	
	세관명	인천세관	성명	김세관		상호(법인명)	㈜천부전자	성명	정지훈
	세관주소	인천광역시 미추홀구 항구로				사업장 주소	인천시 남동구 간석로 7		
수입신고번호 또는 일괄발급기간 (총건)						업태	제조, 도소매	종목	전자제품

납부일자	과세표준	세액	수정사유	비고
20xx. 09. 28.	20,000,000	2,000,000	해당 없음	

월	일	품목	규격	수량	단가	공급가액	세액	비고
9	28	수입신고필증 참조				20,000,000	2,000,000	
합계금액	22,000,000							

□□□

(5) 9월 30일 영업부에서 거래처에 추석선물로 제공하기 위하여 ㈜부천백화점에서 선물세트를 구입하고 아래의 전자세금계산서를 발급받았다. 대금 중 500,000원은 현금으로 결제하였으며, 잔액은 보통예금 계좌에서 지급하였다. (3점)

전자세금계산서						승인번호			
공급자	등록번호	130-81-01236	종사업장 번호		공급받는자	등록번호	130-81-25029	종사업장 번호	
	상호 (법인명)	㈜부천백화점	성명	안부천		상호 (법인명)	㈜천부전자	성명	정지훈
	사업장 주소	경기도 부천시 길주로 280 (중동)				사업장 주소	인천시 남동구 간석로 7		
	업태	소매	종목	잡화		업태	제조	종목	전자제품
	이메일	bucheon@never.net				이메일			

작성일자	공급가액	세액	수정사유	비고
20xx. 09. 30.	2,600,000	260,000	해당 없음	

월	일	품목	규격	수량	단가	공급가액	세액	비고
9	30	홍삼선물세트		10	260,000	2,600,000	260,000	

합계금액	현금	수표	어음	외상미수금	이 금액을 (영수) 함
2,860,000	2,860,000				

문제 3 부가가치세 신고와 관련하여 다음 물음에 답하시오. (10점)

□□□

(1) 아래의 자료를 이용하여 올해 1기 부가가치세 확정신고기간의 [수출실적명세서]를 작성하시오. (단, 거래처코드와 거래처명은 조회하여 불러올 것) (3점)

거래처	수출신고번호	선적일	환가일	통화	수출액	기준환율	환가환율
						선적일	환가일
B&G	11133-77-100066X	4월 15일	4월 10일	USD	$80,000	₩1,350/$	₩1,300/$
PNP	22244-88-100077X	5월 30일	6월 7일	EUR	€52,000	₩1,400/€	₩1,410/€

□□□

(2) 다음의 자료만을 이용하여 올해 1기 부가가치세 확정신고기간(4월 1일~6월 30일)의 [부가가치세신고서]를 작성하시오. (단, 기존에 입력된 자료 또는 불러온 자료는 무시하고, 부가가치세신고서 외의 부속서류 작성은 생략할 것) (5점)

구분	자료
매출	1. 전자세금계산서 발급분 제품 매출액 : 200,000,000원(부가가치세 별도) 2. 신용카드로 결제한 제품 매출액 : 44,000,000원(부가가치세 포함) 3. 내국신용장에 의한 제품 매출액(영세율세금계산서 발급분) : 공급가액 40,000,000원 4. 수출신고필증 및 선하증권으로 확인된 수출액(직수출) : 5,000,000원(원화 환산액)
매입	1. 세금계산서 수취분 일반매입 : 공급가액 120,000,000원, 세액 12,000,000원 2. 세금계산서 수취분 9인승 업무용 차량 매입 : 공급가액 30,000,000원, 세액 3,000,000원 ※ 위 1번의 일반매입분과 별개이다. 3. 법인신용카드매출전표 수취분 중 공제 대상 일반매입 : 공급가액 10,000,000원, 세액 1,000,000원 4. 제1기 예정신고 시 누락된 세금계산서 매입 : 공급가액 20,000,000원, 세액 2,000,000원
비고	1. 제1기 예정신고 시 미환급세액은 1,000,000원이라고 가정한다. 2. 전자신고세액공제는 고려하지 않도록 한다.

□□□

(3) 다음의 자료를 이용하여 올해 1기 부가가치세 예정신고기간(1월 1일~3월 31일)의 [부가가치세신고서] 및 관련 부속서류를 전자신고하시오. (2점)

1. 부가가치세신고서와 관련 부속서류는 마감되어 있다.
2. [전자신고] → [국세청 홈택스 전자신고변환(교육용)] 순으로 진행한다.
3. [전자신고]의 [전자신고제작] 탭에서 신고인 구분은 2.납세자 자진신고를 선택하고, 비밀번호는 "12341234"로 입력한다.
4. [국세청 홈택스 전자신고변환(교육용)] → 전자파일변환(변환대상파일선택) → [찾아보기]에서 전자신고용 전자파일을 선택한다.
5. 전자신고용 전자파일 저장경로는 로컬디스크(C:)이며, 파일명은 "enc작성연월일.101.v사업자등록번호"이다.
6. [형식검증하기] → [형식검증결과확인] → [내용검증하기] → [내용검증결과확인] → [전자파일제출]을 순서대로 클릭한다.
7. 최종적으로 [전자파일 제출하기]를 완료한다.

문제 4 다음 결산자료를 입력하여 결산을 완료하시오. (15점)

□□□

(1) 기말 재고조사 결과 자산으로 처리하였던 영업부의 소모품 일부(장부가액 : 250,000원)가 제조부의 소모품비로 사용되었음을 확인하였다. (3점)

□□□

(2) 기말 재무상태표의 단기차입금 중에는 당기에 발생한 ㈜유성에 대한 외화차입금 26,000,000원이 포함되어 있다. 발생일 현재 기준환율은 1,300원/$이고, 기말 현재 기준환율은 1,400원/$이다. (3점)

□□□

(3) 대출금에 대한 이자지급일은 매월 16일이다. 당해연도분 미지급비용을 인식하는 회계처리를 하시오. (단, 거래처 입력은 하지 않을 것) (3점)

> 대출 적용금리는 변동금리로 은행에 문의한 결과 올해 12월 16일부터 내년 1월 15일까지의 기간에 대하여 지급되어야 할 이자는 총 5,000,000원이며, 이 중 올해 12월 31일까지에 대한 발생이자는 2,550,000원이었다.

□□□

(4) 기존에 입력된 데이터는 무시하고 올해 2기 확정신고기간의 부가가치세와 관련된 내용이 다음과 같다고 가정한다. 12월 31일 부가세예수금과 부가세대급금을 정리하는 회계처리를 하시오. (단, 납부세액(또는 환급세액)은 미지급세금(또는 미수금)으로, 경감세액은 잡이익으로, 가산세는 세금과공과(판관비)로 회계처리한다) (3점)

> · 부가세대급금 : 12,400,000원
> · 부가세예수금 : 240,000원
> · 전자신고세액공제액 : 10,000원
> · 세금계산서지연발급가산세 : 24,000원

□□□

(5) 당기분 법인세가 27,800,000원(법인지방소득세 포함)으로 확정되었다. 회사는 법인세 중간예납세액과 이자소득 원천징수세액의 합계액 11,000,000원을 선납세금으로 계상하고 있었다. (3점)

문제 5 2024년 귀속 원천징수자료와 관련하여 다음의 물음에 답하시오. (15점)

□□□

(1) 다음은 자재부 사원 김경민(사번 : 101)의 부양가족 자료이다. 부양가족은 모두 생계를 함께하고 있으며 세부담 최소화를 위해 가능하면 김경민이 모두 공제받고자 한다. [사원등록] 메뉴의 [부양가족명세]를 작성하시오. (단, 기본공제대상자가 아닌 경우에는 입력하지 말 것) (5점)

성명	관계	주민등록번호	동거 여부	비고
김경민	본인	660213-1234564	세대주	총급여 50,000,000원
정혜미	배우자	640415-2215673	동거	퇴직소득금액 100만 원
김경희	동생	710115-2157892	동거	일용근로소득 550만 원, 장애인(장애인복지법)
김경우	부친	410122-1789542	주거형편상 별거	이자소득 2천만 원
박순란	모친	410228-2156774	주거형편상 별거	소득없음
정지원	처남	700717-1333453	동거	양도소득금액 100만 원, 장애인(중증환자)
김기정	아들	961111-1123453	주거형편상 별거	취업준비생, 일용근로소득 500만 원
김지은	딸	041230-4156877	동거	사업소득금액 100만 원

□□□

(2) 다음은 진도준(사번 : 15, 입사일 : 2024. 1. 2.) 사원의 연말정산 관련 자료이다. [연말정산추가자료입력] 메뉴의 [부양가족] 탭 및 관련된 탭, [연금저축] 탭을 작성하여 연말정산을 완료하시오. (단, 근로자 본인의 세부담이 최소화되도록 한다) (10점)

1. 가족사항 (모두 동거하며, 생계를 같이하고, 아래 제시된 자료 외의 다른 소득은 없음)

관계	성명	주민등록번호	소득	비고
본인	진도준	781030 - 1224110	총급여 8,000만 원	세대주
어머니	박정희	500511 - 2148715	종합과세금융소득 2,400만 원	-
배우자	김선영	810115 - 2347235	분리과세 선택 기타소득 300만 원	-
아들	진도진	150131 - 3165617	소득 없음	초등학생
아들	진시진	180121 - 3165112	소득 없음	유치원생

※ 기본공제대상자가 아닌 경우 기본공제 "부"로 입력할 것

2. 연말정산 자료 (별도의 언급이 없는 한 국세청 홈택스에서 조회된 자료임)

구분	내용
보험료	· 진도준 보장성보험료 : 2,200,000원 · 진도진 보장성보험료 : 480,000원 · 진시진 보장성보험료 : 456,000원
교육비	· 진도준 대학원 수업료 : 8,000,000원 · 박정희 사이버대학 수업료 : 2,050,000원 · 진도진 영어보습학원비 : 2,640,000원 · 진도진 태권도학원비 : 1,800,000원 · 진시진 축구교실학원비 : 1,200,000원(진시진의 축구교실학원비는 국세청 홈택스 연말정산간소화서비스에서 조회한 자료가 아니며, 교육비세액공제 요건을 충족하지 못하는 것으로 확인되었다)
의료비	· 진도준 질병 치료비 : 3,000,000원(진도준 신용카드 결제) · 진도준 시력보정용 렌즈 구입비용 : 600,000원(1건, 진도준 신용카드 결제) - 구입처 : 렌즈모아(사업자등록번호 105-68-23521) - 의료비증빙코드 : 기타영수증 · 박정희 질병 치료비 : 3,250,000원(진도준 신용카드 결제) - 보험업법에 따른 보험회사에서 실손의료보험금 2,000,000원 수령
신용카드 등 사용액	· 진도준 신용카드 사용액 : 32,000,000원(전통시장 사용분 2,000,000원 포함) · 진도준 현금영수증 사용액 : 3,200,000원(전통시장 사용분 200,000원 포함) · 진도준 체크카드 사용액 : 2,382,000원(대중교통 사용분 182,000원 포함) · 진도준 신용카드 사용액은 의료비 지출액이 모두 포함된 금액이다. · 전년 대비 소비증가분은 없다.
기타	· 진도준 연금저축계좌 납입액 : 2,400,000원(2024년 가입, 2024년 납입분) - 삼성생명보험㈜ 계좌번호 : 153-05274-72339

▶ 정답 및 해설 | p.25

제108회 기출문제

✓ 다시 봐야 할 문제(틀린 문제, 풀지 못한 문제, 헷갈리는 문제 등)는 회독별로 문제 번호 위 네모박스(□)에 체크하여 반복 학습할 수 있습니다.

이론시험

다음 문제를 보고 알맞은 것을 골라 [이론문제 답안작성] 메뉴에 입력하시오. (객관식 문항당 2점)

● 기 본 전 제 ●

문제에서 한국채택국제회계기준을 적용하도록 하는 전제조건이 없는 경우, 일반기업회계기준을 적용한다.

□□□

1. 다음 중 회계정책, 회계추정의 변경 및 오류에 대한 설명으로 틀린 것은?

① 회계추정 변경의 효과는 당해 회계연도 개시일부터 적용한다.
② 변경된 새로운 회계정책은 원칙적으로 전진적으로 적용한다.
③ 매기 동일한 회계추정을 사용하면 비교가능성이 증대되어 재무제표의 유용성이 향상된다.
④ 매기 동일한 회계정책을 사용하면 비교가능성이 증대되어 재무제표의 유용성이 향상된다.

□□□

2. 다음 중 주식배당에 대한 설명으로 가장 옳지 않은 것은?

① 주식발행 회사의 순자산은 변동이 없으며, 주주 입장에서는 주식 수 및 단가만 조정한다.
② 주식발행 회사의 입장에서는 배당결의일에 미처분이익잉여금이 감소한다.
③ 주식의 주당 액면가액이 증가한다.
④ 주식발행 회사의 자본금이 증가한다.

□□□

3. 비용의 인식이란 비용이 귀속되는 보고기간을 결정하는 것을 말하며, 관련 수익과의 대응 여부에 따라 수익과 직접대응, 합리적인 기간 배분, 당기에 즉시 인식의 세 가지 방법이 있다. 다음 중 비용인식의 성격이 나머지와 다른 하나는 무엇인가?

① 감가상각비 ② 급여 ③ 광고선전비 ④ 기업업무추진비

□□□

4. 다음 중 재무상태표와 손익계산서에 모두 영향을 미치는 오류에 해당하는 것은?

① 만기가 1년 이내에 도래하는 장기채무를 유동성대체하지 않은 경우
② 매출할인을 영업외비용으로 회계처리한 경우
③ 장기성매출채권을 매출채권으로 분류한 경우
④ 감가상각비를 과대계상한 경우

□□□

5. 아래의 자료에서 기말재고자산에 포함해야 할 금액은 모두 얼마인가?

· 선적지 인도조건으로 매입한 미착상품 : 1,000,000원
· 도착지 인도조건으로 판매한 운송 중인 상품 : 3,000,000원
· 담보로 제공한 저당상품 : 5,000,000원
· 반품률을 합리적으로 추정 가능한 상태로 판매한 상품 : 4,000,000원

① 4,000,000원 ② 8,000,000원 ③ 9,000,000원 ④ 13,000,000원

□□□

6. 제조부서에서 사용하는 비품의 감가상각비 700,000원을 판매부서의 감가상각비로 회계처리할 경우 해당 오류가 당기손익에 미치는 영향으로 옳은 것은? (단, 당기에 생산한 제품은 모두 당기 판매되고, 기초 및 기말재공품은 없는 것으로 가정한다)

① 제품매출원가가 700,000원만큼 과소계상된다.
② 매출총이익이 700,000원만큼 과소계상된다.
③ 영업이익이 700,000원만큼 과소계상된다.
④ 당기순이익이 700,000원만큼 과소계상된다.

□□□

7. 다음은 ㈜광명의 원가 관련 자료이다. 당기의 가공원가는 얼마인가?

· 직접재료 구입액 : 110,000원
· 직접재료 기말재고액 : 10,000원
· 직접노무원가 : 200,000원
· 고정제조간접원가 : 500,000원
· 변동제조간접원가는 직접노무원가의 3배이다.

① 900,000원 ② 1,100,000원 ③ 1,300,000원 ④ 1,400,000원

□□□

8. 다음의 자료에서 설명하는 원가행태의 예시로 가장 올바른 것은?

· 조업도가 '0'이라도 일정한 원가가 발생하고 조업도가 증가할수록 원가도 증가한다.
· 혼합원가(Mixed Costs)라고도 한다.

① 직접재료원가 ② 임차료 ③ 수선비 ④ 전기요금

□□□

9. 종합원가계산제도하의 다음 물량흐름 자료를 참고하여 ㉠과 ㉡의 차이를 구하면 얼마인가?

· 재료원가는 공정 초에 전량 투입되며, 가공원가는 공정 전반에 걸쳐 균등하게 발생한다.
· 기초재공품 : 300개(완성도 40%)
· 당기착수량 : 700개
· 기말재공품 : 200개(완성도 50%)
· 당기완성품 : 800개
· 평균법에 의한 가공원가의 완성품환산량은 (㉠)개이다.
· 선입선출법에 의한 가공원가의 완성품환산량은 (㉡)개이다.

① 100개 ② 120개 ③ 150개 ④ 200개

□□□

10. 다음 중 공손 및 작업폐물의 회계처리에 대한 설명으로 틀린 것은?

① 정상적이면서 모든 작업에 공통되는 공손원가는 공손이 발생한 제조부문에 부과하여 제조간접원가의 배부과정을 통해 모든 작업에 배부되도록 한다.

② 비정상공손품의 제조원가가 80,000원이고, 처분가치가 10,000원이라면 다음과 같이 회계처리한다.

(차) 공손품	10,000원	(대) 재공품	80,000원
공손손실	70,000원		

③ 작업폐물이 정상적이면서 모든 작업에 공통되는 경우에는 처분가치를 제조간접원가에서 차감한다.

④ 비정상공손은 생산과정에서 불가피하게 발생하는 공손이다.

□□□

11. 다음 중 부가가치세법에 따른 과세거래에 대한 설명으로 틀린 것은?

① 자기가 주요자재의 일부를 부담하는 가공계약에 따라 생산한 재화를 인도하는 것은 재화의 공급으로 본다.

② 사업자가 위탁가공을 위하여 원자재를 국외의 수탁가공 사업자에게 대가 없이 반출하는 것은 재화의 공급으로 보지 아니한다.

③ 주된 사업과 관련하여 용역의 제공 과정에서 필연적으로 생기는 재화의 공급은 주된 용역의 공급에 포함되는 것으로 본다.

④ 사업자가 특수관계인에게 사업용 부동산의 임대용역을 무상으로 제공하는 것은 용역의 공급으로 본다.

□□□

12. 다음 중 부가가치세법에 따른 신고와 납부에 대한 설명으로 틀린 것은?

① 모든 사업자는 예정신고기간의 과세표준과 납부세액을 관할 세무서장에게 신고해야 한다.

② 간이과세자에서 해당 과세기간 개시일 현재 일반과세자로 변경된 경우 예정고지가 면제된다.

③ 조기에 환급을 받기 위하여 신고한 사업자는 이미 신고한 과세표준과 납부한 납부세액 또는 환급받은 세액은 신고하지 아니한다.

④ 폐업하는 경우 폐업일이 속한 달의 다음 달 25일까지 과세표준과 세액을 신고해야 한다.

□□□

13. 다음 중 세금계산서에 대한 설명으로 가장 올바르지 않은 것은?

① 소매업을 영위하는 사업자가 영수증을 발급한 경우, 상대방이 세금계산서를 요구할지라도 세금계산서를 발행할 수 없다.
② 세관장은 수입자에게 세금계산서를 발급하여야 한다.
③ 면세사업자도 재화를 공급하는 경우 계산서를 발급하여야 한다.
④ 매입자발행세금계산서 발급이 가능한 경우가 있다.

□□□

14. 다음 중 소득세법상 비과세되는 근로소득이 아닌 것은?

① 근로자가 출장여비로 실제 소요된 비용을 별도로 지급받지 않고 본인 소유의 차량을 직접 운전하여 업무수행에 이용한 경우 지급하는 월 20만 원 이내의 자가운전보조금
② 회사에서 현물식사를 제공하는 대신에 별도로 근로자에게 지급하는 월 20만 원의 식대
③ 근로자가 6세 이하 자녀보육과 관련하여 받는 급여로서 월 20만 원 이내의 금액
④ 대주주인 출자임원이 사택을 제공받음으로써 얻는 이익

□□□

15. 소득세법상 다음 자료에 의한 소득만 있는 거주자의 당해 연도 귀속 종합소득금액은 모두 얼마인가?

· 사업소득금액(도소매업) : 25,000,000원
· 사업소득금액(음식점업) : △10,000,000원
· 사업소득금액(비주거용 부동산임대업) : △7,000,000원
· 상용근로소득금액 : 13,000,000원
· 양도소득금액 : 20,000,000원

① 21,000,000원 ② 28,000,000원 ③ 41,000,000원 ④ 48,000,000원

실무시험

㈜세아산업(회사코드 : 0208)은 제조 및 도·소매업을 영위하는 중소기업으로, 당기(10기) 회계기간은 2024. 1. 1.~2024. 12. 31.이다. 전산세무회계 수험용 프로그램을 이용하여 다음 물음에 답하시오.

● 기 본 전 제 ●

- 문제에서 한국채택국제회계기준을 적용하도록 하는 전제조건이 없는 경우, 일반기업회계기준을 적용하여 회계처리한다.
- 문제의 풀이와 답안작성은 제시된 문제의 순서대로 진행한다.

문제 1 [일반전표입력] 메뉴를 이용하여 다음의 거래자료를 입력하시오. (15점)

● 입력 시 유의사항 ●

- 일반적인 적요의 입력은 생략하지만, 타계정 대체거래는 적요번호를 선택하여 입력한다.
- 채권·채무와 관련된 거래는 별도의 요구가 없는 한 반드시 기등록된 거래처코드를 선택하는 방법으로 거래처명을 입력한다.
- 제조경비는 500번대 계정코드를, 판매비와관리비는 800번대 계정코드를 사용한다.
- 회계처리 시 계정과목은 별도의 제시가 없는 한 등록된 계정과목 중 가장 적절한 과목으로 한다.

□□□

(1) 2월 11일 영업부의 거래처 직원인 최민영의 자녀 돌잔치 축의금으로 100,000원을 보통예금 계좌에서 이체하였다. (3점)

□□□

(2) 3월 31일 제조공장의 직원을 위해 확정기여형(DC) 퇴직연금에 가입하고 당월분 납입액 2,700,000원을 보통예금 계좌에서 퇴직연금 계좌로 이체하였다. (3점)

□□□

(3) 5월 30일 당사는 유상증자를 통해 보통주 5,000주를 주당 4,000원(주당 액면가액 5,000원)에 발행하고, 증자대금은 보통예금 계좌로 입금되었다. 유상증자일 현재 주식발행초과금 잔액은 2,000,000원이다. (3점)

□□□

(4) 7월 10일 래인상사㈜로부터 제품 판매대금으로 수령한 3개월 만기 약속어음 20,000,000원을 하나은행에 할인하고, 할인수수료 550,000원을 차감한 잔액이 보통예금 계좌로 입금되었다. (단, 차입거래로 회계처리할 것) (3점)

□□□

(5) 12월 13일 당사의 거래처인 ㈜서울로부터 기계장치를 무상으로 받았다. 동 기계장치의 공정가치는 3,800,000원이다. (3점)

문제 2 [매입매출전표입력] 메뉴를 이용하여 다음의 거래자료를 입력하시오. (15점)

● 입력 시 유의사항 ●

- 일반적인 적요의 입력은 생략하지만, 타계정 대체거래는 적요번호를 선택하여 입력한다.
- 채권·채무 관련 거래는 별도의 요구가 없는 한 반드시 기등록된 거래처코드를 선택하는 방법으로 거래처명을 입력한다.
- 제조경비는 500번대 계정코드를, 판매비와관리비는 800번대 계정코드를 사용한다.
- 회계처리 시 계정과목은 등록된 계정과목 중 가장 적절한 과목으로 한다.
- 입력화면 하단의 분개까지 처리하고, 세금계산서 및 계산서는 전자 여부를 입력하여 반영한다.

□□□

(1) 10월 8일 수출업체인 ㈜상상에 구매확인서에 의하여 제품을 10,000,000원에 판매하고, 영세율전자세금계산서를 발급하였다. 판매대금은 당월 20일에 지급받는 것으로 하였다. (단, 서류번호의 입력은 생략한다) (3점)

□□□

(2) 10월 14일 제조공장에서 사용하는 화물용 트럭의 접촉 사고로 인해 파손된 부분을 안녕정비소에서 수리하고, 1,650,000원(부가가치세 포함)을 법인카드(㈜순양카드)로 결제하였다. (단, 지출비용은 차량유지비 계정을 사용한다) (3점)

카드매출전표

카드종류 : ㈜순양카드
카드번호 : 2224-1222-****-1347
거래일시 : 20xx.10.14. 22:05:16
거래유형 : 신용승인
금　　액 : 1,500,000원
부 가 세 : 150,000원
합　　계 : 1,650,000원
결제방법 : 일시불
승인번호 : 71999995
은행확인 : 하나은행

가맹점명 : 안녕정비소
- 이 하 생 략 -

□□□

(3) 11월 3일 ㈜바이머신에서 10월 1일에 구입한 기계장치에 하자가 있어 반품하고 아래와 같이 수정세금계산서를 발급받았으며 대금은 전액 미지급금과 상계처리하였다. (단, 분개는 음수(-)로 회계처리할 것) (3점)

수정전자세금계산서						승인번호			
공급자	등록번호	105-81-72040	종사업장번호		공급받는자	등록번호	202-81-03655	종사업장번호	
	상호(법인명)	㈜바이머신	성명(대표자)	한만군		상호(법인명)	㈜세아산업	성명(대표자)	오세아
	사업장 주소	경북 칠곡군 석적읍 강변대로 220				사업장 주소	서울시 동대문구 겸재로 16		
	업태	도소매	종목	기타 기계 및 장비		업태	제조, 도소매	종목	컴퓨터 부품
	이메일					이메일			

작성일자	공급가액	세액	수정사유	비고
20xx-11-03	-30,000,000원	-3,000,000원	재화의 환입	당초 작성일자(10월 1일)

월	일	품목	규격	수량	단가	공급가액	세액	비고
11	3	기계장치				-30,000,000원	-3,000,000원	

합계금액	현금	수표	어음	외상미수금	위 금액을 (청구) 함
-33,000,000원				-33,000,000원	

□□□

(4) 11월 11일 빼빼로데이를 맞아 당사의 영업부 직원들에게 선물하기 위해 미리 주문하였던 초콜릿을 ㈜사탕으로부터 인도받았다. 대금 2,200,000원(부가가치세 포함) 중 200,000원은 10월 4일 계약금으로 지급하였으며, 나머지 금액은 보통예금 계좌에서 지급하고 아래의 전자세금계산서를 수취하였다. (3점)

수정전자세금계산서						승인번호			
공급자	등록번호	178-81-12341	종사업장번호		공급받는자	등록번호	202-81-03655	종사업장번호	
	상호(법인명)	㈜사탕	성명(대표자)	박사랑		상호(법인명)	㈜세아산업	성명(대표자)	오세아
	사업장 주소	서울특별시 동작구 여의대방로 28				사업장 주소	서울시 동대문구 겸재로 16		
	업태	소매업	종목	과자류		업태	제조, 도소매	종목	컴퓨터 부품
	이메일					이메일			

작성일자	공급가액	세액	수정사유	비고
20xx-11-11	2,000,000원	200,000원	해당 없음	계약금 200,000원 수령 (10월 4일)

월	일	품목	규격	수량	단가	공급가액	세액	비고
11	11	힘내라 초콜렛 외			2,000,000원	2,000,000원	200,000원	

합계금액	현금	수표	어음	외상미수금	위 금액을 (영수) 함
2,200,000원	2,200,000원				

□□□

(5) 12월 28일 비사업자인 개인 소비자에게 사무실에서 사용하던 비품(취득원가 1,200,000원, 감가상각누계액 960,000원)을 275,000원(부가가치세 포함)에 판매하고, 대금은 보통예금 계좌로 받았다. (별도의 세금계산서나 현금영수증을 발급하지 않았으며, 거래처 입력은 생략한다) (3점)

문제 3 부가가치세 신고와 관련하여 다음 물음에 답하시오. (10점)

□□□

(1) 다음은 올해 2기 부가가치세 예정신고기간의 신용카드 매출 및 매입자료이다. 아래 자료를 이용하여 [신용카드매출전표등발행금액집계표]와 [신용카드매출전표등수령명세서(갑)]을 작성하시오. (단, 매입처는 모두 일반과세자이다) (4점)

1. 신용카드 매출

거래일자	거래내용	공급가액	부가가치세	합계	비고
7월 17일	제품매출	4,000,000원	400,000원	4,400,000원	전자세금계산서를 발급하고 신용카드로 결제받은 3,300,000원이 포함되어 있다.
8월 21일	제품매출	3,000,000원	300,000원	3,300,000원	
9월 30일	제품매출	2,000,000원	200,000원	2,200,000원	

2. 신용카드 매입

거래일자	상호	사업자번호	공급가액	부가가치세	비고
7월 11일	㈜가람	772-81-10112	70,000원	7,000원	사무실 문구 구입 - 법인(신한)카드 사용
8월 15일	㈜기쁨	331-80-62014	50,000원	5,000원	거래처 선물 구입 - 법인(신한)카드 사용
9월 27일	자금성	211-03-54223	10,000원	1,000원	직원 간식 구입 - 직원 개인카드 사용

※ 법인(신한)카드 번호 : 7777-9999-7777-9999
직원 개인카드 번호 : 3333-5555-3333-5555

□□□

(2) 다음의 자료를 이용하여 올해 1기 부가가치세 확정신고기간(4월~6월)에 대한 [대손세액공제신고서]를 작성하시오. (4점)

· 대손이 발생된 매출채권은 아래와 같다.

공급일자	거래상대방	계정과목	공급대가	비고
2024. 1. 5.	정성㈜	외상매출금	11,000,000원	부도발생일(2024. 3. 31.)
2023. 9. 1.	수성㈜	받을어음	7,700,000원	부도발생일(2023. 11. 1.)
2021. 5. 10.	금성㈜	외상매출금	5,500,000원	상법상 소멸시효 완성(2024. 5. 10.)
2023. 1. 15.	우강상사	단기대여금	2,200,000원	자금 차입자의 사망(2024. 6. 25.)

· 전기에 대손세액공제(사유 : 전자어음부도, 당초공급일 : 2023.1.5., 대손확정일자 : 2023. 10.1.)를 받았던 매출채권(공급대가 : 5,500,000원, 매출처 : 비담㈜, 111-81-33339)의 50%를 2024. 5. 10.에 회수하였다.

□□□

(3) 당 법인의 올해 1기 예정신고기간의 부가가치세신고서를 작성 및 마감하여 부가가치세 전자신고를 수행하시오. (2점)

1. 부가가치세신고서와 관련 부속서류는 마감되어 있다.
2. [전자신고] → [국세청 홈택스 전자신고변환(교육용)] 순으로 진행한다.
3. 전자신고용 전자파일 제작 시 신고인 구분은 2.납세자 자진신고로 선택하고, 비밀번호는 "12341234"로 입력한다.
4. 전자신고용 전자파일 저장경로는 로컬디스크(C:)이며, 파일명은 "enc작성연월일.101.v2028103655"이다.
5. 최종적으로 국세청 홈택스에서 [전자파일 제출하기]를 완료한다.

문제 4 다음 결산자료를 입력하여 결산을 완료하시오. (15점)

□□□

(1) 올해 6월 1일에 제조공장에 대한 화재보험료(보험기간 : 올해 6. 1.~내년 5. 31.) 3,000,000원을 전액 납입하고 즉시 비용으로 회계처리하였다. (단, 음수(-)로 회계처리하지 말고, 월할 계산할 것) (3점)

□□□

(2) 보통예금(우리은행)의 잔액이 (-)7,200,000원으로 계상되어 있어 거래처원장을 확인해보니 마이너스통장으로 확인되었다. (3점)

□□□

(3) 다음은 기말 현재 보유하고 있는 매도가능증권(투자자산)의 내역이다. 이를 반영하여 매도가능증권의 기말평가에 대한 회계처리를 하시오. (3점)

회사명	전년도 취득가액	전년도 기말 공정가액	당해연도 기말 공정가액
㈜대박	159,000,000원	158,500,000원	135,000,000원

□□□

(4) 결산일 현재 외상매출금 잔액과 미수금 잔액에 대해서만 1%의 대손충당금(기타채권 제외)을 보충법으로 설정하고 있다. (3점)

□□□

(5) 당기(20x3년) 기말 현재 보유 중인 상각 대상 무형자산은 다음과 같다. (비용은 판매비와관리비로 분류한다) (3점)

- 계정과목 : 특허권　　・ 취득원가 : 4,550,000원
- 내용연수 : 7년　　・ 취득일자 : 20x1. 4. 1.　　・ 상각방법 : 정액법

문제 5 2024년 귀속 원천징수자료와 관련하여 다음의 물음에 답하시오. (15점)

□□□

(1) 다음은 영업부 최철수 과장(사원코드 : 101)의 3월과 4월의 급여자료이다. 3월과 4월의 [급여자료입력]과 [원천징수이행상황신고서]를 작성하시오. (단, 원천징수이행상황신고서는 각각 작성할 것) (5점)

1. 회사 사정으로 인해 3월과 4월 급여는 4월 30일에 일괄 지급되었다.

2. 수당 및 공제항목은 불러온 자료는 무시하고, 아래 자료에 따라 입력하되 사용하지 않는 항목은 "부"로 등록한다.

3. 급여자료

구분	3월	4월	비고
기본급	2,800,000원	3,000,000원	
식대	100,000원	200,000원	현물식사를 별도로 제공하고 있다.
지급총액	2,900,000원	3,200,000원	
국민연금	135,000원	135,000원	
건강보험	104,850원	115,330원	
장기요양보험	13,430원	14,770원	
고용보험	23,200원	25,600원	
건강보험료정산	-	125,760원	공제소득유형 : 5.건강보험료정산
장기요양보험정산	-	15,480원	공제소득유형 : 6.장기요양보험정산
소득세	65,360원	91,460원	
지방소득세	6,530원	9,140원	
공제총액	348,370원	532,540원	
차인지급액	2,551,630원	2,667,460원	

□□□

(2) 신영식 사원(사번 : 102, 입사일 : 2024년 5월 1일)의 연말정산과 관련된 자료는 다음과 같다. 아래의 자료를 이용하여 [연말정산추가자료입력] 메뉴의 [소득명세] 탭, [부양가족] 탭, [의료비] 탭, [기부금] 탭, [연금저축 등 I] 탭, [연말정산입력] 탭을 작성하여 연말정산을 완료하시오. (단, 신영식은 무주택 세대주로 부양가족이 없으며, 근로소득 이외에 다른 소득은 없다) (10점)

<table>
<tr><td>현 근무지</td><td>· 급여총액 : 24,800,000원(비과세 급여, 상여, 감면소득 없음)
· 소득세 기납부세액 : 747,200원(지방소득세 : 74,720원)
· 이외 소득명세 탭의 자료는 불러오기 금액을 반영한다.</td></tr>
<tr><td>전(前)
근무지
근로소득
원천징수
영수증</td><td>· 근무처 : ㈜진우상사(사업자번호 : 258-81-84442)
· 근무기간 : 2024. 1. 1.~2024. 4. 20.
· 급여총액 : 20,000,000원(비과세 급여, 상여, 감면소득 없음)
· 건강보험료 : 419,300원
· 장기요양보험료 : 51,440원
· 고용보험료 : 108,000원
· 국민연금 : 540,000원
· 소득세 결정세액 : 200,000원(지방소득세 결정세액 : 20,000원)</td></tr>
<tr><td>연말정산자료</td><td>※ 안경구입비를 제외한 연말정산 자료는 모두 국세청 홈택스 연말정산간소화서비스 자료임
<table>
<tr><th>항목</th><th>내용</th></tr>
<tr><td>보험료
(본인)</td><td>· 일반 보장성 보험료 : 2,000,000원
· 저축성 보험료 : 1,500,000원
※ 계약자와 피보험자 모두 본인이다.</td></tr>
<tr><td>교육비
(본인)</td><td>· 대학원 교육비 : 7,000,000원</td></tr>
<tr><td>의료비
(본인)</td><td>· 질병 치료비 : 3,000,000원(본인 현금 결제, 실손의료보험금 1,000,000원 수령)
· 시력보정용 안경 구입비 : 800,000원(안경원에서 의료비공제용 영수증 수령)
· 미용 목적 피부과 시술비 : 1,000,000원
· 건강증진을 위한 한약 : 500,000원</td></tr>
<tr><td>기부금
(본인)</td><td>· 종교단체 금전 기부금 : 1,200,000원
· 사회복지공동모금회 금전 기부금 : 2,000,000원
※ 지급처(기부처) 상호 및 사업자번호 입력은 생략한다.</td></tr>
<tr><td>연금저축
(본인)</td><td>· 연금저축 납입금액 : 2,000,000원(2024년 가입)
· KEB 하나은행, 계좌번호 : 253 - 660750 - 73308</td></tr>
</table></td></tr>
</table>

▶ 정답 및 해설 | p.32

제107회 기출문제

✓ 다시 봐야 할 문제(틀린 문제, 풀지 못한 문제, 헷갈리는 문제 등)는 회독별로 문제 번호 위 네모박스(□)에 체크하여 반복 학습할 수 있습니다.

이론시험

다음 문제를 보고 알맞은 것을 골라 [이론문제 답안작성] 메뉴에 입력하시오. (객관식 문항당 2점)

기 본 전 제

문제에서 한국채택국제회계기준을 적용하도록 하는 전제조건이 없는 경우, 일반기업회계기준을 적용한다.

□□□

1. 다음 중 재고자산의 취득원가에 포함되지 않는 것은?

① 부동산매매업자가 부동산(재고자산)을 취득하기 위하여 지출한 취득세
② 컴퓨터를 수입하여 판매하는 소매업자가 컴퓨터를 수입하기 위하여 지출한 하역료
③ 가전제품 판매업자가 가전제품을 홍보하기 위하여 지출한 광고비
④ 제품 제조과정에서 발생하는 직접재료원가

□□□

2. 다음 중 아래 자료의 거래로 변동이 있는 자본 항목끼리 바르게 짝지어진 것은?

> ㈜한국은 자기주식 300주(주당 액면금액 500원)를 주당 600원에 취득하여 200주는 주당 500원에 매각하고, 나머지 100주는 소각하였다. ㈜한국의 자기주식 취득 전 자본 항목은 자본금뿐이다.

① 자본금, 자본잉여금
② 자본잉여금, 자본조정
③ 자본금, 자본조정
④ 자본조정, 기타포괄손익누계액

□□□
3. 아래의 자료를 이용하여 20x2년 매도가능증권처분손익을 구하면 얼마인가?

> · 20x1년 3월 1일 : 매도가능증권 1,000주를 주당 7,000원에 취득하였다.
> · 20x1년 12월 31일 : 매도가능증권 1,000주에 대하여 기말 공정가치로 평가하고, 매도가능증권 평가이익 2,000,000원을 인식하였다.
> · 20x2년 3월 1일 : 매도가능증권 100주를 주당 6,000원에 처분하였다.
> · 위 거래 이외에 매도가능증권 관련 다른 거래는 없었다.

① 매도가능증권처분이익 100,000원
② 매도가능증권처분손실 100,000원
③ 매도가능증권처분이익 200,000원
④ 매도가능증권처분손실 200,000원

□□□
4. 다음 중 충당부채에 대한 설명으로 가장 옳지 않은 것은?

① 충당부채의 명목금액과 현재가치의 차이가 중요한 경우에는 의무를 이행하기 위해 예상되는 지출액의 미래가치로 평가한다.
② 충당부채는 최초의 인식시점에서 의도한 목적과 용도로만 사용해야 한다.
③ 충당부채로 인식하기 위해서는 과거 거래의 결과로 현재 의무가 존재하여야 하고, 그 의무를 이행하기 위해 자원이 유출될 가능성이 매우 높아야 한다.
④ 충당부채로 인식하는 금액은 현재의무를 이행하는데 소요되는 지출에 대한 보고기간 말 현재 최선의 추정치여야 한다.

□□□
5. 20x3년 1월 1일 ㈜순양은 영업부가 사용하던 승합자동차를 중고차 매매 중개사이트를 이용하여 8,000,000원에 처분하고, 중고차 매매 중개사이트의 중개수수료 150,000원을 차감한 후 7,850,000원을 지급받았다. 다음은 처분한 승합자동차 관련 자료로 아래의 감가상각방법에 의하여 감가상각하였다. 아래의 자료를 이용하여 계산한 유형자산처분손익은 얼마인가?

구분	사용부서	취득가액	잔존가액	취득일	감가상각방법	내용연수
승합자동차	영업부	15,000,000원	0원	20x1. 1. 1.	정액법	5년

① 유형자산처분이익 1,000,000원
② 유형자산처분이익 850,000원
③ 유형자산처분손실 1,000,000원
④ 유형자산처분손실 1,150,000원

□□□

6. 다음 중 손익계산서에서 확인할 수 있는 항목을 고르시오.

① 당기원재료사용액
② 제조간접원가사용액
③ 당기제품제조원가
④ 기말재공품재고액

□□□

7. 다음 중 변동원가에 대한 설명으로 옳지 않은 것은?

① 조업도가 증가하면 단위당 변동원가도 증가한다.
② 조업도가 감소하면 총변동원가도 감소한다.
③ 직접재료원가는 대개의 경우 변동원가에 해당한다.
④ 일반적으로 단위당 변동원가에 조업도를 곱하여 총변동원가를 계산한다.

□□□

8. 다음 중 종합원가계산의 특징으로 가장 옳은 것은?

① 직접원가와 간접원가로 나누어 계산한다.
② 단일 종류의 제품을 연속적으로 대량 생산하는 경우에 적용한다.
③ 고객의 주문이나 고객이 원하는 형태의 제품을 생산할 때 사용되는 방법이다.
④ 제조간접원가는 원가대상에 직접 추적할 수 없으므로 배부기준을 정하여 배부율을 계산하여야 한다.

□□□

9. 다음 자료를 이용하여 직접노무원가를 계산하면 얼마인가?

· 직접원가(기초원가) : 400,000원 · 가공원가 : 500,000원 · 당기총제조원가 : 800,000원

① 100,000원 ② 200,000원 ③ 300,000원 ④ 400,000원

□□□

10. 각 부문의 용역수수관계와 원가 발생액이 다음과 같을 때, 단계배분법(가공부문의 원가부터 배분)에 따라 보조부문원가를 제조부문에 배분한 후 3라인에 집계되는 제조원가를 구하시오.

제공부문 \ 소비부문	보조부문		제조부문	
	가공부문	연마부문	3라인	5라인
가공부문	-	50%	30%	20%
연마부문	20%	-	35%	45%
발생원가	400,000원	200,000원	500,000원	600,000원

① 690,000원 ② 707,500원 ③ 760,000원 ④ 795,000원

□□□

11. 다음 중 부가가치세법상 신용카드매출전표 등 발급에 대한 세액공제에 관한 설명으로 틀린 것은?

① 법인사업자와 직전 연도의 재화 또는 용역의 공급가액의 합계액이 사업장별로 10억 원을 초과하는 개인사업자는 적용 대상에서 제외한다.
② 신용카드매출전표 등 발급에 대한 세액공제금액은 각 과세기간마다 500만 원을 한도로 한다.
③ 공제대상 사업자가 현금영수증을 발급한 금액에 대해서도 신용카드매출전표 등 발급에 대한 세액공제를 적용한다.
④ 신용카드매출전표 등 발급에 대한 세액공제금액이 납부할 세액을 초과하면 그 초과하는 부분은 없는 것으로 본다.

□□□

12. 다음은 일반과세자인 ㈜한성의 올해 1기 매출 관련 자료이다. 부가가치세 매출세액은 얼마인가?

· 총매출액 : 20,000,000원
· 매출에누리액 : 3,000,000원
· 판매장려금 : 1,500,000원

① 150,000원 ② 300,000원 ③ 1,550,000원 ④ 1,700,000원

□□□

13. 다음 중 부가가치세법상 의제매입세액공제에 대한 설명으로 옳은 것은?

① 법인 음식점은 의제매입세액공제를 받을 수 없다.
② 간이과세자는 의제매입세액공제를 받을 수 없다.
③ 면세농산물 등을 사용한 날이 속하는 예정신고 또는 확정신고 시 공제한다.
④ 일반과세자인 음식점은 농어민으로부터 정규증빙 없이 농산물 등을 구입한 경우에도 공제받을 수 있다.

□□□

14. 주어진 자료에 의하여 아래의 일용근로자의 근로소득에 대하여 원천징수할 세액은 얼마인가?

· 근로소득 : 일당 200,000원 × 4일 = 800,000원
· 근로소득공제 : 1일 150,000원
· 근로소득세액공제 : 근로소득에 대한 산출세액의 100분의 55

① 48,000원 ② 39,000원 ③ 12,000원 ④ 5,400원

□□□

15. 다음은 기업업무추진비에 관한 설명이다. 아래의 빈칸에 각각 들어갈 금액으로 올바르게 짝지어진 것은?

사업자가 한 차례의 접대에 지출한 기업업무추진비 중 경조금의 경우 (가), 그 외의 경우 (나)을 초과하는 적격 증빙 미수취 기업업무추진비는 각 과세기간의 소득금액을 계산할 때 필요경비에 산입하지 아니한다.

	가	나
①	100,000원	10,000원
②	100,000원	30,000원
③	200,000원	10,000원
④	200,000원	30,000원

실무시험

㈜파쇄상회(회사코드 : 0207)는 제조 및 도·소매업을 영위하는 중소기업으로, 당기(12기) 회계기간은 2024. 1. 1.~2024. 12. 31.이다. 전산세무회계 수험용 프로그램을 이용하여 다음 물음에 답하시오.

● 기 본 전 제 ●

- 문제에서 한국채택국제회계기준을 적용하도록 하는 전제조건이 없는 경우, 일반기업회계기준을 적용하여 회계처리한다.
- 문제의 풀이와 답안작성은 제시된 문제의 순서대로 진행한다.

문제 1 [일반전표입력] 메뉴를 이용하여 다음의 거래자료를 입력하시오. (15점)

● 입력 시 유의사항 ●

- 일반적인 적요의 입력은 생략하지만, 타계정 대체거래는 적요번호를 선택하여 입력한다.
- 채권·채무와 관련된 거래는 별도의 요구가 없는 한 반드시 기등록된 거래처코드를 선택하는 방법으로 거래처명을 입력한다.
- 제조경비는 500번대 계정코드를, 판매비와관리비는 800번대 계정코드를 사용한다.
- 회계처리 시 계정과목은 별도의 제시가 없는 한 등록된 계정과목 중 가장 적절한 과목으로 한다.

□□□

(1) 1월 31일 ㈜오늘물산의 1월 31일 현재 외상매출금 잔액이 전부 보통예금 계좌로 입금되었다. (단, 거래처원장을 조회하여 입력할 것) (3점)

□□□

(2) 3월 15일 정기주주총회에서 주식배당 10,000,000원, 현금배당 20,000,000원을 실시하기로 결의하였다. (단, 이월이익잉여금(코드번호 0375) 계정을 사용하고, 현금배당의 10%를 이익준비금으로 적립한다) (3점)

□□□

(3) 4월 21일 외상매출금으로 계상한 해외 매출처인 CTEK의 외화 외상매출금 $23,000 전액을 회수와 동시에 즉시 원화로 환가하여 보통예금 계좌에 입금하였다. 환율은 다음과 같다. (3점)

- 올해 1월 3일 선적일(외상매출금 인식 시점) 적용 환율 : 1,280원/$
- 올해 4월 21일 환가일(외상매출금 입금 시점) 적용 환율 : 1,220원/$

□□□

(4) 8월 5일 단기매매차익을 얻을 목적으로 올해에 취득하여 보유하고 있는 ㈜망고의 주식 100주를 1주당 10,000원에 처분하고 대금은 수수료 등 10,000원을 차감한 금액이 보통예금 계좌로 입금되었다. (단, ㈜망고의 주식 1주당 취득원가는 5,000원이다) (3점)

□□□

(5) 9월 2일 사무실을 임차하기 위하여 ㈜헤리움과 8월 2일에 체결한 임대차계약의 보증금 잔액을 보통예금 계좌에서 이체하여 지급하였다. 다음은 임대차계약서의 일부이다. (3점)

부동산임대차계약서

제1조 위 부동산의 임대차계약에 있어 임차인은 보증금 및 차임을 아래와 같이 지불하기로 한다.

보증금	일금 일천만원정 (₩10,000,000)
계약금	일금 일백만원정 (₩1,000,000)은 계약 시에 지불하고 영수함
잔금	일금 구백만원정 (₩9,000,000)은 9월 2일에 지불함

문제 2 [매입매출전표입력] 메뉴를 이용하여 다음의 거래자료를 입력하시오. (15점)

입력 시 유의사항

- 일반적인 적요의 입력은 생략하지만, 타계정 대체거래는 적요번호를 선택하여 입력한다.
- 채권·채무 관련 거래는 별도의 요구가 없는 한 반드시 기등록된 거래처코드를 선택하는 방법으로 거래처명을 입력한다.
- 제조경비는 500번대 계정코드를, 판매비와관리비는 800번대 계정코드를 사용한다.
- 회계처리 시 계정과목은 등록된 계정과목 중 가장 적절한 과목으로 한다.
- 입력화면 하단의 분개까지 처리하고, 세금계산서 및 계산서는 전자 여부를 입력하여 반영한다.

□□□

(1) 1월 15일 회사 사옥을 신축하기 위해 취득한 토지의 중개수수료에 대하여 부동산중개법인으로부터 아래의 전자세금계산서를 수취하였다. (3점)

전자세금계산서						승인번호				
공급자	등록번호	211-81-41992	종사업장번호		공급받는자	등록번호	301-81-59626		종사업장번호	
	상호(법인명)	㈜동산	성명(대표자)	오미진		상호(법인명)	㈜파쇄상회		성명(대표자)	이미숙
	사업장 주소	서울시 금천구 시흥대로 198-11				사업장 주소	서울시 영등포구 선유동1로 1			
	업태	서비스	종목	부동산중개		업태	제조 외		종목	전자제품
	이메일	ds114@naver.com				이메일	jjsy77@naver.com			

작성일자	공급가액	세액	수정사유	비고
20xx. 1. 15.	10,000,000원	1,000,000원	해당 없음	

월	일	품목	규격	수량	단가	공급가액	세액	비고
1	15	토지 중개수수료				10,000,000원	1,000,000원	

합계금액	현금	수표	어음	외상미수금	이 금액을 청구 함
11,000,000원				11,000,000원	

□□□

(2) 3월 30일 외국인(비사업자)에게 제품을 110,000원(부가가치세 포함)에 판매하고 대금은 현금으로 수령하였다. (단, 구매자는 현금영수증을 요청하지 않았으나 당사는 현금영수증 의무발행사업자로서 적절하게 현금영수증을 발행하였다) (거래처 입력은 생략할 것) (3점)

□□□

(3) 7월 20일 ㈜굳딜과 제품 판매계약을 체결하고 판매대금 16,500,000원(부가가치세 포함)을 보통예금 계좌로 입금받은 후 전자세금계산서를 발급하였다. 계약서상 해당 제품의 인도일은 다음 달 15일이다. (3점)

<table>
<tr><td colspan="6">전자세금계산서</td><td>승인번호</td><td colspan="3"></td></tr>
<tr><td rowspan="5">공급자</td><td>등록번호</td><td>301-81-59626</td><td>종사업장번호</td><td></td><td rowspan="5">공급받는자</td><td>등록번호</td><td>101-81-42001</td><td>종사업장번호</td><td></td></tr>
<tr><td>상호(법인명)</td><td>㈜파쇄상회</td><td>성명(대표자)</td><td>이미숙</td><td>상호(법인명)</td><td>㈜굳딜</td><td>성명(대표자)</td><td>전소민</td></tr>
<tr><td>사업장 주소</td><td colspan="3">서울시 영등포구 선유동1로 1</td><td>사업장 주소</td><td colspan="3">경기 포천시 중앙로 8</td></tr>
<tr><td>업태</td><td>제조 외</td><td>종목</td><td>전자제품</td><td>업태</td><td>제조업</td><td>종목</td><td>자동차부품</td></tr>
<tr><td>이메일</td><td colspan="3">jjsy77@naver.com</td><td>이메일</td><td colspan="3"></td></tr>
</table>

작성일자	공급가액	세액	수정사유	비고
20xx. 7. 20.	15,000,000원	1,500,000원	해당 없음	

월	일	품목	규격	수량	단가	공급가액	세액	비고
7	20	제품 선수금				15,000,000원	1,500,000원	

합계금액	현금	수표	어음	외상미수금	이 금액을 영수 함
16,500,000원	16,500,000원				

□□□

(4) 8월 20일 미국에 소재한 해외 매출거래처인 몽키에게 제품을 5,000,000원에 직수출하고 판매대금은 3개월 후에 받기로 하였다. (단, 수출신고번호 입력은 생략한다) (3점)

□□□

(5) 9월 12일 다음은 영업부 사무실의 임대인으로부터 받은 전자세금계산서이다. (단, 세금계산서 상에 기재된 품목별 계정과목으로 각각 회계처리하시오) (3점)

<table>
<tr><td colspan="6">전자세금계산서</td><td>승인번호</td><td colspan="3"></td></tr>
<tr><td rowspan="5">공급자</td><td>등록번호</td><td>130-55-08114</td><td>종사업장 번호</td><td></td><td rowspan="5">공급받는자</td><td>등록번호</td><td>301-81-59626</td><td>종사업장 번호</td><td></td></tr>
<tr><td>상호 (법인명)</td><td>미래부동산</td><td>성명 (대표자)</td><td>편미선</td><td>상호 (법인명)</td><td>㈜파쇄상회</td><td>성명 (대표자)</td><td>이미숙</td></tr>
<tr><td>사업장 주소</td><td colspan="3">경기도 부천시 길주로 1</td><td>사업장 주소</td><td colspan="3">서울시 영등포구 선유동1로 1</td></tr>
<tr><td>업태</td><td>부동산업</td><td>종목</td><td>부동산임대</td><td>업태</td><td>제조 외</td><td>종목</td><td>전자제품</td></tr>
<tr><td>이메일</td><td colspan="3">futureland@estate.com</td><td>이메일</td><td colspan="3">jjsy77@naver.com</td></tr>
</table>

작성일자	공급가액	세액	수정사유	비고
20xx. 9. 12.	2,800,000원	280,000원	해당 없음	

월	일	품목	규격	수량	단가	공급가액	세액	비고
9	12	임차료				2,500,000원	250,000원	
9	12	건물관리비				300,000원	30,000원	

합계금액	현금	수표	어음	외상미수금	이 금액을 청구 함
3,080,000원				3,080,000원	

문제 3 부가가치세 신고와 관련하여 다음 물음에 답하시오. (10점)

□□□

(1) 아래 자료만을 이용하여 올해 1기 부가가치세 확정신고기간(4. 1.~6. 30.)의 [부가가치세신고서]를 작성하시오. (단, 기존에 입력된 자료는 무시하고, 부속서류 작성은 생략할 것) (6점)

<table>
<tr><td>매출자료</td><td>· 전자세금계산서 발급분 과세 매출액 : 600,000,000원(부가가치세 별도)
· 신용카드매출전표 발급분 과세 매출액 : 66,000,000원(부가가치세 포함)
· 현금영수증 발급분 과세 매출액 : 3,300,000원(부가가치세 포함)
· 중국 직수출액 : 400,000위안
<table><tr><td rowspan="2">일자별 환율</td><td>4월 10일 : 수출신고일</td><td>4월 15일 : 선적일</td><td>4월 20일 : 환가일</td></tr><tr><td>180원/위안</td><td>170원/위안</td><td>160원/위안</td></tr></table>· 대손세액공제 요건을 충족한 소멸시효 완성 외상매출금 : 11,000,000원(부가가치세 포함)</td></tr>
<tr><td>매입자료</td><td>· 세금계산서 수취분 매입액(일반매입) : 공급가액 400,000,000원, 세액 40,000,000원
- 이 중 접대 물품 관련 매입액(공급가액 8,000,000원, 세액 800,000원)이 포함되어 있으며, 나머지는 과세 재고자산의 구입액이다.
· 정상적으로 수취한 종이세금계산서 예정신고 누락분 : 공급가액 5,000,000원, 부가가치세 500,000원</td></tr>
<tr><td>기타자료</td><td>· 매출자료 중 전자세금계산서 지연발급분 : 공급가액 23,000,000원, 세액 2,300,000원
· 부가가치세 신고는 신고기한 내에 당사가 직접 국세청 홈택스에서 전자신고한다.
· 세부담 최소화를 가정한다.</td></tr>
</table>

□□□

(2) 다음 자료를 이용하여 올해 2기 확정신고기간의 [공제받지못할매입세액명세서](「공제받지못할 매입세액내역」 및 「공통매입세액의정산내역」)를 작성하시오. (단, 불러온 자료는 무시하고 직접 입력할 것) (4점)

1. 매출 공급가액에 관한 자료

구분	과세사업	면세사업	합계
7월~12월	450,000,000원	150,000,000원	600,000,000원

2. 매입세액(세금계산서 수취분)에 관한 자료

구분	① 과세사업 관련			② 면세사업 관련		
	공급가액	매입세액	매수	공급가액	매입세액	매수
10월~12월	225,000,000원	22,500,000원	11매	50,000,000원	5,000,000원	3매

3. 올해 2기(7. 1.~12. 31.) 총공통매입세액 : 15,000,000원

4. 올해 2기 예정신고 시 공통매입세액 중 불공제매입세액 : 250,000원

문제 4 다음 결산자료를 입력하여 결산을 완료하시오. (15점)

□□□

(1) 2년 전 7월 1일에 개설한 푸른은행의 정기예금 100,000,000원의 만기일이 내년 6월 30일에 도래한다. (3점)

□□□

(2) 올해 4월 1일 우리㈜에게 70,000,000원을 대여하고 이자는 내년 3월 31일 수령하기로 하였다. (단, 약정이자율은 연 6%이며, 월할 계산할 것) (3점)

□□□

(3) 당기 중 현금 시재가 부족하여 현금과부족으로 처리했던 623,000원을 결산일에 확인한 결과 내용은 다음과 같다. (단, 하나의 전표로 입력하고, 항목별로 적절한 계정과목을 선택할 것) (3점)

내용	금액
불우이웃돕기 성금	500,000원
원재료 구입 시 발생한 운반비(간이영수증 수령)	23,000원
영업부 거래처 직원의 결혼 축의금	100,000원

□□□

(4) 결산일 현재 재고자산을 실사 평가한 결과는 다음과 같다. 기말재고자산 관련 결산분개를 하시오. (단, 각 기말재고자산의 시가와 취득원가는 동일한 것으로 가정한다) (3점)

구분	취득단가	장부상 기말재고	실사한 기말재고	수량 차이 원인
원재료	1,500원	6,500개	6,200개	정상감모
제품	15,500원	350개	350개	-
상품	10,000원	1,500개	1,000개	비정상감모

□□□

(5) 당사는 기말 현재 보유 중인 외상매출금, 받을어음, 단기대여금의 잔액(기타 채권의 잔액은 제외)에 대해서만 1%의 대손충당금을 보충법으로 설정하고 있다. (단, 원 단위 미만은 절사한다) (3점)

문제 5 2024년 귀속 원천징수자료와 관련하여 다음의 물음에 답하시오. (15점)

□□□

(1) 다음은 생산직 근로자인 이현민(사번 : 105)의 3월분 급여 관련 자료이다. 아래 자료를 이용하여 3월분 [급여자료입력]과 [원천징수이행상황신고서]를 작성하시오. (단, 전월미환급세액은 420,000원이다) (5점)

1. 유의사항

※ 수당등록 및 공제항목은 불러온 자료는 무시하고 아래 자료에 따라 입력하며, 사용하는 수당 및 공제 이외의 항목은 "부"로 체크하고, 월정액 여부와 정기·부정기 여부는 무시한다.

※ 원천징수이행상황신고서는 매월 작성하며, 이현민의 급여내역만 반영하고 환급신청은 하지 않기로 한다.

2. 급여명세서 및 급여 관련 자료

3월 급여명세서

㈜파쇄상회

이름	이현민	지급일	3월 31일
기본급	2,600,000원	소득세	10,230원
상여	600,000원	지방소득세	1,020원
식대	100,000원	국민연금	126,000원
자가운전보조금	200,000원	건강보험	98,270원
야간근로수당	200,000원	장기요양보험	12,580원
월차수당	300,000원	고용보험	29,600원
급여합계	4,000,000원	공제합계	277,700원
귀하의 노고에 감사드립니다.		차인지급액	3,722,300원

※ 식대 : 당 회사는 현물식사를 별도로 제공하지 않는다.

※ 자가운전보조금 : 직원 본인 명의의 차량을 소유하고 있고, 그 차량을 업무수행에 이용하는 경우에 자가운전보조금을 지급하고 있으며, 별도의 시내교통비 등을 정산하여 지급하지 않는다.

※ 야간근로수당 : 생산직 근로자가 받는 시간외근무수당으로서 이현민 사원의 기본급은 매월 동일한 것으로 가정한다.

□□□

(2) 다음은 강희찬(사번 : 500) 사원의 연말정산 관련 자료이다. 아래의 자료를 이용하여 [연말정산 추가자료입력] 메뉴의 [부양가족](인별 보험료 및 교육비 포함) 탭을 수정하고, [신용카드 등] 탭, [의료비] 탭, [기부금] 탭을 작성하여 연말정산을 완료하시오. (10점)

1. 가족사항

관계	성명	나이	소득	비고
본인	강희찬	40세	총급여액 6,000만 원	세대주
배우자	송은영	42세	양도소득금액 500만 원	-
아들	강민호	9세	소득 없음	첫째, 올해에 입양 신고함
동생	강성찬	37세	소득 없음	장애인복지법에 따른 장애인

2. 연말정산 자료 : 다음은 근로자 본인이 결제하거나 지출한 금액으로서 모두 국세청 홈택스 연말정산 간소화서비스에서 수집한 자료이다.

구분	내용
신용카드 등 사용액	· 본인 : 신용카드 20,000,000원 - 재직 중인 ㈜파쇄상회의 비용을 본인 신용카드로 결제한 금액 1,000,000원, 자녀 미술학원비 1,200,000원, 대중교통이용액 500,000원이 포함되어 있다. · 아들 : 현금영수증 700,000원 - 자녀의 질병 치료목적 한약구입비용 300,000원, 대중교통이용액 100,000원이 포함되어 있다. · 전년 대비 소비증가분은 없다.
보험료	· 본인 : 생명보험료 2,400,000원(보장성 보험임) · 동생 : 장애인전용보장성보험료 1,700,000원
의료비	· 본인 : 2,700,000원(시력보정용 안경 구입비 600,000원 포함) · 배우자 : 2,500,000원(전액 난임시술비에 해당함) · 아들 : 1,200,000원(현금영수증 수취분 질병 치료목적 한약구입비용 300,000원 포함) · 동생 : 3,100,000원(전액 질병 치료목적으로 지출한 의료비에 해당함)
교육비	· 아들 : 초등학교 수업료 500,000원, 미술학원비 1,200,000원(본인 신용카드 사용분에 포함)
기부금	· 본인 : 종교단체 기부금 1,200,000원(모두 당해연도 금전 지출액임)

3. 근로자 본인의 세부담이 최소화되도록 하고, 제시된 가족들은 모두 생계를 같이하는 동거가족이다.

▶ 정답 및 해설 | p.40

제106회 기출문제

✓ 다시 봐야 할 문제(틀린 문제, 풀지 못한 문제, 헷갈리는 문제 등)는 회독별로 문제 번호 위 네모박스(□)에 체크하여 반복 학습할 수 있습니다.

이론시험

다음 문제를 보고 알맞은 것을 골라 [이론문제 답안작성] 메뉴에 입력하시오. (객관식 문항당 2점)

기 본 전 제

문제에서 한국채택국제회계기준을 적용하도록 하는 전제조건이 없는 경우, 일반기업회계기준을 적용한다.

□□□

1. 다음 중 재무제표 작성과 표시에 대한 설명으로 틀린 것은?

① 자산과 부채는 1년을 기준으로 하여 유동자산 또는 비유동자산, 유동부채 또는 비유동부채로 구분하는 것을 원칙으로 한다.
② 중요하지 않은 항목이라도 성격이나 기능이 유사한 항목과 통합하여 표시할 수 없다.
③ 자산과 부채는 유동성이 높은 항목부터 배열하는 것을 원칙으로 한다.
④ 자본은 자본금, 자본잉여금, 자본조정, 기타포괄손익누계액, 이익잉여금(또는 결손금)으로 분류된다.

□□□

2. 다음 중 현금및현금성자산으로 분류되는 것은?

① 사용 제한 기간이 1년 이내인 보통예금
② 취득 당시 만기가 1년 이내에 도래하는 금융상품
③ 당좌차월
④ 3개월 이내 환매 조건을 가진 환매채

□□□

3. 다음 자료를 이용하여 유동부채에 포함될 금액을 구하면 얼마인가?

· 외상매입금 : 100,000,000원	· 퇴직급여충당부채 : 500,000,000원
· 선수금 : 5,000,000원	· 사채 : 50,000,000원
· 미지급금 : 3,000,000원	

① 655,000,000원 ② 158,000,000원 ③ 108,000,000원 ④ 58,000,000원

□□□

4. 다음 중 유가증권에 대한 설명으로 틀린 것은?

① 단기매매증권에 대한 미실현보유손익은 기타포괄손익누계액으로 처리한다.
② 단기매매증권이 시장성을 상실한 경우에는 매도가능증권으로 분류하여야 한다.
③ 매도가능증권에 대한 미실현보유손익은 기타포괄손익누계액으로 처리한다.
④ 만기가 확정된 채무증권으로서 상환금액이 확정되었거나 확정이 가능한 채무증권을 만기까지 보유할 적극적인 의도와 능력이 있는 경우에는 만기보유증권으로 분류한다.

□□□

5. 다음 중 자본에 영향을 미치는 거래에 해당하지 않는 것은?

① 보통주 500주를 1주당 500,000원에 신규발행하여 증자하였다.
② 정기주주총회에서 현금배당 1,000,000원을 지급하는 것으로 결의하였다.
③ 영업부에서 사용할 비품을 1,500,000원에 구입하고 대금은 현금으로 지급하였다.
④ 직원들에게 연말 상여금 2,000,000원을 현금으로 지급하였다.

□□□

6. 다음 중 원가 집계과정에 대한 설명으로 틀린 것은?

① 당기제품제조원가(당기완성품원가)는 재공품 계정의 차변으로 대체된다.
② 당기총제조원가는 재공품 계정의 차변으로 대체된다.
③ 당기제품제조원가(당기완성품원가)는 제품 계정의 차변으로 대체된다.
④ 제품매출원가는 매출원가 계정의 차변으로 대체된다.

□□□

7. 다음 중 의사결정과의 관련성에 따른 원가에 대한 설명으로 틀린 것은?

① 매몰원가 : 과거의 의사결정으로 이미 발생한 원가로서 어떤 의사결정을 하더라도 회수할 수 없는 원가

② 기회원가 : 자원을 현재 용도 이외에 다른 용도로 사용했을 경우 얻을 수 있는 최대 금액

③ 관련원가 : 의사결정 대안 간에 차이가 나는 원가로 의사결정에 영향을 주는 원가

④ 회피불능원가 : 어떤 의사결정을 하더라도 절약할 수 있는 원가

□□□

8. 다음의 그래프가 나타내는 원가에 대한 설명으로 가장 옳은 것은?

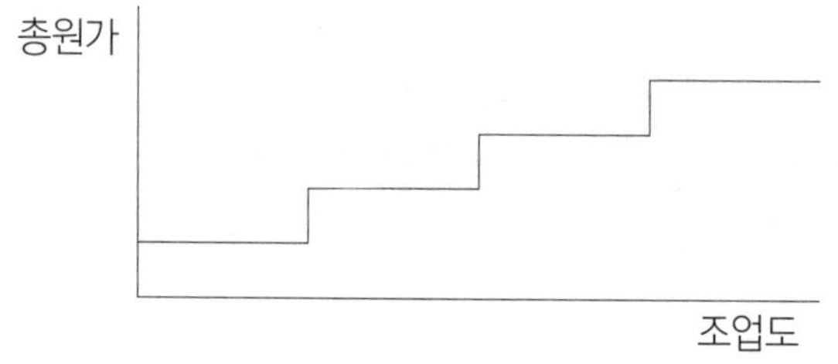

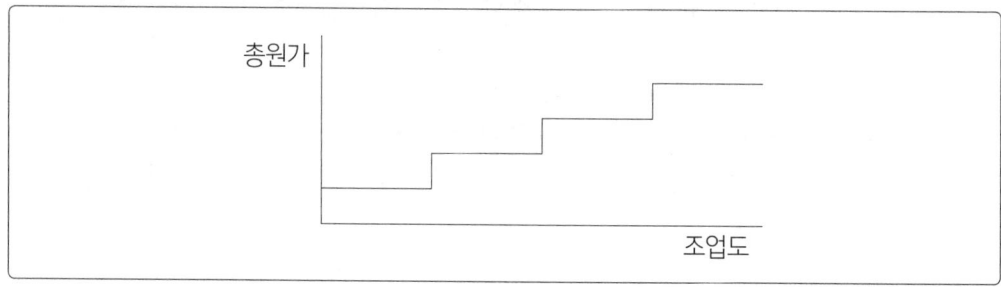

① 변동원가와 고정원가가 혼합된 원가이므로 혼합원가(Mixed Costs)라고도 한다.

② 일정한 범위의 조업도 내에서는 총원가가 일정하지만 조업도 구간이 달라지면 총액(총원가)이 달라진다.

③ 대표적인 예로는 전기요금, 수도요금 등이 있다.

④ 조업도의 변동과 관계없이 일정하게 발생하는 고정원가와 조업도의 변동에 따라 비례하여 발생하는 변동원가의 두 가지 요소를 모두 가지고 있다.

□□□

9. ㈜한양은 직접노무시간을 기준으로 제조간접원가를 예정배부하고 있다. 제조간접원가예산 총액은 3,000,000원이며, 예정 직접노무시간과 실제 직접노무시간은 30,000시간으로 동일하다. 제조간접원가가 100,000원 과소배부되었을 경우 실제 제조간접원가 발생액은 얼마인가?

① 2,900,000원 ② 3,000,000원 ③ 3,100,000원 ④ 3,200,000원

□□□

10. 다음은 제조회사인 ㈜가림의 원가 관련 자료이다. 아래의 자료를 바탕으로 구한 평균법에 의한 완성품환산량 단위당 제조원가는 얼마인가? (단, 모든 제조원가는 공정 전반에 걸쳐 균등하게 투입된다)

- 기초재공품원가 : 직접재료원가 500,000원, 가공원가 : 500,000원
- 당기발생원가 : 직접재료원가 7,000,000원, 가공원가 : 6,000,000원
- 완성품수량 : 5,000개
- 기말재공품수량 : 2,500개(완성도 80%)

① 1,500원 ② 1,700원 ③ 1,800원 ④ 2,000원

□□□

11. 다음 중 우리나라의 부가가치세법에 대한 설명으로 옳은 것은?

가. 우리나라 부가가치세는 간접세이다.
나. 우리나라 부가가치세는 생산지국과세원칙을 적용하고 있다.
다. 우리나라 부가가치세는 지방세이다.
라. 우리나라 부가가치세는 전단계거래액공제법이다.

① 가 ② 가, 나 ③ 가, 다 ④ 가, 라

□□□

12. 다음 중 부가가치세법상 납세지에 대한 설명으로 틀린 것은? (단, 예외 사항은 없는 것으로 한다)

① 광업 : 광업사무소의 소재지
② 제조업 : 최종제품을 완성하는 장소
③ 부동산임대업 : 사업에 관한 업무를 총괄하는 장소
④ 법인 건설업 : 법인의 등기부상 소재지

□□□

13. 다음 중 소득세법상 기본원칙에 대한 설명으로 가장 옳지 않은 것은?

① 종합소득은 원칙적으로 종합과세하고, 퇴직소득과 양도소득은 분류과세한다.
② 사업소득이 있는 거주자의 종합소득세 납세지는 사업장의 소재지로 한다.
③ 소득세의 과세기간은 1월 1일부터 12월 31일까지를 원칙으로 한다.
④ 종합소득세 산출세액 계산 시 종합소득과세표준에 따라 6%~45%의 누진세율이 적용된다.

□□□

14. 소득세법상 아래의 자료에 의한 소득만 있는 거주자의 종합소득금액을 계산하면 얼마인가? (단, 이월결손금은 전년도에 부동산임대 이외의 사업소득에서 발생한 금액이다)

- 부동산임대 이외의 사업소득금액 : 35,000,000원
- 근로소득금액 : 10,000,000원
- 부동산(상가)임대 사업소득금액 : 15,000,000원
- 퇴직소득금액 : 70,000,000원
- 이월결손금 : 50,000,000원

① 10,000,000원 ② 35,000,000원 ③ 60,000,000원 ④ 80,000,000원

□□□

15. 다음 중 소득세법에서 규정하고 있는 원천징수세율이 가장 낮은 소득은 무엇인가?

① 복권당첨소득 중 3억 원 초과분
② 비실명 이자소득(금융실명거래 위반은 아님)
③ 이자소득 중 비영업대금이익
④ 일용근로자의 근로소득

실무시험

수원산업㈜(회사코드 : 0206)은 제조 및 도·소매업을 영위하는 중소기업으로, 당기(9기) 회계기간은 2024. 1. 1.~2024. 12. 31.이다. 전산세무회계 수험용 프로그램을 이용하여 다음 물음에 답하시오.

● 기 본 전 제 ●

- 문제에서 한국채택국제회계기준을 적용하도록 하는 전제조건이 없는 경우, 일반기업회계기준을 적용하여 회계처리한다.
- 문제의 풀이와 답안작성은 제시된 문제의 순서대로 진행한다.

문제 1 [일반전표입력] 메뉴를 이용하여 다음의 거래자료를 입력하시오. (15점)

● 입력 시 유의사항 ●

- 일반적인 적요의 입력은 생략하지만, 타계정 대체거래는 적요번호를 선택하여 입력한다.
- 채권·채무와 관련된 거래는 별도의 요구가 없는 한 반드시 기등록된 거래처코드를 선택하는 방법으로 거래처명을 입력한다.
- 제조경비는 500번대 계정코드를, 판매비와관리비는 800번대 계정코드를 사용한다.
- 회계처리 시 계정과목은 별도의 제시가 없는 한 등록된 계정과목 중 가장 적절한 과목으로 한다.

□□□

(1) 3월 20일 회사는 보유하고 있던 자기주식 300주(1주당 15,000원에 취득)를 모두 주당 17,000원에 처분하고 대금은 보통예금 계좌로 수령하였다. (단, 처분일 현재 자기주식처분손익 잔액을 조회하여 반영할 것) (3점)

□□□

(2) 3월 31일 액면가액 100,000,000원(5년 만기)인 사채를 102,000,000원에 발행하였으며, 대금은 전액 보통예금 계좌로 받았다. (3점)

□□□

(3) 4월 30일 다음은 4월 급여내역으로서 급여 지급일은 4월 30일이며, 보통예금 계좌에서 지급하였다. (단, 하나의 전표로 처리할 것) (3점)

부서	성명	총급여	소득세 등 공제합계	차감지급액
영업부	박유미	2,400,000원	258,290원	2,141,710원
제조부	이옥섭	2,100,000원	205,940원	1,894,060원
합계		4,500,000원	464,230원	4,035,770원

□□□

(4) 5월 13일 ㈜진아로부터 외상매출금 50,000,000원을 조기 회수함에 따른 제품매출할인액(할인율 1%)을 차감한 나머지 금액을 보통예금 계좌로 입금받았다. (단, 부가가치세는 고려하지 말 것) (3점)

□□□

(5) 8월 25일 올해 제1기 확정신고기간의 부가가치세 미납세액 5,000,000원(미지급세금으로 처리함)과 납부지연가산세 200,000원을 법인카드(국민카드)로 납부하였다. 국세 카드납부대행 수수료는 결제금액의 2%가 부과된다. (단, 미지급 카드 대금은 미지급금, 가산세는 세금과공과(판관비), 카드수수료는 수수료비용(판관비)으로 처리하고, 하나의 전표로 회계처리하시오) (3점)

문제 2 [매입매출전표입력] 메뉴를 이용하여 다음의 거래자료를 입력하시오. (15점)

● 입력 시 유의사항 ●

- 일반적인 적요의 입력은 생략하지만, 타계정 대체거래는 적요번호를 선택하여 입력한다.
- 채권·채무 관련 거래는 별도의 요구가 없는 한 반드시 기등록된 거래처코드를 선택하는 방법으로 거래처명을 입력한다.
- 제조경비는 500번대 계정코드를, 판매비와관리비는 800번대 계정코드를 사용한다.
- 회계처리 시 계정과목은 등록된 계정과목 중 가장 적절한 과목으로 한다.
- 입력화면 하단의 분개까지 처리하고, 세금계산서 및 계산서는 전자 여부를 입력하여 반영한다.

□□□

(1) 1월 23일 전기에 당사가 ㈜유진물산에 외상으로 판매한 제품(공급가액 : 5,000,000원, 세액 : 500,000원)에 관한 공급계약이 해제되어 현행 부가가치세법에 따라 아래와 같은 수정전자세금계산서를 발급하였다. (3점)

수정전자세금계산서						승인번호			
공급자	등록번호	602-81-48930	종사업장번호		공급받는자	등록번호	150-81-21411	종사업장번호	
	상호(법인명)	수원산업㈜	성명(대표자)	이준영		상호(법인명)	㈜유진물산	성명(대표자)	최유진
	사업장 주소	경기도 수원시 장안구 파장천로44번길 30				사업장 주소	서울시 서초구 명달로 105		
	업태	제조 외	종목	컴퓨터 및 주변장치 외		업태	도소매	종목	전자제품
	이메일					이메일			

작성일자	공급가액	세액	수정사유	비고
20xx-01-23	-5,000,000원	-500,000원	계약해제	

월	일	품목	규격	수량	단가	공급가액	세액	비고
1	23	제품				-5,000,000원	-500,000원	

합계금액	현금	수표	어음	외상미수금	위 금액을 (청구) 함
-5,500,000원				-5,500,000원	

□□□

(2) 2월 1일 업무용으로 사용할 목적으로 거래처 ㈜기대로부터 업무용 승용차(990cc)를 중고로 구입하였다. 대금은 한 달 후에 지급하기로 하고, 다음의 종이세금계산서를 발급받았다. (3점)

세금계산서(공급받는 자 보관용)

책 번 호 | 권 | 호

일 련 번 호 | | | - | | | | |

공급자	등록번호	106-81-56311			공급받는자	등록번호	602-81-48930	
	상호(법인명)	㈜기대	성명(대표자)	정현우		상호(법인명)	수원산업㈜	성명(대표자) 이준영
	사업장 주소	경기도 성남시 중원구 성남대로 99				사업장 주소	경기도 수원시 장안구 파장천로44번길 30	
	업태	제조, 도소매	종목	전자제품		업태	도소매	종목 컴퓨터 외

작성			공급가액														세액												비고
연	월	일	빈칸 수	조	천	백	십	억	천	백	십	만	천	백	십	일	천	백	십	억	천	백	십	만	천	백	십	일	
xx	2	1	4						1	0	0	0	0	0	0	0						1	0	0	0	0	0	0	

월	일	품목	규격	수량	단가	공급가액	세액	비고
2	1	승용차				10,000,000원	1,000,000원	

합계금액	현금	수표	어음	외상미수금	이 금액을 청구 함
11,000,000원				11,000,000원	

□□□

(3) 3월 24일 정상적인 구매확인서에 의하여 수출업체인 ㈜상도무역에 제품을 납품하고 다음의 영세율 전자세금계산서를 발급하였다. 대금은 다음 달에 지급받기로 하였다. (단, 서류번호 입력은 생략할 것) (3점)

전자세금계산서 | 승인번호 |

공급자	등록번호	602-81-48930	종사업장 번호		공급받는자	등록번호	130-81-55668	종사업장 번호	
	상호(법인명)	수원산업㈜	성명(대표자)	이준영		상호(법인명)	㈜상도무역	성명(대표자)	김영수
	사업장 주소	경기도 수원시 장안구 파장천로44번길 30				사업장 주소	서울시 서초구 강남대로 253		
	업태	제조 외	종목	컴퓨터 및 주변장치 외		업태	도소매, 무역	종목	전자제품
	이메일					이메일			

작성일자	공급가액	세액	수정사유	비고
20xx-03-24	30,000,000원	0원	해당 없음	구매확인서

월	일	품목	규격	수량	단가	공급가액	세액	비고
3	24	제품	SET	10	3,000,000원	30,000,000원	0원	

합계금액	현금	수표	어음	외상미수금	위 금액을 (청구) 함
30,000,000원				30,000,000원	

□□□

(4) 4월　1일　판매한 제품을 배송하기 위하여 ㈜장수운송(일반과세자)에 운반비를 현금으로 지급하고 현금영수증(지출증빙용)을 발급받았다. (3점)

<table>
<tr><th colspan="4">현금영수증</th></tr>
<tr><td colspan="4">· 거래정보</td></tr>
<tr><td>거래일시</td><td colspan="3">20xx-04-01 13:06:22</td></tr>
<tr><td>승인번호</td><td colspan="3">G00260107</td></tr>
<tr><td>거래구분</td><td colspan="3">승인거래</td></tr>
<tr><td>거래용도</td><td colspan="3">지출증빙</td></tr>
<tr><td>발급수단번호</td><td colspan="3">602-81-48930</td></tr>
<tr><td colspan="4">· 거래금액</td></tr>
<tr><td>공급가액</td><td>부가세</td><td>봉사료</td><td>총 거래금액</td></tr>
<tr><td>500,000</td><td>50,000</td><td>0</td><td>550,000</td></tr>
<tr><td colspan="4">· 가맹점 정보</td></tr>
<tr><td>상호</td><td colspan="3">㈜장수운송</td></tr>
<tr><td>사업자번호</td><td colspan="3">114-81-80641</td></tr>
<tr><td>대표자명</td><td colspan="3">남재안</td></tr>
<tr><td>주소</td><td colspan="3">서울시 송파구 문정동 101-2</td></tr>
<tr><td colspan="4">· 익일 홈택스에서 현금영수증 발급 여부를 반드시 확인하시기 바랍니다.
· 홈페이지 (http://www.hometax.go.kr)
- 조회/발급 > 현금영수증 조회 > 사용내역(소득공제) 조회
> 매입내역(지출증빙) 조회
· 관련문의는 국세상담센터(☎126-1-1)</td></tr>
</table>

□□□

(5) 5월　20일　생산부 직원들이 온리푸드에서 회식을 하고 식사비용 495,000원(부가가치세 포함)을 법인카드인 국민카드로 결제하였다. (단, 카드매입에 대한 부가가치세 매입세액 공제요건은 충족하며, 미결제 카드대금은 미지급금으로 처리할 것) (3점)

문제 3 부가가치세 신고와 관련하여 다음 물음에 답하시오. (10점)

□□□

(1) 다음 자료를 바탕으로 올해 2기 확정신고기간(10. 1.~12. 31.)의 [부동산임대공급가액명세서]를 작성하시오. (단, 간주임대료에 대한 정기예금 이자율은 3.5%로 가정한다) (2점)

동수	층수	호수	면적(㎡)	용도	임대기간	보증금(원)	월세(원)	관리비(원)
1	2	201	120	사무실	2022. 12. 1.~2024. 11. 30.	30,000,000	1,700,000	300,000
					2024. 12. 1.~2026. 11. 30.	50,000,000	1,700,000	300,000

- 위 사무실은 세무법인 우람(101-86-73232)에게 최초로 임대를 개시하였으며, 2년 경과 후 계약기간이 만료되어 임대차계약을 갱신하면서 보증금만 인상하기로 하였다.
- 월세와 관리비에 대해서는 정상적으로 세금계산서를 발급하였으며, 간주임대료에 대한 부가가치세는 임대인이 부담하고 있다.

□□□

(2) 다음의 자료만을 이용하여 올해 2기 확정신고기간(10월 1일~12월 31일)의 [부가가치세신고서]를 직접 입력하여 작성하시오. (부가가치세신고서 외의 기타 부속서류의 작성은 생략하며, 불러온 데이터 값은 무시하고 새로 입력할 것) (6점)

매출자료	· 전자세금계산서 매출액 : 공급가액 250,000,000원, 세액 25,000,000원
	  - 영세율 매출은 없음
	· 신용카드 매출액 : 공급가액 30,000,000원, 세액 3,000,000원
	  - 신용카드 매출액은 전자세금계산서 발급분(공급가액 10,000,000원, 세액 1,000,000원)이 포함되어 있음

매입자료	· 전자세금계산서 매입액 : 공급가액 180,000,000원, 세액 18,000,000원
	  - 전자세금계산서 매입액은 업무용승용차(5인승, 2,000cc) 매입액(공급가액 30,000,000원, 세액 3,000,000원)이 포함되어 있으며, 나머지는 원재료 매입액임
	· 신용카드 매입액 : 공급가액 25,000,000원, 세액 2,500,000원
	  - 전액 직원 복리후생 관련 매입액임

예정신고 누락분	· 전자세금계산서 과세 매출액 : 공급가액 20,000,000원, 세액 2,000,000원 - 부당과소신고에 해당하지 않음
기타	· 예정신고 누락분은 확정신고 시 반영하기로 한다. · 올해 2기 예정신고 시 당초 납부기한은 10월 25일이었으며, 2기 확정신고 및 납부일은 다음연도 1월 25일이다. · 국세청 홈택스를 통해 전자신고하고 전자신고세액공제를 받기로 한다. · 전자세금계산서의 발급 및 전송은 정상적으로 이뤄졌다.

□□□

(3) 다음의 자료를 이용하여 올해 2기 부가가치세 예정신고기간(7월~9월)의 [부가가치세신고서]와 관련 부속서류를 전자신고하시오. (2점)

1. 부가가치세신고서와 관련 부속서류는 마감되어 있다.
2. [전자신고] → [국세청 홈택스 전자신고변환(교육용)] 순으로 진행한다.
3. 전자신고용 전자파일 제작 시 신고인 구분은 2.납세자 자진신고로 선택하고, 비밀번호는 "12341234"로 입력한다.
4. 전자신고용 전자파일 저장경로는 로컬디스크(C:)이며, 파일명은 "enc작성연월일.101.v6028148930"이다.
5. 최종적으로 국세청 홈택스에서 [전자파일 제출하기]를 완료한다.

문제 4 다음 결산자료를 입력하여 결산을 완료하시오. (15점)

□□□

(1) 영업부가 7월에 구입한 소모품 800,000원 중 결산일까지 미사용한 소모품은 500,000원이다. 당사는 소모품 구입 시 전액 자산으로 계상하였다. (단, 자산에 대한 계정과목은 소모품을 사용할 것) (3점)

□□□

(2) 전기에 하나은행에서 차입한 $10,000가 당기 결산일 현재 외화장기차입금으로 남아 있으며, 일자별 기준환율은 다음과 같다. (3점)

· 차입일 현재 환율 : 1,500원/$
· 전기말 현재 환율 : 1,575원/$
· 당기말 현재 환율 : 1,545원/$

□□□

(3) 일반기업회계기준에 따라 당기말 현재 보유 중인 매도가능증권(전년도 중 취득)에 대하여 결산일 회계처리를 하시오. (단, 매도가능증권은 비유동자산으로 가정함) (3점)

주식명	주식 수	1주당 취득원가	전년도 말 1주당 공정가치	당기말 1주당 공정가치
㈜세모전자	100주	2,000원	3,300원	3,000원

□□□

(4) 매출채권(외상매출금, 받을어음) 잔액에 대하여 대손율 1%의 대손충당금을 보충법으로 설정하시오. (3점)

□□□

(5) 기말 현재 당기분 법인세(지방소득세 포함)는 20,000,000원으로 산출되었다. (단, 당기분 법인세 중간예납세액 8,300,000원과 이자소득 원천징수세액 700,000원은 선납세금으로 계상되어 있다) (3점)

문제 5 2024년 귀속 원천징수자료와 관련하여 다음의 물음에 답하시오. (15점)

□□□

(1) 다음 자료를 바탕으로 [사원등록] 메뉴를 이용하여 사무직 사원 강하나(내국인, 거주자, 여성, 세대주, 배우자 없음)의 [부양가족명세] 탭을 알맞게 수정하고, [수당공제] 등록과 5월의 [급여자료입력]을 수행하시오. (5점)

1. 부양가족 명세

성명	관계	주민등록번호	내/외국인	동거여부	비고
강하나	본인	830630-2548751	내국인	세대주	근로소득 총급여액 3,000만 원
강인우	본인의 아버지	530420-1434562	내국인	주거형편상 별거	양도소득금액 90만 원
유지인	본인의 어머니	560730-2870985	내국인	주거형편상 별거	근로소득 총급여액 500만 원
이민주	본인의 딸	040805-4123455	내국인	동거	소득 없음
이자유	본인의 아들	080505-3123455	내국인	동거	소득 없음
강하늘	본인의 언니	800112-2434522	내국인	동거	소득 없음, 장애인(중증환자)

※ 본인 및 부양가족의 소득은 위의 소득이 전부이다.

2. 5월분 급여자료

이름	강하나	지급일	5월 31일
기본급	2,000,000원	소득세	19,520원
식대	100,000원	지방소득세	1,950원
자가운전보조금	200,000원	국민연금	85,500원
-	-	건강보험	59,280원
-	-	장기요양보험	7,270원
-	-	고용보험	16,000원
급여계	2,300,000원	공제합계	189,520원
		차인지급액	2,110,480원

· 식대 : 당 회사는 현물식사를 별도로 제공하고 있지 않다.

· 자가운전보조금 : 당사는 본인 명의의 차량을 업무 목적으로 사용한 직원에게만 자가운전보조금을 지급하고 있으며, 실제 발생한 교통비를 별도로 지급하지 않는다.

※ 수당등록 시 월정액 및 통상임금은 고려하지 않으며, 사용하는 수당 이외의 항목은 사용 여부를 "부"로 체크한다.

※ 급여자료입력 시 공제항목의 불러온 데이터는 무시하고 직접 입력하여 작성한다.

□□□

(2) 올해 6월 10일에 입사한 사원 문지율(사번 : 125, 남성, 세대주) 씨의 연말정산 관련 자료는 다음과 같다. [연말정산추가자료입력] 메뉴를 이용하여 전(前) 근무지 관련 근로소득원천징수영수증은 [소득명세] 탭에 입력하고, 나머지 자료에 따라 [부양가족] 탭과 [연말정산입력] 탭을 입력하시오. (제시된 소득 이외의 소득은 없으며, 세부담 최소화를 가정한다) (단, [연말정산입력] 탭에 지출액이 입력되지 않을 경우, [부양가족] 탭에 입력하고 **F8 부양가족탭불러오기** 를 클릭할 것) (10점)

1. 전(前) 근무지 근로소득원천징수영수증
   - 근무기간 : 2024. 1. 1.~2024. 6. 1.
   - 근무처 : 주식회사 영일전자(사업자등록번호 : 603-81-01281)
   - 급여 : 16,200,000원, 상여 : 3,000,000원

세액명세	소득세	지방소득세	공제보험료 명세	건강보험료	113,230원
결정세액	100,000원	10,000원		장기요양보험료	13,890원
기납부세액	300,000원	30,000원		고용보험료	25,920원
차감징수세액	-200,000원	-20,000원		국민연금보험료	145,800원

2. 가족사항 : 모두 생계를 같이함

성명	관계	주민번호	비고
문지율	본인	741010-1187516	현(現) 근무지 총급여액 5,000만 원
김민성	배우자	770101-2843114	일용근로소득금액 1,200만 원
문가영	자녀	071027-4842416	소득 없음
문가빈	자녀	071027-4845119	소득 없음

※ 기본공제대상자가 아닌 경우도 기본공제 "부"로 입력할 것

3. 연말정산추가자료(모두 국세청 연말정산간소화서비스에서 조회한 자료임)

항목	내용
보험료	· 문지율(본인) : 자동차운전자보험료 120만 원 · 문가영(자녀) : 일반보장성보험료 50만 원
의료비	· 김민성(배우자) : 질병 치료비 200만 원 (실손의료보험금 수령액 50만 원, 문지율의 신용카드로 결제) · 문가빈(자녀) : 콘택트렌즈 구입 비용 60만 원(문지율의 신용카드로 결제)
교육비	· 문지율(본인) : 대학원 등록금 1,000만 원 · 문가영(자녀) : 고등학교 교복 구입비 70만 원, 체험학습비 20만 원 · 문가빈(자녀) : 고등학교 교복 구입비 50만 원, 영어학원비 100만 원
신용카드 등 사용액	· 문지율(본인) 신용카드 3,200만 원(아래의 항목이 포함된 금액임) - 전통시장 사용분 150만 원 - 대중교통 사용분 100만 원 - 도서공연 등 사용분 100만 원 - 배우자 및 자녀의 의료비 지출액 260만 원 · 문지율(본인) 현금영수증 : 300만 원 · 김민성(배우자) 현금영수증 : 150만 원 · 전년 대비 소비증가분은 없음

▶ 정답 및 해설 | p.49

제105회 기출문제

✓ 다시 봐야 할 문제(틀린 문제, 풀지 못한 문제, 헷갈리는 문제 등)는 회독별로 문제 번호 위 네모박스(□)에 체크하여 반복 학습할 수 있습니다.

이론시험

다음 문제를 보고 알맞은 것을 골라 [이론문제 답안작성] 메뉴에 입력하시오. (객관식 문항당 2점)

● 기 본 전 제 ●

문제에서 한국채택국제회계기준을 적용하도록 하는 전제조건이 없는 경우, 일반기업회계기준을 적용한다.

□□□

1. 다음은 회계정보의 질적 특성 중 무엇에 대한 설명인가?

회계정보가 정보이용자의 의사결정 목적과 관련 있어야 한다는 것으로서, 회계정보를 이용하지 않고 의사결정하는 경우와 회계정보를 이용하여 의사결정하는 경우를 비교했을 때 의사결정의 내용에 차이가 발생하여야 한다는 특성이다.

① 이해가능성 ② 목적적합성 ③ 신뢰성 ④ 비교가능성

□□□

2. 다음의 자료는 ㈜아주상사의 기말재고자산 내역이다. 재고자산감모손실이 당기 매출총이익에 미치는 영향을 바르게 설명한 것은?

· 장부상 기말재고 수량 : 1,000개
· 단위당 원가 : 1,500원(단위당 시가 : 1,700원)
· 실사에 의한 기말재고 수량 : 950개
· 재고자산감모손실의 5%는 비정상적으로 발생하였다.

① 매출총이익이 71,250원 감소한다.
② 매출총이익이 75,000원 감소한다.
③ 매출총이익이 76,500원 감소한다.
④ 매출총이익이 85,000원 감소한다.

□□□

3. 다음 중 유형자산에 대한 설명으로 틀린 것은?

① 유형자산은 재화의 생산, 용역의 제공, 타인에 대한 임대 또는 자체적으로 사용할 목적으로 보유하는 물리적 형체가 있는 자산을 말한다.
② 유형자산은 1년을 초과하여 사용할 것이 예상되는 자산이다.
③ 정부보조 등에 의해 유형자산을 무상 또는 공정가치보다 낮은 대가로 취득한 경우 그 유형자산의 취득원가는 취득일의 공정가치로 한다.
④ 다른 종류의 자산과의 교환으로 취득한 유형자산의 취득원가는 교환을 위하여 제공한 자산의 장부가액으로 측정한다.

□□□

4. 다음 중 재화의 판매로 인한 수익인식의 조건에 대한 설명으로 옳지 않은 것은?

① 수익금액을 신뢰성 있게 측정할 수 있다.
② 경제적 효익의 유입 가능성이 매우 높다.
③ 재화의 소유에 따른 유의적인 위험과 보상이 판매자에게 있다.
④ 거래와 관련하여 발생했거나 발생할 원가를 신뢰성 있게 측정할 수 있다.

□□□

5. 다음 중 자산과 부채에 대한 설명으로 틀린 것은?

① 우발자산은 자산으로 인식한다.
② 부채는 과거의 거래나 사건의 결과로 현재 기업 실체가 부담하고 있고 미래에 자원의 유출 또는 사용이 예상되는 의무이다.
③ 부채는 원칙적으로 1년을 기준으로 유동부채와 비유동부채로 분류한다.
④ 우발부채는 부채로 인식하지 않고 주석으로 기재한다.

□□□

6. 다음 중 원가의 분류기준에 대한 설명으로 옳지 않은 것은?

① 원가 발생형태에 따른 분류 : 재료원가, 노무원가, 제조경비
② 원가행태에 따른 분류 : 변동원가, 고정원가, 준변동원가, 준고정원가
③ 원가의 추적가능성에 따른 분류 : 제조원가, 비제조원가
④ 의사결정과의 관련성에 따른 분류 : 관련원가, 비관련원가, 기회원가, 매몰원가

□□□

7. 다음 중 제조원가명세서에 대한 설명으로 가장 옳지 않은 것은?

① 당기제품제조원가는 손익계산서상 제품매출원가 계산에 직접적인 영향을 미친다.
② 제조원가명세서상 기말 원재료재고액은 재무상태표에 표시되지 않는다.
③ 당기총제조원가는 재료비, 노무비, 제조경비의 총액을 의미한다.
④ 당기제품제조원가는 당기에 완성된 제품의 원가를 의미한다.

□□□

8. 직접배분법을 이용하여 보조부문 제조간접원가를 제조부문에 배분하고자 한다. 보조부문 제조간접원가를 배분한 후 조립부문의 총원가는 얼마인가?

사용부문 / 제공부문	보조부문		제조부문	
	설비부문	전력부문	조립부문	절단부문
전력부문 공급	60kW	-	500kW	500kW
설비부문 공급	-	100시간	600시간	200시간
자기부문원가	800,000원	400,000원	600,000원	500,000원

① 900,000원 ② 1,300,000원 ③ 1,400,000원 ④ 1,800,000원

□□□

9. 정상개별원가계산을 채택하고 있는 ㈜현탄은 직접노무시간을 기준으로 제조간접원가를 배부하고 있다. 당해연도 초 제조간접원가 예상금액은 1,000,000원, 예상 직접노무시간은 20,000시간이다. 당기말 현재 실제 제조간접원가 발생액은 800,000원, 실제 직접노무시간이 13,000시간일 경우 제조간접원가 배부차이는 얼마인가?

① 150,000원 과소배부 ② 150,000원 과대배부
③ 280,000원 과소배부 ④ 280,000원 과대배부

□□□

10. 아래의 자료를 이용하여 종합원가계산 시 비정상공손수량을 계산하면 몇 개인가? (단, 정상공손은 완성품수량의 8%로 가정한다)

· 기초재공품 : 200개	· 당기착수량 : 900개
· 기말재공품 : 120개	· 공손수량 : 80개

① 5개 ② 6개 ③ 7개 ④ 8개

□□□

11. 다음 중 부가가치세법상 간이과세자에 대한 설명으로 틀린 것은?

① 법인은 간이과세자가 될 수 없다.
② 간이과세자는 의제매입세액 공제를 받을 수 있다.
③ 간이과세자는 공급대가를 과세표준으로 한다.
④ 간이과세자도 영세율을 적용받을 수 있으나 공제세액이 납부세액을 초과하더라도 환급되지 않는다.

□□□

12. 다음 중 부가가치세법상 재화 및 용역의 공급시기에 대한 설명으로 옳지 않은 것은?

① 장기할부판매 : 대가의 각 부분을 받기로 한 때
② 내국물품 외국반출(직수출) : 수출재화의 선(기)적일
③ 무인판매기를 이용하여 재화를 공급하는 경우 : 재화가 인도되는 때
④ 완성도기준지급조건부 : 대가의 각 부분을 받기로 한 때

□□□

13. 다음 중 부가가치세법상 면세 대상 재화 또는 용역에 해당하지 않는 것은?

① 주택과 그 부수토지(범위 내)의 임대용역
② 고속철도에 의한 여객운송용역
③ 연탄과 무연탄
④ 금융·보험용역

□□□

14. 다음 중 소득세법상 인적공제에 대한 설명으로 가장 옳은 것은?

① 기본공제대상 판정에 있어 소득금액 합계액은 종합소득금액, 퇴직소득금액, 양도소득금액을 합하여 판단한다.
② 배우자가 없는 거주자로서 기본공제대상자인 자녀가 있는 경우에도 종합소득금액이 3천만 원을 초과하는 경우에는 한부모추가공제를 적용받을 수 없다.
③ 형제자매의 배우자는 공제대상 부양가족에 포함한다.
④ 부양기간이 1년 미만인 부양가족에 대한 인적공제는 월할 계산한다.

□□□

15. 다음 중 소득세법상 과세 대상 근로소득에 해당하지 않는 것은?

① 주주총회 등 의결기관의 결의에 따라 상여로 받는 소득
② 임원의 퇴직금 중에서 법인세법·소득세법에 따른 한도초과액
③ 사업주가 모든 종업원에게 지급하는 하계 휴가비
④ 임원이 아닌 종업원이 중소기업에서 주택 구입에 소요되는 자금을 저리 또는 무상으로 받음으로써 얻는 이익

실무시험

㈜미수상회(회사코드 : 0205)는 제조 및 도·소매업을 영위하는 중소기업으로, 당기(10기)의 회계기간은 2024. 1. 1.~2024. 12. 31.이다. 전산세무회계 수험용 프로그램을 이용하여 다음 물음에 답하시오.

기 본 전 제

- 문제에서 한국채택국제회계기준을 적용하도록 하는 전제조건이 없는 경우, 일반기업회계기준을 적용하여 회계처리한다.
- 문제의 풀이와 답안작성은 제시된 문제의 순서대로 진행한다.

문제 1 [일반전표입력] 메뉴를 이용하여 다음의 거래자료를 입력하시오. (15점)

입력 시 유의사항

- 일반적인 적요의 입력은 생략하지만, 타계정 대체거래는 적요번호를 선택하여 입력한다.
- 채권·채무와 관련된 거래는 별도의 요구가 없는 한 반드시 기등록된 거래처코드를 선택하는 방법으로 거래처명을 입력한다.
- 제조경비는 500번대 계정코드를, 판매비와관리비는 800번대 계정코드를 사용한다.
- 회계처리 시 계정과목은 별도의 제시가 없는 한 등록된 계정과목 중 가장 적절한 과목으로 한다.

□□□

(1) 1월 12일 미래상사㈜로부터 제품 판매대금으로 수령한 약속어음 15,000,000원을 할인하고, 할인비용 200,000원을 차감한 잔액이 보통예금에 입금되었다. (단, 매각거래로 회계처리 할 것) (3점)

□□□

(2) 2월 5일 생산부 직원들에 대한 확정기여형(DC형) 퇴직연금 납입액 3,000,000원을 보통예금 계좌에서 이체하였다. (3점)

□□□

(3) 3월 31일 미납된 법인세 4,000,000원을 보통예금 계좌에서 이체하여 납부하였다. (단, 미지급한 세금은 부채이다) (3점)

□□□

(4) 5월 5일 유진전자에서 5월 1일에 구입한 3,000,000원의 컴퓨터를 사회복지공동모금회에 기부하였다. (단, 컴퓨터는 구입 시 비품으로 처리하였음) (3점)

□□□

(5) 6월 17일 생산부에서 사용할 청소용품을 현금으로 구입하고 아래의 간이영수증을 수령하였다. (단, 당기 비용으로 처리할 것) (3점)

<table>
<tr><td colspan="5">영 수 증(공급받는자용)</td></tr>
<tr><td colspan="2">No.</td><td colspan="3">㈜미수상회 귀하</td></tr>
<tr><td rowspan="4">공급자</td><td>사업자등록번호</td><td colspan="3">118-05-52158</td></tr>
<tr><td>상호</td><td>서울철물</td><td>성명</td><td>이영민 (인)</td></tr>
<tr><td>사업장소재지</td><td colspan="3">서울시 강남구 도곡동</td></tr>
<tr><td>업태</td><td>도, 소매</td><td>종목</td><td>철물점</td></tr>
<tr><td colspan="2">작성년월일</td><td colspan="2">공급대가 총액</td><td>비고</td></tr>
<tr><td colspan="2">20xx. 6. 17.</td><td colspan="2">20,000원</td><td></td></tr>
<tr><td colspan="5">위 금액을 정히 영수(청구)함.</td></tr>
<tr><td>월일</td><td>품목</td><td>수량</td><td>단가</td><td>공급가(금액)</td></tr>
<tr><td>6. 17.</td><td>청소용품</td><td>2</td><td>10,000원</td><td>20,000원</td></tr>
<tr><td></td><td></td><td></td><td></td><td></td></tr>
<tr><td></td><td></td><td></td><td></td><td></td></tr>
<tr><td></td><td></td><td></td><td></td><td></td></tr>
<tr><td></td><td></td><td></td><td></td><td></td></tr>
<tr><td colspan="3">합계</td><td colspan="2">20,000원</td></tr>
<tr><td colspan="5">부가가치세법시행규칙 제25조의 규정에 의한 (영수증)으로 개정</td></tr>
</table>

문제 2 [매입매출전표입력] 메뉴를 이용하여 다음의 거래자료를 입력하시오. (15점)

● 입력 시 유의사항 ●

- 일반적인 적요의 입력은 생략하지만, 타계정 대체거래는 적요번호를 선택하여 입력한다.
- 채권·채무 관련 거래는 별도의 요구가 없는 한 반드시 기등록된 거래처코드를 선택하는 방법으로 거래처명을 입력한다.
- 제조경비는 500번대 계정코드를, 판매비와관리비는 800번대 계정코드를 사용한다.
- 회계처리 시 계정과목은 등록된 계정과목 중 가장 적절한 과목으로 한다.
- 입력화면 하단의 분개까지 처리하고, 세금계산서 및 계산서는 전자 여부를 입력하여 반영한다.

□□□

(1) 1월 20일 ㈜하이마트에서 탕비실에 비치할 목적으로 냉장고를 3,300,000원(부가가치세 포함)에 현금으로 구입하고, 현금영수증(지출증빙용)을 수취하였다. (단, 자산으로 처리할 것) (3점)

<table>
<tr><td colspan="4">㈜ 하이마트</td></tr>
<tr><td colspan="2">128-85-46204
서울특별시 구로구 구로동 2727</td><td colspan="2">유정아
TEL : 02-117-2727</td></tr>
<tr><td colspan="4">홈페이지 http://www.kacpta.or.kr</td></tr>
<tr><td colspan="4">현금영수증(지출증빙용)</td></tr>
<tr><td colspan="2">구매 20xx/1/20/17:27</td><td colspan="2">거래번호 : 0031-0027</td></tr>
<tr><td>상품명</td><td>수량</td><td>단가</td><td>금액</td></tr>
<tr><td>냉장고</td><td>1</td><td>3,300,000원</td><td>3,300,000원</td></tr>
<tr><td></td><td></td><td></td><td></td></tr>
<tr><td colspan="3">과세물품가액</td><td>3,000,000원</td></tr>
<tr><td colspan="3">부가가치세액</td><td>300,000원</td></tr>
<tr><td colspan="3">합계</td><td>3,300,000원</td></tr>
<tr><td colspan="3">받은금액</td><td>3,300,000원</td></tr>
</table>

□□□

(2) 2월 9일 영업부에서 비품으로 사용하던 복사기(취득가액 : 5,000,000원, 처분 시 감가상각누계액 : 2,255,000원)를 ㈜유미산업에 2,000,000원(부가가치세 별도)에 처분하고 전자세금계산서를 발급하였다. 대금은 보통예금 계좌로 입금되었다. (3점)

□□□

(3) 7월 1일 창립기념일 선물로 영업부 직원들에게 1인당 5개씩 지급할 USB를 ㈜원테크로부터 구입하였다. 매입대금 중 500,000원은 현금으로 지급하고 나머지는 외상으로 처리하였다. (단, 아래의 전자세금계산서는 적법하게 발급받았으며, 비용은 복리후생비 처리한다) (3점)

<table>
<tr><td colspan="6">전자세금계산서</td><td>승인번호</td><td colspan="4"></td></tr>
<tr><td rowspan="5">공급자</td><td>등록번호</td><td>101-81-22500</td><td>종사업장번호</td><td></td><td rowspan="5">공급받는자</td><td>등록번호</td><td>222-81-14476</td><td>종사업장번호</td><td></td></tr>
<tr><td>상호(법인명)</td><td>㈜원테크</td><td>성명(대표자)</td><td>이원화</td><td>상호(법인명)</td><td>㈜미수상회</td><td>성명(대표자)</td><td>전재현</td></tr>
<tr><td>사업장 주소</td><td colspan="3">서울특별시 동작구 여의대방로 28</td><td>사업장 주소</td><td colspan="3">서울시 송파구 가락로 8</td></tr>
<tr><td>업태</td><td>도소매</td><td>종목</td><td>전자제품</td><td>업태</td><td>제조</td><td>종목</td><td>전자제품</td></tr>
<tr><td>이메일</td><td colspan="3"></td><td>이메일</td><td colspan="3"></td></tr>
</table>

작성일자	공급가액	세액	수정사유	비고
20xx-07-01	5,000,000원	500,000원	해당 없음	

월	일	품목	규격	수량	단가	공급가액	세액	비고
7	1	USB		1,000	5,000원	5,000,000원	500,000원	

합계금액	현금	수표	어음	외상미수금	위 금액을 (청구) 함
5,500,000원	500,000			5,000,000원	

□□□

(4) 8월 27일 기계장치의 내용연수를 연장시키는 주요 부품을 교체하고 13,200,000원(부가가치세 포함)을 광명기계에 당좌수표를 발행하여 지급하였다. 이에 대해 종이세금계산서를 수취하였다. (단, 부품교체 비용은 자본적 지출로 처리할 것) (3점)

□□□

(5) 9월 27일 미국 BOB사에 제품을 $30,000에 직수출(수출신고일 : 9월 15일, 선적일 : 9월 27일)하고, 수출대금은 9월 30일에 받기로 하였다. 수출과 관련된 내용은 다음과 같다. (수출신고번호는 고려하지 말 것) (3점)

일자	9월 15일 : 수출신고일	9월 27일 : 선적일	9월 30일 : 대금회수일
기준환율	1,200원/$	1,150원/$	1,180원/$

문제 3 부가가치세 신고와 관련하여 다음 물음에 답하시오. (10점)

□□□

(1) 다음의 자료를 이용하여 올해 1기 확정신고기간에 대한 [건물등감가상각자산취득명세서]를 작성하시오. (단, 모두 감가상각자산에 해당함) (3점)

일자	내역	공급가액	부가가치세	상호	사업자등록번호
4/8	생산부가 사용할 공장건물 구입 · 전자세금계산서 수령 · 보통예금으로 지급	500,000,000원	50,000,000원	㈜용을	130-81-50950
5/12	생산부 공장에서 사용할 포장용 기계장치 구입 · 전자세금계산서 수령 · 보통예금으로 지급	60,000,000원	6,000,000원	㈜광명	201-81-14367
6/22	영업부 환경개선을 위해 에어컨 구입 · 전자세금계산서 수령 · 법인카드로 결제	8,000,000원	800,000원	㈜ck전자	203-81-55457

□□□

(2) 다음 자료를 이용하여 올해 1기 확정신고기간의 [부가가치세신고서]만을 작성하시오. (단, 불러오는 데이터 값은 무시하고 새로 입력할 것) (5점)

<table>
<tr><th>구분</th><th>자료</th></tr>
<tr><td>매출자료</td><td>· 전자세금계산서 발급분 과세 매출액 : 공급가액 500,000,000원, 세액 50,000,000원
· 해외 직수출에 따른 매출 : 공급가액 100,000,000원, 세액 0원</td></tr>
<tr><td>매입자료</td><td>· 전자세금계산서 발급받은 매입내역
<table>
<tr><th>구분</th><th>공급가액</th><th>세액</th></tr>
<tr><td>일반 매입</td><td>185,000,000원</td><td>18,500,000원</td></tr>
<tr><td>일반 매입(접대성 물품)</td><td>5,000,000원</td><td>500,000원</td></tr>
<tr><td>기계장치 매입</td><td>100,000,000원</td><td>10,000,000원</td></tr>
<tr><td>합계</td><td>290,000,000원</td><td>29,000,000원</td></tr>
</table>
· 신용카드 사용분 매입내역
<table>
<tr><th>구분</th><th>공급가액</th><th>세액</th></tr>
<tr><td>일반 매입</td><td>5,000,000원</td><td>500,000원</td></tr>
<tr><td>사업과 관련없는 매입</td><td>1,000,000원</td><td>100,000원</td></tr>
<tr><td>비품(고정) 매입</td><td>3,000,000원</td><td>300,000원</td></tr>
<tr><td>예정신고누락분(일반 매입)</td><td>1,000,000원</td><td>100,000원</td></tr>
<tr><td>합계</td><td>10,000,000원</td><td>1,000,000원</td></tr>
</table></td></tr>
<tr><td>기타</td><td>· 전자세금계산서의 발급 및 국세청 전송은 정상적으로 이루어졌다.
· 예정신고누락분은 확정신고 시에 반영하기로 한다.
· 국세청 홈택스로 전자신고하여 전자신고세액공제를 받기로 한다.</td></tr>
</table>

□□□

(3) 올해 2기 확정 부가가치세 신고서를 작성 및 마감하여 가상홈택스에서 부가가치세 신고를 수행하시오. (2점)

> 1. 부가가치세신고서와 관련 부속서류는 마감되어 있다. (세액공제는 고려하지 않는다)
> 2. [전자신고] → [국세청 홈택스 전자신고변환(교육용)] 순으로 진행한다.
> 3. 전자신고용 전자파일 제작 시 신고인 구분은 2.납세자 자진신고로 선택하고, 비밀번호는 "12341234"로 입력한다.
> 4. 전자신고용 전자파일 저장경로는 로컬디스크(C:)이며, 파일명은 "enc작성연월일.101.v2228114476"이다.
> 5. 최종적으로 국세청 홈택스에서 [전자파일 제출하기]를 완료한다.

문제 4 다음 결산자료를 입력하여 결산을 완료하시오. (15점)

□□□

(1) 아래의 차입금 관련 자료를 이용하여 결산일까지 발생한 차입금 이자비용에 대한 당해연도분 미지급비용을 인식하는 회계처리를 하시오. (단, 이자비용은 만기 시에 지급하고, 월할 계산한다) (3점)

> · 금융기관 : ㈜은아은행
> · 대출금액 : 300,000,000원
> · 대출기간 : 올해 5월 1일~내년 4월 30일
> · 대출이자율 : 연 2.0%

□□□

(2) 12월 1일 장부상 현금보다 실제 현금이 86,000원 많은 것을 발견하여 현금과부족으로 회계처리하였으나 기말까지 원인을 파악하지 못했다. (3점)

□□□

(3) 다음은 제2기 확정신고기간의 부가가치세 관련 자료이다. 12월 31일에 부가세대급금과 부가세예수금을 정리하는 회계처리를 하시오. 단, 입력된 데이터는 무시하고, 납부세액(또는 환급세액)은 미지급세금(또는 미수금), 가산세는 세금과공과(판관비), 경감세액은 잡이익으로 처리하시오. (3점)

> · 부가세대급금 : 31,400,000원
> · 전자세금계산서미발급가산세 : 60,000원
> · 부가세예수금 : 25,450,000원
> · 전자신고세액공제액 : 10,000원

□□□

(4) 전기에 미래은행으로부터 차입한 장기차입금 20,000,000원의 만기일은 내년 3월 30일이다. (3점)

□□□

(5) 결산일 현재 무형자산인 영업권의 전기말 상각 후 미상각잔액은 200,000,000원으로, 이 영업권은 작년 1월 초 250,000,000원에 취득한 것이다. 단, 회사는 무형자산에 대하여 5년간 월할 균등상각하고 있으며, 상각기간 계산 시 1월 미만은 1월로 간주한다. 이에 대한 회계처리를 하시오. (비용은 판매비와관리비로 분류한다) (3점)

문제 5 2024년 귀속 원천징수자료와 관련하여 다음의 물음에 답하시오. (15점)

□□□

(1) 다음은 영업부 소속인 이영환(사번 : 501)의 급여 관련 자료이다. 필요한 [수당공제등록]을 하고 5월분 [급여자료입력]과 [원천징수이행상황신고서]를 작성하시오. (5점)

1. 5월의 급여 지급내역은 다음과 같다.

이름 : 이영환			지급일 : 5월 31일	
	기 본 급	3,000,000원	국 민 연 금	135,000원
	직 책 수 당	400,000원	건 강 보 험	120,000원
(비과세)	식 대	300,000원	장 기 요 양 보 험	14,720원
(비과세)	자가운전보조금	200,000원	고 용 보 험	28,000원
(비과세)	육 아 수 당	100,000원	소 득 세	142,220원
-			지 방 소 득 세	14,220원
급여 합계		4,000,000원	공제합계	454,160원
			차인지급액	3,545,840원

2. 수당공제등록 시 다음에 주의하여 입력한다.
   · 수당등록 시 사용하는 수당 이외의 항목은 사용 여부를 "부"로 체크한다. (단, 월정액 여부와 통상임금 여부는 무시할 것)
   · 공제등록은 그대로 둔다.
3. 급여자료입력 시 다음에 주의하여 입력한다.
   · 비과세에 해당하는 항목은 모두 요건을 충족하며, 최대한 반영하기로 한다.
   · 공제항목은 불러온 데이터는 무시하고 직접 입력하여 작성한다.
4. 원천징수는 매월하고 있으며, 전월 미환급세액은 200,000원이다.

□□□

(2) 다음은 최미남(사번 : 502, 입사일 : 올해 1. 1.) 사원의 연말정산 관련 자료이다. [연말정산추가자료입력] 메뉴의 [부양가족] 탭을 수정하고, [연금저축] 탭과 [연말정산입력] 탭을 작성하시오. (근로자 본인의 세부담이 최소화되도록 한다) (단, [연말정산입력] 탭에 지출액이 입력되지 않을 경우, [부양가족] 탭에 입력하고 F8 부양가족탭불러오기 를 클릭할 것) (10점)

1. 가족사항 (모두 동거하며, 생계를 같이한다. 제시된 자료 외의 다른 소득은 없다)

관계	성명	주민등록번호	소득	비고
본인	최미남	791030-1112357	총급여 7,000만 원	세대주
어머니	박희수	520324-2625229	일용근로소득 300만 원	-
배우자	김연우	820515-2122521	종합과세금융소득 3,000만 원	-
딸	최지우	160123-4165987	소득 없음	초등학생
아들	최건우	171224-3695879	소득 없음	초등학생

※ 기본공제대상자가 아닌 경우도 기본공제 "부"로 입력할 것

2. 연말정산자료

※ 별도의 언급이 없는 한 국세청 홈택스에서 조회된 자료이다.

구분	내용
보험료	· 최미남 보장성보험료 : 1,600,000원 · 최지우 보장성보험료 : 500,000원 · 최건우 보장성보험료 : 450,000원
교육비	· 최미남 대학원 수업료 : 5,000,000원 · 김연우 사이버대학 수업료 : 750,000원 · 최지우 영어보습학원비 : 1,200,000원 · 최건우 컴퓨터학원비 : 1,000,000원
의료비	· 최미남 질병 치료비 : 1,500,000원(최미남 신용카드 결제) · 최미남 시력보정용 안경 구입비용 : 500,000원(최미남 신용카드 결제) – 구입처 : 대학안경점(사업자등록번호 605-26-23526) – 의료비 증빙코드는 기타영수증으로 입력하고, 건수는 1건으로 입력할 것 · 박희수 질병 치료비 : 3,250,000원(최미남 신용카드 결제) – 보험업법에 따른 보험회사에서 실손의료보험금 1,000,000원 지급받음
신용카드 등 사용액	· 최미남 신용카드 사용액 : 22,000,000원(전통시장/대중교통/도서 등 사용분 없음) · 최미남 현금영수증 사용액 : 2,200,000원(전통시장/대중교통/도서 등 사용분 없음) · 김연우 신용카드 사용액 : 3,100,000원(전통시장/대중교통/도서 등 사용분 없음) · 신용카드 등 사용액에는 의료비 지출액이 포함되어 있으며, 전년 대비 소비증가분은 없다.
기타	· 최미남 연금저축계좌 : 1,200,000원 (2024년 가입, 2024년도 납입분, ㈜국민은행 계좌번호 : 243-910750-72209)

▶ 정답 및 해설 | p.56

제104회 기출문제

✓ 다시 봐야 할 문제(틀린 문제, 풀지 못한 문제, 헷갈리는 문제 등)는 회독별로 문제 번호 위 네모박스(□)에 체크하여 반복 학습할 수 있습니다.

이론시험

다음 문제를 보고 알맞은 것을 골라 [이론문제 답안작성] 메뉴에 입력하시오. (객관식 문항당 2점)

기 본 전 제

문제에서 한국채택국제회계기준을 적용하도록 하는 전제조건이 없는 경우, 일반기업회계기준을 적용한다.

□□□

1. 다음 중 재무제표의 작성과 표시에 관한 설명으로 가장 옳지 않은 것은?

① 재무제표를 작성할 때 계속기업으로서의 존속가능성을 평가해야 한다.
② 재무제표의 작성과 표시에 대한 책임은 경영진에게 있다.
③ 기업은 현금기준 회계를 사용하여 재무제표를 작성한다.
④ 재무제표는 원칙적으로 사실에 근거한 자료만 나타내지만, 추정에 의한 측정치도 포함한다.

□□□

2. 다음 중 재고자산에 대한 설명으로 가장 옳지 않은 것은?

① 선적지 인도조건으로 판매한 운송 중인 상품은 판매자의 재고자산이 아니다.
② 선입선출법은 기말재고자산이 가장 최근 매입분으로 구성되어 기말재고자산 가액이 시가에 가깝다.
③ 후입선출법에 의해 원가배분을 할 경우 기말재고는 최근에 구입한 상품의 원가로 구성된다.
④ 위탁매매계약을 체결하고 수탁자가 위탁자에게 받은 적송품은 수탁자가 제3자에게 판매하기 전까지 위탁자의 재고자산이다.

□□□

3. 다음 중 무형자산에 대한 설명으로 가장 옳지 않은 것은?

① 일반기업회계기준에서는 사업 결합 등 외부에서 취득한 영업권만 인정하고, 내부에서 창출된 영업권은 인정하지 않는다.
② 무형자산은 인식기준을 충족하지 못하면 그 지출은 발생한 기간의 비용으로 처리한다.
③ 무형자산의 잔존가치는 없는 것을 원칙으로 한다.
④ 무형자산의 공정가치가 증가하면 그 공정가치를 반영하여 감가상각한다.

□□□

4. 다음 자료를 이용하여 자본잉여금에 해당하는 금액을 구하면 얼마인가?

· 주식발행초과금 : 500,000원	· 매도가능증권평가이익 : 300,000원
· 자기주식처분이익 : 1,000,000원	· 이익준비금 : 1,000,000원
· 임의적립금 : 400,000원	· 감자차익 : 700,000원

① 2,100,000원 ② 2,200,000원 ③ 2,500,000원 ④ 3,500,000원

□□□

5. 다음 중 회계변경에 대한 설명으로 가장 옳지 않은 것은?

① 회계정책의 변경은 회계방법이 변경되는 것이며, 소급법을 적용한다.
② 회계정책의 변경에 따른 누적 효과를 합리적으로 결정하기 어려우면 전진법을 적용한다.
③ 세법개정으로 회계처리를 변경해야 하는 경우 정당한 회계변경의 사유에 해당한다.
④ 회계추정의 변경은 전진적으로 처리하여 그 효과를 당기와 당기 이후의 기간에 반영한다.

□□□

6. 다음 중 원가에 대한 설명으로 가장 옳지 않은 것은?

① 직접재료비는 조업도에 비례하여 총원가가 증가한다.
② 당기총제조원가는 당기에 발생한 기본원가와 제조간접원가의 합이다.
③ 관련범위 내에서 변동비는 조업도의 증감에 불구하고 단위당 원가가 일정하다.
④ 제품생산량이 증가함에 따라 관련 범위 내에서 제품 단위당 고정원가는 일정하다.

□□□

7. 수선부문과 동력부문에 각각 800,000원, 760,000원의 보조부문원가가 집계되어 있을 경우, 아래의 자료를 바탕으로 조립부문에 배분될 보조부문원가 총액은 얼마인가? (단, 직접배분법을 사용하는 것으로 가정한다)

구분	제조부문		보조부문		합계
	성형	조립	수선	동력	
수선부문	300시간	200시간	-	500시간	1,000시간
동력부문	4,500kW	3,500kW	12,000kW	-	20,000kW

① 293,000원　② 453,000원　③ 587,500원　④ 652,500원

□□□

8. 아래의 자료만을 참고하여 기말제품재고액을 구하면 얼마인가?

1. 재무상태표의 자료

구분	기초	기말
재공품	100,000원	150,000원
제품	210,000원	(?)

※ 기초 및 기말 원재료 재고액은 없음

2. 제조원가명세서와 손익계산서의 자료

- 직접재료비 : 190,000원
- 제조간접비 : 150,000원
- 직접노무비 : 100,000원
- 제품매출원가 : 200,000원

① 400,000원　② 360,000원　③ 280,000원　④ 220,000원

□□□

9. 원가자료가 다음과 같을 때 당기의 직접재료비를 계산하면 얼마인가?

- 당기총제조원가는 2,300,000원이다.
- 제조간접비는 당기총제조원가의 20%이다.
- 제조간접비는 직접노무비의 80%이다.

① 0원　② 1,035,000원　③ 1,265,000원　④ 1,472,000원

□□□

10. 다음 중 개별원가계산과 종합원가계산에 대한 설명으로 가장 옳지 않은 것은?

① 개별원가계산은 다품종소량생산, 종합원가계산은 소품종대량생산에 적합하다.
② 개별원가계산은 종합원가계산에 비해 상대적으로 부정확하다.
③ 개별원가계산은 종합원가계산에 비해 과다한 노력과 비용이 발생한다.
④ 종합원가계산은 배분대상원가를 완성품환산량으로 나누어 완성품환산량 단위당 원가를 계산한다.

□□□

11. 다음 중 부가가치세법상 재화의 공급에 해당하지 않는 것은?

① 직수출 ② 외상판매 ③ 사업상 증여 ④ 담보제공

□□□

12. 다음 중 부가가치세법상 영세율과 면세에 대한 설명으로 가장 옳지 않은 것은?

① 국내 거래에는 영세율이 적용되지 않는다.
② 면세의 취지는 부가가치세의 역진성을 완화하기 위함이다.
③ 국외에서 공급하는 용역에 대해서는 영세율을 적용한다.
④ 상가 부수 토지를 매각하는 경우에도 부가가치세가 면제된다.

□□□

13. 다음의 일시적·우발적 소득 중 소득세법상 기타소득이 아닌 것은?

① 복권당첨금
② 계약의 위약금
③ 상표권의 양도소득
④ 비영업대금의 이익

□□□

14. 다음 중 소득세법상 근로소득의 수입시기로 옳지 않은 것은?

① 인정상여 : 해당 사업연도 중의 근로를 제공한 날
② 급여 : 지급을 받기로 한 날
③ 잉여금 처분에 의한 상여 : 해당 법인의 잉여금 처분결의일
④ 임원의 퇴직소득 한도 초과로 근로소득으로 보는 금액 : 지급받거나 지급받기로 한 날

□□□

15. 다음 중 소득세법상 납세의무자에 대한 설명으로 가장 옳지 않은 것은?

① 비거주자는 국내원천소득에 대해서만 과세한다.
② 거주자는 국내·외 모든 원천소득에 대하여 소득세 납세의무를 진다.
③ 거주자는 국내에 주소를 두거나 150일 이상 거소를 둔 개인을 말한다.
④ 거주자의 소득세 납세지는 주소지로 한다.

실무시험

㈜이천산업(회사코드 : 0204)은 전자제품의 제조 및 도·소매업을 주업으로 영위하는 중소기업으로, 당기(15기)의 회계기간은 2024. 1. 1.~2024. 12. 31.이다. 전산세무회계 수험용 프로그램을 이용하여 다음 물음에 답하시오.

● 기 본 전 제 ●

- 문제에서 한국채택국제회계기준을 적용하도록 하는 전제조건이 없는 경우, 일반기업회계기준을 적용하여 회계처리한다.
- 문제의 풀이와 답안작성은 제시된 문제의 순서대로 진행한다.

문제 1 [일반전표입력] 메뉴를 이용하여 다음의 거래자료를 입력하시오. (15점)

● 입력 시 유의사항 ●

- 일반적인 적요의 입력은 생략하지만, 타계정 대체거래는 적요번호를 선택하여 입력한다.
- 채권·채무와 관련된 거래는 별도의 요구가 없는 한 반드시 기등록된 거래처코드를 선택하는 방법으로 거래처명을 입력한다.
- 제조경비는 500번대 계정코드를, 판매비와관리비는 800번대 계정코드를 사용한다.
- 회계처리 시 계정과목은 별도의 제시가 없는 한 등록된 계정과목 중 가장 적절한 과목으로 한다.

□□□

(1) 3월 10일 전기에 회수불능채권으로 대손처리 했던 외상매출금 6,000,000원 중 절반을 현금으로 회수하다. (단, 부가가치세법상 대손세액공제는 적용하지 않는다) (3점)

□□□

(2) 3월 15일 코스닥 상장주식인 ㈜에코전자의 주식 500주를 단기보유목적으로 주당 10,000원에 매입하고, 대금은 수수료 50,000원과 함께 보통예금 계좌에서 이체하다. (단, 수수료는 영업외비용으로 처리할 것) (3점)

□□□

(3) 7월 7일 영업부가 사용하는 건물에 대한 재산세 1,260,000원과 생산부가 사용하는 건물에 대한 재산세 880,000원을 보통예금으로 납부하다. (3점)

□□□

(4) 7월 16일 세무교육 전문가인 한세법 씨를 초빙하여 생산부의 직원들을 대상으로 연말정산교육을 실시하고, 그 대가로 한세법 씨에게 1,000,000원 중 원천징수세액 33,000원을 제외한 금액을 보통예금 계좌에서 지급하다. (단, 교육훈련비 계정과목으로 회계처리할 것) (3점)

□□□

(5) 8월 31일 정기예금의 만기가 도래하여 원금 10,000,000원과 정기예금이자(이자소득 400,000원, 원천징수세액 61,600원)의 원천징수세액을 제외한 나머지가 보통예금 계좌로 입금되다. (단, 원천징수세액은 자산 항목으로 처리한다) (3점)

문제 2 [매입매출전표입력] 메뉴를 이용하여 다음의 거래자료를 입력하시오. (15점)

● 입력 시 유의사항 ●

- 일반적인 적요의 입력은 생략하지만, 타계정 대체거래는 적요번호를 선택하여 입력한다.
- 채권·채무 관련 거래는 별도의 요구가 없는 한 반드시 기등록된 거래처코드를 선택하는 방법으로 거래처명을 입력한다.
- 제조경비는 500번대 계정코드를, 판매비와관리비는 800번대 계정코드를 사용한다.
- 회계처리 시 계정과목은 등록된 계정과목 중 가장 적절한 과목으로 한다.
- 입력화면 하단의 분개까지 처리하고, 세금계산서 및 계산서는 전자 여부를 입력하여 반영한다.

□□□

(1) 1월 22일 공장건물을 신축하기 위한 토지를 취득하면서 토지정지비용을 다음 달에 지급하기로 하고 아래의 전자세금계산서를 발급받다. (3점)

전자세금계산서					승인번호			
공급자	등록번호	126-51-03728	종사업장번호		공급받는자	등록번호	412-81-28461	종사업장번호	
	상호(법인명)	상진개발	성명	이상진		상호(법인명)	㈜이천산업	성명	곽노정
	사업장 주소	경기도 이천시 부발읍 경충대로 20				사업장 주소	서울시 관악구 관악산나들길 66		
	업태	건설업	종목	토목공사		업태	제조 외	종목	전자제품
	이메일					이메일	tax111@daum.net		

작성일자	공급가액	세액	수정사유	비고
20xx-01-22	13,750,000원	1,375,000원	해당 없음	

월	일	품목	규격	수량	단가	공급가액	세액	비고
1	22	토지정지비용				13,750,000원	1,375,000원	

합계금액	현금	수표	어음	외상미수금	위 금액을 (청구) 함
15,125,000				15,125,000	

□□□

(2) 1월 31일 레고문구(일반과세자)에서 영업부가 사용할 문구류를 현금으로 매입하고 아래의 현금 영수증을 받다. (단, 문구류는 소모품비로 회계처리할 것) (3점)

현금영수증(지출증빙용)
CASH RECEIPT

사업자등록번호	215-16-85543
현금영수증 가맹점명	레고문구
대표자명	최강희
주소 전화번호	서울시 동작구 상도로 107 02-826-6603

품명	문구류	승인번호	062-83
거래일시	20xx. 1. 31.	취소일자	

단위		백			천			원
금액 AMOUNT			1	5	0	0	0	0
부가세 V.A.T				1	5	0	0	0
봉사료 TIPS								
합계 TOTAL			1	6	5	0	0	0

□□□

(3) 2월 28일 정상적인 구매확인서에 의하여 ㈜안건으로부터 원재료 30,000,000원을 매입하고 영세율전자세금계산서를 발급받았으며, 대금은 보통예금으로 지급하다. (3점)

□□□

(4) 3월 10일 사업자가 아닌 김명진(거래처 입력할 것) 씨에게 제품을 판매하고, 판매대금 1,320,000원(부가가치세 포함)은 보통예금 계좌로 입금되다. (단, 간이영수증을 발행함) (3점)

□□□

(5) 3월 16일 영업부는 거래처 접대용 근조 화환을 주문하고, 다음의 전자계산서를 발급받다. (3점)

전자계산서						승인번호			
공급자	등록번호	134-91-72824	종사업장 번호		공급받는자	등록번호	412-81-28461	종사업장 번호	
	상호 (법인명)	제일화원	성명	한만군		상호 (법인명)	㈜이천산업	성명	곽노정
	사업장 주소	서울특별시 동작구 여의대방로 28				사업장 주소	서울시 관악구 관악산나들길 66		
	업태	도소매	종목	화훼, 식물		업태	제조 외	종목	전자제품
	이메일	tax000@naver.com				이메일	tax111@daum.net		

작성일자	공급가액	수정사유	비고
20xx-03-16	90,000원	해당 없음	

월	일	품목	규격	수량	단가	공급가액	비고
3	16	근조화환		1	90,000원	90,000원	

합계금액	현금	수표	어음	외상미수금	위 금액을 (청구) 함
90,000원				90,000원	

문제 3 부가가치세 신고와 관련하여 다음 물음에 답하시오. (10점)

□□□

(1) 다음의 자료를 이용하여 올해 2기 부가가치세 예정신고기간(7월~9월)의 [신용카드매출전표등수령명세서(갑)]를 작성하시오. 사업용 신용카드는 신한카드(1000-2000-3000-4000)를 사용하고 있으며, 현금지출의 경우 사업자등록번호를 기재한 지출증빙용 현금영수증을 수령하였다. (단, 상대 거래처는 일반과세자라고 가정하며, 매입매출전표 입력은 생략함) (3점)

일자	내역	공급가액	부가세액	상호	사업자등록번호	증빙
7/15	직원출장 택시요금	100,000원	10,000원	신성택시	409-21-73215	사업용신용카드
7/31	사무실 복합기 토너 구입	150,000원	15,000원	㈜오피스	124-81-04878	현금영수증
8/12	직원용 음료수 구입	50,000원	5,000원	이음마트	402-14-33228	사업용신용카드
9/21	직원야유회 놀이공원 입장권 구입	400,000원	40,000원	㈜스마트	138-86-01157	사업용신용카드

□□□

(2) 기존의 입력된 자료 또는 불러온 자료는 무시하고 아래의 자료만을 이용하여 올해 1기 확정신고기간(4월~6월)의 [부가가치세신고서]를 직접 입력하여 작성하시오. 단, 부가가치세신고서 외의 과세표준명세 등 기타 부속서류의 작성은 생략하며, 세액공제를 받기 위하여 전자신고를 할 예정이다. (5점)

매출자료	· 전자세금계산서 발급 과세 매출액 : 130,000,000원(부가가치세 별도) · 신용카드 과세 매출액 : 3,300,000원(부가가치세 포함) · 직수출액 : 12,000,000원 · 비사업자에 대한 정규영수증 외 과세 매출액 : 440,000원(부가가치세 포함) · 올해 1기에 소멸시효가 완성된 외상매출금 1,100,000원(부가가치세 포함)은 대손세액공제를 받기로 하였다.
매입자료	· 세금계산서 수취분 매입액(일반매입) : 공급가액 55,000,000원, 세액 5,500,000원 - 이 중 접대물품 관련 매입액(공급가액 10,000,000원, 세액 1,000,000원)이 포함되어 있으며, 나머지는 과세 재고자산의 구입액이다. · 올해 1기 예정신고 시 미환급된 세액 : 800,000원

□□□

(3) 다음의 자료를 이용하여 올해 2기 부가가치세 확정신고기간(10월 1일~12월 31일)의 [부가가치세신고서] 및 관련 부속서류를 전자신고 하시오. (2점)

1. 부가가치세신고서와 관련 부속서류는 마감되어 있다. (세액공제는 고려하지 않는다)
2. [전자신고] → [국세청 홈택스 전자신고변환(교육용)] 순으로 진행한다.
3. 전자신고용 전자파일 제작 시 신고인 구분은 2.납세자자진신고로 선택하고, 비밀번호는 "12345678"로 입력한다.
4. 전자신고용 전자파일 저장경로는 로컬디스크(C:)이며, 파일명은 "enc작성연월일.101.v사업자등록번호"이다.
5. 최종적으로 국세청 홈택스에서 [전자파일 제출하기]를 완료한다.

문제 4 다음 결산자료를 입력하여 결산을 완료하시오. (15점)

□□□

(1) 1년간의 임대료(올해 10월 1일~내년 9월 30일) 24,000,000원을 일시에 수령하고 전액을 영업외수익으로 처리하였다. (단, 임대료의 기간 배분은 월할 계산하며, 회계처리 시 음수로 입력하지 말 것) (3점)

□□□

(2) 단기대여금 중에는 당기 중 발생한 LPL사에 대한 외화대여금 24,000,000원(발생일 기준환율 1,200원/$)이 포함되어 있다. 기말 현재 기준환율은 1,300원/$이다. (3점)

□□□

(3) 당기중에 취득하여 기말 현재 보유 중인 유가증권의 내역은 다음과 같다. 기말 유가증권의 평가는 기업회계기준에 따라 처리하기로 한다. (단, 단기매매목적으로 취득함) (3점)

구분	주식 수	1주당 취득원가	기말 1주당 공정가치
상장주식	8,000주	3,000원	2,500원

□□□

(4) 코로나19로 인한 특별재난지역에 기부한 제품 15,000,000원에 대한 회계처리가 누락된 것을 기말제품재고 실사 결과 확인하였다. (3점)

□□□

(5) 기말 현재 보유하고 있는 영업부의 감가상각자산은 다음과 같다. 감가상각비와 관련된 회계처리를 하시오. (단, 제시된 자료 이외에 감가상각자산은 없다고 가정하고, 월할 상각하며, 고정자산등록은 생략할 것) (3점)

계정과목	취득일자	취득원가	잔존가치	내용연수	상각방법	전기말 감가상각누계액
차량운반구	전년도 7월 1일	50,000,000원	0원	5년	정액법	5,000,000원

문제 5 2024년 귀속 원천징수자료와 관련하여 다음의 물음에 답하시오. (15점)

□□□

(1) 다음은 총무부 사원 강지후(사번 : 105)의 부양가족 자료이다. 부양가족은 생계를 같이하고 있으며 부양가족공제는 요건이 충족되는 경우 모두 강지후 사원이 적용받기로 한다. 근로자 본인의 소득세가 최소화되도록 [사원등록] 메뉴의 [부양가족명세]를 작성하시오. (단, 기본공제대상자가 아닌 경우에는 기본공제 "부"로 입력할 것) (5점)

성명	관계	주민등록번호	동거 여부	비고
강지후	본인	761213-1114529	세대주	
정혜미	배우자	771010-2845217	동거	퇴직소득금액 200만 원
김미자	본인의 모친	570203-2346316	동거	일용근로소득 550만 원
강지민	본인의 동생	811010-2115422	질병의 요양으로 일시적 퇴거	장애인(항시 치료를 요하는 중증환자), 양도소득금액 300만 원
강지율	자녀	090505-4842101	동거	원고가 당선되어 받은 일시적인 원고료 100만 원
강민율	자녀	120705-3845727	국외 유학 중	소득 없음

□□□

(2) 다음은 영업부 사원 한기홍(사번 : 103, 세대주)의 연말정산 관련 자료이다. 근로자 본인의 소득세부담이 최소화되도록 [연말정산추가자료입력] 메뉴의 [부양가족] 탭을 수정하고, [연말정산입력] 탭을 입력하시오. (단, [연말정산입력] 탭에 지출액이 입력되지 않을 경우, [부양가족] 탭에 입력하고 F8 부양가족탭불러오기 를 클릭할 것) (10점)

1. 국세청 연말정산간소화서비스 조회 자료

항목	내용
보험료	· 본인 자동차보험료 납부액 : 750,000원 · 배우자 저축성보험료 납부액 : 1,000,000원 · 자녀 보장성보험료 납부액 : 150,000원
의료비	· 모친 질병 치료 목적 병원비 : 3,000,000원(한기홍의 신용카드로 결제) · 모친 보약 구입비(건강증진 목적) : 500,000원 · 배우자 허리디스크 수술비(치료 목적) : 1,200,000원(실손의료보험금 500,000원 수령)
교육비	· 자녀 국내 소재 사립초등학교(교육법에 따른 학교에 해당하는 교육기관) 수업료 : 20,000,000원
기부금	· 배우자 종교단체 기부금(금전) : 500,000원
신용카드 등 사용액	· 본인 신용카드 : 10,000,000원(모친 병원비 3,000,000원과 대중교통이용분 1,000,000원 포함) · 배우자 현금영수증 : 4,000,000원(전통시장사용분 500,000원 포함) · 전년 대비 소비증가분은 없음
주택자금	· 장기주택저당차입금 이자상환액 : 2,000,000원(아래 추가자료 참고할 것)

2. 추가자료
  (1) 부양가족
    · 이슬비(배우자) : 소득 없음
    · 한기쁨(자녀) : 초등학생, 소득 없음
    · 김어른(모친) : 생계를 같이함, 총급여액 600만 원, 장애인복지법상 장애인
  (2) 주택자금 관련 세부 내역
    · 한기홍 사원은 세대주이며, 국민주택규모의 1주택을 본인 명의로 소유하고 있다.
    · 장기저당주택차입금과 주택의 명의자는 한기홍이다.
    · 장기저당주택차입금의 차입일은 2014년 6월 1일이며, 상환기간은 15년(고정금리)이다.
    · 주택의 취득일(2014년 5월 6일) 당시 기준시가는 3억 원이다.
    · 위 자료 외의 장기주택저당차입금 이자상환액공제요건은 모두 충족한 것으로 본다.

▶ 정답 및 해설 | p.63

제103회 기출문제

✓ 다시 봐야 할 문제(틀린 문제, 풀지 못한 문제, 헷갈리는 문제 등)는 회독별로 문제 번호 위 네모박스(□)에 체크하여 반복 학습할 수 있습니다.

이론시험

다음 문제를 보고 알맞은 것을 골라 [이론문제 답안작성] 메뉴에 입력하시오. (객관식 문항당 2점)

기 본 전 제

문제에서 한국채택국제회계기준을 적용하도록 하는 전제조건이 없는 경우, 일반기업회계기준을 적용한다.

□□□

1. 다음 중 유형자산의 취득원가에 대한 설명으로 틀린 것은?

① 기존 건물이 있는 토지를 취득한 후 기존 건물의 즉시 철거비용은 토지의 취득원가에 포함한다.
② 기계장치를 구입 목적에 사용할 수 있을 때까지 발생한 설치비 및 시운전비는 취득원가에 가산한다.
③ 유형자산 취득과 관련하여 발생한 제세공과금은 유형자산의 취득원가에 가산한다.
④ 토지 등의 재산세 또는 종합부동산세가 발생한 경우 취득원가에 가산한다.

□□□

2. 다음 중 재무상태표상 자본과 관련된 설명으로 틀린 것은?

① 자기주식을 취득한 경우 자기주식(자본조정)으로 회계처리하고, 이를 처분할 때 이익이 발생한 경우 이는 자기주식처분이익(자본잉여금)으로 처리한다.
② 감자차손은 감자차익과 우선 상계하고 남은 잔액을 자본잉여금으로 분류한다.
③ 자본잉여금은 무상증자를 위해 자본금으로 전입시키는 경우에 사용되기도 한다.
④ 주식할인발행차금은 주식발행초과금과 우선하여 상계하고, 잔액이 남을 경우 자본조정으로 분류한다.

□□□

3. 다음 중 일반기업회계기준상 현금및현금성자산에 포함되지 않는 것은?

① 미국달러화 지폐 $100
② 사용에 제한이 없는 보통예금 5백만 원
③ 자기앞수표 10만 원
④ 상환일이 1년 내인 단기대여금 1천만 원

□□□

4. 다음 자료를 이용하여 영업이익을 계산하면 얼마인가?

· 매출액 : 100,000,000원	· 차량유지비 : 1,000,000원
· 매출원가 : 50,000,000원	· 기부금 : 2,000,000원
· 기업업무추진비 : 5,000,000원	· 잡손실 : 1,000,000원

① 41,000,000원 ② 42,000,000원 ③ 44,000,000원 ④ 49,000,000원

□□□

5. 다음 중 사채에 대한 설명으로 옳지 않은 것은?

① 사채발행비용은 사채의 발행가액에서 차감한다.
② 액면이자율보다 시장이자율이 클 경우 할증발행한다.
③ 사채할인발행차금은 해당 사채의 액면가액에서 차감하여 기재한다.
④ 사채할인(할증)발행차금은 유효이자율법에 의하여 상각 또는 환입한다.

□□□

6. 다음의 자료는 ㈜하나의 제품인 비행기 제조와 관련하여 발생한 원가 자료이다. ㈜하나의 실제 당기 제조간접비는 1,200,000원이며, 회사는 직접재료비를 기준으로 제조간접비를 배부하고 있다. 비행기A의 당기총제조원가는 얼마인가?

구분	비행기A	비행기B	합계
직접재료비	600,000원	900,000원	1,500,000원
직접노무비	400,000원	600,000원	1,000,000원

① 1,480,000원　② 1,500,000원　③ 2,500,000원　④ 2,220,000원

□□□

7. 다음 자료는 종합원가계산에 대한 내용이다. 비정상공손 수량은 얼마인가?

- 기초재공품 : 3,000개
- 당기착수량 : 2,300개
- 공손품 : 200개
- 기말재공품 : 1,100개
- 단, 정상공손은 완성품수량의 3%이다.

① 41개　② 80개　③ 120개　④ 159개

□□□

8. ㈜세정은 정상개별원가계산제도를 사용하고 있다. 제조간접비 예정배부율은 직접노무시간당 10,000원, 예상 직접노무시간은 110시간, 실제 직접노무시간은 100시간이다. 실제 제조간접비 발생액은 1,400,000원인 경우 제조간접비 배부차이는 얼마인가?

① 300,000원 과소배부　② 300,000원 과대배부
③ 400,000원 과소배부　④ 400,000원 과대배부

□□□

9. 다음 중 공통부문원가를 각 부문에 배부하는 기준으로 가장 적합하지 않은 것은?

① 건물감가상각비 : 건물점유면적　② 종업원복리후생부문 : 각 부문의 종업원 수
③ 기계감가상각비 : 기계점유면적　④ 전력부문 : 전력사용량

□□□
10. 아래의 그래프는 조업도에 따른 원가의 변화를 나타낸 것이다. 다음 중 고정원가에 해당하는 그래프는 무엇인가?

①
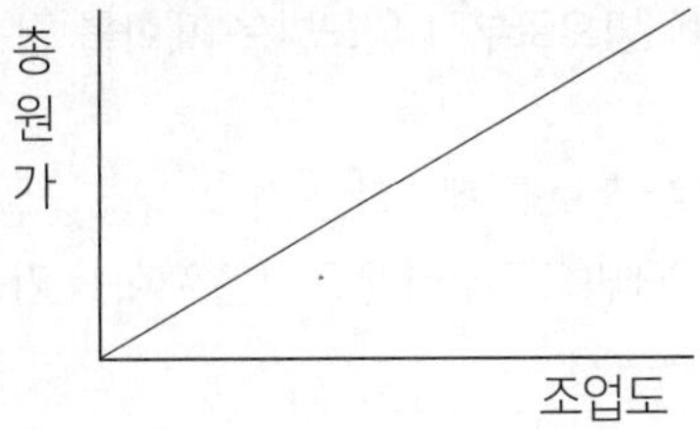

②
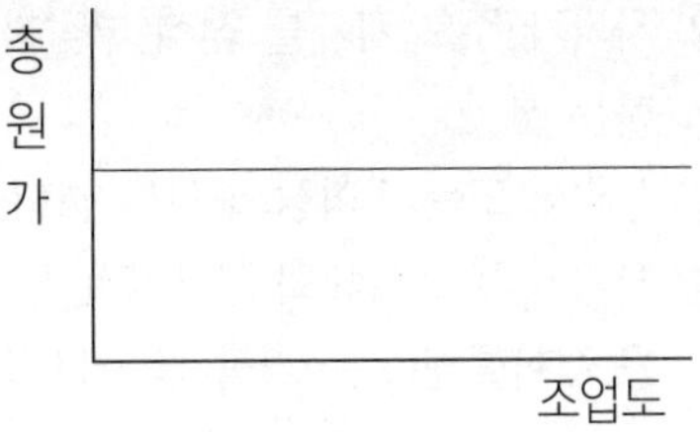

③
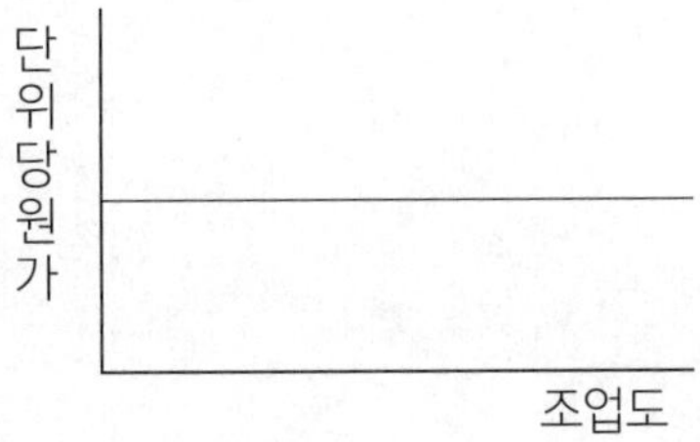

④
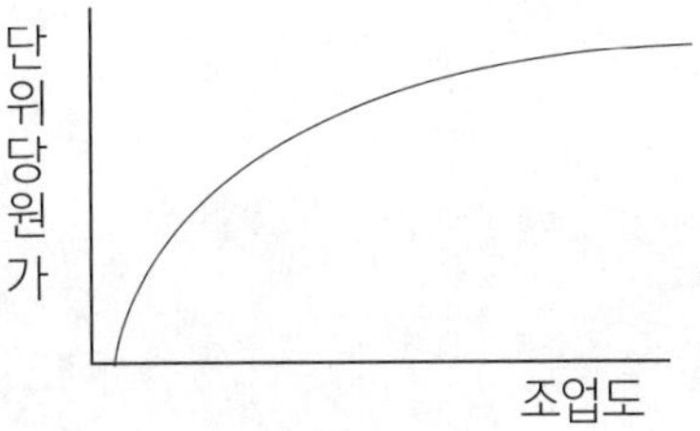

□□□
11. 다음 중 부가가치세법상 과세표준에 포함되는 것은?

① 할부판매의 이자상당액
② 매출에누리액
③ 환입된 재화의 가액
④ 재화를 공급한 후의 그 공급가액에 대한 할인액

□□□
12. 다음은 영세율에 대한 설명이다. 가장 틀린 것은?

① 영세율제도는 소비지국에서 과세하도록 함으로써 국제적인 이중과세를 방지하고자 하기 위한 제도이다.
② 국외에서 공급하는 용역에 대해서는 영세율을 적용하지 아니한다.
③ 비거주자나 외국법인의 국내 거래에 대해서는 영세율을 적용하지 아니함을 원칙으로 하되, 상호주의에 따라 영세율을 적용한다.
④ 국내 거래도 영세율 적용대상이 될 수 있다.

□□□

13. 다음 중 부가가치세법상 용역의 공급에 해당하지 않는 것은?

① 건설업의 경우 건설업자가 건설자재의 전부 또는 일부를 부담하는 것
② 자기가 주요 자재를 전혀 부담하지 아니하고 상대방으로부터 인도받은 재화를 단순히 가공만 하는 것
③ 상업상 또는 과학상의 지식·경험 또는 숙련에 관한 정보를 제공하는 것
④ 자기가 주요 자재의 전부 또는 일부를 부담하고 상대방으로부터 인도받은 재화를 가공하여 새로운 재화를 만드는 가공계약에 따라 재화를 인도하는 것

□□□

14. 다음 중 소득세법상 소득공제 및 세액공제 판단 시점에 관한 내용으로 틀린 것은?

① 인적공제 판정 시 과세기간 종료일인 12월 31일의 상황으로 보는 것이 원칙이다.
② 과세기간 중 장애가 치유된 자에 대해서는 치유일 전날의 상황에 따른다.
③ 과세기간 중 사망한 자에 대해서는 사망일의 상황에 따른다.
④ 나이 판정 시 해당 과세기간 중에 요건을 충족하는 날이 하루라도 있으면 공제대상자로 한다.

□□□

15. 다음 중 소득세법상 종합소득금액에 대한 설명으로 옳은 것은?

① 종합소득금액은 이자소득, 배당소득, 사업소득, 근로소득, 퇴직소득, 기타소득, 연금소득을 모두 합산한 것을 말한다.
② 원천징수된 소득은 종합소득금액에 포함될 수 없다.
③ 부가가치세법상 영세율 적용대상에서 발생하는 매출은 소득세법상 소득금액에서 제외한다.
④ 해당 연도 사업소득에서 발생한 결손금은 해당 연도 다른 종합소득금액에서 공제한다. 단, 부동산임대업을 영위하지 않았다.

실무시험

㈜로운상회(회사코드 : 0203)는 제조 및 도·소매업을 영위하는 중소기업으로, 당기(14기)의 회계기간은 2024. 1. 1.~2024. 12. 31.이다. 전산세무회계 수험용 프로그램을 이용하여 다음의 물음에 답하시오.

● 기 본 전 제 ●

- 문제에서 한국채택국제회계기준을 적용하도록 하는 전제조건이 없는 경우, 일반기업회계기준을 적용하여 회계처리한다.
- 문제의 풀이와 답안작성은 제시된 문제의 순서대로 진행한다.

문제 1 [일반전표입력] 메뉴를 이용하여 다음의 거래자료를 입력하시오. (15점)

● 입력 시 유의사항 ●

- 일반적인 적요의 입력은 생략하지만, 타계정 대체거래는 적요번호를 선택하여 입력한다.
- 채권·채무와 관련된 거래는 별도의 요구가 없는 한 반드시 기등록된 거래처코드를 선택하는 방법으로 거래처명을 입력한다.
- 제조경비는 500번대 계정코드를, 판매비와관리비는 800번대 계정코드를 사용한다.
- 회계처리 시 계정과목은 별도의 제시가 없는 한 등록된 계정과목 중 가장 적절한 과목으로 한다.

□□□

(1) 1월 31일 생산부의 전 직원(생산직 100명)에 대한 건강검진을 한국병원에서 실시하고, 건강검진 비용 10,000,000원을 법인신용카드(하나카드)로 결제하였다. (미지급금으로 회계처리할 것) (3점)

□□□

(2) 3월 3일 ㈜동국 소유의 건물로 사무실을 이전하고 임차보증금 15,000,000원 중 계약금 5,000,000원(2월 3일 지급)을 제외한 잔금 10,000,000원을 보통예금 계좌에서 지급하였다. (3점)

□□□

(3) 3월 31일 단기 시세차익을 목적으로 올해 3월 2일에 취득하여 보유하고 있던 ㈜미래의 주식 1,000주(주당 액면가액 5,000원, 주당 취득가액 8,000원)를 10,000,000원에 일괄 처분하고, 대금은 보통예금 계좌로 입금받았다. (3점)

□□□

(4) 9월 21일 자금을 조달할 목적으로 유상증자를 하였다. 신주 2,000주를 1주당 7,500원(주당 액면가액 5,000원)에 발행하고, 주금은 보통예금 계좌로 입금받았다. (단, 9월 21일 현재 주식할인발행차금 잔액은 없다) (3점)

□□□

(5) 10월 31일 기업은행에서 차입한 단기차입금 100,000,000원의 만기상환일이 도래하여 원금을 상환하고, 동시에 차입금이자 300,000원도 함께 보통예금 계좌에서 이체하여 지급하였다. (3점)

문제 2 [매입매출전표입력] 메뉴를 이용하여 다음의 거래자료를 입력하시오. (15점)

● 입력 시 유의사항 ●

- 일반적인 적요의 입력은 생략하지만, 타계정 대체거래는 적요번호를 선택하여 입력한다.
- 채권·채무 관련 거래는 별도의 요구가 없는 한 반드시 기등록된 거래처코드를 선택하는 방법으로 거래처명을 입력한다.
- 제조경비는 500번대 계정코드를, 판매비와관리비는 800번대 계정코드를 사용한다.
- 회계처리 시 계정과목은 등록된 계정과목 중 가장 적절한 과목으로 한다.
- 입력화면 하단의 분개까지 처리하고, 세금계산서 및 계산서는 전자 여부를 입력하여 반영한다.

□□□

(1) 7월 28일 부품의 제작에 필요한 원재료를 수입하고 김해세관으로부터 수입전자세금계산서를 발급받았다. 부가가치세는 현금으로 지급하였다. (단, 재고자산의 회계처리는 생략할 것) (3점)

수입전자세금계산서						승인번호			
세관명	등록번호	135-83-12412	종사업장 번호		수입자	등록번호	121-86-23546	종사업장 번호	
	세관명	김해세관	성명	김세관		상호 (법인명)	㈜로운상회	성명	김로운
	세관주소	부산광역시 강서구 공항진입로				사업장 주소	부산광역시 사상구 대동로 303		
수입신고번호 또는 일괄발급기간 (총건)						업태	제조, 도소매	종목	컴퓨터 및 주변장치 외

납부일자	과세표준	세액	수정사유	비고
20xx-07-28	30,000,000원	3,000,000원	해당 없음	

월	일	품목	규격	수량	단가	공급가액	세액	비고
7	28	수입신고필증 참조				30,000,000원	3,000,000원	

합계금액	33,000,000원

□□□

(2) 7월 30일 ㈜조아캐피탈로부터 영업부가 업무용으로 사용하기 위하여 9인승 승합차를 리스하기로 하였다. 리스는 운용리스이며, 매월 리스료 550,000원 지급 조건이다. 7월분 리스료에 대하여 다음과 같이 전자계산서를 수취하고 보통예금 계좌에서 이체하여 지급하였다 (단, 임차료 계정을 사용할 것) (3점)

전자계산서						승인번호			
공급자	등록번호	115-81-78435	종사업장 번호		공급받는자	등록번호	121-86-23546	종사업장 번호	
	상호 (법인명)	㈜조아캐피탈	성명	나조아		상호 (법인명)	㈜로운상회	성명	김로운
	사업장 주소	서울 중구 퇴계로 125				사업장 주소	부산광역시 사상구 대동로 303		
	업태	금융	종목	기타여신금융, 할부금융, 시설대여		업태	제조, 도소매	종목	컴퓨터 및 주변장치 외
	이메일	joa@zmail.com				이메일	fhdns@never.net		

작성일자	공급가액	수정사유	비고
20xx-07-30	550,000원	해당 없음	19바3525

월	일	품목	규격	수량	단가	공급가액	비고
7	30	월 리스료				550,000원	

합계금액	현금	수표	어음	외상미수금	위 금액을 (영수) 함
550,000원	550,000원				

□□□

(3) 8월 12일 해외 매출처인 영국 ACE사에 제품을 직수출(수출신고일 : 8월 10일, 선적일 : 8월 12일)하고, 수출대금 $30,000는 8월 30일에 받기로 하였다. 일자별 기준환율은 다음과 같다. (단, 수출신고번호는 고려하지 말 것) (3점)

일자	8월 10일	8월 12일	8월 30일
기준환율	1,200원/$	1,150원/$	1,180원/$

□□□

(4) 9월 25일 당사가 생산한 제품(장부가액 2,000,000원, 시가 3,000,000원, 부가가치세 별도)을 생산부 거래처인 ㈜세무물산에 선물로 제공하였다. (단, 제품과 관련된 부가가치세는 적정하게 신고되었다고 가정한다) (3점)

□□□

(5) 9월 30일 ㈜혜민에 제품을 30,000,000원(공급가액)에 판매하고 아래 전자세금계산서를 발급하였다. 단, 7월 31일 계약금 10,000,000원을 보통예금 계좌로 입금받았으며, 나머지 잔액은 10월 30일에 받기로 하였다. (하나의 전표로 입력할 것) (3점)

전자세금계산서					승인번호				
공급자	등록번호	121-86-23546	종사업장 번호		공급받는자	등록번호	110-81-42121	종사업장 번호	
	상호 (법인명)	㈜로운상회	성명	김로운		상호 (법인명)	㈜혜민	성명	이혜민
	사업장 주소	부산광역시 사상구 대동로 303				사업장 주소	서울 강남구 테헤란로 50		
	업태	제조, 도소매	종목	컴퓨터 및 주변장치 외		업태	도소매	종목	전자제품
	이메일	fhdns@never.net				이메일			

작성일자	공급가액	세액	수정사유	비고
20xx-09-30	30,000,000원	3,000,000원	해당 없음	

월	일	품목	규격	수량	단가	공급가액	세액	비고
9	30	전자제품		100	300,000원	30,000,000원	3,000,000원	

합계금액	현금	수표	어음	외상미수금	위 금액을 (영수) (청구) 함
33,000,000원	10,000,000원			23,000,000원	

문제 3 부가가치세 신고와 관련하여 다음 물음에 답하시오. (10점)

□□□

(1) 다음의 자료만을 이용하여 올해 1기 부가가치세 확정신고기간(4. 1.~6. 30.)의 [부가가치세신고서]를 작성하시오. (단, 기존에 입력된 자료 또는 불러온 자료는 삭제하고, 부가가치세신고서 외의 부속서류 작성은 생략할 것) (5점)

> 1. 매출내역
>   (1) 전자세금계산서 발급분 매출 : 공급가액 500,000,000원, 부가가치세 50,000,000원
>   (2) 해외 직수출에 따른 매출 : 공급가액 50,000,000원
> 2. 매입내역
>   (1) 전자세금계산서 수취분 일반매입 : 공급가액 250,000,000원, 부가가치세 25,000,000원
>   - 위의 일반매입 중 공급가액 10,000,000원, 부가가치세 1,000,000원은 사업과 직접 관련이 없는 지출이다.
>   (2) 예정신고누락분 세금계산서 매입 : 공급가액 4,500,000원, 부가가치세 450,000원
> 3. 예정신고 미환급세액 : 1,000,000원
> 4. 당사는 부가가치세 신고 시 홈택스에서 직접 전자신고를 한다. (세부담 최소화 가정)

□□□

(2) 다음은 올해 2기 확정신고기간(10. 1.~12. 31.)의 부가가치세 관련 자료이다. ㈜로운상회의 [신용카드매출전표등발행금액집계표]를 작성하시오. (단, 전표입력은 생략한다) (3점)

- 10월 15일 : ㈜남산에 제품을 납품하고 세금계산서(공급가액 25,000,000원, 부가가치세액 2,500,000원)를 발급하고, 10월 30일에 ㈜남산의 법인카드로 결제받았다.
- 11월 30일 : 면세제품(공급가액 7,000,000원)을 ㈜해라산업에 납품하고 계산서를 발급하고, 12월 15일에 ㈜해라산업의 법인카드로 결제받았다.

□□□

(3) 올해 1기 부가가치세 예정신고기간의 부가가치세신고서와 관련 부속서류를 전자신고 하시오. (2점)

1. 부가가치세신고서와 관련 부속서류는 마감되어 있다.
2. [전자신고] → [국세청 홈택스 전자신고변환(교육용)] 순으로 진행한다.
3. 전자신고용 전자파일 제작 시 신고인 구분은 2.납세자 자진신고로 선택하고, 비밀번호는 "12341234"로 입력한다.
4. 전자신고용전자파일저장경로는로컬디스크(C:)이며,파일명은"enc작성연월일.101.v1218623546"이다.
5. 최종적으로 국세청 홈택스에서 [전자파일 제출하기]를 완료한다.

문제 4 다음 결산자료를 입력하여 결산을 완료하시오. (15점)

□□□

(1) 외화매출채권인 AAPL.CO.LTD의 외상매출금과 관련된 자료는 다음과 같다. (3점)

- 7월 4일 : 제품을 $100,000에 직수출하기로 계약하였다.
- 7월 31일 : 수출하기로 한 제품의 선적을 완료하였으며, 대금은 전액 외상으로 하였다.
- 8월 30일 : 위 수출대금 중 일부인 $30,000를 회수하였다.
- 일자별 기준환율

7월 4일	7월 31일	8월 30일	12월 31일
2,120원/$	1,190원/$	1,190원/$	1,150원/$

□□□

(2) 4월 1일 영업부에서 사용하는 법인 명의의 업무용 차량에 대한 자동차 보험료 1,200,000원(보험기간 : 올해 4. 1.~내년 3. 31.)을 국민화재보험에 지급하고 전액 보험료로 계상하였다. (단, 보험료의 기간 배분은 월할 계산하고, 회계처리 시 음수로 입력하지 말 것) (3점)

□□□

(3) 당사는 기말 현재 보유 중인 채권 등의 잔액에 대해서 1%의 대손충당금을 보충법으로 설정하고 있다. (단, 원 단위 미만은 절사한다) (3점)

구분	기말잔액	설정 전 대손충당금 잔액
외상매출금	695,788,470원	5,150,000원
받을어음	157,760,000원	155,000원
단기대여금	90,000,000원	0원

□□□

(4) 당기말 현재 퇴직급여추계액이 다음과 같고, 회사는 퇴직급여추계액의 100%를 퇴직급여충당금으로 설정하고 있다. 퇴직급여충당부채를 설정하시오. (3점)

구분	퇴직급여추계액	설정 전 퇴직급여충당부채 잔액
생산부	150,000,000원	100,000,000원
영업부	200,000,000원	100,000,000원

□□□

(5) 당사는 당해연도 결산을 하면서 법인세 12,000,000원(지방소득세 포함)을 확정하였다. 이자수익에 대한 원천징수세액 550,000원 및 법인세 중간예납세액 5,000,000원은 자산으로 계상되어 있다. (3점)

문제 5 2024년 귀속 원천징수자료와 관련하여 다음의 물음에 답하시오. (15점)

□□□

(1) 다음은 ㈜로운상회의 생산직 근로자인 정희석(사번 : 101)의 5월분 급여 관련 자료이다. 아래 자료를 이용하여 5월분 [급여자료입력]과 [원천징수이행상황신고서]를 작성하시오. (단, 전월미환급세액은 230,000원이며, 급여지급일은 매월 말일이다) (5점)

※ 수당등록 및 공제항목은 불러온 자료는 무시하고 아래 자료에 따라 입력하며, 사용하는 수당 및 공제 이외의 항목은 "부"로 체크하기로 한다.

※ 원천징수이행상황신고서는 매월 작성하며, 정희석의 급여내역만 반영하고 환급신청은 하지 않기로 한다.

<5월 급여내역>

이름	정희석	지급일	5월 31일
기본급	1,900,000원	소득세	25,950원
식대	100,000원	지방소득세	2,590원
자가운전보조금	300,000원	국민연금	99,000원
야간근로수당	200,000원	건강보험	67,910원
교육보조금	100,000원	장기요양보험	8,330원
-	-	고용보험	17,600원
급여합계	2,600,000원	공제합계	221,380원
귀하의 노고에 감사드립니다.		차인지급액	2,378,620원

(1) 식대 : 당 회사는 현물식사를 별도로 제공하고 있다.

(2) 자가운전보조금 : 당사는 본인 명의의 차량을 업무목적으로 사용한 직원에게만 비정기적으로 자가운전보조금을 지급하고 있으며, 실제 발생된 교통비를 별도로 지급하지 않는다.

(3) 야간근로수당 : 올해 5월부터 업무시간 외 추가로 근무를 하는 경우 야근수당을 지급하고 있으며, 생산직 근로자가 받는 시간외근무수당으로서 비과세요건을 충족하고 있다.

(4) 교육보조금 : 사규에 따라 초등학교 자녀교육비에 대하여 매월 지급하고 있다.

□□□

(2) 김영식 사원(사번 : 102, 입사일 : 올해 7월 1일)의 연말정산과 관련된 자료는 다음과 같다. 아래의 자료를 이용하여 [연말정산추가자료입력] 메뉴의 [소득명세] 탭, [연금저축 등] 탭, [월세,주택임차] 탭, [연말정산입력] 탭을 작성하시오. 단, 김영식은 무주택 세대주로 부양가족이 없으며, 근로소득 이외에 다른 소득은 없다. (단, [연말정산입력] 탭에 지출액이 입력되지 않을 경우, [부양가족] 탭에 입력하고 **F8 부양가족탭불러오기** 를 클릭할 것) (10점)

<table>
<tr><td>현근무지</td><td>· 급여총액 : 13,200,000원(비과세 급여, 상여, 감면소득 없음)
· 소득세 기납부세액 : 155,700원(지방소득세 : 15,540원)
· 이외 소득명세 탭의 자료는 불러오기 금액을 반영한다.</td></tr>
<tr><td>종전근무지</td><td><종전근무지 근로소득원천징수영수증상의 내용>
· 근무처 : ㈜진성상사(사업자번호 : 405-81-65449)
· 근무기간 : 2024. 1. 1.~2024. 6. 20.
· 급여총액 : 12,000,000원(비과세 급여, 상여, 감면소득 없음)
· 국민연금 : 540,000원
· 건강보험료 : 411,600원
· 장기요양보험료 : 47,400원
· 고용보험료 : 96,000원
· 소득세 결정세액 : 100,000원(지방소득세 : 10,000원)
· 소득세 기납부세액 : 200,000원(지방소득세 : 20,000원)
· 소득세 차감징수세액 : -100,000원(지방소득세 : -10,000원)</td></tr>
<tr><td>연말정산자료</td><td>※ 연말정산 자료는 모두 국세청 홈택스를 통해 확인된 자료임
<table>
<tr><th>항목</th><th>내용</th></tr>
<tr><td>보험료</td><td>· 일반 보장성 보험료 : 1,600,000원
· 저축성 보험료 : 2,400,000원</td></tr>
<tr><td>교육비</td><td>· 본인 대학원 교육비 : 6,000,000원</td></tr>
<tr><td>의료비
(본인)</td><td>· 질병 치료비 : 1,500,000원(본인 신용카드 결제)
· 시력보정용 안경 구입비 : 600,000원
· 미용목적 피부과 시술비 : 1,000,000원
· 건강증진을 위한 한약 : 400,000원</td></tr>
<tr><td>신용카드
등
사용금액</td><td>· 본인신용카드 사용액 : 8,500,000원(질병 치료비 포함)
· 직불카드 사용액 : 3,600,000원
· 현금영수증 사용액 : 50,000원
※ 전통시장·대중교통 사용분, 전년 대비 소비증가분은 없음</td></tr>
<tr><td>월세액
명세</td><td>· 임대인 : 김서민(주민등록번호 : 771031-1028559)
· 유형 : 다가구 · 계약면적 : 50㎡
· 임대주택 주소지 : 부산시 해운대구 우동 10번지 1동 202호
· 임대차기간 : 2024. 1. 1.~2026. 12. 31. · 매달 월세액 : 300,000원</td></tr>
<tr><td>연금저축</td><td>· 본인 연금저축(2020년 가입) 납입금액 : 1,200,000원
· KEB 하나은행, 계좌번호 : 243-610750-72208</td></tr>
</table></td></tr>
</table>

▶ 정답 및 해설 | p.69

제102회 기출문제

✅ 다시 봐야 할 문제(틀린 문제, 풀지 못한 문제, 헷갈리는 문제 등)는 회독별로 문제 번호 위 네모박스(□)에 체크하여 반복 학습할 수 있습니다.

이론시험

다음 문제를 보고 알맞은 것을 골라 [이론문제 답안작성] 메뉴에 입력하시오. (객관식 문항당 2점)

● 기 본 전 제 ●

문제에서 한국채택국제회계기준을 적용하도록 하는 전제조건이 없는 경우, 일반기업회계기준을 적용한다.

□□□

1. 다음 자료를 이용하여 ㈜세무의 재고자산감모손실(영업외비용)을 구하시오.

- 기초재고자산 : 100,000원
- 기중 매입 재고자산 : 650,000원
- 기말 실지재고액 : 130,000원
- 매출액 : 800,000원
- 매출총이익률 : 25%
- 기말재고의 판매가격은 원가 이상이다.

① 17,000원 ② 20,000원 ③ 50,000원 ④ 70,000원

□□□

2. 다음 중 부채에 관한 설명으로 옳은 것은?

① 부채는 보고기간 종료일로부터 1년 이내에 만기상환(결제)일이 도래하는지에 따라 유동부채와 비유동부채로 분류한다.
② 정상적인 영업주기 내에 소멸할 것으로 예상되는 매입채무와 미지급비용 등이 보고기간 종료일로부터 1년 이내에 결제되지 않으면 비유동부채로 분류한다.
③ 미지급금은 일반적으로 상거래에서 발생한 지급기일이 도래한 확정채무를 말한다.
④ 부채의 채무액이 현재 시점에서 반드시 확정되어 있어야 한다.

□□□

3. 다음 자료를 이용하여 유동부채에 포함될 금액을 구하시오.

· 단기차입금 : 100,000,000원	· 장기차입금 : 200,000,000원
· 미지급비용 : 5,000,000원	· 선급비용 : 20,000,000원
· 퇴직급여충당부채 : 300,000,000원	

① 105,000,000원　② 125,000,000원　③ 325,000,000원　④ 625,000,000원

□□□

4. 다음 중 일반기업회계기준상 유형자산 교환에 관한 설명으로 옳지 않은 것은?

① 이종자산과의 교환으로 취득한 유형자산의 취득원가는 교환을 위하여 제공한 자산의 공정가치로 측정한다.

② 이종자산의 교환을 위하여 제공한 자산의 공정가치가 불확실한 경우에는 교환으로 취득한 자산의 공정가치를 취득원가로 할 수 있다.

③ 자산의 교환에 현금수수액이 있는 경우에는 현금수수액을 반영하여 취득원가를 결정한다.

④ 유형자산의 공정가치는 감정평가가격으로 한다.

□□□

5. 다음 중 재무제표의 기본가정이 아닌 것은?

① 기업실체의 가정 : 기업은 그 자체가 인격을 가진 하나의 실체로서 존재하며 기업실체의 경제적 현상을 재무제표에 보고해야 한다는 가정

② 계속기업의 가정 : 기업이 계속적으로 존재하지 않을 것이라는 반증이 없는 한 실체의 본래 목적을 달성하기 위하여 계속하여 존재한다는 가정

③ 발생주의의 가정 : 기업에 미치는 재무적 효과를 현금이 수취되거나 지급되는 기간에 기록하는 것이 아니라, 그 거래가 발생한 기간에 기록한다는 가정

④ 기간별 보고의 가정 : 기업의 지속적인 경제적 활동을 인위적으로 일정 기간 단위로 분할하여 각 기간마다 보고해야 한다는 가정

□□□

6. ㈜에코의 제조활동과 관련된 물량흐름(평균법을 가정함)은 다음과 같다. 아래의 자료에 대한 설명으로 틀린 것은?

· 기초재공품 : 2,000개	· 당기완성수량 : 9,000개
· 기말재공품 : 500개	· 당기착수량 : 8,000개

① 공손품이란 폐기처분 또는 매각처분 이외에는 용도가 없는 불합격품을 말한다.
② 정상공손품의 기준을 완성품의 3%로 가정할 경우 정상공손수량은 200개이다.
③ 정상공손품의 기준을 완성품의 5%로 가정할 경우 비정상공손수량은 50개이다.
④ 선입선출법과 평균법의 총 공손수량은 동일하다.

□□□

7. 다음은 ㈜부경의 제조원가와 관련된 자료이다. 당기제품제조원가는 얼마인가? (단, 간접재료비는 없다고 가정한다)

· 기초원재료 : 500,000원	· 기말원재료 : 50,000원
· 당기원재료 매입 : 1,200,000원	· 직접노무비 : 1,500,000원
· 제조간접비 : 2,000,000원	· 기초재공품재고 : 400,000원
· 기말재공품재고 : 500,000원	· 기초제품재고 : 150,000원
· 당기매출원가 : 450,000원	

① 5,000,000원　② 5,050,000원　③ 5,150,000원　④ 5,500,000원

□□□

8. 다음 중 원가의 개념에 대한 설명으로 옳지 않은 것은?

① 기본원가에는 직접재료비와 직접노무비가 있다.
② 기회비용은 과거의 의사결정으로 이미 발생한 원가로서 특정 의사결정에 고려할 필요가 없는 원가이다.
③ 회피불능원가란 어떤 의사결정을 하더라도 절약할 수 없는 원가를 말한다.
④ 변동비의 총액은 조업도에 비례하여 증가한다.

□□□

9. 다음 중 제조원가명세서에 표시될 수 없는 것은?

① 기말원재료재고액
② 기말제품재고액
③ 제조공정의 노무비 발생액
④ 기말재공품재고액

□□□

10. 다음은 원가배부에 관한 내용이다. 무엇에 대한 설명인가?

> 보조부문들 간에 배분 순서를 정한 다음 그 배분 순서에 따라 보조부문원가를 배분하는 방법을 말한다. 우선순위로 특정 보조부문원가가 다른 보조부문에 배분된 후에는 다시 역으로 배분을 고려하지는 않는다.

① 상호배분법
② 직접배분법
③ 비례조정법
④ 단계배분법

□□□

11. 다음 중 부가가치세법상 업종별 사업장에 대한 설명으로 옳지 않은 것은?

① 부동산임대업을 영위하는 개인은 그 부동산의 등기부상의 소재지를 사업장으로 한다.
② 제조업을 영위하는 개인은 최종 제품을 완성하는 장소를 사업장으로 한다(다만, 따로 제품의 포장만을 하는 장소는 제외).
③ 건설업을 영위하는 법인은 각 건설 현장 사무소를 사업장으로 한다.
④ 부동산매매업을 영위하는 법인은 법인의 등기부상 소재지를 사업장으로 한다.

□□□

12. 부가가치세법상 일반과세자와 간이과세자에 대한 설명으로 옳지 않은 것은?

① 간이과세자도 예정부과기간에 예정신고를 하여야 하는 경우가 있다.
② 일반과세자는 세금계산서 관련 가산세를 부담하지만, 간이과세자는 세금계산서 관련 가산세가 적용되는 경우가 없다.
③ 일반과세자는 법정요건이 충족되는 경우 면세 농산물 등에 대한 의제매입세액공제특례가 적용될 수 있으나, 간이과세자는 의제매입세액공제특례를 받을 수가 없다.
④ 일반과세자는 매입세액이 매출세액을 초과하면 환급세액이 발생하지만, 간이과세자는 매출세액이 공제세액보다 작아도 환급세액이 없다.

□□□

13. 다음 중 부가가치세법상 재화 및 용역의 공급시기에 대한 내용으로 옳지 않은 것은?

① 장기할부판매 : 대가의 각 부분을 받기로 한 때
② 현금판매, 외상판매, 할부판매 : 재화가 인도되거나 이용가능하게 되는 때
③ 완성도기준지급조건부 판매 : 완성되어 사용 또는 소비되는 때
④ 임대보증금 등에 대한 간주임대료 : 예정신고기간 종료일 또는 과세기간 종료일

□□□

14. 다음 중 소득세법상 기타소득이 아닌 것은?

① 종교 관련 종사자가 해당 과세기간에 받은 금액(원천징수하거나 과세표준을 확정신고한 경우는 제외)
② 연금계좌의 운용실적에 따라 증가된 금액(연금 형태로 지급받는 경우)
③ 계약의 위반, 해약으로 인하여 받는 손해배상금과 법정이자
④ 공익사업 관련하여 지역권, 지상권의 설정, 대여로 인한 소득

□□□

15. 다음 중 사업소득의 총수입금액에 대한 설명으로 옳지 않은 것은?

① 소득세 또는 개인 지방소득세를 환급받았거나 환급받을 금액 중 다른 세액에 충당한 금액은 총수입금액에 산입하지 아니한다.
② 관세환급금 등 필요경비로 지출된 세액이 환입되었거나 환입될 경우 그 금액은 총수입금액에 산입한다.
③ 거래상대방으로부터 받는 장려금 및 기타 이와 유사한 성질의 금액은 총수입금액에 산입한다.
④ 사업과 관련하여 해당 사업용 자산의 손실로 취득하는 보험차익은 총수입금액에 산입하지 아니한다.

실무시험

㈜반도산업(회사코드 : 0202)은 제조 및 도·소매업을 영위하는 중소기업으로, 당기(제15기)의 회계기간은 2024. 1. 1.~2024. 12. 31.이다. 전산세무회계 수험용 프로그램을 이용하여 다음의 물음에 답하시오.

● 기 본 전 제 ●

- 문제에서 한국채택국제회계기준을 적용하도록 하는 전제조건이 없는 경우, 일반기업회계기준을 적용하여 회계처리한다.
- 문제의 풀이와 답안작성은 제시된 문제의 순서대로 진행한다.

문제 1 [일반전표입력] 메뉴를 이용하여 다음의 거래자료를 입력하시오. (15점)

● 입력 시 유의사항 ●

- 일반적인 적요의 입력은 생략하지만, 타계정 대체거래는 적요번호를 선택하여 입력한다.
- 채권·채무와 관련된 거래는 별도의 요구가 없는 한 반드시 기등록된 거래처코드를 선택하는 방법으로 거래처명을 입력한다.
- 제조경비는 500번대 계정코드를, 판매비와관리비는 800번대 계정코드를 사용한다.
- 회계처리 시 계정과목은 별도의 제시가 없는 한 등록된 계정과목 중 가장 적절한 과목으로 한다.

□□□

(1) 4월 29일 올해 1기 예정신고기간의 부가가치세 미납액 2,500,000원과 납부지연가산세 2,500원을 함께 우리은행 보통예금 계좌에서 이체하여 납부하였다. (단, 부가가치세 미납액은 미지급세금으로, 납부지연가산세는 판매비와관리비 항목의 세금과공과로 처리할 것) (3점)

□□□

(2) 5월 23일 회사가 보유 중인 자기주식 전량을 10,000,000원에 처분하고 매각대금은 보통예금으로 입금되었다. 단, 처분 시점의 자기주식 장부가액은 8,000,000원이며, 자기주식처분손실 계정의 잔액은 1,300,000원이다. (3점)

□□□

(3) 11월 15일 하나은행으로부터 5년 후 상환조건으로 100,000,000원을 차입하고, 보통예금 계좌로 입금받았다. (3점)

□□□

(4) 11월 25일 ABC사의 외상매출금 $20,000를 회수하여 당사의 보통예금에 입금하였다. 환율은 다음과 같다. (3점)

- 올해 7월 1일 외상매출금 인식 당시 기준환율 : 1,200원/$
- 올해 11월 25일 기준환율 : 1,300원/$

□□□

(5) 12월 29일 영업부에서 매출거래처 직원과 식사를 하고 식사비용 100,000원을 법인카드(신한카드)로 결제하였다. (3점)

문제 2 [매입매출전표입력] 메뉴를 이용하여 다음의 거래자료를 입력하시오. (15점)

● 입력 시 유의사항 ●

- 일반적인 적요의 입력은 생략하지만, 타계정 대체거래는 적요번호를 선택하여 입력한다.
- 채권·채무 관련 거래는 별도의 요구가 없는 한 반드시 기등록된 거래처코드를 선택하는 방법으로 거래처명을 입력한다.
- 제조경비는 500번대 계정코드를, 판매비와관리비는 800번대 계정코드를 사용한다.
- 회계처리 시 계정과목은 등록된 계정과목 중 가장 적절한 과목으로 한다.
- 입력화면 하단의 분개까지 처리하고, 세금계산서 및 계산서는 전자 여부를 입력하여 반영한다.

□□□

(1) 7월 30일 경영지원팀 직원들이 야근 식사를 하고 다음과 같은 종이세금계산서를 수취하였다. 제2기 부가가치세 예정신고 시 해당 세금계산서를 누락하여 제2기 확정신고 기간의 부가가치세신고서에 반영하려고 한다. 반드시 해당 세금계산서를 제2기 확정신고 기간의 부가가치세신고서에 반영할 수 있도록 입력 및 설정하시오. (단, 외상대금은 미지급금으로 처리할 것) (3점)

세금계산서	책번호	권	호
	일련번호	-	

공급자				공급받는자			
등록번호	106-54-73541			등록번호	137-81-87797		
상호(법인명)	남해식당	성명(대표자)	박미소	상호(법인명)	㈜반도산업	성명(대표자)	손흥민
사업장 주소	경기도 오산시 외삼미로 200			사업장 주소	경기도 오산시 외삼미로 104-12		
업태	음식	종목	한식	업태	제조외	종목	전자제품

작성 연	월	일	공급가액 공란수	백	십	억	천	백	십	만	천	백	십	일	세액 십	억	천	백	십	만	천	백	십	일	비고
20xx	7	30						1	4	0	0	0	0	0					1	4	0	0	0	0	

월	일	품목	규격	수량	단가	공급가액	세액	비고
7	30	야근식대		1		1,400,000원	140,000원	

합계금액	현금	수표	어음	외상미수금	이 금액을 청구 함
1,540,000원				1,540,000원	

□□□

(2) 8월 5일 진성부동산으로부터 공장건물 신축용 토지를 200,000,000원에 매입하고 전자계산서를 발급받았으며, 대금 200,000,000원은 당사 보통예금 계좌에서 이체하여 지급하였다. (3점)

□□□

(3) 9월 1일 영업부에서 사용할 컴퓨터를 ㈜전자상회에서 현금으로 구입하고, 지출증빙용 현금영수증을 발급받았다. (단, 자산으로 처리할 것) (3점)

㈜전자상회			
사업자번호 114-81-80641 서울시 송파구 문정동 101-2		남재안 TEL : 02-3289-8085	
홈페이지 http://www.kacpta.or.kr			
현금(지출증빙용)			
구매 20xx/9/1/13:06		거래번호 : 0026-0107	
상품명	단가	수량	금액
컴퓨터	1,800,000원	2대	3,960,000원
		공 급 가 액	3,600,000원
		부 가 가 치 세	360,000원
		합 계	3,960,000원
		받 은 금 액	3,960,000원

□□□

(4) 9월 25일 회사는 ㈜로운캐피탈로부터 관리업무용 승용차(개별소비세 과세 대상 차량)를 렌트하고, 아래의 전자세금계산서를 발급받았다. 9월분 렌트료는 700,000원(공급가액)으로 대금은 10월 10일에 지급할 예정이다. (단, 렌트료에 대해서는 임차료 계정과목 사용할 것) (3점)

전자세금계산서						승인번호			
공급자	등록번호	778-81-35557	종사업장번호		공급받는자	등록번호	137-81-87797	종사업장번호	
	상호(법인명)	㈜로운캐피탈	성명(대표자)	이로운		상호(법인명)	㈜반도산업	성명(대표자)	손흥민
	사업장 주소	서울 강남구 대사관로 120 (성북동)				사업장 주소	경기도 오산시 외삼미로 104-12		
	업태	서비스	종목	렌트업		업태	제조 외	종목	전자제품
	이메일					이메일			

작성일자	공급가액	세액	수정사유	비고
20xx-09-25	700,000원	70,000원	해당 없음	19바3525

월	일	품목	규격	수량	단가	공급가액	세액	비고
9	25	승용차렌트				700,000원	70,000원	

합계금액	현금	수표	어음	외상미수금	위 금액을 (청구) 함
770,000원				770,000원	

□□□

(5) 9월 30일 중앙상사에 8월 3일 외상으로 판매했던 제품 중 2대(대당 2,500,000원, 부가가치세 별도)가 제품 불량으로 인해 반품되었다. 이에 따라 수정전자세금계산서를 발급하고, 대금은 외상매출금과 상계처리하기로 하였다. (분개는 (-)금액으로 회계처리할 것) (3점)

문제 3 부가가치세 신고와 관련하여 다음 물음에 답하시오. (10점)

□□□

(1) 당해 문제에 한하여 당사는 돼지고기를 매입하여 소시지를 제조하는 법인으로 중소기업에 해당하지 아니한다고 가정한다. 올해 1기 확정신고기간의 [의제매입세액공제신고서]를 작성하시오. 단, 1기 확정신고기간의 매출 공급가액은 96,000,000원이고, 예정신고기간의 매출액과 매입액은 없으며, 확정신고기간의 매입액은 거래일에 현금으로 지급한 것으로 가정한다. (3점)

일자	품목	상호	사업자번호	수량	총매입가격	증빙
4월 30일	돼지고기	고기유통㈜	210-81-62674	1,600kg	28,000,000원	전자계산서
5월 31일	식품포장재	㈜포장명가	222-81-27461	1,000장	5,000,000원	현금영수증
6월 30일	돼지창자	㈜창자유통	137-81-99992	1,000kg	3,000,000원	전자계산서

□□□

(2) 다음 자료를 이용하여 올해 2기 확정신고 기간(10. 1.~12. 31.)의 [부가가치세신고서]를 작성하시오. 부가가치세신고서 이외의 과세표준명세 등 기타 부속서류는 작성을 생략하고, 홈택스에서 기한 내에 직접 전자신고한 것으로 가정한다. (단, 불러온 데이터는 삭제한다) (5점)

1. 매출 자료
   - 전자세금계산서 발급 매출 : 공급가액 300,000,000원, 세액 : 30,000,000원
   - 신용카드매출액 : 공급대가 46,200,000원(이 중 위에 있는 전자세금계산서 발급분 공급대가 11,000,000원 포함)
   - 외상매출금 중 1,650,000원(부가가치세 포함)이 올해 8월 중 해당 거래처의 파산으로 대손이 확정되어 장부에 반영하였다.
   - 올해 2기 예정신고 시 누락된 세금계산서 과세매출 : 공급가액 3,000,000원(종이세금계산서 발급분)
   - 올해 2기 예정신고 시 누락된 세금계산서 매입분은 없는 것으로 가정한다.
   - 부당과소신고가 아니며, 가산세 계산 시 미납일수는 92일로 한다.
2. 매입 자료
   - 전자세금계산서 일반매입액 : 공급가액 120,000,000원, 세액 : 12,000,000원
   - 신용카드 매입액 : 공급대가 22,000,000원(기계장치 구입비 2,750,000원(공급대가) 포함)

□□□

(3) 다음의 자료를 이용하여 올해 1기 부가가치세 예정신고 기간(1. 1.~3. 31.)의 [부가가치세신고서] 및 관련 부속서류를 전자신고하시오. (2점)

> 1. 부가가치세신고서와 관련 부속서류는 마감되어 있다.
> 2. [전자신고] → [국세청 홈택스 전자신고변환(교육용)] 순으로 진행한다.
> 3. 전자신고용 전자파일 제작 시 신고인 구분은 2.납세자 자진신고로 선택하고, 비밀번호는 "12341234"로 입력한다.
> 4. 전자신고용전자파일저장경로는로컬디스크(C:)이며,파일명은"enc작성연월일.101.v1378187797"이다.
> 5. 최종적으로 국세청 홈택스에서 [전자파일 제출하기]를 완료한다.

문제 4 다음 결산자료를 입력하여 결산을 완료하시오. (15점)

□□□

(1) 당기말 현재 마케팅 팀에서 구입 시 전액 비용(소모품비)으로 처리한 소모품 중 미사용액이 5,300,000원이다. (회사는 미사용액에 대하여 자산 처리함) (3점)

□□□

(2) 전기에 취득한 매도가능증권의 기말 현재 보유 현황은 다음과 같다. 단, 주어진 내용 이외의 거래는 고려하지 않는다. (3점)

> · 발행회사 : ㈜세무통상　　· 취득가액 : 15,000,000원
> · 전기말 공정가액 : 14,800,000원　　· 당기말 공정가액 : 15,500,000원

□□□

(3) 진성상사에 대여한 자금에 대하여 장부에 계상한 이자수익 중 360,000원은 차기에 해당하는 금액이다. (거래처 입력은 생략하고, 음수로 회계처리하지 않는다) (3점)

□□□

(4) 전기말 유동성장기부채로 대체한 중앙은행의 장기차입금 20,000,000원의 상환기간을 당사의 자금 사정으로 인하여 2년 연장하기로 계약하였다. (단, 관련 회계처리 날짜는 결산일로 함) (3점)

□□□

(5) 다음의 유형자산에 대한 감가상각의 내역을 결산에 반영하시오. (3점)

계정과목	자산 사용 및 구입내역	당기 감가상각비
공구와기구	제조공장에서 사용	1,250,000원
차량운반구	영업부서 업무용으로 사용	3,500,000원

문제 5 2024년 귀속 원천징수자료와 관련하여 다음의 물음에 답하시오. (15점)

□□□

(1) 아래 자료를 보고 대한민국 국적의 거주자인 영업부 팀장 윤영수(입사일자 : 올해 4월 1일, 국내 근무)를 사원등록(사번 : 107)하고, [부양가족명세]에 윤영수의 부양가족을 등록한 후 세부담이 최소화되도록 공제 여부를 입력하시오. 비고란에 제시된 소득이 전부이고 이외의 소득은 없으며, 주민등록번호는 정확한 것으로 가정한다. (단, 기본공제대상자가 아닌 경우 기본공제 여부에 "부"로 표시할 것) (5점)

성명	관계	주민등록번호	내/외국인	동거여부	비고
윤영수	본인	730122-1225661	내국인	세대주	연간 총급여 7,200만 원
정이서	배우자	740325-2560121	내국인	동거	원고료 수입(기타소득) 300만 원에 대하여 분리과세를 선택함
송미란	모	521225-2013667	내국인	동거	양도소득금액 200만 원 외 소득 없음
윤혜서	딸	110205-4455196	내국인	동거	소득 없음
윤민율	아들	130701-3998537	내국인	동거	소득 없음
윤해수	형제	740317-1850524	내국인	질병관계로 별거	소득 없음, 장애인(장애인복지법)

□□□

(2) 이진원(사번 : 308, 입사일 : 2024년 1월 1일) 사원의 연말정산 관련된 자료는 다음과 같다. 아래의 자료를 이용하여 [연말정산추가자료입력] 메뉴의 [부양가족] 탭을 수정하고, [연금저축 등 Ⅰ] 탭과 [연말정산입력] 탭을 작성하시오. (단, [연말정산입력] 탭에 지출액이 입력되지 않을 경우, [부양가족] 탭에 입력하고 F8 부양가족탭불러오기 를 클릭할 것) (10점)

1. 가족사항

관계	성명	주민번호	소득	비고
본인	이진원	861119-1889520	총급여 5,000만 원	세대주
배우자	정연주	880219-2845571	퇴직소득금액 300만 원	
장모	김해수	580910-2111597	복권당첨액 100만 원	
동생	이송원	890111-1887821	일용근로소득 300만 원	장애인(장애인복지법)
딸	이연진	141111-4019385	소득 없음	초등학생
아들	이주원	190811-3456784	소득 없음	미취학아동

2. 보장성보험료 내역
- 이진원 자동차종합보험료 : 800,000원
- 이연진 보장성 보험료 : 600,000원
- 이주원 보장성 보험료 : 550,000원

3. 교육비 내역
- 이진원 사이버대학 교육비 : 1,200,000원
- 이연진 태권도 학원비 : 800,000원
- 이주원 유치원 교육비 : 2,200,000원

4. 의료비 내역
- 이진원 본인질병 치료비 : 1,100,000원
  ([보험업법]에 따른 보험회사에서 실손의료보험금 600,000원을 지급받음)
- 김해수 건강기능식품 구입 : 3,000,000원(의약품 아님)
- 이연진 질병 치료비 : 1,500,000원

5. 기부금 내역
- 김해수 종교단체 기부금(금전) : 800,000원

6. 신용카드 등 사용내역 (전통시장·대중교통·도서 등 사용분 없음, 전년 대비 소비증가분 없음)
- 이진원 신용카드 사용액 : 19,500,000원
- 이진원 현금영수증 사용액 : 3,500,000원
- 김해수 신용카드 사용액 : 6,180,000원

7. 연금저축
- 이진원 본인 연금저축계좌 : 2,000,000원(2024년도 납입분, 2024년 가입, ㈜우리은행 계좌번호 : 1012-4588-200)

8. 기타사항
- 근로자 본인의 세부담이 최소화 되도록 하고, 언급된 가족들은 모두 동거하며 생계를 같이한다.
- 제시된 자료 외의 다른 소득은 없다고 가정한다.
- 위 모든 자료는 국세청 연말정산간소화서비스 자료이다.

▶ 정답 및 해설 | p.76

제101회 기출문제

✓ 다시 봐야 할 문제(틀린 문제, 풀지 못한 문제, 헷갈리는 문제 등)는 회독별로 문제 번호 위 네모박스(□)에 체크하여 반복 학습할 수 있습니다.

이론시험

다음 문제를 보고 알맞은 것을 골라 [이론문제 답안작성] 메뉴에 입력하시오. (객관식 문항당 2점)

● 기 본 전 제 ●

문제에서 한국채택국제회계기준을 적용하도록 하는 전제조건이 없는 경우, 일반기업회계기준을 적용한다.

□□□

1. 다음 중 일반기업회계기준상 유가증권에 대한 설명으로 틀린 것은?

① 매도가능증권의 취득 시점에 제공한 대가 외의 매입수수료, 이전비용은 수수료로 처리한다.
② 단기매매증권, 만기보유증권, 지분법적용투자주식으로 분류되지 않는 유가증권은 매도가능증권으로 분류한다.
③ 매도가능증권을 공정가치로 평가함으로 인해 발생하는 평가손실은 당기손익에 영향을 미치지 않는다.
④ 만기보유증권은 보고기간 종료일로부터 1년 내에 만기가 도래하는 경우 유동자산으로 분류할 수 있다.

□□□

2. 다음 중 판매비와관리비 항목이 아닌 것은?

① 회계팀 직원의 급여
② 영업팀 직원의 출장비
③ 총무팀의 사무용품 구입비용
④ 은행 대출 이자비용

□□□

3. 다음 중 수익의 인식에 관한 설명으로 옳지 않은 것은?

① 위탁판매의 경우 위탁자는 수탁자가 제3자에게 재화를 판매한 시점에 수익을 인식한다.
② 상품권의 경우 상품권을 회수하고 재화를 인도하는 시점에 수익을 인식한다.
③ 공연입장료의 경우 행사가 개최되는 시점에 수익을 인식한다.
④ 일반적인 상품 및 제품 판매의 경우 대금을 회수한 시점에 수익을 인식한다.

□□□

4. 다음 중 재무제표 작성에 대한 설명으로 틀린 것은?

① 재무제표는 경제적 사실과 거래의 실질을 반영하여 기업의 재무상태, 경영성과, 현금흐름 및 자본변동을 공정하게 표시하여야 한다.
② 중요한 항목은 재무제표의 본문이나 주석에 그 내용을 가장 잘 나타낼 수 있도록 구분하여 표시하며, 중요하지 않은 항목은 성격이나 기능이 유사한 항목과 통합하여 표시할 수 있다.
③ 재무제표는 이해하기 쉽도록 간단하고 명료하게 표시하여야 한다.
④ 사업결합 또는 사업중단 등에 의해 영업의 내용이 유의적으로 변경된 경우라도 재무제표의 기간별 비교가능성을 제고하기 위하여 재무제표 항목의 표시와 분류는 매기 동일하여야 한다.

□□□

5. 다음은 일반기업회계기준상 무형자산에 대한 설명이다. 옳지 않은 것은?

① 산업재산권, 개발비, 컴퓨터소프트웨어 등이 포함된다.
② 상각대상금액은 그 자산의 추정내용연수 동안 체계적인 방법을 사용하여 비용으로 배분하여야 한다.
③ 무형자산의 상각 시 잔존가치는 취득가액의 10%로 한다.
④ 상각기간은 관계 법령이나 계약에 정해진 경우를 제외하고는 20년을 초과할 수 없다.

□□□

6. 다음 중 제조원가 항목이 아닌 것은?

① 생산시설 전기요금
② 공장건물에 대한 감가상각비
③ 판매직 사원의 특별상여금
④ 생산직 근로자의 연말상여금

□□□

7. 다음 중 원가 행태에 대한 설명으로 옳지 않은 것은?

① 조업도가 증가하면 변동원가 총액은 증가한다.
② 조업도가 증가하면 단위당 고정원가는 감소한다.
③ 조업도가 감소하면 단위당 변동원가는 증가한다.
④ 조업도와 관계없이 고정비 총액은 항상 일정하다.

□□□

8. 다음 중 보조부문 원가의 배분방법에 대한 설명으로 가장 옳지 않은 것은?

① 보조부문 원가의 배분방법 중 보조부문 간의 용역수수관계를 완벽하게 고려하여 정확하게 계산하는 방법은 상호배분법이다.
② 단계배분법은 우선순위가 높은 보조부문의 원가를 우선순위가 낮은 보조부문에 먼저 배분하고, 배분을 끝낸 보조부문에는 다른 보조부문원가를 재배분하지 않는 방법이다.
③ 직접배분법은 보조부문 간에 일정한 배분순서를 결정한 다음 그 배분순서에 따라 보조부문 원가를 단계적으로 배분하는 방법이다.
④ 단계배분법은 보조부문 상호 간의 용역수수관계를 일부만 반영하는 방법이다.

□□□

9. ㈜동양의 원가 자료는 다음과 같다. 가공원가는 얼마인가?

· 직접재료원가 구입액 : 500,000원	· 직접재료원가 사용액 : 400,000원
· 직접노무원가 발생액 : 300,000원	· 변동제조간접원가 발생액 : 800,000원
· 변동제조간접원가는 총제조간접원가의 50%이다.	

① 1,100,000원 ② 1,300,000원 ③ 1,800,000원 ④ 1,900,000원

□□□

10. 다음 중 개별원가계산과 종합원가계산에 대한 설명으로 틀린 것은?

① 개별원가계산은 직접재료비, 직접노무비, 제조간접비로 구분하여 작업원가표에 집계한다.
② 개별원가계산 중 실제배부율과 예정배부율의 구분은 제조간접비와 관련된 문제이다.
③ 종합원가계산은 당기총제조원가를 당기중에 생산된 완성품환산량으로 나누어 완성품환산량 단위당원가를 계산한다.
④ 종합원가계산은 소량으로 주문생산하는 기업의 원가계산에 적합하고, 개별원가계산에 비해서 제품별 원가계산이 보다 정확하다.

□□□

11. 다음은 부가가치세법상 부수 재화 및 부수 용역의 공급에 관한 사례이다. 다음 중 부가가치세가 면세되는 것은?

① 조경공사업체가 조경공사에 포함하여 수목을 공급하는 경우
② TV를 판매한 업체가 그 A/S 용역을 제공하는 경우
③ 은행에서 업무에 사용하던 차량을 매각한 경우
④ 악기 도매업자가 피아노와 함께 피아노 의자를 공급한 경우

□□□

12. 다음 중 부가가치세법상 환급에 관한 설명으로 옳지 않은 것은?

① 예정신고 시 일반환급세액은 환급되지 않는다.
② 조기환급은 조기환급신고기한 경과 후 15일 이내에 관할 세무서장이 신고한 사업자에게 환급하여야 한다.
③ 조기환급을 신고할 때에는 조기환급기간의 매출은 제외하고 매입만 신고할 수 있다.
④ 사업자가 사업 설비를 취득하였다면 조기환급을 신고할 수 있다.

□□□

13. 다음 중 부가가치세법상 세금계산서에 관한 설명으로 옳지 않은 것은?

① 세금계산서 발급 후 계약의 해제로 재화가 공급되지 않아 수정세금계산서를 작성하고자 하는 경우 그 작성일은 처음에 발급한 세금계산서의 작성일을 기입한다.
② 세금계산서의 발급의무자는 부가가치세 과세 대상 재화 또는 용역을 공급하는 사업자이다.
③ 세금계산서는 공급하는 사업자가 공급자 보관용과 공급받는 자 보관용 2매를 작성하여 공급받는 자 보관용을 거래상대방에게 교부한다.
④ 세금계산서란 과세사업자가 재화 또는 용역을 공급할 때 부가가치세를 거래징수하고 그 거래 사실을 증명하기 위하여 공급받는 자에게 발급하는 것이다.

□□□

14. 다음 중 소득세법상 과세기간에 대한 설명으로 옳지 않은 것은?

① 거주자가 사망 또는 국외 이주한 경우를 제외한 소득세의 과세기간은 1월 1일부터 12월 31일까지 1년으로 한다.
② 거주자가 사망한 경우의 과세기간은 1월 1일부터 사망한 날이 속하는 달의 말일까지로 한다.
③ 소득세법은 과세기간을 임의로 설정하는 것을 허용하지 않는다.
④ 거주자가 국외로 이주하여 비거주자가 되는 경우의 과세기간은 1월 1일부터 출국한 날까지로 한다.

□□□

15. 다음 중 소득세법상 결손금과 이월결손금에 관한 내용으로 틀린 것은?

① 이월결손금은 해당 결손금이 발생한 과세기간으로부터 10년간 이월 공제한다.
② 해당 과세기간의 소득금액에 대하여 추계신고를 할 때에는 이월결손금 공제가 원칙적으로 불가능하다.
③ 부동산임대업(주거용 건물 임대업 제외)에서 발생한 이월결손금은 부동산임대업 외의 일반적인 사업소득에서 공제할 수 없다.
④ 해당 과세기간에 결손금이 발생하고 이월결손금이 있는 경우에는 그 과세기간의 결손금을 우선 공제하고 이월결손금을 공제한다.

실무시험

동양㈜(회사코드 : 0201)은 제조·도소매업을 영위하는 중소기업으로, 당기(제11기)의 회계기간은 2024. 1. 1.~2024. 12. 31.이다. 전산세무회계 수험용 프로그램을 이용하여 다음 물음에 답하시오.

기 본 전 제

- 문제에서 한국채택국제회계기준을 적용하도록 하는 전제조건이 없는 경우, 일반기업회계기준을 적용하여 회계처리한다.
- 문제의 풀이와 답안작성은 제시된 문제의 순서대로 진행한다.

문제 1 [일반전표입력] 메뉴를 이용하여 다음의 거래자료를 입력하시오. (15점)

입력 시 유의사항

- 일반적인 적요의 입력은 생략하지만, 타계정 대체거래는 적요번호를 선택하여 입력한다.
- 채권·채무와 관련된 거래는 별도의 요구가 없는 한 반드시 기등록된 거래처코드를 선택하는 방법으로 거래처명을 입력한다.
- 제조경비는 500번대 계정코드를, 판매비와관리비는 800번대 계정코드를 사용한다.
- 회계처리 시 계정과목은 별도의 제시가 없는 한 등록된 계정과목 중 가장 적절한 과목으로 한다.

□□□

(1) 2월 6일 영업부는 제품광고료에 대한 미지급금 352,000원(부가가치세 포함)을 조아일보에 전액 보통예금 계좌에서 이체하여 지급하였다. (3점)

□□□

(2) 4월 15일 당사의 법인 거래처인 ㈜서울로부터 기계장치를 무상으로 받았다. 기계장치의 공정가치는 5,000,000원이다. (3점)

□□□

(3) 5월 30일 영업부 직원들에 대한 확정급여형(DB형) 퇴직연금 납입액 10,000,000원과 퇴직연금운용수수료 550,000원을 보통예금 계좌에서 이체하였다. (3점)

□□□

(4) 7월 12일 뉴욕은행으로부터 전년도에 차입한 외화장기차입금 $50,000를 우리은행 보통예금 계좌에서 이체하여 상환하였다. (3점)

- 전년도 12월 31일 기준환율 : ₩1,192/$
- 올해 7월 12일 기준환율 : ₩1,150/$

□□□

(5) 9월 15일 전기에 ㈜대산실업의 파산으로 인하여 대손 처리하였던 외상매출금 1,100,000원(부가가치세 포함, 대손세액공제 받음)을 전액 현금으로 회수하였다. (3점)

문제 2 [매입매출전표입력] 메뉴를 이용하여 다음의 거래자료를 입력하시오. (15점)

● 입력 시 유의사항 ●

- 일반적인 적요의 입력은 생략하지만, 타계정 대체거래는 적요번호를 선택하여 입력한다.
- 채권·채무 관련 거래는 별도의 요구가 없는 한 반드시 기등록된 거래처코드를 선택하는 방법으로 거래처명을 입력한다.
- 제조경비는 500번대 계정코드를, 판매비와관리비는 800번대 계정코드를 사용한다.
- 회계처리 시 계정과목은 등록된 계정과목 중 가장 적절한 과목으로 한다.
- 입력화면 하단의 분개까지 처리하고, 세금계산서 및 계산서는 전자 여부를 입력하여 반영한다.

□□□

(1) 7월 19일 대표이사인 김연우가 자택에서 사용할 목적으로 ㈜하이마트에서 TV를 9,900,000원(부가가치세 포함)에 구입하고, 당사 명의로 전자세금계산서를 발급받았다. 대금은 당사의 당좌수표를 발행하여 지급하였으며, 사업 무관 비용은 대표이사 김연우의 가지급금으로 처리한다. (3점)

□□□

(2) 7월 28일 ㈜동북으로부터 공급받았던 원재료 중 품질에 문제가 있는 일부를 반품하였다. (회계처리는 외상매입금 계정과 상계하여 처리하기로 하며, 분개 금액은 (−)로 표시할 것) (3점)

전자세금계산서						승인번호			
공급자	등록번호	117-81-64562	종사업장 번호		공급받는자	등록번호	131-81-35215	종사업장 번호	
	상호 (법인명)	㈜동북	성명 (대표자)	김동북		상호 (법인명)	동양㈜	성명 (대표자)	김연우
	사업장 주소	인천시 계양구 작전동 60-8				사업장 주소	서울시 영등포구 여의대로 128		
	업태	제조, 도소매	종목	전자제품		업태	제조, 도소매	종목	전자제품
	이메일					이메일			

작성일자	공급가액	세액	수정사유
20xx. 7. 28.	- 3,000,000원	- 300,000원	일부 반품
비고			

월	일	품목	규격	수량	단가	공급가액	세액	비고
7	28	원재료				- 3,000,000원	- 300,000원	

합계금액	현금	수표	어음	외상미수금	이 금액을 청구 함
- 3,300,000원				- 3,300,000원	

□□□

(3) 8월 1일 공장에서 사용할 목적으로 ㈜협성과 기계장치 구매계약을 체결하고 계약금 5,500,000원(부가가치세 포함)을 우리카드로 결제하였다. (미지급금으로 회계처리하시오) (3점)

□□□

(4) 8월 12일 영업에 사용하던 차량을 매각하고 아래와 같이 전자세금계산서를 발급하였다. 해당 차량의 취득가액은 30,000,000원이며, 매각 당시 감가상각누계액은 12,000,000원이다. (3점)

전자세금계산서					승인번호				
공급자	등록번호	131-81-35215	종사업장 번호		공급받는자	등록번호	160-81-21214	종사업장 번호	
	상호 (법인명)	동양㈜	성명 (대표자)	김연우		상호 (법인명)	㈜서울	성명 (대표자)	이박사
	사업장 주소	서울시 영등포구 여의대로 128				사업장 주소	서울시 관악구 양녕로6나길 1		
	업태	제조, 도소매업	종목	전자제품		업태	도소매업	종목	전자제품
	이메일					이메일			

작성일자	공급가액	세액	수정사유
20xx. 8. 12.	13,000,000원	1,300,000원	해당 없음
비고			

월	일	품목	규격	수량	단가	공급가액	세액	비고
8	12	차량운반구		1	13,000,000원	13,000,000원	1,300,000원	

합계금액	현금	수표	어음	외상미수금	이 금액을 영수 청구 함
14,300,000원	2,000,000원			12,300,000원	

□□□

(5) 8월 16일 최종소비자인 개인 김전산 씨에게 세금계산서나 현금영수증을 발행하지 아니하고 제품을 판매하였다. 대금 880,000원(부가가치세 포함)은 당일 보통예금 계좌로 입금되었다. (3점)

문제 3 부가가치세 신고와 관련하여 다음 물음에 답하시오. (10점)

□□□

(1) 아래의 자료를 이용하여 당사의 올해 2기 부가가치세 확정신고기간(10. 1.~12. 31.)의 [수출실적명세서]를 작성하시오. (단, 매입매출전표입력은 생략한다) (3점)

(단위 : 원)

- 미국 스탠포드사에 제품 $20,000를 직수출하고 대금은 올해 10월 5일 외화로 받은 즉시 원화로 환가하였다. 수출신고일은 2022년 10월 12일, 선적일은 10월 14일로 각각 확인되었다. 수출신고번호는 11122-33-4444444이다.
- 독일 비머사에 €50,000의 원자재를 직수출하였다. 수출신고일은 11월 5일, 통관일은 11월 9일, 선적일은 11월 11일이다. 수출신고번호는 22211-33-4444444이다.
- 일자별 기준환율은 다음과 같다. (단, 환가환율은 기준환율과 동일하다고 가정함)

구분	10월 5일	10월 12일	10월 14일	11월 5일	11월 9일	11월 11일
EUR(€1당)	1,300원	1,350원	1,320원	1,360원	1,310원	1,400원
USD($1당)	1,190원	1,200원	1,180원	1,120원	1,170원	1,210원

□□□

(2) 기존의 입력된 자료 또는 불러온 자료는 무시하고 아래의 자료를 이용하여 올해 1기 확정신고기간(4월~6월)의 [부가가치세신고서]를 작성하시오. 세부담 최소화를 가정하고, 부가가치세신고서 외의 과세표준명세 등 기타 부속서류의 작성은 생략한다. 단, 제시된 자료 외의 거래는 없으며, 세액공제를 받기 위하여 전자신고를 할 예정이다. (5점)

매출자료	· 전자세금계산서 발급 과세 매출액 : 200,000,000원(부가가치세 별도) · 신용카드 매출액 : 33,000,000원(부가가치세 포함) · 현금영수증 매출액 : 22,000,000원(부가가치세 포함) · 직수출액 : 20,000,000원 · 작년 2기 부가가치세 확정신고 시 대손세액공제를 받았던 외상매출금 22,000,000원(부가가치세 포함)을 전액 회수하였다. · 올해 4월 5일에 소멸시효 완성된 ㈜성담에 대한 외상매출금 : 11,000,000원(부가가치세 포함)
매입자료	· 세금계산서 수취분 매입액 : 120,000,000원(부가가치세 별도) - 세금계산서 수취분 매입액 중 100,000,000원(부가가치세 별도)은 과세 상품의 구매와 관련한 매입액이며, 20,000,000원(부가가치세 별도)은 토지의 자본적 지출 관련 매입액이다. · 올해 1기 예정신고 시 누락된 세금계산서 수취분 매입액 : 10,000,000원(부가가치세 별도) · 올해 1기 예정신고 시 미환급된 세액 : 1,000,000원

□□□

(3) 다음의 자료를 이용하여 올해 1기 부가가치세 예정신고기간(1월~3월)의 [부가가치세신고서]와 관련 부속서류를 전자신고하시오. (2점)

> 1. 부가가치세신고서와 관련 부속서류는 마감되어 있다.
> 2. [전자신고] → [국세청 홈택스 전자신고변환(교육용)] 순으로 진행한다.
> 3. 전자신고용 전자파일 제작 시 신고인 구분은 2.납세자 자진신고로 선택하고, 비밀번호는 "12341234"로 입력한다.
> 4. 전자신고용 전자파일 저장경로는 로컬디스크(C:)이며, 파일명은 "enc작성연월일.101.v1318135215"이다.
> 5. 최종적으로 국세청 홈택스에서 [전자파일 제출하기]를 완료한다.

문제 4 다음 결산자료를 입력하여 결산을 완료하시오. (15점)

□□□

(1) 미국에 소재한 거래처 TSLA와의 거래로 발생한 외화외상매입금(계정과목 : 외상매입금) 36,300,000원($30,000)이 계상되어 있다. (결산일 현재 기준환율 : 1,150원/$) (3점)

□□□

(2) 아래의 자료를 이용하여 정기예금에 대한 당기 기간경과분 이자에 대한 회계처리를 하시오. (단, 월할 계산할 것) (3점)

> · 예금금액 : 200,000,000원
> · 연 이자율 : 2%
> · 가입기간 : 올해 7. 1.~내년 6. 30.
> · 이자수령시점 : 만기일(내년 6. 30.)에 일시불 수령

□□□

(3) 기존에 입력된 데이터는 무시하고 제2기 확정신고기간의 부가가치세와 관련된 내용이 다음과 같다고 가정한다. 12월 31일 부가세예수금과 부가세대급금을 정리하는 회계처리를 하시오. 단, 납부세액(또는 환급세액)은 미지급세금(또는 미수금)으로, 경감세액은 잡이익으로, 가산세는 세금과공과(판관비)로 회계처리한다. (3점)

> · 부가세대급금 : 21,400,000원
> · 전자신고세액공제액 : 10,000원
> · 부가세예수금 : 15,450,000원
> · 전자세금계산서 미발급가산세 : 40,000원

□□□

(4) 기말 현재 보유 중인 상각대상 자산은 다음과 같다. (단, 비용은 판매비와관리비로 분류한다) (3점)

· 계정과목 : 소프트웨어	· 취득원가 : 23,000,000원	
· 내용연수 : 5년	· 취득일자 : 전년도 3. 1.	· 상각방법 : 정액법

□□□

(5) 다음 연도 2월 15일에 열리는 당해 회계연도(2024년)에 대한 주주총회에서 미처분이익잉여금으로 현금배당 100,000,000원과 주식배당 10,000,000원을 지급하기로 결의할 예정이다. 처분 예정된 배당내역과 이익준비금(적립률 10%)을 고려하여 당기 이익잉여금처분계산서를 작성하고 결산을 완료하시오. 단, 당기순이익 금액은 무시한다. (3점)

문제 5 2024년 귀속 원천징수자료와 관련하여 다음의 물음에 답하시오. (15점)

□□□

(1) 다음은 영업부 소속인 김정산(사번 : 1) 사원의 급여 관련 자료이다. 이를 참조하여 아래의 내용대로 수당 및 공제항목을 추가 등록하고, 5월분 급여자료를 입력하시오. (5점)

1. 김정산의 급여지급일은 매월 25일이다.
2. 5월의 급여 지급내역은 다음과 같으며, 비과세로 인정받을 수 있는 항목은 최대한 반영하기로 한다. (야간근로수당 및 자가운전보조금을 제외하고는 모두 월정액이다)

- 기본급 : 2,800,000원
- 식대 : 100,000원(중식으로 별도의 현물식사를 제공하지 않음)
- 자가운전보조금 : 200,000원(본인 명의의 승용차를 업무에 사용)
- 야간근로수당 : 100,000원
- 육아수당 : 100,000원(만 6세의 자녀가 있음)
- 체력단련수당 : 90,000원
- 출근수당 : 80,000원(원거리 출·퇴근자에게 지급함)

3. 5월 급여에서 공제할 항목은 다음과 같다.

· 국민연금 : 138,150원	· 건강보험료 : 105,300원
· 고용보험료 : 24,560원	· 장기요양보험료 : 12,920원
· 소득세 : 89,980원(지방소득세 : 8,990원)	· 주차비 : 100,000원(공제소득유형 : 기타)

4. 사용하는 수당 및 공제 이외의 항목은 사용여부를 "부"로 체크한다.

□□□

(2) 영업부 소속 사원 유재호(750403-1234561, 사번 : 103, 총급여액 : 53,000,000원, 세대주)의 연말정산 관련 자료는 다음과 같다. 세부담이 최소화되도록 [연말정산추가자료입력] 메뉴의 [부양가족] 및 [연말정산입력] 탭을 작성하시오. 모든 자료는 국세청 자료이며, 보험료는 피보험자를 기준으로 입력하기로 한다. (단, [연말정산입력] 탭에 지출액이 입력되지 않을 경우, [부양가족] 탭에 입력하고 F8 부양가족탭불러오기 를 클릭할 것) (10점)

1. 국세청 연말정산간소화서비스 자료

항목	내용
보험료	· 자동차 보험료 : 750,000원(계약자 : 유재호, 피보험자 : 유재호) · 일반보장성 보험료 : 1,000,000원(계약자 : 배우자, 피보험자 : 배우자), 250,000원(계약자 : 유재호, 피보험자 : 자녀)
의료비	· 어머니 질병 치료목적 병원비 : 5,000,000원(유재호의 신용카드로 결제) · 어머니 보약 구입 비용(건강증진목적) : 700,000원 · 배우자 라식수술비용(시력 보정용) : 1,200,000원
교육비	· 자녀 유치원비 : 1,000,000원
기부금	· 본인 종교단체 기부금(금전) : 1,200,000원
신용카드 등 사용액	· 본인 신용카드 : 12,000,000원 - 유재호 본인의 신용카드 사용액에는 의료비 지출액 중 신용카드로 결제한 어머니의 병원비 5,000,000원과 대중교통이용분 1,000,000원이 포함되어 있다. · 배우자 신용카드 : 5,000,000원(대중교통이용분 300,000원 포함) · 전년 대비 소비증가분은 없다.

2. 부양가족 추가자료

관계	이름	주민등록번호	비고
어머니(母)	김순자	561203-2284327	부동산(상가)임대소득금액 12,000,000원, 만 65세 이상, 생계를 같이함
배우자(妻)	김미나	770822-2184321	소득 없음
자녀(子)	유제니	190203-3954112	소득 없음, 만 5세(유치원)

▶ 정답 및 해설 | p.83

최신개정판

해커스

전산세무 2급

이론+실무+최신기출

정답 및 해설

해커스금융

해커스

전산세무 2급

이론+실무+최신기출

정답 및 해설

해커스금융

▶ 문제 | p.777

이론시험

1 ④	2 ①	3 ③	4 ④	5 ②	6 ④	7 ①	8 ②
9 ③	10 ①	11 ③	12 ③	13 ④	14 ②	15 ①	

1 ④ 채무증권(채권)이면서 그 만기가 당기 결산일로부터 1년 이내에 도래하는 경우에는 만기보유증권 계정과목 또는 매도가능증권 계정과목으로 처리되어 있더라도 당기말 재무상태표 작성 시 이를 유동자산(당좌자산)으로 분류한다.

2 ① · 누락된 회계처리
(차) 선급비용 (자산의 증가) xxx (대) 보험료 (비용의 감소) xxx
· 회계처리를 누락하는 경우, 재무제표에 미치는 영향 : 자산 과소, 비용 과대 → 당기순이익 과소 → 자본 과소

3 ③ 자산의 원상회복, 수선유지를 위한 지출 등은 수익적 지출에 해당한다.

4 ④ 용역제공거래의 성과를 신뢰성 있게 추정할 수 없고 발생한 원가의 회수가능성이 낮은 경우에는 수익을 인식하지 않고 발생한 원가를 비용으로 인식한다. (일반기업회계기준 문단 16.14)

5 ② · 보수주의란 재무적 기초를 견고히 하고자 하는 취지에서 가능한 한 자산과 수익은 작게, 부채와 비용은 크게 회계처리하는 것을 말한다. 재고자산의 저가법 평가, 우발손실의 인식 등이 보수주의에 입각한 회계처리에 해당한다.
· 회계연도의 이익을 줄이기 위해 유형자산의 내용연수를 임의로 단축하는 것은 이익조정을 주된 목적으로 한 회계변경에 해당하며, 이는 정당한 사유에 의한 회계변경으로 볼 수 없다.

6 ④ 단위당 변동원가는 조업도의 변동에 관계없이 일정하다.

7 ① · 예정배부액 = 실제조업도 × 예정배부율
= 10,000시간 × @2,000 = 20,000,000원
· 배부차이 = 예정배부액 − 실제발생액
= 20,000,000 − 18,000,000 = 2,000,000원 과대배부

8 ② · 기초재공품 수량 + 당기착수량 = 당기완성량 + 공손품 수량 + 기말재공품 수량
→ 500 + 5,000 = ? + 700 + 300
∴ 당기완성량 = 4,500개
· 완성품의 10%가 정상공손이라면,
→ 정상공손 수량 = 당기완성량 × 10% = 4,500 × 10% = 450개
→ 비정상공손 수량 = 총 공손 수량 − 정상공손 수량 = 700 − 450 = 250개

9 ③ 종합원가계산에서는 공정(Process)별로 원가를 집계한 후 이를 해당 공정의 생산량(완성품환산량)으로 나누어 완성품환산량 단위당 원가, 제품 원가, 기말재공품 원가를 계산한다.

10 ① · 기초재공품 수량 + 당기착수량 = 당기완성량 + 기말재공품 수량
→ 1,000 + 3,000 = ? + 2,000
∴ 당기완성량 = 2,000개
· 평균법에 의한 가공비의 완성품환산량 = 완성분 + 기말재공품
= 2,000 + (2,000 × 40%) = 2,800개

11 ③ 간이과세자는 세금계산서·신용카드매출전표·현금영수증을 발급받은 재화·용역의 공급대가에 0.5%를 곱한 금액을 납부세액에서 공제한다. (매입세금계산서 등에 대한 세액공제)

12 ③ 의제매입세액공제를 적용할 때, 면세농산물 등의 매입가액에는 운임 등 취득부대비용을 제외한다.

13 ④ 법 소정 요건을 충족하는 근로자 본인에 대한 업무 관련 교육비 지원금은 비과세 근로소득에 해당한다. 근로자의 가족에 대한 학자금 지원금은 과세 대상 근로소득에 해당한다.

14 ② · 퇴직소득은 지급 시 원천징수 되고 분류과세가 적용되므로 확정신고를 하더라도 세액이 달라지지 않는다.
· 상용근로소득은 연말정산을 통하여 소득세가 납부되지만 종합과세가 적용되고, 사업소득도 종합과세가 적용되므로 두 소득을 합산한 금액으로 종합소득세를 계산하면 연말정산으로 납부한 세액과 달라지므로 반드시 확정신고를 하여야 한다.
· 상용근로소득은 연말정산을 통하여 소득세가 납부되었고, 2천만 원 이하의 금융소득은 분리과세가 적용되므로 확정신고를 하더라도 세액이 달라지지 않는다.

15 ① · 기본공제대상자의 소득금액 요건을 판단할 때, 근로소득만 있는 기본공제대상자의 경우에는 총급여 500만 원(= 근로소득금액 150만 원)까지 인정된다.
· 거주자 본인이 ㉠ 배우자가 없는 사람으로서 ㉡ 기본공제대상자인 직계비속이 있는 세대주인 경우 한부모 공제가 가능하다.

실무시험

문제 1 일반전표입력

(1) 6월 12일	(차) 단기매매증권	10,000,000	(대) 보통예금	10,100,000
	수수료비용(영업외비용)	100,000		
(2) 7월 9일	(차) 예수금	3,300,000	(대) 보통예금	3,300,000
(3) 7월 21일	(차) 토지	370,000,000	(대) 자산수증이익	350,000,000
			보통예금	20,000,000
(4) 9월 20일	(차) 보통예금	34,100,000	(대) 사채	35,000,000
	사채할인발행차금	900,000		
(5) 10월 21일	(차) 보통예금	125,000,000	(대) 외상매출금((주)도담)	115,000,000
			외환차익	10,000,000

문제 2 매입매출전표입력

(1) 7월 2일 유형 : 51.과세 / 공급가액 : 15,000,000 / 부가세 : 1,500,000 / 거래처 : 대보상사 / 전자 : 부 / 분개 : 혼합

(차) 부가세대급금	1,500,000	(대) 당좌예금	16,500,000
기계장치	15,000,000		

(2) 7월 24일 유형 : 61.현과 / 공급가액 : 80,000 / 부가세 : 8,000 / 거래처 : 참맛식당 / 분개 : 혼합(현금)

(차) 부가세대급금	8,000	(대) 현금	88,000
복리후생비(판관비)	80,000		

(3) 8월 1일 유형 : 54.불공 / 공급가액 : 25,000,000 / 부가세 : 2,500,000 / 거래처 : (주)빠름자동차 / 전자 : 여 / 분개 : 혼합 / (불공제사유 : ③비영업용 소형승용자동차 구입·유지 및 임차)

(차) 차량운반구	27,500,000	(대) 보통예금	3,000,000
		미지급금((주)빠름자동차)	24,500,000

(4) 8월 17일 유형 : 11.과세 / 공급가액 : 40,000,000 / 부가세 : 4,000,000 / 거래처 : (주)더뷰상사 / 전자 : 여 / 분개 : 혼합

(차) 보통예금	12,000,000	(대) 부가세예수금	4,000,000
외상매출금((주)더뷰상사)	32,000,000	제품매출	40,000,000

(5) 11월 30일 유형 : 16.수출 / 공급가액 : 78,600,000[1] / 부가세 : 0 / 거래처 : KYM사 / 분개 : 혼합 / (영세율구분 : 1.직접수출)

(차) 외상매출금(KYM사)	39,300,000	(대) 제품매출	78,600,000
보통예금	39,300,000		

[1] $60,000 × @1,310원 = 78,600,000원

문제 3 부가가치세신고

(1) [부동산임대공급가액명세서] (10월~12월)

조회기간 2024 년 10 월 ~ 2024 년 12 월 2기 확정 일수확인 적용이자율 3.5%

No	코드	거래처명(임차인)	동	층	호
1	0219	(주)삼정테크	2	1	103
2					

등록사항

1.사업자등록번호	502-86-56232	2.주민등록번호	______-_______
3.면적(m²)	100.00 m²	4.용도	사무실

5.임대기간에 따른 계약 내용

No	계약갱신일	임대기간		
1		2022-11-01	~	2024-10-31
2	2024-11-01	2024-11-01	~	2026-10-31
3				

(No 1 계약)

6.계약내용	금액	당해과세기간계	
보증금	50,000,000	50,000,000	
월세	2,000,000	2,000,000	
관리비	500,000	500,000	
7.간주 임대료	148,224	148,224	31 일
8.과세표준	2,648,224	2,648,224	

(No 2 계약)

6.계약내용	금액	당해과세기간계	
보증금	60,000,000	60,000,000	
월세	2,000,000	4,000,000	
관리비	500,000	1,000,000	
7.간주 임대료	350,000	350,000	61 일
8.과세표준	2,850,000	5,350,000	

소계			
월세	6,000,000	관리비	1,500,000
간주임대료	498,224	과세표준	7,998,224

전체합계					
월세등	7,500,000	간주임대료	498,224	과세표준(계)	7,998,224

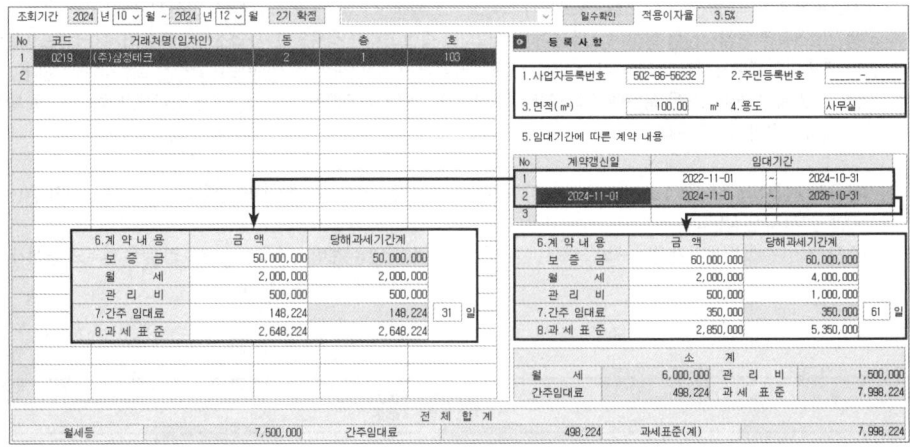

참고 과세표준

- 월세와 관리비 = (2,000,000 × 3개월) + (500,000 × 3개월) = 7,500,000원
- 간주임대료 = (50,000,000 × 3.5% × 31일/366일) + (60,000,000 × 3.5% × 61일/366일) = 498,224원

(2) [부가가치세신고서] (1월~3월)

구분				정기신고금액 금액	세율	세액
과세표준및매출세액	과세	세금계산서발급분	1	350,000,000	10/100	35,000,000
		매입자발행세금계산서	2		10/100	
		신용카드 · 현금영수증발행분	3	12,000,000	10/100	1,200,000
		기타(정규영수증외매출분)	4	287,600		28,760
	영세	세금계산서발급분	5		0/100	
		기타	6		0/100	
	예정신고누락분		7			
	대손세액가감		8			
	합계		9	362,287,600	㉮	36,228,760
매입세액	세금계산서수취분	일반매입	10	110,000,000		11,000,000
		수출기업수입분납부유예	10-1			
		고정자산매입	11	40,000,000		4,000,000
	예정신고누락분		12			
	매입자발행세금계산서		13			
	그 밖의 공제매입세액		14	45,000,000		4,500,000
	합계(10)-(10-1)+(11)+(12)+(13)+(14)		15	195,000,000		19,500,000
	공제받지못할매입세액		16	40,350,000		4,035,000
	차감계 (15-16)		17	154,650,000	㉯	15,465,000
납부(환급)세액(매출세액㉮-매입세액㉯)					㉰	20,763,760
경감공제세액	그 밖의 경감 · 공제세액		18			
	신용카드매출전표등 발행공제등		19			
	합계		20		㉱	
소규모 개인사업자 부가가치세 감면세액			20-1		㉲	
예정신고미환급세액			21		㉳	
예정고지세액			22		㉴	
사업양수자의 대리납부 기납부세액			23		㉵	
매입자 납부특례 기납부세액			24		㉶	
신용카드업자의 대리납부 기납부세액			25		㉷	
가산세액계			26		㉸	
차가감하여 납부할세액(환급받을세액)㉰-㉱-㉲-㉳-㉴-㉵-㉶-㉷+㉸					27	20,763,760
총괄납부사업자가 납부할 세액(환급받을 세액)						

구분				금액	세율	세액
7.매출(예정신고누락분)						
예정누락분	과세	세금계산서	33		10/100	
		기타	34		10/100	
	영세	세금계산서	35		0/100	
		기타	36		0/100	
	합계		37			
12.매입(예정신고누락분)						
예정누락분	세금계산서		38			
	그 밖의 공제매입세액		39			
	합계		40			
	신용카드매출 수령금액합계	일반매입				
		고정매입				
	의제매입세액					
	재활용폐자원등매입세액					
	과세사업전환매입세액					
	재고매입세액					
	변제대손세액					
	외국인관광객에대한환급세액					
	합계					
14.그 밖의 공제매입세액						
신용카드매출 수령금액합계표		일반매입	41	45,000,000		4,500,000
		고정매입	42			
의제매입세액			43		뒤쪽	
재활용폐자원등매입세액			44		뒤쪽	
과세사업전환매입세액			45			
재고매입세액			46			
변제대손세액			47			
외국인관광객에대한환급세액			48			
합계			49	45,000,000		4,500,000

구분		금액	세율	세액
16.공제받지못할매입세액				
공제받지못할 매입세액	50	40,350,000		4,035,000
공통매입세액면세등사업분	51			
대손처분받은세액	52			
합계	53	40,350,000		4,035,000
18.그 밖의 경감·공제세액				
전자신고 및 전자고지 세액공제	54			
전자세금계산서발급세액공제	55			
택시운송사업자경감세액	56			
대리납부세액공제	57			
현금영수증사업자세액공제	58			
기타	59			
합계	60			

· '신용카드 사용분 중 기업업무추진비(접대비) 관련 사용분'은 10% 부가가치세가 기재된 신용카드매출전표를 수취하였지만 매입세액공제를 받을 수 없는 경우에 해당하므로 해당 거래는 부가가치세신고서 작성 시 기재하지 않는다.

(3) 1단계 신고서 마감 확인 : [부가가치세신고서] 메뉴 (4월~6월)

2단계 전자신고파일 제작 : [전자신고] 메뉴 (신고인구분 : 2.납세자 자진신고), (비밀번호 : 13001300)

3단계 전자신고파일 제출 : [국세청 홈택스 전자신고변환(교육용)] 메뉴 (찾아보기 → 형식검증하기 → 형식검증결과확인 → 내용검증하기 → 내용검증결과확인 → 전자파일제출 → 신고서 접수증 확인)

문제 4 결산

(1) (수동결산)
[일반전표입력] 12월 31일

(차) 매도가능증권(투자) 1,200,000 (대) 매도가능증권평가이익 1,200,000[1]

[1] (10,000주 × @850원) − 7,300,000원 = 1,200,000원

(2) (수동결산)
[일반전표입력] 12월 31일

(차) 잡손실 102,000 (대) 현금과부족 102,000

(3) (수동결산)
[일반전표입력] 12월 31일

(차) 보통예금 35,423,800 (대) 단기차입금(우리은행) 35,423,800

(4) (수동결산)

[일반전표입력] 12월 31일

(차) 선급비용	200,000	(대) 보험료(판관비)	200,000[1]

[1] 1,200,000원 × (2개월/12개월) = 200,000원

(5) (수동결산 또는 자동결산)

| 방법 1 | (수동결산)

[일반전표입력] 12월 31일

(차) 퇴직급여(제조)	240,000,000	(대) 퇴직급여충당부채	320,000,000
퇴직급여(판관비)	80,000,000		

| 방법 2 | (자동결산)

[결산자료입력] 메뉴에서 (기간 : 1월~12월) 다음과 같이 입력한다. 자동결산 항목 입력이 완료되고 나면 상단의 [전표추가]를 클릭하여 결산분개를 생성한다.

· 제품매출원가 ▶ 노무비 ▶ 퇴직급여(전입액) : 240,000,000

· 판매비와 일반관리비 ▶ 퇴직급여(전입액) : 80,000,000

문제 5 연말정산

보수월액

(1) 1단계 [급여자료입력] 메뉴 ▶ [수당공제] 보조창 ▶ [수당등록] 탭

No	코드	과세구분	수당명	근로소득유형			월정액	통상임금	사용여부
				유형	코드	한도			
1	1001	과세	기본급	급여			정기	여	여
2	1002	과세	상여	상여			부정기	부	부
3	1003	과세	직책수당	급여			정기	부	여
4	1004	과세	월차수당	급여			정기	부	부
5	1005	비과세	식대	식대	P01	(월)200,000	정기	부	부
6	1006	비과세	자가운전보조금	자가운전보조금	H03	(월)200,000	부정기	부	부
7	1007	비과세	야간근로수당	야간근로수당	001	(년)2,400,000	부정기	부	부
8	2001	과세	식대	급여			정기	부	여
9	2002	비과세	[기업연구소]연구보조	[기업연구소]연구보	H10	(월)200,000	정기	부	여
10	2003	비과세	출산.보육수당(육아수당)	출산.보육수당(육아수당)	Q01	(월)200,000	정기	부	여

2단계 [급여자료입력]

귀속년월 2024 년 07 월 지급년월일 2024 년 07 월 31 일 급여

사번	사원명	감면율
102	박정수	
총인원(퇴사자)	1(0)	

급여항목	금액
기본급	2,000,000
직책수당	300,000
식대	200,000
[기업연구소]연구보조비	200,000
출산.보육수당(육아수당)	300,000
과세	2,600,000
비과세	400,000
지급총액	3,000,000

공제항목	금액
국민연금	112,500
건강보험	88,620
장기요양보험	11,350
고용보험	23,400
소득세(100%)	39,690
지방소득세	3,960
농특세	
공제총액	279,520
차인지급액	2,720,480

사원정보 임금대장 4.전체사원-현재 크게보기

입사일(퇴사일)	2023/01/02
주민(외국인)번호	960101-1******
거주/내외국인	거주자/내국인
생산직/연장근로	부/부
국외근로/종교관련	부/부

지급총액	3,000,000
과세	2,600,000
총비과세	400,000
제출비과세	400,000
미제출비과세	

공제총액	279,520
차인지급액	2,720,480
국민연금	112,500
건강보험	88,620
장기요양보험	11,350

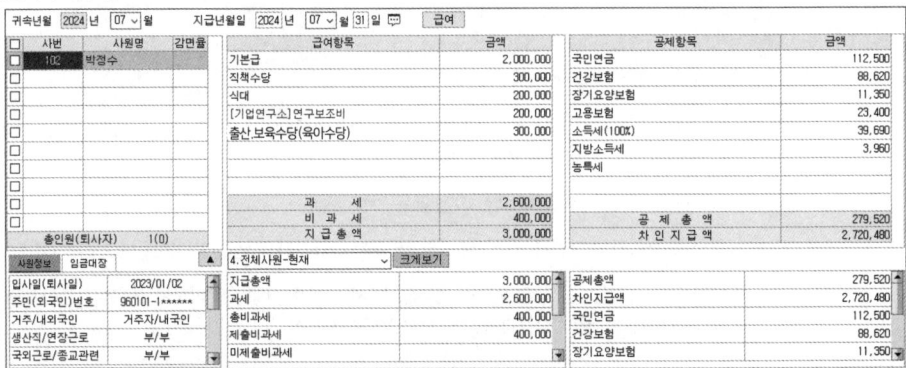

· 과세 = 기본급 + 직책수당 + 식대(요건미충족) + 육아수당(한도초과분)
= 2,000,000 + 300,000 + 200,000 + 100,000 = 2,600,000원

· 비과세 = 연구보조비 + 육아수당(한도)
= 200,000(제출) + 200,000(제출) = 400,000원

3단계 [원천징수이행상황신고서]

귀속기간 2024 년 07 월 ~ 2024 년 07 월 지급기간 2024 년 07 월 ~ 2024 년 07 월 신고구분 1.정기신고 차수

신고구분	☑매월	☐반기	☐수정	☐연말	☐소득처분	☐환급신청	귀속년월	2024년 7월	지급년월	2024년 7월
일괄납부여부	부	사업자단위과세여부	부	부표 작성			환급신청서 작성		승계명세 작성	

원천징수명세및납부세액 | 원천징수이행상황신고서 부표 | 원천징수세액환급신청서 | 기납부세액명세서 | 전월미환급세액 조정명세서 | 차월이월환급세액 승계명세

소득자 소득구분		코드	소득지급		징수세액			당월조정 환급세액	납부세액	
			인원	총지급액	소득세 등	농어촌특별세	가산세		소득세 등	농어촌특별세
근로소득	간이세액	A01	1	3,000,000	39,690					
	중도퇴사	A02								
	일용근로	A03								
	연말정산	A04								
	(분납신청)	A05								
	(납부금액)	A06								
	가 감 계	A10	1	3,000,000	39,690			39,690		

전월 미환급 세액의 계산			당월 발생 환급세액				18.조정대상환급(14+15+16+17)	19.당월조정 환급세액계	20.차월이월 환급세액	21.환급신청액
12.전월미환급	13.기환급	14.차감(12-13)	15.일반환급	16.신탁재산	금융회사 등	합병 등				
150,000		150,000					150,000	39,690	110,310	

(2) 1단계 [연말정산추가자료입력] 메뉴 ▶ 130.김민수 ▶ [소득명세] 탭

- 근무처명 : ㈜강일전자
- 사업자등록번호 : 205-85-11389
- 근무기간 : 2024. 1. 1.~2024. 9. 19.
- 급여 : 33,250,000
- 상여 : 8,500,000
- 건강보험료 : 1,435,680
- 장기요양보험료 : 183,870
- 고용보험료 : 364,500
- 국민연금보험료 : 1,822,500
- 기납부세액 ▶ 소득세 : 325,000[1]
- 기납부세액 ▶ 지방소득세 : 32,500

[1] 전 근무지에서의 기납부세액은 종전근무지 근로소득원천징수영수증에 기재된 결정세액, 기납부세액, 차감징수세액 중 결정세액임

2단계 [부양가족] 탭 ▶ 상단부

연말관계	성명	내/외국인		주민(외국인)번호	나이	기본공제	세대주구분	부녀자	한부모	경로우대	장애인	자녀	출산입양
0	김민수	내	1	790205-1884527	45	본인	세대주						
3	여민지	내	1	820120-2118521	42	배우자							
4	김수지	내	1	110810-4988229	13	20세이하						○	
4	김지민	내	1	130520-3118526	11	20세이하						○	
1	한미녀	내	1	561211-2113258	68	60세이상					1		
		합 계 [명]				5					1	2	

- 여민지(배우자)는 근로소득만 있고 총급여 500만 원 이하이므로 소득금액 요건을 충족함
- 한미녀(어머니)는 금융소득 2,000만 원 이하로서 분리과세되므로(조건부 종합과세) 소득금액 요건을 충족함
- 한미녀(어머니)에 대하여 기본공제란에 '장애인'을 입력하여도 정답 인정

3단계 [부양가족] 탭 ▶ 하단부

- 본인 김민수

자료구분	보험료				의료비						교육비		
	건강	고용	일반보장성	장애인전용	일반		실손	선천성이상아	난임	65세,장애인	일반		장애인특수
국세청			1,150,000										
기타	2,319,362	504,500											

자료구분	신용카드등 사용액공제						기부금
	신용카드	직불카드등	현금영수증	전통시장사용분	대중교통이용분	도서공연 등	
국세청	19,870,000			5,200,000	7,500,000		
기타							

· 모친 한미녀

자료구분	보험료				의료비						교육비		
	건강	고용	일반보장성	장애인전용	일반		실손	선천성이상아	난임	65세,장애인	일반		장애인특수
국세청				1,200,000									
기타													

자료구분	신용카드등 사용액공제						기부금
	신용카드	직불카드등	현금영수증	전통시장사용분	대중교통이용분	도서공연 등	
국세청			5,000,000				
기타							

- 직계존속에 대한 (일반)교육비는 공제 적용 안 됨

· 배우자 여민지

자료구분	보험료				의료비						교육비		
	건강	고용	일반보장성	장애인전용	일반		실손	선천성이상아	난임	65세,장애인	일반		장애인특수
국세청					3,000,000	2.일반	1,000,000						
기타													

자료구분	신용카드등 사용액공제						기부금
	신용카드	직불카드등	현금영수증	전통시장사용분	대중교통이용분	도서공연 등	
국세청		12,000,000					
기타							

· 자녀 김수지

자료구분	보험료				의료비						교육비		
	건강	고용	일반보장성	장애인전용	일반		실손	선천성이상아	난임	65세,장애인	일반		장애인특수
국세청					500,000	2.일반					200,000	2.초중고	
기타													

자료구분	신용카드등 사용액공제						기부금
	신용카드	직불카드등	현금영수증	전통시장사용분	대중교통이용분	도서공연 등	
국세청							
기타							

- 취학 전 아동 이외의 자녀 학원비는 공제 적용 안 됨

· 자녀 김지민

자료구분	보험료				의료비						교육비		
	건강	고용	일반보장성	장애인전용	일반		실손	선천성이상아	난임	65세,장애인	일반		장애인특수
국세청											300,000	2.초중고	
기타													

자료구분	신용카드등 사용액공제						기부금
	신용카드	직불카드등	현금영수증	전통시장사용분	대중교통이용분	도서공연 등	
국세청							
기타							

- 초·중·고 체험학습비는 1인당 연 30만 원을 한도로 공제 적용 가능

4단계 [신용카드 등] 탭

□	내/외	성명	자료구분	신용카드	직불,선불	현금영수증	도서등 신용	도서등 직불	도서등 현금	전통시장	대중교통	소비증가분	
	관계	생년월일										2023년	2024년
□	내	김민수	국세청	19,870,000						5,200,000	7,500,000		
	0	1979-02-05	기타										
□	내	한미녀	국세청			5,000,000							
	1	1956-12-11	기타										
□	내	여민지	국세청		12,000,000								
	3	1982-01-20	기타										
□	내	김수지	국세청										
	4	2011-08-10	기타										
□	내	김지민	국세청										
	4	2013-05-20	기타										
□													
□													
	합계			19,870,000	12,000,000	5,000,000				5,200,000	7,500,000		

· 신용카드 등 사용액 중 의료비 결제액은 신용카드 공제 적용 가능

5단계 [의료비] 탭

2024년 의료비 지급명세서													
의료비 공제대상자					지급처			지급명세					14.산후조리원
성명	내/외	5.주민등록번호	6.본인등 해당여부		9.증빙코드	8.상호	7.사업자 등록번호	10.건수	11.금액	11-1.실손 보험수령액	12.미숙아 선천성이상아	13.난임 여부	
여민지	내	820120-2118521	3	X	1				3,000,000	1,000,000	X	X	X
김수지	내	110810-4988229	3	X	1				500,000		X	X	X
		합계							3,500,000	1,000,000			
일반의료비(본인)			6세 이하, 65세 이상, 장애인				일반의료비(그 외)		3,500,000	난임시술비			
										미숙아.선천성이상아			

· 시력보정용 안경 구입비는 1인당 연 50만 원을 한도로 공제 적용 가능
· 실손보험금 수령액으로 지급한 의료비는 공제 적용 안 되므로 서식에서 별도로 표기

6단계 [연말정산입력] 탭 ▶ F8 부양가족탭불러오기 클릭
· 보장성보험 ▶ 일반 : 1,150,000
· 보장성보험 ▶ 장애인 : 1,200,000
· 의료비 ▶ 그 밖의 공제대상자 ▶ 지출액 : 3,500,000
· 의료비 ▶ 그 밖의 공제대상자 ▶ 실손의료보험금 : 1,000,000
· 교육비 ▶ 초중고(인별) : 200,000
· 교육비 ▶ 초중고(인별) : 300,000
· 교육비 ▶ 대학교 : 0
· 신용카드 등 사용액 ▶ 신용카드 : 19,870,000
· 신용카드 등 사용액 ▶ 직불/선불카드 : 12,000,000
· 신용카드 등 사용액 ▶ 현금영수증 : 5,000,000
· 신용카드 등 사용액 ▶ 전통시장 : 5,200,000
· 신용카드 등 사용액 ▶ 대중교통 : 7,500,000
· 신용카드 등 사용액 ▶ 소비증가분 : 0

▶ 문제 | p.790

이론시험

1 ③	2 ④	3 ②	4 ①	5 ①	6 ③	7 ④	8 ①
9 ②	10 ④	11 ③	12 ③	13 ④	14 ②	15 ②	

1 ③ ① 재무제표의 기본가정에는 계속기업의 가정, 기업실체의 가정, 기간별 보고의 가정이 있다.
② 기간별 보고의 가정이란 기업의 존속기간을 일정한 기간 단위로 분할하여 각 기간 단위별로 정보를 측정, 보고한다는 가정을 말한다.
④ 계속기업의 가정이란 기업이 예상 가능한 기간 동안 영업을 계속할 것이라는 가정을 말한다.

2 ④ 후입선출법에서 매출원가는 가장 최근 구입분으로 구성되므로 물가(단가)가 점점 상승하는 상황일 때 후입선출법에서의 매출원가(비용)는 그 외 방법에서의 매출원가보다 크게 평가된다.

3 ② 연수합계법에 의한 감가상각비 = (취득원가 – 잔존가치) × $\frac{\text{기초 현재 잔여내용연수}}{\text{내용연수의 합계}}$ × 해당 월수

$= (5{,}000{,}000 - 500{,}000) \times \frac{3}{1+2+3} \times \frac{3\text{개월}}{12\text{개월}} = 562{,}500\text{원}$

4 ① 무형자산 상각의 회계처리방법으로는 취득원가에서 무형자산상각액을 직접 차감하는 '직접법'과 유형자산에서와 같이 취득원가는 그대로 두고 평가적 평가계정인 상각누계액 계정을 사용하는 '간접법'이 모두 허용된다.

5 ① 자기주식처분손실(자본조정), 주식발행초과금(자본잉여금), 매도가능증권평가이익·손실(기타포괄손익누계액), 감자차익(자본잉여금)

6 ③ 회피가능원가란 의사결정에 따라 절약할 수 있는지 여부가 달라지는 원가를 말한다.

7 ④ 생산량(조업도)이 증가함에 따라 제품 단위당 고정원가는 감소한다.

8 ① 기말 제품 재고액은 제조원가명세서에 표시되지 않고, 손익계산서의 매출원가 내역에 표시된다.

9 ② · 제조간접비 실제배부율 = 실제 발생한 제조간접비 ÷ 실제조업도
= 2,400,000원 ÷ 3,000,000원 = @0.8원/원
· 일반형 캠핑카의 제조간접비 배부액 = 개별 작업 실제조업도 × 제조간접비 실제배부율
= 1,200,000원 × @0.8 = 960,000원
· 일반형 캠핑카의 당기총제조원가 = 직접재료비 + 직접노무비 + 제조간접비
= 1,200,000 + 600,000 + 960,000 = 2,760,000원

10 ④ · 기초재공품 물량 + 당기착수분 물량 = 완성품 물량 + 기말재공품 물량
→ 2,500 + 30,000 = ? + 4,000
∴ 완성품 물량 = 28,500개
· 평균법에 의한 가공비의 완성품환산량 = 완성분 + 기말재공품
= 28,500 + (4,000 × 30%) = 29,700개
· 평균법에 의한 가공비의 완성품환산량 단위당 원가 = (기초재공품원가+당기투입원가) ÷ 완성품환산량
= (30,000 + 1,306,500) ÷ 29,700 = @45원

11 ③ 가. 과세 / 나. 면세 / 다. 과세 / 라. 면세 / 마. 면세 / 바. 과세

12 ③ 재화 또는 용역의 공급일로부터 10년이 경과한 날이 속하는 과세기간에 대한 확정신고기한까지 대손이 확정되어야 대손세액공제를 적용받을 수 있다.

13 ④ ① 소득세의 과세기간은 개인이 임의로 변경할 수 없으며, 연중에 사업개시나 폐업이 있더라도 바뀌지 않는다.
② 거주자의 소득세 납세지는 원칙적으로 거주자의 주소지로 하며, 주소지가 없는 경우 거소지로 한다.
③ 소득세는 종합과세를 원칙으로 하며, 분류과세 적용소득과 분리과세 적용소득을 제외한 모든 소득을 합산하여 과세한다.

14 ② · 퇴직소득과 양도소득은 분류과세한다.
· 상용근로소득은 종합과세한다.
· 이자소득(금융소득)은 2천만 원 초과인 경우 종합과세한다.
· 상용근로소득과 종합과세되는 이자소득이 있으므로 상용근로소득에 대하여 연말정산이 되더라도 종합소득신고를 생략할 수 없다.
· 종합소득금액 = 30,000,000 + 22,000,000 = 52,000,000원

15 ② 20x1년 12월 귀속 근로소득을 20x2년 1월 31일에 지급한 경우 : 20x1년 12월 말일

참고 근로소득 원천징수시기에 대한 특례 (소득세법 제135조 제1항, 제2항)
- 원천징수의무자가 1월부터 11월까지의 근로소득을 해당 과세기간의 12월 31일까지 지급하지 아니한 경우에는 그 근로소득을 12월 31일에 지급한 것으로 보아 소득세를 원천징수한다.
- 원천징수의무자가 12월분의 근로소득을 다음 연도 2월 말일까지 지급하지 아니한 경우에는 그 근로소득을 다음 연도 2월 말일에 지급한 것으로 보아 소득세를 원천징수한다.

실무시험

문제 1 일반전표입력

(1) 1월 30일 (차) 복리후생비(제조) 50,000 (대) 제품 50,000
(적요 8. 타계정으로 대체액)

(2) 4월 1일 (차) 외화장기차입금(미국 LA은행) 26,000,000[1] (대) 보통예금 29,120,000
이자비용 1,120,000
외환차손 2,000,000[2]

[1] [거래처원장] 메뉴에서 기간은 1월 1일~4월 1일, 계정과목은 외화장기차입금, 거래처는 미국 LA은행을 선택하여, 4월 1일 현재 잔액이 '26,000,000'원임을 조회

[2] ($20,000 × @1,400원) − 26,000,000원 = 2,000,000원 (부채이므로 외환차손)

(3) 5월 6일 (차) 임차보증금(㈜명당) 20,000,000 (대) 보통예금 18,000,000
선급금(㈜명당) 2,000,000[1]

[1] [일반전표입력] 메뉴에서 일자는 4월 2일을 선택하여 차변의 계정과목이 '선급금'임을 조회

(4) 8월 20일 (차) 보통예금 2,750,000 (대) 대손충당금(외상매출금) 2,500,000
부가세예수금 250,000

(5) 9월 19일 (차) 차량운반구 1,250,000 (대) 보통예금 1,250,000

문제 2 매입매출전표입력

(1) 4월 2일 유형 : 11.과세 / 공급가액 : 50,000,000 / 부가세 : 5,000,000 / 거래처 : ㈜이레테크 / 전자 : 여 / 분개 : 혼합
(차) 선수금(㈜이레테크) 5,000,000 (대) 부가세예수금 5,000,000
받을어음(㈜이레테크) 30,000,000 제품매출 50,000,000
외상매출금(㈜이레테크) 20,000,000

(2) 4월 9일 유형 : 16.수출 / 공급가액 : 3,000,000 / 부가세 : 0 / 거래처 : BTECH / 분개 : 혼합(외상) / (영세율구분 : 1.직접수출) / (수출신고번호 : 1234500123456X)

(차) 외상매출금(BTECH)	3,000,000	(대) 제품매출	3,000,000

(3) 5월 29일 유형 : 57.카과 / 공급가액 : 1,000,000 / 부가세 : 100,000 / 거래처 : 침산가든 / 분개 : 혼합(카드) / (신용카드사 : 제일카드)

(차) 부가세대급금	100,000	(대) 미지급금(제일카드)	1,100,000
복리후생비(제조)	600,000		
복리후생비(판관비)	400,000		

(4) 6월 5일 유형 : 54.불공 / 공급가액 : 100,000,000 / 부가세 : 10,000,000 / 거래처 : ㈜한라상사 / 전자 : 여 / 분개 : 혼합 / (불공제사유 : ⑤면세사업 관련)

(차) 기계장치	110,000,000	(대) 당좌예금	100,000,000
		보통예금	10,000,000

(5) 6월 15일 유형 : 61.현과 / 공급가액 : 200,000 / 부가세 : 20,000 / 거래처 : 일진상사 / 분개 : 혼합(현금)

(차) 부가세대급금	20,000	(대) 현금	220,000
소모품비(제조)	200,000		

문제 3 부가가치세신고

(1) 1단계 [수출실적명세서] (1월~3월)

구분	건수	외화금액	원화금액	비고
⑨합계	3	5,180,000.00	232,000,000	
⑩수출재화[=⑫합계]	3	5,180,000.00	232,000,000	
⑪기타영세율적용				

No	☐	(13)수출신고번호	(14)선(기)적일자	(15)통화코드	(16)환율	금액 (17)외화	금액 (18)원화	전표정보 거래처코드	전표정보 거래처명
1	☐	13065-22-065849X	2024-01-31	USD	1,080.0000	100,000.00	108,000,000	00801	제임스사
2	☐	13075-20-080907X	2024-02-20	USD	1,050.0000	80,000.00	84,000,000	00802	랜덤기업
3	☐	13889-25-148890X	2024-03-18	JPY	8.0000	5,000,000.00	40,000,000	00901	큐수상사
4	☐								
	☐								
	☐								
	☐								
	☐								
	☐								
	☐								
	☐								
합계						5,180,000	232,000,000		

2단계 [영세율매출명세서] (1월~3월)

부가가치세법 | 조세특례제한법

(7)구분	(8)조문	(9)내용	(10)금액(원)
부가가치세법	제21조	직접수출(대행수출 포함)	232,000,000
		중계무역 · 위탁판매 · 외국인도 또는 위탁가공무역 방식의 수출	
		내국신용장 · 구매확인서에 의하여 공급하는 재화	
		한국국제협력단 및 한국국제보건의료재단에 공급하는 해외반출용 재화	
		수탁가공무역 수출용으로 공급하는 재화	
	제22조	국외에서 제공하는 용역	
	제23조	선박 · 항공기에 의한 외국항행용역	
		국제복합운송계약에 의한 외국항행용역	
	제24조	국내에서 비거주자 · 외국법인에게 공급되는 재화 또는 용역	
		수출재화임가공용역	
		외국항행 선박 · 항공기 등에 공급하는 재화 또는 용역	
		국내 주재 외교공관, 영사기관, 국제연합과 이에 준하는 국제기구, 국제연합군 또는 미국군에게 공급하는 재화 또는 용역	
		「관광진흥법 시행령」에 따른 일반여행업자가 외국인관광객에게 공급하는 관광알선용역	
		외국인전용판매장 또는 주한외국군인 등의 전용 유흥음식점에서 공급하는 재화 또는 용역	
		외교관 등에게 공급하는 재화 또는 용역	
		외국인환자 유치용역	
(11) 부가가치세법에 따른 영세율 적용 공급실적 합계			232,000,000
(12) 조세특례제한법 및 그 밖의 법률에 따른 영세율 적용 공급실적 합계			
(13) 영세율 적용 공급실적 총 합계(11)+(12)			232,000,000

(2) [부가가치세신고서] (10월~12월)

구분				정기신고금액 금액	세율	세액
과세표준및매출세액	과세	세금계산서발급분	1	500,000,000	10/100	50,000,000
		매입자발행세금계산서	2		10/100	
		신용카드 · 현금영수증발행분	3	80,000,000	10/100	8,000,000
		기타(정규영수증외매출분)	4			
	영세	세금계산서발급분	5	50,000,000	0/100	
		기타	6	150,000,000	0/100	
	예정신고누락분		7			
	대손세액가감		8			3,000,000
	합계		9	780,000,000	㉮	61,000,000
매입세액	세금계산서수취분	일반매입	10	550,000,000		55,000,000
		수출기업수입분납부유예	10-1			
		고정자산매입	11			
	예정신고누락분		12	20,000,000		2,000,000
	매입자발행세금계산서		13			
	그 밖의 공제매입세액		14			
	합계(10)-(10-1)+(11)+(12)+(13)+(14)		15	570,000,000		57,000,000
	공제받지못할매입세액		16	30,000,000		3,000,000
	차감계 (15-16)		17	540,000,000	㉯	54,000,000
납부(환급)세액(매출세액㉮-매입세액㉯)					㉰	7,000,000
경감공제세액	그 밖의 경감 · 공제세액		18			10,000
	신용카드매출전표등 발행공제등		19			
	합계		20		㉱	10,000
소규모 개인사업자 부가가치세 감면세액			20-1		㉲	
예정신고미환급세액			21		㉳	
예정고지세액			22		㉴	
사업양수자의 대리납부 기납부세액			23		㉵	
매입자 납부특례 기납부세액			24		㉶	
신용카드업자의 대리납부 기납부세액			25		㉷	
가산세액계			26		㉸	500,000
차가감하여 납부할세액(환급받을세액)㉰-㉱-㉲-㉳-㉴-㉵-㉶-㉷+㉸					27	7,490,000
총괄납부사업자가 납부할 세액(환급받을 세액)						

구분				금액	세율	세액
7.매출(예정신고누락분)						
예정누락분	과세	세금계산서	33		10/100	
		기타	34		10/100	
	영세	세금계산서	35		0/100	
		기타	36		0/100	
	합계		37			
12.매입(예정신고누락분)						
예정누락분	세금계산서		38	20,000,000		2,000,000
	그 밖의 공제매입세액		39			
	합계		40	20,000,000		2,000,000
	신용카드매출수령금액합계	일반매입				
		고정매입				
	의제매입세액					
	재활용폐자원등매입세액					
	과세사업전환매입세액					
	재고매입세액					
	변제대손세액					
	외국인관광객에대한환급세액					
	합계					
14.그 밖의 공제매입세액						
신용카드매출수령금액합계표		일반매입	41			
		고정매입	42			
의제매입세액			43		뒤쪽	
재활용폐자원등매입세액			44		뒤쪽	
과세사업전환매입세액			45			
재고매입세액			46			
변제대손세액			47			
외국인관광객에대한환급세액			48			
합계			49			

구분		금액	세율	세액
16.공제받지못할매입세액				
공제받지못할 매입세액	50	30,000,000		3,000,000
공통매입세액면세등사업분	51			
대손처분받은세액	52			
합계	53	30,000,000		3,000,000
18.그 밖의 경감·공제세액				
전자신고 및 전자고지 세액공제	54			10,000
전자세금계산서발급세액공제	55			
택시운송사업자경감세액	56			
대리납부세액공제	57			
현금영수증사업자세액공제	58			
기타	59			
합계	60			10,000

25.가산세명세					
사업자미등록등		61		1/100	
세금계산서	지연발급 등	62		1/100	
	지연수취	63		5/1,000	
	미발급 등	64	50,000,000	뒤쪽참조	500,000
전자세금발급명세	지연전송	65		3/1,000	
	미전송	66		5/1,000	
세금계산서합계표	제출불성실	67		5/1,000	
	지연제출	68		3/1,000	
신고불성실	무신고(일반)	69		뒤쪽	
	무신고(부당)	70		뒤쪽	
	과소·초과환급(일반)	71		뒤쪽	
	과소·초과환급(부당)	72		뒤쪽	
납부지연		73		뒤쪽	
영세율과세표준신고불성실		74		5/1,000	
현금매출명세서불성실		75		1/100	
부동산임대공급가액명세서		76		1/100	
매입자납부특례	거래계좌 미사용	77		뒤쪽	
	거래계좌 지연입금	78		뒤쪽	
신용카드매출전표등수령명세서미제출 · 과다기재		79		5/1,000	
합계		80			500,000

· 예정신고 시 매출분은 누락되지 않고 세금계산서 매입분만 누락되었으므로 신고 및 납부 관련 가산세는 없다.
· 세금계산서 미발급 등 가산세[1] : 50,000,000원 × 1% = 500,000원

[1] '세금계산서 지연발급 등' 라인에 입력하여도 정답으로 인정

문제 4 결산

(1) (수동결산)

[일반전표입력] 12월 31일

(차) 소모품비(판관비)	900,000	(대) 소모품	900,000[1]

[1] [매입매출전표입력] 메뉴에서 일자는 9월 1일을 선택하여 차변의 계정과목과 금액이 '소모품' 과 '1,000,000'임을 조회

(2) (수동결산)

[일반전표입력] 12월 31일

(차) 매도가능증권평가손실	130,000[1]	(대) 매도가능증권(투자)	130,000

[1] 당기말 재무상태표에서 매도가능증권 계정과 매도가능증권평가손실 계정의 잔액을 차변으로 집계하여 보면 취득원가 금액이 된다.

매도가능증권 (투자자산)	700,000
매도가능증권평가손실 (기타포괄손익누계액)	300,000
취득원가 (차변 집계금액)	1,000,000

(3) (수동결산)

[일반전표입력] 12월 31일

(차) 이자비용	1,600,000	(대) 미지급비용	1,600,000

(4) (수동결산 또는 자동결산)

| 방법 1 | (수동결산)

[일반전표입력] 12월 31일

(차) 퇴직급여(제조)	25,000,000	(대) 퇴직급여충당부채	32,000,000
퇴직급여(판관비)	7,000,000		

| 방법2 | (자동결산)

[결산자료입력] 메뉴에서 (기간 : 1월~12월) 다음과 같이 입력한다. 자동결산 항목 입력이 완료되고 나면 상단의 [전표추가]를 클릭하여 결산분개를 생성한다.

- 제품매출원가 ▶ 노무비 ▶ 퇴직급여(전입액) : 25,000,000
- 판매비와 일반관리비 ▶ 퇴직급여(전입액) : 7,000,000

(5) (수동결산 또는 자동결산)

| 방법1 | (수동결산)

[일반전표입력] 12월 31일

(차) 법인세등	51,000,000	(대) 선납세금	26,080,000
		미지급세금	24,920,000

| 방법2 | (자동결산)

[결산자료입력] 메뉴에서 (기간 : 1월~12월) 다음과 같이 입력한다. 자동결산 항목 입력이 완료되고 나면 상단의 [전표추가]를 클릭하여 결산분개를 생성한다.

- 법인세등 ▶ 선납세금 : 26,080,000
- 법인세등 ▶ 추가계상액 : 24,920,000

문제 5 연말정산

(1) 1단계 [사원등록] 메뉴 ▶ [기본사항] 탭

- 사번 : 500
- 성명 : 박한별
- 주민등록번호 : 820505-2027815
- 입사연월일 : 2024년 6월 1일
- 내/외국인 : 내국인
- 거주구분 : 거주자
- 국외근로제공 : 부
- 생산직여부 : 부

2단계 [사원등록] 메뉴 ▶ 500.박한별 ▶ [부양가족명세] 탭

연말관계	성명	내/외국인	주민(외국인)번호		나이	기본공제	부녀자	한부모	경로우대	장애인	자녀	출산입양	위탁관계
0	박한별	내	1	820505-2027815	42	본인	○						
3	김준호	내	1	810525-1056939	43	배우자							
1	박인수	내	1	520725-1013116	72	60세이상			○	1			
4	김은수	내	1	060510-3212682	18	20세이하					○		
4	김아름	내	1	241225-4115739	0	20세이하						둘째	

- 종합소득금액(근로소득금액) 3,000만 원 이하이고 배우자가 있는 여성이므로 박한별(본인)은 부녀자공제 가능
- 배우자·직계비속은 항상 생계를 같이하는 것으로 봄
- 연중에 사망한 자에 대하여는 사망일 전날의 상황에 따라 인적공제를 판단하므로 박인수(본인의 아버지)는 기본공제, 경로우대공제, 장애인공제 모두 적용 가능
- 박인수(본인의 아버지)에 대하여 기본공제란에 '장애인'을 입력하여도 정답 인정
- 김은수(아들)는 분리과세되는 소득만 있으므로 소득금액 요건을 충족하고 기본공제 가능
- 김아름(딸)을 당해연도에 출산하였으므로 출산·입양 자녀세액공제(둘째)는 가능하나, 8세 이상 자녀세액공제는 불가

(2) 1단계 [연말정산추가자료입력] 메뉴 ▶ 600.김기웅 ▶ [소득명세] 탭

- 근무처명 : ㈜해탈상사
- 사업자등록번호 : 120-85-22227
- 근무기간 : 2024. 1. 1.~2024. 6. 30.
- 급여 : 24,000,000
- 상여 : 3,000,000
- 비과세 ▶ 출산·보육수당 : 600,000
- 건강보험료 : 1,388,000
- 장기요양보험료 : 189,000
- 고용보험료 : 235,600

- 국민연금보험료 : 1,610,000
- 기납부세액 ▶ 소득세 : 1,255,000[1)]
- 기납부세액 ▶ 지방소득세 : 125,500

1) 전 근무지에서의 기납부세액은 종전근무지 근로소득원천징수영수증에 기재된 결정세액, 기납부세액, 차감징수세액 중 결정세액임

2단계 [부양가족] 탭 ▶ 상단부

연말관계	성명	내/외국인	주민(외국인)번호		나이	기본공제	세대주구분	부녀자	한부모	경로우대	장애인	자녀	출산입양
0	김기웅	내	1	810706-1256782	43	본인	세대주						

3단계 [부양가족] 탭 ▶ 하단부 ▶ 김기웅

자료구분	보험료				의료비						교육비		
	건강	고용	일반보장성	장애인전용	일반		실손	선천성이상아	난임	65세,장애인	일반		장애인특수
국세청					3,000,000	1.전액	500,000				3,000,000	4.본인	
기타	3,256,580	571,600											

자료구분	신용카드등 사용액공제						기부금
	신용카드	직불카드등	현금영수증	전통시장사용분	대중교통이용분	도서공연 등	
국세청	20,000,000	1,000,000	1,000,000	300,000	1,200,000	200,000	
기타							

- 저축성 보험료는 공제 적용 안 됨
- 본인의 경우 대학원 교육비도 공제 적용 가능

4단계 [의료비] 탭

2024년 의료비 지급명세서														
의료비 공제대상자					지급처			지급명세						14.산후조리원
성명	내/외	5.주민등록번호	6.본인등해당여부		9.증빙코드	8.상호	7.사업자등록번호	10.건수	11.금액	11-1.실손보험수령액	12.미숙아선천성이상아	13.난임여부		
김기웅	내	810706-1256782	1	0	1				500,000		X	X		X
김기웅	내	810706-1256782	1	0	1				2,500,000	500,000	X	X		X
		합계							3,000,000	500,000				
일반의료비(본인)		3,000,000	6세 이하, 65세 이상, 장애인				일반의료비(그 외)			난임시술비 / 미숙아.선천성이상아				

- 시력보정용 안경 구입비는 1인당 연 50만 원을 한도로 공제 적용 가능
- 실손보험금 수령액으로 지급한 의료비는 공제 적용 안 되므로 서식에서 별도로 표기

5단계 [신용카드 등] 탭

□	내/외	성명	자료구분	신용카드	직불,선불	현금영수증	도서등신용	도서등직불	도서등현금	전통시장	대중교통	소비증가분	
	관계	생년월일										2023년	2024년
□	내	김기웅	국세청	20,000,000	1,000,000	1,000,000			200,000	300,000	1,200,000		
	0	1981-07-06	기타										

- 본인의 총급여액 7,000만 원 이하이므로 신용카드 등 사용분 중 도서·공연 사용분에 대하여 높은 공제율 적용 가능

6단계 [연말정산입력] 탭 ▶ [주택자금] 보조창
- 주택임차차입금 원리금상환액 ▶ ① 대출기관 : 3,300,000[1)]

1) 원리금 상환액 = 원금 상환액 + 이자 상환액 = 3,000,000 + 300,000 = 3,300,000원

7단계 [연말정산입력] 탭 ▶ **F8 부양가족탭불러오기** 클릭
- 보장성보험 ▶ 일반 : 0
- 의료비 ▶ 본인 ▶ 지출액 : 3,000,000
- 의료비 ▶ 본인 ▶ 실손의료보험금 : 500,000
- 교육비 ▶ 본인 : 3,000,000
- 신용카드 등 사용액 ▶ 신용카드 : 20,000,000
- 신용카드 등 사용액 ▶ 직불/선불카드 : 1,000,000
- 신용카드 등 사용액 ▶ 현금영수증 : 1,000,000
- 신용카드 등 사용액 ▶ 도서·공연 등 사용분 : 200,000
- 신용카드 등 사용액 ▶ 전통시장 : 300,000
- 신용카드 등 사용액 ▶ 대중교통 : 1,200,000
- 신용카드 등 사용액 ▶ 소비증가분 : 0
- 주택차입금 원리금상환액 ▶ 대출기관 : 3,300,000

▶ 문제 | p.803

이론시험

1 ①	2 ④	3 ①	4 ③	5 ③	6 ③	7 ①	8 ③
9 ④	10 ④	11 ④	12 ①	13 ③	14 ①	15 ③	

1 ① 자산과 부채는 유동성이 높은 항목부터 배열하는 것을 원칙으로 한다.

2 ④ · 매출채권(당좌자산), 상품(재고자산), 특허권(무형자산), 당좌예금(당좌자산), 선급비용(당좌자산), 장기매출채권(기타비유동자산)
· 유동자산 = 매출채권 + 상품 + 당좌예금 + 선급비용
= 1,000,000 + 2,500,000 + 3,000,000 + 500,000 = 7,000,000원

3 ① 선입선출법에서 기말재고는 가장 최근에 구입한 단가로 구성되므로 물가(단가)가 점점 상승하는 상황일 때 선입선출법에서의 기말재고자산가액은 그 외 방법에서의 기말재고자산가액보다 크게 평가된다.

4 ③ 수익적 지출(비용)을 자본적 지출(자산)로 회계처리하는 경우, 재무제표에 미치는 영향
: 자산 과대, 비용(매출원가) 과소 → 당기순이익(매출총이익) 과대 → 자본 과대

5 ③ 매도가능증권평가이익·손실 계정은 기타포괄손익누계액에 해당한다.

6 ③ 가공원가란 직접노무원가와 제조간접원가를 말한다.

7 ① · 제조간접원가 = 총제조원가 × 25%
= 4,000,000 × 0.25 = 1,000,000원
· 직접노무원가 = 제조간접원가 × 2배
= 1,000,000 × 2 = 2,000,000원
· 총제조원가 = 직접재료원가 + 직접노무원가 + 제조간접원가
→ 4,000,000 = ? + 2,000,000 + 1,000,000
∴ 직접재료원가 = 1,000,000원

8 ③ · 제조간접비 예정배부율 = 제조간접비 예산액 ÷ 예정조업도
= 2,000,000원 ÷ 200시간 = @10,000원/시간
· 제조간접비 배부차이 = 예정배부액 – 실제발생액
→ 0 = ? – 2,500,000
∴ 예정배부액 = 2,500,000원
· 예정배부액 = 실제조업도 × 예정배부율
→ 2,500,000 = ? × @10,000
∴ 실제조업도 = 250시간

9 ④ 총공손수량은 평균법과 선입선출법에서 동일하게 계산된다.

10 ④ 평균법은 기초재공품을 당기 이전에 착수하였음에도 불구하고 이를 당기에 착수한 것과 동일한 것으로 가정하는 방법이다. 따라서, 평균법에서는 당기 이전에 착수된 기초재공품의 기완성도 자료가 필요하지 않다.

11 ④ 사업자가 자기의 사업과 관련하여 생산·취득한 재화를 비영업용 소형승용차로 사용하거나 또는 그 유지에 사용·소비하는 것은 재화의 공급으로 본다.

12 ① 역진성 완화는 면세 제도의 목적에 해당한다.

13 ③ 재화·용역을 공급하거나 공급받지 않고 세금계산서를 발급하거나 발급받은 경우(가공발급·수취), 그 세금계산서에 적힌 공급가액의 3%에 해당하는 가산세를 부과한다.

14 ① 잉여금 처분에 의한 상여의 경우, 해당 법인의 잉여금 처분결의일을 수입시기로 한다.

15 ③ · 은행 예금의 이자수익은 이자소득에 해당한다.
· 유형자산 중 토지, 건물 등 부동산의 처분은 양도소득에 해당한다.
· 사업소득 총수입금액 = 매출액 + 복식부기의무자의 사업용 유형고정자산(부동산 제외) 양도가액
= 300,000,000 + 30,000,000 = 330,000,000원

실무시험

문제 1 일반전표입력

(1) 1월 5일	(차) 단기매매증권	6,000,000	(대) 보통예금	6,030,000
	수수료비용(영업외비용)	30,000		
(2) 3월 31일	(차) 보통예금	423,000	(대) 이자수익	500,000
	선납세금	77,000		
(3) 4월 30일	(차) 건설중인자산	2,500,000	(대) 보통예금	2,500,000
(4) 7월 10일	(차) 퇴직연금운용자산	10,000,000	(대) 보통예금	17,000,000
	퇴직급여(판관비)	7,000,000		
(5) 7월 15일	(차) 선급금(㈜지유)	5,000,000	(대) 당좌예금	5,000,000

문제 2 매입매출전표입력

(1) 7월 7일 유형 : 54.불공 / 공급가액 : 500,000 / 부가세 : 50,000 / 거래처 : ㈜신화 / 전자 : 여 / 분개 : 혼합(현금) / (불공제사유 : ④기업업무추진비 및 이와 유사한 비용 관련)

(차) 기업업무추진비(판관비)	550,000	(대) 현금	550,000

(2) 7월 20일 유형 : 61.현과 / 공급가액 : 1,000,000 / 부가세 : 100,000 / 거래처 : ㈜하나마트 / 분개 : 혼합(현금)

(차) 부가세대급금	100,000	(대) 현금	1,100,000
소모품비(제조)	1,000,000		

(3) 8월 16일 유형 : 16.수출 / 공급가액 : 11,000,000 / 부가세 : 0 / 거래처 : 미국 UFC사 / 분개 : 혼합(외상) / (영세율구분 : 1.직접수출)

(차) 외상매출금(미국 UFC사)	11,000,000	(대) 제품매출	11,000,000

(4) 9월 30일 유형 : 11.과세 / 공급가액 : 18,000,000 / 부가세 : 1,800,000 / 거래처 : ㈜명학산업 / 전자 : 여 / 분개 : 혼합

(차) 현금	18,000,000	(대) 부가세예수금	1,800,000
선수금(㈜명학산업)	1,800,000	제품매출	18,000,000

(5) 10월 31일 유형 : 52.영세 / 공급가액 : 6,000,000 / 부가세 : 0 / 거래처 : ㈜크림 / 전자 : 여 / 분개 : 혼합

(차) 원재료	6,000,000	(대) 보통예금	6,000,000

문제 3 부가가치세신고

(1) [건물등감가상각자산취득명세서] (10월~12월)

취득내역

감가상각자산종류	건수	공급가액	세 액	비 고
합 계	4	145,000,000	14,500,000	
건물 · 구축물	1	100,000,000	10,000,000	
기 계 장 치				
차 량 운 반 구	1	15,000,000	1,500,000	
기타감가상각자산	2	30,000,000	3,000,000	

No	거래처별 감가상각자산 취득명세						
	월/일	상호	사업자등록번호	자산구분	공급가액	세액	건수
1	10-04	우리전산	102-03-52877	기타	20,000,000	2,000,000	1
2	11-11	(주)튼튼건설	101-81-25749	건물,구축물	100,000,000	10,000,000	1
3	12-20	(주)빠름자동차	204-81-96316	차량운반구	15,000,000	1,500,000	1
4	12-14	(주)시원마트	304-81-74529	기타	10,000,000	1,000,000	1
5							
	합 계				145,000,000	14,500,000	4

· 비영업용소형승용차를 취득하면서 10% 부가가치세가 기재된 세금계산서를 수취하는 거래는 매입세액공제를 받을 수 없는 항목이지만, 부가가치세신고서에서 '고정자산매입'란에 기재되는 항목에는 해당하므로 이를 [건물등감가상각자산취득명세서]에 기재한다.

(2) [부가가치세신고서] (4월~6월)

구분				정기신고금액		
				금액	세율	세액
과세표준및매출세액	과세	세금계산서발급분	1	300,000,000	10/100	30,000,000
		매입자발행세금계산서	2		10/100	
		신용카드 · 현금영수증발행분	3	10,000,000	10/100	1,000,000
		기타(정규영수증외매출분)	4			
	영세	세금계산서발급분	5	20,000,000	0/100	
		기타	6	15,000,000	0/100	
	예정신고누락분		7			
	대손세액가감		8			
	합계		9	345,000,000	㉮	31,000,000
매입세액	세금계산서 수취분	일반매입	10	130,000,000		13,000,000
		수출기업수입분납부유예	10-1			
		고정자산매입	11	20,000,000		2,000,000
	예정신고누락분		12			
	매입자발행세금계산서		13			
	그 밖의 공제매입세액		14	14,000,000		1,400,000
	합계(10)-(10-1)+(11)+(12)+(13)+(14)		15	164,000,000		16,400,000
	공제받지못할매입세액		16			
	차감계 (15-16)		17	164,000,000	㉯	16,400,000
납부(환급)세액(매출세액㉮-매입세액㉯)					㉰	14,600,000
경감공제세액	그 밖의 경감 · 공제세액		18			10,000
	신용카드매출전표등 발행공제등		19			
	합계		20		㉱	10,000
소규모 개인사업자 부가가치세 감면세액			20-1		㉲	
예정신고미환급세액			21		㉳	900,000
예정고지세액			22		㉴	
사업양수자의 대리납부 기납부세액			23		㉵	
매입자 납부특례 기납부세액			24		㉶	
신용카드업자의 대리납부 기납부세액			25		㉷	
가산세액계			26		㉸	
차가감하여 납부할세액(환급받을세액)㉰-㉱-㉲-㉳-㉴-㉵-㉶-㉷+㉸					27	13,690,000
총괄납부사업자가 납부할 세액(환급받을 세액)						

구분				금액	세율	세액
7.매출(예정신고누락분)						
예정누락분	과세	세금계산서	33		10/100	
		기타	34		10/100	
	영세	세금계산서	35		0/100	
		기타	36		0/100	
	합계		37			
12.매입(예정신고누락분)						
예정누락분	세금계산서		38			
	그 밖의 공제매입세액		39			
	합계		40			
	신용카드매출 수령금액합계	일반매입				
		고정매입				
	의제매입세액					
	재활용폐자원등매입세액					
	과세사업전환매입세액					
	재고매입세액					
	변제대손세액					
	외국인관광객에대한환급세액					
	합계					
14.그 밖의 공제매입세액						
신용카드매출 수령금액합계표	일반매입		41	8,000,000		800,000
	고정매입		42	6,000,000		600,000
의제매입세액			43		뒤쪽	
재활용폐자원등매입세액			44		뒤쪽	
과세사업전환매입세액			45			
재고매입세액			46			
변제대손세액			47			
외국인관광객에대한환급세액			48			
합계			49	14,000,000		1,400,000

구분		금액	세율	세액
16.공제받지못할매입세액				
공제받지못할 매입세액	50			
공통매입세액면세등사업분	51			
대손처분받은세액	52			
합계	53			
18.그 밖의 경감·공제세액				
전자신고 및 전자고지 세액공제	54			10,000
전자세금계산서발급세액공제	55			
택시운송사업자경감세액	56			
대리납부세액공제	57			
현금영수증사업자세액공제	58			
기타	59			
합계	60			10,000

· '신용카드 매입액 중 대표자 개인용 물품 매입' 거래는 10% 부가가치세가 기재된 신용카드매출전표를 수취하였지만 매입세액공제 받을 수 없는 항목에 해당하므로 이를 [부가가치세신고서]에 기재하지 않는다.

(3) 1단계 신고서 마감 확인 : [부가가치세신고서] 메뉴 (1월~3월)

2단계 전자신고파일 제작 : [전자신고] 메뉴 (신고인구분 : 2.납세자 자진신고), (비밀번호 : 12341234)

3단계 전자신고파일 제출 : [국세청 홈택스 전자신고변환(교육용)] 메뉴 (찾아보기 → 형식검증하기 → 형식검증결과확인 → 내용검증하기 → 내용검증결과확인 → 전자파일제출 → 신고서 접수증 확인)

문제 4 결산

(1) (수동결산)

[일반전표입력] 12월 31일

(차) 부가세예수금	720,000	(대) 부가세대급금	520,000
세금과공과(판관비)	10,000	잡이익	10,000
		미지급세금	200,000

(2) (수동결산)

[일반전표입력] 12월 31일

(차) 장기차입금(돌담은행)	100,000,000	(대) 유동성장기부채(돌담은행)	100,000,000

(3) (수동결산 또는 자동결산)

| 방법1 | (수동결산)

[일반전표입력] 12월 31일

(차) 대손상각비	3,334,800	(대) 대손충당금(외상매출금)	3,334,800[1]
기타의대손상각비	230,000	대손충당금(미수금)	230,000[2]

[1] 583,480,000원 × 1% – 2,500,000원 = 3,334,800원

[2] 23,000,000원 × 1% – 0원 = 230,000원

| 방법2 | (자동결산)

[결산자료입력] 메뉴에서 (기간 : 1월~12월) 다음과 같이 입력한다. 자동결산 항목 입력이 완료되고 나면 상단의 [전표추가]를 클릭하여 결산분개를 생성한다.

- 판매비와 일반관리비 ▶ 대손상각 ▶ 외상매출금 : 3,334,800
- 영업외비용 ▶ 기타의대손상각 ▶ 미수금 : 230,000

(4) (수동결산 또는 자동결산)

| 방법1 | (수동결산)

[일반전표입력] 12월 31일

(차) 무형자산상각비(판관비)	4,000,000[1]	(대) 영업권	4,000,000

[1] (전기말 미상각잔액 – 잔존가치) ÷ 기초 현재 잔여내용연수
= (16,000,000원 – 0원) ÷ (5년 – 1년) = 4,000,000원

| 방법2 | (자동결산)

[결산자료입력] 메뉴에서 (기간 : 1월~12월) 다음과 같이 입력한다. 자동결산 항목 입력이 완료되고 나면 상단의 [전표추가]를 클릭하여 결산분개를 생성한다.

- 판매비와 일반관리비 ▶ 무형자산상각비 ▶ 영업권 : 4,000,000

(5) (자동결산)

[결산자료입력] 메뉴에서 (기간 : 1월~12월) 다음과 같이 입력한다. 자동결산 항목 입력이 완료되고 나면 상단의 [전표추가]를 클릭하여 결산분개를 생성한다.

- 제품매출원가 ▶ 기말 원재료 재고액 : 95,000,000[1]
- 제품매출원가 ▶ 기말 재공품 재고액 : 70,000,000
- 제품매출원가 ▶ 기말 제품 재고액 : 140,000,000[2]

[1] 선적지 인도조건으로 매입하여 운송 중인 원재료 포함

[2] 수탁자의 창고에 보관 중인 적송품 포함

문제5 연말정산

(1) 1단계 [사원등록] 메뉴 ▶ 100.김우리 ▶ [부양가족명세] 탭

연말관계	성명	내/외국인	주민(외국인)번호		나이	기본공제	부녀자	한부모	경로우대	장애인	자녀	출산입양	위탁관계
0	김우리	내	1	811210-1127855	43	본인							
3	이현진	내	1	831010-2145208	41	배우자							
4	김아현	내	1	200101-4928328	4	20세이하						첫째	

- 김아현을 당해연도에 입양하였고 4세이므로 출산·입양 자녀세액공제(첫째)는 가능하나, 8세 이상 자녀세액공제는 불가

2단계 [급여자료입력] 메뉴 ▶ [수당공제] 보조창 ▶ [수당등록] 탭

No	코드	과세구분	수당명	근로소득유형			월정액	통상임금	사용여부
				유형	코드	한도			
1	1001	과세	기본급	급여			정기	여	여
2	1002	과세	상여	상여			부정기	부	부
3	1003	과세	직책수당	급여			정기	부	부
4	1004	과세	월차수당	급여			정기	부	부
5	1005	비과세	식대	식대	P01	(월)200,000	정기	부	부
6	1006	비과세	자가운전보조금	자가운전보조금	H03	(월)200,000	부정기	부	여
7	1007	비과세	야간근로수당	야간근로수당	001	(년)2,400,000	부정기	부	부
8	2001	과세	식대	급여			정기	부	여
9	2002	비과세	출산.보육수당(육아수당)	출산.보육수당(육아수당)	Q01	(월)200,000	정기	부	여
10	2003	과세	야간근로수당	급여			부정기	부	여

· 현물식사를 별도로 제공하고 있으므로 식대는 과세
· 출산이나 6세 이하 자녀의 보육과 관련하여 지급받는 육아수당은 월 20만 원을 한도로 비과세
· 생산직(또는 단순노무직) 근로자가 아니므로 야간근로수당은 과세

3단계 [급여자료입력]

귀속년월 2024 년 06 월 지급년월일 2024 년 07 월 10 일 급여

□	사번	사원명	감면율	급여항목	금액	공제항목	금액
□	100	김우리		기본급	3,000,000	국민연금	166,500
□	101	김갑용		자가운전보조금	200,000	건강보험	131,160
□				식대	200,000	장기요양보험	16,800
□				출산.보육수당(육아수당)	300,000	고용보험	34,440
□				야간근로수당	527,000	소득세(100%)	89,390
□						지방소득세	8,930
□						농특세	
□							
□				과 세	3,827,000		
□				비 과 세	400,000	공 제 총 액	447,220
총인원(퇴사자)	2(0)			지 급 총 액	4,227,000	차 인 지 급 액	3,779,780

· 과세 = 기본급 + 식대(요건미충족) + 육아수당(한도초과분) + 야간근로수당(요건미충족)
　　= 3,000,000 + 200,000 + 100,000 + 527,000 = 3,827,000원
· 비과세 = 자가운전보조금 + 육아수당(한도)
　　= 200,000 + 200,000 = 400,000원

(2) 1단계 [연말정산추가자료입력] 메뉴 ▶ 101.김갑용 ▶ [부양가족] 탭 ▶ 상단부

연말관계	성명	내/외국인	주민(외국인)번호		나이	기본공제	세대주구분	부녀자	한부모	경로우대	장애인	자녀	출산입양
0	김갑용	내	1	840505-1478529	40	본인	세대주						
1	김수필	내	1	571012-1587425	67	60세이상							
3	강희영	내	1	850630-2547855	39	부							
4	김정은	내	1	150408-3852618	9	20세이하						○	
4	김준희	내	1	201104-4487125	4	20세이하							
합 계 [명]						4						1	

· 강희영(배우자)은 소득금액 요건을 충족하지 못하므로 기본공제 불가
· 김수필(부친)은 소득금액 요건을 충족하므로 기본공제 가능
· 김정은(아들)과 김준희(딸)는 둘 다 기본공제가 적용되나, 8세 이상 자녀세액공제는 김정은(9세)만 가능

2단계 [부양가족] 탭 ▶ 하단부

· 김갑용

자료구분	보험료				의료비					교육비	
	건강	고용	일반보장성	장애인전용	일반	실손	선천성이상아	난임	65세,장애인	일반	장애인특수
국세청			300,000		500,000 1.전액					5,000,000 4.본인	
기타	2,599,350	520,000									

자료구분	신용카드등 사용액공제						기부금
	신용카드	직불카드등	현금영수증	전통시장사용분	대중교통이용분	도서공연 등	
국세청	21,500,000						
기타							

- 본인의 경우 대학원 교육비도 공제 적용 가능

· 김수필

자료구분	보험료				의료비					교육비	
	건강	고용	일반보장성	장애인전용	일반	실손	선천성이상아	난임	65세,장애인	일반	장애인특수
국세청			150,000						1,500,000		
기타											

자료구분	신용카드등 사용액공제						기부금
	신용카드	직불카드등	현금영수증	전통시장사용분	대중교통이용분	도서공연 등	
국세청							
기타							

- 만기까지의 보험료 납입액이 만기환급액보다 큰 경우 보장성보험료에 해당하므로 공제 적용 가능

· 강희영

자료구분	보험료				의료비					교육비	
	건강	고용	일반보장성	장애인전용	일반	실손	선천성이상아	난임	65세,장애인	일반	장애인특수
국세청											
기타											

자료구분	신용카드등 사용액공제						기부금
	신용카드	직불카드등	현금영수증	전통시장사용분	대중교통이용분	도서공연 등	
국세청							
기타							

- 보장성보험료(일반)는 나이 및 소득금액의 제한을 받으므로 강희영(배우자)의 보장성보험료는 공제 적용 안 됨

· 김정은

자료구분	보험료				의료비					교육비		
	건강	고용	일반보장성	장애인전용	일반	실손	선천성이상아	난임	65세,장애인	일반		장애인특수
국세청										8,000,000	2.초중고	
기타												

자료구분	신용카드등 사용액공제						기부금
	신용카드	직불카드등	현금영수증	전통시장사용분	대중교통이용분	도서공연 등	
국세청							
기타							

– 취학 전 아동 이외의 자녀 학원비는 공제 적용 안 됨

· 김준희

자료구분	보험료				의료비					교육비		
	건강	고용	일반보장성	장애인전용	일반	실손	선천성이상아	난임	65세,장애인	일반		장애인특수
국세청			350,000						250,000	1,800,000	1.취학전	
기타												

자료구분	신용카드등 사용액공제						기부금
	신용카드	직불카드등	현금영수증	전통시장사용분	대중교통이용분	도서공연 등	
국세청							
기타							

3단계 [의료비] 탭

2024년 의료비 지급명세서													
의료비 공제대상자					지급처			지급명세					14.산후조리원
성명	내/외	5.주민등록번호	6.본인등 해당여부		9.증빙코드	8.상호	7.사업자등록번호	10.건수	11.금액	11-1.실손보험수령액	12.미숙아 선천성이상아	13.난임여부	
김갑용	내	840505-1478529	1	0	1				500,000		X	X	X
김수필	내	571012-1587425	2	0	1				1,500,000		X	X	X
김준희	내	201104-4487125	2	0	1				250,000		X	X	X
		합계							2,250,000				
일반의료비(본인)		500,000	6세 이하, 65세 이상, 장애인			1,750,000	일반의료비(그 외)			난임시술비 / 미숙아.선천성이상아			

· 시력보정용 안경 구입비는 1인당 연 50만 원을 한도로 공제 적용 가능

4단계 [신용카드 등] 탭

□	내/외 관계	성명 생년월일	자료구분	신용카드	직불,선불	현금영수증	도서등 신용	도서등 직불	도서등 현금	전통시장	대중교통	소비증가분 2023년	소비증가분 2024년
□	내	김갑용	국세청	21,500,000									
	0	1984-05-05	기타										
□	내	김수필	국세청										
	1	1957-10-12	기타										
□	내	강희영	국세청										
	3	1985-06-30	기타										
□	내	김정은	국세청										
	4	2015-04-08	기타										
□	내	김준희	국세청										
	4	2020-11-04	기타										
□													
□													
		합계		21,500,000									

5단계 [연금저축 등 I] 탭

· 구분 : 2.연금저축

· 금융회사 등 : (F2를 클릭하여 검색 후 입력) 190.농협중앙회 및 산하기관

· 계좌번호 : 301-02-228451

· 납입금액 : 6,000,000

6단계 [연말정산입력] 탭 ▶ F8 부양가족탭불러오기 클릭

· 연금계좌 ▶ 연금저축 : 6,000,000
· 보장성보험 ▶ 일반 : 800,000
· 의료비 ▶ 본인 : 500,000
· 의료비 ▶ 6세 이하, 65세 이상, 장애인 : 1,750,000
· 의료비 ▶ 그 밖의 공제대상자 : 0
· 교육비 ▶ 취학전아동(인별) : 1,800,000
· 교육비 ▶ 초중고(인별) : 8,000,000
· 교육비 ▶ 본인 : 5,000,000
· 신용카드 등 사용액 ▶ 신용카드 : 21,500,000
· 신용카드 등 사용액 ▶ 소비증가분 : 0

정답및해설 | 제109회 기출문제

▶ 문제 | p.815

이론시험

1 ②	2 ④	3 ④	4 ②	5 ②	6 ②	7 ③	8 ③
9 ④	10 ③	11 ④	12 ①	13 ①	14 ③	15 ③	

1 ② 양도한 금융부채의 장부금액과 지급한 대가의 차액은 당기손익으로 인식한다. (일반기업회계기준 실무지침 6.20)

2 ④ · 단기매매증권으로 분류하는 경우(→ 20x1년 당기순이익 500,000원, 20x2년 당기순이익 500,000원)

- 20x1. 8. 5.	(차) 단기매매증권	2,000,000	(대) 현금 등	2,000,000
- 20x1. 12. 31.	(차) 단기매매증권	500,000	(대) 단기매매증권평가이익	500,000
- 20x2. 4. 30.	(차) 현금 등	3,000,000	(대) 단기매매증권	2,500,000
			단기매매증권처분이익	500,000

· 매도가능증권으로 분류하는 경우(→ 20x1년 당기순이익 0원, 20x2년 당기순이익 1,000,000원)

- 20x1. 8. 5.	(차) 매도가능증권	2,000,000	(대) 현금 등	2,000,000
- 20x1. 12. 31.	(차) 매도가능증권	500,000	(대) 매도가능증권평가이익	500,000
- 20x2. 4. 30.	(차) 현금 등	3,000,000	(대) 매도가능증권	2,500,000
	매도가능증권평가이익	500,000	매도가능증권처분이익	1,000,000

3 ④ 단순히 세법의 규정을 따르기 위한 회계변경은 정당한 회계변경으로 보지 아니한다.

4 ② 합리적인 상각방법을 정할 수 없는 경우에는 정액법으로 상각한다.

5 ② 주식의 발행금액이 액면금액보다 크면 그 차액을 주식발행초과금으로 하여 자본잉여금으로 회계처리한다.

6 ② · 예정배부액 = 실제조업도 × 예정배부율
= (5시간 × 100) × @3,000원 = 1,500,000원
· 배부차이 = 예정배부액 - 실제발생액
→ 250,000원 과대배부 = 1,500,000 - ?
∴ 실제발생액 = 1,250,000원

7 ③ 재료비 = 기초원재료 + 당기매입액 - 기말원재료
→ 500,000 = 0 + ? - 50,000
∴ 당기매입액 = 550,000원

8 ③ 기말제품 재고액은 제조원가명세서에 표시되지 않고, 손익계산서의 매출원가 내역에 표시된다.

9 ④ · 직접배분법에 의한 A → X : $1{,}500{,}000\text{원} \times \dfrac{500\text{시간}}{500\text{시간} + 300\text{시간}} = 937{,}500\text{원}$

· 직접배분법에 의한 B → X : $1{,}600{,}000\text{원} \times \dfrac{300\text{시간}}{300\text{시간} + 500\text{시간}} = 600{,}000\text{원}$

· 제조부문 X에 배분될 보조부문원가 = 937,500 + 600,000 = 1,537,500원

10 ③ 평균법은 당기 이전에 착수된 기초재공품의 기완성도를 무시하는 방법이므로 평균법이 선입선출법보다 계산방법이 간편하다.

11 ④ 대가의 각 부분을 받기로 한 때란 대가를 받기로 약정된 날을 의미하므로 대가를 받지 못하는 경우에도 이를 공급시기로 한다.

12 ① 여객운송용역은 면세대상이나, 예외적으로 항공기, 우등고속버스, 전세버스, 택시, 고속철도에 의한 여객운송용역은 과세대상에 해당한다.

13 ① 폐업시 잔존재화란 사업자가 자기의 사업과 관련하여 생산·취득한 재화 중 사업을 폐업할 때 남아 있는 재화를 말한다. 폐업시 잔존재화는 사업자가 폐업시에 자기에게 공급하는 것으로 본다.

14 ③ ① 무조건 분리과세
② 분리과세
③ 선택적 분리과세, 분리과세를 선택하는 경우 원천징수세율 20%를 적용하여 계산
④ 무조건 분리과세

15 ③ 직계존속에 대한 일반교육비는 교육비세액공제가 적용되지 않는다.

실무시험

문제 1 일반전표입력

(1) 1월 22일	(차) 당좌예금	1,600,000	(대) 선수금((주)한강물산)	1,600,000
(2) 3월 25일	(차) 대손충당금(외상매출금)	4,000,000	(대) 외상매출금((주)동방불패)	13,000,000
	대손상각비(판관비)	9,000,000		
(3) 6월 30일	(차) 차량운반구	7,700,000	(대) 보통예금	7,700,000
(4) 7월 25일	(차) 미지급배당금	100,000,000	(대) 예수금	15,400,000
			보통예금	84,600,000
(5) 11월 5일	(차) 보통예금	10,850,000	(대) 사채	10,000,000
			사채할증발행차금	850,000

문제 2 매입매출전표입력

(1) 7월 18일 유형 : 11.과세 / 공급가액 : 11,000,000 / 부가세 : 1,100,000 / 거래처 : (주)로라상사 / 전자 : 여 / 분개 : 혼합

(차) 감가상각누계액(기계장치)	38,000,000	(대) 기계장치	52,000,000
미수금((주)로라상사)	12,100,000	부가세예수금	1,100,000
유형자산처분손실	3,000,000		

(2) 7월 30일 유형 : 61.현과 / 공급가액 : 600,000 / 부가세 : 60,000 / 거래처 : (주)소나무 / 분개 : 혼합

(차) 부가세대급금	60,000	(대) 가수금(대표자)	660,000
비품	600,000		

(3) 8월 31일
- 유형 : 51.과세 / 공급가액 : 1,500,000 / 부가세 : 150,000 / 거래처 : 오미순부동산 / 전자 : 부 / 분개 : 혼합

(차) 임차료(제조)	1,500,000	(대) 미지급금(오미순부동산)	1,650,000
부가세대급금	150,000		

- 해당 전표를 선택하여 [예정신고누락분 확정신고] 보조창을 열고[1], 확정신고 개시년월란에 "2024년 10월"을 입력

[1] 메뉴 화면 상단에 있는 [F11 간편집계.. ▾]의 [▾]를 클릭하고, [SF5 예정 누락분](또는 [shift] + [F5])를 선택

(4) 9월 28일 유형 : 55.수입 / 공급가액 : 20,000,000 / 부가세 : 2,000,000 / 거래처 : 인천세관 / 전자 : 여 / 분개 : 혼합

(차) 부가세대급금	2,000,000	(대) 보통예금	2,000,000

(5) 9월 30일 유형 : 54.불공 / 공급가액 : 2,600,000 / 부가세 : 260,000 / 거래처 : (주)부천백화점 / 전자 : 여 / 분개 : 혼합 / (불공제사유 : ④기업업무추진비 및 이와 유사한 비용 관련)

(차) 기업업무추진비(판관비)	2,860,000	(대) 현금	500,000
		보통예금	2,360,000

문제 3 부가가치세신고

(1) [수출실적명세서] (4월~6월)

구분	건수	외화금액	원화금액	비고
⑨합계	2	132,000.00	176,800,000	
⑩수출재화[=⑫합계]	2	132,000.00	176,800,000	
⑪기타영세율적용				

No	□	(13)수출신고번호	(14)선(기)적일자	(15)통화코드	(16)환율	금액 (17)외화	금액 (18)원화	전표정보 거래처코드	전표정보 거래처명
1	□	11133-77-100066X	2024-04-15	USD	1,300.0000	80,000.00	104,000,000	00159	B&G
2	□	22244-88-100077X	2024-05-30	EUR	1,400.0000	52,000.00	72,800,000	00160	PNP
3	□								
	□								
	□								
	□								
	□								
	□								
	□								
	□								
	□								
		합계				132,000	176,800,000		

(2) [부가가치세신고서] (4월~6월)

구분				정기신고금액 금액	세율	세액
과세표준및매출세액	과세	세금계산서발급분	1	200,000,000	10/100	20,000,000
		매입자발행세금계산서	2		10/100	
		신용카드 · 현금영수증발행분	3	40,000,000	10/100	4,000,000
		기타(정규영수증외매출분)	4			
	영세	세금계산서발급분	5	40,000,000	0/100	
		기타	6	5,000,000	0/100	
	예정신고누락분		7			
	대손세액가감		8			
	합계		9	285,000,000	㉮	24,000,000
매입세액	세금계산서수취분	일반매입	10	120,000,000		12,000,000
		수출기업수입분납부유예	10-1			
		고정자산매입	11	30,000,000		3,000,000
	예정신고누락분		12	20,000,000		2,000,000
	매입자발행세금계산서		13			
	그 밖의 공제매입세액		14	10,000,000		1,000,000
	합계(10)-(10-1)+(11)+(12)+(13)+(14)		15	180,000,000		18,000,000
	공제받지못할매입세액		16			
	차감계 (15-16)		17	180,000,000	㉯	18,000,000
납부(환급)세액(매출세액㉮-매입세액㉯)					㉰	6,000,000
경감공제세액	그 밖의 경감 · 공제세액		18			
	신용카드매출전표등 발행공제등		19			
	합계		20		㉱	
소규모 개인사업자 부가가치세 감면세액			20-1		㉲	
예정신고미환급세액			21		㉳	1,000,000
예정고지세액			22		㉴	
사업양수자의 대리납부 기납부세액			23		㉵	
매입자 납부특례 기납부세액			24		㉶	
신용카드업자의 대리납부 기납부세액			25		㉷	
가산세액계			26		㉸	
차가감하여 납부할세액(환급받을세액)㉰-㉱-㉲-㉳-㉴-㉵-㉶-㉷+㉸					27	5,000,000
총괄납부사업자가 납부할 세액(환급받을 세액)						

구분			번호	금액	세율	세액
7.매출(예정신고누락분)						
예정누락분	과세	세금계산서	33		10/100	
		기타	34		10/100	
	영세	세금계산서	35		0/100	
		기타	36		0/100	
	합계		37			
12.매입(예정신고누락분)						
예정누락분	세금계산서		38	20,000,000		2,000,000
	그 밖의 공제매입세액		39			
	합계		40	20,000,000		2,000,000
	신용카드매출 수령금액합계	일반매입				
		고정매입				
	의제매입세액					
	재활용폐자원등매입세액					
	과세사업전환매입세액					
	재고매입세액					
	변제대손세액					
	외국인관광객에대한환급세액					
	합계					
14.그 밖의 공제매입세액						
신용카드매출 수령금액합계표		일반매입	41	10,000,000		1,000,000
		고정매입	42			
의제매입세액			43		뒤쪽	
재활용폐자원등매입세액			44		뒤쪽	
과세사업전환매입세액			45			
재고매입세액			46			
변제대손세액			47			
외국인관광객에대한환급세액			48			
합계			49	10,000,000		1,000,000

(3) 1단계 신고서 마감 확인 : [부가가치세신고서] 메뉴 (1월~3월)

2단계 전자신고파일 제작 : [전자신고] 메뉴 (신고인구분 : 2.납세자 자진신고), (비밀번호 : 12341234)

3단계 전자신고파일 제출 : [국세청 홈택스 전자신고변환(교육용)] 메뉴 (찾아보기 → 형식검증하기 → 형식검증결과확인 → 내용검증하기 → 내용검증결과확인 → 전자파일제출 → 신고서 접수증 확인)

문제 4 결산

(1) (수동결산)

[일반전표입력] 12월 31일

(차) 소모품비(제조)	250,000	(대) 소모품	250,000

(2) (수동결산)

[일반전표입력] 12월 31일

(차) 외화환산손실	2,000,000[1]	(대) 단기차입금((주)유성)	2,000,000

[1] ($20,000 × @1,400원) – ($20,000 × @1,300원) = 2,000,000원 (부채이므로 외화환산손실)

(3) (수동결산)

[일반전표입력] 12월 31일

(차) 이자비용	2,550,000	(대) 미지급비용	2,550,000

(4) (수동결산)

[일반전표입력] 12월 31일

(차) 부가세예수금	240,000	(대) 부가세대급금	12,400,000
세금과공과(판관비)	24,000	잡이익	10,000
미수금	12,146,000		

(5) (수동결산 또는 자동결산)

| 방법 1 | (수동결산)

[일반전표입력] 12월 31일

(차) 법인세등	27,800,000	(대) 선납세금	11,000,000
		미지급세금	16,800,000

| 방법2 | (자동결산)

[결산자료입력] 메뉴에서 (기간 : 1월~12월) 다음과 같이 입력한다. 자동결산 항목 입력이 완료되고 나면 상단의 [전표추가]를 클릭하여 결산분개를 생성한다.

- 법인세등 ▶ 선납세금 : 11,000,000
- 법인세등 ▶ 추가계상액 : 16,800,000

문제 5 연말정산

(1) [사원등록] 메뉴 ▶ 101.김경민 ▶ [부양가족명세] 탭

연말관계	성명	내/외국인	주민(외국인)번호		나이	기본공제	부녀자	한부모	경로우대	장애인	자녀	출산입양	위탁관계
0	김경민	내	1	660213-1234564	58	본인							
3	정혜미	내	1	640415-2215673	60	배우자							
6	김경희	내	1	710115-2157892	53	장애인				1			
1	김경우	내	1	410122-1789542	83	60세이상			○				
1	박순란	내	1	410228-2156774	83	60세이상			○				
6	정지원	내	1	700717-1333453	54	장애인				3			
4	김지은	내	1	041230-4156877	20	20세이하					○		

- 김경희(동생)는 분리과세되는 소득(일용근로소득)만 있으므로 소득금액 요건을 충족하며, 장애인은 나이 요건의 제한을 받지 않으므로 기본공제 가능
- 김경우(부친)는 금융소득 2,000만 원 이하로서 분리과세되므로(조건부 종합과세) 소득금액 요건 충족하고 기본공제 가능
- 정지원(처남)은 소득금액 요건을 충족하며, 장애인은 나이 요건의 제한을 받지 않으므로 기본공제 가능

(2) 1단계 [연말정산추가자료입력] 메뉴 ▶ 15.진도준 ▶ [부양가족] 탭 ▶ 상단부

연말관계	성명	내/외국인	주민(외국인)번호		나이	기본공제	세대주구분	부녀자	한부모	경로우대	장애인	자녀	출산입양
0	진도준	내	1	781030-1224110	46	본인	세대주						
1	박정희	내	1	500511-2148715	74	부							
3	김선영	내	1	810115-2347235	43	배우자							
4	진도진	내	1	150131-3165617	9	20세이하						○	
4	진시진	내	1	180121-3165112	6	20세이하							
		합 계 [명]				4						1	

- 박정희(어머니)는 금융소득 2,000만 원 초과로서 종합과세되므로(조건부 종합과세) 소득금액 요건 충족하지 못하고 기본공제 불가
- 김선영(배우자)은 기타소득금액 300만 원 이하로서 분리과세를 선택하였으므로(선택적 분리과세) 소득금액 요건을 충족하고 기본공제 가능
- 진도진(아들)과 진시진(아들)은 둘 다 기본공제가 적용되나, 8세 이상 자녀세액공제는 진도진(9세)만 가능

2단계 [부양가족] 탭 ▶ 하단부

- 진도준

자료구분	보험료				의료비						교육비		
	건강	고용	일반보장성	장애인전용	일반		실손	선천성이상아	난임	65세,장애인	일반		장애인특수
국세청			2,200,000		3,000,000	1.전액					8,000,000	4.본인	
기타	3,199,270	640,000			500,000								

자료구분	신용카드등 사용액공제						기부금
	신용카드	직불카드등	현금영수증	전통시장사용분	대중교통이용분	도서공연 등	
국세청	30,000,000	2,200,000	3,000,000	2,200,000	182,000		
기타							

- 본인의 경우 대학원 교육비도 공제 적용 가능

- 박정희

자료구분	보험료				의료비					교육비	
	건강	고용	일반보장성	장애인전용	일반	실손	선천성이상아	난임	65세,장애인	일반	장애인특수
국세청						2,000,000			3,250,000		
기타											

자료구분	신용카드등 사용액공제						기부금
	신용카드	직불카드등	현금영수증	전통시장사용분	대중교통이용분	도서공연 등	
국세청							
기타							

- 직계존속에 대한 (일반)교육비는 공제 적용 안 됨

· 진도진

자료구분	보험료				의료비					교육비	
	건강	고용	일반보장성	장애인전용	일반	실손	선천성이상아	난임	65세,장애인	일반	장애인특수
국세청			480,000								
기타											

자료구분	신용카드등 사용액공제						기부금
	신용카드	직불카드등	현금영수증	전통시장사용분	대중교통이용분	도서공연 등	
국세청							
기타							

- 취학 전 아동 이외의 자녀 학원비는 공제 적용 안 됨

· 진시진

자료구분	보험료				의료비					교육비	
	건강	고용	일반보장성	장애인전용	일반	실손	선천성이상아	난임	65세,장애인	일반	장애인특수
국세청			456,000								
기타											

자료구분	신용카드등 사용액공제						기부금
	신용카드	직불카드등	현금영수증	전통시장사용분	대중교통이용분	도서공연 등	
국세청							
기타							

- 취학 전 아동 이외의 자녀 학원비는 공제 적용 안 됨

3단계 [의료비] 탭

2024년 의료비 지급명세서

의료비 공제대상자					지급처			지급명세					14.산후조리원
성명	내/외	5.주민등록번호	6.본인등해당여부		9.증빙코드	8.상호	7.사업자등록번호	10.건수	11.금액	11-1.실손보험수령액	12.미숙아선천성이상아	13.난임여부	
진도준	내	781030-1224110	1	0	1				3,000,000		X	X	X
진도준	내	781030-1224110	1	0	5	렌즈모아	105-68-23521	1	500,000		X	X	X
박정희	내	500511-2148715	2	0	1				3,250,000	2,000,000	X	X	X
		합계						1	6,750,000	2,000,000			

일반의료비(본인)	3,500,000	6세 이하, 65세 이상, 장애인	3,250,000	일반의료비(그 외)		난임시술비	
						미숙아.선천성이상아	

· 시력보정용 안경 구입비는 1인당 연 50만 원을 한도로 공제 적용 가능
· 의료비는 나이 및 소득금액의 제한을 받지 않음
· 실손보험금 수령액으로 지급한 의료비는 공제 적용 안 되므로 서식에서 별도로 표기

4단계 [신용카드 등] 탭

□	내/외 관계	성명 생년월일	자료구분	신용카드	직불,선불	현금영수증	도서등신용	도서등직불	도서등현금	전통시장	대중교통	소비증가분 2023년	소비증가분 2024년
□	내	진도준	국세청	30,000,000	2,200,000	3,000,000				2,200,000	182,000		
	0	1978-10-30	기타										
□	내	박정희	국세청										
	1	1950-05-11	기타										
□	내	김선영	국세청										
	3	1981-01-15	기타										
□	내	진도진	국세청										
	4	2015-01-31	기타										
□	내	진시진	국세청										
	4	2018-01-21	기타										
□													
□													
		합계		30,000,000	2,200,000	3,000,000				2,200,000	182,000		

· 신용카드 등 사용액 중 의료비 결제액은 신용카드 공제 적용 가능

5단계 [연금저축 등 Ⅰ] 탭
· 구분 : 2.연금저축
· 금융회사 등 : (F2를 클릭하여 검색 후 입력) 405.삼성생명보험(주)
· 계좌번호 : 153-05274-72339
· 납입금액 : 2,400,000

6단계 [연말정산입력] 탭 ▶ F8 부양가족탭불러오기 클릭

- 연금계좌 ▶ 연금저축 : 2,400,000
- 보장성보험 ▶ 일반 : 3,136,000
- 의료비 ▶ 본인 ▶ 지출액 : 3,500,000
- 의료비 ▶ 65세 이상, 장애인 ▶ 지출액 : 3,250,000
- 의료비 ▶ 65세 이상, 장애인 ▶ 실손의료보험금 : 2,000,000
- 교육비 ▶ 취학전아동 : 0
- 교육비 ▶ 초중고 : 0
- 교육비 ▶ 대학생 : 0
- 교육비 ▶ 본인 : 8,000,000
- 신용카드 등 사용액 ▶ 신용카드 : 30,000,000
- 신용카드 등 사용액 ▶ 직불/선불카드 : 2,200,000
- 신용카드 등 사용액 ▶ 현금영수증 : 3,000,000
- 신용카드 등 사용액 ▶ 전통시장 : 2,200,000
- 신용카드 등 사용액 ▶ 대중교통 : 182,000
- 신용카드 등 사용액 ▶ 소비증가분 : 0

▶ 문제 | p.829

이론시험

1 ②	2 ③	3 ①	4 ④	5 ③	6 ①	7 ③	8 ④
9 ②	10 ④	11 ③	12 ①	13 ①	14 ④	15 ②	

1 ② 변경된 새로운 회계정책은 원칙적으로 소급하여 적용한다.

2 ③ 주식배당을 하더라도 주식의 주당 액면금액에는 변동이 없다.

3 ① · 감가상각비 : 합리적인 기간 배분
· 급여, 광고선전비, 기업업무추진비 : 즉시 비용처리

4 ④ ① 유동부채(유동성장기부채), 비유동부채(장기차입금) → 재무상태표에만 영향
② 매출액의 차감항목(매출할인), 영업외비용(예 이자비용) → 손익계산서에만 영향
③ 유동자산(매출채권), 비유동자산(장기성매출채권) → 재무상태표에만 영향
④ 비용(감가상각비), 자산의 차감항목(감가상각누계액) → 재무상태표와 손익계산서에 모두 영향

5 ③ · 선적지 인도조건인 경우 상품 등을 선적하는 시점에 소유권이 구매자에게 이전되기 때문에 기말 현재 운송 중에 있는 미착품은 구매자(당사)의 기말재고자산에 포함된다.
· 도착지 인도조건인 경우 상품 등이 도착하는 시점에 소유권이 구매자에게 이전되기 때문에 기말 현재 운송 중에 있는 미착품은 판매자(당사)의 기말재고자산에 포함된다.
· 저당상품은 저당권이 실행되어 소유권이 이전되기 전까지는 담보제공자가 소유권을 가지고 있으므로 이는 담보제공자(당사)의 기말재고자산에 포함된다.
· 반품률을 합리적으로 추정 가능한 경우 판매자는 인도 시점에 매출을 인식하므로 이는 판매자(당사)의 기말재고자산에 포함되지 않는다.
· 기말재고자산에 포함해야 할 금액 = 선적지 인도조건 매입 미착품 + 도착지 인도조건 판매 미착품 + 저당상품
= 1,000,000 + 3,000,000 + 5,000,000 = 9,000,000원

6 ① · 올바른 회계처리

(차) 감가상각비(매출원가의 증가)	700,000	(대) 감가상각누계액	700,000

· 회사의 회계처리

(차) 감가상각비(판관비의 증가)	700,000	(대) 감가상각누계액	700,000

· 당기손익에 미치는 영향
: 매출원가 과소계상, 판관비 과대계상 → 매출총이익 과대계상, 영업이익 변동 없음, 당기순이익 변동 없음

7 ③ · 변동제조간접비 = 직접노무비 × 3
= 200,000 × 3 = 600,000원
· 제조간접비 = 고정제조간접비 + 변동제조간접비
= 500,000 + 600,000 = 1,100,000원
· 가공원가 = 직접노무비 + 제조간접비
= 200,000 + 1,100,000 = 1,300,000원

8 ④ · 준변동비(혼합원가)란 조업도와 관계없이 발생하는 고정비와 조업도의 변동에 비례하여 발생하는 변동비로 구성되어 있는 원가를 말한다.
· 전기요금은 사용을 하지 않아도 발생하는 기본요금과 사용량에 비례하는 사용요금으로 구성되어 있으므로 준변동비에 해당한다.

9 ② · 평균법에 의한 가공비의 완성품환산량 = 완성분 + 기말재공품
= 800 + (200 × 50%) = 900개
· 선입선출법에 의한 가공비의 완성품환산량 = 기초재공품 완성분 + 당기 착수 완성분 + 기말재공품
= (300 × 60%) + 500 + (200 × 50%) = 780개
· 가공비의 완성품환산량의 차이 = (방법1) 평균법 - 선입선출법 = 900 - 780 = 120개
= (방법2) 기초재공품 기완성분 = 300 × 40% = 120개

10 ④ 비정상공손이란 작업자의 부주의, 생산계획의 미비 등에 따라 발생하는 것으로서 제조활동을 효율적으로 수행하면 방지할 수 있는 공손을 말한다.

11 ③ 주된 사업과 관련하여 주된 재화의 생산 과정이나 용역의 제공 과정에서 필연적으로 생기는 재화의 공급은 별도의 거래에 해당하며 주된 사업에 부수되는 것으로 본다. 이 경우 부수 공급의 과세·면세 여부는 주된 사업에 따른다. 다만, 해당 재화가 면세대상이라면 주된 사업의 과세·면세에 관계없이 면세된다.

12 ① 개인사업자 및 영세법인사업자(직전 과세기간 공급가액 합계액이 1억 5천만 원 미만)의 경우 예정신고기간의 부가가치세가 과세관청으로부터 고지되므로 별도의 신고 없이 납부만 할 수 있다.

13 ① 소매업을 영위하는 사업자는 재화를 공급받는 자가 사업자등록증을 제시하고 세금계산서의 발급을 요구하는 경우에는 세금계산서를 발급하여야 한다.

14 ④ 소액주주가 아닌 출자임원이 사택을 제공받음으로써 얻는 이익은 과세된다.

15 ② · 비주거용 부동산임대업의 결손금은 다른 소득금액에서 공제하지 않는다.
· 양도소득은 분류과세되므로 종합소득금액 계산 시 이를 합산하지 않는다.
· 종합소득금액 = 도소매업 사업소득금액 + 음식점업 사업소득의 결손금 + 상용근로소득금액
= 25,000,000 + △10,000,000 + 13,000,000 = 28,000,000원

실무시험

문제 1 일반전표입력

(1) 2월 11일	(차) 기업업무추진비(판관비)	100,000	(대) 보통예금	100,000
(2) 3월 31일	(차) 퇴직급여(제조)	2,700,000	(대) 보통예금	2,700,000
(3) 5월 30일	(차) 보통예금	20,000,000	(대) 자본금	25,000,000
	주식발행초과금	2,000,000		
	주식할인발행차금	3,000,000		
(4) 7월 10일	(차) 보통예금	19,450,000	(대) 단기차입금(하나은행)	20,000,000
	이자비용	550,000		

참고 매각거래로 분류되는 경우의 회계처리

7월 10일	(차) 보통예금	19,450,000	(대) 받을어음(래인상사㈜)	20,000,000
	매출채권처분손실	550,000		

(5) 12월 13일	(차) 기계장치	3,800,000	(대) 자산수증이익	3,800,000

문제 2 매입매출전표입력

(1) 10월 8일 유형 : 12.영세 / 공급가액 : 10,000,000 / 부가세 : 0 / 거래처 : ㈜상상 / 전자 : 여 / 분개 : 혼합(외상) / (영세율구분 : 3.내국신용장·구매확인서에 의하여 공급하는 재화)

(차) 외상매출금(㈜상상)	10,000,000	(대) 제품매출	10,000,000

(2) 10월 14일 유형 : 57.카과 / 공급가액 : 1,500,000 / 부가세 : 150,000 / 거래처 : 안녕정비소 / 분개 : 혼합(카드) / (신용카드사 : ㈜순양카드)

(차) 부가세대급금	150,000	(대) 미지급금(㈜순양카드)	1,650,000
차량유지비(제조)	1,500,000		

(3) 11월 3일 유형 : 51.과세 / 공급가액 : (−)30,000,000 / 부가세 : (−)3,000,000 / 거래처 : ㈜바이머신 / 전자 : 여 / 분개 : 혼합

(차) 부가세대급금	(−)3,000,000	(대) 미지급금(㈜바이머신)	(−)33,000,000
기계장치	(−)30,000,000		

(4) 11월 11일 유형 : 51.과세 / 공급가액 : 2,000,000 / 부가세 : 200,000 / 거래처 : ㈜사탕 / 전자 : 여 / 분개 : 혼합

(차) 부가세대급금	200,000	(대) 선급금(㈜사탕)	200,000
복리후생비(판관비)	2,000,000	보통예금	2,000,000

(5) 12월 28일 유형 : 14.건별 / 공급가액 : 250,000 / 부가세 : 25,000 / 분개 : 혼합

(차) 감가상각누계액(비품)	960,000	(대) 부가세예수금	25,000
보통예금	275,000	비품	1,200,000
		유형자산처분이익	10,000

문제 3 부가가치세신고

(1) 1단계 [신용카드매출전표등발행금액집계표] (7월~9월)

1. 인적사항

상호[법인명]	(주)세아산업	성명[대표자]	오세아	사업등록번호	202-81-03655
사업장소재지	서울특별시 동대문구 겸재로 16 (휘경동)				

2. 신용카드매출전표 등 발행금액 현황

구 분	합 계	신용 · 직불 · 기명식 선불카드	현금영수증	직불전자지급 수단 및 기명식선불 전자지급수단
합 계	9,900,000	9,900,000		
과세 매출분	9,900,000	9,900,000		
면세 매출분				
봉 사 료				

3. 신용카드매출전표 등 발행금액중 세금계산서 교부내역

세금계산서발급금액	3,300,000	계산서발급금액	

2단계 [신용카드매출전표등수령명세서] (7월~9월)

2. 신용카드 등 매입내역 합계

구분	거래건수	공급가액	세액
합 계	2	80,000	8,000
현금영수증			
화물운전자복지카드			
사업용신용카드	1	70,000	7,000
그 밖의 신용카드	1	10,000	1,000

3. 거래내역입력

No	□	월/일	구분	공급자	공급자(가맹점) 사업자등록번호	카드회원번호	그 밖의 신용카드 등 거래내역 합계		
							거래건수	공급가액	세액
1	□	07-11	사업	(주)가람	772-81-10112	7777-9999-7777-9999	1	70,000	7,000
2	□	09-27	신용	자금성	211-03-54223	3333-5555-3333-5555	1	10,000	1,000
3	□								
	□								
	□								
	□								
		합계					2	80,000	8,000

· 기업업무추진비(접대비) 관련 지출은 매입세액공제가 불가하다.

(2) [대손세액공제신고서] 메뉴 ▶ [대손발생] 탭 (4월~6월)

당초공급일	대손확정일	대손금액	공제율	대손세액	거래처	대손사유	
2023-09-01	2024-05-02	7,700,000	10/110	700,000	수성(주)	5	부도(6개월경과)
2021-05-01	2024-05-10	5,500,000	10/110	500,000	금성(주)	6	소멸시효완성
2023-01-05	2024-05-10	-2,750,000	10/110	-250,000	비담(주)	7	채권 일부 회수
합 계		10,450,000		950,000			

· 부도발생 어음은 부도발생일(예 작년 11월 1일)로부터 6개월이 경과한 날(예 올해 5월 2일)이 속하는 확정신고기간(예 올해 1기 확정신고기간)에 대손세액공제가 가능하다.

· 단기대여금은 재화 및 용역의 공급과 관련없는 채권이므로 대손세액공제를 인정받을 수 없다.

· 대손세액공제 받았던 채권이 회수되는 경우 회수일이 속하는 과세기간의 확정신고 시 부가가치세신고서에 매출세액의 증가로 반영되어야 하며, 대손세액공제신고서에 입력할 때에는 음수(-)로 입력한다.

(3) 1단계 신고서 마감 확인 : [부가가치세신고서] 메뉴 (1월~3월)

2단계 전자신고파일 제작 : [전자신고] 메뉴 (신고인구분 : 2.납세자 자진신고), (비밀번호 : 12341234)

3단계 전자신고파일 제출 : [국세청 홈택스 전자신고변환(교육용)] 메뉴 (찾아보기 → 형식검증하기 → 형식검증결과확인 → 내용검증하기 → 내용검증결과확인 → 전자파일제출 → 신고서 접수증 확인)

문제 4 결산

(1) (수동결산)

[일반전표입력] 12월 31일

(차) 선급비용 1,250,000[1] (대) 보험료(제조) 1,250,000

[1] 3,000,000원 × (5개월/12개월) = 1,250,000원

(2) (수동결산)

[일반전표입력] 12월 31일

(차) 보통예금 7,200,000 (대) 단기차입금(우리은행) 7,200,000

(3) (수동결산)

[일반전표입력] 12월 31일

(차) 매도가능증권평가손실 23,500,000[1] (대) 매도가능증권(투자) 23,500,000

[1] 당기말 재무상태표에서 매도가능증권 계정과 매도가능증권평가손실 계정의 잔액을 차변으로 집계하여 보면 취득원가 금액이 된다.

매도가능증권 (투자자산)	135,000,000
매도가능증권평가손실 (기타포괄손익누계액)	24,000,000
취득원가 (차변 집계금액)	159,000,000

(4) (수동결산 또는 자동결산)

| 방법1 | (수동결산)

[일반전표입력] 12월 31일

(차) 대손상각비 4,540,500 (대) 대손충당금(외상매출금) 4,540,500[1]

기타의대손상각비 2,480,000 대손충당금(미수금) 2,480,000[2]

[1] 558,550,000원 × 1% - 1,045,000원 = 4,540,500원

[2] 278,000,000원 × 1% - 300,000원 = 2,480,000원

| 방법2 | (자동결산)

[결산자료입력] 메뉴에서 (기간 : 1월~12월) 다음과 같이 입력한다. 자동결산 항목 입력이 완료되고 나면 상단의 [전표추가]를 클릭하여 결산분개를 생성한다.

- 판매비와 일반관리비 ▶ 대손상각 ▶ 외상매출금 : 4,540,500
- 영업외비용 ▶ 기타의대손상각 ▶ 미수금 : 2,480,000

(5) (수동결산 또는 자동결산)

| 방법1 | (수동결산)

[일반전표입력] 12월 31일

(차) 무형자산상각비(판관비) 650,000[1] (대) 특허권 650,000

[1] (취득원가 - 잔존가치) ÷ 총내용연수 = (4,550,000원 - 0원) ÷ 7년 = 650,000원

| 방법2 | (자동결산)

[결산자료입력] 메뉴에서 (기간 : 1월~12월) 다음과 같이 입력한다. 자동결산 항목 입력이 완료되고 나면 상단의 [전표추가]를 클릭하여 결산분개를 생성한다.

- 판매비와 일반관리비 ▶ 무형자산상각비 ▶ 특허권 : 650,000

문제 5 연말정산

(1) 1단계 [급여자료입력] 메뉴 ▶ [수당공제] 보조창 ▶ [수당등록] 탭

No	코드	과세구분	수당명	근로소득유형			월정액	통상임금	사용여부
				유형	코드	한도			
1	1001	과세	기본급	급여			정기	여	여
2	1002	과세	상여	상여			부정기	부	부
3	1003	과세	직책수당	급여			정기	부	부
4	1004	과세	월차수당	급여			정기	부	부
5	1005	비과세	식대	식대	P01	(월)200,000	정기	부	부
6	1006	비과세	자가운전보조금	자가운전보조금	H03	(월)200,000	부정기	부	부
7	1007	비과세	야간근로수당	야간근로수당	001	(년)2,400,000	부정기	부	부
8	2001	과세	식대	급여			정기	부	여

- 현물식사를 별도로 제공하고 있으므로 식대는 과세

2단계 [급여자료입력] 메뉴 ▶ [수당공제] 보조창 ▶ [공제등록] 탭

No	코드	공제항목명	공제소득유형	사용여부
1	5001	국민연금	고정항목	여
2	5002	건강보험	고정항목	여
3	5003	장기요양보험	고정항목	여
4	5004	고용보험	고정항목	여
5	5005	학자금상환	고정항목	여
6	6001	건강보험료정상	건강보험료정산	여
7	6002	장기요양보험정산	장기요양보험정산	여

3단계 [급여자료입력] 메뉴 ▶ 3월 귀속 ▶ 4월 지급

귀속년월 2024 년 03 월 지급년월일 2024 년 04 월 30 일 급여

☐	사번	사원명	감면율
☐	101	최철수	
☐			
☐			
☐			
☐			
☐			
☐			
☐			
☐			
☐			
☐			
총인원(퇴사자)	1(0)		

급여항목	금액
기본급	2,800,000
식대	100,000
과세	2,900,000
비과세	
지급총액	2,900,000

공제항목	금액
국민연금	135,000
건강보험	104,850
장기요양보험	13,430
고용보험	23,200
건강보험료정상	
장기요양보험정산	
소득세(100%)	65,360
지방소득세	6,530
농특세	
공제총액	348,370
차인지급액	2,551,630

사원정보 | 임금대장

입사일(퇴사일)	2023/01/31
주민(외국인)번호	860602-1******
거주/내외국인	거주자/내국인
생산직/연장근로	부/부
국외근로/종교관련	부/부

4.전체사원-현재 크게보기

지급총액	2,900,000
과세	2,900,000
총비과세	
제출비과세	
미제출비과세	

공제총액	348,370
차인지급액	2,551,630
국민연금	135,000
건강보험	104,850
장기요양보험	13,430

4단계 [원천징수이행상황신고서] 메뉴 ▶ 3월 귀속 ▶ 4월 지급

귀속기간 2024 년 03 월 ~ 2024 년 03 월 지급기간 2024 년 04 월 ~ 2024 년 04 월 신고구분 1.정기신고 차수

신고구분	☑매월 ☐반기 ☐수정 ☐연말 ☐소득처분 ☐환급신청					귀속년월	2024년 3월	지급년월	2024년 4월
일괄납부여부	부	사업자단위과세여부	부	부표 작성		환급신청서 작성		승계명세 작성	

원천징수명세및납부세액 | 원천징수이행상황신고서 부표 | 원천징수세액환급신청서 | 기납부세액명세서 | 전월미환급세액 조정명세서 | 차월이월환급세액 승계명세

소득자 소득구분		코드	소득지급		징수세액			당월조정 환급세액	납부세액	
			인원	총지급액	소득세 등	농어촌특별세	가산세		소득세 등	농어촌특별세
근로소득	간이세액	A01	1	2,900,000	65,360					
	중도퇴사	A02								
	일용근로	A03								
	연말정산	A04								
	(분납신청)	A05								
	(납부금액)	A06								
	가 감 계	A10	1	2,900,000	65,360				65,360	

전월 미환급 세액의 계산			당월 발생 환급세액				18.조정대상환급(14+15+16+17)	19.당월조정 환급세액계	20.차월이월 환급세액	21.환급신청액
12.전월미환급	13.기환급	14.차감(12-13)	15.일반환급	16.신탁재산	금융회사 등	합병 등				

5단계 [급여자료입력] 메뉴 ▶ 4월 귀속 ▶ 4월 지급

귀속년월 2024 년 04 월 지급년월일 2024 년 04 월 30 일 급여

☐	사번	사원명	감면율
☐	101	최철수	
☐			
☐			
☐			
☐			
☐			
☐			
☐			
☐			
☐			
☐			
총인원(퇴사자)		1(0)	

급여항목	금액
기본급	3,000,000
식대	200,000
과세	3,200,000
비과세	
지급총액	3,200,000

공제항목	금액
국민연금	135,000
건강보험	115,330
장기요양보험	14,770
고용보험	25,600
건강보험료정산	125,760
장기요양보험정산	15,480
소득세(100%)	91,460
지방소득세	9,140
농특세	
공제총액	532,540
차인지급액	2,667,460

사원정보 | 임금대장

입사일(퇴사일)	2023/01/31
주민(외국인)번호	860602-1******
거주/내외국인	거주자/내국인
생산직/연장근로	부/부
국외근로/종교관련	부/부

4.전체사원-현재 크게보기

지급총액	3,200,000
과세	3,200,000
총비과세	
제출비과세	
미제출비과세	

공제총액	532,540
차인지급액	2,667,460
국민연금	135,000
건강보험	115,330
장기요양보험	14,770

6단계 [원천징수이행상황신고서] 메뉴 ▶ 4월 귀속 ▶ 4월 지급

귀속기간 2024 년 04 월 ~ 2024 년 04 월 지급기간 2024 년 04 월 ~ 2024 년 04 월 신고구분 1.정기신고 차수

신고구분	☑매월 ☐반기 ☐수정 ☐연말 ☐소득처분 ☐환급신청					귀속년월	2024년 4월	지급년월	2024년 4월
일괄납부여부	부	사업자단위과세여부	부	부표 작성		환급신청서 작성		승계명세 작성	

원천징수명세및납부세액 | 원천징수이행상황신고서 부표 | 원천징수세액환급신청서 | 기납부세액명세서 | 전월미환급세액 조정명세서 | 차월이월환급세액 승계명세

소득자 소득구분		코드	소득지급		징수세액			당월조정 환급세액	납부세액	
			인원	총지급액	소득세 등	농어촌특별세	가산세		소득세 등	농어촌특별세
근로소득	간이세액	A01	1	3,200,000	91,460					
	중도퇴사	A02								
	일용근로	A03								
	연말정산	A04								
	(분납신청)	A05								
	(납부금액)	A06								
	가 감 계	A10	1	3,200,000	91,460				91,460	

전월 미환급 세액의 계산			당월 발생 환급세액				18.조정대상환급(14+15+16+17)	19.당월조정 환급세액계	20.차월이월 환급세액	21.환급신청액
12.전월미환급	13.기환급	14.차감(12-13)	15.일반환급	16.신탁재산	금융회사 등	합병 등				

(2) 1단계 [연말정산추가자료입력] 메뉴 ▶ 102.신영식 ▶ [소득명세] 탭

- 근무처명 : ㈜진우상사
- 사업자등록번호 : 258-81-84442
- 근무기간 : 2024. 1. 1.~2024. 4. 20.
- 급여 : 20,000,000
- 건강보험료 : 419,300
- 장기요양보험료 : 51,440
- 고용보험료 : 108,000
- 국민연금보험료 : 540,000
- 기납부세액 ▶ 소득세 : 200,000
- 기납부세액 ▶ 지방소득세 : 20,000

2단계 [부양가족] 탭 ▶ 신영식

자료구분	보험료				의료비						교육비		
	건강	고용	일반보장성	장애인전용	일반		실손	선천성이상아	난임	65세,장애인	일반		장애인특수
국세청			2,000,000		3,000,000	1.전액	1,000,000				7,000,000	4.본인	
기타	1,462,460	306,400			500,000								

자료구분	신용카드등 사용액공제						기부금
	신용카드	직불카드등	현금영수증	전통시장사용분	대중교통이용분	도서공연 등	
국세청							3,200,000
기타							

- 저축성 보험료는 공제 적용 안 됨
- 본인의 경우 대학원 교육비도 공제 적용 가능

3단계 [의료비] 탭

2024년 의료비 지급명세서													14.산후조리원
의료비 공제대상자					지급처			지급명세					
성명	내/외	5.주민등록번호	6.본인등 해당여부		9.증빙코드	8.상호	7.사업자 등록번호	10.건수	11.금액	11-1.실손 보험수령액	12.미숙아 선천성이상아	13.난임 여부	
신영식	내	900801-1211115	1	0	1				3,000,000	1,000,000	X	X	X
신영식	내	900801-1211115	1	0	5				500,000		X	X	X
		합계							3,500,000	1,000,000			
일반의료비(본인)		3,500,000	6세 이하, 65세 이상, 장애인				일반의료비(그 외)			난임시술비			
										미숙아.선천성이상아			

- 실손보험금 수령액으로 지급한 의료비는 공제 적용 안 되므로 서식에서 별도로 표기
- 시력보정용 안경 구입비는 1인당 연 50만 원을 한도로 공제 적용 가능
- 미용 목적 피부과 시술비, 치료·요양 목적이 아닌 한약구입비는 공제 적용 안 됨

4단계 [기부금] 탭

- [기부금 입력]

12.기부자 인적 사항(F2)			
주민등록번호	관계코드	내·외국인	성명
900801-1211115	거주자(본인)	내국인	신영식

구분		9.기부내용		기부처		기부명세				자료구분
7.유형	8.코드			10.상호(법인명)	11.사업자 번호 등	건수	13.기부금합계 금액 (14+15)	14.공제대상 기부금액	15.기부장려금 신청 금액	
종교	41	금전					1,200,000	1,200,000		국세청
특례	10	금전					2,000,000	2,000,000		국세청
합계							3,200,000	3,200,000		

- [기부금 조정]

구분		기부연도	16.기부금액	17.전년도까지 공제된금액	18.공제대상 금액(16-17)	해당연도 공제금액	해당연도에 공제받지 못한 금액	
유형	코드						소멸금액	이월금액
종교	41	2024	1,200,000		1,200,000	1,200,000		
특례	10	2024	2,000,000		2,000,000	2,000,000		
합계			3,200,000		3,200,000	3,200,000		

5단계 [연금저축 등 I] 탭

- 구분 : 2.연금저축
- 금융회사 등 : (F2를 클릭하여 검색 후 입력) 305.KEB 하나은행
- 계좌번호 : 253-660750-73308
- 납입금액 : 2,000,000

6단계 [연말정산입력] 탭 ▶ F8 부양가족탭불러오기 클릭

· 연금계좌 ▶ 연금저축 : 2,000,000
· 보장성보험 ▶ 일반 : 2,000,000
· 의료비 ▶ 본인 ▶ 지출액 : 3,500,000
· 의료비 ▶ 본인 ▶ 실손의료보험금 : 1,000,000
· 교육비 ▶ 본인 : 7,000,000
· 기부금 ▶ 특례기부금 : 2,000,000
· 기부금 ▶ 일반기부금 ▶ 종교단체 : 1,200,000

정답및해설 | 제107회 기출문제

▶ 문제 | p.842

이론시험

1 ③	2 ③	3 ②	4 ①	5 ④	6 ③	7 ①	8 ②
9 ①	10 ④	11 ②	12 ④	13 ②	14 ④	15 ④	

1 ③ ① 자산의 취득부대비용, ② 자산의 취득부대비용, ③ 광고선전비(판관비), ④ 자산의 제조원가

2 ③

·	(차) 자기주식	180,000	(대) 현금 등	180,000
·	(차) 현금 등	100,000	(대) 자기주식	120,000
	자기주식처분손실	20,000		
·	(차) 자본금	50,000	(대) 자기주식	60,000
	감자차손	10,000		

· 변동이 있는 자본 항목 : 자기주식(자본조정), 자기주식처분손실(자본조정), 자본금(자본금), 감자차손(자본조정)

3 ②

· 20x1. 3. 1.	(차) 매도가능증권	7,000,000	(대) 현금 등	7,000,000
· 20x1. 12. 31.	(차) 매도가능증권	2,000,000	(대) 매도가능증권평가이익	2,000,000
· 20x2. 3. 1.	(차) 현금 등	600,000	(대) 매도가능증권	900,000
	매도가능증권평가이익	200,000		
	매도가능증권처분손실	100,000[1]		

[1] 처분금액 – 취득원가 = (100주 × @6,000원) – (100주 × @7,000원) = (–)100,000원

4 ① 충당부채의 명목금액과 현재가치의 차이가 중요한 경우에는 의무를 이행하기 위하여 예상되는 지출액의 현재가치로 평가한다.

5 ④ · 정액법에 의한 매년 감가상각비 = (취득원가 – 잔존가치) × (1/내용연수)
= (15,000,000 – 0) × (1/5) = 3,000,000원
· 20x2년 말 현재 감가상각누계액 = 정액법에 의한 매년 감가상각비 × 2
= 3,000,000 × 2 = 6,000,000원

· 20x3. 1. 1.	(차) 감가상각누계액	6,000,000	(대) 차량운반구	15,000,000
	현금 등	7,850,000		
	유형자산처분손실	1,150,000[1]		

[1] 처분금액 – 처분 전 장부금액 = (8,000,000 – 150,000) – (15,000,000 – 6,000,000) = (–)1,150,000원

6 ③ 당기제품제조원가는 제조원가명세서에서 확인할 수 있고 손익계산서에서도 확인할 수 있다.

7 ① 조업도가 증가하더라도 단위당 변동원가는 일정하다.

8 ② · 종합원가계산은 동종제품 대량생산, 연속생산에 적합하다.
· ①, ③, ④ : 개별원가계산에 대한 설명이다.

9 ① · 당기총제조원가 = 직접재료비 + 가공원가
→ 800,000 = ? + 500,000
∴ 직접재료비 = 300,000원
· 기초원가 = 직접재료비 + 직접노무비
→ 400,000 = 300,000 + ?
∴ 직접노무비 = 100,000원

10 ④ · 가공부문 → 3라인 : 400,000원 × 30% = 120,000원 (ⓐ)
· 가공부문 → 연마부문 : 400,000원 × 50% = 200,000원
· 연마부문 → 3라인 : (200,000원 + 200,000원) × $\frac{35\%}{35\% + 45\%}$ = 175,000원 (ⓑ)
· 단계배분법에 따른 3라인 제조원가 = 발생원가 + ⓐ + ⓑ
= 500,000 + 120,000 + 175,000 = 795,000원

11 ② 신용카드매출전표 등 발급에 대한 세액공제금액은 연간 1,000만 원을 한도로 한다.

12 ④ · 매출에누리는 과세표준에 포함하지 않는다.
· 금전으로 지급하는 판매장려금은 과세표준에서 공제하지 않는다.
· 부가가치세 매출세액 = (총매출액 - 매출에누리액) × 10%
= (20,000,000 - 3,000,000) × 10% = 1,700,000원

13 ② ① 법인 음식점도 의제매입세액공제를 받을 수 있다.
③ 면세농산물 등을 구입한 날이 속하는 예정신고 또는 확정신고 시 공제한다.
④ 제조업의 경우에만 농어민으로부터의 직접 구입분에 대하여 의제매입세액공제를 받을 수 있다.

14 ④ 일용근로소득 원천징수세액 = [{(일당 × 4일) - (일 150,000원 × 4일)} × 6%] - 근로소득세액공제
= [{(200,000원 × 4일) - (150,000원 × 4일)} × 6%] × (100% - 55%)
= 5,400원

15 ④ 사업자가 한 차례의 접대에 지출한 금액이 3만 원(경조금은 20만 원)을 초과하는 기업업무추진비로서 적격증명서류를 미수취한 경우 해당 금액은 사업소득금액을 계산할 때 필요경비에 산입하지 아니한다.

실무시험

문제 1 일반전표입력

(1) 1월 31일	(차) 보통예금	7,700,000	(대) 외상매출금((주)오늘물산)	7,700,000[1]
	[1] [거래처원장] 메뉴에서 기간은 1월 1일~1월 31일, 계정과목은 외상매출금, 거래처는 (주)오늘물산을 선택하여, 1월 31일 현재 잔액이 '7,700,000'원임을 조회			
(2) 3월 15일	(차) 이월이익잉여금	32,000,000	(대) 미교부주식배당금	10,000,000
			미지급배당금	20,000,000
			이익준비금	2,000,000
(3) 4월 21일	(차) 보통예금	28,060,000	(대) 외상매출금(CTEK)	29,440,000
	외환차손	1,380,000		
(4) 8월 5일	(차) 보통예금	990,000	(대) 단기매매증권	500,000
			단기매매증권처분이익	490,000
(5) 9월 2일	(차) 임차보증금((주)헤리움)	10,000,000	(대) 보통예금	9,000,000
			선급금((주)헤리움)	1,000,000

문제 2 매입매출전표입력

(1) 1월 15일 유형 : 54.불공 / 공급가액 : 10,000,000 / 부가세 : 1,000,000 / 거래처 : ㈜동산 / 전자 : 여 / 분개 : 혼합 / (불공제사유 : ⑥토지의 자본적 지출 관련)

(차) 토지	11,000,000	(대) 미지급금(㈜동산)	11,000,000

(2) 3월 30일 유형 : 22.현과 / 공급가액 : 100,000 / 부가세 : 10,000 / 분개 : 혼합(현금)

(차) 현금	110,000	(대) 부가세예수금	10,000
		제품매출	100,000

(3) 7월 20일 유형 : 11.과세 / 공급가액 : 15,000,000 / 부가세 : 1,500,000 / 거래처 : ㈜굳딜 / 전자 : 여 / 분개 : 혼합

(차) 보통예금	16,500,000	(대) 부가세예수금	1,500,000
		선수금(㈜굳딜)	15,000,000

(4) 8월 20일 유형 : 16.수출 / 공급가액 : 5,000,000 / 부가세 : 0 / 거래처 : 몽키 / 분개 : 혼합(외상) / (영세율구분 : 1.직접수출)

(차) 외상매출금(몽키)	5,000,000	(대) 제품매출	5,000,000

(5) 9월 12일 유형 : 51.과세 / 공급가액 : 2,800,000 / 부가세 : 280,000 / 거래처 : 미래부동산 / 전자 : 여 / 분개 : 혼합

(차) 부가세대급금	280,000	(대) 미지급금(미래부동산)	3,080,000
임차료(판관비)	2,500,000		
건물관리비(판관비)	300,000		

문제 3 부가가치세신고

(1) [부가가치세신고서] (4월~6월)

구분				정기신고금액 금액	세율	세액
과세표준및매출세액	과세	세금계산서발급분	1	600,000,000	10/100	60,000,000
		매입자발행세금계산서	2		10/100	
		신용카드 · 현금영수증발행분	3	63,000,000	10/100	6,300,000
		기타(정규영수증외매출분)	4			
	영세	세금계산서발급분	5		0/100	
		기타	6	68,000,000	0/100	
	예정신고누락분		7			
	대손세액가감		8			-1,000,000
	합계		9	731,000,000	㉮	65,300,000
매입세액	세금계산서수취분	일반매입	10	400,000,000		40,000,000
		수출기업수입분납부유예	10-1			
		고정자산매입	11			
	예정신고누락분		12	5,000,000		500,000
	매입자발행세금계산서		13			
	그 밖의 공제매입세액		14			
	합계(10)-(10-1)+(11)+(12)+(13)+(14)		15	405,000,000		40,500,000
	공제받지못할매입세액		16	8,000,000		800,000
	차감계 (15-16)		17	397,000,000	㉯	39,700,000
납부(환급)세액(매출세액㉮-매입세액㉯)					㉰	25,600,000
경감공제세액	그 밖의 경감 · 공제세액		18			10,000
	신용카드매출전표등 발행공제등		19			
	합계		20		㉱	10,000
소규모 개인사업자 부가가치세 감면세액			20-1		㉲	
예정신고미환급세액			21		㉳	
예정고지세액			22		㉴	
사업양수자의 대리납부 기납부세액			23		㉵	
매입자 납부특례 기납부세액			24		㉶	
신용카드업자의 대리납부 기납부세액			25		㉷	
가산세액계			26		㉸	230,000
차가감하여 납부할세액(환급받을세액)㉰-㉱-㉲-㉳-㉴-㉵-㉶-㉷+㉸					27	25,820,000
총괄납부사업자가 납부할 세액(환급받을 세액)						

구분				금액	세율	세액
7.매출(예정신고누락분)						
예정누락분	과세	세금계산서	33		10/100	
		기타	34		10/100	
	영세	세금계산서	35		0/100	
		기타	36		0/100	
	합계		37			
12.매입(예정신고누락분)						
예정누락분	세금계산서		38	5,000,000		500,000
	그 밖의 공제매입세액		39			
	합계		40	5,000,000		500,000
	신용카드매출 수령금액합계	일반매입				
		고정매입				
	의제매입세액					
	재활용폐자원등매입세액					
	과세사업전환매입세액					
	재고매입세액					
	변제대손세액					
	외국인관광객에대한환급세액					
	합계					
14.그 밖의 공제매입세액						
신용카드매출 수령금액합계표		일반매입	41			
		고정매입	42			
의제매입세액			43		뒤쪽	
재활용폐자원등매입세액			44		뒤쪽	
과세사업전환매입세액			45			
재고매입세액			46			
변제대손세액			47			
외국인관광객에대한환급세액			48			
합계			49			

구분		금액	세율	세액
16.공제받지못할매입세액				
공제받지못할 매입세액	50	8,000,000		800,000
공통매입세액면세등사업분	51			
대손처분받은세액	52			
합계	53	8,000,000		800,000
18.그 밖의 경감·공제세액				
전자신고 및 전자고지 세액공제	54			10,000
전자세금계산서발급세액공제	55			
택시운송사업자경감세액	56			
대리납부세액공제	57			
현금영수증사업자세액공제	58			
기타	59			
합계	60			10,000

25.가산세명세					
사업자미등록등		61		1/100	
세금계산서	지연발급 등	62	23,000,000	1/100	230,000
	지연수취	63		5/1,000	
	미발급 등	64		뒤쪽참조	
전자세금발급명세	지연전송	65		3/1,000	
	미전송	66		5/1,000	
세금계산서합계표	제출불성실	67		5/1,000	
	지연제출	68		3/1,000	
신고불성실	무신고(일반)	69		뒤쪽	
	무신고(부당)	70		뒤쪽	
	과소·초과환급(일반)	71		뒤쪽	
	과소·초과환급(부당)	72		뒤쪽	
납부지연		73		뒤쪽	
영세율과세표준신고불성실		74		5/1,000	
현금매출명세서불성실		75		1/100	
부동산임대공급가액명세서		76		1/100	
매입자 납부특례	거래계좌 미사용	77		뒤쪽	
	거래계좌 지연입금	78		뒤쪽	
신용카드매출전표등수령명세서미제출·과다기재		79		5/1,000	
합계		80			230,000

(2) 1단계 [공제받지못할매입세액명세서] 메뉴 ▶ [공제받지못할매입세액내역] 탭 (10월~12월)

공제받지못할매입세액내역 | 공통매입세액안분계산내역 | 공통매입세액의정산내역 | 납부세액또는환급세액재계산

매입세액 불공제 사유	세금계산서		
	매수	공급가액	매입세액
①필요적 기재사항 누락 등			
②사업과 직접 관련 없는 지출			
③비영업용 소형승용자동차 구입 · 유지 및 임차			
④접대비 및 이와 유사한 비용 관련			
⑤면세사업등 관련	3	50,000,000	5,000,000
⑥토지의 자본적 지출 관련			
⑦사업자등록 전 매입세액			
⑧금 · 구리 스크랩 거래계좌 미사용 관련 매입세액			

2단계 [공제받지못할매입세액명세서] 메뉴 ▶ [공통매입세액의정산내역] 탭 (10월~12월)

공제받지못할매입세액내역 | 공통매입세액안분계산내역 | 공통매입세액의정산내역 | 납부세액또는환급세액재계산

산식	구분	(15)총공통 매입세액	(16)면세 사업확정 비율			(17)불공제매입 세액총액 ((15)*(16))	(18)기불공제 매입세액	(19)가산또는 공제되는매입 세액((17)-(18))
			총공급가액	면세공급가액	면세비율			
1.당해과세기간의 공급가액기준		15,000,000	600,000,000.00	150,000,000.00	25.000000	3,750,000	250,000	3,500,000

· 2기 확정 정산 : {15,000,000 × (150,000,000/600,000,000)} − 250,000 = 3,500,000원 불공제

문제 4 결산

(1) (수동결산)

[일반전표입력] 12월 31일

(차) 정기예금	100,000,000	(대) 장기성예금	100,000,000

(2) (수동결산)

[일반전표입력] 12월 31일

(차) 미수수익	3,150,000	(대) 이자수익	3,150,000[1]

[1] (70,000,000원 × 6%) × (9개월/12개월) = 3,150,000원

(3) (수동결산)

[일반전표입력] 12월 31일

(차) 기부금	500,000	(대) 현금과부족	623,000
원재료	23,000		
기업업무추진비(판관비)	100,000		

(4) (수동결산 → 자동결산)

1단계 (수동결산)

[일반전표입력] 12월 31일

(차) 재고자산감모손실	5,000,000[1]	(대) 상품	5,000,000
		(적요 8. 타계정으로 대체액)	

[1] (1,500개 × @10,000원) − (1,000개 × @10,000원) = 5,000,000원

2단계 (자동결산)

[결산자료입력] 메뉴에서 (기간 : 1월~12월) 다음과 같이 입력한다. 자동결산 항목 입력이 완료되고 나면 상단의 [전표추가]를 클릭하여 결산분개를 생성한다.

· 상품매출원가 ▶ 기말 상품 재고액 : 10,000,000[1]

· 제품매출원가 ▶ 기말 원재료 재고액 : 9,300,000[1]

· 제품매출원가 ▶ 기말 제품 재고액 : 5,425,000

[1] 정상·비정상 감모손실과 평가손실까지 모두 반영된 실제 기말 재고액

(5) (수동결산 또는 자동결산)

| 방법1 | (수동결산)

[일반전표입력] 12월 31일

(차) 대손상각비	3,064,880	(대) 대손충당금(외상매출금)	2,426,480[1]
		대손충당금(받을어음)	638,400[2]
(차) 기타의대손상각비	1,900,000	(대) 대손충당금(단기대여금)	1,900,000[3]

[1] (442,648,000원 × 1%) − 2,000,000원 = 2,426,480원

[2] (113,840,000원 × 1%) − 500,000원 = 638,400원

[3] (190,000,000원 × 1%) − 0원 = 1,900,000원

| 방법2 | (자동결산)

[결산자료입력] 메뉴에서 (기간 : 1월~12월) 다음과 같이 입력한다. 자동결산 항목 입력이 완료되고 나면 상단의 [전표추가]를 클릭하여 결산분개를 생성한다.

· 판매비와 일반관리비 ▶ 대손상각 ▶ 외상매출금 : 2,426,480
· 판매비와 일반관리비 ▶ 대손상각 ▶ 받을어음 : 638,400
· 영업외비용 ▶ 기타의대손상각 ▶ 단기대여금 : 1,900,000

문제 5 연말정산

(1) 1단계 [급여자료입력] 메뉴 ▶ [수당공제] 보조창 ▶ [수당등록] 탭

No	코드	과세구분	수당명	근로소득유형 유형	근로소득유형 코드	근로소득유형 한도	월정액	통상임금	사용여부
1	1001	과세	기본급	급여			정기	여	여
2	1002	과세	상여	상여			부정기	부	여
3	1003	과세	직책수당	급여			정기	부	부
4	1004	과세	월차수당	급여			정기	부	여
5	1005	비과세	식대	식대	P01	(월)200,000	정기	부	여
6	1006	비과세	자가운전보조금	자가운전보조금	H03	(월)200,000	부정기	부	여
7	1007	비과세	야간근로수당	야간근로수당	001	(년)2,400,000	부정기	부	부
8	2001	과세	야간근로수당	급여			부정기	부	여

· 야간근로수당의 비과세 요건 중 월정액급여액 월 210만 원 이하 요건 미충족

2단계 [급여자료입력]

귀속년월 2024 년 03 월 지급년월일 2024 년 03 월 31 일 급상여

사번	사원명	감면율
105	이현민	
500	강희찬	
총인원(퇴사자)	2(0)	

급여항목	금액
기본급	2,600,000
상여	600,000
월차수당	300,000
식대	100,000
자가운전보조금	200,000
야간근로수당	200,000
과세	3,700,000
비과세	300,000
지급총액	4,000,000

공제항목	금액
국민연금	126,000
건강보험	98,270
장기요양보험	12,580
고용보험	29,600
소득세(100%)	10,230
지방소득세	1,020
농특세	
공제총액	277,700
차인지급액	3,722,300

사원정보 임금대장

입사일(퇴사일)	2024/01/02
주민(외국인)번호	860120-1******
거주/내외국인	거주자/내국인
생산직/연장근로	여/부
국외근로/종교관련	부/부

4.전체사원-현재 크게보기

지급총액	4,000,000
과세	3,700,000
총비과세	300,000
제출비과세	100,000
미제출비과세	200,000

공제총액	277,700
차인지급액	3,722,300
국민연금	126,000
건강보험	98,270
장기요양보험	12,580

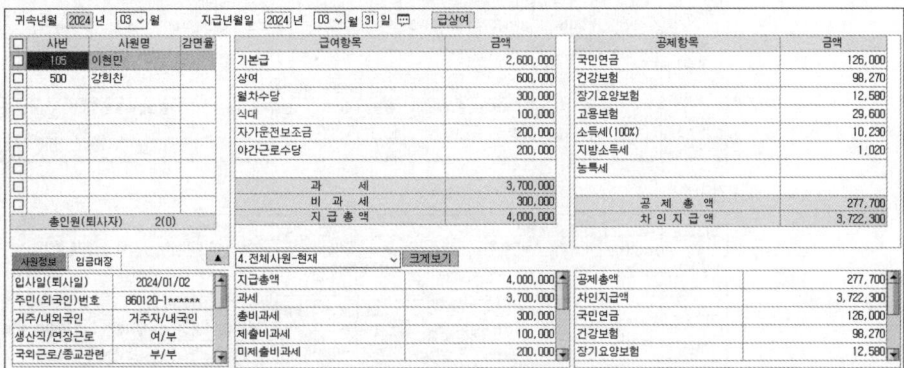

· 과세 = 기본급 + 상여 + 월차수당 + 야간근로수당(요건미충족)
= 2,600,000 + 600,000 + 300,000 + 200,000 = 3,700,000원
· 비과세 = 식대 + 자가운전보조금
= 100,000(제출) + 200,000(미제출) = 300,000원

3단계 [원천징수이행상황신고서]

귀속기간 2024 년 03 월 ~ 2024 년 03 월 지급기간 2024 년 03 월 ~ 2024 년 03 월 신고구분 1.정기신고 차수

신고구분	☑매월 ☐반기 ☐수정 ☐연말 ☐소득처분 ☐환급신청	귀속년월	2024년 3월	지급년월	2024년 3월
일괄납부여부	부 / 사업자단위과세여부 부 / 부표 작성	환급신청서 작성		승계명세 작성	

원천징수명세및납부세액 | 원천징수이행상황신고서 부표 | 원천징수세액환급신청서 | 기납부세액명세서 | 전월미환급세액 조정명세서 | 차월이월환급세액 승계명세

소득자 소득구분		코드	소득지급 인원	소득지급 총지급액	징수세액 소득세 등	징수세액 농어촌특별세	징수세액 가산세	당월조정 환급세액	납부세액 소득세 등	납부세액 농어촌특별세
근로소득	간이세액	A01	1	3,800,000	10,230					
	중도퇴사	A02								
	일용근로	A03								
	연말정산	A04								
	(분납신청)	A05								
	(납부금액)	A06								
	가감계	A10	1	3,800,000	10,230			10,230		

전월 미환급 세액의 계산 12.전월미환급	13.기환급	14.차감(12-13)	당월 발생 환급세액 15.일반환급	16.신탁재산	금융회사 등	합병 등	18.조정대상환급(14+15+16+17)	19.당월조정 환급세액계	20.차월이월 환급세액	21.환급신청액
420,000		420,000					420,000	10,230	409,770	

(2) 1단계 [연말정산추가자료입력] 메뉴 ▶ 500.강희찬 ▶ [부양가족] 탭 ▶ 상단부

연말관계	성명	내/외국인		주민(외국인)번호	나이	기본공제	세대주구분	부녀자	한부모	경로우대	장애인	자녀	출산입양
0	강희찬	내	1	840130-1710611	40	본인	세대주						
3	송은영	내	1	820317-2141618	42	부							
4	강민호	내	1	151225-3014671	9	20세이하						○	첫째
6	강성찬	내	1	870717-1714312	37	장애인					1		
합 계 [명]						3					1	1	1

· 장애인은 나이 요건의 제한을 받지 않으므로 강성찬(형제)은 기본공제 가능

2단계 [부양가족] 탭 ▶ 하단부

· 강희찬

자료구분	보험료				의료비						교육비		
	건강	고용	일반보장성	장애인전용	일반		실손	선천성이상아	난임	65세,장애인	일반		장애인특수
국세청			2,400,000		2,600,000	1.전액							
기타	2,399,400	480,000											

자료구분	신용카드등 사용액공제						기부금
	신용카드	직불카드등	현금영수증	전통시장사용분	대중교통이용분	도서공연 등	
국세청	18,500,000				500,000		1,200,000
기타							

· 송은영

자료구분	보험료				의료비						교육비		
	건강	고용	일반보장성	장애인전용	일반		실손	선천성이상아	난임	65세,장애인	일반		장애인특수
국세청									2,500,000				
기타													

자료구분	신용카드등 사용액공제						기부금
	신용카드	직불카드등	현금영수증	전통시장사용분	대중교통이용분	도서공연 등	
국세청							
기타							

· 강민호

자료구분	보험료				의료비						교육비		
	건강	고용	일반보장성	장애인전용	일반		실손	선천성이상아	난임	65세,장애인	일반		장애인특수
국세청					1,200,000	2.일반					500,000	2.초중고	
기타													

자료구분	신용카드등 사용액공제						기부금
	신용카드	직불카드등	현금영수증	전통시장사용분	대중교통이용분	도서공연 등	
국세청			600,000		100,000		
기타							

- 취학 전 아동 이외의 자녀 학원비는 공제 적용 안 됨

· 강성찬

자료구분	보험료				의료비						교육비		
	건강	고용	일반보장성	장애인전용	일반		실손	선천성이상아	난임	65세,장애인	일반		장애인특수
국세청				1,700,000						3,100,000			
기타													

자료구분	신용카드등 사용액공제						기부금
	신용카드	직불카드등	현금영수증	전통시장사용분	대중교통이용분	도서공연 등	
국세청							
기타							

3단계 [신용카드 등] 탭

□	내/외 관계	성명 생년월일	자료구분	신용카드	직불,선불	현금영수증	도서등 신용	도서등 직불	도서등 현금	전통시장	대중교통	소비증가분 2023년	소비증가분 2024년
□	내	강희찬	국세청	18,500,000							500,000		
	0	1984-01-30	기타										
□	내	송은영	국세청										
	3	1982-03-17	기타										
□	내	강민호	국세청			600,000					100,000		
	4	2015-12-25	기타										
□	내	강성찬	국세청										
	6	1987-07-17	기타										
□													
□													
□													
□													
	합계			18,500,000		600,000					600,000		

· 회사의 비용으로 계상된 지출액은 공제 적용 안 됨

4단계 [의료비] 탭

2024년 의료비 지급명세서

의료비 공제대상자					지급처			지급명세					14.산후조리원
성명	내/외	5.주민등록번호	6.본인등 해당여부		9.증빙코드	8.상호	7.사업자등록번호	10.건수	11.금액	11-1.실손보험수령액	12.미숙아 선천성이상아	13.난임여부	
강희찬	내	840130-1710611	1	0	1				2,600,000		X	X	X
송은영	내	820317-2141618	3	X	1				2,500,000		X	0	X
강민호	내	151225-3014671	3	X	1				1,200,000		X	X	X
강성찬	내	870717-1714312	2	0	1				3,100,000		X	X	X
		합계							9,400,000				
일반의료비(본인)		2,600,000	6세 이하, 65세 이상, 장애인			3,100,000	일반의료비(그 외)		1,200,000	난임시술비		2,500,000	
										미숙아.선천성이상아			

· 시력보정용 안경 구입비는 1인당 연 50만 원을 한도로 공제 적용 가능
· 의료비는 나이 및 소득금액의 제한을 받지 않음

5단계 [기부금] 탭

· [기부금 입력]

12.기부자 인적 사항(F2)

주민등록번호	관계코드	내 · 외국인	성명
840130-1710611	거주자(본인)	내국인	강희찬

구분 7.유형	구분 8.코드	9.기부내용		기부처 10.상호(법인명)	기부처 11.사업자번호 등	건수	13.기부금합계 금액 (14+15)	14.공제대상 기부금액	15.기부장려금 신청 금액	자료구분
종교	41	금전					1,200,000	1,200,000		국세청
		합계					1,200,000	1,200,000		

· [기부금 조정]

구분 유형	구분 코드	기부연도	16.기부금액	17.전년도까지 공제된금액	18.공제대상 금액(16-17)	해당연도 공제금액	해당연도에 공제받지 못한 금액 소멸금액	해당연도에 공제받지 못한 금액 이월금액
종교	41	2024	1,200,000		1,200,000	1,200,000		

6단계 [연말정산입력] 탭 ▶ F8 부양가족탭불러오기 클릭
- 보장성보험 ▶ 일반 : 2,400,000
- 보장성보험 ▶ 장애인 : 1,700,000
- 의료비 ▶ 본인 : 2,600,000
- 의료비 ▶ 난임시술비 : 2,500,000
- 의료비 ▶ 65세 이상, 장애인 : 3,100,000
- 의료비 ▶ 그 밖의 공제대상자 : 1,200,000
- 교육비 ▶ 초중고 : 500,000
- 기부금 ▶ 일반기부금 ▶ 종교단체 : 1,200,000
- 신용카드 등 사용액 ▶ 신용카드 : 18,500,000
- 신용카드 등 사용액 ▶ 현금영수증 : 600,000
- 신용카드 등 사용액 ▶ 대중교통 : 600,000
- 신용카드 등 사용액 ▶ 소비증가분 : 0

▶ 문제 | p.854

이론시험

1 ②	2 ④	3 ③	4 ①	5 ③	6 ①	7 ④	8 ②
9 ③	10 ④	11 ①	12 ③	13 ②	14 ①	15 ④	

1 ② 자산, 부채, 자본 중 중요한 항목은 재무상태표 본문에 별도 항목으로 구분하여 표시한다. 중요하지 않은 항목은 성격 또는 기능이 유사한 항목에 통합하여 표시할 수 있으며, 통합할 적절한 항목이 없는 경우에는 기타항목으로 통합할 수 있다. 이 경우 세부 내용은 주석으로 기재한다. (일반기업회계기준 문단 2.34)

2 ④ ① 단기금융상품(사용이 제한되어 있는 예금)
② 단기금융상품(결산일로부터 만기가 1년 이내인 금융상품)
③ 단기차입금
④ 현금성자산(취득 당시에 만기가 3개월 이내인 금융상품)

3 ③ · 외상매입금(유동부채), 퇴직급여충당부채(비유동부채), 선수금(유동부채), 사채(비유동부채), 미지급금(유동부채)
· 유동부채 = 외상매입금 + 선수금 + 미지급금
= 100,000,000 + 5,000,000 + 3,000,000 = 108,000,000원

4 ① 단기매매증권에 대한 미실현보유손익은 수익·비용으로 처리한다.

5 ③

① (차) 현금 등(자산의 증가)	xxx	(대) 자본금 등(자본의 증가)	xxx
② (차) 미처분이익잉여금(자본의 감소)	xxx	(대) 미지급배당금(부채의 증가)	xxx
③ (차) 비품(자산의 증가)	xxx	(대) 현금(자산의 감소)	xxx
④ (차) 상여금(비용의 증가)[1]	xxx	(대) 현금(자산의 감소)	xxx

[1] 비용의 증가 → 당기순이익 감소 → 자본(미처분이익잉여금) 감소

6 ① 당기제품제조원가(당기완성품원가)는 재공품 계정의 대변으로 대체된다.

7 ④ · 회피가능원가 : 의사결정에 따라 절약할 수 있는 원가를 말하며, 이는 관련원가에 해당한다.
· 회피불능원가 : 어떤 의사결정을 하더라도 절약할 수 없는 원가를 말하며, 이는 비관련원가에 해당한다.

8 ② · 그래프가 나타내는 원가는 준고정원가(계단원가)이다. 이는 일정한 조업도 범위 내에서는 총원가가 일정하게 발생하지만 그 조업도 범위를 벗어나면 총원가가 일정액만큼 달라지는 원가를 말한다.
· ①, ③, ④ : 준변동원가(혼합원가)에 대한 설명이다.

9 ③ · 예정배부율 = 제조간접비 예산액 ÷ 예정조업도
= 3,000,000원 ÷ 30,000시간 = @100원/시간
· 예정배부액 = 실제조업도 × 예정배부율
= 30,000시간 × @100원 = 3,000,000원
· 배부차이 = 예정배부액 – 실제발생액
→ (–)100,000원 과소배부 = 3,000,000 – ?
∴ 실제발생액 = 3,100,000원

10 ④

	물량	재료비 + 가공비
완성분	5,000	5,000
기초재공품(~80%)	7,500	2,000
완성품환산량	7,500	7,000
배분대상원가		14,000,000
환산량 단위당 원가		@2,000

∴ 평균법에 의한 완성품환산량 단위당 제조원가 = 배분대상원가 ÷ 완성품환산량
= (500,000원 + 500,000원 + 7,000,000원 + 6,000,000원) ÷ 7,000개
= @2,000원

11 ① 가. 간접세 / 나. 소비지국과세원칙 / 다. 국세 / 라. 전단계세액공제법

12 ③ 부동산임대업 : 부동산의 등기부상 소재지

13 ② 거주자의 소득세 납세지는 원칙적으로 그 거주자의 주소지(주소지가 없는 경우 거소지)로 한다.

14 ①
- 퇴직소득은 분류과세하므로 종합소득금액 계산 시 이를 합산하지 않는다.
- 부동산(상가)임대업에서 발생한 이월결손금은 부동산(상가)임대업의 소득금액에서만 공제한다.
- 부동산(상가)임대업 이외의 사업소득에서 발생한 이월결손금은 해당 과세기간의 사업소득금액(부동산(상가)임대업의 소득금액 포함)에서 먼저 공제하고, 남은 금액은 '근로소득금액 - 연금소득금액 - 기타소득금액 - 이자소득금액 - 배당소득금액'에서 순서대로 공제한다.
- 종합소득금액 = 35,000,000 + 15,000,000 + 10,000,000 - 50,000,000 = 10,000,000원

15 ④ ① 30% / ② 45% / ③ 25% / ④ 6%

실무시험

문제 1 일반전표입력

(1) 3월 20일	(차) 보통예금	5,100,000	(대) 자기주식	4,500,000
			자기주식처분손실	300,000[1]
			자기주식처분이익	300,000

[1] [합계잔액시산표] 메뉴에서 기간은 3월 20일을 선택하여 동일자 현재 자기주식처분손실 계정의 차변 잔액이 '300,000' 원임을 조회

(2) 3월 31일	(차) 보통예금	102,000,000	(대) 사채	100,000,000
			사채할증발행차금	2,000,000
(3) 4월 30일	(차) 급여(판관비)	2,400,000	(대) 예수금	464,230
	임금(제조)	2,100,000	보통예금	4,035,770
(4) 5월 13일	(차) 보통예금	49,500,000	(대) 외상매출금((주)진아)	50,000,000
	매출할인(제품매출)	500,000		
(5) 8월 25일	(차) 미지급세금	5,000,000	(대) 미지급금(국민카드)	5,304,000
	세금과공과(판관비)	200,000		
	수수료비용(판관비)	104,000		

문제 2 매입매출전표입력

(1) 1월 23일 유형 : 11.과세 / 공급가액 : (-)5,000,000 / 부가세 : (-)500,000 / 거래처 : (주)유진물산 / 전자 : 여 / 분개 : 혼합(외상)

(차) 외상매출금((주)유진물산)	(-)5,500,000	(대) 제품매출	(-)5,000,000
		부가세예수금	(-)500,000

(2) 2월 1일 유형 : 51.과세[1] / 공급가액 : 10,000,000 / 부가세 : 1,000,000 / 거래처 : ㈜기대 / 전자 : 부 / 분개 : 혼합

(차) 차량운반구	10,000,000	(대) 미지급금(㈜기대)	11,000,000
부가세대급금	1,000,000		

[1] 배기량 1,000cc 이하의 경차이므로 매입세액이 공제된다.

(3) 3월 24일 유형 : 12.영세 / 공급가액 : 30,000,000 / 부가세 : 0 / 거래처 : ㈜상도무역 / 전자 : 여 / 분개 : 혼합(외상) / (영세율구분 : 3.내국신용장·구매확인서에 의하여 공급하는 재화)

(차) 외상매출금(㈜상도무역)	30,000,000	(대) 제품매출	30,000,000

(4) 4월 1일 유형 : 61.현과 / 공급가액 : 500,000 / 부가세 : 50,000 / 거래처 : ㈜장수운송 / 분개 : 혼합(현금)

(차) 운반비(판관비)	500,000	(대) 현금	550,000
부가세대급금	50,000		

(5) 5월 20일 유형 : 57.카과 / 공급가액 : 450,000 / 부가세 : 45,000 / 거래처 : 온리푸드 / 분개 : 혼합(카드) / (신용카드사 : 국민카드)

(차) 복리후생비(제조)	450,000	(대) 미지급금(국민카드)	495,000
부가세대급금	45,000		

문제3 부가가치세신고

(1) [부동산임대공급가액명세서] (10월~12월)

조회기간 2024 년 10 월 ~ 2024 년 12 월 2기 확정 | 일수확인 | 적용이자율 3.5%

No	코드	거래처명(임차인)	동	층	호
1	0159	세무법인 우람	1	2	201
2					

등록사항

1.사업자등록번호	101-86-73232	2.주민등록번호	______-_______
3.면적(㎡)	120.00 ㎡	4.용도	사무실

5.임대기간에 따른 계약 내용

No	계약갱신일	임대기간		
1		2022-12-01	~	2024-11-30
2	2024-12-01	2024-12-01	~	2026-11-30
3				

(No 1)

6.계약내용	금액	당해과세기간계	
보증금	30,000,000	30,000,000	
월세	1,700,000	3,400,000	
관리비	300,000	600,000	
7.간주 임대료	175,000	175,000	61 일
8.과세표준	2,175,000	4,175,000	

(No 2)

6.계약내용	금액	당해과세기간계	
보증금	50,000,000	50,000,000	
월세	1,700,000	1,700,000	
관리비	300,000	300,000	
7.간주 임대료	148,224	148,224	31 일
8.과세표준	2,148,224	2,148,224	

소계			
월세	5,100,000	관리비	900,000
간주임대료	323,224	과세표준	6,323,224

전체합계					
월세등	6,000,000	간주임대료	323,224	과세표준(계)	6,323,224

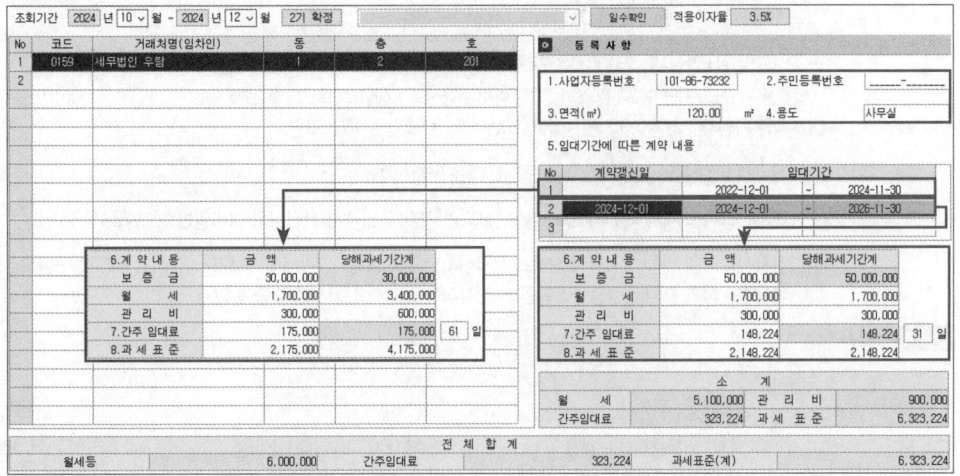

참고 과세표준

- 월세와 관리비 = (1,700,000 × 3개월) + (300,000 × 3개월) = 6,000,000원
- 간주임대료 = (30,000,000 × 연3.5% × 61일/366일) + (50,000,000 × 연3.5% × 31일/366일) = 323,224원

(2) [부가가치세신고서] (10월~12월)

조회기간 2024 년 10 월 1 일 ~ 2024 년 12 월 31 일 신고구분 1.정기신고 | 신고차수 | 부가율 39.65 | 확정

구분				정기신고금액 금액	세율	세액
과세표준및매출세액	과세	세금계산서발급분	1	250,000,000	10/100	25,000,000
		매입자발행세금계산서	2		10/100	
		신용카드·현금영수증발행분	3	20,000,000	10/100	2,000,000
		기타(정규영수증외매출분)	4			
	영세	세금계산서발급분	5		0/100	
		기타	6		0/100	
	예정신고누락분		7	20,000,000		2,000,000
	대손세액가감		8			
	합계		9	290,000,000	㉮	29,000,000
매입세액	세금계산서수취분	일반매입	10	150,000,000		15,000,000
		수출기업수입분납부유예	10-1			
		고정자산매입	11	30,000,000		3,000,000
	예정신고누락분		12			
	매입자발행세금계산서		13			
	그 밖의 공제매입세액		14	25,000,000		2,500,000
	합계(10)-(10-1)+(11)+(12)+(13)+(14)		15	205,000,000		20,500,000
	공제받지못할매입세액		16	30,000,000		3,000,000
	차감계 (15-16)		17	175,000,000	㉯	17,500,000
납부(환급)세액(매출세액㉮-매입세액㉯)					㉰	11,500,000
경감공제세액	그 밖의 경감·공제세액		18			10,000
	신용카드매출전표등 발행공제등		19			
	합계		20		㉱	10,000
소규모 개인사업자 부가가치세 감면세액			20-1		㉲	
예정신고미환급세액			21		㉳	
예정고지세액			22		㉴	
사업양수자의 대리납부 기납부세액			23		㉵	
매입자 납부특례 기납부세액			24		㉶	
신용카드업자의 대리납부 기납부세액			25		㉷	
가산세액계			26		㉸	90,480
차가감하여 납부할세액(환급받을 세액)㉰-㉱-㉲-㉳-㉴-㉵-㉶-㉷+㉸			27			11,580,480
총괄납부사업자가 납부할 세액(환급받을 세액)						

구분				금액	세율	세액
7.매출(예정신고누락분)						
예정누락분	과세	세금계산서	33	20,000,000	10/100	2,000,000
		기타	34		10/100	
	영세	세금계산서	35		0/100	
		기타	36		0/100	
	합계		37	20,000,000		2,000,000
12.매입(예정신고누락분)						
예정누락분	세금계산서		38			
	그 밖의 공제매입세액		39			
	합계		40			
	신용카드매출수령금액합계	일반매입				
		고정매입				
	의제매입세액					
	재활용폐자원등매입세액					
	과세사업전환매입세액					
	재고매입세액					
	변제대손세액					
	외국인관광객에대한환급세액					
	합계					
14.그 밖의 공제매입세액						
신용카드매출수령금액합계표	일반매입		41	25,000,000		2,500,000
	고정매입		42			
의제매입세액			43		뒤쪽	
재활용폐자원등매입세액			44		뒤쪽	
과세사업전환매입세액			45			
재고매입세액			46			
변제대손세액			47			
외국인관광객에대한환급세액			48			
합계			49	25,000,000		2,500,000

구분			금액	세율	세액
16.공제받지못할매입세액					
공제받지못할 매입세액		50	30,000,000		3,000,000
공통매입세액면세등사업분		51			
대손처분받은세액		52			
합계		53	30,000,000		3,000,000
18.그 밖의 경감·공제세액					
전자신고 및 전자고지 세액공제		54			10,000
전자세금계산서발급세액공제		55			
택시운송사업자경감세액		56			
대리납부세액공제		57			
현금영수증사업자세액공제		58			
기타		59			
합계		60			10,000

25.가산세명세					
사업자미등록등		61		1/100	
세 금 계산서	지연발급 등	62		1/100	
	지연수취	63		5/1,000	
	미발급 등	64		뒤쪽참조	
전자세금 발급명세	지연전송	65		3/1,000	
	미전송	66		5/1,000	
세금계산서 합계표	제출불성실	67		5/1,000	
	지연제출	68		3/1,000	
신고 불성실	무신고(일반)	69		뒤쪽	
	무신고(부당)	70		뒤쪽	
	과소·초과환급(일반)	71	2,000,000	뒤쪽	50,000
	과소·초과환급(부당)	72		뒤쪽	
납부지연		73	2,000,000	뒤쪽	40,480
영세율과세표준신고불성실		74		5/1,000	
현금매출명세서불성실		75		1/100	
부동산임대공급가액명세서		76		1/100	
매입자 납부특례	거래계좌 미사용	77		뒤쪽	
	거래계좌 지연입금	78		뒤쪽	
신용카드매출전표등수령명세서미제출 · 과다기재		79		5/1,000	
합계		80			90,480

· 과소신고(일반) 가산세 : 2,000,000원 × 10% × (100% − 75%)[1] = 50,000원

[1] 법정신고기한이 지난 후 1개월 초과 3개월 이내 수정신고에 해당하므로 75% 감면된다.

· 납부지연 가산세 : 2,000,000원 × (22/100,000) × 92일 = 40,480원

(3) 1단계 신고서 마감 확인 : [부가가치세신고서] 메뉴 (7월~9월)

2단계 전자신고파일 제작 : [전자신고] 메뉴 (신고인구분 : 2.납세자 자진신고), (비밀번호 : 12341234)

3단계 전자신고파일 제출 : [국세청 홈택스 전자신고변환(교육용)] 메뉴 (찾아보기 → 형식검증하기 → 형식검증결과확인 → 내용검증하기 → 내용검증결과확인 → 전자파일제출 → 신고서 접수증 확인)

문제 4 결산

(1) (수동결산)

[일반전표입력] 12월 31일

(차) 소모품비(판관비) 300,000[1] (대) 소모품 300,000

[1] 당기 비용으로 계상되는 금액 = 800,000원 − 500,000원 = 300,000원

(2) (수동결산)

[일반전표입력] 12월 31일

(차) 외화장기차입금(하나은행) 300,000 (대) 외화환산이익 300,000[1]

[1] ($10,000 × @1,545원) − ($10,000 × @1,575원) = (−)300,000원 (부채이므로 외화환산이익)

(3) (수동결산)

[일반전표입력] 12월 31일

(차) 매도가능증권평가이익 30,000[1] (대) 매도가능증권(투자) 30,000

[1] 당기말 재무상태표에서 매도가능증권 계정과 매도가능증권평가이익 계정의 잔액을 차변으로 집계하여 보면 취득원가 금액이 된다.

매도가능증권 (투자자산)	300,000
매도가능증권평가이익 (기타포괄손익누계액)	(100,000)
취득원가 (차변 집계금액)	200,000

(4) (수동결산 또는 자동결산)

| 방법1 | (수동결산)

[일반전표입력] 12월 31일

(차) 대손상각비 4,237,600 (대) 대손충당금(외상매출금) 3,160,000[1]

대손충당금(받을어음) 1,077,600[2]

[1] 516,000,000원 x 1% − 2,000,000원 = 3,160,000원

[2] 167,760,000원 x 1% − 600,000원 = 1,077,600원

| 방법2 | (자동결산)

[결산자료입력] 메뉴에서 (기간 : 1월~12월) 다음과 같이 입력한다. 자동결산 항목 입력이 완료되고 나면 상단의 [전표추가]를 클릭하여 결산분개를 생성한다.

- 판매비와 일반관리비 ▶ 대손상각 ▶ 외상매출금 : 3,160,000
- 판매비와 일반관리비 ▶ 대손상각 ▶ 받을어음 : 1,077,600

(5) (수동결산 또는 자동결산)

| 방법1 | (수동결산)

[일반전표입력] 12월 31일

(차) 법인세등	20,000,000	(대) 선납세금	9,000,000
		미지급세금	11,000,000

| 방법2 | (자동결산)

[결산자료입력] 메뉴에서 (기간 : 1월~12월) 다음과 같이 입력한다. 자동결산 항목 입력이 완료되고 나면 상단의 [전표추가]를 클릭하여 결산분개를 생성한다.

- 법인세등 ▶ 선납세금 : 9,000,000
- 법인세등 ▶ 추가계상액 : 11,000,000

문제 5 연말정산

(1) 1단계 [사원등록] 메뉴 ▶ 104.강하나▶ [부양가족명세] 탭

연말관계	성명	내/외국인		주민(외국인)번호	나이	기본공제	부녀자	한부모	경로우대	장애인	자녀	출산입양	위탁관계
0	강하나	내	1	830630-2548751	41	본인		○					
1	강인우	내	1	530420-1434562	71	60세이상			○				
1	유지인	내	1	560730-2870985	68	60세이상							
4	이민주	내	1	040805-4123455	20	20세이하					○		
4	이자유	내	1	080505-3123455	16	20세이하					○		
6	강하늘	내	1	800112-2434522	44	장애인				3			

- 강하나(본인)는 배우자가 없고 기본공제대상자인 직계비속이 있는 세대주에 해당하므로 한부모공제 가능
- 직계존속이 주거 형평상 별거를 하고 있는 경우에도 생계를 같이하는 것으로 인정함
- 근로소득만 있고 총급여 500만 원 이하이므로 유지인(어머니)은 소득금액 요건을 충족하고 기본공제 가능
- 장애인은 나이 요건의 제한을 받지 않으므로 강하늘(언니)는 기본공제 가능

2단계 [급여자료입력] 메뉴 ▶ [수당공제] 보조창 ▶ [수당등록] 탭

No	코드	과세구분	수당명	근로소득유형			월정액	통상임금	사용여부
				유형	코드	한도			
1	1001	과세	기본급	급여			정기	여	여
2	1002	과세	상여	상여			부정기	부	부
3	1003	과세	직책수당	급여			정기	부	부
4	1004	과세	월차수당	급여			정기	부	부
5	1005	비과세	식대	식대	P01	(월)200,000	정기	부	여
6	1006	비과세	자가운전보조금	자가운전보조금	H03	(월)200,000	부정기	부	여
7	1007	비과세	야간근로수당	야간근로수당	001	(년)2,400,000	부정기	부	부

3단계 [급여자료입력]

귀속년월 2024 년 05 월 지급년월일 2024 년 05 월 31 일 급여

사번	사원명	감면율
104	강하나	
총인원(퇴사자) 1(0)		

급여항목	금액
기본급	2,000,000
식대	100,000
자가운전보조금	200,000
과세	2,000,000
비과세	300,000
지급총액	2,300,000

공제항목	금액
국민연금	85,500
건강보험	59,280
장기요양보험	7,270
고용보험	16,000
소득세(100%)	19,520
지방소득세	1,950
농특세	
공제총액	189,520
차인지급액	2,110,480

- 과세 = 기본급 = 2,000,000원
- 비과세 = 식대 + 자가운전보조금 = 100,000 + 200,000 = 300,000원

(2) 1단계 [연말정산추가자료입력] 메뉴 ▶ 125.문지율 ▶ [소득명세] 탭

- 근무처명 : 주식회사 영일전자
- 사업자등록번호 : 603-81-01281
- 근무기간 : 2024. 1. 1.~2024. 6. 1.
- 급여 : 16,200,000
- 상여 : 3,000,000
- 건강보험료 : 113,230
- 장기요양보험료 : 13,890
- 고용보험료 : 25,920
- 국민연금보험료 : 145,800
- 기납부세액 ▶ 소득세 : 100,000[1)]
- 기납부세액 ▶ 지방소득세 : 10,000

1) 전 근무지에서의 기납부세액은 종전 근무지 근로소득원천징수영수증에 기재된 결정세액, 기납부세액, 차감징수세액 중 결정세액임

2단계 [부양가족] 탭 ▶ 상단부

연말관계	성명	내/외국인	주민(외국인)번호		나이	기본공제	세대주구분	부녀자	한부모	경로우대	장애인	자녀	출산입양
0	문지율	내	1	741010-1187516	50	본인	세대주						
3	김민성	내	1	770101-2843114	47	배우자							
4	문가영	내	1	071027-4842416	17	20세이하						○	
4	문가빈	내	1	071027-4845119	17	20세이하						○	
		합 계 [명]				4						2	

· 김민성(배우자)은 분리과세되는 소득만 있으므로 소득금액 요건을 충족하고 기본공제 가능

3단계 [부양가족] 탭 ▶ 하단부

- 본인 문지율

자료구분	보험료				의료비						교육비		
	건강	고용	일반보장성	장애인전용	일반		실손	선천성이상아	난임	65세,장애인	일반		장애인특수
국세청			1,200,000								10,000,000	4.본인	
기타	2,088,980	433,920											

자료구분	신용카드등 사용액공제						기부금
	신용카드	직불카드등	현금영수증	전통시장사용분	대중교통이용분	도서공연 등	
국세청	28,500,000		3,000,000	1,500,000	1,000,000	1,000,000	
기타							

- 본인의 경우 대학원 교육비도 공제 적용 가능

- 배우자 김민성

자료구분	보험료				의료비						교육비		
	건강	고용	일반보장성	장애인전용	일반		실손	선천성이상아	난임	65세,장애인	일반		장애인특수
국세청					2,000,000	2.일반	500,000						
기타													

자료구분	신용카드등 사용액공제						기부금
	신용카드	직불카드등	현금영수증	전통시장사용분	대중교통이용분	도서공연 등	
국세청			1,500,000				
기타							

- 자녀 문가영

자료구분	보험료				의료비						교육비		
	건강	고용	일반보장성	장애인전용	일반		실손	선천성이상아	난임	65세,장애인	일반		장애인특수
국세청			500,000								700,000	2.초중고	
기타													

자료구분	신용카드등 사용액공제						기부금
	신용카드	직불카드등	현금영수증	전통시장사용분	대중교통이용분	도서공연 등	
국세청							
기타							

- 중학교·고등학교 교복비는 1인당 연 50만 원을 한도로 공제 적용 가능
- 초·중·고 체험학습비는 1인당 연 30만 원을 한도로 공제 적용 가능
- 문가영(자녀) 교육비 = 500,000(한도) + 200,000 = 700,000원

· 자녀 문가빈

자료구분	보험료				의료비							교육비		
	건강	고용	일반보장성	장애인전용	일반		실손	선천성이상아	난임	65세,장애인		일반		장애인특수
국세청					500,000	2.일반						500,000	2.초중고	
기타														

자료구분	신용카드등 사용액공제						기부금
	신용카드	직불카드등	현금영수증	전통시장사용분	대중교통이용분	도서공연 등	
국세청							
기타							

- 취학 전 아동 이외의 자녀 학원비는 공제 적용 안 됨
- 문가빈(자녀) 교육비 = 500,000 + 0 = 500,000원

4단계 [신용카드 등] 탭

□	내/외 관계	성명 생년월일	자료구분	신용카드	직불,선불	현금영수증	도서등 신용	도서등 직불	도서등 현금	전통시장	대중교통	소비증가분 2023년	소비증가분 2024년
□	내	문지율	국세청	28,500,000		3,000,000	1,000,000			1,500,000	1,000,000		
	0	1974-10-10	기타										
□	내	김민성	국세청			1,500,000							
	3	1977-01-01	기타										
□	내	문가영	국세청										
	4	2007-10-27	기타										
□	내	문가빈	국세청										
	4	2007-10-27	기타										
□													
□													
□													
□													
	합계			28,500,000		4,500,000	1,000,000			1,500,000	1,000,000		

· 신용카드 등 사용액 중 의료비 결제액은 신용카드 공제 적용 가능
· 본인 신용카드 = 사용액 − 전통시장 − 대중교통 − 도서·공연 등
　　= 32,000,000 − 1,500,000 − 1,000,000 − 1,000,000 = 28,500,000원
· 근로자 본인의 총급여(= 전근무지 총급여와 현근무지 총급여의 합산액)가 7천만 원 이하이므로 도서·공연 등 사용분란에 입력 가능

5단계 [의료비] 탭

2024년 의료비 지급명세서														
의료비 공제대상자					지급처			지급명세						14.산후조리원
성명	내/외	5.주민등록번호	6.본인등해당여부		9.증빙코드	8.상호	7.사업자등록번호	10.건수	11.금액	11-1.실손보험수령액	12.미숙아선천성이상아	13.난임여부		
김민성	내	770101-2843114	3	X	1				2,000,000	500,000	X	X		X
문가빈	내	071027-4845119	3	X	1				500,000		X	X		X
		합계							2,500,000	500,000				
일반의료비(본인)			6세 이하, 65세 이상, 장애인				일반의료비(그 외)		2,500,000	난임시술비 / 미숙아.선천성이상아				

· 시력보정용 안경구입비는 1인당 연 50만원을 한도로 공제 적용 가능
· 실손보험금 수령액으로 지급한 의료비는 공제 적용 안 되므로 서식에서 별도로 표기

6단계 [연말정산입력] 탭 ([부양가족] 탭에 입력한 다음, **F8 부양가족탭불러오기** 클릭)
· 보장성보험 ▶ 일반 : 1,700,000
· 의료비 ▶ 그 밖의 공제대상자 ▶ 지출액 : 2,500,000
· 의료비 ▶ 그 밖의 공제대상자 ▶ 실손의료보험금 : 500,000
· 교육비 ▶ 초중고 (인별) : 700,000
· 교육비 ▶ 초중고 (인별) : 500,000
· 교육비 ▶ 본인 : 10,000,000
· 신용카드 등 사용액 ▶ 신용카드 : 28,500,000
· 신용카드 등 사용액 ▶ 현금영수증 : 4,500,000
· 신용카드 등 사용액 ▶ 도서·공연 등 사용분 : 1,000,000
· 신용카드 등 사용액 ▶ 전통시장 : 1,500,000
· 신용카드 등 사용액 ▶ 대중교통 : 1,000,000
· 신용카드 등 사용액 ▶ 소비증가분 : 0

▶ 문제 | p.867

이론시험

1 ②	2 ①	3 ④	4 ③	5 ①	6 ③	7 ②	8 ③
9 ①	10 ④	11 ②	12 ③	13 ②	14 ①	15 ④	

1 ② 목적적합성에 대한 설명이다. 목적적합성이란 회계정보는 정보이용자의 의사결정 목적과 관련이 있는 것이어야 한다는 특성을 말한다.

2 ① · 총감모손실 = (장부상 수량 – 실제 수량) × 장부상 단가
= (1,000개 – 950개) × @1,500원 = 75,000원
· 정상감모손실 = 정상적인 감모수량 × 장부상 단가
= (50개 × 95%) × @1,500원 = 71,250원(→ 매출원가 증가 → 매출총이익 감소)
· 비정상감모손실 = 총감모손실 – 정상감모손실
= 75,000 – 71,250 = 3,750원(→ 영업외비용 증가)
· 재고자산평가손실 : 없음(∵ 저가법)

3 ④ 다른 종류의 자산과의 취득으로 취득한 유형자산의 취득원가는 교환을 위하여 제공한 자산의 공정가치로 측정한다.

4 ③ 재화의 소유에 따른 유의적인 위험과 보상이 구매자에게 이전된다.

5 ① 우발자산은 자산으로 인식하지 아니하고, 자원의 유입가능성이 매우 높은 경우에만 주석에 기재한다.

6 ③ 원가의 추적가능성에 따른 분류 : 직접원가, 간접원가

7 ② 제조원가명세서상 기말 원재료재고액은 재무상태표에 표시된다.

8 ③ · 전력부문 → 조립부문 : 400,000원 × $\frac{500kW}{500kW + 500kW}$ = 200,000원

· 설비부문 → 조립부문 : 800,000원 × $\frac{600시간}{600시간 + 200시간}$ = 600,000원

· 조립부문의 총원가 = 600,000 + 200,000 + 600,000 = 1,400,000원

9 ① · 예정배부율 = 제조간접비 예산액 ÷ 예정조업도
= 1,000,000원 ÷ 20,000시간 = @50원/시간
· 예정배부액 = 실제조업도 × 예정배부율
= 13,000시간 × @50 = 650,000원
· 배부차이 = 예정배부액 – 실제발생액
= 650,000 – 800,000 = (–)150,000원(과소배부)

10 ④ · 기초재공품 수량 + 당기착수량 = 당기완성량 + 총 공손 수량 + 기말재공품 수량
→ 200 + 900 = ? + 80 + 120
∴ 당기완성량 = 900개
· 정상공손 수량 = 완성품 수량 × 일정비율
= 900개 × 8% = 72개
· 비정상공손 수량 = 총 공손 수량 – 정상공손 수량
= 80 – 72 = 8개

11 ② 간이과세자는 의제매입세액 공제를 받을 수 없다.

12 ③ 무인판매기를 이용하여 재화를 공급하는 경우 : 무인판매기에서 현금을 인취하는 때

13 ② 여객운송용역은 면세대상이나, 예외적으로 항공기, 우등고속버스, 전세버스, 택시, 고속철도 운송은 과세대상에 해당한다.

14 ① ② 배우자가 없는 거주자로서 기본공제대상자인 직계비속이 있는 경우 한부모 추가공제를 적용받을 수 있다. '종합소득금액 3천만 원 이하'라는 항목은 부녀자 추가공제의 요건에 해당한다.
③ 형제자매의 배우자는 공제대상 부양가족에 포함하지 않는다.
④ 인적공제는 과세기간 종료일인 12월 31일을 기준으로 판단하는 것이 원칙이며, 부양기간이 1년 미만이더라도 월할 계산하지 않는다.

15 ④ 중소기업의 종업원이 주택의 구입·임차 자금을 저리 또는 무상으로 대여 받음으로써 얻는 이익은 비과세 근로소득에 해당한다.

실무시험

문제 1 일반전표입력

(1) 1월 12일	(차) 보통예금	14,800,000	(대) 받을어음(미래상사㈜)	15,000,000
	매출채권처분손실	200,000		
(2) 2월 5일	(차) 퇴직급여(제조)	3,000,000	(대) 보통예금	3,000,000
(3) 3월 31일	(차) 미지급세금	4,000,000	(대) 보통예금	4,000,000
(4) 5월 5일	(차) 기부금	3,000,000	(대) 비품	3,000,000
(5) 6월 17일	(차) 소모품비(제조)	20,000	(대) 현금	20,000

문제 2 매입매출전표입력

(1) 1월 20일 유형 : 61.현과 / 공급가액 : 3,000,000 / 부가세 : 300,000 / 거래처 : ㈜하이마트 / 분개 : 혼합(현금)

(차) 비품	3,000,000	(대) 현금	3,300,000
부가세대급금	300,000		

(2) 2월 9일 유형 : 11.과세 / 공급가액 : 2,000,000 / 부가세 : 200,000 / 거래처 : ㈜유미산업 / 전자 : 여 / 분개 : 혼합

(차) 감가상각누계액(비품)	2,255,000	(대) 비품	5,000,000
보통예금	2,200,000	부가세예수금	200,000
유형자산처분손실	745,000		

(3) 7월 1일 유형 : 51.과세 / 공급가액 : 5,000,000 / 부가세 : 500,000 / 거래처 : ㈜원테크 / 전자 : 여 / 분개 : 혼합

(차) 복리후생비(판관비)	5,000,000	(대) 현금	500,000
부가세대급금	500,000	미지급금(㈜원테크)	5,000,000

(4) 8월 27일 유형 : 51.과세 / 공급가액 : 12,000,000 / 부가세 : 1,200,000 / 거래처 : 광명기계 / 전자 : 부 / 분개 : 혼합

(차) 기계장치	12,000,000	(대) 당좌예금	13,200,000
부가세대급금	1,200,000		

(5) 9월 27일 유형 : 16.수출 / 공급가액 : 34,500,000 / 부가세 : 0 / 거래처 : 미국 BOB사 / 분개 : 혼합(외상) / (영세율구분 : 1.직접수출)

(차) 외상매출금(미국 BOB사)	34,500,000	(대) 제품매출	34,500,000

문제 3 부가가치세신고

(1) [건물등감가상각자산취득명세서] (4월~6월)

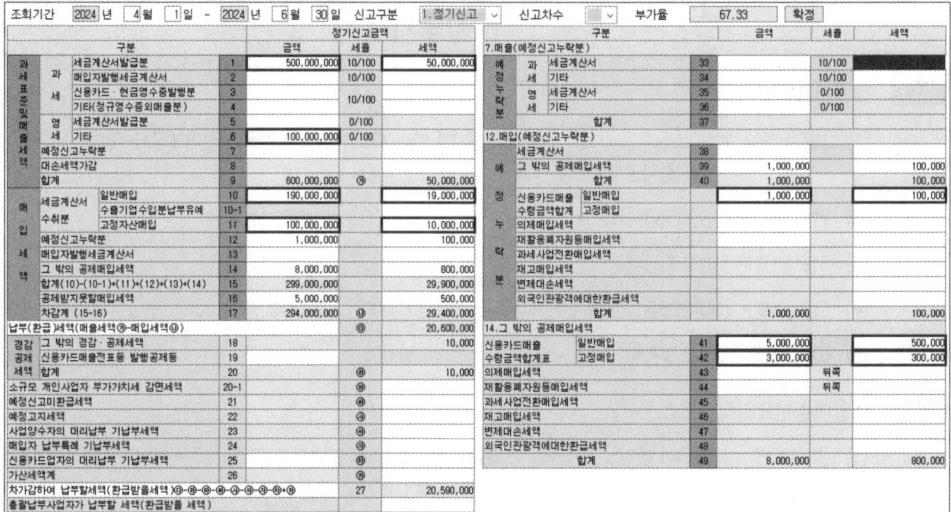

조회기간 2024 년 04 월 ~ 2024 년 06 월 구분 1기 확정

취득내역

감가상각자산종류	건수	공급가액	세 액	비 고
합 계	3	568,000,000	56,800,000	
건물 · 구축물	1	500,000,000	50,000,000	
기 계 장 치	1	60,000,000	6,000,000	
차 량 운 반 구				
기타감가상각자산	1	8,000,000	800,000	

거래처별 감가상각자산 취득명세

No	월/일	상호	사업자등록번호	자산구분	공급가액	세액	건수
1	04-08	(주)용을	130-81-50950	건물,구축물	500,000,000	50,000,000	1
2	05-12	(주)광명	201-81-14367	기계장치	60,000,000	6,000,000	1
3	06-22	(주)ck전자	203-81-55457	기타	8,000,000	800,000	1
4							
		합 계			568,000,000	56,800,000	3

(2) [부가가치세신고서] (4월~6월)

조회기간 2024 년 4 월 1 일 ~ 2024 년 6 월 30 일 신고구분 1.정기신고 신고차수 부가율 67.33 확정

구분			번호	정기신고금액 금액	세율	세액
과세표준및매출세액	과세	세금계산서발급분	1	500,000,000	10/100	50,000,000
		매입자발행세금계산서	2		10/100	
		신용카드 · 현금영수증발행분	3		10/100	
		기타(정규영수증외매출분)	4			
	영세	세금계산서발급분	5		0/100	
		기타	6	100,000,000	0/100	
	예정신고누락분		7			
	대손세액가감		8			
	합계		9	600,000,000	㉮	50,000,000
매입세액	세금계산서수취분	일반매입	10	190,000,000		19,000,000
		수출기업수입분납부유예	10-1			
		고정자산매입	11	100,000,000		10,000,000
	예정신고누락분		12	1,000,000		100,000
	매입자발행세금계산서		13			
	그 밖의 공제매입세액		14	8,000,000		800,000
	합계(10)-(10-1)+(11)+(12)+(13)+(14)		15	299,000,000		29,900,000
	공제받지못할매입세액		16	5,000,000		500,000
	차감계 (15-16)		17	294,000,000	㉯	29,400,000
납부(환급)세액(매출세액㉮-매입세액㉯)					㉰	20,600,000
경감공제세액	그 밖의 경감 · 공제세액		18			10,000
	신용카드매출전표등 발행공제등		19			
	합계		20		㉱	10,000
소규모 개인사업자 부가가치세 감면세액			20-1		㉲	
예정신고미환급세액			21		㉳	
예정고지세액			22		㉴	
사업양수자의 대리납부 기납부세액			23		㉵	
매입자 납부특례 기납부세액			24		㉶	
신용카드업자의 대리납부 기납부세액			25		㉷	
가산세액계			26		㉸	
차가감하여 납부할세액(환급받을세액)㉰-㉱-㉲-㉳-㉴-㉵-㉶-㉷+㉸					27	20,590,000
총괄납부사업자가 납부할 세액(환급받을 세액)						

구분			번호	금액	세율	세액
7.매출(예정신고누락분)						
예정누락분	과세	세금계산서	33		10/100	
		기타	34		10/100	
	영세	세금계산서	35		0/100	
		기타	36		0/100	
	합계		37			
12.매입(예정신고누락분)						
예정누락분	세금계산서		38			
	그 밖의 공제매입세액		39	1,000,000		100,000
	합계		40	1,000,000		100,000
	신용카드매출수령금액합계	일반매입		1,000,000		100,000
		고정매입				
	의제매입세액					
	재활용폐자원등매입세액					
	과세사업전환매입세액					
	재고매입세액					
	변제대손세액					
	외국인관광객에대한환급세액					
	합계			1,000,000		100,000
14.그 밖의 공제매입세액						
신용카드매출수령금액합계표		일반매입	41	5,000,000		500,000
		고정매입	42	3,000,000		300,000
의제매입세액			43		뒤쪽	
재활용폐자원등매입세액			44		뒤쪽	
과세사업전환매입세액			45			
재고매입세액			46			
변제대손세액			47			
외국인관광객에대한환급세액			48			
합계			49	8,000,000		800,000

구분	번호	금액	세율	세액
16.공제받지못할매입세액				
공제받지못할 매입세액	50	5,000,000		500,000
공통매입세액면세등사업분	51			
대손처분받은세액	52			
합계	53	5,000,000		500,000
18.그 밖의 경감·공제세액				
전자신고 및 전자고지 세액공제	54			10,000
전자세금계산서발급세액공제	55			
택시운송사업자경감세액	56			
대리납부세액공제	57			
현금영수증사업자세액공제	58			
기타	59			
합계	60			10,000

- 예정신고 시 매출분은 누락되지 않고 신용카드 사용 매입분만 누락되었으므로 신고 및 납부 관련 가산세는 없다.
- '신용카드 사용분 중 사업과 관련 없는 매입'은 10% 부가가치세가 기재된 신용카드매출전표를 수취하였지만 매입세액공제를 받을 수 없는 경우에 해당하므로 해당 거래는 부가가치세신고서 작성 시 기재하지 않는다.

(3) 1단계 신고서 마감 확인 : [부가가치세신고서] 메뉴 (10월~12월)

2단계 전자신고파일 제작 : [전자신고] 메뉴 (신고인구분 : 2.납세자 자진신고), (비밀번호 : 12341234)

3단계 전자신고파일 제출 : [국세청 홈택스 전자신고변환(교육용)] 메뉴 (찾아보기 → 형식검증하기 → 형식검증결과확인 → 내용검증하기 → 내용검증결과확인 → 전자파일제출 → 신고서 접수증 확인)

문제 4 결산

(1) (수동결산)

[일반전표입력] 12월 31일

(차) 이자비용	4,000,000[1]	(대) 미지급비용	4,000,000

[1] (300,000,000원 × 2%) × (8개월/12개월) = 4,000,000원

(2) (수동결산)

[일반전표입력] 12월 31일

(차) 현금과부족	86,000	(대) 잡이익	86,000

(3) (수동결산)

[일반전표입력] 12월 31일

(차) 부가세예수금	25,450,000	(대) 부가세대급금	31,400,000
세금과공과(판관비)	60,000	잡이익	10,000
미수금	5,900,000		

(4) (수동결산)

[일반전표입력] 12월 31일

(차) 장기차입금(미래은행)	20,000,000	(대) 유동성장기부채(미래은행)	20,000,000

(5) (수동결산 또는 자동결산)

| 방법1 | (수동결산)

[일반전표입력] 12월 31일

(차) 무형자산상각비(판관비)	50,000,000[1]	(대) 영업권	50,000,000

[1] (전기말 미상각잔액 – 잔존가치) ÷ 기초 현재 잔여내용연수
= (200,000,000원 – 0원) ÷ (5년 – 1년) = 50,000,000원

| 방법2 | (자동결산)

[결산자료입력] 메뉴에서 (기간 : 1월~12월) 다음과 같이 입력한다. 자동결산 항목 입력이 완료되고 나면 상단의 [전표추가]를 클릭하여 결산분개를 생성한다.

· 판매비와 일반관리비 ▶ 무형자산상각비 ▶ 영업권 : 50,000,000

문제 5 연말정산

(1) 1단계 [급여자료입력] 메뉴 ▶ [수당공제] 보조창 ▶ [수당등록] 탭

No	코드	과세구분	수당명	근로소득유형			월정액	통상임금	사용여부
				유형	코드	한도			
1	1001	과세	기본급	급여			정기	여	여
2	1002	과세	상여	상여			부정기	부	부
3	1003	과세	직책수당	급여			정기	부	여
4	1004	과세	월차수당	급여			정기	부	부
5	1005	비과세	식대	식대	P01	(월)200,000	정기	부	여
6	1006	비과세	자가운전보조금	자가운전보조금	H03	(월)200,000	부정기	부	여
7	1007	비과세	야간근로수당	야간근로수당	001	(년)2,400,000	부정기	부	부
8	2001	비과세	출산.보육수당(육아수당)	출산.보육수당(육아수당)	Q01	(월)200,000	정기	부	여

2단계 [급여자료입력]

귀속년월 2024 년 05 월　　지급년월일 2024 년 05 월 31 일　급여

□	사번	사원명	감면율
□	501	이영환	
□	502	최미남	
총인원(퇴사자)		2(0)	

급여항목	금액
기본급	3,000,000
직책수당	400,000
식대	300,000
자가운전보조금	200,000
출산.보육수당(육아수당)	100,000
과세	3,500,000
비과세	500,000
지급총액	4,000,000

공제항목	금액
국민연금	135,000
건강보험	120,000
장기요양보험	14,720
고용보험	28,000
소득세(100%)	142,220
지방소득세	14,220
농특세	
공제총액	454,160
차인지급액	3,545,840

사원정보 | 임금대장

입사일(퇴사일)	2024/01/02
주민(외국인)번호	800101-1******
거주/내외국인	거주자/내국인
생산직/연장근로	부/부
국외근로/종교관련	부/부

4.전체사원-현재　크게보기

지급총액	4,000,000
과세	3,500,000
총비과세	500,000
제출비과세	300,000
미제출비과세	200,000

공제총액	454,160
차인지급액	3,545,840
국민연금	135,000
건강보험	120,000

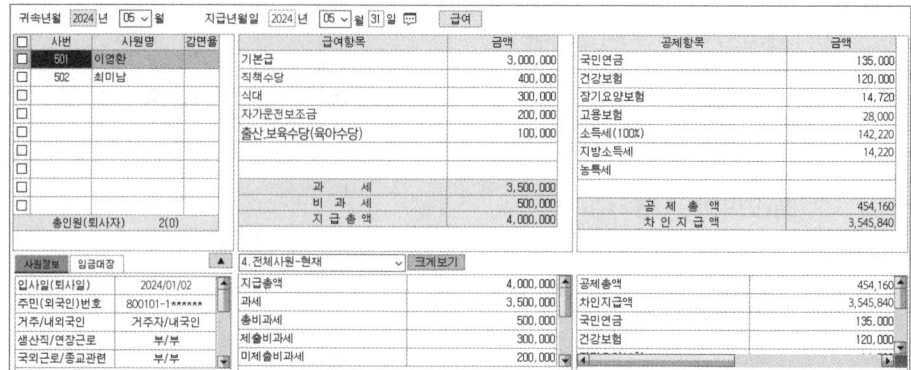

· 과세 = 기본급 + 직책수당 + 식대(한도 초과)
　　= 3,000,000 + 400,000 + 100,000 = 3,500,000원

· 비과세 = 식대(한도) + 자가운전보조금 + 육아수당
　　= 200,000(제출) + 200,000(미제출) + 100,000(제출) = 500,000원

3단계 [원천징수이행상황신고서]

귀속기간 2024 년 05 월 ~ 2024 년 05 월　지급기간 2024 년 05 월 ~ 2024 년 05 월　신고구분 1.정기신고　차수

신고구분	☑매월 □반기 □수정 □연말 □소득처분 □환급신청	귀속년월	2024년 5월	지급년월	2024년 5월
일괄납부여부	부 / 사업자단위과세여부 부 / 부표 작성	환급신청서 작성		승계명세 작성	

원천징수명세및납부세액 | 원천징수이행상황신고서 부표 | 원천징수세액환급신청서 | 기납부세액명세서 | 전월미환급세액 조정명세서 | 차월이월환급세액 승계명세

소득자 소득구분		코드	소득지급 인원	소득지급 총지급액	징수세액 소득세 등	징수세액 농어촌특별세	징수세액 가산세	당월조정 환급세액	납부세액 소득세 등	납부세액 농어촌특별세
근로소득	간이세액	A01	1	3,800,000	142,220					
	중도퇴사	A02								
	일용근로	A03								
	연말정산	A04								
	(분납신청)	A05								
	(납부금액)	A06								
	가 감 계	A10	1	3,800,000	142,220			142,220		

전월 미환급 세액의 계산 12.전월미환급	13.기환급	14.차감(12-13)	당월 발생 환급세액 15.일반환급	16.신탁재산	금융회사 등	합병 등	18.조정대상환급(14+15+16+17)	19.당월조정 환급세액계	20.차월이월 환급세액	21.환급신청액
200,000		200,000					200,000	142,220	57,780	

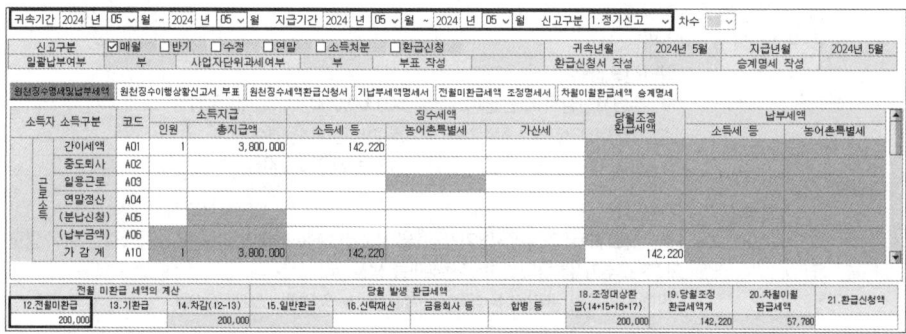

(2) 1단계 [연말정산추가자료입력] 메뉴 ▶ 502.최미남 ▶ [부양가족] 탭 ▶ 상단부

연말관계	성명	내/외국인	주민(외국인)번호		나이	기본공제	세대주구분	부녀자	한부모	경로우대	장애인	자녀	출산입양
0	최미남	내	1	791030-1112357	45	본인	세대주						
1	박희수	내	1	520324-2625229	72	60세이상				○			
3	김연우	내	1	820515-2122521	42	부							
4	최지우	내	1	160123-4165987	8	20세이하						○	
4	최건우	내	1	171224-3695879	7	20세이하							
		합 계 [명]				4				1		1	

· 박희수(어머니)는 분리과세되는 소득만 있으므로 소득금액 요건을 충족하고 기본공제 가능
· 김연우(배우자)는 소득금액 요건을 충족하지 못하므로 기본공제 불가
· 최지우(딸)와 최건우(아들)는 둘 다 기본공제가 적용되나, 8세 이상 자녀세액공제는 최지우(8세)만 가능

2단계 [부양가족] 탭 ▶ 하단부

· 본인 최미남

자료구분	보험료 건강	보험료 고용	보험료 일반보장성	보험료 장애인전용	의료비 일반		의료비 실손	의료비 선천성이상아	의료비 난임	의료비 65세,장애인	교육비 일반		교육비 장애인특수
국세청			1,600,000		1,500,000	1.전액					5,000,000	4.본인	
기타	2,746,600	560,000			500,000								

자료구분	신용카드등 사용액공제 신용카드	직불카드등	현금영수증	전통시장사용분	대중교통이용분	도서공연 등	기부금
국세청	22,000,000		2,200,000				
기타							

- 본인의 경우 대학원 교육비도 공제 적용 가능

· 어머니 박희수

자료구분	보험료				의료비					교육비	
	건강	고용	일반보장성	장애인전용	일반	실손	선천성이상아	난임	65세,장애인	일반	장애인특수
국세청						1,000,000			3,250,000		
기타											

자료구분	신용카드등 사용액공제						기부금
	신용카드	직불카드등	현금영수증	전통시장사용분	대중교통이용분	도서공연 등	
국세청							
기타							

· 배우자 김연우

자료구분	보험료				의료비					교육비	
	건강	고용	일반보장성	장애인전용	일반	실손	선천성이상아	난임	65세,장애인	일반	장애인특수
국세청											
기타											

자료구분	신용카드등 사용액공제						기부금
	신용카드	직불카드등	현금영수증	전통시장사용분	대중교통이용분	도서공연 등	
국세청							
기타							

- 교육비는 나이의 제한은 받지 않으나 소득금액의 제한은 받으므로 김연우(배우자)의 교육비는 공제 적용 안 됨

· 딸 최지우

자료구분	보험료				의료비					교육비	
	건강	고용	일반보장성	장애인전용	일반	실손	선천성이상아	난임	65세,장애인	일반	장애인특수
국세청			500,000								
기타											

자료구분	신용카드등 사용액공제						기부금
	신용카드	직불카드등	현금영수증	전통시장사용분	대중교통이용분	도서공연 등	
국세청							
기타							

- 취학 전 아동 이외의 자녀 학원비는 공제 적용 안 됨

· 아들 최건우

자료구분	보험료				의료비					교육비	
	건강	고용	일반보장성	장애인전용	일반	실손	선천성이상아	난임	65세,장애인	일반	장애인특수
국세청			450,000								
기타											

자료구분	신용카드등 사용액공제						기부금
	신용카드	직불카드등	현금영수증	전통시장사용분	대중교통이용분	도서공연 등	
국세청							
기타							

3단계 [신용카드 등] 탭

□	내/외 관계	성명 생년월일	자료구분	신용카드	직불,선불	현금영수증	도서등신용	도서등직불	도서등현금	전통시장	대중교통	소비증가분 2023년	소비증가분 2024년
□	내	최미남	국세청	22,000,000		2,200,000							
	0	1979-10-30	기타										
□	내	박희수	국세청										
	1	1952-03-24	기타										
□	내	김연우	국세청										
	3	1982-05-15	기타										
□	내	최지우	국세청										
	4	2016-01-23	기타										
□	내	최건우	국세청										
	4	2017-12-24	기타										
□													
□													
	합계			22,000,000		2,200,000							

· 신용카드 등 사용액 중 의료비 결제액은 신용카드 공제 적용 가능
· 신용카드 등 사용액은 나이의 제한은 받지 않으나 소득금액의 제한은 받으므로 김연우(배우자)의 신용카드 사용액은 공제 적용 안 됨

4단계 [의료비] 탭

2024년 의료비 지급명세서													
의료비 공제대상자					지급처			지급명세					14.산후조리원
성명	내/외	5.주민등록번호	6.본인등 해당여부		9.증빙코드	8.상호	7.사업자등록번호	10.건수	11.금액	11-1.실손보험수령액	12.미숙아 선천성이상아	13.난임여부	
최미남	내	791030-1112357	1	0	1				1,500,000		X	X	X
최미남	내	791030-1112357	1	0	5	대학안경점	605-26-23526	1	500,000		X	X	X
박희수	내	520324-2625229	2	0	1				3,250,000	1,000,000	X	X	X
	합계							1	5,250,000	1,000,000			
일반의료비(본인)	2,000,000	6세 이하, 65세 이상, 장애인		3,250,000		일반의료비(그 외)				난임시술비			
										미숙아.선천성이상아			

· 실손보험금 수령액으로 지급한 의료비는 공제 적용 안 되므로 서식에서 별도로 표기

5단계 [연금저축 등 I] 탭 ▶ 2 연금계좌 세액공제

· 구분 : 2.연금저축
· 금융회사 등 : (F2를 클릭하여 검색 후 입력) 306.(주)국민은행
· 계좌번호 : 243-910750-72209
· 납입금액 : 1,200,000

6단계 [연말정산입력] 탭 ([부양가족] 탭에 입력한 다음, **F8 부양가족탭불러오기** 클릭)

· 연금계좌 ▶ 연금저축 : 1,200,000
· 보장성보험 ▶ 일반 : 2,550,000
· 의료비 ▶ 본인 : 2,000,000
· 의료비 ▶ 6세 이하, 65세 이상, 장애인 ▶ 지출액 : 3,250,000
· 의료비 ▶ 6세 이하, 65세 이상, 장애인 ▶ 실손의료보험금 : 1,000,000
· 교육비 ▶ 초중고 : 0
· 교육비 ▶ 대학생 : 0
· 교육비 ▶ 본인 : 5,000,000
· 신용카드 등 사용액 ▶ 신용카드 : 22,000,000
· 신용카드 등 사용액 ▶ 현금영수증 : 2,200,000
· 신용카드 등 사용액 ▶ 소비증가분 : 0

▶ 문제 | p.880

이론시험

1 ③	2 ③	3 ④	4 ②	5 ③	6 ④	7 ④	8 ①
9 ③	10 ②	11 ④	12 ①	13 ④	14 ②	15 ③	

1 ③ 재무제표는 발생기준에 따라 작성된다. 발생주의 회계는 재무회계의 기본적 특징으로서 재무제표의 기본요소의 정의 및 인식, 측정과 관련이 있다. 다만, 현금흐름표는 발생기준에 따라 작성되지 않는다. (일반기업회계기준 재무회계개념체계 66.)

2 ③ 후입선출법의 경우, 가장 최근 매입분이 매출원가로 기록되므로 수익·비용 대응이 적절히 이루어진다(장점). 반면, 기말재고자산이 오래전 매입분으로 구성되므로 시가에 가깝게 표시되지 않는다(단점).

3 ④ 무형자산의 미래경제적효익은 시간의 경과에 따라 소비되기 때문에 상각을 통하여 장부금액을 감소시킨다. 무형자산의 공정가치 또는 회수가능액이 증가하더라도 상각은 원가에 기초한다. (일반기업회계기준 문단 11.27)

4 ②
- 주식발행초과금(자본잉여금), 매도가능증권평가이익(기타포괄손익누계액), 자기주식처분이익(자본잉여금), 이익준비금(이익잉여금), 임의적립금(이익잉여금), 감자차익(자본잉여금)
- 자본잉여금 = 주식발행초과금 + 자기주식처분이익 + 감자차익
  = 500,000 + 1,000,000 + 700,000 = 2,200,000원

5 ③ 단순히 세법의 규정을 따르기 위한 회계변경은 정당한 사유에 의한 회계변경으로 보지 않는다.

6 ④ 제품생산량이 증가함에 따라 관련 범위 내에서 제품 단위당 고정원가는 감소한다.

7 ④
- 수선부문 → 조립부문 : $800{,}000원 \times \frac{200시간}{300시간 + 200시간} = 320{,}000원$
- 동력부문 → 조립부문 : $760{,}000원 \times \frac{3{,}500kW}{4{,}500kW + 3{,}500kW} = 332{,}500원$
- 조립부문에 배분될 보조부문원가 = 320,000 + 332,500 = 652,500원

8 ①
- 당기총제조원가 = 직접재료비 + 직접노무비 + 제조간접비
  = 190,000 + 100,000 + 150,000 = 440,000원
- 당기제품제조원가 = 기초재공품 + 당기총제조원가 − 기말재공품
  = 100,000 + 440,000 − 150,000 = 390,000원
- 매출원가 = 기초제품 + 당기제품제조원가 − 기말제품
  → 200,000 = 210,000 + 390,000 − ?
  ∴ 기말제품 = 400,000원

9 ③
- 제조간접비 = 당기총제조원가 × 20%
  = 2,300,000 × 20% = 460,000원
- 제조간접비 = 직접노무비 × 80%
  → 460,000 = ? × 80%
  ∴ 직접노무비 = 575,000원
- 당기총제조원가 = 직접재료비 + 직접노무비 + 제조간접비
  → 2,300,000 = ? + 575,000 + 460,000
  ∴ 직접재료비 = 1,265,000원

10 ② 개별원가계산은 종합원가계산에 비해 원가 기록업무가 비교적 복잡하나 정확성이 높다.

11 ④ 담보의 목적으로 동산, 부동산 및 부동산의 권리를 제공하는 것은 재화의 공급으로 보지 않는다.

12 ① 국내 거래에서도 영세율이 적용될 수 있다. (예 내국신용장·구매확인서에 의해 공급하는 재화)

13 ④ 비영업대금의 이익은 이자소득에 해당한다.

14 ② 일반급여 : 근로를 제공한 날

15 ③ 거주자란 국내에 주소를 두거나 183일 이상 거소를 둔 개인을 말한다.

실무시험

문제 1 일반전표입력

(1) 3월 10일	(차) 현금	3,000,000	(대) 대손충당금(외상매출금)	3,000,000
(2) 3월 15일	(차) 단기매매증권	5,000,000	(대) 보통예금	5,050,000
	수수료비용(영업외비용)	50,000		
(3) 7월 7일	(차) 세금과공과(판관비)	1,260,000	(대) 보통예금	2,140,000
	세금과공과(제조)	880,000		
(4) 7월 16일	(차) 교육훈련비(제조)	1,000,000	(대) 예수금	33,000
			보통예금	967,000
(5) 8월 31일	(차) 보통예금	10,338,400	(대) 정기예금	10,000,000
	선납세금	61,600	이자수익	400,000

문제 2 매입매출전표입력

(1) 1월 22일 유형 : 54.불공 / 공급가액 : 13,750,000 / 부가세 : 1,375,000 / 거래처 : 상진개발 / 전자 : 여 / 분개 : 혼합 / (불공제사유 : ⑥토지의 자본적 지출 관련)

(차) 토지	15,125,000	(대) 미지급금(상진개발)	15,125,000

(2) 1월 31일 유형 : 61.현과 / 공급가액 : 150,000 / 부가세 : 150,000 / 거래처 : 레고문구 / 분개 : 혼합(현금)

(차) 소모품비(판관비)	150,000	(대) 현금	165,000
부가세대급금	15,000		

(3) 2월 28일 유형 : 52.영세 / 공급가액 : 30,000,000 / 부가세 : 0 / 거래처 : ㈜안건 / 전자 : 여 / 분개 : 혼합

(차) 원재료	30,000,000	(대) 보통예금	30,000,000

(4) 3월 10일 유형 : 14.건별 / 공급가액 : 1,200,000 / 부가세 : 120,000 / 거래처 : 김명진 / 분개 : 혼합

(차) 보통예금	1,320,000	(대) 제품매출	1,200,000
		부가세예수금	120,000

(5) 3월 16일 유형 : 53.면세 / 공급가액 : 90,000 / 거래처 : 제일화원 / 전자 : 여 / 분개 : 혼합

(차) 기업업무추진비(판관비)	90,000	(대) 미지급금(제일화원)	90,000

문제 3 부가가치세신고

(1) [신용카드매출전표등수령명세서] (7월~9월)

조회기간 : 2024 년 07 월 ~ 2024 년 09 월   구분 2기 예정

2. 신용카드 등 매입내역 합계

구분	거래건수	공급가액	세액
합 계	2	200,000	20,000
현금영수증	1	150,000	15,000
화물운전자복지카드			
사업용신용카드	1	50,000	5,000
그 밖의 신용카드			

3. 거래내역입력

No	□	월/일	구분	공급자	공급자(가맹점) 사업자등록번호	카드회원번호	그 밖의 신용카드 등 거래내역 합계 거래건수	공급가액	세액
1	□	07-31	현금	(주)오피스	124-81-04878		1	150,000	15,000
2	□	08-12	사업	이음마트	402-14-33228	1000-2000-3000-4000	1	50,000	5,000
3	□								
	□								
	□								
	□								
				합계			2	200,000	20,000

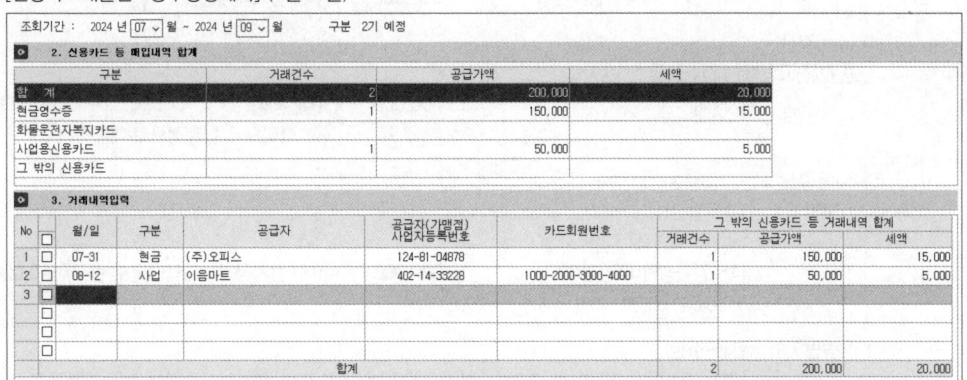

· 택시요금(여객운송업)과 놀이공원(입장권발행 사업)은 영수증만 발급할 수 있는 업종이므로 동 업종으로부터 수령한 신용카드매출전표는 매입세액 공제가 불가하다.

(2) [부가가치세신고서] (4월~6월)

조회기간 2024 년 4 월 1 일 ~ 2024 년 6 월 30 일   신고구분 1.정기신고   신고차수   부가율 62.17   확정

구분			번호	정기신고금액 금액	세율	세액
과세표준및매출세액	과세	세금계산서발급분	1	130,000,000	10/100	13,000,000
		매입자발행세금계산서	2		10/100	
		신용카드 · 현금영수증발행분	3	3,000,000	10/100	300,000
		기타(정규영수증외매출분)	4	400,000		40,000
	영세	세금계산서발급분	5		0/100	
		기타	6	12,000,000	0/100	
	예정신고누락분		7			
	대손세액가감		8			-100,000
	합계		9	145,400,000	㉮	13,240,000
매입세액	세금계산서 수취분	일반매입	10	55,000,000		5,500,000
		수출기업수입분납부유예	10-1			
		고정자산매입	11			
	예정신고누락분		12			
	매입자발행세금계산서		13			
	그 밖의 공제매입세액		14			
	합계(10)-(10-1)+(11)+(12)+(13)+(14)		15	55,000,000		5,500,000
	공제받지못할매입세액		16	10,000,000		1,000,000
	차감계 (15-16)		17	45,000,000	㉯	4,500,000
납부(환급)세액(매출세액㉮-매입세액㉯)					㉰	8,740,000
경감공제세액	그 밖의 경감 · 공제세액		18			10,000
	신용카드매출전표등 발행공제등		19			
	합계		20		㉱	10,000
소규모 개인사업자 부가가치세 감면세액			20-1		㉲	
예정신고미환급세액			21		㉳	800,000
예정고지세액			22		㉴	
사업양수자의 대리납부 기납부세액			23		㉵	
매입자 납부특례 기납부세액			24		㉶	
신용카드업자의 대리납부 기납부세액			25		㉷	
가산세액계			26		㉸	
차가감하여 납부할세액(환급받을세액)㉰-㉱-㉲-㉳-㉴-㉵-㉶-㉷+㉸					27	7,930,000
총괄납부사업자가 납부할 세액(환급받을 세액)						

구분	번호	금액	세율	세액
16.공제받지못할매입세액				
공제받지못할 매입세액	50	10,000,000		1,000,000
공통매입세액면세등사업분	51			
대손처분받은세액	52			
합계	53	10,000,000		1,000,000
18.그 밖의 경감·공제세액				
전자신고 및 전자고지 세액공제	54			10,000
전자세금계산서발급세액공제	55			
택시운송사업자경감세액	56			
대리납부세액공제	57			
현금영수증사업자세액공제	58			
기타	59			
합계	60			10,000

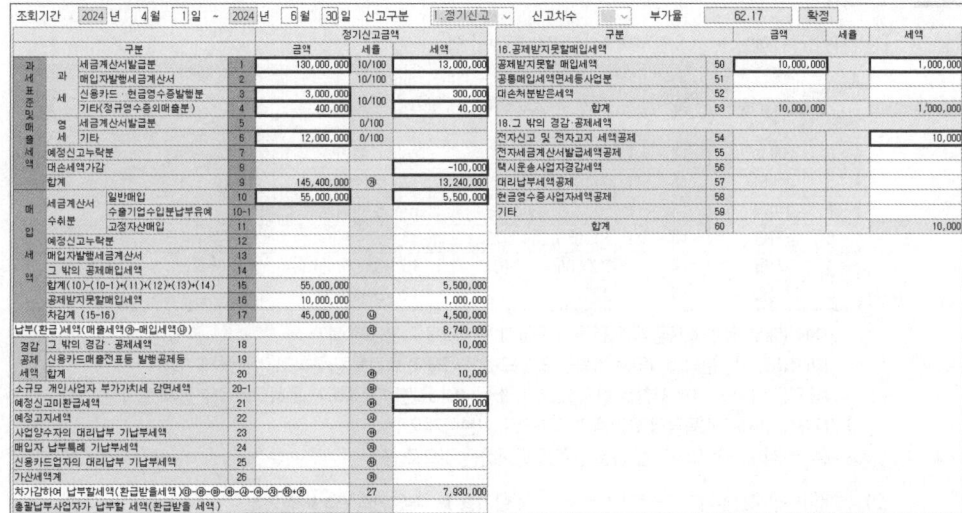

(3) 1단계 신고서 마감 확인 : [부가가치세신고서] 메뉴 (10월~12월)

2단계 전자신고파일 제작 : [전자신고] 메뉴 (신고인구분 : 2.납세자 자진신고), (비밀번호 : 12341234)

3단계 전자신고파일 제출 : [국세청 홈택스 전자신고변환(교육용)] 메뉴 (찾아보기 → 형식검증하기 → 형식검증결과확인 → 내용검증하기 → 내용검증결과확인 → 전자파일제출 → 신고서 접수증 확인)

문제 4 결산

(1) (수동결산)

[일반전표입력] 12월 31일

(차) 임대료 18,000,000 (대) 선수수익 18,000,000[1)]

[1)] 24,000,000원 × (9개월/12개월) = 18,000,000원

(2) (수동결산)

[일반전표입력] 12월 31일

(차) 단기대여금(LPL사) 2,000,000 (대) 외화환산이익 2,000,000[1)]

[1)] ($20,000 × @1,300원) − 24,000,000원 = 2,000,000원 (자산이므로 외화환산이익)

(3) (수동결산)

[일반전표입력] 12월 31일

(차) 단기매매증권평가손실	4,000,000	(대) 단기매매증권	4,000,000

(4) (수동결산)

[일반전표입력] 12월 31일

(차) 기부금	15,000,000	(대) 제품 (적요 8. 타계정으로 대체액)	15,000,000

(5) (수동결산 또는 자동결산)

| 방법1 | (수동결산)

[일반전표입력] 12월 31일

(차) 감가상각비(판관비)	10,000,000[1)]	(대) 감가상각누계액(차량운반구)	10,000,000

1) (50,000,000원 - 0원) ÷ 5년 = 10,000,000원

| 방법2 | (자동결산)

[결산자료입력] 메뉴에서 (기간 : 1월~12월) 다음과 같이 입력한다. 자동결산 항목 입력이 완료되고 나면 상단의 [전표추가]를 클릭하여 결산분개를 생성한다.

· 판매비와 일반관리비 ▶ 감가상각비 ▶ 차량운반구 : 10,000,000

문제 5 연말정산

(1) [사원등록] 메뉴 ▶ 105.강지후 ▶ [부양가족명세] 탭

연말관계	성명	내/외국인	주민(외국인)번호		나이	기본공제	부녀자	한부모	경로우대	장애인	자녀	출산입양	위탁관계
0	강지후	내	1	761213-1114529	48	본인							
3	정혜미	내	1	771010-2845217	47	부							
1	김미자	내	1	570203-2346316	67	60세이상							
6	강지민	내	1	811010-2115422	43	부							
4	강지율	내	1	090505-4842101	15	20세이하					○		
4	강민율	내	1	120705-3845727	12	20세이하					○		

· 정혜미(배우자)는 소득금액 요건을 충족하지 못하므로 기본공제 불가

· 김미자(모친)는 분리과세되는 소득만 있으므로 소득금액 요건을 충족하고 기본공제 가능

· 장애인은 나이 요건의 제한은 받지 않으나, 소득금액 요건을 충족하지 못하므로 기본공제 불가

· 강지율(자녀)은 소득금액 요건을 충족하므로 기본공제 가능

· 배우자·직계비속·입양자는 항상 생계를 같이하는 것으로 봄

(2) 1단계 [연말정산추가자료입력] 메뉴 ▶ 103. 한기홍 ▶ [부양가족] 탭 ▶ 상단부

연말관계	성명	내/외국인	주민(외국인)번호		나이	기본공제	세대주구분	부녀자	한부모	경로우대	장애인	자녀	출산입양
0	한기홍	내	1	730501-1223331	51	본인	세대주						
1	김어른	내	1	600801-2141116	64	부							
3	이슬비	내	1	770102-2111457	47	배우자							
4	한기쁨	내	1	120105-4111117	12	20세이하						○	
합 계 [명]						3						1	

· 김어른(모친)은 소득금액 요건을 충족하지 못하므로 기본공제와 장애인공제 모두 불가

2단계 [부양가족] 탭 ▶ 하단부

· 본인 한기홍

자료구분	보험료				의료비					교육비	
	건강	고용	일반보장성	장애인전용	일반	실손	선천성이상아	난임	65세,장애인	일반	장애인특수
국세청			750,000								
기타	1,961,880	418,000									

자료구분	신용카드등 사용액공제						기부금
	신용카드	직불카드등	현금영수증	전통시장사용분	대중교통이용분	도서공연 등	
국세청	9,000,000				1,000,000		
기타							

· 모친 김어른

자료구분	보험료				의료비						교육비		
	건강	고용	일반보장성	장애인전용	일반		실손	선천성이상아	난임	65세,장애인	일반		장애인특수
국세청										3,000,000			
기타													

자료구분	신용카드등 사용액공제						기부금
	신용카드	직불카드등	현금영수증	전통시장사용분	대중교통이용분	도서공연 등	
국세청							
기타							

· 배우자 이슬비

자료구분	보험료				의료비						교육비		
	건강	고용	일반보장성	장애인전용	일반		실손	선천성이상아	난임	65세,장애인	일반		장애인특수
국세청					1,200,000	2.일반	500,000						
기타													

자료구분	신용카드등 사용액공제						기부금
	신용카드	직불카드등	현금영수증	전통시장사용분	대중교통이용분	도서공연 등	
국세청			3,500,000	500,000			500,000
기타							

- 저축성 보험료는 공제 적용 안 됨

· 자녀 한기쁨

자료구분	보험료				의료비						교육비		
	건강	고용	일반보장성	장애인전용	일반		실손	선천성이상아	난임	65세,장애인	일반		장애인특수
국세청			150,000								20,000,000	2.초중고	
기타													

자료구분	신용카드등 사용액공제						기부금
	신용카드	직불카드등	현금영수증	전통시장사용분	대중교통이용분	도서공연 등	
국세청							
기타							

3단계 [신용카드 등] 탭

□	내/외 관계	성명 생년월일	자료 구분	신용카드	직불,선불	현금영수증	도서등 신용	도서등 직불	도서등 현금	전통시장	대중교통	소비증가분 2023년	소비증가분 2024년
□	내	한기홍	국세청	9,000,000							1,000,000		
	0	1973-05-01	기타										
□	내	김어른	국세청										
	1	1960-08-01	기타										
□	내	이슬비	국세청			3,500,000				500,000			
	3	1977-01-02	기타										
□	내	한기쁨	국세청										
	4	2012-01-05	기타										
□													
□													
□													
□													
	합계			9,000,000		3,500,000				500,000	1,000,000		

· 신용카드 등 사용액 중 의료비 결제액은 신용카드 공제 적용 가능

4단계 [의료비] 탭

2024년 의료비 지급명세서

의료비 공제대상자					지급처			지급명세					14.산후조리원
성명	내/외	5.주민등록번호	6.본인등 해당여부		9.증빙코드	8.상호	7.사업자등록번호	10.건수	11.금액	11-1.실손보험수령액	12.미숙아 선천성이상아	13.난임여부	
김어른	내	600801-2141116	2	0	1				3,000,000		X	X	X
이슬비	내	770102-2111457	3	X	1				1,200,000	500,000	X	X	X
		합계							4,200,000	500,000			
일반의료비(본인)			6세 이하, 65세 이상, 장애인			3,000,000	일반의료비(그 외)		1,200,000	난임시술비 / 미숙아.선천성이상아			

· 의료비는 나이 및 소득금액의 제한을 받지 않음
· 치료·요양 목적이 아닌 보약구입비는 공제 적용 안 됨
· 모친 김어른(65세 이상·6세 이하가 아니고, 장애인이지만 소득금액 요건을 충족하지 못하는 부양가족)의 의료비는 본인 등 의료비로 분류되어 세액공제대상 의료비가 계산되어야 하므로 [의료비] 탭의 '6.본인 등 해당여부'란에서 "3.그 밖의 공제대상자"를 "2.장애인"으로 수정 입력
· 실손보험금 수령액으로 지급한 의료비는 공제 적용 안 되므로 서식에서 별도로 표기

5단계 [기부금] 탭

- [기부금 입력] 세부 탭 ▶ 배우자 이슬비

구분		9.기부내용		기부처		기부명세				자료구분
7.유형	8.코드			10.상호(법인명)	11.사업자 번호 등	건수	13.기부금합계 금액(14+15)	14.공제대상 기부금액	15.기부장려금 신청 금액	
종교	41	금전					500,000	500,000		국세청

- [기부금 조정] 세부 탭

구분		기부연도	16.기부금액	17.전년도까지 공제된금액	18.공제대상 금액(16-17)	해당연도 공제금액	해당연도에 공제받지 못한 금액	
유형	코드						소멸금액	이월금액
종교	41	2024	500,000		500,000	500,000		

6단계 [연말정산] 탭 ▶ '장기주택저당차입금이자상환액' 보조창

주택자금

구분				공제한도	불입/상환액	공제금액
①청약저축_연 납입 240만원				불입액의 40%		
②주택청약저축(무주택자)_연 납입 240만원						
③근로자주택마련저축_월 납입 15만원, 연 납입 180만원						
1.주택마련저축공제계(①~③)				연 400만원 한도		
주택임차차입금 원리금상환액	①대출기관			불입액의 40%		
	②거주자(총급여 5천만원 이하)					
2.주택차입금원리금상환액(①~②)				1+2 ≤ 연 400만원		
장기주택 저당차입금 이자상환액	2011년 이전 차입금	㉠15년 미만		1+2+㉠ ≤ 600만원		
		㉡15년~29년		1+2+㉡ ≤ 1,000만원		
		㉢30년 이상		1+2+㉢ ≤1,500만원		
	2012년 이후 차입금	㉣고정금리OR비거치상환		1+2+㉣ ≤1,500만원	2,000,000	2,000,000
		㉤기타대출		1+2+㉤ ≤500만원		
	2015년 이후 차입금	15년 이상	㉥고정AND비거치	1+2+㉥ ≤1,800만원		
			㉦고정OR비거치	1+2+㉦ ≤1,500만원		
			㉧기타대출	1+2+㉧ ≤500만원		
		10년~15년	㉨고정OR비거치	1+2+㉨ ≤300만원		
3.장기주택저당차입금이자상환액					2,000,000	2,000,000
합 계(1+2+3)					2,000,000	2,000,000

▶ 1.주택마련저축공제

≫①, ②는 2015년 이후 가입자는 총급여 7,000만원 이하인 경우만 공제 가능

≫②는 3.장기주택저당차입금이자상환액공제를 받는 경우 공제 불가

▶ 주택차입금이자세액공제를 받는 차입금의 이자는 장기주택저당차입금이자상환액공제 적용 불가

확인(Esc)

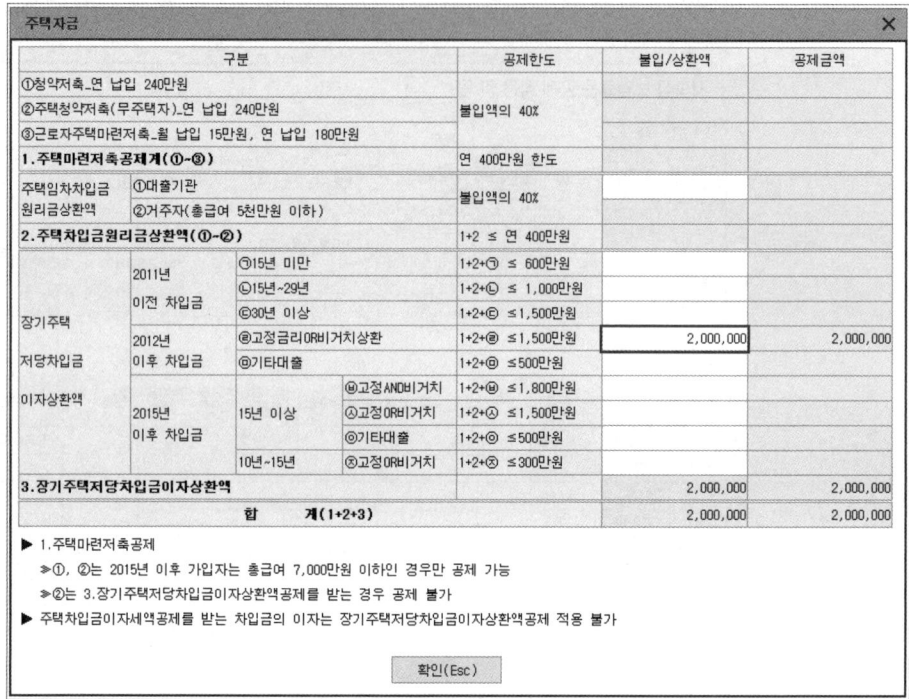

- 장기주택저당차입금 이자상환액 ▶ 2012년 이후 차입금 ▶ ㉣ 고정금리 OR 비거치상환 : 2,000,000원

7단계 [연말정산입력] 탭 ([부양가족] 탭에 입력한 다음, F8 부양가족탭불러오기 클릭)

- 보장성보험 ▶ 일반 : 900,000
- 의료비 ▶ 6세 이하, 65세 이상, 장애인 : 3,000,000
- 의료비 ▶ 그 밖의 공제대상자 ▶ 지출액 : 1,200,000
- 의료비 ▶ 그 밖의 공제대상자 ▶ 실손보험수령액 : 500,000
- 교육비 ▶ 초중고 : 20,000,000
- 기부금 ▶ 지정기부금 ▶ 종교단체 : 500,000
- 신용카드 등 사용액 ▶ 신용카드 : 9,000,000
- 신용카드 등 사용액 ▶ 현금영수증 : 3,500,000
- 신용카드 등 사용액 ▶ 전통시장 : 500,000
- 신용카드 등 사용액 ▶ 대중교통 : 1,000,000
- 신용카드 등 사용액 ▶ 소비증가분 : 0
- 장기주택저당차입금 이자상환액 : 2,000,000

정답및해설 | 제103회 기출문제

▶ 문제 | p.892

이론시험

1 ④	2 ②	3 ④	4 ③	5 ②	6 ①	7 ②	8 ③
9 ③	10 ②	11 ①	12 ②	13 ④	14 ③	15 ④	

1 ④ 재산세, 종합부동산세는 자산의 보유와 관련되 지출이므로 취득부대비용(취득원가)으로 보지 않고 당기 비용으로 분류한다.

2 ② 감자차손은 감자차익과 우선 상계하고 남은 잔액을 자본조정으로 분류한다.

3 ④ 단기대여금은 현금및현금성자산에 포함하지 않으며, 단기투자자산(= 단기금융상품 + 단기매매증권 + 단기대여금)으로 통합 표시할 수 있다.

4 ③ · 차량유지비(판관비), 기부금(영업외비용), 기업업무추진비(판관비), 잡손실(영업외비용)
· 영업이익 = 매출액 − 매출원가 − 판매비와관리비
= 100,000,000 − 50,000,000 − (1,000,000 + 5,000,000) = 44,000,000원

5 ② 액면이자율보다 시장이자율이 클 경우 할인발행한다.

6 ① · 제조간접비 실제배부율 = 실제 발생한 제조간접비 ÷ 실제조업도
= 1,200,000원 ÷ 1,500,000원 = @0.8원/원
· 비행기A의 제조간접비 배부액 = 개별 작업 실제조업도 × 제조간접비 실제배부율
= 600,000원 × @0.8 = 480,000원
· 비행기A의 당기총제조원가 = 직접재료비 + 직접노무비 + 제조간접비
= 600,000 + 400,000 + 480,000 = 1,480,000원

7 ② · 총 공손 수량 = 기초재공품 + 당기착수량 − 당기완성량 − 기말재공품
→ 200 = 3,000 + 2,300 − ? − 1,100
∴ 당기완성량 = 4,000개
· 정상공손 수량 = 완성품 수량 × 일정비율
= 4,000개 × 3% = 120개
· 비정상공손 수량 = 총 공손 수량 − 정상공손 수량
= 200 − 120 = 80개

8 ③ · 예정배부액 = 실제조업도 × 예정배부율
= 100시간 × @10,000 = 1,000,000원
· 배부차이 = 예정배부액 − 실제발생액
= 1,000,000 − 1,400,000 = (−)400,000원(과소배부)

9 ③ 기계감가상각비 : 각 부문의 기계사용시간

10 ② ① 변동원가, ② 고정원가, ③ 변동원가, ④ 해당 없음

11 ① · 할부판매의 이자상당액은 과세표준에 포함한다.
· 매출에누리, 매출환입, 매출할인은 과세표준에 포함하지 않는다.

12 ② 국외에서 공급하는 용역(예 해외 건설공사)에 대해서는 영세율을 적용한다.

13 ④ 자기가 주요 자재의 전부 또는 일부를 부담하고 상대방으로부터 인도받은 재화를 가공하여 새로운 재화를 만드는 가공계약에 따라 재화를 인도하는 것은 재화의 공급(재화의 실질공급 중 가공거래)에 해당한다.

14 ③ 과세기간 중 사망한 자에 대해서는 사망일 전날의 상황에 따른다.

15 ④ ① 퇴직소득은 분류과세하므로 종합소득금액의 합산대상이 아니다.
② 예납적 원천징수의 경우, 원천징수된 소득이 종합소득금액에 포함되고 원천징수세액은 기납부세액으로 공제된다.
③ 부가가치세법상 영세율이 적용되는 매출의 경우, 부가가치세법상 거래징수되는 매출세액이 없다 하더라도, 소득세법상 소득금액(사업소득의 총수입금액)에는 포함된다. (예 개인사업자의 직수출액)

실무시험

문제 1 일반전표입력

(1) 1월 31일	(차) 복리후생비(제조)	10,000,000	(대) 미지급금(하나카드)	10,000,000
(2) 3월 3일	(차) 임차보증금((주)동국)	15,000,000	(대) 선급금((주)동국)	5,000,000
			보통예금	10,000,000
(3) 3월 31일	(차) 보통예금	10,000,000	(대) 단기매매증권	8,000,000
			단기매매증권처분이익	2,000,000
(4) 9월 21일	(차) 보통예금	15,000,000	(대) 자본금	10,000,000
			주식발행초과금	5,000,000
(5) 10월 31일	(차) 단기차입금(기업은행)	100,000,000	(대) 보통예금	100,300,000
	이자비용	300,000		

문제 2 매입매출전표입력

(1) 7월 28일 유형 : 55.수입 / 공급가액 : 30,000,000 / 부가세 : 3,000,000 / 거래처 : 김해세관 / 전자 : 여 / 분개 : 혼합(현금)

(차) 부가세대급금	3,000,000	(대) 현금	3,000,000

(2) 7월 30일 유형 : 53.면세 / 공급가액 : 550,000 / 거래처 : (주)조아캐피탈 / 전자 : 여 / 분개 : 혼합(현금)

(차) 임차료(판관비)	550,000	(대) 보통예금	550,000

참고 운용리스
- 리스회사는 여신전문금융업법에 따라 등록한 시설대여업자로서 면세사업자에 해당하므로 리스회사는 운용리스료에 대하여 '계산서'를 발급한다.
- 리스이용자는 운용리스료에 대하여 임차료 계정과목을 사용하여 비용으로 회계처리한다.

(3) 8월 12일 유형 : 16.수출 / 공급가액 : 34,500,000 / 부가세 : 0 / 거래처 : 영국 ACE사 / 분개 : 혼합(외상) / (영세율구분 : 1.직접수출)

(차) 외상매출금(영국 ACE사)	34,500,000	(대) 제품매출	34,500,000

(4) 9월 25일 유형 : 14.건별 / 공급가액 : 3,000,000 / 부가세 : 300,000 / 거래처 : (주)세무물산 / 분개 : 혼합

(차) 기업업무추진비(제조)	2,300,000	(대) 제품(적요 8. 타계정으로 대체액)	2,000,000
		부가세예수금	300,000

(5) 9월 30일 유형 : 11.과세 / 공급가액 : 30,000,000 / 부가세 : 3,000,000 / 거래처 : (주)혜민 / 전자 : 여 / 분개 : 혼합

(차) 선수금((주)혜민)	10,000,000	(대) 제품매출	30,000,000
외상매출금((주)혜민)	23,000,000	부가세예수금	3,000,000

문제3 부가가치세신고

(1) [부가가치세신고서] (4월~6월)

조회기간 2024 년 4 월 1 일 ~ 2024 년 6 월 30 일 신고구분 1.정기신고 신고차수 부가율 53.72 확정

구분				정기신고금액 금액	세율	세액
과세표준및매출세액	과세	세금계산서발급분	1	500,000,000	10/100	50,000,000
		매입자발행세금계산서	2		10/100	
		신용카드 · 현금영수증발행분	3		10/100	
		기타(정규영수증외매출분)	4			
	영세	세금계산서발급분	5		0/100	
		기타	6	50,000,000	0/100	
	예정신고누락분		7			
	대손세액가감		8			
	합계		9	550,000,000	㉮	50,000,000
매입세액	세금계산서수취분	일반매입	10	250,000,000		25,000,000
		수출기업수입분납부유예	10-1			
		고정자산매입	11			
	예정신고누락분		12	4,500,000		450,000
	매입자발행세금계산서		13			
	그 밖의 공제매입세액		14			
	합계(10)-(10-1)+(11)+(12)+(13)+(14)		15	254,500,000		25,450,000
	공제받지못할매입세액		16	10,000,000		1,000,000
	차감계 (15-16)		17	244,500,000	㉯	24,450,000
납부(환급)세액(매출세액㉮-매입세액㉯)					㉰	25,550,000
경감공제세액	그 밖의 경감 · 공제세액		18			10,000
	신용카드매출전표등 발행공제등		19			
	합계		20		㉱	10,000
소규모 개인사업자 부가가치세 감면세액			20-1		㉲	
예정신고미환급세액			21		㉳	1,000,000
예정고지세액			22		㉴	
사업양수자의 대리납부 기납부세액			23		㉵	
매입자 납부특례 기납부세액			24		㉶	
신용카드업자의 대리납부 기납부세액			25		㉷	
가산세액계			26		㉸	
차가감하여 납부할세액(환급받을세액)㉰-㉱-㉲-㉳-㉴-㉵-㉶-㉷+㉸					27	24,540,000
총괄납부사업자가 납부할 세액(환급받을 세액)						

구분				금액	세율	세액
7.매출(예정신고누락분)						
예정누락분	과세	세금계산서	33		10/100	
		기타	34		10/100	
	영세	세금계산서	35		0/100	
		기타	36		0/100	
	합계		37			
12.매입(예정신고누락분)						
예정누락분	세금계산서		38	4,500,000		450,000
	그 밖의 공제매입세액		39			
	합계		40	4,500,000		450,000
	신용카드매출수령금액합계	일반매입				
		고정매입				
	의제매입세액					
	재활용폐자원등매입세액					
	과세사업전환매입세액					
	재고매입세액					
	변제대손세액					
	외국인관광객에대한환급세액					
	합계					
14.그 밖의 공제매입세액						
신용카드매출수령금액합계표		일반매입	41			
		고정매입	42			
의제매입세액			43		뒤쪽	
재활용폐자원등매입세액			44		뒤쪽	
과세사업전환매입세액			45			
재고매입세액			46			
변제대손세액			47			
외국인관광객에대한환급세액			48			
합계			49			

구분		금액	세율	세액
16.공제받지못할매입세액				
공제받지못할 매입세액	50	10,000,000		1,000,000
공통매입세액면세등사업분	51			
대손처분받은세액	52			
합계	53	10,000,000		1,000,000
18.그 밖의 경감·공제세액				
전자신고 및 전자고지 세액공제	54			10,000
전자세금계산서발급세액공제	55			
택시운송사업자경감세액	56			
대리납부세액공제	57			
현금영수증사업자세액공제	58			
기타	59			
합계	60			10,000

· 예정신고 시 매출분은 누락되지 않고 세금계산서 매입분만 누락되었으므로 신고 및 납부 관련 가산세는 없다.

(2) [신용카드매출전표등발행금액집계표] (10월~12월)

조회기간 2024 년 10 월 ~ 2024 년 12 월 구분 2기 확정

1. 인적사항

상호[법인명]	(주)로운상회	성명[대표자]	김로운	사업등록번호	121-86-23546
사업장소재지	부산광역시 사상구 대동로 303 (감전동)				

2. 신용카드매출전표 등 발행금액 현황

구 분	합 계	신용 · 직불 · 기명식 선불카드	현금영수증	직불전자지급 수단 및 기명식선불 전자지급수단
합 계	34,500,000	34,500,000		
과세 매출분	27,500,000	27,500,000		
면세 매출분	7,000,000	7,000,000		
봉 사 료				

3. 신용카드매출전표 등 발행금액중 세금계산서 교부내역

세금계산서발급금액	27,500,000	계산서발급금액	7,000,000

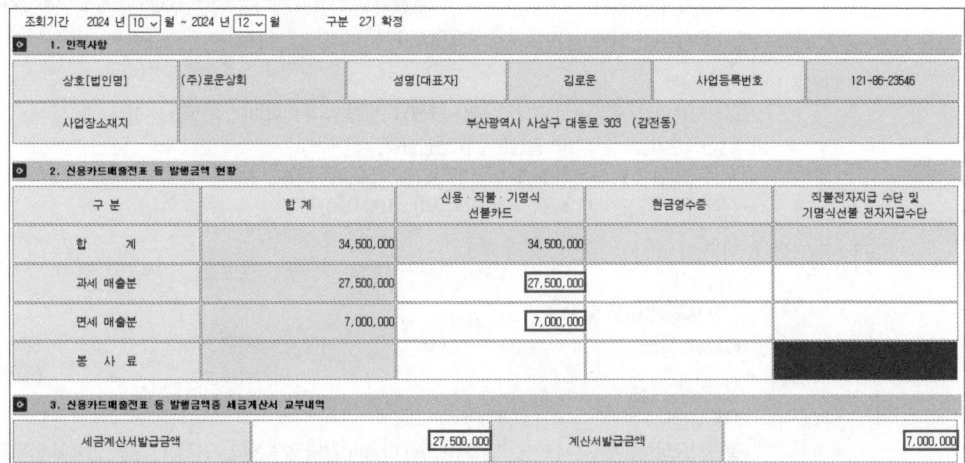

(3) 1단계 신고서 마감 확인 : [부가가치세신고서] 메뉴 (1월~3월)

2단계 전자신고파일 제작 : [전자신고] 메뉴 (신고인구분 : 2.납세자 자진신고), (비밀번호 : 12341234)

3단계 전자신고파일 제출 : [국세청 홈택스 전자신고변환(교육용)] 메뉴 (찾아보기 → 형식검증하기 → 형식검증결과확인 → 내용검증하기 → 내용검증결과확인 → 전자파일제출 → 신고서 접수증 확인)

문제 4 결산

(1) (수동결산)

[일반전표입력] 12월 31일

(차) 외화환산손실	2,800,000[1)]	(대) 외상매출금(AAPL.CO.LTD)	2,800,000

1) ($100,000 - $30,000) × (@1,150원 - @1,190원) = (-)2,800,000원 (자산이므로 외화환산손실)

(2) (수동결산)

[일반전표입력] 12월 31일

(차) 선급비용	300,000[1)]	(대) 보험료(판관비)	300,000

1) 1,200,000원 × (3개월/12개월) = 300,000원

(3) (수동결산 또는 자동결산)

| 방법 1 | (수동결산)

[일반전표입력] 12월 31일

(차) 대손상각비	3,230,484	(대) 대손충당금(외상매출금)	1,807,884[1)]
		대손충당금(받을어음)	1,422,600[2)]
기타의대손상각비	900,000	대손충당금(단기대여금)	900,000[3)]

1) 695,788,470원 × 1% - 5,150,000원 = 1,807,884원

2) 157,760,000원 × 1% - 155,000원 = 1,422,600원

3) 90,000,000원 × 1% - 0원 = 900,000원

| 방법 2 | (자동결산)

[결산자료입력] 메뉴에서 (기간 : 1월~12월) 다음과 같이 입력한다. 자동결산 항목 입력이 완료되고 나면 상단의 [전표추가]를 클릭하여 결산분개를 생성한다.

- 판매비와 일반관리비 ▶ 대손상각 ▶ 외상매출금 : 1,807,884
- 판매비와 일반관리비 ▶ 대손상각 ▶ 받을어음 : 1,422,600
- 영업외비용 ▶ 기타의대손상각 ▶ 단기대여금 : 900,000

(4) (수동결산 또는 자동결산)

| 방법 1 | (수동결산)

[일반전표입력] 12월 31일

(차) 퇴직급여(제조)	50,000,000	(대) 퇴직급여충당부채	150,000,000
퇴직급여(판관비)	100,000,000		

| 방법 2 | (자동결산)

[결산자료입력] 메뉴에서 (기간 : 1월~12월) 다음과 같이 입력한다. 자동결산 항목 입력이 완료되고 나면 상단의 [전표추가]를 클릭하여 결산분개를 생성한다.

- 제품매출원가 ▶ 노무비 ▶ 퇴직급여(전입액) : 50,000,000
- 판매비와 일반관리비 ▶ 퇴직급여(전입액) : 100,000,000

(5) (수동결산 또는 자동결산)

| 방법 1 | (수동결산)

[일반전표입력] 12월 31일

(차) 법인세등	12,000,000	(대) 선납세금	5,550,000
		미지급세금	6,450,000

| 방법 2 | (자동결산)

[결산자료입력] 메뉴에서 (기간 : 1월~12월) 다음과 같이 입력한다. 자동결산 항목 입력이 완료되고 나면 상단의 [전표추가]를 클릭하여 결산분개를 생성한다.

- 법인세등 ▶ 선납세금 : 5,550,000
- 법인세등 ▶ 추가계상액 : 6,450,000

문제5 연말정산

(1) 1단계 [급여자료입력] 메뉴 ▶ [수당공제] 보조창 ▶ [수당등록] 탭

No	코드	과세구분	수당명	근로소득유형			월정액	통상임금	사용여부
				유형	코드	한도			
1	1001	과세	기본급	급여			정기	여	여
2	1002	과세	상여	상여			부정기	부	부
3	1003	과세	직책수당	급여			정기	부	부
4	1004	과세	월차수당	급여			정기	부	부
5	1005	비과세	식대	식대	P01	(월)200,000	정기	부	부
6	1006	비과세	자가운전보조금	자가운전보조금	H03	(월)200,000	부정기	부	여
7	1007	비과세	야간근로수당	야간근로수당	001	(년)2,400,000	부정기	부	여
8	2001	과세	식대	급여			정기	부	여
9	2002	과세	교육보조금	급여			정기	부	여

- 현물식사를 별도로 제공하고 있으므로 식대는 과세
- 생산직 근로자이고 비과세 요건을 충족하므로 야간근로수당은 연 240만 원을 한도로 비과세[1)]

1) [사원등록] 메뉴에서 '연장근로비과세'란이 '1 : 여'로 체크되어 있는지 확인

2단계 [급여자료입력]

귀속년월 2024 년 05 월 지급년월일 2024 년 05 월 31 일 급여

사번	사원명	감면율
101	정희석	
총인원(퇴사자)	1(0)	

급여항목	금액
기본급	1,900,000
자가운전보조금	300,000
야간근로수당	200,000
식대	100,000
교육보조금	100,000
과세	2,200,000
비과세	400,000
지급총액	2,600,000

공제항목	금액
국민연금	99,000
건강보험	67,910
장기요양보험	8,330
고용보험	17,600
소득세(100%)	25,950
지방소득세	2,590
농특세	
공제총액	221,380
차인지급액	2,378,620

사원정보 임금대장

입사일(퇴사일)	2003/01/01
주민(외국인)번호	800101-1******
거주/내외국인	거주자/내국인
생산직/연장근로	여/여
국외근로/종교관련	부/부

4.전체사원-현재 크게보기

지급총액	2,600,000
과세	2,200,000
총비과세	400,000
제출비과세	200,000
미제출비과세	200,000

공제총액	221,380
차인지급액	2,378,620
국민연금	99,000
건강보험	67,910
장기요양보험	8,330

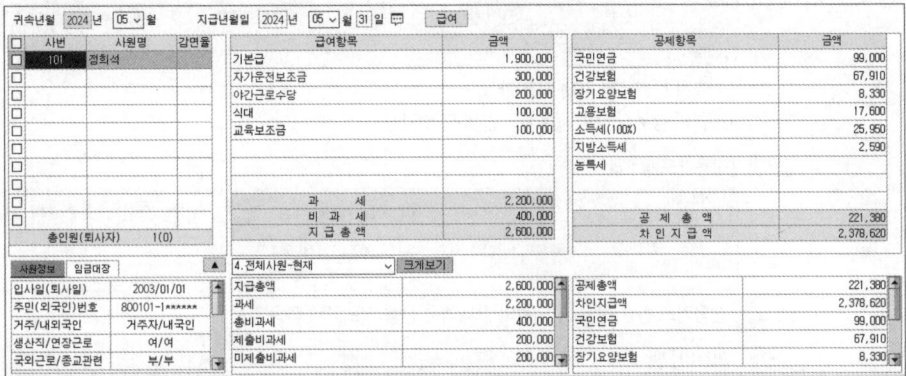

- 과세 = 기본급 + 자가운전보조금(한도초과) + 식대(요건미충족) + 교육보조금
  = 1,900,000 + 100,000 + 100,000 + 100,000 = 2,200,000원
- 비과세 = 자가운전보조금(한도) + 야간근로수당
  = 200,000(미제출) + 200,000(제출) = 400,000원

3단계 [원천징수이행상황신고서]

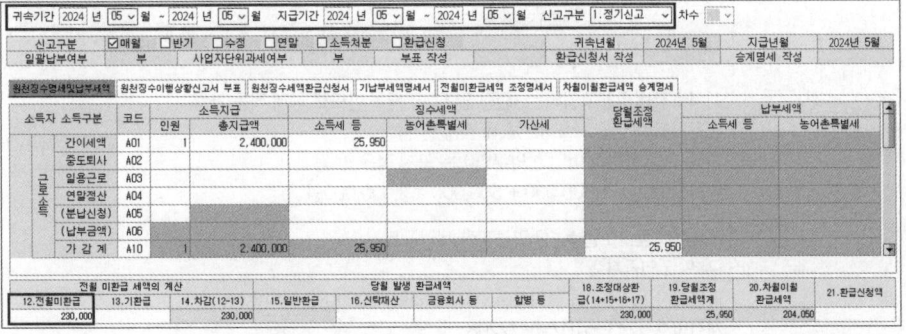

귀속기간 2024 년 05 월 ~ 2024 년 05 월 지급기간 2024 년 05 월 ~ 2024 년 05 월 신고구분 1.정기신고 차수

신고구분	☑매월 □반기 □수정 □연말 □소득처분 □환급신청	귀속년월	2024년 5월	지급년월	2024년 5월
일괄납부여부	부 / 사업자단위과세여부 부 / 부표 작성	환급신청서 작성		승계명세 작성	

원천징수명세및납부세액 | 원천징수이행상황신고서 부표 | 원천징수세액환급신청서 | 기납부세액명세서 | 전월미환급세액 조정명세서 | 차월이월환급세액 승계명세

소득자 소득구분		코드	소득지급		징수세액			당월조정 환급세액	납부세액	
			인원	총지급액	소득세 등	농어촌특별세	가산세		소득세 등	농어촌특별세
근로소득	간이세액	A01	1	2,400,000	25,950					
	중도퇴사	A02								
	일용근로	A03								
	연말정산	A04								
	(분납신청)	A05								
	(납부금액)	A06								
	가감계	A10	1	2,400,000	25,950			25,950		

전월 미환급 세액의 계산			당월 발생 환급세액				18.조정대상환급(14+15+16+17)	19.당월조정환급세액계	20.차월이월환급세액	21.환급신청액
12.전월미환급	13.기환급	14.차감(12-13)	15.일반환급	16.신탁재산	금융회사 등	합병 등				
230,000		230,000					230,000	25,950	204,050	

(2) 1단계 [연말정산추가자료입력] 메뉴 ▶ 102. 김영식 ▶ [소득명세] 탭

- 근무처명 : ㈜진성상사
- 사업자등록번호 : 405-81-65449
- 근무기간 : 2024. 1. 1.~2024. 6. 20.
- 급여 : 12,000,000
- 건강보험료 : 411,600
- 장기요양보험료 : 47,400
- 고용보험료 : 96,000
- 국민연금보험료 : 540,000
- 기납부세액 ▶ 소득세 : 100,000 [1)]
- 기납부세액 ▶ 지방소득세 : 10,000

[1)] 전 근무지에서의 기납부세액은 종전 근무지 근로소득원천징수영수증에 기재된 결정세액, 기납부세액, 차감징수세액 중 결정세액임

2단계 [부양가족] 탭 ▶ 본인 김영식

자료구분	보험료				의료비						교육비		
	건강	고용	일반보장성	장애인전용	일반		실손	선천성이상아	난임	65세,장애인	일반		장애인특수
국세청			1,600,000		2,000,000	1.전액					6,000,000	4.본인	
기타	976,920	201,600											

자료구분	신용카드등 사용액공제						기부금
	신용카드	직불카드등	현금영수증	전통시장사용분	대중교통이용분	도서공연 등	
국세청	8,500,000	3,600,000	50,000				
기타							

- 저축성 보험료는 공제 적용 안 됨
- 본인의 경우 대학원 교육비도 공제 적용 가능

3단계 [신용카드 등] 탭

□	내/외	성명	자료구분	신용카드	직불,선불	현금영수증	도서등 신용	도서등 직불	도서등 현금	전통시장	대중교통	소비증가분	
	관계	생년월일										2023년	2024년
□	내	김영식	국세청	8,500,000	3,600,000	50,000							
	0	1980-01-02	기타										

- 신용카드 등 사용액 중 의료비 결제액은 신용카드 공제 적용 가능

4단계 [의료비] 탭

2024년 의료비 지급명세서													14.산후조리원
의료비 공제대상자					지급처			지급명세					
성명	내/외	5.주민등록번호	6.본인등 해당여부		9.증빙코드	8.상호	7.사업자 등록번호	10.건수	11.금액	11-1.실손 보험수령액	12.미숙아 선천성이상아	13.난임 여부	
김영식	내	800102-1245121	1	0	1				2,000,000		X	X	X
	합계								2,000,000				
일반의료비(본인)		2,000,000	6세 이하, 65세 이상, 장애인				일반의료비(그 외)			난임시술비			
										미숙아.선천성이상아			

- 시력보정용 안경구입비는 1인당 연 50만 원을 한도로 공제 적용 가능
- 미용목적 피부과 시술비는 공제 적용 안 됨
- 치료·요양 목적이 아닌 한약구입비는 공제 적용 안 됨
- 본인 의료비 = 1,500,000 + 500,000 = 2,000,000원

5단계 [연금저축 등 Ⅰ] 탭 ▶ 2 연금계좌 세액공제

- 구분 : 2.연금저축
- 금융회사 등 : (F2를 클릭하여 검색 후 입력) 305.KEB 하나은행
- 계좌번호 : 243-610750-72208
- 납입금액 : 1,200,000

6단계 [월세액] 탭 ▶ [1] 월세액 세액공제 명세
- 임대인명 : 김서민
- 주민등록번호 : 771031-1028559
- 주택유형 : (F2를 클릭하여 검색 후 입력) 다가구
- 주택계약면적(㎡) : 50
- 임대차계약서상 주소지 : 부산시 해운대구 우동 10번지 1동 202호
- 계약서상 임대차 계약기간 : 2024. 1. 1.~2026. 12. 31.
- 연간 월세액 : 3,600,000[1]
- 무주택자 해당 여부 : 여

[1] 매달 300,000원 × 12개월 = 3,600,000원

7단계 [연말정산입력] 탭 ([부양가족] 탭에 입력한 다음, F8 부양가족탭불러오기 클릭)
- 보장성보험 ▶ 일반 : 1,600,000
- 의료비 ▶ 본인 : 2,000,000
- 교육비 ▶ 본인 : 6,000,000
- 신용카드 등 사용액 ▶ 신용카드 : 8,500,000
- 신용카드 등 사용액 ▶ 직불/선불카드 : 3,600,000
- 신용카드 등 사용액 ▶ 현금영수증 : 50,000
- 신용카드 등 사용액 ▶ 소비증가분 : 0

▶ 문제 | p.905

이론시험

1 ②	2 ①	3 ①	4 ④	5 ③	6 ②	7 ②	8 ②
9 ②	10 ④	11 ③	12 ②	13 ③	14 ②	15 ④	

1 ② · 매출총이익률 = (매출액 - 매출원가) ÷ 매출액
→ 25% = (800,000 - ?) ÷ 800,000
∴ 매출원가 = 600,000원
· 매출원가 = (기초재고 + 당기매입 - 실제 기말재고) - 타계정대체
→ 600,000 = (100,000 + 650,000 - 130,000) - ?
∴ 타계정대체 = 20,000원 = 비정상감모손실 = 재고자산감모손실(영업외비용)

2 ① ② 정상적인 영업주기 내에 소멸할 것으로 예상되는 매입채무와 미지급비용 등은 보고기간 종료일로부터 1년 이내에 결제되지 않더라도 유동부채로 분류한다.
③ 미지급금은 일반적 상거래 이외에서 발생한 지급기일이 도래한 확정채무를 말한다.
④ 충당부채는 지출시기나 금액이 불확실하지만 부채로 인식한다.

3 ① · 단기차입금(유동부채), 장기차입금(비유동부채), 미지급비용(유동부채), 선급비용(유동자산), 퇴직급여충당부채(비유동부채)
· 유동부채 = 단기차입금 + 미지급비용
= 100,000,000 + 5,000,000 = 105,000,000원

4 ④ 유형자산의 공정가치는 시장가격으로 한다. 다만, 시장가격이 없는 경우에는 동일 또는 유사 자산의 현금거래로부터 추정할 수 있는 실현가능액이나 전문적 자격이 있는 평가인의 감정가액을 사용할 수 있다. (일반기업회계기준 문단 10.19)

5 ③ 회계에는 ㉠ 계속기업, ㉡ 기업실체, ㉢ 기간별 보고라는 기본가정이 깔려 있으며, ㉣ 발생주의를 기본적 특징으로 한다.

6 ② · 총 공손 수량 = 기초재공품 + 당기착수량 - 당기완성량 - 기말재공품
= 2,000 + 8,000 - 9,000 - 500 = 500개
· 정상공손품의 기준을 완성품의 3%로 가정할 경우, 정상공손수량은 270개(= 9,000개 × 3%), 비정상공손수량은 230개이다.
· 정상공손품의 기준을 완성품의 5%로 가정할 경우, 정상공손수량은 450개(= 9,000개 × 5%), 비정상공손수량은 50개이다.

7 ② · 재료비 = 기초원재료 + 당기매입액 - 기말원재료
= 500,000 + 1,200,000 - 50,000 = 1,650,000원
· 당기총제조원가 = (직접)재료비 + 직접노무비 + 제조간접비
= 1,650,000 + 1,500,000 + 2,000,000 = 5,150,000원
· 당기제품제조원가 = 기초재공품 + 당기총제조원가 - 기말재공품
= 400,000 + 5,150,000 - 500,000 = 5,050,000원

8 ② · ②는 매몰원가에 대한 설명이다.
· 기회비용이란 자원을 현재 용도 이외에 다른 용도로 사용했을 경우 얻을 수 있는 최대 금액을 말하며, 이는 의사결정 시 고려하여야 하는 관련원가에 해당한다.

9 ② 기말제품재고액은 제조원가명세서에 표시되지 않고, 손익계산서의 매출원가 내역에 표시된다.

10 ④ 단계배분법에 대한 설명이다. 단계배분법은 보조부문 상호 간의 용역수수관계를 일부만 반영하는 방법이라고 볼 수 있다.

11 ③ 건설업을 영위하는 법인은 법인의 등기부상의 소재지를 사업장으로 한다.

12 ② 간이과세자라 하더라도 '신규사업자 및 직전 연도 공급대가가 4,800만 원 미만인 경우'가 아니라면 세금계산서를 발급하여야 하고 세금계산서 관련 가산세가 적용된다.

13 ③ 완성도기준지급조건부 판매 : 대가의 각 부분을 받기로 한 때

14 ② 연금계좌의 운용실적에 따라 증가된 금액(연금 형태로 지급받은 경우)은 연금소득에 해당한다.

15 ④ 사업과 관련하여 해당 사업용 자산의 손실로 인한 보험차익은 총수입금액에 산입한다.

실무시험

문제 1 일반전표입력

(1) 4월 29일	(차) 미지급세금	2,500,000	(대) 보통예금	2,502,500
	세금과공과(판관비)	2,500		
(2) 5월 23일	(차) 보통예금	10,000,000	(대) 자기주식	8,000,000
			자기주식처분손실	1,300,000
			자기주식처분이익	700,000
(3) 11월 15일	(차) 보통예금	100,000,000	(대) 장기차입금(하나은행)	100,000,000
(4) 11월 25일	(차) 보통예금	26,000,000	(대) 외상매출금(ABC사)	24,000,000
			외환차익	2,000,000
(5) 12월 29일	(차) 기업업무추진비(판관비)	100,000	(대) 미지급금(신한카드)	100,000

문제 2 매입매출전표입력

(1) 7월 30일

- 유형 : 51.과세 / 공급가액 : 1,400,000 / 부가세 : 140,000 / 거래처 : 남해식당 / 전자 : 부 / 분개 : 혼합

(차) 복리후생비(판관비)	1,400,000	(대) 미지급금(남해식당)	1,540,000
부가세대급금	140,000		

- 해당 전표를 선택하여 [예정신고누락분 확정신고] 보조창을 열고[1], 확정신고 개시년월란에 "2023년 10월"을 입력

[1] 메뉴 화면 상단에 있는 [F11 간편집계.. ▾]의 [▾]를 클릭하고, [SF5 예정 누락분](또는 [shift] + [F5])를 선택

(2) 8월 5일 유형 : 53.면세 / 공급가액 : 200,000,000 / 거래처 : 진성부동산 / 전자 : 여 / 분개 : 혼합

(차) 토지	200,000,000	(대) 보통예금	200,000,000

(3) 9월 1일 유형 : 61.현과 / 공급가액 : 3,600,000 / 부가세 : 360,000 / 거래처 : ㈜전자상회 / 분개 : 혼합(현금)

(차) 비품	3,600,000	(대) 현금	3,960,000
부가세대급금	360,000		

(4) 9월 25일 유형 : 54.불공 / 공급가액 : 700,000 / 부가세 : 70,000 / 거래처 : ㈜로운캐피탈 / 전자 : 여 / 분개 : 혼합 / (불공제사유 : ③비영업용 소형승용자동차 구입·유지 및 임차)

(차) 임차료(판관비)	770,000	(대) 미지급금(㈜로운캐피탈)	770,000

(5) 9월 30일 유형 : 11.과세 / 공급가액 : (-)5,000,000 / 부가세 : (-)500,000 / 거래처 : 중앙상사 / 전자 : 여 / 분개 : 혼합(외상)

(차) 외상매출금(중앙상사)	(-)5,500,000	(대) 제품매출	(-)5,000,000
		부가세예수금	(-)500,000

문제 3 부가가치세신고

(1) [의제매입세액공제신고서] (4월~6월)

조회기간 2024 년 04 월 ~ 2024 년 06 월 1기 확정 관리용 = 신고용

관리용 | 신고용

※농.어민으로부터의 매입분에 대한 자료 입력시 주민등록번호, 품명, 수량은 필수입력 사항입니다.

공급자	사업자/주민등록번호
고기유통(주)	210-81-62674
(주)창자유통	137-81-99992

고기유통(주)

취득일자	구분	물품명	수량	매입가액	공제율	의제매입세액	건수
2024-04-30	계산서	돼지고기	1,600	28,000,000	2/102	549,019	1
합계			1,600	28,000,000		549,019	1

(주)창자유통

취득일자	구분	물품명	수량	매입가액	공제율	의제매입세액	건수
2024-06-30	계산서	돼지창자	1,000	3,000,000	2/102	58,823	1

	매입가액 계	의제매입세액 계	건수 계
계산서 합계	31,000,000	607,842	2
신용카드등 합계			
농·어민등 합계			
총계	31,000,000	607,842	2

면세농산물등 | 제조업 면세농산물등

가. 과세기간 과세표준 및 공제가능한 금액등 (불러오기)

과세표준			대상액 한도계산		B.당기매입액	공제대상금액 [MIN (A,B)]
합계	예정분	확정분	한도율	A.한도액		
96,000,000		96,000,000	50/100	48,000,000	31,000,000	31,000,000

나. 과세기간 공제할 세액

공제대상세액		이미 공제받은 금액			공제(납부)할세액 (C-D)
공제율	C.공제대상금액	D.합계	예정신고분	월별조기분	
2/102	607,843				607,843

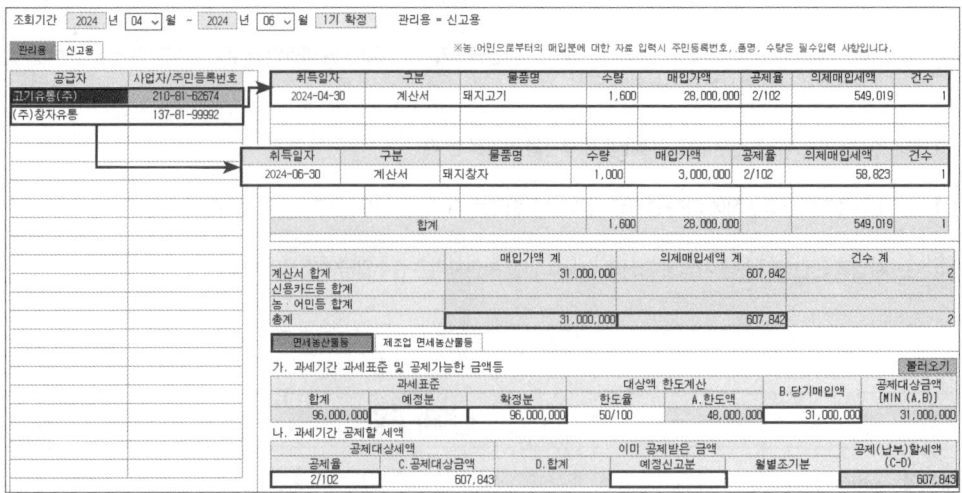

- 제조업을 영위하나 중소기업이 아닌 법인의 공제율 : 2/102
- 식품포장재는 면세농산물이 아니므로 의제매입세액 대상이 아님
- 당기매입액 : 예정분 0 + 확정분 31,000,000 = 31,000,000원
- 이미 공제받은 금액(예정신고분) : 0원
- 확정신고 시 의제매입세액공제 금액 = Min[㉠, ㉡] - ㉢ = 607,843원
  ㉠ 전체 과세기간의 대상 매입가액 × 공제율 = 31,000,000 × 2/102 = 607,843원
  ㉡ 전체 과세기간의 과세표준 × 일정률 × 공제율 = 96,000,000 × 50% × 2/102 = 941,176원
  ㉢ 예정신고 시 의제매입세액공제 금액 = 0원

(2) [부가가치세신고서] (10월~12월)

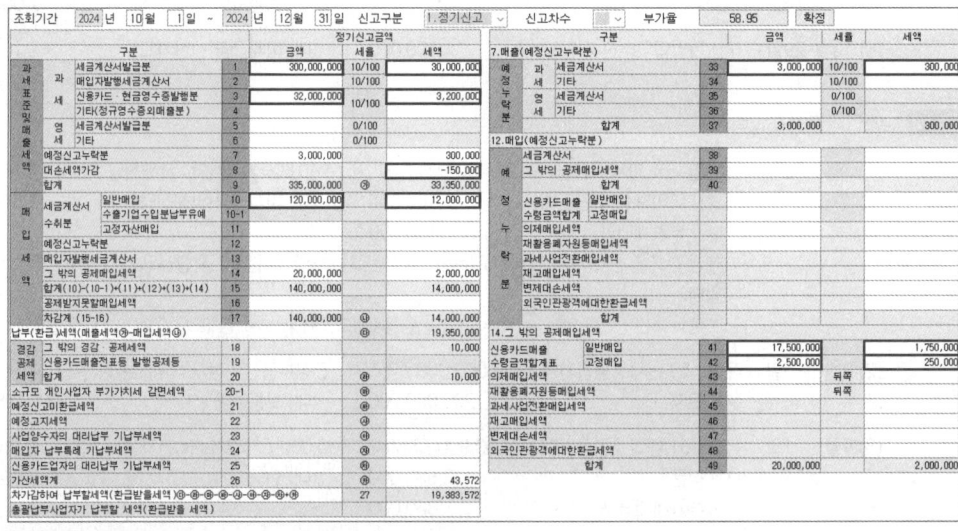

조회기간 2024 년 10 월 1 일 ~ 2024 년 12 월 31 일 신고구분 1.정기신고 신고차수 부가율 58.95 확정

구분				정기신고금액 금액	세율	세액
과세표준및매출세액	과세	세금계산서발급분	1	300,000,000	10/100	30,000,000
	과세	매입자발행세금계산서	2		10/100	
	과세	신용카드·현금영수증발행분	3	32,000,000	10/100	3,200,000
	과세	기타(정규영수증외매출분)	4			
	영세	세금계산서발급분	5		0/100	
	영세	기타	6		0/100	
	예정신고누락분		7	3,000,000		300,000
	대손세액가감		8			-150,000
	합계		9	335,000,000	㉮	33,350,000
매입세액	세금계산서수취분	일반매입	10	120,000,000		12,000,000
	세금계산서수취분	수출기업수입분납부유예	10-1			
	세금계산서수취분	고정자산매입	11			
	예정신고누락분		12			
	매입자발행세금계산서		13			
	그 밖의 공제매입세액		14	20,000,000		2,000,000
	합계(10)-(10-1)+(11)+(12)+(13)+(14)		15	140,000,000		14,000,000
	공제받지못할매입세액		16			
	차감계 (15-16)		17	140,000,000	㉯	14,000,000
납부(환급)세액(매출세액㉮-매입세액㉯)					㉰	19,350,000
경감공제세액	그 밖의 경감·공제세액		18			10,000
	신용카드매출전표등 발행공제등		19			
	합계		20		㉱	10,000
소규모 개인사업자 부가가치세 감면세액			20-1		㉲	
예정신고미환급세액			21		㉳	
예정고지세액			22		㉴	
사업양수자의 대리납부 기납부세액			23		㉵	
매입자 납부특례 기납부세액			24		㉶	
신용카드업자의 대리납부 기납부세액			25		㉷	
가산세액계			26		㉸	43,572
차가감하여 납부할세액(환급받을세액)㉰-㉱-㉲-㉳-㉴-㉵-㉶-㉷+㉸					27	19,383,572
총괄납부사업자가 납부할 세액(환급받을 세액)						

구분				금액	세율	세액
7.매출(예정신고누락분)						
예정누락분	과세	세금계산서	33	3,000,000	10/100	300,000
	과세	기타	34		10/100	
	영세	세금계산서	35		0/100	
	영세	기타	36		0/100	
	합계		37	3,000,000		300,000
12.매입(예정신고누락분)						
예정누락분	세금계산서		38			
	그 밖의 공제매입세액		39			
	합계		40			
	신용카드매출수령금액합계	일반매입				
	신용카드매출수령금액합계	고정매입				
	의제매입세액					
	재활용폐자원등매입세액					
	과세사업전환매입세액					
	재고매입세액					
	변제대손세액					
	외국인관광객에대한환급세액					
	합계					
14.그 밖의 공제매입세액						
신용카드매출수령금액합계표	일반매입		41	17,500,000		1,750,000
신용카드매출수령금액합계표	고정매입		42	2,500,000		250,000
의제매입세액			43		뒤쪽	
재활용폐자원등매입세액			44		뒤쪽	
과세사업전환매입세액			45			
재고매입세액			46			
변제대손세액			47			
외국인관광객에대한환급세액			48			
합계			49	20,000,000		2,000,000

구분		금액	세율	세액
16.공제받지못할매입세액				
공제받지못할 매입세액	50			
공통매입세액면세등사업분	51			
대손처분받은세액	52			
합계	53			
18.그 밖의 경감·공제세액				
전자신고 및 전자고지 세액공제	54			10,000
전자세금계산서발급세액공제	55			
택시운송사업자경감세액	56			
대리납부세액공제	57			
현금영수증사업자세액공제	58			
기타	59			
합계	60			10,000

25.가산세명세					
사업자미등록등		61		1/100	
세 금 계산서	지연발급 등	62		1/100	
	지연수취	63		5/1,000	
	미발급 등	64	3,000,000	뒤쪽참조	30,000
전자세금 발급명세	지연전송	65		3/1,000	
	미전송	66		5/1,000	
세금계산서 합계표	제출불성실	67		5/1,000	
	지연제출	68		3/1,000	
신고 불성실	무신고(일반)	69		뒤쪽	
	무신고(부당)	70		뒤쪽	
	과소·초과환급(일반)	71	300,000	뒤쪽	7,500
	과소·초과환급(부당)	72		뒤쪽	
납부지연		73	300,000	뒤쪽	6,072
영세율과세표준신고불성실		74		5/1,000	
현금매출명세서불성실		75		1/100	
부동산임대공급가액명세서		76		1/100	
매입자 납부특례	거래계좌 미사용	77		뒤쪽	
	거래계좌 지연입금	78		뒤쪽	
신용카드매출전표등수령명세서미제출 · 과다기재		79		5/1,000	
합계		80			43,572

· 세금계산서 미발급 등 가산세[1)]: 3,000,000원 × 1% = 30,000원

[1)] '세금계산서 지연발급 등' 라인에 입력하여도 정답으로 인정

· 과소신고(일반) 가산세 : 300,000원 × 10% × (100% − 75%)[2)] = 7,500원

[2)] 법정신고기한이 지난 후 1개월 초과 3개월 이내 수정신고에 해당하므로 75% 감면된다.

· 납부지연 가산세 : 300,000원 × (22/100,000) × 92일 = 6,072원

(3) 1단계 신고서 마감 확인 : [부가가치세신고서] 메뉴 (1월~3월)

2단계 전자신고파일 제작 : [전자신고] 메뉴 (신고인구분 : 2.납세자 자진신고), (비밀번호 : 12341234)

3단계 전자신고파일 제출 : [국세청 홈택스 전자신고변환(교육용)] 메뉴 (찾아보기 → 형식검증하기 → 형식검증결과확인 → 내용검증하기 → 내용검증결과확인 → 전자파일제출 → 신고서 접수증 확인)

문제 4 결산

(1) (수동결산)

[일반전표입력] 12월 31일

(차) 소모품	5,300,000	(대) 소모품비(판관비)	5,300,000

(2) (수동결산)

[일반전표입력] 12월 31일

(차) 매도가능증권(투자자산)	700,000	(대) 매도가능증권평가손실	200,000
		매도가능증권평가이익	500,000[1)]

[1)] 당기말 재무상태표에서 매도가능증권 계정과 매도가능증권평가이익 계정의 잔액을 차변으로 집계하여 보면 취득원가 금액이 된다.

매도가능증권 (투자자산)	15,500,000
매도가능증권평가이익 (기타포괄손익누계액)	(500,000)
취득원가 (차변 집계금액)	15,000,000

(3) (수동결산)

[일반전표입력] 12월 31일

(차) 이자수익	360,000	(대) 선수수익	360,000

(4) (수동결산)

[일반전표입력] 12월 31일

(차) 유동성장기부채(중앙은행)	20,000,000	(대) 장기차입금(중앙은행)	20,000,000

(5) (수동결산 또는 자동결산)

| 방법 1 | (수동결산)

[일반전표입력] 12월 31일

(차) 감가상각비(제조)	1,250,000	(대) 감가상각누계액(공구와기구)	1,250,000
감가상각비(판관비)	3,500,000	감가상각누계액(차량운반구)	3,500,000

| 방법 2 | (자동결산)

[결산자료입력] 메뉴에서 (기간 : 1월~12월) 다음과 같이 입력한다. 자동결산 항목 입력이 완료되고 나면 상단의 [전표추가]를 클릭하여 결산분개를 생성한다.

· 제품매출원가 ▶ 경비 ▶ 일반감가상각비 ▶ 공구와기구 : 1,250,000
· 판매비와 일반관리비 ▶ 감가상각비 ▶ 차량운반구 : 3,500,000

문제 5 연말정산

(1) 1단계 [사원등록] 메뉴 ▶ [기본사항] 탭

- 사번 : 107
- 성명 : 윤영수
- 주민등록번호 : 730122-1225661
- 입사연월일 : 2024년 4월 1일
- 내/외국인 : 내국인
- 거주구분 : 거주자
- 국외근로제공 : 부
- 생산직여부 : 부

2단계 [사원등록] 메뉴 ▶ 107.윤영수 ▶ [부양가족명세] 탭

연말관계	성명	내/외국인	주민(외국인)번호		나이	기본공제	부녀자	한부모	경로우대	장애인	자녀	출산입양	위탁관계
0	윤영수	내	1	730122-1225661	51	본인							
3	정이서	내	1	740325-2560121	50	배우자							
1	송미란	내	1	521225-2013667	72	부							
4	윤혜서	내	1	110205-4455196	13	20세이하					○		
4	윤민율	내	1	130701-3998537	11	20세이하					○		
6	윤해수	내	1	740317-1850524	50	장애인				1			

- 정이서(배우자)는 분리과세되는 소득만 있으므로 소득금액 요건을 충족하고 기본공제 가능
- 송미란(모)은 소득금액 요건을 충족하지 못하므로 기본공제 불가
- 형제 등의 동거가족이 취학·질병요양 등으로 일시 퇴거한 경우에도 생계를 같이하는 것으로 인정함
- 장애인은 나이 요건의 제한을 받지 않으므로 윤해수(형제)는 기본공제 가능

(2) 1단계 [연말정산추가자료입력] 메뉴 ▶ 308.이진원 ▶ [부양가족] 탭 ▶ 상단부

연말관계	성명	내/외국인	주민(외국인)번호		나이	기본공제	세대주구분	부녀자	한부모	경로우대	장애인	자녀	출산입양
0	이진원	내	1	861119-1889520	38	본인	세대주						
2	김해수	내	1	580910-2111597	66	60세이상							
3	정연주	내	1	880219-2845571	36	부							
4	이연진	내	1	141111-4019385	10	20세이하						○	
4	이주원	내	1	190811-3456784	5	20세이하							
6	이송원	내	1	890111-1887821	35	장애인					1		
		합 계 [명]				5					1	1	

- 김해수(장모)는 분리과세되는 소득만 있으므로 소득금액 요건을 충족하고 기본공제 가능
- 정연주(배우자)는 소득금액 요건을 충족하지 못하므로 기본공제 불가
- 장애인은 나이 요건의 제한을 받지 않고 분리과세되는 소득만 있으므로 이송원(동생)은 기본공제 가능
- 이연진(딸)과 이주원(아들)은 둘 다 기본공제가 적용되나, 8세 이상 자녀세액공제는 이연진(10세)만 가능

2단계 [부양가족] 탭 ▶ 하단부

- 본인 이진원

자료구분	보험료				의료비						교육비		
	건강	고용	일반보장성	장애인전용	일반		실손	선천성이상아	난임	65세,장애인	일반		장애인특수
국세청			800,000		1,100,000	1.전액	600,000				1,200,000	4.본인	
기타	1,961,900	400,000											

자료구분	신용카드등 사용액공제						기부금
	신용카드	직불카드등	현금영수증	전통시장사용분	대중교통이용분	도서공연 등	
국세청	19,500,000		3,500,000				
기타							

- 장모 김해수

자료구분	보험료				의료비						교육비		
	건강	고용	일반보장성	장애인전용	일반		실손	선천성이상아	난임	65세,장애인	일반		장애인특수
국세청													
기타													

자료구분	신용카드등 사용액공제						기부금
	신용카드	직불카드등	현금영수증	전통시장사용분	대중교통이용분	도서공연 등	
국세청	6,180,000						800,000
기타							

· 배우자 정연주

자료구분	보험료				의료비						교육비		
	건강	고용	일반보장성	장애인전용	일반		실손	선천성이상아	난임	65세,장애인	일반		장애인특수
국세청													
기타													

자료구분	신용카드등 사용액공제						기부금
	신용카드	직불카드등	현금영수증	전통시장사용분	대중교통이용분	도서공연 등	
국세청							
기타							

· 딸 이연진

자료구분	보험료				의료비						교육비		
	건강	고용	일반보장성	장애인전용	일반		실손	선천성이상아	난임	65세,장애인	일반		장애인특수
국세청			600,000		1,500,000	2.일반							
기타													

자료구분	신용카드등 사용액공제						기부금
	신용카드	직불카드등	현금영수증	전통시장사용분	대중교통이용분	도서공연 등	
국세청							
기타							

- 취학 전 아동 이외의 자녀 학원비는 공제 적용 안 됨

· 아들 이주원

자료구분	보험료				의료비						교육비		
	건강	고용	일반보장성	장애인전용	일반		실손	선천성이상아	난임	65세,장애인	일반		장애인특수
국세청			550,000								2,200,000	1.취학전	
기타													

자료구분	신용카드등 사용액공제						기부금
	신용카드	직불카드등	현금영수증	전통시장사용분	대중교통이용분	도서공연 등	
국세청							
기타							

· 동생 이송원

자료구분	보험료				의료비						교육비		
	건강	고용	일반보장성	장애인전용	일반		실손	선천성이상아	난임	65세,장애인	일반		장애인특수
국세청													
기타													

자료구분	신용카드등 사용액공제						기부금
	신용카드	직불카드등	현금영수증	전통시장사용분	대중교통이용분	도서공연 등	
국세청							
기타							

3단계 [신용카드 등] 탭

□	내/외 관계	성명 생년월일	자료구분	신용카드	직불,선불	현금영수증	도서등 신용	도서등 직불	도서등 현금	전통시장	대중교통	소비증가분 2023년	소비증가분 2024년
□	내	이진원	국세청	19,500,000		3,500,000							
	0	1986-11-19	기타										
□	내	김해수	국세청	6,180,000									
	2	1958-09-10	기타										
□	내	정연주	국세청										
	3	1988-02-19	기타										
□	내	이연진	국세청										
	4	2014-11-11	기타										
□	내	이주원	국세청										
	4	2019-08-11	기타										
□	내	이송원	국세청										
	6	1989-01-11	기타										
□													
	합계			25,680,000		3,500,000							

4단계 [의료비] 탭

2024년 의료비 지급명세서														
의료비 공제대상자					지급처			지급명세						14.산후조리원
성명	내/외	5.주민등록번호	6.본인등 해당여부		9.증빙코드	8.상호	7.사업자등록번호	10.건수	11.금액	11-1.실손보험수령액	12.미숙아 선천성이상아	13.난임여부		
이진원	내	861119-1889520	1	0	1				1,100,000	600,000	X	X		X
이연진	내	141111-4019385	3	X	1				1,500,000		X	X		X
		합계							2,600,000	600,000				
일반의료비(본인)		1,100,000	6세 이하, 65세 이상, 장애인				일반의료비(그 외)		1,500,000	난임시술비				
										미숙아.선천성이상아				

· 실손보험금 수령액으로 지급한 의료비는 공제 적용 안 되므로 서식에서 별도로 표기
· 건강기능식품 구입비는 공제 적용 안 됨

5단계 [기부금] 탭

· [기부금 입력] 세부 탭 ▶ 직계존속 김해수

구분		9.기부내용	기부처		기부명세				자료구분
7.유형	8.코드		10.상호(법인명)	11.사업자번호 등	건수	13.기부금합계 금액 (14+15)	14.공제대상 기부금액	15.기부장려금 신청 금액	
종교	41	금전				800,000	800,000		국세청

· [기부금 조정] 세부 탭

구분		기부연도	16.기부금액	17.전년도까지 공제된금액	18.공제대상 금액(16-17)	해당연도 공제금액	해당연도에 공제받지 못한 금액	
유형	코드						소멸금액	이월금액
종교	41	2024	800,000		800,000	800,000		

6단계 [연금저축 등 Ⅰ] 탭 ▶ 2 연금계좌 세액공제
· 구분 : 2.연금저축
· 금융회사 등 : (F2를 클릭하여 검색 후 입력) 304.(주)우리은행
· 계좌번호 : 1012-4588-200
· 납입금액 : 2,000,000

7단계 [연말정산입력] 탭 ([부양가족] 탭에 입력한 다음, **F8 부양가족탭불러오기** 클릭)
· 연금계좌 ▶ 연금저축 : 2,000,000
· 보장성보험 ▶ 일반 : 1,950,000
· 의료비 ▶ 본인 ▶ 지출액 : 1,100,000
· 의료비 ▶ 본인 ▶ 실손의료보험금 : 600,000
· 의료비 ▶ 6세 이하, 65세 이상, 장애인 : 0
· 의료비 ▶ 그 밖의 공제대상자 : 1,500,000
· 교육비 ▶ 취학전아동 : 2,200,000
· 교육비 ▶ 초중고 : 0
· 교육비 ▶ 본인 : 1,200,000
· 기부금 ▶ 지정기부금 ▶ 종교단체 : 800,000
· 신용카드 등 사용액 ▶ 신용카드 : 25,680,000
· 신용카드 등 사용액 ▶ 현금영수증 : 3,500,000
· 신용카드 등 사용액 ▶ 소비증가분 : 0

정답 및 해설 | 제101회 기출문제

▶ 문제 | p.917

이론시험

1 ①	2 ④	3 ④	4 ④	5 ③	6 ③	7 ③	8 ③
9 ④	10 ④	11 ③	12 ③	13 ①	14 ②	15 ①	

1 ① 매도가능증권의 취득 시 발생하는 취득부대비용은 자산의 취득원가로 취득한다.

2 ④ ① 급여(판관비), ② 여비교통비(판관비), ③ 소모품비(판관비), ④ 이자비용(영업외비용)

3 ④ 일반적인 상품 및 제품 판매의 경우 재화의 인도시점에 수익을 인식한다.

4 ④ 사업결합 또는 사업중단 등에 의해 영업의 내용이 유의적으로 변경된 경우에는 재무제표 항목의 표시와 분류를 변경할 수 있다. (일반기업회계기준 문단 2.13)

5 ③ 무형자산 상각 시 잔존가치는 없는 것을 원칙으로 한다.

6 ③ ① 전력비(제조원가), ② 감가상각비(제조원가), ③ 상여금(판관비), ④ 상여금(제조원가)

7 ③ 단위당 변동원가는 조업도의 변동에 관계없이 일정하다.

8 ③ 단계배분법은 보조부문 간에 일정한 배분순서를 결정한 다음 그 배분순서에 따라 보조부문 원가를 단계적으로 배분하는 방법이다.

9 ④
- 제조간접비 × 50% = 변동제조간접비
  → ? × 50% = 800,000
  ∴ 제조간접비 = 1,600,000원
- 가공원가 = 직접노무비 + 제조간접비
  = 300,000 + 1,600,000 = 1,900,000원

10 ④ 개별원가계산은 소량으로 주문하는 기업의 원가계산에 적합하고, 종합원가계산에 비해서 제품별 원가계산이 보다 정확하다.

11 ③
- ①, ②, ④ : (주된 거래에 부수되는 공급) 주된 거래 과세 → 거래 전체 과세
- ③ : (주된 사업에 부수되는 공급) 주된 사업 면세, 부수되는 것 과세 → 면세

12 ③ 조기환급을 신고할 때에는 해당 신고기간의 매출과 매입을 모두 포함하여 계산한 환급세액을 신고하여야 한다.

13 ① 세금계산서 발급 후 계약의 해제로 재화가 공급되지 않아 수정세금계산서를 작성하고자 하는 경우 그 작성일은 계약해제일을 기입한다.

14 ② 거주자가 사망한 경우의 과세기간은 1월 1일부터 사망한 날까지로 한다.

15 ① 이월결손금은 해당 결손금이 발생한 과세기간으로부터 15년(2019. 12. 31. 이전 발생분은 10년)간 이월 공제한다.

실무시험

문제 1 일반전표입력

(1) 2월 6일	(차) 미지급금(조아일보)	352,000	(대) 보통예금	352,000
(2) 4월 15일	(차) 기계장치	5,000,000	(대) 자산수증이익	5,000,000
(3) 5월 30일	(차) 퇴직연금운용자산	10,000,000	(대) 보통예금	10,550,000
	수수료비용(판관비)	550,000		
(4) 7월 12일	(차) 외화장기차입금(뉴욕은행)	59,600,000	(대) 보통예금	57,500,000
			외환차익	2,100,000
(5) 9월 15일	(차) 현금	1,100,000	(대) 대손충당금(외상매출금)	1,000,000
			부가세예수금	100,000

문제 2 매입매출전표입력

(1) 7월 19일 유형 : 54.불공 / 공급가액 : 9,000,000 / 부가세 : 900,000 / 거래처 : ㈜하이마트 / 전자 : 여 / 분개 : 혼합 / (불공제사유 : ②사업과 직접 관련없는 지출)

(차) 가지급금(김연우)	9,900,000	(대) 당좌예금	9,900,000

(2) 7월 28일 유형 : 51.과세 / 공급가액 : (-)3,000,000 / 부가세 : (-)300,000 / 거래처 : ㈜동북 / 전자 : 여 / 분개 : 혼합(외상)

(차) 원재료	(-)3,000,000	(대) 외상매입금(㈜동북)	(-)3,300,000
부가세대급금	(-)300,000		

(3) 8월 1일 유형 : 57.카과 / 공급가액 : 5,000,000 / 부가세 : 500,000 / 거래처 : ㈜협성 / 분개 : 혼합(카드) / (신용카드사 : 우리카드)

(차) 선급금(㈜협성)	5,000,000	(대) 미지급금(우리카드)	5,500,000
부가세대급금	500,000		

(4) 8월 12일 유형 : 11.과세 / 공급가액 : 13,000,000 / 부가세 : 1,300,000 / 거래처 : ㈜서울 / 전자 : 여 / 분개 : 혼합

(차) 감가상각누계액(차량운반구)	12,000,000	(대) 차량운반구	30,000,000
현금	2,000,000	부가세예수금	1,300,000
미수금(㈜서울)	12,300,000		
유형자산처분손실	5,000,000		

(5) 8월 16일 유형 : 14.건별 / 공급가액 : 800,000 / 부가세 : 80,000 / 거래처 : 김전산 / 분개 : 혼합

(차) 보통예금	880,000	(대) 제품매출	800,000
		부가세예수금	80,000

문제 3 부가가치세신고

(1) [수출실적명세서] (10월~12월)

조회기간 2024 년 10 월 ~ 2024 년 12 월 구분 : 2기 확정 과세기간별입력

구분	건수	외화금액	원화금액	비고
⑨합계	2	70,000.00	93,800,000	
⑩수출재화[=⑫합계]	2	70,000.00	93,800,000	
⑪기타영세율적용				

No	□	(13)수출신고번호	(14)선(기)적일자	(15)통화코드	(16)환율	금액 (17)외화	금액 (18)원화	전표정보 거래처코드	전표정보 거래처명
1	□	11122-33-4444444	2024-10-14	USD	1,190.0000	20,000.00	23,800,000	00243	미국 스탠포드사
2	□	22211-33-4444444	2024-11-11	EUR	1,400.0000	50,000.00	70,000,000	00244	독일 비머사
3	□								
	□								
	□								
	□								
	□								
	□								
	□								
	□								
	□								
		합계				70,000	93,800,000		

참고 대가를 외화로 받은 경우의 과세표준

- 공급시기(선적일) 도래 전에 원화로 환가한 경우 : 그 환가한 금액
- 공급시기(선적일) 이후에 외국통화로 보유하거나 지급받은 경우 : 공급시기의 기준환율에 따라 계산한 금액

(2) [부가가치세신고서] (4월~6월)

조회기간 2024 년 4월 1일 ~ 2024 년 6월 30일 신고구분 1.정기신고 신고차수 부가율 51.85 확정

구분				정기신고금액 금액	세율	세액
과세표준및매출세액	과세	세금계산서발급분	1	200,000,000	10/100	20,000,000
		매입자발행세금계산서	2		10/100	
		신용카드 · 현금영수증발행분	3	50,000,000	10/100	5,000,000
		기타(정규영수증외매출분)	4			
	영세	세금계산서발급분	5		0/100	
		기타	6	20,000,000	0/100	
	예정신고누락분		7			
	대손세액가감		8			1,000,000
	합계		9	270,000,000	㉮	26,000,000
매입세액	세금계산서수취분	일반매입	10	120,000,000		12,000,000
		수출기업수입분납부유예	10-1			
		고정자산매입	11			
	예정신고누락분		12	10,000,000		1,000,000
	매입자발행세금계산서		13			
	그 밖의 공제매입세액		14			
	합계(10)-(10-1)+(11)+(12)+(13)+(14)		15	130,000,000		13,000,000
	공제받지못할매입세액		16	20,000,000		2,000,000
	차감계 (15-16)		17	110,000,000	㉯	11,000,000
납부(환급)세액(매출세액㉮-매입세액㉯)					㉰	15,000,000
경감공제세액	그 밖의 경감 · 공제세액		18			10,000
	신용카드매출전표등 발행공제등		19			
	합계		20		㉱	10,000
소규모 개인사업자 부가가치세 감면세액			20-1		㉲	
예정신고미환급세액			21		㉳	1,000,000
예정고지세액			22		㉴	
사업양수자의 대리납부 기납부세액			23		㉵	
매입자 납부특례 기납부세액			24		㉶	
신용카드업자의 대리납부 기납부세액			25		㉷	
가산세액계			26		㉸	
차가감하여 납부할세액(환급받을세액)㉰-㉱-㉲-㉳-㉴-㉵-㉶-㉷+㉸					27	13,990,000
총괄납부사업자가 납부할 세액(환급받을 세액)						

구분				금액	세율	세액
7.매출(예정신고누락분)						
예정누락분	과세	세금계산서	33		10/100	
		기타	34		10/100	
	영세	세금계산서	35		0/100	
		기타	36		0/100	
	합계		37			
12.매입(예정신고누락분)						
예정누락분	세금계산서		38	10,000,000		1,000,000
	그 밖의 공제매입세액		39			
	합계		40	10,000,000		1,000,000
	신용카드매출수령금액합계	일반매입				
		고정매입				
	의제매입세액					
	재활용폐자원등매입세액					
	과세사업전환매입세액					
	재고매입세액					
	변제대손세액					
	외국인관광객에대한환급세액					
	합계					
14.그 밖의 공제매입세액						
신용카드매출수령금액합계표	일반매입		41			
	고정매입		42			
의제매입세액			43		뒤쪽	
재활용폐자원등매입세액			44		뒤쪽	
과세사업전환매입세액			45			
재고매입세액			46			
변제대손세액			47			
외국인관광객에대한환급세액			48			
합계			49			

구분		금액	세율	세액
16.공제받지못할매입세액				
공제받지못할 매입세액	50	20,000,000		2,000,000
공통매입세액면세등사업분	51			
대손처분받은세액	52			
합계	53	20,000,000		2,000,000
18.그 밖의 경감·공제세액				
전자신고 및 전자고지 세액공제	54			10,000
전자세금계산서발급세액공제	55			
택시운송사업자경감세액	56			
대리납부세액공제	57			
현금영수증사업자세액공제	58			
기타	59			
합계	60			10,000

- 대손세액공제액 = 대손확정 해당분 − 대손금회수 해당분
  = 11,000,000원 × (10/110) − 22,000,000원 × (10/110) = (−)1,000,000원
  (→ 대손세액공제 감소 → 매출세액 증가)
- 고정자산매입란에는 조기환급을 받을 수 있는 사업설비(감가상각대상인 유형자산과 무형자산)를 신설, 취득, 확장, 증축하는 경우 이를 기재하는 것이다. 따라서, 토지의 자본적지출은 고정자산매입이 아니라 일반매입으로 기재한다.
- 예정신고 시 매출분은 누락되지 않고 세금계산서 매입분만 누락되었으므로 신고 및 납부 관련 가산세는 없다.

(3) 1단계 신고서 마감 확인 : [부가가치세신고서] 메뉴 (1월~3월)

2단계 전자신고파일 제작 : [전자신고] 메뉴 (신고인구분 : 2.납세자 자진신고), (비밀번호 : 12341234)

3단계 전자신고파일 제출 : [국세청 홈택스 전자신고변환(교육용)] 메뉴 (찾아보기 → 형식검증하기 → 형식검증결과확인 → 내용검증하기 → 내용검증결과확인 → 전자파일제출 → 신고서 접수증 확인)

문제 4 결산

(1) (수동결산)

[일반전표입력] 12월 31일

(차) 외상매입금(TSLA)	1,800,000	(대) 외화환산이익	1,800,000[1]

[1] ($30,000 × @1,150원) − 36,300,000원 = (−)1,800,000원 (부채이므로 외화환산이익)

(2) (수동결산)

[일반전표입력] 12월 31일

(차) 미수수익	2,000,000	(대) 이자수익	2,000,000[1]

[1] (200,000,000원 × 2%) × (6개월/12개월) = 2,000,000원 ('1,999,999'로 입력하여도 정답으로 인정)

(3) (수동결산)

[일반전표입력] 12월 31일

(차) 부가세예수금	15,450,000	(대) 부가세대급금	21,400,000
세금과공과(판관비)	40,000	잡이익	10,000
미수금	5,920,000		

(4) (수동결산 또는 자동결산)

| 방법1 | (수동결산)

[일반전표입력] 12월 31일

(차) 무형자산상각비(판관비)	4,600,000[1]	(대) 소프트웨어	4,600,000

[1] (취득원가 - 잔존가치) ÷ 총내용연수
= (23,000,000원 - 0원) ÷ 5년 = 4,600,000원

| 방법2 | (자동결산)

[결산자료입력] 메뉴에서 (기간 : 1월~12월) 다음과 같이 입력한다. 자동결산 항목 입력이 완료되고 나면 상단의 [전표추가]를 클릭하여 결산분개를 생성한다.

- 판매비와 일반관리비 ▶ 무형자산상각비 ▶ 소프트웨어 : 4,600,000

(5) [이익잉여금처분계산서] 메뉴에서 다음과 같이 입력한다. 처분예정일과 처분내역 입력이 완료되고 나면 상단의 [전표추가]를 클릭하여 마감분개를 생성한다.

- 당기 처분예정일 : 2025년 2월 15일
- 351.이익준비금 : 10,000,000
- 265.미지급배당금 : 100,000,000
- 387.미교부주식배당금 : 10,000,000

문제 5 연말정산

(1) 1단계 [급여자료입력] 메뉴 ▶ [수당공제] 보조창 ▶ [수당등록] 탭

No	코드	과세구분	수당명	근로소득유형			월정액	통상임금	사용여부
				유형	코드	한도			
1	1001	과세	기본급	급여			정기	여	여
2	1002	과세	상여	상여			부정기	부	부
3	1003	과세	직책수당	급여			정기	부	부
4	1004	과세	월차수당	급여			정기	부	부
5	1005	비과세	식대	식대	P01	(월)200,000	정기	부	여
6	1006	비과세	자가운전보조금	자가운전보조금	H03	(월)200,000	부정기	부	여
7	1007	비과세	야간근로수당	야간근로수당	001	(년)2,400,000	부정기	부	부
8	2001	과세	야간근로수당	급여			부정기	부	여
9	2002	비과세	출산.보육수당(육아수당)	출산.보육수당(육아수당)	Q01	(월)200,000	정기	부	여
10	2003	과세	체력단련수당	급여			정기	부	여
11	2004	과세	출근수당	급여			정기	부	여

- 야간근로수당(과세)[1], 육아수당(비과세), 체력단련수당(과세), 출근수당(과세)를 등록

[1] [사원등록] 메뉴에서 '연장근로비과세'란이 '0 : 부'로 체크되어 있으므로 '야간근로수당(과세)'를 등록하지 않고 '야간근로수당(비과세)'란에 금액을 입력하더라도 동 금액이 전액 과세로 자동집계되어 정답으로 인정

- 야간근로수당(비과세), 상여(과세), 직책수당(과세), 월차수당(과세)을 사용여부 "부"로 표시

2단계 [급여자료입력] 메뉴 ▶ [수당공제] 보조창 ▶ [공제등록] 탭

No	코드	공제항목명	공제소득유형	사용여부
1	5001	국민연금	고정항목	여
2	5002	건강보험	고정항목	여
3	5003	장기요양보험	고정항목	여
4	5004	고용보험	고정항목	여
5	5005	학자금상환	고정항목	여
6	6001	주차비	기타	여

- 주차비(공제소득유형 : 기타)를 등록

3단계 [급여자료입력] 메뉴

귀속년월 2024 년 05 월 지급년월일 2024 년 05 월 25 일 급여

☐	사번	사원명	감면율	급여항목	금액	공제항목	금액
☐	1	김정산		기본급	2,800,000	국민연금	138,150
☐	103	유재호		식대	100,000	건강보험	105,300
☐				자가운전보조금	200,000	장기요양보험	12,920
☐				야간근로수당	100,000	고용보험	24,560
☐				출산.보육수당(육아수당)	100,000	주차비	100,000
☐				체력단련수당	90,000	소득세(100%)	89,980
☐				출근수당	80,000	지방소득세	8,990
☐						농특세	
☐				과 세	3,070,000		
☐				비 과 세	400,000	공 제 총 액	479,900
	총인원(퇴사자)	2(0)		지 급 총 액	3,470,000	차 인 지 급 액	2,990,100

· 과세 = 기본급 + 야간근로수당(요건미충족) + 체력단련수당 + 출근수당

= 2,800,000 + 100,000 + 90,000 + 80,000 = 3,070,000원

· 비과세 = 식대 + 자가운전보조금 + 육아수당

= 100,000 + 200,000 + 100,000 = 400,000원

(2) 1단계 [연말정산추가자료입력] 메뉴 ▶ 103.유재호 ▶ [부양가족] 탭 ▶상단부

연말관계	성명	내/외국인	주민(외국인)번호		나이	기본공제	세대주구분	부녀자	한부모	경로우대	장애인	자녀	출산입양
0	유재호	내	1	750403-1234561	49	본인	세대주						
1	김순자	내	1	561203-2284327	68	부							
3	김미나	내	1	770822-2184321	47	배우자							
4	유제니	내	1	190203-3954112	5	20세이하							

· 김순자(어머니)는 소득금액 요건을 충족하지 못하므로 기본공제 불가

2단계 [부양가족] 탭 ▶ 하단부

· 본인 유재호

자료구분	보험료				의료비						교육비		
	건강	고용	일반보장성	장애인전용	일반		실손	선천성이상아	난임	65세,장애인	일반		장애인특수
국세청			750,000										
기타	2,079,550	424,000											

자료구분	신용카드등 사용액공제						기부금
	신용카드	직불카드등	현금영수증	전통시장사용분	대중교통이용분	도서공연 등	
국세청	11,000,000				1,000,000		1,200,000
기타							

· 어머니 김순자

자료구분	보험료				의료비						교육비		
	건강	고용	일반보장성	장애인전용	일반		실손	선천성이상아	난임	65세,장애인	일반		장애인특수
국세청										5,000,000			
기타													

자료구분	신용카드등 사용액공제						기부금
	신용카드	직불카드등	현금영수증	전통시장사용분	대중교통이용분	도서공연 등	
국세청							
기타							

· 배우자 김미나

자료구분	보험료				의료비						교육비		
	건강	고용	일반보장성	장애인전용	일반		실손	선천성이상아	난임	65세,장애인	일반		장애인특수
국세청			1,000,000		1,200,000	2.일반							
기타													

자료구분	신용카드등 사용액공제						기부금
	신용카드	직불카드등	현금영수증	전통시장사용분	대중교통이용분	도서공연 등	
국세청	4,700,000				300,000		
기타							

· 자녀 유제니

자료구분	보험료				의료비						교육비		
	건강	고용	일반보장성	장애인전용	일반		실손	선천성이상아	난임	65세,장애인	일반		장애인특수
국세청			250,000								1,000,000	1.취학전	
기타													

자료구분	신용카드등 사용액공제						기부금
	신용카드	직불카드등	현금영수증	전통시장사용분	대중교통이용분	도서공연 등	
국세청							
기타							

3단계 [신용카드 등] 탭

□	내/외	성명	자료구분	신용카드	직불,선불	현금영수증	도서등 신용	도서등 직불	도서등 현금	전통시장	대중교통	소비증가분	
	관계	생년월일										2023년	2024년
□	내	유재호	국세청	11,000,000							1,000,000		
	0	1975-04-03	기타										
□	내	김순자	국세청										
	1	1956-12-03	기타										
□	내	김미나	국세청	4,700,000							300,000		
	3	1977-08-22	기타										
□	내	유제니	국세청										
	4	2019-02-03	기타										
□													
□													
□													
□													
	합계			15,700,000							1,300,000		

· 신용카드 등 사용액 중 의료비 결제액은 신용카드 공제 적용 가능

4단계 [의료비] 탭

2024년 의료비 지급명세서														
의료비 공제대상자					지급처			지급명세						14.산후조리원
성명	내/외	5.주민등록번호	6.본인등 해당여부		9.증빙코드	8.상호	7.사업자등록번호	10.건수	11.금액	11-1.실손보험수령액	12.미숙아 선천성이상아	13.난임여부		
김순자	내	561203-2284327	2	0	1				5,000,000		X	X		X
김미나	내	770822-2184321	3	X	1				1,200,000		X	X		X
		합계							6,200,000					
일반의료비(본인)			6세 이하, 65세 이상, 장애인			5,000,000	일반의료비(그 외)		1,200,000	난임시술비 / 미숙아.선천성이상아				

· 의료비는 나이 및 소득금액의 제한을 받지 않음

5단계 [기부금] 탭

· [기부금 입력] 세부 탭 ▶ 본인 유재호

구분		9.기부내용		기부처		기부명세				자료구분
7.유형	8.코드			10.상호(법인명)	11.사업자번호 등	건수	13.기부금합계 금액(14+15)	14.공제대상 기부금액	15.기부장려금 신청 금액	
종교	41	금전					1,200,000	1,200,000		국세청

· [기부금 조정] 세부 탭

구분		기부연도	16.기부금액	17.전년도까지 공제된금액	18.공제대상 금액(16-17)	해당연도 공제금액	해당연도에 공제받지 못한 금액	
유형	코드						소멸금액	이월금액
종교	41	2024	1,200,000		1,200,000	1,200,000		

6단계 [연말정산입력] 탭 ▶ **F8 부양가족탭불러오기** 클릭

· 보장성보험 ▶ 일반 : 2,000,000

· 의료비 ▶ 6세 이하, 65세 이상, 장애인 : 5,000,000

· 의료비 ▶ 그 밖의 공제대상자 : 1,200,000

· 교육비 ▶ 취학전아동 : 1,000,000

· 기부금 ▶ 지정기부금 ▶ 종교단체 : 1,200,000

· 신용카드 등 사용액 ▶ 신용카드 : 15,700,000

· 신용카드 등 사용액 ▶ 대중교통 : 1,300,000

· 신용카드 등 사용액 ▶ 소비증가분 : 0

한국사능력검정시험 1위* 해커스!

해커스 한국사능력검정시험

교재 시리즈

* 주간동아 선정 2022 올해의 교육 브랜드 파워 온·오프라인 한국사능력검정시험 부문 1위

빈출 개념과 **기출 분석**으로
기초부터 문제 해결력까지
꽉 잡는 기본서

해커스 한국사능력검정시험

심화 [1·2·3급]

스토리와 **마인드맵**으로 **개념잡고!**
기출문제로 **점수잡고!**

해커스 한국사능력검정시험

2주 합격 심화 [1·2·3급] 기본 [4·5·6급]

시대별/회차별 기출문제로
한 번에 합격 달성!

해커스 한국사능력검정시험

시대별/회차별 기출문제집 심화 [1·2·3급]

시대별 기출로 **개념잡고!**
회차별 기출로 **점수잡고!**

해커스 한국사능력검정시험

시대별+회차별 기출 500제 기본 [4·5·6급]

빈출 개념과 **기출 선택지**로
빠르게 합격 달성!

해커스 한국사능력검정시험

초단기 5일 합격 심화 [1·2·3급]

기선제압 막판 3일 합격 심화 [1·2·3급]

해커스

전산세무 2급

이론+실무+최신기출

시험장에 꼭 가져가야 할

빈출분개 80선 +
연말정산 필수이론정리

해커스금융

빈출분개 80선

전산세무 2급 시험에 자주 출제되는 분개문제 유형을 엄선하여 수록하였습니다. 또한 전산회계 1급에서 새롭게 추가되는 전산세무 2급 분개문제에 "✓" 표시하여, 선별학습이 가능하도록 하였습니다.
※ 분개입력은 ㈜합격산업(코드번호 : 0302) 데이터를 사용하여 연습할 수 있습니다.

1. 당좌자산

✓ **1** 4월 1일 우리은행에 예치된 정기예금(계정과목 : 정기예금)이 만기가 되어 원금 10,000,000원과 예금이자 400,000원에 대한 이자소득세 56,000원이 원천징수 된 후 잔액 344,000원이 보통예금 통장으로 이체되었다.

4월 1일 (차) 보통예금	10,344,000	(대) 정기예금	10,000,000
선납세금	56,000	이자수익	400,000

2 4월 2일 ㈜강서상사로부터 제품 판매대금으로 수령한 약속어음 30,000,000원을 할인하고, 할인비용 700,000원을 차감한 잔액이 보통예금에 입금되었다. (매각거래로 회계처리할 것)

4월 2일 (차) 보통예금	29,300,000	(대) 받을어음(㈜강서상사)	30,000,000
매출채권처분손실	700,000		

3 4월 3일 ㈜한맥상사에 대한 외상매입금 2,000,000원을 거래처 ㈜한동케미칼이 발행한 받을어음으로 배서양도하여 결제하다.

4월 3일 (차) 외상매입금(㈜한맥상사)	2,000,000	(대) 받을어음(㈜한동케미칼)	2,000,000

4 4월 4일 당사는 단기매매증권으로 분류되는 ㈜청윤(상장회사)의 주식 5,000주를 1주당 10,000원에 매입하였다. 매입수수료는 매입가액의 1%이고 매입 관련 대금은 모두 현금으로 지급하였다.

4월 4일 (차) 단기매매증권	50,000,000	(대) 현금	50,500,000
수수료비용(영업외비용)	500,000		

5 4월 5일 단기매매증권 계정에 3,200,000원으로 계상되어 있는 ㈜오로의 주식을 5,000,000원에 매각처분하고 대금은 매각수수료 100,000원을 차감한 후 보통예금으로 입금받았다.

4월 5일 (차) 보통예금	4,900,000	(대) 단기매매증권	3,200,000
		단기매매증권처분이익	1,700,000

2. 재고자산

✓ **6** **5월 6일 원재료로 사용하기 위해 구입한 부품**(취득원가 : 700,000원)**을 생산공장의 기계장치를 수리하는 데 사용하였다. 수리와 관련된 비용은 수익적 지출로 처리하시오.**

5월 6일 (차) 수선비(제조) 700,000 (대) 원재료 700,000
(적요 8. 타계정으로 대체액)

✓ **7** **5월 7일 당사의 제품**(원가 : 100,000원, 시가 : 120,000원)**을 생산직 직원의 복리후생 목적으로 사용하였다.** (재화의 간주공급에 해당하지 아니함)

5월 7일 (차) 복리후생비(제조) 100,000 (대) 제품 100,000
(적요 8. 타계정으로 대체액)

3. 비유동자산

✓ **8** **6월 8일 업무용 승용차를 구입하기 위하여 액면금액 1,000,000원의 10년 만기 무이자부 국공채를 액면금액으로 현금으로 매입하였다. 당 회사는 해당 국공채를 만기까지 보유할 예정이며, 보유할 수 있는 의도와 능력이 충분하다. 구입 당시의 만기보유증권의 공정가액은 600,000원이다.**

6월 8일 (차) 차량운반구 400,000 (대) 현금 1,000,000
만기보유증권(투자자산[1]) 600,000

[1] KcLep에서 투자자산에 해당하는 만기보유증권은 코드번호 181을 사용한다.

9 **6월 9일 토지와 건물을 모두 사용할 목적으로, 비사업자인 김갑수로부터 토지와 건물을 70,000,000원에 일괄 취득함과 동시에 당좌수표를 발행하여 전액 지급하였다. 토지와 건물의 공정가치는 아래와 같다.** (부가가치세는 고려하지 않는다)

• 토지의 공정가치 : 60,000,000원 • 건물의 공정가치 : 40,000,000원

6월 9일 (차) 토지 42,000,000[1] (대) 당좌예금 70,000,000
건물 28,000,000

[1] 70,000,000 × 60,000,000/(60,000,000 + 40,000,000) = 42,000,000원

10 **6월 10일 ㈜다현상사로부터 투자목적으로 사용할 토지를 150,000,000원에 현금으로 매입하였다. 또한 당일에 취득세로 6,000,000원을 현금으로 납부하였다.** (하나의 전표로 입력할 것)

6월 10일 (차) 투자부동산 156,000,000 (대) 현금 156,000,000

✓ **11** **6월 11일 신축 중인 사옥의 장기차입금이자 750,000원에 대하여 당좌수표를 발행하여 지급하였다. 사옥은 올해 9월 30일 완공 예정이다.** (해당 이자는 자본화대상 요건을 충족한다)

6월 11일 (차) 건설중인자산	750,000	(대) 당좌예금	750,000

✓ **12** **6월 12일 ㈜서울상사에서 발행한 만기 3년인 채권을 다음과 같이 구입하였다. 당사는 동 채권을 만기까지 보유할 의도 및 능력을 갖추고 있다.** (하나의 전표로 처리할 것)

구 분	금 액	비 고
㈜서울상사가 발행한 채권의 구입비	1,000,000원	보통예금에서 이체함
채권구입과 관련하여 ㈜유진증권에게 지급한 수수료	30,000원	보통예금에서 이체함
계	1,030,000원	-

6월 12일 (차) 만기보유증권(투자자산)	1,030,000	(대) 보통예금	1,030,000

✓ **13** **6월 13일 당사가 장기투자 목적으로 보유하던 상장주식**(투자회사에 대한 지분율이 1% 미만임)**을 다음과 같은 조건으로 처분하고 처분대금을 보통예금 계좌로 입금하였다. 단, 전년도에 해당 상장주식에 대한 기말 평가는 기업회계기준에 따라 적절하게 회계처리하였다.**

취득가액 (취득일 : 전년도 1월 31일)	시가 (전년도 12월 31일)	양도가액
8,000,000원	5,000,000원	6,000,000원

6월 13일 (차) 보통예금	6,000,000	(대) 매도가능증권(투자자산[1])	5,000,000
매도가능증권처분손실	2,000,000	매도가능증권평가손실 (기타포괄손익누계액)	3,000,000

[1] KcLep에서 투자자산에 해당하는 매도가능증권은 코드번호 178을 사용한다.

4. 부채

✓ **14** 7월 14일 본사 영업부의 4대보험 및 근로소득세 납부내역은 다음 표와 같다. 회사는 보통예금으로 동 금액을 납부하였다. 국민연금은 세금과공과 계정을 사용하고 건강보험과 장기요양보험은 복리후생비, 고용보험 및 산재보험은 보험료 계정을 사용한다.

구 분	근로소득세	지방소득세	국민연금	건강보험	장기요양 보험	고용보험	산재보험
회사 부담분	-	-	50,000원	30,000원	2,000원	850원	1,200원
본인 부담분	100,000원	10,000원	50,000원	30,000원	2,000원	550원	-
계	100,000원	10,000원	100,000원	60,000원	4,000원	1,400원	1,200원

7월 14일 (차) 예수금	192,550	(대) 보통예금	276,600
세금과공과(판관비)	50,000		
복리후생비(판관비)	32,000		
보험료(판관비)	2,050		

✓ **15** 7월 15일 ㈜최고생명에서 당사가 가입한 퇴직연금에 대한 이자 500,000원이 퇴직연금 계좌로 입금되었다. 현재 당사는 ㈜최고생명에 확정급여형(DB) 퇴직연금에 가입하고 있다.

7월 15일 (차) 퇴직연금운용자산	500,000	(대) 이자수익	500,000

✓ **16** 7월 16일 생산직 사원 홍길동이 퇴사함에 따라 퇴직금 6,000,000원이 일시금으로 지급되었는데, 이 중 4,000,000원은 연금사인 ㈜최고생명이 퇴직연금(DB형) 적립액으로 현금을 지급하였고, 나머지는 회사가 퇴직소득에 대한 소득세 원천징수액 900,000원을 차감한 후 현금으로 지급하였다. (퇴직일 현재 장부상 퇴직급여충당부채 계정잔액은 5,000,000원이다)

7월 16일 (차) 퇴직급여충당부채	5,000,000	(대) 퇴직연금운용자산	4,000,000
퇴직급여(제조)	1,000,000	예수금	900,000
		현금	1,100,000

17 7월 17일 당사는 확정기여형 퇴직연금(DC형)을 가입하고 있는데, 당월분 퇴직연금을 다음과 같이 보통예금에서 지급하였다.

- 영업직 직원 퇴직연금 : 32,000,000원
- 생산직 직원 퇴직연금 : 19,000,000원

7월 17일 (차) 퇴직급여(판관비)	32,000,000	(대) 보통예금	51,000,000
퇴직급여(제조)	19,000,000		

✓ **18** **7월 18일 영업직 직원들의 서비스 능력 향상을 위하여 외부에서 전문강사를 초빙하여 교육한 후 강의료로 500,000원을 지급하였다. 단, 사업소득에 대한 원천세**(3.3%, 지방소득세 포함)**를 차감한 나머지 금액을 보통예금 통장에서 계좌에서 이체하여 지급하였다.** (예수금의 경우 소득세와 지방소득세를 합한 전체 금액을 기재하시오)

7월 18일 (차) 교육훈련비(판관비)	500,000	(대) 예수금	16,500
		보통예금	483,500

✓ **19** **7월 19일 영업사원의 직무 능력 향상을 위한 외부강사 강연료에 대하여 현금으로 지급하고 기타소득으로 원천징수한 내역이 다음과 같다. 적절한 회계처리를 하시오.**

- 지급총액 : 3,000,000원
- 필요경비 : 지급총액의 60%
- 소득세율 : 20%
- 지방소득세 : 소득세의 10%

7월 19일 (차) 교육훈련비(판관비)	3,000,000	(대) 예수금	264,000[1]
		현금	2,736,000

[1] · 소득세 원천징수세액 = {3,000,000원 − (3,000,000원 × 60%)} × 20% = 240,000원
· 지방소득세 원천징수세액 = 240,000원 × 10% = 24,000원
∴ 원천징수세액 합계 = 240,000원 + 24,000원 = 264,000원

✓ **20** **7월 20일 액면가액 100,000,000원인 3년 만기의 사채를 106,000,000원에 발행하였으며, 대금은 국민은행 보통예금으로 입금받았다.**

7월 20일 (차) 보통예금	106,000,000	(대) 사채	100,000,000
		사채할증발행차금	6,000,000

✓ **21** **다음 제시된 자료를 토대로 당초 할인발행한 사채의 이자비용에 대한 기말 회계처리를 하시오.**

구분	금액	비고
(올해 귀속) 사채 액면이자	10,000,000원	보통예금으로 이체함(지급일 : 12월 31일)
(올해 귀속) 사채할인발행차금 상각액	1,423,760원	−

12월 31일 (차) 이자비용	11,423,760	(대) 보통예금	10,000,000
		사채할인발행차금	1,423,760

5. 자본

22 **8월 22일 당사는 당사의 주식 4,000주**(1주당 액면가액 5,000원)**를 1주당 4,000원으로 매입 소각하였다. 대금은 보통예금 계좌에서 이체하여 지급하였다.**

8월 22일 (차) 자본금	20,000,000	(대) 보통예금	16,000,000
		감자차익	4,000,000

23 **8월 23일 현재의 남아있는 자기주식 전부를 5,000,000원에 매각하면서 매각대금은 현금으로 수령하였다.** (단, 매각일 현재 자기주식 잔액은 4,000,000원이다)

8월 23일 (차) 현금	5,000,000	(대) 자기주식	4,000,000
		자기주식처분이익	1,000,000

✓ **24** **8월 24일 유상증자를 위하여 신주 10,000주**(1주당 액면가액 5,000원)**를 1주당 8,000원에 발행하여 대금은 당좌예금 계좌로 입금되었고, 동 주식발행과 관련하여 법무사수수료 250,000원을 현금으로 지급하였다. 회사에는 현재 주식할인발행차금 750,000원이 존재하고 있다.** (하나의 전표로 입력할 것)

8월 24일 (차) 당좌예금	80,000,000	(대) 자본금	50,000,000
		주식발행초과금	29,000,000
		주식할인발행차금	750,000
		현금	250,000

✓ **25** **8월 25일 무상증자를 위하여 이익준비금 20,000,000원을 자본금으로 전입하고 무상주 4,000주**(1주당 액면금액 5,000원)**를 발행하였다.**

8월 25일 (차) 이익준비금	20,000,000	(대) 자본금	20,000,000

6. 수익과 비용

✓ **26** **9월 26일 영업부에서는 법정단체인 무역협회에 일반회비로 500,000원을 보통예금에서 지급하였다.**

9월 26일 (차) 세금과공과(판관비)	500,000	(대) 보통예금	500,000

27 **9월 27일 법인 영업부서 차량에 대한 자동차세 200,000원과 제조부서에서 사용하는 트럭에 대한 자동차세 100,000원을 보통예금에서 납부하였다.**

9월 27일 (차) 세금과공과(판관비)	200,000	(대) 보통예금	300,000
세금과공과(제조)	100,000		

28 **9월 28일 대표이사 이숙경으로부터 시가 100,000,000원**(이숙경의 취득가액 : 50,000,000원)**의 건물을 증여받았다. 당일 취득세 등으로 3,500,000원을 현금으로 지출하였다.**

9월 28일 (차) 건물	103,500,000	(대) 자산수증이익	100,000,000
		현금	3,500,000

✓ **29** 9월 29일 작년에 미국 스탠다드은행으로부터 차입한 외화장기차입금(계정과목 : 외화장기차입금) $500,000와 이자비용 $15,000를 보통예금에서 지급하여 상환하였다.

- 작년 12월 31일 기준환율 : 1,100원/$
- 올해 9월 29일 상환 시 적용환율 : 1,050원/$

9월 29일	(차) 외화장기차입금(스탠다드은행)	550,000,000	(대) 보통예금	540,750,000[1]
	이자비용	15,750,000[3]	외환차익	25,000,000[2]

1) ($500,000 + $15,000) × 1,050원 = 540,750,000원(원금 및 이자비용 상환금액)
2) ($500,000 × 1,050원) − ($500,000 × 1,100원) = (−)25,000,000원(부채이므로 외환차익)
3) $15,000 × 1,050원 = 15,750,000원

✓ **30** 9월 30일 본사 건물에 대한 감가상각비가 전년도에 500,000원만큼 과대계상된 오류를 발견하였다. 본 사항은 중대하지 않은 오류로 판단된다.

9월 30일	(차) 감가상각누계액(건물)	500,000	(대) 전기오류수정이익(영업외수익)	500,000

7. 기말수정분개

31 제조용 공장 중 일부를 임차하여 사용하고 있는데 올해 9월 1일에 건물 임차에 대한 1년분 임차료 3,600,000원(임대기간 : 올해 9. 1.~내년 8. 31.)을 현금으로 지급하고 전액 제조원가로 회계처리하였다. 월할 계산하여 기말수정분개를 하시오.

12월 31일	(차) 선급비용	2,400,000	(대) 임차료(제조)	2,400,000[1]

1) 3,600,000원 × (8개월/12개월) = 2,400,000원
→ 임차료 지급액 중 당기 비용(임차료)으로 계상되는 금액 = 1,200,000원

32 회사는 4월 1일 공장 화재보험료(보험기간 : 올해 4월 1일~내년 3월 31일) 2,400,000원을 보통예금에서 이체하고 선급비용으로 회계처리하였다. 월할 계산하여 기말수정분개를 하시오.

12월 31일	(차) 보험료(제조)	1,800,000[1]	(대) 선급비용	1,800,000

1) 2,400,000원 × (9개월/12개월) = 1,800,000원
→ 보험료 지급액 중 당기 비용(보험료)으로 계상되는 금액 = 1,800,000원

33 영업외수익 중 임대료 계정에 11월 1일 자로 입금된 1,200,000원은 올해 11월 1일부터 내년 4월 30일까지 6개월간의 임대료이다. 음수로 회계처리하지 말고, 월할 계산하여 기말수정분개를 하시오.

12월 31일	(차) 임대료	800,000[1]	(대) 선수수익	800,000

1) 1,200,000원 × (4개월/6개월) = 800,000원
→ 임대료 수령액 중 당기 수익(임대료)으로 계상되는 금액 = 400,000원

34 **국민은행 1년 만기 정기예금에 대한 이자 내역은 다음과 같다. 올해분 경과이자를 인식하여 반영하시오.** (단, 이자수익은 월할 계산하시오)

- 정기예금액 : 1억 원
- 가입기간 : 올해 5. 1.~내년 4. 30.
- 연 이자율 : 4.2%
- 이자수령시점 : 만기일(내년 4. 30.)에 일시불 수령

12월 31일	(차) 미수수익	2,800,000	(대) 이자수익	2,800,000[1]

[1] (100,000,000원 × 4.2%) × (8개월/12개월) = 2,800,000원
→ 이자 미수령액 중 당기 수익(이자수익)으로 계상되는 금액 = 2,800,000원

✓ **35** **당기중 실제 현금보다 장부상 현금이 7,000원 많아 현금과부족으로 처리했던 금액 중 결산일에 현금 5,000원은 책상 밑에서 발견되었으나, 나머지 2,000원은 결산일 현재까지도 그 원인을 알 수 없었다.** (영업외비용 항목 중 적절한 계정과목을 선택하여 처리할 것)

12월 31일	(차) 현금	5,000	(대) 현금과부족	7,000
	잡손실	2,000		

✓ **36** **당기중 발생한 현금과부족 800,000원의 원인은 본사 영업부 건물의 화재보험료 납부액을 누락시킨 것으로 확인되었다. 납부한 보험료 중 당해 회계기간 귀속분은 150,000원이다. 누락사항을 결산일에 수정분개하시오.** (하나의 전표로 처리할 것)

12월 31일	(차) 보험료(판관비)	150,000	(대) 현금과부족	800,000
	선급비용	650,000		

✓ **37** **당사의 ABC.CO.LTD에 대한 외화외상매출금**(계정과목 : 외상매출금)**과 관련된 자료는 다음과 같다. 기말수정분개를 하시오.**

- 10월 31일 수출 및 선적 : 수출대금 $30,000, 선적일 환율 1,170원/$, 전액 외상으로 수출함
- 11월 30일 : 위 수출대금 중 일부인 $12,000를 회수함(환율 1,150원/$)
- 결산일 환율 : 1,120원/$

12월 31일	(차) 외화환산손실	900,000[1]	(대) 외상매출금(ABC.CO.LTD)	900,000

[1] $18,000 × (1,120원 − 1,170원) = (−)900,000원 (자산이므로 외화환산손실)

✓ **38** **작년에 외화은행에서 $15,000를 차입한 금액이 당기말 현재 외화장기차입금 계정으로 남아 있고 환율은 다음과 같다.**

- 차입일 현재 환율 : 1,000원/$1
- 전기말 현재 환율 : 1,050원/$1
- 당기말 현재 환율 : 1,030원/$1

12월 31일	(차) 외화장기차입금(외화은행)	300,000	(대) 외화환산이익	300,000[1]

[1] $15,000 × (@1,030원 − @1,050원) = (−)300,000원(부채이므로 외화환산이익)

✓ **39** **당사는 제품 판매 홍보용으로 USB를 구입하여 전액 광고선전비로 계상하였으나 결산 시 미사용된 잔액 1,000,000원을 자산**(소모품)**으로 대체한다.**

12월 31일	(차) 소모품	1,000,000	(대) 광고선전비(판관비)	1,000,000

40 **당사가 보유하고 있는 유가증권의 내역을 반영하여 기말평가를 하시오.** (단, 당기말까지 해당 주식의 매매거래는 없었다)

발행회사	1주당 취득가액 (작년 10. 4.)	1주당 공정가액 (작년 12. 31.)	1주당 공정가액 (올해 12. 31.)	보유주식수	비 고
㈜창대	20,000원	14,000원	22,000원	500주	단기매매증권으로 분류됨

12월 31일	(차) 단기매매증권	4,000,000	(대) 단기매매증권평가이익	4,000,000

✓ **41** **시장성이 있는 매도가능증권에 대한 보유내역이 다음과 같다. 기말 매도가능증권평가에 대한 회계처리를 하시오.**

- 전년도 취득가액 : 2,000,000원
- 전년도 기말 공정가액 : 2,200,000원
- 당해연도 기말 공정가액 : 1,900,000원

12월 31일	(차) 매도가능증권평가이익	200,000	(대) 매도가능증권(투자자산)	300,000
	매도가능증권평가손실	100,000		

✓ **42** **당사의 제2기 확정신고기간의 부가가치세와 관련된 내용이 다음과 같다고 가정한다. 12월 31일 부가세예수금과 부가세대급금을 정리하는 회계처리를 하시오.** (납부세액은 미지급세금으로 처리한다)

- 부가세대급금 : 57,000,000원
- 부가세예수금 : 73,000,000원
- 전자신고세액공제액 : 10,000원(잡이익으로 처리할 것)

12월 31일	(차) 부가세예수금	73,000,000	(대) 부가세대급금	57,000,000
			잡이익	10,000
			미지급세금	15,990,000

43 **2024년 기말 현재 하나은행에 대한 장기차입금 내역은 다음과 같다. 아래 자료를 근거로 결산 시 회계처리를 하시오.**

구 분	금액(원)	상환예정시기	차입일	상환방법
장기차입금	100,000,000	2025. 8. 31.	2022. 8. 31.	만기 일시상환
장기차입금	150,000,000	2026. 8. 31.	2024. 8. 31.	만기 일시상환
합 계	250,000,000			

12월 31일	(차) 장기차입금(하나은행)	100,000,000	(대) 유동성장기부채(하나은행)	100,000,000

✓ **44** **당사는 퇴직급여추계액의 100%를 퇴직급여충당부채로 설정하며, 관련 자료는 다음과 같다.**

구 분	기초 금액	기중 감소(사용) 금액	퇴직급여추계액
생산직	12,000,000원	5,000,000원	15,000,000원
영업직	8,000,000원	3,000,000원	10,000,000원

12월 31일	(차) 퇴직급여(제조)	8,000,000[1]	(대) 퇴직급여충당부채	13,000,000
	퇴직급여(판관비)	5,000,000[2]		

[1] 15,000,000 − (12,000,000 − 5,000,000) = 8,000,000원
[2] 10,000,000 − (8,000,000 − 3,000,000) = 5,000,000원

✓ **45** **당해연도 기말 현재 보유하고 있는 제조부문의 감가상각대상 자산은 다음과 같다. 제시된 자료 외 감가상각대상 자산은 없다고 가정한다. 고정자산 등록은 생략하고 감가상각비를 계산하여 전표만 입력한다.**

계정과목	취득원가	잔존가치	내용연수	전기말 감가상각누계액	취득연월일	상각방법	상각률
기계장치	80,000,000원	취득원가의 5%	5년	18,000,000원	전년도 7. 20.	정률법	0.451

12월 31일 (차) 감가상각비(제조) 27,962,000[1) (대) 감가상각누계액(기계장치) 27,962,000

1) (80,000,000원 - 18,000,000원) × 0.451 = 27,962,000원

✓ **46** **당기**(2024년) **결산항목 반영 전에 개발비의 기초 미상각잔액 7,200,000원이 있다. 이는 2022년 1월 초에 취득한 것으로서 취득 후 즉시 사용하였으며 모든 무형자산은 사용가능 시점부터 5년간 상각한다.** (월할 상각하고, 비용은 판매비와관리비로 분류한다)

12월 31일 (차) 무형자산상각비(판관비) 2,400,000[1) (대) 개발비 2,400,000

1) (전기말 미상각잔액 - 잔존가치) ÷ 기초 현재 잔여내용연수
= (7,200,000원 - 0원) ÷ (5년 - 2년) = 2,400,000원

참고 무형자산 상각 시, 별도의 언급이 없는 경우 잔존가치는 '0', 상각방법은 '정액법'인 것으로 본다.

✓ **47** **당기**(2024년) **12월 31일에 기말수정분개를 하려고 한다. 2024년 1월 1일 영업권**(무형자산) **미상각잔액이 4,000,000원이 있으며, 이 영업권은 2022년 1월 초에 취득한 것이다. 회사는 당해연도**(2024년)**부터 영업권의 총내용연수를 기존 10년에서 6년으로 변경하였다.** (단, 회계추정의 변경은 기업회계기준에 적합한 것으로 가정하며 상각방법은 정액법이고, 비용은 판매비와관리비로 분류하며 상각기간 계산 시 월할 상각한다)

12월 31일 (차) 무형자산상각비(판관비) 1,000,000[1) (대) 영업권 1,000,000

1) · 회계추정의 변경은 당해 회계연도 개시일부터 전진적으로 처리하여 그 효과를 당기와 당기 이후 기간에 반영한다.
· 당기초 미상각잔액 = 4,000,000원
· 당기 상각비 계산 시 잔여내용연수 = 변경된 총 내용연수 - 경과된 내용연수
= 6년 - 2년 = 4년
· 당기 상각비 = (전기말 미상각잔액 - 잔존가치) ÷ 기초 현재 잔여내용연수
= (4,000,000원 - 0원) ÷ 4년 = 1,000,000원

✓ **48** **당기분 법인세**(지방소득세 포함)**가 10,500,000원으로 계산되었다. 단, 회사는 당기 법인세 중간예납세액 4,600,000원을 납부시점에 법인세등으로 계상하였다. 추가 납부할 세금은 미지급세금으로 계상한다.**

12월 31일 (차) 법인세등 5,900,000 (대) 미지급세금 5,900,000

✓ **49** **기말재고자산의 내역은 다음과 같다. [일반전표입력] 메뉴에 비정상 재고자산감모손실과 관련된 회계처리를 하시오.**

> 제품의 실사평가를 한 결과 다음과 같으며, 수량감소 중 60%는 비정상적으로 발생한 것이다.
> (기타 다른 사항은 없는 것으로 한다)
> - 장부상 수량 : 1,000개
> - 실지재고 수량 : 900개
> - 단위당 취득원가 : 15,000원
> - 단위당 시가(공정가치) : 18,000원

12월 31일 (차) 재고자산감모손실	900,000[1]	(대) 제품	900,000
		(적요 8.타계정으로 대체액)	

[1] 비정상감모손실 = {(1,000개 − 900개) × 60%} × @15,000원 = 900,000원

참고 정상적인 재고감모분에 대한 처리방법
[결산자료입력] 메뉴의 제품 기말재고 금액란에 정상감모손실과 비정상감모손실을 모두 반영한 금액인 13,500,000원(= 900개 × @15,000원)을 입력한 후 F3 전표추가 를 클릭한다. 이에 따라, 정상감모손실(600,000원)에 대한 아래의 회계처리가 장부에 자동으로 반영된다.

12월 31일 (차) 매출원가	600,000	(대) 제품	600,000

✓ **50** **당기의 이익잉여금 처분명세는 다음과 같다. 처분결의일과 지급일**(처분결의일의 다음날이라고 가정한다) **의 회계처리를 하시오.**

> - 처분예정일 : 2025년 2월 19일(전기 : 2024년 2월 25일)
> - 현금배당 : 30,000,000원
> - 주식배당 : 20,000,000원
> - 회사는 금전배당액의 10%를 이익준비금으로 설정하여야 함

[처분결의일의 회계처리] 2025년 2월 19일

(차) 이월이익잉여금	53,000,000	(대) 이익준비금	3,000,000
		미지급배당금	30,000,000
		미교부주식배당금	20,000,000

[지급일의 회계처리] 2025년 2월 20일

(차) 미지급배당금	30,000,000	(대) 현금(또는 보통예금)	30,000,000
미교부주식배당금	20,000,000	자본금	20,000,000

참고 이익잉여금 처분내용에 대하여 기말 결산 시 회계처리는 이루어지지 않고 [이익잉여금처분계산서] 메뉴에만 반영[1]하면 된다. 처분에 대한 회계처리는 추후 실제 처분하는 시점에 이루어진다.

[1] [이익잉여금처분계산서] 메뉴에 처분내역을 입력하고 메뉴 상단의 F6 전표추가 를 클릭한다.

당기처분예정일: 2025 년 2 월 19 일 전기처분확정일: 2024 년 2 월 25 일

과목	계정과목명		제 15(당)기 2024년01월01일~2024년12월31일 제 15기(당기) 금액	
III.이익잉여금처분액				53,000,000
1.이익준비금	0351	이익준비금	3,000,000	
2.재무구조개선적립금	0354	재무구조개선적립금		
3.주식할인발행차금상각액	0381	주식할인발행차금		
4.배당금			50,000,000	
가.현금배당	0265	미지급배당금	30,000,000	
주당배당금(률)		보통주		
		우선주		
나.주식배당	0387	미교부주식배당금	20,000,000	
주당배당금(률)		보통주		
		우선주		
5.사업확장적립금	0356	사업확장적립금		
6.감채적립금	0357	감채적립금		
7.배당평균적립금	0358	배당평균적립금		

8. 매입매출전표입력 관련 분개

51 10월 1일 ㈜삼정에 제품을 공급하고 전자세금계산서(공급가액 : 10,000,000원, 세액 : 1,000,000원)를 교부하였다. 대금은 지난달에 계약금으로 3,000,000원을 수령하였으며, 나머지는 이달 말에 받기로 하다.

10월 1일	(차) 선수금(㈜삼정)	3,000,000	(대) 제품매출	10,000,000
	외상매출금(㈜삼정)	8,000,000	부가세예수금	1,000,000

[입력방법] 유형 : 11.과세 / 공급가액 : 10,000,000 / 부가세 : 1,000,000 / 거래처 : ㈜삼정 / 전자 : 여 / 분개 : 혼합

52 10월 2일 ㈜엘룬으로부터 원재료 공급가액 21,000,000원(부가가치세 별도)을 매입하고 전자세금계산서를 받았다. 지난달에 지급한 선급금 5,000,000원을 제외한 잔액을 보통예금으로 지급하였다.

10월 2일	(차) 원재료	21,000,000	(대) 보통예금	18,100,000
	부가세대급금	2,100,000	선급금(㈜엘룬)	5,000,000

[입력방법] 유형 : 51.과세 / 공급가액 : 21,000,000 / 부가세 : 2,100,000 / 거래처 : ㈜엘룬 / 전자 : 여 / 분개 : 혼합

53 10월 3일 수출업체인 ㈜한미상사에 내국신용장(Local L/C)에 의하여 공급가액 10,000,000원의 제품을 납품하고 영세율전자세금계산서를 발급하였다. 대금은 ㈜한미상사가 발행한 당좌수표로 수취하였다.

10월 3일	(차) 현금[1]	10,000,000	(대) 제품매출	10,000,000

[1] 타인발행 당좌수표에 해당하므로 현금 계정으로 회계처리한다.

[입력방법] 유형 : 12.영세 / 공급가액 : 10,000,000 / 부가세 : 0 / 거래처 : ㈜한미상사 / 전자 : 여 / 분개 : 혼합(현금)
/ (영세율구분 : 3.내국신용장·구매확인서에 의하여 공급하는 재화)

✓ **54** 10월 4일 공장에서 사용하던 다음의 기계장치를 ㈜서해에 매각하면서 전자세금계산서를 발급하고 매각대금은 ㈜서해에서 발행한 약속어음으로 수령하였다. (취득 시 매입세액공제를 받았음)

구 분	공급가액	부가가치세
매각대금	12,000,000원	1,200,000원
취득금액	30,000,000원	3,000,000원

※ 매각일 현재 감가상각누계액 : 16,000,000원

10월 4일	(차) 감가상각누계액(기계장치)	16,000,000	(대) 기계장치	30,000,000
	미수금(㈜서해)[1]	13,200,000	부가세예수금	1,200,000
	유형자산처분손실	2,000,000		

[1] 일반적인 상거래 이외의 거래이므로 어음을 수령하더라도 미수금 계정으로 회계처리한다.

[입력방법] 유형 : 11.과세 / 공급가액 : 12,000,000 / 세액 : 1,200,000 / 거래처 : ㈜서해 / 전자 : 여 / 분개 : 혼합

55 10월 5일 다음은 당일에 제품을 공급하고 발행한 전자세금계산서이다. 적절한 회계처리를 하시오.

전자세금계산서(공급자보관용)									
						승인번호			
						관리번호			
공급자	등록번호	125-81-77559	종사업장번호		공급받는자	등록번호	130-42-27256	종사업장번호	
	상호(법인명)	㈜합격산업	성명(대표자)	이만수		상호(법인명)	서원상사	성명(대표자)	이범수
	사업장주소	서울시 구로구 새말로 97				사업장주소	서울시 마포구 마포대로 58		
	업태	제조, 도소매, 무역	종목	전자제품		업태	소매	종목	전자제품

작성연월일			공급가액												세액										수정사유
년	월	일	천	백	십	억	천	백	십	만	천	백	십	일	십	억	천	백	십	만	천	백	십	일	
20xx	10	5						4	0	0	0	0	0	0					4	0	0	0	0	0	

비고								
월	일	품목	규격	수량	단가	공급가액	세액	비고
10	5	전자제품		1		4,000,000	400,000	

합계금액	현금	수표	어음	외상미수금	이 금액을 영수/청구 함
4,400,000	400,000		2,000,000	2,000,000	

10월 5일 (차) 현금	400,000	(대) 제품매출	4,000,000
받을어음(서원상사)	2,000,000	부가세예수금	400,000
외상매출금(서원상사)	2,000,000		

[입력방법] 유형 : 11.과세 / 공급가액 : 4,000,000 / 부가세 : 400,000 / 거래처 : 서원상사 / 전자 : 여 / 분개 : 혼합

✓ **56** **10월 6일 광고를 목적으로 ㈜누리상사에서 지난달 매입한 판촉용 수건에 하자가 있어 반품하고 수정 전자세금계산서**(공급가액 : (-)100,000원, 부가가치세 : (-)10,000원)**를 교부받고 대금은 미지급금과 상계처리하였다.**

10월 6일 (차) 광고선전비(판관비)	(-)100,000	(대) 미지급금(㈜누리상사)	(-)110,000
부가세대급금	(-)10,000		

[입력방법] 유형 : 51.과세 / 공급가액 : (-)100,000 / 부가세 : (-)10,000 / 거래처 : ㈜누리상사 / 전자 : 여 / 분개 : 혼합

✓ **57** **10월 7일 대표이사가 업무를 위해 제주도에 방문하여 업무용 승용차**(998cc)**를 ㈜탐라렌트카에서 3일간 렌트**(렌트대금 : 500,000원, 부가가치세 별도)**하고 전자세금계산서를 수령하였다. 대금은 다음달 10일에 지급하기로 하였다.** (임차료 계정과목으로 처리할 것)

10월 7일 (차) 임차료(판관비)	500,000	(대) 미지급금(㈜탐라렌트카)	550,000
부가세대급금	50,000		

[입력방법] 유형 : 51.과세[1] / 공급가액 : 500,000 / 부가세 : 50,000 / 거래처 : ㈜탐라렌트카 / 전자 : 여 / 분개 : 혼합

[1] 배기량 1,000cc 이하의 경차이므로 매입세액이 공제된다.

58 **10월 8일 비사업자인 박지성에게 제품을 판매하고, 판매대금 330,000원**(부가가치세 포함)**을 전액 보통예금으로 수령하였다. 해당 거래에 대하여 별도의 세금계산서나 현금영수증을 발급하지 않았으며 간이영수증만 발급하였다.**

10월 8일 (차) 보통예금 330,000 (대) 제품매출 300,000
부가세예수금 30,000

[입력방법] 유형 : 14.건별 / 공급가액 : 300,000 / 부가세 : 30,000 / 거래처 : 박지성 / 분개 : 혼합

59 **10월 9일 마케팅부서의 업무 관련 서적을 ㈜영풍문고로부터 구입하고 대금 800,000원을 보통예금에서 지급하고 전자계산서를 받았다.**

10월 9일 (차) 도서인쇄비(판관비) 800,000 (대) 보통예금 800,000

[입력방법] 유형 : 53.면세 / 공급가액 : 800,000 / 거래처 : ㈜영풍문고 / 전자 : 여 / 분개 : 혼합

60 **10월 10일 임원용 승용차**(3,800cc)**를 ㈜중고나라에서 44,000,000원**(부가가치세 포함)**에 12개월 할부로 구입하고 전자세금계산서를 수취하였다. 취득세 등 4,600,000원은 ㈜동해산업으로부터 수취한 자기앞수표로 지급하였다.** (하나의 전표로 입력할 것)

10월 10일 (차) 차량운반구 48,600,000 (대) 미지급금(㈜중고나라) 44,000,000
현금 4,600,000

[입력방법] 유형 : 54.불공 / 공급가액 : 40,000,000 / 부가세 : 4,000,000 / 거래처 : ㈜중고나라 / 전자 : 여 / 분개 : 혼합
/ (불공제사유 : ③비영업용 소형승용자동차 구입·유지 및 임차)

✓ **61** **10월 11일 미국에 소재한 댈러스상사에 제품을 $10,000에 직접수출**(수출신고일 : 10월 10일, 선적일 : 10월 11일)**하고, 수출대금은 10월 30일에 미국달러화로 받기로 하였다. 수출과 관련된 내용은 다음과 같다.**

일 자	10월 10일	10월 11일	10월 30일
기준환율	1,150원/1$	1,200원/1$	1,250원/1$

10월 11일 (차) 외상매출금(댈러스상사) 12,000,000 (대) 제품매출 12,000,000

[입력방법] 유형 : 16.수출 / 공급가액 : 12,000,000 / 부가세 : 0 / 거래처 : 댈러스상사 / 분개 : 혼합(외상)
/ (영세율구분 : 1.직접수출(대행수출 포함))

62 **10월 12일 ㈜인피니티에 외상 판매했던 제품 중 2대**(1대당 2,500,000원, 부가가치세 별도)**가 불량으로 반품처리되었다. 이에 따라 반품 전자세금계산서를 발급하였다. 대금은 외상매출금과 상계처리하기로 하였다.**

10월 12일 (차) 외상매출금(㈜인피니티) (-)5,500,000 (대) 제품매출 (-)5,000,000
부가세예수금 (-)500,000

[입력방법] 유형 : 11.과세 / 공급가액 : (-)5,000,000 / 부가세 : (-)500,000 / 거래처 : ㈜인피니티 / 전자 : 여
/ 분개 : 혼합(외상)

63 **10월 13일 영업부에서 매출거래처인 ㈜샤이니의 임시주주총회 행사장에 보내기 위해서 화환**(면세)**을 참사랑화원에서 170,000원에 현금으로 구입하고 전자계산서를 발급받았다.**

10월 13일 (차) 기업업무추진비(판관비) 170,000 (대) 현금 170,000

[입력방법] 유형 : 53.면세 / 공급가액 : 170,000 / 거래처 : 참사랑화원 / 전자 : 여 / 분개 : 혼합(현금)

✓ **64** **10월 14일 ㈜대웅으로부터 원재료**(1,000개, 단위당 원가 : 20,000원)**를 매입하고 영세율전자세금계산서를 수취하였다. 대금은 국민은행 기업구매자금대출**(만기 6개월)**로 지급하였다.**

10월 14일 (차) 원재료 20,000,000 (대) 단기차입금(국민은행) 20,000,000

[입력방법] 유형 : 52.영세 / 공급가액 : 20,000,000 / 부가세 : 0 / 거래처 : ㈜대웅 / 전자 : 여 / 분개 : 혼합

참고 기업구매자금대출

자재구입대금을 은행에서 차입하여 지급하는 것이므로, 기업 입장에서는 대변을 해당 은행에 대한 차입금으로 회계처리한다.

✓ **65** **10월 15일 회사가 보유하고 있는 원재료 중 원가 600,000원**(시가 : 800,000원, 부가가치세 별도)**을 매출거래처인 ㈜동양에 명절선물로 제공하였다.** (단, 매입 원재료는 적법하게 매입세액공제를 받았다)

10월 15일 (차) 기업업무추진비(판관비) 680,000 (대) 원재료 600,000
(적요 8. 타계정으로 대체액)
부가세예수금 80,000

[입력방법] 유형 : 14.건별 / 공급가액 : 800,000 / 부가세 : 80,000 / 거래처 : ㈜동양 / 분개 : 혼합

✓ **66** **10월 16일 ㈜미생에 다음과 같이 제품을 할부판매하고, 전자세금계산서를 교부하였다. 할부금은 약정기일에 보통예금으로 입금되었다.**

인도일	2024. 10. 16.(총공급가액 : 40,000,000원, 총 세액 : 4,000,000원)			
할부내역				

구 분	1차 할부	2차 할부	3차 할부	4차 할부
약정기일	2024. 10. 16.	2024. 11. 16.	2024. 12. 16.	2025. 1. 16.
공급가액	10,000,000원	10,000,000원	10,000,000원	10,000,000원
세 액	1,000,000원	1,000,000원	1,000,000원	1,000,000원

10월 16일 (차) 보통예금 11,000,000 (대) 제품매출 40,000,000
외상매출금(㈜미생) 33,000,000 부가세예수금 4,000,000

[입력방법] 유형 : 11.과세 / 공급가액 : 40,000,000 / 부가세 : 4,000,000 / 거래처 : ㈜미생 / 전자 : 여 / 분개 : 혼합

✓ **67** 10월 17일 ㈜태현에 제품 300,000,000원(부가가치세 별도)을 장기할부조건으로 판매하고, 2024년 10월 17일에 제품을 인도하였으며, 대가의 각 부분을 받기로 한 때에 전자세금계산서를 정상적으로 발급하였다. 할부금은 약정기일에 정상적으로 보통예금에 입금되었다. 2024년 10월 17일의 회계처리를 입력하시오.

구 분	1차 할부	2차 할부	3차 할부	4차 할부	합 계
약정기일	2024. 10. 17.	2024. 12. 31.	2025. 6. 30.	2025. 12. 31.	
공급가액	75,000,000원	75,000,000원	75,000,000원	75,000,000원	300,000,000원
부가가치세	7,500,000원	7,500,000원	7,500,000원	7,500,000원	30,000,000원

10월 17일	(차) 외상매출금(㈜태현)	225,000,000[1]	(대) 제품매출	300,000,000
	보통예금	82,500,000	부가세예수금	7,500,000

[1] 총 외상매출액 - 1차 회수분 = 300,000,000 - 75,000,000 = 225,000,000원

[입력방법] 유형 : 11.과세 / 공급가액 : 75,000,000 / 부가세 : 7,500,000 / 거래처 : ㈜태현 / 전자 : 여 / 분개 : 혼합

참고 일반기업회계기준에 따르면 장기할부판매에 대하여 인도한 시점에 매출을 인식하는 것이 원칙이나, 예외적으로 중소기업인 경우에는 회수되는 금액만 매출을 인식하는 것(회수기일 도래기준)도 인정된다. 따라서 중소기업을 전제로 하여 출제되는 전산세무 자격시험에서는 아래의 분개도 정답으로 인정된다.

10월 17일	(차) 보통예금	82,500,000	(대) 제품매출	75,000,000
			부가세예수금	7,500,000

[입력방법] 유형 : 11.과세 / 공급가액 : 75,000,000 / 부가세 : 7,500,000 / 거래처 : ㈜태현 / 전자 : 여 / 분개 : 혼합

68 10월 18일 당사의 제조공장에서 제품을 운반하고 있는 지게차에 연료가 부족하여 ㈜부어주유소에서 경유(공급가액 : 150,000원, 세액 : 15,000원)를 넣고 법인명의의 현대카드로 결제하였다.

10월 18일	(차) 차량유지비(제조)	150,000	(대) 미지급금(현대카드)	165,000
	부가세대급금	15,000		

[입력방법] 유형 : 57.카과 / 공급가액 : 150,000 / 부가세 : 15,000 / 거래처 : ㈜부어주유소 / 분개 : 혼합(카드)
/ (신용카드사 : 현대카드)

✓ **69** 10월 19일 본사 건물의 주차장으로 사용하기 위하여 토지를 구입한 후 토지의 정지비용과 구 건물철거와 관련한 비용으로 ㈜평탄산업에 32,000,000원(부가가치세 별도)을 보통예금으로 지급하고 전자세금계산서를 수취하였다.

10월 19일	(차) 토지	35,200,000	(대) 보통예금	35,200,000

[입력방법] 유형 : 54.불공 / 공급가액 : 32,000,000 / 부가세 : 3,200,000 / 거래처 : ㈜평탄산업 / 전자 : 여 / 분개 : 혼합
/ (불공제사유 : ⑥토지의 자본적 지출 관련)

✓ **70** 10월 20일 당사의 지정 정비업체인 경학설비에서 기계장치의 내용연수를 연장시키는 주요부품 교체를 하여, 당월분 수리대금 33,000,000원(부가가치세 포함)에 대한 전자세금계산서를 수취하고 법인카드(현대카드)로 결제하였다.

10월 20일	(차) 기계장치	30,000,000	(대) 미지급금(현대카드)	33,000,000
	부가세대급금	3,000,000		

[입력방법] 유형 : 51.과세[1] / 공급가액 : 30,000,000 / 부가세 : 3,000,000 / 거래처 : 경학설비 / 전자 : 여 / 분개 : 혼합

[1] 매입세액공제 받을 수 있는 지출에 대하여, 대금을 신용카드로 결제함에 따라 세금계산서도 발급받고 신용카드 매출전표도 발급받은 경우 '51.과세'를 선택하여야 한다.

✓ **71** 10월 21일 영업부에서는 사무실 사용 목적으로 임차할 건물을 강남공인중개사로부터 소개를 받았다. 이와 관련하여 당사는 중개수수료 550,000원(부가가치세 포함)을 보통예금에서 이체함과 동시에 강남공인중개사로부터 현금영수증을 수취하였다.

10월 21일	(차) 수수료비용(판관비)	500,000	(대) 보통예금	550,000
	부가세대급금	50,000		

[입력방법] 유형 : 61.현과 / 공급가액 : 500,000 / 부가세 : 50,000 / 거래처 : 강남공인중개사 / 분개 : 혼합

72 10월 22일 캐나다의 벤쿠버상사로부터 원재료를 수입하면서 인천세관으로부터 수입전자세금계산서(공급대가 : 5,500,000원)를 발급받았고, 부가가치세와 관세를 합해서 900,000원을 현금으로 지급하였다. 원재료의 공급가액은 회계처리하지 않고 관세 및 부가가치세만 회계처리하기로 한다.

10월 22일	(차) 원재료	400,000	(대) 현금	900,000
	부가세대급금	500,000		

[입력방법] 유형 : 55.수입 / 공급가액 : 5,000,000 / 부가세 : 500,000 / 거래처 : 인천세관 / 전자 : 여 / 분개 : 혼합

✓ **73** 10월 23일 개인소비자 김미선에게 제품을 880,000원(부가가치세 포함)에 판매하고 현금영수증을 발급하였다. 대금은 기존에 발행하였던 상품권 1,000,000원을 수령하고, 잔액은 현금으로 지급하였다.

10월 23일	(차) 선수금(김미선)	1,000,000	(대) 제품매출	800,000
			부가세예수금	80,000
			현금	120,000

[입력방법] 유형 : 22.현과 / 공급가액 : 800,000 / 부가세 : 80,000 / 거래처 : 김미선 / 분개 : 혼합

✓ **74** **세진상사로부터 9월 24일에 원재료**(공급가액 : 1,000,000원, 부가가치세 : 100,000원)**를 외상으로 구입하면서 종이세금계산서를 수취하였다. 제2기 예정 부가가치세 신고 시 해당 세금계산서를 누락하여 제2기 확정 부가가치세 신고에 반영하려고 한다. 해당 세금계산서를 제2기 확정 부가가치세 신고에 반영시킬 수 있도록 입력/설정하시오.**

9월 24일	(차) 원재료	1,000,000	(대) 외상매입금(세진상사)	1,100,000
	부가세대급금	100,000		

[입력방법] 유형 : 51.과세 / 공급가액 : 1,000,000 / 부가세 : 100,000 / 거래처 : 세진상사 / 전자 : 부 / 분개 : 혼합(외상)

참고 예정신고누락분 확정신고 시 반영

전표 입력 후, 해당 전표를 선택하고 메뉴 화면 상단에 있는 [F11간편집계.. ▾]의 [▾]를 클릭하고, [SF5 예정 누락분]을 선택한 후, 대화창에서 확정신고 개시년월란에 "2024년 10월"을 입력하고 [확인(Tab)]을 클릭한다.

✓ **75** **10월 25일 당사 공장에 설치 중인 기계장치의 성능을 시운전하기 위하여 ㈜웅진주유소에서 휘발유 1,100,000원**(부가가치세 포함)**을 구입하면서 신한체크카드로 결제하였다.** (신한체크카드는 결제 즉시 카드발급은행 보통예금 계좌에서 인출되었다)

10월 25일	(차) 기계장치	1,000,000	(대) 보통예금(신한체크카드)	1,100,000
	부가세대급금	100,000		

[입력방법] 유형 : 57.카과 / 공급가액 : 1,000,000 / 부가세 : 100,000 / 거래처 : ㈜웅진주유소 / 분개 : 혼합
/ (신용카드사 : 신한체크카드)

참고 체크카드로 결제하는 거래

체크카드는 예금 잔액 범위 내에서만 사용할 수 있으므로, 거래상대방(A거래처)으로부터 재화나 용역을 구입하고 그 대금을 체크카드(B체크카드사)로 결제한 경우, 대변에 대한 회계처리방법은 다음과 같다.

- 계정과목 : 해당 예금 계정과목(예 보통예금)
- 거래처 : B체크카드사(예금 계정과목이더라도 체크카드라는 특성상 거래처를 입력하여 관리하는 것이 일반적이고, 입력하는 거래처는 A거래처가 아니라 B체크카드사임)

✓ **76** **10월 26일 미래상사로부터 구내식당에서 사용할 목적으로 쌀 2,000,000원을 구입하고 종이계산서를 교부받았다. 대금결제 중 1,500,000원은 ㈜비쥬에서 매출대금으로 받았던 약속어음을 배서양도하고, 나머지는 외상으로 하였다. 쌀은 소모품 계정과목을 이용하기로 하고 의제매입세액은 무시한다.**

10월 26일	(차) 소모품	2,000,000	(대) 받을어음(㈜비쥬)	1,500,000
			미지급금(미래상사)	500,000

[입력방법] 유형 : 53.면세 / 공급가액 : 2,000,000 / 거래처 : 미래상사 / 전자 : 부 / 분개 : 혼합

✓ **77** **10월 27일 비사업자인 진종호에게 제품을 판매하고, 판매대금 440,000원**(부가가치세 포함)**은 신용카드**(비씨카드)**로 결제받았다.**

10월 27일 (차) 외상매출금(비씨카드) 440,000 (대) 제품매출 400,000
부가세예수금 40,000

[입력방법] 유형 : 17.카과 / 공급가액 : 400,000 / 부가세 : 40,000 / 거래처 : 진종호 / 분개 : 혼합(외상) / (신용카드사 : 비씨카드)

참고 신용카드로 결제받은 수취채권

거래상대방(A거래처)에게 재화나 용역을 제공하고 그 대금을 신용카드(B신용카드사)로 결제받은 경우, 동 수취채권에 대한 회계처리방법은 다음과 같다.

- 계정과목 : 외상매출금(일반적인 상거래) 또는 미수금(일반적인 상거래 이외의 거래)
- 거래처 : B신용카드사(당사가 향후 대금을 수령하여야 할 곳은 A거래처가 아니라 B신용카드사임)

78 **10월 28일 원재료 매입거래처에 선물할 목적으로 ㈜대미전자로부터 노트북을 1,500,000원**(부가가치세 별도)**에 구입하였고 대금은 현금으로 지급한 후 전자세금계산서를 발급받았다.**

10월 28일 (차) 기업업무추진비(제조) 1,650,000 (대) 현금 1,650,000

[입력방법] 유형 : 54.불공 / 공급가액 : 1,500,000 / 부가세 : 150,000 / 거래처 : ㈜대미전자 / 전자 : 여 분개 : 혼합(현금) / (불공제사유 : ④기업업무추진비 및 이와 유사한 비용 관련)

✓ **79** **10월 29일 ㈜사랑전자에 제품판매계약을 체결하고 계약금으로 5,500,000원**(부가가치세 포함)**을 보통예금으로 수령하여 전자세금계산서를 발급하였다. 해당 제품은 1개월 후에 인도하기로 하였다.**

10월 29일 (차) 보통예금 5,500,000 (대) 선수금(㈜사랑전자) 5,000,000
부가세예수금 500,000

[입력방법] 유형 : 11.과세 / 공급가액 : 5,000,000 / 부가세 : 500,000 / 거래처 : ㈜사랑전자 / 전자 : 여 / 분개 : 혼합

80 **10월 30일 본사 직원용 컴퓨터 관련 서적 12권(@20,000)을 ㈜교보문고에서 구입하고, 대금은 현대카드로 결제하였다.**

10월 30일 (차) 도서인쇄비(판관비) 240,000 (대) 미지급금(현대카드) 240,000

[입력방법] 유형 : 58.카면 / 공급가액 : 240,000 / 거래처 : ㈜교보문고 / 분개 : 혼합 / (신용카드사 : 현대카드)

연말정산 필수이론정리

연말정산 실무문제 풀이에 필요한 이론을 정리하여 이론을 학습하고, 학습한 이론이 실무문제에 어떻게 적용되는지 확인할 수 있습니다. 본 부록을 항상 휴대하며 반복 학습해서 시험에 철저히 대비하기를 바랍니다.

연말정산 개요

1. 연말정산 개요

근로소득에 대한 연말정산이란 상용근로자에게 근로소득을 지급하는 회사(원천징수의무자)가 2월분 급여를 지급하는 때에 작년 1년(해당 과세기간) 동안 지급했던 급여지급액에 대하여 각 종업원별 근로소득세액을 계산한 후, 매월 급여지급 시 간이세액표에 의하여 이미 원천징수한 세액과 비교하여 많이 징수한 세액은 돌려주고, 부족하게 징수한 경우에는 추가징수하는 것을 말한다.

종합소득이 있는 거주자는 해당 과세기간의 소득을 다음 연도 5월에 개인별로 종합소득세 확정신고를 하는 것이 원칙이나, 근로소득(퇴직소득 및 분리과세소득 포함)만 있는 경우에는 원천징수와 연말정산 절차를 통하여 종합소득세와 동일한 금액이 납부되어버리므로 해당 거주자는 번거로운 확정신고를 생략할 수 있게 된다.

한편, 일용근로자의 근로소득은 전액 분리과세가 적용되므로 원천징수 절차만으로 일용근로자의 납세의무가 종결된다. 따라서 일용근로자에게 근로소득을 지급하는 회사는 이에 대하여 연말정산을 할 필요가 없다.

2. 연말정산 시기

(1) 계속근로자

계속근로자란 12월 31일 현재 회사에 재직하고 있는 근로자를 말한다.

계속근로자의 경우, 해당 과세기간(1월 1일~12월 31일)의 급여지급액에 대하여 다음 연도 2월분 급여를 지급할 때 연말정산을 한다.

(2) 중도퇴사자

중도퇴사자란 연도 중에 퇴사하는 근로자를 말한다.

중도퇴사자의 경우, 해당 과세기간 개시일로부터 퇴사일까지(1월 1일~퇴사일)의 급여지급액에 대하여 퇴직하는 달의 급여를 지급할 때 연말정산을 한다.

3. 연말정산 세액의 계산구조

구분		내 용
	총급여	= 연봉(급여 + 상여 + 수당 + 인정상여) – 비과세
–	근로소득공제	
=	근로소득금액	
–	인적공제	· 기본공제(1인당 연 150만 원 공제) · 추가공제(경로우대, 장애인, 부녀자, 한부모)
–	연금보험료 소득공제	· 공적연금
–	특별소득공제	· 공적보험료 · 주택자금
–	그 밖의 소득공제	· 개인연금저축 · 주택마련저축 · 신용카드 등 사용액
=	과세표준	
×	기본세율	6~45%의 8단계 초과누진세율
=	산출세액	
–	세액감면	
–	세액공제	· 근로소득 세액공제 · 자녀세액공제(8세 이상, 출산 · 입양) · 연금계좌세액공제(연금저축, 퇴직연금) · 특별세액공제(보장성보험료, 의료비, 교육비, 기부금) · 정치자금기부금 세액공제, 고향사랑기부금 세액공제 · 월세액 세액공제
=	결정세액	
–	기납부세액	매월 급여지급 시 원천징수한 세액
=	차감징수세액	

참고 **세액감면과 세액공제의 합계액이 산출세액을 초과하는 경우**
그 초과하는 금액은 없는 것으로 한다. (즉, 결정세액은 음수(–)가 될 수 없다)

근로소득금액

1. 근로소득의 범위

(1) 근로소득의 범위

근로소득이란 고용계약에 따라 비독립적 지위에서 근로를 제공하고 받는 다음과 같은 각종 대가를 말한다.

- 근로를 제공함으로써 받는 봉급·상여·수당과 이와 유사한 성질의 급여(일반급여)
- 법인의 주주총회 또는 이에 준하는 의결기관의 결의에 따라 상여로 받는 소득(잉여금 처분에 의한 상여)
- 법인세법에 따라 상여로 소득처분된 금액(인정상여)
- 임원의 퇴직금 중에서 법인세법과 소득세법 규정에 따라 퇴직소득으로 인정되지 않고 근로소득으로 간주되는 금액(법인세법 및 소득세법에 따른 임원퇴직금 한도초과액)
- 발명진흥법에 따른 직무발명으로 회사로부터 재직 중에 받는 보상금(단, 연 700만 원 이하의 금액은 비과세)

(2) 근로소득에 포함되는 것

근로소득에는 다음의 소득이 포함된다.

- 법인의 임직원이 고용 관계에 따라 부여받은 주식매수선택권(스톡옵션)을 재직 중에 행사함으로써 얻는 이익
- 사택을 제공받음으로써 얻는 이익 (단, ㉠ 비출자임원(주주가 아닌 임원을 말하며, 소액주주인 임원을 포함함)과 ㉡ 직원(임원이 아닌 종업원)이 사택을 제공받음으로써 얻는 이익은 비과세)[1)]

  1) 출자임원이 사택을 제공받음으로써 얻는 이익만 과세됨
- 종업원이 계약자이거나 종업원 및 가족을 수익자로 하는 보험에 대하여 사용자(회사)가 부담하는 보험료 (단, 단체순수보장성보험 및 단체환급부보장성보험의 보험료 중 1인당 연 70만 원 이하의 금액은 비과세)
- 종업원이 주택의 구입·임차자금을 저리 또는 무상으로 대여받음으로써 얻는 이익 (단, 중소기업 종업원이 대여받음으로써 얻는 이익은 비과세)
- 공무원이 국가·지방자치단체로부터 공무 수행과 관련하여 받는 상금과 부상 (단, 연 240만 원 이하의 금액은 비과세)

(3) 근로소득에 포함되지 않는 것(과세제외)

다음에 해당하는 경우에는 근로소득으로 보지 않는다.

- 사회통념상 타당하다고 인정되는 범위 내의 경조금

(4) 비과세 근로소득

근로소득 중 다음의 소득에 대해서는 소득세를 과세하지 않는다.

① 실비변상적인 성질의 급여

- 일직료·숙직료 또는 여비(출장비)로서 실제 지출한 영수증에 의해 환급받거나 회사의 지급규정에 의해 지급받는 실비변상 정도의 금액
- 자가운전보조금[1] 중 월 20만 원 이내의 금액

  [1] 종업원의 소유 차량 또는 종업원 본인 명의로 임차한 차량을 종업원이 직접 운전하여 회사의 업무수행에 이용하고 시내출장 등에 소요된 실제 여비를 받는 대신 회사의 지급규정에 따라 받는 금액을 말한다.
- 학교의 교원이거나 법 소정 연구부서의 연구원이 받는 연구활동비 중 월 20만 원 이내의 금액
- 신문·방송사의 기자가 받는 취재수당 중 월 20만 원 이내의 금액
- 근로자가 산간 등 외진 곳에서 근무함으로 인하여 받는 벽지수당 중 월 20만 원 이내의 금액
- 근로자가 천재지변이나 그 밖의 재해로 인하여 받는 급여

② 국외근로소득

국외에서 근로를 제공하고 받는 보수 중 월 100만 원(단, 원양어선 또는 국외건설은 월 500만 원) 이내의 금액

③ 법 소정 요건을 충족하는 생산직 근로자의 초과근로수당 중 연 240만 원 이내의 금액

- 비과세 요건 : ㉠ 생산직 또는 단순노무직[1]이고, ㉡ 직전연도 총급여액이 3,000만 원 이하로서, ㉢ 월정액급여액[2]이 월 210만 원 이하

  [1] 예 운전, 청소, 경비, 미용, 숙박, 조리

  [2] 월 급여지급액 - 상여 등 부정기적 급여 - 실비변상적인 성질의 급여 - 복리후생적 성질의 급여 - 초과근로수당
- 비과세 금액 : 야간근로·휴일근로 등에 따른 초과근로수당 중 연 240만 원 이내의 금액 (단, 일용근로자는 초과근로수당 전액)

④ 식사 또는 식사대

- 사내급식 등 현물로 제공받는 식사 기타 음식물
- 위 식사 기타 음식물을 제공받지 않는 근로자가 받는 식사대 중 월 20만 원 이내의 금액

⑤ 출산 및 자녀보육 수당

근로자 또는 그 배우자의 출산이나 6세 이하 자녀의 보육과 관련하여 지급받는 급여 중 월 20만 원 이내의 금액

⑥ 법 소정 요건을 충족하는 근로자 본인에 대한 업무 관련 교육비

비과세 요건 : ㉠ 근로자 본인에 대한 교육비로서, ㉡ 회사 업무와 관련이 있는 교육이고, ㉢ 회사 지급규정에 따라 지급받는 것이고, ㉣ 교육기간이 6개월 이상인 경우 교육 후 해당 교육기간을 초과하여 근무하지 아니하는 때에는 지급받은 금액을 반납하는 조건일 것

⑦ 발명진흥법에 따른 직무발명으로 회사로부터 재직 중에 받는 보상금 중 연 700만 원 이하의 금액[1]

[1] 사업자·지배주주의 특수관계인에 해당하는 경우에는 전액 과세

⑧ 복리후생적 성질의 급여

- ㉠ 비출자임원(주주가 아닌 임원을 말하며, 소액주주인 임원을 포함함)과 ㉡ 직원(임원이 아닌 종업원)이 사택을 제공받음으로써 얻는 이익
- 단체순수보장성보험 및 단체환급부보장성보험의 보험료 중 1인당 연 70만 원 이하의 금액
- 중소기업의 종업원이 주택의 구입·임차 자금을 저리 또는 무상으로 대여 받음으로써 얻는 이익[1]

  [1] 사업자·지배주주의 특수관계인에 해당하는 경우에는 전액 과세

- 공무원이 국가·지방자치단체로부터 공무 수행과 관련하여 받는 상금과 부상 중 연 240만 원 이하의 금액
- 사업주가 영유아보육법에 따라 직장어린이집을 설치·운영하거나 지역의 어린이집과 위탁계약을 맺고 그 비용을 부담함으로써 해당 사업장의 종업원이 얻는 이익

⑨ 4대 보험료의 법정 회사부담금

국민연금, 국민건강보험, 노인장기요양보험, 고용보험 보험료의 법령에 따른 회사(사용자) 부담금

⑩ 그 외

- 복무 중인 현역병 등이 받는 급여
- 고용보험법에 따라 받는 실업급여, 육아휴직급여, 산전후휴가급여
- 산업재해보상법에 따라 받는 요양급여, 휴업급여, 장해급여, 유족급여

(5) 근로소득의 수입시기

구 분	근로소득의 수입시기
일반급여	근로를 제공한 날
환율인상, 급여인상 등의 이유로 차액을 추가로 지급하는 경우	당초 근로를 제공한 날
잉여금 처분에 의한 상여	해당 법인의 잉여금 처분결의일
인정상여	해당 법인 사업연도 중의 근로를 제공한 날
주식매수선택권(스톡옵션)	주식매수선택권을 행사한 날

실무포인트

[급여자료자료입력] 메뉴에서 급여항목 추가 시 추가하려는 급여항목이 과세인지 비과세인지 구분할 수 있어야 한다.

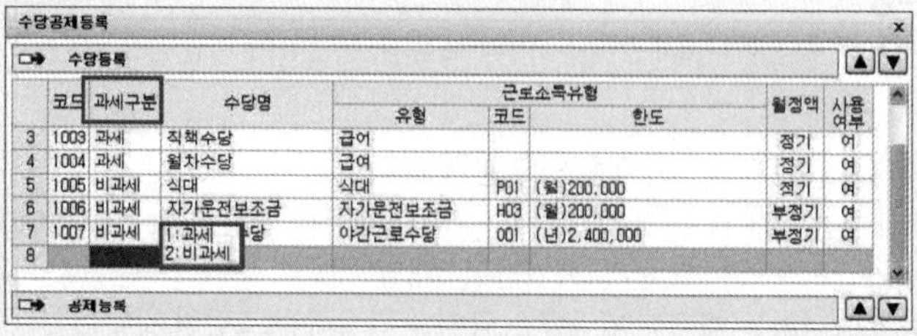

| 용어 알아두기 |

- 사용자 : 회사를 의미함
- 임원 : 대표이사, 전무이사, 상무이사 등 이사회의 구성원을 말함
- 사용인 : 임원을 제외한 종업원을 의미함(= 직원)

2. 근로소득금액의 계산

근로소득의 총수입금액을 총급여액이라고 하며, 근로소득금액은 해당 연도의 총급여액에서 근로소득공제를 차감한 금액으로 한다.

근로소득금액 = 총급여액(비과세소득과 분리과세소득은 제외) - 근로소득공제

※ 근로소득공제액은 입력한 총급여액에 의해 KcLep에서 자동으로 계산된다.

참고 근로소득공제

총급여액	근로소득공제[1)]
500만 원 이하	총급여액 × 70%
500만 원 초과 1,500만 원 이하	350만 원 + (총급여액 - 500만 원) × 40%
1,500만 원 초과 4,500만 원 이하	750만 원 + (총급여액 - 1,500만 원) × 15%
4,500만 원 초과 1억 원 이하	1,200만 원 + (총급여액 - 4,500만 원) × 5%
1억 원 초과	1,475만 원 + (총급여액 - 1억 원) × 2%

1) 근로소득공제액 한도 : 2,000만 원

인적공제

1. 기본공제

(1) 기본공제 금액

기본공제란 근로자에 대하여 다음 중 어느 하나에 해당하는 사람의 수에 1명당 150만 원을 곱하여 계산한 금액을 해당 과세기간의 근로소득금액에서 공제하는 것을 말한다.

구 분	대상자	공제 요건	
		나 이	소득금액
본인공제	본 인	-	-
배우자공제	배우자	-	100만 원 이하
부양가족공제	직계존속	60세 이상	100만 원 이하
	직계비속, 입양자	20세 이하	100만 원 이하
	형제자매	20세 이하 또는 60세 이상	100만 원 이하
	기초생활수급자	-	100만 원 이하
	위탁아동	18세 미만	100만 원 이하

(2) 기본공제 적용 여부 판단 시 주의사항

① 장애인의 경우 나이 요건 면제

장애인의 경우 나이 요건은 충족하지 않아도 된다. 그러나 장애인이라 하더라도 소득금액 요건은 반드시 충족하여야 한다.

② 소득금액 요건의 판단

기본공제대상자가 되기 위해서는 해당 과세기간 동안의 종합소득금액, 퇴직소득금액, 양도소득금액의 합계액이 100만 원 이하이어야 한다. 다만, 근로소득만 있는 기본공제대상자의 경우에는 예외적으로 총급여 500만 원(= 근로소득금액 150만 원)까지 인정된다.

즉, 기본공제 적용 여부를 판단할 때의 소득금액은 비과세소득과 분리과세소득은 제외하되, 분류과세소득은 포함한 개념이며, 각 소득종류별 소득금액은 총수입금액에서 필요경비·근로소득공제·연금소득공제를 차감한 금액을 말한다.

구 분	소득금액 100만 원 이하 요건을 충족하는 경우의 예
이자소득, 배당소득	· 이자소득과 배당소득의 합계액이 2,000만 원 이하인 경우 (이유 : 분리과세)
사업소득	· 식량작물재배 소득이 있는 경우 (이유 : 과세제외) · 1개의 주택(기준시가 12억 원 초과 아님, 국내 소재)을 소유하는 자의 주택임대소득 (이유 : 비과세)

근로소득	· 일용근로소득이 있는 경우 (이유 : 분리과세) · 근로소득만 있고 상용근로에 따른 총급여액이 500만 원 이하인 경우 (이유 : 특례규정에 따라 인정)
연금소득	· 사적연금 수령액이 1,500만 원 이하이고 분리과세를 선택한 경우 (이유 : 분리과세) · 공적연금과 사적연금의 수령액 합계액이 516만 원 이하인 경우 (이유 : 소득금액 100만 원 이하)
기타소득	· 복권당첨소득이 있는 경우 (이유 : 분리과세) · 일시적 인적용역을 제공하고 받은 수령액이 250만 원 이하인 경우 (이유 : 소득금액 100만 원 이하) · 기타소득금액이 300만 원 이하이고 분리과세를 선택한 경우 (이유 : 분리과세)

[사례] 소득금액 요건 판단

· 부양가족이 인적용역을 일시적으로 제공하고 받은 대가수령액이 700만 원이 있고, 해당 기타소득에 대하여 분리과세를 선택하는 경우 : 기본공제 O

[이유] 일시적 인적용역의 대가는 60% 필요경비가 인정되는 기타소득에 해당하므로, 기타소득금액은 대가수령액 700만 원의 40%인 280만 원이고, 기타소득금액이 300만 원 이하인 경우에는 납세자의 선택에 따라 분리과세를 적용받을 수 있음(선택적 분리과세)

· 부양가족의 사업소득금액이 40만 원, 근로소득금액이 40만 원, 퇴직소득금액이 40만 원 있는 경우 : 기본공제 X

[이유] 종합소득금액, 퇴직소득금액, 양도소득금액의 합계액이 100만 원을 초과함

③ 직계존속, 직계비속, 형제자매의 범위

대상자에는 본인·배우자의 형제자매는 포함되지만, 직계비속·형제자매의 배우자는 포함되지 않는다. 기본공제대상자가 될 수 있는 본인 및 배우자의 직계존속, 직계비속, 형제자매를 그림으로 나타내면 다음과 같다.

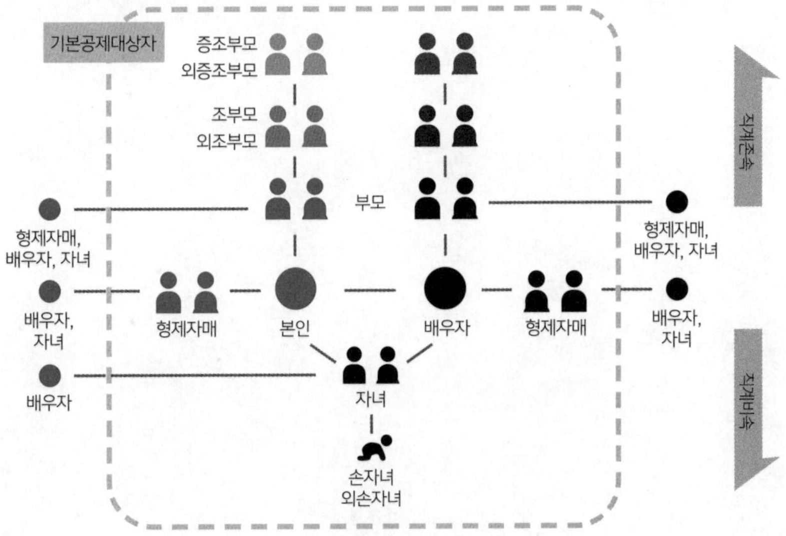

참고 사위, 며느리, 삼촌, 이모, 조카는 기본공제대상자가 아니다. (다만, 직계비속의 부부 모두가 장애인인 경우에는 사위·며느리도 기본공제가 가능하다)

④ 위탁아동

위탁아동이란 '아동복지법'에 따라 가정위탁을 받아 일정기간 이상 직접 양육한 아동을 말한다.

⑤ 배우자와 부양가족의 생계 요건

기본공제대상자가 되려면 원칙적으로 주민등록표상 동거가족으로서 해당 근로자의 주소지에서 현실적으로 생계를 같이 하여야 한다. 다만, 다음의 경우에는 생계를 같이 하는 것으로 보아 기본공제를 적용한다.

- 배우자, 직계비속, 입양자는 주민등록표상 주소지와 관계없이 항상 생계를 같이 하는 것으로 본다.
- 본인 및 배우자의 직계존속이 주거 형편에 따라 별거하고 있는 경우에는 생계를 같이 하는 것으로 본다.
- 근로자 본인 또는 동거가족(직계비속·입양자는 제외)이 취학, 질병의 요양, 근무상 또는 사업상의 형편 등으로 본래의 주소지에서 일시 퇴거한 경우에도 그 사실이 입증될 때에는 생계를 같이 하는 것으로 본다.

실무포인트

[사원등록] 메뉴에서 부양가족명세를 입력할 때 부양가족의 나이와 소득금액으로 공제 요건을 만족하는지 판단할 수 있어야 한다.

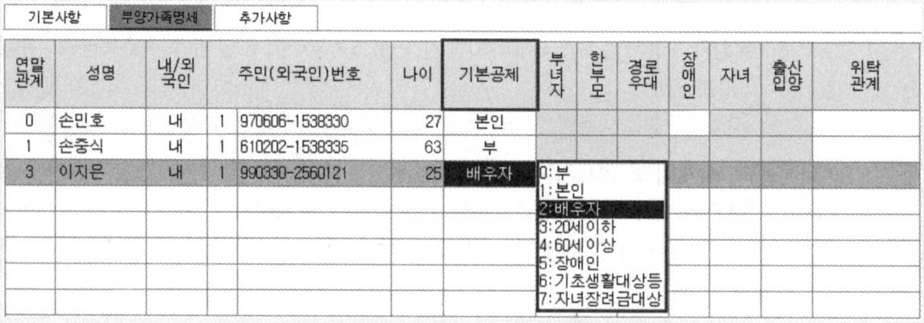

기본사항 | 부양가족명세 | 추가사항

연말관계	성명	내/외국인		주민(외국인)번호	나이	기본공제	부녀자	한부모	경로우대	장애인	자녀	출산입양	위탁관계
0	손민호	내	1	970606-1538330	27	본인							
1	손중식	내	1	610202-1538335	63	부							
3	이지은	내	1	990330-2560121	25	배우자							

0:부
1:본인
2:배우자
3:20세이하
4:60세이상
5:장애인
6:기초생활대상등
7:자녀장려금대상

2. 추가공제

(1) 추가공제 요건

추가공제란 **기본공제대상자**(본인, 배우자, 부양가족)가 다음 중 어느 하나에 해당하는 경우 해당 과세기간 근로소득금액에서 기본공제 외에 아래의 구분별로 정해진 금액을 추가로 공제하는 것을 말한다.

구 분	공제 요건	공제액
경로우대공제	기본공제대상자가 70세 이상인 경우	1인당 100만 원
장애인공제	기본공제대상자가 장애인인 경우	1인당 200만 원
부녀자공제	근로자 본인이 **종합소득금액이 3,000만 원 이하**이고, 다음 중 하나에 해당하는 경우 ① 배우자가 있는 여성(배우자 소득유무에 관계없이 공제 가능) ② ㉠ 배우자가 없는 여성으로서 ㉡ 기본공제대상자인 **부양가족**이 있는 세대주	연 50만 원
한부모공제	근로자 본인이 다음에 해당하는 경우 ㉠ 배우자가 없는 자로서 ㉡ 기본공제대상자인 **직계비속**이 있는 세대주	연 100만 원

(2) 추가공제 적용 여부 판단 시 주의사항

① 중복적용 가능 여부

추가공제에서 둘 이상의 항목에 동시에 해당되더라도 중복적용이 가능하다. 다만, 부녀자공제와 한부모공제에 모두 해당하는 경우에는 중복적용하지 않고 한부모공제만 적용한다.

② 장애인의 범위

장애인이란 다음 중 어느 하나에 해당하는 자를 말한다.

- '장애인복지법'에 따른 장애인
- '국가유공자등 예우 및 지원에 관한 법률'에 따른 상이자 및 이와 유사한 자로서 근로능력이 없는 자
- 항시 치료를 요하는 중증환자

실무포인트

[사원등록] 메뉴에서 부양가족명세를 입력할 때 부양가족이 어떤 추가 요건을 만족하는지 판단하여 체크할 수 있어야 한다.

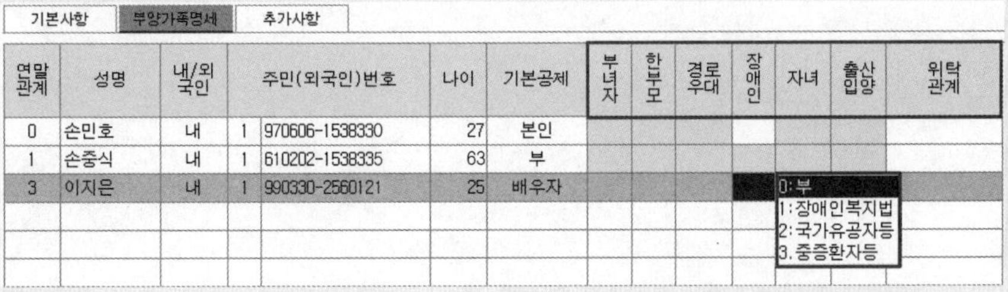
기본사항 | 부양가족명세 | 추가사항

연말관계	성명	내/외국인	주민(외국인)번호		나이	기본공제	부녀자	한부모	경로우대	장애인	자녀	출산입양	위탁관계
0	손민호	내	1	970606-1538330	27	본인							
1	손중식	내	1	610202-1538335	63	부							
3	이지은	내	1	990330-2560121	25	배우자							

※ 추가공제액은 추가 요건을 체크하면 KcLep에서 자동으로 계산되어 반영된다.

3. 인적공제 판단 시 기준시점

인적공제(기본공제, 추가공제)와 뒤에서 설명할 자녀세액공제의 공제 여부를 판단할 때 공통적으로 적용되는 기준시점은 다음과 같다.

구 분	기준시점
원 칙	· 공제여부의 판정은 과세기간 종료일인 **12월 31일 현재**의 상황에 따른다.
예 외	· 과세기간 종료일 전에 사망한 사람 또는 장애가 치유된 사람에 대해서는 **사망일 전날** 또는 치유일 전날의 상황에 따른다. · 부양가족 또는 경로우대자의 나이를 판정할 때 해당 과세기간 중에 요건을 충족하는 날이 하루라도 있는 경우에는 공제대상자로 한다. 참고 2024년 과세기간을 기준으로 할 때 · 70세 이상 : 1954. 12. 31. 이전 출생(∵ 2024년 - 70세 = 1954년) · 60세 이상 : 1964. 12. 31. 이전 출생(∵ 2024년 - 60세 = 1964년) · 20세 이하 : 2004. 1. 1. 이후 출생(∵ 2024년 - 20세 = 2004년) · 18세 미만(= 17세 이하) : 2007. 1. 1. 이후 출생(∵ 2024년 - 17세 = 2007년)

[사례] 사례별 인적공제 적용 여부 판단

· 부양하던 어머님(소득 없음, 나이 75세)이 연도 중에 사망한 경우 : 부양가족 기본공제 O, 경로우대공제 O
[이유] 사망일 전날의 상황으로 공제 여부를 판단함

· 기본공제대상자인 자녀가 있는 세대주인 여성근로자(근로소득금액 3,000만 원 이하)로서 연도 중에 배우자가 사망한 경우 : 부녀자공제 O, 한부모공제 X
[이유] 사망일 전날의 상황으로 공제 여부를 판단함

· 기본공제대상자인 자녀가 있는 세대주인 여성근로자(근로소득금액 3,000만 원 이하)로서 연도 중에 배우자와 이혼한 경우 : 한부모공제 O
[이유] 12월 31일 현재 상황으로 공제 여부를 판단하며, 부녀자공제와 한부모공제에 모두 해당하는 경우에는 한부모공제만 적용함

물적공제

1. 연금보험료 소득공제

근로자가 공적연금 관련법(국민연금법, 공무원연금법, 군인연금법, 사립학교교직원연금법 등)에 따른 개인부담금을 납부한 경우, 그 납입액을 해당 과세기간의 근로소득금액에서 공제한다.

> 연금보험료 소득공제액 = 국민연금 등 공적연금 보험료의 개인부담금 납입액

2. 특별소득공제

(1) 공적보험료 소득공제

근로자가 공적보험 관련법(국민건강보험법, 노인장기요양보험법, 고용보험법)에 따른 개인부담금을 납부한 경우, 그 납입액을 해당 과세기간의 근로소득금액에서 공제한다.

> 공적보험료 소득공제액 = 국민건강보험 등 공적보험료의 개인부담분 납입액

실무포인트

4대 보험료 납입액에 대한 연말정산 시 취급

· 직장가입자 납입분(국민연금, 건강보험료, 노인장기요양보험료, 고용보험료)
  · 법정 본인부담금 : 소득공제를 적용받음
  · 법정 회사부담금 : 비과세 근로소득에 해당함

· 지역가입자 납입분(국민연금, 건강보험료, 노인장기요양보험료)
  · 본인부담금 : 소득공제를 적용받음

예 직장가입자 4대 보험료의 법정 본인부담금까지 회사가 대신 부담해준 경우 그 금액에 대한 연말정산 시 취급

· 회사가 부담해 준 본인부담금은 해당 근로자의 근로소득으로 간주됨
  [이유] 본인이 부담해야 할 금액을 회사가 부담해 준 것임
· 회사가 부담해 준 본인부담금에 대하여도 해당 근로자는 소득공제를 적용받음
  [이유] 회사가 부담해주었다 하더라도 법정 본인부담금에는 해당함

(2) 주택자금 소득공제

세대주인 근로자가 본인 명의의 주택자금 지출이 다음의 공제 요건을 모두 만족하는 경우 해당 과세기간의 근로소득금액에서 공제한다.

① 주택자금 소득공제액

> · 주택임차차입금 원리금상환액 = 원리금상환액 × 40%
> · 장기주택저당차입금 이자상환액 = 이자상환액 전액

② 주택자금 소득공제의 공제 요건

주택임차차입금 원리금상환액	금융기관에서 차입한 경우 · 무주택 · 세대주[1] · 국민주택규모 이하의 주택(오피스텔 포함)
	대부업자가 아닌 개인에게 차입한 경우 · 무주택 · 세대주[1] · 총급여액 5,000만 원 이하 · 국민주택규모 이하의 주택(오피스텔 포함)
장기주택저당차입금 이자상환액	· 무주택 또는 1주택 · 세대주[1] · 취득 당시 기준시가가 6억 원 이하인 주택(오피스텔은 공제 제외, 국민주택 규모 이하 요건 없음)

[1] 세대주가 주택자금 소득공제를 받지 아니한 경우에는 해당 근로자가 세대원이더라도 가능하다.

실무포인트

주택마련저축, 주택임차차입금 원리금상환액, 장기주택저당차입금 이자상환액 소득공제를 합하여 통합한도가 적용되는데, 장기주택저당차입금을 2015년 이후에 차입한 경우 ㉠ 고정금리 방식으로 이자를 지급하는지 여부와 ㉡ 비거치식 분할상환 방식으로 갚아나가는지 여부에 따라 통합한도를 차등 적용하고 2011년 이전 차입분과 2012년 ~ 2014년 차입분을 차등 적용하므로 [연말정산추가자료입력] 메뉴에서는 장기주택저당차입금이자상환액을 입력할 때 기간과 방식에 의해 구분하여 입력하여야 한다.

구분			지출액	공제금액
34.장기주택저당차입금이자상환액	2011년 이전 차입분	15년미만		
		15년~29년		
		30년이상		
	2012년이후 차입분 ※15년이상	고정금리 이거나비거치상환		
		기타대출		
	2015년이후 차입분 ※15년이상	고정금리 이면서비거치상환		
		고정금리 이거나비거치상환		
		기타대출		
	2015년이후 차입분 ※10~15년(	고정금리 이면서비거치상환		

※ 소득공제액과 통합한도는 KcLep에 공제대상금액을 입력하면 자동으로 계산된다.

3. 그 밖의 소득공제

(1) 개인연금저축 소득공제

근로자가 2000. 12. 31. 이전까지 본인 명의의 연금저축에 가입한 경우 다음의 금액을 해당 과세기간의 근로소득금액에서 공제한다. (소득공제 방식 : 개인연금저축 소득공제)

개인연금저축 소득공제액 = 저축불입액 × 40%[1]

[1] 공제액 한도액은 연 72만 원이다.

※ 개인연금저축 소득공제액은 KcLep에 공제대상금액을 입력하면 자동으로 계산된다.

참고 근로자가 2001. 1. 1. 이후에 본인 명의의 연금저축에 가입한 경우
법 소정 금액을 해당 과세기간의 산출세액에서 공제한다. (세액공제 방식 : 연금계좌 세액공제)

(2) 주택마련저축 소득공제

세대주인 근로자가 본인 명의의 주택마련저축 불입이 다음의 공제 요건을 모두 만족하는 경우 해당 과세기간의 근로소득금액에서 공제한다.

① 주택마련저축 소득공제액

주택마련저축 소득공제액 = 저축불입액 × 40%

② 주택마련저축의 공제 요건

- 무주택
- 세대주
- 총급여액 7,000만 원 이하
- 청약저축, 주택청약종합저축에 납입
- 연 납입액이 300만 원을 초과하는 경우 그 초과금액은 없는 것으로 함

(3) 신용카드 등 사용액 소득공제

근로자의 기본공제대상자(나이의 제한을 받지 않음, 형제자매 분은 공제 제외)가 신용카드 등을 사용한 경우 해당 과세기간의 근로소득금액에서 공제한다.

인정되는 신용카드의 형태	다음에 해당하는 신용카드 등의 사용액을 공제대상으로 한다. · 신용카드 · 직불카드(체크카드), 기명식 선불카드 · 현금영수증
인정되지 않는 신용카드 등 사용액	신용카드 등 사용액 중 다음 항목을 제외한 금액을 공제대상으로 한다. · 회사의 비용으로 계상된 지출액 · 보험료 지불액(국민연금보험료, 국민건강보험료, 노인장기요양보험료, 고용보험료, 보장성보험료) · 공교육비 지불액(어린이집, 유치원, 초등학교, 중학교, 고등학교, 대학교, 대학원에 납부한 수업료, 입학금, 기타 공납금) · 기부금 지불액 · 관련 세액공제를 적용받은 정치자금기부금·고향사랑기부금 지불액 · 관련 세액공제를 적용받은 월세액 지불액 · 국가 및 지방자치단체에 납부하는 각종 공과금, 도로통행료 · 전기료, 수도료, 가스료, 전화료, 인터넷이용료, 핸드폰요금, 아파트관리비 · 취득세 또는 등록면허세가 부과되는 재산의 구입 지불액(주택, 자동차, 중고자동차 등)[1] · 자동차 등에 대한 리스료 지불액 · 상품권 등 유가증권 구입 지불액 · 금융·보험용역 관련 수수료 지불액(차입금 이자상환액, 증권거래수수료 등) · 현금서비스 · 외국에서 신용카드 등을 사용한 금액 · 면세점(시내·출국장면세점, 지정면세점, 기내면세점)에서 신용카드 등을 사용한 금액 · 물품이나 용역의 거래 없이 이를 가장하는 등 비정상적인 사용행위에 해당하는 금액
소득공제액	신용카드 등 사용액 소득공제액 = Min[①, ②] + ③ ① 기본공제대상금액 : ㉠ + ㉡ + ㉢ + ㉣ + ㉤ + ㉥ ㉠ {일반 신용카드 - (총급여액 × 25%)[2]} × 15% ㉡ {직불카드·현금영수증 - (총급여액 × 25%)[2]} × 30% ㉢ {총급여액 7,000만 원 이하인 경우 도서 등 사용분[3] - (총급여액 × 25%)[2]} × 30% ㉣ {전통시장 - (총급여액 × 25%)[2]} × 40% ㉤ {대중교통 - (총급여액 × 25%)[2]} × 40% ㉥ 소비증가분 공제금액[4] ② 기본공제한도금액 : 연 300만 원[5] ③ 추가공제액 : Min[㉦, ㉧+㉨] ㉦ 기본공제한도초과액 ㉧ Min[ⓐ (총급여액 7,000만 원 이하인 경우 도서 등 사용분 × 30%) + (전통시장 × 40%) + (대중교통 × 40%), ⓑ 연 300만 원[6]] ㉨ Min[ⓒ 소비증가분 공제금액, ⓓ 연 100만 원]

[1] 중고자동차는 구입금액의 10%를 공제대상 금액에 포함한다.

[2] 기본공제대상금액(①)을 계산할 때, '총급여액 × 25%'(최저사용금액)는 공제율이 낮은 것에서부터 순서대로(㉠ → ㉡ → ㉢ → ㉣ → ㉤ → ㉥) 차감한다.

[3] 총급여액 7,000만 원 이하인 경우 도서·신문·공연·박물관·미술관·영화관람료 사용분

[4] 소비증가분 공제금액 = {당해연도 신용카드 등 사용금액 - (전년도 신용카드 등 사용금액 × 105%) } × 10%
(단, 0보다 작은 경우에는 없는 것으로 봄)

5) 기본공제한도금액 : 총급여액 7,000만 원 이하인 경우 300만 원, 7,000만 원 초과인 경우 250만 원

6) 소비증가분을 제외한 추가공제한도금액 : 총급여액 7,000만 원 이하인 경우 300만 원, 7,000만 원 초과인 경우 200만 원

실무포인트

신용카드 등 사용액 소득공제액은 인정되는 카드 형태별(신용카드, 현금영수증, 직불카드), 사용 내역별(일반, 도서 · 신문 · 공연 · 박물관 · 미술관 · 영화관람료 사용분, 전통시장, 대중교통)로 공제액이 달라진다. 따라서 [연말정산추가자료입력] 메뉴에 신용카드 등 공제대상금액을 입력할 때에는 공제대상 신용카드 사용액을 형태별 · 사용 내역별에 맞게 그 지출액을 구분하여 입력하여야 한다.

신용카드 등 공제대상금액

구분		대상금액	공제율금액		공제제외금액	공제가능금액
전통시장/대중교통 제외	㉮신용카드		15%			
	㉯현금영수증		30%			
	㉰직불/선불카드					
㉱전통시장사용액			40%			
㉲대중교통이용액						
㉳도서공연비지출액			30%			
신용카드 등 사용액 합계(㉮~㉳)					아래참조*1	공제율금액-공제제외금액

확인(Esc)

※ 신용카드 등 사용액 소득공제는 KcLep에 공제대상금액을 입력하면 자동으로 계산된다.

기본세율

과세표준		기본세율
	1,400만 원 이하	과세표준 × 6%
1,400만 원 초과	5,000만 원 이하	84만 원 + (과세표준 - 1,400만 원) × 15%
5,000만 원 초과	8,800만 원 이하	624만 원 + (과세표준 - 5,000만 원) × 24%
8,800만 원 초과	1억 5천만 원 이하	1,536만 원 + (과세표준 - 8,800만 원) × 35%
1억 5천만 원 초과	3억 원 이하	3,706만 원 + (과세표준 - 1억 5천만 원) × 38%
3억 원 초과	5억 원 이하	9,406만 원 + (과세표준 - 3억 원) × 40%
5억 원 초과	10억 원 이하	1억 7,406만 원 + (과세표준 - 5억 원) × 42%
10억 원 초과		3억 8,406만 원 + (과세표준 - 10억 원) × 45%

세액공제

1. 근로소득 세액공제

상용근로자에 대한 근로소득 세액공제액과 그 한도는 다음의 금액으로 한다.

(1) 근로소득 세액공제액

산출세액	세액공제액
130만 원 이하	산출세액 × 55%
130만 원 초과	715,000원 + (산출세액 - 130만 원) × 30%

※ 근로소득 세액공제액은 산출세액에 의해 KcLep에서 자동으로 계산된다.

(2) 총급여액 구간별 근로소득 세액공제 한도액

총급여액	세액공제 한도액
3,300만 원 이하	74만 원
3,300만 원 초과 7,000만 원 이하	Max [①, ②] ① 74만 원 - (총급여액 - 3,300만 원) × (8/1,000) ② 66만 원
7,000만 원 초과 1억 2천만 원 이하	Max [①, ②] ① 66만 원 - (총급여액 - 7,000만 원) × (1/2) ② 50만 원
1억 2천만 원 초과	Max [①, ②] ① 50만 원 - (총급여액 - 1억 2천만 원) × (1/2) ② 20만 원

2. 자녀세액공제(= 8세 이상 + 출산·입양)

근로자의 기본공제대상자에 해당하는 자녀(입양자·위탁아동 포함) 및 손자·손녀에 대해서는 다음의 금액을 해당 과세기간의 산출세액에서 공제한다.

(1) 8세 이상 자녀 세액공제

기본공제대상자이고 8세 이상[1]인 자녀(입양자·위탁아동 포함) 및 손자·손녀가 있을 때

- 1명 : 15만 원
- 2명 : 35만 원
- 3명 이상 : 35만 원 + 30만 원 × (자녀수 - 2명)

[1] 적용 대상을 '8세 이상'으로 규정하고 있는 이유 : '만 8세(96개월) 미만'인 모든 아동에게는 아동수당이 지급되기 때문이다.

(2) 출산·입양 자녀 세액공제

기본공제대상자이고 해당 과세기간에 출산하거나 입양신고한 자녀(입양자·위탁아동 포함)가 있을 때

- 첫째 : 30만 원
- 둘째 : 50만 원
- 셋째 이상 : 70만 원

3. 연금계좌(연금저축, 퇴직연금) 세액공제

근로자가 본인 명의의 연금저축(2001. 1. 1. 이후에 가입한 분에 한함) 또는 퇴직연금에 납입액이 있는 경우 다음의 금액을 해당 과세기간의 산출세액에서 공제한다.

(1) 총급여액 구간별 연금계좌 세액공제액

총급여액	세액공제액
5,500만 원 이하	세액공제대상 연금계좌 납입액 × 15%
5,500만 원 초과	세액공제대상 연금계좌 납입액 × 12%

※ 연금계좌 세액공제액은 KcLep에 공제대상금액을 입력하면 자동으로 계산된다.

(2) 세액공제대상 연금계좌 납입액

세액공제대상 연금계좌 납입액 = Min[①, ②]

① Min[㉠ 연금저축계좌 납입액, ㉡ 연 600만 원] + 퇴직연금계좌 납입액

② 연 900만 원

4. 특별세액공제(= 보장성보험료 + 의료비 + 교육비 + 기부금)

(1) 특별세액공제의 적용방법

근로자가 특별소득공제, 특별세액공제, 월세액 세액공제를 신청하지 않은 경우에는 연 13만 원의 표준세액공제를 적용한다.

(2) 보장성보험료 세액공제

근로자의 기본공제대상자(나이 및 소득금액의 제한을 받음)가 보장성보험의 보험료를 납부한 경우 다음의 금액을 해당 과세기간의 산출세액에서 공제한다.

① 보장성보험료 세액공제액

· 일반보장성보험료 = Min[㉠ 보장성보험료 납입액, ㉡ 연 100만 원] × 12%

· 장애인전용보장성보험 = Min[㉠ 보장성보험료 납입액, ㉡ 연 100만 원] × 15%

※ 보장성보험료 세액공제액은 KcLep에 공제대상금액을 입력하면 자동으로 계산되며 공제대상한도를 초과하여 입력하여도 정답으로 처리된다.

② 세액공제대상 보험료 납입액

구 분	공제 요건
일반 보장성보험	㉠ 보험의 '계약자'가 기본공제대상자[1]이고, ㉡ 보험의 '피보험자'가 기본공제대상자[1]이어야 함
장애인전용 보장성보험	㉠ 보험의 '계약자'가 기본공제대상자[1]이고, ㉡ 보험의 '피보험자'가 기본공제대상자[1]인 장애인이어야 함

[1] 기본공제 요건인 나이 요건과 소득금액 요건을 모두 충족하여야 한다. (단, 장애인은 나이 요건을 충족하지 않아도 된다)

참고 인정되지 않는 보험료

저축성보험료 납입액

용어 알아두기

보장성보험 : 만기에 돌려받는 금액이 납부한 보험료(원금)를 초과하지 않는 보험

(3) 의료비 세액공제

근로자의 기본공제대상자(**나이 및 소득금액의 제한을 받지 않음**)가 의료비를 지출한 경우 해당 과세기간의 산출세액에서 공제한다.

① 의료비 세액공제액

의료비 세액공제액 = 세액공제대상 의료비 × 15%[1)]

1) 미숙아·선천성이상아는 20%, 난임시술비는 30%

※ 의료비 세액공제액은 KcLep에 인정되는 의료비를 공제대상별(본인, 6세 이하, 65세 이상, 장애인, 중증질환자, 미숙아·선천성이상아, 난임시술비, 일반)로 구분하여 입력하면 자동으로 계산된다.

② 세액공제대상 의료비

인정되는 의료비	다음에 해당하는 의료비 지출액을 공제대상으로 한다. · 진찰·진료·질병예방을 위하여 의료법상 의료기관에 지급한 비용 · 치료·요양을 위하여 약사법상 의약품(한약 포함)을 구입하고 지급한 비용 · 장애인 보장구(예 의수족, 휠체어 등) 및 의사·치과의사·한의사 등의 처방에 따른 의료기기를 구입 또는 임차하고 지급한 비용 · 시력보정용 안경·콘택트렌즈를 구입하고 지급한 비용으로서 기본공제대상자(나이 및 소득금액의 제한을 받지 않음) **1인당 연 50만 원** 이내의 금액 · 보청기를 구입하고 지급한 금액 · LASIK(레이저각막절삭술) 수술 비용 · 임신 중 초음파·양수 검사비용, 출산 관련 분만비용 · 산후조리원 비용(출산 1회당 200만 원 한도) · 임신을 위해 지출하는 난임시술(예 보조생식술) 관련 비용
인정되지 않는 의료비	다음에 해당하는 의료비 지출액은 **공제대상에서 제외**한다. · 근로자가 가입한 상해보험 등에 의하여 보험회사로부터 수령한 실손의료보험금으로 지급한 의료비 · 미용·성형수술을 위한 비용 · 건강증진을 위한 의약품(예 보약) 및 건강기능식품 구입 비용 · 간병인에게 지급한 비용 · 외국 의료기관에 지출한 비용
세액공제대상 의료비	세액공제대상 의료비 = ㉠ + ㉡ ㉠ 본인 등 의료비 : 본인, 6세 이하, 65세 이상, 장애인, 중증질환자, 미숙아·선천성이상아, 난임시술비 ㉡ Min[위 ㉠을 제외한 일반의료비 − (총급여 × 3%), 연 700만 원]

(4) 교육비 세액공제

근로자의 기본공제대상자(**나이의 제한을 받지 않음, 직계존속 분은 공제 제외**)가 교육비를 지출한 경우 해당 과세기간의 산출세액에서 공제한다.

① 교육비 세액공제액

교육비 세액공제액 = 세액공제대상 교육비 × 15%

※ 교육비 세액공제액은 KcLep에서 인정되는 교육비를 공제대상별(본인, 배우자, 자녀등, 장애인)로 구분하여 입력하면 자동으로 계산된다.

② 세액공제대상 교육비

구 분	인정되는 교육비의 범위	세액공제대상 교육비
본인에 대한 일반교육비	· 초·중·고 및 대학교 교육비 · 대학원 교육비 · 직업능력개발훈련 수강료	전액 인정
배우자 및 부양가족에 대한 일반교육비[1]	· 취학 전 아동 교육비 · 초·중·고등학교 교육비 · 대학교 교육비	다음 한도 내의 금액 · 취학 전 아동 : 1인당 연 300만 원 · 초·중·고등학생 : 1인당 연 300만 원 · 대학생 : 1인당 연 900만 원
장애인에 대한 특수교육비[2]	장애인의 재활교육을 위한 사회복지시설에 지급하는 특수교육비	전액 인정

1) 배우자 및 부양가족에 대한 일반교육비
- 기본공제 요건 중 소득금액 요건을 충족하는 배우자 및 부양가족(나이의 제한을 받지 않음)
- 부양가족 중 직계존속은 공제 불가

2) 장애인에 대한 특수교육비
- 기본공제대상자인 장애인(나이 및 소득금액의 제한을 받지 않음)
- 부양가족 중 직계존속인 장애인도 포함

③ 인정되는 교육비의 상세 범위

다음에 해당하는 교육비 지출액을 공제대상으로 한다.

- 어린이집, 유치원, 초·중·고등학교, 대학교, 대학원(본인에 한함)에 지급한 수업료, 입학금, 보육비 및 각종 공납금
- **취학 전 아동**에 대한 **학원**·체육시설 수강료
- 어린이집, 유치원, 학원·체육시설(취학 전 아동에 한함), 초·중·고등학교에 지급한 급식비
- 어린이집, 유치원, 학원·체육시설(취학 전 아동에 한함), 초·중·고등학교에 지급한 방과후 수업료 및 특별활동비(㉠ 학교 등에서 구입한 도서 구입비와 ㉡ 학교 외에서 구입한 초·중·고등학교의 방과후 수업용 도서 구입비를 포함)
- 학교에서 구입한 교과서 대금(초·중·고등학교에 한함)
- 교복구입비용(**중학교**와 **고등학교**에 한하며, **1인당 연 50만 원** 한도)
- 체험학습비(초등학교, 중학교, 고등학교에 한하며, 1인당 연 30만 원 한도)
- 대학입학전형료, 수능응시료

- 학자금 대출의 원리금 상환액
- 국외교육기관에 지급한 법 소정의 교육비
  - 고등학생, 대학생 : 제한 없이 인정됨
  - 취학 전 아동, 초등학생, 중학생 : ㉠ 국내에서 중학교 이상을 졸업하였거나, ㉡ 특기생으로서 교육장의 유학인정을 받았거나, ㉢ 부모가 국외에서 1년 이상 거주하다가 귀국한 경우만 인정됨
  - 국외교육기관이란 우리나라의 유치원, 초·중·고등학교, 대학교에 해당하는 곳을 말하는 것으로서, 외국 대학 부설 어학연수 과정은 인정되지 않음

④ 인정되지 않는 교육비의 범위

다음에 해당하는 교육비 지출액은 **공제대상에서 제외**한다.

- 직계존속의 교육비(단, 장애인특수교육비는 직계존속도 인정)
- 배우자 및 부양가족의 대학원 교육비(단, 본인의 대학원 교육비는 인정)
- 초·중·고등학생의 학원비(단, 취학 전 아동의 학원비는 인정)
- 국외 어학연수기관
- 학생회비, 학교통학버스 이용료, 기숙사비(단, 육성회비, 기성회비는 인정)
- 학습지 대금
- 소득세 또는 증여세가 비과세되는 금액을 수령하여 지급한 교육비

  [예] 근로자에 대한 업무관련 교육비 지원금, 시내근로복지기금으로부터 받는 장학금

(5) 기부금 세액공제

근로자의 기본공제대상자(**나이의 제한을 받지 않음**)가 기부금을 지출한 경우 해당 과세기간의 산출세액에서 공제한다.

① 기부금 세액공제액

기부금 세액공제액 = 세액공제대상 기부금[1] × 15%[2]

[1] 특례기부금과 일반기부금이 함께 있으면 특례기부금을 먼저 공제한다.

[2] 1,000만 원 초과 3,000만 원 이하분은 30%, 3,000만 원 초과분은 40%

※ 기부금 세액공제액은 KcLep에 공제대상금액을 입력하면 자동으로 계산된다.

② 세액공제대상 기부금

순 서	구 분		세액공제대상 기부금 한도
1	특례기부금		근로소득금액을 한도로 하여 전액 공제
2	일반기부금	종교단체기부금이 없는 경우	(근로소득금액 - 한도 내의 특례기부금) × 30%
		종교단체기부금이 있는 경우	(근로소득금액 - 한도 내의 특례기부금) × 10% + Min[㉠, ㉡] ㉠ (근로소득금액 - 한도 내의 특례기부금) × 20% ㉡ 종교단체 외에 지급한 일반기부금

③ 인정되는 기부금의 범위

다음에 해당하는 기부금 지출액을 공제대상으로 한다.

특례기부금	· **국가**나 지방자치단체에 무상으로 기증하는 금품의 가액 · 국방헌금과 국군장병 위문금품의 가액 · 천재지변으로 생기는 **이재민**을 위한 구호금품의 가액 · 국·공립**학교**, 사립학교 등 교육기관에 시설비·교육비·장학금 또는 연구비로 지급하는 기부금 · 국립대학병원, 사립학교 부설 병원 등 의료기관에 시설비·교육비 또는 연구비로 지급하는 기부금 · 사회복지사업을 주된 목적으로 하는 전문모금기관(예 사회복지공동모금회)에 지급하는 기부금 · 특별재난지역을 복구하기 위하여 자원봉사한 경우 (법 소정 산식에 의하여 계산한) 그 용역의 가액 · **정치자금기부금**으로서 **10만 원**을 초과하는 경우 그 **초과금액** · **고향사랑기부금**으로서 **10만 원**을 초과하는 경우 그 **초과금액** 참고 정치자금 · 고향사랑기부금으로서 10만 원 이내의 금액은 해당액에 110분의 100을 곱한 금액을 '정치자금 · 고향사랑기부금 세액공제'로 공제한다.
일반기부금	· **종교단체**에 지급하는 기부금 · 법에 열거된 비영리단체(예 사회복지법인, 어린이집, 대한적십자사) 또는 국제기구(예 유엔난민기구)에 지급하는 기부금 · 학교 장이 추천하는 **개인**에게 교육비·연구비 또는 장학금으로 지급하는 기부금 · 사회복지시설 중 무료 또는 실비로 이용할 수 있는 시설(예 아동복지시설)에 지급하는 기부금 · 근로자가 **노동조합**에 납부하는 **회비**

참고 인정되지 않는 기부금

동창회비, 경로당후원금, 종친회비

④ 기부금 한도초과분의 이월공제

기부금 지출액 중 한도초과로 인해 공제받지 못하는 금액은 이후 10년까지 이월하여 공제받을 수 있는데, 당기로 이월되어 온 한도초과 기부금은 산출세액에서 차감하는 방식(세액공제 방식)으로 공제를 적용한다.

5. 정치자금기부금 세액공제

근로자가 정당에 기부한 정치자금이 있는 경우 다음의 금액을 해당 과세기간의 산출세액에서 공제한다.

(1) 정치자금기부금 세액공제액

정치자금기부금 세액공제액 = 세액공제대상 정치자금기부금 중 10만 원 이내의 금액 × 100/110

※ 정치자금기부금 세액공제액은 KcLep에서 자동으로 계산된다.

(2) 정치자금기부금의 세액공제 요건

다음 요건을 모두 충족하는 정치자금기부금 지출액을 공제대상으로 한다.

① 근로자 본인이 지출한 것

② 정치자금법에 따라 정당(후원회 및 선거관리위원회 포함)에 기부한 정치자금

(3) 정치자금기부금에 대한 세액공제 적용방법

세액공제대상 정치자금기부금	세액공제 적용방법
10만 원 이내의 금액	정치자금기부금 세액공제
10만 원을 초과하는 경우 그 초과금액	기부금 세액공제(특례기부금)

[사례] 공제 요건을 충족하는 정치자금기부금 금액이 30만 원일 때 세액공제 적용방법과 세액공제액(단, 이외의 기부금은 없고 근로소득금액은 충분히 크다고 가정함)

· 10만 원 이내의 금액 : 정치자금기부금 세액공제액 = 10만 원 × 100/110 = 90,909원

· 10만 원을 초과하는 경우 그 초과금액 : (특례)기부금 세액공제액 = 20만 원 × 15% = 30,000원

6. 고향사랑기부금 세액공제

근로자가 지방자치단체에 기부한 고향사랑기부금이 있는 경우 다음의 금액을 해당 과세기간의 산출세액에서 공제한다.

(1) 고향사랑기부금 세액공제액

고향사랑기부금 세액공제액 = 세액공제대상 고향사랑기부금 중 10만 원 이내의 금액 × 100/110

※ 고향사랑기부금 세액공제액은 KcLep에서 자동으로 계산된다.

(2) 고향사랑기부금의 세액공제 요건

다음 요건을 모두 충족하는 정치자금기부금 지출액을 공제대상으로 한다.

① 근로자 본인이 지출한 것으로서,

② 고향사랑기부금에 관한 법률에 따라 지방자치단체에 기부한 금액이어야 함(연간 상한액 500만 원)

(3) 고향사랑기부금에 대한 세액공제 적용방법

세액공제대상 고향사랑기부금	세액공제 적용방법
10만 원 이내의 금액	고향사랑기부금 세액공제
10만 원을 초과하는 경우 그 초과금액	기부금 세액공제(특례기부금)

7. 월세액 세액공제

세대주인 근로자가 월세액을 지출하는 경우 해당 과세기간의 산출세액에서 공제한다.

(1) 월세액 세액공제액

월세액 세액공제액 = Min [① 세액공제대상 월세액, ② 연 1,000만 원] × 15%[1]

[1] 총급여액 5,500만 원 이하인 경우는 17%

※ 월세액 세액공제액은 KcLep에 공제대상금액을 입력하면 자동으로 계산되며 공제대상한도를 초과하여 입력하여도 정답으로 처리된다.

(2) 월세액 세액공제의 공제 요건

- 무주택
- 세대주[1]
- 총급여액 8,000만 원 이하
- 국민주택규모 이하의 주택(오피스텔, 고시원 포함)[2]

[1] 세대주가 주택자금 소득공제, 주택마련저축 소득공제, 월세액 세액공제를 받지 아니한 경우에는 해당 근로자가 세대원이더라도 가능하다.

[2] 해당 근로자의 기본공제대상자가 임대차계약을 체결한 경우에도 (근로자 본인이 월세를 지급한 경우라면) 공제가 가능하다.

8. 공제 적용 시 추가 고려사항

(1) 주요 공제항목별 기본공제 요건

구 분	기본공제 요건[1]		비 고
	나이 요건[2]	소득금액 요건	
보험료 세액공제	O	O	-
의료비 세액공제	X	X	-
(일반)교육비 세액공제	X	O	직계존속 지출분은 제외
기부금 세액공제	X	O	정치자금기부금·고향사랑기부금은 본인 지출분만 인정
신용카드 등 사용액 소득공제	X	O	형제자매 지출분은 제외
월세액 세액공제	-	-	본인 지출분만 인정

[1] 본인은 나이 요건 및 소득금액 요건의 제한을 받지 않는다.

[2] 배우자와 장애인은 나이 요건의 제한을 받지 않는다.

(2) 신용카드로 결제한 지출액에 대한 중복공제 적용 여부

구 분	적용 여부		비 고
	신용카드 등 소득공제	해당 세액공제	
보험료	X	O	-
의료비	O	O	중복공제 가능
(공)교육비	X	O	-
(사)교육비	O	O	중복공제 가능[1)
기부금	X	O	-
월세액	X	O	-

1) 아래 사례 참고

[사례] 신용카드로 결제한 사교육비의 경우

- 취학 전 아동에 대한 학원·체육시설 수강료 : 신용카드 등 소득공제 O, 교육비 세액공제 O (중복공제 O)
- 초·중·고등학생에 대한 학원비 : 신용카드 등 소득공제 O, 교육비 세액공제 X
- 중·고등학생에 대한 1인당 연 50만 원 이내의 교복구입비용 : 신용카드 등 소득공제 O, 교육비 세액공제 O (중복공제 O)